兰州大学印度研究中心：印度文化系列
兰州大学中央高校基本科研业务费专项资金资助
（Supported by the Fundamental Research Funds for the Central Universities）

泰戈尔词典

A Dictionary of Tagore

主　　编　毛世昌　袁永平
副 主 编　丁广州　刘雪岚
编　　委　毛世昌　袁永平　丁广州　刘雪岚　毕　玮
特邀顾问　董友忱

兰州大学出版社
LANZHOU UNIVERSITY PRESS

图书在版编目（CIP）数据

泰戈尔词典 / 毛世昌，袁永平主编. -- 兰州 ：兰州大学出版社，2016.9
ISBN 978-7-311-05025-2

Ⅰ. ①泰… Ⅱ. ①毛… ②袁… Ⅲ. ①泰戈尔（Tagore, Rabindranath 1861-1941）—人物研究—词典 Ⅳ. ①K833.515.6-61

中国版本图书馆CIP数据核字(2016)第237350号

策划编辑 王永强
责任编辑 郝可伟
封面设计 郇 海

书 名 泰戈尔词典
作 者 毛世昌 袁永平 主编
出版发行 兰州大学出版社 （地址：兰州市天水南路222号 730000）
电 话 0931-8912613(总编办公室) 0931-8617156(营销中心)
0931-8914298(读者服务部)
网 址 http://www.onbook.com.cn
电子信箱 press@lzu.edu.cn
印 刷 甘肃澳翔印业有限公司
开 本 880 mm×1230 mm 1/32
印 张 23
字 数 1524千
版 次 2016年10月第1版
印 次 2016年10月第1次印刷
书 号 ISBN 978-7-311-05025-2
定 价 66.00元

前言

泰戈尔（1861—1941）是印度最伟大的诗人。他于1913年获得诺贝尔文学奖，是亚洲第一个诺贝尔文学奖获得者。他为印度赢得了世界声誉，他的获奖不仅是印度的光荣，也是亚洲的光荣。他一生写了2300多首诗歌，他的诗不仅为印度读者所喜爱，而且为广大的中国读者所喜爱。据统计，在中国，在所有的外国文学家中，泰戈尔拥有的读者最多，而且大大超过其他外国作家。泰戈尔的作品为中国读者所喜爱，泰戈尔的一些诗句作为名言为中国读者所引用，泰戈尔的诗被编入中国中小学语文课本。可以说，泰戈尔已成为一个文学符号，成为中印友好和中印文化交流的象征。

泰戈不仅是伟大的诗人，还是伟大的作家、散文家、画家，是集剧本写作、导演和演员为一身的戏剧家，又是集作词和作曲为一身的音乐家。他一生写了4部长篇小说、8部中篇小说、150多篇短篇小说、36部戏剧和340多篇散文。他是印度和孟加拉两个国家的国歌的词作者和曲作者。他一生创作了2000多幅绘画。他用文学艺术的形式全面反映了印度社会的各个方面。我们说泰戈尔是印度文学艺术的天才和全才一点也不为过。

泰戈尔还是伟大的哲学家，他的思想集中了佛教哲学、印度教哲学、耆那教哲学以及其他东西方哲学的精华。他是伟大的社会活动家，一生访问了亚洲、欧洲和美洲许多国家，是伟大的文化使者和友谊的传播者。他是伟大的爱国者，一生和祖国印度的人民同呼吸共命运。

泰戈尔的灵魂里渗透着博大深厚的印度文化，他的所有作品、语言和行为中显示着印度文化。他是印度文化的象征，是印度文化的一部百科全书。

不仅如此，泰戈尔熟知古今印外，他的作品和言行里又不时反映出他对国外文化的深刻了解。他出行几十个国家，游览了许多地方，接触并结交了许多外国政界和文化界人士。他的伟大诗作和其他文学作品极大地丰富了世界文学宝库，所以泰戈尔又是属于世界的。

但是国内一直没有一本帮助读者更深刻地理解泰戈尔的《泰戈尔词典》，本词典的出版算是填补了这个空白。

这部词典的主编早在十几年前在印度尼赫鲁大学读博士时就有了编写一部《泰戈尔词典》的想法。因为当时无论是印度还是中国国内都没有一本专门的《泰戈尔词典》，给研究工作造成极大的不方便。因此，主编一边研究泰戈尔，一边把有关词条搜集下来，查阅有关的资料，给予适当的解释。主编在回国之前已经积累了大量的词条，但还远远不够，需搜集大量的国内有关词条和不足的国外词条。我们编写小组分了工，每人按照主编的要求负责搜集、解释一个方面，最后由主编定稿。词条的搜集范围为：泰戈尔作品中的所有需要解释的词条；泰戈尔一生在印度国内和国外活动中走过的地方和接触过的各界名人；印度国内泰戈尔研究者；中国泰戈尔研究者；与泰戈尔有关的艺术工作者；泰戈尔的亲属和朋友等。搜索后得出的结论是：这些词条涉及几乎所有的印度文化，包括印度文学、艺术、历史、文化、宗教、神话、政治、经济、军事、哲学、科学、医学、地理、社会、民族、语言、教育、法律、考古、建筑、旅游、民俗等；也涉及了世界文化的许多方面。

特别巧合的是，在本词典的编写过程中，中国著名的泰戈尔专家董友忱、白开元等几乎同时在翻译最完整、最权威的18卷本的《泰戈尔全集》。因此，我们和董友忱先生商定，本词典紧密配合《泰戈尔全集》，也就是把《泰戈尔全集》中有关的词条和解释融合到《泰戈尔词典》中去，争取做到《泰戈尔全集》和《泰戈尔词典》中的地名、人名相一致，这样就避免了读者在阅读《泰戈尔全集》和查阅《泰戈尔词典》过程中由于译名不一致带来的困惑。和董友忱先生的合作，大大地丰富了《泰戈尔词典》的内容，提高了词典的可靠性，编者也从中获益良多。谨向董友忱先生表示诚挚的感谢，对他的精神表示敬仰。

但本词典在编写过程中也遇到了难以克服的困难：印度以外的其他国家的泰戈尔研究者的材料无法搜集，就是中国国内的泰戈尔研究者也很难说搜集完整，他们的有关信息也不敢说很全。具体说到这本词典的缺点，内容繁简不够平衡，译名当否还需斟酌。即使是条目本身，亦难免求全不精、失慎遗漏。

另外需要谈一下的是原文问题。原文词条在字母上下有若干符号。受印刷条件的限制，我们未能使用这种写法。我们选择了比较简单然而同样为国内外学术著作和辞书所使用的一种。它的缺点是少数相近的不同读音只用同一个字母来表示，不易辨识。以梵语为例，表现为长、短元音不加区分；顶音和齿音不加区分；唇鼻音和nusvara不分；颚、顶、齿三处咝音用同一个s；喉、颚、顶、齿四种鼻音用同一个n等。只能遗憾了。

本词典的编写和出版得到了兰州大学科研处特别是社科处陈文江处长等的大力支持，谨向他们表示衷心感谢。

由于编者的水平有限，本词典肯定有许多不足之处，恳请专家和读者指正，提出建议，以便在再版时加以补充和纠正。

请把您的宝贵意见直接发到主编的电子邮件：ascetics@126.com

毛世昌

2016年1月

凡　例

一、本词典是一部有关印度大诗人泰戈尔的中型工具书，涉及的学科包括印度文学、艺术、历史、文化、宗教、神话、政治、经济、军事、哲学、科学、医学、地理、社会、民族、语言、教育、法律、考古、建筑、旅游、民俗等；也涉及了世界文化的许多方面。

二、本词典包括了以梵语、巴利文、印地语、孟加拉语等为主的印度地方语，也包含了乌尔都语、阿拉伯语、东亚语（如日语）等，还有少量的英语以及其他西方语言词条。一律用拉丁字母书写。词目以英语字母顺序排列。由于书写的原因，无法用相应的符号表示重音和长音等，只好请读者见谅。

三、译名凡有约定俗成的翻译而又符合原意的，基本因袭使用。有多种异译的则酌取较典型的列为参见条。今译人名基本按惯例依姓列条，只有个别人物用其约定俗成的称谓。

四、历史上人物的生卒年、帝王的在位年、事件的发生时间、王朝兴废的年代等有一些历来史料缺乏，难以稽考，只能大约列出；明确列出的有不少是学者经年研究的结果，一般是诸说之中较为可靠的。

五、内容可以互参的，注明“见‘某某’”条。一词多义的分别解释。

目　录

Aa

A "diabolical Faith" 《恶魔的信仰》，泰戈尔的信。

A Flight of Birds（Balaka） 《飞鸟集》，泰戈尔1921年的诗集。

A Government College Miscellany，Mangalore 《曼加洛尔学院记事》，印度西部海岸城市曼加洛尔学院的校刊。

A Great Channel for Communication 《一条交流的大渠道》，泰戈尔1918年的散文。

A Great Crime in the Name of Law 《在法律名义下的罪恶》，泰戈尔1919年4月的文章，抗议英国人在印度旁遮普阿姆利则市贾连瓦拉公园屠杀手无寸铁的贫民。

A.I.C.C.All-India Congress Committee in Culcutta 加尔各答全印国大党委员会，1937年12月在加尔各答开会，主要领导人尼赫鲁、鲍斯等看望病中的泰戈尔。

A Letter to an English Friend 《给一位英国朋友的信》，泰戈尔1934年的书信。

A Message of Condolence 《悼词》，泰戈尔于1935年12月12日悼念自己的小儿子写的文章。

A Message for Europe 《欧洲的启示》，泰戈尔1926年6月27日和英国《观察报》记者索拉尼的谈话。

A New Land of Promise 《一片有希望的新土》，泰戈尔1926年接受意大利记者的谈话，谈他对美国的感受。

A-ni-ko 阿尼哥，1243年生于尼泊尔，雕刻家和画家。17岁来西藏，主持建造拉萨的金佛塔。后忽必烈的老师八思巴送他来中国内地，忽必烈让他完成了许多古老佛像的修复工作。他为中国寺庙建造了大量雕像，被封为皇家制造总管。

A Peace Hymn from the Atharva Veda 《选自阿达婆吠陀的宁静诗》，泰戈尔的诗。

A Poet's School 《诗人的学校》，泰戈尔的散文。

A Problem Solved（Panraksha；Samsya-Puran；A Riddle Solved） 《原来如此》，泰戈尔于1893年写的短篇小说。地主克里西那把土地、财产交给大儿子比平经管，自己去瓦拉纳西敬神。克里西那管理财产时，比较温和，给一些婆罗门赠送土地，减、免、缓佃户的租子，尤其对穆斯林寡妇米尔扎和她的儿子阿奇姆特别照顾，给他们土地无偿耕种。比平可没有这么善良，他收回了父亲原来所有的优惠，弄得怨声载道，人们敢怒而不敢言。偏偏寡妇的儿子阿奇姆不买他的账，不惜倾家荡产也要和他把官司打到底。寡妇米尔扎来劝比平，比平根本不听，认为她没有资格来教训他。开庭那天，比平得意非凡，胜券在握。就在马上要开庭时，克里西那赶到，要儿子撤诉，儿子死不答应。克里西那说明真相：阿奇姆是比平的同父异母的弟弟。真相大白，比平依了父亲，乡亲议论纷纷。

A Pupil's Test 《一个学生的考试》，泰戈尔于1885年写的幽默故事系列之一。一个男孩子当着私塾老师的面荒唐但不失机智地回答他的监护人提出的问题，使老师极为尴尬，一气之下把他赶走。

A-rajaka 王位空悬时期，无政府状态。

A Real Indian University 《一所真正的印度大学》，泰戈尔的书信集《论一些教育问题》中的一篇。

A Single Night 《一夜》，泰戈尔于1892年写的短篇小说。"我"和苏尔芭拉一块上小学，一块玩耍。为了所谓的"为了祖国而一辈子独身"的理想而拒绝与她结婚。她无奈嫁给一个律师。后来"我"的父亲逝世，使"我"中断学业当了一名教师。在拜访律师时"我"和她互相认出，旧情复燃，但悔之晚也。为躲避暴雨，二人深夜在堤坝相遇，竟相对无语。

A Sojourn in Hell（Narakbas； Somaka and Ritvik） 《留在地狱》，泰戈尔1897年写的剧本。故事源于《摩诃婆罗多》：威得哈国王锁莫卡老年得子，大喜过望。他爱子如宝贝，以至疏于国事。有一天，他正和婆罗门祭司里维特谈论国事，突然听见儿子的哭叫，于是跑进去看儿子。这可大伤祭司的面子。他责备国王，对国王说："如果你想要更多的儿子，我可以告诉你一个好办法，不过，这个办法太狠，恐怕你办不到。" 这话伤了国王的自尊心，他勇敢地说："我发誓，只要是神圣的事业，我作为刹帝利和国王哪怕再难也能办到。" 狠心的祭司按照经典指示，要国王把比自己生命还要宝贵的儿子祭献到圣火上去，这样上升的圣烟就可以使他儿孙满堂。所有在场的人听了这话，吓得目瞪口呆。但国王金口玉言，说出的话难以收回。于是在定好的日子里，眼睁睁地看着祭司把心爱的儿子扔到火堆上。之后他后悔莫及，决定献祭牲畜赎罪。但他一直受良心的谴责。他在三界漫游。阎摩判他上天堂，判里维特下地狱。但他自己坚持要下地狱，愿意一直待下去，赎回自己的罪孽。

A Tagore Testament 《泰戈尔的声明》，泰戈尔自传体散文。

A Tagore Reader 《泰戈尔作品选读》，纽约马克米兰公司1961年出版。

A Talk with Tagore 《与泰戈尔的谈话》，英国《新领袖报》记者博雷尔斯福德1926年6月采访泰戈尔的谈话。

A Tribute to Mahatma Gandhi 《向圣雄甘地致敬》，泰戈尔1939年写的文章。

A Weary Pilgrim 《疲倦的朝圣者》，泰戈尔1931年写的诗。

Aabadaarer aain 《幼稚愚蠢的法律》，泰戈尔的散文。

Aabana 依赖。

Aabashyaker Madhye Adheenataar Bhaab 《需要者的服务感》，泰戈尔的杂论。

Aabdul Gaffarkhan 阿卜杜勒·加法尔汗，南亚次大陆的政治家，印度国大党成员，甘地的主要追随者，1912年开始参加爱国运动，1922年被捕入狱。

Aabhav Katha 《从前有个国王》，泰戈尔的短篇小说。见Once There Was a King。

Aadhunik Saahitya 《现代文学》，泰戈尔的散文。

Aadishur 阿迪舒尔，孟加拉古代著名的国王。他的真实名字是“比尔森”或“舒尔森”。因为他被认为是最初的国王，所以被称为“阿迪舒尔”，意思是“最初的舒尔”。

Aagamanee 《欢迎曲》，泰戈尔的诗。

Aajpather Kathaa 《道路的倾诉》，泰戈尔的短篇小说。

Aakaashpradeep 《天灯集》，泰戈尔的诗集。

Aakanda 阿甘达花。

Aakbar Shaaher Udaarataa 《阿克巴大帝的宽宏大量》，泰戈尔的散文。

Aakul Aahbaan 《热切呼唤》，泰戈尔的诗。

Aalasya o Saahitya 《懒惰与文学》，泰戈尔的散文。

Aallaa 安拉，伊斯兰“真主”的阿拉伯语称呼。

Aamaader Sabhyataaya Baahyiko Maanasiker Asaamanjasya 《我们文明外在的和内部的不协调》，泰戈尔的散文。

Aamaar e Manojvaalaa 《我心头的怨气》，泰戈尔的诗。

Aamader Praacheen Kaabye o Saamaje Stree-purush Premer Abhaab 《在我们古代诗歌和社会中男女爱情的缺失》，泰戈尔的散文。

Aanandamath 《欢乐寺院》，是孟加拉语著名作家般吉姆创作的长篇历史小说。

Aanandeeraam 阿依迪拉姆（？—1756），泰戈尔的第十七代先祖，久耶拉姆的大儿子，很早就死了。

Aapad 《灾难》（《不幸》），泰戈尔于1895年写的短篇小说。见The Nuisance（Castaway；Unwanted）。

Aapni Baro 《自己伟大》，泰戈尔的散文。

Aarogya 《康复集》，泰戈尔的诗集。

Aarti 印度教的黄昏点灯仪式；一种敬神形式，在神像面前呈圆圈式地摇动点亮的油灯。

Aasaansol 阿珊绍尔，印度西孟加拉邦中部的一座古老的城市，位于加尔各答西北，距离大约160千米。

Aashaarha 阿沙拉月，印历4月，相当于公历6—7月，夏季。

Aashram 静修院。

Aashutosh Mukhopaadhyaaya 阿舒多什（1864—1924），杰出的法学家，教育家，曾任加尔各答大学校长，亚洲协会主席。

Aasramer Roop o Bikaash 《静修院的形式和发展》，泰戈尔的散文。

Aatmaa 《灵魂》，泰戈尔的散文。

Aatmaar prakaar 灵魂现身。

Aatmaparichaya 《自我介绍》，泰戈尔的散文。

Aatmasakti 《自己的力量》，泰戈尔的散文。

Abalaakaanta 奥博拉坎多，“奥博拉”孟加拉语词意为“女人”，“坎多”意为“情人”。

Abaneendaranath Tagore 阿巴宁德罗纳特·泰戈尔（1871—1951），诗人泰戈尔的三

叔吉林德罗纳特的小儿子古嫩德罗纳特（Gunendranath）的三子，即泰戈尔的堂侄子，印度著名画家，孟加拉派创始人。泰戈尔发起孟加拉文艺复兴运动，被称为孟加拉派。孟加拉派倡导恢复印度古代的民族艺术传统，吸收远东绘画技法，创新了纤细淡雅薄涂画风。他发起孟加拉文艺复兴运动，倡导学生恢复阿旃陀石窟壁画、莫卧儿细密画等民族艺术传统，培养了一大批孟加拉派画家。他本人的绘画具有示范作用，主要描绘印度古代神话、历史和文学题材。在技法上融会了莫卧儿细密画与日本、中国等东方绘画的特点，线条纤细朦胧，色彩清丽淡雅，形成了孟加拉派典型的淡彩薄涂画风，透露出一种淡淡的感伤情调。代表作有《乌玛》（1921）《沙贾汗之死》（1921）《天方夜谭》（1930）以及《阿育王的皇后与菩提树》等。同时，他还致力于对印度古代艺术遗产的理论研究，曾发表《关于印度艺术解剖学的几点说明》（1914）等论文。1941年诗人泰戈尔逝世后，他继任圣蒂尼克坦国际大学校长。

Abanti　奥般迪，印度古代的一个王国，另一个名字是“马洛博”（Maalaba），其首都是尤禅尼，因此，也指尤禅尼城。

Abas Khajah Ahmad 阿巴斯·K. A.（1914— ），印度乌尔都语作家，作品有《流浪者》等。

Abasaad　《疲惫》，泰戈尔的诗。

Abashtha o Byabastha（The Situation and the Solution）　《形势与办法》，泰戈尔于1905年在会议上的发言。

Abban K. A.　阿班·K. A.，19世纪乌尔都语作家。

Abbhyarthana　《接待》，泰戈尔1885年写的幽默故事系列之一。见Reception。

Abdul Hamid Lahori　阿卜杜尔·哈米德·拉赫里，16世纪贾汗吉尔时期的历史学家，写《巴德沙本纪》（Padshah-Nanmads），记录1638—1647年的历史。

Abdul Haqdihlavi　阿卜杜尔·哈克地拉维，16世纪莫卧儿王朝时期的历史学家，为阿克巴写史。

Abdul Razzaq　阿卜杜尔·拉查克，18世纪信德语作家，作品有《加潘·阿拉》（Japan Ara）。

Abdul Wahhab　阿卜杜尔·瓦哈德，18世纪信德语诗人，著有《撒查尔》（Sachal）。

Abdul Wahid Khan 和 Abdul Karim Khan Kiran　阿卜杜尔·瓦希德·汗与阿卜杜尔·卡林·汗·克冉，二人是印度音乐学派创始人。

Abdullah Hamid Lahori　阿卜杜拉·哈米德·拉霍尔，16世纪莫卧儿王朝时期的历史学家，记录当时莫卧儿王朝的统治。

Abdur Rahim Khan-i-Khanan　阿卜杜尔·拉辛·哈-伊-坎南，16世纪人，印度莫卧儿王朝时期杰出的学者，他把《巴布尔回忆录》（Tuzuk-i-B-Baburi）从土耳其文翻译为波斯文。

Abdur Rahman　阿卜杜尔·拉赫曼（1844—1901），喀布尔阿米儿阇阿里（Sher Ali）的侄子，与英国人合作，于1880年被封为阿米儿，直到1901年。

Abdur Razzaq　阿卜杜尔·拉沙克（1413—1482），帖木儿时期的学者。

Abdur Rehman　阿卜杜尔·拉赫曼，12世纪作家，著有《传信记》（Samaneharasaka）。

Abdus Samad　阿布杜斯·撒玛德，16世纪细密画画家，1555年由胡马雍从波斯带到德里。

Abel　亚伯，《圣经》里的人物，亚当和夏娃的次子。他牧羊，他哥哥该隐种地。耶和华看中了他和他的供物，而看不中该隐及其供物。因此该隐嫉妒亚伯，把他杀死。

Abhakta　无信仰。

Abhangas　《不幸》，17世纪马拉提语作家图卡兰（Tukaram）的作品。

Abhankara　自爱。

Abharanakrt　金匠。

Abhasa　影子。

Abhav Katha　泰戈尔的短篇小说《从前有个国王》。见Once There Was a King。

Abhava　不存在。

Abhaya　《无畏》，泰戈尔的诗。

Abhayagiri-vasinah　《无畏山部》，佛教典籍。

Abhayam　无畏。

Abhaya-mudra　无畏印姿势，屈臂上举于胸前，手指自然舒展，手掌向外。这一手印表示佛为救济众生的大慈心愿，据说能使众生心安，无所畏惧，所以称无畏印。

Abheda　无差别。

A

Abhicharia 巫婆，巫术，用神秘仪式招来精灵。

Abhidhama 律藏。全部佛教典籍三部分之一（其余两部分为经藏和论藏），分大小乘律。通晓三藏的僧人称“三藏法师”。

Abhidhammatthasamgaha 《阿毗达摩义论》，12世纪问世的佛教哲学著作，斯里兰卡人阿奴律陀著。

Abhidhanappadipika 《语言光明》，最早的巴利语词典，12世纪斯里兰卡人目犍连著。

Abhidharma 阿毗达摩，“对法”“无比法”“论”，佛教名词，佛教中的“高等达摩”或哲学；学说。阿毗达摩=metaphysics（形而上学，玄学）。1.指解说和论证佛经义理的一种体裁，成就佛教智慧的手段；2.佛教经、律、论“三藏”中的“论藏”，亦称“阿毗达摩藏”。

Abhidharmakosa-sastra 佛教《俱舍论》，即《阿毗达摩俱舍论》，“阿毗”的意思为“对”，“达摩”的意思为“法”，“俱舍”的意思为“藏”。合言之为“对法藏”，简称《俱舍论》。世亲著，为小乘向大乘过渡之作。反映当时流行于湿迦弥罗（今克什米尔）的说一切有部关于世界、人生和修行的主要学说。

Abhidharma-mahavibhasa-sastra 佛教大毗婆沙论，即一切有部，佛教部派之一，分布在古克什米尔、犍陀罗等地。说一切有主要有两个方面：1.“法”一切有；2.“时”一切有。过去、未来与现在一样，皆有实体。

Abhijinanasakuntala 4—5世纪的剧作家迦梨陀娑的剧本《沙恭达罗》，全名为《凭表记认出沙恭达罗》。故事改编于《摩诃婆罗多》，描写沙恭达罗和国王豆扇陀的爱情故事。二人自主结婚，临别时豆扇陀以戒指作为信物，由于沙恭达罗怠慢仙人遭诅咒而在河里丢了戒指，豆扇陀与沙恭达罗没有相认，沙恭达罗生下与豆扇陀的儿子婆罗多。后渔人从鱼肚子里取出戒指，豆扇陀见到戒指恢复记忆，找到沙恭达罗和儿子，一家人团圆。

Abhijit 阿毗止，28宿之一。

Abhijit 阿毗耆，一种苏摩祭，是大祭伽波摩衍那（Gavamayana）的一部分。

Abhijit 阿比吉特，印度古代计时单位，相当于48分钟，即一昼夜的1/30。

Abhijit Sen 阿比吉特·森，国际大学英国文学专家。

Abhijna 神通，修炼苦行获得的超自然的力量。

Abhilaash 《欲望》，泰戈尔的诗。

Abhilasa 渴望。

Abhilash 《心愿》，泰戈尔在12岁时即1873年写的第一部长诗，发表在他的家族创办的《真理追求者》（Tattvabodhini Patrika）上，但是没有署名。

Abhimani 阿毗曼尼，梵天的长子，即火神阿耆尼。

Abhimanyu 激昂，《摩诃婆罗多》里阿周那的儿子，杀死难敌的儿子拉可什曼那，在俱卢战争的第十三天阵亡，妻子为毗罗陀国至上公主，儿子为环住王。

Abhinandana 阿毗难陀那，耆那教传说的第四位祖师。

Abhinava Raga Margart 《拉格表演方法》。

Abhinavabharat 《舞论注》，11世纪学者新护（Abhinavagupta）的作品，是对2世纪戏剧理论家婆罗多牟尼（Bharatamuni）的《舞论》（Natyasastra）的注释。

Abhinavagupta 新护，11世纪学者，克什米尔湿婆教最卓越的阐释者，印度传统美学集大成者，著有《密典概要》（Tantraasara）《舞论注》（Abhinavabharat）《韵光注》（Kavyalokalokana）等。

Abhinavakalidasa 阿比那瓦迦梨陀娑，11世纪作家，写有《薄迦梵占布》（Bhagavatacampu）。

Abhinavavadi Vidyananda 阿比那瓦瓦迪·维迪亚南达，14—15世纪坎纳达语作家，著有《诗的精髓》（Kavyasara）。

Abhinaya 身体动作，表演，演剧。

Abhinaya Darpana 《表演镜铨》，舞蹈理论著作。

Abhiniskaramanasutra 《佛本行集经》，佛传和佛本生的故事。

Abhiplutar 意义臃肿。

Abhipraya 想象，依据《诗相》相似形构思前所未有的意义，帮助世人。

Abhiras 阿比拉部族，在古代印度马尔瓦和德干西，黑天族。

Abhiri 阿毗罗语，古代印度的一种语言。生活在象、马、羊、牛或骆驼产地的人使用阿毗罗语。

Abhisara 阿比萨拉，公元前4世纪克什米尔国王，被亚历山大征服。

Abhiseka 灌顶，国王登基礼；洗偶像，给偶像沐浴；灌顶礼。

Abhiseka 《灌顶》，2—3世纪笈多时期的剧作家跋娑（Bhasa）的作品，为6幕剧，描写罗摩协助须羯哩婆灌顶为王，又在须羯哩婆协助下夺回被十首魔王劫走的悉多，灌顶为王的故事。

Abhu 种子。

Abhuta 不实。

Abhutaharana 作假。

Abhyarthana（Reception） 泰戈尔于1886年写的喜剧《接待》。

Ablution 沐浴仪式。

Abnivyattivada 表现主义。

Abodh Bandhu 《纯友》，泰戈尔时期的文学期刊，在1869年连续登载法国皮埃尔的《保罗和弗吉尼》的翻译本，对8岁的泰戈尔印象很深刻。

Abu 阿布山，耆那教神庙，在拉贾斯坦邦西南。

Abul Fazl 阿布勒·法兹（1551—1602），莫卧儿王朝阿克巴统治时期的历史学家，为阿克巴写《阿克巴本纪》（Akbar Namah）《阿克巴则例》（Ain-i-Akbari）。

Abwabs 杂税。

Abyssinia 阿比西尼亚，又称埃塞俄比亚，是1270年到1974年期间，非洲东部的一个国家，今日东非国家埃塞俄比亚的前身。和一般非洲国家不同，埃塞俄比亚在第二次世界大战被意大利入侵（1936—1941年）之前，一直维持其古老的君主制度，并未受到殖民主义浪潮的吞噬。阿比西尼亚帝国是在帝国主义瓜分非洲浪潮中，与利比里亚并列的仅有的2个保持了独立地位的国家。阿比西尼亚帝国于1974年被门格斯图推翻。推翻以后，埃塞俄比亚改为奉行社会主义。面积1 103 600平方千米。人口7740万（2005年埃塞俄比亚官方数字）。人口增长率为2.9%。全国有80多个民族，主要有奥罗莫族（40%）、阿姆哈拉族（20%）、提格雷族（8%）、索马里族（6%）、锡达莫族（4%）等。居民中45%信奉埃塞正教，40%～45%信奉伊斯兰教，少数人信奉新教、天主教和原始宗教。阿姆哈拉语为联邦工作语言，通用英语，主要民族语言有奥罗莫语、提格雷语等。首都亚迪斯亚贝巴。

Abyssinians 阿比西尼亚人，印度历史上皈依伊斯兰教并被带入印度的黑奴。

AC Amiya Chakravarty的缩写，查克拉瓦·阿米亚。见Chakravarty Amiya。

Academic Digest 《学术文摘》，全国学校精品书架工程项目组委会主办的大型正规学术出版物，是国家一级学术团体项目主编的学术文集，由吉林大学出版社出版，每月出版。1985年第6期刊登张晓菲的《泰戈尔的〈沉船〉主题辨》。

Academic Exchanges 《学术交流》，1985年创刊，黑龙江社会科学界联合主办。2003年10月第10期刊登张羽的《泰戈尔与许地山、冰心笔下的女性世界之比较》。

Academy of Bengali Letters 孟加拉文学社。

Acalayatan 《报答》，泰戈尔1912年写的短篇小说。拉塔穆孔德和绍什布松是最好的朋友。他和妻子拉什摩妮暂居在绍什布松家，靠人家养活。绍什布松的妻子久菘多丽指桑骂槐，赶他们走。人在屋檐下，只好受气。以后发生了一系列的事情：绍什布松派拉塔穆孔德送税款，税款被强盗抢走。绍什布松的田产因欠税而被拍卖。拉塔穆孔德把妻子拉什摩尼的首饰典当，维持两家生活。拉塔穆孔德又找到了律师工作，把所有的工资交到久菘多丽手里，他攒钱赎回了绍什布松被拍卖的田产。这样一来，久菘多丽再也不骂了，绍什布松极为感动。拉塔穆孔德如实相告，强盗抢税款，拍卖田产都是他一手策划的。实际上绍什布松早知道这一切。他原谅了拉塔穆孔德，两家和好如初。

Acara 修行，密教里妇女独有的有关性欲的实践。

Acarya 阿迦黎耶，老师，祖师，精神导师。

Accept Rabindra's salution 见Aurobindo, Rabindrer laho namaskar' "奥罗宾多，请接受拉宾德拉的敬礼"词条。

Acetana 无意识。

Achaemenid 阿契美尼德，波斯雕刻艺术风格，影响了印度艺术。

Achal 坚定不屈的，不可移动的。

Achalaayatan 《坚定寺院》（《归学堂》），泰戈尔1912年写的象征剧，表现印度

教的过于刻板的教条。见The Static Institution

Achamana 印度教的净化仪式。

Acharya 有灵性的师父，导师。

Acharya Jagadish Chandra Bose 阿查雅·迦嘎迪史·钱德拉·鲍斯（1858—1937），印度自然科学家，泰戈尔的好朋友。

Acharya P. K. 阿查瑞亚·P. K.，20世纪印度建筑学家，在阿拉哈巴担任教授。

Acharya Ramachandra Shukla 阿查利亚·拉摩钱德拉·舒克拉，印度现代文学评论家。

Achilleus 阿基流斯，希腊神话人物。《荷马史诗》中最勇敢的英雄。

Achterloney Monument 奥奇塔隆尼纪念碑，在加尔各答。1931年9月孟加拉黑吉里拘留营的狱警打死了两个政治犯，泰戈尔义愤填膺。10月1日在加尔各答广场（奥奇塔隆尼纪念碑下）民众大会上，强烈谴责殖民者的暴行。

Achut Kanya 《坚强的姑娘》，印度导演弗兰茨·奥斯汀（Franz Osten）20世纪30年代导演的电影。

Achuta 不可接触者。

Achyuta 不朽者，指印度神话里的保护之神毗湿奴和他的化身黑天。

Achyutanand 阿楚塔南德，15世纪印度奥里雅语作家。

Acintya 不可思议的。

Acintya-bhedabheda 不可思议的身份差异。

Acit 无生命的物质。

Acolyte 林中仙人的年轻徒弟。

Acquitance 《还债》(《报应》)，泰戈尔于1926年写的剧本。娜丽妮出身于律师家庭，他的做律师的父亲和母亲想把她许配于富家子弟南迪，南迪也钟情于娜丽妮。但娜丽妮对婚姻大事有她自己独特的看法。她不追求浮华而追求内在美和诚实的爱情，因而看上她的同学、出身贫寒的萨提施。萨提施自小受母亲和没有孩子的姨母的宠爱，她们尽量满足他的要求，但父亲曼玛塔却很不以为然，萨提施为此对父亲耿耿于怀。在娜丽妮生日那天，为了和南迪比，他偷卖了家里祖传的宝物金水烟袋，给娜丽妮买了贵重礼物，娜丽妮知道他的虚荣心和可怜家境，坚持要他把东西拿走，南迪为此奚落萨提施，娜丽妮也当面退回南迪的礼物。萨提施父亲病故，姨母把萨提施过继过去。母亲也一块跟去生活。萨提施满怀希望地想继承有钱的姨父的财产，却不料姨母生下一个弟弟，他的梦想破灭。姨母对萨提施母子越来越苛刻，出语伤人。此时萨提施才意识到父亲当时是对的，但悔之晚也。萨提施为争口气，从自己所管的公司挪用6万卢比还姨母的人情债，声称是他炒股票赚来的钱。姨父怀疑他的钱来路不正。他本来指望炒股把亏空顶上，却不料血本无收。公司突然发现大量资金丢失，怀疑是萨提施所为，派警察来抓他。萨提施走投无路，想举枪自杀。突然看到姨母生的小弟弟，把仇恨集中到弟弟身上，认为自己的梦想破灭全是因为有了他。准备先杀死弟弟再自杀。突然良心发现，放了弟弟。警察已经到了门口，萨提施拿枪口对准脑袋。正在千钧一发之时，娜丽妮赶到。她夺下手枪，愿意拿自己的首饰替萨提施补上亏空。萨提施的老板同意不再追究刑事责任。有情人终成眷属。

Acyuta 阿逸多，“不败者”，《摩诃婆罗多》里阿周那对黑天的称呼。

Adab-i-Alamgiri 《阿拉姆吉尔的礼仪》，莫卧儿王朝第六代皇帝奥朗则布的书信集。

Adalat System 阿达拉特制，英国东印度公司通过当地纳瓦布行政机构进行统治的制度。

Adam 阿达姆，孟加拉查克玛人居住的村落。依山傍水，环境优美。

Adambara 吠舍种姓做圣线的材料；阿丹巴拉，一种鼓。

Adams Bridge 亚当桥，印度和斯里兰卡之间海上的小岛，岩礁和沙洲的称谓，又称罗摩桥。《在罗摩衍那》里，猴子军帮助罗摩在此用石头、树枝在海上铺出一条道来，直通楞伽岛，罗摩过桥打败十首魔王，救出悉多。

Adana 取得。

Adbhuta 奇异味（诗），产生于常情惊（vismaya），通过看见神灵、实现心愿、走进美妙的园林或神殿和出现不可想象的神奇事迹等情由产生。

Addams 亚当斯小姐（1860—1935），哲学家、社会学家、作家，美国著名的社会工作者，一生为争取妇女、儿童的权益、健康而不遗余力地奔波。1931年成为美国第一个获得诺贝尔和平奖的女性。泰戈尔1921年2月访美时和她在纽约会面。

Addan Shah 阿丹·沙，19世纪旁遮普语作家，著《波斯运》(Para Bhāg)。

Addisesha 蛇，毗湿奴的保护精灵；毗湿奴的蛇床。

Address at the Parliament of Religions 《宗教议会上的讲话》，泰戈尔1937年的讲话。

Address at the Tehran Literary Society 《在德黑兰文学协会的讲话》，泰戈尔1932年5月访问伊朗时的讲话。

Address to H. E. Tai Chi Tao 《对戴季陶的欢迎词》，泰戈尔1940年12月9日欢迎访问国际大学的戴季陶的话。

Address to the All- Bengal Muslim Students' Conference 《致全孟穆斯林学生大会》，泰戈尔1931年的信。

Address to the Community of Writers 《对作家的讲话》，泰戈尔1932年5月访问伊拉克时的讲话。

Addresses in Singapore and Malay 《在新加坡和马来亚的讲话》，泰戈尔1927年7月底在新加坡和马来亚访问的讲话集。

Adee 《大河》，泰戈尔的诗集。

Adekha 未看见。

Aden 亚丁，位于阿拉伯半岛的西南端，扼守红海通向印度洋的门户，素有欧、亚、非三洲海上交通要冲之称，古为东、西方贸易的重要中途站。

Adham Khan 阿丹·可汗（?—1562），莫卧儿王朝第三代皇帝阿克巴奶妈的儿子，与阿克巴的母亲、奶妈一起曾左右阿克巴。

Adhama 最差，次。

Adharma 非法，非正法，非达摩；休息的方法，条件。

Adhe Adhure 《未完成的一半》，摩汗·拉克史（Mohan Rakesh）的剧本。

Adhibala 更强。

Adhibhuta 超万有，指万物永无休止的变异和生灭之性。

Adhika 言多。

Adhikarana 司法职能。

Adhikari 学者。

Adhikari 诗意感知的享有者。

Adhikati 占有者。

Adhikatva 过量。

Adhimsa 闰月，在这个月里，印度人特别是印度教徒拜神、救济穷人、打坐等。

Adhipati-atman 主我，真实的那个自己。

Adhiratha 升车，《摩诃婆罗多》中迦尔纳的养父。般度5子的母亲贡蒂在婚前与太阳神生迦尔纳，迦尔纳被抛弃后由升车和妻子陀罗收养。驭手。

Adhisima Krisna 阿迪斯莫·克里希纳（约公元前9世纪），《摩诃婆罗多》里环住王的第五代继承人。

Adhiyajna 超祭祀，指祭祀的动机。

Adhrma 非正义之神。

Adhunik Sahitya 《现代文学》，泰戈尔1907年写的散文。

Adhvaryava 祭祀祷告集，散文形式，祭祀时由主祷告官念读。

Adhvarya（u） 行祭者，祭司。

Adhvaryu 执行祭官。

Adhyaapak 《教授》，泰戈尔的短篇小说。见 Professor。

Adhyatama Ramayana 《神灵罗摩衍那》，16世纪马拉雅拉姆语作家罗摩奴加·伊柱塔禅（Ramanuja Ezhuthachan）的作品。

Adhyatman 纯自我，自性，万物各自不同的特性，印度神话里的最高灵体，宇宙精神，造物灵体，灵魂。所有获得梵的知识的行为。最高灵魂和个体灵魂的关系。

Adhyatmauidya 纯我之学，纯我，义为宇宙灵魂。

Adhyatmavidya 内明，指不同哲学流派各自的理论体系。

Adhyatmika 民俗学。

Adhyaya （书的）章。

Adhydaiva 超神，神中的主神。

Adi Brahmo Samaji 原始梵社，梵社是近代印度最早的宗教和社会改革组织，19世纪60年代初，发展到了顶峰，这时，以喀沙布·钱德拉·森为首的少壮派和老资格的保守派发生了严重分歧。泰戈尔的父亲德本德罗纳特力图调和两派，他很欣赏喀沙布的才干，任命他为梵社的宣教师和秘书。少壮派的改革，由反对童婚、提倡寡妇再嫁发展到赞成不同种姓之间通婚、提倡妇女受教育、吸收妇女入社，更激进的是，在宗教仪式上与传统印度教的决裂，在教义方面大量借鉴基督教。在这种情况下，梵社的分裂不可避免了。1865年，矛盾已不可调和。在泰戈尔父亲德本德罗纳特免去了喀沙布的职务后，喀沙布组建了印度梵社，德本德

A

罗纳特领导的梵社改称原始梵社，也称真正梵社。德本德罗纳特任命泰戈尔为原始梵社的秘书。

Adi Brahmo Samaji Movement　真梵社运动。梵社是近代印度教改革团体之一，1828年由R. M. 罗易在加尔各答创立。

梵社把印度古代奥义书中的唯心主义一元论和伊斯兰教的一神论思想综合起来，宣称神是唯一、永恒、始终不变的实体，没有任何形式和属性，是宇宙万物的创造者和支持者。在社会改革方面，梵社反对印度教的种姓分离、教派对立和烦琐的祭祀仪式；批判中世纪遗留下来的封建习俗，主张男女平等，并与寡妇殉夫、童婚、多妻等歧视妇女现象进行坚决的斗争；提倡开设新型学校、传播科学知识。梵社的活动在孟加拉青年知识分子中有较大的影响。

19世纪40年代初，D.泰戈尔继任梵社领袖。他提出一套比罗易更为彻底的宗教改革纲领，继续反对偶像崇拜和种姓分立现象。19世纪60年代初在孟加拉社会运动的影响下，梵社分裂为以喀沙布·钱德拉·森为首的青年激进派和以泰戈尔为首的保守派。1866年两派矛盾激化，青年激进派成立一个新的团体，叫作“印度梵社”，原来的梵社也改名为“真梵社”。此后，真梵社逐渐失去影响。印度梵社十分重视妇女解放和反对童婚的斗争，创办了专门的妇女学校，成立了一些梵社妇女成员的团体。后来，由于喀沙布·钱德拉·森背离了梵社的某些原则，导致该组织分裂，一部分成员又另立“公共梵社”。

梵社的宗教和社会改革理论代表了印度新兴资产阶级的利益，对唤醒人民思想、批判宗教蒙昧主义、清除种姓压迫和封建习俗、普及教育文化等曾起过重要作用。

Adi Buddha　初佛。

Adi Granth　《阿底·格兰特》，锡克教经典。第五代祖师阿尔琼在位时所编纂。共收集3384首赞歌，15 000多诗节，主要用旁遮普文写成。主要内容为历代祖师的赞歌及生平事迹，也有印度教和伊斯兰教活动家的演说和言论等。

Adi, madhya, anta　始、中、末，相当于佛典的成、住、灭。义为众生的生成、生住期和死亡。

Adi Parva　《摩诃婆罗多》的《初篇》。

Adideva　至尊主，指黑天。

Adiga Gopalakrishna　阿迪戈·G.（1918—），南印度坎纳达语诗人，作品有《大地之歌》等。

Adigupta　“无极高”，7世纪印度佛教僧人，曾来长安讲经。

Adikala　阿迪卡拉，印地语文学的早期阶段，14世纪出现。

Adikavya　最初的诗，指《罗摩衍那》。

Adil Shahi Dynasty　阿迪勒·沙希王朝（1489—1686），印度德干地区5个穆斯林小国之一。后被莫卧儿王朝兼并。

Adinath　奥迪纳特，耆那教圣人。

Adinath Temple　奥迪纳特（Adinath）庙，在拉纳科普尔（Ranakpur）。

Adipurusa　第一人。

Adirantascamadhhyam　始、中、末，万物的形成、存在和毁灭。

Adisaivas　原始的湿婆派祭司。

Adisena　阿密什那，8世纪印度佛教学家，693年到中国，住天堪寺，翻译7部梵语著作。他在中国创建了“印度寺庙”天殊寺。卒于公元721年。

Aditala　音乐的2/4拍。

Aditi　阿底提，神之母，无缚女神。

Aditwar　太阳神崇拜，星期天。

Aditya　公正、无偏袒者。

Aditya Aditi　子光，太阳神的实体。

Aditya Cola　阿底亚·朱罗（880—907），朱罗王朝复兴时期名王。

Adityahridaya　点亮的太阳中心。

Adityas　阿提帖，以伐楼拿（Varuna）为首的集团神名。女神阿底提的儿子。原来只有7神，以后增加到12个。分别代表一年中12个月的太阳：塔多、密陀罗、阿提耶曼、楼陀罗、伐楼拿、苏利耶、薄迦、毗婆思万、普善、掌毗多、陀湿多、毗湿奴。他们的宇宙职能是：维系三天、三地，维系存在和运动中的一切；他们是一切的主宰；他们赐惠世人。

Adityas Mantra　《罗摩衍那》里投山仙人送给罗摩的弓箭。

Adivasis　原住民，土著，部落民。

Adrika　阿德丽卡，仙女，被梵天诅咒变鱼，后吞进空行王的被鸟叼走时掉进水里的元阳而生鱼香女（即贞信）。

Adrstaphala 不测之祸。

Advaitam 唯一，无二。

Advaitaprakarana 不二。

Advaitavedanta 不二论哲学体系：认识到梵我合一会带来解脱。最杰出的代表是商羯罗。

Advaitic 不二论。

Advance 加尔各答《前进报》。

Advani 阿德瓦尼（1927—），印度人民党领袖。

Adwaitacharan 一元论：梵，世界，万物同一。商羯罗的不二论：商羯罗认为最高真实的梵是宇宙万物的始基，也是万物的依靠，世界上一切现象都是从梵中产生出来的。最高的梵是世界之源，万物依靠梵产生而梵并不依赖世界。梵是统一、永恒、纯净、先验的意识。它无内无外、无形无状，既不具有任何差别也不具有任何属性，既超主观也超客观，既超时空也超因果。它不具有任何差别、内外、部分，也不具有任何属性、运动、变化。梵既超越于主观与客观，也超越于时间、空间、实体性、因果等等的经验范畴，它是不可见、不可闻、不可触、不可说、不可思议的一种绝对实在。

商羯罗认为，世界是梵用魔力——摩耶（maya）创造出来的，摩耶是转变为现象界名色（精神和物质）的根源，是现象界的种子。商羯罗认为现象世界是由下智的人们对于上梵的无明或虚妄所引起的。摩耶是一种无明（无知）或虚妄认识。梵转变为世界是一种幻现的转变。商羯罗认为，从本体论或最高存在的意义上看，世界和一切现象都是摩耶，它们好似梦、魔术中的幻象，和海市蜃楼一样不真实。他常说，"梵是真实的，世界是非真实的"；但从经验的或相对的意义上看，世界及其现象则是实在的。梵通过"摩耶"创造世界的过程，很像一位魔术师在变戏法。它先取来五种细微物质：空、风、火、水、地，作为创造世界的基本素材，再将这五种细微物质相结合，产生出五种神奇的物质：空大、风大、火大、水大、地大五个基本原素。现象世界就是由这几种神奇物质变幻而来的。人可分为细身和粗身，细身是由细微原素所构成的，粗身则是由细微原素混合起来的基本原素所构成的。

商羯罗认为，解脱就是亲证梵与我的同一，所谓"我就是梵"。解脱不是产生一种新的至善至乐的状态，而是除去无知的遮蔽，亲证自己至善福乐的本性，正像一个人寻求被遗忘了的自己颈上的项圈一样。商羯罗的理论与其他印度哲学思想一样，最终归结到超越现象世界的"梵"上。商羯罗的哲学是为了论证他的宗教解脱理论的。商羯罗提出阿特玛（Atma）和梵的实体在质量上和数量上都是没有任何区别的精神实体，"空"和"梵"之间也没有认知的不同。商羯罗使人们很容易接受《韦陀经》。商羯罗天才地运用韦陀语言，并用《韦陀经》的主要经文作为证据，否定了终极真理是空的佛教信条。商羯罗认为，真理如《韦陀经》所宣示，是梵，是精神。同样地，商羯罗驳倒了佛教没有灵魂或自我的信条，重新确立了关于阿特玛——个体灵魂的韦陀真理。商羯罗宣称阿特玛和梵的实体在质量上和数量上都是没有任何区别的精神实体，"空"和"梵"之间没有认知的不同。

Adyar 阿德亚尔，印度南部小城市，1928年5月，泰戈尔应贝桑特夫人邀请，在这里休养了几天。

Aeambana 依赖。

Aeneid 《埃涅阿斯纪》，古罗马作家维吉尔最重要的作品。全书共分十二个部分，叙述英雄埃涅阿斯在特洛伊城被希腊军队攻陷后离开故土，历尽艰辛，到达意大利建立新的邦国的故事（其后代建立罗马），以当地部落首领图尔努斯与埃涅阿斯决斗被杀结束。史诗借用神话传说歌颂罗马国家，歌颂奥古斯都统治的历史必然性。《埃涅阿斯纪》是欧洲文学史上第一部个人创作的史诗，自问世到现在，一直受到很高评价。

Aeschulus 埃斯库罗斯（公元前525—公元前456），古希腊三大悲剧作家之一。

Aesthetic Education 《美育》，中国教育史上第一份集学术性、通俗性、宣传性于一身的美育学术刊物。在新思潮、新文化运动的影响下和蔡元培、李叔同等新知识群体的带动下，该杂志由中国教育史上第一个美育学术团体——中华美育会在1920年4月创办于上海。1982年4月第6期刊登章智明的《阳刚与阴柔（惠特曼与泰戈尔）》。

Aesthetics and Time 《美与时代》，创刊于1986年，由河南省美学学会和郑州大学美学研究所主办。2010年第1期刊登董洋的《叶芝、泰戈尔"神秘主义"的契合之处及意义》。

Afif，Shams-i—Siraj　阿菲夫，13世纪印度穆斯林历史学家，著有《菲鲁兹王朝史》。

Afridis　阿夫里人，古印度的一个民族，图什普人的一支。

Afzal Khan　阿佛沙拉罕，17世纪印度比贾普尔将军，征讨马拉塔领袖西瓦吉时被对方虎爪撕裂而亡。

Afzal-ud-Daula　阿佛杂乐－乌德－道拉（1827—1869），印度海德拉巴土邦的省督（当时叫尼柴姆）。

Aga Khan　阿迦·汗（1877—1957），伊斯兰教伊斯玛仪派伊玛目，印度伊斯兰教政治、宗教领袖，社会活动家。生于卡拉奇，祖籍波斯。精通波斯语、阿拉伯语、英语和法语，在哲学、逻辑学、教义学和教法学等方面均有高深造诣。1885年被拥立为伊斯玛仪派第47代伊玛目。1907年与威卡尔·马利克等人创立"全印穆斯林联盟"，任第一任主席，并为该组织提供大量经费。第一次世界大战期间被英国政府授予爵士衔。1928年主持德里穆斯林各党派协商会议，重申穆斯林分设选区及在中央和各省议会单独设立席位的要求。1930—1931年代表穆斯林联盟出席在伦敦召开的圆桌会议。1937年当选为国际联盟大会主席。其宗教、政治思想深受阿富汗尼的泛伊斯兰主义的思想影响，主张伊斯兰国家的普遍团结。我国新疆地区的伊斯玛仪派信徒尊称其为"活主"，近年来许多信徒去该派中心的印度孟买朝觐。1920年5月和泰戈尔在去英国的船上相见，给泰戈尔读哈菲兹的诗并和泰戈尔讨论苏菲主义。

Aga Hashra Kashmiri　阿加·哈史拉·卡什米利，印度中世纪著名的帕西剧作家。

Agagadi　《阿加贾》，当代古吉拉特作家齐德拉瓦丹·马赫特（Chandrawadan Mehta）的独幕剧。

Agama　宗教经典。

Agama-sastra　《圣教论》，即 Gaudapada-karikas（《乔荼波陀颂》），乔荼波陀写，绝对不二论经典。

Agama Sutra　阿含经，阿笈摩，"传承的教说""集结教说的经典"，早期佛教基本经典的汇集。

Agamadam-bara　《经典大观》，9—10世纪贾衍多（Jayanta）的作品。

Agamani Song　阿格马尼歌，印历阿斯万月（8月）在杜尔迦祭拜节庆祝开始前唱的欢迎杜尔迦回娘家的歌。

Agamaviruddha　自教相违。

Agamemnon　阿伽门农，意为"坚定不移"，希腊神话中的迈锡尼王。阿特柔斯之子，斯巴达王墨涅拉俄斯的哥哥，武艺高强，擅使长矛和标枪，足智多谋。投毒、暗杀、绑架对他来说都是拿手好戏，撒谎当然也是军队里的家常便饭。也正因为他很聪明，所以他没有必胜把握时，从来不肯正面与人交锋，也总是避免危险的决斗，当然，安全的决斗是参加的。

Agamikas　历史。

Agamyagamana　乱伦罪。

Agarayana　爱耆罗延纳祭，一种祭典的名称，在阿耆尼湿头摩祭中的第一个苏摩祭。

Agartala　阿加尔塔拉，印度东部特里普拉邦首府。1926年2月24日泰戈尔访问这里。

Agarudh Dhupa　一种祭祀用的香。

Agashaya　阿加沙耶，《罗摩衍那》里十首魔王罗婆那的儿子。

Agastya　投山仙人，在 Agasti 里，aga 意为山，asti 意为投掷者，合起来的意思是投山仙人，密多罗和伐楼那见广延天女美丽而遗精，先后生出极欲仙人和投山仙人。他是达罗毗荼的第一导师，完成第一部泰米尔文语法书《阿加提雅姆》，用泰米尔语言把印度宗教和文学引入印度半岛，对泰米尔语言和文学的形成、印度教传入南印起了重要作用。传说他饮干海水帮助天神打阿修罗；见祖先之灵倒悬于深渊，挑选各种动物最精美部分造一婴儿，赐毗陀哩婆王，长大后嫁给他。传说里他命令文底耶山不再增高。他为罗摩好友，热情接待他们并出谋划策。

Agattiyam　《阿加提雅姆》，第一部泰米尔语语法书，相传由投山仙人完成。

Agattiyar　阿加提亚尔，即投山仙人。见 Agastya 词条。

Agdum-dagdum　摆弄小玩意儿时的儿语开头韵调，一边唱一边手拍膝盖。

Agesilos　阿吉西罗斯，公元1世纪人，贵霜王朝迦尼色伽宫廷中的著名建筑家和工艺美术家。

Agha　阿加，罪恶之神。

Agha 罪。

Agha Khan Palace 阿迦汗宫，在马哈拉施特拉邦的浦那市古宫和革命纪念地，这里曾囚禁过甘地和夫人。

Aghatya-karma 无害业，包括：明业（nama），可以决定人多少带有名分意义的个人属性；种业（gotrs），决定人的社会属性，如其所属的种族、家庭等；受业（vedanaya），引起人的苦乐反应以及反应的强烈程度；寿业（ayuh），可以决定人和其他众生的寿命。

Aghorasiva 阿笱拉斯瓦，12世纪悉檀多神学家。

Aghoris 信奉死亡与黑暗女神的湿婆派信徒。给什么吃什么，据说沉迷于吃人肉。常常用自己的粪便涂满全身。

Agil Khan Razi Zafar 阿吉利·可汗·拉兹·扎法尔，17世纪奥朗则布时期的历史学家。

Agmaprakarana 圣教。

Agneya 阿耆尼耶，火神阿耆尼的儿子；《摩诃婆罗多》里木柱王的第二个儿子用的弓。鸯耆罗斯的8个儿子的统称。

Agneyastra 阿耆尼神箭，《摩诃婆罗多》里的一种火器，由仙人、神仙传给大英雄德罗那的父亲，再传德罗那，德罗那又传给阿周那；《罗摩衍那》里罗摩使用的武器；带着咒符的火神神箭。

Agneyi 引内火自戮。

Agni 阿耆尼，印度神话里的火神。

Agni 仙人。

Agni 阿耆尼，古代中亚城镇，在今新疆天山南麓东北部的喀喇沙尔。

Agni kunda 大典祭祀用的圣火盆。

Agni Pariksha 《罗摩衍那》中悉多为证明贞节，跳入火中，火神将其托出。

Agni Purana 《火神往世书》，7—8世纪问世。

Agnidesa 焉耆，古为西域国家，位于今新疆维吾尔自治区中部，天山中段，焉耆盆地中央。大致为现在的焉耆县。

Agnidhra 点火者。

Agnihotra 火祭，印度教教徒在一名祭祀主持下对三火（家主火、供养火和祖先祭火）投奶酪和其他供品，每天早晚各一次。

Agnihotraka 祭祀时把奶油浇到圣火上。

Agnii 阿耆尼伊，火神的妻子。

Agnikula 火族，由极欲仙人举行的一次盛大火祭而得到净化。

Agnimitra 火友王（公元前149—公元前141），古代印度摩羯陀国巽珈王朝国王。

Agnimitra 火友王，传说中的国王，他和宫女摩罗维迦的爱情故事在印度广为流传。

Agnisthali 火锅，圣火盆。

Agnivesa 如火氏，印度古代医学家。

Agnivesa 阿耆尼威沙，火神的儿子，《摩诃婆罗多》里德罗那父亲巴拉德瓦加的箭术师父。

Agnyadheya 置火祭祀。

Agra 阿格拉，亦译“亚格拉”，印度北方邦西南部历史名城，位于雅穆纳河西岸，水陆交通中心，农产品集散地。人口包括郊区约77万，面积4816平方千米。1803年阿格拉被英国吞并，曾为阿格拉省（后西北省）省会。该城是德里和坎普尔之间铁路、公路的中间站，也是连接拉加斯坦及乌塔尔省的交通要地。阿格拉是著名的旅游区，原莫卧儿王朝的首都，有著名的泰姬陵、阿格拉堡等。工业有纺织、榨油、面粉、翻砂、制革、制鞋等。绣花、金银工艺、美术品十分有名。

Agra Fort 阿格拉堡，在阿格拉，是莫卧儿王朝的王宫。

Agraharas 赐予婆罗门的自由保有地。

Agrahayan 阿格拉哈扬月，印历9月，为公历11—12月。

Agrala 孤独。

Agrapujia 顶峰，第一。

Aguru 香木。

Ahal 无犁的农民。

Ahalya 阿诃利耶，又译为奥赫腊，仙人乔达摩的妻子。因陀罗趁乔达摩外出晨祷之际，化作乔达摩的模样对阿诃利耶进行诱惑，向其求欢。阿诃利耶看出他是神王因陀罗，仍满足他的要求。乔达摩归来见状，发出咒语，因陀罗全身长出女生殖器。奥赫腊化为顽石，后来得到罗摩的触摸，才恢复人体。

Ahalya Bai 阿哈里耶·巴伊（?—1765），印度马拉塔联盟赫尔卡尔家族的实际上的女统治者。

Aham 爱情风格。

Aham brahmasmi “我就是绝对”，奥义书里的警句。

A

Ahamadabad　阿哈迈达巴德，印度古吉拉特邦首府，印度第六大城市，公元15世纪由苏丹艾哈迈德一世建立，因而得名。

Ahamadiyyah　阿赫玛亚教派，19世纪由阿赫玛创立，宣扬伊斯兰教、基督教和印度教的合一。

Ahamkara　自我，我慢，我执，感到自我存在的意识，如我听，我说，我看，我做等。

Ahankara　自觉，自尊。

Ahara　县。

Aharya　舞台道具。

Ahavaniyagni　供养火，印度教教徒大型祭祀必须放置的供奉物，烧供物奉献诸神，火炉为方形。

Ahetu-appaccayavada　无因无缘说，古代印度"6师"理论之一，认为善恶没有固定标准，因社会习俗而看。

Ahi　蛇，干旱之魔。

Ahi Bhutnya　"深山之蛇"，具有蛇的特性者，后来成为楼陀罗和湿婆的称谓。

Ahichatra　安溪茶特拉国，《摩诃婆罗多》里德罗那请求阿周那帮助打败仇人木柱王后夺其国土，分一半给阿周那，这一半国土取名安溪茶特拉国。

Ahimsa　不杀生，非暴力，同时不伤害他人的感情。

Ahimsa in Sino-Indian Culture　《中印文化的"不害"精神》，谭云山1949年的著作。

Ahir　两大史诗里的阿黑尔，印度北方的一种少数民族。

Ahiraavana　奥希罗波那，大史诗《罗摩衍那》里的罗刹。

Ahl-I hadith　伊斯兰圣训派，亦名"经典派""麦地那派"。伊斯兰教逊尼派中两大神学支派之一，与"意见派"相对。主张以《古兰经》和"圣训"为立法依据。对于经训中无明文规定的问题不下断语，不许用"意见"解释。

Ahirbudhnya Samhita　《阿西布德尼亚本集》，毗湿奴教派盘查拉特拉学派最重要的著作之一，阐述哲学和规定礼拜仪式。

Ahmad Khan　阿赫玛德·汗（1817—1897），印度著名的穆斯林学者，对伊斯兰教改革、教育、文学都有贡献。

Ahmad Shah Abdali　阿赫迈德·沙·阿卜达利（1747—1773），阿富汗统治者，曾7次入侵印度。

Ahmad Shah Bahmani　阿赫迈德·沙·巴曼尼（？—1435），巴曼王朝苏丹，曾对维查耶纳加尔和德干的印度教王公作战，屡胜。

Ahmadabad　艾哈迈达巴德，古吉拉特邦城市，印度内陆最大工业中心。有甘地故居。

Ahmadabadsatyagraha Movemnt　甘地于1918年来到艾哈迈达巴德发起的坚持真理运动。

Ahmadnagar　阿赫迈德纳加尔（1490—1633），阿赫迈德建立的印度德干地区的穆斯林苏丹国，后被莫卧儿帝国吞并。

Ahmadnagar　艾哈迈德纳加尔，印度南方城市，16世纪兴起割据的穆斯林小朝廷。

Ahmed Chagla　阿赫迈德·查格拉，19世纪信德语剧作家。

Ahmed Fakhruddin Ali　阿赫迈德·法赫鲁丁·阿里（1905—1977），1974—1977年担任印度第五任总统。

Ahmedabad　阿哈迈达巴德，古吉拉特邦主要商业城市，印度第6大城市，人口近600万。印度重要商埠，当地以精美的穆斯林建筑、印度教寺院及陵墓而出名。2002年，阿哈迈达巴德市曾经爆发大规模宗教冲突，结果造成至少2500人丧生，其中多数为被印度教暴徒打死的穆斯林。1922年10月泰戈尔到此访问。1927年3月泰戈尔再次来这里。

Ahnistoma　祭祀圣火。

Ahobala　阿后巴拉，14世纪作家，著《青春季节里的湿婆》(Virupaksava Santotsavas)。

Ahomas　阿豪马人，印度东北部的民族，大部分在阿萨姆邦。

Ahoms　阿洪姆人，在印度东北部阿萨姆一带，13世纪从云南德宏逐步迁往印度，讲傣语。曾建立一个勐顿孙罕（Mong Dun Sun Kham）傣族王国，到17世纪下半叶，整个布拉马普特拉河流域为他们所统治，19世纪被英国人消灭。

Ahoratra　一天。

Ahura Mazda　阿胡拉·马自达，光神，祆教里的最高神，火神，智慧神，全知全能的神，宇宙支配者，罪恶报应的所持者，末日审判的裁判者。

Ahuti　杀生祭祀，霍玛祭祀。

A.I.C.C. All-India Congress Committee in Culcutta　加尔各答全印国大党委员会，1937年12月在加尔各答开会，主要领导人尼赫鲁、鲍斯等看望病中的泰戈尔。

Ai Dan　艾丹（1962——），诗人艾青之子，当代中国学者，发表《对陈独秀批判泰戈尔复活“东方文化”的反思》《误读中的驱逐：陈独秀对泰戈尔的批判》《张闻天的泰戈尔观》《泰戈尔与五四时期的思想文化论争》《1924年泰戈尔访华对中印文化交流的影响》等。

Ai Hua　霭华，民国学人，1933年发表《泰戈尔安乐居拜访记》。

Ai Kezhi　艾可知，当代学人，发表《真谐之境：陶渊明与泰戈尔的艺术人生》。

Ai Mahamanab Ase　那个伟人走来。

Aihole　艾霍莱，遮娄其王朝首府巴达米（瓦塔比）附近的镇子，在今卡纳塔克邦比贾普尔县，古印度教遗址，有7世纪发现的遮娄其王朝的铭文。

Aindra　太阳神送给他和贡蒂生的儿子阿周那的神箭。

Ain-i-　则例，成规，定例。

Ain-i-Akabari　《阿克巴则例》（“则”的意思为统治术），由阿克巴时期的历史学家阿布勒·法兹写。

Airabat　艾拉波特，因陀罗的坐骑大象，良象，云象，方位大象。北边位置。

Airukali　爱如卡利，印度南部民间庙宇舞。

Airyanem Vaejah　雅利安人的老家。

Aishika　艾施加，法宝名；芦苇。

Aishika　史诗，树荫。

Aisika　艾西甲，雷电神因陀罗的后代。

Aisikam　《芦苇篇》，《摩诃婆罗多·夜袭篇》篇中的分篇。

Aisvarya　大神，神性。

Aitaraya-Aranyaka　《爱达雷耶森林书》，印度教经典《森林书》之一。

Aitareya-Brahmana　《爱达雷耶梵书》，最重要的关于吠陀知识和礼仪的书，据说是吠陀先知马西达萨·爱达雷耶写。

Aitareya Upanishada　《爱达雷耶奥义书》，主要奥义书之一，《爱达雷耶森林书》的一部分。据说为吠陀圣人马西达萨·爱达雷耶写。

Aitihasika　神话传说。

Aiyanar　男蛇神。

Aiyapan　爱亚帕，原为克拉拉邦的东方神，后成为全国的神。

Aiyars　艾亚尔种姓，印度南方极端正统的婆罗门种姓的一个次种性，说泰米尔语。

Aja　阿阇，《罗摩衍那》里十车王的父亲，罗摩的爷爷。娶因陀姆。据《罗怙世系》，他在去比武招亲的路上，杀了一头大象，救下一个受诅咒的甘达婆，甘达婆为报恩送他一个装满神箭的箭袋。他击败所有竞争者，娶了因陀姆。

Aja Ekapad　“独角羊”，神话里的空间之灵。

Ajab　不可言喻者。

Ajad, A. A.　阿加德（1902—1948），印度克什米尔语诗人，作品有《江河》等。

Ajade Valley　阿加德山谷，在喜马拉雅山。《摩诃婆罗多》里，般度王和两个妻子贡蒂和玛德拉在这里的萨塔思林迦林子修炼。

Ajanta Caves　阿旃陀石窟，位于印度西南部马哈拉施特拉邦奥兰加巴德县阿旃陀村的瓦古尔纳河谷，是在离谷底76米的悬崖峭壁上开凿成的一处佛教庙宇，四周风景如画。阿旃陀石窟系印度古代佛教徒作为佛殿、僧房而开凿的，共二十九洞。约从公元前2世纪开始，完成于公元7世纪，营建达七百余年。内有石雕佛像、藻井图案和壁画等。中国唐代僧人玄奘曾对它做了最早的记载。1819年英国人又重新发现。该石窟今存洞窟29座，窟形分支提和毗诃罗两大类，以后者居多。支提窟内中央置窣堵波，依天然岩凿成，内殿四周建造柱，在早期的支提窟中有明显的仿竹木构造痕迹，且装饰简朴；至中晚期则趋于精美。毗诃罗窟内部有石床、石枕、佛龛等，陈设较简单。阿旃陀石窟的雕刻从题材上分佛教造像、装饰纹样。其中佛教造像可分早、中、晚3期，由于风化严重，早期雕像已很难辨识，中期雕刻手法趋于成熟，出现了许多精品，如第16窟中的说法佛、第19窟中的列柱和板框上的采花女子像及蛇王像等，技艺精熟，为石窟造像之佼佼者。后期雕像，规模扩大，人物的刻画更加细腻精巧，形态也更加优美，如第26窟中的佛陀降魔和涅槃、第1窟中的释迦牟尼像，以及布满窟内四壁的佛传、佛本生故事浮雕等。壁画是阿旃陀石窟中最为人们瞩目的艺术，被认为是印度古代壁画的重要代表。画面上出现的大量的现实生活场景，说明为宗教服

A

务的绘画艺术，已出现世俗化倾向。画中所描绘的众多的妇女形象，体态丰满，姿态优雅，形象高贵典雅，反映了印度古典艺术的美学思想。壁画依时代风格可分为早、中、晚3期。早期壁画构图多为横幅长条形，人物造型、表现技法较之同时代的其他遗迹中的佛教艺术，有明显的进步。如第9窟残存有佛传和佛本生故事，线条柔和纯朴；第10窟有索姆、六牙白象本生和礼拜菩提树等画面，运笔大胆，风格豪放。中期壁画正值笈多王朝文化艺术的鼎盛时期，画面构图壮阔繁密，布局紧凑和谐，作风沉着老练，色彩典丽，富有抒情趣味，能注重人物的神情刻画和意境的表达，人物描绘手法精细，注重姿态的变化，其中对妇女的描绘，均风姿绰约，艳丽动人，其代表作有第17窟的狮子国登陆图和佛说法图及太子与嫔妃劝酒图、第16窟的佛传故事等。另外，各窟的装饰壁画，如卷云、蔓草、莲花及小动物等，均设计巧妙，想象丰富，色彩鲜艳，对比强烈。到了晚期，壁画创作在艺术上更臻完善。此时壁画构图宏大庄重，整体感强，线条稳健，色彩典丽，讲求透视，画面景物立体感有所加强，人物装饰更加华美，为阿旃陀石窟壁画艺术的最佳者。阿旃陀石窟的雕刻和壁画艺术，对以后印度的美术创作产生了巨大作用，而且随着佛教的传播，对其他国家的美术亦有很大影响。

Ajanta Frescocs 《阿旃塔壁画》，印度现代双人舞保留节目。

Ajanta Range 阿旃陀山脉，印度西部马哈拉施特拉邦的山脉，长400千米，海拔600～900米。

Ajatasatru 阿者世（公元前493—公元前462），“未生怨”“善见”，古代摩羯陀国频婆娑罗王的儿子，516年弑父篡位。他自己被儿子毗流离（Virudhaka）杀死篡位。

Ajatashatru “没有敌意的人”，指《摩诃婆罗多》里的坚战。

Ajavidhi 太阳轨道中段阿瓦特哈那段里一小段。

Ajeendranaate 奥金德罗纳特（1907—1982），泰戈尔大哥的儿子，即泰戈尔的侄子。

Ajigupta 阿地瞿多，印度佛学家，公元652年到中国，在慈恩寺译经。

Ajit Kumar Chakravarty 阿吉特·库马尔·查克拉瓦尔梯，泰戈尔在国际大学的同事，他把卡比尔的诗歌翻译成了英语。

Ajit Singh 阿吉特·辛格（1679—1721），印度拉其普特起义领袖。

Ajit Singh 阿吉特·辛格（？—1947），印度旁遮普地区民族独立领袖，曾和另一领袖鲍斯合作。

Ajita 阿耆多，耆那教圣人。

Ajita Kesakambali 阿耆多·翅舍钦婆罗，公元前6世纪顺世论先驱。

Ajitakumaar Chakrabartee 奥吉特库马尔·丘克罗博尔迪（1886—1918），国际大学多才多艺的年轻教师，《泰戈尔传》的第一位作者，泰戈尔作品最早的英文译者，是最早向世界介绍泰戈尔作品的译者。

Ajitasena 阿智达散，8世纪印度佛教学家，他在中亚翻译的3部佛经在公元732年被呈上中国朝廷。

Ajiva “谋生方法”，耆那教九谛之一的非命，即非灵魂，分为有形物质和不定形物质两种：有形物质由原素复合而成，不定形物质由时间、空间、运动的条件和静止的条件构成。空间是一切存在和运动的场所，空间是一切存在的持续、变化、运动和更新所需的条件。

Ajivikas 邪命外道，全裸派，“生活派”“活命派”，阿育王时的一教，严格苦修的苦行僧团体 。创始人为公元前6世纪大雄炼友拘舍罗（Gosala Makkhaliputra）、难陀伐差（Nanda Vaccha）和袪沙商袪差（Kisa Samkiccha）。早期主要活动于北乔萨罗Uttara Kosala即室罗伐悉底国（Sarasvati）的都城舍卫城（Savatthi）和摩羯陀国（Magadha）都城王舍城（Rajagrha）。

Ajiyasantithaya 《阿耆亚香提颂》，8世纪作家南迪瑟那（Nandisena）著。

Ajmer 阿杰梅尔，名称由创建者阿加土邦王（Aja）和意为山岭的梵文Meru组成，印度拉贾斯坦邦第二大城市，市内有古城堡，附近有圣湖普什卡尔湖。

Ajmiri 阿基米里（1141—1235），印度苏菲派契什提教团创始人，坚持一神论，宣扬禁欲主义、对真主的绝对服从。

Ajna 命令。

Ajnatavasa 隐姓埋名。

Ajnavada 不可知论。

Ajya 奶油，精制酥油。
Ajyapa 喝酥油者。
Akaal Kushmaanda 《未成熟的南瓜》，泰戈尔的散文。
Akal Takhat 锡克教最高长老会。
Akam 里边，内部。
Akam poetry 爱情诗。
Akamanirjara 无愿灭业，业在其果报尚未成熟以前将它毁除。
Akanpana 阿坎帕纳，《罗摩衍那》中盘查瓦提林子里的罗刹，罗婆那弟弟卡拉被罗摩杀死后，他跑到楞伽城报信。
Akarana 无缘无故。
Akarman 无为，不做任何事情。
Akas-Pradip 《天光》，泰戈尔1939年写的诗。
Akasa =ether 气，大气，空间，宇宙苍天。
Akasamala 牡丹浆，浆果与玫瑰花做成的东西。
Akasamala 用浆果做的念珠。
Aksapada 足目（50—150），印度正理论派创始人，著作《正理经》（Nyayasutra）。
Akasarasanghata 诗相，紧凑，用少量双关文字表达奇妙意义。
Akasat aja atma 精神超越空间。
Akasavakana 空谈。
Akasayapatra 不尽钵，《摩诃婆罗多》里太阳神送给坚战的饭钵，能永远生出食物。
Akash bhara soorjo tara 《点缀着太阳和星辰的天空》，泰戈尔写的歌曲。
Akaspradip 天灯。
Akbar 阿克巴（1543—1605年），印度莫卧儿王朝皇帝（1556—1605年在位）。他被认为是莫卧儿帝国的真正奠基人和最伟大的皇帝。阿克巴出生于父亲胡马雍流亡波斯的日子里，也许这个原因导致了他未能接受良好的教育，他几乎是文盲，但他通过别人给他朗读书籍来获取知识和信息，仍然成为一个博学的帝王。在波斯长大的经历使他成为一个伊斯兰教什叶派信徒，但他的信仰并不稳固。阿克巴12岁那年，随父胡马雍回到了印度。胡马雍在波斯萨非王朝的支持下回到印度复国。他逐渐压制住了印度混乱的各派势力，并攻占了德里。但在一片大好的形势下，胡马雍却在一次意外中堕楼而死。历史的风云变幻终于把少年的阿克巴推上了前台。

阿克巴登基时只有14岁，他必须艰苦奋斗，扩充势力，所以有时不择手段。阿克巴继位之后前四年，由拜拉木辅政，拜拉木在帕尼帕特战役中重创阿富汗人，终于解除了来自西北高地的威胁。1560年，阿克巴亲政。这时的印度仍是纷乱一片，他虽然占据了印度的中央，但四周力量比他强大的王公仍有许多。但祖先传给他的血液中奔流着征服者的各种要素，包括野心、信心、坚强、荣誉感和才能，使他在征服印度的道路上畅通无阻。他的征服大致分成三个阶段，从1560年到1576年，统一了北印度各地，包括马尔瓦、拉吉普特、古吉拉特、孟加拉等地；1576年到1595年，矛头指向西北，夺取了他祖先龙兴之地阿富汗，还吞并了脱离印度多年的信德和克什米尔；从1591年开始，发动了征服印度半岛南端的战争，这场战争一直持续到他的子孙后代。纵使如此，阿克巴还是比较喜欢和平的生活，大多借着条约和通婚来取得土地。

一个幅员广阔的帝国建立起来了，这些武功已足以使阿克巴成为印度历史上的伟大帝王之一。印度历史上每个伟大帝王都有着宗教方面的业绩，阿克巴则以推行宗教宽容而著名。阿克巴跟以前的所有莫卧儿皇帝一样，终其一生都是一个穆斯林，而印度始终是印度教教徒占了多数。22岁那年，为了表示他尊重印度教教徒的信仰，阿克巴同印度教的拉吉普特国公主结婚，这个婚姻宗教同盟给了阿克巴很大的支持力量，帮助他征服印度。阿克巴由此对印度教有了好感，在他统治的领域内，免除了印度教教徒去圣地朝拜的香客税，接着又免除了印度教教徒的人头税（对非穆斯林征收人头税，一直是穆斯林政权的传统）。这两项税收的免除使国库减少了大量的收入，却使他的政权真正扎根于印度。

阿克巴的政府中，有着众多的非穆斯林，包括他的印度教妃子的侄子曼·辛格，也有出自中产阶级的印度教教徒托达儿·马尔，后者是一个出色的经济学家。阿克巴的后宫同样是宗教宽容的典范，他娶了30个来自不同教派的女子为后妃。他的宗教讨论庭，开始只容纳伊斯兰教学家，后来允许印度教、基督教、耆那教、拜火教的学者也进去，五大教的精华济济一堂，辩论宗教、人生、救赎、超脱和永恒

A

的真理，真乃千古难逢之盛事，只有宽容的阿克巴大帝才能营建如此宽阔的殿堂。阿克巴因此还产生出将五大教合而为一的念头，当然这是不可能实现的。跟当时欧洲的君主相比，阿克巴对臣民的信仰宽容多了。

阿克巴在内政方面的作为很大，不止宗教方面。他加强中央集权，并神化君主，他的个人权力要超过以往的印度君主。当然，在边远地区仍然存在许多地方王公，只承认他的宗主权并纳贡，但保留相当程度的自治，这是印度政治不变的特色。阿克巴使盛行于中东的军事采邑制在印度扎下根来。各级地方官员多授予军衔，各级贵族成为领取国家采邑的封建主，领取这些采邑的代价是必须为国家提供相应数额的骑兵。他重新划定全国税区，完善税收制度，统一全国度量衡，鼓励工商业发展。

阿克巴的皇宫华丽，有漂亮的花园，他喜欢与猎豹一起狩猎、骑凶猛的骆驼和战象、打马球。他善于绘画、编制挂毯和地毯。他又喜欢跟人讨论问题，虽然他阅读能力不佳，但藏书惊人。他在阿格拉附近建筑了堂皇的城市法塔赫布尔西格里，直到今天，城市外貌几乎丝毫未变，叫人直想起阿克巴时代的印度。

阿克巴时代是莫卧儿王朝的黄金时代，他的两个后继者贾汉吉尔和沙加汗，维持了帝国的强大繁荣，奥朗则布时（1658—1707年）过于极端的宗教政策和扩张精神损害了帝国的根基，终于由盛转衰，但这个王朝一直延伸到1857年，在日不落帝国的打击下灭亡。

阿克巴曾在攻打梅瓦尔的战争中放任士兵屠杀了3万人而留下恶名。但他的许多政令具备仁爱的光辉，他废止了将战俘卖为奴隶的习俗，他对印度教强迫寡妇自焚殉夫的陋习十分反感，派专员到各地禁绝这种罪行。

Akbar II　阿克巴二世（？—1837），莫卧儿王朝有名无实的皇帝，因为他执政时英国已经统治了印度大部分地区。

Akbar Alahabadi　阿克巴·阿拉哈巴迪（1846—1921），印度乌尔都语诗人，主要作品为《阿克巴·阿拉哈巴迪诗选》。

Akbar Namah　《阿克巴本纪》，为16世纪莫卧儿王朝皇帝阿克巴宫廷的历史学家阿布勒·法勒兹所撰写。

Akbar's Tomb　阿克巴大帝陵，印度莫卧儿王朝第三代皇帝阿克巴的陵墓，在莫卧儿王朝首都阿格拉北边10千米处的西坎德拉。

Akhanda　宇宙。

Akhandala　破坏者。

Akhara　苦行僧团，体操中心。

Akhil Bharatiya Hindu Mahasabha　全印印度教大会，印度教教派组织，宗旨是保护印度教的民族、宗教和文化，复兴古代印度教国家。多次与穆斯林发生宗教冲突。

Akhyana　史诗。

Akhyayika　叙事，传记。

Akhyayika　由主人公叙述自己的事迹。

Akilan　阿基兰（1922—1987），泰米尔语作家。作品有《女人》《画中女》《万卡之子》，获印度"文艺女神"奖。

Akilandam P. V.　阿吉兰丹，20世纪后期泰米尔语文学家。

Akisai Chin　白石头。

Aklishtakarman　干活从来不累的人，无瑕疵的行动。

Akopa　阿考帕，《罗摩衍那》里十车王的八大臣之一。

Akriyavada　无为论，佛教名词，指非姻缘和合形成、无生灭变化的绝对存在。

Aksa　苍天，太空宇宙之气，第五元素。

Aksa　阿克萨，《罗摩衍那》里十首魔王罗婆那的儿子，被哈奴曼杀死。

Aksamala　阿克萨马拉，她是旃陀罗种姓，经众大仙同意，成为极欲仙人的妻子。

Aksara　指永不泯灭、永不消失的存在。

Aksara mustika kathana　用文字和手指交谈的艺术。

Aksauhini　阿克苏西尼，印度古代的军队单位，一阿克苏西尼有21 870辆战车，21 870头大象，65 610匹马，109 350个步兵。

Aksauhunis　大军。1大军=10阿克苏西尼，1阿克苏西尼=3车木，1车木=3普里塔纳，1普里塔纳=3伽马，1伽马=3古尔玛，1古尔玛=3色纳姆卡，1色纳姆卡=3阿普迪，1阿普迪=1车、1象、5兵、3马。

Aksayachandra Sarakaar　奥寇伊琼德罗·绍罗迦尔（1846—1917），孟加拉语著名编辑，曾任周刊《沙塔罗尼》和月刊《新生活》的编辑。出生于西孟加拉邦胡格县的窘久拉村。主要作品：《古诗汇编》《诗人赫姆琼德罗》《伟大祭祀》等。

Aksepa　略去。

Akshadas　彩色米，用来在婚礼仪式上撒。

Akshahridaya　达摩衍蒂的丈夫那罗为了赢回江山学到的掷骰子的绝技。

Akshara　按顺序排列的字母。

Akshata　婚礼上给客人分发的布料等礼物，以及檀香木粉。

Akshayakumaar Data　奥寇耶库马尔·德多（1820—1886），19世纪孟加拉语散文家。起初从事教学工作，后来办刊物，编写过一些学生课本。

Aksipta　引发。

Akupara　龟，印度神话传说中大地靠在它身上休息。

Ala-ud-din Bahman Sha　阿拉-乌德丁·巴曼·沙（？—1358），印度德干地区巴曼王朝建立者。

Ala-ud-din Husain Shah　阿拉-乌德丁·胡赛因·沙希（?—1519），印度孟加拉地区胡赛因·沙希王朝创建者。

Ala-ud-din Khalji　阿拉-乌德丁·哈尔吉（？—1316），印度哈尔吉王朝的苏丹。

Alaapana　音乐乐章，歌手或乐手唱（演奏）拉迦歌前的沉思性的表白，不需伴奏。女病人的唠叨声。

Alabu　葫芦。

Alakaa　阿洛迦，印度神话传说中的仙境，位于喜马拉雅山顶，是财神俱毗罗的都城。

Alakaa　奥罗嘉，拉摩琼德罗·拉伊的长女，嫁给泰戈尔第十七代先祖尼尔莫尼的长子拉莫罗琼。

Alakanda　安拉坎达，恒河的名字。

Alakapuri　阿拉卡普里，财神俱毗罗居住的珠宝城，靠近湿婆修炼的凯峡什山。

Alakara　庄严，即诗歌的修辞形式。音符的形式。六种庄严颂，即吟诵庄严，高声（ucca）、更高声（dipta）、低声（mandra）、更低声（nica）、快声（druta）、慢声（vilambita）。

Alaler Gharer Dular　《宠坏的孩子》，孟加拉现代作家佩里·金德特拉的小说。

Alam Ara　《宇宙之法轮》，1931年印度第一部有声片，由阿德西·伊拉尼（Ardeshir Irani）制作。

Alam　阿拉姆（1898—），孟加拉国作家，作品有《默门的供词》《乡恋》等。

Alam Sha II　阿拉姆·沙二世（？—1806），莫卧儿王朝皇帝。

Alambana　新缘别情，依赖别情。

Alambusha　阿兰布沙，《摩诃婆罗多》里众友仙人的儿子，在俱卢大战中被瓶首杀死。

Alamgir II　阿拉姆吉尔二世（？—1759），莫卧儿王朝第九代皇帝。

Alamgir Namah　《世界征服者》（即《奥朗则布本纪》），17世纪米扎·穆罕默德·卡辛著。

Alamgirinamah　《阿拉姆吉尔本纪》，17世纪莫卧儿王朝历史学家米尔扎·穆罕默德·卡吉姆撰写的记录奥朗则布统治的历史书。

Alamkara　修辞翰藻，诗律。

Alankalriks　修辞学者，演说家。

Alankara　庄严，装饰，美化，引申为修辞、譬喻，是印度传统美学的重要范畴之一，在梵语诗学中指谐音、隐喻、夸张、奇想等来自想象的修辞方式，使普通语言转化为诗歌语言。在印度艺术中指附于建筑、雕塑、绘画的装饰纹样或图像。

Alankara-sanpradaya　庄严论派。

Alankaradhvani　庄严韵，装饰韵，形象的暗示。

Alankarakaustubha　《庄严宝》，16世纪卡维卡尔纳普拉（Kavikarnapura）著。

Alankaramahodadhi　13世纪纳伦德拉泊拉巴（Narendraprabha）写的《庄严海》。

Alankarasarvasva　《庄严论精华》，12世纪鲁耶枷著。

Alankarasekhara　《庄严颂》，16世纪科萨瓦·米斯拉（Kesava Misra）著。

Alankaratika　《庄严吉祥痣》，15世纪般努达多（Bhanudatta）著。

Alap　啊拉波，印度音乐的一种曲调。

Alapadma　手势：五指打开，伸直，由小指倒动，一次内环成螺旋形。

Alapadmaka　阿罗波摩，五指转向掌心，分散在掌边。

Alara Kalama　阿拉拉·卡玛拉，悉达多王子修炼时第一个请教过的圣人，向他学习坐禅技术。

Alarippu　婆罗多舞中一段没有唱词的舞段（第一段）。

Alarka　阿拉尔卡，神话人物，他把自己的眼

A

睛给了瞎眼婆罗门。

Alasya　懒散。

Alaya　阿赖耶识，即意识的种子。

Albert Hall　阿尔伯特大会堂，在加尔各答，1936年10月12日在这里举行孟加拉妇女工作者大会，泰戈尔在会上讲话。

Albet Kahn　阿尔伯特·坎，法国友好人士，1920年8月泰戈尔访问法国时，就住在巴黎世界宾馆的阿尔伯特·坎的客房。

Albiruni　阿尔比鲁尼（972—1048），穆斯林学者。波斯人，曾任花剌子模的顾问，后被迦色尼的马茂德俘虏，带往印度。其《印度记》（Tarikh-i-Hind）记录了迦色尼时代的印度社会宗教情况。此外，他还有天文学著作《马苏天文典》。

Alekhya　《不可言喻之美》，泰戈尔时期的诗人德威金德拉拉尔·雷（1863—1913）写的诗集。

Aleppy　阿勒皮，印度克拉拉邦海岸城市，人口约20万。1922年11月泰戈尔访问斯里兰卡回国后在此短期停留。

Alexander　亚历山大（公元前365—公元前323），马其顿国王腓力二世之子，亚里士多德弟子。马其顿国王（公元前336—公元前323），即位后镇压希腊各城邦的反马其顿运动，大举远征东方。公元前334年打败波斯王大流士三世。南进叙利亚，攻占腓匿基，转入埃及（公元前332年），在尼罗河三角洲建立亚历山大城。公元前331年进攻两河流域，获金银甚巨，波斯帝国及阿契美尼得王朝灭亡（公元前330年）。入侵中亚细亚，遭到土著反抗。公元前327年越过兴都库什山，渡过印度河，次年侵入印度次大陆的塔克西拉，抵达比亚斯河，在杰庐姆河畔打败颇鲁斯（刨拉瓦）国王。继续向东南挺进。由于部队太疲劳，被迫撤退，沿印度河而下，顺海岸向西到达巴比伦。在东起印度河西至尼罗河与巴尔干半岛的领域内，建立了亚历山大帝国。病死于巴比伦，帝国迅即瓦解，随之形成一批“希腊化”国家。

Alexander von Steal- Holstein　钢和泰（1877—1937），波罗的海德国人，俄国男爵，汉学家、梵语学者。后寓居中国燕京，任教于北京大学。著名学者陈寅恪与胡适都曾跟从钢和泰学习梵文。他历任彼得格勒大学助理梵文教授、北京大学梵文与宗教学教授、哈佛大学燕京学社教授，并长期担任哈佛－燕京学社驻燕京大学的中印研究所所长。他与当时国内外学术界交往甚广，如著名汉学家高本汉、伯希和、戴密微等，与国内学者，如陈寅恪、胡适、赵元任、王云五、汤用彤、吴宓等更是交情深厚。他在中国近现代学术史上占有重要地位。1924年4月29日，钢和泰与正在北京访问的泰戈尔在自己家会面，因钢和泰是梵语学者，二人相谈甚为投机。

“钢”是Steal的意译，“和泰”是Holstein的音译，混合起来就组成了一个与中国学术史、教育史大有关联的名字，而且是绝不该被忘却的名字。

Alexandria　亚历山大城，埃及的最大海港和全国第二大城市，历史名城，地中海沿岸的避暑胜地。公元前332年，希腊马其顿国王亚历山大一世统治时，建立了这座城市，并以他的名字命名，定为首都。后于公元前305年至公元前30年转成为埃及托勒密王朝首都。当时它是地中海和东方各国贸易和文化交流的中心，吸引着各地的商人、学者和诗人。公元前48年，罗马统帅恺撒率兵占领亚历山大，烧毁了图书馆，珍藏的典籍付之一炬，造成人类文化史上的一场浩劫。7世纪阿拉伯人进入后，亚历山大城衰落了。19世纪早期穆罕默德·阿里着手重建亚历山大城。亚历山大城在20世纪50年代发展到黄金时代。1926年11月，泰戈尔访问埃及后，从亚历山大城起航回印度。

Alexiev　阿列捷夫，苏联作家，1930年陪同泰戈尔访问苏联。

Alfred Theatre　阿尔弗莱德剧院，在加尔各答，1917年8月泰戈尔在此演讲。

Algaon Battle　奥尔加翁之战，1083年9月的英国殖民者征服马拉塔国家的战争，前者胜。

Ali, Hashim Amir　阿里，哈什·阿米尔，国际大学教授，1931年7月陪同泰戈尔访问博帕尔，并为国际大学募捐。

Ali Mohammed　阿里·穆罕默德（1878—1931），印度哈里发运动领导人。

Ali, Shaukat　阿里，舒克特（1873—1937），印度哈里发运动领导人。

Alidha　射手姿势。

Aligarh　阿利格尔，印度北方邦城市，在恒河-雅穆纳河三角洲地带。

Aligarh Movement 阿里加尔运动，1857年印度民族大起义之后印度穆斯林和英国统治者消除仇恨、促进交流的运动。中心在阿里加尔。

Aligarh Muhammad Anglo-Oriental College 阿里加尔英国-东方伊斯兰教学院，位于北方邦的阿里加尔市。

Alika 比武台上给射手规定的古典始发姿势。

Alim 伊斯兰教法学者，有资格解释《古兰经》。

Alipur 阿里普尔，加尔各答著名的刑事法庭，许多反暴力主义的自由战士被审判。

Alivardi Khan 阿里瓦尔迪汗（1676—1756），莫卧儿王朝时期孟加拉省的纳瓦布。其孙为后来被英国人在普拉西之战中打败的道拉。

Aliwal Battle 阿里瓦尔战争，1846年锡克人与英国殖民主义的战争，锡克人败。

Alkazi 阿尔卡兹，20世纪印度国家戏剧学校校长。

All-Bengal Music Conference 全孟音乐大会，1934年12月27日泰戈尔在加尔各答参加该大会全会。

All India Congress Committee in Culcutta（A.I.C.C.）加尔各答全印国大党委员会，1937年12月在加尔各答开会，主要领导人尼赫鲁、鲍斯等看望病中的泰戈尔。

All Indian Library Conference 《全印图书馆大会》，成立于1928年，在1928年的会议上泰戈尔因病不能亲自出席，发去书面发言《图书馆的功能》。

All India Music Conference 全印音乐大会，于1926年1月18日在印度北方邦首府勒克瑙召开，泰戈尔出席了大会。

All India Women's Conference 全印妇女大会，泰戈尔于1933年12月30日在加尔各答市政大厅召开的该会议上讲话。

Allah 安拉，伊斯兰教经典《古兰经》中宇宙最高的独一实在、应受崇拜的主宰名称。音译：安拉胡（俗称：安拉）。通用中文的穆斯林因唯一真实的主宰而称为真主，早期经文翻译以“至仁主”最常用。通用突厥语、波斯语和乌尔都语的穆斯林称为胡达（自有者）。真主是全世界穆斯林崇拜的唯一主宰，被认为是创造宇宙万物并且是养育全世界的，今世派遣众多先知向人类传达真理、后世进行公平清算的主宰。

Allahabad 阿拉哈巴德，古称帕拉亚格，意为“献祭之城”，1583年，莫卧儿王朝第三代皇帝阿克巴改名为阿拉哈巴德，意为“安拉的城市”。印度北方邦南部城市，恒河、雅穆纳河与萨拉斯瓦蒂河交汇处，印度教圣地之一。此地每12年举行一次盛大的“宫巴库会”。阿拉哈巴德为尼赫鲁、印迪拉甘地和拉吉夫甘地的老家。1935年2月9日泰戈尔访问阿拉哈巴德并且在阿拉哈巴德大学演讲。1936年3月19日泰戈尔在这里演出他的名剧《齐德拉》。

Allahabad University 阿拉哈巴德大学，学校位于恒河、雅穆纳河和萨拉斯瓦蒂河汇合处的印度教圣城阿拉哈巴德，是一所综合性大学。

Allaripu 阿拉瑞普，婆罗多舞剧目，向神献花，供奉。

Allasant Peddana 阿拉桑·佩达纳，16世纪泰卢固语作家，写有《马茹查瑞塔》（Marucharita）。

Allegra 慢慢加速，逐步加强。

Allen & Unwen 阿伦与翁文出版社，1930年出版泰戈尔的《人的宗教》。

Allied Publishers 联合出版社，在新德里。

Alma Mater 母校，校歌。

Almirah 书柜。

Almora 阿尔莫拉，喜马拉雅山区的一个小镇子。1903年，泰戈尔带着患病的二女儿蕾奴卡、三女儿米拉和小儿子萨明德拉来这里疗养。1937年4月19日—6月27日泰戈尔再次在这里疗养，同时为孟加拉读者写科普读物《Visvaparichay》。

Alna 衣架，晾衣绳。

Alochana 《评论集》，泰戈尔于1885年出版的第一部散文集。

Alokik 非世俗。

Along 阿垅（1907—1967），原名陈守梅，又名陈亦门，浙江杭州人。早年就读于上海工业大学专科大学，为国民党中央军校第十期毕业生。参加过淞沪抗战，写有《闸北打了起来》等报告文学。1939年到延安，在抗日军政大学学习。后在重庆国民党陆军大学学习，毕业后任战术教官。其间，做过不少有益于革命的工作。1946年在成都主编《呼吸》。次年曾遭国民党当局通缉。新中国成立后任天津市文协编辑部主任。1955年因胡风案被捕，1967年患

A

骨髓炎死于狱中。出版的诗集有《无弦的琴》(1942)。1948年发表《泰戈尔片论》。

Alpam 有限。

Alphored Croft 艾尔弗雷德·克罗夫特，泰戈尔时期的英国著名商人。

Alptigin 阿巴提真（？—963），阿富汗迦色尼王朝的奠基人。

Alsace 阿尔萨斯，法国东北部地区名及旧省名，隔莱茵河与德国相望。

Altaf Husain Hall 阿尔塔夫·侯赛因·豪尔，19世纪乌尔都语文学先驱。

Alvars 阿尔瓦斯，印度12世纪圣人，毗湿奴派诗人，写有《4000首诗》(Nalayiram)。

Alvear 阿尔维尔，1922—1928年担任阿根廷总统，泰戈尔在阿根廷首都布宜诺斯艾利斯停留期间于1924年12月30日和他会晤。

Alwars 阿尔瓦尔派，即“直觉知神派”，印度教虔诚派派别之一，7世纪泰米尔印度教行吟游方僧组成了“阿尔瓦尔派”，鼓吹虔信思想。他们主张一般信徒可以不学习高深的宗教理论，只要心中有神，并对神虔诚崇拜，就可以解脱。

Alwaye 阿尔瓦耶，印度南部海岸城市。1922年11月泰戈尔访问斯里兰卡回国后在此短期停留。

Ama 阿玛，泰戈尔的剧本《萨蒂》和诗《阿玛与维纳亚卡》里的女主角。参见词条Sati。

Ama and Vinayaka (Sati) 《萨蒂》，泰戈尔的剧本。

Amal-i-Salih 《萨利供职记事》，16—17世纪莫卧儿王朝第五皇帝沙迦汗时期的历史记载，由历史学家萨利著。

Amala 无垢识，纯粹的意识。

Amala Shankar 阿玛拉·山卡尔，印度现代著名舞蹈家，舞蹈大师尤达·伊山卡尔(Uday Shankar)的弟子。

Amalaka 庙塔尖部，圆盘。

Amangala 不吉利。

Amanita muscaria 伞菌，蘑菇。

Amar Das 阿马尔·达斯（1479—1574），锡克教第三代祖师。

Amar Singh 阿马尔·辛格（1812—1860），1857年印度民族大起义时比哈尔地区的起义首领。

Amara 财税份额。

Amaracandra 阿摩罗旃陀罗，13世纪印度诗人，与艾瑞新哈（Arisimha）合著《诗歌如意藤》(Kavyakalpalaka)。

Amaracandra 阿摩罗旃陀罗，13世纪印度作家，写《大力婆罗多》(Balabharata)。

Amarakosa 梵语大词典。

Amaram 职田，维查耶纳加尔国王授予地方首领的特权，得到者可享受这些地的赋税。

Amara Kosa 《长寿字库》，梵语字典，公元5世纪长寿师子（Amarasimha）编写。

Amarana 长生不老。

Amaranati 天国，神国，因陀罗统治的天界。

Amaranth 一种红花。

Amarasimha 长寿师子，5世纪笈多王朝时期的字典编纂家，超日王宫廷的9宝之一，编有《长寿字库》。

Amaravati 阿玛拉瓦，印度神话里因陀罗天界的都城，内有因陀罗宫殿；“乐园”，德干南部佛塔，位于安得拉邦贡土尔县城南约29千米，公元1—2世纪阿玛拉瓦艺术流派和犍陀罗艺术流派、马图拉艺术流派鼎足而三，并立争雄。南印度是印度本土达罗毗荼文化最稳固的根据地，是印度民族传统精神的庇护所，因此，阿玛拉瓦派的艺术不仅不像犍陀罗派那样严重希腊化，而且比马图拉派更纯粹地保留了印度本土的传统。安达罗诸王信奉婆罗门教，对佛教采取宽容政策并予以赞助。阿玛拉瓦是南印度流行的部派佛教大众部系统的制多山部(Caitika)的中心。制多山部崇拜“制多”（即支提，泛指佛塔）。阿玛拉瓦大塔是阿玛拉瓦派艺术的典范。

Amareswara “众神之王”，湿婆和因陀罗的称谓。

Amarsa 愤慨。

Amarsinh Rathare 印度北方邦恼陶吉地区(Nautauki)的爱情戏。

Amartya Sen 阿玛提亚·森（1933—），印度裔美国人，哈佛大学教授，于1998年获得诺贝尔经济学奖，曾撰文《甘地与泰戈尔》。

Amaru 阿玛卢，印度8世纪梵语爱情诗人。

Amarusataka 《阿摩卢百咏》，6—7世纪印度梵语爱情诗人阿摩卢著。

Amatya “同室之友”“同伴”。国王的同伴，行政长官。

Amavasya 新月；锡克教的纪念祖师节。

A

Amba　安巴，《摩诃婆罗多》里的人物。她是迦尸王（Kasi）王的女儿，与安比迦（Ambika）和安巴利迦（Abalika）为三姐妹，她为姐妹中的大姐。三人被毗湿摩（Bhisma）比武娶回做奇武（Vicitravirya）的媳妇，她不从，因她早钟情于萨尔瓦国国王沙鲁瓦（Salva）。沙鲁瓦在安巴被送象城（Hastinapura）成婚途中抢劫安巴，被毗湿摩打败。安巴谴责毗湿摩，毗湿摩将她送到沙鲁瓦处，不料沙鲁瓦责备安巴使其受辱，拒婚。奇武不愿娶安巴。安巴愿嫁毗湿摩，但毗湿摩不娶。她把仇恨积聚在毗湿摩身上，发誓杀死他。但是世间没有一人能打败他。于是修行，战神（Skanda）送其花环，告诉她，戴花环者为毗湿摩劲敌。她求助武士木柱王（Drupada），但失败，一气之下把花环挂在木柱王门口，愤然去森林。持斧罗摩（Parasurama）助她，但被毗湿摩打败。她再修行，湿婆告诉她来世可杀毗湿摩，她复仇心切，自而焚死，降生为木柱王女儿，见战神赠花环扔在宫门口，她戴在自己头上，木柱王惧怕，驱逐她去森林。她矢志苦修，变男子束发（Sikhandin）。俱卢之野为阿周那战车御者，毗湿摩知道他为安巴转世，遵武士规约避战，阿周那藏其身后杀死毗湿摩。

Amba and Vinayaka　《安巴与维纳亚卡》，泰戈尔1931年写的诗。

Ambalavasi　安巴拉瓦锡，印度马拉巴海岸一个种姓。

Ambalika　安巴利迦，《摩诃婆罗多》里奇武的第二个妻子，在奇武死后和奇武妈妈贞信婚前和破灭仙人生的私生子广博结合生般度。

Ambara　天空，外衣。

Ambarisa　安巴瑞萨，太阳族的第28代国王。

Ambarnath　阿巴纳特寺，克什米尔利达（Lidder）谷的寺庙，据认为是湿婆的住处，19世纪被一穆斯林牧羊人发现。

Ambedkar　安培德卡（1891—1956），贱民出生，分别获得美国和英国的博士学位。印度独立领袖，印度宪法之父，印度贱民领袖。

Amber Palace　琥珀宫，在拉贾斯坦邦，原为土邦王避暑行宫，内有著名的镜宫。

Ambhava　随情。

Ambhi　安皮，公元前4世纪印度西北地区旦叉始罗国国王，旦叉始罗国大致在印度河和杰卢姆河之间。

Ambika=matrka　小妈妈。

Ambika　安比迦，史诗《摩诃婆罗多》里奇武的妻子，奇武死后与奇武妈妈贞信婚前与破灭仙人生的儿子广博仙人生国王持国（Dhrtarastra）。

Ambika　安比迦，风暴和愤怒之神楼陀罗的妹妹，以后被看作湿婆的妻子。

Ambikasuta　安比迦苏塔，《摩诃婆罗多》里瞎子国王持国的别名，难敌一百兄弟的父亲。

Ambrosia　甘露。

Ambubachee　雨水节，印度的一个节日，在7月间雨季里，共有三天。

Ambudeswara　安布戴斯瓦拉，雨神，指因陀罗。

Amedhya　献祭仪式。

Ameratat　天国的永生，不朽。

American Experience　《美国的经验》，泰戈尔的散文。

American League of Political Education　美国政治教育联盟，美国社会团体，1920年11月，该团体邀请泰戈尔在布鲁克林人民广场做《诗人的宗教》的演讲。

Amerita Bazar Patrika　《甘露市场报》，泰戈尔时期孟加拉的英文周报，曾刊登泰戈尔的诗。

Amherest William Pitt　阿莫斯特·威廉·皮特（1773—1857），英印总督。

Amiel　阿米尔（1821—1860），瑞士哲学家和评论家，著作有《时间日志》（Journal in Time）。

Amigos de Arte Society　密友艺术学会，设在阿根廷布宜诺斯艾利斯。

Amil　艾米勒，德里苏丹时期的行政区帕尔加纳的民政兼司法官。

Amir（Arabic）　先生，王子，酋长，地方长官，对穆斯林贵族的尊称。

Amir Jaglatirpa　阿米亚·贾格拉帕尔迪（1901—1986），1926年起任泰戈尔的文学助手和国际大学教授。

Amir Khusram　阿米尔·库斯拉姆（1253—1325），印度穆斯林文化的开拓者，印度一神论文化之父，印度波斯语、乌尔都语诗人，历史学家，音乐家，“印度鹦鹉”。代表作有《双星聚会》《胜利的钥匙》等。

Amitaa Thaakur　奥米达·泰戈尔（1911—

A

1992)，泰戈尔的大哥德维琼德罗纳特的孙女，是一位多才美丽的女人，既善于唱歌，又善于演戏。她是泰戈尔非常喜爱的侄孙女。

Amitabha　阿弥陀佛，无量光佛，无量的光荣。

Amitabha　《阿弥陀佛经》，与《无量寿经》相对，故又称《小无量寿经》。

Amitagati　《法鉴》，11世纪耆那教作家阿米塔卡提（Amitakati）著。

Amitanatj Tagore　泰无量，泰戈尔的侄孙，在国际大学谭云山门下学习汉语，后来到北京大学留学。

Amitav Ghosh　阿米塔夫·戈士（1956—），现代印度英语作家，著有《时代姑娘》（Girl of Reason）《阴影线》（Shadow Line）等。

Amitayus　无量寿佛。

Amitransana　阿米坦纳萨那，阿修罗名。

Amitrochastes　阿米托罗刹斯特，公元前3世纪摩羯陀国孔雀王朝国王频毗娑罗的异称。

Amittrakshar chhanda　无韵诗律。

Amiyachandra Chakrabartee　奥米耶琼德罗·丘克罗博尔迪（1901—1986），国际大学的教授，泰戈尔的文学秘书。在泰戈尔的晚年一直陪伴着他，并且于1930年陪同泰戈尔访问德国、丹麦、苏联、美国，后来又陪同泰戈尔访问波斯、中东一些国家。

Amlak　安拉科，一种树。

Amlak　安拉克花。

Amma　安摩，达罗毗荼人神话中对众母神的统称。他们除疾病，保丰收，使人畜两旺。

Amman　阿曼，湿婆大神的妻子。

Amman Dehlavi　阿曼·德拉维（1745—1806），印度乌尔都语小说家，代表作有《花园与春天》。

Ammanur Madhya Chakyar　阿玛努尔·M. C.（1917—1992），印度克拉拉邦当代著名的克库迪雅弹（Kudiyattam）剧演员。

Ammer Ali　阿米尔·阿里（1849—1928），印度穆斯林法学家、历史学家。

Amoghavajra　不空法师，7世纪印度佛教高僧，金刚乘密宗的伟大表率。随家庭从锡兰迁至北印度，师从金刚智（Vajrabodhi）。两次来中国，公元724—774年在中国弘扬佛法，在洛阳、河西、凉州等地译经。公元774年在中国去世。

Amoghavarsa I　阿莫加瓦尔沙一世（814—860在位），古代印度德干地区的拉什特拉库塔王朝国王。

Amoha　无痴。

Amorta　仙境。

Amra　李类果树，味酸，像橄榄。

Amra　阿姆拉，一种水果。

Amra Milechhi aj mayer dakey （Gathered are we this day at the Mother's call）《应妈妈的召唤，我们走到一起了》，泰戈尔于1886年为国大党第二次大会谱写并演唱的歌曲。

Amravati　阿姆拉瓦蒂，印度马哈拉施特拉邦北部城市。

Amravati　阿姆拉瓦提，《摩诃婆罗多》中天帝释因陀罗天国湿婆里加的都城，由工匠神造。

Amri　阿母里文化。阿母里在印度次大陆北部信德地区，公元前3000—公元前2300年的村落文化遗址。

Amrit Sen　阿玛利特·森，泰戈尔时期国际大学英语文学专家。

Amrita　能使人长生不老的阿摩酒，又叫苏摩酒，甘露。印度神话：神仙和妖魔搅乳海，搅出能使人长生不老的苏摩酒。毗湿奴化装成美女引开阿修罗，众神乘机享用。迦鲁陀打败众神盗走甘露。蛇王瓦苏吉在恒河底送给布军的能使人长生不老的神酒，喝一滴能有100个大象的力气。

Amrita Bazar Patrika　《甘露市场报》，泰戈尔时期的英语-孟加拉语双语文学周刊，泰戈尔于1875年14岁时在该刊物以自己的名字第一次发表诗。

Amrita Bazatpatrika　《达利雅》，泰戈尔1892年写的剧本。见 Dalia。

Amrita Pritam　阿姆里塔·普里檀（1919—2005），印度当代旁遮普语女诗人、作家。作品有长诗《瓦利斯·沙颂歌》、长篇小说《骷髅》等。

Amrita Shergill　阿姆瑞塔·舍尔吉尔（1913—1941），印度孟加拉画派女画家。

Amritam　永恒，不朽的大乐。

Amritanubhara　《伟大的甘露》，13世纪马拉提语作家吉南德瓦（Jnandeva）作。

Amritara Santan　《阿姆兰塔的子孙》，现代

奥里雅语作家戈毗纳特·莫汉提（Gopinath Mohanty）的作品。

Amritatwa　自由的无数次的再死再生。

Amritsar　阿姆利则，意为"花蜜池塘"，是印度西北部旁遮普邦的一座城市，靠近巴基斯坦边境，距离巴基斯坦拉合尔只有32英里。

阿姆利则的金庙是锡克教的中心。在兰季特·辛格王公时代，阿姆利则取代了拉合尔成为旁遮普的首位城市。

阿姆利则的主要语言是旁遮普语，市内也有人说印地语、英语和乌尔都语。阿姆利则人主要信奉锡克教、印度教。

这个城市得名于那个被叫作阿姆利则的水池，这个水池是由锡克教第四任宗教导师所建造的。

阿姆利则是锡克教教徒的圣城，这里原本只是一个神圣的乡村水池，如今已发展成为锡克教教徒的文化圣地。

据说这里曾是锡克教第一代祖师那纳克修行之地，1577年第四代祖师拉姆·达斯建成阿姆利则城，第五代祖师阿尔琼·德沃发展，以后历代祖师、国王都做了贡献。城内金庙以通体镏金而著名，金庙为锡克教的总部和行政文化中心。在金庙门前有一广场，平常是人们从事商贸之地，它是教徒聚会的场所。9层高的阿德尔高僧塔，是纪念第六代祖师赫尔·高温德的儿子所建。锡克教教徒每年印历4月在此举行庆祝丰收的拜喀节，几十万朝圣者聚集在圣湖边，唱歌、开诗会、赛马及举行各种游戏活动，时间长达3天。金碧辉煌的金庙，不仅是锡克教教徒的圣地，而且也是印度的游览名胜，每年游客川流不息。泰戈尔于1873年跟父亲来这里旅游。

Amritsar Masscre　阿姆利则惨案，英殖民者在阿姆利则市的加利安瓦拉广场杀害聚会群众的事件。1919年4月13日，约5万人在阿姆利则市加利安瓦拉广场举行集会，抗议殖民当局专横暴虐，集会完全是和平性质的。有不少人还带着孩子来参加集会。下午4时，英国军官戴尔率领149名廓尔喀和锡克士兵前往广场。日落之前，他命令装甲车堵住广场狭窄的入口，自己带领105名士兵进入广场。下午5时15分左右，戴尔下令向密集人群开枪。射击持续10分钟，发射子弹1650发。打死打伤1516人，包括妇孺。阿姆利则惨案成为甘地于1920—1922年发动全国性非暴力不合作运动的直接原因之一。英国内阁成立亨特委员会调查此事。结果戴尔受到英内阁的"赞扬"。但他却受到英国人民和反对党的谴责。

泰戈尔听闻此事，勃然大怒，拍案而起，强烈谴责英殖民者的暴行，公开宣告放弃英国政府赐给他的爵士称号。

Amritsar Treaty　阿姆利则条约，1846年英殖民者与旁遮普锡克教土邦国签订的条约。

Amrta　不死。

Amrtas　"不死者"。

Amrtodana　甘露饭王，公元前6世纪佛陀释迦牟尼的叔父。

Amrtodaya　《甘露的产生》，17世纪印度作家戈库拉南塔（Gokulanantha）写的五幕剧。

Amsa　卷，册。

Amsa　鸯舍，印度神话里阿底提女神的儿子之一；化身；阿第多群神之一；精气；湿婆的得意弟子，崇拜者。

Amsandhana　研讨，反复咀嚼。

Amsavatara　化身。

Amsterdam　阿姆斯特丹，荷兰首都，位于荷兰西部沿海的北海运河（Noordzee Kanaal）上，有艾默伊登港的船闸与北海沟通，是荷兰的最大城市和第二大海港。1920年9月，泰戈尔访问阿姆斯特丹。

Amsterdam Theatre　阿姆斯特丹大剧院，在纽约，1916年12月泰戈尔在此做访美告别演说。

Amsuka　鸯输摩河，即雅穆纳河。

Amtya　帝国官员。

Amu Darya　阿姆河，意即"疯狂的河流"，古代叫乌浒河（Oxus River），是中亚最长的河流。阿姆河的源头为帕米尔高原东南部和兴都库什山脉海拔4900米的山岳冰川，西流汇合源出帕米尔高原的帕米尔河，称喷赤河（Pyandzh），再曲折西流，汇合瓦赫什河后称阿姆河，向西北流入咸海。阿姆河流经塔吉克、阿富汗、乌兹别克、土库曼四个国家，全长2540千米。

Amukha　序幕，印度古代一种剑类武器。

Amuktamalyada　《阿姆克塔马里亚达》，16世纪维查耶纳加尔国王克里西那德瓦拉亚的作品。

Amurta　形体。

A

An Anthology of One Hundred Songs in Staff Notation 《用五线谱记录的100首歌曲集》，泰戈尔的作品。

An Eastern University 《一所东方大学》，泰戈尔于1922年10月在印度泰米尔纳德邦城市哥印拜陀做的报告。

An Essay on the Bengal Renaissance 《论孟加拉的文学复兴》，泰戈尔的散文。

An Indian Folk Religion 《一门印度本土宗教》，泰戈尔的散文。

An Indian Memorial 《印度备忘录》，1923年英国学者珀尔森写，发表在《曼彻斯特卫报》上。

An Interview at Honolulu 《在火奴鲁鲁岛的谈话》，1929年泰戈尔在访问美国结束去日本途中在火奴鲁鲁岛停留，接受记者采访。

An Interview in Tokyo 《在东京的谈话》，1929年5月正在日本访问的泰戈尔在东京接受美国《纽约时报》记者的采访。

An Interview in Vancouver 《在温哥华的采访》，泰戈尔于1916年4月12日接受加拿大《温哥华之星报》记者诺贝尔·鲁滨逊采访。

An Interview with a Chinese Delegation 《同一个中国代表团的谈话》，1929年5月14日，正在日本访问的泰戈尔在东京帝国宾馆接见来拜访他的中国国民党代表团，和他们进行了谈话。代表团邀请泰戈尔赴南京参加孙中山遗体往南京迁动仪式。

An Interview with the Japan Adviser 《同〈日本顾问报〉记者的谈话》，1929年5月11日美国报纸《日本顾问报》记者在东京采访泰戈尔。

An Onlooker（Vatayaniker Patra） 《一位旁观者的信》，泰戈尔1919年4月给《侨民》（Pravasi）期刊写的文章，严厉批评对权利的崇拜。

Ana 阿纳，印度货币名，一阿纳相当于四分之一卢比。

Anaabashyak 《不必要的》，泰戈尔的散文。

Anabhanjan 《打掉傲气》，泰戈尔的短篇小说。

Anadhikaar Prabesh 《非法入内》，泰戈尔的短篇小说。见Trespass。

Anagatavidhatr 未雨绸缪。

Anagha "完美无瑕的人"，《摩诃婆罗多》里的英雄阿周那的称号。

Anahata nada 未被听到的声音。

Anahata sabda 不断萦绕耳边的大神的声音。

Anahras 安度罗人，主要居住在印度南方的安德拉邦。

Anaikantika 不定。

Anakas 一种战鼓。

Anala 火，火神。

Anamabhavada 积聚说，亦称"元素结合说"，印度古代胜论派学说之一，认为万物由元素或原子积聚而成。

Anamayakosa 有实体。

Anambhatta 阿难跋陀，17世纪哲学家，著《思择集要》（Tarkasamgrha）。

Anan and Mother India 《阿南与母亲印度》，20世纪50年代梅布（Mehbood）导演的电影。

Anana 面。

Anand Bhavan 欢喜宫，位于阿拉哈巴德市的尼赫鲁家族故居。

Anand, Mulk Raj 安纳德，姆勒克·拉吉（1905—2004），印度以英语写作的小说家，作品有《不可接触者》《苦力》《朝拜泰戈尔》《金色的生命》等。

Ananda 阿难，意译"欢喜""喜庆"，释迦牟尼叔父斛饭王之子，释迦牟尼的堂弟，释迦牟尼回乡时跟从出家，侍从释迦牟尼二十五年，为释迦牟尼十大弟子之一，擅长记忆，被称"多闻第一"。传说佛教第一次集结，由他诵出藏经。

Ananda 喜悦，欢喜，达到目的，超然极乐；大梵，万物的基础；幸福之神。

Ananda 阿难陀寺；阿难，吠陀弟子，他宣布佛陀生前言论。

Ananda Brahma 享乐哲学。

Ananda Coomaraswamy 阿南达·格马拉斯瓦米（1877—1947），斯里兰卡哲学家，翻译家，从1910年开始翻译泰戈尔的作品。

Ananda Tandava 阿南达·坦达瓦舞，舞王湿婆跳的108种舞蹈中的极乐之舞，乃是神秘的宇宙之舞，象征着宇宙生死相续的无穷无尽。

Anandabazar Patrika 泰戈尔的短篇小说《实验室》。

Anandam 爱，无限。

Aanandamahan　阿依德莫洪（1847—1906），毕业于英国剑桥大学，曾为孟加拉教育管委会成员。

Anandamath　班吉姆的小说《幸福修道院》或《阿难陀寺院》。

Anandamaya　快乐意识。

Anandamayakosa　极乐之腔，第五腔，存在于知识和理解之腔中。

Anandamayi　阿南达玛依，印度教导师，20世纪60年代去西方传播印度教思想。

Anandapur　阿南德普尔，印度旁遮普邦城市，在昌迪加尔附近，锡克教圣地，锡克教第九代祖师巴哈杜尔于1644年所建。1699年锡克教第十代祖师戈宾德·辛格在这里宣布锡克教完全脱离印度教，建立独立的军事组织，废除祖师世袭制。

Anandapura　阿难陀补罗，印度古吉拉特邦佛教古城，即现在的瓦德纳加尔。

Anandarupam amritam　永恒的快乐。

Anandarupamamritam Yadvibhati　泰戈尔在散文《斯瑞尼克坦一周年》里引用的《奥义书》里的句子："梵以欢乐的永恒的形式显现。"

Anandasundarika　《阿难达与孙达丽卡》，剧本，18世纪信德语作家波卢美乐（Bherumel）的作品。

Anandavardhana　欢增，9世纪作家，著有《韵光》（Dhvanyaloka）。

Ananga　无躯体。

Ananga　阿南迦，爱神被湿婆大神的第三只眼发出的怒火烧成灰烬后的名字。

Anangasenharinandin　《无体的悉那与无忧的兰丁》，剧本名。

Anant　阿南特，15世纪奥里雅语作家。

Ananta　大蛇；蛇王。

Ananta　太阳神，湿婆的别称。

Ananta　无边际的。

Ananta prem　永恒的爱情。

Anantadas　阿难塔达斯，印度中世纪诗人。

Anantadas　安南塔达斯，人名。

Anantam　无限。

Anantasayanan　毗湿奴的蛇床。

Anantavarman Coda Ganga　阿南塔跋摩·朱达·横加（1076—1148），印度奥利萨历史上杰出的国王。

Anantavijaya　胜无涯，螺号名。

Ananthamurthy　阿南塔姆尔提（1932—），印度现代坎纳达语作家。

Ananthanatha　阿难达那陀，耆那教传说的第十四代祖师。

Ananvaya　自比。

Ananya　别具一格。

Anapna　呼吸，出入气息。

Anaprashan　儿童初食仪式，首次喂饭仪式。

Anargharaghava　《无价的罗摩》，9—10世纪牟罗利的戏剧。

Anarta　阿纳尔塔，地名，在来瓦塔卡附近。

Anartha　阿纳尔塔，《摩诃婆罗多》里黑天所在的多门城的一个地方，阿周那在这里遇见做祭祀的妙贤。

Anarya　贱民，不可接触的人。

Anasuya　阿那素雅，阿陀利仙人之妻，敝衣仙人之母，沙恭达罗之友，与阿陀利隐居林中，借苦修获法力，赠悉多永葆青春的药。

Anathapindika　给孤独长者，佛教传说里的人物。给孤独长者是佛陀的一位弟子，中印度乔萨罗国舍卫城的一位富商，性格孤僻，乐善好施，故获此名。他皈依佛教后，购太子一宫中园林孤独园，赠佛陀释迦牟尼居住，宏扬佛法。见Sudatta。

Anatma　无我。

Anatman　无我，佛教基本教义，指一切事物都没有独立的实在自体。

Anatta　没有灵魂的。

Anava-mala　自我，个体不纯。

Anavatapta　阿纳瓦塔普塔湖，喜马拉雅山圣湖，释迦牟尼的妈妈、净饭王的妻子摩耶夫人在生释迦牟尼前梦见自己被拖往此湖，一头大象走来，投入身体。

Anbu　（泰米尔语）爱。

Anchoret　隐士，修道士。

Anda　安荼，卵胎，蛋状物，神话传说：具体的世间现象由它直接生成。

Anda　圆丘。

Andahpur　闺房，原指穆斯林王宫与陌生人隔绝的公主深闺。见Purdah。

Andaja　卵生。

Andal　安达尔，6世纪泰米尔湿婆派颂诗作家，作品有《提鲁斯巴瓦伊》（Thiruspavai）。

Andamans　安达曼群岛，孟加拉湾与安达曼

A

海之间的岛群，属印度。北隔普雷帕里斯海峡与大陆相距约220千米。南隔十度海峡遥接尼科巴群岛，行政区划上与尼科巴群岛共同组成印度中央直辖区。共有204个岛屿，以北、中、南小安达曼岛为主，有些岛屿无常住人口。面积6 461平方千米，最多的岛屿为中安达曼岛。人口约15.8万。多火山与丘陵，北安达曼岛上萨德尔峰海拔750米。群岛呈长串形，自北而南排列，长467千米。港湾曲折，水道纷歧，主要城市和海港是布莱尔港（也是直辖区首府）。全年湿热，年降水2 000毫米以上。且常年有水的河流少，供水困难。森林占总面积的86%，特产红木。土著为矮黑人。安达曼群岛位于印度和缅甸之间的古代贸易路线上。1789年东印度公司海军的孟买海军陆战队中尉布莱尔（Archibald Blair）来此访问。安达曼群岛1789年被英国占领，长期为流放英属印度各族政治犯的场所，以后有不少大陆人迁入。群岛上的第一个欧洲人聚落在位于南安达曼岛东海岸的布莱尔港，现为中央直辖区首府。1933年7月，泰戈尔给该岛被英殖民者关押的爱国者发电报，要他们停止绝食斗争。这里由于远离大陆，开发不易，自印度独立以来一直未能得到中央政府的重视，当地一些土著民族至今仍保留着裸身旧习。

Andante　慢慢动。

Andar　拜火教里的因陀罗。

Andehenatamasavritah　被包围在黑暗中。

Anderab　安德拉布，玄奘取经时期的佛教遗址，在大夏通往和阗的路上。

Anderson Jhon　安德森·约翰，英印孟加拉殖民总督，于1935年2月6日访问国际大学，和泰戈尔会晤。

Andes　安德斯号船，1924年9月泰戈尔从法国西北部海港瑟堡乘坐此船去秘鲁。

Andha Yuga　《愚蠢的时代》，20世纪戏剧家达尔维尔·巴尼（Dharveer Bhani）的作品，写俱卢战争的恶果。

Andhaka（s）　安陀迦，“盲者”，千手千臂阿修罗，仙人迦叶波与底提之子，为天帝释因陀罗所杀。走路磕绊，如盲者摸摸索索。

Andhaka　安达卡，《摩诃婆罗多》里黑天雅度族的部落以及该部族的人。雅度族共有4族，其他3族为：弗里氏尼族（Vrishnis）、库库拉族（Kukuras）和波加族（Bhojas）。

Andhakupam　阴间的狼虫虎豹吞咬井。

Andhatamtsram　捆绑地狱。

Andhra　安得拉邦，印度东南部的一个邦，位于孟加拉国国湾西岸，东北边同奥里萨邦、恰斯加尔邦和中央邦接壤，西北边同马哈拉施特拉邦相连，西南是卡纳塔克邦，南面是泰米尔纳德邦，面积27.5万平方千米，人口8466万人，为印度第五大邦。邦的官方语言是泰卢固语，首府位于海得拉巴。1934年11月泰戈尔访问安得拉邦，11月5日在安得拉邦大学演讲。

Andhrabharata　《安德拉婆罗多》，11世纪作家南那耶·帕德（Nannya Bhatta）著。

Andhras　安度罗国（公元前271—公元前225），非雅利安人的南印度古国，由原来臣服于孔雀王朝的安达罗人建立，亦称萨塔瓦哈那王朝（Satavahana），早期都城在普拉什塔纳（Pratishthana，今拜坦Paithan），统治西印度马哈拉施特拉和中印度地区，中央邦的桑奇大塔标志着印度早期佛教艺术发展的顶点。

Andre Gide　安德烈·纪德（186—1951），法国作家、评论家。主要作品有小说《梵冈的地窖》《窄门》《田园交响曲》《伪币制造者》等。他在1920年把泰戈尔的诗集《吉檀迦利》翻译成法语。

Andrews　安德鲁斯（1871 —1940），英格兰教会牧师，英国文学家，印度社会改革家，泰戈尔的真诚朋友和追随者。1912年在伦敦首次会见泰戈尔。曾兼任泰戈尔的义务秘书。1914年开始参加国际大学的教学工作。1940年2月12日，安德鲁斯在在加尔各答里欧登疗养院去世，泰戈尔异常悲痛。

Anga　安迦，爱神因干扰湿婆苦修被烧成灰的地方；安迦，《摩诃婆罗多》里的篾戾车（Mlecha）国王，被布军杀死。

Anga　《安迦》，5世纪整理出的耆那教12支经典，以故事、比喻和寓言的形式宣讲耆那教的教义、戒律。

Anga　昂格，印度古国。

Anga　支，六种吟诵分支：间断（vicchuda）、充实（arpana）、句断（visarga）、连续（anubandha）、明亮（dipana）、平息（prasamana）。

Anga　鸯迦国，公元前6世纪—公元前4世纪印度列国时代16国之一，位于印度最东面，恒河下游，即现在的孟加拉，首都瞻波。

Angad 安格德（1504—1552），锡克教第二代祖师。

Angada 鸯迦陀，《罗摩衍那》里猴王妙项的弟弟波林的儿子，因深明大义，支持罗摩，被妙项立为太子。

Angadas 手镯。

Angahara 舞蹈形体动作。

Angara Chaitya 安迦拉佛殿，在佛陀涅槃的库尸那迦，佛陀涅槃后遗体火化处。

Angaracana 化装。

Angaraka 火星。

Angaraksaka 贴身卫士，星宿名，即福星。

Angarparna 画军，因陀罗天界的乐舞领班。

Angarparna 安家帕那，布军等在被流放中降服的妖怪。般度五子去参加木柱王比武选婿大会，在恒河边沐浴遇此妖干涉。安家帕那为布军制服，其妻昆比纳西（Kumbheenasi）向阿周那求情，阿周那释放了他，她赠给阿周那看穿三界的魔眼，并教给他呼之即来的马匹的本领。

Angas 毛足国，鸯迦国，印度古国，由毛足国国王罗摩帕达（Romapada）统治。《摩诃婆罗多》里难敌封迦尔纳为王的地方。

Angas 《安伽》，耆那教12支经典，公元3世纪在华氏城集结，把大雄的教义整理成12部分，崇拜信奉。

Angas 吠陀支，不属吠陀的祭祀风俗，语音学，语法学，词源，诗律，天文学。

Angelica Balban and Tagore 《安吉里卡·巴尔班与泰戈尔》。

Angell Norman 安吉尔·诺曼（1874—1967），英国作家。出生于英国林肯郡的霍尔比奇。最初在英国的小学和预校学习，之后又去日内瓦大学学习。后到美国西部居住。不久，当上了圣路易斯《环球民主报》记者，接着又去旧金山《纪事报》编辑部工作。1899年在巴黎担任英文版《信使报》编辑。1905年任《每日邮报》常务经理和主编。后辞去编辑，主要从事写作。他是一个多产作家，在41年的时间里共出版了41部书，并发表了2 000多篇文章。在第一次世界大战期间，安吉尔曾在一个救护队服务，并两度赴美，同美国一些团体一起为国际联盟工作。1928年他成了皇家国际事务研究所成员，并当选为世界反战反法西斯委员会主席。他以自己的大量著作，阐明了他的著名论点：战争不是解决国际争端的好办法，任何国家都不可能通过战争在经济上获得好处。他以自己的大量反战著作，获得了1933年诺贝尔和平奖。他的主要著作有：《欧洲的视错觉》《莫大的错觉》《论国际政策的基础》《和平理论和巴尔干战争》《帝国的防务》《同独裁者言归于好有巨大的吸引力吗?》《险峻的去处》等。安吉尔1967年10月7日在英国萨里郡的克曼罗伊登逝世，终年93岁。

Angika 形体动作，肢体语言。

Angira 昂霁罗，著名仙人，传说《梨俱吠陀》的许多诗歌是他创作的。

Angira 安吉拉，梵天从眼袋中生出的儿子；仙人优塔提亚（Utathya）的父亲，儿子与月神女巴德拉（Bhadra）结婚，后将其遗弃，被风浪神伐楼那（Varuna）勾引走，他后悔不已，从伐楼那手中讨回，与妻子真正相爱。

Angirasas 火神的子孙后代。

Angiras 鸯耆罗斯，俱力仙人，生主神的7个儿子之一。

Angiras 鸯吉罗斯，7大仙之一。德罗那的师父。

Angirasas 鸯吉罗娑，7半神总称。

Anglo- American Association 英美学会，1924年4月25日晚在北京欢迎泰戈尔访华。

Anglo-Saxon 盎格鲁-撒克逊，一个集合用语，通常用来形容5世纪初到1066年诺曼征服之间，生活于大不列颠东部和南部地区，在语言、种族上相近的民族。他们使用非常相近的日耳曼方言，被历史学家比德认为是三个强大的日耳曼部族——源自日德兰半岛的盎格鲁人（Angles）和朱特人（Jutes）以及来此之后称作下萨克森地区的撒克逊人（Saxons）的后裔。

Anglo-Indian Community 居住在印度的英国人或英印混血人。

Angom Gopi 安宫·戈毗（1710—1780），印度作家，他把《罗摩衍那》用曼尼普尔语写出。

Angora 安哥拉，位于非洲西南部，首都罗安达，西濒大西洋，北及东北邻刚果民主共和国，南邻纳米比亚，东南邻赞比亚，另有一块外飞地卡宾达省与刚果共和国、刚果民主共和国相邻。作为葡萄牙曾经的属地，其有“非洲的巴西”之称。在1884年至1885年的柏林会

A

议上，安哥拉被划为葡萄牙殖民地。1922年葡占领安哥拉全境。1951年葡萄牙将安哥拉改为“海外省”，派总督进行统治。1975年11月10日葡萄牙宣布“把权力交给安哥拉人民”。11月11日，“安人运”宣布成立安哥拉人民共和国，阿戈斯纽·内图任总统。

Angulimala　安古里马拉，皈依佛教的第一个土匪。

Anguttara Nikaya　佛教增支部经典。

Anhilwara　安希尔瓦拉战役。

Anhui Education Press　安徽教育出版社，成立于1982年。2007年出版孙宜学的《不欢而散的文化聚会——泰戈尔来华讲演及论争》。

Anhui History Science　《安徽史学》，安徽省社会科学院主办的学术性杂志。它创刊于1957年1月，是当时国内仅有的三家史学专业刊物之一。原名《安徽史学通讯》，由原中国科学院安徽分院哲学社会科学研究所历史研究室创办。1959年，它与该所主办的另一份史学刊物《安徽历史学报》合并，更名为《安徽史学》杂志。

Anhui Publishing House of Literary and Art　安徽文艺出版社，成立于1979年。1999年5月出版北城的《圣地灵音——泰戈尔其人其作》。

Anibaddha　开放式音乐。

Anica　无常的。

Anila　风，风神，婆苏之一，风的化身。

Anima　能把人体变为原子的能力。

Animasiddhis　获得瑜伽神通后的缩身本领，缩身术。

Anirudha　阿尼楼陀，《摩诃婆罗多》里黑天的孙子，被魔王波诺女优莎公主诱走，被黑天、湿婆和战神救回。在雅度族自残中与黑天的另一个孙巴（Samba）因自相残杀而决斗。他割下埃拉科（Eraka）草变刀子，刀子所到之处杀死一片人。他的儿子瓦基拉（Vajra）被阿周那（Arjuna）立为雅度族王。

Anirudha　阿尼鲁得，黑天的孙子。

Anirvachaniya　不可言喻者。

Anitaa Tagore　奥米达·泰戈尔（1911—1992），泰戈尔大哥德维琼德罗纳特的孙子媳妇，即奥金德罗纳特（Ajeendranaate，1907—1982）的妻子。

Anitya　无常，不断变化的，乍生乍灭的。

Anjadi　供奉的祭品。

Anjali　合掌，眼睛微闭，向神表示敬意。

Anjalika　兵器，神箭。

Anjan　安坚，印度神话里因陀罗的车夫玛塔里（Matali）为女儿衮纳克湿（Gunakeshi）找女婿时在苏坡拉提克（Suprateek）见到的部族候选人。

Anjana　西方或西南方的象；达刹的后代多头蛇。

Anjana　安家纳，《罗摩衍那》里神猴哈奴曼的别称。

Anjanaa　安佳娜，《罗摩衍那》里神猴哈奴曼的母亲。

Anjili　手势：双手合十。

Anka　幕。

Ankamukha　幕头插曲，在一幕的开头，由男、女主角首先概括已发生的事。

Ankas　狼牙棒。

Ankavatara　转化，转化插曲是在两幕之间或一幕中。

Ankia Nat　安吉雅剧，阿萨姆邦的地方戏。

Ankush　赶象棒。

Anna　安那，印度货币单位，十六安那等于一卢比。

Anna　食物，大米。

Anna Brahma　有用中的无限。

Anna Darkar　安娜·达尔佳儿，泰戈尔的梦中情人。泰戈尔去英国留学之前住在阿达罗姆·般度然博士家里学习西方礼仪时认识了博士的女儿。她旅英数年，精通英语，教泰戈尔英语，向他介绍英国的风土人情，与泰戈尔相处极为融洽。泰戈尔给她取孟加拉名娜丽妮。泰戈尔把这个名字写入一首诗并配以“维伊罗毗调”唱给她听。安娜听后感动地说：“哪天我躺在死榻上听见你唱的这首歌，我就会立即苏醒。”后来她被迫嫁给一个比她大20多岁的男人，不到一年郁郁而死。泰戈尔一直怀念她，他写的诗《远飞的心绪》《邂逅》里有安娜的影子。

Anna Pavlova　安娜·巴甫洛娃（1881—1931），19世纪晚期及20世纪初期俄罗斯女演员。她被广泛认为是最著名且最受欢迎的古典芭蕾舞者之一，是俄罗斯皇家芭蕾舞团的台柱子。巴甫洛娃和舞团成员成功地创造了《天鹅之死》中的角色，并在世界各地举行了巡回演出。

Anna Pavlova 安纳·帕乌洛娃，12世纪印度舞蹈家。

Annachal 印度妇女莎丽的折角，可用来包东西。

Annadamangal 《阿嫩达颂》，18世纪诗人旃陀罗写的史诗，歌颂黑天的儿子阿嫩达。

Annals of Heilongjiang History 《黑龙江史志》，由黑龙江省地方志编纂委员会、黑龙江省地方志办公室、当代黑龙江研究所、黑龙江省地方志协会主办，1982年创刊。2008年1月第2期刊登谭立的《论泰戈尔散文诗集〈吉檀迦利〉的东西方文化双重影响》。

Annam 安南，越南古称，本来的越南只包括现越南北部一带，不包括现越南南部——本来的占城国。古代越南从公元前3世纪开始属于中国秦朝领土。历史上的越南有一千多年是中国领土，所以称“安南”“越南”，这两个国名均与中国官方有关。公元10世纪，五代十国时，越南叛乱，从中国分裂出去，中国北宋政府无力平叛，但越南一直作为中国的藩属国。早在公元2世纪，印度殖民者就到了安南海岸。他们在安南建立的第一个王国便是昌巴。昌巴第一次成为连接中国和印度海路的重要一站。

Annamayakosa 食腔。

Annambhatta 阿难跋陀，17世纪印度哲学家，著有《思择集要》(Tarkasamgrha)。

Annaprasana 婴儿的初食礼。

Annaprasara 养育礼。

Annaprashan 满月礼。

Annapurna 杜尔迦，谷物女神，印度神话传说中的赐食女神。湿婆化作乞丐向她讨吃的，她为湿婆讨千家饭。

Annasaheb Kirloskar 安纳萨西·克罗西卡，马拉提语现代戏剧作家。

Annual Choral concert of the school children 罗马儿童演出的一年一度的合唱音乐会，1926年6月10日在罗马大圆场进行音乐会，邀请正在意大利访问的泰戈尔出席。

Anold Mathew 阿诺德·马修（1822—1888），英国维多利亚时期的诗人和评论家。

Anrta 罪恶，非。

Ansary, Mukhtar Ahmad 安萨里，穆克塔尔·阿赫迈德（1880—1936），印度穆斯林民族主义领袖，曾任穆斯林联盟主席。

Ansuman 鸯输曼，印度神话里阿萨罗舍的儿子，萨羯罗的孙子。萨羯罗的六万个儿子在萨羯罗马祭时得罪了仙人毗罗陀，被仙人眼里射出的神火烧为灰烬。鸯输曼找回了失踪的祭马，发现了六万个叔叔的骨灰。

Anta 终极，有和无的终极原因；末；安塔，一个极大的数目。

Antagadadasav 《十终极支》。

Antahpur 深闺，与陌生人隔绝的上流社会女子的闺房，女人的内室。最中心的地方。

Antahsravana 内聪。

Antal 安塔尔，毗湿奴派12个诗人中唯一的女诗人，她在9世纪在印度南方努力传播毗湿奴派教义。

Antanupras 押韵。

Antara （音乐乐章）安塔拉。

Antarala 门厅。

Antarabhava 人死后的灵魂。

Antaratara yadayamatma 人的内在精神。

Antaratman 内在的个人灵魂。

Antaraya 遮业，害业的一种表现，限制人精力的发挥，使人难行善事。

Antardhanastra 俱毗罗宝器，财神俱毗罗送给般度五子的武器，射出后可搬来大山，射手与山一同消失，射手变为巨人出现，又变侏儒，射手射小箭，出现金战车，射手坐到车上。

Antardristi 内明。

Antarhitaa 心中的女人

Antariksa 天地之间的空间。

Antaryamin 内制者，按照毗湿奴派的说法，神形寓于人心，指导人心，在天堂、地狱的体验中伴随人心。

Anthem of India 印度国歌，《人民的意志》，由泰戈尔作词谱曲。

Anthyesthi Satkar 《准备葬礼》，泰戈尔的短篇小说。见The Funeral Preparations。

Anti-Malarial Society of Bengal 孟加拉防疟疾协会，泰戈尔曾于1924年2月24日主持该协会的年会。

Antialkidas 安替亚尔提达斯，公元前2世纪—公元前1世纪统治旦叉始罗的希腊大夏国王公。

Antigonos 安提格罗斯（公元前382—公元前301），亦译安提柯一世或独眼安提哥那，马其顿大将、国王，他所缔造的安提哥那王朝统治马其顿一直到公元前168年。

Antiocus II　安条克二世，公元前3世纪的叙利亚塞琉古国王，与孔雀王朝阿育王为同一时期人，两国有交往。

Antojato　出生在主人家的奴隶。

Antony　安东尼（公元前83—公元前30），古罗马统帅。公元前54年在恺撒麾下任财政官。在对庞培的战斗中，追随恺撒并参加过法萨罗之战。公元前44年任执政官，同年恺撒遇刺后与奥古斯都（即屋大维）发生权力之争，不久言和，并联合M. A.李必达结成“后三头同盟”，对共和派进行大清洗。公元前42年，安东尼、屋大维率军入希腊，追歼谋刺恺撒的共和派领袖布鲁图斯、喀西约·龙基纳。在马其顿东南部菲利皮城下两军相遇。双方各投入数十个军团，安东尼、屋大维指挥有方，喀西约·龙基纳、布鲁图斯陷于困境，相继自杀。公元前40年，安东尼获得对东部行省的统治权。公元前36年发动对安息（帕提亚）的战争失败。屋大维坐镇罗马，统治西部地区（公元前36年解除李必达兵权），与安东尼形成对峙。安东尼与埃及女王克丽奥佩特拉七世结婚，深居亚历山大宫廷，俨然以帝王自命，并宣称将罗马东部一些领土赠给她的子嗣，因而激起罗马元老院的强烈不满，也造成屋大维反对安东尼的良机。公元前32年双方关系破裂，元老院和公民大会宣布安东尼为“祖国之敌”，并以埃及女王克丽奥佩特拉七世侵吞罗马人民财产为由向其宣战。公元前31年9月，安东尼与女王在亚克兴海战中败于屋大维，狼狈逃回埃及，次年安东尼又被屋大维打败，途穷自尽。

Antony and Cleopatra　《安东尼与克丽奥佩特拉》，17世纪英国作家莎士比亚的戏剧。克丽奥佩特拉七世（公元前69—公元前30），埃及托勒密王朝最后一位女王，人称“埃及艳后”。她才貌出众，聪颖机智，擅长手腕，心怀叵测，一生富有戏剧性。开始他借助罗马皇帝恺撒的力量推翻弟弟，自己当上女王。恺撒死后，安东尼称雄于罗马。他在腓力比战役中最后击败共和派领袖布鲁图斯和喀西约的军队后，按照与屋大维的协议巡视东方行省，筹措资金。公元前41年他到达西利西亚的塔尔苏斯，遣使埃及，召见克丽奥佩特拉七世。克丽奥佩特拉七世对罗马政局和头面人物颇为了解，认为这又是一个绝好的机会，于是巧作安排加以利用。女王打扮成爱神阿佛洛狄忒的模样，安卧在串着金线、薄如蝉翼的纱帐之内。美丽的童子宛如朱必特一般侍立两旁，各执香扇轻轻摇动。装扮成海中仙子的女仆，手持银桨，在鼓乐声中有节奏地划动。居民们见此情景，疑是爱神阿佛洛狄忒乘着金龙来此与酒神（安东尼）寻欢作乐。人们奔走相告，观者如潮。安东尼被邀至船上赴宴，看到克丽奥佩特拉七世迷人的风姿、优雅的谈吐，神魂颠倒，不知所措。他非但把责问克丽奥佩特拉七世在共和派反对“三头”战争中的暧昧态度的问题抛到九霄云外，而且当即一一答允她所提出的要求——甚至答允她杀害埃及王位的继承人和竞争者、当时避难于以弗所的异母妹妹雅西斯。不出数日，这个武夫完全成了她的俘虏，跟随她一起到了埃及。他们在埃及一起度过了公元前41—公元前40年的冬天。公元前40年夏，安东尼回到意大利。此时，安东尼和屋大维之间的矛盾有所缓和，他娶了屋大维的姐姐奥克塔维娅为妻，以罗马传统的联姻方式巩固政治上的联盟。到公元前37年，安东尼和屋大维的矛盾加深，安东尼回到东方，准备远征帕提亚。他以征途艰辛、不宜安置于军营为理由，把奥克塔维娅遣送回罗马。而当安东尼到达安条克时，即邀请克丽奥佩特拉七世会面，并且，违反罗马的传统习惯同克丽奥佩特拉七世结婚。

公元前31年，安东尼和屋大维大军会战于阿克提乌姆海角（亚克兴海战）。正值战斗方酣，安东尼舰队受挫之时，克丽奥佩特拉七世乘坐之船突然撤离战场，驶回埃及，原因至今众说纷纭。安东尼随即追赶而去，抛下战斗部队任其遭受歼灭。公元前30年，屋大维进攻埃及，包围亚历山大里亚。安东尼看到大势已去，挥剑自刎。克丽奥佩特拉七世知道自己的死期将近，早就研究各种自杀的方法。她躲进了墓堡，但为屋大维所智擒。当屋大维去看望自己的俘虏时，她还施展手腕，千方百计地哄骗和迷惑屋大维，然而未能奏效。屋大维生擒克丽奥佩特拉七世的目的，是把她带回罗马，在举行凯旋仪式时示众。克丽奥佩特拉七世得知后，陷于绝望，万念俱灰，忠诚的侍女们把一条叫作“阿普斯”的毒蛇装在无花果的篮子里送到她面前，她抓起小蛇放到自己的丰乳上，结束了神奇、浪漫的一生。据传说，尽管她被严加看管，她还是设法得到一个农民送来的一篮无花果，内藏有一条名叫“阿斯普”的小毒蛇，她让毒蛇咬伤手臂昏迷而死。屋大维满足了她临死之前的要求，把她和安东尼埋葬在一起。克丽奥佩特拉七世和恺撒所生的儿子恺撒里昂以及她和安东尼所生的长子亚历山大，均被屋大维下令处死。

随着克丽奥佩特拉七世之死，长达300年的埃及托勒密王朝也告结束，埃及并入罗马，成为元首的私产。

Antsukya　焦灼。

Antwerp　安特卫普，位于比利时西北部斯海尔德河畔，是比利时最大港口和重要工业城市，面积140平方千米，人口45.7万人，居民大多使用荷兰地方方言，工商界主要使用法语。安特卫普是欧洲著名文化中心，是著名艺术大师罗宾斯和冯·狄克的诞生地，也是世界著名的游览城市：一是有保存完好、充满中世纪情调的旧市区古老建筑；二是神秘的钻石加工和交易；三是有世界声誉的绘画艺术和众多的博物馆，安特卫普建有罗宾斯故居博物馆、皇家艺术博物馆、国家海运博物馆以及钻石博物馆等。1920年9月泰戈尔访问这里。

Antyesti　葬礼，最后的祭祀。

Anu　极微，物质的最小单位，原子。

Anubandha　连续。

Anubava　感受。

Anubhava　随情，情态，情的变化，观众感受到的，产生各种意义的语言，形体的真情表演；神秘体验。

Anucitya　合适，符合，相宜，结合，合理。

Anucitya-sanpradaya　相宜论派。

Anudatta　低调。

Anugraha　宇宙的拯救。

Anugraham　保佑。

Anukarya　模型。

Anuktasiddhi　（诗相）自明，只是开个头，其他一切不言自明。

Anuktisama　未说。

Anukula　合适主角。

Anuloma　顺婚，较高种姓的男子娶较低种姓的女子。

Anumad　一天的后半天，后两个四分之一天。

Anumana　推理，比量，推论，推断。

Anumanaviruddha　比量相违。

Anumapaka　猜测者。

Anumarana　殉节。

Anumati　望日女神。

Anumitivada　推测音义。

Anumpaya　猜测者。

Anunaya　（诗相）调停，使意见矛盾双方满意，达到目的。

Anupallavi　阿努帕拉维，音乐乐章。

Anupras　头韵。

Anuprasa　谐音。

Anuraag o bairaagya　爱情与冷漠。

Anuradharpur　阿努拉达普拉，斯里兰卡古都和佛教圣地，位于斯里兰卡中北部，在首都科伦坡东北205千米处，始建于公元前5世纪，公元前3世纪至公元10世纪一直是僧伽罗王朝的都城，历史上曾繁盛一时。2000多年前，孔雀王朝阿育王之子、印度高僧摩哂陀携佛经渡海到此，开创了斯里兰卡的佛教历史，阿努拉达普拉逐渐成了斯里兰卡最早的佛教圣地。后逐渐荒废，19世纪重新发现并整修，现成为佛教朝礼中心及游览胜地。1982年被列入世界遗产名录。在这座古城里，有历代国王修建的大量寺庙和佛塔以及王宫和游乐场。在几十座白色圆顶的舍利子塔中，最有名的是鲁梵伐利塔：塔高100米，塔基直径96米，耸立在有3层台基的平台上；塔身下端为砖砌立方实体，中央的圆形石柱上部呈圆锥形，尖顶有镀金饰物，高耸在立方实体上，为僧伽罗民族建筑风格的典范；其规模不但远远超过全岛所有其他佛塔，也是当时各佛教国家中这一类型的最大佛塔，故也被称为大塔。塔内曾发现公元2世纪制作的象牙裸体女像及陶舍利盒、珠宝、佛珠等珍贵文物。祇陀林佛塔是阿努拉达普拉古城中的又一大佛塔，属上座部佛教。塔基直径约112米，塔原高107米，现残高仍达70米。塔正面有精美雕像。塔门石柱高近11米，柱上刻有花纹图案装饰浮雕。著名的伯拉贞宫，也称“铜宫”，建于公元前100年左右，原为7层建筑，长、宽、高均为45米，因顶包铜箔得名。现宫已不存在，仅遗存有1600根石柱，每根高3.6米。在古城内还有一株已有2200多年历史的大菩提树，树长在一高台上，高几十米，树干达几个人合抱，枝叶繁茂，苍劲庄重。据记载，印度孔雀王朝阿育王之女僧加密多，继其兄摩哂陀之后来斯里兰卡传教，携带印度菩提伽耶的菩提树苗到此，种植了此树。据说这是南亚现存最古老的菩提树。伊苏鲁穆尼亚寺是斯里兰卡最早的寺庙之一，建于公元前3世纪，由提婆南昆耶·帝沙王依山岩而建。在这里可以观赏到多种精美的山岩石雕，尤其是凹形“骑手”和“情侣”两幅造像，线条生动、优美，宗教气息淡薄，富有人间情趣，被奉为珍品。在这座古城里，古代修建的复杂的灌溉系统遗迹至今犹存，有名的水库有3座，一是公元前3世纪修建的帝沙水库，面积1.5平方千米；二是公元1世纪所建的拿伐罗水库，有长6~7千米的堤岸，是3座水库中最大的，至今尚为城市居民提供用水；还有一座婆娑瓦库拉玛水库，相传建于公元前505年。1934年5月泰戈尔一行游览了这里。

Anurodha　一致，符合，遵照。

Anurupa　符合，顺色，女演员扮演情况与年龄相仿的角色。

Anusasana Parva　《摩诃婆罗多》中的《教戒篇》。

Anushthanik Sangit　敬神的音乐。

Anushtup　梵天创制的经文。

Anusmrti　回忆。

Anustubu　阿奴湿图补，即输洛迦，是梵语诗歌中的一种格律，每个音节第五个音要短，第六个音长，第七个长短交替。

Anusvana　余音韵。

Anusvara　鼻化音。

Anuvaka　章，篇。

Anuvinda　阿奴文达，《摩诃婆罗多》里安万提国的将领，妖连盟军，与国王文达（Vinda）参加俱卢战争，站在难敌一边，在第十四天被阿周那射死。

Anuyogadara　《问答经》，耆那教经典。

Anvaharyapacana　印度教教徒的祖先祭火，供物奉献祖先，火炉为半月形。

Anviksiki　吠陀知识范围内、特别是用作与逻辑推理和辩论方法有关的分析，即调查学。

Anyartha　歧义。

Anyayavartin　不依正理为人者，有损国王利益的大臣。

Apa= Dyu　阿婆，即丢，婆苏集团神名中的水神。

Apa　水滴。

Apabhramsa School　印度细密画学派，特点为：人的脸部尖，尖鼻，眼睛突出于面部线条，过多的附属细节，过细的修饰。

Apabhramsa　阿帕布拉姆萨语，6世纪后世俗诗歌和耆那教故事中大量用，以它为基础中古印度雅利安语过渡到近代雅利安语、印地语、马拉提语、孟加拉语等。

Apadana　15部《小尼迦耶》中的第十三部《譬喻经》。

Apadastha　没有脚；难堪。

Apadhvamsa　杂种姓的。

Apahnuti　否定。

Apakrama　次序颠倒。

Apaksha-pada　“眼睛朝下者”，正理论创始人乔达摩的别名，因他善于低头思索，故名。

Apaman Bar　《心灵的篱笆》，泰戈尔的诗。

Apamaner Pratikar（Redressal of Humiliation）　《雪耻》，泰戈尔1894年写的文章。

Apamnapat　阿波那纳，水神，“水之子”，吠陀神话里，既与火相关联又与水相关联，有时和火神阿耆尼混同。

Apana　呼吸。

Apara　非最高，非至上。

Aparagodaniya　西牛货州，佛教四大部洲之一，位于须弥山之西咸海里，因以牛为货币，故名。

Aparajita　阿帕拉吉托，印度南方帕拉瓦王朝的最后一位统治者，于897年投降朱罗王朝。

Aparajita　阿帕拉吉沓，藤类植物，开蓝白花。

Aparajita　阿帕拉吉塔，印度神话里克里希纳的儿子，古马德拉国的王子。

Aparichita bhaashaa o Aparichita sangeet《不熟悉的语言和不熟悉的歌曲》，泰戈尔的散文。

Aparichitaa　泰戈尔的短篇小说《陌生女人》。见Woman Unknown。

Aparigraha　不敛财，不贪。

Aparna　阿婆哩那，印度神话：她与妹妹修炼时拒食，其母呼“u—ma”，她变为湿婆的美丽妻子乌玛。

Aparna Sen　阿帕尔那·森（1945—），印度电影女导演。

Apartha　意义不全。

Aparthaka　前后矛盾。

Apas　阿帕斯，水神。

Apasarases　仙子，天女。

Apasmara　一群鬼魂，矮子魔鬼，愚昧无知和遗忘的象征，在湿婆大神跳宇宙秩序舞蹈时用右脚将其踩碎。

Apastamba　阿帕斯塔巴，印度古代《黑耶柔吠陀》和《法经》的作者。

Apastamba-dharmasutra　《阿巴斯谈巴法经》，印度古代重要法经，讲高种姓婆罗门和刹帝利的社会以及宗教责任。

Apate　阿帕代（1864—1919），印度马拉提语长篇小说之父，作品有《拂晓》等。

Apaurusya　世俗作家，非神性作家。

Apava　阿婆伐，印度神话里的具有创造功能的天神，他把自己分为一男一女，二者结合生毗湿奴，毗湿奴创造毗罗吉，毗罗吉创造第一人。

Apavada　责备。

Apavarita　密谈。

Apavrittam　危险的，有疑问的。

Aphalia=Ahalya　阿帕利亚，即阿诃厘耶，仙人乔达摩的妻子，因与天帝因陀罗有染被其丈夫诅咒变石头，后遇罗摩复原。

Apoha　遮诠，用反面否定的方法达到肯定的目的。

Apohanam　损失，除掉，理性的力量。

Apollo　阿波罗，古希腊神话中最著名的神祇之一，希腊神话中十二主神之一，是主神宙斯与暗夜女神勒托所生之子，阿尔忒弥斯的孪生哥哥，全名为福玻斯·阿波罗，意思是“光明”或“光辉灿烂”。阿波罗被视为司掌文艺之神，主管光明、青春、医药、畜牧、音乐等，同时他也是希腊神话中的花美男之一，具有九头身的完美身材，超高的音乐才华，这让他受到了很多女神的欢迎，但遭到了赫拉的诅咒，导致爱情的失败。阿波罗主管音乐和竖琴，同时也主管舞蹈、诗歌和灵感。诗人和预言家都靠他的启示。阿波罗很擅长弹奏七弦琴，美妙的旋律有如天籁；阿波罗又精通箭术，他的箭百发百中，从未射失；阿波罗也是医药之神，他把医术传给人们；而且由于他聪明，通晓世事，所以他也是预言之神。阿波罗掌管音乐、医药、艺术、寓言，是希腊神话中最多才多艺，也是最美、最英俊的神祇，阿波罗同时是男性美的典型。

Appa Rao　阿帕·饶（1862—1915），印度泰卢固语诗人暨作家。诗作有《爱国主义》等，小说有《改革者的心》等。

Appadorai　阿巴杜拉伊（1902—），印度国际问题学者。

Appar　阿帕尔，8世纪人，63位湿婆派诗圣之一。

Appaya Diksita　阿博耶·底克西多，16世纪印度作家，著有《莲喜》(Kuvalayananda)。

Appeal for Andaman Prisoners　《为安达曼岛的囚犯呼吁》，泰戈尔1937年8月的公开信。1937年英国殖民政府把一些反抗英国统治的印度人关押在远离印度大陆的安达曼岛，泰戈尔呼吁改善他们的待遇。

Appeal to America　《向美国呼吁》，泰戈尔1932年12月的讲话。

Appeal to Journalists　《呼吁记者们》，泰戈尔1937年12月25日的公开信。

Appeal to the United Party of Sind　《呼吁信德联合党》，泰戈尔1939年4月的书信。

Appolodotos　阿波罗多投斯，公元前2世纪人，印度-希腊王朝王公。

Aprasanna　不满。

Aprastutaprasamsa　间接。

Apratibhana　无辩才。

Apratyaksa　现前，出现在眼前。

Apsaraaprem　《仙女的爱情》，泰戈尔写的杂谈。

Apsaras　阿婆沙罗，天女，半神女性灵体，能歌善舞的天女，因陀罗天宫里跳舞的小精灵，甘达婆的妻子。爱欲上失去理智，共十一个，如弥那迦、广延天女等。弥那迦诱惑众友仙人生沙恭达罗。

Aptoryaman　梵天创制的经文。

Apu，Aparjito，Apursansa　《阿普》《阿帕吉陀》《阿普桑撒》，印度著名电影导演撒提亚吉·雷（Satyaji Ray）于20世纪50年代拍的电影三部曲。

Apurva　无前，弥曼差派创造的词汇，指还没有实现，但已完全完成的东西。礼仪行为，祭祀的结果，对祭祀者死后有用。

Aquileja　阿奎累加号船，1926年5月，泰戈尔从孟买乘坐此船去欧洲访问。

Ara-sani 长满树叶的圣无花果树的绿枝。

Arabhati 刚烈。

Arabia 阿拉伯，西起大西洋东至阿拉伯海，北起地中海南至非洲中部，面积约为1420万平方千米，位于亚、非两大洲的结合部，其非洲部分占72%，亚洲部分占28%，具有重要的战略地理位置。阿拉伯世界有宽广的海岸线，如大西洋、地中海、阿拉伯湾、阿拉伯海、亚丁湾、红海和印度洋等水域的海岸线，该地区曾经孕育了一些著名的古代文明，如埃及古文明、亚述文明、巴比伦文明、腓尼基文明等。产生了三个宗教：犹太教、基督教和伊斯兰教。

Arabian Nights 《一千零一夜》，著名的古代阿拉伯民间故事集，在西方被称为《阿拉伯之夜》，在中国却有一个独特的称呼：《天方夜谭》。“天方”是中国古代对阿拉伯的称呼，仅凭这名字，就足以把人带到神秘的异域世界中。它是世界上最具生命力、最负盛名，拥有最多读者和影响最大的作品之一。古时候，萨桑王国的国王山努亚因妻子背叛了他而万分仇恨女人。因此，他每晚娶一个女人过夜后便杀掉。三年后，宰相的女儿大胆入宫，并每晚给国王讲一个故事，在天亮时便停下来，第二天接着讲。经过1001个夜晚，国王终于打消了杀女人的心思，世界名著《天方夜谭》也由此诞生。

Arabian Sea 阿拉伯海，印度洋西北部水域。东靠印度，北界巴基斯坦和伊朗，西沿阿拉伯半岛和非洲之角，南面即印度洋。向北由阿曼湾经过荷姆兹海峡连接波斯湾，向西由亚丁湾通过曼德海峡进入红海。包括亚丁湾和阿曼湾在内阿拉伯海面积为386万平方千米，最深处为5203米。平均深度为2734米。阿拉伯海为世界性交通要道。

Arabic 阿拉伯语，即阿拉伯民族的语言，属于闪含语系闪语族，使用阿拉伯文，主要通行于中东和北非地区，现为27个亚非国家及4个国际组织的官方语言。以阿拉伯语作为母语的人数超过2亿1000万人，同时阿拉伯语为全世界穆斯林的宗教语言。阿拉伯语因分布广阔，因此各个地区都有其方言，而“标准”阿拉伯语则是以伊斯兰教经典《古兰经》为准。

Arabs 阿拉伯人，泛指西亚和北非讲阿拉伯语的居民。“阿拉伯”一词最早出现于公元前9世纪。欧洲人称之为“萨拉森人”。阿拉伯人主要分布在西亚，占这些国家居民的大多数，还有一小部分分布在土耳其、伊朗、阿富汗、印度尼西亚、埃塞俄比亚、索马里、乍得、坦桑尼亚等国，估计约2.3亿人。阿拉伯人属欧罗巴人种地中海类型，北非和南阿拉伯的一部分人混有尼格罗人种特征。

Aranya-kanda 史诗《罗摩衍那》里的《森林篇》。

Araiyar 说唱。

Arakan 阿拉干，在缅甸西南沿海一带。缅甸阿拉干人（亦称若开人）建立的封建王朝，统治缅甸西南沿海一带。1433年由国王那罗弥迦罗建立，共历48代王。阿拉干历史悠久，其建国年代可以追溯到公元以前。英国侵占孟加拉后，于1824年发动第一次侵缅战争，迫使缅甸割让阿拉干给英国，使它最先沦为英国的殖民地。

Arala 蜷曲。

Aramaiti 阿买，拜火教里六大天使之一，神圣奉献的典范。

Arambha 开始，渴望获得重大成果。

Arani 史诗的结构。

Arani 火焰，大扇子。从胳膊肘到小指指端的距离。

Arani 可以擦出火的木头。

Arani sami 一种树枝，用其点的火为圣火。

Aranmula 克拉拉邦的赛蛇节，在每年的8月。

Aranya 林子。

Aranya 史诗的细节。

Aranya “静修林”，隐居静思之处。

Aranyadebataa 森林女神。

Aranyak 《森林》，印度20世纪作家毕步提布山（Bibhutibushan）的小说。

Aranyani 森林，印度神话里的森林的化身。

Aradakalama 阿落达加蓝仙人，佛陀导师。

Aranyaka 《森林书》，《梨俱吠陀》所属两部：《他氏森林书》，《乔尸多基森林书》(；《娑摩吠陀》所属一部：《耶摩尼奥义梵森林书》；《黑耶柔吠陀》所属一部：《鹧鸪氏森林书》。对解释神秘的祭祀仪式的《梵书》的补充；与奥义书有关的。

Aranyani 森林之神。

Aranyani 森林，印度神话里的森林的化身。

Aranyani 阿罗尼耶尼，“树林”，林木女神，林中野兽之母。

Arashiker Svargaprapti 《误入天堂者》，泰戈尔于1894年写的喜剧。见The Wrong Man in the Heaven。

Arati 敌人。

Arati 拜神节闭幕式；庙宇敬神的黄昏仪式，特别是点灯仪式。

Arati 用灯祭拜。

Aratta 阿罗陀，印度古代地名，这里的战马很有名。

Aravali（Hill）Mountain 阿拉瓦里山，在拉加斯坦邦。

Aravata 良象。

Aravidu Dynasty 阿拉维度王朝（1570—1672），迪鲁马拉创建的维查耶纳加尔王国第四个王朝。

Arbuda 阿利布陀，蛇形魔怪，因陀罗的敌对者。

Arbuda 阿尔布达，山名。

Arbuda 梯，印度古代数目字，一梯为一亿。

Arca 偶像，圣象，雕像。

Arcaka 总祭祀。

Arcavatara 庙宇的神像，主要指毗湿奴。

Archa-avatara 雕像化身。

Archives of Republic of China 《民国档案》，创刊于1985年，由中国第二历史档案馆主办。2011年第4期刊登周晓的《中国文化机关团体举行泰戈尔追悼大会史料选》。

Ardeshir Irani 《冉比村姑》，1937年克山·坎尼亚（Kisan Kanya）导演的印度第一部彩色影片。

Ardh Kunbh 恒河上游印度教圣地哈瑞德瓦的庙会。

Ardha 一半。

Ardha-Nari 阿尔达-纳瑞，印度神话里的湿婆大神半男半女异体，湿婆妻子帕尔瓦蒂与湿婆二位一体。

Ardhacandra 半月，拇指和其他手指形成弓形。

Ardhacandra 吠舍种姓的灰记，在额头上画一个半月形，中间画一个圆点。

Ardhacandravyuha 半月阵。

Ardhamagadhi 半摩羯陀语，印度古代语言之一，耆那教经典用它写成。

Ardhamandapa 崇拜者，信徒。

Ardhanaraca 铁舌箭。

Ardhanarisvara 帕尔瓦蒂与湿婆，=二位一体=男+女=萨克提（性力）力量，湿婆半女之主相。

Ardhaprahara 半更，等于一个半小时。

Ardharathika 弓箭手。

Ardhasamabrtta 音步间隔相同。

Ardhasitika 为一半产额而耕种的人，分成农。

Ardhikah 得到一半收成的佃农。

Ardra 阿德勒，星座的名字。

Areca 槟榔树。

Arghaya 欢迎礼物。

Arghya 珍贵的东西。

Argument 《辩论报》，法国报纸，法国人贝尔坦创办，1924年7月24日，该报登载辜鸿铭的《泰戈尔与中国人》。

Arhan 罗汉，阿罗汉，圣人，达到涅槃的佛教徒，完美的人。

Ari 天然的敌人。

Aridhanari 阿利陀纳里，湿婆半男半女异体，男女两性之力的象征。

Ariel 爱丽儿，英国作家莎士比亚的戏剧《暴风雨》里被流放在荒凉的小岛上的安东尼奥的哥哥普洛斯比罗释放的精灵的头儿。

Arikamedu 埃里卡美都，本地治理南20千米的文化遗址，曾出土宋代瓷器。

Aris 阿里斯，梨俱吠陀里的两部分统治精英之一，另一部分为苏里斯。

Arishita 阿利湿陀，达伊提耶之一，魔王伯利之子，化为牛与黑天相斗，为黑天所杀。

Arisht 阿犁湿特，山名，哈奴曼在打听到悉多的消息从楞伽回去向罗摩汇报时登上此山。

Arishta 阿瑞斯塔，印度神话里的魔鬼，变牛袭击黑天，被杀。

Aristanemin 阿里湿多尼米，也叫阿鲁诺（Aruna），金翅鸟的兄弟，舍陀优私（Jatayus）的父亲。

Aristanems 阿里思塔内木，印度神话里萨竭罗的第二个妻子苏玛特（Sumat）的父亲。

Arisimha 阿利辛赫，印度13世纪作家，与阿玛拉钱德拉（Amaracandra）合著《诗如意藤》（Kavyakalpalaka）。

Arisudana 毁敌，《摩诃婆罗多》里阿周那对

A

克里希纳的称呼。

Aritanemi　阿瑞苏达纳，公元前6世纪耆那教祖师。

Ariyam　（佛教）证得大觉。

Arjumand Banu Begum　阿尔珠曼德·芭努·贝迦穆（1593—1631），即莫卧儿王朝第五代皇帝沙迦汗最宠爱的妃子姆穆塔兹·马哈尔（Mumtaz Mahal）。她是贾汗吉尔的皇后努尔·贾汗的侄女，御前大臣阿萨夫·汗（Asaf Khan）的女儿，1612年嫁给莫卧儿王子胡拉姆（Khurram，即未来的皇帝沙·贾汗），伉俪情深，形影不离。1631年她陪沙·贾汗出征时因分娩不幸死于布尔汗普尔（Burhanpur）。临终前要求皇帝三点：1.善待孩子；2.不许再娶；3.为她修建一座世界最美丽的陵墓，纪念他们不朽的爱情。皇帝全部答应并付诸实践。世界7大奇迹之一的泰姬陵就是为她建的。

Arjun Devi　阿尔俊纳（1531—1606），锡克教第五代祖师。因卷入莫卧儿王朝沙迦汗王子的叛乱被王室处死。

Arjuna　阿周那，《摩诃婆罗多》里般度五子中的第三子，贡蒂与太阳神的儿子。因大地女神诉苦给毗湿奴说大地负重不堪，大神纳加（Naga）转世阿周那下凡。他勇猛异常，是俱卢大战里的大英雄。他在比武选婿会上赢来黑公主，湿婆大神赐他神弓，他射倒老祖父毗湿摩，杀死同母异父的哥哥迦尔纳，最后死于和其他兄弟去喜马拉雅山的路上。

Arjuna　阿罗纳，7世纪印度曷利沙帝国大臣，曾逮捕唐使王玄策。

Arka　阿尔卡，花名。

Arka　太阳树。

Arka　阿尔卡，弩弓神名。

Arkka　阿尔卡，太阳神名。

Arliant　值得的。

Armageddon　世纪末日，世界天劫，圣经中说的世界善恶大决战。

Armageddon　《世界天劫》，泰戈尔的公开信，谴责法西斯主义和纳粹主义。

Armenias　亚美尼亚，南高加索的古老民族。6—7世纪亚美尼亚民族基本形成。从8世纪开始，亚美尼亚国家先后遭受过阿拉伯、拜占庭、鞑靼人的侵略。16世纪到18世纪又被土耳其和波斯瓜分。19世纪被沙俄兼并，后成为苏联的一个加盟共和国。1915年，土耳其对境内的亚美尼亚人进行了残酷的灭绝性屠杀。大屠杀的部分幸存者逃到国外。

Arnimal　阿尔尼玛乐，18世纪克什米尔女诗人。

Arnold Edwin　阿尔诺德·爱德华，19世纪英国人，他把《薄伽梵歌》翻译成英语。

Arnold，Matthew　阿诺德，马修（1822—1888），英国维多利亚时代著名的诗人、教育家、评论家。

Aroca　阿洛迦，是印度神话中财神宫殿的所在地。

Arogya　《痊愈》，1940年12月22日，在第7个布萨月节上，泰戈尔由于病重不能亲自参加集会，因此口授了这个发言，在会上由主持者宣读。主题是：有病的世界会逐步变完整。

Arogyaniketan　《安罗佳亚尼克檀》，20世纪印度作家潘多帕迪亚伊（Bandopadhyay）的小说。

Arpana　充实。

Arria　阿里安（96—180），古希腊历史学家、哲学家、将军，与希腊天文学家托勒密为同时代人，他的历史书《亚历山大远征记》涉及了印度。

Arsa　圣仙婚，印度教教徒8种结婚方式之一。姑娘的父亲把姑娘嫁给有学问、有道德的仙人。仙人一般不容易答应结婚。一旦答应，给女方家赠送一头牛表示心意。

Arsakes　阿尔萨克斯，塞琉古王朝的国王。

Arstanemi　索护，《摩诃婆罗多》里般度五子里的老五偕天与其他四个兄弟以及黑公主在摩差国（Mastya）国王毗罗陀（Virata）处当马夫时的化名。

Art and Tradition　《艺术与传统》，泰戈尔1924年写的散文。

Art in Education　《教育艺术》，泰戈尔1940年12月19日的信。

Art Review　《艺术评论》，2003年3月创刊，由中国艺术研究院主办。2011年刊登李建盛的《爱因斯坦、泰戈尔、毕加索与真理问题》。

Art Studio　艺术相馆，由阿南达普拉撒·巴格其（Annadaprasad Bagchi）于1878年建立，主要印制印度教和神话主题的平板画。

Art Style　《艺风》，文学期刊，于20世纪30年代创刊于杭州。1934年2月刊登胡明春的《泰戈尔与国际大学》。

Art World 《艺术世界》，为一大众艺术刊物，其创刊于1979年，是国内最早、影响最大的综合类艺术杂志，1981年第4期刊登严敏的《影坛的泰戈尔》，1992年刊登佘祥基的《泰戈尔的艺术生涯》。

Artha 利，知识与物质方面的财富。

Artha 利，繁荣，幸福，成功。

Arthantara 意义累赘。

Arthantaranyasa 补充。

Arthapada 箴言。

Arthapaksepaka 剧情揭示方式。

Arthapatti （诗相）推测，提及此事，领会彼事，话语甜蜜，义至。

Arthaprakrti 情节的元素：种子、油滴、小插语与结局。

Arthasastra 《利论》，又叫《政事论》或《治国安邦术》，印度最古老的政治学著作，由公元前4世纪孔雀王朝政治家乔底利耶著。

Arthasastra 获利术。

Arthavyakti 易解，一读就理解。

Article Collection of Party History 《党史文汇》，中共山西省委党史办公室主管主办，创刊于1985年。2007年12月第12期刊登吕春的《泰戈尔的中国情结》。

Article Collection of Science and Education 《科教文汇》，由安徽省科学技术协会主管，科教文汇杂志社主办，2004年创刊。2008年8月第8期刊登刘舒展的《论泰戈尔诗歌中的思想性》。

Artist 《艺术家》，泰戈尔于1929年写的短篇小说。穆昆多生前喜爱艺术，但不幸早逝，死前把妻子素托博迪和儿子委托给弟弟戈宾多监护。嫂子和侄子仍然酷爱艺术，但一心捞钱的戈宾多对他们横加干涉。戈宾多抠得他们没有钱买做艺术品的材料，他们只好节衣缩食。侄子作画，被戈宾多看见，他把画撕得粉碎。母子毅然决然脱离戈宾多，投奔欣赏艺术的龙戈拉尔。

Aru Dutt 阿茹·德特姐妹（1854—1874，1856—1877），印度姐妹诗人，作品有《晨曲》《印度的歌谣与传说》。

Aru Toru Dutt 阿鲁·陀鲁·杜特（1856—1877），印度第一位用英语写作的女诗人。

Aruna 阿鲁诺，"微红"，黎明之神迦陀楼与迦叶波之子，达刹之孙，其母急不可待地打碎所生之卵，因此他诅咒其母永世为奴。

Aruna 无腿血红宝马，太阳神的坐骑。

Aruna Asaf Ali 阿荣娜·阿萨夫·阿丽（1909—1964），印度独立运动女领袖，甘地"坚持真理和不合作运动"的积极支持者。曾获列宁和平奖。德里第一任民选市长。

Arunachal 阿鲁拉查尔邦，词义为"黎明"。

Arunagirmather 阿茹纳吉玛德，5世纪印度泰米尔语作家，写有《提鲁菩迦扎》（Tiruppugazha）。

Arundale，Rukmini Devi 阿润达磊，如柯米妮·黛薇，生于1904年，印度婆罗多舞舞蹈艺术家，是马德拉斯国际艺术中心创始人。她游历了许多地方，研究许多国家的舞蹈、音乐和戏剧。著有《艺术与教育》《舞蹈与音乐》和《女艺术家》等。

Arundhadee 奥伦陀，仙人科尔多姆的女儿，波希斯塔的妻子。

Arundhati 阿润达，"晨星"，极欲仙人的妻子，贞洁的典范，他和丈夫是美好婚姻的典范；星座，大熊星之一。

Arundhati 阿润达蒂，达摩的配偶。

Aruni 阿卢尼，印度神话里烟氏仙人铁矛（Ayoda-Dhaumya）的弟子。

Arunlekba 黎明的第一抹光。

Aruntati 无碍，音译为"阿伦塔"，印度神话中太阳族长的妻子。

Arup Ratan （The Jewel without Form）《无形的珠宝》，泰戈尔1920年根据剧本《国王》（Raja）改写的新剧本。

Arusas 升起的太阳的红霞。

Arva 阿利伐，半马半鸟魔怪。恶灵"达伊提耶"之一。

Arva 阿尔瓦语，印度南部的一种方言。

Arya 雅利安，高贵之人，高雅之人。

Arya 贤士；"好客者"；公元前2000年侵入印度南部的印度-伊朗部族的自称。

Arya O Anarya 《雅利安人和非雅利安人》，泰戈尔于1885写的幽默故事系列之一。见Aryans and Non-Aryans。

Arya Samaj 圣社，又称雅利安协会，1875年成立，领导人为萨罗斯瓦，称印度教堕落。

Aryabhasa 阿利耶语，国王的语言。

Aryabhata 阿里耶皮托（476—550），圣使，笈多王朝时期的数学家、天文学家。超日王宫

A

廷九宝之一。

Aryabhatiya 《阿里耶皮托论》，阿里耶皮托写的天文、数学书。

Aryadeva 圣天（170—270），龙树的弟子，大乘佛教中观学派奠基人之一。

Aryaka 雅利亚卡，印度神话里因陀罗的马车夫玛塔里为女儿恭娜佳斯找丈夫时看见的中意者肃穆卡的爷爷，博格瓦的蛇王。

Aryaka 阿里亚喀，《摩诃婆罗多》里布军被难敌沉河后的河底蛇王的大臣，他母亲为贡蒂父亲的祖先，救布军。

Aryaman 阿厘耶门，阿底多群神之一，乐善好施。

Aryaman 阿利耶曼，伐楼那为首的12神之一，代表3月的太阳。人类祖先；契约与婚姻之神。

Aryamarka 觉路，佛陀指引的路。

Aryanayakam 阿尔亚纳亚卡姆，泰戈尔身边的工作人员，1927年7—10月为泰戈尔访问东南亚打前站。

Aryans 雅利安人，"高贵的人"，欧洲19世纪文献中对印欧语系各族的总称。远古时期在中亚地区曾有一个自称雅利阿（Arya）的部落集团，从事畜牧，擅长骑射，有父氏氏族组织，崇拜多神。公元前2000年至公元前1000年间，一支南下定居印度河上游流域，一支向西南进入波斯，另一支迁入小亚细亚。自18世纪欧洲语言界发现梵语同希腊语、克尔特语、日耳曼语、斯拉夫语等有共同特点后，即用雅利安语概括这些语言（现统称印欧语系语言），讲有关语言的各族统称为"雅利安人"。种族主义者特别是德国纳粹分子捏造雅利安人是"高贵人种"，并以当代某些具有特殊体质的人群是所谓"纯雅利安人"的嫡系为谰言，为其种族主义理论张目。印度的雅利安人指公元前1775年迁移至印度河上游流域，以后深入到印度内地，与当地达罗毗荼人融合的这一部分人。他们同时带来了吠陀经与吠陀教。印度文化主要是以吠陀经为主要经典的，由吠陀教发展为婆罗门教，又在8世纪发展为印度教的印度教文化。

Aryans and Non-Aryans 《雅利安人和非雅利安人》，泰戈尔于1885写的幽默故事系列之一。秦塔玛尼向报纸编辑阿万达查和几个作家吹嘘说他的雅利安祖先如何优越。他自己很笨，还用一些陈腐的所谓科学词语来自夸雅利安的后代如何聪明。他的知识完全是遗传下来的。他本身对自己是一个嘲讽。

Aryaputra 贤人，亲王。"夫君"，古代印度妻子对丈夫的敬称。充任副王或总督的王子。

Aryasabtasati 12世纪牛增写的《阿利耶700咏》。

Aryastangikamarga 八正道，佛教用语，意为8种通向涅槃、解脱的正确方法或途径。1.正见，对佛教真理四谛等的正确见解；2.正思维，对四谛等教义的正确思维；3.正语，修口业，不说一切非佛理之语；4.正业，从事清净之身业；5.正命，符合佛教戒律规定的正当合法的生活；6.正精进，勤修涅槃之道法；7.正念，铭记四谛当佛教真理；8.正定，修习佛教禅定，心专注以一境，观察四谛之理。

Aryasura 圣勇，《菩萨譬喻经》，即《本生鬘》（Bodhisattvavadanamala）的作者。作品主要讲佛本生的故事。

Aryavacaprakarana- sastra 《显扬圣教论》，大乘佛教瑜伽行派论书，古印度无著著，宣扬大乘佛教唯识学说。

Aryavarta 阿里耶婆里陀，"圣域"，"高贵者、雅利安人之路途和国度"，为印度雅利安人最初所居之地，指恒河—雅穆纳河河间地区及其毗邻地区。北起喜马拉雅山，南至文迪亚山脉和撒特普拉山脉。上述两山脉以南即今德干高原，为非雅利安人所居。

Arzoo 《希望》，印度著名导演罗摩南达·萨迦尔（Ramanand Sagar）于20世纪60年代拍的电影。

As the Master Wills（The Master Wills Be Done：Kartar Ichchhay Karma） 《主的意志》，泰戈尔于1917年8月4日在加尔各答拉姆莫洪图书馆礼堂（Rammohun Library Hall）发表的著名的政治论文。

As the Tender Twilight Covers in its Fold of Dust-veil 《柔光像一层纱幕照了下来》，泰戈尔的诗。

Asa 希望，方位。

Asadharana 非普遍。

Asadrsata 不相似。

Asaf Khan 阿萨夫·汗（？—1641），17世纪莫卧儿王朝第四代皇帝贾汗吉尔的王妃努尔贾汗的弟弟，是莫卧儿王朝第六代皇帝沙迦汗的贵妃姆穆塔兹·马哈尔的父亲。

Asahajog 不合作。

Asamanja 阿撒曼加，印度神话里萨羯罗与开西尼的儿子。

Asambhab Kathaa 《从前有个国王》(《不可能的故事》)，泰戈尔的短篇小说。见Once There Was a King。

Asambhava 喻体不可能。

Asamka 阿萨姆人。

Asamptajnata samdhi （练瑜伽时）没有意识中的目标支持的禅定（思想集中）。

Asamskritadharma 无为法，佛教术语，与“有为”相对，指非姻缘和合形成、无生灭变化的绝对存在。

Asan 祷告时坐的垫子。

Asan 阿萨恩（1873—1925），印度马拉雅兰姆语诗人，作品有《纳莉尼》(Nalini)等。

Asana 姿势，坐姿。

Asana 神，人的宝座，（梵语）座位，位置，姿势；坐姿，瑜伽支（瑜伽修习的8个层次）指第三支，体位法，身体保持安稳自如，莲花坐，吉祥坐。

Asana 保持安静或什么都不做。

Asanga 无著（395—470），佛教哲学家，印度大乘佛教瑜伽行派理论创始人之一。

Asani 雷，铁狼牙棒。

Asarh 阿沙拉月，印历4月，相当于公历6—7月。

Asat 非存在，假，不实。

Asateya 不偷盗。

Asatkaryavada 因中无果论，印度古代胜论派和正理派哲学的一种学说，否定因与果之间的相互包含、相互转化的关系。

Asatpralapa 叉题。

Asavakhayanana 漏尽通，修炼苦行后获得的神通，能知道苦、苦因、苦灭之道等。

Asauca 污染，不洁净。

Ascarya 惊奇。

Ascaryacudamani 《奇妙的顶珠》，印度古代剧本。

Ascaryamanjari 《奇异的花簇》，印度古代剧本。

Ascaryavihara 阿斯卡亚寺，古代佛教寺院，在今新疆龟兹地区。

Asha 希望。

Ashadha ka Ek Din 《阿沙达的一天》，20世纪印度摩汗·拉克什(Moahn Lakesh)写的剧本，以印度4世纪著名剧作家迦梨陀娑的生活为依据。

Ashapurna Devi 爱莎普那·黛薇，20世纪女小说家，作品有《施如弟的第一声誉》(Pratham Shruti)。

Ashath 阿萨特，一种树名。

Ashka，Upandranat 阿沙卡，乌潘德拉纳特，20世纪印度印地语作家，作品有剧本《第一条出路》《正倒塌的墙》等。

Ashok 无忧树，开香味小红花，被印度教视为爱情的象征；佛陀在此树下降生。

Ashok chakra 印度军队勋章，授予英勇抗敌、不怕牺牲的陆海空三军军官。

Ashoka（Devanampiya Piyadassi） 阿育王（公元273—232年在位），意译“无忧王”“天爱见喜王”。古代印度摩羯陀国孔雀王朝创始人犍陀罗笈多的孙子，宾头沙罗之子，孔雀王朝第三代国王，先后杀死99个兄弟，在征服羯陵迦（今奥里萨邦一带）时杀人众多。因见把一个沙弥在油锅烹炸7天7夜时毫发无损而大为感动，受佛教感化，由杀人如麻者变为善行者，大力弘扬佛教。现在印度有不少他当时立的石柱，上刻教谕。作为印度国徽的狮子头就是从佛祖初转法轮处的鹿野苑挖掘出的阿育王石柱的顶部装饰。

Ashoka Vana 无忧园，《罗摩衍那》里悉多被十首魔王抢劫到楞伽岛后被囚禁的园子。

Ashram 静修林，道院，书院，古代印度圣人、仙人在林中打坐沉思、诵念经文、给弟子讲学的处所。泰戈尔于1901年在圣蒂尼克坦创办的学校叫静修院，因为这所学校位于远离城市的森林中，所以泰戈尔就称其为“静修院”，也译为“净修院”。

Ashrampida（Disturbed Retreat） 泰戈尔于1886年写的喜剧《恼人的静修地》。

Ashraya 神的超然性。

Ashta-dik-palakas 世界8个角的保护神。

Ashtami 为神献身的日子。新月的第八天。

Ashtangahritaya Samhita 《八科精华集》，古代印度医药论著。

Ashtanga-yoga 8部系统瑜伽。前期准备：1.练习遵守戒律：非暴力，诚实，不偷盗，禁欲，不贪欲。2.品德训练：清洁，平静，遵守纪律，学习圣典，服从神。3.体位法：控制呼吸，收回感官器官。4.直接准备：集中注意力，冥想，禅，灵性的心醉神迷。5.高级练习：运用非凡的力量和高水准的冥想练习，使人达到全神贯注状态，得到彻底解脱。

Ashtapati 《阿什塔帕提》，12世纪胜天写，为奥迪西舞（Oddisi）中的保留节目。

Ashtapradhan 八大臣，古代南印度马拉塔王国国王西瓦吉设立的行政咨询班子。这八大臣为：首相帕什瓦、财政大臣阿莫迪耶、档案大臣曼特里、通讯大臣萨齐瓦、外交大臣撒门托、总司令、宫廷神职和赈济大臣、首席法官尼耶耶提沙。

Ashtavakra 八曲，印度传说里仙人名。他还在母亲罗腹内时就通晓《吠陀》，当他父亲加果罗背诵《吠陀》错误时，他在母腹蜷曲身子闹，因此生下时身体有八个弯曲。他以后在萨门加河沐浴时身子变直，受到天女爱慕。

Ashu Mkuj 阿舒·穆库吉，即阿舒多什·穆科巴泰（1864—1924），教育家，法学家，孟加拉教委会主要成员，多年任加尔各答大学副校长，在他的努力下，加尔各答设立了授予硕士学位的学科。

Ashuddha 仪式玷污。

Ashutosh Mukherji 《阿叔托师·穆克吉》，泰戈尔纪念印度教育家穆克吉（1864—1924）的信。

Ashutosh Mukhopdhy 阿舒多什·穆科巴泰（1864—1924），印度著名法学家，教育家，曾担任最高法院院长，两度任加尔各答大学副校长。

Ashvan 阿斯万月，印历7月，相当于公历的9—10月。

Ashwattba 毕波罗树，一种无花果树，被印度教教徒和佛教教徒视为圣树，破坏它便是犯罪。

Asia Publishing House 亚洲出版社，地址在印度孟买。20世纪30年代出版了不少泰戈尔的作品。

Asian Academical Journal 《亚洲学术杂志》，是1921年秋成立于上海、由一群遗民在讲学研究组织“亚洲学术研究会”基础上创办的一个学术刊物。该会及刊物立足于“亚洲学术与世道人心有极大关系”之主旨，极力宣传亚洲旧有学术，杂志的出版在学人阶层中产生了一定的影响和共鸣，同时也引起了部分人士的争议。从文化思想倾向看，杂志肯定中国的伦理道德和中国文化精神，批判西方文化，称颂东方文化，反对机会主义新思潮，批判新文化运动，呈现出浓厚的文化保守主义倾向。1922年，该刊在第一卷第二期刊登敬庵的《泰戈尔自我扩大与赫尔褒兹自然征服论争辩书后》。

Asian Century 《亚洲世纪》，民国期刊，1947年5月刊登周子亚的《近代印度文化之创造人泰戈尔及其事迹》。

Asian Cultural Rapprochement 《亚洲文化的和睦》，泰戈尔的散文。

Asia's Response to the call of the New Age 《亚洲对新时代呼唤的回应》，泰戈尔的散文。

Asiatic Association in Shanghai 上海亚洲协会，1924年泰戈尔访华后成立，强调亚洲团结。

Asiddha 不成。

Asif 阿斯夫，印度当代著名的电影导演，作品有《伟大的莫卧儿》（Mughal-e-Azam）。

Asis 祝愿。

Asit Kumar Halder 阿斯特·库马尔·哈尔德，现代印度美术家，他把诗韵带入绘画。

Asita 阿悉多，神名，据说就是提婆多。他有毁灭性的赌具，聪明者避而远之。

Asitapatram 鞭笞刀割地狱。

Asiva 鬼，坏精灵。

Aska 阿斯卡，印度奥利萨邦中南部城镇。

Askary 阿斯卡瑞，16世纪莫卧儿王朝开国皇帝巴布尔的第四子。

Aslepia 巨人。

Asmita 我见。

Asmita （修炼瑜伽时）“我”的意识。

Asok Guccha 一束无忧花。

Asoka 无忧。

Asoka 阿输迦，泰戈尔在谭中襁褓时给谭中取的印度名字。

Asoka 无忧花。

Asokava Dana 《阿育王譬喻蔓》，又称《阿育王经》，佛教传记，记阿育王兴佛事迹及佛陀弟子摩诃迦叶以后至优波匊多的姻缘传说。

Asparases 神的情人。

Asra 流泪。

Asrama 隐士住处，隐士生活。

Asrama=caturasrama　印度教规定的人生四行期：1.梵行期（Brahmacarin），孩子离开父母在师父指导下学习吠陀经和各种礼仪；2.梵志期=家居期（grihastha），娶妻生子，履行世俗义务；3.林居期（vanaprastha），老年隐居修炼；4.遁世期（sanyasin），晚年舍弃财富，云游四方，争取早日解脱。

Asramer Rup o Vikash　《圣蒂尼克坦的发展与成长》，泰戈尔1941年写的散文。

Asrar-al-Insan　《人类的奥秘》，苏菲派著作。

Asrava　漏，特殊的能够接纳污染的细缝，耆那教九谛之一。

Asrava　注入。

Asrava　漏，烦恼。

Asraya　主体。

Asraya　依赖：如果你被更强大的敌人袭击，而且无力报仇，那么你就应该依赖另外一个尊贵的、值得信赖的而且足够强大的人。给他请求者的表情，明白他的帮助被需求的心情，对他谦逊顺从，这些就是依赖的特征。

Assaka　阿萨卡，公元前6世纪—公元前4世纪印度十六国时期唯一的南印度国家，首都柏坦纳。

Assam　阿萨姆邦，印度最东北的邦。同中国、不丹、孟加拉、缅甸等国相邻。首府迪斯普尔，面积7.8万平方千米，人口2229.5万。主要是阿萨姆人和孟加拉人。亚热带季风气候，年降水量2000～2750毫米，森林面积占35%。

Assam Jana Parishad　阿萨姆人民联盟，阿萨姆邦的地方性政党。

Assam Pradesh　印度阿萨姆邦，在印度东北部，首府迪斯普尔。

Assamese　阿萨姆人，印度阿萨姆邦的主要居民，说阿萨姆语；阿萨姆语。

Assaye Battle　阿萨伊战争，1802年英殖民者与印度马拉塔国家的殖民战争。

Assoication of Professed Celibates　《独身者协会》，泰戈尔于1926年写的剧本，是根据同名小说改编的，故事情节相同。

阿切耶受过高等教育，曾是“独身者协会”的会长，后来脱离协会，和寡妇的大女儿布尔巴拉结婚。在他的倡导下，他的三个小姨子都接受了教育。大姨子谢勒巴拉通过了学位考试，但出嫁后一个月成了寡妇，现在住娘家；二姨子内布巴拉16岁，三姨子尼尔巴拉14岁，她们都还在上学。阿切耶的岳母加格达瑞尼认为两个最小的女儿到了结婚的年龄，不应该念书，应赶快结婚。阿切耶本来不赞成，但他无奈，只得假装帮助岳母张罗，接待了两个出身保守婆罗门家庭的求婚者。两个求婚者被他戏弄了一番，狼狈地逃走了。原来，阿切耶计划在独身者协会中活动，让协会的两个年轻成员维宾和谢利西与两个小姨子配对。独身者协会的宗旨是服务社会，但其会员布尔纳加入协会的目的却是能够经常见到会长金德拉马达的外甥女尼儿马拉。金德尔马拉、维宾和谢里西表面上信誓旦旦，决心遵守独身的誓言，发誓为社会贡献自己的力量，但实际上他们都怀有自己的目的。由于岳母和妻子的催促，阿切耶开始行动。他让谢勒巴拉女扮男装后和爷爷拉格西一起申请加入独身者协会。由于阿切耶的介绍，加之他们将为协会提供好的办公用房，协会吸收了他们。新的办公用房就是他们家的一个房间。这样一来，维宾和谢利西就有了与内布巴拉和尼尔巴拉交往的机会。果然，维宾和谢利西不久就爱上了两姐妹。同时，女会员尼儿马拉爱上了身着男装的谢勒巴拉。后来，协会开会讨论“永不结婚”誓言的必要性，大家都认为应该取消。最后，维宾和尼尔巴拉，谢利西和内布巴拉，布尔纳和尼儿马拉愿意成婚。会长金德拉马达也可能与寡妇谢勒巴拉结为连里。至此，独身者协会不复存在。

Assoication Press　联合出版社，在加尔各答，曾出版泰戈尔的作品。

Asta　阿斯塔山，印度神话里说，阿斯塔山是西方的大山，太阳就落在它背后。

Astadhyayi　《八章书》，即公元前5世纪—公元前4世纪印度最伟大的梵语语法学家波尼尼写的《波尼尼经》，因为有八章，故名。

Astaka　印历9月开始的三个或四个黑半月八日，是冬季举行以休养生息为目的的祭祀的日子。

Astanga　八支，印度吠陀医学的分科，指一般医学、儿科、精神科、五官科、外科、病毒科、返老还童科以及壮阳科。

Astanga Vivahas　八种婚姻，《摩奴法轮》提出的印度八种婚姻方式。1.梵婚（Brahma），即由女孩父亲做主，把女孩嫁给德才兼备的男

A

子；2.神婚（Daiva），女孩嫁给婆罗门祭司；3.仙人婚（Arsha），新郎给女方家1～2对牛，女子嫁给新郎；4.生主婚（Prajapatya），男女双方举行献礼仪式后，二人说"愿意遵守法律办事"；5.阿修罗婚（Asura），男方给女方一定彩礼后再结婚；6.甘达婆婚（Gandhava），恋爱结婚；7.罗刹婚（Rakshasa），把姑娘抢走；8.毕舍遮婚（Paishacha），男方趁女方熟睡、醉酒或昏迷把女方抢走。

Astanga yoga　"八支"，最佳瑜伽。

Astangahridaya Samhita　《八支心要集》，成书于公元6世纪前后的印度古代医学大成著作。

Astasaharsrikaprikaprikaprajnaparamita　萨垂灵魂的完美过程，菩萨精神完美书。

Astavasus　8婆苏，天上的8个神，他们带着妻子下凡。婆苏丢的妻子纵容他们偷了极欲仙人的母牛南迪尼。他们被极欲仙人诅咒转世下凡，由恒河女神生下，最前面的7个一生下就被恒河女神在恒河里淹死，最后一个由于福身王的请求留下，这最后一个就是大英雄毗湿摩。

Asteya　不偷盗。

Astika　史诗的分章；正统派。

Astika and Nastika　正统派与非正统派，承认吠陀为唯一权威的婆罗门教六派哲学即数论、胜论、正理论、吠檀多论、弥曼差论和瑜伽论的哲学被称为正统派，不承认吠陀权威的其他派别如顺世论、佛教和耆那教为非正统派。

Astitva　存在。

Astra　武器，弓、箭、标枪等，通过修炼得到的有功力的武器。

Asuadya　可品尝性物质。

Asubha　不吉利。

Asuddhi　污染，不洁净。

Asur ivrsti　魔雨。

Asura　阿修罗，印度神话里的恶魔，众神的敌对者。印度教和佛教都称之为"恶神"，意为"劣天"或"非天"，"天"是神的意思。

Asura　阿修罗婚，《摩奴法论》列举的结婚方式之一，男方根据自己的财力，按照女方相貌和家庭好坏给女方赠送相应的财物后娶女方，不给礼物带走姑娘对女方家长是一种侮辱。此种婚姻在土著部落和低种姓流行。

Asuri　阿修利，数论派传人之一。

Asuric Yajna　阿修罗祭祀，为了获得力量而举行的魔鬼式的祭祀。

Asuya　忌妒。

Asvada　可享受的东西。

Asvadya　享受。

Asvadyamana　可被尝度。

Asvaghosa　马鸣，1世纪佛教诗人，作品《佛所行赞》（Buddha-charita）、《护国》（Rastrapala）。

Asvalayana Grbya Sutra　《家庭礼仪规定》，公元前350年阿斯瓦拉亚娜写。该书提到《婆罗多》和《摩诃婆罗多》。

Asvalayana Srauta Sutra　阿斯瓦拉亚娜写的《公共祭祀礼仪》。

Asvamedha　马祭，古代印度国王扩张国土的一种方式。选一匹良马，由婆罗门祭司祭祀后放出，任其驰骋游荡，后面跟随士兵，一年后马所到之处的国土上的君主或战或降，战者被征服。国土归祭马的国王。之后祭马被杀掉焚烧。

Asvapati　马主，《罗摩衍那》里婆罗多的舅舅。

Asvaratna　宝马，最优秀的马。

Asvartta　阿斯瓦塔树，与维普麻沟萨树并栽，祝为夫妻树。

Asvattha　阿逾陀树，菩提树，毕波罗树，无花果树，其风吹起的沙沙声如维那琴声，毗湿奴就生在此树下。

Asvatthaman　马勇，《摩诃婆罗多》里英雄德罗那之子，俱卢战争中站在难敌一边，难敌死后任俱卢统帅。战争结束后和另外两个幸存者慈悯和成凯夜袭般度营寨，杀死猛光、束发和黑公主的5个儿子。他又图谋害死阿周那和妙贤的儿子激昂媳妇至上公主怀的胎儿，被黑天击败。坚战饶他不死，逼他交出胎中带来的宝石，镶嵌在坚战的皇冠上。

Asvini　阿斯维尼星，星球的名字，被称为太阳的妻子。

Asvins　双马童，印度神话里的孪生兄弟。形象为两少年，身着云锦，乘三马拉的金车，随太阳神苏利耶巡行天宇。

Aswapati　阿斯瓦帕提，《罗摩衍那》里凯卡亚国王，十车王的二王后吉迦伊的父亲，婆罗多的外祖父。

Aswattha　印度的圣无花果树。

Asyaman 长寿。

At a Buddhist Temple，Peking 《在佛寺的讲话》，泰戈尔1924年5月在北京的演讲。

At Friend's Service Council，London 《在伦敦朋友服务委员会的讲话》，泰戈尔1930年5月24日在伦敦的讲话。

At Mahajati Sadan 《在国际大学会议大厦奠基仪式上的讲话》，泰戈尔1939年8月18日的讲话。

At Mrs. Bena's，Shanghai 《在本娜夫人家的讲话》，1924年5月泰戈尔在上海的讲话。

At Tehran 《在德黑兰》，泰戈尔1932年5月访问伊朗时的讲话。

At the Immigration Office 《在移民局》，泰戈尔1929年的信。记述他在加拿大温哥华移民局的经历。

At the Indian Association 《在印度学会》，泰戈尔1927年7月24日访问新加坡时致当地印度学会的讲话。

Ataattar，otto 由茉莉花、玫瑰花瓣做的香水，喷在脸上、头发上。

Atal 爱德华（1886—1957），印度医生，1938—1940年来华援助抗战。

Atala Masjid 阿塔拉清真寺，在阿塔拉城。

Atash Bahram 主拜火庙。

Atavi 森林部落。

Atavika 森林部落的军队；林中贼寇；森林部落的酋长。

Atavikaraja 丛林地带的酋长。

Ateeta o Bhabisyat 《过去和未来》，泰戈尔写的杂谈。

Atharva-Veda 《阿达婆吠陀》，"巫术咒语知识"，驱邪避灾的话语以及赞美诗的集子。

Atharva Veda Samhita 《阿达婆吠陀集》，印度古代诗集，有诗731首，其中约七分之一已为《梨俱吠陀》所收。现有两种派别的传本。"阿达婆"的意义不明，可能是最初传授这种吠陀的家族的名字。

Atharvan 阿陀利温，祭司，最先摩擦得火，确立祭献之礼。

Atharvasiras Upanisad 有赞颂湿婆大神诗篇的奥义书。

Athato brahma-jijnasa "现在该考察绝对（梵）"，《梵经》里的第一句话。

Athena 雅典娜，希腊神话中的智慧女神。

Athens 雅典，希腊首都，希腊的经济、财政、工业、政治和文化中心。雅典也是欧盟商业中心之一。市区人口330万。古雅典是一个强大的城邦，是驰名世界的文化古城。希腊是哲学的发源地，是柏拉图学院和亚里士多德的讲学场所的所在地。苏格拉底、希罗多德、伯里克利、索福克勒斯、阿里斯托芬、欧里庇得斯、埃斯库罗斯和其他著名的哲学家、政治家和文学家都在雅典诞生或居住过，雅典也因此被称作"西方文明的摇篮"和民主的起源地。公元前5世纪和公元前4世纪在文化和政治上的成就对欧洲及世界文化产生了重大影响。雅典至今仍保留了很多历史遗迹和大量的艺术作品，其中最著名的是雅典卫城的帕提农神庙，帕提农神庙是西方文化的象征。雅典是奥运会起源的地方。1896年曾举办过第一届夏季奥运会。2004年，第二十八届夏季奥林匹克运动会在雅典举行。1926年11月泰戈尔经黑海的康斯坦察和君士坦丁堡于11月25日到达雅典。希腊政府设宴欢迎泰戈尔并授予他"救世主勋章"。

Athuna Vatry 琐罗雅斯德教的赞颂诗。

Atibala 力大无穷。

Atibala 阿嚏巴拉，众友仙人教给罗摩可免于饥渴、困乏、热的口诀。

Atibhanga 极弯，把女性三屈式夸张到极端。

Atibhara 沉重负担。

Atibhasa 超凡语，天神的语言。

Atidarpa 趾高气扬。

Atikal 很健康，身体很好。

Atimarga 更高的途径，外部途径。

Atiratha 阿提拉陀，以一当十的人；升车，《摩诃婆罗多》里迦尔纳的养父；梵天创制的经文。

Atisa 阿迪撒（982—1054），又称燃灯吉祥智，古印度佛教传播家。曾任那罗陀、超戒寺主持，后在西藏传播佛教。

Atisaya 义庄严的夸张类；（诗相）突出，说出了许多人所共有的品质后，指出特殊的品质。

Atisayokti 夸张。

Atithi 客人。

Atithi 《客人》，泰戈尔1895年写的短篇小说。见The Visitor（The Wandering Guest，The Runaway）。

A

Atithi devo bhava　神如客人来到我们身边，客人就是神圣。

Atitya　太阳，太阳神的别名。

Atiyar　奴隶。

Atma　神我（阿特曼，灵魂，自我）与梵（世界精神）同一，自我，大我，无上，我。本义为“呼吸”“生命”。

Atma　精神，灵魂，良心，生灵；性格。

Atma-budhi-prasadajam　内心的宁静。

Atma sakti　自己的力量。

Atmagata　独白。

Atmagraha　我执。不如我。

Atmajivani　自传

Atmajyana　自我认知。

Atmalakshmi　福祚。

Atman　阿特曼，自我神性，个人灵魂，自我，不朽的灵魂。

Atmani　激情似火的人，热情、不可征服的人。

Atmannah　众我。

Atmanvi　有我。

Atmaparichaya（Introducing Myself）《认识自我》，泰戈尔1912年在大众梵社讲堂的发言。

Atmaram Dadoji Panduran　奥特马兰·达道吉·般度然，古吉拉特大夫，泰戈尔于1878年去英国留学之前住在他家学习英国礼仪，跟着他的女儿安娜学习英语。

Atmasamarpana　佩服得五体投地，恭恭敬敬。

Atmashakti　《精神力量》，泰戈尔1905年出版的散文集。

Atmata evedam sarvamiti　一切来自于我。

Atmavat　专注于自我，让真正具有感知能力的灵魂亲证其自身的存在，实现解脱的目的。

Atonement（Prayaschitta）　《赎罪》，泰戈尔于1894年写的短篇小说。奥那特班图是个百无一用的混混大学生，大事做不来，小事懒得做。他不参加学位考试，妻子宾黛芭希尼劝不动他，他赖在有钱的岳父家。岳父家来了贵客，让他们搬到小房子住，他大为不满，在妻子的劝说下回到自己的穷家。全家靠大哥的50卢比工资紧巴巴地过日子。预科学校缺老师，大哥、妻子劝他去应聘，他嫌工作低下，不去。大嫂风言风语。到了一年一度的祭拜节，岳父邀请他们过去。当晚，他把岳父的保险柜席卷一空，乘船去英国学习法律。妻子为他承担所有罪名，蒙受屈辱，卖掉所有的首饰供其在国外花费。他最后学成回国。岳父的独生子、即他的小舅子在全家过恒河时船翻被淹死。在岳父为其举行的恢复种姓仪式上，出现一个欧洲洋女，当众和他拥抱。

Atreya　噉食回善，印度古代医学家。

Atri　阿特利（噬者仙人），传说吠陀赞诗的作者，吠陀赞歌的作者之一，生主神的7个儿子之一，月神（Soma，或Chandra）的父亲，他成全孙子波德拉·钱德拉伊（Bhodra Chandrayi与仙人乌塔尼（Utathyni）的爱情，但仙人弃妻，妻与水神瓦如那（Varuna）有染，他喝干海水讨回妻子。二人和好，产生爱情。

Atri Anasooya　阿特里·阿纳苏亚，因陀罗天界的小精灵，猴军将领。

Atrium　大厅，门廊。

Atta-katha　卡达卡利舞的文学形式。

Attam　舞蹈。

Atthakavagga　15部《小尼迦耶》第五部《经集》5品之第四品《8颂组诗品》。

Attitudes towards Tagore's China-Visit　对泰戈尔访华的态度。1924年4月12日至5月28日，泰戈尔访华，中国文化界对他的访华有3种态度：

欢迎者：徐志摩、张君劢、瞿菊农、郑振铎、梁启超、蔡元培、胡适、蒋梦麟、梁漱溟、辜鸿铭、熊希龄、溥仪。

批判者：对泰戈尔批判最激烈的是五四文化运动成果的捍卫者和左翼文化人士，其中主要是：陈独秀、鲁迅、郭沫若、沈雁冰、瞿秋白、吴稚晖、沈泽民、林语堂等。

中立者：周作人、江绍原、张闻天等。

争论的焦点：

1.泰戈尔是否反对科学；

2.泰戈尔是否中国国内“玄学派”和“研究系”请来的援兵；

3.泰戈尔提倡东方文明、反对西方文明是否就是复古；

4.泰戈尔是否政治势力的代表；

5.泰戈尔的思想、人格与文学价值孰轻孰重。

Atvavidya　专论梵我一如、神人不二的哲学。

Aucitiya　合适，“一致”

Auckland, George Eden　奥克兰，乔治·伊登（1784—1849），印度总督。

Audarya　崇高，高尚。

Audgatra　歌曲，祭祀时由歌唱班唱出来。

Auezov，Mukhtar　奥易佐夫，穆克塔尔（1897—1961），哈萨克斯坦作家，获列宁文学奖，曾在世界和平大会泰戈尔学术会上发言，1961年撰文纪念泰戈尔诞生100周年。

Aum　奥姆，至尊者的声音，A代表清醒的意识状态，或指黑天——没有起始的开始和一切能量的源头；U代表睡梦时的意识状态，或至尊主的灵性快乐力量以及一切能量的化身；M代表沉睡时的意识状态，或所有本该用自己的力量为至尊主服务的生物。aum代表总体意识，或灵性能量的总和与实体，以及一切的存在。三个字母又指创造之神梵天、保护之神毗湿奴和毁灭之神湿婆三位一体。

Aun　原子。

Aupamya　义庄严的比喻类。

Aurangabad　奥兰加巴德，印度古城，位于马哈拉施特拉邦中部，古称卡德吉。后来为纪念莫卧儿王朝第五代皇帝奥朗则布取名为奥兰加巴德。附近有阿旃塔和爱罗拉石窟，市内有模仿泰姬陵的奥朗则布的皇后比比-卡-穆克哈德陵墓，附近还有道拉塔巴德城堡。这里以产艺术丝织品著称。

Aurangabad Caves　位于印度马哈拉施特拉邦奥兰加巴德市附近的佛教石窟。

Aurangzeb　奥朗则布（1658—1707），莫卧儿王朝极盛时的皇帝。他是一位足智多谋、奸诈、残忍，并具有军事才能的君主，早年任德干副王。在激烈的皇位继承战争中击败了3个兄弟，并囚禁了父亲，终于成为帝国君主。他采用招抚为主、武力为辅的手段，将帝国版图扩大到除最南端外的整个南亚次大陆和阿富汗，后被胜利冲昏了头脑，舍弃了阿克巴大帝以来的宗教宽容国策，对国内的非穆斯林征收人头税，并把他们从官僚机构中驱逐出去，从而激化了国内矛盾。晚期在历时20多年的德干战争中，始终未能完全消灭游击队，反而耗尽了国力。帝国在他死后很快就分崩离析。

Aurasa　合法婚生之子

Aurat　《妻子》，印度著名电影导演梅胡波（Mehboob）于20世纪30年代导演的电影。

Aurei　罗马铸币。

Aurobindo Asram　奥罗宾多修道院，在印度本地治理，英国牧师保罗·理查德（Paul Richard）与夫人米拉于20世纪初在此做主持。

Aurobindo，Ghose　奥罗宾多，戈斯（1872—1950），印度思想家，诗人，印度现代哲学家，印度民族主义运动激进派领袖，生于加尔各答，毕业于英国剑桥大学。他试图把古老的印度思想同西方思想传统结合，建立印西璧的思想体系。后成为瑜伽行者。著有《神圣使命》，认为世界是真实的，有“整体不二论”，“行动瑜伽”等。

Aurobindo Ghose　《奥罗宾多·戈斯》，泰戈尔的散文。

Aurobindo，Rabindrer laho namaskar’（Accept Rabindra’s salution）“奥罗宾多，请接受拉宾德拉的敬礼”，这是泰戈尔于1907年8月在一首诗的开头写的话。1907年8月24日，奥罗宾多由于在《敬礼，我的祖国》（Bandemataram）期刊发表了一篇文章而被英殖民当局以“谋反”罪逮捕，泰戈尔写诗声援他，谴责英殖民当局。

Auroville　奥罗维尔，世界和平共处林，在本地治里。

Austria　奥地利，位于欧洲的中部，北靠德国、捷克，东与斯洛伐克和匈牙利相邻，南部与斯洛文尼亚、意大利接壤，西部是瑞士和列支敦士登，是中欧大陆从南到北、从西到东的交通枢纽。首都兼最大城市是维也纳。面积8万多平方千米，人口840万，主要为德意志族，信仰天主教。奥地利的市场经济发达，人民生活水平较高。同时，奥地利的工农业都比较发达。该国还产生过许多世界闻名的作曲家。1921年6月15日泰戈尔应邀去奥地利的维也纳，在那里做了两场报告。

Austric　南岛南亚语，即尼沙陀语（Nisada）。

Aurva　奥里伐，印度神话里的仙人，优哩婆之子，薄利古之孙，很慷慨，国王使祭司富有，祭司忘恩负义，国王的刹帝利孙子们将祭司满门抄斩，连胎儿也不放过，奥里伐从母亲腿部生出，全身放光，使刹帝利们双目失明。他的子孙能喷出火，梵天赐他的子孙财富和国土，并和他们每隔一段时间毁灭世界一次。

Authorship　《写作》，泰戈尔《新月集》里的诗。

Autobiographical　《自传》，泰戈尔1924年访华时的讲演。

Autour du Monde　大世界宾馆，在巴黎塞纳河畔，1920年8月泰戈尔访问法国时就住在该

A

宾馆的阿尔伯特·坎房间。

Autumn-Festival 《秋天的节日》，泰戈尔1908年写的剧本。孩子们放秋假了，和老爷爷一起嬉戏玩耍。商人洛克索尔正在算账。孩子乌波农德来了，他对洛克索尔说他的主人苏洛申死了。洛克索尔说苏洛申欠他的钱，乌波农德答应帮他抄写书稿替主人还债。原来乌波农德是个孤儿，被民间艺人苏洛申收养，两人一直相依为命。后来来了一个苦行者，他很快就和孩子们混熟了。得知乌波农德的情况后，苦行者说苏洛申是个非常杰出的艺人，曾在比俏亚迪多国王的王宫中演出过。苦行者于是和孩子们一起帮助乌波农德抄写书稿。由于洛克索尔对乌波农德很不好，而且嗜钱如命，苦行者便捉弄了他一番。苦行者对比俏亚迪多属国的国王却很尊敬，答应一定让他见到比俏亚迪多，并打掉比俏亚迪多的傲气。这时开过来一支军队，见到苦行者便行跪拜礼。原来苦行者就是大王比俏亚迪多！他让大臣给洛克索尔1000个银币，换回了乌波农德，认他做干儿子。在答应了属国的请求后，他带着乌波农德回他直辖的国家去，并邀请老爷爷去帮他治理国家。

Avabhesajakalpa 《医药仪轨》，古印度医书，龙树著。

Avabhuta snana 沐浴结束。

Avacaka 模糊。

Avadana 《譬喻经》即《本生蔓》(Avadanamala)。

Avadanasataka 《百缘经》，《百譬喻经》，或译为《撰集百缘经》，是印度佛教譬喻文学中最古老的经典。此书于公元3世纪由吴月氏支谦译成汉语。

Avadhi 阿瓦得语，印地语方言。

Avadhritha 主持祭祀者祭祀之后进行的最后沐浴。

Avadya 不净业，不善业。

Avahittha 佯装，双鹦鹉嘴。

Avaidika 非印度教教徒。

Avala 没有力量的女人。

Avalagitam 联系。

Avaliras 毗湿奴化身，遗传，化身。

Avalokitesvara 印度的男菩萨，中国的观自在，观世音。

Avalokitesvara 观世音，向下看的神。

Avalokitesvaragunakarandavyuha 《方广观世音德箧经》。

Avamani Gita 《阿戈摩尼之歌》，为祝贺印度古代神话中的杜尔迦女神秋天回娘家而唱的一种欢迎曲。

Avanti 阿般提，4—6世纪印度列国时期16国之一，在印度西部，乌贾因周围的玛尔瓦高原，南、北首都分别为摩黑湿摩提和优禅尼。

Avanti 阿磐提语。

Avantika 埃温迪卡，印度中央邦马尔瓦地区的古代名称，印度教圣地乌贾因为其首府。迦梨陀娑的故乡。

Avandisundari 阿文迪孙达里，印度古城乌贾因（Ujjain）的原名。印度传说里湿婆在此地杀死魔鬼特里普瑞（Tripuri）后改为乌吉心旖旎（Ujjsinyini），意为“白象的征服者”，乌贾因的名字来源于此。

Avantisundari Kathasara 《阿凡提巽陀利小说精华》。

Avapas 箭袋。

Avapata 失落，引起恐惧或喜悦，逃跑，混乱，喧闹，迅速进去。

Avaramgodani 西瞿陀尼洲，传说中的四大部洲之一。

Avarana 障碍。

Avarna 4个等级，4个种姓。

Avartaka 阿瓦塔卡，风雨神。

Avartayamasi 使之回归。

Avasarpini 衰落阶段。

Avaspaditam 跳动。

Avasthana 情节的几个阶段：开始，努力，希望，肯定，成功。

Avasthana 太阳轨道划分的中段。

Avatamsaka 《华严经》，佛教经典。

Avatar 化身，神仙下凡。

Avayava 论式，5个：宗，因，喻，合，结。

Avega 激动。

Avesa 着魔，拥有，占有。

Avesa mam “占有我”“进入我”，指印度教里人与神结合的观念。

Avesta 《阿维斯陀》，拜火教的圣典，主要记述拜火教创始人琐罗亚斯德的生平和教义。

Avici 佛学修炼净化境界的最深、最不愉快之处。

Avici 阴间的山呼海啸地狱。

Aviddha 武戏。

Aviddha citra 不受约束的画，即想象的形象。

Avidya 非知识，接受非理性带来的错误。

Avidya 无明，愚昧，佛教用语，指不懂宗教道理的世俗认识，无明被认为是一切世俗世界的原始总因。

Avidyancha 有限。

Avih 神，其本性为表现自我。

Avijita 未被征服者。

Avimaraka 《宰牛者》，《宰羊》，2～3世纪笈多时期的戏剧家跋娑的剧本。宰羊为绍维罗国王子毗湿奴西那的诨名。他因救护被疯象袭击的公主而二人相爱。

Avijnatartha 别人不解。

Avipakanirjara 未熟灭业。

Avistanemi 索护，《摩诃婆罗多》里般度5兄弟里的老五谐天（Suhadeva）与4个哥哥以及黑公主在摩差国（Matsya）王毗陀罗（Virata）陀王宫时的化名。

Aviveka Puma Gura Katha 《阿微微卡普玛的导师卡塔》，18世纪泰米尔传教士贝尔士（Belschi）写的第一部泰米尔语短篇小说。

Avrtti 义庄严的重复，指词义、词音或词义和词音在共用词的位置上重复。

Avyakrta 无记，不做或不能做肯定与否定判断。

Avyakta 冥有，非显现的存在，自性。

Avyayam 不腐朽的东西，永恒的东西。

Awakening of Consciousness：Sri Aurobindo's Message to the World 《觉醒：圣奥罗宾多对世界的启示》，谭云山1957年完成的著作。

Ayahpanam 阴间的铁水池。

Ayaka-khamba 五根石柱。

Ayam atma brahma “这个自我就是绝对”，奥义书里的警句。

Ayana 阿亚那，那罗衍（梵天）居住的地方。

Ayanas 时间的循环。

Ayaradasav 惩戒经之四的《十所行经》。

Ayerst 阿夷斯特，英国人，1989年被谋杀。

Ayodhya “固若金汤城”，阿逾陀，印度古代乔萨罗国的首都，史诗《罗摩衍那》里的罗摩出生地，在北方邦法扎巴德县境内，印度教圣地。

Ayodhya-kanda 《罗摩衍那》里的《阿逾陀篇》。

Ayu 阿由，印度神话人物，具有诗歌天才，能燃起阿耆尼火并净化苏摩；寿命。

Ayu 阿雨，神话里的蛙国国王，其女素首巴马嫁给太阳王朝国王。

Ayudha 武器，指《摩诃婆罗多》里木柱王选婿的神弓。

Ayudhagaradhyaksa 军械库的监督官。

Ayuh 寿业，无害业的一种，可以决定人和其他众生的寿命。

Ayukta 非瑜伽者，不能达到最高修行阶段的人。

Ayuktakas 市长，城市总负责人。

Ayukti 悖谬。

Ayurveda 《寿命吠陀》，《生命吠陀》，传说为众神搅乳海时搅上来经典，供天医用。

Ayus 生活准则。

Ayus 阿逾娑，也叫阿逾陀头摩，一种祭祀的名称。

Ayustoma 阿逾陀头摩，见上条。

Ayuta 兆，万。

Ayyangar，Masti Venkates 艾衍加尔，马斯提·文卡特（1892—？），印度坎纳达语文学家。作品有剧本《朝霞》、诗集《阿鲁纳》等。

Ayyud，Abu Sayeed 安玉德，阿布·萨义德（1906—），印度哲学家，著有《东西方哲学史》，担任《探索》期刊编辑多年。也编辑过现代孟加拉诗歌选集。

Azad Ghulam Nabi 阿扎德·古拉姆·纳比（1949— ），1987年任印度国大党（英）书记。

Azad Maulana Abul Kalam 阿萨德·大毛拉·阿布尔·卡拉姆（1888—1958），印度穆斯林大学者，政治家。参加印度独立运动。著作有《印度获得自由》等。

Azad，M. H. 阿扎德（1830—1910），印度乌尔都语诗人，作品有《印度的故事》等。

Azadi （波斯语）自由，独立。

Azes 艾吉斯，公元前后的塞人统治者。

Azitanatha 耆那教传说的第二位祖师。

Bb

B

Ba Te' er 巴特尔，蒙古族，中国当代学人，发表《泰戈尔与教育》。

Ba Zhou 巴宙（1918—），四川万州人。自幼爱好佛学，民国二十七年（1938年）赴印度国际大学研究印度文化及语文。得硕士学位后，转学至孟买大学。民国三十七（1948年）年以英文论文《梵巴汉藏对照波罗提木叉之比较研究》得该校博士学位。在印度研学期间，即执教于国际大学与阿拉哈巴大学等校。1954年转任锡兰大学教授，执教14年后，转赴美国，任爱荷华大学教授，主讲亚洲文化、宗教、哲学、佛学等课程，并于讲学之余，经常赴世界各地旅行研究。先后曾在英国伦敦、法国巴黎等地研究敦煌写本。著述甚丰，除博士论文外，有《大涅槃经及其汉译之比较研究》《敦煌韵文集》，并译有《南传大般涅槃经等书》。论文曾发表于《大英百科全书》《锡兰之佛教大辞典》《华学月刊》《佛光学报》等各大刊物。并曾数次参加世界性之东方学大会。为我国旅居海外之著名佛教学者。

Baagaan 《花园》，泰戈尔写的散文。

Baaliganj 巴利贡吉，加尔各答市内的一个街区，此处多富人居住。

Baalmikee Pratibhaa 《蚁垤的天才》，泰戈尔的戏剧。见Valmiki Pratibha。

Baanarer Shreshthattva 《猴子的优点》，泰戈尔的杂论。

Baanbhata 般婆多，印度古代诗人，创作童话诗集《迦丹波利》（Kaadambaree）。

Baangaali Kabi Naya 《孟加拉人不是诗人》，泰戈尔的散文。

Baangaali Kabi Naya Kena 《孟加拉人为何不是诗人》，泰戈尔的散文。

Baangaalir Aashaa o Nairaashya 《孟加拉人的希望和失望》，泰戈尔的散文。

Baanglaa Lekhak 《孟加拉作家》，泰戈尔的散文。

Baanglaa Saahityer Prati Abangan [sheshaangsha] 《对孟加拉文学的轻视》，泰戈尔的散文。

Baanglaabhaashaar svaabhaabik chhand 孟加拉语的天然韵律

Baanglaaya Lekhaa 《用孟加拉语写作》，泰戈尔的散文。

Baanshari 《邦苏丽》，泰戈尔于1933年写的剧本。

邦苏丽在英国留学时，把她的同学、王公索摩辛格尔从一个土包子培养成了一个现代化的青年贵族，二人深深相爱，索摩辛格尔送给邦苏丽贵重的首饰。索摩辛格尔的父亲在知道儿子被人引诱后，立即把儿子从现代化意识的魔爪下拉了回去。出家人布伦德尔蓄意破坏二人的婚事。他终于找到了愿意为他的高尚理想献身的苏西玛和索摩辛格尔。他把索摩辛格尔从邦苏丽身边夺走，要让他娶本来深爱着他、自己的忠实弟子苏西玛。他一直向苏西玛灌输说，女人的爱是非人性化的，女人的无私奉献就是充当满足丈夫神圣的工具。他说，邦苏丽对索摩辛格尔的激情会阻拦他实现誓言，因为邦苏丽的压倒一切的爱会使索摩辛格尔在婚后陷入卿卿我我的男女感情中去。邦苏丽在愤怒中退回对方以前送给她的首饰。她指责布伦德尔的做法是压制人性，是不道德的。她明确表示，自己是爱的饥渴者，斥责布伦德尔剥夺了自己享受爱情的权利，甚至咒骂布伦德尔将来会遭到报应；而布伦德尔则声称，他的理想要比任何只会束缚人而决不会解放人的自我满足的爱高尚得多。邦苏丽想让索摩辛格尔回心转意，不要为所谓的誓言所迷惑。在苏西玛和索摩辛格尔的订婚仪式上，不甘放弃自己深爱的心上人的邦苏丽再次劝索摩辛格尔不要娶苏西玛，因为苏西玛根本就不爱他。决心已定的索摩辛格尔告诉邦苏丽，他立过誓言，要帮助苏西玛完成她的使命，有了这个使命，爱情便没有了位置。为了报复索摩辛格尔，邦苏丽决定嫁给根本和她不般配的保护人和小说家克西西。正好索摩辛格尔来向她告别，告诉她他对她的爱没有减少。这使邦苏丽大为宽慰，使她意识到她在心上人心里还有位置。她不再嫉妒苏西玛，无怨无悔地让索摩辛格尔去娶苏西玛，并立即取消了和克西西的婚约。布伦德尔和邦苏丽的见面消除了他们在理想的爱和激情的爱之间的价值观的冲突。邦苏丽的思想的升华使她从激情爱的束缚中解放了出来。爱之不得苦，不爱而得之亦苦，而这种痛苦才是真正的大痛苦，欲哭无泪的痛苦。这部作品描写了痛苦的人，反映了痛苦的哲学、痛苦的思想。

Baanshi　竹笛。

Baaropaaraa　巴罗巴拉村，泰戈尔的第十二代先祖古沙里居住的村子，在加尔各答附近的纳凌德罗普尔镇。

Baasbadataa　芭斯波多达，是古代阿般尼城国国王郇陀衍的妻子。

Baaul　巴乌尔，在印度西孟加拉邦和孟加拉国等地区常见的游唱民歌的歌手，通常他们身穿苦行者的红棕色长衫，脚上绑着脚铃，手持单弦琴，边唱边弹边舞。

Baauler Gaan　《巴乌尔的歌曲》，泰戈尔的散文。

Baba　爸爸，对小男孩或老人的可爱称呼。

Babhrus　巴伯如，黑天所在的雅度族人。雅度捉弄众友仙人，那拉达西把王子商波装成孕妇，说是巴伯如的妻子，问生男还是生女，仙人说她会生出铁棒，毁灭雅度人。

Babhruvahana　巴鲁瓦亨，《摩诃婆罗多》里阿周那在自我放逐期间和龙女乌鲁比生的儿子。战后阿周那去找他，被他射死，后被龙女救活。

Babla　洋槐树。

Babri Masjid　巴布尔清真寺，穆斯林在印度教徒认为是罗摩出生地阿逾陀的建立的清真寺，是现在印度印穆冲突的火药桶。

Babu　先生，老爷，东家。

Babur Zahiral-Din Muhammad　巴布尔·札希尔-丁·穆罕默德（1483—1530），印度莫卧儿王朝创始人，莫卧儿王朝第一代皇帝，是中亚游牧民族察合台突厥人的后裔，父系祖先是突厥人帖木儿（1336—1405）。他是帖木儿直系六世孙，母系祖先是蒙古人统治者成吉思汗（1162—1227）。巴布尔生于中亚费尔干纳。1494年继费尔干纳王位。1497年夺取撒马尔罕。1501年被乌兹别克人击败，流亡喀布尔。1510年昔班尼汗兵败阵亡，巴布尔趁机与萨非王朝结盟，打回撒马尔罕。由于得不到人民的拥护，巴布尔再次退往喀布尔。巴布尔1519年进入北印度，1526年在帕尼巴特战役中，大破德里苏丹军，1527年在亚格拉以西击溃印度的诸侯联军，1529年，在巴特那打败比哈尔的阿富汗首领，最终建立莫卧儿帝国。

Baburnamah　《巴布尔回忆录》，莫卧儿王朝开国皇帝巴布尔写的回忆录。

Baby's Way　《婴儿之道》，泰戈尔《新月集》里的诗。

Baby's World　《儿童的世界》，泰戈尔《新月集》里的诗。

Bach　巴赫（1685—1750），德国音乐家，被称为“西方音乐之父”。他以创作《勃兰登堡协奏曲》《b小调弥撒曲》《平均律钢琴曲集》以及大量的教堂音乐和器乐曲而著称。他把前人发展起来的主要风格、形式和传统概括地加以研究并汇集在一起，使之更加丰富多彩。他的先辈世代均为乐师，他的4个儿子均为作曲家，使得巴赫家族在德国音乐史上颇具传奇色彩。1926年9月泰戈尔从柏林到捷克访问时在布拉格逗留了1个星期（9—14日），做了几场报告，在新热尔曼剧院出席巴赫作品演奏会。

Bachanalian Yakshi　药叉女醉态。

Bachelor's Society　《天定情缘》（《独身者协会》），泰戈尔于1904年写的中篇小说。

奥科耶受过高等教育，曾经是“独身者协会”的成员和会长，后来人性所趋，和四姐妹中的大姐普罗芭拉结婚。在他的倡导下，三个小姨子都接受了教育。二姑娘赛洛芭拉通过了学位考试，出嫁后一个月成了寡妇，现在住娘家。三姑娘恩里波芭拉，16岁；小姑娘尼罗芭拉14岁，她们都还在上学。母亲焦戈塔尼亚认为两个小女儿到结婚年龄，不应该念书了，应该赶快结婚。奥科耶本来不赞成，但他无奈，只得假装帮助岳母张罗，接待了两位出身保守婆罗门家庭的求婚者。两个求婚者被他戏弄一番，狼狈逃走。原来，奥科耶计划在独身者协会中活动，让协会的两个青年成员比平和斯里绍与两个小姨子配对。独身者协会的宗旨是服务社会。但其会员普尔诺加入协会的目的却是能经常见到会长昌德拉的外甥女尼尔莫拉。昌德拉、比平和斯里绍表面上信誓旦旦，决心遵守独身的誓言，发誓为社会贡献力量，但他们实际上都别有用心。由于岳母和妻子的催促，奥科耶开始行动。他让赛洛芭拉女扮男妆后和爷爷罗克西一起申请加入独身者协会。由于奥科耶的介绍，加之他们将为协会提供好的办公用房，协会吸收了他们。新的办公用房就是他们家的房间。这样一来，比平和斯里绍就有了与三姑娘、四姑娘交往的机会。果然，比平和斯里绍不久就分别爱上了两姐妹。同时昌德拉的外甥女尼尔莫拉爱上了女扮男装的赛洛芭拉。后来，协会开会讨论“永不结婚”的誓言的必要性，大家都认为应该取消。最后，比平和尼罗芭拉，斯里绍和恩里波芭拉，普尔诺和尼尔莫拉愿意成婚。也有可能，昌德拉和赛洛芭拉可能结为连理。至此，独身者协会不复存在。全书揭示了三个问题：人性不可抗拒；人的虚伪性；女性应该接受教育。

Bactria　大夏，中亚古国，初在新疆和田一带，公元前2世纪西迁，经阿姆河，占据巴克特里亚，使巴克特里亚成为犍陀罗艺术的摇篮。1世纪被大月氏的贵霜灭。

Bada　容器。

Badaga　巴达迦语，达罗毗荼语南支之一。

Badakshan　巴达克山，地名，在今靠近阿富汗东部的新疆境内。玄奘取经时期的佛教遗址，在大夏通往和阗的路上。

Badal　巴达尔（？—1303），印度拉其普特抗击哈尔古王朝的民族英雄。

Badal　巴达乐，孟加拉地区的一种蔬菜。

Badami　巴达米，遮娄其都城，印教石窟寺，即为古称的瓦塔比，遮娄其王朝6—13世纪前期的首都，即现在的安德拉邦首府海德拉巴附近的赛普尔县。这里有印度教和耆那教双教石窟巴达米石窟。

Badanaam　《坏名声》，泰戈尔的短篇小说。

Badanya　巴达尼雅，印度神话里的仙人，阿斯塔瓦克拉的师父，他的情人素朴拉巴的父亲。

Badarayana　巴达罗衍那，公元前2世纪吠檀多论哲学创始人，著有《梵经》(Brahma Sutra)。

Badarikasrama　巴达瑞卡史拉马，喜马拉雅山一圣地，《罗摩衍那》里那罗衍修炼处。披发仙人带坚战一行去那里，救了收留他们的婆罗门一家4口。

Badauni　巴道尼，16世纪莫卧儿王朝第三代皇帝阿克巴的宫廷历史学家，写了记录阿克巴活动的《历史选集》。

Badhruvahana　巴德如瓦哈那，《摩诃婆罗多》里阿周那与齐得拉生的儿子。

Badnaam　《坏名声》，泰戈尔的短篇小说。

Bado Khabar　《喜讯》，泰戈尔的小小说。

Badrikashram　通过洗圣浴使人长寿升天。

Badrikashrama　巴德里卡史拉马，《摩诃婆罗多》里般度5子被流放时走过的地方，就在这里东北风给黑公主吹来荷花。

Badrinath　巴德瑞那特，印度教寺庙，“毗湿奴的住所”，印度四大修道院之一，在喜玛偕尔邦恒河边圣地哈瑞得瓦尔以北，建在印度喜马拉雅山区的巴德利纳特镇上。

Badshahs　国王，皇帝，将，帅。

Bagava　主神。

Bagchi，Prabodh Chandra　师觉月（1898—1956），印度佛学家、汉学家，现代印度中国研究开山祖师。他在印度大学毕业后，曾去法国远东学院师事佛学家莱维教授，从事汉文佛典的研究工作。他曾任印度泰戈尔国际大学中国学院教授、研究部主任，国际大学副校长、校长。他到中国留学时，任北京大学访问教授。他通晓古汉语、梵语和中亚语言，专门从事中印佛教文化交流史的研究。主要著作有《中印文化关系千年史》《印度与中亚》《中国佛教圣典》（上、下册）。他还把唐道宣的《释迦方志》译成英语。

Bagh　花园。

Bagh Murals　巴格壁画，在巴格石窟，建于5—6世纪，《持莲花菩萨》最有名。

Bagh-o-Bahar　《花园与春天》，印度乌尔都语作家米尔·阿门于1803年写的民间神话故事。

Baghdad　巴格达，伊拉克首都，伊斯兰世界历史文化名城。巴格达跨底格里斯河两岸，距幼发拉底河仅30多千米。在公元前18世纪的巴比伦《汉穆拉比法典》就提到了巴格达（意为“天赐”）为一重镇。巴格达同开罗、科尔多瓦并称为伊斯兰世界三大文化名城。1932年5月泰戈尔在访问波斯之后回国途中顺道访问巴格达。

Baghdi　下层印度教徒。

Bahadur Sha　“英雄”，巴哈杜尔沙（1643—1712），莫卧儿王朝第七代皇帝。

Bahadur Shah，Zafar　巴哈杜尔·沙，扎法尔（1775—1862），印度莫卧儿王朝皇帝，印度独立运动第一位领袖，被英国人诱捕，死于狱中。

Bahai　巴哈伊教（旧译大同教），由巴哈欧拉创立于19世纪中叶的伊朗，其著述言论构成了被认为是满足人类现阶段、即迈向成熟阶段之需要的最新启示体系。它的最高宗旨是创建一种新的世界文明，真正实现人类大同。其基本教义可概括为“上帝唯一”“宗教同源”和

"人类一体"。"巴哈伊"是指接受巴哈伊信仰并按其准则生活的人，他们在提升和完善自身的同时也竭尽所能地促进他人及社会的福祉。巴哈伊信仰在世界各大宗教中最为年轻，在新兴宗教里发展得也最快。目前，巴哈伊分布于全世界235个国家和地区，出自2100多个种族和部落。位于印度首都新德里巴哈伊庙的建筑莲花庙就是巴哈伊教的象征。1930年11月，泰戈尔再次来纽约访问美国。12月7日在美国巴哈伊教会主办的欢迎会上，以"波斯第一位和最后一位圣人"为题演讲。

Bahai Temple　巴哈伊庙，也称莲花庙，在德里，高34.47米，为世界大同教庙宇，由45个巨大的大理石莲花花瓣组成，象征纯洁和所有宗教的团结。

Bahalika　巴哈利卡，史诗《摩诃婆罗多》里般度五子和俱卢百子的曾祖父。

Bahava　绘画的气韵，生动。

Bahihprajna　外部世界不清醒。

Bahirava　迦梨崇拜中的神。

Bahispavamana Stotra　圣火赞歌。

Bahlika　巴赫利卡语。

Bahlika　巴赫里卡，《摩诃婆罗多》里国王持国的大臣，俱卢11帅之一。

Bahlika　自缚喝，在今阿富汗一带，以产马著名。

Bahlul Lodi　巴赫鲁尔·洛迪（1451—1489在位），洛迪王朝第一个皇帝。

Bahmani Dynasty　达曼王朝，14—16世纪印度德干地区的穆斯林国家。

Bahu　敬称，第一圣人的儿子。

Bahuda　巴胡达河，喜马拉雅山的圣河，神话传说：阿什塔瓦克拉为了追求美女素朴拉巴而按其父巴塔尼亚的要求去山上见无敌持神接受考验，经此河沐浴。那罗和那罗衍在此修炼。在河边的干沙纳达纳山，黑天临时把凉鞋送给乌达哈瓦，让其来此地避难。

Bahuguna　巴胡古纳（1919— ），印度民众党巴胡古纳派领袖。

Bahumukha　城墙上的守望塔。

Bahur　巴胡尔，印度南方古代吠陀学员聚居地，在现在的本地治理一带。

Bahurupa　巴胡如帕，即鲁陀罗神。

Bai Hui　白慧，太虚大师的弟子，曾于1943年受大师派遣在印度国际大学留学。

Bai Kaiyuan　白开元（1945—），中国著名的泰戈尔作品翻译家。1964年毕业于江苏常州高级中学；1965年至1969年在达卡大学学习孟加拉语；1969年至今在国际台孟加拉语部工作。1995年12月29日加入中国作家协会。译著有《寂园心曲》《泰戈尔爱情诗选》《泰戈尔儿童诗选》《泰戈尔十四行诗选》《泰戈尔叙事诗选》《泰戈尔哲理诗选》《泰戈尔散文选》《沉船》《迷惘的姑娘》《泰戈尔抒情诗选》《泰戈尔游记选》，为24卷本《泰戈尔文集》主编之一，翻译的泰戈尔诗歌行数逾8万行，发表《泰戈尔给这个文化名人的三首赠诗》《歌词译介：填补泰戈尔诗歌译介空白》《泰戈尔诗歌的中国情》等论文。与董友忱等于2016年主持翻译最完整的18卷33集的《泰戈尔全集》。

Baiderka　《白德卡》，印度古典爱情剧。1930年9月，正在苏联访问的泰戈尔在莫斯科第一话剧院看印度爱情故事剧《白德卡》，接见大学生，回答他们的提问，介绍圣蒂尼克坦的国际大学。

Baigaanik Sangbaad　《科学信息》，泰戈尔的散文。

Baigaanik Sangbaad：Gati Nirnayer Indriya，Icchhamritya，MaakarasaaSamaaje Stree-jaatir Gourab，Utapakkheer laathi　《科学信息：运动的感觉器官、志愿死去、蜘蛛群体中雌性的荣耀、鸵鸟的踢打》，泰戈尔的韵文。

Baigaanik Sangbaad：Jeebaner Shakti，Bhooter Galper Praamaanikataa，Maanab Sharer　《科学信息：生命力、鬼魂故事的证明、人体》，泰戈尔的散文。

Baikali　《下午》，泰戈尔的诗歌集，1951年出版。

Baikuntha　白昆塔，毗湿奴和妻子拉克西米的天上的家。

Baikunther Khaataa　《拜贡特的巨著》，泰戈尔于1897年写的喜剧。在演出时，他亲自扮演凯达尔。见The Manuscript of Baikuntha。

Baikunther Khaataa　《拜贡特的书稿本》，泰戈尔的戏剧。

Bairagis　非赤身裸体行走者。

Bairam Khan　拜拉姆汗，16世纪莫卧儿王朝第三代皇帝阿克巴的摄政大臣。

Baisakhi　印度旁遮普人的春季作物丰收节，在每年4月13日。

B

Baishaba Kabie Gaan 《毗湿奴派诗人的歌》，泰戈尔的散文。

Baishakha 拜沙克月，印历2月，相当于公历4—5月。

Baisnabakabitaa 毗湿奴教派抒情诗。

Baitalik 读颂词者。

Baitaranee 阴阳河，音译为"波伊多罗尼河"，印度教神话传说中从阎王殿门口流经的河流。

Bajaj，Jamanalal 巴佳吉，加满那拉尔（1884—1942），印度大资本家。

Bajaji House 印度巴加基财团，由巴加基于20世纪30年代创立，总部在孟买。

Baji Rao 巴吉·拉奥，18世纪南印度马拉塔国家首相。

Baji Rout 《巴吉·鲁特》，现代奥里雅语作家萨奇塔南德·鲁特（Sachitanand Rout）的作品。

Bajrang Bali 巴让·巴里，即布军在山里碰见的哈奴曼，布军指示他去财神花园为黑公主摘荷花。

Bajrang Dal 印度青年民兵。

Baka 钵迦，《摩诃婆罗多》里独轮城的吃人魔，被布军杀死。他是吉尔米拉的哥哥，吉尔米拉为给兄长报仇找布军，被布军在卡姆亚卡林杀死。

Bakasur 巴卡苏拉，《摩诃婆罗多》里林中魔怪，被般度5子里的老二布军消灭。

Bake，Arnold 贝卡，阿尔诺德（1899—），英国人，曾在泰戈尔身边工作，1927年7—10月为泰戈尔访问东南亚打前站。

Bakhitiyar Khilji 滔滔不绝说话的人。

Bakhshali Mamuscript 《巴克沙利稿本》，古代印度数学经典。

Bakhtiyar，Kaki Qutab-ul-Din 巴赫提亚尔，库杜布-乌-丁（1187—1232），印度伊斯兰教苏菲派长老，德里的世界文化遗产库杜布塔（Qutab Minar）以他的名字命名。

Bakshi 巴克西，莫卧儿王朝的省级军事官员。

Bakshish 赏钱，小费。

Bakula 醉花，学名mimusopselengi。印度传说美女口中吐出香液，此花始开。

Bakulin 巴库尔花，一种长青花，花白色，气味香甜，可做花环。

Bal Gangadhar Shatri Jamblekar 巴尔·甘吉阿达尔·沙特里·展布莱克，19世纪马拉提语作家。

Bal Gangadhar Tilak 巴尔·甘吉阿达尔·提拉克，19世纪马拉提语作家。

Bala 力量。

Bala 巴拉，神话里太阳王朝国王帕里克史特与蛙公主素舍巴纳生的二子之一，哥哥为萨拉，力大无穷。

Bala 婆罗，印度神话里的恶魔，被因陀罗杀死。

Bala-atibala 众友仙人教给罗摩的咒语，可免于饥渴、疲劳，力大无穷。

Bala Kanda 史诗《罗摩衍那》里的《童年篇》。

Balaai 泰戈尔的短篇小说《薄莱》。嫂子去世，哥哥远走英国，留下侄子薄莱由我和妻子抚养。孩子童趣盎然，喜欢草木，认为草中生命活跃，有无限乐趣，我不理解孩子，他便在婶母前撒娇。哥哥接走孩子。孩子要来，特意要来看丝绵树，结果早被我砍掉。妻子为此几天不和我说话。因为那棵丝绵树是妻子心中薄莱的形象。

Balaakaa 《飞鸟集》（《雁群集》），泰戈尔1921年的诗集。

Balabharata 《儿童的婆罗多》，或《小婆罗多》，13世纪阿摩罗旃陀罗（Amaracandra）的史诗。

Balacca 马六甲，马来西亚历史最悠久的古城、马六甲州的首府。它位于马六甲海峡北岸，马六甲河穿城而过。该城始建于1403年，曾是马六甲王国的都城，1511年沦为葡萄牙殖民地。1641年为荷兰占据。1826年成为英国海峡殖民地的一部分。马来西亚第一位首相拉曼在1956年2月20日宣布马来西亚独立，其仪式就是在马六甲的草场举行的。后因马六甲河口的淤塞和槟城、新加坡的兴起，城市地位下降。马六甲产橡胶、椰子、水果与稻米等，以工艺品著称于国内外，与吉隆坡和新加坡通航空线和公路，港口为橡胶出口和大米、白糖等杂货的进口港，郊区亚沙汉山是马来西亚最早的橡胶种植园诞生地，附近巴株美连南的鱼类研究所在东南亚颇具规模。1927年7月27—30日，泰戈尔正式访问马六甲。

Balacarita 《神童传》，2—3世纪跋娑的作品。

Balachandra　波罗旃陀罗，13世纪作家。

Baladeva　巴拉代乌，“大力神”，即《摩诃婆罗多》里的大力罗摩，黑天的哥哥。

Baladeva Bath　巴拉代瓦·巴特，17世纪奥里雅语作家。

Baladhyaksa　督军。

Balagopala Taranga　巴拉戈帕拉·塔让迦，库奇普迪舞（Kuchipudi）节目名称，跳舞时脚搭在通盘边上。

Balahaka　巴拉哈卡，黑天驽马之一，其他驽马有赛比亚、速格力瓦和美甲扑施加。他在雅度族灭亡之前驾车飞跃海面而去。

Balaj Baji Rao　巴拉杰·巴吉·拉奥（1720—1761），印度马拉塔国家第三代帕什瓦（首相）。

Balaka　泰戈尔的诗集《白鹤集》。

Balakasva　波罗诃私陀，《罗摩衍那》中十首魔王罗婆那的统帅。

Balakrishna Sama　巴拉克里希纳·萨玛，印度现代尼泊尔语诗人。

Balaraam　博罗拉姆，泰戈尔的第十一代先祖布鲁邵多姆的二子，儿子侯立侯尔，孙子拉曼农德。

Balaraamdaas　波洛拉姆达斯，16世纪毗湿奴派的著名诗人。

Balarama　巴拉拉玛，14世纪奥里萨语作家。

Balarama　持犁罗摩，又叫大力罗摩，《摩诃婆罗多》里黑天的哥哥，难敌的师父。俱卢战争前劝双方别打，无果，云游四海。他亲眼看见雅度族的自相残杀后，打坐阿斯瓦塔树下，逝世时口里出蛇，其肉身变为蛇体入海。

Balaramayana　《儿童的罗摩衍那》，《小罗摩衍那》，9—10世纪王顶的剧本。

Balark　《儿童》，1884年由泰戈尔创办的文学月刊，主要作者为年轻人，由泰戈尔的二嫂吉娜那达南尼·戴维担任编辑，后并入《婆罗》。刊登过泰戈尔的长篇小说《王冠》《贤哲王》等。

Balas　厚手镯。

Balasaraswathi　巴拉萨拉斯瓦迪，印度近代婆罗多舞蹈家，他使库奇普迪舞（Kuchipudi）走出寺庙，登上舞台。

Balaton Fured　巴拉顿·福雷德疗养院，在匈牙利著名的巴拉顿湖边。1926年10月，泰戈尔访问匈牙利时，遵照医嘱去该疗养院疗养。

Balavrata　求子祭祀。

Balban，Angelica　巴尔班，安吉里卡，意大利学者，曾于1926年在意大利会见过访问的泰戈尔。

Baldwin，Stanley　鲍德温，斯坦利，英国保守党政治家。曾3次出任首相（1923—1924，1924—1929，1935—1937）。其第一届政府因保护关税事件而结束。他在第二届任期中促进结束1926年的英国工人大罢工。其第三届政府经历了法西斯主义在欧洲的崛起和爱德华八世退位而引起的英国君主制度危机等事件，并因漠视法西斯主义对和平构成的威胁而受到猛烈抨击。

Balendranaath Thaakur　波棱德罗纳特·泰戈尔（1870—1899），文学家，泰戈尔的侄子，即他四哥比棱德罗纳特·泰戈尔唯一的儿子。

Baler-Id-ul-zuha=Id-ul-azha　宰牲节

Bali　巴里（恶魔），巨人之王，毗湿奴变的矮子瓦玛那跨三大步赶其入地界。他被因陀罗所杀死。

Bali　供品，献给神的祭品或献给国王的纳贡，杀生祭祀。

Bali　巴厘岛，印度尼西亚著名的旅游胜地，行政上称为巴厘省，是印度尼西亚33个一级行政区之一。巴厘岛距该国首都雅加达1000多千米，与爪哇岛之间仅有3.2千米宽海峡相隔，面积约5630平方千米，人口约315万。巴厘省省会设于岛上南部的丹帕沙。巴厘岛是印度尼西亚唯一信奉印度教的地区。1927年8月26日泰戈尔经索拉巴亚到巴厘岛，在苏腊巴亚（泗水）短暂停留，参加了当地的欢迎会。泰戈尔在巴厘岛度过两星期，游遍全岛，岛上的人把他当国王一样接待。巴厘人的舞剧、这个岛上的王国还保存有印度习惯和传统给泰戈尔留下深刻印象。

Bali　血祭。

Balika　不可接触的姑娘。

Balin　波林，《罗摩衍那》里猴王妙项之兄，统治玛德拉斯附近的七塔城。他被罗摩杀死。他的妻子是陀罗。

Balk　鲍尔克（1729—1797），英国政治家、演说家。

Balkh（Balhika）　大夏，见词条Tochari。

B

Balkh 巴里黑，大夏的前都城，在阿富汗。

Balkrshna Sharma Navin 巴尔克里希纳·夏尔马·那文，印度现代印地语作家。

Ballabhabhaai Pyaatel Sardaar 波拉陂帕伊（1875—1950），著名政治家，他意志坚强，故有“铁人”之誉，自1947年出任印度政府总理，直至逝世。

Ballaji 巴拉吉，毗湿奴的名字。

Ballala-Jayata 牛牧，《摩诃婆罗多》里布军在摩差国国王毗陀罗家当差做厨师长时的化名。

Ballala Sena 巴拉拉·犀那（1158—1179），古代印度犀那王朝的开国国王。

Bally 巴里，在加尔各答胡格利河对岸，曾为僻静乡村，早圈入城市。

Balmeekipratibhaa 《蚁垤的天才》，泰戈尔写的歌剧。见 Valmiki Pratibha（The Genius of Valmiki）。

Balshi 巴尔西，贱民种姓。

Baltic Station 巴尔提克火车站，苏联莫斯科的火车站。1930年泰戈尔访问苏联时，就在这里下车并受到热烈欢迎。

Baluchi 俾路支语，巴基斯坦俾路支族的语言。

Baluchistan 俾路支，古地名，在巴基斯坦。

Balwant Gargi 巴尔瓦特·噶尔吉，现代旁遮普语剧作家。

Bamaha 婆摩诃，7世纪人，《诗庄严论》（Kavyalankara）的作者。

Bamboo and reed 竹林精舍。佛陀在雨季修炼的地方，在比哈尔邦。

Bamboo dance 竹舞，库吉那加（Kuki Naga）地区的民间舞蹈。

Bamiyan 巴米扬，一译“巴米安”，中国古代文献中称“梵衍那国”，阿富汗中部城市，巴米扬省省会，位于巴米扬河谷，四周被兴都库什山的雪顶环绕，俯临连接着喀布尔地区的大夏的最重要的一个关口，海拔2590米，人口0.8万。公元5世纪的中国文献中即已见其名。中国旅行家法显于400年左右曾访问巴米扬。公元630年中国高僧玄奘亦曾拜访当时作为商业、佛教中心的巴米扬。1840年，巴米扬成为第一次英阿之战的战场。其经济以旅游业为主。附近的巴米扬山谷，位于喀布尔西北方约245千米，以佛教美术遗迹而闻名，绝壁之上雕刻有2个世界闻名的大石佛，分别高53米和37米。山上还可见僧侣修行所用的岩窟，似同僧寺，并藏有2世纪的壁画等美术品，融合了希腊文化和印度文化风格。

Bamiyan Buddha Statue 巴米扬大佛，是世界上第三高的大佛（世界第一大佛为四川省乐山大佛，佛像高71米；世界第二大佛为山西省蒙山大佛，佛像高63米），距今已有1500多年，历史上曾经历3次劫难。曾有很多国家的科学、文化、艺术和宗教界知名人士强烈呼吁，要注重保护这一人类历史文化遗产。但是，2001年3月12日，大佛还是遭到了塔利班政权的残酷轰炸，爆炸声持续了三四天。

Ban Guzhi 班固志，当代学者，与刘健发表《季羡林与泰戈尔》。

Bana（-bhatta） 波那，7世纪诗人，戒日王的宫廷诗人，写《戒日王传》（Harsacarita），《尊提百咏》（Candisataka）。

Bana-linga-Stone 从河边捡来的用来做湿婆性力象征的石头，形状像湿婆的生殖器。

Bana Sahib 巴纳·萨西，新德里锡克教庙，纪念锡克教第八祖师哈尔·克山（Har Kishan）。

Banabaanee 《森林之声》，泰戈尔的诗集。

Banabas 林中居住。

Banajala 版纳加拉，兵器名。

Banamaalee 博诺马利，黑天的别名。

Banaphul（The Wild Flower） 《野花》，泰戈尔于1875年在14岁上写的第一首叙事诗。

Banaras 贝拿勒斯，1957年改名为瓦拉纳西。见 Varanasi。

Banaras Hindu University 贝拿勒斯印度教大学，在印度第一圣地瓦拉纳西，为印度综合性大学。

Banarasi sari 瓦拉纳西莎丽，印度圣地瓦拉纳西的有名产品，新娘往往在婚礼上穿。

Banas Culture 班纳斯文化，以印度拉贾斯坦邦阿哈尔遗址为代表的印度次大陆的铜石并用时代的文化。

Banchavati 般遮婆蒂，《罗摩衍那》里的地名，罗摩在此地遇见金翅鸟王者吒优私。

Bancita 剥夺。

Bandar 林中人，猴子。

Bande Mataram 《敬礼，祖国》，刊物，1906年8月创刊，为印度英属孟加拉小资产阶级民主派日报，旨在推动和促进孟加拉民族运动的发展。

Bande mataram 邦代玛特拉姆，“母亲向你致敬！”班吉姆小说《阿难陀寺院》中印度教色彩很浓的歌曲，被用来作为1905—1908年斯瓦德西运动的口号。1937年12月加尔各答全印国大党委员会决定把它作为印度国歌，征求泰戈尔的意见。

Bandee 有两个含义：犯人和宫廷诗人。

Bandha “锁”，练习瑜伽时呼吸和能量流遍全身的肌肉收缩。

Bandha 固定，束缚，耆那教九谛之一。

Bandhavadio Gaupayanas 盘豆仙人四兄弟，《梨俱吠陀》作曲者。

Bandhu 通信联系，对应，符合。

Bandhu 内部联系，梵书里描述的礼仪与宇宙秩序间的假设的详尽的对应关系。

Bandhu 亲爱的。

Bandhua 般杜亚，孟加拉人喜欢吃的甜食。

Bandhudatta 盘头达多，4世纪克什米尔佛教学者，来中国传教30年（383—413）的印度僧人鸠摩罗什的师父。

Bandhupalita 班土波利多，公元前3世纪孔雀王朝皇帝阿育王的后继者之一。

Bandipur 本迪布尔，印度野生动物园，在卡纳塔克邦。

Bandra 班德拉，孟买的一个小住宅区。

Bandraband 岸边村，在马图拉的雅穆纳河岸，传说是黑天的老家。

Bandung 万隆，印度尼西亚第三大城，西爪哇省首府，位于爪哇岛西部火山群峰环抱的高原盆地中，城市海拔719米。市区面积80多平方千米，人口150万，包括郊区约250万。年平均气温22.5℃，年降水量1988毫米，气候温和宜人，为理想的疗养地。这里有纪念意义的独立宫和1955年亚非国家举行万隆会议的会址独立厅。万隆是爪哇岛重要的文化与工业中心之一，流传有西爪哇巽他族的文学、舞蹈、音乐和戏剧。万隆有多所高等院校和科研机构，有著名的万隆工学院、国立巴查查兰大学、火山地质博物馆、鲍斯天文台和原子核研究中心等。万隆是全国纺织业中心，西爪哇铁路、公路和航空枢纽。附近有复舟山、芝亚德温泉、小西湖、达哥瀑布、动物园等旅游胜地。复舟山为活火山，游人可走到火山口观看火山活动。1927年9月，泰戈尔在万隆访问3天。

Banee Beenaapaani 芭妮·碧娜巴妮，即萨拉斯瓦蒂的别名，又称“艺术女神”“辩才天女”。

Banerjea Surandranath 班纳吉·苏兰德拉纳特（1848—1925），印度国大党创始人之一，1895与1902两次担任印度国大党主席。

Baneerjee，Bibhuti Bhusan 班纳吉，B. B.（1894—1950），印度著名的孟加拉语作家，作品有《道路之歌》《不可战胜的》和《山林人》三部曲等。

Banerjee Kalicharan 班纳吉·卡里查兰（1847—1902），印度孟加拉族人，皈依英国圣公会，是加尔各答基督教会创始人，印度基督教运动的先锋。

Banerjee，Manik 班纳吉，M.（1908—1956），印度孟加拉语作家，作品有《母亲》等。

Banerjee，Nalanjan 班那吉，尼兰迦，印度当代诗人和画家，为国际大学纪念泰戈尔的生平与大事纪的博物馆做设计工作。

Banerjee Rakhaladasa 班纳吉·拉卡拉达撒（1886—1930），印度考古学家，文学家，1921年与约翰·马沙尔共同挖掘信德的摩哼焦达罗遗址，发现了印度河文明。作品有《孟加拉的巴拉王朝》《孟加拉戏剧起源》等。

Banerji，Hemchadra 班纳吉，海姆查德拉（1838—1903），泰戈尔时代的诗人，后来变瞎。

Banerji，Krishna Mohan 班纳吉，克里希纳·摩汗（1813—1885），印度基督教传教士，哲学家，著有《关于印度哲学的对话》等，曾于1881年在加尔各答主持泰戈尔的演讲《音乐与感情》。

Banerji，Tarasankar 班纳吉，塔拉桑卡尔（1898—1971），印度孟加拉语作家，作品有《四月的旋风》《歌舞厅》等。

Bangabibhaag 孟加拉分治。

Bangadarsan 《孟加拉之镜》，由印度作家班吉姆·钱德拉·查特吉于1872—1876年创办的文学、哲学月刊。查特吉在该刊物连续发表他的长篇小说《毒树》（The PoisonTree，Bishavriksha）。1894年泰戈尔任主编，他的三分之一的短篇小说在该杂志发表。

B

Bangalakkhsmee　孟加拉吉祥天女。

Bangali　班加利，孟加拉语地区流行的一种民歌。

Bangalore　班加罗尔，卡纳塔克邦首府，印度第六大城，印度有名的软件城，人口约650万。印度在1947年独立以后，班加罗尔发展成重工业的中心。高科技公司在班加罗尔的成功建立使其成为印度信息科技的中心，班加罗尔俗称“印度硅谷”。班加罗尔是印度科技研究的枢纽，其中的印度科学学院是印度历史最为悠久的大学和研究所。其他重要的研究学院还有印度天文物理学学院、拉曼研究学院、贾瓦哈拉尔·尼赫鲁高等科学研究中心、印度国家生物学中心和印度统计学院。泰戈尔曾经于1922年9月27—28日访问该市。1928年6月泰戈尔应印度人道主义哲学家、迈索尔大学校长希尔邀请，访问班加罗尔。

Bangama & bangami　鸳鸯鸟。

Bange Samaaj-biplab　《孟加拉的社会革命》，泰戈尔的散文。

Bangiya Hitasadhan Mandali（Bengal Social Service League）　孟加拉社会服务联盟，1915年2月13日由梅特拉（D. N. Maitra）创立。泰戈尔在成立典礼上讲话，题目为“崇拜劳动”（Karmayajna，The Worship by Labour），号召青年以牺牲精神参加社会服务工作。

Bangiya Sahitya Parishat（Academy of Bengali Letters）　孟加拉文学会，1892年成立于加尔各答。泰戈尔于1894年被选为该会副主席。

Bangiya Sahitya Sammilani（Bengali Literary Conference）　孟加拉文学大会，由奥里萨邦南部伯兰普洱的卡西巴扎（Sassimbazar）土邦王于1906年11月2日召集。

Bangkok　曼谷，泰国首都，东南亚第二大城市，泰国主要港口和政治、经济、文化中心，被誉为“佛教之都”。泰国人称曼谷为“军贴”，意思是“天使之城”。将其泰文全称转为拉丁文字，长达167个字母，其意为：“天使之城、伟大的都市、玉佛的宿处、坚不可摧的城市、被赠予九块宝石的世界大都会、充满着像似统治转世神之天上住所的巍峨皇宫，一座由因陀罗给予、毗湿奴建造的大都会。”现在各国通用的“曼谷”之名则是当地语言“橄榄村”的转译。曼谷市内繁忙的水上交通使曼谷有“东方威尼斯”的美称。1927年10月8日泰戈尔到曼谷访问，受到无数暹罗人、华侨、印侨和欧洲人的欢迎。1927年10月13日泰戈尔受到泰国国王的热情接见，在楚达隆科大学作《论教育》的演讲。

Banglabhasha Parichay　《孟加拉语知识》，泰戈尔1938年写的散文集。

Bangladesh　孟加拉国。孟加拉国为南亚国家，位于孟加拉国湾之北，东南与缅甸为邻，其他都与印度连接。孟加拉人民共和国原为巴基斯坦的一部分，称为东巴基斯坦，1971年脱离巴基斯坦，成立孟加拉人民共和国。孟加拉在13世纪改信伊斯兰教，到16世纪时，发展成南亚次大陆上人口最稠密、经济最发达、文化昌盛的地区。孟加拉17世纪被莫卧儿帝国征服，18世纪后半叶沦为英国殖民地，为英属印度的一个省。1947年印巴分治，孟加拉被分割：西孟加拉归印度，东孟加拉（亦即东巴基斯坦）归巴基斯坦。1971年第三次印巴战争爆发，3月26日东巴基斯坦宣布独立，1972年1月成立孟加拉人民共和国。孟加拉国面积143900平方千米，人口10670万，87%居民信仰伊斯兰教，其余信印度教，孟加拉语为国语，通用英语。首都达卡。国歌由泰戈尔所写的孟语诗歌《我金色的孟加拉》前十行谱成。泰戈尔家族的田产就在孟加拉巴德玛河两岸的谢里丹一带，泰戈尔曾于1890—1900年管理田产。

Banglar mati Banglar jal　“孟加拉智慧，孟加拉光辉”，1905年在泰戈尔提议的圣线节示威游行大街上唱的歌，抗议孟加拉分治。

Bangley　邦雷，属婆罗门种姓。

Bangma-Bangmi　斑格玛－斑格咪，孟加拉神话故事中的一对神鸟。

Bangur House　班古尔财团，印度著名财团，由班古尔于19世纪20年代创建。

Bani Bhavan　国际大学商学院，1940年7月2日泰戈尔给学院的师生讲话。

Bani Sarasvati Banikatha　萨拉斯瓦蒂神性上升时借用的某人的嗓音。

Bania　巴尼亚，商人种姓，吠舍种姓的次种姓。

Banigrahi，Kalindicharan　巴尼格拉西（1901—1991），印度南方奥里雅语小说家，作品有《陶工-宝贝》等。

Bankim Chandra Chatterji　班吉姆·钱德拉·查特吉（1838—1894），孟加拉作家，被誉为“孟加拉的司各特”，写历史小说14部，作品有《毒树》《快乐院》《阿难陀寺院》等。

Banku　扭曲的。

Bankura　班库拉，印度西孟加拉西部城市。1940年3月1—3日泰戈尔访问这里，为班库拉博览会举行开幕仪式并且为母子福利中心放奠基石。

Bankura Exhibition　班库拉博览会，于1940年3月2日开幕，泰戈尔出席开幕式。

Bankura Famine Relief Fund　班库拉赈灾基金会，1916年1月30日协助在乔拉桑科的泰戈尔家里演出泰戈尔的戏剧《春之循环》，由泰戈尔同时扮演青年卡比石卡和盲游吟诗人安达宝两个角色。

Bansantasenaa　春军，印度古代名剧《小泥车》的女主人公。

Banshi　笛子。

Banti　立刀，又称鱼刀，孟加拉人切鱼、蔬菜用的一种刀具，类似竖立的小铡刀。

Banya　洪水。

Banya　印度北方班尼亚种姓。

Banyan　班杨树，菩提树，榕树。

Banyo　野生。

Bao Yun　包永，4—5世纪中国佛教徒，与法显同行游历印度，回国后翻译了数部经文。

Baoddham Natakam　佛陀剧。

Baodhika　理性味。

Bapat　巴帕特，印度现代中国学家。

Bapat，P. V.　巴帕特（1894—），泰戈尔时期的印度著名佛学家兼汉学家，曾在国际大学中国学院担任汉语教授。

Bappabhatti　伯波跋底，8—9世纪作家，著有《24耆那颂》（Caturvimsatijinastuti）。

Bara-lok　大人。

Bara bou　大妯娌。

Bara sahib　外国老爷。

Barabar　巴拉巴尔洞窟，阿育王为耆那教徒在菩提珈雅19英里处建的石窟。

Barabar Hill　巴拉巴尔山，巴特那附近恒河不远处的一座山。

Barahin-i-Ahmadiya　阿赫摩迪亚教派经典，由该派创始人阿赫摩迪亚撰写，信仰伊斯兰教、基督教和印度教的混合教义。自称穆罕默德、耶稣和黑天的化身。

Barajlal　泰戈尔诗里的歌手。

Baramasas　《季节循环》，16世纪拉贾斯坦风格插图的通俗文学作品。

Baranagore　巴拉纳戈尔寓所，印度著名女学者马哈拉诺比斯的住处，1933年4月初泰戈尔在这里会见印度政治家、教育家、报人和学者马拉维亚。

Baraph Paraa　《降雪》，泰戈尔的杂论。

Barani　巴兰尼（1285—1357），印度穆斯林学者，著有历史书《非鲁兹沙实录》，把伊斯兰的崛起到非鲁兹沙的统治都写了进去。

Barb　倒钩。

Barbarua，Hiteswar　波勒博鲁阿，H.（1876—1939），印度阿萨姆语诗人，作品有《格默达普尔的毁灭》等。

Barber　理发师，孟加拉神话中的聪明人物。

Barbet　活灵活现的鸟。

Bardhamaan　波尔陀曼，印度西孟加拉邦的一座比较大的城市，位于加尔各答北部，距离加尔各答大约120千米。

Bardoli　巴尔多里计划，由甘地在1927年发起，旨在扶助贱民，支持古吉拉特巴尔多里农民的抗税斗争。

Bardoloi，Rajanikanta　博尔德莱，拉贾尼康特（1867—1939），印度阿萨姆语作家，作品有《米利少女》等。

Barelvi　巴雷尔维派，印度伊斯兰逊尼派分支，由阿赫迈德·扎利·汗创立于19世纪后期，反对自然主义和科学思想，抵制甘地通过不合作运动实现穆印联盟的主张。

Barendra　巴林德拉，西孟加拉的一个婆罗门种姓。

Barhis　圣草。

Barhisads　梵天生出的7个儿子。

Bari　巴里，用鸽子豆糊做的锥形小球，晒干再做熟。

Barid Shahi Dynasty　巴里德·沙希王朝，16世纪印度德干地区5个穆斯林小国之一。

Barindra　巴林德拉，奥罗宾多的哥哥，1908年因牵涉在加尔各答制造炸弹而遭英殖民当局逮捕。

Barindrakumar Ghosh　巴林德拉库马尔·戈沙（1880—1959），印度著名的暴力反英战士。

Barlow，George Hillars　巴罗，乔治·希拉

B

罗（1762—1846），英印殖民官员，1805—1807年担任印度代总督。

Barma，Dhirendra Krishna Dev　巴尔玛，迪伦德拉·克里希纳·戴维，泰戈尔身边的女工作人员，1927年7—10月陪同泰戈访问东南亚。

Barnakumaaree　波尔诺库玛丽（1858？—1934），泰戈尔的五姐，丈夫绍迪什琼德罗·穆科巴泰（Sadishchandra mukhopaadhyaaya，？—1897）。

Baro-didi　姐姐。

Barobau　两个妯娌之间的年长者，大嫂。

Baroda　巴罗达村，在古吉拉特邦，

Baroda　巴罗达，又名“瓦多达拉”，印度西部古吉拉特邦城市，在坎贝湾之东，有著名的太阳神庙铁路经此。有伊斯兰教寺庙与旧王宫建筑。美丽的巴罗达曾是马拉地格克瓦德统治者的皇家统治区。在印度独立之前这里以“殿之城”著名。该城实际上叫作昌德拉瓦，就是以英勇的国王昌德拉名字命名的。后来威斯瓦密特瑞河两岸（称为瓦德帕特拉）长了大量叫瓦德的菩提树，城市也就因此改名。瓦多达是这个名字的多种形式中的一种，瓦多达翻译成英文就是巴罗达了。尽管该城有大约2000年的历史，但直到马拉地统治者萨亚吉瑞克瓦德三世在1734年占领该地，这里才开始为世人所注意。1930年1月10日泰戈尔到巴罗达，做报告《人，艺术家》。

Barrackpur　巴拉克普尔兵变，主要指揭开1857年印度民族大起义序幕的由英国驻加尔各答附近的巴拉克普尔驻军中满加尔·潘迪发动的印度士兵反英暴动，时间在1857年3月29日。

Barsha-Mangal　雨季节。1921年9月2—3日，在泰戈尔的提议下，圣蒂尼克坦的学生在加尔各答泰戈尔的宅院乔拉桑科第一次举行。

Barshaar Chithi　《雨季的信》，泰戈尔写的散文。

Barshashesh　除夕之夜

Barua　巴鲁阿，二十世纪三四十年代电影导演，有电影《神奴》(Devadas)。

Barua，Hemchandra　伯鲁阿，H.（1835—1897），印度阿萨姆语作家，作品有长篇小说《表里不一》、剧本《吸食鸦片者》。

Barygaza　婆卢羯车，即布罗奇，印度古代西海岸的港口。

Basant　巴桑特节，立春节。

Basanta（The Spring）　泰戈尔于1923年写的自然剧《春》，表现人和自然的和谐关系。

Basantaraaya　《波松多拉伊》，泰戈尔的散文。

Basanti，hey bhubonmohini　《啊，春风吹得世界沉睡》，泰戈尔创作的一首歌曲名，由穆图斯瓦米·迪克西塔尔在马杜赖的米纳克西神庙写的一首古歌演化而来，被列在“破碎的歌”里。

Basava　巴萨瓦，12世纪湿婆教导师，印度湿婆教派勇者林迦派创始人，印度南部原信派领袖，崇拜林迦。

Basavappa Sastri　巴萨瓦帕·萨斯特里，19世纪坎纳达语喜剧作家。

Basava Purana　《巴萨瓦往世书》，15世纪坎纳达语作家比姆卡维（Bhimkavi）的作品。

Basawan　阿克巴王宫的印度画家。

Basaveswara　12世纪坎纳达语口语诗体的创始人。

Basel　巴塞尔，瑞士第三大城市（仅次于苏黎世和日内瓦），为巴塞尔城市州的首府，坐落于瑞士西北的三国交角，西北邻法国阿尔萨斯，东北与德国南北走向的黑森林山脉接壤；而莱茵河在此东注北涌穿城而去，将巴塞尔一分为二，版图较大者位于西岸称为大巴塞尔区，小巴塞尔区则位于东岸。1921年5月10日泰戈尔访问该市。

Bases of Yoga　《瑜伽的基础》，印度现代哲学家奥罗宾多的作品。

Basheekaran　泰戈尔1901写的喜剧《迷惑》。见Captivation。

Bashkir　巴什基尔自治共和国，1919年建立，大部在乌拉尔山南段西坡及卡马河支流别拉亚河流域，面积14.36万平方千米，人口385.8万（1985），俄罗斯人占37%，巴什基尔人占24%，鞑靼人占20%，余为楚瓦什人等。首府乌法。

Basho　芭蕉。

Bashu Press　巴蜀出版社，成立于1983年8月，地址在成都，是以整理出版中国古代文化典籍为主的专业古籍出版社。2003年出版尹锡南的《世界文明视野中的泰戈尔》。

Basileus basileon　王中之王。

Basinam　新郎新娘额头贴的妆饰物；避邪恶的第三只眼。

Basma　波斯玛，《罗摩衍那》中的一个魔鬼，相传他有无穷的魔力，他的眼睛一看到敌人，敌人立刻就化为灰烬。

Basohli　印度巴索里画派，又叫帕哈里画派或坎格拉画派，于17—18世纪产生于旁遮普的巴索里土邦，其特点为色彩鲜明，图案有力，形式热情，质朴，以爱情为主题，到18世纪基调感伤抒情，线条弯曲，色彩清新，韵律流畅。见Pahari。

Bastugata o Bhaabgata Kabitaa　《真实的和富有感情的诗歌》，泰戈尔的散文。

Basu，Bejoy Kumar　巴苏，比乔伊·库马尔（1912—1986），印度医生，1939—1943来华，支援中国的抗日战争，中文名字巴思华。著作有《延安的召唤》。

Basu，Budhadebo　巴苏（1908—1974），印度孟加拉语作家，作品有《犯人的哀求》《回声》等。

Basu Chattejee　巴苏·查特吉（1930—），印度当代著名电影导演。

Basu，Jyoti　巴苏，乔提（1914—2010），印度共产党政治局委员。

Basu，Lotika　巴素·乐卡，泰戈尔时代的女文学评论家，曾经把泰戈尔收入她主编的《印度英语作家》一书。

Basu Manooz　巴苏·曼努子（1901—），印度孟加拉语作家，作品有《森林的呼唤》等。

Basudeva　巴苏代婆，牧童神，孟加拉语对黑天的称呼。

Basumati　《大地》，泰戈尔时期的文学期刊，创刊于1922年。1926年刊登泰戈尔的剧本《舞女的崇拜》。

Basundhara　《大地》，泰戈尔的诗，与Manas Sundari一起归在《遁逃集》里。

Bata　刹帝利圣线材料。

Batavia　巴塔维亚，印度尼西亚首都雅加达的一个海港镇子。1927年8月22日，泰戈尔从这里下船访问雅加达。

Batkrisha　博特克里什那，黑天的别名。

Batsakt Bihu　巴嚓克比呼，阿萨姆民间舞。

Batta　英国殖民政府给印度雇佣兵的附加薪，后取消，成为1857年民族起义的原因之一。

Battar　巴特，波斯诗人及神秘家，其代表作为《百鸟会议》。

Battle of Plassey（Palasir Yuddha）　《普拉西之战》，纳宾钱德拉·森于1876年写的诗。

Battle of Plassey　普拉西战争，1757年6月23日印度与英国东印度公司之间的战争，发生在孟加拉加尔各答北约100千米的巴给拉提河岸的普拉西一片杧果林附近。印度军队由没有作战经验的孟加拉省总督素拉吉·乌尔·道拉（Suraj-ul-daula）指挥，东印度公司由罗伯特·克莱武指挥。战斗持续不到一天。克莱武的军队有700个欧洲骑兵、1400士兵、171门大炮；道拉的军队有多得多的骑兵和步兵，但只有50门大炮。由于英军战斗力强，加上在战斗中道拉的主将米尔·甲发尔为克莱武收买，临阵叛变，印度军惨败。此后东印度公司控制了富庶的恒河下游平原的大片地区，极大地增强了东印度公司的军队实力，为以后东印度公司在南印度的卡尔纳提克战争的胜利奠定了雄厚基础。因而一般把1757年看作英国统治印度的开始。1857年大起义的策划者有意把起义定在这一年，是为了纪念普拉西战争100周年，同时又是向英国殖民主义者报仇雪耻。

Battlefield Complement　《战地增刊》，1978年8月由《人民日报》文艺部创办，为《人民日报》子报刊，1981年改为《大地》。1979年刊登顾子欣的《榕树·七叶树 ·歌声（访泰戈尔大学）》。

Batukut Village　巴图库特村，19世纪牧羊人发现湿婆夫妇幽洞寺（Ambay Nath）的地方，在喜马拉雅山区。

Batunritya　奥迪西舞的片段。

Baudhayana　保德哈亚纳，公元前4世纪人，《家庭祭祀经》的作者。

Baudhayana-dharmasutra　《宝陀耶那法经》，属于印度教《耶柔吠陀》系统，主要讲婆罗门和刹帝利即再生者的社会宗教义务和行为惯例。

Baudidi　嫂嫂，由小叔、小姑称呼。

Bauhinias　秋海棠。

Baul　包乐教派，原意为“鲁莽的人”“狂妄的人”，孟加拉一种反传统教派，信仰宇宙之神，渴望与之结合。可追溯至神秘派。

Baul Songs　包乐派的歌。

Baul Songs　《包乐派的歌》，泰戈尔写的评论。

B

Bauls 原意为鲁莽、狂妄的人。他们反对现存的宗教，相信和神亲自接触最重要，辅之以歌曲和毒品。该学派建立于北印度，其装束更像佛教苦行僧，而不太像印度教徒。

Bauri 贱民种姓。

Bauthaakuraaneer Haat 《王后市场》，泰戈尔的长篇小说以及改编的剧本。见The Queen Consort Fair。

Bayar 孟加拉语的"波雅尔"诗体，有长短之分。短"波雅尔"诗体有14个音节，长"波雅尔"诗体有18个音节。

Bayar-Tribati 波雅尔-特里波迪韵律——孟加拉语诗歌的两种传统韵律。传统的波雅尔韵律诗规定：一个诗节为整齐的两行诗，押尾韵。特里波迪韵律诗为两行，三个音步，即第一行分为两个音步，即两段，中间用逗点分开；第一行的两个音步互相押尾韵；上一个诗节第二行与下一个诗节的第二行互相押尾韵。"特里"孟加拉语的意思为"三"，"波迪"孟加拉语的意思为音步，"特里波迪"的意思是"三音步韵律诗"。

Bayu 鲁莽、狂妄的人。

Bazaklik 巴扎克里卡，古代寺院，在今新疆吐鲁番。

Bear Army 《罗摩衍那》中帮助罗摩打十首魔王罗婆那的熊军。

Bebas，K. T. K. 贝伯斯（1885—1947），印度信德语诗人，作品有《恒河之波》等。

Bechert Heinz 贝彻特·海慈，德国人，他推断佛陀在世的时间为公元前566年—公元前486年。

Bed Flower 洞房床上撒满鲜花，印度婚俗。

Bedouins（Beduin） 贝都因人，是以氏族部落为基本单位在沙漠旷野过游牧生活的阿拉伯人，主要分布在西亚和北非广阔的沙漠和荒原地带，属欧罗巴人种地中海类型。"贝都因"为阿拉伯语译音，意为"荒原上的游牧民""荒原上的游牧民""逐水草而居的人"，是阿拉伯民族的一部分。各地贝都因人均使用当地的阿拉伯语方言及阿拉伯文。1932年5月泰戈尔访问伊拉克时，专门在贝多因部落住过一夜。

Beenaapaani 比纳芭尼，泰戈尔的三叔吉林德罗纳特的小儿子古嫩德罗纳特的小女儿苏诺伊妮的女儿，她最先嫁给了泰戈尔大哥的孙子——被誉为"泰戈尔歌库"的迪嫩德罗纳特（Dinendranaath）。

Beer Guru 《英勇的大师》，泰戈尔的散文。

Beerendranaath 比棱德罗纳特（1845—1915），泰戈尔的四哥，妻子是普罗卢洛摩伊（Pralullamayee）。

Beethikaa 《小径集》，泰戈尔于1934年4月开始写的系列诗。

Beethoven，Ludwig van 贝多芬（1770—1827），德国作曲家、钢琴家、指挥家，维也纳古典乐派代表人物之一。他一共创作了9首编号交响曲、35首钢琴奏鸣曲（其中后32首带有编号）、10部小提琴奏鸣曲、16首弦乐四重奏、1部歌剧、2部弥撒、1部清唱剧与3部康塔塔，另外还有大量室内乐、艺术歌曲、舞曲。这些作品对音乐发展有着深远影响，因此他被尊称为"乐圣"。

Beginning 《开始》，泰戈尔《新月集》里的诗。

Behag 呗哈哥，一种印度音乐的曲调。

Behai 公公，亲家。

Behar 印度比哈尔邦，见Bihar。

Bei Cheng 北城，中国当代学人，出版《圣地灵音——泰戈尔其人其作》。

Beihai Park 北海公园，位于北京市中心区，城内景山西侧，在故宫的西北面，北海与中海、南海合称三海。北海公园属于中国古代皇家园林。全园以北海为中心，面积约71公顷，水面占583亩，陆地占480亩。这里原是辽、金、元建离宫，明、清辟为帝王御苑，是中国现存最古老、最完整、最具综合性和代表性的皇家园林之一，1925年开放为公园。北海公园是中国保留下来的历史最悠久的皇家园林。1924年4月25日，中国知识界在此进行茶会，欢迎泰戈尔访华。欢迎者有梁启超、汪大燮、熊希龄、徐志摩、胡适、张逢春、梁漱溟、林长民、林志钧、蒋方震、杨荫榆、庄士敦等。

Beijing 北京，中国首都，中央直辖市，中国国家中心城市，中国政治、文化、教育和国际交流中心。北京位于华北平原北端，东南与天津相连，其余为河北省所环绕。北京有着3000余年的建城史和850余年的建都史，是"中国四大古都"之一，其最早见于文献的名称为"蓟"。北京荟萃了自元、明、清以来的中华文化，拥有众多名胜古迹和人文景观，是全球拥有世界文化遗产最多的城市。北京也为华北地区降雨最多的地区之一。历史悠久的国际高等大学北京大学、清华大学也坐落于北京。1924年4月，泰戈尔访问北京。

Beijing Buddhist Lecture Institute　北京佛教讲习会。1924年5月18日，正在中国访问的泰戈尔参加了北京佛教讲习会的一个活动，同张相文、何雯、沈钧儒等人交流佛学。议员黄攻素、陈铭鉴，张树枏等在座，徐志摩、邓高镜担任翻译。

Beijing CPPCC　《北京政协》，北京市政协主办的刊物。1996年6月第6期刊登赵守辉的《泰戈尔之孙的中国情结》。

Beijing Daily　《北京日报》，创刊于1952年10月1日，为中共北京市委机关报。1981年4月22日刊登魏开肇的《泰戈尔讲演推崇东方文化》。

Beijing Normal University　北京师范大学，是一所以教育科学和文理基础学科为主要特色的著名综合性高等学府。学校的前身是1902年创立的京师大学堂师范馆；1908年改称京师优级师范学堂，独立设校。1912年改名为北京高等师范学校；1923年更名为北京师范大学，成为中国历史上第一所师范大学。1931年、1952年北平女子师范大学、辅仁大学先后并入北京师范大学。1924年6月26日，泰戈尔访问该校，由校长范源廉主持欢迎。

Beijing Painting Association　北京画会，1924年由陈师曾、齐白石在北京创立，正好泰戈尔正在访华，5月6日，由凌叔华邀请泰戈尔来画会看画，陪同者有徐志摩、北京大学英文系主任陈西滢、胡适、丁西林等。此事促成了陈西滢和凌叔华的结合。

Beijing University　北京大学，创于1898年，初名京师大学堂，是第一所国立综合性大学，也是当时中国的最高教育行政机关。辛亥革命后，于1912年改为现名。北京大学是新文化运动的中心和五四运动的策源地。1917年，著名教育和民主主义革命家蔡元培出任北京大学校长，他“循思想自由原则、取兼容并包之义”，对北京大学进行了思想解放和学术繁荣，北京大学从此日新月异。陈独秀、李大钊、毛泽东以及鲁迅、胡适等一批杰出人才都曾在北京大学任职或任教。1924年4月26日梁启超、胡适等在北京大学欢迎正在访华的泰戈尔。

Beijing University Press　北京大学出版社，前身为1902年设立的京师大学堂译书局和编书处，著名翻译家、思想家严复担任译书局总办。1917年成立北京大学出版部。曾出版《北京大学日刊》《国学季刊》等有广泛影响的刊物和中国社会主义青年团中央的机关刊物《先驱》，还出版了李大钊、张润之的《中国国际法论》、杨昌济的《西洋伦理学史》、黄节的《诗学》、钱玄同的《文学学音篇》、梁漱溟的《印度哲学概论》等一批著名学者编写的教材和学术专著。1952年，北京大学出版部撤销。1979年，教育部批准成立北京大学出版社，恢复了北京大学出版社建制。1983年4月出版《东方研究论文集》，1993年出版林承节的《中印人民友好关系史》。

Beina　倍纳夫人，意大利诗人，1924年泰戈尔访问中国，5月28日上午，泰戈尔一行从汉口抵沪，下榻极司菲尔路的倍纳夫人家。

Being　存在，指最高存在，实际上就是神。

Beiyue Press of Literature and Art　北岳文艺出版社，1984年创办，地址在太原。2004年出版《人文素养读本》编委会的《泰戈尔，你属于谁》。

Bejabarua，Laksminath　贝杰博鲁阿，L.（1867—1938），印度阿萨姆语戏剧家，诗人。作品有剧本《日落》、诗歌《阿萨姆之歌》等。

Bekson Anli　贝克森·安里（1859—1941），法国唯心主义哲学家。

Bel　木苹果树；阿拉伯茉莉花。

Bela（Madhurilata）　贝拉（马图里罗达）（1886—1918），泰戈尔的大女儿。

Belgaum　贝尔高姆，印度南部城市，在卡塔纳克邦西部，重要的农业区。

Belgaum Meeting　贝尔高姆会议，1924年10月24日，英印政府开始实施《孟加拉法令》，镇压印度独立运动，逮捕了鲍斯等独立领袖，甘地主持会议，研究对策。

Belgium　比利时，位于欧洲西北部，东与德国接壤，北与荷兰比邻，南与法国交界，西临北海，属海洋性温带阔叶林气候。境内主要河流有马斯河和埃斯考河。人口稠密的比利时是世界上工业最发达的地区之一，亦为19世纪初欧洲大陆最早进行工业革命的国家之一。比利时拥有完善的港口、铁路和公路等基础设施，为与邻国更紧密的经济联系创造了条件。比利时经济十分倚赖国际贸易，全国GDP的大约三分之二来自出口，年平均出口额是日本的五倍。位于比利时北部的安特卫普为欧洲第二大港，同时也是世界上最大的钻石加工地，有“钻石之都”的称誉。比利时面积3万多平方千米，人口1000万，首都布鲁塞尔，主要民族为弗拉芒族、瓦龙族等，信仰天主教。1920年9月，泰戈尔访问比利时。

Belgrad　贝尔格莱德，原南斯拉夫首都（1918—2003），现为塞尔维亚首都，位于塞尔维亚北部萨瓦河和多瑙河汇合处，人口150万。1926年11月15日泰戈尔到达南斯拉夫访问，在贝尔格莱德大学做演讲，听众如潮。

Belunchisthan　什么好吃的都没有的地方。

Belur　贝卢尔，印度游览胜地，卡纳塔克邦南哈桑市西北40千米处，该地的纳克萨瓦古庙是南方著名的庙宇。

Belur Math　贝卢尔·玛斯，在加尔各答的罗摩克里希纳传教会总部。

Belvedere　观景楼。

Benaras Hindu University　贝拿勒斯印度教大学，是一座专门研究印度艺术、文化、音乐和梵文的学府。贝拿勒斯印度教大学不少领域在该国位居第一。这所大学有2个校区、16个学院、140个部门、4个先进的中心和4个跨学科的学校。

Benares　贝拿勒斯，现在的瓦拉纳西，印度教、耆那教、佛教圣城，过去叫迦尸。1957年改今名。贝拿勒斯是印度北方邦东南部城市，在恒河中游新月形曲流段左岸，人口包括郊区79.4万。著名的印度教圣地，有庙宇1 500座以上，金庙为印度教重要庙宇，伊斯兰教有奥朗则布大清真寺。每年朝拜和下恒河沐浴者达二三百万人。市西北10千米的鹿野苑，据传是释迦牟尼首次讲道处。

Bendre, Duttatrey Ramachandra　本德莱，D. R.（1896—1981），印度坎纳达语诗人，剧作家，作品有《黎明》《死亡游戏》等。

Benedetto Croce　贝尼戴图·克罗斯（1860—1952），意大利著名哲学家、美学家和文学评论家。他于1926年6月15日和正在意大利访问的泰戈尔在罗马会晤。

Benediction　《祝福》，泰戈尔《新月集》里的诗。

Bengal　孟加拉，原为印度的一个邦，1905年，当时的英国总督寇松把孟加拉分为东孟加拉邦和西孟加拉邦。古代与阿萨姆地区为迦摩缕波国。1947年8月以后印度和巴基斯坦分治。东孟加拉归属巴基斯坦，称为东巴基斯坦，1971年脱离巴基斯坦建国。面积14万7000平方千米，人口1.4亿，首都达卡，主要民族为孟加拉族，官方语言为孟加拉语和英语，主要宗教为伊斯兰教。

Bengal Academy　孟加拉学校，泰戈尔在10岁时上的小学，是一所英印学校，用英语授课，泰戈尔开始逃学。

Bengal Cooperation Organization Society　孟加拉合作组织协会，成立于1918年，泰戈尔为其喉舌报《宝库》写过稿。

Bengal Detenus　《孟加拉的政治犯》，泰戈尔的信。

Bengal Lancer　《孟加拉骑兵》，泰戈尔为该书写了书评。

Bengal legislative Council　孟加拉立法会，英殖民政府在孟加拉的立法会。

Bengal Ordinance　《孟加拉法令》，英印政府于1924年开始执行，镇压独立运动，逮捕独立人士。

Bengal's Great Inheritance　《孟加拉的伟大遗产》，泰戈尔1940年12月的散文。

Bengal Social Service League　见Bangiya Hitasadhan Mandali，孟加拉社会服务联盟。

Bengal Women Workers' Conference　孟加拉妇女工作者大会，1936年在加尔各答阿尔伯特大会堂举行，泰戈尔在会上讲话。

Bengalbhasha Lekhak　《孟加拉作家》，1904年出版，载有泰戈尔的自传。

Bengalee　《孟加拉人》，泰戈尔时代的印度孟加拉邦的文学期刊，曾于1922年刊登泰戈尔的剧本《瀑布》。

Bengali　孟加拉语，孟加拉国和印度西孟加拉邦的语言。泰戈尔是印度西孟加拉邦人，他的许多诗文用孟加拉语写成。

Bengali Literary Conference　孟加拉文学大会，于1906年11月2日由奥里萨邦南部伯兰普洱的土邦王卡西巴扎（Sassimbazar）召集。

Bengali New Year's Day　孟加拉新年，在公历4月13日。

Bengali year and months 孟加拉历的年+593=公历的年份。孟加拉月份：拜沙克月在公历4—5月间；杰斯塔月在5—6月间；阿沙拉月在6—7月间；斯拉万月在7—8月间；帕德拉月在8—9月间；阿斯温月在9—10月间；迦尔迪克月在10—11月间；阿格拉哈扬月在11—12月间；巴乌沙月在12—次年1月间；玛克月在1—2月间；法尔衮月在2—3月间；恰特拉月在3—4月间。

Bengalis 孟加拉族，主要居住在孟加拉国和印度西孟加拉邦，说孟加拉语。

Benn Wedgewood 本·威基伍德（1877—1960），英国自由政治家，1930年担任印度国务大臣，与泰戈尔在伦敦讨论印度事务。

Benoit Fernand 贝努瓦特·费尔南德（1892—1969），法国历史学家，20世纪20年代在泰戈尔创办的圣蒂尼克坦国际大学担任客座教授。

Bentham 本瑟姆（1738—1842），英国哲学家，无神论者，大法官。

Bentham, Jeremy 边沁，杰里米（1748—1832），英国的法理学家、功利主义哲学家、经济学家和社会改革者。

Bentinck, William Henry Cavendish 本廷克，威廉·亨利·卡文迪什（1774—1839），1928 —1933年任威廉堡司令官，1833—1835年担任印度总督。

Beowolf 《贝尔武夫》，一译《贝奥武甫》，英国古代史诗。公元5世纪时已开始口头传诵、完成于公元8世纪（约750年左右）的英雄英国叙事长诗。全诗共3182行，以斯堪的纳维亚（Scandinavia）（位于北欧的斯堪的纳维亚半岛）的英雄贝奥武甫（Beowulf）的英勇事迹构成。勇士贝奥武甫与怪物格伦德尔搏斗，使其断臂而死。怪物之母为子复仇，又被他追踪杀死。后来他做了国王。一次火龙来犯，他挺身斩龙，伤重而死。人民为他举行了隆重的葬礼。现存的《贝奥武甫》唯一手稿，出于一个不知名的书记员之手，成稿时间为10世纪早期。被发现是在1705年，反映的是6世纪发生在欧洲大陆的一些事情。

Beppu 别府，日本镇子，1924年5月泰戈尔在访日期间去九州岛别府温泉疗养。

Berawar 贝拉瓦，15世纪末到16世纪末的印度德干地区穆斯林苏丹国，由沙希王朝统治。

Berbre 巴布热，孟加拉画派画家。

Bergson 博尔格森（1859—1941），法国哲学家，1920年8月在巴黎和泰戈尔会面。

Berhampur 贝兰普尔，印度奥里萨邦城市，人口30万，临马德拉斯—加尔各答铁路。1906年由土邦王卡西巴扎再次召集孟加拉文学大会。

Berlin 柏林，德国首都，也是德国最大的城市，现有居民约340万。柏林位于德国东北部，四面被勃兰登堡州环绕。施普雷河和哈维尔河流经该市。柏林市也是德国十六个联邦州之一，因此也称为柏林州，和汉堡、不来梅三个城市同为德国的城市州。柏林扼东、西欧交通要处，北部距离波罗的海、南部距离捷克均不到200千米。柏林位于欧洲的心脏，是东、西欧的交汇点。城市面积883平方千米，其中公园、森林、湖泊和河流约占城市总面积的四分之一，整个城市在森林和草地的环抱之中，宛若一个绿色大岛。

从19世纪普鲁士王国开始，柏林一直是"日耳曼帝国"的首都。柏林早在13世纪时已成为贸易集镇，17世纪发展成为地方性的政治、经济和文化中心。第二次世界大战前，它是德国首都和最大城市。战后，东、西柏林分道扬镳，各自发展。1990年两德统一，柏林结束了一个城市、两种制度的局面，重新成为德国首都。1921年6月泰戈尔访问柏林。1926年9月11日泰戈尔再次访问柏林；13日在交响乐大厅作题为"印度哲学"的演讲；14日受到德国总统兴登堡的接见，会晤爱因斯坦，和他进行了长谈。泰戈尔从柏林给《曼彻斯特前卫报》写文章，申明绝不支持法西斯主义，遭到意大利《人民报》的攻击和谩骂。1930年7月11日，泰戈尔访问柏林，会见德国国会议员，在广播上讲话。

Berlin（Prussian ）Academy 柏林普鲁士科学院。1921年6月2—3日，泰戈尔在柏林大学以"疯狂的英雄崇拜"为会议主题演讲。伍尔特·拉特瑙设宴招待泰戈尔。柏林普鲁士科学院为他的演讲录音并连同讲稿一起作为档案保存。

Berlin University 柏林大学。柏林大学是德国的一所综合性高等学校，原名柏林弗里特里希-威廉大学，设于柏林，1809年由普鲁士王国内务部文教总管F. Von K. W. 洪堡负责筹建，1810年10月正式开学。柏林大学设哲学、法学、医学和神学4科。第一任校长为哲学家J.G.费希特。柏林大学贯彻教学与科研相结合的方针，采取讲课、讨论与研究相结合的教学形式。教师享有较大的学术自由，学生则根据自己的爱好选修各种课程，选择自己的钻研方向，在导师指导下从事科研工作。柏林大学1842年创建德国第一个物理实验室。一批科学家曾在该校执教，并创立新的理论和学科。柏林大学培养了很多具有真才实学的理论家和科学家。K.卡尔·马克思和F.恩格斯也曾在这里就读。1921年6月2—3日，泰戈尔在该大学做《狂热的英雄崇拜》报告。伍尔特·拉特瑙设宴招待泰戈尔。柏林普鲁士科学院为他的演讲录音并连同讲稿一起作为档案保存。1921年6月5日泰戈尔去慕尼黑，会见德国文学界领军人物托马斯·曼。6月7日在慕尼黑大学演讲，亲手把演讲的门票收入捐献给“慕尼黑的挨饿的孩子们”。

Berlly, Edmanmont 伯力，埃德曼蒙(1729—1797)，爱尔兰的政治家和演说家。

Bernardin de Saint-Pierre 博纳定·圣皮埃尔（1737—1814），法国作家，他的《保罗和弗吉尼》的翻译连续登载在《噶尔合瓦（过去印度一个小邦国）短篇小说集》期刊上。他对8岁的泰戈尔影响很深刻。

Bernier, Francois 伯尔尼，佛朗索瓦(1620—1688)，法国医生，旅游至印度为莫卧儿王朝宫廷效劳。著作《伯尔尼游记》。

Bertoni 伯尔托尼，意大利著名学者，佛罗伦萨大学教授，1926年6月21日，设宴欢迎正在意大利访问的泰戈尔。

Bertrand Russell 伯特兰·罗素（1872—1970)，20世纪英国哲学家、数学家、逻辑学家、历史学家，诺贝尔文学奖获得者，分析哲学创始人之一。

Besa 拜萨，印度货币单位：一卢比等于十六阿那，一阿那等于四拜萨，一拜萨等于三帕伊。自1957年4月1日起，一卢比等于一百拜萨。

Besant Annie 贝桑特·安妮夫人（1847—1933)，英国神智学家、作家和印度社会活动家，生于伦敦，祖籍爱尔兰。1867年她与贝桑特牧师结婚，婚后不久因政见不同于1873年分居，嗣后积极投身社会政治活动，1885年参加费边社。她1889年加入“神智协会”，宣传自由主义思想，提倡女权运动和妇女教育。她1893年到印度，开展和领导神智学会工作，并在南、北印度一些城市发表演讲。她1898年创建贝拿勒斯（今瓦拉纳西）印度教大学；1907—1933任印度神智学会主席；1913年起活跃于印度政坛，加入国大党，思想日趋激进，同情和热爱印度；1914年创办《联邦》周刊和《新印度日报》；1916年组建印度自治同盟；1917年当选为国大党主席；同年成立印度妇女协会，自任主席。1926—1927年游访英美国家。她生平兴趣广泛，曾任童子军协会名誉顾问，善于笔耕，著书甚丰，主要有《自传》《四大宗教》《命运》和《印度宗教问题》等。1928年5月她邀请泰戈尔在印度南部城市阿德亚尔休养数天。

Besbagar 贝斯巴迦，印度中央邦的一个镇子，在这里发现了黑天的石柱，上面有大鹏鸟王的像。

Beschi, Constantine 贝奇，康斯坦丁(1680—1742)，从意大利到印度泰米尔的传教士，写有《约瑟的一生》等。

Beskashi 白斯迦尸，古代印度仙人白斯建设的第二座迦尸城，因遭到诅咒，在此城死亡的人，其灵魂会托生为驴子。

Betar Jagat 《无线电世界》，泰戈尔1938年8月16日的散文。

Bethune, John Elliot Drinkwater 贝屯(1801—1862)，著名的热心于教育事业的英国人，在印度创立了女子学校，后来发展为贝屯学院。她是英印教育委员会主席，曾在加尔各答创办男子中学。

Bethune Society 贝土恩协会，由班纳吉于19世纪创立的文学会。

Bhaagalpur 比克罗姆西拉，印度古代的城市，位于现在的帕戈尔普尔。

Bhaageerathee 恒河，见Ganges。

Bhaaiphontaa 兄弟节，姐妹给兄弟点痣，祝福其富贵长寿，兄弟祝福姐妹，交换衣服。秋季新月后的第二天，在迪瓦里节（Diwali）、湿婆配偶节（kali-puja/Syama-puja）期间。

Bhaaiphontaa 《兄弟痣》，泰戈尔的短篇小说。

Bhaalo Tumi Basa Naa 《我这个不幸者》，泰戈尔的诗。

Bhaanusing Thaakurer Padaabalee 《帕努辛赫·泰戈尔诗集》，泰戈尔整理出版的帕努辛赫的诗集。

Bhaanusingha Thaakurer Jeebanee 《帕努辛赫·泰戈尔的生平》，泰戈尔的散文。

Bhaaratachandra Raaya Gunaakar 婆罗多琼德罗（1712—1760），18世纪著名孟加拉诗人，作品有《谷物神颂歌》《比达孙多尔》等。

Bhaaratbarsha 《印度》，泰戈尔的散文。

Bhaaratee 婆罗，又称文艺女神，印度古代神话传说中司文学、艺术、知识的女神，她善辞令，又是智慧的化身，也称智慧女神。

Bhaaratee 《婆罗》，泰戈尔的诗。

Bhaarateebandanaa 《祭拜辩才女神》，泰戈尔写的杂谈。

Bhaaskara Charya 明规范师（1114—1185），音译巴斯迦罗·阿者梨，印度数学家和天文学家，意为"发出光明"，著有《历数精粹（顶上珠悉昙多）》（Siddhanta-shromani）和《天算妙要》（Karanakutuhala）。

Bhab O Abhab 《感情和需要》，泰戈尔于1885年写的喜剧。见 Feeling and Wants。

Bhababooti 薄婆菩提，印度8世纪著名梵语戏剧家，诗人。

Bhabani Bhattacharya 巴巴尼·巴塔查亚（1910—1988），当代印度英语作家，作品有《好多的饥饿者》（So Many Hungers）《骑虎人》（He Who Rides Tiger）《摩恒之乐》（Music of Mohin）等。

Bhabapooti 婆波普迪，8世纪印度著名梵语宫廷诗人、戏剧家。

Bhabashankari 笨、土、丑的女人。

Bhabha，Homi Jehangir 巴巴，霍密·杰汗吉尔（1910—1966），印度原子能委员会创建者，第一任主任。

Bhadanta 尊者。

Bhaddakacca 跋陀迦旃，佛陀妻子的名字。

Bhadra 太阳；驽象；俱毗罗的妻子之一。

Bhadra 巴德拉，印度神话里的月神娑摩之女，她爷爷阿特利成全她与所爱的仙人乌达特西亚的婚姻，但她被对方抛弃。她被水神瓦如纳拐走，幡然醒悟的乌达特西亚在那拉迪的帮助下找到了她，但水神拒绝归还，乌达特西亚喝干海水，逼迫水神交还她。二人相互原谅，产生真正爱情。

Bhadra 帕德拉月，印历6月，公历8—9月。

Bhadra 有教养但不富有的中产阶级。

Bhadrabahu 跋陀罗巴睺，公元前4世纪人，大雄之后的耆那教教主之一，著《仪轨经》。

Bhadrachala Ramadas 巴德拉查拉·罗摩达斯（1620—1688），17世纪吉尔丹作家兼歌手。

Bhadraka 薄陀罗迦，公元前2世纪后期印度摩羯陀巽珈王朝10个国王之一。

Bhadrakali 吉时女神。

Bhadralok 受尊敬的人，上等家庭的人，19世纪末20世纪初孟加拉的英印绅士阶层，达官贵人，贵族家庭，有教养的家庭。指婆罗门、卡亚斯（文书、官吏种姓）和菲亚（传统的医生种姓）。

Bhadram "愿你有福""祝你高兴"。

Bhadrasala 波德罗萨罗，公元前4世纪摩羯陀国难陀王朝大臣。

Bhaga 薄迦，以伐楼拿为首的集团神名之一，代表一年中第七个月的太阳；向国王缴纳的谷物税额。

Bhaga 跋迦，"被赋予者"，阿底多诸神之一。福运的化身和财富的主宰，佑助生儿育女，主持婚礼；阿修罗，被湿婆杀；太阳的别名。

Bhagadatta 福授，《摩诃婆罗多》里东光国国王，被阿周那杀死。福寿爷爷布米戴维从毗湿奴大神处求得神箭，黑天杀了福授父亲，此箭成为福授的命根子。

Bhagadugha 收税官。

Bhagalpur 巴加尔普洱，印度西孟加拉邦的一个海港城市，1910年文学大会在这里召开，泰戈尔出席并讲话。

Bhagat，Bali Ram 巴加特，巴里·拉姆（1922—2011），1985—1986年担任印度外长，国大党乌尔斯派领导人。

Bhagat，Har Kishan Lal 巴加特，哈尔·吉山·拉尔（1921—2005），1990年印度国大党（英）总书记，印度工程和住房部部长等。

Bhagava 薄利古的后代，指持斧罗摩。

Bhagavad 薄迦，梵，宇宙万物之主。

Bhagavad Gita 《薄伽梵歌》，《摩诃婆罗多》中克里希纳劝说阿周那一往无前去打仗的说教，印度教的主要哲学经典。罗马字 Bhagavad Gītā 英译 Song of God，汉语意译"神之歌""主黑天之歌"。薄伽梵歌的字面意思是

B

“主之歌”或“神之歌”，这里的主或者神就是黑天，薄伽梵相当于上帝，梵相当于圣灵。《薄伽梵歌》是印度教的重要经典与古印度瑜伽典籍，为古代印度的哲学教训诗，收载在印度两大史诗之一《摩诃婆罗多》中（位于Bhisma-Parva 章节的 23—40），也简称为《歌（Gītā）》。它是唯一一本记录神而不是神的代言人或者先知言论的经典，共有700节诗句。《薄伽梵歌》成书于公元前5世纪到公元前2世纪，也有人译为《博伽梵歌》。

Bhagavada Purana　《薄伽梵往世书》，18种往世书之一。

Bhagavadam　《薄伽梵往世书》，16世纪马拉雅拉姆语作家罗摩奴加·尔柱塔禅（Ramanuja Ezhuthachan）的作品。

Bhagavadas　富天（黑天父亲）的崇拜者；钵迦万达斯（1869—1958），印度哲学家。

Bhagavaddharma　迦凡达摩，意译为“遵法”，印度僧人，唐朝时在中国译经。

Bhagavan　薄伽梵，可尊敬的大神，对克里希纳的尊称。

Bhagavan Das　薄伽万·达斯（1869—1958），印度新吠檀多哲学学院派的代表人物。认为吠檀多的最高体梵为绝对精神，它不仅包括主体自我，而且包括客体非我，它是主体、客体、主客体关系三者的统一。

Bhagavat　波加婆陀，“幸福的”“美好的”“神圣的”“主宰”，印度神话里的高级神灵，为毗湿奴以及其化身之称谓。

Bhagavata-purana　13世纪写黑天的书。《薄伽梵往世书》。

Bhagavatara Ata　薄伽梵礼物剧，药叉力巴亚拉塔舞（Yakshagana Bayalata）的源头，由寺庙团体露天演出。

Bhagavati　女世尊。

Bhagavati　女神。

Bhagavati Devi　薄加瓦女神，就是女神难近母。

Bhagavativyahappanatti　《圣训支》。

Bhagavatulu　通过献身摩契普迪舞能使灵魂得救的男孩。

Bhagawan　巴加瓦，神或圣人名字前的敬称。

Bhageeratha　幸车，又翻译为跋吉罗陀，印度神话中，派恒河女神下凡的太阳族的国王。他修行千年，请求众神允许天上的恒河降临人间，使其祖先萨羯罗的60000个儿子的骨灰获得净化。湿婆怕降下的圣水会毁灭世界，以自己的头部接受恒河的冲击，于是恒河通过他那迷宫似缠结的头发蜿蜒流转了数万年，最终迂回舒缓地流到地面。

Bhageerathi　跋吉罗提，恒河别称。该叫法出自出跋吉罗陀的故事，他苦苦修炼，使萨竭罗的六万儿子的灵魂得到恒河水的净化。

Bhagna Hriday　《破碎的心》，泰戈尔1881年发表的音乐剧。实际上是泰戈尔为纪念五嫂迦丹芭丽写的。故事情节为：有一位年轻、英俊且为梦想发狂的诗人，他与漂亮的少女穆拉拉（Murala）从小青梅竹马，一起长大。穆拉拉默默地爱着诗人，但诗人被他内心嘈杂的世界所困扰，没有注意到她对自己的爱。在与一位楚楚动人、娇媚活泼的姑娘娜丽妮（一个泰戈尔深爱着的名字）邂逅后，诗人发现自己深深地爱上了她。但是娜丽妮美丽的外表下隐藏着一颗冷若冰霜的心，她只会戏弄别人的感情。诗人失恋了，陷入了痛苦的漩涡。当他回到家乡，看到病榻上的穆拉拉时，他才明白自己始终在爱着她，但为时已晚。

Bhagnataree　《破船》，泰戈尔的散文。

Bhagnatari　《沉船》，泰戈尔于1879年写的长诗。

Bhags-pa　八思巴（1239—1280年），元朝忽必烈的老师。八思巴是藏传佛教喇萨迦派第五代祖师，吐蕃萨斯迦（今西藏萨迦）人。本名罗古罗思监藏（bLo- gros- rgyal- mtshan=hPhags-pa），八思巴（又译八合思巴、发思巴，意为“圣者”）是尊称。蒙哥汗三年，忽必烈从受佛戒。中统元年，世祖即位，尊其为国师，使统天下佛教徒。至元元年，使领总制院事，统辖藏区事务。六年，制成蒙古新字，加号大宝法王。十三年还至萨斯迦。

Bhagwan Aditya　巴格万阿迪提，即太阳神，其女塔巴嫁给无私的国王桑瓦拉，生俱卢。

Bhagyam　运气，幸运。

Bhai　兄弟，姐妹。

Bhai Charrai　白·查拉伊，18世纪信德语诗人。

Bhai Mani Singh　白·马尼·辛格（1670—1737），旁遮普语作家，著有《加恩拉塔纳瓦里》（Gian Ratnavali）。

Bhai Parmanand　布哈伊帕·玛南德

(1876—1947)，印度著名的民族主义者。

Bhai Virasingh　帕伊·维拉辛格（1872—1957），旁遮普语现代文学之父，作品有《逊德莉》《维杰·辛赫》《我的主》等。

Bhairabee gaan　晨歌。

Bhairava-sastra　《湿婆教导》。

Bhairava　“凶恶的，可怕的”，百拉瓦，湿婆残忍形象。湿婆毁灭之相。

Bhairavi　白拉薇，以湿婆的配偶命名，早晨安静而又沉思性的曲调。“可怕”，指湿婆和他的妻子的低级形状之一。

Bhairavi raga　婆伊罗毕，印度传统歌谱名，婚礼早晨演奏，演唱的曲子，表现恐惧、害怕、离别之意。

Bhairon　黎明之歌；百荣庙，查谟地区（Jammu）的外斯秾女神（Vaislino Devi）庙。

Bhaisaijyaguru Buddha　药师王，药师佛。

Bhaisajyaguruvaiduryaprabhasa　药师佛，又作药师如来、药师琉璃光王如来、大医王佛、医王善逝、十二愿王，为东方净琉璃世界之教主。据《药师琉璃光如来本愿功德经》载，日光遍照菩萨与月光遍照菩萨同为药师佛的二大协士。日光菩萨与月光菩萨同为无量无数菩萨众之上首，依次递补佛位，悉能持药师如来之正法宝藏。药师佛面相慈善，仪态庄严，身呈蓝色，乌发肉髻，双耳垂肩，身穿佛衣，袒胸露右臂，右手膝前执尊胜诃子果枝，左手脐前捧佛钵，双足跏趺于莲花宝座中央。身后有光环、祥云、远山。

Bhaja　巴迦佛教石窟，在马哈拉施特拉邦首府孟买东南约163千米，开凿于公元前150年至公元前100年间。

Bhajan　祈祷歌，圣歌。

Bhakta Prahlad　《拉普拉德的信仰》，印度20世纪30年代电影。

Bhaktamarastora　《虔信甘露顶》。9世纪摩那登迦（Manatunga）写。

Bhakta　信奉者。

Bhaktas　忠信，圣人，虔信者，虔诚派实践者。

Bhakti　信仰，崇拜，忠诚，皈依。

Bhakti　巴克提，虔诚派，虔信，强调通过虔信行为获得解脱。巴克提教派运动又称虔信运动，12世纪兴起于印度南部，初期的代表人物是罗摩奴阇（死于1137年）。罗摩奴阇强调“梵天”在印度教诸神中的至高地位，认为“梵天”是天地万物的创造者、保护者和毁灭者，一切存在皆由“梵天”而来。13世纪以后，巴克提教派运动由印度南部传入北方各地，主要流行于城市下层群众中，罗摩难陀和克比尔成为主要的代表人物。罗摩难陀（1360—1450年）不仅认为“梵天”是宇宙万物的主宰，而且强调众生平等的原则，所有虔信“梵天”的人不论身世高低贵贱，皆可获得解脱。

Bhakti kavya　虔诚派诗歌。

Bhakti-marga　虔信之道，献身。

Bhakti Movement　虔信派运动，11—17世纪由罗摩努阇、尼跋加、迦比尔、杜勒西达斯等倡导的印度教改革运动，主张对神的绝对虔信而获得解脱。

Bhakti Sutra　《虔诚经》，12世纪问世。

Bhakti yoga　信瑜伽，奉爱瑜伽。

Bhaktirasamrtasindhu　《虔诚甘露河》，15—16世纪如帕·郭斯瓦米（Rupa Gosvamin）著。

Bhaktivedanta Swami Prabhupada　巴克吠檀多·斯瓦米·婆拉普巴达（1896—1977），印度教神学家，他于20世纪60年代把哈瑞·克里希纳运动传播到西方。

Bhalla　斧刃箭，宽头箭。

Bhalobasa　激情。

Bhama Kalapam　哈马·卡拉潘，14—15世纪库其普迪舞（Kuchipudi）的复苏人。

Bhamagadhi language　半摩羯陀语。

Bhamaha　婆摩诃，5世纪印度最早的文学批评家。

Bhamahavivarana　《摩诃疏解》，优婆吒著。

Bhamavidya　梵学。

Bhamo　八莫，华侨称它为“新街”，缅甸北部城镇，属克钦邦，缅北军事要地，位于伊洛瓦底江上游东岸及其支流太平江汇口附近，地当水陆要冲。八莫距中国边境很近，在中缅公路通车以前，一直是中缅两国陆路交通和贸易的重镇。向东可到我国云南的腾冲，南通我国的畹町，自古为滇缅间的大道。八莫也是伊洛瓦底江向北航运的终点，水路南通曼德勒，北抵密支那、孟拱、边迈；公路北经密支那可达片马和孙布拉蚌。

Bhan Mahajan　班·马哈建，19世纪马拉提语作家，创立文学社“普拉巴卡拉”

B

(Prabhakara)。

Bhana 独白剧；薄那，演员扮演狮子和野猪跳舞。

Bhanana 巴纳纳，15世纪古吉拉提语虔诚派作家。

Bhanas 讽刺独脚剧本。

Bhandar 《宝库》，泰戈尔时期的文学刊物，“孟加拉合作组织协会”的喉舌报。

Bhandara 班达拉，印度马哈拉施特拉邦东部城市。

Bhandari 班达里种姓。

Bhandarkar Oriental Institute 班达卡东方研究院，设在印度南方的浦那，该院的学者于20世纪整理出了梵文《摩诃婆罗多》的评论版。

Bhandarkar，Ramkrisna Gopal 班达尔卡尔，罗摩克里希纳·噶帕尔（1837—1925），印度历史学家，著作有《早期德干史》等。

Bhadra 帕德拉月，印历6月，相当于公历的8—9月，雨水最多的月份。

Bhang 兴奋丸，由大麻类植物造。

Bhang 棒酒，由苏摩草造的一种酒。

Bhanga gaan “破碎的歌”，泰戈尔创作的一组歌曲的统称。

Bhangi Mehtar 班吉梅塔尔，一贱民种姓。

Bhanika 薄尼迦，演员用舞蹈表演毗湿奴等大神化身下凡的事迹，风格刚健。

Bhanudatta 般努达多，15世纪作家，著作有《味花簇》（Rasamanjari）《味河》（Rusatarangini）和《庄严吉祥痣》（Alankaratika）。

Bhanuj 班努吉，卡达克舞斋普尔学派创立者。

Bhanuman 巴努曼，《摩诃婆罗多》里俱卢军将领，被布军从头上打死。

Bhanus 弓形座。

Bhanusinha Thakur 巴奴辛哈·塔古尔，泰戈尔于1877年16岁上模仿古毗湿奴诗体写《巴奴辛哈》系列诗，化名巴奴辛哈·塔古尔发表。

Bhanusimha Takurer Padavali 《歌曲集》（又译作《帕奴辛赫诗抄》），泰戈尔于1884年发表。据说当时有一位在德国的孟加拉学生竟将这些诗看作是15世纪印度诗歌的典范之作，将其与欧洲诗歌比较，并因此而获得了博士学位。

Bhanusimher Patravali 《帕努辛赫诗抄》，于1918年出版。

Bhao Singh 包·辛格，17—18世纪拉加斯坦邦迪派袖珍画家。

Bhara 巴拉，重量名，等于20图拉（tula），2000金子（帕拉）。

Bharadvaja 持力仙人，祈祷主的儿子，产期未到便被优陀提耶子长暗仙人踢出。被婆罗多王收养，在隐居的林中接待罗摩和悉多。

Bharadvaja 婆罗杜伐加，印度医学始祖，仙人，传说常去天神因陀罗处学习生命吠陀，把学到的医术带到人间。

Bharadvaja 婆罗杜婆加，蚁垤仙人的徒弟，婆罗门仙人，他在河里沐浴时见天上仙子格瑞塔奇裸体，阳物落盆内，生下大英雄德罗那。

Bharat 婆罗多，印度的另外一种叫法，出自雅利安部族及最有名的统治者婆罗多。

Bharat-Bhashkar “印度的太阳”，特里普拉地区的土邦王于1941年5月13日派特使到圣蒂尼克坦授予泰戈尔的称号。

Bharat Chandra 婆罗多·钱德拉（1721—1760），孟加拉诗人，著名的史诗《阿嫩达颂》（Annadamangal）的作者。阿嫩达是黑天的儿子。

Bharat Mata 祖国印度（女神）。

Bharat Milap Vijay Bhatt 《婆罗多·米拉·维嘉·巴特》，印度20世纪40年代拍的第一部神话片。

Bharata =Sarvadamana 婆罗多，印度古代神话里沙恭达罗与国王豆扇陀的儿子，印度著名的皇帝，印度的另一叫法婆罗多就出自于他。他的第九代子孙为《摩诃婆罗多》里的俱卢，俱卢第十四世孙为福身王，福身王的儿子有毗湿摩、奇文、奇武，奇武的儿子是般度、持国，持国与甘陀利生难敌、难降等百子，般度与贡蒂和玛德丽生般度五子即坚战、布军、阿周那、无种、偕天。

Bharata 婆罗多（约100—200），古代印度文艺理论家，音乐大师。他用梵文诗歌体写的《乐舞论》（又译《演剧论》）是印度艺术史上的重要著作。

Bharata 婆罗多，《罗摩衍那》里十车王的二王后吉迦伊生的儿子，吉迦伊在驼背女的挑唆下要十车王把即将灌顶的大儿子罗摩流放，让婆罗多即位，婆罗多坚决不答应，他追上罗摩，请罗摩回去就任国王，罗摩不答应，他带回罗摩的一只鞋子供奉，自己在都城阿逾陀城外代理国王，罗摩从十首魔王罗婆那手里救回悉多后，他把王位奉还罗摩。

Bharata 主要演员。

Bharata 婆罗多，现在的印度首都德里（Delhi）。

Bharata 《婆罗多》，《摩诃婆罗多》的最初本子。

Bharata Janata Party 印度人民党。

Bharata Varsha 印度舞。

Bharatachandar 婆罗多琼德罗（1712—1760），著名的孟加拉语诗人。他通晓波斯语和梵文经典，创作了“谷神诵”和“比代苏多尔”。

Bharatamanjali 11世纪诗人安主的《婆罗多花簇》。

Bharatamuni 婆罗多牟尼，公元2世纪人，印度最早的戏剧学著作《舞论》（Natyasastra）的作者。

Bharatanatyam 婆罗多舞，bha是梵语Bhava的缩写，意思是“表演”，ra是raga的缩写，意思是“韵律”，ta是tala的缩写，意思是“节奏”，natyam的意思是“舞蹈”。婆罗多舞是印度古典舞蹈之一，与卡达卡利舞、卡达克舞、曼尼普尔舞并列为印度四大舞种。婆罗多舞发源于南印度，过去只在神庙前表演，比较纯粹地保存了原有的传统。舞者的眼神、手势都有固定含义，脚踝系有脚铃，起源于敬神的舞蹈，有浓厚的宗教色彩。

婆罗多舞现在有6个剧目：赞颂神灵的《瓦难》（Varnam）、《萨博丹》（Sabdam）、《提拉那》（Tillana），表现神灵爱情的《帕丹》（Padam），表现神灵美丽的《迦提斯瓦蓝》（Jathiswaram），向神灵献花供奉的《阿拉瑞普》（Allaripu）。剧目有《阿拉瑞普》《毗湿奴赞》《拍球舞》《盛开的婆罗多之花》等。

Bharatas 婆罗多族，印度-雅利安人的主要部落，占据的恒河与雅穆纳河上游（即德里地区）被称为“俱卢之野”，《摩诃婆罗多》里的俱卢大战就在这里展开。

Bharatavakya 后记，跋。

Bharatavarsha 高贵者的土地，雅利安的土地，婆罗多的土地。

Bharatendu Harishchandra 巴拉滕杜·哈里史昌德拉（1850—1885），19世纪印地语戏剧家、诗人。

Bharateswara Bahubali Rasa 《婆罗多斯瓦拉·巴胡巴里·拉洒》，第一部古吉拉特诗，由萨利巴德拉（Salibhadra）写于1185年。

Bharateswara Charita 《婆罗多凡拉的品质》，15世纪坎纳达语作家拉塔那卡拉·瓦尔尼（Ratnakara Varni）的作品。

Bharati 《婆罗蒂》，泰戈尔的长兄德维琼德罗纳特于1877年创办的孟加拉语文学月刊。

Bharati 《侦探》，泰戈尔1898年写的短篇小说。见Detective。

Bharati 婆罗蒂，即萨拉斯瓦蒂，辩才天女，梵天的配偶，知识和文艺女神。

Bharati 学习，学问。

Bharati 婆罗迪，8世纪印度教思想家。

Bharati and Parvasi 《婆罗蒂与帕尔瓦西》，泰戈尔时期的文学刊物。

Bharati Shivaji 帕拉蒂·西瓦吉，印度当代美西尼舞蹈普及家。

Bharati，Subramaniya 巴拉迪，苏波拉马尼亚（1882—1921），印度泰米尔语诗人，作品有《祖国之歌》等。

Bharatidasan 巴拉迪达桑（1891—1964），印度泰米尔语诗人，作品有《潘迪亚人的奖赏》等。

Bharatitirtha 巴拉提提尔塔，印度圣地，在安德拉邦，1937年7月泰戈尔在这里被（缺席）授予“诗歌王子”称号。

Bharatiya Jana Sangh 印度人民同盟，1951年成立。

Bharatiya Janate Party 印度人民党，1980年成立。

Bharatiya Lok Dal 印度民众党，1974年成立。

Bharatmata 印度母亲，婆罗多子孙国，婆罗多族之国。

Bharatpathik Rammohan Roy（Rammohan，the Indian Pilgrim）《印度的行路人拉姆莫洪·罗易》，泰戈尔于1933年12月29日在议会大厅纪念罗易逝世100周年大会上的演讲。

Bharatpur 伯勒德布尔（18—19世纪），由巴丹·辛格建立的王国和城市，位于拉贾斯坦邦东北部，有古堡。

Bharatpur 巴拉特普尔，印度拉贾斯坦邦东北部城市，在阿格拉西边60千米处，鲁帕普

B

尔河与班甘加河汇合处。1927年3月28日，应甘地邀请，泰戈尔主持在这里召开的印地语文学大会。

Bharatvarsha 印度理想：到处充满财富、知识和正义。

Bharatvarsha 《印度的历史》，泰戈尔1906年写的散文。

Bharatvarshe Itihasher Dhara（My Interpretation of Indian History） 《我的历史观》，泰戈尔于1912年写的文章，由嘉顿阿特·萨卡尔（Jadunath Sarkar）翻译成英语，翌年发表在《现代评论》上。

Bharatvarsher Itihas 《印度历史》，泰戈尔于1092年写的论文。

Bharatvarsher Samaji 《印度社会》，泰戈尔于1901年写的论文。

Bharatvasi 印度人。

Bharaty Vidya Bhavan 波哈拉地·维迪亚·波哈万，受甘地思想影响，20世纪设在伦敦的传播印度文化的研究中心。

Bharavi 婆罗维，5—6世纪印度梵文作家，著有《野人阿周那》。

Bhardwaj 戈特拉底族的婆罗门次种姓。

Bhargav “薄利古与补罗玛的儿子”，指行降仙人。

Bhargava 行降仙人，毗湿摩的师父；尊师，导师。

Bhargava family 巴加瓦家族，婆罗门种姓的一个家族。

Bhargavastra 持斧罗摩的神箭术。

Bharhut 巴尔胡特，佛教遗址，在印度中央邦，其围栏上的佛本生的故事的浮雕很有名。

Bhari 婆里，又称“多拉”（tolaa）；印度的金银质量单位，等于0.4114盎司，11.6638克。

Bhartihari 法尔提哈里，公元前1世纪梵语诗人兼梵语语法学家，超日王的弟弟，写有著名的《韵律格言》（Vakya Pradipa）和《世纪诗句》（Satakas），可以和他的前辈波尼尼对等。

Bhartrhari 伐致诃利，又译为婆尔特里霍里（570—651），印度古代著名诗人，著有《三百咏》（Three Sataka=Satakatraya）《世道百咏》（Niti-sataka）《艳情百咏》（Sringara-sataka）《离欲百咏》即《厌世百咏》（Vairagya-sataka）。

Bharuka 巴鲁卡，靠近新疆北部乌什的一个古城，在今吉尔吉斯斯坦共和国。

Bharukacchpa 跋禄羯占婆，古代印度西部著名海港，即现在的印度坎贝湾东岸的布罗奇。

Bharunda 巴润达，鸟名。

Bhasa 跋娑，2—3世纪笈多时期的剧作家，作品有《惊梦记》（Svapna）《神童传》（Balacarita）《仲儿》（Mathyama）《断股》（Urubhanga）《迦尔纳出任》（Karnabhara）《善施》（Garudatta）《宰羊》（Avimaraka）《负厄氏的誓言》（Pratijnaugandharayana）《五夜》（Pancaratra）《使者瓶首》（Dutaghatotkaca）《雕像》（Prathna）《灌顶》（Abhiseka）。

Bhasana 好话。

Bhasgavastra 破除使大地变得昏天黑地的魔法的箭。

Bhasha 土语，语言。

Bhaskara 薄斯加罗，光作，14世纪作家，著有《发疯的罗摩》（Unmattaraghava）。

Bhaskara Acarya 巴斯家罗·阿阇梨（1114—1185），印度数学家和天文学家，著作有《历数精粹》和《天算妙要》。

Bhaskara Ravivarshan 颇塞羯锣·拉维跋摩，古印度南部（克拉拉邦）鸡罗国国王，4—5世纪最强。

Bhaskararaya 18世纪性力派中的中间派，主张在祭祀中秘密使用5M，即酒（madya）、鱼（mastsya）、肉（mamsa）、干粮食（mudra）和性结合（maithuna）。

Bhaskaravarman 婆塞羯罗伐摩（600—650年），又叫鸠摩罗（Kumara），意译为日胄王，意思为“童男”，公元7世纪迦摩缕波国（今阿萨姆地区）国王，印度跋摩王朝最后一位伟大国王。又名库马拉，对中国老子感兴趣，曾邀请中国使节李义彪送他《道德经》，请王玄策画老子画像。

Bhasvara 巴斯瓦拉，兵器名。

Bhasvati Mahismati 巴斯瓦·马西斯马，神话中国王尼拉的女儿。安娜拉神击退了前来攻打的般度5子之一的偕天，救了城。后安那拉神变作苏尔瓦查向她求婚，婚后变原形，但她把身子给苏尔瓦查，把心留给了安娜拉。

Bhasya 《弥曼差经注》，由萨巴拉在大约公元3世纪著。

Bhat 巴特，一种特殊的混合种姓，颂词演唱者。

Bhat 混合种姓社区。

Bhata 巴塔派，以库玛里拉（Kumarila）为代表的任何吠陀词语，既有单独名义、单独理解，也可在整个文章中解。正规军。

Bhatia 巴亚种姓。

Bhatkande 巴特坎德（1860—1936），印度音乐家，作品有《使人瞩目的音乐》（Laksyasangita）。

Bhatnagar，Shonti Swaroop 巴特纳加尔，S. S.（1894—1955），印度著名化学家。

Bhatta Kallata 巴塔卡拉塔，9世纪克什米尔湿婆派人物，斯潘达的弟子，著《战抖的卡利卡》（Spanda-Karika）。

Bhatta Narayana 婆吒·那罗延，8世纪剧作家，作品有《结发记》（Venisamhara）。

Bhattacharjee Nirmal Kanti 巴塔察尔·N. K.，印度文学协会负责人，2007年主持出版《泰戈尔全集（第四卷）》。

Bhattacharya 薄泰恰里耶（1875—1949），新吠檀多学院派代表人物。

Bhattacharya，Bhabani 巴塔查理雅，巴巴尼（1906—），印度英语小说家，伦敦大学博士，1951年第一批印度访苏文化代表团成员，印度文学学会会员，曾任印度驻美国大使馆新闻专员，翻译出版多部泰戈尔作品。其主要著作有《饥饿》等。

Bhattacharya，Birendrakumar 帕达加里耶，B.（1924— ），印度阿萨姆语作家，作品有《大路在召唤》等。

Bhattacharya，Krishna Chandra 薄泰恰里耶，K.C.（1875—1949），印度新吠檀主义哲学家，著作有《哲学研究》等。

Bhattacharya Sutapa 巴塔查理雅，苏塔帕，印度当代著名编辑，2007年编辑出版《泰戈尔全集（第四卷）》。

Bhattacharya Vidhusekhara 巴塔查理雅·泰戈尔1919年在国际大学创立的教育学院第一任院长。

Bhattadeva 巴塔代瓦，13世纪阿萨姆语作家，他把《薄伽梵往世书》《薄伽梵歌》翻译为阿萨姆语。

Bhattaparima 十“杂”之三的《绝食》。

Bhattarakavara 星期日。

Bhatti 跋底，6—7世纪诗人，作品有《跋底的诗》（Bhattikavya）和《十首魔王伏诛记》（Bhattikaiya or Ravanavadhha）。

Bhatti 婆迪，诗歌，指著名梵语诗人婆迪写的叙事诗。关于婆迪这个诗人，学者们的看法不一，多数人认为，他生活在5世纪末—6世纪初。也有人认为，婆迪和婆尔特里霍里是同一个人。还有人认为，这个名字不止一个人。

Bhattigavya 6—7世纪《跋底的诗》。见上条。

Bhattini 太太，夫人。

Bhaugra 包格拉，旁遮普民间舞。

Bhauma 能把大地射开一道口子的神箭。

Bhaumaka 保摩加，11世纪作家，著《罗波那与阿周那》（Ravanaarjuna）

Bhaumik，Jagadindra 保米克，扎加丁德拉（1930—），1947年开始在国际大学出版社工作，曾编辑出版《泰戈尔的孟加拉语书目》。

Bhava 存在。

Bhava 味，情，感情，性情，性格，意图，姿态，气质，思想，表情，动感情，使人感受到具有语言、形体和真情的艺术作品的意义。“味”有8种：艳情（sringara）、滑稽（hasya）、悲悯（karuna）、暴戾（raudra）、英勇（vira）、恐怖（bhayanaka）、厌恶（bibhatsa）和奇异（adbhuta）。如“艳情味”产生于表现男女欢爱和相思的各种“情”：眼光的流盼、眉毛的挑动、甜蜜的语言和表情、甜蜜的姿态与动作等。

Bhava 价格。产生的结果。

Bhava 先生。

Bhava 巴瓦，湿婆大神的别称；三个时代的始终。

Bhava citra 充满感情的绘画，情画。

Bhavabhuti 波婆菩提（700—750），仅次于迦梨陀娑的诗人，作品有《茉莉与青春》（Malatimadhava）、《后罗摩传》（Uttararamacharita）、《大雄传》（mahaviracarita）等。

Bhavagadajjukiya （喜剧）《主人成主妇》。

Bhavah 情感，思想。

Bhavakosi 群情。

Bhavana 冥想的。

Bhavana 专注，使精神集中一处的精神状态。瑜伽不可少的一环。通过专注一处，如脐、鼻端、舌尖、丹田和双眉之间等，使狂奔不止的心意缓缓静止下来，当出现心意静止的状态，就会感到异常舒适和快乐。

Bhavanagar　巴瓦纳迦，印度古吉拉特邦城市。1919年4月，泰戈尔访问过这里。

Bhavani　巴瓦尼，湿婆大神的妻子，即帕尔瓦蒂。

Bhavanti　存在，与种种表演联系的味。

Bhavaprakasa　《情光》，12—13世纪沙罗多陀那耶（Saradatanaya）写的剧本。

Bhavati　女尊者。

Bhavaviveka　清辩（490—570），佛教中观派代表。

Bhavaya　使成长，抚育，培养。

Bhavisya Purana　《未来往世书》。

Bhavisya Purana　《巴维西亚往世书》，《大往世书》里的一篇。

Bhavisyaparvan　《未来篇》。

Bhavo vyaktan　冥性，不可觉察之性。

Bhaya　常情惧，恐惧，恐怖。

Bhayayanti　使布满，传染。

Bhebechhi Kaahaaro Saathe　《我本已想好不和人接触》，泰戈尔的诗。

Bheda　分裂，破裂，差别；外交手段，挑拨离间。

Bhedabheda　吠檀多不一不异论，13世纪摩陀婆提出。

Bheema　毕摩，《摩诃婆罗多》里的俱卢族将领，国王，在俱卢战争中被瓶首杀死。

Bheemasena　大力神布军，指《摩诃婆罗多》里的般度5子里的老二布军，力大无穷。

Bheesma Parva　《摩诃婆罗多》里的《毗湿摩篇》。

Bhela Samhita　（医学论著）《贝拉本集》。

Bherumel　贝卢美乐，18世纪信德语作家，作品有《幸福与美丽》（Anand Sundrika）。

Bheshaja　医治符咒。

Bhigi-Pongol　因陀罗节，欢庆日第一天。

Bhikhaarinee　《女乞丐》，泰戈尔的短篇小说，发表在《婆罗蒂》第一期上。这篇小说带有传奇色彩，讲述了一对青年男女青梅竹马的爱情故事，洋溢着浪漫的激情和泪水，体现了少年罗比丰富的想象力。少男奥莫尔是将军之子，少女科莫尔是王宫官员之女，他们青梅竹马，童年生活富贵且无忧无虑。后因战争爆发，少男参战别离，少女于困境中被迫嫁给他人，因不尽地思念心中的爱人心情苦闷至极。怀着对爱情的美好理想，奥莫尔身着戎装从疯狂残酷的战场回来了，但他见到的科莫尔已成他人之妇，他只能孤独凄凉地离去。从此，“姑娘不再和别人说话”，她“自己明白，她已经走上了死亡之路”，唯一的希望就是“在临死的时候能让我再见奥莫尔一面”。临死之夜，如她所愿，英俊沉静的奥莫尔来到了她的面前：姑娘十分激动，她用那饱含爱恋的痴呆的目光，望着奥莫尔的脸，一双大眼睛噙着泪水，安详而苍白的脸上，挂着一丝微笑，闪烁着光辉。……她那双湿润的眼睛慢慢地合上了，心脏慢慢地停止了跳动，这盏灯慢慢地熄灭了。

Bhiksa　施舍，靠施舍吃饭。

Bhiksataka　湿婆乞食像。

Bhiksayatana　乞丐，湿婆的别名。

Bhikshaaree　毗卡里，湿婆大神的别称。毗卡里的词义就是穷人、乞丐、游方僧。

Bhikshu　比丘。

Bhikshu-sangha　比丘僧团。

Bhikshuni-Sangha　比丘尼僧团。

Bhiksu　比丘，男出家人。

Bhiksu=beggars　比僧，比丘，和尚，佛陀的第一批皈依者。

Bhiksuni　比丘尼，尼姑。

Bhil　比尔人，一部落名。

Bhilla　比拉人，文迪耶山的部落民。

Bhilsa　比尔萨，即现在的中央邦首府博帕尔附近的毗底沙。

Bhima　布军，印度史诗《摩诃婆罗多》中般度的次子，风神之子，般度军大将，力大无穷。儿时从母亲贡蒂手里掉下悬崖，把石头压得粉碎，自己安全无恙。难敌给他下毒后将他投入河里，他安然无恙。他带领兄弟和母亲逃出难敌设计烧死他们的紫胶宫。他杀死调戏黑公主的毗罗陀国国舅空竹。在俱卢大战中打断难敌的大腿，为受过难敌侮辱的黑公主报仇。战争结束后，他随兄弟和黑公主去喜马拉雅山隐居，死于途中。

Bhima　比马河，《摩诃婆罗多》里的河流名，大力罗摩游过此河。

Bhima　毗摩，（1022—1026年在位），印度沙希亚王朝末代国王。

Bhima　毗摩，古代渔民种姓首领。

Bhima I　毗摩一世，11世纪瞿折罗乔卢基王朝国王。

Bhima, Bhoi　布军·波伊，17 世纪奥里雅语毗湿奴派作家。

Bhima, Kari　比玛，卡利，13 世纪泰卢固语语法学家。

Bhimaparakrama　(剧)《琵摩拨拉格勒默》。

Bhimbetka Hill　宾比卡山，在博帕尔附近，有亚洲最丰富的史前岩画。

Bhimsema　宾塞玛，莫卧儿王朝第六代皇帝奥朗则布王宫的历史学家。

Bhimsen　比姆森，17 世纪莫卧儿王朝第六代皇帝奥朗则布时期的历史学家，著有《称心的手稿》。

Bhinartha　意义受损。

Bhinavrtta　诗律失调。

Bhindranwale J. S.　德宾兰瓦勒（1947—1984），印度锡克教阿卡利党领袖，因武装闹旁遮普邦独立于1984年被镇压。

Bhishma　史诗主枝。

Bhisma　毗湿摩，《摩诃婆罗多》里福身王和恒河女神的儿子。他发誓不娶，让福身王和贞信的儿子花钏和奇武先后继位，在弟弟死后做他们遗孀的监护人，抚养他们的儿子般度和持国，扶植他们登上王位，培养他们的儿子般度五兄弟及持国百子。后来在五兄弟和百子进行的俱卢战争里当俱卢军统帅，他辈分最长，为两族兄弟的叔祖。他深知战争不义，但身为统帅又不得不战，参战第十日中箭身亡，临死前在箭床上教诲般度兄弟。

Bhismaka　巨威，《摩诃婆罗多》里毗陀婆国国王，艳光和宝光的父亲。

Bhitari Seal Inscription　比塔里印章铭文，在北方邦迦吉普尔县的比塔里村发现的5世纪印度笈多王朝留下的印章与石柱铭文。

Bhoga　乐，享受，更高境界，公告世界。

Bhogavati　波加瓦提，又叫帕塔拉，城名，《罗摩衍那》中纳加人居住的地方，悉多失踪后，猴王妙项命令猴子们在这里寻找悉多。这里是个蛇城，蛇王瓦苏吉就住在这里。这里相当于现在的乌贾因城。

Bhogavati　地下宝城，地狱，蛇居住区。

Bhogta　伯格塔，贱民种姓。

Bhoi Dynasty　波伊王朝（1542—1559），奥利萨的古代印度王朝。

Bhoja　波者（1018—1060 在位），帕拉马拉王朝国王，大政治家，大学者，建造杰普尔大湖。著有《罗摩衍那占布》(Ramanyanacampu)《辩才天女的颈饰》(Salasvati Ganthabharana)《艳情花簇》(Srngaramajar)《艳情光》(Srngaraprakasa)。

Bhojadeva　波加代瓦，11 世纪湿婆派吠檀多神学家。

Bhojadeva inscription　波者提婆铭文。

Bhojas　波加斯，雅度族后代居住的一个地方以及这个部族的人。黑天所在的雅度族人，他们在自相残杀中与阿克卢拉决斗而死。

Bhojkata　波及卡塔，就是现在比哈尔邦的波及普洱，是《摩诃婆罗多》里黑天娶艳光的地方。

Bhojpur　波吉普里，今比哈尔中西部。

Bhoju　看门人。

Bholanath　湿婆，青颈，他喝下从海里搅上来的毒水，脖子变青。

Bholeswar　波雷斯瓦，孟买的一个村子。

Bhomaparanden　波马帕兰登，印度蛇崇拜最有名的地方。

Bhonslas　彭斯勒家族，18 至 19 世纪印度马拉塔大封建家族。

Bhoodan　赠地，土地之礼，均田，如富农将多余的土地捐赠给无地劳工。赠地运动由甘地的追随者文诺巴·巴夫（Vinobha Bhave）发起。

Bhoodeba Mukopaadhyaay　普代博·穆科巴泰（1827—1894），印度孟加拉语散文作家，教育家。

Bhoogarbastha al o Baayuprabaaha　《地下水和气流》，泰戈尔的杂论。

Bhoori　部里，《摩诃婆罗多》里的国王，俱卢盟军，被善战在大战的第十四夜杀死。

Bhootams　恶鬼，鬼怪，妖精。

Bhopal　博帕尔，印度中央邦首府，附近有著名的桑奇大塔、乌代吉里佛窟和斯图帕佛窟。1931 年 7 月泰戈尔访问这里，为国际大学募捐，收获甚微。1984 年美国资本的一家化工厂毒气泄漏，死 2 000 多人，伤数万人，震惊世界。

Bhottacharjee, Sukant　怕达恰尔吉，S.（1926—1947），印度孟加拉语诗人，作品有《证明信》等。

Bhowanipore Literary Society　波万尼普文学

B

会，20世纪20年代在印度西孟加拉成立，泰戈尔于1923年6月28日参加了该文学会的会议并做了《论班吉姆钱德拉》的报告。

Bhramara　舞蹈中表示蜜蜂的手势：中指与拇指相咬，食指蜷曲，小指与无名指朝上分开。

Bhranti　误解。

Bhrantimat　混淆。

Bhrgu　薄利古，神话中的十始祖之一，由第一摩奴创生，神话中行降仙人的父亲，生主之一，他诅咒友邻王变蛇。《摩诃婆罗多》的编订者可能属于这一仙人家族。据说，他曾访问各位大神，看谁值得他祭祀。当他来到黑天大神处时，大神正在睡觉。仙人认为他懒惰，便朝克里希纳胸脯上踢了一脚。大神并不责怪他。

Bhrguparasravana　必力瞿钵娑婆那山，在尼泊尔境内，传说里古代仙人必力瞿静修林所在地。也是《罗摩衍那》中萨竭罗修炼的山。

Bhrgutunga　伯利古屯加，山峰名。

Bhrtya　应受抚养的人，家属。

Bhu-dana　跳舞；赠送土地。

Bhubaneswar　布巴内斯瓦尔，"神的住所"，奥里萨邦首府。布巴内斯瓦尔是印度东北部的一座海滨城市，在默哈讷迪河三角洲南侧，人口21.9万。布巴内斯瓦尔是宗教中心，有庙宇多座，大庙为最著名的圣庙。数百年前，它成为印度教主神——湿婆神信徒的中心。林伽拉贾庙是该区域内旧式建筑风格的最佳典范。布马内斯瓦尔还有林伽罗阇神殿、姆克特斯瓦拉神殿、帕拉苏玛勒瓦拉神殿、巴拉美斯瓦拉神殿、外塔尔德尔神殿等。

Bhubanmohinee Pratibhaa, Abasarasarojinee o Dukhasanginee　《〈普般莫希尼的天才〉〈闲适之莲〉和〈痛苦的伴侣〉》，泰戈尔的散文。

Bhubanmohini Pratibha　《布班摩西尼的天才》，孟加拉言语诗集，泰戈尔于1886年16岁时为其写评论，这是泰戈尔第一次写文学评论。

Bhubanmonan Sinh　布巴莫汉·辛哈，西孟加拉邦比罗普姆县拉伊普尔的地主。由于信仰梵教，辛哈一家与乔拉桑科·泰戈尔一家建立了亲密的友谊。1862年大概1—2月间泰戈尔的父亲德本德罗纳特前往拉伊普尔，途中在一处无人之地做祈祷，并且很喜欢这块地方，于是在1863年以每年五卢比的租金永久性地租下这块20比卡（相当267.55公顷）的土地。后来在这块土地的一处建起另一栋房子，并将此地命名为"圣蒂尼克坦"，意为"和平乡"。

Bhubannagar　布巴纳加，以地的主人布巴莫汉·辛哈命名的村子，泰戈尔的父亲从这里买了7英亩土地。

Bhudeva　大地之神。

Bhudeva Sulka　菩提婆，16世纪剧作家，作品有《正义胜利记》(Dharmarijaya)。

Bhuh bhavah svah　大语真言。

Bhuichampa　一种香花。

Bhuiya　一贱民种姓。

Bhuichampa　兰花。

Bhuiya　布伊耶，13—17世纪孟加拉和阿萨姆小酋长的称号。

Bhujangaprayata　布建卡普拉亚沓，诗的韵律，为v- -v- -v- -v- -。

Bhuktadhana　享受金钱的人。

Bhukti　菩迦，领地，省，区。

Bhukti　物质利益。

Bhulabhai Desai　波胡拉布哈伊·德赛(1877—1964)，印度独立运动期间的著名律师，曾为许多被英国人逮捕的独立运动战士做无罪辩护。

Bhuma　广大，巨大，巨大的空间。

Bhumaiva sukkam　伟大本身就是幸福。

Bhumaka　扑摩迦，1世纪统治西印度的塞族人沙哈拉塔家族总督。

Bhumi　普米，大地女神，毗湿奴的神妃。她从阿修罗与诸神搅出的乳海中浮现出来，旋即被深渊的蛇力吸引沉入海底，毗湿奴化身为野猪头的巨人瓦拉哈把大地女神从沉溺于洪水深渊的危难中救出。

Bhumi sparsha mudra　佛陀右手做下垂触地状的触地手势。

Bhumidevi　大地女神；神话传说中维纳儿子泼力图送来的女神，带珠宝，泼力图让其变牛，挤出7种食物供人和动物吃。

Bhumidevi　布米戴维，毗湿奴给人间送来的第一个皇帝。

Bhuminjaya　至上王子，《摩诃婆罗多》里摩差国国王毗罗陀的儿子。

Bhumiputra　大地之子。

B

Bhungal 谤迦儿，拉加斯坦邦巴瓦伊（Bhavai）戏用的乐器。

Bhusana （诗相）失误，偏离表示的意义，陷入另一种意义；修饰物。

Bhusavarga 人间天堂。

Bhuta 夜游神，死于非命、死后灵魂没有被收、到处游荡的鬼魂，栖身于墓地，为湿婆的侍从，以人肉为食，变化为猪、马、巨人或侏儒。

Bhuta 精华，精灵。

Bhuta 头陀，佛教苦行之一，穿用被遗弃的破布缝制的僧服，穿三种不染色、不缝制的袈裟，常乞食，一天只吃午饭，不吃零食，住远离人家的空闲处，坐坟地，树下坐，露天坐，随地坐，常坐不卧。

Bhur 土地。

Bhurisravas 广声，《摩诃婆罗多》里俱卢族将领，与善战交战，在武器砍向善战时被阿周那射断胳膊，他谴责阿周那的偷袭是破坏战争规矩，便原地打坐，被善战砍下脑袋。

Bhupendranath Sanyal 布彭德拉纳特·桑尼亚尔，泰戈尔的同事、好友，1907年8月，泰戈尔因小儿子死亡而独处孟加拉的田产管理处谢里丹，他代理国际学校校长。

Bhuta 普陀，鬼灵。

Bhutagana 湿婆的护卫神。

Bhutagrama 群有，万物。

Bhutam 灵魂。

Bhutamahesvara 统治万有的大自在天。

Bhuti 行省。

Bhuti，Hri，Sri，Kirti and Kanti 女性的象征，即发达、谦恭、美丽、名声和爱心。

Bhuvarloka 最高的地方，最高的世界。

Bhuvas 大气。

Bhuman 无限。

Bhutagrama 粗大元素。

Bhutan 不丹，“西藏之末”“龙国”之意。

Bhutani 万有，一切存在之物，包括人，动植物，精灵鬼怪等。

Bhutas 幽灵，鬼魂。

Bhutatathata 真谛，真相，天真。

Bhutesa 万神之主，湿婆的别名。

Bhuvah 空。

Bhuvan Shome 《补万受姆》，著名电影导演姆蕊纳尔受恩（Mrinal Shone）于20世纪50年代拍的电影。

Bhuvanabhyudaya 8世纪的作家商古加（Sanguka）写的《世纪诞生记》。

Bhuvandanga 布湾荡嘉湖，泰戈尔和谭云山共同建立的国际大学中国学院附近的小湖。

Bhuvas 大气。

Bi Shutang 毕树棠（1900—1983），翻译家，名庶滋，号树棠，笔名犹民、忧民、民忧等，民盟成员，山东省文登市人。读书期间积极参加“五四”爱国运动，被选为学生代表到北京请愿。1920年毕业，回家乡任小学教员、山东文登县师范教师，中东铁路翻译，后到中国驻海参崴领事馆做翻译。1921年到清华大学图书馆工作，从此有了良好的自学条件。他边工作边自学外语，以英语为主，兼学法语、德语、拉丁语，新中国建立后又自学俄语，被清华大学师生誉为“活字典”。1923年，《清华周刊》特约请他撰文《泰戈尔研究指南》《中文杂志内关于泰戈尔的著作》《泰戈尔论文和传记》《泰戈尔的小说》《泰戈尔的诗歌》《泰戈尔的戏剧》等。

Biardeau Madeline 比亚都·玛德莱，当代印度教学者，强调婆罗门教文化对形成印度传统的重要性。

Bibaaha 婚礼。

Bibaahamangal 美满的婚姻。

Bibaahe panagrahan 婚嫁中的妆奁习俗。

Bibboka 冷淡。

Bibhatsa 厌恶味，产生了常情厌（jugupsa），通过看到不愉快或不可爱的东西、耳闻目睹或谈论讨厌的东西等情由产生。

Bibhatsu 比巴簌，《摩诃婆罗多》里般度5子力的老三阿周那的别名。

Bibhuti 工程师。

Bibisaheb 比比萨西布，颇为古体的对已婚穆斯林女子的称呼。

Bichaarak 《法官》，泰戈尔的短篇小说，见The Judge。

Bichchheder shaanti 离别时的平静。

Bichitr 比奇特尔，17世纪莫卧儿王朝第四代皇帝贾汗吉尔的宫廷画家。

Bichitra Prabandha 泰戈尔的《杂文集》。

Bichitritaa 《五彩集》，泰戈尔1933年的诗集。

Bicitra 各种各样。

Bidaaya Abhishaap 《离别时的诅咒》，泰戈尔1894年的剧本。见Curse at Farewell。

Bidar 比达尔，15世纪初到16世纪初印度德干地区的穆斯林苏丹国，主要由沙希王朝统治。

Biday 《告别》，泰戈尔的诗。

Bidyaapati 比达波迪（1417—1477），中世纪孟加拉诗人。

Bidyaapati 比达波迪（约1400—1506），孟加拉毗湿奴派诗人，曾在米提拉王朝任宫廷诗人，以写表现拉达与黑天的爱情的诗歌而著称。写过《对男人的考验》等诗集。

Bidyaasundar 《智慧之美》，婆罗多穷德罗·拉伊创作的一部爱情诗。

Big River Monthly 《大江月刊》，1928年10月创刊，上海左翼文艺运动的一个主要阵地，陈望道、施复亮、汪馥泉、冯三昧、鲁迅、茅盾、丁玲、冯雪峰、沈端先等为该刊撰稿，1933年停刊。该刊的创刊号刊登谭云山的《泰戈尔的国际大学一瞥》。

Bigantaa 《智慧》，泰戈尔的散文。

Bihaareelaal Chakrabartee 比哈里拉尔·丘克罗波尔迪（1835—1894），现代孟加拉语诗歌的奠基人，被誉为现代孟加拉诗歌之父。他是罗宾德罗纳特的诗歌老师。后来他成为罗宾德罗纳特的亲家，他的三子绍罗特库马尔与泰戈尔的长女玛图莉洛达（贝拉）结了婚。他创作的作品有《诗歌一百首》《孟加拉美女》《沙罗达颂歌》等。

Bihar Co-operative Federation：21st Conference 《比哈尔合作联盟：第二十一次会议》，泰戈尔1939年8月20的文章。

Bihar Earthquake and the Mahatma 《比哈尔地震与圣雄》，泰戈尔1934年2月的散文。

Bihar Pradesh 比哈尔邦，位于印度北部，北邻尼泊尔，东接孟加拉邦，西边是北方邦和中央邦，南连奥里萨邦，为印度大邦之一，面积有17.3万多平方千米。人口有8637万（1991年）。“比哈尔”一名是从维哈尔变来的。维哈尔有佛教“寺院”的意思。维哈尔原是巴特那的一个古城，现在名叫比哈尔·夏立夫。比哈尔是佛教的起源地，使用的语言为印地语和乌尔都语、摩羯陀语等。华氏城即首府巴特那与王舍城、菩提伽耶是印度佛教的重要地方。比哈尔邦拥有与人类文明一样悠久的历史，被称为“永恒的宗教”的印度教最早期的神话传说，与比哈尔这片土地有着千丝万缕的联系。相传，罗摩王的妻子悉多便出生在比哈尔邦的悉塔马里，因此印度史诗《罗摩衍那》最初的作者蚁垤居住在古时的比哈尔地区便不足为奇了。乔达摩王子正是在现今的比哈尔邦菩提伽耶悟道成佛的。

这里还是耆那教创始人大雄出生和涅槃的地方，它位于现在比哈尔邦首府巴特那附近的帕瓦普里。锡克教第十代、也是最后一位祖师哥宾德·辛格出生在巴特那。位于巴特那市区东部纪念哥宾德·辛格祖师的哈尔曼地尔神庙是一座既精致又庄严的锡克教庙宇，它被当地人虔诚地称作巴特那神庙，是锡克教五大朝觐圣地之一。

古老的摩羯陀国及离车国（公元前8世纪—公元前7世纪）统治者所创立的政体制度成为现代国家治理手段的鼻祖。历史上最早的经济和政治学论著《政事论》的作者考底利耶便生活在这里。考底利耶又名那迦，他曾担任摩羯陀国孔雀王朝月护王的国师和重臣。作为月护王的使臣，考底利耶为了维护王国的利益出使了远近很多地方，并奉命与驻扎在印度北部的印度河谷的希腊侵略者进行周旋。他最伟大的功绩在于促成了希腊人和孔雀王朝之间的和平共存。麦伽斯提尼是亚历山大大帝的部将塞琉古·尼克托所建的塞琉古王国的使者，他于公元前302年前后居住在华氏城（巴特那的旧称，当时为孔雀王朝的都城）。他关于华氏城的见闻笔记是印度历史上记载的首部由外国人所撰写的见闻札记。他用鲜明的文字描述了公元前5世纪左右，在宋河和恒河交汇处的华氏城中繁荣兴盛的社会生活。

孔雀王朝的皇帝阿育王是印度历史上第一个明确颁布法典的帝王。阿育王将法令文告颁刻在石柱上，这些石柱遍布王国的各个地方。这些石柱的顶端雕刻着一只或几头蹲坐在轮盘基座上的狮子雕像。狮子是力量的象征，而轮子则代表着永恒的真理（或佛法），因此它们又被称为“法轮”。

Bihari Mall 比哈尔·马尔，16世纪拉贾斯坦邦斋普尔的土邦王，归顺并嫁女给莫卧儿王朝第三代皇帝阿克巴。

Biharis 比哈尔人，主要为比哈尔邦的居民；比哈尔语。

Bihus 节日。

Bija 种子。子音节。

Bija pradhanya 父权制。

Bijaja 种生，由种子所生。

Bijaka 柠檬。

Bijala Kalacuri 比贾拉·迦罗朱利国王(1156—1167)，印度迦罗朱利王朝国王，在卡里亚尼篡夺乔鲁基王朝（Calukyas or Kalyani）王位上台。

Bijan Chintaa：Kalpanaa 《冥思：想象》，泰戈尔的散文。

Bijapur 比贾普尔，印度南方古城。前称维查耶加尔，意为“胜利城”。有穆斯林陵墓和清真寺。

Bijapur 比贾普尔，15世纪末到17世纪末的印度德干地区的穆斯林苏丹国。后投降莫卧儿王朝第六代皇帝奥朗则布。

Bijayaa 碧久娅，泰戈尔对阿根廷女作家维卡多利娅·奥坎波的爱称。以前曾译为“维吉娅”“苾佳娅”等。诗人前往秘鲁访问途中突然病倒，只好在阿根廷首都下船，幸亏得到女作家奥坎波的精心照顾。他在女作家的别墅疗养了50多天，写了大量诗歌，于1925年结集出版。

Bijoyadashami 阿斯万月的第十天，在这一天举行杜尔迦节的最后一个仪式，把杜尔迦像放入水里。

Bijoyadashami 取得最后胜利的日子。

Bika 比卡，印度度量单位，1比卡约合2亩。

Bikaner 比卡内尔，拉加斯坦邦的比卡内尔土邦，有土邦要塞等。

Bikramsinha 比克罗姆辛赫，在孟加拉语中，“比克罗姆”的意思是“英勇”，“辛赫”的含义是“狮子”。

Bilambita 泰戈尔诗集《瞬息集》中的《延误》。

Bilhana 毗尔诃那或比兰那，11—12世纪梵语作家，著有《遮娄其王传》（或翻译为《超日王行述》）（Vikramankadevacarijaya）及《偷情50咏》（Chaurapancasika）。

Bilhapur Battle 比哈尔普尔之战，18世纪马拉塔王国巴吉·拉奥一世与世袭总司令特里姆巴克之间的内战，前者胜。

Bilobal 比罗博尔，莫卧儿王朝皇帝阿克巴（1556—1605年）的军事将领。

Biltmore Hotel 纽约比尔特摩宾馆，1930年11月25日，纽约400多个领军人物在纽约比尔特摩宾馆设宴欢迎来美国访问的泰戈尔。

Bilva 婆罗门种姓在圣线节做圣线用的材料。

Bilvamangala 比尔瓦曼加拉，12世纪毗湿奴派学者，著有《黑天行动的神酒》（Krsnakarnamrta）。

Bimba 毕巴，一种水果；红花。

Bimal Roy 比马尔·路易，20世纪50年代印度新现实主义电影导演，作品有《两亩地》（Do Bigha Zameen）。

Bimbabatee 宝镜。

Bimbadevi 频婆提维，佛陀妻子的别名。

Bimbasundari 频婆孙陀利，佛陀妻子的名字。

Bimbekta 史前岩画地，在中央邦博帕尔附近。

Bimbisara 频毗娑罗（公元前544年—公元前493年），古代摩羯陀国王，佛陀时期的国王，赠释迦牟尼王舍城的竹林精舍，为最早皈依佛教的国王，后为子阿者世王害死。

Bin 比恩人，印度北方邦的少数民族。

Bina 维娜琴，印度古代一种乐器。

Binayinee 比诺伊妮（？—1924），泰戈尔的三叔吉林德罗纳特的小儿子古嫩德罗纳特（Gunendranath）的大女儿，她嫁给了舍申德罗普松·丘多巴泰（Shesendrabhoosan Chattopaadhyaay），他们的第二个女儿普罗玛后来与泰戈尔的儿子罗廷德罗纳特结了婚。

Bindadin Maharaj and Kalka Prasad 宾达丁·马哈拉吉与喀尔喀·普拉萨德，现代卡达克舞大师塔库尔·普拉萨德（Thakurprasad）的两个儿子，他们父子共同丰富了卡达克舞。

Bindi 宾度（bindu）的亲切叫法。

Bindinh 佛逝，古代安南（今越南）的港口。

Bindraband 伏林达林子，在印度阿格拉市的雅穆纳河边，黑天与牧女调情的地方。

Bindu 点滴，油滴，戏剧词汇，意思为在有关情节断裂时予以维系；点，非凡神秘之处，神秘的、异常非凡事物。

Bindu Sara（lake） 宾度湖，神话传说中恒河分成七股从湿婆头顶流下的地方，恒河源头。湿婆应跋吉罗陀要求，从天上引下水，洗涤跋吉罗陀60000祖先的骨灰。此处在天地间，形成大湖。《摩诃婆罗多》中般度5子老三阿周那自我放逐时先到这里，老大坚战等来此处修炼。

Bindusara 宾头沙罗，公元前300年—公元前273年的孔雀王朝国王。

Bing Xin 冰心（1900—1999），原名谢婉莹，笔名冰心，取“一片冰心在玉壶”为意，原籍福建福州长乐横岭村，著名诗人、作家、翻译家、儿童文学家。曾任中国民主促进会中央名誉主席，中国文联副主席，中国作家协会名誉主席、顾问，中国翻译工作者协会名誉理事等职。作品有《繁星》《春水》《寄小读者》等，曾翻译泰戈尔的诗集《吉檀迦利》，1981年发表《〈泰戈尔诗选〉译者序》。

Bingzhou College Journal 《并州学院》月刊，并州为太原的古称，《并州学院》月刊创刊于民国时期，1933年2月刊登墨园的《回忆泰戈尔来华漫游》。

Bini Paisar Bhoji 《无价的盛宴》，泰戈尔于1893年写的喜剧。见Feast at No Cost。

Binlang 槟榔石，在那马达河（Namrda）里。

Binodini 《眼中钉》，泰戈尔的中篇小说。见Eyesore。

Binoybodh 孟加拉初级课本。

Bipaashaa 比巴沙河，印度旁遮普邦的一条河。

Bipinchandra paal 比宾琼德罗·巴尔（1855—1932），印度孟加拉邦政治运动的领导者之一，《孟加拉人》等杂志的编辑，孟加拉邦著名的演说家，新闻工作者，民族运动的领导者之一。

Biradar Bhau 法定兄弟。

Biraha 《离别》，泰戈尔的散文。

Birahaananda 离别的欢乐。

Birbal Raja 比尔巴尔·罗阇（？—1586），自愿为莫卧儿王朝第四代皇帝效力的拉其普特的首领，亦为印地语诗人。

Birendra Kumar Bhattacharya 比仁德拉·库马尔·巴塔查瑞亚，阿萨姆现代作家。

Birhors 比尔豪尔人，印度乔塔纳戈普尔高原北部山林的少数民族。

Birju Maharaji 用卡达克舞设计芭蕾舞的演员，卡达克舞演员。

Birkenhead 伯肯黑德伯爵（1872—1930年），英国政治家、法学家，就读于牛津大学，1899年开始从事律师工作。1906—1919年，以保守党党员身份任职于国会。他历任副总检察长（1915年）、总检察长（1915—1919年）、大法官（1919—1922年）。1922年，受封为伯爵。1924—1928年，出任印度事务大臣。

Birla，G. D. 比尔拉（1893—1983），印度比尔拉财团的创建者。

Birla House（Birla Jugal Kishore）比尔拉财团，印度资格最老、实力最强的两家超级财团之一（另一家为塔塔财团）。创始人比尔拉，以经营高利贷起家，1906年到加尔各答开始经商，先后经营棉纺厂、黄麻厂、自行车、汽车、纺织机器制造、电器建筑设备、电缆、化学工业、丝绸、船运、合金钢等。比尔拉财团1986年超过塔塔财团而名列印度超级财团之首。1924年泰戈尔访华、访日由该财团赞助。1936年3月泰戈尔在德里为国际大学筹款，比尔拉财团捐资6万卢比。

Birla Temple 比尔拉庙，德里最大的印度教庙，由比尔拉财团于1938年出资建造。该庙主要敬奉毗湿奴和他的配偶财富女神拉克西米。

Birth Control Movement 《计划生育运动》，泰戈尔1926年写给美国计划生育积极倡导者、性教育家桑格·玛格丽特女士的信。

Birthday 《生日》，泰戈尔的诗。

Birthday Message from the Poet 《诗人的生日留言》，泰戈尔的信。

Bisanpanthi 毗娑盘提，北印度的裸体派分支，提出建筑富丽堂皇的寺庙和供奉更多神明的主张。

Bisarjan 《牺牲》，泰戈尔于1890年写的剧本，小说为《贤哲王》。见Sacrifice。

Bisha o Sudhaa 《毒汁与琼浆》，泰戈尔的诗。

Bishabriksha （Poison Tree） 班吉姆（1838—1894）的小说《毒树》。

Bishakanyaa 毒姑娘，童话中的姑娘，身上有毒，和谁接吻，谁就会被毒死。

Bishesh Bigaanpan/Taimaasik Saadhanaa 《季刊〈实践〉的特别公告》，泰戈尔的散文。

Bishvabhaaratee 国际大学，见Visvabharati。

Bisi Pramathanath 比西，1920年作为国际大学学生，陪同泰戈尔访问西印度。

Bisishtata Bharatbarshe Samabayer 比斯时

塔塔·B. S. 泰戈尔时期的翻译家，曾翻译泰戈尔的作品。

Bisri 丑陋。

Bivhash 晨歌。

Biyaatriche, Daante o Taanhaar Kaabya 《贝亚特里齐、但丁和他的叙事诗》，泰戈尔的散文。

Biyars 比亚尔人，分布在布鲁瓦谱尔、中央邦等地的印度少数民族。

Biye 结婚。

Bjornson 波吉奥尔森，挪威著名学者，1926年泰戈尔访问挪威时，于8月25日和他在奥斯陆会晤。

BJP 印度人民党，全名为 Bharatiya Janate Party，1980年4月成立，主张民族主义、民主、积极的非教派主义等。

Black Hole 黑洞事件，1756年新继任的孟加拉邦总督西拉吉道拉（1730—1758）命令英国拆除在加尔各答修筑的城堡，双方发生冲突，西拉吉道拉率领50000人军队进攻城堡，俘获146人，将其关在漆黑的地牢里。由于当时闷热，一夜之间闷死了123人，史称“黑洞事件”。后来英国军队打败了西拉吉道拉，将其俘获，并于1759年将其处死。

Black Sea 黑海，欧洲东南部和亚洲小亚细亚半岛之间的陆间海。黑海是世界上最大的内陆海，因水色深暗、多风暴而得名。黑海向西通过博斯普鲁斯海峡、马尔马拉海峡、达达尼尔海峡与地中海相通，向北经刻赤海峡与亚速海相连。黑海形似椭圆形，东西最长1150千米，南北最宽611千米，中部最窄263千米，面积42.2万平方千米，海岸线长约3400千米，平均水深1315米，最大水深2210米。黑海北岸为乌克兰，东北岸为俄罗斯，格鲁吉亚在其东岸，土耳其在南岸，保加利亚、罗马尼亚在其西岸。黑海经由其西南角的博斯普鲁斯海峡、马尔马拉海（Sea of Marmara）、达达尼尔海峡、爱琴海以及地中海与遥远的大西洋海域相通。克里米亚半岛从北面伸入黑海，东端狭窄的刻赤海峡通往面积较小的亚速海。注入黑海的大河流有多瑙河、聂伯河、聂斯特河和顿河。黑海原是古地中海（Tethys Sea）的残留海盆，目前的形状可能出现于5800万年前。当时在古安纳托利亚（Anatolia）的地壳上升，使黑海盆地从地中海分裂开；新形成的黑海盆地逐渐与大洋分隔，其含盐量下降，又缓慢地和海地区分离。黑海海水含盐量几乎只有世界各大洋海水含盐量的一半。黑海在航运、贸易和战略上具有重要地位，是联系乌克兰、保加利亚、罗马尼亚、格鲁吉亚、俄罗斯西南部与世界市场的航运要道。黑海北部沿岸，尤其是克里米亚半岛，是东欧人的度假、疗养胜地。1926年11月泰戈尔经黑海的康斯坦察和君士坦丁堡，于11月25日到达雅典，希腊政府设宴欢迎泰戈尔并授予他“救世主勋章”。

Black water, red water 黑水，红水，指印度孟加拉语散文作家、学者、社会改革家、启蒙思想家伊司瓦拉·钱德拉·维德亚·萨格尔（Isvara Chandra Vidya Sagar, 1820—1891）写的课本《帕尔那帕瑞查伊》（Barnaparichay）。

Black_and_Tan 意大利一种混合而成的黑加黄褐色的鸡尾酒。

Black-cloud 孟加拉国地区一种植物，叶苦，可用于治肝病。

Blair, Port 布莱尔港，印度安达曼岛的港口。

Blake, Robert 布莱克，罗伯特（1598—1657），英国克伦威尔时期里的一位重要的将领，也是英国海军史上的名将。他对英国往后历史里的强大制海权做出了很大的贡献。

Blake, William 布莱克，威廉（1757—1827），英国第一位重要的浪漫主义诗人、版画家。主要诗作有诗集《天真之歌》《经验之歌》等。他的早期作品简洁明快，中后期作品趋向玄妙晦涩，充满神秘色彩。

Bland Darwaza 凯旋门，印度莫卧儿王朝第三代皇帝阿克巴在首都阿格拉以西建的皇宫法塔普里·西克里的大清真寺的南门，为一八角形牌楼，纪念阿克巴征服古吉拉特。

Blinda 波林达，黑天最宠爱的情人拉达的女友。

Blue Sky Press 蓝天出版社。蓝天出版社是空军政治部主办和主管的中央级出版社，成立于1989年3月，是空军唯一的图书出版单位。1993年出版张光璘的《印度诗人泰戈尔》。

Blue Star Operation 蓝星行动，1984年6月英迪拉·甘地政府平息锡克人独立分子的骚乱而采取的武装镇压行动。10月31日，她的锡克族卫士为报复而杀害了英迪拉·甘地。

Bo Hong 卜红，中国当代学者，发表《“泛神论”之于泰戈尔和郭沫若》。

Boar 野猪，毗湿奴的化身。

Boddh Gaya 菩提迦雅，释迦牟尼成佛处，在比哈尔邦。

Boddhi 智慧。

Boddhi 菩提，对佛教真理的觉悟。

Boddhipaksika 道品，觉支或菩提分。包括四念处、四正勤、四神足、五根、五力、七觉支、八正道。

Bodham Natakam 佛陀剧。

Bodhgaya 菩提伽雅，又称菩提道场，为佛陀成正觉之地，位于印度比哈尔南部伽雅市近郊7千米处的布达葛雅，面临恒河支流尼连禅河。据经典记载，佛陀经历六年苦行之后，行至此地，于毕钵罗树下的金刚座上结跏趺坐，证悟十二因缘、四谛法等，而得正觉。所以毕钵罗树又称菩提树，即“觉树”之意。伽雅城于中世纪为婆罗门教徒所拥有，为与婆罗门教徒之伽雅城区别，特将佛成道的圣地称为佛陀伽雅，而与佛陀之生处兰比尼园（Lumbini）、初转法轮处鹿野苑（Sarnath）、涅槃处拘尸那罗（Kushinagar）并称为佛陀四大圣迹。大菩提寺：最初的寺庙是阿育王建立的。12世纪初期，伊斯兰军队毁坏了寺庙，佛教也随之衰落了。缅甸国王在14世纪出资，在原来塔址建造了一座缅甸风格的寺庙，下部方正，上部尖细。

大菩提寺附近有20世纪以来中国、日本、缅甸、斯里兰卡、泰国等国建造的寺庙。中华大觉寺是典型的汉式结构，离大菩提寺最近。大菩提寺正中一座53米高的大佛塔叫正觉大塔，即著名的菩提伽雅大塔。四面刻有佛像佛龛，雕镂十分精致庄严，细腻地雕刻出佛陀不同的手势和姿态。塔中有佛陀的金身坐像，代表佛陀当年开悟的情形。

菩提伽雅大塔据说是由公元3世纪时阿育王所创，塔高约50米，形如金字塔，底部为边长15米的正方形，向上逐渐收缩，顶部呈圆柱形，上立一铜制螺旋形圆顶。塔底一层四角竖有4个与大塔营式相同的小金字塔。大塔东门两旁辟有佛龛，立贴金佛像数座。其余三面为高2米的石栏杆，共60根，系公元前5世纪—公元2世纪的作品，先藏于各地博物馆，只有复制品放在野外。

大塔的保存，相传是因为12世纪末，伊斯兰教势力兴盛，大肆毁坏其他宗教遗迹。菩提伽亚的正觉大塔，原本也无法逃过这一劫，当时的佛教徒为了保护大塔不被破坏，聚集了所有能找到的人，搬砂运土，在一夜之间，用土石把整个大塔遮盖起来，成为一座土丘。直到1881年，英国考古学家康宁·汉姆根据玄奘大师《大唐西域记》的记载，重新挖掘出来，才使得大塔重见天日，震惊全世界。缅甸佛教徒又进行了重建，就是现在的大菩提寺。寺内供有金身佛像，此像原本是青黑岩雕刻，后来被西藏信众贴上了金箔。菩提伽雅大塔塔西侧是著名的大菩提树，据说佛陀即在此树下得道成佛，故受到佛教徒敬仰，其枝也曾多次被折，代表佛陀送往世界各地的佛寺供养，繁衍滋生。原树已于1870年被大风刮倒，现在的树据说是原树的“曾孙”。现树下立有红砂石板金刚座，以指示佛陀成道处和表示佛的智慧。1914年10月，泰戈尔游览菩提迦雅。

Bodhi 菩提，觉，智，大彻大悟，指对佛教真理的觉悟。凡断绝世间烦恼而成就“涅槃”之“智慧”，统称“菩提”。

Bodhi tree 菩提树，“智慧之树”。

Bodhi-citta 见Bodhi-hridaya。

Bodhi-hridaya（bodhi-citta） 永恒的智慧之心灵。

Bodhibhadra 菩提跋陀，印度6世纪佛教僧人，来华。

Bodhicitta 菩提心。

Bodhicittotpada 《发菩提心论》，5世纪世亲（Vasubandhu）著。

Bodhidharma 菩提达摩（？—528），印度佛教僧人，曾来少林寺。

Bodhidruma 菩提树，即毕钵罗树。

Bodhipathapradipa 《菩提道灯论》，成书于1世纪的佛教论书。修习佛法应该愿意救度众生，净化身口意，福慧双修，达到无分别境界。

Bodhiruci 菩提流支，“觉爱”，名字为武则天取。7世纪印度佛教大乘瑜伽派僧人，初信婆罗门教，后因辩论输给佛教高僧耶舍瞿沙而改信佛教，学习佛教文学。公元692年受中国大臣的邀请来到遮卢迦王朝，于次年沿海路到达中国。他先后到过长安、洛阳等地，走遍中国的大江南北，并得到了皇帝的高度赞赏。他共译经53册。他于公元727年圆寂，享年156岁。

Bodhiruci 菩提流支，中文意译为“道列”，古代印度佛学家。公元508年沿陆路到中国洛阳，被任命为通晓梵语的七百名僧人的团体领袖，公元516年前往永宁寺，一直工作到534年。他共翻译佛经39部。

Bodhisattva 菩萨，意为“觉有情”或“觉悟众生”，即觉悟了的凡人，候补佛陀或未来佛陀。悉达多太子在悟道成佛之前也是菩萨。菩萨是佛陀慈悲的化身，为救度众生而推迟自己进入涅槃的时间，充当人与佛之间的媒介或舟楫，把众生从此岸的生死苦海拯救到彼岸的极乐世界。菩萨毕竟是即将获得无上正觉但尚未脱离尘世浮华的圣人，比佛陀更具有世俗性和人情味。

Bodhisattva 菩萨，古印度一种宗教舞蹈音乐。

Bodhisattva Padmapani 持莲花菩萨。

Bodhisattva Vajrapani 持金刚菩萨。

Bodhisattvadanamala 《菩萨譬喻蔓》。

Bodhivardhana 菩提腾，公元593年即隋朝时期来中国南部译经。

Bodhisena 菩提仙那，9世纪印度佛教僧人，公元824年在中国译经。

Boehme 伯麦（1575—1624），德国的神秘主义者和神智者。本来他是一个鞋匠，自称在1600年看见雷光一闪，阳光在洁亮的金属上面反射，使他看见上帝和宇宙的一个奥秘，他就认为得到完全的神智光照。所以他在1612年，就是12年以后，开始出版许多著作，鼓吹神智神秘的思想，虽然他没有受过正式的教育，但是他读过巴拉西尔斯还有魏格勒的著作，受到他们的神秘主义还有炼金术、占星术、冥想、玄想等等的影响，再加上他个人独特的神秘的信仰经验，使他的信仰充满了悬疑的色彩。他特别攻击当时的基督教，认为是拜《圣经》主义，也反对“拣选”和“天堂”的教义。他认为上帝是万物的根源、实体和归宿，有限和无限、善和恶都来自于上帝。他著有《黎明》《达到基督之路》《伟大的奥秘》《论恩宠的拣选》《上帝的本质和三要素》等。

Bogi 卜吉，1月泰米尔人敬因陀罗的节日，在冬至前一天。

Bohag Bihu 春节。

Bohemian 波西米亚人，波西米亚是捷克西部与德国接壤的一个地名，位于捷克斯洛伐克的西部地区，原属奥匈帝国的一部分，是行走于世界的吉卜赛人的聚集地。

Bohm David 伯姆·大卫，19世纪英国原子物理学家，提出科学与东方宗教之间的相互作用思想。

Bojer 波杰尔（1872—1959），挪威小说家，1926年泰戈尔访问挪威时，于8月25日和他在奥斯陆会晤。

Bokhara 布哈拉，乌兹别克斯坦西南部的城市，为历史古城，唐朝时称捕喝、安国。布哈拉有2000多年历史。

Bol 念白。

Bolan 伯兰山，即兴都库什山。

Boli 口哨。

Bolor 勃勒，古地名，在今克什米尔西南。

Bolpur 波普尔，圣蒂尼克坦附近的一个镇子，在印度西孟加拉邦的喜马拉雅山下，泰戈尔创办的国际大学就在该县的和平镇。1940年6月24日泰戈尔为镇子电话局成立仪式到会祝贺。

Bolshevik 布尔什维克，即布尔什维克党，在1903年俄国社会民主工党第二次代表大会上，一个新型的无产阶级政党——布尔什维克党宣告诞生。

Bolsheviks 布尔什维克，苏联列宁、斯大林时代的无产阶级革命者。

Bolshevism 布尔什维克主义。

Bombay 孟买，从蒙巴-戴维（Mumba-Devi）女神的名字而来。又一说名字来源于葡萄牙文“博姆·巴伊阿”，意为“美丽的海湾”。孟买是印度第二大城市，马哈拉施特拉邦首府。孟买位于印度西部，濒临阿拉伯海。孟买原为阿拉伯海上的7个小岛。16世纪初，古吉拉特邦的苏丹将此地割让给葡萄牙殖民者，1661年又被作为葡萄牙公主的嫁妆转赠给英国，后经不断疏浚和填充，成为半岛，筑有桥梁和长堤与大陆相连。孟买海滨有为纪念英王乔治五世1911年访问印度在此登陆的“印度门”。孟买还有维多利亚火车站、威尔斯王子博物馆、6千米之外的象岛石窟，西边40千米处有宝莱坞电影公司。孟买是印度经济中心和工业基地。

Bommalatam 波马纳檀，泰米尔纳德邦的木偶。

Bonaparte Napoléon 波拿巴·拿破仑

(1769—1821)，法兰西第一共和国执政、法兰西第一帝国皇帝，出生在法国科西嘉岛，是一位卓越的军事天才。他多次击败保王党的反扑和反法同盟的入侵，捍卫了法国大革命的成果。他颁布的《民法典》更是成了后世资本主义国家的立法蓝本。他执政期间多次对外扩张，形成了庞大的帝国体系，创造了一系列军事奇迹。他1812年兵败俄国，元气大伤；1814年被反法联军赶下台；1815年复辟，随后在滑铁卢之战中失败，被流放到圣赫勒拿岛；1821年病逝；1840年尸骨被迎回巴黎隆重安葬在塞纳河畔。

Bonful　蓬夫尔（1899—1979），印度孟加拉语作家，作品有《草木卷》《瞬间》等。

Bonjhi　侄子。

Bonn　波恩，德国名城，有2000多年历史。公元1世纪初，罗马军团曾在这里设立兵营。因此，“波恩”意为“兵营”。13世纪至18世纪，波恩作为科隆选帝侯国（即有权选举帝王的侯国）的首府长达500年之久。曾经一度被法国占领，于1815年并入普鲁士。1949年9月波恩成为德意志联邦共和国首都。1990年10月德国实现统一后，德国联邦议院于1991年6月20日做出决定，在4至10年内将议会和政府由波恩逐步迁往柏林。波恩是水陆交通要道，铁路要站，建有地下铁道。波恩是河港。第二次世界大战后波恩发展工业，有有色冶金、电讯设备、建筑材料、家具、乐器、食品等部门。波恩是德国印刷、出版业中心之一。波恩三分之二工业建于郊区，市内多博物馆、文化机构、公园和古建筑。波恩大学创建于1786年，马克思曾在此学习（1835—1836）。波恩是音乐家贝多芬诞生地，其故居已辟为博物馆。波恩郊区盛产蔬菜、水果，森林和公园占全市面积三分之一。

Bonnerjee, Woomesh Chandra　彭纳吉，伍米什·钱德拉（1844—1906），印度国大党首任主席，律师。

Book Forest　《书林》期刊，1980年创刊于上海。1985年第5期刊登陈保平的《生命之永恒的惊奇：读〈泰戈尔评传〉》。

Book House　《书屋》，湖南教育出版社主办的一份思想文化类杂志，1995年创刊。1998年5月第5期刊登马少华的《泰戈尔风波》，2001年3月第3期刊登孙宜学的《胡适与泰戈尔》，2002年5月第5期刊登胡勇前的《泰戈尔与西方》，2005年9月第9期刊登孙宜学的《徐志摩如何“捧杀”了泰戈尔》，2012年6月第6期刊登孙宜学的《泰戈尔与耶稣》。

Bookland　加尔各答布兰德出版社。

Bopadeba　博波代波，印度中世纪的语法学家，他的生活年代大约在7—8世纪。他是语法书《美感》（mugdhabodha）的作者。

Bora and Bori　《波拉与博瑞》，拉加斯坦地方戏巴瓦伊（Bhavai）的节目，写乡村商人与妻子的故事。

Borderland（Prantik）　《边缘集》，泰戈尔1938年写的诗。

Boris　鲍里斯（1894—1943），保加利亚的第二任沙皇，1918年至1943年在位。1926年11月，泰戈尔去保加利亚访问，国王鲍里斯接见了他。

Borkar　波尔卡，20世纪孔纳语作家。

Borobudur　婆罗浮屠塔，位于印度尼西亚爪哇岛中部马吉冷婆罗浮屠村。它建筑在默拉皮火山山麓的一个长123米、宽113米的矩形小山丘上，周围有4座火山。它距首都雅加达东南约400千米，在文池兰西南，东南30千米处就是日惹。“婆罗浮屠”为梵文音译，意思是“山丘上的寺院”。素有印尼的金字塔之称的婆罗浮屠又称“千佛坛”。高大的佛塔和神坛是寺院中最为引人注目的建筑。这个大乘佛教艺术古建筑同中国长城、埃及金字塔、柬埔寨吴哥窟齐名。婆罗浮屠塔对研究印尼历史、文化和艺术具有重要价值。1927年9月，泰戈尔在访问印尼时参观了婆罗浮屠塔。

Borobudur　《婆罗浮屠塔》，泰戈尔的诗。

Bose Ananda Mohan　鲍斯·阿南达·摩罕（1847—1906），印度国大党早期活动家，印度协会主要创始人。

Bose Aurobindo　鲍斯·奥罗宾多，曾翻译泰戈尔作品。

Bose Buddhadeva　宝思·布答德威（1908—1974），印度比较文学家，曾在美国几所大学担任客座教授，印度文学学会会员，曾出版泰戈尔作品评论集。

Bose, Chandranath　鲍斯，钱德拉纳特（1844—1910），印度图书馆学家。

Bose Jagadish Chandra　博斯·J. C.（1859—1937），泰戈尔的朋友。他于1931年

B

担任泰戈尔70岁生日筹办委员会主席，1937年11月23日逝世于基里底。

Bose Jadgish Chandra 博塞（1858—1937），印度物理学家。

Bose Nandalal 鲍斯·南达拉尔（1881—1966），印度女画家，1924年随泰戈尔访问缅甸、中国和日本。1931年10月25日，圣蒂尼克坦专门庆祝她50岁生日。她曾担任国际大学艺术学院院长，为中国学院外墙临摹阿旃陀石窟的壁画。

Bose，Pannalal 博斯，潘那拉尔，印度翻译家，曾翻译泰戈尔的《饥饿的石头》。

Bose，Rashbehary 鲍斯，印度革命家，1924年6月泰戈尔访日时和正被流放在日本的鲍斯见面。

Bose Research Institute 鲍斯研究所，于1917年11月30日成立于加尔各答，泰戈尔为成立典礼写了一首歌。

Bose，Satyendranath 鲍斯，萨提延德拉纳特（1894—1974），印度科学家，泰戈尔在1937年把他的唯一的科学著作《我们的宇宙》题献给他。

Bose，Subhaschandra 鲍斯，苏巴斯钱德拉（1897年—1945年），印度的激进独立运动家，政治和社会活动家，原印度国民大会党左派、印度民族解放运动的领导人之一，也是自由印度临时政府的领导人，以及印度国民军的最高指挥官。曾任印度国大党主席。他想联合日本人通过暴力从印度赶走英国人。1945年在飞往日本的途中飞机失事而死。

Boshtamee 《女苦行僧》(《女信徒》)，泰戈尔的短篇小说。见The Devotee。

Boston 波士顿，是美国马萨诸塞州的首府和最大城市，也是新英格兰地区的最大城市。该市位于美国东北部大西洋沿岸，创建于1630年，是美国最古老、最有文化价值的城市之一。波士顿是美国革命期间一些重要事件的发生地点，曾经是一个重要的航运港口和制造业中心。现在，该市是高等教育和医疗保健的中心，它的经济基础是科研、金融与技术，特别是生物工程，并被认为是一个全球性城市或世界性城市。1916年11月泰戈尔访美时曾经访问该市。1930年11月，泰戈尔再次来纽约访问美国。12月在纽约和波士顿举办泰戈尔画展。泰戈尔1913年访美时，于2月14日在该市哈佛大学的爱默逊礼堂做过报告。

Boswell，James 鲍斯韦尔（1740—1795），英国传记作家，著有《约翰逊传》(The life of Dr.Johnson)。

Bouma 媳妇，公公家对媳妇的称呼。新娘。

Botanical Garden 博他尼克植物园，在加尔各答胡格利河西岸西波普。

Bothlink，Otto 波特林克，欧托，19世纪德国学者，与罗特合编《梵文词典》。

Bou 儿媳妇。

Bou-bird 印度夜莺。

Bou-ma 公婆对媳妇的称呼。

Bou-thakrun 嫂嫂。

Boudidi 嫂子，表嫂，兄嫂，弟妹。

Boukathakau 夜莺。

Boulanger，Jean- Marie 博格拉（1837—1891），法国将军，政治家。

Bourdieu Pierre 布尔迭·皮耶尔（1930—2002），法国社会学家。

Bouthan 嫂嫂，弟媳。

Bovet，Pierre 博维特，皮埃尔（1878—1965），瑞士心理学家和儿童教育学家。1926年6月，泰戈尔在瑞士维勒讷沃疗养时会见过他。

Brabourne 波拉博内夫人，印度新教育基金会负责人之一，1938年初泰戈尔接见作为代表团成员的她和其他人。

Bradley，Andrew 布拉德利，安德鲁（1851—1935），英国文学家，曾经促成泰戈尔获得诺贝尔文学奖。

Brahma 梵，是婆罗门教、印度教名词。婆罗门教徒和印度教徒认为它是修行解脱的最后境界，它不生不灭，是常住的、无差别的、无所不在的最高实体，也是宇宙的最高主宰。

Brahma 婆罗摩，印度佛教高僧，8世纪担任印度国王派往中国的大使。

Brahma 梵，梵天，梵天神，印度教三大神中的首位神，创造之神，身体为红色，眼睛像莲花，有胡子，四面，四体，八臂，手持“吠陀经”、权杖，光辉夺目，坐骑为天鹅，居美庐山顶。本义为“生长”。

Brahma 婆罗门婚，梵婚，《摩奴法典》列出的印度教徒结婚的8种方式之一。姑娘的父亲请来精通《吠陀》的年轻人，按照严肃的宗教仪式举行婚礼，把姑娘嫁给他。但女孩没有自

B

愿选择丈夫的权利。印度教徒认为这种婚姻最好。

Brahma　梵书。

Brahma　祷告文。

Brahma Kamal　无限之莲，指青春精神。

Brahma Kavacha　《摩诃婆罗多》里梵天的盔甲，刀枪不入，因陀罗杀巨蟒怪时穿过，俱卢大战第十四天时大英雄德罗那穿过。

Brahma muhurta　日出前40分钟。

Brahma Purana　梵天往世书。

Brahma Sabha　梵社。

Brahma Samaj　梵社，是近代印度教改革团体之一，1828年由R. M.罗易在加尔各答创立。见Adi Brahma Samaji Movement。

Brahma satya jagat mithya　梵为真，世为幻。

Brahma Sutra　《梵经》，公元前1世纪跋达罗衍那著。又称《吠檀多经论》(Vedanda-sutra)。

Brahma-atma-aikyam　梵我一如。

Brahma-danda　梵竹棒，象征婆罗门惩罚的力量。

Brahma-nirvana　梵涅槃，灵魂的解脱境界。

Brahma-Vihara　在梵中运动。

Brahmaarin　梵行期，印度教人生四行期的第一阶段，即学生期，儿童辞别父母从师学习吠陀，熟悉祭祀仪式。

Brahmaastra (sirsa)　梵箭，《摩诃婆罗多》里德罗那送阿周那的箭，有4个箭头，如射不中人，会毁灭地球，因此只能射鬼神。

Brahmabandhab Upadhyaya　梵般教授(1861—1907)，罗马天主教吠檀多苦行僧，和泰戈尔有同样的观点，都坚持以印度文化为历史基础，痛惜盲目模仿西方的倾向。后来当泰戈尔创办的圣蒂尼克坦学校的老师。

Brahmabhashya　吠陀详解。

Brahmacari　吠陀学生（梵行期）。

Brahmacaris　独身生活的人。

Brahmacarin　独身弟子、学生。

Brahmacarivrata　梵行之誓，在修行期间禁欲生活的誓愿。

Brahmacarya　独身期，戒欲。

Brahmachari　独身，单身汉。

Brahmachari　印度教里的人生四行期，即梵行期、居家期、离家期和修行期。

Brahmacharya　梵行期，学习吠陀时期的禁欲生活。梵行生活，四行期的第一期。

Brahmacharya　过禁欲生活的苦行僧。

Brahmacharyyasram　梵修行处。

Brahmadanta　苦行的婆罗门手里的圣杖。

Brahmadatta　创造之神梵天。

Brahmadatta　梵授，《罗摩衍那》里仙人周离赐给周到服侍他的苏摩托的儿子，为周离精神所化。他娶国王具舍那婆的100个女儿为妻。

Brahmadeva　婆罗门提婆，11世纪印度天文学家。

Brahmadikas　创造之父。

Brahmagiri　婆罗门吉里，文迪耶山新石器时代遗址。

Brahmagupta　婆罗门笈多，意译梵藏(598—660)，天文学家，数学家，著有《婆罗多悉昙多》(Brahma-sphutasiddhanta)。

Brahmahatya　杀婆罗门之罪。

Brahmajijnasa　神学考察，对梵天的认识，更高的智能。

Brahmajnana　上帝的显灵，更高的智慧。

Brahmajyoti　梵光。

Brahman　梵，祈祷（精神世界），宇宙灵魂，指一切创造之物皆由所生并又归之于它的那种存在。原义为增长、伸展，引申为灵魂、吠陀、神圣经文、神圣音节Om、宗教或精神知识。梵是排除了一切特性和行为的最高存在，是物质世界的有效的物质原因，又是遍及一切的宇宙灵魂，一切创造之物来源于它，又归之于它。祈祷者；婆罗门祭司。

Brahman　绝对。

Brahman　梵，无悔的灵魂，神圣精神，圣灵。

Brahman, Atman, Maya　梵，我，幻。梵指大我，世界万物的创造主；我指个我；幻指梵显现为世界各种现象时所用的一种幻力。

Brahmana　婆罗门种姓。

Brahmana　祈祷祭官。

Brahmana　梵书，现存17部梵书。

《梨俱吠陀》所属2部：《他氏奥梵书》(Aitareya)、《乔尸多基奥梵书》(Kausitaki)。

《娑摩吠陀》所属9部：《二十五大梵书》(Pancavimsa)、《二十六梵书》(Sadvimsa)、《歌者梵书》(Chandogya)，《多罗婆家罗梵书》(Talavakara)、《世系梵书》(Vamsa)、《沙摩书梵书吠陀》(Samavidhana)、《提婆达迪耶耶梵书》(Devatadhyaye)、《赏希特奥义梵书》(Samhitopanisad)、《阿尔塞也梵书》(Arseya)。

《耶柔吠陀》5部，其中《白耶柔吠陀》所属一部:《百道梵书》(Satapatha);《黑耶柔吠陀》所属4部:《鹧鸪梵书》(Taittiriya)、《家陀迦梵书》(Kathaka)、《竭毗斯托罗家陀迦梵书》(Kapisthala Kathaka)、《慈氏梵书》(Maitrayaniya)。

《阿达婆吠陀》(Atharva Veda)所属1部:《牛道梵书》(Gopatha)。

Brahmananda 梵喜，把尝味者（诗的鉴赏者）的审美体验等同于瑜伽师的神秘体验，把“味”等同于亲证个体灵魂“我”与宇宙精神“梵”同一的极乐“梵喜”。

Brahmananda Giri 梵喜峰，《多罗姆秘义》(Tara-rahasya)的作者。

Brahmanas 梵书，具体的祭祀仪式，对献祭仪式的注疏；持祷告文的人，人上人。

Brahmanaspati=Brihaspati 祈祷主。

Brahmanaspati Sukta 祈祷主歌。

Brahmanda 梵卵。见Brahmanda Purana。

Brahmanda Purana 《宇宙之卵往世书》，对宇宙之卵的形成和发展有详尽的描述。吠陀经里说，一个宇宙之卵漂浮在初生海上，首先从卵里出世的是吠陀创造之神梵天，他以一个卵的形状生活了整整一年，然后通过打坐获得的力量把自己一分为两半：一般为天；另一半为地。

Brahmangupta 梵藏，4世纪笈多王朝时期印度医学分科的创始人。

Brahmanhatya 杀婆罗门之罪。

Brahmani 梵天的女儿，不受任何诱惑。

Brahmanical Rishi 婆罗门大仙。

Brahmanicide 杀婆罗门的罪。

Brahmanism 婆罗门教，公元前10世纪—公元前6世纪从吠陀教演化而来，印度教的前身。它的特点是：婆罗门至上、吠陀天启和祭祀万能。婆罗门教起源于公元前2000年的吠陀教，等级森严，把人分为4种姓氏：婆罗门、刹帝利、吠舍、首陀罗。婆罗门：（最高的）教士和学者。刹帝利：（下个）贵族和战士。吠舍：（下位）农夫和客商。首陀罗：（最低的）农奴和奴隶。公元前6世纪至公元4世纪是婆罗门教的鼎盛时期，公元4世纪以后，由于佛教和耆那教的发展，婆罗门教开始衰弱。公元8—9世纪，婆罗门教吸收了佛教和耆那教的一些教义，结合印度民间的信仰，经商羯罗改革，逐渐发展成为印度教。印度教与婆罗门教没有本质上的区别，其教义基本相同，都信奉梵天、毗湿奴、湿婆三大神，主张善恶有报，人生轮回，轮回的形态取决于现世的行为，只有达到“梵我同一”方可获得解脱，修成正果。因此，印度教也被称为“新婆罗门教”，前期婆罗门教则称为“古婆罗门教”。

基本教义：婆罗门教乃是外来的雅利安文化与印度西北部的土著文化相融合的产物。雅利安人于公元前1200年左右进入印度西北部，带来了“吠陀教”及其“吠陀文化”。吠陀教是大约公元前2000年古印度西北部的雅利安人的一种多神信仰，以《吠陀》为核心经典。《吠陀》(Veda)是婆罗门教、印度教的最古经典，用古梵文写成，约成书于公元前2000年至公元前1000年，最初共有四部，流传于印度西北部，内容主要是对神的赞歌、祭词、咒词等。吠陀教属于多神教，既有自然崇拜，也有祖先崇拜、英雄崇拜。他们把诸神所在的位置分为天、空、地三界：天界有天神伐楼拿、太阳神苏利耶、黎明神乌莎斯，空界有雷神因陀罗、风神伐由、雨神帕阇尼耶，地界有火神阿耆尼、酒神苏摩、河神娑罗室伐底，等等。这种雅利安吠陀文化与印度西北部土著文化相结合，约于公元前7世纪形成了婆罗门教。婆罗门教仍以《吠陀》为最古经典，且仍属于多神教，但是已经有了三大主神：梵天(Brahmā)、毗湿奴(Visnu)、湿婆(Siva)，他们分别代表了宇宙的“创造”“护持”“毁灭”。婆罗门教的主要教义大致如下：

梵天崇拜：

“梵天”是婆罗门教的创世主，世界万物、人乃至神都是由他创造出来的。根据《摩奴法典》记载，梵天出自“金胎”（梵卵）；卵壳分成两半，即创造了天和地；然后创造了十个生主，再由他们创造一切。他后来被佛教（大乘佛教）吸收为护法神，为释迦牟尼的右胁侍；又为色界初禅天之王，称“大梵天王”。一般来说，宗教哲学的超越性要求拥有一个至高无上的作为超越性存在者的神。婆罗门教的宗教哲学的超越性层面，就集中体现在

“梵天崇拜”上；后来佛教哲学的超越性层面，则集中体现在对“佛”的崇拜上。

四种姓：

婆罗门教把人分为四个等级，即“四种姓”制度。四种姓为：“婆罗门”是第一种姓，是执掌宗教事务的祭司；“刹帝利”是第二种姓，是执掌军政事务的武士；“吠舍”是第三种姓，是从事生产活动的农民和工商业者；“首陀罗”是第四种姓，是无技术的劳动者；此外，还有“贱民”。前三种姓称“再生族”（意谓婆罗门教使他们获得第二次生命）；第四种姓称“一生族”。各种姓是职业世袭、内部通婚的，各有自己的责任和义务、生活方式和习俗。一般来说，古代社会是有等级制度的，但是婆罗门教的“种姓”制度有它的特点，是直接与其宗教哲学联系在一起的。

三大纲领：

婆罗门教的三大纲领是：吠陀天启；祭祀万能；婆罗门至上。

其一，吠陀天启：婆罗门教认为，《吠陀》是由古代圣人受神的启示而诵出、最后由广博（Vyāsa）编集而成的，乃是神圣的知识。所以，吠陀文献只有“再生族”才有资格阅读，“一生族”无权问津。“天启”（Sruti）原意为“听”，引申为“神的启示”。人类早期经典文献的这种神圣性，是世界上几大文化传统所共有的一个特征：它们是“天启”或“神的启示”，而后由圣人编定的。这使我们想起中国的“群经之首”《周易》，它也是神的启示，而其编定也是“人更三世”（经过三代圣人）。后来佛教的经典，也具有类似的神圣性。

其二，祭祀万能：婆罗门教认为，祭祀活动具有特别重要的意义。祭司是人与神之间的中介，通过祭祀活动，既代表人向神献祭，又代表神向人传谕。祭祀活动乃是人类早期精神生活的一个基本要素，祭司充当着人与神之间的沟通者。在中国古代的祭祀活动中，“史巫”便是人与神之间的沟通者。后来的佛教（后期佛教），也有自己的祭祀活动及其仪轨。

其三，婆罗门至上：婆罗门教认为，婆罗门是“最胜种姓”“人间之神”。“婆罗门”（Brāhmana）的意思是“清净”，据说是从“原人”（Purusa）的头生出来的。他们是一切知识的垄断者。《摩奴法典》规定，婆罗门有六法：学习《吠陀》；教授《吠陀》；为自己祭祀；为他人祭祀；布施；受施。这六法的教义规定也多被后来的佛教吸收了，只是具体的内容有所不同。

婆罗门教的三大纲领是由“梵书”确立的。梵书（Brāhmana）又称“婆罗门书”“净行书”，是婆罗门教的重要典籍，约形成于公元前1000年至公元前500年间。其主要内容有：仪轨（祭祀仪式的具体规定）；释义（对仪轨的解释）；吠檀多（即“奥义书”，是对研究吠陀的最终目的的哲学说明）。现存梵书有十五部，例如附属《梨俱吠陀》的《爱达罗氏梵书》、附属《夜柔吠陀》的《百道梵书》（此书首次提出了灵魂转世的理论，很容易与佛教哲学的三世因果相混淆。佛教是否认灵魂实有的）。

其他重要观念：

灵魂不灭论：婆罗门教认为，人以及一切有生命者皆有灵魂。一般来说，这是宗教观念的基础之一，因为宗教的超越是以超越者（Transcender）这个主体的存在为前提的。这个观念对佛教哲学也具有重要意义，例如后来中国佛教的“神不灭论”（非原始佛教）。

轮回转世论：婆罗门教认为，躯体死后，灵魂可以转入另外一个躯体复活。

善恶因果论：婆罗门教认为，一个灵魂转世可有各种可能的形态：为神，或者为婆罗门、刹帝利、吠舍，或者为贱民、畜生，乃至下地狱。这一切取决于他现世的行为，尤其是奉行婆罗门教的虔诚程度。

解脱论：婆罗门教认为，达到“梵我同一”，即可获得解脱。一般来说，宗教的追求是为了获得解脱；佛教亦然，寻求解脱是其终极的目标。

婆罗门教的以上这些观念，都对佛教哲学的形成具有重要影响。

梵我一如：

神学家们从梵天（Brahm）一词中概括与抽象出一个形而上学的实体“梵”（Brahman），并将其作为世界的最高实在、一切事物的主宰。他们用否定达到肯定的方法（遮诠，即遮其所非），论证梵在本体的意义上是既不具有任何属性也不表现任何形式；既超越于人类感觉经验，又不能用逻辑概念或用语言来表达。他们把这个梵和作为人的主体的阿特曼（灵魂，我）结合并相等同，建立了“梵我一如”的原理，其意为：作为外在的、宇宙的终极原因的梵和作为内在的、人的本质或灵魂的阿特曼在本性上是同一的。阿特曼终究应该从梵得到证悟，但是由于人的无明（无知），人对尘世的眷恋，受到业报规律的束缚，因而把梵和我看作了两种不同的东西，如果人能摈弃社会生活，抑制五情六欲，实行达摩（法）的规定，那么，他就可以直观阿特曼的睿智本质，亲证梵和我同一，从而获得解脱。

业报轮回：

业报轮回是与“梵我同一”相辅的思想。业报轮回思想在《梨俱吠陀》中尚未出现；梵书中间或谈到死后转生的问题，但并不一致；在奥义书中则有系统的论述。其主要内容是：每一个人的灵魂在死后可以在另一个躯壳里复活，一个人重新转世的形态，首先取决于他本人现在的行为——业（羯磨），即依照人的行为决定他将来要成什么样，行善的成善，行恶的成恶。如果崇信神明，奉行吠陀的规定，死后可以投入“天道”（神的地位）；次之，可投入“祖道”（人的地位），转生为婆罗门、刹帝利、吠舍等；至于不信奉神明，违逆种姓义务的人，则沉沦于“兽道”，即地狱之中，来世变为旃陀罗和动植物等。奥义书据此把有生命的物类（“有情”）分为胎生、卵生、湿生、种生四种。所谓胎生是从母胎生，如人、兽等；卵生是从卵化生，如鸟、鸡等；湿生是从湿气生，如蚊蚋等；种生是从种子生，如草木等。这就是所谓“三道四生”的教义。

奥义书也规定了各个种姓断灭轮回的解脱方法，主要是证悟梵我同一和从事艰苦卓绝的修行，即苦行、布施、正行、不杀生（即非暴力）、实语、禁欲、同情等。

Brahmanjali　诵经时双手合十的姿势。

Brahmanloka　梵界，上界天国大梵天的住所，位于美庐山之顶。摆脱轮回的凡人可到这里。

Brahmans　婆罗门祭司阶层，他们有六业：教授吠陀、学习吠陀、为自己祭祀、为他人祭祀、布施和接受布施。

Brahmanubhava　直观现实。

Brahmanya　婆罗门资格。

Brahmapura　梵天城。

Brahmaputra　布拉马普特拉河，梵语意思为“梵之子河”。布拉马普特拉河中上游在中国西藏，称雅鲁藏布江。布拉马普特拉河出喜马拉雅山脉后入印度境，于萨迪亚附近汇合北来的迪班河、东来的卢西特河，进入阿萨姆平原，始称布拉马普特拉河，先东西流向，然后南流入孟加拉国，称贾木纳河，同恒河相汇合后注入孟加拉湾。布拉马普特拉河总长1113千米。

Brahmaradini　梵学理论家。

Brahmaraksasa　梵罗刹，恶魔的名称，道德败坏的婆罗门鬼魂。

Brahmarasi　婆罗门拉西，星座名。

Brahmarishi　婆罗门圣人，梵仙，婆罗门出身的大仙，道行高深的修炼者。

Brahmarshi-desa　婆罗门大仙住的地方。

Brahmarsis　婆罗门大仙人。

Brahmarvidya　婆罗门哲学，最高的哲学学问。

Brahmasamsparsa　接触至高神。

Brahmashira　梵的法宝。

Brahmasirsa　《摩诃婆罗多》里的梵箭，能把土烧成灰，有四个箭头。

Brahmasphutasidhhanta　《梵明满悉昙多》，又叫《婆罗门历数书》，印度古代数学天文学著作。梵藏（598—660）著。

Brahmasromoni　婆罗多·什罗摩尼，18世纪著名的注释家。

Brahmastra　《罗摩衍那》中因陀罗吉特射哈奴曼的梵箭。

Brahmasvapaharana　盗窃婆罗门财物罪。

Brahmatmaikyam　梵我同一说，印度古代吠檀多派哲学重要学说之一。作为宇宙本质的“梵”与作为人的本质的“我”在本性上是同一不二的。认为作为主宰世界的“梵”和个体灵魂“我”本质上是统一的，宇宙的原理当求之于个人的自我。把亲证“梵我如一”作为达到解脱的最终目的。

Brahmavad　相信万物有灵的婆罗门。

Brahmavadi　婆罗门智者。

Brahmavadin　职业的吠陀教师，正统的婆罗门教徒。

Brahmavadinis　学习吠陀与神学的正式学生。

Brahmavaivarta　《梵转往世书》。

Brahmavarta　梵天住所，理想天国。

Brahmavarta　巴拉马博尔特国，印度古国，在萨拉斯瓦蒂河和特里丝帕梯河之间。

Brahmavata　梵行地，梵行区，神仙经常光

B

临的地方。

Brahmavidya　梵的哲学，梵的知识，婆罗门知识。

Brahmavidya　梵学。

Brahmavihara　4种庄严的情绪：爱、怜悯、高兴和宁静。

Brahmayamala　《梵天神较论》，密教文献。

Brahmayasas　婆罗密耶多，剧作家，作品《受辱之花》(Puspadusitaka)。

Brahmi　婆罗密文字，最早书写梵语、僧伽罗语的文字。公元前8世纪—公元前7世纪由阿拉米文字派生而来，公元前6世纪以后为印度-雅利安文字。

Brahmi　婆罗密字母，

Brahmin　婆罗门祭祀，最高实在。

Brahmin（-man）　婆罗门种姓。

Brahmisthiti　梵界，所谓至高无上、不可名状、妙趣无穷的永恒境界。

Brahmo Samaj Centenary　《梵社100周年》，泰戈尔1928年写的公开信。

Brahmo Sangit　《梵乐》，泰戈尔的作品。

Brahmo Dharma　梵法。

Brahmoism　梵教。

Brahmopanishad　《梵天奥义书》。

Brahmsutra bhashya　《梵经注》，8世纪商羯罗著。

Brahui　布拉胡伊语，是印度大陆最古老的达罗毗荼语的支系。

Brailsford　博雷尔斯福德，英国《信领袖报》记者，1926年采访泰戈尔。

Braja　布拉贾村，印度神话中大神黑天的诞生地，也是他的游乐处，今属北方邦。

Brajabuli　布拉久语，位于恒河和贾牟拿河之间的多亚波地区的语言，属于印地语的一种方言。布拉久是秣菟罗地区的一个村庄，那里是黑天童年戏耍、游玩的地方，所以描写黑天的故事最初就使用这种语言。

Brajbhasha　布拉久语，印地语方言。见上条。

Brajbhoomi　地区名。

Brajendranath Seal　布拉金德罗纳特·希尔(1864—1938)，印度文学评论家，曾赴英国留学，是他和普拉马特拉尔·森于1912年建议泰戈尔赴英国以诗会友。他又是著名哲学家，长期担任摩西舒罗大学的副校长。印度人习惯称他为“校长”。

Bramabaanghab Upaadhyaaya　布拉姆般陀布·乌巴泰(1861—1907)，梵语学家，他的真实姓名为“婆巴尼丘龙·般多巴泰”，1902年加入印度教后改为此名，其含义为“教师-梵天之友”。

Brandford　布兰福特，20世纪英国学者，著有《科学与尊严》，泰戈尔为该书写了书评。

Brati-Balakas/Brati-Balikas　“立誓了的男女孩子们”团体，由罗伊和国际大学校友迪拉南达组织成立。该团体帮助乡村孩子们学习实用技艺，克服种姓偏见。

Brautmystic　新娘神秘主义。

Breezy April，Vagrant April　《风微微吹的四月，风向不定的四月》，泰戈尔的诗。

Brett Goerge　布莱特·乔治，20世纪初美国马克米兰出版社的编辑，曾出版泰戈尔的作品。

Brhadaranyaka-Upanisad　广林奥义书，属于佛教之前的《百道梵书》。

Brhaddharmapurana　《广法往世书》。

Brhadratha　《摩诃婆罗多》里的巨车王，其妻子双生公主每人吃了大仙赐予的半个杧果，生出半个孩子，孩子被扔掉，被罗刹女捡起合为一人，即为妖连。

Brhanala　巨苇，《摩诃婆罗多》中阿周那在摩差国毗罗陀王宫廷做太监兼歌舞师时的化名。

Brhaspati　祈祷主，神话中云发的父亲。众神之父，祭祀之神，保护牛群。

Brhaspati　薄利贺斯帕底，天神中的最高祭司。

Brhat　自我觉识。

Brhati　《大释补》，弥曼差派哲学著作，7—8世纪印度哲学家普罗帕杰罗（Prabhakara）著。

Brhatkatha　《故事广集》，公元前2世纪德富(Gunadhya)用毘阇遮语写。

Brhatkathamanjari　安主写的《大故事花簇》。

Brhmapurana　《黑天往世书》。

Bridges，Robert　布里吉斯，罗伯特(1844—1930)，英国作家，1913年被封为“桂冠诗人”，1912年会见泰戈尔。

Brighton　布里顿，英国城市，泰戈尔于1878年在此学习，和二嫂吉娜娜达南尼·戴维以及侄子素仁德拉纳特、侄女印迪拉住在一起。

Brihadaranyaka Upanishad　《广林奥义书》。

Brihadasva　《摩诃婆罗多》里的巨马仙人，胜天的父亲，在般度五子被流放时在卡姆亚克村他给坚战讲那罗帕可亚娜的故事，让他别为失去王国发愁，还教他咒语，他的头会落地，求黑天让阿周那把其子的头射入他腿，然后他的头也爆炸，他求湿婆让儿子被最伟大的刹帝利杀死。

Brihadbala　布里哈德巴拉，《摩诃婆罗多》里的乔萨罗国国王，在俱卢大战中被激昂杀死。

Brihadbhanu　巨目，婆提子之一。

Brihadeswara Temple　布里哈德斯瓦拉庙，在坦贾武尔，由拉加国王（Raja Raja）建于约1000年。

Brihadisvara Temple　巴里哈迪斯瓦拉神庙，著名的印度教神庙，在泰米尔纳德邦的坦焦尔。

Brihadratha　布里哈达拉萨，孔雀王朝的最后一个统治者。公元前185年，在他检阅军队时被他的将军普什亚米特拉·巽伽（Pushyamitra Shunga）谋杀。而后，这位篡位者建立了巽伽王朝。

Brihanala Vijaya　巨苇，《摩诃婆罗多》里般度五子被流放时阿周那与其他四兄弟和黑公主隐姓埋名生活期间在摩差国毗罗陀王宫廷充当太监和歌舞教练时的化名。

Brihaspati　毗诃跋提，因陀罗的导师，祈祷主，木星神，武神，祭司神，肤色金黄，光洁照人，乘坐法车，驱除群魔，驱走黑暗，乐队领导者，祭祀保护者。他是知识渊博的天神，所以又被尊称为“神师”。

Brihaspati-smriti　《毗诃跋提法论》，是对《摩奴法典》的阐释。毗诃跋提是众神的祭司。见上条。

Brihaspatimitra　布里赫薄迪密多罗，即布舍耶密多罗，公元前2世纪巽伽王朝的开国皇帝。

Brihat-sambita　《广博观星大集》，印度古天文学家彘日的著作。

Brihatkatha　《故事广记》，又称《伟大的故事》，1—2世纪德富（Gunadhya）用毗舍遮语写。

Brihatkathamanjari　《大故事花束》，11世纪作家、克什米尔国王阿南多的宫廷诗人安主的作品。

Brihatsaman　天文经书，梵天创造的韵律的精华。

Brij Narais Chakbast　布里吉·纳赖斯·查巴斯特，19世纪乌尔都语诗人。

Brindaban　布林达班，印度教圣城。

Brindavan Garden　布林达湾园，古代文化遗址，现在在科弗里（Cauvery）河的黑天加撒加（Krishnajasagar）水库下面。

Brinjal　茄子。

Bristol　布里斯托尔，英国西南港市，1920年5月泰戈尔访问该市。

Brita　雇佣军。

Britain，Vera　卜丽彤，维拉（1896—?），英国女散文家和小说家，和平主义者，走遍印度和巴基斯坦，写了游记《追逐日出》，作品有《青春全书》《友谊全书》和《经验全书》等。

British East Indian Company　英国东印度公司，17—19世纪英国在印度的商贸和殖民侵略机构。1757年走向对印度的军事征服，1858年印度民族大起义之后被撤销。

British Press　《英国新闻》，泰戈尔时期的印度期刊。

Broach　布罗奇，古代印度西海岸的一个港口。

Broad Visions of Publishing　《出版广角》，1995年创刊，由广西出版杂志社主办。1998年1月第1期刊登刘春荣的《光明如一个赤身裸体的孩子〈大师文集·泰戈尔卷〉编辑札记》。

Broken Home　《被毁的巢》，泰戈尔1901年写的短篇小说。普波迪忙于工作，很少关心自己的妻子佳鲁达。正在上大学的表弟奥莫尔住在表哥家里，经常与表嫂在一起，还教表嫂写诗，天长日久，他们情投意合，因而互相产生了爱慕之情。表弟后来得到了去英国留学的机会，也是为了摆脱这个感情纠葛。可是佳鲁达无法从感情的旋涡中摆脱出来，在无法忍受的情况下给奥莫尔发了一封电报，结果回电落到了丈夫手里，终于毁了自己的巢。

Broken Ties（Chaturanga）　《四个人》（《四重奏》；《碎环》），泰戈尔1915年写的中篇小说。

乔戈莫洪是无神论者，没有宗教种姓偏

见，同情穷人，对上流人物敬而远之；而他的弟弟霍里莫洪在信仰和性格上正好相反。乔戈莫洪死了妻子，没有再娶，把侄子沙其士抚养长大并供他上学，还按照自己的一切要求来教育侄子，因而沙其士处处和伯父一样。乔戈莫洪把穆斯林和贱民看作兄弟，引起弟弟嫉恨，为此他把哥哥当作印度教叛徒告上法庭，剥夺了财产受托人的权利。二人隔墙而居。霍里莫洪还诽谤哥哥教唆沙其士，逼得沙其士离开伯父。无赖大哥普龙多尔欺骗、糟蹋了寡母死后受堂兄弟排挤的姑娘诺泥巴拉，使其怀孕，然后把她赶走，沙其士和伯父商量收留诺泥巴拉。普龙多尔寻衅闹事。为救姑娘，沙其士决定娶诺泥巴拉。诺泥巴拉穿上乔戈莫洪为她准备的新娘衣服自杀，留下书信，说她不能嫁给沙其士，她还留恋着无赖普龙多尔。

加尔各答发生瘟疫，乔戈莫洪不听弟弟霍里莫洪逃走的劝告，不愿意扔下仆人，传染上瘟疫死去。沙其士为此受打击太大，失踪了。两年后，好朋友斯里比拉斯找到了他，他已经成为虔诚的克里西纳教派的圣人利拉农多的忠实弟子。斯里比拉斯也随沙其士跟了利拉农多。希波托什生前经商，他对尘世冷淡、放弃物质欲念，妻子达米妮不服从丈夫的宗教约束，希波托什死前把她连同所有财产交给了师父利拉农多。达米妮与自杀的诺泥巴拉完全不同。她不穿寡妇衣服，不听师父的指示，还顶撞他。她逐渐开始驯服于师父。这点引起了沙其士的注意。有一天，沙其士回房时，达米妮出其不意地匍匐在他脚下，叫他“石头”，求他怜悯她，吓得沙其士落荒而逃。

师父要带沙其士和斯里比拉斯去人迹罕至的地方云游，没有想到达米妮坚决要去。在晚上宿营的海岬山洞里，沙其士似乎在迷糊中感到温柔甜蜜的非动物的气息在他的脚边，由于他的拒绝嘤嘤而去。

达米妮不愿意见导师利拉农多，她的衣着、打扮、神态恢复到原来的不羁状态，和邻居交朋友。利拉农多自然不高兴，但又内心有点惧怕达米妮，师徒对话生硬。每当达米妮不在师父讲经的场合时，斯里比拉斯和沙其士就能注意到。当沙其士问起此事时，达米妮认为她被囚禁在信仰的监狱里，求他别管，给她自由。她不愿意见师父，也许是恨他，但躲着沙其士也许正好相反。她故意和斯里比拉斯来往，使斯里比拉斯觉得夹在她和沙其士中间很尴尬。有一天晚上，斯里比拉斯和达米妮偷偷溜出黑天庙的演出场地，二人正在敞开心扉说话，不料沙其士悄悄站在他们身后。达米妮要走，被沙其士叫住。沙其士要她去亲戚家住，但达米妮不愿意被作为赌注任人摆布，沙其士也心里惶惶不安。达米妮故意在师徒三人讨论问题时叫走斯里比拉斯。师父为摆脱达米妮，又要出门云游，让达米妮去姑姑家，达米妮坚决反抗，揭露师父把她当作负担转嫁给别人。她让斯里比拉斯买来的文学书被师父扣下。沙其士独自出门游览，达米妮又不理斯里比拉斯。沙其士回来后，与达米妮和解，达米妮又开始参加师父的讲经。原来他和斯里比拉斯来往是故意报复沙其士。她从此再不理斯里比拉斯。斯里比拉斯回到师父的课堂上。

达米妮的邻居那宾和小姨子有染，那宾的妻子非要那宾娶她，然后她自己服毒自杀。师父和沙其士以及斯里比拉斯对此无动于衷。达米妮对他们的信仰提出怀疑和挑战，不愿意自己做祭品。达米妮求沙其士做她的师父，沙其士又一次放弃师父隐居。

达米妮、斯里比拉斯和沙其士都离开了师父利拉农多，但都心里感到困惑，尤其是沙其士。他常常一个人出神，无故对关心他的达米妮发脾气。有一天他说自己大彻大悟，但实际上未必，形影消瘦。他刚接受达米妮的关心，又故态复萌，在暴雨之夜跑了，害得达米妮冒雨拉他。达米妮受不了感情折磨，要求斯里比拉斯送她回加尔各答，回师父处。斯里比拉斯显然不愿意，只好送她回姑姑家，但姑姑家不容她。因为当地报纸早把他们出走的事情宣扬得满城风雨。为了救达米妮，斯里比拉斯提出娶达米妮。达米妮请来沙其士当他们的伴郎。婚后三人住在沙其士的父亲从沙其士伯父处夺走的遗嘱中归沙其士的房子里。斯里比拉斯当大学老师、编辑，写书，日子乐融融。但好日子不长。达米妮胸口疼，从山洞出来后就一直隐隐作痛，请了无数大夫，最后花光了他们的积蓄，大夫们建议他们出外换换空气。达米妮临死前对斯里比拉斯说，“此生没有满足你，来世再和你在一起”。

Brook Peter 布鲁克·彼得，19世纪英国人，他把印度史诗《摩诃婆罗多》搬上英国舞台，演出长达9小时。

Brooke Stopford 布鲁克·斯多福特（1832—1916），英国作家，曾促成了泰戈尔获得诺贝尔文学奖。

Brooklyn 布鲁克林，美国纽约的一个区。1898年经居民投票同意，布鲁克林正式划归纽约市，成为纽约五大区之一。布鲁克林人口251万，面积251平方千米，是五大区之最。泰戈尔1916年11月访美时曾经访问过该地。

Brother's Day 兄弟节，印历迦尔迪克月的十六日。在这一天，姐妹为其在额头点红，祝福其一生吉祥如意。

Browning 布郎宁（1812—1889），英国诗人。

Browning，Elizabeth Brat 勃朗宁，伊丽莎白·芭蕾特（1806—1861），又称勃朗宁夫人，是19世纪英国著名女诗人。

Brown，Norman 布朗，诺曼，19世纪英国人，他把商羯罗的著作翻译成了英语。

Brown，William Norman 布朗，威廉·诺曼（1892—1975），美国杰出的梵文学者，8岁时随传教的父母到印度，在瓦拉纳西学习梵文，1926年—1960年6次到印度。他曾出版多部探讨印度传统文化的著作。1961年撰文纪念泰戈尔诞生100周年。

Brown，Yeats 布朗，叶慈（1886—1944）英印军队军官，著名的《孟加拉投枪的回忆》的作者，由于该书而获得1930年詹姆斯泰特黑纪念奖。1936年初来圣蒂尼克坦拜访泰戈尔。

Browning，Robert 布朗宁，罗伯特（1812—1889），是维多利亚时代第二大诗人。他1812年5月7日出生于伦敦一银行高级职员家庭，1889年12月12日卒于意大利威尼斯。他在诗歌、绘画、雕塑和音乐方面都有才能。幼时聪慧，博览群书。喜爱拜伦、雪莱、济慈的诗歌，从少年时期就开始写诗，20岁发表第一部诗作《波琳》（1833），可看出雪莱诗风的影响。有批评指责诗人过分暴露自我意识和主观感情，这使得他寻求新的表现手法，采用他人独白的形式写诗。此后他放弃主观抒情方式而采用客观描写和心理分析方法，独树一帜，许多人随而仿效。他是位多产诗人，诗集有：《戏剧抒情诗》《戏剧罗曼司和抒情诗》《男男女女》《剧中人物》等。他还创作了《斯特拉福德》等8部剧作，由于只注重描写人物内心世界，不大顾及舞台效果，大部分剧本未曾上演。但在剧作中，他运用和发展了戏剧独白的手法，还用这种形式写出了许多出名的诗作，如《已故的公爵夫人》《萨托的安德里亚》《主教预定他的坟墓》等。两万余行的长诗《指环与书》是他思想倾向与艺术手法的集中体现。他的生活颇有传奇性——他与女诗人伊丽莎白·巴雷特私奔并幸福结合，对生活抱有乐观的信念。在理论上和创作中，他不停地探讨邪恶，但他对邪恶缺乏真正深刻的理解，因此，他的复杂的诗歌缺乏深度。泰戈尔从1884年开始把他的诗翻译为孟加拉文，介绍到印度。

Bruce 布鲁斯，19世纪英国贸易家。

Bruno，Giordano 布鲁诺，乔尔丹诺（1548—1600），意大利思想家、自然科学家、哲学家和文学家。他勇敢地捍卫和发展了哥白尼的太阳中心说，并把它传遍欧洲，被世人誉为是反教会、反经院哲学的无畏战士，是捍卫真理的殉道者。由于批判经院哲学和神学，反对地心说，宣传日心说和宇宙观、宗教哲学，1592年他被捕入狱，最后被宗教裁判所判为“异端”烧死在罗马鲜花广场。主要著作有《论无限宇宙和世界》《诺亚方舟》。

Brussels 布鲁塞尔，比利时首都和最大城市，也是欧洲联盟的主要行政机构所在地。布鲁塞尔同时也是佛兰德区的首府和比利时法语区的中心。欧洲联盟三个主要的机构当中，欧盟委员会和欧盟部长理事会位于布鲁塞尔，另一个重要机构欧洲议会在布鲁塞尔也有分处（全体议会在法国斯特拉斯堡），所以它有欧洲首都的美誉。另外，国际妇女和平与自由联盟也在这里。北大西洋公约组织的总部也设在布鲁塞尔。1920年9月泰戈尔访问布鲁塞尔，并且在正义宫进行演讲。1936年9月5日泰戈尔给国际妇女和平与自由联盟致电，“只有付出足够的代价才能得到和平，强者必须不再贪婪，弱者必须挺起腰杆。”

Bryn Bawr College for Women 布莱恩·保尔女子学院，在美国费城，1920年11月2日，泰戈尔访问这里。

BSP=Bahujan Samaj Party 大众社会党。

BTS = Broken Ties and Other Stories 《断带和其他故事》。

Buck，Pearl 赛珍珠（1896—1973），美国女作家，诺贝尔文学奖获得者，同传教的父母在中国生活多年，17岁以后回美国，创立东西方学会。作品有《大地》《儿子们》《分家》等。在泰戈尔诞生100周年时，写文章纪念。

B

Bucuresti 布加勒斯特，罗马尼亚首都。

Budahalkar 卜达尔卡尔种姓。

Budapest 布达佩斯，匈牙利首都，该国主要的政治、商业、运输中心和最大的城市，也是欧洲著名古城，欧洲联盟第七大城市，位于国境中北部，坐落在多瑙河中游两岸，早先是遥遥相对的两座城市，后经几个世纪的扩建，在1873年由位于多瑙河右岸的城市布达和古布达以及左岸城市佩斯合并而成，布达佩斯有170万居民。布达佩斯有"东欧巴黎"和"多瑙河玫瑰"之称。1926年10月26日泰戈尔到达布达佩斯访问，当天做公开演讲。10月26日布达佩斯市政府在圣·格莱特宾馆设宴欢迎泰戈尔。泰戈尔遵照医嘱去巴勒顿·福雷德疗养院疗养。

Buddha 佛陀，简称为佛，其意为"觉悟者"。佛陀包含了"断""证""功德""四身""五智"。相传古印度的迦毗罗卫国，降生了一位王子，名叫悉达多，后来出家修道，成了无上智慧的彻悟者，也成了无量功德的圆满者、无上的究竟者，所以称为"无上正等正觉"的佛陀。佛陀示出完成无上的佛果，正是以身示范，鼓励有志学佛的人们，及时以此人间的肉身，追求无上的佛果。佛陀修行的程序和仪式都很烦琐、艰辛，修行者要明白苦、行、集、道"四圣谛"，做到"十善业道"，结下"十二因缘"，经过六度、六波罗蜜，成为大慈大悲的佛。

Buddha and His Dharma 《佛陀及其正法》，印度贱民领袖安培德卡尔的著作。

Buddhabhadra 佛陀跋陀罗，意译为觉贤，出生在印度那揬罗曷（Nagarahara），是释迦牟尼的叔父甘露饭王的后裔。5世纪从克什米尔通过北部湾乘船到中国，于公元421—429年和鸠摩罗什一起在长安译经，公元429年在南京逝世，一生翻译19部经书，最长的是《华严经》。

Buddhacarita 《佛所行赞》，贵霜王朝时期1—2世纪的马鸣著，记叙佛陀从降生到涅槃的故事。

Buddhacinga 佛图澄，4世纪神医。

Buddhadeva 觉天，佛教说一切有部论师。

Buddhadeva 《智慧之神》，1956年出版的泰戈尔散文和诗集。

Buddhadharma Bhaktivada 《对佛教的虔信》，泰戈尔的散文。

Buddhaghosa 佛音，5世纪印度巴利文佛教学者。

Buddhajanmotsab 佛陀诞辰节。

Buddhahood 佛性，佛身。

Buddhajiva 佛驮什，罽宾人，意译为觉时，克什米尔佛教高僧，倡导《五分律》，公元423年从海路来到南京，与法显合作译经。

Buddhakirti 佛陀吉底，5世纪印度僧人，与俱摩罗菩提（Kumarabodhi）、释迦佛陀（Sakyabuddha）等印度画匠参与云冈石窟和龙门石窟的绘画。

Buddhakirti 佛陀吉底，印度那烂陀佛教高僧，公元989年来中国传经。

Buddhapala 佛陀波利，意译为觉护，印度加比石城僧人，公元676年来中国五台山，后到洛阳慈铭寺，后再回五台山，直到终老。

Buddhapalitra 佛护（470—540年），中观派代表。

Buddharaksa 佛陀罗刹，东晋时译经家。

Buddharaksa 佛护，中印度佛教高僧，公元999年来中国传经。

Buddhasanta 佛陀善多，意译为觉定，印度高僧，公元520年来中国，先后在洛阳白马寺、邺城的金华寺译经，一直到539年，译经9部。

Buddhastupa 浮图，佛塔。

Buddhaswamin 觉主写的《大故事诗摄》（Brhatkathaslokasanraha）。

Buddhata 佛性，关于众生成佛的原因和根据的基本概念。

Buddhatrata 佛陀多罗，意译为觉就，印度加比石城佛教僧人，公元7世纪在洛阳白马寺译经。

Buddhavamsa 15部《小尼迦耶》之第十四部《佛种姓经》。

Buddhavarman 浮陀跋摩，印度佛教高僧，专门研究毗婆沙（Vibhasa），公元433年到达中国西部，公元437—439年翻译60章节的《阿毗达摩大毗婆娑论》（Mahavibhasa-sastra）。

Buddhayasas 佛陀耶舍，意译为觉明，5世纪克什米尔佛教高僧，出身婆罗门家庭，据记载，他父亲不信佛教，指使人打了到他家乞讨的佛教僧人，结果受到报应，手脚痉挛。后为弥补罪孽，把那个僧人请到家里，对他十分尊敬，并将年仅13岁的佛陀耶舍交给他。佛陀耶舍27岁学成，到了西域的疏勒国，因举止外表突出深受国王喜爱。他在前往龟兹的路上碰到鸠摩罗什，在喀什葛尔住十年，后与鸠摩罗什在长安汇合，于410—413年一起译经，鸠摩罗什去世后他返回克什米尔。

Buddhi　智慧，理性觉，观点，知觉，感觉，意识，智力，理解力，判断力，理智，才智，观念，心灵。

Buddhidharma　菩提达摩，南天竺人，527年来华。

Buddhimanda　道场。

Buddhindriyani　五知根：眼、耳、鼻、舌、皮。

Buddhism　佛教，世界三大宗教之一。公元前6世纪至公元前5世纪由古印度迦毗罗卫国（今尼泊尔南部提罗拉科特附近）王子乔达摩·悉达多即释迦牟尼创立。佛教是当时反对婆罗门教的沙门思潮之一。佛教主张种姓平等、无神论、业报轮回。佛教基本教义是“四谛说”和“十二因缘”。四谛（Catursatya）即苦谛、集谛、灭谛、道谛。苦谛，人生来就是苦；集谛，人生痛苦的原因和条件；灭谛，人生苦难的解脱；道谛，灭除痛苦、达到涅槃的道路。十二因缘（Dvadasangapratyasamutpada），指无明、行、识、名色、六处、触、受、爱、取、有、生、老死。公元前4世纪至1世纪为部派佛教时期；1世纪左右开始为大乘佛教（它把以前的佛教称为小乘佛教），分为中观行派和瑜伽行派。7世纪后大乘佛教一部分派别同婆罗门教混合形成密教。13世纪初，佛教在印度本土趋于消失，19世纪后又稍有复兴。从公元前3世纪摩羯陀国孔雀王朝国王阿育王开始，中经2世纪贵霜王朝迦腻色迦王，佛教向古印度境外传播，发展为世界性宗教。佛教分为北传佛教、藏传佛教和南传佛教。西汉哀帝元寿元年（公元前2年）佛教传入中国。

Buddhism in China Today　谭云山1937年写的《今日中国佛教》。

Buddhist　佛教徒，在印度只占总人口的0.44%。

Buddhist New Youth　《佛化新青年》，刊物，1923年创刊，它的前身为《新佛化旬刊》，是早先甯达蕴、张宗载在北京组织“新佛教青年会”的刊物。在泰戈尔访华期间的1924年5月《佛化新青年》刊登了《泰戈尔与佛化新青年会：1.丁香花下泰戈尔之佛音；2.约泰氏赏丁香花之中英合函》《泰戈尔哲学的简择》《佛化新青年会欢迎泰戈尔氏因纪二绝》《我们究竟为什么要欢迎泰戈尔》《希望老诗人的泰戈尔变为佛化的新青年》《泰戈尔来华与佛化新青年世界宣传队之出发》《泰戈尔之大爱主义》《泰戈尔与大乘佛法》《泰戈尔与佛化新青年》《桑梓甘棠之泰戈尔氏》《泰戈尔与世界和平》《我对于泰戈尔来华之感言》等。

Buddhist New Youth Society　佛化新青年会，20世纪初由张宗载和宁达蕴创立，1924年该会代表在北京法源寺欢迎前来访问的泰戈尔。

Buddhist Tantras　佛教的驱鬼经。

Buddhiyoga　智慧瑜伽，主张用智慧的眼光把各种矛盾对立的事物都看作等同的一种理论。

Budha　步陀，水星化身，湿摩子，“睿智的”，其父苏摩抢美女陀罗，生下他。他是《梨俱吠陀》颂歌的作者之一。

Budha Gupta　佛陀·笈多（477—495在位），笈多王朝国王。

Budhawar　星期三，佛陀的名字。

Budhendranaath　布腾德罗纳特（1863—1864），泰戈尔的弟弟，也是泰戈尔14个姊妹里最小的一个，一岁时夭折。

Budhgaya　菩提伽耶，印度比哈尔邦的佛教圣地，为释迦牟尼成道之地。

Budhi-taru　菩提树，全知树。

Budhokot　布多科特，泰戈尔剧本《太阳女》中的古国名。

Buenos Aires　布宜诺斯艾利斯，阿根廷首都，南半球最大的城市之一，大西洋岸重要港口。1924年9月，泰戈尔在去访问秘鲁的途中因病无法继续去秘鲁，于11月7日在阿根廷首都布宜诺斯艾利斯下船，住在阿根廷女作家维多利亚·奥坎波女士在布宜诺斯艾利斯郊区圣伊斯德鲁镇的花园里，受到她的热情接待和精心照顾。

Buffalo　布法罗，又译水牛城，美国纽约州西部的一座城市，位于伊利湖东端、尼亚加拉河

B

的源头，人口28万，是纽约州第二大城市（仅次于纽约市）、伊利县首府，对岸为加拿大伊利堡。泰戈尔1916年访美时曾经访问该市。

Buhlul Khan Lodi　布鲁尔·汗·洛迪（？—1489），印度德里苏丹洛迪王朝建立者。

Bukka I　布卡一世（？—1137），印度维查纳加尔帝国创建者。

Buland Darwaza　布兰德门，"高门"，位于阿格拉西南约40千米，即由阿克巴大帝为了感谢预言他会生个儿子的苏菲派圣人西什而于1574年建立的胜利城附近的大清真寺的南门。该门建于1602年，是为了纪念阿克巴征服古吉拉特。该门高54米，浑厚奇拔，是阿克巴时代建筑风格的杰出代表。

Bulandibagh　布兰迪巴格，在印度布哈尔邦首府巴特那附近，为古代华氏城围墙遗址。

Bulbuli　一种印度夜莺。

Bulgaria　保加利亚，欧洲东南部巴尔干半岛上的一个国家。它与罗马尼亚、塞尔维亚、马其顿、希腊和土耳其接壤，东部濒临黑海。国土面积110910平方千米，人口总量797.4万，首都索菲亚。1926年11月，泰戈尔去保加利亚访问，和索菲亚大学的师生见面，做了一场报告。国王波利斯接见了他。

Bulhe Shah　布勒黑·沙，18世纪旁遮普语浪漫故事诗派诗人。

Bull of cedi　《摩诃婆罗多》里的车底国国王，指车底国国王童护。

Bulletin of Yindu Literature Studies　《印度文学研究集刊》，1984年由季羡林等创刊。2003年11月第6期刊登白开元的《泰戈尔给中国文化名人的三首赠诗》。

Bunaphul　《野花》，泰戈尔于1875年在《知识幼苗》（Gyanankur）文学杂志上发表的第一首长篇叙事诗。这首诗共8章1600行，爱的主题再次闪现其中。诗歌叙述了一个让人荡气回肠的故事：绝色少女卡摩拉（Kamala）由父亲在喜马拉雅山一处幽静的隐居地抚养长大，她的生活环境就像诗剧中的沙恭达罗生活的净修林。她与葱茏草木、珍禽奇兽为伴。后来父亲死了，这位从未见过其他人影的少女成了孤女，无依无靠。一天，一位年轻人路过此地，并为其美貌倾倒，加之对她生活处境的同情，就将其带回家成婚。但秉纯的卡摩拉对生活习俗格格不入，一直渴望重归山林。后来，她深深地爱上了丈夫的朋友，并向其坦白了自己的感情。受社会道德制约的朋友大为震惊，劝告她要忠于自己的丈夫。但这位大自然的女儿无法理解结婚、夫妻之类的意义，她只知道我爱谁就爱谁。这位朋友恼羞成怒，拂袖而去，然而丈夫对妻子的怀疑却始终无法消除。在疑心的驱使下，丈夫杀死了自己的朋友，卡摩拉也因震惊而心碎，毅然出走返回了山林，再一次开始了熟悉且宁静的山林生活。出乎意料的是，品尝过人间之爱的她再也无法生活于孤寂的山林了，她只得纵身于河流以寻求解脱。溅起的浪花如同母亲的双臂，将这个大自然的女儿揽入怀中。深受山林吸引的泰戈尔告诉人们：野花一旦离开山林，离开自己的花丛，必将走向凋零。

Bundelkhand　本德尔汗德，中央邦的一个地区，印度风格的神庙在这里开始。

Bundellas　本德拉人，印度中世纪拉其普特部落。

Bundi　邦迪，印度拉加斯坦邦的一个地区。

Bundi Kingdom　17—18世纪的邦迪土邦国，在拉加斯坦东南，其画派集中宫廷场景。

Bunyan，John　班扬，约翰（1628—1688），英国著名作家、布道家。出生于英格兰东部区域贝德福德郡的贝德福德。他只念过小学，做过补锅匠，青年时期曾被征入革命的议会军，后在故乡从事传教活动。1660年斯图亚特王朝复辟，当局借口未经许可而传教，把他逮捕入狱两次，分别监禁12年、6个月。他在狱中写就《天路历程》（The Pilgrim's Progress），内容讲述基督徒及其妻子先后寻找天国的经历，讽刺英国王政复辟时期的社会情况，讽刺贵族阶级的荒淫和贪婪，语言简洁平易，被誉为"英国文学中最著名的寓言"。

Bura　布拉，苏普里娅·丘多巴泰（泰戈尔）的爱称。她是泰戈尔的三叔古嫩德罗纳特（1847—1881）的儿子绍莫楞德罗纳特（1870—1951）的二女儿，即泰戈尔的堂侄女。

Bura saheb　洋大人。

Buranjis　阿萨姆语的《宫廷编年史》。

Burdwan　布尔德万，印度西孟加拉城市，在莫达尔河下游北岸，加尔各答西北110千米处。

Burhan-i-Massir　《当代苏丹布尔罕》，16世纪历史学家萨义德写的印度巴曼王朝诸国王的编年史。

Buri　我的女儿。

Buri　布丽，是泰戈尔外甥女依达的小名，即米拉女儿的小名。

Burke　柏克（1729—1797），著名的爱尔兰政治家、演说家。

Burlesque　泰戈尔1901年写的《魅力》（Basheekaran；Captivation）。

Burman，Bina Roy　鲍曼夫人，印度人类学家。

Burqha　戴面罩的长袍。

Burzahom Culture　布尔扎霍姆文化，在克什米尔地区，代表公元前2400年—公元前1400年文化，居民住地穴，后期住干打垒房，使用陶器、石具。

Bushehr　布什尔，伊朗西南的城市和港口。

Bushido　日本的武士道，总结地说有八个字，那就是：义、勇、仁、礼、诚、名、忠、克。这是与许多人的理解不太一样的。武士道推崇的是善良的本性。在日本走上军国主义穷兵黩武的道路之后，武士道经历了一次畸变。武士道作为传统封建制度的精神规范，却在日益法西斯化的国家军队中找到了安身立命之所，成为帝国主义侵略扩张的工具。

要了解日本，必先了解武士道。武士道是日本文化精神的核心，对日本民族性的影响颇深，今天日本人的生活方式、精神信仰中，都有武士道精神的印痕。

为推行侵略扩张的政策，日本当权者需要用武士道去激励士气，巩固军队，也需要用武士道去禁锢和统一国民的思想，为此，他们开足宣传工具的马力，打着“拯救日本”的幌子，强行灌输“皇国论”“大和魂”“为天皇尽忠”等思想。武士道本来是一套道德体系，崇尚克己、奉公、勇敢、隐忍、谦让的道德伦理观，统治者却断章取义，过分突出“勇”和“忠”，因为自古武士把武士刀和弓当作勇敢与地位的象征。特别是“武士道，就是对死的觉悟”，当这种对淡然面对死亡的思维方式与狭隘民族主义和扩张政策相结合时，就变成了无视他人的生命价值同时也那样对待自己的生命的疯狂信念，变为虐杀狂和自虐狂。

其实武士道在刚出现的时候，它的本意还是善良的，只是到了后来才被统治者用到歧路上去了，同时也就让周围的人对它产生了强烈的反感。

日本的武士道精神究竟是什么？一言以蔽之，武士道的诀窍就是看透了死亡，“不怕死”而为主君毫无保留地舍命献身。这种思想也是对传统儒家“士道”的一种反对。儒家的“士道”讲究君臣之义，有“君臣义合”“父子天合”的人伦观念，但是日本“武士道”是以为主君不怕死、不要命的觉悟为根本。

武士道重视的是君臣戒律，“君不君”（君暴虐无道）也不可“臣不臣”（臣不尽臣道），尽忠是绝对的价值。中国的原始儒学是以孝为本，尽孝才是绝对的价值。如果“父有过”，子“三谏而不听，则号泣而随之”，但是如果“君有过”，臣“三谏而不听，则逃之”。武士道论者认为，儒家的“士道论”乃是在粉饰贪生怕死的私心，慎于人伦而注重主君的道德如何，才选择生死，则面对死却不干脆去死。唯有纯粹、彻底地觉悟死，才是武士道强人之处。武士道彻底地觉悟死了，他的容貌、言语、起居动作，也就与众不同。武士社会尊重礼仪，不光是封建社会阶层秩序的遵从，更进一步说“礼仪端正”才是武士强人一等的表现。武士要“死得干脆”，君要你切腹自杀你就得切腹自杀，这是日本镰仓武家时代以来的传统。

Bushire　布什尔，伊朗西南的城市和港口，位于波斯湾北岸一个小半岛上，人口12万，始建于18世纪30年代，为伊斯法罕与设拉子等城市对外海联系的主要港口，后由于霍拉姆沙赫尔港的发展而地位下降。布什尔为一深水港，有小型纺织厂，还建有液化天然气厂（产品供出口）与钢铁厂。布什尔渔业亦盛。伊朗的首座核电站也建于此地。1932年4月13日，泰戈尔访问该城。

Business Press　商务印书馆。商务印书馆于1897年成立于上海，是中国历史最悠久的现代出版机构，与北京大学同时被誉为中国近代文化的双子星。从这座文化重镇里，走出了一大批杰出人物，陈云、张元济、茅盾、陈叔通、周建人、胡愈之、王云五、郑振铎、叶圣陶、蒋梦麟、竺可桢、黄宾虹、袁翰青、陈翰伯、陈原……商务印书馆以出版大型工具书、世界名著为主。1951年总部迁到北京。1922年1月该馆出版梁漱溟的《东西方文化及其哲学》。

Bustani　布斯塔尼，叙利亚诗人，曾把泰戈尔的诗翻译成阿拉伯语，于1914年访问国际大学并与泰戈尔会面。

Busyagupta　布舍耶笈多，4世纪印度摩羯陀孔雀王朝大臣。

Butt，Clara　布特，克拉拉夫人（1872—1936），英国女低音歌唱家，1928年1月来国际大学访问并连续演出3天。

Butterton　巴塔同镇，在英国的斯坦福特郡，泰戈尔于1912年在此度夏。

Buxa Concentration Camp　卜克萨集中营，在印度，1931年英印殖民政府在这里关押了许多反抗者，泰戈尔亲自给他们讲话，表示慰问。

Buxar，Battle of　布克萨尔战争，1764年10月22日在英国东印度公司和孟加拉纳瓦布之间的战争，前者败。

Byabadhaan　《破裂》，泰戈尔的短篇小说。

Byabasay，Cine Maraner　比亚巴萨伊，欣·玛若内，20世纪泰戈尔作品翻译家。

Byadhi o pratikar（The Disease and its cure），《疾病与治疗》，泰戈尔于1907年写的散文。提倡改变人心，为了真正的自由而接受激进的社会纲领。

Byaktiprasanga　《关于人物的文章》，泰戈尔的散文。

Byaktiprasanga　《关于人物的诗歌》，泰戈尔的诗。

Byron　拜伦（1788—1824），英国19世纪初期伟大的浪漫主义诗人，其代表作品有《恰尔德·哈罗德游记》《唐璜》等。他在他的诗歌里塑造了一批“拜伦式英雄”。拜伦不仅是一位伟大的诗人，还是一个为理想战斗一生的勇士；他积极而勇敢地投身革命，参加了希腊民族解放运动，并成为领 导人之一。

Byangakautuk　《讽刺文集》，泰戈尔的散文。

Byangakautuk（Mockery and Fun）　泰戈尔于1907年出版的讽刺剧本集《滑稽可笑》，包括1893年写的《无价的宴席》（Bini Baisar Bhoji：Feast at no Cost）、1894年写的《新化身》（Nutan Avatar：The New Avatar）、《误入天堂》（Arashiker Svargaprati；The Wrong Man in Heaven）、《天堂笑剧》（Svargiya Prahasan；Heavenly）。

Byangakoutuk（Svarge Chakratebil Baithak）　《天堂的圆桌会议》，泰戈尔的滑稽剧。

Cc

Cabiradas　戈比拉达斯，15世纪印度印地语诗人，作品《真言集》。

Cad　势利小人。

Cadwell　18世纪泰米尔纳德邦传教士，他把泰米尔的作品翻译为英语。

Caesar Julius　恺撒·尤利乌斯大帝（公元前102—公元前44），罗马共和国末期杰出的军事统帅、政治家。公元前60年他与庞培、克拉苏秘密结成三巨头同盟，随后出任高卢总督，花了八年时间征服了高卢全境（大约是现在的法国），还袭击了日耳曼和不列颠。公元前49年，他率军占领罗马，打败庞培，集大权于一身，实行独裁统治并制定了《儒略历》。公元前44年，恺撒遭到布鲁图领导的元老院成员暗杀身亡，享年58岁。恺撒死后，其甥孙及养子屋大维击败安东尼开创罗马帝国并成为第一位帝国皇帝。

Cai Hesen　蔡和森（1895—1931），革命家、中国共产党早期领导人之一，政治活动家、理论家、宣传家。1913年他进入湖南省立第一师范读书，期间，同毛泽东等人一起组织进步团体新民学会，创办《湘江评论》，参加五四运动。1919年底他赴法国勤工俭学，1921年10月回国。1924年他以和森的名字发表《英美协会欢迎泰戈尔》。

Cai Xiangyun　蔡祥云，当代学人，与顾国柱发表《试论王统照和泰戈尔诗歌的异同》。

Cai Yuanpei　蔡元培（1868—1940），字鹤卿，又字仲申、民友、孑民，乳名阿培，并曾化名蔡振、周子余，中国绍兴山阴人，原籍诸暨，革命家、教育家、政治家，中华民国首任教育总长。1916年至1927年蔡元培任北京大学校长，革新北大，开“学术”与“自由”之风；1920年至1930年，蔡元培同时兼任中法大学校长。他提出了“五育”（军国民教育、实利主义教育、公民道德教育、世界观教育、美感教育）并举的教育方针和“尚自然”“展个性”的儿童教育主张。他试图通过贫儿院的试验和推广，逐步以学前儿童公共教育替代当时的家庭教育，最终实现学前儿童公育的理想。他是中国近现代美育的倡导者，主张从家庭教育、学校教育、社会教育三方面实施美育。他先后经历了清政府时代、南京临时政府时代、北洋政府时代和国民党政府时代，一路经历风雨，始终信守爱国和民主的政治理念，致力于废除封建主义的教育制度，奠定了我国新式教育制度的基础，为我国教育、文化、科学事业的发展做出了富有开创性的贡献。1924年他邀请泰戈尔访问中国，支持国际大学中国学院，与泰戈尔共创中印学会。教育论著有《蔡元培教育文选》《蔡元培教育论著选》等。

Cai Zhenghua　蔡正华（1895—1952），名莹，字振华，一作正华，别号小安乐窝主人，别署味逸，浙江吴兴（今浙江湖州）人。他1917年毕业于圣约翰大学，是吴梅著名词曲弟子之一。他是民国时期著名学者，是一位较有影响的曲学家、戏剧家、文学家、文艺理论家，倍受时人赞誉。二十世纪三四十年代，他曾担任圣约翰大学国学系主任，卓有声名。1924年4月他在上海参加接待泰戈尔访华事务。

Cairo　开罗，埃及首都，横跨尼罗河，气魄雄伟，风貌壮观，是整个中东地区的政治、经济和商业中心。它由开罗省、吉萨省和盖勒尤卜省组成，通称大开罗。大开罗约有1675万人口，是埃及和阿拉伯世界最大的城市，也是世界上最古老的城市之一。古埃及人称开罗为“城市之母”，阿拉伯人把开罗叫作“卡海勒”，意为征服者或胜利者。尼罗河，这条世界上著名的大河，流贯市区后，分为两支，继续北去，注入分隔欧非大陆的地中海，形成了广阔富饶的尼罗河三角洲。通都大邑开罗，就在这个三角洲的南部。开罗因地处欧、亚、非三洲的交通枢纽，全国主要公路和铁路在此交会，与国内各大城市往来方便，同时傍依尼罗河这一水运要道。开罗的形成，可追溯到公元前3000年的古王国时期，作为首都，亦有千年以上的历史。开罗中世纪时曾为拜占庭帝国的一个军事要塞。

开罗的前身是福斯塔特城，641年由阿拉伯人创建。969年，从突尼斯入侵的一支伊斯兰人在其北建立了一个长方形新城——曼苏里耶城。973—974年，法米德哈罗定都于此并更名开罗（阿拉伯语为胜利之意）。1179年萨拉丁王朝时期开罗得到扩展。自1260年开始，成为马穆鲁克王朝的都城，修建了大量建筑物，有的保存至今，成为埃及人民宝贵的文化遗产。14世纪中叶开罗达到极盛时期。1517

年土耳其入侵，开罗成为省会，开始衰落。1805年穆罕默德·阿里王朝复定都于此。近代城市建设始于19世纪30年代。伊斯梅尔下令在中世纪旧城以西兴建欧洲式样的新城，使开罗西方化。1926年11月泰戈尔从希腊经埃及海滨城市亚历山大（11月27日）到埃及首都开罗（11月28日）。为了欢迎泰戈尔，埃及议会终止会议，部长们在晚会上和泰戈尔见面，并用阿拉伯音乐招待他。伏德国王接见泰戈尔并给国际大学赠送一套阿拉伯经典书。泰戈尔参观了开罗博物馆。

C

Cairo Museum　埃及国家博物馆，当今世界闻名的大型博物馆之一，藏有埃及考古发现最精华的部分，埃及国家博物馆也是世界上最著名、规模最大的收藏古埃及文物的博物馆。埃及国家博物馆位于开罗解放广场，建于1858年，1902年迁至现在这座古老而豪华的双层石建筑内。那里珍藏着自古埃及法老时代到公元5—6世纪罗马统治时代的历史文物共10万多件。这里的展品在一层是按年代顺序摆放，在二层则是按照主题展出，陈列有最珍贵的馆藏。1926年11月泰戈尔在访问埃及期间，参观了开罗博物馆。

Caitali　《收获集》，泰戈尔1896年的诗集。

Caitanya　阇多尼耶（1488—1533），圣人，黑天教派阇多尼耶派创始人，虔诚运动的杰出代表，崇信黑天和情人拉达。他的观点为，通过爱、诚歌与舞就可以产生令人神往的世界，著作有《阇多尼耶品行录》。

Caitanya　有知。

Caitanyacandradaya　《支登耶月升起》，16世纪卡维卡那步拉（Kavikarnapura）的剧本。

Caitanyas　阇多尼耶派，即黑天派。

Caitra　杰特拉月，印历1月，相当于公历3—4月。

Caitraratha　质多罗罗陀山，美庐山峰之一，财神俱毗罗的园林，因甘达婆质多罗罗陀养护，故名。

Caitya　猜提，支提，和尚经房，纪念性庙塔，骨灰塔等。

Cakora　鹧鸪。

Cakra　轮子，中心。

Cakra　车轮阵。

Cakracara　阇加罗加罗，一种魔怪。

Cakrapani　轮首，本集的注释者。

Cakrapanivijaya　（史诗）《英雄的胜利》。

Cakravada　四大部洲之外的轮围山。

Cakravaka　鸳鸯。

Cakravala　铁围山，古代印度人把宇宙分为许多铁围山，每个铁围山有自己的地球、日、月、天堂和地狱。

Cakravartin　统治者，天下王，转轮王，印度古代传说里统治世界的圣王，诞生时掌纹状如毗湿奴大神的轮宝；（耆）12个宇宙王，法轮的中心，宇宙的统治者。

Cakrayudha　俱卢战场上黑天使用的神盘。

Caksusa　六世摩奴。

Caksusividya　天眼，能看见一切的本事。

Calacala　所有的生物。

Calderon George　卡尔德伦·乔治（1868—1915），英国剧作家，1912年泰戈尔访问英国时，他将泰戈尔的剧本《达利亚》改编为《阿拉干的伟大王后》在伦敦上演。

Caliban　凯列班，英国作家莎士比亚的戏剧《暴风雨》里的丑妖怪。

Calicut　卡利卡特，印度马拉巴尔海岸港口。

California　加利福尼亚州，通常简称为加州，是美国西部太平洋岸边的一个州，在面积上是全美第三大州，人口上是全美第一大州。加利福尼亚无论是在地理、地貌、物产，还是人口构成上都十分多样化。由于早年的淘金热，加州有一个别名叫作金州（The Golden State），邮政缩写是CA。加利福尼亚面积42.3万平方千米，人口3387万，城市人口占91.3%，主要集中在太平洋沿岸地区，其中50%聚居在洛杉矶和圣弗朗西斯科（旧金山）一带。加利福尼亚拥有全国50%以上的华裔和墨西哥裔美国人（契卡诺人）。圣弗朗西斯科的唐人街是华人最密集的居住区。加利福尼亚首府萨克拉门托（又名沙加缅度）。泰戈尔于1916年访问加利福尼亚。

California University　加利福尼亚大学，简称加州大学或加大，是美国加州的一个公立大学系统。加州大学起源于1853年建立在奥克兰的加利福尼亚学院，如今已发展成一所拥有10个分校并对加州发展影响深远的巨型大学系统。加州大学是美国最具影响力的公立大学之一，其伯克利分校、旧金山分校、圣地亚哥分校和洛杉矶分校都是世界一流的学府。

Caliph　哈里发，伊斯兰教宗教、政治、军事为一体的首领。

Calliena 卡尔扬，即卡利亚那（Kalyana），印度古代西海岸的港口。

Calmann Gallery 伦敦卡尔曼画廊，1938年12月则特兰勋爵在这里举办泰戈尔画展。

Calukiya 占遮娄其王朝，6—13世纪德干地区的王朝。

Calukiyas of Vatapi 瓦塔比的遮娄其王朝，遮娄其王朝在7—12世纪分出文吉后的王朝，其领地在文吉以西，古又称西遮娄其王朝。

Calukiyas of Vengi 文吉的遮娄其王朝，7世纪至11世纪建于文吉的遮娄其王朝的分支，在克里希纳河与戈达瓦里河之间地区。其领地在瓦塔比遮娄其王朝以东，因而又叫东遮娄其王朝。

Calukya-Cola 遮娄其-朱罗王朝，11—14世纪印度南方的王朝，创建者为金德拉三世。

Cama Ksharshedji Rustamji 卡玛·卡尔谢德杰·鲁斯塔马杰（1831—1909），印度东方学家，宗教、教育改革家。作品有《古代波斯帝国的元旦》等。

Cama Madame, Bhikaji Rustom 卡玛夫人，皮卡洁·鲁斯塔马（1861—1936），印度小资产阶级革命家，因与丈夫政见不同而长期旅居欧洲，曾同列宁通信，主张暴力推翻英殖民统治。

Camatkara 惊奇，著有《王道论》（Rajaniti-sastra）。

Camatkara-sanpradaya 惊奇论派。

Camatkaratva 魅力，惊喜。

Cambay 坎巴耶，印度港口城市，即印度西部沿海城市坎贝。

Cambavijjhava 十“杂”之六的《穿瞳》。

Cambridge 剑桥，是音译与意译合成的地名。英文Cambridge发音“坎布里奇”，就是剑河之桥的意思。这里确有一条剑河，在市内兜了一个弧形大圈向东北流去。河上修建了许多桥梁，所以把这个城市命名为剑桥。剑桥，也称康桥（Cambridge音译名），是世界上最古老的桥。剑桥，与牛津一样，是座令人神往的传统大学城。剑桥大学在自然科学方面的成就尤其突出，哺育出牛顿、达尔文这样开创科学新纪元的科学大师。60多位诺贝尔奖得主曾在剑桥留下了足迹，这在全世界都是少有的荣光。人们怀着敬佩的心情称剑桥为“自然科学的摇篮”。

剑桥大学（University of Cambridge）成立于1209年，最早是由一批为躲避殴斗而从牛津大学逃离出来的学者建立的。亨利三世国王在1231年授予剑桥教学垄断权。剑桥大学和牛津大学（University of Oxford）并称为英国的两所最优秀的大学，被合称为“Oxbridge”。剑桥大学是世界十大学府之一，81位诺贝尔奖得主出自此校。剑桥大学还是英国的名校联盟“罗素大学集团”（Russell Group of Universities）和欧洲的大学联盟科英布拉集团（Coimbra Group）的成员。现任校长是艾利森·理查德。

几百年来，剑桥大学以其优异的教育质量著称于世。这里英才荟萃，星光灿烂。且不说自然科学家的长长名单，就是在社会科学方面也培养出一批栋梁之才。哲学家培根（他的名言“知识就是力量”）、经济学家凯恩斯、历史学家特里维廉、文学家萨克雷都曾负笈剑桥，终成泰斗。该校的弥尔顿、拜伦、丁尼生等人更是诗国的桂冠和骄子。剑桥大学还哺育出七名首相。印度总理尼赫鲁、英国王储查尔斯也曾在这里就读。牛津剑桥大学的毕业生遍及政界、商界和学术界。有人说，牛津剑桥大学统治着英国，看来确有几分道理。1920年6月，泰戈尔访问剑桥大学。

Cambridge Brotherhood and Professors 剑桥兄弟教授会，设在德里圣·斯提芬学院的学术组织，由英国牧师鲁斯创立。

Campa 瞻波，公元前6世纪—公元前4世纪古印度列国时代鸯迦国首都，在今比哈尔的巴加尔普尔附近。

Campa 占婆，2世纪印度王朝统治的越南的一部分。

Campakas 流苏，装饰物。

Campantar 坎潘塔，7世纪湿婆派诗人。

Campbell, John 坎泼贝尔，约翰，19世纪末英印殖民政府高级官员，公开为英国向中国输入鸦片张目。

Campell, Colin 坎贝尔，科林（1792—1863），英国元帅，英印军总司令。

Campu 占布，古典梵语小说与古典梵语叙事诗的混合体，诗文夹杂；浪漫小说。

Camunda 卡蒙妲，恐怖女神，嗜血，经常光顾焚尸场。

Can Science Be Humanized 《科学可以人

性化吗?》，泰戈尔的散文。

Cana Devata 《卡纳·黛瓦塔》，20世纪作家塔拉沙纳·盘多帕亚伊（Tarashanar Bandopadhyay）的小说。

C

Canada 加拿大，位于北美洲北部，东临大西洋，西濒太平洋，西北部邻美国阿拉斯加州，东北与格陵兰（丹）隔戴维斯海峡遥遥相望，南接美国本土，北靠北冰洋达北极圈，海岸线约长24万多千米，东部气温稍低，南部气候适中，西部气候温和湿润，北部为寒带苔原气候。加拿大国境边界长达8892千米，为全世界最长不设防疆界线，同时也是世界上海岸线最长的国家。加拿大作为世界上的第二大国，国土面积仅次于俄罗斯，但仅有3500万居民在此居住，人口密度非常低。加拿大是一个具有现代化工业科技水平且能源与资源充足的发达国家，经济主要依靠自然资源。

Canaka 绿豆。

Canakya-nite 《者那迦嘉言集》。

Canar 巨蟹座。

Canda 则达，印度7世纪佛教高僧，曾来中国译经。他是菩提流支的助手。

Candakausika 《愤怒的乔尸迦》，9世纪安自在（Kesemesvaras）的作品。

Candala 旃荼罗，不可接触者，古代贱民的一种。

Candali 旃陀罗语。

Candalika 《昌达尔姑娘》，泰戈尔的剧本。

Candana 檀香木糊。

Candatta 善施，3世纪印度作家首陀罗迦的剧本《小泥车》里的女主人公，婆罗门商人，与名妓春军演绎了一段美好的爱情。

Candella Dynasty 金德拉王朝（9—14世纪），金德拉人在印度中央邦北部卡朱拉荷一带建立的王朝，11世纪建立的最大的性庙卡朱拉荷就在这里。

Candidas 坎迪萨斯，14世纪印度孟加拉语毗湿奴派诗人，善于描写黑天的情人拉达对黑天的激情。

Candika 旃迦，雪山神女，湿婆配偶杜尔迦的别名。

Candimandap 原指杜尔迦作为毁灭之神阿修罗马西萨的形象时的神龛，通常指有屋顶的教徒节日集会处。

Candimangal 16世纪有名的颂神诗人姆昆杜兰·查克拉瓦尔提（Mukunduram Chakravarti）所写的最有名的歌颂孟加拉神乾迪（Chandi）、玛纳萨（Manasa）、达摩（Dharma）、石塔拉（Shitala）等的颂神诗。

Candisataka 《尊提（湿婆的妻子）百咏》，7世纪巴纳（Bana）写的诗集。

Candra 月神。

Candra-vamsa 月族世系，上古印度刹帝利种姓世系之一，据说其祖先为月神。分2支：雅度族和宝罗伐族。《摩诃婆罗多》里的黑天属于雅度族，俱卢和般度族属于宝罗伐族。

Candragomin 月官，4世纪佛教唯识哲学家、语法学家和戏剧家。著有《世喜记》（Lokananda）。

Candragomin 月官，7世纪大乘佛教瑜伽行派论师。

Candragupta 室利达多，9世纪印度佛教僧人，曾来中国云南传密教。

Candragupta II 旃陀罗·笈多二世（375—415在位），印度笈多王朝国王。

Candragupta 月护·孔雀，公元前4世纪推翻难陀王朝，建立摩羯陀国孔雀王朝。

Candrakirti 月称，《入中观论》的作者。

Candraloka 《月光》，13—14世纪胜天（Jayadeva）著。

Candranandana 旃陀罗难陀那，11世纪印度医学家。

Candraprabhanatha 月光主，耆那教圣人。

Canmatkaracandrika 《美丽月光》，14世纪作品，卡维坎德拉（Kavicandra）著。

Canning, Charles John 坎宁，查尔斯·约翰（1812—1862），英国政治家，1856—1858任印度第一任总督。他统治期间在加尔各答、孟买、马德拉斯都建立了大学。1858—1862任印度总督、印度副王。

Canton 广州，中国第三大城市，中国的南大门、国际大都市，世界著名港口城市，中国南方的金融、贸易、经济、航运、物流、政治、军事、文化、科教中心，国家交通枢纽，社会经济文化辐射力直指东南亚。广州有着两千多年的历史，是中国历史文化名城，中国最大、历史最悠久的对外通商口岸，海上丝绸之路的起点之一，有“千年商都”之称。作为中国对外贸易的窗口和国家门户城市，广州外国人士众多，被称为“第三世界首都”，是全国华侨最多的城市，与北京、上海并称“北上广”。古代许多印度佛教高僧从水路到达广州，再去内地讲经译经。

Canton River　珠江，旧称粤江，是中国境内第三大河流，按年流量为中国第二大河流，全长2320千米，原指广州到入海口的一段河道，后来逐渐成为西江、北江、东江和珠江三角洲诸河的总称。其干流西江发源于云南省东北部沾益县的马雄山，干流流经云南、贵州、广西、广东四省（自治区）及香港、澳门特别行政区，在广东三水与北江汇合，从珠江三角洲地区的8个入海口流入南海。北江和东江水系几乎全部在广东境内。珠江流域在中国境内面积44.21万平方千米，另有1.1万余平方千米在越南境内。19世纪，英国就是通过珠江口把鸦片运到中国大陆。

Cao Li　曹力，当代学人，发表《世界上唯一为两国国歌作词作曲的人，印度诗圣泰戈尔》。

Cao Yuqi　曹宇旗，河南工程学院老师，发表《浅论泰戈尔散文诗创作时期的思想意识》。

Cao Yunxiang　曹云祥（1881—1937），清华大学第5任校长，任内，清华的学术规模有了巨大突破。如在民国十四年春成立国学研究所，聘请梁启超、王国维、陈寅恪、赵元任、李济诸先生为导师。同时，也开始招收大学部学生，分文、理、法三院，并附设研究所。曹云祥是中国乃至世界最早的MBA学位获得者之一，他在该校任职期间颇有作为。1930年起作为中国工商管理协会的总干事，继任理事长，充当了在中国宣传、介绍和推行科学管理的领军人物，理论上也有一定的贡献。1924年在清华大学接待访华的泰戈尔。

Capa　鞠躬。

Capalata　暴躁。

Capapuja　弓箭节。

Cape Martin　马丁角，位于法国南部地中海边，靠近摩纳哥的小镇。1930年3月，泰戈尔开始访问欧美，经科伦坡于3月26日到达法国南部港口马赛，在蒙特卡洛附近的马丁角的卡恩家做客，在这里会晤捷克斯洛伐克总统马萨里克。

Captivation　《迷惑》，泰戈尔于1901年写的短篇小说。

　　阿书和安那达是一对好朋友，但是对生活的追求截然不同。阿书追求精神时尚，努力想找一个大师讲宗教经典；而安那达则在妻子长期失散后眼看没有团聚的希望，愿意另找一个姑娘。安那达听说政府官员的一个遗孀石亚玛孙达丽来到城里，要给女儿尼茹帕玛找一位如意郎君。阿书听到要来一位女导师，极度兴奋。因此，阿书打算见导师，安那达决定去拜访石亚玛孙达丽。他们不知道，遗孀和女导师二人互相换了住处，所以阿书走错了目标。但很快阿书意识到走错了地方，屋里的人不是他要找的女导师，而是遗孀石亚玛孙达丽，不过阿书倒为遗孀女儿的美貌所打动。同样，安那达找到的不是遗孀石亚玛孙达丽，而是女导师。这个女导师不是别人正是他失散多年的妻子。女导师最后说明身份，赢回了安那达的心。阿书为了摆脱自己的窘境，跑去找安那达，劝他娶尼茹帕玛。当知道安那达已经和妻子团聚后，阿书没有别的选择，决定娶尼茹帕玛为妻。

Caraka　卡拉卡，2世纪贵霜王朝名医。

Caraka Samhita　《妙闻集》《旃罗迦本集》，最早的吠陀2著作之一，另一本为《阇罗迦集》(Susruta-samhita)。

Carana　业，行为。

Caranas=Panegyrist　神的赞扬者；能谈吠陀经的群体人。

Carbis Bay　卡尔比斯海湾，在英国，泰戈尔于1926年8月在英国访问逗留的3周里，参观了这里。

Careen　遥远的路途。

Carey, William　凯里，威廉（1761—1834），英国传教士，梵语学者，著有《梵语语法》等。

Cari　所行，舞蹈术语，以足为主，与大腿、小腿、腰及手指互相配合的形体动作。

Carlo Formichi　卡罗·弗米契，意大利人，1925年11月21日在基色帕·图西的陪同下来到国际大学担任客座教授，带来了墨索里尼赠送的珍贵的意大利书籍。

Carlyle　卡莱尔（1795—1881），英国著名的历史学家、传记家、政论家和文学家。

Carmichael　卡米歇尔勋爵（1859—1926），曾任印度总督，1914年，他代表瑞典皇家学会在加尔各答的政府大厦（Government House）把诺贝尔文学奖证书和奖牌交于泰戈尔。

Carnegie Dale　卡耐基·戴尔（1888年—

C

1955年)，美国著名的人际关系学大师，西方现代人际关系教育的奠基人。其在1936年出版的著作《人性的弱点》(How to Win Friends and Influence People)，80年来始终被西方世界视为社交技巧的圣经之一。他在1912年创立卡耐基训练，以教导人们人际沟通及处理压力的技巧。他出生时的真正姓氏其实是“Carnagey”，但约在1922年前后，他将其改为读音相近的“Carnegie”，为取当时的巨富安德鲁·卡内基（Andrew Carnegie）之姓。

Carnegie Endowment for International Peace 卡耐基国际和平基金会，在其支持下，1934年4月7日印度国际关系学会成立。泰戈尔在成立大会上讲了话。

Carnegie Hall 卡尼吉大厦，在美国纽约，1930年11月，泰戈尔再次来纽约访问美国。12月1日美国讨论学会和印度学会在卡尼吉大厦联合举行泰戈尔欢迎大会，在会上泰戈尔就印度教育问题演讲。

Carson Zhang 即张君劢（1887—1969），民社党首领，江苏宝山人，曾留学日本、德国，大肆宣扬玄学，支持蒋介石反共，后入中国民主同盟。1949年由澳门逃往印度，后去美国。1969在旧金山病死。1924年4月泰戈尔访华时在其花园演讲。

Carta 人物传记。

Cartazes 保护信。

Carudatta 《善施》，2—3世纪跋娑的剧本。

Carumati 遮娄摩（公元前3世纪），孔雀王朝国王阿育王之女。

Carumati 鹦鹉。

Carvaka 顺世论，“在世间或人民中流行的观点”“讲究吃穿享乐的派别”，唯物派别，主张无神论，反对任何神造世界的学说。

Carvakas 斫婆伽，顺世论（Lokayatas）重要思想家。

Carya 正确行为。

Caryapitaka 15部《小尼迦耶》第十五部《所行藏经》。

Caryatid 女像柱。

Casa da India 印度事务局。

Cashier 主人非常信得过的可靠的管钱人，同时负责采购，亲如家庭成员。

Cassimbazar 卡西巴扎，奥里萨邦南部，伯兰普洱的土邦王于1906年11月2日召集孟加拉文学大会（Bangiya Sahitya Sammilani，Bengali Literary Conference）。

Castana 遮湿吒那，1世纪统治马儿瓦优禅尼城的第一位塞人总督。

Castaway 《灾难》，泰戈尔于1895年写的短篇小说。见The Nuisance（Apad；Unwanted）。

Caste 种姓，印度特有的社会、宗教和政治集团，起源于印度教经典吠陀经，是战争、社会地位和职业划分的结果，战争的征服者如雅利安人把自己看作高贵人，负责宗教礼仪和吠陀讲授的人，认为自己最高贵，叫婆罗门（Brahman）种姓；负责打仗，做皇帝、将军、武士阶层为第二等，叫刹帝利（Kshatriya）种姓；负责提供生活物质的劳动阶层如商人、农民叫吠舍（Vaisha）种姓；战争的被征服者和当地部落民是为以上三个阶层服务的，叫首陀罗（Sutra）种姓。还有四大种姓以外如部落民，被开除出种姓的人等叫贱民，干最脏、最下等的活，地位最低。种姓制在印度至今还存在并深深影响着印度社会。

Caste-Panchayat 种姓潘查雅特。

Casuarinas 卡苏瑞那花。

Cata 非正规军。

Catechu 枸酱包中的原料。

Catfish 活保存或活煎鱼。

Catholicism 天主教，基督教的一派，与正教、新教并称为基督教三大派别。基督教于1—2世纪在罗马帝国境内形成后，逐渐分化为东西两派：东派以希腊语地区为主；西派以拉丁语地区为主。西罗马帝国于公元476年灭亡前后，罗马主教逐渐成为整个西派教会的领袖，并逐渐形成教皇体制。1954年东、西两派正式分裂，东派教会以君士坦丁堡为中心，自称“正教”，即东正教。西派教会以罗马为中心，自称“公教”，即天主教，信奉天主和耶稣基督，并尊玛利亚为天主之母。基本信条为：天主圣父化成天地，创造人类；天主圣子降生为人，救赎人类，并受难、复活、升天，世界末日将再次降临；天主圣神（即圣灵）圣化人类；教会为基督所创立，并有赦罪权；人的肉身将于世界末日复活接受基督的审判，善人得享永福，恶人要受永苦等。

Catura 聪明。

Caturaka 机灵鬼。

Caturanga=Aksauhini 印度古代战争中的

车、马、象、步兵大军。

Caturarama 人生四行期：梵行期（brahmacarin）；家居期（grihastha）；林栖期（vanaprastha）；遁世期（sannyasin）。

Caturbhadra 四要，印度教为除首陀罗以外的前三个“再生者”种姓设立的四个人生目标，即法、利、欲、解脱。

Caturbhani 《独白剧四篇》。7世纪印度最早的独白剧，包括婆罗卢吉（Vararuci）的《和好》（Ubhayabhisarika）、首陀罗迦（Sudraka）的《莲花礼物》（Padmaprabhrtaka）、自在授（Isvaradatta）的《无赖和清客会话记》（Dhurtavi）以及夏米罗家（Syamilaka）的《踢脚》（Padataditaka）。

Caturdvipa 四大部洲，佛教传说中须弥山四方咸海中的四大洲：东胜神洲、南瞻部洲、西牛货洲和北俱卢洲。

Caturmaharaja 四天王，佛教四大天神，须弥山犍陀罗山有四个山峰，东方住持国天王，南方住增长天王，西方住广目天王，北方住多闻天王。

Caturmaharajakayika 四天王天，四天王及其眷属的住处。

Caturmasya 雨季的四个月（从8月至11月），在这期间实践某些指定的苦行。

Caturpramana 四无量，佛教术语，指慈、悲、喜、舍。

Catursatya 四谛，即苦谛、集谛、灭谛、道谛。苦谛，人生来就是苦；集谛，人生痛苦的原因和条件；灭谛，人生苦难的解脱；道谛，灭除痛苦、达到涅槃的道路。

Caturthikarman 四种正确的行为。

Caturvarnaya 四个种姓：婆罗门（Brahmana）、刹帝利（Ksatriya）、吠舍（Vaisya）、首陀罗（Sudra）。

Caturveda 四大吠陀，《梨俱吠陀》（Rigveda）、《娑摩吠陀》（Samaveda）、《耶柔吠陀》（Yajurveda）、《阿达婆吠陀》（Atharvaveda）。

Caturvimsati Tirthankara 耆那教24祖师：勒阇波提婆、阿奇达纳托、桑博伐那托、阿毗难陀那、苏摩娜托、巴特摩巴罗波、苏巴尔斯伐那陀、旃陀罗巴罗波、苏毗提那陀、悉达罗纳托、湿勒耶阇那陀、伐苏布羯、毗摩罗那陀、阿南达纳托、达摩纳托、阿罗那陀、商底那陀、贡突那陀、莫利纳托、穆尼苏巴罗达、纳米那托、内米娜托、巴湿法那陀、筏陀摩那。

Caturvimsatijinastuti 《24耆那颂》，8—9世纪巴帕跋（Bappabh）写。

Catustoma 湿头摩祭，大体分两类：家庭祭祀，包括受胎礼（Garbhadana）、成男礼（Pumsavana）等；天启祭祀，包括供养祭（Haviryajina）、苏摩祭（Somayajina）等以神为主的祭祀。

Caucasia 高加索，位于亚欧大陆黑海、亚速海同里海之间，气候属于温带和亚热带，有丰富的石油、天然气、锰、铅等矿产资源，人口约3000万，有50多个民族。传统上把大高加索山脉的主分水岭当作南欧和西亚的分界线：山北侧称前高加索或北高加索，属俄罗斯；南侧称为外高加索或南高加索，包括格鲁吉亚、亚美尼亚和阿塞拜疆三国。

Cauhans 乔汗王朝（7—12世纪），乔汗人在拉贾斯坦桑巴尔建立的王朝。

Caula 婴儿的削发礼。

Caulukya 乔卢基王朝（942—1299），穆勒罗阇在古吉拉特建立的王朝。

Caurapancasika 《偷情五十咏》，“毗尔诃纳的哀歌”，11世纪印度毗尔诃纳写的抒情诗集。

Cauri 牦牛尾巴做的蝇拂。

Causaran 十“杂”之一的《四庇护》。

Causation 因果关系。

Cauvery 科弗里河口，古代印度孟加拉湾的港口。

Cauvery River 科弗里河，印度南部的河流，发源于卡纳塔克邦西高址山东坡的布拉马集里山，东南流经泰米尔纳德邦，注入孟加拉湾。

Cawnpore=Kanpur 印度北方邦恒河边圣城坎普尔。

Caxton Hall 卡克斯顿礼堂，在英国伦敦，泰戈尔于1913年5月19日在这里做由“求知学会”（Quest Society）组织的系列讲座。东西方联盟学会1920年6月在这里设宴招待在英国访问的泰戈尔。

Cebura 黑天传奇里的三头阴间狗。

Cedi 古代车底国，公元前6世纪—公元前4世纪印度列国时代的16国之一，《摩诃婆罗多》里的东庵国，国王巨威和子女童护、艳光占领的地方。在雅穆纳河支流肯河岸，即现在的前代尔和波乐卡德。

C

Cedis 车底国人。

Cekitana 掣岂但那，《摩诃婆罗多》里的般度军大将。

Cellini Benvenuto 切利尼·本韦努托（1500—1571），意大利文艺复兴时期的金匠、画家、雕塑家、战士和音乐家，还写过一本著名的自传。

Cement 《水泥》，20世纪苏联作家格兰德科夫的长篇小说。

Centours 天上小神。

Central Ethnographic State Museum 苏联国家人种博物馆。1930年9月，正在苏联访问的泰戈尔访问了这里。

Central Press of Edition and Translation 中央编译出版社，1993年创建。2010年出版王邦维、谭中主编的《泰戈尔与中国》，2011年出版魏丽明等的《"万世的旅人"泰戈尔》。

Century 《世纪》双月刊，1993年创刊，由中央文史研究馆、上海市文史研究馆联合主办，地址在上海。2003年9月第5期刊登杨小佛的《我家有张泰戈尔的照片》。

Century Tides 《百年潮》，中国中共党史学会主办，1997年创刊。2003年8月第8期刊登杨天石的《陈独秀组织对泰戈尔的"围攻"——近世名人未刊函电过眼录》。

Cera 遮罗，鸡罗，南印度古国，在今克拉拉邦。

Ceras 哲罗人。

Cerobothra 色罗波斯拉，即现在的车蜡普特拉（Cheraputra），马拉巴尔海岸的港口。

Cetaka 塞塔卡，耆那教创始人大雄的舅舅，离车族酋长。

Cetana 思业，心理和精神方面的动机和意志。

Cetayitva 思已业，意志的体现，身业，口业。

Cetopariyanana 他心通，修炼苦行后获得的神通，能洞悉别人的心。

Ceylon 狮子国，今斯里兰卡。

Ceylon 锡兰，斯里兰卡的旧称。

CFA 20世纪泰戈尔作品的翻译家C. F. Andrews的缩写。

Chaadak 贾多克鸟，即印度杜鹃。传说它只在雨天唱歌，只饮雨水消渴。

Chaanakya 贾纳基耶，即高迪利耶（Kutilya），生活在公元前3世纪。他是孔雀王朝第一代君主月护王（Chantragupta）的宰相，属于婆罗门种姓。在他的帮助下月护王使国家强盛起来。他著有《政事论》（Arthashaastra）一书。

Chaanda Sadaagar 羌德·绍达戈尔，是《摩诺莎蒙格尔》中的人物。他是羌派城的一个商人，由于敌视蛇神摩诺莎，遭受各种灾难：他的六个儿子都被摩诺莎女神毒死了。当他的小儿媳妇蓓胡拉敬拜摩诺莎女神之后，他的儿子们都复活了。从此他开始祭拜摩诺莎女神。

Chaar Adhyaaya 《四章》，泰戈尔1934年写的长篇小说。见Four Chapters。

Chaaritrapoojaa 《纪念贤哲》，泰戈尔的散文。

Chabi o Gan 《钥匙与歌曲》，泰戈尔的作品集。

Chachan 乔舞，来源于嚓嚓雅舞（chchaya），"影子""面具"的意思。

Chachnama 《胜利史》，8世纪历史著作，叙述711—712年阿拉伯人入侵信德的历史。

Chadana 掩藏。

Chadar 裹身布，不用时折叠起来，像纱巾一样披在肩上。肩巾。

Chaddanta Jataka 《六牙象本生》。

Chadiva 刹帝利族在圣线节给兄弟做圣线的材料。

Chadura 查杜拉，舞蹈手势名，无名指、中指、食指并拢伸直，从第三关节折回90度，拇指尖点于食指第二关节，翘起。

Chahelgan 四十人集团，13—16世纪德里苏丹王朝的贵族集团。

Chaidanadeva 久伊多诺仙人（1486—1533），也有人根据印地语发音译为"阇多尼耶"，孟加拉地区虔诚教派的宗教大师，倡导尊崇毗湿奴大神的化身黑天崇拜。他是孟加拉邦忠爱运动的发起人，回来成为苦行僧。传说，一天月夜，他看见蔚蓝色的海水中出现了黑天神的形象，他急忙奔向大海，想和他拥抱，结果被海浪卷走了。

Chait Singh, Case of 柴特·辛格案件，1780年英印总督黑斯廷勒索贝拿勒斯国王卡特·辛格激起士兵起义的事件。

Chaitala 泰戈尔于1896年写的诗组，包括在

《春收集》里。后来出版的《园丁集》(Gardener)里的许多诗是从该诗集里选取的。

Chaitanya 柴檀亚，又译久伊多诺(1485—1533)，孟加拉虔诚派宗教领导人，毗湿奴教派分支黑天派文学的创始人。他把黑天与拉达的爱情看作是天神与人的相爱。

Chaitanya 久伊多诺，15世纪奥里雅语作家。

Chaitanya 久伊多诺(1486—1533)，印度著名的宗教大师，毗湿奴派的奠基人，出生在新岛。他用过很多的名字，开始修苦行后，他改用“斯里黑天·久伊多诺”的名字。传说，有一天在皎洁的月光下，他把蓝色的大海波浪想象为黑天的形象，于是他冲进大海与其拥抱，结果被大海卷走。

Chaitaya Charitamrit 《遮多尼耶功行录》，16世纪克里希纳那达萨·卡维拉加(Krishnadasa Kaviraja)著。

Chaitra 恰特拉月(Makh玛克月)，印历1月，相当于公历3—4月。

Chaitra 《摩诃婆罗多》中俱毗罗财神的王宫，花园。坚战、布军、黑公主在此留宿一夜。

Chaitra Navratra Festival 4月节，春天节，纪念印度教神节日。

Chaitra-Ratha 柴特拉-拉塔，美庐山湿婆修炼地凯莱什山(Kailash)周围的林子，财神俱毗罗的住所。

Chaitrarath Agni 苏瓦7仙人的圣牛。

Chaitya 崇拜地，佛殿。

Chaityaka 差提亚卡山，在佛教圣地灵鸠山附近的山，在古摩差国，即今天的比哈尔。

Chaityas 神殿。

Chajja 竹竿编的孔雀形状的房子。

Chakkilis 贱民种姓。

Chakora 鹧鸪鸟。

Chakoree 迷月鸟，即红腿雌山鹑，是印度神话传说中的一种鸟。传说它爱上了月亮，只靠月亮为生。

Chakpanidatta 阇加班尼达陀，11世纪印度医学家。

Chakra 轮盘，印度古代时间单位，2000轮年=1000梵年；脑和脊柱，力的中心。

Chakraa 黑天的武器轮盘，轮子。在印度神话中，帝王的胸前或手掌里都长有转轮的图腾。所谓“转轮”意指从六道轮回中解脱出来，超凡入圣。

Chakravaka 查克拉哇咯，《摩诃婆罗多》中般度五子被流放在德威达瓦纳森林时遇到的一种鸳鸯鸟。

Chakravarti 大皇帝，转轮王，力图征服全世界的统治者。

Chakravarti Ajit Kumar 查克拉瓦·A.K.(1886—1918)，泰戈尔时期国际大学的老师，曾与阿南达·格马拉斯瓦米一起翻译泰戈尔的作品。

Chakravarti, Sukhumoy 查克拉瓦，苏古莫伊(1934—)，印度经济学家。

Chakravartin (梵)扭转车轮者，转轮圣王，指宇宙主宰或皇帝。

Chakravarty 宇宙之王，出生时带着毗湿奴轮盘印记。

Chakravarty, Amiya 查克拉瓦，阿米亚(1901—1986)，孟加拉诗人和散文家，留学牛津大学，担任泰戈尔的秘书多年。后在美国波士顿大学神学院任比较东方宗教和文学教授，翻译出版多部泰戈尔作品。

Chakravarty, Bikash 查克拉瓦，比加什，印度国际大学英国文学教授，享有盛誉的泰戈尔研究学者。

Chakravyooha 环形阵。

Chakshus 眼目，提婆神之一子。

Chakshushi 透视眼，《摩诃婆罗多》里妖怪安家帕那的媳妇给坚战等5兄弟送的能看穿一切的魔眼。

Chakyars 演员。

Chal 可动的。

Chala 哄骗，曲解，故意误解对方之言，使其最终失败。

Chaldibhasha 通俗孟加拉语。

Chalford 查尔福镇，在英国的格露塞斯塔郡，泰戈尔于1912年在此度夏。

Chalitarama (剧)《受骗的罗摩》。

Chalitbhasa 口语体。

Chalmadana 且末，古代西域国名，在今新疆且末县，位于塔里木盆地南缘。

Chalta 罗旺子树。

Chalu, Panambakkam Ananda 查鲁，帕纳姆巴卡姆·阿南达(1843—1908)，国大党领导人，1891年任国大党主席。

Chalukya Dynasty 遮娄其王朝，6—13南印

C

度封建王朝。统治期间热忱信仰印度教，宽容佛教、耆那教。

Chamar　皮匠职业的低种姓贱民。

Chamara=chauri　湿婆的象牙拂掸。

Chamaras　丝，掸，拂。

Chamarasa　查玛拉萨，16世纪坎纳达语作家，作品有《婆拉布林迦-里拉特》（Prabhulinga-Lilat）。

Chamars　查马尔，一低等种姓名。

Chamba　旁遮普邦国。

Chambhar　昌巴尔种姓。

Chamel　嘉美丽，"茉莉花"的意思，泰戈尔给谭云山的次女谭元取的名字，泰戈尔很喜欢出生在圣蒂尼克坦的这个长得白胖的中国女孩。见Tan Yuan。

Chameli　查美丽花，一种茉莉花，开白花。

Chammapada　《小尼迦耶》十五部之第二部《句法经》。

Champa　金色花，印度圣树，木兰花属植物，开金黄色碎花。译名亦作"瞻波伽花"或"占博伽花"。

Champa　瞻波，印度古代鸯迦国的首府，在今比哈尔邦。

Champa　昌巴，公元初印度殖民者在安南（今越南）建立的王国。

Champaka　旃波迦花。

Champaran Satyagraha　甘地于1917—1918年在比哈尔发动的蓝靛农民抗租运动。

Chamunda　恰门陀，黑色女神，从难近母额头跳出，形象接近难近母。

Chana　财富。

Chanakya=Kautilya=Vishnugupta　贾纳吉耶，又名乔提利耶，公元前4世纪政治家，月护王的宰相，辅佐月护王（Chandragupta Maurya）执政。

Chanakya（sloka）　卡那克亚书洛迦体两行诗。这是由查得拉古朴塔孔雀王朝宫廷学贾纳吉耶（前320—297）写的论述社会道德的梵文两行诗诗集。他还以乔提利耶（Kautilya）的笔名写了著名的《利论》（Arthasastra）（《论经济》）。他因为愤世嫉俗的观点和态度而被誉为"印度的玛基雅维里"。

Chand Bandai　詹德·班代，12世纪德里最后一位印度教国王色利毗耆的宫廷诗人，著《地王颂》（Prithviraja Rasan）。

Chand Bibi　金德·比比（？—1600），印度德干地区抗击莫卧儿入侵的女英雄。

Chanda　吠陀6支之一的韵律学、诗体学。

Chanda　《捐款》，泰戈尔1921年的诗。

Chandakausika　钱达考西卡，《摩诃婆罗多》里妖连的父亲在生妖连之前为求子与二妻子在林子碰到的仙人，预言妖连长大后不可战胜，力大无穷。

Chandala　旃陀罗（不可接触者）。

Chandalikaa Nrityanatya　《昌达尔姑娘》，泰戈尔1933年写的散文剧本。见The Untouchable Girl。

Chandan　檀香浆，用来画印度教徒、苦行僧、圣人额头的标记，妇女吉祥痣的颜料。

Chandannagar　琼倜诺戈尔，离加尔各答不远的镇子，为代勒尼街区巴鲁杰家族花园别墅，泰戈尔的五哥久迪林德罗纳特（Jyotirindranaath，1849—1925）和五嫂迦东波丽（Kaadambaree，1859—1884）曾经住在这里。

Chandas　诗韵学。

Chandas Veda　音韵学。

Chandassutra　《檀陀经》，为4世纪印度大乘佛教中观派哲学家青目的著作，檀陀就是诗歌节奏。

Chandellas　金德拉人，传说其祖先起源于月神旃陀罗（Chandra），是信奉印度教的拉其普特王族的一支。

Chandi　陵庙。

Chandidaas o Bidyaapati　《琼迪达斯和比达波迪》，泰戈尔的散文。

Chandidas　琼迪达斯，14世纪孟加拉虔诚派诗人，诗作《黑天颂》歌颂黑天与拉塔。

Chandigarh　昌迪加尔，印度旁遮普邦和哈里亚纳邦德首府，1952年由法国建筑师设计，是印度最整齐的城市。是世界少有的同时作为两个邦（州、省）首府的城市。

Chandimandap　杜尔迦女神的神龛。

Chandimandaps　传统习俗。

Chandimangal　昌迪女神叙事诗。

Chandimangal　由16世纪孟加拉诗人牟库杜兰·查克拉瓦提写的《颂神叙事诗》。

Chandogya Upanisha　歌者奥义书，属于《娑摩吠陀》。

Chandojnana　韵律知识。

Chandra　月亮，月神。

Chandra，Anil Kumar 钱达，A.K.，泰戈尔的秘书，后担任印度外交部副部长。

Chandra，Apurava 齐德拉，阿普拉瓦，印度20世纪学者，1929年2—7月陪同泰戈尔访问加拿大、美国、日本。

Chandra Gupta 旃陀罗笈多，即月护王（公元前324—公元前300），孔雀王朝创立者。

Chandra，Jagadish Bose 钱德拉，贾加迪什·鲍斯（1858—1937），印度科学家，1913年11月23日主持在波尔普尔召开泰戈尔获诺贝尔文学奖庆祝大会。

Chandra Kanta 月亮石。

Chandra Kumar Agarawalla 钱德拉库马尔阿加拉瓦拉，19世纪阿萨姆文学的先驱之一。

Chandra Lekha 《金点子》，瓦桑（Vasan）20世纪40年代拍的神话片。

Chandra，Lokesh 钱德拉，洛克西（1927— ），印度国际文化学会负责人，印中友协会员，学者。

Chandra Prabhu 月亮湖，传说中的圣湖，在内洗澡可像行降仙人一样变年轻漂亮。

Chandra Shekhar Azad 钱德拉·阇克哈尔·阿扎德（1905—1931），印度独立运动英雄，被英国人包围后，拒不投降，用最后一颗子弹自杀。

Chandraabalee 琼德拉波莉，喜欢黑天的牧牛女之一。

Chandrabhaga 月亮公主的故事，乔舞流派之一的撒赖克拉舞（Saraikela）里最有名的节目，故事为：月亮公主为逃避太阳的追赶，扎进海里。

Chandradeva 钱德拉戴维，《摩诃婆罗多》中木柱王的儿子，在俱卢大战第十七天被迦尔纳杀死。

Chandragupta Maurya 毗舍怯达多写的《指环印》里的月护王，为难陀王和首陀罗女生的儿子，宰相贾拉吉耶推翻难陀，立月护为王。

Chandrakala 婆罗多舞手势里的手语。

Chandrakala 新月阵，《摩诃婆罗多》里毗湿摩在攻打摩差国时给阿周那摆的阵势。

Chandrakirti 月称，7世纪印度佛教僧人，曾任那烂陀主持。

Chandramasinh Urf Chanmaku 《钱德拉马欣·伍尔夫·前马库》，巴努·巴拉提（Bhanu Bharati）1985年写的剧本。

Chandranaathbaabur Svarachita Layatattva 《琼德罗纳特先生创作的转世论》，泰戈尔的散文。

Chandrasekhar Sripati 钱德拉塞卡尔·斯里帕（1918—2001），印度人口学家。

Chandrashekar 《月华》，音译为《琼德罗舍科尔》，是般吉姆琼德罗创作的一部长篇小说，月华和普罗达波都是小说中的人物。

Chandravadas 钱德拉维达斯，古吉拉特现代剧作家，写有独幕话剧《梅塔·阿加贾》（Mehta Agagadi）。

Chandravalli 昌德拉瓦里，买索尔遗址，出土宋代龙泉青瓷。

Chandravarkar，Narayan Ganesh 钱德拉瓦卡尔，纳拉杨·甘奈西（1855—1923），大律师，1900年任国大党主席，1901年任祈祷者协会主席。

Chandravasan 月亮族。

Chandreyi=Bhadra 千德丽伊，月神索寞的女儿，她嫁给仙人乌塔提亚，但仙人不给她爱，她被水神瓦如纳拐去，同居。那罗陀告诉仙人此消息，仙人去索要，水神不还，仙人喝干海水，逼其交出妻子。仙人原谅了妻子，重新给她爱。

Chang Renxia 常任侠（1904—1996），著名艺术考古学家、东方艺术史研究专家、诗人，中国艺术史学会创办人之一，主要从事中国以及中亚、东亚、东南亚诸国美术史以及音乐、舞蹈史的研究，对中国与印度、日本的文艺交流史研究做出了开拓性贡献。20世纪40年代中期赴印度圣蒂尼克坦国际大学讲学，研究印度佛教艺术史。作品有：《中印艺术因缘》《阿旃陀石窟艺术》《佛经文学故事选》《印度与东南亚美术发展史》，译述有《印度的文明》等。发表《怀念诗人泰戈尔与圣蒂尼克坦》。

Changampuzha Krishna Pillai 长阿姆·克里希纳·毗莱（1911—1948），20世纪马拉雅拉姆语作家，企图调和古典与现代精神。

Changdernagore 昌达纳格尔，孟加拉邦小城，在巴德玛河边，泰戈尔的船屋就在这里。

Chanhu-daro 昌胡-达罗，在今巴基斯坦的新的地区，印度河文明的主要城市遗址。

Chank hell 海螺壳。

Channa 悉达多王子的车。

Chanoki 恰诺克，印度古代著名的政治家和外交家，著有蕴含睿智的梵语诗集。

Chanra Gupta　旃陀罗·笈多，即超日王，公元前415—公元前317年在位，公元前324建孔雀王朝。

C

Chanrayya　哈里亚那女式民间舞。

Chantee　琼，杜尔迦女神的别名。

Chanteemanttapa　琼迪神庙，即杜尔迦神庙。

Chantilly s.s.　昌提黎号船，法国客船，1928年5月28日泰戈尔从马德拉斯乘坐此船去锡兰访问。

Chapadmalal　查帕德马拉尔，阿根廷城市。

Chapalaa　娇波菈，母鹿的名字，孟加拉语意为“吉祥天女”“闪电”等。

Chapati　查巴地，印度人最常吃的擀面饼子。

Chapel of Manchester College　牛津曼彻斯特学院礼堂，1930年5月，泰戈尔在此作过希伯特讲座。

Chaphekar，Damodar　恰巴卡尔，达蒙达尔（1869—1898），印度爱国青年，因暗杀英殖民官吏而被捕，死于监狱。

Chapkan　长、松罩衣，用作正式衣服。19世纪有钱的孟加拉人喜欢穿的正式、礼服式的宽松长袍。

Chapkan-pantaloon　浴衣。

Chappeli　北方邦民间舞，春天婚礼上跳。

Chaprassi　办公室通讯员或杂役。

Chaprassi　警察。

Charaa　《儿歌集》，泰戈尔的诗集。

Charak　遮罗迦，2世纪名医，贵霜帝国国王迦腻色伽的御用医生。

Charana　查拉纳，天神，药神；半人半神。

Charanam　查拉南，音乐乐章名。

Charandas　《盗贼山》，现代作家哈比檀西（Habib Tancis）的剧本。

Charbya，Choshya，Lehya，Peya　《咀嚼、吮吸、舔舐、饮用》，泰戈尔的杂论。

Chariot festival　战车节，6—7月，8—9月雨季之前，结婚的季节。

Charitrapuja　《习惯的崇拜》，泰戈尔1907年写的散文集。

Charkha　纺车，甘地独立自主的象征。

Charlemagne　查理曼大帝（742—814年在位），或称为查理·卡尔大帝，法兰克王国加洛林王朝国王，神圣罗马帝国的奠基人。他建立了那囊括西欧大部分地区的庞大帝国。公元800年，由罗马教皇加冕神圣罗马帝国开国皇帝，号为罗马人皇帝。他在行政、司法、军事制度及经济生产等方面都有杰出的建树，并大力发展文化教育事业。他引入了欧洲文明，他被后世尊称为“欧洲之父”。

Charles，Andrews　查尔斯，安德鲁斯（1871—1940），英国传教士，甘地的好友。他曾在国际大学居住一段时间，就各种社会问题与泰戈尔深入交谈。

Charles Fabri　查尔斯·法布里，12世纪中奥迪西舞评论家。

Charnock，John　查尔诺克，约翰（?—1693），英国人，加尔各答城的创建者。

Charu-darsana　意为“看上去漂亮”。

Charuchandra Babdyopadhyaya　查鲁昌德拉·班丢帕迪雅亚，由他选编、南达拉尔·鲍斯（Nandalal Bose）插图于1909年出版泰戈尔的第一部诗选《查亚尼卡》（Chayanika）。

Charudatta　善施，3世纪印度作家首陀罗迦的剧本《小泥车》里的男主人公，他是婆罗门商人，和妓女春军演绎了一段美好的爱情。

Charupath Bodhoday　《查如帕·波多达伊》，由阿克沙库马尔达塔（Akshaykumar Datta）和伊斯瓦钱德拉韦迪撒加（Ishwarchandra Vidysagar）写的初级启蒙课本。

Charuvarma　查如瓦尔玛，黑天的儿子，在雅度族自残中死。

Charvaka　提倡享乐主义的大仙。“活着就要多享受，借钱也要吃黄油”。

Charvaka　遮婆家（顺势论教派），顺世论追随者。

Charwels Lander　查韦斯·兰德尔，一个赴西藏旅游的西方游客，当时他的所有仆人因为害怕丧命几乎都离他而去，只有叫琼东辛赫和曼诺信赫的两个印度仆人，从来没有动过逃跑的念头。在即将面临死亡威胁和难以忍受的痛苦下，他们仍然没有动摇。然而在这中间他们丝毫没有发现新大陆的激情，也没有在社会上扬名以及出版游记赚钱的诱惑。尽管他们的主人是外国人，而且是临时几天的主人，可是他们是印度教徒，他们从来不会产生打人的冲动，可是也从来不惧怕死亡。

Charyapadas　《神秘歌曲集》。

Chasa　乔沙种姓。

Chatak　干渴鸟。

Chataka　呼云鸟。

Chathure　恰都拉，婆罗多舞手语：表示眼睛，信封给你，发誓。

Chatimtala　查定塔拉，国际大学内由3棵大树组成的屏障，泰戈尔的车驶回住地乌太阳时，停顿片刻，泰戈尔在车里向他的父亲的纪念碑默念祷词。

Chatrasasantantra　《学生管理》，泰戈尔的散文，1916年出版。

Chattagram　吉大港，印度独立前为主要的印度港口，现在孟加拉。

Chatterjee Bankim Chandra　查特吉·B.C.（1838—1894），孟加拉语作家。作品有：《茉莉纳莉尼》（Mrinalini）、《阿难陀寺院》（Ananda Math）等。

Chatterji，Atul　查特吉，阿图尔（1874—1955），曾任印度驻英国高级专员，1930年5月在伦敦与泰戈尔讨论印度事务。

Chatterji，Bankimchandra　查特吉，班吉姆钱德拉（1838—1894），孟加拉作家，被誉为“孟加拉的司各特”，写历史小说14部，作品有《毒树》《快乐院》《阿难陀寺院》等。

Chatterji，Gopal Chandra　查特吉，哥帕尔·昌德拉，20世纪初印度合作社防疟疾协会的创始人。

Chatterji，Ramananda　查特吉，罗摩南达（1865—1943），著名的编辑，创办《现代评论》刊物，1931年12月泰戈尔纪念周时，他给泰戈尔献上全世界泰戈尔的朋友和崇拜者表达他们对泰戈尔敬意的书《泰戈尔的金色书》。

Chatterji，Saratchandra　查特吉，萨拉特钱德拉（1876—1938），印度孟加拉语小说家。童年时家境贫困，中学学业靠奖学金完成。曾游历全国各地，父母去世后到缅甸生活、工作数年。1896年开始文学创作。由于有广泛的社会接触，深知民间疾苦，所以作品接近大众，往往一问世便受到广大群众欢迎。他特别善于描写备受封建礼教压迫的妇女形象，表现了他对妇女的深切同情。主要作品有：《大姐》《比拉基嫂子》《妇女的价值》《青年的叛逆》《乡村社会》《最后一个问题》等等。1923年获文学奖，1936年达卡大学授予他名誉博士学位。1936年泰戈尔出席了查特吉60岁生日庆祝会。

Chatterji，Sheila　查特吉，水拉，泰戈尔作品翻译家。

Chatterji，Sunniti Kumar　查特吉，苏尼提·库马尔（1890—1977），印度国际知名的孟加拉语言学家和哲学家。他曾任印度政府梵语委员会主席，印度文学学会成员，作品有《孟加拉语言的语源与发展》《文学与梵文》《印度梵语文学》等。1927年7—10月陪同泰戈尔访问东南亚。

Chatterton　查特顿（1752—1770），英国诗人。他曾经把15世纪一个名叫托马斯·罗利（Thomas Rowley）的诗人的作品当作自己的作品发表了。他自己也写过不少诗歌。

Chattopadhyaya Debiprasad　恰托巴迪亚耶（1918—1993），印度马克思主义哲学家。著作有《印度无神论》《顺势外道》等。

Chattopadhyaya，Nirmal Chandra　恰托巴德亚耶，尼尔马尔·钱德拉（1895—1974），泰戈尔时代的印度翻译家，曾把泰戈尔的作品翻译为英语。

Chattopadhyaya，Suniti Kumar　恰托巴德亚耶，苏尼迪·库马尔（1890—1977），印度画家，1927年随泰戈尔访问东南亚。

Chattra　伞盖。

Chattrapati　“华盖主”，马拉塔人领袖西瓦吉加冕时给自己的称号，意为独立君王。

Chatur　查陀儿，19世纪音乐家毗湿奴·那拉亚·巴坎得（Vishnu Narayas Bhatkhande）对作品签字时所用的名字。

Chaturanga　《四个人》（《四重奏》；《碎环》），泰戈尔1915年写的中篇小说。见Broken Ties。

Chaturmukha　四面像。

Chaturyugas　聪明，伪善的时代。

Chatuspathis　教梵文的学校。

Chaucer，Jeoffrey　杰弗雷·乔叟（约1343—1400），英国诗人。他曾因外交事务出使许多国家和地区，到过比利时、法国、意大利等国，有机会遇见薄伽丘与彼特拉克，这对他的文学创作产生了很大的影响。乔叟早期的创作受意大利和法国文学的影响。他把法国文学中的骑士传奇、抒情诗和动物寓言故事等引入英国文学。其早期作品《特罗勒斯和克莱西德》（1385），人物性格塑造生动细腻，语言机智幽默。乔叟在他生活的最后十五年进行了《坎特伯雷故事集》（The Canterbury Tales，

1387—1400）的创作。这是他最杰出的作品。作品描写一群香客（pilgrim）聚集在伦敦一家小旅店里，准备去坎特伯雷城朝圣。店主人建议香客们在往返途中各讲两个故事，看谁讲得最好。故事集包括了23个故事，其中最精彩的故事有：骑士讲的爱情悲剧故事、巴斯妇讲的骑士的故事、卖赎罪券者讲的劝世寓言故事、教士讲的动物寓言故事、商人讲的家庭纠纷的故事、农民讲的感人的爱情和慷慨义气行为的故事。作品广泛地反映了资本主义萌芽时期的英国社会生活，揭露了教会的腐败、教士的贪婪和伪善，谴责了扼杀人性的禁欲主义，肯定了世俗的爱情生活。乔叟用富有生命力的伦敦方言进行创作，也为英国文学语言奠定了基础。他首创的英雄双韵体为以后的英国诗人所广泛采用，因而乔叟被誉为“英国诗歌之父”。

Chaudhurani, Indira Devi　乔德祜拉尼，印迪拉·黛薇，泰戈尔时期的著名文学编辑，曾编辑出版了不少泰戈尔的作品。

Chaudhurani, Sarat Kumar　乔德祜拉尼（1861—1921），泰戈尔有意培养的女作家。

Chaudhuri, Nirad C.　乔杜里，N. C.（1897—1999），印度著名作家，开始当记者，担任《现代评论》助理编辑，为《新英语评论》《泰晤士报》等写稿，为全印广播电台做时事评论员。1951年因小说《一位未知印度人的自传》而一夜成名。写了世纪之孟加拉个人和民族的历史，还有另外两部著作《通向英国之路》和《喀耳刻陆地》。其他作品有《印度克莱武》《穆勒教授的生平》《赖以生存的印度教》等。他生前曾评论泰戈尔的作品。

Chaudhuri, Pramatha　乔杜里，普拉玛提（1868—1946），印度著名学者，于1914年出版文学月刊《绿叶》（Sabujpatra, Green Leaves），刊登了大量的泰戈尔的作品。

Chaudhuri, Sankho　乔杜里，桑科（1916—2006），印度雕塑家。

Chauhan　乔罕种姓。

Chauhan Subhara Kumar　乔汗·素芭拉·库马尔（1904—1947），印度独立时期的女诗人，作品有《詹西女王》（Jhansi Ki Rani）、《萌芽》（Mukul）、《珠宝遍地》（Bhkre Mott）等。

Chaunsa, Battle of　乔恩萨战役，1539年莫卧儿王朝第二代皇帝胡马雍与阿富汗首领舍尔汗在孟加拉的乔恩萨的战斗，胡马雍败。

Chaur　乔尔，印度11世纪著名的梵语文学诗人。

Chaurapanchashika　《偷情50咏》,《遮娄其王转》的作者、11世纪诗人比尔汗（Bilhan）（1076—1127）写的诗。据说，比尔汗由于和公主沙希卡拉（Shashikala）偷情而被判处死刑。他在刑场上用输洛克体朗诵50首诗歌，回忆他和公主的至死不渝的爱情。诗歌中洋溢的力量和美感使维拉欣哈（Virasingha）皇帝深为感动，于是下令赦免他，允许她和公主成婚。

Chauri Bearer　持拂药叉女，公元前3世纪孔雀王朝时代的著名雕刻。

Chauri Chaura Tragedy　乔里·乔拉事件，印度联合省（今北方邦）格勒尔普尔附近的乔里·乔拉村农民反抗英印警察镇压的事件。1922年2月4日，乔里·乔拉村农民举行示威游行，响应甘地号召，参加不合作运动，但遭到警察射击。2000多农民奋起反抗，袭击了乔里·乔拉村警察所，烧死警察22名。此事引起甘地和国大党领导人的不安。2月11—12日国大党工作委员会在甘地的主持下在巴多利召开紧急会议，通过《巴多利决议》，指责群众采取“过火行为”，并宣布立即停止不合作运动。

Chauth　乔特税，马拉塔王朝对被征服地区征收的军事税。

Chavadi　村里的公共集会地，既是公共交易地又是村子警察总部和客栈。

Chavan, Yeshwantrao Balwantrao　恰范，耶西万特拉奥·巴尔万特拉奥（1913—1984），印度政治家，1979—1980年任印度副总理。

Chavannes, Edouard　查万内斯，艾都阿德（1865—1918），法国汉学家，第一个探究云冈石窟的法国人。

Chaya　影子。

Chayanataka　影子戏。

Chayanika　《查亚尼卡》，由查鲁昌德拉·班丢帕迪雅亚（Charuchandra Babdyopadhyaya）选编、南达拉尔·鲍斯（Nandalal Bose）插图、1909年出版的泰戈尔的第一部诗选。

Chayavada　浪漫文学兴起运动。

Che-hien　智贤，西印度佛教高僧，公元1016年来中国讲经。

Che Ki Siang（Jnanasri）　舍给僧，印度僧人，1054年带梵文经书来中国译经。

Che Yongqiang　车永强，广东石油化工学院老师，发表《试论郭沫若与泰戈尔抒情诗的泛神论思想》。

Cheena-Bhavana　中国学院，在印度圣蒂尼克坦国际大学校园内，由泰戈尔提议，谭云山募捐创建，1937年春建成，泰戈尔发出的许多邀请信中都宣布尼赫鲁会来为中国学院开幕。不料，到了开幕式前一天，尼赫鲁突然发高烧，不能出远门了。他赶忙写了一封信，叫女儿英迪拉连夜坐火车送去圣蒂尼克坦，代表他出席开幕式。尼赫鲁在信上说："生病竟会使我不能参加明天在圣蒂尼克坦举行的中国学院开幕仪式，使我不能实现我的诺言，对此我感到非常惭愧。我很少遇到这种情况，我答应参加开幕典礼时是抱着充分信心能参加到这伟大典礼中来的，它的伟大在于它勾引起对远古往昔的回忆，它的伟大也在于它使我们寄望于将来的同志关系，能使中印两国更紧密联系起来。过去我们两国有那长久的友好交往和相互影响的历史，从未受到政治冲突和侵略行为的干扰！我们一直是在思想、艺术、文化方面进行交换，取长补短，彼此丰富各自的民族遗产。"

他还说："中国和印度，从历史的黎明以来就成为姊妹民族，彼此都有悠久的文化传统和思想的和平发展，应该在世界舞台上扮演主角……"

尼赫鲁对中国学院的建立，给予了高度评价。以后他只要有机会去圣蒂尼克坦，总是喜欢去看看中国学院，和院长谭云山聊一聊，表明他对中国学院的高度赞赏。

1937年4月14日，印度国际大学中国学院正式开幕。富有民族特色的开幕式隆重热烈，载歌载舞，鼓乐齐鸣。泰戈尔从外地请来了众多贵宾，在座的除了谭云山、魏风江外，还有加尔各答中国领事馆官员和不少印度华侨领袖。泰戈尔的兴致特别高，热情洋溢，喜形于色。他的发言滔滔不绝，带着诗意，足足讲了一个多钟头。

"这的确，对我来说，是一个伟大的日子，是我盼望了很久、很久的。我现在可以代表我国人民履行我们历史遗留下来的承诺，承诺在我国人民和中国人民之间保持那1800年前早已奠基的文化、友好往来……"

他说："今天揭幕的这个大厦，将会变成两国之间与时俱增的更大了解的核心与象征。中国的学生们和学者们将会来到这儿居住，变成我们的一部分，分享我们的生活方式，也让我们分享他们的生活方式，他们对我们共同事业贡献精力，帮助我们逐渐重建两国之间可惜已经中断了10个世纪，但收获丰硕的相互交往的伟大过程。"

泰戈尔后来对记者表示，建成中国学院是他自己一生中的大事，是晚年完成的一个心愿。事实也的确如此，泰戈尔创建的中国学院，曾邀请了不少著名的中国学者，培养了许多印度学者。中国学院成为中印两国之间的一条文化纽带。

中国学院建立20年后，1957年，周恩来总理和贺龙副总理应尼赫鲁总理邀请访问印度时，也曾专程造访中国学院。此时，虽然泰戈尔早已作古，周恩来仍发表了热情的讲话，充分肯定泰戈尔对中印友谊所做的贡献。在今天的中国学院，人们依然可以感受到一代大师泰戈尔对中国人民和中国文化的友好感情。谭云山以中国学院为基地，为印度培养了大批的汉语人才，不少学生成为"中国通"和中印交流的中坚。谭云山也成为"现代玄奘"，为中印文化交流做出了杰出贡献。

印籍人士自动学习中文者有郭克雷（V. V. Gokhale）、穆克罗吉（P.Mukherji）、苏季子（Sujit Mukherji）、爱亚什瓦米（Aiyaswami）、寂比丘（Santi Bhiksu），斯里兰卡人苏曼伽罗（Sumangala）、慧明（Pannasiyi）、李华德（Edward Lee），日本人张含熙、谢熙、春日井真。

Cheene Maran Byabasaaya　《在中国的死亡贸易》，泰戈尔的散文。

Chekanuprasa　智者，谐音。

Chekitana　古代印度军队分支的首领。

Chela　弟子，追随者。

Chelmsford　契姆斯福（1868—1933），英国勋爵，1916—1921年任印度总督，任内与印度事务大臣蒙塔古发表联合宣言，史称《蒙塔古-契姆斯福改革报告》，许诺在印度实行宪政改革。1919年又通过《罗拉特法》，派军镇压阿姆利则人民反英斗争。1919年4月13日阿姆利则大屠杀事件发生后，泰戈尔愤怒地给他写信，为了抗议英国人对印度人民的屠杀，坚决辞去“爵士”称号。

Chelyshev，E. P. 切里舍夫（1821—1894），苏联印度学家，翻译了许多印度的诗歌，主要研究方向为“印地语诗歌问题”。1961年撰文纪念泰戈尔诞生100周年。

Chemmeen 《小虾》，20世纪马拉雅拉姆语作家塔卡奇·斯瓦桑卡拉·毗莱（Thakachi Sivasankara Pillais）的作品。

Chen Baiming 陈白明，音乐工作者，发表《我的琴弦从我生下来就已调定：泰戈尔的音乐》。

Chen Banding 陈半丁（1876—1970），即陈年，画家，浙江山阴（今绍兴）人，家境贫寒，自幼学习诗文书画。拜吴昌硕为师，40岁后到北京，初就职于北京图书馆，后任教于北平艺术专科学校。擅长花卉、山水，兼及书法、篆刻。他曾任中国美术家协会理事、北京画院副院长、中国画研究会会长。1924年4月29日，北京画界邀请正在北京访问的泰戈尔来位于北京樱桃斜街贵州会馆看画展，陈半丁参加陪同。

Chen Baoping 陈保平，当代学人，发表《生命之永恒的惊奇：读〈泰戈尔评传〉》。

Chen Daqi 陈大齐（1886—1983），中国现代心理学家，中国现代心理学的先驱，字百年，浙江海盐人，1886年8月22日出生，少时在海盐尚书厅徐氏家塾就读，后至上海广方言馆习英文。1901年，陈大齐进入浙大前身浙江求是大学堂学习。1903年（清光绪二十九年）陈大齐留学日本，入仙台第二高等学校，后入读日本东京帝国大学文科哲学门，专攻心理学，获文学士学位，于1912年毕业。陈大齐回国后，1912年（民国元年）任浙江高等学校校长，兼浙江私立法政专门学校教授；1913年春任北京政法专门学校预科教授；1914年起任北京大学心理学教授。陈大齐于1917年在北京大学创建了我国第一个心理学实验室，对我国早期心理学工作具有开创性的影响。1937年，陈大齐与蔡元培、戴传贤给泰戈尔发电，祝贺国际大学中国学院成立。

Chen Duxiu 陈独秀（1879—1942），原名庆同，官名乾生，字仲甫，号实庵，安徽怀宁人，中国新文化运动的发起人和旗帜，中国文化启蒙运动的先驱，五四运动的总司令，中国共产主义运动的先行者，中国共产党创始人和早期领导人之一。早在1915年，他就翻译介绍泰戈尔的诗。1924年4—6月泰戈尔访华，陈独秀持反对态度，在报刊上批评泰戈尔。1924年，以“实庵”的化名发表《我们为什么欢迎泰戈尔》《泰戈尔于东方文化》《象的民族》《天下没有不吃饭的圣人》《反对曹大总统？马峰桥四号！》《崇拜泰戈尔的主张派兵征服蒙古》《各界热烈欢迎泰戈尔》《评泰戈尔在杭州上海的演说》《泰戈尔昨静养一天》《泰戈尔与梁启超》《好个友爱无争的诗圣》《泰戈尔与清帝及青年佛化的女居士》《泰戈尔是个什么东西》《诗人却不爱谈诗》《泰戈尔与金钱主义》《班禅与张天师》《精神文明东方文化段祺瑞》。他以独秀的名字发表《泰戈尔与北京》《巴尔达里尼与泰戈尔》《反对泰戈尔便是过激》《精神生活与金钱》《神童与诗圣》《印度诗圣泰戈尔翁和中国》等。

Chen Feng 晨风，当代学人，发表《评价泰戈尔的政治思想》。

Chen Fu 陈复，民国人物，1924年发表《辟反对泰戈尔者》《泰戈尔关于佛教之谈话》《告反对泰戈尔者》《泰戈尔离京赴晋》等。

Chen Hao 陈浩，当代学人，发表《亚洲文学泰戈尔哲理抒情妙语精华》。

Chen Jialan 陈佳岚，当代学者，2012年发表《泰戈尔诗歌的感恩主题》。

Chen Kwang Theatre 晨光大剧院，在北京，1924年5月9日正在访华的泰戈尔在这里连续作3场演讲，题目分别为“巨人的统治”“文明和进步”“真理”。

Chen Laisheng 陈莱笙（1906—2002），谭云山的夫人陈乃蔚的妹妹，与谭云山、陈乃蔚共同创建大同学校，曾担任大同学校校长。

Chen Li 陈力，印度佛教高僧，公元973年来中国传教。

Chen Li 陈俐，当代学人，发表《鲁迅、泰戈尔在探索时期的诗歌之比较》《“放下足也是在走路”——鲁迅、泰戈尔在探索时期的诗歌之比较》。

Chen Luqian 陈露茜，女，1980年发表《泰戈尔与印度音乐》，1981年发表《泰戈尔的歌词艺术》。

Chen Maoliang 陈茂良，当代学人，发表

《咏历史，借古喻今写现实，切中时弊——试论泰戈尔的早期创作》。

Chen Ming 陈明，北京大学教授，发表《简论〈吉檀迦利〉中的神秘主义》。

Chen Mingjian 陈铭鉴，民国人物，政治活动家。1924年5月18日，北京佛教讲习会会员沈钧儒与何雯、张相文拜访正在北京访问的泰戈尔，同泰戈尔就佛学进行了交流。时为议员的陈铭鉴与黄攻素、张树枬等在座，徐志摩、邓高镜担任翻译。

Chen Naiwei 陈乃蔚（1902—1980），谭云山的妻子，湖南人，与谭云山在马来西亚认识结婚，协助谭云山创办国际大学的中国学院，共同创办大同学校。

Chen Ruofan 陈若帆，当代学人，发表《泰戈尔人道主义思想浅识》。

Chen Rong 陈榕，当代学人，发表《论泰戈尔短篇小说〈弃绝〉》。

Chen Sanli 陈三立（1853—1937），近代同光体诗派重要代表人物，晚清维新派名臣陈宝箴之子，与谭嗣同、徐仁铸、陶菊存并称"维新四公子"，国学大师、历史学家陈寅恪之父，陈宝箴另一子陈衡恪为画家。陈三立被誉为中国最后一位传统诗人。民国十三年（1924年）4月，印度著名诗人泰戈尔来华，慕其名，由徐志摩陪同至西湖相访，泰戈尔以印度诗坛代表的身份，赠给陈三立一部自己的诗集，并希望陈三立也同样以中国诗坛代表的身份，回赠他一部诗集。陈三立接受书赠后，表示谢意，谦逊地说："您是世界闻名的大诗人，是足以代表贵国家诗坛。而我呢，不敢以中国诗人代表自居。"后两人比肩合影，传为中印文化交流史上的佳话。

Chen Shizeng 陈师曾（1876—1932），江西义宁（今江西修水）人，清末著名画家，美术教育家，字师曾，号巧者，又号坊道人，号所居白槐堂、唐石花、仓室，祖、父均显贵饱学，同是清末著名诗人。陈师曾10岁能写擘窠书，涂烟去工诗工，人称"神童"。陈师曾20岁曾留学日本习博物，归国后从事美术教育，历任北京高师、北京美专教授。1924年陈师曾与齐白石创立北京画会，5月6日邀请正在北京访问的泰戈尔光临画会。

Chen Ting 陈挺，当代学人，发表《泰戈尔的〈弃绝〉剖析》。

Chen Wenying 陈文颖，当代学人，发表《泰戈尔与冰心笔下的儿童》。

Chen Xiying 陈西滢（1896—1970），名源，字通伯，1896年生。西滢是他为《现代评论》周刊"闲话"专栏撰稿时使用的笔名。16岁那年即赴英国留学，先后入爱丁堡大学和伦敦大学学政治经济，获博士学位。1922年回国，在北京大学执教。1924年在胡适支持下，与徐志摩等人创办《现代评论》《周刊》，任文艺部主编，在该刊开辟"闲话"专栏，发表了许多杂文，另外还翻译了屠格涅夫等人的小说。1927年与女画家凌叔华结婚，1929年到武汉大学任教授兼文学院院长，1943年到伦敦中英文化协会工作，1946年出任国民党政府驻巴黎联合国教科文组织首任常驻代表。梁实秋将他与胡适、周氏兄弟、徐志摩并称为五四以来五大散文家。1970年3月29日，陈西滢因中风逝于伦敦。1924年5月6日，齐白石、陈师曾创办的北京画会邀请正在中国访问的泰戈尔看画，时任北京大学英文系主任的陈西滢应邀出席，此事促成了他和女画家凌叔华的结合。

Chen Xunming 陈训明（1944— ），贵州社会科学院研究员，发表《泰戈尔获得诺贝尔奖的前前后后》。

Chen Yihai 陈义海，江苏东台人，比较文学博士，盐城师范学院文学院教授，发表《徐志摩诗歌与泰戈尔诗歌比较研究》。

Chen Yongzhi 陈永志，当代学人，发表《论泰戈尔对郭沫若诗歌创作的影响》《郭沫若和泰戈尔三题》。

Chen Yuanxiang 陈源湘，佛教家，1924年4月26日，正在中国访问的泰戈尔到法源寺观赏丁香花，他作为北京佛化新青年会代表参加欢迎会。

Chen Ziming 陈自明（1932—），世界音乐理论家，中央音乐学院教授。1989年至1990年去印度考察研究印度音乐近一年。1992年在中央音乐学院开设"印度音乐文化"课（属全国首次）。发表《行走在泰戈尔的音乐天空》《亚洲音乐文化的多元性——印度、中国、菲律宾音乐现状的比较研究》等。2012年兰州大学排演泰戈尔的著名戏剧《齐德拉》，他担任音乐指导。

Chen Zuolong 陈祚龙（1923—），湖北监利人，幼即聪慧，及长，赴印度、英国、法国深

C

造，曾获印度大学文学硕士、牛津大学文学学士、法国巴黎大学文学博士。他对佛教学及敦煌学造诣甚深，蜚声国际学界。他历任巴黎大学中国学研究所唐代文化史综述讲座教授、文化大学研究所教授兼主任，现任法国国立远东学术院院士。重要著作有《中华佛教文化史散策初、二、三集》《敦煌学要籥》《悟真研究》《敦煌真赞研究》《敦煌学海探珠》《敦煌资料考屑》《敦煌简策订存》等。

Chenchiye Balaa 《大声喧哗》，泰戈尔的散文。

Cheng 成，民国某学者笔名，1917年发表《印度诗人泰戈尔传》。

Cheng 澄，民国某学者笔名，1924年发表《杂感一则》《泰戈尔过缅甸时的演说》。

Cheng Fangwu 成仿吾（1897—1984），原名灏，笔名石厚生、芳坞、澄实，今湖南新化县人，革命家、新文化运动的重要代表、教育家和社会科学家、文学家、翻译家。他和郭沫若等创立创造社，参加长征，新中国成立后担任人民大学、山东大学等校长。1923年发表《郑译〈新月集〉正误》。

Cheng Juanzhen 程娟珍，女，当代学者，发表《论泰戈尔“心灵表现说”的诗学观》。

Chengiz Khan 成吉思汗，本名孛儿只斤·铁木真（1162—1227），蒙古帝国可汗，尊号“成吉思汗”。世界史上杰出的政治家、军事家。1206年春天建国称帝，此后多次发动对外征服战争，征服地域西达中亚、东欧的黑海海滨。1265年（至元二年）10月，元世祖忽必烈追尊成吉思汗庙号为太祖。1266年（至元三年）10月，太庙建成，制尊谥庙号，元世祖追尊成吉思汗谥号为圣武皇帝。1271年（至元八年），忽必烈将国号“大蒙古国”改为“大元”。1309年（至大二年）12月，元武宗海山加上尊谥法天启运，庙号太祖。从此之后，成吉思汗的谥号变为法天启运圣武皇帝。

Chengutiya Paraganaa 辰古亚区，在西孟加拉杰索尔县，泰戈尔的第十二代祖先拉伊乔杜里（Raayachoudhuree）曾经住在这里。

Chennai 金奈，即马德拉斯（Madras），印度东南部城市，泰米尔纳德邦首府，濒临孟加拉湾，人口317万，港口由人工建成，以两条运河、铁路与公路与内地联系。

Cherbourg 瑟堡，法国西北部海港，1924年9月泰戈尔从这里乘“安德斯号”船去秘鲁。

Cheras 克拉拉邦的切拉人。

Cheria Muria of Bastar 巴斯卡的且利亚穆瑞亚，一种印度民间舞。

Cherrapunji 齐拉朋吉山峰，在印度东部的梅加拉亚邦，被称为世界的云雾之屋，那里是世界降雨最多的地方。

Cherusseri 且鲁塞利，16世纪马拉雅拉姆语作家，作品有《黑天的故事》（Namboodri Krishnagatha）。

Chesterton 彻斯特顿（1874—1936），英国著名记者，小说家，诗人。

Chetana 觉悟，觉醒。

Chett 觉悟。

Chetti 切提种姓。

Cheyasutta 《惩戒经》。

Chhabi 小品。

Chhabi o gaan 画与歌。

Chhabi o Sangeet（Sketches and Songs）《画与歌》，泰戈尔1883年写的诗集。

Chhada 《屋顶》，泰戈尔的诗，1941年发表。

Chhadar Chhabi 《画的树叶》，泰戈尔1937年写的诗集。

Chhanda 《诗体学》《韵律学》。1933年9月16日，泰戈尔在加尔各答大学以此为题目做报告，论述孟加拉诗体学。

Chhandas 阐论，讲诗的格律，韵律，吠陀六支（Vedanga）之一。

Chhandogya Upanishad 《歌者奥义书》。

Chhandomaadhuree 韵律之美。

Chharaa 泰戈尔的《儿歌集》。

Chharaar Chhabi 《儿歌之画》，泰戈尔的诗。

Chhatarpur 查塔普尔，印度中央邦城市。

Chhatra “黄罗伞”，国王的仪仗。

Chhatra Sasan（Student Discipline）《学生纪律》，泰戈尔1916年3月写的文章，强烈反对对学生的镇压。

Chhatrabrittir Paathyapustak 《大学生的择业读本》，泰戈尔的散文。

Chhatraganer Prati Sambhashan 对学生的讲话。

Chhattisgarh Plain 恰迪斯加尔平原，在印度中央邦东部，7万多平方千米。

Chhattrer Pariksha 泰戈尔于1885写的喜剧《一个小学生的考试》。见A Pupil's Test。

Chhau 乔舞，独具男性风格，给印度舞平添一股俊烈的阳刚之气。

Chhaya 者诃耶，日神苏利耶妻子的侍女，太阳神的妻子忍受不了太阳的炽热，把贴身女仆变为自己，太阳神没有看出破绽，把她当作妻子，生3个孩子。

Chhaya 查雅，太阳神的妻子。

Chhayavadi 浪漫派诗人。

Chhelebela 《我的童年》，泰戈尔的散文。

Chhelebelaakaar Aahaa, Ghumghore Dekhechhinu 《啊，儿时的睡梦中我看见》，泰戈尔的诗。

Chhelebelaakaar Sharatkaal 《童年的秋天》，泰戈尔的杂论。

Chhenjaki 陈久基，孟加拉的一种菜肴。

Chhinna Latikaa 《被扯断的蔓藤》，泰戈尔写的杂谈。

Chhinnapatra 《书信集》，泰戈尔写，1912年出版。

Chhota Galpa 《小故事》，泰戈尔1894年写的短篇小说。

Chhotanaagapur 丘多纳格布尔，印度恰拉坎德土邦（Jhaarakhand Raajya）的一个地区，以前曾经属于孟加拉邦和比哈尔邦。面积65509平方千米，海拔700米。

Chhoto-lok 小人。

Chhoto o Baro 《渺小与伟大》，泰戈尔1917年写的文章，尖锐地分析殖民政府的官僚体制。见The Great and the Small。

Chhuti（The School Closes）《放假》，泰戈尔的短篇小说。见Holiday。

Chicago 芝加哥，美国城市，位于美国中西部，属伊利诺伊州，东临密歇根湖。芝加哥及其郊区组成的大芝加哥地区，是美国仅次于纽约市和洛杉矶的第三大都会区。芝加哥地处北美大陆的中心地带，为美国最重要的铁路、航空枢纽。芝加哥同时也是美国主要的金融、文化、制造业、期货和商品交易中心之一。自1833年建市以来，经过一百多年的发展，芝加哥逐渐成为具有世界影响力的大都市之一。芝加哥常见的别名包括："第二城"."风城""芝城"等。同名的还有歌剧、电影等。20世纪初，中西部已是美国最大的谷物和肉、乳产区，五大湖地区煤、铁资源等的开发，使芝加哥迅速成为中西部地区最大的城市和交通、工业中心，商业和金融业也日趋繁荣。芝加哥在国际工人运动中有着光荣历史，是国际"五一"劳动节（1886）和"三八"妇女节（1909）的发源地。1916年10月泰戈尔访美时曾访问该市。1912年泰戈尔访美期间，芝加哥的《诗刊》第一次刊登了由蒙罗女士编辑的泰戈尔的6首诗。

Chidambaran 契丹巴兰庙，泰米尔地区达罗毗荼风格的最重要的古代寺庙。

Chidor 吉多尔，是拉贾斯坦一小国梅瓦尔的都城。自1568年，被莫卧儿王朝阿克巴大帝攻破后，四百年来，那里土著民族遵守先辈誓言，不把异族统治者赶出去之前，决不再进吉多尔城寨。

Chidraratha 齐德拉拉特山，《摩诃婆罗多》中贡蒂与般度五子从喜马拉雅山返回象城时经过的山，甘达婆在此守天地之间。他送阿周那一匹灰马。

Chidren Press in Fujian 福建少年儿童出版社，创立于1984年8月，地址在福州。1996年出版林久初的《诺贝尔奖获得者的青少年时代：泰戈尔的故事》。

Chilakamarti 19世纪泰卢古语作家。

Chilika 《齐利卡》，奥里雅语诗歌之父拉达德雷（Radhaadh Ray，1848—1908）写的750行长诗。

Chillianwala, Battle of 奇里安瓦拉战争，英殖民者为并吞锡克教国家旁遮普于1848—1849年在奇里安瓦拉进行的战争，英军胜。

Chin 刹那势，是亲证绝对的象征。

China Academic Almanac 《中国学术年鉴》，2004年由中国社会科学院与全国著名高校联合出版，内有侯传文的《论泰戈尔的韵律诗学》。

China and India 《印度与中国》，泰戈尔于1937年4月14日在国际大学中国学院建成典礼上的讲话。

China Archives Newspaper 《中国档案报》，1995年创刊，地址在北京。2003年8月29日刊登孙闻浪的《20世纪初印度文豪泰戈尔访华轶事》。

China Book Almanac 《中国图书年鉴》，2003年1月刊登李冰辰的《泰戈尔英诗汉译

〈飞鸟集〉〈流萤集〉》和杨牧之的《泰戈尔》，2006年1月刊登姚虹云的《泰戈尔诗集》。

C

China Culture Service Press 中国文化服务出版社，民国时期的出版社，1945年出版柳无忌的《印度文学》，第8章为《泰戈尔》。

China Education Outside School 《中国校外教育》，创刊于2007年，由中央教科所、教育部教育发展研究中心、教育部基础教育课程教材发展中心、中国儿童中心和全国校外教育联席会联合主办。2011年第14期刊登艾丹的《1924年泰戈尔访华对中印文化交流的影响》。

China，India and the War 《印度、中国与第二次世界大战》，谭云山1944年写的著作。

China-India Society 中印学会，1935年由谭云山、戴季陶、蔡元培等在南京创建，周谷城、太虚、梁漱溟、徐悲鸿、于右任等热烈响应，其宗旨是“研究中印学术，沟通中印文化，融洽中印情感，联合中印民族，创造人类和平，促进世界大同”。

China New Books Monthly 《中国新书月报》，1930年12月由上海华通书局创办，是当时报道新书较为全面的一种期刊。该刊不但对新书的书目务求新颖详尽，而且还刊有新书介绍、名著题解、读者来信、出版界消息等内容。1931年3月该刊刊登《画家泰戈尔》。

China Oversea Chinese Press 中国华侨出版社。中国华侨出版社是直属中国侨联的中央级出版机构，成立于1989年1月。其宗旨是通过向世人介绍侨胞造福桑梓及在居住地的成就与贡献，褒扬中华民族的光荣传统和勤劳刻苦、坚毅善良的优秀品质。1994年出版张光璘的《中国名家论泰戈尔》。

China Peace Press 中国和平出版社，中国宋庆龄基金会所属国家级出版社，成立于1985年，地址在北京。1996年出版《泰戈尔》。

China Postal Service 《中国邮政报》，创刊于2000年1月，是由中国邮政集团公司主管主办的全国邮政通信行业唯一的综合性经济类报纸。现为周三刊，每周二、四、六出版。2001年4月27日刊登丁元的《邮品纪念泰戈尔》，2001年12月14日刊登刘开文的《印度人民的儿子——泰戈尔》。

China Reading 《中华读书报》，由新闻出版广电总局、光明日报社和中国出版工作者协会主办，1994年7月创刊。2000年7月5日刊登陈训明的《泰戈尔获得诺贝尔奖的前前后后》，2002年4月17日刊登杨建民的《郭沫若与泰戈尔：认知与转变》，2003年4月9日刊登杨建民的《泰戈尔·叶芝·庞德》，2005年1月5日刊登周晓云的《泰戈尔在美国的冷遇》。

China Social Sciences Press 中国社会科学出版社，成立于1978年6月，是由中国社会科学院创办并主管的以出版人文社会科学学术著作为主的国家级出版社。1983年出版金克木的《印度论文集》；2010年5月出版侯传文的《话语转型与诗学对话：泰戈尔诗学比较研究》；2011年10月出版毛世昌、刘雪岚的《辉煌灿烂的印度文化的主流——印度教》；2013年出版毛世昌、袁永平、高杰的《印度贱民领袖宪法之父与佛教改革家——安培德卡尔》。

China Theatre 《中国戏剧》期刊，由中国戏剧家协会主办，前身为《戏剧报》《人民戏剧》，1950年创刊。2004年11月第11期刊登石维坚的《水雾缭绕的峰峦——我演泰戈尔》。

China Time Economy Press 中国时代经济出版社，前身是中国审计出版社，成立于1988年，2001年10月更现名。2007年出版高思义的《寤寐中的泰戈尔》。

China Twentieth Century Mirror 《中国20世纪通鉴》，龚育之主编，1980年1月刊登《5月首都文化界集会纪念泰戈尔诞生100周年》。

China-West Press 中西书局，2010年5月由上海世界书局更名后成立。其前身是上海百家出版社。2011年出版朱纪华的《泰戈尔与上海》。

Chinamaner Chithi 《关于中国人的信》，泰戈尔用孟加拉语写的散文。

Chindia 中印大同，龙象共和，龙象共舞，中国和印度的大团结、大联合、大合作、大交流、大互惠、大发展、大相爱、大坦诚、大智慧、大慈悲、大福祉、大光明。该名字于2005年由印度政府负责农村发展的内阁部长兰密施（Jairam Ramesh）发明，由谭中等倡导，郁龙余等大力呼吁。

Chindwin River 钦敦江，缅甸伊洛瓦底江右岸最大的支流。

Chine Maraner Byabasa 《鸦片——运往中国的死亡》，泰戈尔在20岁写的散文，谴责英国对中国的鸦片贸易，见Death Traffic in China。

Chinese Book Almanac 《中国图书年鉴》，由新闻出版广电总局主管。1994年1月出版陈浩的《亚洲文学泰戈尔哲理抒情妙语精华》，1995年第1期刊登李家文的《亚洲文学泰戈尔散文选》，1996年1月刊登李国平的《亚洲文学泰戈尔文集》和刘春荣的《亚洲文学大师文集·泰戈尔卷》。

Chinese Book Review 《中国图书评论》，由中宣部出版局于1986年创办。1994年2月刊登李建欣的《戛戛独造金针度人——评〈泰戈尔诗歌的意象〉》。

Chinese Construction 《语文建设》期刊，由教育部语言文字报刊社主办，以广大语文教师为服务对象的综合性语文刊物，是全国中文核心期刊，1956年创刊。2004年3月第3期刊登李云雷的《童真与想象中的诗意——读泰戈尔〈纸船〉》。

Chinese Correspondence 《语文函授》杂志，1991年第5期刊登甘丽娟的《从泰戈尔小说创作看其妇女观的衍变》。

Chinese Front 《语文战线》，1979年由杭州大学中文系创办，1980年刊登华宇清的《泰戈尔怎样对待荣誉》。

Chinese, History and Philosophy 《文史哲》杂志，1951年创刊，山东大学主办。2002年7月第4期刊登郁龙余的《泰戈尔的自然观与自然诗》。

Chinese Monthly 《语文月刊》，创刊于1982年4月，由华南师范大学文学院主办。1985年第7期刊登刘劲予的《一篇别开生面的短篇小说：读泰戈尔的〈漂亮邻居〉》。

Chinese of TV University 《电大语文》，1982年由辽宁广播电视大学创办。是电大教学辅导刊物。1983年第11期刊登斯宝昶的《从〈吉檀迦利〉看泰戈尔诗的哲理性》。

Chinese Phylosophy Almanac 《中国哲学年鉴》，创刊于1982年，是由哲学研究所主办的大型文献性、资料性学术年刊。1992年1月刊登于平的《在海外哲学论坛上记泰戈尔逝世50周年国际学术会会议》，1993年1月第1期刊登孙晶的《新书选介·泰戈尔》。

Chinese Poems and Songs Almanac 《中国诗歌年鉴》，由《新诗大观》编辑部编辑。1993年1月第1期刊登晓歌的《创作部分：致泰戈尔》。

Chinese Publication Almanac 《中国出版年鉴》，1980年创刊，由中国出版工作者协会编辑，自1987年起，由中国出版工作者协会和中国出版科学研究所合编。1992年1月刊登方厚枢主编的《外国文学·泰戈尔爱情诗选》，1996年1月刊登刘菊兰的主编的《外国文学大师文集·泰戈尔卷》。

Chinese Reading 《中华读书报》，由新闻出版广告电总局、光明日报社和中国出版工作者协会主办。1994年7月创刊。2012年3月7日刊登张西平的《东方的希望》。

Chinese Self-study 《中文自修》期刊，创刊于1983年11月，是华东师范大学语文教育研究中心主办的、面向广大中学生的语文读物。1986年第5期刊登董红钧的《神秘、人道、探索：析泰戈尔的〈吉檀迦利〉》。

Chinese Studies 《语文学习》，1957年9月刊登石真的《泰戈尔和他的“两亩地”》，1984年刊登陈挺的《泰戈尔的〈弃绝〉剖析》，1995年第8期刊登易徽的《深刻隽永，清新淡雅：谈泰戈尔的诗歌创作》。

Chinese Studies in India 谭云山于1942年写的《印度的中国研究》。

Chinese Tu 《中国土族》，1990年创刊，由青海土族研究会、青海日报社主办。2006年6月第2期刊登卜红的《“泛神论”之于泰戈尔和郭沫若》。

Chinese Youth 《中国青年》，是1923年10月20日由中国社会主义青年团创办的机关刊物，是中国大陆现存历史最悠久的杂志，也是中国共产党领导的历史最长的红色媒体。关注青年生存状态、服务青年成功人生是其基本宗旨。创办人与编辑者为恽代英、林育南、邓中夏、萧楚女、任弼时、张太雷、李求实等。共产党员恽代英、萧楚女担任主编。这是我国近代史和中国共产主义运动史上最具战斗力和生命力的青年刊物。刊物为周刊。后迁武汉。1927年7月迁回上海，1949年迁北平（今北京）。1949年4月起，一直是团中央的刊物。在泰戈尔访华期间的1924年5月该杂志刊登泽民写的《评“人类第三期之世界”》。

Chinmayananda 金马亚楠大（1916—1993），20世纪印度教大师，在世界传播新吠檀多教义。

Chinmudra 教诲手势。

C

Chinnai 金奈，见Madras（马德拉斯）。

Chinnaya Suri 钦那雅·苏里（1807—1861），19世纪泰卢古语现代文学倡导人。

Chinniah 秦尼雅，19世纪婆罗多舞坦焦尔（Tanjore）风格的4大著名舞蹈老师之一。

Chintamani 钦德摩尼，如意宝石；梵天称号。

Chintasheel 泰戈尔于1885年写的喜剧《若有所思》。见Thoughtful。

Chirakumaar Sabhaa（Association of Professed Celibates）《独身者协会》，泰戈尔于1926年根据他1908年的同名小说改编的喜剧。见Assoication of Professed Celibates（The Bachelor's Club）。

Chiraman 《奇拉曼》，13世纪马拉雅拉姆语作家罗摩前亚（Ramachanya）的作品。

Chiranjivi 长生不老者。

Chita and atma 身心。

Chital 齐塔尔，一种鹿。

Chitambaran Pillai 奇谈巴兰·皮来，20世纪泰米尔语作家。

Chitapur 吉多普尔，18世纪加尔各答的大街名。1784年泰戈尔第十七代先祖久耶拉姆的二儿子尼尔摩尼在该街东边买了一大块土地，建起了泰戈尔家族的住宅。这个地方古时候叫梅丘亚市场（Mechhuyaabaazaar），孟加拉语的意思是"渔民市场"，后来这个地方才改名为"乔拉桑科"（Joraasaanko，孟加拉语的意思是"双桥"，大概那里曾经有过两座桥）。尼尔摩尼就成为乔拉桑科泰戈尔家族的祖先，而久耶拉姆的三儿子多尔波纳拉扬则成为巴图里亚卡达（石码头）村另一支泰戈尔家族的祖先。

Chithi（Chithi Likhba Kathaa Chhila）《信（早先许诺经常写信）》，泰戈尔的散文。

Chithipatra 《通信录》，泰戈尔于1887年写的散文集，以虚拟的父子之间通信的方式写成。

Chitpur 吉特普尔，加尔各答的一条街名，泰戈尔的第十八代先祖尼尔莫尼于1784年在这里买了一块地，逐渐建成了泰戈尔家族的大院乔拉桑科。

Chitor 奇托尔，印度古代梅瓦尔王国都城。

Chitore 奇多尔，印度拉贾斯坦邦南部的一个要塞，建于7世纪，曾为拉吉普特人的西西达部族的首府。

Chitra 齐德拉星座，日食神罗睺在它和斯瓦星座之间。

Chitraa 《齐德拉星》，泰戈尔的诗集。

Chitraangada 花钏女，又叫齐德拉，史诗《摩诃婆罗多》中阿周那的妻子。阿周那在娶了那迦公主乌鲁比之后继续到处朝圣，从喜马拉雅山开始，到比哈尔、奥里萨，然后来到曼尼普尔。在曼尼普尔，他被在城里自由自在漫步的齐德拉迦达公主的美貌所吸引。他决心娶她为妻，于是亲自拜见国王，向国王奇特拉瓦汗那表达了他的愿望。国王告诉他，齐德拉迦达是他的独生女，因此他把她当作儿子看待。国王同意让阿周那娶公主，但有个条件，公主所生的儿子必须是曼尼普尔国王家族的人。阿周那同意了，于是娶了齐德拉迦达，在曼尼普尔住了三年。

Chitraangada 《齐德拉》（又译《花钏女》），泰戈尔于1892写的剧本。一次偶然的机会，曼尼普尔公主齐德拉遇到了正在自我流放的般度五子之一的阿周那，深深地爱上了他。她是曼尼普尔国王的独生女，不漂亮，被培养成一个粗犷、有阳刚之气的巾帼豪杰。也许是由于这种原因，阿周那对她毫无兴趣，说自己已发下12年不近女色的誓言，不配做她的丈夫。齐德拉不善罢甘休，向爱神玛德那和春神伐森特恳求恩典，请求赐予她美丽的容颜，哪怕一天也行。两位神仙赐予她一年的美丽。果然，在美丽绝伦的女人面前阿周那屈服了。这以后，二人沉浸在无比巨大的幸福之中。但齐德拉心里很不安。她整天提心吊胆，害怕丑貌重现后被抛弃。在与阿周那的相处中，齐德拉时常以花自比，说不久就会凋谢；她还发现，一年还没有到，阿周那就好像厌倦了，这更令她伤心。同样，阿周那越来越感到齐德拉做作，不真实。他多次试图弄清齐德拉的真实身份、身世，都被她拒绝了。因此，阿周那也感到痛苦，感到无法猜透齐德拉心里的秘密，仿佛齐德拉是隐身在金像里面的女神，每时每刻唤起他忧郁的痛苦。村子里要遭到强盗抢劫，村民心焦如焚，齐声呼唤武功盖世、英勇无比的女英雄——公主齐德拉来拯救他们。阿周那急于见到这位女英雄。一年很快就要结束，最后一夜，在尽情享受了爱欲的幸福之后，在太阳升起的一刹那，齐德拉揭开了自己的面纱，现出原来的容貌。令她想不到的是，阿周那不仅没有嫌弃她，反而感到自己的生命圆满，获得了无上的幸福。两人达到了精神融合，也就是灵魂融合，在融合中实现解脱，实现“梵我合一”。在泰戈尔访华期间的1924年5月8日，为庆祝泰戈尔64岁生日，由张彭春导演，林徽因饰演齐德拉，张新海扮演阿周那，徐志摩演爱神，林长民演春神，王孟瑜女士、袁昌英女士、蒋百里、丁燮林饰演村人，梁思成担任布景，在北京协和礼堂用英语演出《齐德拉》。1926年6月13日在泰戈尔访问意大利期间，东道主邀请泰戈尔观看用意大利语演出的泰戈尔的戏剧《齐德拉》。2007年11月，兰州大学英语专业2005级学生用英语演出《齐德拉》。2012年3月，由印度驻中国大使苏杰生博士和兰州大学毛世昌博士共同策划，金珊珊女士编排舞蹈，武怡任导演，中央音乐学院陈子明教授担任音乐指导，印度舞专家金珊珊担任舞蹈教练，陈辉负责背景音乐，杨子怡、周学伟、彭亚珍、史润青、党昊春等担任主演，兰州大学用汉语演出了改编为音乐歌舞诗剧的《齐德拉》。

Chitraangadaa　花钏女，《摩诃婆罗多》里大英雄阿周那在曼尼普尔娶的公主。

Chitraangadaa　花钏，《摩诃婆罗多》里福身王和贞信的大儿子，毗湿摩的同父异母弟弟。早逝。

Chitrabichitra　《缤纷集》，泰戈尔的诗集。

Chitragupta　奇特拉古普塔，太阳神苏里耶的别名。

Chitragupta　吉特罗笈多，印度神话传说中阎王殿的小鬼儿，阴曹地府中判官，阎王的助手，掌管鬼魂的功德恶绩并予以惩罚。

Chitraka　奇特拉卡森林，在印度曼尼普尔。

Chitrakar　《艺术家》，泰戈尔的短篇小说。见Artist。

Chitrakuta　质多罗俱陀山，在阿拉哈巴德西南65英里处的印度圣河雅穆纳河的支流曼达吉尼河畔。《罗摩衍那》中的罗摩和悉多被流放时在此住了很久。

Chitral　奇特拉尔，古代西域地名，在今新疆。

Chitralipi　《绘画集》，泰戈尔于1940年出的自己的画集，有泰戈尔亲自写的诗文。

Chitrasena　奇特拉森纳，《摩诃婆罗多》里与般度五子唯一友好温和的持国儿子；达刹女卡德拉的第二子；齐德拉的父亲，曼尼普尔国王；画军，雷电神因陀罗的车夫；迦尔纳的儿子，在大战的第十八天被无种杀死。

Chitrasikhandis　7仙人，指极欲仙人、众友仙人等7个大仙。

Chitrasutra　《画经》，成书于4—7世纪的《毗湿奴往世书》的附录第三部分，讲绘画亦兼雕塑。书中提到绘画的8种属性：位置、比例、空间、优美、清晰、似、减少、增加，涉及绘画的构图要素、审美特征、写实性和立体感。

Chitravahana　花钏王，印度神话里古代曼尼普尔国王，花钏女的父亲。他把独生女儿花钏女嫁给般度王子阿周那，但条件是他们生的儿子要留给他，来继承他的王位。

Chitravichitra　《各种各样的画面》，1954年泰戈尔发表的诗。

Chitrayadha　齐德拉雅达，《摩诃婆罗多》里般度将领，束发的别名。

Chitre　奇特罗，印度电影人，1925年与陀鲁阿伊（Toruay）拍《彭达利克》（Pundalik）。

Chittagong　吉大港，孟加拉国东南部吉大港专区首府，人口390万人，全国最大海港和第二大城市，位于孟加拉湾东北岸，戈尔诺普利河下游右岸的希达贡达丘陵脊上，距河口16千米。天然良港，建于16世纪。从古开始吉大港就已经是海港。吉大港原为渔村。阿拉干人、阿拉伯人、波斯人和葡萄牙人先后到此贸易。从9世纪开始阿拉伯人就已经开始与吉大港通商了。在6世纪和7世纪里它属于阿拉干国。在穆斯林统治前它不是属于阿拉干国就是属于缅甸王国。1340年索拉岗的苏丹征服了吉大港。1538年阿拉干国再次占领吉大港。此后这个地区被葡萄牙和海盗控制。1666年莫卧儿帝国驱逐了葡萄牙人，此地被莫卧儿帝国侵占。1824年缅甸军队占领吉大港。1930年4月18日革命者抢劫吉大港的军库。1947年印、巴分治后吉大港发展迅速，成为孟加拉国主要工业基地和交通枢纽。1971年孟加拉国的独立是在吉大港宣布的。

Chittagong armoury raid　抢劫吉大港的军库事件，英属印度吉大港人民的反英斗争。1930年4月18日晚，以库马尔·森为首的反英组织“吉大港共和军”袭击并占领吉大港英军武器库和警察营房，随后组织群众示威游行，并在街上和英国军警展开街垒战，一度控制全城。英印官员出逃后，调兵遣将对起义者发动进攻。起义者被迫撤离市区，退往贾拉拉巴德山固守，后因缺乏援助，4月底5月初被英国殖民者残酷镇压，30名“共和军”成员被交付法庭审判，少数未被逮捕的领导人则转入地下秘密活动。

C

Chittor 齐陀尔，在拉加斯坦邦，拉其普特人抗御穆斯林的要地，湿婆舞王雕像（Shiva Nataraja）就出土于此地的提鲁卫兰迦度（Tiruvelangadu）。

Chivalry 《骑士精神》，泰戈尔的散文。

Chlelebela 《我的童年》，泰戈尔于1940年写的散文回忆录。见My Childhood Days。

Choga（coga） 套在查扑坎长袍外面的波斯式的宽松外套。

Chokar 夜鸟。

Chokher Baali 《眼中沙》，泰戈尔的中篇小说。见Speck in the Eye。

Chola 乔拉国，《摩诃婆罗多》里坚战的属国。

Cholas Dynasty 朱罗王朝，约公元前3世纪至公元15世纪的南印度古国。

Cholom 乔龙，曼尼普尔一种民间舞。

Chonana Duch 《乔那那度查》，19世纪坎纳达语作家斯塔瓦兰（Stavaram）的作品。

Chongqing Publishing House 重庆出版社，其前身是1950年组建的西南人民出版社，1980年恢复现名。1985年5月出版刘文哲、何文安翻译的《泰戈尔评传》。

Chongto 崇多，西印度佛教高僧，公元1010年来中国讲经。

Chopin 肖邦（1810—1849），波兰作曲家、钢琴家，1810年3月1日生于华沙近郊，父亲是法国人，侨居华沙任中学法文教员，母亲是波兰人。肖邦从小就表现出非凡的艺术天赋，六岁开始学习音乐，7岁时就创作了波兰舞曲，8岁登台演出，不足20岁已出名。他是历史上最具影响力和最受欢迎的钢琴作曲家之一，是波兰音乐史上最重要的人物之一，是欧洲19世纪浪漫主义音乐的代表人物。肖邦一生的创作大多是钢琴曲，由此，他被誉为“钢琴诗人”。

Chopra 肖伯拉，印度当代电影人，20世纪60年代拍《时代》（Wagt）。

Chora Angirasa 黑天的师父。

Choraai Dhan 《偷来的财宝》，泰戈尔1933年的短篇小说。见Stolen Treasure。

Choras Nympharum 天上歌舞伎神。

Chorten 层叠灵塔。

Chota bou 小妯娌。

Chota ma 小母亲，仆人对年轻女主人的称呼。

Chota sahib 洋人。

Choti Chitrasala 乌代普的王宫。

Choto O Bado 泰戈尔的散文。

Chowdhury，D. P. Roy 乔杜里，D. P. R.（1925—1971），印度雕塑家。

Chowdhury，Pramatha 乔杜里，P.（1868—1946），印度孟加拉语文学家，著作有《十四行诗》《漫步》等。

Chowgule House 桥格尔财团，印度第十九位财团，1963年由桥格尔创立。

Chowki 方凳。

Chowringhee 丘伦集，加尔各答郊区的一个镇子，泰戈尔在这里住过。

Chowry 皇家食物。

Christ 基督，基督教对耶稣的专称，意指上帝所差遣的救世主。

Christ 《基督》，泰戈尔1932年的书信，评论一位友人写的同名书。

Christian Topography 《基督教地志》，6世纪希腊旅行家科斯马斯·因迪科普流斯太司写的旅行记。

Christianity 基督教，发源于犹太教，与佛教、伊斯兰教并称世界三大宗教，是以新旧约全书为圣经，信仰人类有原罪，相信耶稣为神子并被钉十字架从而洗清人类原罪、拯救人类的一神论宗教。在历史进程中分化为许多派别，主要有天主教（中文也可译为公教、罗马公教）、东正教、新教（中文又常称为基督教）三大派别，以及其他一些影响较小的派别。基督教是所有基督宗教的起源，是最早且最古老的宗教之一。犹太教的形成代表着基督宗教的诞生。《新约全书》是基督教徒（此处指新教徒）与他们所信仰的神子耶稣基督达成的新圣约，取代了先知亚伯拉罕和摩西与耶和华达成的旧约。新约分为四部分：福音书、保罗书信、使徒书信和启示录。新约也是由拿撒勒派所发展出的新教（即一般意义上的中文的基督教）所奉的圣经。

基督教的基本教义：

1.上帝

上帝是唯一的最高的神圣的存在者、人格神、绝对完美的终极存在。

三位一体：同一个上帝具有三个位格：圣父、圣子和圣灵。

唯有耶和华是神，除他以外，再无别神。

太初有道，道与神同在，道就是神。神的本质为一，称为上帝，是无始无终、无形无像、不可分开（无部分）、全能、全智、全善的，是一切有形无形之万物的创造者保存者；但他有三位，同质，同权，又同属永恒，就是圣父、圣子、圣灵。

2.原罪

原罪的起源：亚当、夏娃违背了神吩咐善恶树上的果实不可吃的诫命。

原罪的本质：人拒绝服从神的旨意，不让神决定他一生的路程，而决意选定走自己的路。

原罪的要素：知识上不信与骄傲；意志上有与神同等的欲望；感情上放纵与放任。

3.拯救（Salvation）

上帝的独生子化身成人，以其在十字架受死替人赎罪，克服人离弃上帝的罪况，使人与上帝重新修和。

4.上帝之国和末日审判

“我实在告诉你们。财主进天国是难的。我又告诉你们，骆驼穿过针眼，比财主进上帝的国还容易呢!”

5.启示

上帝本身、上帝的意志和上帝的话语自我显示并在人间的传播、启示是上帝的恩赐。基督教徒根据启示认识上帝和信仰上帝。

6.摩西十诫

（1）除了我（上帝）以外你不可有别的神；

（2）不可为自己雕刻和敬拜偶像；

（3）不可妄称耶和华是你上帝的名；

（4）当守安息日为圣日；

（5）当孝敬父母；

（6）不可杀人；

（7）不可奸淫；

（8）不可偷盗；

（9）不可作假证陷害人；

（10）不可贪恋别人的妻子和财物。

7.以色列的伦理传统

《旧约》中的“摩西十诫”。

8.基督教的伦理

（1）“不可杀人”——尊重人的生命；

（2）“不可奸淫”——脱离情欲带来的败坏，走向圣洁，敬畏圣洁、公义的神；

（3）“若非淫乱，不可离婚”—上帝所设立的婚姻，二人成为一体；

（4）“不可起誓”——敬畏上帝，尊重真理；

（5）“不可报复”——放下自我，学会饶恕；宽恕一切愿意悔改的人，申冤在神；

（6）“爱仇敌”——爱神、爱人如己，但不纵容犯罪；

9.基督教道德的核心是爱，原则是爱神与爱人的统一。

“要尽心尽性尽意爱主，你的上帝。这是诫命中第一的，也是最大的。其次也相仿，就是要爱人如己。这两条诫命，是律法和先知一切道理的总纲。”

Christine Nilsson 克里斯娜·妮尔桑（1843—1922），瑞典歌唱家。

Christlieb 克里斯里布，19世纪末住在印度的英国学者，著名编辑。

Christmas 圣诞节，译名为“基督弥撒”。弥撒是教会的一种礼拜仪式。圣诞节是一个宗教节。因为把它当作耶稣的诞辰来庆祝，因而又名耶诞节。这一天，世界所有的基督教会都举行特别的礼拜仪式。每年12月25日，是基督教徒庆祝耶稣基督诞生的庆祝日。在圣诞节，大部分的天主教教堂都会先在12月24日的耶诞夜，亦即12月25日凌晨举行子夜弥撒，而一些基督教会则会举行报佳音，然后在12月25日庆祝圣诞节；而基督教的另一大分支——东正教的圣诞节庆祝则在每年的1月7日。

Christmas Anniversary 《圣诞节周年纪念》，泰戈尔于1924年12月25日写的散文。

Chryse 克律塞岛，古代地名，在孟加拉湾远东。

Chudakarana 第一或第三年的婴儿削发礼。

Chu Yi 褚意，唐代僧人。

Chudalongkorn University 楚达隆科大学，在曼谷，1927 10月8日泰戈尔到曼谷访问，受到无数暹罗人、华侨、印侨和欧洲人的欢迎。

C

10月13日受到泰国国王的热情接见，在楚达隆科大学作论教育的演讲。
Chuhra　朱拉，贱民种姓。
Chunar　地名，此地产阿育王石柱的楚纳尔砂石。
Chungadi　马杜奈的扎染工艺。
Chuprassis　警察。
Churaamani　焦罗摩尼，学者们的荣誉称呼，孟加拉语的意思是“头上的宝石”。
Church of Bom　帮牟教堂，在印度果阿，藏有圣人弗兰西斯·克萨维（Francis Kavier）的不朽遗体。
Church，Richard　车池，理查德（1893—1972），英国诗人、小说家。作品有长篇小说《门廊》、自传《过桥》、评论《英国小说的发展和作家》等。1961年撰文纪念泰戈尔诞生100周年。
Churchill，Wenston　丘吉尔，温斯顿（1874—1965），政治家、画家、演说家、作家以及记者，1953年诺贝尔文学奖得主（获奖作品《不需要战争》），曾于1940—1945年及1951—1955年两度任英国首相，被认为是20世纪最重要的政治领袖之一，带领英国获得第二次世界大战的胜利。据传他是历史上掌握英语单词词汇量最多的人之一（十二万多）。他被美国杂志《展示》列为近百年来世界最有说服力的八大演说家之一。2002年，BBC举行了一个名为“最伟大的100名英国人”的调查，结果丘吉尔获选为有史以来最伟大的英国人。
Churi　钏镯。
Chuti　泰戈尔的短篇小说《放假》。见Holiday。
Chutiyas　朱亚人，印度少数民族，为波多族和掸族融合而来，分布在阿萨姆地区。
Chutney　用水果、洋葱、辣椒做的调味品。
Chuttram（Tillai）　湿婆庙（故乡），在本地治理南50千米处；给婆罗门的施舍房。
Chyaatartan - baalak - kabi　《少年诗人查特顿》，泰戈尔的散文。
Chyavana　神话里的行降仙人，薄利古的儿子。其母为普罗魔抢走，路上掉下他，他的光焰烧抢劫者为灰烬。芦箭王女美娘（妙姑）把修炼如土堆只露出两个闪光点的眼睛用树枝刺瞎，他逼其嫁他。双马童引诱他妻子妙姑，他让妻子嘲笑双马童有不完善处，双马童求教，妻子提出双马童帮助丈夫返老还童后相告。于是双马童让行降在神奇的水池沐浴，他顷刻变为英俊少年。后来双马童克服缺点，跻身于众神行列。
C. I. D.　刑事仲裁者。
Cicero Marcus Tulius　西赛罗（公元前106—公元前43年），古罗马哲学家、政治家。
Cid-ambaram　精神天堂。
Cidambaram　印度南湿婆庙，10世纪建。
Cidampalam　小厅。
Cidvilasananda　20世纪印度教湿婆派女大师，在印度和美国成功建立组织，传播湿婆派西达瑜伽。“西达”指修炼达到圆满境界的人。
Cikitsavidya　思科查维迪亚，医方名，关于禁咒驱邪、药石针灸的印度古代医学。
Cilappatikaram　《脚镯记》，2世纪泰米尔语长篇叙事诗，描写戈瓦兰与甘那吉与玛达薇两个女子之间的爱情故事。
Cina Sangharama　中国寺庙。
Cinabhukti　至那仆底国，传说为贵霜王朝皇帝迦尼色珈的儿子汉质子冬季的住所。
Cinacara　中国密宗，密宗，亦称密教，又名“秘密教”“真言乘”“金刚乘”等，是秘密佛教的简称，属于大乘佛教的一个教派。自称受法身佛大日如来深奥秘密教旨的传授，为“真实”言教。起源于公元2世纪流行于印度的大乘佛教，是大乘佛教进一步神秘化、通俗化、世俗化的结果。它最明显的特征是：高度组织化的咒术、神秘化的仪轨和世俗信仰。“三密为用”是密教独特的义理，密教认为，如果口密、身密、意密三密与诸佛的身、口、意相应，便可成佛，即通过口诵真言（口密）、手结印契（身密）、心作观想（意密），便能修成正果。膜拜仪式的对象是一个叫作度母（Mahacinatara）的女神。
Cinaja　钢铁。
Cinamsuka　中国丝绸。
Cinani　桃子。
Cinarajaputra　梨子。
Cinca　旃遮女，笃信外道，假装怀孕诬陷佛陀，不料暴露。
Cini　白糖。
Cini Margner Byabasay　《死亡的贸易》，泰戈尔1881年写的评论文章。
Cinta　忧虑。
Cintamani　如意宝。

Cire perdu　制像工艺：先用蜡设计像，外涂泥，用火烧，蜡化，留下泥像，灌入熔化的“金属”。

Cit　知，个体灵魂。

Cita　心。

Cita　焚烧尸体的柴火堆。

Citavratti　情绪。

Cithipatra　《泰戈尔书信集》。

Citmsvarupa　本性。

Citra　即Chitra。

Citra　绘画，绘画图案。

Citra　质多罗，星座名。

Citragupta　齐德拉笈多，阎摩的随从，左右立录事，称量到阴间来的人一生的善恶。

Citrakara　画师。

Citrakavya　画诗。

Citramimamsa　《画诗探》，16世纪阿帕亚迪克西塔（Appaya Diksita）著。

Citramimamsa《驳画诗探》，17世纪世主（Khanduna Jagannatha）著。

Citrapata　画布。

Citraratha　齐德拉拉塔，一个甘达婆的名字。

Citrasena　画军，《摩诃婆罗多》里因陀罗天上的飞天首领，他送仙女优哩婆湿陪阿周那睡，遭拒绝。他教阿周那学歌舞技艺，后抓住难敌，被阿周那打散，解救难敌。

Citrini　神经索。

Citta　想法，心念，意识，心。

Citta-asaya-visuddhi　心乐清净。

Citta-dharmata　心性不生不灭。

Cittabhumi　心力，心地。

Cittadharma　心法。

Cittamatra　心光。

Cittaraja　心王。

Cittasamtana　心法。

Cittavarana　心无挂碍。

Cittavratti　情绪。

City Corporation　科伦坡市自治机关，该机关于1934年5月15日举行泰戈尔梵文锡兰欢迎大会。

City Palace　城宫，在拉贾斯坦邦首府斋普尔，为当地历代土邦王亲政、起居的宫殿，以章德拉宫最著名。

Civil and Military Gazette　《民军报》，19世纪初创办于拉合尔，曾于1912年刊登安德鲁斯评价泰戈尔的文章。

Civil Disobedience Movement　非暴力不合作运动，是由圣雄甘地领导的、印度人民反抗英国殖民统治的一场影响深远的运动。其特点就是非暴力和不合作，而在这场运动中印度国民大会党逐渐成为领导者，并从1947年开始在印度的长期的统治。这场运动一方面打击了英国殖民统治，鼓舞人民士气，而另一方面其妥协性也使得取得的成果并不彻底，不利于人民真正的觉醒。但总之，从这时开始，印度向着独立国家的目标，前进了一大步。

Civilization and Progress　《文明与进步》，泰戈尔1924年5月访华时在北京晨光剧院所做的报告之一。

Classic Appreciation　《名作欣赏》期刊，1980年创刊于太原。1985年第5期刊登吴晓玲的《试论〈鹦鹉的故事〉及其他》，1992年10月第5期刊登王镛的《诗人泰戈尔——印度现代绘画的先驱》，1993年6月第3期刊登张无忌的《一篇引人入胜的诗意小说——泰戈尔〈摩诃摩耶〉赏析》，2004年8月第8期刊登侯传文的《诗与思的张力——细读泰戈尔诗选三首》，2007年8月第16期刊登韩燕红的《爱的宗教哲学——冰心与泰戈尔诗歌之比较》。

Clearser　《清扫者》，泰戈尔1933年写的诗。

Clemenceau　克莱蒙索（1841—1929），法国著名记者、物理学家、政治家，1906年—1909年，1917年— 1920年两次任法国总理。他是《凡尔赛合约》的主要起草者。

Clemens　克莱芒，9世纪爱尔兰著名学者。

Cleopatra　克里奥帕特拉（公元前69—公元30），古代埃及风流女王。

Cleveland　克利夫兰，美国俄亥俄州最大城市，位于州境北部伊利湖南岸、凯霍加河口，水陆交通要地，重要湖港和工商业城市，面积196.8平方千米，人口约52万，其中黑人占44%；1796年始建，1836年设市。1830年伊利湖与俄亥俄河间运河开通，1851年通铁路，工商业迅速兴起。20世纪30年代俄亥俄州已成为现代化大城市，重工业是经济基础。俄亥俄州位于连接美国东北部和中西部的铁路、公路干线上，位置十分重要，港口优良，是全国有名的文教中心，有多所大学、科研机构、美术馆、自然博物馆和世界著名的克利夫兰管弦乐团。瑟克尔大学区有30多所文化和宗教机构，包括全美第二的克利夫兰博物馆、塞弗伦斯演奏厅、占地273英亩的洛克菲勒公园、藏书量占美国第五位的公共图书馆以及多所高校。其医学研究水平居美国前列。1916年11月泰戈尔访美时曾访问该市，并在莎士比亚花园植树纪念。

C

Clive, Robert　克莱武（1725—1774），英国派往印度、孟加拉的省督。英国东印度公司与印度、孟加拉王公开战时，任英军司令官，英军不到1000人打败了孟军约50000骑兵、步兵。普拉西战役的胜利，使英国东印度公司获得巨大利益，在孟加拉取得霸权，印度开始逐渐沦为英国的殖民地。他于1758年任孟加拉总督；1760年返回英国晋升为爱尔兰贵族，当选为议员；1765—1767年任孟加拉总督。他是建立英属殖民地的关键人物。1774年他在英国国内因受受贿渎职指控而自杀。

Cloud and Sun　《乌云和太阳》，泰戈尔于1894年写的短篇小说。绍什普松是硕士，还通过了律师考试，父亲派他从加尔各答来乡下管理田产。本村地主管家霍罗库玛尔的10岁女儿吉丽芭拉是绍什普松的唯一朋友，她每天带来她家园子里的好果子给他，看他读书，有时耍点小脾气。绍什普松教她识字念书。但是绍什普松和吉丽芭拉的父亲霍罗库玛尔的关系不好。原因是：霍罗库玛尔要惩罚一位不听话的佃户，并控告这个佃户，请求绍什普松帮他，找借口诬告佃户，为绍什普松所拒绝，霍罗库玛尔怀恨在心，便暗中支使人糟蹋绍什普松的庄稼，点火烧仓库，侵占地界等，逼绍什普松走开。就在绍什普松正要走时，发生了一件事情：县长来视察，霍罗库玛尔倾力接待，却不小心得罪了县长的低种姓仆人，县长命令该仆人牵着霍罗库玛尔的耳朵示众。绍什普松仗义执言，愿意为霍罗库玛尔做律师，以诽谤侮辱罪控告县长。县长害怕，要求和绍什普松私了，为绍什普松严厉拒绝。狡猾的县长威胁霍罗库玛尔的东家，在东家的压力下软弱的霍罗库玛尔把一切责任推给绍什普松，并且撤诉。忙于准备辩护、有把握打赢官司的绍什普松极度失望，而且由于准备官司而冷落了吉丽芭拉。霍罗库玛尔被任命为地区法院的名誉院长，他趾高气扬，横行乡里。他给吉丽芭拉找了婆家，不许她去见绍什普松。自从撤诉之后霍罗库玛尔把绍什普松看作眼中钉，设法赶他走。绍什普松把书和行李搬上船，从码头回加尔各答。一个开汽艇公司的英国老板用枪打碎一艘要超汽艇的运黄麻的船，使船沉没，淹死船里的厨师，正好被绍什普松看见。他把船上的人救起，愿意自己免费帮助船老板控告英国人，打赢官司，让他赢回损失。但当时在汽艇上的乡下人胆小怕事，加上受管家霍罗库玛尔的威胁，不敢站出来做证。英国人傲慢地说，他开枪打空中的白鹤，不会浪费子弹去打一个破帆船。英国人被宣布无罪，趾高气扬地走出法院。吉丽芭拉要出嫁了，绍什普松站在河岸边远远看着吉丽芭拉的迎亲船。但低着头的吉丽芭拉根本没有看见。绍什普松又要坐船回加尔各答了。就在河道上，几个渔民拦网捕鱼。地区警长坐船经过，命人砍碎渔网，4个渔民吓得四散逃命。警长还不解气，命警察去抓逃跑的人。警察草菅人命，随便抓4个无辜的渔民顶罪。局长命令把他们关进监狱。绍什普松血气上冲，冲上去朝警长一顿猛揍。绍什普松被抓，那几个被无辜抓起来的渔民迫于威胁做假证，说英国人只是把他们叫上船，记下名字和地址。受霍罗库玛尔收买的几个村民做假证说，他们亲眼看见绍什普松无理寻衅，殴打英国老爷。绍什普松以袭击罪、侵犯罪、干扰公务罪被判刑5年。正好他父亲死了，弟弟在某邦当官，田产被霍罗库玛尔霸占。5年后，绍什普松出监狱，无路可走。来了一辆马车，停在他前面，仆人请他上车，说主人派他来接。他满心狐疑地跟进一所深宅大院。走进客厅，茶几上放着一个裂口铜盘，盘内放着他熟悉的旧练习本、算术课本、寓言故事书和《摩诃婆罗多》。铜盘木框刻着他亲手写的“吉丽芭拉”。他抬起头来，看见一身素服、没有任何首饰的已经成了寡妇的吉丽芭拉站在面前。她俯身向绍什普松行摸脚礼。二人激动得说不出一句话来。

Clouds and Waves　《乌云和波浪》，泰戈尔《新月集》里的诗。

Co-operation and Our Destiny　《合作与我们的命运》，泰戈尔的散文。

Co-operation (Samavaya and Samavyaniti)《合作》，泰戈尔的散文。

Co-operation Conference　合作大会，1929年2月，泰戈尔在斯瑞尼克坦的主会场作《合作的原则》的演讲，指出合作的实施会带来印度社会、经济生活的全面提高。高萨巴的丹尼尔·哈密尔顿（1860—1939），苏格兰大商人，把孟加拉作为自己的第二故乡，在高萨巴建立柴民达制度，实验社会改革项目。

Co-operative Insurance Company 印度合作保险公司，成立于1884年，泰戈尔的侄子苏伦德罗纳特是创始人之一。1934年2月泰戈尔主持该公司成立50周年纪念大会。

Coblenz 科布伦茨，德国中部城市，1930年8月6日，泰戈尔访问这里。

Cochin 科钦，位于印度的西南岸、克拉拉邦的埃尔讷古勒姆区。其面对阿拉伯海，拥有优良的海港，水上运输非常发达，被誉为“阿拉伯海之皇后”。更是印度克拉拉邦最大的城市。城里较古旧的部分奇怪地融合了中世纪的葡萄牙、荷兰和英国乡村风格，连接马拉巴海岸。圣弗朗西斯教堂位于海滨区，是印度最古老的教堂，那里还有一座450年历史的葡萄牙宫殿、被中国渔网围着的科钦堡和一座始建于16世纪中叶的犹太人教堂。科钦被《美国国家地理》杂志先后评为“全球十大乐土”和“一生必游的五十地之一”，这个临海的城市融合了西亚的海滨魅力和东南亚的绿色天堂，显得古朴而舒适。1922年11月泰戈尔访问斯里兰卡回国后在此短期停留。

Coimbatore 哥印拜陀，印度泰米尔纳德邦城市，人口100万。泰戈尔1918年曾经来此地。1922年10月1—3日泰戈尔再次访问该市并做题为“印度的历史观”“现代精神”“一所东方大学”等报告。

Coitus 交媾。

Cola 朱罗，公元前2世纪兴起的印度南方王朝。11世纪与遮娄其王朝合并，称为遮娄其-朱罗王朝。

Colas 注辇人。

Colebrook，Thomas 科勒布鲁克，托马斯（1765—1837），英国东方学家，他建立了印度学学科。

Coleridge 柯勒律治（1772—1834），有名的英国浪漫主义诗人。

Colhvuln 卡尔浩文夫人，1924年4月26日，她邀请正在北京访问的泰戈尔吃饭。

Collected Books of Literary and Arts 《文艺论丛》，1983年由上海文艺出版社出版，第18期刊登方锡德的《冰心与泰戈尔》。

Collected Books of South- Asia Translation 《南亚译丛》，1984年第2期刊登宫静翻译的《哲学家泰戈尔》。

Collected Essays of Literature 《艺文集刊》，1942年第1辑刊登木樨的《悼泰戈尔》。

Collyriniu-tinted eyes 女人黑葡萄般的眼窝。

Cologne 科隆，德国西部莱茵河畔名城和重工业城市，人口95.3万，仅次于柏林、汉堡和慕尼黑，是德国的第四大城市。公元前38年建为古罗马要塞，曾是汉萨同盟主要成员。科隆因位居欧洲东西和南北交通要冲，中世纪时经济已颇发达。19世纪中叶后，随鲁尔煤田开发和铁路修筑，科隆发展更迅速。科隆是巨大的水陆交通枢纽，重要的河港，全国金融中心之一。第二次世界大战时科隆遭严重破坏。马克思和恩格斯曾在此创办《新莱茵报》。科隆还是一个以罗马式教堂和哥特式大教堂闻名于世的城市。屹立在莱茵河边的科隆大教堂高157.31米，它有两座哥特式尖塔，北塔高157.38米，南塔高157.31米。科隆大教堂是世界上目前最高的双塔教堂，它已成为科隆市的象征和游客们向往的名胜之地。站在高高的塔顶极目远望，莱茵河犹如一条白色的缎带从旁飘过。1926年9月，泰戈尔访问德国时访问了科隆。

Colombo 科伦坡，斯里兰卡首都，最大城市，全国政治、经济、文化和交通中心，印度洋重要港口，世界著名的人工海港，位于斯里兰卡岛西南岸，濒临印度洋，北面以凯勒尼河为界，是进入斯里兰卡的门户，素有“东方十字路口”之称，人口64万人。科伦坡的名称来自僧伽罗语的Kola-amba-thota，意为“杧果港”，其后葡萄牙人将其拼写成Colombo，以纪念哥伦布。据信在2000年前的罗马、阿拉伯中就已经出现。8世纪时，僧伽罗王国与外界的贸易大多由在科伦坡的穆斯林商人所经手。中国史料当中最早见于元代航海家汪大渊所著的《岛夷志略》，称之为高朗步。

葡萄牙人于1517年来到科伦坡，建设了保护其香料贸易的据点。接下来科伦坡先在1656年被荷兰占领、1796年再被英国占领；英国将科伦坡建设成为英属锡兰的首都。自1948年斯里兰卡独立起，科伦坡一直是斯里兰卡的首都，直到1985年迁都至科伦坡东南郊区的斯里贾亚瓦德纳普拉科特为止。1922年

10月，泰戈尔来此访问。1934年5月9日，泰戈尔从科伦坡登岸访问锡兰。

Colorado 科罗拉多州，美国落基山区一州，东接堪萨斯州，南接俄克拉荷马州和新墨西哥州，西邻犹他州，北与怀俄明州和内布拉斯加州接壤，面积269997平方千米，在50州内列第8位，人口400万，在50州内列第26位，首府丹佛市（Denver），州名来源于西班牙语，意为“红色的”。1876年建州，因恰为美国独立后的一百年，别名“百年州”。主要城市均分布在落基山东麓，有丹佛、科罗拉多斯普林斯、普韦布洛等。科罗拉多州的邮政缩写是CO。州花是落基山耧斗菜（Locky Mountain Columbine）。州鸟是百灵鸦（Lark Bunt）。州树是云杉（Cololado Blue Spluce）。座右铭是“没有上帝就没有一切”（Nothing without the deity）。1916年12月泰戈尔访问美国时曾参观该州的喷泉。

Colossal Statue of Gomateswara 戈马特斯瓦拉巨像，印度最大的雕像，在卡纳塔克邦贝卢尔东南56千米处，为耆那教裸体像，高17米，由一整块巨石雕成。

Colosseum 意大利罗马大圆场，罗马斗兽场，亦译作罗马大角斗场、罗马竞技场、罗马圆形竞技场、科洛西姆、哥罗塞姆，原名弗莱文圆形剧场（Amphitheatrum Flavium），建于公元72至82年间，是古罗马文明的象征。遗址位于意大利首都罗马市中心，它在威尼斯广场的南面，古罗马市场附近。从外观上看，它呈正圆形；俯瞰时，它是椭圆形的。它的占地面积约2万平方米，最大直径为188米，小直径为156米，圆周长527米，围墙高57米，这座庞大的建筑可以容纳近9万人数的观众。此地是古罗马帝国专供奴隶主、贵族和自由民观看斗兽或奴隶角斗的地方。

罗马斗兽场是在公元72年，罗马皇帝韦帕芗为庆祝征服耶路撒冷的胜利，由强迫沦为奴隶的八万犹太和阿拉伯俘虏修建而成的。现仅存遗迹。斗兽场专为野蛮的奴隶主和流氓们看角斗而造。共有3层座位：下层、中层及上层，顶层还有一个只能站着的看台，这是给地位最低下的社会成员——女人、奴隶和穷人准备的。但即使在其他层，座位也是按照社会地位和职业状况安排的：皇室成员和守望圣火的贞女们拥有特殊的包厢；身着白色红边长袍的元老们坐在同一层的“唱诗席”中；然后依次是武士和平民。不同职业的人，例如士兵、作家、学者和教师，以及国外的高僧等也有特殊的席位。观众们从第一层的80个拱门入口处进入罗马斗兽场，另有160个出口遍布于每一层的各级座位，被称为吐口，观众可以通过它们涌进和涌出，混乱和失控的人群因此能够被快速地疏散。

角斗是斗兽场的主要节目，是一天中娱乐的高峰。当时还出现了专门培训角斗士的角斗学校。由斗兽场来为4所角斗学校提供资金，这4所学校可以容纳2000名角斗士，实际上这些角斗学校不过是训练营和监狱的组合体，因为绝大多数的角斗士都是来自罗马帝国各个地方的奴隶和俘虏，他们没有任何自由和权力，生活在社会的最底层。

对罗马贵族来说，最残酷的格斗毫无疑问也是他们最为激动的。打斗者带有戟或短剑。大部分斗士都是奴隶和犯人。也有为了挣钱而自愿前来格斗的，他们都受过专门训练。格斗分许多种：最有名的是决斗，这种决斗的一方是持三叉戟和网的角斗士，对手是带刀和盾的罗马武士，带网的角斗士要用网缠住对手再用三叉戟把他杀死，另一角斗士带着头盔，手持短剑盾牌，拼命追赶想战胜他的对手。最后，失败的一方要恳求看台上的人大发慈悲，这些观众们决定着他的命运，假如他们挥舞着手巾，他就能被免死；假如这些人手掌向下，那就意味着要他死。许多世纪前，这个竞技场由于地震部分倒塌了，但如今仍可看到当时斗士们格斗所用的场地。1926年6月10日在罗马大圆场进行罗马儿童演出的一年一度的合唱音乐会，邀请正在意大利访问的泰戈尔出席。

Colour Prejudicee 《肤色歧视》，泰戈尔1928年写的散文。

Columbia 哥伦比亚，在南美洲西北部，西濒太平洋，北临加勒比海。印欧混血种人占60%，白种人占20%，黑白混血种人占18%，其余为黑种人和印第安人等，西班牙语为国语，多信天主教。首都圣菲波哥大。面积114万平方千米，人口4600万。

Columbia University 哥伦比亚大学，位于美国纽约市曼哈顿，于1754年根据英国国王乔治二世颁布的《国王宪章》而成立，属于私立的常春藤盟校，由三个本科生院和十三个研究生院构成。哥伦比亚的校友和教授中一共有87人获得过诺贝尔奖。包括奥巴马总统在内的三位美国总统是该校的毕业生。此外，学校的医学院、法学院、商学院和新闻学院都名列前茅。其新闻学院颁发的普利策奖是美国新闻界的最高荣誉。1926年4月泰戈尔原计划访问该大学，因在洛杉矶丢失护照受到移民当局的歧视，为了抗议，他取消了计划中对该大学的访问。

Columbus　哥伦布（1451—1506），意大利航海家，生于意大利热那亚，卒于西班牙巴利亚多利德，一生从事航海活动。他先后移居葡萄牙和西班牙。他相信大地球形说，认为从欧洲西航可达东方的印度。在西班牙国王支持下，他先后4次出海远航（1492—1493，1493—1496，1498—1500，1502—1504）。开辟了横渡大西洋到美洲的航路。他先后到达巴哈马群岛、古巴、海地、多米尼加、特立尼达等岛，在帕里亚湾南岸首次登上美洲大陆。他考察了中美洲洪都拉斯到达连湾2000多千米的海岸线，认识了巴拿马地峡，发现和利用了大西洋低纬度吹东风、较高纬度吹西风的风向变化。

Come, my lover, in thy lavish splendour　《来吧，我的爱人，带着你照人的光彩》，泰戈尔的诗。

Comilla　库米拉，孟加拉东南部城市，在古姆提河南岸。1926年2月19日，泰戈尔访问该市。

Comit　胜论派。

Commensal　社会的。

Communal Award　《教派裁决书》，是英国政府于1933年通过的，也称“教派名额裁定”“少数族裔选举法”，亦即分别选举制。承认不可接触者和穆斯林等少数教派群体的选举权，但是实行保留席位的单独分区选举制。甘地当时正在为争取不可接触者权益斗争，他认为提高不可接触者的地位不在于保留议会席位，而在于革新印度教，废除不可接触制，并于当年9月20日开始“绝食至死”。泰戈尔发电报慰问甘地。泰戈尔于1936年主持庆祝大会，抗议这个裁决书。

Communal Award: To Madan Mohan Malviya　《教派裁决书：致马拉维亚》，马拉维亚是印度政治家和教育家、印度贝拿勒斯印度教大学创始人。

Comorin, Cape　科摩林角，该地名由公主名库玛瑞（Kumari）讹转而来。科摩林角是南亚次大陆的最南角，是阿拉伯海、印度洋和孟加拉海三海汇合处。岩角上的根尼亚古马里镇有湿婆庙，据说是根据湿婆神与喜马拉雅雪山女神的恋爱故事所建。他们在这里举行婚礼，诸神向他们祝贺。海边小岛上有印度近代思想家辨喜的庙。据说他于去美国讲学之前的1893年12月26日在这里为印度的前途沉思三天后，说了一句名言：“首先是吃饭，然后才是宗教。”

Company Bonds　东印度公司发行的投资债券。

Company Rai　东印度公司。

Complete Collection of Lu Xun　鲁迅全集，其第十五卷中鲁迅日记有关于演出《齐德拉》的记录，第一卷有《论照相之类》，第五卷有《骂杀鱼捧杀》等。

Comrades　《同志们》，泰戈尔号召印度爱国者的短诗。

Comte, Auguste　康德（1798—1857），法国著名哲学家、实证主义和社会学创始人。

Comtesse de Noailles　康提赛·戴·诺爱勒斯（1876—1933），法国浪漫主义女诗人，1920年8月在巴黎和泰戈尔会面。

Conclusion（Samapti）　《结局》，泰戈尔于1893年写的短篇小说。奥普尔博完成学士学业后从加尔各答回家，下船时差点绊倒，一假小子式的漂亮姑娘放声讥笑他。妈妈领他去邻村相亲，假小子进来大笑着偷走他的鞋子。在他狼狈回家的半道上假小子又大笑着把鞋子还给她。假小子叫茉莉娜玛依。奥普尔博没有看准那个姑娘，却决定娶茉莉娜玛依，经过争取，母亲同意，茉莉娜玛依被娶进门。她不会做家务，婆婆不满。茉莉娜玛依想去见父亲，婆婆不依，她偷跑。迷路后让邻居船夫带回婆家。奥普尔博要去加尔各答深造，问她愿意不愿意跟着去，她不愿意，愿意回娘家。临走丈夫要她亲他，她大笑着没有亲成。回到娘家，一切陌生，她开始想念丈夫。她从一个野姑娘变成了少妇。婆婆带她去加尔各答，已经成家的妹妹和妹夫故意卖关子，不让茉莉娜玛依出来。晚上他们留哥哥住下。奥普尔博一进黑屋子，女人的吻象暴风雨般袭来，媳妇欠他的吻有了最圆满的结局。

C

Concordia “和谐”，东京一个学术团体，1929年6月3日该组织欢迎结束加拿大、美国访问回印度途中在东京访问的泰戈尔，泰戈尔在欢迎会上以“理想的教育”为题讲话。

Conference of International Religions 国际宗教大会，于1829年1月6日在梵社百年纪念之际召开，由泰戈尔主持。

Confucius 孔子（公元前551—公元前479），子姓，孔氏，名丘，字仲尼，汉族，东周时期鲁国陬邑（今中国山东曲阜市南辛镇）人，祖上为宋国（今河南商丘）贵族。春秋末期的思想家和教育家，儒家思想的创始人。孔子集华夏上古文化之大成，在世时已被誉为“天纵之圣”“天之木铎”，是当时社会上的最博学者之一，被后世统治者尊为孔圣人、至圣、至圣先师、万世师表，被联合国教科文组织评选为“世界十大文化名人”之首。孔子和儒家思想在中国和朝鲜半岛、日本、越南等地区有深远的影响。泰戈尔很欣赏孔子的思想。

Confucius Hall 孔子大礼堂，在山西太原，1924年5月22日正在中国访问的泰戈尔在此做题为“城市与乡村”的报告。

Cong Ping 丛萍，当代女学者，发表《泰戈尔象征剧研究》。

Cong Yu 从予，民国某文化人的化名，1924年发表《泰戈尔论儿童教育》《国际大学的旨趣》等。

Congo 刚果，非洲西部国家，位于刚果河下游，南临大西洋，面积34万平方千米，人口6100万，主要宗教有原始宗教、天主教、基督教等。法语为官方语言。首都布拉柴维尔。

Congress of Religious Liberals 宗教自由主义者大会，1913年1月30日在美国罗切斯特市召开，泰戈尔出席并以“种族冲突”（Race Conflict）为题讲话。

Congress Party 印度国民大会党，简称国大党，印度最大的政党，成立于1885年，是民族独立运动的领导者，纲领是甘地提出的通过非暴力和不合作方式争取印度独立。印度独立后成为执政党。尼赫鲁、英迪拉·甘地、拉吉夫·甘地、索尼娅·甘地都曾任该党领袖。

Constantinople 君士坦丁堡，土耳其的城市伊斯坦布尔的旧名，现在则指伊斯坦堡金角湾与马尔马拉海之间的地区。它的原名为“拜占庭”，罗马帝国皇帝君士坦丁一世于公元330年5月11日定都于此地，便出现了“君士坦丁堡”这名字。1930年3月28日，土耳其城市君士坦丁堡易名伊斯坦布尔。君士坦丁堡曾是东罗马帝国（拜占庭帝国）的首都，在1204年的第四次十字军东征中被占领，成为拉丁帝国的首都，1261年由迈克尔八世帕拉奥洛古斯率领尼西亚帝国军队收复，成为重建的东罗马帝国首都。随着拜占庭帝国的衰落，君士坦丁堡于1453年5月29日被“征服者”穆罕默德二世攻陷，开始由鄂图曼帝国管治，成为其首都。土耳其共和国成立后，1923年将首都迁往现在的安卡拉。1930年，该城被正式改名为“伊斯坦布尔”。该城地跨欧、亚两洲，是土耳其最大的城市、最大的港口、工商业中心和主要的旅游胜地，伊斯坦布尔省省会，全市面积254平方千米，人口548万，98%的居民信奉伊斯兰教。公元前658年始建于巴尔干半岛东端、博斯普鲁斯海峡南口西岸，位于金角湾与马尔马拉海之间地岬上，称拜占庭。公元330年改建为罗马帝国首都，名君士坦丁堡，别称新罗马。1453年土耳其人将来作为奥斯曼帝国首都后，始称伊斯坦布尔，但西方国家仍习称君士坦丁堡。1923年土耳其迁都安卡拉，伊斯坦布尔成为正式名称。现市区已包括海峡中、南段两岸以及与之相连的马尔马拉海北岸地段，包括海峡东岸的于斯屈达尔，成为地跨欧、亚两洲的大城市。1973年该城筑成跨越海峡的博斯普鲁斯公路桥，有纺织、食品、陶瓷、玻璃、机械、汽车制造、船舶修造等工业。该城也是重要渔港，有苏里曼尼耶清真寺等名胜古迹。

君士坦丁堡是一个同时跨越欧、亚两大洲的名城，许多世纪以来一直是土耳其的“心动之地”，在土耳其的历史、商业、民间传说和文化等诸多方面均独占鳌头。由于地理位置特殊，君士坦丁堡自古以来即为交通、军事、商业和宗教的重地，并曾为罗马帝国和奥斯曼帝国的首都。君士坦丁堡有3000多年历史，其具有深厚的历史和文化底蕴，不管是罗马式斗兽场还是妻妾成群的后宫，都令人怦然心动。1926年11月25日泰戈尔经君士坦丁堡到达雅典。

Constanza 康斯坦察，位于罗马尼亚东部黑海之滨，是罗马尼亚的重要城市。这里港口开阔，冬天不冻，港域面积200多公顷，水深达

13米。1926年11月泰戈尔经黑海的康斯坦察。

Construction Versus Creation 《建设与创造》，泰戈尔的散文。

Constructive Work 《建设性的工作》，泰戈尔的谈话。

Contemporary Foreign Literature 《当代外国文学》，是由中华人民共和国教育部主管，南京大学和译林出版社主办的学术期刊，也是国内少数专门介绍和研究当代外国文学的学术刊物之一。1985年4月第2期刊登施蛰存翻译的泰戈尔的《爱的礼物》。

Contemporary Guizhou 《当代贵州》，2004年创刊，由贵州省委主办。2011年第32期刊登王玉萍的《品读泰戈尔散文诗》。

Contemporary Literary World 《当代文坛》，创刊于1982年，四川省文联主办。2012年第4期刊登戴前伦的《生命律动的整体呈现与梵爱思想的主体观照——泰戈尔梵爱和谐思想对我国早期新诗主题生态的影响》。

Contentions on Literature and Art 《文艺争鸣》，吉林省文联主办的文艺理论和评论刊物性质的杂志，创刊于1986年1月。2002年9月第5期刊登胡明的《陈独秀与泰戈尔——一个有关"东方文化"的沉重话题》。

Continental Tour in 1925 《1925年的大陆之行》，泰戈尔接受《印度自由新闻》采访的谈话，谈北美、南美、欧洲之行。

Conversation in Russia 《在俄国的对话》，泰戈尔1930年访问苏联的谈话录。

Conversation with Aldo Sorani 《同阿尔多·索拉尼的谈话》，1926年泰戈尔接受意大利著名记者阿尔多·索拉尼的采访。

Conversation with Benedetto Croce 《与贝奈戴托·克罗齐的谈话》，1926年泰戈尔访问意大利，和意大利著名历史学家、哲学家贝奈戴托·克罗齐会晤。

Conversation with F. N. Petrov 《与彼得罗夫的谈话》，1930年9月泰戈尔访问苏联，和苏联对外文化友好协会主席彼得罗夫进行了会谈。

Conversation with Governor Yan, of Shanxi, China 《和山西省阎长官的谈话》，泰戈尔1924年5月和阎锡山的谈话。

Conversation with H. N. Brailsford 《同博雷尔斯福德的谈话》，1926年，泰戈尔接受记者采访，谈他对欧洲之行的感受。

Conversation with King of Italy 《与意大利国王的谈话》，1926年6月5日，正在意大利访问的泰戈尔在罗马奎里纳尔宫受到意大利国王维托里奥·埃马努埃莱三世的接见。

Conversation with M. Bergson 《与柏格森先生的谈话》，泰戈尔与法国哲学家柏格森的谈话。

Convocation Address at Gurukula Kangri 《在康格瑞学校集会上的讲话》，泰戈尔1941年的讲话。

Coomaraswamy, Ananda K. 库马拉斯瓦米，阿南达·K.（1877—1947），斯里兰卡人，曾翻译泰戈尔的作品。

Coonoor 克诺尔，印度南部城市，1927年5月，泰戈尔在这里休养，住在毗塔普兰土邦王家里。

Copenhagen 哥本哈根，丹麦王国的首都，也是该国最大城市及最大港口。哥本哈根是著名的历史文化之城，也是丹麦政治、经济、文化的中心。哥本哈根坐落于丹麦西兰岛东部，与瑞典第三大城市马尔默隔厄勒海峡相望。1921年5月23日泰戈尔访问丹麦并在哥本哈根大学演讲。演讲之后史无前例地受到了学生们的欢迎，他们在他下榻的宾馆门口举着火把游行，唱国歌，一直到深夜。5月24日泰戈尔访问瑞典，在斯德哥尔摩受到瑞典皇家学会欢迎，就获得诺贝尔奖讲话。1930年8月9日，泰戈尔在丹麦访问时在这里举办他的画展。

Copper Hoard Culture 铜器窖藏文化，在恒河-雅穆纳河之间发现窖藏的铜质工艺和武器，以及赭色陶器，属于公元前2000—公元前1000年的赭色陶文化。

Corbett 科比特，印度老虎保护区，在北方邦拉姆恒河流经的帕特丽东谷地，面积525平方千米。

Corneille, Pierre 高乃依，皮埃尔（1606—1684），17世纪上半叶法国古典主义悲剧代表作家，法国古典主义戏剧的奠基人，与莫里哀、拉辛并称为法国古典戏剧三杰。

Cornell University 康奈尔大学，是一所位于美国纽约州伊萨卡的私立研究型大学，另有两所分校位于纽约市和卡塔尔教育城，是著名的常春藤盟校成员。康奈尔大学由埃兹拉·康奈尔和安德鲁·迪克森·怀特于1865年所建立，为八个常春藤盟校中唯一一所在美国独立战争后创办的。康奈尔大学有七个本科生学院和七个研究生学院。根据《普林斯顿评论》，康奈尔大学与斯坦福大学、麻省理工学院、芝加哥大学、俄勒冈州立大学、加州理工学院、加州大学洛杉矶分校、加州大学伯克利分校一同被誉为美国工程科技界的学术领袖。恩厚之曾经在这里留学，学习农业。1921年1月泰戈尔访美时，恩厚之把他引荐给美国青年联盟的领导人道罗西·斯特瑞特。

Cornwallis, Charles 康乌里斯，查尔斯（1738—1805），英国殖民主义者，1786—1793与1805年两次担任印度总督。

Corolla 花冠。

Cosmas 考斯马斯，6世纪希腊航海家，亦称因迪斯普流苏迪斯（Indicopleustes）。

Cotton, Henry 科腾，亨利（1876—1933），美国著名的精神病学家。

Cotwal 警察局长。

Cow 印度教认为牛是神圣的动物，所以禁止教徒宰杀牛和食用牛肉；牛奶、乳酪、牛油、牛尿和牛粪又称为五宝，牛尿和牛粪又是去秽涤罪的圣物。

Cowell, Edward Byles 考埃尔，爱德华·拜尔斯（1826—1903），英国梵语学者，曾在印度加尔各答任教，编译《黑耶柔吠陀》等。

Cranganore 克兰甘诺尔，即穆吉里斯（Muziris），西印度马拉巴尔沿海港口。

Creative 《创化》，1929年由中国文化协会创办的综合性月刊，编辑为左恭，上海创化协会发行。1932年6月刊登林苑的《泰戈尔论妇女》。

Creative Unity 《创造性的统一体》，泰戈尔1922年写的散文。

Creativity Seasonly 《创造》季刊，创造社与文学研究会是20世纪20年代中国新文学运动史上的双子星。1922年5月1日《创造》季刊第一期出版为始。早期创造社的主要人员有郭沫若、成仿吾、郁达夫、张资平等，他们都一致主张新文学的建设，他们批判粗制滥造的作品，抨击龃龉的翻译。中国的社会在渐变之中，一批知识分子青年接受外来资本主义思潮的洗礼，正彷徨于国内新旧思想的转换之中，所以对于创造社的文学运动持欢迎态度。其中《创造》季刊出版于1922—1924年，由上海泰东图书局发行，第1卷4期，第2卷2期，共出6期。该刊于1922年8月的第一卷第二号刊登郭沫若的《昨夜梦见泰戈尔》。

Crescent - marked pannant 三角尖旗子，穆斯林标帜。

Crha-pati 火神，家主。

Crisis in Civilization （Sabhyatar Samkat）《文明的危机》，泰戈尔于1941年孟加拉新年在圣蒂尼克坦写的祝词，由别人代读。

Critisizers of Tagore's China-Visit 泰戈尔访华的批判者，对泰戈尔访华批判最有力的是五四新文化运动成果的捍卫者和左翼文化人士，其中代表人物包括陈独秀、郭沫若、沈雁冰、瞿秋白、吴稚晖、沈泽民、林语堂等。

Croce, Benedetto 克罗齐，贝奈戴托（1866—1952），意大利著名文艺批评家、历史学家、哲学家，有时也被认为是政治家。他在哲学、历史学、历史学方法论、美学领域颇有建树，也是一位杰出的自由主义者。

他在一战期间公开反对意大利参战，认为这是一次自杀性的贸易战争。虽然最初这使得他名誉受损，但战后他不仅恢复了名誉，而且益发受到公众喜爱。在1923年，他亦帮助维托里奥埃马努埃莱国立图书馆搬迁至皇宫。

墨索里尼窃取国家政权之后，克罗齐被从教育部部长的职位上罢免。虽然他起初支持墨索里尼的法西斯政府，但他后来公开反对国家法西斯党。克罗齐的生活受到了墨索里尼政府的严重威胁，他的住宅和图书馆遭法西斯军警的抄查。他得以保持自由身，还是因为他的身份地位，但他被严密监视，他的学术成果也被政府掩盖，以至于没有一家主流报纸或者学术出版物提到过他。1944年，民主恢复，克罗齐又被任命为新政府的部长。不久他离开政府，不过仍任自由党的主席直至1947年。1926年他与正在意大利访问的泰戈尔会晤深谈。

他最有成就的哲学观点写在四本书中：《美学原理》（1902）、《逻辑学》（1908）、《历史学的理论与实践》以及《实践活动的哲学》（1908），总著作量超过80本书，他自己办了四十年的双月刊杂志《La Critica》。

Cromwell 克伦威尔（1599—1658），英国政治家，独立派领袖。英王查尔斯一世开始一意孤行的独裁统治的时候，他坚决反对国王，随后招募军队开始对国王作战，并且打败了国王。国王被判处死刑后他在英国创建了共和制度。在历史上他被称为摄政者，被誉为新教的救星。

Cromwell Road 克伦威尔路，在伦敦，这里有印侨活动中心。

Crore 印度数字，千万，一百个十万（lakh）。

Crosh 克罗什，孟加拉的长度单位，1克罗什大约等于4千米。

Cross Current 见Yogayoga。

Crossing 《渡口集》，泰戈尔1918年出版的诗集。

Crystai vial 毗湿摩治疗伤口的奇效药瓶。

Crystal Palace 水晶宫，在伦敦。

Cucus 香珍珠黍根。

Cui Tingjun 崔霆钧，山西人，发表《父亲记忆中的泰戈尔来并讲学》。

Cui Yanli 崔岩砺，中国社会科学院研究员，发表《泰戈尔与印度电影》等。

Culavagga 《尼迦耶》15部第五部《经集》5品之第二品《小品》。

Culavamsa 小编年史。

Culcutta 加尔各答，印度最大的城市，原为英印殖民首府，现为西孟加拉邦首府，人口917万。加尔各答是泰戈尔的出生地。

加尔各答原来是个渔村，随着英国殖民主义在印度的扩张，那个小小的加尔各答渔村也逐渐发展成为一个大都市。当时那里建有一座迦梨女神庙，庙宇又靠近河岸，所以那个地方就叫作“迦梨卡特”，因为“卡特”孟加拉语的意思就是“河岸”。英国人发音不准，就把迦梨卡特说成“加尔各答”了。后来在“迦梨卡特”老神庙的旁边又建了一座更大的迦梨女神庙。泰戈尔家族随后兴旺发达起来，并且成为加尔各答一个最富有的名门望族。这个家族发展到泰戈尔祖父的时代，几乎达到了鼎盛时期。

Culcutta Gazette 《加尔各答报》，曾于1903年登载孟加拉分治的提议。

Culcutta Maidan 加尔各答广场，1931年9月孟加拉黑吉里拘留营的狱警打死了两个政治犯，泰戈尔义愤填膺，10月10日在加尔各答广场（奥奇塔隆尼纪念碑下）民众大会上，强烈谴责殖民者的暴行。

Culcutta University 加尔各答大学，印度西孟加拉加尔各答的一所公立大学，成立于1857年1月24日。在印度它被评为一所五星级重点大学。在各邦大学里面，它的研究生教育也是印度国内一流的。作为一所邦政府主办的研究型大学，它的校区位于市区多所学院。该大学曾于1931年策划泰戈尔70岁生日大型庆祝活动。

Culi 卒里，《摩诃婆罗多》里的苦行僧，乌弥腊的女儿索玛达照顾他。

Cultural Exchange 《文化交流》，浙江省唯一对外宣传的双语刊物，1986年创刊。1992年第4期刊登张光的《泰戈尔——中国人民的伟大朋友》。

Cultural Interchange between India and China 谭云山1937年写的《印度与中国的文化交流》。

Cultural Pioneers 《文化先锋》，民国文化期刊，1946年第6卷第7期刊登将星煜的《泰戈尔与夏芝的距离》。

Culture and Art 《文艺报》，创办于1949年5月4日，由中国作家协会主办，历任主编有文化巨匠、文学大师和卓有建树的文艺理论家茅盾、丁玲、冯雪峰、张光年、冯牧等。2011年5月13日刊登冯爱珍的《快美的诗情超卓的哲理》。

Culture and Entertaiment 《文化娱乐》，地址在杭州。1985年1期刊登魏风江的《我的老师泰戈尔：泰戈尔与国际大学师生欢度佳节》。

Culture and Progress 《文化和发展》，1926年9月10日泰戈尔访问德国汉堡时所作演讲的题目。

Cumban 《吻》，泰戈尔的诗。

Cunda 准陀，给佛陀吃有毒蘑菇致其涅槃的铁匠。

Cunningham Graham 卡宁汉·格拉汗（1852—1936），英国作家，1920年与泰戈尔在英国认识。

Current Events 《时事新报》，其前身为1907年12月5日在上海创刊的《时事报》和1908年2月29日创刊的《舆论日报》。前者主编是汪剑秋，后者主编是狄葆丰。两报于1909年合并，定名为《舆论时事报》。1911年5月18日改名《时事新报》，由汪诒年任经理。清末时，《时事新报》是资产阶级改良派报纸，宣传立宪政治。《时事新报》是与中国资产阶级右翼党团关系密切的私营报纸。其副刊“学

C

灯”，在俞颂华等人主持期间，对五四运动时期的新文化运动和社会主义在中国的传播有所影响。在第一次国内革命战争时期，《时事新报》反对国共合作，反对中国共产党领导的革命运动。1949年5月27日停刊，共出14785期。“学灯”副刊于1921年4月刊登《关于泰戈尔的通讯——瞿世英致郑振铎》《关于泰戈尔的通讯——郑振铎致瞿世英》，1922年8月刊登宗白华的《泰戈尔哲学》。于泰戈尔访华期间的1924年4月刊登汪奕林的《为反对泰戈尔者进一解》、顾梫真的《反对泰戈尔之反响》；1941年12月8日刊登专稿《纪念泰戈尔——一篇未曾讲演的讲演稿》《印度诗哲泰戈尔挽词》《十七年前一个暖和的下午——忆泰戈尔》《纪念泰戈尔》等编辑后语。

Curzon, George Nathaniel　寇松，G. N.（1859—1925），印度总督，1903年颁布《孟加拉分省法令》。他是英国政治家。他于1885年入议会。他曾任印度事务次官、外交事务次官。他于1898—1905年任印度总督，上任后建立了印度西北边境省，并整饬文官制度，出兵西藏，分割孟加拉，由于跟任印度军队总司令的基钦纳意见不合，遂辞职回国。第一次世界大战中他任掌玺大臣（1915—1916）和战时内阁成员（1916—1919）。1919—1924年他任保守党内阁外交大臣。1920年苏联红军反击波兰干涉军时，他曾提出不得越过所谓寇松线的要求。他主持了洛桑会议（1922—1923），消除了土耳其人对第一次世界大战对土和约的不满。他后任枢密院长。

Cushite　库希特，雅利安人入印度之前的印度部族。

Custard-apple　番荔枝。

Cuta　周托，一种杧果树。

Cuttack　卡特吉，奥利萨邦城市，距离奥利萨邦首府布巴内斯瓦尔仅有30千米。

Cyan　蓝天，天际。

Cyavana　神话里的行降仙人，薄利古的儿子。其母为普罗魔抢走，路上掉下他，他的光焰烧抢劫者为灰烬。芦箭王女美娘（妙姑）无意中把修炼如土堆只露出闪光点的行降仙人的眼睛用树枝刺瞎，他逼其嫁他。美娘婚后非常忠于丈夫。美少年双马童引诱美娘，他让美娘嘲笑双马童有不完善处，双马童求教，妻子提出双马童帮助丈夫返老还童后相告。于是双马童让行降在神奇的水池沐浴，他顷刻变为英俊少年。后来双马童克服缺点，跻身于众神行列。

Cybele　大圣母西贝尔，在有史时代的祭祀都是阉人，被称为盖罗伊。

Cymbeline　《辛白林》，17世纪英国戏剧家莎士比亚的喜剧。不列颠国王辛白林的女儿与青梅竹马的恋人普修默私订终身，辛白林大怒，将普修默放逐到遥远的罗马。普修默深信妻子绝对会对他忠贞，但普修默的朋友埃契摩却认为公主铁定会改嫁。两人于是打赌，埃契摩若能取到公主手上的手镯，普修默便输，并将戴在自己手上象征爱情的戒指输给他。奸诈的埃契摩为了赢得那只手镯，使出各种谎言与骗术，甚至还厚颜向公主求爱，但聪明的公主化解了埃契摩所有的骗局，证实了自己纯洁的心意。

Czechoslovakia　捷克斯洛伐克，1918年10月28日—1992年12月31日存在的联邦制国家，原名捷克斯洛伐克共和国，后更名捷克斯洛伐克社会主义共和国和捷克和斯洛伐克联邦共和国。捷克斯洛伐克位于欧洲中部，面积12.79万平方千米，人口1563.8万（1989年）。1993年1月1日，捷克斯洛伐克正式分裂为捷克共和国和斯洛伐克共和国两个国家。1921年6月18日—21日泰戈尔访问捷克斯洛伐克，在首都布拉格的德语大学和捷克大学做了几场报告。泰戈尔和温特尼茨和雷思尼接触甚密。

Dd

Da =dada　哥哥。

Da Avabhasa Kalki　达·阿瓦巴萨·卡尔基，20世纪美国印度教导师，强调通过对师父俯首帖耳来直接体验非二元实在。

Da Da Da　雷声象声词；自我克制，发善心。

Da Ju　达居，太虚大师的弟子，曾于1943年受大师派遣在印度国际大学留学。

Da Shu'an　达纾庵，民国学人，1924年发表《听泰戈尔诗哲讲演感言》《泰戈尔过济盛况补志》《泰戈尔过鲁之盛况》等。

Da Wei　大卫，当代学人，与佐恩发表《泰戈尔的中国名字》。

Da Yuan　大圆，民国某佛家的化名，1924年发表《泰戈尔与佛化新青年》。

Daadu　达杜（1544—1603），著名的虔诚的苦行者，出生在迦尸附近的一户修鞋匠的家庭。

Daaliyaa　《达利亚》，泰戈尔于1892年写的短篇小说。被奥朗则布战败的孟加拉总督苏贾逃到阿拉干国王处避难，不料阿拉干国王背信弃义杀死苏贾。苏贾大女儿自杀，二女儿佐丽卡跳河，小女儿阿米那逃生，被渔夫救起。后姐妹相遇，决心报杀父之仇。一年轻帅气的猎人达利亚每天来看阿米那。消息传来，奥郎则布的儿子要娶阿米那。姐妹正好有报仇机会。但小猎人不见了，阿米那没有办法和情人告别。姐妹准备好尖刀刺杀新国王。从轿子上下来的新郎使姐妹大吃一惊：要刺杀的国王就是达利亚。

Daanpratidaan　《报答》，泰戈尔的短篇小说。

Daaraa Shiko　达拉·西科（1615—1659），莫卧儿王朝沙贾汗皇帝的长子。他心胸宽阔，研究印度教经典，对印度教徒持开放态度。

Dacca　达卡，孟加拉国首都，孟加拉政治、经济、文化、交通中心，坐落于恒河三角洲布里甘加河北岸，是孟加拉最大的城市，也是南亚主要城市之一，其都会区有1200多万人口。

达卡历史悠久，建于15世纪，20世纪初成为商业和学术中心，1947年成为东孟加拉省省会。1956年为东巴基斯坦首府。1971年独立战争中达卡受到严重破坏，东巴基斯坦独立后，改称孟加拉国，达卡经重建作为新国家的首都。市区位于海拔6～7.5米的冲积阶地上，郊区为肥沃的三角洲平原。产黄麻、稻米、甘蔗、油菜籽等。达卡与其南16千米的河港纳拉扬甘杰连成一片，为全国最大工业中心和全国最大的商品集散地。达卡有棉纺、黄麻、食品加工、造纸等工业，传统产品有刺绣、丝织品、珠宝等。达卡交通发达，为全国铁路、公路和内河航运枢纽，与国内吉大港等地和国外都有航空联系。市内多古建筑和清真寺，达卡设有达卡大学、工业和技术大学、农业大学、核科学训练与研究中心和图书馆。娱乐设施有运动场和拉姆纳公园。市东南12千米有纳拉扬甘杰工业卫星城，为河港和黄麻工业中心。

Dacca　达卡，孟加拉手工布料，被东印度公司于18世纪20年代挤垮。

Dada　哥哥，爷爷奶奶与孙子之间的亲切称呼。也是对爷爷（Dadamosay）和奶奶（Thakurdade）的简称，对老人的诙谐、非正式称呼，仆人称呼小主人。

Dada Mashai　达达·玛莎伊，对爷爷的尊称。

Dadababu　大大巴布，有身份的人，或仆人对主人的敬称。

Dadasaheb Phalka　达萨萨西布·帕尔克，印度电影导演，1913年拍《那那施牵拉》（Nanashchanra）。

Dadathakur　神圣的哥哥，对没有亲缘关系特别是婆罗门的敬称。

Dadhica　得提吉，仙人，自愿献出骨骼让因陀罗做出六角爪形利刀杀死弗栗多（Vrtra）。

Dadhikra　陀迪克罗，神驹，驰骋疆场如入无人之境，是战胜达湿尤的英雄，密多罗和伐楼那把它赠予世人。

Dadhyanch　陀提耶恩阇，印度神话里的仙人，他违背禁令，把天帝因陀罗传授的法术传给双马童，双马童取下他的头，换成马头，因陀罗砍下马头后，双马童将其原头归还，完好如初。

Dadni　预购法。

Dadu　大度，印度拉贾斯坦邦16世纪毗湿奴派诗人。

Daeva　诸多神灵。

Daf　达夫，哈里亚纳的一种民间舞。

Dagh 印度德里苏丹时期的军马打印记制度。

Dagh, Mirza Khan 达格，米扎·可汗（1831—1905），印度乌尔都语诗人，作品有《达格的花园》等。

Dagongbao 《大公报》，是迄今中国发行时间最长的中文报纸，也是1949年以前影响力最大的报纸之一。1902年由英敛之在天津创办，1936年4月10日上海版发刊，1966年9月10日停刊。中华人民共和国成立后，《大公报》重庆版、上海版先后停刊。天津版改名《进步日报》，旋又恢复原名，迁至北京出版，主要报导财政经济和国际问题，1966年9月10日停刊。香港版出版至今。在1924年泰戈尔访华期间，《大公报》刊登了许多有关泰戈尔的文章，如《泰戈尔起居注》《泰戈尔寿辰志胜》《印度诗圣泰戈尔文日抵沪》《沪团体欢迎泰戈尔大会记》《泰戈尔过济盛况补志》《记泰戈尔之粤坛演说》《泰戈尔赴西山修养》，1941年11月刊登《泰戈尔先生追悼大会筹备会启事》等。

Daha 身体。

Dahma 拜火教的鸟葬场。

Dahamahavaha 《十首魔王伏诛记》，5世纪普拉瓦拉森纳（Pravarasena）写。

Dahikala 达西卡拉，马哈拉施特拉邦杂技式民间舞。

Dai 保姆，护士。

Dai Changfeng 戴昌凤，民国人物，出版家，曾在中华书局工作，1924年4月参与泰戈尔访华的接待工作。

Dai Jitao 戴季陶（1891—1949），中华民国和中国国民党的早期干部和理论家，也是中国国民党创始人之一，名传贤，字季陶，晚号孝园，笔名天仇，原籍浙江湖州，生于四川广汉。他是中国国民党中央委员，国民党的理论家，曾受到孙中山器重。他早年留学日本，参加同盟会，辛亥革命后追随孙中山，参加了二次革命和护法战争。五四运动期间，他在上海主编《星期评论》周刊，对社会主义和劳工问题做过一些研究。1924年在国民党第一次全国代表大会上他当选为中央执行委员，任中央宣传部部长，后任黄埔军校政治部部长等职。1925年孙中山逝世后，他积极参加西山会议派的反共活动，同年先后发表《孙文主义的哲学基础》《国民革命与中国国民党》等文章，反对孙中山联俄、联共、扶助农工三大政策，是国民党右派的“理论家”。南京国民政府成立后，他历任国民政府委员、考试院院长、国民党中央宣传部部长等职，长期充当蒋介石的谋士。1948年6月他改任国史馆馆长。1949年2月他在广州心脏病突发过世（一说戴季陶在广州因对共产党人的革命影响感到恐惧而服用安眠药自杀）。1937年他以戴传贤的名字发表《致泰戈尔先生书》《印度诗哲泰戈尔病剧》《印度诗哲泰戈尔不允阻止排日》《泰戈尔为西班牙内战宣言》。1940年12月9日，他率领中国友好代表团来圣蒂尼克坦看望泰戈尔。1941年月8月7日泰戈尔逝世后，戴季陶于当月在重庆主持泰戈尔公祭大会。

Dai Qianlun 戴前伦（1955— ），内江师范学院文学与新闻传播学院副教授，四川省资中县人，发表《文化碰撞与心灵对话——徐志摩“康桥情结”与泰戈尔“人类第三期世界”比较研究》《生命律动的整体呈现与梵爱思想的主体观照——泰戈尔梵爱和谐思想对我国早期新诗主题生态的影响》等。

Dais 高台。

Daitya 鬼，巨魔。

Daityas 达伊提耶，阿修罗，底提的儿子，迦叶波后裔。河神，海神；巨灵，恶魔。

Daiva 神婚，《摩奴法典》列举的印度教教徒8种婚姻方式之一，姑娘的父亲把姑娘打扮得花枝招展，举行祭祀，祭祀结束后姑娘作为献祭费用的一部分，送给一个祭司做妻子。

Daivadarsana 看见神。

Daivam 神圣的，命运，天命。

Daivi 神圣的，了不起的。

Daiying 代英，见 Yun Daiying。

Dak-gungalow 驿站。

Dakghar 《邮局》，泰戈尔1912年写的剧本。见 The Post-office。

Dakgharer Harkara 《邮政局长》，泰戈尔的短篇小说。见 The Postmaster。

Dakim 吸血鬼。

Dakina 真诚主角。

Dakinis 女鬼魂。

Daksa 达刹，印度神话里的群神之一，他的女儿萨蒂嫁给湿婆大神，因祭祀时没有邀请湿婆，萨蒂悲愤而自焚，转世为雪山神女。见下条。

Dakshayajna 达刹，创造力的神格化，“聪明”“有才能的”，阿底多群神之一，梵天第七子，梵天从呼出的气中呼出，参与创世，生50女，13个嫁迦叶波，其女萨蒂嫁湿婆。他在举行祭祀时不请湿婆而且当众诽谤湿婆，萨蒂为此自焚。湿婆一气之下毁了仪式，杀了达刹。

Dakshina 谢师礼，心甘情愿送给师父的礼品。

Dakshina 西方，右手边。

Dakshinaath Raayachoudhuree 多基纳特·拉伊乔杜里，泰戈尔的祖先，生活在15世纪。他有四个儿子：迦莫代博（Kaamadeba）、久伊代博（Jayadeba）、罗迪代博（Ratideba）和舒克代博（Shukadeba）。

Dakshinapatha 通往南方的道路。“南路”，南部高原（德干）。南方国王和王公。

Dakshinapatha 达克希那波达，“南部路线”之意，两大史诗里的地名，就是现在的印度南方安德拉邦的首府海德拉巴德，有“花园城”之称。

Dakshinapatha - pati 南方之主。

Dakshindihi 南区村，位于现在孟加拉国的库尔纳，15世纪泰戈尔的第十二代先祖焦贡纳特·古沙里（Jagannaath Kushaaree）娶了属于比拉利婆罗门家族的舒克代博·拉伊乔杜里（Shukadeba Raaichodhuree）的女儿为妻后，被印度教社会视为“堕落的”婆罗门。焦贡纳特在这里得到了一份地产，从此便在这里安顿下来。

Daksina 性力派右道，密教女性的净行，即不淫欲。

Daksina 布施的东西。

Daksina murti “面朝南”，湿婆导师像，一脚踩地，一脚踩坐骑。

Daksinaatha 达克辛那帕达，《罗摩衍那》中十车王的属地。

Daksinagni 南祭火。

Daksinakara 使用右手，表示用洁净的东西。

Daksinatya 南部语。

Daksinaya （诗相）殷勤，以愉快的笑脸或其他姿态侍奉他人。

Daksinayana 冬至点，11月以后的5个月，夜晚越来越长。冬季。

Dal 绿豆汤，绿豆。

Dala 达拉，神话中太阳国王帕里克希特与蛙公主素首巴那生的儿子。

Dalapatram，Nanalal 达拉帕特兰，那那拉尔（1820—1898），19世纪印度古吉拉特新文学领袖。

Dalhousie 达尔豪西山，在印度喜马拉雅山区的喜玛偕尔邦，风景优美。泰戈尔于1873年随父亲来这里旅游。

Dalhousie，Marquis 达尔豪西（1912—1860），英国派住印度的总督（1848—1856年）。

Dalia（Amrita Bazatpatrika） 泰戈尔于1892年写的短篇小说《达利雅》。

Dalip Singh 达利普·辛格（1838—1893），印地语旁遮普锡克国末代国王。

Dalit 贱民，不可接触者，被压迫、被剥削的人。

Dalv，J. P. 达尔维（1920—），在1962年中印边界战争中被中国俘虏的印军旅长，后被释放。

Dam 达目，印度的低级种姓。

Dama 达摩，《摩诃婆罗多》里的太阳王族国王摩鲁陀之子，从情敌手里救回新娘苏摩耶，情敌婆菩湿摩杀死了摩鲁陀，他杀死婆菩湿摩。自律，自我约束。

Damaghosha 达摩枸沙，《摩诃婆罗多》里童护的父亲，国王。

Damagranthika-Jayasena 法结，《摩诃婆罗多》中般度5子之一的无种与其他4兄弟以及黑公主于匿名生活期间在摩差国毗陀罗国王处当马夫时的化名。

Damali 迦穆-克什米尔地区男子跳的庙宇舞，刚劲有力。

Damaras 头领。

Damaru 手鼓。

Damascus 大马士革，叙利亚首都，世界著名古城，被誉为“天国里的城市”，位于叙利亚西南巴拉达河右岸，市区建在克辛山山坡上，面积约100平方千米，迄今已有4500多年的历史，有人口370万。公元661年，阿拉伯倭马亚王朝在此定都。750年后此地属于阿拔斯王朝，后由奥斯曼统治4个世纪之久，独立前法国殖民主义者统治了30多年。目前，城中著名的古迹有倭马亚大清真寺、阿拉伯医学博物馆、努尔丁浴池，以及基督教徒心目中的圣物凯桑门和圣保罗教堂。

D

Damayanti 达摩衍蒂，毗陀哩拔国国王毗摩的独生女儿，与沙陀国国王那罗相互倾慕，天鹅传书。她在化装成那罗并和那罗混在一起的因陀罗、阿耆尼、伐楼那和阎摩中只选准那罗，和他成婚。恶魔迦利因来迟而报复，唆使那罗的弟弟布湿迦罗诱骗掷骰子，使那罗失去包括国土在内的一切。那罗与达摩衍蒂流浪森林，为让其回到父亲处，半夜扔达摩衍蒂于林中。达摩衍蒂被车底国王后收留。那罗因救巨蛇迦利考陀迦被咬变侏儒，按其指点来阿逾陀国，做国王哩度波里那的驭者兼厨师。达摩衍蒂的父亲终于凭眉心红痣找回公主，又以选婿大典为名，诱使那罗参加典礼。哩度波里那向那罗讲授和表演极为精巧的赌博术。那罗掌握了掷骰子的所有秘诀，邪恶顿时从体内完全消除。尽管那罗已是面目全非，达摩衍蒂通过吃他的饭等办法认出那罗，在天神们帮助下恢复原形，夫妻团聚。那罗用学会的新掷骰子术再次与布湿迦罗较量，赢回国土、王位和失去的一切。

Damayanti Joshi 达摩衍蒂·焦士，喀达克舞表演艺术家。

Dambhobhana 傲生，神话里目空一切的国王，和仙人那罗-那罗衍挑战，被那罗用一把草变成针刺制服。

Dambhodbhava 达姆陂陀伯婆，印度神话里的国王，不知天高地厚地挑战那罗和那罗衍，被二人用稻草利剑般地刺入他的士兵身体，他只好求饶。

Damdama Sahib 丹达玛萨西布，即现在的塔尔万底萨戈（Talwandi Sago），在旁遮普的巴丁达（Bhadinda），在这里锡克教祖师戈文达·辛格（Govinda Singh）给马尼·辛格（Mani Singh）口授锡克教经典《格兰特》。

Dame Albani 黛梅·阿尔芭妮（1852—1930），加拿大歌唱家。

Damini 雨云中心的闪电。

Damle =kesavasut 丹乐，19世纪马拉提语作家。

Damodar 孟加拉河流，灾害频繁。

Dampati 没有明显性表示的夫妇，一对。

Damru 小鼓。

Damya 获得者。

Damyata 自我克制。

Dana 慈善，馈赠，宗教捐赠，礼物，一般的施舍，敌人的贿赂，进行贿赂。

Dana 棒，惩罚。

Dana Krishna Das 达纳·克里希纳·达斯，17世纪奥里雅语作家。

Danapala 师护，“天赋保护者”，印度佛学家，公元980年来中国，翻译佛经11部。

Danavas 巨魔，经常与众神开战。

Danavas 檀那婆，迦叶波后裔，与天神作对的巨魔。

Dances 《舞蹈》杂志，由中国舞蹈家协会主办。1992年第1期刊登欧建平的《“不是为那些怕大潮的胆小鬼谱写的颂歌”：观泰戈尔和印度现代舞剧〈纸牌王国〉》。

Danda “棍棒”，（国家）权利的象征。正义，公正。

Danda 丹达（处罚），棍子，权杖，体罚，出兵讨伐。

Danda 丹达，《摩诃婆罗多》里的摩羯陀王子，俱卢盟军，在大战第十七天被阿周那杀死。

Dandagauri 丹达高丽，天上戏班女神。

Dandahara 丹达哈拉，《摩诃婆罗多》里木柱王的儿子，在战争第十七天被迦尔纳杀死。

Dandakas “刑杖”，弹宅加林，在德干高原哥达瓦里河与那玛达河之间。《罗摩衍那》里罗摩被流放走过的树林，杀死十首魔鬼王哥哥、财神俱毗罗诅咒的飞天毗陀罗，使其恢复原貌。

Dandaketus 丹卡开图，驽马产地。

Dandan Uilik 丹丹乌里克，在和田东北部塔克拉玛干沙漠深处。古代文明遗址，在今新疆和阗。20世纪初，经英国考古探险家斯坦因向外界披露后，这个遗址立刻引起了国际学术界的瞩目，但奇怪的是，自斯坦因在丹丹乌里克考察之后，这个遗址就突然从人们的视野中消失了。无论是“寻宝人”还是后来的专业考察人员，就再也没有找到这个遗址。直到20世纪末叶，新疆的文物考古工作者才宣布，他们在策勒县北部约90千米的沙漠中，再度发现了隐匿近百年的丹丹乌里克遗址，引起了世人的巨大兴趣。

斯坦因考察和发掘丹丹乌里克遗址的时间是1900年12月。为了顺利到达新疆考察，他向印度当局呈交的申请书非常具有说服力。他写道：“众所周知，现今和田曾经是古代佛教文化中心。很显然，这种文化发源于印度，并且有明显的印度特色。”他列举了当地找宝人发现的许多古代文书、钱币、雕刻、绘画等文物后，接着写道，“如果对这些古遗址进行系统的发掘，将会得到对于印度古代文化研究极为重要的发现。”

Dandanayaka　丹达那亚卡，印度古代维查耶纳加尔王国的官员名，意为“统帅”。

Dandapani　乔达摩太子的妻子瞿波的父亲，释迦族的执杖。

Dandapratikartri　罪犯。

Dandastra　阎摩宝器，《摩诃婆罗多》里阎摩送给般度五子的武器。

Dandasukam　阴间的毒蛇猛兽地狱。

Dandava　小神。

Dandavakra　丹达瓦克拉，《摩诃婆罗多》里的羯陵迦国王，妖连的同党。

Dandi　竹孔雀舞，克什米尔地区的年轻人在竹子编的孔雀周围跳舞。

Dandi March　甘地率领的食盐进军，1930年3月30日至4月5日，为抗议英殖民政府对食盐的税收，甘地率领民众向阿拉伯海边的丹地进发。

Dandin　檀丁，7世纪诗人，著有《诗镜》(Kavyadarsa)、《十王子传》(Dasakumaracarita)。

Dandobidhan　处罚。

Dandopanda　用武力征服的属国。

Danes　丹麦人，丹麦的主体民族、另有部分人分布在瑞典、挪威、德国、美国和加拿大，属欧罗巴人种北欧类型，身材高大，皮肤白皙，金发碧眼，使用丹麦语，属印欧语系日耳曼语族，与瑞典语和挪威语十分相近。文字用拉丁字母拼写，多信基督教路德宗。约563万人，其中有498万人分布在丹麦，占该国人口的96.8%，其余65万人分布在瑞典、挪威、联邦德国、美国和加拿大。

Danial　达尼亚勒（1572—1604），莫卧儿王朝第三代皇帝阿克巴的第三子。

Daniel Chuk　丹尼尔·楚克，苏联记者，报道1930年9月泰戈尔与苏联对外友协主席彼得罗夫的谈话。

Daniel Hamilton of Gaosaba　高萨巴的丹尼尔·哈密尔顿（1860—1939），苏格兰大商人，他把孟加拉作为自己的第二故乡，在高萨巴建立柴民达制度，实验农业和社会改革项目。1929年2月6—7日主持主会场在斯里尼克坦的合作大会布尔得万分会。泰戈尔在主会场作《合作的原则》的演讲，指出合作的实施会带来印度社会、经济生活的全面提高。

Danmark　丹麦王国，是斯堪的纳维亚组成国家之一，位于欧洲北部日德兰半岛上及附近岛屿。丹麦南部就是德国，北部濒临大西洋、北海与波罗的海。瑞典和挪威分别位于丹麦以北及西北方向，与丹麦隔海相望。丹麦面积4万多平方千米，人口500万，官方语言为丹麦语。丹麦是一个完全现代化的市场经济体但又带有浓厚的社会主义色彩，拥有高科技农业、现代的小规模企业化工业、稳定的货币等，同时对国际贸易高度倚赖。丹麦属于世界经济高度发达国家，能够提供大量的社会福利，贫富差距相当小，国民享有极高的生活水平。丹麦亦是北大西洋公约组织创始会员国之一。足球是丹麦的第一运动。1926年9月泰戈尔到丹麦访问，9月6日到首都哥本哈根访问，看望乔治·布兰德和霍福定。

Dansanadini　鱼香女，即贞信，为空行王的元阳被诅咒成鱼的仙女阿德丽卡吞入后生的女儿，与破灭仙人交合后没有了鱼腥味，生毗耶娑。

Dante Alighieri　但丁（1265—1321），意大利中世纪诗人，出身于佛罗伦萨贵族世家，担任过佛罗伦萨最高行政长官，后因政治因素被当局流放，终身再未回到佛罗伦萨。也正是这种经历，使他完成了举世闻名的代表作品《神曲》，该书被誉为中世纪文学的巅峰之作，并作为文艺复兴时期的先声之作。但丁、莎士比亚与歌德并称为世界三大文学巨匠。

Dantidurga　丹迪杜尔迦（725—760在位），拉什特拉库塔国王。他在753年击败巴达米的遮卢迦人，建立了一个称霸德干的帝国。他的叔父克里希那一世建埃罗拉石窟最著名的凯拉萨那塔神庙（Kailasanatha Temple）。

Danver　丹佛市，是美国科罗拉多州首府，位于雄伟壮丽的落基山东麓，濒南普拉特河，面积397平方千米，人口近50万，平均海拔1610米（约1英里），故有“一英里城市”之称。那里早先渺无人烟，直到1858年发现金矿后，才建立了最初的居民点。1867年科罗拉多州首府从戈尔登迁至此地时，它还是一个偏僻的小镇。随着铁路的修建和二战后美国人口向

D

西和向南迁移，丹佛市区人口剧增。1975年这里开采出石油和天然气，一时间各地富商巨贾，蜂拥而至。丹佛市内云集了上千家石油公司，一座座摩天大楼拔地而起，城外井架林立。丹佛从此身价百倍，发展迅猛，一跃而成为美国中西部著名城市。丹佛地处内陆，终年风和日丽，气候宜人，以盛产康乃馨著称。丹佛一年中有300多天阳光普照，空气清新，市区有公园100余处。城内至今还存留着19世纪初的模式：坚固的城墙，古老的宫殿，高大的教堂，狭窄的马路。市中心为州议会大厦，周围有藏书上百万卷的公共图书馆，还有藏有古印第安人艺术珍品的艺术博物馆。美国两大铸币局之一的联邦政府铸币局即设在丹佛。泰戈尔1916年12月访美时曾访问该市。

Dao An　道安（312—385年），东晋时代杰出的佛教学者，出生于常山扶柳县（今河北省冀州境）。由于世乱，早丧父，七岁开始读书，到十五岁的时候，对于五经文义已经相当通达，就转而学习佛法。十八岁出家。他率先对佛教经文古代中文译本进行严格检查。他是第一位邀请印度学者前往中国的中国人。他的主要功绩是唤起了民众按照佛教艺术修佛的兴趣。

Dao Yao　道药，古代中国佛教僧人，公元424—451年到达印度。

Dara Shiko　达拉·西科，17世纪莫卧儿王朝第六代皇帝奥郎则布时期的历史学家，著有《伟大的奥朗则布》(Sirr-i-Aurangzeb)

Dara Shukoh　达拉·舒科（1615—1658），莫卧儿王朝第五代皇帝沙贾汗之长子。

Daradvaaja　云雀，印度古代贤哲。

Darbar　廷臣。

Darbend　铁门，古地名，在今新疆境内。

Darbha　达尔巴，圣草，据传众神搅乳海时与曼陀罗山同时浮出；毗湿奴的头发被吹到岸上，长成圣草；又传众神喝从海上搅出的甘露时，甘露滴到此草上，此草变为圣草。祭祀用的一种圣草，皇帝加冕前睡在此草上。

Darbha ashitami　9月的第八天向祖先献圣草的节日。

Dareios the Great　大流士大帝（公元前521—公元前485），波斯帝国君主，出身于阿契美尼德家族支系。大流士随冈比西斯二世出征埃及，被任命为万人不死军的总指挥。大流士不仅是波斯帝国的伟大君主，也是世界历史上的著名政治家之一。

Dargah　圣人陵墓，穆斯林神龛，朝圣地。

Daridra-narayana　贱民。

Darika　达利卡，魔鬼，被迦梨女神消灭。

Darius　大流士（公元前556—公元前486），波斯帝国国王，曾征服印度河流域。

Darjeeling　大吉岭，印度喜马拉雅山东部的风景名胜，有名的避暑胜地，曾为英殖民政府的夏都，有世界文化遗产。小火车通往大吉岭，可以看见远处雪峰，风景极其优美。泰戈尔曾数次来此地疗养。

Darla Daulat Bag　普提花园及王宫，在迈索尔室利拉贾帕特南（Srirangapatnam）庙。

Darmiya Jain House　达尔米亚·贾因财团，印度大财团，20世纪20年代由达尔米亚创建。

Darmstadt　达姆施塔特，德国黑森州南部的中型城市，在德国号称“科技城”。城市属于莱茵河和美因河交汇地区，西距莱茵河19千米，北离法兰克福27千米，人口13.9万，兴起于中世纪，1567年后为黑森-达姆施塔特大公爵驻地。19世纪起此城成工业城市，建有炼铁、化学、制药、机械等部门。达姆施塔特是农产品和葡萄酒集散地，建筑、雕刻和陶瓷的研究中心。1921年5月，泰戈尔来这里演讲、观光。

Daroga　警长。

Daroyaan　《门卫》，泰戈尔的杂论。

Darpadalana　《虚浮的罗论那》，11世纪安主的例证小说，揭露官僚政治的弊端。

Darpanaaraayan　多尔博纳拉扬，泰戈尔的第十七代先祖久耶拉姆（？—1756）的三儿子，后成为巴图里雅卡达（石码头）泰戈尔家族的祖先。

Darpas　《明镜》。

Darr　反英雄电影导演。

Darsa　达刹，梵天的儿子之一。

Darsaka　德罗舍迦，公元前5世纪印度摩羯陀国国王。

Darsana　“见”，即神学体系；眼光，眼力，哲学，神学，概念。

Darsana　谒见。

Darsana　观察，参观，拜会，哲学。

Darsanam　神的预见。

Darsanavaraniya　不见业，害业的一种表现，使人的思想观念发生问题。

Darsapurnamasa 新满月祭祀。

Darshan 觐见，印度教教徒向神明、圣人与尊者表达敬仰和信爱的一种方式：静默上前致礼，又行礼而退。

Darshan 拜见神像，拜见得福。

Darshas 新月祭。

Daru-Shikuh 达如-史库（？—1659），宗教理论家，指出苏菲派和吠檀多的共同点。

Daruka 达如卡，黑天的车夫。

Dartington Hall 达亭通会堂，在英国小城托特内斯，泰戈尔于1926年8月、1930年6月5日，在英国访问逗留的3周里，参观了这里。

Darwesh 托钵僧。

Darwi 达尔维，英国南部一个州，每年举行赛马。

Darwin, Charles Robert 达尔文，查尔斯·罗伯特（1809—1882），英国生物学家，进化论的奠基人。他曾乘贝格尔号舰做了历时5年的环球航行，对动植物和地质结构等进行了大量的观察和采集。他的《物种起源》这一划时代的著作，提出了生物进化论学说，从而摧毁了各种唯心的神造论和物种不变论。除了生物学外，他的理论对人类学、心理学、哲学的发展都有不容忽视的影响。恩格斯将“进化论”列为19世纪自然科学的三大发现之一。

Das 达斯（1869—1958），新吠檀多学院派代表人物，提出“关于‘自我’的科学”，即绝对精神或梵的学说。

Das 达斯，首陀罗的姓。

Das, Chitta Ranjan 达斯，奇特·兰贾（1870—1925），印度政治家，自治党领导人。英国留过学，回国后担任律师。1914年创办《腊拉延纳》文学季刊。1917年开始从政。1919年任阿姆利则惨案调查委员会成员。1920年参加非暴力不合作运动，1922年当选为国大党主席。1923年在国大党内发起组织自治党，并任主席。主张用非暴力和立宪斗争来取得自制。著有《自治之路》和诗集等。1925年6月16日病逝于大吉岭。

Das, Ghanasyam 达斯，甘纳斯亚目，印度中世纪诗人。

Das gurus 锡克教的10代祖师，分别为：纳纳克、恩戈代瓦、阿玛尔·达斯、罗姆·达斯、阿尔琼、哈尔·戈宾德、哈尔·拉伊、哈尔·克里项、德格·巴哈杜尔、戈宾德·辛格。

Das, Sisir Kumar 达斯，西西尔·库马尔，印度文学评论家，曾评论泰戈尔的作品。

Das, Taraknath 达斯，塔拉克纳特（1884—1958），印度独立运动宣传家，“印度同盟”创建者。

Dasa 达刹，印度神话里魔怪达湿尤的始祖，与神敌对。不敬神的部落即非雅利安人也叫达刹，尼沙陀男子和阿逾羯婆女子所生的子女也叫达刹。

Dasa 黑暗，奴隶，雅利安的敌人。信徒，忠实者。

Dasa Porwal 达萨波瓦尔种姓。

Dasabhumika Sutra 《十地经》，佛教经典。

Dasadharma 十德。

Dasagriva 陀娑羯哩婆，“十首”，即十首魔王，《罗摩衍那》里的罗刹，生有十个头，二十个手臂，形象恐怖，血盆大口，锯齿獠牙，又称“罗婆那”。

Dasahara 除十节，印度普天同庆的节日，在9—10月，人们在恒河沐浴消除秽语、谎言、诽谤、骚语、盗窃、暗害、盲从、贪欲、恶语和愚妄这10种罪恶。

Dasakumaracharita 7世纪诗人檀丁的《十王子传》，写10王子在林子长大，文武双全，国王派他们去征服世界的故事。

Dasam Granth 《第十卷书》，锡克教经典之一，由第十代锡克教祖师戈宾德·辛格等写。

Dasami 第十夜。

Dasanami 寺院秩序，9世纪商羯罗建立了5个寺院，泰米尔纳德的斯林加里寺院为中心，东边寺院在普里，喜马拉雅山寺院在巴德林纳特，西边寺院在德瓦拉卡，北边寺院在坎奇。

Dasapadarthasastra 《胜宗十句义论》，5—6世纪慧月的胜论派哲学经典。

Dasaputra 仆人的儿子。

Dasara=Durga Puja 时母女神崇拜。

Dasarajna 十王之战，印度雅利安部落之间的内战。

Dasaratha 十车王，《罗摩衍那》中甘蔗族的乔萨罗国（Kosala）的国王，罗摩的父亲，祖先为太阳神，所以称太阳族。他通过火祭向毗湿奴求得罗摩等四子，立罗摩为王时被二王后吉迦伊被迫另立吉迦伊之子婆罗多为王，十车王被气死。其国师为极欲仙人、乔达摩等。

Dasarna 达萨尔那，《摩诃婆罗多》里的王国名，国王为希拉尼亚瓦尔纳，他的女儿嫁给了束发。

Dasarupaka 《十色》，10世纪胜财（Dhananjaya）的剧本。

Dasarupakavaloka 《十色注》，丹尼卡（Dhanika）写。

Dasasvamedha 达撒斯瓦米大，地名，在瓦拉纳西，传说梵天在此祭祀十马，湿婆在此修炼。

Dasavaikalika-niryukti 《晚祷十解》。

Dasavatara 毗湿奴的10化身。

Dasavataracarita 11世纪安主的《十次下凡记》。

Dasaveyaliya 四《根本经》之三的《十晚经》。

Dasgupta, Alokranjan 达斯古普塔，20世纪印度著名编辑，曾编辑出版泰戈尔的作品。

Dasgupta, Surendranath 达斯古普塔（1885—1952），印度哲学家，著有《印度哲学史》等。

Dasgupta, Uma 达斯古普塔，女，泰戈尔专家，国际大学泰戈尔纪念馆的专员。

Dashanmahavidya 杜尔迦的十大化身或十个方面。

Dashasvamet 达沙什瓦梅特：印度迦尸城中恒河岸边的一个圣地，意为“十次马祭之岸”。相传，婆罗门曾经在这里进行过十次马祭。

Dashu Ray 达输·雷（1806-57），著名番查里作曲家，歌手。

Dasi 达西，奴隶。

Dasiadam 达西阿达姆，婆罗多舞的旧称，指黛娃达西（庙妓）的舞蹈。

Dasiattam 印度南部表现宗教仪式的舞蹈，等于萨蒂儿（sadir）。

Dassera 十日节，标志着季风结束日，在每年的9—10月。节日的头九天叫九夜节，九夜节的最后是杜尔迦节，第十天庆祝罗摩和猴子军打败十首魔王罗婆那。

Dastan-i-Amir Hamzah 莫卧儿王朝皇帝胡马雍和阿克巴请艺术家画的绘画集。

Dastanho 1857年印度民族大起义。

Dasvatara 《毗湿奴十次下凡记》。

Daswanth 达斯瓦特，阿克巴王宫里的印度画家。

Dasya 以仆人的心态爱神。

Dasyu 达休，雅利安人对黑皮肤土著居民妖魔化的称呼，“神的敌人”“不虔诚者”。

Dasyus 达湿尤，神话里的魔怪，被因陀罗杀死。

Datong School 大同学校，在长沙韶山北路与八一路汇合处，由谭云山和他的妻子陈乃蔚以及陈乃蔚的妹妹陈莱笙于1948年创办。

Datta 给予，授，发善心，商人名字的结尾；妓女名字“赐”。

Datta, Debajyoti 达塔，德巴基瑶提，当代印度学者，2007年为出版《泰戈尔全集》第四卷担任整理工作。

Datta, Maikel Nadhasudan 达塔，迈克尔·那达苏丹（1824—1873），印度孟加拉语诗人、剧作家，诗歌有《过去的回顾》，剧本有《黑公主》等。

Datta, Michael Madhusudan 达塔，米歇尔·莫图苏丹（1824—1873），印度作家。

Datta, Satyendranath 达塔，萨提延德罗纳特（1882—1922），印度孟加拉语诗人，泰戈尔的追随者，英年早逝。泰戈尔在诗集《情人的礼物》里，翻译他的诗纪念他。

Dattatreya 达陀陀里耶，梵天、湿婆、毗湿奴三位一体。

Daud Khan 达乌德·汗（？—1576），印度孟加拉国王。

Dauhsadika 国王门户守备。

Daulatabad 道拉塔巴德，印度古城，在中央邦。

Daumya 陶摩，阿湿多（Asita）仙人之子。在俱卢之野打仗结束后，坚战登上王位，他成为王国的主要祭司。

Davapula 天堂。

David Garric 戴维·加里克（1717—1779），英国著名表演艺术家。

David Hare 戴维·黑尔（1775—1842），热爱印度的学者，出生于苏格兰钟表制造者之家，童年为了谋生来到加尔各答，靠做钟表赚了10万卢比，最后他将这些钱用于为当地孩子们建立学校。

David Richard 大卫·理查德，英国印度学家。

Davoud, Agha Pour 达伍德，阿加·普尔，波斯学者，受波斯国王沙的派遣，于1933年来圣蒂尼克坦担任国际大学的客座教授。

Dawl 群，团体。

Dawson's boots 英国人在加尔各答开的鞋店，指英货。

Daya Ram Ganju 达亚·兰·甘居，20世纪克什米尔作家。

Dayaananda 达亚南达（1824—1883），印度宗教改革家，雅利安社的创始人。他的真实名字是穆洛商羯罗（Moolashankara）。他著有两本书：《梨俱吠陀的语言》和《真义揭示》。

Dayabhaga System 达亚巴加制，孟加拉邦方将参母系社会残余，女子出嫁后可保留父名，可继承父亲遗产。

Dayadhvam 善良的，有同情心的，慈悲为怀的。

Dayananda 达亚南达，现代北印度噶尔比舞（Garbi）的歌曲作家。

Dayananda Sarasvati 达耶难陀·萨拉斯瓦迪（1824—1883），印度教改革家，提出"回到吠陀去"的口号。

Dayaram Gidumal 达亚兰·季度马尔，18世纪信德语作家。

De 德，民国某文化人的化名，1924年发表《与泰戈尔谈话记》。

De, Visnu 代，毗湿奴（1909—1982），印度孟加拉语诗人，作品有《仙女与艺术》《流沙》等。

De Yi 得一，民国某学者的笔名，1923年发表《泰戈尔的家庭》。

Death Traffic in China（Chine Maraner Byabasa） 《鸦片——运往中国的死亡》，泰戈尔于1881年20岁上写的散文，谴责英国对中国的鸦片输出，最早刊登在《婆罗蒂》上。

Debadaru 圣树：生长在印度的一种高大的乔木，叶子类似杧果树叶，结圆形果，也可音译为"代博达鲁"树。

Debaki Bose 德巴吉·波斯，二十世纪三四十年代电影导演，导演《学问之路》。

Debantar 德邦塔尔平原，印度童话故事中的平原名称。

Debataaya Manashytva Aarop 《神仙身上的人性呈现》，泰戈尔的散文。

Debee Chaudhuraanee 黛碧·乔图拉妮，孟加拉著名小说家般吉姆·钱德拉·查特吉（1838—1894）的同名长篇小说中的女主人公，起义队伍的女统领。

Debendranaath Tagore（Thaakur） 德本德罗纳特·泰戈尔（1817—1905），泰戈尔的父亲，简朴纯洁，在社会上被称为"大仙"。哲学家，社会改革者，生于1817年5月15日（孟加拉历1224年杰斯塔月3日）。1827—1828年他在英语学校先后通过了四级和三级考试，获得了奖学金。他在这个学校就读直到1830年。1831年8月他进入印度教学院学习，在那里学习了三四年，但是在上二年级的时候他就离开了学院。

1832年12月30日，即他在印度教学院读书的时候，他和同学们一起组建了一个名叫"真理知识之光"的学会，他被推选为学会的秘书长。该学会的宗旨是"用孟加拉语祭祀敬神"，并且决定，"在这个协会里，除了孟加拉语，不用任何其他语言对话"。当时在印度教学院里就读的一些新青年都迷恋于英语，开始轻视自己的民族语言和宗教文化，所以该协会的会员们都把学习、研究孟加拉语作为他们的主要目标。拉姆莫洪·罗易对他们思想的影响很大。因此，讨论宗教问题也是他们协会的一项内容。德本德罗纳特的思想，对该协会的活动起着决定性的作用。后来成立的"真理启迪"协会就是该协会的继承者。

大约在1834年，德本德罗纳特按照父亲的要求，离开印度教学院，进入父亲建立的印度银行，做财务部主任手下的见习生。这期间达罗卡纳特为了各种社会庆典经常组织歌舞饮宴集会。德本德罗纳特在这种环境里也有一段时间沉醉于享乐之中。1838年德本德罗纳特的祖母奥洛迦病逝了，他心里百感交集。他跟这位祖母最亲，祖母是他童年和少年的主要保护者。祖母的宗教思想对他影响很深。从此他的生活方式发生了根本性的变化，他开始探讨人生的诸多问题，并且在梵社的领导者拉摩琼德罗·比代巴基什的帮助下，学习《伊沙奥义书》。1839年10月6日在乔拉桑科祖宅池塘旁边的一个小房子里，他与10多个亲人和朋友成立了"真理愉悦会"（tattvaranjinee sabhaa），并且规定每月的第一个星期日晚上举行例会。在第二次会议上，拉摩琼德罗·比代巴基什被推举为协会的会长，协会的名称也随之改为

“真理启迪会”（taddvabodhnee sabhaa），其目的就是宣传所有经典中的深奥理论和吠檀多原理。会员逐渐增多了。在次年的阿格拉哈扬月，德本德罗纳特在苏基亚大街56号租了一栋房子，作为真理启迪会活动的场所。真理启迪会的成立在孟加拉社会的发展史上是一个值得重视的事件。当时在一些西方教会团体的宣传下，一些受过英国教育的青年人接受了基督教，除此之外，由于社会上流行着印度教各种腐朽的仪规陋习，很多人已不再相信印度教了。真理启迪会为扭转这种思潮起到了一定的作用。

1840年6月德本德罗纳特为了同样的目的成立了一所“真理启迪学校”。学校要求用孟加拉语传授自然科学知识和宗教经论，免费向学生们讲授精神和物质两个方面的课程。奥寇耶库马尔·德多被聘为地理和物理课的教师。真理启迪会于1841年出版了他写的有关这方面内容的两本书。但是由于生源不足，学校于1843年4月30日迁往般什贝里亚村。由于他父亲去世所造成的困难局面，学校于1847年关闭了。后来经德本德罗纳特同意在圣蒂尼克坦建立的梵式学校，可以说，就是这所学校模式的延续。

德本德罗纳特生活中的一个重大事件就是他与梵社的交往。达罗卡纳特去了英国之后，德本德罗纳特开始关注梵社，并从1842年拜沙克月起他主持的真理启迪会承担起领导梵社的责任。为了宣传真理启迪会和梵社的主张，1843年8月16日出版了真理启迪刊物。虽然宣传宗教理论是该刊物的主要宗旨，但是该刊物也发表讨论地理及自然科学等方面的文章。真理启迪刊物为发展现代孟加拉散文做出了不可磨灭的贡献。

德本德罗纳特和梵社的联系逐渐密切起来。1843年12月21日下午3点钟，他宣誓接受梵社的教义。从此后他就以极大的热情投身于梵社的宣传活动之中。两年内其成员增加到500人，1845年12月20日他在高里哈迪花园举办了一个盛大的梵社节日聚会。

在孟加拉社会发展的历史中这些事件的影响是深远的。当时西方基督教传教士们，都在竭力宣传基督教和批判印度教的种种缺点。一大批文化名人加入了基督教。与这种思潮相对立的是一大批保守的印度教徒，他们宣传印度教的一切都是神圣的，因此反对对印度教进行任何改革。德本德罗纳特及其真理启迪会通过自己的刊物坚决反对上述这两种思潮。“印度教慈善学校”的建立就是这种积极努力的实际结果。基督教传教士们所建立的学校已经成为宣传基督教的中心。为了建立本国相类似的机构来反击基督教的宣传，德本德罗纳特和坚持古典教育方法的拉塔克里什诺·代博王公、坚持新的教学方法的拉姆戈巴尔等著名人士一起，于1845年5月25日召开了一个协商大会。在一些富人的资助下，1846年5月1日，宣布成立一所学校。普代博·穆科巴泰被任命为该校的主讲教师，拉吉纳拉扬被任命为校董。德本德罗纳特成为该校的另一个管理者。由于种种原因，该校的存在时间不太长，但是，毫无疑问，它为凝聚印度教社会中的保守派、改革派和新派的力量做了大量的工作。这期间突然传来了父亲在英国病故的噩耗。在料理丧事的过程中，德本德罗纳特的思想经历了一场危机。他和弟弟吉林德罗纳特虽然都接受了梵社的教义，但是在乔拉桑科的泰戈尔宅第里仍然根据传统举行祭祀活动。在为父亲治丧期间，德本德罗纳特不同意携带象征着天神的黑石按照传统方式为父亲举行葬礼，他只是高声念诵一种与祭祀无关的奉献咒语，奉献出所有礼品。对此举感到很愤懑的亲人们都离开了他。吉林德罗纳特当然按照经典的规定完成了父亲葬礼的程序。

这时候德本德罗纳特对于实业已经心灰意冷，于是他就让具有管理才干的三弟吉林德罗纳特担负起管理商贸的责任。他自己前往迦尸（现在的瓦纳拉西，过去也称“贝拿勒斯”）研究吠陀经典。此时的经贸形势开始恶化。1848年年底联合银行和卡尔-泰戈尔公司破产。沉重的债务负担落在了德本德罗纳特和吉林德罗纳特的肩上。为了偿还债务，德本德罗纳特开始过起了俭朴的生活。他当时的精神状态与这种生活方式倒是很合拍的。他获得了集中精力研究宗教问题的机会。在这个时期，他的思想发生了很大变化。以前他认为吠陀经典是没有错误的，可是在研究吠陀经典的过程中，他发现吠陀经典中有众多神、多种祭祀、相互矛盾的说教，于是他改变了自己原来的观点。他在内心并不赞成奥义书中那种一元论的解释。当时他从奥义书中摘录了一些符合自己心意的诗句，并于1848年编撰了《梵社》的第一卷，对其做出了类似奥义书似的诠释。在这部书的第二卷，德本德罗纳特付出了巨大劳动，从《摩诃婆罗多》《诗歌》《摩奴法论》等经典中摘录诗句，编撰了梵社的伦理和格言。

自从接受了梵社的思想，在举行杜尔迦祭祀的时候，他就离开家前往各地去漫游。就这样，他漫游过很多地方，最后于1856年11月15日回到了加尔各答。

1854年他的三弟吉林德罗纳特去世。在他的精心管理下，父亲债务的大部分已经偿还了。可是剩下的债务以及三弟个人的债务等方面的财务管理相当混乱。甚至，由于债权人提起控诉，警察局向他发出了逮捕证。他为偿还债务，妥善地做了安排。可是他的小弟弟诺根德罗纳特为了个人的消费又开始借债了，德本德罗纳特对此很不满，诺根德罗纳特一气之下离家出走了，并于1858年10月24日死了。

1858年结束国内旅游回来之后，德本德罗纳特与凯绍博琼德罗·森（Keshabachandra Sen，1838—1884）开始交往。凯绍博琼德罗是他的次子绍登德罗纳特的同学，而且通过他凯绍博琼德罗加入了梵社。德本德罗纳特被这个年轻人那种火热般的宗教情感和旺盛的工作能力所吸引。在这位年轻人的倡议下，德本德罗纳特1859年成立了梵社学校，他自己用孟加拉语，而凯绍博琼德罗则用英语在该校教授宗教方面的课程。这一年的年初，真理启迪会召开了年会，会上决定取消真理启迪会，并将真理启迪刊物交给加尔各答的梵社。这一年的巴乌沙月11日（在公历12月间）举行的梵社社员大会上，德本德罗纳特和凯绍博琼德罗被选为梵社的书记。这样，梵社里就增加了新鲜血液。

此前，对德本德罗纳特来说，梵社只是探索真理的一种手段。凯绍博琼德罗加入进来后，就把它发展成为一个社团组织，并为该组织的仪式规定了一套程序和方法。根据这种程序和方法，德本德罗纳特于1861年7月26日为二女儿苏库玛丽举行了婚礼。值得注意的是，除了黑石神像证婚和火焰洁身仪式，这次婚礼履行了印度教婚礼所有的程序。德本德罗纳特很想进行社会改革，但是当时流行的一些印度教的陈规陋习并没有消逝。他把梵社看作印度教内部的一个分支，只是取消了它的祭祀活动和各种迷信陋习。他虽然支持寡妇改嫁、不同种姓间通婚、取消佩戴圣线等主张，但是他还不能全身心地接受凯绍博琼德罗的主张。正是由于这个原因，他与梵社里的年轻人发生了分歧。

凯绍博琼德罗及其追随者于1866年11月11日成立了“印度梵社”，实际上这种分裂早在1864年年底就发生了。目睹这种分裂，德本德罗纳特心里很痛苦，他千方百计企图与这个新的梵社保持联系，但是由于种种原因他却未能做到。于是他渐渐地将自己解脱出来，开始过起退休的生活。他创建的原始梵社也渐渐地走进了死胡同，丧失了它的进步性。

1905年1月19日下午1点55分，德本德罗纳特走完了自己的人生之路，享年88岁。

Debodaaru 代博达鲁树，生长在印度的一种高大的乔木。

Debottar 家庙，捐献给教会的财产。

Debt Payment 《还债》（《秋天的节日》），泰戈尔1920年写的剧本。

孩子们放假了，和老爷爷一起嬉戏玩耍。商人洛克索尔正在算账，孩子乌波农德来了，他对洛克索尔说他的主人苏罗申死了，他愿意以抄写书稿为把他抚养大的主人还债。来了一个苦行者，得知乌波农德的情况后，说苏罗申是个非常出色的艺人，曾在比乔亚迪多皇帝的宫里演出。苦行者于是和孩子们一起帮助乌波农德抄写书稿。由于奸商洛克索尔对乌波农德不好，嗜钱如命，苦行者便对他尽情捉弄一番。苦行者对比乔亚迪多属国的国王却很尊敬，答应一定让他见到比乔亚迪多并打掉比乔亚迪多的傲气。这时开过来一支军队，见到苦行者便行跪拜礼。原来苦行者就是皇帝比乔亚迪多。他让大臣给洛克索尔1000个金币，换回了乌波农德，认他做自己的儿子。他答应了属国的要求后，带着乌波农德回他管辖的国家去，并邀请老爷爷帮他治理国家。

还什么债？首先是皇帝比乔亚迪多还臣民的债，履行治国的责任。他认为任何帝国都不能维持长久，真理才是永恒的。他要做坚持真理的皇帝，要到人民中间去，传播爱——向人民还债；乌波农德替主人还债。痛苦中的美是真实的。他以后成了皇帝养子，成为王子，这是爱结出的果实。

Decanmeron 《十日谈》。

D

Deccan plateau 德干高原，意思为“南方之地”，在印度文迪耶山以南，印度半岛的主体，面积160万平方千米，海拔300～1000米。

Declaration of War 战争宣言，法国在第一次世界大战期间对德国宣战的声明。

Dedipyaman 亮丽的。

Deekshmantra 苦行原则，苦行经：非个人的爱，冷淡的欢乐，不依恋的自我奉献。

Deepak 明灯。

Defamation 《诽谤》，泰戈尔《新月集》里的诗。

Degh Bahadur 德格·巴哈杜尔（1621—1675），锡克教第九代祖师。

Dehavada 肉体论。

Dehias 鬼魂，精灵。

Dehin 灵魂，义为“有身”，灵魂寄宿于肉体。

Deimachos 代马库斯，公元前3世纪塞琉古王朝驻频毗沙罗国的孔雀王朝的大使。

Dekhassagara 苦海，苦灭，苦轮。

Delandswa 德兰士瓦省，南非的一个省。

Delhi 印度前首都德里分为旧德里和新德里两部分。身为印度第三大城市的德里，是印度的首都所在，城区又可分历史悠久的旧城区及新规划的新城区。旧城区目前仍保有许多重要古迹，新城区部分则是印度现代化的象征。新德里位于德里南部，是一座年轻的城市，始建于1911年2月。“德里”（Delhi）一词的来源众说纷纭，大多数的观点认为曾有一位叫“Dhillu”的人统治过这一地区。有些历史学家认为“Dilli”为“dehali”的传讹；“dehali”——印度斯坦语即“起点、开端”之意，故“德里”同样被认为具有印度特征事物的开端，如印度河—恒河平原。另外一种理论认为，“德里”的原名为“Dhillika”，古印度语（Prakrit）“dhili”一词常指位置（方位名词），“dhili”渐渐演变为地名“Dilli”。据考古发现，德里及其邻近地区在约200万年以前有人类出现。有人认为印度史诗《摩诃婆罗多》所述的般度家族（Pandavas）的都城天帝城（Indraprastha）位于德里，公元前1世纪孔雀王朝的拉贾·迪卢重建此城，并命以己名，遂转成今名。自孔雀王朝（公元前4世纪）开始定居人口增加。1180年，阿杰米尔（Ajmer）的查哈曼（Chahaman）拉其普特王占领拉尔科特城，将其更名为其拉拉伊皮妥拉（Qila Rai Pithora）；1192年，查哈曼王普里特维拉贾三世（Prithviraj Ⅲ）败于阿富汗穆罕默德·喀乌里（Mohammad Ghauri）。1206年，奴隶王朝第一位统治者库杜布-乌德-丁·阿依巴克（Qutb-ud-din Aybak）建立德里苏丹国（Delhi Sultanate）。公元1206年德里苏丹和1526年莫卧儿帝国先后于此建都，并建红堡。1638年沙贾汗改建此城，并建豪华的贾玛清真寺，将德里命名为沙贾汗纳巴德。1857—1859年英国殖民者把“英属印度”首都迁至加尔各答，1912—1931年还都德里，1931年迁都新德里。新德里人口增长迅速，1901年人口仅约20万，1941年也只70万；印度独立后，大批移民从巴基斯坦涌入，至1961年迁入的人口即超出100万。1971年增至364.7万，成为印度第三大城市。新德里主要景点有胡马雍墓、贾玛清真寺、库杜布塔、莲花庙、红堡、印度门、甘地陵等。1936年3于25日泰戈尔到达德里，为现代学校祷告厅奠基，并于26、27日演出《齐德拉》。甘地当时也在德里，为泰戈尔如比高龄奔波还为国际大学筹款感到不安。比拉财团为泰戈尔捐款6万卢比。德里民众在皇后公园欢迎泰戈尔。3月19日泰戈尔还在美如特汽车公司讲话，在德里电台朗诵自己的诗。

Delhi Darba 德里议政厅，英殖民政府设在德里的议政机构。

Delhi Durbar 德里觐见大典，英印政府在德里举行的英王加冕为印度皇帝或印度女皇的仪式。

Delhi Old Observatory 德里古天文台，在德里中心，18世纪由杰普尔天文学家辛格建立。

Delhi Radio 德里电台，1936年3月在德里访问的泰戈尔在德里电台朗诵自己的诗。

Delhi Sultanate 德里苏丹，13—16世纪统治印度北部的5个穆斯林王朝的统称。它们分别为：奴隶王朝（Slave Dynasty，1206—1290）、哈尔吉王朝（Khalji Dynasty，1290—1321）、图格鲁克王朝（Tughlaq dynasty，1321—1414）、萨义德王朝（Sayyid Dynasty，1414—1451）和洛迪王朝（Lodi Dynasty，1451—1526）。

Delhi University 德里大学，设在德里的印度国立综合性大学。创办于1922年。

Delta of Ganges 恒河三角洲，在恒河入孟加拉湾的河口地区，大部分在孟加拉，小部分在印度，面积6.5万平方千米，汇集恒河、布拉马普特拉河、梅格纳河三大水系，盛产黄麻、水稻、甘蔗等，但易受水灾。

Demetrios 德米特里一世，希腊国王，于公元前2世纪曾与将军米南德带领希腊人侵入印度，在旁遮普地区建立希腊王国。

Democratic Socialist Party 印度民主社会党，1981年成立，1984年并入民众党。

Demos 大肚子的象头神迦内沙，是湿婆大神和雪山女神的儿子。见Ganesha。

Denapaona 《借债》，泰戈尔的短篇小说。见Profit and Loss。

Deng Aning 邓阿宁，女，重庆师范大学教授，发表《泰戈尔与雪莱》。

Deng Gaojing 邓高镜，民国人物，字伯诚，湖南省宁远县（邓高镜家乡曾一度改属阳明县）人，中华民国大陆时期学者，对先秦诸子特别是墨子及佛学颇有研究。1924年5月18日，北京佛教讲习会会员沈钧儒与何雯、张相文拜访正在北京访问的泰戈尔，同泰戈尔就佛学进行了交流。时为议员的张树枏与陈铭鉴、黄攻素等在座，邓高镜和徐志摩担任翻译。

Deng Jie 邓捷，当代学者，发表《20年代泰戈尔的接受以及闻一多格律诗的变奏》。

Deng Niudun 邓牛顿，上海大学中文系教授，发表《对泰戈尔的崇仰与抛别》。

Deng Yancun 邓演存，民国学人，1924年4月在上海参加泰戈尔访华的接待工作。

Dennet, Tyler 邓讷特，泰勒（1883—1949），美国历史学家、教育家。

Dennis, Ruth St. 丹尼斯，圣·露丝（1879—1968），现代舞蹈早期的发起人，出生于美国新泽西州的农家，母亲是一位医生，从小就积极培养丹尼斯发展舞蹈的兴趣。1892年，丹尼斯正式成为舞蹈家，作品多以神话故事、丰富表情和手势为主要特色，1906年以“拉达”（印度神话里牧童黑天的最宠爱的情人）一舞成名。她成功地将古典舞蹈的技法和传统融入了文化和故事性，她的独舞也带有强烈的戏剧和现代舞的特色，影响了许多后世的现代舞蹈家，如玛莎·葛兰姆、查理斯·魏德曼（Charles Weidman）、多丽丝·韩福瑞（Doris Humphrey）等。她与先生泰德·萧恩（Ted Shawn）曾被舞蹈界誉为美国舞蹈的源头。1930年11月，泰戈尔再次来纽约访问美国。丹尼斯通过几位泰戈尔诗歌舞蹈表演家募捐。泰戈尔把全部收入拿出来，救济纽约的失业者。

Deodar 松树，常用它来比喻英俊帅气、活力四射的未婚男子。

Deogarh 迪奥加尔寺，在瓜廖尔，寺庙雕刻很有特色，反映神话场面，表现早期中世纪初的风格。

Deogiri 德奥吉里，印度古城。

Deoli Detention Camp 迪奥里关押营，英殖民者在印度关押印度爱国者的监狱。

Deopattna 迪奥帕坦，加德满都东南部城市，有全国最大的帕素帕提那塔（湿婆神）的寺庙。

Derakabaranak 德拉卡巴兰纳克，纳纳克在锡克教圣地阿姆利则的禅定处。

Derive 成熟。

Des 轻松夜曲，通常与季风组曲（mallar）结合，构成合成夜曲季风组曲（des-mallar）曲调。

Desa 提舍，古代印度把印度次大陆分为5个行政区，每一个行政区就是一个提舍。

Desabhakita 爱国味。

Desai, Bhulabai 德赛，布拉巴伊（1877—1946），印度独立运动时期的著名律师，国大党活动家。

Desai, M. 德赛（1896—1995），印度政治家，1977至1979年担任印度总理。

Desai, Mahadev Haribhai 德赛，马哈迪夫·哈里巴伊（1892—1942），圣雄甘地的秘书，死于英殖民政府的监狱。

Desai, Morarji Ranchhodji 德赛，莫拉尔基·兰奇霍季（1896—?），印度政治家，1977—1979年任印度总理。

Desai, Ramanalala Vasantala 德赛，R.V.（1892—1954），印度古吉拉提语作家，作品有《慧眼》《乡村女神》。

Desapadesa 《德娑波德萨》，11世纪作家安主写的例证小说，表现恶棍与骗子。

Desavirodhi 违反地点、时间、技艺，人世经验、正理的经典。

Desh 《民族》，泰戈尔时期的印度孟加拉刊物。“国家”，在马哈拉施特拉，指高址山以外的地方。

Desha Desha Nandita Kari 《号声在全世界回响，啊，印度在哪里?》，泰戈尔于1917年8月创作的著名的国歌。见The Trumpet Call Resounds All over the World. Ah，Where Is India。

D

Deshapriya J. M. Sengupta 《悼念森古泼塔》，泰戈尔1933年的讲话。见Mohan，Jatindra。

Deshbandhu Chittaranjan Das 《德式般度·其塔兰剑·达斯》，泰戈尔1925年的信；泰戈尔1935年的诗。德式般度·其塔兰剑·达斯（1870—1925）是印度著名律师，印度独立党领袖。

Deshja Praacheen Kabi o Aadhunik Kabi' / (pryuttar) 《本国古代诗人和现代诗人（答复）》，泰戈尔的散文。

Deshlai 火柴。

Deshnaayak 国家领导人。

Desi 干洗。

Desikottama 荣誉博士学位。

Desire（Abhilash） 《欲望》，泰戈尔于1874年在13岁上写的诗，在文学期刊《真理追求者》（Tattvabodhini Patrika）匿名发表。

Desiya Rajya（Indian States）《印度各邦》，泰戈尔在1905年特里普拉邦识字大会上的发言。

Dessehra 德喜合拉节（胜利节），在每年9—10月，纪念罗摩打败罗婆那。

Detektibh 《侦探》（《密探》），泰戈尔1898年写的短篇小说。见下条Detective。

Detective 《侦探》（《密探》），泰戈尔1898年写的短篇小说。我是个生性多疑的人，看见一个小伙子到处游荡，怀疑人家是小偷。我和漂亮女助手霍丽莫假扮一对情人，我唆使霍丽莫去引诱他，不料他毫不动心。等到我明白过来，发现他和我妻子秘密约会。

Detroit 底特律，美国密歇根州最大的城市，也是韦恩县的县治所在。1701年由法国毛皮商建立，是位于美国东北部、加拿大温莎以北、底特律河沿岸的一座重要的港口城市、世界传统汽车中心和音乐之都。城市得名于连接圣克莱尔湖和伊利湖的底特律河，它源自法语“Rivire du Dtroit”，意为“海峡之河（River of the Strait）”。底特律面积约370.2平方千米，人口90万。1916年11月泰戈尔访问美国时曾访问该市并作以“民族主义”为题的演讲。

Detroit University 底特律大学，创建于1877年，位于美国密歇根州城市底特律，邻近加拿大，近五大湖区，地理位置优越，是一个最早创立于美国五大湖区的私立大学，一个天主教的学校。泰戈尔原计划于1929年4月访问该大学，因在洛杉矶丢失护照受到当地移民局的歧视而取消。

Deul 印度教庙的主殿。

Deutches Museum 德国博物馆，在慕尼黑，1930年7月正在德国访问的泰戈尔参观这里。

Dev 神。

Deva 提婆，天，群神，神力。

Deva 天王。

Deva 提婆，3世纪大乘佛教中观派理论创始人，龙树的弟子。

Deva Gupta 提婆·笈多，4世纪笈多王朝旃陀罗笈多二世的别名。

Deva Gupta 提婆·笈多，7世纪印度摩腊婆国王。

Deva Gupta 提婆·笈多，7世纪笈多王朝国王。

Deva Raya II 德瓦·拉亚二世（？—1446），印度维查耶纳加尔帝国桑伽玛王朝国王。

Deva Vyuha 女神阵。

Devabhuti 提婆补底，公元前1世纪摩羯陀国巽珈王朝末代国王。

Devadaha 天臂城，释迦牟尼的母亲娘家所在地。

Devadaru 神树，扎根极深，高入云霄。

Devadasaditya 12群神，生主迦叶波和阿提的12个儿子，叫阿底提亚，他们是：毗湿奴、太白仙人、阿里亚曼、达塔、特瓦斯塔、普萨、维瓦斯万、萨维塔、米特拉、瓦如那、安苏和巴嘎。

Devadasi 戴瓦达西，庙妓，庙里的舞女，神奴，把身体献给神的女子。《神奴》，巴如安在20世纪30年代导演的电影。

Devadatta 提婆达多，阿周那的螺号名，义为“天授”。

Devadatta 提婆达多，“调达”“天授”，释迦牟尼叔父斛饭王之子，阿难之兄，先随释迦牟尼出家为弟子，后自称“大师”，反对释迦牟尼，自立僧团。

Devadatta　水神瓦如那的螺号，为湿婆毁天地间三重城时掉入湖里的宝物，吹奏时令敌人震颤。由工艺神摩耶从湖中捞出，赠阿周那。

Devadeva　神中之神，指黑天或毗湿奴。

Devadhanika　天帝因陀罗城。

Devadhipa　天王。

Devaduta　神的使节，神的信使。

Devagupta　天护，《五卷书》里一个制车工的名字。

Devaguru　神的导师。

Devahara　天住，天上的精舍；天寺，皇家寺院。

Devakanya　天女。

Devaki　提婆吉，《摩诃婆罗多》里黑天的生母，千方百计要杀黑天的刚沙的堂妹妹。被西尼在比武会上抢给他的堂弟、索玛的儿子盖天。但俱卢王索寞达塔也爱她，遂二人决斗，西尼胜。

Devakula　天祠。

Devala　提婆多，仙人名。

Devalaka　带瓦拉卡，低等婆罗门。

Devalok　天界。

Devam　光彩照人，亮丽。

Devamanusyah　天人。

Devamara　天魔。

Devanagari　天城体字母，据传由梵天的妻子，文艺、知识女神萨拉斯瓦蒂所创造。天城体字母是梵语、印地语、尼泊尔语等语言的书写体。天城体字母是印度文字之一，经历了婆罗米字母→笈多字体→悉达字母→天城体字母的演变过程。天城体字母成熟于公元7世纪。天城体字母有符号48个，其中14个代表元音，34个代表辅音；此外，还有visarga、anus-va-ra、anuna-sika等符号。天城体字母从左到右书写。元音字母只在句首或部分词头出现，在字中则使用元音符号；每一个辅音字母在不跟元音字母拼合的时候，都本身带上短元音a。在形体上，天城体字母的显著特点是以“T”形的笔画作为字母的骨架，字母头顶有一条横线。

天城体字母是北印度的主要文字之一，它最早用于书写梵语。梵语是古印度的标准书面语；在今天虽然它的日常生活用语功能已经消失，但在宗教、文学作品等场合，仍然有使用梵语的。印度也有一些报纸、书刊，使用梵语。除此之外，现在天城体还用于书写印度的官方语印地语（Hindi）以及马拉提语等语言。

Devanam Priyah　奉天承运皇帝。

Devanampiya　天爱，公元前3世纪孔雀王朝国王阿育王自称。

Devananda　乐天。

Devapala　婆罗的统治者提婆波罗，850年捐赠5个村庄修那烂陀的一个寺院。

Devapala　提婆波罗（815—855在位），印度北部波罗王朝国王。

Devapura　天宫，天堂。

Devaputra　天子。

Devaputras　神的儿子，指《摩诃婆罗多》里的般度五子。

Devar　小叔子。

Devarajna　天彻，“上天的智慧”。印度佛学家，公元689—691年来中国译经。

Devarata　代婆那陀，太阳族国王，将湿婆神弓传国王遮那竭。

Devarata　代婆那陀，《摩诃婆罗多》里毗湿摩的前身，因其父福身王娶贞信时，贞信的养父提出要由贞信和福身王生的儿子将来继承王位，他发誓终身不娶，改名毗湿摩。

Devarishi　天仙，出身于神的大仙，道行高深的修炼者。

Devarsi　天仙。

Devarsis　人及神所使用的武器。

Devas　提婆，神组。

天界神，11个：天父神（Dyaus）、包拥神（Varana）、友爱神（Mitra）、太阳神（Surya）、朝暮神（Sarvtr）、育生神（Pusan）、遍入天（Visnu）、日光神（Vivasvat）、阿迭多神组（Adityas）、黎明女神（Usas）、双马童（As-vins）；

空界神，11个：雷电神（Indra）、海光（Trita-Aptya）、水子（Apam-napat）、母育神（Ma-tarisvan）、海龙神（Ahi-Budhnya）、一足羊神（Aja- ekapad）、荒神（Rudra）、风暴神群（Maruts）、风光神-风神（Vayu-Vata）、致雨神（Prajanya）、水蜜神（Apah）；

地界诸神：辩才天女（Sarasvati）、地母神（Prthivi）、火神（Agni）、祈祷主（Brhaspa-ti）、树神-月神-酒神（Soma）；

低级神群：技艺神（Rbhus）、水畔仙子（Ap-saras），包括广延天女（Yurvas）、甘达婆即香音神（Gandharva）、祛病赐福神（Vastospati）、农田牲畜保护神（Ksatrapati）、沼泽小神群；

抽象神群：创造神（Dhatr）、生主（Prajapati）、工匠神（Tvastr）、一切业神（Visvakarman）、怨怒神（Manyu）、虔诚神（Sradha）、无缚女神（Aditi）、好施女神（Dit）、阎王（Yama）、阎蜜（Yami）、原人（Purusa）。

D

Devasena　天兵天将，天军。

Devastra　神箭术。

Devata　吠陀神。

Devata　男神。

Devatas　群神。

Devavani　神的语言。

Devavarman　提婆伐曼，公元前3世纪孔雀王朝国王阿育王的后继者之一。

Devavrata　戴维婆罗陀，《摩诃婆罗多》里的大英雄毗湿摩小时候的名字。

Devayana　神道，人死后进入梵界，不再回到原来生活的那个世界中来。

Devayani　天乘，神话中太白仙人之女，与牛节王之女多福洗浴，风神将二人衣服对换，二人误解打架，多福推其落井中，被行迅王救。后追求太白仙人弟子云发不成，嫁与行迅王，罚多福为侍女，多福与行迅王私通，太白仙人诅咒其未老先衰，与多福所生子普卢对换青春，由普卢即位。

Devayuga　神仙时代。

Devdaru　一种高大树木，叶子用来装饰。

Devdasi　黛瓦达西，印度的庙妓。

Devenda　德文达，指因陀罗，天王，天帝释。

Devi　提毗，湿婆妻子。

Devi　提毗，女神的集体名称。

Devi　提毗，公元前3世纪摩羯陀国孔雀王朝国王阿育王登基前的妻子。

Devi Ashaburna　黛薇·A.（1909—?），印度孟加拉语女作家，作品有《水与火》《爱与需要》等。

Devi，Hemanta Bala　德威（1894—1976），印度孟加拉语作家。

Devi，Kadambini　德维（1878—1943），印度孟加拉语作家。

Devi，Mohashata　黛薇（1926— ），印度孟加拉语女作家，作品有《詹西女王》等。

Devibhagavata Purana　《女神往世书》，《摩根德业往世书》的一部分，主要描写难近母的故事。

Devichandragupta　《王后和月护》，毗舍怯达多写的剧本，已失传。

Devichautulani　代碧乔图拉妮，是般吉姆的一部长篇小说《代碧乔图拉妮》的女主人公。

Devika　提婆吉，黑天生母。

Devikajala　神海。

Devilab　卡达克舞演员。

Devimahatmya　女神礼赞，《女神往世书》，《摩根德业往世书》的一部分，主要讲难近母女神杀水牛魔王玛西撒的故事。

Devindattaa　十“杂”之七的《天主赞》。

Devindrabuddhi　因陀罗菩提，注释《释量论》。

Devonshire　德文郡，英国小城市，泰戈尔和二哥一家于1879年在此度假。

Devta　神。

Dewali　迪瓦里节，每年11月举行，又叫灯节，印度最大的节日。相传罗摩打败十首魔王后与悉多、拉克什曼那以及哈奴曼凯旋，正是傍晚，阿逾陀城的百姓点灯欢迎，后成节日。

Dewan　大臣。

Dewan　莫卧儿税官，王国首相，总管。

Dewey，John　杜威，约翰（1859—1952），美国心理学家、哲学家、教育家、社会批评家和政治活动家，美国实用主义哲学的代表人物。

Dey，Mukul　戴伊，姆库尔（1895—1989），印度画家，1916年随泰戈尔访问日本，后担任政府艺术学校校长。1928年7月泰戈尔为了治病住在加尔各答的戴伊家里。

Dhab O Abhab　《感情和需要》，泰戈尔的短篇小说。见Feelings and Wants。

Dhairya　坚定。

Dhaivata　印度音节的第六音，明意，简写为dha。

Dhaga　达嘎，在印度神话中，达嘎生于创造大神的大姆指。

Dhakra　达克拉种姓。

Dhama　神的住所。

Dhama yatra　朝拜，按照顺时针方向朝圣四个圣所：北边的巴德林纳特、东海岸的普里、南部的拉美施瓦蓝、西海岸的德瓦尔卡。

Dhamekh Stupa　檀麦克塔，印度瓦拉纳西北郊佛祖初转法轮处的鹿野苑的佛塔。

Dhammacakkapavattana Sutta　转法轮，讲道。

Dhammadinna　达摩定那（比丘尼）。

Dhammagadhi language　半摩羯陀语。

Dhammal　哈里亚那民间舞，歌颂黑天。

Dhammapada　《法句经》，佛经，泰戈尔于1905年把前四章从巴利文翻译为孟加拉文。

Dhammapada　佛经，道德经，法句经，南传上座部佛教经典。

Dhammapadatthakatha　《句法经义释》。

Dhammapala　法护，5—6世纪印度巴利文佛教学者，注释《圆满释论》。

Dhamtari　达姆塔里，印度中央邦城市，在马哈纳底河左岸。

Dhana Nanda　达纳·难陀，公元前4世纪摩羯陀国难陀王朝末代国王。

Dhanada　“财富的赠予者”，印度神话里的财神俱毗罗的别名；布施钱财。

Dhanagupta　把钱藏起来的人。

Dhanakkito　买来的奴隶。

Dhanamjana　檀南遮那，阿周那的称号，义为“胜财”。

Dhananjay　达南迦伊，泰戈尔时期印度有名的托钵僧，泰戈尔曾于1910年拜访过他。

Dhananjaya　财富赢得者，指《摩诃婆罗多》里的阿周那，因为他为坚战王祭征服了以妖连摩羯陀为首的许多小国，赢得了许多财富。

Dhanapati　陀诺波迪，印度小说《琼迪蒙格尔》中人物。

Dhani, Sonakul　丹尼，索纳库尔（1885—1974），泰国王子，曾担任泰国公共教育部部长和公共服务部部长，后专门从事研究和宣传泰国文化工作。他曾得过许多国内和国外授予的荣誉。1961年撰文纪念泰戈尔诞生100周年。

Dhanika　达尼加，印度古代学者，著《十色注》(Dasarupakavaloka)。

Dhanjaya　胜财，10世纪人，著《十色》(Dasarupaka)，为《舞论》后又一戏剧著作。

Dhanolka　丹诺卡，20世纪马拉提语作家。

Dhanpat Rai=Premchand　和鲁迅同时代的印度著名作家普列姆昌德（1880—1936）。见Premchand。

Dhanpati　丹帕迪，财神俱毗罗。

Dhanur-veda　谈箭法、兵法的吠陀经；《他奴罗吠陀》，4部副吠陀之一。

Dhanus　神弓，名弓。天秤座。

Dhanus　弓，长度单位，大牛叫声所传的距离。

Dhanusha　弓。

Dhanuskodi　达努斯科迪，印度南部城市，1934年6月泰戈尔结束锡兰访问后经这里坐火车回加尔各答。

Dhanvantari　旦万塔里，天神的医生，印度医经《阿谀吠陀》的创立者。日神，医神。

Dhanya　粮食，谷物。

Dhar　达罗，9—14世纪帕拉马拉王朝京城，即今天中央邦的塔尔，有一个和德里的库杜布塔内一样的不锈铁柱子。

Dhara　婆苏集团神名中的地神，土。

Dharamsala　为朝圣者设的免费旅店。

Dharana　执持，瑜伽8支（瑜伽修习的8个层次）之六，即止息杂虑、转念一境。使心专注于一处，或把心专注于肚脐或鼻端或舌尖或双眉之间或丹田或脑内光亮处或一种外物。

Dharasena IV　大罗西纳4世（645—649在位），伐拉毗的美特卡拉王朝的第五代国王。

Dharini　达睿妮，迦梨陀娑的戏剧《摩罗维迦与火友王》里国王火友王的王后。

Dharma　《道德》(《宗教》)，泰戈尔的散文。

Dharma　达摩，正法，正义；正法之神，《摩诃婆罗多》里，贡蒂用敝衣仙人所教真言唤他来，与她为般度生坚战。《摩诃婆罗多》里坚战在毗湿摩死前向他请教“什么是正法”时毗湿摩的回答：选王灌顶，臣民为王交十五分之一的牲畜，十分之一的粮食，当兵的臣民三又四分之一的道德，臣民要把王看作师尊等。

Dharma　阿育王的达摩思想，印度传统的关键词，意思为义务、精神和道德的责任，法律，正义，正法，虔诚，经文规定，道德，宗教等。

Dharma　达摩，正法，谓正确、真实的道理。

Dharma　达摩，8世纪印度佛教高僧，曾来中国译经，是菩提流支的助手。

Dharma　《正法》，泰戈尔1909年写的道德课讲义。

Dharma-Cakra　法轮，佛教把佛法比作转轮圣王的轮宝，摧毁山岳；佛法如车轮辗转不停。轮王出世后，轮宝自现，引导轮王转向天下四方，使万民归一。另外，轮又是一种兵器，用以破敌制胜。释迦牟尼用自己的正觉作为工具和武器，征服天下人的思想，破败异论邪说，因此被喻为转法轮。

D

Dharma Chakra Mudra　转法轮印（印的意思是手势），被表现为一个坐着的苦行者双手摆成转法轮势的姿势，即说法势，双臂下垂弯曲，双手端放胸前，右掌心向外，以大拇指接触食指，左手掌心向内，以中指和小拇指接触右手。

Dharma/Darshan　《宗教/哲学》，泰戈尔的散文。

Dharma kala　昙柯迦罗，意译为“法时”，印度佛教高僧，主修阿毗达摩（Abhidharma），公元222年到洛阳，直到250年去世。他把大乘佛教大众部（Mahasanghika）学派的律经——波罗提木叉（Pratimoksa）翻译为中文。

Dharma-kaya　达摩迦耶，无限的智慧和爱在佛身上的显示。

Dharma Mahamatras　正法官。

Dharma Mahamatras　古代负责宗教事务的法官，道德的监督人，国王使者，阿育王时代的道德监督。

Dharma-mahamatta　公元前3世纪阿育王时期的最高执法监督官。

Dharma o Dharmaneetir Abhibyaktti（Evolution）《宗教和宗教政策的演进》，泰戈尔的散文。

Dharma raja　死神。

Dharma Sabha　法会，19世纪30年代建立的印度教社团。

Dharma-sastra　《法论》《法经》，印度教法典，吠陀六支（Upangas）之一。

Dharma-sutra　《正法经》，讨论人的社会、宗教职责及其义务。

Dharma-sutra　《梵经》，2—5世纪问世的吠檀多派哲学经典。

Dharma thita　笃行正行。

Dharma-vijaya　法最胜（阿育王以正义取胜的思想）；《正义胜利记》，5世纪菩提婆·首格罗（Bhudeva Sukla）著。

Dharma-vijaya　佛法。

Dharmabodhi　达摩菩提，意译为“法觉”，东魏时期（534—550）印度佛教僧人，在邺城翻译佛经。

Dharmabuddhi　居心善良者。

Dharmacandra　达摩战涅罗，意译为“法月”，印度佛教僧人，公元732年从龟兹到长安译经，一直到739年，公元743年逝世于和阗。

Dharmadasa　达摩陀娑，年代不详，著《嘉宝宝鬘》（Uvaesamala）。

Dharmadeva　法天，印度那烂陀佛教高僧，公元973年来中国传经，1001年在中国逝世。

Dharmadhata　如此，法界、真如、现象的原材料。

Dharmadhatu　实相，佛教名称，以世俗认识之一切现象均为“假相”，唯有摆脱世俗认识才能显示诸法“常往不变”之真实相状，故名。

Dharmadhi　谭莫迟，意译为“法慧”，印度佛教僧人，公元357—384年在中国译经。

Dharmagupta　达摩笈多，意译为“法密”，公元6—7世纪印度佛教高僧，出生在印度卡提阿瓦半岛的摩腊婆国的拉塔，在卡诺吉接受教育。公元590年开始在长安、洛阳等地译经，直到619年去世。

Dharmagupta　昙摩觉多，天竺人，5世纪来华。

Dharmaguptakas　《法藏部》。

Dharmakala　昙科伽罗，中天竺人，3世纪来洛阳传经。

Dharmakaya　法身，佛教术语，指佛法成身，或身具一切佛法。

Dharmakirti　法称，7世纪大乘佛教瑜伽行派论师，佛教因明学者。

Dharmakrtayasas　昙摩迦陀叶朔，意译为“法生称”，印度佛教高僧，公元481年到中国译经。

Dharmaksema　昙无谶，古代中印度佛教高僧，公元414—432年从龟兹到中国西部的一个独立侯国译经。433年在去中华大地的路上途经沙漠时被阻止他去中国的统治者派的刺客杀害。

Dharmamangal　达摩叙事诗。

Dharmamati　达摩摩提，意译为“法易”，5

世纪受法显邀请来华，住在南京，于490年完成两部译著。

Dharmamitra　昙摩密多，意译为“法丰”，5世纪克什米尔佛教高僧，公元424年来中国的敦煌、南京等地，在祇洹寺讲经，直到442年逝世。

Dharmamitra　法秀，4世纪印度佛教僧人，曾来华译经。

Dharmamudra　法印，佛教教义，能印证真伪的佛法之印，鉴别佛法真伪的标准。

Dharmanandi　昙摩难提，译《曾一阿含经》。

Dharmanandi　昙摩难提，意译为“法喜”，吐火罗僧人，公元382年开始在长安、南京译经。

Dharmapal　达玛帕尔，地主，佛陀的地主。

Dharmapala　达摩泊罗（1864—1933），锡兰僧人，创立大菩提会（The Mahabodhi Society）。

Dharmapala　达摩波罗（国王）。

Dharmapala　护法，6世纪大乘佛教瑜伽行派理论家，著作有《成唯识宝生论》等。

Dharmapala　达摩帕拉（770—810在位），波罗王朝第二代国王。

Dharmapala　达摩帕拉，《罗摩衍那》里十车王的八大臣之一。

Dharmapala　护法，那难陀方丈。

Dharmapala Hayagriva　达摩帕拉·哈耶格里瓦，护法神之一。

Dharmapariksa　11世纪阿密多揭提的《法鉴》。

Dharmaprajna　法智，6世纪印度佛教僧人，来中国译经。

Dharmaputra　达摩之子，指《摩诃婆罗多》里的坚战。

Dharmar Adhikar　《法之力量》，泰戈尔写的散文。

Dharmaraja　法王（称号），正义之王，也指死神。

Dharmaraja　达摩之治，用印度教的道德伦理治理国家或社会。

Dharmaraji　正义之神。

Dharmarajka Stupa　鹿野苑佛塔。

Dharmarajya　达摩之治，用印度教的道德法则治理社会。

Dharmaraksa　达摩罗萨。

Dharmaraksa　昙无谶，中天竺人，433来华。

Dharmaratna　竺法护，印度佛教僧人。据说汉明帝有一次在梦中看见一个金人，从朝臣口中得知是佛陀后，于公元65年派使节邀请佛教传教士来到中国。使节带来了两个印度佛教僧人，一个就是竺法护，另外一个就是迦叶摩腾（Kasyapa Matanga）。他们用白马载着经文在洛阳建立第一所佛教寺庙，这就是白马寺。

Dharmaratna　竺法兰，印度高僧，公元1004年来中国，1058年在中国去世。

Dharmaratna　昙悟兰，印度高僧，意译为“法正”，于公元381—395年完成110部译著。

Dharmarijaya Bhudeva Sulka　《正义胜利记》，16世纪剧作家菩提婆的作品。

Dharmaruci　昙悟流支，意译为“法喜”，印度佛教高僧，6世纪初来洛阳，501—507年间完成3部译著。

Dharmasabha　“法会”。

Dharmasangani　法集。

Dharmasena　达摩塞纳，唐朝时的印度佛教高僧，在长安译经。

Dharmashastra　印度的教律书。

Dharmasiksha　研习达摩。

Dharmatman　达摩的化身，一个人是一切道德的标准。

Dharmatrata　法救，4世纪说一切有部论师。

Dharmattara　法上，8世纪著《正理滴论广注》。

Dharmavikrama　法勇，5世纪南朝宋代西行求法的僧人。

Dharmavir Bharati　达摩维尔·巴拉提，当代实验主义运动作家。

Dharmavyadha　达里摩毗耶陀，《摩诃婆罗多》里的人物，卖水牛肉为生，谙熟吠陀知识，前世为婆罗门，因误伤婆罗门被诅咒转生为猎人。

Dharmayasas　昙摩耶舍，意译为法明，罽宾人，公元397—414年在长安译经。法称，7世纪印度大乘佛教瑜伽行派论师，佛教因明学者。

Dharmayug　为捍卫正法而战。

Dharmmottara　法上，7世纪印度佛教大师，著有《正理滴论疏》（Nyayabindu）。

Dharmoddharana　（剧）《达摩陀罗那》。

Dharmya　合乎达摩的，天经地义的。

Dhatr　浮载，载持，万物的维持者，即宇宙灵魂。
Dhatreyiya　达特丽伊雅，《摩诃婆罗多》里黑公主的女仆。
Dhatri　达特里，制造之神。
Dhatu　界，差别，生物固有的自性，原因，种族，事物维持自相。
Dhatukatha　界论。
Dhatura　迭陀罗花。一种有毒的果子。
Dhatusamskarana　金属提纯。
Dhaumya　道牟亚，《摩诃婆罗多》里带瓦拉的弟弟，昂阿拉帕尔那大仙推荐他做般度五子的导师，般度五子在赴坎皮利亚参加黑公主比武选婿大会时找到他。
Dhavani　韵。
Dhavani sanpradaya　韵论派。
Dhavanikavye　韵诗。
Dheer juktaatmaa　耐性-梵我合一。
Dheerabaalaa　提罗芭拉，泰戈尔三叔的大女儿迦东碧妮的二女儿，即泰戈尔的堂外甥女。
Dhenki　打谷机。
Dhenuka　酞奴迦，恶魔。
Dhi　智谋。
Dhillika　迪力卡，德里的古称。
Dhimahi　途径。
Dhimmi（Arabic zimmi）　非穆斯林臣民。
Dhir aprasanta　宁静型。
Dhiraja　忍耐坚毅的国王。
Dhiralalita　优雅型，艺术型。
Dhirata　坚定。
Dhirodata　崇高型，正面型。
Dhirodhata　暴戾型，反面型。
Dhobi　洗衣女工。
Dhobi　洗衣种姓。
Dhobi biwale　洗衣的乡亲。
Dhola Maru　拉加斯坦地方戏里巴瓦伊（Bhavai）的节目。
Dholak　双面鼓。
Dholak cholom　曼尼普里舞双面鼓舞。
Dhoomralochan　图姆罗洛琼，妖魔国之王舒姆婆的军事统领。
Dhor　多尔部落。
Dhoti　兜底，腰布，6米长，北印男人有不同的披法，甘地披的就是这种腰布。围裤。
Dhrdhanestra　地合达内思特拉，神话里众友仙人的儿子。
Dhrishtadyumna　猛光，“悍勇”，《摩诃婆罗多》里木柱王的儿子，为火神的部分投胎，黑公主和束发的哥哥。他在俱卢大战的第十五天为父亲和儿子报仇，杀死俱卢统帅德罗那。后来在酣睡中被德罗那的儿子马勇踩死。死后入财神天界。
Dhriti-grahitaya Buddhya　耐心理解，坚定勇敢。
Dhrstketu　狄施计都，般度军大将。
Dhrsta　无赖主角。
Dhrsti　得合寺提，十车王八大臣之一。
Dhrtarastra　持国，史诗《摩诃婆罗多》里难敌百兄弟的父亲，为奇武的遗孀与岛生黑仙人生，天生的瞎子，他接替般度做国王。默许儿子难敌流放般度五兄弟，暗中支持难敌设计和坚战赌博，让坚战失去一切，默认难敌挑起战争。大战后与妻子甘陀利隐居森林，死于大火。
Dhrti　坚定，达刹的女儿，达摩的妻子。
Dhrti　满意，满足。
Dhrupad-dhamar　得鲁帕得达玛尔，一种声乐体裁。
Dhruva　德鲁婆，8婆苏神之一。婆苏神为天王因陀罗的8侍从神，分别为风、火、水、土、星、黎明、光以及梵天神第四子普拉徒于撒。由于受他妈妈最宠爱的妻子苏入西的憎恨，离开妈妈去森林见拉罗陀，拉罗陀把他变成一个5岁的孩子去雅穆纳河边的马杜瓦纳单脚修炼一万年，使众神吃惊不已。
Dhruva-vrata　坚强的女人，说一不二的女人，誓死不悔的人。
Dhruvadevi　姮娥，4世纪沙摩笈多王的妻子，羞花闭月。沙摩笈多被弟弟旃陀罗笈多杀死，旃陀罗笈多娶了姮娥做王后。
Dhruvamandala　德鲁婆星团。
Dhruvapada　德鲁瓦帕达，一种声乐体裁。
Dhuapa　香料。
Dhukhasatya　苦谛，佛教四谛之第一谛，说这个世界充满了不堪忍受的苦难。
Dhulichitra　速写。
Dhumaketu　图姆盖度（1892—1964），印度古吉拉提语作家，作品有《老兄》《乔拉戴维》等。
Dhumihar　布米哈尔种姓。
Dhundhu　通图，阿修罗，被俱婆罗娑婆及其

21000个儿子从沙底挖出杀死。

Dhundhumara　通图摩罗，“杀死通图者”，俱婆罗娑婆的称谓。《摩诃婆罗多》里的国王属于太阳王族，死前喷出火焰，几乎烧死所有21000个儿子，只剩3个。

Dhurjjati　头发乱做一团。

Dhurtaasamagama　14世纪光自在（Jyotirisvara）的著作《无赖相遇》。

Dhurtakyana　8世纪狮子贤（Haribhadra）的《骗子传》。

Dhurtav-tasamvada　《无赖和清客的会话记》，自在授（Isvaradatta）的剧本。

Dhuti　围裤，也音译为“图迪”，是印度男人裹在下身的缠腰布。

Dhvani　韵，声音，指诗中超出字面意义的暗示意义。韵是诗的精髓，而味是韵的精髓。

Dhvanikavya　韵诗。

Dhvanivada　超于文字意义之外的味。

Dhvanyaloka　《韵光》，9世纪欢增（Anandavardhana）的作诗学论著，确立了以“味韵”为中心的印度传统美学的完整体系。

Dhyaan　冥想。

Dhyana　禅，禅宗，打坐静思，瑜伽的禅定，静虑，瑜伽8支（瑜伽修习的8个层次）之七，使心持续地集中于静虑对象。

Dhyana　禅定，静坐宁心，明心见性。

Dhyana mudra　佛陀的禅定势，即沉思势，双臂下垂，双手上下相叠，掌心向上，平放在盘屈的腿上。

Dhyana-yoga　禅瑜伽。

Dhyanab hadra　指空，中亚佛教高僧，先到中国，于1326年去韩国。

Di Prophandis　《狄·波罗方狄斯》，泰戈尔的散文。

Diadochi　继任者。

Dialogue/Literature　《关于文学的对话》，泰戈尔的散文。

Diamond Habour　钻石港口，在加尔各答胡格利河岸边。

Diarchy　双重制度。英国政府1919年颁布的法案。“保留臣民”由省督直接统治，其他由部长统治。

Diary of Kostya Ryaptseva　《科茨亚·日亚策瓦的日记》，20世纪苏联作家欧格聂德的长篇小说。

Diary of the Five Elements（Panchabhuter Diary）　《五元素日记》，泰戈尔于1893年写的有关人生、文学、艺术的对话。

Dibbacakkhunana　天眼通，修炼苦行后获得的神通，能看见众生或死或生，知道他们按照各自业报，或贵或贱、或美或丑、或乐或苦。

Dibbasotadhatunana　天耳通，修炼后获得的神通，能听出无论远近的天神或凡人的声音。

Dickens，Charles John Huffam　狄更斯，查尔斯·约翰·赫芬姆（1812—1870），19世纪英国最伟大的作家，也是一位以反映现实生活见长的作家，他在自己的作品中，以高超的艺术手法，描绘了包罗万象的社会图景，作品一贯表现出揭露和批判的锋芒，贯彻惩恶扬善的人道主义精神，塑造出众多令人难忘的人物形象。《大卫·科波菲尔》《远大前程》《雾都孤儿》《尼古拉斯·尼克贝》《圣诞颂歌》被认为狄更斯最优秀的几部作品，特别是带自传体性质的小说《大卫·科波菲尔》被很多人视作狄更斯的代表作，而另一部作品《小杜丽》则以其尖酸刻薄的讽刺闻名。他的三十多年的创作生涯，写了十五部长篇小说、许多中短篇小说以及随笔、游记、时事评论、戏剧、诗歌等，为英国文学和世界文学做出了卓越的贡献，一百多年来他的代表作《双城记》在全世界盛行不衰，深受广大读者的欢迎。

Dickenson，Lowes　狄根森（1862—1932），英国历史学家和政治活动家，著作有《约翰柴纳曼的信》等。他促成了泰戈尔获得诺贝尔文学奖。

Didalganj Yaksi　迪达尔甘吉的夜叉女雕像。

Didarganj　迪大甘吉，地名，在巴特那附近，这里出土有名的药叉女石雕。

Di =didi　姐姐。

Didi　《姐姐》，泰戈尔的短篇小说。见 Elder Sister 。

Didi　姐姐，爷爷奶奶与孙女之间的亲切称呼。通常加到印度妇女名字后面。

Didima　姥姥，姑奶奶。

Didishashuri　大姑，老姑。

Die Walküre（Valkyrie）《女武神》，德国著名作曲家瓦格纳的歌剧，1921年4月泰戈尔访法时在巴黎观看该剧的演出。

Digambara　耆那教天衣派，大雄倡导。

Digambaree　蒂贡波丽（1801—1839），泰戈

D

尔的奶奶。她和泰戈尔的祖父达罗卡那特生育了6个孩子：大女儿（1825）夭折；长子德本德罗纳特（Debendranaath，1817—1905），就是泰戈尔的父亲，活到88岁；次子诺棱德罗纳特（Narendranaath）三岁时就死亡了；三子吉林德罗纳特（Gireendranaath，1820—1854），只活到34岁；四子普本德罗纳特（Bhoobendranaath，1826—1839），只活到13岁；五子诺根德罗纳特（Nagendranaath，1829—1858），活到29岁。

D

Digangana　各路诸神。

Digdarshana　观察。

Digest　《文摘》，民国杂志，1937年8月刊登《泰戈尔为西班牙内战宣言》。

Diggaja　底齐加阇，印度神话里守护八方的神像。天帝因陀罗像守护东方，火神阿耆尼像守西南方向；死神阎摩像守南方；太阳神苏利耶像守东南；水神伐楼那像守西方；风神伐由像守西北方；财神俱毗罗像守北方；苏酒神摩像守东北方。

Diggaja　能撑住地球的大象。

Digha　长久。

Dighanikaya　《经藏》的第一部分《长尼迦耶》。

Dignaga　陈那（400—480），古印度大乘佛教瑜伽行派理论家，新因明的创始人，唯识派学者。

Digvijaya　四方征服活动。

Dihgan　村庄头人。

Dikbaalaa　《方向女神》，泰戈尔写的杂谈。

Dikpala　方向神，某一方向的主宰神。

Dikpalakas　宇宙四方的保护神。

Diksa　开始，创始，入会仪式。

Diksha　给婆罗门的礼物。

Diksha　皈依。

Diksita　吠陀祭祀的发端，开始，被引入门者。

Dilaram　《罗摩魂》，18世纪信德语作家米尔扎·恰理查·贝格（Mirza Qalich Beg）的作品。

Dili　魔鬼的父亲。

Dilipa　底里波，神话里罗摩的祖先，鸯输曼之子，跋吉罗陀之父，因对神牛须罗毗不恭而受诅咒：他只有和妻子服侍须罗毗的女儿难底尼方可生育。他冒生命危险从湿婆狮子口救出难底尼，生罗怙。

Dilipukumar Roy　迪利普库马尔·拉伊（1897—?），孟加拉作家，歌唱家。

Dilkusha　《迪尔库沙》，奥朗则布统治时期的历史学家宾色纳（Bhimsena）的著作，记录奥朗则布的统治。

Dilotama　底楼陀摩，人造美女，下凡引诱孙陀二兄弟，二人为争夺她相残而死。

Dillee Darabaar　《德里的宫廷会议》，泰戈尔的诗。

Dima　争斗剧。

Dimbhaka　底摩诃加，《摩诃婆罗多》里的武士，与兄弟和恩索为妖连的朋友；与和恩索同名的国王被大力罗摩杀死，他误以为兄弟被杀，悲愤而自杀，和恩索得知后跳雅穆纳河而死。

Dimna　迪木乃，《五卷书》里豺狼主人公的名字，即达摩那迦（Dhamanaka）。

Din-I—Ilahi　丁-伊-伊拉希，“神圣的信仰”，阿克巴创立的神教，为几种宗教的综合，但没有推广开。“信仰上帝”，阿克巴建立的一种宗教秩序，其成员属于帝国精英，并承认阿克巴是他们的导师。

Dinabandhu Mitra　迪那班度·米特拉（1820—1893），孟加拉语戏剧之父，写剧本《蓝镜》（Neel Darpan）。

Dindima =kavasarvabhaum　丁迪默，15世纪印度最伟大的作家。

Dindima　手鼓。

Dinendranaath Tagore（Thaakur）　迪能德罗纳特（1882—1935），泰戈尔大哥德维琼德罗纳特（1840—1926）的孙子，迪本德罗纳特（1862—1922）的儿子。他是迪本德罗纳特和苏什拉唯一的儿子，被誉为泰戈尔的“歌库”，泰戈尔最喜欢的歌手。

Dinesh　丁内士（1907—1933），反法国殖民主义英雄，被绞死。

Ding Xilin　丁西林（1893—1974），剧作家，社会活动家，原名燮林，字巽甫，江苏泰兴人，1914—1920年在英国留学，曾任北京大学、山东大学教授。1949年后，任文化部副部长、中国人民对外文化协会副会长、中国戏剧家协会常务理事等职。1924年5月6日，北京画会的齐白石、陈师曾、凌叔华等邀请齐白石光临，丁西林参加。1924年5月8日，为欢迎泰戈尔访华及庆祝诗人64岁生日，林徽因、徐志摩等在协和礼堂演出泰戈尔的戏剧《齐德拉》，丁西林扮演村民。

Ding Xingkui　丁兴魁，在河南省图书馆工作，发表《传统与现代爱情观的碰撞——读泰戈尔〈沉船〉》。

Ding Yanmo　丁言模，当代学人，发表《从郭沫若对于泰戈尔“神像”的批判谈到郭沫若早期思想变化》。

Ding Yu　丁瑜，当代学者，发表《泰戈尔短篇小说中的女性之死》。

Ding Yuan　丁元，当代学人，发表《邮品纪念泰戈尔》。

Dinnaagachaarya　丁纳格，著名的佛教学者。

Dinobantu Mitra　迪诺邦图·米特罗（1830—1873），印度孟加拉语著名的剧作家。

Dinu　迪努（1882—1935），泰戈尔的侄孙子迪嫩德罗纳特（dinendranaath）的爱称，他是泰戈尔的大哥德维琼德罗纳特的孙子，迪本德罗纳特和苏什拉唯一的儿子，被誉为泰戈尔的“歌库”，泰戈尔最喜欢的歌手。

Diocesan school　英办基督教学校。

Diodotos　提奥多图斯，公元3世纪大夏副王，他在公元226年建立了属于自己的王国。

Dipak　（拉格）迪帕克，下午演奏，表现爱情。

Dipaka　明灯，合在一句中处于各种关系的词语共同明亮。

Dipali　灯节。

Dipamkara　燃灯佛。

Dipana　明亮。

Diparadhana　祭司在神像前挥舞樟脑灯的仪式。

Dipavali　迪帕瓦里节，灯节，印度教最大的节日，在每年11—12月，印度普天同庆，人们在窗户和门上放灯，往河里漂流灯，交换礼物。据说该节日来自《罗摩衍那》里的故事，罗摩打败十首魔王罗婆那，回到首都阿逾陀时正好是傍晚，老百姓点灯欢迎英雄归来，灯节由此而来。

Dipavamsa　岛编年史，岛史。

Dipika　普及性，大众化的拉丁语《薄伽梵歌评注》，13世纪吉难德维（Jnandeva）著。

Dipta　更高声。

Dipti　热烈。

Dir Ghatapas　“长期善修者”，正理论的创始人乔达摩的别名，因善于思索，故名。

Direction of Chinese Self-Study　《中文自学指导》，1994年2月第2期刊登杨溢萍的《泰戈尔小说〈弃绝〉的结构特点》。

Dirghatama Aucathya　长暗仙人，神话里的婆罗门大仙，生来双目失明，后来因崇奉火神阿耆尼而得以复明。

Dirks，Nicholas　德科，尼古拉斯，20世纪英国历史学家和人类学家。

Discovery of India　《印度的发现》，印度第一任总理尼赫鲁于1944年在狱中写的书，是对印度文化和印度独立运动的回顾和展望。

Discussion Guild　美国讨论学会，1930年11月，泰戈尔再次来纽约访问美国。12月1日和美国讨论学会和印度学会在卡尼吉大厦联合举行泰戈尔欢迎大会，在会上泰戈尔就印度教育问题演讲。

Dishtam　需要，必要的。

Disturbed Retreat　《静修地不再宁静》，泰戈尔于1886年写的幽默故事系列之一。

宁静的静修地突然来了两个讨厌鬼：一个叫那巴坎达，他想让大家听他关于神秘爱情的见解；另一个叫加内沙，是个初生牛犊式的作家，希望大家听他的大作。这两个人都想让大家欣赏他们，互相攻击。听众不胜其烦。突然有人报告，这两家失火，闹剧结束。

Diti　底提，吠陀中的女神或女神的人格化；达刹的女儿。

Ditthivaya　《杂说支》。

Diu　第乌，坎贝湾内小岛，古吉拉特邦重要海港。

Div　天光。

Divakara　太阳。

Divakara　日照，印度佛教僧人，公元676年—685年在太原寺和弘福寺译经19部。

Divakaram prapya　到达太阳轨道。

Divan　长沙发。

Divodas　迪沃达斯，神话里的迦尸国国王，行迅王把女人马德拉维送众友的儿子兼弟子加拉乌，加拉乌为了给师父送谢师礼，让马德拉维与迪沃达斯同居，马德拉维为迪沃达斯生一子，恢复处女身子。迪沃达斯送其200匹月光色黑耳马，加拉乌用作谢师礼。

D

Divodasa 提婆达萨，“天仆”，印度上古婆罗多族国王。他儿子被醯诃耶国王皮托和皮耶的儿子们杀害，持力仙人主持祭祀使他又得一子。

Divya 神性的，神授的，神圣的。

Divya Prabandha 毗湿奴派诗人写的作品。

Divyagyana 神性的知识和觉悟。

Divyajnana 神的智慧，神的名言。

Divyakara 日照，第婆诃罗。

Divyaprabandha 神秘诗歌，如《天章》《日章》《迪维亚诗体传记》。毗湿奴派诗人的作品。

Divyavadana 《天譬喻经》，或称《诸天传》，3世纪问世的印度佛教经典，主要讲阿育王、布舍耶密多罗、巽珈王朝诸王以及金币的使用等。

Divyavarsa 神年。1神年等于人类的300年。

Diwan 账房先生；迪万，莫卧儿后期地方行政长官，相当于税务厅长；诗集。

Diwan Adalat 民事审判。

Diwan-i-Am 勤政殿，枢密殿。

Diwan-i-Khas 枢密殿。

Diwan Lilaramsingh 迪万·里拉兰辛格，18世纪信德语作家。

Diwani 迪万的权限。由迪万管辖的习惯法（区别于《古兰经》上记载的伊斯兰教法）。

Djokjakarta 朱克家卡尔塔，印尼小城，1927年9月泰戈尔访问这里，参观了一所按照国际大学模式办的学校。在曼昆纳古鲁（Mankunagoro）家做客，观看了细腻的宫廷舞和戏剧表演。和岛上杰出的荷兰和本地学者见面。从朱克家卡尔塔去参观婆罗浮屠庙。在万隆访问3天。9月27日返回雅加达，在起航去曼谷的途中经新加坡去槟榔。10月8日到曼谷，受到无数暹罗人、华侨、印侨和欧洲人的欢迎。10月13日受到泰国国王的热情接见，在楚达隆科大学作《论教育》的演讲。10月27日回国。

Do Bigha Zameen 《两亩地》，20世纪50年代新现实主义导演比拉尔·路易（Bimal Roy）的作品。根据泰戈尔的同名诗改编拍摄。

Doa bhavana vyapara 展现功能。

Doab 两河间的土地，如恒河与雅穆纳河之间地区。

Dobin 杜宾，20世纪30年代担任苏联外交部接待处处长，在泰戈尔1930年访问苏联时负责接待工作。

Doel 一种鸟。

Dog 狗，《摩诃婆罗多》里，般度五子及黑公主上喜马拉雅山时在象城拣到的狗，随他们上美庐山，天帝因陀罗用飞车来接坚战上天，坚战坚持要把唯一的旅伴狗带上天，天帝不允许，狗消失，坚战的生父正法之神出现。原来他变狗来第二次考验坚战。第一次变罗刹毒死四个兄弟来考验他，坚战提出首先救活五弟偕天，经受住了父亲的考验。

Dogari 查漠地区方言多格拉语。

Doha 对句。

Dokri 多克里，拉加剧巴瓦伊（Bhavai）的节目，反映命运多舛的老妪多克里（Dokri）。

Dol 多尔节，又叫“撒红节”或“霍利节”，在这一天人们相互撒红粉等各种颜色的粉末，表示祝福。

Dola 秋千手势，双肩放松，双手都持旗子手势，下垂；五指并拢自然平伸。

Doljatra 彩色节，4月圆月时举行，纪念黑天。

Dom 杜姆种姓，印度重要种姓之外的不可接触者种姓的第五组（pancama），通常为垃圾清扫工、搬运尸体者、火化木头提供者等职业。

Dom Moraes 东·莫拉伊（1938—2004），印度现代英语作家。

Dom Soyouzov 苏联工会中心，泰戈尔于1930年访问苏联时参观过这里。

Dombika 多姆比伽，单人舞，惹动国王含有情思的甜蜜的情歌（色之一），音乐舞蹈柔美。

Domru 一种举在手里敲打的乐器。

Donds 大学教师，（牛津、剑桥大学的）导师，特别研究员。

Dong Aiqin 董爱琴，当代女学人，发表《试论泰戈尔的教育思想和实践》。

Dong Fengming 董凤鸣（1901—1994），法律学家，青年时代便在报刊上发表文章。曾留学法国，在巴黎大学读法律，获法学博士学位。回国后曾在上海开业当律师。长期旅居在外，20世纪40年代末离沪去台，晚年随子女定居美国。1924年4月20日，泰戈尔访问东南大学，和当时是该校学生的董凤鸣亲切交谈。1924年发表《泰戈尔之在南京》《英美协会欢迎泰戈尔》《英美协会招待泰戈尔之演说》《碧水绿阴之北海与许发好白之印度诗哲》等。

Dong Hongjun 董红钧，上海大学文学院副教授，出版《泰戈尔精读》《泰戈尔评传》，发表《神秘、人道、探索：析泰戈尔的〈吉檀迦利〉》《浅谈泰戈尔的小说创作》《泰戈尔短篇小说的诗化特征》。

Dong Huajun　董华钧，当代学人，发表《论泰戈尔人道主义》《人是中心·人道的灵魂——从三个创作期看泰戈尔的现实主义趋向》。

Dong Lin　东林，当代学人，发表《泰戈尔太原行》。

Dong Jun　东君，民国某文化人的化名，1924年发表《一个研究文学史的人对于贵族该怎样想呢》《吃牛肉茶的泰戈尔——答江绍原先生》。

Dong Yang　董洋，当代学人，发表《叶芝、泰戈尔"神秘主义"的契合之处及意义》。

Dong Yanjing　董燕静，当代女学者，发表《泰戈尔来华对中国思想界的影响》。

Dong Youchen　董友忱（1937— ），吉林怀德（公主岭）人，中共中央党校教授。毕业于苏联列宁格勒大学，中国世界民族学学会常务理事、中国北京译协理事，享受国务院颁发政府特殊津贴。1960年8月赴苏联留学，1965年毕业回国后到总参谋部，从事科研和军事翻译工作，主持并参与《苏联军事百科全书》的翻译和审稿工作，主持并参与毛泽东著作的孟加拉文译审工作。1986年3月调入中共中央党校，1992年1—8月作为高级访问学者访问、考察莫斯科大学，并在俄罗斯联邦公务学院讲学考察。他通晓俄语和孟加拉语，是当代研究孟加拉语文学的专家、翻译家，国际问题专家。他主编过大型套书《万国博览》的亚洲卷、知识性读物《寻踪觅源》。主要译著：《摩诃婆罗多》改写本，泰戈尔的长篇小说《沉船》《贤哲王》等；泰戈尔的短篇小说《女乞丐》《莫哈玛娅》《素芭》《活着还是死了》《乌云和太阳》等30多篇；泰戈尔的散文诗《脚走出来的路》《阴郁的一天》《云使》等10多篇；泰戈尔的诗歌《画与歌集》《莫胡亚集》等，泰戈尔的剧本《大自然的报复》《赎罪》《滑稽剧本集》等，泰戈尔书信集《俄国书简》《泰戈尔画传》；孟加拉语作家达拉克纳特·贡戈巴泰的长篇小说《金藤》等。发表《泰戈尔中长篇小说的艺术成就》《试论泰戈尔的长篇小说〈沉船〉》《泰戈尔的婚姻研究报告》等上百篇论文。2016年在将近80高龄之时主持翻译出版国内最全、翻译质量最佳的18卷33册本的《泰戈尔全集》。

Dongda Book Company　东大图书公司，在台北，1992年出版宫静的《泰戈尔》。

Dongnan University　东南大学，位于江苏省南京市，是中央直管、教育部直属的全国重点大学，为"211工程""985工程"建设的著名大学之一。东南大学是中国最早建立的高等学府之一，前身为创建于1902年的三江师范学堂，后经历南京高等师范学校、国立东南大学、国立中央大学、南京大学、南京工学院等历史时期，1988年学校更名为东南大学，2000年东南大学与南京铁道医学院等校合并组建新的东南大学。经过一个多世纪的发展与建设，东南大学已成为一所以工为特色，理、工、医、文、管、艺等多学科协调发展的综合性大学。1924年4月20日，正在中国访问的泰戈尔应东南大学校长郭秉文邀请访问东南大学并演讲，受到热烈欢迎。

Doordarshan　电视台。

Dorasamudrahalebid　多拉萨穆德拉，古霍伊萨拉王朝的首都，今迈索尔的哈莱比德。

Dorothy Strait　道罗西·斯特雷特，美国青年妇女同盟有影响的会员。1921年1月泰戈尔访问美国时由恩厚之引荐和泰戈尔见面，后来成为恩厚之的夫人。

Dosa　诗病，10种：意义晦涩、累赘、缺乏意义、意义受损、重复、臃肿、违反正理、诗律失调、缺乏连声、用词不当。

Dosha　体内三大能量：vata（气）、pitta（火）、土（kapha）。

Doyel　一种歌声甜美的小鸟。

Drabamayee　德罗波莫伊，泰戈尔第十七代先祖尼尔莫尼的次子拉摩莫尼和后妻杜尔迦摩尼生的女儿。

Dramatis personae　剧中人物。

Draupadezah　黑公主诸子，阿周那五兄弟与其妻黑公主所生五子，从母名，故名。见下条。

Draupadi　黑公主，《摩诃婆罗多》里的女主人公，木柱王火祭中得到的女儿，猛光妹和束发的姐姐，吉祥天女的化身。般度五兄弟比武取胜后娶了她。在难敌设置的掷骰子的阴谋中，坚战把她输给难敌，难敌的弟弟难降肆意侮辱她。在赌博输了后她随五兄弟的流放中，受空竹调戏，空竹被布军杀死。与般度五子各生儿子向山、子月、多闻、百军和闻军。俱卢大战后在陪五兄弟雪山修行途中在美庐山落崖身亡。

Draupadisvayamvara 《黑公主选婿》，12世纪胜护（Vijyapala）写的剧本。

D

Drava 冒犯长者。

Dravida 达罗毗荼人及其所居住的土地。

Dravida Munnetra Kanzhakam 德拉维达进步联盟，印度南方泰米尔地区的政党。

Dravida Veda =Tevaram Storas 《达罗毗荼吠陀》，泰米尔63个毗湿奴派诗人颂歌集。

Dravidas 得拉威达，《罗摩衍那》里十车王的属地。

Dravidian 达罗毗荼人，为雅利安人进入印度之前的印度土著居民，身材矮小，皮肤黑暗；达罗毗荼语，达罗毗荼人的语言，包括泰米尔语、泰卢固语、坎那达语、马拉雅拉姆语等。

Dravidian culture 达罗毗荼文化，指以马杜赖为中心的印度南方达罗毗荼人的文化。

Dravya 物质，东西，财富。

Dresden 德累斯顿，意为“河边森林的人们”，是德国萨克森州的首府，德国东部重要的文化、政治和经济中心。它位于德国的东南方。在历史上，德累斯顿曾长期是萨克森王国的都城，拥有数百年的繁荣史、灿烂的文化艺术和无数精美的巴洛克建筑（德累斯顿巴洛克风格），被誉为欧洲最美丽的城市之一。作为重要的文化中心，德累斯顿又被称为“易北河上的佛罗伦萨”。在第二次世界大战时，该市遭到盟军的大规模空袭，加上此后东德40年的统治，城市面貌已经面目全非。不过自1990年德国重新统一后，德累斯顿再度成为德国东部的文化、政治和经济的中心，并运用西部的资金恢复了许多伟大的建筑物和历史遗迹，再度成为一个拥有丰富旅游资源的城市，吸引了大批游客前往观光。1926年9月，泰戈尔访问德国时访问了德累斯顿。1930年7月17—19日，泰戈尔再次访问这里。

Drisadvati 特里丝帕梯河，在印度。

Drishadwti 德利沙德维提，河流名，即卡格尔河（Kagor）。

Drisht-doshn 邪恶的眼。

Drishtanta 熟悉的例子。

Drishti “所见”。

Drishtidaan 《献眼》，泰戈尔于1898年写的短篇小说。见The Gift of Sight（Vision）。

Drivida 得力威达，《罗摩衍那》里协助罗摩消灭十首魔王罗婆那的猴军将领之一。

Droha 背叛。

Drona 德罗纳，意思为“盆生”，《摩诃婆罗多》里持力仙人见仙女后元阳落在叶盘（河蚌）生出了他。娶慈悯女，猛光为其徒弟，继毗湿摩之后的俱卢军统帅，在战争第十五天被杀。

Drona 史诗的页。斛。竹制杯子。

Dronagiri 德罗纳圣山，《罗摩衍那》里哈奴曼为受伤的拉克什曼那采仙草的山。

Drongo 燕子。

Drsana =Virocana 德尔萨那，神话中众天神搅乳海时做阿修罗的牛，伯利的父亲。

Drsta（诗相）描写，无论目睹与否，都按照地点、时间和形状如实描绘。

Drstana 譬喻。（诗相）提供例证以说明理由，支持论题折服人心。

Drstanta 引喻，喻量，比喻。

Drsti 目光。

Drsyakavya 可看的诗、戏、舞、画、雕塑等视觉艺术。

Drumakulya 德鲁玛库里亚，圣地名。

Drummond 德鲁门德夫人，泰戈尔于1930年在英国做希伯特讲座的联系人。

Drupada 木柱王，《摩诃婆罗多》里般遮罗国的国王，猛光、黑公主和束发的父亲。他与德罗纳同窗，后德罗纳因他忘恩负义而绝交，派门徒讨伐之。般度五子俘虏了他，被德罗纳放回，他为雪耻而祭祀，在圣火中得猛光和黑公主。在俱卢大战的第十四天被德罗纳杀死，其子猛光誓死报仇，杀死德罗纳。

Drutta 快声，《摩诃婆罗多》里的将领。

Dryden 德莱顿（1631—1700），英国诗人。著有《对抗的夫人们》《印度皇后》《一切都为了爱情》等。

Du Juan 杜鹃，当代女学者，发表《泰戈尔农村题材短篇小说管窥》《莫泊桑与泰戈尔短篇小说创作手法比较》。

Du Shangze 杜尚泽，记者，发表《愿你们做中印文化交流的使者》。

Du Xingman 杜行满，7世纪初隋炀帝派往印度的使节。

Du Yuanzai　杜元载（1893—1975），湖南溆浦人，著名法学教育家，1924年毕业于北京师范大学教育系，1925年留学美国，1927年获博士学位归国，在河南大学执教，历任教育系教授、法学院院长。离开河南大学后，杜元载先后在北京师范大学、北京大学、湖南大学、四川省立教育学院、南京中央大学、国立西南联合大学、西北大学等校任教授、系科主任、教务长、院长等职。1949年杜元载携家眷去台湾，历任台湾考试院分类计划委员会主任秘书、考选部司长、司法行政部司长等职，后当选为中央研究院院士。1949年旅居台湾，长期担任河南大学旅台校友会常务理事。出版专著《中国刑法研究》《教育与人生》《教育测验统计》《杜威教育哲学》等。1924年发表《教育家的泰戈尔》《竺震旦诞生与爱情名剧〈齐德拉〉》等。

Duba Deoyaa　《投水》，泰戈尔的散文。

Dudi　杜蒂，印度男人穿的一种宽大的衣服。

Duff　杜夫（1806—1878），英国传教士，教育家。他的印度教学生虽然没有皈依基督教，但受到他的思想自由的很大影响，在孟加拉19世纪的宗教和社会改革中发挥了杰出的作用。

Dufferin　杜福林（1826—1902），英国政治家，1884—1888年任印度总督。

Duggati　恶趣。

Duhala　有坏犁的农民。

Duhamel, George　杜哈梅尔，乔治（1884 —1966），弃医从文的法国作家，法国科学院院士，作品有《午夜的忏悔》等。1926年6月，泰戈尔在瑞士维勒讷沃疗养时会见过乔治·杜哈梅尔。

Duhitri　挤奶女，女儿。

Duhkha　苦。

Duhka-indriya　苦根。

Duhkhana　苦果。

Duhkhassa anta　苦际。

Duhsala　杜赫罗，《摩诃婆罗多》里甘陀利和持国生的唯一女儿，难敌等百子妹妹。

Duhsasana　难降，《摩诃婆罗多》里难敌百子兄弟中的老二，穷凶极恶，侮辱黑公主，后在俱卢战场被布军杀死。

Dui Bighaa Jami　《两亩地》，泰戈尔的一首诗，后被改编为电影。

Dui Bon　《两姐妹》，泰戈尔的中篇小说。见Two Sisters。

Duipas　岛，部洲。

Duiya na Mane　《无意义的世界》，山塔兰（Shantaram）在二十世纪三四十年代导演的电影。

Dukha-sukhamaya　悲喜或有意识。

Dukhasatya　苦谛。人的贪欲带来的苦，烦恼。

Dukhtar-i-Nusirwan　杜克塔-伊-努西湾，克什米尔北部的一个佛教遗址，其佛教艺术与巴米扬艺术属于同一类型。

Dukindaranath Tagore　杜金德罗纳特·泰戈尔（1840—1926），泰戈尔的兄长，曾主编文学杂志《婆罗蒂》。

Dukkhit　遗憾。

Dum Dum　加尔各答的杜姆机场。

Dumas, Alexandre　大仲马（1802—1870），19世纪法国浪漫主义作家，著有《基督山伯爵》《三个火枪手》《双雄记》等作品。

Dumezil, George　杜梅泽尔，乔治，20世纪印-欧学学者。

Dumont, Louis　杜蒙，路易斯，19世纪法国印度学家。

Dundee　丹迪，英国北部主要工业城市和港口，位于苏格兰东部、泰湾北岸，世界黄麻工业中心之一。

Dundubha　蜥蜴。

Dunhuang Caves　敦煌石窟，俗称千佛洞，又名莫高窟，被誉为20世纪最有价值的文化发现、"东方卢浮宫"，坐落在河西走廊西端的敦煌，以精美的壁画和塑像闻名于世。它始建于十六国的前秦时期，历经十六国、北朝、隋、唐、五代、西夏、元等历代的兴建，形成巨大的规模，现有洞窟735个、壁画4.5万平方米、泥质彩塑2415尊，是世界上现存规模最大、内容最丰富的佛教艺术圣地。石窟始建于十六国时期，据唐《李克让重修莫高窟佛龛碑》的记载，前秦建元二年（366年），僧人乐僔路经此山，忽见金光闪耀，如现万佛，于是便在岩壁上开凿了第一个洞窟。此后法良禅师等又继续在此建洞修禅，称为"漠高窟"，意为"沙漠的高处"。后世因"漠"与"莫"通用，便改称为"莫高窟"。北魏、西魏和北周时，统治者崇信佛教，石窟建造得到王公贵族们的支持，发展较快。隋唐时期，随着丝绸之路的繁荣，莫高窟更是兴盛，在武则天时有洞窟千余个。安史之乱后，敦煌先后由吐蕃和归义军占领，但造像活动未受太大影响。北宋、西夏和元代，莫高窟渐趋衰落，仅以重修前朝窟室为主，新建极少。元朝以后，随着丝绸之路的废弃，莫高窟也停止了兴建并逐渐湮没于世人的视野中。直到清康熙四十年（1701年）后，这里才重新为人注意。现存已编号洞窟492个，存有北凉至元代的壁画4.5万多平方米。壁画内容有佛像、佛经故事、古代神话、供养人、装饰图案。金碧辉煌，绚丽夺目。画面如按2米高排列，可构成长达25千米的画廊，是我国现存规模最大、内容最丰富的石窟壁画。它与雕塑、建筑组成艺术的综合体，成为举世闻名的艺术宝库。

Dunkhalaya 痛苦之源。

Duorani 失宠的皇后。

Duorani（a discarded queen） 被遗弃的皇后，孟加拉民间故事中熟悉的人物，与受宠的皇后（suoran）对应。

Duraashaa 《泡影》，泰戈尔于1898年写的短篇小说。见False Hope。

Durant，Will 威尔·杜兰特（1885—1981），美国著名学者，普利策奖（1968）和自由勋章（1977）获得者。他花了50年时间完成了皇皇巨著《西方文明史》，这部作品使他在学术界广受好评，而他晚年所创作的《哲学的故事》，则因其亲切、活泼的文风赢得了广泛的声誉。“毫无顾忌的英雄崇拜”是杜兰特的哲学信条，他花去半个世纪完成的《西方文明史》正是为了强调人类智慧的悠远深邃和文化艺术遗产的辉煌灿烂。1930年12月正在美国访问的泰戈尔在纽约会见威尔·杜兰特。

Duranta Asha 泰戈尔的散文《遥远的希望》。

Durba 一种母亲祝福儿子和新娘用的圣草。

Durbar 王宫，高官住宅。

Durbar 封王子的仪式。

Durbar 杜儿巴广场（Durbar Square）是加德满都最有名的广场，也是观赏尼泊尔寺庙建筑的好地方。这里囊括了尼泊尔16世纪至19世纪之间的古迹建筑，广场上总共有五十多座寺庙和宫殿。杜儿巴广场上的寺庙外观看来都十分类似，主要有库玛莉寺、纳拉扬神庙、湿婆神庙、湿婆—巴瓦娣庙屋、普拉塔布马拉国王雕像、哈奴曼猴神宫、库里须那寺等。

Durbhagins 不幸的人。

Durbhikkha 《饥荒》，泰戈尔的散文。

Durbuddhi 《过失》，泰戈尔的短篇小说。见Folly。

Durga 救人于危难者。

Durga 杜尔迦，难近母，斩妖除魔的女神，又名乌玛，孟加拉最受崇拜的女神，湿婆的妻子，是孟加拉地区印度教徒虔诚敬奉的女神，又称阿侬德摩伊。她是湿婆的配偶雪山神女帕尔瓦蒂（山的女儿）的化身，住在凯拉斯山即冈底斯的主峰冈仁波齐峰。她是战斗女神，世界秩序的维护者，杀死把众神赶到人间的恶魔水牛摩西沙。她有10个头，坐骑为老虎或狮子，手持兵器。10—11月是孟加拉的主要崇拜杜尔迦的季节。

Durga dandanayaka 要塞守备。

Durga Mahatmya 《杜尔迦圣书》，《梵卵往世书》里的一段插曲。

Durga Puja 杜尔迦节，神话传说，杜尔迦每年带上儿子迦内沙和卡尔提克回娘家一次，住4天。

Durga，Sahat Suroor 杜尔迦，撒哈特·苏鲁，19世纪乌尔都语诗人。

Durgaamani 杜尔迦摩尼，泰戈尔第十七代先祖尼尔莫尼的次子拉摩莫尼的后妻。

Durgalal 卡达克舞演员。

Durgam patha tat 人的圆满之道不易。

Durgavati 杜尔迦瓦蒂（？—1564），印度拉其普特人的王后。

Durgsandini，Marinalini and Ghbagundka 杜尔格桑迪妮、茉莉纳莉妮和格巴贡德拉，她们分别是般吉姆三篇长篇小说的女主人公。

Durjaya 难胜，《摩诃婆罗多》里持国百子之一，难敌的弟弟，大战第十四天被布军杀死。

Durlabhavardhana 杜尔拉巴檀伐那（627-663在位），加湿汨罗（今克什米尔）卡尔克塔王朝的创建者。

Durkheim，Emile 爱米尔·涂尔干（1858—1917），法国犹太裔社会学家、人类学家，与卡尔·马克思及马克斯·韦伯并列为社会学的三大奠基人，《社会学年鉴》创刊人，法国首位社会学教授。涂尔干的主要思想集中于四部巨著：《社会分工论》《社会学方法的规则》《自杀论》《宗教生活的基本形式》。

Durmarshana 杜尔玛沙纳，《摩诃婆罗多》

里持国百子之一，难敌的弟弟，在大战第十四天要求指挥车阵，最勇敢，为布军杀。

Durmukha　丑面，《摩诃婆罗多》里持国百子里之一。黑天大将。

Durvasas　敝衣仙人，云游仙人，善诅咒。沙恭达罗思念离去的豆扇陀，怠慢了他，他就诅咒她怀念的国王将忘记她。在史诗《摩诃婆罗多》中，为感谢少女贡蒂对他服侍周到，教她秘诀，贡蒂唤来太阳神，生迦尔纳。

Durvishasa　难拒，难敌的弟弟。

Duryodhana　难敌，史诗《摩诃婆罗多》中持国百子的老大，俱卢军中最凶恶、最阴险、最顽固者。是他给般度五子里的老二布军服毒后将其投入恒河，为了争夺王位把般度五子和黑公主流放，密谋要把他们烧死在紫胶宫。与他舅父沙恭尼设计与五兄弟赌博，使他们输掉了国土、本人以及黑公主，他的弟弟难降肆意侮辱黑公主，把她从头发上拖到大庭广众之下要脱光她的衣服。在他们流放结束之后仍然拒绝交还国土，坚决拒绝调解，引起了与五兄弟的战争，使无数的人无辜丧命。最后被般度五兄弟的老二布军杀死。

Dusadh　度萨德，一种低等种姓。

Dushyanta　豆扇陀，"无能胜王"，神话里的国王，与仙人和天女生的美女沙恭达罗相爱，私自结为夫妻。临别赠沙恭达罗一枚戒指作为信物。沙恭达罗因思念豆扇陀而怠慢了敝衣仙人，仙人诅咒她被心爱之人遗忘，后改为国王见到信物才能相认。怀孕寻找豆扇陀的沙恭达罗不慎把戒指丢在河里，豆扇陀果然拒绝相认。后来戒指被渔夫从鱼肚子里捡到，呈送国王，豆扇陀如梦初醒，夫妻团聚。

Dussaha　奇耳，《摩诃婆罗多》里持国百子里的老三，难敌的弟弟。

Dussala　度萨拉，《摩诃婆罗多》里持国与甘陀利生的唯一女儿，胜车的妻子。胜车在大战第十四天被布军杀死。

Dussala　画军，《摩诃婆罗多》里持国百子里的老四，难敌的弟弟。

Dussalan　度萨兰，《摩诃婆罗多》里持国百子之一，难敌的弟弟，在大战第十四天被布军杀死。

Dusana　度萨那，《罗摩衍那》里在加纳塔那森林被罗摩消灭的罗刹。

Dussana　难降，《摩诃婆罗多》里持国百子里的老二，难敌的弟弟。他本性凶残，侮辱黑公主，最后被布军杀。

Dussasana　胜车，持国女儿度萨拉的丈夫，在林中抢过黑公主，被布军痛打。在俱卢大战中杀死黑天和妙贤的儿子激昂，他自己被阿周那杀死。

Dussehra　度萨拉，喜马拉雅山民间舞；度萨拉节，等于撒赫拉节（Sahra）或那瓦拉特里节（Navaratri），每年达斯万月（9—10月）庆祝罗摩打败十首魔王或杜尔迦打败阿修落罗阿西萨。十胜节。

Dusseldorf　杜塞尔多夫，位于莱茵河畔，是德国北莱茵-威斯特法伦州首府，市区人口有约57万人，是德国广告、服装和通讯业的重要城市，12世纪见于记载，市内有13至18世纪古迹、艺术学院、著名陶器博物馆等。杜塞尔多夫是19世纪德国诗人海因里希·海涅的出生地。1926年9月，泰戈尔访问德国时访问了杜塞尔多夫。

Dustabuddhi　居心不良的人。

Duta　使者，大使。

Dutaghatotkara　《使者瓶首》，2—3世纪跋娑（BhasA）的剧本。

Dutangada　13世纪苏婆吒的剧本《使者鸯伽陀》。

Dutavakya　《黑天出使》，2—3世纪跋娑著。

Dutch　荷兰人，主要由属于日耳曼部落群西支的弗里斯人、巴塔维人、法兰克人、撒克逊人同克尔特人结合而成。克尔特人早在公元前5世纪左右就居住在今荷兰、比利时的土地上。弗里斯人和巴塔维人于公元开始前迁来。公元3世纪，法兰克人与撒克逊人相继来到。法兰克人征服了其他部落，与他们融合在一起，成为形成荷兰人的基础。在长期反抗西班牙殖民者的斗争中，荷兰人的民族意识逐渐增长，1581年荷兰共和国的成立，更使荷兰民族得以迅速形成。17世纪以荷兰方言为基础形成了荷兰书面用语。17世纪，荷兰人是欧洲最发达的民族。工商业和航运业都很发达，大部分地区消灭了封建土地关系。在文化方面，出现了唯物主义无神论哲学家斯宾诺莎、近代国际法奠基者格劳秀斯、画家伦勃朗以及著名诗人冯德尔等杰出人物。荷兰人多从事工业，以造船和电子工业著称。农业以生产奶、肉的畜牧业为主，传统种植小麦、亚麻、甜菜、土豆、蔬菜、花卉，沿海居民从事捕鱼业。

Dutt 度特，印度著名电影导演，20世纪50年代拍《渴望》。

Dutt，Indu 杜特，引度，泰戈尔作品翻译家。

Dutt，Roby 杜特，罗比（1883—1918），泰戈尔诗歌翻译家。

Dutt，Sudhindra 度特，苏丁德拉，印度学者，1929年陪同泰戈尔访问加拿大、美国、日本等地。

Dutt，Toru 杜特，陀罗（1856—1877），印度女作家。

Dutta，Akshay Mumar 德塔（1820—1886），印度实证哲学家，无神论者。

Dutta，Satyendaranath 杜塔，萨提延德罗纳特（1822—1922），孟加拉语诗人，1915年10月陪同泰戈尔去克什米尔度假。他的作品《清扫工》于1933年被泰戈尔翻译成英语。

Duvvury，V. K. 度乌鳢，20世纪葡萄牙印度学家。

Dvaarakaanaath 达罗卡纳特（1794—1846），泰戈尔的爷爷，泰戈尔第十七代先祖尼尔莫尼的次子拉摩莫尼的次子，即尼尔莫尼的孙子。他出生于乔拉桑科的泰戈尔家族、他的伯父拉摩洛琼（Raamlochan，1754—1807）、伯母奥洛迦没有子嗣，于是就把他过继过来，因此达罗卡纳特是在伯父母身边长大的。他机灵、勇敢、潇洒、富有天才，是一个典型的商业“王子”。

早在童年时代，达罗卡纳特就开始学习阿拉伯语和波斯语，后来就读于舍尔伯恩（Sherbourn）先生的学校，因此他很好地掌握了英语。达罗卡纳特对舍尔伯恩先生一直深存感激，后来他每月都支付给舍尔伯恩先生津贴，直到他去世。他还跟随威廉·亚当斯、戈登及詹姆斯·考尔德等英国商人学习过英语。

戈登和詹姆斯·科洛多是当时最著名的商贸团体麦金托什公司的股东。在与他们合作的过程中，达罗卡纳特作为他们公司的代理人，帮助他们购买丝绸和蓝靛。在积累了经验之后，他就自己开始做起买卖来。这个时期，他在比拉希姆普尔区经营父辈的地产过程中学习和积累了与地产有关的各种法律知识和经验。因此，他就成为很多有名的地主的法律顾问。这样他又为自己开辟了一条新的赚钱途径，并且有机会接触很多社会名流及政府官员。

因此，1818年他被任命为第二十四区收款室主任。他的工作才干和谨慎细致的作风引起了上司的注意。1822年他被任命为第二十四区出纳官和盐业部主官的秘书，1828年升迁为税收和鸦片局秘书。直到1834年，他才辞去这一职务，以便集中精力从事自己的贸易事业。

1828年麦金托什公司决定接收他为股东。该公司设有商业银行，他被任命为商业银行的经理。当时半官方的孟加拉银行拒绝向商贸领域支付贷款。为解决这个问题，达罗卡纳特于1829年8月17日以160万卢比的基金建立了联合银行。作为政府工作人员，达罗卡纳特不可能把自己的全部精力投入银行工作，所以他就让他的小弟弟罗马纳特辞去阿利普尔的收款处的工作，来做银行的会计师。此后在达罗卡纳特的谋划下，银行逐渐发展起来。1830年和1834年他又分别在迦梨村（Kaaleegraam）和沙哈贾多普尔（Saahaajaadapur）区购买了大片土地。

1833年麦金托什公司和商业银行破产。达罗卡纳特作为其股东，不得不承担起偿还债务的责任。从此他开始考虑建立自己的商贸机构。

1834年8月1日，他辞去了政府工作。就在这一年他与一个名叫威廉·卡尔的英国人合伙，成立了卡尔-泰戈尔公司。达罗卡纳特实际上是该公司最主要的负责人。他主要负责经济事务。那时候他并不缺少资金——他自己的地产有收入，联合银行在顺利发展，而且他在其他银行和商会中具有很好的信誉，所以，他很容易筹集到所需要的资金。卡尔-泰戈尔公司开始向其他商贸领域扩展。1833年东印度公司在贸易领域失去了垄断地位，所以达罗卡纳特获得了扩大自己商贸的机会。他收购了比拉希姆普尔区库马尔卡利村的东印度公司的缫丝厂。除此之外，他在拉姆诺戈尔开办了制糖厂，并且为开发拉尼贡吉的煤矿而成立了孟加拉考尔公司。卡尔-泰戈尔公司最先将阿萨姆产的茶叶运进了加尔各答销售。该公司最主要的经营项目是蓝靛。在化学染料没有发明之前，经营蓝靛是很赚钱的。当时在孟加拉邦各个地区都设有卡尔-泰戈尔公司的蓝靛厂。

那个时候本国通往其他国家的交通和货物运输，主要是靠船舶。蒸汽机发明之后，蒸汽动力轮船公司于1825年从英国进入印度。1834—1836年间东印度公司已经有几艘轮船从事内部运输。1837年成立了一个名为“轮船标牌协会”的公司，该公司已经有几艘小型轮船从事内河运输。卡尔-泰戈尔公司就成为该公司的经营代理。为了维修轮船他们还在齐迪罗普尔（Khidirapur）开设了一个修理厂。因此，可以说，达罗卡纳特是推动英国和印度轮船运输事业发展的积极倡导者。传说，他自己有一艘“印度号”轮船，他就是乘坐这艘轮船第一次前往英国的。

达罗卡纳特的目光并不局限于获取经济利益，他还热心于国家与社会的发展事业。19世纪之初，像他那样热心于文化事业的印度人，是很少见的。

1814年拉姆莫洪·罗易（Raamamohan Raay，1772—1833）辞去了龙普尔收款处的秘书工作，来加尔各答定居。当时达罗卡纳特第一次与他会面，两人相见甚欢。拉姆莫洪·罗易比他年长22岁，但是他们两人一见如故，成为心心相印的挚友。可以说，拉姆莫洪和达罗卡纳特这两匹时代骏马驾驭的现代文明之车首先驶进了孟加拉邦。

拉姆莫洪和达罗卡纳特都认为，如果不实行英语教育，印度永远也不能赶上现代世界前进的脚步。因此，他们二人积极支持筹建“印度教学院”。在他们二人及其他名人志士的帮助下，1817年1月20日在戈兰哈特建立了印度教学院。后来，拉姆莫洪在赫杜亚附近又建立了一所英语学校，达罗卡纳特就把他的长子德本德罗纳特送到那所学校里读书。1835年6月他们在加尔各答成立了以学习西方医学为主的医学院。为了鼓励本国学生学习西医，达罗卡纳特建议连续三年每年向该学院提供两千卢比的助学资金。在他的积极倡导下，梵语学院著名的莫图舒顿·古普多教授于1836年10月28日在印度国内做了第一例尸体解剖。达罗卡纳特在1845年第二次去英国的时候，建议挑选两名学生随他去英国学习医学，其费用由他来承担。政府也资助两名学生。这样，就有4名学生同他一起前往英国。

拉姆莫洪当时开展了两项著名的社会革新运动：改革印度教和禁止寡妇殉夫自焚。达罗卡纳特积极地参与了上述运动。在准备成立梵社的时候，他与拉姆莫洪密切配合，而后他又经常参加梵社的祈祷活动。同样，在禁止寡妇殉夫自焚的问题上，达罗卡纳特也是竭尽全力支持他。拉姆莫洪·拉伊逝世后的几年里，梵社主要依靠他的资助才得以存活下来。此外，他对当时的各种政治事件都鲜明地表明了自己的态度。

达罗卡纳特以自己的聪明才智和富有而闻名遐迩。不论是孟加拉商人，还是英国商人，也不论是王公贵族，还是平民百姓，大家都很尊敬他。英国的绅士们经常携夫人参加他在花园别墅举行的聚会。他既能大量地赚钱，又会大把地花钱。他喜欢旅游，当然也不放过做生意赚钱的机会。达罗卡那特为了商贸事务曾经两次前往英国，并且应邀前往王宫拜见过维多利亚女王。有身份的英国人看到他过着王族般的奢华生活，就叫他“王子”。英国女王也亲切地叫他“my prince”（“我的王子”）。因此，国人也称呼他“王子”。

达罗卡纳特出身于虔诚地笃信毗湿奴教派的家庭。在他的家里是不允许食用洋葱的，更不要说鱼肉了。在他举行的各种宴会上虽然有酒有肉，但他是不碰的。后来，在做生意的过程中受到英国人的影响，达罗卡纳特的生活发生了根本性的变化，他对酒肉也就习惯了，于是他与自己的家庭发生了冲突。

大约在1809年他与蒂贡波丽（Digambaree，1801—1839）结婚。蒂贡波丽是杰索尔地区诺棱德罗普尔的拉姆多奴·拉伊乔杜里的女儿。在祭祀家庭女神贾嘎塔特丽的时候，他就将女神的圣像做成了妻子的模样。蒂贡波丽是一位忠贞而又极富有个性的女人。对于丈夫的这种胡闹非常生气，于是就不想再与他见面了。达罗卡纳特也不想改变妻子的信仰，因此就到客房里住，后来在贝洛伽齐亚买了一栋花园别墅，添置了昂贵的家具。他就那里举办宴会、组织歌舞表演等活动。

达罗卡纳特的生活十分奢侈，是当时典型的英国老爷似的生活方式。为了追求享乐，他于1823年在乔拉桑科建设了第5号楼——客舍楼。

蒂贡波丽于1839年1月21病故，享年38岁。在她去世前两天，她的四子病死了。蒂贡波丽共生有五个儿子：长子德本德罗纳特（Debendranaath，1817—1905，就是诗人泰戈尔的父亲），次子诺棱德罗纳特（Narendranaath），三子吉林德罗纳特（Gireendranaath，1820—1854），四子普本德罗纳特（Bhupendranaath，? —1839），小儿子诺根德罗纳特（Nagendranaaah，1829—1858）。其中次子诺棱德罗纳特和四子普本德罗纳特幼年就死了。

D

德本德罗纳特出生的时候，他母亲蒂贡波丽只有13岁多，父亲达罗卡纳特23岁。但是德本德罗纳特活得最长久，88岁才寿终。三子吉林德罗纳特的寿命也不算长，只活到34岁。最小的儿子诺根德罗纳特死的时候才29岁。

达罗卡纳特在1843年8月16日，即在第二次前往英国的前三年，留下了一份遗嘱。根据这份遗嘱，他的长子德本德罗纳特将继承主宅（这个家族的主要楼房）和卡尔-泰戈尔公司的一部分财产；三子吉林德罗纳特将继承客舍楼，小儿子诺根德罗纳特将继承住宅西面的那片土地和为在那里建设房子所需要的20000卢比。

1843年12月22日，德本德罗纳特接受了拉姆莫洪·罗易的信仰，成为他所创立的梵社社员，从此他就与传统的印度教决裂，不再进行偶像崇拜。因此，在宗教信仰方面，他与坚持传统印度教习俗的吉林德罗纳特一家发生了矛盾。

1845年3月8日，达罗卡纳特乘坐“本丁克”号轮船第二次前往英国。这一次陪同他一起去英国的，还有他的小儿子诺根德罗纳特、外甥诺宾琼德罗·穆科巴泰和四个去学习医学的孟加拉青年。第二年，即1846年8月1日，星期六，他在伦敦附近的萨雷特病逝，享年52岁。

在他死后，德本德罗纳特和他的三弟吉林德罗纳特、小弟诺根德罗纳特三家仍然住在乔拉桑科的主宅里。直到吉林德罗纳特病故（1854年）后，他的妻子久格玛雅才搬出了主宅，住进旁边的客舍楼。“达罗卡那特·泰戈尔小巷”里的这栋客舍楼和主宅楼，后来就分别被称为5号楼和6号楼。

在过了若干年后，那栋5号楼就倒塌了。如今被称作6号楼的那座红楼和后来的一些建筑，已成为泰戈尔印度大学的办公场所，红楼的二层和三层被辟为泰戈尔故居博物馆。

Dvadasanga 《十二支》，耆那教经典，3世纪问世。

Dvadasangapratyasamutpada 十二因缘，佛教教义，指无明、行、识、名色、六处、触、受、爱、取、有、生、老死。

Dvadasi 月圆之后的第十二夜。

Dvaidha 处于两个正在竞争的派别中间，仅仅用言语支持而不加入任何一方的行为；保持中立的那个人，在同时碰到那两派时，应该为强的一派服务。但是如果他发现两派有讲和的意思，而不需要他的帮助，他应该接近他们的敌人，因为他们的敌人比他们更强大，或者为自己而战。

Dvaipayana 岛生黑仙人，即广博、毗耶娑，他是渔家女贞信和破灭仙人偷情生的私生子，贞信把他生在雅穆纳河的一个小岛上，后来他做了仙人，由于皮肤黝黑，故称岛生黑仙人，后贞信请他和儿子的遗孀生般度王和持国王。据说《摩诃婆罗多》就是他写的。

Dvaipayana 德外帕亚纳，湖泊名，《摩诃婆罗多》里难敌在俱卢族所有的人死后一个人沮丧地来到此处。

Dvaita 二元论。

Dvaitadvitamvada 二元不二论，由尼跋迦（Nimbarka）提出。

Dvaitavana 德威塔瓦纳林。

Dvandva 相违释，一系列相互矛盾的东西。没有从属关系的并列复合词，如昼夜、父母、夫妇、阴阳、天地、矛盾等。

Dvansva 双味、冷热、成败、荣辱、苦乐等成双出现的错觉。

Dvaparyug 二分时期（印度教传说中的4个历史时期之一）。

Dvaraka 黑天建立的多门城。见下条。

Dvararatika 多门城，在印度西海岸卡提亚半岛。传说黑天的雅度家族的这里开拓，阿周那在这里劫走黑天的妹妹妙贤。雅度族自相惨杀灭亡之后，大海吞没该城。

Dvayuga 二分时，一劫（大梵天的一天）四时的第三时，有864000年。

Dvdijendralaal Raaya 《雅利安歌谣》，系孟加拉作家迪金德罗拉尔·拉伊（1863—1913）的一部著作。

Dvesa 瞋。

Dvi-ja 再生族，指印度教的前三个种姓，即婆罗门、刹帝利和吠舍，他们有权拜神、诵读吠陀经，通过入教礼可以获得第二次生命。

Dvijendranaath 德维琼德罗纳特（1840—1926），泰戈尔的大哥，大学者、诗人、音乐家、哲学家和数学家。他的长诗《梦游》能与斯宾塞的《仙后》媲美，被称为孟加拉的不朽著作。他创造了孟加拉速记体，最早把钢琴引入孟加拉音乐。他诗歌创作里的独特而勇敢的实验，在罗宾德罗纳特·泰戈尔心灵发展上烙下了深刻的印痕。他的妻子是绍尔波荪多丽（Sarbasundaree，1847—1878）。

Dvipendranaath 迪本德罗纳特（1862—1922），小名“迪普”，是泰戈尔大哥德维琼德罗纳特的长子，即泰戈尔的大侄子。

Dvisandhana 《两大史诗合叙》。

Dvivide 德威韦德，神猴哈奴曼的别名。

Dvoryanskoye Sobraniye 莫斯科贵族之家，在十月革命前为贵族聚会之处。

Dwaita 德外塔，林子名，《摩诃婆罗多》中般度五子和黑公主被流放时般度五子来过该地。

Dwaja 标枪。

Dwapara Yoga 第三时代，三分时期，青铜时代。三分时期，天界与世界还没有分开，人神来往，2000神年，国王半达摩，平民全达摩。

Dwarapalaka 守门人。

Dwarf 侏儒，毗湿奴的化身之一。

Dwarka 德卧加，印度镇子名，有名的寺院中心，静修林之一。

Dwarkanath 多门城。

Dwarkanath Tagore Lane 德瓦尔加纳特·泰戈尔院，泰戈尔家族大院名，以泰戈尔的爷爷命名，现在被称为“大圣人大院”（Maharshi Bhavan）。泰戈尔于1941年8月7日逝世在这里。

Dwibendranath Tagore 德维本德罗纳特·泰戈尔（？—1922），泰戈尔的侄子。

Dwijas 再生族。

Dwijendranath Tagore 德维琼德罗纳特·泰戈尔（1840—1926），泰戈尔的大哥，于1877年创办孟加拉语文学月刊《婆罗蒂》。

Dyaananda Thaakur 多亚侬德（1881—1937），印度人，世界和平的倡导者，世俗的名字是古鲁达斯·乔杜里。他在代奥科尔建立了利拉庙作为自己的修道院。

Dyads 二分体。

Dyanobha 湿婆弟子。

Dyaus 迪奥司，天光神，（神）等于希腊神话的宙斯，印度神话的因陀罗。

Dyaus-pithivi 天地（神）。

Dyaus-pitar 天父。

Dyava 天。

Dyavaprthivi 天地。

Dyer，Reginald Edward Harry 戴尔，雷金纳达·爱德华·哈里（1864—1927），1919年4月13日在印度旁遮普阿姆利则的贾利安瓦拉广场屠杀聚会民众的祸首。1919年4月13日，阿姆利则数千名群众在贾利安瓦拉公园集会。全副武装的英国军人在他的指挥下，向手无寸铁的人民群众开枪扫射，当场打死379人，打伤1208人。阿姆利则惨案发生后，英国殖民主义当局立即封锁消息，禁止报道。两个星期后，这个不幸的消息才传到圣蒂尼克坦。罗宾德罗纳特·泰戈尔得知这一消息，十分震惊和愤怒，他立即赶往加尔各答。他联络各界人士召开群众集会，表示抗议。他给英国女王写信，请求取消授予他的爵士称号。泰戈尔的这个举动不仅令英国政府很恼火，而且也使英国公众不高兴，因为这个举动对英国女王表示了极大的不敬，然而他却赢得了印度人民的尊敬和感激。

Dyu=vasuprabhasa 丢，神话中偷极欲仙人神牛的半人半神婆苏之一，毗湿摩的前生，众友诅咒他一辈子在人间。

Dyumatsena 耀军国王，神话中萨梵的父亲，萨维德丽的公公。

Dyuta 《赌骰篇》，史诗《摩诃婆罗多》里的片段，持国百子老大难敌勾结他的舅父沙恭尼，用阴谋手段使般度五子里的老大坚战输掉了包括五子共同的妻子黑公主在内的一切，被迫被流放森林。

Dyuti 光明，威严。

Ee

E Hatabhaagaare Bhaalo Tumi Basa Naa 《谁会爱我这个不幸者》，泰戈尔的诗。

E. B. Havell's Death 《哈维尔之死》，泰戈尔1935年1月19日写的信，悼念英国艺术史学家哈维尔。

E

Earth Is Endowed 《赠予土地》，泰戈尔的诗。

East and West（Purva o Paschim）《东方与西方》，泰戈尔的散文。

East and West 《东方与西方》，泰戈尔和吉尔伯特·穆锐的通信，1935年由巴黎国际联盟知识分子合作组织出版。

East and West Club 东西方俱乐部，泰戈尔时代设在伦敦的英国作家俱乐部。

East Indian Company 东印度公司，始建于1600年，是英国、法国、荷兰等继葡萄牙和西班牙殖民扩张后17世纪新兴的殖民国家为了处理在殖民地地区的一些事务而成立的机构。最初，英国人主要是利用东印度公司做生意，后来东印度公司成了英国殖民者侵略印度的工具，把印度的粮食和工业原料，源源不断地运回英国，从中获得了丰厚的利润。英国政府授予东印度公司各种权力，如垄断贸易权、训练军队权、宣战权、设立法庭审判本国或殖民地居民权等，东印度公司实际成为英国政府入侵印度的代理机构。东印度公司在印度的另一种掠夺手段是垄断鸦片、食盐和烟草贸易。其中，鸦片收入约占公司总收入的七分之一。东印度公司强迫孟加拉农民种植鸦片，再走私运到中国销售，从中牟取暴利。从1757年东印度公司开始武力加阴谋侵占印度，1858年，东印度公司被英国政府正式取消，英国政府开始直接统治印度。东印度公司的本质是英国政府侵略印度的工具。

East-China Forum 《东方论坛》，青岛大学学报，1988年创刊。1995年3月第1期刊登侯传文的《论我国五四时期对泰戈尔的接受》，2005年8月第4期刊登侯传文的《泰戈尔诗学和谐论》。

East-China Normal University Journal 《华东师范大学学报》，是由华东师范大学主办的学术性期刊，创刊于1955年，1981年第5期刊登董华钧的《论泰戈尔人道主义》。

East Is East 《东方就是东方》，泰戈尔1929年的书信。

Easter 复活节（指每年过春分月圆后的第一个星期日）。

Eastern Gangas 东恒伽王朝，5—15世纪羯陵迦（今奥利萨）王朝的分支。

Eating and Beating 《吃与打》，泰戈尔于1885年写的幽默故事系列之一。15岁的调皮男孩丁可里从巴拿马手里抢走了糖果，由此赢得父亲的宠爱，父亲给他许多好东西吃，但由于吃得过多而撑坏了肚子。

Ebar Phirao Morey（Turn Me Away, now）《现在，让我走开》，泰戈尔1894年写的诗。

Echoes from East and West 《东西方的回声》，印度学者杜特翻译的泰戈尔的10首诗，1909年由剑桥加洛威出版社出版。这是泰戈尔的诗第一次在英国出版。

Eden Garden 伊登花园，加尔各答胡格利河对岸的公园，以总督女儿伊登（Emily and Fanny Eden）的名字命名。

Edison 艾迪生（1672—1719），英国剧作家，著有悲剧《卡托》等作品。

Education in General 《一般教育》，泰戈尔的书信集《论一些教育问题》中的一篇。

Education in India 《印度的教育》，泰戈尔1919年2月访问印度南部城市马杜赖时做的演讲。

Education of Professional Technique 《职业技术教育》，创刊于1980年，是新中国成立后创办的第一种公开出版的职教专业期刊，吉林职业师范学院主办。1999年2月第4期刊登飘絮的《迷失的礼物——泰戈尔的〈新月集〉读后》。

Education of Teaching Schools 《师范教育》，由江苏省教育委员会主办。1984年第1期刊登杨丽娟的《诗一般美丽的世界——读泰戈尔〈新月集〉感想》，1993年4月第1期刊登张明曙的《洁白的茉莉纯真的童心——读泰戈尔〈第一次的茉莉〉》。

Education Week 教育周，由孟加拉政府和新教育基金会资助，于1936年3月在加尔各答进行，泰戈尔到会并做了两次报告：《理想的教育》和《音乐在教育和自然化教育中的位置》。

Edward 7th 爱德华七世（1841—1910），是大不列颠和爱尔兰国王。

Eeshonishat 《伊绍奥义书》，《奥义书》的一种。

Eeshvarchandra Gupda 伊绍尔琼德罗·古普多（1811—1858），孟加拉语诗人，1830年创办《新闻阳光》（sambaad prabhaakar）周刊，还主编过《新闻宝石》（sambaad Radnaabalee）等期刊。

Eesvarchandra Bidyaasaagar 伊绍尔琼德罗（1820—1891），是比代沙戈尔的名字，他的全称为伊绍尔琼德罗·比代沙戈尔，而“比代沙戈尔”是梵语学院授予他的称号，意思是“智慧海”，后来就用其取代他的姓氏“般多巴泰”（Bandyopaadhyaaya）。他是孟加拉邦全民爱戴的伟大启蒙思想家、教育家，被誉为孟加拉语散文之父。他用孟加拉文撰写了很多介绍印度古代文学的作品，例如《悉多的林居生活》《沙恭达罗》《故事蔓》等等。

Efftsoon 小神。

Egg 金卵，宇宙。

Ego 自我。

Egypt 埃及，全称阿拉伯埃及共和国，地跨亚、非两洲，大部分位于非洲东北部，只有苏伊士运河以东的西奈半岛位于亚洲西南角。埃及北濒地中海，东临红海，地当亚、非、欧三洲交通要冲，海岸线长约2700千米，面积100万平方千米，人口8000万，该国主要为阿拉伯人，信奉伊斯兰教，官方语言为阿拉伯语，首都开罗。埃及人口和农业主要分布在尼罗河沿岸和河口三角洲地区——人类文明的发源地之一。埃及旅游资源丰富，文化古迹众多，埃及经济方面主要依赖于农业、石油出口、旅游业以及劳务出口。埃及是世界重要的棉花产地和出口国。1926年11月泰戈尔从希腊经埃及海滨城市亚历山大（11月27日）到埃及首都开罗（11月28日）。为了欢迎泰戈尔，埃及议会终止会议，部长们在晚会上和泰戈尔见面，并用阿拉伯音乐招待他。伏德国王接见泰戈尔并给国际大学赠送一套阿拉伯经典书。泰戈尔还参观了开罗博物馆。

Eid ul-Zuha 穆斯林的古邦尔节。真主想要考验易卜拉欣的忠诚，命令他用自己的儿子伊斯梅尔来献祭。然而正当易卜拉欣准备下手时，真主用一只山羊替代了伊斯梅尔，这就是古邦尔节的来源。

Eighth Foreign Tour 第八次国外行（1926年5月—12月）。正在国际大学访问的意大利著名学者弗米契邀请泰戈尔再次访问意大利。由大儿子和媳妇、普拉桑塔·钱德拉·马哈拉诺比和拉尼·戴维陪同，泰戈尔于1926年5月15日乘坐阿奎累加号轮船从孟买起航，5月30日抵达意大利那不勒斯，受到那不勒斯官员的迎接，他们带来了墨索里尼的口信：欢迎意大利政府的贵宾泰戈尔访问意大利。之后泰戈尔乘坐火车去罗马。5月31日泰戈尔在罗马会晤墨索里尼。6月7日，罗马市为泰戈尔进行盛大欢迎会。6月8日泰戈尔在罗马奎瑞纳尔剧院进行首场演说，墨索里尼和其他政要出席。6月10日泰戈尔出席在罗马大圆场进行的罗马儿童演出的一年一度的合唱音乐会。当晚，罗马大学为泰戈尔进行欢迎会。5月11日维克多·伊曼努尔国王三世接见泰戈尔。6月13日墨索里尼第二次接见泰戈尔，然后观看用意大利语演出的泰戈尔的戏剧《齐德拉》。泰戈尔的朋友听说他急于要见意大利哲学家克罗斯，于是设法把克罗斯带到了罗马，于6月15日和泰戈尔见面。泰戈尔当天去佛罗伦萨。6月16日，达·芬奇学会专门接待泰戈尔。第二天，泰戈尔在佛罗伦萨大学宣读他的文章《我的学校》。6月20日，泰戈尔应意大利女子文化会议的邀请在图林的里斯博物馆做题为“城市与乡村”的报告。报告之后，意大利著名歌唱家里佛维茨卡女士送给泰戈尔3首翻译成意大利语的泰戈尔写的歌曲，歌里保留了孟加拉抒情诗的旋律。6月21日，佛罗伦萨大学贝托尼教授设宴欢迎泰戈尔。在意大利的奔波劳顿影响了泰戈尔的身体，于是他决定去瑞士的维勒纳沃休息几天。6月22日，泰戈尔经蒙特勒到达维勒纳沃，住在白罗恩宾馆雨果曾经住过好长时间的房间里，受到了住在隔壁房间的罗曼·罗兰的热烈欢迎，二人每天见面2～3次，相谈甚欢。罗曼·罗兰把意大利媒体从泰戈尔声明里断章取义发挥的文章摘出来，取名“有色报告”给泰戈尔看，让他知道整个形势的严峻性。泰戈尔对于别人把他对民族主义和帝国主义侵略性的厌恶的误解很不高兴。在维勒纳沃他会见了乔治·杜哈梅尔、詹姆斯·弗拉泽、福莱尔和博维特等名人。7月6日泰戈尔到达苏黎世，做报告，朗诵自己的诗。也在这里会见了受法西斯压迫的受害者萨尔瓦多利，萨尔瓦多利对他亲自讲述她自己亲眼所见的法西斯暴行。泰戈尔先去卢塞恩做报告，于7月10日到维也纳，在这里会见玛提欧提审判的支持者莫迪格利亚尼，后者向他进一步讲了法西斯的专横暴戾。这些证据确凿的事实使泰戈尔大为震惊。他给《曼彻斯特卫报》写了一封信，表达了他对法西斯的强烈憎恨。意大利媒体大为光火，用激烈的言辞辱骂他。泰戈尔从维也纳经过巴黎去伦敦。在英国逗留的3周里，泰戈尔参观了托特内斯的达亭通会堂、卡尔比斯海湾以及牛津，在牛津看了许多朋友。8月21日，泰戈尔起航去挪威首都奥斯陆，8月25日在奥斯陆东方研究院讲话，卡孔国王二世出席。泰戈尔还在奥斯陆大学礼堂演讲，参观古斯塔夫·维基兰的画室，拜访了几个挪威知名人士，如南森、波及奥尔森、波杰尔等。泰戈尔对斯德哥尔摩进行短期访问，在斯文·海丁举行的宴会上，会见瑞典科学院院士。9月6日泰戈尔到哥本哈根，看望乔治·布兰德和丹麦哲学家和心理学家霍夫丁。泰戈尔去德国，9月9日到达汉堡，翌日作题为“文化与进步”的公开演讲。9月11日到柏林，13日在交响乐大厅作题为“印度哲学”的演讲。14日受到德国总统兴登堡的接见。会晤爱因斯坦，和他进行了长谈。1926年9月，泰戈尔访问德国时访问了慕尼黑、纽伦堡、斯图加特、科隆和德累斯顿，从柏林到布拉格，逗留1个星期（9—14日），做了几场报告。泰戈尔在新热尔曼剧院出席巴赫作品演奏会，观看泰戈尔写的捷克语演出的话剧《邮局》。则姆林斯基唱了几首翻译为捷克语、用西方音乐谱曲的泰戈尔的抒情诗。泰戈尔从布拉格到维也纳，在维也纳从10月15日逗留到25日，由于身体不适，只做了一场报告。由于旅途紧张，原计划对波兰和俄国的访问推迟。10月26日泰戈尔到达布达佩斯，当天做公开演讲。之后感觉极不舒服。10月26日布达佩斯市政府在圣·格莱特宾馆设宴欢迎泰戈尔。泰戈尔遵照医嘱去巴勒顿·福雷德疗养院疗养，为诗集《随感集》的摹真本重版题赠，在疗养院花园栽了一棵椴树。11月15日泰戈尔到达南斯拉夫首都贝尔格莱德。泰戈尔在贝尔格莱德大学做演讲，听众如潮。之后去保加利亚首都索菲亚，和索菲亚大学的师生见面，做了一场报告，国王波利斯接见了他。泰戈尔从索菲亚到罗马尼亚首都布加勒斯特，住了5天，受到国王费尔迪南德接见和民众的热烈欢迎。经黑海的康斯坦察和君士坦丁堡于11月25日到达雅典，希腊政府设宴欢迎泰戈尔并授予他“救世主勋章”。泰戈尔从希腊经埃及海滨城市亚历山大（11月27日）到埃及首都开罗（11月28日）。为了欢迎泰戈尔，埃及议会终止会议，部长们在晚会上和泰戈尔见面，并用阿拉伯音乐招待他。伏德国王接见泰戈尔并给国际大学赠送一套阿拉伯经典书。泰戈尔参观开罗博物馆。之后从亚历山大起航回印度。泰戈尔在船上给尼尔马库玛丽·马哈兰诺比（她和她丈夫在雅典和泰戈尔分手，去访问英国）写了一系列书信。这些书信以后以“学习与学习方法”为题出版。回到加尔各答后，加尔各答市长森古普塔率领市民欢迎泰戈尔。12月19日泰戈尔返回圣蒂尼克坦。印度教大师斯拉达难达在德里被穆斯林极端分子的暗杀使他震惊，在12月25日的演讲里，他呼吁印度教徒和伊斯兰教徒相互理解和友好。

Einstein, Albert　爱因斯坦，阿尔伯特（1879—1955），20世纪犹太裔理论物理学家、思想家及哲学家，也是相对论的创立者。阿尔伯特·爱因斯坦被誉为现代物理学之父及20世纪最重要的科学家之一。1926年8月泰戈尔访问德国时，与爱因斯坦会晤，和他进行了长谈。1930年7月14日，泰戈尔在德国卡普特和卡纳特之家再次和爱因斯坦会晤。

Einstein and Tagore　《爱因斯坦和泰戈尔的对话》，1930年二人会晤时的对话集。

Einstein, Margot　爱因斯坦小姐，爱因斯坦的继女，1930年8月陪同泰戈尔访问莫斯科。

Eka　单个。

Ekacakta　独轮城，《摩诃婆罗多》中般度五子和母亲贡蒂流浪时居住在该城的婆罗门家里，贡蒂让布军杀死吃人罗刹钵迦。

Ekacharas　不能忍受看见别类。

Ekachattra　将全国统一在一把黄罗伞下的雄主。黄罗伞是君权的象征。

Ekadasa-indrya　眼，耳，鼻，舌，皮，手，足，排泄器官，生殖器官，心。

Ekadasarudras　11个鲁陀罗（湿婆）像。

Ekagrata　（练瑜伽时集中于）一点的，集中思想。

Ekaha　终日祭，是大祭伽波摩衍那（Gavamayana）的一部分。

Ekalavya　独收，《摩诃婆罗多》里的武士，他箭术高超，但德罗那为了树立阿周那神箭手称号，命他砍掉右拇指。

Ekam Evadvitiyam　梵是第一，没有第二，一个核心，别无其他，吠檀多哲学的精髓。

Ekamukha Linga　湿婆一面林迦雕像。

Ekanath　艾格纳特（1532—1599），印度马拉提语诗人，作品有《纳特薄迦梵》《精义罗摩衍那》等。

Ekannoborty　《大家庭》，泰戈尔于1886年写的幽默故事系列之一。见Joint Family。

Ekanti Vaisnavas　欸坎迪毗湿奴派，即二元论哲学论派，13世纪摩陀婆和他的老师阿克宇达·普力克撒共同传播吠檀多二元论哲学。

Ekaparna　伊加波利那，印度神话里的人物，与伊加婆陀罗、阿婆丽娜为三姐妹，三人为取得超凡功力矢志苦行，她与伊加婆陀罗每日仅食一片树叶，而阿婆丽娜完全禁食，最后成为湿婆大神乌玛的化身。

Ekapdatnivrata　"善人"，忠于老婆的男人。

Ekarnava　印度神话里的黑暗时期，没有神，无大仙，只是黑暗之海。

Ekartha　意义重复。

Ekastam　万物合一，搜集。

Ekatashi　印历每月第十一日的戒斋日。

Ekatvam　世界万物终归于一。

Ekavali　《项链》，13—14世纪维迪耶德哈拉（Vidyadhara）著。

Ekchokho Sangskaar　《偏面的改革》，泰戈尔的散文。

Eknath　艾可那特（1533—1599），他把《薄伽梵歌》翻译为马拉提语，虔诚派人物。

Eko　印度哲学中的"一"，亦可译为"太一"，含义又类似于"太始"，即天地万物之始。《说文·一部》："一，唯初太始，道生于一，造分天地，化成万物。"

Ekpurushikani　一生。

Ekraatri　《一夜》，泰戈尔的短篇小说。见A Single Night（The Supreme Night）。

Ektaa Aasharhe Galpa　《纸牌国》，泰戈尔1933年写的剧本。见The Kingdom of Cards。

Ektara　尔克塔拉，一种单弦乐器，由泰戈尔特别崇拜的包乐教派圣人用此乐器边演奏边吟唱。

Ekti Kshudra Puraatan Galpa　《一个古老的小故事》，泰戈尔的短篇小说。

Ekti Puraatan Kathaa　《一句老话》，泰戈尔的散文。

Ektimatra　只有一个。

Ela　艾拉，一种藤类植物。

Elamite seals　考古发现的公元前3000年—公元前2750年的卧牛印章。

Elara　艾拉拉，公元前2世纪朱罗国国王。

Elder Sister　《姐姐》，泰戈尔于1895年写的短篇小说。绍西科拉的父母亲去世前把2岁的小弟弟托付给她，并留给她四分之一的财产，让她的丈夫久伊格巴尔管理所有遗留田产。绍西科拉把弟弟当宝贝抚养，丈夫不满。弟弟有病，久伊格巴尔不请好大夫。绍西科拉一气之下带弟弟去住院。久伊格巴尔霸占了所有田产，绍西科拉把弟弟留给前来视察的县长，并控告久伊格巴尔。绍西科拉回到家里。几天后乡亲们议论纷纷：绍西科拉突然死于霍乱，并在当夜被火化，留下疑团。

Elephanta　象岛，在孟买以南6千米阿拉伯海上的著名印度教石窟，有著名的湿婆三面石刻像。

Eleventh Foreign Tour　第11次国外行。

1928年的去伦敦做希尔伯特报告之行由于身体欠佳而推迟，现在可以出行了。1930年3月，在大儿子罗廷德罗纳特、儿媳妇普拉蒂玛和私人秘书阿利亚纳雅卡姆的陪同下，泰戈尔离开加尔各答，经科伦坡于3月26日到达法国南部港口马赛，在蒙特卡洛附近的马汀角的卡恩家做客。泰戈尔在这里会晤捷克斯洛伐克总统马萨里克。5月2日泰戈尔去巴黎主持阿根廷女作家维多利亚·奥坎波、康特斯·戴诺艾雷斯和安德烈·卡皮雷斯资助下在皮卡雷画廊举办的泰戈尔自己的画展开幕式。法国美术评论家高度赞扬泰戈尔的作品，因为这些作品是作者自我表达的范例。5月7日巴黎的朋友和泰戈尔的崇拜者庆祝泰戈尔69岁生日。5月11日泰戈尔到伦敦，然后到伯明翰附近伍德布鲁克镇的贵格教徒聚居地。在这里他收到了印度的重要消息：甘地的食盐进军、国大党领导人的被捕和拘留奇塔贡的军械库被袭击、设拉普尔的戒严令、总督宣布国大党非法的条令、达卡的印-穆冲突，这些都使他极度不安。5月

16日泰戈尔接受《曼彻斯特前卫报》记者采访时谴责"不负责任的政府的镇压要得到惩罚……会惹怒大众，随心所欲的惩罚………这一切都是在法令的名义下干的"，呼吁"东西方精英联合行动，因为目前的复杂局面不能通过镇压和诉诸武力化解"。泰戈尔分别于5月19日、21日和26日在牛津大学做3场希尔伯特报告（以后由阿伦和翁温文编入《人的宗教》），最后一场报告在曼彻斯特学院的教堂做，听众之多，打破了过去的纪录。学院院长建克斯说，"我们将永世不忘您给我们的礼物和您带给我们的启示"。牛津召开泰戈尔欢迎会，一起受到欢迎的还有牛津大学第一位东方宗教和道德斯帕尔丁教授。5月24日，泰戈尔在伦敦贵格年会发言，他是第一位贵格会以外的讲贵格会历史的发言者。5月27日泰戈尔返回伍德布鲁克，讲《东西方理想的教育》。5月30日泰戈尔回到伦敦，与印度国务大臣维基武德·本以及英国驻印度高级专员查特吉讨论印度事务。6月2日，泰戈尔绘画展在伯明翰开幕。6月3日伦敦笔会设宴招待泰戈尔。第二天，印度协会举办泰戈尔画展，在画展开幕式上，由弗朗西斯科·杨祜班主持，阿诺德贝卡专讲泰戈尔的音乐。7月7日泰戈尔给《观众报》写信，对甘地的"新的革命战术"表示敬意。6月5日泰戈尔访问恩厚之学校、托特内斯的达尔停顿会堂，在这里逗留很久，然后由查克拉瓦尔提和阿利亚纳雅卡姆陪同去德国。11月1日泰戈尔到达柏林，翌日会见议会议员，当晚在当地电台讲话。7月14日泰戈尔在卡普特爱因斯坦的寓所会晤爱因斯坦，以后在哈纳克寓所再次和爱因斯坦谈话。7月16日泰戈尔在莫莱画廊举办泰戈尔绘画展览。7月17—19日泰戈尔访问德莱顿和慕尼黑。当地民众在慕尼黑大会厅欢迎泰戈尔。泰戈尔参观著名的德国博物馆，其天文馆给泰戈尔留下深刻印象。泰戈尔花一天时间观看在奥泊拉梅高镇表演的传统的耶稣受难剧。泰戈尔只花一个晚上写出唯一的英语原版诗《儿童》，以后由阿伦翁文出版社出版。6月23日在卡斯帕里画廊举办泰戈尔画展。7月24日—8月6日，泰戈尔快游法兰克福、马尔堡和科博冷茨，结识了德国青年运动组织——漂鸟。之后去丹麦。8月7日泰戈尔参观埃尔斯诺的彼得玛尼赫国家人民学院，出席在这里举行的新教育基金会会议。8月9日在哥本哈根举办泰戈尔绘画展。回到柏林后，安德鲁斯加入泰戈尔一行，一起去日内瓦，在日内瓦待了将近一个月。再由查克拉瓦提、阿利亚纳雅卡姆、廷巴博士、爱因斯坦小姐和侄子索米彦德罗纳特陪同去莫斯科。火车经过华沙时，华沙的知识精英在华沙火车站欢迎泰戈尔一行。9月11日泰戈尔到达莫斯科。第二天，由苏联对外文化关系学会主席彼得罗夫教授主持，在对外友协大厦举行盛大的泰戈尔欢迎会。当晚由苏联对外友协和莫斯科作家协会在作家礼堂联合举办音乐会。在音乐会上泰戈尔会见了苏联艺术研究院主席克甘教授、莫斯科第二国立大学校长平科维奇教授、里托维诺夫夫人、女作家费多尔·格兰科夫、伊瑟夫和其他作家和艺术家。9月14日泰戈尔访问莫斯科孤儿职业培训中心，一个女少先队员念欢迎词。泰戈尔感谢，回答了孩子们的提问，并应他们的要求唱了自己创作的歌曲《人们的意志》。9月15日，泰戈尔访问电影摄影艺术家联盟。9月16日泰戈尔访问中央农民之家，和农民们交谈并回答了他们提出的问题。第二天彼得罗夫教授在新西方艺术莫斯科国家博物馆举办泰戈尔绘画展。他的绘画被苏联美术评论家如克里实、西多罗夫等评价为"艺术生涯的伟大的展现"。泰戈尔在莫斯科第一艺术剧院观看托尔斯泰的戏剧《复活》，在莫斯科第二艺术剧院看《彼得大帝》，在莫斯科第一话剧院看印度爱情故事剧《白德卡》。泰戈尔接见大学生并回答他们的提问，介绍圣蒂尼克坦的国际大学。泰戈尔访问工业劳动者公社、国家人种博物馆、莫斯科电机厂托儿所和幼儿园、手工艺博物馆、革命博物馆等。9月24日泰戈尔在工会中央大厦举办的盛大招待会上致告别词，表达了他对苏联在教育和社会福利上取得的伟大成就，"我衷心感谢大家，是你们使我真真切切地看到了我许久以来的梦想，解放束缚了无数代的人民的思想的梦想"。在会上苏联诗人申加莱专门创作了诗《泰戈尔颂歌》，作家加尔佩林用俄语朗诵了3首泰戈尔的诗，演员西莫诺娃朗读了剧本《邮局》节选。9月25日泰戈尔离开苏联去德国，在柏林万西区爱因斯坦的朋友蒙代尔夫妇家做客四五天。10月3日泰戈尔由廷巴和阿利亚纳雅卡姆陪同起航去美国。11月9日泰戈尔从美国给伦敦《观众报》写信，为甘地参加圆桌会议犹豫不决感到惋惜。按照泰戈尔的看法，甘地“应该以圆桌会议作为平台，向代表人类历史未来的全世界的人发出自己的声音。”11月25日，纽约400多个领军人物在纽约巴尔的摩宾馆设宴欢迎泰戈尔。12月1日，美国讨论学会和美国印度学会在卡尼吉大厦联合举行泰戈尔欢迎大会，在会上泰戈尔就印度教育问题演讲。12月7日在美国大同教会主办的欢迎会上，泰戈尔以“波斯第一位和最后一位圣人”为题演讲。泰戈尔会见海伦·凯勒。女诗人邓妮斯通过几位泰戈尔诗歌舞蹈表演家募捐。泰戈尔把收入全部拿出来，救济纽约的失业者。胡佛总统在华盛顿接见泰戈尔。纽约和波士顿举办泰戈尔画展。泰戈尔会见威尔·杜兰特（英印政府拒绝他的作品《印度国情》进入孟加拉）。12月18日泰戈尔离开美国，23日到达英国，拒绝了讨论宗教对立问题的圆桌会议调停人的邀请。

Elgin I　埃尔金第一（1811—1863），英印总督。

Elgin II　埃尔金第二（1849—1917），印度英殖民总督。

Eliade, Mircea　艾利亚德，米瑟亚，19世纪欧洲宗教历史学家。

Eliot, Thomas　艾略特，托马斯（1888—1965），英国著名现代派诗人和文艺评论家，生于美国密苏里州，1906年入哈佛大学学哲学，继尔到英国上牛津大学，后留英教书和当职员。他1908年开始创作，有诗集《普鲁弗洛克及其他观察到的事物》《诗选》《四个四重奏》等，代表作为长诗《荒原》，表达了西方一代人精神上的幻灭，被认为是西方现代文学中具有划时代意义的作品。1948年因“革新现代诗，功绩卓著的先驱”获诺贝尔奖文学奖。他生前非常推崇泰戈尔的诗。

Elizabeth I　伊丽莎白一世（1533—1603），本名伊丽莎白·都铎，于1558年11月17日至1603年3月24日任英格兰王国和爱尔兰女王，是都铎王朝的第五位也是最后一位君主。她终身未嫁，因被称为“童贞女王”。她即位时不但成功地保持了英格兰的统一，而且在经过近半个世纪的统治后，使英格兰成为欧洲最强大的国家之一。英格兰文化也在此期间达到了一个顶峰，涌现出了诸如莎士比亚、弗朗西斯·培根这样的著名人物。英国在北美的殖民地亦在此期间开始确立。在英国历史上她在位时被称为“伊丽莎白时期”，亦称为“黄金时代”。

Elizabethan Club　伊丽莎白俱乐部，在美国耶鲁大学，1916年12月耶鲁大学在此设宴招待正在美国访问的泰戈尔，霍普金斯教授用梵语宣读对泰戈尔的欢迎词。

Ellenborough　艾伦巴勒（1790—1871），英印总督。

Elliot, Sir Walter　艾略特，瓦尔特，19世纪英国印度文化学家。

Elliot　艾略特（1888—1965），英国诗人，1948年因《四个四重奏》获得诺贝尔文学奖。

Ellir　爱丽儿，莎士比亚戏剧《暴风雨》中缥缈的精灵。

Ellora Caves　埃洛拉石窟，印度佛教、印度教、耆那教三教石窟圣地，位于马哈拉斯特拉邦奥兰加巴德市西北30千米处。第十六号石窟凯拉萨庙最有名，取材于湿婆与十首魔王斗法的情节的石雕，人物刻画栩栩如生，是印度艺术的瑰宝。石窟开凿巧夺天工，令人惊叹。

埃洛拉石窟群建于3世纪中叶至14世纪，共34座石窟，坐东面西，自南至北绵亘1500米，逶迤散落在萨雅迪利山的斜坡之上，是古印度佛教、印度教和耆那教艺术的杰作。此地有印度规模最大的石窟寺院群，沿着山崖建造，共有34座，有佛教、印度教及耆那教3种不同建筑风格的寺院。

埃洛拉石窟从3世纪时开凿，至14世纪完成。印度教、佛教和吉那教都在此活动，先后共开凿了34座石窟寺庙，其中16座印度教寺庙、13座佛教寺庙、5座耆那教寺庙。第十窟名木匠草舍，为大乘佛教窟，两壁石柱高4米，柱顶横梁上刻有合十礼佛的持花信女雕像，窟内石舍利塔高8米，直径4米，周围通布庄严妙相，足踏莲花佛像；5米高的佛龛供奉了高约3米的坐佛像，两旁侍立的是赤莲花菩萨和密迹金刚菩萨，众像体态匀称，慈眉善目，表情自然，栩栩如生。第十二窟名哈尔寺，高3层，窟内石柱和柱脚都雕有花卉人物图案，顶层有2尊巨大佛像，别具一格。第十五窟又名十变窟，分2层，顶层两侧墙上雕有湿婆和魔鬼西冉尼亚卡西普之战的浮雕，令人惊叹。十六号的克拉斯石窟可称得上是一个建筑奇迹：它的整个结构简直令人难以置信，因为不但它的整体是雕刻在一个巨型独石上，而且还有一个令人惊诧的事实，即与其他寺庙结构截然不同的——雕刻师和建筑师们均以屋顶为基准从上往下开始雕刻和建造。据说修建这座石窟从开始准备到建筑完成其间共花费了一个世纪的时间。传说中这条山脉是神灵的居所，在这世界上最大的巨石中，不但雕刻有门庭、休息室、集会大厅、书房，而且还有祭祀神灵的寺庙。总之，这些石雕寺庙永远值得人们留念。

埃洛拉石窟是世界上最好的寺庙石雕建筑的典范，它们既显示出了精美的寺庙外观又表现出精巧的寺庙内部结构，不愧为最好的寺庙石雕杰作。

Elmhirst，Leonard Knight　恩厚之（1893—1974），英国人，在剑桥大学三位一体学院毕业，获文学硕士学位，在美国康奈尔大学获农学学士学位，被德国佛莱堡大学授予政治学荣誉博士学位，被国际大学授予荣誉文学博士学位。他1921—1925年负责斯瑞尼克坦农业重建中心的建设，1925年娶坚决支持他的事业的多萝西·斯特瑞为妻，后夫妻二人在英国托特内斯的达尔廷峒创建教育机构。他1944年担任孟加拉邦政府农业顾问。他1925年担任印度政府委员会委员，提议创建印度乡村学院。他曾担任印度大诗人泰戈尔的秘书，对1924年4月泰戈尔访问中国起过很大作用。1924年9月由他作为秘书陪同泰戈尔访问秘鲁。他出版了他和泰戈尔的书信集《泰戈尔，教育的先锋》。

Elmhirst School　恩厚之学校，在英国托特内斯。1930年6月5日，泰戈尔访问该校。

Elphinstone，Mount Stuar　埃尔芬斯顿，蒙特·斯图尔特（1779—1859），英国人，历史学家，英印文官，著作有《印度史》等。

Elsinore　艾尔西诺，丹麦城市，这里有彼得曼尼车国际人民学院和新教育基金会，泰戈尔1930年访问丹麦时于8月7日访问过这两个地方。

Elves　天上的歌神。

Emancipation　《解脱之路》，泰戈尔1892年写的短篇小说。福基尔昌德强迫妻子海姆瓦读经典著作《薄伽梵歌》，可妻子却偏偏读班吉的小说。他由于找不到工作而半夜出走。诺刚村的玛肯拉尔游手好闲，有两个老婆，妻子互相斗气，他去迦尸，又偷偷娶一房。福基尔昌德来到诺刚村，被大家认作出走的玛肯拉尔。父亲指责他，两个妻子埋怨他。媳妇娘家舅子打他。8个孩子哭闹。他要否认，大家请来律师。正在不可开交之时，媳妇海姆瓦找来，他觉得还是自己的媳妇好。他脱离苦海有望。玛肯拉尔出现，解了围。

Emerson，Ralph Waldo　埃默逊，拉尔夫·瓦尔多（1803—1882），美国诗人，散文作家。作品有：《诗集》（Poema，1846）、《典型人物》（Representative Men，1850）等。他是位著名的先验论者。

Emi Rowell　艾米·洛威尔（1874—1925），美国意象派诗人。

Émigré　逃亡者。

Emir　王子。

Empire Theatre　皇家大剧院，在加尔各答，1919年3月27日泰戈尔在这里第一次用英语作《印度文化的核心》（The Centre of Indian Culture）的演讲，第一次售票入场。

En　嗯，是印度孟加拉地区人们喜欢书写在汽车上、各种器物上的一种吉祥符号，上面的符号发“N”的音，下面是字母“O”，合起来发音近似汉语的“嗯”。

Endere　安德悦，塔里木沙漠被淹没的历史小城，1913年被英国人斯坦因挖掘发现。

Endogamy　同种姓内的婚姻。

England　英格兰，一般指英国。英国全称大不列颠及北爱尔兰联合王国，由英格兰、苏格兰、威尔士和北爱尔兰组成联合王国，统于一个中央政府和国家元首。英国位于欧洲西北面，本土位于大不列颠群岛，被北海、英吉利海峡、凯尔特海、爱尔兰海和大西洋包围。英国是世界上第一个工业化国家，为一个有多元文化和开放思想的社会。它在19世纪和20世纪早期是世界上最强大的国家，但经过两次世界大战和20世纪下半叶大英帝国崩溃，已失去昔日荣光。不过，英国仍是一个在世界范围内拥有巨大影响力的举足轻重的世界强国，经济、金融仍居世界前列，面积24万平方千米，人口5700万，主要居民为英格兰人、苏格兰人、威尔士人和爱尔兰人。居民多信基督教和天主教。伦敦是欧洲最大和最具国际特色的城市。泰戈尔曾在英国留学，1912年和1926年8月，泰戈尔曾访问英国。在1926年8月在英国逗留的3周里，泰戈尔参观了托特内斯的达亭通会堂、卡尔比斯海湾以及牛津，在牛津看了许多朋友。

English　英语，联合国的工作语言之一，也是事实上的国际交流语言。英语属于印欧语系中日耳曼语族下的西日耳曼语支，并通过英国的殖民活动传播到世界各地。由于在历史上曾和多种民族语言接触，它的词汇从一元变为多元，语法从“多曲折”变为“少曲折”，语音也发生了规律性的变化。根据以英语作为母语的人数计算，英语可能是世界上第三大语言，但它是世界上最广泛的第二语言。世界上60%以上的信件是用英语书写的，上两个世纪英国和美国在文化、经济、军事、政治和科学上的领先地位使得英语成为一种准国际语言。

English Overseas　《海外英语》，创办于2000年，安徽科学技术出版社主办。2012年第2期刊登黄静的《翻译即改写——陈独秀对泰戈尔诗歌的译介与改写》。

Ephthalites　恹达人，为匈奴与大月氏人的混血，因而又叫白匈奴人。5世纪后在阿姆河上游居住，都城在跋诋延即今阿富汗伐济纳巴德，曾侵入笈多王朝的北印度，7世纪由于国家被波斯人和突厥人消灭而散居各处。

Epic of Gilgamesh　吉尔伽美什史诗。

Epigram　讽刺短诗。

Eraka　灯芯草，《摩诃婆罗多》里灯芯草化为金刚杵使雅度族自相残杀而死。它像雷电，“吆吆”作响。

Ernakulam　埃纳库拉姆，印度克拉拉邦中部城市，在文巴纳德胡的北端，对岸为科钦。1970年与科钦合并。1922年11月泰戈尔访问斯里兰卡回国后在此短期停留。

Ernest Benn　伦敦厄内斯特本出版社，曾出版泰戈尔的诗集。

Ernest Rhys　欧内斯特·里斯（1859—1946），英国文学家，尤以发起编辑专收经典作品的廉价的“大众丛书”而著称。1912年在伦敦会见泰戈尔，为泰戈尔的清新的诗风所感染，是促成泰戈尔获得诺贝尔文学奖的人物之一。曾出版《泰戈尔》。

Eshukoff，A.　爱舒克夫，20世纪30年代担任苏联文化部展览处处长，1930年泰戈尔访问苏联时，他是陪同人之一。

Eso Aaji Sakhaa　《女友，今天来吧》，泰戈尔的诗。

Essays　《散文》，创刊于1980年1月，由天津百花文艺出版社主办，是我国第一家专发散文作品的纯文学刊物。1982年第4期刊登徐刚的《像新月一样美丽、明朗、深远——读〈新月集〉随记》。

Essays on the Cita　《薄伽梵歌论》，印度哲学家奥罗宾多的著作。

Esraj　埃斯拉吉琴，印度的一种弓弦乐器。

Essev　伊瑟夫，苏联诗人。1930年9月11日，泰戈尔开始访问莫斯科。第二天，由苏联对外友协主席彼得罗夫主持，在对外友协大厦举行盛大的泰戈尔欢迎会。当晚由苏联对外友协和莫斯科作家协会在作家协会礼堂联合举办音乐会。在音乐会上泰戈尔会见了伊瑟夫等名流。

Esther Sherman　埃斯特·舍尔曼，印度舞蹈家，他使库奇普迪舞（Kuchipudi）走出寺庙，走向舞台。

Esuttacchana，Tuncattu Ramanujana　艾须德钦，印度16世纪马拉雅拉姆语诗人，作品有《心灵的罗摩衍那》《摩诃婆罗多》等。

Eternal City　“不朽之城”，指意大利首都罗马。1926年5月，泰戈尔访问该城。

Etna　埃特纳火山，在意大利的西西里岛东北部，是欧洲著名的活火山，属层状火山，海拔3326米，其高度随喷发活动而变化。埃特纳火山下部为一个巨大的盾形火山，上部为高约300米的火山渣锥，面积约1190平方千米，底部周长约140千米。由于埃特纳火山处于亚欧板块和非洲板块交汇处，一直活动频繁，其喷发史可以追溯到公元前1500年，迄今为止已喷发过200多次。2002年10月28日曾大规模喷发。

Ettingov　艾廷戈夫，20世纪苏联著名学者，于1930年欢迎访问苏联的泰戈尔。

Ettotthuhai　《诗韵八大选集》，桑伽文学，成书于公元2世纪，用泰米尔语写。

Eucalyptus　桉树。

Euclid　欧几里得，公元前300年左右的希腊数学家，以其所著的《几何原本》（Elements）闻名于世。

Eucratides　幼科拉迪德斯，公元前2世纪希腊大夏国王，公元前165年征服犍陀罗。

Euken，Rudolph　厄肯，鲁道夫（1846—1926），德国哲学家，于1913年在美国会见泰戈尔，热情赞扬泰戈尔的诗集《吉檀迦利》。1921年5月，泰戈尔在德国访问，在5月7日泰戈尔61岁生日之际，德国组成了一个委员会，成员包括德国杰出人士如普特曼、雅克比、克赛灵、厄肯、托马斯·曼等，给国际大学赠送了一大批德国古典文学作品。

Europe-Pravasir Patra 《欧洲书简》，泰戈尔1881年的通信集。

European Allies 同盟国，又称反法西斯同盟，是第二次世界大战爆发之后，部分国家（最终57个，其中5个从轴心国脱离）为抵抗轴心国的侵略而组成的联盟，也是与轴心国对立的阵营。同盟国组成及加入盟军的国家的原因大多是因为他们都遭到了轴心国的武力侵略，或是基于担心轴心国会控制整个世界的原因。

最初于战争爆发的时候（1939年9月1日），反德同盟包括了法国、波兰及英国，旋即英国的自治领（澳大利亚、加拿大、新西兰、纽芬兰自治领及南非联邦）亦加入了同盟。1941年珍珠港事变后，美国和中国加入同盟国。同时，1941年后英联邦、美国及苏联的领袖被称为“三巨头”，担任同盟国的领导角色。中国在当时亦是一位重要的盟友，于中国战场上牵制了大部分日本陆军，并加入了缅甸战场协助英军。其他盟国包括比利时、巴西、捷克斯洛伐克、埃塞俄比亚、希腊王国、英属印度、墨西哥、荷兰、挪威及南斯拉夫等。

1941年12月，美国总统罗斯福为同盟国设计了一个名字，称为“联合国”。他称三巨头（英国、美国、苏联）以及中国为一个“世界权力的托管人”，即后来的“四警察”。后来在1942年1月1日签署的《联合国共同宣言》，成为现代联合国的基础。于1945年7月的波茨坦会议，罗斯福的继任人哈里·S.杜鲁门总统向中、法、苏、英、美的外长提出各国“应该商定一份和平条约及欧洲国家边界的解决方法”，从而导致了外长理事会的建立。

European Order and World Order 《欧洲秩序与世界秩序》，泰戈尔1940年2月写的散文。

European Renaissance 欧洲文艺复兴，指13世纪末在意大利各城市兴起，以后扩展到西欧各国，于16世纪在欧洲盛行的一场思想文化运动，带来一段科学与艺术革命时期，揭开了近代欧洲历史的序幕，被认为是中古时代和近代的分界。13世纪末期，在意大利商业发达的城市，新兴的资产阶级中的一些先进的知识分子借助研究古希腊、古罗马艺术文化，通过文艺创作，宣传人文精神。代表人物：诗人，但丁、彼特拉克；哲学家，伊拉斯谟、马基雅维利；作家，薄伽丘；画家，乔托、波提切利、列奥纳多·达·芬奇、拉斐尔、提香；雕刻家，米开朗基罗；建筑师，伯鲁涅列斯基；音乐家，帕莱斯特里那、拉索等。还有西班牙的塞万提斯、法国的拉伯雷、英国的莎士比亚等。

Euthydemos 幼提德谟斯，公元前3世纪希腊大夏国王。

Evening Songs（Sandhya Sangit）《暮歌集》，泰戈尔1881年写的诗集。

Event of the Greased Cartrige 涂油子弹筒事件，1857年英殖民者用牛油和猪油纸包装子弹筒，同时伤害了印度教士兵和伊斯兰教士兵的感情，成为1857—1859年印度民族大起义的导火索。

EWRT 为 English Writings of Rabindranath Tagore 的缩写，《泰戈尔的英语作品》。

Expiation（Prayaschitta） 《赎罪》，泰戈尔于1909年写的剧本。改编于1883年写的《王后市场》（Bau-Thakuranir Hat）。

杰索尔国王布罗达巴迪多的儿子——王子乌多亚迪多和妻子苏罗玛相亲相爱，感情甚笃。王子不愿意生在皇家，愿意和臣民相处，国王不满意，和王后认为是苏罗玛把王子教唆坏了。妹妹碧帕跑来告诉哥哥，父王在对自己的叔叔、他们敬爱的爷爷、拉伊戈尔的国王博松多酝酿一个阴谋。乌多亚迪多立刻悄悄策马而去。

国王收买帕坦人，要他们在叔叔来杰索尔的路上设计暗杀他。帕坦人谎报说村里有强盗，博松多立刻派他的卫士去救村民，留下一个帕坦人伺机动手。不料这个杀手被老人的善良所感动，说出了阴谋。王子赶到，老人赦免杀手。

布罗达巴迪多满以为阴谋成功。不料叔叔安全无恙地来到，立刻目瞪口呆。叔叔揭露侄子的阴谋并原谅他。布罗达巴迪多和王后看见儿子脸色憔悴，认为苏罗玛是小妖精。

嫂子苏罗玛和小姑子碧帕相互同情。碧帕为一年没有看到丈夫琼德罗迪波土邦王而暗暗伤心流泪，苏罗玛告诉了前来看望她们的爷爷，爷爷立刻去找国王，国王同意派人去请驸马。

琼德罗迪波土邦王、碧帕的丈夫罗摩琼德罗决定应邀去杰索尔，他要把小丑罗迈带上，奚落、讥讽国王和王后及宫女，再把老臣拉姆莫洪带上保护他。

布罗达巴迪多国王并不想大张旗鼓地迎接驸马，但宫廷依然洋溢着迎接气氛。国王只是简单问候驸马。

罗迈化装成中年女人对王后、宫女尽情戏弄，被拉姆莫洪赶走。国王知道后大怒，派人刺杀罗摩琼德罗，碧帕的舅舅报信。

爷爷博松多找国王求情，国王铁石心肠。城门紧闭，戒备森严，老鼠都跑不了。国王下令任何人不许出城。

在博松多、苏罗玛的协助下，乌多亚迪多解除卫士武装，带罗摩琼德罗逃走，老臣拉姆莫洪背罗摩琼德罗顺绳索溜到城下逃跑。布罗达巴迪多恼羞成怒。博松多让卫士把罪责推给他。布罗达巴迪多把叔叔赶出宫，要把儿媳妇苏罗玛赶回娘家。

博松多爷爷和王子、苏罗玛、碧帕告别。王子担心有人会让他和苏罗玛分离。

女巫蒙戈拉就是王子原来的情人寡妇卢克密尼，她时刻向宫女打听王室情况，伺机报复她的情敌苏罗玛。正好苏罗玛的侍女玛东吉尼为报复负心汉来找她，把国王和王后要赶走苏罗玛的事情告诉她。她给玛东吉尼毒药，让王后给苏罗玛服用。

乌多亚迪多接济被国王解除职务的舅舅和卫士，苏罗玛支持他。

国王让王后把苏罗玛赶出宫，苏罗玛不从。苏罗玛服用王后给的由女巫蒙戈拉配制的毒药后暴亡。王子和碧帕痛不欲生。王子决定把孤独的妹妹碧帕送回夫家。但那边没有派人来接。

罗摩琼德罗忘恩负义，不记王子救命之恩，勉强同意拉姆莫洪去接回碧帕。

苏罗玛被毒死，王子乌多亚迪多与妹妹碧帕互相安慰。乌多亚迪多惧怕父王，不敢接济舅舅和卫士，对官员残害百姓也不敢挺身而出。

西达拉姆死撑面子来找蒙戈拉调情借钱。暴风雨之夜，蒙戈拉来找乌多亚迪多重温旧情，拿走了他的戒指。

蒙戈拉和西达拉姆勾结帕戈博特写假请愿书向德里皇帝控告国王布罗达巴迪多，让王子登基。不料帕戈博特却拿假请愿书去陷害王子，又当上卫士。

拉姆莫洪来接碧帕回去，但她为了陪同哥哥坚决不回去，拉姆莫洪拂袖而去。国王为假请愿书要把王子投入监狱。

罗摩琼德罗因为没有接来碧帕而对拉姆莫洪大发雷霆。为报复碧帕和国王，他决定另娶。

碧帕请求父王允许她到监狱看望哥哥。她给哥哥带来了欢乐。王子又不忍心让妹妹耗费青春。

罗摩琼德罗觉得碧帕不来伤害了他的自尊心，给布罗达巴迪多写信休了碧帕。信送到王后手里。王后求国王送走碧帕，国王不听。

西达拉姆因王子坐牢去找女巫蒙戈拉算账，蒙戈拉顽固不化。于是西达拉姆去拉伊戈尔找博松多叔叔，告诉王子坐牢一事。

老人去杰索尔见国王，要求释放王子，被国王拒绝。王后让叔叔看罗摩琼德拉的休妻信。二人决定把碧帕送回夫家。

西达拉姆设计点火，混乱中从狱中救走王子。爷爷接应王子，女巫蒙戈拉赶来阻挠不果，跳河自杀。

西达拉姆来窃取蒙戈拉的钱财，不料蒙戈拉还活着。西达拉姆逃往拉伊戈尔。蒙戈拉向国王说出王子被救真相。国王下令帕坦人军事首领穆克迪亚尔去砍下叔父脑袋。碧帕渴望被送回夫家。女巫带穆克迪亚尔找到博松多，杀害老人。

乌多亚迪多王子被带回王国，请求父王取消他王子称号，由弟弟接任。他去瓦拉纳西。国王准许。

碧帕被送回夫家，没有人来接他们。乐鼓鸣奏，不是接碧帕，而是国王娶亲。碧帕亲自去见丈夫，被赶出，碧帕昏厥。后去瓦拉纳西服侍哥哥。碧帕的船停靠处岸边的广场取名王后市场。

Exploring Tagore 《泰戈尔探索》，印度学者帕瑞克筛赖氏的作品，出版于2006年。

Extensive Reading 《博览群书》，光明日报社主办，2012年6月1日刊登沈平子的《胡适出席了泰戈尔画展吗》。

Extensive Reading in Literature and History 《文史博览》，1960年创刊，由湖南省政协主

办。2012年第7期刊登梁阁亭的《泰戈尔称赞阎锡山：有哲学家的风格》。

Eyesore 《眼中沙》（《看了叫人生气和讨厌的事物和人》），泰戈尔1903年写的中篇小说。

漂亮的比诺迪尼自小由父亲请来的英国家庭女教师教育，错过了结婚年龄，也用光了嫁妆钱。她妈妈和莫亨德罗的妈妈拉吉拉克西米从小在一个村子长大。二人商量两家儿女成亲。但莫亨德罗偏偏不买妈妈的账。他愿意以好朋友比哈里的名义让姑姑安诺普尔娜安排去见她的夫家的孤儿侄女阿莎。他果然看上阿莎，不顾妈妈对姑姑的抱怨和对他的阻拦，娶了阿莎。婚后甜甜蜜蜜。比诺迪尼嫁到母亲的娘家，不久即成寡妇，莫亨德罗庆幸没有娶她，不然自己早做了鬼。

拉吉拉克西米开始调教媳妇阿莎做家务，引起儿子不满。儿子要教媳妇学习文化，做现代女性，母子互不妥协。拉吉拉克西米抱怨安诺普尔娜，安诺普尔娜只好又去指责侄女。莫亨德罗的爱使阿莎如久旱遇甘霖。婆婆发现阿莎竟然那么快就给丈夫按摩脚，很不高兴。莫亨德罗坚持教阿莎学文化，连自己的考试都没有通过。安诺普尔娜两头为难，只好回夫家去，莫亨德罗知道是妈妈作祟，非要和媳妇去和姑姑一起住。拉吉拉克西米只好把安诺普尔娜请回来。拉吉拉克西米想通过回娘家试探儿子，不料儿子痛快答应，而且竟然只让仆人去送。

拉吉拉克西米娘家早已衰败，只有几个老仆守家。比哈里只好陪她住下。拉吉拉克西米也不喜欢这里。不料比诺迪尼来，她什么都会做，而且说话甜蜜，使拉吉拉克西米心里得到几丝安慰。她多么希望比诺迪尼就是自己的儿媳妇。比哈里为周围邻居帮忙，分忧解愁，深受人们爱戴。比诺迪尼也帮助他整理房间。莫亨德罗来信，拉吉拉克西米指望儿子在信中说想念她的话，请她回去，但却只是寥寥数语。她极其失望，只好自我安慰。安诺普尔娜顺路来看嫂子，她要去圣地迦尸修炼，把公公留给她的财产全部给了侄子莫亨德罗，只要每月给她15卢比。婆婆和姑姑的出走使阿莎震惊，她和莫亨德罗的激情骤减。仆人偷奸耍滑，他们只好自己动手，但做不好，家里一团混乱。阿莎惭愧不已。正在这时，比哈里来了，他们大为高兴，打听妈妈的消息。比哈里要莫亨德罗亲自写信，请妈妈回来。

比哈里看着莫亨德罗给他妈妈写好信，然后立即拿着信请妈妈回来。拉吉拉克西米从娘家回来了，也带来了比诺迪尼。她看到屋子一团糟，越发对媳妇阿莎不满。但儿媳妇变化很大，始终跟着她学家务活。婆婆每次当着媳妇的面表扬比诺迪尼能干。比诺迪尼主动和阿莎交朋友，使阿莎喜出望外。比诺迪尼提议把她们的关系取名“眼中沙”。比诺迪尼作为风流少寡，渴望爱情。她喜欢缠着阿莎讲阿莎和莫亨德罗的秘密。希望阿莎的那张新婚床是她自己的。莫亨德罗看见比诺迪尼碍着他和阿莎亲热，要母亲把她支走。母亲舍不得。慢慢地，莫亨德罗和比诺迪尼都想见到对方，因为莫亨德罗渐渐地少了对阿莎的激情。但高傲使他们双方不愿首先采取主动姿态。最后在阿莎的机灵安排之下见了面。比诺迪尼和莫亨德罗偏偏不在阿莎前提起对方。但莫亨德罗弄来一架照相机在阿莎前摆弄，阿莎让他趁比诺迪尼睡着时给比诺迪尼照相，不料比诺迪尼惊醒，责怪阿莎，阿莎求她允许莫亨德罗照一张。照相使他们三人成为一体。比诺迪尼使整个家里井井有条，莫亨德罗非常满意。他们不愿见比哈里。比哈里来后莫亨德罗装头疼，比诺迪尼故意演戏，被比哈里看穿。

尽管莫亨德罗不愿意见比哈里，但比哈里为了对莫亨德罗负责，待在他家，并警告莫亨德罗不要做对不起阿莎的事情。比诺迪尼注意到比哈里不愿意在阿莎跟前开玩笑。比诺迪尼觉得自己长期住在别人家不好，于是决定走，在莫亨德罗夫妇特别是比哈里的挽留下决定继续住下。莫亨德罗提议大家去外边野餐，但比诺迪尼不愿意去，说除非比哈里去她才去。于是4个人都去。比哈里早给大家准备好了一切。趁莫亨德罗夫妇休息时，比哈里要求比诺迪尼谈她的过去。比诺迪尼感到从来没有向人这么倾诉过。比哈里对比诺迪尼有了新的认识，改变过去一些表面的不好看法。莫亨德罗想继续和比诺迪尼接触，不料他母亲病了，比诺迪尼全心全意地服侍她。莫亨德罗的屋里又是乱糟糟，他怨恨阿莎的无能，又感到还是比诺迪尼好。他以看母亲的名义，老跟着比诺迪尼，受到比诺迪尼的警告。莫亨德罗决定搬回学校去。他仍然爱着妻子，和她依依不舍。莫亨德罗回学校时没有来告别，使比诺迪尼猜疑。没有了莫亨德罗，她觉得一切家务活失去了意义和吸引力。莫亨德罗点燃了她的激情，她需要他。多心眼的比诺迪尼以阿莎的名义给莫亨德罗连续写了几份情深意长的信，莫亨德罗知道是比诺迪尼在表达她自己的心思。于是勾起了他的思念之情，他决定回去。阿莎自然极其高兴，但比诺迪尼故意很冷淡，使莫亨德罗一头雾水。而且比诺迪尼又通过提出回去来试探莫亨德罗，他只好老实向她承认自己舍不得让她走。比诺迪尼对比哈里说如果自己走了，一定让他多照顾阿莎。比哈里很感动，承认自己原来对她的看法是错误的，实际上是试探大家。比诺迪尼的故意冷淡使莫亨德罗灰心丧气，他决定去迦尸看姑姑安诺普尔娜。

莫亨德罗的到来使做姑姑的安诺普尔娜非常高兴。她的出走很大程度是因为侄子结婚后她觉得自己成了多余的人。侄子告诉她家里一切都好。比哈里至今没有结婚的迹象，安诺普尔娜觉得可能是他还喜欢阿莎。他没有向姑姑提起比诺迪尼，隐瞒他对她的感情。莫亨德罗回来后，阿莎想去看婶婶，婆婆不让去，比哈里来劝，莫亨德罗说比哈里一直爱着阿莎才这么做，而且他根本就不爱比诺迪尼。比哈里拂袖而去。比诺迪尼提出陪同阿莎去迦尸，比哈里说他不干涉。莫亨德罗说他不爱比诺迪尼之后又觉得后悔，怕比诺迪尼听到后真的不理他，把她逼到比哈里一边去，所以想弥补他的过失。比诺迪尼早知道了此事，她暗暗高兴。借写信慰问比哈里来试探他。比哈里拂袖而去后觉得自己太鲁莽，于是去找莫亨德罗，结果发现阿莎没有去迦尸。他觉得自己在这里成了多余人，于是西去旅行。比诺迪尼的信被退回，被莫亨德罗看见。比诺迪尼以为比哈里拆了她的信故意退回，对比哈里异常失望。莫亨德罗急于和比诺迪尼重新修好，故又催阿莎去看姑姑。阿莎对莫亨德罗的变化不解。为了解除莫亨德罗对她和比哈里的怀疑，她决定去迦尸看姑姑。她临走请求比诺迪尼照顾莫亨德罗，比诺迪尼不置可否。

阿莎去迦尸看姑姑，但莫亨德罗还是见不上躲着他的比诺迪尼。莫亨德罗房间一片混乱。母亲拉吉拉克西米看着不忍，让比诺迪尼照顾儿子。比诺迪尼假意推辞后答应。莫亨德罗的屋子马上焕然一新，满屋生辉，如仙人卧室。她及时给莫亨德罗送上新鲜果汁，比诺迪尼身上迷人的女人气息让他不可自制。他很难抗拒这种诱惑，但又觉得对不起阿莎。灵魂在煎熬。他写信催阿莎早点回来。阿莎在姑姑面前竭力夸奖比诺迪尼的能干，并天真地说莫亨德罗不理比诺迪尼。安诺普尔娜对此表示怀疑。因为莫亨德罗竟然没有向她提到比诺迪尼。安诺普尔娜问起比哈里，阿莎很尴尬。比哈里夜里突然来看安诺普尔娜，阿莎开门，以为是比哈里对她跟踪而来，不容比哈里分辩，要姑姑赶他走。比哈里极度失望。比诺迪尼若即若离的诱惑，使莫亨德罗难以自制。二人抢夺小说《毒树》，扭在一起，正好被比哈里撞见。比哈里解释他去迦尸完全是无意，莫亨德罗以为他是贼人心虚。比诺迪尼挽留比哈里，比哈里拂袖而去。莫亨德罗请求比诺迪尼原谅他给她带来的麻烦。比诺迪尼原谅了莫亨德罗。莫亨德罗挑明了他和比诺迪尼的爱，觉得天地一片光明，鸟语花香。比诺迪尼总是在最合适的时间进来，送上吃的东西，并且用头发有意无意地接触他，使他心痒难支。拉吉拉克西米很高兴看到儿子愿意让比诺迪尼继续住下去。莫亨德罗不愿妈妈插在他和比诺迪尼中间。他愿意和她单独相处，比诺迪尼心有灵犀地激走妈妈。比诺迪尼既诱惑莫亨德罗但又吊他的胃口，不让他接近。比诺迪尼建议妈妈星期天请比哈里过来，莫亨德罗不高兴，但他灵机一动，想借机观察比诺迪尼对比哈里的态度。比哈里对比诺迪尼和莫亨德罗搅在一起感到愤慨。但比诺迪尼故意当着莫亨德罗的面给他多添菜。比诺迪尼要和比哈里谈话，但比哈里却拉莫亨德罗出去，问他是否他们的兄弟关系就此结束？莫亨德罗说他不愿意别人打扰他今天的生活。莫亨德罗对比诺迪尼恨不得爱不得。

安诺普尔娜11岁守寡，伺候嫂嫂出力不讨好，只好把自己献给神。阿莎要回去，她鼓励阿莎，在任何情况下要坚守信仰。阿莎回到家，没有想到莫亨德罗对她极其冷淡，使她百思不解，就是没有想到丈夫和比诺迪尼的关系。丈夫一心记挂着比诺迪尼。在床上也不理她。莫亨德罗心里很矛盾，既觉得对不起阿莎又舍不得比诺迪尼。但对比诺迪尼的爱又占上风。晚上他忍不住去比诺迪尼的卧室，却被母亲发现。第二天，阿莎收拾衣服，发现了比诺迪尼写给莫亨德罗的信，斥责他使她昨天晚上丢脸，揭露他既不爱阿莎也不爱她而只爱他自己。阿莎差点晕过去，比诺迪尼进来看出阿莎看过了她写给莫亨德罗的信。莫亨德罗匆匆忙忙来找信，被阿莎揭穿。比诺迪尼在莫亨德罗妈妈前说她儿子的短处，使他妈妈很不高兴。莫亨德罗来找比诺迪尼，比诺迪尼赶不走他。莫亨德罗提出和她私奔，比诺迪尼当着他妈妈的面表示愿意出走。家里起了一场风暴。

送走比诺迪尼，比哈里的心情久久不能平静。他没有想到比诺迪尼竟然这么大胆向他表示爱情。正在这时，莫亨德罗闯进来，逼问比诺迪尼在何处，要比哈里把比诺迪尼还给他。莫亨德罗在房子搜寻一通，被比哈里赶走。比诺迪尼回到老家，受到村里人的歧视，又收不到比哈里的信。她写给比哈里的信如石沉大海。她以泪洗面。莫亨德罗突然来，要带她走，村里人来看热闹。村里德高望重的老姑指责比诺迪尼给大家带来耻辱，要赶她走。比诺迪尼无可奈何地愿意跟莫亨德罗走。但她坐马车，让他徒步去火车站。莫亨德罗把比诺迪尼在加尔各答安顿下来回到家里。母亲指责他对阿莎的背叛。他砸开柜子取出衣服和书走了。

比诺迪尼必须找出路，莫亨德罗不可靠，还是比哈里靠得住。她让邮递员把信送到新地址来，渴望收到比哈里的回信。莫亨德罗拜倒在比诺迪尼的脚下，比诺迪尼不答应。他意识到是比哈里的走使比诺迪尼失去了对他的爱，于是去找比哈里算账。不料比哈里为了避开和莫亨德罗的麻烦早去西边旅行。他把比诺迪尼写给比哈里但没有拆开的信拆开，故意让比诺迪尼误解比哈里。细心的比诺迪尼派仆人去看，果然证实比哈里去旅行。莫亨德罗不理媳妇阿莎，婆婆怪怨媳妇，并请人看媳妇的生辰八字。婆婆创造条件让小两口接触。为了打掉比诺迪尼的傲气，他想和阿莎和好，但不知如何打开僵局。正巧婆婆急火攻心，阿莎无奈叫莫亨德罗看望，二人关系缓和。

拉吉拉克西米为了让儿子和媳妇多接触，故意把开的药偷偷扔掉。她在病中想起了对她照顾得无微不至的比哈里。阿莎也想，要是比哈里知道婆婆病重，一定会赶来照顾。她后悔当时没有听比哈里的话。眼看婆婆病重，阿莎只好把婆婆要见比哈里的心事告诉莫亨德罗，莫亨德罗指责阿莎想念旧情人。比哈里在巴里恒河岸边买了花园准备搬过去。他要在这里建立免费诊所。莫亨德罗向比诺迪尼隐瞒这个消息。比诺迪尼心急如焚，只好同意与莫亨德罗去西部旅行，浪迹天涯。

拉吉拉克西米知道儿子置自己的病不顾竟然和比诺迪尼出走，还撒谎说身体不好出去散心，心灰意冷。失去儿子的爱比疾病更痛苦。她不服药，拒绝让儿子委托的医生看病。她一心思念比哈里。阿莎从别人的婚礼声想到了自己的婚礼和当前的处境，觉得无路可走，于是给姑姑安诺普尔娜写信求救。安诺普尔娜来了，她和嫂嫂抱头痛哭，一泯恩仇，才知道最近家里的巨大变故。医生说拉吉拉克西米有生命危险，安诺普尔娜只得亲自去请比哈里回来。

比哈里心绪烦乱，无心打理免费医疗站。比诺迪尼的爱使他心乱神迷。他之所以远离比诺迪尼，一是不愿污染她荷花之美，二是怕莫亨德罗找麻烦。他没有想到安诺普尔娜亲自来找他，拉吉拉克西米妈妈有病的消息使他大吃一惊，当他听说比诺迪尼又和莫亨德罗出走时，他对她产生了误解。

回到妈妈家，不等比哈里犹豫，阿莎把他带去看拉吉拉克西米妈妈。妈妈在重病中还念念不忘他的婚事。阿莎因过去对比哈里的态度感到惭愧，他开始尊敬比哈里。安诺普尔娜建议比哈里找回莫亨德罗。现在在比哈里的眼里，生活把阿莎塑造成了女神。妈妈病重，他决定找回莫亨德罗。

莫亨德罗和比诺迪尼毫无目的地在西部旅行，莫亨德罗在她跟前低声下气，一切唯她是从。比诺迪尼遵守妇道，穿上了寡妇素服，不苟言笑，使莫亨德罗难以接近。在一个车站，比诺迪尼偶然看见一封无人认领的信上有比哈里的名字，她才知道他的地址，于是直奔阿拉哈巴德比哈里的免费别墅医院。这正合不知就里、疲惫不堪的莫亨德罗的心意。这里诗情画意，但就是比诺迪尼不接受他。他去看比诺迪尼，看见她沉浸在鲜花中，以为是等待他，不料比诺迪尼坦率承认是为了比哈里。莫亨德罗怒火中烧，诅咒比哈里。比诺迪尼见不上比哈里，莫亨德罗又在纠缠，使她心情沉重。得不到比诺迪尼，失落感使莫亨德罗有所醒悟，他想离开比诺迪尼回家，又觉得原来和比哈里友谊的可贵，心理轻松了许多。比哈里意外出现在比诺迪尼跟前，他是来找莫亨德罗的。比诺迪尼请求他停留一会儿听她解释一切。比哈里才知道比诺迪尼为了他而保持自己的清白。是莫亨德罗拿走并拆开比诺迪尼在乡下写给比哈里的信。比诺迪尼拜倒在比哈里的脚下，正好让莫亨德罗看见。他自己得不到比诺迪尼，也不想让别人得到。没有想到比哈里竟然当面宣布他要娶比诺迪尼。莫亨德罗无话可说。但比诺迪尼又觉得她是寡妇，嫁给他遭世人耻笑，辱没他的名声。

他们一块回来。阿莎不让莫亨德罗见母亲，怕惊吓使老人受不了。他站在窗外看着比哈里照顾母亲。比哈里成了家里的主心骨，他成为没有人搭理的人。莫亨德罗和比哈里和解了。妈妈也原谅了比诺迪尼。阿莎和丈夫也和解了。婆婆让阿莎担当起家庭主妇的角色。比哈里引进等待在窗外的比诺迪尼，比诺迪尼向拉吉拉克西米保证以后再不给别人带来不幸。拉吉拉克西米原谅了她。拉吉拉克西米人之将死其言也善。阿莎最终原谅了比诺迪尼。拉吉拉克西米回光返照，看到大家和解，觉得死而无憾。她给比诺迪尼遗赠2000卢比，给比哈里遗赠一个庄园作为他的慈善事业用。拉吉拉克西米死了，莫亨德罗愿意和比哈里一起从事医疗慈善事业。比诺迪尼要求帮助比哈里，比哈里拒绝。安诺普尔娜要带比诺迪尼去迦尸修炼，比哈里要求比诺迪尼留一绺头发做纪念，比诺迪尼留下拉吉拉克西米遗赠的2000卢比，比哈里没有东西可赠送，比诺迪尼让他看当年拂袖而去把她摔倒留下的伤疤，说这就是永远的纪念。

Eyres 猛禽的巢。

Eysselstein, Ben Van 埃塞斯坦，本·凡（1898—1968），荷兰作家，其作品被翻译为许多欧洲语言。1961年撰文纪念泰戈尔诞生100周年。

Ezhava 爱扎瓦种姓。

Ezla Pand 艾兹拉·庞德（1885—1972），美国诗人、评论家。

Ezour Veda 《耶柔吠陀》。

Ezra Pound 庞德（1865—1972），英国文学家。

Ff

F

Fa Fang　法舫法师（1904—1952），俗家姓王，河北省井陉县石家庄人，17岁时，依姚家井观音寺是岸和尚剃度出家，后来到北京法源寺，依道阶法师受具足戒。1940年他率团访问印度、锡兰各东南亚佛教国家，他感到对这些佛教国家有进一步联络的必要，归国之后，商得教育部同意，以传教士名义，赴东南亚各国传教，并携达居、白慧二师赴印留学。三人于民国三十年（1941年）出国，途经缅甸，留下达居在缅甸学习巴利文，并在十方观音院附设的佛学院任教。法舫和白慧二人亦在缅甸停留年余，考察当地佛教情形，于民国三十二年（1943年）二月始到达印度。法舫偕同白慧到达印度后，进入著名的“国际大学”，从事梵文、巴利文及英文的研究。此时，战前已赴印度担任国际大学中国学院院长的谭云山居士，对法舫的接引与照应殊多。法舫在国际大学进修三年，又转往锡兰智严学院，从事巴利文及梵文小乘教理的研究。法舫刻苦修学，进步颇速，短短四年，他已勉强可用英文授课，并试译巴利文佛典《南传阿毗达摩摄义论》。

他一生著作甚多，主要的有《唯识史观及其哲学》《佛学对于人生之看法》《一个佛学者的程序》《金刚经演讲词》《印度之文化》等。译作有《阿毗达摩摄义论》等。他所译的《阿毗达摩摄义论》在香港出版，深为法、英等国东方学者所称许。

FA exam　第一文科考试。

Fa-hsien　法显（约337—422年），东晋僧人，俗姓龚，平阳郡武阳（今山西襄垣）人，3岁出家做沙弥，20岁受比丘戒。他常慨叹律藏残缺，誓志寻求，遂于东晋安帝隆安三年（399年）和同学慧景、道整、慧应、慧嵬等前往天竺求法。他遍历北、西、中、东天竺，获《方等般泥洹经》《摩诃僧祇律》《萨婆多律抄》《杂阿毗昙心论》《摩诃阿毗昙》等梵本，后又在狮子国（今斯里兰卡）获《弥沙塞律》《长阿含》及《杂藏》等梵本。他由海路回国，前后凡14年，游30余国，携带很多梵本佛经，于义熙八年（412年）达青州长广郡牢山（今山东青岛崂山）。第二年秋到达晋都建康。在道场寺同佛陀跋陀罗、宝云等译出《摩诃僧祇律》40卷、《僧祇比丘戒本》1卷、《僧祇比丘尼戒本》1卷、《大般泥洹经》6卷、《杂藏经》1卷，并撰写历游天竺记传《佛国记》（即《高僧法显传》）。后圆寂于荆州辛寺。

法显3岁出家，于东晋隆安三年（399年）从长安（今西安市）出发，经河西走廊、敦煌以西的沙漠到焉夷（今新疆焉耆附近），向西南穿过今塔克拉玛干大沙漠抵于阗（今新疆和田），南越葱岭，取道今印度河流域，经今巴基斯坦入阿富汗境，再返巴基斯坦境内，后东入恒河流域，达天竺（今印度）境，又横穿尼泊尔南部，至东天竺，在摩羯提国（即摩羯陀）首都巴达弗邑（今巴特那）留住3年，学梵书佛律。与他同行的僧人或死或留天竺，法显乃取海路单身回国。他由东天竺著名海港多摩梨帝（今加尔各答西南之德姆卢克）乘商船到狮子国（今斯里兰卡），留2年，续得经本，再乘商船东归，中途经耶婆提（今苏门答腊岛或爪哇岛），换船北航。在今山东半岛南部的崂山附近登陆，转取陆路，于义熙九年（413年）到达建康（今南京）。义熙十年（414年），他写出历时15年远赴天竺的旅行经过，两年后增补为流传至今的《法显传》。现存较早的版本是宋代藏本。

《法显传》又称《佛国记》《佛游天竺记》《历游天竺记传》等。书中记述的地域甚广阔，对所经中亚、印度、南洋约30国的地理、交通、宗教、文化、物产、风俗乃至社会、经济等都有所述及，是中国和印度间陆、海交通的最早记述。《法显传》是中国古代关于中亚、印度、南洋的第一部完整的旅行记，在中国和南亚地理学史和航海史上占有重要地位。

法显是中国经陆路到达印度并由海上回国留下记载的第一人，他还参加翻译从天竺取回的佛经《摩诃僧祇律》《大般泥洹经》等。

Fa-Kien　法坎，印度佛教高僧，公元973年来中国传教。

Fa Yong　法勇，中国佛教僧人，公元420年去印度取经，在印度逗留一年。

Fairyland　《仙境》，泰戈尔《新月集》里的诗。

Faisal　费萨尔（1883年—1933年），是哈希姆王朝的成员，1920年短暂统治过大叙利亚，1921—1933年在位为伊拉克国王。1932年5

月，泰戈尔访问伊拉克，受到费萨尔国王的接见。

Faith in British Justice 《信任英国司法》，泰戈尔1930年的书信。

Faizi 费济（？—1595），莫卧儿王朝第三代皇帝阿克巴的谋臣。

Fakir 托钵僧，原意为"贫穷"，伊斯兰苏菲教派教团的高级成员，即按照苏菲派学说完成训练功课的修道士，穿特别的服装"赫克"，以乞讨和靠人施舍为生，因手执钵器收放施舍物，故名。有的还携带据说可消除饥饿感的"幸福石"，手拄拐杖，出外行乞，并在市集讲谈苏菲派哲学，吸收信徒。

Fakir Fikirchand 法克尔·费克尔查得（1833—1896），泰戈尔接触过的巴乌尔歌手。

Fakisiang 法吉桑，印度的佛教高僧，1027年来中国讲经。

Falgun 法尔衮月，印历12月，相当于公历的2—3月。

Falguni 法衮尼，指阿周那。

Fallon, Pierre 发伦，皮埃尔（1912—1985），比利时著名牧师，耶稣学会会员，1936年去印度，后成为印度公民，专门研究孟加拉文学。他把《圣经》翻译为孟加拉语，出版了许多探讨孟加拉文学的著作。1961年撰文纪念泰戈尔诞生100周年。

False Hope 《泡影》，泰戈尔于1898年写的短篇小说。大吉岭笼罩在潇潇雾雨中，我在家闷得慌，便打上雨伞在路上溜达。忽闻女人嘤哭声，寻声望去，见一女苦行僧坐于道边涕泣。细问之下，女人方将其故事缓缓道来：

女人本是巴得拉绒穆斯林番王格拉姆卡德汉的女儿美赫蕊妮，当年16岁。她暗暗爱上军队总司令、英武的印度教将军克沙尔。英国人进攻巴得拉绒，克沙尔带领军民奋起抵抗，无耻的番王却出卖了抵抗的军民，让他们几乎全部血洒战场。美赫蕊妮怒斥父亲，逃出宫廷，在恒河边惨淡的月光下找到了奄奄一息的克沙尔，用手掬来恒河圣水，救醒心爱的人。克沙尔看见是无耻出卖者的女儿，怒从心起，一掌把美赫蕊妮击倒，划船顺河漂去。美赫蕊妮矢志如磐石，开始了30年的寻找心上人的苦旅。期间听说他参加了抗英英雄卡迪亚托波的队伍，后不知所终。但她爱心不移，继续寻找，由一个穆斯林千金公主变为印度教女苦行僧。她在碰见我的早晨终于找见了克沙尔，但克沙尔已经是儿孙满堂的老人，早已失去当年英气，也不认识美赫蕊妮。美赫蕊妮万念俱灰，不知道后面该怎么面对生活。

Family coffer 财富女神拉克西米的水罐，表示拉克西米赠送财富的象征。

Famine 1896—1897印度全国大饥荒。

Fan Yuanlian 范源廉（1875—1927），近代教育家，字静生，湖南湘阴人，早年就学于长沙时务学堂，戊戌变法失败后流亡日本，入东京高等师范学校学习，清光绪三十一年（1905）回国，在北京任学部主事，并创办法律学校和殖边学堂。辛亥革命后，他曾任教育部次长、中华书局总编辑部部长、北洋政府教育总长。1917年他与蔡元培等人组织中结职业教育社。1923年他赴英与英政府商洽将庚子赔款用于教育事业。回国后，他历任北京师范大学校长、中华教育文化基金委员会董事长、南开大学董事、北京图书馆代理馆长。他曾多次到美国考察教育，并邀请外籍学者到中国讲学。1924年4—5月泰戈尔访问中国，他是欢迎者之一。

Fan Ye 范晔，当代学者，发表《泰戈尔对我国两位翻译家的影响》。

Fan Zhongyun 樊仲云（1901—1989），笔名仲云，民国翻译家，浙江省嵊县人，早年毕业于嵊州一中。他1923年参加文学研究会。1929年参加上海著作人公会，1937年参加中国救亡协会。民主革命和大革命时期，他先后任商务印书馆编辑、新生命书局总编辑，复旦大学、中国公学教授。1923年他发表《音乐家的泰戈尔》。他曾翻译日本学者宫岛新三郎的《泰戈尔和托尔斯泰》、吉田弦三郎的《泰戈尔与音乐教育》、武田丰四郎的《泰戈尔的戏剧和舞台》以及《记泰戈尔的和平学院》《王汉伦将演泰戈尔英文名剧〈爱神〉》《聂云台代表泰戈尔大学中国学院征求赞助》等。

Fang Aiwu 方爱武，当代学人，发表《泰戈尔短篇小说中的悲剧意识》。

Fang Dongmei 方东美（1899—1977），安徽桐城人，哲学家。他1920年毕业于金陵大学，1921年赴美留学，获威斯康星大学硕士学位，1924年回国，任职于武昌高师，1925年应聘东南大学（中央大学前身）教授，1948年任台湾大学哲学系主任。他1941年发表《印度诗哲泰戈尔挽词》。

Fang Houshu 方厚枢（1927—），安徽省巢湖市人，著名出版家，主编《外国文学泰戈尔爱情诗选》。

Fang Wenzhai 房文斋，当代学人，发表《试谈〈沉船〉的结构》。

Fang Xide 方锡德（1946—），安徽省桐城县人，北京大学中文系教授，出版《冰心与泰戈尔》。

F

Fante varisai 成对的音符。

Faqir 乞丐，乞食者。

Faraday, Micheal 法拉第（1791—1867），英国物理学家和化学家。

Farewell Address in Singapore 《在新加坡的告别演讲》，泰戈尔1927年访问新加坡的讲话。

Farewell Address to Carlo Formichi 《对卡洛·弗米契的告别词》，泰戈尔1925年对意大利著名学者弗米契的告别讲话。泰戈尔邀请弗米契来国际大学访问。

Farewell, My Friend 《再见了，朋友》，泰戈尔的诗。

Farewell Song（Sesher Kavita; Farewell, My Friend; Last Poem）《最后的诗篇》（《最后一首诗》,《再见，朋友》），泰戈尔于1929年写的长篇小说。

阿米特是牛津大学毕业的律师，他父亲生前也是律师，遗产足够3代人花费。但阿米特不靠父亲的庇荫，凭自己的本事步入上流社会。对于文学，他有自己的看法。他注重风格，提倡创新。他的衣着和风度也别具一格，穿印度民族服装。但他的两个妹妹西西和丽西可是完全现代化的女性，从头到尾是最时髦的穿戴，珠光宝气，趾高气扬，是调情高手。阿米特非常会吸引女人，但他总是若即若离，让女人无法琢磨。在辩论会上，他观点独特，语言犀利。

阿米特决定要到东部梅加拉亚邦的首府西隆去，可以避开烦人的丘比特之箭，上流社会的人很少去那里。但两个妹妹不愿意去，她们去了大吉岭。有一天他在通往住处林间悬崖小公路上开车。估计这里没有车，所以放心大胆地往前开，不料拐弯下坡处正好和对面上坡的一辆小车相撞。从对方车上下来一个漂亮而又有风度的年轻姑娘，脸上像正在成熟的苹果，衣着典雅。阿米特等着挨训。没有想到，对方主动承担责任，令他大为感动和惊讶。对方的车碰得开不了。阿米特提出用自己的车送她到目的地。姑娘犹豫片刻答应了。分别时姑娘邀请他改日来访，他答应了。

朱格玛雅的丈夫巴尔达和朱格玛雅是大学同学，他一反祖上比较开明的传统，走向极端，极其保守，竭力维护印度教的所谓纯正和礼仪，也限制朱格玛雅的行动，使她很不自在。丈夫在27岁上死了，她和导师贝单塔拉特纳讨论《薄伽梵歌》和《吠陀详解》，二人相处愉快。她可以带两个孩子旅游、避暑等。儿子加·尚卡尔上大学。由于没有合适的女子学校，她聘请拉芭诺洛达为家庭教师。

拉芭诺洛达的父亲奥巴尼什是学院院长，以为学问会使他不再另娶，使女儿不考虑婚事。他很器重大夫的儿子、他的好学生舒班拉尔，拉芭诺洛达也在暗中和舒班拉尔在学习上较劲，竟然在文学硕士考试中超过了他。但舒班拉尔的父亲以为奥巴尼什是为了让他儿子娶拉芭诺洛达，省了要使他发财的嫁妆。他的证据是，在儿子的箱子里翻出了拉芭诺洛达的画像。有一天，奥巴尼什留舒班拉尔在书房为写有关普列姆昌德奖学金的论文寻找资料，舒班拉尔希望见到拉芭诺洛达。没有想到拉芭诺洛达冲进房内赶他走，不许他再羞辱她。拉芭诺洛达以为父亲故意撮合他们，逼父亲和一寡妇再婚。她不要父亲留的一半财产，自食其力，找了家庭教师，也就是教朱格玛雅的女儿舒尔玛。她本来想在教学之余通过研读欧洲文学来排遣痛苦，不料撞车一下使她清醒过来，恢复了自己的另一面感情。第二天，阿米特如约来拜访拉班尼亚。书房英国玄学派诗人堂恩的诗歌引起了他的共鸣。拉班尼亚带他见主人朱格玛雅。朱格玛雅早认识阿米特的当律师的伯父，有意促成二人婚姻，于是告退。二人谈得很坦率和融洽，兴犹未尽。在阿米特眼里，拉班尼亚和别的女孩不同：散发着智能之光，还有几分男性，脸上有宁静感，这种宁静感不是来自心灵的满足，而是来自思维的力量。

朱格玛雅邀请阿米特参加她和拉班尼亚的文学沙龙，但有朱格玛雅在场他就兴趣大减，朱格玛雅知趣，干脆借故不来或走开，以便让他和拉班尼亚交谈。阿米特借口给朱格玛雅的儿子加辅导功课和拉班尼亚接触，生怕错过上课时间。有一天清早，他看见拉班尼亚在散步，于是跟了上去。阿米特朗诵英国玄学派诗人堂恩的诗，感动了拉班尼亚。拉班尼亚于是邀请他在僻静的树下交谈，二人相谈甚欢，忘了时间。

阿米特向朱格玛雅提亲。阿米特在桉树下和拉班尼亚相谈，他称拉班尼亚为班雅（水流之意），拉班尼亚称阿米特为米塔（密友）。阿米特以朗诵诗人尼巴兰的诗来向拉班尼亚求婚，拉班尼亚看出阿米特的诗人气质，对方从趣味和才华上自己不是对手，对求婚持冷静态度，故没有轻易答应他的求婚，阿米特有点伤感。

朱格玛雅问拉班尼亚对阿米特求婚的态度，拉班尼亚说二人都有独立的人格，很难改变对方，加上自己顾家，而且这样的男子在激情过后就会发现对方实际很平常而失去激情，因而这桩婚姻并不合适。朱格玛雅劝拉班尼亚不要太固执，不然回头就难了。拉班尼亚说她发现自己懂得爱情，要姨妈再别劝。

为了追求拉班尼亚，靠近她，阿米特住在一个家徒四壁、到处漏雨的破房子里。这让朱格玛雅很过意不去，她差点想让他搬到她家里去。实际上，拉班尼亚心里也很不平静。她渴望阿米特的到来。她要向他倾吐心中的感情，"我爱你，永远是你的人"。但阿米特没有来，她的心里涌上悲凉。正在这时朱格玛雅来，问她到底爱不爱阿米特，拉班尼亚没法隐瞒自己的感情。于是朱格玛雅带她一起去找阿米特。

阿米特在陋室里写自传，他要把黑暗中闪现出的耀眼光芒记录下来。正在这时，朱格玛雅带着拉班尼亚到来，把二人的手拉在一起，解下拉班尼亚的项链把二人的右手拴在一起，祝福他们白头偕老。阿米特答应要在加尔各答给拉班尼亚定做一个珍珠戒指亲自戴到她手上。

阿米特和拉班尼亚决定在阿格拉哈扬月（10—11月）举行婚礼。二人沉浸在婚后幸福生活的憧憬中：恒河，花园，小桥，流水，小船，各自有独立的房子，来往用诗篇表达情义，过人间最浪漫的夫妻生活。

明天就要回加尔各答了，朱格玛雅允许阿米特和拉班尼亚去散步。二人相拥，用诗歌来表达恋恋不舍的情意。拉班尼亚朗诵泰戈尔的诗。这是舒班拉尔从泰戈尔跟前讨来的。拉班尼亚给阿米特提到了舒班拉尔。阿米特给拉班尼亚朗诵尼巴拉的诗。二人沉浸在分别的哀愁中。

拉班尼亚和阿米特约好，早晨离开时，阿米特再不来见拉班尼亚。所以她忍耐着。不料阿米特风风火火地跑来，告诉朱格玛雅说收到电报，她妹妹西西和她的朋友卡米塔和卡米塔的弟弟纳仁要来西隆看他。拉班尼亚看到阿米特脸上没有马上要离别的哀愁，觉得客人来是不祥之兆。阿米特约拉班尼亚出去散步被拒，二人都心里不快。阿米特说他收到舒班拉尔的信，说他在考察历史古道，说他与舒班拉尔的交谈中似乎感到他曾经经历过感情痛苦。

想追求阿米特妹妹的好事者库玛尔检察官到西隆疗养，听到了在当地传得纷纷扬扬的阿米特和拉班尼亚的爱情故事，便迫不及待地中断休假，回加尔各答把此事传扬了出去。阿米特的妹妹西西听到后，觉得像拉班尼亚这么一个身份低微的家庭教师纠缠她哥哥，一定是为了钱财，有辱她们家的高贵门风。她和好友完全是一派现代女性派头的卡米塔决定来西隆阻止此事，于是风风火火地赶到西隆，追求西西的浪荡公子卡米塔的弟弟纳仁也跟着而来。但连续几天，阿米特根本不提他和拉班尼亚的事情。她们决心弄个究竟。

卡米塔和西西直奔朱格玛雅家来找阿米特。看见一个小姑娘在一个家庭教师的指导下学习，知道这个家庭教师就是拉班尼亚。她们极其傲慢地用阿米特的长长的全名问阿米特在哪里。拉班尼亚没有反应过来，就说不认识。等到她们说就是常来的小伙子时她才不好意思地反应过来，赶快去叫朱格玛雅。朱格玛雅赶到，很客气地招呼她们，不料二人极其傲慢，特别是卡米塔，简直就是无理，甚至跷着二郎腿抽烟，令朱格玛雅非常难堪。恰在这时，阿米特来到，无视两个姑娘的存在，硬拉朱格玛雅去找拉班尼亚。他把刚从加尔各答定做的戒指当着大家的面戴到拉班尼亚手里。卡米塔胸有成竹地让大家看她手上的戒指。这是7年前他们在英国留学时，为了摆脱一个旁遮普小伙子的纠缠，阿米特亲自戴到当时18岁的卡米塔手上的定亲戒指。卡米塔把戒指摘下来，摔到桌上。拉班尼亚大惊，阿米特语塞。

拉班尼亚收到舒班拉尔的信：他已到西

隆，要求见她，做些解释。拉班尼亚觉得有愧于他，要不是自己一心学习和高傲，也许她和他会开出感情之花。她回信同意。阿米特来，约她出去散步。二人走到原来的林中空地。拉班尼亚责问阿米特，既然早把戒指戴给别的姑娘，为何要我从她手上摘下来？拉班尼亚："两人不一样。一个是造物主的爱的产物，另一个是冷漠的牺牲品。"拉班尼亚很理解卡米塔：她的放荡是由于失去了阿米特的爱。建议阿米特带她去车拉朋吉旅行。至于你我，心心相印，不要象征性的东西，爱情永远保持纯洁。她把戒指退还给阿米特。一周后，阿米特去朱格玛雅的住处，早已人去楼空。他在拉班尼亚书房搜集到几个笔尖。西隆山失去秀美，没有得到安慰的东西了。

朱格玛雅的儿子加·尚卡尔在加尔各答上大学，阿米特经常照顾他，二人说话很投机。阿米特的爱使加恢复了女人的自然天性，二人准备结婚。阿米特的小妹妹丽西乐意给加倒茶。加问阿米特为何对阿米特和拉班尼亚都不舍，他说，卡米塔的爱是水罐子，每天用每天更新；而拉班尼亚的爱则是湖水，感情可以游泳。阿米特用泰戈尔的诗给拉班尼亚写信。拉班尼亚告诉阿米特，她要和舒班拉尔结婚。用诗表达永远的记忆。

Farewell Speech at Shanghai 《在上海的告别演说》，泰戈尔1924年5月在离开中国之前在上海的演讲。

Farewell Speech in Singapore 《在新加坡的告别演说》，访问新加坡的泰戈尔于1927年7月26日发表的告别词。

Farewell to Abdul Ghafar Khan 《告别阿卜杜尔·加菲·汗》，泰戈尔1934年9月的讲话。参看Abdul Ghafar Khan。

Farewell to Canada 《在加拿大的告别词》，泰戈尔1929年4月14日在加拿大的讲话。

Farewell to Dr. M. Winternitz 《告别温特尼茨博士》，泰戈尔1922年写给奥地利著名的东方学家温特尼茨的信。

Farewell to Siam 《告别暹罗》，泰戈尔的诗。

Faridpur 法里德普尔，1947年前印度孟加拉地区南部城镇，在马拉帕德玛河畔，现属孟加拉国。此地因1936年9月22日英印殖民主义者将印度爱国青年格斯迫害致死遭到印度全国抗议而闻名。

Farrukhsiyar 法鲁克西亚尔（？—1719），莫卧儿王朝第九代皇帝。

Fascism 法西斯主义，本义是"束棒"的音译，是一个被多根绑在一起的木棍围绕的斧头，在古罗马是权力和威信的标志。法西斯主义是一种结合了社团主义、工团主义、独裁主义、极端民族主义、中央集权形式的社会主义、军国主义、反无政府主义、反自由放任的资本主义、反共产主义和反自由主义的政治哲学。它可以被视为极端形式的集体主义。《大英百科全书》对法西斯主义的定义是："个人的地位被压制于集体——例如某个国家、民族、种族或社会阶级之下的社会组织。"法西斯主人强调国家至高无上的权力和国家荣誉不可侵犯。他们歌颂军事美德而诋毁自由及民主，歧视不同于自己的人。20世纪的法西斯主义的兴起是因为他们对共产主义的恐惧。他们的支持者都拥有鲜明性格（本尼托·墨索里尼，阿道夫·希特勒，佛朗西格·佛朗哥）并且认为自己身为国家的一员就必须奉献出自己的价值。在二战时期的社会混乱导致法西斯主义的兴起和掌权。他们相信国家是神圣的，可以牺牲自己的性命来维护国家的荣耀（如日本武士的切腹），个人的意志服从国家，严厉镇压异己分子。但是这种主义经常不完整而且不民主。

1926年8月泰戈尔在德国访问时，从柏林给《曼彻斯特前卫报》写文章，申明绝不支持法西斯主义，遭到意大利《人民报》的攻击和谩骂。

Fascism Denounced 《遭唾弃的法西斯主义》，泰戈尔1926年的散文。

"Fascism" of the State of Travancore 《特拉凡客邦的"法西斯主义"》，泰戈尔1938年10月写的散文。

Faslis 阿拉伯的波斯人。

Fatal Ring 迦梨陀娑的剧本《致命的指环》，即《沙恭达罗》(Abhijnanasakuntala)。

Fatawa-i-Alamgiri 《穆斯林法律汇集》，17世纪莫卧儿王朝第六代皇帝奥朗则布监编。

Fatehpur Sikri 法塔赫布尔西格里，"胜利城"，位于印度北方邦亚格拉西南40千米处，曾经是莫卧儿王朝的王宫，是莫卧儿皇帝阿克巴为纪念圣人说他将生儿子的预言应验而建立，以后因缺水而废弃。

Father de Penerenda 佩那伦达神父，泰戈尔于1874年在圣·克萨维尔学校上学时的耶稣教老师。

Fauj/Faujidar 福吉达尔，莫卧儿王朝省辖行政区行政长官或军事长官的叫法，相当于地区专员。军队，军队司令。

Faust 《浮士德》，德国著名作家歌德写的一部长达一万二千一百一十一行的诗剧，第一部二十五场，不分幕。第二部分五幕，二十七场。全剧没有首尾连贯的情节，而是以浮士德思想的发展变化为线索。这部不朽的诗剧，以德国民间传说为题材，以文艺复兴以来的德国和欧洲社会为背景，写一个新兴资产阶级先进知识分子不满现实，竭力探索人生意义和社会理想的生活道路。《浮士德》是一部现实主义和浪漫主义结合得十分完好的诗剧。泰戈尔1920年在法国访问时，在巴黎看《浮士德》的演出。

Faust 歌德的诗剧《浮士德》的男主人公，上帝和魔鬼打了一个赌：倘若他能俘获浮士德的灵魂，上帝就将世界让给他。魔鬼给城市带来了瘟疫，浮士德想找出解药却找不到，他只能眼睁睁看着。魔鬼和浮士德订立契约，魔鬼以仆人身份出现，带着浮士德开始新的人生，条件是浮士德一旦感到了满足，灵魂便归魔鬼所有。魔鬼让浮士德看见了肉欲狂欢的世界，并设计让少女爱上了浮士德。而不由自主爱上浮士德的少女去求助马歇姨妈，他们相爱了。马歇姨妈却因为喝了魔鬼调制的酒变得神经兮兮。少女为了和浮士德幽会给母亲服了过量安眠药，致使老人死去。魔鬼挑唆少女哥哥瓦伦丁和浮士德争斗，瓦伦丁死于浮士德剑下。少女成了镇子的罪人。冬天，她生下了自己的孩子，孩子得不到救助在雪中悲惨地死去。她被人当成了杀人犯判以火刑，浮士德得知后赶回小镇，冲上火刑台，和少女一同赴死。这感动了上帝也战胜了魔鬼。

Fayuan Pagoda 法源寺，位于北京宣武门外教子胡同南端东侧，它不仅是北京城内现存历史最悠久的古刹，也是中国佛学院、中国佛教图书文物馆所在地，是培养青年僧伽和研究佛教文化的重要场所。1924年4月26日，正在中国访问的泰戈尔由林徽因、梁秋实（梁启超的儿子）陪同，和北京佛化新青年会一道来法源寺赏玩丁香花。

Fazli mango 法兹里产的杧果。

Feast at no Cost 《不惜代价的请客》，泰戈尔于1893年写的幽默故事系列之一。

阿克沙想让朋友乌代请客，于是下班后直接去乌代家，不料主人不在。本来他一直要求乌代请客，乌代迟迟不答应。他满心欢喜，不料乌代总是躲躲闪闪，他再也高兴不起来了。在希望与失望之间徘徊的阿克沙被一群讨债者逼在乌代家门口。债主们把他误认为乌代，为了避免皮肉之苦，他只好掏出自己一个月的工资打发债主。警察突然到来以偷表罪把他带走。岂不知全是无赖乌代捣的鬼。

Federation of the Union of Cinematographic Artists 苏联电影摄影艺术家联盟。1930年9月11日，泰戈尔开始访问莫斯科。9月15日，访问电影摄影艺术家联盟。

Fedor Gladkov 费多尔·格兰德科夫（1883—1958），苏联作家。1930年9月11日，泰戈尔开始访问莫斯科。第二天，由苏联对外友协主席彼得罗夫主持，在对外友协大厦举行盛大的泰戈尔欢迎会。当晚由苏联对外友协和莫斯科作家协会在作家协会礼堂联合举办音乐会。在音乐会上泰戈尔会见了作家费多尔·格兰德科夫等名流。

Feelings and Wants 《感情和需要》，泰戈尔于1885年写的幽默故事系列之一。

春风得意的诗人孔加比哈里和一贫如洗的巴沙巴达都在为生计各自奔波。孔加比哈里疏远了所有的穷亲戚朋友，一心吟颂风花雪月、小桥流水。衣衫破烂的巴沙巴达被带到花园里来，他感冒了。诗人指望巴沙巴达为他的精妙的诗句喝彩，不料他每吟出一个句子，巴沙八达便咳嗽一声，诗人忍无可忍，把巴沙巴达赶了出去。仆人报告，饭已做好，诗人匆匆走了出去。

Feisal 费萨尔（1883—1933），哈希姆王朝的成员，1920年短暂统治过大叙利亚，1921—1933年在位为伊拉克国王。费萨尔·伊本·侯赛因出生在今天的沙特阿拉伯，是侯赛因·伊本·阿里的第三个儿子。1913年他当选奥托曼帝国议会的吉达市代表，1916年两次经过大马士革，于其中一次接受了阿拉伯领袖之间划定国家界限的《大马士革议定书》，并加入了阿拉伯国家主义者组织。在第一次世界大战期间和协约国方合作，他帮助后者攻克外约旦（Transjordan）并参加了其1918年阿拉伯政府。他是巴黎和会上阿拉伯代表团的领袖。他和英籍阿拉伯专家格特鲁德·贝尔一同倡导让原来奥托曼帝国统治下的诸阿拉伯酋长国独立。托马斯·爱德华·劳伦斯在《智慧的七柱》一书中记载了他在1916—1918年阿拉伯起义中的作用，虽然劳伦斯书的确实性还有待争议。1919年1月3日，费萨尔与哈伊姆·魏茨曼签订了费萨尔-魏茨曼协定，承认《贝尔福宣言》，条件是英国遵守大战期间做出的阿拉伯人独立的承诺。但该协定未得到兑现。1920年3月7日，他被叙利亚国家大会（Syrian National Congress）拥为大叙利亚国王，但同年4月叙利亚被托管给法国，后者将费萨尔逐出叙利亚。他于是移居英国。英国政府担心其托管地伊拉克局势不稳，遂改直接统治为名义上的君主制。公民投票显示96%的民众赞同费萨尔之后，他同意成为伊拉克国王，于1920年8月登基。在伊拉克1932年成为完全独立国家的过程中，他发挥了重要作用。他于1933年9月8日心脏病发作逝世于瑞士伯尔尼，由儿子加齐·伊本·费萨尔继位。1932年5月泰戈尔访问波斯回国途中顺道访问巴格达，受到国王的接见。

Feng Aizhen　冯爱珍，当代女学者，发表《快美的诗情，超卓的哲理》。

Feng Jinxin　冯金辛，当代学人，发表《〈沉船〉的主题和人物》《浅谈〈四个人〉》。

Feng Xinhua　冯新华，当代学者，发表《郑振铎与泰戈尔》。

Feng Youlan　冯友兰（1895—1990），字芝生，河南南阳唐河县人，中国哲学家、哲学史家。他1924年获美国哥伦比亚大学博士学位，任北京大学哲学系教授，其哲学作品为中国哲学史的学科建设做出了重大贡献，他因此被誉为“现代新儒家”。1920年泰戈尔访问美国，时在美国的冯友兰专门会见泰戈尔。1921年发表《与印度泰戈尔谈话——东西文明之比较观》。

Ferdinand　费尔迪南德，罗马尼亚国王，1926年11月泰戈尔从索菲亚到罗马尼亚访问，在首都布加勒斯特住了5天，受到国王费尔迪南德接见和民众的热烈欢迎。

Ferganah　古代大宛。

Ferinchi　外国人。

Fernandes, George　费尔南德斯，乔治（1930—），印度社会党领袖。

Festival of the Rains （Varshamangal）《雨季的节日》，1937年9月在加尔各答被搬上舞台，泰戈尔在台上出席。

Fetid catacomb　地牢。

Fez　帽子。罗摩克里希纳的真名。

Fiction Monthly　《小说月报》，近现代文学期刊，1910年7月创刊于上海，商务印书馆主办印行。初由恽铁樵、王莼农主编。1921年1月，该刊从第12卷第1期起由沈雁冰主编，成为文学研究会机关刊物，也成为倡导“为人生”的现实主义文学的重要阵地。刊物革新后，辟有论评、研究、译丛、创作、特载、杂载等栏目。《小说月报》刊登鲁迅、郑振铎、叶圣陶、胡愈之等人的理论文章，倡导为人生的艺术，批判封建文学观念，推动新文学运动的发展。所刊登的文章以小说为主，兼及诗歌、戏剧、散文，多是冰心、王统照、许地山、庐隐诸家的短篇小说以及朱自清、徐玉诺、朱湘等人的新诗。1923年第13卷起郑振铎任主编后，又增辟了“整理国故与新文学运动”栏目，这时的《小说月报》已经发展成为当时我国规模最大、影响最广的新文学刊物。1927年5月叶圣陶代行主编后，曾编印《创作号》。除连载沈雁冰第一次用茅盾笔名发表的中篇小说《幻灭》《动摇》《追求》外，还发表了丁玲的处女作《梦珂》及早期代表作《莎菲女士的日记》，巴金的第一部中篇小说《灭亡》以及胡也频、沈从文、戴望舒、施蛰存等新人的新作。所载作品，在广阔的背景下，从各个不同侧面描绘了20世纪20年代我国社会生活和时代风貌，具有强烈的现实主义精神。该刊从1920年开始刊登了许多名人（如沈雁冰、许地山、郑振铎、张闻天、瞿世英、徐志摩、王统照、周越然、仲云等）关于泰戈尔的文章。

Ficus（indica, banyan, vada, nyogrodha）班杨圣树。

Fidai Khan　菲代·可汗，莫卧儿第六代皇帝奥朗则布的养弟。

Fifth Foreign Tour　第五次国外行（1920年5月—1921年6月）

泰戈尔决定去西方宣传他亲自创立的国际

大学，同时为其筹款。由大儿子罗廷德罗纳特和大儿媳普拉蒂玛·黛薇陪同，于1920年5月11日离开加尔各答，5月15日从孟买乘船出发。在船上和阿加·汗相谈甚欢。阿加·汗给他读哈菲兹的诗，和他讨论苏菲主义。在船上泰戈尔翻译了一些在圣蒂尼克坦的讲话，后来以《思想遗产》出版。6月5日泰戈尔在英国的普利茅斯下船，分别4年的培森接他。泰戈尔这次在伦敦、牛津、剑桥的目的是看望旧友结识新友（包括卡宁哈姆-格拉哈姆、尼古拉斯·罗利奇、吉尔伯特·默里、劳伦斯·宾永等）。使他感到吃惊和痛苦的是，一些英国朋友故意对他很冷淡，也许是对他发表过评论英国在印度的统治、放弃爵士爵位不满。作为穆尔·博恩的客人泰戈尔在皮特斯菲尔德住了几天，应勒纳尔德教授的邀请访问布里斯托。7月9日泰戈尔在拉姆莫洪·罗易的陵墓敬献花环，在伦敦会见爱尔兰著名作家霍拉斯·普伦凯特和诗人乔治·拉塞尔。7月底，东西方社会联盟在卡克斯顿会堂设宴招待泰戈尔一行。在宴会上塔博斯小姐唱了几首用西方音乐谱曲的泰戈尔的抒情诗，西比尔·托恩代克朗诵了由宾永为宴会写的诗。泰戈尔准备好了要去挪威，但在最后一刻取消了计划。泰戈尔对英国国会对贾利安瓦拉广场惨案的冷淡态度深感悲哀。8月6日泰戈尔离开英国前往法国，应邀住在塞纳河上世界宾馆的卡尔波特·卡恩客房里，会见乐·布伦、西尔万·雷威、伯格逊等法国作家，向他们说明国际大学是文化之间相互了解的中心。主人在桂梅博物馆设宴招待泰戈尔。泰戈尔观看歌德的戏剧《浮士德》的演出，会见女诗人康提赛·德·诺艾依，女诗人谈到宣战的消息传来时她和政治家克莱蒙索在一起的情景，她告诉泰戈尔，为了缓和紧张情绪，克莱蒙索转身念安德烈·纪德翻译成法语的《吉檀迦利》。泰戈尔参观法兰西战场，为被战争破坏的惨景弄得心烦意乱。他在9月8日从巴黎写给安德烈的信里说，"我发现我的同胞对不合作感到激动……这样的激情爆发早就应该用来在全印发起一个为祖国服务的独立运动组织。愿圣雄甘地当这场运动的真正领袖；让他的号召起积极作用，号召牺牲精神，这样做的结果是爱，是创造。"

应荷兰的邀请，泰戈尔于9月18日离开法国前往鹿特丹，在荷兰访问半个月，访问阿姆斯特丹、鹿特丹、海牙、雷登和乌德勒支，每到一处都发表演讲，再从荷兰到比利时，在布鲁塞尔的正义宫举行演讲，听众爆满。他在比利时的安特卫普做短暂访问后返回巴黎。由于无故收不到英国和印度的信而十分焦急，于是于10月13日去伦敦看望手术后正在恢复的儿媳妇普拉蒂玛·黛薇。泰戈尔决定去美国，"因为美国人必须听东方的呼声。"由培森陪同坐船，10月28日泰戈尔抵达纽约。在英国为国际大学筹款的冷遇使他心有余悸，但他硬着头皮寻求美国人对国际大学的支持。第一场报告于11月10日在布鲁克林举行，题目为"东西方的汇合"。11月12日泰戈尔应邀在费城的布莱保尔女子学院演讲。美国教育联盟约好要他在布鲁克林的人民广场做两场报告，第一次在11月16日，第二次在11月21号，题目是"诗人的宗教"。来了许多听众，但数百人被拒之场外。11月22日去美国著名记者和历史学家赫伯特·纪本家做客。他在给安德烈的信（《给朋友的信》）里表达了他对英国和美国态度冷淡的失望，同时深深担忧圣蒂尼克坦会被卷入政治的漩涡。在9月在加尔各答举行的国大党特殊会议结束后，应安德烈的邀请，甘地在尼赫鲁的陪同下于9月访问了圣蒂尼克坦。12月在纳格普尔举行的国大党会议承认了甘地的"不合作"主张。1921年1月4日泰戈尔会见海伦·凯勒。1月25日泰戈尔应邀在哈佛大学礼堂做报告，听众包括获得诺贝尔奖的科学家理查德教授，他给泰戈尔写了一份热情洋溢的感谢信。泰戈尔在女主人穆迪夫人家里接见在美国康奈尔大学学习农学的英国青年恩厚之，恩厚之把他介绍给由纽约有钱家庭的妇女组成的妇女团体——青年联盟有影响的人物道罗西·斯特瑞特。泰戈尔给青年联盟做报告，呼吁为国际大学捐款，但回响不热烈。在纽约诗歌学会举行的告别会上，泰戈尔无法压抑自己的沉闷心情。2月1日泰戈尔前往芝加哥，会见著名的社会工作者亚当斯小姐。泰戈尔应庞德演讲学会邀请，在德克萨斯州做两周的巡回报告。1921年3月9日泰戈尔从纽约乘船，24日到达伦敦，发现英国人对他冷淡的阴影还在。4月8日，泰戈尔在印度留学生的聚会上，演讲《东西方的汇合》。4月16日，泰戈尔第一次乘坐飞机从伦敦到巴黎。4月17日泰戈尔会见罗曼·罗兰和帕特里克·杰迪斯。

由东方友好协会主办，泰戈尔在桂梅博物馆做《印度的本土宗教》的报告。4月25日，泰戈尔在法国全国社会、政治研究会做《印度的普遍精神》的报告。定居在巴黎的印度富商司理达·拉纳送了珍贵礼物——圣蒂尼克坦图书收藏。巴黎的东方友好协会为国际大学捐款捐书。泰戈尔观看德国作曲家瓦格纳的歌剧《女武神》（Die Walküre）的演出。4月27日泰戈尔前往斯特拉斯堡，在新建的西尔万·雷威担任教授的法语大学做报告《森林的宗教》。4月30日泰戈尔赴日内瓦，在卢梭学院演讲《论教育》。在泰戈尔61岁生日之际，德国组成了一个委员会，成员包括德国杰出人士霍普特曼、雅克比、克赛灵、厄肯、托马斯曼等，他们给国际大学赠送了一大批德国古典文学作品。泰戈尔从5月8日开始访问卢塞恩、巴塞尔、苏黎世，在从德国到达姆施塔特的沿途，演讲、观光。泰戈尔从5月13日到20日在汉堡住一星期，最后一天在汉堡大学演讲，这是在德国的第一次演讲。泰戈尔5月21日前往丹麦，5月23日在哥本哈根大学演讲。演讲之后史无前例地受到了学生们的欢迎，他们在他下榻的宾馆门口举着火把游行，唱国歌，一直到深夜。5月24日泰戈尔访问瑞典，在斯德哥尔摩受到瑞典皇家学会欢迎，就获得诺贝尔奖讲话，在古老的乌普萨拉大学演讲，由大主教纳坦·西德布伦亲自引领，在大教堂进行演讲，在斯德哥尔摩观看瑞典语版本的话剧《邮局》，受到古斯塔夫国王五世的接见，会见第一任国联主席布兰廷、著名探险家赫丁等。泰戈尔5月29日返回柏林，在雨果·斯汀恩家里做客。在6月2—3日，泰戈尔在柏林大学以"疯狂的英雄崇拜"为主题演讲。伍尔特·拉特瑙设宴招待泰戈尔。柏林普鲁士科学院为他的演讲录音并连同讲稿一起作为档案保存。6月5日泰戈尔去慕尼黑，会见托马斯·曼德国文学界领军人物。6月7日泰戈尔在慕尼黑大学演讲，亲手把演讲的门票收入捐献给"慕尼黑挨饿的孩子们"。6月9—14日，泰戈尔应黑塞公爵的邀请，住在达姆施塔特城，在这里的克赛灵智慧学校每天和孩子们谈话。泰戈尔出席户外聚会，4000多人齐声唱歌1小时，欢迎他。1921年6月13日，泰戈尔访问法兰克福，在法兰克福做《神秘的孟加拉乡村》的演讲，6月14日在达姆施塔特参观一个工业劳动俱乐部，泰戈尔的出现和谈话使那里的工作人员大为感动，于是他们把啤酒桶藏到桌子底下，很快拿出了吸管。泰戈尔把这描述为最大的胜利。6月15日泰戈尔应邀去奥地利的维也纳，在那里做了两场报告。6月18日—21日泰戈尔访问捷克斯洛伐克首都布拉格，在德语大学和捷克大学做了几场报告，和温特尼茨和雷思尼接触甚密。7月1日泰戈尔经斯图加特返回巴黎，从马赛乘船，16日回到孟买，从孟买直接回到圣蒂尼克坦。

Fiji Islands 斐济群岛，全称"斐济群岛共和国"，位于南太平洋中心、介于赤道与南回归线之间，是纽澳前往北美的必经之地。斐济是南太平洋上珍珠般的岛屿，地跨东、西半球，由332个岛屿组成，其中106个岛有人居住，大部分是珊瑚礁环绕的火山岛，180°经线贯穿其中，是世界著名的度假胜地、旅游天堂。斐济被誉为"全球十大蜜月旅游胜地之一"。斐济的大海是彩色的，因为无数奇形怪状、色彩斑斓的海鱼在水里畅游，将大海搅得五彩缤纷。斐济拥有300多个大小不一的岛屿，这些岛屿被环状的珊瑚礁包围，所以成了鱼儿的天堂。虽然岛屿众多，但是每个都很精致，最大的岛是美地来雾岛。在离帝国机场不远的码头，每天都有很多船次去各个小岛。斐济人口86.8万，斐济是个多民族的国家，其中51%为斐济族，44%为印度族。居民信奉基督教、印度教和伊斯兰教。官方语言为英语、斐济语和印地语，通用英语。1915年9月，泰戈尔派安德鲁斯和培森到该岛，调查印度契约劳工的生存状况。

Film and Theatre Art 《影剧艺术》，由广西文化厅主办，1981年第6期刊登石真的《纨扇挥毫传挚情（梅兰芳和印度诗人泰戈尔的一段珍贵友谊）》。

Firaq Gorakhpuri 菲拉克·格拉克普利（1896—1982），现代乌尔都语著名作家，作品有《抒情诗的花朵》《宇宙之精神》《秘密与暗示》。

Fireflies 《萤火虫》，泰戈尔1928年出版的讽刺短诗诗集。

Firman （波斯语）皇家命令。

Firoze Khan 18世纪莫卧儿皇帝穆罕默德·沙（Mohammad Shah）的家庭导师萨宕·尼亚纳特·汗（Sadaang Nyanat Khan）的私生子，

卡亚尔作曲家。

First Ceylon Tour　第一次锡兰之行，锡兰是斯里兰卡的旧称。1922年10月，泰戈尔第一次访问锡兰，在科伦坡和加勒做了一系列报告，在努阿拉·伊利亚疗养地休息一周，于11月9日回到印度的特里凡得琅。

First Step in English（Ingraji Sopan）《英语初步》，泰戈尔写的英语课本，把英语直接教学法首次介绍给孟加拉儿童。

First Talk at Shanghai　《在上海的首次讲话》，泰戈尔1924年4月在上海的演讲。

First trip by air　1921年4月16日，泰戈尔第一次乘坐飞机从伦敦去巴黎。

Firuz Shah Tughluq　鲁菲兹·沙·图格鲁克（？—1388），图格鲁克王朝国王。

Fisher　费沙，美国卫理公会教堂大主教，1925年访问圣蒂尼克坦的国际大学。

Fitr　穆斯林的施舍物。

Five Abstinences　五戒，即不杀（abhimsa）、不撒谎（satya）、不偷盗（asateya）、不贪财（aparigraha）、不淫欲（brahmacharya）。

Five elements　五种元素，即土、气、醚、水、火。

Five K's　耆那教的5K，即长发（Kesh）、梳子（Kanga）、长须（Kachchacha）、铁镯（Karacira）、短剑（Kirpan）。

Five Ms　即Panca-makara，密教的5 M：酒（Madya）、肉（Mamsa）、鱼（Matya）、手势（Mudra）、性交（Maithun）。

Five vows　五罪，即誓绝、杀人、撒谎、淫欲、占财。

Flaum，Shlomit　佛劳姆，施罗米特，德国人，画家，20世纪20年代在泰戈尔创办的圣蒂尼克坦国际大学担任客座教授。

Florence　佛罗伦萨，又译佛罗伦斯、非冷次、翡冷翠，是意大利中部托斯卡纳大区和佛罗伦萨省的首府，拥有30多万人口，是该地区主要的历史、文化和商业中心。佛罗伦萨曾经长期处于美第奇家族控制之下，是欧洲中世纪重要的文化、商业和金融中心，并曾一度是意大利统一后的首都（1865—1871年）。佛罗伦萨被认为是文艺复兴运动的诞生地，艺术与建筑的摇篮之一，拥有众多的历史建筑和藏品丰富的博物馆（如乌菲兹美术馆、学院美术馆、巴杰罗美术馆、碧提宫内的帕拉提那美术馆等）。历史上有许多文化名人诞生、活动于此地，比较著名的有诗人但丁，画家列奥纳多·达·芬奇、米开朗基罗，政治理论家马基维利，雕塑家多纳太罗等。佛罗伦萨历史中心被列为世界文化遗产。“佛罗伦萨”这一译名是根据城市的拉丁语名字“Florentia”而来，“佛罗伦斯”则译自城市的英语名称“Florence”。徐志摩在诗集《翡冷翠的一夜》中将此城名称译为“翡冷翠”，更贴近现代意大利语名“Firenze”的发音。1926年6月15日泰戈尔访问佛罗伦萨，6月17日，泰戈尔在佛罗伦萨大学宣读他的文章《我的学校》。

Florentines　佛罗伦萨人。

Fluyt　小商船。

Fo-ho　缚喝人。中国古代对大夏人的称呼。

Folk Religions on India　《印度的本土宗教》，1921年4月17日泰戈尔在巴黎的桂梅博物馆由东方友协主持做的报告。

Folk Songs of India　《印度的民歌》，泰戈尔写的评论。

Folly（A Lapse of Judgement）　《过失》，泰戈尔1900年写的短篇小说。我是个乡村医生，和拉里特勾结，向死了女儿的霍里纳特敲诈了一笔钱，才让他把病死的女儿火化。后来我自己13岁的女儿在出嫁前突然得病死去，我良心发现。渔夫的女儿被毒蛇咬死，局长又勒索他，渔夫交不起，渔夫女儿的尸体放在船上。我找到局长，把我当日挣的钱替渔夫甩给局长，从此和他一刀两断。

Fondukistan　丰杜基斯坦，在开伯尔山口西端的寺院群。

Forbidden City　紫禁城，即故宫，紫禁城是旧称，位于北京市中心，于明代永乐十八年（1420年）建成，是明、清两代的皇宫，无与伦比的古代建筑杰作，世界现存最大、最完整的木质结构的古建筑群。故宫有9999个宫殿，因为玉皇大帝有10000个宫殿，为了不超越神所以修了9999个宫殿。

自明成祖朱棣夺取帝位后，决定迁都北京，于是于1406年（永乐四年），明成祖下令仿照南京皇宫营建北京宫殿，动用工匠23万、民夫百万，至明永乐十八年（1420年）落成。故宫又名紫禁城，依照中国古代星象学说，紫是紫微垣，位于天的中央最高处，共有十五颗恒星，被认为是“运乎中央，临制四

F

方”的宫殿，乃天帝所居，天人对应，故名之。故宫占地72万平方米，建筑面积约15万平方米，共有殿宇8707间，都是砖木结构、黄琉璃瓦顶、青白石底座饰以金碧辉煌的彩绘，是世界上现存规模最大、最完整的古代皇家高级建筑群。1924年4月27日，溥仪皇帝在这里接见正在中国访问的泰戈尔。

Forbidden City 《紫禁城》杂志，于1980年创刊，由故宫博物院主办，是以明清历史、中国古代宫廷文化为经，以古代文物艺术、建筑营缮、历史掌故为纬的文化艺术类杂志。1982年4月第3期刊登谢国桢的《天坛·泰戈尔·松竹梅》，1989年6月第3期刊登汪莱茵的《溥仪和泰戈尔》。

Foreign Language Publishing House, Moscow 莫斯科外语出版社，曾出版泰戈尔的作品。

Foreign Languages Studies 《外语研究》，由中国人民解放军国际关系学院主办，创刊于1975年。2003年8月第4期刊登张德福的《泰戈尔宗教诗歌中的文化内涵》。

Foreign Languages Teaching and Research Press 外语教学与研究出版社，由北京外国语大学于1979年创办，是全国规模最大的大学出版社、最大的外语出版机构。2012年3月出版胡适于1961年8月写的《Rabindranath Tagore in China》（《泰戈尔在中国》）。

Foreign Literature 《国外文学》，创刊于1980年，是目前国内译介世界各国文学作品的主要刊物之一。《外国文学》以刊登世界各国不同流派的重要作家和作品为主，通过各种栏目向读者译介不同类型的新作以及当代东西方的新文论。1981年10月第3期刊登《我国举行泰戈尔学术讨论会》；1984年第1期刊登刘宝珍的《簌簌微风》、微诵有的《简评〈飞鸟集〉》；1990年4月第2期刊登何乃英的《泰戈尔论》，7月第2期刊登唐元泰的《冰心“爱的哲学”与泰戈尔的“泛爱论”》，12月刊登白开元的《泰戈尔散文诗5首》；2002年2月第1期刊登何乃英的《全面认识泰戈尔，深入理解泰戈尔，喜读〈泰戈尔全集〉》和魏丽明的《泰戈尔文学起源思想探析》；2007年11月第6期刊登侯传文的《泰戈尔论诗的接受》；2009年5月刊登《“泰戈尔诗歌精选”丛书出版》；2010年2月第2期刊登曾琼的《哈佛大学举行“泰戈尔及其时代的亚洲观”学术会议》、泰昆的《理解泰戈尔：新视野和新研究》；2011年第3期刊登刘建的《加尔各答泰戈尔国际学术讨论会综述》。

Foreign Literature Review 《外国文学评论》，国家级核心期刊，由中国社会科学院外国文学研究所于1982年创刊，反映中国学者在外国文学研究方面最新学术成果。1987年10月刊登倪培耕的《泰戈尔美学思想管见》；2004年2月刊登侯传文的《论泰戈尔的韵律诗学》；2006年2月刊登侯传文的《泰戈尔“人格论”探析》；2009年5月刊登侯传文的《生态文明视阈中的泰戈尔》。

Foreign Literature Studies 《外国文学研究》，1978年由华东师范大学创办，它的宗旨是反映外国文学理论、思潮和创作的新动向，刊载我国外国文学和比较文学研究的新成果，开拓外国文学和比较文学研究的新领域、新课题，扩展我国文艺界的视野并提供借鉴。杂志的重点栏目包括：中外学者访谈、英国作家作品研究、美国作家作品研究、欧洲文学研究、东方文学研究、比较文学研究、问题与学术、文化与文论、外国文学在中国、学科建设与教学研究、文学伦理学批评等。1978年第2期刊登王雅升的《资产阶级的自我批评——评泰戈尔的长篇小说〈沉船〉》；1979年第4期刊登林之非的《追求于“无望的希望”之中——读泰戈尔的〈吉檀迦利〉》；1980年第2期刊登林之非的《新月的幻象和破灭》；1981年7月第2期刊登林之非的《献给爱情和人生的歌（介绍泰戈尔的〈园丁集〉）》；1982年4月第2期刊登彭瑞智的《不着泥土的痕迹，没有痕迹的足印（介绍泰戈尔的〈飞鸟集〉）》；1983年第3期、第4期分别刊登冯金辛和张光璘的《〈沉船〉的主题和人物》《我国现代文学史上的一次泰戈尔热》；1984年7月第2期刊登董友忱的《泰戈尔中长篇小说的艺术成就》；1985年第1期刊登冯金辛的《浅谈〈四个人〉》；1990年7月第2期刊登石斋的《泰戈尔短篇小说新论》，12月第4期刊登何乃英的《泰戈尔哲学观初探》；2003年4月第2期刊登刘燕的《泰戈尔：在西方文化中的误读，以〈吉檀迦利〉为个案研究》；2003年12月第6期刊登侯传文的《泰戈尔诗学与西方文论》；2005年8月第4期刊登杨玉珍的《论泰戈尔戏剧在中国的“冷遇”》，10月第5期刊登侯传文的《泰戈尔论诗歌》；2011年第3期刊登石在中的《泰戈尔诗歌中的生态智慧》；2012年4月第2期刊登孟昭毅的《重读泰戈尔与世界主义》。

Forel 福莱尔（1848—1931），瑞士昆虫学家、神经病学家。1926年6月，泰戈尔在瑞士维勒讷沃疗养时会见过他。

Four quarters 四方，指几个神各占一个方向，雷电神因陀罗（Indra）占东方、死神阎魔（Yama）占南方、风浪神瓦如那（Varuna）占西方、酒神苏摩（Soma）占北方。

Formichi, Caolr 弗米契，卡洛（1883—1949），意大利著名学者，1926年访问圣蒂尼克坦的国际大学并邀请泰戈尔访问意大利。泰戈尔1926年访问意大利时他亲自担任导游。

Forster , Edwaod Morgan 福斯特（1879—1970），英国小说家，散文家。

Fort Hare Natevi College 福特哈瑞国立学院，在南非。

Founder's Day 布萨月纪念日，在每年11—12月。

Fountain of Peace 《和平的喷泉》，泰戈尔的诗。

Four Budhas 四佛，即拘楼孙佛（Krakchanda）、拘那含佛（Kanakammuni）、迦叶佛（Kasyapa）和释迦牟尼佛（Sikyamuni）。

Four Chapters 《人生四章》（《四章》），泰戈尔1934年写的长篇小说。

第一章：加尔各答退役警察副监卡乃·古泊塔开了一家兼卖大学旧课本的茶店，大吉岭的好茶弥补了茶具的寒碜。男孩子们邀请爱拉在下午2：30来喝茶，因德拉在爱拉之后第一个到。他在英国留过学，由于会见过一个政治嫌疑犯，回国后找工作受阻，先当中学老师后调大学工作，闲暇教法语、德语，辅导理科学生。他不让孩子们来，特来道歉并付账。是他不让男孩子们来参加聚会，说他们太粗俗。但爱拉却抱有宽容大度的态度。因德拉长得不算帅，但五官端正，文雅，有教养，坚毅，果敢，智慧超常。他的学生，有的崇拜他，也有的敬畏他。他活生生地拆开了乌玛和恋人苏库玛的婚姻，仅仅是因为她发誓不嫁。爱拉却对她所爱的人阿廷坚定不移。因德拉让爱拉管理一个女生班，他故意派一个小伙子来偷爱爱拉，以考验他们的意志。他信奉黑天在俱卢大战前劝说阿周那参战的哲学：为了正义，可以不计后果。他还因为爱拉夺走了阿廷而诋毁她。古泊塔建议因德拉给他的学生找点事干，别让他们胡说八道惹祸。他一旦认准了某个事业就不计成败地干下去。他不把英国人当作敌人，对他们恨不起来。

第二章：阿廷来看爱拉。他是来向她表明心迹的。他们二人的初次见面很有意思：在一条船上，爱拉看上了阿廷，主动和他说话，并且在下船后随他到了同一个车厢，从此开始了恋爱。但爱拉总是对阿廷敬而远之，这使得阿廷心里很不踏实。原来爱拉处在心灵的矛盾和煎熬之中：她曾经发誓独身，要把一生奉献给自己的祖国。她因而想把阿廷争取到自己的圈子里。同时觉得自己在阿廷跟前显得渺小，会把他套在家庭小圈子里。但阿廷不听她的摆布。爱情就是爱情，爱是人的天性，压制、毁灭天性就是残忍。阿廷说，你要是真正爱我，那就不要把我拉进你的圈子里，而是拉到你怀里。爱拉终于无法克服、压制天性，激动地倒在他怀里。这时讨厌的巴图来纠缠爱拉，被阿廷挡在门外，巴图拂袖而去。爱拉的远亲表弟、孤儿阿克黑尔送来一封信，警告阿廷不要纠缠爱拉。阿廷把信撕为碎片。

第三章：茶店老板古泊塔来到阿廷的秘密住处，说他的情敌巴图正在打他的坏主意，并且说是他偷了阿廷的日记，因为害怕日记会落到警察手里。因德拉向警察告密，警察正在抓他。古泊塔让他赶快逃走，介绍他到外边去当一个孟加拉语老师。他之所以被因德拉出卖，是因为使命感使他投入革命的洪流，但他马上感到怀疑，看不出任何出路。爱拉突然来看他，扑在他怀里。爱拉有愧于阿廷，因为是她把他拉出正常的生活轨道。他们回忆第一次认识时下船换乘火车的情景。现在她愿意为他而死。阿廷按照爱拉的意思深入到工人中间，但工人不买他的账。爱拉问：“为什么现在还不回头？”阿廷：“箭一旦射出就无法收回。”爱拉：“带我走，我愿意一辈子跟着你。”阿廷扔下爱拉，狠心走了。因德拉来了，爱拉说：“还我阿廷”。

第四章：阿廷突然又来找爱拉。爱拉：“警察正在追捕你，你怎么还来？”阿廷：“我不想让警察失望。”他装得若无其事。为了所谓的祖国的理想，就是在他的生日聚会上，爱拉把他拉入她的同伙。爱拉表示歉意。可是爱拉做梦没有想到，阿廷是受命来杀她的。她知道了组织太多的秘密，组织担心她被捕后会供出一切，于是杀人灭口。阿廷他们已经成为杀人越货的强盗，曾经把一个无辜的有钱的老太太杀死。爱拉："不要用毒药，我的身体属于你，让我清醒地死在你怀里，让接吻成为永恒。"

F

Four nobles =four truths 佛教四谛

苦谛（Duhkhasatya）：世界一切的本性都是苦；

集谛（Samndayasatya）：也叫习谛，造成世间人生苦痛的原因即业与惑；

灭谛（Nirodhastya）：认识世俗之苦得以产生的一切原因，拒绝业与惑，达到解脱，"涅槃"；

道谛（Margasatya）：超脱苦、集的世间因果关系而达到出世之涅槃、寂静的一切理论。

Four Seas and Overseas 《海内与海外》，1991年创刊，由中国侨联主办。2007年第8期刊登傅宁军的《泰戈尔与抗战》。

Four warriors 《摩诃婆罗多》里的四大勇士，即大力罗摩、布军、沙利耶和空竹。

Fourth Foreign Tour 第四次国外之行（1916年5月—1917年3月）

泰戈尔接受庞德演讲学会的邀请，去美国做系列演讲。由安德鲁斯、培森和穆库尔·碟陪同，泰戈尔于5月3日乘日本的"士左丸号"（S. S. Tosha Maru）船出发，5月7—9日在仰光逗留，受到印度和缅甸团体的异常热情的接待。在5月7日他的生日这天，泰戈尔向培森口授《儿童》诗。5月12—13日、15日、22—24日泰戈尔分别在马来西亚的槟城、新加坡和香港短暂停留。泰戈尔于5月29日在日本神户登岸，在大阪出席茶道。6月5日泰戈尔前往东京，住在友人Yokayama Taikan家里。泰戈尔在东京帝国大学做第一场报告。日本友好人士在上野公园（Ueno Park）设宴招待泰戈尔。7—8月的大部分时间泰戈尔在箱根（Hakone）的著名商人兼收藏家小松（Harasan）家里，偶尔去东京的庆应义塾大学（Keio-Gijiku）做报告。泰戈尔在他的《论民族》和《日本之精神》两场报告里谴责日本帝国主义对华政策中的咄咄逼人的军国主义精神，引起一些人的很大不满。结果，日本官方对他的态度冷淡而又缄默。泰戈尔访问位于长野县的日本著名的避暑胜地轻井泽（Karuijawa）的女子大学（Women's University）和Okakura的家。会见了保罗·理查德和夫人米拉·理查德（以后当上了本地印度治理奥罗宾多道院的女主持）。泰戈尔收到加拿大的邀请，请他在去美国的途中访问温哥华，但他拒绝了邀请，表示对加拿大政府歧视印度人的移民法的抗议。9月7日泰戈尔乘日本S. S. Canada Maru号船起航去美国的西雅图，安德鲁斯已经返回印度。9月18日，在西雅图上岸。9月25日泰戈尔在西雅图的日落俱乐部做题为"民族主义的狂热"的报告。他的日程包括9月27日去波特兰，9月30—10月5日去旧金山。但到了西雅图，谣传在美国定居的印度革命者秘密团体仇杀团（Gadr）组织计划刺杀泰戈尔，因为他接受英国人授予的骑士爵位，同情英国人。他在10月6日会见帕德如斯基（Paderewski）和桑塔·巴巴拉（Santa Barbara），10月7—9日访问洛杉矶，10月10日访问帕萨迪纳，12日抵达圣地亚哥，14日去盐湖城，20—27日访问芝加哥，29日访问艾奥华。泰戈尔11月4日去密尔沃基（Milwaukee），11月12—13日到底特律。他的报告《论民族主义》遭到了激烈的批评，被认为是"病态的糖裹的精神毒药"。11月15日、18—21日、22—23日、26日泰戈尔分别访问克利夫兰、纽约、费城、布鲁克林，11月29日—12月5日访问波士顿，在威利斯里学院讲话，在毛特·霍利欧克学院做《论艺术》的演讲，在普利蒙特寺院做《论民族主义》的报告。12月6日泰戈尔访问纽黑文，应哈德利校长邀请访问耶鲁大学，主人在伊丽莎白俱乐部宴请泰戈尔，霍普金斯教授用梵文宣读对泰戈尔的欢迎词。12月7日、12日、13日泰戈尔分别访问北安普顿、布法罗、纽约。因为感到跑来跑去的海岸演讲之行太累，泰戈尔提前终止了和庞德演讲学会的合同。泰戈尔在听众爆满的阿姆斯特丹大剧院做告别演讲。12月14日—1917年1月20日返回西海岸的途中，泰戈尔访问了匹兹堡、克利夫兰，在克利夫兰的莎士比亚花园栽植一株纪念树。泰戈尔经过芝加哥和丹佛尔，看了著名的科罗拉多喷泉。1917年1月21日从旧金山乘船去日本，中途在火奴鲁鲁岛（Honolulu）停留，2月底抵达日本，在日本逗留一个多月后于3月17日回到加尔各答。

Fox Strangways　福克斯·斯特兰格维（1859—1948），英国作家，1912年在伦敦会见泰戈尔，为他的诗所倾倒。他是促成泰戈尔获得诺贝尔文学奖的作家之一。

France　法国（La France），全称为法兰西共和国，现在是法兰西第五共和国，位于欧洲西部，与比利时、卢森堡、德国、瑞士、意大利、摩纳哥、安道尔和西班牙接壤，隔英吉利海峡与英国隔海相望。法国是第一次世界大战的主要战胜国之一，虽在第二次世界大战中期战败且沦陷于德国，但在国际上仍然有一定的影响力，因而成为联合国安理会常任理事国，对安理会议案拥有否决权。法国亦是欧盟和北约创始会员国之一，八国集团之一和欧洲四大经济体之一，亦是《申根公约》的成员国。法国不仅在工农业方面非常发达，而且也是世界文化中心之一，首都位于巴黎。法国面积54万平方千米，人口6500万，官方语言为法语，民族为法兰西人、科西嘉人等，主要宗教为天主教。泰戈尔于1920年8月访问法国。

France, Anatole　法郎士，阿纳托尔（1844—1924），法国小说家，1921年获诺贝尔文学奖。

Francis Griffiths　伦敦弗兰西斯出版社，曾出版泰戈尔的作品。

Francis Xavier　弗兰西斯·克萨维尔，耶稣修士，1542年入果阿传道。

Frankfurt　法兰克福，德国重要工商业、金融和交通中心，位于莱茵河中部的支流美因河下游。它也是德国最大航空站、铁路枢纽。有时在狭义上也指原民主德国东部的专区，德国统一后成为勃兰登堡州的一部分。另外，与其同名的是美国肯塔基州中北部城市和首府。德国联邦银行总部就坐落在法兰克福。法兰克福证券交易所经营了德国85%的股票交易。1921年6月13日，泰戈尔访问法兰克福，做《神秘的孟加拉乡村》的演讲，6月14日在达姆施塔特参观一个工业劳动俱乐部，泰戈尔的出现和谈话使那里的工作人员大为感动。1930年8月6日，泰戈尔再次访问这里。

Franklin　富兰克林（1706—1790），富兰克林全名本杰明·富兰克林（Benjamin Franklin），别名班哲明·富兰克林，资本主义精神最完美的代表，著名的政治家、外交家、哲学家、文学家和航海家以及美国独立战争的伟大领袖。富兰克林是美国历史上第一位享有国际声誉的科学家和发明家。他为了对电进行探索曾经做过著名的"风筝实验"，在电学上成就显著；为了深入探讨电运动的规律，他创造的许多专用名词如正电、负电、导电体、电池、充电、放电等成为世界通用的词汇。他借用了数学上正负的概念，第一个科学地用正电、负电概念表示电荷性质，并提出了电荷不能创生、也不能消灭的思想，后人在此基础上发现了电荷守恒定律。

Franz Ostens　弗兰兹·欧斯滕，二十世纪三四十年代电影导演，拍《坚强的姑娘》（Achut Kanya）。

Frauwallner　福劳瓦尔纳，20世纪德国印度宗教与神学学者。

Frazer, James　弗拉泽，詹姆斯（1854—1941），爱尔兰社会人类学家，1926年6月，泰戈尔在瑞士维勒纳沃疗养时会见过他。

Free Forum on Literature　《文学自由谈》，由天津市文学艺术联合会编辑出版。1994年2月第1期刊登肖复兴的《缩写泰戈尔》。

Freedom　《自由》，泰戈尔的谈话。

Freedom　《自由》，泰戈尔的诗；泰戈尔1927年写的散文。

Freedom from Fear　《摆脱恐惧》，泰戈尔1933年的诗。

Freedom of Mind　《思想自由》，泰戈尔1940年2月的书信。

Freeman　弗里曼，英国印度学家。

French　法语，属于印欧语系罗曼语族，是继西班牙文之后，使用者人数最多的罗曼语言之一。现在全世界有8700万人把它作为母语，以及其他1.9亿人使用它（包括把它作为第二语言的人）。法文是很多地区或组织的官方语言（例如联合国、欧洲联盟）。法国法语和加拿大法语是世界上两大法语分支，它们之间有很大区别。

French Revolution　法国大革命，是1789年在法国爆发的资产阶级革命，统治法国多个世纪的君主制封建制度在三年内土崩瓦解。1789年5月由于财政困难国王被迫召集三级会议，路易十六企图向第三等级征收新税，但第三等级纷纷要求限制王权、实行改革。6月，他们

F

毅然决定将三级会议改为国民议会。路易十六准备用武力解散议会，巴黎人民于7月14日起义，攻占了法国象征封建统治的巴士底狱（The Storming of the Bastille），法国大革命爆发。8月26日制宪会议通过《人权与公民权宣言》（简称《人权宣言》，The Declaration of Man and the Citizen），确立人权、法制、公民自由和私有财产权等资本主义的基本原则。宣布人与人生来是而且始终是自由的，在权利方面是平等的，财产权是神圣不可侵犯的。议会还颁布法令废除贵族制度，取消行会制度，没收并拍卖教会财产。革命初期，代表大资产阶级和自由派贵族利益的君主立宪派（斐扬派）取得政权。1791年6月20日路易十六乔装出逃，企图勾结外国力量扑灭革命，中途被识破押回巴黎。广大群众要求废除王政，实行共和，但君主立宪派则主张维持现状，保留王政。君主立宪派制定了《1791年宪法》，召开立法会议，维护君主立宪制，反对革命继续发展。

第一、二等级和大资产阶级取得了妥协，但和占法国人口大多数的农民和城市平民的矛盾依然没有缓和，相反，人民在斗争中看到了自己的力量。1792年8月10日，巴黎人民再次起义，推翻君主立宪派统治，逮捕路易十六国王。9月21日召开国民公会，次日宣布成立法兰西共和国。

8月10日巴黎人民起义后，吉伦特派取得政权。9月20日法国军队在瓦尔密战役中打败外国干涉军。由普选产生的国民公会于9月21日开幕，9月22日成立了法兰西第一共和国。吉伦特派执政期间颁布法令，强迫贵族退还非法占有的公有土地，将没收的教会土地分小块出租或出售给农民，严厉打击拒绝对宪法宣誓的教士和逃亡贵族。1793年1月21日，国民公会经过审判以叛国罪处死路易十六。

法国大革命结束了法国一千多年的封建专制制度，传播了资产阶级自由、民主、平等的思想，有力地促进了资本主义的发展。法国大革命摧毁了法国封建专制统治，传播了资产阶级自由民主的进步思想，对世界历史的发展有很大影响。

法国大革命是世界近代史上规模最大、最彻底的资产阶级革命，它摧毁了法国的封建专制制度，震撼了整个欧洲大陆的封建秩序，建立起资产阶级的政治统治，促进了资本主义经济的发展，传播了资本主义自由、民主的进步思想，期间所颁布的《人权宣言》和拿破仑帝国时期颁布的《民法典》（后改名《拿破仑法典》）被称为新社会的出生证书，在世界历史上产生了深远的影响。这次革命也为此后的各国革命树立了榜样，因此具有世界意义。

French University 法语大学，在法国东部城市斯特拉斯堡。1921年4月27日泰戈尔访问法国，在新建的希尔维·勒维担任教授的该大学做报告《森林宗教》。

Frenman 佛兰芒人，是比利时两个民族之一。

Friends of Chinese Teaching 《语文教学之友》，由河北廊坊师专主办，1981年第6期刊登文林的《屈从·受难·反抗（读泰戈尔短篇小说〈一个女人的来信〉）》。

From the Cape to Cairo 《从好望角到开罗》，20世纪由英国人格鲁根和夏普写的书。

Frost, Robert 弗罗斯特，罗伯特（1874—1963），20世纪最受欢迎的美国诗人。他曾当过新英格兰的鞋匠、教师和农场主。他的诗歌从农村生活中汲取题材，与19世纪的诗人有很多共同之处，相比之下，却较少具有现代派气息。他曾赢得4次普利策奖和许多其他的奖励及荣誉，被称为美国文学中的桂冠诗人。只是在他的下半生才赢得对他的诗歌成就的承认。在此后的年代中，他树立起作为一位重要的文学家的形象。作品有《新罕布什尔》《诗歌选集》《又一片牧场》《一棵作证的树》等。1961年他撰文纪念泰戈尔诞生100周年。

Fruit-Gathering 《收获集》，泰戈尔1916年出版的诗集，含89首诗。

Fruit-seller 《喀布尔人》，泰戈尔于1892年写的短篇小说。见Kabuliwala。

Fruitless Cry 《无果的哭喊》，泰戈尔1888年写的诗，他自己第一次尝试把它译成英语。

Fu Ningjun 傅宁军，当代学者，发表《泰戈尔与抗战》。

Fu Xinlei 傅馨蕾，当代学人，发表《泰戈尔游记中的东方与西方》。

Fu Tong 傅铜（1886—1970），字佩青，河南兰封（今兰考人），他曾在日本、英国留学，曾随罗素研究数理哲学，曾任北京师范大学教授、北京女子大学教授、中国大学哲学教授、河南大学文学院院长、安徽大学校长、北平大学法学院及女子师范学院哲学讲师、私立中法大学社会科学院讲师、私立中国学院教授，西北大学校长等职，他是英国著名哲学家罗素的弟子，是中国最早学习西方哲学的留学生，最早参加国际哲学学术会议，于1921年创办中国最早的哲学社团——哲学社，并创办中国第一份哲学杂志——《哲学》，他还将西方数理哲学首次引入中国。1924年4月泰戈尔访问中国，他在北京参加欢迎泰戈尔的活动。

Fu Ye　负业，当代学人，发表《泰戈尔〈沉船〉，国内评论撮要》。

Fu Zhengqian　傅正乾（1931—），陕西蓝田人，陕西师范大学中文系教授，郭沫若研究专家。发表《郭沫若与泰戈尔的散文诗》。

Fudan Journal　《复旦学刊》，1978年创刊，2008年第一期刊登宋炳辉的《民族意识与世界意识的纠缠——从泰戈尔在中国的接受看20世纪文学思潮的一个侧面》。

Fugitive　《遁逃集》（《游思集》），泰戈尔的诗集。

Fukuoka　福冈，位于日本列岛西部、九州北部，是九州岛上最大的县，是九州政治、经济、文化的中心，东与山口县相对，西界佐贺县，南邻大分县和熊本县，北面与朝鲜半岛相对。三面临海，交通发达。福冈因靠近朝鲜半岛和亚洲大陆而被称为“亚洲的大门”。福冈自然环境优美，是享乐旅游、徒步旅行、海洋体育等野外活动的好地方。福冈海岸线全长310千米，渔业发达，渔产丰富，捕鱼量在日本全国居前列，水产品种类繁多，有着“食在福冈”之美名。福冈印染、纺织机械、食品、水泥、酿造、木材等工业也很发达。福冈农业以大米、小麦为主，小麦产量名列日本前茅。1924年5月，泰戈尔访日时访问福冈。

Fulfilment　《圆满》，泰戈尔1914年2月写的诗。

Fuller, Christ　弗拉，克莱斯特，20世纪英国印度学家。

Funan　扶南，是旧时柬埔寨的一个封建国家，后亡于真腊。扶南是柬埔寨古代国家，又称夫南、跋南，为古吉蔑语Bnam（Vnam）的音译，意为“圣山”，扶南国即山国的意思。旧说扶南乃中国命名，意为“扶掖南方”。本土在湄公河中下游。最初的都城名谷特洛，意为特洛大陆，即中国古书译称的特牧城，位于今波萝勉省的巴普农县。其原始居民是肯姆腊人，或称高棉（古译吉蔑）人。

Function of a Library　《图书馆的功能》，1928年泰戈尔因病不能亲自出席，发给“全印图书馆大会”的书面发言。

Furry Appeased（Manbhanjan, Giribala）《打掉傲气》（《吉丽芭拉》），泰戈尔于1895年写的短篇小说。吉丽芭拉是个异常美丽迷人的少妇，但丈夫戈皮纳特却是个花花公子，整天在外寻花问柳，招蜂惹蝶，醉生梦死。吉丽芭拉需要爱，但丈夫却不着家，对她很冷淡。丈夫在外被一个女演员拉班嘉迷住，为她一掷千金，拜倒在她的石榴裙下。吉丽芭拉在女仆苏多的陪同下，偷偷去了剧院，发现拉班嘉远远没有她漂亮。吉丽芭拉从此迷上演戏，经常偷着看戏并琢磨情节和表演。有一天，戈皮纳特突然回家，吉丽芭拉非常高兴，想和她温存，却没有想到。他强行摘走她身上的首饰，气急败坏而去。剧院排练一出新剧，女演员突然和戈皮纳特私奔，只好另选演员。新剧本上演大为成功，女主角光彩照人，使观众如醉如痴。戈皮纳特也慕名前来观看。新剧的名称叫《玛娜拉摩》。玛娜拉摩由于出身低微，被公公家当作仆人对待，丈夫最终把她休了，要娶百万富翁小姐为妻。婚礼那天，小姐雍容华贵，光彩照人，令人倾倒。新郎和全家都惊呆了：原来富人小姐正是玛娜拉摩。她儿时被人偷走，在一穷人家长大，被丈夫休后由父母找见，带回家里。令戈皮纳特更为惊异的是，倾倒观众的女演员竟然是她的妻子吉丽芭拉。他大喊大叫，被人哄出剧场。

Futuhat-i-Alamgiri　《阿拉姆吉尔的辉煌胜利》，17世纪莫卧儿王朝时期历史学家伊萨尔·达斯·纳加尔写的记录莫卧儿王朝第六代皇帝奥朗则布统治的历史书。

Gg

Gaadaannandinee 甘丹依妮（1850—1941），泰戈尔的二嫂，即泰戈尔的二哥绍登德罗纳特（Sadyendranāth，1842—1923）的妻子。

Gaandaas 甘达斯，16世纪毗湿奴教派的著名诗人，《秣菟罗》《学习长笛》两部诗集的作者。

Gaanddhaara 甘塔罗，古代的一个王国，位于现在的甘大哈尔地区。甘塔罗王就是史诗《摩诃婆罗多》里难敌的舅舅沙恭尼。

Gaandhareer 甘陀利，《摩诃婆罗多》里陀罗王苏波罗女，嫁于瞎子国王持国为妻，广博仙人为谢她仁慈好客，让她要恩典，她要100个儿子。两年后她生一肉团，广博分放101坛子，一个月后生出难敌等100子，最后生女杜赫娑罗。为了和瞎子丈夫拉平，她双目蒙布。她力劝儿子难敌和丈夫持国不要和般度五兄弟打仗，无果。晚年与持国居于林子，死于大火。

Gaandhareer Aabedan（Gandhari's Imploration）《甘陀利的祈求》，泰戈尔的剧本。见下条。

Gaandharieer's Imploration 《甘陀利的乞求》，泰戈尔于1897年写的剧本，取材于史诗《摩诃婆罗多》。俱卢族瞎子国王持国和王后甘陀利生的百子老大难敌，在其舅父沙恭尼的帮助下，利用无耻手段，在赌博中赢了般度五子老大坚战的领土、坚战本人及四个弟弟、妻子黑公主。百子老二难降竟强行揪着黑公主的头发把她带来，置于膝上戏弄。百子母亲甘陀利深明大义，严厉斥责难敌兄弟的无耻行径，并且要求持国主持公正，惩罚他们并宣布赌博无效。而昏庸、软弱无能的持国则默认儿子的劣行。甘陀利在大义凛然地斥责丧失天良的儿子和昏庸无道的丈夫后拂袖而去。

Gaargi 伽尔姬，古印度著名的才女。

Gabriel 伊斯兰教的天使，他把神的话传递给穆罕默德。

Gada 泰米尔地区没有浆的布，没有漂白的布，原色布。

Gada 棒槌，狼牙棒，权杖。

Gada 嘎达，《摩诃婆罗多》里黑天的表弟，与阿周那在德罗那处学武时介绍黑天妹妹妙贤，使他未见面就爱上了她。

Gadadhar Singh 迦达达尔·辛格（?—1639），印度阿萨姆地区阿豪马国王。

Gada-yudha 狼牙棒交手战，《摩诃婆罗多》里难敌和布军最后用狼牙棒交战。

Gaddt 加特，喜马拉雅山区的喜玛偕尔邦牧羊女跳的舞。

Gadha 权杖，狼牙棒。

Gadha-vaha 手拿香水的人。

Gadhi 加迪，神话里众友仙人的父亲；乔尸家族的人。

Gadr party 仇杀团，印度侨民在美国的一个秘密团体。1916年10月泰戈尔访问美国时，该团体扬言刺杀泰戈尔，原因是他接受英国人的爵士爵位，同情英国人。

Gadya 散文。

Gadya-Granthavali 《泰戈尔散文选》。

Gadya-kabita 散文诗。

Gadyacintamani 《如意宝石》（传记）。

Gadyakarnamrta 《伽得亚格那姆塔》（传记）。

Gaek 卡伊克，西瓦吉马拉塔次种姓的后裔。

Gaekwad, Sayajrao 盖克瓦德，萨亚吉绕，印度巴罗达土邦王，1929年1月邀请泰戈尔访问，泰戈尔在萨拉巴哈伊财团家住了两星期。

Gagan Harkara 噶干·哈尔加拉，泰戈尔接触过的文盲巴乌尔歌手。

Gaganendranath 戈格嫩德罗纳特（1867—1938），泰戈尔的三叔吉林德罗纳特的大儿子古嫩德罗纳特（Gunendranth）的长子，即泰戈尔的堂侄子，画家。

Gagra 衬衣式的衣服。

Gahadavala 加哈达瓦尔王朝，11—12世纪在曲女城建立。

Gahambara 纪念拜火教创始人琐罗亚斯德生日的欢宴。

Gahapati-setthi 大家，长者。

Gahasattasai 2世纪哈拉作的摩诃剌陀语抒情诗集《700咏》。

Gahatotkaca 瓶首，《摩诃婆罗多》中布军在逃出紫胶宫后在森林中与食人魔希丁波的妹妹希丁巴生的半人半魔儿子，为保护阿周那，因陀罗给迦尔纳武器，杀死瓶首。瓶首死后成为高级夜叉。

Gaikwars 盖科瓦尔家族，印度18—19世纪马拉塔王国大封建主家族。

Gajadanta 象牙，为舞蹈姿势，双手持蛇头手势，左手按右上臂，右手按左上臂。

Gajapati 万象至尊；奥里萨的戈加帕提人。

Gajendra 迦金德拉，象王，他在莲湖中被鳄鱼缠住四肢，被毗湿奴救出。

Gakkars 加卡尔人，古代印度河流域的山地部落。

Galaganda 可怕的疾病。

Galanemi 加洛尼米，“时轮”，《罗摩衍那》里的十首魔王罗婆那的叔父。罗婆那让他打败神猴哈奴曼，成功后送半壁江山。他想用妖法迷惑到喜马拉雅山为被罗婆那打伤的罗摩和拉克什曼那采药的哈奴曼，化作修行者假意接待哈奴曼，并让他在河里洗澡。哈奴曼搭救一个因受诅咒变鳄鱼的仙女，仙女告诉他修行者就是加洛尼米，哈奴曼杀死加洛尼米，采药回去救活罗摩兄弟。

Galav 加拉婆，众友仙人的儿子兼徒弟，因为要强行报答师父而惹怒师父，师父要800匹月色带一只黑耳马，迦鲁陀带他求救于行迅王，行迅王送她女儿摩托毗。加拉婆把摩托毗先后许配给三个国王并为其生子。但生子后立即保持处女童贞。他从国王处获得600匹马的馈赠，他把马送给师傅，以摩托毗顶200匹马。众友仙人收下马匹，退还摩托毗。加拉婆把摩托毗还给行迅王后隐居森林。

Galderon，George 嘉德闰，乔治，印度戏剧家，曾于1912年把泰戈尔的小说《达利雅》改编为戏剧，于7月12日在加尔各答的皇家阿尔伯特大礼堂演出。

Galerie Pagalle 皮卡雷画廊，在巴黎，1930年5月泰戈尔访问欧美期间，于5月2日去巴黎主持阿根廷女作家维多利亚·奥坎波、康特斯·戴诺艾雷斯和安德烈·卡皮雷斯资助下在皮卡雷画廊举办的泰戈尔自己的画展开幕式。法国美术评论家高度赞扬泰戈尔的作品，因为这些作品是作者自我表达的范例。

Galileo，Galilei 伽利略，伽利雷（1564—1642），世界知名科学家，他既是物理学家、天文学家、哲学家又是发明家，他发明了温度计和天文望远镜。他是近代实验物理学的开拓者，被誉为“近代科学之父”。他是为维护真理而进行不屈不挠斗争的科学战士。恩格斯称他是“不管有何障碍，都能不顾一切而打破旧说，创立新说的巨人之一”。他1564年2月25日生于比萨，历史上他首先提出并证明了同物质同形状的两个质量不同的物体下降速度一样快，他反对教会的陈规旧俗，由此，他晚年受到教会迫害，并被监禁终身。他以系统的实验和观察推翻了亚里士多德诸多观点。因此，他被称为“近代科学之父”“现代观测天文学之父”“现代物理学之父”“科学之父”及“现代科学之父”。他的工作为牛顿的理论体系的建立奠定了基础。

Galle 加勒，斯里兰卡西南港市，16—17世纪为东方著名的商业中心，主要海港，人口约10万。泰戈尔于1922年10月访问该市并演讲。1934年5月22日泰戈尔再次访问加勒。

Gallery Caspari 卡斯帕里画廊，在德国慕尼黑，1930年7月23日，正在德国访问的泰戈尔在这里举办他的画展。

Gallery Moller 莫莱画廊，在柏林，1930年7月16日，正在德国访问的泰戈尔在这里举办他的画展。

Galloi 盖罗伊，在有史时代的祭司是阉人，称为盖罗伊。

Galloway & Potter 加罗威与波特出版社，在英国剑桥，1909年出版印度学者杜特翻译的泰戈尔的10首诗集《东西方的回声》（Echoes from East and West）。这是泰戈尔的诗第一次在英国出版。

Galpa Charity 《短篇小说集》，泰戈尔于1912年出版。

Galpaguchchha 《短篇小说》，泰戈尔的短篇小说的题目。

Galpakuchcha 泰戈尔的散文集，原文为孟加拉语，后来译成英文，以《孟加拉生活掠影》（Glimpses of Bengal Life）出版。

Galpasalpa 《故事杂集》，泰戈尔1941年的短篇小说和诗集。

Galpasaptak 《故事集》，泰戈尔1916年出的短篇小说集。

Galperin 加尔佩林，苏联作家。

Galsworthy，John 高尔斯华绥，约翰（1867—1933），英国小说家、剧作家，出生于伦敦一个富裕的中产阶级家庭，父亲是伦敦的大律师，并经营好几家公司。高尔斯华绥毕业于牛津大学法律系，1890年取得律师资格，1891至1893年游历欧洲，结识了约瑟夫·康拉德，成为莫逆之交。1912年他在伦敦会见泰戈尔。1932年，高尔斯华绥“因其描述的卓越艺术——这种艺术在《福尔赛世家》中达到高峰”而获得诺贝尔文学奖。

Gam surendralokam 帝释境界，因佗罗的纯净世界。

Gama, Vasco da 伽马，瓦斯科·达（1460—1524），葡萄牙航海家，1498年他的船抵达印度西海岸，后两次赴印度，最后一次担任葡萄牙派印度的总督。

Gamadagnnya 自动射箭器。

Gamakas 音高的排列。

Gambeyatha 卡纳塔克邦的木偶戏。

Gambhirya 深沉。

Gamchha 围巾或桌布，有时缠在腰里做腰布。

Gamdevi 甘戴薇，吉祥天女拉克西米的别称。

Gampert, Wilhelm 迦陪特，威海姆，20世纪印度学者。

Gan Lijuan 甘丽娟，天津师范大学教授，曾发表《从泰戈尔小说创作看其妇女观的衍变》。

Gana 迦那，“群体”，神灵群体如阿底多、婆苏等。低级神灵和半神。随从。

Gana 共和国。

Gana 朗诵，背诵。

Gana 嘎纳，湿婆的卫士。

Gana-devatas 群体神。

Ganaparata 湿婆的住所。

Ganapati 象头神迦内沙，群主，湿婆的儿子，他把《摩诃婆罗多》的故事记录下来。

Ganas 群神，湿婆的随从，卫士，小群神；歌曲。

Ganda 紊乱。

Gandaki 甘达吉河，在印度东北的巴特那北边，黑天、布军、阿周那杀妖连时经过此河，大力罗摩在俱卢大战时游此河。

Gandarpa 矜达婆，爱神。

Gandavyuha Sutra 《入法界品》，为佛教《大方广佛华严经》卷六五。

Gandha 甘达林。

Gandhamaadanaa 甘陀马达那山，也义译为“醉香山”，史诗《罗摩衍那》中所描写的喜马拉雅圣山，位于美庐山南，鸟语花香。山上长满效果极佳的治伤草药。

Gandhamadana 甘达马达那，《罗摩衍那》里财富神之子，猴军将领。

Gandhanadana 《醉人香气》（史诗）。

Gandhanamadana 《撰集百咏经》。

Gandhara （音调3）持地。

Gandhara 甘陀罗，《摩诃婆罗多》里甘陀利的父亲苏波罗王的王国。

Gandhara 犍陀罗，公元前6世纪—公元4世纪印度列国时代16国之一，在巴基斯坦与阿富汗边界，首都旦叉始罗。犍陀罗意译香行、香遍、香风，位于今西北印度喀布尔河下游流域，五河流域之北。犍陀罗国的领域，经常变迁，公元前4世纪亚历山大入侵印度时，它的都城在布色羯逻伐底，约在今天巴基斯坦白沙瓦城东北之处。公元1世纪时，贵霜王朝兴起于印度北方，渐次扩张版图，并有喀布尔河一带。迦腻色迦王即位时，定都布路沙布逻，就是今天的白沙瓦地区。王去世后，国势逐渐衰微，至寄多罗王，西迁至薄罗城，以王子留守东方。犍陀罗（国名）亦译健驮逻、健陀罗、乾陀罗、乾陀卫、乾陀。《大唐西域记》载：“健驮逻国，东西千余里，南北八百余里，东临印度河。国大都城号布路沙布逻。按健陀罗本梵语，其义为香，故或译为香遍国，国名颇古。印度阿输迦王，已曾遣僧传教于其地，惟当时地域颇广，自今之白沙瓦，至古之呾叉始罗，皆其境。其后迭属于弥兰及大月氏，迦腻色迦王即建都布路沙布逻城，以统辖大月氏全帝国者也。迨大月氏衰，小月氏族为嚈哒所迫，南都布路沙布逻，领有今之喀布尔及船遮布，旋为嚈哒所取，故健驮逻于东方历史上最有价值。”今阿富汗之喀布尔，堪达哈尔以东，及印度之西北边省，悉为犍陀罗故地。而堪达哈尔即犍陀罗之音转。布路沙布逻城即今西北边省之白沙瓦，斯瓦特即今巴基斯坦北部斯瓦特河谷地区，属古犍陀罗，当时这里的佛教曾十分兴盛。出生在这个地区的莲花生大师于公元8世纪中叶来到青藏高原的西南部地区，弘传密宗教法，成为西藏的密宗祖师。藏族人一直将该地区看成是佛教的圣地。犍陀罗艺术也就随之在西藏传播开来。犍陀罗佛教艺术，可以说是印度佛教的内容与来自欧洲地中海地区的古希腊、罗马的雕刻艺术结合而产生的。作品的特点表现为佛陀多着通肩式披衣，衣服褶纹起伏很大，立体感强，衣纹走向从右上往下倾斜，左手习惯性地抓握着大衣的一角，头发呈水波状或涡卷状，覆盖着肉暮，鼻梁与额头成一线，凹目高鼻，薄唇，蓄有两撇上翘的小胡须；菩萨穿裙，袒上身，上身往往搭裹一条布，从左肩搭于右手上，颈部饰有颈圈、项链、璎络等物，形体健壮，身材粗短，姿态有力，犹如年轻的男性武士，头发很浓，发型翻卷，为束扎头发，头发正中有方型饰物和大花卷，宝增在脑后结为四根，在两耳侧如蝴蝶般飞舞飘扬，耳朵上有耳饰。佛、菩萨像大多有同心圆形光背，下为四方形台座，台座四周刻供养人，左右为两个狮子，中间置水瓶花叶。

Gandhara art　犍陀罗艺术，佛教与希腊艺术的结合。

Gandhara Buddha　犍陀罗佛像，公元1—6世纪贵霜王朝与笈多王朝时代佛像由象征符号到直接以人形塑造吠陀形象，印度风格揉进了希腊风格，深眼窝、薄嘴唇、波浪式卷发等。

Gandharaja　香玉观音。

Gandharba　健达蒌，天堂歌女。

Gandharva　甘达婆，伎乐天，寻香主，住在半空的音乐小神，半人半神人物的统称。容貌美丽，精于医药，擅长歌舞乐，傍晚以歌喉引诱路人。近似于罗刹，阿修罗。

Gandharva　《甘达婆吠陀》，音乐学。

Gandharva　印度音节的第三音符，简写为ga。

Gandharva　飞天，香音神。

Gandharva Mahavidyalaya　音乐学院。

Gandharva vivaha　甘达婆婚，印度教教徒你有情我有意，不经过父母同意就结婚的恋爱婚姻，一旦男女相爱，发生关系，则敬火神，以神为证。印度教教徒认为这种婚姻只是为了满足男女双方的欲望，是一种不道德的婚姻。

Gandharva-veda　音乐科学，《甘达婆吠陀》，属于《娑摩吠陀》，为后者的附录，主要论述戏剧舞蹈。

Gandharvis　甘达威，《罗摩衍那》里的熊军将领。

Gandhavastra　甘达婆箭，激昂用，梦幻箭，被射者看见数千个射者。

Gandhavati　鱼香女，指贞信，史诗《摩诃婆罗多》里福身王的第二个妻子，大英雄毗湿摩的后母。见Satyavati。

Gandhi Day　甘地日。1915年3月10日，甘地在圣蒂尼克坦提议年轻人主动干脏活、累活，进行自主实验，3月10日被定为甘地日。

Gandhi，Feroze　甘地，费罗兹（1912—1960），英迪拉·甘地的丈夫，拜火教徒，议员，记者。

Gandhi, Indira　英迪拉·甘地（1917—1984），著名的印度女政治家，是印度独立后首任总理贾瓦哈拉尔·尼赫鲁的女儿，是印度近代最为著名及存有争论的政治人物之一。她曾分别担任两届印度总理，在最后任期期间遇刺身亡。她一方面为印度在冷战时期的发展做出了不少的贡献，但另一方面亦因政治管理上的方针而令其政绩上蒙上阴影。因其领导印度的16年间的政治方针相当硬朗、立场坚定，故后人亦称其为“印度铁娘子”。她在20世纪30年代在泰戈尔创办的圣蒂尼克坦的国际大学读书，是泰戈尔和谭云山的学生，是当时在国际大学留学的中国学者魏风江的同学。1937年4月14日20岁的她代替生病的父亲尼赫鲁来圣蒂尼克坦参加泰戈尔主持的中国学院成立仪式。他为《纪念泰戈尔100周年纪念集》写序。

Gandhi，Kasturba　甘地，嘉斯杜白（1860—1944），印度圣雄甘地的夫人，支持甘地的争取民族独立的斗争，死于牢房。

Gandhi Maharaj　《精神领袖甘地》，泰戈尔的诗。

Gandhi，Maneka　甘地，马尼卡（1956- ），英迪拉·甘地的二儿子桑贾伊的夫人，1989年担任印度全国阵线政府的环境和森林部长。

Gandhi，Mohandas Karamchand　甘地，莫汉达斯·卡拉姆昌德（1869—1948），印度民族独立领袖，非暴力不合作运动倡导者。他生于印度西部卡提阿瓦半岛一个土邦大臣家庭，属吠舍种姓，从小受印度教和耆那教的“非暴力”思想影响。1883年他就读于伦敦大学，学习法律，回国后在孟买以律师为业。1893—1914年，在南非任一穆斯林商社法律顾问，目睹印度人的悲惨生活和遭受的种族歧视。1906年起他领导印度侨民开展被称作“萨亚格拉哈”（掌握真理）的非暴力抵抗运动，反对英、荷殖民者的种族歧视政策，逐渐形成“非暴力抵抗”的政治主张，并获得一定的成功。1915年他回国后继续开展非暴力抵抗斗争。1920年12月，国大党那格普尔年会通过甘地

G

拟定的“非暴力不合作运动方案”，从此，“非暴力不合作”成为国大党的指导思想和纲领性策略，甘地成为国大党最有权威的精神领袖。他发动和领导了1920—1922年和1930—1934年全国范围的轰轰烈烈的非暴力不合作运动。1924—1934年、1940—1941年他任国大党主席。1948年1月30日，他因反对教派纠纷，被印度教极端分子戈兹刺死。甘地长期为印度民族独立奋斗，曾十多次绝食，三次被捕入狱。甘地在反英不合作运动中身体力行，为抵制洋布亲自手摇纺车织布，为反对英国食盐专卖权，和群众一起自煮食盐。甘地提倡印度教教徒和伊斯兰教教徒之间团结，实行社会改良和妇女、贱民的地位平等，在人民群众中享有极高威望。因阶级局限性，甘地反对暴力革命，对超出“非暴力”范围的群众斗争采取敌视谴责的态度，以至与英殖民当局妥协。但他发动的非暴力不合作运动具有极广泛的群众性，沉重地打击了英国殖民统治，为印度独立奠定了基础。由于甘地为印度独立做出了杰出贡献，被印度人民尊为“圣雄”和国父。1915年3月6日甘地与泰戈尔第一次在圣蒂尼克坦会面。

G

Gandhi, Rajv　甘地，拉吉夫（1944—1991），英迪拉·甘地的大儿子，原为飞行员，1984年11月在母亲遇刺后接替总理职位，是印度软件技术的倡导者。1991年5月21日在泰米尔纳德邦做竞选演说时被斯里兰卡泰米尔猛虎组织雇佣的女杀手用背心炸弹炸死。

Gandhi, Sanjay　甘地，桑贾伊（1946—1980），英迪拉·甘地夫人的二儿子，甘地夫人有意培养其为接班人，但他有点花花公子气，驾驶直升机时失事身亡。

Gandhi, Sonia　甘地，索尼娅（1947— ），拉吉夫总理的妻子，意大利人，与拉吉夫在英国相爱成婚，生有儿子拉胡尔、女儿普里燕卡。在拉吉夫遇刺后她被国大党推上总书记位置。2003年在儿子、女儿协助下国大党竞选胜利，但因保守势力太大而急流勇退，把总理位置让给担任财政部部长的经济学家辛格。

Gandhi The Man　《甘地：人》，泰戈尔的散文。

Gandhi Tomb　甘地陵，印度独立之父甘地的陵墓，在德里东边的雅穆纳河边。陵墓正面刻有甘地遇刺倒地时喊的“嗨，罗摩！”两个字，墓后有长明灯。

Gandhi's Ideal　《甘地的理想》，泰戈尔的谈话。

Gandini　乾提尼，“每日一牛”，神话里的迦湿王之女，在母腹12年，她在腹中告诉父母每日送婆罗门一头奶牛。3年后出生，一直每日给婆罗门送一头牛，直到去世。

Gandiva　拉不断的弓。

Gandiva　甘狄罗神弓，梵天送给其最宠爱的儿子月神的神弓，火神令风神瓦如纳在天帝城送给黑天和阿周那。其赠送顺序为：梵天—因陀罗—月神—海神—火神—阿周那。

Ganduguli, Viresalingam　甘杜古里，V.（1848—1919），印度泰卢固语作家，作品有《拉贾谢克拉传》等。

Ganendranaath　戈嫩德罗纳特（1841—1869），泰戈尔的堂哥，即泰戈尔三叔吉林德罗纳特（Gireendranaath，1820—1858）的长子。他与泰戈尔的二哥绍登德罗纳特在同一所印度教学校里读过书。1858年2月7日他与绍尔诺库玛丽（Svarnakumaaree）女士结婚。他完全继承了父亲在管理经济事务方面的才能。德本德罗纳特在很多事务方面都曾依靠过他。此外，他在文学、艺术、历史研究以及在戏剧表演方面，都显示出他的创造才能。他是春季庙会和印度教庙会的主要组织者之一。他经常以一位戏剧家朋友新写的剧本做脚本在家里组织演出。1869年5月16日他患霍乱而死亡。他有一个儿子出生时就夭折了，因此就没有后嗣。

Ganesa　甘内夏，16世纪印度天文学家，著作有《格拉哈拉加瓦》。

Ganesan　加内沙出版社，在印度马德拉斯，曾出版泰戈尔的作品。

Ganesh, Raja　加内什（？—1418），由宰相而杀王篡位的孟加拉国王。

Ganesha　迦内沙，象头神，群主，财神，知识之神，湿婆的万军（Gana）之王（isha），湿婆和帕尔瓦蒂的儿子。他之所以是象头，是因为小时候他妈妈在室内洗澡，让他守门，不让任何人进来，他父亲湿婆要进门，遭他的阻拦，父亲一气之下，砍下他的头，帕尔瓦蒂悲痛欲绝，湿婆只好砍下一个象头给他按上。据说他能带来好运和昌盛。印度教徒在敬神之前先敬他。据说《摩诃婆罗多》是他抄写的。

Ganesha Caturthi　迦内沙节，纪念象头神迦内沙的节日，在每年的8—9月。

Ganga 《甘加公主》，写公主的丈夫打突厥人的故事。该故事在史诗《摩杜罗的胜利》里。

Ganga 恒河女神，与雪山神女为姐妹。

Ganga Dynasty 恒伽王朝，4—11世纪的印度卡尔纳塔的王朝。

Ganga-clay mark 额头涂上一块红色恒河泥，表示完全的印度教教徒。

Ganga Jahnaui 恒河。

Ganga-sa-ara 恒河河口。

Gangadatta 恒河女神之子，指史诗《摩诃婆罗多》里的大英雄毗湿摩。

Gangadevi 恒河女神，应跋吉罗陀邀请引恒河水流过湿婆头发，净化跋吉罗陀6万祖先灵魂。

Gangadhara 海，持恒河者，湿婆的别名，当恒河女神从雪山天河降凡之时，湿婆为避免水势过猛危害众生，亲自以头接水，让恒河在他的发绺间流转千年缓冲后再流到人间，由此得名。

Gangadharva 持恒河者雕像。

Gangadvar "恒河之门"，即现在的哈尔德瓦尔，阿周那自我流放经过的印度教圣地。

Gangaikondacolapura 恒伽贡达朱罗普拉姆，公元前2世纪到公元11世纪印度南方的朱罗王朝古都，在现在的泰米尔纳德邦的特里奇诺波利县。

Gangaikondacopuram 甘达孔达克庙，由朱罗王朝的拉金德一世为庆祝1023年征服孟加拉国王摩西波罗而于1025年建立，在昆巴科南附近，为朱罗王朝新都。

Gangatri 甘迦特里，意为"牛嘴洞"，恒河最大的源头，在喜马拉雅山西端。

Gange Plain 恒河平原，由恒河及其支流冲击而成，包括印度北部和孟加拉国，面积51.6万平方千米，土壤肥沃，物产丰富，有德里、加尔各答、勒克瑙、瓦拉纳西、巴特那和达卡等大城市。

Ganges 恒河，印度最大的河流，印度人视为"圣河"，全长2850千米，流域面积90.5万平方千米，发源于喜马拉雅山南坡，流至孟加拉与布拉马普特拉河汇合，在孟加拉湾入海。恒河沿岸有许多印度教圣地，如瑜伽圣地瑞士凯石、哈瑞德瓦尔、阿拉哈巴德、坎普尔、瓦拉纳西等。恒河是雅利安文化的源头，印度教的经典（如《吠陀经》《梵书》《森林书》《奥义书》等）就由恒河边森林里的婆罗门仙人写成。

Gangesa 甘戈夏，15世纪印度正理派创立者，逻辑学家。

Gangesad 耿盖夏，12世纪孟加拉佛教哲学家，著《真谛如意经》（Tattvacintamani）。

Gangeyadeva 甘吉亚提婆（1015—1040在位），朱利王朝国王，其统治的领土位于阿拉哈巴德和瓦拉纳西之间的印度伽罗。

Gangore 甘迦拉，拉加斯坦邦民间舞。

Ganguli, Satyaprasad 甘谷里，萨提亚普拉萨德，泰戈尔的二姐邵乌达米妮的儿子，泰戈尔的外甥。1881年4月22日陪同泰戈尔坐船去英国，到马德拉斯改变主意返回。

Ganguly, Satosh 甘古利，萨妥实，印度爱国青年，因反抗英国殖民者被逮捕入狱，1936年10月7日因不堪殖民者残酷迫害而自杀，引起印度爱国者愤怒，泰戈尔专门写文章纪念他。

Ganha National Park 根赫国家公园，地处印度中央高地，世界上看老虎最好的地方。

Ganika 妓女。

Ganivijja 十"杂"之八的《占星学》。

Ganja 甘迦姆，古代重要镇子，在奥利萨东部沿海。

Ganpaikond Cholapuram Temple 甘湃空楚拉普兰，著名寺庙，在坦贾武尔。

Gansu Literature and Art 《甘肃文艺》，1973年5月由甘肃省文联创办，1980年第6期刊登席必庄的《一篇耐读的作品（读泰戈尔的〈素芭〉）》。

Gansu Social Science 《甘肃社会科学》，由甘肃省社会科学院主办，1979年创刊。2008年1月第1期刊登艾丹的《中国现代文化史上的"泰戈尔热"——五四学界对泰戈尔的译介与研究（1920—1924）》。

Ganta 铃铛。

Garur 戈卢尔，《摩诃婆罗多》中描写的神鸟，毗湿奴的坐骑，其母亲是碧诺达。

Gao Jin 高瑾，女，民国时期的京剧票友。1924年4月18日，上海各界欢迎来中国访问的泰戈尔，由苏少卿拉琴，严既澄、高谨女士演唱了京剧。

Gao Qirong 高其荣（1966—），湖南理工学

院教授，发表《泰戈尔与中国抗日战争》。

Gao Siyi 高思义，当代学者，发表《寤寐中的泰戈尔》。

Garaba 加拉巴，古吉拉特的一种民间舞。在纳瓦纳特拉节（Navaratra）跳，原指一个泥罐，罐上有灯，女人们围着灯跳舞。

Garbha 胎藏，金胎，指子宫。

Garbhadhana 怀孕仪式。

Garbhadhatu 胎藏界，佛教术语。密教认为宇宙万物都有大如来的显现，表现其本有的觉悟方面，称胎藏界。称它隐藏在烦恼之中不显，故喻为“胎藏”，或者认为它具有一切功德，如母胎内含藏子体，皆就其为觉悟的本源而言。

G

Garbhagrha “子宫之室”，庙宇，神像居住的地方，神龛，圣所。

Garbhana （诗相）谴责、提到某人的错误而说成是美德，或者否定某人的美德，指出错误。

Garbhananataka 戏中戏。

Garbi 男人跳的古加拉特民间舞。

Garden 《花圃》，泰戈尔1934年写的中篇小说。

尼尔佳和丈夫共同经营自己的花圃，两口子相亲相爱，快乐融融。不幸降临：尼尔佳难产，孩子没有保住，她却从此一病不起，躺在床上。丈夫阿迪特忙不过来，便请来远房妹妹萨尔拉帮忙。从此尼尔佳陷入心灵的折磨。花圃疏于管理，员工消极怠工，财产丢失，尼尔佳心里干着急。阿迪特过去每天早晨亲自把鲜花送到妻子床头，现在却派萨尔拉送来。她心里很不是滋味。尼尔佳的远房小叔子罗曼借故来看他喜欢的萨尔拉，尼尔佳要求他尽快娶萨尔拉，罗曼不答应，说萨尔拉只能做幻想中的伴侣，而不是现实生活中的伴侣。实际上阿迪特对尼尔佳的感情依旧。尼尔佳要阿迪特促成萨尔拉与罗曼结婚，又不让她染指兰花房。阿迪特当然不愿意，因为萨尔拉的伯父就是养花专家，伯父本来让萨尔拉继承花房，只是由于伯父早逝，萨尔拉成了孤儿。她是兰花专家，花圃离不开她。原来一切出于尼尔佳的嫉妒心。阿迪特原来就没有想到这点。

萨尔拉和罗曼在湖边谈话，萨尔拉说阿迪特哥哥今天心神不定。萨尔拉意识到自己在花圃对嫂嫂是一种威胁。阿迪特来了，罗曼走了。二人回忆小时候在一起的幸福情景。阿迪特说，有人要从我身边把你赶走，我决不答应，没有你，世界将毫无意义。阿迪特第一次说他喜欢萨尔拉，错误地结了婚。他把一束铁力木花献给她。

阿迪特走了，给尼尔佳留下一封信，信里说，“既然你不相信我，我只好回避。但决不能忘恩负义，赶走萨尔拉。没有她伯父的帮忙就没有我们的现在。我准备抵押花圃，给萨尔拉在外边开一个分店，远离你。我们永远还不清欠她的情。”尼尔佳后悔莫及，觉得自己做得太过分。但她不甘心让萨尔拉占有她辛辛苦苦挣来的一切。阿迪特走了，她连一天活不下去。阿迪特来了。他打算和尼尔佳说明白：赶走萨尔拉就是毁灭自己，与妻子的假象不能存在下去，与萨尔拉的自然淳朴的关系下埋藏着深深的爱。尼尔佳请求阿迪特和萨尔拉原谅她。她把一串珍珠项链戴到萨尔拉颈上，要她和家里所有的东西联系在一起。萨尔拉没有接受，走了。她认为尼尔佳的心并没有敞开。阿迪特也走了。萨尔拉不愿意阿迪特谈在花圃新建一个部门的事情。她要和罗曼去公园开一个会。萨尔拉知道花圃离不开她，但是为了尼尔佳她必须回避，因为尼尔佳的时间不多了。阿迪特要求她某一天能填补空白，萨尔拉不置可否。她说罗曼已经安排好了一切。二人吻别。

奶妈罗西尼告诉尼尔佳一个惊人的消息：萨尔拉因企图闯入总督府偷印而被捕，罗曼因藏作案工具也被捕。尼尔佳幸灾乐祸，写信给萨尔拉：“你的伟大值得赞美，你回来时，你会发现：我的路和你的路连接起来了。”罗曼为了把萨尔拉从尼尔佳身边引开而故意这么做。

阿迪特服侍尼尔佳，她还念念不忘花圃，要再整饬它，要阿迪特不要忘记她，阿迪特口是心非。她后悔对萨尔拉不公平。消息传来：萨尔拉提前释放。她让阿迪特把她赶快带来。萨尔拉来了，向尼尔佳行摸脚礼，但尼尔佳把脚缩回，她还是不愿意把一切舍弃给萨尔拉。尼尔佳不甘心地死了。

Gardener 《园丁集》，泰戈尔的诗集，主要从《瞬息集》（Kshanika）、《幻想集》（Kalpana）和《春收集》（Chaitali）三个诗集里选取。

Garga 迦里迦，印度古代天文学家。

Garga Bharadvaja 加尔迦仙人，《梨俱吠

陀》第47曲的作者。

Gargi Samhita 《迦基本集》,《瑜伽往世书》的原本。

Garhapatya 印度教教徒的家庭祭祀火，为调理供养诸神以及婆罗门供物所设的火，火炉为圆形。

Garhapatyagni 家居者之火，它是父子相传的。家内祭祀只用这一火。

Garhasthya 成家立业期，印度教徒认为的人生第二期，即成家、生孩子、履行人生义务。

Garhwa 噶尔合瓦，古旁遮普的小邦国。

Garibaldi, Giuseppe 加里波第，朱塞佩(1807—1882),意大利民族解放运动领袖，曾经参加青年意大利党，参加过保卫罗马共和国的战斗和对奥地利的战争。1860年组建红衫军，领导解放西西里、那不勒斯等战役。他献身于意大利统一运动，是意大利建国三杰之一(另两位是撒丁王国的首相加富尔和创立青年意大利党的马志尼)。而由于在南美洲及欧洲对军事冒险的贡献，他也赢得了“两个世界的英雄”的美称。

Garibi 贫穷。

Garibi Hatao 消灭贫困。

Garima 增身术。

Garo 伽罗，印度的一个山区，那里的居民肤色黑，脸型圆，鼻子扁平。

Garthatumba 胎葫芦。

Garuda 迦鲁陀，金翅鸟王，大鹏鸟王，半人半鸟，毗湿奴的坐骑。在《罗摩衍那》里，他用手摸好被十首魔王罗婆那的儿子因陀罗吉特射伤的罗摩和拉克什曼那的箭伤。

Garuda Purana 《大鹏往世书》。

Garuda vyuha 鹰阵。

Garudatta 《善施》,2—3世纪笈多时期的剧作家跋娑(Bhasa)的作品。

Garura 迦鲁罗，印度神话传说中鸟王，保护毗湿奴神鸟。

Garva 傲慢，骄傲。

Garvaka 遮婆迦，哲学家。

Gasset Ortegay 加塞特，奥尔特加(1883—1955),西班牙著名思想家、哲学家、文学评论家，20世纪东方最主要的公共学学者之一，古代群众社会实际的先驱，被誉为“西班牙的屠格涅夫”。他生前很推崇泰戈尔的诗。

Gasuva 千眼神，指天帝因陀罗。

Gat 音乐作品即兴演奏的进行方式。

Gatagata 来去，指生死轮回。

Gatha 伽塔，马哈拉施特拉邦民间舞，一对男女在舞台上调侃式地表现爱情场景。

Gatha 诗，偈颂，诗歌的诗节。

Gatha Narasamsi 赞颂诗。

Gatha Saptasati 700句诗文。

Gathas 《伽泰》,意译为“神歌”,所罗亚斯特教经典。据说是所罗亚斯特教的创始人所罗亚斯特本人的说教，表达了他自己的信仰。书中竭力推崇阿胡拉·玛兹达与安格拉·曼纽，即善端与恶端斗争的过程。《伽泰》为所罗亚斯特教教徒日常诵读的经文。

Gathered are we this day at the Mother's call (Amra Milechhi aj mayer dakey)《应妈妈的召唤，我们走到一起了》,泰戈尔于1886年为国大党第二次大会谱写并演唱的歌曲。

Gati 舞步。

Gati 幸福，托庇所。

Gatra-haridra 新娘身体涂姜黄粉。

Gauda 高达，孟加拉西北部的古代民族与国家。

Gaudapada 乔荼波陀，足目，糖足(640—690),吠檀多学派，吠檀多不二论创立者，主张“梵我同一”,著作有《蛙氏奥义颂》。

Gaudapada-kariksa 《乔荼波陀颂》,即《圣教论》(Agama-Sastra)。

Gaudar Temple 高达尔神庙，在德干的印度教庙。

Gaudavaha 《高达伏诛记》,8世纪诗人瓦克帕提罗阇(Vakpatiraja)用摩诃拉伦语写的叙事诗，颂扬曲女城耶输巴摩征服高达国的壮举。

Gauh 牛。

Gauhati 高哈蒂，印度阿萨姆邦布拉马普特拉河左岸城市，人口12.4万，交通枢纽，从萨地亚通往印度北部的铁路干线和从阿萨姆通往巴劳尼的输油管都由此经过，有航空站，稻米与黄麻的集散地。高哈蒂工业有碾米、黄麻加工、纺织、纤维板、木材加工、自行车和炼油等。这里的甘马克舒亚神庙是朝拜圣地，最出名的名胜古迹是卡马加庙。1919年12月泰戈尔来这里度假。

Gaulmika 掌管戍军的长官。

Gaur 高尔，婆罗门次种姓。

G

Gaur　戈尔国，孟加拉古国。

Gaura　高罗，孟加拉古代的名字。

Gaurana　高拉纳，13世纪泰卢固语作家。

Gaurav　荣耀。

Gauri　“黄色”“明亮”，湿婆的妻子之一，指杜尔迦皮肤黄色时的名字。

Gauri-shankar　珠穆朗玛峰。

Gautama　乔达摩，印度神话里的仙人，他的妻子阿诃厘耶因遭天帝因陀罗诱惑而失身，被他诅咒变为石头，被罗摩搭救而复原。据说他是正理论哲学（Nyaya）的创始人，著有《正理经》，因为善思，被称为“长期善修者”，又因走路时低头思索，被称为“眼睛朝下者”。

G

Gautama　乔达摩，戈特拉家族的婆罗门亚种姓。

Gautama　乔达摩，佛教大师，他问小弟子萨提亚卡玛属于什么家族，孩子说他不知道，回去要问妈妈，妈妈说她年轻的时候伺候过许多老爷，孩子来到了妈妈的怀抱里，但妈妈没有丈夫。孩子以实相告。乔达摩把孩子揽在怀里说，“我的孩子，你是婆罗门中最高的。你继承了忠诚老实这一崇高的传统”。

Gautama　乔达摩，佛教创始人释迦牟尼的姓氏，也用于称呼释迦牟尼。

Gautama　乔达摩，7世纪印度天文学家，制定准确的历法，曾来唐朝。

Gautama=Saradvat　有年仙人，印度神话里慈悯和慈悯女的父亲。

Gautama Dharma Sutra（Sastra）　《乔达摩法经》，印度古代法论之一，成书于公元前6世纪—公元前4世纪，对人生阶段、家庭义务等有具体规定。

Gautama Dharmajnana　瞿昙达摩受纳，意译为法智，瞿昙般若流支之子，公元538—582年（中国后周朝到隋朝）在中国译经。

Gautama Prajnarruci　“智希”，瞿昙般若流支，6世纪印度贝拿勒斯佛教僧人，公元516—543年在中国译经。

Gautama Sanghadeva　乔达摩·僧迦提婆，古代克什米尔佛教学者，佛教天才，精通佛教的形而上学哲学。

Gautama Siddhartha　瞿昙悉达，7—8世纪印度天文学家，生于中国，殁于中国。瞿昙家族三代人生活在中国。

Gautamaruci　瞿昙流支，6世纪翻译《回诤论》。

Gautamiputra Satakarni　乔达密布特罗·萨陀伽罗尼，2世纪萨陀伐诃那国王。

Gavalgana　牛众，《摩诃婆罗多》里国王持国的御医，全胜的父亲。

Gavamayana　伽波摩衍那，大祭的名称。

Gavisti　“求牛”，战争。

Gaya　迦耶，即菩提迦雅，佛陀觉悟的圣地，在现在的比哈尔邦，原来此地住着一个叫迦耶的大仙人，迦耶之名就是源于他。

Gayal　野猪。

Gayatri　迦叶德利，印度神话里梵天的妻子，四大吠陀经之母，有时等同于萨拉斯瓦蒂。

Gayatri　24音节的圣诗。

Gayatri　梵，世界，宇宙。

Gayatri Mantra　即Savatri，献给太阳神的神秘经文，梵天创造的韵律，唱诵律，8音节诗句。

Gazal（gajal）　加扎尔，爱情诗或情歌的常见形式，源于阿拉伯，为乌尔都诗人所喜爱。

GBL　Glimpse of Bengal Life的缩写，《孟加拉掠影》，泰戈尔的散文著作。

Ge Baoquan　戈宝权（1913—2000），笔名葆荃、北辰、苏牧，江苏省东台县台城人，清华大学肄业，著名外国文学研究家、翻译家。他曾任中国社会科学院文学研究所和外国文学研究所的研究员和学术委员。此外，还担任过《译文》《世界文学》《文学研究》《文学评论》的编委，曾任中国作家协会理事。他曾翻译苏联、东欧和亚非拉各国文学著作50多部，还著有《中外关系史》《翻译史》和《作家论》。他先后被授予法国巴黎第八大学荣誉博士、莫斯科大学名誉博士。编著有《戈宝权译文集》和《戈宝权中外关系史论文集》。发表《泰戈尔和中国》等。1988年秋，戈宝权荣获苏联人民授予的“各国人民友谊勋章”。

Ge Gongzhen　戈公振（1890—1935），原名绍发，字春霆，号公振，江苏东台人。我国20世纪30年代著名的新闻记者、中国新闻史研究的开拓者和我国早期的新闻教育家。1924年4月28日，他和徐志摩、郑振铎、刘海粟等在上海宴请来访的泰戈尔。

Ge Wenyuan　葛文园，女，湖北孝感人，系留日学生，回国后，曾于北京女子师范等学校任教。1924年4月26日正在中国访问的泰戈尔观赏北京法源寺的丁香花，她作为佛化新青年代表参加欢迎会并带领女学生跳舞。

Geddes, Patrick　格迪斯，帕特里克(1854—1932)，英国地理学家、生物学家、城市规划家。

Geetaali　吉达利，一个教授泰戈尔音乐的学习班或乐团的名字。

Geetaali　《颂歌集》，泰戈尔的诗集。

Geetaanjali (Song Offerings)《吉檀迦利》，泰戈尔最有名的诗集，内含103首诗歌。泰戈尔以该诗集于1913年获得诺贝尔文学奖。“吉檀迦利”是孟加拉语“献歌”的意思。《吉檀迦利》是“亚洲第一诗人”泰戈尔中期诗歌创作的高峰，也是最能代表他思想观念和艺术风格的作品。这部宗教抒情诗集是一份“奉献给神的祭品”。(不少人以为“吉檀迦利”是奉献之意，其实是献诗之意。作者的另外一部诗集《奈维德雅》才具奉献之意。)《吉檀迦利》风格清新自然，带着泥土的芬芳。泰戈尔向神敬献的歌是“生命之歌”，他以轻快、欢畅的笔调歌唱生命的枯荣、现实生活的欢乐和悲哀，表达了作者对祖国前途的关怀。

Geetanatya　歌剧。

Geetimaalya　《颂歌集》(《歌环集》)，泰戈尔的孟加拉语诗集，《吉檀迦利》中的一部分诗选自该诗集。

Geiger, W.　盖格，20世纪德国梵文学家。

Generalissimo　统帅。

Geneva　日内瓦，瑞士第二大城市，位于日内瓦湖西南角，湖上的大喷泉是日内瓦的象征，日内瓦湖光山色四季皆具吸引力，它同时是世界各国际机构云集的国际化城市。日内瓦也是世界钟表之都，钟表业与银行业成为日内瓦的两大经济支柱。1921年4月30日泰戈尔访问该城并在卢梭学院做《论述教育》的报告。1930年8月泰戈尔再次访问这里，住了一个月。

Geng Guang　耿光，民国文化人，1924年发表《泰戈尔之略史与其思想一斑》《泰戈尔抵京》。

Geng Yinzeng　耿引曾，女，北京大学国际关系学院亚非研究所教授。她1934年1月出生于江苏扬州，1956年夏毕业于北京大学历史系考古专业，1956年秋至1978年秋在中国历史博物馆工作，1978年至1998年在北京大学南亚研究所工作(后南亚所并入亚非所成为国际关系学院下属单位)。

主要著作、译作：《简明中国历史图册》(参编)、《图说中华五千年》(参编)、《汉文南亚史料学》、《中国载籍中南亚史料汇编》(上、下)、《中国人与印度洋》、《印度与中国》，与谭中合著《India and China: Twenty centuries civilizational interaction and Vibrations》、《唐诗中的中外关系》、《布拉格民族博物馆的考古陈列》(俄译中)、《印度考古学问题》(英译中)。

Genoa　热那亚，意大利最大商港和重要工业中心，利古里亚大区和同名省热那亚省的首府，位于意大利西北部、利古里亚海热那亚湾北岸。热那亚历史悠久，曾是海洋霸主热那亚共和国的首都，2004年热那亚被选为当年的“欧洲文化首都”。热那亚还是著名航海家克里斯托弗·哥伦布和小提琴大师尼科罗·帕格尼尼的家乡。热那亚及其所在的利古里亚海沿岸为著名的旅游胜地。泰戈尔于1925年1月21日到达意大利的热亚那访问。

George V　乔治五世(1865—1936)，全名乔治·弗雷德里克·恩斯特·阿尔伯特(George Frederick Ernest Albert)，1917年取消维丁(Wettin)姓氏，英国国王，印度皇帝。他是爱德华七世的次子，1892年被封为约克公爵以及嘉德骑士、基拉尼男爵、因弗内斯伯爵、海峡群岛领主、加里克伯爵、罗特塞公爵等爵位。1893年，他与泰克公爵弗朗西斯的女儿玛丽郡主结婚。1901年，爱德华七世即位，封乔治为威尔士亲王、康沃尔公爵。1910年，乔治即位，称乔治五世。1911年，由他宣布孟加拉分治和把英殖民首府从加尔各答迁移到德里。一战期间，乔治五世为了安抚民心，舍弃了自己的德国姓氏，将王室改称“温莎”。

George V　《乔治五世》，泰戈尔纪念乔治五世的唁电。

George Brandes　乔治·布兰德，丹麦学者。1926年8月泰戈尔在丹麦访问时，到哥本哈根看望正在病床上的布兰德。

George, Lloyed　乔治，劳合(1863—1945)，英国自由党领袖。他于1890年当选为英国下议院议员，1911年任财政大臣期间提出国民保险法，被公认为英国是福利国家的先声。第一次世界大战期间他任军需大臣、陆军大臣等

G

职。1916年12月7日他出任首相，对内扩大政府对经济的控制。战争结束后，在英国保守党和英国自由党联合政府中，劳合·乔治仍任首相。1918年议会通过选举改革法，扩大选民范围，颁布国民教育改革法，实行14岁以下儿童的义务教育。1919年他出席并操纵巴黎和会，是巴黎和会"三巨头"之一，签署了《凡尔赛和约》。1921年他给爱尔兰以自治领地位。

Gete o Taanhaar Pranayineegan 《歌德和他的情人们》，泰戈尔的散文。

Getting and Not-Getting 《得与不得》，泰戈尔的散文。

Geyarupaka 歌剧。

Ghaanir Balad 《拉磨的公牛》，泰戈尔的杂论。

Ghaater Kathaa 《河边的台阶》，泰戈尔的短篇小说。见 The Ghat's Story（The Landing Stairway）。

Ghadar Party 卡德尔党，印度人达亚尔于1913年在美国创建的反英组织。

Ghadasi 格达西种姓。

Ghaggar-Hakra 甘加-哈克瑞河，就是吠陀里提到的萨拉斯瓦蒂河，与印度河平行的河流，现成雨季河。

Ghaghara（Sarayu） 戛戛拉河，流经古乔萨罗国首都阿逾陀城的河流，即萨洛玉河。

Ghalib Asdallah Khan 加里波·阿斯达拉·可汗（1796—1869），印度乌尔都语诗人，作品有《乌尔都语精髓》等。

Ghanaraj 云彩之王。

Ghanta Mardala 安德拉邦民间舞。

Gharana 思想学派。

Ghare Baaire 《家与世界》，泰戈尔1914年的长篇小说。见 Home and the World 。

Ghari 链表。

Ghasirarm 乔赏弥的佛寺。

Ghatam 乌云，宝珠。

Ghatam 加塔姆（打击乐）。

Ghatayitwa 导致被杀。

Ghatika 噶提卡，时间量度，1噶提卡等于24分钟。60维纳提卡（vinadikas）等于1噶提卡。

Ghatikas 水钟。

Ghatiyagarma 害业，包括：痴业，可以导致愚见，使人不辨善恶；愚业，可以妨碍人获得正确的知识；不见业，使人的思想观念发生问题；遮业，限制人的精力的发挥。

Ghatotkacha 瓶首，《摩诃婆罗多》里布军与希丁芭生的儿子，布军唤他来为黑公主用叶汁治伤，并把一行人和他的同伙背起，飞送到喜马拉雅山圣地巴达瑞卡史拉马。瓶首作战极英勇，最后在大战第十四天被迦尔纳用因陀罗箭射杀。

Ghats 圣河边沐浴，顶水用的台阶，码头，印度半岛山脉。

Ghats 高止山脉，分东高止山脉和西高止山脉，前者在东海岸，后者在西海岸，长1600千米，高1000～2500米。

Ghazal 恰扎尔，抒情诗，诗中所用的体裁。

Ghazipur 甘孜普尔，印度北方邦的一座寂静的小城，1888年，泰戈尔携妻子和儿女来到这里，在这个陌生的地方，泰戈尔被悠远所包围着，没有了习惯的巨掌，自由便进入了他心灵的王国，寂静让他能够静下心来倾听自己的心声。就这样，《心声集》（Manasi）诞生了，这部诗集很快就确定了他的名声。

Ghaznavid 加慈那为王朝（961—1151）。

Ghazni 迦色尼，古城，在阿富汗喀布尔西南78英里处，中西贸易中心与战略要地，10世纪迦色尼王朝的首都。

Ghazni 加慈尼的突厥人。

Ghazni Dynasty 迦色尼王朝（10—12世纪），阿富汗王朝，后领土扩张至当时印度的白沙瓦并多次掠夺、破坏印度，屠杀印度人。

Ghee 清澈的奶油。

Ghentu 肯杜，印度神话传说中掌管疥疮等皮肤病的小神。

Gheraiya Rosa 印度北部民间舞，舞者一手拿棒，一手拿孔雀毛，曲线形地敲对方的棍子。

Gheranda Samhita 格兰多赞美诗，力瑜伽经文之一。

Gherao 环绕。

Ghiyas-ud-din Balban 基亚斯-乌德丁-巴尔班（1205—1287），奴隶王朝的皇帝，少时为奴隶。

Ghiyas-ud-din- Tughluq Shah 吉雅-乌丁-图格鲁克·沙（1320—1325年在位），德里苏丹的图格鲁克王朝第一代皇帝。

Ghoda 《试马》，泰戈尔的小小说。见 Trial of the Horse。

Ghoda　戈达，孟加拉地区的一种蝴蝶。

Ghodi　骑马，印度教婚礼仪式之一。新郎骑马带弟妹去新娘家唱歌、跳舞，新郎新娘互换花环。

Ghondo　孟加拉精美的素甜食。

Ghora　可怕的，令人憎恶的。

Ghosa　妙音，说一切有部论师。

Ghose，Lal. Mohan　高士，拉尔·摩汗（1849—1909），著名律师，曾任印度国大党主席。

Ghose，Manmohan　高斯，曼莫汉（1869—1924），印度哲学家奥罗宾多的哥哥，诗人。泰戈尔曾于1924年2月出席他担任过教授的总统学院对他的纪念会。

Ghose，Nava Jiban　格斯，纳瓦·吉班，印度爱国青年，因反抗英国殖民者被逮捕入狱，1936年9月22日因不堪殖民者残酷迫害而自杀，引起印度爱国者愤怒，泰戈尔专门写文章纪念。

Ghose，Sisir Kumar　高斯，S. K.，当代印度著名学者，国际大学元老。

Ghosh，Ajoy Kumar　高士，A. K.（1909—1962），印度共产党领导人。

Ghosh，Nityapriya　高斯，尼提亚普利亚，印度当代翻译家，曾翻译泰戈尔的作品。2007年主持出版《泰戈尔全集》第4卷。

Ghosh，Sankha　格斯，桑卡，用英语认真研究泰戈尔的孟加拉第一人。2007年校对出版《泰戈尔全集》第四卷。

Ghosh，Swapan　格斯，斯瓦潘，当代印度学者，2007年为出版《泰戈尔全集》第四卷搜集原文。

Ghosha　克沙，印度神话里的人物，因麻风病不能嫁人，双马童赐她健康、青春和美丽，她找到如意郎君。

Ghosha Yatra　炫耀性的猎游，指《摩诃婆罗多》里难敌带华丽夫人去卡玛亚克，幸灾乐祸地看坚战，被画军俘虏，坚战命布军救他出来。

Ghoshayatra　牧场。

Ghritachi　浓露，神话里行降仙人的孙子谋远的妻子，生羚羊；《摩诃婆罗多》里德罗那之母，原为半人女神，持力仙人洗澡，阳物落入河蚌，生德罗那。

Ghritachi　科里陀吉，印度神话里因陀罗天界的六大美仙女之一，歌舞伎，与许多仙人和凡间男子有性爱关系。

Ghulam Hasan Beg Arif　古兰·哈山·贝格阿里夫，20世纪克什米尔作家。

Ghumar　古马尔，哈里亚纳民间舞。

Ghurid　廓尔（古尔）王朝（1173—1206）。

Ghusl　（戏剧）大净角色。

Ghusti　白天。

Gian Ratnavali　《加拉特纳瓦里》，19世纪旁遮普语作家白辛格（Bhai Singh）的作品。

Gibran，Kahlil　纪伯伦，卡里（1883—1931），黎巴嫩阿拉伯诗人、作家、画家，被称为“艺术天才”“黎巴嫩文坛骄子”，是阿拉伯现代小说、艺术和散文的主要奠基人，20世纪阿拉伯新文学道路的开拓者之一。其主要作品蕴含了丰富的社会性和东方精神，不以情节为重，旨在抒发丰富的情感。代表作有《我的心灵告诫我》《先知》《论友谊》等。

Giddha　兀鹰神。

Gide，Andre　基德，安德烈，法国翻译家，把大量的泰戈尔的作品翻译成法语。

Gidhale and Ghasiram　《兀鹰与蔻瓦草》，马拉提语作家维加伊檀图尔卡尔（Vijay Tandulkar）的剧作。

Gilani　虚弱。

Gilbert Murray　吉尔伯特·穆雷（1866—1957），祖籍澳大利亚，英国古希腊学学者，研究领域牵涉许多方面。1920年5月泰戈尔访问英国时和他会面，成为朋友。

Gilgamesh　《吉尔迦美什》，古代美索不达米亚的神话性史诗，是目前已知世界最古老的英雄史诗，歌颂英雄吉尔迦美什。《吉尔迦美什》是一部关于苏美尔三大英雄之一的吉尔迦美什的赞歌。虽然这是一部残缺了近1/3的作品，但从余下的2000多行诗中，我们还是能够感受到苏美尔人对他们伟大英雄的崇拜、赞美之情。

起先吉尔迦美什是乌鲁克城的统治者，作恶多端。他凭借权势，欺男霸女，强迫城中居民构筑城墙，修建庙宇，害得人民痛苦不堪。苦难中的人们祈求天上诸神拯救自己，天神就叫阿鲁鲁创造了一个半人半兽的勇士恩奇都，去与吉尔迦美什搏斗。两人使出全部本领，还是不分胜负，都佩服对方的勇敢，于是结拜为友，一同去为人民造福，成为人人爱戴的英

G

雄。吉尔迦美什与恩奇都同心协力，砍死了残害人类的森林魔怪芬巴巴，杀死了危害乌鲁克居民的天牛。但他们因杀死天牛，得罪了天神，天神惩罚他们，两人中一定要死去一个。结果恩奇都死去，吉尔迦美什十分悲痛，他感到死亡的可怕，祈求神的帮助。他翻山过海，历尽艰辛，终于找到了他已列入神籍的先祖居住的地方。他从先祖那里知道，有一种仙草可以使人重获生命，就毫不犹豫地跳到大海里去寻找。谁知他后来在水泉洗澡时，千辛万苦才找到的仙草被蛇叼走了。吉尔迦美什灰心丧气，无可奈何地回到乌鲁克城。这时他更加思念亡友恩奇都，求得了神的帮助，与恩奇都的幽灵见了面，他请求恩奇都把“大地的法则”告诉他，这才明白人不能永生。

Gilgit 吉尔吉特，南亚克什米尔西北部城市，位于吉尔吉特河南岸，海拔1454米。人口5000万，曾为佛教中心，现为克什米尔北部经济、交通中心。东北沿罕萨河谷经中、巴边境的明铁盖山口可进入中国新疆，西南沿印度河谷，经齐拉斯可至塔科特。

Gingee Royal Fort 津给皇家城堡，在印度南方泰米尔纳德邦，该地的庙宇以莲花女神祭祀闻名。

Ginni 《小媳妇》，泰戈尔的短篇小说。见Housewife。

Ginsburg, Alan 金斯堡，阿兰，20世纪美国诗人，宣传印度教和导师思想。

Gireendranath 吉林德罗纳特（1820—1854），泰戈尔的三叔。他是一个业余剧团的领导者，他既编写剧本，又指导演出。泰戈尔经常观看三叔他们排练戏剧。泰戈尔的爷爷达罗卡纳特有五个儿子，其中只有德本德罗纳特、吉林德罗纳特和诺根德罗纳特走入了泰戈尔家族的生活圈子。其中诺根德罗纳特没有子女，并且过早地离开了人世。他的妻子特里普拉荪多丽（Tripuraasundaree）居住在远离这个大家庭的另一处地方，她与这个泰戈尔家族没有更多的联系。

吉林德罗纳特于1854年12月19日就亡故了。他身后留下了妻子焦格玛雅、两个儿子戈嫩德罗纳特（Ganendranaath）和古嫩德罗纳特（Gunendranaath），两个女儿迦东碧妮（Kaadambinee）和库姆妮（Kumudinee）。由于在祭祀家庭神祇及其他经济方面的原因，她们与德本德罗纳特发生了分歧，于是她们一家就离开了泰戈尔家族的主宅（6号楼）住进了客舍楼（达罗卡纳特小巷5号）。一般所说的乔拉桑科泰戈尔家族，就是指这两个家庭。虽然两家的孩子们还有交往，但是女人们之间的联系就中断了。

戈嫩德罗纳特（Ganendranaath）是吉林德罗纳特的长子，生于1841年。他与泰戈尔的二哥绍登德罗纳特在同一所印度教学校里读过书。1858年2月7日他与绍尔诺库玛丽（Svarnakumaaree）女士结婚。他完全继承了父亲在管理经济事务方面的才能。德本德罗纳特在很多事务方面都曾依靠过他。此外，他在文学、艺术、历史研究以及在戏剧表演方面都显示出他的创造才能。他是春季庙会和印度教庙会的主要组织者之一。1969年5月16日他患霍乱而死亡。他有一个儿子出生时就夭折了，因此就没有后嗣。

吉林德罗纳特的第二孩子，即他的大女儿迦东碧妮嫁给了焦根什普罗卡什·贡戈巴泰（Jagenshprakaash Gangopaadhyay）。他们的第一个儿子久迪普罗卡什（Jyotiprakaash）在泰戈尔的生平中占据着重要的位置。他是向罗宾德罗纳特传授用波雅尔韵律创作十四行诗的第一个人。迦东碧妮的另一个儿子是印杜普罗卡什（Induprakaash），她还有两个女儿尼里芭拉（Nribaalaa）和提罗芭拉（Dheerabaalaa）。

吉林德罗纳特的小女儿库姆妮嫁给了尼洛科莫尔·穆科巴泰（Neelakamal Mukhopaadhyaay）。尼洛科莫尔的弟弟焦杜纳特（Jadunaath）娶了罗宾德罗纳特的三姐绍罗特库玛丽为妻。1866年在演出“新剧”时，焦杜纳特扮演过舞蹈演员的角色。他们的唯一儿子尼罗德纳特（Neeradanaath）是泰戈尔的同学。

吉林德罗纳特的小儿子——古嫩德罗纳特，生于1847年，死于1881年6月3日。大约在1864年1月，他与绍乌达米妮结婚。他们有四个儿子和两个女儿。四个儿子是：戈格嫩德罗纳特（Gaganendranaath，1867—1938）、绍莫楞德罗纳特（Samarendranaath，1870—1951）、奥波宁德罗纳特（Abaneendranaath，1871—1951）和库马楞德罗纳特（Kumaarendranaath，童年就死亡了）；两个女儿是：比诺伊妮（Binayinee？—1924）和苏诺伊妮（Sunayanee，1875—1962）。比诺伊妮嫁给了舍申德罗普松·丘多巴泰（Shesendrabhoosan Chattopaadhyaay），他们的第二个女儿普罗玛，后来与泰戈尔的儿子罗廷德罗纳特结了婚。苏诺伊妮嫁给了罗久尼莫洪·丘多巴泰（Rajaneemohan Chattopaadhaay），她在绘画艺术界是位值得纪念的画家。他们的一个女儿比纳芭妮（Beenaapaani）最先嫁给了迪嫩德罗纳特（Dinendranaath），后者被誉为罗宾德罗纳特的“歌库保管员”。

由此可见，诗人与其三叔一家的关系是很密切的，特别是他的堂侄子奥波宁德罗纳特，长期与他一起在国际大学工作。他是印度现代绘画艺术创始人之一。他的孙子阿瓦宁德拉纳特是有名的画家。

Giri　山。

Giri Varahagiri Venkata　吉里，瓦拉哈吉里·文卡塔（1894—1980），印度政治家，1969—1974年任印度总统。

Giri-vana-priya　山和森林的情人。

Giribala（Manbhanjan）　《吉丽芭拉》，泰戈尔于1895年写的短篇小说。见Furry Appeased。

Giridih　季雷迪，西孟加拉邦的一个镇子。泰戈尔的好朋友鲍斯·迦嘎地钱德拉于1937年11月23日在这里逝世。

Girija Kumar Mathur　吉里加·库马尔·马图尔，现代实验主义文学作家。

Girika　山娘，印度神话里嗓鸣山与珠贝河的女儿，嫁高行王。

Girindra　吉林德拉，石头之神。

Girisa　吉利萨，《摩诃婆罗多》里木柱王的弟弟；般度五子用的弓。

Girish Karnad　吉里士·卡尔纳德，卡纳塔克邦现代作家、剧作家、演员兼电影导演。

Girivraja　吉利卧拉贾，《摩诃婆罗多》里妖连统治的摩羯陀国的一个地方，曾是摩羯陀国首都，妖连把不交贡的49个国王关在这里。吉利卧拉贾即为今天的里吉拉卡。

Gita　《薄伽梵歌》，见Bhagavadgita。

Gita　诗歌

Gita Govinda　12世纪诗人胜天（Jayadev）写的《牧童歌》，歌颂黑天化作牧童与拉达相爱的著名梵文诗集。

Gita Rahasya　（提拉克的）《芨塔奥秘》。

Gitabitan　《泰戈尔的花园》，国际大学出版社1960年出版。

Gitali　吉嗒里，西孟加拉邦音乐普及组织，成立于1940年6月29日，泰戈尔主持成立仪式；泰戈尔1914年出的《歌曲集》。

Gitamitra　祇多密，意译为歌友，克什米尔皇族，从锡兰到爪哇，公元431年来中国，住南京彻华寺，同年去世，享年65岁。

Gitanjali　《吉檀迦利（103首）》，见Geetaanjali。

Gitraratha　吉多罗罗他，集团歌神的首领。

Giusepper Tucci　基色帕·图西，意大利人，1925年11月21日陪同卡罗·弗米契到国际大学担任客座教授，带来了墨索里尼赠送的珍贵的意大利书籍。

Gladkov, Fedor　格兰德科夫，费多，20世纪苏联作家，著作有长篇小说《水泥》等，1930年泰戈尔访问苏联时他参加泰戈尔欢迎大会。

Gladstone　格莱斯顿（1809—1898），英国著名政治家，三次出任英国首相。泰戈尔于1879年在英国留学时听过他的演讲。

Glani　虚弱。

Glasgow　格拉斯哥，英国苏格兰最大的城市和港口，以其辉煌的文化和传统闻名于世。

Glimpses of Bengal　《孟加拉掠影》，泰戈尔书信集。

Glimpses of Bengal Life　《孟加拉生活掠影》，泰戈尔1913年在马德拉斯出版的散文集。

Globe　《环球》，泰戈尔时代的文学杂志。

Globe　《环球》，五四时期的中国期刊，曾刊登许多介绍泰戈尔的文章。

Gloucestershire　格露塞斯塔郡，英国地名，此地的查尔福镇（Chalford）曾是泰戈尔1912年的度夏地。

Gluck　格鲁克（1714—1787），欧洲18世纪著名的歌剧作曲家，出生于德国巴伐利亚，曾在维也纳歌剧院工作，后去法国巴黎。他为欧洲歌剧做出了杰出贡献。

Gnanadanandini　葛南娜达南尼（1851—1941），泰戈尔的二嫂，她是当时现代女性行为的典范。

Gnome　仙子。

Go-dance　增牛舞。

Go-karn　牛耳湾，孟买附近的海湾。

G

Goa　果阿，印度西海岸的一个地区，曾被葡萄牙占领400年，1962年被印度武装收回。果阿有美丽的海滩和椰子林、教堂等，是印度旅游胜地。

Goala　果拉，一低等种姓。

Gobinda Daas　戈宾德·达斯（1535—1613），印度中世纪毗湿奴教派的孟加拉语诗人。泰戈尔曾经翻译过他的诗。

Gobinda Singh　戈宾德·辛格（1666—1708），锡克教第十位也是最后一位祖师。他曾将锡克人编成军队组织，创立了锡克王国，终生和统治印度的莫卧儿王朝做顽强斗争，抵抗他们的侵略。

Gobindadas　戈文达达斯，指黑天大神。

Gobindapur　戈宾多普尔，加尔各答附近的一个渔村名，泰戈尔的第十六代先祖彭恰依就住在这里。

Gobindaraam　戈宾多拉姆，泰戈尔的第十七代先祖久耶拉姆（？—1756）的第四个儿子，也是最小的儿子。

Goblin　一类妖怪，《摩诃婆罗多》里说湿婆的阳物洒在树上，生出这些妖怪，他们以人肉为食。无子嗣者只需崇拜他们即可得子。

Gochara　星转斗移。

Godadhar Chattopadhyaya　甘达陀尔·查特吉，19世纪印度教改革家罗摩克里希纳的真名。见Ramakrishna。

Godan　《戈丹》，普列姆昌德的小说。

Godana　向神敬供母牛。

Godanavrata　给完成学业的孩子吃奶食品。

Godavari　戈达瓦里河，印度德干半岛中部河流，源于西高止山，入孟加拉湾，全长1450千米。

Goday Galad　泰戈尔于1892年写的喜剧《根本错误》。见Wrong from the Start。

Godse N.　戈兹，1948年1月30日刺杀圣雄甘地的印度教极端分子，被判绞刑。

Goethe, Johann Wolfgang von　歌德，约翰·沃尔夫冈·冯（1749—1832），德国小说家，剧作家，诗人，思想家，自然科学家，博物学家，德国和欧洲最重要的作家之一。歌德的作品充满了狂飙突进运动的反叛精神，在诗歌、戏剧、散文、自然科学、博物学等方面都有较高的成就，主要作品有剧本《葛兹·冯·伯里欣根》、中篇小说《少年维特的烦恼》、未完成的诗剧《普罗米修斯》和诗剧《浮士德》的雏形《原浮士德》，此外，他还写了许多抒情诗和评论文章。而作为戏剧、诗歌和散文作品的创作者，他是最伟大的德国作家，也是世界文学领域最出类拔萃的光辉人物之一。1920年泰戈尔访问法国时在巴黎看歌德的戏剧《浮士德》的演出。

Gogra　高格拉河，即萨罗玉河，流经罗摩出生地阿约迪亚。

Gogul　戈古里，在马土拉附近，传说为黑天早年生活过的地方。

Gohatya　对杀母牛罪的惩罚，在古代印度，杀母牛被看作是大罪。有趣的是《火神往世书》规定了对杀牛罪的惩罚：让杀牛者连续一个月只喝大麦茶，还要穿上牛皮，住在牛棚里。可以吃早饭，但饭里不能放盐，连续两个月用牛尿洗澡。白天要照看牛，要把它们伺候舒服。要把头抬起来喝母牛月经的排泄物。在禁食时要献出10头母奶牛、1头公牛作为施舍。如果做不到，就得把所有的财富施舍给婆罗门祭司。如果由谁拦住母牛让别人杀了，他就得承担四分之一的处罚；如果拦住而且绑缚了母牛让别人杀，他就得承担一半的处罚；如果他拦住、绑缚了母牛而且给杀牛者提供了杀牛刀，他就得承担四分之三的处罚。

Gokak, Vinayak Krishna　高卡科，V. K.（1909— ），印度坎纳达语作家，作品有诗集《天上地下》、长篇小说《和谐是生命》、剧本《群众领袖》等。

Gokarna　高加纳，印度南海岸湿婆、跋吉罗陀修炼处，距离现在的班加罗尔不远。

Gokarna　“牛耳”，一拃的长度。

Gokarneshvara　库卡尔奈西瓦拉，贵霜王朝时期建的神殿，在马图拉附近。

Gokat　戈卡特，19世纪印度坎纳达语诗人、小说家。

Gokel　高凯尔（1866—1915），曾担任印度教育捐赠协会会长、总督管理委员会成员。

Gokhale, Gopal Krishna　郭克雷，又译高科勒，社会改革家，作家，印度国大党温和派领袖。他出身于孟买附近的克哈普尔婆罗门家庭，毕业于埃尔芬斯顿学院。他深受瑙罗吉和伦纳德思想影响。1890年他成为浦那全民大会秘书，后退出，另参加德干教育协会活动。1897年他受德干协会委派前往英国，参加印度问题作证，抨击殖民政府经济压榨政策，回国后历任孟买省立法议会和中央立法议会议员。1905年他当选印度国大党主席，同年创建印度公仆社。他在1905—1908年反英斗争中，反对国大党激进派的政治要求，主张通过宪政改革推动社会改革，扩大国民教育，取消种姓隔阂，逐步实现在英帝国内的自治。1907年在国大党苏拉特年会上他阻止提拉克当选国大党主席，排挤激进派，造成国大党分裂。1912年他前往南非访问，受到甘地推崇，并被视为政治导师。

Gokhale, Vasudeva Viswanath　高克雷，瓦素代瓦·维斯瓦纳特（1901—1995），在国际大学学习，留学德国，后任印度浦那大学外语系教授。1937至1938年他在国际大学担任梵文兼藏文教授。1961年他撰文纪念泰戈尔诞生100周年。

Gokul　戈古尔，印度古代神话传说中所描述的黑天神与牧女拉达谈情说爱的地方，也称布林达森林。

Gokulanatha　17世纪剧作家高古罗纳特，作品有5幕剧《甘露的产生》(Amrtodaya)。

Gol Gumbaz　高尔古巴兹，穆罕默德·阿迪尔·沙（1626—1656年在位）的陵墓。

Golaam-chor　《奴隶，小偷》，泰戈尔的杂论。

Golaapbaalaa　玫瑰花女神。

Golaapbaalaa　《夜莺对玫瑰花的赞美》，泰戈尔的散文。

Golaknath Das　格拉克纳特·达斯，孟加拉人，1795年把莎剧搬上舞台。

Golam　小伙子，仆人，奴隶。

Golangula　牛尾猴。

Golangulas　格朗古拉斯，《罗摩衍那》里的猴族将领。

Golden Deer　金鹿，在《罗摩衍那》中，十首魔王罗婆那派摩里遮变成金鹿来引诱悉多，悉多派罗摩和拉克什曼那去追，罗婆那乘机劫走悉多。

Golden Egg　金卵（梵卵）。

Golden Lyre　金里拉琴，指印度神话里辩才天女手里拿的维纳琴。

Golden Temple　金庙，锡克教圣地，由锡克教第五代祖师阿尔琼建于1601年，在印度旁遮普邦的阿姆利则市。金庙在琼浆玉液般的湖上，内有锡克教经典《格兰特》。金庙周围有许多高大的庙宇。

Goldighi　戈尔迪吉，加尔各答的一个地方。

Goldighi　圆湖。

Goldsmith　哥德史密斯（1728—1774），英国诗人、剧作家和小说家。

Golkunda　高尔康达，印度南方城市。

Golkunda　高尔康达国（1512—1667），印度德干地区的穆斯林苏丹国，首都在现今安德拉邦的海德拉巴附近。

Goloka　俱罗加，“牛乡”，黑天的乐土，指神话里黑天出生地马图拉。

Goloka　天堂，极乐世界。

Golwalkar, Madhava Sadahiva　戈尔瓦卡，马达瓦·萨达西瓦（1906—1973），印度国民志愿服务团领导人。理论为：印度教特质(Hindutva)；印度教国家（Hindu Rashtra）；国家虔信论（Rashtra-Bhakti）。

Gomasta　戈玛斯塔，经纪人，买办。

Gomati　戈玛提河，在印度奥德地区。

Gomati　戈马河，恒河支流之一。

Gomati-pur　设置了壁垒的牛圈。

Gomati-vihara　戈马寺，在古代和阗（现在新疆和田），古代中亚地区研习佛教教义的最大寺院之一。

Gombrich, Richard　公布里奇，理查德，19世纪英国学者，他和海慈波查特共同确定了佛陀的生卒年份为公元前566—公元前486年。

Gomedha yajna　净化大地的祭祀。

Gommateswara　戈默代湿沃罗，耆那教圣人。

Gompa　喇嘛寺。

Gompas of Ladakh　拉搭克喇嘛寺。

Gomtrika　牛尿。

Gomukha　牛嘴。

Gomukhee　高穆基山洞，恒河流经的山洞。

Goncho　共瞅，中央邦共德（Gonds）地区民间舞。

Gondophernes　贡多弗尼斯，1世纪印度-安息王朝的统治者，大约在公元26年，他推翻塞王朝，建立短命的印度帕提亚人王朝（26—46）。

Gone out and hired a carriage　印度习俗，如果有身份人家的主妇出门要叫车，不是事先安排马车而是自己去叫马车，会被认为是赌气

G

出去。

Gong Jing 宫静，当代学者，中国社会科学院研究员，出版《泰戈尔》，发表《哲学家泰戈尔》《泰戈尔哲学思想的渊源及其特点》《泰戈尔的哲学思想——认识论和方法论》《论泰戈尔的教育思想》《泰戈尔和谐的美学观》。

Gong Yi 龚毅，当代学者，发表《聆听泰戈尔的飞鸟歌唱》。

Gong Yuzhi 龚育之，现代学人，1940年主编出版《甘地、尼赫鲁、泰戈尔在印度马德拉斯举行的世界教会会议发表谈话，表示支持中国抗战，愿以物资援华》《泰戈尔来华》《胡适、梁启超等为泰戈尔64岁诞辰祝寿》，1980年主编《5月首都文化界集会纪念泰戈尔诞生100周年》。

Gongupadhayi, Sunil 贡哥巴塔伊，孙尼尔（1934— ），印度孟加拉语作家，作品有《金色的痛苦》《爱情的故事等》。

Good Friends Pictorial 《良友画报》，于1926年创刊于上海，创办者是伍联德先生。《良友画报》不仅在国内拥有众多的读者，在国外也享有很高的声誉，尤其受到华侨同胞们的欢迎。1945年10月停刊。1926年10月，该刊第九期刊登《印度诗圣泰戈尔与友人合影》。

Goonda 流氓，暴徒。

Gopa 牧童。

Gopa 格帕，古代村吏。

Gopa 瞿波，悉达多太子的妻子，释迦族执杖的女儿。

Gopabandhu Das 高博本图・达斯（1877—1928），现代奥里萨语作家，真理文学社社长，作品有《囚徒的独白》《奶牛的伟大》等。

Gopal 戈巴尔，印度神话中一个勤快的放牛娃。

Gopal 牧童，黑天小时候是牧童。一群牛。

Gopal 神。

Gopal Agharkar 戈帕尔・阿加卡尔，19世纪马拉提语作家。

Gopal Chandra 戈帕尔・钱德拉，现代小说家，作品有《友邻王的故事》（Nahusa Nataka）。

Gopal Krishna 戈帕尔・克里希纳，17世纪奥里雅语毗湿奴派作家。

Gopal Krishna Gokale 戈帕尔・克里希纳・戈卡勒（1866—1915），印度德干地区社会改革家，德干教育社中著名的活动家。

Gopal, Sarvepalli 戈帕尔，萨尔维帕里（1923— ），印度历史学家，作品有《现代印度》《尼赫鲁传》等。

Gopala 戈帕拉，15世纪作家。

Gopala 牧牛人，国王。

Gopala 瞿波罗（750—770在位），印度波罗王朝创建者。

Gopali 天上戏班女神。

Gopatha-Brahmana 《牛道梵书》，《阿达婆吠陀》里唯一的一部梵书。

Goph 戈缚，印度北部民间舞。一条彩布结到一个杆子中间，由舞蹈舞动拧成一条绳子。

Gopias 牛群。

Gopika 牧女，挤牛奶的姑娘，指神话里在弗林达林子和黑天约会调情的牧女。

Gopinath 田产，家里的事务。

Gopinath Mahanti 高比纳特・莫汉迪（1915—），现代奥里雅语作家，作品有《甘露子孙》《阡陌》等。

Gopinathan 戈毗纳特，印度现代卡达克舞教育家。

Gopini 《戈毗尼》，孟加拉画派画家汗达拉尔（Handalal）的作品。

Gopis 牧女，挤奶女。

Gopivallabh 毗湿奴，克里西纳。

Gopratara 戈珀拉塔拉山，在喜马拉雅山，史诗《罗摩衍那》里的罗摩升天时经过此山。

Gopuchas 牛尾猴。

Gopurams 高塔；刹帝利给神的奉献，寺庙入口的门楼。

Gora 白皙的，白皮肤。

Goraa 《戈拉》，泰戈尔于1910年写的长篇小说。

比诺伊是戈拉的好朋友，他追随戈拉坚守传统印度教礼仪。有一天，比诺伊在自己家门口从被大马车撞倒的小马车里救出了梵社社员波莱什和他的养女苏查丽达，并被苏查丽达的美丽和气质所吸引。苏查丽达派弟弟索什来还给老人治伤的钱，比诺伊故意送索什到门口。他把钱和信当作珍贵的纪念品保存下来。竭力维护印度教一整套礼仪的戈拉对比诺伊和梵社人家来往很不满，他讽刺比诺伊。戈拉的母亲安娜达摩耶漂亮、善良，没有任何宗教和种姓偏见。她把戈拉的好友比诺伊看成自己的儿子。但戈拉不让比诺伊吃母亲派基督教女仆拉其米亚做的饭，为此比诺伊很想不通。戈拉的观点鲜明：要保住印度教这个阵地，必须从吃、接触这些小事上严格做起。尽管比诺伊接受他的观点，但还是把人看得高于一切。他一直为戈拉不让吃母亲安娜达摩耶的饭、不让进屋子想不通。戈拉说，印度的理想是：到处充满财富、知识和达摩。只要给印度教徒讲清楚，他们会自觉遵守教规。比诺伊要求戈拉给他事做，不然心里不踏实。戈拉说工作就是向祖国母亲毫无保留地表达敬意。戈拉的同父异母的哥哥莫辛要求他俩为他起草对付无理上司的稿子。

为了弥补过失，戈拉的养父克里西纳达雅一身苦行僧打扮，恪守印度教规矩。戈拉自己不满印度教规矩，但当外国人说印度教不好时他挺身而出，维护印度教，因此断绝与梵社的交往，严守印度教教规。妈妈安娜达摩耶担心戈拉走向极端，不会长久。

戈拉是1857年大起义中母亲收养的英国女人避难时在牛棚生下的孩子。安娜达摩耶不要丈夫的任何财产继承。妈妈不让戈拉严守教规，也不以婆罗门自豪，她没有宗教、种姓偏见。克里西纳达雅下决心在自己活着时不能告诉戈拉自己的身世。

比诺伊看望了波莱什，而且不顾戈拉的禁令吃了基督教仆人拉其米亚给安娜达摩耶妈妈做的饭。以后比诺伊常来波莱什家，比诺伊夸奖戈拉严守印度教教规，苏查丽达问他种姓好不好，比诺伊不能自圆其说。波莱什的夫人芭拉达松达丽从现代衣着上来体现梵社的改革精神，让三个女儿拉波尼亚、拉丽塔和丽拉接受英语教育。

戈拉在船上看见一个孟加拉人和英国人在高等舱里讥笑低等舱里的同胞，便狠狠地教训了他们。他示威性地穿着典型的印度教徒衣服来波莱什家，正好比诺伊在。戈拉与波莱什争论，梵社认为神无形，而传统印度教认为神有形。苏查丽达为比诺伊对戈拉的咄咄气势沉默而不满比诺伊。芭拉达松达丽质问戈拉种姓问题，戈拉坚持辩护。他不喝这家人的茶，而比诺伊面子上过不去喝了，得罪了戈拉。戈拉对芭拉达松达丽夸奖女儿会英国诗歌和刺绣很不以为然。戈拉对苏查丽达出来加入争论很不满，认为女人不能在正式场合抛头露面。

苏查丽达对戈拉的看法感到耳目一新，在祖国和对同胞的感情上一致。她讨厌哈伦贬低同胞。但她又为无人驳倒正统印度教的戈拉以及戈拉无视她的存在而感到不安。她一直在想这事，她很赞成和哈伦完全相反的戈拉的要改革先爱民的看法，竟然忘了答应过的陪拉丽塔睡觉一事。

戈拉对比诺伊喝波莱什家的茶很不满，而一直在孤独和书本中生活的比诺伊对波莱什一家的其乐融融感到神往。他辩护说一杯茶不足以影响印度教，而戈拉把它同维护印度教的纯洁联系起来。戈拉和比诺伊为此有了嫌隙。戈拉主动去找比诺伊，没有想到看见比诺伊和波莱什家的几个小姐竟然同乘一辆马车去梵社祷告，于是产生了误会。戈拉的哥哥莫辛提议让比诺伊娶他的10岁的女儿萨什。比诺伊参加波莱什小女儿丽拉的生日，比诺伊在苏查丽达前为戈拉辩护：深爱祖国是救国的良药，这是戈拉的看法。戈拉曾经和比诺伊说过，为了祖国可以不结婚。他头顶留一绺头发，表示自己是纯正的婆罗门。戈拉为比诺伊去梵社祷告非常气愤。戈拉不同意比诺伊娶萨什，因为他认为比诺伊不是自己人了。与波莱什一家特别是苏查丽达的来往使比诺伊心里豁然开朗。戈拉说："我的爱情是祖国，你的爱情是女人。"两人在妈妈的关心下和解了。

苏查丽达的父母去世，她父亲生前委托好友波莱什照料苏查丽达和弟弟索什。芭拉达松达丽竭力让苏查丽达嫁给哈伦，波莱什觉得此事不能着急。原来苏查丽达崇拜哈伦，通过接触才发现他咄咄逼人，凌驾于别人之上，而且找波莱什的毛病，这是苏查丽达不能容忍的。芭拉达松达丽催促哈伦向苏查丽达求婚并结婚，被波莱什以苏查丽达不到18岁而推脱。

戈拉的好友、出身木匠的南达得了破伤风，他母亲拒绝请大夫而请巫师，结果致死，戈拉和比诺伊为人们的愚昧痛心。车夫鞭打来不及避让的给英国人送蔬菜、水果的穆斯林老人，戈拉主动提出帮老人赔偿损失。为避免比诺伊娶梵社姑娘苏查丽达，戈拉同意比诺伊娶萨什。比诺伊乐得这样做，因为以后他可以自由来往于波莱什家。安娜达摩耶妈妈认为比诺伊娶萨什太草率。比诺伊向戈拉指出，他的对祖国的爱忽略了另一半：妇女。戈拉辩护。

苏查丽达想不通：为什么戈拉和比诺伊这

样的读书人竟然迷信般地恪守印度教教规的陋习。她更对他们维护种姓制度不解。她对比诺伊说的是为了维护正常的社会秩序的牵强附会的解释不满意。比诺伊说，戈拉担心别人利用他的疏忽而作为不守教规的借口，所以这么做。拉丽塔不满意比诺伊做戈拉的传声筒。苏查丽达知道比诺伊实际上是为了克制自己与戈拉的意见不一致故意这么做。戈拉对比诺伊和波莱什家的姑娘共同去看马戏而冷淡比诺伊，二人争吵。比诺伊赌气要娶萨什，安娜达摩耶妈妈劝他不要意气用事。

G

苏查丽达逐渐靠近戈拉和比诺伊。她认为南达的妈妈请巫师给南达治疗破伤风而致死，完全是深闺制下女人的愚昧造成。拉丽塔主张男女平等做事。比诺伊认为只有解放妇女，社会才能进步。戈拉开始对波莱什的几个女儿由冷淡变为好奇。英国人县长建议芭拉达松达丽让她的几个女儿在总督来视察时在他们家朗诵英国诗歌助兴。哈伦认为下贱的国人没有资格和英国人来往，戈拉针锋相对。苏查丽达感到戈拉的非凡气质使哈伦相形见绌。她第一次注意戈拉。她不理哈伦要她去小房子单独谈的命令。戈拉和苏查丽达互相有了好感。戈拉第一次对苏查丽达有异样的感觉，相谈甚欢，苏查丽达第一次对戈拉的印度理想有了了解。拉丽塔要求比诺伊参加县长家的诗歌朗诵。戈拉一直沉浸在与苏查丽达谈话的兴奋中。妈妈安娜达摩耶看出儿子的心思。戈拉的爸爸严守印度教教规，而妈妈则不在乎，戈拉本人不严守规矩，但维护其正统性。戈拉向妈妈提出，他要单独到处走走，没有目的地，比诺伊不理解。

拉丽塔让比诺伊参加诗歌朗诵是为了让他摆脱戈拉的控制。她让索什给比诺伊送玫瑰。比诺伊和苏查丽达各有心事，避免提到戈拉：比诺伊怕人说他是戈拉的应声虫；苏查丽达怕比诺伊看出她对戈拉的好感。哈伦来，苏查丽达第二次不愿与他单独谈。苏查丽达佩服戈拉有智慧，有信仰，有朝气，盼望他来。苏查丽达想不通为什么人们还维护种姓制。波莱什让她自己思考，她对戈拉的形象挥之不去。比诺伊的英诗朗诵才能使波莱什的女儿们对他刮目相看。拉丽塔嫉妒比诺伊压过她而要退出演出，波莱什劝她说对于答应了事情不能反悔。拉丽塔的英诗朗诵才能迷倒了比诺伊，二人开始互相在意。苏查丽达把自己关在屋子想心事，比诺伊不好接近。戈拉不在，比诺伊可以放心大胆地在波莱什的家里和姑娘们排练节目。哈伦主动提出朗诵诗歌。他要求波莱什把他和苏查丽达订婚的日子定下来。苏查丽达也愿意。但哈伦在报纸上攻击戈拉使她感到哈伦的渺小。

安娜达摩耶认为比诺伊娶萨什不妥，比诺伊和波莱什的女儿们的来往使他有同感。比诺伊认为：如果不注重妇女，喊爱祖国就是空话。

戈拉到了乡下，人们欢迎他。戈拉发现了农村的问题：种姓把人们隔开，使人们一团散沙，麻木，惰性，逆来顺受。种姓像大山一样阻碍农村社会的进步。印度教徒的理发师收留因反抗英国人建工厂霸占土地而被捕的穆斯林的儿子，认为不管什么宗教，只有一个神。戈拉的弟子冉普提连理发师的水都不喝，还不满穆斯林反抗英国人。收税官与警长勾结镇压村民。警察把村里的男人几乎全部抓走，理发师为保护妇女不愿离开。戈拉怒斥收税官，回去喝低种姓理发师的水，自己在他家做饭。收税官密告县长，说戈拉来破坏调查。

县长的花园举行聚会，哈伦和县长在河边散步，戈拉出现，告诉县长警长欺压村民一事，县长警告他别插手此事。哈伦乘机贬低国人，说印度人的英语和道德教育不够，并且向前来演出的姑娘们隐瞒了戈拉见县长一事。村民与警察冲突，47人被关，戈拉找律师保释村民，但没有律师答应。戈拉要回加尔各答找律师，正好碰见警察殴打从加尔各答来的打板球的学生。戈拉阻止警察打人，被一起抓走。哈伦幸灾乐祸，比诺伊设法找律师保释戈拉，戈拉拒绝。大家鄙弃哈伦。

县长判处戈拉一个月监禁，比诺伊为不能和戈拉同甘共苦而惭愧。拉丽塔拒绝演出，哈伦不快。芭拉达松达丽不忍放弃机会。拉丽塔要带苏查丽达走，苏查丽达为了父亲的嘱咐而犹豫不决。比诺伊和拉丽塔一同乘船回加尔各答。一路上，比诺伊保护拉丽塔，二人共同感受船上美好的黎明。拉丽塔为比诺伊在船上的拘谨而不快，比诺伊决心在波莱什前为拉丽塔承担责任。

波莱什家里来了新客人，这就是苏查丽达的寡妇姨妈。在等待出门的波莱什回来时，比诺伊与姨妈相谈融洽，拉丽塔不高兴，打岔让他去戈拉家。

比诺伊去见世界上慈母象征的安娜达摩耶，他很惭愧为了拉丽塔而来迟。妈妈让他看戈拉从狱中写来的信："为了祖国，他甘愿坐牢。"克里西纳达雅从来没有认戈拉为自己的亲儿子。莫辛同意派仆人去狱中看望弟弟，坚强的妈妈对儿子的坐牢很冷静。拉丽塔告诉父亲波莱什戈拉坐牢一事，波莱什认为戈拉犯法不犯罪。拉丽塔认为县长对他们是恩赐而非尊重，她无法忍受，因而与比诺伊坐船回加尔各答。哈伦把拉丽塔的回来说得非常严重，波莱什并不指责女儿。苏查丽达为戈拉的事沉默不语。拉丽塔揭露哈伦在父亲前盛气凌人，想当梵社的头。苏查丽达帮助拉丽塔反击哈伦。哈伦向波莱什催婚，波莱什让他问苏查丽达的意见。

比诺伊不知道波莱什一家是否欢迎他，因此不敢去。他要和安娜达摩耶妈妈住几天，陪妈妈排遣惆怅。但瞒不过妈妈的眼睛：他挂念拉丽塔。他只好对妈妈老实交代。妈妈觉得戈拉应该娶波莱什的女儿。把萨什嫁给比诺伊实际上是他的精明的妻子拉克什玛尼的主意：比诺伊是大读书人，可省去嫁妆。妈妈知道比诺伊心里不乐意，因而让莫辛等戈拉回来后给萨什另选一个。妈妈知道比诺伊的心思，提醒他去看拉丽塔。妈妈和比诺伊来看波莱什一家，妈妈对苏查丽达和拉丽塔非常喜欢。拉丽塔敬佩没有受过多少教育的安娜达摩耶居然这么深明大义。拉丽塔和比诺伊相互思念。拉丽塔和苏查丽达都想去戈拉家——一个为了戈拉，一个为了比诺伊，爸爸支持他们去。比诺伊不知道拉丽塔爱他，拉丽塔的到来使他喜出望外，他第一次叫苏查丽达姐姐，与拉丽塔无拘束地谈话。妈妈看上苏查丽达，希望戈拉娶她，这与比诺伊不谋而合。妈妈认为：婚姻意味着两颗心灵的碰撞，不在宗教。

苏查丽达的姨妈哈里莫西尼8岁嫁给富人家，女儿难产而死，儿子和丈夫得霍乱而死，小叔子剥夺了她的财产，赶她出门。她在瓦拉纳西住了一段时间，忍不住孤独，找到外甥女苏查丽达，波莱什收留了她。拉丽塔的妈妈芭拉达松达丽很不愿意留下哈里莫西尼，看着苏查丽达和姨妈亲热并吃她的饭，很不乐意，便处处刁难哈里莫西尼，不让仆人给她送水。苏查丽达派人给姨妈送水。

芭拉达松达丽和哈伦勾结，以哈里莫西尼是正统印度教徒为理由，设法赶她走。哈伦借此在报纸上攻击波莱什，说梵社正在退化，掺杂了正统印度教徒，气得苏查丽达把报纸撕碎。哈伦提出订婚，苏查丽达一口回绝，哈伦大吃一惊。哈伦看见比诺伊和拉丽塔来往亲密，更加不甘。芭拉达松达丽本来要比诺伊皈依梵社，没有想到他和哈里莫西尼同流合污。苏查丽达坚决不肯答应嫁给哈伦，断绝与他的关系。哈伦怪罪于波莱什。

姨妈的事情使苏查丽达左右为难。比诺伊愿意把姨妈接到安娜达摩耶妈妈处暂住。苏查丽达请教波莱什，没有想到他早已估计到此事，在附近给苏查丽达买好房子，让她和姨妈去住。姨妈喜出望外。苏查丽达来看姨妈。波莱什和苏查丽达都舍不得分开，但水果成熟必然要脱离大树。

姨妈看见安娜达摩耶妈妈吃芭拉达松达丽的饭，认为犯了正统印度教的教规而不满意。但妈妈没有种姓观念，不在乎别人怎么看。

苏查丽达与姨妈搬走，芭拉达松达丽如释重负，但又感到失落。哈伦指责苏查丽达和正统印度教的姨妈合流，指责拉丽塔和比诺伊独自出走，苏查丽达和拉丽塔怒斥哈伦：如果梵社让哈伦当裁判官，她们宁肯退出梵社。哈伦赤膊上阵，煽风点火，在梵社内败坏苏查丽达和拉丽塔。拉丽塔宁死不屈。她和父亲商量办英语学校，为社会服务，请拉班尼亚动员女孩子上英语学校，哈里莫西尼不愿意，怕影响她的礼仪。非梵社的女孩子不愿来，怕影响正统的印度教信仰。她们只好动员梵社的孩子，后来没有人来，才知道是哈伦在捣鬼。他散布说苏查丽达成了正统印度教徒。芭拉达松达丽警告比诺伊不要来她家，却让哈伦来。比诺伊没有想到，以哈伦为急先锋的梵社借他来诋毁拉丽塔，感到如雷轰顶。他对拉丽塔的感情远远超过其他朋友。拉丽塔妈妈芭拉达松达丽追问他是否印度教徒。他不知道波莱什、拉丽塔和苏查丽达怎么看他，心里忐忑不安。他感到自己在波莱什家成了外人。萨提士拉他去见姨姨哈里莫西尼。他意识到自己的生活轨迹发生了变化：由波莱什转到了拉丽塔。比诺伊告诉安娜达摩耶妈妈，印度教与梵社没有什么不同，和妈妈一样吸引他。妈妈赞同他的看法。波莱什与苏查丽达和拉丽塔来看安娜达摩耶妈妈，妈妈不让比诺伊走。但比诺伊害怕她们来向妈妈告他的状，心里很紧张。莫辛又提比诺伊和他的女儿萨什的婚事，比诺伊要求等戈拉。妈妈叫他上楼见姑娘们。她们是来找比诺伊谈开办女子学校的事情，要求他动员印度教的学生，帮助她们制订教学计划。拉丽塔居然不顾妈妈芭拉达松达丽反对和比诺伊来往，连苏查丽达都感到吃惊，但拉丽塔性格倔强，下了决心的事情决不回头。安娜达摩耶妈妈支持她们。

波莱什认为办学困难很多，但拉丽塔要坚持到底。拉丽塔的同学来信询问她和比诺伊的关系，她给同学回信，大胆认为嫁给优秀的印度教徒是骄傲和荣幸。苏查丽达和爸爸都认为比诺伊是个好小伙，和他来往没有错。波莱什告诉拉丽塔，人由神来掂量，世俗主义事先忘了首先是人这一简单事实。教派不能阻止年轻人的相爱。怕惹恼芭拉达松达丽，父子决定女子学校一事再等一段时间。

无耻的哈伦截了拉丽塔给同学的信让芭拉达松达丽看，芭拉达松达丽认为祸根在苏查丽达，要求梵社处置苏查丽达，同时指责丈夫纵容女儿，但波莱什认为女儿没有错。哈伦操纵别人写匿名信，说拉丽塔秘密订婚。哈伦要求拉丽塔解释，拉丽塔坦率承认她喜欢比诺伊，也没有让比诺伊以加入梵社作为婚姻的先决条件。如果哈伦领导梵社，她宁肯退出不受其约束。不受非真理的约束，你哈伦有什么理由干涉正确不犯达摩的行为？哈伦没有资格教训人格比他高尚的人。苏查丽达为拉丽塔担心，她怕事已至此，比诺伊不同意。拉丽塔胸有成竹，肯定比诺伊会同意。爸爸也决不站在哈伦一边，希望拉丽塔坚持到底。苏查丽达要去看望戈拉妈妈。

哈伦又指示人给比诺伊写匿名信，说拉丽塔有肺病，娶了她会不幸。比诺伊以为由于他而满城风雨，使拉丽塔蒙受委屈，没有勇气见拉丽塔。但匿名信反而使他坚定了决心：不让拉丽塔被急流冲走，拉丽塔是我的！哈伦来，比诺伊倒要看他说些什么。哈伦让他和波莱什一家保持距离，他义正词严地回答：波莱什一家给他从来没有过的温暖，使他的生活多姿多彩，爱情使他和拉丽塔走到一起。他愿意为拉丽塔献出一切甚至生命。波莱什说阻止二人的结合才是罪恶呢。比诺伊怕拉丽塔经受不住压力。

戈拉的弟子阿比那什告诉莫辛和安娜达摩耶妈妈说，拉丽塔和比诺伊的婚事定了。比诺伊告诉妈妈哈伦找过他。妈妈支持比诺伊：要有男人气概，保护好拉丽塔，不要让人诋毁。莫辛则抱怨波莱什毁了他的女儿萨什和比诺伊的婚事。

安娜达摩耶妈妈来看苏查丽达，她告诉苏查丽达，比诺伊也是认准了的事情谁也拉不回来。苏查丽达如释重负。苏查丽达担心梵社不放过比诺伊，不知道比诺伊会不会放弃印度教信仰皈依梵社。安娜达摩耶妈妈说，好坏、祸福都是辩证的。信仰不同的人为什么不能结合？难道教派就是和神吵架？如果结婚以比诺伊加入梵社为条件，她的希望大厦就会垮下。苏查丽达仍然对比诺伊不入梵社有疑义。安娜达摩耶妈妈希望戈拉娶苏查丽达，但苏查丽达在教派问题上的态度让她有点失望。比诺伊告诉波莱什，说他决不能看着他们一家子为了他蒙受委屈，他不管戈拉怎么看，不管梵社怎么看，要不计一切后果地保护这一家。原来拉丽塔也同意，更坚定了爱他的决心。拉丽塔的妈妈芭拉达松达丽坚持要让比诺伊先加入梵社，比诺伊难以割舍印度教。拉丽塔对他的眼光神秘、温柔、意味深长。

戈拉出狱，波莱什和比诺伊去接。阿比那什领大家唱歌迎接他，他不赞成，也不接受花环，因为和监狱中的各种人接触过，必须先涤罪，重新加入印度教。父亲克里西纳达雅不同意他赎罪。关于比诺伊的婚事，比诺伊和戈拉都不好开口。莫辛又来催婚事，因为比诺伊说过要等戈拉。戈拉从比诺伊的神色上看出问题。戈拉告诉哥哥，他可以准备婚事，但不敢保证比诺伊会娶萨什。莫辛向戈拉说起有关比诺伊和拉丽塔订婚的传言。比诺伊表示非拉丽塔不娶，达摩在社会和个人之上，最高责任是保护达摩。他的看法超越了宗教的藩篱。戈拉不同意比诺伊娶拉丽塔，二人谁也说服不了谁。戈拉说，如果比诺伊离开印度教信仰就意味着失去他这个朋友。阿比那什等戈拉举行赎罪仪式后要为他举办大型宴会。戈拉从比诺伊的变化对自己的信仰产生了怀疑。戈拉在狱中思念苏查丽达，使苏查丽达有了新的发现。他在和比诺伊争论时，他自己的思想也在斗争。因为是苏查丽达使他对波莱什发生依恋。在戈拉的心中，苏查丽达是印度理想的化身，陪同妈妈的苏查丽达就是女神。他现在才意识到，他的印度理想没有女人是不完整的。苏查丽达看着戈拉憔悴心疼，戈拉在她心中像一团火。戈拉在狱中时她常过来安慰安娜达摩耶妈妈。苏查丽达请比诺伊去她家，但不好意思请戈拉。苏查丽达请比诺伊过去是为了商量他和拉丽塔的婚事。比诺伊一直怕此事伤戈拉的心，但既然挑明，他也就坦然了。他和戈拉争论的要点是，他只坚持真理。苏查丽达认为，让拉丽塔放弃信仰要比比诺伊放弃信仰损失更大。比诺伊认为，宗教是个人的思索，不应该卷入社会。萨提士拿来报纸，上面说：拉丽塔和比诺伊结合的危机消除了，因为男方拒绝加入梵社。姨妈哈里莫西尼知道拉丽塔和比诺伊的神秘关系，她就是不让二人接触。拉丽塔觉得戈拉处处和她作对，她怀疑比诺伊摆脱不了戈拉的控制。她不给比诺伊和她对话的机会。父亲看出拉丽塔的心事。比诺伊的信仰转向梵社，他告诉芭拉达松达丽他想加入梵社，但又怕把消息捅出去会把事情闹大。他也不喜欢哈伦掺和。比诺伊不愿意阿比那什拉他去参加戈拉的赎罪仪式。哈伦让拉丽塔在宗教和爱情之间选择，拉丽塔不予理会。但她听说比诺伊加入梵社，感到高兴。但比诺伊担心哈伦把他的事情捅出去，因为人言可畏。芭拉达松达丽建议把申请书直接送梵社主席，避开哈伦。没有想到，有人把申请书给撕了，还是哈伦捣的鬼。

戈拉来看苏查丽达，苏查丽达没有勇气直接面对戈拉，她叫姨妈来陪。姨妈认为戈拉维护印度教传统，气概不凡。见到戈拉，苏查丽达心跳脸红。戈拉认为，苏查丽达不同于一般人，不属于某个教派。戈拉认为印度教是个民族概念，不是某个团体。苏查丽达听戈拉讲：印度教把人看作人而不是教派成员。教派不同但人性一致。苏查丽达从戈拉身上看到了力量，他像雷电之神因陀罗。哈伦来，苏查丽达拒绝见他。哈伦和戈拉争论，戈拉不反击，只听。哈伦要戈拉阻止比诺伊娶拉丽塔。戈拉说："你哈伦凭什么干涉比诺伊？我自己又和梵社无关。"哈伦又一次要和苏查丽达单独谈，但苏查丽达还是不理他，拉戈拉去看姨妈，把哈伦晾到一边。哈伦处处以救世主的面目出现，不要苏查丽达入梵社，因为她和印度教的姨妈来往过密。戈拉吃了姨妈的饭，没有想到哈伦来信向他挑战。戈拉认为苏查丽达属于祖国，而不是某个教派。

比诺伊告诉安娜达摩耶妈妈说，本来没有信仰非要违心地假装某种信仰，心里不大自然。他指不太乐意入梵社一事。妈妈劝他三思，如果皈依梵社，印度教会迫害他。偏离自己认为正确的立场是不对的。拉丽塔认为比诺伊没有必要皈依梵社。不能因为联姻就放弃信仰，否则就会在教派之间建立起高墙。安娜达摩耶妈妈说，外表、性格、教派不同不能成为互相了解的高墙。比诺伊是女人值得为他受任何苦的人。二人的心是恒河与雅穆纳河两条圣河的汇合，而不是信仰或教派的结合，感情建立在达摩基础上。比诺伊和拉丽塔心心相印，双方心里燃起不灭的火焰。比诺伊和拉丽塔二人来拜见波莱什，比诺伊决定不皈依梵社，因为老人的祝福就是最大的皈依。拉丽塔从哈伦身上改变了对梵社的信任。波莱什："如果一个社会用外部礼仪来束缚人的天性，那就是把人变成了木偶。"拉丽塔担心她反抗这些人们加在她身上的不公正会伤爸爸的心。二人同意不在代表毗湿奴的石头前举行婚礼。波莱什说婚礼是社会的事情不是个人的事情，望他们三思。拉丽塔和比诺伊联合寻求公正，不为社会压力所屈服。拉丽塔的妈妈芭拉达松达丽说找个古鲁皈依梵社，比诺伊不同意，芭拉达松达丽一气之下赶走比诺伊。

苏查丽达估计戈拉会来。她对昨天戈拉在姨妈家崇拜偶像不满意。戈拉说他只是尊敬别人的信仰而已，从来不寻求神。他告诉苏查丽达：真正的印度理想必须同妇女结合起来才完整，如果苏查丽达离开印度理想，就失去了她的神圣性。二人终于想到一起了。戈拉的力量感染了她，她通过自己否定获得了伟大。拉丽塔坚持结婚时不拜偶像，父亲支持：社会首先应该考虑人。

莫辛从报纸上看见了比诺伊的消息，说比诺伊要脱离印度教加入梵社。许多人觉得无须大惊小怪，因为比诺伊本来和戈拉不一样，皈依梵社只能说明事物在变化，而不意味着放弃友谊。实际上比诺伊心里不愿意皈依梵社，皈依不皈依并不重要，只是他对皈依梵社不像过去那样反感。戈拉认为信仰是一件严肃的事情，不能朝三暮四。比诺伊感到过去处处随戈拉，心里很压抑，再也不能这样下去了。比诺伊认为，如果社会不尊重我的人格，想把我变为木偶，那我就不崇拜它。波莱什告诉比诺伊和拉丽塔："你们比普通人站得高，自己认为正确的就坚持。"不能从宗教的立场阻止二人的结合。莫辛又看上阿比那什做他的女婿。阿比那什的父亲狮子大张口地要嫁妆，莫辛只能认了。他要趁父亲健在要出钱来，把女儿的婚事办了。

苏查丽达的姨妈哈里莫西尼怕戈拉与苏查丽达好是冲着财产来的，怕万一这样，她就会失去后半生的依靠。她不让戈拉多打扰苏查丽达。她看见苏查丽达不严格遵守某些教规，便把责任全怪在戈拉身上。她想把苏查丽达嫁给他的丧妻的小叔子。这消息使戈拉心里暗暗着急。哈伦指责苏查丽达引来比诺伊，和拉丽塔来往，他竭力维护梵社，还想恢复与苏查丽达过去的关系。苏查丽达回击说："我就是印度教徒，怎么样？"哈伦感到自己失去古鲁的位置比失去苏查丽达的爱更可怕。他刺激苏查丽达："戈拉绝对不会娶你。"苏查丽达气愤难忍，让哈伦滚蛋！姨妈暗中看笑话。受了哈伦的讥讽后，戈拉才意识到自己走了比诺伊的老路。他决定和哥哥不管比诺伊的婚礼，只是担心妈妈参与。莫辛警告戈拉：如果他在家里建梵社，他们就搬走。莫辛接受亲家的苛刻的嫁妆条件，只是在女儿结婚时不要比诺伊参加。安娜达摩耶妈妈考虑，给比诺伊腾出一间房来做结婚用，婚事由她来张罗，她才不管社会的干预呢。戈拉的父亲说，比诺伊结婚时，他和戈拉借故躲开，因为他知道戈拉是外国人的身世。戈拉不让妈妈掺和。比诺伊相信妈妈对他的婚事不会不管。波莱什劝戈拉作为比诺伊的朋友，和他一道参加比诺伊的婚礼，戈拉拒绝。戈拉的赎罪仪式在积极准备。哈里莫西尼想把苏查丽达介绍给小叔子揩莱什。小叔子最关心的是女方的财产，哈里莫西尼如实相告。苏查丽达盼望不来戈拉，知道是姨妈在捣鬼。姨妈怕苏查丽达和戈拉来往跟踪她，使她很反感。她指责姨妈干涉她和戈拉的关系，侮辱戈拉，想赶姨妈走。爸爸知道她的心事，鼓励她，她好像获得了新生。她大胆宣布自己是印度教徒，使爸爸大吃一惊。梵社开除波莱什，因为他要支持并主持拉丽塔的婚礼。还是哈伦捣的鬼。苏查丽达思念戈拉，相信他不会变心。她给沙提士说话时完全是戈拉的腔调。比诺伊和拉丽塔的婚礼定于下星期一举行。安娜达摩耶妈妈充当比诺伊的妈妈的角色，她要苏查丽达提前来帮助她筹办婚礼。她征求苏查丽达姨妈哈里莫西尼的意见，没有想到姨妈一口回绝。安娜达摩耶大吃一惊：原来唯唯诺诺的姨妈不见了。波莱什给苏查丽达钱让给拉丽塔买婚礼用品。他看见安娜达摩耶妈妈把拉丽塔当作自己的亲生女儿看待，放心了。

戈拉又去乡下了解民情。他看见统治者和宗教联合起来剥削农民。有些人穷得娶不起媳妇，有病，寡妇不能再嫁。印度教徒一团散沙，而穆斯林齐心协力。

姨妈哈里莫西尼的小叔子揩莱什来相亲，他关心苏查丽达的房子，与嫂子估计房子的价值，不要嫂子往地上泼水，好像房子已经成了他的。

星期一早晨，婚礼之前比诺伊来找戈拉，戈拉不去。安娜达摩耶妈妈不顾阻拦坚决主持婚礼。戈拉突然从比诺伊想到了自己，思念苏查丽达，不由自主地去看苏查丽达，但她参加婚礼去了，他见了矮胖子的守财奴揩莱什。看见这么一个丑陋的人居然要娶苏查丽达，戈拉心里愤愤不平。安娜达摩耶妈妈给哈里莫西尼写信，要求允许苏查丽达陪同拉丽塔住几天。哈里莫西尼以为安娜达摩耶故意报复她，坐轿子来把苏查丽达接回。苏查丽达不愿意见揩莱什，气得哈里莫西尼大骂戈拉，说戈拉母子合谋骗走苏查丽达。苏查丽达马上离开。

戈拉在回想他和苏查丽达的接触。由于有些婆罗门纵欲、贪财，所以印度理想经历痛苦。戈拉的赎罪仪式准备在恒河边举行。他不顾父亲的阻止非要这么做。戈拉正要去赎罪处，哈里莫西尼来，搬弄是非，说报纸上都说他要娶苏查丽达，但她劝戈拉不要娶苏查丽达，娶了她会影响他的声誉。她还让戈拉劝苏查丽达嫁人。让苏查丽达嫁给哪个丑陋的家伙？他想不通。哈里莫西尼逼戈拉去劝说苏查丽达，戈拉岂能去！他无法忍痛割断与苏查丽达的情愫。苏查丽达决心坚决回击姨妈。波莱什要去西姆拉躲避几天，苏查丽达愿意随父而去。

戈拉的赎罪仪式马上就要举行，突然一辆马车停下，仆人禀报：父亲克里西纳达雅突然吐血，危在旦夕，要他立刻回去。因为他一定要在自己咽气前让戈拉知道这件事情。父亲挣扎着告诉戈拉有关他的身世：戈拉不是他们的亲生儿子，他亲生父母是英国人。1857年印度大起义，戈拉的父亲被打死，母亲避难，生下戈拉后立即死去。戈拉由没有孩子的安娜达摩耶抚养成人。戈拉难以接受这个事实：自己一下子什么都不是了，成了多余的人！戈拉说，安娜达摩耶就是他的亲妈妈。父亲说此事只要戈拉不说，别人不会知道。

戈拉来找苏查丽达，她正在收拾东西准备出发。戈拉告诉她和她父亲，他不是印度人而是英国人，成了自由人。以前没有得到的东西现在突然得到了。所有的种姓是我的种姓，所有人的食物都能吃，自由自在。这才是真正获得新生。他要拜波莱什为导师，学习所有教派、所有种姓人的经典。他伸手抓住了苏查丽达的手，苏查丽达主动伸出手来，两个人拉在一起。

安娜达摩耶妈妈是印度母亲的象征，是戈拉唯一的妈妈。波莱什是没有宗教、没有种姓区别的象征。戈拉要喝妈妈的基督教女仆拉其米亚的水。他彻底冲破了教派的束缚。派人去叫好朋友比诺伊。

Goraay Galad　《根本错误》，泰戈尔的剧本。见 Wrong from Start。

Goracana　鞋。

Goraha　神话里吃月、遮日的罗怙。

Gorakh　高拉克，印度15世纪诗人，诗人卡比尔受他的影响很大。

Gorakhanath　高拉克纳特，10世纪力瑜伽圣人。

Gorakhpur　格拉科普尔，印度北方邦东北部城市，在普拉提河左岸，是与尼泊尔交通联系的中心之一，1518年虔信派诗人卡比尔就逝世在该城的玛戈哈尔镇。

Goratha　牛车山，神话里国王妖连统治的摩羯陀首府吉利卧拉贾被5座这样的山包围。

Goru and Ramagli Bihu　阿萨姆人的新年，为牲畜兴旺节，在每年4月。

Gosaba　高萨巴，孟加拉镇子，在恒河入海口附近的孙德本野生动物保护区。苏格兰商人哈密尔顿在此进行农业和社会改革实验。

Gosala Maskariputra　具舍罗·米迦梨，大雄修炼的朋友，创邪命外道即全裸派（Ajivika）。

Gosamp　一种野狗。

Goshati　猎牛。

Gosirsaka　葛希尔萨卡，一种檀香的名字。

Gospara　格斯帕拉，牛走步的距离。

Gospel　《福音书》,《新约圣经》的第一部分。包括《马太福音》《马可福音》《路加福音》和《约翰福音》，也可泛指此四卷书中的任何一卷。

Gossarmer　枸萨梅，一种做神秘手帕的料子。

Gostana　瞿撒旦那国，意为“地乳”，在今新疆和田。

Gosvamins　16世纪毗湿奴派的六位神学家，建立了孟加拉毗湿奴派，这六人中鲁帕和吉娃最出名。

Goswami, Trailokyanath　高斯瓦米，T.（1906—?），印度阿萨姆语作家，作品有《朝霞》《海市蜃楼》等。

Gotama　俱陀摩，印度神话里乔达摩（有年）仙人的父亲。

Gotamamuni　乔达摩仙人，印度古代传说中有多个乔达摩仙人或隐士，其中有一个特别爱吹牛，还有一个以沉默寡言而著称。

Gotami　瞿陀弥，释迦牟尼出家前一个妃子的名字。

Gothram　“牛棚”，家系，家世，家族血统。

Gotipuas　跳奥迪西礼仪舞的男孩。

Gotra　家世，血统，底细。

Gotra　“山”“家庭”“牛栏”，亲族，戈特拉氏族，发展为婆罗门种姓，包括巴达吉（Bhardagj）、乔达摩（Gautam）、迦尸亚普（Kashyap）等次种姓。

Gotra　种业，决定人的社会属性。

Gotra　哥特拉氏族，一个神话中先知的家族名称，最初代表一个祭祀群体。有共同祖先的外婚制集团，同哥特拉（同姓氏）人。按照《法论》规定，哥特拉本家族的人不能通婚。

哥特拉是印度人群体分类的一种方式。一共有七种哥特拉，只有同一种姓并且不同哥特拉的两人才可以结婚，人们一般认为男女如果属于同一个哥特拉，则有一定的父系血缘关系，不能结婚。每种哥特拉可以溯源到一位古时的圣人，一共有7位圣人。《梨俱吠陀》里不同的段落都属于不同的圣人，人们认为这些圣人是《梨俱吠陀》里相关段落的获得和传承者。在寺庙里举行趋吉避凶的祭祀仪式时，祭师也要先问好事主的哥特拉。

确认某人Gotra的办法是看星盘里的月亮宿度，每个Gotra对应特定的宿。

Gotra-exogamy 族外婚。

Gotraskhalita 误称。

Gotrs 种业，无害业的一种，决定人的社会属性，如其所属的种族、家庭等。

Goulardtstan 格拉特斯坦（1809—1899），英国政治家。

Gour 高尔，孟加拉古代的名称。

Gour, Hari Singh 古尔，哈里·辛格（1870—1949），印度法学家和诗人，著作有《印度教法典》、诗歌《向西而行》等。

Govardhana 牛增，12世纪作家，《阿利耶700咏》（Aryasaptasari）的作者。

Govardhana 牛增山，在《摩诃婆罗多》里，黑天让牧童和牧女崇拜此山而不要崇拜天帝因陀罗，为了报复，因陀罗降下暴雨，黑天举起此山，让乡亲们和牛群得救。

Govartharam Tripath 格瓦塔兰·特里帕特，19世纪古吉拉特语作家，《萨拉斯瓦迪月亮》（Sarasvati Chandra）为代表作。

Government House 政府大厦，英印政府在加尔各答的政府办公大厦，1914年，总督卡米歇尔（Lord Carmichael）在这里代表瑞典皇家学会把诺贝尔文学奖证书和奖牌交于泰戈尔。

Governmental Law System 《政府法制》，创刊于1992年，由山西出版集团主办。2010年第21期刊登相京的《泰戈尔与阎锡山因"乡村"结缘》。

Govind Nihalani 戈文德·尼哈拉尼，20世纪70年代印度著名电影导演。

Govind Phalke 戈文德·菲尔克（即Dadasaheb Phalke）（1870—1944），印度电影之父，1913年拍《哈里史钱德拉王》（Raja Harishchandra）。

Govinda 哥文达，锡克教大师。

Govinda 1 戈文达一世，16世纪奥利萨波伊王朝的创立者。

Govinda 哥文达，黑天的别名。

Govinda 戈文达，8世纪人，商羯罗的老师。

Govinda 歌温陀，阿周那对克里希纳的称呼，义为"牧童"。化身野猪把大地托上来者，指毗湿奴。

Govinda Candra 葛文达·旃陀罗（1114—1154在位），印度曲女城（今卡恼季城）加哈达瓦拉王朝国王。

Govinda Das 《戈文达达斯》，中世纪韦氏那瓦·巴达巴里（Vaishnava padabali）写的赞颂黑天和拉达的歌曲。

Govinda Gamana 15世纪虔诚派作家纳斯特·美达（Narst Mehta）的作品《戈文答之路》。

Grahalaghava 《格拉哈拉加瓦》，16世纪印度天文学家甘内夏的著作。

Graha 罗睺，等于Rahu，相当于中国神话里的"天狗"。鬼魂，精灵。

Graha pravesha 正式搬入新家。

Grahagan Jeeber Aabaasbhoomi 《星球是生物家园》，泰戈尔的散文。

Grahapita 星球对孩子的负面影响。

Grahasthya 家居期，即尘世劳苦之期，印度教认为的人生第二阶段。

Gram sabha 村民大会。

Grama 村，村落，人聚居的地方，游牧集团及其车队和它的军团。

Grama-ragas 音节-拉格（音乐体裁）。

Gramadevata 地方神，村庄保护神，主司神。

Gramakas 8万个村镇的首领。

Gramani 湿婆侍从，车队和武士的首领。

Gramany 古代村吏。

Gramik 村子的头人，村长。

Gramin 村庄的所有者或土地贵族，村长。

Gramma 音节，音列。

Gramvirid 村长老。

Grandfather 《祖父》，泰戈尔1895年写的短篇小说。爷爷早已败落，为图虚荣，摆出阔人的样子。我搞恶作剧，让朋友冒充穆斯林总督来拜访他，他把最好的珍藏送给"总督"，孙女库舒姆识破诡计。我爱慕库舒姆的美貌和才智，娶她为妻。

Grandsire 梵天。

Granth Saahib 《格兰特萨菲》，锡克教经典，锡克教第十祖师规定的5K，即蓄长发、加长梳、穿至膝盖的长衣、右手戴手镯、佩剑。

Grantha 格兰特文字，5世纪产生。册，本，部（书）。

Granthana 聚合。

Granthaparichaya 《书稿说明》，泰戈尔的

散文。

Granthasamaalochanaa：Bhaaratbarher Itihaas，Murshidaabaad Kaahinee Aitihaasik 《书评：〈印度历史〉〈穆尔什达巴德的故事〉〈历史画卷〉序》，泰戈尔的散文。

Granthika　法结，《摩诃婆罗多》里，般度五子和黑公主被流放时，般度五子里的老四无种在摩差国国王毗陀罗处当差时的化名。

Grbhadana　受胎礼。

Grdhrakuta　耆阇崛山，意译灵鹫山、鹫头山，或称鹞山、鹫岭、鹫台，位于中印度摩羯陀国首都王舍城之东北侧，是著名的佛陀说法之地，山名来自山的形状。

Great China　《大中华》杂志，1915年1月20日创刊，是一本以时事政治为主的综合性刊物，其主编为梁启超，该刊于1916年12月20日停刊。该杂志刊登了不少介绍泰戈尔的文章。

Great News（Bado Khabar）　《喜讯》，泰戈尔的小小说。

Great World Union and Union of Asia　《世界大同与亚洲联合》，谭云山1949年的著作。

Greater India　《伟大的印度》，泰戈尔的散文集，1921年出版。

Greco-Bactrian　希腊—大夏，西巴克，古城，公元前3世纪—公元前2世纪由亚历山大建立，在今阿富汗北。

Greece　希腊，位于欧洲东南部巴尔干半岛南端，包括附近许多岛屿（希腊群岛由1500多个岛屿组成），面积131957平方千米（其中岛屿面积2.5万平方千米），与我国安徽省面积大略相同。陆地上北面与保加利亚、马其顿以及阿尔巴尼亚接壤，东部则与土耳其接壤，濒临爱琴海，西南临爱奥尼亚海及地中海。居民主要为希腊人，信奉东正教，讲希腊语。希腊是欧洲的文明古国，有2700多年的历史，是西方文明的摇篮。公元前5世纪为全盛时期，希腊人创造的神话、哲学和自然科学炳焕古今。1926年11月泰戈尔经黑海的康斯坦察和君士坦丁堡于11月25日到达雅典。希腊政府设宴欢迎泰戈尔并授予他“救世主勋章”。

Greek　希腊语，一种语言，广泛用于希腊、阿尔巴尼亚、塞浦路斯等国与土耳其包括小亚细亚一带的某些地区。古代希腊语原有26个字母，荷马时期后逐渐演变并确定为24个，一直沿用到现代希腊语中。

Grha　户。

Grhastha　家住期。印度教徒人生四行期的第二期，在家结婚生子，尽丈夫和父亲的义务。

Grhasthadharma　尽家庭责任。

Green Revolution　绿色革命，印度于20世纪70年代掀起的农业革命：培育和推广优良品种；发展水利；增加化肥；提高农业机械化；发展农业科研和教育等。

Grhya rites　家庭礼仪，用于出生、结婚、死亡等。

Grhya Sutra　吠陀经的前身，家庭祭祀经。

Gridhrakuta　灵鹫山，印度佛祖讲道的名山。

Gridsamada　耆里婆娑摩陀，古代仙人，据说为四大种姓的创始人。

Griefswald　格里夫斯瓦尔德，德国小城市。

Grihaprabesh　《迁居》，泰戈尔1925年写的剧本。改编于1914年写的短篇小说《深夜》。见House-Warming。

Grihapravibbaga　《分宅篇》。

Grihasta　居士，房主，旅馆老板。

Grihutra　家庭经。

Grishma　热季。

Grogan　格鲁根，20世纪英国人，与夏普合写《从好望角到开罗》。

Grote Giwon　格洛特·吉温（1737—1794），英国历史学家。

Gu Fei　谷非，胡风的化名。见Hu Feng。

Gu Guozhu　顾国柱（1944—），上海财经大学中文教授，发表《论冰心对泰戈尔“爱的哲学”的借鉴》《王统照与泰戈尔》《王统照小说与泰戈尔的影响》。

Gu Hongming　辜鸿铭（1857—1928），名汤生，祖籍福建省同安县，生于南洋英属马来西亚槟榔屿，是中国近现代为数稀少的一位博学中国传统文化的同时又精通西方语言与文化的学者。他精通英文、法文、德文、拉丁文、希腊文、马来文等9种语言，获13个博士学位。他创造性地翻译了中国“四书”中的三部——《论语》《中庸》和《大学》，并著有《中国的牛津运动》和《中国人的精神》等书，热衷向西方人宣传东方的文化和精神。1924年4—5月曾接待访华的泰戈尔。在报刊批评泰戈尔，发表《泰戈尔与中国人》。

Gu Jiegang　顾颉刚（1893—1980），江苏吴

县人，原名诵坤，字铭坚，是现代古史辨学派的创始人，也是中国历史地理学和民俗学的开创者。他是中国近代学术发展史上有着重要影响的一位学者，著名历史学家、民俗学家。新中国成立前，日本学者，特别是名牌大学如东京大学、京都大学、帝国大学的教授，都看不起中国学者，唯对于顾颉刚先生和陈垣先生，则推崇备至。1941年8月7日泰戈尔逝世，12月5日，他在国立中央图书馆主持讨论会，商议编辑“泰戈尔先生纪念册”。

G

Gu Qizhen 顾榛真，民国学者，1924年发表《反对泰戈尔之反响》《泰戈尔抵京后之概况》《纪泰戈尔之粤坛演说》《泰戈尔对京学界演说》《成功为诗人堕落之始》《泰戈尔在法源寺之讲演》《梁任公之迎泰讲演》。

Gu Zixin 顾子欣（1939— ），上海人，翻译家，诗人，中国作家协会会员。著有诗集《在异国的星空下》，译著诗集《英国湖畔三诗人选集》等。1979年发表《榕树·七叶树·歌声（访泰戈尔大学）》。

Guang Lingling 光玲玲，当代女学者，与范传新发表《深邃和谐的自由之歌——解读泰戈尔的〈吉檀迦利〉》。

Guangming Daily 《光明日报》，是中共中央主管主办，中央宣传部代管的中央党报，1949年6月16日创刊于北平。最初是由中国民主同盟主办。1981年5月6日刊登曲国斌的《印度伟大作家泰戈尔》和该报记者写的《首都各界人士集会，纪念印度伟大作家泰戈尔诞辰120周年》，8月8日刊登该报记者写的《泰戈尔学术讨论会在北京开幕》，2004年6月8日刊登郑大华的《“五四”时期的思想文化斗争——以泰戈尔访华为例》。

Guangxi Social Sciences 《广西社会科学》，1985年创刊，由广西社会科学院主办。1996年8月第4期刊登负业的《泰戈尔〈沉船〉国内评论撮要》和梁潮的《泰戈尔〈吉檀迦利〉国内评论要端蠡测》。

Guangzhou Studies 《广州研究》杂志，1988年6月第6期刊登王国全的《孙中山与泰戈尔的一段情缘》。

Guda 粗糖，黄糖。

Gudakarman 结发礼。

Gudakesa 古塔吉舍，意思为“浓发”，阿周那的称号。

Gudasabda 晦涩。

Gudhartha 意义晦涩。

Guha 俱诃，《罗摩衍那里》的尼沙陀土著野人首领，帮助过流放中的罗摩、悉多和拉克什曼那。

Guha 俱诃，指战神或湿婆。

Guhyaka 俱希迦，神的随从，财神俱毗罗的侍从，俱毗罗财富的守护神，隐藏的精灵。为部分的罗刹。

Guhyakali 古西亚卡利，恐怖女神。

Guide 《向导》周刊，1922年在上海创办，是中共中央第一个政治机关刊。第一任主编为蔡和森。1925年10月后，彭述之、瞿秋白相继任主编。陈独秀领导刊物的出版，并题写刊名。《向导》周报大力宣传中国共产党反帝反封建的民主革命纲领，先后随中共中央迁往北京、广州、武汉等地坚持出版发行，1929年7月《向导》停刊。在泰戈尔访华期间及之后的1924年5—7月，该刊物连篇累牍地发表陈独秀等人的《泰戈尔与北京》《巴尔达里尼与泰戈尔》《泰戈尔是一个什么东西》《诗人却不爱谈诗》《泰戈尔与金钱主义》《崇拜军阀的罪恶》《什么话》《肉麻世界》《精神生活与金钱》《神童与诗圣》等。

Guiding Journal for Citizens 《公民导刊》，1999年创刊，由重庆人大常委会主办。2011年第11期刊登龚毅的《聆听泰戈尔的飞鸟歌唱》。

Guiding Journal of Science and Education 《科教导刊》，2009年创刊，由湖北省科学技术协会主办。2011年第3期刊登徐萌萌的《从身份认同视角谈泰戈尔短篇小说〈活着还是死了〉》。

Guizhou Guild 贵州会馆，在北京樱桃斜街。1924年4月29日，北京画界邀请正在北京访问的泰戈尔来看画展，凌文渊致欢迎词，徐志摩、姚茫父、陈半丁等陪同。

Guizhou People's Publishing House 贵州人民出版社，成立于1951年2月，是贵州省最早成立的一家综合性出版社。1986年出版魏风江的《我的老师泰戈尔》。

Gujarat 古吉拉特邦，北靠拉贾斯坦邦，南接马哈拉施特拉邦，东邻中央邦，首府甘地纳格，面积18.7万平方千米，人口有4130多万。圣雄甘地就出生在古吉拉特邦的博尔本德尔。艾哈迈达巴德为该邦最大的城市及前邦会。其他重要城市有苏拉特。

Gujarati Literary Conference 古吉拉特文学大会，于1919年12月在阿默达巴德发起，甘地邀请泰戈尔出席大会。

Gujarati Sahitya Parishad 印度古吉拉特文学学会，成立于1920年。

Gujaratis 古吉拉特人，古吉拉提语，印度西部古吉拉特邦的居民和语言。

Gujars 古加尔人，在喜玛偕尔邦和克什米尔地区的印度少数民族。

Gujral, Inder Kumar 古贾拉尔，I. K.（1919—），20世纪90年代担任印度总理。

Gulab Singh 古拉布·辛格（？—1857），印度查谟与克什米尔大君。

Gulal 印度撒红节的各色粉。

Gulbadan Begum 莫卧儿第二代皇帝胡马雍的妹妹（一说女儿），写了《胡马雍本纪》（Humayun Namah）。

Gulbarga 古巴加，古代印度德干地区名城，在比马河下游。

Guler 旁遮普古邦国。

Gull Kripalanb 古尔·克利帕兰博，18世纪信德语作家，作品《伊塔德》（Ithad）。

Gulma 兵集，由三兵口组成，一兵口由三车、三象、十五兵、九马组成。

Guna 自然精华。

Guna 诗德，指紧密清晰，同一，三美，甜蜜，壮丽，柔和，易解，高尚，美好。属性，质量，素质。

Guna-karmashu 干的活，素质与工作。

Gunabhadra 古纳柏德罗，与基纳塞纳（Jinasena）合著《63伟人大往世书》（Drisastilasnamahapurana）。

Gunabhadra 求那跋陀罗，古代中印度佛教高僧，出身婆罗门家庭，由印度教改信佛教。公元435年由锡兰通过海路来中国，至468年去世一直在南京祇洹寺译经。

Gunabhadra 功德贤（394—468），印度佛教圣人，曾来中国广州。

Gunacandra 古纳钱德拉，12世纪作家，与罗摩月（Ramacandra）合著《舞镜》（Natyadarpana）。

Gunadhya 德富，1—2世纪作家，写《伟大的故事集》或《故事广记》（Brihatkatha）。

Gunagirtana 赞美。

Gunakarma 三德之业，由三德所造成的活动。

Gunakesh 古那凯萨，神话里马拉提的女儿，和蛇王阿里亚喀的孙子肃穆卡结婚。

Gunakirttana （诗相）称颂，一个人被说成具有超越世上一切人的美德。

Gunaratna 拘那罗陀，又称真谛，古代印度优禅尼佛教高僧，于456年海路从摩羯陀来中国，公元548年前往南京，翻译了70卷佛经，一直到569年71岁高龄在中国去世。

Gunaratna 功德法身，功德法宝。

Gunasakara 功德海。

Gunatipata （诗相）反讽，称述各种美德，但含有相反意义，听来甜蜜实则刺声。

Gunavarman 求那跋摩，古代克什米尔王子，20岁离家，潜心修行佛经，先后去锡兰、爪哇。公元431年受皇帝邀请来南京讲经、译经。圆寂于祇洹寺。

Gunavarman 《求那跋摩》，即《功德凯》，佛教经典。

Gunavarva 求那跋摩，印度佛教僧人，罽宾人，424年来华。

Gunaviddhi 求那毗地，中天竺人，479年来华。

Gunavriddhi 德进，5世纪印度佛教僧人，曾来华。

Gunbaksh Singh 古纳巴士·辛格，现代旁遮普语散文家。

Gundapa 19世纪坎纳达语作家。

Gunduphar 印度之王。

Gunendranaath 古嫩德罗纳特（1847—1881），泰戈尔的三叔吉林德罗纳特的小儿子。妻子绍乌达米。他们有四个儿子和两个女儿。四个儿子是：戈格嫩德罗纳特（Gaganendranaath，1867—1938）、绍莫楞德罗纳特（Samarendranaath，1870—1951）、奥波宁德罗纳特（Abaneendranaath，1871—1951）和库马楞德罗纳特（Kumaarendranaath，童年就死亡了）；两个女儿是：比诺伊妮（Binayinee,？—1924）和苏诺伊妮（Sunayanee，1875—1962）。比诺伊妮嫁给了舍申德罗普松·丘多巴泰（Shesendrabhoosan chattopaadhyaay），他们的第二个女儿普罗玛，后来与诗人的儿子罗廷德罗纳特结了婚。苏诺伊妮嫁给了罗久尼莫

G

洪·丘多巴泰（Rajaneemohan chattopaadhaay），她在绘画艺术界是位值得纪念的画家。他们的一个女儿比纳芭妮（Beenaapaani）最先嫁给了迪嫩德罗纳特（Dinendranaath），后者被誉为罗宾德罗纳特的“歌库保管员”。

Gunibhutavyangya 以韵为辅的诗。

Gunja 贡迦花。

Gunnukh Singh Musafer 滚努克·辛格·姆萨发，旁遮普语现代作家。

Guo Bingwen 郭秉文（1879—1969），字鸿声，原籍江苏江浦（今南京浦口），生于江苏青浦（今上海青浦），教育家，中国现代高等教育事业的先驱，中国现代大学的开创人，曾任东南大学校长。他是1924年泰戈尔访问上海时负责接待的三人“组织委员会”的委员之一。1924年4月20日，泰戈尔访问东南大学，他负责接待。

Guo Chenfeng 郭晨风，当代学人，发表《泰戈尔政治思想评介——纪念泰戈尔诞辰130周年》。

Guoheng 《国衡》，民国期刊，1935年7月刊登谭云山的《泰戈尔与中国文化》。

Guo Moruo 郭沫若（1892—1978），原名郭开贞，字鼎堂，号尚武，笔名沫若、麦克昂、郭鼎堂、石沱、高汝鸿、羊易之等。四川省乐山客家人，著名文学家、剧作家、诗人，是中国新诗奠基人之一。同时，还是历史学家、古文字学家、书法家、学者、社会活动家，致力于世界和平运动。郭沫若著述颇丰，主编《中国史稿》和《甲骨文合集》，全部作品编成《郭沫若全集》38卷。他比较系统地阅读了泰戈尔的作品，自称是中国第一个接近泰戈尔的人。他的诗歌受泰戈尔的影响很大，但对泰戈尔的1924年访华持反对态度。发表有《泰戈尔来华之我见》等。

Guo Moruo and West-East Culture 《郭沫若与东西方文化》，论文集，1997年10月由中国郭沫若研究会主编，刊登邓牛顿的《对泰戈尔的崇仰与抛别》。

Guo Moruo Study for 30 Years 《郭沫若研究30年》，2008年出版，内有魏建的《泰戈尔究竟怎样影响了郭沫若》。

Guo Zengkai 郭增恺（1902—1989），河北省安次县人，早年就读于北平师范学校。五四运动前就结识了周恩来、赵世炎等人，在进步思想的影响下积极参加了五四运动，在示威游行中被逮捕拘禁，释放后学籍也丢了，1920年加入了李大钊创办的“工读互助团”，继续寻求知识。在“工读互助团”，他一面为上海《国民日报》副刊写稿赚取生活费，一面在北京大学哲学系、中文系旁听。1924年投笔从戎，先后担任过西北通讯社社长和冯玉祥的秘书。1933年到杨虎城部队担任西北绥靖公署的参议。在1936年的西安事变中随宋子文与张学良、杨虎城谈判。

抗战期间他被胡宗南聘为十七军团顾问。1945年后曾任宋子文的秘书、上海招商局顾问、国民党广东省顾问。1946年郭增恺去了香港，担任永安药堂和《星岛日报》的顾问，1948年后从事专栏写作。1980年，郭增恺回到北京定居，曾担任政协常委、人大常务委员等。1924年发表《双方视线之外（泰戈尔的欢迎与反对）》等。

Gupta 笈多，笈多王朝国王。

Gupta 古普塔，吠舍姓。

Gupta 笈多文字，公元4—5世纪印度北方使用的文字。

Gupta Dhan 《秘密财宝》，泰戈尔于1907年写的短篇小说。见 The Hidden Treasure。

Gupta Dynasty 笈多王朝，中世纪统一印度的第一个封建王朝（约320—540）。疆域包括印度北部、中部及西部部分地区。首都为华氏城（今巴特那）。笈多王朝是中世纪印度的黄金时代。笈多王朝时期，大乘佛教盛行，印度教兴起。信仰毗湿奴、湿婆和梵天三大主神的三大教派广泛流行。5世纪初月护二世超日王在位时，是笈多王朝经济、文化最发达的时期。沙摩陀罗笈多之子旃陀罗笈多二世（Candragupta Ⅱ）（380—413年），笈多王朝达到极盛期。梵文诗人及剧作家迦梨陀娑更成为超日王王宫中的九宝之一，留传有四部诗歌及三部剧作，《云使》以恋人情书的形式描写印度北部山水秀丽；《鸠摩罗出世》是关于湿婆及其妻儿的神话故事；剧作《沙恭达罗》是讲述美丽善良少女沙恭达罗与国王豆扇陀的相爱及误会分开的故事。另外，印度教的神圣史诗《罗摩衍那》《摩诃婆罗多》也是在这一时期编成的。建筑方面以阿旃陀石窟及爱罗拉石窟为经典。另外，在天文、数学、医学、冶金方面有巨大成就，王朝后期的数学及天文学家亚利雅巴达算出圆周率至小数位后四个字，并认定地球自转。在超日王时期，中国高僧法显游历印度，著有《佛国记》（原名《历游天竺记传》），有些印度僧人也在此时来到中国。

Gupta，Atulchandra　古普塔，阿图尔钱德拉（1884—1961），杰出的孟加拉语作家、梵文学者和律师。曾获加尔各答大学名誉博士学位。曾撰文纪念泰戈尔诞生100周年。

Gupta，Das　格普塔，达斯，20世纪印度哲学史家。

Gupta，Deshapriya Sen　古普塔，德沙浦瑞亚·森，印度独立领袖，1933年死于狱中后，泰戈尔撰文纪念他。

Gupta，Uma Das　古普塔，乌玛·达斯，当代泰戈尔专家，2006年出版《泰戈尔：自述自传》（Rabindranath Tagore: My Life in My Words）。2009年在新德里牛津出版社出版《泰戈尔：教育与民族主义文选》（Indian Tagore: Selected Writings on Education and Nationalism）。

Gupta，Maithilisharan　古伯德，M.（1886—1964），印度印地语爱国主义诗人，作品《农民》等。

Gupta，Nagendranath　古普塔，那金德罗纳特，泰戈尔时代的泰戈尔作品翻译家。

Gupta，Nalinikanta　古普塔，纳利尼坎塔，印度现代哲学家奥罗宾多的高足弟子。

Guptaprem　《秘密的爱》，泰戈尔的诗。

Gurdwara　古尔德瓦拉，在现在的巴基斯坦，1935年2月泰戈尔访问这里。

Gurdwara　锡克教寺庙，犹太教堂。

Gurjara　瞿折罗人，瞿折罗在现在的古吉拉特邦。

Gurjara-Pratitihara Dynasty　瞿折罗-波罗提诃罗王朝，6—11世纪瞿折罗人在古吉拉特和拉贾斯坦建立的王朝。

Gurkha　郭尔喀人，尼泊尔的武士族。

Gurmatta　导师的意志。

Gurpurab　锡克教十个祖师的出生（逝世）周年纪念日。

Guru　泰戈尔1918年根据剧本《坚定寺院》（Achalayatan）改写的象征剧《导师》。见The Static Institution。

Guru　导师，师尊，印度教导师，精神感悟者，在一些印度语言中指传授经典知识、指导人生道路的导师，实际是很受社会尊敬的精神领袖。

Guru　古鲁派，以普拉帕格拉（Prabhakara）为代表，认为吠陀词语只能在上下文中理解。

Guru　《导师》，泰戈尔1918年写的短剧。见The Great Teacher。

Guru Granth Sahib　《古鲁格兰特》，锡克教的圣书。

Guru ka Bagh　祖师园，纪念锡克教第五代祖师阿尔琼·戴维（Arjun Dev）的园林，在阿姆利则。

Guru ka Langar　锡克教不同种姓、信仰、种族的人一起用餐。

Guru Sishya Parampara　通过导师学生传承知识。

Guru thakur　精神师父，导师。

Guru's Dictum　《导师的名言》，泰戈尔于1886年写的幽默故事系列之一。

有那么一些年轻人，什么事情都没有主见，事事处处听导师的。有一个事件来证明这一点：有一次，有人向一个叫巴单的年轻人提出一个问题：史诗中的神秘的金翅鸟王为什么死于十首魔王罗婆那之手。其中一个弟子明确回答说，是因为金翅鸟王遭到十首魔王致命的一击，有人便指责说这个回答太简单。接着有人便取笑西方的逻辑思维，说逻辑思维扰乱了印度的传统思维方式。于是请教导师石罗马尼。石罗马尼的回答模棱两可，似是而非，不得要领，透着传统的陈腐气味，但却受到不乏聪明却盲目崇拜导师的学生毕恭毕敬的接受，近乎荒唐。

Gurubakya　泰戈尔于1886年写的喜剧《导师的名言》。见Guru's Dictum。

Gurudakshina　徒弟给师父的谢师礼。

Gurudeva　师尊。

Gurudeva　“师尊”“太智”，对泰戈尔的敬称。

Gurukalkangri　印度教教徒学习的地方，在哈瑞德瓦（Hardwar），现为梵文媒体大学，由阿瑞亚·萨马基石（Arya Samajish）创立于1902年。

Gurukuka　导师教导下的学生阶段。

Gurukula　学校。

Gurukulam　跟导师学吠陀。

Gurumukti script　诗成体，天城体的变体，锡克教祖师创造的字体。

Guruparanpara 导师家族，传统的导师队伍，师徒传承。

Gurupurabs 导师出生纪念日。

Guruvayur 古鲁瓦于，黑天庙所在地，在克拉拉邦。

Guruvayurappan 古鲁瓦于的神，指黑天。

Gustav Vigeland 古斯塔夫·维基兰(1869—1943)，挪威最著名的雕刻家。1926年8月25日，正在挪威访问的泰戈尔参观了他的画室，并拜访了几个挪威知名人士，如南森、波及奥尔森、波杰尔等。

G

Gusundika 古颂迪迦，成亲第二天举行的仪式，丈夫承诺一生保护妻子，妻子承诺对丈夫忠贞不二。

Gutikata Galpa 《几个小故事》，泰戈尔的散文。

Guyani 智者。

Gwalior 瓜廖尔，印度中央邦西北部城市，位于恒河平原至温德亚山区天然走廊中，有阿格拉—那格浦尔铁路通过，人口56万。这座印度著名古城的北边是阿格拉，那里有举世闻名的泰姬陵；南边是克久拉霍，号称性都，以大庙上举世罕见的性雕塑吸引着四方游客；再往南是桑吉佛塔所在地，著名的佛教遗址。瓜廖尔就像这串地理珠宝项链上的一颗珍珠，散发着自身璀璨的光芒。

传说在公元8世纪，有位王子行走在这一带丛林中时迷了路，最后走到了一个与世隔绝的山上。他在山上遇到一位名叫瓜廖尔的圣人。王子向圣人讨水喝。圣人把他领到一个池塘边。王子喝了池塘里的水，不仅解了渴，还治愈了久受折磨的麻风病。王子满怀感激之情，问圣人怎样报答才好。圣人说你在山上建一座城堡吧。王子就在这座山上修建了一座城堡，并把这个地方命名为瓜廖尔。应土邦王的邀请，泰戈尔原计划于1937年9月访问瓜廖尔，不料突然昏迷，没有去成。

Gwyer, Maurice 格威尔（1878—1952），印度著名法律学家，曾任德里大学副校长、印度司法总长。1940年8月，牛津大学授予泰戈尔荣誉文学博士学位。牛津大学专门授权格威尔、拉达克里希南爵士、加尔各答高等法院的亨德森先生做代表，于8月7日举行授予仪式。

Gyana 知识，本领，武艺。

Gyandas 吉言达斯，14世纪印度毗湿奴派诗人。

Gyana-yoga 思辨瑜伽。

Gyanankur 《知识幼苗》，泰戈尔时期印度孟加拉地区的文学杂志，曾于1875年发表泰戈尔的第一首长篇叙事诗《野花》(Bunaphul)。

Hh

H. G. Wells and Tagore 《威尔士与泰戈尔》，1936年英国作家威尔士与泰戈尔的对话。

H. S. Olcott 奥尔考特，英国军官，1875与布拉瓦茨吉夫人创立神智学会（Theosophical Society）。

Ha Re Bidhi Kee Daarun Adrishta Aamar 《啊，上苍，我的命多苦》，泰戈尔的诗。

Haa Bidhaataa Chhelebelaa Hatei Eman 《啊，天神，我从小就这样》，泰戈尔的诗。

Haabalaar Pul 哈布拉桥，加尔各答城内横跨胡格利河的一座大桥，就是现在的豪拉大桥的旧称。

Haaldaargosthee 泰戈尔的短篇小说《哈尔达尔一家》。

Haaoraa 豪拉大桥，流经加尔各答的恒河上的一座大桥，豪拉火车站位于其西侧。

Haas 哈斯，20世纪印度科学家。

Haasyakautuk 泰戈尔的《滑稽剧本集》。滑稽剧（神秘剧）。

Haat 肘，印度传统计算长度的单位，指手指尖到肘窝的距离，等于1.5英尺。

Haate Kalame 《亲手做事》，泰戈尔的散文。

Haba Khatoon 哈巴·卡同，16世纪克什米尔女诗人。

Habib Tanvir 哈比卜·坦维尔，19世纪印度剧作家。

Habra 哈布拉桥，豪拉大桥过去的称呼，位于加尔各答城西侧的胡格利河上，距离豪拉火车站不远。

Hadda 哈达，地名，在阿富汗开伯尔山口的西端，有佛陀颅骨舍利的古寺遗址。

Haddi 哈迪种姓。

Hadley 哈德利，20世纪初任美国耶鲁大学校长，1916年12月泰戈尔访问美国时他邀请泰戈尔访问耶鲁大学。

Haema 供奉鲜血，古代波斯人的中通拜神形式。

Hafiz 哈菲兹（1300—1389），真名沙姆思·阿丁·穆罕默德，名字的含义为熟背古兰经的人。他是14世纪波斯最伟大的抒情诗人。父亲是伊斯法罕的商人，后全家移居设拉子。幼年丧父后生活困苦，一面谋生一面求学，对神学和阿拉伯文学尤感兴趣。少年时即开始写诗。20岁时在抒情诗和劝诫诗方面崭露头角，受到世人注目。巴格达宫廷曾邀请他进宫赋诗，遭到拒绝。他精通神学和阿拉伯文学，年轻时就由于智力非凡并能背诵可兰经而受到人们的尊敬，后来在一所教会学校讲授神学。他很早就开始写诗，以源出于阿拉伯诗艺的优美的嘎泽拉诗而闻名。他曾大胆地写过一些劝善诗献给以设拉子为首的南部伊朗王朝的掌权者，赢得了广泛的声誉。后来，巴格达、德里的君主都曾经慕其名而千方百计地邀请他去做自己的宫廷诗人，但哈菲兹所崇尚的是独立与自由，他自始至终没有离开自己的祖国。1387年，当帖木儿占领设拉子时，哈菲兹已经是一个衣不蔽体、食不果腹的苍老托钵僧了，他机智地避开帖木儿的迫害，两年后死于悲愤和贫困。他遗留下来500多首抒情诗，反映出他对腐朽的统治阶级的失望，渗透着反抗封建社会丑恶现实的思想情绪，对僧侣们的虚伪和思想贫乏给予了无情的嘲讽。他曾经是夜歌苏菲主义者。他把爱情和蜜酒作为自己创作的主要主题之一，主张个性独立与自由，宣传享乐主义，以此直接对抗苏菲分子的虚假的禁欲主义和逆来顺受的说教。他的诗联想丰富、寓意深刻、富有哲理，诗歌情感真挚，被公认为波斯抒情诗的高峰。1932年4月泰戈尔访问波斯时，在设拉子拜谒了哈菲兹的陵墓。1387年，征伐波斯的帖木儿占领设拉子时，他已沦为托钵僧，两年后去世，安葬在设拉子郊外的莫萨拉附近，今已修建成哈菲兹陵园。

他的作品主要有抒情诗、颂诗、短诗、鲁拜诗（四行诗），最能代表其文学成就的是近500首嘎扎勒，这是波斯古典诗歌中的抒情诗体，形式较为自由，一般由7～12个对句组成，多则可达20余个对句，只用一个韵脚，通常要在最后一个对句中点出主题，并出现诗人的名字。哈菲兹的抒情诗继承并发展了这种诗歌传统，没有标题，也不大注意情节是否连贯，注重抒发主观的感受和描写客观景物，抒情中不乏哲理，充满浪漫主义色彩。诗中歌唱现世幸福，赞美人与人之间的真挚情感，揭露和嘲讽了社会虚伪与宗教偏见，表现了对社会道德沉沦的不满和追求自由的激情。在许多颂酒抒情诗中，流露出他放歌痛饮的豪放以及洁身自好、不与权贵同流合污的高尚精神。在大胆讴歌纯洁爱情的抒情诗中，充分表达了诗人追求自由爱情、渴望个性解放的心理。在咏叹春天、鲜花，呼唤自由、公正的抒情诗中，洋溢着对美好新生活的企盼之情，以及关注下层人民命运的深情。这些诗歌珍品在艺术和内容上都堪称是波斯抒情诗的巅峰之作。

Hague 海牙，荷兰第三大城市，在阿姆斯特丹和鹿特丹之后，人口47200人，面积约100平方千米。海牙位于西荷兰的南荷兰省，同时也是该省省会。虽然海牙并不是荷兰的首都，因荷兰宪法规定首都是阿姆斯特丹，但它是荷兰中央政府所在地，而且碧翠斯女王居住在海牙并于此办公。所有的政府机关与外国使馆都位于此。国际法庭设在海牙。1920年泰戈尔访问该市。

Haidar Ali 海达尔·阿里（1722—1782），印度南方迈索尔国家伊斯兰君主。

Haihaya 醯诃耶族，部族名，传说中该部族的国王为因偷祭祀牛犊而被家摩塔格尼的儿子持斧罗摩杀死的迦哩陀毗哩耶。

Haiku 俳句，是日本的一种古典短诗，由十七字音组成，要求严格，受“季语”的限制。它源于日本的连歌及俳谐两种诗歌形式。泰戈尔生前很欣赏俳句。

Haimantee 《海蒙蒂》，泰戈尔于1915年写的短篇小说。海蒙蒂自幼丧母，是父亲的唯一孩子，她知书达理。17岁时，由她父亲的好朋友班纳玛里介绍，嫁给了我这个大学生。我父亲听说海蒙蒂的父亲在山区某省当教育部长，加上一万卢比现金和价值五千卢比的首饰的丰厚的嫁妆，势利的我父亲高兴得合不拢嘴，在婚礼那天亲口答应亲家可以随时把海蒙蒂接回家去。17岁的姑娘在当时早已超过结婚年龄，因而母亲尽量在亲戚面前掩饰，说海蒙蒂11岁。偏偏海蒙蒂没有学会撒谎，照直对亲戚说自己17岁，弄得婆婆很尴尬，公公让她以后不要开口。我父亲本来想着海蒙蒂的父亲既然是教育部长，我将来一定会全部继承大笔财产而且接替部长职务，结果发现，海蒙蒂的父亲只不过是个小小的教育局长，相当于小学校长，而且嫁妆是借债凑起来的，大为失望。于是海蒙蒂在我们家的地位一落千丈，只有我妹妹尼拉尼同情嫂子。我很爱妻子，和妻子共同读书。海蒙蒂很想家，往往一个人望着窗外偷偷掉泪，憔悴不堪，我很过意不去，于是欺骗父亲说海蒙蒂有病，应该在父亲处住一段时间。但当我父亲问海蒙蒂时，她说自己没有病。媒人、海蒙父亲的好友班纳玛里发现海蒙蒂一天天消瘦，将消息告诉海蒙蒂的父亲。海蒙蒂的父亲不期而至，我父亲一改过去热情，对亲家极其冷淡，而且食言，竟然不让海蒙蒂跟父亲回娘家。海蒙蒂将苦水压在心里，不愿让父亲受委屈，硬着心肠告诉父亲，“如果你以后再来看我，我就关上门不让你进来”。

海蒙蒂终于郁闷而死，母亲又为我物色新的对象。

Hainan Publishing House 海南出版社，在原海南人民出版社的基础上于1990年重新组建。1997年出版《泰戈尔》。

Hair-splitting Argumentation 《索然无味的争论》，泰戈尔于1886年写的幽默故事系列之一。

Haji Maula, Uprising of 哈吉·毛拉起义，中世纪由哈吉·毛拉领导的反抗德里苏丹的起义，失败。

Hajj 朝觐。

Hakim Ajmal Khan 哈基姆·阿杰马勒·汗（1863—1927），印度穆斯林政治家，1921年任国大党主席。

Hakone 箱根，位于神奈川县西南部，距东京90千米，是日本的温泉之乡、疗养胜地。约在40万年前这里曾经是一处烟柱冲天、熔岩四溅的火山口。现在的箱根到处翠峰环拱，溪流潺潺，温泉景色十分秀丽。由于终年游客来来往往，络绎不绝，故箱根又享有“国立公园”之称。1916年6月泰戈尔访问日本时在此地的日本著名商人兼收藏家小松家居住。

Haksar, Parameswar Nath 哈克萨尔，帕拉姆什瓦尔·纳特（1913—），印度经济学家，曾任英迪拉·甘地的秘书。

Haksley 哈克斯列（1825—1895），英国自然科学家，达尔文的亲密朋友，著有《人在自然中的地位》等。

Hala 哈拉，1世纪萨陀伐诃那王朝（Satavahara）国王，酷爱文艺，写诗《七百咏》（Saptasati or Gahasattasai）；女友之间的相互称呼；犁；时间，死亡，死神。

Halahala 神话里湿婆饮的最初毒物。乳海里搅上来的毒物。

Halakarshana 耕种节，耕田节，农耕节，泰戈尔在斯瑞尼克坦实行的节日，在每年7月22日。

Halalkhor 贱民种姓。

Halaratri 死亡之夜。

Halayuddha 赫拉由达，10世纪诗人，作品有《诗人的奥秘》(Kavirahasya)。

Halayudha 犁，神话传说中大力罗摩的武器，有一百个火焰刀锋。

Halbfass，W. 哈尔布法斯，西方印度学家。

Haldar，Asitkumar 哈尔达，1919年前后担任泰戈尔创办的国际大学美术系老师。

Haldargoshthi 《哈尔达尔一家》，泰戈尔于1914年写的短篇小说。见The Haldar Family。

Halebid=Dorasamudra 哈勒比，古霍伊萨拉王朝的首都。

Hali, Altaf Husain 哈里，A. H.（1838—1914），印度乌尔都语诗歌的奠基人，作品有《六行诗集》。

Halifax 哈利法克斯，20世纪英国伯爵，和泰戈尔有来往。

Halis 祭祀时烧的祭品。

Hallisaka 赫利萨卡，用舞蹈表演黑天的事迹，黑天在中间，牧女围着他跳舞。

Halo 佛陀头后的光环，白毫辐射的光辉晕圈。

Ham Sakhi Daarida Naari 《我是个穷苦女人》，泰戈尔的诗。

Hamacandra 雪月，古代耆那教徒，著《声教》(Sabddanusasana)

Hamburg 汉堡，是德国三大州级市之一，也是德国最重要的海港和最大的外贸中心、德国第二金融中心，是德国北部的经济和文化大都市，位于不莱梅东北部易北河岸，是德国北部一座美丽的港口城市，德国第二大城市，仅次于柏林。面积755.3平方千米，人口173万，其中外国人占15.3%，华侨华人近2万余人。1921年5月，泰戈尔来这里演讲、观光。1926年9月9日泰戈尔再次访问汉堡，翌日作《文化与进步》的公开演讲。

Hami 哈密，在今新疆东部，曾是古“丝绸之路”重镇，地处中原与西域文化交汇之地，历史文化源远流长，人文、自然景观星罗棋布，融南北疆景色和气候于一地，有“新疆缩影”之称。

Hamida 哈密达，莫卧儿王朝第二代皇帝胡马雍1540年向北逃亡中在信德娶的地方统治者的女儿。

Hamir Deva 哈米尔·德瓦（?—1301），印度拉其普特首领。

Hamkut 赫姆库特山，位于喜马拉雅北麓的一座山。

Hammam 浴室。

Hammanirodha 断灭业。

Hammiramadanardana 迦叶新哈（Jayasimha）写的剧本《御寇记》。

Hampi 亨比，有名的印度教庙，在卡纳塔克邦。

Hampstead 汉普斯泰德汉普斯泰之家，英国诗人罗丁斯坦的宅邸，是伦敦艺术家、文学家、音乐家、自由分子、知识分子扎堆的地方，就在这里他邀请英国诗人第一次欣赏泰戈尔的诗。

Hamsa 汗萨，传说中第一阶段的毗湿奴化身，美庐山底。

Hamsa 天鹅。

Hamsa Jataka 金鹅本生。

Hamsapaksa 天鹅翼，用舞蹈手势做出天鹅翼的样子，伸展无名指、中指、食指，拇指弯曲。

Hamsavaktra 天鹅嘴手势，中指、食指和拇指紧靠，小指和无名指伸展。

Hamshamsasya 手势：拇指与食指相捏，其余三指分开，略微弯曲。

Han 统治者，主宰。

Han Feihu 韩飞虎，盐城工学院老师，发表《和谐的交响：泰戈尔诗歌的生态解读》。

Han Binyu 韩斌育，华西师范大学老师，发表《泰戈尔的东方传统与西方情结》《泰戈尔短篇小说的灵幻叙述与悲剧内涵》。

Han Yanhong 韩燕红，当代女学者，发表《爱的宗教哲学——冰心与泰戈尔诗歌之比较》。

Hanadryad 眼镜蛇，拂拂，树精。

Handel，George Frideric 亨德尔（1685—1759），生于德国，是巴罗克时期最杰出的作曲家之一。他幼年即展示出不凡的音乐才华。早年曾在哈雷大学攻读法律，但对音乐的热爱终于使他选择以此作为一生的事业。他于1703年赴德国汉堡，师从赖因哈特·凯泽尔。后赴

H

英国发展，他的事业在那里达到了辉煌。其作品全集共一百卷，由德国亨德尔协会出版。亨德尔作品的风格融意大利音乐风格传统、英国合唱传统与严谨、精致的德国对位艺术于一体，展示出宏伟壮丽、亲切谐和、优美动人的的特征，在清唱剧、歌剧与器乐领域的成就都达到了那个时代的最高峰。1912年泰戈尔访问伦敦时曾出席在伦敦水晶宫举办的纪念亨德尔的交响音乐会。

Hang Shijun　杭石君，民国人物，著名记者，1924年4月在上海参加泰戈尔访华的接待工作。

H

Hangzhou　杭州，位于中国东南沿海北部，是浙江省省会，长三角第二大城市。杭州有多项旅游景点入选中国世界纪录协会世界纪录，创造了一批世界之最。杭州历史源远流长，自秦设县治以来，已有2200多年历史。杭州还是五代吴越西府和南宋行都。“上有天堂、下有苏杭”，表达了古往今来的人们对于这座美丽城市的由衷赞美。元朝时曾被意大利旅行家马可·波罗赞为“世界上最美丽、华贵之城”。1924年4月13日，正在访华的泰戈尔游览杭州西湖。

Hangzhou Almanac　《杭州年鉴》，1992年1月刊刊登梁克鼎的《中国民主同盟杭州市委员会向民盟盟员魏风江赠送泰戈尔塑像》。

Hanja　丫头。

Hankou　汉口，武汉市的一个重要组成部分，为武汉的商业中心，与武昌和汉阳并称武汉三镇。汉口地处长江西北、汉水以北的地域，隔长江与其东南侧的武昌相望，并与其南侧的汉阳相望。三镇不仅各有其独特的历史发展轨迹，而且分别各自形成了独特的城市面貌，在功能分工上各自扮演不同的角色。虽然三镇在行政上已经合并接近60年之久，这种情形并未发生根本改变。汉口得名于地处汉江注入长江之口，因古时称汉水为夏水，故当时有夏口之地名。但夏口既没有聚集成市，也不是今天的汉口之所在。1924年5月25日，泰戈尔在访华期间从太原坐火车到汉口，应熊佛西之邀，在汉口的辅德学校演讲，主要谈教育问题，下午，武汉佛学新青年会及武昌各界人士在武昌体育场为泰戈尔举行欢迎会，并邀其演讲。当晚，泰戈尔在徐志摩陪同下坐船去上海。

Hansa　天鹅，梵天的坐骑。

Hansa　汗萨，印度神话里的武士，妖连的朋友，一个和他友好的武士底摩诃加误以为被大力罗摩杀死的与他哥哥同名的国王为兄弟，悲愤自杀，汗萨得知消息后为底摩诃加投入雅穆纳河而死。

Hansa balaka　凡人的灵魂飞向天堂的归宿。

Hansahipa　汗萨黑帕，孟加拉语中对人的尊称，意为“先生”。

Hanuman　哈奴曼，印度史诗《罗摩衍那》的神猴，拥有四张脸和八只手，解救阿逾陀国王子罗摩之妻悉多，与罗刹恶魔罗婆那大战。罗摩是大神毗湿奴化身。罗摩之妻悉多非常美丽，被楞伽城十首魔王罗婆那用计劫走。罗摩在寻妻途中助猴王须羯哩婆夺得王位。猴王派手下大将哈奴曼随罗摩去寻妻。哈奴曼勇敢机敏，能腾云驾雾，火烧楞伽宫，盗仙草，终于帮助罗摩征服了强敌，救出悉多。神猴哈奴曼的故事是印度神话中的精品，哈奴曼不仅在印度家喻户晓，而且东南亚各国人民亦敬他为英雄。

Hanumannataka　13世纪苏婆陀（Subhata）的剧本《哈奴曼剧》。

Hao Lan　郝岚，女，博士，天津师范大学教授，出版《解读泰戈尔》，发表《泰戈尔的经典化》。

Hao Qingju　郝清菊，女，新乡师范高等专科学校中文系老师，发表《泰戈尔泛爱思想对徐志摩的影响》。

Hao Yufang　郝玉芳，当代女学者，发表《泰戈尔的自然诗、自然观、自然美学研究》《论泰戈尔的自然观》《泰戈尔自然美学简论》等。

Haoma　即soma，波斯语的苏摩酒，又是榨取苏摩酒汁液的植物。

Happiness　《幸福》，泰戈尔1914年4月写的诗。

Haque，Azizu l　哈克，阿兹祖尔（1872—?），曾任孟加拉教育部部长，1940年1月25日在圣蒂尼克坦主持梵社纪念大会，泰戈尔以“追求完美”为题目发言。

Har　胜利，胜利！

Har　霍尔，是印度毁灭大神湿婆的名称之一。

Har Gobind　哈尔·戈宾德（1595—1644），锡克教第六代祖师。

Har Kishan　哈尔·克山，17世纪锡克教第八代祖师。

Hara` 哈拉，黑暗拯救者，湿婆大神的别名。

Hara 栖原，日本友人，泰戈尔在日本访问时住在他家。

Haracaritacinmani 《古代梵语文学史》，12世纪克什米尔（Kasmira）梵语诗人迦雅拉塔（Jayaratha）的作品。

Harahari 哈喇哈里，毗湿奴与湿婆的二位一体。

Haramani 丢失的宝石。

Harana-Harika 《取妆奁篇》，故事取自于史诗《摩诃婆罗多》。

Harapala Deva 哈拉波罗·德瓦（?—1317），信奉印度教的雅达瓦国王。

Harappa 哈拉帕文明，印度次大陆青铜时代城市文明。遗址位于巴基斯坦旁遮普地区拉维河左岸。1921年挖掘。

Harasan 小松，日本著名企业家兼收藏家，泰戈尔1916年6月访日时就住在箱根的他们家。

Harathakur 哈拉塔库尔，20世纪印度孟加拉塔帕音乐家。

Haravijaya 《诃罗胜利记》，9世纪拉特纳卡拉（Ratnakara）写。

Haravijaya 《湿婆的胜利》（史诗）。

Haravilasa 《大自在天的神迹》。

Hardinge, Charles 哈丁，查尔斯（1853—1944），于1910—1916任印度总督。他爷爷老哈丁于1844—1848也担任过印度总督。

Hardwar 哈尔德瓦尔，印度恒河沿岸四大宗教圣地之一。"哈里（毗湿奴大神）之门"。在印度北方邦，恒河从此进入印度平原。有毗湿奴庙，每天傍晚有印度教点灯仪式，每12年举行一次恒河圣水沐浴节（宫巴庙会），这里也是瑜伽圣地。恒河灌渠网从这里开始。

Hardy, F. 哈代，英国印度学学者。

Hare, David 黑尔，戴维（1775—1824），来印度推广英语的爱尔兰人，死于霍乱。

Hare Krishna Behra 哈瑞·克里希纳·贝赫拉，奥迪西舞教育家。

Hare Krsna Mantra 毗湿奴颂歌，毗湿奴颂诗。

Hare Krsna Movement 哈里·黑天运动，正式名称为黑天觉悟国际协会，1966年在纽约成立，其宗旨是把对黑天的崇拜推向国外，全世界有68个中心，其主要功绩是成功地把印度教虔诚派传统宣传到西方和在西方的印度人，把《薄伽梵歌》和《薄伽梵往世书》等印度教经典翻译介绍到西方。

Harei 高兴。

Harhride Kaalikaa 《湿婆心中的迦梨女神》，泰戈尔的散文。

Hari 哈里，毗湿奴大神的别名。

Hari 黑天，哈利种姓。

Hari 能够成长为整个宇宙的种子。

Hari 哈里，印度的低级种姓。

Hari 哈里（特指黑天），神。

Hari katha 《诃利故事》。

Hari Naraya Apt 哈里·那拉亚·阿普特，19世纪马拉提语社会小说家。

Hari-hara 诃里诃罗，神话里毗湿奴与湿婆的复合体。有两种不同的说法。1.毗湿奴的妻子吉祥天女拉克西米和湿婆的妻子难近母争谁的丈夫伟大，毗湿奴为了表明和湿婆不分伯仲，与湿婆合二为一。2.湿婆竟然热恋紧追毗湿奴化身的美丽女子，女子还原为毗湿奴，被湿婆紧紧抱住，二人合为一体。

Haribangsh 《霍里世家》，描写黑天和黑天王朝的故事。

Haribhadra 师子贤，8世纪耆那教作家，著有《所摩奈奢》（Samaraiccakaha），《六派哲学集成》。

Haribhadra 哈里帕德拉，9世纪耆那教思想家，著作有《六派哲学集成》。

Haribol 霍里波尔，印度教徒祈求神明保佑的呼唤。

Haricandra 诃里旃陀罗，10世纪作家，著有《持命占布》（Jivandharacampu）。

Haridar 赫里达尔，喜马拉雅山山麓的一处圣地。

Haridas 哈里达斯，由布班钱德拉·木格帕迪亚（Bhubanchandra Mukhopadhyay）从雷诺（W. M. Reynold）的小说《约瑟夫·维尔莫特》（Joseph Wilmot）改编的《哈里达的秘密》（Haridasher Guptakathe）中的主人公。

Haridasher Guptakathe 《哈里达的秘密》，由布班钱德拉·木格帕迪亚（Bhubanchandra Mukhopadhyay）于1871—1873年模仿乔治·威廉·雷诺（George William Reynold）的英语

H

著作写的色情书，19世纪在孟加拉被列为禁书。

Harihar　博洛拉姆的儿子是侯里侯尔。

Harihara　信奉毗湿奴与湿婆的城镇。

Harihara II　哈里哈拉二世（？—1356），印度维查耶纳加尔帝国的建立者。

Harijan Sevak Saugh　哈里真奴仆协会。

Harijans　哈里真，“神之子”，甘地对贱民的尊称。其他叫法有旃陀罗（chandala）、产马尔（chanmar）、蔑车（miechha）、班查玛（panchama，第五阶级）、列表种姓（Scheduled）、不可接触者（untouchable）、被压迫阶级（depressed class）等。他们的社会地位最低，受高种姓的歧视和压迫，干最脏、最累的活，工资最低，受教育程度最差。在不同的地方有不同的贱民种姓：

北印：阿瓦尔玛（Avarma）、博格塔（Bhogta）、比亚（Bhiya）、杜比（Dhobi）、东（Dom）、度萨（Dusadh）、姆萨哈（Musahar）、那拉拉卡尔（Nalalkhar）、帕西（Pasi）、雷格尔（Regar）。

泰米尔纳德：查克里斯（Chakkilish）、帕莱亚斯（Paraiyas）、帕兰斯（Pallans）。

其他地方：巴尔斯（Balshi）、宝瑞（Bauri）、马扎比（Mazhabhi）、梅加瓦尔（Meghawal）、梅哈尔（Mehal）、拉吉班斯（Rajbans）、西科（Sik）。

Harimandir Sahi　（锡克教）神的庙宇。

Haripura　哈里普拉，印度西孟加拉城市，1938年在这里召开国大党会议，选举鲍斯为主席。

Harisacarita　《戒日王传》，7世纪由戒日王的宫廷诗人拜那（Bana）写。

Hariscandra　霍里什琼德罗，传说中的太阳族28世王。

Harisena　诃利犀那，1. 4世纪笈多王朝的宫廷诗人；2. 5世纪南印度发卡塔卡王朝国王。

Harishchandra Haaradaar　侯立沈琼德罗·哈尔达尔，泰戈尔第十七代先祖尼尔莫尼的女儿拉摩莫尼于1785年即12岁时嫁的丈夫。

Harischandra　霍里什琼德罗，印度神话里的太阳族第二十八代国王，特里松库王之子。虔诚公正，曾为救助被众友仙人折磨的妇女而被仙人索要去疆土、王国和财产，卖掉妻子筛边，沦为奴隶，他把自己也卖给了羌达尔人，把卖的钱财交到众友仙人的手里。碰到埋葬被蛇咬死的儿子的妻子，夫妻痛不欲生，要双双自焚，天神赶来说，一切是考验他，最后和属民同升天界。众友仙人把王国归还给了霍里什琼德罗。

Harish Mukherjee　霍里什·穆库杰（1824—1861），梵社领袖。出生于加尔各答，是印度19世纪著名的演说家和记者。

Hari Singh　哈瑞·辛格，印度独立前统治克什米尔王国的大君。

Harishchandra, Bharatendu　赫里谢金德尔，B.（1850—1885），印度印地语作家，作品有《信守不渝的国王》《印度惨状》等。

Harishchandra Sakharam Bhathadekar　哈里斯钱德拉·S. B.，印度第一位拍短电影的人，作品有《人与猴子》（Man and Monkey）、《角斗》（The Wrestle）。

Harisyama　哈里斯亚摩，一种檀香的名字。

Harita　绿马。

Haritas　哈里塔，神话中极欲神牛变出的打众友仙人的人、神、怪。

Hariti　诃利，鬼子母神，生育女神，财神般遮迦的妻子。

Harivarman　诃梨跋摩（3—4世纪），著大乘经典之一的《成实论》。

Harivamsa　《诃利世系》，《摩诃婆罗多》补篇。

Harivamsa　《大疏附录》。

Harivasara　戒斋日。

Harkipauri　哈里的脚印石，在恒河流出喜马拉雅山，进入印度平原20千米的印度教圣地哈瑞德瓦（Hardwar），石头上有毗湿奴的脚印。

Harmika　方形围栏。

Harrap　哈拉普出版社，在伦敦，曾出版泰戈尔的作品。

Harsa　喜悦，幸福快乐。

Harsha　戒日王（589—647），印度戒日王朝国王（606—647年在位），戒日王朝的建立者，印度古典文化的集大成者。他为中国人所熟悉主要是玄奘西游的缘故，而单就印度历史而言，他也是最具影响的帝王之一。606年，戒日王因其兄罗贯伐弹那为邻国所杀而嗣位。他励精图治。6年后，誓师复仇，进而以首都曲女城为中心，征伐四方。当时领土包括恒河流域，旁遮普和拉其普特的大部分地区，直到西印度卡提阿瓦尔半岛一带。他是继笈多王朝之后统一印度的著名国王，曾多次派遣使臣与中国唐朝通好；唐太宗亦派王玄策等人多次使印报聘。在他统治的40余年间，北印度相对稳定繁荣。他死后，帝国开始分裂，出现了王朝林立的局面。

戒日王信奉印度教湿婆派，但对其他宗教也都采取扶持政策。他修建了许多佛塔、伽蓝，供养佛教僧众。每五年举行一次无遮大会（各个教派都可以参加的宗教大集会），鼓励各教派进行宗教学术交流。中国玄奘访印期间，正值戒日王治世，颇受礼遇。戒日王奖掖文艺，在宫廷中供养了一批著名文人。他自己也是一个文学传记作家。著有《龙喜记》（有吴晓铃之中译本）、《璎珞记》、《钟情记》3部剧本传世（一说这些剧本系他人所写）。另外，他创作的《八大灵塔梵赞》和《野朝赞》表现出强烈的佛教情趣。由于戒日王对佛教的扶助支持，佛教徒把他看作与阿育王、迦腻色迦齐名的护法名王。

Harsha Dynasty　曷利沙帝国，7世纪曷利沙·伐檀那建立的帝国。

Harsha-kala　曷利沙纪元，以曷利沙国王即王位的606年为元年的纪元。

Harshacharita　《戒日王传》，7世纪波那著。

Harsikesa　感官之主。

Hart Brother　哈尔特兄弟，当时设在加尔各答的英国一家马车公司的名称。

Hart-Hareshwar　湿婆与毗湿奴二位一体。

Hartal　停止支付抗议性的劳动，罢工，罢市。

Haruna Maru　春奈丸号船。1924年9月，泰戈尔从科伦坡乘此船转道法国，参加秘鲁独立100周年庆典。

Harvard University　哈佛大学，1636年由马萨诸塞州殖民地立法机关立案成立，是一所位于美国马萨诸塞州波士顿剑桥城的私立大学，同时是常春藤盟校成员之一。该机构在1639年3月13日以一名毕业于英格兰剑桥大学的牧师约翰·哈佛之名，命名为哈佛学院，1780年哈佛学院更名为哈佛大学。哈佛大学是一所在世界上享有一流大学的声誉、财富和影响力的学校，被誉为美国政府的思想库，其商学院案例教学也盛名远播。在世界各报刊以及研究机构的排行榜中，哈佛大学经常排世界第一。1921年1月25日，泰戈尔应邀访问哈佛大学，在该校礼堂做报告。1926年泰戈尔原计划访问该大学，因在洛杉矶丢失护照受到移民当局的歧视，为了抗议，他取消了计划中对该大学的访问。

Haryana Pradesh　哈里亚纳邦，德里所在的邦，首府昌迪加尔。

Haryanka　曷利昂迦（公元前544—公元前414），古印度摩羯陀国的一个王朝。

Haryavarana　哈里亚瓦拉那，传说中的达萨尔那国王，把女嫁给束发。

Haryshva　哈瑞斯瓦，传说中阿逾陀国王，行迅王把女儿拉哈维送给众友仙人的弟子加拉乌，加拉乌为了给师父送谢师礼，让拉哈维与哈瑞斯瓦同居，与其生一子，得200匹月光黑耳子马。拉哈维恢复处女身子。

Hasa　常情笑。

Hasana　笑。

Hasani-Dihlavi　哈萨尼-底拉维，13—14世纪波斯语作家，作品有《沙卡·那军顶·哈桑》（Shaka Najunmddin Hasan）。

Hashishi　苏摩类的饮料。

Hasil　“收集”，即土地的征收。

Hasta　表示一个词语或主意的手势。

Hasta　哈斯塔，二十八宿之一。

Hastin　象王，传说中俱卢国王的孙子，创立象城作为俱卢国首都。

Hastinapura　象城，在德里东北90千米的恒河谷地，《摩诃婆罗多》里说，该城由婆罗多族的象王所建，故称象城。坚战和难敌打仗的原因就是争夺对象城的统治权，俱卢战争结束后，坚战统治该城数十年。该城后被恒河水冲毁。

Hastings, Marquis of　哈斯汀斯侯爵（1754—1826），1813—1823年任印度总督。

Hastings, Warren　哈斯汀斯，瓦伦（1731—1818），18世纪英国学者，印度第一任总督。他把《薄伽梵歌》和《薄伽梵往世书》等印度教经典翻译成英语。

Hasya　滑稽味，产生于常情笑。笑是由于别人或自己的奇怪行为、言语或服装。

Hasya-Kautuk　泰戈尔于1907出版的《诙谐集》，包括《一个小学生的考试》《吃与打》《接待》《疾病和治疗》《若有所思》《感情与需要》《病人之友》《声誉的讽刺》《雅里安人与非雅里安人》《大家庭》《令人毛发悚然的争论》《被骚扰的静修地》《准备葬礼》《智力》《导师的名言》。

Hasyarnava 《闹剧》。

Hataka 三角矛。

Hatakesvara 哈塔开斯瓦拉，湿婆大神的别名。

Hathayoga 哈陀瑜伽，强制瑜伽，力瑜伽，瑜伽哲学的一种，如金鸡独立、头足倒置等。力瑜伽是一种身体锻炼系统，目的是增强体力，增进健康。可以翻译为日月瑜伽，ha的意思是太阳，tha的意思是月亮。

H

Hathayogapradipika 《力瑜伽练习手册》，由15世纪斯瓦特马拉马写。描写各种复杂的姿势、呼吸控制以及锁控等，通过灌流身体的气和力来控制肌肉。

Hatkhola 露天市场。

Hauptmann，Gerhart 霍普特曼，盖哈特（1862—1946），德国著名的剧作家。他一生创作了42个剧本，20多本长短篇小说，10多部诗歌、童话、传说，还翻译过莎士比亚的作品和写了3部自传体作品，是德国历史上少见的多产作家，也是位多才多艺的文学巨匠。霍普特曼出生于西里西亚的奥贝尔—萨尔茨布隆，父亲是饭店的老板，祖父当过织工。他学生时代的生活很清苦。他先后在布莱斯特和罗马学习绘画和雕刻，1884年转入柏林大学学习。他曾涉猎历史、哲学、自然科学等领域，熟悉达尔文学说，也阅读过马克思的著作。他非常喜爱左拉、易卜生和托尔斯泰的作品，在这些文学大师的影响下，他开始走上了文学创作的道路。1912年盖哈特·霍普特曼因作品《群鼠》而获得诺贝尔文学奖，是该奖历史上第13位得主。颁奖辞："欲以表扬他在戏剧艺术领域中丰硕、多样而又出色的成就。"1921年5月，泰戈尔在德国访问，在5月7日泰戈尔61岁生日之际，德国组成了一个委员会，成员包括霍德国杰出人士（如普特曼、雅克比、克赛灵、厄肯、托马斯曼等），并给国际大学赠送了一大批德国古典文学作品。

Haurvatat 福利，福祉。

Haurvatat 今世的幸福。

Hava 调情。

Havell E. V. 哈维尔（1861—1934），很有影响的英国艺术管理家，艺术史学家，最有权威的印度艺术和印度建筑学家。1896—1905年担任加尔各答艺术学校校长，和泰戈尔一起发展了印度艺术风格。孟加拉艺术学校就是在他的影响下建立起来的。1938年12月国际大学艺术系哈维尔大厅剪彩时，泰戈尔讲话，赞扬哈维尔对印度艺术复兴的巨大贡献。

Having 哈文，一婆罗门种姓。

Havirbhaga 祭祀得来的供养。

Havirbhuj 吃烧供品者。

Haviryajna 供养祭。

Havis 祭祀烧过的祭品。

Havisha mudamavahat 把奠酒像水一样倒给天王因陀罗。

Havispanda 哈威斯帕塔，神话里众友仙人的长子。

Havya 清奶油。

Hawa 风宫，拉贾斯坦邦首府斋普尔王宫里的有名建筑，是王后避暑的地方。

Hayagriva 诃耶羯里婆，恶魔，"长有马脖子者"，偷梵天《吠陀》而被毗湿奴的化身鱼杀死。人身马头怪。

Hayagrivavadha 《马脖怪的伏诛》。

Hayaraja 马王国的王子，阿修罗。

Hayasiras 哈亚希拉，神话中极欲仙人的神牛变出的打众友仙人的人、神、怪。

Hayavadana 《哈亚瓦丹纳》，吉瑞士卡默德（Girish Kamad）的剧本。

Hazam 阿拉伯语，意思是"理发师"。

Hazaribagh 哈扎里巴格，意为"千只老虎"，印度恰尔肯德邦喜马拉雅山区的小镇，1903年，泰戈尔带着患病的二女儿蕾奴卡、三女儿米拉（Mira）和小儿子萨明德拉（Samindra）来到这里疗养。

Hazra，Asis 哈兹拉，阿西斯，当代印度学者，2007年为出版《泰戈尔全集》第四卷搜集原文。

Hazrat Mahal 哈慈拉特·马哈尔，奥德王后，1857年印度民族大起义的领袖之一。

He Naiying 何乃英（1935—），教授，北京人。1958年毕业于北京师范大学中文系，留校任教，长期从事日本文学和东方文学的教学和研究工作，主要论著有《泰戈尔》《东方文学概论》《日本当代文学研究》《夏目漱石和他的小说》。有关泰戈尔的研究成果有著作《泰戈尔传略》，论文《泰戈尔诗作新论》《泰戈尔论》《全面认识泰戈尔，深入理解泰戈尔——喜读〈泰戈尔全集〉》《泰戈尔与郭沫若、冰心》等。

He Sheng 何胜，当代学者，发表《论泰戈尔的儿童美育思想》。

He Wen 何雯，民国人物。1924年5月18日，北京佛教讲习会会员何雯与张相文、沈钧儒等拜访正在北京访问的泰戈尔，同泰戈尔就佛学进行了交流，议员黄攻素、陈铭鉴、张树枏等在座，徐志摩、邓高镜担任翻译。

Heavenly Burlesque 《天堂的笑剧》，泰戈尔于1894年写的幽默故事。

在天界里，由于没有节制，天堂里神满为患，天花神、蛇神和皮肤病神等神的到来使一切变得毫无章法。在这些新神的骚扰下，月神、木星神和文艺女神都打算放弃天堂另觅他处。最后，众神之王因陀罗受不了了，和夫人带着孩子到毗湿奴天界避难去了。

Heavenly India 天竺，古印度的名字。

Hebbar 黑巴尔，孟加拉派画家。

Hebei Education Press 河北教育出版社，成立于1986年12月。2000年12月出版刘安武、倪培耕、白开元等主编的《泰戈尔全集》。

Hebei People's Publishing House 河北人民出版社，成立于1950年。1999年1月出版侯传文的《寂园飞鸟——泰戈尔传》和《寂寞飞鸟——泰戈尔传》，2001年1月出版孙宜学的《泰戈尔与中国》。

Hebrew 希伯来语，意为“土生土长的以色列人”，是犹太人的民族语言，是世界上最古老的语言之一。它属于中东闪含语系闪语族的一个分支，没有元音字母，只有22个辅音字母，其文字从右往左书写。许多文学作品和文献是用这种语言创造出来的，今日则主要保留在《圣经》、死海古卷和大量犹太教法典及文献之中。

Hedgewar 海德格瓦尔（1889—1940），印度国民志愿团创立者。

Heer Rajhan 《钻石天鹅》，19世纪旁遮普语浪漫诗人伊万·沙（Yvarh Shah）的著作。

Heer Ranja 希尔兰贾，北方邦瑙檀克（Nautank）戏里的爱情戏。

Heesterman 黑斯塔曼，西方印度学学者，认为放弃世俗者和婆罗门之间有相似之处，强调婆罗门与国王之间的悬殊差别。

Hegel 黑格尔（1770—1831），德国哲学家，他把印度教思想融入他的哲学体系。

Hegelas 海吉拉斯，印度的人妖，阉人，以乞讨为生。

Heidelburg 海德堡。秀美的海德堡是内卡河畔的文化古城和大学城，位于法兰克福南约80千米处。它是浪漫德国的缩影，曲折而幽静的小巷沟通着古堡和小河，充满了诗情画意。城堡坐落在内卡河畔的王座山上，是一座红褐色古堡，为古代帝宫的遗址，主要由内卡河砂岩筑成，结构复杂，风格多变，如今虽然有些残破，仍不失王者之气。海德堡大学成立于1386年。早在16世纪，海德堡大学就成为欧洲科学文化的中心，如今的海德堡声望不减当年。2002年城市方圆109平方千米，居民14万左右。由于城内1/5人口为学生，海德堡是全德平均年龄最小的城市。在那里，可以到“骑士之家”就餐，也可以去“哲学家小道”漫步。

Heine 海涅（1797—1856），19世纪最重要的德国诗人和新闻工作者之一，浪漫主义诗人和浪漫主义的超越者。他是作品被翻译得最多的德国诗人中的一员。海涅最广为人知的一首诗可能是由门德尔松为之作曲的通过音乐传播的《乘着歌声的翅膀》。

Heisenberg 海森伯格（1901—1976），德国理论物理学家，量子论学者。

Hejaz 赫贾慈，音调和拉格。

Hejras 海吉拉斯，阉人。

Held (wedding) in the groom's house 在新郎家进行婚礼。通常在新娘家举行婚礼，如果相反，则可能：丈夫有问题；女方为省钱。

Helen Keller 海伦·凯勒（1880—1968），19世纪美国盲聋女作家、教育家、慈善家、社会活动家。她以自强不息的顽强毅力，在安妮·莎莉文老师的帮助下，掌握了英、法、德等五国语言，完成了她的一系列著作，并致力于为残疾人造福，建立慈善机构，被美国《时代周刊》评为美国十大英雄偶像，荣获“总统自由勋章”等奖项。主要著作有《假如给我三天光明》《我的生活》《我的老师》等。1921年1月4日，泰戈尔在海伦的家里拜访她。1930年11月，泰戈尔再次来纽约访问美国，12月7日会见海伦·凯勒。

Helena Petrovna Blavatsky 海伦娜·彼罗夫娜·布拉瓦茨基夫人（1831—1891），原名海

伦娜·冯·韩恩，生于乌克兰第聂伯罗彼得罗夫斯克，西方神秘学者，为神智学的创始者，在英国创建“神智协会”（Theosophical Society）。

Heliodorus 赫里奥多卢斯，公元前2世纪希腊人，曾任希腊驻巽加王朝大使。

Heliokles 赫里欧克里斯，公元前2世纪大夏希腊王。

Heller, L. 海勒，20世纪德国梵文学家。

Helmhotz 赫尔姆霍兹（1821—1894），德国物理学家、解剖学家及生理学家。

Hema Sarasvati 海玛·萨拉斯瓦迪，13世纪阿萨姆第一诗人，著作有《伯乐哈拉德传》（Prahladacharita）

H

Hema-garbha 金穴，子宫。

Hema-mbara 黄丝茧，湿婆最喜欢的医疗。

Hema-naga-dhama 湿婆仙境。

Hema-prabha 金莲。

Hemachandra 金月（1088—1172），耆那教学者，著《耆那罗摩衍那》（Jainaramayana）、《诗教》（Kavyanusasana）。

Hemachandra Bandyopaadyaay 赫姆琼德罗（1838—1903），著名孟加拉语抒情诗人，出生于胡格县的古利达村，晚年失明（1807）。主要作品有《思绪溪流》《比罗巴胡叙事诗》《阴影》等。

Hemachandra Bidyaaratna 赫姆琼德罗·比代罗特诺，印度著名学者，梵语学者，泰戈尔给妻子穆里纳莉妮聘请的梵语和孟加拉语老师。

Hemachandra Goswami 海马钱德拉·格斯瓦米，19世纪阿萨姆文学复兴先锋人物之一。

Hemadri 海马德里，2—3世纪政治家，学者，专著有《四事如意珠》《生命吠陀丹方》等。

Hemadri 西马德里，佛教天堂须弥山的别名。

Hemakuta 海马库塔山，在喜马拉雅山，《摩诃婆罗多》里坚战一行被流放时经过此山。

Hemalata Devi 海玛拉塔·戴维，泰戈尔的大哥德维琼德罗纳特的儿子迪龛德罗纳特的媳妇，泰戈尔的侄媳妇。

Hemamalint 海马马林特，莫西尼舞普及家。

Hemanta 冬季。

Hemaparvata 西马帕尔瓦塔，佛教天堂须弥山的别名。

Hemendranaath 海门德罗纳特（1844—1884），泰戈尔的三哥。

Hemendranaath Mukhopaadhyaaya 海门德罗纳特·穆科巴泰（？—1885），泰戈尔的二姐苏库玛丽（Sukumaaree 1850—1864）的丈夫。

Henderson, Justice 亨德森，印度著名法律学家。1940年8月，牛津大学授予泰戈尔荣誉文学博士学位。牛津大学专门授权印度司法总长格威尔、拉达克里希南爵士、加尔各答高等法院的大法官亨德森先生做代表，于8月7日举行授予仪式。

Henna 指甲花，桃金娘花。

Henry Barbusse 亨利·巴比瑟（1873—1935），法国作家。

Henry Barbusse's Appeal: Tagore's Response 《泰戈尔对亨利·巴比瑟呼吁的回应》，泰戈尔1927年的书信。

Henry Moley 亨利·莫里，泰戈尔1879年在伦敦大学英国文学课的老师。

Henry Vivian Derozio 亨利·维维亚德·罗则欧，印度英语作家。

Hephthalite Huns 厌哒匈奴人，是一支突厥-蒙古族部落，他们似乎更像蒙古人而不是突厥人，起源于金山（即阿尔泰山），由此南下到今俄属突厥斯坦的草原上。关于他们的名字，拜占庭历史学家们称作厌带夷粟陀（Enhthalites），波斯历史学家米尔空称作哈亚拉陀（Hayathelites），中国的史学家们则称作厌哒，该名似乎来自王室氏族（Ephtha，或ye-ta）民。拜占庭史家们多少错误地又以匈奴一名称呼他们。

在公元5世纪初期，厌哒人不过是一支中等规模的游牧部落，是统治着蒙古的大部落柔然（也属蒙古族）的巨属部落。425—450年中，这支厌哒人由于他们的领土向西扩张而具有了相当大的重要性。他们的统治从东方的格勒都斯河上游（焉耆西北）起，越过伊犁河流域到巴尔喀什湖，再到楚河和怛罗斯河草原、锡尔河地区，一直达到威海，据一些史书记载，他们的一个汗庭建在怛罗斯城附近。大约到440年时，他们已经占领了索格底亚那，或者说河中地区（撒马尔罕），似乎还占领了巴尔赫地区，即巴克特里亚或称吐火罗斯坦。

正是在波斯王巴赫拉姆·哥尔统治期间（420—438年），厌哒人定居在巴克特里亚。据猜测他们曾侵入萨珊王朝的呼罗珊省，巴赫拉姆·哥尔在莫夫附近的库什麦罕战役中把他们从该省赶回去。另一方面，马迦特认为巴赫拉姆·哥尔及其后继者耶斯提泽德二世（438－457年）对付的不是厌哒人的侵略，而是在莫夫北部过着游牧生活的另一支匈奴部落希奥尼特人。然而，无论如何，在萨珊王卑路支统治时期（459—484年），进攻呼罗珊并打败和杀死卑路支的就是这些厌哒人。赢得这次胜利的厌哒首领被阿拉伯－波斯史学家们称作阿克希瓦，显然相当于粟特语称号"王"的讹误。

Hephthanlites　来自中亚的白匈奴或厌哒人。

Herbert Gibbons　赫尔伯特·纪本，美国著名记者，历史学家，泰戈尔的好朋友，1920年11月泰戈尔访问普林斯顿时就住在他家里。

Herbert Spencer　赫伯特·斯潘塞（1820—1903），著名英国哲学家。

Herder，J. G.　海德（1744—1803），德国哲学家，他对印度教的泛神思想感兴趣。

Hermaios　赫麦欧斯，1世纪大夏希腊王国最后一代国王。

Hermann Keyserling　赫尔曼·凯塞灵（1880—1946），德国哲学家，从1910年起，和泰戈尔结为朋友。

Herzfeld　赫兹菲尔德（1879—1948），伊朗著名考古学家，1932年4月泰戈尔访问伊朗时，拜见他，赫兹菲尔德让泰戈尔看精选的古代波斯艺术和考古学样品。

Hesiodo　荷西欧度，公元前8世纪希腊诗人，稍晚于荷马，诗有《农做与日子》《神谱》《希腊人的家谱世系》。

Hesse，Hermann　黑塞，赫尔曼（1877—1962），德国著名小说家、诗人和散文家。1956年获诺贝尔文学奖。1921年6月9—14日，应黑塞的邀请，泰戈尔访问达姆施塔特城，住在他家。在克赛灵智慧学校每天和孩子们谈话，出席户外聚会，4000多人齐声唱歌1小时，欢迎泰戈尔。

Hetu　辩因，（诗相）原因，语言使用得当，简洁动人，达到愿望和目的。

Hetubindu　《因一滴论》，法称写。

Hetupratyaya　缘，佛缘。

Hetusastra　《因明论》，佛教徒反对婆罗门教的理论著作。

Hetuvidya　因明，关于因果律的学说，也即关于因果推理、论证考订和思维方法的学问，大致等于西方的逻辑学。

Hetvabhasa　谬论。

Hetvafhasa　似因，不能使得以成立的理由，共5条：不定、相违、所立相同、立论相似、过时。

Hetvavadharana　推断。

Heuss，Theodor　特奥多尔·豪斯（1884—1963），德国政治家，曾任德国总统。

他担任过报社编辑，并执教于柏林政治学院，在魏玛共和国时期，他以德国民主党元老的资格，于1924—1928年和1930—1933年当选联邦下院议员，1933—1936年负责编辑出版《助手》杂志，后任自由记者和时事评论员。

豪斯天生就是一个坚定的自由主义者。1932年他写了一本反对希特勒的书，1933年希特勒上台后，他就察觉到纳粹专政的开始和德国民主的结束，因为他十分清楚地意识到：对于政治的行为起决定作用的是道德的激情。他的著作遭到焚毁。1943年，他由柏林迁居海德堡，第二次世界大战后，任符腾堡—巴登州政府文化部部长，同时他帮忙创立了德国自由民主党，并任主席。1948—1949年在议会任职，参与了西德宪法的起草工作。他是反对公投的代表人物之一，认为"反对公投并非不信任选民的智能与判断能力，而是因为公投从议题的设定到投票的过程中，实在有太多的环节可供不负责任的政客滥用，煽动群众，牺牲公众福祉，谋取个人利益"。

1949年9月他当选第一任西德总统，1954年蝉联此职至1959年9月12日。1951年他设立了专门授予在政治、经济、社会和思想领域等方面为联邦共和国做出杰出贡献的德国和外国公民的"德意志联邦共和国勋章"。同时还积极利用自己的职位和影响，谋求各政治对立势力的平衡，1955年曾公开发表声明，直言不讳地称"纳粹的侵略罪行是集体的耻辱"；对外，他是联邦德国民主制度新的开始的代表。1959年卸任。他一生著作很多，其中有1932年出版的《希特勒的道路》。1961年撰文纪念泰戈尔诞生100周年。

Hevajratantra　《喜金刚坦特罗》，佛教密宗经典。宣扬自然乘教派。

Hianyagarbha Sukta 《金卵歌》。

Hibbert Lecture 希伯特讲座，为就神学问题不带教派倾向发表看法的系列讲座，由希伯特基金会资助，该基金会于1847年由唯一神教徒罗伯特·希伯特创立，旨在"就宗教问题无拘束地发表个人判断"。近年来，该讲座一直在英国广播电台播出。泰戈尔于1930年在牛津大学做的讲座，后来以《人的宗教》发表。1928年5月牛津大学邀请泰戈尔去作此讲座，泰戈尔走到马德拉斯因病取消了行程。1930年3月终于如愿以偿。

Hidda 醯罗城，醯罗城的本义就是"佛顶骨城"（梵文hidda即"骨"），因有佛顶骨得名。它是那竭国（在今阿富汗之贾拉拉巴德，位于喀布尔河南岸）的都城。《旧唐书》卷一九八：那竭国有醯罗城，中有重阁，藏佛顶骨及锡杖。《洛阳伽蓝记》卷五：至那竭国，有佛顶骨，下有孔，受人手指，闪然似仰蜂窠。

历史上到过醯罗城的中国求法高僧很多。晋代的法显、南朝的宋云和法勇、唐代的新罗僧人慧超等都曾来此瞻仰佛顶骨。据传有很多国王曾经把这片佛顶骨抢走，但不久又自动回到了醯罗城。对佛教徒来说，佛顶骨的地位至高无上。

Hidimba 希丁巴，《摩诃婆罗多》里般度五子里的老三布军在林子娶的罗刹女，生儿子瓶首，其兄希丁比。

Hidimbibadha 《希丁比伏诛记》，史诗《摩诃婆罗多》里的故事：希丁比是罗刹女希丁巴的哥哥，被般度兄弟里的老二布军杀死。

Hieun Tsang 玄奘（602—664），统称三藏法师，俗称唐僧，唐佛教学者，旅行家，唯识宗创始人之一，与鸠摩罗什、真谛并称为佛教三大翻译家。本姓陈，名祎，洛阳缑氏（今河南堰师缑氏镇）人。13岁出家，后遍访名师，精通经纶，因感国内众说纷纭，难得定论，决心到天竺学习，求得解决。唐太宗贞观三年（一说元年）（公元629），经凉州出玉门关西行赴天竺，在那烂陀寺从戒贤受学。后又游学天竺各地，与一些学者展开辩论，名震五竺，贞观十九年回到长安，翻译经775部，凡1335卷，对佛教思想的发展影响极大。所著《大唐西域记》一书，为研究中国西北地区以及印度、尼泊尔、巴基斯坦、孟加拉国等地古代历史地理以及从事考古的重要资料。《西游记》就是由他的故事发展而来。

Hijli Internment Camp 黑吉里拘留营，英印殖民者在孟加拉黑吉里关押政治犯的地方，1931年狱警打死了两个政治犯，泰戈尔义愤填膺，在加尔各答广场（奥奇塔隆尼纪念碑下）民众大会上发言，强烈谴责殖民者的暴行。

Hijrah 西吉拉，指622年穆罕默德由麦加迁往麦地那。

Hijrah Era 回历，伊斯兰教历。

Hijrat Movememt 出奔运动，1919—1921年，印度西北边境的穆斯林为躲避英殖民者的迫害逃往阿富汗参加反英斗争或寻求政治庇护。

Hikara 序曲歌声。

Hikit 西科特，克什米尔地区女子跳的舞蹈名。

Hilsa（ilis） 西撒，孟加拉人吃的一种鱼，生活在海里，但到河里产卵。

Himaalaya 《喜马拉雅山》，泰戈尔的诗。

Himaalaya 喜马拉雅山，意思是"雪的处所"，8000米以上的高峰有10座，南坡季风气候，湿润、植被很好，北坡冷，荒凉。亚洲雄伟的喜马拉雅山脉包括世界上多座最高的山，有110多座山峰高达或超过海拔7350米。其中之一是世界最高峰珠穆朗玛峰——藏语Qomolangma，西方通称埃佛勒斯峰（Mount Everest），萨加玛塔峰——高达8844.43米。这些山的伟岸峰颠耸立在永久雪线之上。数千年来，喜马拉雅山脉对南亚民族产生了人格化的深刻影响，其文学、政治、经济、神话和宗教都反映了这一点。冰川覆盖的浩茫高峰早就吸引了古代印度朝圣者们的瞩目，他们据梵语词hima（雪）和alaya（域）为这一雄伟的山系创造了喜马拉雅山这一梵语名字。如今喜马拉雅山脉对于全世界登山者是最具吸引力的地方，同时也向他们提出了最大的挑战。该山脉形成印度次大陆的北部边界及其与北部大陆之间几乎不可逾越的屏障，系从北非至东南亚太平洋海岸环绕半个世界的巨大山带的组成部分，从西向东连绵不断横亘2500千米。两个喜马拉雅山王国尼泊尔和不丹位于山脉东、西两端之间。喜马拉雅山脉的西北部地区与兴都库什山脉和喀喇昆仑山脉交界，在北面与青藏高原接壤，是公元前518年波斯帝国（公元前550—公元前330）和公元前329—公元前325年来自欧洲东南部巴尔干地区的马其顿亚历山大大帝进军所经过的地区。喜马拉雅山脉从南至北的宽度，在201～402千米之间。总面积约为594400平方千米。

Himachal Pradesh 喜马偕尔邦，位于印度西北部，坐落在喜马拉雅山南麓。邦首府为西姆拉。第十四世达赖喇嘛所在地达兰萨拉就位于这个邦。东部同北方邦及中国西藏相邻，南部与哈里亚纳邦和旁遮普邦相连，西部和北部同克什米尔地区连接。面积5.5万多平方千米，人口有600多万，首府西姆拉，著名景点有查姆巴城、马纳里、马萨奥布拉等。喜马偕尔是由“喜马”和“阿偕尔”组成。“喜马”意即“雪”，“阿偕尔”是“山”，两者合在一起即是“雪山”的意思。“喜马偕尔”即雪山之邦。

Himalaya 喜马拉雅城，传说中阿修罗那罗加在东光国的都城，黑天在此杀拉拉克。

Himavaan 西玛万，《罗摩衍那》里的仙人，推荐阿修罗顿杜比去挑战猴王波林，顿杜比被波林杀死。

Himavan 喜马王，喜马拉雅山的主宰神，生大女儿恒河女神（嫁福身王，生毗湿摩）、二女儿乌玛（嫁湿婆）。

Himavat=Himalya 喜马拉雅山的拟人化，妻子为弥那和弥那卡，乌玛和恒河女神的父亲。

Himu 喜穆（？—1556），印度苏尔王朝第四代国王阿迪勒沙的首相。

Hinata 不足，指喻体不足。

Hinayana 小乘佛教，也叫作“小乘教”“小乘教法”，略称“小乘”（Hinayana，音读“希那衍那”），是对三乘佛法中之“声闻乘”“缘觉乘”的统称。“乘”是梵文yana（音读“衍那”）的意译，指运载工具，比喻佛法济渡众生，像舟、车能载人由此达彼一样。

Hind 信德人，居住在信德省（现属巴基斯坦）的一个民族。

Hindenburg 兴登堡（1847—1934），德国陆军元帅和政治家。魏玛共和国（1925—1934）第二任总统。其任期内，政治不稳定，经济萧条，1933年任命希特勒为总理，使之上台掌权。1926年8月泰戈尔访问德国，8月14日受到当时德国总统兴登堡的接见。

Hindi 印地语，印度北方的主要语言之一，属印欧语系中印度-伊朗语族印度语支，是由古梵语发展而来的一种现代印度-雅利安语言。10世纪以后从梵语结合地方语形成，使用天城体字母，有拼音系统。北方邦、哈里亚纳邦等地的居民将印地语作为印度除英语以外的第一官方语言。印地语分布于印度中部和北部的中央直辖德里特区等地区。它是印度国内最为通行的一种语言。方言有：布拉吉巴沙语（Brajbhasha）、阿瓦地语（Avadhi）、拉加斯坦尼语（Rajastani）、波吉普利语（Bhojpuri）、迈提里语（Maithili）、巴里语（Bhari）、波利亚语（Bolia）。此外，在毛里求斯、斐济、特立尼达和多巴哥、圭亚那、苏里南等地的印度裔居民中也有相当数量的人讲印地语。该语言覆盖总人数仅次于汉语，为世界第二大语言。

Hindi Literary Conference 印地语文学大会，20世纪初在印度成立，泰戈尔曾经与1927年主持过大会。

Hindi Mahasabha 印度教大会，又称全印印度教大会，印度政党，1915年成立，纲领为“在一切政治争端中代表印度教教派利益”。

Hindi Songs of Jnanadas 16世纪印度毗湿奴派孟加拉语诗人基纳纳达斯的诗歌选。泰戈尔曾辑选他的诗歌的英语译本。

Hindi-Bhavana 国际大学印地语学院，成立于1938年1月16日，安德鲁为其奠基。

Hindi-Chini Bhai Bhai 印度-中国人民是兄弟，20世纪50年代印度总理和中国总理周恩来建立的印中友好关系。

Hindisat 印度之术，阿拉伯世界的数学知识源于印度。

Hindola 秋千，印多拉，印度传统的音乐调式（拉格）之一，夜晚演奏，表现爱情。

Hindu Intercaste Marriage 《印度教的种姓婚姻》，泰戈尔的散文。

Hindu kush 兴都库什山，阿富汗东部山脉，古书称大雪山，“印度人的杀害者”，传说古代由印度来的男女青少年奴隶在此大量死亡，故名。雅利安人、亚历山大，巴布尔的军队都通过此山的开伯尔山口进入印度。

Hindu Maha-sabha 大印度教协会。

Hindu Mela 印度教徒大会。

Hindu Rashtra 印度教国家。

Hindu Renaissance 印度教复兴运动，19世纪由罗易等发起的印度教改革运动。

Hindu trinity 印度教三位一体神，指梵天、毗湿奴、湿婆大神三位一体。

Hindu University 印度教大学，在瓦拉纳西，是印度对印度教文化继承、研究最好的一所大学，研究梵文和印度教。不过大学里更多的是综合学科，现在有三个研究院、十六个学院、一百四十个系，二万多的学生。1935年2月8日泰戈尔在此作集会演讲。该校授予泰戈尔荣誉博士学位。

Hindu-bisvabidyaalaya 印度教大学。见Hindu University。

Hindu-hitaishi-sabha 印度教徒利益协会。

Hindudiger Jaateeya Charitra o Svaadheenataa 《印度教徒的民族品格和独立》，泰戈尔的散文。

Hinduism 印度教，源于古印度吠陀教及婆罗门教，是世界主要宗教之一。它拥有10.5亿信徒，仅次于拥有15亿信徒的基督教和11亿信徒的伊斯兰教。所谓“印度教”是存在于印度本土的宗教、哲学、文化和社会习俗的综合称谓，它的信仰、哲学、伦理观点等复杂多样，甚至相互矛盾。印度的社会等级、集团和不同的文化阶层有着各自相异的信仰和实践。这种综合性、多样性使人们很难对印度教的信仰和特征做出公认、明确的定义。

公元前16世纪，雅利安人进入印度，开始了印度本土的古老文明。就像其他原始部落对自然山川的敬畏与崇拜，雅利安人为了保障自己的生存，也必须膜拜、礼赞、歌颂一切自然神祇，且将赞歌编为圣典，相互传颂。到了后期，与人们生活关系较为密切的神祇，受到更多的崇拜，雅利安人便由“多神信仰”模式逐渐转向“主神信仰”模式。

为了与神沟通，祭祀便成为一件大事，司祭者拥有无上权威，能为自己祭祀、为他人祭祀及教授圣典。于是，在阶级制度严格划分的社会里，司祭者被尊为最高阶级的婆罗门，他们依着“祭祀万能”的神圣职权，开启了神权色彩浓厚的婆罗门思想。

婆罗门教主张：“梵”是宇宙现象的本体，人的生命现象为“我”，宇宙万物皆因“我”而生，故“梵、我”本来不二，凡人不解此理，只好轮回受苦，唯有体证梵我合一，才能得到解脱。此思想弥漫在当时的印度社会，直到公元前6世纪，出现了反婆罗门教的思想家，他们反对祭祀，主张透过禅定、苦行或享乐来完成解脱。鉴于当时修苦、修乐思想的充斥，佛陀提出了不偏于苦、不偏于乐的中道观，作为修行的根本原则。

阿育王及迦腻色迦王时期，佛教成为印度的主要宗教，婆罗门教便相形式微；4世纪时，婆罗门教受到笈多王朝的大力支持，又进一步杂糅了佛教及其他学派的思想，于是发生了较大的转变，而以“新婆罗门教”自居，企图恢复旧有地位，这就是今日所说的“印度教”。在印度教的许多流派中，又以毗湿奴派、湿婆派及性力派为主。8世纪以后，印度教的主要思想家商羯罗，依据婆罗门教的根本教义，又吸取耆那教及佛教的优点，使印度教宗教实践的成分加大，原有烦琐的理论淡化，印度教遂一跃而成为当时思想界的主流。直到伊斯兰教入侵印度以后，佛教遭受严重迫害，印度教却因为与伊斯兰教的思想有所交融，而在某些区域仍旧保持着很大的势力。

到了近代，随着西方殖民主义的入侵和西方文化的传入，印度教掀起了广泛的宗教改革，反对古印度教中存在的种姓制度、偶像崇拜、烦琐宗教仪式、寡妇殉葬等愚昧现象。但至目前，印度教仍是印度最有影响力的宗教，大多数人信奉此教，其种族阶级的不平等待遇及寡妇殉葬等诸多民间陋习仍然未能完全被革除。

印度教能起源于哈拉帕的转世及灵魂不死之说，在吠陀时代晚期重新出现，并成为印度教更深一层的基本组成部分。凡人一生中产生的业，决定了他的灵魂下次转世重生时，究竟是成为更高等或更低等的人，还是变成一头兽，或甚至一只昆虫。特殊的虔诚、默想、禁欲和对永恒真理的理解，可避免转世的生命轮回；这样境界的灵魂避开了这种轮回而达到超脱，这并非有形的升入天国，而是精神上与神或天地万物重聚的极乐。借助凡人肉体的不死灵魂，凡人的生命可以包含一个具有神的不朽创造力的永生幽灵，而灵魂则能够再生或转世。

转世的信念加强了印度教尊重一切生命的情感。一个人的亲戚或祖先也许已经再生为一匹马或一只蜘蛛。从哈拉帕时代以来，牛得到特别的尊敬，这是由于它们的基本用途及母牛产奶造成的创造和母性象征。公牛自然象征着耐力和男子汉气魄（与地中海文化一样），母牛则以其有光彩的大眼睛而象征温柔。但对印度教来说，一切生命都是神圣的，任何生物都是显示神的存在的伟大生命链条上的一环。因此，虔诚的印度教徒都是素食者，除最低等种姓外，所有人都特别要避免吃牛肉。牛奶、凝乳、酥油、酸奶等等，都只用于宗教献祭仪式上。

进入吠陀时代晚期（约公元前600年）之前，印度教的万神殿已由三位一体的毗湿奴、湿婆和梵天统治，他们都是至高神，都是造物主。随着印度教继续合并地区性及民间宗教神祇和传统，出现了五花八门、有各自的信仰和信徒的神祇配偶、神祇肉化身和小神祇的令人为难的局面，包括：仁慈的象头神，是湿婆和他妻子雪山神女之子，有象形头；象征忠心和力量的猴神哈奴曼；智慧和学识女神娑罗室伐底；黑天；毗湿奴之妻吉祥天女，兼财富及世俗功绩女神；还有始祖女神迦梨（又叫时母）或杜尔迦（又叫难近母），都是湿婆配偶的形象或其较阴森外表的女性等同物，有时称为死亡及疾病女神，但同湿婆一样，人们，尤其是妇女，也祈求她的帮助。

湿婆成了最受崇拜的大神。在人们心目中，他既是创造之神，又是毁灭之神、收获之神、丰饶之神、宇宙舞神以及瑜伽信徒（瑜伽功及苦修的实行者）的主神。他还主宰人的生和死及天才的繁衍，被人们与其他宗教的类似神祇并列，包括代表苦难（钉死在十字架上）和永恒生命的基督。在其他一些宗教中，用人做祭品作为祈求生命复活的手段；献祭的遭难者将生命让给他人，或献出生命为他人祈福。印度教承认这一观念，因为它把死亡看成生命的一个当然部分，并通过湿婆和迦梨女神的形象庆祝它。

印度教形成于8世纪，它是综合各种宗教，主要是婆罗门教和佛教信仰产生出来的一个新教，得到了当时印度上层人物（王孙贵族）的支持。印度教继承了婆罗门教的教义，仍信仰梵，并对存在着造业、果报和轮回的观点赞成和积极发挥。但并不同于婆罗门教的教义、教规等。首先，婆罗门教原是一个多神教，而印度教是一个具有相当特殊性的神教。印度教也信仰多神，但在多神中应以梵天、毗湿奴、湿婆三神为主神。认为，梵天是主管创造世界之神；毗湿奴是主管维持世界之神；湿婆是主管破坏世界之神。在三个主神中，又往往把毗湿奴或湿婆立为一个主神，其他神都在其下，并都是这两个神之一的化身，所以是具有特殊性的神教。其次，印度教吸收了佛教禁欲的主张，并把释迦牟尼吸收为其主神的化身之一。再次，印度教也普遍建立起僧团和寺庙。婆罗门教初无寺庙，公元1世纪左右才开始有零星庙宇。印度教自建立起，它的祭祀活动就在寺庙举行，有些庆典祭祀还有专门的舞蹈者跳祭神舞，吸引了成千上万的人，形成了盛大、热烈的场面。因此，产生的影响也就越来越大。最后，在哲学上，印度教以一个更完整的客观唯心主义体系为基础。提出这一体系的是8世纪吠檀多哲学大师商羯罗。他创立了不二论，即一元论学说，认为除宇宙精神梵以外没有任何真实的物，梵和个人精神是同一的、“不二”的。这为人们指出了摆脱虚妄、达到真实的道路。在他看来，物质、个人灵魂、具有人性的神都是存在的，但从总的真理的意义上来说，这一切都是幻觉，是梵以幻力进行了神秘而不可喻解的作用的结果。他认为，把幻象当成真有，是以人自身的无知无明为条件的。并强调指出：“只有智者可以透过它看到它背后除了唯一实在的梵以外无他物。”在商羯罗的眼里，人的本我，也即他的不死的灵魂，他的精神，在本性上是与最高实在梵完全相同的，人生的目的，就是摒弃虚幻不实的物质世界，使人的本我与梵合一。至此便可以摆脱痛苦的世世轮回，进入神妙而又销魂的纯粹极乐状态。鼓吹解脱之道是在心智上进行多方面的修养，逐步做到能区分永恒的东西和无常的东西，控制自己的感官，放弃对世间物质的执着，热心向往与梵的结合，通过冥想梵我如一的真理获得坚定的信仰。商羯罗就是以这一客观唯心论的哲学理论，引导人们崇尚印度教。他还亲自组织了一些重要的宗教活动，并在印度建立了四个圣地和仿照佛教僧团成立了“十名教团”印度教组织。这在最终击败佛教起了很大作用。

表面上印度教号称有3300万个神灵，但多数印度教徒只崇拜一个天神。印度教有三大主神：梵天、毗湿奴和湿婆。梵天是第一位的主神，是创造万物的始祖；毗湿奴是第二位的主神，是宇宙的维持者，能创造和降服魔鬼，被奉为保护神；湿婆是第三位的主神，是世界的破坏者，以男性生殖器为象征，并不断变化着不同的形象，也被奉为毁灭之神。

教徒要严格遵守种姓制度，婆罗门享有至上的权威，这充分体现了印度教宗教生活社会化的特征。

印度教认为每一种生命都有灵魂，会再生或转世，善恶将得到报应，这种轮回周而复始，无始无终。要得解脱必须达到梵我如一的境界，即灵魂与神合而为一。解脱的道路有三种：一是行为的道路，严格奉行各种戒律、例行祭祀；二是知识的道路，通过学习、修行、亲证等；三是虔信的道路，靠信仰神而得到恩宠。

H

由于印度教认为婆罗门地位至上，因而祭祀万能影响了印度人两千多年的历史，教徒崇拜各种类型的神，且礼仪烦琐，有时甚至将活人作牺牲。此外，印度教认为克制情绪及苦行是一种非常重要的修炼方法，它可以使人达到梵我如一的境界，摆脱轮回之苦。

吠陀经典被认为是印度历史上一切文化的渊源，被称为“天启的经典”。这部印度最早的宗教经典是印度古老宗教与历史文献的总集，对印度后世的宗教与哲学思想影响深远。

吠陀经典的内容

教义	轮回；转世；解脱；业；达摩；吠檀多；虚幻素食主义；瓦尔那
体系	提婆；提毗；阿修罗；纳加；夜叉；迦楼罗；罗刹；三相神；方位护法
男神	梵天；毗湿奴；湿婆；因陀罗；阿耆尼；伐楼拿；双马童；伐由；阎摩；俱毗罗；苏利耶；楼陀罗；格涅沙；哈奴曼；黑天；陀湿多；生主；祈祷主
女神	辩才天女；吉祥天女；萨蒂；帕尔瓦蒂；杜尔迦；迦梨；刚迦；伐楼尼；马里安曼；迦耶德丽；乌莎斯
经典	《吠陀》；《梵书》；《森林书》；《奥义书》；《往世书》；《罗摩衍那》；《摩诃婆罗多》

梵天：

印度教三大主神之一。在《往世书》中被称作是世界的创造者。据说他有四只手四个头，曾创造娑罗室伐底为妻——娑罗室伐底在神话中是智慧、文艺和科学的保护神，手持乐器、贝叶书、念珠和莲花，常骑天鹅或孔雀。印度教徒认为，梵天创造世界之后已经尽了他的天职。他以自己的女儿为妻是犯了忤逆的大罪。因此对梵天很不重视。目前，只在普希伽尔有一所供奉梵天的神庙。但对娑罗室伐底的崇拜则很流行。

印度教有显、密两乘之分。在密教中盛行着轮座，对性力女神“五M”的祭仪等。另外，在民间信仰中，还流行着宰杀动物甚至活人等作为祭祀的牺牲。在另一些教派中又严格实行素食主义。提倡梵行（清净的行为）。特别信奉非暴力或“不害”的理想。“不害”被《奥义书》列为再生族断灭轮回五种修行方法之一。《侏儒往世书》还将其作为一种人格化的女神加以崇拜。甘地继承了这种思想，使“不害”构成他的非暴力主义的基本原则之一。

在传统的印度思想中，有一个叫作Yuga（大致意思为“时代”，“时期”）的时间单位。世界的一个周期分为四个Yuga：Satya Yuga（或Krita Yuga），Treta Yuga，Dvapar Yuga，Kali Yuga。在Satya Yuga，神的力量为众生所感知，人们相互之间通过心灵沟通，物质世界与精神世界没有隔阂，世界上没有痛苦也没有悲哀，没有战争，没有宗教，也感受不到时间的流动，可以说这是人类的黄金时代。Treta Yuga是一个精神的时代，人类发现了时间，发明了工具，用自己的心智占据了世界的主导地位。人类的心灵交流受到了阻碍，也出现了战争。《罗摩衍那》的故事据说就发生在这个时代。到了Dvapar Yuga，人类开始研究科学，发明了更多的工具，在精神与物质之间开始做出选择。他们意识到了人与人之间的距离，而人与人的交流也要依赖文字。在这个时代，权力掌握在女人手里。据说Krishna的死亡就是这个时代的终结，而《摩诃婆罗多》里就描述了这一段。在《摩诃婆罗多》的最后，人类迎来了Kali Yuga。Kali Yuga是一个物质的时代，男人代替女人掌握了世界的权力。人们追求物质胜过追求精神。权力和迷信开始统治人们的精神，神的存在只为少数人所感知，而使得人类了解神的方法只剩下宗教。

印度教对于灵魂和肉体的关系是这样认为的：生命不是以生为始、以死而终，而是无穷无尽的一系列生命之中的一个环节，每一段生命都是由前世造作的行为（业）所决定的。动物、人和神的存在都是这个连锁中的环节。一个人的善良品行，可以使他升天，邪恶则能令他来世堕为畜类。一切生命，即使在天上，都必有终期，不能在天上或人间求得快乐。虔诚的印度人的愿望是获得解脱，在那种不变的状态之中获得安息，这称为梵和涅。

尽管在学说上彼此各成体系，但两千五百多年来，佛教与印度教在印度本土相互消融，也丰富了印度的哲学思想。尤其是当古印度中的四种姓阶级转信佛教，悟道证果，乃至在印度中期，印度教借佛教壮大自宗，都显而易见，佛教的出现为印度教的过去提供了深刻的反省，也为印度教的未来指出了宽阔的走向。

印度教具有正反“二元”性，它接受邪恶的存在，愿意忍受比其他宗教更多的世俗痛苦，承认人——他们自己就是善与恶、爱与恨、悲与喜、低贱与高贵、自私与利他的混合——必须服从自己的本性与宇宙的本质。因此，印度教的主要男女神祇同时代表着毁灭者和创造者两个方面，既创造痛苦，又带来福祉。

因此，虔诚的，尤其是有文化的教徒，基本上是一神论者，强调宇宙万物的统一性和超乎类人神灵之上的唯一创造本源的尊严。即使没有宗教信仰，没有通过信仰、默想和对永恒真理神秘理解的各种中间媒介，也可以找到通向创造力和宇宙真理之门。

印度教从未规定过一成不变的与基督教或犹太教相当的统一礼拜仪式。虔诚的印度教徒天天在每个印度教家庭都备有的简陋祭坛前背诵规定的祈祷文，他们可能频频到印度无处不在的由叫作祭司的人照管的某个寺庙中祈祷或捐赠食物和鲜花。但不存在固定的刻板的仪式，没有固定的圣职委任或教士职务，也没有专门的类似基督教的星期日、犹太教的安息日或穆斯林的礼拜五那样的宗教节日供人礼拜。在宗教仪式中，担任专职书记员和主要由梵文写成的吠陀经及叙事诗的朗诵员的人，都是最高等级婆罗门种姓成员，他们也是丧礼、婚礼、成年礼和代人向神祈祷的唯一执行者。这些无疑都是祭司的职能，然而并不要求执行人必为俗人与神灵之间的中间媒介。所有印度教婆罗门成员都不是祭司，虽然印度教祭司管理寺庙并接受供品，但他们远非基督教或犹太教那样正式任命的职务。

印度教的节日也不少，其中大多数的文化色彩与宗教色彩一样浓厚，比如秋季的排灯节是印度重大宗教节日之一，为期五天，相当于现在通用日历的10月下旬。此节供奉财富女神吉祥天女，在孟加拉则供奉女神迦梨。春季的好利节是印度教的春节，即公历2、3月间的望日。该节富于纵情狂欢的特征，届时人们不分种姓、性别、社会地位和年龄，力求尽欢。还存在到著名寺庙和圣地朝觐的古老传统。2001年，在恒河中游阿拉哈巴德举行的12年一次的无遮大会（印度最盛大的河边法会，每三年在四个地方轮流举行，故同一地方每12年举行一次。据说在大会期间，人们沐浴于河中，可以净身、涤心、洁口）就吸引了3000万人参与。不过，文艺复兴时期开始时遍及欧洲的还俗浪潮，已在受到城市化、工业化、技术革命和民族国家兴起等冲击的今日印度出现。对于数量日渐增加的城市职业印度人来说，宗教已经不如其他更世俗的机会重要。虽然这些人仍只占总人口的少数，但他们多半就是那些抛弃了种姓或对种姓抱无所谓态度的群体。现代印度很多领导人已经采纳了非宗教观念，甚至甘地也曾声言反对种姓歧视，并公开反对苛刻对待不可接触者。

Hindumelaaya Upahaar 《献给印度教庙会的礼物》，泰戈尔的诗。

Hindus 印度教教徒，占印度人口的83%多。

Hindustan Cooperative Insurance Society 印度斯坦合作社保险学会，成立于1884年，1934年泰戈尔为其成立50周年写纪念文章《合作社的原则》。

Hindustanis 印度斯坦人，主要分布在印度北方恒河中上游地区，占印度人口的28%。

Hindutva 印度教特质，指所有那些把印度看作他们的祖国和圣地的人。

Hintala 因达拉，一种沼泽地枣树。

Hippalos 西帕罗斯，公元前1世纪希腊航海家，他发现了阿拉伯海上的迅捷季风航路。

Hira Singh Dard 希拉·辛格·达尔德，旁遮普语现代作家。

Hirachand 希拉查得，印度大公司。

Hiran Minar 鹿塔，在巴基斯坦谢胡普拉，17世纪莫卧儿王朝皇家猎场。

Hiranya 金子。

Hiranya-garbha 金穴，金子宫。

Hiranyabahu 金臂，湿婆大神的别名。

Hiranyadhanush 希拉雅达奴什，《摩诃婆罗多》中林中族王，武士独收的父亲。

Hiranyakarbha 金卵，金胎，金藏。

Hiranyakasipu 翕然尼亚卡西普，鬼怪，大梵天恩赐他不被人、神、兽所杀，他无恶不作，他把地球扔到大海深处，毗湿奴变人狮杀了他，救出大地。

Hiranyakasipu 翕然尼亚卡西普，魔怪，他统摄三界，抢占天界因陀罗的宫殿，他想毁灭毗湿奴的忠实信奉者、他的儿子波罗诃罗陀，毗湿奴化作人狮把他杀死。

Hiranyakesin 西蓝尼亚凯辛，印度教圣人，写吠陀6支之一的《劫波经》。

Hiranyaksha and Hiranyakshyapu 翕然尼亚克沙和翕然尼亚克什亚普，神话中毗湿奴在都城外昆达的守门神迦亚和维嘉亚的化身，因二人阻止那罗衍那仙人去外昆达，被仙人诅咒为三代为魔。第一代为这二人，为毗湿奴变野猪杀；第二代为罗婆那和弟弟昆塔卡尔纳，被罗摩杀；第三代为童护和单塔瓦克拉，被黑天杀。

Hiranyapura 金城。

Hiranyaretas 金色之神，指火神，湿婆的精液随他5000年，其身体、眼睛、头发等变为金色。

Hiranyavati 金河，跋堤河，佛祖涅槃后骨灰沉淀之处。

Historical Science Monthly 《史学月刊》，原名《新史学通讯》，创刊于1951年1月，由中国新史学会河南分会创办，1957年更名为《史学月刊》。1994年9月第5期刊登林立的《泰戈尔与印度国际大学中国学院的建立》。

History of Minguo 《民国春秋》，由江苏古籍出版社出版于1987年1月。2000年5月第3期刊登东林的《泰戈尔太原行》。

History of Yanhuang 《炎黄春秋》，由中华炎黄文化研究会于1991年7月创办，纪实性综合月刊，对古今中外的重大事件和重要人物，依据翔实的史料，秉笔直书，誉人不增其美，毁人不益其恶。1998年7月第7期刊登刘作忠的《说“我前世一定是中国人”的泰戈尔》。

History Teaching 《历史教学》，于1951年1月创刊于天津，是新中国建立后国内创办最早的历史专业刊物之一。1982年4月第3期刊登林承节的《泰戈尔对日本侵华政策的批判》。

Hitabadi 《忠告周刊》，泰戈尔时期的文学周刊。

Hitabadi Publishing House 忠告出版社，泰戈尔时期的文学出版社。

Hitaishi Sabha 慈善会，泰戈尔于1915年发起的自治乡村发展组织，如动员农民植树等。

Hitakarini 贱民福利大会。

Hitalarism 希特勒主义。

Hitasadhan Mandali（Bengal Social Service League） 泰戈尔在孟加拉社会服务组织成立典礼上讲话，题目为《崇拜劳动》（Karmayajna，The Worship by Labour），号召青年以牺牲精神参加社会服务工作。

Hitler，Adolf 希特勒，阿道夫（1889—1945），奥地利裔德国政治人物，纳粹党党魁，1933年被任命为德国总理；1934年至1945年为德国元首。第二次世界大战期间，他兼任德国武装力量最高统帅。1919年，希特勒因军队任务而认识纳粹党，并在之后不久加入，1921年成为纳粹党党魁。1923年因啤酒馆政变被捕入狱之后，他以泛德意志民族主义、反犹太主义、反资本主义及反共主义等宣传手段得到支持。1933年成为德国总理之后，快速将德国变为一党专政。希特勒极欲建立纳粹，以霸权于欧洲。为达到目的，他以外交政策来主张德国人的生存空间及德国的重新武装。1939年德国入侵波兰，这次入侵导致了第二次世界大战的爆发。在之后的三年里，德国及其他轴心国占领了大部分的欧洲、北非、东亚及太平洋诸岛屿。然而1942年之后，盟军开始反攻，德军渐居劣势。至1945年，盟军已反攻解放遭德军占领的大部分地区。而在战争之中，欧洲犹太人遭受到种族灭绝。1945年4月，苏联红军逼近柏林之时，希特勒与其女友爱娃·勃劳恩结婚并在2日内自杀。1938年10月，希特勒侵占捷克斯洛伐克，泰戈尔给雷思尼写信，谴责法西斯的暴行。

Hitopadesa 《益世嘉言集》，以《五卷书》和另一故事为基础改编的故事集，作者那罗衍那（Narayana），内有43个故事，其中25个故事可以在《五卷书》（Pancatantra）找见。这些故事的出处在两部书里没有太大的区别。《益世嘉言集》的作者被认为是国王达瓦拉钱德拉（Dhavalacandra）的智囊、智者那罗衍那。书的手稿，发现最早的为公元1373年的手稿，据推测这本书成稿于公元10世纪和12世纪之间。该书有四部分，分别为《交友集》（Mitralabha)、《朋友不和集》(Suhrdbheda)、《朋友分手集》(Vigraha) 和《团结集》(Sandhi)。

Hiuan Chao 玄超，7世纪去印度的一个香客，他于627年经铁门、吐火罗、吐蕃（今西藏），通过距离西姆拉不远的什布奇山口，进入印度。

Hobgoblin 胡波枸波林，阿修罗，魔鬼。

Hoffding, Harald 霍夫丁，哈格尔德（1843—1931），丹麦哲学家和心理学家，出生于丹麦哥本哈根。1926年8月泰戈尔访问丹麦时曾和他会晤。

Hok Bhaarater Jaya 《祝印度赢得胜利》，泰戈尔的诗。

Holi (Horikhelaa) 霍利节，又叫洒红节，印度教重要节日，在每年2月底或3月初，源自史诗《摩诃婆罗多》。传说古印度王子普拉赫拉得对其父赫尔那耶加西布的暴虐不满，虔敬大神毗湿奴，其父便设计让不怕火烧的妹妹霍利加抱着王子跳进大火，不料却将霍利加烧死。在大火燃烧时善良的人们不停向王子身上洒水。后人们在王子幸运活下来的这一天进行庆祝活动，互相洒泼彩水，晚上燃起篝火，跳舞唱歌，调情，捐弃前嫌。洒红节，在印度是个迎春的狂欢节日。孟加拉人又称其“多尔节”(dol utsab)。那一天可以不分种姓、男女，大家相互撒节粉，泼红水，表示友好。

Holiday 《放假》，泰戈尔1892年写的短篇小说。法提克是个孩子王，他每天领着一群孩子在河边玩，弟弟马孔拉总向妈妈告他的状。舅舅比绍姆婆尔来看妹妹，提议把法提克带去抚养，于是法提克跟着舅舅来到加尔各答。舅舅自己有3个孩子，因此舅妈不喜欢他。他和伙伴玩不到一起去，学校老师也经常打他。他一个人成了没有主人的狗，舅舅家成了他的地狱。他丢了课本，舅舅也不愿再买。他想妈妈，想回家，舅舅说必须到放假。他等不及，在暴风雨之夜逃跑了，舅舅请警察把他抓了回来。他发了高烧，说胡话，尽喊他家乡河边的事情。大夫担心孩子危险，舅舅赶快派人让妹妹赶来。等到法提克的妈妈赶来时，他对妈妈说，“妈妈，放假了，我要回家了”。

Holkar, Malhar Rao 赫尔卡尔，马拉尔·拉奥（1693—1766），印度马拉塔王公。

Holkars 赫尔卡尔家族，中世纪以赫尔卡尔，马拉尔·拉奥为首的马拉塔王国大封建主家族。

Holland 荷兰，全称尼德兰王国，位于欧洲西北部，国土总面积为41864平方千米，人口1650万，信仰天主教、基督教等，首都阿姆斯特丹，主要城市有鹿特丹、海牙等，濒临北海，与德国、比利时接壤。荷兰以海堤、风车和宽容的社会风气而闻名，对待毒品、性交易和堕胎的法律是在世界范围内最为自由化的。荷兰是全球第一个同性婚姻与安乐死合法化的国家。荷兰也是协商民主政体的典型样本。其首都虽然设在阿姆斯特丹，但是中央政府、贝娅特丽克丝女王居住办公地、所有的政府机关与外国使馆、最高法院和许多组织都在海牙。荷兰有着繁荣和开放的经济，农业实现了高度机械化，畜牧业也是世界闻名。1920年9月，泰戈尔访问荷兰。

Homa 圣火，霍玛祭，即以酥油倒入祭祀火中向神祭奠的仪式。

Homage to Islam 《向伊斯兰致敬》，泰戈尔1933年的讲话。

Homas 婆罗门烧的祭祀物。

Home, Amal 厚姆，奥马尔，加尔各答大学教授，于1931年担任泰戈尔诞生70周年大型庆祝会秘书。

Home and the World 《家与世界》，泰戈尔于1916写的长篇小说

碧莫拉：我和妈妈一样长得黑，唯一能弥补这个缺憾的就是做个悉多式的妻子。没有想到，嫁的丈夫尼吉莱什比我还黑。但热烈的爱情冲淡了这个心病。丈夫是硕士，要求我和他完全平等。他不要我摸他脚上的尘土，他成了我心中的王子。我愿意他接受我对他的崇拜，但他就是不给我机会。我丈夫的奶奶、妈妈和寡居的嫂子都很漂亮，但命都不好，因而奶奶发誓不给孙子娶漂亮媳妇，所以我才有运气进这个门。丈夫的哥哥，也就是嫂嫂的丈夫酗酒而死。所以嫂嫂嫉妒我有个没有任何不良嗜好、品德高尚、和我相敬如宾的丈夫，把我的幸福看作眼中钉。嫂嫂对我丈夫贪得无厌，但他总是百般谦让。

丈夫尼吉莱什想把妻子碧莫拉带出深闺，但碧莫拉不同意，觉得当笼中鸟没有什么不好。奶奶对孙子的现代派做法心里不乐意，但嘴里不说。奶奶喜欢孙子媳妇，认为只有媳妇才能制约孙子的现代火焰。孙子给媳妇买欧洲

H

服饰她也不反对，认为这样能收住孙子的心。奶奶去世后丈夫要把她带往加尔各答，但媳妇不愿意，也不同意丈夫把房子交给嫂子管。1905—1908年的斯瓦德西运动波及了这个家庭，丈夫支持运动但不喜欢媳妇学习一些人的过激行动，把欧洲服装烧掉，主张多建设少破坏。丈夫用枣子做糖、开办银行的尝试都失败了。他和斯瓦德西领袖松迪波观点不同，但资助他，也不愿意连家庭女教师姬尔碧都赶走，他把姬尔碧收养的孩子诺伦赶走并亲自开车送志愿离去的姬尔碧去火车站，全然不顾报纸披露。他也不同意人们把印度教色彩太浓的班吉姆小说《阿难陀寺院》中的“邦代玛特拉姆”（母亲向你致敬）作为口号。

H

碧莫拉的故事：松迪波宣讲“斯瓦德西”，狂热的年轻人在“邦代玛特拉姆”的口号中把松迪波抬起来。碧莫拉原来对松迪波没有好印象，认为他的眼睛里有不诚实，在利用她丈夫。她亲自去听松迪波的讲演，一下对他的印象大变，把他看成了英雄，对他产生了崇拜。她把头从帘子后面伸出来，眼光正好与松迪波对视。她要丈夫邀请松迪波来家里做客。松迪波来了，她特意打扮，非常紧张，心在跳动，动作表情不自然。松迪波却大大方方，揣摩女人的心事。嫂嫂发现她打扮得非同一般，讥讽她。碧莫拉的打扮也没有逃过松迪波的眼睛。丈夫与松迪波展开激烈辩论，松迪波主张为了“祖国”可以不惜手段包括暴力、抢劫，但丈夫尼吉莱什却不同意这个观点，碧莫拉倾向于松迪波。这时候，丈夫尼吉莱什的师父查得拉那特来了。

尼吉莱什的故事：丈夫任何苦难都可以忍受，只有不能忍受碧莫拉爱别人。女人最容易被虚伪冲昏头脑。尼吉莱什也认识到松迪波是在漂亮的口号下满足自己的私欲，而且他为松迪波利用感到羞耻。师父建议尼吉莱什把松迪波赶走，不想尼吉莱什根本就不想松迪波走。他声言已经把碧莫拉看作中心。碧莫拉听了很受用。丈夫建议去大吉岭旅行以便躲开松迪波，不料妻子坚决不去。

松迪波的故事：松迪波的人生哲学就是为了目的可以不计较手段，抢来骗来的就是自己的。会骗就是有本事，包括骗女人，连羞耻感都没有。这是活脱脱的强盗哲学，是食肉动物的哲学。他还是引诱女人的高手，谎言比诚实更受女人欢迎。

碧莫拉的故事：碧莫拉已经处于感情旋涡的中心，不能控制自己。她的刻意打扮逃不过嫂嫂的眼睛。松迪波把碧莫拉看作蜜蜂王后，她的莎丽就是一团火焰。碧莫拉在松迪波跟前感觉到了做女人的价值。松迪波名义上说祖国需要，实际上是他自己需要。碧莫拉竟然被伪君子假惺惺的吹捧搞得神魂颠倒，对他讥讽丈夫无知能够容忍。因为松迪波对她产生了巨大的吸引力和震撼力，她对松迪波产生了一种异样的感情，就像酒鬼无法戒掉酒瘾，把嫂嫂的讥讽也当耳边风。松迪波没有了遮羞布，开始借谈艺术和她谈性。她心里在渴望、期盼，忍不住越过嫂嫂的走廊去会松迪波。嫂子故意让仆人来搅她和松迪波的约会。她对丈夫产生了矛盾心理：照片想扔掉又不忍心。

松迪波的故事：伟大就是残忍，这是松迪波的人生哲学。不公正与残忍造就了专制者和百万富翁。没有不公正的民族会被扫进垃圾堆。男人靠武力出名。尼吉莱什的有知就是无知。尼吉莱什认为松迪波这么做是出卖灵魂，以灵魂换取成功。碧莫拉主动投来的爱是成熟的果子，不摘取就是浪费。他生来就是英雄，公众是他的马。他外表伟大，内心平庸。对碧莫拉的爱就是证明。但他又感到自己是《罗摩衍那》里劫走悉多的罗婆那，没有真正把碧莫拉拉入环抱，见了尼吉莱什毕竟贼人心虚，有些尴尬，争论时也故意让步。但与碧莫拉的感情没有退路，他要把斯瓦德西和碧莫拉结合起来，把她献给迦梨女神。

尼吉莱什心情灰暗。他才意识到，长期以来碧莫拉的生活乏味，陪伴她像戒斋一样无聊。他回忆婚后九年中有七年夫妇每年去萨玛达湖游览荡舟，更换爱情。现在房子空了，人心散了。要让碧莫拉获得自由，他就可以获得自由。他走进房子，摆着她的化妆品、衣物，他们的照片乱放着。碧莫拉进来了，他落荒而逃。他感到自己成了陌生人。邻居班楚拿来椰果，他来还他曾经在园子偷的椰果。他一天辛辛苦苦，全家人难以糊口，对尼吉莱什震动很大，他决心为消除贫困而献身。碧莫拉走进了家门但没有走进生活，失去她他感到空虚。

碧莫拉的故事：斯瓦德西运动像一股洪流席卷孟加拉，使人不可思议。丈夫表现得忧虑和冷静。碧莫拉感到自己被卷进这股洪流，不可抗拒。松迪波完全激进，与丈夫谈不拢。煽动群众起来做出过激行动的领导人恐怕没有安好心，乱中取利。丈夫的糖、盐、布等洋货照常卖。丈夫是地地道道的使用国货的土包子。嫂嫂督促丈夫买国货是装模作样，实际上她用的全是英国货。松迪波决定把所有的洋货清除出去，但尼吉莱什主张自愿。碧莫拉让松迪波吹得昏了头，觉得自己真的是性力的象征。

尼吉莱什的故事：班楚的妻子死了，婆罗门逼他拿出120卢比给妻子做道场，班楚被逼出走修炼，一月后舍不下孩子又回来。师父给他借钱做小买卖。松迪波操纵学生到处活动，要烧洋货。师父和我与学生争辩，坚决不同意。班楚的地主逼着班楚烧了他的洋布，我要他告状，松迪波竟然愿意给地主做伪证，纯粹是一副无赖嘴脸。我愿意把班楚的货物买下来让他做我的佃户。班楚的假婶婶来讹诈班楚，我把她赶走。妻子碧莫拉意外地来叫我，要我把洋货烧掉，我坚决反对，“为了祖国实行专横就是对祖国的专横。”这是我对妻子的回答。我有了解脱的轻松感。

松迪波的故事：碧莫拉想用打扮得漂漂亮亮来打动丈夫，让丈夫焚烧他的洋货，但失败了，说明女人只知道男人的弱点而并不了解男人的强点。松迪波拉她坐下，她没有拒绝。他要和碧莫拉制订新的计划，但碧莫拉根本没有心思。他煽动学生进行更大的焚烧活动，烧了运洋货的船。他还以祖国的名义欺骗碧莫拉拿出50000卢比来。他要在漂亮的外衣下达到自己发财的目的。他的人生哲学就是：人生就是掠夺，用欺骗要、虚假实现“真理”。男人向女人索取就是给予女人，决不能心慈手软。他通过碧莫拉打尼吉莱什祖产的主意。穆斯林不买他的账，他想用武力解决，遭到尼吉莱什的反对。他想塑造一个女神，欺骗无知的人，点起熊熊大火，乱中达到目的。这个女神就是碧莫拉。不花一分钱的廉价吹捧就是对女人的最好的催眠术。伟大的人造神，而无知的人去崇拜神。他念念不忘不失时机地从碧莫拉手里骗钱。

尼吉莱什的故事：小报对他散布流言蜚语，说他压制下人，勾结官府。他冷静地与松迪波的追随者争论。松迪波把一切是非颠倒，宣扬“要得就得抢夺”。班楚的假婶婶还赖着不走，我决定收留班楚，师父不同意。师父走了，我感到孤立无援，一个人走进菊花园，不料碰见碧莫拉，十分尴尬。我叫住她，告诉她自由了。原来师父赶走了班楚的假婶婶，再来应付她的幕后指使人、地主昆度。

碧莫拉的故事：碧莫拉没有想到，她刻意打扮让丈夫烧洋货被丈夫冷眼拒绝。而且在花园见面时丈夫竟然说她自由了。松迪波的5万卢比到哪里去弄？她让阿木里亚想办法，小伙子说为了祖国可以杀死管钱的出纳抢钱。她吓慌了，辗转不安。突然想起丈夫在杜尔迦节给嫂子准备的6000卢比还放在保险柜里。于是偷来丈夫的钥匙，把钱偷出来交给松迪波，阿木里亚说实际只需要3500卢布，要师父把剩余的2500卢比退回碧莫拉，但松迪波以漂亮的名义拒绝。她让阿木里亚把价值40000卢比的首饰当6000卢布，想顶上空缺。松迪波眼睛像猎人盯着首饰盒。嫂子在丈夫跟前提起钱，吓得她心惊肉跳。松迪波在她眼里失去了英雄光环，丈夫想当着妻子的面让松迪波滚蛋。

尼吉莱什的故事：松迪波与地主昆达勾结造神，向佃户摊派。松迪波生来就是骗子，尼吉莱什不能让年轻人跟他转。穆斯林杀牛祭祀，尼吉莱什劝年轻人不要干涉，以免流血冲突。松迪波指使人烧尼吉莱什的模拟像。家里收来的7500卢比的税款被盗，警察说是保安监守自盗，报案喊冤。嫂嫂劝小叔子一块搬到加尔各答去，小叔子不置可否。师父提议把碧莫拉送到加尔各答去，以免惹出更大的是非。尼吉莱什半夜听见哭声，原来是碧莫拉，她向丈夫行摸脚礼。

碧莫拉的故事：派出去典当我的首饰的阿木里亚迟迟不来，我心里着急，后悔让一个孩子出去冒险，也许警察会把他当贼抓去。不料松迪波拿来了首饰，是他从阿木里亚的箱子里搜走，又来送给我。阿木里亚来，揭露松迪波要走的6000卢比全部据为己有。我让阿木里亚把不知从何处弄来的6000卢比送回去。我又担心阿木里亚遇到危险，让人把他叫回来，结果来的是松迪波。他喋喋不休，让我顶得张口结舌。丈夫进来，毫不客气地赶松迪波走。松迪波灰溜溜地滚蛋了。我内心惴惴不安，担心我拿走6000卢比金币的事情一旦败露，明天还能去加尔各答吗？我为自己让阿木里亚为我顶罪而内疚。我觉得无颜见人，拿起阿木里亚留下的手枪对准脑袋，突然传来庙里的鼓声，又心软了。丈夫来了，我扑在他脚下，情愿接受任何惩罚。

尼吉莱什的故事：我们要去加尔各答，嫂子去恒河边度日。想着嫂子进门时才9岁，我6岁，自小和嫂子一起长大，不禁恋恋不舍。警察带来了罪犯，原来罪犯就是阿木里亚，他说在草丛里拣到6000卢比特来送还。最后招认是他偷的钱，碧莫拉让她还回来。尼吉莱什要把6000卢比从箱子里取出来给嫂子，找不见钥匙，碧莫拉承认她拿了钥匙，也拿了钱。尼吉莱什反省自己，也许自己对妻子太专横而使他们反目？晚上，碧莫拉来了，我原谅了她。正在收拾东西要走，松迪波来了，他干了坏事，良心受到谴责，特来还6000卢比的钱和碧莫拉的首饰。穆斯林在追捕他，他匆匆而去。师父查得拉那特惶惶而来，说穆斯林在施暴，尼吉莱什不顾阻拦，挺身而去。晚上，阿木里亚被穆斯林打中心脏而死，尼吉莱什头部受重伤。

Home Rule for India　“印度之家的规则”，由贝桑特夫人于1917年提出。

Homer　荷马，古希腊盲诗人，公元前873年生。相传记述公元前12世纪—公元前11世纪特洛伊战争及有关海上冒险故事的古希腊长篇叙事代表作史诗《伊利亚特》和《奥德赛》，即是他根据民间流传的短歌综合编写而成。据此，他生活的年代，当在公元前10世纪—公元前9、8世纪之间。他的杰作《荷马史诗》，在很长时间里影响了西方的宗教、文化和伦理观。

Homi Jahangir Bhabha　霍密·贾汗吉尔·巴巴，印度原子工程之父。

Homunkulus　侏儒。

Hong Kong　香港，繁华的国际化大都市。1842年至1997年，香港是英国的殖民地；1997年7月1日，中国对香港行使主权。香港地处珠江口以东，与广东省深圳市相接。香港是国际重要的金融、服务业及航运中心，是继纽约、伦敦之后世界第三大金融中心。香港为全球最具竞争力的经济体系，经济自由度指数居世界首位。香港是中西方文化交融的地方，为全球最安全、富裕、繁荣和生活高水平城市之一。香港把华人智慧与西方社会制度的优势合二为一，以廉洁的政府、良好的治安、自由的经济体系及完善的法治闻名于世。香港素有“东方之珠”“美食天堂”和“购物天堂”等美誉。1916年5月，泰戈尔坐船去日本、美国访问时在此停留。1924年4月10日访华途中在此停留。

Hong Kong Literature Study Press　《香港文学研究社》，于1921年创办于香港，1961年出版连士升的《泰戈尔传》。

Hong Xi　洪熙，民国某文化人的化名，1924年发表《泰戈尔的迷途》《致泰戈尔的一封公开信》《泰戈尔明日与北京学生相见》《节日下午之泰戈尔演说》《泰戈尔昨天游览御花园》《北京英美协会欢迎泰戈尔》《讲学社招待泰戈尔游北海》。

Honolulu　火奴鲁鲁，美国夏威夷州首府和港口城市。华人称檀香山。火奴鲁鲁位于北太平洋夏威夷群岛中瓦胡岛的东南角，延伸于滨河平原上，市区面积217平方千米，人口约37万。都市区包括瓦胡岛各县，面积1544平方千米，人口约85万，约占全州人口的4／5。火奴鲁鲁气候温和，年均温24 ℃，年降水量600多毫米。火奴鲁鲁早期为波利尼西亚人小村，19世纪初因檀香木贸易和作为捕鲸基地而兴起，1850年为夏威夷王国首府。1898年夏威夷归属美国。火奴鲁鲁1909年设市，1959年成为州首府。1917年1月泰戈尔访美返回日本途中在此处停留。1929年4月泰戈尔结束加拿大访问，因受洛杉矶移民局歧视而取消在美国的访问后，于4月20日从火奴鲁鲁取道乘船去日本。

Honorarium　敬意，心意。

Honoris Causa in absentia（Honorary Degree of D.Litt）　荣誉文学博士学位。1936年7月29日达卡大学授予泰戈尔名誉博士学位。

Hooghly　胡格利河，恒河南行的支流，从加尔各答入孟加拉湾。

Hookah　日用水烟袋。

Hoover　胡佛（1874—1964），是美国第31任总统，生于艾奥瓦州，父亲为铁匠，在胡佛6岁时死去，母亲赫尔达·明索恩则在胡佛9岁时去世。孤儿胡佛和他的一个哥哥、一个妹妹先由叔叔阿伦·胡佛抚养，两年后胡佛住在了舅舅约翰·明索恩家。胡佛毕业于斯坦福大学。1897年，胡佛为一家公司所雇用去了澳大利亚，次年来到中国，在开平煤矿工作。后胡佛自己开了公司，到1914年，他已经拥有了400万美元的财产。他以这些财产为后盾逐步步入政界。1921年任商业部部长。1928年接受共和党总统候选人的提名，获胜。胡佛上台后，正赶上世界性的经济危机，美国经济坠入深渊，这使他原来的希望依靠美国科学潜力来开辟一个"新时代"的愿望破灭。尽管他进行了不少努力，但危机一天天加重，终无力回天。1932年大选中，他被罗斯福击败。退休后，他著书立说，著作颇丰。1930年11月，泰戈尔再次来纽约访问美国。胡佛总统在华盛顿接见泰戈尔。

Hopkins 霍普金斯，20世纪初任美国耶鲁大学教授。1916年12月泰戈尔访问美国时，他在该大学用梵语宣读对泰戈尔的欢迎词。

Horace Plunkett 霍拉斯·普伦凯特（1854—1932），英国-爱尔兰统一主义者，农业改革家，政治家，作家，1920年5月在伦敦会见泰戈尔，二人成为朋友。

Horana 洪腊纳，斯里兰卡城市，1934年5月20日，泰戈尔为这里由斯里兰卡著名学者威尔默特·培瑞拉发起、出资，按照泰戈尔的国际大学的模式建立斯里帕里学院奠基并命名。

Hori 霍利，泰戈尔创办的圣蒂尼克坦学校的梵文学生。

Horikhelaa 洒红节。见Holi。

Hormazd 全知全能的神。

Hos 霍人，居住在比哈尔和奥利萨地区的印度少数民族之一。

Hotel Byrone 白罗恩宾馆，在瑞士疗养胜地维勒讷沃。1926年月6月22日，泰戈尔因在意大利访问疲惫不堪，在维勒讷沃疗养几天，住在该宾馆内雨果曾经住过好长时间的房间里，受到了住在隔壁房间的罗曼·罗兰的热烈欢迎，二人每天见面2～3次，相谈甚欢。

Hotr 祭司。

Hotravahana 胡特拉瓦哈那，《摩诃婆罗多》里安巴去林子求仙人帮忙劝毗湿摩娶她碰到的自己的外祖父。

Hou Chuanwen 侯传文（1959—），山东泰安人，文学博士。1982年山东师范大学中文系本科毕业，1988年北京大学东方语言文学系硕士研究生毕业，2004年获得四川大学比较文学与世界文学专业博士学位。现任青岛大学文学院教授、副院长；兼任山东省外国文学学会副会长，中国印度文学研究会理事等。研究泰戈尔的著作有：《寂园飞鸟——泰戈尔传》《泰戈尔诗选导读》《话语转型与诗学对话——泰戈尔诗学比较研究》等。论文有：《泰戈尔"人格论"探析》《泰戈尔诗学与西方文论》《泰戈尔论诗歌》《东方诗学的话语转型——从泰戈尔诗学的几个关键词说起》《论泰戈尔前期诗学思想》《论泰戈尔的人格追求》《论泰戈尔的韵律诗学》《论我国五四时期对泰戈尔的接受》《泰戈尔诗学和谐论》《诗与思的张力——细读泰戈尔诗选三首》《话语转型与诗学对话》《泰戈尔与中国现代诗学》《泰戈尔诗学情味论》《泰戈尔与唯美主义》《泰戈尔与现代主义》《生态文明视阈中的泰戈尔》《中印文化哲学：泰戈尔与道家》《泰戈尔戏剧思想初探》《认同、误读与化用——论泰戈尔对〈老子〉的接受》《泰戈尔对中国文学之影响》《印度文学的森林书写》《泰戈尔中国演讲及有关论争反思》等。

Hou Qiaohong 侯巧红，当代学者，发表《论松尾芭蕉俳句与泰戈尔短诗的文化异同》。

Houghton Library 护盾图使馆，在美国哈佛大学。

House Number One 《一号》，泰戈尔于1917年写的短篇小说。这是又一个拉娜出走的故事。男主人公的我是个书呆子，缺乏情趣，不懂爱妻子奥尼拉，家庭缺乏温情。来了邻居希唐舒，风流潇洒，跑马、音乐无一不精，关心别人，善解人意，很快吸引了周围的人。妻弟因考试不及格遭后母责备而自杀，希唐舒亲自帮奥尼拉办理丧事。希唐舒第二天要出外旅行，奥尼拉亲自做拿手的食品招待他和他的朋友。第二天一早，他发现妻子也消失，除带走身上穿的和必要的首饰外，其余的包括账本都留下。箱内发现25封信，竟然是希唐舒写给妻子的，话意缠绵，撩人心弦。我断定妻子和希唐舒私奔，决定去喜马拉雅山的穆苏里去寻找，找到了希唐舒但却没有妻子。希唐舒递给我奥尼拉留的信，上面写着和留给我信上一样的话："我走了，即使找也找不见"，留下谜团。

House- Warming (The Night of Parting) 《迁居》，泰戈尔1925年写的剧本。

所谓迁居，是得了绝症的男主人公久丁的

理想。他的这个理想随着他的死去而破灭。久丁重病在身，是个濒临死亡的年轻人。他有一个还在念中学的妹妹希密、一个守寡的姑姑摩悉，还有新婚的妻子——一个比希密还要小的摩妮。久丁得了重病，将不久于人世。摩妮年龄小，不懂事，怕见得病的丈夫。久丁很在意摩妮，常常念叨，希望能够见到她。姑姑里外照应，她担心久丁伤心，对久丁说摩妮爱他，趁他睡着时常来看他，还为他煮牛奶、织披肩等。背着久丁时，她劝说摩妮要爱丈夫，要去服侍他。当得知父母要为妹妹举行初食礼后，摩妮要求回娘家，姑姑劝阻不住。摩妮回家不久，姑姑就请大夫给摩妮的父亲写信，要摩妮赶快回家。不过在邻居面前她却说摩妮是个好妻子，是丈夫让她回家的。久丁即将辞世，但他仍然念叨摩妮，并且给生病前开工的房子取名摩妮宫，说自己要学莫卧儿皇帝沙贾汗，因为沙贾汗为自己宠爱的妃子泰姬玛哈尔修建了泰姬陵。而且，正想着迁居的事，正计划在吉祥日子里偕同摩妮搬进摩妮宫的事。事实是，久丁现在已经一无所有，他的黄麻生意破产了，开工的房子已经抵债了，连他们现在住的房子也要被债主要去了，债主正催他们搬出去呢。姑姑本想瞒着真相，让久丁安静地死去。但久丁最终从佣人那里知道了真相。摩妮在父亲的陪同下来到久丁床边，但久丁已经不认识她了，连临终祝福的话都说不出来了。

Housewife（Ginnis）　《小媳妇》，泰戈尔于1891写的短篇小说。小媳妇实际上是小学老师石博那特给班上的同学阿舒起的外号。石博那特最大的特点就是喜欢给学生起外号。阿舒是个害羞、腼腆的好学生。有一天和妹妹玩洋娃娃婚礼游戏，正好石博那特避雨，看见这一幕，而且妹妹还拉着他当婆罗门主持人。她给同学讲故事，让阿舒羞得无地自容。

Howlla　豪拉车站，加尔各答最大的火车站。

Hoysalas　霍伊萨拉王朝（1111—1326），在现今迈索尔。霍伊萨拉人，在迈索尔地区。

Hoysalesvara Temple　霍伊萨拉斯瓦拉庙，由霍伊萨拉王朝在迈索尔的哈莱比德（古称多拉萨穆德拉）建立的湿婆神庙。

Hozoor　主子。

Hrdaya　心。

Hri　赫里，毗湿奴的配偶。

Hri　谦虚的象征。

Hri　知耻，达刹的女儿，达摩的配偶。

Hriday dharma　《内心的正法》，泰戈尔的诗。

Hritaka　和瑞达卡，史诗《摩诃婆罗多》里俱卢族大将，赫里底家族的成凯的父亲。

Hrsikesa　赫斯恺撒，“感官之神”，毗湿奴的绰号。

Hrsikesa　赫里士恺撒，克里希纳的称号。

Hsiyu Chi　《大唐西域记》，简称《西域记》，为唐代著名高僧唐玄奘口述，门人辩机奉唐太宗之敕令笔受编集而成。《大唐西域记》共十二卷，成书于唐贞观二十年（646年），为玄奘游历印度、西域旅途19年间之游历见闻录。

Hu Chunming　胡春明，民国人物，1934年发表《泰戈尔与国际大学》《泰戈尔提倡印度都市应表现本邦的文化》。

Hu Feng　胡风（1902—1985），原名张光人，又叫张光莹，笔名谷非、高荒、张果等，现代文艺理论家、诗人、文学翻译家，湖北省蕲春县蕲州镇下石潭村人。1920年起就读于武昌和南京的中学，1925年进北京大学预科，一年后入清华大学英文系，不久辍学，回乡参加革命活动，后一度任职于国民党的宣传、文化部门。1929年到日本东京，进庆应大学英文科，从事普罗文学活动。1933年被驱逐出境。回上海，任中国左翼作家联盟党团宣传部部长、书记，与鲁迅常有来往，是鲁迅挚友。1949年起任中国文联委员、中国作家协会理事、第一届全国人大代表。1953—1954年，任《人民文学》编委、中国作家协会主席团成员。1954年7月，胡风向中央政治局递交《关于几年来文艺实践情况的报告》（即“三十万言书”），反驳1952年6月8日《人民日报》转载舒芜文章《从头学习〈在延安文艺座谈会上的讲话〉》，及“编者按”中对胡风的批评，被毛泽东打为“反革命”，1955年5月被捕，关押23年。株连许多人横遭被捕，为典型的“文字狱”。1980年9月，被平反，后担任第五届、第六届全国政协常委，中国文联全国委员会委员，中国作家协会顾问，中国艺术研究院顾问，1931年与杨昌溪发表《泰戈尔的近况》《画家泰戈尔》《泰戈尔于威尔斯论民族主义》《泰戈尔谈俄罗斯》《美国女人对于泰戈尔的惊奇》，1930年以谷非的名字发表《泰戈尔与反英运动》等。1932年与杨昌溪发表《波斯王请客、诗哲泰戈尔乘飞机》。

Hu Lingling　胡玲玲（1942—），谭中的表妹，长沙理工大学副教授，谭云山研究专家。

Hu Lo　胡罗，古代印度佛教高僧，公元977年来中国传经。

Hu Ming　胡明，当代学者，发表《陈独秀与泰戈尔——一个有关“东方文化”的沉重话题》。

Hu Shi　胡适（1891—1962），安徽绩溪人，现代著名学者、诗人、历史家、文学家、哲学家，因提倡文学革命而成为新文化运动的领袖之一。由他和其他名流组成的讲学社于1924年邀请、接待、陪同泰戈尔访华，谱写了中印关系新篇章。

Hu Shuli　胡舒莉，当代女学者，发表《泰戈尔〈新月集〉爱的主题论析》。

Hu Tieyan　胡铁严，民国人物，曾任上海国立自治学院教授，1924年4月在上海参与泰戈尔访华的接待工作。

Hu Yongqian　胡勇前，当代学者，发表《泰戈尔与西方》。

Hu Xueyu　胡学愚，胡愈之的笔名，见Hu Yuzhi。

Hu Yuzhi　胡愈之（1896—1986），原名学愚，字子如，绍兴上虞丰惠镇人，著名的社会活动家，具有多方面卓著成就的革命学者，早年创建世界语学会与沈雁冰等成立文学研究会。1922年初参加中国民权保障同盟，新中国成立后，曾任《光明日报》总编辑、新中国首任国家出版总署署长、全国人大常委会副委员长和全国政协常委。早在1926年，就以笔名胡学愚发表《印度名人泰戈尔在日本之演说》，1921年，他就发表《泰戈尔与东西文化之批判》，重点介绍欧洲反对泰戈尔的学者的观点：东西文化根本不可能调和，而且东方文化在根本上没有存在的价值。

Hua Lu　化鲁，民国某学者的笔名，1923年发表《泰戈尔的东西文化联合运动》《泰戈尔的国际大学》《文坛消息：关于泰戈尔来华》等。

Hua Qing　华清，民国某学者的笔名，1924年发表《读王靖译的〈泰戈尔小说〉后之质疑》。

Hua Yuqing　华宇清（1937—2009），浙江慈溪县人，1961年毕业于杭州大学中国语言文学系。曾任杭州大学外国文学教授，开设泰戈尔研究印度诗学、东方诗论。1982年在承德、1985年在大连为高等教育部和国家教育委员会组织的全国东方文学讲习班讲授“泰戈尔学”。有关成果有《泰戈尔散文诗全集》《泰戈尔自叙》《真实与神秘——泰戈尔研究》《泰戈尔诗精选》等。发表《试论泰戈尔的文艺观》《泰戈尔怎样对待荣誉》。

Huai Ting　怀汀，民国某文化人的化名，1924年发表《吃素与吃牛肉茶》。

Huang Baiqiao　黄柏樵，民国人物，上海科学管理家，曾任上海军政办事处秘书长，主编《德华标准大词典》。1924年4月13日出席张君劢在自己院子草坪为欢迎泰戈尔访华举行的茶话会。

Huang Bing　黄兵，当代学人，与朱毕甲发表《论泰戈尔对中国早期散文诗的艺术影响》。

Huang Gongsu　黄攻素，民国人物，政治活动家，曾留学日本。1924年5月18日，北京佛教讲习会会员沈钧儒与何雯、张相文拜访正在北京访问的泰戈尔，同泰戈尔就佛学进行了交流，时为议员的黄攻素与陈铭鉴、张树枏等在座，徐志摩、邓高镜担任翻译。

Huang Jianping　黄建平，当代学人，发表《接受学视野下的泰戈尔研究》。

Huang Jing　黄静，女，2012年发表《翻译即改写——陈独秀对泰戈尔诗歌的译介及改写》。

Huang Rong　黄蓉，当代女学者，深圳大学老师，发表《泰戈尔与中国》。

Huang Tuanyuan　黄团元，记者，发表《泰戈尔抒情诗与网络误传》。

Huang Xinchuan　黄心川（1928—），曾用名黄顺康，著名学者、印度学专家，江苏省常熟市人。1958年北京大学哲学系外国哲学史专业研究生毕业。现任中国社会科学院亚太所研究员、博士生导师，北京社会科学院南亚研究中心顾问，中华外国哲学研究会常务理事。几十年来，致力于东方哲学、宗教特别是印度哲学、宗教的研究，在这一领域做出了许多开创性工作，取得了令国内外学术界瞩目的成就。他主编的《世界十大宗教》获得1988年全国优秀图书奖和中国社会科学院优秀成果奖，主持编写《南亚大辞典》不少著述被译成英、日、韩、孟加拉文。曾写有论文《泰戈尔的哲学和社会思想》等。

Huang Xuan　黄玄，民国学者黄仲苏的原名，见Huang Zhongsu。

Huang Yuanying　黄元英，当代学者，发表《生命的永恒——激情与爱——简评泰戈尔散文诗集〈吉檀迦利〉》。

Huang Zhongsu　黄仲苏（1896—?），安徽舒城人，原名黄玄，20世纪30年代曾任《大厦月刊》编辑。著有《谭心》。1920年，他在《少年中国》发表所翻译的《泰戈尔的诗十七首》和《泰戈尔传》等。

Huang Zongxi　黄宗喜，湘潭大学文学院老师，发表《泰戈尔象征剧叙述模式探源》等。

H

Huang Zhufeng　黄珠凤，当代学者，发表《独特的形象　塑造娴熟的艺术技巧——读泰戈尔的〈游思集（其一）〉》。

Huang Zimei　黄子美，民国时期著名实业家，与徐志摩父子关系甚密，徐志摩回国后发起新月社时，就是他与徐申如共同出的资金。1924年5月20日晚，泰戈尔一行乘坐火车去太原，黄子美与梁启超、徐志摩、林徽因等在车站送行。

Huawen Press　华文出版社，成立于1987年，地址在北京。2005年出版董友忱的《泰戈尔画传》。

Hubble-bubble　高级精美的水烟袋。

Hubei Archives　《湖北档案》，创刊于1986年。2003年8月第8期刊登孙闻浪的《泰戈尔的中国情结》，2011年第10期刊登王新文的《1924年：泰戈尔的中国之行》。

Hubei Foreign Literature Society Annually《湖北外国文学学会年刊》，1979年刊登彭瑞智的《新月的幻想和破灭——泰戈尔的〈新月集〉》。

Hubei Social Sciences　《湖北社会科学》，1987年创刊，由湖北省社会科学院主办。2012年第5期刊登袁苑的《爱的诗人泰戈尔》。

Hubilai Hanh　忽必烈（1215—1294），蒙古族，元朝的创建者，是监国托雷第四子，元宪宗蒙哥弟，蒙古尊号"薛禅汗"。他青年时代，便"思大有为于天下"。忽必烈建立了幅员辽阔的统一多民族国家元朝。他在位期间，建立行省制，加强中央集权，使得社会经济逐渐恢复和发展。他也曾多次派兵侵略邻国，但多遭失败。同其祖父成吉思汗一样，忽必烈是蒙古民族光辉历史的缔造者，是蒙古族卓越的政治家、军事家。他在位35年，1294年正月，在大都病逝，谥号圣德神功文武皇帝，庙号世祖。

Hudson, W. H.　哈德森（1841—1922），英国作家，1912年曾会见泰戈尔。

Huen-Tsang　玄奘，见Xuanzang。

Hug, Fazlul　胡戈，法兹鲁尔，20世纪印度政治家，在20世纪30年代曾任孟加拉邦首席部长。

Hugo Stinnes　玉果·斯丁斯（1870—1924），德国企业家、政治家。1921年5月29日泰戈尔访问柏林时就住在他家。

Hugo, Victor　维克多·雨果（1802—1885），法国浪漫主义作家，人道主义的代表人物，19世纪前期积极浪漫主义文学运动的代表作家，法国文学史上卓越的资产阶级民主作家，被人们称为"法兰西的莎士比亚"。代表作有《悲惨世界》《巴黎圣母院》等。1926年6月正在意大利访问的泰戈尔在瑞士疗养胜地维勒讷沃疗养时住在白罗恩宾馆内雨果曾经住过好长时间的房间里。

Hui Chao　慧超，大唐佛教僧人，于公元650年去印度，最后定居那烂陀。公元664年由王玄策带回中国。

Hui Yuan　慧远大师（334—416），俗姓贾，山西雁门（原平县崞阳镇东）人。由于他勤诵精思，昼夜研习般若经典，所以对于佛教大乘般若思想深有心得，并经常登上讲坛说法，听众无不悦服，因此也颇得道安大师所赏识与器重。他精通六经及老、庄之学。年二十一，闻道安法师讲般若经，悟而出家，以弘法为己任。后入庐山，喜其清幽，遂结茅为舍，讲《涅槃经》，刺史桓伊惊其才，奏立佛寺，感雷雨运木以建东林寺，又凿池种莲，因号莲社，集众六时念佛求生西方，是为中国莲宗之始。在山三十余年，虽帝诏亦不出，闻鸠摩罗什入关，即修书问道共商疑难，互证心得，道风遐播，群贤皆趋。初结社念佛时，即有一百二十三人参加，悉属法门龙象，儒家泰斗，乃命刘遗民作文勒石以明所誓。道安大师曾赞他："佛教能在中国进一步地传播，就在你慧远了！"他的净土思想对中国文化影响深远，是改变中国信仰体系的一代杰出佛教领袖。他讲经的东林寺遂为南方佛教中心，与北方长安鸠摩罗什之逍遥园遥为呼应。

Hui Zhe　慧哲（539—597），隋代僧人，襄阳（湖北）人，俗姓赵。识度弘朗，操业清远。先后从僧正琼公、兴皇道朗学习，时人呼为“象王哲”。后住望楚山光福禅房下之龙泉寺，以弘法为务。开皇十七年示寂，世寿五十九。

Hull　赫尔，全称赫尔河畔金斯顿（Kingston upon Hull），英国英格兰东部港口城市，位于亨伯河口北岸，东距北海约35千米。面积约71平方千米，人口约24.2万。1299年设市。二战时城市中心遭受严重破坏，仅有少数古建筑幸存。进口木材、谷物、油籽、粮食和羊毛等，主要出口工业品。有在进口贸易基础上发展起来的化学、造船、鱼类罐头、木材加工等工业。赫尔亦为英国最大渔港，全国捕鱼量1/4在此上岸。赫尔有铁路、公路和内河与英格兰中部工业区联系。赫尔为英国最大海港之一及英国与北欧国家的贸易中心。赫尔多博物馆和高等学校，另有美术馆、剧场和艺术中心。英国著名政治家、慈善家、废除奴隶贸易领袖威尔伯福斯（1759—1833）曾生活在这里。

Hum　吽，古代印度宗教相信，这个声音有神秘的力量，在吠陀祭祀中经常使用；佛教密宗里六字真言里的最后一个字。

Human World　《人世间》，民国时期的期刊，1934年9月刊登《辜鸿铭先生与泰戈尔先生合影》，1948年发表《泰戈尔片论》。

Humayun　胡马雍（1508 — 1556），印度莫卧儿帝国皇帝，是莫卧儿王朝的第一任国王巴布尔之子，在位时间为1530年—1556年，但由于后来被舍尔萨哈打败，使得这个阿富汗人统治了印度北部15年之久。胡马雍在死前一直致力于收复失地，1556年从藏书楼上掉下摔死，被称为“有幸无运的皇帝”，随后他的王位传给了13岁的长子阿克巴。

Humayun Namah　《胡马雍本纪》，胡马雍妹妹（一说女儿）古巴丹·贝古姆（Gulbadan Begum）为胡马雍写的传记。

Humayun Shahi　《胡马雍王朝记事》，胡马雍部下乔哈尔写。

Humayun's Tomb　胡马雍墓，莫卧儿王朝第二代皇帝胡马雍的陵墓，由胡马雍的遗孀建造，在德里，为世界文化遗产。

Humburg　汉堡，德国北部一座美丽的港口城市，位于不莱梅东北部易北河岸，是德国第二大城市，仅次于柏林。

汉堡是一座拥有1000多年历史的城市，是德国的古老城市之一。早在公元前4世纪，汉堡一带已成为居民定居点。公元8世纪末到9世纪初，罗马帝国的查理曼大帝在这里修筑古堡设施，建立城镇，称为汉马堡。到12世纪后期，由于港口和工商业的发展，促进了城市的繁荣。进入13世纪后，汉堡同英国、荷兰、挪威、西班牙、葡萄牙等国建立贸易往来，并先后同北德和北欧地区100多个港口城市组成对中古欧洲经济起过积极作用的自由贸易联盟——“汉撒同盟”，被称为“自由贸易市”。16世纪后期，汉堡是仅次于荷兰阿姆斯特丹的欧洲重要物资集散地。17世纪，汉撒同盟解体后，汉堡仍是北德地区保存下来的3个贸易市中的最大贸易市，迄今仍称为“汉堡自由汉撒市”。

汉堡曾归属于丹麦，也曾被法国占领过，1815年加入德意志联邦，1937年成立大汉堡市。第二次世界大战中，汉堡城市遭到严重破坏，古老建筑几乎荡然无存，战后得以重建。

Hume, David　休谟，大卫（1711—1776），苏格兰的哲学家、经济学家、历史学家。著有《人性论》《道德和政治论说文集》《人类理解研究》《道德原理探究》等。

Hun　“唵”!

Huna King Mihirakula　胡纳·金·密西拉库拉，灭佛的国王。

Hunan People's Publishing House　湖南人民出版社，成立于1951年10月。1984年7月出版董红钧翻译的《泰戈尔评传》。

Hunan Social Sciences　《湖南社会科学》，1988年创刊。2005年1月第七刊登杨玉珍的《泰戈尔妇女观新探》。

Hunas　白匈奴人，即恹哒人。

Hungry Stones（Kshudita Pashan）《饥饿的石头》，泰戈尔于1895年写的短篇小说。我和亲友在火车上与素昧平生的米伦沙尔先生相遇，在火车站的候车室，米伦沙尔讲了一个不寻常的故事：他被派到帕利吉地区担任征收棉花税的监务官，虽然办公室的老职员再三劝他绝对不要住在那座大理石宫殿里过夜，但他却不听，坚持在那宫殿里住下了。一天傍晚，他坐在河岸边的一张安乐椅上，突然石阶上传来脚步声。尽管他没有看见任何人影，可是清楚地听到潺潺溪水声一样的欢悦声和互相追逐的戏谑声。那些准备去河里沐浴的姑娘，从他身边飞快地擦身而过，跃入苏迪司河，出浴，拧掉衬裙上的水，腾空飞走。第二天黄昏，他一跨进门，就感到屋内骚动起来，仿佛会议突然中断，不知有多少人从门窗和小屋夺路而逃。梦里有人悄悄进屋，用自己温柔的细腻的纤指抚摩着他，摇动他，把他弄醒。他从镜子里看见两个阿拉伯女郎的影子紧紧依偎在他的影子旁边。依稀听见有人在床下，在湿漉漉的、黑洞洞的墓地里啜泣着，"救救我吧！……把我带到那阳光普照的世界"。一个美女仰卧在床下地毯上，握着两只拳头，扯着自己松散的头发，鲜血从白皙的面颊上流下来，时而冷酷而剧烈地笑，时而抢天呼地哭。老职员说，在某个时代，在那宫殿里有无尽的欲望，疯狂享受的火焰迸发着。由于无数身心，无数落空的希冀的诅咒，这座石头宫殿的每一根石柱，都变得饥饿和贪婪。它们一旦获得富有生气的人，就会像饕餮的恶魔，把他活活吞噬掉。

Hungry Stones and Other Stories 泰戈尔的短篇小说集《愤怒的石头等篇》。

Hunter，William Wilson 亨特，威廉·威尔逊（1840—1900），英属印度文官，统计学家和历史学家、记者、作家，著有《印度统治者》《亨氏皇家低鸣辞典》等。

Huq，Abul Kashen Fazlul 哈克，阿布尔·喀什·法兹鲁尔（1873—1962），泰戈尔的老朋友，孟加拉的政治家，曾担任印度国大党秘书长，加尔各答市长，孟加拉邦首席部长，在印巴分治后又当过东巴基斯坦（现孟加拉国）首席部长、巴基斯坦的内政部长等。

Hurihud 毗湿奴的地方。

Husain，M. F. 侯赛因（1915—2011），印度画家，代表作有《土地》等。

Husain Shah 侯赛因·沙（1620—?），印度艾哈迈德纳加尔国王。

Husain Shah Dynasty 侯赛因·沙希王朝，15—16世纪的王朝孟加拉王国。

Husayn Nizam Shah 艾哈迈德纳加尔统治者侯赛因·尼扎姆·沙一世（1553—1565在位）。

Hussain 侯赛因（1915—），孟加拉画派画家。

Hussain，Zakir 侯赛因，扎吉尔（1897—1969），印度政治家，1967—1969担任印度第三届总统。

Hutasama 胡塔萨玛，即阿耆尼（Agni），火神。

Hutashan 胡塔山神，火神阿耆尼，仙人马达帕尔与鸟迦犁塔的孩子在坎达泼拉斯塔林子受火包围，他应马达帕尔请求救出孩子。

Huvishka 胡毗色伽，2世纪贵霜帝国国王。

Huxley，Thomas 赫胥黎（1825—1895），英国博物学家、教育改革家，支持达尔文学说，第一个提出人类起源问题。

Hvare 太阳。

Hydaspes 毗多悉多河，即五大河之一的杰卢姆河。

Hyde Park 海德公园，是伦敦最知名的公园。海德公园是英国最大的皇家公园，位于伦敦市中心的威斯敏斯特教堂地区，占地360多英亩，原属威斯敏斯特教堂产业。18世纪前这里是英王的狩鹿场。16世纪，英王亨利八世将之用作王室的公园。查理一世执政期间，海德公园曾向公众开放。1851年，维多利亚女王首次在这里举办伦敦国际博览会。这里现在也是人们举行各种政治集会和其他群众活动的场所，有著名的"演讲者之角"。

Hyde Park Hotel 海德公园宾馆，1931年1月8日，伦敦《观众报》编辑在海德公园宾馆设午宴招待正在英国访问的泰戈尔。泰戈尔在这里会晤萧伯纳，和他进行了长谈。

Hyderabad 海得拉巴，印度南部城市，安得拉邦的首府，位于德干高原中部，克里希纳河支流穆西河两岸，海拔617米。市区内建于1591年的查哈尖塔，是该城的象征。海得拉巴面积220.36平方千米，人口连郊区252.8万，居民多为印度教徒，次为伊斯兰教徒和基督教徒，主要通行乌尔都语和泰米尔语。海得拉巴是伊斯兰教古代文化的中心之一。城区内还遗留有阿苏尔·哈纳宫殿、查尔米纳拱门，麦加马斯基德清真寺、创立于1918年的奥斯曼尼亚大学等重要建筑。海得拉巴盛产珍珠、手镯、丝绸、电脑软件、手工艺品。封建土邦时期，政府首脑称为尼贾姆。

1591年由穆斯林戈康达王国在穆西河东岸建立，名为巴吉亚纳加尔，城市建设整齐宏伟，有花园城之称。两大史诗里的达克希那波达（Dakshinapatha）即指此地。1923年3月底泰戈尔访问该城。1933年12月泰戈尔再次来这里。

Hydra kaliya　海德拉哈丽雅，毒蛇名，眼镜蛇。

Hymavati　西玛瓦迪，黑天妻子，黑天死后她与其他夫人跳火自焚。

Hyphasisis　海法希斯河，即现在的比阿斯河，在拉合尔的东边。公元前324年，就在这里亚历山大的军队拒绝服从他的命令，亚历山大返回波斯的苏萨。次年，他死于巴比伦。

H

Ii

I am He 《我就是他》，泰戈尔的散文。

I Am Proud of My People 《我为我的人民感到自豪》，泰戈尔1930年的信。

I-Tsing 义净，见Yi Jing。

IAS 印度行政官机构。

Ibadat Khana 伊巴达特·汗那，16世纪莫卧儿王朝第三代皇帝阿克巴为讨论哲学和神学问题在帝国的第二个王宫法塔普尔·西克里修建的一座礼拜堂。

Ibadiu 伊波丢，古代地名，大致在今苏门答腊海岸、爪哇、马来半岛一带。

Iber，Vera 怡芭，薇拉，20世纪苏联女诗人，1930年泰戈尔访问苏联时她陪同访问。

Ibn Batuta 伊本·巴布塔（1304—1368），阿拉伯旅行家，1333年入印度。

Ibrahim 易卜拉欣，《古兰经》故事人物，安拉六大使者之一，梦中受“启示”应献子为祭，在献祭前，复受“启示”，可以以羊代子献神。

Ibrahim Adil Shah I 易卜拉欣·阿迪尔·沙希一世（？—1557），印度比贾普尔·阿迪尔·沙希王朝的第三代国王。

Ibrahim Lodi 易卜拉欣·洛迪（？—1526），印度德里苏丹国洛迪王朝末代国王。

Ibsen，Henrik 易卜生（1828—1906），挪威戏剧家、诗人。主要作品有《玩偶之家》《社会支柱》《群鬼》等。

Ichcha 意愿。

Ichchhhapooran 《心满意足》，泰戈尔的短篇小说。见Wish Granted。

ICS 印度文官机构。

Id 节日。

Id-ul-Azha 宰牲节，古尔邦节，在伊斯兰教历12月10日。

I-dul-Fitr 尔德节，开斋节。

I-dul-zuha=Id - ul-Azha 宰牲节。

Ida 伊陀，祭祀女神。

Ida 伊达，即伊拉（Ila），牛奶或麦子的神格化。

Iddhividha 神变通，修炼后获得的神通，如孙悟空能变化。

Ideals of an Eastern University 《一所理想的东方大学》，1932年12月泰戈尔在印度安德拉邦城市西昆达巴德做的报告。

Ideals of Ancient Civilization of India 《理想的印度古代文明》，泰戈尔1913年在美国芝加哥大学做的报告。

Ideals of Education 《理想的教育》，1929年泰戈尔在结束加拿大、美国访问和在美国短暂停留后在返回印度途中再次到东京，6月3日东京一个名为“和谐”的学术团体欢迎泰戈尔，泰戈尔在欢迎会上以“理想的教育”为题讲话。1936年2月在加尔各答教育周上以同样的题目做报告。

Ideals of Education in East and West 《理想的东西方教育》，1930年泰戈尔访问英国时于5月27日在距离伦敦不远的镇子伍德布鲁克以此题目作演讲。

Ideology Front 《思想战线》，于1975年创刊，由云南大学主办。2011年刊登孙柏林、田晶的《神·自然·爱——论泰戈尔“自然观”在〈飞鸟集〉中的体现》。

Ideals of Indian Marriage 《理想的印度婚姻》，1925年泰戈尔应俄罗斯哲学家凯瑟琳子爵的请求，为其《婚姻册子》写的文章。

Iha=bhusavarga 人间天堂。

Ihamrka 烈女剧。

Iksumati 伊克素玛梯河，河流，《摩诃婆罗多》里的俱卢战场在距离此河不远处。

Iksvaku 甘蔗族王，摩奴后代，甘蔗王朝始祖；指乔萨罗国，首都阿逾陀。或为一以甘蔗为图腾的部落的称谓。

Il Traviata 歌剧《茶花女》。

Ilahi Era 伊拉西历法，莫卧儿王朝第三代皇帝阿克巴于1584年创制的历法，1658年被奥朗则布废除。

Ilango Adigal 宜兰戈阿迪加尔，2世纪泰米尔语实史诗《脚镯记》（Silappadigaran）的作者。

Iliad 《伊里亚特》，古希腊盲诗人荷马（Homer，公元前800？—公元前600？）的叙事诗史诗，是重要的古希腊文学作品，也是整个西方的经典之一。《荷马史诗》是希腊最早的一部史诗，包括《伊里亚特》和《奥德赛》两部分，相传是由盲诗人荷马所作，实际上它产生于民间口头文学。

《伊利亚特》大约写于公元前9世纪，但

是史诗的故事则发生在公元前12世纪（相当于中国的商朝）。当时希腊联军和特洛伊发动了持续10年的战争，《伊利亚特》主要叙述战争中传奇式的情节，着重描绘了希腊英雄阿喀琉斯的伟大形象。

希腊人远征特洛伊城，特洛伊人严阵以待，双方打了数个回合。希腊人虽然连连取胜，但却不能攻克城池，战争终于变成持久战了，不觉9年过去，第10年终于发生戏剧性的变化。

希腊联军的主将阿喀琉斯英勇善战，屡创奇功，令特洛伊人闻风丧胆。一次，希腊联军的统帅阿伽门农夺走了阿喀琉斯心爱的女奴，阿喀琉斯非常气愤，从此拒绝出战，他吟诗饮酒，对战争不闻不问，特洛伊人乘机反攻，大举获胜，希腊人面临全军惨败的危险。阿喀琉斯拒绝和阿伽门农讲和，但看到惊天动地的血战，他心里暗暗为希腊人的命运着急。他让自己的好朋友帕特洛克拉穿上自己的盔甲，让他去应战。特洛伊人误以为是阿喀琉斯又回来参战了，纷纷向后退去，帕特洛克拉杀了特洛伊联军的主将，大获全胜。

特洛伊的王子赫克托尔是个智勇双全的英雄，他发现帕特洛克拉并非阿喀琉斯本人，冲上前去将一柄标枪投向他的后背，并将阿喀琉斯的盔甲剥下穿上，向希腊人杀来。形势万分危急。阿喀琉斯悲痛万分，他身先士卒，重上战场。他亲手杀死了赫克托尔，为好朋友复仇，并把赫克托尔的尸体绑在战车后面，拖在地上，绕特洛伊城三周。

深夜，月光如水，赫克托尔的老父突然来到阿喀琉斯的宫帐。他亲吻阿喀琉斯的双手，老泪纵横地说："天神般的阿喀琉斯，想想您的父亲，可怜一下我吧。没有什么比看到自己的儿子死在自己之前更心痛的了。"阿喀琉斯心中郁积的怒火被冲洗得干干净净，他让女奴洗净赫克托尔的尸首，涂上橄榄油，裹上衣服，亲手将赫克托尔放在马上，交给他的父亲。双方停战12天，分别为赫克托尔和帕特洛克拉举行了葬礼。

几天后，特洛伊和希腊联军又恢复了战斗。阿喀琉斯虽英勇，但也有打盹的时候。一次，特洛伊的花花公子帕里斯，借助神的力量，用暗箭将阿喀琉斯射死了。阿喀琉斯小时候，他的母亲提着他的脚跟，把他放在魔水中沐浴，他因而可以刀枪不入，但他母亲握住的脚跟没有被魔水沐浴到，因而他的脚最容易受伤。帕里斯的箭就射在他的脚跟上。现在，"阿喀琉斯的脚跟"在欧洲就是"致命伤"的意思。

战到后来，多谋善断的希腊将领奥德修斯想了一条妙计。他让木工制作一匹大木马，内藏精兵强将，希腊人假装撤退，把大木马留在特洛伊城外。特洛伊人以为希腊人退兵，欣喜万分，将木马当作战利品拖到城内。深夜，木马里的希腊人不失时机地爬了出来，将城门打开，埋伏在城外的希腊人闯进城中，一举夺下城池，一把火将繁华的特洛伊城烧为灰烬。《奥德修斯》着重描写想出"木马计"的希腊将领奥德修斯回国途中的传说。

希腊人攻陷特洛伊城后，大肆杀戮和掠夺后，胜利回国了。归途中，他们触犯了天神，希腊的船队被海风掀翻，很多人被淹死在大海中。奥德修斯带着剩下的少数人在大海中漂泊。他们受尽了各种磨难，不能回家。奥德修斯在海上漂泊时，和狂风巨浪斗争，和吃人妖精斗智，拒绝了女巫的爱情。他在海上整整漂泊了十年。在奥德修斯的国家流传他已经死去。当地的贵族、恶少都来纠缠他的妻子珀涅罗珀，妄想夺得他的地位和财产。奥德修斯的儿子走遍希腊各地去寻找他。那帮恶少整天在他的家里大吵大闹，又吃又喝。

奥德修斯后来漂泊到斯赫里岛，当地国王热情地接待了他，得知他不幸的遭遇后，又派人送他回国。回国后奥德修斯扮成一个老年的乞丐，见到了他的儿子。他们俩齐心协力，终于除掉了所有在他家中胡作非为的贵族恶少。他不仅和忠于他的妻子团圆，而且重新做了国王。

Ilk Ek Din Pradidin 《一夜成名》，印度导演姆蕊纳尔·森（Mrinal Sen）在20世纪60年代拍的电影。

Illam 古家宅。

Illinois 伊利诺伊州，是美国中北部偏东的一个州，北接威斯康星州，东北濒密歇根湖，东界印第安纳州，东南邻肯塔基州，西隔密西西比河与密苏里州和艾奥瓦州相望。面积14.6万平方千米，在50州内列第24位。人口12831万，在50州内列第6位。首府斯普林菲尔德。

ILP Indian Labour Party 印度劳工党，1936

I

年由安培德卡创立，为争取贱民的权益和利益而奋斗。

Iltutmish　伊杜米斯（？—1236），德里苏丹国奴隶王朝的苏丹。

Iluminated Travel Literature　《灿烂的旅游文学》，泰戈尔的书评。

Ilvala　伊婆罗，神话里的阿修罗，与伐陀毗为神话里的二罗刹兄弟，专在林子残害修炼的仙人，哥哥伐陀毗化作羊让弟弟伊婆罗献给让婆罗门分食，伊婆罗施法术呼哥哥名，伐陀毗从婆罗门腹中出来，婆罗门被撕破肚皮而死。如法炮制暗算投山仙人，被投山仙人吞食消化。伊婆罗报复，被投山仙人用眼睛焰火烧死。

Imad Shahi Dynasty　伊玛德·沙希王朝，（1490—1574），印度德干地区的5个穆斯林小国之一。

Imaging Tagore　《想象泰戈尔》，泰戈尔时期的印度文学期刊，刊登泰戈尔的作品和对泰戈尔作品的评论等。

Imaos　伊摩斯，古代又称葱岭（Onion Ranges），即帕米尔高原，它把天山和兴都库什山连接起来。

Imdurer Bhoj　《老鼠的聚餐》，泰戈尔的短篇小说。

Imphal　英帕尔，印度东北部曼尼普尔邦的首府。

Imprisonment of Gandhi　《甘地被捕入狱》，泰戈尔1932年的文章。

In Defence of the Workers on Strike　《为工人罢工辩护》，泰戈尔1937年4月写的文章。

In Memoriam（Smaran）　泰戈尔于1902年写的《回忆录》。

In Response to Rasbehari Bose's Appeal　《回答鲍斯的呼吁》，泰戈尔1937年10月给印度革命家鲍斯的回信。

In the Middle of the Night（At Night）　《深夜》，泰戈尔于1895年写的短篇小说。多奇纳丘龙是个地主，妻子的精心照顾把他从死亡线上拉了回来。妻子自己却累病了，久治不愈，痛苦万分。妻子劝他再娶，他口里推辞，心里却乐意。他和大夫的女儿摩诺罗玛纠缠，把患病的妻子扔在黑屋子和摩诺罗玛在巴德玛河上漫游。大夫故意给地主的病妻两种容易用错的药，引导她故意用错药而死。多奇纳丘龙娶了摩诺罗玛后，良心不安，夜夜听见妻子的质问声，“她是谁？她是谁？”

Inam　伊纳姆，德里苏丹王朝赐予伊斯兰教阿訇的封地。

Independence Day　印度独立节，在每年的8月15日。

India　印度，以印度河命名，古称贤豆、身毒、天竺，又称婆罗多，世界四大文明古国之一，是印度教、佛教、耆那教、锡克教的诞生地。

India and Britain　《印度与中国》，泰戈尔1931年的散文。

India and Europe　《印度与欧洲》，泰戈尔的散文。

India and Indians　《印度与印度人》，泰戈尔的散文。

India and Soviet Union　《印度与苏联》，泰戈尔1930年9月与苏联对外友协主席彼得洛夫的谈话。

India：An Appeal to Idealism　《印度：呼吁理想主义》，泰戈尔1930年6月的文章。

India-China Friendship Association　印中友好协会，1953年成立。

India's Contribution to Chinese Culture　谭云山1942年出版的《印度对中国文化的贡献》。

India's National Anthem　印度国歌，见Jana Gana Mana-adhinayaka（“The Mind of the Multitude of the People”）。

India's Pray　《印度的祈求》，泰戈尔1917年12月写的诗。

India's Problem　《印度的问题》，泰戈尔的散文。

Indian Architecture　《印度建筑》，泰戈尔写的评论。

Indian Art Society　印度艺术协会，成立于1905年。

Indian Civil Liberties Union　印度国民解放联合会，20世纪初在印度成立，泰戈尔曾任该会主席。

Indian College of the University of Montpellier　蒙彼利埃大学印度学院，蒙彼利埃是法国地中海边的城市。蒙彼利埃大学由帕特里克·杰迪斯创办，泰戈尔任印度学院院长。

Indian Council of Civil Liberties　印度国民解放委员会，20世纪40年代印度民族独立组织。

Indian Gate 印度门，位于德里总统府以东，和总统府遥遥相望，纪念第一次世界大战牺牲的印度和英国士兵。孟买也有类似的印度门，纪念英王1911年访问印度时在这里登岸。

Indian Historical Quarterly 《印度历史季刊》，20世纪初创刊。

Indian Ink 《印度文学》，泰戈尔时代的文学期刊，曾刊登泰戈尔的诗作。

Indian Languages 印度的官方语言。1992年，印度政府把18种语言列入官方语言：阿萨姆语（Assamese）、孟加拉语（Bengali）、古吉拉特语（Gujarat）、印地语（Hindi）、坎纳达语（Kannada）、克什米尔语（Kashmir）、孔坎尼语（Konkani）、马拉雅兰姆语（Malayalam）、曼尼普尔语（Manipur）、马拉提语（Marathi）、尼泊尔语（Nepali）、奥里雅语（Oriya）、旁遮普语（Punjabi）、梵语（Sanskrit）、泰米尔语（Tamil）、泰卢固语（Telugu）、乌尔都语（Urdu）、信德语（Sindhi），还有多格里语（Dogri）、英语（English）、马提里语（Maithili）、拉加斯坦尼语（Rajasthani）。

Indian Merchantile Chamber of Ceylon 锡兰印度商会，该会与1934年5月11日设宴欢迎来锡兰访问的泰戈尔一行。

Indian Months 印历的月：

1月，Makh（Chaitra），玛克月（恰特拉），相当于公历的3—4月；

2月，Vaishakh，维沙克月，相当于公历的4—5月；

3月，Jyaistha，杰斯塔月，相当于公历5—6月；

4月，Ashar，阿沙拉月，相当于公历6—7月；

5月，Shlawan，斯拉万月，相当于公历的7-8月；

6月，Bhadra，帕德拉月，相当于公历的8—9月，雨水最多的月份；

7月，Ashvan，阿斯温月，相当于公历的9—10月；

8月，Kartik，迦尔迪克月，相当于公历10—11月；

9月，Agrahayan，阿格拉哈扬，相当于公历的11—12月；

10月，Pousha，巴乌沙月，相当于公历的12月—次年1月，孟加拉人要过一天甜食节；

11月，Magh，马克月，相当于公历的1—2月；

12月，Falgun，法尔衮月，相当于公历的2—3月。

孟加拉语中的月份与印地语的月份基本相同，所以在译写孟加拉月份名称时，也考虑到印地语的一些译名，因为印度通用的是印地语月份的名称。自1957年起印度实行新历法，规定1957年3月22日为恰特拉月1日，即元旦。但是孟加拉仍然实行旧历法，即仍然把维沙克月定为元月。孟加拉历法年份比公历早593年，所以孟加拉历纪年加上593就是公历的年份，例如，孟加拉历1448年+593=公历1941年。

Indian National Army 印度国民军，1941年，日本帝国主义在新加坡把日本俘获的英国军队中的9万印度士兵组成3个师，由印度民族领袖鲍斯率领。他把这支军队由日本运送到印缅边境，打着解放印度的旗帜，向印度挺进，想把印度人民轰轰烈烈的独立运动引入歧途，为日本帝国主义侵略扩张服务，但没有成功。

Indian National Congress 印度国民大会党（以下简称国大党），创建于1885年12月。1947年印度独立后，国大党因在印度独立国家的发展历程上书写了不朽的功勋，而理所当然地成为执政党，著名政治家尼赫鲁出面组阁，并出任首位政府总理。其后，尼赫鲁的女儿英迪拉·甘地和外孙拉吉夫·甘地曾先后担任国大党的领导人并出任政府总理。在印度独立后的前50年时间里，除1977年3月—1980年1月和1989年12月—1991年6月外，国大党一直处于执政地位。毫无疑问，国大党是整个20世纪印度政坛上最有影响、最具实力的政党。1991年拉吉夫·甘地遇刺之后，国大党内部人心涣散，民众支持率大幅下降，百年老党江河日下，在1996年的大选中失败，成为在野党。曾经独步印度政坛的国大党日趋衰落，根本原因还是国大党没有搞好自身建设，导致其民众基础的丧失。2003年在索尼娅·甘地的努力下又上台，索尼娅·甘地把总理职位让给经济学家辛格，2008年索尼娅·甘地再次执政。2014年5月印度人民党上台，莫迪任总理，国大党再次成为在野党。

Indian Periodicals 《印度期刊》，泰戈尔时

期的印度文学期刊。

Indian Philosophical Congress in Calcutta 设在加尔各答的印度哲学大会，1925年12月19日，泰戈尔主持了第一次大会。

Indian Philosophy 《印度哲学》，1926年9月11日泰戈尔再次访问柏林，13日在交响乐大厅作题为“印度哲学”的演讲。

Indian Press 印度出版社，设在阿拉哈巴德，1915年出版泰戈尔用孟加拉语写的《诗选》。

Indian Science Congress 印度科学大会，该团体分别于1928年和1935年访问国际大学，泰戈尔亲自会见代表团。

Indian Sea 印度洋，世界的第三大洋，位于亚洲、大洋洲、非洲和南极洲之间，包括属海的面积为7411.8万平方千米，不包括属海的面积为7342.7万平方千米，约占世界海洋总面积的20%。印度洋的平均深度仅次于太平洋，位居第二，包括属海的平均深度为3839.9米，不包括属海的平均深度为3872.4米。其北为印度、巴基斯坦和伊朗，西为阿拉伯半岛和非洲，东为澳大利亚、印度尼西亚和马来半岛，南为南极洲。

Indian Seasons 印度分春、夏、雨、秋、冬、冷六季，每季两个月，十二个月各有其名。

Indian Society of America 美国印度学会，1930年11月，泰戈尔再次来纽约访问美国。12月1日，美国讨论学会和印度学会在卡尼吉大厦联合举行泰戈尔欢迎大会，在会上泰戈尔就印度教育问题演讲。

Indian States 印度土邦，印度独立前有土邦562个，主要分布在拉贾斯坦邦、海德拉巴、迈索尔、查谟和克什米尔等地。英国殖民者把这些土邦作为殖民统治的支柱和抵挡印度民族独立浪潮的防波堤。印度独立后逐步取消了这些土邦。

Indian States（Desiya Rajya） 《印度各邦》，泰戈尔在1905年特里普拉邦识字大会上的发言。

Indian Students and Western Teachers 《印度学生和西方老师》，泰戈尔的散文。

Indian Unity 《印度的团结》，泰戈尔的诗。

Indicopleustes 因迪斯普流苏迪斯，6世纪希腊航海家，亦称考斯马斯（Cosmas）。

Indigetes 神化了的英雄。

Indika 《印度记》，古希腊驻印度大使麦伽斯提尼（Megasthene）写的书。

Indira Devi, Chaudhuri 印拉·戴维（1873—1960），泰戈尔的二哥萨提延德罗纳特的女儿，小名“芭波拉”。她的童年在英国和她父亲任职的孟买邦度过，后在加尔各答法语专业毕业，自小对东西方音乐和文学表现出很出色的才华，深受泰戈尔的喜爱。泰戈尔在孟加拉巴德马河边管理家族田产时给她写的书信集《孟加拉掠影》成为文学精品。1899年她嫁给著名的文学家和法律学家乔杜里。她曾经为泰戈尔的歌词谱曲，写文学评论。1960年她出版了《回忆泰戈尔》。她曾担任国际大学副校长，于1957年退休前被国际大学授予荣誉博士学位。

Individuality 《个性》，泰戈尔的散文。

Indo-China 印度支那，一般指印度支那半岛（即中南半岛或中印半岛）。中南半岛在亚洲东南部，位于中国和印巴次大陆之间，包括缅甸、泰国、老挝、越南、柬埔寨、马来西亚西部和新加坡。1929年5月泰戈尔结束加拿大访问和在美国的短期逗留后，在日本访问几天。6月7日起航赴印度支那，两周后到西贡。在西贡市长主持的招待会上，法国殖民政府和印度支那人民热烈地欢迎他。

Indology 印度学。

Indore 印多尔，在印度中央邦西南，是该邦最大的城市。

Indra 因陀罗，印度神话中的天神之王，雷雨之神，是印度最早的大神之一。在后起的神话中，他的地位降至大梵天、湿婆和毗湿奴之下，但仍被称为神王。他的肤色黄里透红，嗜喝苏摩酒。他还能随意变形，成群的风神是他作战的助手。在艺术作品中，其形象通常呈天人形，坐于巨象上，以千眼庄严其身。据《杂阿含经》卷四十载，因陀罗具有聪明智慧，能观千种之义，故称千眼。他手持金刚杵，乘战车，弓箭、钩或罗网等也常作为他的武器出现。在中国寺庙中多为少年帝王像，且是男身女相。因陀罗在汉译佛经中为“天帝”“帝释天”“帝释”或“天帝释”。他是天上、人间的道德维护者。如果天神违反天规，他便予以惩罚；要是人间出现暴君，他会去除暴安良。在佛教神话中，他最重要的职责是保护佛祖、佛法和出家人。他曾杀死围困住水的巨龙弗莱多，捣毁他的99座城堡，解放了水，因此有“破坏城堡者”的美称。在须弥山顶中央，四方各又有八天，共三十三天。山顶有座天宫“善见”，即他的皇宫。须弥山的四面山腰为四天王天，住着四大天王，周围又有七金山、七香海，外围绕着咸海，咸海四周即四大部洲。帝释天当上欲界忉利天众神之王，王宫设置自然富丽堂皇，侍女也多不胜数。

Indra III　因陀罗3世（914—922在位），印度拉什特拉库塔王朝国王。

Indra Bhavan　因陀罗练武室。

Indra-ddhwaja　为纪念天王因陀罗制造的上面装饰着战旗的杆子。

Indra Parthasarathy　因德拉·帕塔萨拉提，20世纪后期泰米尔语作家。

Indra's steed　因陀罗的白马，天神和魔鬼为获取长生不老的甘露搅乳海时它从泡沫中跳出。

Indradhanush　彩虹。

Indradaivata　求子祭祀。

Indradvista　求子祭祀。

Indragopaka　黑天的牧牛。

Indrajala　魔术。

Indrajit　因陀罗吉特，《罗摩衍那》里罗婆那的儿子，他曾捉住神猴哈奴曼，后被拉克什曼那杀死。

Indrakila　因陀罗卡拉山，喜马拉雅山雪峰，与天接壤。在《摩诃婆罗多》中，般度五子在被流放期间，老三阿周那来到这里，求湿婆神箭。

Indrani　因陀罗尼，即舍脂，雷电神因陀罗的妻子。

Indrani Rehman　印德拉尼·雷曼，12世纪使奥迪西舞走上舞台的艺术家。

Indraprastha　天帝城，现在德里的一部分，《摩诃婆罗多》中，在难敌设计和坚战赌博以前，般度五子被分到一半国土，在此建城。黑天求天帝重建甘味城，因陀罗遣来工艺神来建城，因而改为此名。

Indrasena　因陀罗塞纳，《摩诃婆罗多》里般度五子的车夫，陪他们流放。

Indravajra　因陀罗婆吉罗，诗韵，为 – –v– –vv–v—。

Indriya　根，感官（眼、耳、鼻、舌、皮）和行动器官（手、足、口、生殖器、排泄器官）。

Indrayamuna　因陀罗雅穆纳湖，《摩诃婆罗多》里，贡蒂在般度和玛德丽死后从喜马拉雅山返回象城时经过的圣湖，贡蒂在此住一夜。

Indrayudha　天王因陀罗的弓，彩虹。

Indriyayartha　根境，感觉和行动的对象。

Indumati　因陀姆，罗摩爷爷阿加的妻子。在花园睡觉时被众多的花闷死。

Indumiss　伊度米斯，德里苏丹省督，爱伯克于1210年打马球摔死后由他继承王位（1211—1236在位）。

Induprakaash　印杜普罗卡什，泰戈尔的三叔吉林德罗纳特的大女儿迦东碧妮（Kaadambinee）的二儿子，即泰戈尔的堂外甥。

Indur-rahasya　《老鼠的秘密》，泰戈尔的杂论。

Induraja　因度罗阇，作家，10世纪著《摄庄严精华论简注》。

Indurer Bhoj　《老鼠的聚餐》，泰戈尔的短篇小说。

Indus　印度河，是巴基斯坦主要河流，源于冈底斯山，流经克什米尔、巴基斯坦，全长3180千米，注入阿拉伯海，主要支流有杰卢姆河、奇纳布河、拉维河、比阿斯河、萨特累季河。印度河是巴基斯坦重要的农业灌溉水源。河名出自梵文Sindhu（信度）之拉丁语式拼法Indus——即“河流”之意，1947年印巴分治以前，印度河仅次于恒河，为该地区的文化和商业中心地带。印度河文明为世界上最早进入农业文明和定居社会主要文明之一。

Indus Valley Civilization　印度河文明，指印度河流域的以哈拉帕城市文明为代表的印度次大陆青铜时代文明。

Industrial Labour　工业劳动团体，在德国达姆施塔特城，1921年泰戈尔6月14日访问达姆施塔特，参观该团体的俱乐部，泰戈尔的出现和谈话使那里的工作人员大为感动，于是他们把啤酒桶藏到桌子底下，很快拿出了吸管。泰戈尔把这描述为最大的胜利。

Industrial Labourers' Commune　莫斯科工业劳动者公社。1930年9月，正在苏联访问的泰戈尔访问了工业劳动者公社。

Information of Science and Technology　《科技信息》，1984年创刊，由山东省技术开发服务中心主办。2007年11月第33期刊登施恩柱的《泰戈尔小说中的女性》，2010年第4期刊登傅馨蕾的《泰戈尔游记中的东方与西方》。

Inglis Gitagalu 《因格里·吉塔加鲁》，19世纪坎纳达语作家斯里卡塔亚（Srikanthayya）的作品。

Ingraajdiger Aadab-kaayadaa 《英国人的礼仪》，泰戈尔的散文。

Ingrajer Atanka（The Englishman's Fear）《英国人的恐惧》，泰戈尔于1893年写的文章，强调印度教徒和伊斯兰教徒团结的价值。

Ingraj 英国人。

Ingraji Sopan（First Step in English） 《英语初步》，泰戈尔写的英语课本，把英语直接教学法首次介绍给孟加拉儿童。

I

Inheritance（Disposal of Wealth；Wealth Surrounded） 《移交财产》，泰戈尔于1891写的短篇小说。久根纳特老汉是少见的守财奴，他每花一分钱都要死抠。他自己的母亲和妻子是因为他舍不得请大夫而活活病死的。儿媳妇重病时请来的大夫开了些贵重药，他说人家没有医术把人家打发掉，媳妇又病死。他是典型的要钱不要命。当儿子和他论理时，他竟然说，"要是吃药能救命，那些王公贵族早就长命不朽了，他们不是照常都死了吗？"儿子布尔达邦一气之下带着才两岁的儿子高古尔远走他乡。老汉虽然舍不得孙子，但一想可以省下一份饭钱，也就心安理得了。村里的孩子都讨厌他，背地里叫他守财奴。有一天，老汉看见一个陌生的孩子领着村里的孩子玩，而且不避他，于是和小孩对话，小孩说他叫尼代，因为父亲要他上学而逃跑。于是老汉把他领回自己家。他告诉小孩，愿意把自己的财产在他死前全部留下来。尼代很高兴。有一天夜深人静时，他把尼代领到一个破庙里，揭开石板，下面是一个小地下室。他把尼代当神崇拜，之后一个人跑出地窖，封上地窖口，仓皇逃跑。有人来找尼代，他认出是自己的儿子布尔达邦，布尔达邦说尼代就是改名后的高古尔。老汉后悔莫及，但为时已晚。一个人在绝望孤独中死去。

Ink-green House 墨绿斋，泰戈尔的一幢房子的名字。

Inner Mongolian Social Sciences 《内蒙古社会科学》，双月刊，创刊于1980年，是由内蒙古社会科学院主办的哲学、社会科学综合类学术理论刊物。1986年第5期刊登思秋、雪夫的《童心世界的恋歌：读泰戈尔〈新月集〉》，1989年第1期刊登巴特尔的《泰戈尔与教育》。

Institute of South Asian Studies, Chinese Academy of Social Sciences 中国社会科学院南亚研究所，成立于1978年，主要学者有孙士海、刘建、丘永辉等。主办《南亚研究季刊》。1983年出版张光璘的《论泰戈尔》。

Institute of Rural Reconstruction 乡村重建学院，泰戈尔在斯瑞尼克坦建的乡村农业试验地。

Institutes of Manu 《摩奴法理概要》。

Institutional Religion 《公共宗教》，泰戈尔的散文。

Intelligence 《才智》，由吉林高新技术人才市场主管，才智杂志社主办的省级期刊，1987年创刊。2008年6月第11期刊登杨兰的《试论泰戈尔诗歌的艺术特色》。

Inter-Caste Marriage Bill 《种姓内婚姻法案》，1918年由法律学家巴特尔制定，泰戈尔写信支持。

International Cooperation 《国际合作》，泰戈尔的散文。

International Cooperators' Day 《国际合作者日》，泰戈尔1927年7月2日写的散文。

International Goodwill 《对全世界的良好祝愿》，泰戈尔的散文。

International Institute of Intellectual Co-operation of the league of Nations 国际联盟智力合作学院，该机构把英国著名学者吉尔伯特·穆雷从1934年9月16日开始与泰戈尔讨论东西方关系问题的通信以小册子出版。

International Institute of Religions 佛教讲习会。1924年4—5月泰戈尔访华，佛教讲习会于5月18日在晨光影剧院主办欢迎会，会上泰戈尔作告别演说。

International Opinions 《国际言论》，民国期刊，1937年刊登《印度诗哲泰戈尔病剧》《印度诗圣泰戈尔不允阻止排日》。

International Politics Studies 《国际政治研究》，季刊，北京大学国际关系学院主办，创刊于1980年。1990年10月刊登晨风的《评介泰戈尔的政治思想》。

International Relation 《国际关系》，泰戈尔

于1924年6月12日在东京帝国饭店泛太平洋俱乐部做的演讲题目。

International Relation Club　印度国际关系学会，1934年4月7日在卡内基国际和平基金会支持下成立，泰戈尔在会上讲了话。

International Translation　《国际译报》，民国时期的杂志，1934年刊登《泰戈尔提倡印度都市应表现本邦的文化》《泰戈尔论苏俄》《泰戈尔的新村运动》。

Interned without Trial　《不加审问的拘留》，泰戈尔的信。

Interview with F. L. Minigerode　《会见米尼格洛德》，米尼格洛德为纽约时报记者，曾于1926年采访泰戈尔。

Interview with Tai Chi-Tao　《会见戴季陶》，记录1940年12月10日泰戈尔在圣蒂尼克坦会见访问印度的中国代表团团长戴季陶。

Interview with the "Jewish Standard" on the Palestinian Problem　《就巴勒斯坦问题接受〈犹太规范报〉记者采访》，1930年泰戈尔接受《犹太规范报》记者采访，就巴勒斯坦问题发表看法。

Interviews in Persia　《在波斯的谈话》，1932年5月3日泰戈尔访问波斯时接受波斯《伊斯法罕报》记者的谈话。

Introducing Elmhist　《介绍恩厚之》，泰戈尔1922年写的文章。

Introducing Myself（Atmaparichaya）　《认识自我》，泰戈尔1912年在大众梵社讲堂的发言。

Introduction: Oxford Book of Bengali Verse　《介绍：牛津出版社出版的孟加拉邦图书》，泰戈尔的文章。

Investure　头上倒圣水，灌顶（abhisekha）授皇位，使就圣职。

Iowa　艾奥华城，美国艾奥华州东部城市，在艾奥华河畔，1838年创建，曾为艾奥华地区首府，内有艾奥华州立大学。1916年10月泰戈尔访美时曾访问该市。

Ipoh　怡保，马来西亚霹雳州首府，工商业及交通中心，面积130平方千米。因当地盛产一种名叫"怡保"的有毒植物而得名。19世纪末，怡保随采锡业兴起，一直是马来西亚锡矿开采中心，有"锡都"之称。怡保人口约30万，华人在居民中占优势。怡保濒临坚打河，地处流域冲积平原，年平均气温28.1 ℃，年降水量2422毫米。1927年8月8—11日，泰戈尔正式访问怡保。

IPTA　Indian People' s Theatre Association 印度戏剧协会的缩写。

Iqbal, Allamah Doctor Shaikh Muhammad　伊克巴尔，A. D. S. M.（1877—1938），印度诗人、哲学家、思想家，作品有《自我的秘密》《无我的奥妙》等。

Iqbal Namah　《鼎盛大业史》，阿克巴历史学家默罕默德·可汗（Mahammad Khan）写。

Iqbalnamah-i-Jahangiri　《贾汗吉尔鼎盛大业史》，莫卧儿王朝史官姆塔米德汗写。

Iqibal Muhammad　伊克巴尔（1877—1938），穆斯林思想家，留德博士，著有《驼队的铃声》《自我秘密》《奥秘》等。

Iqta　伊克塔制，把土地授予伊克塔（军人），由其征税并提供相应数目的士兵。

Iran　伊朗，1935年以前称为波斯，面积163万平方千米，首都德黑兰，官方语言为波斯语，位于亚洲西南部，属中东国家。伊朗中北部紧靠里海、南靠波斯湾和阿拉伯海。伊朗东邻巴基斯坦和阿富汗，东北部与土库曼斯坦接壤，西北与阿塞拜疆和亚美尼亚为邻，西界土耳其和伊拉克。伊朗石油出口是经济命脉，石油生产能力和石油出口量分别位于世界第四位和第二位。1932年4—5月，泰戈尔访问伊朗。

Iraq　伊拉克，位于亚洲西南部，阿拉伯半岛东北部，而与它接壤的国家众多，在南方是沙特阿拉伯、科威特，北方是土耳其，西北是叙利亚，伊朗和约旦各位于其东、西两侧。伊拉克面积44万平方千米，人口3400万，该国穆斯林约占人口的95%，其中什叶派穆斯林占54.5%、逊尼派穆斯林占40.5%。阿拉伯人约占全国总人口的73%，库尔德人约占21%。官方语言为阿拉伯语，北部库尔德地区的官方语言是库尔德语，东部地区有些部落讲波斯语。通用英语。伊拉克所在的地区在历史上曾被称为美索不达米亚，是人类文明的主要发源地之一。伊拉克有悠久的历史，两河流域是世界古代文明的发祥地之一，公元前4700年这里就出现了城邦国家。公元前2000年先后建立被誉为"四大文明古国"之一的巴比伦王国、亚述帝国和新巴比伦王国。公元前500年为波斯帝国所灭。公元前4世纪被马其顿帝国侵占。

公元7世纪时被阿拉伯帝国吞并并成为阿拉伯帝国的政治、文化中心。13、14世纪为蒙古族旭烈兀汗国地。16世纪受奥斯曼帝国统治。1920年沦为英国“委任统治区”。1921年8月宣布独立，成立伊拉克王国，在英国保护下建立费萨尔王朝。1932年获得完全独立。1932年5月泰戈尔在访问波斯回国途中访问伊拉克，受到国王费萨尔的接见。

Iravana　伊拉万，《摩诃婆罗多》里阿周那在自我流放期间和龙女乌鲁比生的儿子。他的妈妈派他来帮助阿周那打仗，在大战第八天被南部撒杀死。

Iris　崇拜阎魔的国王。

Irish Theatre　爱尔兰大剧院，在伦敦，1913年4月14日组织上演泰戈尔的剧本《邮局》。

Irrawaddy River　伊洛瓦底江，亚洲中南半岛大河之一，缅甸的第一大河。中国古称大金沙江和丽水。其河源有东、西两支，东源叫恩梅开江，发源于中国境内察隅县境伯舒拉山南麓（中国云南境内称之为独龙江），西源迈立开江发源于缅甸北部山区。独龙江东南流经云南贡山独龙族怒族自治县西境，然后折转西南，进入缅甸，过贾冈南流，称恩梅开江，两江在密支那城以北约50千米处的圭道会和后始称伊洛瓦底江。河流全长2714千米，流域面积43万平方千米。整个流域受西部山地和掸邦高原的夹束，呈南北长条状，河口段为扇形三角洲（3万平方千米）。

Irulers　只信鬼怪的人。

Irwen　欧文勋爵（1881—1959），英国政治家、印度总督。早年在伊登公学和牛津基督教学院受教育，专攻历史。1903年就任万灵学院研究员，教授历史并周游世界。后弃教从政。曾在第一次世界大战中任海军士官，在法国作战，后任殖民事务部次长。1926年—1931年任印度总督，任内残酷镇压甘地领导的公民不服从运动。1931年与甘地会谈，达成《甘地-欧文协议》，决定同意国大党展开反英斗争。1933年任牛津大学校长，第二次世界大战中任外交大臣，积极支持张伯伦首相的绥靖政策。1941—1946年任驻美大使。著有《印度问题》《演讲集》《回忆录》等。1928年12月17日视察圣蒂尼克坦并会见泰戈尔。

Irwin　欧文女士，英国人，与1932年推出《1932年印度乡村活动概述》书。

Irwin, Edward Fredrick Lindley Wood　欧文，爱德华·弗雷德里克·林德里·伍德（1881—1959），1926—1931年担任印度总督。

Isa Upanishad Isa=world spirit, the Lord　世界灵魂。

Isamus　伊萨姆斯河，即现在的印度第二大圣河雅穆纳河。

Isana　梵，等于Brahma。

Isana　伊萨纳，湿婆的别名。

Isanasivagurudeva-paddhati《敬湿婆神礼仪手册》，印度克拉拉邦印度教性力派典籍，12世纪问世。

Isanavarma　伊舍纳瓦摩，8世纪中印度国王。

Isanavarman Maukhari　伊桑纳跋摩·穆克里（550—576在位），笈多王从藩属穆克里家族第三四代。

Isha　最高灵魂，主人，上帝，湿婆神。

Ishavasyam idam　时时处处传播着和谐的神秘精神。

Ishraqi　印度学。

Ishta Deva　伊始塔·代瓦，指太阳神苏利耶。

Ishtadevata　印度教徒从万神中选的保护神，每天对其顶礼膜拜。

Ishta-devata　监护神，个人选中的神。

Ishvarchandra Vidyasagar　伊斯瓦钱德拉·维迪亚撒加（1820—1891），加尔各答梵语学院著名的校长，孟加拉19世纪教育和社会改革的主要力量，孟加拉散文的先驱。他编写的课本《初级课本》（Barnaparicay）里面有两个孩子：一个好孩子叫戈帕尔（Gopal）；另一个坏孩子叫拉卡尔（Rakhal）。还有由雷福德·托马斯·詹姆斯（Revd Thomas James）讲述的孟加拉版的伊索寓言《卡塔马拉》（Kathamala）。

Ishwar　神，湿婆。

Isika　以西卡，草，《摩诃婆罗多》里，那罗-那罗衍用一把此草变成针刺，制服目空一切的国王傲生。

Isipatana　伊斯帕塔纳，佛祖转法轮处，即瓦拉纳西的鹿野苑。

ISKCON　国际黑天意识协会（The International Society for Krishna Consciousness），1966年7月由印度教大师斯瓦米·普拉布帕达（Swami Prabhupada，1896—1977）创立。该协会尊印

度教黑天派教祖阇多尼耶为祖师，认为他就是黑天大神在人世间的化身。

Iskuaku　伊刹瓦古，摩奴之子，太阳族第一个国王。

Islam　伊斯兰教，原意为“顺从”，指服从唯一的神安拉的旨意。7世纪初穆罕默德于阿拉伯创立的一神教，与佛教、基督教并称为世界三大宗教。穆罕默德在40岁（约610年）时开始创教活动，到622年迁至麦地那并在该地建立政教合一的宗教公社，才从组织上、制度上和军事上保证了对多神崇拜的胜利。8世纪后通过武力征服发展为地跨欧、亚、非三洲的世界性宗教。基本教义为：信安拉、信诸天使、信《古兰经》及其之前的诸经典、信一切由安拉前定。基本宗教职责为：表白自身的信仰，即念诵“除安拉外，再无神灵。穆罕默德是安拉的使者”，一日5次礼拜，每年莱麦丹的全月斋戒，缴纳定量课税，如条件许可一生应朝觐麦加。

Islam, Kazi Nazrul　伊斯拉姆，K. N.（1899—1976），印度孟加拉语诗人，出生于西孟加拉邦，中学时辍学入伍。1920年退役加入加尔各答孟加拉穆斯林文学社。1922年创办《彗星》。由于发表革命诗歌而被英印当局监禁。他被公认为“造反诗人”而受到人民的尊敬和爱戴。1945年加尔各答大学授予他“优秀”奖章。1971年接受孟加拉国邀请定居达卡，孟加拉政府授予他“民族诗人”桂冠。主要诗集有《火琴》《毒笛》《共产主义》《无产者》《红色的鹅》等。泰戈尔1923年的音乐剧《春天》就是专门为他写的。

Islam Shah Sur　伊斯拉姆·沙·苏尔（？—1454），印度苏尔王朝国王。

Ismat Chugtai　伊斯玛特·楚戈台，19世纪乌尔都语散文家。

Ilsopanisad　《伊索寓言》，泰戈尔1935年致印度政治家德赛的信。

Isfahan　伊斯法罕，伊朗中部城市，伊斯法罕省省会，人口92.7万。伊斯法罕是伊朗第三大城，位于扎格罗斯山和库赫鲁山的谷地中，扎因代河畔，海拔1590米。伊斯法罕始建于阿黑门尼德王朝时期，多次成为王朝首都。历史上伊斯法罕为南北来往所必经之路，著名的手工业与贸易中心。现有铁路通古姆和德黑兰，又为公路交通中心，附近农畜产品的主要市场。市区以多花园与清真寺等辉煌建筑物著名。伊斯法罕长期为轻工业中心，纺织工业居全国首位，包括棉毛纺织与丝织，还有果干、造纸、榨油、火柴等工厂。手工艺著名，有银器、铜器、陶器、地毯业等。伊斯法罕有伊朗第一个钢铁厂，还有石油化工、炼油、水泥等工厂以及兵工厂等。另外，伊朗主要的核设施也建在这里。

伊斯法罕不仅风景优美，拥有11世纪—19世纪的各种伊斯兰风格建筑，而且它作为“丝绸之路”的南路要站，更是东西方商贸的集中地。南来北往的商客都汇集于此，各种商品也琳琅满目，伊斯法罕一时富甲天下，所以民间有“伊斯法罕半天下”的美称。1932年4月泰戈尔访问这里。

Ispahan　《伊斯法罕报》，伊朗伊斯法罕市的地方报纸，该报于1932年5月3日采访正在伊朗访问的泰戈尔。

Istapurta　善行，功德。

Isthmus of Kra　克拉地峡，在泰国境内，马来半岛北端，东临暹罗湾，西濒安达曼海，最窄处40～48千米，古代曾为繁忙的东西方贸易通道。19世纪后，国际上曾多次建议在此开凿运河，用以缩短中东岛太平洋的航程，迄今未实现。

Isthta Deva　个体神。

Istik　伊斯迪克，印度神话传说中的罗刹。

Isvadhyaya　学习。

Isvara　伊湿伐罗，8世纪西印度佛教学者，曾来中国译经，是菩提流支的助手。

Isvara Chandra Vidya Sagar　伊司瓦拉·钱德拉·维迪亚·萨格尔（1820—1891），维迪雅·萨格尔是授予他的称号（“学海”之意）。他是印度孟加拉语散文作家，学者，社会改革家，启蒙思想家，反对一夫多妻，热心于妇女解放运动，维护寡妇的权益，并为发展人民教育做过大量工作。

Isvaradatta　自在授，剧作家，作品有《无赖与食客会话记》《Dhurtani-tasamvada》。

Isvarakrsna　自在黑，4—5世纪人，数论派哲学家，作品《数论颂》（Sakhya-karika）。

Iswar　湿婆创造的神乐。

Iswar Chandra Nanda　伊斯瓦·钱德拉·南达，19世纪旁遮普戏剧家。

Iswara　大神，梵天，湿婆。

Italy 意大利，位于欧洲南部，主要由靴子形的亚平宁半岛和两个位于地中海中的大岛西西里岛和萨丁岛组成。意大利在北方阿尔卑斯山地区与法国、瑞士、奥地利以及斯洛文尼亚接壤。1946年意大利共和国建立，正式规定绿、白、红三色旗为共和国国旗。该国首都位于罗马；而米兰是世界时尚之都；都灵是意大利工业之都。意大利是一个高度发达的民主共和国，亦为欧洲民族及文化的摇篮，服务业、旅游业及对外贸易尤为突出，同时也是北大西洋公约成员国和欧盟的创始会员国之一。意大利在艺术、科学和技术上拥有悠久的传统，拥有47项世界遗产并位居世界第一。国土面积30万平方千米，人口6000万，主要居民为意大利人，主要信仰天主教，官方语言为意大利语。意大利古时称过"艾诺利亚""艾斯佩利亚""威大利亚"，后因语言变化"威"音变"意"，即称"意大利亚"，意为"小牛生长的乐园"。又有人说，"意大利"名称是由该国一个古代部落首领的名字演变而来的。意大利为罗马帝国的发祥地。2—3世纪为古罗马帝国全盛时期，版图遍及整个地中海沿岸。14—15世纪文艺空前繁荣，成为欧洲"文艺复兴"的摇篮。此后几经分裂和外族入侵。1861年成立王国。1870年实现统一，建成意大利王国。1946年6月2日正式命名为"意大利共和国"。1926年5月，泰戈尔访问意大利，受到墨索里尼的接见。

Itas 来自身体的束缚，禁锢。

Ithad 伊塔德，18世纪信德作家古尔科利帕兰特（Gull Kripalant）的作品。

Itihas 《历史》，1955年出版的泰戈尔的散文集。

Itihasa 历史；史诗。梵文描写或历史性文献而非宗教性文献。

Itihasa Purana 印度两大史诗，如是所说往世书。

Itimad-ud-Daula 伊提玛德-乌德·道拉（？—1622），莫卧儿王朝第四代皇帝贾汗吉尔的王后努尔贾汗的父亲，他协助女儿篡夺了贾汗吉尔的王位。

Itivrtta 情节。

Itivuttaka 《小妮迦叶》15部之第四部《如是语经》。

Ivanov, Vicho 伊万诺夫，维丘（1902—1976），比利时著名作家，1961年撰文纪念泰戈尔诞生100周年。

Ivara 自在天。

Iyer 伊耶尔，20世纪印度短篇小说先驱。

Izvestia 伊兹崴斯沙，苏联莫斯科附近的一个小城。

Jj

Ja Re Kagajeer Nauka 《雷家卡古尔的小船》，20世纪孟加拉语作家苏巴·姆寇帕亚（Subha Mukhopadhyay）的小说。

Jaabhaa-Yaatreer Patra 《爪哇通信》，泰戈尔的散文。

Jaam 枷穆，一种果树，其果如李子，黑色。

Jaanakee 贾娜吉，悉多的另一个名字，罗摩的妻子。

Jaangenbalkya 贾根波尔科，精通吠陀经的著名仙人，护民子（在蛇祭大典上讲述《摩诃婆罗多》故事的仙人）的大弟子。《耶柔吠陀》的作者、传授者。

Jaanhabee 姜候碧，泰戈尔第十七代先祖尼尔莫尼的次子拉摩莫尼的长女。

Jaanisakha Abhaageere Bhaalo Tumi Basa Naa 《朋友，我知道你不爱我这个不幸者》，泰戈尔的诗。

Jaapaan-Yatree 《日本行》，泰戈尔1936年写的日本访问记。

Jabaalaa 贾芭拉，绍多迦姆（Satyakaam）仙人的母亲。

Jabali 加巴里，《罗摩衍那》里十车王的谋臣，祭司。

Jabalpur 贾巴普尔，在中央邦。

Jacks，L. P. 杰克斯（1860—1955），英国教育家、哲学家和唯一神教派教长。1930年担任牛津曼彻斯特学院院长时，邀请泰戈尔作希尔伯特讲座，并给予高度评价。

Jackson，Stanley 杰克逊，斯坦利，孟加拉总督，1930年2月10日在圣蒂尼克坦宣布合作工作者会议开幕。

Jacobi，Hermann 雅克比，赫尔曼（1850—1937），德国作家。1921年5月，泰戈尔在德国访问，在5月7日泰戈尔61岁生日之际，德国组成了一个委员会，成员包括霍德国杰出人士如普特曼、雅克比、克赛灵、厄肯、托马斯·曼等，给国际大学赠送了一大批德国古典文学作品。

Jacopone 雅各布内（1236—1306），意大利诗人，他是一位成功的律师，写诗和戏剧非常受到欢迎。太太在四十岁那年舞会时，因房子倒塌而死，雅各布内发现她身上穿着苦衣，一直严厉地苦修，感到很大的震撼，遂变卖并捐出一切所有，1268年开始以方济第三会员的身份，云游了十年。1278正式成为方济会修士。他因倾向默观、神秘学和按“严规”苦行，受到“常规”会士的打压，而多方受委屈和吃苦。

Jadata 痴呆。

Jadav，G. M. 亚达夫，20世纪印度梵文学家，泰戈尔的好朋友。

Jadda 加达，喜马拉雅山区的喜马偕尔邦的民间舞。

Jadu and Madhu 迦度与玛度，孟加拉常见人名。

Jadukamal[Jadunāth] Mukopādhyāya 焦杜科莫尔（焦杜纳特）·穆科巴泰（？—1910），泰戈尔的三姐绍罗特库玛丽（Sharatkumaaree，1854—1920）的丈夫。

Jadunaath 焦杜纳特，泰戈尔的三叔吉林德罗纳特的小女儿库姆妮（Kumudinee）的丈夫尼洛科莫尔·穆科巴泰（Neelakamal Mukhopaadhyaay）的弟弟，即库姆妮的小叔子。他娶了泰戈尔的三姐绍罗特库玛丽为妻。1866年在演出“新剧”时，焦杜纳特扮演过舞蹈演员的角色。他们的唯一儿子尼罗德纳特（Neeradanaath）是泰戈尔的同学。

Jadunath Sarkar 迦顿纳特·萨卡尔，泰戈尔时代的泰戈尔作品翻译家，他最早把泰戈尔的《我的历史观》（Bharatvarshe Itihasher Dhara，My Interpretation of Indian History）翻译成英语，于1912年发表在《现代评论》上。

Jadur 迦度尔，地方名，在奥利萨邦玛于巴吉（Mayurbhaj）的布米亚（Bhumiya）地区。

Jaffna 贾夫纳，斯里兰卡北部沿海城市，位于贾夫纳半岛西南，南临贾夫纳湖，人口13.3万，居民多泰米尔人。贾夫纳历史上曾为泰米尔王国的都城、印度教中心。现为北部地区经济、交通中心。谷物、烟草、椰子、杧果的集散地。附近几个小港口，可捕捞海参、海龟。贾夫纳有气象台、古城堡及教堂。东面的奇维约泰卢是主要的盐田。1934年6月9日泰戈尔率领国际大学的师生访问这里并连续3个晚上演出他的剧本《赎罪》。

Jafri，Ali Sardar 贾弗里，阿里·萨达尔（1913—2000），印度乌尔都语诗人，作品有《向新世界致敬》等。

Jagadaananda Raaya 久格达依德（1869—

1933），起初帮助泰戈尔管理过祖传的地产，做过泰戈尔子女的家庭教师，后来为国际大学的优秀教师，作家，具有渊博的自然科学方面的知识。

Jagadamba 世界之母，指杜尔迦。

Jagadananda Roy 加戈达难达·罗伊（1869—1933），印度孟加拉语作家，曾经在泰戈尔创办的圣蒂尼克坦学校当老师。

Jagaddhaatree 贾伽塔特莉，指杜尔迦女神，意为宇宙的支承者。

Jagadeesh Chandra Basu 久格迪什·琼德鲁·巴苏（1858—1937），世界著名的科学家，出生在达卡县的一个农村。他发明了无线电。借助他的无线电理论，意大利科学家马科尼发明了无线电收音机。他还是印度生物学家、博物学家、档案学家。他用孟加拉文写了不少文章。

Jagadgyru 宇宙导师。

Jagadhatri 梵天，维持宇宙的神。

Jagadish Chandra Bose 《扎嘎迪士·钱德拉·博斯》，泰戈尔1937年的文章。见Bose, Jagadish Chandra。

Jagama 离去。

Jagamohan 会堂。

Jagamohan 印度教庙的前殿。

Jagan-Natha 扎格纳特，世主，世界之神，即毗湿奴。

Jagannaath Kushaaree 焦贡纳特·古沙里，生活在15世纪，是泰戈尔的第十二代先祖。他娶了属于比拉利婆罗门家族的舒克代博·拉伊乔图里（Shukadeba Raaichodhuree）的女儿为妻，因而他就被印度教社会视为"堕落的"婆罗门。

Jagannatha 扎格纳特派，印度教毗湿奴派分支，崇拜黑天大神的化身扎格纳特，其神车节异常豪华狂热。扎格纳特派在奥利萨和西孟加拉邦盛行。

Jagannatha Pandita 札格纳特·潘底涾（1590—1665），汉译名世主博，学而又不讲情面的梵文评论家，被誉为"学者之王"（Panditaraja）。他最重要和出名的作品是《味海》（Rasagangadhara）。直到今天它仍然是修辞学上的无价之宝。他的作品还有《驳画诗探》（Citraminamsakhandara）。在这部作品中修辞学家阿帕耶迪克西塔（Appayadiksita）受到强烈批评。寓意诗《巴米尼维拉桑》（Bhaminivilasam）据说是为英年早逝的妻子写的。他还写了五个其他的作品，即五部《拉哈瑞斯》（Laharis）。他的诗歌理论是"表达美好意思的文字构成诗歌"。他极力反对"超于文字意义之外的味"（dhvanivada）。

Jagannatha Puri 扎格纳特节，纪念毗湿奴的节日，在6—7月，几百个信徒拉着巨大的扎格纳特车在数万人簇拥下游行，有的教徒为表示虔诚投入神车轮子下丧生。

Jagat 世界。

Jagati 大地律，诗律，4个音步，每音步12个音节。

Jagati mantra 世界经文。

Jagdamba 迦格丹巴，雪山神女帕尔瓦蒂的别名。

Jagdish Chandre Bose 扎戈迪士·钱德拉·鲍斯（1858—1937），印度科学家，认为植物也有生命。

Jagenshprakaash Gangopaadhyay 焦根什普罗卡什·贡戈巴泰，泰戈尔的三叔吉林德罗纳特大女儿迦东碧妮的丈夫，即泰戈尔的堂妹夫。

Jaggayyapeta 加加雅培达，印度著名佛塔，有转轮圣王的浮雕。

Jagir 转让土地或地租。

Jagir 扎吉尔，采邑，"得到一块地方"，12世纪印度德里苏丹把大部分土地分给军官和贵族，受封者为扎吉尔达尔。他们根据封地大小提供相应数目的兵员。

Jagirdar 扎吉尔达尔，扎吉尔的持有者，封臣，封建领主。

Jagnash 久根纳什，意为"毁灭祭祀"。

Jagnath 久根纳特，意为"祭祀舞"。

Jagnath Dargapaganan 贾甘纳特·达尔迦潘加南（1695—1806），印度著名逻辑学学者。

Jagnnath 扎格纳特，"世界之主"，指毗湿奴或克里希纳，黑天大神的化身。

Jagrat 醒。

Jaguda 迦古达，古印度国家。《摩诃婆罗多·林居篇》里说该国国王参加过坚战举行的王祭。

Jahan-Soz 世界焚毁者。

Jahandar Shah 贾汗达尔·沙（？—1713），莫卧儿王朝皇帝巴哈杜尔一世的长子。

Jahangir 贾汗吉尔（1569—1627），莫卧儿王朝第四代皇帝，阿克巴的儿子。统治后期政权落入王后努尔贾汗以及其父兄手里。

Jahanpanah 陛下。

Jahnavi 加纳微，“加奴的女儿”，指恒河。印度神话故事：国王跋吉罗陀从天上引恒河水流入下界去浇萨羯罗的6万个儿子的骨灰，冲了国王兼仙人加奴的祭坛，加奴把它的水全部喝了下去，由于跋吉罗陀的忠告，他允许水从自己的耳朵里流出来，从此恒河被称为加奴的女儿。见词条Jahnu。

Jahnu 加奴，传说里的圣人，因为恒河的流动影响了他的修炼，一气之下吸干恒河水，之后又后悔，让恒河水从右耳流出。见上条。

Jai Singh 贾伊·辛格（1686—1743），印度天文学家，在德里、斋普尔、乌贾因、瓦拉纳西和马图拉建天文台。

Jai Singh 贾伊·辛格（？—1667），莫卧儿王朝第六代皇帝奥朗则布的将军。

Jaicand 贾伊金德（？—1193），加哈达瓦拉王朝国王，都城曲女城。

Jaidratha 胜车，持国的女婿，信度的国王。因调戏黑公主被布军打。苦修，要求湿婆给他打败布军的本领，湿婆说般度五兄弟不可战胜。

Jaimall Rathor 贾伊马尔·拉托儿（？—1568），反抗莫卧儿王朝的拉其普特人英雄。

Jaimini 贾米尼，公元前2世纪弥曼差派的创始人，研究吠陀礼仪。

Jaimini Bharata 《加米尼婆罗多》，17世纪坎纳达语诗人拉克斯弥撒（Laksmisa的）的作品。

Jaiminiya 贾米尼亚，信仰娑摩吠陀的支派。

Jaiminiya-Brahmana 阇密尼耶梵书。

Jain-Maharastri 耆那教摩诃那陀语。

Jain-Sauraseni 耆那教修塞罗纳语。

Jaina 耆那教创始人大雄发起的苦修改革运动的支持者。

Jainism（Janas，Nirgrantha，Jaina） 耆那教，公元前6世纪—公元前5世纪与佛教同时兴起于印度的宗教，耆那为创教者筏驮摩那（大雄）的称号，原义为“胜利者”，“修行者”，故而又称“修行者的宗教”。汉译佛典中称“尼乾外道”“无系外道”“裸形外道”“宿作因论”等。传说有24祖。奉《12支》（Angas）为经典。反对吠陀权威和祭祀。主张5戒：不杀生、不妄语、不偷盗、不淫、无所得；实行苦行主义。肯定物质世界和无数灵魂的存在。认为信徒可以摆脱物质世界的束缚而达到灵魂的解脱。在同外教的辩论中发展了印度的逻辑理论，提出了作为逻辑判断形式的“或然论”，即以主观的方式证明事物在一定条件下存在而在另一条件下不存在，因而有和无可以统一。有九谛说：命（jiva）（可动trasa+s固定thavara）、非命（ajiva）、善（punya）、恶（papa）、漏（asrava）、制御（samvara排除外界干扰）、束缚（bandha）、灭业（vinirjara=nirjara）、解脱（moksha）。公元1世纪分裂为“天衣（裸体）派”和“白衣派”。白衣派主张用白衣遮体，天衣派主张不穿衣服，白衣派经典为《12支》（Angas）、《仪轨经》、师子贤的《六派哲学概论》和金月的《史诗》等。天衣派的经典则是3世纪由昆达昆达（Kunda Kunda）指定的经典，如大雄的传说、宇宙结构论、戒律和仪式及其著名学者的哲学著作。白衣派和天衣派的共同经典为乌玛斯瓦迪（Umasvati）写的《入义经》。耆那教4—13世纪曾在印度广泛流行，13世纪起衰落，17世纪后出现改革运动，主张用人道主义、人道等观点解释古老教义。主张业报轮回、灵魂解脱、非暴力和苦行主义。耆那教徒占印度人口的0.4%，但在社会上仍有影响。修炼极其严格，坚持不杀生、吃素食，教徒不从事农业生产，多从事商业。

Jaiprakash Narayan 捷普拉喀什·那罗衍（1902—1979），印度社会主义党创始人，社会主义家，曾发起均地运动，强迫地主献出一部分土地，分给无地农民。

Jaipur 斋普尔，拉贾斯坦邦首府，“粉红色的城市”，印度北部的一座古城，在新德里西南250千米处，人口62万，为印度北方重镇，也是珠宝贸易中心。斋普尔和德里及阿格拉被称为印度旅游的“金三角”。1727年始建，市街按棋盘方格式设计，高大、古老、粉红色的建筑表现出印度建筑艺术的优美。市内的土邦王宫很有名。其袖珍画派反映当时莫卧儿时代的道德滑坡和奢侈风气。市内的天文台为辛格于1725年建。1927年3月，泰戈尔来这里旅游。

Jaisalmer 贾伊萨梅尔，拉贾斯坦邦城市，城内有土邦古堡。

Jaistha 杰斯塔月，印历3月，公历5—6月。

Jaitra 神话中黑天的战车。

Jaiyayanta 坚哑严塔，因陀罗打败阿修罗提米得瓦加的城市；因陀罗的旗帜名；乳海中间的山名。

Jajhot 迦焦特，一婆罗门亚种姓。

Jajmani system 迦吉马尼制，指有实力的地方土地所有者，雇用婆罗门来执行礼仪，给其报酬，也给为其服务的其他种姓一定的粮食作为报酬。

Jajnesvarer Jagen 《焦盖绍尔家的婚礼》，泰戈尔的短篇小说。

Jakarta 雅加达，又名椰城，是印度尼西亚最大的城市和首都，位于爪哇岛的西北海岸，东南亚第一大城市，世界著名的海港，900多万人口，多数居民为爪哇人，少数为华人、华侨、荷兰人，官方语言为印度尼西亚语。作为印尼首都和最大城市，雅加达经济以金融居多，占该市生产总值的28.7%，并拥有国内最大的金融和主要工商业机构。雅加达早于15世纪已是重要商港，殖民时代曾是荷属东印度公司总部所在，贸易遍及亚、欧、非三大陆。今雅加达仍有多处大型综合市场和专业商场，每年在此举办雅加达交易会。1927年8月22日，泰戈尔访问雅加达，在为他举行的宴会上朗读前一天在船上写的赞颂爪哇岛的诗《战无不胜的吉祥女神》。

Jakhar，Bal Ram 贾卡尔，巴尔·拉姆（1923— ），1990年任印度国大党（英）总书记，作品《人民议会，行政》。

Jakkana 加卡纳，13世纪泰卢固语作家。

Jal 水。

Jalal-ud-din Khalji 贾拉-乌德-J·哈尔吉（1290—1296），士兵出身的德里苏丹哈尔吉王朝第一个皇帝。

Jaladhar 顶水者。

Jalalabad 贾拉拉巴德，一译“贾拉勒阿巴德”，阿富汗东部城市，南加哈尔省（又译为楠格哈尔省）首府，在喀布尔以东130千米，人口5.8万。临喀布尔河北岸和喀布尔到开伯尔山口的公路。阿富汗与巴基斯坦的贸易大部经过这里，这里又是重要灌溉农业区的中心。

Jalaluddin Rumi 贾拉鲁丁·鲁米（1207—?），当时的土耳其人称东罗马帝国为鲁姆（Rum），鲁米（Rumi）的意思就是来自东罗马帝国。他的出生地是在巴尔赫（Balkh，位于今阿富汗境内），所以他还有一个名字叫巴尔希（Balkhi），但鲁米这个名字最为常用。他原名叫穆罕默德，贾拉鲁丁则是他的称号，意思是宗教圣人，后来他也被尊称为莫拉维，意思是大师、长老。鲁米在波斯文学史上享有极高的声誉，他与菲尔多西、萨迪、哈菲兹齐名，有“诗坛四柱”之称。

Jalandhara 加蓝达拉，印度旁遮普邦过去的一个镇子名，大约为现在的居伦杜尔，据传湿婆妻子萨蒂为湿婆自焚后部分遗骨落在此处。

Jalapralaya 大洪水。

Jalauka 阇劳加，公元前3世纪印度弥曼差派哲学创始人。

Jalesvara 大海之主。

Jalgaon 加尔冈，印度马哈拉施特拉邦西北部城市。

Jallianwala Bagh 贾利安瓦拉公园，在旁遮普城市阿姆利则金庙附近。1919年4月英国殖民者在这里向聚会的印度人开枪，死400人，伤1200人，制造了有名的阿姆利则惨案。见Amritsar Masscre（阿姆利则惨案）。

Jalodara 水肿病。

Jalpa 鬼论义，其目的不在辨别正误，而是混淆是非，以求战胜论敌的辩论。

Jama 地税估定。

Jama Masjid 贾玛清真寺，在老德里，由莫卧儿王朝第五代国王沙加汗建造，为印度最大的清真寺。

Jamadagni 食火仙人，即迦摩达格尼，持斧罗摩的父亲，仙人薄利古后裔。他怀疑妻子哩奴加因见水中情侣嬉戏生激情而令子持斧罗摩砍其头。后因其子杀死偷其祭祀牛犊的醯诃耶国王迦哩陀毗哩耶而被迦哩陀毗哩耶的儿子杀死。

Jambavat 阎婆梵，《罗摩衍那》里帮助罗摩打败十首魔王罗婆那的熊王。

Jambavati 阎婆梵蒂，熊王的女儿，传说中的黑天夫人，黑天寻宝石遇见熊王和宝石，打败他。他给黑天送回宝石和阎婆梵蒂，黑天娶她为妻，黑天死后她跳火自焚而死。

Jambavatijaya 公元前4世纪波尼尼著的《占婆沃迪胜利记》。

Jambhaladatta 占帕罗达多，古代作家，著《僵尸鬼的故事》。

Jambu　占卜花，喜马拉雅山的一种藤类植物，被仙人视为圣草，常年不论寒暑盛开美丽迷人的花。

Jambudvika　传说中婆罗多国的别称。有7峰，分割为8个岛国，形如9个莲花瓣。

Jambuvipa　南瞻部洲，传说中的七大部洲之一，美庐山在其中心。

Jamidar =zamindar　柴明达，地主。

Jamidaris　柴达明管理田产的办公地。

Jamini Roy　加米尼·罗易，孟加拉学派画家。

Jamison，S.　加米森，英国印度学学者。

Jamiyyat-i-Tablighi　加密亚特-伊-塔伯利吉，20世纪上半叶印度伊斯兰宗教组织，以宣传伊斯兰教原教旨为宗旨。

Jammu　查谟，印度占领领区的克什米尔南部城市。

Jamnadine　泰戈尔的诗集《生辰集》。

Jamu & Kashmir　印度迦穆克什米尔邦，在印度西北，首府斯里那加。

Jamuna　迦穆纳，旁遮普古邦国。

Jampuddivapannati　南赡部洲。四大部洲，又称四洲、四大洲、四天下，是中国佛教中认为的在须弥山周围咸海中的四大洲，分别为东胜神洲、西牛贺洲、南赡部洲和北俱卢洲。

在《长阿含经》中叙述道，世界的中心是须弥山，四周有七金山围绕，七金山之外，则是浩瀚的咸海，四大洲即分散在此。四洲中居住着不同的人类，之间完全隔绝，互不相通。

（1）东胜神洲：东胜神洲位于须弥山东方的咸海中，本洲的众生人身殊胜，因此以身胜为名。《长阿含经》卷十八说："须弥山东有天下，名弗于逮，其土正圆，纵广九千由旬；人面亦圆，像彼地形。"本洲有三事殊胜：土地极广、极大、极妙。吴承恩在《西游记》中将傲来国立于东胜神洲内，傲来国海外的花果山是孙悟空的诞生地。

（2）南赡部洲：我们人类的生活范围属南赡部洲（地球），南赡部洲又名阎浮提。生活于此洲的人类虽然在生态环境、福报、寿命等方面，不及其他三洲；但我们人类所特具的"勇猛""忆念""梵行"三种特性，则优胜于其他三洲及诸天界。这也是为什么佛陀降生于此世界（南赡部洲）的缘故。如《世记经》言："阎浮提人有三事胜。何等为三：一者勇猛强记，能造业行；二者勇猛强记，勤修梵行；三者勇猛强记，佛出其土。"

（3）北俱卢洲（又名郁单曰）：在男女交往上最为自由和开放，完全没有家庭、私有制观念；故不用结婚，男女交往后则各走各的路，甚至生育的儿女也不自己抚养，而是放置于十字街头，由路人养育，生长成人后也归于大众。

当时可以随心所爱，而树枝会分辨是否有血缘、亲族关系，若没有亲族关系，就低垂枝叶遮蔽外界视线，并铺出床具来。其中也描述四大部洲的人类交合状况、婚嫁之法，以及当时人生育、养育状况："若行欲时，二根相到，流出不净。"

（4）西牛贺洲：由四大天王之一的西方广目天王守卫。位于须弥山西方，以牛、羊、摩尼宝作为货币而行买卖交易。其地形如满月，人面亦如满月，此洲有殊胜三事，即：多牛、多羊、多珠玉。西牛贺洲人都有男女婚嫁，与我们世界婚姻家庭大致相同，但生存环境、福报、寿命均优于地球人类，而略次于北俱卢洲。

Jana　人，部落。

Jana　阇那，部落，国。

Jana　咨议会。

Jana Gana Mana-adhinayaka（"The Mind of the Multitude of the People"）《人民的意志》，这是印度国歌（India's National Anthem），是泰戈尔用孟加拉文作词并亲自谱曲的歌曲，创作于1911年，发表于1912年。1950年1月24日在印度议会上，这首歌曲被正式定为印度国歌。歌词为：

Thou art the ruler of the minds of all people,
Thou Dispenser of India's destiny.
Thy name rouses the hearts
Of the Punjab ...Gujrat，and Maratha，
Of Dravid，Orissa，and Bengal.
It echoes in the hills of the Vindhyas and Himalayas，
Mingles in the music of Jumna and Ganges，
And is chanted by the waves of the Indian Sea.

你是万民心灵的主宰，印度命运的施主。你的英名传遍旁遮普、信德、古吉拉特和马拉塔，以至达罗毗荼、奥里萨和孟加拉。到处激

发着人们的心声，在文迪亚和喜马拉雅山脉，你的名字回响于千山万壑之间，同雅穆纳河和恒河奏出的乐声交织在一起。印度洋的波涛为你唱起赞歌，为你的德泽而祈祷，为颂扬你的英名而欢唱。你拯救了人民，你是印度命运的施主。胜利、胜利、胜利永远属于你。

Jana Sangh 印度人民联盟，核心成员为婆罗门种姓，1951年由穆克吉创立，代表北印度印度教教派势力，主张用武力重新统一印度和巴基斯坦，后有所缓和。1977年同另外四党合并为人民党，1980年退出，加入印度人民党。

Janaab 老爷。

Janabai 戛纳白，现代纳塔瑜伽宗女诗人，仆人出身。

Janadhana 加纳达纳，即毗湿奴。

Janaka 加纳羯，公元前7世纪毗提诃国王。

Janaka 遮那竭，《罗摩衍那》中的密提罗（Mithila）国王，悉多（Sita）的父亲，提出能拉开湿婆弓的人才有资格娶悉多。罗摩拉开了弓，娶了悉多；公元前7世纪韦德哈（Videha）国王；母体的拉格。

Janaki 遮那竭的女儿，指悉多。

Janakiharana 《悉多被掳记》，鸠摩罗陀娑著。

Janakiraghava 《悉达与罗摩》（历史剧）。

Janakiraman 嘉纳吉纳曼（1921—1982），印度泰米尔语作家，作品有《妈妈来了》《四海为家》，剧本《四亩地》等。

Janakpur 戛纳普洱，印度北方邦的一个镇子，在阿约迪亚附近，此地人极其崇拜罗摩和悉多，每年举办《罗摩衍那》演出节。

Janaloka 人类世界。

Janam-sakhi 《那纳克逸事》或《纳纳克祖师传》，19世纪锡克教第五代祖师戈文德·辛格（Govind Singh）写。

Janamejaya 阇那弥觉耶，9世纪薄罗婆（Paurava）帝国皇帝。

Janamejaya 镇群王，俱卢国王，入侵旦叉始罗国，屠杀那加族人，在《摩诃婆罗多》里，他是阿周那的重孙。其父环住王因被蛇咬致死，镇群王为此进行大蛇祭。就在这个大蛇祭上护民演唱他的师父广博仙人的《摩诃婆罗多》。梵天派象头神迦内沙记下广博的口述，《摩诃婆罗多》从此流传人间。

Jananakanda 知识篇。

Janantika 私语。

Janapada 村落，一个民族居住的区域。本地人。

Janapada 小部落王国。

Janapada 乡下人。

Janapadi 加纳帕，神话里的半神女，洗澡时遇仙人乔达摩儿子沙拉德万，后者阳物落入河中芦苇，受精，生慈悯、慈悯女二兄妹，由福身王收养。

Janardana 人类崇敬的人，黑天的别名。瞻纳陀那，阿周那对黑天的称呼。

Janasandha 水连，般度族将军。

Janasthana 加纳塔那林，《罗摩衍那》里罗波那妹妹首哩薄那迦住的林子。

Janata 一个民族。

Janata Dal 人民党，印度政党，1977年由民众党、人民同盟、国大党（组织派）、社会党等组成。党的纲领是以甘地主义为理论，在印度建立一个民主、世俗的社会主义国家，反对经济垄断和权力集中等。

Janata-bhu 自己的土地。

Janershaber Jang 《焦盖绍尔家的婚礼》，泰戈尔的短篇小说。

Jangamas 林迦派的牧师职位。

Janghas 战争中使用的不同车缘。

Janhu 姜胡，古代印度传说中的一位仙人。因为恒河妨碍了他的祭祀，所以他一气之下就喝干了恒河。后来由于跋吉罗陀国王的一再恳求，他才让恒河从他的耳朵里流了出来。

Janimi Bharata 《加米尼婆罗多》，17世纪坎纳达语诗人拉克斯弥撒（Laksmisa的）的作品。

Janma Katha（Birth Story） 《出生的故事》，泰戈尔的诗。

Janmabandha 生的束缚，人的降生就是对灵魂“我”的束缚。灵魂从纯净无忧的境界下生到现象世界，成为各种形式的生命，由此便给灵魂带来无穷无尽的痛苦。

Janmadine 《生辰集》，泰戈尔以生日为主题的诗歌集，1941年发表。

Janmakatha from Sisu 《童年的故事集》，泰戈尔于1910年创作的第一部翻译成英语的诗集，由格马拉斯瓦米、查克拉瓦尔提和诗人联合翻译。

Janmanakshatra 月出生星。

Janmashtami 黑天诞辰，在8月27日前后。

Janmashatami=Krisna Jayanti 黑天诞生节，在8—9月。

Janmatithir Upahaar 《生日的礼物》，泰戈尔的散文。

Janmotsava 庆生日。

Janmotsava 用歌舞欢迎。

Janna-marga 正确的知识。

Jannaki 绽娜吉，《罗摩衍那》里罗摩的妻子悉多的化名。

Jantra Mantar 旃陀·曼陀，印度古天文台，在德里市中心，由18世纪印度天文学家辛格建造。

Janya 子拉格，构成旋律的音乐调式下面的小调式。

Jao reananta dhame 走向永远的住所。

Japa 迦帕，在圣河边沐浴，练习瑜伽，打坐，默祷，重复吟诵念经文、真言等。

Japam 唱神的名字。

Japan Ara 《迦帕·阿拉》，18世纪信德语作家阿卜杜尔·拉扎克（Abdul Razzaq）的作品。

Japa Jatri 《瀛洲纪行》，泰戈尔1919年出版的日本纪行。

Japane-Parasy 《波斯行纪实》，泰戈尔1936年出版，是《日本行》的重印。

Japayajna 默祷祭，以默祷告为祭祀。印度古代祭祀分家庭祭祀和天启祭祀。家庭祭祀包括：受胎礼、成男礼、分发礼、出胎礼、命名礼、出游礼、养育礼、结发礼、雉发礼、入法礼、结婚礼。天启祭祀包括供养祭祀和苏摩祭祀。供养祭祀包括置火祭祀和火祭祀等8种。苏摩祭祀包括即位礼。

Japji 《贾卜吉》，锡克教圣典《阿底·格兰特》的开始部分。

Japmala 玫瑰，毗湿奴教徒拿在手里帮助祷告。

Jara 迦拉，神话里妖连的妈妈，食人女夜叉，赐给妖连不可战胜的本领。

Jara 加拉，《摩诃婆罗多》里的猎人，他把黑天当作猎物射中其脚跟而死。

Jaradgava 中间位置。

Jaradradha 胜车，难敌盟军，信度（Hindu）国王，因调戏黑公主被般度五子打。

Jarasandha 妖连，《摩诃婆罗多》里的巨车王之子，摩羯陀国王，刚沙的岳父。相传，巨车王有两个妻子，长期不孕，后又各生半个男婴，被当作不祥之物丢掉，一个叫阇罗的食人妖把两半婴儿合在一起，遂取名妖连。他先后18次包围马图拉，对黑天大动干戈，因为黑天杀死了他两个女儿的丈夫刚沙，但屡遭失败，最后被布军杀死。

Jarayuja 胎生。

Jarrige，Jean Francoise 壤利吉，让·佛朗索斯，19世纪法国考古学家，他把摩亨焦达罗农业区提前到了公元前6000年。

Jarul 木桉树，落叶树。

Jas 嫂姑。

Jashin 甲申，克什米尔地方戏。

Jask 贾斯克，伊朗东南部的小港市。

Jaswant Singh 加斯万特·辛格（?—1678），印度马尔瓦尔国王，为效忠莫卧儿王朝的拉其普特王公之一。

Jaswant Singh Kanwal 加斯瓦特·辛格·坎瓦尔，现代旁遮普语小说家。

Jat 贾特，拉加斯坦的低等种姓。

Jata 湿婆修炼时留的缠结发。

Jata Jatin 比哈尔雨季女子舞。

Jataayupaakhee 焦达尤鸟，印度古代史诗《罗摩衍那》中描写的一种鸟。

Jataka 出生时间。

Jataka 佛本生的故事。

Jatakamala 《本生蔓》，用梵语写的譬喻经，圣勇写，主要讲佛本生的故事。

Jatakarman 出胎礼。

Jatakas 《本生经》（巴利文佛经中收录的民间故事与其他故事），《小尼迦耶》15部之第十部。

Jatamakuta 发髻冠。

Jatarupa 加塔如帕，传说中恒河女神的胚胎洒入河里变的金子。

Jatasura 《诛辫发记》。辫发是《摩诃婆罗多》里的魔鬼，他伪装成与般度五子生活在森林中的婆罗门，目标是找机会抢走黑公主以及般度五子的箭。一天，他利用阿周那离开的机会（布军正在外出打猎）抓住了其他人，俘获了箭矢，带着他们逃走了。只有老五偕天逃脱。坚战觉得辫发会在天黑之前杀掉俘虏走的人。布军闻言，立马赶了上去，杀了辫发，从危机重重中救出了他的兄弟以及黑公主。

Jataveta 伽塔维达，洪呼王生出的火，洪呼王的儿子。

Jatavs 低种姓姓名。

Jatayus 阇陀尤私，《罗摩衍那》里的金翅鸟王。为救悉达被罗婆那斩断翅膀。其兄商婆底，告诉猴军悉达被劫地点。

Jatha 宗族。

Jathaartha Dosara 《真正的伴侣》，泰戈尔的杂论。

Jathiswaram 贾死瓦拉姆，婆罗多舞剧目，表现神灵美丽。

Jati 生，阇提种姓，物种，出身，血统，世袭，门第，亚种姓，民族；茉莉花；音乐瞬间有规则的组合阇底。

Jati 贾，音乐调式。

Jati 倒难，利用与敌宗无共存关系的因或喻等使敌宗呈现谬误的发难。

J

Jati 不同种类。

Jati-samkara 种姓混杂。

Jatibhara 种姓语。

Jatidharma 种姓之规。

Jatidharma 宗法。

Jatilaa 焦蒂拉，印度神话故事中罗陀的婆婆。

Jatiswaram 婆罗多舞第二部分，纯舞段。

Jatkarman 出生礼。

Jatra 加特拉，一种孟加拉本土音乐剧形式，观众全部围绕舞台而坐。

Jatra-gan 孟加拉民间专业剧院。

Jats 贾特人，印度阿格拉和德里之间的民族，能征善战，多次反抗莫卧儿王朝统治。

Jatti, Basappa Dasappa 贾，巴沙帕·达纳帕，20世纪印度政治家，曾任印度副总统，1977年2—7月任代总统。

Jauhar 乔哈尔，集体自焚，古拉杰普特人的传统；战场上集体自焚的女眷。

Jaunpur 绍那普尔，即现在瓦拉纳西西北的江普尔，古代都城名。绍那福尔为14—16世纪王国。

Jaunsari 桥萨利人，印度北方邦少数民族之一。

Java 爪哇岛，印度尼西亚岛屿，位于马来西亚和苏门答腊东南、婆罗洲（加里曼丹）南方、巴厘岛西面。爪哇仅系印度尼西亚共和国的第四大岛，但拥有全国人口的一半以上，而且在政治上和经济上均处于支配地位。面积为132187平方千米（包括近海的马都拉岛）。1927年8月泰戈尔访问这里。

Java 加瓦花，火红色，用作编花环。

Javali 贾瓦利（情歌）。

Javali 贾瓦利，罗摩的父亲十车王的祭司。

Javamukti 有生解脱：人活着的时候达到上智高度，证悟到“梵我同一”的境界，摆脱痛苦，获得极乐。

Jawahalal Nehru University 尼赫鲁大学，以印度第一总理尼赫鲁命名的综合性大学，在德里南部，创办于1960年。

Jawala-mukhi “火口”，胜地，在旁遮普，认为是萨蒂（Sati，湿婆的妻子）所创。

Jawalis 短、节奏快的爱情抒情段。

Jawan 年轻人，指印军士兵。

Jaxartes 药杀水，意为“珍珠”，古地名，就是现在中亚位于咸海的锡尔河。《新唐书·西域传》中记载：石国“西南有药杀水，入中国谓之真珠河，亦曰质河。此水流域系突厥、葛逻禄等游牧民族活动之地。昭武九姓中的石国也建都于此水支流”。

Jaya 妻子。

Jaya 胜利女神，印度神话传说中赐予胜利的女神。

Jaya 胜利者，生者。

Jaya 《胜利之歌》，该书可能是《摩诃婆罗多》的最初本。

Jayadeba 九伊代博，泰戈尔的第十代先祖拉伊乔杜里的二儿子，生活在15世纪。

Jayadeva 胜天，音译为“久耶代博”，12世纪的印度诗人，描写达拉和黑天爱情。

长诗《牧童歌》（Gitagovinda）的作者。《清馨的石榴花》是他创作的抒情长诗。

Jayadratha 胜车，《摩诃婆罗多》的月亮族王子，持国唯一的女儿杜娑罗的丈夫，因在林中调戏黑公主而遭到布军暴打。在俱卢战争中被阿周那杀死。

Jayadratha 《胜车被释放篇》，故事为：般度五子开始了他们的丛林生活。他们游走于多个丛林之间，最终到达了目的地——卡米亚卡森林。一次，般度五子把黑公主留在小屋里到森林里狩猎。胜车知道后，带着他的士兵来到了小屋所在的地方。第一眼见到黑公主他就迷恋上了她，他派苏拉特的儿子——三穴国国王克提卡西亚去给黑公主送信。克提卡西亚告诉黑公主胜车有多好多好，要求她接受胜车，离开般度五子。但是黑公主拒绝了他的要求。使者回到胜车处，告诉了结果。胜车开着一辆战车来找黑公主，试图诱惑她。但黑公主不为所动。胜车强行将她带上了战车。般度五子的导师烟氏仙人（Dhaumya）流着眼泪跟随着他们。不久之后，般度五子回到了小屋。他们到处找黑公主，从一个女仆那里听说了所发生的事情，于是马上去追上胜车。他们杀死了胜车的卫兵，胜车仓皇逃跑。般度五子抓住他，抽了他一顿鞭子。布军把他的头发割了，只留了五根头发在头上。最后由于坚战、黑公主命令，四个弟兄才放了他。

Jayadrathayamala 《迦亚德拉塔亚马拉》，印度教湿婆派介绍湿婆凶煞和嗜血形象的配偶迦犁女神的经文。

Jayadvaj Singh 阇耶瓦杰·辛格（?—1663），印度阿豪马国王。

Jayakantha 迦亚坎塔，20世纪后期泰米尔语作家。

Jayanta 贾衍多，9—10世纪作家，著有《经典大观》（Agamadambara）。

Jayanta 贾衍多，毗湿奴之子。

Jayanti 诞辰，生日。

Jayapala 者耶波罗（975—1001在位），沙希亚王朝国王。

Jayaparaajaya（The Defeat） 《胜与败》，泰戈尔的短篇小说。见Victory。

Jayapida Vinayaditya 阇耶毗陀·毗纳亚迪亚（770—801在位），印度卡尔克塔王朝国王。

Jayaraam 久耶拉姆（?—1756），泰戈尔的第十七代先祖。他有两个儿子：尼尔莫尼和多尔博纳拉扬。泰戈尔的先祖彭恰侬·泰戈尔的长子，次子名叫拉姆松多湿（raamasantosh）。他们哥俩都懂得一些英语，还通晓波斯语。在父亲的努力下，久耶拉姆被任命为东印度公司出纳官手下的主管。久耶拉姆有四个儿子：阿侬迪拉姆（aanandeeraam）、尼尔摩尼（Neelmani）、多尔波纳拉扬（darpanaaraayan）、戈宾多拉姆（gobindaraam）。久耶拉姆在世的时候，他的大儿子阿侬迪拉姆就死了。

Jayarasi 迦亚拉西，7世纪人，《破坏所有真理的狮子》（Tattgopaplavasimha）的作者。

Jayashankara Prasad 迦亚山卡拉·帕沙德，现代浪漫主义文学运动作家，作品有卡玛亚尼《Kamayani》。

Jayasi, Malik Muhammud 迦叶西，马利克·穆罕默德（1493—1542），印度印地语诗人，作品有《莲花公主传》。

Jayasimha 贾耶辛赫，13世纪作家，剧作《御寇记》（Hammiramadanardana）。

Jayasimha 贾耶辛赫，沙贾汗和奥朗则布统治时代莫卧儿王朝的著名军事将领，曾被封为王。

Jayast 加耶斯特，刹帝利的亚种姓，大都从事统计、财会、文书之类的职业。

Jayastambha 胜利塔，15世纪梅瓦尔王国庆祝战胜马儿瓦王国在奇托尔城建立的一座圆形柱塔。

Jayate asyas 母亲，生孩子者。

Jayati 《迦亚提》，20世纪马拉提语小说家坎德卡（Khandekar）的小说，1974年获“智慧奖”（Jnanpith）。

Jayatilaka, Baron 迦雅提拉卡爵士（1865—1944），斯里兰卡文学家，曾获牛津大学文学硕士学位，1931年任锡兰国民议会副主席，1932年任律师，锡兰第一部长，1943年荣获英国高级爵士勋章。他对僧伽罗语有极高的造诣，曾编校出版深奥难懂的《唐比亚·阿多瓦·盖德巴特雅》等古籍，对继承民族文化做出了杰出贡献。1934年5月9日，他作为锡兰第一部长在科伦坡欢迎来访的泰戈尔一行。

Jayesen 迦叶森，佛陀的弟子，国王的军队司令。

Je chilo sapano charini 《在梦境里徘徊的倩女》，泰戈尔创作的一首歌曲名。

Jeeban o Barnamaalaa 《生命与字母表》，泰戈尔的散文。

Jeebaner bydbud 《生命的水泡》，泰戈尔的散文。

Jeebansmriti 《生活的回忆》，泰戈尔的散文。

Jeebita o Mrita 《活着还是死了》，泰戈尔的短篇小说。见The Dead and the Living.

Jehovah 耶和华，基督教对犹太教唯一真神（永存者）雅赫维的读法。

Jesus 耶稣（公元前4年—30年或公元前5年—29年），全名“约瑟的儿子约书亚”。基督教会认为他是《旧约圣经》中所预言的救世主（弥赛亚）。耶稣主要的生平事迹都记载在新约四福音书中。据记载，耶稣在三十岁时，就开始在整个以色列和犹太传道，主要是宣扬神的国的信息，并且到处医病和驱鬼，甚至还使人复活。在福音书中耶稣提出了许多崇高的道德标准，并指出，他的门徒应当互相爱护和爱世人。最后，在犹太群众和祭司压力下，耶稣被古罗马执政官本丢彼拉多判处死刑（钉十字架），并且在死后第三天复活，之后他回到加利利与众门徒见面，并于40日后升入天国。

Jeta 祇陀，"胜者"太子，孤独长者送给佛陀的孤独园就是用金子铺地买的他的园子。

Jetavana 祇洹寺，古代南京佛教寺院，5世纪克什米尔佛教高僧求那跋摩等多名印度佛教高僧在此讲经、译经。

Jetavana 舍卫城佛寺。

Jetavanavihara 祇园，全称"祇陀给孤独园"或"胜琳给孤独园""祇园精舍"。关于祇陀园的由来有一段典故：给孤独长者看中了祇园幽静雅致的环境，就想买来供养佛及比丘们。祇园主人祇陀太子戏谑要求说："听说您的钱很多，如果您能以黄金铺地，随铺多少就卖多少给您。"给孤独长者前世曾为罗西多施主供养过去六佛，所以今生有很殊胜的福报，他可以看见地下的宝藏并且能加持土石变成黄金。给孤独长者依其福报，用黄金铺地，太子为他的精神所感动，还剩一块时，对他说："既然您买地供佛，剩下的地不用铺了，让我也供养佛吧。"给孤独长者后来迎请天人在这块地上建了一座经堂，故此园名为祇陀给孤独园（节选自《金刚经释》）。

J

Jetavananathapindikarama 逝多林给孤独园，孤独长者送给佛陀及其众僧雨季安居的著名园林。

Jethaima 姑姑。

Jews 犹太人，其祖先为希伯来人，是起源于阿拉伯半岛的游牧民族，属于闪米特人的一支，原始血缘上与阿拉伯人相近，主要信仰犹太教。以色列的《回归法》界定犹太人的身份是按母系相传为标准，凡是母亲是犹太人的，其子女都会被以色列承认为犹太人，有权移民以色列。

犹太人的祖先名字叫雅各（阿拉伯发音为叶尔孤白），雅各是以撒的儿子、亚伯拉罕（阿拉伯发音为易卜拉欣）的孙子，后来改名叫以色列，意思是"与神角力者"，而且因为他在和神搏斗的时候伤了腿筋，所以犹太人在宰杀动物时都要把腿筋挑出来丢弃。

雅各生有12个儿子，由于约瑟的关系，在7个荒年的第二年迁移到埃及，受到当时统治埃及的西克索斯人的优待，居住在尼罗河下游流域，转变为农业民族。西克索人被努比亚人暴动赶出埃及后，以色列人的地位急剧下降，沦为埃及人的奴隶，他们在摩西（阿拉伯发音为穆萨）的带领下逃出埃及，逃回巴勒斯坦定居，雅各的12个儿子的后代形成十二支族，原来在巴勒斯坦分居，后来统一成一个国家，先由便雅悯支族中的扫罗做王40年。之后由犹大支派中的大卫担任国王。大卫（David）名字的意思是"被蒙爱者"，以色列国家在大卫的儿子所罗门（阿拉伯称为苏莱曼大帝）担任国王期间达到鼎盛。所罗门死后，他的儿子罗波安继承王位。由于他及一班年青的大臣所施行的苛刻政策，北部10个支族的人分离出去，单独成立以色列王国，并推举尼八的儿子耶罗波安为王，犹大支族和便雅悯支族联合成立了犹太王国。以色列王国不久即被亚述人消灭，犹大王国尚坚持了几百年，后来也终于被巴比伦帝国攻占，人民被掳到巴比伦成为奴隶。

波斯帝国消灭巴比伦后，犹太人被允许回犹太区，重建耶路撒冷圣殿，后来相继沦为希腊和罗马帝国的属民。到了公元1世纪，撒马利亚人和犹太人是没有来往的。耶稣死后不久，犹太人起义反对罗马人，耶路撒冷被罗马大军攻破，圣殿被拆毁，犹太人被迫流落到世界各地，自称为犹太人。

犹太人到世界各地后，语言、风俗逐渐和当地居民同化，但他们坚持信仰本民族的宗教，以此维持民族的独立性，仍然用自己的希伯来字母书写文字，在意大利、西班牙的犹太人，语言被同化，用希伯来字母书写的叫"拉丁诺文"；在德国、波兰的犹太人语言为"意第绪语"；流落到中国的犹太人，由于他们的宗教信仰也不吃猪肉，被中国人误称为"蓝帽回回""术忽回回"，并逐渐和其他回族混淆，长期以至于完全失去了犹太人的信仰和习俗传统，信仰了伊斯兰教。虽然基督教《圣经》的"旧约"部分与犹太教《圣经》的内容几乎相同，但基督教的"新约"将"旧约"的内容进行了相当大程度的延伸并使得基督教和犹太教之间产生了一定的区别。

19世纪末期，由于东欧的迫害加剧，成千上万的犹太人逃离此地，大多数逃到美国、加拿大和西欧。到1924年，共有大约200万犹太人移民至美国，因当时美国社会对待犹太族群的态度相对比东欧而言更加宽容。欧洲对犹太人的迫害在纳粹德国时期达到顶峰，发生了灭绝约600万犹太人的大屠杀，几乎彻底摧毁犹太人在欧洲2000年的文化历史沉淀。

1948年以色列国建立，是自罗马摧毁耶路撒冷后近2000年来成立的第一个犹太人国家，并人为复兴口语希伯来语的正式使用。但以色列建国的地点是在巴勒斯坦地区，导致和当地定居已久的阿拉伯裔巴勒斯坦人矛盾激化，使中东成为世界的热点地区，并致使原先居住在阿拉伯国家的近90万犹太人也陷入困境。

到21世纪初，美国和以色列是犹太人的主要集中地。

Jeyakanthan，D. 贾亚甘丹（1934—），印度泰米尔语作家，作品有《一把米饭》《像你一样的人》等。

Jha，Lakshmir Kant 吉哈，拉克西米·坎特（1913—1988），印度经济学家。

Jhaanseer Raanee 《詹西女王》，泰戈尔的散文。

Jhala 贾拉，音乐乐章的组成部分。

Jhali 吉哈妮，泰戈尔的诗《清扫者，瑞达思》里的女王。

Jhand Sadager 羌德·绍达格尔，是颂神诗《摩诺莎颂》故事中的主人公。他本来是个商人，因为仇视蛇神摩诺莎，蒙受了各种苦难。摩诺莎女神一气之下，弄死了他的六个儿子。他的最小儿子在新婚之夜又被毒蛇咬死。他的儿媳妇蓓胡拉开始赞颂摩诺莎女神，摩诺莎女神使他的儿子们都复活了，因此羌德·绍达格尔开始崇敬摩诺莎蛇神。

Jhanki 场面，画面，局面。

Jhanptal 建普塔尔，印度古典音乐的一种节奏。

Jhansi 詹西，印度北方邦南部城市，在阿格拉东南260千米。印度民族女英雄拉克西米·芭伊（1835—1858）即詹西女王的故事就发生在这里。

Jhaptaal 宇宙，印度斯坦古典音乐中10拍格律的组歌。

Jhar 暴风雨。

Jharkhand Pradesh 贾尔坎德邦，是2000年11月15日从比哈尔邦分离出来建立的印度第28个邦，面积约8万平方千米，亚热带气候，人口约2957万，主要语言是印地语和英语。邦首府兰契（Ranchi）是印度东部地区重要的政治、经济、工业和教育中心之一，人口约85万。贾尔坎德邦境内的其他主要城市还有：博卡罗、但巴德以及詹谢普尔。

Jharokha 宫殿露台，莫卧儿王朝皇帝召见公众的地方。

Jharu 佳璐，意为“娇美”

Jhasa 加萨，印度神话里的大鱼。

Jhatata 喜玛偕尔邦的一种民间舞。

Jhau 长绿乔木，羽毛状树枝和细叶子。

Jhau 角树，树干高而直。

Jhavaveri Sister 为曼尼普里舞做出贡献的二姐妹，作品有《那亚娜·苏维尔纳》（Nayana Suverna）、《蓝加纳》（Ranjana）、《达沙纳》（Darshana）。

Jhelum 杰卢姆河，印度河支流的五大河之一。

Jhesol 杰索尔，东孟加拉一城市和地区名，即现孟加拉国一城市和地区。

Jhora 吉赫拉，北方邦民间舞。

Jhsa 吉萨，神话中的大鱼。

Jhukar Culture 朱卡尔文化，印度河文明衰退后的新类型文化，时间大致为公元前1800—公元前1500年，遗址在巴基斯坦信德地区，有粗陶器、青铜器等。

Jhumar 珠玛尔，拉加斯坦民间舞。

Jhumko 藤花，紫色，爱情花。

Jhunu 邱努（1897—1990），莎哈娜·古谱多（saahaanaa gupta）的小名。她是泰戈尔最喜欢的学生之一，有一幅金嗓子，是演唱泰戈尔歌曲的著名歌手。

Ji 缀在有身份的人称呼后的敬语。

Ji Chaoding 冀朝鼎（1903—1963），我国著名的经济学家、国际活动家、民间外交工作的杰出领导人，号筱泉，笔名动平，山西汾阳人。1916年考入北京清华学校。1919年参加北京五四学生爱国运动，在六三大宣传中被捕。1924—1928年在美国芝加哥大学留学。中华人民共和国成立后，历任中国国际贸易促进会副主席兼中国人民银行副董事长、中国拉丁美洲友好协会副会长等职，创办并主持贸促会研究室工作。1924年5月3日，泰戈尔访问清华附中，冀朝鼎代表学生致欢迎词。

Ji Ren　济人，民国某文人的化名，1924年发表《不了解的欢迎与不了解的驱逐》等。

Ji Tao Hall　季陶斋，印度国际大学中国学院的外国学者的客厅和食堂。

Ji Xianlin　季羡林（1911—2009），山东临清人，字希逋，又字齐奘，中国著名文学家、语言学家、教育家和社会活动家、翻译家、散文家、文学家、国学家、佛学家、史学家、教育家。他于1935—1945年在德国留学10年，获德国哥廷根大学博士学位，通英文、德文、梵文、巴利文，能阅俄文、法文，尤其精于吐火罗文，是世界上仅有的精于此语言的几位学者之一。他曾历任中国科学院哲学社会科学部委员、北京大学副校长、中国社科院南亚研究所所长，是北京大学唯一的终身教授。“梵学、佛学、吐火罗文研究并举，中国文学、比较文学、文艺理论研究齐飞”。他是现代中国印度学的大师，世界有名的印度学家。他以北京大学为基地培养了许多印度学学者。他有30卷的《季羡林文集》以及《泰戈尔名作欣赏》《家庭中的泰戈尔》许多卷的著作、散文、杂文等。生前曾撰文三辞桂冠：国学大师、学界泰斗、国宝。1924年4月22日，泰戈尔访问济南，年仅13岁、还是中学生的季羡林聆听了泰戈尔的演讲。

J

Jia Wu　贾午，民国某文化人的化名，1942年发表《泰戈尔论甘地》。

Jianada　《生命的快乐》，18世纪维达卡文（Vedakavin）的戏剧，他的戏剧还有《知识姻缘》（Vidyapaninaya）。

Jian Gong　健攻，民国某文化人的化名，1924年发表《令人恐怖的诗哲》《三人耳》《今之古时仙人》《怅惘》。

Jian Hu　坚瓠，民国某学者的笔名，1924年发表《欢迎泰戈尔》。

Jian Youwen　简又文（1896—1978），中国历史学家，字永真，号驭繁，笔名大华烈士，斋名猛进书屋，广东新会人，曾任冯玉祥军中政治部主任、广州市社会局局长、立法委员、广东省文献会主任委员、香港东方文化研究所研究员。他是中国当代史学家、著名的太平天国史专家。1924年泰戈尔访华，他发表《泰戈尔思想之背景》《泰戈尔23日晚来京》等。

Jiang Baili　蒋百里（1882—1938），又名蒋方震，字百里，晚清浙江杭州府海宁州硖石镇人，中国近代军事理论家，陆军上将，在抗日战争中首次提出了抗日持久战的军事理论的中国将军。1924年4月27日在北京出席欢迎访华的泰戈尔的宴会。泰戈尔在北京期间曾赴蒋百里家午宴并与蒋百里及他的儿女们合影。1924年5月8日，为欢迎泰戈尔访华及庆祝泰戈尔64岁生日，林徽因、徐志摩等在协和礼堂演出泰戈尔的戏剧《齐德拉》，蒋百里扮演村民。

Jiang Chenyong　蒋承永，当代学人，发表《谈〈沉船〉泛爱思想》。

Jiang Dengke　蒋登科，当代学人，发表《泛神论与泰戈尔散文诗的生命探索》。

Jiang Depei　蒋德培，民国人物，大同大学历史学教授，1924年4月在上海参加接待泰戈尔访华事务。

Jiang Jieshi　蒋介石（1887—1975），名中正，字介石，浙江奉化人，国民党当政时期的党、政、军主要领导人。1908年留学日本并加入同盟会，1924年回国后任黄埔军校校长，后兼任国民革命军第1军军长。1927年发动“四·一二反革命政变”，导致第一次国共合作破裂。西安事变后接受抗日主张。1948年召开国民大会当选“总统”，1949年1月21日宣布“引退”，同年败退台湾后，历任“总统”及国民党总裁，1975年4月5日于台北去世。1942年与宋美林访问国际大学，向泰戈尔纪念馆馈赠5万卢比。

Jiang Jingkui　姜景奎（1967—），北京大学南亚学系主任、印度研究中心副主任，曾获北京大学博士学位，主要从事印度近现代语言文学、印度宗教及南亚文化的教学与研究工作。专著有《泰戈尔文学作品研究》（合著）《印地语戏剧文学》等，编著有《印度文学文化论》《印度文学研究集刊》（四、五）《多维视野中的印度文学文化》等，论文有《印地语民间戏剧》《印度宗教的分期问题》《再论中世纪印度教帕克运动》《印度印穆冲突的历史文化因素浅析》《简论印度教派问题》《再评诗人泰戈尔》等50余篇。2010年主编出版《中国学者论泰戈尔》。由于他对印度文学的杰出贡献，于2016年1月被授予印度国家文学院在研院士席位。

Jiang Kanghu 江亢虎（1883—1954），原名绍铨，号洪水、亢庐，祖籍安徽省旌德县江村，生于江西省广信府弋阳县陶湾，中国早期社会主义思想传播者，中国社会党创始人，后担任汪精卫政权的国民政府委员、考试院副院长等职。抗战胜利后因汉奸罪名入狱，1954因营养不良和肺结核死于监狱。1924年泰戈尔访华时他在上海他家花园举行茶话会，欢迎泰戈尔一行，江亢虎出席。

Jiang Menglin 蒋梦麟（1886—1964），原名梦熊，字兆贤，别号孟邻，浙江余姚人，教育家。曾留学美国，任国民政府教育部部长，国立北京大学校长。1949年随国民党去台湾，逝世于台湾。1924年4月，泰戈尔访问中国，4月23日到达北京，他是欢迎者之一。

Jiang Mingxia 蒋明霞，当代女学人，发表《浅析泰戈尔小说中的女性形象》。

Jiang Shaoyuan 江绍原（1898—1983），安徽旌德人，现代著名民俗学家和比较宗教学家，曾留学美国，是中国最早引进国外社会科学，较系统、科学地研究我国迷信的学者，曾任北京大学教授。1924年泰戈尔访问中国，他正确评价泰戈尔。发表《一个研究宗教史的人对于泰戈尔怎样想呢》《“贪食好酒”和“税吏及罪人的朋友”耶稣与吃“英国人的牛肉茶及托士”的泰戈尔》《泰戈尔与耶稣》《泰戈尔戏曲集第二集》《泰戈尔赴西山修养》《泰戈尔将游苏俄》《为什么有人硬以为泰戈尔与耶稣不�比》《论照相之类11月11日》，以绍原的名字发表《“研究泰戈尔及其森林哲学”里面的翻译》《泰戈尔的齐德拉与瞿世英的齐德拉》《谁配翻泰戈尔的“诗人的宗教”》《评泰戈尔来华之感想谈》《泰戈尔与佛化新青年会 1.丁香花下泰戈尔之佛音；2.约泰氏赏丁香花之中英合函》《泰戈尔与耶稣》等。

Jiang Xingyu 蒋星煜，民国学人，1946年发表《泰戈尔与夏芝的距离》。

Jianghan Tribute 《江汉论坛》，湖北省社会科学院主办，前身为1958年创刊的《理论战线》。2005年5月第5期刊登刘静的《〈女神〉与日本泰戈尔热》。

Jiangsu Education 《江苏教育报》，1989年创刊。

Jiangxi Social Sciences 《江西社会科学》，1980年12月创刊，由江西社会科学院主办。1992年4月第2期刊登刘炎生的《评泰戈尔提倡复活“东方文化”及其影响》。

Jiang Yonghong 姜永红，北京大学外国语学院南亚学系老师，发表《印度和世界舞台上的泰戈尔》。

Jiannan Literature 《剑南文学》，创刊于2006年，由四川省绵阳市文联主办。2011年第4期刊登王菲菲的《泰戈尔文化身份的杂糅性探微》，2012年第2期刊登孙燕君的《论泰戈尔短篇小说对边缘化女性的关注》。

Jigaansaa o Uttar 《问与答》，泰戈尔的散文。

Jihad “圣战”。

Jihbaa Aasphaalan 《舌头的躁动》，泰戈尔的散文。

Jimenez，Juan Ramon 胡安·拉蒙·希梅内斯（1881—1958），西班牙诗人，1956年获得诺贝尔文学奖。他对艺术极为挑剔，创作的时候总是精雕细琢以求完美。他曾影响了加西亚洛尔迦和其他一些作家，被称为“诗人中的诗人”。他最优秀的作品大部分收录在《散文诗与押韵诗集》（Poetry in Prose and Verse）（1932年）里面。1900年到1936年，希梅内斯居住在马德里，内战爆发后被迫流亡海外。最后他在美国定居。他生前非常推崇泰戈尔的诗。

Jimenez，Zenobia 基门内斯，则诺比亚，西班牙翻译家，把大量的泰戈尔作品翻译为西班牙语。

Jin Dinghan 金鼎汉，浙江诸暨大唐镇金家村人，1930年生于湖南长沙。叔父就是名满天下的哲学巨匠金岳霖。1955年毕业于北京大学东方语言文学系。毕业后留校，为东方语言系教授，兼任中国社会科学院研究员，从事印地语的教学研究。译、著等身，有《印地语汉语词典》《毛泽东选集》（第一至四卷，印地语版）《毛主席诗词》（印地语版）《印地语基础教程》、著名马克思主义作家耶什巴尔的长篇小说《虚假的事实》（以上与他人合作）、著名现实主义作家普列姆昌德的长篇小说《妮摩拉》、印度名著《罗摩功行之湖》《印地语汉语成语词典》。此外如《图尔西达斯》《罗摩衍那与中国》等论文数十篇，在国内外刊物上发表，成了国际公认的印地语语言文学研究权威。他曾应邀先后赴印度德里大学，英国剑桥大学、牛津大学、伦敦大学，美国哥伦比亚大学、威斯康星大学、华盛顿大学，荷兰莱顿大学，日本大阪大学讲学。1992年起享受国务院专家津贴。他曾任第13届国际“罗摩衍那”大会执行主席。第10届国际印地语研讨会主席、第16届国际“罗摩衍那”大会主席。1993年印度总统夏尔玛向金鼎汉颁发了“世界印地语荣誉奖”。2001年6月15日，印度总统纳拉亚南在总统府的金厅内向金鼎汉颁发了印地语研究最高奖——“乔治·格里森奖”，以表彰他在印地语教学研究以及中印文化交流中所做出的突出贡献。而今他仍然担任中国南亚学会顾问、《和平使者》（印度与挪威合办双月刊）顾问，依然在为中印文化的交流而奔忙，不辞辛劳，不遗余力。

J

Jin Fujun　金富军，当代学者，发表《1924年泰戈尔在清华活动考证》。

Jin Kemu　金克木（1912—2000），安徽寿县人。1935年后历任北京大学图书馆职员、香港《立报》国际新闻编辑、湖南桃源女子中学英文教师、湖南大学法文讲师。1941年赴印度留学。1946年后任武汉大学教授、北京大学东方语文系教授。曾任九三学社常委、全国政协委员。专于梵语文学和印度文化。著有：《梵语文学史》《印度文化论集》《比较文化论集》《蝙蝠集》《天竺旧事》《难忘的影子》。译著有：《我的童年》《印度古诗选》等。1929—1930年从上海世界语函授学校学习世界语，并热心世运，曾在世界语杂志上发表过一些文章，曾任中华全国世界语协会理事，是中国世界语之友会会员。从世界语翻译的作品有《海滨别墅》《公墓》《三人旅行记》等。发表《泰戈尔的〈什么是艺术〉和〈吉檀迦利〉试解》。金克木是著名的“燕园四老”之一（另三位是季羡林、张中行、邓广铭）。

Jin Shanshan　金珊珊（1973—），著名印度舞蹈专家，毕业于北京大学东方学系印度语言文化专业，三十多年来她潜心于印度舞蹈理论及实践研究，使她成为中国国内最权威的印度舞专家之一。她自幼在东方歌舞团学习舞蹈，师从中国东方舞大师——-东方歌舞团创始人张均以及苏宝华。大学期间由国家教委公派到印度尼赫鲁大学学习印度语言文化并同时学习印度古典舞蹈。后来，多次赴印度留学，拜师于印度最著名的婆罗多舞蹈大师Leela Samson以及卡达克舞蹈之王Birju Maharaji门下，成为两位舞蹈大师最优秀的学生之一。1998年5月，金珊珊在印度新德里举办的独舞晚会，吸引了包括当时中国驻印度大使馆和印度政府的高级官员，以及当时在德里的几乎所有著名的古典舞蹈家前来观看。近几年来，金珊珊几乎为所有的中印间重要节日庆典做表演。1999年出演《印度婆罗多舞蹈教程》的拍摄。2005年创立“乐舞婆娑印度古典艺术中心”，开始培养明日之星。2010年5月印度总统访华时，她带领学生为普拉巴·帕尔总统和习近平副主席表演的印度舞受到高度的赞扬，被媒体赞誉为“中国印度舞第一人”。2012年8月她受邀印度UTSAV舞蹈节在新德里举办独舞晚会，被观众称为“小Leela Samson”。2012年受兰州大学邀请执导泰戈尔戏剧《齐德拉》舞蹈部分，获得印度大使的肯定，该剧的演出被国内外150多家媒体报道，在2012年胡锦涛为参加金砖五国会议而访问印度的前两天，演出录像在全印电视台播出。2013年成功策划并举办“东方神采——纪念东方舞蹈大师张均老师纪念晚会”。2013年她随印度Spanda舞蹈团——世界最高级的婆罗多舞蹈团进行欧美巡演，作为唯一的一个外国演员出演重要角色，获得高度评价。她培养出一批批优秀的学生，使印度舞蹈在中国逐渐被大家熟悉起来。除此之外，她还经常受邀作为客座教授到各大学讲学，她曾在北京大学、中央音乐学院、中国音乐学院、北京舞蹈学院、中央民族大学、同济大学、南京师范大学、武汉音乐学院、厦门华侨大学、兰州大学、宁夏大学和国家大剧院等地开办工作坊，并在各大电视台的节目中讲解印度音乐舞蹈。她被赞誉为中印文化交流的民间大使。

Jina　佛，征服者。

Jina-kula　佛家。

Jina-putra　佛子。

Jinagupta　阇那崛多，印度佛教高僧，5世纪来中国传教。

Jinah　真纳（1876—1948），巴基斯坦民族独立领袖、国父。

Jinakara　佛手。

Jinakayata　佛体，如来身。

Jinamaharastri　耆那摩诃剌陀语，耆那注疏用的俗语言。

Jinan 济南，山东省省会，1924年4月22日，泰戈尔访问济南并演讲。

Jinas 征服者的宗教，指耆那教。

Jinasena 耆那塞纳，8世纪作家，著《诃利世系往世书》（Harivamsapurana）；另一同名作者，与古纳巴德拉（Gunabhadra）写《63伟人大往世书》（Trisastilaksnamahapurana）。

Jinendra 佛，世尊，众圣之主。

Jing An 敬庵，民国时期某学者的笔名，1922年发表《泰戈尔自我扩大与赫尔褒兹自然征服论争辩书后》。

Jing Chuan 景川，民国某文化人化名，1933年发表《邵力子被泰戈尔催眠》。

Jinghua Press 京华出版社，是北京市新闻出版局主办，于1993年6月成立的综合出版社，出版范围为经济、科技、社会科学、文化、教育、体育类图书。2001年1月出版郝岚的《解读泰戈尔》。

Jing Meijiu 景梅九（1882—1961），名定成，字梅九，山西安邑城关（今属山西运城市盐湖区）人，中国民主革命家，中华民国及中华人民共和国政治家、学者、诗人、文学家、书法家、红学家、翻译家，世界语者。1921年与张墨池翻译出版泰戈尔的散文《人格》。

Jing Wen 静闻，民国某学人化名，1942年发表《纪念泰戈尔》。

Jingzhou Teacher's Institute Journal 《荆州师专学报》，1981年第1期刊登祝玉蓉的《〈戈拉〉人物形象小议》。

Jinnah, Mohammed 真纳，穆罕默德（1876—1948），即卡伊德-阿扎姆（尊称，意为"伟大的领袖"），巴基斯坦民族独立领袖、国父。巴勒斯坦第一任总督（1947—1948）。印巴分治前任印度穆斯林联盟主席。鉴于真纳为创立巴基斯坦独立国家所做的不朽贡献，巴基斯坦人民称誉他为"巴基斯坦之父"。

Jinnan 智，在孟加拉文里含有知识、智慧、认识、意识、知觉、想法、概念、观念等意义。

Jirnoddhara 修复并祭奠庙里因已经年久失修而毁塌的神像。

Jitatma 吉塔特玛，一类毗娑婆提婆神，与祖先祭有关的小神。

Jitavati 怀胜，尤湿那罗（Usinara）国王的女儿，世界上最美丽的女子。她是瓦苏（Vasu）之妻迪奥（Dyau）的朋友。8个瓦苏神（Astavasusus）正是因为听信了怀胜的话，才偷了极欲仙人的神牛南迪尼（Nandini）。仙人诅咒他们必须下凡间，从女人的子宫中出生。

Jiteyendriya 吉提验德利亚，耆那教的别称。

Jiu-Jitsu 柔技，一种古代日本武士空手搏斗的技术。

Jiva 命，即灵魂，生物，个我，（耆）活的灵魂，九谛之一的命，分为两种：第一是种受物质束缚的命，如存在于动物、人的生命体中的命，和存在于地、水、火、风、空等无生命体中的命；第二种为不受物质束缚的命。

Jiva 耆婆，3世纪印度名医。曾到过中国广州。

Jiva 耆婆，4世纪在中国传经的印度僧人鸠摩罗什的母亲，龟兹的公主。

Jiva is siva 所有的生命体都是神。

Jiva devata 生命女神。

Jivabhuta 有命。

Jivaji 吉瓦基，泰戈尔剧本《萨蒂》和诗《阿玛与维纳亚卡》里的青年印度教徒，与婆罗门姑娘阿玛订婚，但阿玛不顾父亲的逼迫，誓死要嫁和她有爱情的穆斯林青年。见词条Sati。

Jivajivabhigama 《名非命说》。

Jivaka 耆婆，印度古名医；耆婆，公元前6世纪瓶毗沙罗与柰女的儿子。

Jivaka 耆域，天竺人，306年来华。

Jivan-Devanta 生命之神。

Jivandevata（The Muse of Life） 《人生的缪斯》，泰戈尔1896年写的诗。

Jivandharacampu 《持命占布》，10世纪诃里旃陀罗（Haricandra）写。

Jivanmukti 活着时达到解脱的目的。

Jivansmriti（My Reminiscences）《我的回忆》，泰戈尔于1911年写的回忆录。

Jivatman 人类灵魂，小我，个体灵魂。个人的生命即灵魂，仅次于最高神梵天，纤弱微小的非最高梵（Aparabrahman）（在高大的Brahman旁边）称为小我。最高梵是无所不能的神。

Jivensmriti 回忆录。

Jivita Gupta 耆毗陀·笈多二世，8世纪笈多王朝末代国王。

Jiyakappa 《惩戒经》第六的《胜劫波经》。

Jizya 莫卧儿王朝时期对非穆斯林（即印度教徒）征收的人头税。

Jnan 者那，关于宗教经典的知识，神秘的知识，灵知。

Jnan-marga 知识之道，商羯罗的哲学体系。

Jnana “知识”，特指意义为心灵智慧、顿悟、对自己真正本质的认识等，教义，学说。

Jnana （奥义书中）纯粹的经验数论哲学。

Jnana 智。

Jnana marga 认知。

Jnana Upanishad 《智慧奥义书》，对哲学的探究。

Jnana Upanishad 智慧，对于梵和我的思辨力。

Jnana-vijnana 智慧和知识。

Jnana-yoga 智瑜伽，智慧之道。

J

Jnanayoga 智瑜伽。

Jnanabhadra 若那跋陀罗，古代印度佛教高僧，6世纪来中国讲经、译经。

Jnanadanandini Devi 吉娜那达南尼·戴维，萨提延德罗纳特的媳妇，泰戈尔的二嫂，

Jnanadas Baghelkhandi 基纳纳达斯·巴格黑坎狄，16世纪印度毗湿奴派孟加拉语诗人。泰戈尔曾经翻译过他的诗。

Jnanagni 智火，智慧即火。

Jnanagupta 阇那掘多，“智密”，北印度犍陀罗人，西魏时来华。

Jnanam 理性，道理。

Jnanamimamsa 智弥曼差，重吠陀智理的研究，即后弥曼差（uttaramimamsa）。探求吠陀奥义书知识的学派，主张通过知识达到解脱。

Jnanankur o Pratitimba 《萌芽》，泰戈尔时期的文学期刊，泰戈尔于1875年14岁上发表第一首叙事诗《野花》。

Jnanasri（Che Ki Siang） 舍给僧，印度僧人，1053年带大量梵文经书来中国译经。

Jnanatapas 智慧即苦行，对师长和神的崇敬叫“身体苦行”（sariratapas），言不伤人叫“言语苦行”（vanmayatapas），止息杂念、心地纯洁被称为“思想苦行”（manasatapas）。知识。

Jnanavaraniya 愚业，害业的一种表现，可以妨碍人获得正确的知识。

Jnanavasistha 极欲智慧。

Jnanchandra Bhattacharya 吉南钱德拉·巴塔查理亚泰，泰戈尔的私塾老师。他指导13岁的泰戈尔把部分的《麦克白》（莎士比亚剧本）翻译成孟加拉语，在《婆罗蒂》期刊发表。

Jnandevi 吉难德维，13世纪马拉提语作家，著有大众化的《薄伽梵歌评注》（Bhauarlea Dipika）。

Jnanendriya 五唯：生、色、香、味、触。

Jnanesvara 基纳内斯瓦拉（1275—1350），印度马哈拉施特拉邦诗圣，著有评注《薄伽梵歌》的巨著《基纳内斯瓦里》。

Jnanesvari 《薄伽梵歌》评注。

Jnanesvari 吉那内斯瓦里（1271—1296），马拉提毗湿奴派诗人。

Jnanin 智者。

Jnanni 懂得现实者。

Jnanpith Award 智慧奖，阿萨姆文学奖。

Jnapakahetu 另知因。

Jnatrika 基纳特里卡，大雄部族的名字，其父为该部族酋长。

Jnayasas 胜名，6世纪印度佛教僧人，曾来中国译经。

Jneyam 可知，梵。

Jod 焦德，正式演奏前的过门音乐。

Jodhbai 娇德拜伊，莫卧儿皇帝阿克巴大帝娶的拉吉普特印度教皇后，住阿格拉的胜利城。

Jodhpur 焦德普尔，印度拉贾斯坦邦古城，有古堡。

Jog Fall 乔格瀑布，印度第一大瀑布，在卡纳塔克邦的纳塔那古帕县。

Jog Niwas =Jog Mandir 乌代普的穆斯林王宫。

Jogaajog 《纠缠》，泰戈尔的长篇小说。见Yogayoga。

Jogamaayaa 久格玛雅（？—1869），泰戈尔的三婶，她和丈夫吉林德罗纳特（Gireendranaath，1820—1854）生育了4个孩子（其中2个男孩，2个女孩）。大儿子戈嫩德罗纳特（Ganendranaath，1841—1869）只活到28岁。二儿子古嫩德罗纳特（Gunendranaath，1847—1881）也只活到44岁。

Jogesh Das 焦戈士·达斯（1927——1999），阿萨姆现代作家。

Jogimara in Ramgari Hill in Sirguja 希尔古迦

冉地区吉阿里山的交吉马拉镇，印度最有名的古岩画地，在博帕尔附近。

Joginimantra 《瑜伽信徒经》。

Johannine language 约翰的语言，约翰为基督教《圣经》故事人物，耶稣12使徒之一，耶稣死后，将玛利亚接至家中照看。据说《新约》中的《约翰福音》《约翰书信》和《约翰启示录》均为其所著，其中语言充满了爱。

John Donne 约翰·堂恩（1572—1631），英国玄学派诗歌的代表人物。

John Murray 伦敦约翰穆雷出版公司，曾出版泰戈尔的作品。

Johnson 约翰逊（1709—1784），英国著名的词书编纂者。

Johnson, Benjamin 约翰逊（1572—1637），英国著名诗人，戏剧家，莎士比亚的挚友。

Johnson, Julian 约翰，居连，20世纪美国新教牧师，他在西方发展了印度教学派“比阿斯灵魂之神崇拜派”祖师萨万·辛格的思想。

Johnston, Regional Fleeming 庄士敦（1874—1938），1874年生于苏格兰首府爱丁堡，原名雷金纳德·弗莱明·约翰斯顿，是清朝末代皇帝宣统的英文老师，地地道道的“中国通”，满口十分流利的“京语”，崇尚儒家思想。庄士敦在1894年毕业于爱丁堡大学，后进入牛津大学玛格德琳学院学习，主修现代历史、英国文学和法理学并获学士学位。在光绪二十四年（1898），他被英政府派往香港，先后任辅政司助理和港督卜力的私人秘书。从此，庄士敦以学者兼官员的身份在华工作了34年。1924年4月27日，溥仪接见来华访问的泰戈尔，他参加接见。4月29日，他又邀请泰戈尔到其私宅做客，胡适、张彭春、徐志摩、王统照、林徽因等在座。他著有《紫禁城的黄昏》。

Joint Family 《大家庭》，泰戈尔于1886年写的幽默故事系列之一。

道拉查得的理想是组织大家庭，家庭内的人都大公无私。不料却陷入麻烦。道拉查得一个人孤独生活，他的讲话在报纸上公布后，一些不认识的，从来没有听过的粗鲁人蜂拥到他家，想住下来，使得他无法招架，不胜其烦。

Jonaki 乔那耆，19世纪阿萨姆作家，与钱德拉·库马尔·阿加瓦拉（Chandra Kumar Agarwalla）等办文学期刊。

Jones, Sir William 琼斯，威廉，18世纪英国印度学创始人，他于1794年把《摩奴法典》翻译为英语。

Joraasaanko 乔拉桑科，泰戈尔家族的宅府，在加尔各答，在恒河支流胡格利河边，泰戈尔在这里出生和长大。

乔拉桑科原来的名字叫梅秋亚市场（Mechhuybaazaar），孟加拉语的意思是“渔民市场”。1784年泰戈尔的第十八代先祖尼尔摩尼在加尔各答的吉多普尔（Chitapur）大街东边买了一大块土地，建起了泰戈尔家族的住宅。后来这个地方才改名为“乔拉桑科”（Joraasaanko，孟加拉语的意思是“双桥”，大概那里曾经有过两座桥）。尼尔摩尼就成为乔拉桑科泰戈尔家族的祖先，而他的弟弟多尔波纳拉扬则成为巴图里亚卡达（石码头）村另一支泰戈尔家族的祖先。

Joradighi 乔拉迪吉，荒原的名称。

Jortal 交塔尔，印度古典音乐的一种节奏。

Joseph Alois Daisenberger 约瑟夫·阿洛伊·戴森伯格，德国演员，曾在20世纪30年代演激情剧。泰戈尔在1936年7月看过他的演出，对其演技大加赞赏。

Joshi Jayanti Dalal 焦实·迦衍提·达拉尔（1911—1988），古吉拉特邦现代独幕剧作家。

Joshi, Puran Chandra 约西，P. C.（1907—1980），1935—1948任印度共产党总书记。

Joshi, Umashankar 焦石，乌玛山卡（1911—1988），印度古吉拉特邦语诗人，短篇小说家，印度文学家学会会员，1961年撰文纪念泰戈尔诞生100周年。

Josi, Umasankara 乔西，U.（1911—1989），印度古吉拉提语文学家，作品有长诗《世界和平》，长篇小说《别人的后代》等。

Jotiprakash Gangabata 焦迪普罗迦什·贡戈巴泰（1855—1919），古嫩德罗纳特·泰戈尔的大妹妹迦东碧妮女士之子。

Journal of Air Professional Institute of Chengdu 《成都航空职业技术学院学报》，1985年创刊。2003年11月第4期刊登苏蔓的《泰戈尔〈吉檀迦利〉的宗教内涵》。

Journal of Anhui Institute of Education 《安徽教育学院学报》，创刊于1984年。2001年10月第5期刊登张中宇的《泰戈尔诗歌论略》。

Journal of Anhui University 《安徽大学学

报》，创刊于1960年。2010年第3期刊登尹奇岭的《泰戈尔访华与革命文学初潮——从1924年泰戈尔访华讲学受到抵制说起》。

Journal of Anqing Teacher's Institute 《安庆师范学院学报》，1982年创刊。2007年3月第3期刊登艾丹的《对陈独秀批判泰戈尔复活"东方文化"的反思》。

Journal of Baotou Teacher's Institute 《包头师专学报》，创刊于1982年，1986年刊登宁宁的《泰戈尔作品中的女性形象》。1988年改名为《阴山学刊》。

Journal of Beijing Education College 《北京教育学院学报》，1987年创刊。2008年6月第2期刊登岳志华、霍俊明的《自译：一种特殊形态的翻译——泰戈尔诗歌自译辨析》。

Journal of Capital Normal Universlty 《首都师范大学学报》，1973年创刊。2005年4月刊登任文惠的《中国知识分子对泰戈尔来华事件的误读》。

Journal of Central- China Normal University 《华中师范大学学报》，1955年创刊，1998年3月第2期刊登曾祖荫、嘉川的《美是人生的亲证——泰戈尔的美学思想》，2007年4月刊登李文斌的《泰戈尔美学思想研究》，2008年4月刊登张晓梅的《从多元系统看泰戈尔英诗汉译》。

Journal of Central South College for Nationalities 《中南民族学院学报》，1960年创刊于武汉。1986年3月第1期刊登杨传鑫的《论泰戈尔的〈吉檀迦利〉》。

Journal of Changzhou Institute of Technology 《常州工学院学报》，1986年创刊。2004年2月第1期刊登王文强的《瞿秋白〈提高我的国家观与东方〉读解——瞿秋白论泰戈尔（二）》。

Journal of Changzhou Teacher's Institute 《常州师专学报》，2003年2月第1期刊登王文强的《瞿秋白论泰戈尔》(一)。

Journal of Chifeng Educational College 《赤峰教育学院学报》，1985年创刊。2000年12月第6期刊登石秀峰的《泰戈尔小说〈沉船〉的审美意识特征略说》。

Journal of China Ocean University 《中国海洋大学学报》，创刊于1988年，地址在青岛。2010年第1期刊登侯传文的《泰戈尔与现代主义》。

Journal of Chizhou Teacher's Institute 《池州师专学报》。1994年2月第1期刊登方爱武的《泰戈尔短篇小说中的悲剧意识》。

Journal of Chongqing Normal College 《重庆师院学报》，1987年4月第2期刊登邓阿宁的《泰戈尔与雪莱》。

Journal of Chuzhou Teacher's Institute 《滁州师专学报》，1984年第2期刊登邱克的《泰戈尔〈沉船〉简析》。

Journal of Dalian University 《大连大学学报》，1980年创刊。2010年第5期刊登张思齐的《泰戈尔的思想倾向与诗学特征》。

Journal of Dandong Teacher's Institute 《丹东师专学报》，1994年11月刊登钱琪的《泰戈尔短篇小说特色浅说》。

Journal of East Hebei 《冀东学刊》，曾用刊名：《唐山师专学报》，唐山师专教育学院学报，1979年创刊。1996年8月第4期刊登刘鹏、彭树满的《〈吉檀迦利〉何以给泰戈尔带来如此殊荣?》

Journal of Fudan University 《复旦大学学报》，1935年创刊。2008年1月第1期刊登宋炳辉的《民族意识与世界意识的纠缠——从泰戈尔在中国的接受看20世纪文学思潮的一个侧面》，同年7月刊登董燕静的《泰戈尔来华对中国思想界的影响》，2009年刊登李金云的《论泰戈尔思想和文学创作中的宗教元素》。

Journal of Fujian Normal University 《福建师范大学学报》，1956年创刊。2005年4月刊登李金云的《泰戈尔文学作品中的宗教体验》。

Journal of Fushun Teacher's Institute 《抚顺师专学报》，1982年12月创刊，第1期刊登朱焕文的《略论泰戈尔短篇小说的批判倾向》。

Journal of Fuyang Teacher's College 《阜阳师范学院学报》，1989年12月刊登顾国柱的《论冰心对泰戈尔"爱的哲学"的借鉴》。

Journal of Fuzhou University 《福州大学学报》，1981年创刊。2005年7月第3期刊登林佩璇的《从冰心、泰戈尔的主体经验看翻译中的积极接受的重要性》。

Journal of Guangdong College of Education 《广东教育学院学报》，创刊于1981年。1990年第4期刊登刘劲予的《左右的乐章，爱的颂歌：试论惠特曼与泰戈尔的诗歌创作》。

Journal of Guangxi University for Nationalities 《广西民族学院学报》，1990年7月第2期刊登涓子的《儿童的歌者——冰心泰戈尔比较谈》。

Journal of Guangzhou Normal College 《广州师院学报》，创刊于1980年。1984年第3期刊登谭加洛的《试论泰戈尔抒情诗的泛神论思想》。

Journal of Guangzhou University 《广州大学学报》，2000年创刊。2003年7月第6期刊登冉东平的《从现实走向理想的悲歌——评泰戈尔的象征主义戏剧〈邮局〉》。

Journal of Guiyang Teacher's Institute 《贵阳师专学报》，1983年创刊。1996年11月第4期刊登孟昭毅的《泰戈尔象征剧美学初探》。

Journal of Guizhou Normal University 《贵州师范大学学报》，创刊于1960年。1994年2月第1期刊登杨沐的《泰戈尔诗的哲理意蕴》。

Journal of Guizhou University for Nationalities 《贵州民族学院学报》，2000年12月第4期刊登李祝亚的《大师与女性——漫谈泰戈尔与身边及其笔下的女性》。

Journal of Guo Moruo 《郭沫若学刊》，学术刊物，对郭沫若的文学创作、戏剧创作、史学和考古著作、文字学以及其他的政治思想和社会活动进行系统研究的刊物。1989年7月刊登陈永志的《郭沫若和泰戈尔三题》，1992年7月第2期刊登丁言模的《从郭沫若对泰戈尔“神像”的批判谈到郭沫若早期思想变化》，1998年11月刊登傅正乾的《郭沫若与泰戈尔的散文诗》。

Journal of Guyuan Teacher's Institute 《固原师专学报》，1990年10月第3期刊登南山的《读泰戈尔诗一得》。

Journal of Hangzhou Normal University 《杭州师范大学学报》，1979年创刊。2003年6月第3期刊登何胜的《论泰戈尔的儿童美育思想》。

Journal of Hangzhou Teacher's College 《杭州师范学院学报》，创刊于1983年。1990年第1期刊登苏迟的《丰子恺与泰戈尔》。

Journal of Hangzhou University 《杭州大学学报》，创刊于1956年。1985年3月第1期刊登华宇清的《试论泰戈尔的文艺观》。

Journal of Hanshan Normal University 《韩山师范大学学报》，1980年创刊，地址在广东潮州市。2007年10月第5期刊登姚佳妮的《诗化的人与人化的自然——论泰戈尔散文诗中的人与自然》。

Journal of Hebei University 《河北大学学报》（哲学社会科学版），创刊于1960年7月。1980年第4期刊登明的《泰戈尔格言诗索句》，1983年4月第1期刊登陈若帆的《泰戈尔人道主义浅识》。

Journal of Heilongjiang College of Education 《黑龙江教育学院学报》，1985年第1期刊登李黎的《“典型心灵”的感情乐谱——论泰戈尔短篇小说人物描写的抒情性》。

Journal of Henan College of Education 《河南教育学院学报》，2002年12月第4期刊登苏永旭、赵晓玲的《试论泰戈尔短篇小说中的审美意象》。

Journal of Henan University 《河南大学学报》（社会科学版），创刊于1934年，是全国较早创办的高校学报之一，在国内外学术界享有盛誉，嵇文甫、高亨、冯友兰、姜亮夫、张邃青、任访秋等著名教授都是该刊的作者。1985年第1期刊登梁工的《〈沉船〉主题辨》。

Journal of Hengyang Teacher's Institute 《衡阳师专学报》，1984年第1期刊登示喜的《勇猛的斗士，恬静的诗人：浅谈泰戈尔的诗歌和小说创作》。

Journal of Hetian Teacher's Institute 《和田师专学报》，1980年创刊。2002年3月第1期刊登廖锋的《冰心小诗与泰戈尔、松尾芭蕉》。

Journal of Higher Correspondence 《高等函授学报》，社址在武汉，由华中师范大学主办。1996年8月第4期刊登熊南雁的《试论泰戈尔诗歌的理想主义》，2006年刊登刘学云、訾小广的《浅谈冰心对泰戈尔的译介》。

Journal of Huaibei Coal Normal Institute 《淮北煤炭师范学院学报》，1998年2月第1期刊登光玲玲、范传新的《深邃和谐的自由之歌——解读泰戈尔的〈吉檀迦利〉》。

Journal of Huaihua Institute 《怀化学院学报》，2007年创刊，由湖南省怀化学院主办。2010年第8期刊登韩飞虎的《和谐的交响：泰戈尔诗歌的生态解读》。

Journal of Huaxi Normal University 《华西师范大学学报》，南充师范学院主办，创刊于

1980年。2010年刊登韩斌育的《泰戈尔短篇小说的灵幻叙述与悲剧内涵》。

Journal of Hubei Normal College 《湖北师范学院学报》，创刊于1981年。1997年2月第1期刊登熊南雁的《浅论泰戈尔诗歌的理想主义——兼及泰戈尔对于西方的意义》，2007年3月第2期刊登李文斌的《印度苏菲派哲学与泰戈尔的宗教神秘主义》。

Journal of Hubei Social Sciences 《湖北社会科学》，湖北省社会科学院主办，1987年创刊。2009年第5期刊登徐雪涛的《后殖民语境下对泰戈尔民族观的再解读》。

Journal of Hulan Teacher's Institute 《呼兰师专学报》，1983年第1期刊登王雅生的《泰戈尔小说的基本主题》。

Journal of Inner Mongolia Minority Normal College 《内蒙古民族师范学院学报》，1985年4月第1期刊登梦禾的《泰戈尔短篇小说艺术风格初探》。

Journal of Inner Mongolia University 《内蒙古大学学报》，1959年创刊。2007年6月发表杨斌鑫的《泰戈尔生态伦理思想研究》。

Journal of Jiamusi University 《佳木斯大学学报》，1983年创刊。2012年4月刊登童敏的《浅论五四时期泰戈尔诗歌在中国的传播》。

Journal of Ji'an Teacher's Institute 《吉安师专学报》，1986年第4期刊登邹节成的《浅论泰戈尔的故事诗》，1994年第5期刊登邹节成的《点点流萤熠熠生辉：试评泰戈尔〈流萤集〉》，1995年第1期刊登邹节成的《试论泰戈尔〈茅庐集〉》。1995年第3期刊登邹节成的《试评泰戈尔的〈游思集〉》，1997年6月第3期刊登邹节成的《泰戈尔与民族传统文化》，1999年2月第1期刊登邹节成的《泰戈尔的散文诗和人生探索》，2000年2月刊登邹节成的《泰戈尔的文学观》。

Journal of Jianghan University 《江汉大学学报》，1983年创刊，地址在武汉。2008年8月第4期刊登李文斌的《泰戈尔自然观中的生态哲学思想》，2010年第4期刊登李文斌的《泰戈尔的音乐创作实践及其音乐美观》。

Journal of Jiangsu TV University 《江苏广播电视大学学报》，1994年3月第1期刊登姚瑞祥的《泰戈尔中期抒情诗的美学特征》。

Journal of Jiangxi Agricultural University 《江西农业大学学报》，创刊于1979年。2006年3月第1期刊登夏学胜、郦国兴的《〈吉檀迦利〉的赏析及有关译作评价思考——从泰戈尔到谢冰心》。

Journal of Jiangxi Social Sciences 《江西社会科学》，由江西省社会科学院主办，1980年12月创刊。2009年第4期刊登戴前伦的《文化碰撞与心灵对话——徐志摩"康桥情结"与泰戈尔"人类第三期世界"比较研究》。

Journal of Jilin College of The Arts 《吉林艺术学院学报》，创办于1981年。1999年2月第1期刊登李大朋的《生命的泉水与涅槃的快乐——试论泰戈尔对郭沫若早期戏剧的影响》。

Journal of Ji'nan 《暨南学报》，1936年创刊于上海，"七七事变"和"八一三事变"后，被迫停刊，1979年，《暨南学报》（哲学社会科学版）在广州重新出刊，由暨南大学主办。1998年1月第1期刊登何乃英的《泰戈尔与郭沫若、冰心》。

Journal of Jinzhu University of Guiyang 《贵阳金筑大学学报》，1985年创刊。2003年6月第3期刊登王贵发、陈全明的《试探恋母情结的成因及对其诗歌创作的影响》。

Journal of Jingdezhen Institute 《景德镇高专学报》，1994年10月第3期刊登王群的《泰戈尔〈摩诃摩耶〉再探》。

Journal of Jinggangshan Normal College 《井冈山师范学院学报》，1994年2月第1期刊登邹节成的《泰戈尔短篇小说中的女性形象》，1994年8月第4期刊登邹节成的《论泰戈尔的〈园丁集〉》，1995年6月刊登邹节成的《试评泰戈尔的〈游思集〉》。

Journal of Jining Teacher's Institute 《济宁师专学报》，1985年第1期刊登房文斋的《试探〈沉船〉的结构》，1993年第4期刊登邹节成的《浅析泰戈尔戏剧的人道主义思想》，2000年3月第1期刊登石秀峰的《理想主义的现实主义——泰戈尔短篇小说创作风格略说》，2006年9月第3期刊登石秀峰的《从〈孟加拉风情〉看乡村生活经历对泰戈尔的影响》。

Journal of Jinzhou Normal Institute 《锦州师范学院学报》，1980年创刊。1998年7月第3期刊登肖淑芬的《关于〈泰戈尔评传〉的两点意见》，1999年1月第1期刊登肖淑芬的《泰戈尔笔下的"寡妇世界"》。

Journal of Jishou University 《吉首大学学报》，在湖南吉首，1980年创刊。2000年3月第1期刊登杨玉珍的《童心与理想——沈从文与泰戈尔笔下的儿童世界之比较》。

Journal of Kaifeng Institute of Education 《开封教育学院学报》，创刊于1981年。1988年7月第2期刊登李恒方的《女主人公"出走"的断想——泰戈尔〈摩诃摩耶〉阅读劄记》。

Journal of Kaifeng University 《开封大学学报》，由开封大学主办的综合性学术季刊，于1987年6月创刊。1994年12月第2期刊登石秀峰的《泰戈尔对自然的情感态度略说》。

Journal of Lanzhou University 《兰州大学学报》，创刊于1957年。2002年10月第5期刊登张思齐的《泰戈尔散文诗的特色和中国品质》，2011年1月第1期刊登毛世昌的《泰戈尔的大爱思想——泰戈尔与中国》。

Journal of Leshan Teacher's College 《乐山师范学院学报》，创刊于1985年。2003年8月第8期刊登杨华丽的《短暂与恒久——论郭沫若与冰心对泰戈尔的不同接受》。

Journal of Lianyungang Institute of Professional Techniques 《连云港职业技术学院学报》，创刊于1988年。2001年6月第2期刊登杜鹃的《泰戈尔农村题材短篇小说管窥》。

Journal of Liaoning Commercial Institute 《辽宁商专学报》，1991年第1期刊登何乃英的《从泰戈尔和川端康成的道路所想起的：关于我国文学如何走向世界的思考》。

Journal of Liaoning Education College 《辽宁教育学院学报》，1993年12月第4期刊登乔丽媛的《泰戈尔与川端康成人生观及其创作比较谈》。

Journal of Liaoning University 《辽宁大学学报》，创刊于1959年。1989年第1期刊登张朝柯的《泰戈尔短篇小说的艺术成就》。

Journal of Lishui Teacher's Institute 《丽水师专学报》，1987年6月第3期刊登蔡祥云、顾国柱的《试论王统照和泰戈尔诗歌的异同》，1990年3月第1期刊登杨俊才的《成人的童话——泰戈尔〈新月集〉评析》。

Journal of Literature and History 《文史杂志》，1985年创刊，由四川省文史研究馆主管，四川省文史研究馆、四川省人民政府参事室主办。1985年第2期刊登袁荻涌的《郭沫若与泰戈尔》。2005年11月第6期刊登沈琴的《泰戈尔的中文笔名》。

Journal of Liuzhou Teacher's Institute 《柳州师专学报》，1994年3月第1期刊登袁荻涌的《郭沫若与泰戈尔》，2003年第3期刊登高其荣的《泰戈尔与中国抗日战争》，2010年刊登王晓声的《泰戈尔与老子之"和谐论"哲学美学观的阐释与比较》。

Journal of Lüliang Education Institute 《吕梁教育学院学报》，2002年创刊，地址在山西离石市。2006年3月第1期刊登张计森、郜润科的《泰戈尔美感学说探幽》。

Journal of Luoyang Normal Institute 《洛阳师范学院学报》，1982年创办。2011年第6期刊登孙倩的《泰戈尔短篇小说中的和谐之美》。

Journal of Maoming Institute 《茂名学院学报》，1991年创刊。2006年4月第2期刊登梁玲华的《泰戈尔散文诗与印度古典诗学》。

Journal of Minjiang Institute 《闽江学院学报》，1981年创刊，地址在福州市。2005年12月第6期刊登伊漪的《童真的美与善——泰戈尔〈新月集〉解读》。

Journal of Nanchang Branch, Jiangxi Normal College 《江西师范学院南昌分院学报》，1982年第1期刊登万梅青的《简析泰戈尔的〈沉船〉》。

Journal of Nanjing TV University 《南京广播电视大学学报》，创刊于1993年。1998年8月刊登黄珠凤的《独特的形象塑造，娴熟的艺术技巧——读泰戈尔的〈游思集（其一）〉》。

Journal of Ningxia University 《宁夏大学学报》，1980年创刊。1991年刊登何乃英的《泰戈尔文学观初探》。

Journal of Normal School of Qingdao University 《青岛大学师范学院学报》，其前身为创办于1982年的《青岛师专学报》。1995年11月第4期刊登李孝佺的《泰戈尔诗歌思想探析》，2009年第4期刊登侯传文、王汝良的《泰戈尔与唯美主义》。

Journal of North College of Hebei 《河北北方学院学报》，创刊于1985年。2011年第1期刊登王中英的《批判与反思——泰戈尔女性思想解读》。

Journal of North- East Normal University

《东北师大学报》，东北师范大学主办，1951年创刊，双月刊。1995年5月第3期刊登姚素英的《王统照与泰戈尔》。

Journal of North-Shanxi Normal Institute 《雁北师院学报》，社址在大同，1958年创刊。1995年4月第2期刊登刘凯的《〈吉檀迦利〉为何给泰戈尔造就如此殊荣?》。

Journal of North-West Normal University 《西北师大学报》，1942年创刊。1992年7月第5期刊登雨田的《论泰戈尔美学思想的民族继承性》，1996年刊登雨田的《论泰戈尔审美理想的人文价值》。

Journal of Ocean University of China 《中国海洋大学学报》，创刊于1959年，原名为《青岛海洋大学学报》。2008年5月第3期刊登侯传文的《泰戈尔诗学情味论》，2012年第1期刊登侯传文的《泰戈尔中国演讲及有关论争反思》。

J

Journal of Puyang College of Education 《濮阳教育学院学报》，1988年1月创刊。2002年11月第4期刊登郝清菊的《泰戈尔泛爱思想对徐志摩的影响》。

Journal of Postgraduate School, China Academy of Social Sciences 《中国社会科学院研究生院学报》，2002年7月第4期刊登秦弓的《“泰戈尔热”——五四时期翻译文学研究之一》。

Journal of Qilu 《齐鲁学刊》，于1974年4月创刊，是曲阜师范大学主办的综合性人文、社会科学类学术期刊。1990年10月第5期刊登顾国柱的《王统照与泰戈尔》。

Journal of Qingdao University 《青岛大学学报》，1986年创刊。2007年4月刊登丛萍的《泰戈尔象征剧研究》，同年5月分别刊登郝玉芳的《泰戈尔自然诗、自然观和自然美学研究》和王汝良的《泰戈尔笔下的中国形象》，2008年刊登周静的《泰戈尔与现代性》。

Journal of Qinghua University 《清华大学学报》，1986年创刊。2010年第4期刊登彭珊珊的《封闭的开放：泰戈尔1924年访华的遭遇》。

Journal of Qiqihar Normal College 《齐齐哈尔师范学院学报》，1984年第1期刊登李黎的《各具异彩的两颗明珠：泰戈尔的〈摩诃摩耶〉与〈芳邻〉》，1992年3月第1期刊登《泰戈尔的预见及其对当代的影响——巫白慧教授参加泰戈尔逝世50周年国际学术讨论会的学术观感》。

Journal of Qiqihar University 《齐齐哈尔大学学报》，1979年创刊。2008年7月第4期刊登范晔的《泰戈尔对我国两位翻译家的影响》。

Journal of Qufu Normal University 《曲阜师范大学学报》，创刊于1964年。2005年4月刊登张娟的《泰戈尔与“五四”新诗》。

Journal of Railway Normal College 《铁道师院学报》，1984年创刊。1994年月第3期刊登五燕的《泰戈尔抒情诗窥微》。

Journal of Second North-West College for Nationalities 《西北第二民族学院学报》，1989年由银川西北第二民族学院创办。1990年第2期刊登吕国安的《印度文学的多余人形象——长篇小说〈沉船〉中罗梅西形象试析》。

Journal of Shandong Normal University 《山东师大学报》，创刊于1956年。2000年3月刊登秦林芳的《泰戈尔哲学思想与中国现代作家》。

Journal of Shanghai University of Finance and Economics 《上海财经大学学报》，1999年创刊。2003年12月第6期刊登顾国柱的《王统照小说与泰戈尔的影响》。

Journal of Shanghai University 《上海大学学报》，1988年刊登董红钧的《人是中心·人道的灵魂——从三个创作期看泰戈尔的现实主义趋向》，1997年4月第2期刊登董红钧的《浅谈泰戈尔的小说创作》，2003年1月第1期刊登董红钧的《泰戈尔短篇小说的诗化特征》。

Journal of Shangluo Teacher's Institute 《商洛师专学报》，1985年10月创刊，季刊，1997年2月第1期刊登孙力的《简论泰戈尔诗歌的思想和艺术》。2006年更名为《商洛学院学报》。

Journal of Shangqiu Normal College 《商丘师范学院学报》，2003年2月第1期刊登牛水莲的《泰戈尔作品在中国的流传及影响》，2011年第8期刊登卢茂君的《泰戈尔自译抒情诗蠡测》。

Journal of Shanxi College for Coal Administrators 《山西煤炭管理干部学院学报》，1988年创刊。2009年第4期刊登王转先的《从〈戈拉〉看泰戈尔对印度传统文化的态度》。

Journal of Shanxi College For Youth Administrators《山西青年干部管理学院学报》，1987年创刊。地址在太原。2006年5月第1期刊登张迪的《略谈泰戈尔歌词的思想与艺术》。

Journal of Shanxi Normal University 《山西师范大学学报》，1986年创刊，地址在山西临汾。2001年11月第4期刊登谭洁的《泰戈尔小说中的妇女观》。

Journal of Shanxi University 《山西大学学报》（社科版），创刊于1947年。1992年7月第2期刊登《泰戈尔在太原》。

Journal of Shaoxing Teacher's Institute 《绍兴师专学报》，1992年6月第3期刊登李咏吟、黄小苹的《自然与泰戈尔诗歌的爱情旋律——从〈新月集〉、〈园丁集〉到〈吉檀迦利〉》，1995年4月第2期刊登董爱琴的《试论泰戈尔的教育思想和实践》。

Journal of Shaanxi Normal University 《陕西师范大学学报》，创刊于1960年。2008年4月刊登王秋君的《泰戈尔诗歌中的生命美学构建》，2009年5月刊登宋小娟的《泰戈尔女性思想嬗变》。

Journal of Shenyang Teacher's School 《沈阳师范学报》，1993年刊登聂明澈的《自由的飞鸟，灵魂的印迹：简析泰戈尔的〈飞鸟集〉》。

Journal of Shenzhen University 《深圳大学学报》，创刊于1984年。2010年第6期刊登张晓红翻译的《印度女总统普拉巴·帕尔在2010年5月访华时的讲话、致辞和2010年7月关于〈泰戈尔作品集〉中文版的翻译出版的祝词》，2011年刊登黄蓉翻译的印度阿莫多尔·沈的《泰戈尔与中国》，2011年第1期刊登郁龙余的《1924年泰戈尔访华引发争议的根本原因——答国际知名学者阿莫尔多·沈之问》，2012年第1期刊登印度阿米瓦达的《1924年以来的中印画家交往拾遗》。

Journal of Shijiazhuang Institute of Economics 《石家庄经济学院学报》，1978年创刊。2004年12月第6期刊登宋悦的《读〈吉檀迦利〉，体会泰戈尔的艺术观》。

Journal of Sichuan International Studies University 《四川外语学院学报》，1987年创刊，地址在重庆。1997年1月第1期刊登殷人平的《试论〈奥义书〉对泰戈尔〈吉檀迦利〉的影响》，2005年7月第4期刊登杨晓莲的《泰戈尔的艺术理论初探》，2011年4月刊登张娟的《从操纵论看郑振铎翻译泰戈尔》。

Journal of Sichuan Normal College 《四川师范学院学报》，1981年第4期刊登陈俐的《鲁迅、泰戈尔在探索时期的诗歌之比较》。四川师范学院为华西师范大学的前身，地址在南充，2003年随着学校改名，改名为《华西师范大学学报》。

Journal of Sichuan University 《四川大学学报》，1955年创办。2004年9月刊登侯传文的《话语转型与诗学对话》。

Journal of Songliao 《松辽学刊》，吉林师范大学主编。1994年2月第1期刊登姚淑英的《王统照与泰戈尔》。

Journal of South-China Agricultural University 《华南农业大学学报》，2002年创刊，地址在广州。2008年10月第4期刊登张娟的《泰戈尔泛神论思想与中国诗歌的现代转型》。

Journal of South- China Normal University 《华南师范大学学报》，创刊于1956年。1999年4月第2期刊登车永强的《试论郭沫若与泰戈尔抒情诗的泛神论思想》。

Journal of South-East Guizhou Teacher's Institute for Ethnic Minorities 《黔东南民族师专学报》，1983年创刊。2002年2月第1期刊登李娟、廖锋的《冰心小诗与泰戈尔、松尾芭蕉》。

Journal of South- West Jiaotong University 《西南交通大学学报》，由西南交通大学主办，创刊于1954年。2007年2月第1期刊登袁梅的《历史的契机文化的融通——泰戈尔获诺贝尔文学奖之因探寻》。原刊名为《唐山铁道学院学报》，其前身为1919年6月创办的《唐山工业专门学校杂志》，是我国最早的科技期刊之一。唐山铁道学院1972年迁至成都，取名西南交通大学。

Journal of South- West Normal University 《西南师范大学学报》，由位于重庆的西南师范大学主办。1994年11月第4期刊登蒋登科的《泛神论与泰戈尔散文诗的生命探索》。

Journal of South- West Petrol University 《西南石油大学学报》，1978年创刊，地址在成都。2008年11月刊登李渝的《泰戈尔〈河边的台阶〉的建构主义文本分析》。

J

Journal of Suihua Institute 《绥化学院学报》，原名《绥化师专学报》（1994—2004），创刊于1980年，由黑龙江省绥化学院主办。2008年10月第5期刊登冯新华的《郑振铎与泰戈尔》。

Journal of Suzhou Education Institute 《苏州教育学院学报》，1988年创刊。2011年第2期刊登黄健平的《接受学视野下的泰戈尔研究》。

Journal of Suzhou Railway Normal College 《苏州铁道师院学报》，1995年月第3期刊登徐坤的《泰戈尔在华影响的负面效应》。

Journal of Suzhou University 《苏州大学学报》，其前身为1906年创刊的《学桴》，是我国历史最悠久的高等学校文科学报。2007年4月刊登王杨的《从泰戈尔诗的汉译看五四时期新诗语言的发展》。

Journal of Suzhou University of Science and Technology 《苏州科技学院学报》，创刊于1984年。2006年8月第3期刊登王燕的《试论泰戈尔小说与戏剧创作中的象征主义构成》，2011年第2期刊登侯传文的《认同、误读与化用——论泰戈尔对〈老子〉的接受》、王燕的《从“撒提”说开去——鲁迅的泰戈尔评价刍议》、卢茂君的《泰戈尔访华：反对者的批评》和何乃英的《泰戈尔——熔东西文化于一炉的艺术家》。

Journal of Taizhou Teacher's Institute 《台州师专学报》，1979年5月创刊，原名《教与学》和《教学与研究》，1980年12月改为《台州师专学报》，1984年第1期刊登蒋承勇的《谈〈沉船〉的泛爱思想》。2002年4月更名为《台州学院学报》。

Journal of Tangdu 《唐都学刊》，西安文理学院主办，1985年创刊。2009年第3期刊登徐燕萍、谢娟的《谈泰戈尔对中国现代文学的贡献》。

Journal of Tangshan Teacher's Institute 《唐山师专学报》，1988年第3期刊登阎惠中、刘鹏的《印度近代社会的投影：谈泰戈尔短篇小说的思想价值》。

Journal of Tangshan Normal College 《唐山师范学院学报》，创刊于1979年。2006年1月第1期刊登张娟的《泰戈尔爱的哲学思想与“五四”新诗》。

Journal of Teacher's College of Shanxi University 《山西大学师范学院学报》，2001年刊登刘自觉的《人性化：泰戈尔教育思想主题初探》。

Journal of Teacher's Institute of Shengli Oil Field 《胜利油田师专学报》，2003年3月第1期刊登杨华丽的《泛神论与“爱”的哲学——郭沫若与冰心接受泰戈尔的不同态度》。

Journal of Tianjin Academy of Education Science 《天津市教科院学报》，2008年第1期刊登翟广顺的《苦吟并求索教育自由王国的胡适和泰戈尔》。

Journal of Tianjin Social Sciences Association 《天津社联学刊》，创刊于1958年，为天津社会科学出版世界联合会主办的刊物，1988年第8期刊登孟昭毅的《泰戈尔后期政治抒情诗的创作心理》。1988年改名为《理论与现代化》。

Journal of Tianshui 《天水学刊》，由天水市委党校主办。1992年第4期刊登陈榕的《论泰戈尔的短篇小说〈弃绝〉》。

Journal of Tongji University 《同济大学学报》，1918年创办。1999年第3期刊登孙宜学、郭洪涛的《中印文化交流史上的一次误会——泰戈尔来华引起的风波》。

Journal of Weifang Institute 《潍坊学院学报》，创刊于2001年。2006年1月第1期刊登李雪梅《浅析泰戈尔诗歌的哲理意蕴》。

Journal of Wuhan Science and Technology University 《武汉理工大学学报》，创刊于1979年。2012年第1期刊登李文斌的《泰戈尔的绘画创作实践及其绘画美学思想》。

Journal of Wuling 《武陵学刊》，原名为《湖南文理学院学报》，创刊于1987年，社址在湖南常德。1995年10月第5期刊登卢秉利的《略论泰戈尔访华前后的东西文化论战》。

Journal of Xiangtan Normal University 《湘潭师范学院学报》，创刊于1980年。2000年3月第2期刊登余菲平的《国际大学与泰戈尔的教育思想》。

Journal of Xiangtan University 《湘潭大学学报》，1978年创刊。2004年5月1日刊登周骅的《论泰戈尔的象征剧》和曾琼的《试论泰戈尔中篇小说中的女性形象及其思想内涵》。

Journal of Xianning Institute 《咸宁学院学报》，创刊于1979年。2010年第1期刊登黄

兵、朱必甲的《论泰戈尔对中国现代早期散文诗的艺术影响》。

Journal of Xichang Teacher's Institute 《西昌师专学报》，1994年8月第3期刊登彭子文的《一轮含爱溢美的新月——泰戈尔〈新月集〉思想艺术浅谈》。

Journal of Xinjiang Normal University 《新疆师范大学学报》，1980年创刊。2003年第3期刊登王珂的《印度诗歌及泰戈尔对我国新诗诗体建设的影响》。

Journal of Xinjiang University 《新疆大学学报》，创刊于1975年。2003年6月第2期刊登刘燕的《泰戈尔：在中国现代文化中的误读——以〈吉檀迦利〉为个案研究》。

Journal of Xinyu Institute 《新余高专学报》，1996年创刊。2005年6月第3期刊登张娟的《建国以来"泰戈尔于中国现代文学"研究综述》。

Journal of Xuchang Institute 《许昌学院学报》，1982年创刊。2011年第6期刊登侯巧红的《论松尾芭蕉俳句与泰戈尔短诗的文化异同》。

Journal of Xuzhou Teacher's College 《徐州师范学院学报》，1991年3月第1期刊登朱晓亚的《王维与泰戈尔诗歌比较》。

Journal of Yancheng Teacher's Institute 《盐城师专学报》，1981年创刊。1998年第4期刊登陈义海的《徐志摩诗歌与泰戈尔诗歌比较研究》。

Journal of Yangtze University 《长江大学学报》，1975年创刊，地址在湖北荆州市。2004年6月第3期刊登胡舒莉的《泰戈尔〈新月集〉爱的主题论析》。

Journal of Yangzhou Normal College 《扬州师院学报》，创刊于1980年。1985年10月第3期刊登周而琨的《泰戈尔政治抒情诗的发展及其特点》。

Journal of Yanshan University 《燕山大学学报》，1963年创刊，地址在河北秦皇岛市。2009年3月第1期刊登郝玉芳的《泰戈尔自然美学简论》。

Journal of Yantai Normal University 《烟台师范学院学报》，2001年9月第3期刊登张莉的《生命·人格·上帝——泰戈尔、尼采比较研究》。

Journal of Yichang Teacher's Institute 《宜昌师专学报》，1995年6月刊登肖四新的《论泰戈尔的审美理想》。

Journal of Yiyang Teacher's Institute 《益阳师专学报》，1992年8月第4期刊登艾可知的《真谐之境：陶渊明与泰戈尔的艺术人生》。

Journal of Young Cadre Institute of Guangxi 《广西青年干部学院学报》，1991年创刊。2004年8月第4期刊登吴燕的《你是天空，你也是鸟巢——浅论泰戈尔英文诗歌〈吉檀迦利〉的泛神论思想》。

Journal of Yulin Teacher's Institute 《玉林师专学报》，1984年第2期刊登麦春芳的《从〈一瞬目光〉看泰戈尔的想象》。

Journal of Yunan College of Education 《云南教育学院学报》，1997年8月第4期刊登吴惠敏、骆锦芳的《泰戈尔诗歌艺术新论》。

Journal of Yunnan College of Ethnic Minorities 《云南民族学院学报》，1983年创刊。2002年4月第2期刊登李骞的《泰戈尔与冰心诗歌宗教精神的比较分析》。

Journal of Yunnan University 《云南大学学报》，1938年创刊。1996年4月第2期刊登杨正瑀的《在儿童的新月之国里——泰戈尔〈新月集〉艺术探微》。

Journal of Yuxi Institute 《渝西学院学报》，地址在重庆。2003年3月第1期刊登彭立鸿的《圆融的生——泰戈尔诗歌中的生命意识》，2005年2月刊登黄元英的《生命的永恒——激情与爱——简评泰戈尔散文诗集〈吉檀迦利〉》。

Journal of Yuxi Teacher's Institute 《玉溪师专学报》，创办于1985年。1987年3月第1期刊登陈茂良的《咏历史，借古讽今；写现实，切中时弊——试论泰戈尔的早期创作》。

Journal of Zhangzhou Normal Institute 《漳州师范学院学报》，创刊于1983年，地址在福建漳州。2011年6月刊登程娟珍的《论泰戈尔"心灵表现说"的诗学观》。

Journal of Zhejiang International Studies University 《浙江外国语学院学报》，创刊于1983年。2012年第1期刊登吴毓华的《泰戈尔作品在日本的译介情况初探》。

Journal of Zhengzhou Economics and Management Institute 《郑州经济管理干部学院

学报》，1999年创刊。2003年9月第3期刊登曹宇旗的《浅谈泰戈尔散文诗创作时期的思想意识》。

Journal of Zhongshan University 《中山大学学报》，创刊于1955年。2007年7月第7期刊登杜鹃的《莫泊桑与泰戈尔短篇小说创作手法比较》。

Journal of Zhongzhou 《中州学刊》，创刊于1979年，是河南省社会科学院主办的综合性人文社会科学理论学术期刊。2006年7月第4期刊登杨萌芽的《泰戈尔访华与20世纪20年代中国文坛》。

Journal of Zhuzhou Teacher's Institute 《株洲师范高等专科学校学报》，1996年创刊。2007年6月刊登丁瑜的《泰戈尔短篇小说中的女性之死》。

Journal of Zibo Teacher's Institute 《淄博师专学报》，2005年10月创刊。1995年3月第1期刊登尚晖的《试论泰戈尔〈摩诃摩耶〉的社会价值》。

Journey 《旅行》，杂志，创办于民国时期，1933年12月刊登霭华的《泰戈尔安乐居拜访记》。

Joy of the Pandavas 剧本《般度人的欢乐》。

Joyce, James 乔伊斯，詹姆斯（1882—1941），爱尔兰著名作家和诗人。代表作有短篇小说集《都柏林人》（1914），长篇小说《一个青年艺术家的画像》（1916）、《尤利西斯》（1922）和《芬尼根守灵》（1939）。其小说创作对现代主义文学影响巨大，是20世纪现代主义文学和西方文化传统之间传承与流变的一个杰出典范。乔伊斯作品的意识流技巧、揶揄风格、文字的暗示性和神话结构，既描述出了琐碎平凡的微观世界，也展示了人性、历史、文化、社会等宏观世界。

J. P. Movement 贾普运动，1973—1975由J. P.纳拉杨领导的反对英迪拉·甘地政府腐败的运动。

Jrimbhikgrama 吉利母必可村，大雄成道的地方。

Jrmbhana 吉尔姆巴纳，神话里极欲仙人为了打败众友仙人造出的人及武器。

Jtuakachintamani 泰米尔史诗。

Juan Zi 涓子，当代学人，发表《儿童的歌者——冰心泰戈尔比较谈》。

Judaea 犹太，古国名，原系古代巴勒斯坦三个传统区划的最南一段，以色列人占领之前由迦南人控制。历史上的犹太王国，以文明发达著称。

Judaism 犹太教，奉雅赫维为唯一真神，认为犹太人是雅赫维的特选子民，教规由雅赫维通过摩西传授而来，经典为《旧约全书》。

Judo 日本的柔道，在日语中是“柔之道”的意思，就是“温柔的方式”。柔道部分起源于一种古代日本武士空手搏斗的技术：柔术。柔道通过把对手摔倒在地而赢得比赛，它是奥运会比赛中唯一的允许使用窒息或扭脱关节等手段来制服对手的项目。柔道是一种对抗性很强的竞技运动，它强调选手对技巧掌握的娴熟程度，而非力量的对比。

Juggernaut 女性约尼（生殖器）。

Jugupsa 厌，常情厌。

Jui 竹宜，一种雨季散发香味的小白花。

Julian of Norwich 朱利安（1342—1416），中世纪英国女隐士，宗教神秘主义作家。

Julio Cesare 意大利尤利乌斯·恺撒号轮船。1925年1月4日，泰戈尔乘坐该船从布宜诺斯艾利斯起航，于1月21日到达意大利热那亚。

Julllundur 居伦杜里镇，过去称加蓝达拉，在旁遮普邦，传说湿婆的妻子萨蒂为湿婆自焚后其尸骨的一部分落在此处。

Jumna =Yamuna 雅穆纳河，印度第二大圣河，流经德里、马图拉，在阿拉哈巴德的桑迦姆汇入恒河。

Jun Guo 均国，民国学人，1934年发表《泰戈尔的新村运动》《辜鸿铭先生与泰戈尔先生合影》。

Jung, Carl Gustav 姜，卡尔·古斯塔（1875—1961），德国心理学家，他把印度构想为人类灵魂之家。

Junpuri, Sayyid Muhammad 江普利（1443—1505），印度伊斯兰教学者，印度马赫迪运动发起人。

Jutaa- byabasthaa Khristaabdelikhita 《鞋子的任务》，泰戈尔的散文。

Jvaalaamukhee 贾拉穆基，旁遮普邦的一处圣地，那里有一处火山。

Jval Jval Chitaa Dvigun Dvigun 《烧旺焚尸之火》，泰戈尔的诗。

Jvala-mukti 达刹的女儿萨蒂因为父亲未请她的丈夫湿婆参加祭祀而感到奇耻大辱，她自己设置祭火，跳入火口为夫殉葬。

Jvansmriti 回忆录。

Jvara 吉瓦拉，使人发烧的怪物。发烧。

Jvara 瘟神。

Jvaramandira 阎王殿给人间散播疾病的病室。

Jwalamukhi 吉娃拉姆吉，喜玛偕尔邦康格拉（Kangra）东南最有名的朝圣中心。

Jyaistha 杰斯塔月，印历3月，公历5—6月。

Jyamagha 加玛嘎，传说中月亮王族之王，怕妻子的典型。他俘一美丽公主，被妻子追问，吓得惊慌失措，后来与公主结为夫妇。

Jyatha 伯父。

Jyathamoshai 伯父。

Jyautisa 天文学。

Jyot 灯。

Jyotilinga 性力派来源。

Jyotiprakaash 久迪普罗卡什（1855—1919），泰戈尔的三叔吉林德罗纳特的大女儿迦东碧妮的大儿子，即泰戈尔三叔的外孙子、泰戈尔的堂外甥。他在泰戈尔的生平中占据着重要的位置。他是向泰戈尔传授用波雅尔韵律创作十四行诗的第一个人。

Jyotirindranaath 久迪林德罗纳特（1848—1925），泰戈尔的五哥，比泰戈尔大13岁，是那个时代最有天才的人，一位富有激情的音乐家、诗人、剧作家和艺术家，在罗宾德罗纳特的理智和诗才上，留下了影响。泰戈尔在许多作品中提到他。他的妻子即五嫂就是泰戈尔终生难忘的迦东波丽（Kaadambaree，1859—1884）。

Jyotirisvara 光自在，10世纪作家，著有《无赖相遇》（Dhurtasamgama）。

Jyotirvida bharana 17世纪《星相学的装饰》。

Jyotisha 鸠提舍，天文学，占星学，吠陀6支（Veda-angas）之一。

Jyotisha-vedaanga 《吠檀支节录天文篇》公元前4世纪—公元前3世纪出现，主要讲天文。

Jyotisi 天文学家。

Jyotistoma 天祭，要持续12年。

Kk

Ka-Na—Shramanyam 卡-纳-史拉曼尼亚木，20世纪后期泰米尔语文学家。

Kaabulioyaalaa（Fruit-seller） 《喀布尔人》，泰戈尔于1892年写的短篇小说。我是作家，有个5岁的女儿米尼。米尼一张小嘴整天说个不停，问这问那。有一天，来了一个喀布尔人拉哈玛特，他是卖阿富汗干果的。米尼很快和他熟悉了。以后每次来时，她都要给米尼带点小东西作为礼物。他在老家也有个女儿，和米尼年纪相仿。以后几天，米尼问起，喀布尔人怎么没有来？经打听，他被警察逮捕关在监狱里：一个无赖买主赖买东西的欠账，拉哈玛特一气之下打了他，被抓进监狱。

几年后，米尼出嫁的一天，拉哈玛特突然来了，想见米尼。我允许了，并且给他一些钱，让他回家去看自己的女儿。

Kaabya：Spashta o Aspashta 《诗意的清晰和朦胧》，泰戈尔的散文。

Kaabyer Abasthaa-paribartan 《诗歌情状的变化》，泰戈尔的散文。

Kaadambaree 《迦丹波利》，印度古代诗人般婆多（baanbhata）创作的一部童话诗集。

Kaadambaree Devi 迦东波丽·黛薇（1859—1884），泰戈尔的五嫂，即五哥久迪林德罗纳特（Jyotirindranaath，1849—1925）的妻子，9岁嫁过来，与泰戈尔年龄相仿，姿容绰约，风韵优雅文静，性格宽厚仁慈，才华横溢，像一个美丽的精灵。她和泰戈尔心有灵犀，心心相印，在文学上互相鼓励，是泰戈尔心目中的女神。在泰戈尔婚后4个月突然自杀，他的自杀给泰戈尔心灵留下了终生挥之不去的遗憾。泰戈尔写的诗歌《野花》《萨玛》《十七年》里就有她的影子。

Kaadambinee 迦东碧妮，泰戈尔的三叔吉林德罗纳特的第二个孩子、大女儿，泰戈尔的堂妹。她嫁给了焦根什普罗卡什·贡戈巴泰（Jagenshprakaash Gangopaadhyay）。他们的第一个儿子久迪普罗卡什（Jyotiprakaash）在诗人的生平中占据着重要的位置。他是向罗宾德罗纳特传授用波雅尔韵律创作十四行诗的第一个人。迦东碧妮的另一个儿子是印杜普罗卡什（Induprakaash），她还有两个女儿尼里芭拉（Nribaalaa）和提罗芭拉（Dheerabaalaa）。由于在祭祀家庭神祇及其他经济方面的原因，迦东碧妮和妹妹库姆妮（Kumudinee）与她们的大伯即泰戈尔的父亲德本德罗纳特发生了分歧，于是她们一家就离开了泰戈尔家族的主宅（6号楼）住进了客舍楼（达罗卡纳特小巷5号）。一般所说的乔拉桑科泰戈尔家族，就是指这两个家庭。虽然两家的孩子们还有交往，但是女人们之间的联系就中断了。

Kaahinee 泰戈尔的《故事剧本集》，叙事诗。

Kaajer Lok Ke 《谁是有用的人》，泰戈尔的散文。

Kaalaantar 《时代的变迁》，泰戈尔的散文。

Kaaleeghaat 迦梨卡特，加尔各答的一处印度教圣地，那里建有迦梨神庙。以前恒河流经这里。

Kaaliprasanna Sinha 迦利辛霍（1840—1870），全称为“迦利普罗松诺·辛赫”，孟加拉作家，因把《摩诃婆罗多》从梵文译成孟加拉文而享有盛誉。

Kaamadeba 迦莫代博，15世纪泰戈尔的祖先多基纳特·拉伊乔杜里的大儿子。

Kaaminee Phul 《迦米尼花》，泰戈尔的杂谈。

Kaanaai 迦乃，黑天的名称之一。

Kaanchannajanghaa 甘珠宗卡，意思为“金股峰”，位于大吉岭北面尼泊尔与锡金间喜马拉雅山的一个极高峰。

Kaanchee 康羯，印度古代重要城市。

Kaarjaadhykkher Nibedan 《主管的声明》，泰戈尔的杂论。

Kaaroyaar 迦罗亚尔，地名，在孟买附近，泰戈尔的二哥绍登德罗纳特当时在此当法官。泰戈尔跟随五哥、五嫂前往那里看望二哥。迦罗亚尔是个小海港，风景秀丽，群山怀抱，气候宜人。一条大河流经市区，注入大海。泰戈尔在这里度过了一段令人难忘的时光，并且创作了诗剧《大自然的报复》。

Kaarsiyang 迦尔希扬，大吉岭的一处疗养胜地，那里有一个很著名的疗养院。

Kaashee 迦尸，中印度古国名，乃佛在世时印度十六大国之一。迦尸本为西域之竹名，以此国出此竹，故称之。又作伽尸国、伽翅国、迦夷国、迦赦国、伽奢国，意译为光有体国、芦苇国，位于乔萨罗国之北，其都城婆罗斯即今之瓦拉那西市（Varanasi），系佛教与婆罗门教之圣地。在《大唐西域记》中，称此国为婆罗斯国。传迦叶佛之世，为汲毗王（梵Kiri）所治。佛陀时代属于乔萨罗国之统治下。此国正值佛陀往返于乔萨罗国与摩羯陀国之途，以佛陀化度五比丘之鹿野苑为著名。

古迦尸国的都城贝拿勒斯（又译：婆罗奈，当年佛祖释迦牟尼悟道成佛后第一次说法收徒的地方。SHARNATH，译作“鹿野苑”）。贝拿勒斯，又称为迦尸，意思是“光明之城”，所谓光明，指的是这里聚集着无数的宗教导师，教导修行的智慧。在印度人眼里，贝拿勒斯这座古城拥有三重圣性——恒河、湿婆和修行智慧的光明。她因死亡而享有盛名，在这里，死亡的意义，就是解脱。人们来到这里，不是求生，而是求死。这里是一个中世纪城市，现在叫瓦那纳西，而在1957年以前，则叫贝拿勒斯。这里是公元7世纪中国唐朝高僧玄奘历经千辛万苦，最终要到达的“西天”。

贝拿勒斯相传为婆罗门教和印度教主神之一的湿婆神于6000年前所建，因为印度在某种意义上，是个只有神话传说而没有历史记载的国家，所以贝拿勒斯就被印度人视为中国人的“盘古开天地”般的里程碑，并引以为自豪的历史圣城。

印度教徒人生有四大乐趣：住贝拿勒斯、结交圣人、饮恒河水、敬湿婆神。四大乐事有三件都在瓦那纳西能实现，所以虔诚的印度教徒，认为人的一生至少要到贝拿勒斯一次。假如有生之年不能到达，那么在生命的最后一刻，死也要死在贝拿勒斯。在这里，人们对待死亡，是一派从容，没有悲天怜人的怯恸。这座奇幻的城市犹如印度人心灵的灯塔，渴切地希望能死于这座圣城中，并在天堂之河边火化，搭上解脱的升天马车，直接奔向极乐天堂。除了对死者的救赎，恒河还能净化生者的灵魂。人们认为只要一滴恒河水，就能洗净人性中最深重的罪孽，使人的灵魂洁净如新。在2500年前，同样是贝拿勒斯，这里是佛陀悟道后第一个到的地方，所以在这个城市的城北，有一处清静地——鹿野苑。

Kaasheeraam Daas　迦湿拉姆·达斯，泰戈尔时代的孟加拉语作家，曾用孟加拉语改写《摩诃婆罗多》。

Kaashyapa　迦绍波，印度古代先哲。

Kaayest　迦耶斯特种姓，即录事种姓，是孟加拉邦一种高级种姓，仅次于婆罗门。

Kabandha　迦盘陀，《罗摩衍那》里的无头怪，体形巨大，全身长毛，大口长在肚子上，眼睛在胸部。因与因陀罗打架，被对方用雷电把头击入身体，被罗摩杀死，在临死前，他让罗摩兄弟找猴王妙项帮助他们搭救悉多。

Kabarika　迦巴利加，印度传说中的修道士。

Kabi　诗人。

Kabi-Kaahinee　《诗人的故事》，泰戈尔的诗。

Kabigan　即席演唱，作诗比赛。

Kabigan　诗人之歌。

Kabikahini　《叙述诗》，泰戈尔于1877年写的第一首长诗。

Kabikankanchandi　19世纪穆坤达·兰姆·查克拉瓦提（Mukunda Ram Chakravarty）写的叙事诗，描写女神禅蒂（Chandi）。

K

Kabilavastu　迦毗罗卫，古萨羯罗国首府。

Kabir　卡比尔（1440—1518），生母是属于婆罗门种姓的印度教徒，养父是穆斯林。印度教虔诚派大师，宗教改革家，诗人，织工出身，生于瓦拉纳西伊斯兰教家庭。他幼年时拜当时的印度教大师罗摩南达为师。他吸取了印度教吠檀多派哲学和伊斯兰教苏非派教义，强调一神信仰，反对偶像崇拜和种姓制度，主张简化宗教仪式。他反对虚伪的宗教仪式，反对职业僧侣，认为念珠不过是木头做的，神像不过是泥塑木雕，罗摩和黑天不过是死去的人，吠陀、古兰经不过是空话，剃头匠、洗衣妇、木匠比僧侣更容易接近神。他追求真理，认为真理只有一个。因此，“神是唯一的，不管你把它当作罗摩和安拉都可以”。卡比尔宣称：“能升入天堂，不是靠斋戒和反复诵读祷词与教义；如若真理已被领悟，麦加寺庙的内室就在人的心里。把精神当作圣堂，把身体当作它周围的庙宇，把良心当作它启蒙的教师；抛却愤怒、疑惑与恶毒之心，让忍耐来表达‘五祷’（指伊斯兰教的拜功）的真意，印度教徒与穆斯林有共同的上帝。”他的教义是一种泛神论，反对传统的印度教和伊斯兰教以及迷信活动。他和伊斯兰教苏非派圣人一样宣传平等、博爱思想，使虔诚运动有更为民主的特点，更有团结印度教徒和穆斯林双方群众的特点，因而遭到顽固的婆罗门的反对。卡比尔的折中主义观点旨在消除印度教与伊斯兰教的对立。

约在1459年当他20岁时他被逐出瓦拉纳西，一直在北印度流浪。1518年在马甲尔逝世。他并未出家，有家室。他没有受过很好教育，但写了不少质朴感人的宗教诗篇。泰戈尔曾经把他的诗翻译成英文。

Kabir and the Woman 《卡比尔和妇女》，泰戈尔的诗。

Kabir Deeksha 《诗人的启示》，泰戈尔的散文。见The Poet's Message。

Kabir，Humayun 卡比尔，胡马云（1906—1969），印度著名学者，英国剑桥大学毕业，曾任印度政府科研与文化事务部部长、教育部部长等。作品有《单元与社会》《人与河流》《印度的教育》《印度教育哲学》等。曾评介泰戈尔的作品，并撰文纪念泰戈尔诞生100周年。

K

Kabir Panthis 卡比尔派，16世纪印度北部印度教毗湿奴派分支。卡比尔创立。综合印度教吠檀多不二论和伊斯兰教苏菲派一神论，主张在神面前人人平等。

Kabiraj 按照印度传统阿育吠陀医学行医的大夫。

Kabirpanthis 卡比尔潘提斯，16世纪印度诗人。

Kabitaa-pusdak 《诗书》，泰戈尔的散文。

Kabitaar Upaadaan Rashasya （mystery）《诗歌的要素——神秘》，泰戈尔的散文。

Kabul 喀布尔，阿富汗首都，已有3000多年历史，1773年成为阿富汗首都；阿富汗东部的省，面积3280平方千米。赫尔曼德河、赫里河和喀布尔河都发源于此。

Kacaris 卡查里人，印度阿萨姆邦少数民族。

Kacha 云发，神话传说中的祈祷主之子。据《摩诃婆罗多》所述，云发为学得起死回生术，拜太白仙人为师。太白仙人之女天乘对他异常爱慕。为了不让云发如愿，众阿修罗两次将他杀死。天乘又两次恳求其父亲太白仙人使云发死而复生。阿修罗又一次将他杀死，并焚其尸体，把骨灰和在酒里让太白仙人喝下，天乘再次恳求父亲救助。太白仙人又施法术，却听到云发在自己腹中回答他的呼唤。太白仙人不得不向腹中的云发传授起死回生之术。云发破仙人之腹而出，又使仙人死而复生。天乘向云发求婚，云发却以兄妹关系而拒绝。天乘一气之下诅咒云发的起死回生之术紧急关头毫无效用，云发诅咒她只能做刹帝利的妻子，天乘以后果然嫁给刹帝利行迅王。

Kacha and Devayani 《离别时的诅咒》（《云发与天乘》），泰戈尔1894年写的剧本。见The Curse at Farewell（Viday-Abhishap）。

Kachari 宫廷。

Kachu 蔻久根，一种可食用的根，比喻无价值的东西。

Kachuris 里面有填料的饼子。

Kacu =taro 卡苦，草本植物，块茎可食用。

Kadali 大蕉。

Kadam 多姆树，印度生长的一种高大乔木。

Kadam 脚步，步子，办法，措施。

Kadam 迦昙波，亦作kadamba，意译“白花”，即昙花。

Kadamba 迦檀婆文字，5世纪流行于印度南方；6—7世纪印度南方卡达姆巴王国与王朝；科东波树，在印度生长的一种高大的乔木，夏天开黄褐色花，气味香甜。

Kadamba 一种鹅，翅膀深灰色。

Kadamba Forest 黑檀木森林，4世纪印度古代最伟大的戏剧家迦梨陀娑的剧本《沙恭达罗》里沙恭达罗和豆扇陀相爱的林子。

Kadambari 《迦丹波利》，公元4世纪的一首著名长诗，描写开花的藤本植物行礼的姿势，如何在风中俯首致意；树木如何散布它们的花朵作为祭品供奉；鹦鹉如何背诵由于不断听到而学会的诗句，而神则存在于一切生物中。

Kadambari 《迦丹波利》，7世纪印度小说家波纳著的长篇小说，描写两对恋人生死相爱。

Kadi o Komal（Sharps and Flats） 《刚与柔》，泰戈尔于1884年写的诗集。

Kadphises I 卡得费塞思一世，1世纪贵霜帝国缔造者。

Kadraveya 卡德拉菲亚，蛇怪名。

Kadu-kurumbar 只信魔怪的人。

Kadu-Kurumbar 只信小神的人。

Kafir 不信仰宗教者，异教徒。

Kafka，Franz 卡夫卡，弗兰兹（1883—1924），奥地利小说家，出生在犹太商人家庭，18岁入布拉格大学学习文学和法律，1904年开始写作，主要作品为4部短篇小说集和3部长篇小说。可惜生前大多未发表，3部长篇小说也均未写完。卡夫卡是欧洲著名的表现主义作家。他生活在奥匈帝国行将崩溃的时代，又深受尼采、柏格森哲学影响，对政治事件也一直抱旁观态度，故其作品大都用变形荒诞的形象和象征直觉的手法，表现被充满敌意的社会环境所包围的孤立、绝望的个人。

Kagar=Drishadwati　卡嘎尔，印度河流名，即得利沙德瓦迪河。

Kagola　卡格拉，圣人，吠檀多导师乌达拉卡的弟子。

Kaha-pana=karshapana　迦哈帕那，公元前4世纪摩羯陀国的货币名。

Kahar　卡哈儿，抬轿种姓。

Kahini　故事诗，诗剧。《故事诗》，泰戈尔1900年的作品。

Kahn　坎，摩纳哥总统，1930年3月，泰戈尔开始访问欧美，于3月26日到达法国南部港口马赛，在欧洲地中海沿岸摩纳哥的城市蒙特卡罗附近的马汀角的卡恩家做客。

Kaikabha　吉陀婆，神话里的恶魔，从毗湿奴耳朵跳出欲杀死从毗湿奴肚脐生出的莲花上的梵天，被毗湿奴杀死。

Kaibarta　渔夫。

Kaifeng　开封，又称大梁、汴梁、东京、汴京，位于河南省东部，是我国八大古都之一，历史上曾有魏、梁、晋、汉、周、宋、金等七个王朝建都于此，史称七朝古都，再加上西汉时的梁国、后宋和明朝（今则以夏朝、大齐和后宋），又称十朝古都。开封是清明上河图的原创地，有“东京梦华”之美誉。开封是世界上唯一一座城市中轴线从未变动的都城，城摞城遗址在世界考古史和都城史上是绝无仅有的。北宋东京开封是当时世界最繁华、面积最大、人口最多的大都市。现全市总面积6266平方千米，人口535万。

Kaikeyi　吉迦伊，印度史诗《罗摩衍那》中十车王的二王后，她在驼背女的挑唆下，要挟十车王让她自己生的儿子婆罗多继承王位，把罗摩和悉多流放。

Kaikottikali　凯克提卡利，克拉拉邦女子民间舞，在偶南节（Onam）节演出。

Kailasa　吉罗娑山，又译为凯拉斯山，传说中的印度教毁灭大神湿婆修炼处，湿婆居住的仙山，即现在西藏冈底斯山的主峰冈仁波齐峰。

Kailasa Mansarovara　吉罗娑山的曼萨洛瓦拉湖。

Kailasa Temple　凯拉萨庙，在马哈拉施特拉邦奥兰加巴德西北，印度佛教、印度教、耆那教圣地爱罗拉石窟里最精美的石窟，是世界上由人工雕凿成的最大的石窟古庙，有湿婆神与十首魔王搏斗的故事，巧夺天工，令人惊叹。

Kailasam　凯拉萨姆（1885—1946），印度坎纳达语戏剧家，作品有《自治》等。

Kailasanantha　凯拉萨那特寺，在爱罗拉石窟。凯拉萨主，指湿婆，他住在凯拉萨山。

Kaiming Theatre　北京开明剧院，1924年泰戈尔访华，5月18日晚上，梅兰芳在开明剧院专门为泰戈尔演出《洛神》。

Kaiphiyat　《辩护》，泰戈尔的散文。

Kaiqubad　开库巴德（1270—1290），印度奴隶王朝的末代国王。

Kairata Parva　《野人篇》，《摩诃婆罗多·林居篇》的分篇。

Kaisava Misra　凯瑟沃密石罗，17世纪作家，著《庄严顶》（Alankarasekhara）。

Kaisika　吉尸迦，一种舞蹈。

Kaisiki　艳美。

Kaistha（kaystha）印度作家种姓，作家，学者、律师、法官等种姓，界于刹帝利和首陀罗之间。

Kaivalya=moksha　绝对自由，解脱，独存，摆脱了一切牵缠的完满的隔绝状态，练习瑜伽之后得到的彻底解脱。

Kaivarta　渔民种姓，妓女与刹帝利所生的子女或阿逾羯婆女子和尼沙陀男子所生的子女。

Kajaal　描眼圈。

Kajri　北方邦的丰收年。

Kajrare　黑眼影的姑娘。

Kaka　叔叔，伯父，父亲的弟弟或哥哥。

Kakatiya　卡卡提牙王朝与王国，12世纪由普洛拉国王二世在东德干创立，14世纪亡。

Kakemono　（日语）画轴，字轴。

Kaki　婶婶，姑姑。

Kakim，Muhammad　哈基姆王子（？—1585），莫卧儿王朝第二代皇帝胡马雍的次子，死于酗酒。

Kakima　婶婶，叔叔的妻子。

Kaksivat　迦吉湿婆，神话中长暗仙人之子，美少年，某国王许10女为妻。

K

Kaku 两种语调。

Kakuda Katyanana =Pakudha Kaccayana 帕库达·卡提亚那那，佛教6大论师之一，7种物质及地水火风神苦命说提出者。

Kakutstha 羯拘差，甘蔗王族始祖甘蔗王的孙子。

Kakuzo Okakura 刚苍天心（1862—1913），又名刚苍觉三，日本思想家、哲学家。

Kal Abba 卡尔·阿巴，20世纪50年代电影导演，拍《拉西》(Rahi)。

Kal-baisakhi 在维沙克月即印历2月、公历4—5月刮的强风，往往在下午，可引起暴雨。

Kal Mrigaya（The Fateful Hunt） 泰戈尔于1882年写的音乐剧《致命的狩猎》。

Kala 等于Yama，阎魔。

Kala 加罗，时光化身，梵天、毗湿奴、湿婆三大神的创造、保护和破坏之力的化身。

Kala 迦罗，檀那婆（阿修罗）的住地。

K

Kala 时间，死亡；叶尖饰，尖顶饰；美术。

Kala Bhavana 艺术学院，国际大学美术系，1919年由泰戈尔创立。

Kala pani 黑水。

Kala-Hansa 梵天的称号。

Kalabhairava 崇拜之神。

Kalabhras 卡拉不拉人，4—6世纪统治印度东南沿海。

Kalacakra 时轮，把时间比作轮子，旋转不息。

Kalacakratantra 时轮乘，11世纪密教末期的一个派别，认为世界的最高实在高于释迦牟尼之上的“本初佛”（类似于梵），只有信仰本初佛才能从现在、过去、未来三世限定的迷惘中解脱出来，是向世俗的妥协和同印度教性力派的融合，使佛教失去了作为独立宗教而存在的理由。

Kalacakratomtra 密教派别时轮乘，见上条。

Kalacuri Dynasty 伽罗朱利王朝（845—1181），印度中部王朝，建都特例普里（在今中央邦朱布尔伯雷）。

Kaladharma 时光流逝的规律，即死亡。

Kalagini 劫火，按照印度神话，一劫等于大梵天的一天，等于凡人的43亿2000万年，到了劫末，劫火出现，烧毁世界，再创造新世界。

Kalahandi 卡拉汗迪县，在奥里萨西部。

Kalair 卡莱尔（1795—1881），苏格兰散文作家。

Kalaka 加罗迦，神话里仙人迦叶波的妻子，达刹之女，与姐姐布鲁摩嫁给迦叶波，生6万个檀那婆。

Kalakacaryakathanaka 10世纪《加洛珈传》，佚名作者。

Kalakanja 黑鬼，檀那婆。

Kalakantha 欢快的曲调。

Kalakeyas 生在迦罗的阿修罗。

Kalakshetra “艺术殿堂”，泰米尔纳德邦的婆罗多舞学院。

Kalam，Abdul 阿卜杜勒·卡拉姆，印度总统，1931年10月15日出生于印度南部泰米尔纳德邦一个穆斯林家庭。在马德拉斯技术学院获得航空技术博士学位后，卡拉姆开始在班加罗尔的印度斯坦航空公司工作。从1963年起在印度空间研究组织从事航天技术研究工作。1982年起，卡拉姆担任印度国防研究与发展研究组织的负责人，为印度的导弹研制做出了杰出贡献，被誉为“印度导弹之父”。1998年，卡拉姆成功地主持了印度的核试验，他的事业达到了顶峰，不仅出任瓦杰帕伊总理的首席科学顾问，而且被授予国家最高荣誉——印度钻石勋章。自2001年11月起，卡拉姆在马德拉斯著名的安纳大学执教。2002年7月当选印度总统。卡拉姆是第一位当选印度总统的职业科学家。他喜欢文学和印度古典音乐，是个诗人。他还是个素食主义者，不饮酒，信奉伊斯兰教。他的信条是：“只有强大才能得到尊重。”

Kalamana 计算时间，古印度，人们用下列方式计算时间。

用针刺穿一片树叶需要的时间为1卡尔帕卡拉（Kalpakala）

30卡尔帕卡拉= 1特鲁提（Truti）

30特鲁提= 1卡拉（Kala）

30卡拉= 1卡斯塔（Kastha）

30卡斯塔=1 尼米撒（Nimisa，matra）

4尼米撒=1 噶尼塔（Ganita）

10噶尼塔=1 内图威尔普（Netuvirpu）（深深叹息一声的时间）

6内图威尔普 =1维纳制卡（Vinazhika）

6 维纳制卡 = 1 噶提卡（Ghatika）

60噶提卡 = 1 天（Ahoratra，阿霍拉特拉）

15 天=1 帕克撒（半月）

2 帕克撒=1 坎德拉马萨（Candramasa，毕陀里的一天）

2 马萨（Masa，月）=1 热图（Rtu）

6 热图=1 年（神的一天）

300 年=1 迪维亚瓦尔萨（Divyavarsa，神年）

4800 迪维亚瓦尔萨 =1 克尔塔瑜噶（Krtayuga）

3600 迪维亚瓦尔萨=1 特累塔瑜噶（Tretayuga）

2400 迪维亚瓦尔萨 =1 德瓦帕拉瑜噶（Dvaparayuga）

1200 迪维亚瓦尔萨=1 卡里瑜噶

12000 迪维亚瓦尔萨=1 卡图尔瑜噶（Caturyuga）

71 卡图尔瑜噶=1 曼万塔拉（Manvantara）

14 曼万塔拉=1 普拉拉亚（Pralaya，Kalpa）

1 普拉拉亚= 梵天的一天（Bhagavata Trtiya，skandha）

7.5 纳兹卡（Nazhikas，Ghatikas）=1 亚马（Yama）

4 亚马=1 个白天

8 亚马=1 天 1 夜

Kalamandalam　卡达卡利舞学校，由诗人瓦拉提·纳兰亚纳·梅农（Valllathi Naranyana Menon）协助穆坤达·罗阇（Mukunda Raja）在克拉拉邦建立。

Kalamountain　分界山。

Kalamukha　黑脸，对印度南方湿婆崇拜性力派一学派苦行僧的叫法，因为他们在修炼时在额头上贴黑色标记。

Kalandaka Venuvana　竹林精舍，梵文，古印度佛教著名寺院，汉语音译“迦兰陀竹园”。据说释迦牟尼佛成道之后，四处奔波宣扬教理，跟随弘法的弟子常有数百人。他们没有固定休息的地方，白天在山边、树下学道，晚上在颓垣、破屋住宿。而竹林精舍是佛教史上第一座供佛教徒专用的建筑物，它也是后来佛教寺院的前身，计分十六大院，每院六十房，更有五百楼阁，七十二讲堂，是佛祖宣扬佛法的重要场所之一。另外，我国的道教也有同名建筑。

Kalantar（The Changing Age）　《变化的时代》，泰戈尔 1937 年写的散文。

Kalapaahaar　迦拉巴哈尔，是 16 世纪孟加拉的一位军事统帅。原来是婆罗门，后来皈依伊斯兰教，成了一位大将军。在孟加拉、阿萨姆等地摧毁了印度教庙宇、神像。

Kalapahar　加拉帕哈尔，16 世纪孟加拉的婆罗门，叛逆印度教，任穆斯林王朝将军，大肆毁印度教庙宇和偶像。

Kalapasa　极欲仙人的神牛变出的人种和武器。

Kalaratri　死亡之夜。

Kalaruci　僵良娄志，意译为晨希，印度佛学家，公元 281 年来中国。

Kalasa　水罐。

Kalasamkarsini　卡拉桑卡萨尼，女神，为迦梨女神的第十三个形象，觉悟的象征。

Kalasanti　卡拉申底，中印度佛教高僧，公元 995 年来中国讲经。

Kalasha　尖顶饰。

Kalasoka　伽罗输迦（公元前 4 世纪），摩羯陀国国王。在吠舍离举行佛教第二次大集结。

Kalasutram　热烤地狱。

Kalatita　过时语。

Kalavada　绝对时间。

Kalavanta　用大米混制的各种精美食品。

Kalavilasa　《骗术论》，11 世纪安安主的例证小说，讽刺腐败的官僚主义和得逞的欺诈与邪恶。

Kalavirodhi　违反时间，违反技艺。

Kalayana　艺术之居。

Kalayasas　僵良耶舍，意译为时称，佛论家，公元 424 年到达中国，444 年在中国逝世，享年 60 岁。

Kalayavana　“黑陌生人”，外族国王，袭击黑天。

Kalbadevi　卡尔巴黛薇，财富女神拉克西米在孟买的不同庙中的名称。

Kaler Yatra　《时代的游行》，泰戈尔 1932 年写的短剧。见 The March of Time。

Kalhana　加尔诃那，12 世纪加湿汨罗国婆罗门作家，著克什米尔编年史的梵文史诗《王河》。

Kali　迦梨女神，“时母”，湿婆大神的配偶提毗的异体，女神杜尔迦的别称，皮肤黝黑，面容丑陋，口里滴血，身缠毒蛇，身上挂着骷髅和人头，孟加拉人最信奉。

Kali 剧。

Kali yug 迦梨时代，或称黑铁时代、争斗时期，人类第六个千年，是真理时代（satya-yuga）后最坏的时代，印度宇宙起源学说延续432000年的宇宙的第四最后年代，其特点为精神、道德、身体全面恶化。这个时代来毗湿奴化身，持出鞘的像彗星一样闪耀的剑，使出铲除邪恶的架势。现在正处于这个时期。

Kaliarashar 坏国王。

Kalibangan 卡利班甘，位于拉贾斯坦邦北部，是印度河文明的主要城市遗址，大约存在于公元前2300—1750年，与哈拉帕文明相似。

Kalidasa 迦梨陀娑（375—414），“迦梨女神的奴仆”，印度古代最著名的梵文诗人与剧作家，旃陀罗笈多二世时期的宫廷诗人，为旃陀罗笈多的宫廷九宝之一。著有《云使》（Mekhaduta）《鸠摩罗出世》（Kumarasambhava），最著名的剧本《沙恭达罗》（Sakuntala）《摩罗维加与火友王》（Malavikagnimitra）和《优哩婆湿》（Vakramorvasiya）。传他原为牧人，冒充智者骗得公主，公主知道真相后劝其到迦梨女神庙祈祷，女神赐其智慧，故名“迦梨女神的奴仆”。

附：旃陀罗笈多二世的宫廷九宝：迦梨陀娑（Kalidasa）、天文学家稚日（Varahamihira）、名医丹文塔里（Dhanvantari）、耆那教圣人克沙帕那卡（Kshepanaka）、字典学者阿玛拉辛哈（Amara Sinha）、数学家桑库（Sanku）、诗人贝塔拉巴塔（Betala Bhatta）和迦塔卡尔帕拉（Ghata Karpara）、文法学者瓦拉鲁奇（Vararuci）。

Kalif （伊斯兰教）信众精神的和世俗的头领。

Kalighat 迦梨加特，加尔各答著名的杜尔迦神龛；印度教寺庙，供奉嗜血女神迦梨，同动物祭祀有关。泰戈尔名剧《牺牲》中抨击迦梨崇拜。

Kalighat painting 迦梨加特绘画，把画快速画到薄纸上，以几枚硬币卖给香客。

Kalika 蓓蕾。

Kalika Purana 《迦梨往世书》，主要讲湿婆大神的岳父没有邀请湿婆参加大型祭祀，其妻子帕尔瓦蒂由于蒙受羞辱而自焚，湿婆一怒之下破坏祭祀的故事，迦梨是湿婆配偶帕尔瓦蒂的别名。

Kalikaya （檀香树的）蓓蕾。

Kalikeli 《盖梨诃梨》，喜剧。

Kalikula 《迦梨女神的家族》，性力派经典《坦陀罗》中介绍迦梨女神的部分内容。

Kalila =Karataka 卡里来，《五卷书》主人公的名字。

Kalilah wa dimnah 《卡里来和迪木乃》，故事集。

Kalimohan Ghosh 加里莫汉·高士，泰戈尔的助手，曾帮助泰戈尔料理泰戈尔家族在谢里丹的田产。

Kalimpong 噶伦堡，绒巴语，意为“我们在此集会”，印度西孟加拉邦北境城市，紧邻锡金邦，海拔1200米，人口2.86万，交通位置重要。历史上从噶伦堡北上经锡金的甘托克向东北行，与中国西藏的亚东、江孜、日喀则有大道相通，也与不丹西部的通商大道相连。一向为印度和不丹西部与中国西藏进行货物交流、民间往来、参观以及宗教朝圣的交通要冲。附近丘陵山地温暖湿润，以茶叶生产为主，并有金鸡纳树种植园。这里是著名的旅游和避暑胜地。1938年4月25日泰戈尔来这里，在5月7日他77岁生日的一天在当地广播电台朗诵了一首诗。1940年5月8日，泰戈尔再次来这里。9月19日最后一次来这里，26日染重病，被送下山。

Kalindi 迦林迪河，“太阳之女”的意思，雅穆纳河的别名。

Kalindy River 卡林迪河，质多罗俱多山附近的河流。

Kalinga 羯陵迦，印度古国，在现在奥利萨一带。长暗仙人与奉献国王的妻子妙礼的使女生的孩子，以他的名字作为这个国家的名字。

Kalividambana 《末世的骗局》。

Kaliya 迦里耶，五首蛇王。

Kaliyamman 卡利亚曼，女神名。

Kaliyamman 迦梨亚曼，泰米尔纳德邦敬奉的印度教莲花女神卡马拉坎尼女神的妹妹，其神庙在泰米尔纳德邦荆棘镇荆棘皇家城堡。

Kaliyana Sundara Mudalies 卡利亚纳·孙达拉·牟达利耶，20世纪泰米尔语作家。

Kalka 卡尔卡山，印度西北部喜马拉雅山山城西姆拉的一座小山，泰戈尔于1909年曾在此休假。

K

Kalki　卡尔金（1899—1954），印度泰米尔语作家，作品有《小偷的恋人》等。

Kalkin　卡尔基，毗湿奴的第十化身，马头人身，变换白、红等颜色，样子可怕，手拿火剑，斩杀魔鬼，破坏旧世界，由梵天创造新世界。许多人认为现在是一个黑暗的世界，道德沦丧，人们追求财富、情欲，文明周期行将结束。毗湿奴将以卡尔金形象下凡。但卡尔金还没有下凡，等待适当时机。他的形象显得污秽而贫寒。

Kalkin　预言家。

Kalkipurana　《加里吉（毗湿奴）往世书》。

Kalla　卡拉种姓。

Kallar　卡拉尔，9世纪信奉印度教的沙希亚王朝的创建者。

Kalliana　卡利亚纳，印度古代地名，即现在的科钦。

Kalmashapada　迦摩阇钵陀，《摩诃婆罗多》里太阳族国王，因在林中抽打不让路的极欲仙人的儿子被对方诅咒变食人魔，后被解除诅咒。

Kalmrigaya　《致命的狩猎》，泰戈尔1882年写的音乐剧。见The Fateful Hunt。

Kalodaka　迦留陀珈，意译为时水，公元392年在中国译经。

Kalpa　波，劫，大梵天的一天，一劫为43亿2000万年。

Kalpa　劫波，吠陀祭仪在各时期的正当的行为方式，吠陀支（Veda-Angas）之一的礼仪。宗教法规，集，分册。

Kalpa　劫波树。

Kalpa　礼仪学。

Kalpadrumavadanamala　《如意树譬喻蔓》，一部用韵文写出的佛教譬喻故事。

Kalpaka　卡里帕卡树，传说中天神和魔鬼搅乳海取甘露时从海里长出的一棵神树。任何人到树下有求必应，如愿以偿。

Kalpana　想象。

Kalpana　《幻想集》，泰戈尔1900年的诗集，《园丁集》（Gardener）里的许多诗是从该诗集里选取的。

Kalpanaa　《幻想集》，泰戈尔的诗集。

Kalpanadusta　组合不当。

Kalpanapodha　无分别。

Kalpanta　劫，一劫等于梵的一天，1000时，等于尘世的4320000000年=14玛曼塔拉（Mamantara）。

Kalpas　战术。

Kalpa-sutra　劫波经，印度教吠陀6支之一；易轨经（也叫劫经），耆那教白衣派圣典，叙述耆那教祖师大雄生平传说。

Kalpa-vrksa　（耆）洗树；愿望树，天帝因陀罗乐园里5棵神树之一。

Kalpataru　柯尔帕树，印度神话传说中的神树，它可以满足人们的任何要求。

Kalsa　细脖罐。

Kaltal Cholom　钹舞，曼尼普尔舞的一种。

Kalukya　乔鲁吉（遮娄其）王朝（6世纪—1299），拉其普特人（遮娄其人）在瞿折罗（古吉拉特邦）建立的古代印度王朝。

Kalyana　卡利亚那，古代印度西海岸的一个港口。

Kalyanamandirastotra　《福寿颂》，5—6世纪悉达色那·迪瓦卡拉（Sidhasena Divakara）著。

Kalyanasaugandhika　《美丽的睡莲》，剧本，10世纪青项（Nilakamtha）写，布军为了公主爱莲碰上不认识的同父异母兄弟哈奴曼挑战。

Kalyanasundra　湿婆的显身。

Kalyani　卡利亚尼，后乔卢吉王朝首都。

Kalyani Amma　卡利亚尼·阿玛，莫西尼舞教育家。

Kama　迦摩，“爱欲”，印度神话里的爱神，形象为美少年，二臂，手持弓箭，坐骑为孔雀或鹦鹉。他想破坏湿婆的苦行，被湿婆的第三只眼射出的神火烧成灰烬，他妻子哀求湿婆，湿婆使其复活。

Kama　肉欲。

Kama　欲，所有官能方面的快感。

Kama-sankalpa　摆脱欲。

Kama Satra（Sutra）　《爱欲经》，印度古代色情作品，4—5世纪犊子氏（伐差衍那）著。

Kamadeva　爱神。

Kamadevas　耆那教的爱神。

Kamadhenu　天上的神牛，众神和阿修罗搅乳海取甘露时从海里生出。

Kamadhenu=kamadugha　如意神牛，可以满足人的各种愿望，为神话里的极欲仙人拥有，众友仙人为争夺神牛和极欲仙人大战，众友仙人被神牛生出的勇士击溃，他的一百个儿子被极欲仙人口里喷出的火焰烧成灰。众友仙人再修炼千年，由刹帝利进入婆罗门阶层。

Kamadhuk　能让人心想事成的如意牛苏拉比。

Kamadhuk　如意神牛，能无穷无尽地产奶。见Kamadhenu。

Kamaduh　如意牛，因陀罗神牛，有求必应，使人如愿以偿。

Kamal　税制。

Kamal Singh　卡马尔·辛格，20世纪曼尼普尔诗人。

Kamala　卡玛拉（1899—1936），尼赫鲁夫人，克什米尔婆罗门家庭出身，1917年生独生女英迪拉。一直身体有病，1934年1月19日随尼赫鲁访问国际大学，与泰戈尔见面。当时他们的女儿英迪拉还是国际大学的学生。

K

Kamala　卡马拉，财富与吉祥女神拉克希米的别名。

Kamala Lecture　莲花讲座，泰戈尔在孟加拉大学讲座的总题目。

Kamala Vrat　慈善日，善举节，这一天人们戒食、拜神、祭祀等。

Kamalakanda　《可莫拉康特》，1885年由班吉姆写的讽刺集。

Kamalakanni　印度泰米尔纳德邦信奉的莲花女神，荆棘镇的皇家堡有其庙宇。

Kamalakanter Daptar　《可莫拉康特的办公室》，印度著名作家班金·查德拉·查特吉写的讽刺性速写。

Kamalalasila　莲花戒，印度9世纪佛教僧人，著《正理滴论前品摄》。

Kamalamani　克摩罗摩尼（1773—?），泰戈尔第十七代先祖尼尔莫尼的长女。

Kamandaka　加曼达格，8世纪印度学者，《正道精华》的作者。

Kamandaki　迦曼陀吉，著《正道精华》（Nitisara）。

Kamandalu　水罐。

Kamara　卡马拉，就是现在的卡里卡尔，在印度孟加拉湾。

Kamara　科莫罗，恒河神的坐骑，形状类似我国神话中的麒麟。

Kamartha　人生目标。

Kamarupa　迦摩缕波国，又称东辉国，古国名，为古时南亚诸国之一。其故址位于今天的印度阿萨姆邦西部戈哈（Ganhati）及其附近一带。4世纪左右，阿萨姆人建立迦摩缕波国，13世纪来自缅甸的阿霍姆人（傣族的一支）征服迦摩缕波国，建立阿霍姆国。阿萨姆人使用阿萨姆语，属印欧语系印度语族，与孟加拉语相近，但受藏缅语影响很深。有以梵文天城体字母为基础的文字。阿萨姆人主要信仰印度教，属湿婆派，敬奉克里希纳神和象征力量的湿婆神、迦利女神。部分人信伊斯兰教，种姓制度温和。贞观年间，三藏法师西游印度时曾经应迦摩缕波国国王拘摩罗（一译鸠摩罗）邀请，前往访问。名见《大唐西域记》卷十《大慈恩寺三藏法师传》卷四。

Kamarupa　卡玛如帕镇，在阿萨姆邦，传说湿婆妻子萨蒂为湿婆自焚后其尸骨的一部分散落此处。

Kamarupa　迦摩缕波，7世纪印度阿萨姆邦古国。

Kamasadhana　性仪式。

Kamashram　迦摩静修林，湿婆、众友仙人等苦修之地。

Kamashi　雪山神女帕尔瓦蒂（Parvati）与财富女神拉克西米（Lakshimi）合二为一。

Kamavalli　迦玛瓦丽，《罗摩衍那》里十首魔王罗婆那的妹妹给自己取的名字。

Kambakht Ishaq　难以置信的爱。

Kamban　坎班，12世纪印度泰米尔语大诗人，诗王，作品有《耕犁70咏》等，把罗摩戏改编成泰米尔语，进行再创作。

Kamban　迦姆班，印度11世纪诗人，他把《罗摩衍那》翻译为泰米尔语。

Kamboja　坎普迦，西印度驯马部落。

Kamboja　甘蒲阇，公元前6世纪—公元前4世纪印度列国时期16国之一，在印度犍陀罗即白沙瓦和拉瓦尔品第地区以北，首都罗阇补罗。也是部族名，据说原为刹帝利，因不举行祭祀而降级，以产马著名。

Kambuja　柬埔寨王国，建立于公元1世纪。公元6世纪，来自印度的第一批移民建立了强大的柬埔寨王国。它在鼎盛时期包括了现在的柬埔寨、暹罗等。婆罗门教是该国的法定宗教，佛教后来被引入。印度字母影响了柬埔寨语，柬埔寨人梵文水平也很高。从公元3世纪，柬埔寨王国宫廷便经常与中国保持交流。

公元6世纪，许多该国佛教传教士被派往中国。因此很明显，柬埔寨在中印外交史上发挥了非常重要的作用。

Kamdhenu　极欲仙人的神牛。

Kamikagama　印度泰米尔纳德邦进庙拜神唱的颂诗。

Kamini 卡米尼，高大灌木，夜里开香甜白花，早晨脱落，雨季开花，被剪成各种形状，用作花园装饰植物。

Kammanirodha　断灭业，灭除过去的恶业。

Kammas　卡玛斯，贱民种姓。

Kamodaki　卡姆达吉，毗湿奴权杖的名字。

Kampa　颤抖。

Kampaharesvara Temple　坎帕哈瑞斯瓦拉神庙，在坦贾武尔。

Kampan　卡潘，约11世纪印度泰米尔纳德邦人，他把《罗摩衍那》翻译成泰米尔语。

Kampilya　渐毕离，古代南般遮罗国的两首都之一，即今北方邦法鲁哈巴德附近的坎比拉。《摩诃婆罗多》里木柱王为黑公主举行比武选婿大典就在这里，束发死后灵魂来到这里。

Kamran　卡姆兰（？—1557），莫卧儿王朝开国皇帝巴布尔之子。

Kamsa　锡铜合金。

Kamsa　甘萨，部落名。

Kamsa Badha　《甘萨·拔陀》，20世纪诗人，辛格（A. D.Singh）的曼尼普尔语史诗。

Kamyaka Vana　坎亚卡林，般度五兄弟居住的林子，布军打败财神看花士兵，为黑公主摘来荷花，碰见吃人魔钵卡的地方。

Kanaad　科纳德，公元前2世纪人，印度古代哲学家，六部哲学经典的作者胜论派（Vaisesika）的创始人，《胜论经》作者。

Kanabhuj　坎纳布吉，又叫坎纳布克沙（Kanabhuksha），公元前2世纪胜论派创始人。迦那陀的别名。

Kanailal Datta　卡乃拉尔·达塔（1888—1908），暴力反英战士，被处死。

Kanak Rele　卡纳克·瑞乐，莫西尼舞普及家。

Kanak-champa　迦木帕克花。

Kanaka-abjanya　金莲。

Kanaka-aravinda　金莲。

Kanara Saraswati Samaj　卡纳拉辩才天女会，在印度孟买。

Kanataka　卡纳塔卡，现在的迈索尔。

Kanauj　卡瑙吉，古代曲女城，在恒河西岸。见词条Kanyakubja。

Kanauja　坎努珈，婆罗门种姓。

Kanaukubuja　康诺库布焦，印度北方邦境内一个地方，曾经是雅利安文明的中心。现在的名字为迦瑙焦，即卡瑙吉。

Kanba　坎巴，朱罗王朝时期的泰米尔作家，把《罗摩衍那》翻译为泰米尔语。

Kanchenjunga　干成章嘉峰，在喜马拉雅山区东端，尼泊尔-锡金边界，高8585米，雪峰，在印度大吉岭可以看见。

Kanci Dynasty　建志帝国，5—9世纪南印度帕拉瓦王朝建立的帝国，首都为康契普拉姆，即建志补罗。

Kancipura　建志补罗，即现在的印度南方泰米尔纳德邦孟加拉湾海边城市马德拉斯附近的康契普拉姆，古印度7大圣城之一，曾为朱罗王朝、帕拉瓦尔王朝都城，印度教和佛教中心之一。

Kanda　疆土。章，节，篇。

Kandahar　坎大哈，阿富汗历史名城。阿富汗第二大城市，位于该国南部，是阿富汗南部的经济、文化、交通中心，也是普什图族聚居的中心城市。坎大哈建城于公元前4世纪，在很长的时间里都是波斯和印度诸王朝争夺的军事重镇。1747年，艾哈迈德·沙阿·杜兰尼在此称王，建立阿富汗王国，以坎大哈为首都。虽然阿富汗的首都很快便迁往喀布尔，但是坎大哈作为阿富汗南部地区中心的地位自此一直未被动摇。

Kandaka-giri　荆棘山，佛教天堂须弥山的别名。

Kandarishi　吠陀某一卷的仙人作者。

Kandariya　愿意为“洞窟”“山洞”，指湿婆在凯莱石山的住处。

Kandariya-Mahadeo　坎达利亚-马哈迪偶，卡朱拉荷性雕塑群之一。

Kandarpa =Kama　印度的丘比特，爱神。

Kandavapratha　坎达瓦城，般度祖先住过的地方，在《摩诃婆罗多》里，般度兄弟重建此城，命名为天帝城。

Kandesh Rao　湿婆化身。

Kandiva　阿周那神弓。

Kandla　坎德拉，印度西部古吉拉特邦西部，卡其湾内北边海港，也是印度最西部的海港。

Kandoba　坎豆巴，毗湿奴别名。

Kandra　坎德拉，印度音乐里的一种曲调。

Kandukuri Viresankam　坎度库里·维雷桑侃，19世纪泰卢固语作家。

Kandy　康提，斯里兰卡城市，位于斯里兰卡南部中央，被生长着稀有植物物种的群山环抱，地处热带植物生长地带。康提建立于公元14世纪，历史上是行政和宗教中心。辛加人的祖先统治该岛长达2000多年。康提古城，以佛教圣地闻名于世，是辛哈拉国王统治时期的最后一个首都，在1815年被英国人征服之前，曾享有2500多年的文化繁荣。康提的佛牙寺为著名的历史建筑物，也是佛教徒的朝圣之地。1934年5月泰戈尔在锡兰访问时第一次欣赏康提的优美舞蹈。

Kang Seng-hui　康僧会，是Sanghabhadra的汉语翻译，西域康居国人，幼随父侨居天竺，父亡后他便出了家，因聪慧敏悟之故，不久就学通了三藏经论。三国时（220—280）来东吴，曾会见过孙权。

Kang Xiaoting　康萧汀，民国人物，中国公学教授，1924年4月在上海参加接待泰戈尔访华事务。

Kang Yanbing　康燕彬，当代学者，桂林电子科技大学老师，香港中文大学博士，2012年发表《泰戈尔与狄金森——道家生命智慧的诗性追求》。

Kangana Khelna　揭圣线，印度教婚姻的最后一项仪式。在大盘中放入奶水、染料和水，新郎新娘围盘对坐，二人把混入盘中奶水中的戒指取出，新娘把新郎在婚礼前缠在手腕上的圣线揭开。

Kangha　坎格拉山区。

Kangra　旁遮普邦国，其画风多画女子，纤细优美。

Kangula　干古罗，舞蹈的手姿：中指、食指和拇指分开，无名指卷曲，小指抬起。

Kani　卡尼，克拉拉邦人新年午夜卜的吉兆，希望第二天一早第一个看到的东西就是它。

Kania-dana　贞操礼物，指未婚的姑娘，父亲把女儿交给新郎等于交给贞操礼物。

Kaniasi　太阳的东西。

Kanika　《碎片》，泰戈尔1899年写的诗。

Kanika　《童真女》，泰戈尔的诗。

Kanika　粗面粉。

Kanika　琐事。

Kanika　私生子。

Kanikaa　《微思集》，泰戈尔的诗集。

Kanishka　迦腻色迦（129—152年在位），贵霜王。其领土西面到达伊朗，东达恒河中游，北占锡尔河、葱岭、南达纳马达河，堪与当时的安息、东汉、罗马并驾齐驱。首府富楼沙城（今巴基斯坦白沙瓦）。他由拜火教徒皈依佛教，大力弘扬佛教，提倡文学艺术，网罗人才如戏剧家马鸣、哲学家龙树、医学家遮罗迦、艺术家阿吉西罗斯等。具有印度、波斯、希腊三文化特点的犍陀罗雕刻艺术出现。

Kaniska, of Great Stupa　犍陀罗佛塔，在巴基斯坦白沙瓦附近。

Kaniskavihara　迦腻色迦大寺院，古代佛教大寺院，在古代犍陀罗，即于今西北印度喀布尔河下游，五河流域之北。

Kanka　刚迦，《摩诃婆罗多》里般度五子里的老大坚战（Yudhisthira）在摩差国国王毗罗陀宫廷里当侍臣时的化名。

Kanka　刚迦，毗罗陀王宫里的骰子手。

Kanka　苍鹭。

Kankaal　《骷髅》，泰戈尔于1892年写的短篇小说。见The Skeleton（A Study in Anatomy）。

Kankam Literature　坎坎文学，印度泰米尔文学的一种。

Kankanam　戴藏红花，婚礼上给新郎新娘手腕上戴藏红花的仪式。

Kanlibangan　迦梨班甘，印度旁遮普邦的一个镇子，古印度河农业文明的遗址之一。

Kanlu　甘琉，印度神话里的仙人。受因陀罗派的仙女波罗姆罗闍的诱惑中断苦行与其生活，后突然醒悟，把波罗姆罗闍赶走，苦修成功，到达毗湿奴天界。

Kannada　坎纳达语，属于达罗毗荼语系，主要为印度南部卡纳塔克邦的语言。

Kannada Bharata　《坎纳达婆罗多》，14—15世纪库马拉·毗耶娑（Kumara Vyasa）的作品。

Kannapattu　《坎纳帕图》，20世纪泰米尔作家苏波拉曼尼亚·婆罗迪（Subramania Bharati）的作品。

Kannassa Ramayanam　《坎纳萨·罗摩衍

那》，15世纪马拉雅拉姆语作家罗摩帕尼卡（Rama Panikar）的著作。

Kanni 坎尼月，印度的9—10月。

Kanoj 卡诺吉，古代印度西部地名。

Kansa 刚沙，《摩诃婆罗多》里马土罗国的暴君，黑天母亲提婆吉的堂兄，黑天堂舅。预言说他将死于提婆吉儿子之手，于是他要杀尽提婆吉的儿子，已经杀了黑天的六个哥哥。七哥大力罗摩被偷送到睢鸠罗被卢西尼养大。黑天出生后在雨夜被转移走，黑天养母为保护黑天送出自己的儿子，被刚沙杀害。刚沙最后被黑天杀死。

Kantha 嗓子，喉咙。

Kanthaka 坎塔卡，悉达多王子出家时的坐骑。

Kantharodh（Throttled） 《窒息》（《扼杀论》），泰戈尔于1898年抗议秘密新闻委员会起草的《暴动法案》的发言，抗议英殖民当局逮捕独立领袖提拉克。

Kanthibadala 在婚礼上新郎、新娘交换项链。

Kanti 美好，爱的象征，魅力，词语组合恰当，赏心悦耳，或者描写游戏等等，赏心悦目。

Kanudimitrananda 《高摩提和米特罗兰达》，12世纪罗摩月（Ramacandra）的剧本。

Kanva 甘婆，仙人，印度神话里沙恭达罗的养父。

Kanva 甘婆，《夜柔吠陀》第二修订者之一。

Kanva Dynasty 甘婆王朝（公元前73—公元前28），巽迦王朝之后的王朝。

Kanya 天蝎座，处女座。

kanyadan 嫁妆，把新娘作为礼物送新郎。新娘的父亲把处女的女儿交给新郎。

Kanyakas 驼背女。

Kanyakubja 羯若鞠阇，或称卡瑙季（Kanoj），即曲女城，7世纪戒日王建立的都城，7世纪玄奘取经曾来此地。《大唐西域记》卷五曾有说明，该书谓，往时都城称拘苏摩补罗（Kusumapura，华宫），王名梵授，生有千子、百女。时有一仙人，称大树仙人，居恒河侧。见王女来河滨游玩，遂起染着心，乃诣华宫，欲乞得一女。然王女等不愿嫁此一貌如枯木之仙人。时，王恐累及其国，乃送一稚女。唯仙人见稚女不妍而怀怒，乃以恶咒使其余之九十九女一时伛偻曲腰，因此而有"曲女城"之名。亦作羯若鞠阇（Kanyakubja），《佛国记》作罽饶夷城（Kanauj）。

Kanyakubja 曲女城女子；等于Kananuja坎努珈，婆罗门次种姓。

Kanyakumary 根尼亚古马里，即科摩林角，印度次大陆的最南端，意思为"年轻的处女"，指雪山神女。地名纪念湿婆和雪山神女的爱情。角上有小岛，岛上有辨喜庙。

Kapala 骷髅头，颅骨。

Kapaladhari 湿婆戴骷髅像。

Kapalamocana 卡帕拉模卡纳，地名，在瓦拉纳西附近。"放开骷髅的地方"。传说中创造之神梵天竟然要和自己的漂亮女儿同居，湿婆大怒，砍下梵天的第五个脑袋，把脑袋扔在该处。

Kapalikas "骷髅苦行僧"，能编写湿婆性力派诗文并在焚尸场一带严格修炼的苦行僧，因为他们拿的拐杖顶上拴着骷髅，因此被称为"骷髅苦行僧"。

Kapalin 带骷髅者，指湿婆。湿婆砍下了想和漂亮女儿同居的梵天的第五个脑袋。

Kapalkundala 班吉姆·查特吉的小说《卡帕困达拉》，卡帕困达拉是女主人公的名字。

Kapana 梦幻集。

Kapati 卡帕提，一种游戏，两队站在一条线两边，甲队一人屏住呼吸，口里发出嘟嘟声，试图抓住对方一人，如果在断气前抓住对方，则对方输，如果对方阻止其返回其队伍，则他输。

Kapha 土地。

Kapi 猴子。

Kapil 迦皮洛，印度古代学者，《数论》的作者。

Kapila=Vasudeva 迦毗罗仙人，萨羯罗举行马祭时丢失了祭马，派他的6万个儿子去找，他们找到地下世界，看见马和迦毗罗仙人在一起，以为仙人是盗马贼，于是寻衅，仙人一气之下用额头上的火烧死萨羯罗的6万个儿子。

Kapila 伽琵罗（公元前350—前250），印度古代哲学家，印度哲学数论派祖师，著作有《数论经》。

Kapilaka=skull carrier "骷髅携带者"，湿婆派的神。

Kapilavastu 迦毗罗卫，古印度佛教遗址。传为释迦牟尼的故乡。亦译劫比罗伐窣堵、迦毗罗婆苏都、迦毗罗蟠窣都、迦毗罗、迦毗梨等，意译妙德城、黄头居处等。释迦族聚居的迦毗罗卫国的国都。中国的法显、玄奘都曾到过此城，但两人对它的位置的记述有所不同。

今尼泊尔南部的提罗拉科特就是迦毗罗卫。它距相传释迦牟尼诞生地蓝毗尼不远。这是印度考古学家穆吉克根据玄奘的记载，以1895年在尼泊尔泰雷地区发现的阿育王拘那舍牟尼佛石柱及1896年在蓝毗尼发现的阿育王释迦牟尼佛诞生石柱为线索，于1899年在提罗拉科特试掘后认定的。近年来，发掘工作已扩展到提罗拉科特周围地区，并发现了一些城垒和佛教遗址、文物。

Kapilavastu　迦毗罗卫国，公元前6世纪印度北部王国，释迦牟尼的故乡，其父净饭王为国王。

Kapilendra　卡皮伦德拉（？—1470），印度奥利萨国王。

Kapimukha　卡皮姆卡，一种树。

Kapisa　迦毗娑，古代地名，今贝格拉姆，在今喀布尔地区。古代印度佛教城。

Kapisthala Kathakas　《竭毗斯托罗家陀迦本集》。

Kapita　劫比陀手势，食指蜷曲，按在拇指上。

Kapota　鸽子手势：二手掌的边缘相合。

Kappa　惩戒经之五的《劫波经》。

Kappavadamsiao　《天堂》。

Kapphinabhyudaya　《皈依佛门》（史诗）。

Kar sevaks　志愿者。

Kar，Surendranath　卡尔，苏伦德拉纳特（1892—1970），印度画家，国际大学美术系老师，1924年9月陪同泰戈尔访问秘鲁，1927年7—10月随泰戈尔访问东南亚。

Kara　王子们玩的嘎儿球。

Kara　手镯，贡赋。

Kara-da　藩属。

Karachi　卡拉奇，信德省省会，巴基斯坦第一大城市和最大的海港和军港，全国工商业、贸易和金融中心，也是往来东南亚和中东、非洲、欧洲的国际航空站。1947—1959年曾为巴基斯坦首都，面积1448平方千米（市区591平方千米），市区人口930万。卡拉奇位于印度河三角洲西北侧，南濒阿拉伯海，一年大部分时间气候宜人，冬季（1、2月）平均最低气温13 ℃，夏季（5、6月）平均最高气温34 ℃。雨量稀少，年平均降水量仅200毫米。

卡拉奇原为印度洋沿岸的一个小渔村。1839年，英国占领卡拉奇，并将其划为陆军总部。1843年，卡拉奇与印度河上游的木尔坦建立航运。此后，卡拉奇成为印度河流域的主要港口。1861年，卡拉奇建立至戈特里的铁路，并于1878年延伸至木尔坦，与旁遮普铁路接轨。1910年，长达6.2万米的东码头竣工。到1914年，卡拉奇已成为当时英属印度的最大粮食出口港。1923年3月19—30日泰戈尔访问信德省时住在这里。

Karachi Rabindranath Literary and Dramatic Club　卡拉奇泰戈尔小说与戏剧俱乐部，专门研讨泰戈尔小说戏剧的团体。

Karada　纳税人。

Karadavyuha　《观世音（Avalokitesvara）的光荣》。

Karagam　印度南方的庙宇舞，女子头顶装饰漂亮的库拉萨花（kulasha），能保持平衡。

Karagam Kamala Das　卡拉干·卡马拉·达斯，印度英语作家。

Karakahetu　所做因。

Karakandacarita　《羯罗甘陀传》（史诗）。

Karakhan，Leo　加拉罕（1889—1937），苏联人。1889年2月生于俄国，1904年加入俄国社会民主工党。1917年加入布尔什维克党。曾任苏俄政府副外交人民委员。1921年7月到中国，1926年8月回国。曾两次代表苏俄政府发表致中国人民和中国南、北两政府的宣言。1923年9月率苏俄外交代表团来华，次年与北洋政府签订了《中苏解决悬案大纲协定》，恢复了两国正常外交关系。随后任第一任苏联驻华大使。1926年8月回国，再度任副外交人民委员，后任苏联驻土耳其大使。在苏联“肃反”中遭枪决。1924年4—5月，泰戈尔访华时受到一些人的反对，正在中国的加拉罕以中国无人了解泰戈尔为由，拉拢泰戈尔去苏联访问。泰戈尔表示一定要到苏俄考察，大概准备趁去西班牙、意大利之便转道去苏俄。

Karama　卡拉玛，比哈尔科尔地区的民间舞。

Karamala　手念珠法。

Karamalasampraduya　用手指计算念颂诗的数目的办法。

Karan　北方邦丰收舞。

Karana　卡啦啦，婆罗多舞舞蹈基本动作，脚位、躯干动作和手势相配合的舞蹈造型。有108种，表示怜悯、厌恶、惊讶、愤怒、诙谐、安详等。行动，所为，以双足为主的形体动作；原因，理由。

Karandhamana　轻轻打手。

Karasahr　古代焉耆国。见词条Agnidesa。

Karidas Nag　迦利达斯·纳格（1892—1966），孟加拉教育家、梵语学家。1924年4—5间曾随同泰戈尔访华。

Karma　业。

Karmaphal　业报。

Karana　缘故。

Karana Ghelo　《卡拉那给罗》，19世纪古吉拉特邦作家南大山卡（Nandashankar）的作品，古吉拉提语第一部小说。

Karent，Goda Shavaram 加楞特，G. S.，20世纪印度坎纳达语作家，作品有《返回土地》等。

Karghalik　叶城，为叶尔羌的简称，县因叶尔羌河而得名。西汉时为西域三十六国之一的西夜国，东汉时分属西夜国与子和国，唐时为疏勒都督府下的朱俱波州，北宋时属喀喇汗王朝，南宋时属西辽。元时为察合台后王封地，明代时属叶尔羌。清乾隆二十三年（1758年）清军征讨大小和卓，定边将军兆惠驻兵于此。清光绪九年（1883年），拟设叶城县，县治叶尔羌回城（今莎车），叶城即叶尔羌城的简称。光绪十年（1884年）正式设叶城县，而移县治至喀格勒克，县名仍沿用叶城。光绪九年（1883年）叶尔羌改名为莎车，为直隶州治所。喀格勒克原为叶尔羌回庄，设县后隶莎车直隶州，地域包括今叶城、皮山、泽普三县范围，辖大回庄十一个。后属莎车府。1943年属莎车督察专区，1949—1956年属莎车专区，1956年后属喀什专区、喀什地区。

Kari o Komal　《刚与柔》，泰戈尔的诗集。

Kariah　白蚁。

Karichaya　《展现》，泰戈尔的散文。

Karika　颂注，言论，言语，俗语。

Karikkala　迦梨伽罗，公元前1世纪朱罗国国王。

Karisa　牛粪。

Karitikeya　迦希吉夜，湿婆和雪山女神的儿子，战神。

Karkataka　巨蟹座。

Karkota Dynasty　卡尔克塔王朝，又叫纳加王朝，627年由杜尔巴拉伐檀那在克什米尔（古称迦湿弥罗）建立的王朝。

Karli　卡尔利佛教石窟，在孟买东南约160千米处，开凿于约公元40年—100年间。支提窟属仿木结构。

Karma　羯摩，业，前生行为的后果，报应，因果报应，意为工作、行为、行动、活动、事情、做、作等，泛指一切身心活动，包括行动、语言、思想活动等。

Karma　修行。

Karma-bandha　业的束缚，身、口、意的活动，亦称“三业”。印度教和佛教称人的这些活动能带来相应的结果，就是“业”的报应，印度教认为这些活动也能束缚人的灵魂，使其不能解脱，被称为业的束缚。

karma marga　善行道。

Karma Yogin　业瑜伽练习者，练习解脱之道的人。

Karma-mala　业不纯，行为不纯。

Karmabhoomi　修行地。

Karmakanda　礼仪篇，羯摩篇，行为，业。

Karmamimamsa　业弥曼差，重吠陀礼仪的研究。

Karman　有为，实践。

Karmana-sarira　业身。

Karmanranito　战争中俘获的奴隶。

Karmaphal　《报应》，泰戈尔于1903年写的短篇小说。大学生什迪希是蒙莫特和比杜穆姬唯一的宝贝儿子，被妈妈宠爱，要星星不敢摘月亮。姨妈家没有孩子，想把什迪希过继过去，因而也尽量满足他的贪得无厌的要求。爸爸对他们的做法很不以为然，爸爸认为让孩子掌握学问最宝贵，认为这么做会害了孩子，控制什迪希乱花钱。但妈妈和姨妈反而认为他不近人情，亏待了孩子。蒙莫特在去世前把财产捐赠给保育院，没有给儿子留下一份遗产，只给妻子留每月75卢比的生活费，为此什迪希恨死爸爸。比杜穆姬讨好妹妹妹夫，目的是让他们把什迪希过继过去，早日继承财产。什迪希完全一副英国人的打扮，绅士派头，挥霍无度，要钱稍有不从便大发雷霆，很令姨妈担忧。他为了讨好女友——帕杜利的女儿诺丽妮，借钱买了十分贵重的生日项链送她，因还不起，被抓进监狱，多亏姨妈姨父花钱赎出。帕杜利也想通过法律手段把什迪希姨父的财产早日放到未来女婿的名下，不料苏古玛丽生了一个儿子赫伦德拉，姨父因而只答应让他继承部分财产。什迪希便对小表弟怀恨在心，认为表弟堵了他的发财路。他没有通过学时考试。姨父在他工作的单位为他找了一份出纳工作，他很受老板赏识。他为了显示志气，挪用大量资金给姨妈"还债"，声称钱是他买彩票挣来的。挪用资金的事情很快败露，他丧心病狂地威胁杀表弟。警察来抓他，多亏女友诺丽尼瞒着父亲卖了自己的首饰才救了他。什迪希成了众矢之的。

Karmaphala 业果，从事各种事业的结果。

Karmasangin 迷恋于有为。

Karmayajna 《崇拜劳动》，泰戈尔在梅特拉（D. N. Maitra）创立的孟加拉社会服务联盟（见 The Worship by Labour Maitra, Bangiya Hitasadhan Mandali, Bengal Social Service League）成立典礼上的讲话，号召青年以牺牲精神参加社会服务工作。

Karmayog 《在行动中彻悟》，泰戈尔 1911 年写的散文。见 Realization in Action in Sadhana。

Karmayoga 业瑜伽，有为瑜伽，实践中去修炼，通过练习解脱，逐步成为没有任何欲望、没有任何追求的实践者。通过正确行动（羯摩）获得精神上的功业。在这样的行动中必须去处自除的动机。行为哲学。

Karmendriya 五行：言（speech）、呼吸（gasping）、行（walking）、排泄（evacuation）、生殖（procreation）。业根，行动器官，五作根，指手、口、足、排泄器官和生殖器。

Karmin 祭祀仪式执行人，信仰弥曼差（mimamsa）的人，认为履行吠陀所规定的烦琐仪式就能达到解脱的目的。

Karmuka 棕榈制的弓。

Karna 迦尔纳，《摩诃婆罗多》里般度五子的母亲贡蒂的私生子，一生下来就被抛弃，由一个车夫收养，成为车夫的儿子，学就一身好武艺，被难敌收为将领，与阿周那一方为敌，并在俱卢军中继毗湿摩为统帅，而后终被阿周那杀死。

Karna 格尔纳，一种吹奏乐器。

Karna 好看的花，史诗最精彩的部分。

Karna- Kuntee Sangbaad 《迦尔纳与贡蒂》，见下条。

Karna and Kunti Dialogue（Karna- Kuntee Samvad）《迦尔纳与贡蒂》，泰戈尔于 1899 年写的剧本和诗。取材于史诗《摩诃婆罗多》。

贡蒂在年轻时因招待敝衣仙人周到，被敝衣仙人赐咒语，因好奇呼来太阳神，生下迦尔纳后遗弃，由车夫抚养长大。俱卢大战中，迦尔纳做了俱卢族统帅。贡蒂找到在恒河边打坐的迦尔纳，向他道明身世，要求迦尔纳回到般度兄弟一边。迦尔纳开初动心，但想到自己被遗弃受的屈辱，想到自己的职责，断然拒绝贡蒂的要求。不过，他答应可以不杀阿周那以外的其他四个兄弟。不管他死还是阿周那死，能让她保证有 5 个儿子。贡蒂当了一次不成功的女政治家。

Karnabhara 《迦尔纳出任》，2—3 世纪著名剧作家跋娑（Bhasa）的作品。

Karnabhusananirmana 耳饰品工艺。

Karnak Haus 卡尔纳克之家，爱因斯坦的寓所，1930 年 7 月 14 日，泰戈尔在德国卡普特和卡尔克纳之家和爱因斯坦会晤。

Karnal, Battle of 卡纳尔战役，莫卧儿王朝 1739 年初与波斯侵略军进行的一次战役，莫卧儿王朝败，从此一蹶不振。

Karnaphuli 卡尔纳甫里河，在达卡附近。古特里普拉王国就在河流两岸。

Karnasundari 《迦尔纳和孙陀利》，11 世纪比哈那（Bilhana）写。

Karnasuvarna 羯罗纳苏伐剌那，"金耳"，今印度西孟加拉邦西达巴德县的罗杰巴登加。

Karnata 卡尔纳塔，今安德拉邦和泰米尔纳德邦的部分地区，为卡纳拉语的流行区。

Karnataka 卡纳塔卡乐，南方风格的音乐。

Karnataka Pradesh 卡纳塔克邦，在印度南部，首府班加罗尔。

Karnath, Kirsh 迦尔纳德，科尔史（1937— ），印度坎纳达语戏剧家，作品有《行迅王》。

Karnatic music 卡尔纳提克音乐，印度南部音乐。

Karnatic War 卡尔纳提克战争，18 世纪英国与法国争夺印度土邦卡尔纳提克的战争，共 3 次，英国胜。

Karnavedha 婴儿3～5岁时的穿耳礼。

Karniksa 卡尔尼科萨，山名。

Karoshthi 佉卢文字，又叫“驴唇书”，一种用于书写印度古代俗语和梵语的文字，横书左行。公元前三世纪到公元四五世纪盛行于印度半岛西北部，后因受梵书排挤逐渐绝迹。我国古代在新疆的于阗鄯善一带也曾使用。佛教传说为佉卢蝨吒所创。

Karpana 矛。

Karpanya 同情。

Karpasa 棉花。

Karpeles, Andre 卡尔佩雷，安德烈(1885—1956)，法国画家。1930年5月泰戈尔访问法国时，他与阿根廷女作家奥坎波等资助泰戈尔在巴黎举办画展。

Karpuracarita 12—13世纪婆差罗阇（Vatsaraja）的《赌徒传》。

Karpuramanjali 《樟脑球》，9—10世纪戏剧家王顶（Rajasekhara）的作品。

Karpuratala 卡尔普罗达拉，印度独立前旁遮普的土邦之一，其王公以追求豪华奢侈著名。

Karsana 拉，拖。

Karshapana =kahapana 加尔沙帕那，公元前4世纪摩羯陀国的货币名。

Kartaa 家长，主语，主人、主祭；执行者，表演者；地下洞穴，深渊。

Kartaar Ichchhaay Karma 《按官员的意志行事》，泰戈尔的散文。

Kartal 钹，吟游僧人用的乐器。

Kartar Bhut 《老人的鬼魂》，泰戈尔的小小说。见Old Man's Ghost。

Kartar Ichchhay Karma 《主的意志》，泰戈尔著名的政治论文。见As the Master Wills。

Kartarimukha 剪刀手势，食指弯曲、向后，与中指叉开。

Kartavirya（juna） 迦里陀毗里耶，印度传说里的国王，有千臂、金车，随心所欲地到处走，遏止邪恶。因偷走家摩达格尼的祭祀牛犊而被持斧罗摩杀死。

Kartavyata 义务与达摩。

Kartik 迦尔迪克月，印历8月，相当于公历10—11月。

Kartik 卡尔迪克，即战神鸠摩罗，湿婆和帕尔瓦蒂的儿子，专门消灭恶魔塔拉克。

Kartik Poornima 卡尔格节，安德拉·泰米尔纳德等邦的节日，在10—11月。

Kartikai 卡尔提凯，地名，原来在安得拉邦和泰米尔纳德邦之间，在现在的卡尔提克彭密（Kartik Pomni）。

Kartikeya 迦尔迪克，印度古代神话传说中的美男子，天兵统帅，湿婆大神和雪山神女所生的儿子，又译迦缔吉夜、塞建陀。

Kartr 世界创造者，为毗湿奴或梵天的别号。

Karttik（eya） 又叫室楗陀（Skanda)、鸠摩罗、伽烯吉夜（神），因陀罗的将军。战神，湿婆的儿子。

Karttva 为者，从事诸业的身份。

Karuijawa 轻井泽，日本著名的避暑胜地，在日本长野县。

Karuka 工匠。

Karuna 舍。

Karuna 《科鲁娜》，泰戈尔1877年写的中篇小说。

序曲：富豪奥鲁普的独生女科鲁娜与父亲朋友临死前委托抚养的儿子诺伦德罗自小两小无猜，青梅竹马。诺伦德罗进城上学后酗酒，游手好闲，打架斗殴，寻欢作乐，但他在家乡却倍受崇敬。奥鲁普死后，科鲁娜嫁给了诺伦德罗。

诺伦德罗不顾科鲁娜的竭力阻拦，去了加尔各答。他和社会活动家戈达多尔、作家绍鲁普等高谈阔论，扬言要把妇女从内室解放出来，从寡妇莫希妮开始。莫亨德罗与包办的不漂亮的罗焦妮结婚后就不上大学了。他冷落媳妇，对漂亮寡妇莫希妮情有独钟。莫亨德罗总在莫希妮打水的地方等她。但莫希妮不理他，使他很苦恼。但实际上莫希妮也喜欢他，就是害羞而已。莫希妮很愿意见到莫亨德罗，但出于羞怯不理他。他对家里人发火出气。

学者先生、小学教师萨尔博鲍姆的凶悍的夫人死后另娶，他不修边幅，在婚礼上大出洋相。莫亨德罗和戈达多尔暴风雨之夜摸到莫希妮的屋子，因碰翻瓦罐而泄露行踪，逃跑时丢了一只鞋，众人怀疑莫希妮。而戈达则在梦中演讲被莫家人打。众人知道了莫亨德罗的丑闻，都鄙弃他。只有罗焦妮关照他。他抱怨自己婚姻不如意，出走了。

学者先生与新婚妻子卡泰约尼沉浸在蜜月幸福中。新娘口若悬河，还说三道四，也对丈夫不忠。

诺伦德罗长期不归家，科鲁娜着急。诺伦德罗什么毛病都有，大家只瞒着科鲁娜一个人。他在加尔各答负债累累，为躲债才回来。科鲁娜病了，诺伦德罗却跑到加尔各答去了。因债台高筑又回来，喝酒，不吃科鲁娜挣扎做的饭菜，反而把她踢出屋门。诺伦德罗因负债入狱，科鲁娜卖剩余的首饰把他赎出。他出狱后依然花天酒地，还借绍鲁普和戈达多尔的钱。这两人看见学者和卡泰约尼的年龄差距太大，便打起了“解脱卡泰约尼”的主意。

科鲁娜生了个儿子，全靠奶妈博比照料这个家。诺伦德罗却把她踢出门。科鲁娜失去了为她干活和可以倾诉冤屈的人。

诗人绍鲁普喜欢上了科鲁娜，寝食难安，并把她写进诗里。迪尼从绍鲁普扔的纸片上、从科鲁娜的神色上嗅出了二人有好感的蛛丝马迹，他打算把此事透露给诺伦德罗。孩子病了，医生因科鲁娜欠费叫不来，学者和迪尼凑钱，医生才来，但孩子病重而死。诺伦德罗竟然打了学者。科鲁娜悲痛欲绝，迪尼却乘机向诺伦德罗说所谓她与诗人的关系。迪尼引诱诗人，一边带诺伦德罗去抓二人所谓约会。而科鲁娜完全是无辜的。诺伦德罗毒打科鲁娜，博比无法保护。科鲁娜被赶出家门。

学者的妻子卡泰约尼把首饰细软席卷一空和情人私奔。挑唆是非的迪尼带他找见卡泰约尼和她的情人，但遭到羞辱。他卖掉房子去迦尸苦度残年。

莫亨德罗出走，公婆和小姑子把责任全推到罗焦尼身上，说她气走了莫亨德罗。罗焦尼找到莫希尼，要她帮忙写一封信，她要去姐姐家住。

科鲁娜疲惫地、漫无目的地走，不料遇到诗人绍鲁普，如见毒蛇。绍鲁普大献殷勤，科鲁娜不感兴趣，但无可奈何地同意和他去西部。科鲁娜跟绍鲁普到了迦尸。她对绍鲁普异常冷淡，绍鲁普觉得白花了冤枉钱。他又劝她一同去阿拉哈巴德。不料在车站碰到学者，由于迪尼的挑唆，他扔下苦苦哀求的科鲁娜走了。科鲁娜走投无路。

Karuna　慈悲，悲悯，慈爱，悲悯味。

Karuna　悲悯味，产生于常情悲（Soka），它通过诅咒的折磨、灾厄、与心爱之人分离、失去财富、杀害、囚禁、逃跑、打击和落难等情由产生。

Karusa　库鲁萨，相当于现代的班德尔坎达（Bandelkhanda），传说里婆罗门洗涤因陀罗杀害婆罗门的罪孽的地方。

Karusa　肮脏之物。

Karuvaki　迦楼伐吉，公元前3世纪孔雀王朝国王阿育王的王后。

Karwar　卡尔瓦尔，印度西南海岸的城镇，在果阿南边，1883年4月，泰戈尔随家人移居卡尔瓦尔，这里是群山环绕、宁静、隐蔽、弥漫着檀香和豆蔻香气的地方，终日面对椰树和大海，诗人胸中的诗情也高涨起来。在这里，他完成了一部重要的诗剧《大自然的报复》（Pakritir Pratishodh）。

Karya-karana-karttritwa　身体和意识的活动能力。

Karyala　卡利亚拉，喜玛偕尔邦地方戏。

Kas Knanaya　卡斯·克那那亚，叙利亚犹太基督徒，2世纪到印度传播基督教。

Kasa　卡萨草，祭祀初期用的圣草。

Kasa reed　卡什草。

Kasahara　卡撒哈拉，日本手工艺人，他于1924年在国际大学的树上做了一个树上小屋，让泰戈尔试着钻进去。

Kasar　卡萨尔种姓。

Kasayani　“暗红色”，袈裟。

Kash　芦苇类植物，长在水边、田边，开白花。

Kashf-ul-Mahjub　《秘密的揭示》，11世纪伊斯兰苏菲派哲学家胡吉伟利的著作。

Kashgar　喀什噶尔，古代西域城市，在今天的塔里木盆地西部。

Kashgar Daria　喀什噶尔河，是位于中国新疆塔里木盆地西部的一条内流河。喀什噶尔一名系古伊朗语，意为玉石或玉山，河因城得名。喀什噶尔河发源于帕米尔与北部天山支脉阿里山，流经乌恰、疏勒、伽师等县，最终流入巴楚县的阿纳库勒水库，全长900千米，平均宽度40米。流域北依天山西段南坡，西临帕米尔高原，南靠昆仑山北麓，东面开口朝向塔克拉玛干大沙漠。

Kashi　卡诗，泰戈尔诗里的歌唱家。

Kashmir　克什米尔，又称喀什米尔，全称查谟和克什米尔，首府斯利那加，是南亚次大陆西北部的一个地区，曾为英属印度的一个邦，现为印度和巴基斯坦分别控制。77%居民信仰伊斯兰教，20%信仰印度教，还有少数锡克教徒与佛教徒。全境多山，大部地区海拔在4000米以上。北有喀喇昆仑山脉，平均海拔在6000米以上，有8000米以上的山峰4座，7500米以上的山峰8座，乔戈里峰海拔8611米，是世界第二高峰。中部属喜马拉雅山脉西段，13个山峰超出6000米，帕尔巴特峰海拔8126米。南为查谟丘陵，高度一般在1200米上下。印度河上游及其支流杰卢姆河流贯境内。境内山高水深，现已有公路和铁路与外界联系。

南北气候差异很大，降水量自西南向东北递减：查谟达1150毫米，东北部最少，仅50～80毫米；气温自南而北递降，查谟1月平均气温为14 ℃，列城平均气温在0 ℃以下。矿藏有煤；多矿泉与温泉。森林占总面积的八分之一。克什米尔河谷地与查谟地区是重要农业地区，产稻米、玉米、小麦和油菜籽、苹果。畜牧业以养羊和牛为主，所产羊毛世界闻名，牦牛是山区重要交通工具。有毛织、丝织、地毯、坎肩和木雕等工业和手工业，还发展了旅游业。1947年前为英属印度的土邦。印巴分治以及分别独立时，克什米尔归属问题未获解决。1947年10月，印、巴在克什米尔发生武装冲突。1949年划定停火线。巴基斯坦控制区约占总面积的五分之二，人口约占四分之一，其余为印度控制区。1965年9月和1971年11月的两次印巴战争，停火线以西的一些地方为印度占领。

Kashmir Princess　克什米尔公主号，飞机的名字。1954年周恩来总理参加万隆会议时租用的印度航空公司的克什米尔公主号飞机，由于台湾特务放置定时炸弹，飞机在靠近印度尼西亚的海上爆炸坠落，造成参会人员和中外记者的死亡，周恩来由于公务改乘其他飞机而幸免。

Kashmir Saivism　克什米尔湿婆派，印度教湿婆派分支，创始人瓦素吉多，著作《湿婆经》认为湿婆是最高实在，宇宙的创造者。

Kashyap　卡斯亚普，哥特拉氏族（Gotra）的婆罗门次种姓。

Kashyapa and Aditi　“无束缚”，群神之父母，所有神为其子孙。平息神怒，排忧解难，提供住宿。众天神搅乳海得一耳环，因陀罗送阿底提，毗湿奴作为侏儒在其体下凡。

Kasi　卡西王，《摩诃婆罗多》里安巴、安巴利卡、安比迦三姐妹的父亲。

Kasia　卡西亚，印度东北部的部落居民。

Kasia　迦夏，也叫库尸那加，在印度靠近尼泊尔边境的地方，为佛祖释迦牟尼涅槃之处。

Kasikhanda　迦尸段，《战神往世书》里的一段，叙述圣城迦尸及其湿婆庙。见Kasi。

Kasiraja　迦尸之王，迦尸族国王，《摩诃婆罗多》里的般度军大将。

Kasis　卡西司，《罗摩衍那》里十车王的领地。

Kasmira　伽湿弥罗，印度古代国名（7—14世纪），即今克什米尔。古译罽宾。

Kasmiris　克什米尔人，分布在克什米尔地区，以雅利安成分为主，具有塞族人、匈奴人、鞑靼人、蒙古人、汉人等特点。说吸收了波斯语、阿拉伯语、土耳其语、普什土语等词汇的克什米尔语。

Kasturba　嘉斯杜白（1869—1944），圣雄甘地的妻子，1882年与甘地结婚，1944年为了反对英殖民主义而死于狱中。

Kasturigandhi　鱼香女，指福身王的妻子、毗湿摩的后母贞信。

Kasyam　酒。据说迦叶波仙人的名字来自酒，因为他酗酒。

Kasyapa　迦叶波仙人，人类祖先，与无缚女神（Aditi）生7子：婆楼那（Varuna）、米多罗（Mitra）、阿利耶曼（Aryaman）、簿迦（Bhaga）、达沙（Daksa）、庵娑（Amsa）及苏利耶（Surya）。七大仙人之一。十车王的祭司。娶妻子阿底提及其12姐妹为妻，持斧罗摩的祭司，摩奴的父亲；释迦牟尼的大弟子；“龟”；无瓶仙人。

Kasyapa　迦叶波家族，7世纪印度天文学家，久居长安。

Kasyapa　迦叶波，释迦牟尼住世时最有名的十大弟子之一，享有头陀第一、上行第一之誉，为禅宗第一代祖师。

Kasyapa　迦叶波氏，7世纪印度天文学家，曾来长安。

Kasyapa Matanga　迦叶摩腾，印度佛教僧人。据说汉明帝有一次在梦中看见一个金人，从朝臣口中得知是佛陀后，于公元65年派使节邀请佛教传教士来到中国。使节带来了两个印度佛教僧人：一个是迦叶摩腾；另外一个是竺法护（Dharmaraksa）。他们用白马载着经文在洛阳建立第一所佛教寺庙，这就是白马寺。

Kasyapasamhita 《草药大纲》，印度古代医书。

Kasyapi 地球，大地，大地叫迦叶毗，是因为持斧罗摩把它作为礼物送给了迦叶波。

Kataka 卡塔卡，奥里萨最古老的城市中心。

Katakamukha 手掂花姿势。

Katakavardhamanaka 双手半握。

Katavul 超自然的。

Katayama, Toshihiko 片山敏彦（1898—1961），日本著名诗人和散文家，曾翻译罗曼·罗兰、歌德等人的作品。著文纪念泰戈尔诞生100周年。

Kath 孟加拉棍子舞。

Katha 珈陀（讲故事）奥义书；由他人叙述主人公的事迹。

Katha o Kahini 《故事与寓言》，泰戈尔于1926年底出版。

K

Katha-Chatushtay 《四种故事》，泰戈尔1894年写的短篇小说。

Kathak 卡达克舞，印度古典舞之一，源于北方邦和拉贾斯坦邦，主要反映黑天的爱情故事。

Kathaa 故事，寓言。

Kathaa 《故事集》，泰戈尔1900年的作品。

Kathaabartaa 《对话》，泰戈尔的散文。

Kathaamaalaa 《故事鬘》，由伊斯瓦钱德拉·韦迪撒加（Ishwarchandra Vidysagar）根据伊索寓言写的动物寓言。

Katha-Upanishad 《迦塔奥义书》。

Kathaka Samhita 珈陀迦本集。

Kathaka Upanishad 《羯陀奥义书》。

Kathakali 卡达卡里舞，“戏剧故事”，印度古典舞之一，起源于印度克拉拉邦，化妆如京剧脸谱，反映史诗故事。

Kathakas 吟诵神话者。

Kathakata 卡塔卡多，一种以道德说教为主旨的讲故事传统。

Kathamuka 卡塔姆卡，舞蹈手势名称：拇指、食指、中指相捏，其余两指伸直，前后错开；然后拇指伸直，食指折回，包于拇指间，其余三指伸直，前后错开。

Kathasaritsagara 《故事海》，11世纪月天（Somadeva）著。包括神话、传说、寓言、童话、民间故事等。

Kathavatthu 直论，论事，小乘部派经典。

Kathiawar 卡提阿瓦半岛，在印度西部，濒阿拉伯海，介于坎贝湾（东）和卡奇湾（西）之间，面积60723平方千米，中部为一波状起伏的丘陵，最高点海拔1117米。河流成辐射状流出，外缘有宽狭不一的海岸平原，年降水量400～600毫米，中部丘陵600～800毫米。公元4世纪，师子国王尸迷法拔摩（约352—379年在位）曾请笈多王朝的三谟陀罗崛多王（约330—375年在位）帮助在摩羯陀佛成道的菩提树附近建立“摩诃菩提僧伽兰”，专门安置自楞伽岛来此巡礼的僧侣。玄奘到时，此寺有僧近千人，亦习大乘上座部法。公元7世纪前后，大乘上座部是斯里兰卡佛教特有的派别。作为佛牙舍利产地的印度羯陵迦国，有伽兰10余所，僧500人；坎贝湾东岸的跋禄羯咕婆国有寺10余所，僧300人；卡提阿瓦半岛及其东岸马希河一带的苏刺侘国，有寺50余所，僧3000人，也都属于大乘上座部。它们都是沿海国家，受斯里兰卡佛教的影响是很方便的。

Kathika 讲故事的人，卡达克舞名字从此而来。

Kathikundhinach 奥利萨邦用棍子和线操纵的木偶。

Kathina 袈裟。

Kathiyala 卡亚拉，印度独立前旁遮普地区的土邦，其王公以追求生活豪华奢侈而闻名。

Kathodghata 故事开始。

Kathopanisad 《迦塔奥义书》。

Kati 科提种姓。

Kati Bihu 卡蒂节，在10—11月，在家庭院子崇拜毗湿奴的化身图尔西树（Tulsi）。

Katora 一种碗。

Katra 卡特拉，在马图拉附近。这里出土佛陀像。

Katrikai 一种茄子。

Kattigara 卡迪卡拉港，古代港口，位于金暹罗（今泰国）海岸。

Kattitakaran 表演不同角色的演员。

Katyayana 迦旃延那，佛陀10大弟子之一。

Katyayana 迦陀延纳，公元前3世纪人，写《释补》（Vartika）。

Katyayana 卡地亚亚那，《罗摩衍那》里十车王的谋臣。

Katyayanas-rauta-sutra 《迦提雅耶那天启经》，印度古代流派哲学之一的弥曼差派著作。

Katyayaniputra 加多衍尼子，1世纪印度佛教学者，小乘佛教说一切有部理论家。

Kaul, B. M. 考尔（1912—1972），印度军官，1962年中印边界冲突时任第四军军长，失败后被迫辞职。著作《没有讲过的故事》，为失败开脱。

Kaula tradition 考拉修炼，又叫“左手”修炼法，是湿婆性力派的修炼法，其目的为达到与湿婆同一，摆脱再生。

Kaumara 少年，青年时期。

Kaumodaki 丁形圆锤。

Kaumodaki 卡摩达吉，权杖，原意是“取悦大地者”，取悦大地者就是毗湿奴，它是毗湿奴的神器，因此叫卡摩达吉（毗湿奴之物）。

Kaumudi-sangharama 卡姆迪-僧加蓝，印度古代曲女城（今卡恼季）的著名风景寺院。

Kaumudimahotsava 《孙达拉阋曼的阵亡》，琵者耶的剧本。

Kaundinya 混填，印度人，传说他被施了迷信膜拜仪式，在梦里梦见神赐弓箭一把，让他乘船入海。他在神庙下发现这把弓箭，然后决定乘着商船漂洋过海。他来到扶南国，被众人抓住，然后与女王叶柳（Ye Liu）成婚。扶南的早期统治者就是这位印度人的后裔。

Kaundinya 混填（峤陈如），10世纪印度人，他为《摩诃婆罗多》加注。

Kaupina 僧衣。

Kauravas 俱卢族，史诗《摩诃婆罗多》中与般度族对立的一面，指以难敌为首的持国百子。

Kaureya “贡蒂的儿子”，指史诗《摩诃婆罗多》里的般度五子中的老三阿周那。

Kausala 山羊。

Kausalata 善方便。

Kausalya 乔萨利耶，十车王的大王后，罗摩的母亲。

Kausambi 峤赏弥城，即今恒河和雅穆纳河交界处的科萨姆。传为具舍（罗摩子）的二儿子俱赏跋建。

Kausambi 考散比，梵天的第二子。

Kausila （拉格）考希拉，曲调，晚上演奏，表现高兴和欢笑。

Kausidaki-Aranyaka 《乔尸多基森林书》。

Kausika 靠西卡河，河流；神话里众友仙人的别称。

Kausiki 乔尸吉，传说里仙人里质竭妻子，坚守情操，死后化作一条雪山圣河。《罗摩衍那》里，她就是加摩达哥尼的母亲萨提亚瓦，因坚持正法、忠于丈夫而变为该河。

Kausila 神话里众友仙人的别称。

Kausitaki Brahmana 《乔尸多基梵书》，为吠陀本集的第二部梵书，第一部为《爱达雷耶梵书》（Aitareya Brahmana）。

Kausitaki Upanishad 《乔尸多基奥义书》。

Kaustubha 众神搅乳海时搅上来的宝石，橘红色，由毗湿奴或黑天戴。

Kaustubha 毗湿奴脖子上戴的圣珠宝。

Kauteya 考提亚，指阿周那。

Kauthara 古笪国，古代安南的一个国家兼港口。

Kauthuma 考图玛，信奉《娑摩吠陀》的支派。

Kautilya 乔提里亚，又名乔底利耶，公元前4世纪人，孔雀王朝政治家，辅佐月护王建立孔雀王朝，著不朽名著《政事论》（或译作《治国安邦术》）。

Kautuka 由女方母亲在婚礼上拴到女儿手腕上的黄色羊毛线。

Kauveri 俱毗瑞，财神俱毗罗（Kuvera）的妻子。

Kauvoja 神话里极欲神牛变出的人种，打众友仙人。

Kauwa，kak 牛。

Kauyakubja 全印穆斯林联盟，伊斯兰协会，伊斯兰文学社。

Kavaca 神力，神功。

Kavadi 卡瓦，南方宗教舞。

Kavandha 如有了生命四处运动的无头树干。

Kaveri 科弗里河，印度南方的河流，发源于卡纳塔克邦，从泰米尔纳德邦注入孟加拉湾。

Kavi 第一位诗人。

Kavi-Kahini 《诗人的故事》，泰戈尔1878年在《婆罗蒂》上发表的无韵体长篇叙事诗。

Kavi-Samrat “诗歌王子”，安德拉邦文学组织“婆罗多圣地”（Bharatitirtha）1937年7月24日缺席授予泰戈尔的称号。

Kavi-Sarvabhauma “卓越诗人”，1931年9月20日加尔各答学院的梵语学者们赠送给泰

K

戈尔的称号。
Kavikanthabharana 《诗人的项饰》，11世纪安主（Ksemendra）著。
Kavikarnapura 卡维卡那步拉，16世纪作家，著《庄严宝》（Alankarakausbha）、《支登耶月升起》（Caitanyacandrodanya）。
Kaviraja 诗人之王。
Kavirajamarga 《诗王路》，最早的坎纳达语著作，恩帕屯加（Nrpatunga）写。
Kavisiksa 诗人学。
Kavisiksavrtti 《诗人学注疏》，阿玛拉坎达（Amaracandra）著。
Kavitarahasya 《诗人的奥秘》，11世纪哈拉于达（Halayuddha）著。
Kavitavali 《诗集》。
Kavivyapara 本身活动。
Kavya 文学，诗。
Kavya 卡威亚，仙人薄利古的儿子，因为想称霸世界被毗湿奴杀。
Kavya 加毗耶，又名须伽罗（Sukra），金星，印度神话里阿修罗的师父。
Kavyadarsa 《诗镜》，7世纪檀丁（Dandin）作，论述文学的分类、风格、诗德等。
Kavyadrstanta 诗喻，不使用"如""像"等譬喻词，清晰展示与描写对象相似的事物。
Kavyagrantha 诗选。
Kavyagranthavali 《诗选》，1896年由泰戈尔的外甥、泰戈尔的二姐邵乌达米妮的儿子萨提亚普拉萨德·甘谷里出版的泰戈尔的诗选。
Kavyahetu 诗因，得知此事，使想起或体会到彼事。
Kavyakalpalata 《诗如意藤》，13世纪艾瑞新（Arisim）与阿玛拉坎德拉（Amaracandra）合著。
Kavyalankara 《庄严诗论》，9世纪路德拉塔（Rudrata）作。
Kavyalankarasangraha 《摄庄严论》，8世纪乌德巴塔（Udbhata）著。
Kavyalankarasutra 《诗庄严经》，摩那（Vamana）作。
Kavyalokalocana 《韵光注》，11世纪作家新护（Abhinavagupta）著。
Kavyamangala 《叙事诗》，当代古吉拉特邦作家孙达兰（Sundaram）的作品。
Kavyamimamsa 《诗探》，9—10世纪王顶（Rajasekhara）著。
Kavyanumiti 诗推理。
Kavyanusasana 《诗教》，雪月（1108—1172）著。另一耆那教学者瓦格巴塔（Vagbhata）于12世纪写同名《诗教》。
Kavyaprakasa 《诗光》，11世纪曼摩吒著，论述诗的目的和特点。
Kavyapurusa 诗原人。
Kavyasamhara 收尾，在8世纪写《正道精华》（Kamandaka Nitisara）。
Kavyasara 《诗的精髓》，15世纪坎纳达语作家阿比那瓦瓦迪·维迪亚南达（Abhinavavadi Vidyananda）的作品。
Kaya （身口意）里的身业。指动作。
Kaya sadhan 通过身体来领悟。
Kayal 加伊，古城，就是现在科摩林角东北的卡亚帕塔纳姆。
Kayastha 文书种姓，属于首陀罗（Sudra）。
Kayastha 卡耶斯托种姓，同管理、公务员、会计、官员、学者、神职等有关的文书种姓。
Kayath 卡亚特，种姓名称。
Kaye，John william 凯伊，约翰·威廉（1814—1876），英国军人，史学家，曾在印度服役并创作。作品有《印度士兵战争史》等。
Kayotsarga 耆那教徒打坐修炼的姿势。
Kazi 穆斯林。
Kazi Nazrul Islam 卡兹·纳次鲁尔·伊斯兰（1899—1976），孟加拉英殖民时期的"造反诗人"，作品有《火琴》《夜莺》《渴望》。
KCS Kshitish Chandra Sen 的缩写，见 Sen，Kshitish Chandra。
Ke bosile hridayasane, bhubaneshwara prabhu 《谁坐在我的心上，啊，宇宙之主》，泰戈尔所创作的一首歌曲名。
Keats，John 济慈，约翰（1795—1821），出生于18世纪末年的伦敦，他是杰出的英诗作家之一，也是浪漫派的主要成员。
Kedaaranaath 凯达罗纳特，位于喜马拉雅山区的一个朝觐圣地，那里建有一座湿婆神庙。
Kedaaranaath Bandyopaadhyaaya 凯达罗纳特·般多巴泰（1883—1949），孟加拉小说家。
Kedara 波斯式扶手椅。
Kedara 凯达罗，印度孟加拉地区音乐的曲调名。

Kedarnath Dasgupta 凯达尔·达斯古普塔，泰戈尔时代的出版商。

Kee Habe Balo Go Sakhi 《朋友，你说会有什么结果》，泰戈尔的诗。

Keertan 基尔侗，在孟加拉邦流行的一种歌颂黑天和拉达的民歌，也是一种歌唱黑天和拉达爱情的传统歌舞剧，是信奉克里希纳大神教派教徒的狂热宗教文艺活动。

Kehucharan 克互查兰，奥迪西舞导师。

Keio-Gijikuc 庆应义塾大学，简称庆应大学或庆大，乃日本名思想家福泽谕吉所创建的日本第一所私立大学，仿照英式教育风格。庆应大学以学术自由及校园内蓬勃发展的活动著名。它创建于1858年，由日本近代著名思想家福泽谕吉在江户（东京旧称）的筑地铁炮州购地开办。庆应大学已成为具有10个学部、1个通信教育课程、1个日语教育中心、14个研究生教育科和一批研究机构的规模宏大的大学。1916年7月泰戈尔访问日本时曾在该大学做报告。

Kekaya 克迦压，意译为后舍，印度佛教家，公元472年在魏国都城即今山西境内的北台译经5部。

Kekaya 吉迦牙，《罗摩衍那》里十车王二王后吉迦伊的家乡，现旁遮普西边，婆罗多和舍图卢柢那的舅父就在这里。都城在王舍城。

Keli 克利，毗湿奴大神的别名。

Kelyeban 凯列班，英国作家莎士比亚的戏剧《暴风雨》中的野性而丑怪的奴隶。

Kemal, Mustafa Atatürk 凯末尔，穆斯塔法·阿塔尔克（1881—1938），土耳其的军官、改革家、作家和领导人，土耳其共和国第一任总统，被誉为现代土耳其的肇建者。凯末尔最为人所知是他在一战杰出的军事能力，同时伴随着奥斯曼帝国的崩解，他带领土耳其国民运动并成功在安卡拉建立独立政府，他打败当时协约国所带领的同盟军队，并以杰出的优越能力解放了国家并建立了现今的土耳其共和国，在他就任土耳其领导人的时候，凯末尔进行一连串政治、经济和文化上的变革，启蒙土耳其并让土耳其成为现代化和世俗主义的国家，凯末尔带领土耳其现代化的作为被称为凯末尔主义。

Kena Gaan Gaai 《我为什么唱歌》，泰戈尔的诗。

Kena Gaan Shunaai 《我为什么为你唱歌》，泰戈尔的诗。

Kena Upanishad 《由谁奥义书》。

Kerala=Malabar 克拉拉邦，又称马拉巴，讲马拉雅拉姆语的原始达罗毗荼人所在地，在印度最南端。

Kerala Paninyam 《克拉拉盘尼衍》，权威的马拉雅拉姆语语法书，19世纪罗阇·罗吉·瓦尔玛（Raj Raja Varma）写。

Kerati 野人。

Kesanta 孩子首次刮胡礼。

Kesa 毛发。

Kesari 《藏红花》，泰戈尔于1898年写的散文集。

Kesaria Vana 装束。

Kesarin 科萨琳，神猴哈奴曼的父亲。

Kesava Temple 恺撒瓦庙，印度古庙，在卡纳塔克邦迈索尔市以南35千米处的松纳特普洱，形如多层金字塔，有取材于印度两大史诗的石刻浮雕。

Kesava 多发，指黑天。

Kesava 凯舍婆，阿周那对克里希纳的称呼，义为"美发者"。

Kesanta gadana karman 剃发礼。

Kesari 马拉提语文学社名称，1881年由毗湿奴夏斯特里其布伦卡（Vishnu Shastri Chiplunkar）创建。

Keserling, Herman 凯瑟琳，赫尔曼子爵（1880—1946），俄罗斯哲学家，1925年请求泰戈尔为他的《婚姻册子》写了《理想的印度婚姻》（Ideals of Indian Marriage）一文，还为泰戈尔的《一个哲学家的旅行日记》写过评论。

Keshabachandra Sen 凯绍波琼德罗·森（1838—1884），孟加拉人，印度宗教改革家。他是泰戈尔的二哥绍登德罗纳特的同学，而且通过他凯绍博琼德罗加入了梵社。德本德罗纳特被这个年轻人那种火热般的宗教情感和旺盛的工作能力所吸引。在这位年轻人的倡议下，德本德罗纳特1859年成立了梵社学校，他自己用孟加拉语，而凯绍博琼德罗则用英语在该校教授宗教方面的课程。他是泰戈尔的父亲之后的梵社领袖，梵社于1865年分裂为印度梵社和原始梵社后，他是印度梵社的领导人。

Keshava Temple 凯沙瓦神庙，在买索尔地区，1268年由一位霍伊萨拉将军建立，有包含

K

毗湿奴三种化身的星状圣殿。

Keshavadasa 凯莎瓦达斯（1555—1617），16世纪奥尔恰的宫廷诗人，创作《风骚女郎》。

Keshavasut =K.K Pamle 凯沙瓦苏特，19世纪马拉提语作家。

Kesin 克新，魔鬼，变马袭击黑天，被后者杀死。

Kesin 长发苦行僧。

Kesini 开细尼，罗摩祖先、阿逾陀王萨羯罗之妻子，毗陀哩婆的女儿。

Kesiraja 克西罗阇，11世纪坎纳达语语法学家，于1260年写《语言意境》（Sabdamani Darpana）。

Kesudasa 凯苏达萨，阿克巴王宫里的印度画家。

Ketaki 凯塔吉，灌木，叶窄，白花，香味；金胎，金藏，金卵。

Ketaki 菠萝。

Ketkar，S. V. 盖德卡尔（1884—1937），印度马拉提语作家，作品有《婆罗门女儿》等。

Ketmati 计秃摩底，罗刹须摩里妻子。貌美无比，生15子女。

Ketu 计都，印度天文学假想的两颗隐星之一，第九恒星，人们认为日食、月食就是计都或另一隐星罗睺吞噬日、月造成的。

Kevaddha Sutta 《坚固经》

Kevaladvaita 严格的不二论，严格的一元论，商羯罗提出的观点。

Kevalin 完成的灵魂。

Keya 克牙花。

Keya-khoyer 枸酱包中的材料。

Keyserling Hermann 克赛灵·赫尔曼（1880—1946），德国哲学家。1921年5月，泰戈尔在德国访问，在5月7日泰戈尔61岁生日之际，德国组成了一个委员会，成员包括德国杰出人士如普特曼、雅克比、克赛灵、厄肯、托马斯曼等，给国际大学赠送了一大批德国古典文学作品。他著有《一个哲学家的旅行日记》等，泰戈尔为此书写了书评。

Keyserling 克赛灵，老克赛灵的儿子（1922—），从1957年在国际大学担任访问学者，教授哲学。曾撰文纪念泰戈尔诞生150周年。

Keyura 臂圈，腕环。

Kha Shastri 哈·夏斯特里（1853—1931），印度历史学家和文学。

Khaapchhaaraa 《错位集》，泰戈尔的诗集。

Khaataa 《笔记本》，泰戈尔的短篇小说。见 The Exercise-Book。

Khaberos 柯布雷斯，古代希腊水手对孟加拉湾港口科弗里的叫法。

Khaddar 手工织的粗布衣服。

Khaddar 由甘地普及的手工织布。

Khadga 菱角剑。

Khadi 家庭手摇纺线。

Khadi 手工织的布。

Khadilkar 戏剧家。

Khadyaka 可以吃的东西。

Khafi Khan 哈菲汗，17世纪莫卧儿王朝第六代皇帝奥朗则布时期的历史学家，写《精华录》。

Khajuraho 卡朱拉荷，印度性力派圣地，在中央邦，其12世纪雕刻主要反映男欢女爱，为世界最大的性雕塑博物馆。

Khalasis 船工。

Khalfo Gul Mohammed 卡尔佛·古尔·穆罕默德，14世纪信德语诗人。

Khalifat 哈里发，伊斯兰教宗教、政治和军事兼一身的首领。

Khaljis 哈尔吉王朝（1290—1320），德里苏丹国的第二个王朝。

Khalistan 卡利斯坦，二十世纪七八十年代锡克教政党阿卡利党要求在旁遮普独立后建立的锡克教国家的名称。

Khalnayak 反英雄电影导演。

Khalsa 纯洁的人，锡克教神水洗礼过的人，不要中间人的土地，1699年以来锡克教标示。

Khalsa 卡尔萨，锡克教徒公社，锡克教第十代祖师戈宾德·辛格建立的军事神权政体，举行过剑的洗礼的教徒才有资格加入。

Khalsa 哈勒萨，德里苏丹王朝和莫卧儿王朝的直接征税的王室领地。

Khamajthat 卡玛杰塔特，音乐体裁。

Khams 德里苏丹王朝对战利品、矿藏珍宝征收的税。

Khamsa 《五卷诗》，阿米尔胡斯劳的诗。《卡姆萨》，尼扎姆（Nizam）的诗。

Khan 汗，酋长，贵族，穆斯林统治者的封号。

Khan，Abdul Gaffer 汗，阿卜杜尔·加菲，

印度政治家，1934年8月31日来看在国际大学上学的儿子时在圣蒂尼克坦和泰戈尔会晤。

Khan-i-Saman　汗-伊-萨曼，莫卧儿王朝的皇室总管。

Khan Jaahaan　汗贾罕，阿克巴皇帝占领了孟加拉之后，他被任命为该邦的第一任总督（1576—1579）。

Khan Prakrit　卡斯波来克里特语，尼泊尔语的原语。

Khanbahadur　坎巴哈杜尔，莫卧儿和英国人统治时期授给杰出的穆斯林的光荣称号。

Khanchand Daryant　坎查德·达尔亚特，19世纪信德语剧作家。

Khanda　片段，本集。

Khandagiri　坎达吉里，印度教石窟。

khandakavya　小诗。

Khandakavya　精品诗。

Khandakhadyaka　《历法甘露》，印度古代天文学家婆罗门笈多写的天文学著作。

Khandava-daha　《火烧甘味林篇》，故事源自史诗《摩诃婆罗多》。很久以前，一位名叫湿毗塔吉（Svetaki）的国王开始为期一百年的祭祀，很多梵祭祭司都参与了祭祀仪式。几年后，这些祭司因祭火烟熏开始变成瞎子，因此祭祀停止了。湿毗塔吉很苦恼，为了得到祭司他开始苦修，湿婆向他显现并指出让敝衣仙人做祭司，湿毗塔吉重新开始祭祀并完成了祭祀。但是，火神阿耆尼（Agni）因吃祭品过多得了痢疾，他脸色苍白，身体消瘦，无法品尝食物。最终他向梵天诉说了他的疾病，梵天说，在甘味林生活着很多与提婆（天神）作对的生物，吃了他们的肥肉，病就会痊愈。于是，阿耆尼来到了甘味林。因陀罗的朋友蛇王多刹迦（Taksaka）和妻儿生活在这片森林，因陀罗知道阿耆尼来烧毁甘味林，并不惜一切代价要救出多刹迦，当阿耆尼要烧毁甘味林时，因陀罗开始下雨。阿耆尼努力了七次，失败了七次。他再次祈求梵天，梵天告诉他，那罗和那罗衍那将会转世为黑天（Krsna）和阿周那（Arjuna），那时就有可能毁掉甘味林。在黑天与阿周那准备就绪后，阿耆尼开始吞噬森林，黑天与阿周那守住森林以防森林里的生灵逃走，这些生灵到处乱跑以寻到出路，很多死于窒息。森林中的隐士们跑去告知因陀罗这一巨大的灾难，因陀罗马上准备战斗以挽救森林，他在天空布满了云，一场滂沱大雨倾泻而下。但阿周那的神箭就像伞一样挡住了滂沱大雨。

Khandavaprastha　甘味城，现在德里一带，《在摩诃婆罗多》里，持国百子的老大难敌把它分给般度五子，他们把废墟建成美丽的天帝城。

Khandekar　20世纪马拉提语小说家，其作品《胜利》（Jayati）获1974年“智慧奖”（Jnanpith）。

Khandhak　臧律的第二部分《犍度》。

Khandhana　抨击。

Khandhekar V. S.　康代格尔（1898—1984），印度马拉提语作家，作品有《乌卡尔》等。

Khandika　组，块，节。

Khandwa　坎德瓦，印度中央邦西南城市，在纳马达河谷高度地。

Khanjani　堪贾尼，一种乐器。

Khansama　船上送饭的勤杂工。

Khansamas　男仆。

Khanua　坎努瓦，在北方邦城市亚格拉以西40英里处。1527年3月，莫卧儿开国皇帝巴布尔在此打败印度军队。

Khapchhada　《幽默韵文》，泰戈尔插图。

Khapuspa　空花。

Khara　卡拉，《罗摩衍那》里十首魔王罗婆那的弟弟。

Kharaj　哈拉杰，德里苏丹王朝的农业税。

Kharan Ful　香料。

Kharand khipuli　糖果。

Kharavala　卡罗菲拉，公元前1世纪印度东南部羯陵迦国王。

Khardah　卡尔达镇，在恒河支流胡格里河岸边的加尔各答附近，1932年1月，泰戈尔在该镇别墅里休养一个月，写了一些描述他的绘画和孟加拉学校艺术家的绘画的诗。这些诗以后收集在献给南达纳尔·鲍斯的诗集《三重浪》（Vichitrita）里。1932年10月，泰戈尔在这里又小住几天。

Khari Bolian　克里伯利亚语，西部印度-雅利安语（德里-米特拉地区）方言，印地语、乌尔都语的基本结构源于此语，其最初当贬义形容词用，意思是粗鲁或下流语。

Kharia（Khare，khariya）　卡利亚，印度贾兰吉河（Jalangi）的别名，在克里希纳迦

K

（Krishnagar）西流入巴加拉提河（Bhagarathi）。再往北，柏拉波河（Bhairab）连接其流入帕德玛河。

Kharif，Rabi 哈里佛和拉比，印度11月和4—5月的两个收获季节。

Khariyas 卡利亚人，分布在奥利萨、比哈尔中央邦等地的印度少数民族。

Khas Mahal 后宫。

Khasyass 卡西亚人，印度东北部梅加拉亚邦和阿萨姆邦的山民。

Khatau House 卡陶财团，印度大财团，1874年由卡陶创立。

Khatay Namih 《中国纪行》，12世纪印度人阿克巴尔著。

Khati 木匠。

Khatri 卡特里，印度旁遮普邦的商人即吠舍种姓。

Khatvanga 珈陀婆恩加，印度神话里的太阳族王子。因帮助天神打妖魔获得一个恩赐，于是问寿命，回答是还有一个时辰，于是通过祈祷与毗湿奴结合。

Khatwanga 顶上有骷髅的拐杖。

Khayal 卡雅尔，印度古典乐曲的调式，泰戈尔用它创作了几百首歌曲。

Khayal 思想，想象。

kheda 怠倦。

Khedut Sangh 克都特同盟。

Khel Gopal 凯尔戈帕尔，阿萨姆民间舞。

Khena 凯娜，古印度著名的女天文学家。

Kheyaa 《渡口集》，泰戈尔于1906年写的孟加拉语诗集。《吉檀迦利》中的部分诗选自于该诗集。

Kheze 凯泽（1871—1913），德国皇帝。

Khila 伪作的颂歌《附录》。

Khilafat 奥斯曼苏丹拥有的“哈里发”头衔，1924年被废除。

Khilafat Movement 基拉法特运动（1919年—1924年），指主要由印度穆斯林发动的政治运动，旨在影响英国政府、保护第一次世界大战重建期间的奥斯曼帝国。1918年10月，签署《穆德洛斯停战协定》，随即伊斯坦布尔被军事占领；1919年签署《凡尔赛条约》，由于奥斯曼帝国的去留哈里发的地位变得更加明晰。1920年，《色佛尔条约》签署后在瓜分奥斯曼帝国问题上出现了空前的团结，在有些地区，人们认为基拉法特运动是基于泛伊斯兰思想的正统派伊斯兰教，使得基拉法特运动深受鼓舞。在印度，作为主要宗教运动的基拉法特运动，成为影响广泛的印度独立运动的重要组成部分，因此成为1920年1月伦敦会议（Conference of London）讨论的热点问题。

Khilvana 《诃利世系篇》。

Khir 奶粥。

Khizr Khan Sayyid 克茨尔·可汗·萨义德（1414—1421在位），印度德里苏丹萨义德王朝第一个皇帝。

Khndhana 抨击。

Khojah 霍加派，印度伊斯兰教伊斯玛仪派支派，信奉印度教和伊斯兰教的混合教义。

Khoka 亲切称呼小孩。

Khoka 《少爷》，泰戈尔《儿童集》里的一首诗。

Khoka Babu 小少爷，对小儿子的爱称。

Khokaabaabur Pratyaabartan 《少爷归来》，泰戈尔1891年11月出版的短篇小说。见The Return of Khoka Babu（My Lord，the Baby）。

Khol 吟游僧人用的乐器。

Khokher Chokher Bali 泰戈尔的中篇小说《眼中沙》。见Eyesore（Speck in the Eye）。

Khomala 科莫拉，拉克什米女神的别名，毗湿奴的妻子，是象征幸福、富有的美丽女神。

Khond 孔德语，达罗毗荼语中支之一。

Khordadsal 拜火教创立者琐罗亚斯德（6—7世纪）生日。

Khoria 科里亚，哈利亚纳民间舞。

Khotan 和阗，古代曾为贵霜王朝占领。

Khotis 克提司，政府与佃农之间的中介人。

Khovaja Mir Dard 科瓦加·米尔·达德，18世纪乌尔都语作家。

Khrishta 《基督》，泰戈尔的散文。

Khuddaka Nikaya 小部。

Khuddakapatha 《小尼迦耶》15部之第一部《诵经》。

Khuki 好姑娘，好妹妹。

Khura 叔叔。

Khurba 呼图白，“演讲”，伊斯兰教长朗诵经文。

Khurram 胡拉姆，“快乐的”，莫卧儿王朝第五代皇帝沙贾汗的号；胡拉姆王子（1592—

1666)，莫卧儿王朝第五代皇帝沙贾汗第三子。

Khusrav　胡斯劳王子（1589—1622），莫卧儿王朝第五代皇帝沙贾汗的长子。

Khusrav Khan　胡斯劳汗（？—1320），印度德里苏丹国哈尔吉王朝宰相，杀王篡位。

Khuswant Singh　库斯瓦特·辛格，印度英语作家，作品有《巴基斯坦列车》(Train of Pakistan)。

Khwaja Jahan　赫瓦加·贾汗（?—1399），北印度沙尔吉王朝的建立者。

Khwaja Muinuddin Chisti　印度的穆斯林圣人。

Khwarizm　花剌子模，中亚阿姆河下游古国，首都乌尔坚齐和基发。8世纪被阿拉伯人征服。

Khyal　恰亚尔，乐器。

Khyal　可雅尔，拉贾斯坦邦民间戏。

Khyatir Bidambana　《名誉的讽刺》，泰戈尔的短篇小说。见The Irony of Fame。

Khyber　开泊尔山口，阿富汗和巴基斯坦之间的著名山口，在兴都库什山，雅利安人、希腊人、阿富汗人以及莫卧儿人的侵入都从此山口进入。

Kicaka　空竹，《摩诃婆罗多》里摩差国王后妙施的弟弟，因调戏化名持力在妙施处当使女的黑公主而被布军杀死。

Kicaka　竹子。

Kichaka Vadh　《克查卡·瓦德》19世纪克里希纳吉·普拉巴卡·卡迪尔卡（Krshnaji. Prabhakar Khadilkar）用马拉提语写的剧本。

Kie Hien　吉显，北印度的佛教高僧，公元1004年来中国传经。

Kiel　基尔，德国北部港市，石勒苏益格-荷尔斯泰因州首府，在基尔运河东口，距海口11千米。1242年建市，1284年加入汉萨同盟。自19世纪60年代以来该市一直是德国主要的海军基地。基尔是德国造船业中心、基尔运河的东段终点。基尔在第二次世界大战中被严重摧毁，战后重建。

Kikara　序曲歌声。

Kilakincita　兴奋。

Kili Khul Mohammad Site　吉利库尔穆罕默德遗址，新石器时代和铜石并用时代的文化遗址，在巴基斯坦俾路之省吉达河谷。

Killingly, Dermot　吉林格里，德莫特，西方印度学家。

Killipattu　鹦鹉之歌文学体，由16世纪马拉雅拉姆作家艾出塔禅（Echuthachan）创造。

Kimanara　紧那罗，精魔，马面人身的小神灵。

Kimnari　紧那蕊，女精魔。

Kimprusha　金浦鲁沙，一种动物。

Kimpurusa　金普如萨，财神的女随从。

Kimpurusi　金普如西，财神的随从。

Kimsuka　金粟嘉花，花极其美丽，为诗人所咏赞。

Kindam　金丹，《摩诃婆罗多》里的仙人，与夫人变鹿交合时被般度误以为鹿射死，死前诅咒般度死于床笫之乐。

Kindhura　神弓，震天雷作。

Kine　马，牲畜。

King and Rebel　《国王与叛军》，即《暗室之王》，泰戈尔于1910年写的剧本。见The King of the Dark Chamber。

King Haakon Ⅱ　卡孔国王二世（1872—1957），挪威国王，1926年8月25日，泰戈尔在奥斯陆东方研究院讲话，国王出席。

King Lear　《李尔王》，17世纪英国作家莎士比亚的戏剧。年老的李尔王情绪低落，希望把国土分给他的三个女儿。在分封的时候，他让每个女儿都说说对他的爱戴，借此安慰自己的心。大女儿和二女儿竭尽全力地赞美国王，只有第三个女儿考妮狄娅因表达了自己的朴实而真挚的感情被李尔驱逐（经典语句为Love and be silent），去法国做了王后。在把国土分给两个女儿之后，李尔的女儿立刻变脸虐待他，但李尔并没有发疯，而是默默忍耐她们的折磨，他认为这是自己误解考妮狄娅，理应受到的惩罚。就在他自怨自艾的时候，来了一个圣徒安慰他。李尔对圣徒说了自己对考妮狄娅犯下的错误，并懊悔地表达了自己的绝望：他觉得考妮狄娅再不会原谅他了。但圣徒却说，考妮狄娅一直爱着她的父亲。原来，这个圣徒就是考妮狄娅。考妮狄娅在法国得知李尔的困境之后，立刻组织了一支军队，秘密在英国登陆，因为放心不下李尔，所以特地在开战前，来探望李尔。最终，考妮狄娅的军队大败英军，李尔又变成了李尔王。

King of Dancers：The Theatre of the Season

(Nataraja: Riturangashala) 泰戈尔1927年写的自然剧《舞蹈之王：季节剧》，反映人与自然的和谐。

Kinkaras 士兵，贴身卫士。

Kinnaras 紧那罗，印度神话里天上的歌神、奏乐小神。人身马面魔鬼。

Kinore 坷恼来人，印度喜玛偕尔邦少数民族。

Kinsaka 紫铆花。

Kinsuka 金丝甲花。

Kio-Kie 久吉，中印度佛教高僧，公元1010年来中国传教。

Kipling, Rudyard 吉卜林，入地亚德(1865—1936)，生于印度的英国作家，主要作品有诗集《营房谣》《七海》，小说集《生命的阻力》和动物故事《丛林之书》等。1907年作品《老虎！老虎！》获诺贝尔文学奖。获奖理由："这位世界名作家的作品以观察入微、想象独特、气概雄浑、叙述卓越见长。"

K

Kiradu 克勒杜的寺庙

Kiram Sehgal 奥迪西舞舞台演员。

Kiranlekha 一缕光线。

Kirata 基拉塔，一个森林部落。

Kirata 基拉塔语，印度最古老的语言之一，属于汉-英语系。

Kiratarjuniya 《山民和阿周那》，梵语叙事诗，5—6世纪婆罗维著。取自《摩诃婆罗多》里的故事：在般度五兄弟与黑公主被流放期间，老三阿周那前往雪山修行，以求法宝，他抵制因陀罗派来的天女的诱惑，湿婆为考验他，化装成野人与他争夺被射倒的野猪，湿婆为他的勇敢所触动，赐给他克敌制胜的法宝，天神也给他许多法宝。

Kiratas 克拉塔，极欲仙人神牛变出的打众友仙人的人种；吉罗陀国；野人。

Kirghisia 吉尔吉斯斯坦，是一个位于中亚的内陆国家，1991年从原苏联独立，总面积19.85万平方千米，人口540万。主体民族为吉尔吉斯斯坦族，其余为乌兹别克族和俄罗斯族等民族。比什凯克是吉尔吉斯斯坦的首都。

Kirloskar House 基洛斯卡财团，印度财团，1920年由基洛斯卡创建。

Kirloskar Theatre 克洛斯加剧院，在印度浦那。1922年9月24日泰戈尔在这里做有关印度艺术复兴的报告。

Kirpan 吉尔班，佩剑，锡克教规定，男子必须佩剑。

Kirtan 祷告歌。

Kirtan 高声吟唱简单的宗教歌或曲调，或圣歌；吉尔丹，歌曲或合唱类型。

Kirtan 吉尔坦，宗教合唱。

Kirti 荣誉。

Kirti 声名，荣誉女神，达刹的女儿，达摩的配偶，名声的象征。

Kirti Mandir Lectures Series 《克尔提大厦报告系列》，泰戈尔的系列报告，1932年发表。

Kirtimukha 怪异的面具。"天福之面"，湿婆创造的作为宇宙间最高毁灭力量的一个魔鬼的全部残余。

Kisa Samkiccha 祛沙·商祛法，邪命外道奠基者之一，公元前6世纪人。

Kisan 农民。

Kisan Kanya 《村姑》，阿德斯·伊拉尼(Ardesh Irani)于1937年拍的第一部彩色片。

Kisang 基桑，西印度佛教高僧，公元977年来中国译经。

Kisari Mohan Ganguli 吉萨里·摩罕·甘古里，19世纪作家，用英语改写《摩诃婆罗多》。

Kishangarh 吉尚加尔，在拉贾斯坦邦，其袖珍画派超出莫卧儿风格的空洞的世俗主义。

Kishinchand Bewas 可信·贝瓦斯，14世纪信德语诗人。

Kishkindha-kanda 《罗摩衍那》里的《猴国篇》。

Kishkindhya 克食今达，又译积私紧陀，《罗摩衍那》里的猴子王国国王妙项即须羯哩婆的都城。

Kiskindhya 吉私紧陀，印度南部的一座山，《罗摩衍那》中猴王所居。

Kitab fitahqiq ma 《印度之书》。

Kiye 吉野，中国香客，10世纪经西藏去印度。

Klakshetra 印度舞蹈教育家如科密尼·戴维·阿闰德(Rukmini Devi Arunde)成立的舞蹈学校。

Klein, Jean 克莱恩，让，西方神学家，他的学说吸收了某些印度教思想。

Klesa 烦恼。

Klista 难解。

Knighthood 《爵士爵位》，泰戈尔1926年的文章。

Knott, Kim　科诺特，金，20世纪英国印度学学者。

Ko-Che　寇智，古代印度佛教高僧，公元973年来中国弘扬佛法。

Kobai　科白河，泰戈尔创办的国际大学附近的一条河。

Kobe　神户，日本国际贸易港口城市，位于日本四大岛中最大的一个岛——本州岛的西南部，西枕六甲山，面向大阪湾。它的存在已有千年历史。神户是日本最美丽、最有异国风情的港口城市之一。神户地处绿茵葱郁的六甲山国立公园和碧波荡漾的濑户内海之间，背山面海，自然环境优越，气候温暖，四季分明。1981年世界第一座人工岛——港岛人工岛和后来的六甲人工岛的竣工，加以21世纪复合城市的创建、世界最长的吊桥——明石海峡大桥的开通，都展现了未来都市神户的风貌。1916年5月泰戈尔访问日本时从这里下船。1929年3月26日，泰戈尔在去访问加拿大、美国途中再次从神户下船去东京。

Kobiraj　内科医生。

Kochs　科奇人，印度北孟加拉邦的土著民。

Kodagu　柯达固语，达罗毗荼语南支之一。

Kodaikanal　克带卡纳尔，马杜赖附近的风景名胜。

Kodanda　竹子制的弓，《罗摩衍那》里罗摩的弓。

Kodanda　罗摩的神箭。

Kodekal　科德卡尔，文迪耶山新石器时代遗址。

Koel　噪鹃。

Koel　种谷鸟，杜鹃，象征浪漫。

Koeris　克艾利斯，低等种姓名称。

Kogan　克甘，苏联艺术研究院主席。1930年9月11日，泰戈尔开始访问莫斯科。第二天，由苏联对外友协主席彼得罗夫主持，在对外友协大厦举行盛大的泰戈尔欢迎会。当晚由苏联对外友协和莫斯科作家协会在作家协会礼堂联合举办音乐会。在音乐会上泰戈尔会见了苏联艺术研究院主席克甘教授等作家和艺术家。

Koh-i-nur Diamond　印度出产的“光明之山”大钻石，先后为莫卧儿皇帝、波斯国王、英国女王所藏。现在英国博物馆。

Kohila　杜鹃。

Kohl　染眉油。

Kokborok　廓波洛克语，印度东北部特里普拉邦的官方语言。

Kokil　库克鸟。

Kokila　春天之鸟，杜鹃。

Kolahala　噪鸣山。

Kolattam　泰米尔纳德女子民间棍子舞。

Koldihwa　科尔迪赫瓦，文迪耶山新石器时代遗址。

Kolkata　以前加尔各答的写法，来自Kalighata（就是迦梨女神庙的阶梯）一词。

Koloka　俱罗迦，“牛乡”，印度神话里黑天的乐土，等同于马图拉附近的雎鸠罗。

Kols　高尔人，印度少数民族之一。

Kolyas　释迦族的邻族。

Komal Gandhar　《温柔的甘达》，利特维柯·伽塔克（Ritwick Ghatak）于20世纪60年代拍的新印度电影。

Kommati　戈玛种姓，属于吠舍种姓。

Kona　科娜，印度女天文学家，根据传说，科娜是锡兰王国的公主。她以自己创作的天文预言“科娜预言”而著名。她后来嫁给了占星术士波拉赫的儿子。比克罗马迪多国王得知她知识渊博就授予她宫廷会议成员。波拉赫嫉妒她的才华，于是让他的儿子割掉她舌头。她得知这个消息就自愿割掉自己的舌头而死。

Konarak　科纳拉克，梵语为“角落的太阳”，在布瓦内斯瓦40千米处的孟加拉湾，有太阳神庙。由那罗辛哈提婆一世于1238—1264年建造。

Konark　科纳克，泰戈尔在圣蒂尼克坦曾经住过的泥屋。

Kongunad　抗古纳德，即现在的哥印拜陀，在印度泰米尔纳德邦西北。

Kongye　空也法师（1885—1946），湖南衡阳人，曾任北京广化寺佛学院主持。1924年4月26日正在中国访问的泰戈尔到北京法源寺观赏丁香花，他作为佛化新青年代表参加欢迎会。

Konkan　孔坎语。

Konkanese　孔坎人，在马哈拉施特拉邦。

Konnagar　孔纳加，胡格利河对岸小镇，现被圈入加尔各答。

Kopai　犒排河，泰戈尔创办的国际大学所在地圣蒂尼克坦附近的一条小河。

Koppan Nair　克潘·奈尔，卡达卡利舞教育家。

Koran 《古兰经》，是伊斯兰教唯一的根本经典。它是穆罕默德在23年的传教过程中陆续宣布的"安拉启示"的汇集。"古兰"一词系阿拉伯语Quran的音译，意为"宣读""诵读"或"读物"，复述真主的话语之意。中国旧译为《古尔阿尼》《可兰经》《古兰真经》《宝命真经》等。中世纪伊斯兰经注学家根据经文的表述，说它有55种名称，其中常以"克塔布"（书、读本）"启示""迪克尔"（赞念）"真理""光""智慧"等来称呼。现存最古老的公元688年的《古兰经》藏于埃及国家图书馆。

Koraput 考拉普特县，在奥里萨邦西部。

Korea 朝鲜，是位于朝鲜半岛北部的国家，成立于1948年9月9日，首都平壤，南部与韩国以三八线非军事区分隔，北部隔鸭绿江和图们江与中国、俄罗斯接壤，西临黄海，东临日本海，面积12万平方千米，人口2400万。官方语言为朝鲜语。

K

Korfa tenant 次等佃户，归原佃户管。

Korimedu 克里麦都，本地治理西北20千米遗址，曾出土宋代瓷器。

Korravai 考拉瓦伊，胜利女神，牛魔王为之牺牲，森林武士马儿瓦为之在祭祀仪式上自杀。

Korravati 克拉瓦迪，印度南部泰米尔邦（Tamil）鸠摩罗（Kamara）的原型。

Korta 孟加拉语，主人，主祭，执行者，表演者等。

Korta ma 姨妈。

Kosa 腔。

Kosa 科萨，印度古代度量单位，1科萨等于2英里。

Kosala=Oudh "固若金汤"，古乔萨罗国，公元前6世纪—公元前4世纪列国时代16国之一，在萨洛玉河边，印度史诗《罗摩衍那》故事发生的地方，首都阿逾陀，后迁舍卫城，由太阳王朝的君主甘蔗族王建立。在十车王时空前繁华。

Kosalananda 史诗《乔萨罗的喜悦》。

Kosalas 克萨拉，神话中曾经由于害怕妖连的迫害而从乔萨罗国逃亡到南印度的刹帝利。

Kosambi, Damodar Dharmanand 高善必，达蒙达尔·达尔马难陀（1907—1966），印度数学家、历史学家和社会科学家，作品有《古代印度文化与文明史纲》等。

Kosambi, Dharmananda 高善必，达尔马难陀（1871—1947），印度佛学家，作品《清净道论》等。

Kosha -kushi 礼仪、祭祀时用来盛圣水的铜罐、盆。

Kot Diji 科特·迪季，2800年前的印度河文明遗址，在巴基斯坦信德省海尔普尔的科特迪基。

Kota Shivaram Karanth 科塔·西瓦蓝·卡兰特，亚克沙加纳舞（Yakshagana）的复兴者。

Kotah 考塔王国，在拉贾斯坦邦东南，17—18世纪的土邦国，其画派集中宫廷场景、打猎场景。

Kotal 警察局长。

Kothari, Daulat Singh 科塔里（1906—1993），印度物理学家，任印度国家科学院院长。

Kothandaraswany Temple 罗摩桥庙，印度最南端的特努什戈迪镇，在《罗摩衍那》里，罗摩为了救被十首魔王劫持到楞伽岛的悉多，在猴子军的帮助下，在这里建罗摩桥。

Kotis 猴族小部族。

Kotis 亿。

Kotis 考提，印度古代衡量单位。

Kotnis, Dwarkanath Shantaram 科迪尼斯，德瓦卡纳特·桑塔拉姆（1910—1942），印度医生，抗战时援华医疗队员，在印度泰戈尔创办的国际大学中国学院任教的谭云山先生为其取中国名字柯棣华。他因辛劳而得癫痫病，不幸在河北唐县去世，是伟大的国际主义战士。

Kotravai 科特拉瓦伊，印度南方泰米尔地区对战争女神、湿婆配偶杜尔迦的称呼。

Kottaraka Thaupura 可塔拉卡·洮普拉，16世纪马拉雅拉姆语作家，第一个用文学形式写卡达卡利舞，作品《拉马纳檀》（Ramanattan）。

Kotwal 科特瓦尔，德里苏丹和莫卧儿王朝的城镇警官。

Kovidara 拘毗陀罗树，天国乐园里的一种神树。

Kozhukkatta 甜丸子。

Krama 克拉玛派，克什米尔印度教湿婆派的一个分支，崇拜以恐怖女神古西亚卡利为主的系列恐怖神灵。

Kramalya =tatkar　卡达克舞中快速而复杂的脚点表演。

Kramrisch, Stella　克拉姆里什，斯泰拉（1899—1993），女，捷克人，印度艺术评论权威。毕业于维也纳大学，20世纪20年代在泰戈尔创办的圣蒂尼克坦国际大学担任客座教授，先后在美国宾夕法尼亚大学、加尔各答大学、伦敦大学讲授印度艺术。作品有《印度的庙宇》《印度艺术》《印度艺术的原则》《印度艺术与雕刻史》等。

Kratu　祭祀的举动；羯罗都，智力仙人，生主7个儿子之一，梵天心生之子。

Kraunca　麻鹬。

Krauncha　候鸟苍鹭。

Krauncha　迦龙遮，为一阿修罗。一次他故意化作一座大山挡住投山仙人的路，被后者诅咒永远作为高山立在那里，只有战神塞建陀能够救他。一次塞建陀与众阿修罗大战，后者战败，一个名叫波那修罗的阿修罗逃进迦龙遮山。塞建陀用火神阿耆尼给他的利箭将山劈成两半，杀死波那修罗，迦龙遮亦因而得救。另说战神与因陀罗通过赛跑比谁更有力，后发生争执，请迦龙遮山评判。迦龙遮山偏袒因陀罗，战神塞建陀一怒之下用标枪劈开了它。

Kraunchavyuha　候鸟苍鹭阵，印度古代打仗阵势的名字，像候鸟伸嘴展翅。

Krimira-badha　《诛斑驳篇》。

Kripacharya　神话里有年仙人的儿女慈悯和慈悯女的出生。有年仙人受因陀罗派来破坏其修炼的仙女加纳帕的诱惑，元阳落在芦苇里，生出此兄妹。他们被福身王收留长大。

Kripanali, Krishna　克里帕那里，克里希那，泰戈尔传记权威，圣蒂尼克坦《国际大学季刊》的主编，自从1931年停刊后，由他负责复刊。1936年4月25日由泰戈尔主持把外孙女南塔嫁给他。他曾翻译泰戈尔的作品，写泰戈尔传记。

Krisanu　克里萨努，天上的弓箭神。

Krishan Chandar　克里山·钱达尔（1914—1977），印度乌尔都语作家，作品有《当田野觉醒的时候》《明朗的天》《花市红的》等。

Krishi　农业。

Krishna　克里希纳，黑天，"用他所有吸引人的特质给人以灵性快乐的绝对的人"，毗湿奴化身之一。年少时在佛林达森林吹笛子和牧女拉达等调情，在《摩诃婆罗多》为般度五子的军师，《薄伽梵歌》就是他劝阿周那打仗时的哲学论点。他和牧女调情的故事是印度艺术中永恒的主题。

Krishna Chander　克里希纳·钱达尔，19世纪乌尔都语散文家。

Krishna Chandra Bhattacharya　克里希纳·钱达拉·薄泰恰里耶（1875—1949），印度新吠檀多思潮中学院派的代表人物。否定思维是他的哲学核心。

Krishna Charity　《黑天苦行记》，18世纪第一部尼泊尔语精品诗，由布桑特·查玛（Busant Charma）写。

Krishna Dwanpayana　岛生黑仙人，即毗耶娑，印度神话里鱼香女贞信在婚前和破灭仙人在雅穆纳河的岛上生的私生子。据传为吠陀和往世书的汇编者。

Krishna Gita　《黑天之歌》，曼纳威达（Manaveda）的诗。

Krishna Gopala　牧童克里希纳崇拜。

Krishna Hart Chiplunkar　克里希纳·哈特·奇布伦卡，19世纪马拉提语作家。

Krishna Iyer　克里希纳·伊耶，20世纪印度舞蹈改革家。

Krishna Jayanti　黑天诞辰节，在每年的斯拉万月，印历5月，公历7—8月。

Krishna Kripaalanee　克里希纳·克里巴拉尼（1907—1992），泰戈尔唯一的外孙女依达（爱称"布丽"）的丈夫，1936年与依达结婚，但是他们没有子女。依达因患癌症1967年在德里去世。两年后，她的母亲米拉也病逝。至此诗人泰戈尔家族这一支就后继无人了。

Krishna Leela　克里希纳·里拉，北方邦布拉吉（Braj）地区的地方戏，后发展为拉斯·里拉（Ras Leela）。

Krishna Pillai　克里希纳·帕莱，20世纪马拉提语戏剧家。

Krishna Purana　《黑天往世书》，17世纪牧师托马斯（Thomas）作。

Krishna-garbhah　克里希纳-迦巴，"在子宫里有黑色人民的"，被因陀罗摧毁的城市。

Krishnachandra Raay　克里什那琼德罗·拉伊（1710—1780），讷伯德维普的国王，是一位爱护臣民百姓的善良国君。

Krishnachaturdashi　漆黑一团的夜。朔月第

K

十四天。

Krishnachooraa 黑冠树，孟加拉语“krisna”为“黑色”，“chooraa”为“头冠”“顶端”，故译为“黑冠树”，是一种供欣赏的花树。

Krishnachura 黑檀树。

Krishnadasa Kaviraja 克里希纳达萨·拉亚，16世纪作家，写《阇多尼耶品行录》(Chantanya Chantamitar)。

Krishnadeva Raya 克里希纳德瓦·拉亚（？—1529)，印度维查耶纳加尔帝国图鲁瓦王朝国王。

Krishnagatha 《黑天的故事》，16世纪拉马拉雅拉姆语作家车塞利·南巴斯德里（Cherseri Nambasdri）的作品。

Krishnakali 黑科莉花，南亚一种很有名的花树。

K

Krishnaism 克里希纳教派，崇拜克里希纳。

Krishnaji Prabhakar Khadilkar 克里希纳吉·普拉巴卡·卡迪卡，作家，用马拉提语写剧本《克查卡·瓦达》(Kichaka Vadha)。

Krishnakali 《迦梨女神》，泰戈尔的诗。

Krishnamissra 克里希那米湿罗，11世纪作家，作品《觉月升起》，描写二兄弟为争夺王位而大战。

Krishnamohan Bandyaopaadhyaaya 克里斯诺莫洪·般多巴泰（1813—1885)，著名的教育家。他通晓波斯语、梵语、乌尔都语、印地语、希腊语、拉丁语、奥利萨语等多种语言。

Krisnamuri, Jiddu 克里希纳姆蕊，吉都(1895—1986)，女，印度教不二论吠檀多哲学家，曾在英国接受教育，她建立星序协会，宣扬“纯粹意识”，在西方有许多追随者。

Krishnarnoorthy 克里希纳诺提，20世纪泰米尔语作家。

Krishnaswami Aiyer Lecture 克里希那斯瓦米·艾叶尔讲座，以印度最著名的法律学家艾叶尔命名的讲座。1933年12月8、9、10日泰戈尔在安德拉大学作克里希纳斯瓦米·艾叶尔讲座。后来以《人》出版。

Krishnaswamy Iyer （或者Aiyer）克里希那斯瓦米·艾叶尔（1883—1953)，印度著名律师、印度制宪会会员。由泰戈尔主讲的著名的艾叶尔讲座就是以他的名字命名的。

Krishnattam 克里希纳檀，克拉拉邦两种传统剧之一，卡达卡利舞的源头。

Krishnayas 铁。

Krishtani 基督教教徒。

Krishy 克里实，苏联美术评论家。1930年9泰戈尔访问苏联，9月17日，彼得罗夫教授主持举办泰戈尔绘画展。克里实评论他的绘画为“艺术生涯的伟大的展现”。

Kristy 克里斯提，20世纪苏联著名学者，于1930年欢迎访问苏联的泰戈尔。

Krit Yoga 黄金时代，第一时代，该时代最原始、纯真。

Krita 进攻。

Krita Age 印度神话里众神搅乳海取甘露的时代。

Krita-krita 想象着已经打了胜仗。

Kritana 唱。

Kriti 克里啼，南印度声乐。

Kriti “有冠者”，指大英雄阿周那。

Kritika 3巨头。

Krittibas Ojha 克里迪巴斯·奥恰，14—15世纪印度著名的孟加拉语诗人，他把梵文的大史诗《罗摩衍那》改写为孟加拉语。

Krittikas 6姐妹，战神塞建陀的乳母。

Kriya 工作，礼仪，活动。

Kriya Yoga 行动瑜伽。

Kriyavikalpa 文学作品设计艺术。

Krmibhojanam 让虫子吃的地狱。

Krodha 常情怒；克罗达，愤怒，愤怒之神。悲愤。

Krodhavasas 愤怒之神。

Krosa 拘卢舍，古代至今使用的印度计量单位，为牛吼的声音达到距离，大约3～4千米。

Krouer, Majon 克罗尔，马炯，在20世纪初任美国使馆陆军参赞，于1924年4月25日在北京六国饭店设宴招待泰戈尔一行。

Krouncha 一只鸟。

Krpa 慈悯，神话里有年仙人受因陀罗派来的仙女诱惑元阳落在芦苇里生儿子，同时生出了妹妹慈悯女。二人为福身王收留。他为楼陀罗神部分投胎，为俱卢族幸存的3员战将之一，夜袭般度族。

Krpi 慈悯女，有年仙人女，福身王养女。嫁给德罗那，生马勇。见上条。

Krsa Gautama 克拉萨·乔达摩，佛祖的姨母，即摩诃波赊波提（Mahaprajapoti)。

Krsanu　俱利舍奴，印度神话里的神，与天神为敌，射取制造苏摩酒草药的金翅鸟。

Krsasva　克尔萨瓦，太阳族国王，罗摩祖先；众友仙人变为武器出现的100个儿子，送罗摩。

Krsna　黑半月，月亮由望至朔的半月。

Krsna Chaitanya　支坦尼耶，印度现代文学史家，著有《新梵文文学史》。

Krsnacarita　《黑天传》。

Krsnagiti　《黑天集》，17世纪克拉拉邦国王马纳维达（Manaveda）写的剧本。

Krsnakarnamrta　黑天的神酒令。

Krsnakarnamrta　《黑天行动的神酒》，12世纪毗湿奴派学者比尔瓦曼加拉（Bilvamangala）的作品。

Krsnamisra　克里西那米湿罗，11世纪作家，作品有《觉月升起》（Prabodhacandradaya）。

Krsnavijaya　《黑天的胜利》，史诗。

Krsnavilasa　《黑天的神迹》，史诗。

Krta　圆满时，印度教认为的4时之第一时。是最好的时代。

Krta Yuga　黄金时代，圆满时分，一劫（大梵天的一天）4时的第一时，有1728000年。

Krtavarma　成凯，《摩诃婆罗多》里俱卢军最后剩下的三勇士之一。其余二人为马勇和慈悯。

Krti　活动。

Krtyaravana　《十首王与女巫》，剧本。

Ksana　刹那，佛教术语，极短暂的时间。

Ksanika　《瞬息集》，泰戈尔1900年的诗集。

Ksanikatvavada　刹那论。

Ksanti　自我克制，忍，耐力，容忍，忍耐。

Ksantideva　禅提提婆仙人，佛陀的武功老师。

Ksara　可以消失的存在。

Ksaudra　制糖过程中最初得到的低级糖。

Ksayatithi　“消失日”，公元前4世纪—公元前3世纪印度天文学中每隔2月减一天。

Ksemadharma　西摩达摩（公元前600世纪—公元前570），古代印度摩羯陀湿术那伽王朝第三代国王。

Ksemajit　西摩吉陀（公元前6世纪），古代印度摩羯陀湿术那伽王朝第四代国王。

Ksemankara　希曼卡拉，11世纪耆那教作家，著《建日王传》（Vikramacaritas）。

Ksemaraja　印度古代三位一体神学家。

Ksemendra　安主，11世纪作家，克什米尔国王阿南多的宫廷诗人，作品有《大故事花束》（Brihatkathamanjari）、《合适论》（Aucityaviracarca）、《婆罗多花簇》（Bharatamanjali）、《诗人的项饰》（Kanthabhanana）、《罗摩衍那花簇》（Ramayanamanjali）和《十次下凡记》（Dasavatara）。

Ksemendra　克瑟门德拉，12世纪克什米尔性力派戏剧家。

Ksemesvara　安自在，10—11世纪作家，作品有《愤怒的乔尸迦》（Candakausika）和《尼荼陀的喜悦》（Naisadhananda）。

Ksepani　弹弓类武器。

Ksetra　田地。

Ksetra pradhanya　母权制。

Ksetrika　土地所有主。

Kshanikaa（The Fleeting One）《瞬息集》（《微思集》），泰戈尔于1900年出版的爱情、抒情诗集。《园丁集》里的许多诗选自于该诗集。

Ksharakardamam　阴间倒挂金钩地狱。

Kshatra　正义的王国。

Kshatrapas　省督。

Kshatriya　刹帝利，印度教四大种姓中的第二高级种姓，武士族，主要担任打仗的职责，国王、将军都属于刹帝利种姓。

Kshatta　可沙陀，即般度五子的叔叔维度罗。

Kshay Masa　小月，日子不足的月份，与闰月相反。

Ksherapala　土地监护神。

Kshetra　土地，野。

Kshetrajna=Varadayya　希特拉吉那，17世纪音乐家，生于安得拉邦。

Kshidindmnath Mazumdar　西丁目纳特·马宗达，印度现代美术家。

Kshitimohan Sen　基迪莫洪·森（1880—1960），印度著名学者，梵语学家，卡比尔诗歌收集者。曾陪同泰戈尔于1924年访华。1998年诺贝尔经济学奖得主阿马亚·森系其外孙。

Kshudhita Paashaan　《饥饿的石头》，泰戈尔1894年写的短篇小说。见Hungry Stone。

Kshurapras　带马靴形箭头的箭。剃刀箭。

Kshuras　带刀片样箭头的箭。

Ksirabdhi　乳海。

Ksirabdhi-mathanam　众神和魔鬼为了得到甘露搅乳海。

Ksirasagara　乳海。

Ksitigarbha　地藏菩萨，净化的守护者，相传其显灵说法的道场在安徽九华山。

Ksobha　激动，诗相，即使自己没有犯错误，却说自己犯有别人的各种错误。

Ku　苦，孟加拉语中意谓不吉利。

Ku Klux Klan　三K党，缩写为KKK，是美国历史上和现在的一个奉行白人至上主义的民间组织，也是美国种族主义的代表性组织。三K党是美国最悠久、最庞大的恐怖主义组织。Ku-Klux二字来源于希腊文KuKloo，意为集会。Klan是种族。因三个字头都是K，故称三K党。三K党又称白色联盟和无形帝国。三K党于1866年由南北战争中被击败的南方联邦军队的退伍老兵组成。在其发展初期，三K党的目标是在美国南部恢复民主党的势力，并反对由联邦军队在南方强制实行的改善旧有黑人奴隶待遇的政策。这个组织经常通过暴力来达成目的。1871年，尤里西斯·格兰特总统签发了三K党和执行法案，强行取缔了这个政治组织，可此后仍有不少此类暴行发生。

Kualalampur　吉隆坡，马来西亚首都，最大工业中心，意思为“泥泞的河口”，位于巴生河及其支流鹅麦河汇流处，西距巴生河口43千米，面积243平方千米，人口约100万。1857年华侨在此开采锡矿，逐步发展为城市。此地多橡胶林、油棕园和工厂。泰戈尔1924年3月31日访华途中经过此地。1927年7月30日—8月7日，泰戈尔正式访问吉隆坡。

Kubera　俱毗罗，财神，其财宝库在喜马拉雅山的阿拉克，由小夜叉保护，都城安罗佳加为工艺神毗首羯摩建。

Kubha　库巴河，即现在的喀布尔河。

kubha　罐子。

Kubja　驼背女人。

Kubjikamata Tantras　《库伯姬喀经》，主要记录与密教性力女神库伯姬喀有关的神话、教义与礼仪等。

Kubjka　库伯姬喀，曲背密教性力女神。

Kuchar　库车，“胡同”之意。因其地为达南疆腹地之要街，故名。一说，“库车”系古代龟兹语，意为“龟兹人的城”。

库车县历史悠久，史称龟兹，是西域三十六国之一，汉时西域都护府设于此。唐时安西都护府驻地，五代至宋称龟兹回鹘，元明时期改称亦力巴力，清乾隆二十三年（1758年）定名库车，设库车办事大臣。1884年设库车直隶抚民厅，辖现沙雅、新和县境。1902年改设库车直隶州，归属阿克苏道，辖沙雅县。1913年改设库车县，1922年隶属新疆省第四区行政督察专员公署。1950年属阿克苏专区，设库车镇。1971年隶属阿克苏地区。

Kuchilapuram=Kuseelapur　库奇拉普兰，库奇普迪舞的故乡村，在安得拉邦。

Kuchipudi　库奇普迪舞，印度古典舞之一。

Kuci　龟兹，古代西域国名，在今新疆库车县一带。

Kud　库德，迦穆地区农闲时跳的舞。

Kudiattam　库迪雅谭舞，克拉拉邦的二传统之一，卡达卡利舞的源头之一。

Kudiyattan　库迪雅弹，克拉拉邦演的剧，主要演跋娑的戏。

Kuhu　一天的前半天，前两个1/4天；望日女神。

Kuja　火星。

Kujulakadphises　库吉拉卡费西斯，统一贵霜族的部落首领，1世纪初入犍陀罗，在喀布尔建贵霜小朝廷。

Kukkutadagiri　鸡足山，在释迦牟尼成佛的菩提迦雅50千米处。

Kukuras　库库罗族。

Kul　库尔。

Kula　“家庭”，指瑜伽修炼女神家族，她们是许多密教性力神及其配偶的随从。

Kula-giri　族山。

Kula-samhanana-jnana　身体，身体知识。

Kuladevata　家神。

Kulah　尖顶帽。

Kulahdar　库拉赫达尔，一种绘画风格：男主人透明外套的4个尖端，前面头巾戴花格图案，中央一顶尖帽。

Kulahdarma　宗族之法，宗族的风俗习惯和道德。

kulakundalini　俱罗恭陀利尼，莲花名，代表性力女神萨蒂。

Kulapati　居士。

Kulasekhara　族顶，9—10世纪戏剧家，剧本有《多波迪和上安罗娜》(Tapatisamvarana)、《妙贤和阿周那》(Subhadradhananjaya)。

Kulayaka 秘密礼仪，仪式。

Kulesvara and Kulesvari 性力男神与性力女神，指东传湿婆性力派对他们崇拜的湿婆大神和配偶萨蒂的称呼，两位神有许多随从女神。

Kuli 眼，洞。

Kuli Culture 库里文化，库里在巴基斯坦俾路支省南，存在于公元前2700—公元前2400，铜石并用。

Kulika 工匠。

Kulin Brahmin 库林，婆罗们最高次种姓。一夫多妻，从嫁妆中发财，19世纪初此陋习消亡。

Kulin Kulasarvasva 《高贵门第》，第一部反对在库林婆罗门种姓中一夫多妻制的戏，潘迪拉姆那拉达写。

Kulinism 库林制度，规定库林家族的妇女只能嫁给本种姓的男子，男子可以一夫多妻。

Kulli Culture 库里文化遗址，在巴基斯坦俾路支省，属于前哈拉帕时代、公元前2700—前2400年铜石并用文化。房屋用泥浆卵石与方形石头盖成，有铜镜、陶塑等。

Kulu 库鲁，旁遮普邦国的地方。

Kumaba 18世纪曼尼普尔皇家年鉴。

Kumar, Janandar 库马尔，J.（1909—1989），印度印地语作家，作品有《考验》《辞职》等。

Kumara 俱摩罗，7世纪印度佛教僧人，天文学家，曾在长安居住。

Kumara 充任副王或总督的王子。

Kumara 鸠摩罗，战神，湿婆的大儿子，他有几个名字：塞建陀（Skanda）、加尔提克耶（Kartikeya）、苏波拉马尼亚（Subrahmanya），童子王。

Kumara Gupta 鸠摩罗·笈多（415—455在位），笈多王朝国王。

Kumara Ramene Kathe 《库马拉·拉迈内的故事》，16世纪坎纳达语作家南均达·卡维（Nanjunda Kavi）的作品。

Kumara Vyasa 鸠摩罗·瓦刹，14—16世纪坎纳达语文学家，写《坎那达·普拉达》（Kannada Bharata）。

Kumara-Sambhava 《鸠摩罗出世》，4—5世纪古代印度最著名的作家迦梨陀娑的长篇叙事诗。喜马拉雅山神夫妇的女儿乌玛长成一个美貌绝伦的少女。纳罗德大仙预言乌玛将成为大神湿婆的妻子。山神也认为乌玛配得上湿婆，派乌玛去陪伴湿婆。正在修炼苦行的湿婆毫不为乌玛的美色动心。尽管如此，乌玛依旧诚心诚意地侍候湿婆。

天王因陀罗请爱神迦摩变为一美少年去破坏湿婆的苦行，让他爱上乌玛。爱神趁美丽的乌玛前来侍候湿婆之际，弯弓搭箭。湿婆突然感到内心一阵激动，望了望乌玛，见乌玛羞羞答答地面露渴求的表情。湿婆克制住自己的情欲，环视四周，发现爱神正瞄准他弯弓欲射。他立即睁开额上的第三只眼睛，喷出怒火，将爱神焚为灰烬。乌玛开始修炼苦行，渴望通过苦行使自己的美貌结出爱情的果实。她的苦行是无比严酷的：置身于火堆之中，目不转睛地凝视太阳。她甚至连树叶也不吃，只靠雨水和月光维持生命。终于感动湿婆，二人结为夫妻。火神化作一只鸽子飞进湿婆和乌玛的洞房，代表众天神恳求湿婆赐给他们一个天兵统帅。湿婆便给了他自己的精子。火神忍受不了精子的光和热，因陀罗吩咐他将精子投入恒河。昴星团六颗明星来恒河沐浴，精子进入她们的身子，生下了战神鸠摩罗。恒河女神满怀喜悦地哺育这婴儿。然后，湿婆和乌玛来恒河领回自己的孩子。

鸠摩罗在六天之内就长成一个健壮的青年。因陀罗请求湿婆将鸠摩罗给他们做天兵统帅，去打败魔王。最后将魔王杀死。天上降下花雨，众天神欢欣鼓舞，称颂战神鸠摩罗是天国的救主。鸠摩罗的光辉驱散了天国的愁雾，因陀罗重又登上天庭御座。

Kumarabodhi 俱摩罗菩提，意译为童觉，5世纪印度僧人，古代吐鲁番王的佛教宗师，于公元382年前往中国译经。与佛陀吉底（Buddhakirti）、释迦佛陀（Sakyabuddha）等印度画匠参与云冈石窟和龙门石窟的绘画。

Kumaradasa 鸠摩罗陀娑，8—9世纪作家，作品有《悉多被掳记》（Janakeharana）。

Kumaradevi 库马拉黛薇，公元4世纪笈多王朝王后。

Kumarapalakarita 11—12世纪作家雪月（Hemacandra）写的《鸠摩罗波罗传》。

Kumarila Bhatta 库玛瑞拉·巴达（公元7世纪），印度教弥曼差派哲学家，他给《弥曼差派哲学经》的注释做了二次注释。

Kumarajva 鸠摩罗什（343—413），"童寿"，著名的佛经翻译家，祖籍天竺，生于龟兹，其父为鸠摩罗炎，与龟兹公主耆婆生鸠摩罗什。后随母去克什米尔，拜盘头达多（Bandhudatta）为师学习佛法，还去过中亚，回到龟兹，于383年被征服了龟兹的中国军队以犯人身份带到中国，先在凉州（今武威），后被送往长安，在长安译经多部。鸠摩罗什开创了佛教在中国传播的新纪元，不仅象征着中亚和印度之间文化合作的精神，而且代表着这些国家的佛教学者为佛教文化在中国的传播所共同做出的努力。

Kumaramatya 任大臣的王子。

Kumaramatya 王族大臣。

Kumaran Asan 库马兰·阿桑，19世纪马拉雅拉姆语作家。

K

Kumaran San 库马兰·桑，20世纪作家，作品有《纳莉尼》（Nalini）、《雷拉》（Leela）、《落花》（Fallen Flowers）。

Kumarapala 鸠摩罗波罗，古加拉特国王，提倡耆那教，12世纪统治阿卡提瓦半岛。

Kumarasambhava 《鸠摩罗出世》，印度4世纪最伟大的戏剧家迦梨陀娑的长诗，写湿婆大神应众天神之请和雪山神女结婚，生下战神鸠摩罗，后来消灭恶神陀罗迦的故事。

Kumarayanla 鸠摩罗炎，又作鸠摩罗琰。公元4世纪初的印度人，为鸠摩罗什之父。生于相国之家，不嗣相位而出家，东度葱岭，至龟兹国。国王敬慕而迎为国师。王有妹耆婆，年始二十，甚为聪明，逼鸠摩罗炎娶之，生一子，即鸠摩罗什。初时，佛升忉利天为母说法，优填王于渴仰之余，命人以栴檀刻佛像，安置于拘睒弥国。其后，鸠摩罗炎负像东来，路经葱岭，龟兹等诸国敬慕而抑留之，乃至以妹妻之，使者即赍像至姚秦。其后南朝刘宋破姚秦，迎请此像至江左，奉置于龙光寺，世称龙光瑞像。

Kumari 库玛丽，尼泊尔的活女神。孟加拉、尼泊尔等地流行，人们选出一个12岁左右的处女当作女神化身供奉。

Kumari Puja 活女神库玛丽节。

Kumarila Bhatta 鸠摩利拉·跋多（650—700），"童中师"，弥曼差派，研究吠陀词语的学者，著作有《颂释补》《但多罗释补》。

Kumaro Yamayana 鸠摩罗仙人。

Kumbakaran 昆巴卡兰，科佛理三角洲城市。

Kumbakolam 昆巴科兰，朱罗王朝国王罗阇因陀罗一世为庆祝1023年征服孟加拉国王摩西波罗在恒河边建的城市。

Kumbakonam 昆巴克南，印度泰米尔纳德邦东部城市，在科弗里三角洲内。1919年2月11日泰戈尔访问此地并宣读《印度普遍宗教的精神性》（Spirituality in Popular Religions of India）。

Kumbh 度教圣地哈瑞德瓦的庙会。

Kumbha 宝瓶座，水壶座，罐子。

Kumbha Mela 宫巴庙会，或称供普节，每12年一次。神魔在乳海中搅出的甘露在搬动时洒落到的阿拉哈巴德（Alahabad）、帕拉亚格（Parayag）、哈瑞德瓦（Haridwar）、乌贾因（Ujain）和纳西克（Nasik）举行。月亮、太阳、木星重合时，到圣河里沐浴，对洒落地朝拜。1—2月，非同日举行，每隔3年在一地举行。阿拉哈巴德的最隆重。朝圣者和弃世者浩浩荡荡地涌向恒河沐浴，耆那教涂灰裸体苦行僧走在游行队伍最前面，后面跟的是俗人。1989年，阿拉哈巴德的朝圣者竟达1500万。

Kumbha, Rana 古姆伯，拉那（？—1469），拉其普特国王。

Kumbhakarna =Kumbhagarna 鸠盘羯叻那，又译为俱婆迦尔纳，"罐耳"的意思。印度古代史诗《罗摩衍那》中的人物，十首魔王罗婆那的兄弟，他嗜睡成癖，酣睡六月醒一日，力大无穷，被罗摩杀死。

Kumbhar 陶工种姓。

Kumbhipakam 油锅地狱。

Kumbi 昆比种姓。

Kumir 库尔米，印度的种姓之一。鳄鱼。

Kummi 库米，南方女子击手民间舞，跳舞时围成一圈。

Kumrahar 库姆拉哈尔，在比哈尔首府巴特那附近的布兰迪巴格，1896年在此发现公元前4世纪末孔雀王朝时的华氏城王宫遗址。

Kumuda 睡莲，黑天的大将。

Kumudinee 库姆妮，泰戈尔的三叔吉林德罗纳特的二女儿，泰戈尔的堂妹。她嫁给了尼洛科莫尔·穆科巴泰（Neelakamal Mukhopaadhyaay）。尼洛科莫尔的弟弟焦杜纳特（Jadunaath）娶了罗宾德罗纳特的三姐绍罗特库玛丽为妻。1866年在演出“新剧”时，焦杜纳特扮演过舞蹈演员的角色。他们的唯一儿子尼罗德纳特（Neeradanaath）是泰戈尔的同学。

Kunala　鸠那罗（公元前3世纪），孔雀王朝阿育王的儿子。

Kunalivadana　《鸠那罗譬喻》。

Kunamnama　坤娜娜玛，吠陀里的驼背女神，她为鲁陀罗大神（湿婆）和苦行僧熬制服用后一种能使灵魂飞翔、能够看穿人的思想的药。

Kunda　昆达，簇白花，在雨季开放。

Kundagrama　孔达村，大雄出生的村子。

Kundakunda　昆达昆达，3世纪耆那教天衣派导师，由他指定天衣派经典。

Kundala-harana　《盗耳环记》，因陀罗假装贵族盗骗走迦尔纳耳环的故事。

Kundalakesi　《昆达拉克西》，泰米尔史诗。

Kundalini　蛇灵，蛇力（生命力），肉体的力，形体的力。脉络学。

Kundhenacha　昆达纳査，奥利萨邦的手套木偶戏。

Kundina　恭地那城。

Kundnandini and Suryamuki　琨德南迪妮和苏尔雅穆琪，小说《毒树》中的两个人物。

Kundupur　孔渡普村，在比哈尔邦，大雄出生地，等于孔达村（Kundagrama）。

Kundus　昆都士，古代吐火罗国的首府，玄奘取经经过此处。玄奘取经时期的佛教遗址，在大夏通往和阗的路上。

Kunjalal Ghosh　昆加拉尔·格仕，泰戈尔创办的圣尼克坦学校的老师。

Kunjara　优质。

Kunju Nair　昆居奈尔，当代卡达卡利舞教育家。

Kunkuma　红姜黄粉。

Kunta　标枪。

Kuntaka　恭加多，10—11世纪作家，著有《曲语生命论》（Vakroktijivita）。

Kunti　贡蒂，《摩诃婆罗多》里般度五子的母亲。在少女时因侍奉敝衣仙人周到，仙人教她咒语，她招来太阳神，与太阳神生迦尔纳，恢复处女身子，抛弃迦尔纳。她嫁给般度王，与正法之神生坚战，和风神生布军，和因陀罗生阿周那。俱卢大战前夕和婚前生的被他抛弃的儿子迦尔纳相见，劝他站在般度五子一边打仗，被拒绝。俱卢大战后与持国王及持国妻子甘陀利隐居森林，在大火中丧生。

Kuntibhoja　恭底波遮，般度军大将。

Kunwar Singh　昆瓦尔·辛格（1778—1858），1857年印度民族大起义西比哈尔地区的领袖。

Kupa　枯井。

Kurabaka　库拉芭卡花，一种红色不凋谢的花。

Kural　泰米尔15世纪作品《说教记》，1世纪提尔瓦拉瓦主（Thirvallavarzhu）著。

Kuramuni　矮个仙人。

Kurani　拣到的人。

Kurara　酷啦啦，一种水鸟。雎鹗。

Kuravanch　《库尔瓦査》，18世纪泰米尔作家拉贾帕·卡维拉亚（Rajappa Kavirayar）的作品。

Kurcha　祭草。

Kuri　库里，一种低种姓，以织布、制糖、抓鸟为生。等于马亚拉种姓（Mayara）和马杜库里种姓（Madhukuri）。

Kurma　龟，毗湿奴的化身之一。

Kurma　首陀罗种姓里的耕种者次种姓。

Kurma Purana　《龟往世书》。

Kurram　库拉姆，南印度潘迪亚、朱罗王朝的行政单位，相当于联合村。

Kurrinci　山区。

Kurseong　库尔松，印度东北部特里普拉邦的城市。

Kurta　长袖无领长肥大印度衬衣。

Kuru　俱卢，1.《摩诃婆罗多》里持国和般度的祖先；2.俱卢人，生活在俱卢地区的部族；3.公元前6世纪—公元前4世纪古印度列国时期16国之一，为般度后代环住王建，都城象城。

Kuru　俱卢，著名的普卢王朝国王。俱卢王是婆罗多（Bharata）后裔，婆罗多是豆扇陀（Dusyanta）和净修林女郎沙恭达罗之子，由豆扇陀往上推的祖先有：镇群王（Janamejaya）、普卢（Puru）、行迅王（Yayati）、友邻王（Nahusa）、阿逾娑（Ayus）、洪呼王（Pururavas）、步陀（Budha）、卡德罗（Candra）等，直至生主阿特利（Atri）仙人、梵天和毗湿奴，俱卢后裔波罗底波（Pratica）生子福身王

(Santanu)，福身生毗湿摩（Bhisma）、花钏（Citrangada）和奇武（Vicitravirya），奇武死后，渔家女贞信（Satyavati）的私生子毗耶娑（Vyasa）代替奇武生持国和般度，持国和般度被认为是福身的后裔而成为俱卢族，因为他们都属于俱卢王朝，但般度的儿子们不能叫作俱卢族，因为他们是众神所生，而非般度所生。

Kuru 俱卢部族；俱卢国王，俱卢族的祖先。

Kuru-jangala 巨鹿之野，俱卢疆迦国。

Kuruksetra 俱卢之野，现德里附近，《摩诃婆罗多》中的两族大战战场。

Kurukshetra War 俱卢战争，见Mahabharata。

Kurunandana 俱卢难陀那，意为“俱卢族的后裔”，克里西那对阿周那的称呼。

Kuruvansha 俱卢国，从俱卢国王开始。

Kuruvas 俱卢族行迅王（Yayati）生二子，普卢和雅度，普卢传到俱卢。黑天和贡蒂出生于雅度族。

K

Kurya 新娘的头饰物，发饰。

Kusa 苦萨草，祭祀用的圣草。

Kusa 古舌草，被认为是一种圣洁的草，用于宗教仪式。

Kusa and Lava 俱舍，罗婆，《罗摩衍那》里罗摩的双胞胎儿子。

Kusadhvaja 俱舍驮缚竭，《罗摩衍那》里国王遮那竭的弟弟，悉多叔父，两个女儿嫁婆罗多和设卢衹那。

Kusamba 库三巴，梵天四子之一。

Kusana 贵霜，属于大月支的古代民族，最初在中国敦煌、祁连山一带，在公元前2世纪由于匈奴驱赶，西迁至大夏，扩张到阿姆河和锡尔河流域，在粟特建都。1世纪形成贵霜国家，到迦尼色珈王时达到鼎盛，2世纪后衰落。

Kusanabha 俱舍罗婆，古代国王俱舍四子之一，100个女儿婀娜多姿。

Kusaplavana 具舍波罗婆那，一个印度教朝拜地。

Kuseelavapuri 库西拉瓦普里，库奇普迪舞（Kuchipudi）的梵语名字，库奇普迪舞为口语叫法。

Kuseelavas 村里演出库奇普迪舞的一组演员。

Kushana Empire 贵霜帝国（1—3世纪）。贵霜帝国是曾存在于中亚的古代盛国，在其鼎盛时期疆域从今日的塔吉克绵延至里海、阿富汗及恒河流域。贵霜帝国在迦腻色伽一世和其承继者统治之下达至鼎盛，曾拥有人口千万，被认为是当时亚欧四大强国之一，与汉朝、罗马、安息并列。

Kushanas 贵霜人。

Kusharee，Jagnanaath 古沙里，焦贡纳特，泰戈尔的第十二代先祖。泰戈尔的第十一代先祖舒克代博的女婿。他有四个儿子。

Kushtia 库世提亚，加尔各答附近的一个镇子。

Kushumbha 蓟类植物，其花用作红黄染料。

Kusika 仙人乔尸迦之子或孙子。

Kusilava 乐师，说唱艺人，演员。

Kusinagara 拘尸那迦，为释迦牟尼圆寂地，位于印度北方邦哥达拉克浦县凯西以北约2.5千米的摩达孔瓦尔镇。佛教徒尊该地为佛陀涅槃地。亦译为俱尸那、拘尸那、揭罗等，意译为角城、茅城。古印度末罗国的都城。在今印度北方邦哥拉克浦县凯西郊外，名“摩达孔瓦尔”（意为“死王子”）。4世纪法显来此时，已人烟稀少，大部分寺院颓圮。7世纪玄奘到此，更是荒无人烟。1853年，英国学者发掘了这一遗址。现存主要文物有约在5世纪雕刻的释迦牟尼涅槃像（1833年发现），侧身卧于石榻之上；像与榻系一块整石刻成，并刻有阿难等弟子像和铭文。现该像保存在新建的大涅槃堂内。另有大涅槃塔、安伽罗塔等。现又新修了一些佛教寺院，其中包括一座名为“双林寺”的中国寺院。

Kusm 花，小花朵。

Kusum 库肃穆，意思为“花”。

Kusumagraj Rathicha Diwas 《夜晚采花时》，马拉提语小说家玛德卡（D. S. Mardhekar）写的第一部马拉提语意识流小说。

Kusumapura 拘苏摩补罗城，即波多厘子城。见词条Patalipura。

Kuta-salmalika 木棉树，有许多尖刺，连猴子都不敢攀缘。

Kutaniti 外交。

Kutantyun 北印度民间舞、主要表现黑天。

Kutashasana 伪造的文书。

Kutashtha 无关的人，始终如一的人。

Kutsa 俱陀娑，印度神话里的仙人，曾受因陀罗的保护和迫害，二人长得很像，以至于因陀罗妻子都无法分开。

Kuttamita 佯怒。

Kuttampalam 库提亚特姆剧，梵剧的变种，与中国的戏曲很相似。

Kuttanur 库塔努尔，坦贾武尔地区一个村子，纪念诗人库塔拉-塔拉-普（Kuttala-tala-puranam）和库特拉拉·库拉瓦塔·库檀（Kutrala Kuravantta Kuttan）。

Kutumbin 农民家庭的家长，“农户”，农场经营者。

Kuvalasva 具婆罗娑婆，印度神话里的太阳族王子，儿子众多，与儿子一起斩首海里的阿修罗通图，除三个儿子外，其余儿子被通图喷出的火焰烧死。

Kuvera 俱毗罗，精灵首领，财富之神。

Kuwwat ul Islam 伊斯兰力量。

Kuyilpattu 《库伊帕图》，20世纪作家苏泊马尼亚·婆罗（Submania Bharati）的作品。

Kwaja Abdus Samad 科瓦加·阿布杜斯·萨马德，莫卧儿王朝时的波斯画师。

Kyaandeeya naach 康迪舞。

Kyoto 京都，位于日本本州岛的中部，近畿地区中央以北，北濒日本海，东接福井县、滋贺县、三重县，南邻奈良县，西与大阪府、兵库县接壤，呈由东南朝西北伸展的细长形状，由3种地形组成，分别是西北端的环绕着舞鹤湾的里亚式海岸、中部的丹波山地和东部的京都盆地。京都府是人口较多的自治体之一，是日本人的精神故乡，是日本文化的源点，是日本的文化象征之地。古都京都是根据历来王朝文化中盛行的日本式唯美意识所构建的。以神社、佛阁等历史建筑物、庭院、绘画、传统活动、京都料理为代表，被称为“千年古都”。1924年6月，正在访日的泰戈尔访问京都。

Kyros 凯洛斯，公元前6世纪波斯人，波斯帝国的缔造者，据说曾派一支远征军远赴阿富汗，并且到达了印度边境，但征服西北印度的重任却留给了大流士。

Kyushu 九州岛，日本第三大岛，位于日本西南端，东北隔关门海峡与本州岛相对，东隔丰予海峡和丰后水道与四国岛相望，东南临太平洋，西北隔朝鲜海峡与韩国为邻，西隔黄海、东海与中国遥对。旧为筑前、筑后、丰前、丰后、肥前、肥后、日向、萨摩、大隅九国，遂称九州。州在日语中为区域之意。主岛面积3.65万平方千米，连同所属小岛面积约4.34万平方千米，仅次于本州和北海道，而比四国大。人口约1478万人。1924年5月，泰戈尔访日时在该岛的别府温泉休养。

Ll

La Declaration pour L' independence de L' esprit 《精神独立宣言》，1919年由法国作家罗曼·罗兰发起，应罗曼·罗兰的要求，1919年6月26日泰戈尔在上面签名。

LA exam 文科文凭考试。

Laajmayee 《害羞之女》，泰戈尔的杂谈。

Laathir Upar Laathi 《棍棒对棍棒》，泰戈尔的散文。

Laaya baahaadur 拉伊·巴哈杜尔，英国殖民主义政府授予印度人的荣誉称号，意思为“大公”。

Lachesis 拉克西司，羯磨（耶）的人格化。

Ladak 拉达克舞，由神男与祷告者跳的魔舞。拉达克在喜马拉雅山区。

Ladh khan 拉特汉印寺庙，在德干地区。

Ladi-shah 拉地-沙，19世纪在克什米尔出现的讽刺喜剧叙事诗。

L

Ladiph, Shaha Abdul 拉迪夫，S. A.（1689—1752），印度信德语诗人，作品有《诗集》。

Ladly Mukhopadhyay 拉德里·穆克吉，现代电影制作人，制作了14部反映泰戈尔不同方面的短纪录片。

Lagerlof, Selma 拉格洛夫，塞尔玛（1858—1940），瑞典女作家。她是历史上获得诺贝尔文学奖的第一位女性，因儿童文学作品《尼尔斯骑鹅旅行记》（The Wonderful Adventures of Nils，瑞典语首版于1906年）获奖。这是关于一个小男孩和一只会说话的鹅的故事，讲述淘气的尼尔斯·侯格森（Nils Holgersson）用捕蝶网逮到了一只小精灵，小精灵答应如果尼尔斯放了他，他会给尼尔斯“一枚古钱，一个银匙，一个金币，像尼尔斯爸爸的银表表壳那样大”。尼尔斯答应交换条件，但后来改变了主意，决定不放小精灵。为了报复尼尔斯，小精灵把尼尔斯变小。尼尔斯发现他可以听懂动物的语言，接着他骑在一只鹅的背上开始飞翔，遨游整个瑞典。这本书以这种方式向小读者们传授瑞典地理知识。当然，漫游中尼尔斯也学会了如何改正他的行为，所以当他最后回到农场时，他已经是一个相当懂事的孩子了。这个故事家喻户晓，尼尔斯骑鹅飞翔的画面甚至印在了20克朗的纸钞上，另一面则是拉格洛夫的头像。1909年她被授予诺贝尔文学奖时，诺贝尔评委会这样评价她：“她的作品表现出崇高的理想主义，生动的想象力和心灵的感悟，令人赞赏。”她的处女作《哥斯达·柏林世家》（Gösta Berlings saga）1924年搬上银幕时，该片年轻的女主演葛丽泰·嘉宝碰巧也正处于其演艺生涯的起步阶段。泰戈尔非常欣赏她的作品。

Laghimasiddhi 获得瑜伽神通后浮在空中和水上的能力。

Lagi 长竹篙，撑船用。

Lagini 拉基尼，与男性拉格搭配的女性曲调，每个拉格配5个拉基尼。

Lagna 星位，运星。

Lago, Mary 拉格，玛丽，美国孟加拉文学家。曾评论泰戈尔的作品。

Lagvi 《小释补》，8世纪耆那教哲学家普罗帕杰罗著。

Lahoran ke Rajhans 《拉哈容天鹅》，20世纪剧作家摩汗·拉克什（Mohan Rakesh）写的剧本。

Lahore 拉合尔，素有“花园城市”之称，是巴基斯坦的文化和艺术中心，有2000多年历史。1947年巴基斯坦独立后，拉合尔成为最富裕的旁遮普省的首府，经济迅速发展，现在已经建设成为拥有250万人口的巴基斯坦第二大城市和重要的工业中心。拉合尔由建于阿克巴时期的旧城和其南部的新城组成。旧城由7米高的红色砖石城墙围绕，建有14座城门，城墙外蜿蜒着护城河。东部朝印度德里方向的城门叫德里门，而德里红堡朝向拉合尔方向的正门则取名拉合尔门，这昭示了这两座城市之间的深厚历史渊源。1935年2月，泰戈尔访问拉合尔，并且于2月15日和17日在旁遮普大学生第五届年会上发言。1936年3月22—23日泰戈尔在这里演出他的名剧《齐德拉》。

Lahul 拉豪尔，居住在印度喜玛偕尔邦的少数民族。

Laihut-ul-kadar 斋月（伊斯兰历9月）最后两周的夜晚。穆斯林认为就在这段时间真主把《古兰经》显示给穆罕默德。

Laila Majnu 《婡拉·玛姬努》，印度16世纪作家阿米尔·库斯绕写的爱情戏。

Laiyatwri Village 莱特瓦尔村落。

Lajasik　积极，自我，自大的本性。

Lakh　十万。

Lakini　洛基尼，莲花名，代表一个性力女神萨克。

Lakoff, George　拉克夫，乔治，20世纪英国印度学家。

Lakrymal　眼泪的。

Laksa　由蜡液、热水混合成的液体，血红色。

Laksa　紫胶，易燃材料。

Laksamisa　17世纪坎纳达语诗人。

Laksana　特异性，身体上小的特征，转示；转示义诗相。标记，特点。

Lakshadivi Islands　拉克代夫群岛，在印度克拉拉邦的拉巴海岸192千米处，是印度旅游区。

Lakshadweep Islands　拉克沙德维普群岛，面积32平方千米，与克拉拉邦隔海相望，首府卡瓦拉提。

Lakshanas　传说中印度伟人所具备的32相。佛陀传法时当时之印度人所喜爱的人身外貌中三十二个明显的特征，具体为一足下安平如奁底；二足下千辐轮相；三手足指长胜余人；四手足柔软胜余身分；五手足指合缦网胜余人；六足跟具足满好；七足趺高好根相称；八如伊尼延鹿王腨纤好；九立手摩膝；十阴藏相如马王；十一身纵广等；十二毛青色柔软；十三毛上向青色柔软右旋；十四金色光其相微妙；十五身光面各一丈；十六皮肤薄细滑不受尘水不停蚊蚋；十七两足下两手两肩项中七处满；十八两腋下满；十九身上如狮子；二十身端直；二十一肩圆好；二十二四十齿具足；二十三齿白净齐密而根深；二十四四牙最白而大；二十五颊车如狮子；二十六咽中津液得味中上味；二十七舌大薄覆面至发际；二十八梵音深远如伽陵频伽声；二十九眼色如金精；三十眼睫如牛王；三十一眉间白毫相如兜罗绵；三十二顶肉髻成。

除指身形相貌的三十二相外，还有一种三十二相。瑜伽十一卷二十页记载："复有三十二相。谓自心相，外相，所依相，所行相，作意相，心起相，安住相，自相相，共相相，麁相，静相，领纳相，分别相，俱行相，染污相，不染污相，正方便相，邪方便相，光明相，观察相，贤善定相，止相，举相，观相，舍相，入定相，住定相，出定相，增相，减相，方便相，引发相。"如彼卷二十页至二十三页广释。

佛陀三十二相应该不止这些。三十二相应该还包括许许多多其他三十二相的容貌。这是佛陀可以借助其他各种容貌四处像凡人微服私访一样，来人间住世好帮助人们解决很多生活中隐秘的玄秘事宜。当这些身份用不同的容貌出现在人们的面前时，人们就不认得他了。在佛陀海誓五百愿成佛的时候，他就曾经以各种面孔来教导、引导众生作为教主出现的。在观世音普门品中，佛陀也亲口向无尽意菩萨宣说，足具三十二，八十种好相的观世音解惑，申明观世音菩萨可以在面对各种不同类型的求佛法的人士，都是以与每个求佛法者身份相互适合的人物，为其讲解佛法的。而这却是个最重要的、很隐秘的普度众生的做法。比方我吧，我曾"信仰"过财神，他们可以变成财神来启发我努力向善，就是对身心增益的事情。比方一群人以信仰鬼神为皈依，那么，佛还可以跟菩萨一样，幻化成信仰鬼神的神，去启发他们。假如你信仰道教，他们就幻化成道教的大师，来启发大众务必身心向善，就是利己利人最好的选择。譬如你信仰儒教，他们就可以幻化成你憧憬的教师的形象，好给予你最适合的启发。

Lakshimi　拉克西米，又叫红莲，毗湿奴的妻子，美的女神和财富女神，吉祥女神。

拉克西米美丽温柔，面露微笑，头戴珠宝王冠，身着华丽服装。当她和毗湿奴在一起时有两只手，但单独出现时有四只手。左边两只手，一只手持有从海里夺来的净水瓶，另一只手拿着海螺，表示她和毗湿奴打成一片；两只右手，一只手拿着幸运果，另一只手拿莲花。她通常和丈夫毗湿奴一起坐在莲花座或半人半鸟兽迦鲁陀（Garuda）身上。莲花象征纯洁、美好、爱情、和平，同时表示清清白白生活的重要性，没有清白光有财富是很危险的。幸运果表示给人们带来财富。有时另两手空空，一只手手掌向上，五指指向前方，做出无所畏惧的姿势；另一只手做出给人间赐予美好和富贵的姿势。

《毗湿奴往世书》记载，拉克西米从乳海中生出，情景非常壮观。故事是这样的：敝衣仙人觉得自己受了因陀罗神的蔑视，因此诅咒因陀罗"你对三界的统治将受到颠覆"。从此，神国失去了荣华富贵，众神失去了力量。魔鬼趁机打败了众神。众神求救于梵天，梵天让他们求助于毗湿奴。毗湿奴让他们把草药倒入乳海使劲搅动，来从中提取甘露酒。喝了甘露酒就可以打败魔鬼。众神于是欣然照办。突然，从乳海中跳出一个光彩照人的美女神，坐在莲花座上，手里举着一朵百合花。众神仙欣喜若狂，向她欢呼，仙女们跳起欢快的舞蹈。恒河与其他圣河前来助兴，太阳神的大象拿着金瓶往她身上浇水，大海向她敬献长青花冠，就连天宫的工艺神也来打扮她。美女神一下投入毗湿奴的怀抱，从魔鬼手中夺回荣华富贵，交还给众神，她自己成为财富之神。这个美女神就是拉克西米。

拉克西米的传说：

拉克西米与毗湿奴分离过。起因于一条贪婪的建议。有些传说讲，拉克西米是薄利古仙人的女儿，她怂恿丈夫从她父亲手里要回属于她的那份财产。她父亲薄利古大怒，诅咒让毗湿奴在世间再生十次，与妻子分开，不能有孩子。这就是毗湿奴在人间有十个化身的由来。

拉克西米是毗湿奴生活中最重要的伴侣，没有拉克西米，他连一分钟都活不下去。因此，每当毗湿奴以化身来到人间时，拉克西米也生到人间。毗湿奴在人间化身为侏儒，拉克西米成了帕德玛，从水中生出，飘在莲花上；毗湿奴化身为持斧罗摩，拉克西米就是达瑞尼；毗湿奴化身为罗摩时，耕地时生出悉多；毗湿奴化身为黑天，拉克西米变为拉达（Radha）和他在乌拉吉林中跳舞；毗湿化身为英雄黑天时，拉克西米就是茹克密尼即艳光，在多门城陪伴他。

拉克西米对丈夫矢志不移，但作为财富女神，她又反复无常。

根据印历，迪瓦里节在阿格赫纳月第一个朔日后第十五天，一般在公历11、12月间。拉克西米喜欢干净。节日之前，家家户户都要把屋子打扫得干干净净，张灯结彩，大开屋门，好让女财神光临。特别是商人，更是大开店门，欢迎财神光临，让他们发大财。迪瓦里节又叫罗其密节，罗其密是拉克西米的不同译音。

Lakshmana 拉克什曼那，《罗摩衍那》里罗摩的弟弟，陪同罗摩和悉多流放森林，为了救悉多差点献出生命。他为避免罗摩遭敝衣仙人诅咒而丧生。是忠实于兄嫂的典范。

Lakshmana Rao 拉克什曼那·饶，19世纪泰卢古语作家。

Lakshmeenaath Bejbaruyaa 拉克什米纳特·贝吉波鲁亚（1868—1938），泰戈尔三哥海门德罗纳特的儿女普罗甘荪多丽的丈夫，阿萨姆人。他创建了"阿萨姆语研修会"。

Lakshmi Bai 拉克西米·巴伊（1835—1858），詹西女王，1858年印度民族大起义中印度反抗英国殖民统治的女英雄。

Lakshmi Kant Verma 拉克什米·坎特·威尔玛，现代实验主义文学作家。

Lakshmi Narayan Temple 拉克西米·拉纳因庙，印度著名的印度教庙，1938年由印度比拉财团出资建造，因而又叫比拉庙。内有财富女神拉克西米，护卫神拉纳因，湿婆神和降魔女神难近母雕像以及《摩诃婆罗多》的绘画。贱民也可进入。

Lakshminaranappa 拉克什米那拉纳帕，即木达纳（Muddana），19世纪坎纳达语作家。

Lakshminath Bezbarua 拉克什米尔·贝茨巴如阿，19世纪阿萨姆文学复兴先锋。

Lakshmir Pariksha 《财富女神的考验》，泰戈尔于1897年写的诗剧。

Lakshimir Pariksha 《财富女神的考验》，泰戈尔1920年写的剧本。

Laksmana 拉克西莫那，11世纪作家，作品有《婆罗多占布》(Bharata Campulilaka)。

Laksmana Sena 罗讫瑟曼那·犀那（1184—1205），犀那王朝国王。

Laksmi Karna 拉克西米·卡尔纳（1040—1070年在位），伽罗朱利王朝名王。

Laksmi Tantra 吉祥女神经文，崇拜吉祥天女时使用的赞颂经文。

Laksmidhara 拉克西米达拉，16世纪印度教神学家。

Laksyasangita 《使人注目的音乐》，印度19世纪中期—20世纪初音乐家巴特坎德（Bhatkande）的作品。

Lakula Pasupatas 湿婆派教徒，大多数为接受了《兽主经》学说的苦行僧。兽主指湿婆。

Lakulisa 拉库里撒，2世纪人，传说为湿婆派分支兽主派的创立者。

Lal Ded 拉尔·黛德，14世纪克什米尔语女诗人。

Lal mirich　印度红胡椒。

Lala　拉拉，16世纪克什米尔虔信派人物。拉腊，即现在的古吉拉特。

Lala Hardayal　拉拉·哈尔达亚尔（1884—1939），印度作家，学者，独立运动战士。

Lalaater Likhan（Baanshari）《命运》（《邦绍丽》），泰戈尔的短篇小说。

Lalabhaksam　地狱里的精子海。

Lalan Fakir　拉兰·发克尔，泰戈尔时代的巴乌尔歌手。

Lalbhai　拉尔布哈伊，印度最大的公司之一。

Lalchand Amardinomal Jagtiani　拉尔昌德·阿玛诺玛·加戈提亚尼（1885—1954），18世纪信德语作家，作品有《月亮第四夜》（Choth Jo chand）等

Lalidaditya Muktapita　拉利塔迪迭·穆克塔比达，8世纪克什米尔卡尔克塔王朝国王。

Lalit Kala Akademi　健美协会。

Lalita　美，轻快；妩媚美，女性性力的人格化。

Lalitasahsranama　《性力女神的一千个名字》，据传为8世纪印度教哲学家商羯罗写的书。

Lalitavistara　《神通游戏》《方广大庄严经》，大乘佛经，讲佛陀生平传说。

Lalitya　优美。

Lalkot　拉尔科特，德里的原型，在10世纪是拉杰普特的一个地方中心。

Lalla　拉拉，8世纪人，印度著名的天文学家。

Lalla Ded　拉拉·德德，14世纪湿婆派女诗人。

Lally，Thomas Arthur　拉利，托马斯·阿瑟（1702—1766），法国东印度公司总司令。

Lamatin　拉马丁（1790—1868），法国浪漫诗人。

Lamb，Charles　查尔斯·拉姆（1775—1834），英国著名散文家。

Lambha　兰芭，是天上非常漂亮的仙女。为了破坏刻苦修炼者的修行，天神常派她去勾引修炼者，让其坠入情网，中断苦行。

Landsdowne，Henry Charles Keith Petty-Fitzmaurice　兰斯多恩，亨利·查理·K. P. F.（1845—1927），1888—1895年担任印度总督。

Lang Fang　郎芳，当代学人，与汉人出版《泰戈尔》。

Langar　施舍食堂。

Lanka Dupata　楞伽岛，又叫狮子国，《罗摩衍那》里十首魔王统治的地方，今斯里兰卡。

Lankavatara　楞迦经。

Lankesh　兰克什，现代坎纳达语作家。

Lanman，C. R.　兰曼（1850—1941），美国著名印度学家。

Lantai World　《兰台世界》，1986年创刊，辽宁省档案局（馆）、辽宁省档案学会主办。2010年第4期刊登王艳玲的《泰戈尔与徐志摩：中印两颗诗心的碰撞与融合》，2011年第20期刊登倪政华的《〈泰戈尔的中国之旅〉展览在印度展出》。

Lao-tze　老子（公元前571—公元前471年），即李耳，字聃。楚国苦县历乡曲仁里（今河南省鹿邑县太清宫镇）人，中国古代伟大的哲学家和思想家、道家学派创始人，被唐朝帝王追认为李姓始祖。存世有《道德经》（又称《老子》），其作品的精华是朴素的辩证法，主张无为而治，其学说对中国哲学发展具有深刻影响。在道教中老子被尊为道祖。泰戈尔非常欣赏老子的哲学思想。

Lapis Lazul　吠琉璃，珠宝。

Lapsitazuli Lasyanga　柔舞支。

Larakaloka　恶界，地狱界。

Larsen & Toubro House　拉森和托布罗财团，印度大财团，1946年由德赛创立。

Laser，A. K.　雷塞，当代印度学者，2007年为出版《泰戈尔全集》第四卷担任整理工作。

Laskin　拉斯金（1819—1900），英国作家、评论家，早年写过许多诗歌，1839年获纽迪盖特诗歌奖。

Last Reward　《最后的奖赏》，泰戈尔1941年写的短篇小说。比莫拉在大学时是校花，非常高傲。她曾经羞辱了一个羞怯的男孩子，使男孩子的姐姐穆丽娜历妮极为愤慨。多少年之后，一个漂亮的女中学老师向一位有名的法官恭敬地行摸脚礼。这位法官就是当年被羞辱过的男孩，而女教师就是比莫拉。

Last Story　《最后的故事》（《最后的话》），泰戈尔于1939年写的短篇小说。我是革命家，经过教训后，不满意自己的革命方式，开始转向科学救国，成为矿物学博士。回

L

国后在土邦王辛赫手下供职。曾发誓不结婚，不料在野外作业时碰到美丽的孟加拉姑娘奥琪拉，被其深深吸引，埋在心底的爱情岩浆喷发。我为了接近奥琪拉，和看门人联合演出英雄救美人的喜剧，赢得美人芳心。原来奥琪拉是教授的外孙女儿，爷孙俩在林中度假。姑娘曾经被一个负心郎抛弃，但她并不耿耿于怀。求爱成功。

Lasya　拉夏舞，优美，装饰音多。

Lata　拉塔，古代印度西部王国。

Lata　蔓藤。

Latanuprasa　罗德谐音，重复使用一个或多个单词。

Late Gupta　后期笈多王朝，存在于6—8世纪。

Lathi　长杆子，警棍，棍子。

Lathials　棍棒队。

Latif, Abdul　拉夫，阿卜杜尔（1828—1893），印度伊斯兰教改革家，作品有《孟加拉的伊斯兰教育》等。

L

Latitavistara　佛陀生平故事。

Latyayana　《仪轨经》。

Laukika　口头民间传说。

Laulya　贪欲味。

Laur Chanda　《劳尔金达》，15世纪在北方邦问世的爱情罗曼诗。

Lauriya Nandangarh　劳里亚·南丹加尔，地名，在尼泊尔边界附近，属比哈尔邦，有阿育王的诰文石柱。

Lava　瞬间，很短的时间。

Lava　罗婆，罗摩之子。

Lavaja　罗瓦基，17世纪耆那教改革家，领导了斯特纳格瓦西派运动。

Lavaji　罗瓦基，耆那教斯特纳格瓦西派领袖。

Lavana　盐。

Lavana　罗婆那，《罗摩衍那》里罗婆那的外甥，有湿婆送的战无不胜的三叉戟。他被舍图卢杻那杀死。

Lavani　拉瓦尼，一种绝对挑逗性的歌舞。

Lavanya　对美的形式的灵感。

Lavanya yoganam　灌输优美，艺术表现等。

Lawalpindi　拉瓦尔品第，曾为巴基斯坦首都，在现在的巴基斯坦首都伊斯兰堡以南20千米处。

Lawrence　劳伦斯，英国人，泰戈尔创办的圣蒂尼克坦国际大学的老师。

Lawrence Binyon　劳伦斯·宾永（1869—1943），英国诗人、戏剧家，1920年泰戈尔访问英国时和他会面，以后成为朋友。

Lawrence, Jhon Laird Mair　劳伦斯，约翰·莱尔德·梅尔（1811—1879），1864—1869年担任印度总督。

Lawrence T. E.　劳伦斯，T. E.（1888—1935），英国作家，泰戈尔1920年5月访问英国时和他会面，成为朋友。

Laxman Pat　拉克斯曼·帕特，孟加拉派画家。

Laxness, Halldor　拉克斯内斯，哈罗德（1902—1998），原名哈多尔·古兹永松，冰岛小说家、剧作家。1955年获诺贝尔文学奖。1961年撰文纪念泰戈尔诞生100周年。

Laya　节奏。

Layamon　莱阿门，早期中古英语诗人，传奇编年史《布鲁特》一书作者。莱阿门的《布鲁特》是早期中古英语诗歌中一部充满传奇色彩的鸿篇巨制。它以韵文的形式讲述了有关不列颠民族的历史和传奇，其中包括许多有趣的典故，如不列颠民族的由来和各城市地名的来历以及著名的文学故事出处等，全诗共含有16095行头韵诗。

Laya-yoga　拉亚瑜伽，力瑜伽中体内秩序的象征性消亡以及肉体能的产生。

Layayoga　分解瑜伽。

Le Brun　勒·博兰，法国友好人士，1920年8月在巴黎会见泰戈尔。

Le chanson du mal-Aime　《失恋者之歌》。

Le Comite Nationale détudes Sociales et Politiques　法国全国社会、政治研究委员会，巴黎的学术组织，1921年4月25日泰戈尔在这里做过《印度的普遍精神》的报告。

Le Groupe Clarle　“光明团”，亦称无形组织，第一次世界大战后由泰戈尔、法国作家罗曼·罗兰、巴比塞、法郎士以及艾伦开等世界知名人士组成，以反对帝国主义为主旨。每当国际上发生重大黑暗事件时，他们就联名发表文告，进行揭发和声讨。一些重要文告，由泰戈尔起草，大家经过函电交换意见后，发布到世界各地。

Le Hai　乐海，民国学者，1916年发表《泰戈尔眼中之亚细亚》。

Le Sibing　乐嗣炳（1901—1984），语文学家、国语运动积极参与者。他曾在国内多个大学担任教授。他是《语文知识》编委，上海语文学会理事，上海市推广普通话委员会委员，文改会《方言丛刊》编辑，江苏省方言调查委员会委员等。1924年4月在上海参加接待泰戈尔访华事务。

Leader　《向导报》。阿拉哈巴德的地方报，泰戈尔曾给该报写稿。

League of Vagbonds　《流浪者联盟》，泰戈尔同福特·牛顿博士的谈话，牛顿认为流浪者联盟就是盗贼联盟。

Learning and Knowledge　《学知报》，创办于1987年，由厦门教育学院主办。2011年5月23日刊登王婷婷的《教出中职语文课的“职业味”》。

Learning Theories　《学理论》，创刊于1959年，哈尔滨市社会科学院主办。2011年第25期发表郭晓勇的《新月社与泰戈尔访华》。

Leave Taking　《告别》，泰戈尔1924年在中国的讲话。

Lecture Society　讲学社，1920年由梁启超创办。梁启超有感于思想文化界的混乱和肤浅而赴欧考察。1920年初归来后，他创办了讲学社，以梁启超为中心，林长民、蒋百里、徐志摩等鼎力支持。讲学社邀请外国著名学者来华讲学，继邀请杜威、罗素、杜里舒访华之后，于1924年邀请泰戈尔来华，轰动一时，对推动中印文化交流和中印友谊起了很大作用。

Lectures and Addresses　泰戈尔的《讲演录》。1928年出版，由索雷思主编。

Lectures in Iran and Iraq　《在伊朗和伊拉克的讲话》，泰戈尔1932年4月在伊朗和伊拉克访问时的讲话集。

Leela=lila　戏，表演，作品的主题；无法解释的天命。

Leela-Sokhey　里拉-娑吉，又叫米娜卡（Menaka），20世纪复兴卡达克舞的女艺术家。

Leelaa　《莉拉》，泰戈尔写的杂谈。

Leh　列城，在印度控制区的克什米尔地区拉达克行政区首府，海拔3520米，是世界上最高的首府。市中心有一座相似于西藏布达拉宫的9层大皇宫，住着有名无实的拉达克女王。

Lei Qihuai　雷启淮，四川大学南亚所教授，出版《当代印度》。

Lei Wuling　雷武铃，北京大学博士毕业，河北大学教授，发表《泰戈尔：从印度走向西方》。

Leiden　莱顿，荷兰西部城市。在海牙东北16千米，人口11.7万。莱顿大学建于1575年，有民族博物馆、哥特式教堂和美术馆。附近有海滨疗养地。1920年9月泰戈尔访问该市。

Leipzig　莱比锡，位于德国东部的莱比锡盆地中央，在魏塞埃尔斯特河与普莱塞河的交汇处，面积141平方千米，人口约60万，是原东德的第二大城市，位于柏林以南165千米。市名莱比锡在当地古语中，意思是“种有菩提树的地方”。每年春、秋两季都有国际博览会在此举行。伟大的音乐家巴赫曾在市内的托马斯教堂担任乐长20多年。该市著名的格万特豪斯交响乐团已有200多年的历史。

Lekha　书信。

Lekhaakumaaree o Chhaapaa Sundaree　《写作少女和印刷美女》，泰戈尔的散文。

Lekhak-janma　《作家诞生》，泰戈尔的评论。

Lekhan　《随感集》，泰戈尔的诗集。1926年10月，泰戈尔访问匈牙利时，遵照医嘱去巴勒顿·福雷德疗养院疗养。在这里为诗集《随感集》的摹真本重版题赠。

Lekhnath　雷卡纳特，印度现代尼泊尔语诗人。

Lekhraj Aziz　雷克拉吉·阿紫扎，19世纪信德语女作家。

Lelthak Lelkharol　《雷塔克·雷卡罗》，17世纪曼尼普尔散文集。

Lenard　雷纳德，英国布里斯托尔大学教授，1920年5月泰戈尔访问英国时他邀请泰戈尔访问布里斯托尔。

Leogryph　狮头马。

Leogryphs　魔怪，狮身怪兽。

Leonardo da Vinci　列奥纳多·达·芬奇（1452—1519），意大利文艺复兴三杰之一，也是整个欧洲文艺复兴时期最完美的代表。他是一位思想深邃、学识渊博、多才多艺的画家、寓言家、雕塑家、发明家、哲学家、音乐家、医学家、生物学家、地理学家、建筑工程师和军事工程师。他是一位天才，他一面热心于艺术创作和理论研究，研究如何用线条与立体造型去表现形体的各种问题；另一方面他也同时研究自然科学，为了真实感人的艺术形象，他广泛地研究与绘画有关的光学、数学、地质学、生物学等多种学科。他的艺术实践和科学探索精神对后代产生了重大而深远的影响。代表作品有《蒙娜丽莎》《岩间圣母》《最后的晚餐》等。

Leonardo da Vinci Society 达・芬奇学会，1926年6月16日，达・芬奇学会专门接待正在意大利访问的泰戈尔。

Lepakshi 莱帕克希，艾哈迈德纳加尔南部镇子，有印度教神庙的壁画，壁画风格以原始土色为基调。

Lepanto Battle 勒班陀战役（1571年10月7日），是欧洲基督教国家联合海军与奥斯曼帝国海军在希腊勒班陀近海展开的一场海战。由西班牙王国、威尼斯共和国、教皇国、萨伏依公国、热那亚共和国及马耳他骑士团组成的神圣同盟舰队在整天的战斗中击溃了奥斯曼海军，令奥斯曼帝国从此失去在地中海的海上霸权。

L

Leparen 雷怕林，20世纪曼尼普尔语女作家。

Lepchas 雷布查族，锡金的民族。

Lepya Chitra 纺织品线条和颜色的知识。

Lesa （诗相）机智，善于辞令，说话巧妙，达到相同目的；掩饰。

Leslie，J. 雷斯利，20世纪英国印度学家。

Lesny. V. 雷思尼，捷克梵语教授。1921年6月18日—21日泰戈尔访问捷克斯洛伐克，泰戈尔在首都布拉格的德语大学和捷克大学做了几场报告。在这里雷思尼和泰戈尔接触甚密。雷思民1928年到国际大学担任客座教授。1938年10月，希特勒纳粹占领捷克斯洛伐克，泰戈尔于10月15日给雷思尼写信谴责法西斯的暴行。

Letter to Lord Lytton 《给利同勋爵的信》，泰戈尔1924年的信。

Letters from Abroad 《国外来信》，泰戈尔书信集，泰戈尔于1920年5月—1921年7月写给安德鲁斯的信，1924年马德拉斯加内沙出版社出版。

Letters to a Friend 《给朋友的信》，泰戈尔写给国际大学副校长安德烈的通信集，1920年出版。

Letters to Czecho-Slovakia 《致捷克斯洛伐克的信》，泰戈尔1939年的书信。

Levi，Sylvain 列维，西尔万（1863—1935）,法国人，东方学权威、印度学家，曾于20世纪20年代担任位于圣蒂尼克坦的国际大学的汉语教授。1928年8月9—10日在圣蒂尼克坦拜访泰戈尔。

Levi Sylvain 列维・希尔万，20世纪法国著名化学家。

Lezim 雷辛，马哈拉施特拉邦朝气蓬勃的民间舞。

Lhapas 扮演神的男子。

Li Bai 李白（701—762），中国唐代最伟大的浪漫主义诗人，泰戈尔生前很欣赏李白的诗。

Li Bingchen 李冰晨，当代学者，出版《各国文学》《泰戈尔英诗汉译》《飞鸟集流萤集》。

Li Dapeng 李大朋，当代学人，出版《生命的泉水与涅槃的快乐——试论泰戈尔对郭沫若早期戏剧的影响》。

Li Dandan 李丹丹，当代学者，2012年发表《论陈独秀对泰戈尔的批判》。

Li Denghui 李登辉，民国人物，1924年4月在上海参加泰戈尔接待工作。

Li Guoping 李国平，当代学人，编辑，主编《亚洲文学泰戈尔文集》。

Li Hengfang 李恒方，当代学人，发表《女主人公“出走”的断想——泰戈尔〈摩诃摩耶〉阅读札记》。

Li Huixue 李会学，当代学者，发表《泰戈尔潮在中国》。

Li Jiansheng 李建盛（1964— ），湖南人，北京社会科学院研究员，发表《爱因斯坦、泰戈尔、毕加索与真理问题》。

Li Jianxin 李建欣，当代学人，发表《戛戛独造金针度人——评〈泰戈尔诗歌的意象〉》。

Li Jiawen 李家文，当代学人，发表《亚洲文学・泰戈尔散文选》。

Li Jie 李杰，民国人物，曾任浙江省教育会副会长。1924年4月13日，正在中国访问的泰戈尔在徐志摩、瞿菊农等陪同下游览西湖，李杰在车站迎接。

Li Jinyun 李金云，当代女学人，发表《泰戈尔文学作品中的宗教体验》《论泰戈尔思想和文学创作中的宗教元素》《泰戈尔人格伦的宗教内涵》，与徐志啸合作发表《泰戈尔戏剧中的宗教冲突及其解脱》等。

Li Li 李黎，当代学人，发表《各具异彩的两颗明珠：泰戈尔的〈摩诃摩耶〉与〈芳邻〉》。

Li Juan 李娟，当代女学者，与廖锋合作发表《冰心小诗与泰戈尔、松尾芭蕉》。

Li Li 李黎，当代学人，发表《"典型心灵"的感情乐谱——论泰戈尔短篇小说人物描写的抒情诗》《泰戈尔短篇小说人物描写的独特性》。

Li Ming 李明，当代学者，发表《泰戈尔的中国梦在这里实现——印度国际大学中国学院概览》。

Li Qian 李骞（1963—），笔名阿迁，彝族，云南镇雄人，云南省作家协会副主席，云南民族大学文学与新闻传播学院教授，发表《泰戈尔与冰心诗歌宗教精神的比较分析》。

Li Qiushi 李求实（1903—1931），湖北武昌人，字北平，笔名李伟森，革命家，积极参加五四运动，1923年初，参与组织领导京汉铁路"二七"大罢工。参加《中国青年》编辑工作。1924年夏，赴苏联莫斯科东方共产主义劳动大学学习。1925年同萧楚女等主编刊物。1931年被捕牺牲。

Li Wenbin 李文斌（1960— ），美术家，武汉理工大学工作，发表《印度苏菲派哲学与泰戈尔的宗教神秘主义》《泰戈尔美学思想研究》《泰戈尔自然观中的生态哲学思想》《泰戈尔的音乐创作实践及其音乐美观》《泰戈尔的绘画创作实践及其绘画美学思想》。

Li Xiaoquan 李孝佺，当代学人，发表《泰戈尔诗歌思想探析》。

Li Xuemei 李雪梅（1963—），山东潍坊学院老师，发表《浅析泰戈尔诗歌的哲理意蕴》。

Li Yalan 李亚兰，北京大学博士，曾留学印度，北京外国语大学印地语系老师，发表《解读〈戈拉〉中的母亲形象》等。

Li Yibiao 李义彪，生于7世纪，唐朝人，作为唐朝使者与王玄策赴印度。

Li Yongyin 李咏吟，当代学人，与黄小苹合作发表《自然与泰戈尔诗歌的爱情旋律——从〈新月集〉、〈园丁集〉到〈吉檀迦利〉》。

Li Yu 李渝，当代学者，发表《泰戈尔〈河边的台阶〉的建构主义文本分析》。

Li Yuejin 黎跃进（1957—），湖南资兴人，文学博士，天津师范大学教授、天津外国语大学讲座教授，中国东方文学学会副会长，中国比较文学教学研究会常务理事，中国印度文学学会理事。主要从事东方文学、中外文学比较研究，出版的有关学术著作有《外国文学新论》（1997）、《世界文苑论坛——以亚洲文学为主体》（2004）、《简明东方文学史》（与孟昭毅合著，2005）等。发表《〈戈拉〉主题思想与人物形象新解》等。

Li Yunlei 李云雷，当代学人，发表《童真与想象中的诗意——读泰戈尔〈纸船〉》。

Li Zhichun 李志纯，民国学人，1946年翻译出版赛克的《泰戈尔传》。

Li Zhuya 李祝亚，当代学人，发表《大师与女性——漫谈泰戈尔与身边及其笔下的女性》。

Lian Hanguang 连汉光，台湾人，1965年出版《泰戈尔传》。

Lian Shisheng 连士升（1907 —1973），别号子云，新加坡著名报人和作家。福建省福安县人。1927年入燕京大学经济系，1931年毕业于燕京大学，获得经济学学士。后在广东岭南大学任教。1947年第二次世界大战结束后，举家离开越南西贡，迁至新加坡定居。1961年出版《泰戈尔传》。

Liang Chao 梁潮，当代学人，发表《泰戈尔〈吉檀迦利〉国内评论要端蠡测》。

Liang Chaowei 梁朝威（1900—1975），字苍公，开平人。北京清华学堂、美国斯坦福大学毕业，获博士学位。再入美国约翰·霍金斯大学学习，获政治学博士学位。曾任国民政府考试院考选委员会编纂室主任，南京中央大学、中山大学和中正大学政治学教授，广东军事政治学校政治深造班上校教官，中央军校第四分校政治特别班教授等。1944年任湖南《国民日报》社长。1948年当选立法院立法委员。1949年秋到台湾，续任"立法委员"。1924年发表《与"中国的泰戈尔"谈话记》《欢迎泰戈尔》《泰氏介绍》《哲人谈话》《泰戈尔到京之后所闻》等。

Liang Geting 梁阁亭，当代学者，2012年发表《泰戈尔赞阎锡山：有哲学家的风格》。

Liang Gong 梁工，当代学人，发表《〈沉船〉主题辨》。

Liang Keding 梁克鼎，当代学人，发表《中国民主同盟杭州市委员会印度向民盟盟员魏风江赠送泰戈尔塑像》。

Liang Linghua 梁玲华，当代学者，发表

《泰戈尔的散文诗与印度古典诗学》。

Liang Qichao 梁启超（1873—1929），中国近代史上著名的政治活动家、启蒙思想家、资产阶级宣传家、教育家、史学家和文学家。戊戌变法（百日维新）领袖之一。曾倡导文体改良的“诗界革命”和“小说界革命”。其著作合编为《饮冰室合集》。他领导的北京大学讲学社于1924年邀请泰戈尔访华，并接待、陪同泰戈尔一行，亲自给泰戈尔取了个竺震旦的汉语名字，谱写了中印友谊的新篇章。发表有《印度与中国文化之亲属关系》《泰戈尔的中国名——竺震旦》等。

Liang Qiushi 梁秋实，见Liang Shiqiu。

Liang Shiqiu 梁实秋（1903 —1987），现代著名的散文家、学者、文学批评家、翻译家，原籍浙江杭县，生于北京。学名梁治华，字实秋，一度以秋郎、子佳为笔名。曾赴美留学，后任教于南京东南大学和暨南大学。曾与徐志摩、闻一多创办新月书店，主编《新月》月刊。后迁至台，历任台北师范学院英语系主任、英语教研所主任、文学院院长、国立编译馆馆长。早在1923年，他在报刊上介绍泰戈尔，发表有《读郑振铎译的〈飞鸟集〉》等。1924年4月26日，他与林徽因陪同正在中国访问的泰戈尔参观北京法源寺。

Liang Shumin 梁漱溟（1893—1988）北京大学教授，著名的思想家、哲学家、教育家、社会活动家、爱国民主人士，著名学者、国学大师，主要研究人生问题和社会问题，现代新儒家的早期代表人物之一，有“中国最后一位儒家”之称。梁漱溟受泰州学派的影响，在中国发起过乡村建设运动，并取得可以借鉴的经验。于1933年参加中印学会。著有《乡村建设理论》《人心与人生》《印度哲学概论》等。他不畏权势，是知识分子里骨头最硬的。1922年发表《东西方文化及其哲学》，从印度文化史与哲学的角度解释了泰戈尔受西方人欢迎的原因。1924年泰戈尔访华时，他曾和泰戈尔讨论佛教哲学。

Liao Bo 廖波（1974—），北京大学博士后毕业，洛阳外国语学院副教授，发表《试析〈戈拉〉的思想性》等。

Liao Feng 廖锋，当代学者，发表《冰心小诗与泰戈尔，松尾芭蕉》。

Liao Jingwen 廖静文（1923—2015），女，湖南长沙人，徐悲鸿的夫人。1957年任徐悲鸿纪念馆负责人、馆长、研究馆员、徐悲鸿画室主任，中华全国妇女联合会常务委员。中国人民政治协商会议第七届全国委员会委员，第八届全国委员会常务委员。著有《徐悲鸿一生》（传记）。发表有《徐悲鸿先生与泰戈尔的友谊》《徐悲鸿对印度的美好回忆》等。

Liao Zhengjun 廖政军，记者，发表《这里，是中印文化相会之地》《〈泰戈尔与中国〉论文集英文版在印发行》。

Liaohai Publishing House 《辽海出版社》，辽宁省最大的教材教辅图书专业出版社。1998年出版郎芳、汉人的《泰戈尔》。

Liaoning University Publishing House 辽宁大学出版社，成立于1985年2月。2001年出版何乃英的《〈泰戈尔诗选〉导读》。

Liberal Arts Field of TV University 《电大文科园地》，1982年1月由中央电大创刊。1983年第6期刊登陶德臻的《谈〈吉檀迦利〉的思想倾向》。

Licchavi Clan 离车族，古代摩羯陀最大的家族之一。

Liceo Musicale 里斯博物馆，在意大利小城图林，1926年6月20日，正在意大利访问的泰戈尔应邀在此做题为“城市与乡村”的报告。报告之后，里佛维茨卡送给泰戈尔3首翻译成意大利语的泰戈尔写的歌曲，歌里保留了孟加拉抒情诗的旋律。

Life of a Soviet School Boy 《一个苏维埃小学生的生活》，20世纪苏联作家欧格聂德的长篇小说。

Lights of Yoga 《瑜伽之光》，印度现代哲学家奥罗宾多的作品。

Ligue Mondiale Pour La Paix 法国世界和平联盟，出版《金色的和平书》，1928年9月3日泰戈尔给该联盟发贺信，祝贺该书出版。

Lijiang Publishing House 漓江出版社，坐落在世界旅游名城桂林的漓江之滨，是出版中外文艺及旅游文化读物的专业出版社。1984年9月出版倪培耕翻译的《泰戈尔传》和《泰戈尔传：外国文学研究资料丛刊》，1985年出版季羡林翻译的《家庭中的泰戈尔》，1995年出版季羡林翻译的《炉火情（泰戈尔谈话录）》。

Lila 里拉，运动之神，体育之神，欢乐之海，灵魂之鸟。

Lila　爱情剧，爱情游戏，体育。

Lila smarana　黑天和牧女的调情游戏。

Lilathilakan　专门论述宝石珊瑚体语法及写作的书。

Lilavati　《嬉有章》，11世纪印度数学家巴斯加罗·阿阇梨《顶上珠历数书》里的第一章。

Limbdi　林迪，印度古吉拉特城市，1919年4月泰戈尔访问过这里。

Limyrike　利米里凯，希腊人对南印度的称呼。

Lin Chengjie　林承节（1936—），中国著名印度史专家，安徽省金寨县人，1961年毕业于北京大学历史系，现为北京大学历史学系教授、博士生导师，中国南亚学会常务理事。长期从事印度史的教学和研究工作，著有《印度史》《印度古代史纲》《印度近现代史》《殖民统治时期的印度史》《印度独立后的政治经济社会发展史》《印度现代化的发展道路》（主编）《中印人民友好关系史，1851—1949》《殖民主义史·南亚卷》（主编）《世界近代史》（合著），发表《泰戈尔对日本侵华政策的批判》《1905—1908年的泰戈尔》等。

Lin Huiyin　林徽因（1904—1955），女，出生于浙江杭州。建筑学家和作家，中国第一位女性建筑学家，同时也被胡适誉为中国一代才女。20世纪30年代初，与夫婿梁思成用现代科学方法研究中国古代建筑，成为这个学术领域的开拓者，后来在这方面获得了巨大的学术成就，为中国古代建筑研究奠定了坚实的科学基础。文学著作包括散文、诗歌、小说、剧本、译文和书信等，代表作《你是人间的四月天》《九十九度中》等。1924年泰戈尔访华期间，她与徐志摩陪同泰戈尔，做翻译，并在5月7日为庆祝泰戈尔64岁生日与张歆海、徐志摩、她的父亲林长民一起演出泰戈尔的戏剧《齐德拉》，在剧里担任主角齐德拉。

Lin Jiuchu　林久初，作家，出版《诺贝尔奖获得者的青少年时代：泰戈尔的故事》。

Lin Li　林立，当代学人，发表《泰戈尔与印度国际大学中国学院的建立》。

Lin Lin　林霖，当代学人，摘译《徐志摩与泰戈尔的信》。

Lin Peixuan　林佩璇，女，福建师范大学副教授，博士，发表《从冰心、泰戈尔的主体经验看翻译中积极接受的重要性》。

Lin Sen　林森（1868—1943），字子超，号长仁。福建林森县（闽侯县）人。1914年在东京加入中华革命党。幼居福州，入英华学堂，因反清被开除，后参加反割让台湾斗争，并加入兴中会；中国同盟会成立时率会加盟。辛亥革命中，领导九江起义，并促海军反正，派兵援鄂、皖，稳定革命大局，被举为民国开国参议院议长。1932年起接替蒋中正担任国民政府主席一职。1943年8月1日因车祸在重庆逝世，葬于重庆歌乐山林园。1937年为泰戈尔在国际大学的“中国学院”题写名字。

Lin Wojiang　林我将，印度学者，20世纪20年代曾在泰戈尔创办的国际大学学习汉语。

Lin Yuan　林苑，民国某文化人的化名，1932年为《泰戈尔论妇女》写序。

Lin Yutang　林语堂（1895—1976），中国现代著名学者、文学家、语言学家。福建龙溪人，原名和乐，后改玉堂，又改语堂。早年留学国外，回国后在北京大学、厦门大学等著名大学任教，1966年定居台湾。林语堂于1940年和1950年两度获得诺贝尔文学奖的提名。1924年泰戈尔访华，他受邀陪同泰戈尔看林徽因、徐志摩演出的泰戈尔的戏《齐德拉》。但他反感泰戈尔，曾发表《吃牛肉茶的泰戈尔》等。

Lin Zhangmin　林长民（1876—1925），福建闽县（今福州）人。林徽因的父亲。1902年赴日本留学，入早稻田大学学习、研究政治经济。1909年回国，执教福州法政学堂。是年福建省谘议局成立，被聘为秘书长。1911年参加武昌起义。参与草拟《中华民国临时约法》。1917年7月出任段祺瑞内阁司法总长，11月辞职。1919年著文反对巴黎和会袒护日本。1923年任北京政府宪法起草委员会委员。1924年泰戈尔访华时参加接待工作并在庆祝泰戈尔64岁寿辰时演出泰戈尔的戏剧《齐德拉》中担任爱神的角色。

Lin Zaiping　林宰平，即林志钧，见Lin Zhijun。

Lin Zexu　林则徐（1785—1850），汉族，福建侯官（今福建省福州）人，字元抚，又字少穆、石麟。他是清朝后期政治家、思想家和诗人，是中华民族抵御外辱过程中伟大的民族英雄，其主要功绩是虎门销烟。官至一品，曾任江苏巡抚、两广总督、湖广总督、陕甘总督和云贵总督，两次受命为钦差大臣；因其主张严禁鸦片、抵抗西方的侵略、坚持维护中国主权和民族利益深受全世界中国人的敬仰。泰戈尔在其散文《死亡的贸易》中赞颂林则徐的禁烟行动。

Lin Zhifei 林之飞，当代学者，1979年发表《追求于"无望的希望"之中（读泰戈尔的〈吉檀迦利〉）》，1980年发表《新月的幻象和破灭》，1981年发表《献给爱情和人生的歌（介绍泰戈尔的〈园丁集〉）》。

Lin Zhijun 林志钧（1878—1961），字宰平，号北云。福建闽县人，闽派著名诗人，法学家和哲学巨擘。与沈钧儒同为癸卯科举人，辛亥革命前留学日本。曾任北洋政府司法部部长，后为清华研究院导师，新中国成立后为国务院参事室参事。1924年4月泰戈尔访华，他参加北海和海军联社的欢迎会。

Lincoln，Abraham 林肯，亚伯拉罕（1809—1865年），美国政治家，第16任总统（1861年3月4日—1865年4月15日），也是首位共和党籍总统。在其总统任内，美国爆发了内战，史称南北战争。林肯击败了南方分裂势力，废除了奴隶制度，维护了国家的统一。但就在内战结束后不久，林肯不幸遇刺身亡。他是第一位遭到刺杀的美国总统，更是一位出身贫寒的伟大总统。

Ling Da 凌达，当代学者，发表《泰戈尔与小狗》。

Ling Hua 灵华，刘灵华的笔名。见Liu Linghua。

Ling Shuhua 凌淑华（1900—1990），女小说家、画家，原名瑞棠，笔名叔华、素心。广东番禺人。1922年就读于燕京大学，并开始在《现代评论》发表小说。是20世纪20年代与冰心、林徽因齐名的"文坛三才女"之一。凌淑华学养丰厚、文才画禀皆长。她的才情及艺术实践，为中国现代文学史增添了重要的篇章。凌淑华1929年任教于武汉大学，主编《武汉文艺》。1940年起在燕京大学任教。主要作品有：短篇小说《花之寺》《女人》，散文集《爱庐梦影》等。1956年后在新加坡南洋大学、加拿大等地教中国近、现代文化，后寓居英国。1924年5月6日，由她提议并邀请正在中国访问的泰戈尔来参观北京画会，此事促成了他和陈西滢的结合。1924年以瑞华的化名发表《我的理想及实现的泰戈尔先生》《泰戈尔生日之盛会》《泰戈尔在京最后致演讲》等。

Ling Wenyuan 凌文渊（1876—1944），名庠，字文渊，号植之、直之，晚号隐峰居士，以字行，江苏泰县（今姜堰）人。清朝及民国政治人物，中国花鸟画大家，书法家，经济学家。清季两江优级师范学堂出身，清宣统元年（1909）为江苏省谘议院议员。中华民国成立后，历任南京临时政府临时参议院议员、财政部参事、代理财政部次长、代理财政部总长等。善书、画，尤长花鸟，笔劲墨湛，气势磅礴，颇似陈道复、徐渭。与齐白石、陈半丁、陈师曾齐名，时称"京师四大画家"。著有《中国经济学》《财政金融学》《我的美感》等。1924年4月29日，北京画界邀请正在北京访问的泰戈尔来位于北京樱桃斜街贵州会馆看画展，凌文渊致欢迎词。

Linga 林迦，男性生殖器的象征，湿婆大神的标志，代表性力。湿婆林迦崇拜起源于达罗毗荼人农耕文化的生殖崇拜传统。

Linga Purana 《林迦往世书》。

Lingabheda 林迦的秘密。

Lingaraja 林珈罗阇寺，在布巴内斯瓦尔（Bhubaneswar）。

Linga sadhana 烟是火的标志。

Lingayats 林迦派或勇者湿婆派（Vir Saivas），印度教湿婆派分支，奉湿婆为最高神，崇拜湿婆的象征林迦（湿婆的生殖器）。于12世纪由巴萨瓦（1156—?）创立。

Lingyin Temple 灵隐寺，中国佛教著名寺院，又名云林寺，位于浙江省杭州市西湖西北面，通常认为也属于西湖景区。也是江南著名古刹之一。1924年4月15日，正在中国访问的泰戈尔在梅兰芳等陪同下参观灵隐寺。

Linlithgow，Victor Alexander John Hope 林利斯戈，维克托·亚历山大·约翰·霍普（1887—1952），英国文官，印度总督。出身贵族，1936年—1943年任印度总督，实行高压统治，镇压甘地领导的独立运动，对1943年孟加拉大饥馑听之任之，赈灾不力，致使数百万人丧生。1938年12月19日总督夫人带领女儿侯珀拜访泰戈尔。

Lion Fortress 狮子堡，在马哈拉施特拉邦的浦那市，是古代战争要塞。

Lioyd George，David 路德·乔治，大卫（1863—1945），爱尔兰人，英国政治家，

1916—1922年人英国首相，后任国防大臣。在他领导下英国取得了战争的胜利。

Lipikaa 《随想集》，泰戈尔1922年的短篇小说集。

Lira 里拉，意大利货币名称。

Literal and Historical Essence 《文史精华》，1980年由河北省政协创办。2006年4月第4期刊登宁军的《泰戈尔筹建中国学院始末》。

Literal and Historical Perusal 《文史博览》，政协湖南省委员会主办，1960年创刊。2006年4月第7期刊登沈琴的《泰戈尔的中国笔名》。

Literary and Art Appreciation 《文艺欣赏》，期刊，1984年第8期刊登王镛的《诗人泰戈尔的绘画》。

Literary and Art Monthly 《文艺月刊》，现代文艺刊物。中国文艺社主办，正中书局出版。1930年8月15日创刊于南京，先后迁往南京、重庆，名义上由徐仲年任主编，汪辟疆、宗白华、商章孙、王平陵任编委，实际由王平陵、徐仲年负责。1941年停刊。该刊在1930年10月的第1卷刊登铭竹的《泰戈尔在巴黎》，1933年4月刊登杨昌溪的《泰戈尔论神及民族文化》，1937年2月刊登宋清山的《泰戈尔的〈沉船〉》。

Literary and Art News 《文艺新闻》，中国左翼文化人主办的小型报纸。1931年3月16日于上海创刊。袁殊任主编。着重刊登上海左翼文化界消息。鲁迅、瞿秋白、郁达夫等常为此刊撰稿。1932年6月20日停刊。1931年3月该报刊登《诗圣与学圣（附泰戈尔与爱因斯坦照片）》，5月刊登《泰戈尔谈俄罗斯》，1932年5月刊登《波斯王请客、诗哲泰戈尔乘飞机》等。

Literary and Art Newspaper 《文艺报》，创办于1949年5月4日，历任主编有文化巨匠、文学大师和卓有建树的文艺理论家茅盾、丁玲、冯雪峰、张光年、冯牧等，新中国的文艺风云均与《文艺报》有着密切关系，历史奠定了《文艺报》在中国文艺界的影响和权威地位，是展示名家风采、纵览文学艺术新潮、让世界了解中国文艺界的主要窗口之一。1991年9月7日刊登王山翻译的《泰戈尔：一个伟大的人》和陈自明的《我的琴弦从我生下来就已调定：泰戈尔的音乐》，2011年12月30日刊登彭龄、章谊的《追怀泰戈尔》，2012年6月1日刊登陈佳岚的《泰戈尔诗歌的感恩主题》，2012年6月13日刊登白开元的《歌词译介：填补泰戈尔诗歌译介空白》。

Literary and Art Pioneers 《文艺先锋》，国民党中央文化运动委员会的文艺刊物，由张道藩创办。1942年10月在重庆发刊，署文艺先锋社印行。1948年9月出至第13卷第3期终刊。主编先后为王进珊、徐霞村、李辰冬、赵友培等。1946年第8卷第5—6期刊登李志纯翻译的《泰戈尔传》。

Literary and Historical World of Guizhou 《贵州文史天地》，1994年创刊，贵州省政协主办。1998年2月第1期刊登刘作忠的《泰戈尔中国行》和曹力的《世界上唯一为两国国歌作词作曲的人印度诗圣泰戈尔》。

Literary Conference of Bengalis Outside Bengal （Pravasi Banga Sahitya Sammelan） 孟加拉邦以外的孟加拉人文学大会，泰戈尔于1923年2月28日主持第一次会议。

Literary Centre of Women 《妇女学苑》，山东省妇女干部学校校刊，1987年创刊。1998年2月第1期刊登张彩凤、袁继坤的《冰心的散文与泰戈尔的爱的哲学》。

Literature and Art Studies 《文艺研究》，创刊于1979年5月，由中国艺术研究院主办。1998年5月第3期刊登宫静的《泰戈尔和谐的美学观》。

Literature and History Monthly 《文史月刊》，由山西省政协主办。2003年3月第3期刊登崔霆钧的《父亲记忆中的泰戈尔来并讲学》。

Literature Circle 《文学界》，2010年创刊，由湖南省作家协会主办。2010年第5期刊登蒋明霞的《浅析泰戈尔小说中的女性形象》，2012年6月25日刊登冉思玮的《浅谈泰戈尔的梵、人、自然统一观》。

Literature Education 《文学教育》，2005年创刊，由华中师范大学语文教学与研究杂志社与武汉新世纪文学教育研究所联办。2007年6月第6期刊登徐艺玮的《泰戈尔〈孩子天使〉赏析》，2011年第4期刊登徐萌萌的《泰戈尔短篇小说的生命叙事解读》，2012年第1期刊登陆美娟的《泰戈尔〈素芭〉中的悲剧因子》。

Literature Knowledge 《文学知识》，期刊，

由中国文学研究所创办于1958年10月，何其芳、蔡仪、王淑明、朱寨、杨绛、毛星、陈友琴、贾芝、唐棣华、王平凡、何家槐、余冠英、李健吾、唐弢、俞平伯、潘家洵、罗大冈、戈宝权、叶水夫、陈翔鹤、力扬、杨海波、夏衍、任继愈、周立波、刘绶松、何长工、老舍、茅盾、马烽、冯至、赵树理、李準、李英儒、许钦文、郑伯奇、叶君健、马铁丁、鲁彦周、王汶石、周振甫、何洛、徐迟、杜鹏程等在该刊发表过文章。1985年第10期刊登王幅明的《献给心中神灵的缠绵情歌：介绍泰戈尔的散文诗集〈吉檀迦利〉》，1987年第6期刊登佘树森的《童心稚语无限情：读泰戈尔的〈恶邮差〉》，1988年第12期刊登王珂的《冰心·泰戈尔·日本俳句·话说小说》。

Literature Newspaper 《文学报》，创刊于1981年4月，1981年5月7日刊登沫子的《纪念泰戈尔》，1985年12月19日刊登周长河的《泰戈尔的中国学生：访印度文学研究者魏风江》，1987年6月22日刊登杨正润的《哲人的梦游——泰戈尔的画》，2001年5月31日刊登怡文的《泰戈尔叙事诗》。

Literature Review 《文学评论》，中国社会科学院文学研究所主办的全国性文学研究和理论批评的大型学术刊物。1957年3月创刊，原名《文学研究》（季刊），1959年2月改名《文学评论》（双月刊）。2007年1月第1期刊登侯传文的《泰戈尔与中国现代诗学》。

Literature Ten-Daily 《文学旬刊》，现代文学期刊，文学研究会机关刊物。1921年5月10日创刊。先后由郑振铎、谢六逸、叶绍钧、赵景深等人负责编辑。偏重于发表文学评论和理论研究文字，并致力于译介外国文学，兼及理论和作品。内容多是主张为人生的艺术，提倡现实主义，批判封建复古思想和唯美主义文学思想，该刊在对鸳鸯蝴蝶派、“学衡”派的斗争中起过较大作用；曾与创造社就文学的性质和作用等问题展开论争。也刊登少量诗歌、散文、小说等。1929年休刊。在泰戈尔访华期间的1924年5月8日，该刊登载郭增恺的《双方视线之外（泰戈尔的欢迎与反对）》

Literature Weekly 《文学周报》，现代文学期刊。文学研究会机关刊物。1921年5月10日创刊。先后由郑振铎、谢六逸、叶绍钧、赵景深等人负责编辑。初名《文学旬刊》，自1923年7月第81期起改名《文学》（周刊），均附在上海《时事新报》发行。1925年5月第172期起定名《文学周报》，脱离《时事新报》，开始按期分卷独立发行。第4卷起由上海开明书店出版。第8卷时改由远东图书公司印行。1929年12月出至第9卷第5期休刊，前后共出380期。该报从1922年开始刊登玄珠、瞿世英、赵荫堂、西谛、郑振铎、化鲁等有关泰戈尔的文章以及该刊记者写的有关泰戈尔的报道。

Literature Youth 《文学青年》，1982年创刊，是共青团中央系统唯一的一本纯文学核心期刊。1984年第3期刊登壬夫的《坐在千百万双瞳仁里的歌：泰戈尔和他的诗歌小说》。

Litvinoff 里托维诺夫夫人，苏联艺术家。1930年9月11日，泰戈尔开始访问莫斯科。第二天，由苏联对外友协主席彼得罗夫主持，在对外友协大厦举行盛大的泰戈尔欢迎会。当晚由苏联对外友协和莫斯科作家协会在作家协会礼堂联合举办音乐会。泰戈尔在音乐会上会见了里托维诺夫夫人等作家和艺术家。

Litvinova 利特维诺娃，20世纪苏联女作家，泰戈尔1930年访问苏联时会晤过她。

Liu Anwu 刘安武（1930—），湖南常德人。1951年春入北京大学东语系印地语专业，1954年冬被派往印度留学，先后入德里大学和贝拿勒斯印度教大学继续攻读印地语语言文学，1958年夏回国被分回北京大学任教至今。教授、博士生导师。中国外国文学学会理事，中国印度文学研究会会长。1988年加入中国作家协会。主编24卷本《泰戈尔全集》。著有《印度印地语文学史》《普列姆昌德和他的小说》《普列姆昌德评传》《印度两大史诗评说》《印度两大史诗研究》等，译著《新婚》《如意树》《割草的女人》《普列姆昌德短篇小说选》《秘密组织道路社》等，论文《黑天的形象及其演变》《印度和中国文学传统中的某些异同》等50多篇，选编及部分翻译《现代印度文学研究》《印度两大史诗评论汇编》《印度古代诗选》等理论著作或作品，合作编撰、编写、编选《简明东方文学史》《东方文学史》《东文学辞典》《东方文学作品选》等文学论著、辞书、作品集多种。1979年和1983年，先后担任《中国大百科全书·外国文学》卷南亚文学编写组副主编和《中国大百科全书·戏剧》卷亚非戏剧编写组副主编，并撰写了印度文学和印度戏剧条目数十条。

Liu Bai　留白，当代学者，发表《谁的泰戈尔？——读〈泰戈尔与中国〉》。

Liu Baozhen　刘宝珍，西藏大学教授，发表《从〈戈拉〉看泰戈尔中长篇小说的社会意义和艺术手法》《簌簌微语，微诵有得：简评〈飞鸟集〉》等。

Liu Chunrong　刘春荣，编辑，主编《亚洲文学大师文集·泰戈尔卷》，发表《光明如一个赤身裸体的孩子〈大师文集·泰戈尔卷〉编辑札记》。

Liu Fengyun　刘风云，当代学者，发表《浅谈泰戈尔的和谐教育思想》。

Liu Guonan　刘国楠（1931—1987），陕西西乡县人。1951年考入西北大学，后转入北京大学东语系学习印地语。1954年留学印度，在德里大学及贝拿勒斯印度教大学深造。1958年回国任教于北京大学东语系。1980年调入北京大学南亚研究所，1985年任副所长。出版《印度各邦历史文化》《论迦比尔及其诗歌》以及《论印地语诗歌中的印象主义》，翻译印度小说《画中女》《秘密组织道路社》，翻译巴金名著《家》为印地文，此外，还主持《东方文学丛书》中的《印度文学史》部分。与崔岩砺合作发表《泰戈尔的教育思想》等。1987年8月，应印度贝拿勒斯印度教大学之邀，刘国楠赴印度任客座教授，讲授中国思想史、中国文学史等课程。1987年11月29日，因突发心肌梗死逝世。

Liu Haisu　刘海粟（1896—1994），名槃，字季芳，号海翁。汉族，江苏常州人，祖籍安徽凤阳。现代杰出画家、美术教育家、中国流艺术家画派创始人之一。历任南京艺术学院名誉院长、教授，上海美术家协会名誉主席。中国美术家协会顾问。被英国剑桥国际传略中心授予“杰出成就奖”。被意大利欧洲学院授予“欧洲棕榈金奖”。1924年4月，他和徐志摩、郑振铎、戈公振等宴请访华的泰戈尔并即兴为泰戈尔画像。

Liu Jian　刘建（1949— ），研究员，《南亚研究》常务副主编，中国社会科学院南亚研究中心副主任。主要研究方向为印度文化，同时兼孟加拉国国别研究。作品有《孟加拉掠》《论泰戈尔的早期诗歌创作》《孟加拉掠影》等。论文有《泰戈尔的宗教思想》《从〈人的宗教〉看泰戈尔的宗教思想》《泰戈尔短篇小说中的抒情风格》《哲人绝唱、诗界丰碑》《加尔各答泰戈尔国际学术研讨会综述》《泰戈尔与苏联》等。

Liu Jiang　刘江，当代学人，发表《泰戈尔与中国》。

Liu Jinyu　刘劲予，当代学人，发表《一篇别开生面的短篇小说：读泰戈尔的〈漂亮邻居〉》《自由的乐章，爱的颂歌：试论惠特曼与泰戈尔的诗歌创作》。

Liu Julan　刘菊兰，当代女学人，主编《外国文学大师文集泰戈尔卷》。

Liu Jing　刘静，当代女学者，发表《〈女神〉与日本泰戈尔热》。

Liu Kai　刘凯，当代学人，发表《〈吉檀迦利〉为何给泰戈尔造就如此殊荣?》。

Liu Kaiwen　刘开文，当代学人，发表《印度人民的儿子——泰戈尔》。

Liu Linghua　刘灵华，民国时佛化新青年会会员，1924年4月26日作为佛化新青年会代表在法源寺欢迎泰戈尔。以灵华的化名发表《我们究竟为什么要欢迎泰戈尔》。

Liu Peng　刘鹏，当代学人，与彭树满合作发表《〈吉檀迦利〉何以给泰戈尔带来如此殊荣?》。

Liu Qinghe　刘清河，当代学人，发表《谈谈泰戈尔诗歌的意境美》。

Liu Shuxiong　刘曙雄（1951—），文学博士，北京大学外国语学院教授、乌尔都语专家。除专业著作外，单独发表《对中文泰戈尔传记文学的再思考》《寻找诗人的真实——泰戈尔传记研究》，与曾琼合作发表《中文泰戈尔传记文学作品简析》等论文。

Liu Shuzhan　刘舒展，当代学者，发表《论泰戈尔诗歌中的思想性》。

Liu Wenzhe　刘文哲，当代学人，与何安文翻译出版《泰戈尔评传》《泰戈尔传》。

Liu Wuji　柳无忌（1907—2002），江苏吴江人，毕业于北京清华学校、耶鲁大学。著名汉语诗人、近代著名诗人、旅美散文家。1941年8月7日泰戈尔逝世，发表《纪念泰戈尔——一篇未曾讲演的讲演稿》，他和谭云山、陆小曼等整理悼念泰戈尔的挽联，收入顾颉刚主编的《泰戈尔先生纪念册》，1945年发表《印度文学第八章"泰戈尔"》。

Liu Xueyun　刘学云（1941—），青岛建筑工程学院教授，与訾小广合作发表《谈谈冰心对泰戈尔的译介》。

Liu Yan　刘燕，当代女学者，发表《泰戈尔：在中国现代文化中的误读——以〈吉檀迦利〉为个案研究》。

Liu Yanhong　刘延洪，1924年4月29日北京法源寺主办的欢迎泰戈尔大会上朗读欢迎诗。

Liu Yansheng　刘炎生，当代学人，发表《评泰戈尔提倡复活"东方文化"及其影响》。

Liu Zhan'en　刘湛恩（1895—1938），湖北阳新人。1918年赴美留学，先后入芝加哥大学、哥伦比亚大学，获哲学博士学位。1922年回国，在南京东南大学、上海大夏大学和光华大学执教，曾任中华基督教青年会全国协会教育总干事，1928年起任上海沪江大学校长。"九·一八"事变后，积极参加抗日救亡运动，被推为上海各界救亡协会主席。1938年南京伪维新政府成立，拒绝出任教育部部长，同年4月7日在上海遭日伪暴徒狙击殉难。1924年4月泰戈尔访问上海，他是负责接待的"三人委员会"委员之一。

Liu Zijue　刘自觉（1960—），山西临猗人。原在太原师专政史系任教，现任太原师范学院附属中学校长。发表《人性化：泰戈尔教育思想主题初探》。

Liu Zuozhong　刘作忠，当代学人，发表《泰戈尔中国情》《泰戈尔中国情——中印友好佳话》《说"我前世一定是中国人"的泰戈尔》。

Liverpool　利物浦，是英格兰西北部的著名港口城市。泰戈尔1913年访问英国时从这里乘船回国。

Livingstone, David　利文斯通，戴维（1813—1873），英国探险家，传教士，维多利亚瀑布和马拉维湖的发现者，非洲探险的最伟大人物之一。

Lobha　贪。

Local Committee in Clcutta　由泰戈尔创立的国际大学协会在加尔各答的地方分会。

Lodhi　洛迪王朝，15—16世纪统治印度的穆斯林王朝。

Lodi Dynasty　德里苏丹的洛迪王朝（1451—1526）。

Loewenbach, Joseph　罗文巴赫（1900—），捷克斯洛伐克著名音乐家，曾在法国、意大利、北欧国家、英国和苏联等国讲授捷克斯洛伐克音乐。晚年致力于研究泰戈尔的诗歌和音乐40多年，1961年，积极参加捷克斯洛伐克的泰戈尔诞生100周年纪念活动，举办"泰戈尔与印度和欧洲音乐的关系"讲座。

Loha　铜。

Lohanipur　罗哈尼普尔，地名，在比哈尔首府巴特那附近，出土耆那教圣人迪尔丹卡拉雕像。

Lohar　劳哈尔，铁匠种姓。

Lohara Dynasty　洛哈罗王朝（1003—1339），由僧杰洛舍罗闍建立。

Lohavara　金子，最好的金属。

Lohri　旁遮普的送冬迎春节。

Lok Dal　印度民众党，1984年成立。

Loka　人民，世间。

Loka-Mata　万民之母。

Lokacarya Pillai　洛卡卡利·皮来，12世纪印度北方吠檀多神学家。

Lokadharma　世间法，本色表演。

Lokadhatu　世界。

Lokaksema　娄迦谶，印度佛教僧人，公元148年到长安。2世纪中后叶完成23本译经。

Lokamanya　受人民爱戴的人。

Lokananda　《世喜记》，4世纪月官的剧本。

Lokanath　"世界保卫者"，毗湿奴的别名。

Lokapala　保护世界的大神，护世者，护士神，天兵。因陀罗守护东方，阎摩守南方，伐楼那守西方，俱毗罗守北方。

Lokapalas　印度神话里的宇宙保护神，指阎摩、因陀罗、风神伐楼那，和财神俱毗罗。

Lokasahitya　《人民的文学》，泰戈尔1907年写的散文集。

Lokasiksha Samsal（Organizationof People's Education）人民教育组织，1936年2月组建，泰戈尔担任书记，穆克帕迪亚雅担任秘书。

Lokaviruddha　世间相违。

Lokayada　顺世论，"在世间或人民中流行的观点"，即顺世外道（Carvaka），讲究吃穿享乐的派别。

Lokayada　卢家益多，印度人，6世纪来华制造"常年药"。

Lokayata 《顺势外道》，差多帕迪亚耶(Chattopadhyaya)著。

Loken (dranath) Palit 洛肯·帕利特，泰戈尔的哥哥萨提延德罗纳特的好朋友塔拉克纳特的儿子，1879年与泰戈尔一起在伦敦大学学院学习英国文学，1890年与泰戈尔弟兄一起游历伦敦、巴黎和亚丁。

Lokesu ayata 人民中间。

Lokik 世俗的。

Lokmanya Tilak 洛克马尼亚·提拉克，19世纪马拉提语文学社"醒狮"(Kesari)主要领导人。

Loksaahitya 《民间文学》，泰戈尔写的散文。

Loksabha 众议院，人民院，上院。

Lollata 罗拉塔，9世纪作家。

Lomapada 毛足，印度神话里鸯迦国国王，平和公主的父亲。

Lomasa 神话里的披发仙人。

London 伦敦，英国的首都，欧洲第一大城以及第一大港，也是欧洲最大的都会区之一兼世界四大世界级城市之一，与美国纽约并列，高于法国巴黎和日本东京。从1801年起，伦敦因其在政治、经济、人文、娱乐、科技发明等领域上的卓越成就，成为全世界最大的都市。伦敦不仅是英国的政治中心，也是许多国际组织总部的所在地。伦敦是一个多元化的大都市，人口700万，居民来自世界各地，多元化的种族、宗教和文化，城市中使用的语言超过300种。伦敦是世界闻名的旅游胜地，拥有数量众多的名胜景点与博物馆等。伦敦与纽约并为全球最大的金融中心，世界上最重要的经济中心。泰戈尔曾在伦敦留学，并于1912年和1926年、1930年三次访问伦敦。

London Royal Albert Theatre 伦敦皇家阿尔伯特大剧院，1912年在这里上演英国作家卡尔德伦根据泰戈尔的剧本《达利雅》改编的戏剧《阿拉干的王后》。

Long Jinwu 龙今吾，民国人物，1924年4月在《妇女杂志》发表《泰戈尔的恋爱观》，后被《清华周刊》转载。

Longfellow, Henry 朗费罗(1807—1882)，美国的杰出诗人。

Longhua Temple 上海龙华寺，龙华寺是上海地区历史最久、规模最大的古刹，距今已有1700多年历史，寺名来源于佛经上弥勒菩萨在龙华树下成佛的典故。1924年4月12日，访华的泰戈尔在徐志摩等陪同下游览了龙华寺。

Longman & Green 朗曼绿色出版社，在印度孟买。

Longmen Caves 龙门石窟，中国石刻艺术宝库之一，位于河南省洛阳市南郊伊河两岸的龙门山与香山上。开凿于北魏孝文帝迁都洛阳之际，之后历经东魏、西魏、北齐、隋、唐、五代的营造，南北长达1千米，至今存有窟龛2345个，造像10万余尊，碑刻题记2800余品。其中"龙门二十品"是书法魏碑精华，褚遂良所书的"伊阙佛龛之碑"则是初唐楷书艺术的典范。龙门石窟延续时间长，跨越朝代多，以大量的实物形象和文字资料从不同侧面反映了中国古代政治、经济、宗教、文化等许多领域的发展变化，对中国石窟艺术的创新与发展做出了重大贡献。印度僧人释迦佛陀(Sakyabuddha)、佛陀吉底(Buddhakirti)、俱摩罗菩提(Kumarabodhi)等印度画匠参与绘画。

Lonka Sinsh 郎迦·新沙，15世纪耆那教郎迦派领袖，反对偶像崇拜和烦琐仪式。

Lopamudra 残印，印度神话里的美女，为投山仙人集动物之精华造成，然后送毗陀里婆王养大，再娶她为妻。随投山仙人隐居森林，身披兽皮，恪守誓愿。完婚时要仙人赠她华贵衣服。

Lord Brabourne 《悼念布拉本勋爵》，泰戈尔的公开信。

Lord Cross 克洛斯勋爵(1823—1914)，英国政治家，曾于1886—1992年担任英印国务大臣。

Los Angeles 洛杉矶，位于美国西岸加州南部的城市，是美国的第二大城，仅次于纽约。拥有巨大影响力的国际化大都市。洛杉矶是全世界的文化、科学、技术、国际贸易和高等教育中心之一，还拥有世界知名的各种专业与文化领域的机构。该市及紧邻的区域，在大众娱乐——诸如电影、电视、音乐方面构成了洛杉矶的国际声誉和全球地位的基础，闻名世界的好莱坞就位于该市。洛杉矶已为美国石油化工、海洋、航天工业和电子业的最大基地，它是美国科技的主要中心之一，拥有美国最大的海港，科学家和工程技术人员数量位居全球第

L

一，洛杉矶成为在美国仅次于纽约的金融中心。

Loss of castle　失去种姓，印度《摩奴法论》规定：凡是漂洋过海去异国他乡的人，就被认为失去了种姓。

Lost Jewels　《丢失的宝珠》，泰戈尔于1898年写的短篇小说。帕利普郎什继承了父亲的遗产，娶大学生、美丽绝伦的茉莉玛丽为妻。他缺乏风度，没有男性，又不会讨女人欢心。妻子是个吝啬鬼、守财奴。他做生意资金紧张，求妻子拿首饰做抵押贷款，妻子死活不肯。她听信顾问的欺骗，把首饰席卷一空逃回娘家。等他回来，不见妻子，去她娘家，娘家人说根本没有来。妻子失踪，怀疑被顾问谋害劫财。

Lothian　罗天，印度新教育基金会负责人，1938年初泰戈尔接见由他率领的基金会代表团。

Lota　水瓶。

Lotha　一种罐子。

L

Lothal　罗塔尔，印度古吉拉特邦的镇子名，印度河文明的重要遗址。

Lothal　洛塔尔，印度古迹，在孟买附近的阿麦达巴县，是一座公元前1500年被洪水淹没的地下城。

Lover's Gift　《情人的礼物》，泰戈尔1918年出版的诗集。这里"情人的礼物"也许指莫卧儿王朝第五代皇帝沙贾汗给他的爱妾泰姬建造的泰姬陵。

Lover's Gift and Crossing　《情人的礼物与渡口集》，泰戈尔的诗集，1918年由伦敦马克林出版社出版。

Lover's Price　《情人的代价》，泰戈尔的诗。

Lozowick，Lee　罗总维克，李，20世纪美国印度学家。

Lu Bingli　卢秉利，当代学人，发表《略论泰戈尔访华前后的东西文化论战》。

Lu Dingkui　陆鼎揆，民国人物，江苏无锡人，美国密歇根大学法学博士，中国国家社会党成员，法学教授。曾任上海各界抗敌后援会编审委员会委员。1940年后附汪精卫投敌。1924年4月13日，张君劢在自家花园草坪讲学欢迎泰戈尔访华的茶话会，陆鼎揆出席。

Lu Maode　陆懋德（1888—1966），山东历城人，中国现代著名史学家，所涉学术研究领域甚广，包括教育学、法学、哲学史、历史学，而在历史学方面贡献尤多。他是中国现代法学的开创者之一。历任西安临时大学、西北联合大学、西北师范学院、西北大学历史系教授、系主任。1924年泰戈尔访华之后，他撰文指出，欢迎派和反对派都误解了泰戈尔。1924年发表《个人对于泰戈尔之感想》等。

Lu Maojun　卢茂君，当代学者，发表《泰戈尔访华：反对者的批评》《泰戈尔自译抒情诗蠡测》等。

Lu Meijuan　陆美娟，女，当代学者，发表《泰戈尔〈素芭〉中的悲剧因子》。

Lu Xiaoman　陆小曼（1903—1965），女，江苏常州人，出生于上海。又叫陆眉，别名小眉、小龙。父亲陆定原是财政部的赋税司司长。她是个画家，师从刘海粟、陈半丁、贺天健等名家。陆小曼1922年和王庚结婚，1925年离婚；1926年与徐志摩结婚。她擅长戏剧，曾与徐志摩合作创作《卞昆冈》五幕话剧。她谙昆曲，也能演皮黄，写得一手好文章，有深厚的古文功底和扎实的文字修饰能力。1929年泰戈尔访问日本、美国途经上海，两次住在他和徐志摩的新婚家里，她和徐志摩倾力接待泰戈尔。发表《泰戈尔在我家做客——兼忆志摩》《泰戈尔在我家》。

Luxun　鲁迅（1881—1936年），原名周树人，浙江绍兴人，字豫才，中国著名的作家、思想家。1924年4月12日至5月28日，泰戈尔访问中国，1924年5月8日，新月社为祝贺泰戈尔64岁生日在协和学校礼堂演出英语剧《齐德拉》，鲁迅前往观看，与泰戈尔有过一面之交。他对泰戈尔的访问持讥讽态度："印度的诗圣泰戈尔先生光临中国，像一大瓶好香水似的很熏上了几位先生以文气和玄气。""我记起了泰戈尔。他到中国来了，开坛讲演，人给他摆着一张琴，烧上一炉香，左有林长民，右有徐志摩，各个头戴印度帽。徐诗人开始介绍了：'唵！叽里咕噜，白云清风，银磬……当！'他说得好像活神仙一样，于是我们的地上的青年们失望，离开了。神仙和凡人怎能不离开呢？但我今年看见他论苏联的文章，自己声明到：'我是一个英国治下的印度人。'他自己知道得明明白白。大约他到中国来的时候，绝不至于糊涂，如果我们的诗人诸公不将他制成一个活神仙，青年们对于他是不至于如此隔膜的。现在可是老大的晦气。"

Luxun Research Monthly 《鲁迅研究月刊》，由鲁迅博物馆主办，1980年创刊。2002年5月刊登秦弓的《鲁迅与泰戈尔》。

Lü Guo'an 吕国安，当代学人，发表《印度文学的多余人形象——长篇小说〈沉船〉中的罗梅西形象试析》。

Lü Chun 吕春，当代学者，发表《泰戈尔的中国情结》《抗日期间泰戈尔的中国情结》。

Lucerne 卢塞恩，瑞士中部城市，罗伊斯河出口与四州湖的汇合处，市区人口只有7万人。号称是瑞士最美丽、最理想的旅游城市。卢塞恩是座文化名城，艺术家们在此得到了不尽的灵感。历史上，很多著名作家在此居住和写作。1921年5月8日泰戈尔访问该市。1926年7月泰戈尔再次去卢塞恩，还在那里做报告。

Luchi 圆白面煎果，像印北的脯里。煎得涨起，像气球。宴会、节日、婚礼上吃。

Lucknow 勒克瑙，北方邦首府，为北印度仅次于德里的第二大城市。居恒河平原中心、临戈默河中游右岸。人口连郊区100.6万。这座古老城市的历史在神话传说中可以追溯到阿逾陀国王罗摩神统治的时代。据说在他击败了楞伽的十首魔王罗婆那之后，他就把这座附近的小城市当作礼物送给了他的兄弟拉克什曼那。这个地方自从那时开始就被称作拉克什曼普尔，勒克瑙是同一个名字的不同说法。

勒克瑙只在中世纪的时期在穆格尔和后来在纳瓦布的统治下才变得有名，穆格尔其实是纳瓦布帝国的代理人或者掌管者，但是在穆格尔的统治解体之后，阿瓦德的纳瓦布宣布独立，并统治了这个富饶的地区。英国人在19世纪中期在借口下得到了这个地区的统治权，英国的暴行导致了在皇族本身内部对英帝国的强烈反叛。这导致了纳瓦布瓦兹尔埃里沙被关押，他的妻子被监禁在尼泊尔。从容的习惯，良好的礼节，美味的食物，漂亮的建筑以及文雅的言谈举止，这些都成为勒克瑙人生活的一部分了。这座位于阿瓦德附近的小城（在传说中它曾被作为礼物送给拉克什曼）因为纳瓦布而声名远播，被隐喻性地称为阿瓦德的设拉子，印度的君士坦丁堡。

据印度神话传说，勒克瑙为印度史诗《罗摩衍那》中的英雄罗摩的弟弟拉克什曼那所建。它最早时叫曲女城，公元7世纪戒日王执政时，曲女城曾是京城。

据说1256年时，一批穆斯林谢克人来到这里居住。他们请一位名叫勒克那·巴斯的工程师为他们修建一座城堡，并以他的名字命名。久而久之，勒克瑙成了穆斯林聚居的地方，而城市也随城堡的名字由勒克那变成了勒克瑙。实际上，勒克瑙在历史上出名还是莫卧儿王朝后期的事。当时，印度北部的一些军官拥兵自立，割据称王，勒克瑙成了阿瓦德土邦的首府。

1819年，他被英国总督说服，宣布脱离莫卧儿王朝而独立成了阿瓦德国。由于国王昏庸无能，英国于1856年将他驱逐，并吞并了阿瓦德国。但事与愿违，这一事件竟然成了印度反英大起义的导火线。

1857年，起义者在这里与英军进行了英勇的斗争，并围困英国总督府达87天之久。现在，英国总督府遗址已成了观光之处，废墟墙上的弹孔和枪炮轰击的痕迹依稀可辨。

1935年3月1日—2日泰戈尔访问勒克瑙，在勒克瑙大学演讲。

Lucknow thumris 勒克瑙茶姆蕊，一种表现爱情的轻古典音乐，发源于勒克瑙。勒克瑙曾经是北印度古典音乐的中心之一。

Luders 路德斯，20世纪德国梵文学家。

Luhar 铁匠。

Lumbini 兰比尼，释迦牟尼出生地，位于尼泊尔境内距印度边境苏纳利只有20千米的边境小镇鲁明迪旁，是善觉王为其夫人兰比尼建造的一座花园。据说公元前623年5月迦毗罗卫国净饭王夫人摩耶产期将临，按当地习俗回家分娩，途经兰比尼时，在一棵娑罗树下生下了释迦牟尼。

兰比尼目前是世界文化遗产之一，面积7.7平方千米，佛教徒们为纪念佛祖释迦牟尼的诞生，称之为圣园，2500多年来前来朝拜瞻仰者络绎不绝。圣园分为三个区：摩耶夫人祠、菩提树（Bodhi tree）、朴实卡尼池（Puskarni）、阿育王石柱等古迹构成园林区；30多个国家佛教组织兴建的寺庙为寺院区，包括中国、韩国、日本、越南、缅甸、斯里兰卡等各具本国特色的佛塔和寺庙，以及以保护圣地为目的的绿化区。

Lunacharsky 卢那察尔斯基（1875—1933），苏联文学家、教育家、美学家、哲学

L

家和政治活动家。1930年泰戈尔访问苏联时他是陪同。

Lunchisthan 美食之地。

Lung Arno 伦格·阿尔诺大酒店，在意大利佛罗伦萨，泰戈尔1926年访问佛罗伦萨时住在这里，并接受著名记者索拉尼的采访。

Lungi 腰布。

Luoshen 《洛神赋》，曹植于魏文帝黄初四年（223年）所著。最早见于萧统《昭明文选》，其序称曹植由京城返回封地时，途经洛水，忽然有感而发，并作此赋。洛神为中国神话里伏羲氏（宓羲）之女儿，其因为于洛水溺死，而成为洛水之神，即洛神。此赋为曹植所著的文章里较为著名的。居住在洛河流域的是一个勤劳勇敢的民族，有洛氏。宓妃便加入到有洛氏当中，并教会有洛氏百姓结网捕鱼，还把从父亲那儿学来的狩猎、养畜、放牧的好方法教给了有洛氏的人们。

这天，大伙儿劳动之余，宓妃拿起七弦琴，奏起优美动听的乐曲来。不巧，这悠扬的琴声被黄河里的河伯听到，这个浪荡公子便潜入洛河，看到宓妃，一下子就被宓妃的美貌所吸引。于是河伯化成一条白龙，在洛河里掀起轩然大波，吞没了宓妃。

宓妃被河伯押入水府深宫，终日郁郁寡欢，只好用七弦琴排遣愁苦。这时，后羿来到了宓妃的身边。后羿原是位善射的天神，射死了天帝的九个儿子。

后羿听说了宓妃的遭遇，非常气愤，将宓妃解救出深宫，回到有洛氏中间，并与宓妃产生了爱情。那河伯本来就窝了一肚子火，听说了后羿宓妃之间的恋情，更是恼羞成怒。他化作一条白龙潜入洛河，吞噬了许多田地、村庄和牲畜，后羿怒火填膺，射中了河伯的左眼，河伯仓皇而逃。

河伯自知不是后羿的对手，只好跑到天帝那儿去告状。天帝早就知道了所发生的一切，并不向着河伯说话，河伯这下只能灰溜溜地回到水府，再也不敢管后羿与宓妃的事了。

从此，后羿与宓妃这对情侣便在洛阳居住下来，过上了美满幸福的生活。后来，为表彰他们，天帝还封后羿为宗布神，宓妃为洛神。

1924年5月19日，梅兰芳在北京的开明戏院为正在中国访问的泰戈尔演出神话剧《洛神》。5月20日，梅兰芳和梁启超、齐如山、姚茫父等在北京丰泽园饭店设宴为泰戈尔饯行。泰戈尔在梅兰芳的纨扇上用孟加拉语题诗一首，石真把此诗翻译为汉语："亲爱的，你用我不懂的语言的面纱，遮盖着你的容颜。正像那遥望如同一脉飘缈的云霞，被水雾笼罩着的峰峦。"

Lyric Poetry 《抒情诗》，泰戈尔1924年12月18日的散文。

Lutyens Edward Landseer 勒琴斯·爱德华·兰西尔（1869—1944），印度首都新德里的设计者。

Lyabaaretari 《实验室》，泰戈尔的短篇小说。

Lysvinton 李文斯顿（1813—1871），苏格兰传教士和探险家。

Lytton 利同，孟加拉总督，1923年1月访问圣蒂尼克坦的国际大学，与泰戈尔会面。

Mm

M. Sylvain Levy　《希尔万·列维》，泰戈尔与英国东方学家列维的谈话。

Ma Chonggan　马崇淦，民国人物，南方大学教授，1924年4月在上海参加接待泰戈尔访华事务。

Ma gridhah　不许觊觎别人，不贪。

Ma Ma Himsi（Thou Shalt Not Hate）《不要仇恨》，泰戈尔于1914年8月在国际大学做的演讲。

Ma Shaohua　马少华，中国人民大学老师，发表《泰戈尔风波》。

Maa　小母亲，孟加拉人常把女孩或年轻妇女亲昵地称作妈，可译作小母亲或亲爱的。

Maahpralya　完美者，指湿婆。

Maaikel Wadhusoodan Datta　迈克尔·莫图舒顿·德多（1824—1873），近代孟加拉文学奠基人，首创孟加拉无韵诗体。

Maalaba　马洛博，奥般迪（Abanti）的另一个名字，印度古代的一个王国，其首都是尤禅尼，因此，也指尤禅尼城。

Maalancha　《花圃》，泰戈尔的中篇小说，见《Garden》。

Maalinee　《玛利尼》，泰戈尔1896写的诗剧。

公主玛利尼具有现代精神，她虔信新宗教，希望向国民宣讲自己的宗教。这引起了全国的恐慌。信仰传统的印度教的婆罗门、士兵要求国王惩罚她、流放她。但当玛利尼出现在众人面前时，大家都把他当成女神，拥戴她为自己的宗教导师。只有克什曼卡尔和弟子，还有自小一同长大的朋友苏帕利叶没有随波逐流。克什曼卡尔去国外搬兵，用外部力量来消灭玛利尼和她的新宗教。他让苏帕利叶留在国内做内应。他们分别以后，苏帕利叶逐渐感受到玛利尼的新教魅力，为之折服，最后皈依了它。得知克什曼卡尔带着外国军队即将来犯时，苏帕利叶报告了国王——玛利尼的父亲。国王先发制人，及时消灭了外国军队，逮捕了克什曼卡尔。苏帕利叶和玛利尼请求国王不要判处克什曼卡尔死刑。应克什曼卡尔的要求，苏帕利叶去看他，克什曼卡尔斥责苏帕利叶背叛友情，背叛宗教，并在一怒之下用铁锁链打死了他。当国王再次要举剑杀死克什曼卡尔时，玛利尼再次请求父亲饶恕他，说完昏了过去。

Maalyadaan　《献上花环》，泰戈尔的短篇小说。见 The Wedding Garland。

Maanabasatya　《人的真实》，泰戈尔的散文。

Maanabhanjan　打掉傲气。

Maanasee　心声，心曲。

Maanassundaree　心灵美女。

Maarbar　马八儿，元代对朱罗国的称呼，宋代称注辇。

Maastaarmashaaya　《教师先生》，泰戈尔的短篇小说。

Maathurilataa　玛图莉洛达（1886—1918），泰戈尔的大女儿，家里人又称呼她“贝拉”（Belaa）“贝莉”“贝卢布莉”。因为泰戈尔特别喜欢茉莉花，所以孩子刚一出生，泰戈尔的二嫂甘丹依蒂妮就给这个孩子取名为“贝拉”，意为“茉莉花”。

贝拉是泰戈尔的长女，也是他三个女儿中长得最漂亮、最富有个性的一个女儿，因此，她就成为泰戈尔的掌上明珠。从短篇小说《喀布尔人》的小女主人公米妮身上，我们可以看到贝拉的影子。

贝拉没有像几个伯父家的堂姐妹那样去正规学校接受教育，因为泰戈尔不喜欢正规学校里刻板的教育，所以就没有把女儿送进正规的学校，而是安排她在家里学习。除了让她学习孟加拉语言和文学、西方文学、音乐等学科外，还先后为她请了三位老师教她学习英语。贝拉的童年和少年主要是在什莱达赫度过的。

1901年，贝拉14岁零8个月的时候就结了婚，她丈夫是绍罗特库马尔·丘克罗波尔迪。媒人就是泰戈尔的好朋友普里耶纳特·森。贝拉的丈夫是比哈里拉尔·丘克罗波尔迪（Bihaareelaal Chakrabartee，1835—1894）的三公子，而比哈里拉尔曾经教过罗宾德罗纳特的诗歌，是他年轻时的老师。

婚后，贝拉就跟随丈夫到马贾法拉普尔定居了，因为她丈夫在那里工作。贝拉在那里结识了一位热爱文学的孟加拉主妇——奥奴鲁巴女士，并与之结下了深厚的友谊。两个人在那里做了大量的社会服务工作，特别是为发展妇女教育付出了很多心血。

贝拉结婚刚一年多，她的母亲就于1902年11月23日病逝了。此后她又接连失去了两个亲人——二妹拉妮（蕾奴卡）和她最疼爱的小弟弟绍民。后来她的丈夫绍罗特库马尔回到加尔各答，在高等法院实习，她就跟随丈夫一起住在父亲的家里。那时候米拉和丈夫诺根德罗纳特·贡戈巴泰（1889—1954）也住在乔拉桑科泰戈尔的家里。泰戈尔的小女婿性格粗暴蛮横，对待玛图莉洛达夫妇很不和善，而性格温和的泰戈尔对待这件事情又不好更多地指责晚辈。在这种情况下，玛图莉洛达心情抑郁不乐，只好和丈夫搬出了乔拉桑科。他们夫妻俩在加尔各答的另一个地方租了房子住下来。

在新的住处贝拉感染上了肺结核病。在她患病期间，泰戈尔曾经去看望过女儿，但是在她病故时泰戈尔就没有到场。贝拉病故时才32岁，身后没有留下子女。

泰戈尔对大女儿的去世感到十分悲痛，他在《迅逃集》的《解放》一首诗中抒发了自己的悲伤。为了纪念女儿，诗人在自己的学校里设立了“玛图莉洛达奖学金”。

玛图莉洛达写过一些短篇小说。已经出版的书籍有：《玛图莉洛达短篇小说》和《玛图莉洛达书简》。

Maayaar Khelaa　《虚幻的游戏》，泰戈尔于1888年写的音乐剧。见The Play of Illusions。

Macao　澳门，中国的一个特别行政区。1553年，葡萄牙人取得澳门居住权，经过五百多年欧洲文明的洗礼，东西文化的融合共存使澳门成为一个风貌独特的城市，留下了大量的历史文化遗迹。澳门北邻珠海，西与珠海市的湾仔和横琴对望，东与香港相距60千米，中间以珠江口相隔。澳门是一个自由港，也是世界四大赌城之一。1999年12月20日澳门回归中国。其著名的轻工业、美食、旅游业、酒店和娱乐场使澳门长盛不衰，澳门成为亚洲最发达、最富裕的地区。

Macaulay Thomas Babington　麦考莱（1800—1859），英国历史学家、诗人、法律学家、政治家。毕业于剑桥大学。青年时参加辉格党。1830年被选为议会议员，积极投身争取第一次议会改革法的活动。1834年赴印度，任印度最高理事会高级官员。1839年起任陆军大臣。鸦片战争前夕，力主侵华。1842年，反对宪章派提出的人民普选权要求。1847年在爱丁堡竞选失败，从而退出政界。此后，开始撰写《自詹姆斯二世即位以来的英国史》（即《英国史》）。

Macbeth　麦克白，莎士比亚同名话剧里的主角。麦克白是有野心的英雄，他在夫人的怂恿下谋杀邓肯，做了国王。为掩人耳目和防止他人夺位，他一步步害死了邓肯的侍卫，害死了班柯，害死了贵族麦克德夫的妻子和小孩。恐惧和猜疑使麦克白心里越来越有鬼，也越来越冷酷。麦克白夫人精神失常而自杀，对他也是一大刺激。在众叛亲离的情况下，麦克白面对邓肯之子和他请来的英格兰援军的围攻，落得削首的下场。

Macdonald Ramsay　麦克当瑙·拉姆瑟（1866—1937），英国第一任工党首相。1932年1月4日，泰戈尔给他写信，抗议英印殖民政府在甘地参加完第二轮圆桌会议回到印度后立即逮捕甘地，镇压印度民族运动。

Macha　马查，中央邦地方戏，“舞台”。

Machher jhol　加厘鱼。

Mackee　麦基，泰戈尔时代的英国作家。

Macmillan India Ltd　麦克米兰公司，英国出版社名称，曾出版许多泰戈尔的著作。于1913年出版过泰戈尔的《吉檀迦利》《园丁集》和剧本《齐德拉》。

Mada　醉意，醉相。不自律。

Madagascar　马达加斯加，非洲岛国，位于印度洋西部，隔莫桑比克海峡与非洲大陆相望，全岛由火山岩构成。国土面积590750平方千米。作为非洲第一、世界第四大的岛屿，马达加斯加旅游资源丰富。人口2200万（2011年）。主要由18个部族组成，尚有少数科摩罗人、印度人，法国侨民1.8万人左右。居民信奉基督教（天主教和基督教新教）的占70%，信奉传统宗教的占20%，信奉伊斯兰教的占8%。首都塔那那利佛。

Madalasacampu　《马达罗莎占布》，10世纪特里维克拉玛·巴塔（Trivikrama Bhatta）的作品。

Madame H. P. Blavsky　布拉夫斯基，俄国贵族夫人，1875年与欧科特（H. S. Olcott）创立神智学会。

Madan　马丹，泰戈尔时期的歌唱家。

Madan Theatre　马丹剧院，在加尔各答，泰戈尔曾经于1922年9月16日在这里演出《秋天的节日》并亲自扮演苦行者。

Madana　玛达纳，印度神话里的爱神。

Madanapala Nighantu　《玛丹娜药物学》，成书于14世纪。

Madanapalle　马达纳帕雷，印度南方城市，1919年2月泰戈尔曾访问该城。

Madanmohan Maalabya　摩东莫洪·马洛波（1841—1946），印度著名的政治家，虔诚的印度教教徒，教育家，迦尸（瓦拉纳西）印度教大学的创建者，多次担任印度国大党主席。

Madanmohan Tarkalanka　马达摩汗·塔卡兰卡（1817—1858），孟加拉华丽梵语诗人。

Madara　牛角瓜树，马达罗树，印度一种带刺的树，开红花。

Madarakta　"为情欲所染"。

Madariyah　暴力派，15世纪印度伊斯兰教苏菲派的一支，主张性崇拜。成员赤身，吃素，居无定所。

Madavaiya　马达维亚（1872—1925）印度泰米尔语作家，作品有《巴德玛瓦蒂传》等。

Madbhava　我的状态，宇宙灵魂的状态。

Madgie　潜水鸟。

Madhabi（vi）　马达比，一种藤类植物，2—9月开粉红、红或白花。

Madhabi　《马达比》，20世纪曼尼普尔语小说家勒帕林（Leparen）写。

Madhav Tryambak Patwardhani　玛德哈瓦·特里衍巴克·凯塔巴，19世纪马拉提语诗人，太阳贵族团体成员。

Madhava　马德哈瓦月，即维萨克月，印历2月，公历4—5月。

Madhava　摩达婆，克里希纳的称号，意为"财富神女之夫"，为了帮助战胜难敌而充当阿周那的车夫，《薄伽梵歌》就是借他之口阐发的哲理。我的性态，宇宙灵魂的超然性状，即不生不灭、长存不逝、不可名状、离却欲望的、绝妙的存在形式。

Madhava Hundalt　马达瓦·洪达尔特，13世纪作家，他把《罗摩衍那》翻译为阿萨姆语。

Madhava Kandali　马达瓦·坎达利，14世纪作家，把罗摩剧翻译为阿萨姆语。

Madhava Sadahiva Golwalkar　戈尔瓦卡·萨达西瓦·戈瓦卡（1906—1973），印度教民族主义的鼓吹者，提出了国家虔信论。认为印度教的特质是印度教教徒的崇高、轮回观念、无私奉献精神、内在的精神力量等；印度是个印度教国家；每个印度教教徒必须把自己的全部思想、感情和力量都贡献给印度教国家。

Madhava-Acherya　马达瓦-阿车里雅，14世纪婆罗门哲学家，著有《全哲学纲要》。

Madhava-nidana　《摩陀婆症候论》，8世纪印度医学家摩陀婆伽罗的著作。

Madhavacharya　黑天教派摩陀伐派论师。

Madhavagupata　摩塔婆笈多，7世纪笈多王朝国王。

Madhavakara　摩陀婆伽罗，8世纪印度医学家，著作为《摩陀婆症候论》。

Madhave Tryambak Patwarthan　马达沃·特里衍巴克·帕特瓦檀，1世纪马拉提语作家。

Madhavi　马达薇花，一种藤类植物，其味奇香无比。

Madhu　马虎，魔鬼，阿修罗。

Madhu　摩豆族，黑天所在的部族。

Madhu and Kaitabha　玛度和凯达巴，印度神话里的魔鬼，他们趁毗湿奴睡觉时袭击梵天，梵天摇醒湿婆，消灭了他们。

Madhu Vidya　酒学，酒的知识。

Madhukuri　玛德胡库里，抓鸟、制糖等种姓。

Madhumasa　玛德呼玛萨月，即印历杰特拉月，公历3—4月。

Madhura bhakti　用性爱词语表达敬慕，艳情之爱。

Madhurilata（Bela）　玛图莉洛达（贝拉）（1886—1918），泰戈尔的大女儿，也是3个女儿中最漂亮，最富有个性的一个女儿，14岁嫁人，32岁时因肺结核逝世，没有留下孩子。从他的短篇小说《喀布尔人》里可以看到她的影子。泰戈尔为了纪念女儿，在自己的学校里设立了"玛图莉洛达奖学金"。

Madhurya　温顺，（诗相）甜蜜，百听不厌，百谈不倦，以情侣的心态爱神。

Madhusadan Das　玛德胡撒旦·达斯，20

M

世纪奥里雅语作词家。

Madhuspanda 玛度斯班达，神话中众友仙人的儿子。

Madhusudan Data 莫图舒顿·德多，又译默土苏登（1824—1873），印度孟加拉语诗人，剧作家。近代孟加拉文学奠基人，首创孟加拉无韵诗体。他根据《罗摩衍那》改写出《因陀罗吉特的伏诛》，与传统相反，以恶魔罗婆那的儿子为主人公，发出震撼人心的时代的叛逆呼声。

Madhusudan Ditt 玛德胡苏丹·迪特，印度现代英语诗人。

Madhusudan Rao 默图苏丹·拉奥（1853—1912），现代奥里雅语大诗人，作品有《诗选》《哲人泰戈尔》等。

Madhusudana 摩涂苏陀那，阿周那对克里希纳的称呼，义为“诛摩涂者”。

Madhusudana Sarasvati 马度苏达纳·萨拉斯瓦迪（1500年前后），印度教哲学家，其著作《诸种道路》证明吠檀多最高级。

Madhva 摩陀娑（1197—1276），印度古代吠檀多二元论派哲学家，毗湿奴派摩陀娑创始人。

Madhva- Acherya 摩陀婆-阿车里雅（1197—1276），古代吠檀多派哲学家，毗湿奴派一支摩陀婆派创始人。

Madhavacharya 马达瓦查瑞亚神庙，在乌迪毗（Udipi），亚基沙加纳舞（Yajshagan）的发源地之一。

Madhvacaris 摩陀婆派，印度教毗湿奴派的一个分支，13世纪摩陀婆创立，要求信徒无私地信奉毗湿奴大神，严守道德准则。

Madhya 中，众生的生住期。

Madhya Pradesh 中央邦，印度中部的一省。在德干高原与恒河平原之间。首府博帕尔。邦境内有数条河流流经。面积44.3万平方千米。人口6613.6万。它不仅地处印度中心地带，更拥有丰富的印度教、佛教、耆那教和伊斯兰教的历史文化遗产。

Madhyabartinee 《隔阂》，泰戈尔于1893年写的短篇小说。见The Girl Between。

Madhyadesa “中国”“中天竺国”，中印度，印度中央邦及其周围地区。

Madhyama 思维模式，中央国王，良好。

Madhyama-pratipad 中道，不结盟，脱离两个极端的不偏不倚的道理。

Madhyamdina 《中日》，《夜柔吠陀》的两个修订本之一，另一部为Kanva。

Madhyamika 中派，中观学派，空宗，大乘佛教派别之一，2～3世纪由龙树、提婆创立。认为世界万物、人的认识等都是一种假言概念，没有自性。

Madhyamika-sastra 《中论》，2～3世纪龙树做颂，对原始佛教以来的缘起说做了全新解释。

Madhyamvyayoga 《仲儿》，跋娑（Bhasa）著。

Madhyastha 宁静。

Madhybartinee 《隔阂》，泰戈尔的短篇小说。

Madir 庙。

Madonjini Hajala 玛东姬妮·哈焦拉（1870—1943），印度著名女革命家，1942年参加“印度解放”运动。她以73岁高龄在梅迪尼普尔发动数万群众反对英国殖民主义当局，被警察枪杀。

Madotkata 骄傲狂妄。

Madra 马德拉，古代印度西北一个国家和民族的名称，都城为萨羯罗（Sakala），领土从比亚斯（Biyas）到犀那布（Cinab），甚至到达羯兰（Jhelam）。

Madra 摩德罗国，印度神话传说里萨维德丽父亲马主的国。

Madraka 马德拉卡，部族名。

Madras 马德拉斯，现称金奈（Chennai），为印度第四大城市，泰米尔纳德邦首府。1996年它的名称被官方改为金奈，但是旧称马德拉斯仍被广泛使用。附近有著名的印度教寺庙“七塔城”马哈巴里普兰。该市是印度的一个大型商业和工业中心，以其文化遗产而著称。马德拉斯在印度半岛东南部的科罗曼德尔海岸上，面积130平方千米。市区人口327万，包括郊区在内448万。居民大部分操泰米尔语，还有泰卢固语、马拉雅拉姆语和英语。1919年3月10—12日，泰戈尔在该市的国家大学以名誉校长的身份做系列报告。1922年9月29—30日再次访问该市。1927年泰戈尔去东南亚访问时于7月12日从这里乘船出发。

Madras Government Order 马德拉斯政府

法令，由英殖民政府出台，旨在压制反英思想，迫害反英人士。

Madras Presidency　泰戈尔时期的英印政府设立的三大辖区之一的马德拉斯管辖区。

Madrassa　清真寺附属学校，伊斯兰宗教学校。

Madri　玛德丽，《摩诃婆罗多》里般度的第二妻子，随般度去森林修炼，用贡蒂从敝衣仙人处学来的咒语招来双马童生无种和偕天。般度因受仙人诅咒，在肉体接触玛德丽之后死去，她为般度殉葬而死。

Madrid　马德里，西班牙首都，全国第一大城市，全国经济、交通中心，马德里省首府。马德里是欧洲著名的一座历史名城。其处于西班牙国土中部，曼萨纳雷斯河贯穿其中，南下可与非洲大陆一水为限的直布罗陀海峡相通，北越比利牛斯山可直抵欧洲腹地，因此地理位置十分重要，在历史上因战略位置重要而素有“欧洲之门”之称。

Madura　摩度罗，印度古代潘迪亚王国都城，即现在的马杜赖。

Madurai　马杜赖，泰米尔纳德邦第二大城市，是印度教七大圣城之一，也是达罗毗荼文化艺术的中心。马杜赖作为印度教圣地，是以它宏伟的寺庙建筑、精美的雕刻艺术而著称于世的，并有“东方雅典”的美称。供奉着米纳克希女神和她丈夫湿婆神，以及他们的两个孩子——象头神迦内沙、南迪（湿婆神的坐骑牛）的米纳克希神庙，东、西、南北各有一座高耸的印度塔门，站在城市的任何角落都可以看得到，简直可以说是城市的象征。马杜赖就是一座在神庙前形成的城市，其实更像是以几乎正方形的米纳克希神庙为中心，沿着神庙围墙的环状道路逐渐向四面扩展开来的。米纳克希神庙被视为城市标志。马杜赖位于泰米尔纳德邦南部的韦拉伊河畔，人口约90万，是一座有灿烂文化的历史名城，12世纪后一直为邦迪耶王朝的首府。从公元初起，这里就建立了泰米尔语文学团体。现在有马杜赖大学和所属的13所艺术大学院。1919年2月12—14日泰戈尔访问该市并作以“印度的教育”为题的讲演。

Madya　酒。

Maeter Linck　梅特林克（1862—1949），比利时法语作家、诗人，1911年获诺贝尔文学奖。主要作品有梦幻剧《青鸟》，三幕剧《莫娜·娃娜》《普莱雅斯和梅丽桑德》等。

Maga　摩羯，印度古代崇拜太阳的部族。

Magadha　摩羯陀国，印度古代王国，公元前6世纪—公元前4世纪印度古列国16国之一，领土相当于现在的比哈尔邦。

Magadhas　摩羯陀斯，河流名。

Magadhi　摩羯陀语，梵戏中出身低微的人说的俗语。

Magam　马格姆，婆罗多舞保留剧目，通过舞蹈表现祭祀，到达梵我合一。

Magas　太阳崇拜者。

Magdalen　从良的妓女，妓女收容所。

Magdhabodh　梵语语法。

Magh　马克月，印历11月，公历1—2月。

Magh Mela　马克月（印历1月，公历3—4月）大集会，在阿拉哈巴德恒河、雅穆纳河和萨拉斯瓦蒂河三河汇合处印度教徒的大集会。

Magha　摩珈，7世纪作家，著《童护伏诛记》（Sisupalavadha）。

Magha　摩羯，27星之一。

Magha Chota　玛加·初塔，纳加普尔（Nagpur）地区部族舞。

Maghavan　摩珈梵，“慷慨者”，因陀罗的别称。

Maghavat　马甲瓦特，天王因陀罗的别名。

Magura　玛古拉，舞蹈手势：拇指与无名指相捏，其余三指并拢伸直。

Maha-cina　大中国。古印度婆罗门志怪文学《密续》里的重要部分，为特别迷信膜拜类文学体裁的奠基，在中国被称为中国密宗（Cinacara），膜拜仪式的对象是一个叫作度母（Mahacinatara）的女神。

Maha-Lakshimi　伟大的吉祥天女拉克西米。

Maha-Siva —ratri　“大湿婆之夜”，印度教节日，在马克月（印历11月，公历1—2月）14日举行，第十四夜戒斋。向湿婆祷告。

Maha-yoga　王瑜伽之王，即raja-adhiraja-yoga，最高境界的瑜伽，无外部形式和技巧的瑜伽。

Maha-yogi　大苦行者，苦行之神，指湿婆。

Mahaamaayaa　《莫哈玛娅》，泰戈尔于1892年写的短篇小说。莫哈玛娅和拉吉博自小一块长大，青梅竹马。莫哈玛娅直到24岁还没有嫁出去。有两个原因：他们家是最高婆罗门种姓，很难找到门当户对的人家，拉吉博是婆罗门种姓中的低次种姓。莫哈玛娅的哥哥很穷，为妹妹攒不起一大笔嫁妆。两颗热烈跳动的心终于在河边破庙里相会了。拉吉博要求莫哈玛娅和他私奔，莫哈玛娅犹豫不决。莫哈玛娅的哥哥波巴尼丘龙发现了两人的秘密约会。当天晚上，他拉着妹妹到河边等死屋里，让她和一个正在咽气的高级婆罗门成婚。第二天早晨，莫哈玛娅成了寡妇，哥哥逼着她为死去的老婆罗门殉葬。他指挥人们把她缚住手脚扔进火里。突如其来的一场大雨浇灭了大火，莫哈玛娅死里逃生。她找到拉吉博，愿意跟他走。但只有一个条件：拉吉博必须答应永远不看她的面纱遮的脸面。拉吉博答应。但拉吉博终于忍耐不住，在月明之夜看见了莫哈玛娅烧得可怕的脸。莫哈玛娅不顾拉吉博的拼命哀求，义无反顾地出走，不知所终。

Mahaashbetaa 莫哈晒达，《迦丹波利》中的女主人公。

M

Mahaatma Gaandhi 《圣雄甘地》，泰戈尔的散文。

Mahabaladhikrita 马哈巴拉迪科利塔，6—10世纪笈多王朝和波罗提诃罗王朝时期的军队统帅。

Mahabali 马哈巴里，古代克拉拉邦名国王。

Mahabali 摩诃巴里，阿修罗，以后成为强大的统治者，与众神为敌。

Mahabali 侏儒，《罗摩衍那》里猴王波林的别名。

Mahabalipuram 马哈巴里普兰，“七塔城”，在泰米尔纳德邦的马德拉斯附近著名的印度教庙。雕刻有印度神话里的杜尔迦女神、黑天、跋吉罗陀等人的故事。

Mahabhasya 《大疏》，公元前2世纪巽迦王朝时期的学者、梵语文法学家波颠阇利写。

Mahabhinishramana 佛陀的前身悉达多王子决心出家，不回头地出走，大出走，义无反顾地出走。

Mahabhisha 摩诃毗舍，即福身王。见Santanu。

Mahabhuta 物质元素，物质成分。

Mahabhutani 五大，地、水、火、风、空。

Mahabodhi 大菩提会，19世纪由锡兰僧人大摩婆罗创立。

Mahabodhivamsa 《摩诃菩提史》。

Mahabiswe Mahakashe mahakara majhe 《茫茫世界、茫茫天宇、茫茫时空之中》，泰戈尔用德鲁帕德（字面意思为：固定词句，印度最古老的音乐传统）所做的一首歌曲名。

Mahabodhi Society 大菩提学会，泰戈尔在1935年5月由大菩提学会组织的纪念佛祖诞辰的会议上讲话。

Mahacina-tara 度母，中国密宗崇拜的女神。她的名称又作多罗菩萨（梵语：Tārā，意为“眼”“妙目睛”“瞳子”“极度”“救度”；藏语Drolma，意为“救度”），又译为多罗母、多罗佛母、度母、救度佛母。佛教认为她是阿弥陀佛、观世音菩萨化身的女性菩萨，因此，有时经论、典籍又称作多罗观自在菩萨、多罗观音。多罗菩萨的信仰在古印度时代就非常流行，包括从那烂陀大学遗迹所出土的佛菩萨像中，有很多就是多罗菩萨像，现在的菩提伽耶大觉塔上，还是保留雕刻着多罗菩萨像。密教中印度教三大神即梵天、毗湿奴、湿婆的克星。

Mahadandanayaka 歌王野战元帅。

Mahadeva 大神，湿婆的别名，孟加拉赞颂黑天、迦利等神的歌曲。大乘天。

Mahadeva 马哈代瓦，阿育王派往迈索尔弘扬佛法的僧人。

Mahadeva Desai 马哈德瓦·德赛，甘地的秘书。

Mahadeva Govinda Ranade 马哈代瓦·戈文达·兰纳德，19世纪祈祷者协会领导人。

Mahadevi Varma 马哈代瓦·瓦尔玛，现代印地语作家。

Mahadevi 大女神，指湿婆大神的妻子。

Mahadivya 混沌时代的巨卵。

Mahaisvara 大自在天，即湿婆。

Mahajana 巨膝仙人。

Mahajanapadas 大国，伟大的民族疆域，指公元前6世纪印度16国时期的16个大国。

Mahajani 商船。

Mahajati-Sadan 国际大学会议大厦。

Mahajur G. A. 马赫珠儿（1885—1952），印度克什米尔语诗人，作品有《马赫珠儿信息》等。

Mahakala 时代。

Mahakala 火葬神。

Mahakala 摩诃伽罗，破坏者的湿婆大神。

Mahakali 马哈卡莉，无时限女神。

Mahakalpa 相当一段时间。

Mahakapi Tataka 大猕猴本生。

Mahakappa 离子，大离子。

Mahakaranda 摩伽楞陀，15世纪印度天文学家。

Mahakarshanastra 布军神箭，因陀罗的乐舞领班画军和难敌冲突，把难敌一伙捆绑住，布军用此箭射死画军的人马。

Mahakaruna 大慈大悲。

Mahakavya 《大诗》，7世纪梵语诗人跋底的作品。

Mahakaya 大史诗。

Mahakosala 摩诃乔萨罗，公元前6世纪乔萨罗国国王。

Mahakshapatalika 国王宰辅。

Mahakshatrapas 省督。

Mahal 大建筑，宫殿。

Mahalanobis Prasanta Chandra 马哈拉诺比斯·P. C.，印度女学者，1926年陪同泰戈尔访问意大利、德国等欧洲国家。

Mahalaya 宣布杜尔迦节的到来。秋季杜尔迦节的月份。

Mahalaya 马哈拉亚，马哈拉施特拉邦圣地，据说人在此戒斋一个月就能赦免罪恶。

Maham Anaga 马哈姆·婀娜嘉（？—1526），莫卧儿王朝第三代皇帝阿克巴的乳母。

Mahamaitri 大慈大悲。

Mahamantavara 一梵天年，311亿年。

Mahamas 具有伟大心灵的人。

Mahamatra 大臣，象奴。

Mahamaya 大摩耶夫人，印度三大神梵天、毗湿奴、湿婆的母亲。大幻觉，大错觉。

Mahammada Ghoree 穆罕默德·科里，生于12世纪，库尔的君主吉亚苏丁·穆罕默德的哥哥。1173年，吉亚苏丁任命他为加兹尼的统治者。1175年他在北印度建立一个穆斯林帝国。吉亚苏丁死后，他任加兹尼、库尔和德里的君主。1206年被凶手杀害。

Mahamsa 胜者。

Mahanadi “伟大的河”，玛哈那底河，印度德干半岛东北部的河流，源于西瓦山脉，从奥利萨入孟加拉海。全长900千米，全流域降水量集中且变率大，严重影响河流水量和农作物生长。

Mahanandin 马哈难丁，公元前4世纪印度摩羯陀国湿术那伽王朝末代国王。

Mahanama 马哈那玛，释迦牟尼做太子时的妻子耶输陀罗的父亲。

Mahanarayana Upanisad 《毗湿奴大神奥义书》，属于《黑耶柔吠陀》。

Mahanataka 《大剧》，13世纪苏婆吒作。6部惩戒经（Mahanisiha）第二部的《大禁忌经》。

Mahanubhava Sampradaya 马哈奴巴·散普拉达亚派，属于印度教毗湿奴派，13世纪由查克拉德哈尔创立，只信奉毗湿奴。

Mahanubhavas 马哈奴巴瓦斯，宗教派别，对13世纪马拉提语散文与诗有影响。

Mahapadma Nanda 摩诃伯德摩·难陀，公元前4世纪摩羯陀国难陀王朝的开国国王。他刺杀前国王卡克瓦纳（Kakavarna）篡位。

Mahaparinirvana 大涅槃。

Mahaparinirvana Stupa 大涅槃塔，在佛陀涅槃的库尸那加，为纪念佛陀逝世而建的塔。

Mahaparinirvana-sutra 《大般涅槃经》，佛教经典，3—4世纪产生于克什米尔。

Mahapasu 大动物，指祭祀时做牺牲的人。

Mahapitha “大座位”，印度神话里说，湿婆的妻子萨蒂为湿婆自焚后，其尸骨主要落在四个地方，每个地方就是一个大座位。一处在旁遮普的加蓝达拉（今俱卢杜尔），一处在西北斯瓦特谷地的偶迪亚纳或乌达亚娜，第三处在谱尔纳吉里（位置不明），最后一处在阿萨姆邦的卡玛如帕。

Mahappaccakkhana 《大弃生》，10“杂”之第九。

Mahapradhana 摩诃普拉塔纳，国王的心腹，心腹侍从。

Mahaprajapoti=Krsa Kautami 摩诃波阇波提，释迦牟尼的姨母、养母。

Mahaprajna-paramita-sastra 《大智度论》，佛教理论书，2—3世纪龙树著。

Mahaprajnaparamita-sutra 《大般若波罗密多经》，简称《大般若经》，意思为“通过智慧到彼岸"，佛教经典。大乘佛教的理论基础。认为世俗认识及其面对的一切对象，均属"因缘和合"，假而不实，唯有通过"般若"对世俗认识的否定，才能把握佛教"真理"，达到觉悟解脱。

Mahaprasad 给神像供奉的食物。

Mahaprasthana 大出走，云游四海，大出家，远行。

Mahapurana 《大往世书》，指18部主要的往世书。

Mahapurusha 印度伟人。

Mahar 马哈尔，首陀罗贱民种姓，洗衣，送信，扫马路，背尸体。

Maharaja 伟大的国王，大王，大君，国王，陛下，王公，土邦王。原意为"伟大的国王"，是印度人过去对有王公家族出身的人的尊称。

Maharaja of Tripura 特里普拉地区的土邦王，1941年5月13日派特使到圣蒂尼克坦，授予泰戈尔"印度的太阳"的称号。

Maharaja-adhiraja "诸大王之尊"。

M

Maharaja Jai Singh 马哈罗阇·斋·辛格（1686—1743），斋普尔王公，建立德里、乌贾因、斋普尔和贝拿勒斯天文台。

Maharaja Sarfoj 马哈罗阇·萨福吉，19世纪初印度南部米罗王国国王。

Maharaja Sawai Jai Singh 马哈罗阇·萨瓦伊·斋·辛格，斋普尔城的建造者（1738）。

Maharajadhiraja 王中之大王，笈多王朝旃陀罗笈多一世的自称。

Maharaji 大人物，大王。

Maharajkas 小团体神。

Maharana Udai Singh 马哈拉纳·乌代·辛格，乌代普城（Udaipur）城的建造者（1586）。

Maharani of Vizanagram 维泽亚纳格兰王后，1934年11月2日泰戈尔访问安德拉邦时在她家做客。

Maharashtra Pradesh 马哈拉施特拉邦，首府孟买，在印度西南阿拉伯海边，位于印度德干半岛西部，面积30.77万平方千米。人口7874.8万。主要是马哈拉施特拉人。沿海有狭窄而断续的孔坎平原，平原西侧为西高止山，内地大部分是德干高原。主要河流有戈达瓦里河、克里希纳河等，多流注孟加拉湾。年降水量自东至西递增，由1000毫米以下增至3000毫米以上。在高原的河谷盆地中，年降水量仅450毫米，成为半干燥的荆棘草原。矿藏有煤、锰、铝土、铁、钛铁矿等。原为马拉特帝国，18世纪末，并入英属印度，设孟买省。印度独立后，1960年根据语言原则，成立马哈拉施特拉邦。

Maharastri 摩诃剌陀语，德干高原西北的俗语之一。

Maharatha 摩诃剌陀，地名，当今的马哈拉施特拉邦一带，地势险要，易守难攻。

Maharatha 战车武士。

Maharatha 马哈拉塔，神话里众友仙人的儿子。

Maharatnakutasutra 佛教《宝积经》，公元7世纪印度高僧菩提流支在中国翻译。内容泛论大乘佛教的各种主要法门，涉及范围很广。

Maharauravam 大蛇缠死地狱。

Maharis 庙舞女。

Maharishi Mahesh 大圣人玛海仕，印度现代超验修炼大师。

Maharshi Bhavan "大圣人大院"，泰戈尔家族大院名字，原为"德瓦卡纳特·泰戈尔院"，以泰戈尔的爷爷的名字命名。

Maharisi 印度大仙，大圣人。

Mahasabha 印度教大会。

Mahasadhvi 最贞洁的女子，指悉多。

Mahasangha 大僧伽。

Mahasangha-vinaya 《摩诃僧祇律》，佛教律书，意为《大众律》。

Mahasanghika 大众部，佛教部派之一，释迦牟尼逝世后一百年时从原始佛教分裂出来。认为佛陀是离情绝欲；只承认现在实有，过去、未来没有实体；认为"心性本净"，人人有解脱可能。大众部基于释迦牟尼的"缘起观"而立论：

（1）在"有为法"上，主张"现在有体，过来无体"，即只承认现在的为实有，而过去的已成为过去，未来的尚未出现；过去与未来，皆是由现在法所推定。

（2）在"无为法"上，主张有九种，即：择生、择灭、虚空、空无边处、识无边处、无所有处、非想非非想处、缘起支性、圣道支性。

（3）人为佛是化身，而不是生身，其寿命与威力无边，且佛以一音说一切法。

（4）认为果位有三种，即：阿罗汉、菩萨、佛，且以佛为最后目的。

（5）认为“心性本净”，人人皆有解脱的可能。

Mahasanghita　《大众部》，佛教部派之一，说佛陀威力无边，提倡“心性本静说”等。

Mahasangiti　大集结。

Mahasenapati　大军阀。

Mahasesha　大蛇，毗湿奴躺在海上的睡床。

Mahasiddhi　精通吠陀者。

Mahasmasana　大焚尸场。

Mahasthamaprapta　大势至菩萨。

Mahasthaviranikayas　上座部。

Mahasu Thali　马哈苏·塔利，喜玛偕尔邦民间舞。

Mahat　宏大，大，即“觉”，指宇宙的总觉。

Mahati　那罗陀仙人吹奏的笛子。

Mahati vinashtih　大破坏，大毁灭。

Mahatma　最高精神。

Mahatma　圣人，智者。

Mahatma Gandhi　圣雄甘地，见Gandi条；《圣雄甘地》，1948年出版的泰戈尔的讲话和散文集。

Mahatma Gandhi Arrested　《圣雄甘地被捕》，泰戈尔的公开信。

Mahatmaj and Depressed Humanity　《圣雄与被压抑的人性》，1932年12月2日，甘地主持印度化学家拉伊的70岁生日时赠给拉伊的小册子。

Mahatman　大我，宇宙灵魂。

Mahatmya　荣耀，光荣。

Mahattama　高贵的人。

Mahavagga　臧律第二部分《犍度》中的《大品》。15部《小尼迦耶》之第五部《经集》之第三品《大品》。

Mahavairocana　大日如来。

Mahavakya　伟大的说法，言论，语言。

Mahavamsa　大编年史。

Mahavana-vihara　大林精舍，林中仙人修炼地。

Mahavastu Avadana　《大事记》，佛本生的故事（佛陀生平）。

Mahaveeracharita　《大雄传》，8世纪波婆菩提（Bhavabhuti）写的剧本，写罗摩与悉多的故事。

Mahavira　摩诃毗罗，9世纪印度数学家。

Mahaviracarita　《大雄传》，剧本，7—8世纪戏剧家波婆菩提写，主要写《罗摩衍那》里罗摩的故事。

Mahavibhanga　《大分别》。

Mahavibhasa　上座，佛教称谓。1. 对出家年岁高的人的尊称。2. 对有德行僧人的尊称。3. 寺院三纲之一，为全寺之长。

Mahavibhasa-sastra　《阿毗达摩大毗婆娑论》，佛教经典。传说贵霜王朝迦腻色迦王与胁尊者召集五百比丘，于迦湿迷罗国（今克什米尔）作此佛经。“阿毗达摩”意为“大法”“无比法”；“毗婆娑”意为“广解”、“广说”，合言之意为广释大法。全书按照《法智论》分类，设杂蕴、结蕴、智蕴、业蕴、大种蕴、根蕴、定蕴、见蕴8部分。系统总结说一切有部的理论主张。

Mahaviharvasinah　大寺派。

Mahavir swami　摩诃维尔·思瓦米，佛教复兴主义者。

Mahavira　大雄（公元前540—公元前468），即耆那教创始人筏陀摩那。

Mahavira Jayanthi　大雄诞辰、生日。

Mahavirprasad Dwivedi　马哈维尔普拉撒德·德威迪，19世纪印地语戏剧家、诗人。

Mahavrata　大誓言。

Mahayana　大乘佛教，亦称“大乘教”，略称“大乘”，梵文音译“摩诃衍那”“摩诃衍”等。因能运载无量众生到达菩提涅槃之彼岸，成就佛果，故名。在佛教的声闻、缘觉和菩萨乘的三乘教法中，菩萨乘（或佛乘）为大乘教法。历史上的北传佛教均以大乘为主。而现代一些学者所称狭义的大乘佛教则专指汉传佛教，并与南传、藏传（密乘）组成现代佛教的三大语系。

Mahayana　大乘，印度佛教僧人，公元483—493年在中国译经。

Mahayana-sraddhotpada-sastra　《大乘起信论》，佛教理论书，马鸣著。

Mahayuga　天体运行的一个周期，342万年。

Mahayugas　大时期，神话计时法，每71个大时期组成一个曼瓦达拉（manvatara），每一个大时期（mahayugas）为4个时期（yugas），每个时期（yuga）等于4800个科尔塔（krta），每个科尔塔为3600特瑞特（trctd），每个特瑞特为2400得乌德帕拉（dvdpara），每个得乌德帕拉等于1200个迦梨（kali），每一神年为360个人年。

Mahayugas　摩诃优迦，天体运动的3周期。

Maheeraavana　莫希罗波那，史诗《罗摩衍那》里的罗刹。

Mahendra　摩哂陀（公元前279—公元前199），孔雀王朝阿育王的儿子，佛教弘法大师。

Mahendra　马亨德拉山，圣山，传说如果国王在此山的水池沐浴，可以得到举行马祭的好处。梵天来此处祭祀过，国王持国朝圣来过这里；神猴哈奴曼找悉多时登上此山飞向楞伽。持斧罗摩在此修炼过。

Mahendravarma I　摩哂陀跋摩一世（600—625在位），印度帕拉瓦王朝名王，"好奇的人"。

Mahendravikramavarman　默亨德罗维格罗摩沃尔曼，7世纪（600—625在位）波勒沃国王，写《醉鬼传》（Mattavilasa）。

Maheshvar　莫黑绍尔，泰戈尔的第十四代先祖拉曼农德的长子。

Maheshwar Panchanan　马赫施瓦尔·潘查南（1904—1966），印度植物学家。

Mahesvara　大自在天，统治宇宙的最高神，指湿婆大神；维护世界的大神。

Mahesvaras　湿婆大神的信奉者。

Maheswar　"绝对的湿婆大神"，湿婆的别称之一；对湿婆的祭祀。

Mahi　摩醯，大地女神，可带来欢乐。

Mahidasa　马西达萨，《梨俱吠陀》里《爱达雷耶梵书》的作者，公元前6世纪人。

Mahila　妇女。

Mahimabhatta　摩西摩跋吒，11世纪学者，著《辨韵》（Vyaktiviveka）。

Mahimanah　含能量者。

Mahinda　马亨达，公元前3世纪阿育王的儿子，他受父亲阿育王的差遣去斯里兰卡传播佛教。

Mahindra-mahindra House　马哼德拉-马哼德拉财团，1945年由马哼德拉创建。

Mahipala　摩西波罗（国王），孟加拉国王，1023年被朱罗国王罗阇因陀罗一世征服。

Mahisa　摩西沙，水牛魔王，他篡夺了诸神王位，被女战神杜尔迦杀死。

Mahisasakas　《化地部》。

Mahishasura　牛魔，即摩西沙，见Mahisa。

Mahisi　沙帝利种姓的妻子。

Mahivaracarita　《大雄传》，7—8世纪伯婆菩提的剧本，写罗摩与悉多的故事。

Mahjur　马居尔，20世纪克什米尔语作家。

Mahmud　马茂德（971—1030），迦色尼王朝第二代国王。

Mahmud Begarha　马茂德·贝加尔哈（1446—1511），印度古吉拉特苏丹。

Mahmud Khalji　马哈茂德·哈尔吉（1401—1469），印度马儿瓦国王。

Mahmud of Ghazni　加兹尼的马哈茂德（971—1030），加兹尼在阿富汗西北，马哈茂德于1014年劫掠克什米尔。

Mahmud Shah Bahmani　马茂德·沙·巴曼尼（1470—1518），印度巴曼王朝苏丹。

Mahmud Tughluq　马茂德·图格鲁克（？-1413），图格鲁克王朝末代国王。

Mahodaya　马厚达亚，神话中极欲仙人的儿子。

Mahodayapuri　马厚达亚城，财神俱毗罗所在的都城。

Mahotsava　大型节庆。

Mahout　赶象人。

Mahrauta　摩诃剌陀，中印度的民族集团，奋起反抗回教徒，在18世纪初叶建立封建王公联盟。

Mahsud　马赫苏德，阿富汗的一个地区。

Mahua　穆胡亚，印度暮春季节开放的花卉，能生长在密林里的大树，其花瓣粉红色，有甜味，花朵拥有浓郁的芳香。印度西孟加拉邦北部的绍达尔族人用之酿造一种醉人的甜酒，初尝甘美，却很容易使人醉倒。果实可榨油。

Mahua　木棉树，报春花，春之使者。

Mahuri　乐器，各种鼓，用作乔舞。

Mahut　驾象的人。

Mahuyaa　《莫胡亚集》（又译为《春之使

者》)，泰戈尔1929年出版的诗集。

Mai Chunfang　买春芳，当代女学人，发表《从〈一瞬目光〉看泰戈尔的想象》。

Maiji　尊敬的母亲。

Mailapur　迈拉普尔，马德拉斯郊区的镇子，传说使徒多马的墓地在此。

Mainaka　曼那迦，喜马拉雅山的主宰神喜马王的儿子，有100个脑袋。

Mainaka Mountain　曼那迦山，在纳玛达河西岸。

Mainda　曼达，《罗摩衍那》里的猴子军将领，双马童生。

Maireya　用植物莫拉萨酿的酒。

Maithelee　弥提蕾，即罗摩的妻子悉多。

Maithil　莫提尔，婆罗门种姓。

Maithili　梅提里语，以印地语为主。

Maithuna　紧紧拥抱，性交。

Maitlay Gosh　麦特蕾伊·高士夫人(1914—1990)，泰戈尔最喜欢的学生之一，结婚后随丈夫摩诺莫洪·高士移居孟加拉邦北部山区。泰戈尔多次居住在芒布、迦林般两地她的家里。

Maitra　梅特拉，印度著名学者，1915年2月13日创立孟加拉社会服务联盟（Bangiya)。

Maitra, Somnath　麦特拉，孙纳特，印度英语和梵语教授，翻译多部泰戈尔的诗歌、小说、书信、散文等。

Maitra Yaniyas　慈氏本集。

Maitraka Dynasty　梅特拉卡王朝（5—8世纪)，由梅特拉卡创设在印度西部建的王朝，首都伐拉毗。

Maitrakanmyaka　佛陀前生得罪母亲而堕入地狱受罚。

Maitrayani Samhita　《慈爱本卷》，耶柔吠陀三卷本之一。

Maitrayani Upanisad　《慈爱奥义书》。

Maitre　慈爱，友爱。

Maitreya　弥勒，弥勒大仙人，“慈氏”“无能胜”菩萨，住在兜率天内院。弥勒佛，弥勒菩萨，左手提着净瓶（盛满不死甘露的水壶)，是弥勒菩萨区别于其他菩萨的标志，暗示弥勒的婆罗门出身。佛教传说，从佛受记（预言）将继承释迦佛位为未来佛（当佛）的菩萨。原出生于婆罗门家庭，后为佛弟子，先佛入灭，上生于都率天内院，经4000岁（相当于人间56亿7000万岁)，于华林园龙华树下成佛，广传佛法。

弥勒菩萨被认为是唯识学的开山祖师，为佛灭后九百年顷之印度人，为大乘佛教瑜伽行学派的始祖。现存汉译藏经中，造立者注名为弥勒菩萨者，有《瑜伽师地论》《大乘庄严经论颂》《辩中边论颂》《金刚般若波罗密经论》等；于《藏文大藏经》中，除上述诸论之外，尚有《现观庄严论》《法性分别论》《大乘究竟要议论》。相传弥勒为无著菩萨之师，创倡瑜伽唯识之教理，后传授无著。另据《婆薮盘豆法师传》所载，无著尝上兜率天，向弥勒菩萨咨问大乘空观之理，而因其师亦名弥勒，后世遂将之视同为当来成佛之弥勒。

中国一些寺庙里供奉的笑口常开的胖弥勒佛像，则为五代时名为契此的和尚，因传说是弥勒的化身，故后人塑像作为弥勒供奉。

Maitreya　弥勒，公元初人，瑜伽行派奠基人。

Maitreya　友好，友爱。

Maitreyabhadra　祖显，印度摩羯陀僧人，曾为契丹王朝（911—1125）皇帝的佛教宗师（Rajaguru)，在11世纪末期完成5部佛经译著。

Maitreyee　迈特雷伊，佛陀的别名。

Maitreyee　迈特雷伊，著名仙人，《耶柔吠陀》的作者和传授者贾格波尔科的两个妻子中的一个，继承了他的神秘学。

Maitreyee Debee Ghos (Daashgupta)　迈特蕾伊女士（1914—1990)，著名教授和哲学家苏棱德罗纳特·达什古普多的女儿，著名科学家莫诺莫洪·高士博士的妻子。泰戈尔几次住在她的芒布和噶伦堡的家里休假避暑，最后一次是在1940年9月，可是不久泰戈尔就病倒了，9月29日返回加尔各答。她写过一些回忆泰戈尔的著作，如《罗宾德罗纳特在芒布》等等。1961年为纪念泰戈尔一百周年诞辰，她去过很多国家做报告，其中也来过中国。

Maitreyi　梅特丽，古代印度女圣者，她的丈夫耶热法拉卡（Yajnavalka）临终时把她叫来告诉她财富收藏之处。她问道：有了财富能否获得永生，耶热法拉卡说财富是永远不能使人获得永生的，只有知识才能使人获得永

M

生。

Maitreyi 弥勒伊，传说中的女圣人，学者，圣人雅阁那瓦吉亚（Yagnavalkya）的妻子。雅阁那瓦吉亚要把财富分给两个妻子，她把自己的一份扔了，“我要不能使我不朽的东西干吗？”

Maitri 仁慈。

Maitri 仁爱，即巴利文的Metta。

Maitri-Karuna 慈悲。和谐的关系。

Maitri Upanishad 《慈氏奥义书》。

Majja 玛加，一种酒。

Majjhandika 末禅提，公元前3世纪印度佛教高僧，阿育王曾派他到犍陀罗地区传播佛教，建造佛塔，为后世印度佛教与希腊化艺术的融合铺垫了基石。

Majjhima 媒介。

Majjhimanikaya 《中尼耶迦》。

Majon Krouer 马军·克如尔，20世纪20年代任美国驻中国使馆陆军参赞，1924年4月泰戈尔访华，4月25日，由他发起，邀请各公使、领事，以英美协会名义，在六国饭店设宴招待泰戈尔，美国大使舒尔曼致欢迎词。

M

Minorium gentium 小神。

Majoum Gentium 紧排三大神之后的吠陀神。

Majumdar，Dhirenda Nath 马宗达，提兰达·纳特（1903—1960），印度人类学家。

Majumdar Library 马宗达图书出版公司，1903—1904年出版泰戈尔的诗选。

Majumdar，Lila 马宗达，里拉（1908—2007），印度著名的女儿童文学家，曾在国际大学任教，作品有《诗人的故事》等，编辑出版了泰戈尔的儿童小说。

Majumdar，Chandra Santosh 马宗达，钱德拉·桑托什（1886—1926），泰戈尔朋友的儿子，泰戈尔把他的儿子、女婿一起送美国伊利伊诺大学学习农学和乳业。

Majumdar，Romesh Chandra 马宗达，罗梅什·钱德拉（1888—1980），印度历史学家，“印度之光”。

Majundar，Srischandra 马宗达，思睿钱德拉，20世纪印度诗人，和泰戈尔合作编辑出版过毗湿奴派诗人的诗。

Majumdar，Swapan 马宗达，斯瓦潘，印度当代著名学者，加达沃普尔大学教授，他提议出版泰戈尔全集第四卷。

Makal 马卡尔，一种漂亮的红花，气味恶臭。

Makanda 杧果树。

Makar 马卡，印度神化中传说中的海底动物，恒河女神的坐骑。它的嘴巴作为印度教徒的装饰图案。

Makar 摩加，海神，上半身为羚羊，下半身为鱼。鳄鱼，坐骑。

Makar Sankranti 因陀罗节。

Makara 马迦罗，印度神话传说中一种羊头鱼身的水怪，也是爱神的象征。

Makara 摩羯座。

Makara 小马车，鳄鱼，风神的坐骑；红鹦鹉，爱情神的坐骑；鳄鱼阵。

Makara 鳄鱼手势，双手持旗子，手势朝下，相互叠合，拇指上翘。

Makara 摩伽罗，印度传说里海里的怪动物，鳄鱼头、象鼻、鱼口，下颚和舌头酷似莲花和莲藕，象征河水的繁殖能力。

Makara 马卡拉，与河水和生殖器有关的一种神兽，部分是鱼或鳄鱼，通常有一个象头。

Makara-matsya 摩伽罗，鳄鱼头、象鼻、鱼口，下颚和舌头酷似莲花和莲藕，恒河女神的坐骑。角鲨座。

Makaravyuha 鲨鱼阵。

Makh（Chaitra） 玛克月（恰特拉），印历1月，相当于公历的3—4月。

Makhali Gosala 摩珈梨拘舍罗，公元前5世纪生命派代表，命定论的倡导者，“邪命外道”的领袖。沙门6师之一。他认为世界上的一切事物和人都是受命运支配的，在命运的发展中人的意志和努力都是无能为力的，各种道德伦理也没有意义。

Makhanlal Chaturvedt 玛坎拉尔·查苶韦迪，现代印地语作家。

Makra 摩柯罗，古代印度神话传说中的一种怪物，长长的鼻子，类似鲨鱼，传说它是恒河女神的坐骑。

Maktrakas 7女神，梵天创造出的女神，专门杀罗刹。她们是：达图、库德拉、库德里、宕、帕卡莉、库德拉悉尼以及帕车丽雅。

Mala 罪孽，财产，粪便，污垢。

Mala （诗相）花鬘，为了达到愿望、目的，智者称述各种手段；花环，玫瑰花圃，念珠；马拉，一贱民种姓，不洁净。

Malacca　马六甲，马来西亚历史最悠久的古城、马六甲州的首府。它位于马六甲海峡北岸，马六甲河穿城而过。该城始建于1403年，1511年沦为葡萄牙殖民地。1641年为荷兰占据。1826年成为英国海峡殖民地的一部分。马来西亚第一位首相拉曼在1956年2月20日宣布马来西亚独立，其仪式就是在马六甲的草场举行的。后因马六甲河口的淤塞和槟城、新加坡的兴起，城市地位下降。产橡胶、椰子、水果与稻米等。马六甲以工艺品著称于国内外。马六甲与吉隆坡和新加坡通航空线和公路。马六甲港口为橡胶出口和大米、白糖等杂货的进口港。郊区亚沙汉山是马来西亚最早的橡胶种植园诞生地，附近巴株美连南的鱼类研究所在东南亚颇具规模。1927年7月29日，正在马来西亚访问的泰戈尔在此地的圣弗朗西斯科学院做报告。

Malada　马拉达，即坎萨（Kamsa），部落名。

Malady and Remedy　《病人和治疗》，泰戈尔于1885年写的幽默故事系列之一。哈喇蛋喜欢从邻居大夫家里偷蛋，逃跑时腿受了伤。他不想偷蛋，偷了一只鹅放在挂在身后的包里。鹅的叫声使人以为他得了很重的病。父母把他带去见大夫，大夫拿出一把长刀子，说要立刻给他动手术，他吓得交出赃物，保证以后不再干坏事。

Malakarta　梅拉加尔踏音乐系统。

Malanirmana　花环艺术。

Malasutri Bahuly　马哈拉施特拉邦木偶。

Malati　马拉提草，七叶树。

Malatimadhava　《茉莉与青春》，7—8世纪波婆菩提（Bhavabhuti）的剧本，描写茉莉与青春、摩德衍蒂迦与摩格伦德两对青年争取婚姻自由的故事。

Malava　摩腊婆，印度古代地名，即现在的马尔瓦一带。

Malava　摩腊婆国，古国名。亦称南罗罗。故地可能在今印度中央邦马尔瓦（Malwa）地区。唐僧玄奘曾到此。据《大唐西域记》第十一卷记载，其国境甚大，和摩羯陀并为两大学术中心。宋赵汝适《诸蕃志》译作“麻罗华”，有专条记述。《宋史·外国列传》“天竺”条译作“摩罗尾”。

Malava　玛洛薇，萨维德丽的母亲。

Malavika　马拉维卡，印度中央邦的一个地区。

Malavikagnimitra　《摩罗维迦和火友王》，迦梨陀娑的剧本，写维底夏国国王火友王和摩罗维迦的爱情。

Malaviya，Madan Mohan　马拉维亚，马丹·莫罕（1861—1946），印度政治家、教育家、报人和学者，生于阿拉哈巴德，自幼接受印度教家庭教育，通晓梵语、印地语和英语。1884年加尔各答大学毕业。1893年在阿拉哈巴德高等法院做律师。曾激烈抨击英印当局制造的“阿姆利则惨案”，并为“乔里-乔拉事件”中无辜受迫害者辩护。曾编辑和出版《印度联盟》《印度斯坦》《领袖》《农民》等英语和印地语日报与周刊。1902年被选为北方邦（当时叫联合省）立法议会议员，1909、1918两次被选为国大党主席，也是印度教大会创建者之一，并3次被选为主席。1910年—1920年任印度中央立法议会议员。1923年参加自治党。1931年赴伦敦出席圆桌会议。主张宪政改革，谋求自治领地位，反对开展不合作运动。赞成发展经济，普及教育。1915年创办贝拿勒斯印度教大学，担任副校长（1919—1938）。生平以维护印度教利益著称。著有《演说和著作集》。1932年12月2日，来圣蒂尼克坦访问。1933年4月初他在印度著名女学者马哈拉诺比斯的巴拉纳戈尔寓所拜见泰戈尔。

Malay Peninsula　马来半岛，亦称克拉半岛（Kra Peninsula）。东南亚一狭长半岛。南北长约1127千米，最宽处322千米。半岛上的巴来海角（Cape Balai）是亚洲大陆最南端。半岛北接大陆，西临印度洋安达曼海和马六甲海峡，南为新加坡海峡，东濒泰国湾、南海。中央山脉纵贯半岛，最高点大汉山（Mount Tahan）海拔2187千米。西部河流短，近海处大面积淤泥沉积，通航受阻。东部河流较长，上游坡降平缓。马来半岛包括泰国的西南部、马来西亚的西部和新加坡。古代有“金色半岛”之称，历来为大陆与马来群岛间经济和文化联系的纽带。1927年8月，泰戈尔访问该半岛的新加坡、吉隆坡、槟榔等地。

Malaya　玛拉亚山，《罗摩衍那》里猴国国王妙项所在的山。

Malayalam　马拉雅拉姆语，属于印度南方达罗毗荼语系，主要为克拉拉邦人讲的语言。

Malayalams　马拉雅兰人。

Malayam　马拉雅种姓，一个低种姓，跳祭祀舞。

Malayan　马拉衍，《罗摩衍那》里十首魔王的祖父，他劝十首魔王不要和罗摩打仗，否则楞伽岛将完蛋，十首魔王不听。

Malaysia　马来西亚，地处东南亚，是一个由十三个州和三个联邦直辖区组成的联邦制国家，面积有329845平方千米。马来西亚共分为两大部分，之间有南中国海相隔着：一个是位于马来半岛的西马来西亚，北接泰国，南部隔着柔佛海峡，以新柔长堤和第二通道与新加坡接壤；另一个是东马来西亚，位于婆罗洲岛上的北部，南邻印度尼西亚的加里曼丹，而文莱国则地处沙巴州和砂拉越州之间，由于马来西亚的地理位置接近赤道，故马来西亚的气候属于亚洲热带型雨林气候。首都吉隆坡。

Malechha　篾戾车，非雅利安人，四大种姓以外的人。

Malegitti Shivalaya　马莱吉蒂湿婆神庙，在巴达米。

Malguzara System　马尔故扎尔制度，村社课税制，以东印度公司为地主，以耕者为佃农的租佃制。

Malhin　《马尔新》，19世纪信德语作家纳来达斯·邦巴尼（Naraidas Bhambhani）的作品。

Mali　园工。

Malik　族长。

Malik Ahmad　马利克·艾哈迈德（？—1508），艾哈迈德纳加尔国王。

Malik Amber　马利克·阿姆巴尔（？—1626），马哈迈德纳加尔苏丹国大臣。

Malik Ghazi Sahana　马利克·迦齐·萨哈那，14世纪印度德里苏丹国图格鲁克王朝建筑师。

Malik Haidar　马利克·海达尔，莫卧儿王朝第四代皇帝贾汗吉尔时期的历史学家，著有《克什米尔记》（Tarik-i-Kashmir）。

Maliks　马力克，酋长，村长。

Malik-ush-sharq　"东方君主"，14世纪印度哈尔吉王朝国王赫瓦加贾汗的封号。

Malinat　莫利纳特，15世纪的著名学者和注释家。

Malinatha　迦梨陀娑诗的标准评论者。

Malini　摩里尼，音部名，每音部有15音节，vvvvvv- - -v- - - - -。

Malini　马利尼河，神话传说中，沙恭达罗被众友仙人和弥那迦仙女遗弃在此河边，被沙恭达鸟翅膀保护，仙人甘婆收养。

Malini　玛丽尼，《摩诃婆罗多》里黑公主在毗陀罗国王王后妙施处做使女时的化名。

Malla　末罗国，公元前7世纪到公元前4世纪印度16国之一，在今北方邦东部。

Malla　力士，马拉种姓，马拉部族。

Mallar　季风组曲。

Mallinaath　马利纳特，印度14世纪著名学者，著名梵文诠释家。

Malto　古奥利萨人讲的玛尔托语。

Malwa　马尔瓦高原，在印度中央邦西部，温迪亚山脉以北的熔岩高原。西接阿拉瓦利山脉，东为萨加尔高原，海拔400～600米。有雅穆纳河的多条支流从高原穿过。年降水量800～1200毫米以上，东多西少，西部为半干燥区。西部有默希河与昌巴尔河中游，东部有贝德瓦河以及特森河、根河的源流，此外，还有巴尔伯蒂河等等。植被属热带草原类型。城市有勒德拉姆、波帕尔、乌贾因和印多尔。

Malyadan　泰戈尔的短篇小说《献上花环》。见The Wedding Garland。

Malyakrt　金匠。

Malyavan　玛利亚万，《罗摩衍那》里十首魔王罗婆那的爷爷。

Malyavati　摩里耶婆底河，恒河支流之一。

Malyavati　玛利亚瓦提，《罗摩衍那》里从质多罗俱多山脚流出的一股溪流。

Malyavati　摩尔耶伐蒂河，印度史诗《罗摩衍那》里罗摩和妻子悉多以及弟弟拉克什曼那被流放时生活过的地方。

Mama　妈妈，母亲，孟加拉人对女性的一种亲切的尊称。

Mamalla　大力士。

Mamallapuram=mahabalipuram　马默拉菩拉姆庙；马摩拉普拉姆，"大魔王巴利之城”，在印度南方泰米尔纳德邦的东南海岸，原是帕拉瓦王朝（7世纪）的首府。

Mami 姨姨。

Mammon 圣经里的财神，相当于印度神话里的俱毗罗。

Mamsa 肉。

Mamsahari 肉食者。

Man 《人》，泰戈尔的演讲集，主要包括了泰戈尔1933年12月在安德拉大学克里希那斯瓦米艾叶尔讲座中的讲话。

Man Duo 曼铎，民国某文化人的化名，1932年发表《关于泰戈尔和甘地的两本书》。

Man Singh 曼辛赫，莫卧儿王朝皇帝阿克巴（1556—1605年）的军事将领。

Man the Artist 《艺术家的人》，泰戈尔1927年1月27日的散文。

Man's Lost Heritage 《人类丢失的遗产》，泰戈尔1941年11月的文章。

Man's Nature 《人的天性》，泰戈尔的散文。

Man's Universe 《人的世界》，泰戈尔1929年出的散文集Manas Sundari 《心灵美》，泰戈尔的诗，在《遁逃集》里。

Mana 精神作用，业（身口意）里的意，意念。

Manab dharma shastra 人类的法规或教规。

Manabhanjan 打掉傲气。

Manaka 弥那迦，神王因陀罗天宫内漂亮迷人的舞女。众神为阻止众友仙人修炼，派她去引诱仙人，引诱成功，与仙人生沙恭达罗。

Manana 逻辑思考（印教徒追求的第二阶段），思考。

Manapur 玛那普尔，印度南部海边古国，国王齐德拉塞纳（Chitrasena），阿周那自我流放时和他有来往。

Manapur 超自然的电。

Manas 末那识，“意”，心，精神，众生的意识。

Manas 心，心念，心理，心根，思想，注意力，思维的功能。

Manas sundari 心灵美女。

Manasa 摩诺莎，印度东部与北部的地方性女蛇神。

Manasa 马纳萨湖，圣湖，传说海水从天上下来时，四次环绕美庐山，形成四个湖，南边的湖即为马纳萨胡，传说恒河发源于此，实际不是，是中国西藏阿里地区的冈底斯山支峰冈仁波齐峰下的湖。

Manasa-Sarovara 神，蛇神。

Manasadevi 诞生于脑袋的女神，指迦叶波的女儿加拉特卡鲁，她生于迦叶波的脑袋。

Manasamangal 马纳萨女神叙述诗。

Manasara 《营造法精解》，古印度6世纪建筑与雕刻的规范著作。

Manasara 《营造法精解》，20世纪印度建筑学家阿查瑞亚的著作，泰戈尔写了书评。

Manasaram 《那摩精选》，古印度造像著作，指导人们如何塑造神像完美的躯干。

Manasee 《心声集》，或译作《心灵》《心中的向往》，泰戈尔于1890年写的诗组。

Manasha 蛇神。

Manasi 女神。

Manasi Saksatkaratmika 心灵直接感悟。

Manasija 爱由心生。印度神话里的爱神有一张甘蔗做的弓，弓弦用蜜蜂堆成，有5支尖上带花的箭，从人的五官射入心中。

Manaskara 思考。

Manasollasa 《心智之光》，卡利亚尼遮娄其国王苏美瓦斯拉三世作，涉及王室行政、历法、宗教伦理、星象占卜、医药、采矿冶炼、建筑、绘画、音乐、乐器、烹饪、婚姻、育儿等。

Manatunga 摩那登迦，9世纪作家，著《虔论甘露颂》（Bhatamarastora）。

Manava 玛纳瓦，《达摩经》的作者。

Manava-dharmasastra 《摩奴法论》，印度古代最权威的法律书，在公元前2世纪至公元2世纪陆续编成。它规定了印度教各个方面应该遵守的条款，是古代印度的行为规范和政治法律的全书，也是世界著名的法律著作。

Manava-sulabha Sabhanubhuti 人类的普遍同情心。

Manavala Mahamuni 马纳瓦拉·马哈姆尼，15世纪泰米尔语作家。

Manaveda 马纳维达，克里希纳剧（Krishnattami）的创造者，《黑天之歌》（Krishna Gita）的作者。

Manbantar 曼般达尔，印度神话中一个曼般达尔约为三亿年。

Manbhanjan （Giribala） 《打掉傲气》（《吉丽芭拉》），泰戈尔于1895年写的短篇小说。见Furry Appeased。

Manchester 曼彻斯特，英国第二大城市，是英国的棉纺织业中心，重要的交通枢纽与商业、金融、文化中心。曼彻斯特是棉纺织工业的发祥地。两百多年前，在这里诞生了世界上最早的近代棉纺织大工业，揭开了工业革命的序幕。

Manchester Guardian 《曼彻斯特卫报》，英国报纸。1821年创刊。周刊。1855年改为日报。1959年8月24日改为卫报（The Guardian）。属斯科特托拉斯（Scott Trust）报业集团。在伦敦和曼彻斯特两地同时出版。泰戈尔1926年于7月10日到维也纳，在这里会见玛提欧提审判的支持者莫迪格利亚尼，莫迪格利亚尼向他进一步讲了意大利法西斯的专横暴戾。这些证据确凿的事实使泰戈尔大为震惊。他给《曼彻斯特卫报》写了一封信，表达了他对法西斯的强烈憎恨。意大利媒体大为光火，用激烈的言辞辱骂他。

Manchuria 满洲，中国东北的旧称；满洲国，20世纪初日本帝国主义扶植溥仪皇帝建立的伪傀儡政权。

Mandabee 蔓达碧，史诗《罗摩衍那》中罗摩同父异母弟弟婆罗多的妻子。

Mandakini 银河。

Mandakini 曼代克尼河，现皮苏尼河，《罗摩衍那》中罗摩被流放时所住过的持力仙人住地附近的河流，发源于喜马拉雅山西段南麓；神话中天上恒河。

Mandakranta 曼达克兰沓，迦梨陀娑在长诗《云使》（Meghadudam）中使用的韵律。

Mandal Bhakti Bhusan 曼达尔·巴克蒂·布尚（1920—），印中友好协会主席。

Mandal Commission 集体委员会。

Mandala 神圣图表，图解，外部象征性图表，标志。

Mandala 圈子，书，由3～4个动作片段组成的舞蹈圆环。

Mandala 曼陀罗，圆圈，同心圆，灵修者冥想的一些揭示神秘事物的图形，如在地上画一曼陀罗，则为净化之地，可以崇拜。可以画出，也可用不同材料绘制、雕塑、刺绣。曼陀罗在印度教和佛教密宗中特别流行。

Mandala 曼荼罗，以几个国家为中心的某个国家；纳贡邻邦圈；印度中世纪的省以下行政单位。

Mandala 周期，系列，卷，册，分册。

Mandala 半独立诸侯，曼陀罗领主。

Mandalardhavyuha 半圆形阵。

Mandalavyuha 圆形阵。

Mandana 曼达那，山峰名，在湿婆修炼地凯莱什山（Kalasha）周围。

Mandanamisra 曼达拉米斯拉，8世纪弥曼差派哲学家，后皈依不二论。

Mandapa 曼达坡，列柱平顶庙堂，大厅，柱廊。

Mandapala 曼陀婆罗，即迟护，传说中的仙人，但苦行后堕入地狱，死后问阎摩，阎摩回答说他的祈祷因无子而无效，死后也因无子而入地狱。

Mandapam 寺庙中有柱的大厅。

Mandar 孟达尔山，传说中众神搅乳海时用大蛇缠着此山搅海。在今巴贾普尔（Bhagarpur）。

Mandara 曼陀罗山，印度神话里的圣山，等于湿婆的住所凯莱什山，诸神和甘达婆、紧那罗等半神居住的地方，众神搅乳海时把此山放在毗湿奴的化身龟背上。

Mandara 曼陀罗花，天上的花，奇香无比。

Mandasor 曼达索尔，乌贾因附近的古镇，可能是大戏剧家迦梨陀娑的故乡。

Mandavi 曼吒毗，《罗摩衍那》里悉多叔叔的女儿，嫁给罗摩三弟婆罗多。

Mandavya 曼陀，即安妮曼托维亚（Animandavya），神话里的仙人，因无端被国王士兵以强盗罪刺死，怪罪阎摩，诅咒阎摩生于低等种姓人子宫，于是阎摩部分降生为广博仙人和奇武的遗孀安比迦所生的儿子维杜罗。

Mandhara 曼陀罗，《罗摩衍那》里的驼背女，就是她挑唆十车王的二王后吉迦伊强迫十车王把即将灌顶的罗摩流放，让他生的儿子婆罗多继承王位。

Mandhatri 曼陀特里，甘蔗族王子，国王欲婆纳什婆的儿子，欲婆纳什婆喝了祭祀的水，从右肋生出曼陀特里，吸吮因陀罗手指为乳长大。

Mandir 庙，寺庙，大厦。

Mandiraabhimukhe 《面向寺庙》，泰戈尔的散文。

Mandirpathabartonee 《走向寺庙的女人》，泰戈尔的散文。

Mandodari 曼度陀里，《罗摩衍那》里十首魔王罗波那的妻子。

Mandop 庙宇的尖屋顶。

Mandra 低声。

Mandra 肥象。

Mandrasena 曼陀罗仙，意译为若生，印度佛教僧人，公元503年来中国译经。

Mandu 曼度，中印度地名。

Manduka Shabdam 《蛙女的故事》，库奇普迪舞（Kuchipudi）的节目名称。

Mandukeya 曼度凯耶，《梨俱吠陀》版本之一。

Mandukya Upanishad 《蛙氏奥义书》。

Maner manush 心灵里的人。

Manes 死去的亲人的灵魂，被认为有神性。英灵。梵天生出的7个儿子。

Manes 半人半神的怪物，住在阎魔殿里。阎王殿里的小鬼。

Mangal Kanya 长叙事诗。

Mangal Pandy 曼加尔·潘迪（1838—1857），印度独立运动英雄，因于1857年3月29日号召士兵反英而被英殖民当局绞死，名字成为1857年印度民族大起义的战斗号角。

Mangala 曼加尔，战神，即伽烯吉夜（Karttikeya）；《唵声奥义书》。

Mangala 《曼加罗》，叙事诗。

Mangala 吉祥，福星。

Mangalaanand Mukhopaadhyaay 曼加拉南姆·卡帕的亚伊，15世纪泰戈尔的祖先舒克代博的妹妹罗特诺玛拉（Ratnamaalaa）的贫穷的婆罗门丈夫。

Mangalachararai 曼加拉查拉莱，奥迪西舞的开头段，演员捧花瓣入场敬神敬师尊。

Mangalashta 求三大神夫妇护佑新婚夫妇的仪式：新郎、新娘面对面坐在一条丝带两边，由12个婆罗门祭司拉着丝带，把他们和客人分开。客人不断呼唤毗湿奴-拉克西米、梵天-萨拉斯瓦蒂、湿婆-帕尔瓦蒂、因陀罗-舍脂、极欲仙人-阿润的德哈特、罗摩-悉多、黑天-妙贤等夫妇名字，祝愿新人互敬互爱，白头到老。

Mangalgabya 孟加拉的颂神诗。

Mangalore 曼加洛尔，印度西部卡纳塔克邦阿拉伯海岸的港口城市。

Mangalwar 星期二；曼加尔瓦，战神的名字（Mangal）。

Mangas 芒戈人，印度南部贱民部落民。

Mango Grove 杧果林，指圣蒂尼克坦附近的杧果林。

Mangpu 杧布，印度西孟加拉邦北部山区的一个村庄，村子坐落在杧布山上，这里山势高，气候凉爽。村子的西侧建有一栋别墅，炎热季节泰戈尔常来此处居住。现在该房舍为泰戈尔旧居纪念馆。

Manhanjan （黑天）平息（拉达）的愤怒。

Mani 摩尼宝，林迦（湿婆阳具）的文雅或神秘叫法。

Mani 珠宝，宝石。

Mani Madhava Chakyar 马尼·马达瓦·查克亚，克拉拉邦库提亚檀剧（Kudiyattam）的倡导者。

Mani Manjusa 《珠宝盒》，泰戈尔1915年出版的诗集。

Mani Ratnam 马尼·拉特南，20世纪70年代电影名导演。

Mani-pas 祷告的男人。

Manichaesm 摩尼教，伊朗古代宗教之一，3世纪由摩尼创立。吸收佛教、基督教、诺斯替教等思想。

Manick 马尼克（1908—1956），孟加拉作家，意为“宝石”。

Manicuda 顶珠，4世纪月官著作《世喜记》里的主人公。

Manihaaraa 《丢失的宝珠》，泰戈尔于1898年写的短篇小说。见Lost Jewels。

Manik Pandopathyay 马尼卡·潘多帕提亚，20世纪小说家，著有《马克月的珍贵莲花》（Padmadir Maghi）。

Manikka Vasagar 马尼卡·瓦萨迦，9世纪泰米尔湿婆的纳衍尔派诗人。著有《神秘主义湿婆教颂诗》（Tiravachakam）。

Manikkavachakar 曼尼卡瓦卡卡尔，9世纪印度泰米尔诗人，印度63位湿婆派诗圣之一，写有《湿婆颂诗》。

Maniktala 马尼克塔拉，加尔各答的一个小

M

区。

Manimekalai 《马尼梅格莱》，2世纪泰米尔诗人悉达莱萨达纳尔（Sittalai Suttanar）写的史诗，通过对女主人公马尼梅格莱的遭遇，宣扬因果报应。

Manipravalam 宝石珊瑚体，马拉雅拉姆语文体，为梵文和泰米尔语的混合体。

Manipur Pradesh 曼尼普尔邦，在印度东北部，东与缅甸结界，面积2.2万平方千米，首府英帕尔。

Manipuri Dance 曼尼普尔舞，印度古典舞流派之一，起源于曼尼普尔，

Manipuspaka 宝石花，螺号名。

Manjur 曼珠儿，莫卧儿时期的细密画家。

Manjusri 文殊师利，文殊菩萨，即妙德主（Manjunatha），妙天（Manjudeva），妙音（Manjughosa），妙声（Manjusvara）智慧菩萨，中国佛教4大菩萨之一。相传其显灵说法的道场在山西省五台山，顶结五髻，手持宝剑，表示智慧锐利。塑像多骑狮子，表示智慧威猛。一手拿书修正错误，一手拿书讲圆满。

M

Manjusri 文珠师利，西印度王子，佛教高僧，公元971年来中国传经。

Manjusri 曼殊室利，10世纪印度王子，曾来华。

Manivahana 载宝，婆薮王的儿子。

Mankunagoro 曼昆纳古鲁，印尼巴厘岛的富商，1927年9月泰戈尔访问朱克家卡尔塔时，在他家做客，观看了细腻的宫廷舞和戏剧表演。

Manmantha 爱神。

Manmata 摩摩多，仙人优多怙的妻子。

Manmata 曼摩托，11世纪作家，著有《诗光》（Kavyaprakasa）、《词功能考》（Sabhavyaparaparicaya）、《乐歌珠串》（Sangitaratnavali）。

Manmatha 曼玛塔，即爱神（Kama），他派美女神引诱湿婆，破坏其修行，被湿婆第三只眼睛喷出的火焰烧为灰烬。后复活。

Manmatha Datta 曼玛塔·达塔，虚拟的19世纪孟加拉作家，讽刺虚假的文风。

Manmatta Natt Dutt 南玛塔·纳特·度特，19世纪用英语写《摩诃婆罗多》的作家。

Manmoyi 《曼莫伊》，泰戈尔的五哥久迪林德罗纳特于1880年写的抒情诗剧，泰戈尔参加了演出。

Manno 玛那。摩西率领以色列人出埃及，旷野无食，天上土人降下此食品，色白粒细，味道如蜜。以色列人不认识，问“玛那?”，以玛那为名，吃40日，直至入迦南。

Manodhara 摩奴陀罗，佛陀的妃子的名字。

Manohar Malgoaukar 马诺哈·马格奥卡，印度英语作家，作品有《即将破晓》（Distant Dawn）。

Manohara 心灵的偷窃者。

Manomahan’s Mohanbagna 19世纪印度作家纳西拉姆的小说《玛诺莫汉的迷人花园》。

Manomayakosa 脑腔。

Manomohan Ghose 曼诺马汉戈塞，印度英语诗人。

Manorama 迷人。

Manoranjan Banerj 马诺兰剑·班纳吉，泰戈尔创办的圣蒂尼克坦学校的老师。

Manoratha （诗相）愿意，表面上讲述他人之事，实则表达自己心中隐藏的愿望。

Mansab 曼萨，最高等级。“官阶，职位的拥有者”。阿克巴建立了这样一套等级标准，并分给每个官员一定的固定薪酬。

Mansab System 曼萨卜制，莫卧儿王朝的官阶制。

Mansabdar 曼萨卜达尔，按十级划分的莫卧儿军事或行政官员（Mansabdars），莫卧儿王朝时期的总司令。

Mansi, Kanhaiyalalya Mannikalala 孟希，K. M.（1887—1970），印度古吉拉提语作家，作品有《可爱的大地》《女苦行者》等。

Mansuriddin 曼苏瑞丁，20世纪印度音乐家，曾于1928年整理出版过《包乐派歌曲集》。

Mantapam 华盖之神。

Mantha 《曼塔》，20世纪60年代石岩·贝加尔（Shyam Begal）拍的艺术片。

Manthara 曼陀罗，神话中想毁灭世界的妖女，为因陀罗所杀。

Manthara 驼背女曼陀罗，十车王的二王后吉迦伊的儿时伙伴兼侍女，为人不善，又是驼背，是她竭力教唆吉迦伊让国王兑现他曾经对她的许诺，让她的亲生子婆罗多继承王

位，把罗摩放逐到森林里去。

Mantra “净化心灵的灵性声音”，一组赞歌或咒语，祭祀颂诗，吠陀中的诗歌。

Mantra-abhisek 《部长的加冕》，泰戈尔的散文。

Mantra-yoga 真言瑜伽，通过使用真言或咒语达到解脱。

Mantram 咒语，魔法，真言。

Mantramarga 真言之道。

Mantran 祷文。

Mantrapitha 《真言之所在》。

Mantras 真言，咒语，经文。

Mantravadam 曼特拉瓦丹，印度低种姓一种祭典性巫术，据说能治病避厄运。

Mantravadin 巫师，魔术师。

Mantri 部长，大臣。

Mantri Abhisek 《部长记》，泰戈尔1890年写的散文。

Mantrin 国王的顾问，大臣。

Manu 摩奴，印度古代传说中的人物，摩奴的名字各种《往事书》中都提到过。有的说他是大梵天之子，也有人说，他是太阳神之子。印度《往世书》中的传说认为，摩奴是人类十四位先祖的共同名字，其中的第一个祖先斯瓦耶摩婆瓦大约生活在3000万年前，他所编纂的一部法典被称为《摩奴法典》。印度神话里大洪水的故事就是讲七世摩奴的故事。摩奴帮助河里的小鱼长大，鱼告诉他大洪水要来的消息，让他造大船，大鱼把船拖到喜马拉雅山。大洪水后只剩下摩奴，天神赐他美女罗伊，二人结合，繁衍人类。据说印度喜马拉雅山区的镇子孟纳里就是故事发生的地方。

Manu Charita 《摩奴传记》。16世纪泰卢古语作家阿兰桑特·佩达纳（Allansant Peddana）的作品。

Manu Savarna 马努·萨瓦尔那，遍照者日神之子，由他口述《梵卵往世书》。

Manu-sanhita 摩奴法典。见Manusmrti。

Manuser Dharma 《人的宗教》，泰戈尔1933年作的《莲花系列讲座》之一。

Manushi 《曼努西》，印度现代妇女期刊，提倡男女平等。

Manusmrti 《摩奴法典》，印度古代最权威的法律经典，对印度教的各个方面都有详细规定。大约公元前1世纪问世，据传为神话中的人类始祖摩奴（Manu）作，实际上是婆罗门知识分子所作。Manu 摩奴，“人”，神话中的人类始祖。另一传说，共有十四摩奴，第一摩奴是叫祭祀洼央波挲（Savyambhava），梵天之子，传说《摩奴法典》（Manusmrti）就是他写的。《摩奴法典》是一部法规性的书，规定印度教徒的行为准则，约公元前2世纪至公元2世纪间陆续编成。法典用诗体写成，12卷，28684颂。法典肯定王权无限；确认种姓制度；明文规定奴隶有7种来源；家长在家族中享有无上权利，妇女处于卑贱地位。法典在职业、财产、通婚等方面亦作了有利于高种姓的规定。

Manvantara 摩奴时期，摩奴治世期。满瓦塔拉，印度古代神话时间单位，每14个它等于1劫（kalpa），1劫=306720000年，1满瓦塔拉（manvatara）等于71个大时期（mahayugaion）；1个大时期等于4个时期（yuga，age）。

Manvantaradhipatis 摩奴时期的霸主，国王。

Manvastra 《罗摩衍那》里罗摩消灭苏跋扈用的武器。

Manvini 《曼维尼》，古吉拉特邦当代小说家潘娜拉·帕泰尔（Pannalal Patel）的作品。

Manyakheta 曼尼亚凯塔，今马哈拉施特拉邦的马儿凯德，为9世纪拉什特拉库塔王朝都城。

Manyu 曼余，愤怒之神。

Mao Dun 茅盾，沈雁冰的笔名，见Shen Yanbing。

Mapadiyam 《曼帕蒂衍》，18世纪泰米尔语作家司湾吉娜纳·蒙塔（Sivajnana Muntar）的作品。

Mappila 莫普拉，马拉巴海岸的穆斯林。

Mara 魔。非真实的邪恶精神。

Mara 马拉，即拾米塔（smiter）派遣欲、乐、激情三女到悉达多最后修炼的菩提树下引诱西达多的魔鬼。

Maraimalaiadigal 马来马来阿迪格尔（1867—1950），印度泰米尔语作家，作品有《古木塔瓦里》等。

Marakata 一种宝石。

Marakatajataka 《猴心本生》。

M

Marana（death） 愤怒，绝望，仇恨，色情时的咒骂语。“还不如死了！”

Maratha 马拉塔，首陀罗次种姓，后由西瓦吉转为刹帝利；马拉塔王国，17世纪由西瓦吉在南印度创立的国家，在马哈拉施特拉邦境内。

Marathi 马拉提语，印度南方印欧语系的语言，主要为马哈拉施特拉邦的官方语言；马拉提人。

Maravijiya 降魔，阿旃陀壁画里的“降魔图”。

Marburg 马尔堡，德国中部城市，在兰河畔。1930年8月6日，泰戈尔访问这里。

Marching Forum 《前进论坛》，创刊于1961年1月。中国农工民主党中央委员会辖前进论坛杂志社编辑主办。中国农工民主党党刊。1995年8月第8期刊登任鸣皋的《对日本侵略罪行的严正遣责——泰戈尔1938年给日本诗人野口的两封信》。

Marco Polo 马可·波罗（1254—1324），13世纪来自意大利的世界著名的旅行家和商人。17岁时跟随父亲和叔叔，途经中东，历时四年多到达蒙古帝国。他在中国游历了17年，曾访问当时中国的许多古城，到过西南部的云南和东南地区。在狱中口述了大量有关中国的故事，其狱友鲁斯蒂谦写下著名的《马可·波罗游记》，记述了他在东方最富有的国家——中国的见闻，激起了欧洲人对东方的热烈向往，对以后新航路的开辟产生了巨大的影响。

Mardhekar 莫尔泰克尔（1907—1956），马拉提语诗人，写第一部马拉提语意识流诗歌《冬季将至》。

Mardhuparka 新娘的父亲送给新郎的混合蜜乳。

Mardi Mannige 《可尊敬的英雄》，19世纪坎纳达语作家斯特卡兰·卡兰特（Stcaram Karanth）的作品。

Mareechikaa 海市蜃楼。

Marga 道，正道，风格。

Margaret Nobel 玛格丽特·诺宝，爱尔兰修女，辨喜的弟子。见Nivedita。

Margasatya 道谛，佛教四谛之第四谛，超脱苦谛的时间因果关系而达到出世，涅槃的方法。说用正确的方法修行，就能脱离生死轮回而进入涅槃的最高境界。

Margasira 道路尽头。

Margasirsha =Fulgun 法尔衮月，印历1月，相当于公历的2月中旬到3月中旬。

Marguerite Wilkinson and Tagore 《挪威女诗人威尔金森与泰戈尔的谈话录》，发表于1921年。

Mari 时疫。

Mariachis 孟加拉女人的口头语，“你陷于感情痛苦不能自拔”。

Maricha 摩里遮，《罗摩衍那》里的妖魔，他破坏众友仙人修炼，被罗摩打入海中，未杀。他劝十首魔王罗婆那别与罗摩作对，被十首魔王强迫变金鹿，罗婆那唆使他变为一只可爱的金鹿去引诱悉多。悉多让罗摩去捉金鹿，金鹿模仿罗摩的呼叫声，悉多派拉克什曼那去找罗摩，罗婆那乘机抢走悉多。

Marici 摩里质（阳艳仙人），又译摩里吉，生主名，从梵天头部生出的十子之一；法律的创造者。七风神之首，其余六神是摩录多（Marut）、琵婆诃（Prauaha）、波罗婆诃（Vivaha）、乌陀婆诃（Paravaha）、桑婆诃（Udavaha）、波利婆诃（Samvaha）。

Maricipa 摩里遮波，一群仙人名。

Marigold 金盏花。

Marisci 玛瑞西，神话里众神之母阿底提的丈夫、迦叶波仙人的父亲。

Marisha 摩哩娑，“树婴”“风月女”，印度神话里甘琉的女儿，达刹的母亲。她的母亲波罗姆罗阇为天上仙女，引诱甘琉放弃苦行，后甘琉觉悟，赶她走。波罗姆罗阇带着身孕在大气中漂泊，腹中的婴儿化作汗珠从毛孔渗出，接受露珠、轻风、阳光，变成美丽无比的姑娘。

Marisha 摩里沙，美女，传说从母亲的汗中生出。

Maritanda 摩里檀陀，印度神话里的太阳神，女神阿底提之子。传说他生下后没有四肢，像个球，被阿底提遗弃，后捡回，被诸兄除去多余部分，变成一轮太阳。

Mariyamman 马瑞亚曼，达罗毗荼人的脓包病女神，被看作泛印度教大时母女神的化身。

Markadeya 玛卡得亚，《罗摩衍那》里十车王的谋臣兼祭司。

Markandeya Purana 《摩根德业往世书》，大往世书之一，主要讲米尔敢达德尔儿子摩根德业，他因为苦修和长寿而出名，这些故事是由通晓吠陀经的鸟讲的。

Markandeya-samasy 《摩根德业遇合篇》。

Markaneva 玛卡内瓦，《罗摩衍那》里十车王的谋臣。

Marlow，Christopher 马洛，克里斯托弗（1564—1595），文艺复兴时期的剧作家、诗人。

Marmabaanee 心声。

Maroali 玛罗亚里，印度拉贾斯坦邦的一个善于经商的民族。

Marsa 贤友。

Marseilles 马赛，法国的第二大城市和最大海港，城市人口123万。该市三面被石灰岩山丘所环抱，景色秀丽，气候宜人。马赛东南濒地中海，水深港阔，无急流险滩，万吨级轮可畅通无阻；西部有罗纳河及平坦河谷与北欧联系，地理位置得天独厚。法国对外贸易的最大门户。1921年7月泰戈尔访问捷克后，经过德国斯图加特到巴黎，再从马赛乘船回国。1930年泰戈尔在访问欧美途中再次经科伦坡从马赛下船，访问法国。

Marshall John 马歇尔爵士，20世纪英国人，印度考古院总经理，1922年开始考察挖掘摩亨焦达罗遗址。

Marshman 马什曼（1768—1837），英国一传教士。他于1831年用孟加拉文写了一部《印度史》。

Marshall，John Rubert 马歇尔，约翰·休伯特（1876—1958），英国考古学家，印度考古院总经理，1922年开始考察挖掘旦叉始罗古国、摩亨焦达罗遗址、桑奇佛塔、鹿野苑、哈拉巴等遗址。

Marsia 哀歌。

Marta 空界。

Martanda 摩里檀陀，“生于死卵者”，太阳神，众神之母阿底提的儿子。

Martandadeva 吠陀经里的太阳神。

Martial Law 1919年4月10日英殖民政府在旁遮普邦颁布的《军事法》。

Martial Law at Sholarpur 《绍拉普尔的军事法》，泰戈尔的信。

Martin Kampchen 马丁·坎伯钦，德国作家，泰戈尔著作翻译家。

Martyaloka 死域，必然死亡的区界，尘世。

Maru 丸。

Marudgana “有风暴神群侍从的”，指因陀罗。

Marut 摩录多，49风神之一。《罗摩衍那》里说，因陀罗用霹雳把底提未出生的胎儿劈为49块，底提生出49个肉团，雪山神女请求湿婆把他们变为人，湿婆把他们造为年龄相同、相貌一样的男孩。他身体通红，身披金甲，以闪电霹雳为武器，乘车飞翔于天宇，斗恶魔，调风雨。

Maruta 摩鲁陀，摩奴后裔。

Marutam 大河河谷。

Maruti 摩鲁提，“风神摩录多的儿子”，指《罗摩衍那》里的神猴哈奴曼。

Marutta 摩鲁陀，印度神话里的宇宙之主。曾举行祭奠，用金器把因陀罗灌得酩酊大醉，送珍贵礼物让婆罗门欣喜若狂。

Marutta 风授，般度军大将。

Marutvat “有摩录多陪伴的”，指因陀罗。

Marvin 马文，国际同盟的文化代表，1926年1月12日访问圣蒂尼克坦。

Marwar 马尔瓦尔，在拉贾斯坦邦，其袖珍画派作品具有强烈的色彩。

Marwari 拉加斯坦的玛尔瓦尔人，商人。

Marwaris 玛尔瓦尔人，居住在印度大吉岭一带的山民。

Marwars 马儿瓦，武士群神，为胜利女神在祭祀仪式上自杀。

Maryada 界限，经典的规定和习惯。

Masa 姆萨，一群仙人的名字。

Masa 两个月。

Masalik-ul-absar 《理解的道路》，14世纪希哈伯-乌德丁·乌马里著，描写当时印度社会、政治、经济状况。

Masaryk，Thomas Calig 马萨里克，托马斯·伽里格（1850—1937），捷克斯洛伐克首任总统（1918—1935）。毕业于维也纳大学，获博士学位。1882年任查理大学哲学教授，创办《雅典文艺》《时代》等刊物，抨击奥匈帝国的专制和民族压迫。多次被选为奥地利帝国议会议员。1900年创建捷克人民党（1905年改名捷克进步党），谋求在奥匈帝国范围内实现捷克自治。第一次世界大战爆发后，于1914年12月流亡国外，领导侨居国外的捷克人和斯洛伐克人进行反对奥匈帝国的斗争，期望在协约国支持下争取民族权利。在俄、法、意等国组织捷克斯洛伐克兵团，以支持协约国。1916年在巴黎建立捷克斯洛伐克民族委员会，任主席。1918年赴美国，说服美国政府提供物质和军事援助。1918年10月马萨里克在华盛顿发表《独立宣言》，宣布成立捷克斯洛伐克临时政府。11月14日当选为捷克斯洛伐克共和国首任总统。由于他在争取独立中所起的作用，同E.贝奈斯和什斯特凡尼克一起，被称作捷克斯洛伐克开国三元勋。1920年、1927年、1934年3次连任总统。马萨里克奉行亲西方的对外政策，主张依靠地区和欧洲的稳定来保障捷克斯洛伐克的安全与独立，在国内则主张维护资产阶级民主制度。1935年12月马萨里克因病重辞去总统职务。1930年3月，泰戈尔开始访问欧美，于3月26日到达法国南部港口马赛，在欧洲地中海沿岸摩纳哥的城市蒙特卡罗附近的马汀角的卡恩家会晤马萨里克。

M

Masha　马沙，印度古代金币。

Mashai　尊称，或滑稽称呼，放在姓前。

Mashariqul　光明的东方。

Mashi　《诀别之夜》，泰戈尔于1914年写的短篇小说。丈夫焦廷病危在床，不懂事的小妻子莫尼不顾婆婆，也就是焦廷姨妈的劝阻，非要回娘家参加没有见过面的小弟弟的初食礼，婆婆劝阻无效，莫尼终于走了。姨妈哄骗焦廷。最后仆人道出实情。焦廷急于见莫尼，因为他知道自己随时会死去，要向她交代遗嘱。他把莫尼为他精心编织的盖脚用的披巾看作是莫尼，倍加珍惜。医生不让姨妈在身边，怕使病人由于激动而加重病情，焦廷愤怒之下赶走医生。焦廷在模糊意识中多么希望妻子在她身边。就在此时，莫尼在父亲的陪同下匆匆赶回。当姨妈告诉焦廷说莫尼就在身边时，他还以为是姨妈哄他。莫尼扑在焦廷脚下，焦廷伸出手抚摩莫尼的头，向她祝福。

Mashi　姨姨。

Mashima　小姨。

Mashisha　玛醯沙，杜尔迦杀死的水牛魔怪。

Masi（mashi）　姨姨。

Masir-i-Jahangiri　《贾汗吉尔同代英雄》，1630年历史学家赫瓦加·卡姆加尔写，记录莫卧儿王朝第四代皇帝贾汗吉尔的历史。

Masjid　清真寺，朝拜之地。

Masnawis　长诗。

Massfield John　曼斯菲尔德·约翰，英国作家，曾于1912年会见泰戈尔。

Mastarmasay　老师先生，对老师和家庭教师的称呼。

Mastermoshai　对老师的敬称。

Masti Venkatesa Annyanger　马斯提·文卡特撒·阇延搁，19世纪坎纳达语作家，智慧奖（Jnanpith Award）获得者，“坎纳达语短篇小说之父”。

Masum Bhakkari　马素木·巴卡里，贾汗吉尔历史学家，写《信德记》(Arik-i-Sind)

Masura　豆子。

Mat　神殿。

Matali　玛陀里，雷电神因陀罗的车夫。

Matanga　摩登迦，神话传说，他的婆罗门种姓的母亲醉酒后与理发师发生关系而生他，按照父亲种姓被降为首陀罗，想通过修炼恢复婆罗门种姓，但失败。

Matangis　种姓外的女人。

Matara　玛塔拉，斯里兰卡城市，1934年5月22日，泰戈尔访问这里并观看面具舞。

Matarisvan　摩多利首，印度神话里的神，火神的别名，他住在空中，从天上取来火，交给人类。

Match-Making　《新郎与新娘》，泰戈尔于1917年写的短篇小说。我对婚姻有自己的看法，妈妈给我找的第一个儿童新娘是我家古鲁的女儿、唯唯诺诺的卡希绍丽；第二个是典型的礼教遵循者；最后一个是迪巴莉，她25岁，我当时已47岁，颇有财产。她父亲南得克里西那不顾众人闲话依然决然和低种姓妻子结婚，在赈灾中殉职。我坚决娶了她，因为她有教养，聪明，温柔。

Maternity and Child Welfare Centre　母子福利中心，在印度西孟加拉班库拉市，1940年3月1日奠基，泰戈尔亲自放奠基石。

Matha　寺院。

Mathakrun　仆人对女主妇的称呼。

Mathakuar　玛塔库，地名，在佛陀涅槃的库尸那加附近，佛陀在此做最后指示。

Mathara　马拉塔帝国（又名马拉塔联盟，“马拉塔”或译“马拉地”），印度次大陆上的一个古代王国，起始于1674年，终结于1818年，其鼎盛时期的疆域曾覆盖整个印度北部。在莫卧儿皇帝奥朗则布于1707年去世后它大幅扩大其疆域，仅在1761年的第三次帕尼帕特战役中战败。随后，帝国改为邦联直至1818年马拉塔战争中败给英国而灭亡。

Mathara- Vrtti　《数论颂》，数论师（Mathara）写。

Mathura　马图拉（孔雀城），即秣荼罗，印度北方邦的城市。在恒河支流朱木拿河西岸、印度北方邦西南部，西北距德里150千米，东南距亚格拉约32千米。印度神话传说里的大神黑天的出生地，黑天少年时和牧女拉达及许多牧女的调情地就在马图拉雅穆纳河河边。马图拉是印度教徒的膜拜地。3—6世纪间，马图拉是印度著名艺术中心，佛像雕塑享有盛名，被称为秣荼罗佛教艺术。

Mathura Sculpture　马图拉雕刻，印度雕刻流派之一，喜爱裸体、崇尚肉感是其传统特色。公元前3世纪至公元前1世纪的塑像促拙质朴，孔武有力。公元1—3世纪的贵霜王朝时代从古风向古典主义过渡。代表作有《卡特拉佛陀坐像》。肉感丰美的裸体药叉女雕像发展了表现印度标准女性人体美的三屈式规范，代表作为《逗弄鹦鹉的药叉女》等。

Mathyama　《仲儿》，2～3世纪笈多时期的剧作家跋娑（Bhasa）的剧本。

Mati　自信，理智，思考，慧。

Matisse, Henry　马蒂斯，亨利（1869—1954），法国著名画家，野兽派的创始人和主要代表人物，也是一位雕塑家、版画家。他以使用鲜明、大胆的色彩而著名。

Matra　音节瞬间。

Matra　物境，感觉对象。

Matraraja=Mayuraja　罗特罗罗阇，7—8世纪伽罗朱利国王，写剧本《崇高的罗摩》（Udattaraghava）、《苦行犊子王》（Tapasavatsaraja）。

Matreyawyakaranai　《观弥勒菩萨下生成佛经》，西晋竺法护译。

Matrgupta　摩径里笈多，迦尸弥罗国国王。

Matri-Abhishek　《自豪吧，母亲》，泰戈尔的诗。

Matrika　妈妈。

Matris　圣母。

Matrka=Ambika　小妈妈们。

Matsya　摩差国，公元前6世纪—公元前4世纪印度列国时代16国之一，首都毗罗陀，即现在的斋普尔。般度五子的流放生活的第十三年隐居的地方。国王为毗罗咤（Virata），王后为妙施（Sudeshna），公主叫至上（Uttara）。坚战扮成修行人，取名刚迦，陪伴毗罗咤王掷骰子消遣。布军自称牛牧（Balla-Jayanta），在御膳房当主持。阿周那取名巨苇（Brihannala），当了宫廷侍者，教至上公主舞蹈和音乐。无种取名法结（Granthika），看管马匹。偕天取名索护（Aristanemi），照料牛群。黑公主当上了王后妙施的宫女持犁（Sairandhri）。王后的哥哥，国王的统帅空竹（Kichaka）被黑公主的美丽所打动，纠缠黑公主，被布军杀死。为试探般度五子的行踪，难敌率俱卢大军攻打摩差国，般度五子帮助毗罗咤国王、优多罗太子打败三穴王善佑、德罗那、迦尔纳、马勇、慈悯和毗湿摩。毗罗咤王把公主嫁给阿周那的儿子激昂（Abhimanyu）。

Matsya　鱼，毗湿奴的化身之一。

Matsya yantra　木头做的鱼，黑公主比武娶亲时用。吊在房顶，旋转，参选者比赛时不能直接看鱼，而是看水池子里鱼的影子射，射下者取胜。黑公主在幕布眼里看比赛过程。阿周那射下了木鱼，娶了她。

Matsyagandhi　《摩诃婆罗多》里的鱼香女，生下后身上散发鱼的味道，故名，婚前与破灭仙人在雅穆纳河心岛交合生毗耶娑仙人，鱼腥味消失。恢复处女身子。就是后来的贞信，嫁给毗湿摩的父亲福身王。

Matsyanyaya　弱肉强食，“鱼类法则”（大鱼吃小鱼），古代印度政治理论中的概念。

Matsyapurana　《鱼龟往世书》。龟是毗湿奴大神的化身之一。

Matsyendranath　摩差恩德拉纳特，约10世纪力瑜伽圣人。

Matt Matala　《马特玛塔拉》，现代奥里雅语作家戈毗纳特·莫汉迪（Gopinath Mohandy）的作品。

Mattavarani　侧房。

Mattavilasa　7世纪波勒沃国王摩西陀跋

M

娑，写滑稽剧《醉鬼传》（Mahandravikravarman）。

Matteotti 玛提欧提（1885—1924），意大利反法西斯主义的斗士，因此而遭到审判。最终遭到法西斯的绑架和杀害。

Matteotti Trial 玛提欧提审判，泰戈尔1926年于7月10日再到维也纳，在这里会见玛提欧提审判的支持者莫迪格利亚尼，莫迪格利亚尼向他进一步讲了法西斯的专横暴戾。见Modigaliani。

Mattu Pongal 泰米尔人敬牛节，在冬至第二天。

Maudgalyayana 目犍连，释迦牟尼的10大弟子之一。

Maues 毛伊斯，公元前1世纪入侵印度北部的塞族头领，从公元前94年一直到公元22年，在他和他的继承者阿泽斯一世（Azes Ⅰ）的统治下，塞卡王朝建立起一个囊括西北地区和印度中部部分地区的庞大的印度帝国，从犍陀罗一直到马图拉和乌贾因，并一直抵达萨乌拉斯特拉（Saurashtra）沿岸。

M

Maukhari Dynasty 穆克里王朝，公元6世纪穆克里家族建立的王朝，以曲女城为首都。

Maula 正规的世袭军队。

Maulavi Abdul Haq 毛拉维·阿卜杜尔·哈克（1870—1761），印度乌尔都语语言学家，编有《乌尔都语大辞典》等。

Maulvi Ahmad 毛勒维·艾哈迈德（？—1858），印度奥德土邦王，1857年印度民族大起义领导人之一。

Mauna 沉默。

Mauna 《沉默》，泰戈尔的诗，与《不是虚幻》（Asamay）一起归在《遁逃集》里。

Maund 芒特，印度的质量单位，1芒特等于37.32千克。

Maundy Thursday 濯足节，圣星期四，指复活节前的星期四，纪念耶稣基督在受难前最后的晚餐上为12使徒洗脚及给他们持守互爱的诫命而创立的圣餐礼。

Maung 莫格，指今缅甸阿拉干地区的居民，在孟加拉曾以强盗闻名。

Maurya Empire 孔雀王朝（公元前321年—公元前185年）。孔雀王朝是古代印度摩羯陀国最著名的奴隶制王朝。由月护王创建，首都华氏城（现在的比哈尔邦首府巴特那），阿育王时代为鼎盛时期。阿育王在位期间，南亚次大陆除极南端一部分外，全部囊括在孔雀王朝的版图之内。孔雀王朝作为第一个基本统一印度的政权，它的事业成为激励后世无数雄心勃勃的枭雄去奋斗的目标。阿育王统治下的孔雀帝国，是一个君主专制的国家，阿育王本人在行政、军事、司法等方面都有绝对的权威。全国分为若干行省，行省总督通常由王子担任，但行省内部仍有着许多保持自治或半独立的部落，这说明孔雀帝国还不是一个高度中央集权的国家。

公元前325年，马其顿国王亚历山大大帝从印度河流撤走，在旁遮普设立了总督，留下了一支军队。这时，旃陀罗笈多率领当地人民揭竿而起，组织了一支军队，赶走了马其顿人。随后，又推翻了难陀王朝，建了新的王朝，定都华氏城。到了旃陀罗笈多的儿子宾头沙罗统治时期，孔雀王朝已控制了印度河平原、恒河平原、孟加拉湾、德干高原以及远达阿拉伯海的广大领域。

公元前3世纪中叶，阿育王在位时国势强盛，除印度半岛南端外统一印度全境，定佛教为国教。到处派传教士去往各地宣传佛教，一时亚、非、欧三洲都有佛教徒的足迹。经阿育王提倡，佛教遂成为世界重要宗教之一。

孔雀王朝在约公元前187年为巽加王朝所取代。

Mausal Parva 史诗《摩诃婆罗多》里的《杵战篇》。

Mausala 史诗的节录，缩影。

Max Muller 马克斯·穆勒（1823—1900）德国语言学家，印度学家，著《梵语文学史》等。受英国东印度公司委托，于1849—1873年辑印出版四种吠陀经典之一的《梨俱吠陀》。

Maxomuller 玛克索穆勒尔，德国梵文学家。

Maya 摩耶（王后），幻觉，魔力，幻觉力，一种观念，认为现象及其区别没有真正的存在，有的只是非定“真实”的投射。对世俗的留恋；世界是梵通过其幻力制造的，所以是不真实的，是一种幻象，这是印度教对世界的最基本的看法；摩耶夫人，释迦牟尼的母亲。

Maya　莫耶，印度神话里的阿修罗，被妻子抛弃，把女儿嫁给十首魔王罗婆那，生因陀罗吉特（“战胜天帝因陀罗者”）。

Maya　玛亚，阿修罗的建筑师。

Maya　摩耶，幻，幻觉，虚伪，魔术。百瓣莲花，无形的形式。

Maya Malavagaula　普兰达拉达纳（Purandaradana）为初学者编写的卡纳塔克风格的拉格（音乐调式）基础书。

Maya-darsana　《会见阿修罗建筑师玛亚篇》。

Mayadhar Raut　玛雅达尔·劳特，现代奥迪西舞教育家。

Mayakovsky　马雅可夫斯基（1893—1930），著名的俄国诗人，代表作长诗《列宁》从正面描写列宁的光辉一生，描写群众对列宁的深厚感情。他的喜剧讽刺了小市民及揭露了官僚主义，并在戏剧艺术上有创新。由于长期受到宗派主义的打击，加上爱情遭遇的挫折，1930年4月14日，他开枪自杀，身后留下13卷诗文。

Mayamadalasa　《摩达罗莎》，4—5世纪剧本，作者佚名，故事为国王迪马应仙人请求，杀死恶魔罗盖渡，救出天母摩达罗，与之结婚。

Mayara　抓鸟、制糖种姓。

Mayarasa　虚幻味。

Mayavada　梦话说。

Mayavi　玛牙维，《罗摩衍那》里的妖魔，与妙项和波林世代为仇，兄弟二人把他追到洞里，波林再没有出来。于是妙项自立为王，后波林从洞里出来，把妙项赶下王位。罗摩帮助妙项杀死波林再登王位，妙项于是帮助罗摩打十首魔王罗婆那。

Mayavin　魔幻艺术家。

Mayiya-mala　不纯的幻觉。

Mayo　梅奥（1822—1872），1869—1872年担任印度总督。

Mayo　梅奥小姐，20世纪英国人，著有《印度母亲》。

Mayon　黑人，指黑天，印度南部泰米尔地区对黑天的称呼。

Mayukha　椽子。

Mayura　摩由罗，7世纪作家，著《太阳神百咏》（Suryasataka）、《摩由罗百咏》（Mayurasataka）。

Mayura　孔雀手势，表示爱情。

Mayurbhanji　玛由布汗吉舞，奥利萨的乔舞流派之一。

Mazhabhi　马扎比，一个贱民种姓。

Mazzini　马志尼（1805—1872），意大利作家、政治家，意大利爱国者，民主共和派左翼领导人和思想家，近代意大利资产阶级革命家，意大利民族解放运动中和派领袖。罗马帝国灭亡后，意大利受奥地利帝国奴役，马志尼创立“少年意大利党”，创办《少年意大利报》，发动和组织资产阶级革命，完成意大利的独立统一事业。他与同时的加里波的、喀富尔并称“意大利三杰”。

Mcmahon Arthur Henry　麦克马洪·阿瑟·亨利（1862—1949），“麦克马洪线”的制造者，在担任英印政府外交秘书时，在1913—1914在西姆拉会议上，策划并抛出“麦克马洪线”。

McRae　麦克雷（1800—1859），英国诗人。

Mean　中道。

Mebhoob　麦卜胡，20世纪30年代电影导演，作品《妻子》（Aurat）。

Mechhuybaazaar　梅秋亚市场，孟加拉语的意思是“渔民市场”，泰戈尔在加尔各答住宅乔拉桑科原来的名字。1784年泰戈尔的第十八代先祖尼尔摩尼在加尔各答的吉多普尔（Chitapur）大街东边买了一大块土地，建起了泰戈尔家族的住宅。后来这个地方才改名为“乔拉桑科”（joraasaanko，孟加拉语的意思是“双桥”，大概那里曾经有过两座桥）。尼尔摩尼就成为乔拉桑科泰戈尔家族的祖先，而多尔波纳拉扬则成为巴图里亚卡达（石码头）村另一支泰戈尔家族的祖先。

Medas　脂肪，肥肉块。

Medieval India　中世纪印度，指750—1757这一段时期，中世纪印度的历史特征在于区域王国遍布各地。区域王国的形成与印度教对部落社会的同化、印度教势力的强盛和区域语言的形成紧密相连。

Medini　大地。

Meditation　禅定，冥想，静虑。

Medium of Education（Sikshar Bahan）《教育的手段》，泰戈尔1915年在群众集会上的讲话，主张在印度大学使用母语和英语教学。

Meela 庙会。

Meer Jaaphar 米尔·贾法尔，于1757年就任孟加拉总督。

Meera 米拉（1893—1969），泰戈尔的小女儿，她的另一个名字叫奥多丝洛达或奥多丝。父亲经常亲切地叫她"米丽""米鲁"。米拉的相貌美丽而匀称，皮肤显得有点黑。米拉是泰戈尔儿女中最不幸的一个孩子。1902年11月23日，即在她9岁零10个月的时候就失去了母亲。此后她就由二伯母甘丹依蒂妮照顾，跟二伯母住在一起，因此没有得到更多的父爱。在少年时代她又失去了二姐和小弟，青年时代失去了大姐。

米拉没有进过正规的学校读书，而是在家里学习，也学习过英语。她是个温顺、沉默寡言的女孩，从不喜欢大声讲话，也从不抱怨任何人。她在自己的自传中甚至没有描写过自己的痛苦。

1907年6月6日，她13岁半时与诺根德罗纳特·贡戈巴泰结婚。新郎提出的结婚条件是派他去英国留学。可见，他们的婚姻不是以爱情为基础的，而是附加有经济条件的。

在婚礼开始的时候，主婚人叫新郎系上圣线，可是这位新郎官却很粗暴地表示反对。他的这种态度使在场的人感到很不愉快。

那一天，还发生了另一件令人毛骨悚然的事情：婚礼之前米拉走进浴室洗澡，一条眼镜蛇爬到她的脚边竖起了鼓胀的头。幸运的是，米拉逃出了死神之手，但是这件事仿佛也是她未来生活的一种不祥之兆。

诺根德罗纳特是个高傲自私、性情粗暴的青年。当然他没有，也不可能给失去母爱的米拉带来任何安慰。米拉虽然生了两个孩子（一个儿子、一个女儿），但是她的婚姻生活并不幸福。由于不堪忍受这种没有爱情的婚姻生活，米拉最后还是选择了离婚。他们离婚后，诺根德罗纳特去了美国。不久，在德国求学的他们唯一的儿子尼丁德罗纳特（Neeteendranaath，1912—1932）突然死亡。米拉匆忙赶往德国，与诺根德罗纳特见了最后一面。在后来的生活中，只有女儿依蒂达（Nanditaa，1916—1967）常常跟在她的身边。她是泰戈尔五个孩子里活得最长的一个。

Meera Nair 米拉·奈尔，印度现代女电影导演。

Meeraabaaee 米拉拜（1498—1547），印度女诗人，神秘主义者。原为印度拉加普特公主，后嫁给波胡吉王子。她不愿过奢侈的深闺生活，与夫家抗争，深受其苦。她从幼年时就以印度神话黑天的最宠爱的情人拉达为榜样，把自己的全部交给毗湿奴的化身之一的黑天。家里逼迫她按照传统的社会规范履行作为女人、妻子、皇室成员的义务，过正常人的生活。但她唯一的真理就是热爱并献身于黑天大神，其他一切都微不足道。她冲破社会和家庭的压力，义无反顾地把自己的神圣的爱献给黑天大神。最终成为流浪诗圣。后人把她作为伟大的黑天信徒看待。有一首据传是她作的《美拉歌》至今在传唱。她是印度中世纪的伟大的女歌手和女诗人。

Meeraketu 米拉凯图，印度教爱神。

Meerapay 弥拉芭伊，15世纪忠贞的拉吉普特美女。他嫁给梅巴罗的国王库姆婆。她对毗湿奴非常虔诚忠信。外出去圣地朝觐，在黑天城达德瓦罗迦时献出了生命。

Meerut 密拉特，印度北方邦西部城市，据传名称来自《摩诃婆罗多》里的般度五子中的长子坚战时代的一个名叫玛西（Mahi）的建筑师。

Megasthene 麦伽斯提尼（公元前350—280），古代塞琉古王国派往印度孔雀王朝的大使，著作有《印度记》4卷本。

Megh 梅格，音乐调式的名称，早上演奏，表现和平安宁。

Megha O Raudha 《乌云和太阳》，泰戈尔1894年写的短篇小说。见Cloud and Sun。

Meghanaad Saahaa 梅克纳德·沙哈（1893—1956），著名的科学家，孟加拉人，出生于达卡地区。他是加尔各答大学培养的教授。他是《科学与文化》杂志的创始人和主编。

Meghaduta 《云使》（迦梨陀娑著），抒情长诗。一个药叉被贬下凡，居南方罗摩山静修林，托雨云向爱妻倾诉对她的思念。

Meghalaya Pradesh "云的居所"，梅加拉亚邦，在印度东北部，首府西隆。

Meghanada 梅格纳特，《罗摩衍那》里罗婆那的儿子因陀罗吉特的别称。

Meghapushpa 黑天快如思想的四骏马之一。

Meghasikha　美嘉西卡，印度乌苌国佛教僧人，他先到达中国，给公元705年通过直达锡兰的海路来中国的般剌密帝（Paramiti，意译为极量）当助手。

Meghdut　《云使》，迦梨陀娑的诗。

Meghlaa Shraabaner Baadlaa Raati　《斯拉万月阴云密布的雨夜》，泰戈尔的诗。

Meghnaaabadha Kaabya　《叙事诗〈因陀罗吉特伏诛〉》，泰戈尔的散文。

Meghnadbadh　《梅格纳特伏诛记》，孟加拉著名诗人默土苏丹（Michael Madhusudan Dutta）（1824—1873）改写的史诗《罗摩衍那》中的故事，描写十首魔王罗婆那之子梅格纳特即因陀罗吉特之死。一反传统的写法，塑造了一个少年英雄形象。泰戈尔在1877年为其写了犀利而又成熟的评论。

Meghwal　梅格瓦尔，一贱民种姓。

Mehada，Narsinha　梅赫达，N.（1414—1480），印度古吉拉提语诗人，作品有《黑天的到来》等。

Mehar　梅哈尔，一贱民种姓。

Mehboob　梅布，20世纪50年代电影导演，作品有《阿南与印度母亲》（Anan and Mother India）。

Mehnnot　孟加拉语中的阿拉伯单词，意谓干活儿。

Mehrgarh　梅赫尔格尔遗址，在巴基斯坦俾路之省格其县，它的发现，把印度古代文明提前了4000年。

Mehrunissa　梅尔温尼撒，莫卧儿王朝第四代皇帝贾汗吉尔的王后努尔贾汗的原名。

Mehta，J.C.　美和塔，20世纪印度哲学家。

Mehta，Pherozeshah　梅塔·费罗兹沙（1845—1915），印度国大党温和派领袖。

Mehtar（Scavenger）　《清道夫》，萨提延德罗纳特·杜塔的小说，由泰戈尔于1933年翻译成英语。

Mei Lanfang　梅兰芳（1894—1961），京剧大师。形成自己的艺术风格，世称“梅派”。代表戏京剧有《贵妃醉酒》《霸王别姬》等；昆曲有《思凡》《游园惊梦》等。所著论文编为《梅兰芳文集》，演出剧目编为《梅兰芳演出剧本选集》。1924年泰戈尔访华。5月18日晚上，梅兰芳在开明剧院专门为泰戈尔演出《洛神》。5月20日，梅兰芳和梁启超、齐如山、姚茫父等在北京丰泽园饭店设宴为泰戈尔饯行。泰戈尔在梅兰芳的纨扇上用孟加拉语题诗一首，石真把此诗翻译为汉语：“亲爱的，你用我不懂的语言的面纱，遮盖着你的容颜。正像那遥望如同一脉飘缈的云霞，被水雾笼罩着的峰峦。”1961年，为纪念泰戈尔诞辰100周年，梅兰芳在《人民日报》发表《忆泰戈尔》，在《光明日报》发表《追忆印度诗人泰戈尔》。

Mei Shaowu　梅绍武（1928—2005），戏剧大师梅兰芳的儿子，燕京大学毕业，著名的英美文学翻译家、评论家、戏剧家、作家。著有《我的父亲梅兰芳》和《京剧与梅兰芳》等，发表《梅兰芳与泰戈尔》。

Meireles，Cecilia　梅蕊蕾丝，塞西莉亚（1901—1964），巴西女作家，翻译了许多泰戈尔的作品。

Meja bou　二妯娌。

Mejobou　小姑子。

Memsaheb　英国殖民官员妻子的称号；英国来的家庭女教师。

Menakaa　弥纳迦，天上非常漂亮的仙女。为了破坏刻苦修炼者的修行，天神常派她去勾引修炼者，让其坠入情网，中断苦行。她被派引诱修行的众友仙人，与众友仙人生沙恭达罗。沙恭达罗被豆扇陀拒绝之后，她闪出一道金光把她接回天国。印度神话中弥纳迦是喜马拉雅山神之妻，乌玛的母亲。

Menander　米兰陀，古希腊将军，于公元前2世纪曾随希腊国王德米特里一世侵入印度，在旁遮普地区建立印度—希腊王国。他信奉佛教，曾与印度高僧那先比丘·希尔卡普（Bhikshu Nagasena）讨论佛教教义，后来编纂成佛教名著《米兰陀问经》（Milindapanha）。

Mendel　门德尔夫妇，爱因斯坦的好朋友，1930年11月访问苏联结束后，泰戈尔回到柏林，在柏林万西去他们家住了几天，然后去美国。

Mendicants　托钵僧。

Meng He　梦禾，当代学人，发表《泰戈尔短篇小说艺术风格初探》。

Meng Xianyi　孟宪义，当代学者，1979年发表《试论泰戈尔的思想成就》。

Meng Zhaoyi　孟昭毅（1946—），天津师范

大学教授，比较文学理论、东方文学与东方文化专家，著作有《东方戏剧叙事》《东方戏剧美学》等，发表论文《评泰戈尔后期政治抒情诗的创作心理》《泰戈尔与比较文学》《泰戈尔象征剧美学初探》《重读泰戈尔与世界主义》等。

Mengar 蒙格尔诗（意思是歌颂神的诗歌），也译为颂神诗，是孟加拉人歌颂原始神和中世纪的强有力之神的诗歌。最早出现于14世纪。蒙格尔诗有三种。其中最古老的叫《摩诺莎蒙格尔》，其次是《琼迪蒙格尔》。此派最著名的诗人是穆昆德拉姆·丘克罗波尔迪，他被授予“诗人臂钏”的称号。《摩诺莎蒙格尔》是完整的故事，而《琼迪蒙格尔》却有几个故事或几个主角。到了18世纪，这派出了著名的诗人婆罗多旃陀罗·拉伊。他创作了《安诺达蒙格尔》（意思是难近母赐粮），也译为《谷神颂》。第三种叫《达摩蒙格尔》，歌颂对象主要是宗教长老。18世纪后歌颂的对象由神变为历史事件。

Menon，Chandu 梅农，钱杜（1847—1900），印度马拉雅拉姆语作家，作品有《夏尔达》等

Menon，Kundoor Narayan 梅农，昆杜尔·纳拉杨（1862—1936），印度马拉雅兰姆语诗人，代表作《纳卢语诗歌》。

Menon，Mambillikalathil Govind Kumar 梅农，玛比利卡拉迪尔·戈文德·库马尔（1928—），印度著名科学家。

Menon Narayana 麦农·那拉亚纳（1911—1997），印度著名的音乐评论家，曾担任全印广播电台副台长，在伦敦广播公司工作过。娶泰戈尔的侄女为妻。

Menon Shivshankar 梅农，谭云山的学生，曾在印度驻中国大使馆工作，印度有名的“中国通”。曾任印度外交部政务次长。

Menon Vallattol Narayan 梅农·瓦拉托尔·纳拉杨（1872—1958），印度马拉雅拉姆语诗人，作品有《吉尔特瑜伽》等。

Menon Vapal Pangunni 梅农·瓦巴尔·潘古尼（1894—1966），印度文官，1947年参与起草《蒙巴顿方案》。

Mentha 梅塔，莲花护，泰戈尔印度古代诗人。

Mephistopheles 墨菲斯托，浮士德传说中的魔鬼。浮士德为了寻求新生活，和魔鬼墨菲斯托签约，把自己的灵魂抵押给魔鬼，而魔鬼要满足浮士德的一切要求。如果有一天浮士德认为自己得到了满足，那么他的灵魂就将归魔鬼所有。于是墨菲斯托使用魔法，让浮士德有了一番奇特的经历，他尝过了爱情的欢乐与辛酸，在治理国家中显过身手，在沙场上立过奇功，又想在一片沙滩上建立起人间乐园……就在他沉醉在对美好未来的憧憬中时，他不由自主地说，那时自己将得到满足。这样，魔鬼就将收去他灵魂，就在这时，天使赶来，挽救了浮士德的灵魂。

Mercy Is Twice Blessed 《善心双倍神圣》，泰戈尔的谈话。

Meredith，George 梅瑞狄斯（1828—1909），英国小说家、诗人，主要作品有《利己主义者》《谷粉》等。

Meridian Books 子午线图书出版社，在伦敦，曾出版泰戈尔的作品。

Merchant of Venice 《威尼斯商人》，莎士比亚的剧本。巴萨尼奥是一个典型的情人，他不可救药地爱上了美丽的鲍西娅。为了赢得她的芳心，他必须拥有一笔财富，还必须解决鲍西娅父亲为求婚者设下的难题。

巴萨尼奥要娶鲍西娅为妻，可他身无长物，只能向安东尼奥求助。安东尼奥是成功的威尼斯商人，拥有一支船队，但缺少流动资金。为了帮老友达成心愿，安东尼奥向死对头夏洛克借贷。夏洛克是一个犹太人，靠放高利贷收取高额利息为生，在这座城市很不受欢迎。安东尼奥看不惯夏洛克，他严厉谴责过高利贷者的恶行。夏洛克一直对安东尼奥怀恨在心，他干脆地答应了安东尼奥的借贷，要求签署一份合同，如果安东尼奥不能如期还款，就必须割下身上的一磅肉。安东尼奥坚信老友会如期还款，便签下了合同。于是，巴萨尼奥带着巨款，赴贝尔蒙多，向鲍西娅求婚。可是巴萨尼奥没有想到，鲍西娅身边又出现了情敌纳里萨，他不仅身世显赫还富甲一方，随时可能解决难题。与此同时，安东尼奥的船队空手而归。夏洛克的女儿杰茜卡也带着大量钱财，和巴萨尼奥的朋友罗兰佐私奔了。夏洛克恼羞成怒，对安东尼奥步步紧逼。听说老友的危急处境，巴萨尼奥离开贝尔蒙多，返家寻求办

法。就在巴萨尼奥赶回来之前，安东尼奥的合同已经到期，夏洛克要求他履行诺言，割下一磅肉，两人为此闹上法庭。在法庭上，夏洛克要求他和安东尼奥的合同能够履行。鲍西亚假扮律师，同意夏洛克按照契约规定割下安东尼奥的一磅肉，但必须严格按照契约执行，就是不能多割也不能少割，不能流一滴血，也不能因此伤害性命。夏洛克无法做到。这样，鲍西亚巧妙地挽救了安东尼奥的性命。最后，真相大白，安东尼奥重新得到了自己的财产。

Mergarh　梅尔加，印度河谷农业文明遗址，在摩亨焦达罗遗址以北150千米处。

Meru　妙高山（摩诃），迷卢山，佛家称须弥山。印度教神话传说：它是南瞻部洲和宇宙的中心，好像是一朵莲花的花萼，几个岛屿犹如几片莲叶簇拥在它的周围，天上群星围绕它回旋，恒河从天上降到它的峰顶，并经由四条河流流向周围世界。它全部由宝石和金子构成。顶部是梵天的住所，也是众多神仙和生活在天上，守护着苏摩的甘达婆诸神聚会的地方。迷卢山实际上就是喜马拉雅山。

Meru　大量、大批的（礼品，礼物）。

Merudana　（馈赠）一堆（批）礼品、大量礼物，馈赠成堆成批的礼物会产生有效而良好的结果。

（1）馈赠1000斛粮食最佳，500斛良好，250斛最差。

（2）馈赠16斛的盐最佳，8斛良好，4斛最差。

（3）馈赠10巴拉的粗糖最好，5巴拉良好，2巴拉最差。

（4）馈赠1000帕拉的金子最佳，500巴拉良好，250巴拉最差。

（5）馈赠10斛的姜最好，5斛良好，2.5斛最差。

（6）馈赠20巴拉的棉花最好，10巴拉良好，5巴拉最差。

（7）馈赠20罐子清奶油最好，10罐子良好，5罐子最差。

（8）馈赠1万帕拉银子最好，5000帕拉银子良好，2500帕拉银子最差。

（9）馈赠8巴拉的糖最佳，4帕拉良好，2帕拉最差。

Merusavarna　弥卢娑婆里那，第九、第十、第十一、第十二世摩奴的统称。

Merva　梅尔瓦，地名，在拉贾斯坦邦，其袖珍画派作品有力，感情强烈，富于魅力。

Mesa　大蛇，毗湿奴的坐床，有4000个头，等于提尔胡特（Tirhut）。

Mesa　白羊座。

Message　《启示》，泰戈尔的诗。

Message from Rabindranath Tagore　《泰戈尔的寄语》，泰戈尔的公开信。

Message of Farewell to Canada　《告别加拿大》，泰戈尔1929年4月14日在加拿大温哥华的讲演。

Message to “Forward”　《致“前进报”》，泰戈尔1941年2月的书信。

Message to Iraq Air Force　《致伊拉克空军》，泰戈尔1932年4月的讲话。

Message to the All- Bengal Muslim Students’ Conference　《致全孟加拉穆斯林学生大会》，泰戈尔1931年9月的书信。

Message to the Guaker Society of Friends　《致朋友贵格会》，泰戈尔1930年的文章。

Message to the Parliament of Religious　《给宗教会议的信》，泰戈尔1929年1月28日给在加尔各答召开的梵社100周年纪念会的祝贺信。

Message to the Young　《给青年的赠语》，泰戈尔1922年1月的信。

Message to World Congress　《致世界和平大会》，泰戈尔1936年给世界和平大会的贺信。

Message to Youth　《给青年的赠语》，1933年12月5日泰戈尔在海德拉巴奥斯曼尼亚大学做的报告。

Metropolitan Culture—Literature Theses Collection of Forum　《都市文化——文学学术研讨会论文集》。2006年11月出版，内有宋炳辉的《从泰戈尔的两次访沪看其对中国新文学的意义》。

Metta　爱。

Mevane　米涅瓦，古罗马智慧女神，她的使者就是猫头鹰。

Mewar　梅瓦尔，印度拉贾斯坦邦古城。

Meyeli Brata　《女人的誓愿》，泰戈尔的散文。

Meynell， Alice 梅内尔，艾丽斯（1847—1922），英国女诗人、作家、妇女参政主义者，颇为王尔德（Oscar Wilde）赏识。她的第一部诗集名为《序曲》。婚后的梅内尔虽然是八个孩子的母亲，但仍热衷于文学活动——她在其丈夫的出版社进行编辑工作的同时，还坚持进行个人诗歌和散文创作。梅内尔还是"女作家参政权联盟"（Women Writers' Suffrage League）的主要成员（该组织在1908到1919年间非常活跃）。1912年她在伦敦认识泰戈尔，为他的诗所折服，是促成泰戈尔获得诺贝尔文学奖的英国作家之一。

Mian Bahadur Shah 米安·巴哈杜尔·沙，16世纪印度坎德什国王。

Mian Tansen 米安·檀森，阿克巴的宫廷歌唱家。

Miao Qingbang 缪庆邦，民国文化人，1934年翻译发表《泰戈尔论苏俄》。

Miao-to 妙多，古代锡兰佛教高僧，公元1016年来中国讲经。

Michael Madhusudan Dutt 米歇尔·默图苏丹·杜特（1824—1873），印度孟加拉语诗人，在其作品《因陀罗伏诛》里，第一次将欧洲体裁用于孟加拉语诗歌。

Michelanggelo 米开朗琪罗（1475—1564），意大利文艺复兴时期伟大的绘画家、雕塑家、建筑师和诗人，文艺复兴时期雕塑艺术最高峰的代表。他与拉斐尔和达·芬奇并称为文艺复兴后三杰，又译"米开朗基罗""米高安哲罗"。他一生追求艺术的完美，坚持自己的艺术思路。他于1564年在罗马去世，他的风格影响了几乎3个世纪的艺术家。小行星3001以他的名字命名来表达后人对他的尊敬。

Middle Africa 中非，全称中非共和国。面积62.2万平方千米，是位于非洲大陆中央的内陆国家。该国东与苏丹交界，南同刚果（布）和刚果（金）接壤，西与喀麦隆毗连，北同乍得为邻。全国共有大小部族32个，主要有巴雅、班达、桑戈和曼吉阿族等。官方语言为法语。通用桑戈语。首都班吉。主要宗教为原始宗教、基督教、天主教。

Midnapore 米德那普尔，印度西孟加拉邦南部城市，在哈尔迪河北岸，此地因1936年10月英殖民主义者迫害致死爱国青年、达卡大学学生甘古利遭到印度全国人民的抗议而闻名。

Mihaj-ud-din Siraj 米哈杰-乌德-丁·希拉杰，13世纪印度奴隶王朝大学者，作品有《纳西尔通史》等。

Mihira Bhoja 米希拉·波者，古代国王。

Mihirakula 米希腊古拉（515—542），嚈哒国王。

Mihrab 壁龛。

Mikado 日本天皇。

Milan 米兰，意大利的西北方大城，米兰省的省会和伦巴第大区的首府，位于意大利人口最密集和发展度最高的伦巴第平原上。它也是欧洲南方的重要交通要点，历史相当悠久，以观光、时尚、建筑闻名。米兰都会区生产总值占意大利国内生产总值的4.8%，是欧洲人口最密集与工业最发达的地区。全市拥有丰富的文化古迹和遗产，拥有充满活力的夜生活与独特的料理，传统歌剧尤为著名。米兰城有世界时尚之都的美誉，蒙特拿破仑大街上的时装商店举世闻名，埃马努埃莱二世长廊被认为是世界上最古老的购物中心。米兰是全球第12昂贵的居住城市。1925年1月21日，正在意大利访问的泰戈尔访问米兰并在公众大会上做演讲。

Milaraspa 神秘主义。

Miler kaabya 格律诗。

Milinda 米兰陀王，希腊大夏国王，公元前2世纪入侵印度西北部，公元前175年皈依佛教。

Milinda-panha 《米兰陀问经》，汉译《那先比丘经》，佛教名著。公元前160年统治印度北部、信奉佛教的希腊国王米兰陀（Menander）求教于比丘长老那先（Nagasena），二人对话整理为此书。

Mill 米尔，孟加拉民间曲调。

Mill 米尔（1773—1836），英国经济学家.。

Mill 穆勒（1806—1893），英国哲学家，无神论者。

Mill James 米勒·詹姆士（1773—1836），英国历史学家，著有《英属印度史》。

Mill John Stuart 米勒（11806—1873），英国经济学家、哲学家。

Mill-produced dhotis 作坊里织的腰布。如果女人不穿莎丽而穿这种腰布，被视作不吉利。

Milni　印度教婚礼仪式之一，在结婚头几天，选吉利日，新娘娘家人给新郎家送糖果。

Milson　米尔森，20世纪初英国著名歌唱家。

Milton John　弥尔顿（1608—1674），英国杰出的诗人、政论家。作品有《失乐园》（1667）、《复乐园》（1671）和《力士参孙》（1671）。

Milwaukee　密尔沃基，美国威斯康星州最大城市和湖港。位于密歇根湖西岸。市区面积249平方千米，人口62.8万，大市区人口139.7万。其中15%是德国移民后裔，黑人占1/4；地处滨湖陡岸，海拔193.5米；1月平均气温-7℃，7月平均气温21℃，年降水量740毫米，原居民印第安人称“密尔洛—沃基”，意为“美丽的土地”。密尔沃基市交通便利，工商业发达，距离美国工业最为集中的地区——芝加哥约200千米。密尔沃基市是美国北部制造内燃机的主要城市之一，美国设备制造商协会总部也设于密尔沃基市。密尔沃基市也是美国著名的啤酒中心。1916年11月泰戈尔访美时曾经访问过该市。

Mimamsa　思维派，弥曼差派。

Mimansa　弥曼差派，研究、探讨的意思，祭祀达到解脱，认为祭祀是实现宗教理想的途径。2世纪由阇弥尼（Jaimini）创建。吠陀6支之一。

Mimansaka　弥曼差派的。

Mimamsa-sutra　《弥曼差经》，印度弥曼差派哲学经典，公元前2世纪阇弥尼著，主要讲吠陀祭祀方法及其意义。

Min Guangpei　闵光沛，华东师范大学教授，翻译《印度文化史》。

Mina　双鱼座。

Minaksi　米娜克西，印度南方传说中湿婆的妻子，财神俱毗罗的女儿，生下时有三个乳房并发出鱼腥味。遇到湿婆后腥味消失，做了他的妻子。

Minaksi　米那克湿，“生有鱼目”，女神。

Minar　望塔。

Minaret　尖塔。

Minduo　《民铎》，五四时期的大型综合性刊物。1916年6月在日本东京创刊，初定为季刊，后又改为月刊、双月刊。由中国留日学生组织的“学术研究会”主办。自1918年12月1日第1卷第5号起，迁至上海出版。宣称“本志今后之责任，纯以阐扬平民精神，介绍现代最新思潮为主”。1931年1月停刊。共出10卷52期（其中第1卷出7期，第2—10卷各出5期）。初由“学术研究会”编辑发行。1919—1928年由李石岑主编。主要撰稿者有朱谦之、杨昌济、郭绍虞、易家钺、严既澄、张东荪、黎锦熙、梁漱溟、耿继之、徐志摩、范寿康、李大年、欧阳竟无、盛朗西、章锡琛、陈兼善、樊仲云、黄卓、周予同、许兴凯、杨东苏等。李大钊和郭沫若也发表过文章和新诗。《民铎》是以民主主义为主导的刊物。内容多为论文，间有诗词、戏剧、小说等，不分栏目。初期的宗旨是：“促进民智、培养民德、发扬民力”“网罗各门著述，纯从根本上讨论是非得失”。《民铎》是一个政治性很强的爱国进步刊物。1923年5—6月，该刊第四卷第三号、第四号刊登王统照的《泰戈尔的人格观》。

Mineva　密涅瓦，罗马神话中的智慧女神。

Ming　明，某学者的化名，1980年发表《泰戈尔格言诗索句》。

Ming Zhu　铭竹，民国某文化人的化名，1930年发表《泰戈尔在巴黎》。

Minguo Daily　《民国日报》，上海《民国日报》是1916年1月为反对袁世凯而创办的，后成为国民党机关报。同年6月，该报总经理邵力子砍除了原先一些庸俗的栏目，开辟“觉悟”副刊，他除了亲自任副刊主编外，还请新文化运动的勇士、我国第一个翻译《共产党宣言》的陈望道先生协助。这样一来，该副刊便颇具革命亮色。所刊文章提倡推翻旧文化、旧文学、旧制度，向新文化进军，号召广大知识青年向旧社会作斗争，主张妇女解放、男女平等。邵力子一度每日亲撰短评、时论以大力宣传马列主义，鼓吹革命。当时《民国日报》的“觉悟”副刊在社会上产生了强烈影响，吸引了许多革命青年。1924年3月—5月即泰戈尔访华前后该报“觉悟”副刊刊登了王舰的《甘地与泰戈尔》、伊的《反对泰戈尔》、稚晖的《皇会声中的泰戈尔》、洪熙的《泰戈尔的迷途》、实庵的《评泰戈尔在杭州上海的演说》、天庐的《泰戈尔的陪衬者》、远定的《告崇拜及反对泰戈尔的人》、雁冰的《泰戈尔与东方文化一读：泰氏京沪两地演讲后的感想》、求实的《送泰戈尔》等。

Minicoy Island 米尼克伊岛，在克拉代夫群岛的最南端，靠近马尔代夫，为印度旅游区。

Minoga 弥诺迦，印度神话中喜马拉雅山之妻。

Minorium gentium 小神。

Mithila 米提罗，《罗摩衍那》里悉多的父亲遮那羯国王的都城，在今提尔胡特和普拉尼亚城之间。

Minto I 明托第一（1751—1814），1807—1813年任印度总督。

Minto II 明托第二（1845—1914），1905—1910年任印度总督。

Mir 米尔，莫卧儿王朝政府领导，酋长，领袖。

Mir Bakshi 米尔·巴克西，军队统帅，莫卧儿王朝的军饷和会计大臣。

Mir Hasan 米尔·哈桑，18世纪乌尔都语作家。

Mir Jafar 米儿·贾法尔（1691—1765），莫卧儿帝国孟加拉纳瓦布。任孟加拉军队总司令时，他在1757年6月23日的普拉西战役中勾结东印度公司，出卖原纳瓦布道拉使，孟加拉军队大败，东印度公司开始走向武力占领印度。

Mir Kasin 米尔·卡西姆（?—1777），莫卧儿王朝孟加拉纳瓦布。

Mir Osman Ali Khan 米尔·奥斯曼·阿里·汗（1884—1976），印度海德拉巴土邦王。

Mir Syed Ali 莫卧儿时期的波斯细密画画家，由胡马雍从波斯带德里。

Mir Taqi Mir，Muhammad 米尔·塔基·米尔（1723—1810），印度乌尔都语诗人，爱情诗的"诗人之冠"。

Mira 米拉（1608—1674），泰戈尔的第三个孩子，女儿。

Mirabat 米拉巴特，16世纪虔信派人物，拉贾斯坦邦人。

Miran 米兰，塔里木沙漠被淹没的一个古代小城，1913年被英国人斯坦因发现。

Miralrio 马拉尔里欧，阿根廷小城。

Mirra Alfassa 米拉·阿尔法撒（1878—1973），女，出生于法国，父亲是土耳其人，母亲是埃及人，从小仰慕印度哲人奥罗宾多，1926年到本地治理常住，然后得到奥罗宾多授权把他的住所建成"学园"，被尊为"圣母"。

Mirusavarnas 米如娑婆里纳，印度神话里第九、第十、第十一和第十二等四世摩奴的叫法，这四世摩奴由一女子分别与达刹、梵天、达里摩和楼陀罗生。

Mirza Assadullah Khan Ghalib 米尔萨·阿萨杜拉·可汗·迦梨布，18世纪著名的抒情诗人。

Mirza Jani-Janan Mazhar 米尔萨·贾尼-迦南·米扎尔，18世纪乌尔都语作家。

Mirza Mohammad Kazim 米尔萨·穆罕默德·卡辛，17—18世纪莫卧儿王朝第六代皇帝奥朗则布时期的历史学家，著作有《世界征服者（指奥朗则布）本纪》（Alagmir Namah）。

Mirza Qalich Beg 米尔萨·其阿里斯·白戈，18世纪信德语作家，作品有《迪拉兰》（Dilaran）、《则纳特·拉特·马祭农》（Zeenat Lath Majnun）。

Miscellaneous Topics （Vividha Prasanga）《杂题》，泰戈尔于1881年写的散文集。

Misdeo 米丝迪欧，古代印度人，传说他用长枪刺死耶稣的门徒多马。

Misl 平等军，18世纪12支锡克教军队的名称，每支由首领率领。

Misra 混合型诗，韵散混合的诗。

Mita 好友。

Mitaksara 密陀刹罗，12世纪智自在对《祭言法论》的注释。

Mitali 友谊。

Mithila 《罗摩衍那》中的密提罗国（Tirhat），遮那竭（悉多父）王国的首都。当今蒂鲁特与希尔尼亚。

Mithilaa 米梯拉查那格国的城市，因研究梵文而著称。

Mithridates I 米特里达特斯一世（?—138），安息国王，其军队曾推进到印度孔雀帝国领土。

Mithuna 双子座，情侣座。

Mithuna 爱侣，一对男女，性交，交媾，双子星座。

Mitra 藩王或同盟者提供的军队。

Mitra 朋友。

Mitra=Mitta 密多罗，印度神话里的司法、法术、道德准则之神。据传曾为广延天女的丈夫，知道妻子和风神伐楼那有隐情后，把她赶出天界，嫁给凡人为妻。

Mitra, Dinabandhu 米特拉，D.（1830—1873），印度孟加拉语戏剧家，有剧本《献身于上帝的女人》等。

Mitra Mera 友好协会。

Mitra Premendra 米特拉·P.（1904—），印度孟加拉语作家，作品有《第一个》等。

Mitra, Sisir Kumar 米特拉，希希尔·库马尔，印度现代哲学家奥罗宾多的弟子，20世纪30年代曾任印度贝拿勒斯印度教大学哲学系主任。

Mitrasaha 密陀罗娑诃，印度古代国王，苏达婆的儿子，曾射死由罗刹变的吃鹿的老虎，另外一只逃脱的罗刹在他进行祭祀时进行报复，变成厨师，把人肉做的食物献给极欲仙人，企图使他和仙人结仇，但阴谋被仙人识破。

Mitrasama 弥陀山，意译为静友，公元705年来中国译经。

Mitti Ki Gadi 《米提的职位》，哈希布·坦维尔（Hahib Tanvir）的作品。

Mizo 米佐语，印度东北部米佐拉姆邦的官方语言。

Mizoram Pradesh 米佐拉姆邦，在印度东北部，首府艾藻尔。

M L A 为Member of the Legislative Assembly（India）的简写，立法委员，是由印度立法机构系统里由选民选出的代表，参与立法的组织。

Mleccha （梵）蔑喉车（对非印度人蛮人的称呼），外国人，非雅利安人，贱民，非纯种人；土语，隐语，难懂的话。

Mo Yuan 墨园，民国某文化人的化名，1933年发表《回忆泰戈尔来华漫游》。

Mo Zi 沫子，记者，1981年发表《纪念泰戈尔》。

Mobini 迷人者。

Moda 穆德种姓。

Modaka 甜丸子。

Modakanirmana 做甜食的艺术。

Modern China 《现代中国》，谭云山1944年写的著作。

Modern Education Science 《现代教育科学》，吉林省教育学院和吉林省高等教育学会主办，1984年创刊，地址在吉林长春市。2007年10月刊登刘凤云的《浅谈泰戈尔的和谐教育思想》。

Modern History of Guangxi 《文史春秋》，于1993年底创刊，由广西政协主办。1998年4月第2期刊登刘作忠的《泰戈尔的中国情》。

Modern History Studies 《近代史研究》，由中国社会科学院近代史研究所主办，创刊于1979年。2012年第2期刊登郑师渠的《五四前后外国名哲来华讲学与中国思想界的变动》。

Modern Literature 《现代文学》，民国时期的文学刊物，1930年11月、12月刊登杨昌溪的《泰戈尔访问爱因斯坦》和《受俄邀泰戈尔赴俄》。

Modern Review 《现代评论》，现代综合性刊物。1924年12月13日在北京创刊，1928年12月29日出至第9卷209期停刊。王世杰负责编辑，主要撰稿人有胡适、高一涵、唐有壬、陈源、徐志摩等。内容涉及政治、经济、法律、文艺、哲学、教育、科学等各方面。《现代评论》是中国文笔改革之领先刊物之一，使印刷品从历代儒家文言走向口语白话文方向，是新作品的摇篮，同时也提供理论基础。1924年刊登江绍原的《泰戈尔戏曲集第二集》。

Modern School 德里现代学校，1936年创建。1936年4月25日泰戈尔为该校祷告厅奠基并于3月26、27日演出《齐德拉》。

Modh 班尼亚种姓之下的莫特亚次种姓。

Modi House 摩迪财团，印度大财团之一，1933年由摩迪创立。

Modigaliani 莫迪格利亚尼，意大利反法西斯主义者。泰戈尔1926年于7月10日再到维也纳，在这里会见玛提欧提审判的支持者莫迪格利亚尼，莫迪格利亚尼向他进一步讲了法西斯的专横暴戾。这些证据确凿的事实使泰戈尔大为震惊。他给《曼彻斯特卫报》写了一封信，表达了他对法西斯的强烈憎恨。意大利媒体大为光火，用激烈的言辞辱骂他。

Mofussil 穷乡僻壤。

Moggaliputta Tissa 目犍连子帝须，公元前3世纪印度佛教僧人，阿育王的国师。

Moghal Garden 莫卧儿花园，现称总统花园，在印度新德里总统府后面，园内有各种名贵花卉，每年2月中旬到3月中旬向公众开放。

Moglai 鸡肉米饭。

Mogul 大莫卧儿。

Moguls 莫卧儿人，16—19世纪统治印度的穆斯林，随莫卧儿王朝从波斯来，说波斯语。统治者是有突厥血统的蒙古人，是帖木儿（Timur Lenk）的后裔。

Moha 梦幻。痴，昏厥（佛教的），痴迷，慌乱。

Mohammad Ali Jauhar 穆罕默德·阿里·交哈尔，19世纪乌尔都语诗人。

Mohammad Iqbal 穆罕默德·伊克巴尔，19世纪乌尔都语诗人。

Mohammad of Ghor 古尔的穆罕默德，从阿富汗1193年攻入印度腹地。

Mohammad Salih Kanbo 穆罕默德·萨里·汗卜，17世纪沙贾汗时期的历史学家，著《沙贾汗本纪》(Shah Jahan Namah)。

Mohammad Shak 穆罕默德·沙，18世纪莫卧儿皇帝，喜爱音乐。

Mohammad Shal Sadarangeele 穆罕默德·沙·萨达兰吉尔，沙贾汗的宫廷乐师萨达兰格（Sadarang）对自己的作品签名时使用的名字。

Mohammad Wariz 穆罕默德·瓦里慈，莫卧儿王朝第五代皇帝沙贾汗的历史学家，与阿卜杜·哈米德拉合尔（Abdul Hamid Lahor）合写《巴德沙本纪》(Padshah Namh)，描写1638—1647年10年历史。

Mohammedans 伊斯兰教教徒。

Mohammed Basheer 穆罕默德·巴希尔，20世纪马拉雅拉姆语作家。

Mohamudgara 商羯罗的《启蒙课本》，解释吠檀多哲学的书。

Mohan, Jatindra 莫哼，占庭德拉，20世纪初印度独立运动的斗士，1933年8月被英国人囚禁而死。泰戈尔在纪念他的大会上讲了话。

Mohan Mohapatra 摩汗·莫哈帕特拉，现代印度奥迪西舞导师。

Mohan Rakesh 摩汗·拉开什，20世纪印度戏剧家，作品有《阿莎达的一天》(Ashadha ka Ek Din)、《未完成的一半》(Adhe Adhure)、《拉哈容的天鹅》(Laharan ke Rajhans)。

Mohan Singh 摩汗·辛格，现代旁遮普语作家。

Mohana=Mahava 莫哈那，极欲仙人与众友仙人为神牛争斗时神牛变出的人种和武器。

Mohanbhog 玉米面放在牛奶里熬的粥。

Mohanya 痴业，害业的一种表现，可以导致愚见，使人不辨善恶。

Mohaparajaya 13世纪名护写的《征服痴迷记》。

Mohar 莫哈尔，莫卧儿时期的金币，1840年由东印度公司废除。

Mohenjo-daro 莫亨焦-达罗，印度河文明遗址，在巴基斯坦。代表公元前2300年—公元前1750年的印度河文明。

Mohini 莫醯尼，毗湿奴的女性化身，众神与魔鬼争苏摩酒时，毗湿奴化为美女引开魔鬼，众神得到苏摩酒。另说，湿婆也为其美色所倾倒，请求毗湿奴再度化为美女莫醯尼，尽情拥抱爱恋。

Mohiniattam 莫醯尼阿特姆舞，19世纪初出现，含有婆罗多舞和卡达克舞两种要素。

Mohitachandra Sen 摩希多琼德罗·森(1870—1906)，英语和哲学教授，在国际大学经济困难的时期，将积攒的1000卢比捐赠给国际大学。他和妻子苏湿拉（Sushieelaa）都是泰戈尔最亲近的人。他于1903年编辑泰戈尔的9卷诗。

Mohur 小金盘，小金币。

Mokhatar 指定的合法代理人。

Moksala 无叉罗，印度僧人，3世纪从和阗来中国译经。

Moksha 解脱，耆那教九谛之一，从轮回或业中解放出来，灵魂的解放；得救，天堂；奥迪西舞的结束段。

Mokshadharma 解脱法。

Moktadeva 解脱天，小乘僧人给玄奘起的名字。

Moktar 合法指定的代表或律师。

Molar 莫拉尔，孟加拉民间曲调。

Molière 莫里哀（1622—1673年），喜剧作

M

家、演员、戏剧活动家。本名为让-巴蒂斯特·波克兰（Jean-Baptiste Poquelin）。莫里哀是他的艺名。莫里哀10岁丧母，外祖父经常带他去看闹剧、喜剧和悲喜剧，于是他从小酷爱戏剧。他早期思想受无神论和自由主义影响，立志以戏剧改良世风，自组剧团在巴黎演出，失败后，随流浪艺人到外省巡回演出，并从事创作。他是法国芭蕾舞喜剧的创始人。他的喜剧在种类和样式上都比较多样化。他的喜剧含有闹剧成分，在风趣、粗犷之中表现出严肃的态度。他主张作品要自然、合理，强调以社会效果进行评价。他的作品对欧洲喜剧艺术的发展有深远影响。在法国，他代表着“法兰西精神”。其作品已译成几乎所有的重要语言，是世界各国舞台上经常演出的剧目。莫里哀的作品有33部剧作和8首诗。主要作品有《可笑的女才子》（1659）、《伪君子》（1664）、《唐璜》（1665）、《愤世者》（1666）、《吝啬鬼》（1668）、《浦尔叟雅克先生》（1669）、《贵人迷》（1670）、《无病呻吟》（1673）等。1922年2月17日泰戈尔和她的学生在圣蒂尼克坦的国际大学举行莫里哀诞生300周年纪念活动。

Mona 梦幻。

Mongolian 蒙古人，是东北亚主要民族之一，也是蒙古国的主体民族。蒙古的起源：据记载，东胡被匈奴的冒顿单于击败后，退居乌桓山和鲜卑山，分为乌桓和鲜卑二族。乌桓在被曹操征伐之后衰落，鲜卑一族崛起，在西晋晋武帝时代，鲜卑主要分为段部、慕容部、拓跋部、乞伏部、柔然部等。其中柔然与北魏拓跋氏多次交战。柔然被突厥系民族击败后，分为南、北两支。柔然的南支逃到辽河上游，成为契丹人的宗源之一。北支逃到雅布洛诺夫山脉以东、外兴安岭以南的地区，是蒙兀室韦的祖先之一。《旧唐书》有“蒙兀室韦”，“蒙兀”与“蒙古”是同名异译，在蒙古语中意为“永恒的火焰”。

蒙古又分为漠西、漠南、漠北等分支。漠北诸部中，黄金家族来自室韦诸部，是成吉思汗家族的嫡系后裔。北宋时，在蒙古高原上的突厥系民族的统治逐渐衰落，居住于今日俄罗斯联邦赤塔州和蒙古国东方省地区的包括成吉思汗祖先的蒙兀室韦诸部开始西迁至蒙古高原。室韦诸部在突厥语中称作鞑靼。漠西蒙古诸部（后称为卫拉特蒙古人）则在同一时期在由突厥或突厥化的部落的基础上形成。同时将中国唐朝中期前和中国辽朝时的领土纳入蒙古版图。1206年，蒙古人伟大的开创者，世界历史上的杰出政治家、军事家铁木真统一了蒙古各部，结束了草原上连年的部落战争。同年春天建立蒙古汗国称帝，被誉为“成吉思汗”，并创制了自己的文字。此后多次发动对外征服战争，征服地域东到太平洋，西到黑海海滨。建立了世界上最大的横跨欧亚大陆的蒙古大帝国。1271年蒙古大汗国改名为大元国，或称“大元大蒙古国”，是为元朝的正式开始，蒙古大汗成吉思汗孙子忽必烈成为元朝皇帝。

Monier Williams 莫尼亚尔·威廉姆斯（1819—1899），著名的东方语言学家，东方学的学者，曾编纂梵文词典。

Monism 一元论。

Monroe, Harriet 梦罗，哈利特（1860—1936），女，美国《诗刊》的创始人，曾于1912年亲自编辑发表泰戈尔的6首诗。

Monsoons 季风。

Montagu 蒙泰古，印度国务大臣，1917年12月21日在加尔各答泰戈尔家族的乔拉桑科庄园会见泰戈尔。

Monte Carlo 蒙特卡罗，欧洲地中海沿岸摩纳哥的城市。1930年3月，泰戈尔开始访问欧美。经科伦坡于3月26日到达法国南部港口马赛，在欧洲地中海沿岸摩纳哥的城市蒙特卡罗附近的马汀角的卡恩家做客。在这里会晤捷克斯洛伐克总统马萨里克。

Montreal 蒙特利尔，坐落于加拿大渥太华河和圣劳伦斯河交汇处，是法国于1642年建立的殖民地，是加拿大20世纪70年代前的最大城市，现在是加拿大第二大城市、魁北克省最大城市。蒙特利尔最初被称为“玛利亚城”（Ville-Marie），一些历史学家认为蒙特利尔现在的市名来自Mount Royal（皇家山）。该市是典型的英法双语城市。因为全市的哥特式教堂语居民占多数，体现出独特的法国文化底蕴，被认为是北美的“浪漫之都”。蒙特利尔是一个繁荣的国际大都市，同时也是加拿大历史最悠久的城市，具有浓郁

M

的拉丁气息。

Montreaux 蒙特勒，瑞士城市，1926年月6月22日，泰戈尔因在意大利访问疲惫不堪，经瑞士蒙特勒到疗养胜地维勒讷沃疗养几天。

Moody, William Vaughan 穆迪夫人，友好人士，泰戈尔1913年访美时曾住在她在芝加哥的家里。1921年又住在她在纽约的家里。

Mookerjee, Shayama Prasad 穆克吉，夏玛·普拉萨德（1901—1953），印度社会活动家，印度人民同盟创始人。曾在英国学习法律。先后担任加尔各答大学副校长、印度教大会党副主席。印度独立后，任工业和供应部长。他主张建立统一的现代化印度国家，反对印巴分治，要求保护印度教的文化和传统。1931年担任泰戈尔诞生70周年大型庆祝会秘书。

Moor, Thomas 摩尔，托马斯（1779—1852），爱尔兰作曲家。

Moore, Thomas Sturge 穆尔（1859—1946），英国文学家，1913年以英国皇家文学会会长身份向瑞典学院推荐泰戈尔为诺贝尔文学奖候选人。

M

Mookambik 穆克姆比克，庙宇名，在乌迪毗（Udipi），亚克啥加纳舞（Yakshagana）发源地之一。

Moonda 剪发者，寡妇剪发，对寡妇的称呼。

Mopalaa 莫波拉人，南印度的穆斯林民族。

Moplah Rebellion 莫普拉起义，1921年8月20日的马拉巴尔沿海穆斯林抵抗英殖民主义的起义，直至1922年2月25日才被英殖民统治者平息。

Moral Warfare 《有道德的交战》，泰戈尔的信。

Morhas 无背竹子椅。

Morley John 莫莱·约翰（1838—1923），英国政治家，殖民主义者，印度事务大臣，1905—1911年为印度秘书，与当时的总督米顿一起进行统治体制的改革，建立了统治印度的新体制。他还是作家，作品有《伏尔泰传》等。

Morley-Minto Reform Act 莫莱-明托改革法案。英国印度事务大臣莫莱和印度总督明托于1908年共同提出的印度立法改革法案。主要内容是扩大各级立法议会（参事会）成员名额。总督任中央立法议会主席。议员无立法实权，民选议员受到财产资格等条件限制。改革没有触及英国殖民统治，旨在拉拢印度上层阶级，制造宗教纠纷，破坏印度民族运动。

Morning Post 《晨报》，是当时以梁启超、林长民为主导的政治派系“研究系”的官方报刊之一。瞿秋白曾是该报驻莫斯科通讯员。该报以及其副刊《晨报副刊》在当时的社会影响极大，鲁迅、徐志摩等名流都曾为其主笔。1925年11月首都革命火烧晨报馆事件时，徐志摩曾任晨报副刊主编。晨报旧址有两处，1924年前在菜市口胡同，1924年之后搬至宣武门外大街路东124号。因先后依附多位军阀，1928年国民党进驻北京后停刊。在1924年泰戈尔访华前后，该报刊登了许多关于泰戈尔的文章，包括《印度诗哲与飞来峰上之雕刻》《泰戈尔来京有期》《今晚抵京之泰戈尔》《各界热烈欢迎泰戈尔》《泰戈尔过鲁之盛况》《欢迎泰戈尔》《泰戈尔昨静养一天》《泰戈尔》《英美协会欢迎泰戈尔》《碧水绿荫之于北海与须发皓白之印度诗哲》《泰戈尔明日与北京学生相见》《今日下午之泰戈尔演说》《泰戈尔昨天游览御花园》《泰戈尔对京学界演说》《成功为诗人堕落之始》《泰戈尔在清华讲演》《北京画界欢迎会席上泰戈尔之演说》《竺震旦诞生与爱情名剧〈齐德拉〉》《泰戈尔昨天讲演纪略》《泰戈尔第二次讲演》《泰戈尔在京最后之演讲》《泰戈尔有意游俄》。该报还刊登了《诗人之泰戈尔》《文坛消息：关于泰戈尔来华》《泰戈尔的来函》《泰戈尔研究最需要的两本书》《泰戈尔之在南京》《我的理想及实现的泰戈尔先生》《研究“泰戈尔及其森林哲学”里面的翻译》《“大人之危害”及其他》《泰戈尔来信》《泰戈尔最近消息》《教育家的泰戈尔》《泰戈尔的齐德拉与瞿世英的齐德拉》《一个研究宗教史的人对于泰戈尔该怎样想呢?》《不了解的欢迎与不了解的驱逐》《泰戈尔》《个人对于泰戈尔之感想》《谁配翻泰戈尔的〈诗人的宗教〉》《一个研究文学史的人对于泰戈尔该怎样想呢》《泰戈尔与耶稣》《吃牛肉茶的泰戈尔——答江绍原先生》《问星处的预言》《“贪食好酒”和“税吏及罪人的朋友”耶稣和吃“英国人的牛肉茶及托士”的泰戈尔》《为什么有人硬以为泰戈尔与耶稣不能比》。

Morning Songs　泰戈尔的著名诗集《晨歌集》。

Moscow　莫斯科，现俄罗斯联邦首都，也是俄罗斯政治、经济、科学文化及交通中心。莫斯科面积1081平方千米，市区东西长30千米，南北长40千米，人口1047.3万人。莫斯科建城于1147年，迄今已有800余年的历史。莫斯科地处俄罗斯欧洲部分中部，跨莫斯科河及其支流亚乌扎河。莫斯科和伏尔加流域的上游入口和江河口处相通。莫斯科沿莫斯科河而建，由1147年的莫斯科大公时代开始，到沙皇俄国至苏联及俄罗斯联邦政权都一直担任着国家首都的角色，并一直作为上述政权的总部，有俄罗斯数个被列入世界文化遗产的建筑群。1930年9月11日，泰戈尔开始访问莫斯科。第二天，由苏联对外友协主席彼得罗夫主持，在对外友协大厦举行盛大的泰戈尔欢迎会。当晚由苏联对外友协和莫斯科作家协会在作家协会礼堂联合举办音乐会。在音乐会上泰戈尔会见了苏联艺术研究院主席克甘教授、莫斯科第二国立大学校长平科维奇教授、里托维诺夫夫人、女作家费多尔·格兰科夫、伊瑟夫和其他作家和艺术家。9月14日访问莫斯科孤儿职业培训中心，一个女少先队员念欢迎词。泰戈尔感谢，回答了孩子们的提问，并应他们的要求唱了自己创作的歌曲《人们的意志》。9月15日，泰戈尔访问电影摄影艺术家联盟。9月16日泰戈尔访问中央农民之家，和农民们交谈并回答了他们提出的问题。第二天，彼得罗夫教授在新西方艺术莫斯科国家博物馆举办泰戈尔绘画展。他的绘画被苏联美术评论家如克里实、西多罗夫等评价为“艺术生涯的伟大的展现”。泰戈尔在莫斯科第一艺术剧院观看托尔斯泰的戏剧《复活》、在莫斯科第二艺术剧院看《彼得大帝》、在莫斯科第一话剧院看印度爱情故事剧《白德卡》。泰戈尔接见大学生回答他们的提问，介绍圣蒂尼克坦的国际大学。泰戈尔访问了工业劳动者公社、国家人种博物馆、手工艺博物馆、革命博物馆等。9月24日在工会中央大厦举办的盛大招待会上泰戈尔致告别词，表达了他对苏联在教育和社会福利上取得的伟大成就，“我衷心感谢大家，是你们使我真真切切地看到了我许久以来梦想，解放束缚了无数代人民的思想的梦想”。在会上苏联诗人申加莱专门创作了诗《泰戈尔颂歌》，其他作家用俄语朗诵了3首泰戈尔的诗，演员西莫诺娃朗读了剧本《邮局》节选。

Moscow Art Theatre　莫斯科艺术剧院，苏联主要剧院之一。全称苏联莫斯科高尔基模范艺术剧院。K.C.斯坦尼斯拉夫斯基和B.И.聂米罗维奇－丹钦科于1898年创建。1930年9月18日，正在苏联访问的泰戈尔在莫斯科第一艺术剧院观看托尔斯泰的戏剧《复活》，在莫斯科第二艺术剧院看《彼得大帝》。

Moscow Association of Writers　莫斯科作家协会，1930年9月11日，泰戈尔开始访问莫斯科。第二天，由苏联对外友协主席彼得罗夫主持，在对外友协大厦举行盛大的泰戈尔欢迎会。当晚由苏联对外友协和莫斯科作家协会在作家协会礼堂联合举办音乐会。

Moslem　穆斯林，意思是顺服伊斯兰教的神安拉的人。这是伊斯兰一词的主动分词。一般提到的穆斯林泛指伊斯兰教教徒。此外，穆斯林也可以指穆斯林世界，可以指现今的伊斯兰国家或中世纪的阿拉伯帝国。2009年穆斯林总人数是15.7亿，占全世界的23%。

Motan Habib　莫昙·哈比卜，20世纪初的南非种族主义者。

Mother Earth　大地女神，史诗《罗摩衍那》里的女主人公悉多为了检验其贞洁，让大地女神收走。

Mother Goddess　母亲女神，有不同的名字，雪山神女帕尔瓦蒂（Parvati），大女神（Mahadeva），难近母（Durga），黄亮皮肤的女神高丽（Gauri），谷物女神安娜普尔那（Annapurna），黑女神巴厘（Mother Bali），残忍女神坎蒂（Candi），为夫殉葬女神萨蒂（Sati）。

Mother India　《母亲印度》。20世纪英国人梅奥小姐写的书。

Mother India　《印度母亲》，泰戈尔1927年的散文。

“Mother India”《“印度母亲”》，泰戈尔的公开信。

Moti Masjid　珍珠清真寺，在印度北方邦城市亚格拉，为莫卧儿王朝第五代皇帝沙贾汗建。

Motihari 莫提哈瑞，印度比哈尔邦的一个城市。

Motiram Bhatta 摩提兰·巴塔，现代尼泊尔语诗人。

Motors to Meerut 美如特汽车公司，1936年3月19日，在德里访问的泰戈尔在这里讲话，在德里电台朗诵自己的诗。

Mots Mahal 大王宫，乌代普尔的王宫。

Mottayita 怀恋。

Mou Zi 牟子（170年—?），名融，字子博，苍梧郡广信人，东汉末年佛学家。他是苍梧隐士，自幼博览群书，博学多才。他精通诸子百家，成为广西最早研究佛学的人，极力推崇老子的"绝圣弃智，修身保真"学说。三国初，著有《牟子理惑论》(37篇)，糅合儒、道各家学说，是中国第一部佛学专著。

牟子生活的时代，正是道教刚创立的时代。《牟子理惑论》一书引用了大量的道家著作，但牟子对道教的神仙、长生之说却持否定态度。这一情况表明，佛、道两教一开始就存在着矛盾，牟子对道教持批判态度，标志着佛道之争的开始。

在牟子身上明显地表现出了融会儒、道、佛三家的倾向。《牟子理惑论》一书反映了当时人们对佛教的理解，是研究佛教传入中国初期历史有参考价值的重要资料。

Moundja 蒙遮草。

Mount Abu 阿布山，庙宇，耆那教圣地。

Mount Holyoke College 毛霍利约克学院，在美国波士顿，1916年11月泰戈尔访问美国时曾在此作"论艺术"的演讲。

Mount Saugandhika 扫甘迪山，传说中财神的花园在这里，布军在哈奴曼指点下为黑公主摘荷花。

Mountbatten Louis 蒙巴顿（1900—1979），1946年担任最后一任印度总督，制定印巴分治的《蒙巴顿方案》。

Movement in Education《教育运动》，泰戈尔的谈话。

Mozoomdar，P. C. 马宗达，印度19世纪印度教学者。

MR The Modern Review 的缩写，见 The Modern Review。

Mr. Tagore's Conception of Education《泰戈尔先生的教育思想》，泰戈尔的谈话。

Mr. Teacher 《教师先生》，泰戈尔1907年写的短篇小说。莫朱姆达尔从英国学完律师回国了，他坐在马车上总觉得有一个看不见的影子缠绕着他，就坐在他身边，而且总觉得马车在迈丹广场兜圈子，他问车夫到底是怎么回事？车夫说马车没有兜圈。于是向他讲了一个三年前的今天发生在他这个马车上的故事。

地主奥多尔靠着父亲留下的大笔财产以放高利贷为生，是个典型的守财奴。只是在妻子诺尼巴拉生下宝贝儿子贝努戈帕尔之后才有所改变，允许妻子买首饰。儿子不喜欢古板的老家庭教师，于是在妻子的撺掇下，他辞了老教师，招聘新教师。来了一个名叫霍罗拉尔的穿着很破烂的只有中学文凭的年轻人应聘，小气的奥多尔为了省钱竟然招收了他。待遇是每月5个卢比，在他家免费吃住。儿子一下喜欢上了霍罗拉尔，他们很快成为形影不离的好朋友。霍罗拉尔一边工作，一边在加尔各答大学上预科。儿子不听妈妈的话，整天和霍罗拉尔在一起，引起了贝努戈帕尔的妈妈诺尼巴拉的不满，于是她在丈夫面前说霍罗拉尔的坏话。正好奥多尔丢了衣服，管家拉提坎多怀疑霍罗拉尔，奥多尔乘机让霍罗拉尔搬出去。但照常来上课，工钱增加2卢比。这下急坏了儿子，他拉着看门人占德拉班去找老师，要老师回去，但霍罗拉尔没法给他解释。后来一个英国人看准了霍罗拉尔，雇佣他在公司干活，月工资20卢比，后来升到40卢比，霍罗拉尔租了大房子，把妈妈从乡下接来住。贝努戈帕尔长大了，但被家长惯成了花花公子，不好好学习，交狐朋狗友。他嚷着要去英国学习法律，但父亲的条件是必须首先通过中学毕业考试，贝努戈帕尔无论如何也通不过。于是他想出坏点子，打老师霍罗拉尔的主意。因为霍罗拉尔每天拿4000卢比到郊区去收豆子。贝努戈帕尔偷走了霍罗拉尔掌管的3000卢比，留下偷来的妈妈的全部首饰和给他父亲和老师的信，第二天一大早乘上了去伦敦的轮船。等霍罗拉尔发现真相，一切已晚。他把首饰和信交给奥多尔，奥多尔诬赖他教唆儿子做贼。霍罗拉尔的老板知道霍罗拉尔不会干出偷钱之事，要霍罗拉尔说明到底谁偷了钱，霍罗拉尔不肯说真相，老板答应不叫警察，但他必须在一天内凑够丢失的3000卢比。霍罗拉尔在马车里兜了一天，车夫最后发现他死在车里。

Mrachakatika　《小泥车》，3世纪作家首陀罗迦的十幕剧本，约成书于公元2至3世纪。故事发生在八腊王统治下的优禅尼城，主要是写道德高尚但家产破落的婆罗门种姓商人善施和名妓春军之间的爱情波折和团圆的喜剧故事。另一条线索则以暗线形式穿插其间，写牧羊人出身的阿哩耶迦领导人民起义，杀死八腊王而登基称帝的故事。使善施和春军爱情发生波折并欲置他们于死地的人，是国舅和未出场的八腊王，而阿哩耶迦起义成功却是善施和春军得以团圆结束的根本原因。作者对正直、善良的受难者寄予深切的同情，热情赞扬他们坚持正义、敢于斗争的高贵品质。本书人物性格鲜明，语言朴实，生活气息浓厚，戏剧冲突合理，是印度古典文学的典范之作。

Mrdangas　印度音乐，一种战鼓。

Mrdavam　乱比，把缺点说成美德。

Mrga　瘦象。

Mrgadrs　鹿眼，印度人认为美丽女人的眼睛就像鹿眼，大而圆。

Mridanga　牟瑞弹加，古典音乐中一种的打击乐，鼓。

Mrigadava　鹿林，鹿野苑，在印度第一圣地瓦拉纳西西北10千米处，为佛祖初转法轮处。

Mrigu　湿婆披的羚羊皮。

Mrinaalinee Devi　穆丽娜里妮（1874—1902），泰戈尔的妻子，在不到10岁（9岁零10个月）的时候与泰戈尔结婚，在丈夫鼓励下掌握了孟加拉文，学会了英语和梵文，用孟加拉语改写了梵文的简易读本《罗摩衍那》，协助丈夫在圣蒂尼克坦创办学校并登台演出泰戈尔写的剧本。她11岁时生大女儿玛图莉洛达，13岁时生大儿子罗廷德罗纳特，16岁时生二女儿蕾奴卡，18岁时生小女儿米拉，20岁时生小儿子绍民德罗纳特。她去世前泰戈尔日夜守护在她的床前，去世时29岁，而泰戈尔当时还不满41岁。她去世后泰戈尔异常悲痛，从此后，没有再娶。

Mrinal　莲花台。

Mrinal　姆蕊纳尔，泰戈尔中篇小说《妻子的信》里的女主人公。

Mrinal Sen　米利纳尔·森，20世纪50年代印度著名电影导演。

Mrinalini Sarabhai　姆蕊纳莉尼·萨拉拜伊，卡达卡利舞女先驱。

Mrs. Bena　倍纳夫人，意大利诗人，1924年5月28日，正在访华的泰戈尔在位于上海的倍纳夫人的学校发表关于儿童教育的讲话。

Mrta　死。

Mrtasanjivanni　起死回生药。

Mrtasanjivanni vapi　赋予生命的池子。

Mrtasanjivanni vidya　起死回生术，避死术。

Mrityu　死神。

Mrutunjaya　《牟如屯迦亚》，阿萨姆作家比邻德拉·库马尔·巴塔查亚（Birndra Kumar Bhattacharya）的小说。

MST　More Stories from Tagore 的简写，泰戈尔的其他小说。

Mu Xi　木樨，民国某学人的化名，1942年发表《悼泰戈尔翁》。

Mu Zongyan　牟宗艳，华北电力大学老师，发表《泰戈尔的"人生亲证"——泰戈尔人学思想探析》。

Muazzam　穆阿扎姆（1643—1721），莫卧儿王朝第六代皇帝奥朗则布的儿子，即位后称巴哈杜尔一世。

Muchkunda　牡齐坤达，一种花，气味香甜。

Muchkunda　穆俱昆陀，印度神话里的王子，因助天神打败阿修罗，天神赐他安睡，干扰者被他体内喷出的火焰烧为灰烬。黑天赐他随意游玩天界。

Muculinda　林拓树。

Muda　姆达，天女的一族。

Muddana　《木达纳》，17世纪坎纳达语作家写的书，即《拉克西米那让纳帕》（Lakshiminaranappa）。

Mudga　绿豆。

Mudgala　穆托加罗，印度神话里的仙人，贫穷但诚实大方，把捡来的食物献给敝衣仙人而感动对方，仙人带他去天界，但他只要求没有悲伤、没有忧愁、永远安宁的生活。

M

他矢志苦修，达到至善境界。

Mudita　悲

Mudiyettu　穆迪耶图，克拉拉邦的一种宗教仪式性的舞蹈剧。

Mudki Battle　穆德基之战，英殖民者与锡克教国家1845年12月在旁遮普的穆德基（今费罗兹普尔）进行的战斗，由于统帅辛格的叛变锡克人败。

Mudra　穆德拉，印度硬币；印章，神秘的手势，姿势，手印。在印度传统戏剧、舞蹈、雕刻和绘画中，各种程式化的手势形成了一套独特的语汇，可以表达人物内在的精神和情感，被称作“肉体的花朵”“灵魂的手势”。

Mudra　炒面。

Mudraraksasa　《指环印》（Signet of Raksasa），7—8世纪昆舍怯达多（Visakhadatta）写的梵语剧本。故事情节是：摩羯陀孔雀王朝新朝宰相贾纳吉耶想争取智勇双全的旧朝宰相罗查归顺。他打听到罗查的妻子儿女藏在珠宝商家，并捡到了罗查的指环印，于是伪造文书，挑拨罗查和盟军首领反目，罗查被逐，新王月护要处死珠宝商，罗查为救商人，同意归顺新朝。

Mudristakumudacandraprakarana　《哑口无言》，12世纪作家名月（Yasascandra）写。

Mudvalan　穆德瓦兰，印度泰米尔地区对毗湿奴大神的称呼。

Mu’erming Road　慕尔鸣路，即现在上海的茂名北路。1924年4月13日，上海各界在慕尔鸣路37号召开盛大的泰戈尔访华欢迎会；5月29日，上海各界代表150多人，又在这里为泰戈尔举行了欢送会。泰戈尔讲了话，和欢迎会相比，他的演讲中透出几分悲哀。因为他在北京遭到了一些人的不了解和散传单反对。第二天，泰戈尔一行从上海乘船去日本访问。

Mufti Haji-el-Husaini　姆夫提哈吉-艾勒-胡塞尼，20世纪30—40年代巴勒斯坦民族领袖。

Mugdhabodha　《迷人之感》，又译为《迷人的学识》。由印度7—8世纪的语法学家博波代波（Bopadeba）所著。此书为印度古代有名的语法书。

Mughal Empire　莫卧儿王朝（1526—1858），由帖木儿的六世孙巴布尔侵入印度后创立的王朝，“莫卧儿”（Mughal）为蒙古一词的变音，其创立者巴布尔自称为蒙古人，故名。前六任皇帝巴布尔、胡马雍、阿克巴、贾汗吉尔、沙贾汗和奥朗则布时期最为强盛，之后逐步衰落，至1858年为英国人所火。阿克巴在位期间（1556—1605），厉行改革，加强中央集权，对外扩张，帝国疆域东起阿萨姆，西达阿富汗东部。奥朗则布统治时期（1658—1707）征服德干高原，国势最盛。18世纪时，波斯、阿富汗屡次入侵，欧洲殖民者加紧渗透，各地总督割据，帝国衰落。1857年由于英国人全面占领印度而基本瓦解，末代皇帝巴哈杜尔·沙二世（1837—1857）为英国废黜，王朝终结。

Mughal-e-Azam　《伟大的莫卧儿王朝》，20世纪60年代阿西飞（Asifi）拍摄的影片。

Muhammada　穆罕默德（570—632），穆罕默德（阿拉伯文：儆）是伊斯兰教的创复兴者，也是伊斯兰教徒（穆斯林）公认的伊斯兰教先知。中国的穆斯林普遍尊称之为“穆圣”，也称作“马圣人”。按传统的穆斯林传记，他约于570年出生于麦加，632年6月8日逝世于麦地那。他的全名是穆罕默德·本·阿卜杜拉·本·阿卜杜勒-穆塔利卜·本·哈希姆。穆斯林认为穆罕默德是亚伯拉罕诸教的最后一位先知。此外，他还统一了阿拉伯的各部落，并以此奠定了后来阿拉伯帝国的基础。同时，穆罕默德也是世界上最常用的名字之一。

Muhammad Abdur Rahman Chaihtai　穆罕默德·阿卜杜尔·罗曼·柴塔伊，印度画家。

Muhammad Adil Sha Sur　穆罕默德·阿迪勒沙·苏尔（？—1556），苏尔王朝末代国王。

Muhammad Bin Tughluk　穆罕默德·宾·图格鲁克（？—1351），图格鲁克国王。

Muhamd Ibn-Qasim　穆罕默德·伊本-卡西姆，8世纪侵入印度的阿拉伯军队著名将领。

Muhammad of Ghur　古尔的默罕默德（？—1206），德里苏丹国的奠基人。

Muhammad Jaisi　穆罕默德·詹西，16世纪作家，用阿瓦德语写《莲花公主》（Padmavat）

Muhammad Rail Sauda　穆罕默德·莱依，

18世纪乌尔都语作家。

Muhammad Shah 穆罕默德·沙（1701—1748年在位），莫卧儿王朝第六代皇帝奥朗则布的孙子，莫卧儿皇帝。

Muhammad Sultan 穆罕默德·苏丹（？—1676），莫卧儿王朝第六代皇帝奥朗则布的长子。

Muhammad Tughlaq 穆罕默德·吐古拉克，阿富汗将军，14世纪率德里的追随者反叛，建立巴曼独立王朝。

Muharram 穆哈拉姆节，伊斯兰教哀悼节日。

Muhr 金币。

Muhtasib 德里苏丹和莫卧儿王朝时期的市场监察官。

Muhurta 暂时，印度古代把一天分为30个暂时，每个暂时大约48分钟。

Muhurta 穆呼塔，婚礼第一天，最重要，最庄严、最幸福吉祥的一天。

Muirhead Bone 穆里海德·博恩（1876—1953），英国水彩画家，泰戈尔的好朋友。1920年5月泰戈尔访问英国时，就住在位于皮特斯菲尔德的他家里。

Mujvan 牟吉湾，山名，那里生长最好的苏摩植物。

Mukha 开头。

Mukhalinga 喷射型林迦，为梵天、湿婆、毗湿奴三位一体神的象征。

Mukhbatay 穆科巴泰，属于低种姓的姓氏。

Mukherjee, Debabrata 穆克基，泰戈尔时代的英国翻译家，曾于1912年与森（Sen, K. C.）把泰戈尔的剧本《暗室之王》和《邮局》翻译成英语。

Mukherjee, Sujit 穆克吉，苏吉特，印度学者，写有《通向美国之路》。

Mukherji Ashutosh 穆克吉·阿叔托师（1864—1924），泰戈尔时代的印度教育家。

Mukerji, Dhurjati Prasad 穆克吉，杜尔加提·普拉萨德（1895—1961），印度经济学家、社会学家和音乐批评家，作品有《泰戈尔研究》《音调与音乐》等。

Mukherji, Nanda 穆克吉，南达，当代印度学者，2007年为出版《泰戈尔全集》第四卷搜集文本。

Mukhopaadhyaay, Debabrata 穆克巴泰雅，德巴布拉特，泰戈尔时代印度泰戈尔作品翻译家，留学牛津大学，曾翻译泰戈尔的《暗室之王》《邮局》等。

Mukhopaadhyaay, Dhurjatiprasad 穆克巴泰雅，印度著名音乐家，泰戈尔曾经和他交流过对音乐的看法。

Mukhopaadhyaay, Mangalaanand 穆克巴泰，蒙戈拉依伊，泰戈尔的第十一代先祖舒克代博的妹夫，洛特诺玛拉的丈夫，是个穷婆罗门。

Mukhopadhyaya, Prabhatkumar 穆克巴泰雅，P.（1892—1985），印度泰戈尔传记的权威，17岁到圣蒂尼克坦，从此一直住了下来。他出版了许多泰戈尔作品参考书，写了4卷本的《泰戈尔传记》，其他著作有：印度地理词典《新智婆罗多》《印度民族运动史》。还于1930年5月写了文章《泰戈尔与Prabesak》，引用了泰戈尔的《少拉普尔的军事法》一文。

Muksha 解脱。

Mukta 铁饼，印度古代的一种武器。

Muktadhaara 《摩克多塔拉》（《瀑布》），泰戈尔1922年写的剧本。见The Waterfall。

Muktabai 姆克塔白，力瑜伽女圣人。

Muktadhara 泰戈尔于1922年写的象征剧《瀑布》。见The Free Current。

Mukta-kukta 印度古代一种既像铁饼又像狼牙棒的武器。

Muktananda 牟克塔南达，20世纪印度教导师。

Mukteswara 穆克泰西瓦拉神庙，在奥利萨邦的布瓦内斯瓦；自由给予者，解脱者。

Mukti 解放，解救，解脱。

Mukttir Upaay 《解脱之路》，泰戈尔1938年根据1892年同名短篇小说改写的剧本。见The Way to Deliverance。

Mukul 姆库尔，印度美术管理家。1935年12月泰戈尔给他写信，谈建立国家艺术画廊的具体设想。

Mukula 花蕾手势。

Mukunda Raja 穆坤达·罗阇，国王，20世纪初资助马拉雅拉姆语诗人瓦拉托尔·那拉衍瓦·梅农（Vallathol Narayava Menon）建立卡拉曼达兰（Kalamandalam）学校。

Mukundaraja 穆坤达罗阇，12世纪马拉提语哲学家，他的《明智的信度》(Viveka Sindhu) 被认为是第一部用通俗易懂的形式阐述吠陀哲学的马拉提语作品。

Mukundaram Cakrabartee 穆昆德罗拉姆，16世纪孟加拉诗人，《琼迪颂歌》的作者，被誉为"诗人臂钏"。

Mukunduram Chakravarti 姆昆杜兰·查克拉瓦蒂，16世纪孟加拉有名的颂神诗人，最有名的作品为《坎蒂玛加尔》(Candimangal)。

Mukut 《王冠》，泰戈尔的象征剧，描写三王子施展阴谋和两个哥哥争夺王冠最后身败名裂的故事。见 The Crown。

Mukutaka 衣冠师。

Muladeva 穆拉黛瓦，印度古代最大的流氓。

Muladhara 根源，中心。

Mulagandhakuti Vihara 穆腊干达库提佛教庙，在印度圣地瓦拉纳西附近的鹿野苑，鹿野苑是佛祖初转法轮处，该佛庙建于1931年，泰戈尔专门为其开光写了一首诗。

Mulasarvastivadins 《根本说一切有部毗奈耶》，是唐义净去天竺后带回的昆奈耶（Vinaya）五十卷。它是五部律之一。《根本说一切有部毗奈耶破僧事》是佛教律藏中，根本说一切有部《八十诵律》的一部分，共二十卷，由唐代高僧义净译出。根本说一切有部是佛教部派之一，佛灭后三百年，由部派佛教上座部所分出，"毗奈耶"律藏的音译，系规定戒律之典籍。此书记述释迦牟尼佛的祖先王统入胎出生、早年生活、出家成道、早期传教等事。因特别记载了提婆达多破坏僧团之事，故得此名。

Mulasthana 发源地。

Mulasutta 四根本经。

Mulki Raj Anand 穆尔基·拉吉·阿南德，印度英语作家，作品有《苦力》(Colie)、《不可接触者》(Untouchable)、《大心》(The Big Heart)。

Mulla Nizamuddin Ahmad Harami 穆拉·尼扎姆丁·阿玛德·哈拉米，莫卧儿时期历史学家，写《阿克巴通史》(Tabaqutni-Akbar)。

Mullah 毛拉，穆斯林教义的导师。伊斯兰教教职称谓。旧译"满拉""莫洛""毛喇""曼拉"。其来源于阿拉伯语 Mawla，用来称呼伊斯兰教的教士。阿拉伯语音译，原意为"保护者""主人""主子"。志费尼《世界征服者史》载有"主啊!吾人之保护者"一语，其中"保护者"一词的原文即为"毛拉"(Mawla)。随着伊斯兰教的传播和发展，今为由清真寺经堂大学或经学院"穿衣"毕业，具有较高宗教学识的宗教人员的通称。中国的回族穆斯林称"毛拉"为"阿訇"。

Mullai 灌木地。

Muller Friederich Max 穆勒·弗里德里西·马克斯（1823—1900），英国语言学家、印度学家，作品有《梵文文法》等，翻译和编纂《梨俱吠陀》。

Mulosheki 慕罗佘吉，克什米尔佛教高僧，公元1005年来中国传教。

Multan 木尔坦，巴基斯坦东部城市。纺织工业中心，位于杰纳布河下游流域，人口380万，是一个有2500年历史的古城。

Mumbai 孟买原来写法，在马拉提语中，它指穆姆巴女神，一位也称为"穆穆巴女神"的地方女神。

Mummadi Krishnaraja Wodeyar 姆马迪·克里希纳罗阇·沃德雅尔（1799—1868），迈索尔国王，他统治期间支持袖珍画，恢复印度教规则。

Mumtaz Mahal 穆姆塔慈·马哈尔（1592—1631），原名阿珠曼·芭努·贝贡（Arjumand Banu Begun），莫卧儿王朝第五代皇帝沙贾汗的爱妾，是努尔贾汗的哥哥阿萨夫汗的女儿。39岁时死于难产。泰姬陵就是为她修的。

Mumtaz Mahal 荣显宫。

Mund-Mala 骷髅。

Munda 被强行剃光头发的寡妇，秃寡。

Mundana 剃发礼。

Muni 牟尼，仙人，圣人，入定者，沉默苦行僧。

Mundaka Upanishad 《秃顶奥义书》，《剃发者奥义书》。

Mungpoo 蒙戈普，印度西孟加拉邦喜马拉雅山区小城市，1938年5月21日，泰戈尔来到这里，住在森夫妇家里。1940年4—5月，泰戈尔再次来这里，在森夫妇家做客。

Munich 慕尼黑，德国南部第一大城，全德国第三大城市，是德国巴伐利亚州的首府。慕尼黑分为老城与新城两部分，总面积达

310平方千米，总人口约130万，有“百万人的村落”的美称。它享有“欧洲建筑博物馆”的美誉，哥特式、古罗马式、巴洛克式古建筑以及各式现代化的建筑比比皆是，圣母教堂、路德维希大街是这座城市不可遗忘的部分。自中世纪起，慕尼黑就以啤酒而闻名，现在是世界第三大啤酒生产地。一年一度的啤酒节让整个城市都沉浸在欢乐的气氛中。这里还是高科技产业中心，宝马、西门子等世界性的大企业总公司就设在慕尼黑。慕尼黑工科大学的科研开发堪称世界一流。2013QS世界大学最新排名慕尼黑工业大学排第53位。1921年6月5日泰戈尔访问慕尼黑，会见托马斯·曼等德国文学界领军人物。6月7日泰戈尔在慕尼黑大学演讲，亲手把演讲的门票收入捐献给“慕尼黑的挨饿的孩子们”。1926年9月，泰戈尔访问德国时再次访问慕尼黑。1930年7月19—24日，泰戈尔再次访问这里。

Munigan　牟尼甘，湿婆的儿子，战神塞建陀，也叫鸠罗摩，南方人的原型。

Munisri　寂默，9世纪印度佛教僧人，曾来长安译经。

Munisvara　牟尼斯瓦罗，17世纪印度天文学家和数学家。

Munjala　蒙迦拉，10世纪印度天文学家。

Munnu（Three）　牟奴，数字三。

数字3在印度文化中很重要，比如：

三种火：祖先祭火，火炉为半圆形；家主火，火炉为圆形；供养火，火炉为方形。三类贱民：社会地位低下的人有三类，即无妻之人、无子之人和无佣之人。贵族三交易：联盟、联姻和诉讼。三动作：手势、示意和情感表达。人的三状态：清醒、做梦和睡眠。物质的三种存在形态：固体、液体和气体。三种姿势：勇健姿势、莲花坐姿势和万字手势。三种情节：共知型、产生型和混合型。三债：神债、阴灵债和先知债。三愿望：求子、求财和求妻。三业：意活动、口活动和身活动。时间三界限：过去、现在和未来。甘达婆三职责：侍奉可敬之人、研究音乐舞蹈和学习女神。生灵三天性：善良、贪婪和愚昧。三大导师：母亲、父亲和老师。三界：天堂、凡间和地狱，或神界、人界和阴界。三甜食：蜂蜜、糖和车前草汁。三大神：梵天、毗湿奴和湿婆。三性：阳性、阴性和中性。三祭祀：业祭祀、宗教祭祀和心灵祭祀。三吠陀：《梨俱吠陀》《耶柔吠陀》和《娑摩吠陀》。三瑜伽：智瑜伽、信瑜伽和业瑜伽。吠舍种姓三职业：农业、牧业和商业等。

Munrurai　《姆恩如拉伊》，泰米尔语作家帕拉莫里（Palamoli）的作品。

Munshi，K. M.　门西，19世纪古吉拉提语作家。

Munshi Udhoram　孟希·乌多兰，18世纪信德语作家。

Munsif　听取民事案件的次等法官。

Munster　芒斯特，爱尔兰南部面积最大的省区，包括克莱尔、凯里、蒂珀雷里、科克、利默里克和沃特福德等6郡，面积24210平方千米，人口88.2万。地处肥沃的农业区内。历史上为爱尔兰古王国之一。

Muntakhab-ul-Lubad　《精华录》，17世纪莫卧儿王朝第六代皇帝时期历史学家哈菲汗写的历史书，记载奥朗则布的统治制度。

Muntakhab-ul-Tawarikh　《历史选集》，莫卧儿王朝第三代皇帝宫廷历史学家巴道尼写，记述阿克巴的统治。

Muqta　受赐者，10世纪德里苏丹国享用领地的军官。

Muquddam　村长。

Murad Bakhsh　穆拉得·巴赫什，莫卧儿王朝第三代皇帝阿克巴的二儿子。

Murad　穆拉得，莫卧儿王朝第五代皇帝沙贾汗的第四子。

Murari　牟罗利，9—10世纪作家，作品有《无价的罗摩》（Anargharaghava）。

Murchana　令人如醉如痴之歌。

Murgasirya　鹿头，舞蹈手势，依据蛇头手势，中间三指朝下，拇指和小指朝上。

Murray，Gilbert　穆雷，吉尔伯特，英国著名学者，从1934年9月16日起与泰戈尔通信，讨论东西方关系问题。二人的通信以后由国际联盟智力合作学院出版成小册子。

Murshidabad　穆尔西大巴德，孟加拉的名城，1857—1799为孟加拉首府。

Murti　偶像，形体，形状，神像，神秘现象的具体化。

Murty，Kotta Satchidananda　摩蒂（1924—），

印度当代哲学家，著作有《印度的精神》等。

Murugan 姆卢迦，山神，由祭司供奉的狂舞的神。

Murugan 木如甘，战神塞建陀（Skanda）在泰米尔的名字。

Muruku 手镯，脚镯。

Musahar 贱民种姓名，以抓鼠为生。

Musala 杵，臼，碾锤。

Musalmaan Chhatrer Baanglaa Shikkhaa 《穆斯林学生学习孟加拉语》，泰戈尔的散文。

Musalmaaneer Galpa 《穆斯林的故事》，泰戈尔的短篇小说。见 The Story of A Mussalmani。

Musaman burj 八角塔。

Musee Guimet 桂梅博物馆，在巴黎，1920年8月泰戈尔访问法国时，当地人士在此处为泰戈尔举行欢迎会。

Music and Feeling 《音乐与感情》，泰戈尔于1881年在加尔各答医学院做的演讲。

Music Lovers 《音乐爱好者》，创刊于1979年，是国内最权威的音乐杂志之一。1980年2月第1期刊登陈露茜的《泰戈尔与印度音乐》。

M

(A) muslim's affection for his chickens 穆斯林吃鸡，为了吃肉也养鸡，这点和印度教徒不同。

Muslim League 穆斯林联盟，1906年建立。1920年真纳当选为该联盟主席。1940年3月在拉合尔联盟代表大会上，真纳提出印度穆斯林应建立一个分治的伊斯兰国家的主张。1947年巴基斯坦建国后，联盟分裂。

Mussolini 墨索里尼（1883—1945），意大利法西斯党魁，独裁者，第二次世界大战的元凶。1922年至1943年期间任意大利王国首相。墨索里尼在1925年1月宣布国家法西斯党为意大利唯一合法政党，从而建立了意大利法西斯主义独裁的统治。墨索里尼与德国总理希特勒于1939年5月22日签订意德钢铁条约。1940年6月10日意大利正式加入轴心国进入第二次世界大战。随后墨索里尼在意大利北部建立意大利社会共和国。1945年4月27日，墨索里尼在逃亡途中被游击队发现并俘虏，翌日，墨索里尼和他的情人克拉拉·贝塔西在科莫省梅泽格拉被枪决。后被愤怒的群众暴尸。1925年11月21日来担任客座教授的卡罗·弗米契给国际大学带来了大量的墨索里尼赠送的珍贵的意大利典籍。1926年5月31日，墨索里尼接见正在意大利访问的泰戈尔。

Mussoorie 穆索里，印度喜马拉雅山区乌塔拉坎德邦的城市。

Musti 拳头。

Mustika 木思提加，一阿修罗的名字。

Mustika 穆湿底加，一种最受轻视的人。

Musundi 木孙迪，一种兵器。

Mutaliyar, Bammal Sambanda 牟达利雅尔（1873—1964），印度泰米尔语戏剧家，创作94部戏剧，主要作品有《普什巴瓦丽》《贼首》等。

Mutammad Khani 姆塔玛德·卡尼，阿克巴的历史学家，为阿克巴写传记《鼎盛大业史》（Iqbal Namah）。

Mutan Mama 新妈妈。

Muthuswami Dishitar 穆图斯瓦米·迪什塔尔，19世纪印度作家。

Mutiny 1857年反英大起义。

Mutta Nizamuddin Ahmad Harayi 木塔·尼扎姆丁·阿哈马德·哈拉伊，莫卧儿王朝阿克巴时期的历史学家，写《阿克巴传记》（Tabaqut-i-Akbart）。

Muttering the goddess Durga's name 孟加拉人的传统认识，从事危险重大工作时念杜尔迦的名字可保平安无事。

Muut 泰戈尔的象征剧《王冠》。见 The Crown。

Muvalakulikamundi 木瓦拉库里卡门。

Muvalam 三人的深度。

Muvra Gopala 黑天神。

Muzaffarpur 穆扎法普尔，古代的吠舍离，在比哈尔，是佛陀多次说法的地方，还是耆那教祖师大雄诞生的地方，公元前6世纪为离车族首城兼跋祇共和国首都。印度比哈尔邦西北部城市，在布尔西甘达科河右岸，是通往尼泊尔的交通中心之一。

Muziris 穆吉里斯，即克兰甘诺尔（Cranganore），西印度马拉巴尔沿海港口。

My Boyhood Days (Chlelebela) 泰戈尔于1940年写的自传《我的童年》。

My Conception of God 《我的神学观》，泰戈尔的谈话。

My Dedication to Gurudeva Tagore 《我献身给师尊泰戈尔》，谭云山1924年写的著作。

My Fair Neighbour 《女邻居》，泰戈尔于1901年写的短篇小说。我喜欢我的邻居漂亮寡妇，但羞于启齿，于是在报纸上大力提倡寡妇改嫁，并声称，如果有人愿娶寡妇，本人愿意出全部婚礼费用。有一天，我的对诗一窍不通的朋友诺宾突然拿着诗来让我改。这是一首爱情诗。于是我把自己的女邻居的感情"改在"诗里。一首首的诗居然以诺宾的名字发表了。诺宾与那位诗中情人居然通过她的哥哥认识了。二人以诗传情，真的有了爱情。有一天，诺宾来找我，说他准备和一位寡妇结婚，我当即兑现诺言，并且给新人加上半年的生活费，开了支票。我问新娘子是谁，诺宾说就是我的女邻居。我听了差点晕倒。

My Interpretation of Indian History（Bharatvarshe Itihasher Dhara）《我的历史观》，泰戈尔于1912年写的文章，由嘉度纳特·萨卡尔（Jadunath Sarkar）翻译成英语，翌年发表在《现代评论》上。

My Last Talk in China 《在中国的最后一次讲话》，泰戈尔1924年5月18日在中国的告别演说。

My Offence 《我不高兴》，泰戈尔的诗。

My Pictures 《我的绘画》，泰戈尔的散文。

My Prayer for India 《为印度祈祷》，泰戈尔的诗。

My Reminiscences（Jivansmriti） 《我的回忆》，泰戈尔于1911年写的回忆录。

My School 《我的学校》，泰戈尔分别于1924年6月12日、1926年6月17日在日本和意大利做的同名讲话。

My Song 《我的歌》，泰戈尔《新月集》里的诗。

My Vina Breaks Out 《我的维纳琴弦断了》，泰戈尔的短诗。

My Visit to Persia 《我的波斯之行》，泰戈尔的散文。

My Young Friends 《我的年轻朋友》，泰戈尔1934年12月的书信。

Myaajishiyaan 魔术师。

Mylapore 米拉普尔，地名，在马德拉斯附近，第一位基督教传教士托马斯（Thomas）死后埋葬在这里。

Mymensingh 迈门辛，孟加拉北部城市。位于布拉马普特拉河故道右岸。1926年2月15日泰戈尔访问这里。

Myron H. Phelps 麦伦·普海浦，泰戈尔时代的美国法律学家，曾于1912年访问泰戈尔创办的位于圣蒂尼克坦的国际大学。

Myself and Bengal Renaissance 《我与孟加拉文化复兴》，泰戈尔于1934年10月24日在圣蒂尼克坦艺术学院举办的泰戈尔画展开幕式上的讲话。

Mysore 迈索尔，印度西南部城市，印度南部卡纳塔卡邦的第二大城市，面积124平方千米，人口120万，在卡纳塔克邦南部、查蒙迪山山麓盆地中，风景秀丽，有"印度公园"之称。曾是迈索尔邦的首府。附近产金。有棉纺织工业和碾米、面粉、食油、烟草、咖啡及制茶工业。传统手工业品有丝织、檀香木器等。铁路通班加罗尔、马德拉斯和浦那。迈索尔是南印度的文化与宗教中心。迈索尔是一座庄严、神秘、迷人的城市。作为一座有五百年历史的宜居古城，迈索尔有大量的文物、遗址，并且曾经是卡纳塔卡邦的都城。城里有著名的迈索尔王宫。迈索尔有印度的重点大学，所以她还是印度的文化教育中心。一直到1947年印度独立之前，这里都是迈索尔土邦王国的首都，属于英国统治时期三大土邦王国之一，传承了25位国王。最后一位国王于1974年9月去世，他的后裔因为没能登位加冕，也就没有了国王的称号。迈索尔王宫是印度最有名的王宫。泰戈尔于1918年来此地。

Mysore 迈索尔邦，印度旧邦名，即现在的卡纳塔克邦。

Mysore Wars 迈索尔战争，18世纪后期英国征服南印度迈索尔国家的侵略战争，迈索尔沦为英国藩属。

Mythic Society "神话研究学会"，设在印度南部城市迈索尔，1919年3月8日泰戈尔曾在该学会会议上发言。

Nn

N. C. Kelkar 凯尔卡，19世纪马拉提语作家。

Na iti na iti 非如此，非如此。

Na nirtante 不再反复，不再投生

Naaidu, Sorojanee 奈都，绍罗吉妮（1879—1949），印度政治家、社会活动家、女诗人。她与马德拉斯人奈都结婚，所以又被称为“奈都夫人”。她自幼天资聪明，12岁通过大学考试，13岁能用英文写诗，享有“印度夜莺”的美称。她1894年去英国留学，1898年返回印度后冲破家庭阻挠和社会种姓制度的束缚，与首陀罗出身的青年奈都结婚。她主张社会改革，反对种姓隔离，提倡女权，积极参加印度民族独立运动，多次入狱。1925年当选为国大党第一任女主席。1931年出席伦敦圆桌会议。印度独立后，她曾任联合省（今北方邦）省长。她著有《金色的门槛》《时间之鸟》《折断了的翅膀》等诗集，作品包含爱国主义激情。1933年，她策划、资助了孟买的泰戈尔周。1934年1月5日，泰戈尔在圣蒂尼克坦会见奈都夫人。

Naamanjur Galpa 《无法证明的故事》，泰戈尔的短篇小说。见The Unapproved Story。

Naarada 那罗陀，印度神话传说中的维琴创造者，后来他创造了天上的恒河。

Nabaab 纳瓦布，波斯统治印度时期的藩王称号。

Nababarsha Upalokkhe Gaajipure Brahmopaasanaa/ Udbodha 《在伽吉布尔诵读的新年祝词》，泰戈尔的散文。

Nababarsho 孟加拉新年。

Nabadveep 讷伯德维普，意译为“新岛城”，印度诺迪亚县内的城市，西孟加拉邦印度教徒的圣地之一，孟加拉最后一位印度教国王的京城，曾是梵语研究教学中心之一。

Nabagopaal Mitra 诺博戈巴尔·米特罗（1840—1894），泰戈尔家族的朋友，印度教庙会的创始人。孟加拉学者，他是当时典型的民族主义者，与泰戈尔的父亲先后创建了《民族报》、民族学校和“民族学会”。

Nabajaatak 《新生集》，泰戈尔1940年写的诗集。

Nabani Das Baul 纳巴尼·达斯·包乐，泰戈尔时代的包乐派歌手。

Nabeendra Sen 诺宾·森，即诺宾德罗·森（1847—1909），孟加拉语诗人，出生于吉大港县的诺亚巴拉村。他的第一部诗集是《闲暇时光》。1876年他的诗作《普拉西之战》出版。他的作品还有《俱户之野》《雷波多克》《普罗帕什》《我的生活》等。

Nabhaka 那婆迦子仙人，《梨俱吠陀》作者。

Nabhaka Kanva 甘婆子仙人，他的《婆楼那赞》发展了幻的美学内涵。

Nabhi 脐，车毂，核心，中心。

Nabin （Rejunenescence） 《返老还童》，泰戈尔于1930年写的歌舞剧，反映人和自然的和谐。

Nabinchandra Basu 那宾钱德拉·巴苏，1835年演出《美妙的知识》，自己建剧院。

Nabis 纳比斯（1833—1888），美国新闻记者、讽刺作家。

Nabob 英语对纳瓦布（nawab）的讹用，指衣锦还乡的东印度公司的英国人；东印度公司的傀儡。东印度公司职员的诨号，他们通过从纳瓦布那儿劫掠孟加拉而致富。

Nabya Layatattva 《新转世论》，泰戈尔的散文。

Nachna Kuthara 那查纳·库塔拉，地名，在中央邦，有帕尔瓦蒂神庙。

Naciketas 无觉，印度神话里的人物，他由于激怒了父亲而被放逐到死亡国，等了很久才等到死神阎摩出来，阎摩为了补偿他的久等，允许他提3个要求。他提的第一个要求是回到父亲处，第二个要求是向阎摩要通往天堂的圣火，第三个要求是讨教克服再死之法。阎摩要他放弃第三个要求，答应给他长寿和财富。

Nada 声音，内音。

Nadanodyana 那丹花。

Nadanta 那丹塔舞，湿婆改变宇宙秩序的舞蹈，预示着宇宙的创造、保护、毁灭、幻灭和拯救。

Nadar 贱民种姓，纳达尔人。

Nadi 那提，7世纪佛教僧人，来长安译经。

Nadi 经络，渠道。

Nadi 《河流》，泰戈尔于1896年写的诗，

献给侄子巴伦德罗纳特的婚礼。

Nadia 纳迪亚县，泰戈尔管理田产的地方，在巴德玛河边，现在孟加拉国。

Nadiad 纳迪亚德，印度古吉拉特城市，1919年4月泰戈尔访问过这里。

Nadicakra 经轮，瑜伽修行者的经与气。在脐轮根部有无数的经络，脐轮中心有72000根经络，这些经络布满人体，其中有十条最为突出：伊达、品迦罗、秀散那、甘达利、哈斯蒂吉婆、波尔陀、亚萨、阿拉布萨、库哈和桑西尼。破坏、伤害其中的任何一根都会使人死亡。人体有十气：波罗那、阿帕那、萨玛纳、乌达纳、毗亚那、那迦、库尔玛、克尔卡罗、提婆达陀和达纳阇亚，其中最为重要的是波罗那，此气需其他九气填充才能维持生命。波罗那居于人的胸部，通过呼吸、咳嗽等给人体充气；阿帕那向下流，这样使人才能吃下食物，排出尿和精；萨玛纳向人体周身输送，使人吃、喝及嗅到的东西成为血液、胆汁、痰和气；乌达纳让人嘴唇颤动、脸色泛红、眼睛流泪和关节兴奋；毗亚那让人四肢曲张；那迦使人恶心；库尔玛让人眼球凸出；克尔卡罗使人血液流动；提婆达陀让人口打哈欠、达纳阇亚让人能够说话，它在人死后也在体内。人的生命依靠他们而存在。

Nadiga 那迪迦，时间单位，每个那迪加为24分钟。

Nadijas 生在水里的东西，鱼米之地。

Nadikas 那迪卡，印度古代时间单位，一那迪卡等于24分钟。

Nadim，Dinanat Kaol 纳蒂姆，D. K.（1916—），印度克什米尔语诗人，作品有《我的青春朝气蓬勃》等。

Nadinee 依蒂妮，泰戈尔的孙女，即儿子罗廷德罗纳特和儿媳妇普罗蒂玛领养的女儿。

Nadir Shah 纳迪沙，1739年洗劫德里的波斯侵略者。

Nadu 印度南部行政单位。

Nag，Kalidasa 纳格，卡利达萨（1892—1966），孟加拉历史学家，留学巴黎，曾担任孟加拉皇家亚洲学会秘书长、泰戈尔的秘书，陪同泰戈尔进行远东之行，与别人合作把许多泰戈尔的诗翻译为法语。

Naga 那加（蛇神或部落），半神灵体，蛇神，人身蛇尾，象。

Nag Panchmi 蛇节，印度教教徒视蛇为圣物、神灵，每年印历7—8月的初五举行，在西孟加拉邦和马德拉斯一带最盛行，但马哈拉施特拉邦希拉拉村的蛇节最壮观。眼镜蛇最受崇敬，印度教徒把眼镜蛇看作丰收和富饶的象征。

Naga sadhus 裸体苦行僧。

Nagabhata 那加巴塔（？—833），西印度瞿折箩-波罗提诃罗王朝国王。

Nagadasaka 纳加达萨克（公元前438年—公元前414年在位），印度摩羯陀国王。

Nagakumaracarita 《龙子传》，韵文小说。

Nagaland Pradesh “蛇之地”，纳加兰邦，在印度东北部，首府科西马。

Nagaloka 蛇宫。

Nagananda 《龙喜记》，剧本，戒日王（590—647）作。描写持明王太子云乘与悉陀国公主曲折的爱情故事。

Nagapattinam 那加帕迪南，印度东海岸的佛教中心。

Nagar 城镇，城市。

Nagara 那迦罗，城建规则。在古代，城市的建设有一定的规则。城建基地为一由旬或半由旬，城市规划在祭神后着手进行，城的东、西、南、北各有一主门。南门为甘达婆门，西门为伐楼那门，北门为苏摩门，东门为苏利耶门，其他次门的大小必须能让大象穿过，主门应当有六根柱子。建成后，金匠和部队（步兵、骑兵、装甲兵和象兵）在城东南角居住和驻扎，靠跳舞为生的高级妓女、吠舍种姓、民间妇女的保护女神和火葬场在城南居住、供奉和设立，演员、榨油工、渔民和射手等住在西南角，战车、武器等和人民领袖、婆罗门团体、首陀罗种姓在城西放置和居住，酒商、木匠、铁匠、泥瓦匠、佣人等住在西北角，婆罗门、隐士、仙人、圣人等住在城北，菜商住在东北角，部队官员、刹帝利种姓和可动产在城东居住与存放。村镇规划与城市规划大同小异，在城镇的东主门供奉毗沙纳瓦纳和薄迦婆蒂，他们给敬拜的人带来财富。在城西建庙，面要朝东；在城东建庙，面要朝西；在城南建庙，面要朝北。城镇的保护神为因陀罗、毗湿奴和其他神，如果在城、镇、基地或家里

N

没有敬拜地，那么该地就会经常有恶魔出没并遭疾病的扰乱，如果按此规划建城，则能得到拯救与繁荣。

Nagara 定音鼓。

Nagara-viyohalaka 法官。

Nagarahara 那竭罗国，《大唐西域记》译作“那揭罗曷”，在今阿富汗之贾拉拉巴德（Jalalabad），位于喀布尔河南岸。那竭国有醯罗城，中有重阁，藏佛顶骨及锡杖。

Nagarajunikonda 拉贾拉居尼孔达，在安德拉邦，文迪耶山新石器时代遗址。

Nagarashreshthin 城市行会的会长。

Nagaratka 朱砂，“龙之血”。

Nagaravastavya 城里人。

Nagari “蛇的敌人”，指吃蛇的金翅鸟。天城体文字，公元7世纪印度北方使用的文字。

Nagarika 城市长官。

Nagarjun 那加俊，现代进步主义文学学派作家。

Nagarjuna 那加俊那，6世纪人，佛教哲学家，佛教密宗的开山鼻祖。著有《大日经》。

Nagarjuna 龙树，约3世纪人，印度大乘佛教中观学派的创始人。青年时为著名婆罗门教学者，后皈依佛教。著作有《中论》《十二门论》《大智度论》等。

Nagarjuna 空，龙树山。

Nagarjunaknnda 龙树穴的佛塔，在安得拉邦衮尔达的克里希纳河畔。与阿玛拉瓦蒂并列为印度南方佛教艺术中心。其雕刻与阿玛拉瓦蒂大同小异，人物造型修长柔软，动态活泼。

Nagarjunasagar 龙树海故事。

Ngarkot 纳加尔科特，在喜玛偕尔邦的坎格拉，中世纪拉其普特人的要塞，印度教文化中心之一。

Nagas 苦行僧；蛇，赤身裸体行走者。

Nagas 纳加人，印度东北纳加兰邦的主要居民。

Nagasaki 长崎，日本九州岛著名港市，长崎县首府。长崎位于日本的西端，与我国上海相隔仅800千米，自古以来就是沟通中国与日本的桥梁。1924年5月泰戈尔访日，在长崎下船，去九州岛别府温泉疗养。他访问了福冈、下关、神户、大阪、奈良、京都，6月6日到达东京，在车站受到无数崇拜者的迎接，他们呼喊着“欢迎，欢迎”。泰戈尔在东京的帝国大学、女子大学、全国妇女协会演讲。6月12日在帝国饭店的泛太俱乐部举行的午宴上演讲。演讲题目为“国际关系”，表达他对日本人民的“深深的热爱与尊敬”，但他哀叹，在日本处理国际问题时应该“坚决有效地学习西方国家掌握的方法”。他会见了被流放的印度著名革命家鲍斯。他在上野公园发表告别演讲。在返回神户途中简单拜访了日高（Nikko）。泰戈尔访问远东的直接结果是上海组织了亚洲协会，强调亚洲团结。泰戈尔7月21日回到印度。

Nagasena 那先比丘，意译为“尚龙军”，公元前2世纪人，印度高僧，他于公元前160年与统治印度西北的希腊国王米兰陀的对话被整理为《米兰陀问经》（Milinda-panha）。

Nagaur 纳格尔，拉贾斯坦邦城市。

Nagavrksa 龙华树。

Nagekashar 龙发树。

Nagendrananth Ganguli 纳金德罗纳特·甘古利（1889—1954），泰戈尔的女婿，泰戈尔的小女儿米拉的丈夫。他被泰戈尔和儿子一起送美国学习农学和乳业。

Nagheshar 纳吉杉尔，一种高大的树木，开大白花。

Naginis 雌蛇，蛇女。

Nagnajit 纳格纳吉特，仙人的名字。

Nagpur 那格普尔，“蛇城”，印度马哈拉施特拉邦东部城市，人口100万，始建于18世纪初，曾是马拉特人的邦勒斯王朝都城。那格普尔是加尔各答—孟买与德里—马德拉斯（金奈）铁路的交汇点。1920年在这里召开的印度国大党会议确认了甘地的“不合作”思想。

Nagpur 纳格普尔，印度中南部城市，在马哈拉施特拉邦东部的纳格河畔。

Nagrajuna 那格拉俊那，3世纪人，印度大乘佛教中观派创始人。作品《中论》《十二门论》。

Nahapana 纳哈巴纳（119—124在位），统治西印度的塞人总督。

Nahusa 友邻王。据传说，友邻王曾取代因陀罗统治三界，却企图强占因陀罗的妻子因陀罗尼。他因踢投山仙人一脚，被诅咒到凡间做蛇，在坚战的帮助下，恢复原形。

Nahusa Nataka　《友邻王的故事》，现代小说家戈帕尔·钱德拉（Gopal Chandra）的作品。

Naib　纳伊卜，德里苏丹和莫卧儿王朝的副职官员。

Naib diwan　印度代理。

Naibedya　《祭品集》，泰戈尔的诗集。

Naik　理发师。

Naimisa（Naimisaranya）　飘忽林，在居摩迪河畔。在《往世书》中，飘忽林很著名，被认为是圣地，现在的名字是奈米沙林，位于印度北部西塔普尔县。据说寿纳迦在飘忽林举行十二年一次的祭祀，所有先知都参与祭祀，祭祀时毗耶娑之子骚底演唱了毗耶娑的《摩诃婆罗多》。

Naimisaranya　奈米沙林，恒河上游西塔普尔县的圣地。

Naimittika-karma　偶然的礼仪。

Nairanjana　尼连禅河，佛陀成道前在这条河里洗去污秽。

Nairitas　乃内多，魔鬼。

Nairrta　奈尔陀，28宿之一。

Nairs　那亚尔种姓。

Nairukta　词源学。

Naisadha　尼奢陀国。

Naisadhacarita　《那罗王传》（或《尼奢陀王传》），史诗，12世纪室里诃奢著。

Naisadhananda　《尼奢陀的喜悦》，9—10世纪安自在（Ksemesvara）的剧作。

Naishthika brahmacharya　独身修炼，过独身修炼生活。

Naivasamjnanasaminayatana　想入非非。

Naivedya　给神献煮米和甜食。

Naivedya（Offerings）　《奉献集》或《献歌》，泰戈尔的孟加拉语诗集，《吉檀迦利》的部分诗选自该诗集。

Naiyayika　正理论的追随者。

Najmuddin Hasen=Hasarni-Dillavi　纳吉姆丁·哈森，13—14世纪波斯语作家。

Nakara　纳卡拉，15世纪古吉拉提语虔诚派作家。

Nakkara　一种打击乐器，伴奏北方戏瑙檀吉（Nautanki）。

Naksatra　月亮通过的星座，月宿，28宿。

Nakshatra-darsha　观星者。

Nakta　夜晚女神。

Nakula=Laula　獴池鼠。

Nakula　无种，《摩诃婆罗多》里的般度第四子，为般度王的二王后和双马童生。

Nakuthanthi　《那库檀提》，20世纪印度诗人本陀罗的44首诗集，于1964年获国家文学奖。

Nal Culture　纳尔文化，今巴基斯坦俾路支省纳尔的铜石并用文化，遗址在纳尔。

Nala　那罗，传说中的国王。

Nala　那罗，《罗摩衍那》里的人物，毗首羯摩所生，猴王妙项的将军。

Nala and Damayanti　那罗和达摩衍蒂的故事，见达摩衍蒂（Damayanti）词条。

Nalacampu　《那罗占布》，10世纪特里维柯蓝·巴塔（Trivikram Bhatta）著。

Naladiyar　《道德诗句集》

Nalakubara　哪吒。

Nalanda　那烂陀寺，即《西游记》中的雷音寺，始建于公元5世纪。古代中印度佛教最高学府和学术中心，在古摩羯陀国王舍城附近，今印度比哈尔邦中部都会巴特那东南90千米。那烂陀寺规模宏大，曾有多达九百万卷的藏书，历代学者辈出，最盛时有万余僧人学者聚集于此，玄奘在此从戒贤法师学习多年，义净在此从宝师子学习十年；来此学佛的唐僧还有慧业、灵运、玄照、道希、道生、大乘灯、道琳、智弘、无行等法师。

Nalanyu　婚礼上已婚女人给新郎新娘以油揉头。

Nalavisasa　《那罗传》，12世纪罗摩旃陀罗（Ramacandra）写。

Nalayiram　《4000圣人的诗》，7世纪12个毗湿奴派诗人写的诗。

Nalenee　《诺丽妮》，泰戈尔的杂谈。

Nalika　谜语。

Nalini　纳里尼，财神俱毗罗的荷花池。

Nalinika　娜丽尼迦，即平和公主，迦尸国公主，因大旱引诱能呼风唤雨的鹿角仙人。

Nalinikanto　诺利尼康托，意为像荷花一样的美丽。

Nalopakyana　《那罗的故事》，《那罗篇》。

Nalu　那鲁，数字四。《往世书》中提到了很多与四有关的东西，比如：四经——《政经》《思择经》《摩奴经》和《欲经》；四瑜伽——智瑜伽、信瑜伽、业瑜伽和禅瑜伽；四种英雄——崇高型、暴戾型、优雅型和宁静型；四策略——谈判、贿赂、挑拨离间和武力；四敌——不朽的母亲、负债的父亲、愚蠢的儿子和漂亮的妻子；四时期——黄金时期、白银时期、黄铜时期和黑铁时期；人生四行期——梵行期、居家期、林栖期和遁世期；四祭官——执行祭官、咏唱祭官、劝请祭官和祈祷祭官；四债——神债、先知债、阴灵债和人债等等。

Nalwa　纳尔瓦，印度古代体积单位，1纳尔瓦等于400立方米。

Nam　圣音。

Nam rapa　反复念大神的名字。

Nama　明业，无害业的一种，可以决定人多少带有名分意义的个人属性。受业是引起人的苦乐反应以及反应的强烈程度。

Nama　名字。

Namabali（namavali）　上面印着神的肩巾，围巾，由毗湿奴教徒和印度教徒戴。

Namadeva　纳玛代瓦（1270—1350），马哈拉施特拉邦的虔信派人物。

N

Namadheyakar　命名礼。

Namah　鞠躬，敬礼。

Namah　（波斯语）本纪。

Namah sivaya　向湿婆大神致敬。

Namaskar　您好，致意，敬礼。

Namasudra　南无首陀罗，印度教的一种低级种姓，意为“崇拜首陀罗”。

Namavali　沐浴之后披的衣服。

Nambiyara，Kuncana　楠比亚拉，K.（1705—1770），印度马拉雅拉姆语诗人，作品有《美好的誓言》《圣人的堕落》等。

Namboodiripad Elamakulam Manakkal Sankaran　南布迪里巴德·E. M. S.（1909—），印度共产党（马）总书记。

Nambudiri　纳姆布迪里，婆罗门种姓里的次种性。

Namdev　南代窝，裁缝种姓。

Namdev　那德瓦，15世纪马哈拉施特拉邦虔诚运动的代表。

Namdhari　呼神派，19世纪锡克教哥哥运动，由罗姆·辛格创立，在举行宗教仪式时，呼喊神名，表示谢恩。一些锡克教教徒称罗姆·辛格为第十一代祖师，大多数锡克教教徒不予承认。

Namkarana　孩子出生10～12天后的取名礼。

Nammakal　那玛克尔（女神）。

Nammalvar　那马瓦尔，8世纪人，印度毗湿奴派诗圣之一。

Nammalvar　那马尔瓦尔，6世纪泰米尔语作家，作品有《湿婆颂诗》（Tiruvaymoli）；毗湿奴派诗人。

Namonamah　致敬，敬礼。

Nampi Antar Nampi　南皮·安塔南皮，10世纪湿婆派诗人。

Namuchi　那牟质，妖魔，阿修罗之首，因陀罗死敌，因约定和因陀罗不能在水中、不能用干武器或湿武器对打，不能在黑夜、不能在白天，不能在陆地也不能在水中，不能用石质的、木质的、金属武器或弓箭打。在白天和夜晚分界时，因陀罗用金刚杵打起浪花把他打死，因为毗湿奴保护之神依附于浪上。

Nan Shan　南山，当代学人，发表《读泰戈尔诗一首》。

Nana　纳挪，工艺神毗首摩羯的儿子。

Nana Sahib　那那·萨西布（1825—1860），印度1857年民族大起义领袖之一。

Nanadeshi　经营国际贸易的商人。

Nanak　纳纳克（1469—1539），印度锡克教创始人，生于印度旁遮普邦拉哈儿附近的塔尔万提村（今纳纳克村），属刹帝利种姓，出生于商人家庭。曾经商并在拉合尔苏丹政府任职，后漫游全国，到过麦加和巴格达。晚年定居旁遮普邦卡塔普尔称，从事宗教宣传。他在印度虔诚教派运动的基础上，并摄取伊斯兰教苏菲派的成分，提出新教义，用印地语和旁遮普语说教，并指定安格德为继承人。有诗集《贾卜吉》。

Nanak Singh　纳纳克·辛格（1897—1971），印度旁遮普语作家，作品有《继母》等。

Nand Rishi　南德仙人，14世纪克什米尔语诗人。

Nanda　南达，神仙的乐园，特别指因陀罗的乐园。

Nanda Dynasty　难陀王朝（公元前346—公

元前324年）统一北印度的摩羯陀国王朝。

Nanda 《难陀传》；难陀王朝摩羯陀国的一个阶段；《指环印》中摩羯陀国的难陀王。

Nanda（gopa） 难陀，传说中黑天的养父，牧民。为8个婆苏神之一的德罗那转世。

Nanda Gulzarilal 南达·古尔扎利拉尔（1898—1998），印度政治家。1964年和1966年尼赫鲁和夏斯特里分别去世后任代总理。

Nanda I. C. 南达，20世纪印度旁遮普语现代作家，剧作家。

Nandaka 南达卡，毗湿奴的剑，该剑为毗湿奴从因陀罗手里得到。

Nandakumaar 依德库马尔，是西拉吉道拉手下一名将领，在1775年反英斗争中被处绞刑。

Nandakus 傻呆。

Nandalal Basu 依多拉尔·巴苏（1883—1966），以前曾译为"南达拉尔"，印度著名画家，泰戈尔的侄子阿班宁德罗纳特的弟子，他给由查鲁昌德拉·班丢帕迪雅亚（Charuchandra Babdyopadhyaya）选编、1909年出版的泰戈尔的第一部诗选《查亚尼卡》（Chayanika）画插图。他长期在泰戈尔国际大学学习和教书，1924年陪同泰戈尔访问中国、日本等国。他曾任国际大学美术学院院长。

Nandana 因陀罗花园。

Nandana 升车，《摩诃婆罗多》里大英雄迦尔纳的车夫养父。

Nandanavana 乐园，财神俱毗罗的园子，仙女住。

Nandarani 南达拉尼，即黑天的母亲提婆吉。

Nandashankar 南达山卡，19世纪古吉拉提语作家，作品《卡拉那吉罗》（Karana Ghelo）。

Nandee-Bhringee 南迪-布林吉，都是湿婆的追随者，他们相貌丑陋。

Nander 楠德尔，印度马哈拉施特拉邦东部城市，在戈达瓦里河畔。

Nandi 南迪，神牛，湿婆的坐骑。也是湿婆的门卫。

Nandi 献诗。

Nandi 难提，5世纪天竺商人，居士，曾来华译经。

Nandi 南迪，意译为喜，古代印度佛教学家，他研习佛经，但并未出家，曾来中国译经。

Nandi 南迪，意译为福生，另一名字为普救悟大耶（Punyamodaya），印度僧人，655年经海路带大量梵经到中国，656年奉皇帝之命去南海群岛采集草药，663年返回中国。

Nandi Thimnana 难敌·提木讷纳，16世纪泰卢古语作家，写《圣花献给最爱者》（Parijathapaharanam）。

Nandi Vaccha 难陀伐差，6世纪人，邪命外道奠基者之一。

Nandigrama 南迪格拉默，《罗摩衍那》里婆罗多暂时顶替罗摩的王位时在阿约迪亚城外居住的地方。

Nandin 难丁，白牛，印度神话里的奴仆，为湿婆的宇宙舞伴奏。

Nandin 难丁，"幸福的"，守门者。

Nandini 南迪尼，泰戈尔的孙女，即罗廷德罗纳特和普拉蒂玛所抱养的女儿。

Nandini 《南迪尼》（《红夹竹桃》），泰戈尔1923年写的剧本。见Red Oleanders（Raktakaravi）。

Nandisa 兽主，印度神话里湿婆的称谓。在《罗摩衍那》里，十首魔王罗婆那在山中遇见湿婆化的猴面怪。他自称"兽主"，是自在天即梵天的侍从，说湿婆正和妻子雪山神女打猎，让罗婆那止步，罗婆那不听，还揶揄湿婆，湿婆用脚趾捏罗婆那手臂，罗婆那认罪，修行忏悔千年。

Nandisena 难迪塞纳，8世纪著《阿提多香迪颂》（Ajiyasantithaya）。

Nandisutta 耆那教的《吉祥经》。

Nanditta 依蒂达（1916—1967），泰戈尔的外孙女，小女儿米拉的女儿。1936年4月25日由泰戈尔主持嫁给连克里希那·克里帕拉尼，没有生育过子女，因癌症死于德里。两年后她的妈妈米拉病逝，至此泰戈尔这一家族就后继无人了。

Nandivardhana 南底伐檀，公元前4世纪印度摩羯陀国王。

Naneshwar 纳内史瓦，毗湿奴的名字。

Nanga 躯体。

Nanjing 南京，华东第二大城市，民国时期的中国首都，国家重要的政治、军事、科教、文化、工业和金融商业中心、综合交通枢纽。南京历史悠久，有着超过2500余年的建城史和近500年的建都史，是中国四大古都之一，有“六朝古都”“十朝都会”之称。南京位于长江下游，是承东启西的枢纽城市，国家重要门户城市，华东地区中心城市和重要产业城市，长江航运物流中心，滨江生态宜居之城，联合国人居署特别荣誉奖获得城市。1924年4月泰戈尔访华期间曾访问南京。

Nanjunda Kavi　南均达·卡维，16世纪坎纳达语作家，作品有《库娜拉罗摩的故事》(Kunara Ramane Kathe)。

Nankai University Press　南开大学出版社，初创于1929年，1936年10月日本侵略中国华北时停办，1983年，经中华人民共和国国家教委和文化部批准，南开大学出版社恢复重建。1984年出版《比较文学论文集》，内有《说静：从泰戈尔的静来看陶渊明的静》。

Nannaya　南那耶，11世纪泰卢古语作家，他把《摩诃婆罗多》翻译为泰卢古语。

Nannaya Bhatta　南那耶·帕德，11世纪作家，著《安多拉婆罗多》(Andrabharata)。

Nansen, Fridtjof　南森，弗利道基夫(1861—1930)，挪威北极探险家、博物学家及外交家，曾获1922年诺贝尔和平奖。1926年泰戈尔访问挪威时，于8月25日和他在奥斯陆会晤。

Nansen Hadley　男森·哈德利，20世纪初任美国耶鲁大学校长，1916年12月泰戈尔访问美国时他邀请泰戈尔访问耶鲁大学。

Naoroji, Dadabhai　瑙罗吉，达达拜伊(1825—1917)，印度国大党创始人之一，民族解放运动元勋。

Napier, Charles James　内皮尔，查尔斯·詹姆斯(1782—1853)，英属印度总司令。

Naples　那不勒斯，意大利南部的第一大城市，坎帕尼亚大区以及那不勒斯省的首府。城市面积117平方千米，人口略低于100万。那不勒斯是仅次于米兰和罗马的意大利第三大都会区，建于公元前600年。旧城称帕拉奥波利，公元前326年被罗马征服后建新城，改今名。那不勒斯曾为罗马皇帝的避暑地，6世纪为拜占庭所统治，8世纪成为一个独立的公爵领地，12世纪成为西西里王国的一部分。1282年意大利南部与西西里分离，改称那不勒斯王国。在拿破仑时期法国入侵前，波旁王朝统治两地，但它们形式上被分为“那不勒斯王国”和“西西里王国”。在更改王国名称之后，斐迪南成为国王斐迪南一世。1860年并入意大利王国。第二次世界大战中被严重破坏，战后重建。那不勒斯是意大利南部地区工业中心；陶器、珠宝、玻璃等传统工业驰名；珊瑚与珍珠养殖兴盛，并用以制作精湛的手工艺品。那不勒斯是铁路枢纽、大贸易港、客运港与海军基地，港阔水深，能泊远洋巨轮，出口以钢铁和石油制品为主。那不勒斯是风景游览区。多古代艺术、文物，有世界著名的国立博物馆，富藏古希腊的雕塑与庞贝、赫库兰尼姆两古城的出土文物。卡波迪蒙泰宫藏有米开朗基罗、拉斐尔等的绘画。此地多中世纪教堂，旅游业发达，游客年约200万人。1926年5月，泰戈尔访问该市。

Napoléon　拿破仑·波拿巴，见Bonaparte Napoléon。

Nara　那罗，《摩诃婆罗多》里的国王，英俊勇武，但致命弱点是好赌，婚前与国王毗摩的女儿达摩衍蒂慕名倾慕，因比武赢回达摩衍蒂而得罪天神因陀罗、火神阿耆尼、风神伐楼那和死神阎摩。恶魔迦利因为没有赶上选婿大典而挑唆那罗的弟弟和那罗赌博，叫阿里从中作祟，使那罗输掉疆土、王位、财产。那罗和达摩衍蒂在林子流浪。那罗为了不连累妻子，趁熟睡出走。达摩衍蒂被车底国国王收留。那罗在林子大火中被救出的大蛇迦利考陀迦咬了一口，变为侏儒。大蛇告诉他，只有身上的毒气散尽才能获得所爱的一切。那罗化名“波胡加”给阿逾陀国王里度伯利那做厨师兼车夫。达摩衍蒂的父亲找到了女儿，决定通过比武选婿大典找到那罗。里度伯利那带那罗去参加大典，教他赌博术，那罗体内的毒气顿时消失。达摩衍蒂凭感觉认出丈夫，那罗凭国王教的高超的赌博术从弟弟手里赢回国土和王位。

Nara　奈良县，古称大和，位于日本纪伊半岛中央，近畿地区的中南部，东邻三重县，西界大阪府，南接和歌山县，北连京都府，为内陆县，是日本历史和文化的发祥地之一。土地面积约为3691平方千米，77%为森林和山地，森林覆盖率为60%，居住面积较少，人口集中在县北部的奈良盆地及其周边地区。奈良县是日本的人工高产林区，主要产业有纤维产品制造业、木材、木制品制造业等，畜产业也较发达。1924年6月正在访日的泰戈尔访问奈良县。

Nara　纳罗，仙人，通常与那罗衍结伴。在《往世书》里他和那罗衍为毗湿奴的二合一化身，二人因恪守禁欲而震惊诸神，因陀罗派美女阿婆娑罗诱惑他们。但那罗衍把花放到股上，美丽绝伦的天女广延天女出现，使阿婆娑罗相形见绌。

Nara　水，由"神之灵"那罗（Nara）造出。

Nara-medha　以人做牺牲的祭祀。

Nara-Narayana　那罗-那罗衍，神话里的修道仙人，用伊西卡草变针刺制服目空一切的国王傲生。

Nara-narayana　神人。

Naraca　那罗迦箭。

Narada　那罗陀。1.梵天十子之一，生主，即7大仙人之一，从其足生，《梨俱吠陀》里不少诗句相传是他的作品，据传他为方便记忆把摩奴传给的10万颂《摩奴法论》压缩为1.2万颂。他是人间维纳琴的发明者。2.仙人，写了一种吠陀赞美诗，据说他通晓音乐，但喜欢搬弄是非，引起争吵，因而人们把搬弄是非的人叫那罗陀。在《摩诃婆罗多》里，持国王和弟弟维度拉正在谈论般度兄弟出走森林之时，他突然出现，预言说般度兄弟14年流放归来后，持国百子会因老大难敌的罪行而遭灭绝下场。说完后突然消失。4.《往世书》中专门提供信息的人物。传说他是梵天的儿子，讲述罗摩故事的仙人。又说他与梵天一起下凡，化成托钵僧，把大盗瓦尔米基改造成为富有怜悯心的吟唱诗人，瓦尔米基后来写出《罗摩衍那》。他曾杀死修行的首陀罗。

Narada　那罗陀仙人，神与人的中介，杀死修行的首陀罗。给蚁垤讲罗摩故事的仙人。

Narada Bhakti Sutra　那罗陀虔信派经，12世纪出版，主要讲如何虔诚信仰湿婆和毗湿奴大神。

Naradasmrti　《那罗陀法论》，印度古代法论著作，据称为那罗陀著，成书于4世纪笈多时代。

Naradisiksha　《那罗迪式叉论》（吠陀经）。

Naradiya　《那拉迪亚》，即《那罗陀往世书》（Naradapurana）。

Narahari　那罗哈里，16世纪坎纳达语作家，作品有《托克·罗摩衍那》（Torque Ramayana）。

Narahari　神人。

Naraindas Bhambhani　纳莱打·般巴尼，19世纪信德语作家，作品《马欣》（Malhin）。

Narak-Bas　《留在地狱》，泰戈尔的剧本和短篇小说。见 Somaka and Ritvik（或 A Sojourn in Hell）。

Naraka　地狱，不乐，可厌，苦具，苦器。

Naraka　那罗迦，阿修罗。他盗走阿底提的耳环和城堡钵，被黑天夺回。他还劫走工艺神毗首羯摩的女儿，盗走别人的珠宝等，作恶多端。

Narakaloka　地狱。

Naralikar Jayant 那拉里卡尔·J.（1938—），印度物理学家。

Narasimha　"人狮"，毗湿奴的化身之一。魔王西冉尼亚卡西普怀疑毗湿奴的神力，狂妄地指着一根柱子喝问，"如果他真像人们所说的无处不在，他为什么不在这根柱子里?"突然一声狮吼，毗湿奴化身为半人半狮的怪物那罗欣哈从柱子里跳出来，用利爪把魔王撕成了碎片。

Narasimha Gupta　那罗僧诃·笈多，6世纪笈多王朝国王。

Narasimha mantra　咒语，颂词。

Narasimha Potavarman　那罗欣哈，古代印度南部波罗毗国国王。

Narasimha Varma　那罗辛哈·瓦尔曼一世（625—645年在位），印度南方帕拉瓦王朝国王，被称为大力士（Namalla），其国都为马摩拉普拉姆（Mamallapuram）。

Narasimhadeva　那罗辛哈提婆一世，1238—1264建科纳拉克的太阳神庙。

Narayan　那罗衍，印度现代英语作家，作品有《斯瓦米和他的朋友》（Swami and His Friend）、《暗室》（The Dark Room）、《向导》（The Guide）、《等待圣雄》（Waiting For the Mahatma）、《马尔古蒂的父亲》（The Father of Malgudi）。

Narayan, Jayaprakash　纳拉杨，迦亚普拉卡什（1902—1979），印度献地运动领袖

N

和人民党创始人之一，印度工会运动领导人。

Narayan, Rasipuram Krishnaswami 纳拉杨，R. K.（1906—2001），印度英语小说家，作品有《斯瓦米和朋友们》等。

Narayan, Unnava Lakshmi 纳拉杨，U. L.（1873—1958），印度泰卢固语作家，作品有《贱民村》等。

Narayana 那罗衍那，神话里原人那罗的儿子。

Narayana 那罗衍那，是最高神梵天的名字，也是毗湿奴的名字；住地非常大的人。

Narayana 那罗延那，印度佛教家，西晋时期（公元265—316年）来长安译经。

Narayana 人的最高实在。

Narayana 太阳能的人格化，等同于毗湿奴的创造力宇宙更新的集中体现；"水上运动"，指毗湿奴，在世界创造之初，毗湿奴躺在水中，肚脐上长出莲花，莲花中出现梵天。

Narayana 那罗衍，14世纪作家，作品《益世嘉言》（Hitopadesa）。那罗衍法宝。

Narayana 纳罗衍，20世纪印度教改革家。

Narayanan, Kocheril Raman 纳拉亚南，科切里尔·拉曼（1920—2005），曾就读于英国伦敦经济学院，毕业后在印度特里凡特琅大学任讲师，1944年至1948年当记者，1949年后历任印度驻泰国、土耳其、中国和美国大使。纳拉亚南1984年至1991年连续当选人民院议员，先后担任计划国务部长、外交国务部长和科技国务部长，1992年至1997年任副总统兼联邦院议长，1997年7月当选为印度共和国第11任总统。纳拉亚南对华友好，积极主张发展中印关系。1976年7月至1978年11月，他出任印度驻华大使，为改善和发展中印关系做了许多工作。纳拉亚南喜欢研究政治、国际事务和文学，著有《印度与美国：理解的尝试》《当代国际关系中的不结盟运动》等书。纳拉亚南享有印度"平民总统"和"工作总统"美誉。2005年11月9日纳拉亚南因急性肺炎引发并发症在新德里病逝，终年85岁。

Narayani troops 黑天的军队。在《摩诃婆罗多》里描写到：俱卢战争在即，坚战和难敌都想争取黑天站到自己一边，坚战要了黑天，难敌要了黑天的军队。

Narendra Deva 那陵德拉·提婆（643—683年在位），印度尼波罗栗占婆王朝国王。

Narendra Nath Dutta 纳伦达·纳特·杜塔，辨喜（1863—1902）的原名。

Narendranaath 诺棱德罗纳特，泰戈尔的二叔，夭折。

Narendraprabha 纳伦德罗卜罗薄，13世纪作家，著《庄严海》（Alankaramahodadhi）。

Narendrapur 纳凌德罗普尔，加尔各答附近的镇子，泰戈尔的第十二代先祖古沙里就住在镇子的巴罗巴拉村。

Narendrayasas 那连提黎耶舍，意译为尊称，印度僧人，公元556年到中国译经，589年逝世于中国。

Naresh Mehta 纳瑞斯·梅塔，现代进步主义文学学派作家。

Nari-Bhavan 国际大学的女宅。

Narir Mulya 作家沙拉钱德拉·茶托帕迪亚（Sharatchandra Chattopadhyay）以阿尼尔（Anil）化名写的小说《妇女的价值》。

Naritirtha 5个圣湖。5位天女调戏一位长得很帅的仙人，被仙人诅咒变为鳄鱼，就住在5个圣湖里，每人占据一个。她们后被阿周那相救，恢复本相，返回天宫。

Narma 逗乐，欢情。

Narmada 那里摩陀，印度神话里纳尔马达河的神格化。

Narmada River 纳尔马达河，在印度德干半岛西北部，是印度下注阿拉伯湾的最大河流。发源于买卡尔山北坡，注入坎贝湾。

Narmadyati 发笑。

Narmagarbha 欢情的隐藏。

Narmasphota 欢情的展露。

Narmyaan Jaati o Ayaang-narmyaan Saahitya Dviteeya Prastaaba 《诺曼人和盎格鲁-诺曼文学》，泰戈尔的散文。

Narsingh Mehta 那辛格·梅塔，加比舞（Garbi）的现代写歌者。

Narst Mehta 纳斯特·梅塔，15世纪虔诚派作家，作品有《戈文达·伽马瓦》（Govinda Gamava）、《肃达玛·加里达》（Sudama Garita）。

Nartaka 舞蹈演员。

Naru 纳鲁，一种用大米粉做成的团子，再沾上芝麻，经过油炸所做的甜点心。

Nasadasiya Sukta 《无有歌》，《吠陀》第一卷第十篇，"生殖说"的代表。

Nasaq　地税整理。莫卧儿人基于估计或与地主达成的协议估定税额。

Nasato vidyata bhavo nabhavo vidyate satah　非真实里没有存在，真实里没有不存在。

Nasattannasat　非有非无。

Nasatya　那萨啼亚，吠陀神祇双马童。

Nashta Nid　《秘密财宝》，泰戈尔的短篇小说。见 The Hidden Treasure。

Nashtaneerh　《被毁之巢》，泰戈尔的短篇小说。见 Broken Home。

Nasik　纳西克，一印度教圣地，在马哈拉施特拉邦西北部浦那附近。《罗摩衍那》里，罗摩的弟弟拉克什曼那就在这里割掉调戏他们的十首魔王罗婆那的妹妹首哩薄那迦的鼻子。

Nasik　纳西克，泰戈尔的二哥萨提延德罗纳特住过的村子。

Nasir- ud- Daula　纳西尔 - 乌德 - 道拉（1792—1857），印度海德拉巴土邦王。

Nasir-ud-din Mabacha　纳西尔-乌德-丁·卡巴查（？—1228），印度信德总督。

Nasir-ud-din Mahmud　纳西尔-乌德-丁·马茂德（1229—1266），印度奴隶王朝的苏丹。

Nasiram　纳西拉姆，19世纪印度作家，著有《玛诺莫汉的迷人花园》。

Naskhi　那斯基字体，德里库杜布塔的明文就是用该字体篆刻的。

Nastaliq　用于书写乌尔都语的波斯文字。

Nastanir　泰戈尔的中篇小说《被毁的巢》。见 Broken Home。

Nastika　无信仰者，无神论者，不信吠陀者，非正统派。

Nata　演员，喜剧演员。

Natabar　新郎，新的恩惠。

Natabardas　纳塔巴尔达斯，印度中世纪诗人。

Natacarya　戏班师傅。

Nataka　历史剧，传说剧，戏剧，剧本。

Natakakandrika　《剧月》，15—16世纪鲁帕·格斯瓦米尼（Rupa Gosvamini）写。

Natakalaksanaratnakosa　《剧相宝库》，10世纪沙羯罗南定（Sagaranandin）著。

Natakam　剧。

Natakam aradham　搬演戏剧。

Natakeya　女演员。

Natal　纳塔尔，南非东部的省份，面积8.7万平方千米。1904年，甘地在这个省的德班建立了凤凰村，实验其人人平等、坚持真理的理想。

Natamandir　印度教庙的舞殿。

Natamantra　独立舞段。

Natanta　改变宇宙秩序的纳荡德舞。

Nataraja　《舞王》，泰戈尔的戏剧。舞王指印度神话里的毁灭之神湿婆。

Nataraja　宇宙舞王，舞蹈之神，湿婆的舞王相，用于宇宙舞神湿婆的名称。每当世界末日来临时，湿婆就狂肆起舞，这种改变宇宙秩序的舞蹈被称为纳荡德舞（Nadanta），暗示者宇宙的创造（srsti）、保护（sthiti）、毁灭（samhara）、幻灭（tirobhava）和拯救（anugrah）。纳荡德舞是宇宙生命的永恒律动的象征，象征着宇宙永恒的生命节奏无境止的循环。

Nataraja：Riturangashala（King of Dancers：The Theatre of the Season）　泰戈尔1927年写的自然剧《舞蹈之王：季节剧》，反映人与自然的和谐。

Natasutra　《演员经》，公元前4世纪波尼尼在梵语语法著作《波尼尼经》中提到此书。

Nateer Poojaa　《舞女的祭拜》，泰戈尔1926年写的剧本。根据1900年的短篇小说《舞女的崇拜》（Pujarini）改编。见 The Dancing Girl's Worship。

Natesan　印度马德拉斯纳德桑出版社，1923年出版《国际大学、泰戈尔与安德鲁斯》。

Nath Literature　纳塔文学，源于纳塔瑜伽宗，具备密咒基本修持法，讲阴阳性，注重肉体，沿用性生活的象征表示肉感。

Nath Majun Mirza　《纳特·马军·米尔萨》，19世纪信德语戏剧家恰持贝格（Qahch Beg）的作品。

Nathamuni　力瑜伽圣人。

Natha Panthis　纳塔班提派诗人，有密教特点。

Natha Yogi　那塔瑜伽宗，力瑜伽派。

Nathdwara　纳特瓦拉，乌代普的大理石庙。

Nathya-sidhanta　剧论。

Nati　纳提，喜玛偕尔邦民间舞。

Nati 女演员。

Natika 剧本小册子，传说剧与创造剧的混合品种。

Natindra 纳廷德拉，泰戈尔唯一的孙子，很小时因急性肺结核病逝于德国。

Nation ki 《什么是民族》，泰戈尔于1901年写的论文。

National Council of Civil Liberties 公民自由全国委员会。1940年，英国作家乃文森邀请泰戈尔担任公民自由全国委员会副主席，泰戈尔于3月31日写信同意。

National Council of Civil Liberties Union 公民自由联盟全国委员会，成立于1936年，尼赫鲁邀请泰戈尔担任名誉主席，泰戈尔欣然答应。

National Council of Education of Canada 加拿大国家教育委员会，1929年2月邀请泰戈尔访问加拿大。

National Defence Academy 印度国防学院。

National Fund 《国家基金》，泰戈尔的散文。

National Ladies Association 日本全国妇女协会。1924年6月，正在访日的泰戈尔在该协会演讲。

N

National Language of India 《印度的民族语言》，1937年泰戈尔给甘地的信。

National News Weekly 《国闻周报》，1924年由著名记者和报刊政论家胡政之创刊，是一份时事性、政论性、综合性的新闻周刊。巴金、茅盾、王芸生、张香山、章靳以、王莹、张天翼、沙汀、胡风、郭沫若、范长江、徐迟、艾芜等曾经为该报撰稿。1937年停刊。1931年4月刊登《泰戈尔与威尔斯论民族主义》。

National University 国立大学，实际上指北京大学，1924年4月26日欢迎正在访华的泰戈尔。

Nationalism 《国家主义》，泰戈尔的散文集。

Natore 纳道尔，西孟加拉邦的城市。

Nats 纳兹种姓，女子为领主跳舞。

Nattuvana 舞蹈老师。

Nature of Literature (Sahityer Svarup) 《文学的本质》，泰戈尔于1929年8月18日在加尔各答总统学院泰戈尔学会做的报告。

Nature's Revenge (Prakritir Pratisodh) 《大自然的报复》，泰戈尔1884年写的剧本。

修道士在山洞里修苦行，摆脱了一切世俗的羁绊和烦恼，达到了一种自我净化的境界。他一再自言自语表示自己已经超凡脱俗，不怕任何世俗的诱惑，即使周围一批批的世俗群众是那样沉湎于世俗生活，但他毫不为动。后来来了一个自幼无父无母、没有任何亲人而且是非雅利安人（不可接触的贱民）的小姑娘。她走投无路，不得不投靠这个修道士。修道士开头表示，他对谁也不亲，对谁也不疏，大家都是一样的人，这里（山洞）就是她的家，但是由于长期以来他已经泯灭了的同情、怜悯、慈爱之心又复活，所以他害怕人性的复归，他总是在离去不离去之间徘徊。小姑娘不让他走，请求他不要抛弃她。他们围绕着出世入世的问题，抒发了个人自己的感受。小姑娘叫修道士为父亲，为他采来了鲜花，修道士认为花无所谓美，也无所谓丑。小姑娘高兴的是她度过了美好的一天，因为她得到了爱，得到了父亲的爱抚，这时修道士又想到生活的美好，但他很快又撕碎了鲜花，并且用脚踩踏，表示要继续对生活冷漠。总之面对美好生活的引诱和热爱生活的人们的种种吸引，修道士只好离开，但又无法摆脱，回来时发现小姑娘已经死了。修道士悲愤地唱着要小姑娘投入他的怀抱的歌，他叹息。这是大自然何等残酷的报复啊！

Natya 戏剧，音乐，舞蹈总称，表演艺术。

Natya Niketan 那提亚尼克昙，泰戈尔时代加尔各答的一个剧院。即现在的比斯瓦如帕剧院（Vivarupa Theatre）。

Natyadarpana 《舞论》，由12世纪罗摩月（Ramacandra）与德月（Gunacanda）合著。

Natyadhamakahao 《法记支》。

Natyadharama 戏剧法。

Natyagiti 《舞蹈世界》，泰戈尔时期的一种舞蹈杂志。

Natyakara 剧作家。

Natyasastra 《乐舞论》或《舞论》，公元2—3世纪问世，由婆罗多著。该书是印度最早的梵语戏剧学著作，是对古代梵语诗歌理论的全面总结。

Natyaveda 表演吠陀，戏剧吠陀。

Naubandhana 港口，停泊处。

Naukaadubi 《沉船》，泰戈尔于1903年写的长篇小说。见The Wreck。

Nausharo 纳乌沙洛，印度河流域的一个古代遗址。

Nautanki 北方邦地方戏。

Nautinkhon Phambai Kaba 瑙亭孔·潘拜伊·卡巴，16—17世纪曼尼普尔散文家。

Nava Varsha 孟加拉人的新年，在4月。

Navab 纳瓦布，原为莫卧儿王朝时的副王和省督，后来成为英印政府授予大封建主的称号，等于苏巴达尔（subadar），以后用作对穆斯林名流的敬称。纳瓦布也是军官，因而被授予施行刑法的权利。纳瓦布是中世纪莫卧儿王朝时期的地主，后来成为英国印度政府赐给穆斯林地主的头衔。

Navadwip 纳瓦德韦帕，孟加拉邦的一个著名的镇子名。

Navagraha 揪曜，日、月、水、火、木、金、土和看不见的两颗天体计都和罗睺。

Navagraha-siddhanta 《九执历》，公元718年印度天文学家悉达多献给武则天的历法，计算月亮的轨迹和日食的日期。

Navajatak 《新本生经》，诗集，泰戈尔于1940年发表。

Navajuger Utsav（Festival of the New Age）《新时代的节日》，泰戈尔于1909年在梵社年会上的发言，提倡普遍宗教和综合文化的理想。

Navajva 《新生活》，甘地主办的宣传坚持真理和非暴力主张的周刊。

Navakanyas 纳瓦坎尼亚斯，美庐的9个女儿的总称。

Naval 蒲桃。

Naval Allied Association 海军联社，成立于19世纪初，地址在北京金鱼胡同。1924年4月北京各学界代表在此地公宴正在访华的泰戈尔，主人为梁启超、胡适、林长民、傅铜、陈源、张歆海、张逢春、蒋百里、徐志摩、林宰平等。

Navamivrata 在九夜敬神节中第九夜举行的斋戒。为了获得财富和祝福，在图罗姆月（10—11月）有个九夜敬神节，其中有一重要仪式是在第九个晚上要实行斋戒敬拜高利女神，即杜尔迦，因此这个斋戒也叫高利斋戒，它还有另一个名字叫毗斯塔迦斋戒，得此名是因为在这一天人们敬神时要吃米饭。敬拜期间，女神杜尔迦既可在九个庙中敬拜，也可在单独一个庙中敬拜。

Navanitaka 《净脂》，古印度医书。

Navaratara 9—10月在北方进行的杜尔迦节，连续9天9夜。

Navaratna 超日王的宫廷9宝，即9位著名文化人士，他们是戏剧家迦梨陀娑、天文学家彘日、名医昙梵陀利、耆那教圣人克沙帕纳克、字典《长寿字库》的编纂者长寿狮子、数学家桑库、诗人维塔拉巴塔和伽塔·加尔帕拉、文法学家婆罗流支。

Navaratra 九夜节，古吉拉特邦人在杜尔迦节（Durga）的庆祝活动，在每年9—10月。

Navaratri 九夜敬神节，崇拜时母女神的节日，在每年10月。

Navasahasankarita 11世纪作家波德摩笈多（Padmagupta）写的《那摩婆诃尚迦传》。

Navasangharama 九分珈蓝，即纳瓦桑哈寺庙，古代大夏国的佛教大寺庙，在古代从波斯国和中印地区通往印度的各条路线交汇点的大夏国，其主佛像采用珍贵材质精心雕刻而成，7世纪被穆斯林毁灭。

Navin 《新的》，泰戈尔1931年写的音乐剧。

Navroze 袄教新年，在春分季节。

Navy Club 海军联欢社，在北京，1924年27日该社举主办泰戈尔访华欢迎会。

Navyanyaya 新正理派，13世纪由甘戈夏创立。

Naw-bou 最小的妯娌。

Naxal 参加争取自己权利的运动的人。

Naxalite 1967—1971年由印度共产党领导的争取个人权利的农民武装斗争。

Naya Data Kaagaz ke Phool 《新来的献花者》，20世纪50年代印度电影。

Nayacandra 那亚坎德拉，14世纪耆那教梵文诗人，苦行僧。

Nayaka 军事官员，16世纪维查耶那加尔王国等封建制度中的地方统治者；男主角；司令官；1564年德干的苏丹王国联军攻破维杰耶纳加尔时，总督们自立的纳耶克王朝。

Nayaka-nayakibhava 爱者与被爱者，以爱者被爱者出现的人类灵魂的象征。

Nayanars “圣歌作家”，湿婆信徒。那衍纳尔派，7世纪印度教虔诚派派别之一，这个团体中的行诵诗人大力鼓吹通过对神的爱可以在现世或来生中获得解脱。

Nayanars 那延纳尔，8—12世纪泰米尔63位毗湿奴派诗人。

Nayars 纳亚尔人，印度克拉拉邦的刹帝利种姓。

Nayavirodhi 违反正理。

Nayeb 经理。

Nayika 贵妇，旦角，女主角，女侍从的角色。

Nazhika 纳兹卡，印度古代度量单位，1纳兹卡等于0.5英里。

Nazhikas 纳支卡斯，时间单位，一个纳支卡斯有24分钟。

Nazi Nazrul Islam 纳兹·纳次鲁尔·伊斯兰姆，20世纪初作曲家。

Nazir Ahmad 纳兹儿·阿赫默德（1836—1912），印度乌尔都语作家，作品有《新娘的明镜》等。

Nazir Akbarabadi 纳兹尔·阿克巴拉巴迪（1725—1825），印度乌尔都语诗人，作品有《纳兹尔·阿克拉巴迪诗集》。

N

Nazism 纳粹主义，是德文“Nationalsozialismus”缩写“Nazismus”的音译，意译为“民族社会主义”，是第二次世界大战前希特勒等人提出的政治主张。纳粹主义的基本理论包括：宣扬种族优秀论，认为“优等种族”有权奴役甚至消灭“劣等种族”；强调一切领域的“领袖”原则，宣称“领袖”是国家整体意志的代表，国家权力应由其一人掌握；鼓吹社会达尔文主义，力主以战争为手段夺取生存空间，建立世界霸权；反对共产主义思想体系和社会主义制度，恶毒攻击马克思主义理论。

Nbhavam （绘画6支里的）情。

Nebendu 新月。

Neel 蓝色。

Neela 尼罗，《罗摩衍那》里猴王妙项的将军。

Neela Padmanabhan 尼拉·巴德玛纳班，20世纪后期泰米尔语作家。

Neelakamal Mukhopaadhyaay 尼洛科莫尔·穆科巴泰，泰戈尔的三叔吉林德罗纳特的小女儿库姆蒂妮（Kumudinee）的丈夫，即泰戈尔的堂妹夫。尼洛科莫尔的弟弟焦杜纳特（Jadunaath）娶了泰戈尔的三姐绍罗特库玛丽为妻。1866年在演出“新剧”时，焦杜纳特扮演过舞蹈演员的角色。他们的唯一儿子尼罗德纳特（Neeradanaath）是泰戈尔的同学。

Neelldarpan 《靛蓝园之静》，孟加拉语作家米特拉（Dinabandha Mitra）1860年写的剧本，主题为反对殖民主义，此剧标志着印度现代戏剧的诞生。

Neelmani 尼尔莫尼，泰戈尔的第十七代先祖久耶拉姆（？—1756）的二儿子。久耶拉姆于1756年去世。他去世不久，泰戈尔家族的住所发生了变化。在英国总督德雷克改造旧的福特·威廉城堡的时候，孟加拉总督西拉吉道拉（Siraaj-uddoulaa，1730—1758年在位）对加尔各答发动了进攻，并使其遭到了毁坏，泰戈尔家族也损失惨重。1757年6月23日，孟加拉总督西拉吉道拉在普拉希战争中被打败。米尔·贾法尔（Meer Jaaphar）于1757年就任新总督之后，对加尔各答所受到的损失进行了补偿，因此久耶拉姆的儿子尼尔摩尼获得了18000卢比的补偿费。

尼尔摩尼在加尔各答一个小渔村买了一块土地，安排建设自己的住房。1765年1月1日，为了建设住房他又租了2印亩多土地，年租金为7个多卢比。1765年3月末他用525卢比又从拉姆琼德罗·科卢的手中买了相邻的一块土地。

就这样，尼尔摩尼于1765年年底在加尔各答渔村北边的巴图里亚卡达（Paathuriyaaghaataa，孟加拉语的意思为“石码头”）建起了泰戈尔家族的住宅。这个村子古代的名字是苏达奴迪（sutanuti，孟加拉语的意思是“雅貌村”）。1769年12月他又花9000卢比买下了附近的2印亩7卡达土地，包括土地上的房产。因此，泰戈尔家族在巴图里亚卡达的住宅面积就扩大了。

Neem 芳香树，其分泌物味苦，可制作许多产品。

Neen 楝树。

Neeraba Kabi O Ashikkhita Kabi 《沉默的诗人和文盲诗人》，泰戈尔的散文。

Neeradanaath 尼罗德纳特，泰戈尔的三叔吉林德罗纳特的小女儿库姆蒂妮的小叔子焦杜纳特（Jadunaath）娶了泰戈尔的三姐绍罗特库玛丽所生的唯一儿子。他是泰戈尔的同学。

Neeti Shastra 政治学，治国邦交术。

Negroes 尼格罗人，即黑种人，主要分布在非洲撒哈拉大沙漠以南地区，在印度的安达曼岛也居住着黑种人。

Nehru，Jawaharlal Jawaharlal Nehru 尼赫鲁（1889—1964），印度政治家，独立运动领袖，印度独立后第一任总理，诞生在阿拉哈巴德的婆罗门贵族家庭。1905年就读于英国哈罗公学，两年后入剑桥大学三一学院，三年后获自然科学荣誉学位。后又进入伦敦内殿法学会，1912年获律师资格。同年回国，在阿拉哈巳德高等法院任律师，并投入争取印度独立的政治运动。

1916年5月国大党年会上他第一次遇到甘地，甘地坚持反英斗争的行动使他很感动。1918年起他任国大党全国委员会委员。1919年阿姆利则惨案发生后，他参加了国大党组织的调查委员会。1920年他参加了甘地领导的非暴力不合作运动，次年被捕入狱。印度独立前他先后8次被捕，在狱中度过9年。1923、1927年他先后两次任国大党总书记各两年。1926—1927年尼赫鲁游历了欧洲和苏联，受到马克思主义和苏联社会主义建设的影响。1928年与鲍斯共同建立全印独立同盟。

1929年尼赫鲁当选为国大党主席，在他主持下的国大党拉合尔会议提出印度完全独立的政治斗争目标。此后他成为全国知识分子和青年的领袖，并多次当选为国大党主席。第二次世界大战后印度民族运动迅速发展，独立要求愈加强烈，1946年9月英国初步移交政权，成立印度临时政府，英印总督兼任总理，尼赫鲁任副总理。1947年3月《蒙巴顿方案》公布，印度和巴基斯坦分治，8月15日印度作为自治领独立，尼赫鲁任总理。

从1951年到1964年尼赫鲁执掌印度大权。任内，自1951年起在经济上实行“五年计划”，实施土地改革；20世纪50年代中期，他提出“民主社会主义”口号，欲在印度建立“社会主义类型社会”，建立国营企业，农业方面实行乡村发展计划和合作化。外交上尼赫鲁实行不结盟政策，拒绝参加各国际军事集团。1954年6月他与中国总理周恩来共同提出著名的和平共处五项原则。1955年尼赫鲁参与发起并参加了在印度尼西亚举行的万隆亚非会议。在尼赫鲁、铁托和纳赛尔的发起下，1961年不结盟国家首脑会议在南斯拉夫首次举行。任职总理期间，在《印度共和国宪法》生效后，尼赫鲁不顾一些人的反对，坚持于1951年10月至次年2月举行第一次大选，国大党以绝对多数获胜，在中央和各邦组织国大党政府。他对国家官吏和军队进行了整顿和扩充，实现国家机构和军队的印度化。他还用赎买和武力手段合并了印度554个土邦，削弱了封建势力，统一了印度，并在此基础上按民族语言重新划分邦界。此外，还实行了土地改革。

1948年尼赫鲁正式提出公私营并举的混合经济方针。1950年成立了计划委员会，自任主席。1951年开始实行第一个五年计划。到他逝世的时候，印度已完成两个五年计划，正在实行第3个五年计划。尼赫鲁通过实行国有化和建立国营企业，培植了强大的国营经济；与此同时，私营经济特别是私人垄断资本主义在国家的保护下，也有了巨大的发展。

尼赫鲁的社会理想是建立社会主义类型社会。他所设想的“社会主义”就是“国家财富平均分配”。但他没有能实现这个目标，随着印度经济的发展，国内贫富差距却以空前的速度加大起来。

尼赫鲁在20世纪50年代一直和中国很友好。1962年的中印边界战争影响了他的身体。他于1964年5月27日病逝。

尼赫鲁曾经担任国际大学的校长，1937年泰戈尔创办的国际大学中国学院成立，尼赫鲁有病不能到会，派女儿英迪拉代他出席成立大会。

Nehru，Motilal 尼赫鲁，莫提拉尔（1861—1931），尼赫鲁的父亲，法学家，爱国者，曾担任印度国大党领袖。

Neiveddya 给婚礼敬献的水果，同时唱歌。

Nemes，Graciela Palau De 聂梅丝，G. P. D.，古巴女文学家，获美国马里兰大学文学博士学位，1961年著文纪念泰戈尔诞生100

周年。

Neogy, Prithwish 尼鸥基，普利特卫士（1918—），国际大学泰戈尔博物馆馆长，在国际大学讲授艺术史和比较美学，后担任夏威夷大学艺术教授，曾撰文纪念泰戈尔诞生100周年。

Nepalchandra Roy 尼帕钱德拉·罗伊，印度学者，1910年到泰戈尔创办的国际大学任教。

Nepathya 装饰。

Nepathyagrha 后台，即化妆室。

Neta 主角。

Netra Tantra 《奈特拉经》，性力派经典之一，论述着魔与驱魔、人神结合等。

Neue Freie Press 《新自由日报》，地址在维也纳。

Nevari 尼瓦尔语，尼泊尔尼瓦尔人的语言，属于缅藏语言。

Nevasa Culture 涅瓦萨文化，南亚晚期旧石器文化，遗址在马哈拉施特拉邦的涅瓦萨。

Nevinson 乃文森（1856—1941），英国作家，1912年在伦敦认识泰戈尔，大力赞赏泰戈尔的诗，是促成泰戈尔获得诺贝尔文学奖的作家之一。1940年，他邀请泰戈尔担任公民自由全国委员会副主席，泰戈尔于3月31日写信同意。

N

New Asia 《新亚细亚》，民国时期期刊，由戴季陶主编，1937年11月刊登戴传贤（戴季陶）的《致泰戈尔先生书》。

New Comments 《新观察》，中国面向知识界的综合性期刊，1950年7月1日在北京创刊，读者遍及社会各阶层，以知识分子和机关干部为主要读者对象。刊物内容涉及政治、经济、文化、教育、艺术等各个社会生活领域。不少著名作家如郭沫若、茅盾、叶圣陶、老舍、巴金、丁玲、艾青等，都曾在《新观察》上发表过作品。陶铸的《松树的风格》、杨朔的《黄河之水天上来》、刘白羽的《日出》、吴晗的《海瑞的故事》、冯雪峰的《回忆鲁迅》、冯至的《爱国诗人杜甫传》等文章，在此刊发表后都产生过较大的社会影响。《新观察》先后介绍过齐白石、张大千、刘海粟、黄永玉、华君武、丁聪等艺术名家和一些有成就的中、青年画家的作品，被一些外国读者称为"中国美术的一个窗口"。

《新观察》1950年创刊后，先后由新闻工作者储安平、历史学家黎澍、新华社记者杨赓、文学评论家冯牧、作家陈笑雨担任主编。1980年复刊后戈扬任主编。1989年停刊。1955年7月刊登石真的《泰戈尔的歌曲》。

New Current 《新潮》杂志，1919年1月正式创刊。在新潮社的首届职员中，编辑部的3位依次是傅斯年、罗家伦和杨振声；干事部的3位依次是徐彦之、康白情和俞平伯。在五四时期蜂起的各种文化社团中，新潮社算得上是创办较早的一家，也是很有影响的一家。它一开始就旗帜鲜明地站在新文化运动的立场上，与师长们的《新青年》同声相应，同气相求，互成犄角之势，与旧势力、旧传统、旧思想展开了激烈的斗争。许德珩、马叙伦、周作人曾担任过该刊编辑。1921年10月它刊登了冯友兰的《与印度泰戈尔谈话》。

New Delhi 新德里，印度首都，在德里以北5英里处。英殖民政府于1911年决定把首都从加尔各答迁到这里。从1911年开始修建，1929年建成。

New Education Fellowship 新教育基金会，在丹麦埃尔斯诺，1930年8月泰戈尔在访问丹麦期间参加了这里的会议。

New Education Fellowship 新教育基金会，1936年资助在加尔各答进行的教育周，泰戈尔到会并做了两次报告：《理想的教育》和《音乐在教育和自然化教育中的位置》。

New German Theatre 新热尔曼剧院，在捷克首都布拉格。1926年9月泰戈尔从柏林到捷克访问时在布拉格逗留了1个星期（9—14日），做了几场报告。在新热尔曼剧院出席巴赫作品演奏会，观看泰戈尔写的捷克语演出的话剧《邮局》。则姆林斯基唱了几首翻译为捷克语、用西方音乐谱曲的泰戈尔的抒情诗。

New Haven 纽黑文市，美国康涅狄格州的第二大城，位于纽黑文县境内，纽黑文港上，长岛海湾（Long Island Sound）北岸。世界著名的耶鲁大学就坐落于纽黑文市。纽黑文市也是美国前总统乔治·布什的出生地。1916年12月泰戈尔访美时应耶鲁大学校长哈德利邀请访问该市。

New India 《新印度》，泰戈尔时期印度孟加拉地区的报刊。

New Literature Historical Data 《新文学史料》，1978年由人民文学出版社创办，是全国唯一一份反映中国新文学历史和现状，集学术性、研究性、资料性为一体的史料性刊物。1980年5月第2期刊登吴晓玲的《关于泰戈尔的侄曾孙泰无量》，1987年5月第2期刊登周俟松、王盛的《许地山与泰戈尔》。

New Public Opinion 《新民意报》，五四运动后，由马千里创办，他自任主编。该报追求爱国进步、支持女权运动，受到进步青年的欢迎。1923年3月该报副刊《朝霞》刊登吕一鸣的《泰戈尔传》。

New Pupils 《新学生》，1925年7月21日在广州锦荣街二十号创刊。《新学生》第一期在《告读者》中写道，该刊的内容主要为时事述评、学术研究、青年问题讨论、革命的文艺、读者之声等，并增反帝国主义运动一栏，专载反帝国主义的理论和事宜，以供给宣传的材料。1924年7月该刊发表《泰戈尔的思想和中国》。

New Year's Day 《新年》，泰戈尔的谈话。

New York 纽约，美国最大的城市及最大的商港，也是世界经济中心之一，被人们誉为世界之都，位于纽约州东南部。根据美国2010年的人口普查结果，纽约市区人口为817万余人，是美国第一大城市；大纽约都会区人口有1988多万。一个多世纪以来，纽约市一直是世界上最重要的商业和金融中心。纽约市是一座全球化的大都市，也是最重要的世界级城市，直接影响着全球的媒体、政治、教育、娱乐以及时尚界。纽约与伦敦、巴黎、莫斯科并称为世界四大国际大都会。纽约市坐落在世界上最大的都会区——大纽约都会区的心脏地带，是国际级的经济、金融、交通、艺术及传媒中心，更被视为都市文明的代表处。由于联合国总部设于该市，因此该市被世人誉为"世界之都"。纽约市还是众多世界级博物馆、画廊和演艺比赛场地的所在地，因而成为西半球的文化及娱乐中心之一。由于纽约24小时运营地铁和从不间断的人群，纽约又被称为"不夜城"。而"哥谭镇（愚人村）"这个昵称则出自美国小说家华盛顿·欧文（Washington Irving）在1807年写的小说。世界影响力巨大的媒体——《纽约时报》报社就在纽约。1913年泰戈尔访美时，访问过纽约。1930年11月，泰戈尔再次来纽约访问。12月1日美国讨论学会和美国印度学会在卡尼吉大厦联合举行泰戈尔欢迎大会，在会上泰戈尔就印度教育问题演讲。12月7日在美国大同教会主办的欢迎会上，泰戈尔以"波斯第一位和最后一位圣人"为题作了演讲，会见海伦·凯勒。女诗人邓妮斯通过几位泰戈尔诗歌舞蹈表演家募捐，泰戈尔把收入全部拿出来，救济纽约的失业者。纽约和波士顿还举办了泰戈尔画展。泰戈尔会见了威尔·杜兰特，他的作品《印度情况》将在孟加拉展出。

New Youth 《新青年》，《新青年》是在20世纪20年代中国一份具有影响力的革命杂志，在五四运动期间起到重要作用。该杂志发起新文化运动，并且宣传倡导科学（"赛先生"，Science）、民主（"德先生"，Democracy）和新文学。《新青年》是综合性的文化月刊，1915年9月15日在上海创刊，初名为《青年杂志》。1916年9月1日出版第二卷第一号改名为《新青年》。初期的《新青年》在哲学、文学、教育、法律、伦理等广阔领域向封建意识形态发起了猛烈的进攻。1917年年初，《新青年》编辑部迁到北京。《新青年》从第四卷第一号（1918年1月）起实行改版，改为白话文，使用新式标点，带动其他刊物形成了提倡白话文运动。十月革命后，《新青年》成为五四运动的号角。

Newars 内瓦尔人，尼泊尔的农民部族。

News 《国际大学新闻》，泰戈尔创办的国际大学的报纸。

Newton, Fort 纽藤，福特，20世纪英国学者，曾就流浪者联盟与泰戈尔辩论。

Nexus 《三代人》，泰戈尔的长篇小说。见Yogayoga。

Neyartha 费解。

Neytal 沿海。

Ngaihien-chen 辰奈汗，西印度的佛教高僧，1024年来中国讲经。

Ngaya 正论派。

Ngan She-kao 安世高（约2世纪），"世高"原意为"世界上最好的人"（Lokottama）的法号的汉语翻译。"安"（Ngan）是

"安息国"（Ngan-si-Ar-sak）的简写，被中国人用作指代帕提亚人。他本名为清，字世高，以字行，出家前是安息国（亚洲西部的古国，领土有伊朗高原与两河流域）的太子。他自小聪明仁孝，刻苦好学，博览国内外典籍，通晓天文、地理、占卜、推步等术，尤精于医学，名声远播。西域各国对他都很敬重。安世高是小乘佛经的首译者。印度佛教在中国最初的传播，是与译经相联系的。最早的一批译经者，不是中国本土人士，而是西域来华僧人。安世高可以说是佛经汉译的创始人，他首先译介了印度小乘佛教禅类的经典。

安世高是西域安息国的太子，因为这一王族地位，所以西域来华的人都称他为"安侯"，他译的一部《十二因缘经》被称为《安侯口解》。安世高小时候就因为其孝行而著名，而且他聪慧好学，知识面很宽广，甚至懂鸟兽之声。康僧会在其《安般守意经序》中这样描绘安清："其为人也，博学多识，贯综神摸，七正盈缩，风气吉凶，山崩地勋（疑为动字误），针脉诸术，睹色知病，鸟兽鸣啼，无音不照。"（《出三藏记集》卷六）可以说，安世高是个神异之人，在西域地区，也早就传扬着他的"俊异"之名。

N

安世高父王死后，安世高继承王位，但一年之后，他就把王位让给了叔叔，出家为僧。究其原因，除了因父王去世而感悟到人生之无常和空幻之外，可能还有政治方面的因素，康僧会说他是"驰避本土"，正能说明这一点。安世高在国内的佛学造诣以禅学和阿毗昙学见长，学成后，他曾遍游西域诸国，弘传佛法，后来又来到中国。

Nguyen-Dang-Thug 阮当涂，越南历史学家、哲学家和文化学家。他曾留学法国和比利时，1956年在德里出席亚洲作家和艺术家大会，1961年撰文纪念泰戈尔诞生100周年。

Nhatrang 牙庄，古代安南（今越南）的港口。

Ni Peigeng 倪培耕，中国社会科学院研究员，泰戈尔翻译家，译作有《泰戈尔短篇小说精选》《沉船》《饥饿的石头》《泰戈尔诗话小说》《泰戈尔全集》（与刘安武等合作）《泰戈尔诗选》《泰戈尔传》《泰戈尔集》等。发表《泰戈尔对中国作家的影响》《泰戈尔美学思想管见》等，翻译泰戈尔的《现代诗歌》。

Ni Zhenghua 倪政华，东方网记者，发表《〈泰戈尔的中国之旅〉展览在印度展出》。

Nibandha 闭合式音乐。

Nibaran Chakrabarti 尼巴拉·查克拉巴蒂，19世纪孟加拉爱情诗人。

Nibetita 妮贝蒂达师妹（1867—1911），拉姆克里什那和辨喜的虔诚弟子，出生在英国，原名玛格丽特·伊丽莎白·诺布尔（Margaret Elizabeth Noble）。1896年辨喜大师去英国的时候，她成为他的弟子，随后改名为妮贝蒂达师妹。他后来定居加尔各答，病逝在大吉岭久各迪什琼德罗·巴苏的家里。

Nibodha 觉醒。

Nica 更低声。

Nicaksu 尼遮殊王，9世纪薄罗婆国国王。

Niccola Manucci 尼克落·曼纽西，17世纪莫卧儿王朝奥朗则布时期的意大利旅行家，他根据游印度的观察写出了很有价值的历史书《莫卧儿印度》。

Nice 尼斯，地中海沿岸法国南部港口城市，位于普罗旺斯-阿尔卑斯-蓝色海岸大区，为滨海阿尔卑斯省行政中心。尼斯地处马赛和意大利热那亚之间，为主要旅游中心和蔚蓝海岸地区的首选度假地。

Nidana 内部联系。

Nidarsana 例证，诗相术语，即以常见的例证驳斥对方论题。

Nidas 壁龛，车夫的盒子。

Nidesa 《小尼迦叶》15部之第十一部《义释》。

Nidhana 尾声。

Nidhanam 庇护，支持，庇护所。

Nidhidhyasana 沉思，冥想，打坐。

Nidhis 财神神圣的珍宝。

Nidhu 尼杜，尼丁德纳特（1911—1932）的爱称。他是泰戈尔唯一的外孙，即泰戈尔的小女儿米拉的儿子。这个孩子因为生活在自己的父母的争吵中，后来父母离婚，所以他的身体一直不好。他后来被派往德国学习，1932年斯拉万月22日（公历8月间）因肺结核死在那里。同年9月泰戈尔准备出版《再次集》时，题写"献给尼杜"，以此纪念他。

Nidhu Babu　尼度·巴布（1741—1839），印度孟加拉塔帕音乐改革家。

Nididhyasana　道德戒律。

Nidhubaabu　尼图先生（1781—1834），真实名字是尼提拉姆·古普多，以创作“多巴歌曲”而著称。

Nidra　入眠，入眠之神，睡觉之神。

Nidritaar chitra　睡美人图。

Nie Mingche　聂明澈，当代学人，发表《自由的飞鸟，灵魂的印记：简析泰戈尔的〈飞鸟集〉》。

Nie Yuntai　聂云台（1880—1953），名其杰，字云台，法名慧杰，湖南衡阳人，曾国藩的外孙，曾赴美留学，中国企业家。1924年4月他在上海参加接待泰戈尔的工作。

Niebelungen Lied　《尼伯龙根之歌》，著名的中世纪中高地德语（Middle High German；Mittelhochdeutsch）叙事诗，讲述的是古代勃艮第（Burgundians）国王的故事，大约创作于公元791—792年，作者不详，用高地德语写成，全诗共9516行，分为上、下两部，第一部为《西格弗里之死》，第二部为《克林希德的复仇》。

作者融合了很多异教的故事题材和源自5世纪的口头英雄传说，以此为材料创作了这篇史诗。后来这首诗散佚，现行版本的《尼伯龙根之歌》是大约1190—1200年间由某个奥地利作家重新编纂的，但是大体内容与原诗相同。

人们把这篇史诗称为高德语的《伊利亚特》(Illiad)。因为它和希腊著名史诗《伊利亚特》一样，追溯到极远的上古时代，把渺远的神话中遗留下来的历史片段和历史人物结合起来，成为一部体现本民族品格的伟大诗作。

Nietzsche，Friedrich Wilhelm　尼采，弗里德里希·威廉（1844—1900），德国著名哲学家。他是西方现代哲学的开创者，同时也是卓越的诗人和散文家。他最早开始批判西方现代社会，然而他的学说在他的时代却没有引起人们的重视，直到20世纪，才激起深远的调门各异的回声。后来的生命哲学、存在主义、弗洛伊德主义、后现代主义，都以各自的形式回应尼采的哲学思想。尼采的著作有《悲剧的诞生》《希腊悲剧时代的哲学》《尼采论叔本华》《乐观的智慧》《尼采自传》《尼采诗抄》等。

尼采的著作对后世的影响无疑是巨大的。他的思想具有一种无比强大的冲击力，它颠覆了西方的基督教道德思想和传统的价值，揭示了在上帝死后人类所必须面临的精神危机。雅斯贝尔斯说尼采和克尔凯郭尔给西方哲学带来战栗，而此战栗的最后意义尚未被估计出来。20世纪初的整整一代思想家和艺术家都在尼采的著作中找到了那些激发了他们富于创造性的作品的观念和意象。雅斯贝尔斯、萨特、海德格尔、福柯和德里达等等都是深受尼采思想影响的哲学家，而直接受他影响的文学家同样数不胜数：茨威格、托马斯·曼、萧伯纳、黑塞、里尔克、纪德，还有我们熟悉的鲁迅。

Nigama　市镇。

Nigantha Nataputta　尼甘陀若提子，即大雄（公元前599—公元前527），耆那教创始人。

Nigger Pandeys　尼尕·潘地，18世纪印度民族起义领袖，1857年被英国人俘虏，放入炮口杀死。

Nighantu　吠陀词汇表，同义词学问。

Night and Morning　《夜与晨》，泰戈尔于1930年在牛津曼彻斯特礼堂的讲话。

Nikosha　妮戈沙，印度古代大史诗中的人物，十首魔王罗波那的母亲。

Nigrahasthana　负处，堕负，为辩论失败所规定的标准。

Nihalani　尼哈拉尼，20世纪70年代著名导演。

Nihalchand Kishangarh　尼哈昌德·克山加尔，18世纪拉贾斯坦邦袖珍画派最有名的宫廷画家。

NIIT　(National Information Institute of Technology)　印度国家信息技术学院。

Nijalingappa Siddavanahalli　尼加林迦帕·斯达瓦纳哈利（1902—2000），1967—1969任印度国大党主席。

Nikaya　中组。

Nikko　日本日工株式会社，创立于1919年，是一家生产建筑机械设备的专业厂家。其沥青拌和设备、沥青再生产设备和水泥搅拌设备在日本国内市场占据首位，占据日本国内同类设备90%以上。1924年6月正在访日的泰戈尔对这里做简短访问。

Nikolas Roerich　尼古拉斯·罗恩里奇（1874—1947），俄国画家，1920年和泰戈尔在英国认识。

Nikumbhila　尼昆比拉，《罗摩衍那》里的一个洞子名，在这里信徒给迦梨女神献贡品。

Nikumbhila　尼昆比拉，《罗摩衍那》里楞伽城西门举行祭祀的地方。

Nil Darpan　《靛蓝镜》，印度剧作家1861年米特拉写的剧本，反映英国种植园主压迫靛蓝农民的故事。

Nila　尼拉罗摩的将领。

Nilakantha　青项，10世纪诗人，有诗《美丽的睡莲》（Kalyanasangandhika）。

Nilakantha　青项，指湿婆，他喝了搅乳海浮上来的毒药，使脖子变青。

Nilakantha　青颈，15世纪印度天文学家。

Nilapita　青藏，印度古代官方文书。

Nile　尼罗河，流经非洲东部与北部的河流，长6670千米，是世界上最长的河流。干流流经布隆迪、坦桑尼亚、卢旺达、乌干达、苏丹和埃及，在开罗以北形成2.5万平方千米的巨大三角洲，分流注入地中海。尼罗河有两条主要的支流——白尼罗河和青尼罗河。发源于埃塞俄比亚高原的青尼罗河是尼罗河下游大多数水和营养的来源，但是白尼罗河则是两条支流中最长的。尼罗河是古埃及文明的摇篮。

Nilgiri　尼尔吉利山。

Nilmani　蓝宝石，也指黑天神，因为他肤色呈蓝黑色。

Nilmani　神。

Nilotpala　青莲花。

Nim　尼姆树，一种结苦果的热带树，长漂亮的一串串窄叶子，果实和树叶非常苦，印度人喜欢用它的叶子做苦菜汤，可以消暑。

Nimaai　尼麦（1485—1533），即久伊多诺（Chaitanya），印度虔信毗湿奴教派的创始人。他有很多名字，如尼麦、高朗格（Gouraanga）、比绍姆婆尔（Bishbambhar）等。

Nimandran-sabhaa　《邀请聚会》，泰戈尔的散文。

Nimat Namah　《尼玛特本纪》，或称《美味之书》，16世纪名画。

Nimba　拧巴，树名，结苦果。人们在葬礼上嚼它的叶子。

Nimbarka　尼跋加，13世纪毗湿奴派神学家，黑天教派尼跋珈派创始人，尼跋加派崇信黑天与拉达的爱情故事，认为他们之间的爱情代表人与神的爱情与结合。

Nimesa　一眨眼的时间。

Nimi　尼弥，传说中的甘蔗族王的儿子，米提罗王朝的创始人，极欲仙人诅咒其失去形体，他反唇相讥，双双失去形体；太阳族王室祭司带瓦拉托的弟子，湿婆将神弓传给他。

Nimisakavana　作诗。

Nimitta　缘由。

Nimlokani　风神伐楼那之城。

Nimtala Chatt　宁达拉火葬场，在加尔各答，泰戈尔的遗体于1941年8月7日在此焚烧。

Nindaa-tattva　《谴责理论》，泰戈尔的散文。

Ning Dayun　宁达蕴，民国人物，佛教家，北京佛化新青年会创始人之一，1924年4月26日，他率领北京佛化新青年会代表欢迎来法源寺观赏丁香花的泰戈尔。他曾发表《泰戈尔与大乘佛法》《泰戈尔与佛化新青年》等。

Ningbo　宁波，东边沿海城市，浙江省历史名城，具有7000年文明史的“河姆渡史前遗址”发源地。秦朝，始皇嬴政派遣徐福出海采集长生不老仙药，从达蓬山北麓东渡日本，一去不复返。宁波唐代成为“海上丝绸之路”的起点之一，与扬州、广州并称为中国三大对外贸易港口，宋时又与广州、泉州同时列为对外贸易三大港口重镇，并与日本、新罗及东南亚、欧洲一些国家进行商务往来。明朝时期（1522年），葡萄牙人在双屿设立机构，作为战略支点，具有产品交换、中转码头、集散中心的职能，后被浙江巡抚朱纨率领军队捣毁。16世纪中叶，随着大航海时代的兴起，宁波成为全球最大的自由贸易港口之一。清康熙二十四年（公元1685年），中国最早设立的四大海关（江南海关、浙海关、闽海关、粤海关）之一的浙海关诞生了。鸦片战争以后，宁波被开辟为“五口通商城市”之一。四明山红色革命根据地谱写了中华儿女为民族独立和解放事业浴

N

血奋战的壮丽诗篇。如今的宁波是浙江省经济最发达的城市之一，宁波港是中国东南沿海的重要港口城市，已与世界上216个国家和地区的600多个港口开通了航线，也是上海中国国际航运中心枢纽港的组成部分和功能区。

Ning Jun　宁军，当代学者，发表《泰戈尔筹建中国学院始末》。

Ning Ning　宁宁，当代学人，发表《泰戈尔作品中的女性形象》。

Ningxia People's Publishing House　宁夏人民出版社，成立于1958年，是宁夏唯一的综合性地方出版社。2004年出版郁龙余的《梵典与华章——印度作家与中国文化》。

Ningxia Social Sciences　《宁夏社会科学》杂志，双月刊，由宁夏社会科学院创刊于1982年。1988年刊登刘清河的《浅谈泰戈尔诗歌的意境美》。

Ninth Foreign Tour　第九次国外行。1927年7月12日，由巴克和打前站，在查特吉、萨伦德罗纳特·卡尔、克里希那·戴维和巴尔曼陪同下，泰戈尔从马德拉斯起航，开始了东南亚之行，要访问的地方有新加坡（7月20—26日）、马六甲（7月27—30日）、科伦坡（7月30日—8月7日）、怡保（8月8日—11日）、太平（8月12—13日）和槟榔屿（8月14—16日）。一路做演讲、社会交往、出席欢迎会、呼吁为国际大学给予经济支持。以这些地方为总部，访问马来亚各地和周边地区。马来亚之行后，泰戈尔留下阿利亚纳雅卡姆收别人答应了的捐款，坐船去爪哇岛，8月22日到达雅加达的巴塔维亚，在为他举行的宴会上朗读前一天在船上写的赞颂爪哇岛的诗《战无不胜的吉祥女神》。泰戈尔8月26日经索拉巴亚到巴厘岛，在索拉巴亚短暂停留，参加了当地的欢迎会。泰戈尔在巴厘岛度过两星期，游遍全岛，岛上的人把他当国王一样接待。巴厘人的舞剧、这个岛上王国还保存有印度习惯和传统给泰戈尔留下了深刻印象。9月9日泰戈尔返回爪哇岛，参观索拉巴亚、索克拉卡特（开了一条以他的名字命名的街道）、帕兰巴南印度教神庙、朱克家卡尔塔（参观了一所按照国际大学模式办的学校），在曼昆纳古鲁家做客，观看了细腻的宫廷舞和戏剧表演，和岛上的杰出的荷兰和本地学者见面。从朱克家卡尔塔去参观婆罗浮屠塔。泰戈尔在万隆访问3天。他于9月27日返回雅加达，在起航去曼谷的途中经新加坡去槟榔；10月8日到曼谷，受到无数暹罗人、华侨、印侨和欧洲人的欢迎；10月13日受到泰国国王的热情接见，在楚达隆科大学作论教育的演讲；10月27日回国。

Nipamayee　妮波摩伊（？—1910），泰戈尔的三嫂，即泰戈尔的三哥海孟德罗纳特（Hemendranath，1844—1884）的妻子。

Nipata　幕。

Nirahamkara　无我慢，不要意识到我存在。

Nirala Suryakant Tripathi　尼拉腊，S. T.，印度印地语诗人，作品有《无名指》等。

Niranjana=Phalgu　尼连禅河，即现在的法尔古河，传说释迦牟尼在菩提树下悟道之前在此河里洗去一生污秽。

Nirankaris　尼浪加里斯派，19世纪印度锡克教无形之神派，由达耶尔·达斯创立。认为解脱是由于对最为纯粹精神的沉思而获得的。

Nirayavaliyav　《地狱》。

Nirbhayabhima　剧本《无畏的布军》，12世纪罗摩旃陀罗（Ramanchandra）写。

Nirgana　无差别一神论（胜者虔诚派），毗湿奴巴克提传统的一部分，源于密咒瑜伽。

Nirgraha-sthana　原则上不一致。

Nirgrantha=Janas　“挣脱束缚”，耆那教的修炼团体，大雄的别称。

Nirguna　抽象的绝对，无形，无形的崇拜，无量（主宰一切的非人格神），尼尔古那（无属性）。

Nirjara　湮灭，灭业，耆那教九谛之一。

Nirjharer Svapnabhanga (The Awakening of the Fountain)　《唤醒泉水》（《瀑布的觉醒》），泰戈尔1881年写的诗。

Nirjharinee　清泉。

Nirmaldas Fatehchand　尼尔马拉达斯·发特查德，19世纪信德语作家，作品有《达鲁瑞吉·莱依》（Dalurai Ji Nagari）。

Nirmanakaya　被创造体。

Nirmorokumari Mohranbish　尼尔莫洛库马丽·莫赫兰比什（1900—1981），爱称“拉妮”，是陪伴照顾泰戈尔晚年生活的热心女人。

N

Nirnaya 确认，决断，有思择排除错误，最后得出的决定。

Nirodha 受挫。

Nirodhasatya 灭谛，断灭世俗诸苦所赖以产生的一切原因。

Nirriti 死神，毁灭女神；地下洞穴，深渊。

Nirtya-natya 舞蹈剧。

Nirukta 词源学；词源性词汇表；解释，诗相术语，说明过去所说的话正确无误。

Nirukta 《尼禄多》，吠陀6支（ved-Anqas）之一，讲语源与词义，词源学。

Nirval 乐章的临时旋律，变体。

Nirvana 涅槃，佛教用语，意义是指清凉寂静，恼烦不现，众苦永寂；具有不生不灭、不垢不净、不增不减，远离一异、生灭、常断、俱不俱等等的中道体性意义；成佛。佛教认为，轮回是一个必然过程，人死去以后，"识"会离开人体，经过一些过程以后进入另一个刚刚出生的新生命体内，该新生命体可以是人类，也可以是动物、鬼、神。只有到达涅槃的境界方可摆脱轮回。

Nirveda 忧郁，无语。

Nirvikalpa samadhi 精力高度集中，意识不到主观与客观的区别，彻底摆脱愚昧以及相对性的状态，将自身的活动焦点全部集中在至尊神身上。

Nirvis-esa-advaita 无分别不二论。

Nisada （音调）近闻。

Nisada 泥沙陀人，居住在文迪耶山林中的非雅利安部落民，古贱民一种，以渔猎和抢劫为生。在印度古籍中，尼沙陀和旃荼罗是列在四大种姓之外的，即"不可接触者"，属于下等人，贱民。《罗摩衍那》里，由于尼沙陀人杀死麻鹬而引出蚁垤创造出《罗摩衍那》的输洛迦诗体。罗摩被流放后碰见的部落的头人惧诃。

Nisadahood 山中部落民的生活。

Nisadha 尼奢陀，手势，双肩放松，双手作持旗帜手势，下垂。

Niscari 罗刹。

Nischayena 持久地，稳定地。

Nisedha 受阻。

Nishad 印度音节的第七音符，简写为尼（ni）。

Nishada 尼沙德语，又叫南岛南亚语族（Austric），地区从马达加斯加到喜马拉雅山，从新西兰到智利复活节的语族和语支。

Nishada 渔家女，指《摩诃婆罗多》里的鱼香女贞信。

Nishant 《尼沙特》，印度著名导演试演斯·北内加（Shyans Benegal）20世纪60年代拍的艺术片。

Nishedha 禁止。

Nishethe 《深夜》，泰戈尔的短篇小说。见 In the Middle of the Night。

Nishitha 泰戈尔的短篇小说《深夜》。

Nishithal Cheshtaa 《徒劳的努力》，泰戈尔的散文。

Nishka 一种金币，其重量由不同的权威判定。

Nishkas 项链，胸饰。

Nisiha 6惩戒经第一部的《禁忌经》。

Niskramana 婴儿的第一次出门礼。

Nispatti 完成。

Nisphal Kamana （Fruitless Desire） 《无果的欲望》，泰戈尔的诗。

Nissar Ahmed 尼萨阿赫迈德，现代坎纳达语作家。

Nissim Ezekiel 尼辛·艾策克耶，印度英语作家。

Nistha 成就。

Nisumbha 金席，印度神话里阿修罗大松德和小松德的父亲，被杜尔迦女神杀死。

Nitan Avartar 《新的化身》，泰戈尔于1894年写的幽默故事。见 The New Avatar。

Niti 正道，统治术。

Niti-sataka 《世道百咏》，6—7世纪著名诗人伐致诃利（Bhartrhari）的诗。

Nitisara 迦曼陀吉（Kamandakis）的《正道精华》。

Nitisastra 正道论，政经。

Nitya-karma 每日的礼仪。

Nityananda Institute 尼提亚南达学院，印度教学校，由印度教导师尼提亚南达于20世纪60年代在美国创立。

Nityasodasikarnava 16位永恒女神派著作，主要讲崇拜女神的礼仪及其神奇的影响。

Nityasumangali "永远和神结婚的女人"，指庙妓黛娃达西。

Niu Shuilian 牛水莲（1963—），女，河南

大学中文系教授，发表《泰戈尔作品在中国的流传及影响》。

Nivahala 结束。

Nivata-kavachasand 蟒蛇，全甲族。

Nivedita Sister 妮薇蒂塔（1867—1911），爱尔兰人，辨喜的女弟子，印度宗教改革家。原名玛格丽特伊丽莎白·诺宝，在基督教教堂长大。1892年温布莱顿开办学校，她了解了印度哲学家辨喜的学说，1898年到加尔各答，进入新成立的“罗摩克里希那教会”，辨喜为她取名妮薇蒂塔。她在加尔各答创办了一所女子学校，从事瘟疫救助工作，从国外募捐。从1902年到逝世，她都为唤醒西方和印度民众的意识而写文章，演讲。她批评英国的政策，支持印度全民教育和自治运动。在风起云涌的印度民族运动中，她鼓励不同派别的艺术家，和不同教派的领导人交朋友，全心全意地为别人服务，赢得了英国人和印度人的爱戴。她曾翻译泰戈尔的作品，作品有《迦梨女神》《我所知道的大师》等。

Nivita 尼维塔，独身生活的婆罗门、刹帝利、吠舍出门化缘前在脖子上戴圣线。

Nivitin 项戴圣线者。

Niweini 尼维尼，中印度佛教高僧，999年来中国传经。

Niya 尼雅。20世纪初，英国人斯坦因在新疆塔克拉玛干大沙漠的南缘尼雅河畔发现了一座古城遗址，并从这里挖掘出封存了千年的各种珍贵文物12箱之多。当这些文物被带回英国时，西方学者大为震惊。这就是被称为东方“庞培城”的尼雅遗址。东汉时期，名将班超为抗击匈奴稳定西域，曾带随从驻扎西域数十年。他利用杰出的政治、军事、外交才能联合当时的西域36国抗击匈奴的侵略，威镇西域数十年，留下了“投笔从戎”的千古佳话。有人提出，斯坦因所发现的尼雅遗址，就是中国史籍中记载的西域36国之一的精绝国。

Niyam 固定规则，戒律，惩戒。

Niyama 遵行，瑜伽支（瑜伽修行的8个层次）之二，即瑜伽修行的道德律条，有5条：清净、清安（满足）、苦行、诵读、敬仰自在天。诵经、苦行等的积极行为规则。外控，泰然若素与沉思。

Niyasna 劝制，指应当遵循的道德准则，包括清净（sauca）、知足（santosa）、苦行（tapa）、学习（isvadhyaya）、诵读和敬神（svara pranidhana）。

Niyataphalaprapti 肯定。

Niyati 命运，神主。

Niyati 法律。

Niyoga 尼瑜伽。《吠陀》时期，有一种习俗，就是允许无孩子的夫妇中的丈夫或妻子同另一个女人或男人生孩子，这种习俗在《吠陀》时期之后被禁止。

Niyuta 兆，百万。

Nizam 尼柴姆，莫卧儿时期省最高行政长官，也称苏巴达尔。

Nizam Shahi Dynasty 尼扎姆·沙希王朝（1490—1633），印度德干地区5个穆斯林小国之一。

Nizam-ud-din Ahmad 尼扎姆-乌德-丁·艾哈迈德（？—1594），莫卧儿王朝历史学家，著有《阿克巴王朝通史》。

Nizami 尼柴米，穆斯林学者，诗作《可汗萨和》（Khamsah）。

Nizami 寡妇与没有留下孩子而死去的丈夫的兄弟结婚生孩子，为丈夫传宗接代；寡妇与鳏夫结婚。

Nlavanyam （绘画6支中的）美。

Noah’s ark 诺亚方舟，传说中一艘根据上帝的指示而建造的大船，其建造的目的是让诺亚与他的家人，以及世界上的各种陆上生物能够躲避一场上帝因故而造的大洪水灾难。记载中诺亚方舟花了120年才建成，创造世界万物的上帝耶和华见到地上充满败坏、强暴和不法的邪恶行为，于是计划用洪水消灭恶人。同时他也发现，人类之中有一位叫作诺亚的好人。耶和华神指示诺亚建造一艘方舟，并带着他的妻子、儿子（闪、含与雅弗）与媳妇。同时神也指示诺亚将牲畜与鸟类等动物带上方舟，且必须包括雌性与雄性。

当方舟建造完成时，大洪水也开始了，这时诺亚与他的家人，以及动物们皆已进入了方舟。《创世纪》如此形容洪水刚开始的景况：“当诺亚六百岁，二月十七日那一天，大渊的泉源都裂开了，天上的窗户也敞开了。四十昼夜降大雨在地上。”洪水淹没了最高的山，在陆地上的生物全部死亡，只有诺亚一家人与方舟中的生命得以存活。

在220天之后，方舟在阿勒山附近停下，且洪水也开始消退。又经过了40天，阿勒山的山顶才露出。这时诺亚放出了一只乌鸦，但它并没有找到可以栖息的陆地。7天之后诺亚又放出鸽子，这次它立刻就带回了橄榄树的枝条，诺亚这时知道洪水已经散去。又等了7天，诺亚最后一次放出鸽子，这次它便不再回方舟了。诺亚一家人与各种动物便走出方舟。

离开方舟之后，诺亚将一只祭品献给神。耶和华闻见献祭的香气决定不再用洪水毁灭世界，并在天空制造了一道彩虹，作为保证。在《创世纪》中，神如此保证："我使云彩盖地的时候，必有虹现在云彩中，我便纪念我与你们和各样有血肉的活物所立的约，水就再不泛滥、毁坏一切有血肉的物了。"这个故事和印度神话里摩奴的故事相似。见Manu。

Noailles, Comtesse de 努瓦伊，孔泰瑟·戴（1876—1933），法国女诗人、小说家。1930年泰戈尔访问法国时她与阿根廷女作家奥坎波等资助泰戈尔在巴黎举办画展。

N

Noakhali 诺阿卡里，吉大港附近的一个地方。

Nabagopaal Mitra 诺博戈巴尔·米特罗（1840—1894），泰戈尔家族的朋友，印度教庙会的创始人。他是当时典型的民族主义者，先后创建了《民族报》、民族学校和"民族学会"。

Nobel Prize in Literature 诺贝尔文学奖，1913年11月13日，泰戈尔于由于《吉檀迦利》而获得诺贝尔文学奖，获奖的理由为"由于他那至为敏锐、清新与优美的诗；这诗出之于高超的技巧，并由他用英文表达出来，是他那充满诗意的思想业已成为西方文学的一部分"。泰戈尔当时无法前往瑞典出席诺贝尔奖颁奖典礼，在诺贝尔颁奖宴会上宣读了他发去的一封电报："请允许我向瑞典学院的宽宏理解致以衷心的感谢，这份宽宏与理解让遥远变得邻近，让陌生人成为兄弟。"诺贝尔奖牌和获奖证书被送到孟加拉的总督卡密却尔勋爵（1859—1926）手中。随后，于1914年1月29日，在位于加尔各答的总督府举行的庆祝仪式上，总督将诺贝尔奖牌和获奖证书转交给了泰戈尔。2004年2月泰戈尔的诺贝尔文学奖的奖牌和证书在位于圣蒂尼克坦的国际大学的泰戈尔纪念馆被盗，一直没有线索，翌年瑞典诺贝尔委员会给该馆赠送了一份复制的奖牌和证书。

Nobili, Robert de 诺比里，罗伯特·德（1577—1656），葡萄牙传教士，他力图理解印度教的世界观，从印度教经典里找出对神的非偶像崇拜的意识并且把印度改变为基督教国。

Nobinmatob 诺宾马陀博，在孟加拉语里"诺宾"的意思是新的，"马陀博"是大神黑天的一个名字。据古代史诗里的描述，大神黑天的肤色很黑，所以"马陀博"这个名字使人联想到肤色黝黑的形象。

Noble Eighthfold Path 八正道，中道：1.正确的认识理解；2.正确的目的和决心；3.正确的言语；4.正确的举止或行为；5.正确的职业，即一种有助于拯救的生活，更可取的是修道生活；6.正确的努力；7.正确的意识和自我克制；8.正确的禅定。

Noguchi, Yone 野口米次郎（1875—1947），日本神秘主义诗人，曾留学美国，居留伦敦。他用英、日文创作，诗作感情深沉，充满幻想、奇想、狂想，且有神秘气氛，富于哲理性。著有日文诗集《双重国籍的诗》《一个苹果坠落》《瞧瞧我的手吧》等和几册英文诗集。

1935年11月30日他访问圣蒂尼克坦，受到泰戈尔的接见。20世纪30年代日本军国主义发动侵略中国和其他亚洲国家的血腥战争，激起世界人民的强烈义愤，也遭到了印度著名诗人、文豪泰戈尔的严词谴责。1938年，曾与泰戈尔交往的野口米次郎曾两次写信给泰戈尔，他想拉拢泰戈尔为日本侵略行为进行辩护，遭到泰戈尔的痛斥。泰戈尔在给他的回信里写道，"我为日本人民感到悲伤。收到你的来信，我更痛心"。"我感到荣幸的是，您觉得仍有必要不辞辛劳地说服我接受您的观点。但十分遗憾的是，我难以理解您要我理解的偏见……我不相信把别国的权益和幸福当作牺牲品供放在祭坛上的行动是爱国主义……如果您能使中国人民确信，贵国军队轰炸他们的城镇……这是出于好意的举动，最后能使他们的国家得到‘拯救’，那您不必再费唇舌，说服我相信贵国的崇高目的了。”“祝我所热爱的贵国人民不胜利，只懊悔。”

Non-cooperation Movement　不合作运动，1920年由甘地和国大党发起的运动，不服从英国政府的统治。

Norah Richand　诺拉·理查德，19世纪旁遮普地方戏剧家。

Nordic Race　北欧人，指德国北部的日耳曼人，挪威等地的斯堪的纳维亚人。

Normal School　师范学校，泰戈尔1868年上小学的地方。

Norta　非真理，罪恶。

North-China Literature　《北方文学》，创刊于1950年2月，由黑龙江省作家协会主办。2010年第2期刊登舒子苓的《诗化的哲学自然观——浅析泰戈尔与陶渊明诗歌中自然观之表现》。

North-China Symposium　《北方论丛》，哈尔滨师范大学主办的哲学社会科学学术理论刊物，面向国内外公开发行。其前身为《哈尔滨师范学院学报（哲学社会科学版）》，1959年创刊，1979年改现名。1980年第6期刊登孟宪义的《试论〈戈拉〉的历史成就》。

Northampton　北安普顿，美国东部城市，1916年12月泰戈尔访问美国时曾访问该市。

Northbrook　诺斯布鲁克（1826—1904），1872—1876任印度总督。

Northern Black Polished Ware Culture　北方黑精陶文化，即恒河平原城市化时期的文化，主要在恒河平原，为古代印度摩哼佐达罗之后的第二次印度城市文明。

Norway　挪威，位于斯堪的纳维亚半岛西部，东与瑞典接壤，西邻大西洋。海岸线极其蜿蜒曲折，构成了挪威特有的峡湾景色。此外，挪威还与芬兰、俄罗斯接壤。挪威的领土还包括斯瓦尔巴群岛和扬马延岛，首都为奥斯陆。挪威的自然资源十分丰富，其主要表现在石油、水利、渔业、森林和矿产等方面，其中挪威经济很大程度上依赖石油产业及国际油价。挪威面积38万平方千米，人口近500万，主要居民为日耳曼族、萨米族等，官方语言为挪威语。1920年泰戈尔访问欧洲时，准备好了要访问挪威，在最后一刻取消计划。1926年8月，泰戈尔正式访问挪威。

Notes and Comments　《注释与评论》，印度《国际大学季刊》的一个专栏。

Novomirsky　诺沃米尔斯基，苏联女外交家，1930年泰戈尔访问苏联时，担任苏联外交部英美司司长的她负责接待工作。

Npramanam　（绘画6支中的）量。

Nribaalaa　尼里芭拉，泰戈尔三叔的大女儿迦东碧妮的大女儿，即泰戈尔的堂外甥女。

Nriityanaatya Chitrangada　歌舞剧《花钏女》，泰戈尔1936年写的剧本。

NripatungaAmoghavansha　拉什特拉库特王朝国王。

Nritta　舞蹈基本节奏。

Nritua　表情。

Nritya　用舞蹈表达某一主题的感情，流派，舞蹈。

Nrpatunga　加里博登格，9世纪作家，写有《王路》（Kavirajamarga）。

Nrtta　舞蹈。

Nrttakavya　舞诗。

nrttarupaka　舞剧。

Nrupam　（绘画6支中的）形。

Nsadrsyam　（绘画6支中的）似。

Nuara Elya　努阿拉·伊利亚，斯里兰卡疗养胜地。1922年10月泰戈尔访问斯里兰卡时曾在此疗养一个星期。

Numit Kappa　奴米特·卡帕，10世纪曼尼普尔语散文家。

Nupara　金脚铃。

Nupur　旁遮普邦国。

Nur Jahan　努尔贾汗（？—1645），原名梅尔温尼撒，莫卧儿王朝第四代皇帝贾汗吉尔的妻子，貌美多才，工于心计，在贾汗吉尔统治后期掌握政权。

Nurad-din　“宗教之光”，贾汗吉尔的名字。

Nurenburg　纽伦堡市，在巴伐利亚州，德国东南部城市，位于慕尼黑西北佩格尼茨河畔小盆地中，与美因河畔富尔达组成双连市。纽伦堡市是联邦德国拜恩州（巴伐利亚州）北部工商业中心，是一个有着50万人口的大都市。纽伦堡是德国巴伐利亚州中弗兰肯行政区的中心城市，巴伐利亚州的第二大城市，仅次于首府慕尼黑，是世界著名大企业集团西门子公司的诞生地。纽伦堡与它的两座姊妹城市菲尔特和埃尔朗根相邻极近，城区相连，常被称作“大纽伦堡地区”。第二次世界大战结束之后曾在此举行针对纳粹德国战犯的纽伦堡审判。1926年9月，泰戈尔访问德国时访问纽伦堡。

Nushka-i-Dilkusha 《称心的手稿》，17世纪莫卧儿王朝第六代皇帝奥朗则布时期的历史学家比姆森·布尔罕普利写的历史书，记载当时的历史事件。

Nusrat Shah 努斯拉特·沙（？—1532），孟加拉国国王。

Nutan Avatar 泰戈尔于1894年写的喜剧《新化身》。见The New Avatar。

Nutan Sangkalan 《新汇集》，泰戈尔的诗集。

Nutan Yatra 地方加西方音乐。

Nvarnikam （绘画6支中的）色彩。

Nyaaya Dharma 《正义》，泰戈尔的散文。

Nyagrotha 一种圣树，班杨树。

Nyam 惯例。

N

Nyasa 准许，允许。

Nyasa “放置”，“放下”，在敬神时用手指身体的不同部位，口里念相应的经文，不同的部位归于不同的神。

Nyaya 逻辑学，正理论，重视逻辑推理和辩论方法，分析，强调推理对于解脱具有重要的意义。足目（Aksapada，50—150）为创始人。著作有1世纪乔达摩（Gautama）的《正理经》（Nyana-sutra）、4—5世纪瓦达亚纳（Vatsayana）的《正理经疏》（Nyaya-sutra-bhasya）、6世纪乌丢达卡拉（Uddyutakara）的《正理经评释》（Nyaya-varttika）、9世纪瓦卡斯帕提米斯拉（Vacaspatimisra）的《正理评释真义详解》（N.v.-taparyatika-parisuddhi）和《正理花束》（N.-kusumanjali）。12世纪前后，新正理派形成，正理派与胜论派相混合。著作有12世纪克珈自在的《真理如意珠》（Tattvacintamani）、12世纪伐罗达拉贾的《思择之守》（Tarkikaraksa）、13世纪凯沙伐米湿罗的《思择叙述》（Tarkabhasa）和16世纪阿难跋陀的《思择纲要》（Tarkasamgraha）。

Nyaya 合理。

Nyayabindu 《正理滴论疏》，7世纪印度佛教大师法上（Dharmmottara）写。

Nyayadapeta 违反正理，缺乏逻辑。

Nyayapravesatarakasastra 《因明入正理论》，8世纪商羯罗著，佛教因明学著作。

Nyaya-sutra 《正理经》，1—2世纪足目（音译恶叉波陀或乔达摩）著，为佛教正理论哲学的根本经典。

Nyayasutrabhasya 《正理经疏》，5世纪婆差耶那（Vastayana）作。

Nyayavartika 《正理评释》，6世纪显作论师（Uddyokara）写。

Nyayavarttika 《正理疏》，5世纪显作论师五谛奥多杰罗著。

Nyuna 言少。

Oo

O Kathaa Bolo Naa Sakhi 《朋友，别说那种话》，泰戈尔的诗。

O thou enchantress of the World（Oyi Bhubanamanomohini）《啊，你使世界着迷》，泰戈尔于1896年为国大党第十二次会议写的歌曲。

O'connell，Kathleen M. 奥康奈尔，凯瑟琳，女，20世纪加拿大多伦多大学印度学家。

O'Donnel，C. J. 欧当奈尔，英国人，泰戈尔时代曾担任英印殖民政府高级官员。

O' Dwyer，M. F. 奥德怀尔（1864—1940），英印文官，曾担任省税吏、代理省长等。著有《我所知道的印度》。

O'Flaherty，W. Doniger 偶弗拉合提，现代西方印度学家。

Oaten episode 1916年的燕麦事件，英国人对学生进行镇压。

OBCs other backward castes and classes 其他落后种姓和阶层。

Oberammergau 奥泊拉梅高，德国城市，以德国传统耶稣受难剧著名；泰戈尔于1930年访问德国时花一天时间看激情剧。

Ocampo Victoria 奥坎波·维多利亚（1890—1979），阿根廷女作家，生于布宜诺斯艾利斯与阿根廷历史和文学史上最显赫的人物有关系的旧殖民家庭，在家里由法语和英语家庭教师教育长大，自小对法语和英语文学很感兴趣，以后在欧洲居留时深化了这些知识。曾于1931年创立有名的西班牙语文学杂志《超越》并担任编辑。出版15部文学评论和大量的英法文学作品。曾获阿根廷文学金奖。泰戈尔在1924年访问秘鲁的途中因病在阿根廷首都布宜诺斯艾利斯下船，就住在布宜诺斯艾利斯郊区圣伊斯德鲁镇奥坎波的花园里，受到她的热情接待和精心照顾。她认为认识泰戈尔是她一生中最大的荣幸。她又资助泰戈尔于1930年5月2日在巴黎皮卡雷画廊举办泰戈尔画展。泰戈尔非常尊重她，给她取了个孟加拉名字“碧久娅”。《布罗比》诗集就用此名字写了献词献给她。还把一部诗集《夜曲集》专门献给她，称她为维嘉雅（“胜利”，Victoria的原意）

Ochterlony 奥克特洛尼（1758—1825），英国殖民主义军队的军官，曾经带兵打败尼泊尔军队。

October Revolution 十月革命，又称布尔什维克革命、俄国共产革命等，是1917年俄国革命经历了二月革命后的第二个阶段。十月革命发生于1917年11月7日（俄历10月25日）。苏联、中国等社会主义国家及组织普遍认为，十月革命是列宁和托洛茨基领导下的布尔什维克领导的武装起义，建立了人类历史上第三个无产阶级政权（第一个是巴黎公社无产阶级政权，第二个是匈牙利苏维埃共和国）和由马克思主义政党领导的第一个社会主义国家——苏维埃俄国。革命推翻了以克伦斯基为领导的资产阶级俄国临时政府，为1918—1920的俄国内战和1922年苏联成立奠定了基础。

Ocymum sanctum=tulasi 图拉西圣草。

Oddiyana=Uddayana 奥迪亚那镇，在印度西部斯瓦特谷地，传说湿婆妻子萨蒂为湿婆自焚后其尸骨的一部分散落此处。

Ode to a Nightingale 《夜莺颂》，英国18世纪诗人济慈的名诗。

Odissi 奥迪西舞，印度舞蹈流派之一，产生于奥迪萨邦，流行于公元前3世纪—公元前2世纪。分6个部分：演员出场、膜拜象头神、沃杜舞、伯尔维舞、萨皮纳耶舞和伯兰特舞。奥迪西舞主要有坐、起、站、走、潜、游、转等动作。坐：演员要坐在自己的脚趾上，脚跟要接触臀部。起：演员坐的动作完成后，起来的动作。站：舞蹈开始和结束的姿势。走：演员随着音乐向前移动的动作。潜：演员举起双手，低着头做潜水状。游：演员张开双臂，做游泳状。转：演员像大黑蜂一样旋转，表演各种动作。

Odra nritya 奥迪西舞，源于《舞论》里的该名。

Odri 奥德罗语。

Odurbrasasan 奥杜尔波罗萨桑（1871—1934），孟加拉抒情诗人。

Odyssey 《奥德赛》，希腊史诗，讲述了希腊英雄奥德赛（奥德修斯）在特洛伊战争中取胜后及返航途中的历险故事。利用木马计攻陷特洛伊城后，奥德赛不顾海神波塞冬的咒语启航回家，一路上历尽劫难，在海上又漂泊了10年。伊塔克的许多人都认为他10年不归，一定已经死去。当地的许多贵族都在追求他的妻子佩涅洛佩（Penelope），佩涅洛佩百般设法拒绝他们，同时还在盼望他能生还。奥德修斯在这10年间经历了许多艰难险阻：独目巨人吃掉了他的同伴，神女喀尔刻把他的同伴用巫术变成猪，又要把他留在海岛上；他又到了环绕大地的瀛海边缘，看到许多过去的鬼魂；又经海妖岛屿，躲过了女妖塞壬的迷惑人的歌声，逃过怪物卡律布狄斯和斯库拉，最后女神卡吕普索在留了奥德修斯好几年之后，同意让他回去。他到了菲埃克斯人的国土，向国王阿尔基诺斯重述了过去9年间的海上历险，阿尔基诺斯派船送他回故乡。那些追求他的妻子的求婚人还占据着他的王宫，大吃大喝。奥德修斯装作乞丐，进入王宫，设法同儿子一起杀死那一伙横暴的贵族，和妻子重新团聚。

Of Myself 《关于我自己》，泰戈尔的散文。

Offerings of sandalpaste and flowers 祭女神时献檀香乳和鲜花。

Ognyed 欧格聂德，20世纪苏联作家，泰戈尔1930年访问苏联时会见过他。

Ogo dakhin haoa 啊，南风。

Ojas 威武，（诗德）壮丽，词音与词义丰富，即使是受谴责的对象也显得崇高，或使用各种复合词语，音调高。

Okakura 冈仓天心（1862—1913），日本明治时期著名的美术家，美术评论家，美术教育家，思想家。冈仓天心是日本近代文明启蒙期最重要的人物之一，同是对日本近代文明有过重要贡献的福泽谕吉认为日本应该"脱亚入欧"，而冈仓天心则提倡"现在正是东方的精神观念深入西方的时候"，强调亚洲价值观对世界进步做出贡献。1902年以日本国立艺术大学校长的身份访问印度，就住在泰戈尔的加尔各答家中，和泰戈尔促膝谈心，两人在"泛亚主义"上产生共鸣。1916年8月泰戈尔访日时拜访过他。

Okkaka 俄卡格王，释迦牟尼的祖先。

Olaabibi 奥拉比碧，司霍乱的女神。

Olaaichangdi 奥拉伊查歌迪，司霍乱的女神。

Olainayagam 欧来纳亚伽姆，认可国王诏书的印度南方朱罗王朝的官员。该王朝从公元前2世纪一直延续到15世纪。

Old Avesta 波斯古经。

Old Curiosity Shop 《老古玩店》，英国作家狄更斯的长篇小说。狄更斯作于1841年。小说描写老古玩店店主吐伦特和他美丽、善良的外孙女小耐儿相依为命的悲惨故事。吐伦特为使还不满14岁的外孙女在他死后能过上幸福生活，竭力想发财致富，不料却落入高利贷暴发户丹尼尔·奎尔普的魔爪。奎尔普这个贪得无厌的吸血鬼，利用高利贷不仅夺走了老古玩店的全部财产，还想夺取美丽的小耐儿。祖孙二人被迫逃离伦敦，过着四处乞讨、颠沛流离的生活。最后，身心俱受损伤的小耐儿，因精神过度疲劳而夭折。

《老古玩店》(1841）描写资本主义社会中小资产者崩溃的悲惨命运。作者寄予深切同情的吐伦特老汉在伦敦的小胡同内开了一家古玩店，无人光顾。老汉把一切不幸归咎于"命运不济"。他要跟命运做斗争，企图在赌博中致富，结果反而把古玩店输给了放高利贷者。他和外孙女小耐儿都被逐出店门。二人后来流落到了偏僻的乡村，先后在苦难中死去。

Old Man's Ghost（Kartar Bhut） 《老人的鬼魂》，泰戈尔的小小说。

Old Testament 《旧约全书》，据犹太教的说法，《旧约全书》本是犹太人所写，而被基督教利用的犹太教义。但同时，《旧约全书》是基督宗教的启示性经典文献，内容和《希伯来圣经》一致，但编排不同。主要包括摩西五经、历史书、诗歌智慧书、大先知书、小先知书，总共39卷（希伯来古本为24卷），分四类：律法书、历史书、智慧书、先知书。从公元前12世纪至公元前2世纪，陆续用希伯来语写成。

Olivelle，Patrick 欧利威尔·帕特里克，现代西方印度学家。

Olontoti 奥龙陀蒂，印度神话中象征贞妇的一颗星。

Om 无限，永恒，万物的统一性，整体。"诚愿如此！""好吧！"，在念诵吠陀的开头和结束都要念。梵的标志，等于a，u，m，a代表非眠界的非眠灵魂精神，u代表沉眠界的睡眠灵魂的精神，m代表熟眠界的无梦灵魂的精神，是最高的智慧（若般）。“谙”是不可思议的，不可言表的，进入了“谙”境，整个世界亦即消失，超越双昧（苦乐）的天国幸福也就实现了。以后演化成印度教三大神的集团名称，a代表毗湿奴（Vishnu），u代表湿婆（Siva），m代表梵天（Brahma）。佛教把它借来作为神力无穷的咒语，六字箴言：“唵，嘛，尼，巴，迷，吽”（om，ma，ni，pa，dme，hum）。

Om，bhur，bhuva，sva，/tat savitur varenyam/bhargo devasya dhimahi/dhiyo yo nah procodayat　这是印度教圣线节教给婆罗门种姓年轻人的经文，正统的婆罗门种姓每天早晨日出时要念。大意是：奥姆，大地，大气，天空。让我们想念太阳神的美好光辉；让他鼓舞我们的思想。

Om，ma，ni，pa，dme，hum　6字大明神咒“唵，嘛，尼，巴，迷，吽”。

Omara　奥莫拉，意为“纯洁的美女”，也指拉克西米女神。

Ommani padma hum　看宝石落在荷花上，性交的象征性表述。

Omrah　“奥姆勒赫”，莫卧儿官员。

On British Mentality in Relation to India《论英国人对待与印度关系的心理》，泰戈尔1921年的文章。

On Film　《论电影》，泰戈尔1926年写的文章。

On India　《论印度》，泰戈尔1937年写的文章。

On Oriental Culture and Japan's Mission《论东方文化与日本的使命》，泰戈尔的散文。

On Proselytism　《论改宗》，泰戈尔1931年写的散文。

On Some Educational Questions　《论一些教育问题》，泰戈尔的书信集。

On the Autograph Manuscript of Gitanjali《评泰戈尔〈吉檀迦利〉的手稿》，20世纪印度学者萨尔卡尔，诗雅马尔·库马尔研究泰戈尔的诗集《吉檀迦利》的文章。

On the Birthday of Buddha　《写在佛陀生日》，泰戈尔的诗。

On the Centenary of Wilberforce　《纪念威尔伯福斯逝世100周年》，泰戈尔1933年的书信。威尔伯福斯是英国政治家、慈善家、废除奴隶贸易的领袖。

On the Seashore　《海边》，泰戈尔《新月集》里的诗。

On the Edges of Time　《时代的边缘》，泰戈尔的长子罗廷德罗纳特写，1958年由加尔各答Orient Longman出版社出版。

Onam　欧纳姆，克拉拉邦的节日。

Once There Was a King　（Asambhav Katha）《从前有个国王》（《不可能的故事》），泰戈尔于1893年写的短篇小说。这篇小说实际上是作者的童年记事。

我当时7岁，最害怕家庭教师来上课，寻找各种借口不上课，让奶奶讲故事。奶奶说，从前有个国王，只生了个女儿，没有儿子，于是离家出走到森林去修炼，希望能有个儿子。12年过去了，公主到了出嫁的年龄，王后万分焦急，派人找来国王。国王都不认识出落得美如天仙的女儿。提到女儿的婚事，国王说明天一大早出门，看见的第一个人将成为未来的驸马。第二天一大早，他碰见一个婆罗门的7岁的儿子在林中捡柴，于是指定他为驸马。国王为他们建了一座有7间厦房的宫殿，由公主抚养这个孩子，送他上学。他不知道她是谁。他的同学问起，他无言以对。每次他问她是谁，她说以后再告诉。10年以后，两人都长大成人，婆罗门儿子再三逼问她是谁，她说今天夜里告诉他。公主在床上铺满鲜花，屋里点上香味扑鼻的灯火，把自己打扮成新娘子，等到她害羞地走进新房时，发现婆罗门的儿子被从鲜花中钻出的毒蛇咬死。

Once, when we were both together, spring came to our cottage　《曾经，我们在一起时，春天来到我们的茅舍》，泰戈尔的诗。

One Hundred Poems of Kabir　《卡比尔的100首诗》，泰戈尔于1914年翻译。

Ootacamund　奥塔卡门德，英国人在尼博山（Nibgiri）建的避暑地。

Ooty　奥提，印度卡纳塔克邦城市。

Opium War　鸦片战争（1840年6月—1842年8月），是中国近代史的开端。“闭关锁国”后的中国落后于世界大潮。为了扭转对华贸易逆差，英国开始向中国走私鸦片，来获取暴利。为打开中国市场大门，随后英国以1839年6月林则徐的虎门销烟为借口，悍然发动侵略战争。后因战事不利，道光帝派直隶总督琦善与英国议和，签订了中国历史上第一个不平等条约《南京条约》。中国第一次向外国割地、赔款、商定关税，严重危害中国主权，使中国开始沦为半殖民地半封建社会，并促进了自然经济的解体。虎门销烟和鸦片战争揭开了近代中国人民反抗外来侵略的历史新篇章。泰戈尔于1881年20岁上写了《死亡的贸易》，支持中国人民。

Order of the Redeemer 救世主勋章，希腊政府设立，专门奖给有成就的名人。1926年11月泰戈尔经黑海的康斯坦察和君士坦丁堡于11月25日到达雅典。希腊政府设宴欢迎泰戈尔并授予他"救世主勋章"。

Organizations 《组织》，泰戈尔的散文。

Orgy 纵欲。

Orient 《东方杂志》，创办于1904年3月，1948年12月停刊，历时近46年。以"启导国民，联络东亚"（创刊号发刊词）为宗旨，是影响最大的百科全景式老期刊，《东方杂志》由商务印书馆创办，为我国期刊史上首屈一指的大型综合性杂志，初为月刊，后改半月刊，至1948年12月停刊，共出44卷。它忠实地记录了历史风云变迁，是名人发表作品的园地。梁启超、蔡元培、严复、鲁迅、陈独秀等著名思想家、作家都在该刊发表过文章，杜亚泉、胡愈之等出任过其主编。1913年10月刊登钱智修的《泰戈尔氏之人生观》，1916年12月刊登胡学愚的《印度名人泰戈尔氏在日本之演说》，1921年8月刊登俞颂华的《德国欢迎印哲泰戈尔的盛况》，1921年9月刊登胡愈之的《泰戈尔与东西文化之批判》，1923年7月刊登王希和的《泰戈尔学说概观》、化名鲁的《泰戈尔国际大学近况》，1923年9月刊登瞿菊农的《泰戈尔的思想及其诗》，1924年3月刊登坚瓠的《欢迎泰戈尔》，1924年4月刊登《泰戈尔新著》，1924年5月25日刊登从予的《泰戈尔论儿童教育》《国际大学的旨趣》、瞿世英的《泰戈尔之国际大学》、诵虞的《今20年来的10大作品与10大作家》，1929年刊登微知的《泰戈尔的"有闲哲学"》，1930年10月刊登哲生的《泰戈尔与爱因斯坦共谈真理问题》，1943年刊登姚枬译的《泰戈尔评传》。1999复刊，复刊后的《东方杂志》改名为《今日东方》。

Orient Longman 加尔各答东方朗曼出版社。

Oriental Academy 东方研究院，在挪威首都奥斯陆。1926年8月，泰戈尔访问挪威，8月25日在这里讲话，卡孔国王二世出席。泰戈尔还在奥斯陆大学礼堂演讲，参观古斯塔夫·维基兰的画室，拜访了几个挪威知名人士，如南森、波及奥尔森、波杰尔等。

Oriental Art 《东方艺术》，由河南省艺术研究院主办。2000年1月第1期刊登伊漪的《不可测的魔力——读泰戈尔〈新月集〉》。

Oriental Culture and Japanese Mission 《地方文化和日本的使命》，1929年5月泰戈尔结束加拿大访问和在美国短暂停留后在返回印度途中再次到东京，5月15日在东京印–日协会主办的大会上做这个报告。

Oriental Forum 《东方论坛》，青岛大学主办，2007年创刊。2007年12月第6期刊登郝玉芳的《泰戈尔的自然观》，2009年第6期刊登侯传文的《泰戈尔戏剧思想初探》，2009年第4期刊登王汝良的《泰戈尔笔下的中国形象》，2011年第5期刊登尹锡南的《泰戈尔与维多利亚·奥坎波的跨文化情愫》，2012年第2期刊登尹锡南的《〈话语转型与诗学对话——泰戈尔诗学比较研究〉评介》。

Oriental Juvenile 《东方少年》杂志，北京市文联下属的东方少年杂志社主办的少年刊物，创刊于1982年。1984年第12期刊登浦漫汀的《泰戈尔的〈新月集〉》。

Oriental Morning Post 《东方早报》，创立于2003年7月，由上海文汇新民联合报业集团创办。2010年11月1日刊登石剑峰的《80年后，泰戈尔的纷争还在》。

Oriental Seminary 东方学校，泰戈尔7岁时上小学的地方。

Oriental Translation 《东方翻译》，创刊于2009年，由上海文联主办。2011年第3期刊登孙宜学的《时代的误会：中国早期翻译介绍泰戈尔的三个阶段及两种态度》。

Orissa Pradesh 奥里萨邦，是位于印度东部的一个邦，首府为布巴内斯瓦尔（Bhubaneswar），当地语言为奥里雅语和印地语，面积约15.5万平方千米，人口约3670万。古籍中说它是“神圣之国”“可以赎罪的地方”。古时奥里萨邦有三个名称，即奥特拉、乌特伽尔和格岭伽（即羯陵伽）。

Orissa Sanskrutika Parishad　奥里萨文化协会。

Orissa Temple　奥利萨神庙，在奥利萨邦首府布巴内斯瓦尔。

Oriya　奥里雅语，奥里萨邦的官方语言；奥里雅人，主要分布在奥利萨邦。

Orme Robert　奥姆，罗伯特（1728—1801），英国军人，历史学家，曾参加英国攻打加尔各答的军事活动，是克莱武的好友。

Ornaments of Bengali wives　孟加拉妻子的首饰，不仅是爱情的标志同时又是好妻子的标志，不忘丈夫的好处，尽家庭物质和精神的义务。如果丈夫去世，妻子要抛弃首饰，表示放弃对尘世的留恋。还有，放弃首饰意味着遭遇不幸，如果碰巧看见，则看见的人会有歧视感。

Orok-Nilonjan　奥洛科-尼龙姜！锡克教胜利的呼声，意义是“不可见的圣洁之主”。

Orthodox　东正教，亦称正教，与天主教、新教并称为基督教三大派别。基督教产生后不久，逐渐分化为以希腊语地区为中心的东派和以拉丁语地区为中心的西派。1054年，东、西两派正式分裂，以君士坦丁堡为中心的大部分东派教会自称“正教”，意即保有正统教义的正宗教会。

Osaka　大阪市，面积222平方千米，人口265万，是日本关西的第一大城市，是日本的经济、贸易和文化中心，位于本州岛西南部大阪湾东北岸，向南经纪淡海峡和纪伊水道通太平洋，向西经明石海峡与濑户内海相通。作为日本的历史文化名城，由于濒临濑户内海，大阪自古以来就是古都奈良和京都的门户，也是日本商业和贸易发展最早的地区，曾有几代日本天皇在此建都（公元313—412年，645—683年），因此名胜古迹众多。大阪的名胜古迹主要有奈良时代的古皇宫难波宫遗址、平安时代的大会佛寺、江户时代的丹珠庵和明治时代造币局的泉布观等。东区还有丰臣秀吉修建的大阪城。1916年5月泰戈尔访问日本时，在大阪欣赏日本的茶道。1924年6月，正在访日的泰戈尔访问大阪。

Oshadhi-pati　草本之神，一年生草本植物。

Osho　奥修（1931—1990），20世纪印度灵修大师，后移居美国。1985年他曾经被美国基督教政府驱逐出境，并被美国少数官员以反诈骗法指控其企图谋杀、攻击、纵火、盗窃、窃听及鲁莽地危害安全等罪起诉，被法院勉强冠定为移民罪，曾遭到欧洲24个国家拒绝入境，1989年改名奥修。他对老子的《道德经》作了淋漓尽致、纵横捭阖的奥修式的阐释，令世人大开眼界。

Ositokumar Hardar　奥希多库马尔·哈尔达尔（1890—1964），著名画家，国际大学艺术学院教授，是泰戈尔三姐绍罗特库马丽的外孙子，即她女儿苏普罗帕的三子。

Oslo　奥斯陆，挪威首都，欧洲著名的历史古城，始建于公元1050年，从1814年起成为挪威首都。奥斯陆也是诺贝尔和平奖的颁奖地，每年的颁奖仪式在奥斯陆市政厅举行。1926年8月，泰戈尔访问挪威，8月25日在奥斯陆东方研究院讲话，卡孔国王二世出席。泰戈尔还在奥斯陆大学礼堂演讲，参观古斯塔夫·维基兰的画室，拜访了几个挪威知名人士，如南森、波及奥尔森、波杰尔等。

Osman Ali Khan　奥斯曼·阿里·汗（1886—1967），印度海德拉巴和贝拉尔的最高行政长官尼柴姆。他被认为是当时世界大富翁之一，光用来镇纸的捷克波钻石就价值一亿美元。印度德里的外交会议大厅就是他修建的。海德拉巴的奥斯曼尼亚大学就是以他的名字命名的。1933年12月他接见正访问海德拉巴的泰戈尔，捐赠国际大学10万卢比，换取一个国际大学伊斯兰文化主席的位置。

Osmania University（OU）　奥斯曼尼亚大学，在安德拉邦首府海德拉巴，创立于1918年，以海德拉巴的最高行政长官（当时称尼柴姆）奥斯曼·阿里·汗的名字命名。它是印度历史最早的现代大学之一，是印度第一所以乌尔都语和印度地方语言授课的大学，是印度规模最大的大学之一，以艺术、理学、商业、工程和技术而闻名，学校管理水平也在印度很有名。1933年12月5日泰戈尔在这里做《给青年的赠语》报告。1938年3月1日该校缺席授予泰戈尔荣誉文学博士学位。

Osterling Anders 奥斯特灵·安德斯（1884—1981），瑞典诗人和评论家，曾担任瑞典科学院常务秘书，诺贝尔奖委员会主席。他于1923年游历印度，1961年撰文纪念泰戈尔诞生100周年。

Othelo 奥赛罗，莎士比亚同名话剧里的黑人将军，他与元老的女儿苔丝狄梦娜相爱。两人只好私下成婚。奥赛罗手下有一个阴险的旗官伊阿古，一心想除掉奥赛罗。他先是向元老告密，不料却促成了两人的婚事。他又挑拨奥赛罗与苔丝狄梦娜的感情，说另一名副将凯西奥与苔丝狄梦娜关系不同寻常，并伪造了所谓定情信物等。奥赛罗信以为真，在愤怒中掐死了自己的妻子。当他得知真相后，悔恨之余拔剑自刎，倒在了苔丝狄梦娜身边。

Ottakutta 朱罗王朝时期的桂冠诗人。

Otto 茉莉，用玫瑰花瓣做的香水。

Otto Rudolf 欧士，鲁道夫，现代德国神学家。

Ou Dongming 欧东明，四川大学南亚所老师，出版《佛天梵地·印度宗教文明》。发表《泰戈尔〈吉檀迦利〉的宗教思想试析》等。

Ou Jianping 欧建平（1956—），湖南省衡阳人，中国艺术研究院舞蹈研究所研究员，发表《“不是为那些害怕大潮的胆小鬼谱写的颂歌”：观泰戈尔和印度现代舞剧〈纸牌王国〉》。

Oudh 奥德，古时为乔萨罗国，莫卧儿王朝衰落时的一个王国，首府勒克瑙。过去印度的一个邦，即现在的北方邦。

Outcaste 贱民，无种姓者。

Outlook Weekly 《瞭望周刊》，中国大型时事政经新闻周刊，新华通讯社主办，1981年4月创刊。1985年2月第7期刊登周祖佑的《泰戈尔唯一的中国学生——魏风江》。

Ouyang Zhongtao 欧阳仲涛，《中华大字典》的编纂者，早在1916年就在梁启超主编的《大中华》杂志发表《介绍泰戈尔》的文章并附有一幅“泰戈尔最近写真”。

Oviparan 卵生的。

Oxford 牛津，因闻名于它的世界一流学府的地位和遍布各地的古迹，使它成为人们极度梦想的城市。9世纪建立的、距今有1100多年历史的牛津城是英国皇族和学者的摇篮。牛津市从7世纪已有人在那里居住。到912年，它已成为英格兰的一个要地。“津”意为渡口，泰晤士河和柴威尔河在此会合，当时河水不深，用牛拉车即可涉水而过，牛津由此得名。泰戈尔于1926年8月在英国访问逗留的3周里，参观了这里，看了许多朋友。1930年5月19、21、26日，泰戈尔在牛津大学作希尔伯特讲座。

Oxford University 牛津大学，位于英国牛津市，建校于1167年，为英语世界中最古老的大学。牛津大学具有世界声誉，它在英国社会和高等教育系统中具有极其重要的地位，有着世界性的影响。在12世纪之前，英国是没有大学的，人们都是去法国和其他欧陆国家求学。1167年，当时的英格兰国王同法兰西国王发生争吵，英王一气之下，把寄读于巴黎大学的英国学者召回，禁止他们再去巴黎大学。另一说法是，法王一气之下，把英国学者从巴黎大学赶回英国。不管如何，这些学者从巴黎回国，聚集于牛津，从事经院哲学的教学与研究。于是人们开始把牛津作为一个“总学”，这实际上就是牛津大学的前身。学者们之所以会聚集在牛津，是由于当时亨利二世把他的一个宫殿建在牛津，学者们为取得国王的保护，就来到了这里。12世纪末，牛津被称为“师生大学”。1201年，它有了第一位校长。1213年，该校从罗马教皇的使节那里得到第一张特许状。1920年6月泰戈尔访问牛津。1940年8月，牛津大学授予泰戈尔荣誉文学博士学位。牛津大学专门授权印度司法总长格威尔、拉达克里希南爵士、加尔各答高等法院的亨德森先生做代表，于8月7日举行授予仪式。

Oxford University Press 牛津大学出版社，曾出版泰戈尔的作品。

Oxus 乌浒水，溪谷名，即现在的阿姆河，阿姆河（Amu Darya，意即“疯狂的河流”）是中亚最长的河流。阿姆河的源头为帕米尔高原东南部和兴都库什山脉海拔的4900米的山岳冰川，西流汇合源出帕米尔高原的帕米尔河，称喷赤河（Pyandzh），再曲折西流，汇合瓦赫什河后称阿姆河，向西北流入咸海。阿姆河流经塔吉克、阿富汗、乌兹别克、土库曼四个国家。全长2540千米。阿姆河流域曾被古代希腊人、月氏人居住，月氏人于1世纪在这里建立了贵霜王朝。

Oxus　奥克苏斯河，在阿富汗，亚历山大的希腊人经过这里。

Oyi Bhubanamanomohini（O thou enchantress of the World）《啊，你使世界着迷》，泰戈尔于1896年为国大党第十二次会议写的歌曲。

O

Pp

P.U.M.C. auditorium　北京协和礼堂。1924年5月8日，徐志摩等新月社人士在这里欢迎正在中国访问的泰戈尔，并在当晚由张歆海、林徽因、徐志摩、林长民等演出泰戈尔的戏剧《齐德拉》，庆祝泰戈尔64岁生日。

Paan　蒟酱包，印度一种最常见的饭后助消化的食品，露兜树的果仁磨成的粉、酸橙酱、槟榔果、儿茶，加水调和，抹在槟榔叶上，再放点石灰，包起来。

Paarbotee　芭尔波蒂，印度神话中杜尔迦女神的名称之一。

Paar Ki Balite Keha　《谁能说清楚》，泰戈尔的诗。

Paaribaarik Daasatva　《家庭奴役》，泰戈尔的散文。

Paasaan- hridaye Kena Sanpinu Hridaya《我为何把心献给铁石般的心》，泰戈尔的诗。

Paataala　阎王地，阴间。

Paatanjal　巴登阇利，又译波颠阇利，是公元前2世纪瑜伽学说创始者，著有《瑜伽经》。

Paathuriyaaghaataa　帕图利亚卡达（“石码头”），泰戈尔的第十七代先祖久耶拉姆的两个儿子尼尔莫尼和多尔波纳拉扬于1756年在加尔各答北边买地宅院的渔村名。这个村子古代的名字是苏达奴迪（sutanuti，孟加拉语的意思是“雅貌村”）。1769年12月他又花9000卢比买下了附近的2印亩7卡达土地，包括土地上的房产。因此，泰戈尔家族在巴图里亚卡达的住宅面积就扩大了。

P

Paatra　新娘。

Paatra o Paatri　《新郎与新娘》，泰戈尔于1917年写的短篇小说。见Match-Making。

Paatri　新郎。

Pabitra Prem　《刚与柔》，泰戈尔的诗。见Kadi o Komal。

Pabna　帕布纳，孟加拉国中西部城市，位于伊奇马蒂河（Ichhmati）南岸。由泰戈尔主持的孟加拉省大会曾于1908年在此召开。境内的夏河扎德布尔有泰戈尔家族的田产。

Pacaratra　湿婆派的五夜派。

Pacha Malayalam　马拉雅拉姆语文学流派。

Pad　脚印。

Pad　节，足，脚步。

Pada　境，指梵的境界。

Pada　四足，支撑物。印度教性力派的4个立足点：教义、礼仪、瑜伽和正确行为。

Padabali　按照传统诗行作的系列抒情诗。

Padam　巴达姆，歌曲，婆罗多舞剧目，表现神灵爱情。

Padapatha　不用悦音结合规则背诵吠陀词汇。

Padaratnabali　16世纪毗湿奴派诗人诗集。

Padartha　句义，指范畴。范畴，把世界现象归纳为句义。十六句义。

Padartha-dharma-samgraha　《摄句义法论》，胜论派文献中最系统的理论著作。

Padataditaka　《踢脚》，夏米罗家（Syamilak）的剧本。

Padatik　《帕达提克》，20世纪苏巴斯·姆克帕蒂亚（Subhas Mukhopadhyay）的小说。

Padavali　毗湿奴派文学集，16—18世纪抒情诗，抒发黑天和牧女的爱情。

Padayatra　长途徒步云游，行走，游行，进军。

Paddhati　礼仪手册。

Paddhatt　方式，形式，系统。

Paderewski，Ignacy Jan　帕德热沃斯基（1860—1941），波兰音乐家，1916年10月泰戈尔访美时在旧金山和他会面。

Padhant　复杂念白，演员一边念，一边表演内容。

Padishah　皇帝。

Padma　帕德玛河，意为“莲花河”，恒河流经比哈尔邦、西孟加拉邦，最后它分为多条支流注入孟加拉湾，其中一条是加尔各答附近的胡格理河，而主要的一条是进入孟加拉国的帕德玛河，进入孟加拉国后，会合布拉马普特拉河在孟加拉国境内的下游贾木纳河（Jamuna），注入孟加拉湾，其入海河段称为梅格纳河（Meghna）。

Padma　莲花。

Padma　莲花，印度古代佛教僧人，8世纪来华译经。

Padma　让，一个极大的数目。

Padma Bhushan Award　印度莲花奖，印度政府最高荣誉奖。

Padma Purana 《莲花往世书》，毗湿奴大往世书之一。

Padma Purana 《波摩往世书》，7世纪罗维塞纳（Ravisena）著。

Padma River 帕德玛河，“莲花河”，位于孟加拉国，为恒河与布拉马普特拉河交汇后至玛瓦的河段。泰戈尔家族的田产在这一片地区。1890—1901年泰戈尔在管理田产期间，泛舟帕德玛河，深入农村社会，写了大量的作品。

Padma Shri 莲花士勋章，是印度政府为奖励在科学、文艺、艺术和学术方面取得卓越成就的人士颁发的奖章。2016年2月1日张蕙兰女士因为其第一个把瑜伽引进中国，为普及瑜伽所做的杰出贡献而被授予此奖章。成为继谭中和季羡林之后获得此奖章的第三个中国人。

Padma Subramaniam 巴德玛·苏波拉马尼亚，当代婆罗多舞蹈家。

Padma Vibhushan “莲花奖”，印度国家莲花文学奖，是印度政府为奖励在科学、文艺、艺术和学术方面取得卓越成就的人士颁发的奖章，是印度对在这些方面取得成就的人士的最高荣誉。目前获得莲花奖的中国人有季羡林、谭中和张蕙兰。

Padmadighi 莲花湖。

Padmagupata 波德摩笈多，11世纪作家，作品有《那婆娑和商迦传》（Navasahasankarita）。

Padmaka 巴德玛荚，一种檀香的名字。

Padmakosa 莲花萼，手势名：五指朝上，弯曲，互不接触。

Padmanadir Magh 《马克月的珍贵莲花》，20世纪孟加拉语小说家般度马蒂亚（Bandopadhyay）写。

Padmanath Gohai Bama 帕德马纳特·果海巴马，19世纪阿萨姆现代小说开创人。

Padmanidhi 莲花宝，财神俱毗罗的九宝之一。

Padmapani 持莲花者，莲花手。

Padmaprabhrtaka 《莲花礼物》，3世纪首陀罗迦苏德罗迦（Sudraka）的梵剧。

Padmasambhava 莲花生，印度佛教僧人，“乌金大师”，742—797年入藏传密法。

Padmasana 莲花金刚座。

Padmasana 莲花座，即按照印度人沉思的习惯结跏趺坐，双脚交叉，足心向上，平放在相对盘屈的大腿上。

Padmini 巴德米妮（？—1303），印度梅瓦尔拉其普特国王辛格的妻子，美丽绝伦。哈尔吉王朝苏丹阿拉-乌德-丁觊觎他的美貌，攻打梅瓦尔，她与几千名妇女跳火自焚。

Padri 基督教牧师。

Padshah 帕德沙，莫卧儿统治者的称号。

Padshah Namah 《巴德沙本纪》，17世纪莫卧儿王朝第五代皇帝沙迦汗时期的历史学家阿卜杜勒哈米尔拉霍尔写，记录1638—1647年10年的历史。

Paduka 鞋子。

Padvacaya 集句，诗相术语，为了同一目的，许多有关词句和其他许多词句集结。

Padvavati 《莲花公主》，16世纪穆罕默德·詹西（Muhammad Jaisi）用阿瓦德语创作的寓言故事。

Padya 韵文。

Padyacutamani 《佛陀传》。

Pagan 蒲甘城，在缅甸，有毗湿奴神庙。

Pagla-jhora 大吉岭的瀑布。

Pahalvan 摔跤。

Pahari 旁遮普山邦国帕哈里画派，在不同邦国叫巴索里画派、坎格拉画派，产生于17—18世纪，色彩鲜明，图案有力，形式热情，质朴，以爱情为主题，到18世纪基调感伤抒情，线条弯曲，色彩清新，韵律流畅。

Pahlavas 帕拉瓦，神话里极欲仙人神牛变出的人。

Pahlavi, Mohammad Reza Shah 巴列维（1919—1980），伊朗国王。他的父亲、前国王于1932年4月邀请泰戈尔访问波斯，并亲自接见泰戈尔。

Pahul 锡克教剑的洗礼，用双刀剑搅水洒身。

Paikpara 派克帕拉，建诸王剧院

Paila 拜罗，婆耶娑仙人的徒弟。

Paila Nambar 《一号》，泰戈尔1917年写的短篇小说。见House Number One。

Paina 十“杂”。

Paintings 《美术》，创刊于1950年2月，杂志在首期就发表了有关“新国画运动”的文章，创刊初期就大力倡导年画、连环画和

P

宣传画等大众美术，为二十世纪五六十年代新中国美术形态的建立发挥了重要作用。于20世纪70年代末开始介绍西方现代派艺术，积极开展形式与内容、抽象美、人体美术、西方现代美术等问题的讨论。为新时期美术界的思想解放、推动传统艺术的继承与创新和现代性的探索以及多样格局的形成方面起到了至关重要的作用。1961年4月的3期刊登《纪念印度诗人泰戈尔诞生100周年》。

Pair pana　印度教婚礼仪式之一，女方娘家人给未婚夫父母送糖果，对方家女眷正式拜访女方家。

Paisa　派萨，小面值的钱，100派萨为1卢比。原来（1957年前）16安那、64派萨为1卢比。

Paisaca　管理内务的小神。

Paisaca　派萨卡，印度神话传说里极欲仙人的神牛打众友仙人时变出的人与武器。

Paisaca　毕舍遮婚，魔鬼婚，《摩奴法典》列举的印度教教徒8种结婚方式之一，趁姑娘熟睡、酒醉或昏迷而奸淫她，在女子失贞后被骗结婚，造成既成事实，被认为是卑鄙无耻的婚姻。

Paisachi　班沙塞语，旁遮普语源于它。

Paisaci　毕阇遮语，“鬼语”，文迪耶山脉俗语。

P

Paitamaha Siddhanta　毗坦摩诃历书，2—5世纪5部历书最早的一部。

Pajapatis　众生之主。

Pajjusana　帕朱萨那，耆那教节日。

Paka　帕卡，即弗栗多（Vrtra），阿修罗，旱魔，千眼魔王，被因陀罗杀死。

Pakal　帕卡尔，马拉雅拉姆语中，它的意思是“白天”。《毗湿奴往世书》记载了白天、黑夜、黎明和黄昏的起源。大洪水时期，神创造的一切又沉沦为岩石沉浸在至尊梵中，世界重现混沌，梵天再次考虑创造四大生灵——神、魔、阴灵和人。他在沉思时，惰性显现，因此先从他的腰部生出了阿修罗，接着梵天抛弃惰性，被抛弃的惰性变成了黑夜。梵天再次进入沉思，这时悦性显现，从他的面部生出了提婆，梵天抛弃悦性，被抛弃的悦性成了白天。这就是阿修罗晚上勇猛而众神白天威武的原因。悦性再次出现，从梵天的身上生出了阴灵，梵天再次抛弃悦性，被抛弃的悦性变成了黄昏。梵天再次进入沉思，变性出现，于是生出了人，梵天抛弃变性，被抛弃的变性成了黎明。这就是人在早上健壮而阴灵在黄昏出没的原因。因此，白天、黑夜、黎明和黄昏是梵天的躯体，四者是三大本性的收容所。黑夜叫乌萨，白天叫毗逾斯提，乌萨和毗逾斯提之间是黄昏——桑蒂亚。黄昏时分，残忍的恶魔曼蒂哈想吃掉太阳，太阳与恶魔之间的斗争不可避免，在生主的诅咒下，恶魔白天死去，但他们的身体不会腐烂，因此白天是婆罗门念“献给太阳神的经文”的最佳时间，同时要向天空泼水，水变成火烧死恶魔，以“Om”音开头的经文能够毁灭恶魔曼蒂哈。

Pakhana　故事。

Pakhavaj　帕卡瓦吉，拉贾斯坦邦地方戏布哈瓦伊（Bhavai）所用的乐器。

Pakhowai　双面鼓。

Pakistan　巴基斯坦，印度西边邻国，面积80.39万平方千米，97%居民信仰伊斯兰教，原为印度的一部分，由于和印度教的冲突，与1947年8月在真纳领导下从印度分离出去。这个名称是由组成这个国家的一些主要省份的第一个字母组成的：旁遮普（Punjab）、阿富汗省（Afghan Province）、克什米尔省（Kashmir）、信德（Sind），再加上俾路支斯坦（Baluchistan）的词尾。

Pakritir Pratishodh　《大自然的报复》，泰戈尔的戏剧。见Nature's Revenge。

Paksa　宗，即命题。

Paksabhasa　似宗。

Paksadharmata　遍是宗法性。

Paksha　半个月。

Pakuddha Kaccayana = Kakuda Katyayana　婆浮陀·迦旃延，佛教6大论师之一，提出7身（Sapta-kaya）说，七身说认为身由七种物质即七身组成，七身分别为地身、水身、火身、风身、乐身、苦身、命身。

Pakudha Katyayana=Kaccayana　迦旃延，佛陀70弟子之一；耆那教邪命外道6师之一（公元前7世纪—公元前6世纪）。

Pal, Bipin Chandra　帕尔，B. C.（1858—1932），印度政治家，曾翻译泰戈尔的短篇小说，在《新印度》期刊发表。

Pal Prasentakumar　帕尔·P.，20世纪印度

文学评论家，曾评论泰戈尔的作品。

Pala 帕拉，重量单位，衡量金银等。

Pala Dynasty 波罗王朝（730—1175），印度孟加拉的王朝。后转移到比哈尔，都城华氏城，即今巴特那。

Palaatakaa 《遁逃集》(《飞去者》)，泰戈尔1918年写的叙事诗。见The Fliting One。

Palace of Justice 正义宫，在比利时首都布鲁塞尔。1920年9月泰戈尔访问布鲁塞尔，并且在这里进行演讲。

Palace of Winds 风宫，在拉贾斯坦邦首府斋普尔市中心，设计奇巧，是古代土邦王宫妃子乘凉的地方。

Palabutradeva 夏连特拉王子，爪哇的巴拉普特拉提婆，9世纪建造那烂陀的一个寺院。

Palamau 伯拉毛，印度野生动物园，在比哈尔邦。

Palamdi 帕拉米德，泰米尔语作家，作品有牟尼莱依（Munnirai）。

Palasa 婆罗门做圣线的材料。

Palasa 帕拉撒，一种树，春天开鲜艳的红黄花。

Palash 帕拉时花。

Palasir Yuddha 《普拉西之战》，纳宾钱德拉·森于1876年写的诗。见Battle of Plassey。

Palataka 《遁逃集》，泰戈尔的诗集。

Palavas 印度东南部的古波罗王朝（750—7785）统属下的小王国的统称。

Palestine 巴勒斯坦，中东的一个地区，从地中海东岸一直延伸进入亚欧大陆内部。由于该地域随时间的不同而不断变化，所以至今还没有完全确定的边界。由于今天的以色列、西岸、加沙地带以及约旦西部均位于巴勒斯坦地区范围内，所以这个地区对犹太教、基督教和伊斯兰教来说都具有深厚的宗教和政治意义。巴勒斯坦是犹太教和基督教的发源地。耶路撒冷是犹太教和基督教的最神圣的圣城，同时也是伊斯兰教的第三大圣城。“巴勒斯坦”的辞源是希伯来语对古代非利士人的称呼，指从海上入侵迦南地的民族，那是至少3500年前的事情，在亚述文中地中海西南部的海岸被称为“Pilaschtu”。古希腊历史学家希罗多德的文章中出现了“巴勒斯坦的叙利亚”这个名字，来描写从今天的黎巴嫩到埃及的海岸地区。这个名字被古罗马人延用引入拉丁语。公元135年，罗马帝国在镇压犹太人起义后，将犹太省的名字改为“巴勒斯坦”，来消除对犹太人的记忆。当时耶路撒冷也被改名为“Aelia Capitolina”，犹太人禁止进入这座城市。公元前20世纪前后，闪米特族的迦南人定居在巴勒斯坦的沿海平原。公元前13世纪，腓尼基人在沿海建立国家。公元前12世纪，犹太人的祖先希伯来部落迁此，于公元前11世纪建立王国，公元前935年分裂为北部的以色列王国和南部的犹太王国，其后先后受到亚述、巴比伦、波斯、马其顿等帝国的统治。基督教徒认为，耶稣基督诞生时，他的出生地伯利恒位于罗马帝国的犹太省。后来由于犹太人的复国运动不断，罗马帝国把这个省改称为巴勒斯坦省。罗马帝国灭亡后它成为拜占庭帝国的一个省。阿拉伯人在伊斯兰教兴起后开始向阿拉伯半岛以外的地区大举扩张。638年，阿拉伯穆斯林军队占领耶路撒冷，691年，他们在圣殿山上建造了圆顶清真寺。随后信仰伊斯兰教的阿拉伯人开始向巴勒斯坦地区大规模移民，同时开始有部分当地居民加入了伊斯兰教。但当时巴勒斯坦地区当地居民大多仍信仰基督教，并没有因阿拉伯帝国的急剧扩张而立刻阿拉伯化和伊斯兰化。但后来由于各种原因，巴勒斯坦土著主体上逐步阿拉伯化和伊斯兰化了，与其阿拉伯邻居和半岛阿拉伯人并无二致了。十字军东征和1099年建立的十字军国以及伊斯兰教的圣战将基督教和伊斯兰教的冲突带到了巴勒斯坦。从1516年到第一次世界大战末这里是奥斯曼帝国（鄂图曼帝国）的一部分。第一次世界大战后英国占领巴勒斯坦。1920年巴勒斯坦正式成为英国的保护地区。1923年5月26日在巴勒斯坦的东部约旦王国成立。第二次世界大战后巴勒斯坦独立再次提上议程。1947年联合国建议在这里分建一个犹太国家和一个阿拉伯国家。1948年以色列成立，这导致了巴勒斯坦战争的爆发。许多巴勒斯坦人将这个日期看作（未完成的）巴勒斯坦独立日。巴勒斯坦解放组织成立后，阿拉伯国家联盟和联合国都将它认可为巴勒斯坦人的合法的和唯一的代表。在第一次巴勒斯坦武装起义中巴勒斯坦解放组织宣布巴勒斯坦的独立，由其推动成立的巴勒斯坦国至今已与世界上一百多个国家建立有外交关系。1993年9月13日巴勒斯坦解放组织和以色列互相承认。

Palghat 帕加特原始森林，在克拉拉邦帕尔加特县，是印度独一无二的自然生态平衡区。

Palghat 帕尔加特，印度克拉拉邦中部城市，在西高止山西侧，孟加拉湾沿岸与阿拉伯海沿岸之间的陆上交通孔道。泰戈尔1918年来此访问。

Palgreve F. T. 帕尔格雷夫（1824—1897年），英国19世纪诗人和评论家。

Pali 巴利，印度布黑尔（Bhil）地区男女舞。

Pali-bhàsà 巴利语，古代印度的一种语言，是佛陀时代摩羯陀国一带的大众语。据说佛就是用这种语言说法的，所以弟子们也用这种语言记诵他的经教。巴利语虽然早已不通用了，但是因为佛经而保存了下来，是锡兰（今斯里兰卡）、缅甸、泰国等地方的佛教圣典及其注疏等所用的语言。巴利语属印欧语系，是印度中期雅利安语中初期地方语（Prakrit）之一。巴利，原是“线”“规范”的意思，后转用为圣典的称谓。如觉音将根本圣典经律论三藏称为“巴利”，而称三藏之注释为“义疏”。及至近代，始将三藏及注疏所用的语言称为巴利语。原来的巴利文字母已经不存在，现在缅甸、柬埔寨、泰国的巴利文三藏也都是用他们本国字母记录的。印度也正在从事用印地文字母记录并印行巴利文三藏的工作。巴利语与梵语（Sanskrita）属于同一语系，二者之语汇有五分之二同形；但巴利语在音韵及文法方面较简略，而且没有表记巴利语的特定文字，系使用各国的文字书写。其字母包括八母音（a，a，i，î，u，û，e，o）、三十二个父音（k，kh，g，gh，n%，c，ch，j，jh，n～，t!，t!h，d!，d!h，n!，t，th，d，dh，n，p，ph，b，bh，m，y，r，l，v，s，h，l!）以及一空点m!。此等字母较之于梵语、阙梵语字母中的母音r!，r^!，l!，i^!，ai，au，父音s/，s!，以及止声h!，而另加父音l!。在印度，14世纪不再使用。

Pali canon 用巴利文写的佛经。

Palibotri 波利博特里，华氏城居民。

Palkhivala Nani Ardeshir 帕尔契瓦拉·纳尼阿·德希尔（1922—），印度法学家。

Palki 轿子，警察。

Palai 荒漠。

Pallans 帕兰，一贱民种姓。

Pallava 帕拉瓦王朝（约580—897年），在德干地区，首都建志（今印度南部孟加拉海海边城市马德拉斯附近的康契普拉姆，简称坎奇，旧译建志补罗）。它所辖领土南至卡维里河，北抵克里希纳河流域。它开辟了南印度建筑史上的新纪元，奠定了南方式印度教庙形制的基础。

Pallava 音乐乐章。

Pallava 波罗毗，南印度波罗毗族居于建志补罗（Kanci - pura），成立波罗毗王朝（225—900）。

Pallavi 奥迪西舞，由歌配合演员的优雅动作、面部表情，纯舞和舞姿同时配合。

Palleeprakriti 《农村自然环境》，泰戈尔的散文。

Palli-Prakriti 《城市与乡村》，泰戈尔的散文。

Palliseva 《农村服务》，泰戈尔于1931年1月31日在斯瑞尼克坦年会上的讲话。其中提到了他对苏联实验的印象。

Pallu 帕卢神庙，在比卡内尔土邦。

Palmer, Melvin D. 帕尔马梅尔文·D.，印度文学评论家，曾评论泰戈尔的作品。

Palmerston Viscount Henry John Temple 帕尔默斯顿（1784—1865），英国政治家，1855—1859年出任内阁首相。

Palmyra 多罗树。

Pampa 帕姆波，10世纪“坎纳达语诗父”，坎纳达语文学3瑰宝之一，作品《浦那和拉马》（Ponna and Ranna）。

Pampa 畔帕，河流名，《罗摩衍那》里罗摩遇见哈奴曼的地方。

Pamsupradanavadana 《献尘譬喻》。

Pamuccati 解脱。

Pan-Pacific Club 日本泛太俱乐部，1924年6月12日，正在访日的泰戈尔在帝国饭店的泛太俱乐部举行的午宴上演讲。

Pan Husuo 潘胡锁，山西师范大学学报编辑，发表《文学艺术泰戈尔小说中的妇女观》。

Pan Junzheng 潘君拯，民国学人，1940年

发表《泰戈尔大学访问记》。

Pan Taichu 潘太初，曾任山西督军公署交际科英文秘书。1924年5月21日，他受阎锡山委托到太原火车站迎接前来访问的泰戈尔，5月22日，他和魏西琴陪同泰戈尔会晤阎锡山。

Pana 小区；波那，钱币单位，一个铜板。

Panadura 帕纳杜拉，斯里兰卡城镇，1934年5月泰戈尔访问过这里。

Panarakkhaa 《履行诺言》，泰戈尔的短篇小说。

Panavas 印度大鼓。

Panca-makara 密教的5轨仪，即5 M：酒（Madya）、肉（Mamsa）、鱼（Matsya）、干谷炒面（Mudra）、性交（Maithun）。=Panca tattva 五谛，密教祭祀中用的5样东西：酒，鱼，肉，干谷，性交。

Panca Rathas 5 车神庙，在印度南部海岸马德拉斯以南56千米处的摩诃巴里补罗。7世纪建。5座神庙都是用完整的花岗石凿成，分别以《摩诃婆罗多》里的人物命名为黑公主战车、阿周那战车、布军战车、坚战战车和偕天战车。

Pancabala 五力，佛教术语，由于无根增长所产生的5种维持修行、达到解脱的力量。5力为：信力、精进力、念力、定力、慧力。

Pancabhuta 五元素，包括土、水、火、气和以太，整个可见世界都是由这五元素中的一种元素或多种元素构成的。除此之外，婆罗多人还将时间、空间、灵魂和理智也作为基本元素，据《正理经》和《胜论经》记载，构成世界的元素可分为九类，土、水、火、气、以太、时间、空间、灵魂和理智，其中五元素又可分为永生类与死亡类。

Pancabuddhindriyani 五知根，眼、耳、鼻、舌、皮。

Pancagavya 牛的5种产品：奶、奶油、奶酪、尿、牛粪。

Pancajanya 《摩诃婆罗多》里黑天在俱卢战场上吹的螺号。

Pancajanyagni 15个火神组成的群神，阻挠祭祀。

Pancakarmendriyani 五作根，口、手、足、生殖器、排泄器。

Pancaksara Mahatmya 五言颂诗的荣耀，向湿婆鞠躬致敬的光荣。

Pancala 班者罗部落，班阇罗国。

Pancala 般遮罗国，公元前6世纪—公元前4世纪古印度列国时代的16国之一，在德里以东的恒河流域，都城有渐毕离、曲女城等；《摩诃婆罗多》里的黑公主的父亲木柱王统治的王国。

Pancalika 木头上钉有铁钉的打仗用的障碍物。

Pancamahayajna 五祭。对一个处于居家期的人来说，他须准备五样东西：筛子、魔石、扫帚、木灰和水壶，运用其中的任何一样都能洁净罪恶，这就是圣人所谓的五祭，它们分别是梵祭、阴灵祭、神祭、佛陀祭和人祭。梵祭是朗诵《吠陀》；阴灵祭是供奉米饭和酒水以取悦阴灵；神祭是向祭火中投放祭品；佛陀祭是给乌鸦贡饭；人祭是给客人礼物。据说不执行五祭的人生不如死，任何时候，人们都要坚持最起码的梵祭和神祭，因为投向祭火中的祭品会送到太阳神处，太阳神便会降雨给大地，让万物欣欣向荣。

Pancamrta 五样祭献品，即牛奶、奶腐、奶油、蜜和水。

Pancanada 潘卡纳陀，五河地区，位于婆罗多西北部，现名旁遮普，无种西征时曾征服此地，五河即现在的毗耶娑河、萨特累季河、拉维河、齐纳布河和杰鲁姆河。

Pancanana 五面。

Pancaratra 《五夜》，2—3世纪笈多时期的剧作家跋娑（Bhasa）的作品。

Pancaratra “五夜”（“五夜”一词来源于《百道梵书》里提到的“五夜祭祀”，原人那罗衍即创造之神梵天想出了祭祀五夜的主意，然后他可以成为最高神）。潘查拉托拉派，属于毗湿奴系统教派，认为宇宙的最高神是毗湿奴及其性力。

Pancaratras Samhitas 《五夜本集》，印度教毗湿奴派经典。

Pancasiddhantika 《5大历书全书汇编》，6世纪天文学著作，伐罗诃密西罗著。

Pancasika 般尸诃，数论派传人之一。

Pancasila 五戒，耆那教的5种戒律：不杀生、不欺诳、不偷盗、不奸淫、戒私财。

Pancaskandha 佛教五蕴，即五种成分的

P

积聚和和合。色蕴，有形态的生物如地、水、火、风及所构成的事物；受蕴，感受；想蕴，表象，观念；行蕴，意志一类的心作用；识蕴。

Pancatanmatani 五唯：生、色、香、味、触。

Pancatantra 《五卷书》，成书于5—6世纪，主要包含童话、小故事，《天方夜谭》《十日谈》《安徒生童话》《太平广记》《黔之驴》都受其影响。

Pancatantra 寓言。

Pancatirtha 5个圣湖。5位天女调戏一位长得很帅的仙人，被仙人诅咒变为鳄鱼，她们就住在5个圣湖里，每人占据一个，后被阿周那解救。

Pancavimsati 二十五个故事。

Pancavimsatitattvani 二十五谛，数论哲学的基本观点。指五大，地、水、火、风、空（Pancabhutani）；五知根（Pancabhuddhindriyani），眼、耳、鼻、舌、皮；五作根（pancakarmendriyani），口、手、足、生殖器、排泄器；五唯（pancatanmatani），生、色、香、味、触；五慢（Ahamkara），觉（Buddha）、大（Buddhi=Mahat）、自性（Prkrti），神我（purusa）。

Pancavimssa - Brahmana 《梵书》。

P

Pancayata 长老会。

Pancayatana Puja 5神崇拜，国王在敬神时，要认可婆罗门教的5个教派，每个教派的5个诸神作为崇拜的对象。

Pancha-vimsa 《25卷梵书》，又称Prauda Brahmana，为娑摩吠陀8部梵书之一。

Panchabati 盘查琶醍，一种花。

Panchabhoot 《五大元素》，泰戈尔于1897写的散文。五大元素指地、水、火、风、空。

Panchabhutani 5大，即地、水、火、风、空5种粗大元素。

Panchabuddhindriyani 五知根，眼、耳、鼻、舌、皮。

Panchadari 潘查达利种姓。

Panchagni 五堆火。

Panchajanya 潘查坚亚，毗湿奴法螺的名字，原为以海螺壳形式生活在海里的魔鬼，抓走师傅桑迪帕尼（Sandipani）的儿子，黑天救出师弟，杀死魔鬼，用其壳做螺号。

Panchala 般遮罗国王。

Panchalas 般度军。

Panchali 般遮罗公主，指《摩诃婆罗多》里的女主人公黑公主。

Panchali 一种以神话为主题的传统民歌，集乐、舞诗为一体，讲述拉达和克里希纳的故事及其他传统故事，通常带有色情、幽默和风趣味。

Panchali Sadadam 《盘查里·萨达丹》，20世纪泰米尔语作家苏博拉马尼亚·婆罗迪（Subramania Bharati）的剧本。

Panchama 第五种姓，不可接触者，哈里真（神灵之子）。

Panchama 印度音节的第五音符，简写为pa。

Panchamukhi-Maruti 五头神，指湿婆。

Panchaparisad 无遮会，贤圣道俗上下贵贱无遮，平等行财施和法施的大会。

Pancharahas 五车神庙，在马德拉斯南边的马哈巴利普拉姆。

Pancharatra 五夜派，属于毗湿奴派；《五夜》，2—3世纪跋娑的诗。

Panchasila 和平共处五项原则，20世纪50年代由周恩来与尼赫鲁共同制定，即互相尊重主权和领土完整；互不侵犯；互不干涉内政；平等互利；和平共处。

Panchatantra 《五部寓言故事集》，《五卷书》。

Panchatirtha 五大圣湖。

Panchavati 潘查瓦提，《罗摩衍那》里的地名，在哥达瓦里河边的那西克附近，罗摩和拉克什曼那尊投山仙人指示，在这里割掉首里薄那迦的鼻子并碰见大鹏鸟王者陀优新。

Panchawati “五棵榕树”，地名，在纳西克。

Panchayat 印度村社或议事会的传统五人委员会，五人长老会，由五个最有威望的婆罗门长者组成，现通过选举产生，拥有行政、立法、司法权，具有高度的自主权。

Panchayat Rai 乡村评议会制。

Panchudda 老人家，老爹。

Pancika 财神般遮迦，妻子为鬼子母神诃梨蒂（Hariti）。

Pancikarana 五支论法，印度5世纪正理论一处的推理方法，推论式环节分为命题、理由、例证、应用、结论。

Pand, Sumidaranandan 本德, S.(1900—1977),印度印地语诗人,作品有《时代之声》《村女》等。

Pandal 华盖,(公共集会等用的)临时棚舍。

Pandanallur 婆罗多舞的两大风格的一种风格,由米娜克西孙达兰·毗拉伊(Minakshisundaram Pillai)(1869—1954)创造,他生活在泰米尔那德邦坦加武尔地区的潘拉达路村(Pandanallur)。

Pandarpur 潘达普尔,马哈拉施特拉邦镇子,是该邦毗湿奴派朝圣的中心。

Pandas 圣地的专业祭司类的师父。

Pandava 般达婆,阿周那的称号,意为"般度之子"。

Pandavakarita 《般度族传》,13世纪黛瓦普拉巴·苏芮(Devaprabha Suri)著。

Pandavas 史诗《摩诃婆罗多》里的般度族;班度5子,即坚战、布军、阿周那、无种和偕天。

Pande, Bishambhar Nath 潘德,比尚博·纳特(1906—),印度国大党元老,印中友好协会主席,作品有《印度文化统一性》《英迪拉甘地》等。

Pandeyas 潘迪亚,见Pandya词条。

Pandharpur 潘达尔普尔,地名,在马哈拉施特拉邦,7月毗湿奴节在此举行。

Pandit 智者,尊称,博,长者,婆罗门学者,精通梵语的人。

Pandit Deendayal Upadhyaya 潘迪特·丁达亚尔·乌帕迪亚耶(1916—1968),印度教民族主义的鼓吹者,提出"达摩之治论"。达摩是指社会上的每个人为实现人类最终目标而应履行的一切责任和义务的总和。他认为每个印度人要把印度意识——达摩作为全社会的最高准则,用这个原则去治理国家,指导每个人和每个团体的行为,消除各种矛盾和冲突,从而使社会实现和谐和统一。

Pandit Ramnarayan 潘迪特·纳马纳拉衍,孟加拉语现代剧作家,作品有《高贵门第》(Kulin Kulasarvasva)。

Pandit Sen and Nainsukh 潘迪特和乃苏克父子,旁遮普古勒尔画派的领袖。

Pandit Vijyalakshmi 潘迪特夫人(1900—1990),印度第一总理尼赫鲁的妹妹,是在内阁任职的第一位印度女性政治活动家,知名外交官,曾先后出任印度驻联合国代表团的团长、驻苏联大使、驻美大使等职。1953年联大第8届全体会议上她被选为联大主席。潘迪特在其任期内,在协调解决第三世界国家的独立与发展、妇女儿童权利的保护以及相关的重大国际事项方面做了许多工作。直到1990年逝世前,潘迪特夫人依旧活跃在印度的政坛,并始终关注着国际事务。

Panditaraja 智慧王。

Pandos 邦道人,印度中央邦林区的少数民族。

Pandu 般度,"苍白者",史诗《摩诃婆罗多》里的国王,即般度五子的父亲,持国的弟弟,为福身王的孙子,他的祖母贞信因儿子奇武早逝无子,遂请她婚前和破灭仙人生的私生子广博仙人和奇武的遗孀安巴里卡生下他,由于广博面貌丑陋,安巴里卡吓得脸色苍白,因而般度生来脸色苍白。他在年轻时射死一对化为鹿野合的仙人金丹夫妇,被诅咒一有床第之欢便立即死去,因而他的两个王后贡蒂从敝衣仙人处学来的咒语招来正法之神达摩、风神伐由、雷电神因陀罗和双胞胎双马童分别生下坚战、布军、阿周那、无种和偕天,后来诅咒应验,他在苦修林和二王后玛德丽行欢时立即死去。玛德丽随夫跳入火堆殉葬,大王后贡蒂带大5兄弟。瞎弟弟持国继位。

Pandu 米球,米团。

Pandua 潘度,印度西孟加拉邦城市。

Pandulipi 《潘度里毗》,当代奥里雅语作家萨奇塔南达·楼陀里(Sachitananda Routray)的作品。

Panduranga Mahamaya 《潘度兰迦打梦幻》,16世纪泰卢古语诗人滕纳利·罗摩克里希纳(Tennali Ramakrishna)的作品。

Pandya 潘地亚,印度南方古国,大约在现在的马杜赖和柯钦一带。公元前4世纪兴起,公元2世纪被朱罗王朝打败,6—7世纪又复兴。9世纪再败朱罗,12世纪独立,14世纪为德里苏丹灭。

Pandyas 般底耶人。

Panhavagaranaim 释问之。

Pani 吠陀神话里的波尼怪。

Panihati 潘尼哈提镇，在恒河支流胡格利河边。1872年，泰戈尔一家为躲避登革热，住在这里的花园里。

Panikara, Kavalam Madhava 伯尼格尔，K. M.（1895—1963），印度马拉雅兰姆语作家，作品有诗集《爱情之歌》，剧本《永生的夫人》等。

Paniker, K. C. S. 帕尼格尔（1912—1977），印度画家。

Panikkar, Kavalam Madhava 潘尼卡，卡瓦兰·马达瓦（1895—1963），印度外交家、历史学家，出生于英属印度西南部，曾任印度驻中华民国大使，1949—1952年担任印度驻中华人民共和国第一任大使，是中印关系史上的一个重要人物。著作有《印度与中国》《中印文化关系研究等》。

Panini 潘尼尼，古印度最伟大的梵语语法学家，公元前5世纪—公元前4世纪人，他著的《潘尼尼语法》是一部至今无法取代的语法书，体现着梵语发展的历史。概括的全面、体系的独特和分析的精细使它的权威性始终不可挑战。

Paninisutra 潘尼尼经。

Paniniyam 潘尼尼语法。

Panipat 帕尼帕特，地名，距离德里不远，1526年，巴布尔在这里击败洛迪王朝的易卜拉欣，建立莫卧儿王朝。

Paniyanirmana 制作饮料。

Panjabi 旁遮普人穿的宽大上衣。

Panjana 旁迦涅，克里西纳的螺号名，意为“魔骨”，有一海魔名为旁迦那（Panca-jana），以螺壳为骨，克里希纳杀死海魔，取其骨为号，故名。

Panjhaanan Kushaaree 彭恰侬·古沙里，泰戈尔的第十六代先祖摩黑绍尔（Maheshvar）的儿子，由于家庭纠纷而离开了家乡，和他的叔叔舒克代博·古沙里前往加尔各答去寻找发财的机会。加尔各答当时还是个小渔村，它的南边有个村庄名叫戈宾多普尔（现在加尔各答城内建有威廉堡的那个地方）。这个村庄位于恒河岸边。村子里居住的全是属于“不可接触者”种姓的渔民，没有一户婆罗门。彭恰侬和他的叔叔就在这个村子里搭建了一所简易的窝棚住了下来。

Pankaj Charan Das 潘卡吉·查兰·达斯，奥迪西舞教育家。

Pannala Patel 本纳拉尔·帕特尔（1918—），印度古吉拉提语当代小说家，作品有《活着》《人间喜剧》等。

Pannagas 蛇怪，半神蛇，阿修罗一类的鬼怪。

Pannagis 潘纳吉斯，《罗摩衍那》里帮助罗摩的熊军将领。

Pannavava 陈述。

Panp 本伯，10世纪印度坎纳达语诗人，作品有《最后往世书》，翻译改写《摩诃婆罗多》。

Panraksha 《原来如此》，泰戈尔于1893年写的短篇小说。见 A Problem Solved。

Pans 潘斯，种姓名。

Pant, Guvind Ballabh 潘特，戈文德·巴拉布（1887—1961），印度国大党领导人，曾任印度国防部部长。

Pantaleon 潘塔林，公元前统治过犍陀罗的希腊-大夏国王。

Pantalik 白莲花。

Panth 般特（锡克教团），派，团。

Panther Panchanli 《潘特·潘禅理》，比呼提布山（Bibhutibushan）的小说。

Panu Sinha 《帕努辛赫诗集》，泰戈尔早期诗作之一，描写拉达与黑天的爱情故事，在印度文学史上这是许多诗人写过的题材。泰戈尔写成后交给父兄看时，佯称抄自古代经典著作，诗名为《帕努辛赫诗抄》。帕努，孟加拉文中意为“太阳”，与罗宾德罗纳特·泰戈尔全名的前两音缀“罗比”意思相同。泰戈尔的父兄得知这是泰戈尔的创作，对他显露的诗才感到惊喜不已。诗中人物除拉达和黑天外，还有拉达的女友。按照印度说唱文学的程式，每段末两行，以作者的口吻，或作总结，或发感慨。这样既能加深听众对内容的印象，也能使作者的姓名得以流传下来。

Papa 恶，罪恶，耆那教九谛之一。

Papa-purusha 邪恶神。

Papad 果汁，果汁做的脆快餐。

Paper Boat 《纸船》，泰戈尔《新月集》里的诗。

Paper Collection of 2003 Annual Meeting of Foreign Chinese Society of Fujian 《福建

省外国文学会2003年年会论文集》，2003年6月刊登林佩璇的《从冰心、泰戈尔的主题经验看翻译中积极接受的重要性》。

Papiya　杜鹃鸟。

Papkateswar　罪孽解除者。

Para　最高的，至上的，上帝。

Para Devi　至高无上的女神。

Parabrahmadarsana　与最高梵的合一。

Parabrahman　上梵。

Parabrahman　至尊梵，指黑天。

Paradharma　别的义务，别的种姓的义务。

Paradise Lost　《失乐园》，17世纪英国诗人弥尔顿的长诗，是一部气势恢宏的史诗式作品，全诗由12部诗篇组成，讲述了基督教《圣经》中撒旦（Satan）化身为蛇，引诱亚当和夏娃（Adam and Eve，人类的始祖）违背上帝意旨，最后失去上帝的恩宠，被逐出乐园的故事。

Paragana　帕拉戛纳，印度德里苏丹时期的行政单位，相当于中国的一个小乡。

Paraiyan　帕莱阳，一贱民种姓。

Parajita　天宫的神树。

Parakeya　情，属于另一个男人的女人。

Parama purushah　最高的人。

Paramaadmaa　最高灵魂，这里指梵，按照泰戈尔信奉的印度教改革派梵社的观点，梵是唯一的、理性的实体和最高的实在者。梵既不具有任何属性，也不表现为任何形式；它超越一切时空，也不为因果所限。梵是万物的原因和根本。人们的灵魂为求得解脱必须亲证梵。

Paramahamsa Ramakrishna　帕拉玛汗萨·罗摩克里希纳（1836—1886），印度教神秘主义者，提倡所有宗教的联合，统一。

Paramamgatim　最高的终点，最终目的。

Paramampadam　“大步伐”，指毗湿奴。

Paramanna　一种甜食，甜饮料。

Paramanu　极微，古印度哲学术语，指原子。

Paramar Dynasty　帕拉马拉王朝（9—14世纪），拉其普特人在中央邦建立的王朝，首都达罗。

Paramarsayah　最高仙人。

Paramartha　真谛，古代印度高僧，将《数论颂》翻译成汉语。

Paramartha　波罗莫陀，意译为真谛，另一名字为拘那罗陀（Gunaratna），印度优禅尼（Ujaayini）僧人。公元546年经海路到达中国，公元548年前往南京，译经70部。569年71岁高龄在中国逝世。

Paramartha　真谛（499—519），佛教学者。

Paramartha　真谛，真如，如来。

Paramashthi　站在最高处的人，最高生主。

Paramatma　最高灵魂，超灵。

Paramatman　无上我，宇宙灵魂，最高灵魂。“最胜我之神”。至高无上的精神。

Paramattha Jotika on Khuddapatha　《小诵经注释》。

Paramatthajipini　真谛灯。

Parambanan　帕拉巴南，印度教神庙，在印尼巴厘岛的日惹。1927年9月泰戈尔参观该庙。

Parameshvara，Kavindra　帕拉美士瓦拉，卡温德拉，16世纪孟加拉总督手下的宫廷诗人，他把《摩诃婆罗多》翻译成了孟加拉文。

Parameshwar Chakyar　帕拉梅斯瓦尔·查克亚，克拉拉库迪雅弹（Kudiyattam）剧的倡导者。

Paramesvara　最高神，至尊控制者，指毗湿奴或湿婆。

Paramhamsa　喜马拉雅山玛那斯湖的神鸟。

Paramhamsa　托钵僧，超级圣人，最高圣人。

Paramrishi　至上仙。

Paramita　伟大的精神完美。

Paramiti　般刺密帝，意译为极量，印度佛教家，公元705年通过直达锡兰的海路来中国。他的助手是当时在中国的乌苌国僧人美嘉西卡（Meghasikha）。

Parampara　师徒传承。

Paramtapa　敌人的惩罚者。

Paranjpe，Vasant　白春晖（1927—2011），印度有名的“中国通”，国际大学汉语专业毕业，谭云山的学生，1947至1950年在北京大学留学，29世纪50年代担任尼赫鲁的汉语翻译。他曾在印度驻中国大使馆工作，后担任印度驻韩国大使。他见过毛泽东、邓小平、江泽民三代中国领导人。

Parapara　最高-非-最高，至上-非-至上。

P

Parapurva　有过前夫的女子。

Parardha　万载。

Paras Bhag　《波斯运》，19世纪旁遮普作家阿丹·沙（Addan Shah）写。

Parasa　帕拉萨，即波斯。

Parasdas　勇士。

Parasakti　帕拉萨克蒂，力量女神。

Parasara（shar）　波罗娑罗，破灭仙人，《梨俱吠陀》中一些颂歌的作者。处女时的贞信与其在雅穆纳河心岛交合后生《吠陀》作者毗耶娑即广博仙人。据《摩诃婆罗多》，国王迦摩舍钵陀与仙人萨格提力相遇于途，前者命仙人让路，仙人不肯，国王竟以马鞭抽打仙人。仙人愤然诅咒国王变为一食人罗刹，不料罗刹把萨格提力吞食。仙人死后，其妻子生遗腹子波罗娑罗即破灭仙人。他使贞信变美并去掉鱼腥味，通身体香无比。

Parashar　与摩奴写《摩奴法典》的大仙。

Parasu　斧子。

Parasurama　持斧罗摩，印度史诗《摩诃婆罗多》里毗湿奴的第六化身。沙帝利醯诃耶国王（Haihayas）千臂迦哩陀毗哩耶（Kartavirya）在做客后偷走其父家摩达格尼（Jamadagni）祭祀牛犊，持斧罗摩杀死迦哩陀毗哩邪。迦哩陀毗哩邪的儿子杀死家摩达格尼，持斧罗摩杀沙帝利21次。又一说：母哩奴迦（Renuka）被一国王破坏贞操，持斧罗摩杀了国王，国王的儿子杀了迦摩，持斧罗摩杀刹帝利21次。受其父命令杀死不贞母，后请求父亲让母复生不死。

Parasya-Yatra　《波斯游记》，泰戈尔的散文。

Parasye　波斯。

Parasye　《在波斯》，泰戈尔的散文。

Paravani　孔雀，战神伽烯吉夜（Karttikeya）的坐骑。

Paravaratattva　知道最高物与最低物的本事。

Para-vidya　最高知识。

Parayana　每天虔诚地读往世书或史诗。

Parayanavagga　15部《小尼迦耶》之第五部《经集》5品之第五品《彼岸藏品》。

Paree　仙女。

Parekh Shailesh　帕雷科·色赖氏，印度当代学者，2006年出版《探索泰戈尔》一书。

Pargamana　前进。

Pargana　莫卧儿基层单位，分区；园子。

Pari　巴利王，印度古代神话传说中的一个身材矮小的魔王，曾占据天堂、人间和地府，后被毗湿奴打败，于是他让出天堂和人间，只住在地府。

Pariah　贱民。

paribhasana　谴责。

Paribhavana　思索。

Paricaraka　仆人。

Parichay　认识，熟识，证明。

Parihara　与自由保有地相关的豁免权。

Parijat　孟加拉神话，天上的花和长翅膀的马，蛇头上的珠宝，金银棒（使公主睡去，醒来），天树。

Parijata　天帝因陀罗花园里的花。

Parijata　波利质多树，天上的开花树。

Parijathapaharanam　《圣花献给最爱者》，16世纪泰卢古语作家难敌·提木讷纳（Nandi Thimnana）的作品，故事取材于神话故事。

Parikara　扩大。

Parikrama　朝圣。

Pariksha　中央任命的总督。

Parikshit（shata）　环住（约公元前9世纪），《摩诃婆罗多》里阿周那的孙子，激昂（Abhimanyu）和至上公主（Uttara）的儿子，镇群王的父亲，象城国王。在母腹被马勇杀死，黑天使其复活。环住王后来被毒蛇咬死，其子镇群王为父报仇举行盛大蛇祭。

Parimokana　解脱。

Parimuccat　解脱。

Parimukta　解脱。

Parinama　使成熟，正在成熟，转化。

Parinamavada　转变说，印度弥曼差派哲学学说之一，认为世界万物由地、风、水、火、空等转变而形成。

Parinaya　婚配。

Parinay-mangal　泰戈尔《总结集》里的《爱之福》。

Parinayamangal　爱恋的幸福。

Parinirvana　佛陀死前遗嘱，呼出最后一口气，涅槃，圆寂。佛陀的涅槃，即他从痛苦而虚幻的世界到达幸福并真实存在的世界的道路。

Parinyasa 确立。

Pariparsvika 助理监督。

Paris 巴黎，法国的首都和最大的城市，也是法国的政治、经济、文化中心，同时又是四大世界级城市之一。著名景点有协和广场、凯旋门、卢浮宫、巴黎圣母院、凡尔赛宫等。人口200多万。1921年7月泰戈尔访问捷克后，经过德国斯图加特到巴黎，再从马赛乘船回国。

Parisad Barga 朝臣，献媚者。

Parisarpa 追求。

Parishad 部落会。

Parishesh 《终了集》(《总结集》)，泰戈尔1932年发表的诗集。

Parishista 《补遗》，泰戈尔的散文。

Parishodh 报答。

Parisishta 《附录：小故事》，泰戈尔的短篇小说。

Parisodh 《解脱之路》，泰戈尔于1892年写的短篇小说。见Emancipation。

Paritraan 《解脱》，泰戈尔1929年根据Prayaschitta(《王后市场》)改写的象征剧。见The Queen Consort Fair。

Paritran 《保卫》，泰戈尔1929年写的剧本，是1909年《赎罪》(Prayaschitta)的改写本。

Parivara 附录。

Parivartaka 转变。

Parivata 梵天的弓。

Parivetta 在哥哥之前举行祭火者。

Parivitti 在哥哥之前结婚者。

Parivrajaka 林中游荡者，弃世者。

Parivrata 围绕。

Parivrti 交换。

Parivrtti 帕阇尼耶，首陀罗种姓人的妻子。

Parjana-Vata 风神。

Parjanya 帕尔迦耶，雨云神，育生神。神雨，法宝。

Parjjanya 雨，云，雨源。

Parjanya Utsav (Rains festival) 雨季节。

Parmath 《经典评论》，19世纪锡克教第十祖师戈宾德·辛格(Gobind Singh)的作品。

Parnasa 帕尔纳萨，坚战统治过的地方。

Parpola 帕尔泼拉，印度人，现代印度文化学者。

Parrot's Training (Tota-Kahini) 《鹦鹉学舌》，泰戈尔1918年出版的小小说集。过去有一只鹦鹉，叫唤得非常好听，但念不出经文来，与国王下令婆罗门博学者教它。他们挖空心思，费了九牛二虎之力也没有成功，最后把鹦鹉给折腾死了。

Parsada 宫殿，看台，祭品。

ParshvanathaTemple 帕什瓦纳塔庙，第23位耆那教祖师白湿婆的庙，在拉纳格普尔(Ranagpur)。

Parsi coat 帕尔思上衣，印度人穿的一种衣服。

Parsi Theatre 帕西剧。

Parsis 帕西人，亦作Parsee。一群生活在印度的伊朗先知琐罗亚斯德的信徒。Parsi的意思就是"波斯人"，他们是为了逃避穆斯林的迫害而从波斯移居印度的琐罗亚斯德教徒的后裔。他们主要住在孟买市以及市北一带的几个城镇和村庄里，但在巴基斯坦的喀拉蚩和印度的班加罗尔也有一些。虽然严格来讲他们并不是一个种姓，但因为他们不是印度人，所以明显地自成一个社会集团。

Parthia 安息，又称帕提亚，伊朗高原古代国家，建于公元前247年，开国君主为阿尔撒息，汉朝取阿尔撒息王朝的汉语音译"安息"作为国名。224年被阿尔达希尔波斯萨珊王国代替。其疆域最大时北至里海，南至波斯湾，东接大夏、古印度，西至幼发拉底河(即今伊朗、伊拉克、亚美尼亚全境，土耳其、格鲁吉亚、阿塞拜疆、土库曼斯坦、塔吉克斯坦和阿富汗的部分)。作为国家存在的时间约为公元前248年—公元前224年；王城希腊语为Hecatompylos，《汉书》称为番兜，《后汉书》称其为和椟。

Parsis 祆教徒。

Parisvanath 巴尔斯瓦纳陀，公元前9世纪耆那教第23位圣人，生于瓦拉纳西。

Parsva 胁尊者，说一切有部传为佛祖第十世，曾劝贵霜王迦尼色珈举行佛教第四次集结。

Parsva=Parshvamatha 白湿婆(公元前817—公元前717)，耆那教团体"摆脱束缚"的创立者(Nirgranthas)，第23位耆那教耆祖师。

Partal 首陀罗种姓的徽记，在前额画个大圆点。

Partha　帕尔特，克里希纳对阿周那的称呼，义为"帕里特之子"，帕里特是阿周那之母贡蒂（Kaundi）的另一名。人中俊杰，般度军的将士。

Parthaparakrama　《阿周那御敌记》，13世纪普拉纳达纳（Prahladana）的剧本。

Parthasarathy　帕塔萨拉提，印度现代英语作家。

Parthians　帕提亚人，西徐亚的一支，帕提亚人是大约在公元前700年从多瑙河以北、喀尔巴千山以东的原居地，穿过东欧大草原和南俄罗斯，来到顿河流域的西徐亚人一支。在严酷的环境中生存的帕提亚人都是无畏的战士、出色的弓箭手、剽悍的骑手，是连续击败著名的罗马兵团的唯一民族，逞强5个世纪之久。

Partition of Bengali　孟加拉分治，1095年孟加拉总督寇松提出把孟加拉邦分为东、西两部分，遭到孟加拉人的一致反对。

Party History in Fujian Monthly　《福建党史月刊》，由中共福建省委党史研究室主办，创刊于1982年。2007年12月第12期刊登吕春的《抗日期间泰戈尔的中国情结》。

Party History Research & Teaching　《党史研究与教学》，创刊于1979年，由中共福建省委党校与福建省中共党史学会主办，2008年第4期刊登艾丹的《张闻天的泰戈尔观》。

Parul　帕茹儿，一种树，夏天开喇叭状红色花。

Parva　分章节。

Parva　朔望日。

Parva day　圆月、新月之日。

Parvan　时机，关头，结合点。节，指朔日、望日、每半月的八日和十四日。

Parvata　大山。

Parvati　帕尔瓦蒂，"雪山神女"的意思，就是杜尔迦，湿婆的妻子，湿婆前妻萨蒂自焚后的转生。她矢志陪湿婆苦修一千年，其美貌和虔诚感动湿婆，娶之。生战神鸠摩罗和象头神迦内沙。

　　她还有许多名字：高丽（Gauri），完整的人（the whole one），卡玛湿（Kamashi），乌玛（Uma），文迪耶山居住者（Vindyavasini），安娜普尔那（Annapurna，食物赠与者），杜尔迦（Durga），黑女神（Bali），坎蒂（Candi），克拉瓦（Korravai），胜利者（Vijaya），库玛丽（Kumari，年轻女人），巴瓦尼（Bhavani）。

Parvivara　律藏中的第三部分附篇。

Paryavartanakam　阴间的鸟啄地狱。

Paryupasana　抚慰。

Pasa　物质，契约，束缚，套索，绳子，净水瓶。

Pasapati　帕萨帕提，湿婆的别名。

Pascimyatir Daeri　《西行日记》，泰戈尔1925年2月9日的信。

Pasenadi　波斯匿，公元前6世纪乔萨罗国国王。

Pashadins　持异端者。

Pashchim- Yaatreer Daayaari　《西行日记》，泰戈尔的散文。

Pashupatastra　神箭，湿婆送给阿周那的箭，能同时射出数千支箭、矛和镖。

Pashwa　帕什瓦，马拉提首相。

Pasi　帕西，一贱民种姓。

Pasis　帕西人，8世纪在阿拉伯人征服伊朗后来到印度西海岸定居的拜火教徒，不愿改伊斯兰教，不愿交税，放弃波斯语，穿印度服装，保持鸟葬习惯，聚集孟买一带，约10万人。

Passion Play　《耶稣受难剧》，以德国奥博拉明高最有名，泰戈尔1930年7月访问德国时专门花一天时间在该城市看《耶稣受难剧》。

Pasu　灵魂，野兽。

Pasu Vivah　动物婚。

Pasupada　兽主派，涂灰外道，湿婆派之一派。

Pasupata　兽主之宝，湿婆送给阿周那的宝器。

Pasupata　兽主派，湿婆系统的派别，"涂灰外道"，起源于公元前后，经典《兽主经》。宣称湿婆是"家畜之主"，信徒在身上涂抹草灰，在众人面前故意大声喧哗，大笑，跳舞，以引起本地人的注意。故意招致世俗的嘲笑和轻蔑是重要的宗教实践，认为这样可以获得湿婆的恩宠。

Pasupata Sutra　兽主经，主要赞颂湿婆。

Pasupatadharma　慈善，不杀生。

Pasupatas 湿婆派的教徒，湿婆派苦行僧，“兽主宝”，湿婆神弓。

Pasupatastra 神弓。

Pasupati 百兽之王，指湿婆，兽主。

Pasupatinatha 帕素帕迪纳塔，尼泊尔的加德满都地区崇拜的湿婆神的别名。

Paswans 低等种姓名。

Pasyanti 看见，所见。

Pata 幕布。

Patachitra 纺织品线条与颜色知识。

Pataga 金翅鸟。

Patahas 一种战鼓。

Pataka 幡。

Pataka 伴依；旗帜，手势名，手指伸直，并拢，拇指弯曲。

Patakas 大罪。

Patakasthanaka 插话暗示。

Patala 地狱，地界，阴间，巨灵、蛇灵檀那婆等与天神对立的神灵居住的地方；灰色。

Pataleswar Temple 帕塔莱什瓦尔庙，印度古庙，在马哈拉施特拉邦的浦那市内。

Pataliputra 波多哩子城，华氏城，即现在的巴特那，古代摩羯陀国孔雀王朝的都城，是古印度最大城市。在佛陀时代，波多哩子是一个小王国，方圆25.5千米。公元前3世纪，它是阿育王的首府。公元4世纪，笈多王朝统治了包括波多哩子城在内的摩羯陀。5世纪时的法显和7世纪时的玄奘都曾到过这里。公元8世纪以后，它被并入孟加拉王国的版图。1541年，舍尔沙统治时，巴特那才得到恢复和发展。

巴特那不仅是一座历史悠久的古城，也是一个重要的宗教圣地。印度共有51个拜力派圣地，巴特那的巴特恩女神庙便是其中之一。在巴特那的很多庙宇中，以大巴特恩女神庙和小巴特恩女神庙最为重要，据说“巴特那”一名就是根据这个女神的名字起的。

古希腊历史学家和外交家麦加斯梯尼（Megasthenes，公元前350年—公元前290年）在其著述的《印度志》（Indica）曾载：巴特利普特那（Pataliputra，巴特那古名）位于恒河与阿仁弄瓦河（Arennovoas）二河交汇处，长9英里、宽1.75英里。经过千百年的历史变迁，现代城市巴特那位于加格拉（Ghagra）、宋河（Son）与甘达克（Ganda）三水交汇处，城区规模发展到15千米长，5到7千米宽；恒河流淌到这里看起来更像大海，气势恢宏，奔流不息。

今天的巴特那，作为比哈尔邦的首府，是印度东部重要的商业中心，更为重要的是，它是通往佛教的朝圣中心吠舍离、拉杰吉尔、那烂陀、菩提伽耶和帕瓦普里的门户。1936年3月16—17日泰戈尔在巴特那演出他的名剧《齐德拉》，参见Patna。

Patanipam 能使人倒下的东西。

Patanjali 波颠阇利，2世纪巽迦王朝时期的语法学家，他给波尼尼的《梵语语法》写评论《大疏》（Mahabhasya）。

Patel 佩特尔（1873—1933），印度著名的爱国者。

Patel, Vallabhbhai 巴特尔，瓦拉帕依（1875—1950），印度政治家，国大党领导人之一，生于苏拉塔近郊的纳迪亚特农村家庭，其父曾参加1875年印度民族大起义。他早年未受传统教育，1910年赴英国留学，入内殿法学院学习法律；1913年回国后在阿默达巴德高等法院当律师，并加入国大党。第一次世界大战结束后，积极追随甘地投身政治活动，曾参加基达（Kheda）坚持真理运动（1918）和巴多利抗租运动（1928），颇受甘地信赖，并获“萨达尔”称号。他1930年参加“食盐进军”运动，1931年当选国大党主席。第二次世界大战期间他曾参加甘地发动的个人公民不服从运动和要求英国“退出印度”运动，多次被捕。印度独立后，他任尼赫鲁政府副总理兼内政部长，主管土邦合并事务。著有《萨达尔·巴特尔通信集》《杜尔格·达斯汇编》等。

Pateti 波斯人的新年。

Path o Patheya （The Way and the Means） 《道路与办法》，泰戈尔于1908年5月25日在加尔各答群众大会上的发言，不赞成过激行为。

Patha-Bhavana 露天学校。

Pathak 旗子手势，象征英勇无畏。

Pathan 帕坦人，印度人对居住巴基斯坦北部和阿富汗部族的通称。这是一个跨境而居的民族，分布在阿富汗和巴基斯坦两个国家，欧洲人称他们为帕坦族，意思是“操普什图语的人”。而他们自称是“普什图人”或

"巴克同人"，在阿富汗又称为"阿富汗人"。帕坦族形成于阿富汗，13—16世纪南移，一部分移居现在的巴基斯坦境内。帕坦族，也叫普什图族，源于瓦济里斯坦地区的贾拉黑尔（Jalalkhel）部落。

Pathasala 学校。

Pathasalas 免费生。

Pathe o Pather Prante 《学习与学习方法》，1926年11月，泰戈尔在访问埃及后回国的船上给尼尔马库玛丽·马哈兰诺比（她和她丈夫在雅典和泰戈尔分手，去访问英国）写了一系列书信。这些书信以后以"学习与学习方法"为题出版。

Pather Panchali 《潘塔·盘查里》，著名导演撒提亚吉·雷（Satyaji Ray）于1955年拍的电影。

Pather Sanchay 《真理的道路》，泰戈尔1939年出的散文和书信集。

Pather Sanchay 《旅途文萃》，泰戈尔的散文。

Pathers 克什米尔滑稽剧混合体。

Pathik 朝圣者。

Pathik 《行路人》，泰戈尔的散文。

Pathika 帕提卡，一种植物。

Pathiyala 印度独立前旁遮普地区土邦，其王公以追求生活豪华奢侈而闻名。

Pathya 吟诵。

Pathya vyavastha 饮食及运动处方。

Pati 神，师父，丈夫，妻子的保护者，主，百兽之王。

Patiala 印度独立前旁遮普的土邦，其王公以追求豪华奢侈著名。

Patidar brahmans 琶提达尔婆罗门。

Patidars 帕提达斯，古吉拉特邦首陀罗种姓里的赤贫次种姓。

Patika sampada 独立的发明链。

Patil 村长。

Patil，Pratibha 帕蒂尔，普拉蒂巴，印度历史上第一位女总统。她于1934年12月19日出生于印度中部马哈拉施特拉邦的一个检察官家庭。她早年毕业于孟买的政府法律学院，获法律学士和艺术学硕士学位。年轻时，帕蒂尔非常活跃，在大学期间曾获得印度大学生乒乓球赛冠军，在贾尔冈上研究生期间还被评为"校园皇后"。毕业后，她曾是一名出色的律师。1962年，帕蒂尔当选马哈拉施特拉邦议会议员，开始了从政生涯。在此后23年间，她一直是邦议会议员，并先后7次出任邦政府部长，主管社会福利、公共卫生、文化教育等事务。1986年，她当选为议会联邦院（上院）副议长，1988年担任马哈拉施特拉邦的国大党主席，1991年当选为印度议会人民院（下院）议员。2004年，她出任印度拉贾斯坦邦邦长，成为印度历史上第一位女邦长。20世纪70年代和80年代，在国大党内一度发生分裂的困难时期，帕蒂尔坚定地站在英迪拉·甘地一边，并担当起马哈拉施特拉邦反对派领袖的重任。她的忠诚赢得了英迪拉·甘地的赞赏，密切了她与英迪拉·甘地家族的关系，也奠定了她在党内的地位。拉吉夫·甘地曾亲自任命她为马哈拉施特拉邦的国大党主席。2007年6月，72岁的帕蒂尔被以印度国大党为首的团结进步联盟推举为执政联盟总统候选人。同年7月赢得总统大选，成为印度独立60年来的首位女总统。7月25日，帕蒂尔宣誓就职。在多年的从政生涯中，帕蒂尔非常热衷于教育和社会福利事业，特别是对女性和儿童的教育工作。她在新德里和孟买创建了专为职业女性服务的酒店，在她的家乡贾尔冈开办了面向农村青年的工业技术学院和一家由女性合办的合作银行。此外，她还为穷苦儿童开办了多所学校，并在她开办的培训学校里设置了帮助盲人和贫困妇女学习谋生技能的课程。帕蒂尔认为，提高女性的地位对印度整个社会的进步至关重要。

Patimukha 戒规。

Patirruppathu 《百首田园诗》，公元前3世纪—2世纪的泰米尔语桑迦姆文学。

Patisamkhidamagga 《小尼迦叶》15部之第十二部《无碍外道》。

Patisar 帕提萨地区，在现今的孟加拉国的巴德玛河两岸，泰戈尔家族的田产就在这一带。泰戈尔于1937年7月看望这里给他家族务做田产的农民。

Patitaa 妓女。

Patkoi 帕特卡伊山脉，在印度东北部，靠近缅甸。

Patna 巴特那。巴特那是印度的宗圣地，位于比哈尔邦东部恒河南岸。城市已有2500

年的历史，曾为公元前3世纪孔雀王朝阿育王的首府，佛经里称其为“华氏城”。它曾经是一个经济和宗教方面都很繁荣的邦。它被称为圣人之邦。这里有著名的宗教圣地——加雅、哈尔曼地尔寺、天花女神庙等。4世纪时为笈多王朝的属地。该地早期曾为佛教重镇，为佛教护法王阿育王奉佛的中心，也是摩羯陀国的佛教基地，在佛教史上曾有过辉煌灿烂的时代。佛教在印度衰亡后，该城亦成为印度教的圣地。

按婆罗门教文献《往世书》所载，相传大神湿婆亡妻萨蒂的身体、服饰分成51个部分，分往全国各地，凡能留住一部分的就是一个圣地。萨蒂的衣服落到了此地，此地成为教徒瞻拜之地。萨蒂的衣服曾经落到当地两处地方，人们分别建造了大巴特恩女神庙和小巴特恩女神庙。城内宗教遗址甚多。天花女神庙是女信徒参拜的场所，许多妇女长途跋涉来此敬神，祈求保佑子女不受天花袭击。城内博物馆保存了众多的宗教神像和祭品。一个女神高2米，由一块完整的巨石雕刻而成。女神左手拿拂尘，右手特念珠，为孔雀王朝的珍品。用金属制成的梵天神像，左边站着手特华盖的因陀罗，与梵天相对而视，是巴尔王朝的著名作品。一座塑像是爱神左拥妻子罗蒂，右搂另一个妻子德利施，双手持花箭，脚踏飞鱼，两个妻子极尽谀欢，呈舞蹈状，因而爱神心花怒放。巴特那成为印度宗教考古的中心。哈尔曼地尔寺是锡克教五大圣地之一，最早为著名的佛教圣地之一，佛陀曾在此第一次向弟子说法。锡克教创始人那纳克曾在此建造了华丽的住所，取名为沙利斯·莱·约赫里。锡克教第九代祖师迪夫·巴哈都尔也在这里居住过。在这漫长的岁月里，它多次遭到破坏，又多次得到修复，名称也随之不断改变，多达二十几个，例如，波多哩子城、拘苏摩补罗（华氏城）、古苏马瓦迪、孔雀城、巴特拉、巴特那、阿吉马巴德等等。

Patra　钵。

Patra（Base a se Liklem Chithi）　《信（默坐着写封信）》，泰戈尔的散文。

Patra （Daamu Bosa Aar Chaamu Bose）《信（达姆·巴苏和贾姆·巴苏）》，泰戈尔的散文。

Patra （Maago Aamaar Lakshmee）《信（哦，我的吉祥天女）》，泰戈尔的散文。

Patradhara　《泰戈尔书信集》，1938年出版。

Patraput　《叶盘集》，泰戈尔1936年写的散文诗集。

Patriach　老祖，梵天。

Patrick Geddes　帕特里克·杰迪斯（1854—1932），爱尔兰生物学家、地理学家、社会学家、慈善家。1921年4月17日泰戈尔访法时和他在巴黎会晤。

Patrika　没有男孩的家庭，把女儿当男孩对待，招上门女婿，生儿子视为父亲的儿子，继承王位或财产。

Pattala　港口。

Pattalipta　5世纪耆那教作家波托利多，著《多浪迦维，俗语》（Tarangavai）。

Patti　波底，古军队单位，由一车、一象、三马、五步兵组成。

Pattinam　港口。

Pattini　帕提尼（女神）。

Pattisa　三股叉。

Pattna　小乘藏《发趣》。

Pattra　贝叶，贝多罗树的叶子，印度古代的书写材料。

Pattupattu　《十卷长歌》，2世纪泰米尔语桑加姆诗歌集。

Patulnach　西孟加拉邦用棍子操纵的木偶。

Patwari　村子会计

Paul　保罗（3—67），十三门徒之一，又译作圣保禄，《圣经》中人物，亦称为使徒保罗，天主教翻译作圣保禄。保罗是亚伯拉罕的后裔，属于便雅悯支派的犹太人，是出生在国外的犹太侨民，曾经以扎帐篷为业。他由于出生在罗马帝国的直属领地，根据出生地国籍原则，具有罗马公民的身份。他的家在犹太北方，基利家的大数城，这里是当时罗马帝国的主要学术中心之一。据《使徒行传》和《圣经》中保罗书信记载，保罗是一个对上帝热心的法利赛人，熟悉各种犹太律历，恪守摩西律法，因耶稣所传的福音和犹太人固有对摩西律法认识的巨大冲突而积极参与迫害基督教徒。有一次，保罗前往大马士革追捕基督教徒，在途中得耶稣基督亲自显现而悔改信主，成为上帝拣选的器皿。后改名保罗。他与彼得与雅各一同领受上帝的异象而向外邦人传福音。他在地中海各地进行了三次传道之旅，足迹遍及小亚细亚、马其顿、希腊及地中海东部各岛，共计12000里远，还在外邦人中建立了许多教会，期间被关押两年，出狱后再次往各地传教，后被罗马皇帝尼禄处死，为主殉道。

Paul et Virginie 《保罗与处女》，法国作家圣皮埃尔的著作，泰戈尔在8岁上读了该著作的孟加拉语版本。

Paul Richard 保罗·理查德，英国牧师。1916年8月泰戈尔访日时在日本会面，后偕同夫人米拉到印度，在本地治理奥罗宾多修道院做主持。

Paulisa Siddhanta 普利沙历数书，成书于4世纪的印度古代5历数书里的第三部。

Pauloma 史诗的分章。

Pauloma 普罗马，魔鬼的名字。

Paumacariya 《波摩传》，4世纪维摩勒苏利维姆拉·苏里（Vimla Suri）写。

Paunarbhava 寡妇再嫁生的儿子。

Paundarika 匏达利卡，苏摩祭祀的一种，长达11天。

Paundra 旁陀罗，毘摩的螺号名。

Paura 城镇市民。

Paura-janapada 有钱有势的人物。

Pauraanik mahaaplaaban 传说中的大洪水。

Pauranika 凡人，俗人信奉者。

Paurava 薄罗婆帝国，9世纪王国，国王阇那弥觉耶（Janamejaya）。

Paurava 英雄。

Paurnamasa 日圆祭祀。

Paush 布萨月，印历9月，公历11—12月。

Paush festival 布萨月节，印历9月，公历11—12月布萨月的节日。

Paushya Parva 《宝沙篇》。

Pauskara Samhita 《泡斯卡拉本集》，毗湿奴派分支五夜派经典《五夜本集》三宝中的一宝。

Pava 伯婆镇，佛陀最后走过的地方，在此吃铁匠粪达的蘑菇中毒后涅槃。

Pavaka 火神，即阿耆尼。

Pavakathakah 克拉拉邦手套木偶戏。

Pavamana “流动而清净的树叶”，指苏摩酒。

Pavana 净化者，风神的父亲，风神伐由的别名。

Pavitra 净化，使思想纯净不受外界干扰。大雄饿死的地方，在摩羯陀（Magadha）首府王舍城（Rajagrha）附近。

Pavitram 护身符。

Pavitrarohana 戴圣线。

Pawar, Sharad 帕瓦尔，萨拉德（1940—），印度政治家，1991年任印度国防部部长。

Pawaya 帕瓦亚，瓜廖尔附近的印度教寺庙。

Pax Britanniaca 英国统治下的和平。

Payalaa Nambar 《一号》，泰戈尔的短篇小说。

Payar 帕雅尔韵律，孟加拉诗歌的一种韵律格式，共两行，每行14个音节。

Payasa 祭祀水果，布丁，甜点心。

Payasam 甜食，蜜乳粥。

Payla Nambar 《第一号》，泰戈尔1920年写的短篇小说集。

Payodhara 云，乳房。

Pbanmohini 迷醉世界的美女。

Peacock Throne 孔雀宝座，莫卧儿王朝第五代皇帝沙贾汗（17世纪）在德里红堡枢密殿的宝座，由黄金、翡翠、金刚石、宝石等镶成。1739年被纳迪尔沙掳去阿富汗。

Pearson 《佰森》，泰戈尔写的纪念伯森的文章和诗。

Pearson, Willie 伯森，威利（1881—1923），英国学者，泰戈尔的真诚朋友，曾经就读于剑桥大学和牛津大学的自然科学和哲学。他抛弃英国的高薪工作，于1912年12月访问泰戈尔创办的国际大学，并且开始学习孟加拉语。他1914年从南非回到印度，担任国际大学老师。他翻译了泰戈尔的《戈拉》等长篇小说。1923年9月24日他在意大利旅游时从火车上摔下而亡。

Peary Chand Mitra 佰瑞·产得·米特拉，19世纪孟加拉语小说家，作品《宠坏的孩子》（Alaher Ghaer Bulal）。

Pednekar 佩德卡尔种姓。

Peepal 毕钵罗树，菩提树，觉悟树，释迦牟尼在此树下得道觉悟。

Pelliot Paul 保罗·伯希和（1878—1945），世界著名的法国汉学家、探险家。他就学于巴黎大学，主修英语，后入法国汉学中心学习汉语，继入国立东方语言学校，专攻东方各国语文历史。分曾从师法国汉学家E.沙婉（1865—1918）等人学习，致力于中国学研究。1908年往中国敦煌石窟探险，购买了大批敦煌文物，带回法国，今藏法国国家图书馆博物馆。伯希和是欧美公认的中国学领袖，其影响遍及欧、美、日及中国。然而伯希和与中国学者交往，开始却并非友谊佳话，而是以让炎黄子孙愤慨痛惜，也令他本人蒙羞的敦煌盗宝为开端。1908年2月，为了查阅敦煌出土的法华经古抄本，探险队到达敦煌。英国的探险家斯坦因在前一年（即1907年）已经从敦煌的莫高窟窃取七千余卷古文书。伯希和与保护莫高窟的王道人谈判进入藏经洞的事项。这里伯希和流畅的中文又一次发挥了作用。伯希和经过3周调查了藏经洞的文件，并选出最有价值的文件二千余卷。伯希和与王道人谈判，计划重建莫高窟的王道人最后同意以500两银子（约90英镑）的价钱把这些文物卖给伯希和。因为斯坦因不懂中文，他带走的文件中有很多没有价值的东西，通晓包括中文在内的13国语言的伯希和选出的文件全都是绝品，其中也包括新发现的唐代新罗僧人慧超所著的《往五天竺国传》。同年，伯希和在《法兰西远东学院学报》发表《敦煌藏经洞访问记》。

Pendse 彭德瑟（1913—2007），20世纪马拉提语作家，作品有《拉塔·查克拉》（Ratha Chakra）。

Peng Duanzhi 彭端智（1931—2010），笔名林之非、育林，华中师范大学教授，湖南省吉首市花垣县人，土家族，发表《不着泥土的痕迹，没有痕迹的足印——介绍泰戈尔的〈飞鸟集〉》《新月的幻象和破灭——泰戈尔的〈新月集〉》。

Peng Lihong 彭立鸿，西南师范大学老师，发表《圆融的生——泰戈尔诗歌中的生命意识》。

Peng Ling 彭龄，当代学者，与章谊发表《追怀泰戈尔》。

Peng Shanshan 彭姗姗，当代女学人，发表《封闭的开放：泰戈尔1924年访华的遭遇》。

Peng Ziwen 彭子文，当代学人，发表《一轮含爱溢美的新月——泰戈尔〈新月集〉思想艺术浅谈》。

Penguin Viking 企鹅出版社，在新德里，出版了许多泰戈尔的作品以及研究泰戈尔的作品。

Peon 办公室杂役。

People's Daily 《人民日报》，创刊于1948年6月15日，是中国共产党中央委员会的机关报。《人民日报》为中国第一大报，是中国最具权威性、最有影响力的全国性报纸。1958年5月8日刊登印度比斯瓦斯的《泰戈尔与中国》；1961年5月刊登梅兰芳的《忆泰戈尔》；1981年5月7日刊登宋诒瑞的《印度伟大诗人泰戈尔》；1982年2月25日刊登魏风江的《怀念印度诗人泰戈尔》；2011年5月6日刊登廖政军的《〈泰戈尔在中国论文集〉英文版在印发布》；2011年5月9日刊登廖政军的《这里，是中印文化相会之地》。

People's Forum 《人民论坛》杂志，由人民日报社主管主办，江泽民同志题写刊名，1992年创刊，2006年改为半月刊，2009年改为旬刊。1996年3月第3期刊登王红枚的《封二画家简介：泰戈尔——多才多艺的伟人》。

People's Literature 《人民文学》，由中国作家协会主管，中国作家出版集团主办的国家一级文学期刊，主要刊登小说、散文、诗歌和报告文学等纯文学作品。《人民文学》创刊于1949年10月25日，是新中国第一份文学期刊。文艺界领导人的重要文章，大多发表在《人民文学》上。茅盾、叶圣陶、胡乔木、周扬等人的文学评论，推动着新文学的健康发展。沙汀、艾芜、舒群、周立波、刘白羽、马烽、西戎等人的短篇小说，夏衍、老舍的话剧，臧克家、艾青、何其芳、李季等人的诗歌，或展现革命斗争历史和保卫胜利果实的壮丽画卷，或歌赞劳动群众开始主宰自己命运的时代变革。这一时期，文坛涌现了一批和新中国一起成长的新作者。他们中许多人的处女作或成名作，大多发表于《人民文学》。刘绍棠、白桦、王愿坚、李准、林斤澜、刘真、萧平、王蒙、玛拉沁夫、陈登科、闻捷、邵燕祥、李瑛、公刘、柯岩等人的作品，或焕发新生活蓬勃的朝气，或蕴含对历史与未来的思索，显示了新中国成立后第一代青年作家与诗人茁壮的生机和雄厚的潜力。担任过主编、副主编的有茅盾、艾青、丁玲、邵荃麟、严文井、秦兆阳、葛洛、张天翼、陈白尘、韦君宜、李季等；先后担任过编委的有何其芳、赵树理、周立波、沙汀、袁水拍、胡风、吴组缃、艾芜、魏巍、谢冰心等。《人民文学》是中国当代文学发展历程的见证，几乎荟萃了中国所有文学精英所创造的各式各样的文学成果。许多产生过重大影响、具有轰动效应的作品都由《人民文学》首发；一批又一批的作家，是通过《人民文学》走向文坛，并引起国内外瞩目的。《人民文学》1955年7月刊登周而复的《访泰戈尔故居》。

People's Literature Press　人民文学出版社，1951年3月成立于北京，系国家级专业文学出版机构。1988年4月出版《回忆录附我的童年》，2011年7月出版倪培耕翻译的印度克里希纳·克里巴拉尼的《泰戈尔传》。

People's Music　《人民音乐》，1950年9月创刊于北京。由中国音乐家协会主办。1992年10月第10期刊登赵佳梓的《泰戈尔与音乐》。

P

People's Press　人民出版社，成立于1950年。2010年出版艾丹的《泰戈尔与五四时期的思想文化论争》。

Perampalam　大厅。

Perera, Wilmot　培瑞拉，威尔默特（1905—1973），斯里兰卡著名学者、教育家和社会工作者，佛教徒，大种植园主。他曾留学印度，1935年参与创建锡兰平等社会党，后脱党，加入锡兰自由党。他1956年10月出任首任驻华大使。由他发起出资，按照泰戈尔的国际大学的模式建立斯里帕里学院。1934年5月20日他邀请来锡兰访问的泰戈尔为学院奠基并命名。

Periya Puranam　《大往世书》，12世纪问世的泰米尔语湿婆教经典，作者为诗人谢克己拉尔。

Persepolis　波斯波利斯，波斯阿黑门尼德王朝的第二个都城，位于伊朗扎格罗斯山区的一盆地中，建于大流士王（公元前522年—公元前486年在位）时期，其遗址发现于设拉子东北52千米的塔赫特贾姆希德附近。城址东面依山，其余三面有围墙。主要遗迹有大流士王的接见厅与百柱宫等。这里出土阿契美尼德雕刻。1979年联合国教科文组织将波斯波利斯作为文化遗产，列入《世界遗产名录》。1932年4月，泰戈尔访问该城。

Persepolis　波斯波利斯都城。

Persian　波斯语，属于印欧语系印度-伊朗语族，是一种在伊朗、阿富汗和塔吉克斯坦等国家使用的具有悠久传统的语言。随着移民从这些国家流入到周边地区，很多国家现在都有说波斯语的社群。由于历史与宗教的原因，现代波斯语中，有近60%的词汇来自属于闪含语系的阿拉伯语。波斯语用阿拉伯字母拼写。

Persis　波斯，伊朗的旧称，指公元前1000年左右移居这个地区的印欧游牧民族的名字，后被亚述人和迦勒底人所取代。波斯文明是众多古代文明中发展程度较高的民族。3世纪，波斯帝国出现在历史舞台，全盛时期领土东至巴基斯坦，西北至土耳其、欧洲的马其顿、色雷斯，西南至埃及。汉语“波斯”亦指苏木都剌国。

Personage　《人物》杂志，由人民出版社在1980年创办，是我国创刊最早的人物传记类期刊。1981年第6期刊登大卫、佐恩的《泰戈尔的中国名字》。2001年第10期刊登孙宜学的《胡适与20年代“泰戈尔之战”》。

Personality　《人格》，泰戈尔1917年写的散文。

Pertrarch　比特拉克（1304—1374），意大利文艺复兴先驱，抒情诗人，就学于波伦亚大学，游历过欧洲列国，潜心于古典文化研究。他的叙事长诗《阿菲利亚》描写古罗马统帅阿菲利战胜迦太基名将汗尼拔的英雄业绩，体现了作者渴望祖国再度统一的爱国主义精神。他1341年获“桂冠诗人”称号。他猛烈抨击罗马教会，斥责教会是“邪恶的策源地，活人的地狱”。他最早提出“人应当认识自己”的口号，后被人称为“人文主义之父”。泰戈尔于1878年在英国留学时给文学期刊《婆罗蒂》撰稿，表达对他的热爱。

Peru　秘鲁，南美洲西部的一个国家，北邻厄瓜多尔和哥伦比亚，东与巴西和玻利维亚接壤，南接智利，西濒太平洋，安第斯山脉纵贯国土南北，西部沿海地区则为干旱的平原，东部又有亚马孙盆地的热带雨林。秘鲁面积128万平方千米，人口为2800万，民族包括印第安原住民、欧洲人、非洲人和亚洲人。官方语言是西班牙语，一些地区通用克丘亚语和其他方言。秘鲁孕育了美洲最早人类文明之一的小北史前文明，以及前哥伦布时期美洲的最大国家印加帝国。16世纪，西班牙帝国征服印加帝国，建立秘鲁总督区，包含西班牙在南美洲的大部分殖民地。秘鲁于1821年独立。1921年9月，泰戈尔应邀参加秘鲁共和国独立100周年庆祝活动，因病中途在阿根廷首都布宜诺斯艾利斯下船，没有去成。

Perungadai 用泰米尔语改写的《贝楞伽代》。

Pervader 遍入天，指毗湿奴。

Peshwa 佩什瓦，莫卧儿王朝时期印度南方马拉塔人的世袭首领。马拉塔国王的首相，次职为一个吉特巴万（Chitpavan），由婆罗门家族数代所有。

Peshawar 白沙瓦，巴基斯坦最具有民族特色的城市。白沙瓦属于西北边境省，曾经在公元前58年被贵霜王朝犍陀罗的迦腻色伽王一世定为国都。白沙瓦是古代佛教中心。由于地处中亚多个的贸易要道上，当地在多个世纪以来都一直是南亚大陆与中亚之间的贸易重镇。白沙瓦是巴基斯坦西北边境省首府，旧译“布路沙布逻”，位于西北部喀布尔河支流巴拉河西岸，开伯尔山口东。人口56万。“白沙瓦”古梵文意为“百花之城”。自古以来，该地是一个大的商队集散地。

2世纪初，崇尚佛教的贵霜帝国伽腻色伽王曾在此建都，此地域为佛教文化的中心之一。4—6世纪，中国晋朝高僧法显、北魏使者宋云和唐朝高僧玄奘曾先后到此。玄奘在《大唐西域记》中称这里是“花果繁茂”的天府之国。从12世纪起，伊斯兰文化逐渐代替了佛教文化。在莫卧儿王朝统治时，该城极盛，经济和文化得到发展。城区分为新、旧两部分。东部旧城，保留有古老的市场和数十座大小清真寺。西部新城是一座现代化高层建筑的花园城市。城郊多古迹和古建筑。有莫卧儿王朝巴布尔大帝所建的巴拉希萨城堡，有建于16世纪的麦罕白·赫尼清真大寺，有浓郁地方色彩的白沙瓦清真大寺等。历史悠久的白沙瓦伊斯兰大学坐落在新城西部文教区。白沙瓦还是座英雄城市，历史上曾抗击过马其顿亚历山大远征军的侵略。19世纪初到20世纪初，当地人民为抗击英国殖民主义者入侵，曾进行过多次武装斗争。

现代的白沙瓦仍然是中亚和南亚之间的贸易通道。白沙瓦的大学城是当地学术机构的集中地，白沙瓦大学、白沙瓦农业大学及白沙瓦工程及技术大学都在大学城里。

Pete O Pethe 《吃与打》，泰戈尔于1885年写的幽默故事系列之一。见Eating and Beating。

Peter the Great 彼得大帝，是后世对沙皇彼得一世的尊称。彼得一世（1672—1725），原名彼得·阿列克谢耶维奇·罗曼诺夫，是沙皇阿列克谢·米哈伊洛维奇·罗曼诺夫之子，俄国罗曼诺夫王朝第四代沙皇（1682—1725）。俄国沙皇（1682—1725）、俄罗斯帝国皇帝（1721—1725），著名统帅，1682年即位，1689年掌握实权。作为罗曼诺夫朝仅有的两位“大帝”之一，彼得大帝一般被认为是俄国最杰出的沙皇。他制定的西方化政策是使俄国变成一个强国的主要因素。1930年9月18日，正在苏联访问的泰戈尔在莫斯科第二艺术剧院看戏剧《彼得大帝》。

Peter Maniche's International People's College 彼得曼尼车国际人民学院，在丹麦的艾尔西诺。1930年8月7日，泰戈尔访问这里。

Petersfield 皮特菲尔德，英国小城，1920年5月泰戈尔访问英国时住在这里的朋友穆尔海德·博恩家里。

Petrarch 彼得拉克（1304—1374），意大利早期文艺复兴时期的著名诗人和学者，人文主义的奠基者，早期资产阶级的艺术和道德观的建立与他是分不开的。

彼得拉克少年时就喜爱文学、修辞，对古典作品尤其感兴趣，古罗马维吉尔的诗歌、西塞罗的讲演都强烈地吸引着他。但他父亲却要他成为一个法学家。因此，从1316年起，他先后在法国的蒙得玻利和意大利的波伦亚学习法律。1320年父亲去世，他便放

P

弃了法学，自由地发展自己的爱好。同年他回到阿维农，担任一个次要的教职。1330—1347年，他一直在红衣主教万尼·科伦那手下任职。在教会里的工作并不忙，这就使他一面参与教廷的一些政治、外交活动，一面不倦地学习文学、创作诗歌。作为诗人，彼得拉克的名声很快传开。1340年，巴黎和罗马争相邀请他去接受桂冠。结果他决定去罗马。1341年4月8日，他在罗马的卡匹托利山上接受了“桂冠诗人”的称号。

彼得拉克的诗很丰富，其中《歌集》《阿非利加》《意大利颂》和《名人列传》著称于世。

1374年7月19日，彼得拉克在一个叫阿克瓦的小村里去世。当人们发现他的遗体时，他的头还埋在《维吉尔》的手稿中。

Petroff　彼得罗夫（1876—1937），苏联对外友协主席。1930年9泰戈尔访问苏联，9月11日到达莫斯科。第二天，由他主持，在对外友协大厦举行盛大的泰戈尔欢迎会。当晚由苏联对外友协和莫斯科作家协会在友好协会礼堂联合举办音乐会。在音乐会上泰戈尔会见了苏联艺术研究院主席克甘教授、莫斯科第二国立大学校长平科维奇教授、里托维诺夫夫人、女作家费多尔·格兰科夫、伊瑟夫和其他作家和艺术家。

P

Petavatthu　《小妮迦叶》15经之第七部经《恶鬼事经》。

Phadke　帕特盖（1894—1978），印度马拉提语作家，作品有《侨民》《奴罗吉大哥》等。

Phag　哈利亚纳民间舞。

Phagu　巴古，短而更抒情的诗体，表现分离。

Phala　结果。

Phalabhaga　结果的一面。

Phalayoga　成功。

Phalgu=Niranjana　尼连禅河，比哈尔邦迦雅地区的一条河流，大部分在地下，因而被认为是走向阴间的通道。释迦牟尼成佛之前就是在尼连禅河里痛痛快快地洗了澡，然后在菩提树下静坐，终于觉悟。

Phalgun　法尔衮月，印历12月，公历2—3月。

Phalgunee　《初春月圆日》（《春之循环》），泰戈尔1914年写的剧本。见The Cycle of Spring。

Phalli　湿婆的林迦（生殖器，性力象征）。

Phanrang　藩朗，古代安南（今越南）的港口。

Phatik　帕提克，泰戈尔的仆人。

Phel　《失败》，泰戈尔的短篇小说。

Philadelphia　费城，美国第六大城，宾夕法尼亚州最大城市，全称费拉德尔菲亚，位于该州东南缘，特拉华河与斯库尔基尔河的交汇处，东距大西洋142千米。市区面积352平方千米，人口170万。费城是美国历史名城，美国独立战争时期地位重要。1774—1775年两次大陆会议在此召开，通过《独立宣言》；1787年在此举行制宪会议，诞生了第一部联邦宪法。1790—1800年曾是美国首都。19世纪以来，铁路和港口发展很快，制造业兴起，为美国主要经济、交通、文化中心之一。重、化工业发达，被称为“美国的鲁尔”。费城港是世界最大的河口港之一。费城有3条铁路干线。市内有地下铁道和高架铁路，公共交通设施完备。大市区内有6座大桥横跨特拉华河，与对岸新泽西州各城镇相连。1916年11月、1920年11月，泰戈尔曾经分别访问该市。

Philharmonic Hall　柏林交响乐大厅。1926年9月13日泰戈尔访问德国时在此作题为“文化与发展”的演讲，14日受到德国总统兴登堡的接见，会晤爱因斯坦，和他进行了长谈。泰戈尔从柏林给《曼彻斯特前卫报》写文章，申明绝不支持法西斯主义，遭到意大利《人民报》的攻击和谩骂。

Philippide，Alexanddru　菲利皮德，亚历山大，20世纪罗马尼亚文学家，1961年撰文纪念泰戈尔诞生100周年。

Philip Sidney　菲利浦·希德尼（1554—1586），英国诗人、政治家。他在为争取爱尔兰独立的一次战斗中牺牲。据传说，他在一次战斗中负了伤，失血很多，饥渴难耐，这时候有人送了一点儿水，他见身边还有一个伤兵，就把水让给了他。后来世人就以他的名字作为慷慨牺牲的代名称。

Phillipines　菲律宾，位于亚洲东部，是由西太平洋的菲律宾群岛（7107个岛屿）所组成的国家，面积29万平方千米，人口9000多万。19世纪末菲律宾经历了对西班牙革命、美西战争、美菲战争之后，成为美国殖民地。二战期间菲律宾为日本所占领，战后获得独立。美国在菲律宾留下了英语的主导地位以及对西方文化的认同。菲律宾为发展中国家、新兴工业国家及世界的新兴市场之一。

Philosophy of Fascism 《法西斯主义的哲学》，泰戈尔1926年的文章。

Philosophy Studies 《哲学研究》，1955年3月创刊，是国家级哲学理论刊物，是哲学社会科学核心期刊之一。1979年1月第1期刊登黄心川的《略论泰戈尔的哲学和社会思想》。

Phoenix Settlement 凤凰村，甘地在南非创建的实现其新理想的基地。他在德班附近购买了一块100英亩的土地建立新村，取名凤凰。村内居民不分国籍、宗教、种族、肤色，一律平等，人人劳动，互帮互爱，自食其力，同甘共苦。后于1907年在此村首次使用“萨提亚哥拉哈”（Satyagraha，“坚持真理”）一词，培养了一批日后从事非暴力抵抗斗争的战士。1914年10月，这里的一批师生来泰戈尔的圣蒂尼克坦访问，受到泰戈尔的热情接待。

Phoenix Farm 凤凰农场，甘地在20世纪初在南非德班创建的实验基地。

Phonta 兄弟节。

Phu Nam 扶南，又作夫南、跋南，意为“山岳”，辖境约当今柬埔寨以及老挝南部、越南南部和泰国东南部一带。公元1世纪建国，与中国联系密切。3世纪初，扶南王范蔓向外扩张，势力达马来半岛。三国时，其国王范旃遣使至吴，吴亦派康泰、朱应出使其国，此后两国来往频繁。7世纪中叶，为北方属国真腊所灭。传说，扶南的开国者是一位叫作叶柳（Ye Liu）的女人。有一个叫混填（Kaundinya）的外国人施了迷信膜拜仪式。在梦里梦见神赐弓箭一把，让他乘船入海。他在神庙下发现这把弓箭，然后决定乘着商船漂洋过海。他来到扶南国，被众人抓住，然后与女王叶柳成婚。扶南的早期统治者就是这位印度人的后裔。

Phubamohini 普斑魔希妮，孟加拉语“迷醉世界的美女”的意思。

Phūlan Devī 普兰·黛维，号称“女土匪王”（1963—2001），生于印度北方邦戈尔哈·克·普尔沃（Gorha Ka Purwa）村的一个低种姓家庭，具体属于首陀罗种姓下的一个叫作马拉的次级船夫种姓。成长路上受到高种姓的虐待，她组织了一个马拉帮派，抵抗外来压迫。有人说普兰·黛维只针对高种姓，并把战利品分给低种姓的人们，但是印度政府坚称这是无稽之谈。1981年，她参与了贝麦大屠杀，杀害了22名高种姓男子，最后疾病缠身，向政府自首。普兰·黛维被指控犯下48桩案件，包括30桩抢劫案和绑架案。她的审判被推迟了11年，在此期间被一直囚禁在狱中。她最终于1994年假释出狱。当时她创立了“艾克拉维·塞纳”（Eklavya Sena）组织，旨在教授低种姓大众怎样自我保护。2001年普兰·黛维遇刺身亡。

Phulbaalaa 《鲜花少女》，泰戈尔的杂谈。

Phule 普乐，19世纪马拉提语作家。

Phuler Dhyaan 《鲜花的沉思》，泰戈尔写的杂谈。

Phuler Phasal 种花。

Phulsaja 新娘的尽善尽美之夜。

Piao Nianren 朴念仁，民国文化人，1924年发表《泰戈尔与耶稣》。

Piao Xu 飘絮，当代学人，发表《泰戈尔的〈新月集〉读后》。

Piccu 癫狂，疯狂。

Picket in favour of home-spun 甘地提出的家庭纺线运动，抵制英国人的纺机。

Pillai Lokacharya 帕莱·罗卡查伊，15世纪泰米尔语作家。

Pillai, Vetanayakam 比莱，维昙纳亚坎（1826—1889），印度泰米尔语作家，作品有《比拉达巴姆达利亚尔传奇》等。

Pillan 皮兰，印度12世纪泰米尔学者，他给泰米尔语吠陀经写评注。

Pillars 石柱。

Pille, Taksi Sivasankar 比莱，T.S.，20世纪印度马拉雅拉姆语作家，作品有《警告》等。

Pilu-baroyan 两种歌的混合体，用来在下午和晚上，或表演之后演唱。

Pinaka 神话里极欲仙人的神牛变的人和武器。

Pinaka 湿婆的神弓。

Pinang 槟城，亦称“乔治市”，马来西亚

P

重要海港与第二大城市，位于槟榔屿东北角沙嘴上，当马六甲海峡北口，扼槟榔屿海峡西岸。1916年5月泰戈尔乘船访问日本、美国时在此停留。1927年8月14—16日，泰戈尔访问该市。

Pinda offerings　给神敬献米团。

Pindanijjutti　《四根本经》之四的《饭释经》。

Pindaris　平达里人，18—19世纪抢掠集团，被英国人剿灭。

Pingala　青目，4世纪印度大乘佛教中观派哲学家，著作有《檀陀经》(Chandassutra)，檀陀就是诗歌节奏。

Pinjore Garden　品娇尔花园，最古老的莫卧儿花园之一，在昌迪加尔20千米处。

Pinkervitch　平科维奇，莫斯科第二国立大学校长。1930年9月11日，泰戈尔开始访问莫斯科。第二天，由苏联对外友协主席彼得罗夫主持，在对外友协大厦举行盛大的泰戈尔欢迎会。当晚由苏联对外友协和莫斯科作家协会在作家协会礼堂联合举办音乐会。在音乐会上会泰戈尔见了苏联艺术研究院主席克甘教授等作家和艺术家、莫斯科第二国立大学校长平科维奇教授等名流。

Pinnara　天神，会弹奏乐器。

Pinual Kolathan　印度南方民间舞，姑娘围着花柱跳复杂的花样。

P

Pioneers' Commune　莫斯科先锋公社，即莫斯科孤儿职业培训中心。1930年9月11日，泰戈尔开始访问莫斯科。9月14日泰戈尔访问了莫斯科孤儿职业培训中心，一个女少先队员念欢迎词。泰戈尔表示感谢，回答了孩子们的提问，并应他们的要求唱了自己创作的歌曲《人们的意志》。

Pippalada　《阿达婆吠陀》的奥义书《问答奥义书》里问题的解答者。

Pippali　长辣椒。

Piprahawa　迦毗罗卫城的原址。

Pir　苏非派圣人。

Pir　辟尔，原意为“长者”，伊斯兰教苏菲派教职称谓，伊斯兰苏菲派的某些教团的宗教导师的尊称。与谢赫、穆尔希德、乌斯塔兹、依禅等意义相似。在察合台语和维吾尔语文献中，对传授苏菲神秘主张和苦修仪式的人亦用此称，转译成汉语后习惯写作“皮尔”，与“辟尔”相对的词是“穆里德”(Murid，意为“投师求道者”)。

Piraali　不洁净的。

Pisacas　毕舍遮，笈多王朝时期的作家，剧本《指环印》的作者，

Pisachas　毕舍遮，恶魔统称，食人血肉，传播瘟疫，为迦叶波仙人和舍脂生。

Pisacis　女魔。

Pisaka　蛇。

Pisas　双鱼座。

Pishi　姑姑。

Pisima　姑姑，对女人的敬称。

Pita　父亲

Pitakas　篮子，藏，佛经。

Pital tree　菩提树。

Pitamaha=Brahman　梵，老祖。

Pitamata　老祖。

Pitamber　黄衣人，毗湿奴称号。

Pitarah　皮塔尔，祖先，祖宗，印度神话里神化了的先祖。阎摩为皮塔尔之王。世人向皮塔尔祈求财富、子嗣、长寿。他们有创世的能力，用星辰装点天宇，推出早霞，是光明隐现。

Pitarah　毗塔尔，先祖。

Pitaran　父亲。

Pitha　女神；座位，宝座；湿婆妻子萨蒂为湿婆自焚后尸骨散落的地方；甜饼。

Pithapuram　毗塔普尔城，在印度马德拉斯，泰戈尔1918年在这里学会了南印风格的音乐，特别是维纳琴。1928年5月泰戈尔在毗塔普尔城疗养，住在这里的土邦王家里。

Pithas　萨蒂遗体被湿婆散落各处形成的圣地。

Pithe　甜饼；在后背。

Pitr　半人半神动物。

Pitra/pita　先人，祖先，（梵）父亲

Pitraarkaa o Laraa　《贝特拉克和劳拉》，泰戈尔的散文。

Pitraloka　祖先的天堂，乐园。

Pitris　毕陀哩，众天神之子。十位生主的统称，人类始祖，祖先。众天神因惹怒梵天而被诅咒，他劝众天神举行赎罪礼并修行。

Pitritamah pitrinam　最高地位的圣父。

Pitriyajina　祭祖仪式。

Pitrloka　祖先。

Pitrs　属于火族的小天神。

Pitryana　祖道，人死后根据5火的顺序再回到原来生活的那个世界的道路。

Pitta　火。

Pittsburg　匹兹堡，位于美国东海岸的宾夕法尼亚州，是宾州第二大城市，市区面积约144平方千米，都会区约13800多平方千米，市区人口约33万，都会区约240多万，是美国第21大都会区。匹兹堡坐落在阿勒格尼河、莫农加希拉河与俄亥俄河的交汇处，使她成为美国最大的内河港口之一。传统上匹兹堡是美国著名的工业城市，是美国钢铁工业的中心，有“世界钢铁之都”之称。1916年12月泰戈尔访美时曾访问该市。

Piyal　比亚儿，一种树，春天开小绿黄花。

Piyan　办公室杂役。

Place of Music in Education and Education Naturalized　《音乐在教育和自然化教育中的位置》，泰戈尔1936年2月在加尔各答教育周上做的报告。

Plash　波拉什树，一种热带的树，开红花，无芳香气味。

Plassey Battle　普拉西之战，发生于1757年6月23日，是英国东印度公司与印度的孟加拉王公的战争。孟加拉王公达乌拉有法国为其支持者。战役背景是欧洲发生了7年战争，英法交战。

在普拉西战役中，孟加拉有15000骑兵和35000步兵，以及53尊法国东印度公司送给他们的大炮和40名法国炮手。英国方面则是由柯拉夫率领的不足1000人的英国军队和2000人的印度士兵，加上9尊大炮。这场战斗从早上7点打到下午5点。由于几个原因，英国取胜。这些原因包括：1.孟加拉军队骑兵将领米尔·贾法尔临阵反叛；2.英国大炮比法国大炮射程远；3.战斗中间下起了雨，英国方面遮挡了大炮，避免淋湿，而法国炮手没有，雨停之后，法国大炮无法使用。整个战役英军方面只有22人死亡，53人受伤。孟加拉方面死伤500余人。战败的西拉杰·乌德·达乌拉被处死，英国东印度公司随即建立起以米尔·贾法尔为纳瓦卜的傀儡政权。普拉西战役的胜利，使得英国东印度公司获得了巨大利益，在孟加拉取得霸权。之后英国人又将矛头转向法国，并在随后的第三次卡纳蒂克战争中将法国的势力从印度彻底清除；自此，印度开始逐渐成为英国的殖民地。

Plato　柏拉图，也译为帕拉图（约公元前427年—前347年），古希腊哲学家，也是全部西方哲学乃至整个西方文化最伟大的哲学家和思想家之一，他和老师苏格拉底、学生亚里士多德并称为古希腊三大哲学家。

Playings　《玩物》，泰戈尔《新月集》里的诗。

Pleasure and Surprise　《欣喜与惊奇》，泰戈尔的谈话。

Pluvius　发狂，大怒。

Plymouth　普利茅斯，位于英国英格兰西南区域德文郡，面积79.29平方千米，人口246100。普利茅斯是英格兰的单一管理区、城市，东北310千米（192英里）达英国首都伦敦，东北58千米（36英里）达德文郡郡治埃克塞特。此“普利茅斯”是世界各地同名城市的发源地。泰戈尔1920年访问英国时从这里下船。

Po-Chu-I　白居易（772—846），唐代诗人。泰戈尔很欣赏他的诗。

Pobozniak, Tadeusz　泼博斯尼亚克，塔德兹（1910—1991），波兰印度哲学家，曾担任波兰-印度友好学会主席。1961年撰文纪念泰戈尔诞生100周年。

Poduka　婆杜卡，即现在的印度南部孟加拉湾港口城市本地治理。

Poem Creation　《诗创作》，民国文学期刊，1942年第13期刊登静闻的《纪念泰戈尔》。

Poet to Poet　《诗人对诗人》，由谭云山负责的中印学会出版于抗战时期，真实记录了日本反动诗人野口米次郎妄图拉拢泰戈尔为日本侵略张目而遭到泰戈尔严厉痛斥的过程。

Poet's Cable to Premier　《诗人给总理的信》，泰戈尔的信件。

Poetry　《诗刊》，纽约市文学期刊，曾于1912年刊登由哈利特·梦罗女士编辑的6首诗。

Poetry Discussion　《诗探索》，诗歌理论刊物，由中国当代文学研究会于1980年12月创办。1981年7月第2期刊登倪培耕翻译的泰戈尔的《现代诗歌》。

Poetry Society of New York 纽约诗歌学会，1921年泰戈尔访美时，该学会主持告别会。

Pogany Willy 泊贾尼，威利，泰戈尔时代美国的插图家，曾经为纽约麦克兰出版公司出版的泰戈尔诗集《飞鸟集》插图。

Poison Tree （Basabriksha） 《毒树》，班吉姆于1872年出版的长篇小说。

Poita 项链。

Poland 波兰，中国古称孛烈儿，是一个中欧国家，西面与德国接壤，南部与捷克和斯洛伐克为邻，东部与乌克兰和白俄罗斯相连，东北部和立陶宛及俄罗斯接壤，北面濒临波罗的海，首都华沙。面积31万平方千米，人口4000万，信仰天主教占95%，信仰东正教、基督教新教和其他教派占5%。使用的货币为兹罗提，语言是波兰语。波兰重要的地理位置以及地形导致历史上连年的战火纷争，几个世纪以来波兰的版图也一再更改，而近年波兰无论在欧盟还是在国际舞台的地位亦与日驱增。波兰是欧盟、北约、联合国、经济合作与发展组织和世界贸易组织的成员。1930年8月，泰戈尔访问波兰。

Political Life 《政治生活》，民国时期的报纸，它在泰戈尔访华期间的1924年4月27日专刊登载有关泰戈尔的文章：《致泰戈尔的一封公开信》，稚晖的《婉高泰戈尔》，和森的《英美协会欢迎泰戈尔》，汀的《银钟……幽谷》，健攻的《令人恐怖的诗哲》《三人耳》《今之古时仙人》《怅惘》等。

Pompeii 庞贝，亚平宁半岛西南角坎佩尼亚地区一座历史悠久的古城，西北离罗马约240千米，位于意大利南部那不勒斯附近，维苏威火山西南脚下10千米处。西距风光绮丽的那不勒斯湾约20千米，是一座背山面海的避暑胜地，始建于公元前6世纪，公元79年毁于维苏威火山大爆发。但由于被火山灰掩埋，街道房屋保存比较完整，从1748年起考古发掘持续至今，为了解古罗马社会生活和文化艺术提供了重要资料。此地出土过一件精美的印度象牙雕刻镜柄。

Pond Lyceum 庞德演讲学会，美国社团，1916年邀请泰戈尔访美。

Pondicherry 本地治理，其名在泰米尔语中意为“新村”。本地治里既是印度的一个联邦属地的名称，亦是该联邦属地辖下其中一个地区的名称。为免混淆，前者可标明为本地治里联邦属地，后者可称为本地治里市。这里曾为法国占领。1928年泰戈尔在去锡兰的途中从这里下船去拜访奥罗宾多。

Pongal 本格尔节，泰米尔人的迎春盼丰年节，在1月冬至日，读经，吃美食，敬神，敬畜等。

Pongol 沸腾节，因陀罗节。

Ponna 邦那，11世纪坎纳达语文学瑰宝之一，作品《畔帕和罗摩》(Pampa and Ramma)。

Ponniah 彭尼亚，婆罗多舞坦焦尔（Tanjore）风格舞蹈4大名师之一。

Poojaarinee 女信徒。

Poona Pact 《浦那协定》，1933年9月25日，甘地和不可接触者领袖达成《浦那协定》：放弃单独选举区的要求，各省立法机关为不可接触者保留148个席位。这个协定得到英国当局的认可。9月26日，甘地放弃绝食。

Poona Sarvajanik Sabha 浦那全民大会，印度马哈拉施特拉邦地区民族主义团体，1870年成立，向英殖民者要求印度人参政，反对高额赋税。

Poorab 东方风格。

Poorabee 《布罗比》，泰戈尔的诗集。

Pooram 普兰节，每年5月在克拉拉邦特英丘尔举行，高峰为大象游行。

Pope Alexander 波伯·亚历山大（1688—1744），英国新古典主义诗人。

Pope G. M. 蒲波，18世纪泰米尔传教士，把泰米尔语作品翻译为英语。

Porbunder 波尔邦达尔，印度古吉拉特邦卡提亚瓦半岛上的阿拉伯海滨城市。1923年4月，泰戈尔在这里访问，居留一星期。1926年5月，该地区的国王给国际大学美术学院捐款。

Portland 波特兰市，位于美国的俄勒冈州(Oregon)，面积376平方千米，人口56万。波特兰的别称是“玫瑰之城”，气候温和，阳光充沛，风景秀丽。波特兰市在美国俄勒冈州西北部，为该州最大城市。波特兰市位于哥伦比亚河支流威拉米特河畔，近两河汇合点，距哥伦比亚河入海口约115千米。波特兰是美国最大的城市之一，也是美国重要的经济中心。波特兰市有波特兰州立大学等多所大学，是该州文化、教育中心。市内多公园，有著名的国际玫瑰花实验公园，每年6月举行玫瑰节。太平洋国际禽畜展览会每年秋季在这里举行。1916年9月泰戈尔在访问美国时访问过该市。

Poros 波罗斯，公元前4世纪印度河领域一个小王国的国王。波罗斯国王起源于《梨俱吠陀》中经常提到的普卢（Puru）部落的保拉瓦（Pauravas）。他率领一支拥有2000头战象的大军与亚历山大接战，但亚历山大通过夜间突袭打败了他。尽管当时河水猛涨，亚历山大还是跨过了海达斯皮斯河（Hydaspes）。接下去，他让已被征服的波罗斯国王复位，使他变成他的盟友。

Porto Novo Battle 波多诺伏之战，1780—1781年迈索尔国王海达·阿里与印度英国东印度公司的战争，后者胜。

Portraits and Momeries 《肖像与回忆》，泰戈尔的散文集。

Porwal 波瓦尔，婆罗门种姓班尼亚次种姓下的通婚集团，它之下又有达萨婆瓦尔（dasa porwal）和维萨婆瓦尔（visa porwal）。

Posaka 抚育者。

Postamaastaar 《邮政局长》，泰戈尔的短篇小说。见The Postmaster。

Postscript 《附言》，泰戈尔的信。

Posya 被抚者。

Potana 13世纪泰卢古语作家。

Pottekat, S. K. 婆太卡特（1913—1982），20世纪马拉雅拉姆语作家。

Pottekkhat, S. K. 波德卡特（1913—1981），印度马拉雅拉姆语作家，作品有《一条街的故事》。

Povadas 刚健威猛的叙事诗。

Pound Ezra 庞德·埃兹拉（1885—1972），美国著名诗人，意象派运动主要发起人，现代文学领军人物。他和艾略特同为后期象征主义诗歌的领军人物。他从中国古典诗歌、日本俳句中生发出“诗歌意象”的理论，为东、西方诗歌的互相借鉴做出了卓越贡献。主要作品有《面具》(1909)、《反击》(1912)、《献祭》(1916)、《休·西尔文·毛伯莱》(1920)和《诗章》(1917—1959)等。他和哈里特·门罗（Harriet Monroe, 1860—1931）于1912年3月至11月主动在有名的美国杂志《诗歌》上发表了泰戈尔的6首诗，并且做了注释。

Poupee 音琵，泰戈尔的收养孙女。

Poush 布萨甜饼。

Poush-festival 甜食节。

Pousha 巴乌沙月，印历10月，相当于公历的12月—次年1月，孟加拉人要过一天甜食节。

Pracheen bhaarat 古代印度。

Pracheen saahitya 古代文学。

Pracheen shoonyabaad 古典虚无主义。

Praachin Sahitya 《古代文学》，泰戈尔的1907年写的散文集。

Praadeshik Sabhaar Udbodhan 《邦人民会议开幕词》，泰戈尔的散文。

Praaner ras 生命的琼浆。

Praantik 《边沿集》，泰戈尔的诗集。

Praayashchitta (Expiation) 愿意修炼与净化。

Praayashchitta 泰戈尔1909年写的象征剧《赎罪》，该剧是根据泰戈尔的小说《王后市场》(Bau Thakurnir Hat：The Queen Consort Fair）改编的。见The Queen Consort Fair。

Prabandhas 诗体传记文学体裁的文章，7世纪12个毗湿奴派诗人的圣歌（4000首）。

Prabartak Sangha 普拉巴达克联盟，1927年成立，在昌德纳格尔。

Prabasi 《侨民》，泰戈尔时期印度的文学刊物。见Pravasi。

Prabhaatee 《清晨之歌》，泰戈尔的杂谈。

Prabhaatsangeet 《晨歌集》，泰戈尔的诗集，1881年出版。

Prabhadraks 波罗跋德罗迦人，《摩诃婆罗多》里的勇士束发部族的人。

Prabhakara 普拉帕格拉，古鲁派代表，认为吠陀词语只能在上下文理解。

Prabhakara 普拉巴卡拉，马拉提语文学社的名称，19世纪由班·马哈建（Bhan Mahajan）创立。

Prabhakara 普洛帕杰罗，4—5世纪印度耆那教哲学理论家。著《大释补》(Brhati）和《小释补》(Lagvi)。

Prabhakaramitra 波罗颇迦罗密多罗，7世纪印度佛教高僧，是第一位在唐朝前往中国的印度学者。他在那烂陀随戒贤（Silabhadra）法师学习哲学经文，后被任命为那烂陀寺附近形而上哲学教授。公元627年他来到中国讲经、译经，直到633年逝世。

Prabhakaravardhana　波罗帕杰罗伐檀那，"光增"（580—604年在位），古印度室利康塔国普什亚布迪王朝国王。

Prabhamandala　火焰光环。

Prabhasa　黎明；婆苏集团神名中的日光神。

Prabhat Sangit　《黎明的音乐》，泰戈尔1883年写的诗。

Prabhatkumar Mukhopaadhyaaya　普罗帕特库马尔·穆科巴泰（1892—1985），印度著名文学家，因著有《泰戈尔记》（四卷本）而闻名于世。他和泰戈尔关系甚好。

Prabhavati　波罗婆瓦蒂，4世纪印度笈多王朝旃陀罗二世之女，嫁给伐卡塔卡王朝鲁陀罗犀那二世，后摄政13年。

Prabhu　普拉布（种姓），神主，宇宙灵魂（大我）。上帝，主人。

Prabhulinga- Lilai　《普拉布林迦-里拉伊》，15世纪坎纳达语作家查玛拉萨（Chamarasa）的作品。

Prabhupada　普拉布帕达（1896—1977），法名巴克提吠檀多（Bhaktivedanta），国际黑天意识会（The International Socieyu for Krishna Consciousness）创始人。他认为黑天派教祖阇多尼耶就是黑天在人世间的化身。

Prabodhacandrodaya　《觉月升起》，11世纪克里希那米湿罗（Krisnamisra）的哲学讽刺剧。

Prabritti　倾向，爱好。

Prabudharauhineya　12世纪罗摩巴特拉（Ramabhadra）写的《大盗悔悟记》。

Pracandapandava　《顽强的般度族》，即《小婆罗多》（Balabharata），王顶（Rajasekhara）著。

Praceta　普拉塞多，蚁垤仙人的父亲。

Prachedas　普拉且达斯，十生主之一。婆罗吉多族。

Prachin　古代。

Prachodayat　目标。

Prachya O Paschatya Sabhyata　《东方和西方的文明》，泰戈尔于1901年写的论文。

Pracinavite　普拉辛纳维塔，独身生活的婆罗门、刹帝利等在出门化缘前要右肩上、左臂下戴圣线。

Pracinavitin　用右肩戴圣线者。

Pradaksina　顺时针绕行。

Pradeep　祷告灯。

Pradeshika　地区长官。

Pradhan　区委员会主席；白乐天，现代印度中国学家。

Pradhana　原初质料。

Pradibha　直觉。

Pradnya　智慧。

Pradweshi　普拉德尉氏，长暗仙人的妻子。

Pradyota　普罗尤陀，公元前6世纪印度阿般提国国王。

Pradyumna　明光，史诗《摩诃婆罗多》里黑天与鲁格米尼的儿子，出生后被魔鬼商波罗偷走，扔到海里，从鱼肚子里被发现，被商波罗的女管家摩耶婆提养大并爱上了他。明光知道自己身世后杀死商波罗，与摩耶婆提见亲生父母，知道摩耶婆提实际上为女神罗提。

Pragalbhya　自强。

Pragatisanghaar　泰戈尔的短篇小说《进步的毁灭》。见The End of Progress。

Praghagara　布拉格戛拉，7世纪弥曼差派，吠陀词语研究学者。

Pragjaotisapura　《摩诃婆罗多》里的东光国，国王福授（Bhagadatta）。

Pragjyotisa　东辉国，又称迦摩缕波国，7世纪印度阿萨姆古国。

Pragnachakshu　先知的眼睛，指印度史诗《摩诃婆罗多》里的瞎子国王持国的眼睛。

Prague　布拉格，捷克共和国的首都和最大的城市，位于该国的中波希米亚州、伏尔塔瓦河流域。该市地处欧洲大陆的中心，在交通上一向拥有重要地位，与周边国家的联系也相当密切（特别是在地理上恰好介于柏林与维也纳这两个德语国家的首都中间）。布拉格的面积为496平方千米，人口为118.3万。1921年6月15日泰戈尔应邀去奥地利的维也纳，在那里做了两场报告。6月18日—21日泰戈尔访问捷克斯洛伐克，在首都布拉格的德语大学和捷克大学做了几场报告。1926年

9月泰戈尔从柏林到捷克访问，在布拉格逗留了1个星期（9—14日），做了几场报告，在新热尔曼剧院出席巴赫作品演奏会，观看泰戈尔写的捷克语演出的话剧《邮局》。则姆林斯基唱了几首翻译为捷克语、用西方音乐谱曲的泰戈尔的抒情诗。

Pragunavisvasa 菠萝求那弥朔刹，印度菩提迦耶金刚座僧人，编译1部中文书籍。

Prahaasinee 《戏谑集》，泰戈尔1939年写的诗。

Prahalsini 波罗诃利思尼，音部名。每音部13音节：– – – vvvv– v–v– – –。

Prahara 一更，一天的八分之一，也就是3小时。

Prahasana 独幕笑剧。

Prahashini 泰戈尔的诗《微笑》。

Prahlaada 普罗赫拉德，印度古代一个毗湿奴神的崇拜者。

Prahlada 薄罗贺拉陀，神话中的鬼怪之首。人神杀不死的西冉尼亚卡西普的儿子。

Prahlada 波罗诃罗陀，“欢欣”“快乐”，恶魔之一。信毗湿奴，其父用砍杀、毒蛇、大象、毒药害之不成，最后把他送回师父处，他继续虔诚修炼，崇拜毗湿奴，最后获得长生不老之术。他曾与以因陀罗为首的众神作战。

Prahladana 波罗赫勒德纳，13世纪剧作家，作品《阿周那御敌记》（Partharparakrama）。

Prahladcharita 诗作《伯勒哈德啦传》，13世纪阿萨姆第一诗人荷马·萨拉斯瓦迪（Hema Sarasvati）的作品。

Prahman Lama 普拉曼·拉马，现代尼泊尔语小说家。

Praj 智。

Praja 普通人，公众。

Praja Socalist Party 人民社会党，印度政党之一，成立于1952年。

Prajaapatir Nirbandha 《天定情缘》，泰戈尔的长篇小说。见 Bachelor’s Society。

Prajagana 夜不能寐。

Prajahi 抛弃，释放。

Prajapataya 造物主婚，《摩奴法典》列举的印度教教徒结婚的8种方式之一。姑娘的父亲给姑娘找一个品德高尚、精通吠陀的青年做丈夫，女儿的父亲给一对新人训话：“你们要相爱终生，履行各自的职责，祝你们幸福美满。”

Prajapati 因迪拉等主管宇宙之神。婚姻之神。“创造之神”，梵天。生主，创造物之父，有7个儿子：摩利质（阳艳仙人 Marici），阿特利（噬者仙人 Atri），鸯耆罗斯（具力仙人 Angiras），迦罗都（智力仙人 Kratu），婆悉斯塔（最富仙人 Vasistha）。有时指《罗摩衍那》里帮助罗摩的熊王阎婆梵。

Prajapati Gautami 波阇波提·乔达弥，释迦牟尼的姨母兼养母。

Prajapati Paramesthi 住顶仙人，《梨俱吠陀》作曲之一。

Prajapatya Sukta 《生主歌》。

Prajianarthan 生殖，生育。

Prajinabala 般若利，克什米尔僧人，在唐朝译经1部。

Prajna 顿悟，智慧，内在的呼吸。智慧，代表女性的创造力。

Prajna 般若，意译为智慧，古印度加比石城僧人，在克什米尔学习佛经，在那烂陀生活过，公元781年经海路到达中国，810年在长安定居，译经8部。

Prajnacakra 般若宙羯罗，意译为智慧轮，公元847—860年在中国译经4部。

Prajnadhi 般若，智慧。

Prajnagupta 波若瞿多，8世纪印度佛教高僧，曾来中国译经，是菩提流支的助手。

Prajnaparamita 顿悟的完美；密教中的性伙伴；般若波罗蜜多，通过智慧到达涅槃之彼岸。

Prajnaparamita-hrdaya-sutra 《般若波罗蜜多心经》（借智慧而达彼岸）。

Prajnavanta 智慧。

Prajnendraruci 般若因陀罗茹吉，11世纪印度密法学者。

Prakarana 创造剧。

Prakaranasama 类同。

Prakari 短插，故事在短时间内结束。

Prakasa 明话。

Prakhyata 共知型。

Prakrit 同源于梵文的地方口音的总称；地方语，为沙门（Sramara）使用的由梵文与土著结合的俗语。

P

Prakrati 自然味，自性，能量，非自我，物质自然。印度古代数论派哲学术语，把物质世界的最高实体称为“自性”，即一种处于未显现状态的，具有喜、忧、闇三德的原初物质。物质实在，物质实体。

Prakriti （梵文）自然，用女性主义人格化，宇宙能通过女性主义反映出来，女性，创造中女性的原则；中印度雅利安人的语言，有几种方言：马拉史特里语（Marashtri），骚拉塞密语（Saurasemi），摩羯陀语（Magadhi），阿达玛加蒂语（Ardhamagadhi），出现的地方的方言，形成于10世纪。

Prakriti 情人，夫人。

Prakritijais Gunas 本质，本性，天性。

Prakritir Khed （Nature's Lament） 《大自然的哀叹》，泰戈尔于1875年14岁上写的诗。在《印象》（Pratibimba）期刊发表。

Prakritir Pratisodh 《大自然的报复》，泰戈尔1884年写的剧本。见Nature's Revenge。

Prakrta 俗语 Prakrtadhvani 原韵，常声，“智度”“明度”。

Prakrti 原初物质，数论派（Sankhya）认为创造之神用此造世界。

Prakrti pradhana 阴性。

Praktani 《古老》，泰戈尔1936年的讲话集。

P

Pralaap 《疯话》，泰戈尔的诗。

Pralamba 波罗烂波，《摩诃婆罗多》里为黑天所杀的第一个阿修罗，庚斯的随从。为吞噬黑天和大力罗摩假装游戏，输后没有把胜者大力罗摩背回起跑线而是逃跑，黑天指示大力罗摩击打其头而杀死了他。

Pralap 《婆罗拉婆》，泰戈尔于1875年写的组诗。

Pralaya 昏厥。

Pralaya 梵天的一天。

Pralayer Srishti （Creation of Chaos）《制造混乱》（或译作《混沌的创造》），泰戈尔于1937年12月22日第七个布萨月节上的讲话，反映了他对日本侵略中国的痛苦。

Pralullamayee 普罗卢洛摩伊，泰戈尔的四嫂，即比棱德罗纳特（Beerendranaath，1845—1915）的媳妇。

Prama Prakasani 普拉玛·普拉卡萨尼，印度出版社名称，在加尔各答，曾出版泰戈尔的作品。

Pramamani 比例；弄清一种提出的真理的验证。

Pramana 有效的知识，量，获取知识的方法，推理的尺度和标准，有4种：现量（pratyaksa）、比量（anumana）、喻量（drstanta）、声量（sabda）。

Pramana 歌声的调子，顺从。

Pramanabhaga 教条的，教义的一面。

Pramanakoti 波罗摩纳具邸，《摩诃婆罗多》里的地名，难敌把布军投入此地的水中，欲淹死他。

Pramanam 量，正确，认识方法，认识手段或认识的根据。

Pramanani 研究画物的结构。

Pramananirnaya 《量决定论》，明喜（Vidyanandi）著。

Pramanavarttika 《释量论》，因明学著作，法称著。

Pramatara 法官。

Pramatha Choudhuri 普罗摩特·乔杜里（1868—1946），泰戈尔时代的作家兼文学家。1914年，年轻的普罗摩特·乔杜里创办了一个文学刊物《绿叶》（Sabuj patra）。他是泰戈尔的朋友，后来娶泰戈尔的侄女英迪拉·黛薇为妻。为了提高这个刊物的声誉和增加发行量，普罗摩特经常向罗宾德罗纳特索要稿件。《绿叶》杂志的索稿又激发了罗宾德罗纳特的创作激情，他的又一个创作高潮到来了。

Pramathalal Sen 普拉马特拉尔·森，泰戈尔的好友，神学家，曾于1897—1899赴英国留学，是他和希尔（Brajendranath Seal）于1912年建议泰戈尔赴英国以诗会友。

Pramathas 湿婆送给塞建陀的武器，力量相当于4个因陀罗。

Pramathnaath Chaudhuree 普罗摩特·乔杜里（1868—1946），泰戈尔侄女英迪拉女士的丈夫。

Pramati Devi 普拉玛蒂·戴维（1863—1969），泰戈尔的长儿媳妇。

Prameya 所量，感官直接感知和推理的对象，知识的目标。

Pramlocha 波罗姆罗阇，天女，因陀罗派她引诱仙人干琉，生活100年，仙人醒悟后驱逐之。她与干琉结合所怀的孩子在她的汗水中脱离其体，滴落在树叶上，后成为美女摩哩娑。

Pramohana 昏迷箭。

Prana 生命之气，呼吸，生命，气息，能量，诗德，身体与火祭的关系，暗示火祭及其必要性。

Pranagnihotra 气息，呼吸。

Pranam 触脚礼，“用右手去取所尊敬的人的脚上的尘土，再抹到额头上”。

Pranam 《触脚礼》，名画，孟加拉画家南达拉斯（Nandalas）的作品。

Pranamaya 调息，瑜伽支（瑜伽修习的8个层次）之四，即调整呼吸：一呼、二吸、三停顿，依次循环往复。

Pranamayakosa 呼吸腔。

Pranarodham 断臂地狱。

Pranava 见OM条。

Pranayam 谦虚，谦卑。

Pranayama 瑜伽的控制呼吸法，调息（瑜伽），调整呼吸。呼吸技巧。

Pranidhana 解决办法。

Pranihimsa 杀生罪。

Pranli 水渠。

Prantik（Boderland）《边缘集》，泰戈尔1938年写的诗。

Prapanca 恭维。

Prapatti 放弃，投降，把自己的心交给神。

Praphullachandra Raaya 普罗富洛琼德罗（1861—1944），著名化学家、哲学家、诗人和爱国者，出生在现在孟加拉国的库尔纳县拉鲁利村。1915—1937年任加尔各答大学科学学院院长。写有《印度化学史》一书。

Praphullachandra Ray 普罗福洛琼德罗拉伊（1861—1944），印度著名化学家。

Praptakala 与时机相应的话。

Prapti 接近，（诗相）发现，看到部分，推知实情，这是戏剧的依托。

Praptisambhava 希望。

Praptisiddhi 获得瑜伽神通后的空中取物的能力。

Praptti 自我放弃。

Prarocana 赞誉。

Prarthana 请求。

Prarthana Sabha 祈祷者协会，印度教改革社团，1867年成立，主张通过对真神的崇拜达到幸福。

Prartibha 天赋。

Prartikrita 阻挡，防守。

Prasa 双柄铁制武器。

Prasaatapada 5世纪胜论派的提倡者和鼓吹者。

Prasad Jayashankar 普拉萨德·J.（1889—1937），印度印地语作家，作品有《悲叹》《幻影》等。

Prasad Rajendra 普拉萨德·拉金德拉（1884—1963），印度共和国第一任总统（1950—1962），中等地主家庭出生，加尔各答法律学院毕业，曾在高等法院当律师。

Prasada 祭品，恩典，圣化（净化）过的素食物，被所尊敬的人接触过的祭献过的食品；献给神的礼物（即食物），赠送时赠送者自己留一部分，献给神之后剩下的食品。

Prasada 清晰，谦和，宽厚，仁慈，神。

Prasaha 波拉婆诃，因陀罗的妻子。

Prasamana 平息。

Prasamsa-guna 语言美：不减（anyuna），不增（anadhika），有意义（arthavat），意义连贯（anaparthaka），无矛盾（aviruddha）。

Prasanga 尊敬，因缘和合论。

Prasangika 应成派，大乘佛教中观学派分支。6世纪佛护创立，提出破邪显正，一破到底。

Prasanna 满意。

Prasannakumar Tagore 普拉桑纳库马尔·泰戈尔（1801—1886），他的家庭属于泰戈尔家族的帕图里亚伽塔支。他是印度教协会领导人之一。

Prasannaraghava 《无瑕的罗摩》。

Prasantakumar Pal 泼拉桑达库马尔·帕尔，20世纪印度作家，著有《春种一粒粟》（Rabijibani）。

Prasasti 赞颂。

Prasastr 宣词者，祭祀中劝请者的助手。

Prasenajit 波斯匿，印度古代舍卫城的乔萨罗国国王，据说与佛祖同日生。

Prashna 占卜。

Prasna 《提问》，泰戈尔1932年写的诗，发泄英印殖民政府的审查官不让全文刊登他写给首相麦克当瑙、抗议逮捕甘地的信的愤怒。问题，质询。

Prasna Upanishad 《问答奥义书》，为《阿达婆吠陀》的奥义书之一。

Prasnottaratnamala 《问答宝蔓》，佚名作者著。

Prasravana 普拉斯拉瓦纳山，在喜马拉雅山。

Prassidhi （诗相）成就，以夸赞的言辞，提及许多世间成就，充分表达词语意义。

prastavana 序幕，引子。

Prasthala 普拉斯塔拉，部族名。

Prathama Skandha 第一卷。

Prasthana 刚劲风格的天书。

Prasthanatraya 吠檀多哲学的三大原典，指《薄伽梵歌》《奥义书》《梵经》。

Prat Lairi Nanak Singh 普拉特·莱里·纳纳克·辛格，旁遮普语现代小说家。

Prataapaxinha，Pradaapaaditya 普罗达波辛格和普罗达巴迪多，莫卧儿王朝时期孟加拉地区的两个永雄的藩王，曾经与莫卧儿王朝的军队作战。

Pratham chumban 第一次接吻，初吻。

Pratap Singh 普拉塔普·辛格（1540—1597），印度梅瓦尔王国拉其普特人的首领。

Pratapa Mudaltyar Charita 《婆拉达巴·姆达利亚尔的冒险生活》，18世纪泰米尔作家维达纳雅坎·皮拉伊（Vedanayakam Pillai，1826—1889）的作品，为第一部泰米尔语小说。

Pratapaditya 普拉塔帕地提亚，印度孟加拉邦民族英雄。

Prataparudrayasobhasana 《波罗多波娄陀罗名誉装饰》，13—14世纪维迪亚那特（Vidyanatha）写。

Pratassandhya 黎明，破晓。

Prathna 《雕像》，2—3世纪笈多时期的剧作家跋娑（Bhasa）的作品。

Prati 反映，映像，类似，相仿。

Pratibeshinee 《女邻居》，泰戈尔的短篇小说。见My Fair Neighbour。

Pratibha 普罗蒂芭（1866—1922），泰戈尔的侄女，即泰戈尔三哥海门德罗纳特的大女儿。她在泰戈尔的音乐剧《蚁垤的天才》中扮演艺术女神萨拉斯瓦蒂，泰戈尔自己扮演蚁垤。泰戈尔最初对音律的迷恋是在歌曲领域，因为孟加拉语民歌的歌词都是押韵的。他从小就非常喜欢唱歌，因此，家里人就把他和同样喜欢音乐的普罗蒂芭一起送到一所音乐学校里学习唱歌。

Pratibharaja 现代智王。

Pratibhna 才能，天才，事物形式的显示。

Pratidhavani 反响。

Pratigraha 礼物。

Pratihara 和歌。

Pratihara 波罗提诃罗，8—10世纪王朝，在曲女城一带。

Pratiharas 皇帝的门卫；帕拉美石蒂家族的人。

Pratiharas 普拉蒂哈拉人，来自拉贾斯坦邦。

Pratihingsaa 《报复》，泰戈尔于1895年写的短篇小说。见Revenge。

Pratijnayaugandharayana 《负厄氏的誓言》，2—3世纪剧作家跋娑（Bhasa）的作品。阿般提国大军王在边境安置一头人工制造的蓝色大象，引诱犊子国优填王前去捕捉。优填王中计，被大军王的伏兵俘获。优填王的宰相负轭氏发誓救出国王。于是带领官兵乔装进入阿般提国首都优禅尼，设计营救优填王。而优填王被俘后，爱上了大军王的女儿仙赐，不赞成负轭氏的营救计划。但负轭氏再次发誓同时救出优填王和仙赐。在他的精心策划和勇敢掩护下，优填王和仙赐逃出。负轭氏被俘。最后大军王宣布同意优填王和仙赐成婚。

Pratikamin 宫廷侍者，卑贱小人。

Pratikas=pratismirti 象征。

Pratikriya 反作用。

Pratiksan 不时地。

Pratiloma-hypergamy 逆婚，较低种姓的男子娶较高种姓的女子。

Pratima 反喻，形象；《雕像》，2—3世纪跋娑写。

Pratima Devi 普拉蒂玛·黛薇（1893—1969），泰戈尔的儿媳妇。她是泰戈尔的堂侄奥波宁德罗纳特的外甥女，即他的小妹妹比诺伊妮的第二个女儿。从家族的辈分上看，普拉蒂玛是诗人家族远支的外孙女，是罗廷的外甥女。因此，罗廷与普拉蒂玛的结合，实际上是舅舅与外甥女的结合，按照中国的传统习惯，这种婚姻是不可取的，因为不符合辈分。

泰戈尔的妻子穆里纳莉妮很喜欢小普拉蒂玛，于是就决定让她做自己未来的儿媳妇。但是在穆里纳莉妮死的时候，普拉蒂玛已经快11岁了，于是她家里就开始为她张罗婚事。当时罗廷正在读书，因此，泰戈尔不同意罗廷结婚。结果，普拉蒂玛的家人就让普拉蒂玛与尼拉纳特·穆科巴泰（Neelaanaath Mukhopaadhyaay）结了婚。尼拉纳特是比诺伊妮的小姑妈库姆蒂妮的孙子，是她的外甥，也就说，是普拉蒂玛的表哥。

结婚刚过去一个多月。有一天，尼拉纳特和几个朋友去恒河里洗澡，不小心沉入河里淹死了。

时光荏苒，一晃又过去了5年。1910年，普拉蒂玛已跨进16岁的门槛，泰戈尔才让儿子罗廷和寡妇普拉蒂玛结了婚，以此了却了他已故妻子的心愿。普拉蒂玛的两次婚姻都是与泰戈尔家族里的亲人联姻。

只读过一点书的普拉蒂玛，在诗人的关怀和安排下，经过几年的努力就成为一个具有各方面知识和优秀品格的女性。她尽心照顾泰戈尔和罗廷的生活，陪同泰戈尔访问过一些国家。他在手工艺术的各个领域都有突出的贡献，并且对舞蹈、绘画、文学等都有研究。她写的《涅槃》（Nirban）一书描述了泰戈尔晚年的生活，很有资料性的价值。她于1969年逝世。

Pratimamanalaksanam 《佛像量度经》，古印度造像著作，指导人们如何塑造神像完美的躯干。

Pratimoksa 《波罗提木叉》，大乘佛教大众部（Mahasanghika）学派的律经。

Pratimoksa 僧人规矩。

Pratimpa 反映学。

Pratimpaka 反映者。

Pratimukha 展现。

Pratinidhi 象征性的代用品。

Pratipa 波拉提帕，福身王的父亲。

Pratipad 灯节的第四天，为放松日，人们暂缓一切生意，可以赌博撞大运。

Pratipat 望月。

Pratipeshinee 《女邻居》，泰戈尔于1901年写的短篇小说。见My Fair Neighbour。

Pratisarga 宇宙毁灭后的再创造。

Pratishobh 《复仇》，泰戈尔写的杂谈。

Pratishtha 寄生体，身上寄生着别物的东西。

Pratismriti 宝镜，能看见任何地方发生的事情。

Pratistha 神殿中安放的偶像。

Pratitiviruddha 信相违。

Prativastupama 对偶。

Pratityasamutpada 佛教的缘起说。谓一切事物均处于因果联系中，依一定的条件产生变化，以此解释世界、社会、人生以及各种精神现象产生的根源。

Pratnama-manas 第一种识。

Pratyabhijina 认知派，由克什米尔的瓦苏基多创立的湿婆学派。

Pratyahara 制感，瑜伽8支（瑜珈修习的8个层次）之五，制止内心感官的活动，不使感官与外界接触。

Pratyakabuddha 缘觉，自我觉醒。

Pratyaksa 现量，感觉，直觉，直接感知。

Pratyaksaviruddha 现量相违。

Pratyanta-nripati 边境王。

Pratyasamutpada 佛教缘起与十二因缘，12因缘为：无明（avidya），行（samskara），识（vijnana），名色（namaruoa，精神要素与物质要素的结合体），六处（satayatana，眼、耳、鼻、舌、身、意），触（sparsa），受（vedana，苦乐感受）、爱（trsna），取（upadana），有（bhva），生（jati），老死（jara-marana）。

Pratyekabuddha 辟支，佛教术语，“缘觉”“独觉”，与“声闻”合称“二乘”，与“声闻”“菩萨”合称三乘。

Pratyusa 光，婆苏集团神名中的晨曦神。

Pratyutpannamati 战战兢兢，思想永不放松。

Pratyutpannatitva 机智。

Pravahini 《潮流》，泰戈尔1925年写的歌曲。

Pravaktr 吠陀教师，解说吠陀者。

Pravala 嫩牙，珊瑚。

Pravanddiva 满是泥水的地面。

Pravara 波罗婆罗，神仙的使者，天帝因陀罗的朋友。

Pravarasena 波罗婆罗西纳，5世纪作家，用古代俗语摩诃剌陀语写《架桥记》，又名《十首魔王伏诛记》，取材《罗摩衍那》，描写猴军帮助罗摩架桥杀死十首魔王、救回悉多的故事。

Pravargya 波罗婆吉耶，苏摩祭开始时的祭祀活动，把新鲜牛奶注入烧热了的锅里，或烧开了的奶油中。

Pravasi 《侨民》，泰戈尔时期的文学刊物，曾于1911年连载泰戈尔的《我的回忆》。

Pravasi Banga Sahitya Sammelan （Literary Conference of Bengalis Outside Bengal） 孟加拉邦以外的孟加拉人文学大会，泰戈尔于1923年2月28日主持第一次会议。

Pravesaka 幕间插曲，引入。

Praviddham 倒下，放松，松弛。

Pravrajya 遁世期，即期待死亡的自由时期，印度教认为的人生四行期的最后阶段。

Pravrttaka 伺机进入。

Praya 通过瑜伽使灵魂得到解脱。

Prayaga 普拉亚格，恒河和雅穆纳河的汇合处，即现在的阿拉哈巴德。《罗摩衍那》里持力仙人带罗摩、悉多经过此处。

Prayagavada 实验主义文学流派。

Prayashchitta 忏悔。

Prayashchittam 恢复种姓的仪式。

Prayati 力用。

Prayatna 努力。

Prayer, Mario 普瑞尔，马瑞欧，20世纪意大利翻译家，曾翻译泰戈尔的作品。

Prayogatisaya 特殊表演。

Prayojana 目的，为了某事而有所作为。

Prccha （诗相）提问，出于习惯或礼貌向自己或别人提问，表达意义。

Pre-Harappan Culture 前哈拉帕文化，大约在公元前2700—公元前2400之间，为印度次大陆由农村向城市过渡时期的铜石并用文化。

Preface to “Deliverance” 《〈解放〉的序言》，泰戈尔1940年为《解放》一书所写的序言。

Preksaka 观察者。

Prem 爱。

Prema 爱。

Prema 纯洁的爱。

Prema-bhakti 纯粹的献身，信仰。

Preman 喜爱。

Premashram 《仁爱院》，普列姆昌德的作品。

Premchaand 普列姆昌德（1880—1936），和鲁迅同时代的印度伟大作家，生于印度北方邦贝拿勒斯附近的拉莫希村，原名滕伯德·拉伊，5岁开始在农村上旧式学堂，念波斯语和乌尔都语，后转入正规小学，后为负担一家生活，充当家庭教师。他19岁开始在公立学校教书，此后长期从事教育工作，并通过自学取得学士学位。1921年他为响应甘地的不合作运动而放弃公职，在贝拿勒斯一所私立学校任教，后专门从事文学创作，先后主编《时代》《荣誉》《甘美》《天鹅》和《觉醒》等杂志，创办智慧之神出版社。他一生大部分时间在印度农村度过，目睹了西方殖民主义入侵后印度农村发生的种种变化，十分了解农村各阶层——农民、地主在这种冲撞中的复杂心态，对农民的命运和农村的前途给予了极大的关注。1936年4月他主持了印度进步作家协会第一次大会。

普列姆昌德一生创作了15部中篇和长篇小说（包括未完两部），约300篇短篇小说及论著、电影剧本、儿童文学和翻译作品。他早期用乌尔都语写作，1915年前后开始改用印地语。他的处女作是中篇小说《圣地的奥秘》。1908年他出版短篇小说集《祖国的痛楚》，因其中的爱国主义思想而遭殖民当局查禁，从此改用普列姆昌德的笔名。他的作品还有长篇小说《服务院》《博爱新村》（又译《仁爱道院》）《妮摩拉》《舞台》（又译《战场》）《圣洁的土地》《戈丹》等，短篇小说多收在题名《圣湖》的8部集子中，包括《进军》《半斤小麦》《冬夜》《沙伦塔夫人》《解脱》《神庙》《害人是天职》《老婶娘》《棋友》《开斋节的会礼地》《咒语》《彩票》等名篇。

普列姆昌德是印度现代文学的奠基人，乌尔都语文学最杰出的代表，一位伟大的爱国主义战士。他把自己短暂而辉煌的一生，都献给了印度民族解放事业和进步文学事业。作为一位农村题材作家，他紧张地关注着农民的命运，并且终生都在为改善农民的悲惨境遇而奔走呼号，奋斗不息。

Premchand　普列姆昌德，16世纪古吉拉特叙事诗人。

Premchaand Raaychaand　普列姆昌德·拉易昌德，是孟买一位热心于教育事业的有钱人。他给予加各答大学20万卢比。

Premchand Raichand　加尔各答大学设立普列姆昌德和拉易昌德奖学金，用来鼓励优秀学生。

Premmareechikaa　《爱情的海市蜃楼》，泰戈尔的散文。

Premnand　普列姆南德，印度现代加尔比（Garbi）舞的歌曲作家。

Premont Temple　普利蒙特寺，在美国波士顿霍里约克学院，1916年11月泰戈尔访美时曾在此做以“民族主义”为题的报告。

Prerana　波罗米娜，戏剧形式，以滑稽为主。

Prern Summary　《祖师的话》，18世纪第十代锡克教祖师戈文德·辛格（Govindg Singh）写。

Presidency College　总统学院，在加尔各答。泰戈尔曾多次在此校演讲。

Presidential Address at Pabna（Sabhapatir Abhibhashan）　《在帕布纳的主持词》，泰戈尔的讲话。

Press of Jiangxi Higher Schools　江西高校出版社，成立于1989年，由江西省教育厅主管，是江西省唯一的大学出版社。2009年出版孙宜学的《诗人的精神——泰戈尔在中国》。

Prestige　媳妇的名声。印度大户人家很注重媳妇的名声。

Preta　夜游神。死于非命，灵魂没有被收，到处游荡的鬼魂。“去世者”，死者的魂灵，死者，饿鬼。

Pretaloka　幽灵（的世界）。

Preyas　亲爱味。

Priklit　普里克里特，雅利安语的一种变种。

Primary and Secondary Education　《初等与中等教育》，泰戈尔的书信集《论一些教育问题》中的一篇。

Primus inter pares　领班。

Princeton　普林斯顿市，美国东北部城市，位于新泽西州，有著名的普林斯顿大学和普林斯顿高等研究院。普林斯顿地处纽约和费城之间，是一座别具特色的乡村都市。普林斯顿人口约为3万，距离纽约和费城只需大约1小时车程，浓浓的文化氛围笼罩下的贵族气息，使普林斯顿成为美国上层人士青睐的居住地。1920年11月泰戈尔访问普林斯顿，住在朋友赫尔伯特·纪本家里。

Principles of Cooperation　《合作的原则》，1929年2月泰戈尔在斯瑞尼克坦合作大会上的演讲。指出合作的实施会带来印度全面的社会、经济生活的提高。

Prishata　水滴王，猛光的爷爷。

Pritam，Amrita　普里德姆，A.（1919—2005），印度旁遮普语女作家，作品有《亚麻布》《德里的街道》等。

Pritha　普里塔，指般度五子的母亲贡蒂。

Prithi　波理提，印度神话里第一个王者，摩奴后裔。其父为吠那。

Prithivi　“广阔”，地，地母神，大地的化身。

Prithu　普力图，国王。

Prithuraajaa　普利图王，印度教神话里甘蔗族的名王，以其威猛迫使大地答应把财富用牛奶的形式奉献出来。

Prithusrava　广闻，黑天的大将。

Prithvi　地神，地。

Prithvi Raj　10世纪时德里的拉尔科特的统治者，于1192年曾集结拉杰普特军队抵抗古尔的穆罕默德的阿富汗军队。

Prithvi Theatre　大地剧团。

Prithvipati　大地之主。

Prithviraj Parajaya　《地王的失败》，泰戈尔于1873年在12岁时写的剧本。见The Defeat Prithviraj。

Prithviraja　地王。

Prithviraja III　普里陀毗国王三世（1162—1192），印度乔汗王朝末代国王。

Prithviraja Rasau　《地王颂》，12世纪诗人昌德·巴达伊（Chand Bardai）的诗。

Priti　喜悦。

Pritivindhya　向山，坚战与黑公主的儿子。

Priya　亲爱的，亲切的。

Priyaa　爱人。

Priyadarsi　波利耶德罗西，即阿育王。

Priyadarsika　《妙容传》，7世纪戒日王（Siladitya）的剧本，写优填王与妙容、仙赐的感情纠葛。

Priyanaath Sen　普里耶纳特·森（1854—1916），罗宾德罗纳特最亲密的朋友和文学挚友。他在泰戈尔困难时候给予他多方面的帮助。他通晓孟加拉、英国、法国、意大利的语言和文学。罗宾德罗纳特曾为他文集《一束鲜花》作序。

Priyanbadaa　普里扬芭妲，为沙恭达罗的女友。

Priyanka Gandhi　普丽扬卡·甘地（1972—），索尼娅·甘地的女儿，是近年来闪烁于印度政坛的新星。她于1972年出生，少年时代受到祖母英迪拉·甘地的宠爱和赞扬。出于安全考虑，她一直被安排在家中接受特聘教师的教育，长大后曾就读于德里大学心理学系。受到家族政治传统的耳濡目染，她对政治十分热衷，并展现出非凡才能。她于1999年与一企业家之子瓦德拉结婚，2000年生有一子。1999年印度第十三届议会大选期间，她一直陪同母亲参加竞选活动，其演讲常常使人们联想起当年英迪拉·甘地的风范。此后，她时常在一些政治场合出现，成为人们瞩目的焦点。据媒体预测，她将超过自己的母亲而成为国大党东山再起的最大希望。

Priyavrata　波哩耶弗罗陀，神话里梵天和舍多鲁波的儿子。他曾驾御火焰车尾随地球，欲把黑夜变成白昼，被梵天制止。

P

Priyokti　（诗相）赞词，心怀喜悦，向尊者表示敬意，表达欢欣。

Pro-Australoid =Veddoid　原始澳大利亚人。

Pro Cultura Femminile　意大利女子文化会议。1926年6月20日，该团体邀请正在意大利访问的泰戈尔在图林的里斯博物馆做题为"城市与乡村"的报告。报告之后，里佛维茨卡送给泰戈尔3首翻译成意大利语的泰戈尔写的歌曲，歌里保留了孟加拉抒情诗的旋律。

Probans　能立，三段式的中项。

Procana　布罗旃，《摩诃婆罗多》里难敌的心腹，建紫胶宫想烧死般度五子，自己反而被烧死。

Professor　《教授》，泰戈尔于1898写的短篇小说。我是个大学生，自命不凡，眼高手低，一心想出名，写评论，编剧本，却往往被人揭穿是抄袭别人的。我看上了邻居姑娘阿穆勒耶，便放弃了名人梦，借机靠近姑娘的教授父亲。姑娘实际叫基伦那瓦什。我自以为自己比姑娘懂得多，可以做人家的老师，殊不知人家比我懂得多。学士考试，姑娘成功，而我却名落孙山。我羞愧赧颜，偷偷烧掉书稿，回家匆匆结婚。

Professor Moriz Winternitz　《悼念莫里茨·温特尼茨教授》，泰戈尔1937年的公开信，悼念因病逝世的奥地利著名的东方学家温特尼茨。

Profit and Loss （Giving and Owing）《借债》，泰戈尔1891写的短篇小说。尼鲁波玛是拉姆孙多尔的独生女。拉姆孙多尔给女儿找了一个在外地当代理法官的女婿，但亲家借此要1万卢比的嫁妆，还有其他首饰，拉姆孙多尔倾其所有只凑够三四千卢比，亲家发话，"凑不够嫁妆，我儿子不登你家门边！"但儿子开通，说，"我才不管你们争论，我回来就是结婚"。拉姆孙多尔答应结婚后亲家同意举行婚礼。尼鲁波玛进夫家后，受尽婆婆的虐待，连仆人对她都不理，她在夫家像个仆人。父亲去看女儿，不让进女婿的门槛，在外室见女儿。拉姆孙多尔没有凑够所欠嫁妆，亲家不让女儿回娘家。无奈卖掉房子，但儿子不答应，只好放弃。女儿抗议道，"你如果再送一个派色，你就别想见我"。这引来婆婆更残酷的迫害，不给吃的，不给穿的，让她不铺东西睡在门口。尼鲁波玛终于病了，直到咽气时才请来大夫，死后大肆张扬，以博得好名声。儿子来信，让把媳妇送来，妈妈回信说，"已经找好另一个漂亮姑娘。"向对方要2万卢比。

Prohrad　波罗河罗陀，印度神话传说中一个忠爱毗湿奴的孩子。他从小就忠爱毗湿奴，特别喜欢唱颂扬毗湿奴的歌曲。他父亲是阿修罗国的国王，非常仇视毗湿奴，因此百般折磨他，可是他还是没有放弃吟唱颂扬毗湿奴的歌曲。最后毗湿奴化身为人狮下凡，杀死了他的父亲。波罗河罗陀成为国王。

Prokriti　土白语，净、丑等角色用的语言。

Promise Fulfilled　《履行诺言》，泰戈尔1911年写的短篇小说。邦什博栋和弟弟洛克西自幼父母双亡。弟弟靠哥哥抚养长大。哥哥辛辛苦苦织补养活弟弟，什么都依着他。弟弟心灵手巧，什么东西一学就会，做小工艺品，玩乐器，做焰火，无一不学，但学会后马上兴趣大减，又看上别的东西。为此他把哥哥辛苦攒下来娶媳妇的钱全花在这些玩意上。他突然又看上自行车，非要买一辆炫耀，哥哥实在拿不出钱来，他便赌气随一个杂技团出走，扬言要靠自己买自行车，但吃不了苦，从杂技团离开，随苏博特到加尔各答一家织布学校任教，不料学校倒闭，没有挣到一分钱。被富人贾诺基收留，贾诺基把他的过了结婚年龄的女儿许配给洛克西。当他骑着作为嫁妆的自行车，穿着高级衣服去向哥哥炫耀时，哥哥早已累死，在他的原来女友家留下一辆崭新的自行车和给他和绍罗碧成亲的钱。他哭跪在哥哥的遗像前。悔之晚也。

Pronam　触脚礼。

Prospero　普洛斯比罗，英国作家莎士比亚的戏剧《暴风雨》里安东尼奥的哥哥，他和女儿米兰达受安东尼奥陷害被流放在荒凉的小岛上。

Prostha　布罗湿吒星座，28宿第三、四宿的双重星座。

Protest against the Arrest of Mahatma Gandhi　《抗议逮捕甘地》，泰戈尔1931年5月的文章，抗议英印殖民当局逮捕圣雄甘地。

Protest against the Nazis　《抗议纳粹》，泰戈尔1934年8月写给朋友的信。

Protest against the Policy of Repressions《抗议镇压政策》，泰戈尔1927年写的文章，抗议英殖民当局对印度人的镇压。

Protestantism　新教，是由16世纪宗教改革运动中脱离罗马天主教会的教会和基督徒形成的一系列新宗派的统称，简称新教，或译为更正教、反对教，也经常被直接称为基督教，是与天主教、东正教并列、为广义上的基督宗教的三大派别之一。词源来自德语的“Protestanten”（抗议者）。原指1529年神圣罗马帝国举行的帝国议会中的少数反对派，该派诸侯对于会议通过支持天主教压制宗教改革运动各派的决议提出了强烈的抗议，后即以其泛称宗教改革各新教派新教。新教强调因信称义、信徒人人都可为祭司和《圣经》具有最高权威三大原则。这是和天主教针锋相对的，是新教各派共同的特点。

Proteus　普罗透斯，希腊神话里的变幻无常的海神，中午从海中出来，在岩石的阴影下睡觉，可以预告未来。

Proto-aryans　原始雅利安人。

Provsobha　激动味。

Proyojana　目的，为了某事而有所作为。

Prsni　圣牛，母牛之神。

Prthivi　波里蒂毗，大地女神。

Prthu　栽培之神。

Prthvirajavijaya　《地王的胜利》。

Prusa　意识。

Psatijna　所立宗。

Ptolemy Claudius Ptolemaeus　托勒密（约90—168），古希腊天文学家、数学家、地理学家和光学家，“地心说”的集大成者。相传他生于埃及的一个希腊化城市赫勒热斯蒂克。他生于埃及，父母都是希腊人。公元127年，年轻的托勒密被送到亚历山大去求学。在那里，他阅读了不少的书籍，并且学会了天文测量和大地测量。他曾长期住在亚历山大城，直到151年。有关他的生平，史书上少有记载。他一生著述甚多，其中《天文学大成》（13卷）是根据喜帕恰斯的研究成果写成的一部西方古典天文学百科全书，主要论述宇宙的地心体系，认为地球居于中心，日、月、行星和恒星围绕着它运行。此书在中世纪被尊为天文学的标准著作，直到16世纪中哥白尼的日心说发表，地心说才被推翻。他的另一部重要著作《地理学指南》（8卷）是古希腊有关数理地理知识的总结，主要以马里努斯的工作为基础，参考亚历山大城图书馆的资料撰成。第1卷为一般理论概述，阐述了他的地理学体系，修正了马里努斯的制图方法。第2卷至第7卷列有欧、亚、非三大洲8100处地点位置的一览表，并采用喜帕恰斯所建立的纬度和经度网，把圆周分为360份，给每个地点都注明经纬度坐标。第8卷由27幅世界地图和26幅局部区域图组成，以后曾多次刊印，被称为《托勒密地图》。

托勒密认为地理学是对地球整个已知地区及与之有关的一切事物作线性描述，即绘制图形，并用地名和测量一览表代替地理描述。他在《地理学指南》中采用了波西东尼斯错误的地球周长数字，又在绘制陆地向东延伸中增加了误差。把有人居住的世界想象为一片连续不断的陆块，中间包围着一些海盆，并在地图上表明：印度洋的南面还存在一块未知的南方大陆（见《古希腊罗马地理学》）。直到18世纪英国探险家J.库克的探险航行，才消除了这个错误。他在《地理学指南》中还提出了两种新的地图投影：圆锥投影和球面投影。

Pu-tsi　菩赤，印度孟加拉地区的佛教高僧，1016年来中国讲经。

Pu Manding　浦漫汀，当代学人，发表《泰戈尔的新月集》。

Pu Yi　溥仪（1906—1967），全名爱新觉罗·溥仪，是清朝最后一位皇帝，是清朝第十二位君主，入关后的第十任皇帝，也是中国清朝的末代皇帝。通称宣统皇帝，也被称为清逊帝，史称“清废帝”。光绪（溥仪的伯父）死后继位。后经日本帝国扶持建立伪满洲国当皇帝，但实际上只不过是日本人的一个傀儡和侵略中国的工具。抗战结束后被判决有期徒刑15年。中华人民共和国成立后，获释并经过改造成为新公民，著作有《我的前半生》等作品。溥仪62岁时因患肾癌而去世。1924年4月27日他在紫禁城接见正在访华的泰戈尔。参加会见的有溥仪的英文老师庄士敦、内阁总理大臣颜惠庆、内务府大臣郑孝胥、溥仪的宫内伴读润麟、婉容的英文老师任萨姆等。

P

Pubbenivasanussatinana　宿命通，修炼苦行后获得的神通，能记得自己种种前生生活。

Public Lecture at St. Francis Institution　《在圣弗兰西斯学校的公开演讲》，泰戈尔1927年7月访问马来亚的讲话。

Public Opinion　《公众意见》，英国报纸，1915年12月刊登泰戈尔的散文《泰戈尔与孩子们》。

Public Opinions　《群言》，是由民主党派主办，在国内外公开发行的第一家刊物，1985年创刊。2000年10月第10期刊登金克木的《黑洞亮了——从译泰戈尔诗赠徐迟谈起》。

Public Reception at the Town, Kualampur　《在科伦坡市礼堂欢迎会上的讲话》，泰戈尔1927年7月访问马来亚的讲话。

Publishing House of Lanzhou University　兰州大学出版社，创建于1985年元月。2009年出版毛世昌的《印度两大史诗和泰戈尔作品中的女性人物研究》。2016年出版毛世昌、袁永平等人合编的《泰戈尔词典》，袁永平和毕玮著的《泰戈尔的大爱思想》。

Publishing House of Guangxi Normal University　广西师范大学出版社，成立于1986年。2005年7月出版孙宜学的《泰戈尔与中国》。

Publishing House of International Culture　《国际文化出版社》，成立于1984年2月。地址在北京。2002年出版白开元等翻译的《泰戈尔》。

Publishing House of North- East Normal University　东北师范大学出版社，创办于1983年，地址在长春。2002年3月出版张羽的《泰戈尔与中国现代文学》。

Pucari/ pujari　崇拜者，庙里祭司。

Puccini, Giacomao　普契尼，贾科莫（1858—1924），是继威尔第之后意大利最伟大的歌剧作曲家，是“真实主义”歌剧乐派的代表人物。

Puck　洞房。

Puda Nach　阿萨姆木偶。

Pudgala　人，物质，众生。

Pudokkottai　普都寇泰，泰米尔纳德邦曾经出现过的一个小邦国。

Pudumaibbittan　普杜迈毕丹（1906—1948），印度泰米尔语作家，作品有《普杜迈毕丹短篇小说集》《甘贾奈》等。

Puga tribunal　地方法庭。

Puggalapannatti　小乘《人施设》。

Puggree（pagri）　头巾。

Puhar　菩哈，古代印度孟加拉湾的港口。

Puja　崇拜，祭祀；杜尔迦节。

Puja o Prarthana　《崇拜与请求》，泰戈尔时代的文学期刊，曾刊登泰戈尔的作品。

Puja Specials　杜尔迦节专刊。

Pujari　庙里祭司。

Pujarini　《舞女的崇拜》，泰戈尔1900年写的短篇小说。

Pujyapada　普伽帕陀，4世纪的耆那教圣僧。

Pukar　《召唤》，索拉博·摩迪（Sohrab Modi）1949年拍的电影。

Pukkasa　普克萨，森林部落。

Pulaha　普乐赫，从梵天头部生出的十子之一。

Pulakesin 补罗稽舍一世，6世纪在巴达米建都的遮卢其王朝开国国王。

Pulastya 补罗私底耶，《罗摩衍那》里十首魔王罗婆那和财神俱毗罗的祖父。他从梵天处得到《毗湿奴往世书》，让波罗索罗传给世人。

Pulaya 普拉亚。

Pulful 胡椒。

Puliat 大肚神，指湿婆的儿子、象头神、智慧之神迦内沙。

Pulinda 普林达，一山间部落名，非雅利安部落。

Pulomaja 普罗摩迦，因陀罗的配偶，又名因陀罗尼（Indrani）。

Puloman 补卢曼，印度神话里的巨灵之一，诅咒强合其女的因陀罗，被因陀罗杀害。

Pumabhadra 补里纳婆多罗，11世纪耆那教和尚，他写了《五卷书》新本。

Pumsavana 怀男孩礼，成男礼。

Punarbhu 寡妇。

Punarjanma 再生，再次投生。

Punarmrtyu 再死。

Punaruktavadabhasa 貌似重复。

Punarvasu 布那瓦素，仙人，《阿达婆吠陀》的作者。祭祀群星。

Punarvasu 普纳尔瓦苏星，28宿的第七宿。

Punascha 泰戈尔的书室；《书室》，泰戈尔1932年写的散文诗。

Punashcha 《再次集》，泰戈尔的诗。

Pundalik 《彭达利克》，奇特勒（N. G. Chitre）于1928年拍的电影。

Pundarika 白莲，黑天的大将。

Pundarikaksa 莲花眼。

Pundit 博学的梵语老师，语言或文学学者，传统上允许教授梵语的婆罗门。卖弄学问的人。

Pundra 奔那，地区和部落。

Pune 浦那，旧称Poona，印度西部城市，在孟买东南140千米，马哈拉施特拉邦第二大城市，印度交通枢纽，浦那素有“德干女王”之称，是马拉地族的文化首府。浦那17世纪成为邦斯勒王朝马拉塔人的首府，首次获得了重要地位，浦那曾被莫卧儿王朝短期占领，当落入英国之手后，1714—1817年重新成为马拉塔首府。浦那曾作为孟买管辖区的季节性首府，温和的气候使得它成为受欢迎的游览胜地。浦那现为重要的教育中心，是印度军队的南方指挥总部；市郊四周散布着工业区。面积450.69平方千米，人口连郊区约5064700（2008年）。孟买—马德拉斯铁路与公路经此。另有铁路干线由此越过德干高原通向海德拉巴。浦那是马哈拉施特拉邦的文化中心，也是印度重要的学术及研究中心，号称“东方牛津”。

Pung 鼓。

Pung cholom 鼓舞（曼尼普尔舞）。

Punishment 《判决》，泰戈尔于1893年写的短篇小说。老大一气之下失手打死懒馋占贪的妻子拉塔。老二要他的媳妇琼德拉顶罪。“没有了媳妇可以再娶，但哥哥没有了却不能再有”。琼德拉伤透了心。她拒绝任何辩护。最后被判处死刑。执行前她坚决拒绝见丈夫，只想见妈妈。

Punjab 旁遮普邦，印度西北部一邦，西与巴基斯坦毗邻，面积5.04万平方千米，人口约1679万，多为锡克人，首府昌迪加尔，人口约37万，全境95%为平原，从东北向西南缓倾，北部分布着西瓦利克山的支脉，海拔300～600米，属副热带大陆性气候，经济以农业和小型工业为主，农业靠庞大的灌渠网与众多的管井，灌溉面积占耕地总面积的65%，有公路与铁路线西至巴基斯坦。阿姆利则、卢迪亚纳、伯蒂亚拉等城市与德里间有班机来往。旁遮普是锡克教的发源地。阿姆利则的金庙是锡克教圣地。该邦名称“Punjab”由波斯语中的Panj即“五”和Ab“水”这两个词组成，指的是印度河五条支流：萨特莱杰河（Sutlej）、比亚斯河（Beas）、拉维河（Ravi）、杰纳布河（Chenab）和杰卢姆河（Jhelum），这五条河给予了它这样一个称呼——“旁遮普（punj-ab）”，或“五河之地”。旁遮普是传统上的农业邦，小麦为最主要作物。旁遮普是印度政府“绿色革命”的实验基地，赢得了“印度粮仓”的称号，为“白色革命”提供了动力，并创下了人均牛奶占有量的最高纪录。语言为旁遮普语和印地语，许多人的英语和乌尔都语也很流利。最早的居民属南亚语系。达罗毗荼人在公元前4000年自伊朗高原定居，后来雅

P

利安人与原住民结合，形成了早期的印度文化。旁遮普历史上受到波斯、古希腊、孔雀王朝、贵霜王朝、阿拉伯、突厥、阿富汗、锡克教徒的统治。

Punjab Students' Fifth Annual Conference 旁遮普大学生第五届年会，泰戈尔1935年2月访问拉合尔时，分别于2月15日和17日在该年会上讲话。

Punjabis 旁遮普语，旁遮普人。

Punjabi 男子上衣。

Punya 宗教功德，善。

Punyaha 地主收下年度租子的特定日子。

Punjabi 衬衫。

Punya （印度教改革者设想的）印度教圣地。

Punyabhumi 一个人能获得精神功业的地方。

Punyaphala 功德果，善报。

Punyapuras 7城市。

Punyasthala 7圣地。

Punyatara 弗若多罗，罽宾人，5世纪来华，与鸠摩罗译经。

Punyatrata 弗若多罗，古代克什米尔高僧，4—5世纪来中国，在404年成为鸠摩罗的合作者。

Punyavanta 福德。

P

Punyendranaath 普嫩德罗纳特（1851？—1857），泰戈尔的六哥，夭折。

Puphiao 《飞车》。

Pupphaculiao 《飞车续》。

Pupu 普普小姐（1921—1995），也称"普蓓"，泰戈尔的孙女（抱养的），即罗廷德罗纳特和妻子普拉蒂玛的养女——古吉拉特族的女孩，原名"卡桃"，也称"菈菈"。泰戈尔还给她取了个好听的名字"诺蒂妮"。

Pur 城堡，城市，城墙。

Purabi 布罗比曲，孟加拉人黄昏时喜欢哼唱的一种曲调。

Purabi 或Puravi 《夜曲集》，泰戈尔1925年的诗集。

Puradara 千眼因陀罗。

Purah 筑垒的地方。

Purajapati 普拉加帕蒂，创造之神。

Puraka 先吸气，稍等再呼气。

Puram 战争英雄风格。

Puram 外部。

Puramdara 城堡破坏者，城堡的克星。

Puramdarah 补罗姆陀罗，"城堡破坏者"，即因陀罗，天帝神，全身褐色，手执金刚杵，驾驶骏马拉的战车，驰骋天宇，斗恶龙，降喜雨。妻子补罗密（舍脂）。

Puran 即Purana，《往世书》，见Puranas。

Puran Singh 普兰·辛格，旁遮普语现代作家。

Purana Kasyapa 富兰那·迦叶，道德否定论的提出者，沙门（新思潮）6师之一。他认为世界上一切事物的产生和发展都是偶然的，它们之间没有必然的联系和因果关系，从这种观点出发，对社会上的各种伦理道德和宗教戒律都加以怀疑和否定。

Puranas "老的"，"过去的"，《往世书》，印度教圣经，吠陀6支之一，18篇神的故事，有《瓦于篇》（Vayu）、《毗湿奴篇》（Vishnu）、《阿耆尼篇》（Agni）、《那罗陀往世书》（Naradiya）、《薄伽梵往世书》（Bhagavada Puranas）、《大鹏往世书》（Garuda）、《莲花往世书》（Padma）、《野猪往世书》（Varaha）、《鱼往世书》（Matsya）、《林迦往世书》（Linga）、《湿婆往世书》（Shiva）、《塞建陀往世书》（Skanda）、《梵天往世书》（Brahman）、《梵卵往世书》（Brahmanda）、《梵转往世书》（Brahmavaivarta）、《摩根德业往世书》（Markandeya）、《未来往世书》（Bhavishy）、《侏儒往世书》（Vamana）。

Puranasimha 补罗那湿姆诃，因陀罗弟弟。

Purandar 普兰达，"城堡摧毁者"，雷电神因陀罗的名字。

Purandharadasa 布伦德罗达斯（1480—1564），卡纳塔克邦乐圣之一。

Puranetihasas 神话与传说。

Puranic Age 往世书时代，传说时代。

Puranjava 补兰阇耶，印度神话里太阳族王子，让天帝因陀罗化作牛做他的坐骑帮助众天神打败了阿修罗，他还征服恶魔城堡，名字意思为"征服创始者"。

Purastya 补罗私底耶，神话里的生主之一，梵天心生四子之一。俱毗罗和罗婆那祖父，从梵天处获得《毗湿奴往世书》，交波罗娑罗转世人。

Puratana 湿婆派兽主派的63圣人。

Puravastubali　房子建成后给建筑神的祭献物。

Purbi　普尔比，孟加拉曲调名。

Purcell　普塞尔（1659—1695），英国作曲家。

Purda-nashin　一门外国语言的后面。

Purdah　原为帘子的意思，后指深闺的上层妇女，戴上面纱，避免让陌生人看见其面孔。

Purdan　帘子。

Pureavasu　古代《阿达婆吠陀》的导师。

Puri　普里，印度奥利萨邦靠近孟加拉海的镇子，是个宗教城市，有著名的世界文化遗产太阳神庙。

Purna Svaraj　完全独立。

Purnabhadra　普里那婆罗多，耆那教徒，1199年写《五卷书》（Pancatantra）简写本。

Purnagiri　普尔纳吉里镇，位置不明，传说湿婆妻子为湿婆自焚后其尸骨的一部分散落此处。

Purnar Sadhana　《追求完美》，泰戈尔于1940年的讲演。

Purner Sadhana（Striking After Perfection）　《追求完美》，泰戈尔于1940年1月25日在纪念梵社大会上的发言。

Purochana　布卢者那，《摩诃婆罗多》里难敌的助手，在图谋害死般度王子的紫胶宫被烧死。

Purodasa　祭祀品，祭献品。

Purohita　国师，王庭祭司，近臣，大祭司，首席祭司，婆罗门次种姓。

Puru　普卢，俱卢族第一代祖先；吠陀时代印度-雅利安人的部落之一。

Purujit　布卢之，恭底波遮的兄弟，般度军大将。

Purukutsa　布鲁俱陀沙，毗湿奴为剪除甘达婆穆尼耶附其身。达刹和大仙人把《毗湿奴往世书》传之。

Purulia　乔舞流派之一，源于比哈尔，现在流行于西孟加拉邦。

Pururavas　洪呼王，与广延天女结合，因无意中未经其同意见其裸体而分离，后湖中见洗澡的天鹅，认出是她，广延天女留下儿子阿逾娑。

Purusa　原人，神我，宇宙之前就存在的人，灵魂。存在。

Purusa　被动的、清醒的旁观者。

Purusa pradhana　阳性统治。

Purusa Sukta　原人歌。

Purusamedha　人祭。

Purusapura　富搂沙，在巴基斯坦北部。曾为贵霜帝国首都，犍陀罗国都城。即今天的白沙瓦（Peshawar）。

Purusarthas　人生目标。

Purusartopayogita　（男子气概的）效用性。

Purush　《三代人》，泰戈尔的长篇小说。见Yogayog。

Purusha　神我，宇宙的最高主宰神，享受者，男性，男子气概，灵魂，人，个体生物或尊神，精神实在。

Purushottam　普鲁邵多姆，泰戈尔的第十代先祖古沙里的二儿子，生活在15世纪。

Purushottama　最高人格，最高人，毗湿奴的别名。

Puruvamsa　普卢王朝。

Purva　哲学学派。

Purva　前面，东方。

Purva Mimansa Sutra　《弥曼差经》，由公元前2世纪阇米尼著，是弥曼差哲学的根本经典。

Purva-mimamsa　前思维派哲学，前弥曼差，即业弥曼差（Dharmamimansa），重视吠陀礼仪的研究，又称阇米尼学派，为公元前阇米尼（Jaimini）所创。

Purva-phalguni　翼宿初见日。

Purva o Paschim　《东方与西方》，泰戈尔的散文。

Purvabharata　《前婆罗多》。

Purvachiti　普尔瓦琦蒂，最美6天女之一。

Purvajanma　前世。

Purvaranga　准备工作。

Purvavakya　旧话。

Pusan　普善，伐楼拿集团神名，代表一年中第九个月的太阳；太阳神，护路神，道路神，蓬头赤脚，表征为金斧、锥、刺、羊拉的车，往来于天地间。

Pushakaram　每12年一次在戈达瓦里河彼岸，特别是在拉贾孟达里（Rajamundary）和可乌尔（Korvur）举行的庙会。

Pushan　天意之神。

Pushkara 补湿迦罗，神话里那罗兄弟，那罗将王国和财富输给他。

Pushkara 普什卡拉山，神话里众友仙人修炼的山。

Pushkara 圣莲花池，圣湖，在阿捷梅尔。

Pushkara Mela 圣莲花湖大庙会。

Pushkarna 普世卡纳，一婆罗门次种姓。

Pushpada 飞车，先后落到梵天、罗婆那和罗摩手里。

Pushpadanta 布湿波丹陀，湿婆侍从，偷听湿婆与雪山神女私语被降为凡人，转生为大语法学家迦旃延那。

Pushpagiri Varunad （水神）爱妻。

Pushpaka Vimana 空中飞车，罗婆那从财神俱毗罗手中夺走。

Pushpanjali 泰戈尔的散文集《献花》。

Pushpaputa 普什帕普塔，手势：五指并拢伸直，从第三关节折回90度，拇指尖点于食指第二关节。双手靠拢，做捧花状。

Pushto 普什图语，阿富汗语言。

Pushtus 普什图人，又称帕坦人，分布在巴基斯坦西部和阿富汗东部，语言属于印欧语系印度-伊朗语族伊朗语支，有文字，属于逊尼派，部分属于什叶派。

Pushya 第八星座。

Pushyabhuti 普什亚布提王朝，建于6世纪，在德里附近。

P

Puskalan 古代印度的一种战鼓。

Puskara 普什卡拉，印度神话里众友仙人修炼地，在拉贾斯坦邦阿杰米尔附近，今波卡尔（Pokhar）。

Puspa 鲜花，花哨。

Puspadanta 花齿，湿婆的侍卫。

Puspadusitaka 《受辱之花》，4—5世纪婆罗摩耶娑（Brahmayasas）的剧本。

Puspaputa 花堆手势：双手持蛇头手势，手指并拢，掌边连接。

Pusta 《普通小说》，泰戈尔1892年写的短篇小说。印度库基国军的年轻统帅洛利多辛赫 在全军危机时刻冲向敌人穆斯林人阵地，使敌人丢盔撂甲，狼狈溃逃，成为全国景仰的英雄。他偷偷和爱他的公主维冬玛拉相会，被捕。国王没有杀他，把他赶出宫。他做了强盗。有一天，来了一个穿国王衣饰的年轻人，他命令强盗射死他。万万没有想到，猎物竟是公主维冬玛拉。她女扮男妆，万里迢迢来找心上人，不料死在他的箭下。洛利多辛赫痛苦如万箭穿心，自杀在公主面前。

Pustapala 镇主事，镇子负责人。

Pusti marga 感化、皈依之道。

Pusya 普西亚，太阳进入双鱼座时的星座，28宿的第八宿。

Pusyabhuti Dynasty 普什亚布迪王朝，6—7世纪印度室利康塔国的王朝。

Pusyamitra Sunga 补舍密陀罗，孔雀王朝大臣，孔雀王朝的埋葬者，摩羯陀国巽珈王朝的建立者。

Put-kari 普特卡利，即巴加瓦提（Bhagavati），地狱蛇居住区的地下都城。

Putana 布陀那，《罗摩衍那》里的魔女，想用奶水毒死黑天反而被黑天咬死。

Putayajna 《求子献祭》，泰戈尔的短篇小说。见 Son-Sacrifice。

Putra 儿子，子嗣。

Putradhkha 失子之痛。

Putrajna 《求子献祭》，泰戈尔的短篇小说。

Putraka 孩儿。

Putrakamesti 求子祭祀。

Puttapa 布德巴（1904—?），印度坎纳达语作家，剧本有《血泪》，长篇小说有《山中的新娘》等。

Puvana Qila 老堡，是德里最古老的遗迹。现存建筑是16世纪莫卧儿王朝第四代皇帝胡马雍和苏尔王朝帝王苏尔汗建的城堡。堡外就是德里动物园。

Puyodakam 阴间的污井地狱。

Pyaasa 《渴望》，20世纪50年代杜特（Dutt）拍的电影。

Qq

Qadi Qadan　恰迪·恰丹，14世纪信德语诗人。

Qaid-i-Azam　伟大领袖。

Qaidt　《前迪特》，19世纪信德语作家罗摩·盘基瓦尼（Ram Panjwani）的作品。

Qanungo　昆努果，莫卧儿时代基层单位的登记官。

Qasba　小行政中心。

Qasida　恰西达诗体，写战争和生活的变迁、自然美及道德观。

Qasm Nanutavi　卡斯姆·那努特维（1831—1879），印度伊斯兰教学者，著作有《伊斯兰教的论证》。

Qawwalis　恰瓦利斯，穆斯林歌唱家；印度穆斯林宗教歌曲节目。

Qi Rushan　齐如山（1875—1962），河北省高阳县人，中国剧作家、戏剧理论家、历史学家。他对梅兰芳的戏剧，从理论上帮助极大，并策划、随同梅兰芳访问苏联、美国和日本。1924年5月20日，他协同梅兰芳、梁启超、姚茫父等在丰泽园饭店设宴为泰戈尔饯行。

Qian Qi　钱琪，当代学人，发表《泰戈尔短篇小说特色浅说》。

Qian Renkang　钱仁康（1914—2013），音乐学家，音乐理论家，江苏无锡人，1941年毕业于国立音乐专科学校理论作曲组，历任中央大学（南京大学前身）、北平师范学院、苏州国立社教学院、江苏师范学院（苏州大学前身）、苏南文教学院、华东师范大学音乐系教授，上海音乐学院音乐学系系主任，中国第一位音乐学博士生导师。主要论著有《柴可夫斯基主要作品选释》《肖邦的叙事曲》等。发表《泰戈尔的爱国歌曲》等。

Qian Taiji　钱泰基，民国翻译家，1917年翻译发表美国人李蒙阿波托的《东西文化论衡——为印度诗圣泰戈尔而作》。

Qian Zhixiu　钱智修（1883—1947），浙江乘县人，字经宇，中国著名国学大家，博古文学家，东方学派思想家。1903年进新式学堂读书，1904年入爱国学社，不久进上海震旦学院，学习法文。后来，他因为学生风潮而转入复旦公学求学，与史学家陈寅恪同班，后获文学士学位。他在1913年发表《泰戈尔氏之人生观》，是中国最早介绍泰戈尔的人。

Qianmen Station　前门火车站，在北京（现已拆除），1924年5月泰戈尔访问北京时从这里下车。

Qiao Liyuan　乔丽媛，广州大学中文系教授，发表《泰戈尔与川端康成人生观及其创作比较谈》《浅说泰戈尔与川端康成》等。

Qin Gong　秦弓（1955—），黑龙江人，中国社科院文学研究所研究员，翻译家，发表《鲁迅与泰戈尔》《“泰戈尔热”——五四时期翻译文学研究之一》等。

Qin Linfang　秦林芳，南京晓庄学院老师，发表《泰戈尔哲学思想与中国现代作家》。

Qing Nian　青年，民国某学者的笔名，1923年发表《泰戈尔传》。

Qinghua University　清华大学，原称国立清华大学、清华学校、清华学堂，创建于1911年，位于北京市海淀区清华园，最初为清政府利用美国退还的部分庚子赔款所建立的留美预备学校“遊美学务处”及附设“肄业馆”，自1925年始设大学部。抗日战争爆发后，清华大学与北京大学、南开大学南迁长沙，组建国立长沙临时大学。1938年再迁昆明，易名国立西南联合大学。1946年迁回清华园复校，拥有文、法、理、工、农等5个学院。1949年迁往台湾的梅贻琦校长于1955年在新竹复校，重建国立清华大学。1924年5月，泰戈尔访问清华大学。

Qinghua Weekly　《清华周刊》，创刊于1914年3月，至1937年5月共出版676期。抗战爆发，清华大学南迁，《清华周刊》被迫停刊。1947年2月复刊后，只出了17期便再次停刊。

《清华周刊》是学生刊物，上至总编，下至发行，大都由学生担任。虽然如此，它仍是当时影响力很大的综合性刊物。一份学生刊物具有如此规模，能延续如此长的历史，在中国教育史上是鲜见的。闻一多、顾毓秀、梁实秋、周培源、梅汝璈、贺麟、蒋南翔等都曾担任过《清华周刊》的主编、经理等重要职务，并在《清华周刊》上发表了不少文章。1923年11月，它连续刊登《泰戈尔研究指南》《中文杂志内关于泰戈尔的著作》《泰戈尔的论文和传记》《泰戈尔的小说》《泰戈尔的诗歌》《泰戈尔的戏剧》，在泰戈尔访华期间的1924年5月，又连续刊登《泰戈尔先生去后》《关于泰戈尔的新闻三则》《与中国的泰戈尔谈话记》《欢迎泰戈尔》《泰氏介绍》《哲人谈话》《泰戈尔到京后之所闻》《泰戈尔著作介绍》《与泰戈尔谈话记》等。

Qingming 《清明》，文学期刊，1979年7月创刊于合肥，是新时期创刊的全国最早的大型文学双月刊之一。1985年第4期刊登徐静斐的《徐悲鸿与泰戈尔》。

Qissa （阿拉伯语）浪漫故事。

Qiu Ke 邱克，当代学人，发表《泰戈尔〈沉船〉浅析》。

Qiu Shan 秋山，民国某文化人化名，1926年发表《泰戈尔作品之初次介绍至中国》《印度诗圣泰戈尔与友人合影》。

Qiu Shi 求实，李求实（即李伟森 Li Weisen）的化名。见 Li Qiushi。

Qu Guobing 曲国斌，当代学人，1981年发表《印度伟大作家泰戈尔》。

Qu Qiubai 瞿秋白（1899—1935），散文作家、文学评论家，生于江苏常州，祖籍湖北省黄梅县濯港镇瞿大垅村。他曾两度担任中国共产党最高领导人，是中国共产党早期主要领导人之一，马克思主义者，无产阶级革命家、理论家和宣传家，中国革命文学事业的重要奠基者之一。上海大学原教务长兼社会学系主任，1935年2月在福建长汀县被国民党军逮捕，6月18日慷慨就义，时年36岁。1924年4月泰戈尔访华，他持不欢迎态度。发表有《泰戈尔的国家观念与东方》，1923年化名屈维它发表《东方文化与世界革命》，以秋白的名字发表《过去的人——泰戈尔——家庭与世界》。

Qu Shiying 瞿世英，即瞿菊农（1901—1976），中国近现代教育家，原名士英，江苏武进人，早年与郑振铎、瞿秋白、赵世炎等创办《新社会》旬刊、《人道》月刊，五四运动中为北京学生联合会代表。1920年年底，他与郑振铎、茅盾、叶圣陶等发起成立“文学研究会”。他1922年毕业于燕京大学研究科，1926年获美国哈佛大学哲学博士学位，曾任清华大学、北京大学、上海自治学院、北京师范大学、北京女子师范大学教授，湖南大学文学院院长，北京师范大学教授等。他毕生从事哲学、教育理论的教学与研究工作，推行平民教育多年，专长中外哲学史、教育哲学、中外教育史。他著有《教育哲学》《教育学原理》《乡村教育文录》《现代哲学》《西洋教育思想史》，与人合著《中国古代教育史》，并译有《西洋哲学史》等。他早在1923年就向中国读者介绍泰戈尔，发表有《关于泰戈尔的通信——瞿世英致郑振铎》《演完泰戈尔的〈齐德拉〉之后》《泰戈尔人生观与世界观》《泰戈尔的思想及其诗》《泰戈尔的著作及思想要点》，译作《春之循环》等。他参加了欢迎泰戈尔的活动。

Qu Weita 屈维它，瞿秋白的化名，见 Qu Qiubai。

Quaid-i-Azam “伟大领袖”，指巴基斯坦独立领袖真纳。

Quaker 贵格会，又称公谊会或者教友派（Religious Society of Friends），是基督教新教的一个派别。该派成立于17世纪的英国，创始人为乔治·福克斯，因一名早期领袖的号诫“听到上帝的话而发抖”而得名“贵格”（Quaker），中文意译为“震颤者”。但也有说法称在初期宗教聚会中常有教徒全身颤抖，因而得名。该派反对任何形式的战争和暴力，不尊称任何人也不要求别人尊称自己（即不使用“先生”“女士”“夫人”头衔，对任何人皆以名字相称呼），不起誓。主张任何人之间要像兄弟一样，主张和平主义和宗教自由。该教会坚决反对奴隶制，在美国南北战争前后的废奴运动中起过重要作用。贵格会在历史上提出过一些很进步的思想，其中一部分现在得到广泛接受。1932年2月该会的几个朋友从加尔各答的圣蒂尼克坦来看望泰戈尔。在同他们的谈话中泰戈尔谈到道义上的联邦的未来和印英两国人民之间的内部和平与和谐。

Quaker Settlement 贵格会驻地，指英国贵格会驻地，在伯明翰附近伍德布鲁克镇，1930年5月11日泰戈尔在英国访问期间访问这里。泰戈尔5月11日到伦敦，然后到贵格教徒定居地。

Qudbatay 丘多巴泰，属于低种姓的姓氏。

Queen Victoria 维多利亚女王（1819—

1901)，英国历史上在位时间最长的君主，在位时间长达64年。她是第一个以“大不列颠和爱尔兰联合王国女王和印度女皇”名号称呼的英国君主。她在位的64年期间（1837—1901年）是英国最强盛的所谓“日不落帝国”时期。女王统治时期，在英国历史上被称为维多利亚时代。她在位的60余年正值英国自由资本主义由方兴未艾到鼎盛、进而过渡到垄断资本主义的转变时期，经济、文化空前繁荣，君主立宪制得到充分发展，使维多利亚女王成了英国和平与繁荣的象征。

Queen's Garden　皇后公园，在德里，1936年3月泰戈尔访问德里，德里民众在皇后公园欢迎泰戈尔。

Quest　《求索》杂志，大型综合性学术理论期刊，全国中文核心期刊，1981年创刊。2005年2月第2期刊登侯传文的《诗学对话与文化输出——泰戈尔诗学比较研究余论》。

Quest Society　求知学会，英国学术团体，1913年5月19日组织在伦敦卡克斯顿礼堂（Caxton Hall）由泰戈尔做系列讲座。

Quilon　奎隆，印度克拉拉邦南部濒临阿拉伯海的港口城市，人口约15万。15世纪郑和下西洋时到达这里。1922年11月泰戈尔访问斯里兰卡回国后在此短期停留。

Quirinal Theatre　奎瑞纳尔剧院，在意大利首都罗马。1926年6月8日，正在访问意大利的泰戈尔在这里作题为“艺术的意义”的演讲，墨索里尼等要人出席。

Quirinale　奎里纳尔宫，在意大利首都罗马。1926年6月5日，正在访问意大利的泰戈尔在这里受到意大利国王的接见。

Quit India Movement　退出印度运动，甘地和国大党于1942年发动的要求英国退出印度的斗争。

Qurratul-ain-Haidar　库拉杜尔-艾茵-海德尔（1927—），乌尔都语女作家，作品有《也有我的神庙》《大河》等。

Qutabud-din-Aibak　库杜布乌德-丁-艾伯特，廓尔王国穆罕默德的副官，1193年占领德里，建库杜布塔，还建立了贾玛清真寺。

Qutb Minar　库杜布塔，在德里南部，是德里最后一个印度教统治者乔汗为他的王后建造的纪念物，在12世纪由奴隶王朝第一个国王、德里的穆斯林统治者库杜布将其改建为穆斯林风格，高260英尺，底部直径52英尺，由石头建成，上刻《古兰经》。现为世界文化遗产。院内有一根千年不锈的铁柱。

Qutb Shahi Dynasty　库特卜·沙希王朝，15—17世纪德干地区5个穆斯林小国之一。

Qutlugh Khvaja　柯特鲁夫·克瓦加，成吉思汗在波斯的后裔，1299年率20万大军侵犯印度西北，被苏丹首领阿拉-乌德丁打败。1306—1307年终于攻破德里。

Qutsukya　焦灼。

Quwwat ul-Islam　“伊斯兰的威力”，一座清真寺的名字，在德里最大的印度教神庙遗址上建立。

Rr

Raadhaanaath　拉塔纳特（1790—1830），泰戈尔第十七代先祖尼尔莫尼的次子拉摩莫尼的长子。

Raai　拉伊，罗陀的别名，印度神话传说中的牧女，黑天的情人。她经常同黑天在布林达的森林中游乐戏耍。

Raajaa　《国王》，泰戈尔的剧本。

Raajaa o Prajaa　《国王与臣民》，泰戈尔的散文。

Raajaa O Raanee　《国王与王后》，泰戈尔的剧本。见 The King and the Queen。

Raajaagopaal Aachaariyaar　拉贾戈巴尔·阿贾里亚（1879—？），政治家，1948—1950年出任印度总督，后任内政秘书。

Raajendralaal Mitra　拉健德罗拉尔·米特罗（1824—1891），著名的考古学家和作家，出生在孟加拉邦。他通晓孟加拉语、梵语、英语、波斯语、乌尔都语、印地语、希腊语、拉丁语、法语、德语等许多语言，写有128部书。

Raajendraprasaad　拉金德罗·普拉萨德（1884—1963），著名政治家，印度国大党两任主席，印度制宪会议主席，1950年被选为印度共和国总统。

Raajpather Katha　《大路的倾诉》，泰戈尔的短篇小说。道路是人们活动的见证人，谁的一举一动都隐瞒不了道路。悲欢离合、情人约会、盗贼作案等等都让道路尽收眼底。道路是历史的活见证，只要历史延续，只要有人的活动，道路都会给你默默记下来。

RaajraayanBasu　拉吉纳拉扬·巴苏（1826—1899），著名孟加拉散文作家、语言学家。他信奉梵教并且加入了原始梵社。著有《那个时代和这个时代》《宗教科学》《爱的宗教》等。

Raajsinhe　《拉吉辛赫》，孟加拉语著名作家般吉姆创作的长篇历史小说。

Raajtikaa Bharati　《加冕》，泰戈尔于1898年写的幽默、讽刺短篇小说。见 The Royal Mark（We Crown the King）。

Raamaanand　拉曼依德，泰戈尔的祖先侯里侯尔的儿子。

Raamaananda　拉马依德，14世纪印度虔诚派的宗教大师，迦比尔（Kabeer）大导师。

Raamaanujan　拉曼纽扬（1887—1920），印度著名数学家。

Raamaballabha　拉摩博罗婆（1767—？），泰戈尔第十七代先祖尼尔莫尼的三子。

Raamachandra Raaya　拉摩琼德罗·拉伊，1785年前后和泰戈尔第十七代先祖尼尔莫尼住在一个区，他的大女儿奥罗嘉嫁给了尼尔莫尼的长子拉莫罗琼，二女儿梅诺加嫁给了尼尔莫尼的二子拉摩莫尼。

Raamakrishna Paramsingha　罗摩黑天·波罗姆辛赫（1833—1886），印度著名的宗教改革家，迦梨女神的崇拜者。在女财主拉妮·拉什摩妮的资助下，他在加尔各答北郊的恒河右岸建立了气势宏伟的右岸迦梨神庙并且担任该神庙的第一任住持。

Raamalocha　拉莫罗琼（1754—1807），泰戈尔第十七代先祖尼尔莫尼的长子，娶奥罗嘉为妻。泰戈尔的祖父达罗卡纳特（Dvaarakaanaath，1794—1846）就是拉姆洛琼的儿子，即尼尔莫尼的孙子。

Raamamahon Raya　《拉姆莫洪·拉伊》，泰戈尔的散文。

Raamamani　拉摩莫尼（1759—？），泰戈尔第十七代先祖尼尔莫尼的二子。和妻子梅诺加生二子——拉塔拉特（1790—1830）和罗卡纳特（1794—1846）和两个女儿——姜候比和拉绍币拉诗。后梅诺加病故，拉摩莫尼再娶杜尔迦摩尼，生儿子罗马纳特（1800—1877）和女儿德罗波莫伊。

Raamamohan Raay　拉姆莫洪·莫伊（1772—1833），泰戈尔的爷爷达罗卡纳特的好朋友。与达罗卡纳特一起办英语学院、医学院，改革印度教、禁止寡妇自焚，创建梵社。

Raamamohanraaya Bedaanter Bidesheeya Byaakhyaa　《外国人诠释的〈吠檀多〉》，泰戈尔的散文。

Raamanaaraayan Choudhuree　拉摩纳拉扬·乔杜里，泰戈尔的舅爷，即他妈妈莎罗达的父亲。

Raamasantosh　拉姆松多湿，泰戈尔的第十六代先祖彭恰依·泰戈尔的二儿子，他的哥哥是久耶拉姆（Jayaraam）。他们哥俩都懂得一些英语，还通晓波斯语。在父亲的努力下，兄弟俩在东印度公司工作，久耶拉姆被任命为东印度公司出纳官手下的主管。1707年英国人控制了加尔各答、苏达奴迪和戈宾多普尔后，这个地区第一次开始土地测量工作。这项工作需要两个人来做，在彭恰侬的请求下，久耶拉姆和拉姆松多湿被指定做这项工作。久耶拉姆仍然保留着出纳官手下主管的工作。这样，他们兄弟俩就逐渐成为富有的人了。

后来，1717年东印度公司在加尔各答城南买下了方圆10英里的38个村庄。这些村庄的土地测量工作也都是由久耶拉姆和拉姆松多湿来完成的。这些村庄附近的大部分土地都隶属于新岛土邦的王公克里什那琼德罗，因此久耶拉姆与这位王公交往密切。当久耶拉姆在自己的家里想塑造“拉达爱人”塑像的时候，克里什那琼德罗王公为了表示敬神之心，就出让了自己331印亩的土地，免收租金。

这样一来，曾经属于比拉利婆罗门种姓的泰戈尔家族就逐渐成为加尔各答社会中比较富有的家族，并且赢得了社会的尊重。但是在婚姻方面，这个家族还是没有办法走出比拉利社团的圈子。久耶拉姆的两房妻子贡伽和拉姆陀妮以及拉姆松多湿的妻子悉特绍丽都是杰索尔地区比拉利婆罗门家族的姑娘。拉姆松多湿唯一的女儿也嫁给了居住在杰索尔南小区的克里巴纳特·拉伊·乔杜里。

Raamkaanaaiyer　《拉姆卡乃的愚蠢》，泰戈尔的短篇小说。见Ramkanai's Folly 。

Raamprasaad 罗摩普罗沙德（1720—1775），印度中世纪一位宗教诗人，信奉杜尔迦女神。

Raasabilaasee　拉绍币拉湿，泰戈尔第十七代先祖尼尔莫尼的次子拉摩莫尼的次女。

Raash Leela　黑天狂欢节。

Raashiyaar Chithi　《俄罗斯书简》，泰戈尔的散文。

Raashmanir Chhele　《拉什摩尼的儿子》，泰戈尔于1911年写的短篇小说。见Rashminir's Son。

Raasyaatraa　欢乐节，在每年迦尔迪克月（公历10—11月间）的月圆之夜孟加拉人的欢乐节，纪念天神的化身——黑天与牧女们的欢乐聚会。

Raayabaahaadur　“拉伊巴哈杜尔”，国王的封号，意为“英雄国王”。

Raayachoudhuree Dakshinaath　拉伊乔杜里，泰戈尔的第十代祖先（15世纪）。他有4个儿子和一个女儿。

Rabeendrabaabur Patra　《罗宾德罗先生的一封信》，泰戈尔的信。

Rabhus　矿藏之神。

Rabi　春季作物。

Rabi　仁慈心。

Rabia's Tomb =Bibi-ka-Rauza　拉比亚陵或皇后陵，奥朗则布在奥兰加巴德给妻子拉比亚模仿泰姬陵建造的陵墓。

Rabia's Tomb　《皇后陵》，卡尔·阿巴（Kal Abba）在20世纪50年代拍的电影。

Rabibaar　《加冕》，泰戈尔的短篇小说。

Rabichchhaya　《春天的影子》，泰戈尔于1885年出版的第一部歌曲集。

Rabijibani　《春种一粒粟》，20世纪印度作家泼拉桑达库马尔·帕尔（Prasantakumar Pal）的作品。

Rabikaka　罗比叔叔，泰戈尔的侄子对泰戈尔的称呼。

Rabindra Bhavana　泰戈尔纪念馆，在国际大学。

Rabindra sangeet　泰戈尔音乐。

Rabindra-Biksa　印度1978年出版的诗集，收入了最新发现的泰戈尔写于1918年1月31日的一首诗《修剪的灯花》《The Lamp Is Trimmed》。

Rabindra-Granthavali　《泰戈尔作品集》，1905年由忠告出版社出版。

Rabindra-Jayanti　罗宾德拉纪念日，纪念泰戈尔的节日，1931年12月25日开始，进行一周，有泰戈尔不平凡的重要事件和活动展览，还第一次展出了泰戈尔的100套绘画，还有庙会等。泰戈尔本人参加了庆祝会。

Rabindra-Rachanavali (Rabindra-Racanabali)　《泰戈尔全集》，国际大学出版社1948年出版。

Rabindra-Smriti Puruskar Award　泰戈尔纪念奖。

Rabindra-Viksha　《泰戈尔评论》，20世纪20年代初的印度文学期刊，曾刊登许多泰戈尔的作品及其评论文章。

Rabindranath O Biblabisamaj 《罗宾德罗纳特与比拉比萨马基》，印度学者色哈那比1917年9月写的文章，其中引用了泰戈尔的散文《不加审判的拘捕》。

Rabindranath O Prabesak 《泰戈尔与普拉被萨克》，印度学者穆克帕蒂亚1930年5月写的文章，引用了泰戈尔的《少拉普尔的军事法》一文。

Rabindranath Tagore, Pioneer in Education 《教育先锋泰戈尔》，泰戈尔的散文以及与恩厚之的通信，伦敦约翰穆雷出版社1961年出版。

Rabindranath Tagore: My Life in My Words 《泰戈尔：自述自传》，达斯古普塔编写，2006年德里企鹅出版社出版。

Rabindranath Tagore on Art and Aesthetics 《泰戈尔论艺术与美学》，泰戈尔的散文集。

Race and Colour Prejudice 《种族与种族歧视》，泰戈尔1930年的声明。

Race Conflict 《种族冲突》，泰戈尔1913年1月30日在美国罗切斯特市召开的宗教自由主义者大会上的讲话。

Raddi 雷迪种姓。

Radha 拉达，印度神话里黑天最宠爱的情人。

Radha 罗陀，《摩诃婆罗多》里的大英雄迦尔纳的养母。

Radha Krishna 《黑天和拉达》，印度现代舞的保留节目，双人舞。

Radha Krishna Sarvapalli 拉达·克里希那（1888—1975），1962—1967年任印度总统，为印度现代哲学发展做出了重大贡献。

Radhaadh Ray 拉达德·雷（1848—1908），奥里雅语诗歌之父，写有750行长诗《齐利卡》（Chilika）。

Radhagupta 成户，公元3世纪摩羯陀国孔雀王朝频头沙罗王的宰相。

Radhakrishnan, Sarvepalli 拉达克里西南，萨尔韦帕里（1888—1975），印度著名学者，通晓印度传统哲学，“完整经验吠檀多”提出者。他对西方哲学以及孔孟老庄学说亦有研究。他是印度驻苏联首任大使，曾任印度第二任总统。他1930年任牛津大学东方哲学和道德第一位斯帕尔丁教授。1930年5月泰戈尔来牛津作希尔伯特讲座，牛津大学一起欢迎他们。1938年9月4日，他来圣蒂尼克坦访问，受到泰戈尔的热情接待。1940年8月，牛津大学授予泰戈尔荣誉文学博士学位。牛津大学专门授权印度司法总长格威尔、拉达克里希南爵士、加尔各答高等法院的亨德森先生做代表，于8月7日举行授予仪式。他1952年任联合国教科文组织主席，1944年曾来中国讲学，1957年第二次来中国。他1961年写《所有音乐人最感亲切》文章，纪念泰戈尔诞生100周年。

Radhanat Ray 拉塔纳特·拉耶（1848—1908），印度奥利萨语诗人，作品有《云使》等。

Radhanath 拉达的主人，情人，指克里希纳。

Radhanath Roy 纳达纳特·罗易，现代奥里雅语诗歌之父。

Radhasoami 灵魂之神。

Radhasoami Satsang 灵魂之神崇拜，印度教学派，19世纪中期由西乌·达亚尔·辛格创立，声称“灵魂之神拉达索阿米为上帝唯一合适的名字”，主张把信奉者由宇宙的低层引向现实的更高层。

Radhavallabhis 拉达瓦拉比，毗湿奴派分支，崇拜黑天和他最宠爱的情人拉达并赞颂他们的风流韵事。

Radhavan 味韵。

Radheya 拉得亚，《摩诃婆罗多》里大英雄迦尔纳的原名，按其养父母的名字升车（Adhiratha）和罗陀（Radha）取。

Radhiy 拉迪亚，一婆罗门种姓。

Radhukrishna 拉度克里西那（1888—1975），继商羯罗“吠檀多不二论”，又肯定现实生活，曾任印度第二任总统。

Radrabhata 楼陀罗跋吒，10世纪作家，著《艳情吉祥痣》（Srngaratilaka）。

Raga “色彩”“情绪”，拉格（构成旋律的调式）由规定的一组5～7个音构成，供演奏或歌唱使用。拉格是男性曲调，有6个曲调，每个拉格配有5个曲子。拉吉尼是女性曲调，共计26个曲调。通常为组曲，曲调，与特定的情绪、时间、季节、神有关。由歌手或乐手颂唱或演奏。

Raga 贪，爱。

Raga Mala 印度教音乐的调式；《拉格排列》，1世纪坦森（Tansen）的作品。

Ragakavya 情调歌曲，乐诗。

Ragam-tanam-pallavi 拉甘-塔南-啪啦维，印度音乐体裁。

Raganuga bhakti “热情的奉献”，热情虔信，毗湿奴派信徒对黑天的热情而达到顶点的爱。

Ragas 蛇灵，蛇神。

Raghavabhyudaya 《罗摩出世》。

Raghavan Venkatarama 拉加万·温卡达拉马（1908—1979），印度著名的梵文学家，印度作家学会会员，马德拉斯音乐学会学刊编辑，1961年撰文纪念泰戈尔诞生100周年。

Raghavas 神话里罗怙的后代。

Raghrira 拉格里拉，印度国际文化研究院创立者。

Raghu 罗怙，印度传说里底离波之子，罗摩的曾祖父。

Raghu Vansha 罗怙王朝。罗摩祖先的王朝。

Raghuji Bhonsla II 拉古吉·彭斯勒二世（？—1816），印度马拉塔王公，曾反抗英殖民统治。

Raghunanda Goswami 拉古难陀，格斯瓦米，19世纪把《罗摩衍那》翻译为孟加拉语。

Raghunath 拉古纳特，锡克教大师哥文达的弟子。

Raghunath Rao 拉古纳特·拉奥（？—1783），印度马拉塔国家领袖，1775—1782与英国人进行英国-马拉塔战争。

Raghuvamsha 4世纪印度最伟大的诗人迦梨陀娑的《罗怙世系》，分别写印度神话里的大英雄罗摩的祖先太阳族的故事，主要是罗摩的高祖迪利波王、曾祖罗祜王、祖父阿迦王及罗摩的传说。

Ragini 男性拉格的“妻子”拉吉尼。见raga。

Ragini Bhairavi 神曲。

Ragini Devi 拉吉尼·戴维，卡达卡利舞的妇女先驱。

Rahi，Rahaman 拉西，拉赫曼（1925—），印度克什米尔语诗人，作品有《新年第一个节日的风》等。

Rahishkara 开除种姓。

Rahman，S. M. 拉赫曼，孟加拉独立领袖。

Rahu 罗睺，又译为拉胡，传说里吃月亮的魔鬼。他想偷取天神搅乳海获得的甘露，被毗湿奴砍下手臂，为了报仇，他的额头飞到天宇，吞吃太阳和月亮，引起日食和月食。因此，也可以译为“天狗”。它是印度古代天文学家设想的两颗隐星之一，实际上指黄道与白道相交的点。

Rahu 罗怙，史诗《罗摩衍那》的主要人物罗摩的曾祖父。

Rahul Gandhi 拉胡尔·甘地（1970—），印度前总理拉吉夫·甘地和索尼娅的儿子，印度政坛冉冉升起的明星，2004年与妹妹普丽扬卡一起帮助母亲索尼娅选举成功，是印度青年人的偶像。现任印度国大党秘书长，印度人民院（下院）议员，有人预测是印度将来的总理人选。

Rahula 罗睺罗，佛陀的儿子。

Rahur Prem 泰戈尔的作品《罗睺之爱》。

Rai 拉伊（酋长），纳贡的印度教首领，印度总督。

Rai Bahabur（bahadur） 拉易·巴哈杜尔，英国统治印度时期作为奖赏授予某些有名望的印度人的一种封号。

Raibhya 吟赞仙人，神话里的仙人，持力仙人的好友。由于持力仙人的诅咒，他被自己的长子远财当作羚羊误杀。善良的次子近财代哥哥举行赎罪仪式，反蒙不白之冤。于是他决意隐居森林修苦行，天神为之感动，遂赐以恩典，使他的父亲死而复活。

Raichaudhuri，Girijatati 莱乔杜里，1924年9月陪同泰戈尔访问秘鲁。

Raichur 赖丘尔，在卡纳塔克邦东北部，为克里希纳河与通加巴德拉河（Tungabhadra）之间的战略要地。

Raidas 莱达斯，15世纪印度教毗湿奴派诗圣之一，皮匠种姓。

Raidas 瑞达思，泰戈尔的诗《瑞达思》里的清扫工；虔信教派罗摩难陀创始人罗摩难陀的弟子，他的任务就是给敬神的人提供敬品。

Raidasis 莱达西斯，15世纪印度教毗湿奴派诗人。

Raika 来卡，神话里仙人薄利古的儿子。

R

Rains festival （Parjanya Utsav） 雨季节，由泰戈尔的小儿子撒民德罗纳特于1907年提议开始举行雨季节。

Raipur 赖普尔，圣蒂尼克坦附近的一个村庄名。

Raisina 莱西那山，德里印度总统府所在的山包。

Raivata 五世摩奴。

Raj. Hans. 拉杰，汗司（印度教改革家），统治，政府，王国。

Raja 泰戈尔1910年写的象征剧《暗室之王》。见The King of the Dark Chamber。

Raja 皇帝，国王，地主，老爷，王爷。

Raja 罗阇宫，王宫。

Raja 罗吉，印度神话里的国王，助众神打败阿修罗，当上了天神之王，后重返自己的王国，请因陀罗仍然为天王。

Raja-adhiraja-yoga 王瑜伽之王，即最高瑜伽。

Raja and Rani（Sadar o Andar） 《外屋与内室》，泰戈尔于1900年写的短篇小说。比平把家产挥霍一空，无以为继。正好国王齐托龙忠正在组织一个业余剧社，看上了长得清秀、会音乐的比平。这引起了王后库玛丽的嫉妒。她嫉恨比平，容不得丈夫夸奖比平。仆人普特看主妇眼色行事，故意冷落比平，比平把委屈咽在心里。比平和齐托龙忠排练了一出戏，齐托龙忠扮演黑天，比平扮演阿周那，演出成功。库玛丽故意夸奖比平而贬低齐托龙忠，引起齐托龙忠的不快。国王看见仆人很忙，便问他忙什么，仆人说他整天为比平忙乎。齐托龙忠从外边回来看见库玛丽读书，问她读什么，她说在研读比平的歌本。齐托龙忠终于无法忍受，解雇了比平，比平到走也不明白是怎么回事。

Raja-badhu 皇后。

Raja-sasana 国王赦令。

Raja-bhoga 国王任意支配的地区。

Raja Balaveera 罗阇·巴拉维拉，罗摩剧（Ramanatham）的创造者。

Raja Bijay Pratap Singh 罗阇·比贾伊·普拉塔普·辛格，舞蹈家，对乔舞古典舞形式的形成起了很大作用。

Raja Birbal 拉贾·毕尔巴尔，16世纪莫卧儿王朝阿克巴时期的印地语诗人。

Raja Harishchandra 《诃里湿旃陀罗王》，达达萨西布·法尔科（Dadasaheb Phalke）于1913年拍的电影。

Raja Kripal Singh 罗阇·科利帕尔·辛格（1678—1694），旁遮普巴索尔邦国国王。

Raja Man Singh Tomar 罗阇·曼·辛格·托马尔，瓜廖尔古邦国国王，对声乐作品发展起了突出作用。

Raja Prajia 《国王的庶民》，泰戈尔1908年写的散文集。

Raja Pravarasen 罗阇·普拉瓦拉森，6世纪克什米尔首府斯里纳加的建造者。

Raja Rammohan Roy 罗阇·罗姆·摩罕·罗易（1772—1833），印度最早的启蒙思想家，他反对印度教的童婚、萨蒂制，提倡寡妇再嫁、妇女教育、不同种姓通婚。他创办报纸，创建印度教改革组织梵社反对英国殖民统治，是"开创现代印度的伟大先驱"（泰戈尔语）。

Raja Rao 拉贾·饶（1908—2006），印度英语作家，作品有短篇小说《坎塔普尔》（Kanthapur）、《秘密与绳子》（The Secret and the Rope）、《猫与莎士比亚》（The Cat and Shakespear）等。

Raja sabha 神仙会，召集各路神仙，王公来征求意见；国家政务院，商议会，顾问班子。

Raja Saheb of Bobbili 波比里地区的土邦王萨赫布，1934年10月欢迎访问马德拉斯的泰戈尔。

Raja Samant Singh 罗阇·萨玛特·辛格，18世纪瓦拉比（Vallabhi）画派的追随者，是黑天大神的信徒。

Raja Samsher Sen 罗阇·山谢尔·森，旁遮普山区的王公，1721—1781年在位。

Raja Todar Mal 拉贾·托达尔·马尔，16世纪莫卧儿王朝第三代皇帝阿克巴统治时期著名的财政部长。

Rajadharmanusasana 《王法篇》。

Rajadhi Rajasinha 拉贾迪·拉杰辛赫，18世纪末印度南部康提王朝国王。

Rajagopalachari Chakravarti 拉贾戈巴拉查理·查克拉瓦提（1878—1972），印度著名律师、作家、政治家、印度教降神师，甘地的战友。1947年印度独立至1950年成立共和国期间，他任印度总督，他既是英国的第一位印度人总督，也是最后一位总督。他后任马达拉斯首席部长。拉贾戈巴拉查理后出任尼赫鲁总理的内阁成员，任内政部长。他1952年至1954年任马达拉斯首席部长，1959年成为独立党的创建人和领导者。

Rajagriha　王舍城，古印度摩羯陀国的国都，公元前6世纪—公元5世纪由频毗娑罗王建，附近有佛陀讲经的灵鹫山。使王舍城闻名于世的竹林精舍是佛祖释迦牟尼修行的地方，四周是岩山围绕的坚固盆地。城壁像中国的万里长城，外壁厚约5米，总长40千米，是印度现存最古老的石造城壁。王舍城不仅是佛教圣地，也是耆那教圣地。它位于比哈尔邦的巴特那地区，距巴特那102千米、距菩提伽耶65千米，分为旧城和新城两部分。旧城为苏瓦王所建，名瓦苏摩帝，为摩羯陀国首都。城坐落于山间，有内、外两部分。后焚于大火，城毁。未生怨王在离旧城约4千米处，五山之北建新城。因建有许多装饰华丽的宫殿，故意译为王舍城。新城全盛时有32个大门和64个望楼。

阿育王时迁都波吒厘城，将王舍城布施给婆罗门居住。5世纪中国法显来此，看见城已荒废。7世纪唐僧玄奘抵此，描绘城“外郭已坏，无复遗堵。内城虽毁，基址犹峻，周二十余里，面有一门”，“城中无复凡民，唯婆罗门减千家耳”。王舍城早期流行龙神和夜叉崇拜等泛神信仰，以后又流行佛教和耆那教信仰。佛陀在世时，曾长期在此居住。据说他未成佛前，第一次来城，受到频毗娑罗王礼待，国王愿将国土分一部分给他。他成道后，在此传教说法，富有的商人为他施造了竹林精舍。佛陀圆寂后，信徒根据佛陀生前的业行，建立了众多的佛迹和寺塔。旧城北门外有佛与外道提婆达多斗法塔，东北是舍利佛证果塔，往北是外道胜窟皈佛塔、时缚迦大医为佛建的说法堂和塔。城东74米处是佛陀长住的灵鹫山，上有佛灭后第一次三藏结集的七叶窟、提婆达多欲谋害佛陀之石、佛入定处、弟子阿难入定处、舍利子入定处、如来七日说法堂等。城西是毗布罗山，佛陀生前在山上以温泉洗浴。卑钵罗石室为习定比丘修行处，以及比丘证果处等。城北郊是佛陀住所迦兰陀竹园、未生怨王建的佛舍利塔、阿难半身塔、阿难证果塔和迦兰陀池。新城西北有光明长者塔，城南门外为佛陀度子罗睺罗塔，城西南有3个小寺院，是接待各国来此礼佛者的住所。现此地大部分已经变成农田。近代考古学家曾来次发掘，找到了竹林精舍、频毗娑罗牢、卑钵罗石室等佛教遗址，但佛教文物出土甚少。一些缅甸、日本等国僧人也在此建造了一些寺院。在《罗摩衍那》里这里为十车王的二王后吉迦伊的父亲的王国吉迦牙的首都。耆那教创始人大雄曾在此度过了14个雨季，耆那教第二十代传人也在此诞生。

Rajaguhya　机密之首，最高机密。

Rajaguru　国师。

Rajaka　染匠。

Rajakavi　宫廷诗人。

Rajakumaras　频毗娑罗时期半独立的公社的首领，称为王子。

Rajalarangin I　《帝王谱系》，古代有关克什米尔王国的系统性纪年表。

Rajamandala　王国圈，《政事论》的作者考提利亚的理论：在王国圈中，毗邻的国王通常是敌人，而与他毗邻的国王又依次成为第一个国王的天然盟友。

Rajamarga　大路，主要的路。

Rajan　王上，王。

Rajaneemohan Chattopaadhaay　罗久尼莫洪·丘多巴泰，泰戈尔的三叔吉林德罗纳特的小儿子古嫩德罗纳特的大女儿苏诺伊妮的丈夫，他们的一个女儿比纳芭妮（Been-aapaani）最先嫁给了泰戈尔大哥的孙子、被誉为“泰戈尔歌库”的著名歌手迪嫩德罗纳特（Dinendranaath）。

Rajanicara　夜游罗刹。

Rajanigandha　一种奶油色香味花。

Rajanitisartra　贾娜吉耶（Comakya）的《王道论》。

Rajanucarya　王室服务。

Rajanya　王子，太子，王族。武士种姓，刹帝利种姓，贵族等级。

Rajappa Kavirayar　罗阇·卡维拉亚，18世纪泰米尔语作家。

Rajaputra　国王的儿子，王子。

Rajaraja　罗者罗者一世，朱罗国王（985—1016在位），建坦贾武尔城的布里哈代斯瓦

R

拉庙（Brihadeswara Temple）。

Rajaraja Varma　拉贾拉贾·瓦尔玛，19世纪马拉雅拉姆语语法学家，写第一部权威语法书《克拉拉语语法》（Kerala Paniniyam）。

Rajarani Temple　罗设罗尼神庙，在布瓦内斯瓦。

Rajarishi　出身于刹帝利的王仙。

Rajarsh　《贤哲王》，泰戈尔1887年写的中篇小说。见The Royal Sage。

Rajarsi　大圣人。

Rajas　忧，欲，三昧之一。

Rajas　刺都，罗赭，三德之一，即运动、贪婪、嗔怒和欲望等。

Rajas　激情。

Rajasekara　王顶，9—10世纪戏剧作家，作品有《小罗摩衍那》（Balaramayana）和《小婆罗多》（Balabharata）、《雕像》（Vidhasalabhanjika）、《诗探》（Kavyamimamsa）。

Rajasekhara　拉贾克尔拉，14世纪哲学家，著有《六派哲学集成》。

Rajasik　行为准则，自我，傲气。

Rajasthan Pradesh　拉贾斯坦邦，“国王之地”，印度西部沙漠地带，首府斋普尔。

Rajasthanaiya　副摄政。

Rajasthani　拉贾斯坦语，印地语方言，拉贾斯坦人。

Rajasthani Kathaputh　拉贾斯坦邦木偶。

Rajasuya　王祭，在国王就任仪式上举行的隆重祀典。

Rajata　银子。

Rajatarangini　《王河》，12世纪加尔诃那（Kalhana）著的克什米尔王朝史。

Rajatarangini Kalhana　《诸王流派》，又叫《王河》，12世纪诗人卡尔诃那写的克什米尔编年史的梵文史诗。

Rajatgiri　银山。

Rajatiraja　王中之王。

Rajavarttika　《释补至要》。印度数论派哲学经典，6世纪问世。

Rajavidya　学问之王，最高学问。

Rajayoga　皇家瑜伽，最佳瑜伽，强调静坐独思，通过精神修养达到解脱。

Rajbamsis　拉杰般西人，北孟加拉邦的土著。

Rajbans　拉吉班，贱民种姓。

Rajbanshis　王族。

Rajen　部落首领。

Rajendra　罗阇因陀罗一世（1012—1044），罗阇罗阇一世之子，朱罗王朝国王，征服苏门答腊，1023年征服孟加拉国王摩西波罗，修建王城昆巴科南。

Rajghat Montessori School　拉吉伽特蒙代索利学校，在瓦拉纳西，1934年11月29日泰戈尔为该校新建大楼剪彩。

Rajgir　灵鹫山，群峰之间一椭圆形谷地，为古代摩羯陀国首都王舍城遗址，即佛经以及《西游记》中常提到的“西天灵山”。位于比哈尔邦德那烂陀和菩提迦雅之间，是佛祖释迦牟尼讲经之处。灵鹫山地处佛教圣地菩提伽耶以北70千米。据称，当年佛祖释迦牟尼在鹿野苑初转法轮之后，便率众来到灵鹫山，受到摩羯陀国国王的优遇。佛祖对国王宣讲了一番高深佛理之后，国王大悦，便送他们一处竹林精舍居住。中国古代高僧法显、玄奘、义净都先后前往这里参拜和居住过，并做过详细记录，至今仍是考证佛教史的重要资料。灵鹫山位于恒河平原，周围都是一马平川，唯有此山以及跟前的几座小山挺拔而立，十分奇特。关于“灵鹫山”名字的来历，一说山顶有巨石矗立，形似鹫首；另一说山上时常集聚众多鹫鸟，因而得名。不管其来历如何，此山是佛祖释迦牟尼曾经居住近五十年，修行、讲法和集结弟子的地方。灵鹫山与中国还有一段渊源。中国杭州灵隐寺后面有一座飞来峰，关于此山的名称由来，相传东晋时，东晋咸和元年（326年）印度高僧慧理来杭州，看到这山千洞百孔，怪石嶙峋，和故乡的灵鹫山形貌相似，就说这是从印度飞来的，始而得名。那时，中国人就听说印度有座灵鹫山。今天，灵鹫山山脚下有一座白色门楼，为日本佛教徒所建，写着“常在灵鹫山，多宝山佛舍利塔”的横幅。山上有一能容纳十多人的平台，是佛祖昔日对众僧说法的地方，迄今仍香火不断，著名的《法华经》据称就是在这里讲述的。目前，通往平台的崎岖山路上还建有一座石桥，桥头立有“灵山桥”石碑。山坡旁，石窟很多，都是当年众僧居处修行所在。山顶上有一座高大的圆形白塔，与北海公园的白塔有些相像，为日本佛教徒所修的

"世界和平塔"。

Rajguru 国王的顾问或导师，王师。

Rajinder Singh Bedi 拉金德·辛格·贝蒂（1915—1984），20世纪70年代电影名导演。

Rajirani 王后。

Rajkrisna Mukbata 拉吉克里什那·穆科巴泰（1846—1886），孟加拉文学家。

Rajjab 罗奢博，16—17世纪印度诗人。

Rajmahal 拉杰玛哈，一片丘陵地带，在印度比哈尔邦，恒河南侧，是德干半岛的东北缘乔塔纳格尔高原的一部分，呈东北走向，海拔600米左右，北坡陡峭。此地是恒河和达莫达尔河的分水界。

Rajnarain 拉贾纳拉扬（1826—1900），印度教育家。

Rajneesh, Bhagava Shree 拉吉内什，巴嘎瓦·石蕊，20世纪印度教导师，于20世纪60年代去西方传播印度教，他把印度教的打坐和西方的心理疗法结合起来。

Rajnikanth Bordoloi 拉吉尼坎特·波多罗，19世纪阿萨姆现代小说的开创者。

Rajpurohit 国王的祭司或顾问。

Rajput 拉其普特人，"国王子孙"的意思，印度拉贾斯坦邦刹帝利（武士）阶层的成员，为公元前2世纪至公元6世纪从西北进入印度的塞人、厌达人、瞿折罗人与印度教徒杂居通婚形成的民族。拉贾斯坦邦的土邦国都由他们建立。该民族崇尚武力，因而不喜欢女孩。该民族是一个骁勇善战的民族。该民族以战死疆场为荣，后来成了抗拒莫卧儿王朝统治的中心力量。

Rajput Girodar 拉其普特协会。

Rajput Miniatures 印度拉其普特细密画，主要反映土邦王公生活和民间神话传说。

Rajput Song of War 《拉吉普特的战歌》，印度音乐家萨提亚尔提于1934年写的歌曲。

Rajputana 拉其普特王国，7—12世纪由拉其普特人在印度北方建立的王国。

Rajshahi 拉杰沙希，位于孟加拉国，是恒河进入孟加拉国的第一个城市，在印度独立前属于印度的孟加拉邦。

Rajshahi Association 王权协会。

Rajshekar 拉吉舍科尔（1888—1960），印度的孟加拉语文学家和语言学家。他除留有不少文学作品外，还编有一本孟加拉语词典。该词典至今仍是孟文重要词典之一。他与泰戈尔交往甚密。

Rajsooya Yajna 王祭。

Rajuka 县官。

Rajya 君主国，王位。

Rajya Sabha 联邦院，下议院。

Raju Pulla Thirupati 拉哲·普拉·提如帕提（1903—），印度哲学家。著作有《黑格尔主义与不二论》。

Rajyapala Pratihara 罗阇波罗·波罗提诃罗，10—11世纪波罗提诃罗王朝末代国王，都城曲女城。

Rajyavardhana 罗家伐檀那（？—606），印度室利康塔国普什亚布迪王朝国王波罗杰罗伐檀那的儿子。

Rajyonarayan Basu 拉焦纳拉扬·巴苏（1826—1899），一位襟怀开朗的爱国者，曾经做过少年罗宾德罗纳特的家庭教师。应他的要求少年泰戈尔为他女儿莉拉波蒂的婚礼写了三首歌并在婚礼上演唱过。

Rakhakaras 做马车的人。

Rakhi 彩线。

Rakhi Bandha 圣线节，在斯拉万月（公历7—8月）的圆月日，这一天姑娘给哥哥弟弟手腕上缠彩线，表示祝福。

Rakkushi 魔鬼。

Raksa 罗刹婚，也叫刹帝利婚，《摩奴法典》列举的印度教教徒8种婚姻方式之一。用暴力抢走女子成婚，印度古代战争时期刹帝利之间流行的婚姻。《摩诃婆罗多》里有记载。方式是，男方把女方痛打一顿，捣毁房子，抢走财产，把姑娘强行带走，与她成婚。

Raksasa 罗刹。

Raksasas 罗刹，印度神话里半神性的妖魔。

Raksasas 罗刹，雅利安人对某些土著居民的称呼。

Raksasas 罗刹，公元前4世纪北印度摩羯陀国难陀王朝的末期大臣，毘舍佉达罗的《指环印》里孔雀王朝摩羯陀国国王难陀的宰相，难陀被贾娜吉耶推翻，拥月护为王。

Rakshabandhan 兄妹节，印度教徒社群和穆斯林社群成员之间的节日。

Rakshan-Bandhan "戴圣线节"。每年印历5月即公历8月17日，姐妹给兄弟在右腕系像咒符之类的红线，祝吉祥如意。

Rakshasa Charvaka 《遮婆迦篇》，罗刹遮婆迦假扮婆罗门欺骗坚战的故事。

Rakshasi 女罗刹。

Raksobhaksam 惩罚肉食者的地狱。

Rakta 血。

Raktakarabee （Raktakaravi）《红夹竹桃》（又名《南迪尼》），泰戈尔于1924年写的剧本。见Red Oleander。

Raktesvari 拉科特斯瓦莉，印度南方克拉拉地区的嗜血女神。

Ram 同nam，圣音。

Ram-charit-manas 《罗摩功行录》。

Ram-Ram “罗摩大神保佑你！”

Ram, Atma 拉姆，奥特曼，20世纪印度光学玻璃专家。

Ram Basu 罗摩巴素，20世纪印度孟加拉塔帕音乐家。

Ram Das 罗摩·达斯，锡克教第四代祖师。

Ram Das 罗摩·达斯，16世纪马哈拉施特拉邦虔信派人物。

Ram, Jagjivan 拉姆，加戈吉凡（1908—1986），印度贱民领袖，政治家，曾任印度副总理兼国防部部长。

Ram Lila 罗摩戏，瓦拉纳西一带的地方戏，主要为纪念罗摩和他的妻子悉多，演出《罗摩衍那》的故事。

Ram Mohun Roy 《罗摩·摩洪·罗易》，泰戈尔1928年8月20日的散文。见Roy, Ram Mohun。

Ram Navami 罗摩节，在杰特腊月（公历4月）第九天。

Ram Panjwani 罗摩·盘基瓦尼，19世纪作家，作品《恰迪特》（Qaidt）。

Ram Rajya 《罗摩治世》，由维嘉·罗博特（Vijay Rbat）于1949年拍的神话片。

Rama 罗摩，毗湿奴大神的化身之一，史诗《罗摩衍那》中的主人公，十车王的长子。他与爱妻悉多被流放森林期间，悉多被十首魔王罗婆那劫持到楞伽岛，后在罗摩弟弟拉克什曼那和神猴哈奴曼的帮助下救回。悉多接受烈火的考验试其贞节而全身完好无损。后来罗摩听信流言，仍怀疑其不贞，于是她呼唤地母。大地立即裂开，悉多跳了进去，地母把她接走。详细故事见Ramayana。

Rama 印度教徒在遇到危险或临死前或惊奇、感叹、恐惧等特殊的时候常常呼唤罗摩大神的名字，认为他是天神下凡。

Rama Charit Manas 《罗摩功行录》，杜尔西达斯（1531—1624）著。

Rama Panikar 罗摩·帕尼卡，19世纪马拉雅拉姆语作家，避免过多使用过多梵文和泰米尔习语。

Ramaanaath 罗马纳特，泰戈尔第十七代先祖尼尔莫尼的次子拉摩莫尼和后妻杜尔迦摩尼生的儿子，泰戈尔祖父的弟弟，有“大王”称号。

Ramadas 罗摩达斯，意为“罗摩的奴仆”。

Ramabhadra 罗摩博得罗，12世纪作家，著《大盗悔悟记》（Prabudharauhineya）。

Ramacandra 罗摩月，12世纪剧作家，写《那罗传》（Nalavilasa）、《无畏布军》（Nirbhayabhism）以及《高摩提和米特罗兰达》（Kaumudimitrananda）。

Ramacarita 《罗摩传》，14世纪斯瑞·拉马（Sri Ram）著。

Ramachandra 罗摩旃陀罗（得瓦吉里国王）；持弓罗摩；罗摩月，与德月（Gunacandra）合著《舞镜》（Natyadarpana）。

Ramachandra 罗摩犍陀罗，即罗摩，《罗摩衍那》里的英雄。

Ramadan 罗摩恩赐节。

Ramadi Panth 拉摩迪派，属于迦比尔虔诚派。

Ramaeswara 罗摩之神（湿婆）。

Ramagiri 罗摩山。

Ramjanmabhumi 罗摩出生地，在北方邦的阿约迪亚，即传说中的国王罗摩的古都。

Ramajnunjam 罗摩吉农旃，印度英语作家。

Ramakridaka 罗摩格里多加，对各种季节的描绘。

Ramakrishna 罗摩克里希纳（1836—1886），印度教改革家，克里希纳教会的创始人。生于孟加拉一个贫穷的婆罗门家庭，自幼丧父，与其兄在加尔各答附近的达奇内斯瓦尔的时母庙出家，17岁担任祭司职务，以后终身从事印度教的宣传和改革活动。他从未受过系统教育，其宗教知识大都从民间学

R

者那里获得。他善于用寓言和谚语形式表达其宗教和哲学思想。罗摩克里希纳继承了印度传统的吠檀多不二论（见吠檀多派）思想，认为世界的最高本质是无形式、无属性的梵，即绝对存在，万物皆为梵的显现。但他的哲学思想经常摇摆于客观唯心主义和主观唯心主义之间。当强调信仰的对象时，他认为世界有一个全能的、无所不在的最高主宰；当强调信仰的对象必须通过人而成为主观信仰时，他又提出"心即一切""万物在于心"的思想。在宗教改革方面，他在印度教的基础上提出"人类宗教"的思想，认为世界上各种宗教所信仰的神都是同一个实体，只不过名称不同；各种宗教的目的都是一致的，都是要达到人与神的结合，实现普遍之爱和美好的生活。他主张不同宗教信仰的人联合起来。他死后，其弟子辨喜在加尔各答建立"罗摩克里希纳传教会"。目前，这个传教会不仅在印度各地，而且在东南亚和日本、英、美等国都有活动中心。罗摩克里希纳的主要著作《罗摩克里希纳福音》是其弟子玛哈扎根据他的谈话记录而辑成的。1935年12月泰戈尔写文章，纪念他诞生100周年。

Ramakrishna Centenary Parliament of Religions　罗摩克里希纳诞生100周年宗教会议，于1937年3月3日在加尔各答召开，泰戈尔在会上以"宗教精神与教派主义"为题发言。

Ramakrishna Mission　罗摩克里西纳教会，1890年由罗摩克里希纳的弟子辨喜创立，主张印度教与其他宗教友好，从事慈善活动等。

Ramakrishna Paramahamsa　《罗摩克里希纳·帕拉马汉撒》，泰戈尔1935年的短诗。

Raman, Chandrasekhara Venkata　拉曼，钱德拉塞卡尔·文卡塔（1888—1970），印度物理学家，1930年获诺贝尔奖。

Ramana Maharishi　拉摩纳大圣人（1879—1950），印度泰米尔邦人，印度教不二论哲学家。

Ramanand　拉曼农德，泰戈尔的第十四代先祖侯立侯尔的儿子。他有二子：莫黑绍尔和舒克代博。

Ramananda　罗摩难陀（1360—1450），虔信派领袖，反对种姓理论，崇拜罗摩与悉多的爱情。

Ramananda Chobata　罗摩难陀·丘多巴泰（1865—1943），著名新闻记者，文学家，曾为《侨民》杂志、《现代评论》（The modern Rewiew）和印地语月刊杂志的出版者和领导者。

Ramanandajas　罗摩难陀派，印度教毗湿奴派的一个重要分支，15世纪由罗摩难陀创立，崇奉毗湿奴化身罗摩和他的妻子悉多，流行于北印度。

Ramanandi order　罗摩南迪派，印度教毗湿奴派的分支，主要崇拜罗摩和他的配偶悉多。

Ramanathan　第一部卡达卡利舞的文学形式，18世纪马拉雅拉姆语作家可塔拉卡拉·檀普兰（Kottarakara Thampuran）的作品。

Ramanathswamy Temple　罗摩桥（Ramasvaram）庙，在印度最南边与斯里兰卡相望的特努士戈迪镇，在《罗摩衍那》里，罗摩在猴子军的帮助下，在这里建罗摩桥，过海打败劫持悉多的十首魔王。

Ramanattam　罗摩剧，由罗闍·巴拉维拉·克拉兰（Raja Balaveera Keralam）创立。

Ramanavami　罗摩诞辰纪念日。

Ramanuja　罗摩努迦（1017—1137），吠檀多派哲学家，泰米尔诗人，印度教改革家，虔诚派运动理论奠基人，提出殊胜不二论。

Ramanuja Ezhuthacha　罗摩奴加·尔柱塔查，16世纪马拉雅拉姆语作家。

Ramanujan Srinivasa　拉马努坚·S（1889—1920），印度数学家。

Ramanujana E. T.　拉马努基纳·E.T.（？—1557），印度马拉雅拉姆语宗教诗人，作品有《大神毗湿奴颂》《大梵天往世书》等。

Ramanujas　罗摩努阇派，11—12世纪产生的印度教毗湿奴派的一支，为罗摩努阇创立，流行于南印度。

Ramanyata　美，可爱性。

Ramapakhyana　罗摩的故事。

Ramasurat Singh　《罗摩苏拉特·辛格》，旁遮普语现代文学之父布哈伊·维如斯·辛格（Bhai Virus Singh）的作品。

Ramaswaram　"罗摩大神"，印度地名，有大湿婆神庙。

Ramayana　《罗摩衍那》，与另一部更长的史诗《摩诃婆罗多》并称印度文化的基础，对印度文学、宗教的发展有相当大的作用，中国文学作品中的《西游记》也受到它的影响。罗摩在印度文化中的地位甚至相当于耶稣在基督教世界文化中的地位。

《罗摩衍那》成书不早于公元前300年，第二章到第六章是原作，第一章和第七章可能是后来（不早于公元前200年）补充进去的，原作将罗摩描绘成一位理想的英雄，但后来补充的部分将罗摩说成是毗湿奴的化身，两部分的文笔也不一致。

印度传统认为罗摩是毗湿奴的化身，他杀死魔王罗婆那，确立了人间的宗教和道德标准，神曾经答应蚁垤，只要山海还存在，人们就仍然需要阅读《罗摩衍那》。

20世纪70年代梵文学者季羡林翻译《罗摩衍那》，为全世界迄今除英译本之外，仅有的外文全译本。

《罗摩衍那》的意思是"罗摩的游行"或"罗摩传"。罗摩是印度古代的传说中的人物，后逐渐被神化。这部史诗的作者据说是跋弥，或称瓦尔米基，意译蚁垤。对此学者虽有意见分歧，但统观全书，尽管写成的年代不同，新老成分并有，但基础部分文体大致是统一的。因此很可能有一个作者对全书进行过加工，这个作者就是蚁垤。蚁垤生卒年代不详。按照传说，他原出身婆罗门家庭，因被遗弃，被迫以偷盗为生。传说他静坐修行数年而一动不动，无数蚂蚁在上面筑巢生息，身体成了蚂蚁窝，所以叫作蚁垤。有人说他是古代的仙人，或是金翅鸟的儿子，还有人说他是一个语法专家。当神的使者向他讲述了英雄罗摩的故事后，资质平庸的蚁垤却无法把它记录下来。直到有一天，他在树林中看见一个猎人射死了一只雄麻鹬，雌麻鹬因惊恐与悲哀惨叫不止，面对此情此景，悲愤不已的蚁垤突然脱口而出合辙押韵的话语，一种优美、和谐的诗体就此神奇地诞生了，这就是被后人称为输洛迦的短颂体，蚁垤正是用这种诗体创作了《罗摩衍那》。现在标明的作者已经笼罩在神话传说的迷雾中，其历史真实性难以考证，他们有可能是这部大史诗原始形式的作者，也有可能是在这部大史诗形成过程中虚构的作者。

《罗摩衍那》最初只是口头流传，增增删删，因人因地而异。写成以后，仍无定本。大家公认在全书7篇之中，第1、7篇晚出，第2—6篇是全书较原始的部分。因此，这部包括24000颂（现代精校本为近两万颂）的大史诗绝不会成于一时，它的成书年代约在公元前4世纪、公元前3世纪至公元2世纪之间。全书7篇按顺序是：《童年篇》《阿逾陀篇》《森林篇》《猴国篇》《美妙篇》《战斗篇》和《后篇》。

主要情节：

史诗以罗摩和妻子悉多的悲欢离合为故事主线，表现了印度古代宫廷内部和列国之间的斗争；因其间穿插了不少神话传说和小故事及描绘自然景色、战斗场面等花费了过多笔墨，故而篇幅宏大。情节大体如下：阿逾陀城国王十车王有3个王后，生有4个儿子，长子罗摩。罗摩通过比武获胜，娶了弥提罗国公主悉多。十车王年迈，决定立罗摩为太子，继承王位。但他的第二个王后吉迦伊受侍女怂恿，竟提出流放罗摩14年和立她的亲生儿子婆罗多为太子的非分要求。由于十车王有诺言在先，必须应允王后的要求。罗摩为使父王不失信义，甘愿被流放。悉多为了夫妻之情，十车王的小王后亲生子拉克什曼那为了兄弟之谊，都甘愿随同被流放。他们三人离开都城不久，十车王即抑郁而死。当时，婆罗多不了解内情，被召回举行父葬和继承王位。他得知真相后，痛斥母亲，举行完父亲葬礼后，亲自去森林寻找罗摩，让他继位。但罗摩坚决不肯，一定要等流放期满再回去。婆罗多只得带回罗摩的鞋子供在王座上，代为摄政。罗摩三人在森林中历尽艰险。楞伽岛十首魔王罗婆那劫走悉多，罗摩与猴国结盟，猴王坐下有一神猴哈努曼，神勇异常（也为中国西游记孙悟空原型），在神猴哈奴曼及猴群相助下，罗摩终于战胜魔王，救回悉多。但罗摩怀疑悉多的贞操，使她投火自明。火神从熊熊烈火中托出悉多，证明了她的贞洁。夫妻团圆，流放亦期满。罗摩回国登基为王，阿逾陀城出现太平盛世。但波折又起，罗摩听到民间又传悉多不算贞女，为不违民意，忍痛把怀孕在身的悉多遗弃在恒河岸边。悉多得到蚁垤仙人的救护，住在净修林里，生下一对孪生子。后罗摩举行马祭，蚁垤安排孪生子与罗摩相会，并向罗摩辩明悉多的贞节，但罗摩仍认为无法取信于民。悉多无奈，向大地母亲呼救，说如果自己贞洁无瑕，请大地收容她。顿时大地裂开。悉多纵身投入大地怀抱。最后罗摩兄弟都升入天国，复化为毗湿奴神。

全书写的是罗摩与妻子悉多悲欢离合的故事。篇幅之所以这样大，有两个原因：第一，同印度其他古籍一样，插入了不少的小故事；第二，描绘自然景色、战斗场面等花费了过多的笔墨。

第一篇《童年篇》

开首是一篇类似楔子的东西，介绍成书经过和全书内容。接着讲本书主要故事。十车王无子，请鹿角仙人举行求子大祭。天神全都来到祭场。他们商议请大神毗湿奴下凡剪除罗刹王罗婆那。毗湿奴化身为四，降生为十车王的四个儿子：罗摩、婆罗多、拉克什曼那和舍图卢祇那。大梵天为了帮助毗湿奴，要求众神创造猕猴，助罗摩平妖。大仙人众友来到十车王朝廷上请他派罗摩去降魔。罗摩和弟弟拉克什曼那随众友出走，剪除了妖魔，来到遮那竭王朝廷上，罗摩拉断神弓，同悉多结婚。悉多是遮那竭王从垄沟里拣起来的女儿。

第二篇《阿逾陀篇》

本篇主要讲十车王的宫廷斗争。十车王年迈，决定立罗摩为太子，继承王位。小后吉迦伊玩弄手段，胁迫十车王把罗摩流放，让自己的儿子婆罗多即王位。罗摩是孝子，坚决执行父王的命令。悉多是贤妻，一定要陪罗摩流放。拉克什曼那是好弟弟，执意陪侍兄嫂。于是三人辞别父母，出发到森林中去，流放十四年。婆罗多也是好弟弟，无论如何不愿登上王位。他率领大军到森林里去，劝罗摩回国。罗摩不肯，把自己的一双鞋交给婆罗多，作为替身。婆罗多捧双鞋回国，代罗摩摄政。

第三篇《森林篇》

本篇描绘罗摩等三人在森林中的生活。林子里到处是罗刹。他们行凶吃人，搅得大家惶惶不安。居住在林中的人们恳请罗摩除怪安民。楞伽城十首罗刹王罗婆那的妹妹首哩薄那迦来到林中，爱上了罗摩。罗摩把她转介绍给拉克什曼那。拉克什曼那一怒割掉了她的鼻子和耳朵。她先求救于弟弟伽罗。随后又逃往楞伽城，怂恿罗婆那来劫走悉多。罗婆那命令小妖化作金鹿，引开罗摩，乘机劫走悉多。罗摩兄弟在林中到处寻找悉多踪迹，遍询树木、小河、山丘、野兽，没有得到确切的答复。他们俩后来遇到了金翅鸟王，才得知悉多下落：她已经被魔王罗婆那劫至楞伽城。金翅鸟王力劝罗摩与猴王联盟，共同营救悉多。

第四篇《猴国篇》

本篇主要讲罗摩与猴王结盟的故事。罗摩同拉克什曼那来到般波湖。烂漫的春光逗引起罗摩思妻之情。他们兄弟俩在这里碰到神猴哈奴曼，并在哈奴曼力劝之下同猴王须羯哩婆结盟，互相约定：罗摩助猴王杀死其兄波林，夺回王位；猴王则帮助罗摩寻找妻子。正在此时，波林来同猴王搏斗。罗摩隐身树后，用暗箭射死波林。接着就给猴王举行灌顶（加冕）礼。但猴王复国以后，沉湎于酒色之中。拉克什曼那骂上门来，他才幡然憬悟，立即派出猴兵猴将，到大地各处搜寻悉多踪迹。哈奴曼被派往南方，他在途中遇到金翅鸟王的弟弟僧婆底。僧婆底告诉他亲眼看到罗婆那把悉多劫往楞伽城，罗摩于是率猴兵来到海边。他派哈奴曼过海去侦察。哈奴曼一跃过海。

第五篇《美妙篇》

哈奴曼跳过大海以后，来到楞伽城。他变成一只猫，潜入城内，到处探视。最后来到王宫的御花园，发现了被魔王囚禁的悉多，并亲眼看到悉多坚贞不屈、抗拒魔王引诱的情景。他乘看守悉多的罗刹女离开的时机走到她跟前，把罗摩的表记交给她。为了想试一试魔王的威力，他大闹楞伽城。最后他被魔王擒住，尾巴被系上了燃烧着的东西。他伺机逃脱，所到之处，烈焰随之，火烧了楞伽城，然后他纵身跳过大海，向罗摩复命。

第六篇《战斗篇》

本篇是全书最长的一篇，描绘罗摩率猴兵与魔兵搏斗的情景。听说罗摩率领猴子大军来到大海对岸，魔王罗婆那就召开军事会议。他弟弟维毗沙那主张交出悉多，与罗摩和好。魔王大怒，把他赶走。他过海投奔罗摩。罗摩得海神之助，派那罗跨海造桥。猴子大军渡海，把楞伽城团团围住。接着就展开了一场激烈的搏斗。罗摩兄弟都受了重伤。神猴哈奴曼被派到北方神山吉罗娑山去采集仙草，给罗摩兄弟治伤。但是仙草却隐藏了起来。哈奴曼于是把整座吉罗娑山托在手中，来到两军阵前，用仙草治愈了罗摩兄弟的伤，又把神山托回原处。最后罗婆那和几个儿子都阵亡了。罗摩立维毗沙那为楞伽王。悉多投火自明，夫妻团圆。此时14年流放期满，罗摩得胜回国。

罗摩、悉多、拉克什曼那等回到阿逾陀。罗摩正式即位，立婆罗多为王储。

《后篇》

老百姓纷纷议论悉多，说她不一定贞洁，罗摩扛不住议论，让拉克什曼那把已经怀孕的悉多流放到森林。蚁垤仙人收留悉多。

罗摩举行马祭，蚁垤带悉多和罗摩的双胞胎儿子俱舍（Kusha）和罗婆（Lava）来演唱《罗摩衍那》，罗摩认出儿子。悉多为表贞洁，让大地女神接走。罗摩把国土分为两半给具舍和罗婆继承。

1940年8月10日，在纪念印度著名诗人杜勒西达斯大会上，泰戈尔发言，论述《罗摩衍那》对印度文化的巨大影响。

Ramayana Darsanam 《罗摩衍那哲学》，19世纪坎纳达语诗人Pattappa的作品。

Ramanyanacampu 《罗摩衍那占布》，11世纪帕拉马拉王朝国王波者（Bhoja）的作品。

Ramazan 莱麦丹月，斋月，在9月。

R

Rambha 兰跋，乳海中搅出的精灵，仙女，美丽的化身。因陀罗派其引诱众友仙人，被仙人诅咒为岩石，女罗刹。

Rambha-tritiya 兰芭节（夜），爱美妇女在每月十五日后的第三夜拜兰芭。

Rambhyudaya 《罗摩出世》（剧）。

Ramchandra 罗摩钱德拉，即罗摩。

Ramchandra Sharma Undertakes Fast: Tagore's Appeal 《罗摩月·夏尔马在斋戒：泰戈尔的呼吁》，泰戈尔1935年的书信。

Ramdhari Singh Dinkar 兰达利·辛格·丁卡，现代印地语作家。

Ramendra Trivedi 拉门德拉·特里维迪，泰戈尔的好朋友。

Rameswar Shukla 罗摩斯瓦尔·舒克拉，印度现代进步主义文学学派作家。

Rameswaram 拉梅斯瓦兰，印度与锡兰之间的一个小岛，在泰米尔纳德邦拉马纳他普兰县潘班岛中部。传说在罗摩准备渡海攻打十首魔王罗婆那时所建，这里有著名的罗摩庙。

Ramganatha Ramanyana 泰卢古语的《罗摩衍那》，由13世纪宫那·布达·雷迪（Gona Budha Reddi）翻译。

Ramgarh Hills 染加尔山区，在印度北方邦（Uttar Pradesh），泰戈尔于1914年曾在此度夏。

Ramgarhia 拉姆加西亚锡客人，工匠种姓。

Ramkanai's Folly 《愚蠢的拉姆拉尔》，泰戈尔于1891年写的短篇小说。拉姆拉尔的哥哥古鲁邱龙临死让弟弟拉姆拉尔记下遗嘱，由第二个妻子什丽莫蒂继承财产。这使得他的妻子和他的儿子纳沃德维帕大为光火。儿子和母亲制造假遗嘱，寻找假证人，差点把遗产骗走。最后拉姆拉尔出庭作证，说明哥哥嫂子继承遗产。他的妻子和儿子气得离他而去。

Ramkanaier Nirbuddhita 《愚蠢的拉姆拉尔》，泰戈尔于1891年写的短篇小说。见Ramkanai's Folly。

Ramnagar Ram Leela 瓦拉纳西一带的观众跟着戏走的罗摩戏。

Ramanna, Raja 拉马纳，拉贾（1925—），印度核物理学家。

Ramkaier Nirbudhita 泰戈尔的短篇小说《愚蠢的拉姆卡尔》。

Ramkinker 拉姆金格尔（1910—1980），印度雕塑家。

Rammohan Centenary 罗易逝世100周年纪念，由泰戈尔于1933年1月18日在加尔各答议院大礼堂主持举行，泰戈尔作《拉姆莫洪·罗易》的演讲。

Rammohan Roy 拉姆罗洪·罗易（1772—1833），印度教改革家，属婆罗门种姓，生于英属印度的孟加拉一个笃信印度教的贵族地主家庭，1828年建立梵社，著有《一神论的赏赐》《捍卫印度有神论》等许多作品。

Rammohan Roy 《拉姆罗洪·罗易》，泰戈尔于1932年1月18日在加尔各答议院大礼堂举行的罗易逝世100周年纪念大会上的演讲。

Rammohun Library Hall　拉姆莫洪图书馆礼堂，在加尔各答，1917年8月4日泰戈尔在这里发表著名的政治论文《主的意志》（Kartar Ichchhay Karma， As the Master Wills）。

Ramoshis　拉摩什人。

Rampaa　罗姆葩，一位仙女。

Ramprasaad Sen　罗摩普罗沙德·森（1723—1775），18世纪著名的孟加拉语诗人。他创作的关于歌颂舍玛的歌曲至今在孟加拉地区传唱。

Ramprasad　罗摩普拉萨德（1720—1771），虔诚派和信奉迦利女神的作曲家和歌唱家。

Ramsitu　罗摩桥，在印度最南边罗摩斯瓦兰镇和斯里兰卡之间，在史诗《罗摩衍那》里，为救被十首魔王罗婆那劫持到楞伽岛（即现在斯里兰卡）的妻子悉多，罗摩在猴子军、熊军帮助下，在这里用石块、树枝等在海上填出一条道路，过海打败十首魔王，救出了悉多。这条道路就叫罗摩桥。

Ramtanu　冉塔努，又叫坦森（Tansen）或檀那·米斯拉（Tanna Misra），16世纪音乐家。

Ramtek　罗摩特克，《罗摩衍那》里的地名，在现今的那格浦尔附近。

Ran Dongping　冉东平，博士，广州大学人文学院中文系教授，发表《从现实走向理想的悲歌——评泰戈尔的象征主义戏剧〈邮局〉》。

Ran Siwei　冉思玮（1982—），四川教育学院老师，2012年发表《简论泰戈尔的梵、人、自然统一观》。

Ran Yunhua　冉云华（1924—），四川广元人，加拿大华裔学者，毕业于陕西师范专科学校，后入四川大学专攻历史；1953年赴印度国际大学，师从师觉月（P. C. Bagchi，又名巴克齐，法国汉学家烈维之高足）、谭云山、贾太吉（D. R. Sudhakar Chatterji）等人，修习佛学、印度宗教史学，并获该校哲学博士学位。毕业后，历任国际大学讲师，中国学院中文图书馆馆长，加拿大麦克马斯特大学宗教系副教授、教授、系主任，东京大学东洋文化研究所、英国剑桥大学克莱尔学院客座研究员等职。1989年应聘至台湾，任法光佛教文化研究所教授及中华佛学研究所研究员，为台湾培养了许多佛学专才。著有《中国佛教纪年》《宗密》等书，并有研究论文近百篇，发表于欧、美、英、日、台、港等地之学术杂志。

Rana　拉纳，部族的印度教徒或种姓对首领的称号。

Rana Ghundai Site　拉纳·昆代遗址，发现于巴基斯坦俾路支省洛拉莱河谷的公元前6000年至公元前2400年的新石器和最早出现的铜石并用时代的文化遗址。

Ranade　罗纳德，1870年入祈祷者协会，在理论上有巨大贡献。

Ranade，Mahadev Govind　罗纳德，摩诃提婆·戈文德（1842—1901），印度马哈施特拉民族运动领导人，社会改革家，曾任孟买推事，1861年与人共同发起创立寡妇婚嫁协会。印度国民经济学派奠基人之一。作品有《印度经济学论文集》等。

Ranakpur　纳纳克普尔，在乌代普（Udaipur）的阿拉瓦里（Aravalli）的耆那教庙。

Ranchi　兰契，印度比哈尔邦南部城市，人口30多万。泰戈尔的哥哥久迪林德罗纳特于1925年3月4日逝世于此地。

Ranee Bhabaanee　拉妮·帕芭妮，18世纪印度女慈善家，纳多尔地主拉姆坎多的妻子。在她32岁时丈夫去世，当时她每年继承1500万卢比的财富。她为修建神庙、池塘等公共设施捐赠5000万卢比。79岁病逝。

Ranga　舞台。

Rangabhuni　普列姆昌德的小说《圣洁的土地》。

Rangalaal Bandyopaadhyaay　龙格拉尔（1827—1887），孟加拉语诗人，生于波尔陀曼县的巴库利亚村，主要作品有叙事诗《吉祥女人的故事》《甘奇迦贝丽》《苏罗莯多丽》等。

Rangamala　与构成旋律调式有关的绘画。

Rangamancha　《舞台》，泰戈尔于1903年写的论文，表达了对西方戏剧模式尤其是现实主义的戏剧模式的不满，并提议回归印度本土文化。

Ranganathan　任嘉德，已退休的印度外交官，20世纪90年代曾任驻华大使。

Ranganathaswamy　蓝加纳特斯瓦米，印度教庙，在迈索尔斯里兰贾帕南（Srirangapatnam）。

Rangapitha 前舞台，舞台之座。

Rangasirsa 后舞台，舞台之首。

Rangoon 仰光，缅甸首都。见Yangon。

Ranglan 郎格兰（1330? —1400?），中古英语头韵诗名篇《耕者皮尔斯》的作者。

Rani 女王，王后；嫂子。

Rani 拉妮（1912—1997），泰戈尔的好友库洛琼德的女儿。库德琼德过早地逝世后，泰戈尔把他的一家接到圣蒂尼克坦，并且把几个孩子抚养成人，其中拉妮成为著名的画家，泰戈尔待她如亲生女儿。

Rani 拉妮，意为"贵夫人""王后"。

Rani Devi 拉尼·戴维，女，1926年陪同泰戈尔访问欧洲。

Rani Karna 拉尼·卡尔那，奥迪西舞著名演员。

Rani Mohlanbish 拉妮·莫赫兰比什，是指尼尔莫洛库马丽·莫赫兰比什（1900—1981），拉妮是她的爱称。她是著名人口学家普罗山多琼德罗·莫赫兰比什的妻子，夫妻俩是泰戈尔最亲近的人。在泰戈尔的晚年她一直陪伴在泰戈尔的身边。

Rani of Jhansi 詹西女王，即拉克西米·巴伊（1835—1858），印度反抗英国殖民统治的女英雄，又名拉克希米·芭伊。1853年詹西王公去世后，因无子嗣，她以养子监护人身份登基。不久公国被英国兼并。1857年印度民族大起义爆发后，她于5月在詹西发动起义响应，驱赶英国侵略者。她的美貌、坚定和勇敢，使其成为印度民族大起义中最受爱戴的领导人。1858年6月詹西沦陷后撤至印度北部的瓜廖尔继续战斗，6月18日在城郊的保卫战中，遭遇英军罗斯将军的第8轻骑兵团，孤军奋战，身中数刀，被抬出战场后，伤重不治。她牺牲时年仅22岁，被称为印度的圣女贞德。

R

Ranjit Singh 兰季特·辛格（1780—1839），印度锡克教领袖，旁遮普锡克教国家缔造者。

Ranka 一种动物。

Ranna 兰纳，坎纳达语文学三宝之一，其余二宝为畔帕（Panpa）和彭纳（Ponna）。

Ranoji Sindhia 拉诺基·信迪亚（? —1750），印度马拉塔国家国王。

Rant Kama 兰特·卡玛，卡达克舞表演艺术家。

Ranthambar 兰桑博尔，城镇名，在拉贾斯坦邦。

Rantideva 慷慨女神。

Ranu 拉努，即拉努穆克基夫人，从1918年开始和泰戈尔通信，二人的书信以后以"与巴努辛赫通信集"（Bhanusimher Patravali）为题出版。

Rao, Chandra Rajeshwar 拉奥，钱德拉·拉杰什瓦尔（1914—1994），印度共产党总书记。

Rao Chattar Sal 饶·查特·萨尔，17—18世纪邦迪派画家。

Rao, Chintamani Nagesa Ramachandra 拉奥，钦塔马尼·纳吉萨·拉马钱德拉（1934—），印度国家科学院院长，印度著名化学家。

Rao, Nandamuri Taraka Rama 拉奥，南达莫里·塔拉卡·拉马（1923—1996），印度著名的电影艺术家，在300多部影片里扮演主角。

Rao, P. V. Narasimha 拉奥，帕·文·纳拉辛哈（1921—2004），印度政治家，国大党领袖，语言学家，1991年担任印度总理。

Rao, Raja 拉沃，拉贾（1908—2006），印度英语作家，作品有《蛇与神》等。

Rao Ram Singh 饶·罗姆·辛格（1827—1865），拉贾斯坦邦科塔（Kota）画派著名人物。

Rapson, Edward James 拉普森，爱德华·詹姆斯（1861—1937），英国印度古钱币学家。

Rarmendrizani 五作根，手、足、口、生殖器和排泄器、心。

Rasa 长生不老药，万应灵丹，在印度炼金术或艺术中非常重要；人体有机液、血肉、脂肪、骨髓、精液由洒拉构成，地、水、火、风、气造成食物为洒拉；本质，精华，味。

Rasa 美学体验，美学之愉快，艺术之乐，心境。味，艺术审美感情基调，情调，当艺术达到美学高峰时便成味。艳情味（srngara），悲悯味（karusa），英勇味（vira），恐怖味（hayanaka），暴戾味（raudra），奇异味（adbhuta），厌恶味（bibhatsa），滑稽味

(hasya)，对应8种常情：爱（rati），悲（soka），勇（utsaha），惧（bhaya），怒（krodha），惊（vismaya），厌（jugupsa），笑（hasa）。

Rasa-mandala　情味圆圈舞，黑天做牧童时跳的第一个舞。

Rasa-Nispatti　理论。

Rasa-sanpradaya　味论派。

Rasa Ratnakara　《丹宝制作》，15世纪坎纳达语作家萨尔瓦（Salva）的作品。

Rasabhasa　味影。

Rasachitra　味画，即情感的描绘，一看便能感到艳情等味。

Rasadhvani　味韵，情感的暗示，是诗的暗示的真正本质。

Rasadrsti-laksanam　《味视觉论》。

Rasagangadhara　《味海》，16世纪世主（Jagannatha）著。

Rasagollaa　罗绍糕拉，印度的一种圆形的甜食。

Rasaka　罗萨迦，黑天用分身法同时与每个牧女配对跳舞。

Rasalo　《拉萨罗》，17世纪信德语作家沙·阿卜杜尔·拉提夫（Shah Abdul Latif）的诗集。

Rasamandalam　娱乐厅。

Rasamanjari　《味花簇》，15世纪班努达多（Bhamdatta）著。

Rasamnjari　《味蕾》。

Rasaraja　味王。

Rasaratnasamucchaya　《丹宝集论》。

Rasarnava　《丹海》，湿婆密典。

Rasarnavasudhakara　《味海月》，14世纪辛格巴帕拉（Singhbhapala）著。

Rasatala　第7界，即地下界。

Rasatarangini　《味河》，15世纪班努达多著。

Rasayana　长生之道，长生不老药；化学。全面疗法。

Rasheela　北方邦民间舞。

Rashi　星座。

Rashik　《机智》，泰戈尔1886写的喜剧。见The Wit。

Rashla of Krishna　黑天戏。

Rashminir's Son　《拉什莫妮的儿子》，泰戈尔于1911年写的短篇小说。瓦巴尼恰兰是个软弱无能的男人，既不会挣钱又不会理家。父亲的遗产让同父异母的哥哥筛玛恰兰骗光。他也不会管教孩子，家里里里外外全靠妻子拉什莫妮一个人操持。儿子卡里帕达在拉什莫妮的严格管教下很听话，聪明好学。她送卡里帕达去加尔各答学习。孩子把妈妈给的50卢比精心珍藏，自己挣奖学金，带家教挣学习费用。楼上住着浪荡公子绍伊兰德拉，他恶作剧式地偷走卡里帕达的50卢比，卡里帕达为此急病，最后竟不治而死。通过和前来看儿子的瓦巴尼恰兰接触，他才知道卡里帕达就是他的远叔，他爷爷就是当年偷走遗嘱的瓦巴尼恰兰的同父异母哥哥石玛恰兰，父亲就是独吞家产的塔拉帕德。绍伊兰德拉良心发现，偷偷送回当年爷爷偷走的遗嘱，但一切晚了。瓦巴尼恰兰和妻子拉什莫妮把遗嘱撕碎扔到了恒河里。儿子死了，有了财产又有何用?

Rashtra　国家，民族，王权的赐予者和褫夺者。

Rashtra-Bhakti　国家虔信论。

Rashtrakuta　拉什特拉库塔（王朝和王国），753—973，德干南的王朝。

Rashtrapala　剧本《护国》，1世纪马鸣写。

Rashtrapati Bhawan　总督府。

Rashtrapati Bhava　新德里的总统府，原为英殖民政府的总督府。

Rashtrya Swayamsevak Sang （RSS） 国民志愿团，为印度教文化复兴与巩固组织，由黑格瓦尔于1925年在纳格普尔创立，是一个半武装的印度教教派主义组织，宗旨是复兴古代印度教国家，经常与穆斯林发生宗教冲突。

Rasi　巨屋，星星停留的太空室。

Rasiar Cithi　《俄罗斯书简》，泰戈尔的散文集，泰戈尔与俄国友人的通信。

Rasika　知味者，尝味者，即鉴赏者。

Rasikapriya　《风骚女郎》，拉贾斯坦风格的插图文学通俗作品。

Rasis　12星座。

Rasiva　爱好情报的人。

Rasjatra　秋季圆月日的黑天节。

Rasleela　北方邦布拉吉地区（Braj）的民间戏剧。

Rasmi 绳尺。

Rasmussen, Egil Richard 拉斯姆森·E.R.(1903—),挪威作家和评论家,主要作品有《索妮雅的心》等。1961年撰文纪念泰戈尔诞生100周年。

Raso vai sah 无限本身就是爱。

Rastra 领域,王国,国家,县。

Rastradevata 王国神祇。

Rastramimansa 政治哲学,政事论。

Rastravardhana 拉丝特拉瓦达那,《罗摩衍那》里十车王的八大臣之一。

Ratan Devil 拉坦·黛薇,20世纪初的印度女歌唱家。

Ratan Kuthi 拉坦招待所,由拉坦夫人于1923年捐助25000卢比,在国际大学为访问学者修建的接待处。

Ratan Tata 拉坦·塔塔夫人,她于1923年捐助25000卢比,在国际大学为接待访问学者修建了招待所。

Ratankuti 拉坦古底,又称塔塔·别尔亭(Tata Building),国际大学的学生宿舍名,中国留学生魏风于20世纪30年代曾住在这里。

Rath 战车。

Rath Yatra (jaatraa) 战车游行节,在每年6—7月,大战车上载着大力罗摩、黑天、妙贤的像,庆祝传说中黑天到马图拉看望叔叔的事件。

Ratha 拉塔,战车。

Rathasaptami 太阳神节,在马克月,印历11月(公历1—2月)。

R

Rathbone, Eleanor 拉特伯恩小姐(1872—1946),英国著名慈善家,英国议员,终生致力于社会改革。1941年给泰戈尔写信慰问,泰戈尔在病榻上回信。

Ratheendranath Tagore 罗廷德罗纳特·泰戈尔(1888—1961),泰戈尔的大儿子。童年和少年时代,罗廷跟随父亲去过很多地方旅游。他在什莱达赫、圣蒂尼克坦和北孟加拉等地都住过很长时间。在罗廷9岁的时候,家里为他举行了隆重的佩戴圣线仪式。为了把罗廷培养成才,泰戈尔花费了不少心血,付出很大的努力。在很多问题上,泰戈尔都坚持自己的主张,比如,在教育孩子的问题上就是如此。

最初,泰戈尔在圣蒂尼克坦创建古代印度梵学书院似的学校,其动机就是培养儿子罗廷,因为他要摆脱当时流行的教育思想和教育体制。慈爱的父亲想把儿子培养成为具有各方面知识的有用人才。起初与罗廷一起学习的一共只有5个男孩子。当时父亲要求他和其他同学一样住在学生宿舍里,而不让他和爸爸妈妈住在一起。泰戈尔虽然教过儿子各种学科知识,但是最后泰戈尔还是让儿子前往美国的伊利那亚大学学习农学,并取得了理科学士学位。回国后,罗廷根据父亲的意愿去什莱达赫从事农业研究工作。

泰戈尔虽然想按照自己的理想培养自己的长子,但是罗廷并没有完全按照父亲的要求去做。在很多时候和许多问题上他都有自己的理想和追求。他关于国际大学发展的构想和所做的工作表明,他并没有遵循父亲的理想和愿望去办学。泰戈尔对他的慈爱和关心,在很多情况下都体现在严格的要求和严厉的目光中。这种情况无疑对儿子造成了伤害。很多人议论说,罗廷是个很谦恭的人,他是完全顺从父亲的意愿的。泰戈尔有一次也说过:"罗廷的不幸,就在于他是我的儿子,因此他的才华都被压制了。"罗廷是个很不喜欢张扬的人。他喜欢各种艺术,对机械学、园艺栽培和蔬菜育种都特别感兴趣,并且很有造诣。他能写一手很漂亮的字。他的著作中值得提到的有:《生命论》《进化论》《回忆父亲》(Pitri-smriti)《On the Edges of Time》等。

父亲仙逝后,他担任圣蒂尼克坦国际大学的副校长。在关于大学改制的问题上,他与一些领导者发生过意见分歧和争执。最后在把国际大学改为直属印度中央政府大学的过程中,罗廷发挥了重要作用,尽管人们对此褒贬不一。1953年他辞去副校长的职务,并且离开了国际大学,前往德拉顿定居,在那里度过了自己的晚年,1961年逝世,享年73岁。

在他的个人生活中,母亲对他的影响是比较大的。根据父亲的意愿,他与从前母亲喜欢的女孩普拉蒂玛结了婚。这是乔拉桑科·泰戈尔之家第一次迎娶寡妇。罗廷的婚姻生活并不很幸福。他和普拉蒂玛也没有生育后代,只是收养了一个女儿依蒂妮(1922年出生),是从古吉拉特抱养来的女孩。

Rather Rasi 《时代的游行》，泰戈尔的剧本。见 The March of Time。

Rathi 拉提，泰戈尔的大儿子的昵称。

Rathors 拉托尔人，印度拉其普特人的一支。

Rathyatra 《战车游行》，泰戈尔的剧本。见 The Car of Time《时代的游行》。

Ratideba 罗迪代博，泰戈尔的第十代先祖拉伊乔杜里的三儿子，生活在15世纪。

Ratidevi 罗蒂，爱神（Kama-devi）的妻子。快乐女神，爱欲女神，欢快，情爱，爱欲，性快乐。

Ratnacinta 宝思惟，8世纪印度佛教僧人，曾来洛阳译经。

Ratnakar 拉特那卡尔，富商，佛陀弟子。

Ratnakara 纳特纳卡拉，9世纪作家，著《诃罗胜利记》（Haravijaya）

Ratnakara Varni 拉特纳卡拉·瓦尔尼，14—15世纪坎纳达语文学家，作品《婆罗多瓦拉的品质》（Bharatavara Charita）。

Ratnakuta 《宝积经》，大乘佛教主要经典之一。

Ratnamaalaa 洛特诺玛拉（15世纪），泰戈尔的第十代先祖拉伊乔杜里的唯一女儿，嫁给贫穷婆罗门穆克巴泰。

Ratnamati 勒那摩提，意译为“宝意”，天竺佛教僧人，公元508年到中国，与菩提流支（Bodhiruci）和佛陀善多（Buddhasanta）一起共同完成8部译著。

Ratnavadananala 宝譬喻鬘，佛教经典。

Ratnavali 《宝行王正论》（或译《珠璎》，《璎珞传》），戒日王（590—647）的剧本。锡兰公主璎珞嫁给犊子国优填王，海上沉船，璎珞被犊子国商人救出，送优填王后仙赐处当宫娥，优填王与璎珞相爱，幽会时被仙赐发现，璎珞被囚禁，后仙赐知道真相，二人终成眷属。

Ratnins 持宝者，富有珍珠者，宫廷显贵。

Ratri 夜神，黑夜女神。

Rattray, R. F. 拉特雷，印度当代翻译家，曾编辑《活着的诗人》，包括泰戈尔。

Raudra 暴戾味，产生于常情味（Krodha），通过愤怒、侵犯、毁谤、侮辱、谎言、中伤、谋害和嫉恨等情由产生。

Raudra 劳陀螺，战神鲁陀罗的后代。鲁陀罗法宝。

Rauhina 饶犀那，干旱恶魔的名字。

Rauravam 蛇咬地狱。

Rauta 将军。

Ravanakumaratantra 《用口诀与咒语治疗儿科疾病》，印度古代梵语医药书，11世纪被翻成中文。

Ravana 罗婆那，“为他人哭泣者”，印度史诗《罗摩衍那》里的十首魔王，生有十个头，二十个手臂，铜眼白牙，能劈山倒海，乘飞车。他把罗摩妻子悉多抢劫到楞伽岛，最后被罗摩杀死，悉多被救出。

Ravanaarjuna 《罗婆那与阿周那》，11世纪作家保摩加（Bhaumak）著。

Ravananugraha 湿婆的显身形式。

Ravanarjuniya 《十首王与阿周那》（文法诗）。

Ravanavadha 《十首王的伏诛》，6—7世纪跋提（Bhata）写。

Ravasarvasva 大城市研究所的主要学者。

Ravi 太阳，太阳神的别名。

Ravi 罗毗，泰戈尔的小名。

Ravi 太阳。

Ravi Kiran Madal 19世纪马拉提语的诗人团体名。

Ravi Shankar 拉维·香卡（1920—2012），印度音乐家，本名 Robindro Shaunkor Chowdhury，是印度传统音乐作曲家，西塔尔演奏家，被称为“地球上最著名的印度音乐家”。1944年他完成学业后，曾为《甘地传》及萨蒂亚吉特·雷伊的《阿普三部曲》创作配乐。1956年始，他开始游历欧美以推广印度传统音乐。他曾被授予印度国宝勋章、莲花装勋章、莲花赐勋章，获保拉音乐奖、奥斯卡最佳原创音乐奖。2012年逝世于美国加利福尼亚州恩西尼塔斯。20世纪50年代曾到中国访问。

Ravi Varma 拉维·瓦尔玛（1848—1906），印度袖珍画家。

Ravidas 罗维达斯，16—17世纪印度诗人。

Ravika 紧身围腰。

Ravindranatha Takura Vidya 泰戈尔学。

Ravisena 拉维塞纳，7世纪作家，著《莲花往世书》（Padmapurana）。

Raviwar 崇拜太阳神（Surya）苏利耶的星

期天，太阳神的名字

Rawak 古代文明遗址，在今新疆和阗。

Rawats 拉瓦特，印度教酋长。

Ray, Annada Sankar 雷，安纳达·桑贾尔（1904—1984），印度孟加拉语作家、文学评论家，印度文学学会会员，作品有《泰戈尔的文学贡献》等。

Ray, Dwijendaralal 雷，德威金德拉拉尔（1863—1913），泰戈尔时期的印度剧作家和诗人，泰戈尔的崇拜者。

Ray, Kshitish 雷，克什提史，泰戈尔时期的文学编辑，曾编辑出版泰戈尔的作品。

Ray, Lala Lajpat 拉伊，拉拉·拉直巴特（1865—1928），印度国大党激进派领袖，1920年任国大党主席，1928年在组织反英斗争时被打死。

Ray, Niharranjan 雷，尼哈然坚（1903—1981），印度孟加拉语历史学家和艺术评论家，曾留学法国、英国和德国。加尔各答大学教授，印度文学学会会员，作品有《孟加拉历史》《重大的节日》《泰戈尔的文学作用》等。

Ray, Prafulla Chandra 拉伊·P. C.（1862—1944），印度化学家，有"印度化学之父"之称，曾留学英国汉丁堡大学。他对印度矿物进行了系统分析，发现了门捷列夫周期表中没有的元素。在他的领导下建起了一批化工企业。1932年12月11日，泰戈尔主持庆祝他的70岁生日并赠送小册子《伟大的力量和被压抑的人性》。

Rayapasenaijja 波斯匿王，是中印度知萨罗国国王，兼领有迦尸国，与摩羯陀国并列为佛陀时代的大强国。波斯匿王与佛陀同龄，曾和佛陀辩论而结成好友，视佛陀如师，在印度与频婆娑罗王同是护持佛教的两大国王。

Rayat 孟加拉语中的阿拉伯单词，意为佃农。

Raybahadur 莱依巴哈杜尔，莫卧儿时期和英国统治时期授给杰出的印度教徒的光荣称号。对穆斯林则是可汗巴哈杜尔（Khanbahadur）。

Raziya 拉吉亚（？—1240），德里苏丹国女王，仅执政3年，被宫廷卫士杀死。她是唯一统治过印度的穆斯林女人。

Rbhu 利普，"能工巧匠"，工艺神。聪明，才能，技巧。

Re silk sari 印度新娘子披的瓦拉纳西红莎丽。

Reading, Rufus Daniel Issacs 里丁，鲁弗斯·丹尼尔·艾萨克斯（1860—1935），1921—1926担任印度总督。

Reading 《读书》，1979年创刊，由生活·读书·新知三联书店主办。2001年10月第10期刊登郁龙余的《泰戈尔是幸运的》。

Reading Reports 《读书通讯》，1940年创刊于重庆，以文化纪事、艺文丛谈、新书目提要、学府掌故、专题研究、访胜记游、科学琐闻、科学知识等栏目为主。主编李季谷，发行人刘百闵。1954年第149期刊登周子亚的《泰戈尔与世界文化》。

Realization in Action in Sadhana (Karmayog) 《在行动中彻悟》，泰戈尔1911年写的散文。

Realization in Love 《爱的感悟》，泰戈尔的散文。

Realization of Beauty 《美的感悟》，泰戈尔的散文。

Realization of the Infinite in Sadhana (Visva bodh) 《彻悟无限》，泰戈尔于1910年在梵社年会上的讲话。

Rebel India 《造反的印度》，泰戈尔1933年对同名书的评论。

Rebi baby 模仿性节奏。

Recaka 足、腰、手、颈的转动方式。先呼气，稍等再吸气。

Reception 《接待》，泰戈尔1885年写的幽默故事系列之一。查土布吉获得硕士学位，自豪地往家走，心想村里人一定会热烈地迎接他。使他没有想到的是，人们被他带回来的可爱的猫吸引住了。大家就猫向他问这问那，对他毫无兴趣。就连他的妈妈和姑姑也和大家一样只关心猫。他一气之下，伤心地离开了村子。

Reception Committee 印度国大党接待委员会。

Records of Western Countries 《大唐西域记》，简称《西域记》，为唐代著名僧人唐玄奘口述，门人辩机奉唐太宗之敕令笔受编集而成。《大唐西域记》共十二卷，成书于唐贞观二十年（646年），为玄奘游历印度、西域旅途19年间之游历见闻录。其中，包括玄奘游学五印，大破外道诸论的精彩片段，高潮迭起。

Red Fort 红堡，印度最大的故宫，位于德里旧城北部的雅穆纳河畔，是17世纪莫卧儿皇帝沙加汗仿照亚格拉的莫卧儿王宫建的皇宫。1947年8月15日，印度第一任总理尼赫鲁在红堡的拉合尔门宣布印度独立。

Red Oleanders（Raktakaravi；Nandini）《红夹竹桃》(《南迪尼》)，泰戈尔1923年写的剧本。夜叉城里的人们沉浸在追求金钱的沉重氛围中，统治者有国王、三位老爷、若干头人和婆罗门等，劳动者有伦金、帕古拉尔、肖吉尔、维休等从农村来的工人。统治者管理工人开采黄金。工人被迫在地下工作，他们大多数失去了生气，对金钱、酒产生了很大的依赖性。伦金的女朋友南迪尼是剧本中的主角，为寻找伦金来到夜叉城。她和伦金都崇尚自由，都对金钱不感兴趣，都鄙视城里的统治者。她的到来给城里带来了恐慌，工人们受到影响，开始思考自己在干什么、自己要什么等以前从未想过的问题，他们长期麻木的头脑里产生了反抗意识。统治者对她也有所顾忌，连国王也感到了从未感到过的苦恼。在老爷们的安排下，伦金被国王在不知情的情况下害死，南迪尼没有实现和伦金团聚的愿望。最后，维休、帕古拉尔、肖吉尔等工人觉醒，国王也醒悟过来，他们和南迪尼一起共同发起了反对老爷统治的战斗。

Red Oleanders: An Interpretation 《红夹竹桃：说明》，泰戈尔的散文。

Red Oleanders: Author's Interpretation 《红夹竹桃：作者的说明》，泰戈尔的散文。

Red Sea 红海，非洲东北部和阿拉伯半岛之间的狭长海域，面积约450000平方千米。红海由埃及苏伊士向东南延伸到曼德海峡，长约2100千米。曼德海峡连接亚丁湾，然后通往阿拉伯海。红海最宽处为306千米。西岸的埃及、苏丹、埃塞俄比亚和东岸的沙特阿拉伯、也门隔海相对。在北端，红海分成两部分：西北部为水浅的苏伊士湾，东北部为亚喀巴湾，水深达1676米。

Reddy, C. R. 雷迪，19世纪泰卢古语作家。

Reddy Neelam Sanjiva 雷迪·尼姆拉·桑吉瓦（1913—1996），1977—1982年任印度第六届总统。

Reddys 贱民雷迪种姓。

Redemption（Sapmochan）《赎罪》，泰戈尔的舞剧，是在泰戈尔自己的长篇小说《王后市场》基础上改编的，不过，由于他对这部长篇小说的基本内容做了许多改动，所以这个剧本几乎是全新的。剧本分5场32幕，还有尾声。

第一幕：杰索尔国王子乌多亚迪多负责管理马托波普尔地区，他信誉很好，得到当地人民的拥戴。由于该地区遭灾，连续两年没有收成，乌多亚迪多减免了那里的赋税。这遭到父王布罗达巴迪多的责难和怀疑。布罗达巴迪多怀疑乌多亚迪多想借此进一步提高自己的威信，企图早日篡权。他不仅免除了王子的职位，而且要求派军队去马托波普尔地区，强迫百姓交税。布罗达巴迪多急于并吞拉伊戈尔国，派人去暗杀自己的亲叔叔拉伊戈尔国的国王博松多·拉伊。博松多·拉伊摆脱生命危险后，来到杰索尔国，希望和布罗达巴迪多消除误解。此时，马托波普尔地区的情况已是另外一番情景：老百姓已经一无所有，但国王的人依旧虐待他们。这激起苦行僧托依久伊和老百姓的极大不满。托依久伊决定去首都向国王布罗达巴迪多为民请命，不少百姓要求和他一起去。

第二幕：琼德罗蒂波国国王罗摩琼德罗·拉伊和拉伊戈尔国国王博松多·拉伊等都在杰索尔国，杰索尔国国王布罗达巴迪多派人刺杀前者，后者也有生命危险。于是他们两人和王子乌多亚迪多、王妃苏罗玛、公主即罗摩琼德罗·拉伊的王后碧帕等准备离开杰索尔国。后来，两个国王成功逃走了，王子、王妃和公主等留了下来。杰索尔国国王布罗达巴迪多知道此事后非常生气。

第三幕：苦行僧托依久伊和马托波普尔地区的百姓请求国王布罗达巴迪多让王子乌多亚迪多重新管理马托波普尔地区，并称他为王。布罗达巴迪多很不高兴，下令囚禁了托依久伊。他还授意自己的王后用毒药害死了苏罗玛。在琼德罗蒂波国，国王罗摩琼德罗·拉伊感到自己受到了杰索尔国的莫大侮辱，声言自己并不喜欢碧帕，但臣子拉姆莫

R

洪认为碧帕是好人，有国母的德操，应该接她回国。罗摩琼德罗勉强同意。

第四幕：由于没有达到目的，马托波普尔的百姓去德里请求莫卧儿皇帝废掉布罗达巴迪多，立太子乌多亚迪多为杰索尔国国王。布罗达巴迪多大怒，囚禁了太子。博松多·拉伊赶到杰索尔国，救出乌多亚迪多。因担心苦行僧托依久伊再煽动百姓造反，布罗达巴迪多召见他，劝他不要回马托波普尔，托依久伊不以为然。得知碧帕没有随接他的人回琼德罗蒂波国，国王罗摩琼德罗·拉伊很生气，决定另娶王后。

第五幕：知道是博松多·拉伊救出太子后，布罗达巴迪多再次派人去杀害博松多·拉伊。太子乌多亚迪多劝将要杀害博松多·拉伊的穆克迪亚尔不要采取行动，后者不仅不听，反而逮捕了太子。博松多·拉伊感到失望，决定领死，希望罪孽能就此终止。被带回杰索尔国的太子乌多亚迪多决定放弃王位继承权后得到国王布罗达巴迪多的赦免，准许他回家，同意他到印度教圣地迦尸城去，同时准许他把妹妹碧帕送到琼德罗蒂波国。如此，乌多亚迪多、碧帕和苦行僧托依久伊会合。他们首先向琼德罗蒂波国出发。罗摩琼德罗·拉伊就要另娶新娘，整个琼德罗蒂波国喜气洋洋，但他本人却在思念碧帕，原来他一直爱着碧帕。

尾声：知道丈夫罗摩琼德罗·拉伊在另娶新人后，碧帕决定跟哥哥和托依久伊一起去迦尸城修行。他们三人摆脱世俗，走上了通往彼岸的道路。

ReetimataNabhel 《普通小说》，泰戈尔的短篇小说。

Regal Theatre 科伦坡王室大剧院，1934年5月，泰戈尔和他率领的国际大学的师生在这里演出泰戈尔的剧《赎罪》。

Regar 贱民种姓。

Reginaldo Fernandez 雷吉纳尔多·弗南得兹，20世纪坎纳达语作家。

Reichstag 德国国会，1930年11月1日，泰戈尔在柏林会见德国国会议员。

Rel Gaari 《火车》，泰戈尔的散文。

Religion of the Spirit and Sectarialism 《宗教精神与教派主义》，泰戈尔于1937年3月3日纪念克里希纳诞生100周年宗教大会上的演讲。

Religious Education 《宗教教育》，泰戈尔的散文。

Religious Experience 《我的宗教体验》，泰戈尔1924年5月在中国的演讲。

Remarkable Literary Activity 《卓越的文学活动》，泰戈尔的谈话。

Ren Fu 壬夫，当代学人，发表《坐在千百万双瞳人里的歌：泰戈尔和他的诗歌小说》。

Ren Huimin 任慧敏，当代女学人，发表《错位的现代性——评20年代泰戈尔与陈独秀的冲突》。

Ren Minggao 任鸣皋，中国社会科学院研究员，发表《对日本侵略罪行的严厉谴责——泰戈尔1938年给日本诗人野口的两封信》。

Ren Wenhui 任文惠，当代女学人，在北京舞蹈学院工作，发表《中国知识分子对泰戈尔来华事件的误读》。

Renaissance 《再生》月刊，1932年由张东荪创刊，宣扬国家社会主义。梁实秋、许地山、张君劢、张东荪、费孝通、吴贯因等均是该刊的主要撰稿人。1942年2月《再生》刊登张君劢的《回忆泰戈尔氏来华讲学情景》。

Rengama 仁伽马，那加兰民间舞。

Renmin Daily 《人民日报》，中国共产党中央委员会的机关报。《人民日报》为中国第一大报，是中国最具权威性、最有影响力的全国性报纸。《人民日报》创刊于1948年6月15日。1981年5月7日刊登宋诒瑞的《印度伟大诗人泰戈尔》，1982年2月25日刊登魏凤江的《怀念印度诗人》，1991年8月8日刊登《泰戈尔50周年纪念会举行》，2010年12月16日刊登杜尚泽、廖政军、王磊的《愿你们做中印文化交流的使者》，2011年5月9日、16日分别刊登廖政军的《这里，是中印文化相会之地》和《〈泰戈尔与中国〉论文集英文版在印发行》。

Renuka 哩奴迦，持斧罗摩的母亲，丈夫迦摩大格尼。她因看见一对情侣在水中调情生激情而被丈夫迦摩大格尼怀疑不贞洁，命儿子持斧砍其头，持斧求其父让母复活永生，后在进修林修道院被一国王破坏了贞操，儿子持斧罗摩杀国王，国王子杀迦摩大格尼，持斧灭刹帝利21次。

Renuka 蕾努卡（1891—1903），泰戈尔的二女儿，爱称“拉妮”“蕾奴”。她不像大姐贝拉和小妹米拉那样美丽。她的肤色黎黑。蕾奴卡从小就是个固执、深沉、敏感、大胆和很有个性的女孩。她不喜欢修饰打扮，也不喜欢吃鱼肉。她的心思有点类似苦行僧。蕾奴卡很愿意读书学习，可是大姐结婚刚一个月零24天之后，父亲就让年仅10岁半的蕾奴卡于1901年8月9日嫁给了绍登德罗纳特·婆达贾尔焦（Satyandranaath bhattaachaarja）博士。蕾奴卡尽管接受了这次婚姻，但是此次婚姻并没有给她的生活带来欢乐和幸福。结婚几天后，泰戈尔就派他这个女婿去英国留学了。可是绍登德罗纳特在英国没有完成自己的学业。这给予自尊心很强的蕾奴卡以极大的精神打击。再加上母亲在她结婚几个月后就病故了。因此，她内心里很痛苦，不久就患上了喉咙痛的病症，逐渐又染上了肺结核。

泰戈尔为了使女儿恢复健康竭尽了一切努力。最初带她去比哈尔的哈贾里巴格。在那里不见效果，泰戈尔又带她去马图普尔换一个空气好的环境。然后又住进了喜马拉雅山的怀抱里。但是蕾奴卡的病情一点儿也不见好转，最后泰戈尔又把女儿带回了加尔各答。1903年9月14日，即在母亲逝世9个半月后，蕾奴卡在那栋“红楼”里病逝。

Reply to Miss Rathbone 《给拉特波恩小姐的回信》，泰戈尔1941年6月写给英国拉特波恩小姐的信。

Reply to Public Reception at the Town Hall of Kualalampur 《致谢科伦坡市镇大厅的盛大欢迎会》，泰戈尔于1927年7月31日访问马来亚时在科伦坡作的讲演。

Reply to Reception by Indians at Singapore-on-the-Sea 《致谢新加坡欢迎的印度侨胞》，1927年7月21日印度侨胞在新加坡欢迎来马来亚访问的泰戈尔，泰戈尔致感谢词。

Reply to the Welcome by the Emperor of Iran 《在伊朗国王欢迎大会上的答谢辞》，泰戈尔1932年访问伊朗时的讲话。

Report of the Sixth Hujarati Sahitya Parishad 《古吉拉特第六次文学会报告》，出版于20世纪20年代，里面刊登了1920年4月2日泰戈尔对该学会的贺信《建设与创造》。

Retas 精液。

Retodhah 含精子者。

Reuter 路透社。路透社是世界四大通讯社之一，也是英国创办最早的通讯社。1850年由保罗·朱利叶斯·路透（paul julius reuter）在德国亚琛创办，1851年迁址到伦敦。创办人路透原为德国人，后加入英国国籍。1865年，路透把他的私人通讯社扩展成为一家大公司。路透社名义上是私人企业主所有，实际上是政府控制的喉舌。新闻报道的主要对象是国外，它的国际新闻紧密配合英国政府的外交活动，它对体育新闻也很重视。该社的经济新闻主要是商情报告，为英国和西方大企业服务。路透社是路透集团的一部分，业务占路透集团的5%。它素以快速的新闻报道被世界各地报刊广为采用而闻名于世。

Revenge 《报复》，泰戈尔于1895年写的短篇小说。英德拉尼去参加丈夫安比恰当管家的东家、地主穆昆德的养子比努德比哈里的儿子的婚礼，受到比努德比哈里的妻子娜艳达拉的奚落，说她珠光宝气，英德拉尼反唇相讥。娜艳达拉气急败坏，向败家子的甩手掌柜丈夫比努德比哈里进谗言，怀疑英德拉尼的首饰为她的管家丈夫安比恰贪污，不满安比恰的英德拉尼的堂弟巴玛恰拉乘机煽风点火。安比恰一气之下想辞职以示清白，正巧病了几天。等到他上班时，发现所有的文件和钱都被败家子掌柜比努德比哈里拿走。比努德比哈里把所有的钱投出去办企业，结果全部打了水漂，而且把土地也卖给了别的地主，一下陷入困境。本来要辞职的安比恰决定不计前嫌，挽救败局，报对东家的最后一点恩情。他首先得赎回土地。比努德比哈里要求妻子娜艳达拉献出首饰，被自私、不记夫妻情义、不顾大局、为自己留后路的妻子回绝。深明大义的英德拉尼慷慨献出全部由疼爱她的爷爷多年积攒钱所买的首饰，救了东家一家。小肚鸡肠的娜艳达拉和败家子的地主比努德比哈里企图报复忠心耿耿的管家，结果搬起石头砸了自己的脚，报复了他们自己。

Review of Foreign Literature 《外国文学评

论》，中国社会科学院外国文学研究所主办，1982年创刊，2009年第2期刊登侯传文的《生态文明视阈中的泰戈尔》。

Rewachand 里瓦昌德，信度基督教徒，泰戈尔创办的圣蒂尼克坦学校的老师。

Rhodadendron 迦昙波花。

Rhymed Verse Periodical 《词刊》（月刊），1980年由中国音乐家协会创办，是我国唯一的一家面向国内外公开发行的音乐文学刊物，主要发表歌词作品，同时包括词坛文丛、格律诗词等相关文章与作品。1981年刊登陈露茜的《泰戈尔的歌词艺术》。

Rhys-Davids，Thomas William 里斯-戴维斯，托马斯·威廉（1843—1922），英国东方学家，巴利文佛典翻译家。

Ribha 瑞巴，梵天的儿子，据传梵天首先把《毗湿奴往世书》传给他。

Richard 理查德，法国学者，于1917年在日本与泰戈尔会面。

Richard Rolle 理查德·洛尔（？—1349），英国中世纪宗教神秘主义作家。

Richards，T. W. 理查德，T.W.（1868—1928），美国诺贝尔奖获得者，著名的科学家，哈佛大学教授，1921年1月25日在哈佛大学专门听泰戈尔的报告，之后给泰戈尔写了一份热情洋溢的感谢信。

Rg 颂神抒情诗集。

Rig Veda 《梨俱吠陀》，印度教最神圣的经典，四部吠陀经的第一部，主要是歌颂自然神的诗篇。

R

Rig Veda Samhita 梨俱吠陀本集。

Rik 诗句，诗行。

Rilabati 丽拉博蒂，12世纪印度著名数学家帕斯科拉恰里亚的女儿，也是他撰写的一部著作的名称，意为“戏耍”。

Rin 债务。

Rinbhu 林部仙人。

Rinshodh 《还债》，泰戈尔1921年写的象征剧，是从1919年《秋天的节日》（Saradotsab）改写的。

Riorden Nursing Home 里欧登疗养院，在加尔各答，1940年2月12日，泰戈尔的挚友安德鲁在这里去世，泰戈尔异常悲痛。

Ripon，George Frederick Samud Robinson 里彭，乔治·佛雷德里克·萨缪斯·罗宾逊（1827—1909），英国人，1880—1884年任印度总督。

Rishabha 耆那教圣人，第一祖师。

Rishabha 印度音乐第二音符，简写为ri。

Rishabha =Sanjeev Hill 圣药山，在湿婆修炼的基罗娑山顶。《罗摩衍那》里罗摩兄弟被罗婆那打伤后哈奴曼从这里采药救活他们。

Rishava 印度教音域的第二音调。

Rishi 仙人。分3类：出身于神的叫天仙（Devarishi）；出身于婆罗门的叫梵仙（Brahmarishi）；出身于刹帝利的叫王仙（Rajarishi）。

Rishijina 大仙，人仙。

Rishipatana 仙人住处。

Rishis 传说中的圣人，吠陀歌唱家。

Rishkesh 瑞什凯石，印度教圣地，瑜伽修炼圣地，在哈瑞德瓦尔以北15英里处，恒河从喜马拉雅山流下后的第一站，恒河水清洁如珍珠，圣鱼在水中成群，喜马拉雅山青翠如画，景色迷人。

Rishyasringa 鹿角仙人，神话里迦叶波的孙子，无瓶仙人之子。他为一母鹿所生，前额有一小角。他自小与父亲无瓶仙人在林子生活，成年前除父亲外，他从未与任何人相见。据说他修苦行获得一种法力，所到之处雨量充沛，五谷丰登。一次鸯迦国遭受大旱，国王毛足在婆罗门的建议下找到鹿角仙人。国王派美女请来鹿角仙人，立即大雨滂沱，江河溢满，大旱解除。国王把十车王的女儿、自己的养女平和公主嫁给他。他主持十车王求子祭祀，使十车王得罗摩等儿子。

Riti 程式，风格，风格论。

Ritikavyakal 色情派，性爱派诗歌。

Riti-sanpradaya 风格论派。

Ritu Abasan 季节结束。

Ritu Bhama 丽都·巴马，现代印度中国学家。

Ritu-Utsav 《季节的节日》，泰戈尔剧本和歌曲集，1926年出版。

Ritual music of immersion 神像投水礼乐，一种节日仪式：在杜尔迦节结束时，把神像去掉神性，在鼓乐伴奏下把神像投到水里。

Rituranga 《舞蹈之王：季节剧》，泰戈尔的剧本。见Riturangashala。

Riturangashala （Nataraja；Rituranga；

The Dance of the Season；King of Dancers：The Theatre of the Season）泰戈尔1927年写的音乐剧《舞蹈之王：季节剧》，反映人与自然的和谐。

Ritusamhara　诗《时令之环》，又叫《六季杂咏》，4世纪迦梨陀娑的戏剧，描写夏、雨、秋、霜、寒、春六季以及男欢女爱和相似之情。

Ritwick Ghatak　利特维柯·伽塔克，20世纪60年代新印度电影的创始人，作品有《云碰撞出雷电》（Meghe Dhaka Taran）等。

Ritwija　熟悉印度教经文的祭司，通常有4种：劝请者（Hotr）、行祭者（Adhvaryu）、祈祷者（Brahman）和歌咏者（Udgatr）。

Rks　瑞克司，《罗摩衍那》里的熊军将领。

Rksa　《罗摩衍那》里猴王波林领导的一支军队。

Rksa　哩刹，罴。

Rksavan　瑞克撒瓦山，《罗摩衍那》里的猴子山。

Rna　债。

RNT　为泰戈尔全名Rabindranath Tagore的简写。

Roanca　汗毛竖起。

Robert Boyle　罗伯特·波意尔（1627—1691），爱尔兰自然哲学家、化学家、物理学家和发明家。

Robinson Crusoe　《鲁滨孙漂流记》，是一本由英国作家丹尼尔·笛福59岁时所著的第一部小说。描写了鲁滨孙由于其乘坐的船被风暴吹沉，流落到一个小岛，冒险求生的故事。

Robinson，Nobel　鲁滨孙·诺贝尔，加拿大《温哥华之星报》记者，1916年4月13日采访在加拿大访问的泰戈尔。

Rochester　罗切斯特，美国纽约州西部安大略湖岸城市，泰戈尔1913年访美时在该市出席宗教自由主义者大会，并发表以“种族冲突”为题的讲话。

Rock Park　石像公园，在昌迪加尔市，是用碎屑、石子、藤条、树根等雕塑起来的战斗场面、动物等。

Rodin，Auguste　罗丹，奥古斯特（1840—1917），法国雕塑艺术家，他在石膏上以纹理和造型表现他的作品，对其倾注以巨大的心理影响力，被认为是19世纪和20世纪初最伟大的现实主义雕塑艺术家，罗丹在欧洲雕塑史上的地位，正如诗人但丁在欧洲文学史上的地位，罗丹同他的两个学生马约尔和布德尔被誉为欧洲雕刻“三大支柱”。

Rogashajyaaya　《病榻集》，泰戈尔1940年在病中写的诗集。

Rogashatru o Deharakkhak Sainya　《疾病敌人和身体卫士》，泰戈尔的散文。

Rogeer Bondhu　《病人之友》，泰戈尔于1885写的喜剧。见The Patient's Friend。

Roger Chikitsha（Malady and Remedy）泰戈尔于1885年写的喜剧《疾病与治疗》。见Malady and Remedy。

Rohana　罗哈那山，即现在斯里兰卡的亚当峰。

Rohin　罗西尼，达萨神的女儿，月神最宠爱的妻子。

Rohita　初升太阳的红霞。

Rohri Hill　洛里山。在巴基斯坦贾克巴巴德县，出产旧石器时代打制工具的燧石。

Roksy　罗西克，在孟加拉文中有“诙谐”“风趣”等意思。

Rokyprata　洛基普拉塔，今印度的拉贾斯坦邦。

Rolle　儒勒，中世纪神秘音乐家，据说能听见上帝的音乐。

Romadana　罗摩达纳，中国汉语名字李武则，印度7世纪佛教高僧，公元700年来中国译经。他是菩提流支的助手。

Romain Rolland　罗曼·罗兰（1866—1944），法国思想家、文学家、批判现实主义作家、音乐评论家和社会活动家，1916年因小说《约翰·克里斯多夫》获诺贝尔文学奖。1919年发起并起草《精神独立宣言》，请求泰戈尔等著名作家签名。1921年4月17日，泰戈尔在巴黎和罗曼·罗兰见面。1926年月6月22日，泰戈尔因在意大利访问疲惫不堪，在维勒讷沃疗养几天，住在该宾馆内雨果曾经住过好长时间的房间里，他受到了住在隔壁房间的罗曼·罗兰的热烈欢迎，二人每天见面2～3次，相谈甚欢。罗曼·罗兰把意大利媒体从泰戈尔声明里断章取义发挥的文章摘出来，取名“有色报告”给泰戈尔看，让他知道整个形势的严峻性。泰戈尔对于别人把他对民族主义和帝国主义的侵略性的厌恶的误解很不高兴。这是两位心灵相通的朋友渴望已久的会见。这两次会见奠定了两位伟大作家之间终生的友谊。

Romain Rolland 《罗曼·罗兰》，泰戈尔1925年的散文。

Romain Rolland and Tagore 《罗曼·罗兰与泰戈尔》，法国著名作家罗曼·罗兰与泰戈尔与1926年的谈话录。

Romania 罗马尼亚，东欧国家，面积23万平方千米，人口2245.6万，首都布加勒斯特。1926年11月泰戈尔从保加利亚索菲亚到罗马尼亚访问，在首都布加勒斯特住了5天，受到国王费尔迪南德接见和民众的热烈欢迎。

Romanna Siddhanta 《罗马迦历数书》，4世纪问世的印度古代5部历数书中的第四部。

Romapada =Lomapada 毛足，神话传说里鸯迦国（今孟加拉）国王，平和公主的父亲。

Rome 罗马，意大利首都。古代罗马的发源地。

Rome 罗马，古国名。公元前6世纪末，罗马人建立以罗马城为中心的奴隶制国家。约公元前510年，过渡到共和时代。公元前3世纪初，统一意大利半岛。公元前3世纪中叶到公元前2世纪中叶，通过布匿战争和马其顿战争，征服了迦太基、西班牙大部、马其顿和希腊地区，控制了地中海。公元前27年，执政官屋大维称“奥古斯都”，意即“皇帝”，共和制度瓦解，罗马进入帝国时代。公元1世纪和2世纪，帝国疆域西达今西班牙、英国、德国、奥地利、匈牙利和罗马尼亚等地，东达西亚的幼发拉底河，南面包括非洲的埃及和苏丹以及北非地区，成为西方历史上第一大帝国。公元4世纪后，接连遭到北方日耳曼人进攻，国势日衰。公元395年帝国分裂为西罗马帝国和东罗马帝国。公元476年，西罗马帝国灭亡。

Rome University 罗马大学，罗马第一大学的简称，又称罗马一大。意大利罗马大学建立于1303年，自由入学制度。罗马大学是意大利最大的国立大学，教授870人，学生18500人。罗马大学共设有21个学院（19个学院和航空工程学院和档案和图书馆学院）。1926年6月10日晚，罗马大学为正在意大利访问风泰戈尔泰举行欢迎会。

Romeo and Juliet 罗密欧和朱丽叶，莎士比亚的名剧《罗密欧与朱丽叶》中的男、女主人公。

Ronald Colman 罗纳德·科尔曼，英国话剧演员，曾于1912年主演英国剧作家卡尔德伦根据泰戈尔的剧本《达利亚》改编的戏剧《伟大的阿拉干王后》。

Ronaldshay 罗纳谢勋爵，英国人，于20世纪初担任孟加拉总督。

Rontgen 伦琴（1845—1923），德国物理学家，1895年1月5日，发现X射线。他因此于1901年获第一次诺贝尔物理学奖金。这一发现宣布了现代物理学时代的到来，使医学发生了革命。

Roosevelt, Franklin Delano 罗斯福，富兰克林·德拉诺（1882年—1945年），美国第31位、第32任总统（1933年3月4日—1937年1月20日，1937年1月20日—1941年1月20日，1941年1月20日—1945年1月20日，1945年1月20日—1945年4月12日）。美国历史上唯一蝉联四届（第四届未任满）的总统。罗斯福在20世纪的经济大萧条和第二次世界大战中扮演了重要的角色，被学者评为美国最伟大的三位总统之一，同华盛顿和林肯齐名。美国第26任总统西奥多·罗斯福是富兰克林·罗斯福的远房堂叔。1940年6月15日，泰戈尔给罗斯福总统写信，向他谈当时正进行如火如荼的第二次世界大战中作为殖民地的印度的困境。同月，就巴黎陷落给罗斯福发电报。

Rope and Jug 绳子和瓦罐，是孟加拉人投水自尽必用的工具。想寻短见的人，用瓦罐盛满水或土。然后用绳子绑在自己脖子上，这样人就再也浮不起来了。

Rose, Frederic 罗斯，弗莱德里克，英国斯托克顿赫斯初级小学校长，曾写信向泰戈尔请教开发儿童智力的方法。

Roshankumari 罗山库玛里，当代卡达克舞演员。

Roshan Vajfdar 罗山·瓦吉富达，当代美西尼舞推广家。

Rotary Club 扶轮社，是依循国际扶轮的规章所成立的地区性社会团体，以增进职业交流及提供社会服务为宗旨；其特色是每个扶

R

轮社的成员需来自不同的职业，并且在固定的时间及地点每周召开一次例行聚会。每个扶轮社都是独立运作的社团，但皆需向国际扶轮申请通过后才可成立，通常会以所在地的城市或地区名称作为社名。全球第一个扶轮社是由保罗·哈里斯在1905年2月23日创立于美国伊利诺伊州芝加哥；最初此扶轮社的定期聚会是每周轮流在各社员的工作场所举办，因此便以“轮流”（英文：Rotary）作为社名。1934年5月10日，锡兰扶轮社欢迎来访的泰戈尔一行。

Rothenstein Papers 《罗森斯坦文集》，内有罗森斯坦和泰戈尔的通信。

Rothenstein, William 罗森斯坦，威廉（1872—1945），英国画家，英国皇家艺术学院院长，泰戈尔的好朋友。1911年在泰戈尔的侄子、画家阿班宁德拉纳特的住宅认识泰戈尔。他帮助泰戈尔找回丢失的《吉檀迦利》手稿，把泰戈尔的诗介绍给英国诗人叶芝、穆尔、莱思、庞德、辛克莱、布鲁克等，使《吉檀迦利》得以在英国出版。

Rothschild 罗思柴尔德（1777—1836），住在伦敦的一个德国犹太人资本家。

Roti 香肠状面包。

Rotterdam 鹿特丹，荷兰第二大城市，位于欧洲莱茵河与马斯河汇合处，位于荷兰的南荷兰省。它是欧洲最大的海港，直到近年来，甚至曾是世界上最大的海港。鹿特丹是连接欧、美、亚、非、澳五大洲的重要港口，素有“欧洲门户”之称。1920年9月泰戈尔访问这里。

Rou 克什米尔地区女人跳的庙宇舞。

Rousseau Institute 卢梭学院，在瑞士日内瓦，1921年4月30日泰戈尔在这里做论述教育的报告。

Rowlatt Act 罗拉特法，英国殖民当局于1919年颁行的镇压印度民族解放运动的法令。由在印度供职的英国法官S.A.罗拉特为首的委员会起草，故名。该法包括《印度刑法修正案（1919年第1号）》和《刑法非常权力法（1919年第2号）》，统称平时戒严法。印度总督于1917年12月10日任命罗拉特委员会研究处理所谓印度社会治安问题，目的在于使英印殖民当局在战时法令失效后，继续保有特殊的镇压权力。经过近一年的酝酿，罗拉特委员会起草了上述两项法案。法案建议授予印度总督和印度各省殖民当局以下“非常权力”：在没有逮捕状的情况下，可不经起诉而对被认为具有颠覆政府之嫌疑的任何印度人进行“预防性”逮捕和搜查；不经审讯即可无限期拘押任何被捕的印度人；被捕或被拘押的印度人不得聘请律师、证人和辩护人；在审理涉嫌颠覆政府案时，取消陪审团制度，由当局3名法官合议做出的判决为终审判决，被判决的印度人不得上诉；当局可以限制群众集会规模，有权命令有碍社会治安的“危险人物”到当局指定的地点居住；增置城市安全设施；警方有权解散群众集会和示威游行。

根据罗拉特委员会的建议，上述法案于1919年1月19日公布，2月16日提交议会讨论，遭到全体议员的抵制。孟买和印度其他城市建立“萨蒂亚格拉哈同盟”反对罗拉特法案，罢工、罢市和抗议浪潮遍及全印各地。1919年3月21日，上述法案在印度人民的抗议声中于中央立法议会通过。

罗拉特法案造成的后果：由于此法案使印度人民完全失去政治自由，全国哗然，群起反对。旁遮普的反帝斗争尤为激烈。英国殖民当局一方面不准甘地到旁遮普宣传坚持真理运动，另一方面采用恐怖手段实行镇压。1919年4月10日凌晨，在阿姆利则市逮捕两名民族主义活动家。随后约有3万市民集会市政府门前，要求释放被捕者，遭到警察和骑兵的镇压。集会者奋起反抗，于傍晚占领火车站、电报局和电话局。当晚，英印军队的R. E. H. 戴尔将军率领军队开进阿姆利则市，实行宵禁。4月13日，约5万人在阿姆利则市贾利安瓦拉·巴格广场举行集会，抗议殖民当局专横暴虐。当天下午戴尔指挥装甲车堵住广场狭窄的出口，并下令向密集人群开枪射击。据英国官方公布的数字，当场死379人，伤1200人。这次事件史称“阿姆利则惨案”。

Roy, B. C. 罗伊，曾任加尔各答市长，1933年1月5日主持斯瑞尼克坦纪念日。

Roy, Dhirananda 罗伊，迪拉南达（1902—1971），国际大学校友，组织成立了“立誓了的男女孩子们”（Brati-Balakas/Brati-Balikas）团体。该团体帮助乡村孩子们学习实用技艺，克服种姓偏见。

Roy, Dilip-kumar 罗易，底里坡-库马尔，印度记者，曾采访泰戈尔。

Roy, Dwijendralal 罗伊，德威金德德拉拉尔（1863—1913），印度孟加拉语诗人、剧作家。泰戈尔在诗集《情人的礼物》里翻译他的诗《孩子》纪念他。

Roy, Kshitis 罗伊，克什提斯（1911—），曾多年担任圣蒂尼克坦泰戈尔博物馆馆长，编辑《国际大学季刊》，泰戈尔作品翻译家，为泰戈尔的作品作注释。

Roy, Ram Mohan 罗易，罗姆·摩洪（1772—1833），印度最早的启蒙思想家，他反对印度教的童婚、萨蒂制，提倡寡妇再嫁，妇女教育，不同种姓通婚，创办报纸，创建印度教改革组织梵社，反对英国殖民统治，是“开创现代印度的伟大先驱”（泰戈尔语）。

Roy, Manabendra Nath 罗易，M. N.（1887—1954），印度政治家。

Roy, Satischandra 罗伊·萨提斯昌德拉，很有前途的孟加拉诗人，泰戈尔创办的圣蒂尼克坦学校的老师。因患天花不幸早逝。他曾翻译泰戈尔的散文。

Royal Albert Hall Theatre 皇家阿尔伯特大剧院，在伦敦，1912年泰戈尔访英时曾在此上演英国剧作家卡尔德伦根据泰戈尔的剧本《达利亚》改编的《伟大的阿拉干王后》。

Roy Jamini 罗伊·J.（1887—1972），印度画家。

R

Rsabha 金牛座。

Rsadha 音调，神仙。

Rsi 先知，圣人或宗教诗人。

Rsika=Visvamitr “国王中的狮子”，神话里众友仙人的别称。

Rsisattama 最优秀者。

Rsyasmaga 毛足，印度神话里的鸯迦国国王。因国内大旱，让女儿平和公主引诱来鹿角仙人，大旱解除，他把公主许配给仙人。

Rta 宇宙秩序。

Rtam 有规律真理。

Rtu 人的一年，神的一天。季。

Rtusamhara 迦梨陀娑的戏剧《时令之环》，又译为《6季杂咏》，6季为春（Vasan）、热（grisma）、雨（varsas）、秋（savad）、冬（heman）、寒（sisira）。

Ru Zhen 如珍，当代学人，发表《浅论泰戈尔的戏剧创作》。

Ruch 如吃，一种用面粉、米饭、炼油煎烙的薄饼。

Rural Welfare Methods 《乡村福利办法》，泰戈尔为英国人斯特里克兰所著《1932年印度乡村福利活动概述》写的书评。

Rubidadda 罗比兄，中国诗人徐志摩对泰戈尔的亲切称呼。

Rucira 路吉罗，音部，每一个音部有13个音节，v-v-vvvv-v-v-。

Rudi 如地，20世纪印度教导师，他在20世纪70年代后期在美国传播印度教教义。

Rudra 鲁陀罗，以湿婆为首的11个集团神名，都是湿婆的化身，专司毁灭。湿婆的前身；凡人的毒药，仙人的酒。

Rudra “怒吼”，鲁陀罗，吠陀前或非雅利安方面的吠陀；风暴和愤怒之神，既是毁灭之神又用草药为人畜治疗疾病，丰饶和生命力之神。恐怖之神，湿婆的名字。湿婆的前身。鲁陀罗具有双重性格：一方面是强大无比令人恐惧的破坏神；而另一方面却又因替人畜治病而被称为治疗者。

Rudra Dance 湿婆毁灭性的宇宙舞。

Rudra Kundali 鲁陀罗·昆达里，13世纪阿萨姆语翻译家，把《德罗那篇》译为阿萨姆语。

Rudrachanda 《鲁达尔昌德》，泰戈尔于1881年为五哥久德林德拉纳特写的剧本。鲁达尔昌德是超汗国军事首领，因粗暴而被其主子、统治阿捷梅尔和德里的超汗国国王普里特维拉吉撤职并流放森林，他发誓复仇。他的女儿阿米雅背着他向普里特维拉吉的宫廷诗人昌德卡威学习诗歌并爱上了昌德卡威。鲁达尔昌德一气之下把女儿赶走。古里国王穆罕默德觊觎超汗国，与鲁达尔昌德商议：二人里应外合打下超汗国，为鲁达尔昌德报仇，但王位归他，被鲁达尔昌德义正词严地拒绝。穆罕默德独自攻下超汗国，杀死普里特维拉吉。鲁达尔昌德得知消息后顿觉失去活着的精神支柱。他之所以活着就是为了复仇，复仇对象没有了，他的生活失去意义。于是拔剑自杀。临死前女儿阿米雅闻讯赶来，父女和解。阿米雅悲愤而死，在她奄奄一息时昌德卡威赶来，但为时已晚。

Rudradaman I　鲁陀罗达曼一世，2世纪西印度优禅尼的塞种人总督。

Rudraksa　树的浆果。

Rudramma Devi　鲁陀罗摩·德维（1260—1300在位），卡卡提亚王朝加纳帕蒂王之女，父亲死后继位为王。

Rudraraj Pandey　鲁陀罗吉·潘迪，现代尼泊尔语小说家。

Rudrasayujyam　与鲁陀罗（湿婆）结合。

Rudrasena II　鲁陀罗犀那二世，4世纪印度南部伐卡塔卡王朝国王。

Rudrata　路德拉塔，9世纪作家，著《诗庄严论》（Kavyalamkara）。

Rudrayamala　《湿婆神较论》，密教经典。

Rudyard Kippling　《儒迪亚尔·吉卜林》，泰戈尔纪念出生于印度的英国作家吉卜林的信。见Kipling。

Ruhr　鲁尔区，是德国、也是世界上最重要的工业区，位于德国西部、莱茵河下游支流鲁尔河与利珀河之间的地区。鲁尔工业区在北莱茵-威斯特法伦州境内；通常将鲁尔煤管区规划协会所管辖的地区作为鲁尔区（Ruhrgebiet）的地域界限，其面积4593平方千米，占全国面积的1.3%。区内人口和城市密集，人口达570万，占全国人口的9%，核心地区人口密度超过每平方千米2700人；区内5万人口以上的城市24个，其中埃森、多特蒙德和杜伊斯堡人口均超过50万。鲁尔区南部的鲁尔河与埃姆舍河之间的地区，工厂、住宅和稠密的交通网交织在一起，形成连片的城市。

Rui Tang　瑞棠，民国女画家凌叔华的化名，见Ling Shuhua。

Rukma　金，银。

Rukmarathas　金战车车主。

Rukmin　鲁格米恩，神话里黑天的妻子艳光的哥哥，俱卢大战时遭到般度军和俱卢军双方的拒绝。他追赶抢走妹妹艳光的黑天，被打败，妹妹求情，黑天饶他命。

Rukmini　艳光，神话里被黑天抢婚得来的妻子，她被哥哥许给车底王童护，被黑天在娶亲的路上抢走。

Rukmini Devi　卢克迷尼·戴维，印度当代婆罗多舞舞蹈家。

Rukminiharana　掠女剧《艳光被掳记》。

Ruma　鲁摩，《罗摩衍那》里猴王妙项的配偶。

Rupa　色，设想，方面，形式，颜色，既能看又能听的东西，戏剧。

Rupa Goswamin　如帕·郭斯瓦米，15—16世纪印度作家，写有《剧月》（Natakacandrika）、《虔诚味甘露河》（Bhaktirasamrttasimdhu）、《鲜艳春玉》（Ujjvalanilamani）。

Rupa-ayatana　色入，佛教词语。相当于物质的概念，但并非全指物质现象。色入指景物、颜色、形式等。

Rupa-bheda　画物的物形。

Rupabheda　外貌知识。

Rupadharma　色法，佛教名词，意为有质碍或变碍之物，能引起贪欲、爱乐等。

Rupaka　隐喻，色，有色的，吸引视觉而能获喜的，在舞台上可以被观赏的叫色；音乐3/4拍。

Rupanusarini　随色，男扮女，女扮男。

Rupavanta　端正。

Rupee　卢比，印度的货币名称。

Rupuka　形体，形状，神像，偶像，特质。

Rural India: The Nest of Singing Birds　《印度乡村：百灵鸟的巢》，印度音乐家萨提亚尔提1934年的文章，受到泰戈尔的赞许。

Rural Reconstruction Institute　乡村重建学院，泰戈尔创建，设在斯瑞尼克坦（Sriniketan 即Surul），1921年创立，由泰戈尔的秘书恩后之负责。

Rushbury Bose　拉什伯里·波斯，亡命日本的印度人。1937年"七七"事变后，泰戈尔病中谴责日本军国主义者，日本当局收买波斯以所有旅日印度商人的名义，指责泰戈尔，遭到泰戈尔的痛斥。

Rushdie, S.　拉什迪（1947—），印度当代著名小说家，出生于印度孟买的一个穆斯林家庭，13岁时移居美国，曾就读于英国剑桥大学。1981年他创作的《午夜孩童》，曾获英国最高文学奖——"希克奖"。1988年他出版了《撒旦诗篇》，遭到了穆斯林世界的强烈反对。《撒旦诗篇》是一部幻想型小说，全书共500多页，作者用一种类似圣经的语言，叙述一个印度电影明星梦中幻出一位商人，受了主的耳语，成了先知，进入一座城市创建一种宗教。穆斯林认为，作者采用象征手法，影射了先知穆罕默德，亵渎了他们的宗教，因而引起了穆斯林的愤慨。1989年2月14日，伊朗宗教领袖霍梅尼宣布判处拉什迪死刑，并悬赏数百万美元追杀他。由此引起了一场国际风波。

Ruskin 路斯金（1819—1900），英国著名的散文家、文艺批评家、哲学家。

Russell，Bertrand 罗素，伯特兰（1872—1970），20世纪英国哲学家、数学家、逻辑学家、历史学家，无神论或者不可知论者，也是20世纪西方最著名、影响最大的学者和和平主义社会活动家之一，罗素也被认为是与弗雷格、维特根斯坦和怀特海一同创建了分析哲学。他与怀特海合著的《数学原理》对逻辑学、数学、集合论、语言学和分析哲学有着巨大影响。1950年，罗素获得诺贝尔文学奖，以表彰其“西欧思想，言论自由最勇敢的斗士，卓越的活力，勇气，智慧与感受性，代表了诺贝尔奖的原意和精神”。罗素于1912年在伦敦遇见泰戈尔，对他的诗非常赞赏，是促成泰戈尔获得诺贝尔文学奖的人物之一。

Russel，George 鲁塞尔，乔治（1867—1935），爱尔兰民族主义者，作家，1920年6月和泰戈尔在伦敦会面，成为朋友。

Russell，John 卢梭，约翰爵士，1937年3月访问圣蒂尼克坦，会见泰戈尔。

Russian Chithi 《俄国书简》，在泰戈尔1930年在苏联访问时写的书信集，于1931年5月7日泰戈尔70岁生日时出版。

Russo-Japanese War 日俄战争，是指日本与沙皇俄国为了侵占中国东北和朝鲜，在中国东北的土地上进行的一场帝国主义战争，以沙皇俄国的失败而告终。日俄战争促成日本在东北亚取得军事优势，并取得在朝鲜、中国东北驻军的权利，令俄国于此的扩张受到阻挠。日俄战争的陆上战场是清朝本土的满洲地区，而清朝政府却被逼迫宣布中立，甚至为这场战争专门划出了一块交战区。日、俄、中三方在这场战争中都蒙受到了严重损失，并为之后各国的发展道路造成了一定的影响。

Ruswa Mirza Muhammad Hadi 鲁斯瓦·米尔扎·穆罕默德·哈迪（1858—1931），印度乌尔都语作家，作品有《新春》等。

Ruvannvali Dagada 鲁梵法利塔，斯里兰卡阿努拉达普拉赏古塔。

Ruysbroeck 瑞斯波洛克，13世纪荷兰神秘主义哲学家。

RV 为Rabindra-Viksha（泰戈尔评论）的缩写。见Rabindra-Viksha。

Ruyyaka 路亚卡，12世纪作家，著《庄严精华论》（Alankarasarvasva）。

Ryot 农民，等于kisan。

Ryotwari System 莱特瓦尔制度。英殖民时期实行的以东印度公司为地主、农民向其租田交田赋的制度。“莱特”的意思为农民。

Ss

S. Ganesan，Madrass　印度马德拉斯圣迦内沙出版社，曾出版泰戈尔的作品。

S. S. Canada Maru　加拿大丸号船，日本船，1916年9月18日泰戈尔从日本乘坐此船抵达美国西雅图。

S. S. Inchanga　印昌加号船，1934年5月5日泰戈尔一行乘坐此船去锡兰访问。

S. S. Tosha Maru　日本斗犬土佐丸号船，1916年5月3日泰戈尔从加尔各答乘此船前往日本、美国访问。

Saadi　萨迪（1208—1291），波斯（现伊朗）诗人。他与菲尔多西、沙姆思·哈菲兹被称为中古波斯的三大诗人。他生于波斯西南部法尔斯（今伊朗一省）的设拉子城一下层传教士家庭，早年在家乡求学。他14岁丧父，成为孤儿，饱尝了生活艰辛。他青年时代前往巴格达，进入当时著名的内扎米耶学府，刻苦钻研文学和伊斯兰教神学，同时开始用波斯文和阿拉伯文创作抒情诗，后因不堪忍受学校的束缚而辍学，并离开巴格达。当时正值蒙古人入侵，加上地方王朝之间混战，以致社会动荡不安。故萨迪的前半生几乎是在颠沛流离中度过的。此间，他以伊斯兰教达尔维什（游方者）的身份，沿途布道讲学，足迹遍及叙利亚、埃及、摩洛哥、埃塞俄比亚、印度、阿富汗和中国新疆的喀什噶尔等地，当过苦工杂役，并多次去麦加天房朝觐。待返回故乡时已两鬓苍白。近30年云游四方的经历，使他广泛接触了社会各阶层人物，亲身体验了穷苦大众的悲惨生活，对他世界观的形成和日后的文学创作产生了深刻影响。

当时的设拉子因被地方统治者以重金购买，故未遭到蒙古军的破坏，社会秩序比较安定。此后，萨迪隐居故里，潜心写作。1257年写成第一部诗集《果园》，次年又完成名作《蔷薇园》。散文作品有《论文五篇》《帝王的规劝》《论理智与爱情》等。泰戈尔在1932年访问伊朗时拜谒了萨迪的陵墓。

Saahitya　《文学》，泰戈尔1907年写的散文。

Saahitya o Sabhyataa　《文学与文明》，泰戈尔的散文。

Saahitya-paathakder Prati　《致〈文学〉杂志的读者》。泰戈尔的信。

Saahityaer Svarup　《文学的本质》，泰戈尔的散文。

Saahityer Gourab　《文学的光荣》，泰戈尔的散文。

Saahiyer Soundarja　《文学之美》，泰戈尔的散文。

Saahityer Uddeshy　《文学的目的》，泰戈尔的散文。

Saakaar o Niraakaar　《有形祭祀和无形祭祀》，泰戈尔的散文。

Saamayik saarasanggraha　报刊文摘汇集。

Saang　桑格，哈利亚纳地方戏。

Saantiniketan　《圣蒂尼克坦》，泰戈尔的散文。圣蒂尼克坦是泰戈尔创办的国际大学所在地。

Saantiniketan Brahmacharyaashram　《圣蒂尼克坦的梵学书院》，泰戈尔的散文。

Saaradaa　绍罗达，印度神话中的女神，有时指杜尔迦、萨拉斯瓦蒂，有时又指吉祥天女。

Saaradaamangal　《莎罗达幸福颂》，19世纪70年代孟加拉语诗人比哈里拉尔·丘克罗博尔迪的长诗。

Saaradaaprasaad Gangopaadhyaaya　沙罗达普罗沙德·贡戈巴泰（1838？—1883），泰戈尔的大姐夫，即绍乌达米妮（Soudaaminee，1847—1920）的丈夫。

Saaradotsab　《秋天的节日》，泰戈尔的戏剧。

Saarasvata Samaaj　《学者学会》，泰戈尔的散文。

Sabads　锡克教里神通过古鲁为了传播其启示而发出的言词。

Sabala=Surabhi　萨巴拉，即南迪，神话里极欲仙人如意神牛的名字，它能提供人需要的东西，人想要什么它就有什么。众友仙人拿10万头牲畜不换。

Sabara　萨巴罗，公元4—5世纪人，印度弥曼差派哲学家，写有《萨巴罗评注》。

Sabarasvami　萨巴拉斯瓦米，4—5世纪弥曼差派最著名的学者。

Sabari　萨巴里河，哥达瓦里河的支流，发源于东高址山东坡。

Sabari 萨芭瑞，《罗摩衍那》里罗摩在被流放林中见到的女修炼者，圣人玛探噶的女弟子，师父临死时她要求殉葬，师父要她等待毗琵湿奴的化身罗摩，她等到罗摩兄弟后便点火自焚，进入天堂。

Sabarimalai 萨巴瑞马来，印度克拉拉邦西海岸的镇子，有著名的湿婆儿子爱亚盘毗湿奴的庙宇。

Sabarmati Asram 萨巴马提住所，甘地在家乡阿默达巴德的住所。泰戈尔于1919年4月19日在这里过夜。1922年12月4日泰戈尔再次来这里。真理学院于1917年迁到这里。

Sabbatthaka 公元前6世纪频毗娑罗时期主管行政事务的官吏。

Sabda 原声，原始音，内音，声量，言词证据，未被听到的声音，词语的权威性。

Sabda sakti =sabdavyapara 词力。

Sabda Vyapara 词功能。

Sabda-nityata-vadin 语言不灭论。

Sabdabrahman 声音或词语的绝对形式。

Sabdacyuta 用词不当。

Sabdahina 用词不当。

Sabdam 沙布达姆，婆罗多舞剧目，赞颂神灵。

Sabdamani Darpana 《语意镜》，由凯西拉贾（Kesiraja）于1260年写的第一部坎纳达语标准语法书。

Sabdasagara 辞海。

Sabdatattva 泰戈尔于1909年出版的孟加拉哲学、语义哲学文选。

S

Sabdavidya 声明学，即语音、修辞和语法的学问。

Sabdavyaparaparicaya 《词功能考》，12世纪曼摩陀（Mammata）著。

Sabddanusasana 12世纪耆徒雪月（Hemacandra）的《声教》。

Sabha 协会。

Sabha 史诗的细节。

Sabha 元老会议，各村长联席会议，部落议事会。

Sabha 咨议会。

Sabha 《大会篇》，《摩诃婆罗多》第二篇。

Sabhapati 文人集会的主持人，大会主席。

Sabhapatir Abhibhasha （The One Nationalist Party） 《一个民族主义党》，泰戈尔的散文。

Sabhasita 妙语。

Sabhasitaratnahosa 《妙语宝库》，妙语就是措辞巧妙的诗词。

Sabhuji 萨布吉，马拉塔王国第二代国王，1680—1689在位。

Sabhya 撒皮亚，国王的法律顾问。

Sabhyataar Sangkat （Crisis in Civilization） 《文明的危机》，泰戈尔于1941年孟加拉新年在圣蒂尼克坦写的祝词，由别人代读。

Sabk-I-Hindi 印度风格。

Sabujkoli Sen 萨布杰高利·森，泰戈尔时期印度国际大学哲学和宗教学家。

Sabujpatra 《绿叶》，西孟加拉文学月刊，由泰戈尔的侄女印蒂的丈夫、评论家乔杜里（Chaudhuri Pramatha）于1914年创办，刊登了大量的泰戈尔的作品。

Sac-cid-ananda 真，意，喜。

Sacchidananda 真实，有三个方面：纯粹的事实，它通过共存的关系将我们和万物相连；人们所知道的事实，它通过知识的关系将我们和万物相连；人们所享用的事实，它通过爱的关系将我们和万物相连（泰戈尔语）。

Sach khand 真正的住所。

Sachin Shankar 萨钦·山卡尔，印度现代舞蹈家乌达伊·山卡尔（Uday Shankar）的弟子。

Sachitanand Routray 萨奇塔南德·洛塔利（1916—2004），当代奥里雅语作家、诗人，1986年获“智慧奖”。作品有《巴基·鲁特》《帕里什瑞》等。

Saci =Indrani 舍脂，即神话里因陀罗的妻子因陀罗尼。

Sacivat 力量主。

Sacred thread 印度人给小孩戴圣线，表示他是高等种姓的印度教徒。

Sacrifice （Bisarjan） 《牺牲》（小说为《贤哲王》），泰戈尔于1890年写的剧本。王后姑娜瓦蒂无后，拜神求子，并发下誓愿说如果时母女神让她得子，以后每年向女神奉献100头水牛、300只羊羔。因自己的一只小山羊被当作牺牲品祭献了，乞女阿帕尔娜非常伤心。国王戈德温和庙侍吉叶辛赫表示同情。国王觉得杀生祭祀不好，宣布废除这一习俗，下令“从今日起，寺院里禁止供奉牲口祭品”。但祭司勒柯帕迪、军队统帅那因拉叶、国王的弟弟拉卡什特利以及首相和朝臣们都表示反对，说国王是在侮辱传统，国家将因此遭到灭顶之灾。这时王后姑娜瓦蒂的祭品被送到寺院门口，国王坚决制止。勒柯帕迪和那因拉叶支持王后，戈德温撤掉那因拉叶的军队统帅职务，让昌德巴尔接任。祭司勒柯帕迪为达到保留这一习俗的目的，鼓动国王的弟弟拉卡什特利杀死国王取而代之。乞女阿帕尔娜支持国王，认为神像并不代表什么，只能把财富吞噬。老百姓不理解国王的行为，认为近期国家发生的小灾小难都是由于国王对神的不敬引起的。祭司要庙侍吉叶辛赫杀害国王，庙侍犹豫不决。祭司鼓动老百姓杀害国王戈德温，由于乞女的解释老百姓才没有行动。有人报告说老百姓倒向莫卧儿统治者一边，国王大为吃惊，派军队统帅昌德巴尔到莫卧儿军营中打探究竟。王弟拉卡什特利来见国王，为自己谋杀哥哥的行为痛悔，兄弟和好。王后姑娜瓦蒂献祭未成，记恨国王，唆使王弟拉卡什特利对抗国王，要他杀害国王的养子塔鲁沃。庙侍吉叶辛赫和乞女阿帕尔娜相爱。王弟拉卡什特利和祭司勒柯帕迪又相互勾结，企图谋害国王戈德温，阴谋败露而被捕。国王判处他们8年流放。祭司要求延缓两天。他又唆使庙侍吉叶辛赫谋害国王，吉叶辛赫不忍杀害国王，自杀身亡。祭司害人终害己，痛悔莫及，砸掉神像。乞女悲痛欲绝。戈德温和王后、祭司和好。

Sad-darsana　印度6派哲学，即数论派哲学、瑜伽派哲学、胜论派哲学、正理派哲学、弥曼差派哲学和吠檀多派哲学。

Sadachar　得体的行为举止。

Sadagarputra　商人的儿子。

Sadaka　施舍。

Sadaksara　6个音符，密教6字真言。

Sadanga=Vedabga　六支，印度传统绘画的法则，即形体（Rupa）、比例（Pramana）、情（Bhavnyan）、修饰（Lavanya）、与原物一致（Sadrsya）、色彩分布（Varnikabhanga）。

Sadanira　“永恒的”，萨达尼拉河，即现在的甘达克河，恒河支流，主要流域在印度比哈尔邦。

Sadar O Andar　《外室与内室》，泰戈尔的短篇小说。见 Raja and Rani。

Sadarang Nyanat Khan　萨达让·尼延纳特·可汗，18世纪莫卧儿皇帝穆罕默德·沙（Mohammad Shah）的宫廷乐师。

Sadasat　亦是亦非，是与非、肯定与否定等双重性。

Sadasiva　大湿婆，至高无上的湿婆大神。

Sadasyas　参加祭祀的人。

Saddar sanasamuccaya　《六见集论述》，印度古代哲学著作，9世纪师子贤著，概述印度教正统六派哲学即数论、胜论、正理论、瑜伽论、弥曼差论和吠檀多论的学说与思想。

Saddarsana　达到解脱的6法，即印度教6派哲学：弥曼差论（mimamsa）、吠檀多（vedanta）、正理论（nyaya）、数论（sankhya），胜论（comit）、瑜伽论（yuga）。

Saddharmapundarikasutra　《妙法莲花经》，佛教经典，主要陈述一切众生皆能成佛等理论。

Saddhatu　六大，佛教术语，指世界的基本元素地、火、水、风、空、识。

Sadhaka　修习士，实践者。

Sadhana　《人生的亲证》，泰戈尔的著作，是阐述泰戈尔世界观的代表作。

Sadhana　《实践》，泰戈尔时期的文学期刊。由泰戈尔的侄子苏丁德罗纳特于1891年创办。

Sadhana　对神宁驱不劝的做法，实践，精神践约、精神职责，人生的实现。

Sadhana　辩论本身，得到特别结果的办法，专心思考，学习，进行到底，中心思想。圆满之道。

Sadhana Personalities　《人性》，泰戈尔著。

Sadhana，Realisation of Life　《正确认识人生》，泰戈尔1912年在美国的演讲集。

Sadhana　献身，心灵的努力。《心声集》，泰戈尔的诗集。

Sadhanaa　修持，这个词源自梵语，其意为“修行”“苦修”等，还指一切为某种事业或达到某种目的而进行的坚持不懈的努力。

Sadhanashram　打坐修炼的地方。

Sadharan Bhahmo samaj 公共梵社，大众梵社，因为克沙布·钱德拉·森（Keshab Chandra Sen）把14岁女儿嫁人，使印度梵社分裂，其他人另组新社。

Sadharan Brahmo Samaj Mandir 大众梵社堂，在加尔各答，泰戈尔曾在此演讲。

Sadharana 普遍。

Sadharanadharma 正法之一的共同法，人人应该遵守的规则。

Sadhu 苦行僧，善人，好人，圣人，虔信者。

Sadhu，Sadhu！ 好啊，好啊！善哉，善哉！

Sadhubhasha 纯正高雅的孟加拉语。

Sadhus 好男人。

Sadhvis 好女人。

Sadhya 萨提耶，一群神的名字，比天神低级的小神，只能享受祭祀时对他们唱的赞歌。

Sadhyas 所立，吠陀礼仪和祈祷书的神格化；比天神低级的小神。

Sadhyasama 所立相似。

Sadhyabhidhana 所立名言。

Sadi 萨蒂，即丈夫死后妻子跳上火堆殉葬。

Sadiq，Muhammad Isha Khan 萨迪克·穆罕默德·伊沙·汗，20世纪伊朗教育家。

Sadir 萨蒂儿，即达西亚檀（Dasiattam），印度南部表现宗教仪式的舞蹈。

Sadishchandra Mukhopaadhyaaya Barnakumaaree 绍迪什琼德罗·穆科巴泰（？—1897），泰戈尔的五姐波尔诺库玛丽（1858？—1934）的丈夫。

S

Sadivi 庙妓跳的独舞。

Sadiya 萨迪亚，印度阿萨姆邦东北部城市。

Sadja，rishabha，gandharva，madyana，pancharva，dhaivata，nishada 印度音节的7个音符，分别简写为萨、瑞、伽、马、潘、达、尼（sa，ri，ga，ma，pan，dha，ni）。

Sadler，Michael 萨德拉，米歇尔（1861—1943），20世纪初任加尔各答大学委员会主席，1917年12月率委员会成员到圣蒂尼克坦的国际大学访问，受到泰戈尔的接见。

Sadpadartha 六句义，印度古代胜论派哲学的一种学说，认为世界一切事物和现象可归纳为6句义，即实（构成万物的基础）、德（属性）、业（实体运动的状态）、同（事物的共性）、异（事物的个性）、合（实、德、业相互结合不可分离的原因）。

Sadr 萨德尔，德里苏丹国和莫卧儿帝国时代主管法律、土地诉讼事务的官员。

Sadrisyam 外表，工具，手段，资料。

Saduktikarnamrta 西里达罗陀娑1206年编的《妙语悦耳甘露》。

Sadvimsa-Brahmamna 26梵书。

Sadyendranāth 绍登德罗纳特（1842—1923），泰戈尔的二哥，妻子为甘丹依蒂妮（Gaandaannandinee，1850—1941）。

Sadyodv 婚前学习吠陀礼仪的女生。

Sadyojoti 萨德尤朱棣，8世纪克什米尔湿婆吠檀多派哲学家。

Saeed Mirza 萨义德·米尔扎（1943—），20世纪70年代电影导演，作品有《热情出席》（Mohan Joshiho）。

Safdar Jang 萨福达·江，18世纪莫卧儿王朝时期阿瓦德省的首领，当时几乎独立，所占领土为现在北方邦一部分。

Sagara 萨羯罗，传说中的阿逾陀国王，与妻子须摩底生一葫芦状东西，内有60000颗种子，在装有牛奶的容器里长出60000个儿子。这60000个儿子长大后到处寻衅闹事。一次，萨羯罗举行马祭，祭马失踪，萨羯罗命令这些儿子去找，他们发现马在吃草，把闭目修炼的仙人迦毗罗当成盗马贼寻衅，被迦毗罗眼中冒出的神火烧为灰烬。因放荡被萨羯罗逐出的儿子阿萨曼阇的儿子鸯输曼请求仙人宽恕，使他们的灵魂升入天界。仙人预言，只有鸯输曼的孙子才能实现。后其孙子跋吉罗陀在喜马拉雅山修行千年，感动银河。汹涌的河水顺湿婆的头发流下，经过60000子被烧成灰烬的地方，使他们得到净化，灵魂升入天界。

Sagara 海。

Sagaradatta 海授，《五卷书》里一个商人的名字。

Sagarika 海生的东西。

Sagaranandin 沙羯罗南丁，11世纪印度学者，著有《剧相宝库》（Natakalaksanaratnakosa）。

Sagari 海洋。

Sager Mela 撒格尔大庙会，撒格尔是地名，在加尔各答南胡格利河入海处。

Sages　圣人，仙人。

Saguna　个人素质，有差别多神论，相对于无差别一神论（Nirguna）。

Saguna Brahma　个体的梵。

Sah　沙西王朝和王国。

Saha　堪忍。

Saha，Meghna　萨哈，梅格纳（1893—1956），印度物理学家，生于达卡贫苦店家，曾因贫辍学，经兄长帮助获加尔各答博士学位。1919—1921赴欧洲留学，认识爱因斯坦，1923年起任阿拉哈巴德大学教授，导出了一个计算恒星大气中电离的程度、其所需的压力、温度和能量的方程式，世称“萨哈方程”。他对印度的科技政策、教育、河流工程等许多方面都做出了巨大贡献，被公认是印度民族的象征。1938年11月13日了他在圣蒂尼克坦讲话，泰戈尔出席。

Sahadeva　偕天，史诗《摩诃婆罗多》中般度五子中的老五，般度王的第二个妻子玛德丽与双马童生的儿子。

Sahaj　简单，单纯。

Sahaj Pathe　孟加拉语初级课本。

Sahaja　绝对。

Sahaja Yana　天然派，属毗湿奴派。

Sahajayana　自然乘，佛教密宗新派，在7—12世纪最为繁盛。Sahaja的意思是“自然而然”“与生俱来”。它的定义是：“世间万物受制于自然的灵量。它非阴非阳。有着空灵的特质。非言词可以界定。它是一种自我觉醒。”这种觉醒的方法里包含着瑜伽（冥想、呼吸练习、姿势等等）和一系列在女性陪伴下完成的密宗仪式。

Sahana　黄昏曲，原为婚礼曲的一部分。

Sahana raga　萨哈那拉格，半夜奏的婚礼曲。

Sahasa　勇猛。

Sahasanka　勇健王，给古代印度勇敢杀敌恢复国土的帝王的荣誉称号。

Sahasradala-padma　千叶莲花。

Sahasranama　神的别名录，用输罗迦体写出来，许多名字是赞颂神的。

Sahasrara　象征符号为莲花的强有力的精神中心。

Sahasrara padma　千瓣莲花。

Sahasrayoga　千世，千载，时，尘世循环期。

Saheb =sir　萨西布，莫卧儿时期对穆斯林的称呼，以后又称呼英国人。相当于印度教徒的巴布（Babu），蔑称英国人为布朗·萨西布（Brown Saheb）。

Sahib　某先生，某公，某老，某绅士。

Sahitya　《文学》月刊，当时经常登载泰戈尔的作品。

Sahitya Akademi　印度文学协会，该组织设在印度首都新德里，主编出版了许多泰戈尔的作品和有关泰戈尔研究的著作。

Sahityadarpana　《文镜》，14世纪毗首纳塔写的梵语诗学著作，论述诗的特性、词句、情味、韵、暗示、戏剧、诗病、诗德、风格和庄严。

Sahityavidyavadhu　文论新娘。

Sahityer Pathe　《文学之路》，泰戈尔于1924年出的报告集。

Sahityer Svarup　（Nature of Literature）《文学的本质》，泰戈尔于1929年8月21日在加尔各答总统学院泰戈尔学会做的报告。

Sahityer Vachar　（Judgement of Literatue）　《文学的评判》，泰戈尔于1929年8月18日在加尔各答总统学院泰戈尔学会做的报告。

Sahjiya　“顺其自然的运动”，性力运动，8世纪发起于印度东部的孟加拉和比哈尔等地，认为人体有内在和自然的特质如性力，压抑或消灭这种人性是痛苦而无用的，作为被创造物的人应该体验并使用造物主给我们的这种能力。性瑜伽的技巧（包括性体验）被认为可以引导人们摆脱再生。毗湿奴派的性力运动认为黑天和他最宠爱的情人拉达之间的关系是他们精神努力的神圣典范。

Sahni，Birbal　萨尼（1891—1949），印度古植物学家。

Sahodar Shambhuchandra Bidyaaratna：Praneeta Bidyaasaagarjeebancharita　《比代沙戈尔生平》，比代沙戈尔的弟弟绍姆普琼德罗·比代罗特诺所著。

Sahokti　共说。

Sahradaya　观众，富有鉴赏能力者。

Sahrdayaloka　《知音光》。

Sai Baba，Satya　萨依巴巴，撒提亚

S

（1926—2011），近代印度教圣人，1926年11月23日出生于印度南部普达帕地镇。萨依巴巴原名实谛那罗延（Sathyanarayana Raju），自三四岁起，即厌恶杀生，屡显灵异。1940年3月，他遭毒蝎螫伤而昏迷数月，5月下旬，苏醒之后，即自称“萨依巴巴”，语意即“神父”。他宣布他下凡人间的使命是重振人类价值：真理、正行、宁静、博爱、非暴力。他从此开始了他的传道生涯。从这以后，他开始倍显神异，以天神降世自居。印度人闻风归信者甚多，且奉之为活神仙。在印度，萨依巴巴已被认为是硕果仅存最伟大的宗教家。他是印度传奇人物，也是一位在世界各地广受尊崇的精神导师。他不以学者自居，没有创立任何修道院。50多年来萨依巴巴每天亲自接见信徒，替信徒解决困难、提供指引、回答问题。

Saibya　尸卑，《摩诃婆罗多》里的般度军大将。

Saibya　塞比亚，商竭罗的妻子之一。

Saibya　塞比亚，国王。因陀罗变鹰追鸽子，为了保护鸽子，塞比亚割自己的肉喂鹰。

Saibya　舍毗耶，印度神话传说中舍陀陀奴的妻子，她心地善良，虔诚谨慎，二人崇敬毗湿奴。曾为了兑现对一只鸟的许诺，从鸟骨头上刮下肉来让其转生。舍陀陀奴死后，她随夫火葬。丈夫先后再生为犬、豺狼、乌鸦、孔雀，她都能认出。最后舍陀陀奴转生为人，她与他重结良缘。舍陀陀奴死后，她再次随夫火葬。

S

Saigon　西贡，胡志明市的旧称，位于湄公河三角洲地区，越南直辖市，为越南最大的城市，也是越南的五个中央直辖市之一，也是前越南共和国的首都。1975年4月30日，越南民主共和国（北越）统一全国后，为纪念越南共产党的主要创立者胡志明，便将西贡改名为“胡志明市”。胡志明市是越南南方的重要交通枢纽，有越南最大的内河港口和国际航空港。1929年泰戈尔访问加拿大、美国、日本后在回印度途中于6月21日到西贡。在西贡市长主持的招待会上，印度支那法国政府和人民热烈地欢迎他。6月24日泰戈尔离开西贡。

Saila Baiga　男子舞。

Saila-udbhava　生于大山者。

Saingha　共和国。

Sairandhri　持犁，《摩诃婆罗多》里黑公主随般度5兄弟流放时在摩差国国王毗陀罗国王王后妙施手下做使女时的化名；使女。

Sairindhris　在别人家干活的女艺人。

Saisab Sandhya　儿童之黄昏。

Saisab Sangit（Songs of Childhood）《童年的歌集》，泰戈尔于1884年为五嫂迦丹巴丽写的诗歌集。

Saisunaga　湿术那伽王朝，5世纪摩羯陀国的一个王朝，由湿术那伽创立。

Saiva　湿婆诗。

Saiva Siddhanta　湿婆圣典派（7—11世纪）。湿婆派唯灵论思潮，因赞颂湿婆派的祭典而得名。

Saivabana　湿婆箭。

Saivas　湿婆派信徒。

Saivism　湿婆派，崇拜湿婆神及其配偶。8世纪由商羯罗创立。分支有注重苦行的商羯罗遁世派、讲究哲理的克什米尔湿婆派、崇拜湿婆生殖器的林迦派等。

Saiyid　萨伊得，先知的后裔。

Saj　萨吉，印度神话中雷神的妻子。

Sajjad Zaheer　撒加德·扎西儿，19世纪乌尔都语散文家。

Sajna　沙吉纳树。

Saka　释迦林，释迦牟尼的祖先在此地住过，因而得名。

Saka　在战场流尽最后一滴血的勇士。

Saka Chandravarmann　萨卡·钱德拉瓦尔玛，12世纪人，位于德里的世界文化遗产库杜布塔内的千年不锈的铁柱建立者。

Saka Dynasty　塞克王朝（公元前140—公元78），塞克人在印度建立的政权。

Sakahai　素食者。

Sakala　阇羯罗，现在巴基斯坦的西亚尔科特（Sialkot），《摩诃婆罗多》里的国家。

Sakala　完整（小说类型）。

Sakala-uttara-patheshvara　整个北方君主。

Sakalapurusa　（耆那教）伟大。

Sakamanirjara　有愿灭业，在随业而来的果报尚未成熟以前将它灭除。

Sakara　帝释天，指众神之王因陀罗。

Sakas　即Scythians，西徐雅人，即大月氏人，原在敦煌一带，后迁到阿富汗阿姆河流域。

Sakas　撒加人，神话里极欲仙人的神牛创造出的打众友仙人的人种。

Sakata　一种战车，车阵。

Sakatavyuha　战车阵。

Saketa　撒凯特，即阿约迪亚（Ayodhya），罗摩诞生地，古萨羯罗国首都。

Sakha　萨卡，印度公民志愿团的最小单位。

Sakha　学派，支派，吠陀修订本，由某个家族或学校讲授、传播（各家族或学校的文本有所不同）。

Sakhaaraam Ganesh Deuskar　绍卡拉姆·戈内什·代乌斯科尔（1869—1912），用孟加拉语写作的马哈拉斯特拉作家，写有《国家的故事》（Desher kathaa），曾经做过《爱国主义者》（Hitabaadee）杂志的编辑。

Sakharam Binder　《零度声誉》，马拉提语作家维加伊·檀杜卡（Vijay Tandulkar）的剧本。

Sakhi　女人的朋友或心腹、女友。

Sakhi Kundhe　萨基·昆达，奥利萨语木偶戏。

Sakhi re-pireete bujhbe ke?　《女友啊，谁懂得爱情？》，泰戈尔的诗。

Sakhi-bhava　萨尅巴瓦学派，印度教黑天派分支男性派，教徒穿女性衣服模仿女性的矫揉造作，竭力仿效与黑天在雅穆纳河畔调情的牧女的样子。

Sakhya　以朋友的心态爱神。

Sakini　吸血鬼。

Sakini　阇吉尼，伺候难近母的一种女妖。

Sakkaya　方言。

Sakra　天帝释，即众神之王因陀罗，他的世界就是天国。

Sakra　太白仙人，神话传说里的仙人，阿修罗的导师和祭司，仙人薄利古之子，有起死回生术。天神派祈祷主的儿子云发去学习起死回生术，太白仙人的女儿天乘爱上了云发。每次阿修罗把云发杀死，她都求父亲用起死回生术救活。他为了事业拒绝了天乘的求爱，天乘诅咒他在关键时起死回生术失败，他诅咒天乘嫁给刹帝利。

Sakta　女神崇拜。

Sakthana　萨克塔纳，20世纪孔坎语作家。

Sakti　萨克蒂，性能力，能力，湿婆性力，创造力，情人，夫人，标枪，神箭。

Saktimat　拥有（性）能力者。

Saktimism　性力派，印度教三大教派之一，主要崇拜女神辩才天女、吉祥天女和雪山神女的性力。也译为“虔诚派”，也崇拜迦梨女神。这个教派主张杀牲血祭。毗湿奴教派也是属于印度教的一支，崇信天神毗湿奴，不主张杀牲血祭。

Sakuni　沙恭尼，《摩诃婆罗多》里妙力的儿子，甘陀利的哥哥，俱卢百子的舅舅，他给难敌出谋划策，用欺骗性的掷骰子术使坚战等般度五子被流放。俱卢战争中被偕天杀死。

Sakuntala　沙恭达罗（4世纪戏剧家迦梨陀娑的同名戏剧及其女主角的名字）。沙恭达罗为仙人甘婆的义女，与义父在林中隐居，被前来打猎的国王豆扇陀爱上。二人一见钟情，私自结为夫妇。她的丈夫——国王豆扇陀回去后，她整天思念丈夫，失魂落魄，希望国王派人来接她，以至怠慢了敝衣仙人。仙人诅咒她被心爱的人遗忘。她怀着身孕进城寻夫，沐浴时丢了信物戒指，果然被豆扇陀忘记。后来，一个渔夫从鱼肚子里发现戒指，献给豆扇陀，豆扇陀如梦初醒，在林中找到沙恭达罗，夫妻团聚。

Sakuntas　沙恭达罗被遗弃（见上条）在马利尼河边，由这一对鸟用翅膀保护，由仙人甘婆收养，其名源于此。

Sakvala　宇宙石。

Sakya　释迦族，佛僧，释迦牟尼的信徒。

Sakyabuddha　释迦佛陀，5世纪印度僧人，与佛陀吉底（Buddhakirti）、俱摩罗菩提（Kumarabodhi）等印度画匠参与云冈石窟和龙门石窟的绘画。

Sakyamuni　释迦牟尼，“释迦族圣人”（公元前565—公元前485），原名悉达多·乔达摩，佛教创始人。传说为迦毗罗卫国王子，29岁出家，35岁在菩提迦雅成佛，在鹿野苑初转法轮，在灵鹫山等地传法，80岁在库尸那加涅槃。

Sakyaputra　释种沙门（第一个佛教派别）。

Sal　娑罗树，生长在西孟加拉和比哈尔干旱地区的树，因其木质硬、有树脂而很珍贵，现在受法律保护。

Sala 萨拉，神话里太阳王朝国王帕里克希特与蛙公主素舍巴纳生的大儿子，老二为巴拉，力大无穷。

Salaam 你好！穆斯林的问候语，伴低头、右手摸额头。

Saladitya 戒日王（590—647），印度戒日朝国王（606—647年在位），戒日王朝的建立者，印度古典文化的集大成者。他为中国人所熟悉主要是玄奘西游的缘故，而单就印度历史而言，他也是最具影响力的帝王之一。他还是戏剧家，作品有《妙容传》《璎珞传》《龙喜记》等。

Salagrama 圣石，化石壳鱼，毗湿奴的象征，水生贝壳类动物化石。

Salagrama- dana 牛的礼物，土地的礼物；赠送圣石。

Salajung Museum 萨利钧博物馆，在海德拉巴（Hyderabad）。

Salaka-purusa 耆那教36伟人。

Salar Jang 萨拉尔·詹（1829—1883），印度海德拉巴土邦首相。

Salasvati 萨拉斯瓦蒂，旁遮普7大河的神格化。

Salem 撒莱姆，印度克拉拉邦城市，泰戈尔1918年2月访问该地并宣读《印度文化的中心》一文。

Salibhadra 萨利巴德拉，12世纪古吉拉提语第一个诗人。

Salihotriya Asvayurveda Samhita Nama 沙利和塔马经，印度古代兽医著作，沙利和塔所著。

Salik 萨利克，一种小动物。

Salim 萨利姆，“世界征服者”，莫卧儿王朝第四代皇帝阿克巴大帝的儿子贾汗吉尔的名字。

Salisuka 舍离苏加（公元前3世纪—公元前2世纪），印度摩羯陀国孔雀王朝国王。

Saljuq Dynasty 萨尔柱克王朝，或者翻译为塞尔柱克王朝，乃是由突厥种的土库曼人在公元1040年，也就是卡特万大战的101年前创建的大帝国，疆域全盛时期东起河中地区，西到小亚细亚半岛，北接黑海，南抵印度洋，包括今天土耳其、叙利亚、伊拉克、伊朗、阿富汗、巴基斯坦，以及除哈萨克斯坦外的苏联中亚五国的绝大部分领土，有现在大半个中国大。

Salmali 阴间的火柱。

Salmali 萨尔玛里，《罗摩衍那》里的地狱名。

Salt Lake City 盐湖城，是美国犹他州的首府和最大城市，市内人口约18万，城市位于一个山谷的北端，海拔1320米。周围的高山海拔达到3582米。城市以紧靠大盐湖而得名。盐湖城是1847年由杨百翰（Brigham Young）率领一批耶稣基督后期圣徒教会（摩门教）的信徒在此拓荒所建成的一座城市。此后，该教会的总会一直位于盐湖城。目前超过半数的当地人为该教会教徒。1916年10月泰戈尔访美时曾访问该市。

Salt March 食盐进军，这是“圣雄”甘地领导的争取国家独立斗争中的一个重要事件。1930年，印度殖民当局制定了《食盐专营法》，大幅度提高食盐的价格和税收，引起了人民的强烈不满。在这种形势下，甘地毅然领导了“食盐进军”的斗争。他把头剃光，表示如果当局不取消《食盐专营法》誓不罢休。这年3月的一天清晨，甘地带领80名信徒，来到一个修道院宣誓，然后排着整齐的队伍，在炎炎烈日下徒步，开始了“食盐进军”。他们要到遥远的海边去煮盐，迫使殖民当局让步。在路途中，每过一个村庄和乡镇，甘地都召开群众大会，宣传他一贯主张的“非暴力不合作”的斗争策略，即用和平的方式反对当局。他的主张赢得了不少人的支持，于是，队伍越来越壮大。甘地一行日走夜息，风餐露宿，花了整整24天，才到达目的地。这时，随他而行的人已经有一千多人。当天晚上，他们绝食祈祷，并宣誓：“除非印度获得自由，当局不再实行《食盐专营法》，否则，就永远住在海边。”全国新闻记者纷纷赶来采访，详尽报道了“食盐进军”的情况，“食盐进军”引起了印度的广泛支持。这样，印度沿海地区都开展起自制食盐的行动，与此同时，印度各地到处举行示威游行，一个群众性的反英斗争蓬蓬勃勃地开展起来。殖民当局恼羞成怒，他们出动警察到处镇压手无寸铁的老百姓，还把甘地抓了起来，并下令取缔了甘地领导的国大党。但是，广大人民是不会屈服的，全国性的示威游行更加风起云涌。当局出动武装警察镇压，示威群众与警察展开短兵相接的搏斗，夺过警察的枪，打死了不少警察；接着，示威游行转化为武装起义。殖民当局害怕了，在1931年1月，不得不释放了甘地和被逮捕的群众，并撤销了取缔国大党的命令，承认沿海人民煮盐的合法化。“食盐进军”终于取得了初步胜利。

Salt Satyagraha　食盐真理运动，也叫食盐进军，甘地于1930年发起的运动。见Salt March。

Salution to the Spirit of Persia　《向波斯精神致敬》，泰戈尔1932年4月访问伊朗时的讲话。

Saluva Dynasty　萨鲁瓦王朝（1486—1505），维查耶纳伽尔王国的第二个王朝。

Salva　萨尔瓦，16世纪坎纳达语作家，作品有《丹宝制作》；萨尔瓦，古邦国，在今拉贾斯坦邦。

Salva　沙鲁瓦，《摩诃婆罗多》里的萨尔瓦国王，与安巴有情，但安巴被毗湿摩比武带去做奇武媳妇，他在安巴去象城的路上抢劫安巴，但被毗湿摩打败，后安巴一心嫁他，毗湿摩送回，但他骂安巴使他受辱，拒婚。

Salva　萨鲁瓦国，神话里萨蒂梵的父亲——萨维德丽的公公耀军国王统治的国家。

Salvadori Signora　萨尔瓦多利·西格诺拉（1862—1928），西班牙女诗人，1926年7月6日泰戈尔到达苏黎世，做报告，朗诵自己的诗，也在这里会见了受法西斯压迫的萨尔瓦多利教授，萨尔瓦多利对他讲述她自己亲眼所见的法西斯暴行。

Salya　沙利耶，《摩诃婆罗多》里般度妻子玛德利兄弟，在俱卢战争里接替迦尔纳任统帅，被坚战杀死。

Salya　香甜气味。

Sama　和平接近敌人，谈判。

Sama　萨玛（背诵圣歌），静，音乐，平息，排除痛苦，抚慰；常情静。

Sama Veda　《挲摩吠陀》，印度教四大吠陀之一，是祭祀唱的曲调集。

Sama Veda Samhita　《娑摩吠陀本集》，主要教教徒在祭祀活动中如何正确地唱颂神歌曲。

Sama-vidhana　《娑摩毗达纳》，《娑摩吠陀》8部梵书之一。

Samaaj　《社会》，泰戈尔的散文。

Samaaj Sangskaar o Kusangskaar　《社会改革和迷信》，泰戈尔的散文。

Samaaje Stree- purusher Premer Prabhaab　《男女爱情对社会的影响》。

Samaapti　《结局》，泰戈尔于1893年写的短篇小说。见Conclusion。

Samabaayanieeti　《合作社政策》，泰戈尔的散文。

Samabuddhi　持有同等观念者。

Samacittata　心平等。

Samadhana　确证。

Samadhi　三昧，打禅，坐禅，禅定，沉思，冥思，专注，精神力量，“潜思凝虑，收视反听，静坐在那里，心里只默想一件东西，使自己与默想的这一件东西合二为一”，达到觉悟的冥想状态，瑜伽修习的最高精神状态，以它亲证自我（灵魂）的存在和清净无垢的状态，达到解脱目的。又译做“三摩提”“定”“冥想”。达到与神交流。努力用比喻提示并领会意义，或者具有特殊意义，行家能够领会。心与静虑的对象合二为一，主客观完全融合，是修持的最高目标。

Samahita　神助。

Samaj　《社团》，泰戈尔1908年写的散文。

Samaj　集合，开会，社团。

Samaj Bhed　《文明的差异》，泰戈尔1901年的散文。

Samajka　社会界。

Samalochana　《评论集》，泰戈尔于1887年发表的文学评论集。

Samambhati　共同体验。

Saman　音乐，歌曲。

Saman　甜言蜜语。

Samanta　萨曼塔，“边界”“邻居”，诸侯，纳贡酋长，与宗主国君主关系比较固定的属国；毗邻地区的独立统治者。国王授予有赐田的中层封建领主的称号。平等，等于，类似于。

Samantabhadra　普贤，佛教菩萨名，释迦牟尼佛的右胁侍，相传其显灵说法的道场在峨眉山。

Samantacakra　纳贡王公圈。

Samantapamchaka　5人长老会。

Samantapamchaka　萨满塔盘查卡，持斧

罗摩建的渡口。

Samantapanchaya 普五，地名。

Samantapasadika 《善见律毗婆沙》，佛教律书，佛音著。

Samanya 同，共同，普通，沟通。普遍性，一组内所有的成员有共同的特点。

Samanya Kshati 两败俱伤。

Samarakoon，Ananda 萨马拉空，阿南达（1911—1962），斯里兰卡人，泰戈尔的弟子，著名作曲家，斯里兰卡国歌的作者。

Samaran（In Memoriam）泰戈尔于1902年写的《回忆录》。

Samarangana-sutradhara 《画事要诀》。

Samarata 皇帝。

Samarcand 撒马尔罕，撒马尔罕意为“肥沃的土地”。撒马尔罕是乌兹别克斯坦第二大城，撒马尔罕州首府，在国境东南部泽拉夫尚河谷地。人口37.1万。撒马尔罕是中亚历史名城，有2500年的历史，为古代索格德、帖木儿帝国的古都。1868年并入帝俄。1924—1930年曾为乌兹别克行政中心。

Samarendranaath 绍莫楞德罗纳特（1870—1951），泰戈尔的三叔吉林德罗纳特的小儿子古嫩德罗纳特的二儿子，即泰戈尔的堂侄子。

Samas 沙玛斯，意思是“复合词”。

Samasika 复合词。

Samasyaapooran 《原来如此》（《解决问题》），泰戈尔于1893年写的短篇小说。见A Problem Solved（Panraksha；A Riddle Solved）。

S

Samata 同一。

Samata 无别（佛教）。

Samata 平等。

Samatata 三摩旦吒，公元前3世纪至公元4世纪印度东北部古国。

Samatha-bhayana 止观，佛教修行的方法，专心致志，观察和体悟特定对象或义礼的思维活动。

Samati 萨玛提，古代仙人，据传他把那罗陀压缩到1.2万颂的《摩奴法论》再压缩到了4000颂。

Samavakara 神魔剧。

Samavarata 毕业典礼，满师礼，学生学成后，给师父送的礼。

Samavarta 满师礼，学业结束仪式。

Samavaya 《合作》，泰戈尔于1918年7月给“孟加拉合作组织协会”喉舌刊物《宝库》（Bhandar）写的文章。

Samavaya and Samavyaniti（Cooperation）《合作》，泰戈尔的散文。

Samavayaga 数目支。

Samavrta 音步相同。

Samaya 开始学习圣典与宗教礼仪。

Samayabhedoparacanacakrasastra 《异部宗轮论》，古印度佛教一切有部论书，1—2世纪世友（Vasumitra）著。“异部”指部派各异；“宗轮”指各部派宗旨各异，如轮转不定。

Samayacara 传统方式。

Samayamatrka 《妓女拉格沃蒂的圈套》（讽刺诗），11世纪安主写，讲比自己的许多丈夫都活得长的鸨母根佳丽的一生。

Samba 商波，神话里黑天与阎婆凡蒂的儿子。他在比武选婿大会上抢走黑公主，被难敌抓回囚禁于象城，又被大力罗摩救出，回多门城。雅度族的人把他扮成孕妇，让众友仙人、憍衣仙人和那罗陀仙人猜生男孩还是生女孩，仙人答，“生铁杵，毁灭雅度族”。雅度族人把铁杵化粉扔进大海，铁粉聚成海浪，变为铁杵和锋利如剑的芦苇，杀死全部雅度族人。商波被憍衣仙人诅咒得麻风病，被太阳神治好。

Sambandha 人与神的关系。

Sambara 商波罗，魔鬼，因陀罗与天神的敌对者，住在位于戈达瓦里河和那玛达河之间的万加颜体山。他与国王帝婆陀娑作战屡战屡败，多处城堡被因陀罗摧毁。通常以旱魔身份出现，与妖魔弗栗多同为一族。罗摩的父亲十车王曾助因陀罗打他，十车王受伤后被二王后抢救活来，答应她两个恩惠，后酿成罗摩加冕不成、被流放14年的结局。他曾将黑天之子明光扔进大海，后被明光杀死。

Sambhara 史诗的主干部分。

Sambhasadana 桑巴萨达拉，一个阿修罗的名字。

Sambhava 书的主干部分。

Sambhavanatha 尊生主，耆那教圣人。

Sambhogakaya 报身，受用身（佛陀超凡的样子）；极乐体。

Sambhrama　慌乱。

Sambhu　善布，大神。可以指湿婆、梵天、毗湿奴、因陀罗等。

Sambhu　桑布，最高神灵之称。

Samdarananda　《美难陀传》，2世纪印度诗人马鸣的作品，描写佛陀感化一母二父的弟弟难陀与沉迷于爱河的妻子孙陀利的故事。

Samdhya　婆罗门的晨、昏仪式；黄昏或黎明女神。

Samdra Gupta　三摩答喇·笈多（330—380），超日王的父亲，爱好诗歌，他生活的年代是笈多王朝鼎盛期。

Samgadhavan　桑加达万，“头发僵硬者”，毗湿奴的绰号。

Samgati　机会。

Samghadatta　僧伽达多，天竺人，5世纪来华。

Samghadeva　僧珈提婆，罽宾人，365—384年来华译经。

Samgharaksa　僧伽罗差，罽宾人，晋朝来华译经。

Samghati　通肩式僧衣，犍陀罗佛像披的衣服。

Samghavarma　僧伽跋摩，天竺人，433年来华。

Samghavarti　髻珈跋澄，罽宾人，381年来长安译经。

Samgit　音乐。

Samgiti　合诵，由上座比丘回忆佛陀生前的教诲，由长老合议是否正确，确定无误后编入佛陀经文。

Samhara　宇宙的毁灭。

samhita　赞美诗；吠陀本集，包括四部吠陀：《梨俱吠陀》《娑摩吠陀》《耶柔吠陀》和《阿达婆吠陀》。每一部就是一个本集。

Samhitapatha　连续朗诵，吟诵。

Samhritya　杀戮，屠杀。

Sami　萨米树。

Samidadhana　捡柴火。

Samil, Bakir　萨米尔，巴克尔（1879—1934），土耳其人，曾任土耳其驻安哥拉代表。

Samindra　萨闵德拉，一个8岁的没有母亲的男孩，泰戈尔于1903年出版的诗集《儿童集》就是为哄他而写的。

Samindranath　绍明德罗纳特（1896—1907），泰戈尔的小儿子，1907年11月23日在蒙吉尔看望朋友的路上死于霍乱，年仅11岁。

Samiti　萨米蒂（地方会议），会议厅，部落人民大会，

Samiti　全国民大会，部落贵族会议。

Samitimjaya　萨米廷加亚，阎王或毗湿奴的称号。

Samitra　杀死动物。

Samkalan　《泰戈尔散文集》，1925年出版。

Samkalpa　求神原谅自己所犯的罪。举行仪式的正式决定。

Samkasana　三卡萨那，发光体之一，具有神性和英雄性。

Samkhya　数论，“僧法”“迦毗罗论”“雨众外道”，引申为思索研究。古印度哲学学派，创始人为迦毗罗（Kapila，公元前350—公元前250）。认为世界有两个本原：一个是最高精神神我，部鲁沙（purusa）；一个是原初物质，原质，旧译“自性”（prakrti）。物质由三种相互矛盾、相互制约的成分组成：萨陲；罗赭；达磨。世界万物由原质在三得的参与下形成。“因中有果”。

Samkhya Karika　《数论注》，问世于大约350—450年，是对数论派教授题目的汇总。

Samkirnayoni　杂种姓的人，混血人。

Samkirtan　合唱颂歌。

Samkshipta Visarjan　《简单献祭》，泰戈尔1936年写的剧本。

Samkyasutra　《数论颂》，最早由4—5世纪的自在黑著，印度婆罗门教正统六派哲学之一的数论派经典。

Samla　19世纪职员、律师戴的头巾。

Samlapaka　夜谈。

Sammittyas　人，正量部，佛教部派之一，释迦牟尼逝世后300年从上座部的犊子部分出，自称其说正确无误，故名。

Sammohanashtra　定身法，因陀罗的乐舞领班在凡界因冲突抓住难敌等后使用的法术。

Sammy　印度阿三。

Samneharasaka　《传信记》，阿卜杜尔·雷曼（Abdur Rehman）著。

Samnyasa　遁世，遁世期。

Samnyasa Upanisads　遁世奥义书。

S

Samnyasam karmanam 舍弃有为。

Samnyasana 舍弃，无为，不做任何事情。

Samnyasayoga 舍弃瑜伽，不追求业果的修炼。

Samnyasin 放弃世俗生活的人。

Samohini 娑莫西尼，1927年印度两个外科医生宣布施手术用的麻醉药。

Samoja 苏摩迦国，指黑公主的父亲木柱王统领的国家。

Samooha 荟萃集。

Samosokti 合说。

Sampaadak 《编辑》，泰戈尔于1893年写的短篇小说。见The Editor。

Sampaadaker Bidaaya Graham 《编辑告别词》，泰戈尔的杂评。

Sampati 散帕提，《罗摩衍那》里金翅鸟王者宅优私的弟弟。他能看万里之外的东西。他看见悉多在兰卡，告诉了哈奴曼，为此获得翅膀。他为了救哥哥大翅鸟王不让太阳烧死，被烧掉翅膀。

Sampatti- Samarpan (The Trust Property)《移交财产》，泰戈尔于1891写的短篇小说。见Inheritance。

Samphava 出生。

Sampheta 冲突，充满激动，怒斥，含有大量战斗、格斗、欺诈、分裂以及武器碰撞等。

Sampradayas 使用，支配，传统，支派，独立学派，吠陀信息在传承中的传递。

Sampradayika 天文学。

Samprajnata samadhi （练瑜伽时）在意识里的目标支持下的禅定。

S

Samprati 三普拉第，公元前3世纪摩羯陀国孔雀王朝国王。

Samputa 盒子手势，象征隐居。

Samraja 实际君主，最高统治者。

Samsad 国际大学董事会。

Samsaptakas 发誓不胜利毋宁死的士兵。

Samsara 轮回，人死后灵魂再次转生，按照上辈子的业的好坏转世为不同的形态。

Samsaya 疑惑，犹豫不决的思想状态，如黑暗中见一物，不知是人是鬼。（诗相）出于种种考虑，话语没有充分表达真实的意义。

Samshaptaka 发誓。

Samsidhi 成功，指解脱。

Samsidmi parama 圆成，经过瑜伽修行所达到的最高境界。

Samskara 家庭祭，印度教教徒在人生的各个阶段举行的祭祀，有受胎礼、成男礼、分发礼、出胎礼、命名礼、出游礼、养哺礼、结发礼、成年礼、入法礼、归家礼、结婚礼。

Samskara "完善"，过渡仪式，印度教的圣礼；（佛教）行，行业。

Samskara 行，指人们身、口、意三方面所作所为的事情。

Samskrita 梵语，"整理好的""完美""文雅"。

Samskritadharma 有所作为，有生灭变化的一切现象。

Samsptaka 发誓破釜沉舟、不胜则死的人。

Samstha 密探。

Samstrsti 混合，含有多种庄严，像串珠而成的珠宝项链。

Samthara 10"杂"之四的《草席》。

Samudayasatya 集谛，佛教四谛之第二谛，说世界一切苦皆由烦恼而生。

Samudra 十载。

Samudra Gupta 沙摩托罗·笈多（330—375年），笈多王朝国王。

Samudra-manthana 《搅乳海记》，12世纪摩差罗阇（Vatsarja）的剧本。搅乳海的故事：为了获得海里的长生不老的甘露，天神和阿修罗共同搅乳海。以龟做底座、以大山做搅棒、以巨蟒做绳索绑在山腰，天神和阿修罗分别抓住巨蟒的头来回拉动，于是海水很快化为乳，从乳海中跳出财富女神拉克西米，并同时从乳海中浮出其他宝物：月亮、宝石、神酒、乳牛、如意树、白马、大象、一团能毁灭世界的毒药。毒药被湿婆吞下，救了世界，因此把脖子烧成青色，湿婆"青颈"的别名即源于此。最后出现一个手捧甘露的神医。毗湿奴为了不让阿修罗饮甘露，化作美女与阿修罗调情，天神趁机分饮甘露。为争夺一罐甘露，湿婆率领众神与阿修罗激战了12年并最后获得胜利。在争夺战中，一些甘露洒在了四个地方：阿拉哈巴德、哈里瓦、乌疆和纳锡，成为这四个地方的河水。因此，圣水沐浴节也就在这四地举行。在恒河圣地流行至今的"宫巴庙会"就来源于此。但名叫罗睺的阿修罗混在天神中饮甘露，被日神和月神发现，告诉毗湿奴。

毗湿奴用神盘把罗睺砍为两截。但罗睺已饮甘露，故头没有死，经常咬噬日神和月神，印度神话里的日食和月食即由此而来。

Samudra Prati　《大海》，泰戈尔的诗。

Samudra raja　海洋之王。

Samugarh，Battle of　萨穆加尔之战，1658年5月莫卧儿王朝第五代皇帝沙贾汗的儿子达拉·舒科与奥郎则布为争夺皇位在首都阿格拉以东的萨穆加尔进行的战斗，后者胜，囚禁沙加汗，登上王位。

Samuha　《群众》(《荟萃集》)，泰戈尔1908年写的散文。

Samva　商波，《摩诃婆罗多》里的人物，他假扮孕妇，导致黑天族互斗而亡。

Samvada　《梨俱吠陀》里的对话诗。

Samvara　防止，预防，妨碍，制御（排除外界干扰），耆那教九谛之一。

Samvaranasamyak-ajiva　正命（正确的谋生方法）。

Samvarta　卷云，般度族将领。

Samvartaka　毁灭宇宙之火。

Samvartana　学生生活结束礼。

Samvit　意识，觉悟。

Samyak-sambuddha　正等觉，正确悟道者。

Samyamah　自律。

Samyamani　阎魔城。

Samyega　激动。

Samyutta Nikaya　响应部，《经藏》第三部分《杂尼迦叶耶》。

San Francisco　旧金山，又称“圣弗朗西斯科”“三藩市”。位于美国加利福尼亚州西海岸圣弗朗西斯科半岛，面积47平方英里，三面环水，环境优美，是一座山城。属于亚热带地中海气候，气候冬暖夏凉，阳光充足，被誉为“最受美国人欢迎的城市”。1769年西班牙人发现此地，1848年加入美联邦。市区面积116平方千米，全市人口约81万人，其中华人25万。西班牙人建于1776年，1821年归墨西哥，1848年属美国。19世纪中叶在采金热中迅速发展，华侨称为“金山”，后为区别于澳大利亚的墨尔本，改称“旧金山”。旧金山住有很多艺术家、作家和演员，在20世纪及21世纪初一直是美国嬉皮文化和近代自由主义、进步主义的中心之一。1916年9月泰戈尔访问美国时曾经访问该市。

San Isidro　圣伊斯德鲁，阿根廷首都布宜诺斯艾利斯郊区的一个镇子，泰戈尔于1924年11月7日访问秘鲁的航行中因病在布宜诺斯艾利斯下船，居住在这里的阿根廷女作家维多利亚·奥坎波夫人的花园里，受到她的精心照顾。

Sanaatan　绍纳侗（1484—1588），原是胡森·沙哈穆斯林朝廷的大臣，后皈依孟加拉宗教改革大师久伊多诺（1486—1533）崇信黑天的教派，弃官后在布林达森林苦修，梵文学者和诗人。

Sanad　政府法令。

Sanadhya　一婆罗门亚种姓。

Sanai　婚礼上演奏的竹子乐器。

Sanai　《竹笛》，泰戈尔1940年写的诗集。

Sanaiscara　慢星，土星的别称，因为它在每个太空室停留20个月，由于它运行慢，故而被称此。

Sanaptakas　敢死战士。

Sanatan　萨那坦，印度神话里梵天从脑袋里生出的4个儿子之一。

Sanatana Dharma　永恒宗教或永恒正法。

Sanatana Dharma Mahamandal　永法大社团（印度教改革运动）。

Sanatanavisvadeva　宇宙永恒之神。

Sanatani　永久的，永恒的。

Sanatanism　印度教极端主义。

Sanatanist Hindu　山那丹，极端派，甘地自称。

Sanatkumara　萨那多古玛罗，梵天之子。

Sanatkumara=Purnavas　往世书。

Sanatsujata　永善生，桑奇东门方柱与第三道横梁末端交角处的托架像“树神药叉女”，约作于公元1世纪初叶，是桑奇最美的女性雕像。她双臂攀着杧果树枝，纵身向外倾斜，宛若悬挂在整个建筑结构之外凌空飘荡，显得婀娜多姿。她头部向右倾侧，胸部向左扭转，臂部又向右耸出，全身构成了富有节奏感、律动感的S形曲线。桑奇塔门上高浮雕或圆雕的构件，基本上左右对称，主要题材包括法轮、三宝标等佛教象征符号以及印度民间信仰的精灵药叉和药叉女等人物。印度把这种塔门牌坊称作“陀兰那”(Torana)，故后代把这种雕刻艺术称作“陀兰那艺术”。

Sanbadha 联系。

Sancari Bhava 动情。

Sanchaya 《文汇集》，泰戈尔1916年出的散文集。

Sanchayita 《泰戈尔诗歌诗剧集》，1931年出版。

Sanchi 桑奇大佛塔，位于中央邦帕博尔附近的桑奇村。据传为阿育王所建。其东、南、西、北的牌坊雕刻反映佛教故事，雕刻艺术吸收了波斯、希腊的建筑艺术，达到登峰造极水平，雕刻药叉女是印度标准女性人体美的规范。大塔为半球形建筑，直径约为36.6米，高约16.5米，原为埋藏佛骨而修建的土墩，后在覆钵形土墩上又加砌了砖石，涂饰银白色与金黄色灰泥，顶上增修了一方形平台和3层伞盖，并在底部构筑了石制基坛和围栏。南、北、东、西四方建有4座陀兰那（砂石塔门牌坊），每座砂石塔门高约10米，由3道横梁和2根方柱以插标法构成，在横梁和方柱上布满了浮雕嵌板和半圆雕或圆雕构件。在4座塔门中，南门最为古老，建于公元前75年至公元前20年。南门2根方柱上有承托横梁的4只一组的狮子柱头。保存最完好的北门上，伊朗阿契美尼德王朝雕刻的有翼的狮子和有翼的公牛，与印度特有的驮着法轮的大象和驮着药叉的骏马并列；波斯波利斯王宫常见的钟形柱头、忍冬花纹和锯齿状饰带，与印度特有的莲花卷涡纹、野鹅和孔雀装饰图案杂陈。在横梁与方柱间的浮雕嵌板中，分别以2只小象向坐在莲花上的女性身上喷水、菩提树、法轮和窣堵婆，象征佛陀一生的4件大事，即诞生、悟道、说法和涅槃。在每座塔门的第一道横梁上都刻有7个一组排列的窣堵婆和菩提树，代表“过去七佛”。

Sandamsa 钳子手势。

Sandar O Andar 泰戈尔的短篇小说《外屋与内室》。

Sandara 桑达拉（788—820），印度古代大哲学家。

Sandes 桑德，孟加拉人用酸奶做的名甜食。

Sandesakavya=Dut Kavya 梵语抒情诗的流行次类型。

Sandesh 三德食，孟加拉地区用白糖、奶酪做的一种甜食。

Sandharanskarana-siddhanta 普遍化论。

Sandharmya 同类。

Sandhi 连接，情节的关节，复合词。

Sandhi 保持平静，与敌人和平相处。

Sandhivigrahika 古代笈多王朝时期的外交大臣。

Sandhodani 净饭子，《庄严颂》（Alankarasekhara）就是依据他的著作写的。

Sandhya 所立，所证，受正。

Sandhya 商底耶，印度神话里梵天的女儿，湿婆妻。梵天紧追自己的女儿商底耶，商底耶变雌鹿逃，被湿婆救，做其妻。印度教徒每日三次的拜神。

Sandhya 黄昏，白天和黑夜之间的一段时间。

Sandhya 《黄昏》，1904—1907年由梵·般达·乌芭堤雅一（Brhman Bandhab Upadhyay）创立的报纸，主张武装斗争。

Sandhya vandana 印度教的黄昏祭祀，晚祷。

Sandhyaasangeet 《暮歌集》，泰戈尔1882年写的诗集。

Sandhyantara 关节，因素。

Sanga 执着，迷恋，追求。

Sanga Rana 桑加·拉纳（1482—1529），梅瓦尔国王。

Sangadeva 众天，4世纪印度佛教僧人，曾来华译经。

Sangahamitta 僧加密多，公元前3世纪佛教女传播者，阿育王之女。

Sangam 桑迦，“汇合”，恒河与雅穆纳河在阿拉哈巴德的汇合处。

Sangam 桑家文学团，“学苑”，马杜赖的潘迪亚国（公元前3世纪—公元前2世纪）国王在宫廷养的大诗人团，非官方地担任文学审查职能，后来的诗人称他们为桑家文学团。

Sangama 桑伽玛王朝（1379—1486），维查耶纳加尔王国第一个王朝。

Sangandhika 香味扑鼻的花。

Sangandhikaharana 《采香莲》，14世纪维斯瓦纳塔（Visvanatha）的剧本。

Sangaradas Swamigal 桑格拉达斯（1867—1922），印度泰米尔语剧作家，作品有《阿贝曼尤·孙达丽》等。

Sangatha 皈宗（印度教教派运动）。
Sangatt 乐段的内部变体。
Sangdgyaa 《黄昏》，泰戈尔的诗。
Sangeet 音乐。
Sangeet Natak Akademi 印度音乐舞蹈学会。
Sangeet Natak Akademi Fellowship "音乐舞蹈终身教授"，是印度音乐舞蹈学会授予有杰出成就的艺术家的称号。
Sangeet o Bhaab 《歌曲和情感》，泰戈尔的散文。
Sangeet o Kabitaa 《歌和诗》，泰戈尔的散文。
Sangeet Sar 《音乐精髓》，16世纪坦森（Tansen）著。
Sanger Magaret 桑佳·玛格丽特（1879—1966），美国计划生育积极倡导者，性教育家。她1935年12月访问圣蒂尼克坦，和泰戈尔讨论印度由于人口迅速增长带来的问题。
Sangh Parivar 同盟家族，对印度教组织的称谓。
Sangha 僧迦，僧团，4人以上的和尚或尼姑。
Sangha varman 僧迦跋摩，意译为康凯，印度僧人，公元433年—435年在中国，译经5部。
Sanghabhadra 僧迦跋陀罗，意译为众贤，佛教戒律家，经由海路到中国，公元488年完成1部译著。
Sanghabhara 僧家婆罗，意译为僧养，扶南王国（今柬埔寨）佛教僧人，专门研究佛论。6世纪初到中国，译经11部，在中国逝世，享年65岁。
Sanghabhuti 僧珈拔提，克什米尔佛教学者，公元384年来中国，在中国居住多年，对一切有部派的律藏（Vinayapitaka）做了详细注释。
Sanghadasa 僧迦佗娑，5世纪作家，著《苏婆提婆游记》（Vesudevahindi）。
Sanghaghuti 僧迦波称，意译为称贤，克什米尔佛学家。公元381年—383年在中国，译经3部。
Sangharama 僧伽蓝，即逝多林，胜君王大臣善施即给孤独长者为佛陀所建的精舍，在萨拉斯瓦迪城南5里处。简称伽蓝，寺院的统称。
Sangharama 珈蓝，佛寺，佛教僧人聚集、讲经、生活之处。
Sanghati 僧衣。
Sangit Samaji 音乐协会，孟加拉地区最早的音乐舞蹈协会，泰戈尔和它的关系很紧密。
Sangita-Bhavana 1919年由泰戈尔在国际大学创立的音乐系。
Sangitachinta 《对歌曲的思考》，泰戈尔的诗。
Sangitaratnavali 《乐歌珠串》，11世纪摩摩吒（Mammata）著。
Sangitasara 《音乐概论》，由14世纪作家维迪亚然尼亚（Vidyaranya）写。
Sangiti 集结，佛祖逝世后，弟子们举行集会，对口述的佛经进行会诵、甄别、审定，系统地把它们确定下来。
Sangraha 安抚。
Sangskaar 《偏见》，泰戈尔的短篇小说。
Sanguka 商古加，8世纪作家，作品有《世纪诞生记》（Bhuvanabhyudaya）。
Sangyojan 《增补》，泰戈尔的诗。
Sanhita 集编。
Sani 土星神。
Saniwar 星期六，土星的名字。
Sanjay Gandhi 桑贾伊·甘地（1946—1980），印度总理英迪拉·甘地的小儿子，飞机失事死。
Sanjaya 全胜，《摩诃婆罗多》里持国国王的近臣，他向持国讲述战争每天的进展情况。他告诉持国一位命运不好的人将首先变坏，失去辨别是非的能力，时间会毁掉他的理智，引他走向毁灭。
Sanjaya Belatthiputta=Vairatiputra 散惹耶毗罗梨子，公元前6世纪—公元前5世纪人，印度不可知论的提出者，他认为来世、因果报应可以说有，可以说无，可以说亦有亦无。
Sanjaya Vairatipura 删阇夜·毗罗妮子，公元前6世纪—公元前5世纪人，印度六师之一。
Sanjayayana 《全胜出使篇》，见Sanjaya。
Sanjeebachandra 松吉波琼德罗（1864—1919），孟加拉作家，般吉姆的哥哥。
Sanjeet Natak Akademi 1959年成立的萨吉特戏剧协会。

Sanjibani Sabha　桑吉巴尼协会，鲍斯和泰戈尔的五哥齐德拉德罗纳特于1876创办的秘密组织，也许是模仿意大利革命家马志尼的烧炭党，很快解散。

Sanjiva　活物。

Sanjivani-sabha　起死回生协会，19世纪由罗阇那拉衍·鲍斯（Rajnarayan Bose）创立。

Sanjivani-viday　起死回生术。

Sanjna　商吉那，印度神话里工艺神毗首羯摩的女儿，太阳神苏利耶的妻子，生七世摩奴、阎摩、阎蜜兄妹和雅穆纳河女神，无法忍受丈夫太热火而变作雌马修行，太阳神变雄马陪同她，生双马童。

Sanjoy Kumar Mallik　桑乔伊·库马尔·马利克，印度国际大学当代艺术史学家。

Sanjukta Panigrahi　桑吉塔·帕尼戈拉西，奥迪西舞当代著名演员。

Sanjusangendo Temple　“33间殿堂庙”，日本京都的佛寺。

Sanka　疑虑。

Sankar Deva　辛格尔·代沃（1449—1568），印度阿萨姆语诗人，作品有《黑天颂歌》等。

Sankar Kurupp　辛格尔·古卢伯，20世纪印度马拉雅兰姆语诗人，作品有《世界-镜子》等。

Sankara　音义混合。

Sankara Kurup　辛格拉·苦鲁普，20世纪马拉雅拉姆语象征主义代表。

Sankara, Namada　巽格尔，N.（1833—1886），印度古吉拉提语诗人，写长诗《祝你胜利，骄傲的古吉拉特!》。

Sankara Pillai　桑佳拉·毗莱，20世纪马拉提语戏剧家。

Sankaracharya　商羯罗（700—750），婆罗门教吠檀多派的集大成者、不二论宣示者。他属南布迪里婆罗门种姓。商羯罗认为最高的梵是世界的本源，世间万物都是依靠梵而产生的，而梵并不依赖其他事物。他认为梵是一种绝对的、永恒的意识。它不具有任何差别与属性，它既超越主观和客观，也超越时空和因果。他把婆罗门教改造成了印度教。著作有《梵经注》《森林奥义注》《薄伽梵歌注》《我的觉知》等。

Sankarsana　大力罗摩，也叫持犁罗摩，毗湿奴的化身之一。

Sankarshana　商迦尔阇纳，印度教大仙。

Sankasya　桑卡西亚，《摩诃婆罗多》里遮那竭国王的弟弟库萨杜瓦加住的都城。

Sankasya　沙卡西亚国，地名，传说中佛陀宝梯从三十重天降临于此。

Sankatakais　装在防护手套里。

Sankha　法螺。

Sankha　贝壳；手势：手心向外，右手握左手拇指，并以右手拇指贴左手中指。螺贝，黑天的大将。

Sankha　商羯，财神俱毗罗的财宝之一。

Sankhadhara　僧去达罗，12世纪作家，著《无赖集合》（Latakamelaka）。

Sankhataka　破裂。

Sankhayana Brahmana　桑卡亚纳梵书，为《吠陀本集》梵书第二部。

Sankhayana Srauta Sutra　印度教散卡亚娜教派的吠陀祭祀经。

Sankhya　放弃业，数论行者。

Sankhya akarika　数论派，哲学学派；《数论颂》。

Sankhya-yoga　身体的无能与灵魂的不朽，数论派瑜珈。

Sankhyapravacana　《数论哲学解说》，迦毗罗仙人所著。

Sankirtan　集体吟唱。

Sankra　飞车。

Sankrananda　商羯罗难陀，印度神学家，11世纪写《成遮诠论》。

Sankrant　冬至迎春节。

Sankrasvami　商羯罗主，7世纪陈那的弟子。

Sankriti　超越。

Sankriyayan Rahul　桑格里亚英（1893—1963），印度印地语作家，作品有《欣哈元帅》等。

Sanksiptaka　紧凑。

Sanku　载，极大的数目。

Sankuka　商古迦，8世纪作家，作品《世界诞生记》（Bhuvanabhyudaya）。

Sanlian Bookshop　三联书店，全称为生活·读书·新知三联书店（简称三联书店），是一家有悠久历史的著名出版社。它的前身是邹韬奋、徐伯昕等20世纪30年代在上海创立的生活书店、新知书店和读书出版社。1951年8月，三联书店并入人民出版社，1986年1月1日，三联书店恢复独立建制。1982年出版季羡林的《中印文化关系史论文集》。

Sanlian Bookshop in Shanghai　上海三联书店，1989年出版唐绍邦翻译的《一个艺术家的宗教观——泰戈尔讲演集》。

Sanmukha　六个面孔的孩子，六张脸，指战神塞建陀。

Sannyasa　离家出世期，遁世修行期，人生四行期的最后阶段。

Sannyasi　《苦行僧》，泰戈尔的短篇小说。见The Ascetic（Prakritir Pratisodh）。

Sannyasi　苦行僧，修道士。

Sannyasi（Prakritir Pratisodh）　《修道士》（《大自然的报复》），泰戈尔1883年写的话剧。这部话剧共16场，写的是在一个山洞里苦行修道士的人生经历。修道士沉迷于修行，尽一切努力封闭自己，认为这样可以亲证“梵我合一”的境界。这时，意外发生了。一个无父无母、没有任何亲人、不被他人当人看待的非雅利安小姑娘闯入了他的生活。修道士开始表示：他对谁也不亲，对谁也不疏。但因为小姑娘没有人收留，他不得不收留她。令他不知所措的是，他很长时间原来已经泯灭了的同情、怜悯、慈爱之心又复活了。他害怕人性的复归，总是在离去还是不离去之间徘徊。小姑娘不让他走，请求他不要抛弃她。小姑娘称修道士为父亲，为他采来鲜花；修道士认为花无所谓美，也无所谓丑。小姑娘高兴的是，自己度过了美好的一天，因为她得到了修道士给予的父亲般的抚爱。这时，修道士想到了自己的美好生活，但他很快又揉碎了鲜花，要继续漠视生活。于是他不顾美好生活的吸引要离开小姑娘了，但他又无法完全逃脱。他发现，这个世界的美是真实的，是无限在有限中的显现。所以他觉醒了，决定融入世俗世界，拥抱女儿似的小姑娘。不幸的是，修道士觉悟得太晚，他回来时小姑娘已经死了，这是大自然对他何等残酷的报复！修道士悲伤不已，唱起要小姑娘投入他怀抱的歌。

Sannyasin　苦行者，游方托钵僧，平时以化缘为生，有时替人祝福、画符、治病等。

Sannyasin　遁世期；修行期。

Sanpheta　怒斥。

Sansa　桑撒，19世纪印度坎纳达语作家，智慧奖（Jnanpith Award）获得者。

Sansaptakas　灭敌死队。

Sansara　世界。

Sanskar　泰戈尔的短篇小说《偏见》。见The Patriot。

Sanskrit　梵文，印度古典语言，为印度古代宗教圣典、宗教礼仪、文学作品的主要语言。梵文不仅是印度的古典语言，也是佛教的经典语言。梵文佛典起初是书写于贝多罗树叶上的，故又称“贝叶经”。最具代表性的梵文字母有三种：悉昙体；兰札体；最为流行、最为世人所知的天城体，天城体字母因为有悠久拼写梵文的历史且在当今印度其使用范围有持续扩张之势，所以被当代世界人民称为梵文字母。天城体字母是得到印度佛教界及国际公认的、书写梵文的标准字母。根据文献记载，梵文字母是由创造宇宙之神“大梵天”所创。梵天，即中国人俗称的“四面佛”，或称“大梵天王”。一说辩才天女创造了天城文字母。梵文字母中的每个字母代表了一种力量源泉，在印度人们修炼“瑜伽”的时候也常常冥想着梵文字母，念佛教“真言”的时候要求发音正确，因为梵文单词拼写和读音绝对规则，用梵文字母拼写的真言，既能做到即说即所写，又能保持真言的纯正的梵文语音，所以用梵文字母拼写真言是念真言人士的最佳选择。印度文字历史，梵天制定的书写格式是，自左向右，横向书写，词与词之间不留空格，一句话从头到尾连续不断地拼写。所以古代书写梵文及抄写印度神圣的《吠陀》等文献的时候，词与词之间是没有空格隔开的，直到近代，正统的“梵文”和“印地文”词与词之间也是没有空格隔开的，自从现代西方书写格式传入印度后，印度开始模仿西方的格式，词与词之间才用空格隔开，这破坏了梵天所制定的书写格式，在一定程度上减弱了梵文字母的法力。

梵文现状：梵文在印度和尼泊尔并没有灭绝，梵文及梵语是现今印度23种官方文字及官方语言之一，直至20世纪初梵文还是尼泊尔的官方语言之一。梵文是印度和尼泊尔“佛教界”和“印度教”高级僧侣的交流语言，在印度有数份用梵文出版的报纸和杂志，1991年印度普查结果以梵语作为母语的人口有49736人，1961年印度普查结果以梵语作为第二语言的有194433人。

Sanskrit Books for German Scholars 《给德国学者的梵文书》，泰戈尔的书评。

Sanskrit college，Calcutta 加尔各答梵文学院。

Sanskrit Primer（Sanskrita Sikha）《梵语初级读本》，泰戈尔与巴塔查亚于1896年合作编写的课本。

Sanskriti Sankhya 印度文明哲学出版社，曾出版泰戈尔作品。

Sansodhana 修正。

Sant 圣人，指宗教领袖。

Sant Singh Sekhon 桑特·辛格·赛空，旁遮普语现代小说家、剧作家。

Santa 姗达，泰戈尔大姐绍乌达米妮的孙女。

Santa 平和公主，十车王的女儿，鸯迦国王毛足的养女，鹿角仙人的妻子。

Santa 平静味，和平，平静。

Santa Barbara 圣巴巴拉，位于美国加利福尼亚州圣巴巴拉县太平洋沿岸的一座城市，也是圣巴巴拉县的县治所在。圣巴巴拉沿太平洋海岸，约位在洛杉矶西北方85英里处，为一长条形城市。1916年10月6日泰戈尔在访美时曾访问过该市。

Santa Cruz 桑塔科鲁兹，印度孟买的一个区。

Santakam 16世纪泰卢古语作家维尔纳纳（Vernana）的《百咏》。

Santal 桑塔尔人，主要分布在奥利萨邦、中央邦和西孟加拉邦，是印度人口最多的少数民族，特点是身材矮小，皮肤黑，鼻子扁平。

Santal 三塔尔，印度村子名。

Santam，Sivam，Advaitam，Brahma 梵就是和平、善良和统一。《奥义书》里的话。

Santana 导师系列。

Santananda 百喜，11世纪印度天文学家，著《跋斯伐提》。

Santanu 福身王，毗湿摩的父亲，贞信的丈夫，与贞信生花钏和奇武。他和恒河女神结合后，答应女神不干涉她的行动，于是女神把前面6个孩子一生下就淹死到恒河里，等到第七个生下时，他强行拦住。这第七个孩子就是毗湿摩，女神因此离开他。后遇到鱼香女贞信，但贞信的养父把女儿嫁给他的条件是要他和贞信生的儿子继承王位，于是毗湿摩为了父亲发誓终身不娶。

Santaraksita 寂护，佛学大师，8世纪人。

Santarasa 静谧（美学体验）。

Santas 桑塔斯，孟加拉地区用牛奶和糖做的一种圆形甜食。

Santhal 桑塔尔，印度土著部落民。

Santi 永恒的平静，寂灭。

Santideva 寂天（650—750），古代印度大乘佛教中观派理论家。

Santiniketan 圣蒂尼克坦，即和平乡，泰戈尔创办的国际大学所在地，在加尔各答以北200千米处，喜马拉雅山脚下。

Santiniketan 《圣蒂尼克坦》，泰戈尔的诗。

Santiniketan 《圣蒂尼克坦》，泰戈尔1909—1916年为国际大学写的训诫。

Santiniketan Patra 《圣蒂尼克坦月刊》，泰戈尔于1919年创立的文学期刊。

Santiniketan Press 圣蒂尼克坦出版社，在国际大学，出版了许多泰戈尔的作品。

Santiniketan Song 《圣蒂尼克坦之歌》，泰戈尔为圣蒂尼克坦的国际大学写的歌词。

Santiniketaner Itihas O Adarsa 《圣蒂尼克坦的历史与理想》，泰戈尔1939年的散文。

Santisataka 希尔诃那（Silhana）的《寂静百咏》。

Santosa 满足。

Santoshi Mata 如意母亲（女神）。

Santyavati 鱼香女，《摩诃婆罗多》里福身王的妻子、毗湿摩的后妈、贞信婚前的名字，渔夫的女儿，有羞花闭月之貌，浑身散发香气。

Sanumat 太阳。

Sanvid 感觉。

Sanyal，Hirankumar 桑雅尔，翕然库马尔（1899—），曾任著名的孟加拉月刊《认知》编辑。1961年著文纪念泰戈尔诞生100周年。

Sanyaasee 苦行僧。

Sanyas　放弃物质、世俗生活。

Sanyasini　女苦行僧。

Sanyoga　结合。

Sanyojan　添加，补遗。

Saosyant　救世主。

Sapaksa　同品，指一切具有宗（命题）后陈所表示的那种属性的食物。如“声是无常”这一命题，同品是指除声以外所具有“无常性质的事物”，如瓶、盆、罐等。

Sapakse sattvam　同品定有性。

Sapamoksa　摆脱诅咒。

Saphalataar Drishtaanta　《成功的例子》，泰戈尔的评论。

Saphalatar Sadupay　《成功之路》，泰戈尔的散文。见The way to get it done。

Sapinda-exgamy　萨宾达外婚制。

Sapindikarana　撒品第卡拉娜，葬礼中的一个小仪式，通过这个仪式，死者的魂体就可以和祖先在一起；祖先祭。

Sapmochan（Redemption）　《赎罪》，泰戈尔1931年写的音乐剧。

Sapmochan（Release from Curse）　泰戈尔于1931写的剧本《摆脱诅咒》。天宫舞女玛度什丽（Madhushree）主动要求下凡变为卡马里卡（Kamalika）公主和因犯错误被贬为国王阿鲁内斯瓦尔（Aruneshwar）的宫廷乐师扫那塞纳（Saurasena）在凡间相会的爱情故事。

Sapta-kaya　身，七身说认为身由七种物质即七身组成，七身分别为地身、水身、火身、风身、乐身、苦身、命身。

Sapta Satya　七谛，耆那教基本理论，即命、非命、漏入、系缚、制御、寂静和解脱。

Saptacchada　撒泼达查达，树名。

Saptadwipas　世界的七大部洲。

Saptamatrkas　“7妈妈”，7个残忍女神群体，她们性格模棱两可，既猎食儿童又斩杀妖怪。

Saptanga　（形成国家之）七要素。

Saptapadi　《七脚印》，古吉拉特邦当代作家午玛山卡尔·焦西（UmashankarJoshi）的作品。

Saptapadi　新娘新郎七步走，印度教婚礼中的一项仪式。

Saptapuri　印度七圣城，指瓦拉纳西（又叫贝拿勒斯、波罗奈、迦尸）、阿逾陀、马图拉（又叫摩图罗、秣兔罗）、哈尔德瓦尔（又叫恒伽提伐罗、“恒河之门”）、康契普拉姆（又叫建志补罗或建志）、乌贾因（或称优禅尼、阿磐底卡）、德瓦罗迦。

Saptarisis　七大贤哲，指印度古代七位圣贤：摩里奇、奥特里、昂普拉、普洛赫、普洛斯多、克罗杜、博希斯特。也指大熊星座中的七颗星星，即七仙人星团，距离土星一亿三千万由旬，在这个星团里有13个仙人星不停地运转，希望为人间带来福祉。

Saptarsimandala　7大仙星团。

Saptasati　《七百咏》（俗语诗集），1世纪哈罗著。

Sapta-sindhava　印度的7条圣河，即恒河、雅穆纳河、克里希纳河、马哈纳底河、纳玛底河、戈达瓦里河、科弗里河等，说法不一。

Sara　箭。

Sara Ukil　萨拉·乌吉尔，印度现代画家，擅长画佛

Sarabha　八足狮子，印度神话里的怪兽。

Sarabhai　萨拉巴伊，印度萨拉巴伊财团的创始人，1870年创立财团。该财团现居印度大财团的第17位。泰戈尔1922年12月访问阿哈迈达巴德时居住在他家里。

Sarabhai House　萨拉巴伊财团，印度第十七位财团，由萨拉巴伊于1870年创建。

Sarabhanga　撒拉班加仙人，《罗摩衍那》里在弹宅迦林把修炼之道传给罗摩。

Sarabhoji II　萨拉卜吉2世（1797—1833），泰米尔国王，赞助坦贾武尔袖珍画。

Sarada Sundari　莎罗达·苏多丽（1827—1875），泰戈尔的母亲。19世纪中叶，印度仍然盛行早婚和男大女小的婚嫁习俗。德本德罗纳特于1834年3月与莎罗达·苏多丽结婚，他当时23岁，而莎罗达·苏多丽才8岁。莎罗达是拉摩纳拉扬·乔杜里（Raama-naaraayan choudhuree）的女儿，他们家居住在杰索尔的南小区。

当莎罗达走进乔拉桑科·泰戈尔家门的时候，德本德罗纳特正值青春年华，如朗日中天。家里为他们举行了十分豪华而隆重的婚礼。莎罗达在男、女仆人的包围中度过了最初的青春岁月。那个时候她对自己的丈夫

及儿子们曾经寄托着很大的希望，可是德本德罗纳特对生活突然产生了厌倦情绪。他的这位年轻妻子心里感到很郁闷。德本德罗纳特一门心思想去一个安静的地方探寻神祇的威力。为了寻找这种安静，1846年7月的一个大雨天，他要去恒河上漫游。他的妻子莎罗达哭着来到他的身边说："你离开我要去哪里？如果一定要去，那你就带我去吧。"于是他就带着妻子去旅行了。他还为妻子租了一艘快艇。莎罗达带着德维琼德罗纳特、绍登德罗纳特和海蒙德罗纳特三个孩子上了快艇。这次旅游的途中，突然接到了德本德罗纳特的奶奶奥洛迦病逝的消息。德本德罗纳特只好回来，为奶奶举行了没有祭祀膜拜的葬礼，于是他与家里的亲人发生了矛盾，莎罗达对此感到很痛心。她已经成为这个大家庭的主妇，所以她感受到了整个生活的压力。这个时期的家庭生活自然不是很快乐的。家庭的婚嫁仪式、杜尔迦大祭节等庆典活动，亲戚朋友都不来参加了，莎罗达心里感到很苦恼。

莎罗达结婚的时候，她的婆婆蒂贡波丽和奶奶婆奥洛迦都还活着。两位老人都是虔诚的宗教徒。在她们的教导和影响下，虔诚敬神等印度教女人所具有的那些习惯，自然成为莎罗达生活的一部分。在达罗卡纳特活着的时候，每年家里都十分隆重地举行杜尔迦和贾伽特丽女神的祭祀大典。德本德罗纳特首先取消了贾迦特丽女神的祭祀庆典，而在祭祀杜尔迦女神的时候，他也不在家里，而是前往国内各地去旅游。随着时间的推移，杜尔迦的祭祀活动也被取消了。家庭的各种仪式已经不再采用祭祀的方法，而在吉林德罗纳特的家里却照旧采用老式方法祭祀神灵。这就使得莎罗达的宗教生活出现了危机。忠于丈夫是她生活的一个信条，也可以说，是她生活的中心。她的大女儿绍乌达米妮在回忆录中写道："我的母亲是位忠贞笃信宗教的女人。父亲经常去外地，因此她总是为父亲担心。大祭节的时候父亲总是设法不待在家里。大家都陶醉在大祭节的演出唱歌等娱乐活动中，但是母亲却不参加其中的活动。当时她就独自坐在一个寂静的房间里。婶娘们不论怎么劝说恳求，她都不肯出来。婆罗门祭司们借口为消除父亲的各种危险而举行各种宗教仪式，经常从她那里拿走很多的钱，其数量是无法统计的。"

莎罗达总是为丈夫担心。1857年德本德罗纳特驻在西姆拉。当时，印度北方爆发了士兵大起义。绍乌达米妮写道："听到了一个谣传，士兵们把他杀害了。他很多天没有写信来，所以才有这个谣传。家里所有人都非常担心。母亲不吃不睡，不住地流眼泪。"丈夫在家的时候，她就精心地照顾他。她的二儿媳妇甘丹侬蒂妮回忆说："我婆婆的身体有点儿肥胖，她不能多活动……只有爸爸在家的时候，妈妈才亲自下厨房。""我们家当时白天进行祈祷活动……大哲（德本德罗纳特的尊称）在的时候，他就做祈祷，当时母亲也跟着他去做。""我记得，爸爸在家的时候，如果孩子们都倒下睡了，他就打发人叫我婆婆稍晚一点儿过去。而妈妈就穿上洗过的棉布纱丽，随后再洒上一点儿香水：这是她夜里的装束打扮。"由此可见，她对丈夫是何等忠贞和细心体贴。

的确，莎罗达不是一位很有文化的人，但是她也不是文盲。在乔拉桑科·泰戈尔家族的内室里是很重视读书学习的。诗人的四姐绍尔诺库玛丽在一篇文章中写道："母亲在劳作后的闲暇时间里总是整天手里拿着一本书。她特别喜欢阅读阇那伽的诗歌，几乎能背诵书中的一些段落。她还常常叫一位哥哥来为她朗读梵语的《罗摩衍那》《摩诃婆罗多》。"尽管她在泰戈尔家族的环境中学会了读书写字，但是她还是没能摆脱旧习俗的束缚。

莎罗达一共生育了15个儿女（9个儿子、6个女儿）。在生育第一个女儿时，莎罗达才11岁。第一个女儿和最小的儿子夭折了。罗宾德罗纳特是她第十四个孩子。这么多的孩子，不可能都由她自己来照顾。当时的富贵家庭也不需要那样做，因为家里的亲人和仆人们会承担起照顾孩子们的责任。

这15个孩子的情况列表如下（+号后面为其妻子或丈夫）：

女儿（1838，出生不久夭亡）

长子：德维琼德罗纳特（Dvijendranaath，1840—1926）+绍尔波荪多丽（Sarbasundaree，1847—1878）

次子：绍登德罗纳特（Sadyendranāth，

1842—1923）+甘丹依蒂妮（Gaandaannandinee，1850—1941）

三子：海门德罗纳特（Hemendranaath，1844—1884）+妮波摩伊（Nipamayee，？—1910）

四子：比棱德罗纳特（Beerendranaath，1845—1915）+普罗卢洛摩伊（Pralullamayee，？—？）

长女：绍乌达米妮（Soudaaminee，1847？—1920）+沙罗达普罗沙德·贡戈巴泰（Saaradaaprasaad Gangopaadhyaaya，1838？—1883）

五子：久迪林德罗纳特（Jyotirindranaath，1849—1925）+迦东波丽（Kaadambaree，1859—1884）

次女：苏库玛丽（Sukumaaree，1850？—1864）+海门德罗纳特·穆科巴泰（Hemendranaath Mukhopaadhyaaya，？—1885）

六子：普嫩德罗纳特（Punyendranaath，1851？—1857）

三女：绍罗特库玛丽（Sharatkumaaree，1854—1920）+焦杜科莫尔（焦杜纳特）·穆科巴泰（Jadukamal[Jadunāth] Mukopādhyāya，？—1910）

四女：绍尔诺库玛丽（Svarnakumaaree，1856—1932）+贾诺基纳特·寇沙尔（Zaanakinaath Ghoshāl，1840—1913）

五女：波尔诺库玛丽（Barnakumaaree，1858？—1934）+绍迪什琼德罗·穆科巴泰（Sadishchandra mukhopaadhyaaya，？—1897）

七子：绍门德罗纳特（Somendranaath，1859—1922），没有结婚。

八子：罗宾德罗纳特（Rabindranāth，1861—1941）+穆里纳莉妮（Mrinaalinee，1874—1902）

九子：布腾德罗纳特（Budhendranaath，1863—1864）。

莎罗达于1875年3月11日逝世，享年49岁。她病逝的时候，罗宾德罗纳特已经快14岁了。

Saradamangal　诗歌灵感之圣歌。

Saradatanaya　沙罗达多那耶，12—13世纪作家，作品为剧本《情光》（Bhavaprakasa）。

Saradotsav　《秋天的节日》，泰戈尔1908年写的象征剧剧。见Autumn-Festival。

Saraladasa　萨拉拉达撒，13世纪奥利萨语作家，把《摩诃婆罗多》翻译为奥利萨语。

Sarama　天狗娑罗摩，因陀罗的狗。

Sarama　萨罗玛，《罗摩衍那》里维毗沙那的妻子，当悉多被十首魔王囚禁在无忧园时，她和特里珈陀奉命看守并劝告悉多，但她们同情悉多并和悉多成了朋友。

Sarameya　因陀罗看门狗的两个孩子。

Sarameyasanam　阴间的恶狗撕咬地狱。

Sarana　娑罗纳，黑天兄弟。

Saranagati　圣恩。

Saranath　鹿野苑，中文另名为仙人论处、仙人住处、仙人鹿园等，位于印度北方邦瓦拉纳西以北约10千米处，是释迦牟尼成佛后初转法轮处，佛教的最初僧团也在此成立。鹿野苑是佛教在古印度的四大圣地之一。Sarnath源自Saranganatha，意为鹿王。佛陀在成佛前曾是鹿王，因求一打猎国王饶恕一怀孕母鹿而情愿拿自己的命相换而感动国王，国王放了母鹿，下令保护此处的鹿。此地遂成鹿野苑。当年佛陀在菩提伽耶顿悟后，向西步行300里来到了这里，寻找当年的五位同修者，向他们阐述了生死轮回、善恶因果以及修行超脱之道。这里被尊为法轮初转之地。佛法传承中最重要的佛、法、僧三宝，在鹿野苑聚齐了。玄奘来到了这里，他看到“鹿野伽蓝，区界八分，连垣周堵，层轩重阁”。考古学家发现，这里有四五层垒叠的寺庙和僧房遗址，说明这里的佛塔和寺庙在历史上被反复修缮建造过很多次。院内有佛祖初转法轮的达麦克塔，阿育王石柱，石柱上的四个狮子柱头形象现在是印度国徽。1931年，这里修建了穆腊干达库提佛教庙，泰戈尔专门为其开光写了一首诗。

Saranath　《鹿野苑》，泰戈尔1931年的散文。

Saranga　角弓，弦琴。

Saranga　撒让，毗湿奴的弓名。也叫毗湿奴瓦卡帕（毗湿奴的弓）。

Saranganath　鹿王。

Sarangadhara　萨朗珈陀罗，印度13世纪医学家。著作有《萨朗珈陀罗集》。

Sarangi　弦乐。

Saranyu　桫椤尼尤，神话里双马童以及阎摩、阎蜜的母亲。

Saranyu　无德之神，迅行女神，双马童的母亲。

Saras　水池。

Sarasa　鸿雁，仙鹤。

Sarasvat　有年仙人，即乔达摩仙人，受仙女诱惑元阳落芦苇生慈悯和慈悯女，他们被福身王收养。慈悯为鲁陀罗神部分投胎，俱卢军唯一剩下的3将军之一。慈悯女嫁德罗那，生马勇。

Sarasvat Samaj　萨拉斯瓦蒂社，泰戈尔与五哥久迪林德罗纳特共同创办的文学社团，是孟加拉文学社的前身。

Sarasvata　《娑罗私婆蒂篇》，叙述圣地和宗族世系功德。

Sarasvati　萨拉斯瓦蒂，辩才天女，梵天的妻子，文艺、语言女神。见Saraswati。

Sarasvati　萨拉斯瓦蒂河，发源于喜马拉雅山，在萨特累季河和雅穆纳河之间时隐时现，最后消失在沙漠里。据说其地下水流在阿拉哈巴德城和恒河、雅穆纳河汇合。

Sarasvati, Dayananda　萨拉斯瓦蒂，达亚南达，19世纪印度教复兴主义者。

Sarasvati Ganthabharana　《辩才天女的颈饰》，11世纪帕拉马拉王朝国王波瘖（Bhoja）的作品。

Sarasvati Mahal Library　贾坦武尔的萨拉斯瓦迪马哈尔博图书馆。

Sarasvati Puja　萨拉斯瓦蒂节，印度教节日，纪念辩才天女萨拉斯瓦蒂，在每年1—2月。

Sarasvati, S. D.　萨罗斯瓦迪（1824—1883），印度教改革家，1875年创立圣会（即雅利安社）。

Saraswat　萨拉斯瓦特，一婆罗门种姓。

Saraswati　萨拉斯瓦蒂，辩才天女，梵天的配偶，音乐、文艺、知识、科学、演讲、新闻之神，梵语天城体书写的创造者，别称玛那司、坎尼亚、萨特露帕、萨威特瑞、瓦齐，文学、艺术和科学的保护神，掌管语言、诗歌、绘画和音乐等，非常美丽端庄，肤色雪白，明眉皓齿，眉毛上有一弯月牙。身着一袭白衣，头戴白色花冠，骑一只白色的天鹅或孔雀，四只手分别持有薇娜琴、贝叶书、念珠和莲花。她被大乘佛教吸收为菩萨，称“大辩才天女”“妙音佛母”，文殊妻子。

Saraswatichandra　萨拉斯瓦迪钱德拉，19世纪作家，有小说《戈瓦达兰·特里帕什》。

Sarat Chandra Chatterjee　萨拉特·钱德拉·查特吉，19—20世纪著名孟加拉语小说家，为泰戈尔所赞赏。

Saravana　林生，湿婆与帕尔瓦蒂的儿子、战神塞建陀的名字，因生于森林，故名。

Saravarani　箭袋，盾。

Saravatobhadra　全旋，指一首诗的4个音步，既能自左至右横读又能自右至左横读，也能按照音节自左至右旋读和自右至左旋读。密集阵。

Sarayu　萨罗逾河，即甘嘎啦河，流经古代乔萨罗国首都阿逾陀的河流，注入恒河。

Sarbajianik Sabha　萨尔巴坚尼克，印度的一个社团，泰戈尔曾于1922年9月出席该社团纪念提拉克的会议。

Sarbasundaree　绍尔波荪多丽（1847—1878），泰戈尔的大哥德维琼德罗纳特（Dvijendranaath，1840—1926）的妻子，即泰戈尔的大嫂。

Sardar　酋长，领导人。

Sardesai　萨尔德赛，20世纪印度孔坎语作家。

Sardeshmukhi　萨德什穆契，马拉塔王国对其支配的地区征收的军事税的十分之一的附加税。

Sardula-karna-avadana　梵语佛教文学。

Sarga　宇宙的创造，创造之物。

Sargam　即兴表演。

Sarhul　撒忽而，比哈尔欧龙地区民间舞。

Sari　莎丽，印度妇女穿的传统衣服。

Sarika　萨里加，一种乌鸦。

Sariputra　舍利佛，佛陀十大弟子之一。

Sariputraprakarana　《舍利佛传》，1—2世纪马鸣的戏剧。

Sarira　舍立子，又作坚固子、舍利子、设利罗，意为尸体或身骨，通常指遗体火化后得到的残余骨烬，形状有圆形、椭圆形、莲花形，颜色也不同，有白、黑、绿、红等。最早舍利指佛陀释迦牟尼遗体火化后遗留的固体物，后来也指高僧圆寂火化剩下的骨烬，通常埋葬于塔中。

Sariraka-Bhasya　《梵经有身疏》，商羯罗

著。

Saririn　灵魂。

Sarjna　良心之神。

Sarkar　萨卡尔，印度中世纪的行政单位。

Sarkar，Benoy Kumar　萨卡尔，贝诺伊·库马尔（1887—1949），印度经济学家。

Sarkar Judunath　撒卡尔·具度纳特，印度莫卧儿王朝第六代皇帝奥朗则布时期的历史学家，作品有《奥朗则布皇帝与他的时代研究》《莫卧儿帝国的衰落》。

Sarkar，Nalini Ranjan　萨尔卡尔，纳利尼·兰剑（1882—1953），印度巨商，大企业家。他在担任加尔各答市市长时于1934年2月6日主持斯瑞尼克坦成立一周年纪念会，泰戈尔出席。

Sarkar，Shyamal Kumar　萨尔卡尔，诗雅马尔·库马尔，20世纪印度学者，曾评论泰戈尔的作品。

Sarkar，Sunilchandra　萨尔卡尔，孙尼尔钱德拉（1907—1982），国际大学教育系教授，主要作品为《泰戈尔的教育哲学与实验》等。

Sarkara　糖，白糖。

Sarkars　莫卧儿王朝时期的区。

Sarman　护（刹帝利名字）。

Sarmist-Hayayati　伤感剧本《萨尔西达与行迅王》。

Sarnath　鹿野苑，曾名为Mrigadāva、Rishipattana、Isipatana，中文另名为仙人论处、仙人住处、仙人鹿园等，位于印度北方邦瓦拉纳西（Vārānasī）以北约10千米处，是释迦牟尼成佛后初转法轮处，佛教的最初僧团也在此成立。鹿野苑是佛教在古印度的四大圣地之一。Sarnath源自Saranganath，意思就是鹿王。这里有个很动听的故事，是说很多年前有个国王喜欢猎鹿，于是鹿王指挥众鹿抽签排队，每天要有一头鹿把自己献出去给国王射杀，以此保护其他的鹿。这样，国王每天射到一头鹿，便心满意足地回宫。有一天，他正想弯弓搭箭时，忽然看到那姗姗行来的公鹿气度高华，两眼含泪，非同一般。国王很惊讶，不由收起了弓箭向那头鹿仔细打量。而那头鹿在这时忽然口吐人言，原来，他是鹿王，因为今天轮到一头母鹿要被国王射杀，而那头母鹿怀了孕。由于国王的每日围猎，鹿的数量已经越来越少，鹿王不忍心一尸两命，于是决定由自己来代替那头母鹿献身给国王。国王听了十分感动，从此下令这一带永不许人猎鹿，这样，Sarnath便成了鹿的天堂。中文名字便译作鹿野苑。

Sarnga　毗湿奴的弓。

Sarngadeva　沙楞伽提婆（1210—1247），音乐理论家，作品《乐艺渊海》。

Sarngadhara　萨恩家达拉，作家，1336年选辑《妙语集》。

Sarngina　毗湿奴弓；黑天的箭。

Sarodatsav　《秋天的节日》，泰戈尔于1908年写的剧本。孩子们放假了，和老爷爷一起嬉戏玩耍。商人洛克索尔正在算账，孩子乌波农德来了，他对洛克索尔说他的主人苏罗申死了，他愿意以抄写书稿为把他抚养大的主人还债。后来来了一个苦行者，得知乌波农德的情况后，说苏罗申是个非常出色的艺人，曾在比乔亚迪多皇帝的宫里演出。苦行者于是和孩子们一起帮助乌波农德抄写书稿。由于奸商洛克索尔对乌波农德不好，嗜钱如命，苦行者便对他尽情捉弄一番。苦行者对比乔亚迪多属国的国王却很尊敬，答应一定让他见到比乔亚迪多并打掉比乔亚迪多的傲气。这时开过来一支军队，见到苦行者便行跪拜礼。原来苦行者就是皇帝比乔亚迪多。他让大臣给洛克索尔1000个金币，换回了乌波农德，认他做自己的儿子。他答应了属国的要求后，他带着乌波农德回他管辖的国家去，并邀请老爷爷帮他治理国家。

还什么债？首先是皇帝比乔亚迪多还臣民的债，履行治国的责任。他认为任何帝国都不能维持长久，真理才是永恒的。他要做真理的皇帝，要到人民中间去，传播爱——向人民还债；乌波农德替主人还债。痛苦中的美是真实的。他以后成了皇帝养子，成为王子，这是爱结出的果实。

Sarojini　《索罗基尼》，泰戈尔的五哥久迪林德罗纳特于1857年写的剧本，泰戈尔为该剧谱了一首歌。

Sarpa　赶快；蛇。

Sarpa Satra　蛇祭。

Sarpanch　沙潘齐。

Sarpasheer Sha　萨布西舍，婆罗多舞手语，檀香木膏，蛇，吃惊，施圣水。

S

Sarpasiras 蛇头，舞蹈手势，五指并拢，手掌凹陷。

Sarshar，Ratan Nath 萨尔夏尔（1846—1902），印度乌尔都语作家，作品有《山区漫游》等。

Sarsut 萨尔苏特，河流名。

Sarthaka 重要的，意义重大的，真正的。

Sarthavaha 商人。

Sarupya （诗相）同样，讲述看到、听到或体验到的事物，突然产生相似的感觉。

Sarva Dakshina Yajna 施舍祭献。

Sarva durgati-sodhana-dharani 《罪孽消弭经》。

Sarva-khepi 对于一切事情着迷的女人。

Sarva khalu idam brahma “每样东西都是真正的绝对”，奥义书里的警句。

Sarvabhauma 萨瓦宝马，大象名，财神坐骑。

Sarvabhavena 全心全意，溺爱。

Sarvabhumi 天下之主。

Sarvadamana 萨尔瓦达曼纳，意为“盖世大帝”“征服一切者”，沙恭达罗与豆扇陀的儿子婆罗多的小名，沙恭达罗被豆扇陀遗弃后在迦叶波仙人的静修林生下这个儿子。

Sarvadarsanasamgraha 《摄一切见论》，8世纪商羯罗的印度教哲学著作。

Sarvajna 萨瓦吉纳，17世纪坎纳达语诗人，“人民的诗人”。

Sarvajna samata 平等，一切平等。

Sarvam Khalvidam Brahma 所有存在的东西都与梵合一。

S

Sarvamaya 给万物赐福者。

Sarvamedha 全祭，婆罗门出家修炼前举行的祭祀，把财产布施出去，再入林子修苦行。

Sarvassa 想方设法，千方百计。

Sarvastivada 佛教的说一切有部派，释迦牟尼逝世后300年初，从上座部分出，主要分布在古印度西北克什米尔、犍陀罗等地，以阿毗达摩论书为依据。主要观点为：1.“法”一切有。把世界一切事务和现象归纳为色法、心法、心所法、不相应行法，谓此皆属有生灭变化的“有为法”。有为法和无为法均有实体，此称“法体恒有”。2.“时”一切有。过去、未来与现在一样，皆有实体，“过去、未来，体亦时有”“三世皆定时有”。又，此部所论均指原因出其所以，故又得“说因”之名。

Sarvatohhadra （天文）全福座。

Sarvatobhadravyuha 森严壁垒阵。

Sarvodaya 万人之福，甘地设想的人人平等的理想社会。

Sassan 萨珊王朝（226—650），古代伊朗王朝，是波斯在3世纪至7世纪的统治王朝，亦是波斯自阿契美尼德帝国之后的首次统一，被认为是第二个波斯帝国。当时萨珊王朝与中亚的印度贵霜王朝及欧洲的罗马帝国并称，三国雄霸欧亚。萨珊王朝在最强盛之时，曾多次威胁毗邻的贵霜王朝及东罗马帝国。后来由于阿拉伯帝国的兴起以及王朝连续两位国王被刺杀，帝国中心崩溃，末代国王伊嗣埃三世的儿子俾路斯东逃至唐朝，任右武卫将军，当时唐朝由唐高宗当朝。

Sasti （Shasti；The Sentence） 《判决》，泰戈尔的短篇小说。见Punishment。

Sasti “吉！”

Sasti 绍什提女神，孟加拉人所信奉的专司保护婴儿的女神。

Sastra 制度，经论，论著，学问，经验知识。

SastriKsitimohan sen 夏斯特里（1880—1960），迦比尔诗歌翻译家。

Sat 有，真，存在。

Sat-cakra-bheda 密教的瑜伽行，又叫贯妙论法。以密教的解剖学观点作为它的理论基础。按照这种理论，人体有两根神经索，平行走行于中枢神经两侧。中枢神经（susumna）从盆骨弯曲处一直延伸到脑部。在中枢神经里想象有另外一根被称作金刚索（vajrakhya）的神经索，又想象里面还有一根被称作质多里尼（citrini）的神经索。有七朵莲花（padma）纵向分布在中枢神经的不同位置。在密教里，莲花始终是女阴的象征，而金刚及其变体摩尼宝（mani）则是代替林迦（linga，阳具）的一个文雅或神秘的叫法。被称作具罗恭托里尼（kulakundalini）、婆楼尼（varuni）、罗吉尼（lakini）等的七朵莲花分别代表七个萨基提（saktis，性力女神，女性力）。密教教徒在修习秘密瑜伽时，通过一系列规定的方法去唤醒潜伏在中枢神经通道上向上经过5个莲花结直达位于顶部的千叶莲花（sahasra-dalapadma），与潜伏在那里的元阳结合，融成不二行。这时会有一种难以言说的轻适和快乐的感觉，即密教教徒所称的“极乐世界”。

Sata-jyoti　百光，太阳神毗娑薮的第四代孙。

Sata-ratha　百车，般度军大将。

Sataghni　一下子杀死一百个敌人的兵器。

Satakratu　萨塔克拉图，天帝因陀罗的别名。

Satanika　白军，般度五子中的老四无种的儿子。

Satasringa　百峰山，在喜马拉雅山，传说为仙人住地。

Satayupa　百柱王，般度军大将。

Satee　贞节女。

Sateeshchandra Raaya　绍迪什琼德罗·拉伊（1882—1964），国际大学模范教师，也是泰戈尔最喜欢的年轻教师，他写过很优美的诗歌、散文和文学评论。

Sati　萨蒂，湿婆妻子。达刹为其女萨蒂举行选婿大典，未邀请湿婆参加，而她对所有竞选者都不满意，她把花环抛向空中，湿婆正好出现，花环不偏不倚地落在湿婆颈上。达刹见女儿钟情于湿婆，勃然大怒，竟然把湿婆排除在献祭之外。萨蒂受此大辱，一气之下要湿婆摧毁献祭，自己投火自焚。湿婆将其遗体分各地，遗体散布处为圣地。后萨蒂投胎转为雪山神女帕拉瓦蒂，修炼千年，与湿婆成亲。

Sati　萨蒂，妻子为死去的丈夫殉葬。见Sutee。

Sati（The Faithful Wife）《萨蒂》（《贞洁的妻子》），泰戈尔1897年写的剧本。马拉提土邦王饶的女儿阿玛白由父母许配给吉瓦吉，但在新婚之夜，阿玛白被穆斯林青年抢走。父亲给她一把匕首让她杀死穆斯林，而母亲则给她毒药，让她自杀。但是阿玛白没有按照他们的意愿去做，原因是她爱上了穆斯林，并且生了一个儿子。国王饶发誓报仇。数年后他们终于在战场上相遇，饶杀死了穆斯林青年，吉瓦吉也死于战场。王后要女儿为吉瓦吉徇情，女儿不干，说自己爱穆斯林丈夫，犯不着为一个她没有爱过的人去死。但王后拉玛白认为阿玛白被穆斯林抢走有辱婆罗门门庭，不顾女儿的强烈抗议命令士兵强行绑起阿玛白，把她扔进焚烧吉瓦吉遗体的火堆，让女儿做了萨蒂。

Satindranath　绍登德罗纳特（1842—1923），泰戈尔的二哥。

Satkaryavada　因中有果论。

Satlej　萨特累季河，古印度5大河之一。汇入奇纳布河后流入印度河。

Satna　萨特那，印度中央邦北部城市。在萨特那河东岸。

Satnami　萨特纳米运动，以哈里真为主的运动，主张不分种姓，人人平等，禁止各种崇拜，禁止抽烟、喝酒、吃肉。

Satparamita　六波罗蜜，佛教术语，指六种到达涅槃的方法，即：布施、持戒、忍、精进、禅定、智慧。

Satpathy Nandini　萨特帕蒂·南迪尼（1931—），印度女政治家。

Satpura Ranges　萨特布拉山脉，在文迪耶山以南，东西走向，长900千米，宽110～160千米，海拔600～900米。

Satrajit　娑陀罗吉陀，印度神话里的人物，太阳神赐给他宝石，可带来黄金，逢凶化吉，他怕宝石被黑天夺走，交兄弟波罗湿那，宝石先后辗转于狮子、熊王，黑天找到宝石还给他。为表示感谢，他把女儿萨蒂业婆摩嫁给黑天。

Satrajit　萨特罗吉，真光之父，因珠宝而遇害，与成凯有牵连。

Satram　貌假实真。

Satrughna　舍图卢柢那，《罗摩衍那》里十车王三王后须弥多罗的儿子，拉克什曼那的弟弟。

Satrumjaya　胜敌，《罗摩衍那》里一头大象的名字；象王。

Satsang　崇拜。

Satta-kaya　七士身论，古代印度哲学家对世界的认识：万物由7种元素即地、水、火、风、苦、乐、命构成。

Sattaka　轻喜剧。

Sattanar　《撒檀那》，2世纪泰米尔史诗，马尼维卡拉（Maniwekalal）写。

Sattra　撒特拉，苏摩祭的一种，由许多婆罗门主祭，时间长达10天到100天。

Sattrin　密探帮手。

Sattva　萨陲，物质自然的善良属性或清明属性（三“德”之一，“轻”；三种“质”之一，“喜”），也称“有情”，一切有情识的生物。

Sattva　光的质量，精力，纯洁。

Sattvata Samhita　《萨垂本集》，性力派三大经典之一。

Sattvati　崇高。

Sattvika　真情，有8种：瘫软、出汗、汗毛竖起、变声、颤抖、变色、流泪、昏厥。

Sattwika　善良，纯洁，真情。

Satvatas　萨特瓦达，黑天所在的雅度族的一支。

Satvavajaya　心理疗法。

Satvik　不同于活动与惰性原则的沉着。

Satwas　洁净，度神的信念，追求真理，道德，智慧。

Satwata　萨特瓦陀，即毗罗陀国。

Satya　《真理》，泰戈尔的散文。

Satya　真情，不说谎，真理。

Satyabhama　真光。

Satyagraha　萨蒂亚格拉哈（坚持真理运动），非暴力抵抗，不合作：真理就是神，神性寓居于每个人心中，每个人内中的神性都包含着善和爱。一旦人的善性被唤醒，或一旦良心被发现，就会忏悔自己的罪过，改邪归正。

Satyagraha Ashram　真理学院，甘地从南非回国后于1915年5月25日在阿默达巴德创办的第一所学习坚持真理的学校，旨在培训从事坚持真理斗争的骨干力量和志愿人员，学员主要活动是手织土布。1917年因该村附近发生瘟疫，院址迁至萨巴玛提。1933年7月26日解散。

S

Satyagraha Ashram　真理学院，甘地居住过的地方，在沙巴马迪（Sabarmati）。

Satyagrahi　践行“坚持真理”的人。

Satyaji Ray　撒提亚吉·雷伊（1921—1992），20世纪50年代印度著名导演，世界十大导演之一。导演的作品有《家与世界》（Ghare-Baire）、《远方的雷声》（Ashani Sanket）、《孤独的妻子》（Charulata）、《大都市》（Mahanagar）、《泰戈尔的纪录》（Rabindranath Tagore）、《三个女儿》（Teen Kanya）、《音乐室》（Jalsaghar）、《道路之歌》（Pather Panchali）等。

Satyak　善战，《摩诃婆罗多》里般度族将领，在广声砍向他时阿周那射断其胳膊，善战乘广声打坐时砍掉其脑袋。

Satyaka　娑蒂迦族。

Satyakaam　绍多迦姆，印度古代仙人

Satyaki　萨铁基，雅达婆族的勇士，作为克里希纳的车夫加入了般度阵营；大力罗摩的爷爷。

Satyaloka　真实世界。

Satyam　真理，存在的本质，法律。

Satyam and Judgement　《真理》，泰戈尔1924年5月访华时在北京晨光剧院所做的报告之一。

Satyam, Jnanam, Anantam, Brahma　梵就是真理、智慧和永恒。《奥义书》里的话。

Satyam Jnanam Anantam Brahma, Anandarupamamritam Yadvibhati; Shantam Shivam Advaitam　泰戈尔在散文《斯瑞尼克坦一周年》里引用的《奥义书》里的句子：“梵就是真理，是智慧，是无限，以欢乐的永恒的形式显现，和平、善良；梵就是一。”

Satyam shivam sundaram　真、善、美。

Satyama　萨提亚玛，大师乔达摩的弟子。师父问他属于什么家族，孩子说他不知道，回去要问妈妈，妈妈说她年轻的时候伺候过许多老爷，孩子来到了妈妈的怀抱里，但妈妈没有丈夫。孩子以实相告。乔达摩把孩子揽在怀里说，“我的孩子，你是婆罗门中最高的。你继承了忠诚老实这一崇高的传统”。

Satyanarayana Viswanatha　萨迪耶纳拉扬·V.（1895—1987），印度泰卢古语作家，作品有《布谷鸟的婚礼》等。

Satyandranaath Bhattaachaarja　绍登德罗纳特·婆达贾尔焦，泰戈尔的二女儿蕾奴卡的丈夫。蕾奴卡10岁嫁给他，但是此次婚姻并没有给她的生活带来欢乐和幸福。结婚几天后，泰戈尔就派他这个女婿去英国留学了。可是绍登德罗纳特在英国没有完成自己的学业就回国了。这给予在自尊心很强的蕾奴卡以极大的精神打击。再加上母亲在她结婚几个月后就病故了。因此，她内心里很痛

苦，不久就患上了喉咙痛的病症，逐渐又染上了肺结核，12岁上病故（1891—1903）。

Satyang Shbang Sundaram 《真善美》，泰戈尔的散文。

Satyapal 撒提亚帕尔（1884—1954），印度旁遮普地区政治活动家。

Satyaparakrama 正义而强大的，有很强的正义感。

Satyaprasad Gangopadhyaya 萨达波罗沙德·贡加巴达亚出版社，1896年出版泰戈尔的诗选。

Satyaprasad Ganguli 萨提亚·普拉萨德（1859—1933），泰戈尔的侄子。

Satyaputra 萨底亚不特罗国，印度南端的古国。

Satyarthi, Devendra 萨提亚尔提，德文德拉，印度音乐家，1934年写《印度乡村：百灵鸟的巢》，受到泰戈尔的赞许。他还写过《拉吉普特的战歌》。

Satyasiddhi-sastra 《成实论》，古印度诃梨跋摩写的佛教论书。成实即“成就四谛”之意。四谛即苦谛、集谛、灭谛、道谛。

Satyasodhak Samaj 净化社，种姓组织。

Satyasya satyam 真理中之真理。

Satyavadi 20世纪奥里雅语文学社。

Satyavat 贞信，《摩诃婆罗多》里福身王的妻子，毗湿摩的后母，奇文、奇武的妈妈，般度和持国的祖母，般度五子和持国百子的太祖母。

Satyavrata 萨底耶婆罗陀，神话里甘蔗王族后裔。他渴望升入天界，请求极欲仙人举行祭祀，遭拒绝。但在众友仙人帮助下如愿以偿，因他曾在大旱时救助过仙人一家。

Satyendranaath Datta 绍登德罗纳特·德多（1882—1922），著名著名诗人，泰戈尔的忘年交，孟加拉语多种格律的创造者，被誉为“韵律的魔术师”。

Satyendranath 绍登德罗纳特（1842—1923），泰戈尔的二哥，文官。梵文学家，最早把马拉提虔诚诗介绍给孟加拉读者，在罗宾德罗纳特发展上所烙下的影响是深刻、细致和永久的。他的妻子格扬达·南迪尼是第一个打破印度妇女传统生活方式的人，他的女儿英迪拉·戴维是罗宾德罗纳特·泰戈尔音乐创作的权威评论家。

Satyer Ahwan （The Call of Truth）《真理的召唤》，泰戈尔1921年7月在加尔各答做的报告。

Satyer Angsha 《真实的部分》。

Saubagya 婚姻幸福的标记。

Saubala 扫巴拉，即持国百子的舅舅沙恭尼。

Saubha 梭波国，安巴心中的情人沙鲁瓦王所统治的国家。

Saubhadra 缫婆陀，阿周那与妻子苏婆陀（Subhadra）所生之子，般度军将领。

Saubhari 苏婆哩，传说里的仙人。暮年欲娶妻生子，变英俊青年，娶国王曼陀特里的50个女儿为妻，生子150个，后带妻子在森林隐居。

Sauca 清净。

Sauda 骚达（1713—1780），印度乌尔都语诗人。

Saugraha 归集。

Saukumarya 柔和，词音顺口，连声严密，意义柔美。

Saulabhya 外部性质，可理解性，可到达性。

Saumatatti 缫末陀底，缫末打多之子，帕希羯国国王。

Saumitri 扫米特立，罗摩的弟弟拉克什曼那与弥多罗的儿子。

Saumyendranath 扫米延德罗纳特，泰戈尔的大侄子，1930年陪同泰戈尔访问欧美及苏联。

Saunaka 寿那迦，《摩诃婆罗多》里飘忽林修道院院主。

Saunaka 《梨俱吠陀》里的《神与神话卷》。

Saundarananda 《美难陀传》，1—2世纪马鸣写的梵语诗，为佛陀劝他的异母兄弟美难陀与妻子摆脱欲海、一心向佛的故事。

Saundarja 美。

Saundarya 美女，美。

Saundaryalahari “美女的海洋”，赞颂女神的颂诗。

Sauptika 《摩诃婆罗多》里的《夜袭篇》。

Saura Purana=Brahma Purana=Adi Purana 《苏里耶往世书》，赞颂太阳神苏里耶的书，为往世书第一部。

S

Sauras　苏利耶教派。

Saurasatra　扫拉萨特拉，地名，在卡提阿瓦搬半岛，哈拉帕文化延伸到这里。

Sauraseni　修罗塞纳语，苏拉陀语与阿巴波拉萨语的混合体。北方摩度罗一带梵语戏剧对白，妇女丑角用的俗语，或称晓尔塞尼俗语，旁遮普语源于此。

Saurashtra　苏拉什特拉，在巴基斯坦库奇海湾，这里发现古人类遗址。

Saurastra　苏罗湿陀罗，住在苏特拉一带的部落名称。

Sauri　梭利，即黑天。

Sauti　骚底，厉声，歌人毛喜的儿子，在寿那迦举行的为期12年一次的祭祀上演唱从护民处听来的《摩诃婆罗多》。

Sautrantika　经部，经量部部派佛教派别之一。

Sauvira　粟毗罗，印度河流域的部落名称；古国名，《罗摩衍那》里十车王的领地。

Savadharma　两种正法之一的个别法。

Savagram　萨法格兰姆镇，印度华尔达城真理学院新村，圣雄甘地曾住这里。

Savant Singh　萨万特・辛格，吉尚加尔的国王（1699—1764在位），因热恋美貌多情的宫廷歌女巴尼塔尼，被弟弟废黜，退位后携带巴尼塔尼到黑天生活过的布林达班隐居，成为隐居诗人。

Savarkar, Vinayak Damodar　萨瓦尔卡，维纳亚克・达摩达，19世纪马拉提语作家。

Savarkar, Vinayak Damodar　萨瓦尔卡（1883—1966），印度教国家论的鼓吹者，印度教大斋会领袖。

S

Savarna　萨婆哩那，印度神话里太阳神的妻子；属于四大种姓的人。

Savatri　太阳的有名精灵。

Savatthi　舍卫城，萨拉斯瓦迪（Sarasvati）国的都城。

Saved　《得救了》，泰戈尔于1900年写的短篇小说。由于波列什家里不宽余，戈丽在娘家住到年龄很大才去丈夫家。所以当律师的丈夫非常不放心她。他一次次更换仆人，甚至盘问女仆。戈丽得不到婚姻幸福，又没有孩子，于是从宗教上寻求安慰，请来一位名叫波多玛农多的圣人做精神导师。这更加引起波列什的嫉妒。他辱骂导师是伪君子，并且责问戈丽，“你能不能发誓说你没有爱上这只披着苦行僧外衣的癞蛤蟆？”戈丽一气之下说，“爱上又怎么样？”于是摔门去找导师诉苦。导师送她回屋。波列什知道后干脆派门卫监视戈丽的屋子。导师只好离开，但在临走之前不放心受折磨的戈丽，于是给她写了一封信：许多女人把一生献给了神，如果你愿意明天下午2：00在花园湖边相见。不料信被波列什发现，波列什当时气得中风而死。导师如约来会戈丽，隔着窗户叫戈丽，戈丽答应说，“马上就来。”波列什的朋友闻讯来帮助料理后事，发现戈丽服毒而死。

Saville row　正规服装，正式西装。

Savipakanirjara　已熟灭业，业在其果报成熟实现后种姓退除。

Savita　以伐楼拿为首的十二集团神之一，代表一年中第十个月的太阳。

Savitar　娑毘陀利，印度神话里的太阳神，等于苏利耶，身体为金色，乘金车，驰骋于上下界之间。

Savitr　日落。

Savitri　《梨俱吠陀》里的诗句，被认为是吠陀的精华，也是吠陀圣诗的格律之一。

Savitri　刺激神，太阳神的别称，代表太阳活动性能的天神，娑昆陀利赞歌；入教礼的别称。

Savitris　萨维德丽，《往世书》中的贞女，阿湿婆波底国王的女儿。她疯狂爱上王子萨底耶梵，非他不嫁。先知警告她，萨底耶梵婚后只能活一年，但她爱心不改。一年后的一天，她随丈夫去树林砍树，丈夫突然死去，她用身子支撑着丈夫的遗体。阎摩显身，说他是专门来勾她丈夫灵魂的。阎摩带着她丈夫的灵魂朝树荫走去，她紧跟阎摩不放。阎摩许诺她除了她丈夫的命什么都可以答应，但她还是跟着不走，阎摩深为感动，最后放了她丈夫的灵魂，丈夫复活。

Savoie　萨瓦，法国的一个省，和安省接壤，同瑞士和意大利毗连。在1860年以前，这个地区属于萨瓦公国。

Savoy　萨沃伊王室，11世纪统治意大利。

Savyabhicara　论异。

Savyasachin　左手开弓的人。

Sawam　戒斋，封斋。

Sawan Singh　萨万・辛格，20世纪印度比阿斯“灵魂之神崇拜派”的祖师。

Sawar 规定的官阶维持的骑兵数量。

Sayaj Rao III 萨亚杰拉奥三世（？—1939），印度马拉塔巴罗达土邦王。

Sayaka 剑，箭杆。

Sayanacharya 萨延纳查瑞亚，14世纪印度著名的《吠陀》评论家。

Sayani，Rahamatulla Muhammad 撒亚尼，拉赫曼图拉·穆罕默德（1847—1902），印度穆斯林政治家，1896年任国大党主席，主张印穆团结。

Sayantana 晚霞。

Sayids 先生，主人，首领。

Sayujya 灵魂和神的统一。

Sayurghal 萨尤尔加勒，莫卧儿时期准予免税占有的土地。

Sayyid 德里苏丹的萨义德王朝（1414—1451）。

Scandinavians 斯堪的纳维亚人，主要指北欧（即挪威、瑞典、丹麦、芬兰、冰岛）的居民。

Scavenger（Mehtar） 《清道夫》，萨延德罗纳特·杜塔的小说，泰戈尔于1933年将其翻译成英语。

SCF （Scheduled Caste Federation），列表种姓联盟，1942年由安培德卡尔创立。

Schaffer，J. 沙伐，德国人，现代德国印度学家。

Scheduled Caste 印度列表种姓，贱民。

Schelling，F. W. J. 设林（1775—1854），德国哲学家，黑格尔的同事，他把吠檀多看作是“拔高了的理想主义”。

Schiller，Johann Christoph Friedrich von 席勒，弗里德里西（1759—1805），德国18世纪著名诗人、哲学家、历史学家和剧作家，德国启蒙文学的代表人物之一。席勒是德国文学史上著名的“狂飙突进运动”的代表人物，也被公认为德国文学史上地位仅次于歌德的伟大作家，作品有《阴谋与爱情》《强盗》《欢乐颂》等。

Schlegel，F. 施莱格（1772—1829），德国哲学家，他把印度教泛神论的思想吸收到他的哲学思想里。

Schmid 施密德，20世纪德国梵文学家。

School Life 《学校生活》，民国时期的期刊，1933年该刊在16期登载景川的《邵力子被泰戈尔催眠》。

School of Wisdom of Keyserling 克赛灵智慧学校，在德国达姆施塔特城。1921年6月9—14日，应黑塞的邀请，泰戈尔访问该城，住在黑塞家，每天和学校的孩子们谈话。

Schopenhauer 叔本华（1788—1860），德国著名哲学家，意志主义的创始人和主要代表之一，在人生观上，持悲观主义的观点，主张禁欲。他认为印度是一个古代智慧之地。

Schroner 施罗讷，20世纪德国梵文学家。

Schubring 舒伯灵，20世纪德国梵文学家。

Schuster 舒斯特，20世纪德国历史学家，著有《波斯的扼杀》。

Science and Sanctity 《科学与尊严》，泰戈尔的书评。《科学与尊严》由布兰福特著。

Scientific and Technological Tide 《科技潮》，由北京市科学技术委员会主办，创刊于1989年。2010年第11期刊登王直华的《科学与艺术：山顶上汇合——欣赏泰戈尔〈飞鸟集〉》。

Scientific and Technological Vision 《科技视界》，2011年6月创刊，由上海市科普作家协会主办。2012年第13期刊登许宋莲的《对泰戈尔西方民族主义和孙中山民族主义思想的比较——以〈民族主义〉与〈孙中山全集〉为例》。

Scientific Hindu Religion 科学印度教，由塔勒克九拉马尼于19世纪创立。

Scindia House 辛迪亚财团，印度大财团，1870年由莫拉尔吉·古科达斯创建。

Scot 司各特（1771—1832），英国历史学家兼诗人。作品有《艾凡特》《结婚记》等。

Scottie 司戈帖，意大利米兰公爵，1926年6月泰戈尔访问意大利时和他会面。

Scot family 司各特一家，泰戈尔1879年在伦敦的房东，泰戈尔和房东的大女儿、二女儿玩得很快乐。

SCS=scheduled Clans 列表种姓。

Scythians 西徐雅人，即大月氏人，原在敦煌一带，后迁到阿富汗阿姆河流域。

Scythic=sakara 塞种人。

Se 《他》，泰戈尔的短篇小说。

Seal，Brajendranath 希尔，布拉金德罗纳特（1864—1938），印度人道主义哲学家，梵社最伟大的思想家，1928年6月以迈索尔大学校长的名义邀请泰戈尔访问班加罗尔，泰戈尔在那里住了3星期。

Seattle 西雅图，美国西北部太平洋沿岸城市，创建于1869年，人口340万，位于华盛顿州普吉特海湾和华盛顿湖之间的国王郡，是国王郡的郡府所在地。西雅图北距美加边境仅174千米，距温哥华240千米。西雅图是美国太平洋西北区最大的城市，也是美国太平洋西北部商业、文化和高科技的中心，是贯穿太平洋及欧洲斯堪的纳维亚半岛的主要旅游及贸易港口城市。西雅图常年被青山绿水环绕，南面不远处就是美国著名的瑞尼尔山。1916年9月泰戈尔访问该地。

Sebait 献给神的财产受托人。

SEBC=Socially and Educationally Backward Classes 社会与教育落后阶级。

Second Ceylon Tour 第二次锡兰之行：1928年5月28日，泰戈尔从马德拉斯登上了法国尚提丽号船，途中在本地治理停留，于29日看望奥罗宾多。5月30日到达科伦坡，在希尔瓦博士家做客10天，想等身体恢复后再去英国，但恢复不明显，因此决定返回大陆。泰戈尔应迈索尔大学校长希尔的邀请，在班加罗尔逗留将近3星期，开始写长篇小说《再见了，朋友》，继续结尾《三代人》，这两部小说都在班加罗尔杀青。6月初返回圣蒂尼克坦。在圣蒂尼克坦推行季节性植树节，在斯瑞尼克坦推行耕种节，并分别在7月21日和22日举行节日仪式。7月底去加尔各答治病，7月8日—31日居住在新任命的政府艺术学校校长姆库尔·迪耶家里。在这里开始写爱情诗集《雾冰黎树》。8月9—10日，希尔万·雷威在从日本回来的路上在加尔各答拜见泰戈尔，然后对圣蒂尼克坦进行告别访问。8月22日在加尔各答进行的纪念梵社100周年大会上选读论文《拉姆莫洪·罗易的启示》。9月3日，给由法国世界和平联盟出版的《金色和平书》发贺信。9月10日返回圣蒂尼克坦。

Second Moscow State University 莫斯科第二国立大学。1930年9月11日，泰戈尔开始访问莫斯科。第二天，由苏联对外友协主席彼得罗夫主持，在对外友协大厦举行盛大的泰戈尔欢迎会。当晚由苏联对外友协和莫斯科作家协会在作家协会礼堂联合举办音乐会。在音乐会上泰戈尔会见了苏联艺术研究院主席克甘教授等作家和艺术家以及莫斯科第二国立大学校长平科维奇教授名流。

Secret of Divine Companionship 《神圣友谊的秘密》，泰戈尔的谈话。

Secunderabad 西昆达巴德，印度安德拉邦城市，1932年12月泰戈尔在这里做《一所理想的东方大学》的报告。

Sedabandha=Dahamuharaha=Ravanavaha 《十首魔王伏诛记》，波罗婆罗西纳（Pravarasena）著。

Sedorov 西多罗夫，苏联美术评论家。1930年9月泰戈尔访问苏联，9月17日，彼得罗夫教授主持举办泰戈尔绘画展。西多罗夫评论他的绘画为“艺术生涯的伟大的展现”。

Seeking Truth 《求是学刊》，黑龙江大学主办，1987年4月第4期刊登李黎的《泰戈尔短篇小说人物描写的独特性》。

Seers 先知，占卜者。印度重量单位，略少于1千克，约2磅。

Sefari 赛法利，一种花。

Segun 色棍树。

Sehanabis，Chinmohan 色哈那比，钦莫汉，印度学者，1917年9月写《泰戈尔与比伯拉比萨马基》《Rabindranath O Biblabisamaj》，其中引用了泰戈尔的散文《不加审判的拘捕》。

Seine 塞纳河，法国北部大河，全长780千米，包括支流在内的流域总面积为78700平方千米；它是欧洲有历史意义的大河之一，其排水网络的运输量占法国内河航运量的大部分。自中世纪初期以来，它就一直是巴黎之河；巴黎是在该河一些主要渡口上建立起来的，河流与城市的相互依存关系是紧密而不可分离的。塞纳河上的西岱岛，是法兰西民族的发祥地。公元前300年时，岛上居住着一个民族，名叫巴黎西族。巴黎市由此得名。公元508年，法兰克人科洛维定都巴黎，建立墨洛温王朝。从此，西岱岛就成为封建时代王权和宗教的中心。岛上最著名的宗教建筑是“巴黎圣母院”，于1245年建成。它被认为是第一个哥特式建筑，教堂可容纳9000人，一直是宗教活动中心。巴黎市府位于塞纳河右岸，它与塞纳河上方的巴士底狱广场和河下方不远的协和广场并称为法国革命和自由的象征。塞纳河的两岸，都种植着繁茂的梧桐树，从船上看过去，蓊蓊郁郁。树林的后面，就是庄严的建筑群。河北岸的大小皇宫，河南岸的大学区，河西面的埃菲尔铁塔，还有位于河东段城岛上的巴黎圣母院，等等，都以富有鲜明个性的建筑形态，展现出了它们所共有的华美风格。在游船的一个转弯处，好似半岛的地形上，还矗立着一座举着火炬的自由女神像，造型与美国纽约的那座一模一样。1920年7月，泰戈尔泛舟塞纳河。

Sekhar Ek Jivani 《塞哈的一生》，印度实验主义文学运动创始人瓦察衍（Vatsayan）的作品。

Seksaria Prize 印度文学奖。

Selected Papers of International Forum on China during 20's of 20th Century 《“1920年代的中国”国际学术研讨会论文集》，2004年7月出版，内有郑大华的《泰戈尔访华与五四时期的思想文化论争》。

Selected Papers of International Forum on Wen Yiduo 《闻一多国际学术研讨会论文选》，2004年6月出版，内有邓捷的《20年代泰戈尔的接受以及闻一多格律诗的变奏》。

Seleucid Dynasty 塞琉古王朝（公元前312—公元前64），又译希律西底王朝，是亚历山大帝国分裂后亚历山大大帝的部将塞琉古一世创建的以叙利亚为中心、包括今伊朗和亚美尼亚在内（初期还包括印度的一部分）的王朝。塞琉古王朝是希腊化时期最主要的国家之一，有时也被叫作塞琉西王国或塞琉西帝国。

Seleucus Nikata 塞琉古·尼克托（公元前312—公元前280在位），希腊化国家中最大的国家塞琉古王国的建立者，马其顿人。公元前305年，他成为亚历山大东部疆域的统治者后，穿过兴都库什山，意欲夺取亚历山大在印度的遗产。旃陀罗笈多率领一支大军拒之于旁遮普，阻止他前进。于公元前305—公元前303年与孔雀王朝对垒，失败。在随后的和约中，他把喀布尔以东的土地连同俾路支斯坦都让于旃陀罗笈多。他曾派外交使臣麦家提斯尼常驻华氏城孔雀王朝宫廷。

Seligman, Hilda 塞利格曼，黑尔达，泰戈尔时代的女作家，泰戈尔为其作品《呼叫孔雀的时候》写过书评。

Semen tuum frustre perdi non potest 你的元阳只会白流。

Semenchiko 瑟门奇克，乌克兰农民，1930年泰戈尔访问苏联时在欢迎会上发言。

Seminarista 修士。

Semitic 闪米特人，又称闪族人，亦称“塞姆人”（Semu）。这个名字出自《旧约全书·创世纪》所载传说，称其为挪亚长子闪（Shemu或Semu，也译为“歇姆”“塞姆”）的后裔。闪米特人是起源于阿拉伯半岛的游牧人民，相传诺亚的儿子闪即为其祖先。阿拉伯人、犹太人都是闪米特人。生活在中东、北非的大部分居民，就是阿拉伯化的古代闪米特人的后裔。

Semones 半神半人。

Sen, Atul Prasad 森，阿土尔·普拉萨德（1871—1934），印度抒情诗人，泰戈尔于1914年在北方邦首府勒克瑙拜见他。1923年3月5—10日又在勒克瑙拜访他。

Sen, Devendranath 森，德文德拉纳特（1855—1920），印度诗人。

Sen, K. Chandra 森，喀布尔·钱德拉（1838—1884），印度教改革家，印度教改革组织梵社第三代领导。

Sen, Keshab Chandra 森，克沙布·钱德拉（1838—1884），近代印度教改革家，泰戈尔时代的英语翻译家，生于一个孟加拉贵族家庭，1856年毕业于加尔各答的印度学院。他1858年进入梵社，两年后被选为梵社代理人，后到南印度和西印度到处宣传梵社教义。1866年梵社分裂，以他为首的青年激进派退出，另立“印度梵社”。他负责出版《印度明镜》《新天道》等12种杂志，把基督教的思想吸收到印度教中。1881年，他综合印度教、基督教和其他宗教教义，创立包容一切的普遍宗教“新天道”，宣扬世界上一切宗教应在兄弟情谊中消除差异和不和，相亲相爱，最终实现人类的统一与和谐。他反对种姓对立和不可接触制，主张不同种姓中间的通婚，重视提高妇女权益等。著作有：《真正信仰》《新天道》《新本集》《和谐宗教》等。曾于1912年与穆克基把泰戈尔的剧本《暗室之王》和《邮局》翻译成英语。1938年，泰戈尔发表文章，纪念森诞生100周年，赞扬他对宗教改革的贡献。

Sen, Khitimohan 森，尅提莫汗，20世纪印度音乐家，曾收集印度包乐派歌曲。泰戈尔为其写的《包乐派歌曲集》写了书评。

Sen, Kshitimohan 森，克什迪莫汉，印度梵文和比较宗教学家，1924年随泰戈尔访问缅甸、中国和日本，他把16世纪印度毗湿奴派孟加拉语诗人基纳纳达斯的诗介绍给泰戈尔，引起泰戈尔的关注。

Sen, Kshitimohan 森，克什提莫汗（1880—1960），印度著名学者，作家，国际大学梵语教授，泰戈尔的好朋友。

Sen, Kshitish Chandra 森，克什提史·钱德拉，20世纪印度翻译家，曾翻译泰戈尔的作品。

Sen, M. 森，泰戈尔的好友，1938年5月21日，泰戈尔来到印度西孟加拉邦喜马拉雅山区小城市蒙戈普，住在森夫妇家里。1940年4—5月，泰戈尔再次去蒙戈普，在森夫妇家做客。他曾于1903—1904编辑泰戈尔的诗。

Sen, Nishikanta 森，尼石坎拓，泰戈尔时代印度翻译家，曾把泰戈尔的剧本《邮局》翻译为英语。

Sen, Pramathalal 森，P.（1866—1933），印度梵社领导人钱德拉·森的侄子，曾翻译泰戈尔的诗。

Sen，Pulinbihari 森，普林比哈瑞，泰戈尔时代印度翻译家，曾经把泰戈尔的作品翻译为英语。

Sen, Pulinbihari 森，普林比哈尔（1908—1984），泰戈尔作品编辑家，同时编辑出版了博斯写给泰戈尔的书信集等。

Sen, Rajani Ranjan 森，拉贾尼·冉坚，泰戈尔时期的泰戈尔作品翻译家，时任奇塔公学院的法律讲师。

Sen，Taraknath 森，塔拉可纳特，加尔各答英语教授，1961年撰文纪念泰戈尔诞生100周年。

Sena 犀那王朝，11—12世纪孟加拉王朝。

Sena “军”，妓女名字后面的结尾。军队，军队首领。

Sena 矛，武器，冲突；塞纳，因陀罗的妻子。

Sena Dynasty 犀那王朝（11—12世纪），在孟加拉地区。

Sena-mukha 军队首领。

Senanayaka 瓶毘沙罗时期主管军事的官吏。

Senani 军队统帅。

Senani 国王手下的军事首领。

Senapati 总司令官，将军。

Senapati, Phakiramahan 塞纳伯蒂，P.（1843—1919），印度奥利萨语作家，翻译两大史诗，作品有《六亩地》《忏悔》等。

Senate Hall 加尔各答议院大礼堂，泰戈尔于1932年1月18日在这里主持罗易逝世100周年纪念大会并作《拉姆罗洪·罗易》演讲。

Sending him to the holy city to die 人在瓦拉纳西死，就可以得救，摆脱轮回。

Senex iratus 沉重的父亲。

Seniy=srenika 瓶毗沙罗（Bimbisara），公元前6世纪—公元前5世纪信奉佛教的摩羯陀国国王。

Senjuti 《天灯集》，泰戈尔的诗集。

Senkugta Sunit 森古普塔·苏尼特，印度当代著名编辑，2007年编辑出版《泰戈尔全集（第四卷）》。

Sengupta 森古普塔，曾任加尔各答市长，泰戈尔1926年11月访问欧洲等地后回到加尔各答后，森古普塔率领市民欢迎泰戈尔。

Senjuti 《天灯集》，泰戈尔1938年写的诗集。

Sensorium 美的时尚。

Sephali 塞法力，树名，树干为橘黄色，秋天开小白花，往往在夜里开花，拂晓落花，树下形成白色花毯。《毗湿奴往世书》上说，该树原来是一位公主，名叫帕里加特，爱上了太阳，被抛弃，自焚而死，从其骨灰上长出一棵树来。克里希纳从天上带来，作为礼物送给他媳妇。

Sephalika 赛法丽卡，一种花。

Sepoy 对sipahi英语的讹用，指为东印度公司服务的印度士兵。步兵，18世纪受过训练的印度军团。在1857年的印度大起义时，他们是反英斗争的先锋和骨干力量。

Sepoy Mutiny 1857年印度民族大起义。英国人强迫士兵使用涂了牛油和猪油的子弹筒，激起士兵起义，成为起义导火索。全国各地起义，詹西女王领导的起义影响最大。后被英殖民者镇压下去。这次起义沉重打击了英殖民统治，唤醒了印度的民族意识，为20世纪甘地领导的独立运动奠定了基础。

Sepoys 士兵。

Septa-kula parvata 7城堡山。

Septa-kula Parvata 七种姓山。

Septa rishi 七大贤哲，指古代印度七位大贤人——摩里齐、奥特里、昂吉拉、普洛赫、普洛斯多、克罗度、波西斯特，也指大熊星座中的七个星星。

Ser 西尔，印度的重量单位，1塞尔等于930克。4波亚等于1塞尔。

Ser-India 中印国，指中亚地区，从汉代起开放的主要陆路通道经由这里，之所以这么叫，是因为它主要借鉴中印文化来发展自己，从东、西、南、北不同地区汲取文明，获取物质资源。

Seraikela 塞莱克拉，乔舞流之一，源于奥利萨，现在比哈尔流行。

Sereni 同业公会。

Series of English and Ameirican Literature Studies 《英美文学研究丛刊》，2012年5月31日刊登康燕彬的《泰戈尔与狄金森——道家生命智慧的诗性追求》。

Series of Studies of Modern Chinese Literature 《中国现代文学研究丛刊》，1995年11月第4期刊登陈文颖的《泰戈尔与冰心笔下的儿童》，1997年第1、2期刊登王纯菲的《谈泰戈尔诗歌的意象性叙述》，2001年7月第3期刊登英溪的《辜鸿铭评说泰戈尔》，2002年7月第3期刊登英溪的《周作人对泰戈尔的误解》和《陈独秀的泰戈尔观》，2009年第3期刊登魏建的《泰戈尔究竟怎样影响了郭沫若》。

Series of the East 《东方丛刊》（季刊），是由广西师范大学出版社、广西师范大学中文系（国家文科基地）主办的学术季刊，1992年2月创刊。1996年第2期刊登邹江的《泰戈尔的哲学观和文学观研究要略》，2002年第2期刊登尹锡南的《解读泰戈尔获诺贝尔文学奖》，2009年第2期刊登侯传文的《中印文化哲学：泰戈尔与道家》。

Seringapatha 塞封迦巴丹，迈索尔附近的一个城镇，曾经是迈索尔王国的首府。

Sesa 蛇神，千首大蛇，毗湿奴的睡床。

Sesa 剩余者。

Seser Ratri 《诀别之夜》，泰戈尔1914年写的短篇小说。见Masi。

Sesh Barshan（The Last Rains） 泰戈尔于1925年写的剧本《最后的雨季》，1934年被改编为《雨季的颂歌》（Srabangatha，The Song of the Rains）。

Sesh Katha 泰戈尔的小说《遗言》。

Sesh Lekha 《最好的思考》，泰戈尔的诗；泰戈尔的《最后的作品集》。

Sesh Raksha（Saved in the End） 泰戈尔于1928年写的剧本《得救了》。

Sesh Raksha 《最后的保护》，泰戈尔于1928年根据1892年写的短剧《根本错误》（GodayGalad，Wrong from the Start）重写的剧本。

Sesh Saptak 泰戈尔1935年写的散文诗《最后的星期集》。

Sesha 新郎新娘相互头上灌珍珠宝石来祝福。

Sesha Naga 永恒蛇王，即南达（Nanda）和瓦姆克（Vamuk）。

Seshadri，Tiruvenkata Rajendra 塞沙德里，T. R.（1900—1975），印度化学家。

Sesher Kavita 《再见，朋友》（《最后一首诗》《最后的诗篇》） 泰戈尔于1929年写的长篇小说。见Farewell，My Friend（Farewell Song，Sesher Kavita；Last Poem）。

Sethumadhavan 赛图马达万，20世纪电影名导演。

Setu 堤坝，桥梁。

Setubandha=Dahmuhavaha 《架桥记》，又名《十首魔王伏诛记》，5世纪波罗婆罗西纳（Pravarsen）著，用古代俗语摩诃剌陀语写，取材《罗摩衍那》，描写猴军帮助罗摩架桥杀死十首魔王、救回悉多的故事。

Seunti 土生牡丹。

Seva 服务。

Seva sadan 济生协会，改革团体。

Seven Rshis 大熊星座，7圣人：玛西、阿特里、安吉拉斯、普拉斯提亚、普拉哈、克拉团德·瓦西斯塔、卡西亚怕、达萨。

Seventh Foreign Tour 第七次国外行

(1924年9月—1925年2月)。泰戈尔应邀参加秘鲁共和国独立100周年纪念活动。由大儿子罗廷德罗纳特、儿媳妇普拉蒂玛·戴维、莱乔杜里、萨伦德罗纳特·卡尔陪同。泰戈尔于1924年9月24日从科伦坡乘春奈丸号轮船出发。10月18日由恩厚之担任秘书,从法国的瑟堡乘安德斯号船赴阿根廷。在船上开始写《旅行日记》,他同时写诗《夜曲集》。途中得病,无法继续去秘鲁,于11月7日在阿根廷首都布宜诺斯艾利斯下船,就住在阿根廷女作家维多利亚·奥坎波女士在布宜诺斯艾利斯郊区圣伊斯德鲁镇的花园里,受到她的热情接待和精心照顾。继续写《夜曲集》并把它献给女主人,1925年出版,在书里称她为"凯旋"(即维多利亚的愿意)。在原稿里有许多处涂抹,他以后的绘画艺术领域的创造性工作就以这个艺术风格开始。在12月30日离开前夜,泰戈尔拜会了阿根廷总统阿尔维尔博士。1925年1月4日,泰戈尔乘坐意大利尤利乌斯·恺撒号轮船从布宜诺斯艾利斯起航,于1月21日到达意大利热那亚。在米兰公爵主持的公众大会上做有关音乐的报告。由于健康问题而缩短行程,于1月29日前往威尼斯,于2月2日坐船返回印度。

Sey　幻想故事,泰戈尔1927年插图。

Sha Jahan Namah　《沙迦汗本纪》,穆罕默德·萨希德·坎博(Mahammad Salih Kanbo)著。

Shaal　沙罗树,一种大叶子树木。

Shaantaa　姗达(?—1916),泰戈尔大姐绍乌大米妮的孙女,即她儿子绍登德罗纳特的唯一的女儿,是泰戈尔最喜爱的外孙女。

Shaantang shibamdvaitam　宁静、善良、唯一者。

Shaantiniketan　圣蒂尼克坦,意思为"和平乡",泰戈尔创办的国际大学的所在地。

Shaanttilya　尚迪洛,印度古代贤哲。

Shaapmochan　《摆脱诅咒》,泰戈尔的戏剧。

Shaarada Jyotsnaayaa Bhagnahridayer Geetochchhaas　《在秋日的阳光下——从破碎的心中涌出的歌》,泰戈的散文。

Shaaradaa　《秋节》,泰戈尔的诗。

Shaasta　泰戈尔的短篇小说《判决》。见Punishment。

Shabdam　《摩诃婆罗多》第一部分,叙事舞段。

Shad-darsena　正统哲学。

Shad-vimsa　《26篇梵书》,为娑摩吠陀8部梵书之一的《25篇梵书》的补充篇,加在25篇之后。

Shadanga　六支,即印度传统绘画的6要素。1. 形的区别(rupabheda),指各种不同的形。2. 量(pramanani),各种不同的比例。3. 似(lavana),不仅指参照或复制自然的形式,而且意味着与画家理想中的意象类似或一致。4. 情(bhava),指富于生命活力的审美情感或心理状态,在绘画上指表现绘画审美情感基调的具体造型手段。5. 色彩区分(varnikabhanga),指色彩调配、深浅层次或分别处理。6. 优美(lavanya),有味即美。

前4种属于绘画的形体,是外在的属性,"情"与"优美"则属于绘画的灵魂,是内在的本质。

Shagirdpesha　沙基尔帕萨种姓。

Shagram　沙格拉姆石,印度刚达吉河床中的一种黑石头,被认为是毗湿奴的象征。

Shah　宫,园。

Shah Abdul Latif　沙·阿卜杜尔·拉提夫,信德语诗人,作品《拉索罗》(Rasolo)。

Shah Burij　王塔。

Shah Jahan, Shahbuddin Mohammed　沙贾汉(1592—1666),是印度莫卧儿帝国的第五代皇帝。"沙贾汉"在波斯语中的意思是"世界的统治者"。沙贾汉在位期间,为他的第二个妻子穆塔兹·玛哈尔(Mumtaz Mahal,波斯人,传说貌美无比,皮肤如玻璃一样透明,死于难产,是著名的奥朗则布皇帝的母亲)修筑了举世闻名的泰姬陵。

1622年他曾起兵企图夺取其父的王位,兵败后颠沛流离达7年之久。1628年其父死后,他在阿格拉称帝。他统治时期,加强中央集权,扩建军队,平定了德干各公国的叛乱,任命其子奥朗则布为德干总督。1631年,他曾命孟加拉总督镇压在该地的葡萄牙人。1636年他吞并艾哈迈德纳格尔,迫使戈尔孔达和比杰伊布尔地区统治者称臣纳贡。他长期与伊朗萨法维王朝战争,争夺阿富汗,1638年派重兵迫使伊朗坎大哈总督阿里·马尔丹汗投降，1646年占领巴达赫尚和巴尔赫。

在宗教上，他遵奉逊尼派教义，推行伊斯兰教法，健全各级法律制度，支持苏菲派纳格什班迪耶教团，聘请其长老为宗教助理，对其道堂和清真寺赐封以瓦克夫土地。他改变阿克巴时的宗教宽容政策，歧视、迫害印度教徒，尤其反对天主教，不允许兴建教堂。他统治时期，经济发展，国库充盈，伊斯兰文化得到发展。他投入巨资修建了宫殿、陵墓、清真寺，使王朝的建筑艺术达到较高的水平。1653年在阿格拉为其爱妃泰姬·玛哈尔建造的雄伟、华丽的陵墓，堪称“莫卧儿建筑的顶峰”，至今犹存。1656年在德里红堡兴建的德里宫及加米清真寺庞大豪华，改建的阿格拉城堡和寝宫庄严肃穆，修葺了胡马雍和阿克巴的陵墓，扩建了德里新城。

1657年，沙贾汗卧病，其4个儿子为争夺王位展开斗争。1658年第四子奥朗则布得胜，宣布称帝，并将沙贾汗禁闭在阿格拉城堡，以诵读《古兰经》、祈祷度过余生。

Shah-Dara　快乐园。

Shah-en-shah Badshah　最高皇帝。

Shah Karim　沙·卡林，14世纪信德语诗人。

Shah Shuja　沙·舒贾，16世纪莫卧儿王朝第五代皇帝沙贾汗的儿子，被兄弟奥朗则布杀害。

Shah Tahmasp Safavi　波斯的沙塔赫马斯普萨法维宫廷，胡马雍在这里学习细密画艺术。

Shah-ji-ki-Dheri　贵霜王迦腻色迦在白沙瓦城外建立的沙-基-奇-德里佛塔。

Shahadah　念功，作证言。

Shahanu shahi　王中之王。

Shahenshah　皇帝。

Shahi　库特布沙希王朝（1206—1290），是德里苏丹国第一个王朝。由于王朝的创建者库特布丁·艾伊拜克本是突厥钦察族的一名奴隶，因此又名奴隶王朝。1206年，古尔王朝的最后一任国王穆罕默德·古尔遇刺身亡。因穆罕默德生前并没有留下后嗣，当时效忠穆罕默德的库特布丁乘机而起，成了王国的接班人。库特布丁自称德里阿曼苏丹，定都拉合尔，其后又将首都迁往德里。库特布丁为一虔诚穆斯林，在位期间兴建了不少清真寺。库特布丁卒于1210年，并由其女婿舍姆斯丁·伊勒图米什接任王位。其后几任苏丹大都是舍姆斯丁的后裔。1286年，王朝的第9任苏丹吉亚斯丁·巴勒班亡。此后几年王朝由盛转衰，并于1290年由菲鲁兹·卡尔吉所建立的卡尔吉王朝所取代。这个王朝由称为四十人集团的军人掌握大权，苏丹由当中权力最大的将军出任。

Shahi　国王。

Shahid Sayyid Ahmad　沙希德·萨义德·阿赫玛德（1786—1831），印度伊斯兰教圣战领导人。

Shahir　国王，统治者。

Shahiya　沙希亚王朝，9世纪卡拉尔在喀布尔河流域和犍陀罗地区建立的王朝，后扩展至印度。

Shahjahan　《沙贾汗》，泰戈尔1914年写的诗。

Shahjahanabad　沙迦汗巴德，“世界王者之城”，今老德里城。

Shahr-i-Sokhta　沙利索科塔，地名，在伊朗东部。

Shahu　沙胡（？—1749），印度马拉塔国家国王。

Shailandra　夏连特拉王朝，7世纪在马莱与印度洋群岛的古代印度教帝国，婆罗浮屠为其代表。

Shailendra　夏连特拉王朝，8世纪马来半岛和印度洋群岛的庞大的印度教帝国。

Shaivite　湿婆派。

Shakaabda　沙里巴汗纪元，中亚古代民族锡西厄人的国王绍卡迪塔，即沙里巴汗开辟的纪元，从公元减去78～79年就是沙里巴汗年。

Shakas =Scythian　西徐亚人，即印度人所称的沙迦人。

Shakespeare Garden　莎士比亚花园，在美国东部城市克利夫兰，泰戈尔1916年12月访美时曾在此植树纪念。

Shakespeare Society of England　英国莎士比亚学会，泰戈尔应其邀请，曾于1915年为其《莎士比亚300周年纪念集》（Shakespeare Tercentenary Commemoration Volume）写14行

诗。

Shakespeare Tercentenary Commemoration Volume 《莎士比亚300周年纪念集》，由英国莎士比亚学会（Shakespeare Society of England）发起并主编，泰戈尔曾于1915年应邀为其写14行诗。

Shakespeare W. William 莎士比亚·W.威廉（1564—1616），英国文艺复兴时期、欧洲文艺复兴时期人文主义文学的集大成者。代表作有《哈姆雷特》《罗密欧与朱丽叶》《威尼斯商人》《奥赛罗》《仲夏夜之梦》等。

Shako Ballav Aryal 沙克·巴拉瓦·阿里亚尔，18世纪尼泊尔语作家。

Shaktas 印度教的沙克提教派，崇拜迦梨女神，主张杀牲祭祀。

Shakti 性力派，性力，性力派女性徒。女威，阴盛的符号。

Shakuntala 迦梨陀娑的剧本《沙恭达罗》中的女主人公沙恭达罗。与国王豆扇陀相爱。受敝衣仙人诅咒，被豆扇陀忘记，后渔夫从鱼肚子发现沙恭达罗的戒指，豆扇陀恢复记忆，全家团聚。

Shala 内弟。

Shalabhanjika 婆罗班吉卡，羞花闭月的美女。

Shaligram stone 代表毗湿奴的圣石，家庭崇拜用。

Shalima Garden 夏利玛园，17世纪莫卧儿王朝第五代皇帝沙贾汗在今巴基斯坦拉合尔建的园林，是莫卧儿园林建筑的代表。

Shama 夏麻，孟加拉地区的一种鸟的名字。

S

Shamana chikilsa 降压疗法。

Shamanism 萨满教。萨满教的本质像其他宗教一样，是关于神灵的信仰和崇拜。萨满教在宗教意识之中确立了各种具体的信仰和崇拜对象，并建立了同这些对象之间或沟通、利用、祈求、崇拜，或防备、驱赶、争斗等宗教行为模式。萨满服务其中的社会组织约束并规范了其社会的共同信仰和各种宗教行为，决定了萨满的社会角色和社会作用，并利用它们服务于现实的社会生活秩序和社会组织体制。因此萨满教应看作是以信仰观念和崇拜对象为核心，萨满和一般信众的习俗性的宗教体验、规范化的信仰和崇拜行为、血缘或地域关系为活动形式各方面表现相统一的。广义上的萨满教是世界的。萨满文化是个世界性的文化现象，其流行区域集中在亚洲北部和中部，乃至欧洲北部、北美、南美和非洲。狭义上的萨满教为阿尔泰语系，如：维吾尔、哈萨克、塔塔尔、蒙古、锡伯等民族所信仰，其信仰主要是万物有灵论、祖先崇拜和自然崇拜。萨满教的基本特点是没有始祖、没有教义、崇拜多种神灵、没有组织、没有固定的庙宇教堂、没有专门的神职人员。萨满教的主要活动是跳神。另外，萨满教还有一个显著的特点，就是萨满教徒多为女性。

Shamans 史前进入印度的土著移民中的术士。

Shami 沙弥树，般度五子去毗罗陀国前把武器藏在此树上。

Shamla 莎姆拉，杜尔迦女神的别名。

Shancheng 善承，古代印度的佛教高僧，1036年来中国讲经。

Shandesh 用奶块、糖做的甜食，有香味。

Shandong Christian University 山东基督教大学，在济南。新中国成立后撤销。1924年4月泰戈尔访华时在此做报告。

Shandong Literary and Art Press 山东文艺出版社，成立于1984年4月，主要出版中国当代和现代文学艺术作品及文艺理论、文艺批评专著，兼及中国古代和外国优秀文艺作品。1941年11月出版赵晨的《泰戈尔》。

Shandong Social Sciences 《山东社会科学》，由山东社会科学院主办。1990年6月第3期刊登王连仲的《冰心的诗和泰戈尔的〈飞鸟集〉》，2005年2月第2期刊登侯传文的《东方诗学的话语转型——从泰戈尔诗学的几个关键词说起》。

Shang Hui 尚晖，当代学人，发表《试论泰戈尔〈摩诃婆罗多〉的社会价值》。

Shanghai 上海，中国第一大城市，世界大都市之一，中国工业、金融中心。1924年4月泰戈尔访问上海。

Shanghai Literary and Arts Press 上海文艺出版社，是一个有着五十多年历史的综合性的文学艺术出版社。它的前身是新文艺出版社，是在由原郭沫若主持的群益出版社、俞鸿模主持的海燕书店和任宗德主持的大浮出版公司自愿合并的基础上组建起来的公私合营出版社，以后又陆续有巴金主持的平明出版社和文化生活出版社等相继并入。1952年6月1日，上海文艺出版社正式成立。

1983年出版《文艺论丛》第18期，内有方锡德的《冰心与泰戈尔》。

Shanghai New Culture Press 上海新文化书社，上海民国时期的出版机构，1924年出版杨甸葛和钟余荫的《泰戈尔》。

Shanghai Theatre 《上海戏剧》，1959年创刊，上海戏剧家协会主办。2012年第2期刊登朱玉宁、董维拿的《吟唱自由之诗——泰戈尔戏剧〈牺牲〉观感》。

Shanghai Translation Presss 上海译文出版社，成立于1978年1月1日，是中国最大的综合性专业翻译出版社。1988年出版《泰戈尔论文学》。

Shangri-la 香格里拉。

Shani 农神，土星。

Shanka 螺号。

Shankachaarya 商羯罗阿遮梨（788—820），古代印度著名的哲学家。

Shankar, Uday 山卡尔，乌达伊（1900—1977），印度现代舞的开创者，世界著名的印度舞舞蹈家和舞蹈设计者，他的最杰出的贡献就是把西方戏剧技巧引入印度古典舞，同时融入印度古典舞、民间舞和部落舞的元素，奠定了现代印度舞的基础，从二十世纪二三十年代，印度现代舞开始于印度、欧洲和美洲，使印度舞在世界上占了一席之地。由于他的杰出成就，1962年他被印度音乐舞蹈戏剧学会（Sangeet Natak Akademi, India's The National Academy for Music, Dance and Drama）授予"音乐舞蹈终身教授"（Sangeet Natak Akademi Fellowship）的最高奖励，1971年印度政府授予他莲花奖（Padma Vibhushan）。1933年7月12日，他在圣蒂尼克坦当面给泰戈尔给了舞蹈计划。

Shankara 商羯罗，8至9世纪印度宗教、哲学派系。

Shankara 商羯罗，湿婆大神的别称。

Shankh 贝壳。

Shanling 山灵，民国翻译家，1948年翻译发表《泰戈尔的音乐》。

Shanta-rasa 寂静味，8种味之后的第9种味，是一切"情"的来源和归宿，产生于自我解脱的欲望，导致对终极实在的认识与最高的快乐联系，是对快乐与平静的统一体的超验的体验。

Shantam 一切平安。

Shantam, Shivam, Advaitam 泰戈尔在散文《斯瑞尼克坦一周年》里引用的《奥义书》里的句子："梵是和平、善良；梵就是一。"

Shantaram 山塔兰，二十世纪三四十年代电影导演，作品有《度尼亚那·曼》（Dunjyana Mane）。

Shanta Rao 善塔·饶，卡达卡利舞妇女先驱之一；美希尼舞教练、推广家。

Shantata Court Chalu Ahe 《模拟法庭》，马拉提语剧作家维加伊·滕杜拉（Vijay Tendulkar）的作品。

Shanti 和平。

Shanti Bardhan 山提·巴尔丹，印度现代舞蹈家乌达伊·山卡尔（Uday Shankar）的弟子。

Shanty 和平，无激情。

Shanwarwada 尚瓦尔瓦达，印度古宫殿遗址，在马哈拉施特拉邦的浦那市。

Shanxi Almanac 《山西年鉴》，2002年1月刊登潘胡锁的《文学艺术——泰戈尔小说中的妇女观》。

Shanxi Educational Society 山西省教育会。1924年5月23日，山西省教育会等30多个团体在太原为泰戈尔开欢迎大会，地点在文瀛湖公园大自省堂。徐志摩主持，泰戈尔做演讲。

Shaonana Shao 古代波斯的王中王。

Shao Fuchen 邵福宸，民国人物，1924年4月26日，他作为佛化新青年会代表，欢迎来北京法源寺观赏丁香花的泰戈尔，由他宣读欢迎词。

Shao Lulu 邵璐璐，当代学者，发表《看永恒如何湮灭了瞬间——品泰戈尔〈飞鸟集〉》。

Shao Xiufu 邵秀夫，民国人物，1924年4月26日，他作为佛化新青年会代表，欢迎来北京法源寺观赏丁香花的泰戈尔。

Shao Xunmei 邵洵美（1906—1968），新月派诗人，散文家，出版家，翻译家。其诗集有《天堂与五月》《花一般的罪恶》。1929年3月，泰戈尔借道中国去美国、日本讲学，住在徐志摩家，邵洵美、盛佩玉夫妇一起拜访泰戈尔。

Shaoyuan　绍原，即江绍原。见 Jiang Shaoyuan。

Shapmochan　解咒。

Shapur　沙普尔二世（309—379年在位），波斯萨珊王朝国王。公元3—4世纪，波斯萨珊王朝正处于信仰的十字路口，拜火教、基督教、摩尼教呈三足鼎立之势，最终，波斯统治者以铁腕的手段坚持了拜火教的至尊地位，这一历史过程由沙普尔二世来完成。他也是波斯萨珊王朝的全盛之主。

Sharab　酒。

Sharabat　绍罗波特，印度一种冰镇饮料。

Sharad　秋季。

Sharada　夏拉达文字，公元8—11世纪印度使用的文字。

Sharanyam sarva-bhutanam　所有的生命都得到爱的保护的地方，指仙人的静修林。

Sharatchandra Chattapaatyaaya　绍罗特琼德罗·丘多巴泰（1876—1938），孟加拉著名小说家。

Sharate Prakriti　《秋天的自然女神》，泰戈尔的诗。

Sharater Shukataaraa　《秋天的金星》，泰戈尔的散文。

Sharatkaal　《秋天》，泰戈尔的杂论。

Sharatkumaaree　绍罗特库玛丽（1854—1920），泰戈尔的三姐，丈夫焦杜科莫尔（焦杜纳特）·穆科巴泰（Jadukamal[Jadunāth] Mukopādhyāya，？—1910）。

Sharma　夏尔玛，婆罗门姓。

Sharma G. R.　夏尔马，20世纪印度考古学家，在20世纪50年代挖掘出侨赏弥。

Sharma，Ramchandra　夏尔马，兰昌德拉（1925—2005），印度坎纳达语诗人，曾获“印度文学学会奖”和“卡纳塔克邦文学学会奖”。作品有《萨塔帕蒂》和《尼拉鲁》等。

Sharma，Shankar Deyal　夏尔马，尚卡达·达亚尔（1918—1999），印度政治家，1992年任印度第九任总统。

Sharma，Vishwa Nath　夏尔马，V. N.（1930—），印度陆军参谋长，曾长期驻扎印巴边境。

Sharmistha　多福，传说中牛节王的女儿。牛节王的宫廷祭司太白仙人的女儿天乘常与其结伴游玩。一次，风神伐由在二人在洗澡时把她们的衣服对换，引起她们争吵。多福把天乘推入井里。天乘由行迅王救出。天乘坚持让多福在她出嫁时陪嫁。天乘嫁给行迅王，多福陪嫁为侍女。但多福与行迅王有私情并生子。天乘一怒之下诅咒行迅王未老先衰。多福的儿子普卢甘代父衰老，后继承王位。

Sharoruba　莲花。

Sharp　夏普，20世纪英国人，与格鲁根合写《从好望角到开罗》。

Sharps and Flats　（Kadi o Komal）《刚与柔》，泰戈尔于1884年写的诗集。

Sharqi　沙尔吉王朝，14—15世纪印度中部的穆斯林王国。

Shashi Tharoor　沙希·塔罗尔（1956—），印度英语作家，作品有《伟大的印度小说》，《展示事业》。

Shashthi　送子女神。

Shashti　孟加拉保护神和送子神。

Shastra　（梵文）后吠陀时期的律法，医学等所有知识的汇集书，需要印度教徒记。与Sruti（听会）相对。书。精义。

Shastra　史诗或圣歌。寿那加仙人把《摩诃婆罗多》传到人间。

Shastri　夏斯特里，泰戈尔时代的印度学者，1938—1945先后担任国际大学教务主任、中国学院研究部主任。

Shastri，L. B.　夏斯特里（1904—1966），1964至1966年任印度总理，1966年在塔什干签署印巴停火协定《塔什干宣言》时突发心脏病逝世。

Shastri，Vidhusekhar　夏斯特里，维度西卡（1878—1959），现代著名的印度国学家。

Shat Histar　百年史。

Shatanika　沙滩尼卡，公元前摩羯陀国国王毗陀罗王的弟弟。

Shatapatha Brahmana　《百道梵书》，广义的吠陀文献之一，约产生于公元前10世纪至公元前7世纪吠陀祭祀盛行的时代。《百道梵书》最长，也最重要。它除了讲葬礼、马祭、人祭、全祭等礼仪和祭祀以及建立祭坛的奥秘外，还讲吠陀学习、子弟拜师等并不直接与祭祀相关的内容。

Shatar 绍塔尔族，泰戈尔创办的国际大学所在地区的少数民族。

Shatavahanas 沙塔瓦哈纳王朝，即安度罗国或安度罗王朝，印度南方的一个古代王朝，存在于公元前1世纪中晚期到公元3世纪初中期，其建立者西姆卡原籍沙塔瓦哈纳，即今天卡纳塔克邦的贝拉里附近。

Shatsky 沙茨基（1878—1934），20世纪苏联著名女作家、教育家，曾于1930年拜访正在苏联访问的泰戈尔

Shaw，Bernard 萧伯纳（1856—1950），爱尔兰剧作家，1925年“因为作品具有理想主义和人道主义”而获诺贝尔文学奖，是英国现代杰出的现实主义戏剧作家，是世界著名的擅长幽默与讽刺的语言大师。萧伯纳的一生，是和社会主义运动发生密切关系的一生，他认真研读过《资本论》，公开声言他“是一个普通的无产者”“一个社会主义者”。然而，由于世界观上的局限性，他没能成为无产阶级战士，而终生是一个资产阶级改良主义者。

作品有：《卡希尔·拜伦的职业》（Cashel Byron's Profession）、《鳏夫的房产》（Widowers' Houses）、《圣女贞德》（Saint Joan）、历史剧《卖花女》（Pygmalion）（1964年改编成电影《窈窕淑女》，当年获奥斯卡最佳影片、最佳导演、最佳改编音乐等八座小金人）《魔鬼的门徒》（The Devil's Disciple）《人与超人》（Man and Superman）《伤心之家》（Heartbreak House）《华伦夫人的职业》（Mrs Warren's Profession）《巴巴拉少校》（Major Barbara）《苹果车》（The Apple Cart）《凯撒和克娄巴特拉》（Caesar and Cleopatra）等。1912年，泰戈尔访问英国时，曾和萧伯纳会晤。1931年1月8日，泰戈尔在海德公园宾馆会晤萧伯纳，和他进行了长谈。

Shawdamini 绍乌达米妮（1847—1920），泰戈尔的大姐。泰戈尔的童年生活一直由她精心照顾。

She Hu 叶护，古代印度乌苌国的佛教高僧，公元977年来中国传经。

She Shusen 佘树森（1937—1993），安徽亳州市人，北京大学教授，发表《童心稚语无限情：读泰戈尔的〈恶邮差〉》。

Sheaves 《麦捆》，泰戈尔1932年的诗歌集。

Shebait 女仆，财产的受托管人。

Sheel 品格。

Sheela Bhatia 希拉·芭提雅，19世纪剧作家。

Sheelbhadra 希尔婆德罗，公元7世纪孟加拉的一位王子，后来成为那烂陀佛寺庙的佛学大师，玄奘曾经拜他为师，学习佛法。

Sheetala 湿多拉，印度神话传说中掌管天花的小神。

Shefali 一种树。

Shehnai 蹩脚的音乐，婚礼。

Shekar，Chandra 谢卡尔，钱德拉（1927—2007），印度政治家。自学生时代之后，就从事政治活动，曾于1990年11月—1991年6月间，以少数党的身份与国大党共组联合政府，并担任印度第11任总理。

Shelidah 谢里丹镇，在现在的孟加拉国的巴德玛河畔，从1890—1900年泰戈尔住在这里管理家族田产，收地租。

Shelley，Percy Bysshe 雪莱（1792—1822），英国空想社会主义色彩最浓的浪漫主义诗人，英国文学史上最有才华的抒情诗人之一，更被誉为诗人中的诗人。其一生见识广泛，不仅是柏拉图主义者，更是个伟大的理想主义者。他创作的诗歌节奏明快，积极向上。代表作品有长诗《解放了的普罗米修斯》和《倩契》，以及不朽的名作《西风颂》。他生于苏塞克斯郡，1810年进入牛津大学学习，因哲学论文《无神论的必然性》被学校开除。他1812年赴爱尔兰，支持爱尔兰人民的抗英斗争，发表《告爱尔兰人民书》，他的进步立场遭统治者仇视，于是被迫离开祖国，移居意大利。1822年他在海上遇风暴溺死，年仅二十九年。泰戈尔于1884年开始翻译他的诗。1922年7月8日，泰戈尔和他的学生在圣蒂尼克坦的国际大学纪念雪莱逝世100周年。

Shen Bao 《申报》，近代中国发行时间最久、具有广泛社会影响的报纸，中国现代报纸开端和标志。原先全称《申江新报》，创刊于1872年4月30日（清同治十一年三月二十

三日）。创办人为英国商人安纳斯脱·美查（Ernest Major）。1949年5月27日，中国人民解放军接管上海防务后，因为《申报》为中国国民党党产而宣布停刊。前后总计经营了78年，共出版25600期。1924年4—5月泰戈尔访华期间，该报刊登了大量报道泰戈尔在中国的活动以及有关泰戈尔的文章，如《泰戈尔抵京后之概况》《泰戈尔在法源寺之演讲》《梁任公之迎泰讲演》《泰戈尔在先农坛之演讲》《泰戈尔生日之盛会》《泰戈尔将游苏俄》《泰戈尔关于佛教之谈话》《泰戈尔离京赴晋》《张君劢宅中之护送泰戈尔会》；1925年刊登《徐志摩赴欧之任务》《王汉伦将演泰戈尔英文名剧〈爱神〉》《聂云台代表泰戈尔大学支那学院征求赞助》。

Shen Junru　沈钧儒（1875—1963），字秉甫，号衡山，汉族，浙江嘉兴人，著名爱国民主人士，中国法学家，政治活动家，曾任民盟中央主席，历任中央人民政府委员、最高人民法院院长、全国人民代表大会常务委员会副委员长、中国人民政治协商会议全国委员会副主席和中国政治法律学会副会长等职。1924年5月18日，北京佛教讲习会会员沈钧儒与何雯、张相文拜访正在北京访问的泰戈尔，同泰戈尔就佛学进行了交流。议员黄攻素、陈铭鉴、张树枏等在座，徐志摩、邓高镜担任翻译。

Shen Pingzi　沈平子，当代学者，2013年发表《胡适出席了泰戈尔画展吗》。

Shen Qi　沈琦，20世纪被派到印度国际大学当交换生，后来到台湾“外交部”任政务次长。

S

Shen Qin　沈琴，当代女学者，发表《泰戈尔的中国笔名》。

Shen Xinqing　沈信卿（1864—1944），名恩孚，字信卿，号渐篮，又号心馨，菱湖竹墩人，生于上海，从事《说文》之研究，通训诂之学。清光绪十七年（1891），肄业于上海龙门书院，其间曾去日本考察教育，从事教育事业。光绪二十八年（1902），被南通张謇聘为中国图书公司总编辑。民国元年（1912），发起成立教育联合会，被推任为主席。民国六年（1917），和黄炎培一起首倡成立中华职业教育社，培养职业人才，适应社会需要。民国十三年（1924），创立甲子社，搜辑近代史料，后充为上海鸿英图书馆。民国三十年（1941），日本侵略军侵占上海租界，他不为敌伪所诱，坚持不但任伪职。1924年4月，泰戈尔访华，他在上海参加接待工作。

Shen Yanbing　沈雁冰（1896—1981），名茅盾，原名沈德鸿，字雁冰，浙江嘉兴桐乡人，中国现代著名作家、文学评论家、文化活动家以及社会活动家，五四新文化运动先驱者之一，我国革命文艺奠基人之一。1896年7月4日生于浙江桐乡县乌镇。1921年以玄珠为笔名，发表《泰戈尔来华消息》。1924年泰戈尔访华，他在报上反对泰戈尔。发表《对于泰戈尔的希望》《泰戈尔于中国新闻社记者谈话》《泰戈尔来华之感想谈》《四团体欢迎泰戈尔之茶会》。在自传《我走过的道路》里承认，“这是响应共产党对泰戈尔的评价”。

Shen Yihong　沈益洪，上海大学任教，出版《泰戈尔谈中国》。

Shen Yinmo　沈尹默（1883—1971），原名君默，浙江吴兴人，早年留学日本，后任北京大学教授和校长、辅仁大学教授。1949年后历任中央文史馆副馆长、上海市人民委员会委员、第三届全国人大代表等职务。以书法闻名，民国初年，书坛就有“南沈北于（右任）”之称。20世纪40年代书坛有“南沈北吴（吴玉如）”之说。1924年4—5月，泰戈尔访问中国，沈尹默参加欢迎工作。

Shen Zemin　沈泽民（1902—1933），浙江桐乡人，沈雁冰（茅盾）之弟，他是中国共产党早期杰出的党员之一，是五四运动影响下涌现出来的新文化战士。1924年以泽民为名发表《泰戈尔于中国青年》《评“人类第三期之世界”》《泰戈尔在先农坛演讲》《泰戈尔在清华演讲》等。

Shenoi Goembab　沈诺伊·戈恩巴（1877—1946），20世纪印度坎纳达语作家。

Shenshen　申申，古代西域国名，在今罗布泊。

Shenyang Publishing House　沈阳出版社，1988年成立，1992年9月出版徐坤译的《泰戈尔诗歌的意象》。

Shenzhen Business　《深圳商报》，1991年创刊。2011年5月12日刊登田泳的《泰戈尔给我取名“阿输迦王”》。

Sheol 希伯来人的地狱。

Shepali 木槿花。

Shephali 榭葩丽花。

Sher 谢尔，印度的质量单位，相当于1千克。

Sher Shah 舍尔·沙（1472—1545），印度苏尔王朝的开国国王，曾打败胡马雍，后被胡马雍消灭。当国王前因打死老虎被授予“舍尔汗”（Sher Khan）称号。

Shergil Amrita 谢吉尔·A.（1913—1941），印度现代画家，作品有《山坡》（Hillside）《大象》（Elephant）《裸者》（The Nudes）。

Sherishtadar 税务官。

Sherwani 北印度的长衫。

Shesh Barshan 《最后一场雨》，泰戈尔的戏剧。

Shesh Kathaa 《最后的故事》，泰戈尔的短篇小说。

Shesh Lekha 《最后的诗歌》，泰戈尔的诗集。

Shesh Praskaar 《最后的奖赏》，泰戈尔的短篇小说。

Shesh Raksha 《最后的防卫》，泰戈尔的戏剧。

Shesh Saptak 《最后的旋律》，泰戈尔的诗。

Shesher Kabitaa 《最后的诗篇》（《最后一首诗》，《再见，朋友》），泰戈尔于1929年写的长篇小说。见 Farewell Song。

Shesher Raatri 泰戈尔的短篇小说《诀别之夜》。见 Mashi。

Sheshnai 近似于双簧管的古典双簧风管乐器，节日、婚礼、庙会演奏。

Shey 泰戈尔的散文《他》。

Sheyaalada 舍亚洛德，加尔各答市内一个火车站。

Shi An 实庵，陈独秀的号，见 Chen Duxiu。

Shi'a 阿里党，伊斯兰教第一次分裂时期的教派。

Shi Daojie 释道阶（1870—1934），道阶法师，俗姓许，名常践，号晓钟，出家后法名道阶，又号八不头陀，湖南衡山人，曾任北京法源寺主持。1924年4月26日，他邀请正在访华的泰戈尔来法源寺观赏丁香花。

Shi Enzhuang 施恩庄，当代学者，发表《泰戈尔小说中的女性》。

Shi Foci 释佛慈，1924年4月26日正在中国访问的泰戈尔到北京法源寺观赏丁香花，他作为北京佛化新青年会代表参加欢迎会。

Shi Haijun 石海峻（1962—），河南省济源市人，1988年毕业于北京大学东语系，获硕士学位。1989年至今一直在《外国文学评论》工作，曾在印度贝拿勒斯印度教大学和英国学术院访学。现任《外国文学评论》副主编、编审，中国社会科学院研究生院教授。在编辑工作之外，就印度文学、印度英语文学及相关论题写作并发表了30余篇学术论文和40余篇短文，撰写了《20世纪印度文学史》和《后殖民：印英文学之间》，均有专门章节论述泰戈尔，曾在中央电视台教育频道讲过泰戈尔。有关泰戈尔的研究论文有《泰戈尔眼中的东方和西方》等。

Shi Jianfeng 石剑峰，当代学者，发表《80年后，泰戈尔的纷争还在》。

Shi Jinxiu 史锦绣，河北师范大学教授，发表《阿农多莫伊：泰戈尔的宗教的体现者》。

Shi Suzhen 石素真（1918—2009），女，笔名石真。与丈夫吴晓玲同为中国著名的孟加拉语专家，1936年毕业于北平大学女子文理学院国文系。1941年后历任昆明西南联合大学附中教师、印度国际大学中国学院孟加拉语学员、泰戈尔文学院研究生、北京大学东语系讲师、外交部印度科科员、中国社科院外文所东方组副研究员。中国翻译工作者协会理事、印度文学研究会副会长。

石素真早年以精于孟加拉文闻名学界，并成为最早翻译泰戈尔原著的中国学者。与季羡林、金克木同为北京大学东方语言文学系教员，后在中国社会科学院外国文学研究所东方组从事研究。她特别着眼于泰戈尔及其作品的翻译研究，为译著泰戈尔作品原文第一人。1958年加入中国作家协会。她曾为梅兰芳翻译泰戈尔1924年访华时为梅写在扇面上的孟加拉语题词。1955年以石真的名字发表《泰戈尔的歌曲》《泰戈尔和他的“两亩地”》。发表《泰戈尔》《周恩来访问国际大学》《纨扇挥毫传挚情（梅兰芳和印度诗人泰戈尔的一段珍贵友谊）》。

Shi Weijian 石维坚（1935—），著名演员，

主演电影《天云山传奇》，发表《水雾缭绕的峰峦——我演泰戈尔》。

Shi Xi 示喜，当代学人，发表《勇猛的斗士，恬静的诗人：浅谈泰戈尔的诗歌创作》。

Shi Xiufeng 石秀峰，集宁师专老师，发表《泰戈尔对自然的情感态度略说》《理想主义与现实主义——泰戈尔短篇小说创造风格略说》《泰戈尔的诗歌鉴赏观点略说》《泰戈尔小说〈沉船〉的审美意识特征略说》《从〈孟加拉风情〉看乡村生活经历对泰戈尔的影响》。

Shi Yanjing 石燕京，当代学者，发表《新时期郭沫若与泰戈尔关系研究回眸》《郭沫若接受泰戈尔心因探微——郭沫若与泰戈尔新论》。

Shi Yunbo 史云波，当代学人，与董德福发表《胡适与泰戈尔访华》。

Shi Zaizhong 石在中，当代学者，发表《泰戈尔诗歌中的生态智慧》。

Shi Zhai 石斋，当代学人，发表《泰戈尔短篇小说新论》。

Shi Zhecun 施蛰存（1905—2003），中国现代著名作家、文学翻译家、学者，华东师范大学中文系教授，翻译出版泰戈尔的《爱人的礼物》。

Shi Zhen 石真，石素真的笔名，见Shi Suzhen。

Shibli Nanmani Maulana 西布里（1857—1914），印度乌尔都语诗人，作品有《希望的早晨》《先知传》等。

Shikdar 西戈达尔，印度德里苏丹基层行政区西格的负责官员。

S

Shikhara 山峰，方形塔楼，高塔。手势：拇指伸直，其余四指握拳。

Shikh- svaadheenataa 《锡克人的独立》，泰戈尔的散文。

Shikkhaa （Sangyojan） 《教育》（增补），泰戈尔的诗。

Shiksha 语音学。

Shilappatikaram 2世纪泰米尔史诗《脚镯记》。

Shilchar 梅加拉亚邦的西尔查尔地区。

Shillong 西隆，印度东北部梅加拉亚邦首府，原为阿萨姆邦首府，在卡西丘陵中部，海拔1500米。人口10.8万，包括郊区17.3万。冬季气温约1.7 ℃，通常有霜，从不降雪。附近梯田较多，有水稻、马铃薯、玉米。水果有菠萝、槟榔、香蕉和橘子。多家庭手工业。市北有水电站。公路北通高哈蒂，相距101千米。泰戈尔于1919年12月在此度假。

Shilpa Shastra 《工艺论》，印度专门介绍神像造像方法的书。

Shilpins 制作神像的人。

Shimati 斯里马提种姓，班尼亚种姓下的亚种姓。

Shimhadamstra 狮齿状武器。

Shimonoseki 下关，日本本州西南端港口，旧称马关，中日《马关条约》签署地。下关隔关门海峡与九州相望，属山口县。1889年设赤间关，1902年改今名。人口29.2万。下关是古军事交通要地。2005年10月1日，日本政府指定下关市为中核市。1924年6月，正在访日的泰戈尔访问下关。

Shimul 木棉树。

Shingalee 申加莱，苏联诗人。1930年9月24日正在苏联访问的泰戈尔在工会中央大厦举办的盛大招待会上致告别词，表达了他对苏联在教育和社会福利上取得的伟大成就的赞赏。“我衷心感谢大家，是你们使我真真切切地看到了我许久以来梦想，解放束缚了无数代的人民的思想的梦想”。在会上苏联诗人申加莱专门创作了诗《泰戈尔颂歌》，作家加尔佩林用俄语朗诵了3首泰戈尔的诗，演员西莫诺娃朗读了剧本《邮局》节选。

Shipki Pass 什布奇山口，在西藏扎达县境内，过了山口就进入印度。

Shipraa 什普拉河，印度古代神话中一条流经优禅尼城的河。

Shira and Parvat 《希拉与帕尔瓦特》，孟加拉现代画家南达拉利（Nandalali）的作品。

Shiravadakar Vishnu 席尔瓦德格尔·V.（1912—1999），印度马拉提语诗人，戏剧家，作品有《生活之夜》《第二职业》等。

Shiraz 设拉子，伊朗第六大城市，中部最大城市，法尔斯省省会，伊朗最古老的城市之一，距首都德黑兰919千米，海拔1600米，位于扎格罗斯山脉南部海拔1490米的盆地农业区。公元前6世纪设拉子是波斯帝国的中心地区。13世纪初期，蒙古人在设拉子建新清真寺和塔赫特城堡，1724年遭阿富汗人洗劫，后成为赞德王朝首都而获迅速发展。设拉子银器制造、地毯、锦缎亦很有名。1932年4月16日，泰戈尔访问该城。

Shirisa　湿里绍树，一种热带大蔓生树，生长在印度等南亚国家。

Shirivasta　耆那教徒胸前戴的吉祥宝物；宝石，识别毗湿奴的标记。

Shiromani　湿罗摩尼，学者们的荣誉称呼，孟加拉语的意思是“王冠上宝石”。

Shirwader　20世纪马拉提语作家。

Shish Mahal　镜宫。

Shishira　冷季。

Shishu　《儿童集》，泰戈尔于1903年写的诗集，是为了哄一个8岁的没有母亲的男孩。部分在以后翻译成英语的《新月集》里出现。

Shishunaga　什殊那迦，摩羯陀国国王，生活于公元前5世纪，曾打败了阿盘提的普拉尤达王朝，还并吞了阿盘提和侨赏弥国的领土。

Shisubholaanaath　《童年湿婆》，泰戈尔的诗集。

Shisya =sisya　学生。

Shiuli　合欢花。

Shiuliphuler Gaachh　《赛法利花树》，泰戈尔写的杂论。

Shiv Sena　湿婆军，印度教教派组织，成立于1966年，创建者为巴尔·塔格尔，主张维护马哈拉施特拉邦从事卑贱工作与失业的印度教徒工人的利益，支持马哈拉施特拉邦人治理自己的邦。

Shiva　湿婆大神，见Siva。

Shiva Kumar Rai　湿婆·库马尔·莱依，现代尼泊尔语小说家。

Shivaj　希瓦吉（1629—1680），莫卧儿王朝时期的马拉他联邦的盟主，他领导马拉塔人长期对抗莫卧儿帝国。他统治印度西海岸整个马拉他人居住的地域。他号召人民反抗当时统治印度的莫卧儿王朝。几经失败，斗志不减。他虽是虔诚的印度教徒，但对于一般伊斯兰教徒并不歧视。希瓦吉的父亲是穆斯林苏丹手下的高官。他从小习武，梦想建立印度教王朝。他占领了一些山寨，建立独立王朝，受到莫卧儿王朝奥朗则布的镇压。后双方达成妥协，奥朗则布邀请希瓦吉到阿格拉，后将其囚禁。后来希瓦吉神奇地逃回本国，开始反对莫卧儿王朝的战争。最后，奥朗则布无奈承认希瓦吉是独立的国王。1674年希瓦吉加冕称王。1680年逝世。他建立的独立王国，使马拉塔族成为强大的民族。

Shivaji II　西瓦吉二世（1833—1858在位），马拉提国王，赞助贾坦武尔袖珍画学派。

Shiva Natarajar　湿婆舞王铜雕塑。

Shivalinga　湿婆林迦，湿婆的阳具，性崇拜物。

Shivam　一切都好。

Shivam　神的纯真，善。

Shivanandam　湿婆南丹，19世纪坦焦尔舞（Tajore）风格4大名师之一。

Shlawan　斯拉万月，印历5月，相当于公历的7—8月。

Shloka　输洛迦体。

Shod　穿。

Shodhbodh　《还债》，泰戈尔的戏剧。孩子们放假了，和老爷爷一起嬉戏玩耍。商人洛克索尔正在算账，孩子乌波农德来了，他对洛克索尔说他的主人苏罗申死了，他愿意以抄写书稿为把他抚养大的主人还债。后来来了一个苦行者，得知乌波农德的情况后，说苏罗申是个非常出色的艺人，曾在比乔亚迪多皇帝的宫里演出。苦行者于是和孩子们一起帮助乌波农德抄写书稿。由于奸商洛克索尔对乌波农德不好，嗜钱如命，苦行者便对他尽情捉弄一番。苦行者对比乔亚迪多属国的国王却很尊敬，答应一定让他见到比乔亚迪多并打掉比乔亚迪多的傲气。这时开过来一支军队，见到苦行者便行跪拜礼。原来苦行者就是皇帝比乔亚迪多。他让大臣给洛克索尔1000个金币，换回了乌波农德，认他做自己的儿子。他答应了属国的要求后，带着乌波农德回他管辖的国家去，并邀请老爷爷帮他治理国家。

还什么债？首先是皇帝比乔亚迪多还臣民的债，履行治国的责任。他认为任何帝国都不能维持长久，真理才是永恒的。他要做真理的皇帝，要到人民中间去，传播爱——向人民还债；乌波农德替主人还债。痛苦中的美是真实的。他以后成了皇帝养子，成为王子，这是爱结出的果实。

Shogun　日本的幕府，本指将帅在外的营帐，后亦泛指军政大吏的府署。幕府是古时日本一种权力，曾一度凌驾于天皇之上的中央政府机构。幕府常以“挟天子以令诸侯”的方式来对国家进行统治，其最高权力者为征夷大将军，亦称幕府将军。日本历史上共经历了镰仓幕府、室町幕府、江户幕府三个幕府历史时期。

Shoka　忧。

Sholapur　绍拉普迩，孟买附近的一个镇子，在印度马哈拉施特拉邦东南部、比马河畔城市，人口30多万。1889年，泰戈尔携带家眷来到这里，当时他的二哥在这里当法官。这是一个风景优美、气候宜人的地方，而且有着很多的名胜古迹。这座历史古城激发了他的创作灵感，他很快完成了剧本《国王和王后》。

Sholikars　只信小神的人。

Shomakas　印度古代苏摩族人。

Shombha Mitra　赏跋·米特拉，19世纪剧作家。

Shomeendranaath　绍民德罗纳特（1896—1907），爱称“绍米”，泰戈尔最小的儿子。绍米在相貌、品德和天赋等方面，都继承了父亲的优点。他出生在加尔各答。9个月后家里为他举行了隆重的进食仪式。5岁为他举行了佩戴圣线的仪式。绍米的大部分时间是在圣蒂尼克坦度过的。泰戈尔的妻子穆里纳莉妮最后一次生病的时候，泰戈尔把她和绍米一起从圣蒂尼克坦送回了加尔各答，但是不久泰戈尔又把绍米送回了圣蒂尼克坦。因此，母亲和儿子两个人都很痛苦。母亲病逝的时候（1902年11月23日），绍米才6岁。此后他同哥哥姐姐一起住在圣蒂尼克坦一所叫作“新屋”的用稻草盖成的房子里，由一位名叫拉焦洛姬的姥姥照顾。那位姥姥曾是穆里纳莉妮的姑父的小妾，是个很慈祥而又细心的女人。

在圣蒂尼克坦读书的时候，有一次大祭节放假，绍米和同学绍罗吉琼德罗（婆拉）一起去蒙格尔——绍罗吉琼德罗的舅舅家了。一个月后那里发生了霍乱。婆拉的两个舅舅都是大夫，对其进行了医治，泰戈尔从加尔各答带去的医生，也没有治好绍米。绍米最后还是死了。绍米死亡的日期是1907年阿格拉哈扬月7日（在公历11月间），他母亲5年前就是在这一天去世的。小儿子的意外死亡，使泰戈尔非常痛苦，然而他还是经受住了亲人死亡的打击，继续他的创作。

Shonapaaanshu　绍诺潘舒人，印度一种以狩猎为生的部族，因此被认为是低种姓的人。

Shoodraka　舒德拉迦，《罗摩衍那》中描写的一个首陀罗苦修者，被罗摩杀死。

Shor　绍尔，20世纪苏联学者，曾于1930年拜访正在苏联访问的泰戈尔。

Shore, John　肖尔，约翰（1751—1834），1793—1798年担任印度总督。

Shraabaneepur　舍卫城，印度古代的一个城市，位于北方邦的甘达县，现在的名称为“萨赫多-马赫多”。

Shraadh　定期的祭祖仪式。

Shradha　葬礼献祭。

Shravan　施拉万月，印历5月，公历7—8月。

Shravan　史拉万，《罗摩衍那》里被十车王误以为喝水的大象射死的瞎子仙人，瞎子父母诅咒十车王不得好死。

Shravasti　见Sravasti，舍卫城。

Shreebilaas　斯里比拉斯。在孟加拉文中，可分为两部分：斯里（shree）和比拉斯（bilaas）；“斯里”有漂亮、美丽等之意；而“比拉斯”，意思正好相反，意为丑陋。

Shree nibaas　斯里尼巴斯，16世纪以歌颂宗教大师久伊多诺为主的孟加拉著名民间歌手。

Shreeniketan　斯瑞尼克坦，意为“丰收村”，距离泰戈尔创建的国际大学不远的一个村子名，是泰戈尔在美国农业专家艾尔姆史特夫妇协助下创办的农场，作为教学实验基地和粮食、蔬菜的供应基地。

Shreni　行会。

Shreshthin　银行家。

Shreyam-shanatha　室利衍-沙纳塔，耆那教圣人，死于鹿野苑。

Shri　好运气，发财。

Shrimali　斯里马蒂，婆罗门班尼亚次种姓下的亚种姓集团。

Shrimati　施丽马蒂，公元前3世纪信仰佛陀的频毗娑罗王的宫廷侍女。

Shringara　强烈恋情。

Shrotriyam　师徒传承。

Shrutakeerti　斯鲁多基尔蒂，史诗《罗摩衍那》中罗摩同父异母的弟弟舍图卢柢那的妻子。

Shu Ziqin　舒子芩，当代学人，发表《诗话的哲学自然观——浅析泰戈尔与陶渊明诗歌中自然观之表现》。

Shubhadristi　《拜堂相见》，泰戈尔的短篇小说。

Shubhadristi　婚礼上新郎新娘见面礼，拜堂相见。

Shuchi　圣洁。

Shuddhi　净化，涤罪，皈依种姓或印度教。

Shudra　首陀罗，种姓最低等级。

Shudraka　首陀罗迦，4世纪剧作家，作品有《小泥车》等。

Shuja　舒贾（1616—?），莫卧儿王朝第五代皇帝沙贾汗之子。

Shukadeba　舒克代博，泰戈尔的第十二代祖先拉曼依德的二儿子。

Shukla　舒克拉，公元前3世纪频毗娑罗王后。

Shukadeba Raaichodhuree　舒克代博·拉伊乔图里，生活在15世纪，属于比拉利婆罗门家族，他把女儿嫁给了泰戈尔的第十二代先祖焦贡纳特·古沙里（Jagannaath Kushaaree），因而焦贡纳特·古沙里就被印度教社会视为"堕落的"婆罗门。

Shukadeba　舒克代博，（15世纪）泰戈尔的第十代先祖拉伊乔杜里的第四个儿子。他第十五代先祖也是这个名字。

Shukracharya　太白仙人，天乘之父，会死而复生术，曾收弟子云发。见Sakra。

Shulman　舒尔曼，1924年前后任美国驻中国大使，1924年4月25日，英美协会在六国饭店设宴招待访华的泰戈尔，舒尔曼致欢迎词。

Shvataketu　白星，音译为"舍多凯度"。

Shvetambara　耆那教白衣。

Shyaamaa　舍玛，迦梨女神（Kaalee）的别名，她是湿婆的妻子，印度崇拜的女神。

Shyam Benegal　沙亚木·贝加尔（1934—），印度电影导演，20世纪70年代拍《幼芽》（Ankur）。

Shyama　《夏玛》，泰戈尔于1939年写的剧本；泰戈尔的诗。

Shyama　铁。

Shyama Shastri　沙亚木·夏斯特里，又叫维卡咔·苏波拉马尼亚（Venkaka Subramania），18世纪印度南部音乐家。

Shyaambaajaar　舍姆巴贾尔，意为"黑市场"，加尔格答城内一个地名。

Si Baochang　斯宝昶，当代学人，发表《从〈吉檀迦利〉看泰戈尔诗的哲理性》。

Si Qiu　思秋，当代学人，与雪夫发表《童心世界的恋歌：读泰戈尔〈新月集〉》。

Siam　暹罗，现今东南亚国家泰国的古称。其部分先民是原居于中国云南一带，元时为逃避蒙古入侵而南下迁居中南半岛的古代中国人。暹罗在文化上受到了中国文化和印度文化的双重影响，尤其是自印度西传而来的佛教文化对其影响至深，因此暹罗至今都还是一个全民信奉佛教的宗教国家。暹罗国号于1949年更名为"泰国"，意为"自由之国"。

Siberia　西伯利亚，俄罗斯境内北亚地区的一片广阔地带，西起乌拉尔山脉，东迄太平洋，北临北冰洋，西南抵哈萨克斯坦中北部山地，南与中国、蒙古和朝鲜等国为邻，面积1276万平方千米，除西南端外，全在俄罗斯境内。也有人将北冰洋同太平洋水系分水岭作为其东界。

Siberian　鲜卑族，是继匈奴后在内蒙古高原上崛起的北方游牧民族。在两晋南北朝时，鲜卑开始建立政权，其中有慕容氏建立的前燕、后燕、南燕、西燕，秃发氏建立的南凉，拓跋氏建立的北魏。盘锦历史上留下过鲜卑人生活的足迹。早在西汉时，鲜卑人就曾生活在大兴安岭至辽河一带。另据《史记》载：秦伐燕，破之。燕王喜败走辽东，越五年，灭燕。又遣蒙恬，击走东胡，以其地置辽东、辽西二郡。而盘锦当时就属辽西郡，鲜卑就是东胡的一支。有关文献记载，在三国及晋时，盘锦属昌黎县，南北朝时，盘锦属北魏，北魏就是鲜卑人拓跋氏建立的政权。

Sibi　湿毗王，佛陀前世的化身，传说中为了救一只快饿死的鹰，割自己的肉喂它。

Sibi Jataka　《湿毗王本生》，佛陀前生的化身湿毗王的故事，大约出现在公元前。

Sichuan Children Press　四川少年儿童出版社，于1980年10月在四川成都建社。1997年出版越阳的《中外著名文学家故事：泰戈尔》。

Sichuan Drama　《四川戏剧》，四川省川剧艺术研究院主办，1988年创刊。2008年1月第1期刊登石燕京的《郭沫若接受泰戈尔心因探微——郭沫若与泰戈尔新论（之一）》。

Sichuan People's Publishing House　四川人民出版社，创办于1952年。2000年出版的曹顺庆主编的《迈向比较文学的新阶段》里有刘燕的《泰戈尔：在西方文化中的误读》，2000年出版雷启淮的《当代印度》，2002年4月出版欧东明的《佛地梵天——印度宗教文明》。

Sichuan University Press　四川大学出版社，1985年成立。2002年5月出版尹锡南的《泰戈尔的文明观及其在东西方的反响》。

Siddha　道行圆满者，神通成就者（半人半神者），成就仙，成就者，经过修习在天上争得一席之地而成仙的仙人群体，有感悟的人，悟出人生真谛者，有神性的。

Siddha　内行，能手。

Siddha　西陀，"完善的"，半神半人，处于天地间的精灵，一种美丽的神仙。

Siddha asram　完满的人生阶段。

Siddha-deha　完美的精神体。

Siddhaashram　梵天，半人半神修炼之地。

Siddhaanta-Tattva-viveka　《悉昙多分别指南》。

Siddhanta　宗义，成就，使命题得以成立的理论或论证。

S

Siddhanta　悉檀多，"成就"，宗义，公认真理，已确定的原则。

Siddhanta-shiromani　《顶上珠悉檀多》，天文学泰斗明规范师（1114—1185）写于1150年，印度古代天文学数学著作。

Siddhar　"道姓圆满者"，耆那教诗人。

Siddharsi　悉达多，9世纪耆那教作家，作品有《人生寓言》(Upanitibhavaprapanca)。

Siddhartha　悉达多，释迦牟尼成道前当王子时的名字；大雄的父亲。

Siddhasena Divakara　悉达色那·迪瓦卡拉，5—6作家，著《福寺颂》(Kalyanamandirastra)。

Siddhasiddhanta Paddhati　《道行圆满经》，力瑜伽的一种经典，强调修炼的身体原则。

Siddhayogini　潜心苦修的结果，得到了瑜伽，即与宇宙灵魂合一的冥想、潜心与沉思等方法。

Siddhendra Yogi　西登德拉·宇迦，14—15世纪库奇普迪舞（Kuchipudi Bhama）复苏人。

Siddhirupini　愿望女神。

Siddhis　成功，成就，圆满，解脱，获得瑜伽神通；提及许多有关或重要的人的名字，以求达到目的；神通，神奇的力量。

Sidgaka　西格珈，柔美为主，刚健为辅。

Sidhanta, Nirmal Kumar　西单塔，尼尔马尔·库马尔，20世纪印度学者，曾担任德里大学和加尔各答大学副校长，印度文学学会会员，1961年撰文纪念泰戈尔诞生100周年。

Sidhartha Tan　谭梵天·悉达多，谭中的独子，现住美国芝加哥。

Sidhasrama　精灵住处。

Sidorov　西多罗夫，20世纪苏联著名学者，于1930年欢迎访问苏联的泰戈尔。

Sigalovada　善生。

Siglap on the Sea　海上新加坡，即新加坡。泰戈尔1927年7月访问时此地还属于马来亚。7月21日泰戈尔接受当地印侨欢迎并致谢。

Signet Ring of Raksasa　《指环印》，7—8世纪毘娑佉达陀的剧本。该剧自始至终描写政治斗争，没有女主角和爱情插曲，也没有宫廷丑角，在古典梵语戏剧中别具一格。摩羯陀国难陀王羞辱了精通政治的婆罗门贾那吉耶，贾那吉耶为了报复，推翻了难陀王朝，建立了孔雀王朝。罗刹忠于旧王朝，力图复辟。贾那吉耶认为智勇双全的罗刹是新王朝宰相的理想人选。于是利用密探捡到的罗刹的指环印设计让罗刹上钩，罗刹终于同意归顺新王朝，接受宰相职位。

Signora Lifovetzka　里佛维茨卡女士，意大利歌唱家。1926年6月20日，正在意大利访问的泰戈尔应邀在图林的里斯博物馆做题为"城市与乡村"的报告。报告之后，她送给泰戈尔3首翻译成意大利语的泰戈尔写的歌曲，歌里保留了孟加拉抒情诗的旋律。

Siha camma Jataka　《狮子皮本生》，《五

卷书》里的故事。

Sihsar Herpher （The Vicissitudes of Education） 《教育的变迁》，泰戈尔的散文。

Sikandar Lodi 西坎达尔洛迪，(—1517)，德里苏丹时期的尼扎姆汗（1489—1517）(最高行政长官)。

Sikandar Shah Lodi 西甘达尔沙·洛迪（?—1517)，洛迪王朝第二代国王。

Sikandra 西坎德拉，在亚格拉西面，这里有莫卧儿王朝第三代皇帝阿克巴大帝的陵墓。

Sikandar Shah Lodi 西甘达尔·沙·洛迪（?—1517)，洛迪王朝第二代国王。

Sikar 锡卡尔，印度拉贾斯坦邦北部城市。

Sikh 锡克人，在印度10亿人口中只占2000万左右，主要分布在印度北方地区，尤其是旁遮普邦。当年锡克教只是印度教改革派的一个分支，后来在16世纪发展成完全独立的宗教。锡克男教徒的名字中一般都有“辛格”一词，意为“雄狮”，而即使在大都市中也保持着包头蓄发传统的锡克男子。锡克族人长得漂亮，有着印度人中罕见的白皙皮肤，甚至蓝眼睛，即使穿现代装，人群中高大英俊的也多半为锡克人。由于终生不剪头发，而又要行动方便，成年锡克男子一般都将头发用布层层围起。1935年泰戈尔访问旁遮普时，和锡克族的领袖们见面。

Sikha 印度教徒后脑勺上的一绺头发，表示自己是婆罗门种姓。

Sikhandin 束发，义为“孔雀尾”，即《摩诃婆罗多》里为向拒绝娶她的毗湿摩复仇的女子安巴经过修炼与林中精灵对换后的男性。后成为般度军大将，敌军统帅毗湿摩不承认他是男子，不与他较量，阿周那利用这个机会隐藏在束发身后射死了毗湿摩。

Sikhara 顶峰，手势名，依拳头手势，拇指竖起；塔，曲线塔。

Sikhi 矛。

Sikhim 锡金，原为独立国家，20世纪70年代与印度合并，首府甘托克。

Sikhism 锡克教，16世纪由纳纳克创立的宗教，锡克的意思为“门徒”“学生”。该教结合了印度教中的非暴力思想和伊斯兰教的一神论思想以及伊斯兰教苏菲派中生活俭朴的原则。曾经过10代祖师。圣典为《阿底·格兰特》。提倡在神面前人人平等，反对歧视妇女、寡妇殉夫制和童婚。规定教徒必须蓄长发，加发梳，上衣至膝，右手戴铁镯，佩剑，所谓5 K。男教徒名字前加“辛格”，意为“狮子”；女教徒名字前加“考尔”，意为“公主”。旁遮普邦阿姆利则市的金庙是锡克教圣地。锡克教教徒占印度人口的2%，主要分布在旁遮普邦和哈里亚纳邦。

Sikhs 锡克教祖师纳纳克学说的追随者。锡克教教徒。

Siki 希基，印度的一种小额货币，一希基相当于1/4卢比。

Sikkhaa 《教育》，泰戈尔的散文。

Sikri 西克里，印度有名的砂石产地。

Siksa 语言学，发音，语音学。

Siksha 《论教育》，泰戈尔1908年写的散文。

Siksha 吠陀6支之一，湿刹，讲语音学。

Siksha-Bhavana 国际大学本科部。

Siksha- Samasya （The Problem on Education)，《教育的问题》，泰戈尔的散文。

Sikshar Bahan （Medium of Education）《教育的手段》，泰戈尔1915年在群众集会上的讲话，主张在印度大学使用母语和英语教学。

Sikshar Bikiran（Diffusion of Education ）《教育的传播》，泰戈尔于1933年3月在加尔各答做的报告。

Sikshar Herpher 《教育的混乱》。见Tortuosities of Education。

Sikshar Milan 《文化的团结》，泰戈尔1921年8月15日在加尔各答做的公开演讲。见The Meeting of Cultures或Union of Cultures。

Sikshar Virodh 文化冲突。

Sila 尸罗，佛教戒律，行为。戒，持戒，德行。

Silabhadra 戒贤法师，7世纪印度佛教大学那烂陀最伟大的佛学教授。梵名Shīlabhadra，音译尸罗跋陀罗，六七世纪间（约528—651）人，大乘佛教瑜伽行派论师，曾为印度摩羯陀国那烂陀寺住持。他是东印度三摩呾吒国之王族，属于婆罗门种姓。少时好学，游历诸方，访求明哲，至那烂陀寺，遇护法菩萨，闻法信悟而出家。年三十，即以辩论击败南印一大外道，获王嘉赏，并为其建造伽蓝。

法师长期主持那烂陀寺，弘传唯识教义。他依《解深密经》《瑜伽师地论》等经论，将佛教判为有、空、中三时，谓“三时教”。第一时教，即“四阿含”等经，指佛成道最初在鹿野苑所说的小乘法，虽说人我空，犹未说法空；第二时教，即诸部《般若经》等，虽依偏计所执自性说诸法性空，然犹未说依他起、圆成实等唯识道理；第三时教，即《解深密经》等，方就大乘正理，说三性、三无性等唯识二谛。认为只有第三时的唯识大乘才是真正了义之教。又主张五种姓说，认为有五类性质不同的众生，即菩萨、缘觉、声闻、不定和无性，其中最后一种“无性有情”，永远达不到解脱。这些理论，均被玄奘传来中国，后又传入日本。传说其著作有十余部，但中国传译的，只有藏译《圣佛地（经）释》一种，内容约当玄奘译《佛地经论》之半，文句大同。弟子多人，著名的除玄奘外，有亲光、胜军等。

玄奘西游时，师年已百余，时为那烂陀寺大长老，德高望重，名震四天竺国，玄奘师事之，学习、弘传法师所传承佛法理论。当时，众人非常尊敬法师，不直呼他的名字，而尊称他为“正法藏”。据资料记载，当戒贤法师见到玄奘，听说他来自东方大唐国时，竟然老泪纵横、泣不成声，法师的弟子向玄奘解释了其中原委：三年前法师身患怪病，痛苦万分，无法忍受，正想自杀以求解脱时，忽见文殊菩萨降临，指点他说：“你在久远劫前，做过多次国王，做了许多迫害挠乱百姓的恶行，本应堕落恶道（地狱、饿鬼、畜生称为恶道），长久受大苦报，由于你弘扬佛法的缘故，得以免除将来的地狱大苦报，将它转变成目前的人间小病苦，你要忍受。再过三年，有位大唐国僧人会到此拜你为师，求受佛法，你将佛法传授给他后，身体就会康复。”戒贤法师于是强忍病苦，力行忏悔，终于等到了玄奘的到来。后来他的病痛果然消除。

Siladitya 戒日王（590—647），本名喜增（Harsavardhana），布舍萨地王朝（Pushyabhuti Dynasty）国王。作品有《龙喜记》《妙容传》等。见Harsha-Vardhana。

Siladsa 性情。

Silagrama 圣石，被认为毗湿奴的化身。

Silappadikaram 史诗，泰米尔语《脚镯记》，2世纪汉戈·阿迪加尔（Hango Adigal）写。

Silhana 希尔诃那，著《寂静百咏》。

Silhara 希尔哈罗王朝，9—12世纪印度教王朝。

Silhati, Jalha-ul-Din Mujarrad 锡尔赫蒂（1197—1347），印度伊斯兰教苏菲派长老，终身独身，每10天喝点牛奶，通晓站立祷告，享年150岁。

Silhot 锡尔赫特，今孟加拉国东北部一个县。

Siliguri 西里古里，印度西孟加拉北部城市，火车通大吉岭等地。

Silpa 或Sthapatyan Veda《斯塔薄地耶吠陀》。副吠陀（Upabeda）之一，讲建筑艺术。

Silpakarmasthana-vidya 工巧明，关于历算、工艺、技巧、音乐、美术的学问。

Silparatna 《艺术宝典》，古印度造像著作，指导人们如何塑造神像完美的躯干。

Silpasastra 经文，教科书。

Silpavanta 工巧。

Silva, W. de 希尔瓦（1887—1957），斯里兰卡商业巨头、银行家、大律师，1928年6月泰戈尔访问锡兰时在他家住了10天，想等身体恢复了去英国，结果因恢复不明显而返回印度。

Silver Jubilee Report of the Proceedings 《50周年历程报告》，印度斯坦合作社保险学会成立50周年集刊。

Simantonnyana 妇女怀孕后的分发礼。

Simha 狮子座。

Simhasana 狮子宝座。

Simhasena 森诃色那，公元前3世纪孔雀王朝国王频毗娑罗的异名。

Simhasanadvatrimsatika 《宝座故事》，即《建日王传》（Vikramacarita）。

Simla 西姆拉，印度西北部喜马偕尔邦首府，全国著名的避暑胜地，位于德里以北280千米喜马拉雅山地中，海拔2205米。面积11.2平方千米，人口约7万。夏季凉爽，6月平均气温20 ℃，降水丰沛，年降水量1550 mm。林木葱郁，景色秀丽。始建于1819年。原为英国军队营地，后逐渐成为避暑胜地。1865—1939年成为印度的夏都。

1947—1953年为旁遮普邦首府。建有印度总督别墅、陆军司令部、政府机关建筑物以及大量别墅、豪华旅馆和高级文娱场所。撤销夏都后，城市一度冷落。1971年成为喜马偕尔邦首府后又稍有复兴。城市自天文台山沿鞍形山脊至贾库山，延伸达3.5千米，并以林荫道为中轴线自西而东贯穿全城。主要的政府机构、住宅、娱乐场和大小别墅位于干道两侧，依地形顺坡而筑。市内交通多以步行为主，唯林荫道能通行轻便车辆。

Simon John Allsebrook　西蒙·约翰奥尔斯布鲁克（1873—1954），英国政治家，律师，曾两次率调查团访问印度。

Simonov　西莫诺娃，苏联著名演员，1930年9月24日正在苏联访问的泰戈尔在工会中央大厦举办的盛大招待会上致告别词。在会上演员西莫诺娃朗读了泰戈尔的剧本《邮局》节选。

Simplicity and Elaboration in Music　《音乐的简单性和复杂性》，泰戈尔的谈话。

Simsapa　湿阇波，树名。

Simsupa　《罗摩衍那》里悉多被囚禁的地方、罗婆那无忧园里的树。

Simuka　西姆卡（公元前60—公元前37年），南印度安度罗国萨陀伐诃那王朝创建者。

Sinapparana　《先知穆罕默德的一生》，18世纪乌帕素朴拉瓦（Umasuppulavar）写。

Sinclair May　辛克莱尔·梅（1863—1946），英国女作家，1912年在伦敦见泰戈尔。她非常欣赏他的诗，是促成泰戈尔获得诺贝尔文学奖的作家之一。

Sind　古印度信德地区，在现在巴基斯坦北部。

Sindh　信德，1947年以前属印度，现为巴基斯坦东南部一个省，南濒阿拉伯海，面积14.9万平方千米，主要居民为信德人，首府卡拉奇，地处印度河下游流域。1923年3月19—30日泰戈尔访问该地，住在卡拉奇。

Sindhis　信德人，南亚民族之一，印度河流域的古老民族，约1280万人，主要分布在巴基斯坦的信德省、俾路支省和其他地区，印度境内亦有分布。信德人属欧罗巴人种，含有帕坦人、俾路支人和阿拉伯人血统。信德人使用信德语（文字用阿拉伯特殊变体字母）或乌尔都语，属印欧语系印度语族。信德人信奉伊斯兰教，属逊尼派；印度信德人信奉印度教。信德人是印巴次大陆上接受阿拉伯文化最早的一个民族。11—16世纪信德人曾建王朝。目前农村中封建地主土地所有制仍占统治地位。信德人主要从事农业、渔业、牧业和手工业。

Sindhu　信度，古国名，国王坚那塔。《罗摩衍那》里十车王的领地。

Sindura　朱砂，吉祥痣，“中国红”。

Sindhyas　信迪亚家族，中世纪印度马拉塔王国大家族，信迪亚创立。

Singabhupala　辛加布帕拉，14世纪作家，著《味海月》(Rasarnavasudhakara)。

Singapore　新加坡，新加坡是东南亚的一个岛国。该国位于马来半岛南端，其南面有新加坡海峡与印尼相隔，北面有柔佛海峡与马来西亚相望，并以两条长堤相连于新马之间。新加坡是全球最为富裕的国家之一，属于新兴的发达国家，其经济模式被称为“国家资本主义”，并以稳定的政局、廉洁高效的政府而著称。新加坡是亚洲最重要的金融、服务和航运中心之一。根据全球金融中心指数排名，新加坡是继纽约、伦敦和香港之后的世界第四大金融中心。新加坡也是东亚第四最富裕地区，仅次于香港、日本和韩国。新加坡在城市保洁方面成绩斐然，故有“花园城市”之美称。新加坡1965年独立，人口500万，居民有马来人、华人、印度人等，宗教有伊斯兰教、基督教、印度教等。1916年月5月，泰戈尔坐船去日本、美国访问时在此停留。1924年4月访华途中在此停留。1927年7月20—26日，泰戈尔正式访问新加坡。

Singh　（锡克教）辛格，狮子，男锡克教徒名字前加的姓。

Singh, Giani Zail　辛格，吉亚尼·才尔（1916—1994），印度政治家，印度第七任总统（1982—1987）。辛格1916年5月5日出生于旁遮普邦法里德科特县一个贫苦农民家庭。在他的青少年时代，印度正处于英国殖民统治之下。据说，他15岁时，对英国殖民当局绞死印度爱国者帕加德·辛格十分愤慨，因而参加了激进的“革命党”，18岁时，在本县发起和领导了反英的“王公会议运动”。1938年，他脱离革命党，加入圣雄甘地领导的独立斗争，在家乡组织国大党分部，担任主席。同年被捕，服刑5年，1943年获释。1946年，他在家乡发起“国旗运动”，继续进行反英斗争。1947年印度独立后，他要求结束王公统治，曾组织示威游行，并一度占领当地王公政府的办公楼。1948年，巴地阿拉和旁遮普联合邦成立，辛格曾任该邦税收部长、公共工程和农业部长。1955年任该邦国大党主席。次年印度省邦调整后，改任旁遮普邦国大党主席，同时当选为中央联邦院议员。1966年起他任旁遮普邦国大党主席6年，并于1972年担任邦首席部长。1977年国大党在大选中失败，辛格随之去职。

Singh，Charan 辛格，查兰（1902—1987），1979—1980年任第五任印度总理。

Singh，Kunwar Maharaj 辛格，昆瓦尔·马哈拉迦，伊朗总统，1932年接见来伊朗访问的泰戈尔。

Singh，Manmohan 辛格，曼莫汉，印度总理，印度著名经济学家，1932年9月26日出生于现巴基斯坦旁遮普省。他在印度大学毕业后，曾赴英国牛津大学留学，并于1962年获得经济学博士学位。学成归国后，辛格曾先后担任印度财政部首席顾问、储备银行行长、计划委员会副主席、总理经济事务顾问和财政部部长等职务，并曾在国际货币基金组织任职。他先后三次当选印度联邦院（上院）议员。2004年5月22日，他出任印度总理，成为印度历史上首位锡克族人总理。2009年5月，辛格任期届满向总统帕蒂尔提交辞呈。20日，辛格被任命为新一届总理。1991年6月至1996年5月，辛格担任拉奥政府财政部部长期间，进行了前所未有的经济改革，打破了束缚印度经济增长的种种枷锁，使印度经济步入高速发展的轨道，他本人也被誉为“印度经济改革之父”。

Singh，Nagendra 辛格，纳金德拉（1914—1988），印度法学家。

Singh，Udaya Narayana 辛格，乌达亚·纳拉亚纳，印度《泰戈尔研究》刊物负责人，国际大学泰戈尔纪念馆馆长。

Singh，Viswanath Pratap 辛格，维什瓦纳特·普拉塔普（1931—2008），印度人民党主席，1989—1990任第十任印度总理。

S

Singha 辛加，20世纪曼尼普尔诗人，著有史诗《坎玛·巴达》（Kamsa Badha）。

Singhana 辛哈纳（1210—1247年在位），印度古代雅达瓦王朝国王。

Singhania House 辛哈尼亚财团，印度大财团，20世纪30年代由辛哈尼亚创立。

Sinha，Dilip Kumar 辛哈，底里普·库马尔，印度著名学者，20世纪90年代曾担任国际大学校长。

Sinha，Krishna Kinkar 辛哈，克里希纳·金卡（1887—1961），印度学者，1943—1945被谭云山介绍到中国昆明东方语学院教印地语。这是有史以来第一位来中国教印度语言的印度学者。

Sinha，Narendra Prasanna 辛哈，纳林德拉·普纳萨那，西孟加拉邦的军官兼地主，于1912年把斯瑞尼克坦的田产卖给泰戈尔做乡村重建实验基地。

Sinhalese 僧伽罗语，是斯里兰卡主体民族僧伽罗族的语言，也是斯里兰卡的主要官方语言。僧伽罗语属印欧语系印度-伊朗语族印度语支，形成于公元前6世纪。在它的发展过程中，受梵语、巴利语的影响很深；近代以来又从葡萄牙语、荷兰语，尤其是英语中吸取了大量的词汇，更加丰富和完善。僧伽罗语最初是印度的一种方言，4世纪以后才独立发展。最早的字母是婆罗米体，7—8世纪发展为现在的僧伽罗体。僧伽罗语有36个字母，加上用来记录梵语的18个字母，共计54个。书写顺序是从左到右。说僧伽罗语的人口约1300多万，绝大部分在斯里兰卡。此外，在阿联酋、加拿大、马尔代夫、新加坡和泰国也有部分人说僧伽罗语。我国的僧伽罗语教学始于1961年。目前北京外国语大学和中国传媒大学（原北京广播学院）开设有僧伽罗语专业。

Sinhalese 僧伽罗派。

Sinhu 心护，西印度的佛教高僧，1016年来中国讲经。

Sinhika 辛悉加，印度神话里的企图吞噬神猴哈奴曼而被后者在腹内撕碎的女罗刹。

Sinhika 辛西迦，《罗摩衍那》里女罗刹国王的弟弟的二女儿，嫁给罗摩弟弟舍图卢柢那。

Sini 西尼，大力罗摩的爷爷。

Sino-India Cultural Society　由泰戈尔和谭云山等人于1934年发起创立的中印学会。

Sino-India ratna　中印合璧。

Sino-Indian Cultural Society　中印学会，是中印两国共同发起的文化交流组织，在中国和印度均设同名的学会。其缘起是1933年中国著名学者谭云山在印度讲学数年归国后，给蔡元培带来了泰戈尔关于中印文化交流的设想。在蔡元培的支持下，谭云山向民国政府表达了联合印度振兴中印文化的愿望，民国政府对其设想予以支持。

泰戈尔对中国这个文明古国的文化一直十分关注。1913年他获得诺贝尔文学奖之后，用这笔奖金在印度圣蒂尼克坦（意为“和平之乡”）创立了国际大学，1921年12月，他在一位法国汉学家的帮助下，在校内设立了中国系，自己也常去那里听课。访华后，他整理出版了《在中国的演讲》一书，更加坚定了依托国际大学开展中国研究的理想。

1931年，泰戈尔委托谭云山回中国找时任中央研究院院长的蔡元培，就落实中印文化交流“计划书”的有关事项寻求支持。谭云山是泰戈尔1927年赴新加坡访问时被邀请到印度国际大学任教的中国学者，他带来的“计划书”的主要内容是：“第一，多招几个中国学者来印度；第二，在国际大学特别设立中国学院；第三，多介绍几个学者去中国；第四，在中国方面特别办一个学院。”

蔡元培对恢复中印文化交流十分重视，任北京大学校长时曾聘梁漱溟讲授“印度哲学概论”。那是中国大学里的第一门印度学课程。他答应由他出面努力，组织开展派遣留学生、筹建中印学会等工作。1933年12月，蔡元培派遣魏风江赴国际大学学习，成为泰戈尔所说的“一二百年来到印度的第一个中国学生”。

向印度派遣留学生的同时，蔡元培还与泰戈尔一起努力，着手在中印两国创办中印学会。在戴季陶、周谷城、徐悲鸿、于右任等政界和文化界人士支持下，1933年6月，出版了《中印学会：计划、总章、缘起》的小册子，开始了实质性的筹备工作。学会“以研究中印学术，沟通中印文化，并融洽中印感情，联合中印人民，以创造人类和平，促进世界大同为宗旨”，“分设中印两国之文化中心地点，于两国其他地方设分会或通讯处”。据谭云山《印度纵谈》记述，1934年5月，印度的中印学会先于中国在国际大学内成立，由泰戈尔任主席，谭云山任秘书长。

1934年11月，谭云山从印度回到中国，带来泰戈尔当年9月28日写给蔡元培的信。信中说：“我愉快地邀请中印学会把我在圣蒂尼克坦的大学用作它在印度的活动中心。我希望我的朋友热情欢迎这个学会，并慷慨地帮助我的朋友谭云山教授实现他的计划，建立一个永久性的团体以促进中印文化交流。”1935年5月3日，中国的中印学会在南京正式成立，蔡元培任理事会主席，国民政府考试院院长戴季陶为监事长。理事为蔡元培、吴稚晖、谭云山等9人，蔡元培为理事会主席，选举戴季陶、徐悲鸿等5人为监事。

中印学会是第一个从事中印文化交流的正式组织。印度共和国最早的三位总统普拉沙德、拉达克里希南和侯赛因都曾是中印学会会员。持东西方文化“三十年河东、三十年河西”论的印度学学者季羡林就是中印学会会员，他称中印睦邻关系是“天造地设”，印度政府2008年向他颁发国家荣誉“莲花奖”。

Sino-Indian Journal　《中印学报》，由谭云山于1947年创办，只出了3期，由于1949年中国局势大变而停刊。

Sino-Indian Relationship　《中印关系》，谭云山1950年写的著作。

Sino-India ratna　中印合璧。

Sipahi　1857年印度民族大起义。

Sipar　盾牌。

Sira　脉管，印度医学的概念。

Siraj　太阳，灯光。

Siraj-ud-Daula　希拉杰·乌德·道拉（1756—1770在位），孟加拉总督，1757年在普拉西由于其军队统帅的叛变而被英军首领克莱武打败，被俘后被处死。1757年的普拉西之战，是英国东印度公司征服印度的第1次重要战役。R.克莱武利用孟加拉封建主集团的内讧，事先收买孟加拉王公西拉吉－乌德－道拉的军事长官米尔·加法尔。1757年6月23日，孟加拉军队同东印度公司军队在普拉西决战。由于米尔·加法尔率领的孟加拉拉主力军按兵不动，使得克莱武指挥的3000名军队在决战中得以打败孟加拉王公的18000名纪律松弛的军队。普拉西战役以后，英国侵占孟加拉，并以它为侵略其他地区的基地。

Sircar, Nilratan 希尔卡尔爵士，加尔各答名医，1937年9月泰戈尔正准备去海拉尔访问，不料突然昏迷48小时，亏了他的精心治疗才转危为安。

Sire 父亲。

Sirhindi, Shaikh Ahmad 希尔信蒂，沙伊克·阿赫玛德（1564—1624），印度伊斯兰教改革运动先驱，强调印度教与伊斯兰教之间有一条不可逾越的鸿沟。

Siris 马缨花。

Sirkap 希尔卡普，城市名，在旦叉始罗附近，由巴克特里亚希腊人于公元前2世纪按照希腊城邦模式建造。传说巴克特里亚希腊人国王米南德（Menander 或 Milinda）曾与印度高僧那先比丘（Bhikshu Nagasena）再次讨论佛教教义，后来编纂成佛教名著《米兰陀问经》（Milindapanha，汉译为《那先比丘经》）。

Sirr-i-Aurangzeb 《伟大的奥朗则布》，17世纪奥朗则布历史学家达拉西科（Dara Shiko）著。

Sis Gang 德里的锡克教庙宇，纪念被奥朗则布砍头的第九代祖师塔格·巴哈杜尔（Tagh Bahadur）。

Sisna-devatas 男性生殖器崇拜者。

Sisu 儿童

Sisu Bhulanath 《纯真的儿童》(《儿童的湿婆集》)，泰戈尔1922年写的诗。

Sisunaga 湿术那加，公元前489后被起义者拥戴为国王的原摩羯陀国大臣。

Sisupala 童护，生于车底国，生下时三只眼，多二手臂，其父母扔时天上传话：他是有能耐的孩子，那个放婴儿于怀抱中时婴儿的第三眼和二手臂脱落的人要最后置他于死地，这就是黑天。童护是黑天的表兄弟，被黑天杀死。

Sisupalavadha 摩珈（Magha）写的《童护伏诛记》。

Sisutirtha 《儿童圣地》，泰戈尔诗《儿童》改编的孟加拉语剧本，1931年9月14—15日在加尔各答演出，为救助遭受水灾的北孟加拉灾民募捐。

Sisya=shisya 学生。

Sita 耕地崇拜。

Sita 悉多，“垄沟”的意思，史诗《罗摩衍那》里的女主角，印度史诗《罗摩衍那》里说，她出生于“垄沟”，毗提诃王阇那迦把她捡回收养，长大后嫁给罗摩。她是印度妇女的典范。她被十首魔王罗婆那劫走，坚贞不屈，最后被罗摩救出，回到阿逾陀。见Ramayana。

Sitala 冷神，死亡女神，等于天花女神（Mariyammai）。

Sitanshu Sekhar Chakravarty 司坦舒·塞卡尔·查克拉瓦尔提，20世纪印度泰戈尔著作翻译家。

Sitar 西塔尔琴，印度古代乐器。

Sitar-Pati 罗摩桥的看守者。

Sitaramayya, Pattabhi 西达拉马亚，帕达比（1880—1959），印度国大党活动家，史学家。

Sitavaba 狮驼林，寒林，佛陀居处。

Sitayajna 泰戈尔倡导的植树节。

Siti Kalejer Chatrabase Sarasvati Puja 城市学院学生宿舍楼里文艺女神的祭祀。

Sitikantha 青项，指湿婆。印度神话里说，天神和阿修罗搅乳海时浮出一种能毁灭整个世界的毒药。为拯救世界，他吞下毒药，药力发作，把脖子烧成青黑色，故名。

Sitikantha 青项，黑天大将。

Sittalai Suttanar 悉达莱·萨达纳尔，2世纪泰米尔诗人，他写的史诗《马尼梅格莱写》，通过对女主人公马尼梅格莱的遭遇，宣扬因果报应。

Sittananvasal 印度的壁画石窟。

Sitting on the floor 女人坐在地上表示哀痛，联想到心里可怜凄惨的样子。

Siuli 秀丽，赛法丽花（sephali）的别名，秋天开小白花的树，花茎为橘黄色。

Siv Dayal Singh 西乌·达亚尔·辛格，19世纪印度教学派“灵魂之神崇拜派”的创立者，声称“灵魂之神拉达索阿米为上帝唯一合适的名字”，主张把信奉者由宇宙的低层引向现实的更高层。

Siva 精灵。

Siva　湿婆，印度教三大主神之一，具有复杂的性格和不同的形象。湿婆既是毁灭者，又是生殖力量的象征；既是禁欲的伟大苦行者，又是欢乐的苦行之王。湿婆的形象主要有四种：

1. 伟大的苦行者：湿婆曾在喜马拉雅山上的凯莱什山修苦行，通过严格的苦行和沉思获得深奥的知识和神奇的力量。他腰围一条兽皮裙，头顶发髻，颈缠一条眼镜蛇，共有三只眼睛（一只长在前额上），四只手臂，分别持三叉戟、水罐、手鼓和念珠。毒蛇代表死亡，虽然死亡总包围着他，但他超越死亡。毒蛇还代表休眠的能量，这种能量是精神征服的源泉。三只眼睛代表太阳、月亮和火三种光源，透过它们他可以透视时间——过去、现在和未来。第三只眼是内视眼，向外看时有毁灭能力，是用来摧毁敌人的强大武器。最有代表性的是三叉戟，代表四种形象：光明、阴暗和黑暗；创造、保护和毁灭；雷电；湿婆为惩治作恶者的公正形象。

2. 舞蹈之神：相传湿婆是印度舞蹈的始祖，会跳108种舞蹈。他头戴扇形宝冠，右腿独立于熊熊燃烧的火环中央，脚踏侏儒，左腿抬起，四臂伸展，右边两只手，一手持鼓，一手做无畏状；左边两只手，一手托火，一手横在胸前，跳着神秘的宇宙之舞。

3. 毁灭之神：又称狂暴之神，以骷髅为项饰，怒目圆睁，张开大嘴作怒吼状。

4. 林迦：林迦即男性生殖器，是湿婆的最流行的一种形象。林迦由一根黑色的石柱雕刻而成，供奉在神庙或神龛中，放置在象征女阴的石雕磨盘状的“约尼”上，象征着阴阳和合产生的创造和生殖力。

湿婆有两个妻子：一个是萨蒂，也叫乌玛，为湿婆自焚而死；另一个叫帕尔瓦蒂，也叫“雪山女神”，喜马拉雅雪山的女儿。湿婆有两个儿子：一个是象头神迦内沙；另一个是战神塞建陀。

Siva Ditya　西瓦·迪提亚，11世纪宗教学家，著有《七原理篇》。

Siva Nataraja　舞王湿婆，印度泰米尔纳德出土跳舞的湿婆的雕塑，在象征宇宙循环的火焰圆环内、在代表无知的侏儒身上跳宇宙之舞；右上臂手持的沙漏形手鼓象征创造；左上臂手持的燃烧的火焰象征毁灭；右下臂伸手做无畏架势表示保护；左下臂垂首做象鼻势代表降凡。

Siva Samhita　《湿婆本集》，湿婆颂诗。

Siva Sena　湿婆军，印度教教派组织，成立于1966年，主张维护马哈拉施特拉邦从事卑贱工作与失业的印度教徒工人的利益，支持马哈拉施特拉邦人自己治理马哈拉施特拉邦。

Siva Sutra　湿婆经。

Siva Trimurti　湿婆三面像，8世纪雕刻，右侧一面为表现湿婆温柔、恬静优美的女性；左侧为恐怖像，表现湿婆毁灭的一面；中间为中性，表现其睿智超脱。

Sivadasas　湿婆陀摩编的《僵尸鬼的故事》。

Sivadhan Vidyarnava　西瓦旦·维蒂亚尔纳瓦，泰戈尔创办的圣蒂尼克坦学校的老师。

Sivadrsti　《湿婆显圣》，十世纪印度教湿婆派神学家苏摩难达的著作。

Sivadvaita　湿婆二元论，13世纪印度教神学家坎塔著，是湿婆派对吠檀多的理解和发展。

Sivagita　《湿婆之歌》，湿婆派经典。

Sivaji　西瓦吉（1630—1680），17世纪在印度次大陆中德干地区独立的马拉塔王国（马拉特联邦）的缔造者，反抗莫卧儿王朝外族统治的印度教英雄。西瓦吉1630年2月19日生于印度中部浦那附近撒黑崖迪里山寨一显贵的印度教徒家庭。他父亲沙吉·蓬斯尔是一个小封建主，为比贾普尔苏丹国的酋长。当时的印度处于穆斯林统治之下，他对穆斯林各种迫害印度教徒的行径深感痛恨。他16岁便出任马拉特军少年队队长，团结马拉特人，并以浦那为据点，积极开展反抗比贾普尔苏丹和莫卧儿王朝的斗争，誓为印度教徒的解放而奋斗。

1655年起，西瓦吉率领一支由印度教徒组成的队伍，不断向北方的莫卧儿王国和南方的斋浦尔与高康达穆斯林苏丹国发动攻势。1659年，他计歼妄图诱杀他的比贾普尔苏丹国统帅阿弗扎尔，次年当他开始向莫卧儿帝国发动进攻时，莫卧儿皇帝奥朗则布则派其副王沙伊斯塔对他进行围剿，并占领了浦那。

1663年，西瓦吉率兵潜入浦那，刺伤沙伊斯塔并杀死了他的儿子，同时还夺取了莫卧儿王国海滨城市苏拉特，最后迫使敌守军撤离德干高原。眼看马拉特反抗力量的日益壮大，奥朗则布深感不安，遂紧急调派驻守拉杰普特的大将军米尔查·罗阇·查伊·辛格出动，将西瓦吉围困于普兰达尔山堡。

1665年，迫于敌强我弱的形势，西瓦吉不得不暂时与查伊·辛格停战，双方签订了《普兰达尔条约》。在割让了23个城堡及年产值达160万卢比的土地，并得到莫卧儿王朝给他以印度高级王公待遇的承诺后，携子出逃。但在次年他赴阿格拉觐见奥朗则布时却备受冷遇。当他对此提出强烈抗议后，又遭到软禁。

1667年，西瓦吉设法逃脱奥朗则布的控制，回到自己的领地。1668年他重新组织起一支军队，经过两年准备，于1670年率兵卷土重来。至1673年止，他不仅收复了浦那等失地，而且还扩张了领土。后又在此基础上建立了一支强大的陆海军。1674年夏，他定都拉其加尔城，加冕为“查特拉帕蒂”（即独立的君王），并通过由8名大臣组成的内阁进行统治，直至1680年4月3日去世。

西瓦吉领导马拉特人前后共进行了长达35年的反抗莫卧儿帝国的武装斗争，最终把马拉特人的96个部族联合成为独立的军事强国。执政期间，他在内政上实行颇得民心的改革，驱逐了穆斯林封建主，将农民的田赋减少到收成的1/3，财政来源主要依靠向莫卧儿帝国统治区征收军事保护税；在军事上，他建立了一支军纪严明的、以农民为主力的轻骑兵，并采用马拉特式的山地游击战术，沉重地打击了奥朗则布的统治。故在印度反抗外来侵略和统治的历史上，他被公认是一位伟大的民族英雄。

2009年，印度决定在孟买海边上为印度“海军之父”贾特帕拉蒂·西瓦吉建造纪念雕像，预计造价至少1.25亿英镑，据称将成为世界上最大的海边纪念雕像（98米），高度将超过美国纽约的自由女神像（91米）。

1904年，泰戈尔专门写诗《西瓦吉颂》（Sivaj Utsav），赞颂这位民族英雄。

Sivaj Utsav 《西瓦吉颂》，泰戈尔于1904年写的诗，赞颂西瓦吉这位民族英雄。

Sivajnana Muntwar 湿婆集纳那·蒙特瓦尔，18世纪泰米尔语作家。

Sivaloka 湿婆天界。

Sivananda 湿婆南达，二十世纪六七十年代向西方传播印度教的印度教导师。他是印度教圣地瑞士凯石人，教授辨喜的《新吠檀多》。

Sivapurana 《湿婆往世书》。

Sivaratri “湿婆之夜”，印度教节日，在印历每年的11月到12月（公历2—3月）。

Sivasasana 湿婆的教导。

Sivatulya 湿婆图利亚，非常等同于湿婆。

Sivavilasa 《湿婆的神迹》。

Sivi 湿毗，印度神话里的国王，以仁慈著称。化身为鸽子的火神阿耆尼，遭到化身为猎鹰的因陀罗大神的追捕，他以自身肉体为补偿，搭救阿耆尼。他还杀自己的儿子做佳肴招待化为婆罗门的毗湿奴大神。

Six gurus 沙门6师，即反婆罗门教或非婆罗门教的思想代表人物，这6个人为：富兰那迦叶、摩珈里拘舍罗、阿耆多翅舍钦婆罗、婆浮陀迦旃那、散若夷毗罗梨子、尼乾陀若提子。

Sixteen Kingdoms 16国，公元前7世纪—公元前4世纪印度进入列国时代，共有16国。分别为：1. 迦尸（Kasi），在北方邦南，都城波罗奈；2. 乔萨罗（Kosala），在北方邦，都城舍卫城；3. 鸯珈（Anga），在比哈尔东南，都城瞻波；4. 摩羯陀（Magadha），在比哈尔中南，都城王舍城；5. 弗栗特（Vriti），在恒河中下游，由弗栗特、离车、毗提诃成员组成的部落联盟，首府吠舍离；6. 末罗国（Malla），在北方邦东部，9宗族部落组成的联盟，首都库尸那迦；7. 车底（Cedi），在雅穆纳河下游，纳巴达河上游以北，都城叟格底马底；8. 伐差（Vatsa），在阿拉哈巴德以南，首府侨赏弥；9. 俱卢（Kuru），在哈利亚纳邦东南，首都天帝城；10. 般遮罗（Pancala），在北方邦西北，首都为阿喜制多罗和剑毕离；11. 摩差（Matsya），在拉贾斯坦邦东部，都城毗罗陀那加罗；12. 修罗塞纳（Surasena），在北方邦西部，都城摩头罗；13. 阿萨卡（Assaka），唯一的南印度国家，都城波檀那；14. 阿般底（Avanti），乌贾因地区，都城优禅尼；15. 犍陀罗（Gandhara），在巴基斯坦白沙瓦和拉瓦尔品第周围，首府旦叉始罗；16. 甘谟惹

(Kamboji)，犍陀罗以北，克什米尔西部，都城罗阇补罗。

Sixth Foreign Tour　第六次国外之行（1924年3月—7月）：应中国大学演讲协会主席梁启超的邀请，由比拉财团出资，由国际大学梵文学者克提·莫汉·森，国际大学艺术学院院长、画家南达尔·鲍斯，国际大学乡村建设指导、泰戈尔的助手、英国人恩厚之，加尔各答大学历史学家卡里达斯·诺格教授，美国社会工作者葛玲女士陪同，泰戈尔于1924年3月21日起航前往中国。在缅甸首都仰光（3月24—27日）、槟榔（3月30日）、吉隆坡（3月31日）、新加坡（4月2—6日）、香港（4月10日）一路受到各团体的热烈欢迎。在香港，泰戈尔收到了孙中山从广州发来的欢迎信。4月12日抵达上海。当晚，在张君劢家花园讲话，谈源远流长的中印友谊。4月13日由上海去杭州游西湖，4月16日在杭州学生聚会上讲话。4月17日返回上海。在日侨聚会上对军国主义倾向颇有微词，希望亚洲抵抗西方物质主义的冲击和不可避免伴随的民族主义。4月19日，在泰戈尔离开上海去北京之前，25个机构的代表代表中国欢迎他。中途在南京做短暂停留，4月20日给南京大学学生做报告——《论新时代精神和亚洲在新时代的作用》。4月22日在济南的山东基督教大学介绍圣蒂尼克坦。4月23日到达北京，受到演讲学会主席梁启超和其他泰戈尔接待委员会的著名人士的迎接。4月25日，接待委员会在北海举行茶话会，欢迎泰戈尔。当晚，英美学会欢迎泰戈尔，他在会上畅谈东西方关系，不料引起左派记者的抨击，说他是反对进步的东方的反动分子。在他们的蛊惑下，当泰戈尔于4月26日在国立大学演讲时，一些崇拜西方的年轻人被争取了过去。泰戈尔会见中国青年领袖、西方文明的倡导者胡适。开始时，胡适对泰戈尔来访有抵触，现在公开宣布对泰戈尔的到来表示敬佩，4月17日，在海军联欢社公宴泰戈尔一行，泰戈尔与北京的知识界的精英见面，主持人把泰戈尔介绍为“伟大的革命诗人”。泰戈尔在发言中，通过孟加拉文学来谈文学的革命创新的一面。在宴会之前，清朝末代皇帝溥仪在故宫接见泰戈尔。4月28日，泰戈尔在地坛与北京的大学生们见面，他在讲话中称自己是亚洲文化统一体的献身者，不是亚洲政治联盟的倡导者。4月29日，佛化新青年会邀请诗人在法源寺演讲。寺院主持陶凯致欢迎词，刘延洪朗读欢迎诗（该诗以后收集在《泰戈尔的黄金书》中）。到了5月，在位于北京郊区的美国人办的清华大学访问，和清华大学的师生讨论，交流意见，消除误解。回到市内后，新月社在5月8日在协和礼堂庆祝泰戈尔64岁生日。胡适主持会议，由梁启超命名，给泰戈尔赠送一个中国名字“竺震旦”（意思为“天竺的雷电之晨”）。之后用英语演出了泰戈尔的戏剧《齐德拉》。5月9日，泰戈尔在真光影剧院第一次公开演讲，向听众作自我介绍，分析了在他出生时影响印度的3个伟大运动：宗教改革运动、文学革命运动和国民运动。以后的3天，泰戈尔连续演讲了《巨人统治》《文明与进步》和《娑第耶姆》（《真理》）（这些发言以后收集在《泰戈尔在中国的谈话》里）。5月13日，泰戈尔取消了所有的原定的演讲去西山疗养。5月18日回到市内。第二天在晨光影剧院在佛教讲习会主办的欢迎会上作告别演说。当天晚上，著名京剧演员梅兰芳在开明剧院专门为泰戈尔演出《洛神》。5月20日，乘火车前往太原，和阎锡山会谈，23日结束访问。5月25日到达汉口，当天坐船去上海。28日抵达上海，当天下午在意大利诗人倍纳夫人学校发表关于儿童教育的讲话。5月29日在张君劢宅府花园参加告别招待会。5月30日，泰戈尔一行乘船去日本访问。

泰戈尔在长崎下船，去九州岛别府温泉疗养。访问了福冈、下关、神户、大阪、奈良、京都。6月6日泰戈尔到达东京，在车站受到无数崇拜者的迎接，他们呼喊着“万岁！万岁！”。泰戈尔在东京的帝国大学、女子大学、全国妇女协会演讲。泰戈尔6月12日在帝国饭店的泛太俱乐部举行的午宴上演讲。演讲题目为“国际关系”，表达他对日本人民的“深深的热爱与尊敬”，但他哀叹，在日本处理国际问题时应该“坚决有效地学习西方国家掌握的方法”。泰戈尔会见被流放的印度著名革命家鲍斯。泰戈尔在上野公园发表告别演讲。泰戈尔在返回神户途中简单拜访了日本日工株式会社。泰戈尔访问远东的直接结果是上海组织了亚洲协会，强调亚洲团结。泰戈尔7月21日回到印度。

Skambha 支点。

Skanda 塞建陀，印度神话里的战神，即鸠摩罗（Kumara），湿婆的大儿子，神军统帅。

Skanda Gupta 塞建陀·笈多（455—467年在位），笈多王朝国王。

Sakandapurana 《战神往世书》。

Skandha 蕴（佛教），“积聚”“和合”，本、卷、册。

Sketches and Songs （Chhabi o Gan）《小品与歌曲》，泰戈尔1883年写的诗集。

Slave-thief 奴隶-小偷，这是印度纸牌的一种玩法。相同的牌就能出去，手上最后有配不成对的单张牌，就成了奴隶。你就算输了。

Slave Dynasty 奴隶王朝（1260—1290），13世纪在德里建立的穆斯林王朝。

Sleep-Stealer 《偷睡者》，泰戈尔《新月集》里的诗。

Slesakavi 双关。

Slista （诗德）紧密。

Sloka 输洛迦体，颂，印度文学作品用的诗律，《罗摩衍那》里说，蚁垤因尼沙陀人射中麻鹬感到伤感而脱口说出，创造了此诗律。诗中自成单位的两行为一诗节，每一诗节分四音步，每一音部有8个音节，对句。

Slokavarttika 《颂释补》，8世纪弥曼差派哲学家鸠摩利拉·跋多（Kumarila Bhatta）著。

Smaartabaageesh 斯马尔多巴吉士，印度古代的学者。

Smaran（In Memoriam） 泰戈尔于1902年写的《回忆录》。

Smaran 《怀念集》，泰戈尔的诗集。

Smaran 《追忆》，泰戈尔于1903年出版的诗集，共有27首，主要怀念去世的妻子。

Smarana 回想，怀念。

Smriti 《回忆》，泰戈尔1941年出版的书信集。

Smart Ninian 斯玛特·尼年，现代英国印度学学者。

Smarta 传承派，遵循印度教圣典，崇拜5大神即保护之神毗湿奴、毁灭之神湿婆、太阳神苏利耶、阻碍之神迦内沙以及雪山女神帕尔瓦蒂。

Smith J. Z. 史密斯，英国现代印度学家。

Smith Vincent Arthur 史密斯·文森特·阿瑟（1823—1920），英国印度历史学家，著有《早期印度史》等。

Smr 回忆。

Smodeva 苏摩提婆，又作提婆达兜、揥婆达多、地婆达多，或作调达，略称提婆、达多，意译作天热、月天、天授、天与，为佛世时犯五逆罪，破坏僧团，与佛陀敌对之恶比丘。他是释尊叔父斛饭王之子，阿难之兄长（另有为甘露饭王、白饭王或善觉长者之子等异说）。

Smritiupasthana 四念处，佛教术语，以智慧观察和考虑对象。在精神专注的状态下按照教理认真思虑，“身”是“不净”，“受”是“苦”，“心”是“无常”，“法”是“无我”，以此破除那种以“不净”为“净”、以“苦”为“乐”、以“无常”为“常”、以“无我”为“我”的“四颠倒”的思想。

Smrti 需要记住的圣典，传下来的吠陀，间接的天启，传承；传统著作，非吠陀圣典。

Smrti 记忆，达刹的女儿，鸯耆罗斯的妻子。

Smrtishashtra 传承，产生灵感的。

Smritijnanakirti 智称，10世纪《五明》学者，到西藏讲经。

Smyrna 士麦那，古城名。今称“伊兹密尔（Izmir）”。土耳其西部港市，濒爱琴海伊兹密尔湾。自古即为贸易中心，古希腊人的殖民城市，15世纪中后期以后被奥斯曼土耳其帝国占领。第一次世界大战中，士麦那被希腊占领。1921年，土耳其资产阶级革命取得胜利，1922年土耳其收复其地。

Snan-yatra 沐浴节，印度教纪念黑天的化身扎格纳特降落下凡的节日。在6—7月，人们把扎格纳特、他的哥哥大力罗摩和妹妹妙贤的神像抬出来，灌水沐浴、涂油。

Snatak 古代大学生沐浴仪式；德行完备的婆罗门，具备苦行与学问的人。

Sneha 慈爱。

Sneha Upahaar 《温馨的礼物》，泰戈尔的诗。

SNT Surendranath Tagore 的缩写，见 Tagore，Surendranath。

Soares，Anthony X. 索瑞斯 A.X.，英国学

者，曾编辑泰戈尔的作品。

Sobha （诗相）优美，使通常的意义与不通常的意义相连，产生特殊意义；光艳，美。

Sobhana 索伯那，10世纪作家，作品《索伯那颂》(Sobhanastuti)。

Sobhanika 演员，艺人，伎人。

Sobhika 看图讲故事的艺人。

Social Science Journal of Xiangtan University 《湘潭大学社会科学学报》，1977年创刊。2003年12月第6期刊登周骅的《自由主义民族主义——泰戈尔民族主义思想探析》。

Social Sciences Front 《社会科学战线》，是吉林省社会科学院主办的大型综合性社会科学类学术期刊，每月1日出刊，创办于1978年5月。1978年第2期刊登季羡林的《泰戈尔与中国》，1981年5月第2期刊登季羡林的《泰戈尔生平、思想和创作》，2007年11月第6期刊登徐志啸、李金云的《泰戈尔戏剧中的宗教冲突及其解脱》。

Social Survey 《社会观察》，2003年创刊，由春秋综合研究院、上海社科院等机构联合主办。2006年6月第6期刊登留白的《谁的泰戈尔?——读〈泰戈尔与中国〉》。

Socialist Party of India 印度社会党，前身为印度国大社会党，1934年成立。

Society and State （Swadeshi Samaj）《社会与国家》，泰戈尔的散文。

Societe des Amis d'Oriente 东方友协，法国群众团体，1921年4月泰戈尔访法时该团体主持由泰戈尔在桂梅博物馆做以“印度的本土宗教”为题的报告。该团体还为国际大学捐款和赠送图书。

Sodasapadarthava 十六谛，即正理派在探讨推理、辩论问题等时提出的16个剧本概念或范畴，这些概念或范畴及有关解释看来是实在的、正确的，因而称为“谛”。这16个范畴是：量（pramana），获得正确认识的方式或方法，所量（prameya），认识对象，有12种：我、身、根、境、觉、意、业、过失、再生、果报、苦、解脱；疑（samsaya），动机（prayojana），实例（drstana），宗义（siddhana），即理论者方面的主要观点，论式（avayava），即推论式；思择（tarka）通过假设来认识真理；决了（nimaya）；论议（vada）；论争（jalpa）；坏义（vitanda），破坏对方议论；似因（hetvabhasa），推理中使用的似是而非的根据；曲（chala）；倒难（jati），错误的非难；堕负（nigraha sthana），在辩论中误解等一类辩论失败的相状。

Soddhala 娑陀罗，11世纪作家，《无德耶孙达利》(Udayasundari）的作者。

Sodhana Chilkilsa 纯净疗法。

Sodhbodh 《还债》(《报应》)，泰戈尔于1926年写的剧本。根据1903年的短篇小说《因果报应》(Karmaphal）改编。见 Acquitance。

Sofia 索菲亚，保加利亚首都，全国政治、经济、文化中心，位于保加利亚中西部，地处四面环山的索非亚盆地南部，全国第一大城城市，跨伊斯克尔河及其支流，面积167平方千米，人口近120万。索菲亚古称“塞迪卡”。1926年11月，泰戈尔去保加利亚访问，和索菲亚大学的师生见面，做了一场报告。国王波利斯接见了他。

Sogdian 粟特人，原是生活在中亚阿姆河与锡尔河一带操中古东伊朗语的古老民族，从我国的东汉时期直至宋代，往来活跃在丝绸之路上，以长于经商闻名于欧亚大陆。粟特人以善经商闻名，多豪商大贾，操印欧系东伊朗语，早就创立了源自阿拉美字母系统的拼音文字，一般称之为粟特文。

Soghanika 演员，优美的，装饰的。

Sohini 著名曲调。

Soka 悲伤，常情悲。

Solanki 索兰吉人，拉其普特人的一支，建立乔卢基（Caulukya）王朝。

Solar eclipse 日食，祭祀，驱邪日。

Sola-topee 英国人的树脂帽。

Soli 琐里，即注辇，朱罗，古代南印度古国。

Solomon 所罗门，传说中犹太人的国王，死于公元前937年。

Soma 使人长生不老的苏摩酒，吠陀时期的麻醉饮料；苏摩酒的神格化。苏摩原为一种蔓草，含乳汁，摘其茎以石压榨的黄色液汁，加牛乳、麦粉等发酵酿成苏摩酒。印度古代常以此酒祭神，为诸神喜欢，因而称为甘露（Amrta），酒的兴奋作用使人勇力倍增、健康。婆苏集团神名中的月神，酒神，地位最高。等于波斯语的haoma。

S

Soma 月亮，月亮神。

Soma-pavan 爱饮苏摩酒者。

Somada 素摩达，忧哩弥腊的女儿，甘达婆。

Somada 月授，《摩诃婆罗多》里广声的父亲，毗湿摩的表弟。广声被阿周那射断胳膊打坐时被善战取掉脑袋。

Somadeva Suri 月天，10世纪耆那教作家，著有《耶娑占布》（Yasastilaka）；月天，11世纪作家，作品《故事海》（Kattasaritsagara）。

Somadevata 当祭品的苏摩酒。

Somagaya 苏摩祭。

Somaka 绍莫克，史诗《摩诃婆罗多》插话中的国王。

Somaka and Ritvik （Narakbas） 《留在地狱》，泰戈尔1897年写的剧本和诗。见A Sojourn in Hell。

Somakas 苏摩迦人，坚战的同盟军，坚战曾喝其祭祀酒。

Somananda 苏摩难达（900—950），印度克什米尔印度教湿婆派色和农学家，著有《湿婆显圣》。

Somanatha 月亮之神。

Somapana 喝瑜伽酒。

Somarasa 酿造苏摩酒的植物。

Somasambhu 苏莫桑布，12世纪印度湿婆悉檀多派神学家。

Somayajna 苏摩祭祀，印度教婆罗门把苏摩酒献给神或祖先而举行的祭祀。

Some Aspects of Chinese Buddhism 《中国佛教的方方面面》，谭云山著。

S

Somendranath Tagore 索门德罗纳特·泰戈尔（1859—1922），泰戈尔最小的哥哥，即七哥。他一生未婚。

Someswara 索梅斯瓦拉，印度13世纪作家。

Somesvara III 索梅斯瓦拉3世（1126—1138在位），卡利尼亚遮娄其国王。

Somnath 苏摩纳特，印度古吉拉提卡提阿瓦海岸城市，有著名的印度教湿婆庙。

Somnath Temple 印度古吉拉特邦苏摩纳特城的湿婆庙。

Somwar 星期一，月神的名字。

Somyada 美。

Son Sacrifice 《求子献祭》，泰戈尔于1898年写的短篇小说。博伊多纳特是村里的富户，他娶媳妇的目的主要是生儿子继承家产，而爱情却在其次。于是他娶了比诺达为妻。但老天偏偏和他开了个玩笑：比诺达不生孩子。于是他冷落妻子，让她的青春由于缺乏爱而枯萎。比诺达为排遣苦闷，找苦森打牌消遣。有时找不够女牌友，她就叫来小叔子纳根德拉来打。她与纳根德拉产生了恋情，二人眉来眼去。有一次，苦森出去看孩子，二人情不自禁地拥抱在一起，恰好被女仆撞见，女仆添油加醋，弄得满城风雨。博伊多纳特一怒之下把她赶出了门。殊不知，她已经怀上了他的孩子。

10年后，博伊多纳特成了大富翁，搬到加尔各答去住。他连娶四个妻子，但都不生孩子。于是他按照博学的梵语学者的建议，决定举行盛大的祭献求子仪式。他邀请了许多婆罗门祭司和苦行僧执行祭祀。当时正好孟加拉和比哈尔闹饥荒，无数饥民涌到博伊多纳特的门上乞讨，博伊多纳特派人把他们全部赶走。有一天，一个瘦弱的女人带着一个骨瘦如柴的男孩躲过门卫，进了院子，请求可怜可怜孩子，但博伊多纳特毫不留情地让人把他们推出门外。这个女人和孩子正是当年被休的博伊多纳特的媳妇比诺达和他的儿子。

求子祭献仪式还在博伊多纳特家里轰轰烈烈地举行。

Sonadi 索那迪，意思是“复合辅音”。

Sonal Manisingh 索纳尔·玛尼辛格，当代婆罗多舞舞蹈家。

Sonal Mansingh 索纳尔·曼辛格，奥迪西舞名演员。

Sonar 娑纳尔种姓。

Sonaar Taree （The Golden Barge） 《金色船集》，泰戈尔于1891年写的诗集。

Sondarya 美。

Song Binghui 宋炳辉，当代学者，发表《从泰戈尔的两次访沪看其对中国新文学的意义》《民族意识与世界意识的纠缠——从泰戈尔在中国的接受看20世纪文学思潮的一个方面》。

Song Chunfang 宋春舫（1892—1938），中国戏剧家和戏剧理论家。1918年他发表《国运与文学》，将泰戈尔作品与国运相联系。

Song Meilin　宋美龄（1897年3月5日—2003年10月24日），女，中华民国前第一夫人、蒋介石的第四任妻子。她与宋蔼龄、宋庆龄并称为宋氏三姐妹，父亲为富商宋嘉澍。她凭借孔、宋家族的强力支援与美国留学背景，活跃于政治、外交等领域，对近代中国历史与中美关系产生了深远的影响。宋美龄晚年长期定居美国，于北京时间2003年10月24日在美国逝世，享年106岁。1942年她随蒋介石访问印度，拜见了泰戈尔。

Song Qingling　宋庆龄（1893—1981），孙中山的夫人，举世闻名的20世纪的伟大女性。她青年时代追随孙中山，献身革命，为妇女、儿童的卫生保健和文化教育福利事业，为祖国统一以及保卫世界和平，做出了不可磨灭的贡献。1929年春，泰戈尔到上海，她主持了隆重的送别仪式，送泰戈尔手工精制的泥质彩绘脸谱等。

Song Qingshan　宋清山，民国学人，1937年发表《泰戈尔的沉船》。

Song Xiaojuan　宋小娟，当代女学者，发表《泰戈尔女性思想嬗变》。

Song Yirui　宋诒瑞（1938—），笔名依莲，籍贯上海，香港儿童文学作家，1956年入读北京大学东方语言系，至1981年定居香港。1981年发表《印度伟大诗人泰戈尔》。

Song Yu　诵虞，民国某学者的笔名，1924年发表《印度诗人泰戈尔略传》《泰戈尔的新著介绍——春之降临》《泰戈尔的我观》《近二十年来的十大作品与十大作家》。

Song Yue　宋悦，当代学者，发表《读〈吉檀迦利〉，体会泰戈尔的艺术观》。

Song Yun　宋云，公元518年魏朝皇帝派往印度的使节，从中亚到克什米尔，再到乌苌国和犍陀罗，522年回国。

Songs　《歌曲》，创刊于1952年，中国音乐家协会主办。1984年第5期刊登薛范的《印度音乐的瑰宝：简介泰戈尔和他的〈怯懦就是耻辱〉》。

Songs of Childhood (Saisab Sangit)《童年的歌集》，泰戈尔于1884年为五嫂迦丹巴丽写的诗歌集。当年4月19日，五嫂突然自杀身死，留下谜团，给泰戈尔造成了终生遗憾。

Songs of Rains (Srava-Gatha)《雨之歌》，泰戈尔于1934年写的诗。

Sonna　宋河，恒河支流。《罗摩衍那》里众友仙人领罗摩招亲时经过的河流。

Sopara　索帕罗，古代印度西海岸的一个港口。

Sophia　《索菲雅》，印度孟加拉地区的报纸。

Sophocles　索福克勒斯（公元前496?—公元前406），希腊悲剧诗人。

Sorakarta　苏拉卡尔塔，亦称“梭罗”。印度尼西亚爪哇岛中部城市，位于梭罗河左岸，人口47万。苏拉卡尔塔是爪哇古代文化中心之一，有城堡和楼阁，舞蹈、音乐有名。1927年9月，泰戈尔访问该市。

Sorani, Aldo　阿尔多·索拉尼（1883—1945），意大利著名记者，1926年采访正在意大利访问的泰戈尔。

Sorna　凶兆。

Soter mages　大救世主。

Soudaaminee　绍乌达米妮（1847?—1920），泰戈尔的大姐，丈夫是沙罗达普罗沙德·贡戈巴泰。

Soul Consciousness　《灵魂的觉醒》，泰戈尔的散文。

Soulabhya　容易接近。

Sound of Surging Waves　《涛声》，鲁迅文学期刊之一，创办于20世纪20年代，1933年10月刊登《关于泰戈尔及中国读书界》。

Soundarja Sambandhe Gutikatak Bhaab《关于美的一些想法》，泰戈尔的散文。

Sounday　《美与爱》，泰戈尔的散文。

Sourabaya　苏腊巴亚，即泗水市，泗水，爪哇语苏腊巴亚（Surabaya）原意是蟒蛇鳄鱼，因此地原为荒凉的沼泽而名。华人感其拗口，先谐成“泗里木”，再进一步雅化便成地道的汉名“泗水”。泗意为游泳，泗水即游过海洋，寓意华人离乡背井到南洋谋生，必须漂洋过海。泗水是婆罗摩火山的门户，印度尼西亚东爪哇省省会、印尼第二大城市，面积326平方千米，常住人口270万。泗水是印度尼西亚工业化程度最高的工商业城市。泰戈尔1927年8月26日经苏腊巴亚到巴厘岛访问。9月9日正式访问苏腊巴亚。

Source　《源》，泰戈尔《新月集》里的诗。

South Africa　南非，地处南半球，有“彩虹之国”之美誉，位于非洲大陆的最南端，陆地面积为1219090平方千米，其东、南、西三面被印度洋和大西洋环抱，北面与纳米比亚、博茨瓦纳、津巴布韦、莫桑比克和斯威士兰接壤，人口4800万。南非首都比勒陀利亚，约翰内斯堡为最大城市。南非是非洲最大经济体和最具影响力的国家之一，其国内生产总值约占撒哈拉以南非洲国家经济总量的三分之一，对地区经济发展起到了重要的引领作用。南非财经、法律、通讯、能源、交通业发达，拥有完备的硬件基础设施和股票交易市场。

South-Asia Studies　《南亚研究》，由中国南亚学会、中国社科院亚太所创办，研究南亚诸国政治、经济、宗教、哲学、文化、艺术、民族、历史等问题的综合性学术刊物，以发表科研成果、促进学术交流、普及南亚知识为己任，以推进我国与南亚文化交流为宗旨。1981年4月第1期刊登张宝胜的《〈薄伽梵歌〉初探》，第2期刊登廖静文的《泰戈尔先生与徐悲鸿的友谊》；7月第2期刊登常任侠的《怀念诗人泰戈尔与圣蒂尼克坦》、星点的《泰戈尔于印度古典舞蹈》、廖静文的《泰戈尔先生与徐悲鸿的友谊》、张光璘的《泰戈尔的思想和创作》；12月刊登金克木的《泰戈尔的〈什么是艺术〉和〈吉檀迦利〉》和张侠的《我国最早翻译的泰戈尔诗歌》。1983年4月第1期刊登刘国楠、崔岩砺的《泰戈尔的教育思想》；7月第2期刊登曾圣提的《忆印度伟大诗人泰戈尔先生》，10月第3期刊登戈宝权的《泰戈尔和中国》。1984年7月第2期刊登如珍的《浅论泰戈尔的戏剧创作》。1985年7月第2期刊登廖静文的《徐悲鸿对印度的美好回忆》。1986年4月第1期刊登倪培耕的《泰戈尔对中国作家的影响》和魏风江的《漫话诗人泰戈尔故居今昔》。1988年7月第2期刊登林承节的《1905—1908年的泰戈尔》。1989年10月第3期刊登宫静的《泰戈尔哲学思想的渊源及其特点》。1991年7月第2期刊登宫静的《谈泰戈尔的教育思想》和侯传文的《论泰戈尔的人格追求》；10月第3期刊登本刊记者的《北京各界人士一百余人隆重纪念泰戈尔诞辰130周年和逝世50周年》。1992年12月第4期刊登徐坤的《泰戈尔诗歌中的原型》和崔岩砺的《泰戈尔与印度电影》。1993年4月第1期刊登何乃英的《论泰戈尔的散文诗》和徐坤的《泰戈尔与中国文人》。1994年2月第1期刊登孟昭毅的《泰戈尔与比较文学》；11月第4期刊登刘建的《泰戈尔短篇小说中的抒情风格》。2001年12月第2期刊登朱明忠的《泰戈尔的哲学思想》。2002年6月第2期刊登石海峻的《泰戈尔眼中的东方和西方》。2004年12月第2期刊登尹锡南的《泰戈尔论印度社会问题》。2005年12月刊登侯传文的《论泰戈尔前期诗学思想》。2006年6月第1期刊登曾琼、刘曙雄的《中文泰戈尔传记文学作品简析》。2008年6月第1期刊登《甘地与泰戈尔对于科学问题的不同态度》和班固志、刘建的《季羡林与泰戈尔》。2009年6月第2期刊登王鸿博的《殖民地时期印度法律的文学书写——泰戈尔短篇小说〈原来如此〉的法律内涵》；12月第4期刊登魏丽明的《“挟洋自重”和“借光自照”——1999年英文版〈泰戈尔在中国的讲演〉的启示》。2010年6月第2期刊登尹锡南的《泰戈尔国际学术研讨会在新加坡举行》。2011年3月第1期刊登尹锡南的《泰戈尔诗歌在西班牙语世界的传播和接受》、王燕的《泰戈尔访华——回顾与辩误》和刘建的《泰戈尔与苏联》；6月第2期刊登侯传文的《印度文学的森林书写》；12月第4期刊登谭中的《加强中印两大文明国之间的“恕道”》。2012年第2期刊登侯传文的《印度文学的森林书写》。

South Asia Studies Seasonly　《南亚研究季刊》，由四川大学南亚研究所主办。1992年4月第1期刊登郭晨风的《泰戈尔政治思想评介——纪念泰戈尔诞辰130周年》；1998年12月第4期刊登张德福的《抒情诗与哲理于一炉——泰戈尔宗教诗歌评述》；2001年12月第4期刊登尹锡南的《泰戈尔1924年的访华在中国知识界的反响》和欧东明的《泰戈尔〈吉檀迦利〉的宗教思想试析》；2005年12月第4期刊登西阳的《〈发现泰戈尔〉在台湾出版》；2006年11月第4期刊登金富军的《1924年泰戈尔在清华活动考证》。

South-China Weekend　《南方周末》，由南方报业传媒集团主办，创刊于1984年2月11日，总部在广州。2010年11月3日刊登王立秋翻译的《泰戈尔，中国和对民族主义的批评》。

South-East Asia　东南亚。东南亚是亚洲的一个亚区（subregion），由中国以南、印度以东、新几内亚以西与澳洲以北的国家组成，此区地质板块交错，地震与火山活动频繁。东南亚分为两个区域，陆域为中南半岛，包括柬埔寨、老挝、缅甸、泰国、越南与马来半岛，海域大致为马来群岛，包括文莱、东马来西亚、东帝汶、印度尼西亚、菲律宾、圣诞岛与新加坡。不过，东南亚国家往往也被西方学者和传媒纳入东亚的范围。1927年7—10月，泰戈尔访问东南亚地区。

South Sea Islands　南海群岛，位于中国海南岛东面和南面海域，包括数百个由珊瑚礁构成的岛、礁、滩、沙和暗沙。

South-West University　《西南大学》，2012年4月26日刊登王晓声的《泰戈尔与叶芝诗学思想比较》。

Soviet Russia　苏维埃俄国，与苏维埃社会主义共和国是同义词，简称苏联或苏俄（1922年苏联成立后苏俄成为历史名称）。1917年11月7日列宁领导的十月革命获得胜利，成立了俄罗斯苏维埃联邦社会主义共和国。1922年12月30日俄罗斯、乌克兰、白俄罗斯和外高加索联邦（包括阿塞拜疆、亚美尼亚和格鲁吉亚）一起正式组成苏联。1991年12月25日苏联解体，俄罗斯苏维埃联邦社会主义共和国最高苏维埃决定改国名为俄罗斯联邦。1930年泰戈尔访问苏联，受到热烈欢迎。

Sowar　骑在马上的士兵。

Spalding Professor　斯帕尔丁教授职位，即牛津大学东方宗教和道德教授职位，由斯帕尔丁基金会资助。该基金会由斯帕尔丁夫妇于20世纪20年代创立。

Spanda　震动。

Spanda Sastra School　克什米尔湿婆学派的斯潘达制学派，由瓦素吉多（Vasugupta）的弟子索玛南达（Sommananda）创立。

Sapanish Civil War　《西班牙内战》，泰戈尔1937年3月写的文章。

Spas　特务，侦察员。

Speak to me, My Friend　《朋友，请给我说》，泰戈尔的短诗。

Speck in the Eye　《眼中沙》（《看了叫人生气和讨厌的事物和人》），泰戈尔1903写的中篇小说。见Eyesore。

Spectator　伦敦《观众报》，1930年11月9日正在美国访问的泰戈尔给伦敦《观众报》写信，为甘地参加圆桌会议犹豫不决感到惋惜。按照泰戈尔的看法，甘地“应该以圆桌会议作为平台，向代表人类历史未来的全世界的人发出自己的声音。”1931年1月8日，该报编辑在海德公园宾馆设午宴招待正在英国访问的泰戈尔。泰戈尔在这里会晤萧伯纳，和他进行了长谈。

Spencer Herbert　斯宾塞（1820—1903），英国著名哲学家。

Spengler, Oswald　斯宾格勒，奥斯瓦尔德（1880—1936），德国著名历史学家、历史哲学家，历史形态学的开创者。他1880年出生于德国哈茨山区的布兰肯堡，曾就读于哈雷大学、慕尼黑大学和柏林大学，1904年在哈雷大学获得博士学位。1911年，斯宾格勒移居慕尼黑，开始构思和撰写《西方的没落》一书。本书的出版给他带来了巨大的荣誉以及世界范围内的争议和追捧，也令斯宾格勒一举跻身于20世纪最有影响的历史学大家之列。泰戈尔生前也很欣赏该书。他通过该书来了解西方文明。

Spenser, Edmund　斯宾塞，埃德蒙，英国文艺复兴时期的伟大诗人。

Sphatika　水晶。

Sphinx riddle　斯芬克斯是古希腊神话中狮身人面的女妖。她站在路边让路人猜一个谜语：什么动物早晨用四只脚走路，中午用两只脚走路，傍晚用三只脚走路？当时古希腊人的智力显然没有现代人发达，所以尽管这个今天看来很简单的谜语，当时没有一个人能破解，而这些没有回答出来的人都被斯芬克斯吃掉，直到俄狄浦斯的到来。俄狄浦斯是一个非常聪明的人，他听完后马上就猜出来是“人”。斯芬克斯羞愧之极，跳崖自尽。

Sphota　“沸腾”，语法学家和语言哲学家用的术语，指单个的字母清晰发音之后突然出现的词义。也指世界产生的原因；意思，揭开意义。

Sphulinga　《火花集》，泰戈尔的诗集。

Sphulinga　《爆炸的林迦》，泰戈尔1945年发表的诗。
Sphya 祭刀。
Spiritual Civilization 《精神文明》，泰戈尔1911年的书信。
Spiritual Freedom 《精神自由》，泰戈尔的散文。
Spirituality in Popular Religions of India 《印度普遍宗教的灵性》，1919年2月11日泰戈尔访问印度泰米尔纳德邦东部城市昆巴克南（Kumbakonam）时宣读的论文。
Spraha 愿望。
Spriktala 狼牙棒。
Spring 《春》，孟加拉派画家南达莱的画。
Sraban 斯拉万月，印历5月，公历7—8月，季风的第二月。
Srabangatha （The Song of the Rains）泰戈尔于1934年根据1925年的剧本《最后的雨季》（Sesh Barshan，The Last Rains）改编的剧本《雨的颂歌》
Sraddha 信心与尊敬。给死去的亲人祭献。
Sraddha 向半神祭祀。
Sraddha 虔诚，信心之神，信仰。祭祀英灵，祖先祭，召请几个德才兼备的婆罗门为祖先的代表，向他们献洗脚水以及其他礼物，让他们坐在达莉蒲草上，献食物、衣服、鲜花等；神圣的沐浴；《祭祖篇》。
Sraddhanada 为信仰感到欣喜的人。
Sraddhanada Swami 斯拉达难达·斯瓦米，印度教大师，1926年12月在德里被穆斯林极端分子暗杀，使泰戈尔震惊。在12月25日的演讲里，他呼吁印度教徒与穆斯林相互理解和友好。
Sradh 大办丧事，祭奠死者；葬礼，祭祖于功德；人死后鬼魂没有收，乱游荡，人死后举行收魂的仪式。
Srama 疲倦。
Sramana 沙门，“勤息”，婆罗门教后期一批反对吠陀权威、反对祭祀、反对婆罗门至上的出家人的称呼，想通过严格的苦修寻求解脱者。也指古代印度与正统的婆罗门思潮相对立的各个派别，包括佛教、耆那教、邪命外道、顺世派等出家者的统称。
Sramana 弃世者。
Sramanas 托钵僧。
Sramanera 沙弥，7—20岁受过十诫的出家男子。
Sraosha 偏离。
Sratuas 公开、详尽地举行吠陀礼仪的人。
Srauta 严肃公开的吠陀礼仪。
Srauta Sutra 严肃公开的吠陀礼仪经。
Srava-Gatha （Songs of Rains） 《雨之歌》，泰戈尔于1934年写的诗。
Sravana 司拉瓦那，印教徒追求的第一阶段；斯拉万月，印历5月，公历7—8月；听。
Sravana 斯拉瓦纳，28宿牛星。
Sravana 萨拉瓦纳，《罗摩衍那》里的修道士，被十车王误射死，其瞎父母诅咒他不得好死。
Sravana Belpola 斯拉瓦纳·贝尔婆拉，耆那教圣地，在卡纳塔克邦的哈桑（Hassan）。
Sravana Dvadasi 斯拉万月（6—8月）的太阳神祭祀仪式。
Sravanagatha 《斯拉万月之歌》，泰戈尔的戏剧。
Sravasti 舍卫城，古印度佛教圣地，因祇园精舍而闻名于世，传为释迦牟尼长年居留说法处。亦译室罗伐、罗伐悉底；意译为闻者、闻物、丰德、好道等。舍卫城为古印度拘萨罗国都城，在今印度北方邦北部，拉普底河南岸。舍卫城是佛教史上著名的祇园精舍所在地。据说拘萨罗国富商给孤独（又名须达多，意为善授）长者用金钱铺地的代价购得波斯匿太子祇陀在舍卫城南的花园，作为释迦牟尼在舍卫国说法、驻留的场所。祇陀太子为这一举动所感动，亦将园中的林木捐献给释迦牟尼，故舍卫城亦称“祇树给孤独园”。7世纪玄奘来此时，已“都城荒颓”“伽蓝数百，圮坏良多”。1893年英国考古学家卡家汉在此进行发掘，出土的佛教文物收藏于勒克瑙博物馆。
Srayakavya 可听的诗。
Sreenivasa Nayaka 司林尼瓦萨·那亚喀，卡纳塔克邦乐圣布伦德罗达斯（1480—1564）的原名。
Sreni 社团或行会军队。
Srenika 司任利卡，又叫赛尼亚，瓶毗娑罗的绰号，瓶毗娑罗为公元前6世纪摩羯陀国王，皈依佛教。
Srestharaja 夜游神之王，指战神塞建陀，由湿婆封赐。

S

Sri 石蕊，美与幸福女神；福禄天女，吉祥女神，美的象征，美女、天女。

Sri 尊师，陛下，先生。

Sri 崇高，富足，华美，智慧，吉祥等。冠于名称则表示尊敬，通常加于神名或神圣之人之前。

Sri Aurobindo Circle 奥罗宾多学会，设在瓦拉纳西印度教大学。

Sri Gupta 室利·笈多，公元4世纪印度笈多王朝的国王。

Sri Lanka 斯里兰卡，旧称锡兰，面积6.5万平方千米，人口2000万，主要民族有僧伽罗族、泰米尔族、摩尔族，主要宗教为佛教、印度教等。斯里兰卡是个热带岛国，形如印度半岛的一滴眼泪，镶嵌在广阔的印度洋海面上。中国古代曾经称其为狮子国、师子国、僧伽罗。“斯里兰卡”在僧伽罗语中意为“乐土”或“光明富庶的土地”，有“宝石王国”“印度洋上的明珠”的美称，被马可·波罗认为是最美丽的岛屿，因为它有美丽绝伦的海滨、神秘莫测的古城、丰富的自然遗产以及独特迷人的历史与文化。斯里兰卡的经济以农业为主，而该国最重要的出口产品是锡兰红茶。泰戈尔曾于1922年10—11月访问该国。

Sri Rama 西里·罗摩，14世纪作家，著《罗摩传》(Ramacarita)。

Sri Ram House 斯里·拉姆财团，印度财团，由斯里·拉姆于19世纪70年代创立。

Sri vidya tradition “15个音节颂诗”派，是崇拜三城女神即性力女神、毗湿奴的配偶拉克西米的印度教学派，女神的形象用互相交叉的9个三角形圣环组成的符号来表示，也用15个音节的颂诗表示，因而取名15音节颂诗派。

Sri-Ganedya-namah 向迦内沙神致敬，向迦内沙顶礼膜拜。

Sri Ganesha Stotra 象头神颂诗。

Sri-Garbha 财富赠予者，指财富女神拉克西米。

Sricharaneshu “向您恭敬地行摸脚礼!”

Sribi 漂亮，帅。

Sriddha 信仰之神。

Sridhar 斯瑞德哈尔，20世纪印度孟加拉塔帕音乐家。

Sridhar Rana 斯瑞德哈尔·拉纳，定居在巴黎的印度富商，1921年4月泰戈尔访问巴黎时为圣蒂尼克坦赠送珍贵的藏书。

Sridharadasa 西里达罗陀娑，1206年写《妙语悦耳甘露》(Saduktikarnamrta)。

Sriharsa 室里诃奢，12世纪作家，作品有《尼娑陀王传》(Naisadhacarita)。

Sriheen 穷光蛋。

Srijukta 加在有地位、身份的人名字前的尊称，意为“文雅美丽的人”。

Srikakra 圣环。

Srikanthacarita 《湿婆传》。

Srikanthayya 19世纪坎纳达语作家，作品有《英格丽的吉檀迦利》(Inglis Gitagali)。

Srikanthesvaras 斯瑞坎提斯瓦拉，湿婆大神的别名。

Srikula 吉祥女神（指毗湿奴的配偶）的家族、家庭。

Srimad Ghagavatam 《薄伽梵往世书》，见Bhagava Purana。

Srimadi 斯里莫蒂，意为“美丽”，信件中置于女士姓名之前。

Sriman 斯里曼，意为“漂亮”，信件中置于男士姓名之前。

Srimitra 实利米多罗，东晋译经家。

Srinaga 斯里拉加，一种音乐调式，下午演奏，表现爱。

Srinagar 斯里那加，“命运女神之城”，印度占领区的克什米尔查谟邦首府。

Srinatha 斯里那陀，14世纪泰卢古语作家，他把诗体传记普及化。

Sringara 艳情味，产生于常情爱。它以男女为原因，以优美的少女为本源。它的两个基础是会合和分离。会和通过花环、装饰、心爱的人、享受等情由产生，它应该用眼的机灵、眉毛的跳动、温柔甜蜜的形体动作和语言等情态表演，而分离应该用忧郁、虚弱、疑虑、疲倦、入眠、冷淡、癫狂等情态表演。

Sringara-sataka 《艳情百咏》，6—7世纪著名诗人伐致诃利（Bhartrhari）的诗。

Sringeri 斯林格里，印度克拉拉邦的一个镇子，印度教神学家、改革家商羯罗建立的四大寺院就在这里。

Sriniketan 斯瑞尼克坦，意为“丰收村”，即原来的苏鲁尔镇（Surul），距离国际大学所在地圣蒂尼克坦不远，是泰戈尔进行农业实验的地方。1921年由恩厚之负责建乡村重建学院。

Sriniketan 《斯瑞尼克坦》，泰戈尔的散文。

Sriniketan Kuthi 斯里尼克坦之角，镇子名，泰戈尔于1936年11—12在这里疗养了一个月。

Sripalli 斯里帕里学院，在斯里兰卡的洪腊纳，由斯里兰卡著名学者威尔默特·培瑞拉发起、出资，按照泰戈尔的国际大学的模式建立。1934年5月20日，泰戈尔为斯里帕里学院奠基并命名。

Sripancami 智慧女神节，纪念智慧女神萨拉斯瓦蒂诞辰的节日，在1—2月。萨拉斯瓦蒂是神话里梵天的配偶，是文学、艺术、语言女神，她还创造了梵语和印地语等语言的书写符号天城体字母。

Sripati 室里巴蒂，11世纪印度占星学权威。

Srirangam 泰米尔纳德邦科佛里河心岛上的毗湿奴庙群。

Srirangam Srinivasa Rao 西里兰贾姆·西里瓦萨·饶（1910—1983），印度泰卢固语诗人，主要诗集有《波尔伯瓦》《伟大的出发》等。

Srirangapatnam 斯里兰贾帕特南，迈索尔16千米处的神庙群，在科佛里河岛上。

Srivaishna Acharya 毗湿奴派祖师。

Srivaisnavas 毗湿奴派中信仰毗湿奴配偶财富女神拉克西米的信徒。

Srivatsa 为石蕊女神（指毗湿奴的配偶，财富女神）所热爱的人；毗湿奴的卷发，卷毛。

Srivatsa 胸记。

Srivijaya 室利佛逝，古王国，古代东南亚佛教中心。7世纪中期，苏门答腊和爪哇开始进入封建社会，以苏门答腊巴邻旁室利佛逝（巨港）为中心，迅速发展为海上商业帝国。7世纪之后，爪哇各独立王国之间，特别是信仰印度教的珊耶王国与信仰佛教的夏连特拉王朝（山帝王朝）在争夺中爪哇的霸权。856年夏连特拉最后失败，王子逃往苏门答腊，继承室利佛逝王位。到10世纪，爪哇政治中心从中爪哇转移到东爪哇的布兰塔斯河流域。11世纪起，室利佛逝国势日衰，到13世纪末终于灭亡。

Srivijayalakshmi 《战无不胜的吉祥女神》，泰戈尔的诗。1927年8月22日，泰戈尔访问雅加达，在为他举行的宴会上朗读前一天在船上写的赞颂爪哇岛的这首诗。

Sriyut 先生，老爷。

Srngara 艳情味，产生于常情爱（rati）。

Srngarabhasana 《铅丹》，15世纪瓦马纳·巴纳（Vamana Bana）写的剧本。

Srngaramanjari 《艳情花簇》，11世纪帕拉马萨王朝国王波阇写，讲各种类型的爱情；例证小说。

Srngaraprakasa 《艳情光》，11世纪波阇（Bhoja）著。

Srngaratilaka 《艳情吉祥痣》，10世纪娄陀罗跋吒（Kudrabhatta）著。

Srngarnavacandrika 13世纪作家维阇耶婆尔尼（Vijayavarni）的《艳情波浪疏》。

Srngavera 楞伽毗罗，古地名，在阿拉哈巴德西北22英里处。

Srotavyasya Srutasyacha 可以听见的东西，已经听见的东西，将要听到的东西。

Srotriya 婆罗门僧侣。

Srsti 宇宙的创造。

Srutakarman 闻业，般度军将领，被马嘶所杀。

Srutakirti 闻称，阿周那与黑公主的儿子。

Srutakirtti 输鲁多吉哩底，悉多叔叔的女儿，嫁给罗摩四弟舍图卢柢那。

Srutasena 闻军，般度五兄弟最小的弟弟偕天的儿子。

Srutasrava 闻军。

Srutayus 闻寿，般度军将领。

Sruti 《天启书》，天启。需要听会的圣典。新闻；微音程；闻识；圣典，经典知识，处世哲学。

Srutidusta 难听。

Srutikasta 刺耳。

Srutarishi 多闻仙。

St. Augustine 圣奥古斯汀，4世纪欧洲宗教神秘主义者，哲学家。

St. Catherine of Siena 圣凯瑟琳，1347年出生于意大利锡耶纳城的一个染工家庭，她和一个孪生姐妹是家里25个孩子中最小的。从很小的时候起，凯瑟琳就成为虔诚的天主教徒，她能看到一些不同寻常的视觉景象，她相信那是上帝传输给她的。17岁时她正式成为一名修女，两年后开始服务病者——她常常选择那些别人不愿意帮助的患有传染恶疾的病人。她还常常帮助穷人，虽然偶尔需要忍耐身体的饥饿以接近天主，她仍然时时处在快乐情绪中。23岁时，圣凯瑟琳又接收到了关于炼狱、天堂和地狱的景象，从此她开始接触大众，她尝试使意大利保持和平，尝试团结所有教徒，她曾被教皇派去执行确保比萨和卢卡中立的任务，而她最大的成就是说服了教皇格里高利十一世重返罗马，以及促成了教皇和罗马共和国的和解。两年后她不幸染病去世，年仅33岁。她在去世前几年开始努力练习写作，最终留下了400多封关于灵修的信件和其他著名的书籍。1461年，圣凯瑟琳被封为圣人，1939年被奉为意大利主保，1999年又被尊为欧洲主保。

St. David Fort　圣戴维堡，18世纪东印度公司东南沿海的要塞。

St. Francis　圣·弗兰西斯科（圣方济各），12世纪的一位圣人，生于意大利的亚西西，是一位富有的呢绒商的儿子。年轻时，方济各因在战争中被俘而患过一场重病，康复后随即追随耶稣基督成为一名修士，专为穷人和病人服务。在那个年代，人们对各种传染病比如麻风病等都极为恐惧，在方济各之前，已有不少修士为照顾病人献出了生命，但方济各还是义无反顾地走上了这条道路。方济各还是一位诗人。

St. Francis Institute　圣弗兰西斯学院，在马来亚马六甲，泰戈尔1927年访问此地并演讲。

St. Gellert Hotel　圣·格莱特宾馆，在匈牙利首都布达佩斯。1926年10月26日泰戈尔到达布达佩斯访问，当天做公开演讲。10月26日布达佩斯市政府在圣·格莱特宾馆设宴欢迎泰戈尔。

St. George Fort　圣乔治堡，东印度公司于17世纪在马德拉斯建的要塞。

St. Paul　圣保罗，使徒保罗（公元前4—公元64），又名扫罗，出生在西里西的一个城市——塔瑟斯（在今日土耳其境内）。他是耶稣的同时代人，但比耶稣年轻。他是发展新生的基督教教徒的最重要的先驱。在所有的基督教作家和思想家中，他对基督教神学的影响可谓举足轻重，千古犹存。

St. Pau's Cathedral　圣保罗大教堂，坐落在伦敦离奥莱里亚耐城墙2千米远的空旷区域，初建时它的周围是一片广阔的田野，为此被人们称作"城外的圣保罗"；4世纪，君士坦丁大帝在据说是传教者圣保罗为主殉道的墓上筑起了这座教堂，墓地附近有三个缄口苦修会修道院；传说圣保罗被异教徒斩首之后，头颅落地时反弹着跳了三下，顿时地面上涌出了三股清泉，修道院就是筑在泉眼边上的；395年，罗马皇帝奥瑙里奥在任时，教堂被扩建，自此直到16世纪梵蒂冈的圣彼得大教堂落成，城外的圣保罗教堂一直是欧洲最大的教堂；从13世纪至15世纪，教堂一次次被修缮美化，许多艺术大师们在这里留下了他们的成果，这里集中了珍贵的镶嵌画、壁画与浮雕，享有艺术宝库的美名。

梵蒂冈镶嵌艺术大师们集体创作的大型镶嵌画，在太阳的直射下闪闪发光，显得壮丽豪华，但那浅蓝色的基调与周围的雪白大理石相衬，更有超凡脱俗的味道。1981年7月19日戴安娜王妃和查尔斯王子的婚礼就是在这里进行的。

St. Stephen's College　圣·斯提芬学院，教会学校，设在德里，由英国人创建。

St. Teresa　特里萨修女（1910—1997），诺贝尔和平奖获得者。1910年8月27日，特里萨出生于前南斯拉夫的斯科普里。她的父亲是个杂货商，家境并不富足，但父慈母爱，手足亲睦，她在温馨的家庭生活中成长起来。7岁时她进入一所公立学校读书，不久就皈依了天主教。善良博爱的天性使她对慈善事业着迷。她回忆说："在12岁时，我就意识到我有一个使命，就是去帮助穷人。我想做一名传教士。"18岁那年，特里萨加入洛雷托修女会。这是一个属于印度加尔各答大主教管辖的修女团体。1928年，这个组织安排她到加尔各答的圣玛丽教会学校教书。1946年，特里萨乘火车前往印度东北部山区大吉岭。沿途那些贫瘠的村庄，那些骨瘦如柴、衣衫褴褛的穷人使她震惊。她"仿佛听到了一个声音在对她呼喊：'为穷人中最穷的人服务吧！'"，她决心离开与世隔绝的教会学校，去帮助社会上那些饥寒交迫的人们。

S

两年后，在特里萨的一再坚持下，梵蒂冈终于同意她脱离洛雷托修女会。她在印度的美国医疗传教修女会进行了三个月的快速医疗训练后，只身进入贫民区。她用仅有的一点积蓄创办了一所露天学校，专门收留失学的流浪儿童。1950年，特里萨创办了印度爱德修女会，并为它制订了教规：凡教会成员都要立下贫穷、贞洁和服从的誓约。她解释说："要爱穷人，了解穷人，我们自己也必须是穷人。"这个慈善机构所有的药品都是募捐的，并无偿提供给贫病交加的穷人。如今，这个机构已国际化：3500名修女管理着115个国家的543个收容所、孤儿院和艾滋病中心。1952年，特里萨在一座印度庙的旁边建起了"垂死贫民收容所"，以让那些可怜的人在弥留之际能享受一下人间的温暖。这一举动惹恼了寺庙的和尚，他们聚集在收容所外，扬言要杀死特里萨嬷嬷。特里萨用身体挡住大门，大声地说："你们要杀就杀死我吧，让这些垂死的病人平静地去死吧！"说完，她双手合十，双眼紧闭。她无所畏惧的精神震慑了闹事者，和尚们终于没趣地走了。至20世纪80年代末，大约有3万名身患不治之症又无家可归的穷人在收容所里度过了他们最后的日子。当记者问到挽救这些患有不治之症的人是否值得时，她甚至根本不能理解这个问题的意思，因为这与她的人生观格格不入。此后，特里萨开始考虑收治麻风病人一事。1964年教皇保罗六世在印度访问期间接见了特里萨，并将自己的一辆高级轿车送给她。特里萨后来将这部车卖掉，用拍卖所得为麻风病人建了一幢楼房，并培训了一些护理人员，使这里成了加尔各答唯一的麻风病中心。特里萨的事业得到政府的支持，1962年印度航空公司遵照甘地的指示，免费向她提供各条航线的机票，铁路亦如此。尽管特里萨声誉鹊起，但她总是对记者说，她的成绩是微不足道的。她喜欢说，为一个目的去工作就是幸福。1982年11月，正当黎巴嫩战火纷飞之际，特里萨却乘机抵达贝鲁特，协助被击毁的依拉斯美亚医院救出了37名弱智及伤残儿童。1985年，她带领28名修女前往受灾的埃塞俄比亚，夜以继日地帮助医务人员料理病人。1985年下半年，艾滋病像野火一样在欧美蔓延，人们陷入恐怖之中。特里萨前往纽约，宣传艾滋病的危害及防治措施，并协助医务人员护理病人。特里萨嬷嬷曾于1985年1月应中国天主教爱国委员会的邀请访问中国。正值滴水成冰的寒冬季节，这位闻名世界的女性却只穿了一身白衣，外套一件深蓝色的破旧毛衣，脚穿一双半旧的凉鞋。朴素的装束使在场的中国人深受感动，中国天主教爱国委员会主席宗怀德主教立刻派人购买了御寒衣，分送给特里萨和她的助手。主教还告诉她，中国的慈善事业都由政府民政部门负责。特里萨满意地说："中国给我的印象很好。"1979年，诺贝尔和平奖授予了印度修女特里萨，以表彰她"为克服贫穷所做的工作"。在授奖仪式上，特里萨嬷嬷说："我以穷人的名义接受这笔奖金。"在晚祷后，她对记者说："贪婪——对权力的贪婪，对金钱的贪婪，对名誉的贪婪，这是当今世界实现和平的最大障碍。"获奖后，特里萨嬷嬷卖掉了奖章，连同19万美元的奖金，全部捐赠给贫民和麻风病患者，没有给自己留下一美分。如今，她的名字已经飞越千山万水，传遍整个世界。她以献身慈善事业的至诚，直面困苦的精神，赢得亿万人民的爱戴和尊敬。1997年9月5日，特里萨嬷嬷因心脏病发作在印度加尔各答逝世，终年87岁。特里萨嬷嬷逝世的消息传开后，整个加尔各答沉浸在悲痛之中，成千上万的印度人含着泪水与特里萨嬷嬷作最后的告别。印度政府于9月13日为她举行了盛大国葬。特里萨嬷嬷的灵柩盖着印度国旗，放在运送过"圣雄"甘地和印度国父尼赫鲁遗体的炮车上，缓缓驶向举行葬礼弥撒的加尔各答体育馆。逾百万不同宗教信仰的群众沿途跟随护送，向灵车抛掷鲜花并高举她的照片。特里萨嬷嬷将毕生献给为穷苦人谋福利的事业，深受全世界人民的爱戴，被誉为"善良与光明的化身"。

St. Xavier's School 圣·克萨维尔学校，泰戈尔于1874年在13岁时上的学校。

Staal, Frits 斯塔尔，弗里茨，德国现代印度学家。

Staffordshire 斯坦福特郡，英国地名，这里的巴塔同镇（Butterto）是泰戈尔于1912年度夏之处。

Stamba 凝固。

S

Stambhana　压制使用咒语的能力。

Stambheshvari　石柱女神。

Stamp Collection　《集邮》杂志，创刊于1955年1月28日，是全世界发行量最大的邮刊。1982年刊登涌泉的《泰戈尔》。

Stanbha　瘫软。

Stanley, George　斯坦利，乔治，马德拉斯总督，1934年在政府大厦欢迎来访的泰戈尔。

Star　《星星》，诗刊，创刊于1957年1月1日，是新中国创刊最早的诗刊，也是目前中国最具影响力的诗刊。1981年第11期刊登文铮的《"在纤小的新月的世界里"（读泰戈尔的〈新月集〉）》。

Star Theatre　星星剧院，在加尔各答，1925年7月25日在这里演出泰戈尔的剧本《单身俱乐部》。

State Moscow of New Western Art　新西方艺术莫斯科国家博物馆。1930年9月泰戈尔访问苏联，9月17日，彼得罗夫教授主持举办泰戈尔绘画展。他的绘画被苏联美术评论家如克里实、西多罗夫等评价为"艺术生涯的伟大的展现"。

Statement Contradicted　《自相矛盾的声明》，泰戈尔1930年10月写给《纽约时报》的信。

Stavaram Karanth　斯塔瓦兰·卡兰特，19世纪坎纳达语作家。

Stavana　祷告，祭祀。

Stein Aurel　斯坦因·奥莱尔，简称斯坦因（1862—1943），文献中亦见"司代诺""司坦囊"等。原籍匈牙利，1904年入英国籍，世界著名考古学家、艺术史家、语言学家、地理学家和探险家，国际敦煌学开山鼻祖之一。他是今天英国与印度所藏敦煌与中亚文物的主要搜集者，也是最早的研究者与公布者之一。他的许多著作至今仍是敦煌吐鲁番学研究的案边必备之书。他曾经分别于1900—1901年、1906—1908年、1913—1916年、1930—1931年进行了著名的四次中亚考察，考察重点是中国的新疆和甘肃，所发现的敦煌吐鲁番文物及其他中亚文物是今天国际敦煌学研究的重要资料。1907年2月11日，斯坦因结束了在米阮遗址的大规模发掘，然后将所获文物包装运往喀什，于2月21日动身向甘肃敦煌进发。

1907年3月12日，斯坦因一行到达敦煌县城，这是他第一次到达汉族人聚居的地方，深感不懂汉语汉文的缺陷，于是从蒋师爷那里学了一些简单的湖南话，但这丝毫无补于他的研究。从3月22日起，斯坦因考察了敦煌附近的故长城烽燧遗址，获大量汉简。5月21日，斯坦因将营帐扎在莫高窟下。

斯坦因刚到敦煌时，从一个来自乌鲁木齐的维吾尔族商人萨希伯克处首次听说了莫高窟发现藏经洞的消息，3月16日他曾匆匆忙忙地访问了一次莫高窟，当时执掌藏经洞门锁钥匙的王道士圆篆外出不在，斯坦因从另一年轻和尚处看到了一件写本佛经，这引起他的极大兴趣，他决定对这里的写本进行系统调查，于是在考察完敦煌周围史迹后，再次来莫高窟。

斯坦因这次首先派蒋师爷与王道士交涉，要求将藏经洞的写本全看一遍，遭到王道士的拒绝，斯坦因又决定在蒋师爷的陪同下亲自与王道士打交道。他给王道士编了一套唐僧西天取经而他今天又从印度来寻获唐僧遗典的故事，愚昧的王道士竟信以为真，又在蒋师爷的再三劝说下，于当天夜晚偷偷摸摸抱出一捆写本交给蒋，蒋师爷又交给斯坦因，斯坦因让蒋师爷连夜辨查写本内容。蒋师爷在第二天天亮时高兴地告诉斯坦因，他发现一件写本的题记说明该经是玄奘获自印度并译成汉文的。他们立即将这事告诉王道士，将信将疑的王道士只好同意让他们看藏经洞的所有藏品。于是斯坦因在蒋师爷的帮助下，在藏经洞外甬道中一件件检查王道士抱出的写本和绢画织物，共花了七天时间。他将自己认为好的卷子和绘画挑选出来，然后以相当于500卢比的40块马蹄银买下，这便是当今收藏在伦敦的著名的斯坦因敦煌文书的来源。

斯坦因所获敦煌文书，凡汉、粟特、突厥、回鹘语及怯卢文梵语的原归大英博物院东方印本与写本部，凡于阗、龟兹、藏语及婆罗迷文梵语的原藏印度事务部图书馆，绘画品在大英博物院东方古物部与印度德里中亚古物博物馆之间平分。1973年以后，大英图书馆成立，印度事务部图书馆成为其组成部分之一，大英博物院东方印本与写本部也改归大英图书馆，称东方写本与图书部，现改名东方部。斯坦因敦煌汉文写本的总数，现在该东方部编号为Or.8210/S.1—11604号，即11604件，但其中混有和田文书和吐鲁番文书。目前这批写本已公布到（H）80号，其余部分将由中、英两国学者陆续整理公布。

Stein, B. 史泰恩，德国现代印度历史学家。

Stern, Philippe 斯特，菲利普（1895—1979），法国音乐家，曾研究印度古典艺术和音乐。与贝克联合出版《泰戈尔的26首歌》。

Stevenson, Robert Louis 史蒂文森（1850—1894），英国著名诗人和作家。

Sthabiraka 修炼10年以上的苦行僧。

Sthairya 坚定。

Sthana 立足之地。

Sthana 境，指不受业束缚的境界；三种音域。

Sthana 等于湿婆、梵天、毗湿奴，特别是梵天。

Sthanakavasi 耆那教斯特纳格瓦西运动，罗瓦基于1652年发起，反对偶像崇拜和烦琐的祭祀仪式。

Sthanesvara 萨塔尼湿法罗，古都，在德里以北，即现在的塔内萨尔，《摩诃婆罗多》里坚战建设的天帝城就在这里。

Sthanu=shiva 斯塔奴，湿婆别名。

Sthapaka 舞台监督。

Sthapana 序幕。

Sthapati 古代管理土著的官员。

Sthapatya-Veda 《斯塔波迪耶吠陀》，又称《希尔帕》（Silpa），4副吠陀（Upaveda）之一，讲建筑艺术。

Sthavara 固定的。

Sthaviravadin 佛教部派之一的上座部。

Sthayibhava 固定情，常情，指人的基本感情。

Sthayidara 定情。

Sthiramati 安惠（5—6世纪），印度佛教唯识学派理论家，著作有《大乘广五蕴论》等。

Sthiti 宇宙的保护。

Sthulabhadra 主倡，耆那教白衣派领袖。

Sthula-sarira 粗身，命栖息转生为人、虫豸或其他。

Sthuna 思菟那，夜叉，把他的男性换给了束发。

Sthyat, antara, sanchari, abrg 德鲁帕德音乐的4段音乐名称，用慢速或中速演奏。

Stockholm 斯德哥尔摩，瑞典首都，也是该国第一大城市。瑞典国家政府、国会以及皇室的官方宫殿都设于此。斯德哥尔摩位于瑞典的东海岸，濒波罗的海，梅拉伦湖入海处，风景秀丽，是著名的旅游胜地。市区分布在14座岛屿和一个半岛上，70余座桥梁将这些岛屿联为一体，斯德哥尔摩因此享有“北方威尼斯”的美誉。斯德哥尔摩市区为大斯德哥尔摩的一部分。从13世纪起，斯德哥尔摩就已经成为瑞典的政治、文化、经济和交通中心。斯德哥尔摩是阿尔弗雷德·诺贝尔的故乡。1921年5月24日泰戈尔访问瑞典，在斯德哥尔摩受到瑞典皇家学会欢迎，就获得诺贝尔奖讲话。泰戈尔在斯德哥尔摩观看瑞典语版本的话剧《邮局》，受到古斯塔夫国王五世的接见，会见第一任国联主席布兰廷、著名探险家赫丁等。1926年8月底，泰戈尔再次对斯德哥尔摩进行短期访问，在斯文·海丁举行的宴会上，会见瑞典科学院院士。

Stockton Heath 斯托克顿赫斯，英国柴郡沃令顿的一个教区，该教区的小学校长罗斯曾写信向泰戈尔请教开发儿童智力的方法，泰戈尔写信回答他。

Stolen Treasure 《偷来的财宝》，泰戈尔1933年写的短篇小说。我的妻子是我的导师教授的女儿，我和妻子恋爱结婚，并没有按照生辰八字，但照常过得很幸福。女儿到出嫁的年龄了，我们愿意让她自己选择理想的夫婿。

Story Monthly 《小说月报》，创办最早的近现代文学期刊，1910年7月创刊于上海，商务印书馆主办印行。初由恽铁樵、王莼农主编。1921年1月，该刊从第12卷第1期起由沈雁冰主编，成为文学研究会机关刊物，也成为倡导“为人生”的现实主义文学的重要阵地。刊物革新后，辟有论评、研究、译丛、创作、特载、杂载等栏目。刊登鲁迅、郑振铎、叶圣陶、胡愈之等人的理论文章，倡导为人生的艺术，批判封建文学观念，推动新文学运动的发展。创作以小说为主，兼及诗歌、戏剧、散文。多是冰心、王统照、许地山、庐隐诸家的短篇小说以及朱自清、徐玉诺、朱湘等人的新诗。1923年第13卷起郑振铎任主编后，又增辟了"整理国故与新文学运动"栏目，这时的《小说月报》已经发展成为当时中国规模最大、影响最广的新文学刊物。1927年5月叶圣陶代行主编后，曾编印《创作号》。除连载沈雁冰第一次用茅盾笔名发表的中篇小说《幻灭》《动摇》《追求》外，还发表了丁玲的处女作《梦珂》及早期代表作《莎菲女士的日记》，巴金的第一部中篇小说《灭亡》以及胡也频、沈从文、戴望舒、施蛰存等新人的新作。所载作品，在广阔的背景下，从各个不同侧面描绘了20世纪20年代中国社会生活和时代风貌，具有强烈的现实主义精神。《小说月报》创刊以来，始终保持鲜明特色，即选得快、选得准、选得精和多样化。它注重选发贴近现实、紧扣时代脉搏、格调高昂、思想性和艺术性较强的作品，使刊物既厚重沉实，又丰富多彩，既满足读者的阅读欣赏需要，又照顾到专家学者研究鉴赏之需。1924年泰戈尔访华期间，该刊刊登了许多有关泰戈尔的文章，还有该报记者的报道《欢迎泰戈尔先生》《泰戈尔到华第一次记事》《介绍文学家的明信片》等。

Strafford Thomas Wentworth 斯特拉福德·托马斯·温特沃思（1593—1641），17世纪英国资产阶级革命时期君主派代表人，物。他1614—1624年成为国会议员，是反对国王特权的首领之一，并因此曾被逮捕。他1629—1640年任枢密顾问，成为英王查理一世的心腹。1633年任爱尔兰副总督。1639年率军平息苏格兰人起义，升任代理总督，捍卫君主专制制度。1639年被封为伯爵。1640年11月被国会指控企图利用爱尔兰军队反对英格兰，犯有叛国罪，次年5月被处死。

Stotras 赞颂诗，颂诗行。

Straight Dorothy 斯特瑞特·多萝西，泰戈尔的好友，斯瑞尼克坦乡村重建中心负责人、英国人恩厚之的夫人。

Strassbourg 斯特拉斯堡，法国东部城市，与德国隔莱茵河相望，是法国阿尔萨斯大区和下莱茵省的首府。该市人口约27万。历史上，德国和法国曾多次交替拥有对斯特拉斯堡的主权，因而该市在语言和文化上兼有法国和德国的特点，是这两种不同文化的交汇之地。谷登堡、加尔文、歌德、莫扎特、巴斯德等德法两国名人都曾在斯特拉斯堡居留。斯特拉斯堡虽然只是法国第七大城市，却驻有欧洲联盟许多重要的机构，包括欧洲理事会、欧洲人权法院、欧盟反贪局、欧洲军团（Eurocorps）、欧洲视听观察，以及最著名的欧洲议会。1921年4月27日泰戈尔去斯特拉斯堡访问，在新建的由西尔万·雷威担任教授的法语大学做报告《森林的宗教》。

Stratil-Sauer 史特拉提尔-骚尔，20世纪德国科学家。

Strautakovya 可听的诗、文学、音乐等口头艺术。

Stray Birds 《飞鸟集》，泰戈尔1916年出版的诗集。

Stree o Purusher Preme Bisheshtva 《男女爱情的特点》，泰戈尔的散文。

Streer Patra 《妻子的信》，泰戈尔的短篇小说。见The Wife's Letter。

Stri 女人，妇女，妻子；《父女篇》；使人清爽的色彩。

Strickland，C. F. 斯特里克兰，英国人，著有《1932年印度乡村福利好的概述》，泰戈尔写了书评。

Stridhan 男方给女方的财礼，或女方从娘家继承或自己挣的钱。

Stridharma 妇女的义务。

Stridharma Paddhati 《达摩经》，或称《妇女义务经》，18世纪特洛演巴卡著，严格规定了妇女在家庭中的义务。

Striking after Perfection （Purner Sadhana） 《追求完美》，泰戈尔于1940年1月25日在纪念由孟加拉教育部部长哈克主持的梵社大会上的发言。

Strishiksha 《女性教育》，泰戈尔1915年写的随笔。

Strisvabhava 妇女的本性、本质。

Strisvadharma 妇女的义务。

Striving for Swaraj （Swaraj Sadhan）《争取自治》，泰戈尔的散文。

STs=Scheduled Tribes 列表部族。

Student Discipline （Chhatra —Sasan）《学生纪律》，泰戈尔1916年3月写的文章，强烈反对英殖民者对学生的镇压。

S

Studies of National Education 《民族教育研究》，1974年创刊，由中央民族大学主办。1992年12月第4期刊登吴国珍的《泰戈尔的民族教育思想》。

Study and Teaching of Party History 《党史研究与教学》，由中共福建省委党校和福建省中共党史学会主办，1979年创刊。2007年6月刊登艾丹的《误读中的驱逐：陈独秀对泰戈尔的批判》，2008年8月第4期刊登艾丹的《张闻天的泰戈尔观》。

Study Monthly 《学习月刊》，1986年创刊，地址在武汉。2004年4月第4期刊登黄团元的《泰戈尔“情诗”与网络误传》。

Study of Guo Moruo in Contemporary Vision 《当代视野下的郭沫若研究》，2008年6月出版。内有石燕京的《新时期郭沫若与泰戈尔关系回眸》。

Stula 粗。

Stupa 萃塔婆，存放佛陀或佛教圣人遗物的塔。

Stutter，Baroness 司徒特，巴荣，泰戈尔时期的著名编辑，曾编辑出版泰戈尔的作品。

Stuttgart 斯图加特，德国西南部的城市，靠近黑森林和士瓦本。斯图加特不仅是该州的州首府，也是州级管辖区及斯图加特地区首府和该州的第一大城市，同时也是该州的政治中心：巴-符州议会、州政府，和众多的州政府机关部门均设在这里。斯图加特人口60万。1921年7月1日，泰戈尔从捷克通过这里到巴黎，从法国马赛坐船返回印度。1926年9月，泰戈尔访问德国时再次访问斯图加特。

S

Su 孟加拉语的前缀，是“优秀”的意思。

Su Chi 苏迟，当代学人，发表《丰子恺与泰戈尔》。

Su-seemo（Su Sima） 苏西玛，泰戈尔为中国诗人徐志摩取的孟加拉名字。对诗歌艺术同样的热爱，对心灵自由同样执着的追求，敞开了泰戈尔和徐志摩的心扉，使他们成为无话不谈的忘年交。泰戈尔为他的中国知音起了一个印度名字——苏西玛。在孟加拉语中，意谓雅士，对风流倜傥的徐志摩来说，这是个贴切的名字。见Xu Zhimo。

Su Shaoqing 苏少卿（1890—1971），徐州人，字相辰，艺名寄生，戏剧评论家，票友。1924年4月18日，上海各界欢迎来中国访问的泰戈尔，由苏少卿拉琴，严既澄、高谨女士演唱了京剧。

Su Wan 苏蔓，当代学者，发表《泰戈尔〈吉檀迦利〉的宗教内涵》。

Su Weilin 苏维霖，民国心理学家，1924年发表《来华之印度诗人泰戈尔》。

Su Yiping 苏一平，编辑，与白鹰主编《中国文艺年鉴》，内有图片《周扬、梅益、胡愈之同志在泰戈尔纪念大会上》。

Su Yongxu 苏永旭（1965—），河南省禹州市人，河南教育学院文艺学美学教授，出版《戏剧叙事学研究》《诺贝尔文学奖西方获奖群研究》《二十世纪国外戏剧概观》《外国文学专题——文本重读与外国文学精神重塑》等论著9部。发表论文130余篇。有关泰戈尔的论文有《试论泰戈尔短篇小说中的审美意象》《试论〈吉檀迦利〉中的上帝形象》《印度古典诗学的现代主义特质及其中印互补》等。

Suabhava 自性，每一事物所具有的特性。

Suasti 光线一样的车轮，太阳的象征，后被纳粹误用为雅立安纯种的象征斯瓦斯提卡（swastika）。

Subah 苏巴，莫卧儿王朝时期的省。

Subahdar 苏巴达尔，莫卧儿王朝时期的副王和省督，等于纳瓦布（Nawab）。

Subahrao，Rayaprolu 苏巴拉沃，R.（1892—？），印度泰卢固语诗人，作品有《安托罗诗丛》《草镯》等。

Subahu 苏巴狐，《罗摩衍那》里破坏众友仙人修炼的罗刹，为罗摩所杀。

Subal 苏波尔，黑天童年的伙伴。

Subala 妙力，《摩诃婆罗多》里甘陀利和沙恭尼的父亲。

Subamarekha 《苏巴马尼卡》，20世纪60年代利特维柯·伽塔卡（Ritwick Ghatak）导演的新印度电影。

Subananda Das 苏巴南达·达斯，18世纪尼泊尔语作家。

Subandhu 苏般度，6世纪作家，著《仙赐传》（Vasadatta）。

Subarna 皮肤白皙的女人。

Subha 吉祥。

Subhaa 《素帕》，泰戈尔于1893年写的短篇小说。素帕是个哑巴女孩，每天与心爱的牛为伴，向牛倾诉心事。父母亲为她的亲事着急，怕素帕嫁不出去会使他们失去高级种姓。于是把她远嫁加尔各答。她丈夫遗弃了她，另娶会说话的姑娘。

Subhadra　妙贤，神话里富天的女儿，黑天的妹妹。阿周那在访问克里希纳的多门城时，爱上了妙贤，但妙贤的哥哥想把他许给难敌。阿周那按照黑天的建议从多门城把她拐走，大力罗摩一气之下离开他们。她和阿周那生了激昂。在毗湿奴的扎格纳特形象里，她作为黑天的妹妹出现，传统认为她和黑天有乱伦关系。

Subhadra　素巴德拉，佛陀的最后一个弟子。

Subhadradhananjaya　《妙贤与阿周那》，9—10世纪的作家族顶（Kulasekhara）写。

Subhadrahanran　剧本《劫妙贤记》。阿周那看上了黑天的妹妹妙贤（Subhadra），但妙贤已名花有主，黑天纵容阿周那在娶亲路上劫走妙贤。

Subhadristi　《拜堂相见》，泰戈尔1900年写的短篇小说。见 The Aupicious Vision（The Look Auspicious）。

Subhakarasimha　善无畏（637—735），一称“净师子”，唐代印度佛教高僧，密宗创始人之一，与金刚智、不空并称“开元三大士”。他是释迦牟尼叔父甘露饭王的后裔。他在那烂陀学习密教，716年取道吐蕃到长安。先后在长安、洛阳译经，直到740年逝世，享年99岁。

Subhuti　须菩提，意译为善古，公元557—559年在中国译经。

Subhas Mukhopadhyay　苏巴斯·姆克帕蒂亚雅，20世纪作家。

Subhasitaratnasandoha　《妙语宝集》，10世纪阿密多揭提著。

Subhasitavali　《妙语连珠》，12世纪沃勒帕提婆（Vallabhadeva）著。是古典抒情诗集。

Subhata　苏婆吒，13世纪作家，著《哈奴曼剧》），《使者鸯迦论》。

Subi　“悦耳之歌”，古老的曲调。

Subrahmanya　苏波拉马尼亚，即塞建陀（Skanda），又称迦提吉夜（Karttikeya），即印度神话里的战神，大神湿婆与雪山神女的儿子。

Subramania Bharati　苏波拉马尼亚·巴拉提，20世纪泰米尔作家。

Subramaniah　大蛇，其他叫法还有阿南他（Ananta）、马哈萨沙（Mahasasha），毗湿奴的睡床。

Subramaniah　苏波拉马尼亚，印度卡纳塔克邦迈索尔东部的镇子，有毗湿奴蛇神庙。

Subramanyan K. G.　苏波拉蔓延，K. G.（1924—），印度画家、雕塑家。

Subramanta Bharati　苏波拉曼塔·巴拉迪，印度20世纪初爱国作曲家。

[Such Naa Dukh] Ukta Prabandha Sambandhe Baktttabya　《[欢乐还是痛苦]——对上述一文的一点看法》，泰戈尔的散文。

Sucharita　“好品格的姑娘”，苏查丽达，《戈拉》里的女主角，原名拉达，因梵社禁止用神或神话中的名字取名，故改此名。

Suchi　手势：食指伸直，其余四指握拳，拇指在外。

Sucimukha　针眼阵。

Sucimukham　阴间的钢针地狱。

Sucipadi　苏西巴蒂，指火神。

Sudakshina　苏托克西那，4世纪印度著名诗人迦梨陀娑的长篇叙事诗《罗祜世系》里罗摩的高祖迪利波国王的王后。

Sudama　仿木造的耆那教石窟。

Sudanma　苏丹玛，《摩诃婆罗多》里遮那竭国王的首席军师。

Sudamna Charita　《苏尔玛的品格》，15世纪虔诚派作家纳尔斯特·梅塔（Narst Mehta）的作品。

Sudarsana　喜见山，古印度传说中的城市。理想中天神的住所。

Sudarsana　毗湿奴神器。

Sudarshen-chakra　毗湿奴铁圈状的武器，速达轮，轮盘。它是个轮状物，中间有个眼，从中间伸出上千个臂，外沿尖利。这个轮盘用法是：把轮盘放到食指上，转圆后再抡出去，砸向敌人。它对于邪恶和非主义者很厉害，但对好人却预示吉祥，因此叫速达仨拿（好看）。

Sudas　苏达斯，梨俱吠陀时代婆罗多部落的名王。

Sudatta　须达多，梵名，译曰善施，别号

"给孤独"，佛在世时有长者，建祇洹精舍之人。中印度乔萨罗国舍卫城之豪商，性慈善，好施孤独，故得此名。在王舍城听释迦牟尼佛说法，深归依之，请至其国，购太子祇多之园林，以赠释迦，使之说法。太子戏言，能以黄金布地方出让。须达多以金布地，而太子以园中之树施之，此园遂因之而得名曰："祇树给孤独园"。

Suddha 苏摩酒，玉液，仙酒，甘露。

Suddha 苏达（音乐的音阶）。

Suddhadvaita 清净不二论。

Suddhaduitamvada 纯粹不二论。16世纪伐罗婆（Vallabha）提出。

Sudhamas 神群，每一群有12个神。

Suddhi 纯化，净化，涤罪。

Suddhis Movement "纯粹"，"净化"，皈依运动，由达亚纳达·萨拉斯瓦迪（Dayanada Saarasvati）提出，非印度教徒可以皈依印度教。

Sudeshna 妙礼，国王奉献的麦子。

Sudesna 妙施，《摩诃婆罗多》里的毗罗陀王后，阿周那和妙贤的儿子激昂娶的媳妇至上公主的母亲。黑公主在被流放期间做她的使女。

Sudhana 善财童子，佛教菩萨名。因生时种种珍宝自然涌出而得名。

Sudhodhana 净饭王，公元前6世纪印度迦毗罗卫国国王，释迦牟尼的父亲。

Sudra 首陀罗，印度教4大种姓里最低种姓。颜色是蓝色，地位最低。这个种姓由伺候用餐、做饭的高级佣人和工匠组成，从事抬死人、出粪、养鸡猪、捕猎、屠杀、沽酒、兵伍等卑贱职务。首陀罗乃雅利安人所征服之土著，随着婆罗门文化之隆盛而备受压迫，亦无任何宗教特权，并受传统婆罗门教轻蔑为无来生之贱民，故称为一生族。首陀罗是人口最多的种姓。

S

Sudradharma 首陀罗的义务。

Sudraka 首陀罗迦，3世纪作家，作品有《小泥车》（Mrachakatika）。

Sudyumna 苏底友摩那，神话里的7世摩奴子，女变男，受湿婆诅咒又变回女身，与步陀婚，生洪呼王。

Sufism 苏菲主义，伊斯兰教神秘主义派别，是对伊斯兰教信仰赋予隐秘奥义、奉行苦行禁欲功修方式的诸多兄弟会组织的统称，旧译"索弗依"。"苏菲"（Sufi）一词系阿拉伯语音译，其词源有多种说法。一说源自阿拉伯语"赛法"（Safa），意为"心灵洁净和行为纯正"；一说源自阿拉伯语"赛夫"（Saff），意为"在真主面前居于高品位和前列"；一说其品质类似先知穆罕默德时代称为"苏法"（Suffah）部落的人，苦行禁欲，虔诚礼拜，与世隔绝。对于苏菲派，学者们一般认为它源自"苏夫"（Saf，即羊毛），因该派成员身着粗羊毛织衣，以示其虔诚的信仰和生活上的安贫质朴，故名。

Sugandhapuspasancayana 收集香花。

Suggati 善趣，生前的好行为。

Sughosa 妙声，螺号名，黑天快如思想的骏马之一。

Sugriva 妙项，史诗《罗摩衍那》里的猴王，他在罗摩的帮助下杀死哥哥波林，重登王位，帮助罗摩消灭十首魔王罗婆那，救出悉多。

Sugriva 苏格里瓦，意为"美鬃驹"，在印度神话传说中它为黑天神的坐骑。

Suhag 永久的婚姻，生活。

Sujiva 苏祇婆，6世纪印度乐师，善弹胡琵琶，560—578年从龟兹到中国，带来七种声调。

Suhala 有好犁的农民。

Suicide of Detenus 《评政治犯的自杀》，泰戈尔的信，抗议英印殖民政府对印度政治犯的迫害。

Suisini 随喜你，拉贾斯坦邦民间舞。

Sujata 苏嘉达，用奶粥救修炼的悉达多王子（成佛之前的释迦牟尼）的牧羊女。

Suka 苏卡，岛生黑仙人毗耶娑的儿子。孔雀。

Sukaksu 素卡素山，山名。神话传说：恒河从湿婆额头分七股流出，三股从这里流向西，其余流到东。

Sukanya 美娘，妙姑，传说里芦箭国王的女儿，因好奇用树枝刺破正在修炼如土堆、只露出两个光点的薄利古之子行降仙人眼睛，对方逼她嫁给他。美丽的双马童引诱她，三人从水里出来是样子一样的美貌少年，他凭着记号认出丈夫。丈夫不顾因陀罗反对为双马童设献祭神位。

Sukaramukham　惩罚昏君的地狱。

Sukarika　阻挡，缓冲敌人投掷来的石块的内装棉花或羊毛的大型皮囊。

Sukasaptati　《鹦鹉的故事》。

Sukatunda　鹦鹉嘴的手势，食指、无名指蜷曲。

Sukha　幸福，静止状态下体验到的愉快。

Sukhasana　安逸座。

Sukhavat　幸福之地。

Sukhavativyuha　《方广净土经》。

Sukla　白半月，月亮由朔到望的半月。

Sukra　素克拉，《罗摩衍那》里猴王波林的导师。

Sukra　阿修罗的导师，金星。

Sukracharya　太白仙人。天乘的父亲，教云发死而复生术。见Sakra词条。

Suksmasarira　敏感的身体。

Sukra　金星，或称乌萨那（usana）。

Sukraniti　《政术精华》，印度教古代政体论著，修羯罗阇著。说明国王与大臣的职责、外交与战争、政治与社会制度、治国术以及人的行为准则。

Sukrawar　星期五，金星（sukra）的名字。

Suksama　微妙。

Sukshma Bichar　《索然无味的争论》，泰戈尔于1886年写的幽默故事系列之一。见Hair-splitting Argumentation。

Suksma-sarira　细身：亡灵到了阎摩王国，换取一个洁净透明、肉眼看不见的躯体。

Sukshman　细。

Sukta　颂诗，赞美诗。颂，节。

Suktimati　珠贝河。

Sukumaaree　苏库玛丽（1850—1864），泰戈尔的二姐。丈夫是海门德罗纳特·穆科巴泰（Hemendranaath Mukhopaadhyaaya,？—1885）。

Sukumara　文戏。

Sul-t-kul　世界和谐。

Sula　标枪。

Sulam　插杵。

Sulaprotam　惩罚无故杀人者的地狱。

Sulema　花园。

Sulka　财礼，价钱。

Sultan　德里苏丹，有权威的人。

Sultanate Period　苏丹时期。

Sultanganji　苏尔坦甘吉佛像，制作细腻，身穿透明外衣的佛像。

Sulva Sutra　《准绳经》，与建造祭坛有关的知识。

Sumadhyama　花季少女。

Sumantra　素曼特拉，《罗摩衍那》里十车王的宫廷总管，最宠幸的大臣。

Sumantu　苏曼图，《阿达婆吠陀》颂歌的搜集整理者。

Sumati　素玛提，神话里的罗摩祖先。

Sumatra　苏门答腊岛，印度尼西亚西部岛屿，世界第六大岛，位于棉兰老岛和加里曼丹岛之间，总面积2823平方千米，主要港口有和乐、巴林坪、帕兰等。

Sumbha　苏姆婆，阿修罗，被难近母杀死。

Sumeru　须弥山，妙高山，又译为苏美鲁山，印度神话里的山名，相传山高84000由旬，山顶上为帝释天，四面山腰为四天王天，周围有七香海、七金山。第七金山外有铁围山所围绕的咸海，咸海四周有四大部洲。许多人认为它位于中国和土库曼斯坦之间。许多佛教造像和绘画以此山为题材，用以表示天上的景观。有时表示北极。

Sumitra　须弥多罗，《罗摩衍那》里十车王的三王后，拉克什曼那和舍图卢柢那的母亲。

Sumitranandan Pant　苏米特拉南丹·潘特，浪漫文学兴起运动领袖人物之一。

Summer's Pioneers　《夏季的先锋》，泰戈尔1915年写的诗。

Sumudra Gupata　三摩答剌·笈多（330—380在位），笈多王朝第二代国王（第一代国王为旃陀罗·笈多）。

Sumukha　好看的人。

Sun Bolin　孙柏林，当代学者，与田晶联合发表《神·自然·爱——论泰戈尔之自然观在〈飞鸟集〉中的体现》等。

Sun Dunheng　孙敦恒，清华大学教授，发表《印度大诗人泰戈尔在清华大学》。

Sun Jing　孙晶，当代学人，发表《新书选介·泰戈尔》。

Sun Li　孙力，当代学人，发表《简论泰戈尔诗歌的思想和艺术》。

Sun Qian　孙倩，当代学者，发表《泰戈尔短篇小说中的和谐之美》。

Sun Wenlang　孙闻浪，当代学者，发表

《泰戈尔的中国情结》《泰戈尔访华逸事》《泰戈尔来访中国记事》等。

Sun Yan 孙艳，当代女学人，发表《前不见古人后可望来者——访泰戈尔的学生魏凤江》。

Sun Yanjun 孙燕君，当代媒体人，2012年发表《论泰戈尔短篇小说对边缘化女性的关注》。

Sun Yat-Sen 孙逸仙，即孙中山（1866—1925），杰出的资产阶级革命家、伟大的民主革命先行者，1905年在日本组织同盟会，提出民族、民权、民生三民主义，领导推翻了几千年的封建帝制。1912年他在南京就任中华民国临时大总统，建立中华民国政府。他确立了联俄、联共、扶助农工三大政策。他创办了黄埔军校。1925年3月12日他因肝癌逝世于北京。1924年4月他给在访华途中的泰戈尔写了一封欢迎信。

Sun Yixue 孙宜学（1968—），复旦大学文学博士，2004年赴英国爱丁堡大学英文系进行博士后研究，现为同济大学国际文化交流学院教授，博士生导师，主要从事比较文学与世界文学、泰戈尔与中国关系方面的研究。已出版学术专著：《西方现代派文学》（与人合著）、《外国文学专题研究》（与人合著）、《中外浪漫主义文学导引》《浪漫的精神行旅——走近文学大师莫洛亚》《雪泥上的鳞爪——中外文学论》《凋谢的百合——王尔德画像》《从泰戈尔系列奠言》《泰戈尔与中国知识分子》等；译著：《狱中记》《文学的哲学》《法国现代批评大师》《卢梭与浪漫主义》《美国的文明》《尼采在西方》等；发表学术论文60多篇。有关泰戈尔的著作有：《泰戈尔与中国》《泰戈尔——中国之旅》《不欢而散的文化聚会——泰戈尔来华讲演及论争》《诗人的精神——泰戈尔在中国》，主要论文有：《不欢而散的文化聚会——泰戈尔来华引起的风波》《胡适与泰戈尔》《徐志摩如何"捧杀"了泰戈尔》《时代的误会：中国早期翻译介绍泰戈尔的三个阶段及两种态度》《泰戈尔与上海》《泰戈尔与耶稣》《梁启超与泰戈尔》《周作人与泰戈尔》《中国的泰戈尔追悼会》等。

Suna-ullah 苏纳·乌拉，泰戈尔接触过的巴乌尔歌手。

Sunahsephas 苏那式钵，仙人。

Sunaka 素那卡，神话里薄利古仙人的二儿子，自愿把自己卖给特里山谷顶替丢失的祭马，是众友仙人的外甥。

Sunayenee 苏诺伊妮（1875—1962），泰戈尔的三叔吉林德罗纳特（Jireendranath）的小儿子古嫩德罗纳特（Gunendranath）的第二个女儿，她在绘画艺术界是位值得纪念的画家。她嫁给了罗久尼莫洪·丘多巴泰（Rajaneemohan Chattopaadhaay），他们的一个女儿比纳芭妮（Beenaapaani）最先嫁给了泰戈尔大哥德维琼德罗纳特（1840—1926）的孙子迪嫩德罗纳特（Dinendranaath）。迪嫩德罗纳特被誉为泰戈尔的"歌库"，是泰戈尔最喜欢的歌手。

Sunda 孙陀，大松德，恶魔。与小松德争夺因陀罗让工艺神造出、投胎迦叶波妻子的绝色美女底娄陀摩而互打而死。

Sundar（Naatyageeti） 《美之歌》，泰戈尔创作的系列歌曲，于1928年2月在泰戈尔大院演出。

Sundaram 美感，美。

Sundaran 孙达兰，古吉拉特邦当代作家，作品有《叙事诗》（Kavyamankala）和《旅行记》（Yatra）。

Sundarar 信奉湿婆的泰米尔语那衍纳尔派作家。

Sundarshana Chakra 美轮盘。

Sundarayya，Puchalapalli 孙达拉雅，普查拉帕里（1913—1985），印度共产党第一任总书记。

Sundarer Abhyarthana 美好的欢迎。

Sundari 孙陀利，妓女，外道杀死她诬陷佛陀。

Sundarja o Bala 《美与力》，泰戈尔的杂论。

Sundarkanda 《罗摩衍那》里的《美妙篇》。

Sunday 《星期天》，泰戈尔1939年写的短篇小说。阿比克背叛自己的吠陀家庭成了无神论者。他亵渎神灵，被父亲一气之下赶走。他有两大爱好：摆弄机器和画画。许多姑娘倾心于他。他还和穆斯林朋友一起吃牛肉。新来的漂亮女大学生比帕和他在学习上一比高低。他要把原来喜欢他的姑娘、得伤

S

寒而死的玛尼沙倾其所有送的金表卖给比帕，使比帕大为惊异。原来他想用表换一辆好车。比帕没有要表，却给他一笔钱。但之后他却拿着比帕送的钱悄悄去了英国，顺手牵羊拿走了她的金项链。留下一封信和一幅画来顶金项链。不过他心里还惦念着比帕。

Sunday school　主日学校，基督教为儿童开办的星期日学习班。

Sunderbans　孙德本老虎保护区，在恒河三角洲的中心地区的印度河孟加拉交界处，这里有世界有名的孟加拉虎。

Sundesh　松代什，孟加拉人喜欢吃的甜食。

Suneedikumaar Chattopaadhyaaya　苏尼迪库马尔·丘多巴泰（1890—），著名的孟加拉语言学家。

Sunset Club　日落俱乐部，在美国西雅图市。1916年9月，泰戈尔访美时曾在此以"民族主义的狂热"（The Cult of Nationalism）为题演讲。

Sunga Dynasty　巽珈王朝（公元前187—公元前75），印度摩羯陀的一个王朝，为孔雀王朝将军布舍耶密多罗建立，首都华氏城（现比哈尔邦首府巴特那），该王朝支持婆罗门教，反对佛教。

Sunga，Pushyamitra　巽伽，普什亚米特拉，孔雀王朝最后一个统治者布里哈达拉萨（Brihadratha）的将军，公元前185年，他谋杀了正在检阅军队的布里哈达拉萨，而后，这位篡位者建立了巽加王朝。

Suniti Chatterji　孙尼提·查他拉吉，孟加拉语构词学家。

Sunnar　金匠。

Sunnis　伊斯兰教逊尼派。

Sunya　空，零。

Sunyadisya　桑耶底斯亚，14世纪印度佛教僧人，来华讲经。

Sunyata，Astitva　空有理论。

Sunyata　空，事物虚幻不实。

Suorani　受宠的王后。

Supaaschandra Basu　苏帕什琼德罗·巴苏（1897—1945），孟加拉著名的爱国者，诗人。

Supari　槟榔。

Suparna　苏波哩那，"美羽"，即迦鲁陀神鸟，大鸟，如金翅大鹏鸟等；神话里萨竭罗第二妻子苏玛蒂的姐姐。

Suparnavyuha　雏鸟阵。

Suparswa　苏帕尔斯瓦山，毗湿奴的住所外昆塔（Vaikuntha）就在此山上。

Superior　《优越》，泰戈尔《新月集》里的诗。

Suprabha　素婆拉巴，神话里的达刹之女，与姐迦亚共生100子，变100支箭。

Supratika　妙颜，《摩诃婆罗多》里东光国国王福授的大象的名字，被阿周那射死。

Supreme Man　《超人》，泰戈尔的散文。

Suprya　苏普里亚，托钵僧的女儿，佛陀的弟子。

Supryo Tagore　苏普利约·泰戈尔，20世纪泰戈尔在圣蒂尼克坦创办的露天学校的校长。

Supta　做梦。

Sur Dynasty　苏尔王朝（1539—1554），舍尔沙在印度建立的王朝。

Sur o Sangat　《论音乐的信》，泰戈尔与穆克巴泰关于音乐的讨论，于1935年出版。

Sur Phanktal　苏尔·潘克塔尔，印度古典音乐的一种节奏。

Sur Saravati　《苏尔诗选》，16世纪盲诗人苏尔达斯（Surdas）的作品。

Sura　偷盗，女酒神，善神。

Sura　修罗，阿修罗的对立面，即众神；醉剂的人格化。

Sura　素拉，阿底提生的儿子，神话里众神搅乳海时拒绝娶瓦如尼。

Sura　唱诗，苏拉酒。

Surabhi　须罗毗，即萨巴拉（Sabala），神话里极欲仙人的神牛，可源源不断地提供牛奶，能让人心想事成；牛之母，丰产母牛；怡悦，达刹的女儿，以牛的身子下凡。

Suradhani　天上的恒河。

Suragum　最上者，天神，祖宗。

Suraguru　神师，祈祷主（Brihaspati）的称号。

Suraj Mal　苏拉杰·马尔（？—1763），居住在德里、阿格拉一带的贾特族首领，曾抵抗阿富汗人的入侵。

Suraj Sen　苏拉吉·森，瓜廖尔城的建造者。

Surapana　饮酒罪。

Surapannati　太阳。

Surasa　苏罗娑，《罗摩衍那》里群蛇那迦之母，在兰卡要吃神猴哈奴曼，哈奴曼把身体变小，从她口里逃出。

Surasena　苏落色那，公元前6世纪—公元前4世纪印度列国时代16国之一，在雅穆纳河上游流域，首都摩图罗；部族名。

Surastra　苏剌陀，即现在卡提阿瓦半岛卡其湾的苏拉特；《罗摩衍那》里十车王八臣之一；十车王领地。

Surat　印度西部古吉拉特邦港口城市。

Surat　苏拉特，印度西部古吉拉特邦港口城市，在孟买北250千米，坎贝湾东岸，塔普蒂河口。18世纪时苏拉特曾为重要通商口岸。1907年国大党第23次会议在这里召开，分裂为"温和派"和"极端派"。

Surdan Mohammad Shaqui　苏尔丹·穆罕默德·沙奎，14—15世纪吉尔王朝国王，他鼓励艺术。

Surdas　苏尔达斯（1478—1581），印地语布拉奥方言歌圣，16世纪阿格拉虔信派盲诗人，作品有《苏尔诗海》（Sur Sagar）和《苏尔诗选》（Suravati）。

Suren　苏伦，泰戈尔的侄子，泰戈尔五哥的儿子。

Surendrabanlujye Surendranaath Bandyopaadhyaay　苏楞德罗·般多巴泰（1846—1925），孟加拉政治活动家，天才的演说家，炙热的爱国者。

Surendranaath Tagore　苏棱德罗纳特·泰戈尔（1872—1940），罗宾德罗纳特的二哥绍登德罗纳特（1842—1923）的长子，是泰戈尔最亲密的三个侄子之一，曾翻译泰戈尔的作品。

Surendranath Banarjee　苏林德拉纳特·班纳吉（1848—1925），著名的政治家，国大党第一任主席，国大党领袖和创始人之一。他是19世纪下半叶印度民族运动领导人之一。

Suresa　苏热萨，宇宙永恒之神。

Suri　苏里，印度西孟加拉邦小城市，1940年2月21日泰戈尔在这里宣布一年一度的工业博览会开幕。

Suris　苏瑞斯人，印度吠陀时期的两大统治精英之一，另一精英为阿瑞斯人。

Suriyanarayana Sastri　苏利亚那拉亚那·夏斯特里（1870—1903），印度泰米尔语作家，作品有《鲁巴瓦蒂》《诗人的盛宴》等。

Surmandal　苏曼陀，一种乐器。

Surpanakha　"巨爪"，首哩薄那迦，《罗摩衍那》里十首魔王罗婆那的妹妹，因调戏罗摩和拉克什曼那兄弟，被拉克什曼那割掉鼻子，她挑唆罗婆那抢走悉多。

Surul Kuthi　苏鲁尔·苦提，村子名，圣蒂尼克坦所在地，泰戈尔在这里买了20亩地建乡村重建学院。

Surva　祭勺。

Surya　苏利耶，太阳，太阳神。

Surya Kanda　太阳石。

Suryakirti　吉省，印度僧人，在宋朝译经7部。

Suryakant Tripath Narala　苏利耶坎特·特里帕特·那拉拉，现代浪漫文学兴起运动的领袖人物。

Surya Namaskar　太阳礼拜。

Surya Narayana　苏利耶·那罗衍那，古吉拉特邦对太阳神（Surya）的称呼。

Surya Narayana Temple　太阳神那罗衍庙，在乌代普的拉纳普尔（Ranakpur）。

Surya Siddhanta　《苏利耶悉檀多》，印度古代5部古天文学经典里最重要的一部。

Surya Temple at Konarak　科纳拉克的印度教太阳神庙，在奥利萨孟加拉湾海滨的科纳拉克镇，建于1250年前后，整个庙用石头雕成，形如太阳神苏利耶的马车，有24个巨大的车轮，7匹骏马。还有一座舞蹈之神湿婆庙，上面刻着无数的真人大小的湿婆舞蹈动作。

Surya Vansha　神话里的太阳王朝。

Surya-vamsa　太阳族，《罗摩衍那》里罗摩的祖先。

Suryapari　素利亚帕里，婆罗门次种姓。

Suryaprabhalambaka　依靠太阳神的光辉者。

Suryasataka　《太阳神百咏》，7世纪摩由罗玛宇拉（Mayura）写。

Suryavamsa　《太阳世系》（史诗）。

Susarma　善佑，《摩诃婆罗多》里三穴国国王，助难敌攻打摩差国国王毗罗陀，试探般度五子。

Susena　素塞那，《罗摩衍那》里的猴军将领，风神瓦如那子；《摩诃婆罗多》里的持国

S

百子之一。

Sushena　素舍那，《罗摩衍那》里猴国国王妙项的叔叔。

Susima　苏西玛，泰戈尔为中国诗人徐志摩取的孟加拉名字。见Su-seemo。

Susima　苏深摩，公元前3世纪摩羯陀国孔雀王朝国王阿育王的长兄。

Suso　苏索（1295—1366），中世纪德意志神秘主义神学家，认为上帝是永恒的，是万物的根源，是万物的“形式”；人从上帝来，终将回归到上帝。主要著作有《永远的智慧书》和《真理书》。

Susruta　修罗泰，又叫妙闻，4—5世纪人，古代印度医学科学家，笈多时期的外科鼻祖，著有《修罗泰本集（妙闻集）》。

Susruta-samhita　《阇罗迦集》，吠陀文献中最古老的著作之一，另一本为《妙闻集》（Caraka-samhita）。

Susu Bholanath　《纯真集》，泰戈尔于1921年写的系列诗。

Susuksmasarira　微小的敏感的身体。

Susumna　身体主要脉络，中枢神经。单道光线。

Susumna nadi　中心经络。

Susupti　沉睡。

Suta　苏塔，刹帝利男子和婆罗门女子生的儿子，在古代印度通常担任国王的车夫和歌手，可以担任宫廷诗人，创作赞颂古今帝王的歌，有时会具有参与政务的臣僚地位。

Suta　玉液，仙酒。

Suta　游吟诗人。

Suta　马夫、车夫种姓。

Sutanuti　苏多奴迪，孟加拉语的意思是“雅貌村”，泰戈尔的第十八代先祖尼尔莫尼和多尔博纳拉扬兄弟于1756年在加尔各答北边买地建设宅院的渔村名。如今成为泰戈尔印度大学（Rabindra-bharati University）的所在地。

Sutee　萨蒂，妻子为死去的丈夫自焚而死。活着的寡妇与其已故的丈夫、其他亲属或与先人有联系的文献、物品共同接受火葬或埋葬；或者不论殉身者自愿与否，任何活着的女性与其亲属的尸体共同接受火葬或埋葬。仪式会以婚礼的形式在公开场合受人围观下进行，寡妇不是穿寿衣而是穿婚袍以映射神话中女方死亡、转生、与先夫重逢再度结合。妇女焚身的方式可以是躺在丈夫的遗体旁同时被烧，另一种是当火葬的火焰烧得熊熊时妻子投进火堆中，寡妇反抗拒绝接受仪式的场合下多为后者，并且会被捆绑防止逃走。殉夫的寡妇会获树立“萨蒂墓石”或圣坛以表扬她们的行为。

根据记载，萨蒂习俗在笈多王朝建立前，大约公元400年已经出现。笈多王朝约于公元500年衰落后此仪式更为盛行。

Sutar　素塔尔，木匠种姓。

Sutas　苏多（古代游吟诗人）。

Sutasoma　子月，布军与黑公主的儿子。

Sutavamsa　车夫种姓。

Sutiksna　素提刻丝那，罗摩和悉达在林中会见的仙人，让他们住在投山仙人处。

Sutlej　萨特累季河，印度河主要支流之一。

Sutra　线，一连串；“主线”，如吠陀支在最广泛的意义上被看作是佛陀文学，必读书。

Sutra Pitaka　经藏。

Sutradhara　舞台经理，舞台监督。

Sutrajna　通经者。

Sutranalia　狂欢节。

Sutta　讲经，经藏。

Sutta Pitaka　《经藏》，佛陀生前言论集，短句小经书。

Suttanipata　《小尼迦耶》15之第五《经集》。

Suttanate painting　大风格，企图融合新引入的波斯及印度传统风格。

Suvabhava　原质，自性，自然，本性，性情。

Suvahu　苏婆呼，《罗摩衍那》里的妖怪，扰乱众友仙人修炼，被罗摩消灭。

Svala　妙力，沙恭尼和甘陀利的父亲，持国百子的外公。

Suvaravali　基本音阶练习。

Suvarcala　须婆羯罗，太阳神的配偶。

Suvarna　金。

Suvarna-bhumi　金地。

Suvarna-deva　金天，西天。

Suvarna-kamala　金莲。

Suvarna-lokadhatu　金色世界。

Suvarna-saptati-sastra　《金70论》，古代哲学数论派主要经典，原名《数论颂》

(Sakhya-karika)，3—4世纪自在黑（Isvara-krsna）著。
Suvarnabhumi　素万纳普，泛指孟加拉湾远东处的独岛和半岛区域，公元前阿育王曾派佛教传道士来这里传教。
Suvarnakarani　使人恢复气色的草药。
Suvarnagiri　金山。
Suvarnakumi　黄金之国。
Suvarnakuta　金求刹，印度僧人，唐朝时在中国译经。
Suvarnaprabha　金光明。
Suvastu　苏瓦斯图河，即现在的瓦斯特河，在阿富汗和巴基斯坦。
Suvela　素威拉山，在楞伽岛，《罗摩衍那》里，罗摩大军攻打罗婆那前一夜就住在这里。
Suyagadanga　分辨支。
Suyagrahana　日食。
Suyajna　妙祭，极欲仙人的儿子。
Suyavamsa　太阳王朝。
Suyodhana　妙财，持国的儿子之一。
Suyya　苏亚，9世纪加湿弥罗（克什米尔）乌特波罗王朝国王阿潘迪跋摩的才华出众的大臣。
Sva-dharma　有关各种姓、各类人的最高美德，种姓义务。
Svaamee Shraddhaananda　斯罗塔依德大师（1855—1926），印度著名政治领袖、社会活动家，生于旁遮普邦，在贝拿勒斯求学后，做过律师，后来从事宗教和社会服务工作，加入了圣雄甘地发动的不合作运动。他致力于印度教徒和穆斯林的联合。他感到必须消除印度教社会内部的弱点，旋即脱离国大党，投入社会改革工作。他注意到印度教徒因社会的固执被迫改变宗教后不能恢复，为了给他们机会，并给其他宗教的人士以自愿加入印度教的权利，他推行“净化”制度。一名穆斯林凶手将他杀害。为了纪念他，加尔各答的米尔扎普尔公园后来改名为斯罗塔依德大师公园。
Svabhava　自性。
Svacchandabhairava　斯瓦查达白拉瓦，克什米尔地区普遍崇拜的湿婆大神的造型。
Svacchandabhairava Tantra　斯瓦查达白拉瓦经，克什米尔地区赞颂湿婆大神的经文。
Svacchatoya　清水。
Svacitta-suddhi　心性本静。
Svadesh　《祖国》，泰戈尔1908年写的散文。
Svadeshi　进行地方贸易的商人。
Svadharma　自己的职责，自己的宗教。
Svadhyaya　自我习诵，学习哲学经典。
Svaha　娑婆诃，古代印度宗教认为是有神秘力量的声音。
Svahakara　司瓦哈卡拉，祭祀时喊达刹的女儿司瓦哈的名字。
Svakiya　自己的女人，妻子。
Svamayaya　魔力。
Svamin　君主，主人，所有者。
Svamini　夫人。
Svantantra　不能独立地做任何事。
Svapna　梦，睡梦，梦游。
Svapna　神话里极欲仙人的神牛变的人及武器。
Svapnaprayan　《梦幻离逝》，泰戈尔的长兄德维琼德罗纳特的诗歌。
Svapnavasavadatta　《惊梦记》，2—3世纪戏剧家跋娑的代表作，描写优填王、莲花公主和仙赐之间的感情纠葛。
Svar　天，天空。
Svara　苏佛罗，印度僧人，唐朝时来中国译经。
Svara　乐句音调，7种音调：具它（sadja）、神仙（rsabha）、持地（gandhara）、中令（madhyama）、第五（pancama）、明意（dhaivata）、近闻（misada）。第五用于滑稽和艳情味，神仙用于英勇味、暴戾味和奇异味；持地、近闻用于悲悯味；明意用于厌恶味和恐怖味。
Svarga Haite Biday　《告别天堂》，泰戈尔的诗。
Svara pranidhana　敬自在天。
Svaraj Sadhan　《争取自治》，泰戈尔的散文。见 Swaraj Sadhan。
Svarasada　变声。
Svarasti　舍卫城，北方邦，公元前乔萨罗国的首都。
Svaravitan　泰戈尔的音乐集。
Svarga　天界，天堂，因陀罗的天堂，《摩诃婆罗多》里的《升天篇》。

S

Svargarohana 上天堂。

Svargārohana Parva 《摩诃婆罗多》里的《升天篇》。

Svargiya Prahasan （Heavenly Burlesque），泰戈尔于1894年写的喜剧《天堂笑剧》。见Heavenly Svarnamriga。

Svarita 中调，降调，转调。

Svarna 金子。

Svarnakumaaree 绍尔诺库玛丽（1856—1932），泰戈尔的四姐，富有才干的音乐家和女作家，孟加拉第一位女长篇小说家。丈夫贾诺基纳特·寇沙尔（Zaanakinaath Ghoshāl，1840—1913）。

Svarnamriga 泰戈尔的短篇小说《金鹿》（或译为《诱惑》）。见The Gold Deer。

Svarnaparvata 金山。

Svarnaratnaparisodhana 珠宝黄金鉴赏艺术。

Svarocisa 二世摩奴。

Svarocisa Manvantara 第二摩奴时期。

Svarthananumana 为自比量。

Svarupa 本质，精华，要旨。

Svasanved 小奥义书。

Svasti 不可拒绝的，祝福词：千万，一定！

Svastika 斯瓦斯提卡，古代印度不是祥瑞的符号，20世纪初德国国社党以它作为党徽；万字手势，双手都持蜷曲手势，朝上，在腕部交叉。

Svastivacana 撒煮米，宗教礼仪，婆罗门把煮好的大米撒在地上，恳求神仙在礼仪时保护。

Svasuran 岳父。

Svasur-bari 岳父的家；监狱。

Svatantrika 自续派，大乘佛教中观学派分派，6世纪清辩创立，提出在辩论中确立自己的命题主张。

Svavacanavirudha 自义相违。

Svaviryopajivinah 靠体力来生活的人。

Svayam-rupa 原本形象。

Svayambhu 自在天，梵天。

Svayambhuva 一世摩奴。

Svayamvara 公主、小姐抛绣球选婿仪式，小姐从前来求婚者里选取称心郎君。

Svayamvara 比武选婿，《选婿大典篇》。

Svayanjata 自己妻子亲生的儿子。

Sveda 出汗。

Svedaja 湿生，从湿气所生，如蚊子等。

Sven Anders Hedin 斯文·安德斯·赫定（1865—1952），瑞典地理学家、地形学家、探险家、摄影家、旅行作家，同时也在自己的作品中绘制插图。他出生于斯德哥尔摩。在中亚的四次探险考察中，他发现了喜马拉雅山脉，雅鲁藏布江、印度河和象泉河的发源地，罗布泊及塔里木盆地沙漠中的楼兰城市遗迹、墓穴和长城。他死后出版的中亚地图集是他毕生工作的结晶。

Sveta 白净，毗陀罗国国王的儿子，至上公主的哥哥，被毗湿摩杀死。

Svetaketu 室毗陀吉图，《摩诃婆罗多》里的仙人。他废除已婚女人可与其他男人同居的风俗。

Svetaketu 自我。

Svetambara 白衣派，耆那教派别之一，公元1世纪形成，主张教徒穿象征纯洁的白衣，男女平等。

Svetasvatara Upanishad 白骡奥义书。

Svistakrt 执行祭祀任务成功的火神。

Swadesh 斯瓦德西，自己的国家，爱国，“本土”“自产”，1905—1908年印度开展的抵制英货运动。

Swadesharitran 《祖国联盟》，20世纪初争取印度自治的组织。

Swadeshi 思瓦得西运动，“自己的国家”，1905—1908年印度兴起的抵制英货运动。

Swadeshi Samaj 《自产社会》，泰戈尔于1904年写的论文。

Swami 师尊，大师，苦行者，圣人，大仙，道行高深者。

Swami Abhedananda 斯瓦米·阿贝达南德（1866—1939），新吠檀多的积极鼓吹者。他认为吠檀多是包罗万象的学说，优于现代科学，是世界上最完善的思想体系，是哲学发展的顶峰。

Swami Prabhupada 斯瓦米·普拉布帕达（1896—1977），印度教大师，1966年7月在美国纽约创立国际黑天意识会（The International Society for Krishna Consciousness，即ISKCON）。该协会尊印度教黑天派教祖阇多尼耶为祖师，认为它就是黑天大神在人世间的化身。

Swami Pratap Singh　斯瓦米·普拉达普·辛格（1778—1803），斋普尔袖珍画派创始人。

Swami Sivananda　法师湿婆阿难，著名的瑜伽大师。

Swami Sraddhananda　斯瓦米·斯拉达南达（1856—1926），印度著名的教育家。

Swami Sraddhananda　《斯瓦米·斯拉达南达》，泰戈尔1926年12月25日写的文章。斯瓦米·斯拉达南达是印度教大师。

Swaminarayan　斯瓦米纳罗衍（1781—1830），印度教克里希纳学派的创立者。

Swaminarayan Akshardham　斯瓦米纳罗衍阿克沙丹，意思为“斯瓦米纳罗衍的居所”，世界最大、最宏伟、最壮观、艺术水平最高、反映印度文化最丰富的印度教庙，为纪念斯瓦米纳罗衍而于2007年建成，坐落在印度首都新德里的雅穆纳河东岸，集印度的印度教、文学、建筑、绘画、雕刻、园林等顶尖人才，花了近10年时间建成，把印度教文化浓缩在这个庞大的庙群里，是印度文化的精华。其设计之巧妙，艺术之高超，令人叹为观止。

Swaminathan J.　斯瓦米那坦·J.（1928—1994），印度画家，代表作《半个月亮》等。

Swapacha　低种姓的一员。

Swapnasundari　斯瓦浦那孙达丽，当代印度库奇普迪舞（Kuchipudi）女表演艺术家。

Swar　天。

Swaraj　自律，自主，自治，独立，自由。由提拉克于1895年提出的“自治”口号。

S

Swaraj Party　自治党，印度国大党一批主张通过宪政道路达到自治领地位的政治派别。1923年3月由奇·达斯和莫·尼赫鲁组建，主张通过参加立法议会选举，在议会中展开合法斗争，反对抵制议会，反对甘地领导的不合作运动。1925年后，该党走上与政府合作的道路，接受官职，放弃独立要求。泰戈尔于1923年在一次记者招待会上谈论过该党的纲领。

Swaraj Sadhan　(Striving for Swaraj)《争取自治》，泰戈尔的散文。

Swarga　人死后要去的天堂，天界。

Swashti　诚心所愿！

Swatantra Party　印度自由党，1961年成立。

Swati Thirunal　斯瓦提·提鲁纳尔，19世纪统治特拉万卡（Travancor）地区的国王。

Swayambhu　“自在天”，梵天。

Swayam-bhu　自在。

Swayambhuva　自在天（梵天）的儿子。

Swayamprabha　司瓦雅婆拉巴，《罗摩衍那》里玛雅的女儿，一辈子独身，女苦行僧，哈奴曼和阿加找悉多时在楞伽岛见到她。

Sweden　瑞典，位于北欧斯堪的纳维亚半岛的东南部，面积约45万平方千米，人口500万，是北欧最大的国家。海岸线长7624千米。从1397年起瑞典是受丹麦控制的卡尔马联盟成员。1523年瑞典重获独立。在两次世界大战中瑞典都宣布中立。1950年5月9日瑞典同中国建交。瑞典是高度发达的先进国家，国民享有高标准的生活品质。经济自由与教育普及使瑞典踏上了快速工业化的轨道，并从20世纪90年代开始发展制造业。在20世纪时，瑞典就已成为一个福利国家。今日的瑞典更被视为具有社会自由主义倾向以及极力追求平等的现代化福利社会。1921年5月24日泰戈尔访问瑞典，在斯德哥尔摩受到瑞典皇家学会欢迎，就获得诺贝尔奖讲话。

Swedish Academy　瑞典皇家科学院（英文全名为：The Royal Swedish Academy of Sciences，有时亦被称为瑞典皇家自然科学学会），于1739年奉瑞典国王弗雷德里克之命，仿效当时的伦敦皇家自然科学促进学会和巴黎皇家科学院成立，是14个瑞典皇家学会团体之一。作为非官方的独立学术团体，它致力于推进科学，特别是自然科学及数学的发展。

瑞典皇家科学院拥有350名瑞典科学家，其中的164名院士都在65岁以下，同时还拥有164名外国院士。自1739年成立以来，已经选举产生了1450名瑞典院士。所有院士都被分为10类，它们分别是数学、天文宇宙学、物理学、化学、地球科学、生物科学、医学、工程科学、经济学和社会学、人文学科或其他科学。瑞典皇家科学院的宗旨是发展科学，特别是数学和自然科学，它主要寻求：成为各领域研究人员的交流论坛；提供独一无二的研究环境；支持年轻的研究人员；奖励为科学做出突出贡献的科学家；安排国际科学交流；发表科学见解，影响研发优先领域的设定；激励学校学生对数学和自然科学的兴趣；通过各种形式，传播科学知识和大众科学。

1926年8月25日，正在瑞典访问的泰戈尔在斯文·海丁举行的宴会上，会见瑞典科学院院士。

Sweitzer, Albert　施韦泽，阿尔贝特（1875—1965），被誉为“非洲圣人”，是20世纪人道精神划时代伟人、著名学者以及人道主义者，具备哲学、医学、神学、音乐四种不同领域的才华，提出了“敬畏生命”的伦理学思想。他是一个了不起的通才、卓越成就的世纪伟人。1913年他来到非洲加蓬，建立了丛林诊所，从事医疗援助工作，直到去世。阿尔贝特·施韦泽于1952年获得诺贝尔和平奖。1961年撰文纪念泰戈尔诞生100周年。

Switzerland　瑞士，位于欧洲中部的联邦制国家，与德国、法国、意大利、奥地利及列支敦士登接壤。瑞士是全球最富裕、经济最发达和生活水准最高的国家之一，人均国民生产总值居世界前列，旅游资源丰富，有世界公园的美誉。伯尔尼是联邦政府所在地，而该国的两个著名全球性都市苏黎世和日内瓦分别被列为世界上生活品质最高城市的第一和第二名。瑞士也是世界著名的中立国，历史上一直保持政治与军事上的中立，但瑞士同时也参与国际事务，许多国际性组织的总部都设在瑞士。瑞士面积4万多平方千米，人口700多万，官方语言为德语、法语、意大利语、罗曼语等。1926年月6月22日，泰戈尔因在意大利访问疲惫不堪，到瑞士疗养胜地维勒讷沃疗养几天，住在白罗恩宾馆雨果曾经住过好长时间的房间里，受到了住在隔壁房间的罗曼·罗兰的热烈欢迎，二人每天见面2～3次，相谈甚欢。

Syaaksan Jaati o Anglaa Syaaksan Saahitya　《撒克逊民族和盎格鲁-撒克逊文学》，泰戈尔的散文。

Syaamalee　《墨绿斋》，泰戈尔的诗。

Syadvada　或然论，耆那教的判断理论，认为对任何一种判断都不能绝对地肯定或否定。

Syagogue　犹太教堂。

Syalika　小姨子，善意地开玩笑说姐夫与小姨子的关系。鳏夫可以娶小姨子为妻，因而小姨子被称为候补妻子。

Syama　《司雅玛》，泰戈尔1936年写的舞剧，1936年10月在加尔各答演出。

Syama Ayas　黑铜，铁。

Syamali　“泥草屋”，泰戈尔于1935年5月在圣蒂尼克坦盖的新居；《泥草屋》，泰戈尔在1936年写的散文诗。

Syamantaka　名玉，毗湿奴手腕戴的宝石。

Syamashartri　司雅玛沙尔特里，19世纪印度作曲家。

Syamilaka　夏米罗家，剧作家，作品《踢脚》（Patataditaka）。

Syavasva　湿耶婆湿婆，印度神话里仙人阿里查那那湿的儿子，向国王毗罗陀提的女儿求婚，但母后因其地位低而拒绝，他矢志苦行，托兰托国王赠其财富，风神赐其为仙人，他终于如愿以偿。

Syayambhuva　“自在所出”，指摩奴法典的作者摩奴。

Sybil Thorndaike　喜碧儿·索恩代克，英国话剧演员，曾于1912年主演由英国戏剧家卡尔德伦从泰戈尔剧本《达利亚》改编的剧本《伟大的阿拉干王后》。1920年6月泰戈尔访问英国时他在卡斯顿礼堂朗诵宾永为泰戈尔访英写的欢迎诗。

Sycesahib　洋人。

Syed Abdul Malik　赛义德·阿卜杜尔·马利克（1919—2000），阿萨姆现代作家。

Syed Ahmad Khan　赛义德·阿赫玛德可汗（1817—1898），乌尔都语散文家，1875年创立东方伊斯兰学院，著有《论印度政治现状的讲演和书信集》《圣徒之言》《古兰经注释》，他首次表达了印度的穆斯林是一个单独的民族和社会文化单位的思想。

Syenavyuha　秃鹫阵。

Sykes, Marjorie　西凯斯，马加里，20世纪泰戈尔作品女翻译家，曾在泰戈尔的国际大学任教。

Sylhet　锡尔赫特，今孟加拉国东北部城市，在苏尔马河右岸，人口16.7万。郊区多丘陵和小丛林。锡尔赫特是工商业城市，有制茶、火柴、榨油等工厂。铁路通吉大港和印度的锡尔恰尔。公路通毛尔维—巴扎尔、库米拉和印度的西隆。1919年12月泰戈尔来此度假。

Sylvain Levi 希尔维·勒维（1863—1935），法国东方学家和印度学家，著有《印度戏剧》等。1920年8月在巴黎会晤泰戈尔，成为朋友。1921年4月27日泰戈尔在法国东部城市斯特拉斯堡访问，在新建的希尔维·勒维担任教授的法语大学做以“森林宗教”为题目的报告。1921年11月10日他第一次来担任国际大学客座教授并组织藏汉语研究。

Sylvan 静修林。

Sympathy 《同情》，泰戈尔《新月集》里的诗。

Syria 叙利亚，位于亚洲西部，地中海东岸，面积185000平方千米，人口2300万，首都大马士革，居民信仰伊斯兰教，官方语言为阿拉伯语、英语和法语，经济来源主要是农业、石油、加工业和旅游业。

S

Tt

T. Hara T.　哈拉，泰戈尔的朋友，泰戈尔1916年访问日本横滨时住在他家。

Taalgaachh　棕榈树。

Taansen　丹森（1548—1596），著名歌唱家，莫卧儿时代阿克巴大帝宫廷会议的成员，先为印度教徒，后因为爱上穆斯林少女而改信伊斯兰教。

Taaraapransaanner Keerti　《达拉普罗松诺的光荣》，泰戈尔于1891写的短篇小说。见Taraprasanna's Fame。

Taaraaprasaanna's Fame　《达拉普罗松诺的光荣》，泰戈尔于1891写的短篇小说。达拉普罗松诺饱读经书，家里全靠夫人达卡姚尼操持。眼看4个女儿快到出嫁年龄，夫人为女儿的嫁妆发愁，于是建议丈夫出版他写的《吠檀多的光辉》一书。媳妇派人陪他去加尔各答，他把媳妇的首饰卖掉把书出版了。但该书涩晦难懂，连一本也卖不出去，而且还搭进去许多寄书费用。眼看媳妇要生第五个孩子，他借钱送媳妇去医院，媳妇叮嘱：如生下女儿，取名吠檀多的光辉。等到媳妇知道真相，急愤交加，死在产床上。

Taarkik　《善辩者》，泰戈尔的散文。

Taaser Desh　泰戈尔1933写的散文剧《纸牌国》。见The Land of Cards。

Tabagut-i　通史。

Tabagut-i-Akbari　《阿克巴通史》，穆拉·尼萨姆丁·阿赫玛德·哈拉伊维（Mulla Nisamuddin Ahmad Haraivi）写。

Tabal Chongbi　塔巴尔·春比，阿萨姆民间舞，洒红节跳。

Tabaqat-i-Akbari　《阿克巴王朝通史》，莫卧儿王朝宫廷历史学家尼扎姆·乌德丁·艾哈默德著。

Tabaqat-i-Baburi　《巴布尔王朝通史》，由16世纪莫卧儿王朝第一代皇帝巴布尔时期的历史学家谢赫扎因·乌德丁·瓦法伊撰写。

Tabaqat-i-Nasiri　《纳西尔通史》，13世纪明哈杰-乌德丁·希拉杰著，记录德里苏丹国早期的历史。

Tabrizi, Jalal-ul-din　大布里士，中世纪印度伊斯兰教苏菲派长老，他广泛宣传苏菲派教义，使许多非穆斯林皈依伊斯兰教。

Tadatmya　保持一致。

Taddvabodhnee sabhaa　真理启迪会，泰戈尔的父亲德本德罗纳特与梵社的领导者拉摩琼德罗·比代巴基什在“真理愉悦会”（tattvaranjinee sabhaa）的基础上建立的组织，其目的就是宣传所有经典中的深奥理论和吠檀多原理。真理启迪会的成立在孟加拉社会的发展史上是一个值得重视的事件。当时在一些西方教会团体的宣传下，一些受过英国教育的青年人接受了基督教，除此之外，由于社会上流行着印度教各种腐朽的仪规陋习，很多人已不再相信印度教了。真理启迪会为扭转这种思潮起到了一定的作用。

Taga　（梵文）看不上，拒绝。

Tagar　篼戈尔，一种开白色小花的树。

Tagore　泰戈尔的姓，其来源是这样的：泰戈尔的第16代先祖摩黑绍尔（Maheshvar）的儿子彭恰侬·古沙里（Panjhaanan Kushaaree）由于家庭纠纷而离开了家乡，和他的叔叔舒克代博·古沙里前往加尔各答去寻找发财的机会。加尔各答当时还是个小渔村，它的南边有个村庄名叫戈宾多普尔（现在加尔各答城内建有威廉堡的那个地方）。这个村庄位于恒河岸边。村子里居住的全是属于“不可接触者”种姓的渔民，没有一户婆罗门。彭恰侬和他的叔叔就在这个村子里搭建了一所简易的窝棚住了下来。

彭恰侬在离开家乡的时候，脖子上戴有一块刻有吉祥天女和黑天像的宝石，那是婆罗门的标志。住在这个渔村里的渔民看到彭恰侬戴着这块宝石，就知道他们是婆罗门。两个婆罗门来到这个村子里居住，渔民们都很高兴，就尊称彭恰侬为“彭恰侬塔古尔”（“塔古尔”一词在孟加拉语里的意思是“老爷”“先生”）。在库尔纳家乡，他们叔侄俩被看作是“堕落的”人，而在这里他们被尊称为“老爷”——地道的婆罗门。当时他们叔侄俩心里当然感到很欣慰，因此与村里的渔民们相处得很融洽。

那时候，英国商人已经开始在那里做生意，他们的轮船经常在恒河岸边抛锚停泊。为了装卸货物，洋人们雇用了苦力。彭恰侬和舒克代博经常往英国人的船上运送食品和饮用水以及其他生活必需品。这样，他们叔侄俩就常常与苦力和英国人打交道。苦力们称呼彭恰依为“彭恰依塔古尔”，英国人也如此称呼他，并且以为“塔古尔”就是他的姓氏。英国人发音不准，就把“Thakur”（塔古尔）说成“Tagore”（泰戈尔）。久而久之，他们叔侄俩也不再使用自己原来的姓氏“古沙里”了，代之以“塔古尔”作为他们的姓氏，而他们的后代也就沿用了“塔古尔”这个姓氏。见Thakur。

Tagore, Amitendranath 泰无量，20世纪40年代国际大学中国学院研究生，后留学北京大学，毕业后回中国学院教中文，后来到美国宾夕法尼亚大学和奥克兰大学任教。

Tagore and Noguchi 《泰戈尔与野口米次郎的通信》，泰戈尔于1938年的书信。日本反动诗人野口米次郎企图拉拢泰戈尔为日本的侵略说好话，遭到泰戈尔的痛斥。见Noguchi。

Tagore, Debendranath 泰戈尔，德本德罗纳特（1817—1095），诗人泰戈尔的父亲，印度教改革团体梵社领导人，主张社会改革，反对印度教烦文缛礼教义和陋习，提倡发展科学技术，鼓励西方文化和印度传统文化的结合。

Tagore, Dwarkanath 泰戈尔，德瓦尔卡纳特（1791—1846），诗人泰戈尔的爷爷，实业家。

Tagore and His Boys 《泰戈尔与孩子们》，泰戈尔给英国斯多可通赫斯小学校长罗斯的回信。

Tagore's family 泰戈尔的家庭。祖父：德瓦卡纳特，生于1794年。机灵、勇敢、潇洒、富有天才，一个商业“王子”，奢侈豪华。父亲：德本德罗纳特，生于1817年，简朴纯洁，在社会上被称为“大仙”，哲学家，社会改革者。母亲：夏勒达·黛维，具有忍耐等优秀品质和擅长操持家务的人，使别人成为伟大人物而自己只留下半丝印记。大哥：德维琼德罗纳特，大学者、诗人、音乐家、哲学家和数学家，长诗《梦游》能与斯宾塞的《仙后》媲美，被称为孟加拉的不朽著作。他创造了孟加拉速记体，最早把钢琴引入孟加拉音乐。他诗歌创作里的独特而勇敢的实验，在罗宾德罗纳特·泰戈尔心灵发展上烙下了深刻的印痕。二哥：绍登德罗纳特，梵文学家，最早把马拉提虔诚诗介绍给孟加拉读者，在罗宾德罗纳特发展上所烙下的影响是深刻、细致和隽永的。他的妻子是第一个打破印度妇女传统生活方式的人，女儿英迪拉·戴维是罗宾德罗纳特·泰戈尔音乐创作的权威评论家。三哥：海明德罗纳特，早逝，是教育罗宾德罗纳特用祖国语言的人。四哥：巴楞德罗纳特，早逝，在孟加拉文坛上赢得了不可磨灭地位的作家。五哥：久迪林德罗纳特，那个时代最有天才的人，一位富有激情的音乐家、诗人、剧作家和艺术家，在罗宾德罗纳特的理智和诗才上留下了影响。大姐：苏达米妮，罗宾德罗纳特的抚养人。五姐：斯瓦尔纳库马莉，富有才干的音乐家和女作家，孟加拉第一位女长篇小说家。其他姐姐：希楞默依·黛维作为社会服务者而闻名于世；萨勒拉·黛维女作家、音乐家、民族独立运动的积极参加者。

Tagore for You 《泰戈尔宣读》，克什（Sisirkumar Ghose）编，1984年，加尔各答国际大学出版社出版。

Tagore International 《世界的泰戈尔》，加尔各答泰戈尔研究所写，载于1988年12月温特里慈专刊。

Tagore, Rabindranath 泰戈尔，罗宾德罗纳特（1861—1941），印度最伟大的诗人，小说家、戏剧家、哲学家、教育家、社会活动家、音乐家、画家。他1913年获诺贝尔文学奖，是亚洲第一个诺贝尔奖获得者。他一生写了2300多首诗歌、4部长篇小说、8部中篇小说、150多部短篇小说、36部戏剧和340多篇散文，他是印度和孟加拉两个国家的国歌的词作者和曲作者。他一生创作了2000多幅绘画。他用文学艺术的形式全面反映了印度社会的各个方面。他是世界文学界少有的天才和全才。泰戈尔1924年访华。抗战期间泰戈尔支持中国人民的抗日战争。

Tagore Reception Committee 泰戈尔接待委员会。北京大学讲学社为了迎接泰戈尔1924年3月—5月访华而设立，成员有梁启超、胡适、翟菊农、徐志摩、郑振铎、蒋百里、王统照等。

Tagore's China Trips 泰戈尔的中国之行，共有三次。泰戈尔第一次访华在1924年4月12至5月29日，访问了上海、杭州、济南、

T

北京、太原、汉口等地。1929年3月，泰戈尔第二次来中国，是借道中国去美国、日本等处讲学。他没有任何张扬，作为徐志摩的一个朋友私访，就住在新婚夫妇徐志摩和陆小曼居住的上海福煦路613号。只有徐志摩的朋友邵洵美和妻子盛佩玉来访。1929年6月，泰戈尔结束在日本、美国的讲学转道上海回印度，又住在徐志摩家。他在日本、美国所宣讲的博爱、宽恕、和平思想，一路受到冷遇，因此有点伤神。泰戈尔只在上海待了两天，离开上海前夕，送给徐志摩夫妇他自己穿的紫红色丝质印度长袍留作纪念。徐志摩送泰戈尔一本纪念册，名为《一本没有颜色的书》，上面有胡适、闻一多、杨杏佛、林风眠等20多位名流的题诗题画。

Tagore's First China Visit 泰戈尔第一次访华。在1913年罗宾德罗纳特·泰戈尔获得诺贝尔文学奖之后，中国的文化界开始关注印度这位大诗人，他的作品也开始被介绍到中国来。中国最早翻译泰戈尔诗歌的，大概是陈独秀。他于1915年10月在《青年杂志》第一卷第二期上发表了用五言古诗体翻译的罗宾德罗纳特·泰戈尔的四首诗歌。1920年，蔡元培等教育界人士向罗宾德罗纳特发出了访华的邀请。当时泰戈尔正忙于国际大学的筹办和在欧美的访问，没有能成行，但是他一直盼望着访问中国。

1922年冬季，梁启超领导的讲学社又邀请罗宾德罗纳特·泰戈尔来中国访问。泰戈尔接到邀请后很高兴，决定于1923年8月前往中国访问。可是这时候泰戈尔的身体状况不太好，因此决定将访问的日期推迟到第二年春天。

1924年3月21日，泰戈尔一行乘船离开加尔各答，前往中国访问。陪同罗宾德罗纳特·泰戈尔访华的有：现代印度著名画家依多拉尔·鲍舒（Nandalaal Basu，1883—1966）、梵文学家基迪莫洪·森（Kshidimohan Sen，1880—1960）、英国农学家恩厚之（Elmhirst，1893—1974）三位国际大学的教授，还有加尔各答大学著名教育家和梵语学家迦利达什·纳格（Kaalidaas Naag，1892—1966）教授。罗宾德罗纳特一行所乘坐的轮船经过缅甸的仰光、马来亚等地，并在香港停留了几日。

当时孙中山先生正住在广州。他自己身体患病，不能会见罗宾德罗纳特·泰戈尔。他派人去香港邀请罗宾德罗纳特·泰戈尔去广州一见，但是罗宾德罗纳特·泰戈尔因为在广东停留的时间太短，就没有去广州。孙中山很理解，并转告他说："中国的生命中心是北京，印度代表的工作应该从北方开始。一俟我有可能，当立即到那里同诗人会见。"然而，由于病情加重，孙中山却没能实现与泰戈尔会见的愿望。他于1925初病逝。

1924年4月12日上午9时15分，罗宾德罗纳特·泰戈尔一行抵达上海。当时上海文化界的代表及一些知名人士都前往黄浦江码头欢迎罗宾德罗纳特·泰戈尔一行。在罗宾德罗纳特·泰戈尔到来之前，中国的报刊就开始介绍这位大诗人及其作品了，所以中国的文化界对他已经有所了解。

当时中国正处在大革命时期，学术界正值科学与玄学的论争，因此，对于泰戈尔的来华访问也有两种态度：一种是持欢迎的态度，另一种是持怀疑批评的态度。持欢迎态度的是当时中国传统文化的代表及一大批年轻的文学家，如梁启超、林长民、郑振铎、王统照、徐志摩等人。他们大都是泰戈尔的崇拜者和他的作品翻译介绍者。持怀疑批评态度的主要是当时中国的左翼文学家和革命的政治家。实际上他们并不真正了解罗宾德罗纳特·泰戈尔。在他们看来，泰戈尔思想中的中庸之道对于中国的革命青年将会产生不利的影响。然而，罗宾德罗纳特·泰戈尔本人并不知道这一切。他访华的主要目的是恢复中国和印度之间的友好交往，因此，他在上海各学术团体为他举行的茶话会上说："朋友们，我来向你们要求重辟交往的通路。这条路我相信还是存在的，虽然被荒草和荆棘湮没了，但还是有迹可寻的……希望你们不可把我当作一个登门造访的来客，应该把我当作一个久别归来的兄弟。"同时他还谈到他的国际大学，希望各国的学子到那里去学习各国的历史文化，沟通各国人民的感情，而没有中国人士的帮助和合作，国际大学是无法完成这项任务的。他指出，"中印文化合作开始在数千年前，两个邻国如此友善，在各国历史上是找不出同样例子的。但这种亲密关系，由于外来的干扰，中断已经很久。

目前我们都已觉醒，不甘长自消沉，让我们迅速恢复这种关系，从而产生新的力量，为各国做出示范。继往开来的事业，请从我的大学开始吧”。

4月14—16日，泰戈尔一行在徐志摩等人的陪同下前往杭州参观访问，并在浙江省教育会发表了演讲。4月17日返回上海。18日上海各团体在商务印书馆会议厅举行欢迎会，泰戈尔发表了演讲。当晚，罗宾德罗纳特·泰戈尔一行乘船逆流而上，4月20日到达南京，在那里参观了明孝陵，并在东南大学发表了演讲。晚上乘火车北上，并于4月22日凌晨抵达济南，下午在山东省议会厅发表了演讲。23日凌晨乘火车离开济南，晚上7点到达北京。

北京是罗宾德罗纳特·泰戈尔这次访问的主要目的地，因为邀请他访华的讲学社的成员都在北京。从4月23日到5月20日，罗宾德罗纳特·泰戈尔一行都在那里活动。4月25日，讲学社在北京的北海静心斋举行欢迎印度文化代表团的茶话会，泰戈尔发表了即席讲话。

4月26日下午，罗宾德罗纳特·泰戈尔一行前往北京法源寺观赏丁香花；4月27日游览故宫御花园。中午，清朝退位皇帝溥仪举行午宴，招待罗宾德罗纳特·泰戈尔一行。晚上，在北京金鱼胡同海军联欢社举行联欢晚宴，招待泰戈尔一行。罗宾德罗纳特·泰戈尔在会上介绍了自己的文学创作经验和体会。

28日，诗人在先农坛会见北京的大学生，发表演讲，与会者达数千人之多。4月29日，罗宾德罗纳特·泰戈尔一行前往樱桃斜街的贵州会馆参观书画展，出席中国画家为他进行的茶话会。罗宾德罗纳特·泰戈尔在那里会见徐悲鸿、齐白石、陈半丁、姚茫父等画家，并与之建立了深厚的友谊。后来徐悲鸿曾于1939年访问过圣蒂尼克坦泰戈尔国际大学，并为泰戈尔画过肖像，这是后话了。

5月1日，泰戈尔在清华大学发表长篇演讲。

5月7日是泰戈尔64岁生日。8日晚上，新月社在东单三条的协和礼堂为他举行了祝寿会，朋友们给他穿上了中国的服装。梁启超先生首先登台发表了热情洋溢的祝词，并且赠给他一个中国名字“竺震旦”，随后解释了它的含义：“竺”字取自“天竺”，这是古代中国人对印度的称呼，“震旦”是印度人对中国的称呼，是支那的音译，而且“旦”字象征着太阳从地平线上升起，与罗宾德罗纳特的孟加拉文名字有联系。随后，泰戈尔走上舞台致答词。他说，他很高兴，因为他有了一个象征中印友谊的名字。晚会上，用英语演出了泰戈尔创作的名剧《齐德拉》（《花钏女》）。青春美貌的才女林徽因扮演了女主角齐德拉，风度翩翩的年轻诗人徐志摩扮演爱神。两个年轻人都通晓英语，而且语音纯正。罗宾德罗纳特·泰戈尔对他们的演出十分满意。在离开北京前，他赠送给林徽因一首小诗：

蔚蓝的天空
俯瞰苍翠的森林，
它们中间
吹过一阵喟叹的清风。

这首看似写景的小诗蕴含着一段动人的故事。罗宾德罗纳特·泰戈尔在中国访问期间，一路上都由徐志摩担任翻译，因此两个人成了忘年交。徐志摩与泰戈尔不仅畅谈文学创作、人生理想，而且还向泰戈尔述说自己爱恋方面的苦衷，话语中流落出对林徽因的爱慕之情。罗宾德罗纳特似乎也觉得他们俩是天生的一对。据说，泰戈尔曾经向林徽因委婉地转达了徐志摩对她的缱绻之情。后来他得知林徽因已经与梁思成订婚，而且林徽因毫不动心，泰戈尔就感到爱莫能助了。他在诗中把徐志摩比作蔚蓝的天空，把林徽因比喻为苍翠的森林，两个人都是那么秀美纯洁，然而他们俩只能像天空和森林那样，永远眷恋地遥遥相望，无法成为眷属。罗宾德罗纳特·泰戈尔把自己比喻为好心的清风。他做不成月下老人，只能望着苍天和翠林无可奈何地喟叹。罗宾德罗纳特非常喜欢徐志摩，给他起了孟加拉语的名字“苏绍玛”（Susoma），意思是英俊、潇洒的青年。

这次祝寿会给罗宾德罗纳特留下美好的回忆，一直到晚年，他都念念不忘。1941年2月21日，他口授一首诗，怀念在中国过生日的往事：

往事历历在目——

我生辰的洞房的净瓶里
盛着我采集的各国胜地的圣水。
我访问过中国，
以前不认识的东道主
在我的前额吉祥痣上写了
“你是我们的知音”。
陌生的面纱不知不觉地垂落了，
心中出现永恒的人。
出乎意料的亲密
开启了欢乐的闸门。
我起了中国名字，
穿上中国衣服。
我深深地体会到：
哪里有朋友，
哪里就有新生和生命的奇迹。
外国花园里，
怒放着名字各异的鲜花——
它们的故土离这儿很远。
在灵魂的乐土，
它们的情谊受到热烈的欢迎。

从5月9日开始，罗宾德罗纳特·泰戈尔按照计划做系列演讲，演讲安排在真光剧场。剧场里座无虚席，来听讲的人主要是青年学生，其次是文化界的人士。在演讲的过程中，剧场突然出现了一阵骚乱。原来有人在散发反对罗宾德罗纳特的传单。有人捡起传单看后，立即撕得粉碎，并向散发传单的人的脸上扔去。结果双方发生了争执。泰戈尔看到这种场面，就问身边的翻译徐志摩是怎么回事。徐志摩很尴尬，但是他又不能不如实相告。罗宾德罗纳特·泰戈尔听了后坦然一笑，说道：“哦，很好，这是一种友好的表示，反对我恰恰是因为看重我的缘故。”口头上虽然这样说，但是泰戈尔的心里还是觉得很不愉快。原来准备七次讲完的计划最后压缩成三次，就草草结束了。

5月19日晚上，梅兰芳在开明剧院（新中国成立后改名为民主剧场）演出《洛神》，招待罗宾德罗纳特·泰戈尔一行。演出结束后，泰戈尔亲自到后台向梅兰芳表示祝贺，并说：“我看了这出戏很愉快，有些感想，明天面谈。”

次日晚上，罗宾德罗纳特·泰戈尔一行要动身去太原。中午，梁启超、梅兰芳、姚茫父等设宴为罗宾德罗纳特·泰戈尔饯行。席间，泰戈尔谈到了前一天看过的《洛神》，并且赞扬了梅兰芳的表演，同时对《川上之会》一场仙岛的布景提出了意见。他说：“这个美丽的神话诗剧应该从各方面体现伟大诗人的想象力，而现在所用的布景是一般而平凡的。”他向梅兰芳建议：“布景的色彩宜用红、黄、黑、紫等重色，应该创造出人间不常见的奇峰、怪石、瑶草、琪花，并勾勒出金银线框来烘托神话气氛。”梅兰芳欣然接受了他的建议，后来请人为《洛神》重新设计了布景。

梁启超问诗人罗宾德罗纳特·泰戈尔：“这次诗人漫游中国，必有佳句，以志鸿爪？”

泰戈尔回答说：“我看了《洛神》，正在酝酿一首小诗，送给梅先生。”说完，他沉思片刻，就在笔记本上起草，然后用中国毛笔把这首孟加拉文小诗写在一把团扇上，又用英文在旁边写了它的译文，随后签上自己的名字，赠给了梅兰芳先生。1961年梅先生请新中国第一位孟加拉语翻译家石真女士将这首孟加拉文小诗译成现代汉语：

亲爱的，你用我不懂的
语言的面纱
遮住你的容颜；
正像那遥望如同一脉
缥缈的云霞
被水雾笼罩着的峰峦。

这首小诗表达了泰戈尔观赏《洛神》时的感受：梅兰芳的表演十分优美，但是泰戈尔不懂汉语，听不懂他演唱的内容，因此，他就觉得，陌生语言的面纱遮住了他那美丽的容颜，从远处观赏，就像是缥缈的云霞笼罩着峰峦。

5月20日午夜，罗宾德罗纳特·泰戈尔一行乘坐火车离开北京，前往太原。21日下午6时40分，诗人一行到达太原，会见了阎锡山，在那里逗留了两天。罗宾德罗纳特·泰戈尔在文瀛湖公园发表了演讲。印度文化代表团游览了晋祠，出席了山西省教育机关组织的欢迎会。

罗宾德罗纳特·泰戈尔一行于5月25日抵达汉口，5月28日返回上海。

5月29日夜里10时，罗宾德罗纳特·泰戈尔一行在汇山码头上船。5月30日上午8点轮船起航。梵文学家基迪莫洪·森留了下

T

来，因为他要进行学术交流，需要在中国再逗留一些日子，所以就没有跟随诗人去日本访问。

徐志摩陪同罗宾德罗纳特·泰戈尔访问了日本，并一直把他送到香港，才依依惜别。罗宾德罗纳特·泰戈尔回到印度，把他在中国的演讲稿汇集成《在中国的讲话》出版，在扉页上写道："献给我的朋友苏绍玛，由于他的周到照料，使我得以结识伟大的中国人民。"

书信的不断来往加深了罗宾德罗纳特·泰戈尔和徐志摩之间的友谊。1928年徐志摩实现了访问印度的夙愿，又见到了日夜思念的泰戈尔。

1929年春天，泰戈尔在结束国外的讲学后，回国途中经过上海，在徐志摩家中小住了一些日子。临行前写了一首小诗赠给徐志摩：

亲爱的，我羁留旅途，
光阴枉掷，樱花已凋零，
可喜的是遍野的映山红
显现你慰藉的笑容。

这首小诗表达了泰戈尔这一次国外之行的心境：他在加拿大不慎丢失了护照，又在美国移民局受到了侮辱，在日本受到了冷遇，因此心情郁闷不快，可是一到上海，受到了徐志摩夫妇的热情接待和精心照顾，犹如置身于映山红的花丛之中。在泰戈尔小住上海期间，宋庆龄会见了他，并赠送他一套京剧脸谱模型。

总之，1924年泰戈尔的中国之行不算很成功，然而，还是有积极作用的。在他访问前后，中国掀起了介绍翻译泰戈尔作品的高潮，因此，他成为在中国最有影响的外国作家之一。这次访问加强了中国和印度两国人民间的传统友谊，重新开辟了中印文化交往的道路。后来，在蔡元培的领导下，成立了中印学会；为了响应罗宾德罗纳特·泰戈尔的号召，9月在上海成立了旨在研究东方文化的亚洲学会，许多亚洲国家的代表出席了开幕式。

1956年周恩来在访问印度泰戈尔国际大学时说过这样一番话："泰戈尔不仅是对世界文学做出卓越贡献的天才诗人，还是憎恨黑暗、争取光明的伟大印度人民的杰出代表。中国人民永远不能忘记泰戈尔对他们的热爱。中国人民也不能忘记泰戈尔对他们的艰苦的民族独立斗争所给予的支持。至今，中国人民还以怀念的心情回忆着1924年泰戈尔到中国的访问。"周恩来的这番话语，实际上表达了中国共产党人和中国政府以及广大中国人民对于罗宾德罗纳特·泰戈尔的高度评价，也是对泰戈尔1924年的中国之行所做的肯定。

Tahasha　马哈拉施特拉邦地方戏。

Tahsildar　收税官。

Tai Chi-Tao　戴季陶，见 Dai Jitao。

Tai Hsu　太虚（1890—1947），法名唯心，字太虚，号昧庵，俗姓吕，乳名淦森，学名沛林，原籍浙江崇德（今浙江桐乡），生于浙江海宁，近代著名高僧。1904年，太虚大师十六岁去苏州小九华寺礼士达上人为师，师为其取法名唯心。是年九十月间，士达上人携大师往镇海拜见师祖奘年和尚，和尚为其取法号太虚。太虚大师是中国近代佛教改革运动中的一位理论家和实践家。他把自己的一生都献给了振兴佛教、建设新佛教文化的事业。1924年泰戈尔访华期间他分别在上海、北京、汉口三次会见泰戈尔。他曾发表《希望老诗人的泰戈尔变为佛化的新青年》。1940年1月17日，他来圣蒂尼克坦访问，受到泰戈尔的接见。

Tai Kun　泰昆，当代学人，发表《理解泰戈尔：新视野和新研究》。

Taijasa　发光体，做梦状态。

Taijasa-sarira　明身。

Taiping　太平市，马来西亚西北部城市，面积130平方千米，人口20万。曾为霹雳州首府，铁路与公路要站，霹雳州北半部的政治与文教机构集中地、土产集散中心，周围产橡胶、锡砂、棕油、木材和柴炭，渔产丰富。太平市有1883年建的国内第一座博物院，馆藏丰富。1927年8月12—13日，泰戈尔访问该市。

Taitiriya-Brahmana　《台提里耶（鹧鸪）梵书》，印度教经典之一。

Taittiriya Samhita　《台提里耶（鹧鸪）本集》，《黑耶柔吠陀》，印度教经典之一。

Taittiriya School　黑耶柔吠陀里的鹧鸪学派。

Taittiriya Upanishad　《鹧鸪（台提里耶）

奥义书》。

Taiwan East Sea Press 台湾东海出版社，1965年出版连汉光的《泰戈尔传》。

Taiwan People 《台湾民报》，台湾日治时期台湾人所创办的影响力最大的报纸，前身为《台湾青年》杂志、《台湾》杂志。1923年4月15日《台湾民报》创刊于日本东京，全部为中文版。在泰戈尔访华之后的1924年6月，该报刊登《印度诗圣泰戈尔翁和中国》。

Taiwan Yuan Shen Press 台湾圆神出版社，1985年成立。2005年出版尹锡南的《发现泰戈尔——影响世界的东方诗哲》。

Taixi 泰羲，民国某学者的笔名，1923年发表《泰戈尔哲学的简择》。

Taiyuan 太原，山西省的省会，山西省政治、经济、文化中心。濒临汾河，三面环山，自古就有“锦绣太原城”的美誉。太原是中国北方著名的军事、文化重镇，也是世界闻名的晋商都会，也是中国最重要的能源、重工业基地之一。泰戈尔在访华期间的1924年5月20—23日访问太原，5月22日和阎锡山会晤，目的是在山西找一块地方进行自己的乡村建设实验，阎锡山当场痛快地答应下来，同意把晋祠一带地方划给泰戈尔做实验基地。但后来由于中国政局动荡而难以进行。5月23日，山西省教育会等30多个团体为泰戈尔开欢迎大会，地点在文瀛湖公园大自省堂。徐志摩主持，泰戈尔做演讲。

Taj Mahal “皇宫之冠”，泰姬陵，是印度知名度最高的古迹之一，处于北方邦阿格拉，是莫卧儿王朝第5代皇帝沙贾汗为了纪念他已故皇后姬蔓·芭奴而建立的陵墓，竣工于1654年。泰姬陵被誉为“完美建筑”，是世界7大奇迹之一。泰姬陵的泰姬二字，是TAJ的音译，为“皇冠”之意，因此并不能称呼葬于此的亚珠曼德·贝侬·比古姆为“泰姬”。亚珠曼德是沙贾汗父亲贾汉吉尔的第二十个妻子——茉荷茹妮莎的侄女，1612年与当时还是库拉穆王子的沙贾汗结婚，被赐予“慕塔芝玛哈（Mumtaz Mahal）”的封号。她入宫19年，苦于多孕，生有八男六女，1630年姬蔓·芭奴在第14次分娩高哈拉·贝古（Gauhara Begum）时，不幸感染产褥热，死于南征的军营中。临终前向皇上提出了4个遗愿，其中一项便是为她建造一座美丽陵墓。1633年，泰姬陵在印度北部雅穆纳河转弯处的大花园内开始动工兴建，这项工程的第一件事是种树，由于树的成长极为缓慢，因此至少要有十年的时间让这些树来成长。当时极负盛名的建筑师拉何利，以德里的胡马雍陵为蓝图，动员2万名来自世界各地的工匠、书法家，融合中亚、波斯和印度本土风格，花了22年时间，完成了这座伟大的纯白大理石艺术建筑。泰姬陵总费用估计约3200万卢比。泰姬陵建筑的材料是从印度各地和亚洲，以超过1000头大象运送这些建筑材料，绿松石来自中国西藏，青金石来自阿富汗，玉和水晶来自中国，碧玉来自旁遮普邦，而蓝宝石来自斯里兰卡，玛瑙来自阿拉伯。共有28种宝石和半宝石镶嵌入白色大理石。泰姬玛的主建筑物高250英尺，占地约17万平方千米，南北长580米，宽305米，有前庭、正门、蒙兀儿花园、陵墓主体、清真寺。花园中间是一个大理石水池，两旁种植成列的柏树，分别像征生命和死亡。水池尽头则是陵墓，内有两座空的石棺，棺木一大一小，沙贾汗王及皇后葬于空棺处地下的土窖内。陵墓主殿四角都有圆柱形高达40米的高塔一座，每座塔均向外倾斜12度，是为确保遇到地震时，尖塔向外倒塌而不压到主殿，内有50级阶梯。这四座高塔专供穆斯林们每日登高朗诵《古兰经》，以及祈祷朝拜之用。墓室中央有一块大理石的纪念碑，上面刻着几行波斯文：“封号宫中翘楚泰姬玛哈之墓。”站在陵墓旁边回廊中央的石块上，可以感受到强烈的回音，令人迷蒙不已。后方草坪为当时宫殿的葡萄园。主体建筑外观以最高级的纯白大理石打造，内外镶嵌美丽的宝石（水晶、翡翠、孔雀石），陵墓的每一面都有33米高的拱门，陵前水池中的倒影，看起来好像有两座泰姬陵。

Taj-ul-maasir 《塔杰的同时代人》，13世纪哈桑-温尼-尼扎米写的历史书，记述德里苏丹国1191—1217年的历史。

Takagaki 高恒，日本著名的柔道和柔术教练，1929年11月来圣蒂尼克坦国际大学教学。

Takaka 陀吒迦，印度神话里的女罗刹，苏克图的女儿，天神孙达的妻子，与子摩里遮和苏婆呼在林中危害修炼的仙人，众友仙人邀罗摩和拉克什曼那将其消灭。

Takhat 长老会，仲裁委员会。

Takka 砾迦国，印度古代王国，在今旁遮普北部。

Takki 塔奇，印度14—15世纪虔信派诗人加比尔的师父，生活在印度北方邦的古城詹西。

Takkola 达哥拉，古代马来半岛的港口，位于克拉地峡附近。

Taklamakan 塔克拉玛干沙漠，位于中国新疆的塔里木盆地中央，是中国最大的沙漠，也是世界第二大沙漠，同时还是世界最大的流动性沙漠。

Taksaka 木匠。

Takshaka 蛇王。

Takshashila 塔克沙希拉，印度西北地区的古国王，公元前326年在印度河流域未经一个战争就接受了亚历山大的自主权，对希腊人慷慨好施，据说曾宰杀了3000头牛和10000只羊来款待他们，还向亚历山大提供5000人的辅助部队，以便他们能够更好地与他的邻国国王波罗斯（Poros）作战。

Takshashilaa 塔克西拉，佛教圣地之一，今属巴基斯坦。

Takshasila 塔克希拉，见Takshyashila和Taxila。

Takshyashila 祖叉始罗，西北印度的古代都市，在今巴基斯坦，出土大量佛教艺术品。希腊语谓之为Taxila。汉译又有德叉始罗、竺刹尸罗、石室国等名。其范围横跨印度旁遮普省与西北边境地区。自古以学问、技艺发达而闻名。公元前326年，遭亚历山大大帝入侵，其富裕景况因此为西方所知。又相传阿育王为太子时，曾任此地总督，故佛教在当时可能已经传入。公元前2世纪，大夏的希腊人入侵，建设新都市。复受塞克族、帕西亚族、贵霜族所支配。在此等外族统治时代，佛教文化兴盛，市内外皆有颇多佛教设施，与西邻的犍陀罗同属佛教美术盛行地区。

公元230年左右，因伊朗的萨珊王朝占领此地一带，致使佛教文化一时中断，至4世纪末，始由贵霜族再兴。5世纪中叶，本市及附近的佛教伽蓝又遭嚈哒族所破坏，自此未恢复旧观。

此地有三个年代不同的都市遗迹，其时代约在公元前5世纪至5世纪之一千年间。这些遗迹所在目前都是村落。

（1）位于比尔（Bhir!）山丘的遗迹。由四个时代层（公元前5世纪—公元前2世纪）构成，系属自然形成的都市。

（2）位于西尔卡普（Sirkap）的遗迹。由七个时代层（公元前3世纪—公元前1世纪）构成。外有高峻、坚固的城墙围绕，内有王宫、佛塔等建筑。市民所使用的器具兼摄希腊及印度两种风格。系仿自希腊城市，具有高度生活文化的计划性都市。

（3）位于西尔苏夫（Sirsukh）的遗迹。为有半圆形棱堡之城墙所围绕的大城市。在构造上，与贵霜族建于中亚的城市类似。然仅有部分被发掘。

附近除了有绛迭尔的祆教寺院遗迹之外，亦有法王塔、卡拉旺、基利、摩拉摩、阇利昂等佛教伽蓝遗迹。

依《大唐西域记》卷三所载，祖叉始罗是北印度古国。该书云："祖叉始罗国，周二千余里，国大都城周十余里。酋豪力竞，王族绝嗣，往者役属迦毕试国，近又附庸迦湿弥罗国。地称沃壤，稼穑殷盛，泉流多，花果茂。气序和畅，风俗轻勇，崇敬三宝。伽蓝虽多，荒芜已甚，僧徒寡少，并学大乘。"

此地自古即以北印度之高等知识传播地而闻名。在巴利语《本生》及《真谛灯论》等书中，曾记述梵授（Brahmadatta）王子等人来此研学。相传文法家波尼尼及大医耆婆亦曾于此地受业。此外，《大唐西域记》卷三云，大城西北七十余里存有医罗钵祖罗龙王池，池之东南三十余里有无忧王所建之窣堵波。城北十二三里处有月光王舍头之胜地及经部拘摩罗逻多撰诸论之僧伽蓝。城外南山也有无忧王子拘那罗抉目之故地等历史名胜。

Tal and Betal 塔尔与贝塔尔，随同湿婆的二精灵。

Tala 塔拉，节奏，表示音乐节拍的基本记数时间。

Tala 塔拉，一种棕榈树；塔拉，印度度量名称，一塔拉等于一棵棕榈树的高度。

Tala Chitra Nritra 塔拉·奇特拉·尼瑞特拉，库奇普迪舞的动作名称，跳舞时演员用舞动的脚趾在地上画画。

Talas　塔拉，音乐的节奏。

Talavakara-Aranyaka　《多勒婆家罗森林书》。

Tali　新娘颈上的金首饰；祝福新婚夫妇白头偕老。

Talikota　塔里克塔战役，1565年1月印度教的维查耶纳加尔王朝对抗穆斯林王国联军的战役，败。

Talk on Party History　《党史纵横》，由中共辽宁省委党史研究室主办，地址在沈阳。1997年1月第1期刊登应民的《德泽春风满心田——泰戈尔的弟子受重托》和刘作忠的《泰戈尔的中国情——中印友好佳话》。

Talks in China　《在中国的谈话》，泰戈尔于1924年访华时在中国的演讲集。

Tallapakam　音乐流派。

Talu-cakra　腭中心。

Taluka　地区以下行政单位。

Talukdar　达卢克达尔莫卧儿王朝时期拉其普特人的小封建主、小首领和小酋长等。

Talwandi Sago　塔尔万迪·萨枸，地名，在旁遮普的巴廷打（Bhatinda），由锡克教祖戈宾德（Gobind）在此给马尼·辛格（Mani Singh）口授锡克教经典《格兰特》。

Tam vedyam purusham veda, yatha ma vo mutriyuh parivyathah　《奥义书》里的句子："证悟原人，以便你可以不受死亡之苦。"

Tamal　塔马尔，一种常青树，树干黑直。

Tamalitis　塔玛里提斯，古代希腊水手对孟加拉湾的港口塔姆鲁克的叫法。

Tamas　塔马斯，河流名，神话里蚁垤仙人居处，距离恒河不远。

Tamas　答摩，谙，物质自然的愚昧属性，愚昧，无知，三昧之一。"谙的本体"指尚未转变的原初物质"自性"，即混沌冥漠的物质体。

Tamasa　塔摩拏河，流经阿约迪亚的河流，为现在的伽格拉河。《罗摩衍那》里罗摩被流放时经过。

Tamasa　四世摩奴。

Tamasha　塔玛莎，马哈拉施特拉邦民间剧。

Tamasi　隐身术。

Tamasik　惰性，迟钝。

Tambapani　塔姆巴帕尼，即斯里兰卡。

Tamboy　坦伯，俄罗斯首都莫斯科以南100千米的一个镇子。

Tambura　四弦古琴。

Tamdwlaveyeliya　10"杂"之五的《谷粒》。

Tamerlane　帖木儿。见Timur条。

Tamil　泰米尔语，印度泰米尔纳德邦的官方语言，属于达罗毗荼语系，使用格兰特字母和瓦蒂卢图字母。

Tamil Nadu　泰米尔那德邦，过去叫马德拉斯邦（Madras），印度南方的邦，面积13万平方千米，人口5000万，首府马德拉斯（钦奈），居民说泰米尔语，其城市马杜奈是达罗毗荼文化的中心。

Tamilis　泰米尔人，主要分布在印度泰米尔纳德邦、安德拉邦、克拉拉邦。身材小，皮肤黑。

Tamiradeha sanghata　达罗毗荼统治者同盟，出现在公元1—2世纪的印度南方。

Tamisram　绳捆毒打地狱。

Tamluk　塔姆卢克，镇子名，在恒河支流胡格利河经加尔各答的入海口西侧。

Tamluk　塔姆鲁克，古代印度恒河口的港口。

Tamopo　塔莫坡，克什米尔佛教高僧，公元1005年来中国传教。

Tamralipti　檀莫里迪，印度古代港口。

Tamralipti　昙摩立底，印度古代地名，即现在孟加拉的塔姆鲁克，法显曾在此抄写佛经和绘画两年。

Tamuracuda　鸡冠手势。

Tan Fantian　谭梵天（1956—），又叫西昙多·谭（Sidhartha Tan，用了佛陀出家前的名字），谭云山的长孙，谭中的儿子，毕业于德里全印医学院，现在美国芝加哥行医。

Tan Ji　谭吉（1942—），谭云山的四子。印度名字叫Aujit，自小被抱养，养母去世后又回到亲父母身边，毕业于孟买理工学院，后移民美国。

Tan Jialuo　谭佳洛，当代学人，发表《试论泰戈尔的抒情诗的泛神论思想》。

Tan Jie　谭洁，当代学者，发表《泰戈尔小说中的妇女观》。

Tan Li　谭立（1934—），谭云山的三子。毕

T

业于印度西孟加拉邦的克拉格坡的印度理工学院，发表《论泰戈尔散文诗集〈吉檀迦利〉的东西方文化双重影响》。

Tan Tong 谭同（1943—），谭云山的幼子，印度名字叫阿周那（Arjun），毕业于加尔各答总统学院，后去美国亚拉巴马州的亨兹维尔的一所大学任教。

Tan Wen 谭文（1936—1998），谭云山的长女，国际大学孟加拉文学博士，儿童时深受泰戈尔喜爱。她曾在德里大学任教，后随夫赴美，得骨癌去世。1956年陪同谭云山访问北京，受到毛泽东接见。她是中印结合的典范。

Tan Yuan 谭元（1940—），谭云山的二女儿，儿时深受泰戈尔喜爱，为其取名"嘉美丽"（Chameli，在孟加拉语里诗"茉莉花"的意思）。画家。

Tan Yunshan 谭云山（1898—1983），著名学者，曾经和毛泽东一起为湖南长沙新民学会会员。1928年应泰戈尔的邀请去泰戈尔创办的印度国际大学教授中国文化并创办中国学院。他为印度培养了最优秀的中国学学者，是玄奘之后最伟大的中印文化使者。

谭云山1898年出生于茶陵县下东乡长乐村一书香之家。1904年，其父母先后亡故，家道衰败，谭云山幼年幸得当地绅士彭勿仁相助，得以进私塾读诗书，后考入茶陵县立高级小学，接受新式教育，改原名启秀为云山，励己奋进。高小毕业后，邀好友赴省城求学，就读长沙城南书院。1915年他考入湖南省立第一师范学校。他积极参加进步活动，加入毛泽东等创建的新民学会和文化书社，还为首组织了文学团体新文学社，编辑《新文学》周刊。1919年他从一师毕业后，进入长沙船山学社从事学术研究。1924年他远赴南洋留学、谋职，辗转新加坡、马来西亚。他一面以教学为生，就教于南洋华侨学校；一面致力于写作和学术研究，出任《华文日报》主笔。1927年，他在新加坡结识了印度著名活动家、诗圣泰戈尔，两人情投意合，书信往来频频，成为忘年之交。1928年9月3日，应泰戈尔邀请，他偕夫人抵达印度和平乡，任教于泰戈尔创办的印度国际大学，从此致力于传播中国文化，并潜心佛学和印度文化的研究。他被誉为"现代玄奘"。

他是一名杰出的中印友好使者，为构筑中印文化桥梁、传播中印文化付出了毕生精力。在印度国际大学中文班任教期间，他在《东方杂志》上撰写了大量关于印度文化、民族运动的文章，受到印度朋友的赞赏。他提出了在中印两国分别建立文化协会，以主持两国文化交流的大胆设想，得到泰戈尔的极力赞同。经过努力，中印两国文化协会分别在上海和印度的圣蒂尼克坦宣告成立，增进了两国友好往来。泰戈尔提出在印度国际大学设立中国学院，作为交流中印文化、传播中国文化的固定据点，并将这一重任交给他去完成。他不负重托，往返于中印两国，经过精心筹办，印度国际大学中国学院于1937年4月14日正式成立，他受命任首任院长。印度总理尼赫鲁派女儿英迪拉前往参加成立典礼并致贺词，称赞中国学院的成立，"把中国和印度紧密地联系起来"。他领导中国学院秉承"研究中印学术，沟通中印文化，融洽中印感情，联合中印民族，创造人类和平，促进世界大同"的办学宗旨，数十年致力于教学和学术研究。印度国际大学中国学院成了名副其实的中印学者研究对方国家语言、文学、历史、宗教、哲学诸学科的摇篮。东南亚及欧美国家的许多青年学者慕名前往印度国际大学中国学院深造、进修或研究。1956年，周恩来总理访问印度时，特地参观了国际大学中国学院，高度称赞他"为促进中印文化交流所做出的不懈努力"。印度总理英·甘地夫人也赞美他"是一位伟大的学者，一位真正有文化素养的人""为印中两国文明更好地交流做出了巨大贡献"。

1956年、1959年，他应中华人民共和国国务院特别邀请，两度回国观光，参加国庆典礼，受到党和国家领导人毛泽东、刘少奇、周恩来的接见。在中国政协二届三次会议他当选为特邀委员。

他是一位成就卓著的著名学者，被印度学者、评论家、新闻界称为"寂乡鸿儒"。他青少年时代精读了大量古典名著，打下了坚实的国学根底。留学、任教海外期间，他又努力学习和吸收了外国文化的营养。他对中国古典文学、诗词、佛教和印度哲学造诣很深，留下丰富的著述。《海畔诗集》辑入其20世纪20年代所写的诗，20世纪30年代在南洋华人中影响很大。他撰写的《世界历法与历法革命》《印度周游记》《印度丛谈》《印度六大佛教圣地图志》《西藏见闻录》等38种英文和10余种中文长篇巨著，文笔流畅，饱含哲理，具有很高的文化学术价值。

1968年，他从印度国际大学中国学院退休，享有终身名誉教授殊荣。1979年他又被该校授予最高荣誉——文学博士。1983年2月12日他在印度菩蒂伽耶住所病逝，终年85岁。

谭云山与大诗人泰戈尔亦师亦友，时相晤谈，维持交谊十五年。1941年4月，泰翁在加尔各答病重，谭云山立即赶去探视。泰翁一病不起，谭云山十分伤感，曾撰文表达他对泰翁的敬仰与追念。

谭云山的著作：

1937年：《印度与中国的文化交流》(Cultural Interchange between India and China)，《今日中国的佛教》(Buddhism in China Today)；1938年：《中国的宗教》(What Is Chinese Religion)；1942年：《印度对中国文化的贡献》(India's Contribution to Chinese Culture)、《印度的中国研究》(Chinese Studies in Indian)、《我献身给师尊泰戈尔》(My Dedication to Gugudeva Tagore)；1944年：《国际大学中国学院》(The Visva-Bharati Cheena-Bhavana)、《现代中国》(Modern China)、《中国、印度与第二次世界大战》(China, India and the War)；1949年：《印度与中国文化的精神》(The Spirit of Indian and Chinese Culture)、《世界大同与亚洲联合》(Great World Union and Union of Asia)、《中印文化的"不害"精神》(Ahimsa in Sino-Indian Culture)；1952年：《中国语文及文学的历史》(The History of Chinese Language and Literature)；1957年：《觉醒：圣奥罗宾多对世界的启示》(Awakening of Consciousness: Sri Aurobindo's Message to the World)、《国际大学中国学院二十周年》(Twenty Years of Visva-Bharati Cheena-Bhavana)。

1928年发表《泰戈尔的国际大学一瞥》，1935年发表《泰戈尔与中国文化》，1939年发表《诗圣泰戈尔与中日战争》《印度人民对我抗战同情》《泰戈尔致蒋介石信》等。1942年发表《泰戈尔师尊》。

Tan Zheng　谭正（1932—），谭云山的二子。

Tan Zhong　谭中（1929—），谭云山的长子，曾在德里大学和尼赫鲁大学教授汉语，担任尼赫鲁大学中文系主任和位于新德里的英迪拉·甘地国家艺术中心咨询教授。他继承父亲谭云山的事业，为印度培养中国文化学者竭尽殚力。谭家父子事迹在印度传为中印友好的佳话。他因为对中印关系的贡献被印度政府授予莲花奖。他是"中印大同"的创立者之一和倡导者。著作有：《谭云山与中印文化交流》《心灵的藻井》《印度与中国——两大文明的交往和激荡》《文明透镜看万花筒世界》《CHINDIA中印大同：理想与实现》《从世界窗口看神州返老还童》《谭云山》等。

Tana　警察站。

Tana tyaktena bhunjitha　通过牺牲欣赏对方。

Tanam　塔纳姆，第一乐章片段。

Tandava　塔答瓦舞，毁灭之神湿婆的舞蹈。

Tandav-dance　湿婆创造-毁灭之舞蹈。

Tandu　旦角。

Tandya　《坦迪亚》，《娑摩吠陀》中8部梵书里最著名的一部梵书。

Tannashtam yannadiyate　梵语谚语：没有给出去的东西就浪费了。

Tang Hansen　唐汉森，民国文化人，1924年发表《瞿译〈春之循环〉的一瞥》。

Tang Renhu　唐仁虎（1950—），印地语言文学、印度文化专家。他1970年进入北京大学印地语言文学专业学习，1974年7月毕业后留校任教至今。他曾先后赴巴基斯坦国家现代语言学院和印度尼赫鲁大学进修或访问研究。他现任北京大学印度语言文学专业和北京大学东方文学研究中心教授，从事印度文学和印地语的研究及教学工作。他参加撰写了专著《东方文学史》（季羡林主编），专著有《泰戈尔文学作品研究》，翻译出版了泰戈尔的长篇小说《戈拉》和《眼中沙》、普列姆昌德的《普列姆昌德论文学》（与刘安武合译）、介南德尔·库马尔的中篇小说《辞职》以及其他作家的数十篇短篇小说、散文等。他参加了《印地语汉语大词典》等7部大型工具书的编写或词条撰。发表了近20篇文学方面的论文，有关泰戈尔的论文有《中国翻译出版泰戈尔作品热及其原因》等。

Tang Shaobang　唐绍邦，当代学人，发表译著《一个艺术家的宗教观——泰戈尔讲演集》。

Tang Yuantai　唐元泰，当代学人，发表《冰心"爱的哲学"与泰戈尔的"泛爱论"》。

Tanha　渴望。

Tanjavur　坦贾武尔印度泰米尔纳德邦城市，有著名的印度教布里哈斯迪瓦拉神庙。

Tanjore　坦焦尔，即坦贾武尔（Thanjawur），印度南部泰米尔纳德邦城市，泰戈尔1919年2月12日访问此地。

Tanjore　坦焦尔，婆罗多舞二大风格之一。

Tanjore Quartet　坦焦尔4兄弟，他们在马拉塔王朝时期将婆罗多舞演出的程序固定下来。

Tanjur　丹珠尔，西藏佛经。

Tanmatrani　五唯，声、色、香、味、触；五种元素：地、水、风、火、空。

Tanna Misra　檀那·米斯拉，也叫坦森·兰檀（Tansen Ramtann），16世纪莫卧儿王朝阿克巴皇帝时期的世纪音乐家。

Tanpam Sinha　檀潘·欣哈，20世纪70年代电影导演，作品有《卡不里瓦拉》（Kabuliwala）等。

Tansen　丹森（1548—1596），印度莫卧儿王朝时代的著名歌唱家。他本是印度教徒，后来爱上了一位穆斯林美女，因而改信伊斯兰教。

Tansen Sen　沈丹森，谭云山的得意弟子沈纳兰的儿子，北京大学毕业，娶梁启超的曾孙女为妻，著名的"中国通"。

Tantava　节奏，速度。

Tantia Topi　坦提亚·托比（1819—1859），1857年印度民族大起义领袖之一。

Tantra　瑜伽修炼的形式。

Tantra　《坦陀罗》，性力派经典，分左道（Vamacharis）和右道（Daksina）。

Tantra　《檀陀罗》，印度教经书之一种。又译秘密本咒，可分两类：一为仪式秘密本咒；另为瑜伽秘密本咒。

Tantra　坦陀罗教，又称密教、密宗，7世纪后印度大乘佛教一部分派别和婆罗门教相结合的产物，以高度组织化的咒术、礼仪和民间信仰为特征。

Tantra　密续，有关婆罗门的志怪文学。

Tantra　瑜伽修炼的形式。

Tantrakhyayika　《说薮》，印度古代引《五卷书》里的故事创作的剧本。

Tantrakhyayika　《克什米尔故事集》，等于《五卷书》（Pancatantra）。

Tantraloka　《坦陀罗之光》，克什米尔地区湿婆派经典，规定湿婆派教徒每日的礼仪以及瑜伽修炼的方法。

Tantraraja Tantra　《坦陀罗之王》，湿婆性力派经典。

Tantras　说明对神宁驱不劝做法的经文，65副吠陀之一，讲宗教礼仪。

Tantrasamuccaya　《坦陀罗经》，专门规定印度教性力派寺庙礼仪的经文。

Tantrasara　11世纪作家新护写的《秘典概要》（Abhinavagupta）。

Tantravarttika　《旦陀罗释补》，弥曼差派著作，印度7—8世纪弥曼差派哲学家鸠摩利拉·跋多（Kumarila Bhatta）著。

Tantrayukti　理论提要。

Tantricism　密咒教。

Tantrika　性力派追随者。

Tantripala Aristanemi- Jayabhala　索护，《摩诃婆罗多》里般度五子被流放时老五偕天在摩差国国王毗陀罗宫廷当牛倌时的化名。

Tantris　湿婆性力派教徒。

Tantrism　性力派，印度教三大派之一，主要崇拜湿婆妻子难近母、时母、吉祥天女即萨拉斯瓦蒂等女神，认为这些女神从男性所得性力是宇宙万有创造的根源，经典为《坦陀罗》（Tantra），主要仪式有动植物祭祀或人祭；轮座即男女杂交；亲证即特殊的瑜伽实习，魔法四种。

Tantrism　密教，佛教在印度发展的最后阶段。密教起源于印度河文明时期达罗毗荼农耕文化传统的生殖崇拜尤其是母神崇拜。词根tan原义是生殖、繁衍。密教作为一种秘密传授的民间信仰和巫术仪式，约7世纪以后在印度广泛流传，同时影响了印度教和佛教，演化成印度教密宗和佛教密宗。密教神秘主义的宇宙论认为人体是宇宙的缩影，宇宙的诞生过程如同人类男女两性交合生育，宇宙精神或终极实在是宇宙的男性本源布鲁沙（Purusha，原人，灵魂）与女性本源普拉克里蒂（Prakriti，自性，原出物质）结合的产物。密教修行者通过想象的或真实的男女交欢，便可以亲身体验与神合一、与宇宙精神同一的极乐，获得灵魂的解脱。这种性意识或性瑜伽被视为解脱的捷径。在印度教密宗性力派中，男性活力湿婆化身为大神湿婆诸相，以男根林迦为象征；湿婆派生的女性活力沙克蒂（Shakti）化身为帕尔瓦蒂、迦梨、杜尔迦等女神，以女阴约尼为象征。性力派特别崇拜女神的性力沙克蒂，沙克蒂的威力甚至超过湿婆。在佛教密宗金刚乘（Vajrayana）中，“般若”（prajna，智慧）代表女性创造力，“方便”（upaya）代表男性创造力，分别以女阴的变形莲花（padma）与男根的变形金刚杵（vajra）为象征，通过想象的或真实的男女交欢的瑜伽方式，亲证“般若”与“方便”融为一体的涅槃或极乐世界。

Tanyao　昙曜，印度僧人，魏国时来山西，于460—465年在大同府指导译经。现云冈石窟有昙曜的塑像。

Tao Dezhen　陶德臻（1926—2000），辽宁昌图人，东北师范大学文学院中文系教授，主编《东方文学简史》《外国文学史纲》《谈〈吉檀迦利〉的思想倾向》《世界文学史》《东方文学名著讲话》《东方文学名著鉴赏大辞典》《二十世纪外国小说名著赏读》等。发表论文《泰戈尔的短篇名著〈喀布尔人〉》。

Tao Kai　陶恺，北京法源寺主持，1924年4月29日欢迎访华的泰戈尔并致欢迎辞。

Tao Ran　陶然，民国某文化人的化名，1924年发表《“大人之危害及其他”》《泰戈尔有意游俄》。

Tapana　焦虑。

Tapas　苦行，热，印度佛教、耆那教、印度教修行的方法。因为印度酷热，教徒把受热作为苦行的主要手段，后引申为宗教实践的苦行，如自制、拒绝物质和感官享受、忍受环境压迫，千方百计自我折磨等。耆那教苦行更严酷，如一手长期单举，金鸡独立，卧刺床，双腿吊到树上等。通过苦行所获得的神通。

Tapas-kshetra　苦行僧修炼之地。

Tapasavatsaraja　《苦行犊子王》，7—8世纪摩持罗罗阇国王的剧作。

Tapasvi　苦行僧。

Tapasvinee　《女隐士》，泰戈尔于1917年写的短篇小说。见The Austere Wife。

Tapasvini　女苦行僧。

Tapasya　自受苦，修行，苦修，苦行得到的功力。梵功。

Tapatee　《塔帕蒂》（《太阳女》），泰戈尔于1929年写的剧本，本剧本由小说《国王和王后》改编，但大大深化了故事情节，使得人物形象更加丰满鲜明。巨伦达尔国国王威克拉武力征服克什米尔后凯旋。他的最珍贵的战利品是俘获了美若天仙、16岁的克什米尔公主苏米特拉。本来苏米特拉打算在城被攻破后自焚而死，但长者们再三劝她，为了避免老百姓生灵涂炭，她嫁给巨伦达尔。她在凯徕什那庙里静坐三天，绝食三天，发誓要把她的婚姻关系提升到仅仅满足肉欲的高度，然后迫于压力答应了婚事。她终于没有能够点火自裁。她和巨伦达尔结合了。为了显示对苏米特拉极度的欲望，巨伦达尔这个好色之徒竟然违背圣书的规定，决定为印度教爱神举行盛大的庆祝仪式。他们的关系出现了裂痕：巨伦达尔仅仅满足于让苏米特拉做好国王新娘，不要越出雷池半步；而苏米特拉则坚持同时要做百姓的母后。百姓受苦，怨声载道，而国王则准备庆祝会，王后公开同情百姓。那些当年叛变帮助国王征服克什米尔的人被国王给予高官厚禄，鱼肉乡民，欺压百姓，国王则公开袒护他们，认为王后的抱怨完全是由于她对这些当年叛变自己国家的人的敌意。他不允许王后干涉国家大事，他知道这些官员借着他的威势在胡作非为，但他得依靠这些人，而且道德上不允许把这些曾经为他效力的人赶走。他不高兴苏米特拉坚持要求王后的权利，不给她王后的权利，王后感到自己只是丈夫发泄的伴侣而已，这与她的道德感大不相容。百姓对这些官员的更加愤怒由那特内石瓦的妹妹被抢走引起。那特内石瓦来找王后给予公道。看到国王对百姓痛苦冷漠，自己又不能为百姓申冤，王后心急如焚。她只好抛弃国王出走克什米尔。国王知道王后出走，认为是对他的挑战，一气之下决定取消庆祝，发兵讨伐克什米尔。他刚愎自用，完全不管弟弟那瑞士和大臣要他放弃追讨、不要仓促行事的劝告。他的魔鬼般的愤怒给克什米尔人民带来了巨大的灾难。王后躲在太阳神庙里，力阻弟弟库玛尔森不要和国王对抗。看到国王不顾道德和宗教的约束，一心要践踏圣地，她传出话来，要约见国王，要对他们的关系做最终了结。她对自己终于摆脱了国王的爱欲的束缚而感到轻松，她觉得她最后的行动就是解除国王的自大和狂妄。国王到了，但他看见的不是美丽善良的王后苏米特拉，而是正在吞噬王后生命的熊熊大火。

Tapati　塔帕提，太阳神之女。

Tapatisamvarana　《多波提和商婆罗纳》，剧本，9—10世纪族顶（Kulasekara）写。

Tapoban　静修林。

Taposimaachh　多波西鱼，南亚出产的一种名贵的淡水鱼，长有长长的须子，类似中国出产的鲇鱼。

Tapovan　《森林隐居》，泰戈尔于1909年写的散文。

Tapovana　林中圣地，静修林，古代森林学校，修行地。

Tappa　塔帕，音乐体裁，源于拉贾斯坦邦赶驼人的唱歌，印度古典音乐的一种风格。

Tapti　塔普提河，印度河流，发源于萨特普拉山，注入坎贝湾。

Tara-rahasya　《多罗姆秘义》，梵喜峰（Brahmananda Giri）作。

Tara　星，眼球，情人，救星；多罗，度母，吠陀和菩萨的女性配偶，印度密教女神，佛教密宗的女性菩萨。

Tara　塔拉，《罗摩衍那》里猴王波林的妻子，劝波林和弟弟妙项和解，后者不听，被杀死。

Tarain　塔拉因战役，1191—1192年德里和阿杰米尔的乔汗王普利托毗罗陀三世在塔拉因对抗入侵古尔的穆罕默德的战役，败。

Taraka　陀罗迦，恶魔，被湿婆与雪山神女的儿子塞建陀消灭。

Taraka　陀罗迦，《罗摩衍那》里的女魔，摩里遮之母，被投山仙人变为罗刹，惊扰四周，被罗摩和拉克什曼那砍臂割耳鼻后还兴风作浪，被罗摩消灭。

Taraknath Palit　塔拉克纳特·帕利特，泰戈尔二哥萨提延德罗纳特的朋友，1879年带泰戈尔到伦敦大学学院留学。

Taran Taran　塔兰塔兰，锡克教第四代祖师拉姆·达斯（Ram Das）的神殿，在阿姆利则南部。

Tarana　塔拉纳，北印度音乐体裁，与蒂拉纳相似，用快速演唱并采用无意义的音节。

Taranga　节，章，篇。

Tarangavai　《多浪迦维》，5世纪耆那教作家波托利多（Patalipta）著，用俗语写成。

Tararahasya　梵喜峰写的《多罗木秘义》。

Taras　女救星，度母，女菩萨。

Tarashankar Bandopathyay　塔拉山卡·般度帕提亚亚，20世纪孟加拉语小说家。

Tarij-Husayn Shahi　波斯风格的史诗《侯赛因王朝史》，描写艾哈迈德纳加尔统治者侯赛因·尼扎木·沙一世（Husayn Nizam Shah）的历史。

Tarikh al-Hind　《印度记》，11世纪阿尔比鲁尼写的记录印度人生活的书。

Tarik-I　……记。

Tarikh-i-Firozshahi　《非鲁兹沙王朝实录》，14世纪印度穆斯林历史学家齐亚-乌德丁·巴拉尼写的历史书，把1259年至1359年伊斯兰政权的崛起到非鲁兹沙的统治都写进了编年史。

Tarikh-i-Hind　《信德记》，印度10—11世纪穆斯林学者阿尔布鲁尼（Alberuni）著。

Tarikh-i-Keshmir　《克什米尔记》，贾汗吉尔历史学家马利克·海达尔（Malik Haidar）写。

Tarikh-i-Sind　《信德记》，莫卧儿王朝第五代皇帝贾汗吉尔时期的历史学家马苏姆·拔卡里（Masum Bhakkari）写。

Tarim　塔里木盆地。塔里木盆地是中国最大的内陆盆地，在新疆维吾尔自治区南部。北、西、南为天山、帕米尔和昆仑山、阿尔金山环绕，大体呈菱形，海拔1000米左右，西部海拔1000米以上，东部罗布泊降到780米，面积530000平方千米。由于深处大陆内部，周围又有高山阻碍湿润空气进入，塔里木盆地年降水量不足100毫米，大多在50毫米以下，极为干旱，属于温带荒漠气候。

Tarim Majundar　塔林·马俊达，20世纪70年代著名电影导演。

Tarka 观觉思维，思择，思考揣度，反驳。

Tarkachuramani Sasadhar 塔勒克九拉玛尼（1851—1928），印度教复兴主义者，创立科学印度教。

Tarkasamgrha 《思择集要》，17世纪哲学家阿难跋陀（Ananambhatta）著。

Tarkavidya 辩论学。

Tarkhya 飞马；多尔刹大仙。

Tarkhya 塔尔克亚，仙人，被波罗布伦阇耶当众射死。

Taro 草本植物，块茎可食。

Tarpan 奠酒祭祀。

Tartars 鞑靼人，中国古代北方游牧民族名称，泛称蒙古为鞑靼。最早于公元5世纪出现于游牧部落中，其活动范围在蒙古东北及贝加尔湖周围一带。13世纪初，这些蒙古突厥游牧民族的不同群体成为蒙古征服者成吉思汗部队的一部分，其后蒙古人与突厥人互相混杂在一起，因而入侵俄罗斯和匈牙利的蒙古军队，就被欧洲人统称为鞑靼人。

Taruntapas Sangha 青年苦行僧组织。

Tarwad 克拉拉邦扩大的家庭，财产。

Tash Kurghan 塔什库尔干，古代地名，在今新疆塔什库尔干县一带。

Tashkend 塔什干，乌兹别克斯坦首都，中亚地区第一大城市和重要的经济和文化中心。它位于乌兹别克斯坦东部、恰特卡尔山脉西面，地处锡尔河支流奇尔奇克河谷的绿洲中心，海拔440～480米。这座古城是古代东西方贸易的重要中心和交通要冲，我国古代的张骞、法显、玄奘都曾在此留下过足迹。塔什干在乌兹别克语中意为“石头城”，因地处山麓冲积扇一带，有巨大卵石而得名。这是一座历史悠久的古城，早在公元前2世纪就建有城池，公元6世纪就以商业、手工业著称，成为古代丝绸之路的必经之地。公元11世纪首见史书记载。1865年成为一座建有城墙的城市，当时的人口约7万，是与俄国进行贸易的主要中心，后来并入俄罗斯帝国。1867年成为土耳其斯坦自治共和国的行政中心。1930年起成为乌兹别克共和国（苏联加盟共和国之一）首府，1991年8月31日起成为独立的乌兹别克斯坦共和国的首都。

Tashkend Declaration 《塔什干宣言》，1965年印巴战争后苏联调解，在乌兹别克首都塔什干签署宣言，双方同意各自武装人员撤回1965年8月5日以前的占领区。印度总理夏斯特里在签署宣言后心脏病突发逝世。

Tashtri 陀湿多，《梨俱吠陀》里的能工巧匠，曾制造因陀罗神的金刚杵。他也是世上万物原型的发明和创造者，生命的激励者，长寿的赐予者。

Tat 终极物质。

Tat 塔特，神名。

Tata 大爷。

Tata，J. N. 塔塔（1839—1904），印度最大的事业集团塔塔公司的创建人。

Tata 塔塔（1904—1989），印度最大的商业家族塔塔集团首脑。

Tata Building 塔塔别尔亭，由印度大资本家塔塔捐资修建，又称拉坦古底（Ratankuti），国际大学的学生宿舍名，中国留学生魏风江曾住这里。

Tata House 塔塔财团，印度最大、资格最老的印度财团，由塔塔于19世纪50年代创立。

Tatah Kim（What Then?） 《然后怎么办?》，泰戈尔的散文。

Tataka 塔塔卡，魔怪大孙陀的妻子，大孙陀与小孙陀为争夺打入凡间的绝色美女提罗达摩互殴而死。

Tatamurti 地狱里的熔炉。

Tatapuram 塔塔普兰，印度南部海岸城市。1922年11月泰戈尔访问斯里兰卡回国后在此短期停留。

Tathagata 如来，宇宙的唯一实在和最高本体，大乘佛教崇拜的至高无上的神，释迦牟尼仅仅是如来的许多暂时化身之一。

Tathata 真如，现象的原材料，事物原本如此的真实状况，真实性质。

Tathatakhya-nirodhasamkrita 真如无为，跨越各宗派的不同见解而掌握佛教的绝对真理，避免曲解这一绝对真理。

Tatkar=kramlya 塔特卡尔，即克兰莉雅，卡达克舞中演员快而复杂的脚点表演。

Tatpurusha 湿婆的超人像——最高的、宁静、慈祥的相。

Tattamakali 印度民间舞。

Tattgopaplavasimha 破坏所有宗教真理的

狮子。

Tattva　真理，谛，耆那教七类基本教义，真，基本原则的感知；种类，范畴，宇宙的各种构成要素，成分，那（东西）。

Tattva-Jyana　形而上学的认知。

Tattvabodhini　泰戈尔家族创办的《研真》杂志，或叫《感知真理》。

Tattvabodhnee Sabhaa　“真理启迪会”，1839年由泰戈尔父亲德本德罗纳特创立的协会，由“真理愉悦会”改名而来。

Tattvabodhini Patrika　《真理追求者》，19—20世纪印度西孟加拉邦的一种哲学、宗教期刊，经常刊登泰戈尔的文章。

Tattvacintamani　《真谛如意珠》，印度12世纪佛教大师耿盖夏（Gangesad）著。

Tattvadarsin　知诸谛者，“诸谛”指数论哲学的二十五谛，在这里泛指数论派的哲学理论，“知诸谛者”是指通晓数论哲学的人。

Tattvakaumudi　《明谛论》，9世纪瓦卡斯帕提·米斯拉（Vacaspati Misra）的数论派著作。

Tattvam asi　个体是世界的精华。

Tattvam asi　“汝即彼”“你就是那”，奥义书里的警句。

Tattvaranjinee Sabhaa　“真理愉悦会”，1839年由泰戈尔父亲德本德罗纳特创立的协会，后改为“真理启迪会”。

Tattvasamasa　《真谛论》，迦毗罗仙人著。

Tattvasangraha　《摄谛论》。

Tatya Tope　塔提亚·茶婆（1813—1859），即拉摩钱德拉·畔布让（Ramchandra Panburang），1857印度第一次反英起义的总司令，失败后进入丛林打游击，2年后被俘，于1959年4月8日被绞死，是伟大的爱国者和军事天才。

T

Taurika　乐师。

Tauryatrika　乐器。

Tawhid　神人合一。

Taxila　旦叉始罗，即塔克西拉（德格西拉），位于巴基斯坦首都伊斯兰堡西北约50千米处，东南距拉瓦尔品第35千米，人口20万。这是一座有着2500年历史的著名古城，其佛教遗迹有2000多年的历史，覆盖了2500平方千米，是举世闻名的犍陀罗艺术的中心，也是南亚最丰富的考古遗址之一。中国高僧法显、玄奘等都到过这里。塔克西拉的古城遗址也是世界著名的考古遗址，曾是佛教中心。1980年联合国教科文组织将塔克西拉作为文化遗产，列入《世界遗产目录》。

Tazkirat-ul-waqiat　《大事件回忆录》，赵哈尔写，记录莫卧儿王朝第二代皇帝胡马雍统治时期的大事件。

Tea Ceremoney　茶道，就是品赏茶的美感之道。茶道亦被视为一种烹茶饮茶的生活艺术，一种以茶为媒的生活礼仪，一种以茶修身的生活方式。它通过沏茶、赏茶、闻茶、饮茶增进友谊、美心修德、学习礼法，是很有益的一种和美仪式。喝茶能静心、静神，有助于陶冶情操、去除杂念，这与提倡“清静、恬淡”的东方哲学思想很合拍，也符合佛、道、儒的“内省修行”思想。茶道精神是茶文化的核心，是茶文化的灵魂。1916年5月泰戈尔访问日本时，在大阪欣赏日本的茶道。

Teachers' Way　《师道》杂志，1990年创刊，地址在广州。2002年第3期刊登郁龙余的《泰戈尔是幸运的》。

Teaching and Research by Aba Teacher's Institute　《阿坝师专教学与研究》，1978年创刊，1983年第1期刊登陈俐的《“放下足也是在走路”——鲁迅、泰戈尔在探索时期的诗歌之比较》。

Teej　蒂吉节，“妇女希望”节，未婚妇女拜湿婆夫妇，希望保佑她们找到如意郎君。

Teem，tarana，dere，tome，nadir　塔拉那音乐的5个音节名称。

Teen Purush　泰戈尔的长篇小说《三代人》，见Yogayoga。

Teepoy　三角桌。

Tegh Bahadur　特各·巴哈杜尔，锡克教第九世祖师，1644年建阿南达普尔·萨西布（Anandapur Sahib）城。

Tehran　德黑兰，伊朗首都，位于伊朗中部偏北，坐落在辽阔的伊朗高原北缘的厄尔布尔士山脉南麓，市区分布在一片平原上，城郊东、西、北三面为厄尔布尔士山脉和成弧形状的丘陵环绕，海拔1200米到1500米，面积300多平方千米，人口约1100万。德黑兰是一座历史悠久的城市。早在公元9世纪初期，这里已成为居民住宅点，是当时的著名城市雷伊的郊区，为古代世界著名商道“丝绸之路”往来的歇脚之处。公元13世纪，因受到强大外族入侵，雷伊城惨遭破坏，随后德黑兰兴而代之，由于这里是伊朗北部东西向大道与通往南部大道的交汇点，于是在短时期内便成为一座中等规模的城市和贸易中心。德黑兰被称为“鲜花城市”。1932年5月泰戈尔访问德黑兰。

Tehsildar　收租人。

Tejas　威严，热，光辉。

Tekalkota　提科勒科塔，文迪耶山新石器时代遗址，在卡纳塔克邦。

Telegram to Roosevelt　《给罗斯福的电报》，泰戈尔1940年7月就巴黎陷落发给美国总统罗斯福的电报。

Telengana Peasant's Uprising　特伦甘纳农民大起义，由印度共产党于1946—1951年在印度特伦甘纳发动的农民大起义。

Telepathy　神交医术，医生通过遥感治病。

Tell　台勒，首陀罗种姓中的榨油者次种姓。

Telugu　泰卢固语，南印度安德拉邦的官方语言，属于达罗毗荼语系，在印度，说该语言的人数仅次于说印地语的人数。

Telugus　泰卢固人，又叫安德拉人，主要分布在安德拉邦、卡纳塔克邦、泰米尔纳德邦。他们是雅利安人和达罗毗荼人的混血种，貌黑，性猛，好学艺。

Tembavani　《约瑟传》，泰米尔传教士白起（Beschi）写。

Tempest　《暴风雨》，17世纪英国戏剧家莎士比亚的戏剧。故事是这样的：弟弟安东尼奥为篡夺爵位，和那不勒斯国王联手阴谋，不择手段地陷害自己的哥哥米兰公爵普洛斯彼罗和三岁的侄女米兰达公主，使他们被迫流亡到荒岛生活了十几年。哥哥在孤岛上潜心研究魔法，终于可以呼风唤雨，于是趁安东尼奥、那不勒斯国王和其王子乘船出游享乐时唤起一场剧烈的狂风暴雨，让那不勒斯国王的王子被淹死（假象），安东尼奥和那不勒斯国王在面临暴风雨即将给他们带来的死亡面前，在饱尝失去自己的骨肉的巨大悲伤面前，他们方才醒悟，才发现生命中有远远比金钱和权力更重要的东西，对自己以往做过的事情感到羞愧和悔恨，发誓痛改前非，重新做人。

Temple of Earth　地坛，又称方泽坛，始建于明代嘉靖九年（1530年），为北京五坛中的第二大坛，坐落在安定门外东侧，与天坛遥相对应，与雍和宫、孔庙、国子监隔河相望。地坛是一座庄严肃穆、古朴幽雅的皇家坛庙，是明、清两朝祭祀“皇地祇神”之场所，也是中国最大的“祭地”之坛。1924年4月28日，正在中国访问的泰戈尔在这里给北京的青年学生做演讲。

Tengalai　南方文化，南方派。

Tennyson Alfred　丁尼生（1809—1892年），英国著名的浪漫主义诗人，主要作品有《莫德》《国王叙事诗》《伊诺克·阿登》《尤利西斯》《食荷花人》《美女梦》《夏洛特小姐》《悼念》等。1850年出版挽歌集《悼念》，被女王封为“桂冠诗人”。

Tenth Foreign Tour　（1929年2月—7月）第十次国外之行。应加拿大国家教育委员会参加其3周年大会的邀请，泰戈尔于1929年2月26日离开加尔各答，由钱达、图特、塔卡陪同，于3月1日乘船离开孟买。途径新加坡、香港、上海，3月26日在日本神户上岸，从神户去东京，受到《朝日新闻》社的盛大款待。再从横滨乘船去加拿大。4月6日到达加拿大西海岸的维多利亚港。当晚在加拿大总督威灵顿勋爵主持的欢迎会上演讲《清闲的哲学》。4月8日在温哥华演讲《文学的原则》。在加拿大逗留10天后，应美国加利福尼亚大学、底特律大学、哈佛大学、哥伦比亚大学和华盛顿大学的邀请去美国访问。4月18日坐火车到达洛杉矶，因丢失护照而遇到麻烦。当地移民局把他当作亚洲人的代表，“东方有色人”给予“优待”，为了抗议，他取消了计划中对美国大学的访问，4月20日从火奴鲁鲁取道乘船去日本。5月7日，日本船的船长和旅客在船上为泰戈尔庆祝泰戈尔68岁生日。5月10日到达横滨。第二天由日本泰戈尔学会在索罗吉庙（Zoroji Temple）招待他。5月15日在印-日协会主办的大会上做题为“地方文化和日本的使命”的报告。6月3日在名为“和谐”（Concordia）的组织以“理想的教育”为题讲话。6月7日起航赴印度支那，两周后到西贡。在西贡市长主持的招待会上，印度支那法国政府和人民热烈地欢迎他。6月24日离开西贡，7月3日到马德拉斯，7月5日坐火车到加尔各答。

Teora　特奥拉，一种印度古典音乐的节奏。

Tepanter　特潘塔沙漠，印度神话里的沙漠。

Terai　德莱，“湿地”，北方邦的一个地区。

Terapanthi　特罗班提派，耆那教派别，明确反对偶像崇拜和烦琐的祭祀活动。

Teutons　条顿人，古代日耳曼人中的一个分支，公元前4世纪时大致分布在易北河下游的沿海地带，后来逐步和日耳曼其他部落融合。后世常以条顿人泛指日耳曼人及其后裔，或是直接以此称呼德国人。

Tevaram　印度教11本圣书之首本颂神诗《神之花环》，提鲁集纳那·桑班达尔（Tirujnana Sambandar）写。

Tevaram Stotra　颂诗集。泰米尔63毗湿奴派诗人的诗集。

Tewari　警察。

Texas　得克萨斯州，简称得州，是美国本土面积最大的一州，面积有696200平方千米，人口2000多万，其中有将近三分之一是拉丁裔。17世纪时，西班牙的探险家在与卡豆恩语族（Caddoan）的哈希乃（Hasinai）族人打交道时，将印第安人称呼自己为朋友（thecas）的词误解为此地地名。它西邻新墨西哥州，北接俄克拉荷马州，东面是阿肯色州及路易斯安那州，南方则与墨西哥接壤。得克萨斯州的首府是奥斯汀，最大的城市是休斯敦，其他最重要城市有达拉斯和圣安东尼奥。1921年2月泰戈尔访美时由庞德演讲协会主持，在这里做过演讲。

Teyyam　泰亚姆，一个低种姓女神名，以其命名的舞蹈为低种姓的马拉雅种姓的女巫所表演。

T

Teziah　用木头和纸做的殉难者侯赛因坟墓的模型。

Thaakur Ghar　《敬神室》，泰戈尔的杂论。

Thacker Spink Co.　塔卡斯品克出版公司，在加尔各答，曾出版许多泰戈尔的作品。

Thackeray, William Makepeace　萨克雷，W. M.（1811—1863），英国作家，著有《名利场》等。

Thadas　塔达，一个拉格被分为10个塔达。

Thai　泰月，泰米尔人的10月，等于印历布萨月（Pausa），公历12月—次年1月。

Thakazhi Sivasankara Pillai　塔卡之·湿婆桑卡拉·皮拉伊，20世纪马拉雅拉姆语作家，作品有《小虾》（Chemeen）等。

Thakkery Bal　塔克雷巴尔，20世纪印度宗教政治家，于1966年创建印度教组织湿婆军。

Thakrun　对小姑子、小姨子等的敬称。

Thakur　老爷，称呼婆罗门、神、偶像等，薄伽梵。

Thakur　“老爷”，泰戈尔的第十六代先祖彭恰依·古沙里住在渔村，和不可接触者住在一起，他们叫他“老爷”，英国人发音不准，把他叫成泰戈尔，以后演化为泰戈尔家族的姓。当时英国商人已经开始在那里做生意，他们的轮船经常在恒河岸边抛锚停泊。为了装卸货物，洋人们雇用了苦力。彭恰依和叔叔经常往英国人的船上运送食品和饮用水以及其他生活必需品。这样，他们叔侄俩就常常与苦力和英国人打交道。苦力们称呼彭恰依为“彭恰依塔古尔”，英国人也如此地称呼他，并且以为“塔古尔”就是他的姓氏。英国人发音不准，就把“Thakur”（塔古尔）说成“Tagore”（泰戈尔）。久而久之，他们叔侄俩也就不再使用自己原来的姓氏“古沙里”了，而代之以“Thakur”作为他们的姓氏，他们的后代也就延用这个姓氏了。中国早期文化人根据英文不准确的译名Tagore将其译成“泰戈尔”，从此中国就采用了“泰戈尔”这个译名，而通常就指诗人本人，其实“泰戈尔”是诗人家族的姓氏。

Thakur Prasad　塔库尔·普拉萨德，卡达克舞导师，著名卡达克舞演员瓦基德·阿里·科利（Wajid Ali Kholi）的师父。

Thakurda　（The Babus of Nayanjore）《祖父》，泰戈尔1895年写的短篇小说。见Grandfather。

Thakurma　奶奶。

Thakurpo　小叔子。

Thali　一种盘子。

Thana　塔纳，印度马哈拉施特拉邦西北部城市，在孟买西北。

Thana　警察局。

Thaneswar　塔内斯瓦尔，印度地名。

Thanjavur　坦贾武尔，又名坦焦尔（Tanjore），印度南方城市，在泰米尔纳德邦，10

世纪以后曾为朱罗王国都城。有巨大的巴拉哈代斯瓦拉尔神庙。

Thankas　西藏的唐卡绘画。

Thapar House　塔帕尔财团，印度大财团，塔帕尔创立于1919年。

Thapar, Romila　塔帕尔，罗密拉，印度人，20世纪印度教学者。

Thar Desert　塔尔沙漠，即印度大沙漠，在印巴边境，位于恒河平原，印度方在拉贾斯坦邦西部。

Tharanga　《增一支》。

Tharijham　集中表演奥迪西舞的全部舞姿，最后一段。

Tharu　塔鲁族，印度少数民族之一。

Thathagata　如来。

The Arch from East to West　《从东方到西方的穹庐》，泰戈尔的助手安德鲁斯为配合泰戈尔1921年和法国哲学家贝尔格森的会晤写的文章。

The Arctic　北极，指地球自转轴的北端，也就是北纬90°的那一点。北极地区是指北极附近北纬66°34′北极圈以内的地区。北冰洋是一片浩瀚的冰封海洋，周围是众多的岛屿以及北美洲和亚洲北部的沿海地区

The Art of Movement in Education　《教育的运动艺术》，泰戈尔的散文。

The Artist　《艺术家》，泰戈尔的散文。

The Ascetic　《苦行僧》，泰戈尔的短篇小说。见Sannyasi。

The Astronomer　《天文学家》，泰戈尔《新月集》里的诗。

The Augastan Book of Modern Poetry　《奥古斯特现代诗集》，1925年伦敦厄内斯特·本出版社出版，有泰戈尔的专集。

The Auspicious Vision　《拜堂相见》，泰戈尔1900年写的短篇小说。年轻的婆罗门地主坎迪琼德罗死了妻子，但他没有心思再娶，而是整天带人打猎。有一天，他在乡下打猎时碰见一个天仙般的年轻姑娘，他跟随到村子。他听见屋里有人叫苏塔时，这个姑娘进去了，以为她的名字叫苏塔。他借故见姑娘的父亲班那吉，班那吉也正为女儿苏塔的婚事发愁。坎迪琼德罗于是求婚，班那吉喜出望外，让他见女儿，但他胸有成竹地说，还是拜堂时相见吧。等到他揭开新娘的盖头，发现不是他心目中的姑娘，大吃一惊，认为姑娘的父亲移花接木骗了他。正在这时他心目中的那个姑娘进来追小兔子。坎迪琼德罗亲切地向她提问，姑娘不答，人们大笑。原来她是个聋哑姑娘。等到他回头再仔细端详新娘子时，发现她同样羞怯迷人，于是转悲为喜。

The Austere Wife　《女隐士》，泰戈尔于1917年写的短篇小说。绍罗西11岁嫁给博罗达。博罗达不喜欢读书，父亲马孔希望他好好读书，将来继承家业。给他请家庭教师，媳妇绍罗西一心一意伺候他，但他连续三次考试不及格，最后竟然带上钱离家出走。绍罗西以为他出去当了苦行僧，所以每次家里来了苦行僧，她都尽力接待并企图从他们某一个人中看到丈夫的影子。望窗口眺望成了她每天的希望，但丈夫杳无音信。最后她绝望了，竟学习雪山神女帕尔瓦蒂，在家修行。她每天只吃一餐，静坐，练呼吸。公公请来梵语导师教她吠陀经等印度教经典。12年过去，苦修生活折磨得她不成人形。公公和姑姑都为其担心，但她矢志不改。有一天，家里突然来了一个西装革履的年轻人，此人正是早已失踪的博罗达。他当年在船上当杂役跑到美国，以后担任一家洗衣机公司代理。这次来印度推销洗衣机。他问这家人要不要洗衣机，如果要，可以便宜出售，说着掏出一本彩色产品说明书。

The Awakening of the Fountain （Nirjharer Svapnabhanga）　《唤醒泉水》，泰戈尔1881年写的诗。

The Banyan Tree　《榕树》，泰戈尔《新月集》里的诗。

The Beggar Women　《女乞丐》，泰戈尔于1877年写的短篇小说。已去世的王国大臣的10岁的女儿科莫尔和阿吉特将军的16岁的儿子奥莫尔辛赫自小亲密无间，青梅竹马。正当两家商量婚事时，邻国犯境，将军要带儿子奔赴疆场。奥莫尔辛赫与科莫尔挥泪告别。科莫尔的寡母卧床不起，家里空空如也，科莫尔无奈出门讨要，因冻饿昏倒在狂风暴雪中。母亲不见女儿回来，心急如焚，请求邻居帮助寻回女儿，但暴风雪中谁敢出门？正在寡母快急疯时，来了一个满脸横肉的人，向寡母说了一通话，母亲听后昏厥过

T

去。原来科莫尔被土匪劫走，土匪要她在三天内交出500卢比赎人，否则杀死科莫尔。寡母卖掉所有首饰，求东家告西家，勉强凑够一半的赎金，土匪毫不通融，她只好求曾经求过婚而被拒绝的地主儿子莫洪拉尔，莫洪拉尔的条件是科莫尔必须嫁给他。科莫拉的母亲只好答应。于是女儿被赎出，嫁给莫洪拉尔，出了狼窝进了虎口。

5年后，将军战死，奥莫尔辛赫凯旋，做着幸福梦的他听说科莫尔嫁人的消息，如雷轰顶，万念俱灰。他和科莫拉在玩过的山上偷偷见面，科莫拉欣喜若狂，但奥莫尔辛赫强忍悲痛，冷冷告别。科莫尔失望之极，思念成病，无情的丈夫莫洪拉尔把她扔给寡母。母亲无钱给女儿治病，科莫尔奄奄一息。母亲给医生下跪求情，医生答应第二天晚上来。到了晚上，狂风暴雨，正当母亲着急之时，进来一人，脱去雨衣，母亲惊呆。原来医生就是奥莫尔辛赫。科莫尔睁开眼睛，看见了自己昼思夜想的心上人，脸上露出微笑。但她已承受不住巨大的欣喜，死在奥莫尔辛赫怀里。

The Bengal Co-operative Journal 《孟加拉合作社期刊》，泰戈尔时期的期刊。

The Beyond 《来世》，泰戈尔的谈话。

The Bird of The Morning 《晨鸟》，泰戈尔的诗。

The Bird of Time 《时间之鸟》，奈都夫人的诗。

The Birminghan Post 《伯明翰邮报》，曾于20世纪30年代刊登泰戈尔的作品。

The British Constitution in India 《印度的英国宪法》，泰戈尔1938年2月18日写给《曼彻斯特卫报》编辑的信。

The British East India Company （BEIC）英国东印度公司，东印度公司，全称可敬的东印度公司（The Honourable East India Company，不列颠东印度公司），有时也被称为约翰公司（John Company），是一个股份公司。1600年12月31日英格兰女王伊丽莎白一世授予该公司皇家特许状，给予它在印度贸易的特权而组成。实际上这个特许状给予东印度贸易的垄断权21年。随时间的变迁东印度公司从一个商业贸易企业变成印度的实际主宰者。

在18世纪，中国对鸦片的需求十分之高，而在1773年，东印度公司在孟加拉取得了鸦片贸易的独占权。但由于东印度公司的船只被禁止运送鸦片到中国，所以在孟加拉地区生产的鸦片要先在加尔各答出售，再在那里运到中国。

尽管中国政府一直禁止鸦片入口，又在1799年重申禁烟，但东印度公司仍从孟加拉透过贸易商和中介走私鸦片到中国广州等地，平均每年高达900吨。鸦片源源不绝地输入中国，使中英贸易形成了庞大的逆差，尽管中国输出茶叶、丝绸和瓷器，仍未能阻止白银大量流出的问题。在1838年，当时鸦片输入中国的数量高达1400吨，中国不得不对走私者处以死刑，并派出钦差大臣林则徐监督禁烟。禁烟与日后的销烟引发了1840年鸦片战争，最终使中国租借香港岛予英国。在1858年被解除行政权力为止，它还获得了协助统治和军事职能。

从1757年到1857年印度民族起义，东印度公司不断加固其统治，它变得越来越像一个国家，而不像一个贸易企业了。

一旦变成了英国殖民者的殖民地，印度就落入了苦难的深渊。英国殖民统治给印度带来的最大灾难就是毁灭了印度的传统手工业。印度在变为英国的殖民地之后，就成了一个被西方人鄙视的“落后国家”。从18世纪60年代起，东印度公司开始走下坡路，1813年，东印度公司对印度的贸易垄断权被取消，同年，英政府又取消了它对中国的贸易垄断权。东印度公司对华贸易特权被取消后，来广州实行贸易的英国商人从原来统一由东印度公司组织而变为散商，英国政府特派官员与中国政府交涉商务事宜，使原来商人与商人之间的交涉一变而成为政府间的交涉，由此而埋下了中英两国冲突导火线的种子。种种权力被取消后，东印度公司走向了破产的道路。1858年，东印度公司用尽毕生精力为英国聚敛到足够的财富之后，被一脚踢开，东印度公司被英国政府正式取消，英国政府开始直接统治印度至1947年。

1881年，年仅20岁的泰戈尔写了《死亡的贸易》一文，谴责英国利用鸦片输出对中国进行的掠夺与毒害。

The Broken Wing 《折断的翅膀》，奈都夫

人的诗。

The Call of Truth （Satyer Ahwan） 《真理的召唤》，泰戈尔1921年在加尔各答做的报告。

The Canker of European Civilization 《欧洲文明的溃伤》，泰戈尔的散文。

The Captain Will Come to His Helm 《船长要去掌舵》，泰戈尔的诗。

The Car of Time 《时代的游行》，泰戈尔的剧本。见The March of Time。

The Case for India 《印度的实情》，泰戈尔1931年的文章。

The Case for India 《印度国情》，美国著名学者威尔・杜兰特的著作。1930年12月正在美国访问的泰戈尔在纽约会见威尔・杜兰特，英印政府禁止该书进入孟加拉。

The Central House of Trade Unions 苏联工会中央大厦，1930年9月24日，苏联友协在苏联工会中央大厦主办泰戈尔欢迎会。泰戈尔发言，盛赞苏联人民在教育和社会福利方面取得的成就。

The Central Peasants' House 中央农民之家，在莫斯科。1930年9月泰戈尔访问苏联，9月16日访问中央农民之家，和农民们交谈并回答了他们提出的问题。

The Centre of Indian Culture 《印度文化的核心》，泰戈尔于1919年3月27日在加尔各答的皇家大剧院第一次用英语做的报告。

The Challenge of Judgement 《挑战审判》，泰戈尔于1933年11月26日在孟买泰戈尔周纪念会上的发言。

The Champa Flower 《金香木花》，泰戈尔《新月集》里的诗。

The Changing Age （Kalantar） 《变化的时代》，泰戈尔的散文。

The Child 《孩童集》，泰格尔第一次写的英语原版诗集，1930年由阿伦翁文出版社出版；《孩子》，泰戈尔翻译的孟加拉语诗人罗伊・德威金德拉拉尔的诗，收集在诗集《情人的礼物》里。

The Child-Angel 《儿童天使》，泰戈尔《新月集》里的诗。

The Children's Creche and Kindergarten attached to Moscow Dynamo Works 莫斯科电机厂托儿所和幼儿园，1930年9月，正在苏联访问的泰戈尔访问了莫斯科电机厂托儿所和幼儿园。

The Christian Commonwealth 基督教联盟，该组织的特使于1913年5月21日会晤泰戈尔。

The Citadel of Immobility 《坚定寺院》，泰戈尔1911年写的剧本。见Static Institution。

The City and Village 《城市与乡村》，1926年6月20日，正在意大利访问的泰戈尔应邀在图林的里斯博物馆做题为“城市与乡村”的报告。报告之后，里佛维茨卡送给泰戈尔3首翻译成意大利语的泰戈尔写的歌曲，歌里保留了孟加拉抒情诗的旋律。

The Colour Bar 《种族隔离》，泰戈尔1931年的书信。

The Commercial Press 商务印书馆，商务印书馆成立于1897年，是中国历史最悠久的现代出版机构，与北京大学同时被誉为中国近代文化的双子星。1987年出版张光璘的《印度近现代伟大作家泰戈尔》；1999年出版闵光沛翻译的《印度文化史》；2006年出版谭中、耿引曾的《印度与中国——两大文明的交往和激荡》；2012年出版毛世昌、丁广州的《泰戈尔的一生》。

The Communal Award 《公共奖》，泰戈尔1936年的讲话。

The Co-operative Principle 《合作社的原则》，泰戈尔1934年2月13日在合作社25周年大会上的讲话。

The Creative Ideal 《创造性的理想》，泰戈尔的散文。

The Creative Spirit 《创造精神》，泰戈尔的散文。

The Crescent Moon 《新月集》，泰戈尔的诗集。大多数译自1903年写的孟加拉语诗《儿童集》（Sisu）。诗集中，诗人生动描绘了儿童们的游戏，巧妙地表现了孩子们的心理，以及他们活泼的想象。它的特殊的隽永的艺术魅力，把我们带到了一个纯洁的儿童世界，勾起了我们对于童年生活的美好回忆。

The Crescent Moon Society 新月社，中国现代文学史上影响较大的一个文学社团，它于1923年成立于北京，是五四以来最大的以探索新诗理论与新诗创作为主的文学社团。该社活动在1927年春迁往上海，1933年结束，主要成员有胡适、徐志摩、闻一多、梁实秋等。前期他们把《晨报副刊》作为阵地，后期创办《新月》月刊（1928年3月10日）、《诗刊》周刊（1931年）。新月社是一个涉及政治、思想、学术、文艺各领域的派别，在思想上和组织上都表现了资产阶级自由主义特点。1924年5月8日，新月社在北京的协和礼堂欢迎正在中国访问的泰戈尔，并由张歆海、林徽因、徐志摩、林长民等演出泰戈尔的戏剧《齐德拉》，庆祝泰戈尔64岁生日。

The Crisis 《危机》，泰戈尔的信。

The Crown 《王冠》，泰戈尔于1885年写的短篇小说。特里普拉国王阿玛曼尼克亚的小儿子拉兹托尔是个小阴谋家，他不好好学习武艺，还要讨好父王。他提出让父王见识他的武功，提出与两个哥哥比武，但他自知远远比不过他们，于是想出阴谋：提议晚上和哥哥们打猎，又撺掇二嫂阻止英德拉库玛尔不要出去打猎，让嫂嫂把英德拉库玛尔的弓箭藏起来，他乘机钻到武器库把刻有他自己名字的箭换到英德拉库玛尔的箭袋里。第二天，国王亲自观看三个王子的比武。拉兹托尔的箭射到地上，英德拉库玛尔的箭命中目标。但拉兹托尔却硬说自己射中了靶子，不信可以验箭。果然射中靶子的箭上刻着他的名字。二王子拂袖而去。吉大港的缅甸王进犯特里普拉，国王命令依沙汗将军为总司令，三个王子各领5000军马。拉兹托尔不听指挥，为了抢功，利用黑夜擅自闯进缅王营寨，逼迫缅王交出象牙王冠并命令其军队首领停战。正当大皇太子和二王子与敌人酣战时，不见拉兹托尔营救，卡那普里河畔横尸遍野，突然敌人停止战斗，令依沙汗和两个王子迷惑不解。拉兹托尔拿着缅王象牙王冠出现，将所有功劳归于自己，要戴王冠，太子软弱答应，但依沙汗将军和二王子不服。依沙汗将军把王冠扔进卡那普里河，拉兹托尔阴谋失败，决心报复。他利用将军和两个哥哥拔营撤回之机，让缅王从后偷袭，在冲出包围过程中依沙汗将军被乱箭射死，王太子重伤，死在二弟怀里。缅军烧杀抢掠，国王自杀，二王子战死疆场。拉兹托尔当上国王，但寿命不长，三年后淹死在戈马蹄河里，二王子与高姆拉黛维的儿子卡乐扬玛尼克亚即位，打败前来进犯的沙迦汗国王。泰戈尔于1908年根据该同名短篇小说改写了同名剧本。

The Cult of Nationalism 《民族主义的狂热》，1916年9月泰戈尔访美时在美国西雅图市日落俱乐部（Sunset Club）的演讲。

The Curse at Farewell 《离别时的诅咒》，泰戈尔1894写的剧本，取材于《摩诃婆罗多》。远古时期，诸天神和天魔之间经常发生战争。天神的导师和祭司是木星神祭主仙人，天魔的导师和祭司是太白仙人。太白仙人懂得起死回生术，所以在战中天魔占有有利条件，一旦阵亡，就通过起死回生术活了过来，而天神当时还不知道这个咒语，更没有后来才取得的不死药甘露，所以就吃亏，死去不能活过来。诸天神商议，请祭主仙人的儿子云发到太白仙人那里去学道，见机学到起死回生术。云发来到太白仙人家里，太白仙人接受他为弟子。因为按照当时的习俗，一个合格的婆罗门先生是不能拒绝接受徒弟的。老师有一个女儿天乘，长得很美丽，对云发很有好感。云发也为她唱歌，跳舞，讲故事，陪她做游戏，目的是建立密切的关系，以利于把起死回生术学到手。按当时的习俗，学生时代是不能谈情说爱的。所以他们的亲近有一定的限度，各有各的打算。当天魔得知此事，马上意识到云发是来打起死回生术的主意，于是一再地杀死他，都被天乘要求父亲救活了。第三次天魔把云发杀死烧成灰放在太白仙人的酒里，仙人把酒喝进肚子。这次天乘求父亲时，太白仙人念过咒语喊云发回来，云发在仙人的肚子答应，但不得出来。太白仙人明白了。他说，云发，你来的目的达到了，现在我只能教你起死回生术，让你冲破我的肚子出来，我死后你能用咒语把我救活。于是云发学到了咒语。学习期满他准备回天界，天乘舍不得他走，向他求爱。云发认为由于他从太白仙人肚子里生出，和天乘是兄妹关系，不能有爱情关系，于是婉言谢绝。天乘诅咒云发咒语失效，云发诅咒天乘嫁给刹帝利。剧本在原来的基础上发挥得很生动，使天乘的爱意表达无余。看来云发对她也深怀爱意，只是为了事业不忍有儿女私情。

The Cycle of Spring 《春之循环》，泰戈尔

T

1915年写的剧本。国王觉得自己老了，预示着等死，因而整天惶惶不可终日。为了挽救主人，宫廷诗人卡比石卡创作并把他的一出剧本搬上舞台。该诗人创作的剧本旨在说明，宇宙本身就是年轻变老周而复始循环的过程，是一个创造的过程，以便纠正国王的人生观。

春天来了，一群年轻人为了庆祝春天的到来，要出去玩。他们不听比较成熟的萨尔达的劝阻，他们大喊大叫，把他们的头目萨尔达引了出来。萨尔达知道这些青年人逐步相信居住在“创造物之肋骨”的“永恒老人”的现实，于是让他们去玩“抓住老人”的刺激游戏，然后他自己溜走。于是“抓住永恒老人”的游戏开始。年轻人一个个冒险出去，找船夫、看守、更夫等打听老人的消息。但这些人带给他们的是令人不安的消息。这些人把年轻人的大胆勇敢看作疯疯癫癫、不可救药。在一个拐角处，尽管这些年轻人勇敢无畏，但还是犹豫不定，畏缩不前。他们迷了路，觉得萨尔达把他们引向了歧路。钱得拉哈丢下垂头丧气的同伴，一个人往前闯。这时他们听见了钱得拉哈的笑声。钱得拉哈领着一个盲游吟诗人安达保走来，说安达保知道老人的行踪。在他们失望之时，安达保的歌声使他们马上变得生气勃勃。突然，一直往前闯的钱得拉哈带着“永恒老人”的消息出现。在大家期望的眼光中萨尔达从洞里走出来，宣布他们要抓的老人根本就没有，因为他只是梦想。

The Cuala Press　夸拉出版社，在都柏林，曾出版泰戈尔的作品。

The Dancing Girl's Worship （Natir Puja）《舞女的崇拜》，泰戈尔于1926年写的剧本。摩羯陀国王频婆娑罗皈依佛教，把王位主动让予觊觎王位、皈依提婆达多、抗衡佛祖教义的旧教的大儿子阿者世王。宫廷舞女丝丽玛蒂接到丘比尼乌帕利的激动人心的命令，要她在佛祖生日、春季圆月的那天，到圣坛上向佛祖献礼。公主们没有想到一个被人瞧不起的舞女竟然得到这个殊荣，于是一个公主决心破坏这个任务。主要敌手拉特拉帕丽公主想方设法让新王阿者世王下命令让丝丽玛蒂在宫廷内的圣坛前表演亵渎佛祖的舞蹈。其目的在于逼迫她采取行动，公开反对新王的宣布的反对佛教的命令，以便抓住口实迫害丝丽玛蒂。在群情激愤中传来了丘比尼乌特帕拉帕尔那被提婆达多的追随者杀害的消息，紧接着频婆娑罗王也在来圣坛的路上被人暗杀。内心被神圣的使命所激励，丝丽玛蒂表面不动声色地穿上华丽的衣服去跳舞，实际上借机向佛祖献礼。为了不让她亵渎佛祖，王后让她服毒献身，但为丝丽玛蒂坚决拒绝。当跳到高潮时，她拚命唱起了禁止的对佛祖的赞歌，一件件脱去舞衣和首饰，最后露出黄色的丘比尼衣服。在强大的公众舆论压力下，阿者世王撤销了原来不许拜佛的禁令。一心要羞辱丝丽玛蒂的拉特拉帕丽公主，眼看在突如其来的情势下要失去机会，加紧报复行动。看见丝丽玛蒂明里跳舞实际上却在祭献佛祖，她恼羞成怒，命令女卫兵打死了丝丽玛蒂。王后深为感动，恭敬地把丝丽玛蒂的头抬到自己的双膝上，带头唱起了对佛祖的赞歌，在场的人们跟着她唱，只有拉特拉帕丽例外。王后宣布皈依佛教，出家修行。等在门外准备向佛祖朝拜的阿者世王在听到可怕的消息后立即返回。大家离去后，圣坛上只剩下公主和丝丽玛蒂的遗体。公主醒悟，恭恭敬敬地跪下来，对丝丽玛蒂行摸脚礼，唱起丝丽玛蒂临死前唱的对佛祖的赞歌。

The Death Traffic　《死亡的贸易》，泰戈尔1881年20岁上写的文章，谴责英殖民主义对中国的鸦片贸易。

The Defeat （Jaya- Parajaya）　《胜与败》，泰戈尔的短篇小说。见Victory。

The Defeat Prithviraj （Prithviraj Parajaya）《地王的失败》，泰戈尔于1873年在12岁时写的剧本。

The Devide （Byabdhain）　《破裂》，泰戈尔于1891年写的短篇小说。博诺马利和喜舒曼虽然是远堂兄弟，但博诺马利把喜舒曼自小抱大。他们像好朋友亲密无间，花园是他们每天见面交流的最好场地。两家房子相邻处地沟内的一棵酸橙树由于仆人抢果子而引起双方父亲的一场官司。博诺马利父亲赢了官司。博诺马利希望此事不要影响二人的关系，但喜舒曼却再也不来花园，博诺马利感到极大的失落。

The Devotee　《女信徒》（《女苦行

T

者》），泰戈尔1914年写的短篇小说。我为了躲避报纸的攻击和诽谤，来到乡下。一个女苦行者常来行摸脚礼。一年后，她又来了，把我当作神崇拜。我不过是他崇拜的载体。她把讨要来的施舍物作为神圣的东西看待，不太光顾婆罗门家。她向我讲了她的故事：丈夫老实厚道，家庭殷实，丈夫请自己的儿时好友作为古鲁（精神导师），并供给他在加尔各答上学的费用。当她在恒河沐浴时，4岁的儿子来找妈妈，她眼睁睁看着儿子被淹死。正在她绝望时，古鲁来了，她把伺候好古鲁作为最大的精神安慰。有一天，她从恒河沐浴回来，浑身湿透，现出美丽的酮体，正好碰上古鲁，她避之不及，转过身去，不料道貌岸然的古鲁竟走到她跟前，夸奖她的迷人身材。她的信仰崩溃，出家为苦行者。

The Diary of the Five Element 《五种元素日记》，泰戈尔的散文。

The Dumb Girl 《素帕》，泰戈尔于1893年写的短篇小说。见Subha。

The Editor（Sampadak） 《编辑》，泰戈尔于1893年写的短篇小说。妻子在世时女儿普罗帕由她照顾。妻子死后，女儿才6岁，照顾女儿的责任自然落到我身上，但我让妻子惯得什么都不会做，反而要女儿来照顾我。我觉得女儿到了嫁出去的年龄，得为她准备嫁妆钱，于是写讽刺喜剧，但一事无成。好多合适的小伙子让有钱的家长选走了。于是我应聘编辑职务，专门为一个村子的报纸写文章攻击与他们有仇恨的另一个村子。后来对方聘请高手，把这个村子攻击得体无完肤，我觉得很丢面子，挖空心思想反击对方。女儿发烧，我才意识到给她的父爱太少。于是放弃反击打算，照顾女儿。

The Education Magazine 《教育杂志》。《教育杂志》由商务印书馆创刊于1909年，止于1948年，计出刊33卷382期，历任编辑计有陆费逵、朱元善、李石岑、唐钺、周予同、何炳松、黄觉民、赵廷为、李季开等。

The Educational Mission of the Visva-Bharati 《国际大学的教育使命》，泰戈尔的散文。

The Efficacy of Ahimsa 《不杀生的效验》，泰戈尔1922年2月写给达尔帕特兰（Nanalal Dalpatram）的信。

The End 《结局》，泰戈尔《新月集》里的诗。

The End of Progress 《进步的毁灭》，泰戈尔于1941年写的短篇小说。加尔各答大学的男女同学接触很多，一些男同学故意讨好女同学。萨拉斯瓦蒂节就是男女同学自由接触的盛大的节日。偏偏有人对此不满，认为男同学故意讨好女同学就是对女同学的侮辱。为了表现男女平等，由苏丽蒂带头成立了妇女进步协会，抵制男同学的讨好，发动会员抵制萨拉斯瓦蒂节，并脱下艳妆穿素妆。苏丽蒂的极端做法引起了男同学的不满，最突出的就是幽默风趣的才子尼哈尔。他经常借故念梵语诗，念迦梨陀娑剧本的台词来讽刺苏丽蒂，并恶作剧般地把蟑螂放在苏丽蒂的抽屉里，让她在教室出尽洋相。一些女同学不赞成这些做法，提出，"不让男女同学自由交往与现代潮流背道而驰"。富家小姐萨丽娜主动和尼哈尔来往，给尼哈尔钱，并撺掇他转学到大吉岭大学，由她出学费。不幸萨丽娜不久得肺炎死去，失去经济依靠的尼哈尔又回到了加尔各答大学，照常讽刺苏丽蒂。

法国某印度哲学专家来学校讲学，学生提出要用法语致欢迎辞。尼哈尔自我推荐念法语欢迎辞，其流利漂亮的发音大大维护了学校的声誉，受到法国专家的大力赞扬，从此在学校名声大震，令人刮目相看。苏丽蒂感到自己的一套极端行为行不通，主动退出协会，于是恢复了女人的天性，对尼哈尔有了好感并主动和他来往，向他暗示爱情，代替了萨丽娜的位置。她为了资助尼哈尔，找了一份教师工作，为省钱住在地下室，得了肺结核住院，病床上还惦念着尼哈尔，但尼哈尔没有一次去看她，他只是利用女人花钱，玩弄她们的感情而已。

The English in India 《印度的英国人》，泰戈尔1936年10月写的文章。

The Englishman's Fear（Ingrajer Atanka） 《英国人的恐惧》，泰戈尔于1893年写的文章，强调印度教徒和伊斯兰教徒团结的价值。

The Exercise-Book（A Note-book） 《笔记本》，泰戈尔于1894年写的短篇小说。乌玛7岁，喜欢在笔记本上学习、写字、画画。哥哥教她。9岁上，乌玛出嫁了。她把

T

心爱的笔记本带到婆家，每天偷偷摸摸地写字，还是让丈夫的3个妹妹发现了。丈夫一气之下把笔记本撕得粉碎，乌玛的学习梦破灭了。

The Fateful Hunt 《致命的狩猎》，泰戈尔于1882年写的音乐剧。故事取材于史诗《罗摩衍那》：阿逾陀国王十车王出去打猎，误把前来河边为瞎眼父母取水的仙人库玛尔当作大象射死。库玛尔在临死前要求十车王把他的遗体带给盼望他回家的父母。库玛尔的父亲安达卡、牟尼悲痛欲绝，一气之下诅咒十车王不得好死。十车王后悔莫及。泰戈尔扮演安达卡。

The First and Last Prophet of Persia 《波斯第一位和最后一位圣人》，1930年11月，泰戈尔再次来纽约访问美国。12月7日在美国大同教会主办的欢迎会上，以“波斯第一位和最后一位圣人”为题演讲。

The First Anniversary of Sriniketan 《斯瑞尼克坦一周年（国际大学新村建设系）》，泰戈尔的散文。

The First Jasmine 《第一枝素馨花》，泰戈尔《新月集》里的诗。

The First State Opera House 莫斯科第一话剧院。1930年9月18日，正在苏联访问的泰戈尔在莫斯科第一艺术剧院观看托尔斯泰的戏剧《复活》，在莫斯科第二艺术剧院看《彼得大帝》，在莫斯科第一话剧院看印度爱情故事剧《白德卡》，接见大学生，回答他们的提问，介绍圣蒂尼克坦的国际大学。

The First World War 第一次世界大战（简称一战，1914年8月—1918年11月），是一场主要发生在欧洲但波及全世界的世界大战，当时世界上大多数国家都卷入了这场战争，是欧洲历史上破坏性最强的战争之一。战争过程主要是同盟国和协约国之间的战斗，中国于1917年8月14日对德、奥宣战。第一次世界大战以协约国的胜利而告终，并导致了亚洲西部和欧洲东南部、非洲北部的奥斯曼帝国、欧洲中部的德意志帝国、欧洲东部和亚洲北部的俄罗斯帝国、欧洲中部的奥匈帝国四大帝国土崩瓦解，并促成国际联盟的成立。

The Fleeting One （Kshanika） 《瞬息集》，泰戈尔于1900年出版的爱情、抒情诗集。

The Fliting One （Palataka） 《飞去者》，泰戈尔1918年写的叙事诗。

The Flower-School 《花儿学校》，泰戈尔《新月集》里的诗。

The Foundation of Indian Culture 《印度文化的基础》，印度现代哲学家奥罗宾多的作品。

The Four Stages of Life 《人生的四个时期》，泰戈尔的散文。

The Free Press of Inida 《印度自由新闻》，印度报纸，曾采访泰戈尔。

The Friend 《朋友》，泰戈尔1930年5月24日在伦敦的演讲。

The Fugitive Gold （Svarnamriga； The Golden Deer； Fool’s Gold；）《金鹿》（《诱惑》），泰戈尔于1892年写的短篇小说。见The Golden Deer。

The Function of Library 《图书馆的功能》，泰戈尔的散文。

The Function of Woman’s Shakti in Society 《妇女的社会创造力的功能》，泰戈尔的谈话。

The Funeral Preparations 《准备葬礼》，泰戈尔于1886年写的幽默故事系列之一。地位显赫的克里西那老人气息奄奄，大夫认为他朝不保夕。家里的女眷们随时准备放声号啕，过分热情的儿子们急于安排让人们发唁电并尽快登载到报纸上。在一片混乱中，人们听见克里西那临死前的微弱的喘息声。儿子们对父亲的去世并不在意，而是关心葬礼的仪式。当大夫认为克里西那马上要归天时，女眷们悲痛难忍，嘤嘤啜泣，儿子们大怒，把女眷们甚至她们的妈妈都赶了出去。他们在筹划第二天盛大的葬礼，而不是请大夫赶快做最后的抢救。使儿子们没有料到的是，老人竟然从死亡线上活过来了，一下打乱了儿子们的计划。看到儿子们对葬礼的周密安排，老人感叹说，还不如死了好。儿子们请前来参加葬礼的乱哄哄的人们看各地唁电和关于老人去世的新闻报道，他们流下了热泪，感叹人生短促无常。但病床上的克里西那挣扎着叫人们保持安静，因为人们的吵嚷使他感到心烦。

The Further Bank 《远岸》，泰戈尔《新月

集》里的诗。

The Gardener　泰戈尔的著名诗集《园丁集》。

The Genius of Valmiki　《蚁垤的天才》，泰戈尔于1881年写的剧本。蚁垤是大史诗《罗摩衍那》的作者。但他原来是个强盗头子，杀人越货，拿人做牺牲，祭祀力量女神迦梨。智慧女神萨拉斯瓦蒂化为迷路少女来点化他。众强盗抓住少女，带到蚁垤跟前，要求杀死少女祭祀女神，蚁垤顿生怜悯之心，命令放走少女。强盗追杀小鹿，他不忍杀戮善良动物，命令强盗放它一条生路，众强盗不满，离他而去。他没有能够阻止两个猎人射死一对正交欢的麻橘鸟，发出哀叹，随口念出几句梵语圣诗来哀叹猎人的举动，这便是梵语诗歌的开始。财富女神拉克西米出来引诱他，他不为所动。突然智慧女神萨拉斯瓦蒂出现，点化他放下毒刀，立地成善人，并赐给他维拉琴，教他唱歌作诗，用诗歌教化人们。蚁垤从此告别迦梨女神，开始创作史诗，成为伟大的诗人。泰戈尔亲自参加演出，扮演瓦尔米基（蚁垤）。

The Ghat's Story（The Landing Stairway）　《河边的台阶》，泰戈尔于1884年写的短篇小说。苦森5岁嫁人，和丈夫只度了一个夜晚，丈夫便去了远方的工作地。后传来话，丈夫死在外边。苦森一人孤独地生活。每天去河边码头沐浴顶水。苦森长成18岁的少妇，楚楚动人。有一天，村里来了一个长得很漂亮的年轻苦行者，村里人说很像苦森原来的丈夫。苦森听他讲吠陀经，参加他主持的祭祀，把他像神一样尊敬。突然有一段时间，苦行者发现苦森没有来，遂在晚上无人时问她原因。苦森不肯说出。在师父的再三逼问下，苦森说她爱上一个人，这个人每天夜里在她梦里出现。师父问她这人是谁，苦森说就是师父本人。师父拒绝了苦森的爱情，让她忘掉他。然后师父远走他乡。苦森希望破灭，投入恒河。她忘记的唯一办法就是死亡。

The Gift　《礼物》，泰戈尔《新月集》里的诗。

The Gift of Sight（Vision）　《献眼》，泰戈尔于1898年写的短篇小说。苦姆8岁时嫁给阿比纳石，后阿比纳石当了医科大学生。苦姆在25岁时，得了眼病，阿比纳石不听苦姆哥哥请英国眼科专家的劝告，非坚持要自己给妻子治病，结果由于医术不高而把苦姆的眼睛治瞎了。阿比纳石感到内疚，发誓要一辈子服侍好妻子，不再另娶。阿比纳石以后医术越来越高明，收入颇丰，思想发生了变化。他不再同情穷人，对眼前的瞎眼妻子看不惯。正好阿比纳石的姑姑来看他，提议他另娶。阿比纳石口头反对实际上心里很乐意。姑姑领来大伯子的女儿——活泼、天真、善良的海曼吉尼。阿比纳石异常高兴，寻找一切机会和海曼吉尼接触。眼看丈夫要背叛当年的诺言，苦姆异常痛苦，心如刀割，每日以泪洗面。一天，丈夫说要出去几天，实际上是要去和海曼吉尼结婚。苦姆揭穿丈夫谎言，但丈夫依然我行我素，坐船去了海曼吉尼家。事情的结果出人意料：就在前一天，苦姆的哥哥娶了海曼吉尼，并且在风暴中救了阿比纳石一命。阿比纳石幡然悔悟，与妻子和好如初。

The Girl Between（Madhyabartini）　《隔阂》，泰戈尔于1893年写的短篇小说。尼巴龙是一家英国公司的职员。他的生活平平淡淡。妻子霍罗孙多丽突然重病，多亏尼巴龙精心照顾才死里逃生，但此后一直病病快快。他们没有孩子。妻子担心自己今后无力再生孩子，建议尼巴龙再娶。尼巴龙又娶谢拉芭拉。谢拉芭拉不讲理，霸道，贪婪。她把霍罗孙多丽的首饰设法占为己有。她挥霍无度，逼得尼巴龙挪用一大笔公款，好心的英国女老板没有报案，让他在两天内把亏空顶上。尼巴龙要谢拉芭拉拿出首饰卖掉还债，谢拉芭拉一口回绝，没有商量余地。他只好卖掉房子。一家人挤到小房子里。他被女老板解雇。谢拉芭拉受不了委屈，恶言恶语伤尼巴龙。多亏霍罗孙多丽鼓励。谢拉芭拉难产而死，他让霍罗孙多丽搬来同住。但他们早已失去往日的激情，总觉得死去的谢拉芭拉睡在中间。

The Golden Barge（Sonar Tari）　《金色船集》，泰戈尔于1891年写的诗集。

The Golden Boat　《金色的船》，泰戈尔1932出版的诗集。

The Golden Book of Tagore　《泰戈尔的黄金书》，1924年在印度出版。1931年12月泰

戈尔纪念周时，编辑罗摩南塔·查特吉给泰戈尔献上全世界泰戈尔的朋友和崇拜者表达他们对泰戈尔敬意的书《泰戈尔的黄金书》。

The Golden Book of Peace 《金色的和平书》，由法国世界和平联盟出版的书，1928年9月3日泰戈尔给该联盟发贺信，祝贺该书出版。

The Golden Deer（Fool's Gold; The Fugitive Gold） 《金鹿》(《诱惑》)，泰戈尔于1892年写的短篇小说。老二的儿子白第那特百无一能，依靠父亲留下的投资券生活，也不想找个正当的职业养家糊口，就知道手工削制一些拐杖、风筝绕线轮之类的小玩意送人，为此经常遭到妻子责骂。他想着一夜奇迹般地暴富。有一天来了一个圣人，声言会制金术，结果第二天圣人把证券席卷一空而逃，使全家陷于困境。媳妇让他去瓦拉纳西看她姑父的房子，他半夜听见水流声和金属撞击声，以为神召唤她挖金子，结果只挖出漏入的河水和骷髅，失望之下回到家里。第二天家里仆人叫他吃饭，发现白第那特人去房空。

The Golden Head Press 牛津金头出版社，曾出版泰戈尔的作品。

The Golden Thread 《金线》，奈都夫人的诗。

The Great and the Small（Chhoto o Baro） 《伟大与渺小》，泰戈尔1917年写的文章，尖锐地分析殖民政府的官僚体制。

The Great Sentinel 《伟大的卫兵》，泰戈尔于1921年8月在加尔各答的报纸《年青印度》(Young India) 发表的散文。

The Great Teacher 《导师》，这是泰戈尔于1918年对《坚定寺院》的简缩本，只有原本的一半，更加适合表演，少挪潘舒人改为于那卡人，24首歌减为7首。见The Static Institution。

The Guala Press 印度呱啦出版社，曾出版泰戈尔的作品。

The Guest House of India 《印度的旅馆》，泰戈尔的散文。

The Haldar Family 《哈尔达尔一家》，泰戈尔于1914年写的短篇小说。渔民佃户满度由于连年歉收，交不起东家的高利贷，求老地主和管家宽限无果，陷于绝望。地主的大儿子班瓦里同情满度，求父亲和管家开恩，遭斥责，遂决定卖掉自己的首饰替满度还债。管家把满度私自关押。班瓦里叫来警察，救出满度，逮捕管家。班瓦里支持满度打赢官司。未久，管家出狱，逼走满度，放风说他全家投河。班瓦里众叛亲离。弟弟邦西媳妇为莫家生唯一儿子，弟弟不久病死。老莫诺惑尔死前将遗产让孙子继承。班瓦里心里不平，为报复偷走遗嘱并想同时加害侄子。为寡妇救火，他丢了遗嘱，被侄子拣到。班瓦里良心内疚，幡然悔悟，离家出走。

The Hero 《英雄》，泰戈尔《新月集》里的诗。

The Hidden Treasure 《秘密财宝》，泰戈尔于1907年写的短篇小说。一个苦行僧送给穆里顿焦的爷爷用布包的一卷纸，纸上有几句秘密话和密码符号。苦行僧告诉他只要能破解话语和符号就能发现宝库。穆里顿焦的爷爷和父亲为此耗费了一辈子心血，弄得倾家荡产也没有成功。穆里顿焦决心实现祖先遗愿。他把秘密图纸藏在迦梨女神庙前的石板下的木盒子里，只有他一个人知道。有一天，当他打开木盒子时，发现秘密图纸不翼而飞，顿时惊得目瞪口呆。这时来了一个苦行僧，说，应该高兴才是。既然女神把它带走，那是可怜你，不应该为此事伤心。说完消失。穆里顿焦决心找到苦行僧。只有找到他，才能找到宝藏。他于是不惜一切代价寻找苦行僧。许多年后，他来到一个村子，突然发现这个村子的名字和图纸上的密语吻合，而且不经意看见那个苦行僧从附近田边消失。他问起客店老板。老板说附近的密林原来是个王国，被投山仙人诅咒，一夜间全城人死光，城市变为废墟，多年后被密林掩盖，留下无数财宝。无数的人冒险寻宝，但无一生还。但穆里顿焦决心凭对图纸的记忆找到宝贝，认为此事非他莫属。他终于找到了那个苦行僧，而且偷偷跟踪其到山洞。眼看宝库就在眼前，穆里顿焦想独吞财宝，于是想用滚石砸死苦行僧，不料脚下滑到，阴谋败露。原来苦行僧就是早已失踪的穆里顿焦的爷爷的小弟弟。他早已看破红尘，视金银财宝为粪土。他之所以寻宝，是为了将宝散发给穷人。他把穆里顿焦带到宝库，穆里顿焦心花怒放，恨不得把金银财宝全拿走。

但他却疏忽了一件最重要的事情：不知道如何走出去。只有苦行僧知道。苦行僧再三劝他放弃贪欲，但穆里顿焦死不改悔，于是被困在洞子里，气息奄奄，临近死亡时才意识到外边世界的可贵，金银财宝换不来自由。于是彻底放弃贪欲。苦行僧再次出现，问他还想不想财宝，穆里顿焦什么都不想要，只要自由和生命。苦行僧把穆里顿焦丢失的图纸归还给他，他撕为碎片，随苦行僧走出山洞，走向自由。

The History and Ideals of Sriniketan 《斯瑞尼克坦的历史与理想》，泰戈尔写的散文。

The History of Chinese Language and Literature 《中国语文及文学历史》，谭云山1952年写的著作。

The Home 《家庭》，泰戈尔《新月集》里的第一首诗。

The Home and the World 《家世界》，泰戈尔1919年11月30日的信，回应别人对他的小说《家世界》的评论。

The Human Cycle 《人类循环论》，印度现代哲学家奥罗宾多的作品。

The Ideal of Human Unity 《人类统一的理想》，印度现代哲学家奥罗宾多的作品。

The Immense Wealth Called Space 《被称为空间的巨大财富》，泰戈尔的散文。

The Indian Literary Review 《印度文学评论》，印度的一种文学期刊。

The Indian Society 伦敦印度学会，曾出版泰戈尔的作品。

The Indoi Iranian 《印度-伊朗人》，泰戈尔的散文。

The International Labour Office（Organization）国际劳工组织，是一个以国际劳工标准处理有关劳工问题的联合国专门机构。1919年，国际劳工组织根据《凡尔赛和约》，作为国际联盟的附属机构成立。总部设在瑞士日内瓦，它的训练中心位于意大利都灵，秘书处被世界各地的人称为国际劳工局。该组织曾在1969年获得诺贝尔和平奖。

The International Society for Krishna Consciousness（ISKCON） 国际黑天意识会，1966年7月由印度教大师斯瓦米·普拉布帕达（Swami Prabhupada，1896—1977）创立。该协会尊印度教黑天派教祖阇多尼耶为祖师，认为他就是黑天大神在人世间的化身。

The Irony of Fame 《名誉的讽刺》，泰戈尔于1885年写的幽默故事系列之一。律师度加迪为前来要求赞助的人所包围。他生硬地拒绝了康里查拉的要求，使对方大为光火，决定教训他。他在报纸上登出消息，说度加迪为音乐协会慷慨捐助5000卢比。度加迪名声大震，但要求捐助者蜂拥而来。音乐学校的学生竟然大打出手，度加迪不得不离家出走。

The Japan Advisor 《日本顾问报》，美国人办的报纸，该报记者于1929年5月29日在东京采访泰戈尔。

The Jewel without Form 《无形的珠宝》，这是泰戈尔于1920年对《国王》的改写本。主题没有改变，实现灵魂和最高现实的结合。通过自我抹杀达到自我实现。26首歌曲没有减少，情节简化，坎齐国王改为维克兰，意为力量。若西尼去掉了。苏达萨那成了公主，想嫁王中之王。参见The King。

The Judge 《法官》，泰戈尔于1894年写的短篇小说。妓女基罗达青春已逝，又被男友卷走首饰和金钱。她和3岁的儿子生活无着落，在无奈之下抱着儿子跳井自杀。她被人救活，儿子却被淹死。她被严厉的莫希特莫亨法官判处绞刑，以儆效尤。在执行绞刑的前一天，法官去监狱菜园，听见基罗达大喊大叫，要求法官退还警察收走的她的心爱的戒指。法官准许。他要看看这个戒指为什么值得女人在死前还留恋不舍，发现戒指的一面在象牙上用油彩画着他自己年轻时的像，另一面刻着他那时诱骗姑娘时用的假名，于是认出基罗达就是24年前在他上大学时被他诱骗私奔而后又被他无情抛弃的当时仅14岁的美丽寡妇赫姆莎悉。

The Judge 《裁判》，泰戈尔《新月集》里的诗。

The Judgement 《判断》，泰戈尔的散文。

The Kadi 卡迪生物园，在克拉拉邦。

The Khalsa Panth 卡尔沙社团，锡克教的宗教社团。

The King and the Queen 《国王与王后》，泰戈尔于1889年写的第一部多幕剧。国王维格拉摩沉迷于对王后苏米德拉的热恋中，疏忽了国事。王后苏米德拉的陪嫁人员乘机谋取了军队司令、地区长官等职务，控制了国家。他们胡作非为，只为自己的利益着想，根本不考虑国家和人民的利益，致使百姓怨声载道。苏米德拉认为自己除履行一个妻子的职责外，还应该履行作为国母参与国家大事的职责。她希望国王不要只沉湎于爱情之中，应该治理好国家。她发现人民在挨饿，而且深怀不满，就要求国王解除随她来到这里现在已经掌握了国家大权的一些封建贵族的权利。国王没有同意，苏米德拉的主意反而引起了那些人的不满和担心。他们不听国王和王后的旨意，发动叛乱。王后苏米德拉劝国王御驾亲征，说自己将率军和叛乱者战斗。德瓦达塔站在王后一边。碍于面子，国王没有采纳她的意见。苏米德拉希望国王醒悟，否则将抛弃国王。两人僵持。苏米德拉背着国王回娘家克什米尔，向国王即自己的弟弟古玛尔森求助，希望古玛尔森帮助她击败本国的叛乱者。国王觉得自己受到奇耻大辱，迁怒于王后和古玛尔森。他一边和叛乱者讲和，一边发兵攻打克什米尔。古玛尔森被打败，藏在百姓家。他的叔叔钱德拉森想乘机攫取克什米尔王位，投降了国王维格拉摩，并积极帮助国王追杀古玛尔森和苏米德拉。王后苏米德拉希望挽回局面，要求与夫王见面，遭到拒绝。克什米尔山区酋长阿玛如承认维格拉摩的统治权，向他呈献自己的女儿伊拉。伊拉是个绝色美女，国王维格拉摩一见倾心，希望她成为新王后。但伊拉早已爱上了古玛尔森，表示非古玛尔森不嫁。国王维格拉摩受到感动，决定为古玛尔森和伊拉举行盛大婚礼。正在大家准备盛典时，王后和古玛尔森求见。只见王后手里拿着一个盘子，揭开盘子，露出古玛尔森的人头，苏米德拉在维格拉摩面前自杀。伊拉听到了结婚的喜乐声，整装待发。

The King of the Dark Chamber 《暗室之王》，泰戈尔于1910年写的剧本。苏德尔西那嫁给国王后，总是在宫廷的暗室与国王相会，因此强烈要求在明亮处看国王。但国王不答应，使她怨气满腹。宫女苏伦格玛劝她知足，她心里更烦恼。她问苏伦格玛皇帝长得帅不帅，宫女的回答模棱两可，她很不满意。她亲自要求国王在光亮处露面。国王告诉她在人堆里是认不出来他的。王后自以为是地回答说她肯定会认出来。在王后的坚持下，国王答应在马上来临的春天节露面。国王的神秘不露面使得许多前来参加节日的老百姓怀疑国王不存在，这个王国是无王之国。自称是国王忠实朋友的塔库达对国王的存在深信不疑。苏德尔西那把长得很帅招摇过市的苏巴尔那误以为国王，派宫女把花环送给他。这事没有逃过专门派出这个拐子来诱骗王后的邻国国王冈吉的眼睛。他在宫廷花园放火，火势蔓延无可扑救。苏德尔西那被大火包围，奔向错误认为是国王的苏巴尔那，苏巴尔那告诉她，他不是什么国王，而是个伪君子、无赖。在烈焰中她感到已经看见了国王，样子很可怕，像一团乌云。她羞愧难当，希望被烈火化为灰烬。王后突然在“暗室”遇见国王。她为自己为假国王敬献花环而痛心疾首。国王劝不住，她的傲慢与刚愎使她离开国王去父王坎尼亚库波加处暂避。在父王处她心里烦恼更多，开始了赎罪，因为所有的国王来向她求婚。使她极度痛悔的是，这些国王互相争斗，取胜的国王把她父王关起来，等待苏德尔西那从中挑选一个驸马。但一场地震把他们驱散，塔库达身着将军服只身和这些叛乱的国王作战。冈吉单独和国王在战场搏斗。消息传来，战斗结束，国王取胜。但是渴望见到国王的苏德尔西那被告知，国王在胜利后已经走了。王后和冈吉意识到他们都各自为错误的价值观所误导。王后认为国王非人的眼光所及，而冈吉感到国王非他能力所及。苏德尔西那心里醒悟，国王要求她“走到外面来——走到亮处来”。

The Kingdom of Cards （A fanciful Story; Ekta Asharbe Galpa） 《纸牌国》，泰戈尔于1892年写的短篇小说。

在纸牌王国里，住着国王、皇后、红桃和梅花，还有低种姓的十点、九点、两点、三点，种姓等级森严，谁都不敢越雷池一步。整个王国像一团死水，毫无生气，使人感到窒息。在另外一个小岛上，住着王子和他的被打入冷宫的妈妈，还有王子的伙伴、商人的儿子和警察局长的儿子。这里根本没有什么种姓和等级制度，人人平等。有一天，商人的儿子决定出去闯世界，王子和警察局长的儿子愿意跟随。他们乘坐9只大船，在沿途小岛上装满了海螺、檀香木、珊瑚、象牙、麝香、豆蔻等。这几个人不幸遇上风暴，船全部沉没，他们被抛到纸牌国小岛。纸牌国的人必须首先弄清他们的种姓、次种姓，以便决定如何接待他们。这些客人才不管这些呢！他们完全按照自己的意愿行事。他们的到来打破了纸牌国的平静，掀起了阵阵波澜。从红心皇后开始，越来越频繁地违反规章制度。爱情的波涛在年轻人的心里翻卷，内心骚动不安。王子于是召集大家，让红心皇后亲自挑选终身伴侣，竹笛吹响，锣鼓奏响，愁眉不展的气氛一扫而光。红心皇后含情脉脉地把花环戴到王子脖子上，全场欢声雷动！大家为王子隆重加冕。王子的妈妈载着满船金子来到岛上。从此，岛上没有了等级，没有了高低贵贱，人们自由生活。小说反映了作者对种姓制度的挑战和和平等思想。

The Knighthood 爵士爵位，1915年6月3日，在英王生日之时，泰戈尔被授予此爵位。

The Kreutzer Sonata 《克莱采奏鸣曲》，是俄国作家托尔斯泰精神探索的代表性作品之一，它的主题是《安娜·卡列尼娜》中家庭与婚姻思想的延续与发展。在这部作品中，作者完全以禁欲主义的观点来解决以前作品中关于灵魂与肉体冲突的矛盾。小说通过主人公波兹内谢夫关于人生意义的探索告诉人们，爱与善是人类的终极目的，但由于人的与生俱来的情欲妨碍人类目的的实现，而解决这个矛盾的途径便是禁欲，生命的意义在于同情欲做斗争。小说表现了晚年托尔斯泰思想的消极性。

T

The Laboratory 《实验室》，泰戈尔于1904年写的短篇小说。南达基绍尔靠铁路发财，他用发财得来的钱建工厂以及最喜欢的实验室。他在旁遮普邂逅了美丽、泼辣、聪明、放荡的苏希尼，二人结为夫妇。婚后不就，南达基绍尔去世，留下一大笔遗产。苏希尼为继承丈夫的事业，决心把实验室办下去。她原打算请乔杜里说服专心于科学的雷包迪与女儿结婚并继承实验室，后感觉女儿太放荡，决定只让雷包迪掌管实验室，不让和女儿结婚，也不许她去实验室引诱雷包迪。苏希尼祖母病重，要带尼拉去，尼拉借口觉醒社工作不去。苏希尼走后，尼拉乘机勾引雷包迪，并让他担任觉醒社社长。实验室变得冷冷清清。苏希尼赶来，乔杜里说服她允许尼拉和雷包迪结婚，协助共同搞好实验室。极其古板严厉的雷包迪的姑姑赶来，拉走雷包迪。

The Land of Exile 《流放之地》，泰戈尔《新月集》里的诗。

The Last Bargain 《最后的交易》，泰戈尔《新月集》里的诗。

The League of Nations 国际联盟，简称国联，是第一次世界大战后成立的国际组织，宗旨是减少武器数目及平息国际纠纷。但国联却不能有效阻止法西斯的侵略行为。第二次世界大战后被联合国所取代。国联1926年1月12日派文化代表马文访问圣蒂尼克坦。

The Library Journal of Henan 《河南图书馆学刊》，1981年创刊。2003年4月第2期刊登于兴魁的《传统与现代爱情婚姻观的碰撞——读泰戈尔〈沉船〉》。

The Life Divine 《神圣人生论》，印度现代哲学家奥罗宾多的著作。

The Little Big Man 《小大人》，泰戈尔《新月集》里的诗。

The Living and the Dead 《活着还是死了》，泰戈尔于1892年写的短篇小说。迦冬比尼死了丈夫，没有留下孩子，他照顾丈夫的弟弟的儿子，视为己出。有一天，迦冬比尼突然得心脏病死去，沙罗达松科尔连夜送到河边尸体焚化场。在焚化场工人出去筹备柴火之机，她突然醒了过来。焚化工人回来不见了尸体。为了推卸责任，便欺骗主人说尸体已经焚化。迦冬比尼去学校好友久格玛雅处暂避，但过了几天久格玛雅丈夫石瑞帕提查拉打探来的消息说，迦冬比尼死了。她被赶了出来。又去丈夫弟弟处，吓得全家人魂飞魄散。她无路可走，只好跳河自杀，用死来证明她并没有死。

The Living Voice of India 《印度的生动的声音》，泰戈尔答《基督教国家报》记者问。

The Mahabharata 印度两大史诗之一的《摩诃婆罗多》，描写印度古代俱卢族和般度族为争夺王权而进行战争的故事。《摩诃婆罗多》被誉为“印度古代社会的百科全书”。《摩诃婆罗多》用梵文写成，采用对话体，共有10万颂（每颂为1节双行诗体），现代精校本则为8万多颂。全诗分作18篇：《初篇》《大会篇》《森林篇》《毗罗陀篇》《备战篇》《毗湿摩篇》《德罗那篇》《迦尔纳篇》《沙利耶篇》《夜袭篇》《妇女篇》《和平篇》《教戒篇》《马祭篇》《林居篇》《杵战篇》《远行篇》《升天篇》。最后附有一部《诃利世系》，有时作为第19篇，其实是另一部独立著作。全诗以列国纷争时代的印度社会为背景，叙述婆罗多族后裔俱卢族和般度族争夺王权的斗争。

一个春暖花开的日子，天上8位神仙兄弟，带着他们美丽的妻子们下到人间游玩。在一片绿油油的草地上，一只漂亮的母牛带着小牛犊在吃草。母牛有着锦缎般的皮毛和惹人怜爱的姿态。一位妇人被母牛吸引了，她要求神仙们把母牛带走，她的丈夫知道这是极欲仙人的母牛，劝她放弃这个想法，但她执意不从。最后，在众兄弟的帮助下，他们终于偷走了母牛和牛犊。

极欲仙人是位很有法力的大仙。他回来后发现母牛不见了，运用法力很快就知道了谁是偷牛的人。他发出诅咒：8位神仙兄弟都将降到人间做凡人。极欲大仙的诅咒是很灵验的，肯定能变成现实。8位神仙兄弟非常后悔，他们一起向大仙请求宽恕。大仙在他们的恳求下，把诅咒减轻了：7位兄弟都必须到人间走一遭，但偷牛的主谋将留在人世间。

8位神仙兄弟又去求恒河女神做他们的母亲，商量好恒河女神生下前7个孩子都扔入恒河，让他们洗去罪过，重新复活为神。恒河女神被他们的诚心感动了，她答应他们的请求，便化作一位美貌的女子到人间。她娇美的容颜和婀娜的身姿，使她得到人间国王福身王的爱情。

在结婚前，他们订了一个协议：福身王不许问她的来历，不得干涉她的行为，迷恋中的福身王答应了。他们成亲了，生活幸福美满，每年都生下一个俊美的孩子，但母亲每次都将孩子扔入恒河，然后笑容满面地回到丈夫身边。国王极为震惊，但因婚前有约，只好默默忍受，这样延续了7年，第8年生第八个孩子的时候，福身王忍无可忍，终于要制止妻子了。丈夫违约，大仙的诅咒也实现了。恒河女神向丈夫讲明原委，带走了小儿子。儿子被送到大仙那里，学习各种知识，练就了各种本领，长大后回到福身王身边，成为英武、博学、善良的人物。国王立他为太子。

福身王失去爱妻后，十几年都闷闷不乐，也没再娶。有一次，他在河边看到一位大眼细腰、似花似玉、浑身发着异香的渔家女子。他要求这位女子嫁给他。但女子父亲提出的条件是要让他女儿生下的儿子继承王位。福身王已将恒河女神天神般的儿子立为太子，无法答应。他又开始郁郁不乐了。太子知道原因后，他向渔父发誓他要放弃太子的地位，并发誓一辈子不结婚，这样来保证渔家女的后代稳坐王位。渔家女终于和福身王结婚了，他们生下花钏和奇武两个儿子。花钏很早就死去了。奇武有两个儿子，一个叫持国，一个叫般度。持国是个瞎子，但他有以难敌为首的100个儿子。般度有以坚战为首的5个儿子，但个个武功出众。

持国百子和般度五子从小就产生了竞争和矛盾，长大后又开始争夺王位。难敌为了独占江山，经常想谋杀坚战兄弟。有一次他建造了一个涂满树胶的房子，让坚战五兄弟去住，当他们一住进去的时候，又派人去放火，树胶房子最容易着火，一下子就烧得精光。幸好有人报信，坚战兄弟从事先挖好的地道跑走了。

坚战兄弟们逃进了森林。在一次邻国公主招亲大会上，坚战兄弟中的一个人，一箭射中远处旋转的鱼的眼睛，他可以娶美丽的黑公主为妻了。但遵从母亲的旨意，他们五兄弟共同娶了这位妻子。

黑公主的国家势力强大。有了这样的支持，坚战五兄弟又回国了。国王分给他们一半国土，但都是荒凉的土地。难敌又想起一个坏主意，他让般度五兄弟和他玩掷骰子的赌博。条件是输了的一方必须被流放12年，再加1年隐姓埋名生活，第13年还不能被认出来，否则又得增加12年的流放。般度五兄弟被迫无奈答应，结果输了，他们只好到森林中去过流放的生活。第13年时，他们乔装打扮，到一个国家的王宫里干活。等一年过去了，他们派使者回国要求归还他们的一半国土。

难敌拒绝了坚战五兄弟的要求。双方终于爆发战争了。难敌和坚战都联络了许多国家做他们的支持者，当时印度半岛上的国家几乎都参加了这场大战——俱卢大战。

这场大战进行了18天，死伤无数人，难敌的99个兄弟都被杀死了，只有难敌一人逃跑了。他躲进一个湖里，用一根芦管呼吸。但被坚战五兄弟发现了。他们用语言羞辱他，逼得难敌从湖里冒起来，和他们决斗。难敌寡不敌众，也被杀死了。

难敌的战士们决心为难敌报仇，他们夜袭坚战五兄弟的军营，把酣睡的战士都杀死了。幸好五兄弟当时不在，得以逃生。坚战回国做了国王，想到兄弟家族间的残杀给人民带来了那么严重的灾难，他们心里感到很愧疚。不久，他们把王位交给了孙子，带着妻子黑公主到喜马拉雅山去修道了。最后他们都升入天堂。

以上是史诗的中心故事，约只占全诗篇幅一半。围绕中心故事，穿插进大量神话传统和寓言故事。如插话《那罗传》写古代国王那罗受恶神捉弄，输掉国土，又在流亡中与妻子离散，最后历尽艰险，夫妻团圆，收回国土；《沙维德丽传》写古代妇女沙维德丽凭自己的忠贞和智慧，赢得阎摩王的恩惠，使丈夫死而复生。除这类文学性插话，史诗还包含大量宗教、哲学、政治和伦理等理论性插入成分，最有名的是宗教哲学长诗《薄伽梵歌》，长期被印度教奉为圣典。正是由于这种包罗万象的特点，《摩诃婆罗多》可以说是一部以英雄史诗为核心的、百科全书式的作品。

The Maharani of Arakan 《阿拉干的伟大王后》，由英国剧作家卡尔德伦改编于泰戈尔的剧本《达利亚》，1912年泰戈尔访问英国时在伦敦上演。

The Main Land 《大陆》月刊，1902年12月在上海创刊，由戢元丞、秦力山、杨廷栋等主办，共出版3卷47期。该刊设有实业、军事、评论等13个栏目，以介绍西方哲学、政治、法律、军事、经济、教育方面的学术思想为主，宣传西方的制度建设、历史沿革以及人类学和自然科学等各个方面的理论知识。《大陆》是20世纪初我国出版的一部百科全书式的刊物。1932年11月该刊登载漫铎的《关于泰戈尔和甘地的两本书》。

The Man of My Heart 《我心目中的人》，泰戈尔1930年的演讲。

The Manuscript of Baikuntha 《拜贡特的巨著》，泰戈尔于1897年写的短篇小说。拜贡特正在写一部音乐巨著，发现骗子凯达尔是理想的听众。凯达尔想把他漂亮的小姨子莫娜拉玛介绍给拜贡特的弟弟、40岁的光棍安比纳什，然后把拜贡特赶走，他自己住进来。安比纳什和莫娜拉玛的婚礼如期举行，凯达尔得意忘形，把他的寄生虫一个个带来居住。拜贡特眼看无处安身。凯达尔一伙搅得家里乱哄哄的，还虐待安比纳什的守寡的侄女尼茹帕玛。安比纳什看穿了凯达尔的阴谋，一气之下把他们统统赶走，家里恢复了往日的平静。

The Manuscript of Gitanjali：A Supplementary Note 《吉檀迦利的手稿：补充注释》，20世纪印度学者萨尔卡尔·诗雅马尔·库马尔研究泰戈尔的诗集《吉檀迦利》的文章。

The March of Time（The Rope of the Chariot） 《时代的游行》（《战车的绳子》），泰戈尔1932年写的短篇小说。在盛大的扎格纳特节日上，人们拉着世界最高神扎格纳特的战车在游行，突然战车不动了，引起人们的惊慌。传统推动战车运动的婆罗门推不动战车，武士阶层的沙帝利过来，战车还是丝纹不动。最后被人瞧不起的首陀罗过来，齐心协力地把车推动了。看来推动历史车轮前进还得靠最下层的首陀罗阶级。

The Master Wills Be Done（Kartar Ichchhay Karma） 《主的意志》，泰戈尔著名的政治论文。

The Meaning of Art 《艺术的意义》，泰戈尔的散文。

The Meeting 《会合》，泰戈尔的散文。

The Meeting of Cultures（Sikshar Milan）《文化的汇合》，泰戈尔1921年8月15日在加尔各答做的公开演讲。

The Meeting of the East and the West 《东西方的汇合》，1920年11月10日泰戈尔在美国布鲁克林市做的演讲。

The Melody of Unrest 《骚动的音调》，泰戈尔1926年6月接见英国《观察报》记者索

T

拉尼的谈话。

The Merchant 《商人》，泰戈尔《新月集》里的诗。

The Message of Rammohun Roy 《拉姆莫亨·罗易的启示》，1928年8月22日泰戈尔在加尔各答进行的纪念梵社100周年大会上宣读的论文。

The Message of the Forest 《森林的宗教》，泰戈尔1918年在班加罗尔的讲话。1921年4月27日泰戈尔在法国东部城市斯特拉斯堡访问，在新建的西尔万·雷威担任教授的法语大学以此为题目做报告。

The Methodist Church of America 美国卫理公会，是基督教新教卫斯理宗的美以美会、坚理会和美普会合并而成的基督教教会。现传布于英国、美国、中国和世界其他各地。英国约翰·卫斯理（John Wesley，1703—1791）创立了基督新教卫斯理宗(Wesleyans)。教会主张圣洁生活和改善社会，注重在群众中进行传教活动。在美国独立后，美国卫斯理宗脱离圣公会而组成独立的教会。其后教会分裂为美以美会、坚理会、美普会、循理会和圣教会等。1939年，美以美会、坚理会和美普会合并成现今的卫理公会。1925年该会大主教费沙专门访问圣蒂尼克坦的国际大学。

The Mind of the Multitude of the People (Jana Gana Mana) 《人民的意志》，印度国歌，是泰戈尔用孟加拉文作词并亲自谱曲的歌曲，创作于1911年，发表于1912年。1950年1月24日在印度议会上，这首歌曲被正式定为印度国歌。

The Modern Age 《摩登时代》，泰戈尔的散文。

The Modern Review 《现代评论》，泰戈尔时代加尔各答的文学期刊，由罗摩难陀·查特吉创办。

The Mother's Prayer 《母亲的祈求》，泰戈尔的剧本，取自印度史诗《摩诃婆罗多》里的故事。俱卢百子里的老大难敌用无耻手段占去般度五子的领土，拒不交还。百子的母亲甘陀利坚持正义，怒斥儿子难敌的丑恶行径。见Gandhari's Imploration (Gandhari's Abedan)《甘陀利的祈求》。

The Muse of Life (Jivandevata) 《人生的缪斯》，泰戈尔1896年写的诗。

The Museum of Handicraft 苏联手工艺博物馆，1930年9月，正在苏联访问的泰戈尔访问了该博物馆。

The Museum of Revolution 苏联革命博物馆，1930年9月，正在苏联访问的泰戈尔访问了该博物馆。

The Music Maker 《音乐制作者》，泰戈尔的散文。

The Nation 《民族》，泰戈尔1916年7月访问日本时做的报告。

The Nation 伦敦《民族报》，曾刊登泰戈尔的诗。

The National Party of China 中国国民党，中华民国国父孙中山所创建的中国原生政党。中国国民党是中国历史上第一个资产阶级政党，亦是中华民国与亚洲历史最悠久的政党之一，其前身为成立于1894年的兴中会，而后分别改组为中国同盟会、国民党及中华革命党，1919年10月10日经孙中山改组后改为现名。中国国民党从1928年北伐成功、国民政府统一全国起，至1948年改组中华民国政府，于1949年解放战争中失利，从中国大陆撤守至台湾岛，现为台湾省政党。

The National University, Peking 《北京国立大学》，泰戈尔1924年4月在北京的演讲。

The New Avatar 《新的化身》，泰戈尔于1894年写的幽默故事。狡猾的婆罗门南达被邻居鲁达通过打官司夺走了水池，便设计报复鲁达。他狡诈地告诉邻居们说，恒河女神连续3夜向他托梦，说胡格利河上建起大桥后，她将住在这个水池。恒河女神还说，鲁达不是一般的人，而是跋吉罗陀再世，负责天河恒河水流到大地上。他的计谋果然成功。他的话一传十，十传百。无数迷信的人涌到鲁达家把他当作跋吉罗陀的化身崇拜，使鲁达不胜其烦。

The New India Publishing Company 新印度出版社，在伦敦，曾出版泰戈尔的作品。

The New Leader 《新领袖报》，英国报纸，该报记者博雷尔斯福德1926年6月在伦敦采访泰戈尔。

The New Testment 《新约全书》，基督教圣经分为旧约和新约两大部分。新、旧约以耶稣出生为界限，由福音书（马太福音、马

T

可福音、路加福音、约翰福音)、使徒行传、使徒书信和启示录组成。使徒书信分保罗书信和一般书信；保罗书信又分教会书信、个人书信、监狱书信和希伯来书。新约与旧约恰成对比，就是指摩西之约；因为旧约不能在人的心里产生公义。基督教认为它是基督的使徒和弟子著作的汇编，是上帝通过基督流血受死而与人立下的新约，故称。

The New Year 《新年》，泰戈尔的诗。

The New York Times 《纽约时报》(New York Times)，简称为“时报”(The Times)。《纽约时报》是一份在美国纽约出版的日报，在全世界发行，有相当的影响力，美国高级报纸/严肃刊物的代表，长期以来拥有良好的公信力和权威性。由于风格古典严肃，它有时也被戏称为“灰色女士”(The Gray Lady)。它最初的名字是《纽约每日时报》(The New York Daily Times)，创始人是亨利·J.雷蒙德和乔治·琼斯。1926年登载该报记者米尼格洛德采访泰戈尔的报道。

The Next World 《下一个世界》，泰戈尔的谈话。

The Night of Parting 《诀别之夜》，泰戈尔的短篇小说。见 House Marming。

The Nightingale of India 《印度夜莺》，奈都夫人的诗。

The Nobel Prize Acceptance Speech 《接受诺贝尔奖的发言》，泰戈尔1913年获诺贝尔文学奖，是亚洲第一个诺贝尔文学奖获得者。

The Nuisance (Castaway), (Unwanted) 《灾难》，泰戈尔于1895年写的短篇小说。绍罗特和妈妈带着妻子姬龙莫伊到乡间别墅养病，途中收留一个因翻船而与剧团散失的婆罗门孩子尼尔甘多。姬龙莫伊与尼尔甘多相处得非常融洽，像对待自己的孩子一样对待他。绍罗特的弟弟沙提士来度假，给姬龙莫伊带来极大的欢乐。尼尔甘多感到自己的爱被夺去，心里不平，故意闹恶作剧。在大家回家之前，沙提士最心爱的天鹅墨台丢失，他怀疑为尼尔甘多偷走，尼尔甘多坚决否认。结果在姬龙莫伊给她往箱子内悄悄送礼物和钱时发现墨台就在箱内。原来是尼尔甘多为了报复，准备连同其他小玩意一同扔到恒河去。第二天在大家起程时，尼尔甘多失踪，箱子还在。为保护尼尔甘多的荣誉，姬龙莫伊把这些赃物悄悄扔进恒河。

The Oarsman 《划桨手》，泰戈尔1916年1月写的诗。

The Object and Subjectof A Story 《客观与主观的故事》，泰戈尔的散文。

The Observe 《观察报》，英国报纸，该报记者索拉尼1926年6月27日采访泰戈尔。

The Old World 旧大陆，指哥伦布发现美洲之前欧洲认识的世界，包括亚洲、欧洲和非洲。

The One Nationalist Party (Sabhapatir Abhibhasha, Pabna Sammilani) 《一个民族主义党》，泰戈尔的散文。

The Osaka Mainichi 《大阪每日新闻》，《每日新闻》是日本非常普遍的一份报纸，也是日本历史最悠久的报纸，1872年2月21日在东京创刊，原名《东京日日新闻》，1911年3月1日同《大阪每日新闻》合并。由“株式会社每日新闻社”(The Mainichi Newspapers Co., Ltd.)出版。官方公布发行数量为393万份。报纸的口号为“争论之下，真理显现”。

The Passive Resistance Movement of Gandhi 甘地的非暴力不合作运动，是由圣雄甘地领导的、印度人民反抗英国殖民统治的一场影响深远的运动，其特点就是非暴力和不合作，而在这场运动中印度国民大会党逐渐成为领导者，并从1947年开始在印度的长期以来的统治。这场运动一方面打击了英国殖民统治，鼓舞了人民的士气，而另一方面其妥协性也使得取得的成果并不彻底，不利于人民真正的觉醒。但总之，从这时开始，印度向着独立国家的目标前进了一大步。甘地的非暴力思想是很复杂的。其政治哲学是宗教泛爱观和资产阶级人道主义真理观相结合；其政治思想是争取印度自治、独立，进而建立以村社为基础的分治联合体；以经济正义和经济平等为支柱的农村经济思想，以及奠基于“不占有”和“财产委托制”的经济自主思想；发扬民族文化、重视民族教育、致力于印度教徒和穆斯林团结、反对歧视“不可接触者”，以及和爱国主义结合在一起的小生产劳动者互助互爱的平等社会思想。“非暴力不合作运动”打击了英国的殖民统治，增强了印度人民的民族自尊心和自信心，使非暴力不合作运动具有广泛的群众基础，反映了印度人民要求独立的愿望，促进了印度人民的团结，为印度的独立奠定了基础。同时，“非暴力不合作运动”把民族运动局限于非暴力的框架内，影响了民族运动的进一步发展，这反映了印度民族资产阶级在反帝斗争中的动摇性和妥协性。

甘地把非暴力抵抗看成是实现政治理想的主要手段，认为这是勇敢者的武器。他在一篇题为“武力政策”的文章中说过：“我并不是因为印度衰弱才号召印度实行非暴力主义，而正是因为认识了印度的力量我才号召印度实行非暴力主义。”

在世界民族解放斗争史上，印度甘地领导的“非暴力不合作运动”具有重要的地位，而对“非暴力不合作运动”的准确、全面理解，有助于提高我们运用历史唯物主义和辩证唯物主义理解历史的能力。我们可以从斗争性、策略性和软弱性三个方面来理解“非暴力不合作运动”。

第一：斗争性、革命性。从历史背景上看，由于受到英国长期的殖民压榨、剥削，印度民族资本主义的发展受到种种的压制，民族资本主义和英国殖民统治者之间，印度民族和宗主国英国之间存在着尖锐的矛盾。从西方殖民者踏上印度这块具有悠久文明底蕴的美丽土地起，印度人民就开展了各种形式的反对殖民主义的斗争。领导着非暴力不合作运动的国大党及其领袖甘地代表着印度民族资产阶级的利益，虽然印度的民族资产阶级比较弱小，但它所处的地位必然决定了这场运动的强烈的革命性和斗争性。我们在认识这场运动时应该首先看到这一点，革命性和斗争性是第一位的，在当时具有积极意义。

第二：策略性、现实性。首先表现在斗争的手段是“非暴力”，面对强大的敌人，甘地提出的唯一斗争武器就是坚持真理与非暴力。用甘地的话说，真理是神，非暴力则是追求真理、即认识神的手段，甘地认为这是强者的武器。这种抽象而富有神秘色彩的学说看起来令人费解，但它却包含着重要的政治内容，具有较大的实用价值。因为在印度这样一个种族混杂、宗教信仰多样、种姓隔离和英国实行分而治之政策的殖民地国家，“真理是神”实际上是把印度各种各样的宗教信仰“众神归一”，把宗教的神与现实中的理想揉和在一起，用人民大众熟悉、了解的语言和形式，唤起人们在真理的旗帜下不分种族、宗教、教派、种姓团结起来。这无疑是印度资产阶级借以宣传群众、组织群众、吸引群众参加反英斗争的有效武器。同时因为它提倡非暴力，不仅适应了英国殖民统治下人民被剥夺了武装的权利，一直受宗教成见麻痹的现实，在一定程度上也能被披着议会民主制外衣、富于统治经验的殖民者接受；不仅能发动群众，又能始终把群众运动限制在一定的范围内，因而很适合在“一战”和十月革命后印度民族独立运动蓬勃兴起，无产阶级世界革命高潮来临的时代条件下，印度民族资产阶级既希望利用群众的反帝斗争以实现自身的政治经济目标，又要防止工农运动的深入发展危及其自身利益的需要。印度现代民族解放运动虽历遭挫折，却历久不绝，并最终迫使英国殖民者撤出印度，应该说，甘地的“非暴力”思想在这一过程中起了重要的作用。

其次，表现在斗争提出的目标上，首先是“自治”，在以后的“非暴力”运动中逐渐提出“独立”；所谓“自治”就是在隶属于英国统治的情况下，民族资产阶级行使一些权力。这不能简单理解为它的妥协性。从当时的情况来看，英国在印度殖民统治了半个多世纪，殖民机构基本稳定。而且印度是大英帝国在远东的殖民中枢，殖民统治力量相当强大，要一下子实现“独立”是不现实的，“独立”更容易遭到英国殖民当局的反对。而“自治”比较现实，相对而言，它比较温和，容易被英国接受。而随着英国自身力量的衰弱、印度民族资产阶级的壮大，在第二、第三次“非暴力”运动中逐渐提出了完全“独立”的口号。这种由“自治”到“独立”的策略，在一定程度上体现了实事求是的精神，在当时起到了一定的积极作用。

第三，软弱性、妥协性。当然，甘地把非暴力作为宗教信仰和不可更改的原则，明显地具有种种弊病和缺陷，对印度民族解放运动产生了一些消极影响。如绝对的非暴力不可能实现；贬斥一切暴力，给群众运动制定清规戒律，不准越雷池一步，必然束缚群众的积极性；如果只要发生暴力就停止运动，必然挫伤士气，丧失革命时机，延长革命过程；群众性自苦和自我牺牲，总有时间和环境的局限性；在反革命暴力的镇压下，徒手的抵抗只能做无谓的牺牲；非暴力的宗教色彩迎合了群众的蒙昧落后意识，不利于群众的真正觉醒。

The Patient's Friend 《病人之友》，泰戈尔于1885年写的幽默故事系列之一。度克兰和白丹那在火车上相遇。白丹那对度克兰健康的关心使度克兰惊恐万状，精神几乎崩溃。白丹那越是关心，度克兰越是紧张，最后竟然昏厥过去

The Patriot 《偏见》，泰戈尔于1928年写的短篇小说。吉荣德拉的妻子科莉卡在抵制英货、提倡国货的运动中非常积极，被人称为坚强的女斗士。她逼着丈夫穿手工织的粗布衣服，否则就是不爱祖国。"如果把穿手工织的粗布衣服看成像去恒河沐浴那样神圣，并成为全国人民的习俗，到那时候，我们的国家才会得救"，"我们穿没有染过的白色手工织的粗布衣服，实际上取消了差别的面纱，也就抛弃了种姓差异的外表。"有一天夫妻俩开车经过，看见一个不可接触者身份的清扫工在挨打。原来他带着孙子在回家时不小心冲撞了一个高种姓的人。丈夫要下去论理，却被妻子拦住。丈夫要把老头拉到车上，妻子坚决不同意。"我不愿意和扫大街的坐在一辆车里。"丈夫说，"他的衣服是新换的！他比在场的许多人都干净得多。"妻子说："就算这样，他毕竟是个扫大街的。"看来一个人要做到言行一致是很难的，说是一回事，做是另外一回事。

The Personality of the Poet 《诗人的人格》，泰戈尔的谈话。

The Philosophical Approach to Sriniketan 《斯瑞尼克坦》的哲学之道。

The Philosophy of Leisure 《清闲的哲学》。泰戈尔1926年4月6日到达加拿大西海岸的维多利亚港，当晚在加拿大总督威灵顿勋爵主持的欢迎会上演讲《清闲的哲学》。

The Philosophy of Our People 《印度人的哲学》，泰戈尔的散文。

The Place of Science 《科学之地》，泰戈尔1924年6月16日在日本的讲话。

The Play of Illusions 《虚幻的游戏》，泰戈尔于1888年写的剧本。阿默尔和少女珊达本来是很好的一对，但阿默尔却置珊达的感情于不顾，寻找另外的姑娘。他碰上了漂亮的普拉摩达，一见倾心，普拉摩达也很喜欢阿默尔，但由于太害羞而对阿默尔的爱情持冷淡态度。她对向她频频示爱的古玛尔和阿输迦置之不理。阿默尔以为普拉摩达不爱他，于是又回到珊达身边，伙伴们为他们祝福。普拉摩达突然出现，使他感到他还是深爱普拉摩达。为爱情的欲火燃烧而专门来找阿默尔的普拉摩达看见阿默尔和珊达相爱，又主动退出，向他们祝福。她带着空虚的心哭着走了。阿默尔对珊达说，"我落入了虚幻的旋涡里破坏了你的幸福，现在我的破碎的欢乐，这枯萎了的花环给谁呢？谁要呢？"珊达从容地说，"我要，你痛苦的重负我来承受"。阿默尔和珊达就这样团圆了。

The Poet's Achievement 《诗人的成就》，泰戈尔的谈话。

The Poet's Message 《诗人的教导》，这是一段对话：是我唯一崇拜目标的神陷入了深不可测之深渊。乞讨大神湿婆使人们的施舍有了意义。人民为了施舍而劳作，生产出日常需要的物质来。由于奉献了财富，人变得富有。让湿婆的口袋装满的那天，我们的一切也会丰满。

The Poet's Religion 《诗人的宗教》，泰戈尔的散文。

The Postmaster (Dakgharer Harkara) 《邮政局长》，泰戈尔于1891年写的短篇小说。邮政局长实际上是恒河边小村子邮局唯一的工作人员。他单身。他雇佣孤女拉坍伺候他。拉坍没有父母，没有兄弟姐妹，也很少有伙伴。邮政局长教她识字，讲故事。二人相互依靠，生活充满乐趣。邮政局长病了。拉坍像小母亲一样叫医生，熬药，做饭，几天几夜守护在他身边，终于使他康复。邮政局长觉得太偏僻，要调走。拉坍爱上局长，舍不得让他走，请求把她也带走，但二人地位悬殊，局长没有答应。临走要把剩下的钱全部留给拉坍。但拉坍要的是人，而不是钱，因而拒绝接受。局长走了，拉坍的心内一片茫然，她今后该怎么办？

The Post-office 《邮局》，泰戈尔于1912年写的剧本。阿玛尔病了，医生说不能受风，也不能见阳光，吩咐其养父玛沃特不要让他到室外去。因此阿玛尔只好坐到窗前观看外面的一切。此后来了一位老大爷，他说愿意和阿玛尔交朋友，把外面的事情告诉阿玛尔，阿玛尔很高兴。在窗前，阿玛尔看到外面诱人的生活场面，尽量与外界交流：他和卖酸奶的交谈，希望以后买他的酸奶。他向哨兵问起对面建设中的国王的邮局，希望长大后能给国王当邮差。哨兵告诉他，国王很喜欢小孩，可能会给他写信，他为此非常兴奋。后来他见到了村长，对他说国王会给他写信。他和与自己年龄很相近的园丁的女儿苏塔很投缘，希望她以后送花给他。苏塔欣然答应。虽然身在屋内，但外面的生活深深吸引着他，他渴望溶入广袤无垠的世界。在最后一幕扮装成和尚的老大爷和阿玛尔逗乐，他告诉阿玛尔关于他外出化缘的故事。阿玛尔要他将来收自己为徒，他满口答应。不过阿玛尔心中最为惦记的是国王给自己的信。老大爷说他可能已经出发了。阿玛尔说长大后要和他一起去觐见国王，向他化缘，并说一定请求国王指派自己为他的邮差。这时，医生来看他，说他的病情有所恶化，建议玛沃特把他封闭起来。他们正在谈论这个问题的时候，国王的使者来了，说国王当天夜里会来看望阿玛尔，先派御医来给他治病。原来村长想陷害玛沃特和老大爷等人，他写信给国王，控告他们散布国王为了给他们寄信才开办邮局的传言。结果适得其反，国王对阿玛尔很关心。御医来后打开了所有的门窗，阿玛尔觉得好多了，说到半夜一定能从床上起来陪国王到外边去。这样阿玛尔获得平静，在等待国王的期望中睡去。小姑娘苏塔采花回来，要求御医给阿玛尔传一句话，即“苏塔没有忘记你”。

个体灵魂追求整体灵魂，小我渴望与大我结合，追求“梵我合一”。阿尔玛象征被束缚的人性，象征个体灵魂，外面自由的世界是大我的写照。

1926年9月泰戈尔从柏林到捷克访问时在布拉格逗留1个星期（9—14日），在新热尔曼剧院观看捷克语演出的泰戈尔写的话剧《邮局》。

The Price of Freedom 《自由的代价》，泰戈尔于1933年12月2日在孟买泰戈尔周纪念会上的发言。

The Principles of Literature 《文学的原则》，泰戈尔的散文。

The Problem of Evil 《罪恶问题》，泰戈尔1913年在美国芝加哥唯一神教礼堂做的报告。

The Problem of India 《印度问题》，泰戈尔1909年写给纽约朋友的信。

The Problem of Self 《自我问题》，泰戈尔的散文。

The Problem on Education（Siksha-Samasya） 《教育的问题》，泰戈尔的散文。

The Prophet 《先知》，泰戈尔的散文。

The Queen Consort Fair 《王后市场》，泰戈尔1883年写的中篇小说。杰索尔国王布罗达巴迪多的儿子、王子乌多亚迪多和妻子苏罗玛相亲相爱，感情甚笃。王子不愿意生在皇家，愿意和臣民相处，国王不满意，和王后认为是苏罗玛把王子教唆坏了。妹妹碧帕跑来告诉哥哥，父王在对自己的叔叔、他们敬爱的爷爷、拉伊戈尔的国王博松多酝酿一个阴谋。乌多亚迪多立刻悄悄策马而去。国王收买帕坦人，要他们在叔叔来杰索尔的路上设计暗杀他。帕坦人谎报说村里有强盗，博松多立刻派他的卫士去救村民，留下一个帕坦人伺机动手。不料这个杀手被老人的善良所感动，说出了阴谋。王子赶到，老人赦免杀手。布罗达巴迪多满心以为阴谋成功，不料叔叔安全无恙地来到，惊得他目瞪口呆。叔叔揭露侄子的阴谋，不过原谅了他。布罗达巴迪多和王后看见儿子脸色憔悴，认为苏罗玛是小妖精。

嫂子苏罗玛和小姑子碧帕相互同情。碧帕为一年没有看到丈夫、琼德罗迪波土邦王而暗暗伤心流泪，苏罗玛告诉了前来看望她们的爷爷，爷爷立刻去找国王，国王同意派人去请驸马琼德罗迪波土邦王，碧帕的丈夫罗摩琼德罗决定应邀去杰索尔，他要把小丑罗迈带上，奚落、讥讽国王和王后及宫女，再把老臣拉姆莫洪带上保护他。

布罗达巴迪多国王并不想大张旗鼓地迎接驸马，但宫廷依然洋溢着迎接气氛。国王只是简单问候驸马。罗迈化装成中年女人对

T

王后宫女尽情戏弄，被拉姆莫洪赶走。国王知道后大怒，派人刺杀罗摩琼德罗，碧帕的舅舅报信。

爷爷博松多找国王求情，国王铁石心肠。城门紧闭，戒备森严，老鼠都跑不了。国王下令任何人不许出城。在博松多、苏罗玛的协助下，乌多亚迪多解除卫士武装，带罗摩琼德罗逃走，老臣拉姆莫洪背罗摩琼德罗顺绳索溜到城下逃跑。布罗达巴迪多恼羞成怒。博松多让卫士把罪责推给他。布罗达巴迪多把叔叔赶出宫，要把儿媳妇苏罗玛赶回娘家。博松多爷爷和王子、苏罗玛、碧帕告别。王子担心有人会让他和苏罗玛分离。

女巫蒙戈拉就是王子原来的情人、寡妇卢克密尼，她时刻向宫女打听王室情况，伺机报复她的情敌苏罗玛。正好苏罗玛的侍女玛东吉尼为报复负心汉来找她，把国王和王后要赶走苏罗玛的事情告诉她。她给玛东吉尼毒药，让王后给苏罗玛服用。乌多亚迪多接济被国王解除职务的舅舅和卫士，苏罗玛支持他。国王让王后要把苏罗玛赶出宫，苏罗玛不从。苏罗玛服用王后给的由女巫蒙戈拉配制的毒药后暴亡，王子和碧帕痛不欲生。王子决定把孤独的妹妹碧帕送回夫家。但那边没有派人来接。

罗摩琼德罗忘恩负义，不记王子救命之恩，勉强同意拉姆莫洪去接回碧帕。

苏罗玛被毒死，王子乌多亚迪多与妹妹碧帕互相安慰。乌多亚迪多惧怕父王，不敢接济舅舅和卫士，对官员残害百姓也不敢挺身而出。

西达拉姆死撑面子来找蒙戈拉调情借钱。暴风雨之夜，蒙戈拉来找乌多拉迪多重温旧情，拿走了他的戒指。

蒙戈拉和西达拉姆勾结帕戈博特写假请愿书向德里皇帝控告国王布罗达巴迪多，让王子登基。不料帕戈博特却拿假请愿书去陷害王子，又当上卫士。

拉姆莫洪来接碧帕回去，但她为了陪同哥哥坚决不去，拉姆莫洪拂袖而去。国王为假请愿书要把王子投入监狱。罗摩琼德罗因为没有接来碧帕而对拉姆莫洪大发雷霆。为报复碧帕和国王，罗摩琼德罗决定另娶。碧帕请求父王允许她在监狱看望哥哥。她给哥哥带来了欢乐，但哥哥又不忍心让妹妹耗费青春。罗摩琼德罗觉得碧帕不来伤害了他的自尊心，给布罗达巴迪多写信休了碧帕。信送到王后手里，王后求国王送走碧帕，国王不听。

西达拉姆因王子坐牢去找女巫蒙戈拉算账，蒙戈拉顽固不化。于是他去拉伊戈尔去找博松多叔叔，告诉王子坐牢一事。老人去杰索尔见国王，要求释放王子，被国王拒绝。王后让叔叔看罗摩琼德拉的休妻信。二人决定把碧帕送回夫家。西达拉姆设计点火，混乱中从狱中救走王子。爷爷接应王子，女巫蒙戈拉赶来阻挠不果，跳河自杀。西达拉姆来窃取蒙戈拉的钱财，不料蒙戈拉还活着。西达拉姆逃往拉伊戈尔。蒙戈拉向国王说出王子被救真相，国王下令帕坦人军事首领穆克迪亚尔去砍下叔父脑袋。碧帕渴望被送回夫家。女巫带穆克迪亚尔找到博松多，杀害老人。乌多亚迪多王子被带回王国，请求父王取消他王子称号，由弟弟接任。他去瓦拉纳西，国王准许。碧帕被送回夫家，没有人来接他们。乐鼓鸣奏，不是接碧帕，而是国王娶亲。碧帕亲自去见丈夫，被赶出，碧帕昏厥，后去瓦拉纳西服侍哥哥。碧帕的船停靠处岸边的广场取名王后市场。

The Race Problem and India 《种族问题与印度》，泰戈尔的散文。

The Rainy Day 《雨天》，泰戈尔《新月集》里的诗。

The Recall 《回想》，泰戈尔《新月集》里的诗。

The Relation of the Individual to the Universe 《个人与宇宙的关系》，泰戈尔的散文。

The Religion of An Artist 《一个艺术家的宗教》，泰戈尔1936年的散文。

The Religion of forest 《森林宗教》，泰戈尔的散文。

The Religion of Man （Manusher Dharma）《人的宗教》，泰戈尔的散文集，1930年由阿伦与翁文出版社出版。泰戈尔于1933年又列为《莲花系列讲座》之一。

The Renunciation 《弃绝》，泰戈尔于1892年写的短篇小说。赫蒙托正沉浸在新婚幸福中，但新娘库苏姆却高兴不起来，似乎心事重重。突然新郎的父亲哈里哈尔大喊，“赫蒙托，立即把新娘赶走！”晴天霹雳。原来新娘本来是卡耶斯托低种姓，冒充婆罗门种姓嫁给赫蒙托。赫蒙托去质问介绍人佩里松科尔，佩里松科尔坦率承认自己的欺骗行为，但告诉赫蒙托，此事事出有因：佩里松科尔的女儿嫁给了从国外回来的哈里哈尔的大儿子，但无论佩里松科尔如何苦苦哀求哈里哈尔，哈里哈尔就是不允许儿子恢复种姓，致使佩里松科尔的女儿成为寡妇。佩里松科尔发誓报复。几年后，哈里哈尔的小儿子赫蒙托在加尔各答读书，与对面屋顶的漂亮姑娘默默相视，眉来眼去，递目传情。这姑娘就是卡耶斯托种姓的比朴拉达的寡妇的女儿。比朴拉达看出两个年轻人的意思，跑来找佩里松科尔求教。佩里松科尔让他去瓦拉纳西修炼，将姑娘交给他照看。佩里松科尔把姑娘转移到婆罗门朋友斯里帕提家里，由他冒充姑娘的父亲。姑娘的失踪急疯了赫蒙托，苦苦寻找，才找到姑娘。二人情投意合。佩里松科尔乘机成全二人，使有情人终成眷属。后来赫蒙托的妹妹要嫁人，佩里松科尔不忍心在另一家人家种姓受到玷污，给男家写信，说明此事，于是出现哈里哈尔要儿子赶走新娘的情节。哈里哈尔又来问儿子，儿子斩钉截铁地说，“我不抛弃我妻子！”老子说：“你不怕失去种姓？”儿子说：“我不计较种姓。”老子说：“那我连你也赶走”。

The Reply to the Madras Corporation Address 《答谢马德拉斯社团》，泰戈尔1934年在印度南部城市马德拉斯欢迎大会上的讲话。

The Return of Khoka Babu（My Lord， the Baby； Khokababur Pratyabartan） 泰戈尔于1891年写的短篇小说《少爷归来》。拉伊乔龙12岁起在主人奥努库尔家当仆人，他把奥努库尔带大，奥努库尔以后结婚生小少爷克卡。有一天他带小少爷出去玩，小少爷要树上的果子，奥努库尔上树摘果子，小少爷掉入恒河淹死。奥努库尔悲痛欲绝。他带着负罪感回到老家，结婚成家，生一儿子彼尔纳。他完全按照主仆关系来培养彼尔纳。十几年后，他带彼尔纳去见主人，说这就是他当年“偷走”的小主人。主人从孩子的言行举止上看不出破绽，接受了孩子。奥努库尔出走，不知所终。

The Rice We Eat 《我们吃的大米》，泰戈尔1935年12月的讲话。

The Robbery of the Soil 《对土壤的掠夺》，恩厚之于1922年7月28日在泰戈尔主持的国际大学协会加尔各答分会成立典礼上的讲话。

The Rope of the Chariot 《时代的游行》，泰戈尔的剧本。见The March of Time。

The Round Table Conference 圆桌会议，是指一种平等、对话的协商会议形式，是一个与会者围圆桌而坐的会议。在举行国际或国内政治谈判时，为避免席次争执、表示参加各方地位平等起见，参加各方围圆桌而坐，或用方桌但仍摆成圆形。据说，这种会议形式来源于英国亚瑟王的传说。第一次世界大战之后，这种形式被国际会议广泛采用。直到今天“圆桌会议”已成为平等交流、意见开放的代名词，也是国家之间以及国家内部，一种重要的协商和讨论形式。圆桌会议的历史起源：以前重要会议，尤其是那些正式的会议或宴会，非常讲究主宾的席位座次，一般都是让主、尊、长者居中而坐，宾客则根据其身份、地位、辈分，一左一右，依次安排在主位的两面；但如果碰巧客人都是显贵尊长，就不好办了。公元5世纪时，英国的亚瑟王想出了一个办法，即他和他的骑士们举行会议时，不分上下席位，围着圆桌而坐，这样就避免了与会者席位上下而引起的纠纷。于是便形成了“圆桌会议”。圆桌会议不分上、下、尊、卑，含有与会者“一律平等”和“协商”的意思。第一次世界大战后，国际会议便多采用圆桌会议的形式。“圆桌会议”一直沿用至今天。1930年11月9日正在美国访问的泰戈尔给伦敦《观众报》写信，为甘地参加英国伦敦圆桌会议犹豫不决感到惋惜。按照泰戈尔的看法，甘地“应该以圆桌会议作为平台，向代表人类历史未来的全世界的人发出自己的声音”。11月25日，纽约400多个领军人物在纽约巴尔的摩宾馆设宴欢迎泰戈尔。12月1日美国讨论学会和美国印度学会在卡尼吉大厦联合举行泰戈尔欢迎大会，在会上泰戈尔就印度教育问题演讲。12月7日在美国大同教会主办的欢迎会上，泰戈尔以“波斯第一位和最后一位圣人”为题演讲，会见海伦·凯勒。女诗人邓妮斯通过几位泰戈尔诗歌舞蹈表演家募捐。泰戈尔把收入全部拿出来，救济纽约的失业者。胡佛总统在华盛顿接见泰戈尔。纽约和波士顿举办泰戈尔画展。12月18日泰戈尔离开美国，23日到达英国，拒绝了讨论宗教对立问题的圆桌会议调停人的邀请。

The Round Table Conference 《圆桌会议》，泰戈尔的信。

The Royal Mark (We Crown Thee King) 《加冕》，泰戈尔于1898年写的幽默、讽刺短篇小说。那本都社科尔一心想靠父亲的庇荫得到穆斯林人授予的拉伊·巴哈杜尔（英国人作为奖赏赠给忠于他们的上层印度人的称号）头衔。这一点和小舅子、漂亮迷人的大小姨子，还有他的妻子格格不入。有一天，妻子得到英国人将要授予那本都社科尔拉伊·巴哈杜尔名誉称号的消息后，向大姐拉班尼亚哭诉。拉班尼亚让妹妹别着急，答应设法让他的称号得不成，便和丈夫合演一出双簧：让大姨子和丈夫引诱他为国大党捐款。之后，报纸上大肆宣扬，又在英国人的报纸上“辟谣”，让那本都社科尔“澄清”。设计在他洗澡时假称英国人的县长来见，因等不住拂袖而去，他去登门道歉，不想县长不承认此事，他以为完全得罪了英国人。拉班尼亚的丈夫尼拉坦拉他去参加国大党会议，受到隆重欢迎，报纸上大肆张扬。女王生日，没有邀请那本都社科尔参加。他想挤入穆斯林统治阶级上层的幻想破灭。几个大小姨子包括他媳妇给他戴上王冠，祝贺他回到印度人一边。

The Royal Sage 《贤哲王》，泰戈尔于1887年写的中篇小说。特里普拉国王戈宾多玛尼克在宇宙女神庙前遇见小姑娘哈湿和她的弟弟达达一对孤儿。国王和姐弟俩看祭祀女神，哈湿看见祭祀被吓晕了，医生无力回天，哈湿死了。国王下令以后不许杀生祭祀，祭司罗库波迪竭力反对。

罗库波迪当着宇宙女神庙的仆人、他自小抚养大的久伊辛赫的面，与国王的弟弟诺克特罗商量害死国王，由诺克特罗取而代之。久伊辛赫的正义感使他向国王告密。久伊辛赫对师父罗库波迪产生怀疑。罗库波迪在暗中代替神回答久伊辛赫的问话：一定要国王的血祭祀女神。国王给达达取名特鲁博，留他在身边。久伊辛赫提醒国王提防弟弟暗害。许多老百姓对禁止杀生祭祀想不通，认为许多灾难由此而来。戈宾多玛尼克当面揭穿弟弟杀害他的阴谋，弟弟招认祭司罗库波迪是主谋。国王警告罗库波迪祭司。久伊辛赫说是师父罗库波迪自己疏远了他，师父把他崇敬的女神看作暴力象征。罗库波迪说由于不杀生祭祀得罪女神，女神走了，故意激起人们的愤怒。国王和特鲁博玩，诺克特罗不高兴。久伊辛赫要走了，来和国王告别。

暴风雨夜，罗库波迪问久伊辛赫国王的血取来没有，久伊辛赫说取来了，于是拔剑刺向自己的胸膛。

国王命令弟弟诺克特罗出去调查臣民不满的原因，罗库波迪心生毒计，要他今晚把国王的心肝宝贝特鲁博带来取血。国王疼爱的孩子特鲁博失踪，他急忙冲向神庙，祭司罗库波迪和国王的弟弟诺克特罗正准备杀害孩子用血祭祀女神。二人被抓起来。罗库波迪被判处8年流放，同时处罚20万卢比的罚金，亲王诺克特罗也被流放8年。罗库波迪被遣送达卡，他去拉吉莫霍尔投奔沙迦汗的二子，做孟加拉总督的沙赫苏贾。正好传言沙迦汗驾崩，沙赫苏贾赶往德里争夺王位，于是他奔向比久耶戈尔。他赶上了沙赫苏贾，被沙赫苏贾赶走，沙赫苏贾不要他效劳。沙赫苏贾包围比久耶戈尔，比久耶戈尔统帅比克罗摩辛赫拒绝投降。留在京都德里的达拉太子派儿子苏来曼到沙迦汗的大将贾耶辛赫的军队，协助反击沙赫苏贾的进攻。罗库波迪于是投奔比久耶戈尔的守将比克罗摩辛赫。比久耶戈尔城在备战，克尔戈辛赫大叔接待他，无意把地道口的机密透漏给他。

沙赫苏贾被苏莱曼和贾耶辛赫的军队打败，做了俘虏。比克罗摩辛赫打开比久耶戈尔城，欢迎联军凯旋。罗库波迪从城里溜走，从地道救走沙赫苏贾。

戈宾罗马尼克土邦王的弟弟诺克特罗亲王被流放到布拉玛普特拉河边的古久罗帕拉村，地主比达罗泊罗伺候他。罗库波迪来见，带诺克特罗立马就走，奔往空虚的沙赫苏贾的都城拉吉莫霍尔。

新登上皇帝宝座的沙迦汗的第三个儿子

T

奥朗则布允许沙赫苏贾继续担任孟加拉总督。罗库波迪带诺克特罗来见沙赫苏贾，以18万卢比为代价，要求他派兵协助诺克特罗推翻国王戈宾多玛尼克。

戈宾多玛尼克任命比尔邦为新祭司，比尔邦为国王排忧解难。野心勃勃的诺克特罗不听罗库波迪的劝阻，纵容士兵沿途抢劫。诺克特罗大军压境，戈宾多玛尼克国王震惊。比尔邦劝国王招募军队迎敌。戈宾多玛尼克太软弱，不愿兵戎相见，他给弟弟诺克特罗写了一封信，罗库波迪私自撕毁信。比尔邦亲自见诺克特罗，罗库波迪强硬地把他们拆开。

戈宾多玛尼克把军队遣散，把王国让给弟弟。他没有能够带上可爱的特鲁博，一人走出都城。

比尔邦和戈宾多玛尼克挥泪告别。诺克特罗独裁统治，滥杀无辜，打发罗库波迪回庙。诺克特罗把特鲁博侄叔赶走。罗库波迪愤怒地推倒女神像。

比尔邦居住的地方发生大水灾，他不分种姓照顾大家，碰见避难的特鲁博和他的叔叔。叔叔病死。

戈宾多玛尼克流落到吉大港，拒绝阿拉干国王帮助他重登国王宝座。他在拉姆城办儿童学校。沙赫苏贾被哥哥奥朗则布打败，他把大女儿托付给穆罕默德王子，带着其余三个女儿到麦加去朝圣。一苦行者带三个孩子来见戈宾多玛尼克国王。但贵族架子十足，对国王热情冷淡相待。罗库波迪也来投靠国王。比尔邦带来了特鲁博。往日的仇人、朋友相聚。原来苦行者就是沙赫苏贾，三个孩子是女扮男妆的女儿。原来他在去麦加的路上遇大雨，无法成行。

6年后，诺克特罗驾崩。沙赫苏贾再次登基，罗库波迪再任祭司。阿拉干国王背信弃义杀害沙赫苏贾。

The Rule of the Giant 《巨人的统治》，泰戈尔1924年5月访华时在北京晨光剧院所做的报告之一。

The Runaway （Atithi, The Wandering Guest,） 《客人》，泰戈尔1895年写的短篇小说。见The Visitor。

The Russian Federation 俄罗斯联邦，简称俄罗斯或俄联邦，是世界上面积最大的国家，地域跨越欧、亚两个大洲，与多个国家接壤。作为苏联的主要加盟共和国，俄罗斯联邦具有相当的全球影响力，特别是在由10个苏联加盟共和国组成的独联体组织内。1991年，苏联解体，俄罗斯继承苏联，面积1700多万平方千米，人口1.4亿，首都莫斯科。

The Sailor 《水手》，泰戈尔《新月集》里的诗。

The Sanskrit Buddhist Litrature of Nepal 《尼泊尔梵文佛教文学》，由孟加拉著名作家拉健德罗拉尔·米特罗（1824—1891）著。这本著作由孟加拉亚昼学会于1882年出版。

The Saraswati Puja in the City College Hostel 《城市学院学生宿舍的辩才天女崇拜》，泰戈尔的散文。

The School Closes （Chhuti） 《放假》，泰戈尔的短篇小说。见Holiday。

The Science Education Article Collects 《科教文汇》，安徽省科技工作者协会和科教文汇杂志社主办，2004年创刊。2007年2月第2期刊登周霞、陈璐的《爱的魔力——读泰戈尔〈新月集〉有感》，2008年第1期刊登刘舒展的《论泰戈尔诗歌中的思想性》。

The Sentence （Shasti） 《判决》，泰戈尔的短篇小说。见Punishment。

The Simen Commission 西蒙调查团，英国政府派往印度研究修改管理制度的“调查团”。由英国自由党人J.西蒙率领，故名。具体任务是：研究印度行政管理体系的效果、教育的普及程度、英属印度立法机构的发展状况、建立责任制政府的可能性以及在地方立法机关中设立下院等问题。1928年2月该调查团到达印度，遭到印度人民的一致抵制。

The Skeleton （Kankal; A Study in Anatomy） 《骷髅》，泰戈尔于1892年写的短篇小说。骷髅是多年前的一位异常美丽、温柔多情的少妇。丈夫早死，她住在哥哥家里。26岁上，哥哥请来一个风流潇洒的年轻大夫给她看病，她爱上了大夫。后来大夫在她家门前开了诊所，她经常借故和大夫在一起。园子里的娑罗树下，二人坐在毯子上感受到对方的心在剧烈地跳动。突然有一天，一个消息差点把她击倒：大夫要结婚了，新娘子家答应送2万卢比的嫁妆。在金钱面前，大夫出卖了灵魂，把爱情抛入了污水沟。她悲愤至极。利用大夫平时给她灌输的毒药知识，在大夫举行婚礼的前夜，给大夫茶里下了毒药，他自己也装扮成新娘，喝上毒药，从容躺在二人曾经倾诉衷肠的娑罗树下，闭上了不甘心的眼睛。

The Son of Man 《人之子》，泰戈尔的诗。

The Soul of the East 《东方的魂》，泰戈尔1924年6月的散文。

The Soviet System 《苏维埃制度》，泰戈尔的散文。

The Spectator 《观众报》，英国报纸，曾刊登过泰戈尔的文章。

The Sreebhavana 泰戈尔创办的国际大学学生工作组。

The Spirit of Freedom 《自由精神》，泰戈尔的散文。

The Spirit of Indian and Chinese Cultures 《印度与中国文化的精神》，谭云山1949年写的著作。

The Spirit of Indian Religion 《印度的宗教精神》，泰戈尔的散文。

The Spirit of Japan 《日本的精神》，泰戈尔1916年6月访问日本时做的报告。

The Spirit of Man 《人的精神》，泰戈尔的作品集。

The Spirit of Modern Times 《现代精神》，泰戈尔于1922年10月在印度泰米尔纳德邦城市哥印拜陀做的报告。

The Spirit of the Community 《团体精神》，泰戈尔的散文。

The Statesman 《政治家》，泰戈尔1937年的散文。

T

The Static Institution 《坚定寺院》，泰戈尔1912年写的剧本。故事发生在一个名为坚定寺院的学堂里。主要角色是两兄弟，哥哥叫大蓬乔克，弟弟叫蓬乔克。除了他们外还有教师、国王等，他们站在大蓬乔克一边，是守旧势力的代表。寺院主持基本赞同蓬乔克的观点，和蓬乔克是改革派的代表。另外，还有许多学生，他们渴望冲破束缚，获得自由，是改革的支持者。寺院里有许多令人费解的规矩，使学生们痛苦不堪。少年学生苏博得罗在无意中打开过寺院北面墙上的窗户，由此引起恐慌。大蓬乔克认为这是大罪，应严厉地惩罚他，坚持拿他举行大黑暗祭——把他沉入水塘溺死，蓬乔克、寺院主持等则主张免于惩罚。后来，蓬乔克把苏博得罗带走。国王应大蓬乔克等人的要求，废除了主持，任命大蓬乔克为寺院主持，并把老主持和蓬乔克流放到低等中姓多尔波克人（Darvakas）的村庄。在此之前，国王杀了一个低等种姓少诺潘舒人（Sonapangshus），逮捕了十个少诺潘舒人。国王的行为激起了该部落的愤怒，他们在自己的导师领导下决心摧毁坚定寺院的围墙。蓬乔克曾经和少诺潘舒人接触过，对他们的印象很好。蓬乔克、老主持与多尔波克一起生活得很快乐。他们没有感到多尔波克人有任何低贱之处。听说大主教要到坚定寺院来，大蓬乔克等积极准备迎接。结果大主教穿着军服，带着少诺潘舒人一起来了，还摧毁了寺院的围墙。原来坚定寺院的大主教就是少诺潘舒人的导师，也是多尔波克人的大圣人。最后大主教任命蓬乔克为寺院的新主持，命他和少诺潘舒人、多尔波克人一起在被破坏的坚定寺院的地基上建设一座大家共有的寺庙。大主教没有惩罚大蓬乔克等人，而是让他们继续做教师，教育少诺潘舒人和多尔波克人等没有文化的群族。这样大教主摧毁了三种人之间的藩篱，使他们汇集成一个整体。展示了两个问题：高等种姓的生活习俗已经不合时宜，应该改革，低等种姓的人有好多美好品质，应该得到发扬。高低种姓、不同种姓之间的鸿沟非常巨大，这是印度社会发展前进道路上的重要障碍之一，应该填平。

The Story of A Mussalmani 《穆斯林的故事》，泰戈尔于1941年写的短篇小说。科莫拉是个孤儿，由叔叔抚养。婶母尖酸苛刻，虐待科莫拉，叔叔却爱莫能助。科莫拉被嫁给纨绔子弟塞特，婚礼路上队伍遭土匪玛度抢劫，为穆斯林女子霍比尔所救。科莫拉被送回她叔叔家，但被婶母拒绝，所谓的理由是，她和穆斯林霍比尔已经接触，由此会连累他们失去婆罗门种姓。霍比尔把科莫拉带回自己家。霍比尔全家尊重科莫拉的信仰，关心她，她改名美荷嘉并改信伊斯兰教，愿意嫁给霍比尔的二子卡里木。叔叔的二女萨拉拉在婚礼路上又遭劫获救，科莫拉不计前嫌，亲自送堂妹回去。

The Sudra Habit 《首陀罗的习惯》，泰戈尔的散文。

The Sun of Inida “印度的太阳”，特里普拉地区的土邦王于1941年5月13日派特使到圣蒂尼克坦授予泰戈尔的称号。

The Supreme Message of Humanilty United in India 《印度人性统一的最高启示》，泰戈尔1940年12月21日的讲话。

The Supreme one 至高无上的一。

The Surplus in Man 《体现于人的过剩力》，泰戈尔的散文。

The Sweeper 《清扫者》，泰戈尔的诗。

The Sythesis of Yoga 《综合瑜伽论》，印度现代哲学家奥罗宾多的作品。

The Tagore Birthday Book 《泰戈尔生日论文集》，1928年出版，由安德烈主编。

The Teacher 《教师》，泰戈尔的散文。

The Theatre 《戏剧》，民国时期杂志，该杂志于1921年10月刊登瞿世英的《演完泰戈尔的〈齐德拉〉之后》。

The Times 《时代》，泰戈尔时期的文学期刊。

The Toy Cart 《小泥车》，3世纪作家首陀罗迦的剧本，见Mrachakatika。

The True Meaning of Sacrifice Which Gandhi Represents 《甘地所代表的牺牲的真正含义》，1922年12月4日泰戈尔在甘地家乡阿默达巴德的住所萨巴马提的发言，当时甘地正在狱中。

The Trumpet 《号》，泰戈尔1914年10月写的诗。

The Trumpet Call Resounds All over the World. Ah, Where Is India 《号声在全世界回响，啊，印度在哪里？(Desha Desha Nandita Kari)》泰戈尔于1917年8月创作的著名的国歌。

The Trust Property (Sampatti- Samarpan)，《移交财产》，泰戈尔于1891写的短篇小说。见Inheritance。

The Unapproved Story (The Rejected Story) 《未经证实的故事》，泰戈尔于1926年写的短篇小说。姑姑是个寡妇，心地善良，没有种族偏见。她收养了姑父与女佣生的女儿、大学生阿米雅，视为亲生。阿米雅后来参加非暴力不合作运动。我是革命家，爱上了阿米雅，但知道她的低种姓身世后逃跑，是十足的伪君子。

The Unheeded Pageant 《被忽略的炫耀》，泰戈尔《新月集》里的诗。

The Unity of Education 《教育的统一》，泰戈尔的散文。

The Unnamed Child 《没有取名的孩子》，泰戈尔的诗。

The Untouchable Girl 《昌达尔姑娘》，泰戈尔于1933年写的剧本。取材于孟加拉语作家拉江德罗拉尔（1824—1891，精通梵、印、乌、波、英、法、德、西、拉语，写过128部书）1882年出版的《尼泊尔梵语佛教文学》。故事发生在斯拉瓦斯蒂城，佛陀当时就住在阿那特平塔的丛林里。佛陀弟子阿难陀有一天在一家吃完饭返回寺院的途中，突感口渴，向贱民出身的姑娘普拉克里蒂讨水喝。受种姓不平等制度的影响，普拉克里蒂先是不肯，担心玷污了阿难陀，阿难陀认为人是平等的，没有高低贵贱之分，当然也不存在什么接受了一点施舍就会被玷污的事情。普拉克里蒂非常感动，觉得受到了前所未有的尊重，并深深爱上了阿难陀。回家后，她请求巫师母亲设法影响阿难陀，让他们两人结合。母亲拗不过女儿，只好答应。她给女儿一面魔镜，让她拿着镜子跳舞，就能在镜子里看见她心爱的人。她施展全身解数，企图控制阿难陀，使他来到普拉克里蒂的身边。阿难陀阻挡不住魔力晚上来到姑娘家。他刚坐在祭坛上，姑娘就为他铺好床。阿难陀当时心急火燎，为了解脱，他开始乞求佛陀帮助。佛陀的咒语使姑娘的制服能力变得软弱无力，阿难陀回到寺庙。母亲由于使用法力过度而死去。不过，普拉克里蒂还是向阿难陀致敬，颂扬佛陀的无上品德。

贱民自己也认为自己是肮脏不洁者。在这种情况下，佛陀的弟子阿难陀出现了，他谨记师尊佛陀的教导，在自己口渴难耐时，毫无顾忌地向昌达尔姑娘讨水喝，还向他宣扬众生平等的观点，这是昌达尔姑娘从来没有过的，她受宠若惊。阿难陀的话鼓舞了她，他觉醒起来，开始反抗这个不平等的制度，不仅如此，她还萌发了从来没有奢望过的爱情，她爱上了阿难陀，请求母亲施展巫术，希望能与阿难陀结合。阿难陀是出家之人，当然不能接受她的爱。昌达尔的母亲是巫师，不能让巫师成功，所以她只能死去。

The Utility of a Library 《图书馆的功能》，泰戈尔写的评论。

The Vancouver Star 《温哥华之星报》，加拿大城市温哥华的地方报，该报记者鲁滨逊曾于1916年4月13日采访正在加拿大访问的泰戈尔。

The Vicissitudes of Education（Sihsar Herpher） 《教育的变迁》，泰戈尔的散文。

The Vision 《幻象》，泰戈尔的散文。

The Vision of Indian History 《印度的历史观》，泰戈尔于1922年10月1—3日在印度泰米尔纳德邦城市哥印拜陀做的报告。

The Visitor （Atithi，The Wandering Guest，The Runaway） 《客人》，泰戈尔1895年写的短篇小说。地主莫迪拉尔一家在坐船回家的路上，碰到婆罗门小孩达拉波特，要求搭船，地主同意。小孩非常机灵聪明，什么活都会干，也很勤快，而且吹拉弹唱样样都好，经常给他们表演，使他们开心。船到莫迪拉尔家乡后，莫迪拉尔舍不得达拉波特，要求留下来，他没有反对。达拉波特和乡亲们也很合得来，嘴甜，心灵手巧，博得乡亲们喜爱。地主女儿恰鲁绍湿的寡妇女友莎娜玛尼对达拉波特有好感，引起恰鲁绍湿的嫉妒。达拉波特要学英语，她故意捣乱。恰鲁绍湿到了出嫁年龄，莫迪拉尔要给女儿物色个可靠人家，但女儿把自己关在屋里谁也不见。安那布尔娜说好女婿近在眼前，就是达拉波特。全家非常高兴。婚礼准备好了，达拉波特却失踪了。谁也不知道他上那里去了。也许大自然又拥抱了他，他又回到了自由天地。

The Visva-Bharati Cheena-Bhavana 《国际大学中国学院》，谭云山1944年写的著作。

The Visva-Bharati Department of Rural Reconstruction 国际大学乡村重建系，在印度斯瑞尼克坦镇，为泰戈尔进行农村改革实验的基地。

The Wandering Guest （Atithi，The Runaway） 《客人》，泰戈尔1895年写的短篇小说。见The Visitor。

The Waterfall （Muktadhara） 《瀑布》（《摩克多塔拉》），泰戈尔1922年写的剧本。故事围绕着由皇家技正比萨提建好的大水闸展开。西布特拉伊地区是乌尔多古特国的属地，国王罗纳吉特派太子阿比基特管理该地。由于当地连年发生灾荒，太子减免了那里的赋税。为了让西布特拉伊能与除乌多尔古特以外的地区通商往来，太子打通了南迪山口的道路。国王不同意太子的做法，认为太子的做法损害了乌多尔古特的利益。于是太子遭到国王和乌多尔古特的反对，不仅被撤职，还被国王囚禁了起来。但西布特拉伊人在出家人塔南乔耶的领导下仍然不交赋税。为了惩罚他们，国王让皇家技正比萨提修建了一座大水闸，以此拦住摩克多塔拉瀑布的水，不让西布特拉伊地区的土地得到灌溉。听说用以惩罚西布特拉伊人的大水闸建立起来了，乌多尔古特人非常高兴，他们把这个日子当作节日来庆祝。国王也为终于找到了控制和惩罚西布特拉伊人的方法而高兴。太子阿比基特为西布特拉伊人感到难过。西布特拉伊人在他们的师尊塔南乔耶的带领下来到首都，要求国王减免赋税，请求国王将太子交给他们，让他继续管理西布特拉伊地区。在得知全面情况后，国王罗纳吉特的叔叔——摩罕格尔地区的土邦王维斯瓦基特说罗纳吉特的做法不妥，说不应该修水闸，更不应该惩罚太子阿比基特，但国王根本不买他的账。后来他冒险救出太子，要带太子去他的领地。太子拒绝了，他说一定要干最后一件事。比萨特经国王罗纳吉特允许后到处抓人去堵山口。西布特拉伊人听说太子阿比基特处在危险中，赶来相救。这时幕后传来水流的轰鸣声，大家明白水闸被毁掉了。太子阿比基特的弟弟善乔耶证实了这一消息，他说他本想和哥哥一起去毁闸，但哥哥不许，因为毁闸者肯定会葬身水底。听到这些以后，国王罗纳吉特有所悔悟，表现出失去儿子的痛苦。其他人都沉浸在悲痛之中。塔南乔耶对西布特拉伊人说，太子现在永远属于他们了。至此，全剧在赞颂毁灭之神湿婆的颂歌中结束。

The Way to Deliverance 《解脱之道》，泰戈尔于1938年写的剧本。导师法楚达南达的弟子、假装神圣的法科尔搅乱了家里的安宁。法科尔虽然成了家有了孩子，但不愿挣钱养家，而是依靠父亲的养老金和妻子海马巴蒂的月例生活。他还无耻地从妻子手里要钱给导师。正在家庭危机之时，海马巴蒂的表妹扑石巴玛拉完成学业到这里来观察体验生活。她感到法科尔的自欺欺人的做法很可笑，于是灵活地揭露他的导师的虚伪性。但是这件事情并不能让法科尔放弃宗教幻想，反而使他远走他乡。他相信导师会鼓励他像苦行僧一样放弃尘世。法科尔还没有走出这个地区，以其美丽赢得邻居爱戴的扑石巴玛拉接到了有一个男子放弃家庭出走的消息：萨斯提查然的孙子玛坎为了逃避抚养两个妻子和七个孩子的家庭责任出走，不知去向。萨斯提查然来找扑石巴玛，希望她能把孙子找回来。扑石巴玛拉靠计谋把对生活不严肃的玛坎找到，让他去找回法科尔。玛坎找到了已经当了苦行僧的法科尔，要求法科尔当他的导师，使他灵魂得救。法科尔为自己竟然能被人拜为导师而欣喜若狂，得意忘形地唱起了精神智慧之歌，不料吸引了萨斯提查然的注意，他以为是自己的孙子玛坎，冲了进来。人们以为玛坎回来，都纷纷跑来看，法科尔竭力申辩自己不是玛坎而是僧人齐达那达司瓦密，人们骂他、打他，使他不得不承认他就是玛坎。正在这时，玛坎的两个妻子来了，更是火上加油。多亏法科尔的妻子海马巴蒂赶来，向正在受辱的丈夫法科尔行礼，法科尔央求妻子赶快救他。扑石巴玛拉带着玛坎进来无条件向两个妻子道歉，问题才得以解决。

The Way to get it done （Saphalatar Sadupay） 《成功之路》，泰戈尔的散文。

The Way to Unity 《团结之路》，泰戈尔于1923年发表在《国际大学季刊》上的文章，讨论印度教徒和穆斯林团结问题。

The Wedding Garland 《献上花环》，泰戈尔于1903年写的短篇小说。焦廷住在表妹波托尔家。善良、幽默、活泼的波托尔要把库娜妮介绍给他做媳妇，焦廷嫌她不懂事。他不理善良、纯真的库娜妮的一片心意。库娜妮失望之下出走，感染瘟疫。焦廷在医院认出她，发现她还带着焦廷拒绝接受的已经干枯的花环。直到这时焦廷才爱上库娜妮。他在波托尔的帮助下给她披上瓦拉纳西莎丽，带上金项链，库娜妮在微笑中死去。

The Web of Indian Life 《印度生活之网》，泰戈尔1917年10月的文章。

The White Horse Monastery 洛阳白马寺，为中国第一古刹，世界著名伽蓝，乃佛教传入我国后官办的第一座寺院，被中外佛教界誉为“释源”“祖庭”。白马寺创建于东汉永平十一年（公元68年）。史载：东汉永平七年，汉明帝刘庄因夜梦金人，遣使西域拜求佛法。公元67年，汉使及印度二高僧摄摩腾、竺法兰以白马驮载佛经、佛像抵洛，汉明帝躬亲迎奉。公元68年，汉明帝敕令在洛阳雍门外建僧院，为铭记白马驮经之功，故名该僧院为白马寺。

The Wicked Postman 《坏邮差》，泰戈尔《新月集》里的诗。

The Wife's Letter 《一个女人的信》，泰戈尔于1914年写的短篇小说。姆瑞诺知书达礼，极其漂亮，有性格，12岁从乡下嫁到加尔各答富人家，丈夫冷酷无情。大妯娌的妹妹杜宾在父母去世后受堂兄弟驱赶，来到姐姐家，姐姐屈于家庭的淫威不敢公开帮助妹妹。全家人把宾杜当奴隶驱使。姆瑞诺同情宾杜。丈夫家逼宾杜嫁给一个疯子，宾杜无路可走，自杀身亡，姆瑞诺看清丈夫的面目，离家出走，永不回来。

The Winter's Tale 《冬天的故事》，17世纪英国作家莎士比亚的戏剧。

The Wild Flower （Banaphul） 《野花》，泰戈尔于1875年在14岁上写的第一首叙事诗。

The Wit 《妙语连珠》，泰戈尔于1886年写的幽默故事系列之一。听众都认为克拉吉是个幽默家，每句话都令人捧腹大笑。于是他便拿一些陈腐的噱头来逗听众。克拉吉变得不像幽默家，俨然是一位残忍的讽刺家。为了保持讽刺家的名声，他不惜代价地利用一切机会制造笑声，博得许多头脑简单的观众的廉价笑声。一个名叫迪拉吉的头脑冷静的人，觉得克拉吉的讽刺里实在没有什么可笑的内容。他不随庸俗，但遭到一些人的诽谤。他和克拉吉的追随者们格格不入，只好一走了之，但表明他输给了克拉吉。

The Womens International League 《国际妇女联盟》，泰戈尔1930年11月的书信。

The Working of the League of Nations 《国际联盟的工作》，泰戈尔1930年8月29日

同牛津大学教授西门的谈话。

The World's Children 《世界的孩子们》，泰戈尔1932年9月的讲话。

The Worship by Labour Maitra（Karmayajna） 《崇拜劳动》，泰戈尔在梅特拉（D. N. Maitra）创立的孟加拉社会服务联盟（Bangiya Hitasadhan Mandali ， Bengal Social Service League）成立典礼上的讲话，号召青年以牺牲精神参加社会服务工作。

The Wreck 《沉船》，泰戈尔于1906年写的长篇小说。

印度加尔各答，法学大学生拉梅什和大学好友乔根德拉以及乔根德拉的妹妹海蒙纳丽妮经常聚会，拉梅什与海蒙纳丽妮心心相印。但海蒙纳丽妮的父亲阿纳达为她看中了留学英国的另一学习法律的青年。有一天，拉梅什突然被父亲莫汉叫回老家。

拉梅什的父亲为儿子选中了好友的女儿苏西拉。苏西拉的父亲逝世，留下一无所有的母女。拉梅什父亲的目的是同时让姑娘的妈妈也过来，因为拉梅什的母亲早逝。早已心仪于海蒙纳丽妮的拉梅什自然对这门婚事毫无兴趣，但他拗不过父亲。新娘家在很远的巴德玛河上，要用船去接新娘。在返回的路上，起了风暴，迎亲船被颠覆，只有拉梅什和一位新娘模样的姑娘幸存。因为在二人的初次见面礼上拉梅什压根就没有看新娘，因而他把姑娘误认为新娘，把她带回家。乡亲们认为新娘是个丧门星，拉梅什只好把她带到加尔各答，但羞于和她同床。

通过叫错姑娘的名字，听了姑娘的身世，拉梅什才意识到这个姑娘不是他的媳妇。但他无法向纯朴的姑娘说明真相。姑娘叫卡玛拉，自小成为孤儿，被叔父抚养大。在互相见面礼上也羞于看新郎，因而把拉梅什当作丈夫。拉梅什陷于两难的境地，他不忍心把卡玛拉送回她叔叔处，但又无法摆脱姑娘的吸引力，于是不顾姑娘的不愿意，狠心把她送到女子寄宿学校去读书。

海蒙纳丽妮的父亲看中的留英青年回国后娶了另一富家女儿。有一天，拉梅什在街上碰上海蒙纳丽妮和她的父亲。父女热情邀请他做客。拉梅什搬回原来的住处，和海蒙纳丽妮的误解消除了，后者脸上也有了光彩。拉梅什和海蒙纳丽尼的感情发展平稳。拉梅什对海蒙纳丽尼做针线活不以为然，但后者给他精心编织的衣服使他深受感动。天下大雨，出不了门，这给他们创造了极好的约会条件。

海蒙纳丽妮家里的常客、喜欢音乐的阿哈耶有意于海蒙纳丽妮，搅和在他们之间，使二人不愉快。拉梅什学习手风琴，想像阿哈耶一样用歌声表达对海蒙纳丽妮的感情。海蒙纳丽妮父女决定外出游览，海蒙纳丽妮建议拉梅什与他们同去。阿哈耶把拉梅什看作情敌，直接质问拉梅什是否企图娶海蒙纳丽妮。阿纳达先生决定让拉梅什和海蒙纳丽妮尽快结婚，免得别人说闲话，然后名正言顺地出去游览。

拉梅什让卡玛拉假期留在学校。正好阿哈耶的妹妹和卡玛拉在同一个班。阿哈耶当着阿纳达和海蒙纳丽妮把此事捅了出去，父女以为阿哈耶信口雌黄。女子学校校长要拉梅什星期六把卡玛拉接走，而他和海蒙纳丽妮的婚礼就定在星期天。拉梅什要求把婚礼推迟，但不告诉原因。阿纳达和海蒙纳丽妮既不理解又不同意。他终于说服了海蒙纳丽妮。拉梅什答应阿纳达自己更改请帖。阿哈耶来了，他问清拉梅什没有告诉更改的原因，便挑唆阿纳达父女说拉梅什一定有不可告人的秘密。拉梅什站在海蒙纳丽妮房子对面的屋子顶上，看着静谧的月光心潮澎湃，思绪万千，感悟人生无常。

海蒙纳丽妮的哥哥乔根德拉来参加妹妹的婚礼，发现家里冷冷清清，不像结婚的样子，于是找父亲和妹妹问明真相。拉梅什已走。阿哈耶告诉他拉梅什推迟婚礼的真相。拉梅什打算先把卡玛拉接回来处理妥善。等和海蒙纳丽结婚后再告诉她他和卡玛拉的故事。卡玛拉回来了，她长得更好看了。正在这时，海蒙纳丽妮的哥哥和阿哈耶来了，看见拉梅什和卡玛拉在一起。二人问拉梅什和这个姑娘的关系，拉梅什说是亲戚，他们不相信。乔根德拉不允许拉梅什以后和他妹妹海蒙纳丽妮有任何来往。阿哈耶挑拨说，拉梅什给外人说卡玛拉就是他的妻子。为了无辜的卡玛拉的声誉和未来，他不能告诉他们真相。二人拂袖而去。卡玛拉既不回去又不想去学校。拉梅什无可奈何地听她说学校的事情。

海蒙纳丽妮的父亲阿纳达希望儿子和阿哈耶带来好消息，不料二人亲眼看见拉梅什和妻子在一起。海蒙纳丽妮晕了过去，她不相信二人说的话，除非拉梅什亲口告诉她。乔根德拉提出婚礼照常进行，但可以换新郎，但海蒙纳丽妮坚决不同意。阿哈耶和乔根德拉密谋让拉梅什给海蒙纳丽妮写信。拉梅什带卡玛拉回老家，看见阿哈耶也上了火车，估计他是朝他和卡玛拉而来，于是在终点站巴拉堡改变主意，搭乘去瓦纳拉西的船。阿哈耶没有等见二人，估计二人又折回加尔各答，失望而返。阿哈耶的汇报更加坚定了乔根德拉的怀疑。他派阿哈耶追拉梅什的目的是让拉梅什亲自招供，不料失算。海蒙纳丽妮不领哥哥的情，不愿意他说拉梅什的坏话。

卡玛拉在船上充分显示作为妻子的能干，使拉梅什既高兴又不安。他决定向卡玛拉说明真相。拉梅什用讲故事来告诉事情的真相：两家皇家迎亲队伍走在一起碰上了土匪，慌乱中抢错了新娘。拉梅什问卡玛拉：如果他们二人就是弄错的一队新人怎么办？天真的卡玛拉不让他胡说八道。拉梅什陷入困境：既不忍心抛弃卡玛拉又割舍不开对海蒙纳丽妮的爱情。最后决定，海蒙纳丽妮会找到新的幸福，但不能抛弃卡玛拉。

乌梅石为弄蔬菜差点错过船，拉梅什指责他不该偷别人家的菜。卡玛拉渴望拉梅什的爱抚，但拉梅什始终和她隔着船舱休息。只有小乌梅石能给他少许安慰。天地之大，但她只要一个小家，但这个家在哪里？

拉梅什觉得只有先把卡玛拉安顿好，才能解决他和海蒙纳丽妮的事情。但他无计可施，百肠愁转。正在此时，他碰上一位平易近人的老者查克拉巴提和他的学生，和他们相谈甚欢。当他知道他们不知道在哪里下船时，老人建议他们随他到加则普去。卡玛拉很高兴能在船上扮演家庭主妇的角色。乌梅石总是每天早晨拿来新鲜蔬菜，但拉梅什老怀疑是他偷的，而老人和卡玛拉却替他辩护。乌梅石、老人、卡玛拉三人把拉梅什孤立起来。老人为拉梅什不陪卡玛拉休息感到吃惊。风急雨骤，卡玛拉的心情一片灰暗。拉梅什怕去加则普遭人议论，又决定到陌生的瓦拉纳西去，但卡玛拉执意要随老人去加则普。拉梅什最后决定认卡玛拉为妻，是老天把他和卡玛拉放在一起。至于海蒙纳丽妮，即使他证明自己的清白，还是躲不开别人的议论。人言可畏啊！让海蒙纳丽妮另做选择吧。

卡玛拉决定带乌梅石随查克拉巴提老人去加则普而不去瓦拉纳西，拉梅什只好服从。他们暂时住在老人家。老人的老伴叫哈力巴比妮，大女儿比度随丈夫住外边，二女儿塞拉吉带两岁女儿和丈夫比品住娘家。塞拉吉和卡玛拉一见如故，成为好朋友。塞拉吉给卡玛拉讲她和丈夫的私生活，使卡玛拉大为惭愧，她感到自己和拉梅什的生活有很大的缺失。

塞拉吉和丈夫撮合卡玛拉和拉梅什见面，不料卡玛拉不愿意拉梅什的被动，把他抢白一顿。卡玛拉跑进房间痛哭。塞拉吉不解。拉梅什决定回加尔各答工作，以免给卡玛拉更多的痛苦。拉梅什回到加尔各答，尽量不见熟人，但他还是思念海蒙纳丽妮，于是给她写信，说明他和卡玛拉的关系的真相，想娶她为妻。同时说他曾经对她有过爱情。他把信送过去，不料仆人回答说海蒙纳丽妮和一个名叫南林的小伙子陪同父亲到乡下度假去了。他感到失落，于是决定第二天不去阿拉哈巴德而直接回加则普。在塞拉加和丈夫的催促下，查克拉巴提老人为拉梅什和卡玛拉寻找了一处住房。虽然这处住房长期无人居住，但卡玛拉很满意。她感到做家庭主妇的自豪。她主动干最苦、最累的活，拉梅什主动要求帮忙收拾房子，被她拒绝。

查克拉巴提老人去阿拉哈巴德看大女儿比度。拉梅什一个月不来，卡玛拉的心就像断了线的风筝。有一天乌梅石发现了一封信，交给卡玛拉。没有地址也没有称呼，但卡玛拉凭借女人的知觉看出这是拉梅什写给他深爱的女人的。信里和盘托出他和卡玛拉关系的真相。现在卡玛拉恍然大悟。原来她一直憧憬美好将来的这个人竟然不是自己的丈夫！拉梅什和这个女人订了婚，由于他和卡玛拉的关系才使婚事告吹。而且只是由于他可怜卡玛拉才决定和这个女人断绝关系。现在她明白，原来拉梅什一直在设法摆脱她。她感到天塌地陷，欲哭无泪。塞拉吉看出卡玛拉的神情，以为卡玛拉思念拉梅什之故，赶紧写信给爸爸，让找见拉梅什，让他赶紧给卡玛拉写信。拉梅什给卡玛拉写了一封情深意长的信，信里说卡玛拉是他最爱的女人，是上天使他们在沙滩相会。他厌烦了无家可归的生活，现在需要一个平静的家。塞拉吉兴高采烈地把拉梅什的信给卡玛拉，她看了第一句就反感。要她为一个竟然不是自己丈夫的人安个家！她感到耻辱。这个家在她心里成了吃人的魔鬼。从加尔各答来了剧团，卡玛拉给乌梅石钱，还让他穿上新衣服，让他以后有事找老人帮忙，乌梅石感到今天卡玛拉的举动不正常。卡玛拉去了恒河边。

拉梅什和海蒙纳丽妮婚事告吹一事弄得海蒙纳丽妮全家心里难过。看着女儿难过，做父亲的心里感到无助。当哥哥的乔根德拉觉得难以见人。他竭力劝妹妹嫁给阿哈耶。只要父亲劝动妹妹，此事准成。海蒙纳丽妮和父亲商量去乡下换换空气。乔根德拉想让妹妹在度假前嫁过去。海蒙纳丽妮说只要哥哥不结婚她就嫁人，父亲说一切等回来后在再说。海蒙纳丽妮和父亲早喝茶以避开阿哈耶，但阿哈耶还是早来了，父女借故要上楼，乔根德拉阻拦。阿哈耶倒是很大度地要乔根德拉不要着急。他觉得有一个叫纳里那克沙的大夫很适合海蒙纳丽妮。他明天演讲，可以让乔根德拉带海蒙纳丽妮去听。纳里那克沙是卡玛拉的婚礼时沉船失散的真正丈夫。他父亲叫拉吉巴拉布，是梵社成员。因和夫人信仰不和而另娶一寡妇。纳里那克沙随母亲去圣地瓦拉纳西。他才华横溢，出口成章，医德高尚。他到孟加拉地区娶了卡玛拉，不料海上出事。阿哈耶想尽早撮合二人。

T

乔根德拉劝妹妹和父亲不要老闷在家里，走出情绪的低谷。他推荐说有一个会，一个叫纳里那克沙的年轻大夫要在会上演讲，海蒙纳丽妮愿意去。于是乔根德拉乘机夸奖纳里那克沙，说他如何为了母亲去瓦拉纳西，别人的毁谤不真实。阿纳达老人和海蒙纳丽妮听了纳里那克沙的演讲。演讲的题目是《得与失》，很有独到的见解，对海蒙纳丽妮和老人都留下深刻印象。阿哈耶向乔根德拉提出设法找个借口让纳里那克沙来，不要使海蒙纳丽妮怀疑，首先让海蒙纳丽妮完全忘记拉梅什。现在乔根德拉反而不太欣赏纳里那克沙，也不同意让纳里那克沙来。乔根德拉把纳里那克沙带到家里来了，然后乔根德拉马上离开。当海蒙纳丽妮听纳里那克沙说乔根德拉把他安顿在她和父亲房子的隔壁，也就是拉梅什以来住的地方时，皱起了眉头。阿纳达老人很高兴，他让纳里那克沙常来并让海蒙纳丽妮给客人沏茶，但纳里那克沙不喝，原因是他要尊重他妈妈的宗教习惯，保持礼仪的纯洁性。海蒙纳丽妮相信了这一点。

乔根德拉对纳里那克沙的烦琐的宗教意识很不以为然，二人各不相让。但海蒙纳丽妮不讨厌纳里那克沙的烦琐仪式。她决心追随纳里那克沙苦行僧式的生活方式，把房子收拾得很简单，不吃肉，并且对哥哥的讥讽一笑置之。纳里那克沙一大早来告辞：他妈妈有病，他要赶到瓦拉纳西去看。双方互相感谢。海蒙纳丽妮要他及时来信告知妈妈的病情。

阿哈耶在纳里那克沙去瓦拉纳西后还想观察海蒙纳丽妮到底是否还在念念不忘拉梅什。他和乔根德拉讽刺海蒙纳丽妮追随纳里那克沙不喝茶的苦行。阿纳达老人身体不好，医生建议到乡下去换换空气。父女决定到瓦拉纳西去，因为他们都需要纳里那克沙的精神指导。但他们不告诉乔根德拉。

拉梅什带着给卡玛拉的珍贵项链满怀热情地从阿拉哈巴德回到加则普，令他绝对意料不到的是，卡玛拉竟然失踪了。她根本没有去看得病的塞拉吉的女儿悟米，而是在河边打发走比山后不见了。大家跑到失踪的河边，发现了她的钥匙、镀金胸针和通向河水的脚印，于是断定她跳河自杀。他欲哭无泪，又离开了加则普。

拉梅什思乡心切，回到加尔各答。忍不住来到海蒙纳丽妮门口。仆人说父女去乡下旅行了，也没有与其他人同行，乔根德拉到比塞普当小学校长去了。于是他去比塞普，把他和卡玛拉发生的一切都毫无保留地告诉了乔根德拉。两个最好的朋友和解了。乔根德拉觉得愧对拉梅什，因为他当时拆散了拉梅什和妹妹的婚事。二人决定合力把海蒙纳丽妮的心拉回来。听仆人说拉梅什找过乔根德拉，阿哈耶极度不安。他立即赶到加则普，从一个孟加拉人口里打听到，拉梅什在叔叔家住过，妻子失踪，估计跳河自杀。他想，拉梅什一定又去欺骗海蒙纳丽妮，说他没有媳妇。他见了查克拉巴提老人，老人说他想不通为什么拉梅什对卡玛拉那么冷淡。为了使海蒙纳丽妮相信他的话，他撺掇老人和他一起去见海蒙纳丽妮。

纳里那克沙的母亲由发烧转为肺炎，痊愈后很虚弱。纳里那克沙和海蒙纳丽妮照顾她。她是个很开通的女人。虽然她自己生活异常严格，但不赞成年轻人也这么做，更不赞成海蒙纳丽妮和阿纳达先生追随纳里那克沙过苦行僧生活。他认为各人有自己的生活方式，不能强加也不能干涉。她给海蒙纳丽妮梳不同的发式，教海蒙纳丽妮学针凿。

纳里那克沙的母亲自感将不久于人世，建议儿子赶快找个媳妇结婚，儿子说到哪儿去找啊？母亲说你别管，由我来安排。于是他向阿纳达先生提出，她看上了海蒙纳丽妮，愿意她做自己的儿媳妇。阿纳达把此事告诉女儿，满以为女儿会欣然答应，不料女儿一口回绝，令他十分失望。其实海蒙纳丽妮根本就没有忘记拉梅什。她是想把纳里那克沙作为自己的精神导师，使自己的生活走向平静。这么一提亲，又勾起了她的心病。妈妈告诉纳里那克沙，尽管海蒙纳丽妮长得不算漂亮，她还是向她父亲提亲，而且老人同意。但纳里那克沙不赞成。于是他向母亲讲了9个月前发生的故事：在坐船回加尔各答的路上他碰上当上副县长去乡下检查工作的老同学布朋。布朋拉他一块去。碰见村里的地主塔瑞里，他有一个已经过了结婚年龄的孤儿侄女卡玛拉，他急于把侄女嫁出去，不出嫁妆和结婚费用。正好卡玛拉符合非梵社教徒的条件，人也长得漂亮，于是痛快答应这门婚事。决定第三天娶亲。不料在娶亲的路上起了风暴，把娶亲船倾翻。等他醒来，没有找见一个人，警察也没有找见。他给塔瑞里写的信当作死信退回。他总觉得卡玛拉还活在人世。现在别人一提起婚事他就犹豫不决，原因就在这里。等到明年3月，也就是事故发生一年以后，如果还没有卡玛拉的消息，就可以认为她死了。

卡玛拉正要投水自杀，突然想起一个人来。她取出拉梅什写给海蒙纳丽妮的信，看到信上提到，他为卡玛拉找她的丈夫，但是没有音信。纳里那克沙这个名字成了她伤口上的油膏，于是自杀的念头像冰山融化。她扔掉钥匙和胸针，扭头顺河岸朝西走去，半夜醒来后被一个叫纳宾卡里的女人叫醒。纳宾卡里由加则普坐自己的驳船回瓦拉纳西。她问明卡玛拉身世后决定带这个只需要一口饭吃、一张床住的婆罗门姑娘去做仆人，省下一大笔费用。

纳宾卡里的丈夫病了，纳宾卡里让仆人去叫纳里那克沙大夫。她从仆人口里问清，纳里那克沙大夫正是她苦苦寻找的丈夫。她的苦日子快到头了。她要辞职，女主人不答应。大夫来了，她去开门，终于看见丈夫了。感谢上天把丈夫给她送来！大夫开药让主人一家出外旅行，对主人的健康有益。卡玛拉求不要让她随行，女主人不答应。

海蒙纳丽妮不答应纳里那克沙母亲的提亲，使阿纳达先生心神不安。阿克沙耶带着查克拉巴提来找卡玛拉并详细说卡玛拉和拉梅什的关系。阿纳达担心女儿会被这个消息击倒。纳里那克沙来给老人看病，海蒙纳丽妮提出给他母亲找一个可靠的女人来服侍。纳里那克沙想起母亲说过海蒙纳丽妮是个好姑娘的话。纳里那克沙说他母亲非常严格，非要不花钱的人，还要自愿服侍她的人。海蒙纳丽妮希望得到纳里那克沙的精神安慰，走出拉梅什带来的阴影。阿纳达要求女儿答应纳里那克沙母亲的提亲，这样他死前可以安然地闭眼。阿克沙耶来，说没有拉梅什和卡玛拉的任何消息。老人不同意把他们的东西存放在家里。

卡玛拉无可奈何地随主人坐车去美如特。在一个小站上碰到乌梅石，她不顾女主人纳宾卡里的阻拦，跳下车来。乌梅石带她返回瓦拉纳西，不料查克拉巴提大叔全家也在瓦拉纳西，他们是为了找她来的，这令卡玛拉既感动又喜出望外。

卡玛拉告诉了塞拉吉她结婚以后的故事，她之所以在婚礼上没有看新郎，是因为她已过结婚年龄，感到看新郎会显得轻浮。她万万没有想到，翻船后救她性命、他自以为是丈夫的拉梅什竟然不是自己的丈夫！查克拉巴提先生也知道了这事。怎么办？老人趁纳里那克沙不在来看他母亲，很快就熟悉

T

了。老人带卡玛拉在恒河边见到了纳里那克沙的妈妈，说卡玛拉叫哈里达西。妈妈邀请他们去她家做客。他要求纳里那克沙妈妈把哈里达西留下，去掉他的负担。哈里达西（卡玛拉）饭做得好，房子打扫得干净整洁，还给老人揉脚，很快赢得老人欢心，她希望卡玛拉是自己的女儿。卡玛拉和纳里那克沙在厨房相遇，二人都很吃惊。纳里那克沙看见自己的房间打扫得干净整洁，心里十分满意。海蒙纳丽妮带鲜花来看纳里那克沙妈妈，妈妈希望她做自己的儿媳妇，海蒙纳丽妮说，只要妈妈满意，她本人不反对。卡玛拉听见后，心疼如裂。她把花放到纳里那克沙的拖鞋里。纳里那克沙纳闷。

海蒙纳丽妮决定嫁给纳里那克沙后，感觉到解放了，再也不受束缚了，也用不着为过去后悔了。纳里那克沙的妈妈来看海蒙纳丽妮，把金手镯戴在她的手腕上，并邀请海蒙纳里妮第二天过去吃早饭。父女正要过去，不料乔根德拉突然带来拉梅什，海蒙纳丽妮不顾哥哥叫她，赶紧躲开。阿纳达老人觉得来了挡道的，告诉他们已经安排好了海蒙纳丽妮和纳里那克沙的婚事。乔根德拉要告诉拉梅什的事情，老人不听。

纳里那克沙的妈妈告诉卡玛拉纳里那克沙和海蒙纳丽妮的婚事，卡玛拉心如刀割，强忍痛苦。既然上天剥夺了我给纳里那克沙当妻子的权利，那就再不要奢望，好好伺候他。她再不唉声叹气，鼓起精神干活。母亲告诉纳里那克沙，昨天她去祝福海蒙纳丽妮，今天海蒙纳丽妮和她父亲要来回礼。纳里那克沙沉思。

海蒙纳丽妮觉得自己躲开拉梅什有点失礼。她戴上手镯想给哥哥和拉梅什看看，结果他们早走了。父女来到纳里那克沙家，纳里那克沙的妈妈感到海蒙纳丽妮没有她估计的那么兴高采烈，甚至有点心不在焉。于是感到自己有点匆忙，心里决定不着急结婚。海蒙纳丽妮的冷淡使她更加喜欢卡玛拉，于是故意给卡玛拉穿上好衣服去见海蒙纳丽妮，要杀她的傲气。纳里那克沙来了，正和客人谈话。两个姑娘谈话，逐渐没有了拘束。海蒙纳丽妮让卡玛拉在她婚后帮助她管理家务。海蒙纳丽妮问卡玛拉还能否记得丈夫的样子，她含糊回答。

海蒙纳丽妮回家后看见了拉梅什的来信，信里告诉她他和卡玛拉的关系，说天意使他和海蒙纳丽妮分开，没有怨恨。虽然和卡玛拉不是夫妻但现在心里向着她。早晨你躲开我，使我感到自己是个可怜虫，但从今以后再不当可怜虫了。她让父亲看信。纳里那克沙来看阿纳达，告诉他：你们建议我和海蒙纳丽妮结婚，但我必须告诉你，我已经结婚了，相信妻子还活在人世。他想和海蒙纳丽妮说话，但她看见他后马上转身回房间。阿纳达想找拉梅什，但乔根德拉说人家早走了，他再不想掺和。也准备走。老人又有了解不开的谜。

塞拉和阿纳达父女来到纳里那克沙家，对纳里那克沙母亲说要把卡玛拉带回加则普，纳母自然不放。老人旁敲侧击说，听说纳里那克沙和海蒙纳丽妮订了婚，纳母说她提亲是实，但纳里那克沙不太同意。阿纳达希望卡玛拉成为纳里那克沙家的一个成员，推荐卡玛拉做媳妇。塞拉要说明真相，卡玛拉竭力阻拦。拉梅什前来找纳里那克沙要声明真相，被阿纳达劝回。并要卡玛拉第二天向拉梅什说清。纳里那克沙来了，他看见了卡玛拉，紧紧盯着看她，卡玛拉羞跑了。卡玛拉在屋里摆花，纳里那克沙告诉她不用对他害羞。

卡玛拉兴致勃勃地来看塞拉，塞拉感到卡玛拉的痛苦就要结束了。纳里那克沙就要成为她的人了。拉梅什已经向查克拉巴提大叔讲清了他和卡玛拉的关系，还要给纳里那克沙讲清，不然心里不安。查克拉巴提大叔带来了卡玛拉，拉梅什大吃一惊。查克拉巴提告诉他：卡玛拉的不幸就要结束了，现在卡玛拉可以和拉梅什告别了。告诉他不要把她的故事告诉其他人。拉梅什说，已经告诉了海蒙纳丽妮。拉梅什现在不欠任何人的情债了。自由了，一身轻松，可以义无反顾地开始自己的生活了。

卡玛拉回到家，发现阿纳达、海蒙纳丽妮，凯曼卡丽在等她。凯曼卡丽让她和海蒙纳丽妮单独谈。海蒙纳丽妮说，卡玛拉现在可以大胆地向纳里那克沙说明一切。海蒙纳丽妮要回加尔各答了，二人答应互相通信。卡玛拉看出海蒙纳丽妮在掩盖内心的痛楚。卡玛拉已经下定决心，哪怕带来什么惩罚，

T

她都要向纳里那克沙说明自己的身份。他匍匐在纳里那克沙脚下：我是卡玛拉！纳里那克沙：我早知道了，你就是我的卡玛拉！然后把花环戴在她的脖子上。泪水冲走了一直压在卡玛拉心里的愁云。纳里那克沙：晚上一切去看妈妈，请求她为我们祝福。

The Wreath of Victory　《胜利的花环》，泰戈尔的诗。

The Wrong Man in the Heaven　《误入天堂者》，泰戈尔于1894年写的幽默故事。

爱管闲事的高库到了天上发现，虽然这里气候宜人，对健康有利，但却缺乏智力运动，这是个很有趣的现象。他觉得人类文明发展迅速，而天堂则秩序依然，还停留在古代吠陀文化时期。看到天堂里众神行为缺乏道德水准，他竭力提醒他们注意这一点，但无神理睬。他感觉自己的处境极其尴尬，难以忍受，于是想以死解脱，但天上的人是死不了的。他力图说服众神改革天堂，自治，办报，清理账户，百家争鸣。他的唠叨使众神的忍耐达到极限，大家对他冷脸相向。他和天上的气氛以及众神格格不入。他根本无法打破天堂的死水一潭的局面。他觉得自己好像被判处无期徒刑，于是在绝望中去找众神之王因陀罗，询问他在天堂还地待多久，因陀罗说，才刚待了几百万年时间的一年，他和神王同时深深叹气。

The Young Man of India　《印度的年轻人》，泰戈尔的散文。

The Young Men's Buddhist Association of China　北京佛化新青年会。民国六年（1917年），陈独秀在北京大学发刊《新青年》，太虚大师之门人张宗载、宁达蕴二人，缘此新青年之构想，于民国十二年在北平成立新佛教青年会，后改称佛化新青年会，并发行《佛化新青年》月刊。该组织于1924年4月29日在北京法源寺欢迎泰戈尔访华。

Theatre　《戏剧报》，1954年1月改版创刊，由张庚等任主编。《戏剧报》以戏剧评论和理论探讨为主、前身为1950年创刊的《人民戏剧》（田汉主编）。1961年5月刊登《首都文艺界纪念泰戈尔诞生100周年》

Theatre and Film　《戏剧电影报》，1980年创刊，1982年12月5日刊登吴晓玲的《梅兰芳和泰戈尔的友谊》。2000年10月9日改为《北京娱乐信报》，著名笑星姜昆出任名誉社长。

Theodore Jensent　西奥多·珍森特，欧洲画家。

Theodore Parker　西奥多·帕克（1810—1860），美国一牧师。他的14卷文集，从1863年至1870年陆续在伦敦出版。

Theory Circle　《理论界》，创办于1985年，由辽宁省哲学社会科学联合会主办。2010年第8期发表李金云的《泰戈尔人格伦的宗教内涵》。

Theory Journal　《理论学刊》，1981年创刊，由山东省委党校主办。1999年11月第6期刊登牟宗艳的《泰戈尔的“人生亲证”——泰戈尔人学思想探析》。

Theory Learning　《学理论》，创刊于1959年，由哈尔滨市社会科学院主办。2012年第9期刊登李丹丹的《论陈独秀对泰戈尔的批判》。

Theosophical Society　神智学会，希腊语Theo（god）+Sophia（wisdom），1875年由俄国贵族布拉瓦茨基夫人和美国军官奥尔考特在美国纽约创立，传播到印度后的领导人为贝桑夫人等。神智学会把印度教、佛教教义与西方神秘主义糅合起来，主张需要通过“修行”“断念”“净化”等神秘活动与神交往。其创办人之一布拉瓦茨基夫人（Mrs. Blavatsky），是位非常具争议性的人物，她出身俄国贵族，但身世如谜。《布拉瓦茨基及其老师们》（Blavatsky and Her Teachers）《布拉瓦茨基夫人的狒狒》（Madame Blavatsky's Baboon）为两本有关她的传记，前者为神智学会的会员替布氏毁誉参半的一生多所辩解；后者则为英国大学文学教授写的关于近代神秘主义和灵媒等的研究，从一个非信徒的角度来看，他认为布氏的通灵术及其他“神通”有许多漏洞。“神智”可溯至毕达哥拉斯时代，德国神秘学家甲克波·布衣玛（Jakob Boehme）扩充其意义，视其为神秘哲学，“以发现人类和宇宙或神的关系”，是众多历史上宗教运动的特征。但在布拉瓦斯基的神智学社成立之后，现在的神智学说特别强调印度教和新柏拉图主义的成分。

神智学会重视宗教、哲学、科学的研究，强调社会和教育工作，如在印度成立了几所大学。神智学会影响了克里希那穆提、鲁道夫（退出神智学社后，建立人智学）、邬斯宾斯基、W. B. Yeats（曾加入神智学社，后成立 Order of the Golden Dawn 秘密结社）以及大师库特·忽米（Koot Hoomi）（影响了 Alice Bailey 和 Robert & Earlyne Chaney 等）。

神智学会的分枝包括了玫瑰十字学会（Rosicrucian Fellowship）、欧洲鲁道夫·史坦那（Rudolf Steiner）的人智学会（Anthroposophical Society）及艾丽斯·贝莉（Alice Bailey）的奥秘学派（Arcane School）。

Theragatha 上座部，小尼迦叶15部之第八部经。

Theravadin 上座部，为佛教中的一个派系。上座部起源于第二集结之后遵守保守戒律的僧团，与大众部并列为部派佛教时期最早的两个分支。现代南传上座部佛教继承了上座部中分别说部传统。佛教僧团中，不问年龄、种姓与地位，以先出家（受具）足戒者为上座，后出家者应对他们表示尊敬。如《摩诃僧祇律》中说："先出家（受具）者，应受礼、起迎、合掌、低头、恭敬。先出家者，应作上座：应先受请、先坐、先取水、先受食。"而僧团中的所有成员，称为大众。僧团采取民主原则，僧众一律平等，都有权利参加僧团事务的讨论和表决。"尊上座而重大众"是僧团的基本原则。但是在实务上，因为信仰及戒律的看法不同，谁能够主导僧团的走向，经常引起上座长老与一般大众间的紧张关系，最终成为部派分立的原因。所有部派共同传说，在释迦牟尼过世后，佛教僧团分裂为上座部与大众部两大传承。分裂的原因，可能是因为对戒律的见解不同；也有传说认为，是因为大天五事造成。

T

现代学者考证认为，根本分裂的时间，应晚于七百集结，印顺法师认为其时间可能在释迦牟尼过世百年之内，阿育王即位之前。在七百集结中，西方系的比丘僧团，以拘舍弥、摩偷罗为根据地，形成根本上座部，东方系僧团于毗舍离形成大众部，两大传统就此形成。根本上座部中，在西南印阿盘提的僧团，发展为分别说部。原先在摩偷罗国的僧团，形成先上座部，向西北印度罽宾发展。现代学者综合南北传主要文献分析认为，在阿育王在位初期，形成先上座部、分别说部、大众部三系鼎立的局面。

从《善见律毗婆沙》记载来看，当时虽因为传承及地域分布，使得部派分裂，但各部派间仍是相互尊重，并没有太大分歧。但阿育王出身西南印度，在政策上可能偏向分别说部与大众部，压抑了西北先上座部僧团，使得僧团之间产生嫌隙。各部派僧团寻求政治力量的支持，以发展自身势力。在阿育王之后，各部派僧团逐渐形成不相容的态势。上座部后续分化的主要标志性文献是提婆设摩《识身论》，此论先批判"分别论者"为"诽谤、违越、拒逆世尊所说契经"，再自称"性空论者"而批判了"补特伽罗论者"，形成了不可调和的分歧。

先上座部

佛灭第三百年初（即佛灭二百多年后），先上座部的成员中，在拘舍弥一带的僧团，形成犊子部。迦多衍尼子在恒河流域某地著《发智论》，批评犊子部的宗义，影响了在摩头罗国与迦湿弥罗的上座部僧团，成立了说一切有部。犊子部与说一切有部的分立，形成四大部派传统。

其中以说一切有部最为兴盛，也深深影响到汉传佛教及藏传佛教。而不同意说一切有部学说的旧有先上座部成员，部分迁移至山区，形成雪山部。

犊子部因对《发智论》中的一颂的解释不同，又分出四部，其中以正量部最为盛行，并取代了原先犊子部的地位。

分别说部

在分别说部中，阿育王时，摩哂陀至锡兰岛传教，在锡兰岛上形成赤铜鍱部。留在印度本土的僧团成员，则依地域，发展成化地部、法藏部与饮光部。在锡兰岛上，赤铜鍱部先形成大寺派，之后分出无畏山寺派。现代的南传上座部佛教，是由大寺派所发展而来。现代学者从玄奘《大唐西域记》中解读出，在当时印度有被称为大乘上座部的宗派，可能是受到大乘佛教影响的上座部僧团，许多佛教研究者认为他们源起于赤铜鍱部的无畏山派。但是他们的传承并没有流传下来。

部派区别

上座部与大众部最大的不同，在于上座部重律，认为记载的古代所制戒律的一切内容都不能改变。而大众部重法，认为佛陀的律法要适应僧众所处的具体环境，在不舍小小戒的前提下，僧团可以根据共识确定戒律执行细节，比如不捉金钱戒及卖买戒的执行细节。而在戒律方面，上座部尊重上座比丘的意见，由上座僧伽的集体来决定戒律制定与戒律解释的工作；但是大众部则认为应由僧伽的集体意见来决定戒律。上座与大众同样接受在家众参与僧团事务的讨论。至于在教义上，上座部认为“二佛不共世”，而大众部认为有“十方及无量诸佛”，这是两派主要的不同。

There Was a King （Asambhav Katha）《从前有个国王》，泰戈尔的短篇小说。见Once There Was a King。

Therigatha 下座部，小尼迦叶15部之第九部。

Therukkarthu 泰鲁卡图，泰米尔地方戏。

These Two Lands Should Meet in Love 《这两个国家应该以爱来相会》，泰戈尔1932年4月访问伊朗时的讲话。

Theses Collection of Comparative Literature 《比较文学论文集》，湖南人民出版社1984年7月出版，内有《说静：从泰戈尔的静来看陶渊明的静》。

Theses Collection of Orient Studies 《东方研究论文集》，1983年4月出版，内有刘宝珍的《从〈戈拉〉看泰戈尔中长篇小说的社会意义和艺术手法》。

Theyyam 泰妍姆，克拉拉邦的地方戏，敬神时跳。

Thillan 带有复杂节奏变化，充满活力的韵律的婆罗多舞纯舞段。

Thinunaukharasar 提奴恼卡拉萨尔，泰米尔语湿婆信徒纳衍那尔派作家。

Thiranittam 提兰尼檀，克拉拉邦卡达卡利舞节目，一个反面人物站到幕跟前，男孩拉幕布，摇拉幕布，展示头饰、脸部化妆和表情。

Third Ceylon Tour 第三次锡兰行（1934年5—6月）

1934年5月5日，带着一队圣蒂尼克坦的师生，乘坐S.S.印昌加号船赴锡兰进行文化游。众人在船上庆祝泰戈尔的73岁生日。5月9日泰戈尔在科伦坡上岸，受到锡兰第一部长巴荣·迦叶提拉卡爵士的欢迎。第二天泰戈尔在“扶轮国际锡兰分社”介绍国际大学情况，锡兰电台现场转播。5月11日，锡兰的印度商会欢迎泰戈尔一行。5月15日，科伦坡自治机关举行欢迎会。5月17日泰戈尔在科伦坡基督教青年会大礼堂朗诵自己的诗。5月11—18日，圣蒂尼克坦的师生用文化节来感谢科伦坡民众，举办泰戈尔和国际大学美术系绘画展览，同时在科伦坡王室大剧院演出泰戈尔的戏剧《赎罪》。5月19日泰戈尔访问帕纳杜拉，20日泰戈尔访问洪腊纳。在洪腊纳为由威尔默特·培瑞拉发起、按照国际大学模式建造的学校奠基，为其取名斯里帕里。第一次欣赏康迪舞蹈。5月22日泰戈尔访问加勒和玛塔拉，在玛塔拉看面具舞。5月26日泰戈尔返回科伦坡，那里连续3天上演《赎罪》。泰戈尔在康迪完成了长篇小说《四章》。泰戈尔在阿奴达拉普拉等地看完历史名胜后于6月9日去贾夫纳，在贾夫纳连续3个晚上演出《赎罪》。6月5日泰戈尔离开贾夫纳经达努斯考底–马德拉斯乘火车回加尔各答。6月28日众人回到圣蒂尼克坦。

Third Foreign Tour 泰戈尔的第三次外国之行（1912年5月27日—1913年10月4日）

1912年5月27日，泰戈尔在长子罗廷德罗纳特和儿媳妇普拉蒂玛·黛薇的陪同下，从孟买乘船去英国。在船上他将他自己的部分诗从孟加拉语翻译为英语。6月16日抵达伦敦，他的英国好友、英国画家、英国皇家艺术学院院长罗森斯坦迎接他，他把在船上翻译的诗交给了罗森斯坦。罗森斯坦深为感动，他把泰戈尔的诗印了数份，分别寄给了济慈、布鲁克和布兰德里，他们极为欣赏泰戈尔的诗。应《约翰·支那曼书信》的作者路易斯·狄更斯的邀请，泰戈尔访问牛津大学，会见了罗素等人。6月30日，罗森斯坦安排在他的家里聚会，给辛克莱、安达黑尔、莱斯、斯特朗维、特来维尔延、庞德、美奈尔、乃文森等文学名家朗读泰戈尔的诗。叶芝读得最好，给大家留下了深刻印象。在这次聚会上泰戈尔首次遇见了从牛津兄弟暨教授会到德里斯提芬学院担任牧师职位的查尔斯·弗利·安德鲁斯。7月8日东西方俱乐部给泰戈尔举行欢迎会，7月10日，由叶芝主持，英国印度学会在特罗卡的罗宾

T

馆欢迎泰戈尔。泰戈尔在这里认识了当时英国文学界和知识界的主要人物。他参加了为纪念韩德尔在晶宫举行的交响乐。乔治·卡尔德伦把她的剧本达利亚以《阿拉干的伟大王后》的剧名在伦敦的皇家阿尔伯特大剧院上演，演员有脱恩迪克和第一次上台演出的科尔曼。泰戈尔夏天的几个月在英国乡下——斯坦福郡的巴塔顿镇和格娄歇斯塔顿郡的查尔福特镇度过。回到伦敦后泰戈尔拜访了萧伯纳、威尔斯、布鲁克、哈德森、莫尔、高尔斯华绥、布里吉思、曼斯菲尔德等作家。森把他的剧本《暗室之王》翻成了英语，穆克基把剧本《邮局》也翻译成了英语，由泰戈尔亲自修改。10月份泰戈尔从来普尔的地主辛哈手里买下了现在乡村建设研究所所在地斯瑞尼克坦。乘船去美国，10月28日抵达纽约，去伊利诺伊州的乌尔班纳，住在儿子和儿媳家里。从11月10日到12月，泰戈尔在团结俱乐部以形而上学为题，做了系列讲座（后收录在《正确认识人生》里）。11月，伦敦的印度学会出版了750册《吉檀迦利》（《献歌》），该诗选从泰戈尔四部诗集《吉檀迦利》（Gitanjali）、《吉提玛利雅》（Gitimalya）、《乃维迪雅》（Naivedia）《剋雅》（Kheya）选了103首，由叶芝作序，由罗森斯坦给诗人画的铅笔像作为卷首插画。该书得到了英国同行的高度赞扬，认为是当时英国文学界最大的事件。紧接着美国芝加哥的《诗刊》发表了由哈利特·梦罗（Harriet Monroe）女士编辑的泰戈尔的6首诗，梦罗说，“……能够首次发表泰戈尔的英语诗，感到非常荣幸。”泰戈尔参加一年一度的布撒月7日纪念仪式和圣诞节祷告会。转眼到了1913年，泰戈尔离开伊利诺斯州乌尔班纳前往芝加哥的威廉·吾汗·穆迪夫人处做客。泰戈尔在芝加哥大学做了题为“古代印度文明的理想”的报告，在芝加哥的唯一神教礼堂做了题为“罪恶问题”的报告。泰戈尔去了罗彻斯特，于1月30日出席了“自由主义者大会”并在会上作了《种族冲突》的发言，会见了极为崇拜《吉檀迦利》、热烈欢迎他的德国哲学家鲁道夫·厄肯（Rudolph Eucken）。泰戈尔从罗彻斯特前往波士顿。从2月14日开始，泰戈尔在哈佛大学的爱默逊大厅做系列报告。然后泰戈尔离开波士顿去纽约，于3月13日转道芝加哥返回乌尔班纳。伦敦的麦克米兰公司出版了他的普及版的《吉檀迦利》，紧接着出版了诗集《园丁集》《新月集》和剧本《齐德拉》。4月14日泰戈尔乘船前往英国。爱尔兰大剧院组织演出他的剧本《邮局》。从5月19日开始，由“探索学会”主办，泰戈尔在卡斯通礼堂连续做6场报告。6月在伦敦一家小型私人医院做了外科手术。9月4日，泰戈尔从利物浦登船回印度，于10月4日在孟买下船，一年零4个半月的旅程结束。

Thirthankaras 先知，导师。

Thirty Songs from the Punjab and Kashmir 《旁遮普和克什米尔的30首歌》，泰戈尔1913年写的评论。

Thirty Years' of Guo Moruo Study 《郭沫若研究30年》，由郭沫若研究会于2008年出版，内有魏建的《泰戈尔究竟怎样影响了郭沫若》。

Thirukkural 《古拉尔箴言》，1世纪泰米尔语诗人提鲁瓦卢瓦尔写的道德格言集。

Thiruvalluvar 提鲁瓦鲁瓦，11世纪作家，写泰米尔《格言集》（ThiruKural）。

This Evil Day 《这罪恶的一天》，泰戈尔的诗。

This Youth Which Lies Hidden in My Heart 《藏在我心底的青春》，泰戈尔的散文。

Thisra 三。

Thola 陶拉，村落小区。

Tholu Bomalata 安得拉地方木偶。

Thomas 托马斯，第一个进入印度的基督教传教士，于3世纪到印度，在马拉巴建立传教处。

Thomas, C. J. 托马斯，20世纪马拉雅拉姆语戏剧家。

Thomas, Edward 托马斯，爱德华，英国翻译家，曾翻译泰戈尔的诗。

Thomas Mann 托马斯·曼（1875—1955），德国作家，20世纪德国文坛最耀眼的巨星。1924年长篇小说《魔山》的发表，使作家誉满全球。1929年他因《布登勃洛克一家》获诺贝尔文学奖。1921年5月，泰戈尔访问德国，在泰戈尔61岁生日之际的5月7日，德国组成了一个委员会，成员包括德国杰出人士如霍普特曼、雅克比、克赛灵、

T

厄肯、托马斯曼等，他们给国际大学赠送了一大批德国古典文学作品。6月5日泰戈尔去慕尼黑，会见德国文学界领军人物托马斯·曼。6月7日泰戈尔在慕尼黑大学演讲，亲手把演讲的门票收入捐献给“慕尼黑的挨饿的孩子们”。

Thomas More　托马斯·默尔（1779—1852），古爱尔兰著名的诗人兼作曲家，性格狂放不羁，默尔在愤怒中做出诗歌《少年吟游诗人》（也就是《黑鹰计划》片尾曲）。中年时期，默尔的狂放逐渐收敛，他在经过一个乡村时听到一首十分好听的曲子，调子悲伤而委婉，令他想起了昔日的三位朋友。美中不足的是没有词，于是他便整理曲子做出了词，这首歌就是日后大名鼎鼎的歌曲《夏日最后的玫瑰》。他的作品还有爱尔兰歌曲集（Irish Melodies by Thomas Moor）。泰戈尔在英国留学时很喜欢他的乐曲。

Thomas Mount=Madras　托马斯山，即马德拉斯城，1504年建。

Thompson，Edward　汤普森，爱德华（1881—1954），英国文学评论家，曾大力推崇泰戈尔的作品，著有《泰戈尔生平和作品》。

Thomson Edward　托马森·爱德华，19英国传教士，泰戈尔的朋友，《泰戈尔传》的作者。

Thoreau，H. D.　索罗（1817—1862），美国哲学家，他的思想受印度吠檀多哲学的影响，影响了美国一神教协会。

Thou Shalt Not Hate（Ma Ma Himsi）《不要仇恨》，泰戈尔于1914年8月在国际大学做的演讲。

Thoughts from Rabindranath Tagore　《泰戈尔的思想》，泰戈尔的散文。

Thought Relics　《思想遗产》，泰戈尔1908年出的文选。1920年去英国时自己翻译成英语。

Thoughtful　《若有所思》，泰戈尔于1885年写的幽默故事系列之一。那拉哈瑞是个年轻人，总喜欢钻牛角尖，甚至达到荒唐地步。尴尬人难免尴尬事，凡是走近他的家里人包括母亲、姑姑、爷爷都让他苦恼。

Thoughts from Tagore　《泰戈尔的思想》，泰戈尔的散文集，共有191段，安德烈于1929年主编。

Three-Friends Picture　“三友图”，指泰戈尔和林徽因、徐志摩。泰戈尔1924年对中国的访问，留下了许多佳话，其中之一就是“三友图”之说。徐志摩经常与泰戈尔一起，担任泰戈尔的向导，而此时林徽因、徐志摩二人正处于恩怨情长的时候，特别是徐志摩，对林徽因正苦苦追求，加上与泰戈尔相伴，时时出现在鲜花与掌声之中，越发衬得两人风姿卓然。在欢迎者为泰戈尔安排的一次天坛草坪的集会上，泰戈尔由林徽因搀扶着登台演讲，徐志摩翻译。林徽因人艳如花，和老人挟臂而行，加上长袍白面、郊寒岛瘦的徐志摩，犹如苍松竹梅的一副三友图。吴咏的《天坛史话》里对此有生动的描写。

Throttled（Kantharodh）　《窒息》，泰戈尔于1898年抗议秘密新闻委员会起草的《暴动法案》的发言。

Thucydides　修西得底斯（公元前460—公元前395），古希腊历史学家。

Thug　盗贼，匪帮，13世纪兴起的一支崇拜印度教迦梨女神的教派，聚众抢劫杀人，19世纪30年代被英殖民者剿灭。

Thulals　《图拉尔》，18世纪马拉雅拉姆语作家库查·难比阿尔（Kuncha Nanbiar）的作品，充满社会批评与讽刺的叙事诗。

Thumri　图姆利，印度古典乐曲的调式，泰戈尔用它创作了几百首歌曲。

Thumri　情歌，歌舞，戏剧表演中使用。

Thursday　星期四，印度有些人认为，星期四是不吉利的日子。

Thyagaraja　提雅加洛舍，18世纪印度作曲家。

Thyagaraja　提雅加洛舍，坦贾武尔湿婆庙。

Tian Lu　天庐，民国某文化人的化名，1924年发表《泰戈尔的陪衬者》《诞辰将近致泰戈尔》。

Tian Sitsai　天思甾，克什米尔僧人，公元980年在中国译经，999年逝世于中国。

Tian Yong　田泳，当代学人，发表《泰戈尔给我取名“阿输迦王”》。

Tianfeng　《天风》，1945年由中国基督教协会创办。1948年刊登《泰戈尔的祈祷》。

Tianjin People's Press　天津人民出版社，

创办于1950年，是中国成立最早的地方人民出版社之一。天津人民出版社原为天津通俗出版社，天津通俗出版社的前身是知识书店。1983年10月出版何乃英的《泰戈尔略传》。

Tiao Fu　调孚，即徐调孚（1901—1981），学名是名骥，字调孚，笔名蒲梢，浙江平湖乍浦镇人。1919年，毕业于浙江省立第二中学。1921年开始发表作品，考入上海商务印书馆，在英文函授学校部工作。曾任《文学周报》编辑。后转《小说月报》社，为主编郑振铎的得力助手。同时参加文学研究会，担任该会主办的《文学周刊》编辑。还曾任《东方》杂志编辑。一·二八事变后，商务印刷厂被毁，《小说月报》被迫停刊。5月，转开明书店负责出版部工作，担任开明书店出版部、编审部、推广部主任，翻译《木偶奇遇记》《母亲的故事》等。1956年加入中国作家协会。1924年发表《研究泰戈尔的书籍提要》《泰戈尔的新著》《印度泰戈尔明晨抵沪》《泰戈尔的恋爱观》等。

Tide Sound Journal　《海潮音社》，民国时期的佛教期刊，在泰戈尔访华期间的1924年5月，该刊第五期刊登《评泰戈尔之来华感想谈》。

Tien-kio　天寇，古代印度乌苌国佛教高僧，公元1016年来中国讲经。

Tien Sitsai　天思甾，古代克什米尔佛教高僧，公元977年来中国译经。

Tikaa　用檀香膏画在额头上的吉祥痣，敬神圆点。参看tilaka条。

Tikhonov, N. S.　吉洪诺夫（1896—1979），苏联第一代诗人，从青年时代起就对东方饶有兴趣，参加过两次世界大战，1920年发表了一首以印度儿童生活为题材的长诗《萨米》，20世纪30年代访问了高加索与中亚一带。他以富有国际主义精神的诗而遐迩闻名。他的诗集多次获斯大林奖金。他的散文成就也很高，很多旅行随笔，善于精细入微地观察生活，并幽默风趣地刻画一些个性突出的人物。他同时又是诗歌翻译家。苏联当时有些民族加盟共和国的诗人的作品，正是因他的出色译笔而流传世界。1961年撰文纪念泰戈尔诞生100周年。

Tiki　蒂基，是印度婆罗门脑后留的一小簇头发，以表示他是正统的印度教徒。

Tikkanna　提坎纳，13世纪泰卢古语作家，他把《摩诃婆罗多》翻译为泰卢古语。

Tila　芝麻种子，生姜。

Tilak, Bal Gangadhar　提拉克（1856—1920），原名巴·甘噶达尔，印度教思想家，印度资产阶级民族运动的奠基人，著有《吠陀中的北极发挥地》《薄伽梵歌奥秘导引》《数论颂的诛曷》。他还是国大党领袖，第一个提出“司瓦拉吉”（印度自治）口号，组织和推动印度第一次民族运动高潮。

Tilaka　提拉克，用神圣的泥土或檀香浆画在额头、脸上的标记，用来识别圣徒或苦行僧属于哪个灵性的传承；吉祥痣，妇女前额上点的红圆点。

Tilaka　底罗迦树。

Tilamsa　万物之精华。

Tillana　蒂拉娜，印度南部音乐体裁，快速演唱并采用无意义的音节。

Tillana　蒂拉娜，婆罗多舞剧目，赞颂神灵。

Tilorakot　提罗拉科特，过去误认为此地是迦毗罗卫城。

Tilottama　提罗托摩，神话里由万物精华制成的美女。因陀罗让工艺神造出，投胎迦叶波的妻子，引诱在三界横行霸道的大松德、小松德二罗刹争斗而死。

Tiltam　圣水。

Time and Tide　《时代与潮流》，英国文学期刊；《时与潮》，民国文学期刊，1942年的第11卷第6期刊登贾午翻译的《泰戈尔论甘地》，1948年9月刊登《泰戈尔的音乐》。

Timimgila　神话里的大鱼。

Timon of Athens　《雅典的泰门》，17世纪英国戏剧家莎士比亚的剧本，大约写于1607—1608年。故事为：雅典贵族泰门，由于乐善好施，许多人乘机前来骗取钱财，后来导致其倾家荡产，朋友们纷纷背他而去，最后在绝望中孤独地死去。

Timur　帖木儿（1336—1405），蒙古人首领。因打仗腿残，故称“跛子帖木儿”。帖木儿帝国的创立者，出身突厥化的蒙古贵族。1370年夺得西查合台汗国政权，自称大埃米尔，定都撒马尔罕。旋征服查合台汗国全境。14世纪80年代征服波斯、花剌子模等地，90年代侵入伊拉克、南高加索；大败钦查汗国，毁其都城萨莱。又攻入印度，焚掠德里，杀戮无计。进兵叙利亚、小亚细亚。1402年安哥拉战役中大败土耳其，俘获苏丹巴耶塞特一世。1405年率重兵图进攻中国，途中病死，死后帝国分裂。

Timurid style 波斯绘画风格，带波斯特点，但印度特点鲜明。

Tin Buri 三塔。

Tin Purush 《三代人》，泰戈尔1927年在西隆写的长篇小说。见Yogayoga。

Tin Sangee 《三个同伴》，泰戈尔1940年写的短篇小说集。

Tindharia 廷达利亚，印度东部喜马拉雅山区大吉岭附近的一个镇子，泰戈尔曾于1910年在此避暑。

Ting 汀，民国某文化人的化名，1924年发表《银钟·幽谷》。

Tipitaka 三藏，律藏（Vinayapatitaka），经藏（Suttapitaka），论藏（Abhidhammatitaka）。

Tipu Sultan 提普苏丹（1782—1799在位），迈索尔王国首领，被英国人杀害。

Tiras 头巾。

Tirhut 大蛇，有4000个头，是毗湿奴的坐床。

Tirobhava 宇宙的幻灭。

Tirpurni 提尔谱尼，印度神话里一个沙滩的名字。

Tirtha 浅滩，津，渡口，朝圣地。

Tirtha Renu（Tirtha Salil） 《泰戈尔的诗集》，由印度诗人萨提延德罗纳特·达塔于1908年编辑出版。

Tirtha yatra 要津，走向神圣之地，指朝圣；《朝拜圣地篇》；建津者。

Tirthan-kara 圣地或圣人，耆那教24圣，耆那教大导师，建津者。

Tirthankara 耆那教祖师。

Tiruchillapali 提鲁奇拉帕里，镇子名，泰米尔纳德科佛里河心岛上的斯里兰甘（Srirangam）庙在这里。

Tiruchinapalli 蒂鲁奇那帕里，印度泰米尔纳德邦城市，位于科弗里河中下游之交。1918年2月泰戈尔访问这里。

Tirujnanasambandar 提鲁集纳那桑班达尔，泰米尔颂诗《神之花环》（Tevaram）的作者，泰米尔虔诚派诗人。

Tirukkalukundram 提鲁卡鲁昆德拉木，地名，在马哈巴黎普兰（Mahabalipuram）。

Tirukkural 神圣的对句。

Tirumal 提鲁玛尔，印度泰米尔人对湿婆的称呼。

Tirumala Nayaka 提鲁玛拉·那亚喀，15世纪马杜赖王后，支持泰米尔语文学。

Tirumalal 提鲁玛拉尔，地名，在安得拉邦的提鲁帕提（Tirupathi），有毗湿奴庙。

Tirumalisai Alvar 提鲁玛丽赛瓦尔，毗湿奴派诗人。

Tirumurai 圣书，圣典。

Tirunavukkarasu 提兽那夫卡拉苏，泰米尔虔诚派诗人。

Tirupati temple 提鲁帕提庙，印度安德拉邦著名的毗湿奴派庙，安德拉邦朝圣中心。

Tirupavai 《提鲁帕瓦伊》，6世纪湿婆派作家安达尔（Aadal）写的颂诗。

Tirupugazha 《提鲁菩迦扎》，泰米尔现代作家阿闐吉玛塔（Arungirmathar）的作品。

Tiruvacakam 《湿婆颂诗》，印度9世纪63位湿婆派诗圣之一的曼尼卡瓦卡卡尔写。

Tiruvalluvar 提鲁瓦鲁瓦，4—5世纪泰米尔语诗人，以写两行诗著名。

Tiruvasagam 《提鲁瓦桑干》，9世纪湿婆派诗人马尼卡·瓦萨迦（Manika Vasagas）写的圣诗。

Tiruvaymoli 《千年》，6世纪泰米尔湿婆派作家那木萨尔瓦（Namusalvar）的颂诗。

Tiruvelangadu 提鲁卫兰迦度，地名，在拉贾斯坦邦的齐托尔（Chitar），为湿婆舞王铜雕出土地。

Tiryanca 伏行，水平行走。

Tissa 帝须（锡兰国王）。

Tisya 体系亚，星座名。

Titaagara 迪答格罗，加尔各答远郊的工业区。

Titanic 泰坦尼克号，一艘奥林匹克级邮轮，于1912年4月14日处女航时撞上冰山后沉没。泰坦尼克号是同级的3艘超级邮轮中的第2艘，与姐妹船奥林匹克号和不列颠号一度为白星航运公司的乘客们提供快速且舒适的跨大西洋旅行。

Titans 提坦，希腊神话里的天神乌拉诺斯和地神该亚的子女，共十二名，六男六女，这些巨神受母亲唆使推翻乌拉诺斯的统治，拥戴克洛诺斯为新王，并给他一把钻石的镰刀。但克洛诺斯的儿子宙斯又把克洛诺斯打倒，在奥林匹斯山上建立新的统治。巨神与宙斯顽强争斗，最后被宙斯打败，并被打入塔耳塔洛斯地狱。

Tithis 太阴日。

Tittibha 水鹰。

Tittiri 鹧鸪鸟。

Titumir 狄杜米尔（1782—1831），他的真实名字是米尔·尼沙罗·阿利。他曾经领导农民进行反对蓝靛种植园主和地主的斗争。后来他自称皇帝，并且用椰子树和竹子建立要塞。英国骑兵携带大炮赶来，将他的要塞捣毁，并把他绞死。

Tivara 提伐罗，公元前3世纪摩羯陀国孔雀王朝阿育王的儿子。

Tiwari, Narayan Dutt 迪瓦里，那拉因·杜特（1925—），印度政治家，曾任拉吉夫甘地的工业部部长、外交部部长等。

Tiziano Vecellio 提香·韦切利奥（1490—1576），他被誉为西方油画之父。他是意大利文艺复兴后期威尼斯画派的代表画家。早期作品受拉斐尔和米开朗基罗影响很深，以后他的作品比起文艺复兴鼎盛时期画家的作品，更重视色彩的运用，对后来的画家如鲁本斯和普桑都有很大的影响。

To a Surprised Gathering of Students in the National University, Peking 《在北京国立大学的讲话》，泰戈尔1924年5月在北京的演讲。

To Chinese at Palace Gay 《致欢喜宫的中国人》，泰戈尔1921年访问新加坡的讲话。

To Chinese School Children 《致中国小学生》，泰戈尔1927年7月31日访问马来亚的讲话。

To Indian National Congress 《致印度国大党》，泰戈尔1935年给印度国大党的贺词。

To Indians at Siglap on the Sea 《致新加坡的印度人》，泰戈尔1927年访问新加坡的讲话。

To Italia 《致伊塔莉亚》，泰戈尔的诗。

To Java 《致爪哇》，泰戈尔的诗。

To Marshall Chiang_Kai_Shek 《致蒋介石元帅》，泰戈尔给蒋介石的信。

To My Ceylon Audience 《致锡兰听众》，泰戈尔1922年的信。

To My Hosts 《致我的主人》，泰戈尔1924年在中国的讲话。

To People of China 《致中国人民》，泰戈尔在病中写给中国人民的回信。

To Persia 《致波斯》，泰戈尔的散文。

To Scholars at the Temple of the Earth, Peiking 《在地坛的讲话》，泰戈尔1924年5月在北京的演讲。

To Shakespeare 《致莎士比亚》，泰戈尔1915年的诗。

To Siam 《致暹罗》，泰戈尔的诗。

To Singalese 《致僧迦罗人》，泰戈尔的公开信。

To Students 《致学生》，泰戈尔1924年在中国的讲话。

To Students at Hangchow 《致杭州的学生》，泰戈尔1924年4月在杭州的演讲。

To Students at Nanking 《致南京的学生》，泰戈尔1924年4月在南京的演讲。

To Students at Qinghua College, Peiking 《致清华大学的学子们》，泰戈尔1924年4月在北京清华大学的演讲。

To Students at Rome 《致罗马学生》，泰戈尔1926年6月10日在罗马的讲话。

To Students at Santiniketan 《致圣蒂尼克坦的学生》，泰戈尔1938年8月4日给国际大学学生的讲话。

To Students at the Victoria Theatre 《在维多利亚剧院的讲话》，泰戈尔1927年访问马来亚的讲话。

To Subha Chandra Bose 《致苏巴·钱德拉·鲍斯》，泰戈尔1939年的信。

To Teachers 《致老师》，泰戈尔1924年在中国的讲话。

To the Armenias 《致亚美尼亚人》，泰戈尔1932年4月访问伊朗时的讲话。

To the Boys and Girls at Pei Hai, Peiking 《致北京北海的男女青年》，泰戈尔1924年5月在北京北海的演讲。

To the Child 《致儿童》，泰戈尔1924年6月17日在日本的讲话。

To the Citizens of Delhi 《致德里公民》，泰戈尔1936年在德里的讲话。

To the Editor of the Times 《致时报编辑》，泰戈尔1915年7月9日写给《时报》的信。

To the English Teachers' Association, Peking 《在英语教师协会的讲话》，泰戈尔1924年5月在北京的演讲。

To the Indian Community in Japan 《致在日本的印侨》，泰戈尔1924年6月20日在日本的讲话。

To the Japanese Community in China 《致在中国的日侨》，泰戈尔1924年5月在北京的演讲。

To the Nation 《致国人》，泰戈尔1917年1月的文章。

To the People of China 《致中国人民》，泰戈尔1938年7月的信，托谭云山转交给蒋介石。

To the People of Japan 《致日本人民》，泰戈尔1924年6月3日在日本的讲话。

To the Public at the Theatre in Peking 《致观众》，泰戈尔1924年5月在北京的演讲。

To the World League for Peace 《致世界和平同盟》，泰戈尔1928年的书信。

To the Young 《致年轻人》，泰戈尔的公开信。

To the Youth of Hyderabad 《致海得拉巴青年》，泰戈尔1933年在安得拉邦首府海得拉巴的讲话。

Tochari 大夏，中亚古国名。居民可能是塞种之一支，即希腊文献所见吐火罗(Tochari)。公元前140年左右，包括吐火罗在内的塞种诸部自锡尔河南下，灭了希腊-巴克特里亚王国。中国史籍将主要由塞种诸部控制的巴克特里亚地区称为大夏。大夏国的君主几次易位，从希腊人到斯基泰人，再到月氏人、到白匈奴人。

据《史记》记载，大夏国都是蓝市城(今阿富汗巴尔赫附近)，居民人数达一百多万，以务农为生，善于经商，兵力薄弱。约公元前139—公元前129年，伊犁河、楚河流域的大月氏人西迁，大夏遂臣服于大月氏。汉张骞于公元前128年左右抵此时，月氏"臣畜大夏"。后大月氏越过妫水（今天阿姆河）南下，占领蓝市城。大夏退至妫水上游之南，分为休密、双靡、贵霜、肸顿、高附（或都密）五个翕侯，保持着某种程度的自治权。1世纪时，贵霜翕侯攻灭其他四翕侯，建立贵霜王国。但中国仍称之为大月氏。

Tocharian 吐火罗语言。

Toda 鹦鹉

Todar Mal 托达尔·马尔，16世纪莫卧儿王朝第三代皇帝阿克巴的税务大臣，他对税收进行了卓有成效的改革。

Todas 托达人，山区部落，托达语，达罗毗荼语南支之一。

Todi 围裤，音译"拖迪"，是印度男人围在下身的一块长布。

Todi Ragini 托底拉吉尼，一种雨季的女性音乐调式。

Togalu Gombe Atta of Karnataka 卡纳塔克邦的木偶戏剧种。

Tokharian 吐火罗人，上古称为月氏，是原始印欧人的一支，发源于乌拉尔山和南西伯利亚，南下进入塔里木盆地，最东到达河西走廊。汉代时期，月氏被匈奴击败而西迁，征服了巴克特里亚以及恒河流域，建立了贵霜王朝。

Tokmak 托克马克，地名，在天山后面，玄奘取经经过此处。

Tokri Tila 托克里提拉，马图拉附近的神殿，等于马特（Mat）。

Tokta 妥柯达，印度人嚼的一种烟丝。

Tokyo 东京，是日本的首都，全称东京都，旧称江户，面积2188平方千米，人口1301万，大东京圈人口达3670万，是世界上最大的都市圈。东京是日本的政治、经济、文化中心，是日本的海、陆、空交通的枢纽，是现代化国际都市和世界著名旅游城市之一，与周边各市紧密相连，组成世界上最大的都市区。东京有许多名胜古迹和著名国际活动场所。市中心的丸之内是东京银行最集中的地方，乐町区的剧场和游乐场所最多，银座区的商业因世界百货总汇而闻名，这三个区是繁华东京的缩影。东京位于本州岛关东平原南端。古时的东京是一个荒凉的渔村，最早的名称叫千代田。1192年，日本封建主江户在这里建筑城堡，并且以他的名字命名。1603年，德川家康将军在武士混战中获胜，下令在江户设立幕府，成为当时的全国政治中心。1868年明治维新，德川幕府被推翻，在这一年，明治天皇从京都迁到江户，改称东京，1869年定为首都。1916年6月，泰戈尔访问日本时在东京皇家大学演讲。1924年6月7日，正在访日的泰戈尔再次访问东京。在车站受到无数崇拜者的迎接，他们呼喊着"万岁！万岁！"。1929年3月，泰戈尔在去加拿大、美国访问的途中，再次去东京，受到热烈欢迎。5月结束访问后在返回印度途中再次到东京，5月15日在东京印-日协会主办的大会上做题为"地方文化和日本的使命"的报告。

Tokyo Nichi Nichi 《东京日日新闻》，1872年2月21日在东京创刊。后改名《每日新闻》，是日本非常普遍的一份报纸，也是日本历史最悠久的报纸。原名1911年3月1日同《大阪每日新闻》合并。由"株式会社每日新闻社"（The Mainichi Newspapers Co.， Ltd.）出版。官方公布发行数量为393万份。报纸的口号为"争论之下，真理显现"。

Tol 印度传统的语法学校，由梵语学者教授梵语。

Tola 托拉，印度古代银制卢比的质量，1托拉为11.664克，等于0.4114盎司。

Tolkapiyam 《妥加比艳》，公元前5世纪泰米尔语文学语言的描述性语法书，作者为多加比亚尔。

Tolpavakoothu 克拉拉木偶。

Tols 住处，寓所。

Tolstoi 托尔斯泰，列夫·尼古拉耶维奇（1828—1910），俄国作家、思想家，19世纪末20世纪初最伟大的文学家，19世纪俄国伟大的批判现实主义作家，是世界文学史上最杰出的作家之一，他被称颂为具有"最清醒的现实主义"的"天才艺术家"。他的主要作品有长篇小说《战争与和平》《安娜·卡列尼娜》《复活》等，他也创作了大量的童话，是大多数人所崇拜的对象。他的作品描写了俄国革命时人民的顽强抗争，因此被称为"俄国十月革命的镜子"。列宁曾称赞他创作了世界文学中"第一流"的作品。他的作品《七颗钻石》《跳水》《穷人》已被收入中国人教版和冀教版小学语文书。1930年9月18日，正在苏联访问的泰戈尔在莫斯科第一艺术剧院观看托尔斯泰的戏剧《复活》。

Tomal 托马尔花。

Tomara 托马拉王朝，8—12世纪由托马拉人在哈里亚纳建立的王朝。

Tomara 长矛。

Tonans 愤怒。

Tong Min 童敏，当代学者，2012年发表《浅论五四时期泰戈尔诗歌在中国的传播》。

Tong-shou 童寿，中印度的佛教高僧，1016年来中国讲经。

Tonhaler Taamaashaa 《市政厅里的趣事》，泰戈尔的散文。

Tonkin 东京，古代中国的属地，大约在今北部湾，曾经为中国的一个省份。

Toofangchis 火神枪手，武装步兵。

Toont 果实累累的树。

Topovana 古代森林学校。

Torah 托拉，犹太律法。希伯来文意为"教谕"。狭义专指《旧约全书》前五卷中的律法，据说是上帝授予摩西的。

Toramana 头罗曼，5—6世纪恹达国王。

Torana 门楼，门，入口，石雕大门。

Toranans 花环，树叶环。

Torgne Ramayana 《滔戈罗摩衍那》，16世纪坎纳达语作家纳拉哈里（Narahari）的作品。

Torney 托尼，印度电影导演，1912年与奇特里（Chitre）拍《彭达利克》（Pundalik）。

Toronto 多伦多，加拿大最大城市，安大略省的省会，全国工业和商业中心。多伦多市地处安大略湖的西北岸，拥有超过250万的人口。多伦多位于大多伦多地区（Greater Toronto Area，GTA）的中心地带，为加拿大在五大湖区的一重要港口城市。作为加拿大的经济中心，多伦多是一个世界级城市，也是世界上最大的金融中心之一。多伦多在经济上的领先地位在于金融、商业服务、电信、宇航、交通运输、媒体、艺术、电影、电视制作、出版、软件、医药研究、教育、旅游、体育等产业。多伦多证券交易所是世界第七大交易所，总部设于市内。泰戈尔曾于1929年2月访问该市。

Torso 纤细而刚劲有力的造型。

Tortoise avatara 毗湿奴的化身之一龟。

Tortuosities of Education （Sikshar Herpher）《教育的混乱》，泰戈尔于1891年应王权协会的要求写的散文，批评英国的教育制度。

Tota-Kahini 《鹦鹉学舌》，泰戈尔1918年出版的小小说集。见Parrot's Training。

Totaka 音乐剧，怨思。

Toteej 多提吉，印度古代神话传说中的仙人，应天神之主因陀罗的请求，他献出了自己的骨骼。因陀罗用他的骨骼制成了霹雳锤，并以此武器杀死了恶魔布里特罗（旧译为“弗栗多”）。

Towards the World 《走向世界》，1988年创刊，由山东省人民政府新闻办公室主办。2011年第35期刊登邵璐璐的《看永恒如何湮灭了瞬间——品泰戈尔〈飞鸟集〉》。

Towards Universal Man 《做个多才多艺的人》，泰戈尔作品选集，孟买亚洲出版社1961年出版。

Town Hall 加尔各答市政大厅，全印妇女大会于1933年12月30日在这里召开，泰戈尔在会议上讲话。

Town Hall in Munich 慕尼黑市政厅，1930年7月，当地民众在这里欢迎来访的泰戈尔。

Town Hall of Kuallampur 科伦坡市镇大厅，在马来亚首都科伦坡，1927年7月31日正在访问马来亚的泰戈尔在此接受马来亚的盛大欢迎会。

TR A Tagore Reader 泰戈尔的读者。

Traigunya 三德，指萨棰（sattva喜）、罗赭（rajas忧）、达摩（tamas闇），数论和瑜伽派认为三德是事物的三种最基本的属性，组成成分和世界多样性及其运动变化的决定因素，又是束缚灵魂（我）的桎梏，因而要专注于自我（灵魂），以便从三德中解脱出来。

Trajan 图拉真（98—117在位），罗马皇帝，贵霜王朝国王迦腻色迦曾向他派遣使节。

Trans-Caucasia 外高加索，又称南高加索，大约指高加索山脉以南格鲁吉亚、亚美尼亚、阿塞拜疆三国所在地区。外高加索地区位于欧亚大陆腹地，石油和天然气资源丰富。1922年12月该地区的格鲁吉亚、亚美尼亚、阿塞拜疆三国以外高加索联邦苏维埃社会主义共和国的名义加入苏联加盟共和国。1991获得独立。

Transvaal 塔兰斯瓦尔，前南非。

Translation Series of Cultural Celebrities 《文化译丛》，1990年第3期刊登刘江的《泰戈尔与中国》。

Transmigration 灵魂的轮回。

Trasa 可动的。

Trasa 恐惧。

Trasarenu 特拉萨热努，古代金属的计量单位。1以如等于8特拉萨热努，3以如等于1满卡图库，3满卡图库为1文卡图库，6文卡图库为1马德拉斯特里雅瓦，3马德拉斯特里雅瓦为1坤尼库鲁，5坤尼库鲁为1马萨，16马萨为1苏瓦尔纳，1苏瓦尔纳是一个半瓦拉哈斯的重量，4瓦拉哈斯为1帕拉，10帕拉为1达拉纳。

Tratayuga 三分时，劫（大梵天的一天）的四时里的第二时，有一百二十九万六千年。

Travancore 特拉凡客，印度南部过去的一个王国，由特拉凡客王室建立并统治，一直统治到1858年结束，大致在现在的克拉拉邦，以特里凡特琅为中心，最大扩展到泰米尔纳德邦。

Travel Diary 《旅行日记》，泰戈尔写。

Trayi 三明，三合一，三部曲。

Trayidharma 三规，贪欲者必经三个阶段：举行祭祀、升天享受、再入死界。

Treasure-House of Piety 《敬信宝藏》，印度教克里希纳教派的圣典。

Treaty of Allahabad 阿拉哈巴德条约，1765年英国东印度公司和奥德地区的拉瓦布签订的结盟条约。

Trespass（Anadhikar Prabes）《非法入内》，泰戈尔的短篇小说。黛比是马多博钱得拉的寡妻，没有孩子。丈夫死后，她看守一家印度教庙，把余生献给神。她看守非常严格，小侄子和另外一个小朋友翻墙摘花，被她抓住，毫不留情地训斥。但从外头跑来一头猪，她却不让人伤害，把这个不洁净的动物留下来。

Treta yuga 三分时。

Trevelyan，Robert 罗伯特·特来维尔延（1872—1951），英国诗人和翻译家。1912年在伦敦认识泰戈尔，对他的诗及其欣赏，是促成泰戈尔获得诺贝尔文学奖的作家之一。

Tri-vikram “三步跨出天界”，指毗湿奴的第五位化身侏儒，魔王巴里以其修炼和苦行夺得了三界的统治权。诸神之母阿底提求助于毗湿奴，毗湿奴化身为一侏儒，向魔王求三步之地，魔王答应，毗湿奴迈出两步就跨越天界和人间，然后停步不前，把地狱留给了魔王。

Trial 《财富女神的考验》，泰戈尔1897年写的剧本。王后的仆人喜瑞看见王后仁爱大方，给穷人施舍，非常嫉妒。她让自己的亲戚想方设法向王后索要东西，她自己也借口家人有病向王后骗取钱财，王后在识破她的谎言后仍然大方地施舍给她。她总想当王后，像王后那样大方。有一天，她梦见财富女神、吉祥天女拉克西米下凡。她喜出望外，要求天女满足她的愿望。天女让她如愿以偿。但要求她要能经受住考验，她满口答应。结果她当上王后后小气自私的性格丝毫未变，表面是王后，内心仍然是小人，连使女给穷人赠送东西都要指责。王后一贫如洗，来求她安身，但她却惦记着王后的首饰，最后把她赶走。有一天，来了一位衣衫破烂的老妇人，要求她设施并给予容身之处，她要老人去找王后。老人现出本相，原来正是财富女神。她感到无地自容。天女认为她没有经受住考验，收回了给她的恩赐。醒来后发现是南柯一梦。觉得自己就不是当王后的料，服服帖帖地当她的仆人。

Trial of the Horse (Ghoda)《试马》，泰戈尔的小小说。

Tribhanga 女性的三屈式，奥迪西舞的三道弯特点，两条腿弯曲，身子轻轻转向臀部。桑奇大塔的药叉女雕像就是“三屈式”的典范。

Tridasa 神话里的33神仙，12个阿底提，8个瓦如，11个鲁陀罗，2个双马童。

Tridasendra 众神之王。

Tridhaman 在三界中闪光的。

Tridoshas 三元质，指气、胆、痰。由人体的5种元素地、水、火、风、空演化而成。

Trigana 三要：法（Dharma）、乐（gama）、财（artha）。

Trigarta 《摩诃婆罗多》里的三穴国，国王善佑，助难敌打摩差国毗罗陀，试探般度五子。在现在拉合尔一带。

Triguna 三德说，印度古代数论哲学之一，指萨陲（喜）（sattva）、剌都（忧）（rajas），达摩（闇）（tamas）。

Trijata 特哩加达，《罗摩衍那》里悉多在楞加被关押的无忧园陪同悉多的好心女人，她告诉悉多，罗婆那给悉多看的罗摩尸体是假造的。

Trika 三合一。

Trikakud 三次超过与自己相等的（人、物等）。

Trikala 三时，指过去、现在和未来。

Trikatuka 三类，指姜、长胡椒和黑胡椒。

Trikaya （佛的）三身，指法身、报身（或化身）、应身。

Trikaya Doctrine 佛德三身学说。

Trikhanda Majura 奥迪西舞的谢幕段，谢神、谢观众、谢舞台。

Trikoota 楞伽山，《罗摩衍那》里的兰卡首都坐落在此山。

Trikuta 三苦驼山，在喜马拉雅山，《罗摩衍那》里的神猴哈奴曼就从这里采药，治疗被十首魔王罗婆那射伤的罗摩和弟弟拉克什曼那。

Triloka 三界，指天、空、地。

Triloka Cakravarti 三界的霸主。

Trimukha 三面神，指湿婆。

Trimulti 三相神。

Trimurti 梵天、湿婆、毗湿奴三位一体，三面相。

Trinabhi 三个车毂，三中枢，三核心。

Trinayan 三眼女神，指杜尔迦女神。

Tripara 特里普拉，魔鬼，为湿婆杀死。

Tripathaga 三股流，即恒河（Ganga），神话里恒河分为三股流下来。

Tripathak 特里帕塔克，手势：五指并拢，拇指弯曲，其余四指伸直，无名指折回。

Tripitaka 三藏，律藏（vinaya）、经藏（sutta）和论藏（Abhidhurna）；三旗，手势：手指伸直，无名指弯曲。

Tripundra 湿婆派教徒在前额、鼻子、双臂以及胸前等处用不同颜色画出的线条或圆点组成的图案，表示洗涤罪恶、净化灵魂、象征生命，表示梵天的创造力、毗湿奴的保护力和湿婆的毁灭能力的三位一体，也表示人生的轻、德、质三个目的，象征人的工作能力、意志能力和知识能力。

Tripundra 刹帝利种姓的灰记，前额画三条很宽的向上线，再往上画一圆点。

Tripura 特里普拉，印度神话里由阿修罗建筑师玛雅建造的三座城，湿婆用箭射毁了这三座城及其居民。

Tripura　特里普拉，莫卧儿时期在印度东北方的一个王国。在阿萨姆、孟加拉和缅甸之间，在卡尔纳甫里河两岸。

Tripura Literacy Conference　1905年特里普拉邦识字大会，泰戈尔参加。

Tripura Pradesh　特里普拉邦，印度东北部邦，北、西、南与孟加拉国结界，面积1.05万平方千米，首府阿加尔塔拉，官方语言为孟加拉语和廓博罗克语（Kokborok language，或直接称特里普语）。年降水量1500～2000毫米，森林面积占60%。

Tripura Upanisad　《特里普拉女神的秘密》，性力派的经文。

Tripuraasundaree　特里普拉荪多丽，泰戈尔的五婶，即泰戈尔最小的叔叔诺根德罗纳特（Nagendranaaah，1829—1858）的妻子。诺根德罗纳特没有子女，并且过早地离开了人世。他的妻子特里普拉荪多丽居住在远离这个大家庭的另一处地方，她与这个泰戈尔家族没有更多的联系。

Tripuradahana　湿婆火烧三城。

Tripurasundari　“三城市的漂亮女神”，指毗湿奴配偶、财富女神拉克西米。

Tripureshwari　孟加拉的保护神，时母，迦梨女神。

Tripuri Congress　《致特里普利大会》，泰戈尔的公开信。

Trirathika（S）　特里拉提卡（3个车夫），马勇、慈悯和萨铁基这3个优秀的射手参加了婆罗多大战，他们被称为特里拉提卡，意思是3个伟大的御车夫。见Asvatthama。

Triratna　三宝，佛教的法、佛、僧。耆那教的三条解脱道路，即正智（正确学习和理解耆那教经典和教义）、正信（确信耆那教的经典和教义）和正行（正确执行耆那教的经典和教义）。

Triratra　三夜斋。

Trirupa　因三相，佛学术语，即一个正确的“因”必须具备的三个条件与必须包含的三个方面。一，遍是宗法性。二，同品定有性。三，异品遍无性。盖因以确立未决宗义之理由而名，故与宗及同喻之关系应必有，同时与异喻之关系须绝无。此因所以有三相之别也，因三相以“因”为中心，考察了宗、因、喻之间的逻辑关系，使三支做法的推论量式区域严密。

Trirupalingali =trirupya　因三相。

Trisala　特里萨拉，耆那教创立者大雄之母。

Trisala　特里萨拉，即撒提亚乌拉塔（Satyavrata，）神话里的摩奴第七。

Trisanku　陀里商古，“三桩罪”，国王阿如纳之子，他打猎，杀极欲仙人的神牛救众友仙人的家属免于饥饿。三桩罪，指惹怒父亲、抢劫别人的妻子、杀母牛。

Trisastisalakapurucarita　12世纪作家雪月的《63伟人传》。

Trisatya　三真实：思想真实、语言真实、行动真实。

Trishool　三叉戟。

Trisiksha　三学，指学佛者修持的戒（戒律，防止身、口、意三不净业）；定学（禅定，修持者思虑集中、观悟佛理、灭除情欲烦恼）；慧学（即智慧，能使修持者断除烦恼，达到解脱）。

Trisira　特里西拉，《罗摩衍那》里的魔鬼，被罗摩消灭。

Trisiras　“三张脸”，因陀罗的哥哥陀湿多（Tvastr）不喜欢因陀罗的一些行为。为了非难因陀罗，他生了一个儿子叫毗斯瓦如帕（Visvarupa）。毗斯瓦如帕有三张脸，所以他被称作三张脸（Trisiras）。他用其中的一张脸背诵吠陀、第二张脸喝酒、第三张脸观察世界。

Tristhana　三处，指心、喉、头。

Tristubh　特里湿徒图补，或译为特利斯杜婆，古代梵语诗歌的一种韵律，只有3个变体，每音部通常由11个音节组成。

Trisula　三宝标，象征佛教三宝的三叉戟形。

Trisula　特里素拉，神话里极欲神牛变的人和武器；三叉戟。

Trisunku　特里松库，印度神话传说中的一位君主。在一位仙人的帮助下，他私自闯入了天堂，天神之主因陀罗把他赶出天堂，诸神又用星座把他围起来，于是他就悬在天堂和大地之间的空中。

Trita　陀里陀，印度神话里的三兄弟之一，在沙漠行走时被另外两个兄弟伊珈陀和陀毗陀推入井里，他求助于天神脱险。

Trita Aptya 陀里陀·阿婆提耶，印度神话里的空间神，曾帮助因陀罗打弗栗多。

Trita Yuga 第二时代，白银时代。

Triton 特里同，希腊神话里半人半鱼的海神，用海螺吹出传遍世界的声音，这声音既可兴风作浪，又可平息风浪。

Trivandrum 特里凡得琅，印度西南部克拉拉邦的首府。在马拉巴尔海岸的南部，北距科钦220千米。人口50多万。特里凡得琅是公路中心，铁路通科钦和马杜赖，有航空站。特里凡得琅是文教中心，有天文台、博物馆、植物园、美术馆和克拉拉大学。历史上特里凡得琅曾是德国汉堡自由市的殖民地。泰戈尔于1922年11月9日访问斯里兰卡后，回国时从这里下船。

Trivarga 三类，指道德、享乐、财富；也可指法（dharma）、利（artha）、欲（kama）。

Trivedi, Harish 特里维迪，哈里石，英国文学评论家，曾高度评价泰戈尔的作品。

Triveni 三辨，三河汇合处。

Trivikrama Bhatta 特里维格罗摩·跋多，12世纪作家，作品《那罗占布》（Nalacampu），《摩达罗莎占布》（Madalasacampu）。

Triyagnis 三火，印度教大型祭祀中必放的供奉物。指：1. 家主火，为调理、供养诸神以及婆罗门供物所设的火，火炉为圆形；2. 供养火，放到家主火的西边，烧供物奉献诸神，火炉为方形；3. 祖先祭火，放到家主火的南边，供物奉献祖先，火炉为半月形。

Triyambaka 三眼神，指湿婆。

Triyugma 具有三对品德的，这三对品德为：名誉与精力、尊严与华美、智慧与对尘欲淡漠。

Trocadero Hotel 特洛卡代罗宾馆，在伦敦，1912年叶芝在这里主持印度学会对泰戈尔欢迎会。

Trsna 欲望。

Truba 特鲁波，意思是“不可战胜的”“北极星”。传说，乌达纳巴多国王的儿子也叫特鲁波，由于他修炼苦行毗湿奴把他接到天上，使他变成了北极星。

Truti 特鲁提，千万分之一秒。

Tryahaspara 正常情况下，一个月共有15个太阴月，如果一天有三个太阴月，则为凶兆。

Tryambaka 特洛延巴卡，18世纪印度神学家，《达摩经》的作者；三眼神，指湿婆大神。

Tsar 沙皇，是俄罗斯帝国皇帝1546年到1917年的称呼。第一位沙皇是伊凡四世，最后一位沙皇是尼古拉二世。1721年彼得大帝改名皇帝。但直到1917年为止，俄国的统治者一直都称为沙皇。

Tuastr 图阿斯特勒，以伐楼拿为首的集团神名之一，代表第十一个月的太阳。

Tubbs 塔布斯，英国歌唱家，1920年6月泰戈尔访问英国时在卡斯顿礼堂唱按照西方音乐谱曲的泰戈尔的抒情诗。

Tucci, Giuseppe 图茨（1894—1984），意大利人，罗马印度宗教、哲学和远东学教授，曾漫游尼泊尔和中国西藏，出版了一系列游记，在泰戈尔诞生150周年时，曾写纪念文章。

Tucker, Boyd 图卡，博德，泰戈尔创办的国际大学老师，1929年陪同泰戈尔访问加拿大、美国、日本。

Tuft of hair 后脑勺留一绺头发者，表示自己是纯正的印度教教徒。

Tughlil Khan 图格里尔汗（？—1282），印度德里苏丹国奴隶王朝驻孟加拉总督，因闹独立而被斩首。

Tughluq Dynasty 图格鲁克王朝（1320—1414），统治印度的穆斯林王朝。

Tugnan 黑檀香树。

Tukaaraam 杜迦拉姆（1588—1659），印度著名的马拉塔圣徒，十分尊崇黑天。

Tukaram 图卡兰，17世纪马拉提语作家，作品有《不幸》（Abhangas）。

Tukaram 图卡兰（1598—1650），虔信派人物，马哈拉施特拉邦人。

Tukharistan 吐火罗。

Tula 天平座。

Tula 室女座。

Tula 图拉，重量单位，等于0.1巴拉（bhara），100金子（pala）；图拉月，公历10—11月。

Tulseedaas 杜勒西达斯（1532—1623），印度印地语诗人。据传他出生于北方邦的阿拉哈巴德附近农村的婆罗门家庭，卒于贝拿勒斯河畔。他自幼父母双亡，孤苦伶仃，行乞为生。他15岁时被人收养，随师父在贝拿勒斯学习梵文和宗教经典，聆听师父讲毗湿奴大神化身下凡为罗摩的故事，成年后抛妻出家修行。他曾周游过许多地方，从事过宗教改革活动，后在阿逾陀写作《罗摩功行录》，晚年定居于贝拿勒斯。他是虔诚的印度教徒，追求解脱，但也关心世俗生活，深知人民疾苦，认为社会的出路在于建立罗摩王朝式的国家，而个人的出路在于虔诚地膜拜罗摩。他还认为文学是最能诉诸人心的工具，毕生用诗歌向人民灌输对罗摩的虔敬，陶冶人心，以期改造社会。1940年8月10日，泰戈尔在纪念杜勒西达斯的大会上讲话，谈史诗《罗摩衍那》在文化上的重要性。

Tulasi 图拉西，圣树，被看作是毗湿奴配偶的象征；图拉西圣草，印度教徒认为，世界上没有什么东西能和图拉西圣草的功德比。

Tulsi 橘子汁。

Tulu 达罗毗荼语南支之一。

Tuluva 图鲁瓦王朝（1505—1570），维查耶纳加尔王朝的第三个王朝。

Tulyayogita 等同。

TUM Towards Universal Man 的缩写。见Towards Universal Man。

Tumba 葫芦。

Tumbai 印度寻麻。

Tumburu 东布鲁，《罗摩衍那》里的甘达婆，受迦毗罗诅咒变吃人罗刹，因刀枪不入被罗摩活埋。

Tumli 塔。

Tuptika 《图普迪加》，印度弥曼差派哲学著作，印度7—8世纪哲学家鸠摩利拉·跋多（Kumarila Bhatta）著。

Tungabhadra 高贤河，发源于卡纳塔克邦西部，于安德拉邦注入孟加拉湾。

Turavastubali 房子建成后给建筑神祭献的东西。

Turfan 吐鲁番。吐鲁番是古丝绸之路上的重镇，曾经是西域政治、经济、文化的中心之一。

吐鲁番历史悠久，有四千年文字记载。吐鲁番文化积淀深厚，从最早的交河故城，到高昌故城、坎尔井、苏公塔、维吾尔古村落，已发现文化遗址200余处，出土了从史前到近代的4万多件文物，出土文献中仅文字就达24种之多。大量的文物和史实说明，吐鲁番是东西方文化，中国、印度、伊斯兰、希腊罗马四大文明体系的交汇点。

Turin 图林，意大利小城，1926年6月20日，正在意大利访问的泰戈尔应邀在图林的里斯博物馆做题为“城市与乡村”的报告。报告之后，里佛维茨卡送给泰戈尔3首翻译成意大利语的泰戈尔写的歌曲，歌里保留了孟加拉抒情诗的旋律。

Turivachakam 中世纪泰米尔诗人马尼卡瓦查卡（Mainikkavachakar）写的《提鲁瓦插卡木》。

Turiyam 绝对清醒，绝对意识。

Turkic 突厥语。

Turkoman 土库曼。“土库曼”为“突厥人的地区”之意。土库曼位于苏联中亚地区西南部，北临哈萨克，东接乌兹别克，南连伊朗、阿富汗，西濒里海。土库曼全国面积48.81万平方千米，人口362.21万。主要为土库曼人，有部分俄罗斯人和乌兹别克人等，首都阿什哈巴德，货币为“马纳特（Manat）”，官方语言俄语，通用土库曼语。土库曼历史上曾被波斯人、马其顿人、突厥人、阿拉伯人、蒙古鞑靼人征服。中国唐朝时土库曼东半部曾经纳入中国版图，属安西都护府所辖。13、14世纪大部分属蒙古大汗国的伊利汗国，部分属金帐汗国。公元9世纪到10世纪受塔赫里王朝、萨曼王朝统治。11世纪到15世纪受蒙古帝国鞑靼人统治。15世纪基本形成土库曼民族。16世纪到17世纪隶属于希瓦汗国和布哈拉汗国。19世纪60年代末至80年代中期，部分领土并入俄国。土库曼人民参加了1917年的二月革命和十月社会主义革命。1917年12月建立苏维埃政权，其领土并入土耳其斯坦苏维埃社会主义自治共和国、花剌子模苏维埃人民共和国和布哈拉苏维埃人民共和国。在划定民族管理区后，于1924年10月27日建立土库曼苏维埃社会主义共和国，并加入苏联。1990年8月23日，土库曼最高苏维埃通过了国家主权宣言，1991年10月27日宣布独立，改国名为土库曼斯坦，同年12月21日加入独立国家联合体。

Turks 突厥人。

Turmaric 姜黄。

Turmeric ceremony 涂姜黄粉仪式，婚礼的早晨，由新娘家送来姜黄粉，新郎新娘先互相涂，再沐浴。

Turn Me Away, Now (Ebar Phirao Morey) 《现在，让我走开》，泰戈尔1894年写的诗。

Turner, Victor 陀纳，维克多（1920—1983），现代英国印度学家。

Turnian tribe 中亚的穆斯林土兰部落。

Tursun-Zade, Mirzo 特恩-扎德，米尔左（1911—1977），苏联诗人、剧作家、散文家和文学批评家，苏联科学院院士。1911年广泛游历印度，写了许多有关印度的民谣，后来都被翻译为英语，曾获列宁文学奖。1961年撰文纪念泰戈尔诞生100周年。

Turya 清醒。

Tusita 兜率天，佛教用语，此天有内、外两院，外院是欲界天之一部分，内院是弥勒寄居于欲界的净土，释迦牟尼生母莫耶夫人死后往生于此。

Tusitas 图西塔斯，六世摩奴时期的群神，有12个，在七世摩奴初，他们集体商定转世为阿底提的12个儿子。这12个儿子，叫阿底提亚，他们是：毗湿奴、太白仙人、阿里亚曼、达塔、特瓦斯塔、普萨、维瓦斯万、萨维塔、米特拉、瓦如那、安苏和巴嘎。

Tuti-i-Hindi "印度鹦鹉"，指13—14世纪印度伊斯兰文化之父阿米尔·胡斯劳。

Tutt Romesh Chandra 杜特·罗梅西·钱德拉（1848—1909），印度国民经济学派奠基人之一。

Tuzuk-i-A 辉煌业绩。

Tuzuk-i-B-Baburi 《巴布尔回忆录》，莫卧儿开国皇帝巴布尔写，土耳其文写，由16世纪著名学者阿卜杜尔翻译为波斯文。

Tuzuk-i-Jahangri 《贾汉吉尔回忆录》，莫卧儿王朝第三位皇帝贾汗吉尔自己写的回忆录。

Tvastr 陀湿多，火神，祝融神，创世神，工艺神，印度神话里最古老的小神之一。能造金刚杵、酒觞、兵器，夫妻与未婚夫妇、兽类等。

Two flowers 两朵花，象征两个恋人。

Twain, John 多恩，约翰（1573—1631），英国17世纪玄学派诗人的主要代表。

Twayne Publishers 美国波士顿特瓦尼出版社，曾出版泰戈尔的作品。

Twelfth Foreign Tour 第十二次国外出访（1932年4—6月）。应波斯国王礼萨·汗·巴拉维的邀请，由儿媳妇普拉提玛陪同，泰戈尔于1932年4月11日乘飞机去波斯访问。两个同行者查特吉和查克拉瓦尔基已先行。进入波斯边界时泰戈尔收到了对方欢迎他访问的电报。4月13日泰戈尔到达布什尔，省长设大型宴会招待他。4月16日泰戈尔到设拉子，在哈菲兹和萨迪的故乡受到最热情的接待。泰戈尔在设拉子逗留一个星期，拜谒了两位诗人的陵墓。4月22日泰戈尔到波斯波利斯，赫兹菲尔德接见他，让他看古代波斯艺术和考古的样本。4月23日泰戈尔到伊斯法罕，省市两级政府欢迎他。4月29日泰戈尔抵达德黑兰，各界人士欢迎他。当地报纸称赞他为"东方夜空里最耀眼的明星"。5月2日巴拉维国王接见泰戈尔，泰戈尔献上一首为国王写的诗。5月6日政府和人民共同庆祝泰戈尔72岁生日。泰戈尔对波斯人的热情深为感动，在告别演说里，泰戈尔向东道主表示最诚挚的谢意。在返回印度途中访问巴格达，泰戈尔会见伊拉克国王费萨尔。泰戈尔在贝多因人的一片绿洲里过了一夜。6月3日泰戈尔飞回加尔各答。

Twelve O'clock 《十二点》，泰戈尔《新月集》里的诗。

Twenty Years of Visva- Bharati Cheena-Bhavana 《国际大学中国学院二十周年》，谭云山1950年写的著作。

Two Poems Written in Iran 《在伊朗写的两首诗》，泰戈尔与1932年访问伊朗期间写的诗。

Two Sisters 《两姐妹》，泰戈尔1933年写的中篇小说。

莎尔米拉：莎尔米拉属于贤妻式的妻子，她的丈夫萨山格是一家建筑公司的工程师。有两件事情使得莎尔米拉逼着丈夫辞职不干。一件是在火车上，服务员非要把他们定好的高级座位让给一位英国将军，萨山格息事宁人，莎尔米拉坚决顶住。另一件事情是萨山格的老板把本来属于萨山格的提升给了一个能力很差的英国年轻人，萨山格不情愿辞职，因为他舍不得这份优越的工作，但在妻子的逼迫下只好写了辞职书。莎尔米拉胸有成竹，她的表兄玛特拉是大承包商，她商量让萨山格做合伙人。莎尔米拉不惜拿出父亲留给她的所有遗产做本钱。从此以后，丈夫把精力全部投入到工作上，忙得不沾家，没有休息日。除了很快连本带利还清妻子的债务外，还有了一大笔储蓄，盖起了洋房，室内完全现代化、电气化、只是冷落了妻子。萨山格生日那天，莎尔米拉邀请许多客人，但萨山格却去工作，弄得莎尔米拉和客人好不尴尬。莎尔米拉在丈夫跟前有些低声下气。

尼罗德：莎尔米拉竟然一病不起。说来话长。莎尔米拉的父亲拉加拉姆是地主兼商人，极其有钱。莎尔米拉的弟弟海门塔聪明好学，很有才华，受许多漂亮、有门第的姑娘及家长的青睐，但他不为所动，一心要去欧洲留学，想将来超过父亲。人们一致认为他将来前途远大，不料天不容人，由小病被英国庸医治疗而死于非命。拉加拉姆被巨大的变故击倒，他后悔没有听海门塔的好朋友、才华横溢的年轻大夫尼罗德的正确诊断和治疗办法。尼罗德认为海门塔没有大毛病，只需要在外疗养，换换空气就可以治好。为了弥补对死去的儿子的歉意，他决定送小女儿乌尔米拉出国留学，将来由她主持以儿子海门塔的名字建立的医院。同时他认为，如果劝说尼罗德大夫联手合作，这个医院就会办得更好。女儿决定必须完成国内外学业才考虑结婚。在拉加拉姆的劝说下，尼罗德同意和乌尔米拉订婚，但条件是：乌尔米拉必须听从他的一切指导。拉加拉姆不久死去。漂亮活泼的乌尔米拉体育、音乐样样爱好，充满青春活力。但尼罗德把她像小鸟一样关在笼子里，光让她学习，规定严格而又刻板，极大压制了她的青春活力，因而她难免产生怨气。姐夫萨山格也对尼罗德很有看法。

乌尔米拉：尼罗德的论文寄往欧洲获得承认并得到留学欧洲的奖学金。出发前他再三叮嘱乌尔米拉一定要按照他指定的书目认真学习钻研。不要让他去姐夫家，更不许他和姐夫萨山格接触。因为他看出乌尔米拉的性格和萨山格接近。由于莎尔米拉对丈夫是宗教般的虔诚，因而萨山格把心思全放在工作上。尼罗德走后乌尔米拉一心闭门学习。答应自食其力的尼罗德食言，以研究和身体为借口，要求乌尔米拉大笔汇款。莎尔米拉病重，萨山格内外交困。为了不影响丈夫的事业，莎尔米拉要妹妹乌尔米拉来照顾她几天。乌尔米拉正好放松一下，便欣然前来。果然如尼罗德所言，姐夫和小姨子非常融洽，及至发展到乌尔米拉跑到姐夫办公室去嬉闹，萨山格以此为乐，二人甚至开车出去兜风。萨山格对工作心不在焉。莎尔米拉规劝妹妹，但收效不大。乘萨山格不在，她让妹妹回去。萨山格回家后不答应，亲自去接乌尔米拉。正好乌尔米拉收到尼罗德来信：为了在欧洲发展事业，决定和乌尔米拉解除婚约，和支持他的事业的欧洲姑娘结婚。乌尔米拉和萨山格都感觉到巨大的解脱。乌尔米拉扔了订婚戒指。为了庆祝，二人开车疯狂兜风。

萨山格的合伙人、莎尔米拉的表兄玛特拉上门来告诉莎尔米拉，萨山格疏于业务，把工作交给加瓦哈拉尔。该人偷工减料、贪污、工程质量很差，使公司声誉蒙受巨大损害，经济遭受巨大损失，决定和萨山格拆伙。莎尔米拉把妹妹叫来，严厉指责她影响了萨山格的工作，导致巨大损失，同时原谅了妹妹。她决定自己补上亏空。乌尔米拉认识到自己的不对，收心克制自己，守护在姐姐病床前。但萨山格意马心猿，更无心工作。莎尔米拉怕丈夫急出毛病，适当让他们接触。萨山格向乌尔米拉表示爱意，把妻子只当作女神。莎尔米拉担心丈夫一旦失去乌尔米拉，事业、生活会受挫，心里很矛盾。在他们结婚周年时，丈夫竟然没有按照她的期望进行庆祝。莎尔米拉身体急剧恶化，觉得自己的生命快到尽头，她把妹妹托付给丈夫。事情出现奇迹：莎尔米拉的远舅让莎尔米拉服用苦行僧朋友带来的西藏草药，竟然很快治好了莎尔米拉的病。姐妹之间出现尴尬。为躲开众人议论，他们决定三人同去尼泊尔发展。乌尔米拉先回家几天。玛特拉来告诉莎尔米拉，萨山格一夜之间全部破产，慌乱中买的股票打了水漂，连房子也要拍卖。莎尔米拉倒有几分庆幸，她的首饰和妹妹的遗产会使他们衣食不愁，自己在家庭中的地位会巩固。萨山格辗转难眠，决定不去尼泊尔，在加尔各答重整旗鼓。

萨山格夫妻收到乌尔米拉的信，说她已在经过孟买去欧洲的船上，决心学成后回国完成父亲的遗愿，对自己影响了姐夫的事业表示内疚，以后再弥补。

Tyaaga 《弃绝》，泰戈尔于1892年写的短篇小说。见The Renunciation。

Tyabj, Syed Badruddin 提亚博杰，赛义德·巴鲁丁（1844—1906），印度国大党早期活动家，穆斯林大法官，1887年任国大党主席。

Tychina, P.G. 图齐纳（1898—），苏联作家，列宁文学奖获得者，1961年撰文纪念泰戈尔诞生100周年。

Tyaga 舍弃。

Tyndall, John 丁达尔，旧译田大里（1820—1893），英国著名物理学家，19世纪60年代至80年代英国物理学界的中心人物之一。他在热辐射和磁性材料等领域卓有建树。

T

Uu

Ubhat-sholakas　一组匿名梵语抒情诗歌。

Ubhaya vedanta　二吠檀多，双吠檀多。

Ubhayabhisarika　《和好》，婆罗卢吉瓦拉如齐（Vararuci）的作品。

Ucca　高声。

Uch-Turfan　乌什吐鲁番，今新疆乌什县一带，北靠天山山脉与吉尔吉斯斯坦共和国接壤。据《西域同文志》载："回语乌什即乌赤，盖山石突出之谓，城居山上故名"，与宋元以来历史地名一致。乌什吐鲁番自古就是丝绸之路中道的必经之地。《大唐西域记》称凌山，《经行记》及《新唐书·石国传》作勃达岭，即天山之拨达岭。因地处高山而得名，维吾尔意为达坂。

公元前36年西汉时，陈汤、甘延寿率数万大军翻越此山口，平定叛乱。唐时，乌什吐鲁番为丝绸之路中道的交通要冲。公元628年，唐僧玄奘就是从此山口去印度取经。

Uccaihnssravasa　长耳马，因陀罗的坐骑，搅乳海得到的。

Ucchedadrsti　断灭的观点。

Ucchista　过剩，剩余物。

Uchahath-srava　8头马。

Uchai's rava　神话里众神搅乳海时搅上来的最好的马。

Ucitarisayanistata　优秀客观品性。

Udabhandapura　乌达班达普拉，古代城市名，在今巴基斯坦奥欣德，印度河右岸，为中亚、波斯、犍陀罗诸国进入印度的必经之路。

Udaharana　（诗相）列举用少量或相似意义的话语，使行家理解许多或另一意义；夸大。

Udaipur　乌代普，印度拉贾斯坦邦古城。

Udambara　优罩钵花。

Udanavayu　乌达那瓦由，5个生命气息之一，它们是普拉纳（Prana帮助人活动）、维亚纳（Vyana，使人运动有力量）、阿帕纳（Apana，向下运动）、萨马纳（Samana寓于心内）、乌达那（Udana，使人打嗝，通过肺、气管和嘴流畅地说话）。

Udatta　崇高味，高调；高贵的心灵或物质财富，无比伟大，有许多特殊奇妙的意义，措辞巧妙优雅或具有神奇性，与艳情味、奇异味和各种情态有关。

Udatta　乌达塔，吠陀语调的升调。

Udattaraghava　《崇高的罗摩》，7—8世纪摩持罗罗阇的剧本。

Uday Shankar　乌达伊·山卡尔，舞蹈家，创出自己的印度现代舞的独特风格。

Udaya　优陀耶，公元前5世纪印度摩羯陀国王；乌达亚山，据说是太阳升起的地方。

Udayaaster Chandrasuurja, Abhyaasajanita Paribartan Olaauthaar Bistaar, Eethar　《升起降落的日月、习惯的变化、霍乱的扩散、乙太》，泰戈尔的散文。

Udayadri　乌达亚德里山，太阳升起的地方。

Udayagiri　乌达耶吉里耆那教石窟，在奥利萨邦布巴内斯瓦尔附近；另一处同名石窟在中央邦博帕尔附近。

Udayan　乌太阳，"红珊瑚屋"，泰戈尔在圣蒂尼克坦的住屋名称。

Udayana　优填王，印度古代跋沙国国王，公元前6世纪人，佛教的崇信者，娶梦中爱恋他的公主仙赐。

Udayana　邬陀衍那，10世纪印度正理派哲学家。

Udayana　优填王，传说中的犊子国国王。

Udayanand Aryal　乌达伊南达·阿瑞亚尔，18世纪尼泊尔语作家。

Udayasundari　《乌达耶孙达利》，11世纪所陀罗（Soddhala）的小说。

Udbhata　小妮迦叶15部之第三部《白说经》。

Udbhata　优婆陀，8世纪印度作家，著《摄庄严论》（Kavyalankarasangraha）。

Udbhava　生长，发展。

Udbheda　展露。

Uddalaka Aruni　乌达罗迦阿鲁尼（公元前640—公元前610），印度也是世界上最早的唯物主义哲学家之一。他认为世界的本源是一种"细微"不可见的东西，万物由水、火、土组成。

Uddalaka Aruni　乌达拉卡·阿茹尼，《歌者奥义书》里提到的新宇宙论的提出者，被认为是印度早期神学家。

Uddandapur Temple　乌丹达普拉寺院，在

比哈尔那烂陀附近，古代印度佛教寺院。

Uddayana=Oddiyana　乌达亚娜镇，在印度西北斯瓦特谷地，传说湿婆妻子为湿婆自焚后其尸骨的一部分散落此处。

Uddhaar　《得救了》，泰戈尔的短篇小说。见 Saved。

Uddhava　优陀婆，黑天的大臣。

Uddhavagita　《优陀婆之歌》，维度罗和弥勒亚之间的对话，包含了迦毗罗仙人和母亲黛薇湖蒂的哲学对话。

Uddipata　激发别情，引发，是辅助情由。

Uddiyana　优填国，公元前5世纪印度西北部的王国，在今斯瓦特山谷，为原来在迦毗罗卫、被拘萨罗国打败而逃亡的释迦牟尼的后裔所建。

Uddyotakara　显作论师，五谛奥多杰罗，6世纪人，作品《正理评释》（Nyayavartika）。

Udgatr　祭祀中的咏歌者，咏唱祭官。

Udghatyaka　妙解。

Udipi　乌迪毗，地名，亚克沙加纳舞（Yakshagana）的发源地，有大印度教庙。

Udraka Ramaputra　郁头篮子，佛陀的禅定师父。

Udumbara　昙花，圣花。

Udvambara　无花果树。

Udvega　恐慌，烦恼。

Udya　乌苌，“花园”，古国名，在巴基斯坦北部的斯瓦特河流域。

Udyoga　精髓，核心，史诗的核心，《备战篇》。

Udyotakara　乌迪奥多杰罗，5世纪印度正理大师，著有《正理疏》（Nyayavarttika）。

Ueita　适宜。

Ueno Park　上野公园，在日本东京，1916年6月泰戈尔访日时，东道主在这里设宴款待泰戈尔。1924年再次访日时，泰戈尔在上野公园发表告别演讲。

Ugadi　泰卢古人的新年，在3月。

Ugra, Pandeyabechan Sharma　乌格尔，P. S.（1900—1967），印度印地语作家，作品有《旁遮普王后》《发疯的富翁》等。

Ugras　“怒吼者”，乌戈拉斯的儿子，等于鲁陀罗（Rudra）。

Ugrasena　猛军。

Uha　表诠，用正面肯定的方法达到肯定的目的。

Ujjaini　优禅尼，又译乌者衍那，或称乌贾因，印度中央邦西部的印度教7大圣城之一。古代阿班提国（Abanti）首都，是印度古代超日王（Bikramaaditya）的京都，4世纪著名诗人迦梨陀娑就在乌贾因担任宫廷诗人。

Ujjvalanilamani　《鲜艳青玉》，15—16世纪鲁帕·格斯瓦明（Rupa Gosvamin）著。

Ukil, Ambaka Charan　乌吉尔，安比卡·查兰，20世纪泰戈尔合作社的创办者。

Ukraine　乌克兰，位于欧洲东部，总面积为603700平方千米，是欧洲除俄罗斯外面积最大的国家。乌克兰原苏联加盟共和国，1991年苏联解体后，乌克兰独立。乌克兰东连俄罗斯，南接黑海，北与白俄罗斯毗邻，西与波兰、斯洛伐克、匈牙利、罗马尼亚和摩尔多瓦诸国相连。乌克兰地理位置重要，是欧洲联盟与独联体特别是与俄罗斯地缘政治的交叉点。乌克兰人口4558.9万，官方语言为乌克兰语，通用俄语。乌克兰主要宗教为东正教和天主教。“乌克兰”一词最早见于《罗斯史记》（1187年）。1237年到1241年拔都西征攻克基辅，建立金帐汗国。1654年乌克兰哥萨克首领赫梅利尼茨基与俄罗斯帝国签订《佩列亚斯拉夫和约》，乌克兰与俄罗斯正式合并。1922年，乌克兰加入苏联（西部乌克兰1939年加入）。1990年7月16日，乌克兰议会通过《乌克兰国家主权宣言》。1991年8月24日乌克兰宣布独立。

Ulema　乌拉摩，穆斯林国有名望的教法学家和神学家。

Ulka　天狗。

Ulkal Diwas　1936年4月1日奥里萨统一纪念日，Ulkal是奥里萨的旧称，Diwas是奥里雅语的“纪念日”。

Ullaskat Datta　乌拉斯卡·达塔（1885—1965），著名的暴力反英战士。

Ulloor Parameswara Iyer　乌鲁尔·P. I.（1876—1948），印度马拉雅拉姆语诗人，作品有《宾格拉》《耳饰》等。

Ullukisarikasukijataka　舍利迦乌的《鹦鹉本生》。

Ultavamsi　颠倒的语言。

Uluka　《优楼迦出使篇》。

Ulukharer Bipad 《难以避免的灾祸》，泰戈尔的短篇小说。地主总管吉里什·巴苏雇用女仆佩丽，巴苏对佩丽不怀好意，她逃到霍里霍尔家。巴苏诬陷佩丽偷他妻子的首饰，佩丽被抓。巴苏又诬告霍里霍尔，勾结律师霸占了他的财产。

Ulupi 乌鲁比，《摩诃婆罗多》里的龙女，阿周那在自我流放期间与其结合，生儿子伊拉万。

Uma 乌玛，印度神话中湿婆的妻子。湿婆妻子萨蒂自焚后，转生为弥那加之女，名字音译为“帕尔瓦蒂”，意为“山”，雪山神女，钟情于湿婆，为获得湿婆的青睐，居住在与湿婆近旁的一座山上。湿婆正在修苦行，拒绝雪山神女的情义。众天神为使湿婆生育一个能战胜恶魔陀罗加的儿子，遣爱神迦摩前去进行诱惑，以使他爱上雪山神女，湿婆当即用第三只眼将爱神焚毁。雪山神女矢志苦行。湿婆为她的虔诚和美貌所感动，遂娶他为妻。二者结合生子：鸠摩罗（即战神塞建陀）和象头神群主即迦内沙。后来，鸠摩罗战胜恶魔陀罗加。湿婆与雪山神女的爱情，构成史诗《鸠摩罗出世》的主要情节。

Umara Jan Ada 《乌姆拉奥·简·阿达》，印度乌尔都语作家鲁斯瓦1899年写的小说。描写生活在社会底层的女人乌姆拉奥·简·阿达痛苦的一生。

Umaruppulavar 午玛鲁普拉瓦，15世纪作家，著写先知穆罕默德的书。

Umas Tapsya 午玛斯·塔普西亚，孟加拉派画家。

Umashankar Joshi 乌蒙山卡·焦西（1911—1988），古吉拉特邦当代作家。

Umasvati 乌玛斯瓦蒂，公元3世纪耆那教学者，著《入缔义经》，为耆那教白衣派和天衣派共同信奉的经典。

Umma 穆斯林兄弟会或团体。

Unchavrtti 以掉在田野的粮食为生。

Undashina 强大的局外人。

Underhill, Evelyn 安达黑尔，伊沃林（1875—1941），英国女作家，1912年在伦敦会见泰戈尔，为他的诗所折服。她是促成泰戈尔获得诺贝尔文学奖的作家之一。

Union of East and West Society 东西方联盟学会，该学会1920年6月在卡克斯顿礼堂（Caxton Hall）设宴招待在英国访问的泰戈尔。

Union Press 团结出版社，由中国国民党革命委员会中央委员会主办，成立于1987年12月，地址在北京。1996年出版许庆龙、劳斌的《泰戈尔》。

Union Public Service Commission 印度联邦政府文官征选委员会。

Union Ranges 葱岭，古代又称伊摩斯（Imaos），即帕米尔高原，它把天山和兴都库什山连接起来。

Unitarian Association 美国一神教协会，19世纪成立，受印度教改革组织梵社的影响较大。

Unity 《团结报》，由民革中央于1956年创办。2011年5月7日刊登侯传文的《泰戈尔对中国文学之影响》。

Unity Club 团结俱乐部，在纽约市，泰戈尔1912年访美时曾在此做系列报告。

Unity in Diversity 《多样化的统一》，泰戈尔的诗。

Universities 《大学》，泰戈尔的书信集《论一些教育问题》中的一篇。

Universities Lecture Association of China 中国演讲学会，由梁启超等建立。1924年，该学会邀请泰戈尔访华。

University College London 伦敦大学学院，泰戈尔于1878年在此学院的文法学院注册。

University Hall 哈佛大学礼堂，1921年1月25日，泰戈尔应邀在这里演讲。

University of Calcutta 加尔各答大学，创建于1857年，是印度3所历史最悠久、规模最大的综合性大学之一，被NAAC评价为五星级大学。2005年，加尔各答大学在《Times》评出的全球最佳人文大学中排名第39位，为唯一入选前50名的印度大学。2007年，加尔各答大学被评为世界最优秀的500所大学之一。

加尔各答大学的管辖范围包括印度整个北部地区，截至20世纪80年代末，该校共有16个学院（67个系）、5个大学学院和21个附属学院，注册学生达15万人。16个学院是文学院、理学院、商学院、新闻学院、家政学院、图书馆学院、工程学院、科学技术学院、美术与音乐学院、社会福利与商业管理学院、医学院、牙科学院、顺势疗法学院、外科学院、印度草药学院、外科学院。

在大学文学院、大学科学技术学院、大学医学院、大学商学院和大学法学院中，前3个学院的规模最大。大学文学院共开设20个专业，外语类专业有英语和法语；语言类专业是比较语言学、孟加拉语、阿拉伯语与波斯语、印地语、梵语、巴利语（古印度语言之一，现为佛教之宗教语言）、乌尔都语（通用于巴基斯坦和印度）、泰米尔语（南亚地区用语）；其他人文和社会科学专业有历史、古印度史与文化、考古学、哲学、社会学、教育学、经济学、图书馆学、新闻学、政治学。大学科学技术学院开设的21个专业是农学、人类学、生物化学、植物学、动物学、地理学、地质学、化学工程、化学工艺、纯化学、计算机科学、应用数学、纯数学、应用物理、纯物理、生理学、心理学、应用心理学、塑料与橡胶工艺学、无线电物理学与电子学、统计学。大学医学院共开设24个专业，它们是：眼科学、矫形学、麻醉学、药物学、生理学、生理医学、放射诊断学、放射疗法、解剖学、胸外科、儿童健康、医学、普外科、实验外科、生物化学、癌症研究、神经病学、妇产科等、心病学、医学微生物学、寄生虫学、皮肤病学与性病学、胸腔疾病、病理学等。1913年该大学授予泰戈尔荣誉文学博士学位。

加尔各答大学的其他重要学术机构是：3个系级博物馆（分属于人类学系、商业系、古印度史与文化系）、两个高级研究中心（分设在无线电物理学与电子学系、古印度史与文化系），以及阿苏托什艺术博物馆。后者建于1937年，是印度的第一个大学艺术

U

University of Dacca　达卡大学，设在孟加拉首都达卡，邀请泰戈尔于1926年2月7日访问达卡并且在达卡大学演讲。

Unmada　疯狂，疯癫。

Unnamed Fornightly　《未名半月刊》，1925年秋由鲁迅、韦素园、曹靖华、李霁野、台静农等组成的未名文学社创办，1931年秋后因经济困难停刊。1929年5月刊登鲁迅的《现今的新文学概观》。

Unniyaticharitam　14世纪古布诗体，诗、文混合体。

Unnunlisandesham　14世纪桑德莎诗体诗歌，作者不详。

Unwanted　见 The Nuisance（Apad；Castaway）《灾难》，泰戈尔于1895年写的短篇小说。

Uodhata　不定情。

Upa-purana　副往世书，小往世书，共88部，在18部大往世书之间。

Upacara　乌帕卡拉，给客人提供的东西，有十六样：（1）Asana（座位）；（2）Padya（洗脚水）；（3）Arghya（饮用水）；（4）Snaniya（洗澡水）；（5）Anulepana（用来涂身的灰或者其他的芳香物）；（6）Dhupa（烟）；（7）Dipa（灯）；（8）Naivedya（食物）；（9）Tambula（槟榔）；（10）Sitalajala（冷饮）；（11）Vasana（衣物）；（12）Bhusana（饰物）；（13）Malya（花环）；（14）Gandha（香物）；（15）Acamaniyaka（漱口水）；（16）Sutalpa（软榻）。

Upacitti　生长，产生。

Upacyaka　长生者。

Upadesasahari　《千条教诲》，8世纪印度教改革家商羯罗的著作。

Upadevas　天上小神，为半人半神，有10类：毗底耶陀罗神、阿婆沙罗神、夜叉神、罗刹神、甘达婆神、紧那罗神、毗娑卡神、俱希迦神、西陀神和步陀神。这些神属于天上的歌舞神、音乐神、门卫、侍从等。

Upadhi　有限的条件。

Upadhyay，Brahmabandhab　乌帕迪亚伊，B.（1861—1907），印度孟加拉激进的政治活动家，称赞泰戈尔为“世界诗人”。

Upadhyaya　精神导师，老师，师父，和尚。

Upadhyaya，Pandit Deendayal　乌帕迪亚耶，潘迪·迪达雅尔（1916—1968），印度教民族主义的积极鼓吹者，印度人民同盟总书记。他鼓吹“达摩之治论”：只要每个人按照自己的达摩（责任和义务）行事，社会就会和谐安定。

Upadista　（诗相）点示，说话扣住经典意义，达到取悦智者的目的。

Upagas　小节。

Upagupta　乌波笈多，意译“小护”“近

护”，阿育王时期的僧人，佛祖弟子。他是阿育王的师傅，于佛陀涅槃一百年后出生，曾示意阿育王在佛教圣地蓝毗尼、菩提伽耶、鹿野苑、库尸那迦等建塔供养佛祖弟子之舍利。

Upaguhana　意外。

Upahaar-geeti　《赠歌》，泰戈尔的诗。

Upajati　无波阇底，诗韵，为—v—vv-v—与--vv-vv-v—的混合体。

Upajvana　生命的支持。

Upaka　邪命外道仙人。

Upaksepa　提示。

Upakyunaya　对话。

Upalavadha　《童护伏诛记》，7世纪摩珈（Magh）著。

Upama　明喻。

Upamana　比拟，类推法。

Upamarupaka　相似隐喻。

Upameyopama　互瑜。

Upamitbhavaprapanca　9世纪悉达西（Siddharsi）写的《人生寓言》。

Upananyu-Chatterje　乌帕南雨-查特吉（1959—），现代印度英语作家，作品《英语8月》（English August）。

Upanayana　结婚月，3、4月，特别是5、6月。

Upanayana　传授吠陀知识。

Upanayana　三弦，三线。

Upanayana　入教礼，印度教教徒接受象征雅利安再生成员的圣线的仪式，由导师引入对哲学的探索，作为再生的象征。

Upanayana　儿童的授梵线礼。

Upanayana　入法礼，婆罗门教再生族（即婆罗门、刹帝利、吠舍种姓的教徒）正式成为婆罗门教徒的仪式。“法”指婆罗门教法规。选吉日良辰，穿上新衣，带21束柴火做学费，到老师处举行仪式。师生围着“圣火”边唱颂歌边做姿势，祈求火神阿耆尼、太阳神苏利耶、雷电神因陀罗给予知识和力量，获得宗教新生。各种姓入法年龄不同，婆罗门为8～16岁，刹帝利11～22岁，吠舍为12～24岁，超龄丧失再生族特权。

Upanayana　再生的开始。

Upanayanam　入师礼。见“入法礼”。

Upangas　吠陀支，包括6部分：史诗（Itihasas）、往世书（Purana）、逻辑（Yoga）、哲学（Mimansas）、法经（Dharma-sastra）、理信（The Tantra）。

Upani　优婆离，根据《佛本行集经》，迦毗罗卫国人，释迦王宫理发师，释迦牟尼还乡时跟随出家，为十大弟子之一。佛教第一次集结时由他诵出律藏。

Upanishad　奥义书，婆罗门教的经典之一。音译“邬波尼煞陀”。原意为“近坐”，引申为“师生对坐所传的秘密教义”；亦称“吠檀多”（Vedanta），意即“吠陀的终结”。奥义书是婆罗门教的古哲学经典之一，吠陀经典的最后一部分，约公元前7世纪至公元前5世纪成书。其中心内容“梵我同一”和“轮回解脱”是婆罗门教、印度教的共同哲学基础。是附在森林书之后解释吠陀奥义的一类书籍。最早的奥义书约产生于公元前10世纪—公元前5世纪之间。奥义书是印度最经典的古老哲学著作，用散文或韵文阐发印度教最古老的吠陀文献的思辨著作。现在已知的奥义书约有108种之多，记载印度教历代导师和圣人的观点。奥义书在很大程度上成为后来印度哲学的基础。在哲学方面，奥义书特别注意实在的性质。关于独一至高存在本体的概念逐渐形成，以知识为求得与之融合为一的途径。《奥义书》（Upanishad）是印度古代哲学典籍，《吠陀》的最后一部分，数量约有200多种。这里不能不先说一下《吠陀》（Veda）。《吠陀》是印度上古时期的文献总集，是印度宗教、哲学、文学、文明的基石，历来被认为是印度教最古老的经典。作品产生年代可上溯到公元前1500年前，最晚约在公元前6世纪。“吠陀”本义是“知”“知识”。有广、狭二义：狭义指最古的4部集；广义指4部本集及附加文献。其附加文献主要包括由散文写成的《梵书》《森林书》《奥义书》等。《吠陀》包含了人类最早的文明史迹和文学创作，为研究人类文明进程提供了丰富的资料，在印度被尊为圣典。据说佛教的思想亦是缘于《奥义书》，而佛陀是应用了他的大智慧将《奥义书》的哲学义理升华与精减了。从巴利文献看来，许多佛陀的对话都是一种“隐藏的哲学”——仅扼要地勾出佛陀思想的大概，烘云托月，言有尽而意无穷。比较起来，奥义书显得更有组织、更系统。但是佛教各学派从原始佛典所得的启示却较奥义书所产生的学派从奥义书所得为多，从思想的传承看来，佛教并不是一个单一思想的系统，而是许多思想系统的母体。佛教不会因为思想基础的不同而排斥那些合理、正确的思想。我们应该对印度哲学之发展有一正确而丰硕的认识，不应该忽视佛教与奥义书的差异，甚至于佛教本身内在思想的流变亦应重视。如果我们回顾检视奥义书与佛教的本质及其发展的过程，则不难发现上述的看法应是正确的。《奥义书》最早出现于公元前9世纪左右，较晚产生于公元后。较早的《奥义书》有《广林奥义书》《歌者奥义书》《他氏奥义书》《由谁奥义书》等。内容涉及的范围很广，颇受印度几百年间许多思想家的喜爱和广泛流传。

Upanyasa 点示。

Upapatakas 小罪。

Upaplavya 悟帕坡拉威亚，水没城，《摩诃婆罗多》里毗罗陀国王的都城，般度五子在这里化名生活。

Uparicara 空行，传说里的车底国国王，与鱼仙女阿陀里加生鱼香女贞信；优波离遮罗，高行王、婆薮王的别名。

Uparika 省督。

Uparupaka 次色。

Uparupuka 第二戏剧。

Upasada 一种祭祀仪式，在压苏摩汁以前举行。

Upasaka 优婆塞，男居士，信佛而不出家的男人，佛教俗家弟子。与优婆夷（Upasika女性佛教信徒）对应。

Upasana 宗教实践。

Upasampanna 具足戒，出家人只有奉行戒条，才能取得正式僧尼的资格。

U

Upasika 优婆夷，女居士，信佛而不出家的女人。

Upastha 性器官。

Upasunda 小松德，罗刹，与兄大松德统治三界，横行霸道，因陀罗让工艺神造美女提罗陀摩提罗塔摩引诱，二人互争而死。

Upasunya 月婆首那，古代印度优禅尼（今乌贾因）王子、佛教高僧，565年中国讲经，译经6部。

Upavasa 指远离罪恶，过良性生活，抛弃所有不良行为。过这种生活的人要不吃肉、鱼、绿豆、瓦拉苦粮、煮熟的绿叶、蜜、大米等，同时还应该远离女人，还要不戴花、装饰物，不穿时尚的服装，不吸芳芬气味。禁止刷牙与用眼药水，早晨不刷牙，要吃五食（牛奶、凝乳、酥油、牛粪与牛尿）。要避免吃槟榔叶子，白天不能睡觉，不能过性生活。

Upavasatha 忏悔的举动，佛教的布萨。

Upaveda 补充吠陀，副吠陀，附录，包括4本：《生命吠陀》（Ayur-Veda），讲医学；《甘达婆吠陀》（Gandharva-Veda），讲音乐；《它奴罗吠陀》（Dhanur-Veda），讲兵法、剑术；《斯塔波陀耶吠陀》（Sipa or Sthapatya-Veda，讲建筑艺术）。

Upavita 乌帕维塔，独身生活的婆罗门、刹帝利、吠舍出门化缘前要穿上衣，左肩、右臂下戴圣线。

Upavitin 左肩戴圣线者。

Upaya 战争中的四种手段：谈判、贿赂、挑拨离间、武力占领。方便，代表男性创造力。

Upayakausalva 助人得救。

Upayatriyaka 战胜敌人的方法策略。一般有四种：谈判（saman）、贿赂（dana）、挑拨离间（bheda）、出兵讨伐（danda）。

Upeksa 喜。

Upendra Bhanja 由彭德拉·班迦，15世纪奥里雅语作家。

Upendranath Bandyopadhyaya 由彭德拉纳特·班底由帕蒂优雅（1879—1950），著名的暴力反英战士。

Upendravajra 诗韵，为- - vv-vvv-v--。

Uppattivada 产生主义。

Upsala 乌普萨拉，瑞典中部的一座城市，位于首都斯德哥尔摩北面，相距约70千米。它是瑞典的第四大城市，市区人口有13万，是瑞典的宗教中心，北欧最早的天主教堂乌普萨拉大教堂（Domkyrkan）便坐落在这个城市。1164年，乌普萨拉成为瑞典大主教的辖地。1921年5月泰戈尔访问这里，在古老的乌普萨拉大学演讲，由大主教纳坦·西德布伦亲自引领，在大教堂进行演讲。

Ur 大腿，股。

Uraga 优罗迦，人面蛇神，龙蛇。

Uraguvagga 15部《小尼迦叶》之5；第五经《经集》5品之第一品《蛇品》。

Urana 99臂怪。

Uraon 邬郎沃人，印度少数民族，在比哈尔邦、中央邦和北方邦。

Urasa 乌刺尸，古地名，《摩诃婆罗多》里的乌拉加，即今哈扎拉。

Uravaiya 《所至支》，善恶报应。

Urbana 厄巴纳，美国伊利诺伊州中东部城市，伊利诺斯大学所在地，泰戈尔的儿子罗廷德罗纳特于20世纪初在此学习农学。泰戈尔于1912年访问美国时曾在此居住。

Urdha-srota 涨潮。

Urdhapundra 毗湿奴教派教徒的灰记，U形灰记，为婆罗门专用。

Urdu 乌尔都语，"军语""军话"，巴基斯坦官方语言，属于雅利安语系，形成于11世纪，在德赫尔维语基础上大量吸收了阿拉伯语和波斯语语汇，采用阿拉伯语字母书写。

Urgas 蛇。

Uri 爱。

Urjasvi 有勇。

Urna 佛陀双眉间的圆点，即眉间白毫，代表精神视力的第三只眼睛，智慧的光源。

Urnaanabha 蜘蛛手势。

Urs 苏非派圣人逝世周年纪念。

Uru 乌噜，在孟加拉人朋友举行婚礼的时候，客人们发出的一种欢呼声，表示祝福。

Urubhanga 《断股》，2—3世纪剧作家跋娑（Bhasa）的作品。描写《摩诃婆罗多》里般度五子的老二布军在俱卢战争中打断曾经肆意侮辱黑公主的持国百子老二难降大腿的故事。

Urushringa 竹笋状小塔。

Urvasi 优里婆湿，意译为广延天女，天上仙女，美丽绝伦，常常奉命下凡，破坏仙人的修行。密多罗仙人和伐楼那仙人为其美色所动，竟排出精液，生出投山仙人和极欲仙人。她因密多罗仙人诅咒而下凡，嫁给洪呼王。她勾引到天上来的般度五子老三的阿周那，阿周那拒绝，原因是，她既然是洪呼王的妻子，便是其始祖母。她一气之下诅咒阿周那不育，而天神因陀罗把诅咒有效期改为一年。

Usa 夜晚。

Usanas =Sukra 金星，也叫苏克拉（Sukra）。太白仙人；颂诗者。

Usasa-nakta 黎明与黑夜。

Usha 优莎，神话里魔王伯利孙女，梦后找到梦中情人、黑天的孙子阿尼楼陀。

Usha P. T. 乌莎·P. T.（1964—），印度著名短跑运动员。

Ushas 乌莎斯，黎明女神。

Ushinisha 代表超精神智慧的佛陀头顶上的肉髻。

Ushkur 乌什库尔，在克什米尔山区东部，有佛教寺庙。

Ushnisha 佛陀头顶上的肉髻，天生为戴王冠而生的肉瘤，蕴藏着非凡的智慧。

Ushr 德里苏丹国对穆斯林农民征收的农业税。

Usninabha 乌斯尼纳巴，一个神族。

USSR 苏维埃社会主义共和国联盟的缩写，简称苏联，是由15个加盟共和国组成的联邦制国家。1922年12月30日成立，1991年12月25日解体。苏联是世界上面积最大的国家，约占世界陆地面积的1/6，地域跨越欧、亚两个大洲，绵延的海岸线从北冰洋一直伸展到北太平洋，还包括了内陆海黑海和里海。苏联是联合国安全理事会常任理事国及与美国并列的两个"超级大国"之一。苏联的军事工业和航天工业在世界上占有重要地位。

Ustad 乌斯塔德，一种印度音乐曲调；教师，导师。

Ustanarpini 发展阶段。

Usuya 妒忌。

Utarayan "太阳向北移动"，北照区，泰戈尔在国际大学的居住区。

Utathya 优陀提耶，传说里的仙人，娶美丽的跋陀罗为妻。水神代楼那拐走跋陀罗，拒不交还给优陀提耶，他一气之下喝干海水，使田野变为荒漠，伐楼那被迫交出跋陀罗。

Uthanpaka 挑战。

Utkal 尤特迦地区，在印度东部奥里萨邦沿海地区。

Utkanthanyati 伸长脖颈，充满渴望。

Utnur 乌特努尔，在安德拉邦，文迪耶山新石器时代遗址。

Utpadhda 产生型。

Utpal Dutt　乌德帕尔·杜特，19世纪剧作家。

Utpala　乌特波罗王朝（855—939），克什米尔的王朝。

Utpatima　钉滚木。

Utpreksavayava　部分奇想。

Utrecht　乌特勒支，荷兰中部城市，乌特勒支省的省会，阿姆斯特丹-莱茵运河沿岸的重要港口，人口20多万，水运中心，铁路枢纽，国际工业博览会所在地，贸易和文化中心，有古老的大教堂、大学（建于1636年）、天文台和博物馆。乌特勒支也是荷兰第四大城市。1920年9月泰戈尔访问该城。

Utsaha　常情勇，勇敢无畏。

Utsanga　怀抱手势。

Utsarga　《献歌》，泰戈尔1914年出版的诗集，专门献给从南非回到印度，在国际大学任教的英国学者安德鲁斯。

Utsarga　《献祭集》，泰戈尔的诗集。

Utsrstannka　独剧。

Utsrstikanka　独幕悲剧，伤感剧。

Uttama　最佳，最好。

Uttama　三世摩奴。

Uttamaujas　乌多没赭，《摩诃婆罗多》里的般度军大将。

Uttar Pradesh　印度北方邦，位于印度北部，首府勒克瑙。北方邦是印度人口最多的邦，经济以农业为主，工业不发达，但国内生产总值仅次于马哈拉施特拉邦，名列全印第二。北方邦处于印度北部，和尼泊尔接壤，毗邻印度国内的北阿坎德邦、喜马偕尔邦、哈里亚纳邦、拉贾斯坦邦、中央邦、切蒂斯格尔邦、恰尔肯德邦以及比哈尔邦。北方邦曾与中国西藏接壤，2000年9月9日该邦西北部分离出印度第27个邦——北安查尔邦（Uttaranchal），之后北方邦不再和中国接壤。2007年1月北安查尔邦更名为北阿坎德邦（Uttarakhand）。历史上北方邦先后有“印度斯坦”“联合省”等不同名称。1950年1月26日“联合省”正式改名为“北方邦”，沿用至今。北方邦曾是印度面积第三大邦，次于中央邦和拉贾斯坦邦。2000年析置北安查尔邦之后，北方邦面积240928平方千米，排全国第四，次于马哈拉施特拉邦。北方邦人口1亿9960万（2011年），是印度人口最多的邦，也是当今世界上人口最多的省级行政单位。

北方邦是印度的两大圣河——恒河和雅穆纳河流经地区，它在印度宗教文化上占有重要地位，是印度教、佛教和伊斯兰教的活动中心。印度教的圣地遍布全邦。释迦牟尼成道以后，首先在北方邦的鹿野苑传道，并以北方邦为中心开展传教活动。穆斯林的基地也在北方邦。总之，北方邦在印度的政治和宗教文化生活中一向处于重要地位。北方邦有许多名胜古迹，如瓦拉纳西、泰姬陵等。勒克瑙、阿拉巴哈德分别作为其行政立法首府和司法首府立于其间。另外，北方邦还有一些著名的城市，包括阿格拉、阿里噶尔、阿尤德雅、哥拉客普洱和坎普尔。

Uttara　至上公主，《摩诃婆罗多》里摩差国国王毗罗陀的女儿，嫁给阿周那和妙贤的儿子激昂，生象城王环住。

Uttara-kinda　《罗摩衍那》里的《后篇》。

Uttara-kuru　北俱卢州。

Uttara-mimansa　后思维派，后弥曼差派，智弥曼差（Jnanamimansa），研究吠陀智理，等于吠檀多（Vedanta）。

Uttara-ramacharita　《后罗摩传》，剧本，7—8世纪波婆菩提（Bhavabhuti）的作品，反映罗摩休妻的故事。罗摩把妻子悉多从楞伽城的十首魔王罗婆那手中救回，回到阿逾陀后，百姓议论纷纷，怀疑悉多的贞洁，人言可畏，罗摩把怀孕的悉多流放森林。悉多为蚁垤仙人收留。悉多在林中生下双胞胎兄弟罗婆和俱舍。12年后，仙人带领二兄弟给罗摩王室的人演出罗摩休妻的故事，罗摩认出兄弟俩，昏厥过去。这时，恒河女神和大地女神送回悉多。全家团聚。

Uttara Phalguni　胜利之星，28宿之一。

Uttarajjhayana　4根本经之一的《后学经》。

Uttaranchal Pradesh　北安查尔邦，在印度西北部，首府德拉顿。

Uttararamacarita　《罗摩传后篇》，剧本，7—8世纪波婆菩提（Bhavabhuti）的作品。

Uttarayan　乌托拉阳，“诗人之屋”，泰戈尔在圣蒂尼克坦住过的几栋屋宇的统称。

Uttarayana　一年的前半年太阳朝北运行。

Uttarayana　夏至节，5月以后的5个月，白昼越来越长。夏季。

Uttariya 圣线，只有3个高种姓的人（即婆罗门、刹帝利和吠舍）才戴。

Uvaesamala 《嘉言宝鉴》，达摩陀娑（Dharnnadas）著，年代不详。

Uvanga 次支。

Uvasagadasas 《10居士支》。

Uxorion 怕老婆。

Uzbek 乌兹别克，原为苏联加盟共和国之一，1991年从苏联独立，称乌兹别克斯坦共和国，简称乌兹别克斯坦，是一个位于中亚的内陆国家，面积44.7万平方千米，人口2800万，首都塔什干。乌兹别克是世界第6大棉花生产国和第2大棉花出口国，世界第7大黄金生产国，同时也是区域内重要的天然气、煤、铜、石油、银和铀生产国。乌兹别克斯坦历史悠久。9—11世纪，乌兹别克民族形成。13世纪被蒙古人征服。14世纪中叶，阿米尔帖木儿建立以撒马尔罕为首的庞大帝国。16—18世纪，建立布哈拉汗国、希瓦汗国和浩罕国。19世纪60—70年代，部分领土并入俄罗斯。1917—1918年建立苏维埃政权。1924年成立乌兹别克苏维埃社会主义共和国并加入苏联，1991年8月31日宣布独立。

U

Vv

Vaanabhatta　伐诺波多，7世纪著名梵语诗人，《迦丹波利》的作者。
Vabhta　婆跋吒，6世纪古印度医学家，著有《八科提要》，《八科精华集》。
Vac　“语言”，波耆，言语，语言女神；财富的主宰和守护者，被蒙垂爱者；制造争端。
Vacanadosa　语病，言过。
Vacanasannyasa　放弃命题。
Vacaspati　语主论师，言语之神。
Vacaspatinisra　瓦卡斯帕体尼司拉，9世纪人，注释吠檀多。
Vach　声音。
Vachana　口语诗。
Vachaspati　演讲大师。
Vaci　业（身、口、意）里的口业。
Vacika　语音。
Vacobheda　词数不同。
Vada　论题，议论，议论双方对以论题按照因明规则反复推论辩驳，以期辩出对错。
Vadadhikarana　命题的根据。
Vadahrdaya　论心。
Vadalankara　修辞。
Vadana　祷告，祭祀，拜神。
Vadanakamala　莲花脸。
Vadanigraha　辩论失败。
Vadarika　瓦达瑞卡，恒河源头甘嘎特里附近的一座静修林。
Vadasthana　辩论地点。
Vadavidhana　论式。
Vadavidhi　轮轨。
Vadebahukaradharmah　命题受赞赏的诸特点。
Vadha　惩治。
Vadhusara　泪水河。
Vadivelu　瓦蒂维鲁，19世纪坦焦尔风格（Tanjore）的婆罗多舞4大名师之一。
Vadya　乐器。
Vagbhata　伐巴塔，7世纪印度医学家。
Vagbhata　伐格薄吒，12世纪作家，作品《伐格薄吒庄严论》（Vagbhatalankara）；另一同名作家，13—14世纪人，作品《诗教》（Kavyanusasana）。
Vagbija　关于世界本源的咒语。
Vagikarana　足身法。
Vagisa　牟自在。
Vahan　坐骑，运载工具，公牛。
Vahana　印度神话里神的坐骑。梵天的坐骑为天鹅，毗湿奴的坐骑为大鹏鸟迦鲁陀，湿婆的坐骑为神牛南迪，因陀罗的坐骑为象、阎摩的坐骑为水牛，战神塞建陀的坐骑为孔雀，爱神摩迦的坐骑为鹦鹉，火神阿耆尼的坐骑为羊，司法神伐楼那的坐骑为鱼，象头神群主迦内沙的坐骑为鼠，风神伐由的坐骑为羚羊，星神娑陀的坐骑为秃鹰，女神难近母的坐骑为虎。
Vahini　兵群。
Vahudha shakti yogat　多方面的努力。
Vaibhraja　最高天，毗湿奴在美庐山的住所外昆达（Vaikuntha）所在的林子，林子在素帕什瓦山（Suparswa）山。
Vaidarbha　外达尔巴，梵天生四个儿子的地方。
Vaideha　威德哈，《罗摩衍那》里悉多父亲遮那竭的另一名字。
Vaidehi　威德悉，《罗摩衍那》里悉多的另一名字。
Vaidharmya　异类。
Vaidhi bhakti　记录在文献里的信徒遵守的规定和命令。
Vaidika　吠陀教，印度教的第一阶段，约公元前20世纪至公元前7世纪。
Vaidurya　金刚石。
Vaidya　吠陀大夫，高种姓，被认为是混合种姓。
Vaidya Jivasutra　《佛说养生经》，龙树写的养生之道的医书。
Vaidyaka-siddhasara　《医术成就精华》，印度古代著名医学著作，拉维笈多著。
Vaidyanatha　威德亚纳塔，内科医生之神；湿婆的12个林迦之一。
Vaijayanta　维嘉衍塔，因陀罗战车上的旗子。
Vaijayanti　宝石项链，毗湿奴的项链，极其珍贵，由5颗宝石粘接而成，又叫瓦纳玛拉。铃铛。
Vaijayanti Sakti　《摩诃婆罗多》里迦尔纳杀死布军与希丁芭的儿子瓶首用的神镖。

Vaikartana　剥掉身上肉盔甲的人。指大勇士迦尔纳。

Vaikhanasa　维卡纳萨派，毗湿奴派一分支，属于《黑耶柔吠陀》中的鹧鸪学派。

Vaikhanasa　一群修道士。

Vaikhanasasmarta Sutra　《维卡纳萨必记经》，问世于4世纪，描述对毗湿奴的每日祭拜，是吠陀和非吠陀礼仪的混合物。

Vaikhari　粗俗的（语言）。

Vaikrtadhvani　变韵，或长或短，或清或浊而又转瞬即逝的声音。

Vaikuntha　毗湿奴最高的天界，天堂。结合，混合，使结合。

Vaikuntha　知识，智慧，幻，男性创造力。

Vaikuntha　胜论派，"因中无果"。

Vainateya　金翅鸟，百鸟之王。

Vainya　维尼耶，大仙。

Vaipulya sutras　扩展经。

Vairagis　苦修行者。

Vairagya　解脱，离欲，出家，非激情。

Vairagya-sataka　《离欲百咏》，6—7世纪著名诗人伐致诃利（Bhartrhari）的作品。

Vairata　《毗罗陀篇》，史诗《摩诃婆罗多》里的第四篇。毗罗陀是摩差国国王，站在坚战一边参加了俱卢战争。

Vairocana　"光明遍照"，"大日"，报身佛。

Vaisakha Purnima　吠舍佉节，佛陀诞生日，梵历二月，中国阴历二三月中。

Vaisali　吠舍离，意为广严，位于今天印度比哈尔邦首府巴特那的北边，印度古代名城，现在的比哈尔邦德穆扎法普尔，是佛陀多次说法和最后生活的城市，还是耆那教祖师大雄诞生的地方，公元前6世纪为离车族首城兼跋诋共和国首都。吠舍离为释迦牟尼时代著名的大城市，佛陀在此城预言自己即将入灭。著名的维摩诘居士就是居住在这个地方。

在佛陀灭度后百年，在此城中，耶舍比丘召集了七百名上座部长老，进行了第二次经典结集（又称七百集结、吠舍离集结），造成上座部与大众部的分裂，开始了佛教部派佛教时期。

Vaisampayana　护民，《摩诃婆罗多》中在镇群王蛇祭上演唱《摩诃婆罗多》。

Vaisaradya　无畏。

Vaiseshika　胜论派，公元前2世纪，迦那陀（Kanada）创立。主张"因中无果"：世界由各种要素聚合而成，要素（原因）与新的事物（结果）是性质不同的两回事。要素在聚合前并不蕴含新事物的成分。胜论派的著作有10世纪乌达亚纳（Udayana）的《光之颈饰》（Kiranavali）、10—11世纪希瓦狄提亚（Sivaditya）的《七句义论》（Saptapadarthi）、15世纪桑克拉·米斯里（Sankra misra）对《胜论经》的注释《无巴斯加罗》（Upaskara）、17世纪劳加尅西·巴斯卡拉（Laugaksi Bhaskara）的《思择月光》、17世纪维斯瓦纳特（Visvanatha）的《叙述裁定》（Bhasqaaricheda）和《极城说珍珠之颈饰》（Siddhanta-muktavali）。

Vaishakh　维沙克月，印历2月，公历4—5月。

Vaishavite　毗湿奴派，见Vaishnava。

Vaishnava　毗湿奴教派的教徒。毗湿奴诗。

Vaishnava　毗湿奴派，印度教分派之一，以毗湿奴神及其同体异名或化身以及配偶拉克西米为最高神而崇拜之。原来毗湿奴神仅是吠陀宗教诸多太阳神之一，不久与各地土著的种种最高神（及其神妃）混合，继与湿婆神同被视为印度教的最高神。毗湿奴最显著的特征是化身。由于恶神阿修罗横行于世，人间四处弥漫邪恶，毗湿奴遂以各式各样的神格出现在人间，使恢复正义。因此，毗湿奴有种种异名，一般认为有千名之多。主要有两大派。一派为盘查拉特拉派（Pancharatra），产生于6世纪，认为宇宙的最高实在是毗湿奴及其性力的混合；另一派叫薄伽梵派（Bhagavata），信奉毗湿奴及其化身，崇拜黑天，经典为《薄伽梵往世书》。

Vaishnava Padavali　毗湿奴抒情诗歌。

Vaishnava Songs　毗湿奴派的歌。

Vaishnavism　毗湿奴教，毗湿奴崇拜。

Vaishnavite　毗湿奴派信徒。

Vaishno Devi　威势努·戴维，地名，在查谟地区（Jammu），有三女庙即迦梨女神庙（Kali）、辩才天女萨拉斯瓦蒂（Sarasvati）庙和财富女神拉克西米（Lankshimi）庙。

Vaishva-deva-bali-binda　敬神的食物。

Vaisnava Dharmasastra　《毗湿奴法论》，核心部分成书于公元前3世纪—公元前1世纪，韵体部分成书于5—6世纪，是印度古代重要的法论著作，属于《黑耶柔吠陀》。

Vaisnavacapa　毗湿奴的神弓。

Vaisnavas　祭祀湿婆。

Vaisravana　维斯拉瓦纳，《罗摩衍那》里罗婆那的哥哥。

Vaisravana　毗沙门天王，佛的化身。

Vaisravana　毗沙纳瓦纳，神话里财神俱毗罗的父亲。

Vaisvadvi　吠湿婆戴维，音节名，——--v- -v- -。

Vaisvanara　黄道。

Vaisya　吠舍，印度教第三种姓，即商人、牧民、农民种姓。

Vaisyavarna　从事农、牧、商的吠舍阶层。

Vaitalikavidyajnana　颂词。

Vaitarani　冥河。

Vaitarani　毗陀罗尼，阴阳分界河。在《摩诃婆罗多》里为恶人无法通过的地下恒河。还有同名的另外一条河，在河里沐浴可以洗去罪恶。

Vaitathyaprakarana　虚妄。

Vaivarnya　变色。

Vaivasvata　7世摩奴。

Vaivasvatas Yama　阎摩仙人。

Vaiyakarana　语法学。

Vaiyasiki　拜亚希基，大史诗《摩诃婆罗多》的作者毗耶娑之子。

Vajapeye　婆阇贝耶祭，也叫遮阳伞祭，遮阳伞平时只有国王才能使用，但在祭祀时主祭的婆罗门被皇帝恩准使用遮阳伞。

Vajaraga　婆竭罗恩迦，苦行者。

Vajarastra　雷电神因陀罗的丁字形锤。

Vajasaneyi　祭言，婆罗门仙人。

Vajasaneyi Samhita　《白耶柔吠陀》。

Vajayanta　瓦加衍塔，《罗摩衍那》里罗婆那弟弟统治的城市。

V

Vajji　东印度的跋耆那族。

Vajji　跋祇，公元前6世纪—公元前4世纪印度列国时代16国之一，管辖恒河中下游北部。

Vajpayee, A. B.　瓦杰帕伊（1924—），印度政治家，1998至2003年担任印度总理。瓦杰帕伊出生于印度中央邦瓜廖尔市的一个教师家庭，自幼喜爱文学，并以"诗人总理"的名衔享誉世界。他曾就读于瓜廖尔维多利亚学院，获文学硕士学位，后又在北方邦坎普尔德夫学院获政治学硕士学位。他文采飞扬，毕业后曾任多家报刊的编辑和主编，至今出版过十余种诗集、文集和讲演集等。他曾经说过，不当总理以后，他还要做一名诗人。

1942年他因策动印度独立运动而被捕入狱。1951年10月，人民同盟成立，他是创建者之一。1957年起，瓦杰帕伊一直是印度人民院或联邦院议员，并长期担任人民同盟议会党团领导人。1968—1973年，他是人民同盟主席。1977年，人民党成立，他是主要领导人之一。同年，人民党在大选中获胜，瓦杰帕伊出任德赛政府的外交部部长。1980年，因政治分歧，瓦杰帕伊拒绝与国民志愿服务团脱离关系而辞去部长职务，并另行成立了印度人民党。在他的领导下，印度人民党逐渐崛起，1996年成为印度第一大党，瓦杰帕伊也因此做了13天总理，因在议会辩论中未得到多数支持而辞职。在1998年印度人民院第十二届大选中，印度人民党再次胜出，得以与其他17个政党联合组阁，瓦杰帕伊二度出任总理。1999年10月，以印度人民党为核心、由24党联合而成的全国民主联盟获得第十三届大选的压倒性胜利，瓦杰帕伊第三次担任总理。2004年任期结束。

Vajra　金刚杵，神话里神牛变的人种和武器，据传为工艺神毗首羯摩造，以金、银、铜、铁制造。

Vajra-bahu　臂携金刚神杵者。

Vajra-bhrt　持金刚神杵。

Vajra-daksina　右手执金刚神杵者。

Vajra-hasta　手持金刚神杵者。

Vajra-Upanisad　《金刚杵奥义书》。

Vajra-vat　有金刚神杵者。

Vajrabodhi　跋月罗盘体（662—733），意译为金刚智，中印度国王伊舍纳瓦摩的第三王子，印度佛教高僧，一代大师，公元710年来中国弘扬佛法，通过布道讲解佛教密经，译经11部，733年在中国逝世。

Vajraccedikaprajnaparamitasuta　《金刚经》，佛教经典中极为盛行的一部，认为世界上一切事物皆空。

Vajradamstra　金刚齿。

Vajradhatu　金刚界，大日如来的智德，一方面世界上没有任何力量可以破坏它，另一方面却能配合世界上任何力量。

Vajradhatu　金刚界，密教对表现大日如来智慧的称谓，意为佛家能摧毁一切烦恼。

Vajrakantakasali　阴间的铁针板。

Vajranabha　毗湿奴轮盘的名字。

Vajranga　婆羯罗恩迦，印度神话里的苦行者，为仙人迦叶波和底提的儿子。因陀罗杀死底提的几个儿子。为了复仇，底提生婆羯罗恩迦，他长大后打败因陀罗背回母亲处，任母亲处置。梵天求情，他母亲宽恕因陀罗。梵天把美丽绝伦的婆罗恩吉赐给他。夫妇去森林修苦行。因陀罗耿耿于怀，化作巨蛇劫走婆罗恩吉，他千辛万苦找到妻子。

Vajrapani　金刚手，指因陀罗。

Vajrapani　金刚力士，严格的萨垂，持金刚或持雷电者。

Vajrasana　金刚宝座。

Vajrasekharasutra　《金刚顶经》，佛教密宗主要经典之一，问世于7世纪。

Vajrasta　因陀罗送给阿周那的宝器。

Vajrasuci　《金刚针论》。

Vajravyooha　阿周那摆的阵势。

Vajravyuha　金刚阵。

Vajrayana　金刚乘，7世纪由萨姆博洛创立的佛教的一个派别，为以瑜伽秘密仪式为一大体系，将智慧比作女性，方便比作男性，以男女交合的大乐代表佛教的智慧与方便结合所达到的涅槃境界。

Vajrin　金刚神杵所有者。

Vak　话语，话语女神。

Vakataka Dynasty　伐卡塔卡王朝，3—6世纪德干地区王朝。

Vakkli　巧答。

Vakparusya　说伤人自尊的话，取笑别人的身体残疾。

Vakpati　瓦克帕蒂，8世纪梵语诗人，他写的叙事诗《高达征服记》，颂扬曲女城耶输巴摩征服高达国的壮举。

Vakpatiraja　伐格波提罗阇，作品有用摩诃剌陀语写的叙事诗《高达伏诛记》（Gaudavaha）。

Vakrakhya　金刚索，神经索。

Vakrokti　曲语，夸大，巧妙的言语，字音和意义修饰。

Vakrokti sanpradaya　曲语论派。

Vakruktijivita　《曲语生命论》，10—11世纪恭多加（Kuntaka）著。

Vakula　树。

Vakya-sastra　单词研究，单词经，弥曼差哲学的另一叫法。

Vala　矛。

Vala　婆罗，魔怪，“截取者”“隐藏者”，传说他把波尼偷来的牛藏于山洞，因陀罗和祈祷主率耆耆罗斯及其他仙人摧毁洞窟，夺回牛，因陀罗杀死婆罗。

Vala　人格化的恶魔。

Valabhadasa　婆罗帕陀娑，《僵尸鬼的故事》的作者。

Valabhi　伐拉毗，耆那教规产生处，镇子，在卡提亚瓦半岛东部坎贝湾入口处的伐拉村，耆那教经典《12支派》的编纂处。

Valabhi　伐腊毗，南印度古国名，又称跋腊毗国、北罗罗国，约当今卡提瓦半岛（Kathiawar）。依据《大唐西域记・卷十一》，此国周围六千余里，国都周围三十余里，居人殷盛，家室富饶，四方奇货多聚于此。有伽蓝百余所，僧徒六千余人，多学小乘正量部之法。释尊在世时，曾屡游此国。于都城附近，有阿折罗（Acara）阿罗汉建立之大伽蓝，德慧、坚慧二菩萨，曾于此处造论。此外，天祠亦有数百，异道实多。此国都城之位置，在半岛东岸巴夫那革（Bhaonagar）之西北约29千米处，今存废址。半岛南岸之索那市（Somnath）今亦残存。

此卡提瓦半岛，古称斯拉修特拉（Surasutra）；孔雀王朝时代设地方官治理此地；公元前1世纪，隶属沙哈（Sah）王朝。公元3世纪沙哈王朝灭，笈多王朝代之而起。此地遂受制于笈多王朝，其后又属匈奴治下。公元5世纪末叶，迈特拉卡（Maitraka）族的巴塔卡（Bhatarka）据此地建伐腊毗王朝。此王朝兴盛时，佛教亦颇兴隆。据《大唐西域记》载，伐腊毗国王鲁婆跋吒情性躁急，智谋浅近，但淳信三宝，每岁设七日大会，供养僧众，尤其敬重远来高僧。

Valadacarya　瓦拉达卡利亚，17世纪印度剧作家，写有剧本《春饰》（Vasantalilaka）。

Valadeva　大力罗摩，黑天的哥哥。

Valahaka 黑天行动快如思想的马。
Valahaka 淡云，晴云，浮云。
Valakhilya 婆罗吉利耶，非凡侏儒的统称，据说只有拇指大。一群修道士。
Valakhilya 伪经，不足凭信的经书。
Valayapati 《瓦拉亚帕提》，泰米尔史诗。
Vali 奉献，国王的名字，妻子妙力，他让长暗仙人和妻子生子，妙力派首陀罗女子和仙人同居，生下11个儿子，大儿子叫有界。
Valin 波林，《罗摩衍那》里的猴王，妙项兄，不听妻子陀罗劝告，被罗摩杀死。
Valita 开除出种姓。
Valiyyulah, Shah 瓦利乌拉（1703—1762），18世纪伊斯兰教改革先驱。
Valkhika 波力迦国，般度王的二王后玛德丽的国家。
Valkyries 把战场上的英雄提回天上做情人。
Vallabha 瓦拉哈，布军的化名。
Vallabha 伐婆罗（1479—1531），印度宗教哲学家，印度教毗湿奴派纯粹不二论的提出者，毗湿奴派一支瓦拉巴派创始人。
Vallabha 瓦拉巴（1435—1531），毗湿奴派神学家，瓦拉纳西人，吠檀多派哲学家，北印度虔诚派代表。
Vallabha-Acharya 瓦拉巴派，印度教毗湿奴派的一个分支，由瓦拉巴创立，崇拜毗湿奴的化身黑天少年做牧童时和情人拉达及其他牧女调情的风流艳事。
Vallabhacharya 瓦拉巴查亚（1479—1531），印度教瓦拉巴派代表代表人物。瓦拉巴派反对禁欲和苦行，提倡享乐主义。
Vallabhadava 沃勒帕提婆，12世纪诗人，古典抒情诗集《妙语连珠》(Subhasistavali)的作者。
Vallabhi 瓦拉巴派，毗湿奴派一支，见Vallabha-Acharya。
Vallakis 瓦拉吉，一种战鼓。
Vallathol Narayana Menon 19世纪马拉雅拉姆语诗人，复兴卡达卡利舞。
Vallava 厨子，低种姓之一。
Valmiki 蚁垤仙人，一译瓦尔米基，又名跋弥仙人，传说是《罗摩衍那》的作者，生活在约公元前2世纪。年轻时当过强盗，后来修苦行赎罪，他一动不动置身于一处，直至蚂蚁从头到脚把他的身体埋住。其名由此而来。悉多被罗摩流放后，住在蚁垤仙人处，生下一对小王子俱舍和罗婆，蚁垤仙人教他们唱罗摩和悉多的故事，最后带他们去罗摩王宫演唱，罗摩认出儿子，与儿子、悉多团聚。他首创输洛迦诗律。
Valmiki Pratibha (The Genius of Valmiki) 泰戈尔于1881年写的音乐剧《蚁垤的天才》。
Vama 女行，密教里妇女独有的有关性欲的礼仪实践。
Vamacara=Viracara=vamacharis 性力派左道；女行，原为妇女独有的有关性欲的礼仪实践。后来的瑜珈与其有很大关系。密教的修女行，即崇拜五谛、空花和俱罗女，充当妇女以取悦最高阴性神力。
Vamacara 使用左手，表示使用不洁净的东西。
Vamadeva 湿婆的温柔相。
Vamadeva 伐摩提婆，颂诗作者。
Vamadeva 瓦摩托婆，《罗摩衍那》里十车王的祭司。
Vamakesvara Tantra 《欲乐自在秘密经》，瑜伽与密教关于妇女独有的有关性欲的典籍。
Vamana 侏儒象种。
Vamana 侏儒，毗湿奴的化身，“三步跨出天界”(Trivikrama)，指毗湿奴的第五位化身侏儒。魔王巴里以其修炼和苦行夺得了三界的统治权。诸神之母阿底提求助于毗湿奴，毗湿奴化身为一侏儒，向魔王求三步之地，魔王答应，毗湿奴迈出两步就跨越天界和人间，然后停步不前，把地狱留给了魔王。
Vamana 伐摩那，8世纪作家，作品《诗庄严经》(Kavyalankarasutra)。
Vamana 南方火和西方的大象。
Vamana Bhattta Bana 瓦马纳·巴塔·巴纳，14—15世纪作家，作品《铅丹》(Srngarabhasana)。
Vamanapurana 《侏儒往世书》。
Vamavals 9世纪尼泊尔的《编年史》。
Vamsa 天神、仙人之谱系，家族。竹子。
Vamsanucarita 家谱，日种王朝和月种王朝（即太阳王朝和月亮王朝）的世系。
Vamsavali 某个特定地方的统治家族史。谱系。“世系”，王朝。
Vamuku (Sesha Naga, Aanta) 蛇王，

"永恒"。

Vana 林子。

Vana prastha asram 隐居森林过打坐修炼生活。

Vanadevata 森林之神。

Vanamala 瓦纳玛拉，毗湿奴的宝石项链。

Vanaprastha 隐士，林居者。

Vanaprasthya 林栖期，即入山修行期，印度教认为的人生四行期的第三个阶段。

Vanara 《罗摩衍那》里帮助罗摩攻打十首魔王罗婆那的猴子军。

Vanaris 瓦那里，《罗摩衍那》里的猴子军将领。

Vanaspati 无花果树，不开花的树，树精。

Vanavani 《森林之声集》，泰戈尔1931年写的诗歌集。

Vanavasa 林中生活，森林之声。

Vanavasi 《森林之声》，泰戈尔1928年的诗集。

Vanayu 婆那逾。古代名战马输出地，可能指今天的阿拉伯。

Vancouver 温哥华市，是加拿大不列颠哥伦比亚省低陆平原地区一沿岸城市。温哥华市内有58万居民，而大温哥华地区的人口则超过210万，是不列颠哥伦比亚省及至加拿大西部最大的都会区，以及全国第三大都会区。温哥华是北美西岸水陆路交通的主要枢纽之一，更构成远东地区、加拿大东部和英国之间贸易往来的重要一环。温哥华港现时是加拿大最大和最繁忙的港口，以货物总吨数计也是北美第四大港口。此外，温哥华的自然环境深受游客欢迎。温哥华也是北美继洛杉矶和纽约后第三大制片中心，更有"北方好莱坞"之称。1929年4月8日，正在加拿大访问的泰戈尔在温哥华演讲《文学的原则》。

Vande Mataram 《向母亲致敬》，泰戈尔1937年10月30日写的文章。泰戈尔写的印度国歌。

Vandemataram 邦代玛特拉姆，"母亲，向你致敬！"，班吉姆小说《阿难陀寺院》中印度教色彩很浓的歌曲，被用来作为1905—1908年斯瓦德西运动的口号。见Bande Mataram。

Vandi 梵迪，风神瓦如那的儿子。

Vanga=vasta 增支部，长阿含经。

Vanga 文伽，6世纪印度东北古国，在今孟加拉。

Vani 瓦尼种姓。

Vanijya 贸易。

Vankataramanan 南希珍，印度著名的汉学家，20世纪40年代留学北京大学，毕业后回国际大学担任哲学系教授，后继任谭云山担任国际大学中国学院院长。

Vanniyars 范尼亚尔斯，首陀罗种姓，自称原是刹帝利种姓。

Varada mudra 施与恩惠的手势，施与印。

Varadacarya 婆罗达恰里耶，17世纪作家，《春饰》（Vasantatilika）的作者。

Varadarajan 瓦拉达拉占（1912—1974），印度泰米尔语作家，作品有《碗灯》《红莲》等。

Varadayaya 瓦拉达雅雅，即克谢特拉吉那（Kshetrajna），17世纪安得拉邦音乐家。

Varaha 野猪，毗湿奴的化身之一，5世纪著名雕刻，在中央邦毗底沙附近的乌达耶吉里石窟。

Varahamihira 彘日，6世纪印度天文学家，著作有《五原理》《王悉檀多论》《广博观星大集》。

Varahapurana 《野猪往世书》。

Varahavatara 毗湿奴的化身野猪。

Varamala 花环。

Varana 神性动物。

Varana 新娘选由圣坛土、田土、牛粪堆土和坟土做的球，选上前3个任意一个者，婚事成，否则告吹。

Varanasi 瓦拉纳西，原称贝拿勒斯、迦尸，印度教第一圣城，印度教、佛教、耆那教三教圣地，著名历史古城，位于印度北方邦东南部，坐落在恒河中游新月形曲流段左岸，现有人口100万。该市有各式庙宇1500座以上，主要名胜古迹有：恒河浴场、印度金庙、杜尔迦庙、印度之母庙、拉玛王庙、贝拿勒斯印度教大学、新印度金庙、林讷格尔堡。河岸附近的街头巷尾，到处树立着象征湿婆的神柱（被称为"林伽"，即男性生殖器），为印度教徒所顶礼膜拜。此外，释迦牟尼初转法轮的鹿野苑就在瓦拉纳西附近，耆那教的两个教长也诞生在附近。1931年，瓦拉纳西附近的佛教圣地鹿野苑修建了穆腊干达库提佛教庙，泰戈尔专门为其开光写了一首诗。

Varanasi Hindu University　瓦拉纳西印度教大学，在印度最大的圣城瓦拉纳西的恒河畔，是印度继承、发扬印度文化的最权威的大学，设有印度文化的各个学科，内有湿婆林伽、印度教庙等。

Varanavat　瓦拉纳瓦特，即阿拉哈巴德（Alahabad），恒河、雅穆纳河与萨拉斯瓦蒂河三河汇合处，印度第二大圣地，尼赫鲁、英迪拉·甘地、拉吉夫·甘地的老家。

Varanavata　瓦拉那瓦塔林，在现在的瓦拉纳西，《摩诃婆罗多》里难敌设计在这里建了一座紫胶宫，阴谋烧死般度五兄弟。

Vararoha　有美丽屁股的人，臀部很美的女人。

Vararuci　婆罗卢吉，剧作家，作品《和好》（Ubhayabhisarika）。

Vararuci　婆罗卢吉，11世纪作家，写《健日王传》（Vikramacarita）。

Vardhamana　伐陀摩那，6—7世纪人，耆那教第24代祖师。

Vardhamana　伐陀摩那，手势名，一手持劫比陀果手势，另一手持花蕾手势，前者握住后者。

Vardhamana Vahavira　大雄筏陀摩那，征服者（Arhantwarthy），父亲为悉达多（Siddharta）。

Vardhapana　小儿断脐礼。割断脐带，这一天也就是小孩的生日。

Varendra　瓦伦德拉，印度孟加拉地区佛教高僧，1016年来中国讲经。

Varga　瓦尔加，5鳄鱼女之一。财神俱毗罗宫廷仙女，因引诱漂亮婆罗门而被变为鳄鱼，后被在流放途中的阿周那恢复。其他四个是：扫拉巴（Saurabha）、撒米奇（Samichi）、拉塔（Lata）、布达（Budbuda）。

Varga　颂诗的级、阶。

Varga-daivata　星宿初见日。

Vari　铜鼓和喇叭。

Varkari panth　朝圣之路。

Varkhari Panth　朝圣之路派，毗湿奴派的一个支派。

Varma　瓦尔玛，克拉拉邦现代作家。

Varma　瓦尔玛，刹帝利姓。

Varma，Ravi　马儿瓦，R.（1848—1906），印度画家。

Varma Mahadevi　沃尔玛·M.（1907—1987），印度印地语女诗人，作品有《雾》《光》《湿婆神》等。

Varman　铠甲。

Varna　（梵文）外表，颜色，瓦尔纳制度，种姓制，按种姓区分不同而又互相依赖的职业种类。

Varna　四种声调，高（udatta）、低（anudata）、降（svarita）、抖调（kampita）。

Varna-ashrama-dharma　高种姓，令人羡慕的社会阶层。

Varna Bahayas　贱民，即种姓外的人。

Varnam　瓦尔纳姆，乐曲名，婆罗多舞剧目，赞颂神灵。

Varnas　瓦尔那，印度教社会的四个等级。

Varnasamhara　色像，色聚，各种角色相遇；婆罗多舞主要舞段，第四部分。

Varnasamkara　混杂种姓。

Varnasrama-dharma　四种瓦尔那（种姓）人生各阶段的行为准则。

Varnikabhangam　用笔和颜色的美术，通过色彩表现画物。

Varsha　雨季。

Varshamangal　《雨季的节日》，泰戈尔的剧本。见Festival of the Rains。

Varshaphala　预言。

Varsika　安居，佛教徒在雨季不外出，坐禅修炼。

Varsneya　瓦湿内耶，阿周那对克里希纳的称呼，义为"屋湿尼族（Vrsni）的后代"。

Vartika　《释补》，公元前3世纪迦旃延那（Katyayanas）著。雌鹌鹑。

Vartman　方式。

Varuda　火。

Varuna　伐楼那，风神，真理和正义的维护者，海神。以他为首的12集团神名之一。12神分别代表一年中12个月的太阳。后渔民当海神崇拜。他劫走仙人优陀提耶的妻子跋陀罗，仙人派那罗陀去要，他竟拒绝归还，优陀提耶喝干海水，逼他交出跋陀罗。

Varunapasa　神话里极欲仙人神牛变出的人种和武器。

Varunapash 风神宝器，神话里风神瓦如那送给般度五兄弟的武器。

Varunas 瓦如那斯，耆耆罗斯的8个儿子的统称。

Varuni 瓦如尼，神话里风神的女儿，众神搅乳海时出来。

Vasa 不生孩子的妇女。

Vasan 瓦萨，电影导演，20世纪80年代拍《金点子》(Chandra Lekha)。

Vasana 潜在印象，欲望；众生衣服。

Vasanatmaka 常情。

Vasant Panchani 孟加拉人在马克月（印历1月，公历3—4月）的第五天敬奉辩才天女——文艺、知识女神萨拉斯瓦蒂的节日。

Vasanta 《春天》，泰戈尔1923年写的音乐剧。

Vasanta 瓦桑塔，春神。春季，青春之神，季节之神。

Vasantasena 春军，3世纪印度作家首陀罗迦的剧本《小泥车》里的女主人公，名妓，与婆罗门商人演绎了一段美好的爱情。

Vasantaka 婆森德迦，印度6世纪剧作家跋娑的戏剧《惊梦记》中的丑角。

Vasantalilaka 婆散托蒂罗迦，音节名。每个音节有14个音节。格律是--v-vvv-vv-v--。《春饰》，17世纪瓦拉达卡利亚（Valadacarya）的剧本。

Vasantotsava 春天。

Vasat 婆阇，祭祀时呼喊的声音。

Vasatkara 受到蔑视的祭品。

Vasava=Vayu 风神瓦由。

Vasava 神话里被偷走的萨竭罗马祭用的马；婆薮之主（因陀罗），天神。

Vasavadatta 《仙赐》，6世纪苏般度（Subandhu）的作品。情节为：王子爱魁梦中见一美丽少女，想念成疾。蜜蜂带他去找梦中少女。从鸟的对话里知道花城公主仙赐未能在选婿大典上找到意中人，却梦见一位叫爱魁的英俊王子，相思成病。爱魁借夜幕进入仙赐王宫，两人见面兴奋得晕倒。苏醒后爱魁得知花城王已将仙赐许配给持明王子。爱魁绝望，决定自杀，天音告诉他不久会与心上人团圆。他终于见到仙赐的石像，摸之变活。原来，那天苏醒后去林子采果，遇见两帮土匪，争夺她而厮杀，仙人说她是祸根，诅咒她变石头，只有爱人抚摸才会复活。

Vasdu 客观事物或本事。

Vashkala 梨俱吠陀的瓦底卡拉版本。

Vasiska 瓦西色伽，2世纪贵霜王朝国王迦尼色珈的儿子。

Vasistha 瓦西施塔，印度古代圣人，曾赴中国考察密宗仪式。

Vasistha 极欲仙人，音译婆私吒，《梨俱吠陀》中提到的著名的仙人之一，许多歌的作者。在《摩诃婆罗多》中，他是甘蔗族的帝师。传说中太阳王族的家庭祭司，是《梨俱吠陀》第七部的作者，婆罗门尊严和力量的象征。他为梵天之子，因遭受诅咒而失去其体，后借密多罗和伐楼那因见广延天女所遗之精液而获得再生。他因众友仙人觊觎他的神牛而结怨。他的儿子因不给国王让路挨国王抽打，诅咒国王变罗刹，众友仙人让一吃人罗刹进入国王体内，吃了其儿子，极欲仙人绝望中想自杀，但无论是跳崖、跳河都不得死。

Vasistha-dharmasastra 《婆私吒法论》，即《极欲法论》，重要的印度古代法论。问世于公元前3世纪—公元前1世纪。

Vasistha Siddhanta 《婆私吒历数书》，问世于3—4世纪的印度古代5部历数书里的第二部。

Vasisthaputra Purumayi 婆斯吒补特罗·波罗莫耶（130—133年在位），萨陀伐诃那王朝国王。

Vasita 被熏染。

Vasko Da Gamai 瓦斯口·达·家迈教堂，果阿的教堂名，有传教士甘玛（Ganma）的不朽遗体。

Vistara 榕树，一把达尔巴圣草，声名远播。

Vastava 义庄严的本事类。

Vastayana 婆差耶那，5世纪人，印度哲学家，著有《正理经疏》《Nyayasutrabhasya》。

Vastospati 住宅保护神。

Vastudhvani 事实韵，题材的暗示。

Vastu-purusha Mandala 神庙的象征性蓝图。

Vastupala 瓦斯图帕拉，13世纪古吉拉特大臣，文学团体首领。

Vastuthapana 发生，不管有无惊恐，汇聚所有的味。

Vasu 婆苏，“善良的”，群神统称，雷电神因陀罗的侍从，即阿尼罗——风、阿那婆——火、阿婆——水、苏摩——月、陀婆——土，波罗婆娑——金星、黎明、陀鲁婆——北极星、波罗提优娑——光；梵天4子之四。被看作婆苏的还有双马童、阿底多、鲁陀罗、毗湿奴、湿婆和俱毗罗。还有阿耆尼、苏摩、伐由、陀鲁婆等。在不同经典里说法不一。

Vasu 婆苏，集团神名，由水、空、月、地、风、火、晨曦，日光神分别组成。

Vasubandhu 世亲，4—5世纪瑜伽行派代表人物，瑜伽行派理论奠基人无著的弟弟。

Vasubbandhu 世亲（400—480），无著的弟弟，瑜伽行派学说代表人物。写有大乘佛教的经典《阿毗达摩俱舍论。》

Vasudeva 瓦苏陀婆，即烧死萨竭罗60000个儿子的迦毗罗仙人（Kapila）。

Vasudeva 富天，《摩诃婆罗多》里黑天的生父。般度五子的母亲贡蒂的哥哥。死后四个妻子为他殉葬自焚。

Vasudeva 瓦苏德瓦，公元前1世纪巽伽王朝的大臣，他策划让女奴杀死国王，推翻巽伽王朝，建立短命的甘华（Kanva，公元前73—28）王朝。

Vasudeva 世亲，9世纪剧作家，作品《坚战的胜利》（Yudhisthiravijaya）；财天，财天神，婆苏天，义为遍居天，神名，即黑天。

Vasudeva 财富。

Vasudeva 婆薮提婆（公元前1世纪），印度摩羯陀国甘婆王朝创建者。

Vasudeva Ⅱ 婆薮提婆二世（145—176在位），贵霜帝国国王。

Vasudevahindi 《苏婆提婆游记》，耆那教徒用摩诃剌陀语写。

Vasudhaiva kutumbakam 世界大同，天下一家。

Vasudhara 山。

Vasugupta 瓦苏古颇塔（875—925），克什米尔地区印度教湿婆派圣人。

Vasugupta 瓦苏基多（770-830），克什米尔人，创立湿婆派的认知学派（Pratyabhij-na）。

Vasuki=Nagas 瓦苏吉，大史诗《摩诃婆罗多》中描述的蛇王。

Vasuki 伐苏基，众神搅乳海时缠在龟背上的曼陀罗山上的蛇。为了拯救诸神和众生，湿婆吞咽了它吐出的毒液，自己的喉头被烧灼成青色。

Vasuki 蛇的头头。

Vasumati 世慧，11世纪梵文和密法学家。

Vasumati 瓦苏城。

Vasumitra 世友，1—2世纪一切有部论师，著《异部宗轮论》（Samayabhedopara-canacakrasastra），该书为古印度佛教一切有部论书，“异部”指部派各异；“轮论”指各部派宗旨各异，如轮转不定。

Vasundhara 大地女神。

Vasvaswat 光辉的太阳。

Vata 气。

Vata 圣树。

Vata 伐多，风神，乘马车，风驰电掣，激起红色闪光，所过之处万物荡然无存。

Vatakalai 印度北方文化，北方派。

Vatapi and Ilvala 伐陀毗和伊婆罗，神话里的二罗刹兄弟，专在林子残害修炼的仙人，哥哥伐陀毗化作羊让弟弟伊婆罗献给让婆罗门分食，伊婆罗施法术呼哥哥名，伐陀毗从婆罗门腹中出来，婆罗门被撕破肚皮而死。如法炮制暗算投山仙人，被投山仙人吞食消化。伊婆罗报复，被投山仙人用眼睛焰火烧死。

Vatapi 瓦塔比，古代印度地名，6—8世纪为遮娄其王朝首都，在今卡纳塔克邦比贾普尔县的巴达米。

Vatarodham 阴间的火舌毒药武器山。

Vataskandha 瓦塔斯堪达，天上神仙住的山所在处。

Vatasta （Jhelum）威塔斯塔河，即现在巴基斯坦的杰垆坶河。《摩诃婆罗多》里的大英雄沙利耶曾经是这里的玛德拉国王。

VatayanikerPatra (LettersfromAnOnlooker)《一位旁观者的信》，泰戈尔的信件。

Vatesvara 伐代湿瓦罗，9—10世纪印度天文学家。

Vatsa 增支部，即长阿含经（Vanga）。

Vatsa 跋沙，公元前7世纪—公元前6世纪印度列国时期16国之一，在雅穆纳河流域，首都乔赏弥，国王优填王。

Vatsalya　慈爱味，以父母的心态爱神。

Vatsaraja　伐差罗阇，12—13世纪作家，有剧本《搅乳海记》（Samudra-Manthana）、《可笑顶珠》（Hasyacudami）、《贝者徒传》（Karpuracarita）等。

Vatsayam　瓦察衍，印度实验主义文学运动创始人。

Vatsiputriyas　犊子部，佛教部派之一，把世界一切事物分为"过去""未来""现在""无为""不可说"五藏。

Vatsyayana　阀错衍那，4—5世纪人，《正理经》的注释者；犊子氏（《欲经》的作者）。

Vatsyayana Sutra　《欲经》《情欲学》《性学》。

Vatu　婆罗门梵徒，吠陀学生。

Vavishya　未来。

Vavra　地下洞穴。

Vayasya　兄弟，同龄人。

Vayavya　极欲神牛变出的人种和武器。

Vayu　伐由，风神。《摩诃婆罗多》里般度五子里的老二布军的生身父亲，他与般度王大王后贡蒂生布军。

Vayubhagavan　风神。

Vayupurana　《风神往世书》。

Vayuputra　风神之子，指布军。

Vayuvega-samsparsam　勇士疾风暴雨般地冲向敌人。

VBQ　Visva-Bharati Quarterly 的简写，《国际大学季刊》，1923年创刊。

Veda as jaya　生人者，为人之母（父）。

Veda Vajasaneya　《白夜柔吠陀》。

Vedaanta　吠檀多（哲学学派），印度6派中学中的一派，在奥义书中创立。首先由哲学家跋陀罗衍那（Badadrayana）提出，被称为上弥曼差（uttara-mimamsa），以区别于下弥曼差（purva-mimamsa）。"吠陀的终结"，雅利安人和雅利安哲学的结合。跋达罗衍那写的《梵经》，叙述"梵我一如"的理论，是这个学派的经典。主要人物有：7世纪乔荼波陀（Gaudapada）、8世纪商羯罗（Sankara）、9世纪波斯加罗（Bhaskara）、11—12世纪罗摩奴阇（Ramanuja）、12世纪室利哈尔沙（Sriharsa）、13世纪摩陀婆（Madhva）、13世纪伐罗婆（Vallabha）、15世纪室利帕迪（Sripati）、18世纪巴勒提婆（Baladeva）。

吠檀多，梵语名：Védānta，源自Veda-anta。Védānta，发音/ve：da：ntɐ/，由婆罗门圣经《吠陀》（Veda）和终极（anta）两个词组成，编撰于吠陀时代之后的印度教哲学论文《奥义书》，意为"吠陀的终极"，也为"吠陀的末尾"，也是对印度教一元论的总称。

吠檀多派的经典是《吠檀多经》，相传最初创始人是跋陀罗衍那（公元1世纪左右）（生平不详），后来的吠檀多论者公认他是该派根本经典《梵经》的作者。《梵书》是说明吠陀中有关祭祀的起源、目的、方法以及赞歌、祭祀意义等内容的文集。《森林书》是梵书的附属部分，因为在森林传授而得名。《奥义书》则是《森林书》的附属部分，也是《吠陀》的最后部分，讨论了宇宙和人生的问题，以及如何由思想及精神亲证以得解脱。流传下来的奥义书有200多种，其中约有14种是吠檀多哲学所依据的重要经典。吠檀多是被视为正统的古印度六派哲学之一，是影响最大的一派。《吠陀》经典即此派的理论根据。吠陀（Veda）是指印度上古的"吠陀文献"，其原意是"知识"，记载了人类头脑造神的过程和导致宇宙概念的创造神话的心理过程。

《梵经》时代的吠檀多理论被称为"不一不异论"。后来，吠檀多派的继承者们对《梵经》中梵、我、幻的关系做了不同的解释，从而在吠檀多哲学内部形成了不同的派别，其中最主要的有："无差别不二论""差别不二论""二元论"。还有"二不二论""纯粹不二论"等。商羯罗一派的思想是吠檀多派的主流哲学。

吠檀多派的哲学思想对近、现代印度哲学仍有深刻的影响，近、现代著名的思想家如辨喜、R.泰戈尔、奥罗宾多·高斯、薄伽梵·达斯等人都是这种学说热诚的信仰者。他们从不同的社会需要出发，对吠檀多哲学进行了不同的解释，提出"行动的吠檀多""完整的吠檀多"等理论，并把这种思想传到欧美各国，在国内外建立了数十个吠檀多研究中心。

吠檀多的解脱论即是亲证梵而达到梵我合一。分为净心、获智、舍弃一切行为、智成就四个阶段。

吠檀多反对前弥曼差派烦琐的仪轨和训诂，但不反对虔信的行为。祭祀只是帮助无明之人在心中燃起梵，虔信的行为唤醒内心对梵天的爱、对解脱的渴望。苦行离欲瑜伽是为了净心，学习吠陀经典可以获得梵的知识，舍弃一切行为是因为行为是无明，不可能与解脱连在一起，至少必须弃除我是行为者的观念，才有可能升华小我、融我于梵、达到解脱。

生前的解脱是有身解脱，又称上智真正解脱。死后阿特曼由天道进入梵界为无身解脱，称为下智渐进解脱。吠檀多认为死时根入于心，心入于风，风入于我，我附有业力而入于细身，上风导此我及其业力出于身体，下智者从头出，上智者无所谓出。

吠檀多派代表性的修行方法则有乔荼波陀的“唵”字法。

吠檀多派是印度最后集大成的正统哲学流派，吸收各家精华融于一身，对各家哲学都做了评判。比如数论的原初物质，因中有果论；胜论的原子论，因中无果论；耆那教的多元论，无神论；佛教一切有部的刹那说，缘起说；唯识的万法唯识说；龙树中观的毕竟空等。

吠檀多与佛教的根本区别在于一个是梵我论，一个是无我论。无我是佛陀对无常缘起现象的直观，可以亲证。而梵的知识则是来自吠陀天启，由于梵不可知，不可见，也就无法证明其合理性，故只能建立在对传统吠陀权威的信仰上。

吠檀多派的解脱是梵我合一，个我回归到大我，代价是牺牲个我的意识而获得永恒的存在。吠檀多派一方面把无属性、不可描述的宇宙本体作为上梵，一方面又给其以人格，有智，有喜，能创，能毁。创造出一个与神秘永恒的不可知紧密融合的我，使之永生。而佛教则把我与法分开，法性虽然常恒清净，却并不附有精神意志。

佛教的涅槃是不可定性的，而吠檀多派则认为究竟的解脱境界依然是有心识与喜乐的，佛教仅是肯定涅槃是“绝对”的，而吠檀多派则进一步讨论“这个绝对是什么”，亦即把梵定义成喜乐与识。佛教的解脱是贪嗔痴尽，烦恼永尽，涅槃寂净。于其中但见于法，不见于我的。经中常云：“如来者，即诸法如义。”即是最好的说明。

吠檀多哲学是印度哲学史上的主流，是印度宗教哲学文化的一个重要部分。它以无分别不二论为主导，运用了高度的哲学思辨方法，是婆罗门教的主要思想体现。对于印度吠檀多派哲学思想的关注，有助于加强逻辑思维、抽象概括、分析综合、推演归纳等能力，有助于了解印度哲学思想的流变过程，有助于学习印度其他各派宗教哲学思想。

吠檀多哲学不是单纯的思辨哲学，而是重要的宗教生活，它在公元9世纪后重新征服了印度，至今还深远、广泛地影响着占印度总人口70%的印度教徒，给世界留下了一份宝贵的精神财富。随着东西方文化交流，对吠檀多哲学思想的探讨将会更加深入，从而增加人们对人类的文化和历史、对人类自身的了解。

Vedahametam 我见，我看见。

Vedakavi 18世纪吠陀迦维剧《生命的欢乐》(Jivananda)。

Vedam Venkata Sastrt Vatsyana 吠丹·文卡塔·萨斯特里特·瓦茨亚纳，5世纪作家，作品有《欲经》(Kama Sutra) 等。

Vedanayakam Pillar 维达纳雅坎·皮拉伊(1826—1889)，泰米尔语作家，他的《婆拉达巴·姆达利亚尔的冒险生活》(Pillai Pratapa Mudaltyar Charita) 为第一部泰米尔语小说。

Vedanaya 受业，无害业的一种，引起人的苦乐反应以及反应的强烈程度。

Vedanda-sutra 《吠檀多经论》，公元前1世纪吠檀多派创始人跋达罗衍那的著作，又称梵经 (Brahma-sutra)。

Vedanta 吠陀支，即六支，即正确诵读、理解吠陀经典和祭祀的必需知识。语音学、诗韵学，语法、语源，词义，天文，以及讲祭祀礼节和人生个时期的行为方式的知识等。

Vedanta Disikar 吠檀多·底西卡，15世纪泰米尔语作家。

Vedanta Samgraha 《吠陀意义要旨》，罗摩奴加 (1077—1157) 著。

Vedantam Satyannarayana 吠檀丹·撒提亚那拉呀娜，库奇普迪舞女艺术家。

Vedantin 不二论的追随者。

Vedarambha 儿童始学吠陀礼。

Vedas 《吠陀经》（梵语；拉丁转译为Veda，又译为《韦达经》《韦陀经》《围陀经》等），是婆罗门教和现代的印度教最重要和最根本的经典。“吠陀”又译为“韦达”，意思是“知识”“启示”。

《吠陀经》也被称为《天启经》，因为印度教传统认为：《吠陀经》是至尊主本人发出的，它是永恒的存在。吠陀知识先是由至尊主传授给这个宇宙中负责创造的，然后通过古代的先知将永恒的真理传递给世人，再以师徒相传的方式小心谨慎地留传下来。所以它是一种人类直接听闻上天启示的经验，而不是由任何凡人的思想所形成。

《吠陀经》原本是极长的，为了使人们容易接受，在传承过程中渐渐被分成《梨俱吠陀》《娑摩吠陀》《耶柔吠陀》《阿达婆吠陀》等四部，这四种《吠陀》文献合称“本集”，由祭祀仪式中奉献给众神的颂歌构成。本集又进一步分类，形成了三种经典：《梵书》《森林书》《奥义书》，这三种文献可以理解为指导解释宗教仪式、蕴含丰富的神学思想的。《吠陀经》还有许多补充性的书籍，辅助吠陀研究中包括了语音、语法、词源、韵律、天文、医学、音乐、舞蹈、军事、建筑等科学论著，和超过108部以上的奥义书，以及十八部著名的往世书等等。

《吠陀经》是印度最古老的，大约形成于公元前1000年。由《梨俱吠陀》《娑摩吠陀》《耶柔吠陀》《阿达婆吠陀》四部梵文经书组成。《梨俱吠陀》是上古印度人对神的赞歌和祷告文；《耶柔吠陀》与《娑摩吠陀》都是婆罗门的祷告文，记录古印度对自然力量的仪式；《阿达婆吠陀》是古代著名的家族密文手册，专长是不进行常规仪式而使用梵符和梵语，种类繁多，包括消灾、降灾、诅咒、星云、身体、流逝、毒梵等内容，详细记述各种方法和执行规定，传说掌握其中任何一种就可施展巨大的力量，直到如今仍有大量的方法流传世间。

该经被婆罗门教视为圣典，蒙上了浓厚的宗教色彩，但在古代印度文学发展中却占据着重要地位。它是印度文学最初的源头，对后代的社会生活和文学产生了深远的影响。

Vedas 吠陀，神圣的知识，包括梵书（Brahmana）、森林书（Aranyaka）、奥义书（Upanisads）；4部吠陀：《梨俱吠陀》（Rig-veda），歌颂自然神，为神明颂歌；《耶柔吠陀》（Yajur-Veda），用于祭祀、祷告；《娑摩吠陀》（Soma-Veda），曲调，颂神歌曲；《阿达婆吠陀》（Atharva-Veda），祈福禳灾的咒语和魔法。还有《寿命吠陀》（Ayurveda）。

Vedavati 吠陀婆蒂，印度神话里祈祷主之子具舍陀弗羯的女儿，她在林子遇见十首魔王罗婆那，魔王向她求爱，她坚决回绝，声言要修苦行赢得大神毗湿奴的爱，罗婆那自吹胜过毗湿奴，并摸她的秀发，她感到奇耻大辱而投火自焚，天上落下花雨。

Veddoid =pro-australoid 维达人，即印度原始澳大利亚人。最后一次冰河期末海面上升，这些印度人和原来的澳大利亚分开。

Vede 吠陀文集的总称，包括吠陀本集、梵书、森林书和奥义书。狭义指四部吠陀本集《梨俱吠陀》（Rgveda-samhita）、《娑摩吠陀》（Samaveda- samhita）、《耶柔吠陀》（Yajuveda-samhita）、《阿达婆吠陀》（Adar-vaveda-samhita）。婆罗门教认为吠陀文集是天启的神圣经典，具有至高无上的权威。Samhita是“本集”的意思。

Vedi 祭坛。

Vedic Age 吠陀时代，公元前1500—公元前600年四大吠陀形成的时期。

Vedika 木围栏。

Vedism 吠陀教，公元前20世纪雅利安人进入印度与达罗毗荼文化融合后形成的宗教，是印度教的早期形式。公元前1500年出现的《梨俱吠陀》是其经典。

Vedopakarna 吠陀工具，吠陀支。

Veena 文艺女神、辩才天女萨拉斯瓦蒂拿的维纳琴。

Vegneshwara 婚姻神。

Vel 三叉戟。

Vela 芦苇。

Vellala 农民，农夫家庭。

Vellattam 白布舞，在庙前放个凳子，铺上白布单，众人围着它跳舞。

Vellore, Sepoy Mutiny in 非洛尔兵变，1885年5月在泰米尔纳德邦非洛尔爆发的反抗英殖民当局宗教压迫的兵变。

Veltman 维尔特曼，20世纪苏联学者，曾于1930年拜访正在苏联访问的泰戈尔。

Vemana 未马纳，15世纪泰卢古语作家。著有《百咏》(Satakam)。

Vempati Chinna Satyam 维帕提·钦纳·撒提亚姆，库奇普迪舞女艺术家。

Vena 韦那，传说中的国王，他称王后禁止人们祭祀，拥他为祭祀的主宰，众友仙人等规劝无效，便用祭祀草杀死他。国中因无主陷入混乱，仙人揉韦那的胯骨造出儿子尼沙陀。

Vengi 文耆，6—13世纪期间遮娄其王朝建立的王国。

Venice 威尼斯，意大利东北部城市，亚得里亚海威尼斯湾西北岸重要港口，人口34.3万，主建于离岸4千米的海边浅水滩上，平均水深1.5米，由铁路、公路、桥与陆地相连。由118个小岛组成，并以177条水道、401座桥梁连成一体，以舟相通，有“水上都市”“百岛城”“桥城”之称。1925年1月29日，正在意大利访问的泰戈尔访问威尼斯。

Venisamhara 《结发记》，8世纪婆吒·那罗衍（Bhatta Narayana）的作品。故事来自《摩诃婆罗多》：难敌欺骗坚战赌博，坚战输掉了一切，最后连黑公主也输了，难敌的弟弟难降强行扯住黑公主的头发，肆意侮辱，布军发誓报仇，杀死难敌，最后为黑公主接上发髻。

Venkadesvara 毗湿奴。

Venkatamakhin 维卡塔马金，梅拉喀塔(Melakarta)体系的音乐家。

Venkataraman, Ramaswami 文卡塔拉曼，罗摩斯瓦米（1910—2009），印度政治家。1987年担任印度总统。

Venmani School 文马尼学派，19世纪马拉雅拉姆语文学学派，它打破了梵语镣铐，使文学走向大众化。

Ventaka-subramania 文塔卡-苏波拉马尼亚，即石亚娜·夏斯特里（Shyama Shastri），印度南部音乐家。

Venudanda 木条，树苗。

Venumati 微努玛提河，印度神话里的河流，太白仙人的弟子云发向太白仙人学习起死回生之术是就在这条河边。

Venuvanavihara 竹林精舍，加兰陀长者献给佛陀的园林，供佛陀居住、讲法用。

Vepu-margosa 维普-玛苟飒树，与阿斯瓦塔树（Asvartta）并栽，祝为夫妻树。

Verma Mahadevi Chhayavodi 威尔玛·马哈黛瓦·查亚沃迪（1907—1987），印度浪漫派诗人。

Vermilion 点在已婚妇女额头发际的朱砂痣。

Vernaculars for the M.A..Degree 《文科硕士的地方语》，泰戈尔的散文。

Vers libre 自由的春天。

Veri ayartal 疯狂地。

Vesakara 服装师。

Vesesa 异，特殊性。

Vessatara 《佛本生》里的琵输安但罗太子。

Vetala=vampire 吸血鬼。

Vetalapancavimsatika 《僵尸鬼的故事》，古代梵语故事集。一修炼者每日送健日王含宝石的果子，换取树上吊的一具僵尸，当健日王帮修炼者背回尸体时，附在该僵尸身上的鬼魂给他讲了25则故事。指出修炼者企图将健日王作为祭品献给女神，健日王反将修炼者作为活祭品献给女神，获得了超人法力。

Vetanta 吠檀多派，世界由神用自己的精华组成，吠陀的终结。

Vetantam 印度南部库奇普迪舞教育世家。

Vetra 吠陀落，一种大芦苇，其秆部可以做手杖。

Vevdi 一种甜食。

Vezir （穆斯林王国的）宰相。

VHP Visva Hindu Parisad的符号，国际印度教大会。

Vi-skambhaka 支柱。

Vibangam 鸳鸯鸟。

Vibeeshana 罗婆那的弟弟维比沙那后代，统治兰卡。

Vibhandaka 无瓶仙人，神话里的迦叶波之子，与其子鹿角仙人一起在森林中隐居。

Vibhanga 小乘《分别》。

Vibharama 慌乱。

Vibhasa 毗婆沙，一佛教小教派名称，主要流行在克什米尔。

Vibhasha 毗婆沙，佛教注释。

Vibhats 毗跋蔟，指阿周那。

Vibhava 别情，情由，戏剧中的有关场景和人物，语言、形体和真情表演依靠它而展现。

Vibhavana　藏因，表象，体验。

Vibhavari　财神俱毗罗城。

Vibhavita　被表明。

Vibhidaka　高树，坚果可制骰子。

Vibhishana　维毗沙那，《罗摩衍那》里十首魔王罗婆那的弟弟。

Vibhuti　光荣领域。表现，宇宙灵魂（我）通过神奇力量（瑜伽）所演化出来的各种现象。

Vibodha　睡醒，觉醒。

Vicara　持续的思想，（诗相）考虑运用过去相同的意义，确定没有直接感知的意义，也包括种种否定。

Viccajee，F.　魏凯奇，印度人，在上海洋行工作的他在报纸上预告说泰戈尔将于1924年4月12日抵沪。

Vicchida　间断（吟诵）。

Vicchitti　淡妆。

viccidracitta　多才多艺者。

Viceroy's Executive Council　总督行政会议。

Vicharak　《法官》，泰戈尔的短篇小说。见The Judge。

Vichitra　《艺术》，1927年在圣蒂尼克坦创办的月刊；《艺术全才——泰戈尔百年纪念集》，1961年出版。

Vichitra Club　工艺美术学校的俱乐部，供艺术家聚会之处。

Vichitra Galpa　《普通小说》（《连载小说》），泰戈尔1892年9月写的短篇小说。

印度库基国军的年轻统帅洛利多辛赫·在全军危机时刻冲向敌人穆斯林人阵地，使敌人丢盔弃甲，狼狈溃逃，成为全国景仰的英雄。他偷偷和爱他的公主维冬玛拉相会，被捕。国王没有杀他，把他赶出宫。他做了强盗。有一天，来了一个穿国王衣饰的年轻人，他命令强盗射死他。万万没有想到，猎物竟是公主维冬玛拉。她女扮男妆，万里迢迢来找心上人，不料死在他的箭下。辛赫痛苦如万箭穿心，自杀在公主面前。

Vichitra Hall　艺术礼堂，在加尔各答，1917年5月泰戈尔在此上演他的剧本《邮局》并亲自扮演老大爷塔库达。贝桑特夫人、提拉克、马拉维亚、甘地等观看演出。

Vichitra Prabandha　《论艺术》，泰戈尔1907年写的散文集。

Vichitra School of Art and Craft　维奇特拉工艺美术学校，1917年在泰戈尔的侄子阿巴宁德罗纳特和加加能德罗纳特的指导下成立，成为孟加拉知识分子和文学家的聚会之地。

Vichitra-Bhavan　国际大学艺术学院。

Vichitrita　《三重浪》，泰戈尔1932年献给南达纳尔·鲍斯的诗集。1932年1月，泰戈尔在恒河支流胡格里河岸边的加尔各答附近的卡尔达镇别墅里休养一个月，写了一些描述他的绘画和孟加拉学校艺术家的绘画的诗，这些诗以后收集在献给南达纳尔·鲍斯的诗集《三重浪》（Vichitrita）里。

Vichitrita　泰戈尔的《五彩集》。

Vicitravirja　奇武，《摩诃婆罗多》里贞信和福身王生的第二个儿子，他的同父异母的兄弟毗湿摩为他比武娶来卡西国王的女儿安比迦和安巴里卡。奇武死后，他的妈妈贞信请来婚前与破灭仙人生的儿子毗耶娑即岛生黑仙人和奇武的遗孀生下般度和持国，再与遗孀的侍女生下毗杜罗。

Vico　维克（1668—1744），意大利哲学家、历史学家、修辞学家和法理学家。

Vichnvantas　掐花。

Victor Emmanuel Ⅲ　维克多·伊曼努尔国王三世，意大利国王，1926年5月11日在罗马接见正在意大利访问的泰戈尔。

Victoria　维多利亚市，位于加拿大西南的温哥华岛的南端，是温哥华岛上最大的城市和不冻港。城市秀美宁静，素有“花园城市”之称，人口32万人。1858年弗雷赛河淘金热后迅速发展。1862年建市。维多利亚以英国19世纪维多利亚女王的名字命名，1857年富兰什河发现金矿，它成为冒险家和淘金者的乐园，1859年维多利亚成为自由港，1862年组成维多利亚市，1868年成为不列颠哥伦比亚省的首府。1871年加入加拿大，它随之成为加拿大最西部省的首府。泰戈尔访问加拿大时，于1929年4月6日游维多利亚港。当晚在加拿大总督威灵顿勋爵主持的欢迎会上演讲《清闲的哲学》。

Victoria Theatre　维多利亚大剧院，在马来亚的吉隆坡，泰戈尔1927年6月访问马来亚时在此做《致小学生》的演讲。

Victory 《胜与败》，泰戈尔1892年写的短篇小说。谢科尔是奥莫拉普尔王国纳拉扬国王的宫廷诗人，他创作、朗诵出来的黑天和拉达的哀戚故事能叫整个宫廷的人感动得垂泪。在大厅包厢的帷幕后面他能感觉到一个美丽、高雅的小姐的倩影，他也能听到她的首饰和脚铃发出的清脆、动听、迷人、神秘的叮当声。这是他诗才奔涌的最大的精神力量。公主的贴身丫鬟蒙乔丽经常借故来看望诗人，诗人感到她带来了他心中女神的问候。诗人的诗篇在整个王国从国王到老百姓的口里传诵。正在诗人事业走向巅峰时，从南方来了一位天才横溢的诗人蓬多里克，声称一路打败天下无敌手，要和宫廷诗人在国王面前摆擂台比诗。国王大喜，邀请全国各地的学者来做评判。谢科尔被比得一败涂地，无颜面对国人。他绝望之下把自己过去的诗篇丢进火炉烧掉，喝上拌着蜜的毒药，躺在床上。突然，他听见了熟悉而又神往的叮当声，出现了他梦寐以求的公主，他惊呆了。她说，"国王不公正，胜利者应该是你，我把胜利的王冠带在你头上。"诗人一头栽倒在地而死。不是死于毒药，而是死于巨大的幸福。

Vidarbha 毗陀哩拔，古国名，即现在的贝拉尔（Berar），《摩诃婆罗多》里黑天娶艳光的地方。

Vidardha 毗达婆，即现在拉格浦尔一带。

Vidatha 部落会。

Viday- Abhishap （Kacha and Devayani）《离别前的诅咒》，泰戈尔1893年写的剧本。见The Curse at Farewell。

Viddha 受约束的画像，即自然的复制，如同镜中的映像。

Viddhasalabhanjika 《雕像》，9—10世纪王顶（Rajasekhara）的作品。

Videha 毗提诃，公元前7世纪印度王国，在恒河中下游以北，喜马拉雅山南。《罗摩衍那》里悉多的父亲遮那竭国王统治的国家，首都米提罗。

Videhamukti 无身解脱，摆脱业力存在和肉身的影响的解脱。

Vidhana 实行。

Vidhansabha 立法会议。

Vidhava 寡妇。

Vidhha citra 受约束的画。

Vidhi 命令，指令。

Vidhusekhar Bhattacharya 维度西卡·巴塔查理雅，20世纪初泰戈尔创办的国际大学的老师。现代有名的印度国学家。

Vidhuta 拒绝。

Vidhya 某一特别知识，整个知识。

Vidhyaharis 猴子。

Vidisa 毗底沙，印度古代城市，在中央邦皮尔萨。

Vidisamahadevi 毗底沙摩诃提毗，阿育王的美丽妻子提毗的别名。

Vidmahe 接近。

Vidrava 逃跑，亵渎。

Vidudabha 毗杜达婆，曾经参见佛陀的国王。

Vidura 毗杜罗，《摩诃婆罗多》里广博仙人与奇武的遗孀安比迦首陀罗侍女所生子。为正法之神受仙人诅咒下凡。在俱卢大战前尽力调解般度兄弟和持国百子的冲突，失败。

Viduragamana 《毗杜罗来临篇》。

Viduragamanarajyalabha Parva 《维度罗莅临王位篇》，《摩诃婆罗多·初篇》里的一分篇。

Vidushaka 宫廷丑角，小丑，弄臣，帮闲，侍从。

Vidya 神秘的知识，灵知，教义，学说。

Vidya 知识，有明，教育。

Vidya-Bhavan 研究部，教育学院，1919年由泰戈尔在国际大学成立，主要学习高级印度学，由巴塔查理雅担任院长，泰戈尔亲自上课。

Vidyadevis 知识女神。

Vidyadhar Chakravarty 维迪亚德哈尔·查克拉瓦提，拉贾斯坦邦首府、粉红色的城市斋普尔的设计者。

Vidyadhara 维迪亚哈拉，13—14世纪作家，著有《项链》（Ekaval）。

Vidyadhara 毗底耶陀罗，半神，"拥有知识者"，为天帝因陀罗和财神俱毗罗的侍从，男性聪明绝顶，女性羞花闭月，《罗摩衍那》里的熊王阎婆梵即此类半神；极欲神牛变的人种和武器。

Vidyadhararas 禁咒，天上的魔术师，术士。

Vidyadhars　飞天，持明，一种小神灵，住在喜马拉雅山，据说是湿婆的侍者。

Vidyakara　维迪亚卡拉，11世纪作家，佛教徒，作品《妙语宝库》(Subhasidaratnakosa)的收集者。

Vidyalaya　有知识的。

Vidyanandi　明喜论师。

Vidyanatha　维迪亚那塔，13—14世纪作家，著《顺罗多波娄陀罗名誉装饰》(Pratanparudrayasobhusana)。

Vidyaparinaya　维迪亚帕林那雅，18世纪作家，有剧本《知识姻缘》(Vedakavi)。

Vidyapathi　迪帕克·波斯（Debaki Bose）在20世纪30年代拍的电影《学问之路》。

Vidyapitha　"智慧之坐"，湿婆派分支。

Vidyappati　维德亚伯迪（1374—1460），15世纪印度宫廷诗人，情诗反映黑天和拉达的爱情，作品有《维德亚伯迪诗集》。

Vidyarambha　儿童在5～7岁时的始学礼。

Vidyaranya　维迪亚兰雅，14世纪音乐家，作品有《音乐概论》(Sangitasara)。

Vidyarthi, Ganesha Shankar　维迪亚耳提，迦内沙·山卡尔（1890—1931），印度著名记者、作家和国大党领袖。

Vidyasagar, Iswar Chandra　维蒂耶萨加尔，伊斯瓦尔·钱德拉（1820—1891），孟加拉散文之父，梵语学者，社会改革家。

Vidyasagar-Charit　《知识的海洋赞》，泰戈尔1909年写的散文。

Vidyasiras　极欲神牛变出的人种和武器。

Vidyut-lata　闪电，形状像一条蜿蜒急速爬行的蛇。

Vidyut-Jihva　"闪电舌""说话如闪电"，一个罗刹巫师的名字。

Vienna　维也纳，奥地利首都，同时也是奥地利的9个联邦州之一，是奥地利最大的城市和政治中心。约有170万人口。维也纳是享誉世界的文化名城，有"音乐之都"的盛誉，又有以精妙绝伦、风格各异的建筑而赢得"建筑之都"的美称；又以历史悠久被称为"文化之都"。波光粼粼的多瑙河穿城而过，四周环绕着著名的维也纳森林。维也纳还是多瑙河第一个流经的大城市，因此，有"多瑙河的女神"之称。1921年6月15日泰戈尔应邀去维也纳，在这里做了两场报告。泰戈尔1926年于7月10日再到维也纳，在这里会见玛提欧提审判的支持者莫迪格利亚尼，后者向他进一步讲了法西斯的专横暴戾。这些证据确凿的事实使泰戈尔大为震惊。他给《曼彻斯特卫报》写了一封信，表达了他对法西斯的强烈憎恨。意大利媒体大为光火，用激烈的言辞辱骂他。1926年10月，泰戈尔从布拉格到维也纳再次访问，在维也纳从10月15日逗留到25日。由于身体不适，只做了一场报告。

Vighna　未知南，意译为障碍，印度僧人，公元24年到中国，译经2部。

Vighnesbvara　象头神迦内沙。

Vignana Brahma　享福，享乐。

Vigraha　战斗。

Vigraha　神的偶像。

Vigrahagati　离趣，命在两粗身（命在人类或虫豸上的栖息）之间的极短状态。

Vigraharaja IV　毗讫罗诃国王四世（12世纪），印度乔汗王朝国王，有剧本《迦梨与湿婆》。

Vihara　精舍，佛寺，僧房。

Vihrta　羞怯。

Vijay Bhatt　维加伊·巴特（1907—1993），印度神话片先驱，20世纪40年代拍《婆罗多·米拉婆》《Bharat Milap》。

Vijay Tendulkar　维加伊·滕杜卡尔（1908—2008），印度马拉提语作家，作品有《模糊法庭》(Shantaka Court Chalu Ahe)、《零声誉》(Shakaram Binder)、《兀鹰与寇瓦草》(Gidhale and Ghasiran Kotwal)。

Vijaya　胜利，胜利者，指阿周那。

Vijaya　孟加拉语"胜利，凯旋"的意思。泰戈尔在1924年9月访问秘鲁的途中得病，无法继续去秘鲁，于11月7日在阿根廷首都布宜诺斯艾利斯下船，就住在阿根廷女作家维多利亚·奥坎波女士（Victoria Ocampo）在布宜诺斯艾利斯郊区圣伊斯德鲁镇的花园里，受到她的热情接待和精心照顾。继续写《夜曲集》并把它献给女主人，1925年出版，在书里称她为"凯旋"（即西班牙语Victoria的愿意）。

Vijaya　维者耶，20世纪马拉提语作家。

Vijayadasham　十胜节，是欢庆罗摩战胜十首魔王罗波那的节日，印度教三大节日之一。印度教徒认为罗摩是天神毗湿奴的第7次化身，只要对罗摩表示虔诚，就可国泰民安。十胜节一共要庆祝10天。头9天是到处搭台演戏，节日的高潮是第十天晚上，它被称为“胜利的第10天”。

Vijayanagar　毗阇耶纳迦罗，“胜利之城”，印度南方古城，14—16世纪为毗阇耶纳迦罗王朝首都。

Vijayanagara　维查耶纳加尔帝王国（1336—1672），在印度西海岸克里希那河、印度德干南部通迦巴德拉河与科弗里河之间的印度教王国。

Vijayapala　胜护，12世纪剧作家，作品《黑公主选婿》（Draupadisvayamvara）。

Vijayapura　毗阇耶补罗，城市名，在孟加拉邦，是犀那王朝的都城。

Vijayapura　维贾亚普拉，古代安南海岸的港口。

Vijayasena　毗阇耶犀那（1095—1158在位），犀那王朝国王。

Vijayavarni　维阇耶婆尔尼，13世纪作家，著《艳情波浪疏》（Srngarmvacandrika）。

Vijigishu　力争胜利的国王。

Vijnana　识，心识，对于自然的洞察力，智，一切精神现象，智慧。

Vijnana-advaita　智比丘。

Vijnanamatrasiddhi-sastra　《唯识论》，大乘佛教瑜伽行派论书。

Vijinanamayakosa　知识和理解之腔。

Vijnanavadin　团结之道，即唯识派（Yogacara），由4—5世纪无著、世亲兄弟创立。因主张“万法唯识”，故名，亦称佛教瑜伽行派、大乘有宗。主张“万法唯识”，即世界一切现象都是由纯意识的8识变化出来的，特别是“阿赖耶识”蕴含着生起宇宙万有永恒瀑流的“种子”，是世界一切的精神本源。唯识学派的主要理论有阿赖耶识、三自性（遍计所执性、依他起性、圆成实性）、三无性（相无性、生无自性、胜义无自性）等。

瑜伽行唯识学派在其阿毗达摩体系中承袭了十八界理论，并将其“十一识”学说配入十八界中。

无著《摄大乘论》：“此中何者依他起相，谓阿赖耶识为种子，虚妄分别所摄诸识。此复云何，谓身、身者、受者识，彼所受识（应受识），彼能受识（正受识），世识，数识，处识，言说识，自他差别识，善趣恶趣死生识。

此中若身、身者、受者识，彼所受识，彼能受识，世识，数识，处识，言说识，此由名言熏习种子。若自他差别识，此由我见熏习种子。若善趣恶趣死生识，此由有支熏习种子。由此诸识一切界趣杂染所摄……

此中若身、身者、受者识，应知即是眼等六内界。彼所受识，应知即是色等六外界。彼能受识，应知即是眼等六识界。其余诸识，应知是此诸识差别。”

眼等五内界对应“身识”，六识界对应“能受识”，意界与“身者识”、“受者识”二者的关系，有两种学说：

世亲《摄大乘论释》：“谓身、身者、受者识者：身，谓眼等五界。身者，谓染污意。能受者，谓意界。”

无性《摄大乘论无性释》：“谓身、身者、受者识者，如后当说，眼等六内界为性，如其所应。眼等五识所依意界，名身者识。第六意识所依意界，名受者识。”

此二释论之间的不同体现了唯识古学和唯识今学之间的根本分歧，导致了第七识是阿陀那识还是末那识等争论。汉传法相宗采用了无性论师的学说。意界二分，其中“第六意识所依意界”即意根末那识，对应“受者识”；眼等五识所依意界对应“身者识”即阿陀那识，在护法论师等人的学说中就是阿赖耶识。

Vijnanesvara　维若内施瓦拉，12世纪印度法律学家。

Vijnara　知识，使明白。

Vijuanavada　唯识宗，即法相宗，中国佛教宗派，玄奘及其弟子窥基创立，主要继承古印度瑜伽行派学说，主张外境非有，内识非无，成立“唯识无境”为基本理论，把思想认识的转变看成是由迷而悟、由染而净的修习目的；用遍计所执性、依他起性和圆成实性之三自性说概括全部学说。

Vijya Mehta　维嘉·梅赫达（1934—），当代印度电影女导演，作品有《舞会》《饶·萨黑波》等。

Vikara　转换（形式）。

Vikarma　非为，指违反达摩的行为。

Vikarna　奇耳，《摩诃婆罗多》里持国的小儿子，他坚持公正，在难敌和他的舅舅建陀罗王沙恭尼诱骗坚战输掉黑公主后挺身而出说："坚战在输掉黑公主之前就已经输掉自己成了奴隶，他无权支配黑公主的命运。"但难敌不听。

Vikata　坏家伙。

Vikatanitamba　《肥大臀部》（喜剧）。

Vikram　力量。

Vikram Sarabhai Space Centre　印度维克兰姆·萨拉巴伊航天中心，在克拉拉邦首府特里凡得琅。

Vikramacarita　《健日王的故事》，11世纪婆罗卢吉（Vararuci）、克敏曼迦（Ksemankara）等编。

Vikramaditya　超日王，第三代君主（380—414年在位），即旃陀罗笈多二世（Candragupta Ⅱ），继承其父沙摩陀罗·笈多大远征之伟业，灭亡西萨陀普诸省，并吞马拉瓦、乌詹、普拉雅格等地，入笈多王朝。除印度半岛南部及西南部外，版图及于印度大部分地区，为笈多王朝之最盛期。他有宫廷9宝，即9位著名文化人士。他们是戏剧家迦梨陀娑、天文学家彘日、名医昙梵陀利、耆那教圣人克沙帕纳克、字典《长寿字库》的编纂者长寿狮子、数学家桑库、诗人维塔拉巴塔和伽塔·加尔帕拉、文法学家婆罗流支。我国法显即于此时（405—411）至印度。

Vikramanka Caritas　《毗讫罗曼加本行》，11—12世纪印度遮娄其王朝宫廷诗人比罗诃那的著作，颂扬超日王六世。

Vikramankadevacarijaya　《遮娄其王传》或翻译为《超日王行述》，11—12世纪梵语作家毗尔诃那（Bilhana）的著作。

Vikramankadevacarita　《超日王行述》（史诗），即《遮娄其王传》，毗尔诃那（Vilhana）那著。

Vikramasila　超戒寺（佛教中心），在比哈尔，金刚乘佛教在11世纪从这里传向西藏。

Vikramorvasiya　《广延天女》（全译《凭勇力获得优哩婆湿》）或《优哩婆湿》，4—5世纪迦梨陀娑著。天国歌伎优哩婆湿和把她从魔鬼手里解救出来的国王补卢罗婆娑相会时被召回天宫，在演戏时把剧中的人物错念为补卢罗婆娑而被罚下凡，与补卢罗婆娑结婚，见国王与仙女玩起嫉妒心而被变成蔓藤，国王在寻找中搂抱蔓藤而使优哩婆湿恢复原形。优哩婆湿见到从林子回来的儿子后欲返回天宫，补卢罗婆娑不忍分离，求因陀罗，因陀罗恩准二人白头偕老。

Vikramseth　维柯蓝赛特（1952—），印度英语作家，作品《合适的男孩》（The Suitable Boy）。

Viksepa　错乱。

Viksha　目光，观察。

Vilambita　慢声。

Vilapa　悲叹。

Vilasa　爱恋，娇态，活力。

Vilistenga　维莉登迦，因陀罗爱上的美如天仙的阿修罗。

Vilkas　脖子上戴的金饰品，金项链之类的东西。

Villeneuve　维勒讷沃，瑞士疗养胜地。1926年月6月22日，泰戈尔因在意大利访问疲惫不堪，到达维勒讷沃疗养几天，住在白罗恩宾馆雨果曾经住过好长时间的房间里，受到了住在隔壁房间的罗曼·罗兰的热烈欢迎，二人每天见面2～3次，相谈甚欢。

Vilobhana　诱惑。

Vilwa　维尔瓦树。

Vima Kadphises　维玛·卡德菲斯，1世纪贵霜王朝第二皇帝，库加拉·卡德菲斯（Kujula Kadphises）的儿子，他是第一个模仿商路沿途使用的古罗马银币而铸造金币的印度统治者。

Vima Takto　阎高珍，1—2世纪贵霜王朝皇帝。

Vimala　纯洁。

Vimala Suri　毗马勒·苏瑞，14世纪印度作家，著《波摩传》（Paumacarita）。

Vimalakirti　维摩诘，古印度毗舍离地方的一个富翁，家有万贯，奴婢成群。但是，他勤于攻读，虔诚修行，能够处相而不住相，对境而不生境，得圣果成就，被称为菩萨。维摩诘为诸大菩萨之代表。直心正念真如，亲证平等实相；见得一切众生心源，具足恒沙烦恼，无量功德。故起方便教化，使一切众生，除心源上之烦恼，显心源上之功德。然其为模范与标准者，须依已除已显之佛。

起广大心，证如实相，则能依佛功德为功德也。

有一次，他称病在家，惊动了佛陀。佛陀特派文殊师利菩萨等去探病。佛陀知道维摩诘菩萨只是诈病，所以派去了被誉为智慧第一的文殊菩萨。文殊见到维摩诘后，两位菩萨互斗机锋，反复论说佛法，义理深奥，妙语连珠，使同去探访的菩萨、罗汉们都听呆了。一场论战后，文殊菩萨对维摩诘倍加推崇，人们对维摩诘菩萨也更加崇敬了。

Vimalakirti personality 维摩诘型人物，风流人物。维摩诘为佛教菩萨，为吠舍离神通广大的大乘居士，曾以称病为由，同释迦牟尼派来的文殊师利等反复论说佛法，义理深奥，妙语横生。

Vimalakirtinirdesasutra 《维摩诘经》，佛教经典。

Vimalaksa 毗摩罗叉，罽宾（即克什米尔）佛教高僧，在龟兹时曾为鸠摩罗什老师，公元406—413在中国与鸠摩罗什在长安译经。

Vimalamitra 无垢友，8世纪佛学家。

Vimana 最高的塔楼，主殿。

Vimana 神话里因陀罗赠给车底国国王空行的随意翱翔的水晶飞船。

Vimana 金字塔。

Vimanavutthu 《小尼迦》15集第六部《天宫事经》。

Vimarsa 停顿。

Vimla Sha Temple 魏玛拉沙神庙，在拉贾斯坦邦阿布山的耆那教神庙。

Vimoksasena 毗目智仙，印度佛教高僧，是印度从故土迦毗罗卫前去乌苌国（斯瓦特山谷）释迦族王族的王子。开始于释迦的故土迦毗罗卫被拘萨罗国（Kosala）毗卢泽迦王（Virudhaka）兴师侵犯，夷为平地。遵照释迦牟尼的天道要求，释迦族部落的成员们决定不与其斗争。但是家族中有四位王子没有遵循释迦牟尼的建议，对敌人进行了反抗。随后他们被强迫离开了国家。其中两位王子去了西北方，一位成为乌苌国国王，而另一位在巴米扬（Bamiyan）。毗目智仙正是那位成为乌苌国国王的王子的后裔。毗目智仙在克什米尔接受教育，专门研习佛教的形而上文学阿毗达摩。公元541年来中国传教、译经。

V

Vimttimagga 《解脱道论》，小乘佛教论，古印度优波底沙著，是对经、律、论三藏要义的概述。

Vimukti 解脱。

Vimuttanuttariya 解脱无上。

Vina 维纳琴，七弦琴，印度的一种古典乐器。

Vinadhara 湿婆的持维那相，湿婆是音乐之王，下面的两手持乐器维纳，上边左手持鹿，头戴王冠，身穿短围腰。

Vinadikas 时间量度，60维纳提卡等于1噶提卡（Ghatika）。1噶提卡等于24分钟。

Vinarava 琵琶声。

Vinata 毗纳陀，印度神话里达刹13个女儿之一，迦叶波的妻子，金翅鸟的母亲。

Vinatai 加卢陀，金翅鸟王，毗湿奴的坐骑。

Vinaya 毗奈耶，律藏。

Vinaya-patitaka 律藏，佛陀言论集，由优婆离宣布佛法。

Vinayadhara 公元7世纪笈多王朝时期的持律者，负责佛经译文的核对。

Vinayak Savarkar Damodar 维纳亚克·萨瓦尔卡·达摩达尔（1883—1966），印度教大斋会领袖，“印度教国家论”的提出者，主张恢复印度教传统文化、增强印度教徒的民族自信心、建立一个印度教统治的国家。

Vinayaka 维纳亚卡，泰戈尔的诗《阿玛和维纳亚卡》里的人物，婆罗门。见词条Sati。

Vinayaka 维纳亚卡，湿婆的卫士嘎纳的化身。

Vinayakacaturthi 象头神迦内沙节，在每年辛哈月月明半个月的第4天举行。

Vinayatapa 留严，印度佛教僧人，公元230年来中国译经。

Vindhya 文迪亚山脉，南北印度的分界山。长1100千米，高450～600米，南北两边的河流分别注入那马达河与恒河。传说它之所以比喜马拉雅山低是因为它嫉妒喜马拉雅山，而投山仙人命令它低头并让出一条他往返南方的路。

Vinirjara 灭业，耆那教九谛之一。

Vinitaruci 毗尼多流支（？—594），“灭喜”，古印度乌苌国佛教僧人，公元582年到中国，译经2部。

Vinkatadhvarin 文卡塔德瓦林，17世纪作家，剧本《二仙天空行纪》(Visvagunadarsa)。
Vinu 吠舍的圣线材料。
Vipakasa 异品，指一切不具有宗（命题）后陈所表示的那种属性的事物。它具有“常”，而不具有“无常”的质。
Vipakse sattvam 异品遍无性。
Viparita 颠倒。
Viparyaya （诗相）逆转，因为亲眼所见而产生怀疑，改变想法；喻体与本体不相称。
Vipra 低种姓。
Vira 英雄，勇敢者，英勇味，产生于常情勇（Utsaha），通过怪异的声音、见到鬼怪、听到豺狼的叫声而惊恐，耳闻目睹或谈论亲人的被杀等情由产生。英雄立地站桩姿势。一动不动坐着修炼。
Virabhadra 毗罗婆陀罗，湿婆别名；爱罗拉石窟的一个庙名。湿婆创造的火的形象，搅散了岳父、雪山圣女的父亲达刹的祭祀。
Virabhadra 毗罗婆陀罗，印度神话里湿婆口里生出的儿子，千头、千眼、千脚，面目狰狞，驱逐天神，破坏达刹的祭祀。
Viradha 毗罗陀，《罗摩衍那》里的食人罗刹，受到十首魔王弟弟俱毗罗诅咒，罗摩在弹宅迦林将其打倒但无法杀死，遂活埋，从坑里出现一个因受财神俱毗罗的诅咒而变成罗刹的美貌甘达婆。
Viraha 思念，渴望见面。
Viraha bhakti 渴望献身，渴望虔诚。
Viraj 毗罗吉，雌性创造本原的化身。
Viraj=purusha 原人，宇宙卵，原始普鲁沙生的。“照遍者”。
Virama 停顿。
Virappan 维拉潘，凶暴神，戴女神标志物的舞者。
Virasaivas 林迦派，毗罗湿婆派，勇者湿婆派，由巴萨瓦（Basava）于1106年创立。他是伽罗殊利王朝比珈拉治下大臣，《巴萨瓦往世书》为其经典。
Virasaivas-lingayat 勇者湿婆派信徒。该派由巴萨瓦（Basava）于1160年创立。
Virasana 湿婆的勇健座像，脚踩无知侏儒。
Virasvarga 勇士天堂。
Virata 毗罗陀王，《摩诃婆罗多》里摩差国国王，是阿周那和妙贤的儿子激昂媳妇至上公主的父亲。般度五兄弟在流放的第13年化名住在他家。
Virata 毗罗陀，地名，在斋普尔附近，比哈尔邦源于此；史诗的核心。
Viratanagar 毗陀罗国，即《摩诃婆罗多》里的摩差国，国王毗罗陀，般度五兄弟和黑公主在流放的最后一年在此隐居，公主至上，王后妙施。
Virata roopa 宇宙形式。
Virattha 10“杂”之十《大雄赞》。
Virgil 维吉尔（公元前70—公元19），罗马大诗人
Virisalingam 葳蕤萨林迦，19世纪泰卢古语作家。
Virocana=Drsana 神话里众天神搅乳海时做阿修罗的牛。
Virochana 毗卢舍那（神祇），维羯那，俱卢族王子。
Virodhana 对立。
Viroha 分离。
Virsabhavahana 湿婆骑公牛的像。
Viruddha 对立，矛盾，相违。
Virudhaka 毗流离（公元前5世纪），印度古代乔萨罗国国王。他除灭了杀死他爷爷毗婆娑罗波的父亲阿阇世。斯匿王想娶释族公主，后者以女奴冒充公主，嫁给他，生毗流离，毗流离长大后雪耻，烧杀释迦人的都城迦毗罗卫。
Virupa 离色，老年演员扮演少年角色。
Virupaksa 眼睛歪斜。
Virupaksavasantotsaya 《春季节日里的湿婆》（占布），14世纪阿和巴拉（Ahobhala）写。
Virupaksha 维鲁帕克沙神庙，供奉三眼神湿婆，在帕塔达卡尔（Pattadakar）。
Virya 勇气，英雄主义，英雄气概。
Viryasulka 古时候，国王愿意把女儿许配给最勇敢的年轻人。通过在众人面前展示自己的勇敢得到姑娘的做法要比通过送礼来得到姑娘的做法更通行。
Viryavanta 精进。
Vis 普通人；氏族公社；人民。
Visa 药。
Visa Porwal 维萨波瓦尔种姓。

V

Visabha 隐士，住因陀罗宫。
Visabhaksaka 湿婆吞下毒药的像。
Visacikitsa 治疗中毒。
Visada 绝望。
Visadhi 缺乏连声。
Visaka 除忧，坚战车夫的名字。
Visakhadata 昆舍怯达多，7—8世纪《指环印》(Mudraraksasa) 的作者。
Visala 吠舍离，即今比哈尔邦的穆扎法普尔，佛教圣地。
Visala 枣树林。
Visala=Ujayini 遮那竭的都城；底提的儿子，底提请求神给他一子能打败因陀罗，因陀罗答应，但他的妻子未洗脚上床，因陀罗入肚子，生子。
Visalya 薇撒拉芽，一种高效治伤草药。
Visalyakarani 治疗箭伤的草药。
Visama 诗律失调。
Visarga 送气音，句断。
Visarjan 《牺牲》，泰戈尔1890年写的韵文剧，改编于1887年的《王仙》(Rajarshi)。见Sacrifice。
Visasamharavidya 蛇毒疗法。
Visasanam 拷打杀牛屠夫的地狱。
Visaya 客体，物境，感官对象，等于根境。
Visaya 古代印度的县。
Visayagata 客观的。
Visayigata 主观的。
Visedeva 小神。
Visesamitra 胜友，7世纪印度大乘佛教瑜伽行派理论家，著《正理滴论略义》。
Visesana （诗相）特殊，说了许多常见的重要意义之后，提到特殊的意义。
Visesas 独自特点。
Visesokti 殊说。
Vishakhapatnam Harbour 维沙卡帕特南港，印度东海岸港口。
Vishamam 战斗，战争。
Vishaya 县。
Vishayapati 县长，县令。
Vishishtadvaita 非二元论，基本论点为：神是无所不包的，也是永恒的，但并不是未分化的，个体灵魂和无生命的物质是他神圣的“质”，因而两者都是真实和神圣的。
Vishnava mantra 毗湿奴真言。
Vishnava Pancharatra 毗湿奴派的五道论。
Vishnu Anantasayin 毗湿奴睡在蛇的睡床上的雕像。
Vishnu Parva 《毗湿奴篇》，《摩诃婆罗多》第六篇，主要讲毗湿奴的化身黑天的故事。
Vishu 克拉拉人的新年，在4月。
Vishvabandhu 世界之友。
Vishvakarma 一切的创造者，他的外在表现就是自然界中的一切形式和力量，各种各样，但他在外面灵魂中的内在表现却是统一的。
Vishvanatha 宇主（文学评论家）。
Vishwa Hindu Parishad 世界印度教徒大会，一个致力于维护所有印度教徒利益的组织。
Vishwakarma 毗首羯摩，“造一切者”“无所不见者”，工匠之神，宇宙创造者，建造者，诗人，智者，祭司，先祖，宇宙秩序的维护者，好善行，敏于思，无所不察，无所不晓。传说楞伽城、迦梨女神的指环和项链、财神俱毗罗的飞车、神婆的三叉戟和战神的长矛都是他造的。在《罗摩衍那》和《摩诃婆罗多》中，他演化为能工巧匠的化身。他为罗刹修建楞伽城，造一美貌绝伦的女神，为迦梨女神造神斧、项链、指环，为财神俱毗罗造飞车；为塞建陀造花环；为诸神造兵器，湿婆的三股叉和长矛均出自他手。他将女儿商耆那许配给太阳神苏利耶，并把苏利耶身上的光片切下八分之一，用切下的碎片为毗湿奴造神盘和弓，此弓通过投山仙人送给罗摩。他还为罗摩造通往楞伽岛的桥，使罗摩率领的猴子军能通过去战胜十首魔王。其子尼罗，为猴之统治者和创造者。大梵天有时被称为毗首羯摩之父。
Visishtavaita 制限不二论。
Visista-advaita 有分别不二论、合格不二论。
Visista-advaita-vada 吠檀多限制不二论。
Visistadvaita 合格的二元论。
Visistadvaita 殊胜不二论，12世纪印度哲学家罗摩奴阇创立的哲学学派。
Vismapana 天上甘达婆的天城。
Vismaya 常情惊。
Vismya 惊奇。

V

Visnu 毗湿奴，三大神之一，又译遍入天、毗搜纽。在吠陀时代，毗湿奴可能是太阳神的一个称号；在史诗和往世书时代，他被认为是印度三大神中的保护之神。他有四只手，分别拿着神螺、神盘、神杵和莲花。他还有一张神弓和一把神剑。他有时坐在莲花上，有时躺在一条千头蛇身上，有时骑在一只大鹏鸟上。他的妻子是天神和阿修罗搅乳海时出现的，名叫吉祥天女。毗湿奴下凡救世的故事在印度广为流传，家喻户晓。他曾多次下凡救世：1.当洪水来到时，毗湿奴化身为一条头上长角的鱼，拯救摩奴（一说鱼是大梵天的化身，详见大梵天）。2.当天神和阿修罗搅乳海时，毗湿奴化身为一只海龟，潜入海底，以龟背作为天神和阿修罗搅乳海的搅棒——曼陀罗山的底座。3.妖魔希罗尼亚克夏将大地拖进海底，毗湿奴化身为一头野猪，潜入海底，与妖魔搏斗了一千年，最后杀死妖魔，救出大地。4.毗湿奴化身为一个半人半狮的怪物，杀死魔王希罗尼耶格西布（详见人狮）。5.魔王伯利夺得三界的统治权，毗湿奴化身为一个侏儒，向魔王乞求三步之地；魔王答应，毗湿奴迈出两步就跨越天堂和人间，然后停步不前，将地狱留给了魔王。6.毗湿奴化身为手持利斧的罗摩，即持斧罗摩，先后21次从地球上肃清傲慢的刹帝利，维护婆罗门的统治地位。7.毗湿奴化身为罗摩，消灭十首魔王罗婆那（详见《罗摩衍那》）。8.毗湿奴化身为黑天，来到人间除暴安良。9.毗湿奴化身为佛陀，怂恿妖魔和恶人蔑视吠陀、弃绝种姓、否认天神，引导他们自我毁灭。10.毗湿奴化身为婆罗门，身骑白马，手持明剑，铲除恶人，重建"圆满时代"。以上是毗湿奴主要的下凡事迹，《薄伽梵往世书》还系统地叙述了毗湿奴24次下凡的故事。

Visnu Digambar Palushar 毗湿奴·迪甘巴·帕鲁沙，20世纪初印度爱国作曲家。

Visnu Murti 毗湿奴肖像。

Visnu Shastri Chiplunkar 毗湿奴·沙斯特里·奇步伦卡（1850—1882），19世纪马拉提语作家，创立可萨利（Kesari）文学社。

Visnudasa 毗湿奴达萨，15世纪古吉拉提语虔诚派作家。

Visnudharmottarapurana 18世纪《毗湿奴法上往世书》。

Visnugupta=Kautilya 毗湿奴笈多，即写《国事论》的乔底利耶。

Visnuharyan Bhatkhande 毗湿奴哈雅·巴特汗德，19—20世纪音乐家。

Visnupada 毗湿奴界。

Visnupur 维什努普尔，印度著名古迹，在加尔各答以西201千米处，是历史上末罗族王公的古都，有印度教庙宇，其雕刻反映《往世书》和两大史诗故事。

Visnupurana 《毗湿奴往世书》。

Visnusharma 毗湿奴萨玛，4世纪《五卷书》的作者。

Visnusmrti 毗湿奴法论神。

Visnusvamis 《毗湿奴世尊》，12世纪问世的毗湿奴派的经书，由比尔瓦满卡拉（Bilvamankala）著。

Visravas 毗湿罗婆，神话里生主补罗私底耶子，他与持力仙人的女儿伊陀毗陀生财神俱毗罗，并且和须摩里女儿生十首魔王罗婆那、维毗沙那和女儿首哩婆那迦。

Vissedeva 诸天，诸天神。

Visuvat 春风节，4月和10月，日夜一般长。

Visuvius 维苏威火山，意大利南部的活火山。

Visva 世界。

Visva Bharati Bulletin 《国际大学公报》，泰戈尔创办的国际大学的校刊，曾刊登泰戈尔的作品。

Visva Bharati Granthalay 国际大学出版社，在加尔各答。

Visva bodh （Realization of the Infinite in Sadhana） 《彻悟无限》，泰戈尔于1910年在梵社年会上的讲话。

Visva-rupa-darsana 黑天的千面幻象，遍入天形象，展示整个宇宙。

Visvabha 维斯瓦巴，湿婆的儿子。

Visva-Bharati 国际大学，该词的愿意为"印度敞开心扉向全世界表示欢迎""世界鸟巢学院"。由泰戈尔1921年12月23日正式挂牌成立。在印度加尔各答以北99英里的比尔布姆县的和平镇，谭云山创建的中国学院，现为国立综合性大学。到这里学习或访问、任教或小住的中国人有：林我将、魏风江、巴宙、周达夫、石岫庐、吴晓铃、石素贞、常任侠、徐梵澄、杨允元、罗花、法舫法师、巫白慧、张敬、尹挥戈、余清波、萧化民、童纪唐、周祥光、冉云华、冉小凤、胡季藻、李开物、杨瑞琳、徐志摩、徐悲鸿、金克木、张大千、陈祚龙、游云山、糜文开、薛雷、黄地（西藏喇嘛）等。

泰戈尔国际大学是一所综合性的大学，其课程设置体现了泰戈尔的教育思想，在人文科学方面开设了文学、艺术、历史、语言等学科，在自然科学方面开设了以农业科学为主的各种学科。泰戈尔从美国康奈尔大学聘请了一个年轻的英国农学家恩厚之当他的助手。恩厚之夫妇在一位美国朋友的帮助下，在国际大学附近的斯瑞尼克坦建立了国际大学的农业科学和印度农业复兴中心。在国际大学的东方文化研究中心设立了中国、日本等东方国家的系科，后来，中国系发展成为中国学院。为了实现自己的教育理想，罗宾德罗纳特·泰戈尔把自己的全部财产，包括诺贝尔奖奖金，圣蒂尼克坦的土地和房屋，自己著作的版权，都献给了国际大学。除此之外，他还四处奔波去为大学筹措资金。中国学者谭云山（1898—1983）和谭中（1929—）父子在国际大学讲授中国文化几十年，和泰戈尔一家建立了深厚的友谊。印度独立以后，国际大学由印度政府接管并拨资金。

Visva-Bharati 《国际大学》，1951年出版的泰戈尔的讲话集。

Visva-Bharati Quarterly 国际大学季刊，简写为VBQ，1923年创办。

Visva- Bharati, Rabindranath and Andrews 《国际大学、泰戈尔与安德鲁斯》，印度马德拉斯纳德桑出版社1923年出版。

Visva-Bharati Society 国际大学学会，由泰戈尔创立。

V

Visva Hindu Parisad（VHP） 国际印度教大会，创立于1964年。

Visvabhaaratee 《国际大学》，泰戈尔的散文。

Visvabhadra 普贤菩萨，中国佛教四大菩萨之一，相传其显灵说法的道场在四川峨眉山。

Visvadeva 负责祭祀祖先灵魂的神。

Visvadevas 毗湿婆提婆，《吠陀》里神灵统称。有10个神：婆苏、萨底耶、羯罗图、达刹、伽罗、迦摩、陀里陀、俱卢、补卢罗娑、摩德罗婆等。

Visvagunadarsa 《二仙天空行纪》，17世纪温卡塔德瓦林（Venkatadhvarin）写的剧本。

Visvakarma “万能的”“世界创造者”“造一切者”，毗首羯摩，印度教创造众神的工匠，造一切的神，建筑神，武器之神。造二弓，一送毗湿奴，另一送遮那竭，传罗摩。还造精美绝伦美女、飞车、指环、项链等。见Vishwakarma词条。

Visvakarma Bhaumana 地有子仙人，《梨俱吠陀》第10卷第82曲的作者。

Visvakarma Sukta 《造一切歌》，又名《创造之歌》《无有歌》《金卵歌》和《原人歌》，描述了宇宙的起源和生成、诸神的起源、人的起源和社会各等级的形成过程。

在《造一切歌》中远古的诗人从自然生成的角度，苦苦思索宇宙的来源。他们从自然事物的生殖经验的感受中，揣测宇宙最初的形态是：非无也非有，没有空界，没有空界之上的天。只是漆黑一团的混沌，在空虚中包含着一个最大的“原子”，这原子无名字，人们只好称之为“彼”“彼一”，它“没有气息而能呼吸（指生命，古语中呼吸与生命同义），除它以外不曾有任何的东西”。它自生出“欲望”（爱欲），这爱欲是原始生殖的种子，也是产生“心灵（识，指认知能力）的胚胎”，从它的欲爱中生发出宇宙万物。

这首《造一切歌》是《梨俱吠陀》中唯一的、非神话性的宇宙生成论。它从生物生殖的经验角度来看待世界的创造。它奠定了后非吠陀主义哲学的基础，并影响到数论派哲学和佛教的“十二因缘”说。这首诗值得注意的有两点：一是强调人们要认识宇宙的生成过程和把握宇宙整体，只能是用“心识”去领悟，这为后世印度哲学强调心识、直觉领悟提供了理论依据。其次，对最初宇宙本体的状况，采用了否定性的表达方式，正是后来印度哲学在表达无限、绝对的形态时特有的否定式表达形式。

Visvamitra 众友仙人，苦修挤入婆罗门的仙人，争极欲仙人与神牛，其百子被对方口中火焰化为灰烬。与弥那迦生沙恭达罗，带罗摩兄弟比武娶悉多。

Visvanara　南边位置。

Visvanatha　宇主，14世纪作家，作品有：剧本《采香莲》(Saugandhhikarama)、《文镜》(Sahityadarpana)。

Visvaparichay　《认识世界》，泰戈尔于1937年为孟加拉读者写的科学介绍。1937年4月19日—6月27日泰戈尔在喜马拉雅山区的一个小镇子阿尔莫拉疗养时为孟加拉读者所写。

Visvaparichaya　《认识宇宙》，泰戈尔的散文。

Visvara　毗斯瓦拉，史诗《罗摩衍那》里十首魔王的父亲。

Visvarupa　精神体系。

Visvarupa　维斯瓦鲁帕，阿修罗，三头怪。

Visvarupa Theatre　比斯瓦如帕剧院，泰戈尔时代加尔各答的一个剧院，曾上演过泰戈尔的戏剧。

Visvatomukha　遍宇之容，行貌遍布宇宙。

Visve devah　“所有的神”，到达天庭的祖先。

Visvesvara Kavicandra　皮斯维瓦拉·卡维坎德拉，14世纪作家，著《魅力月光》(Camatakracandrika)。

Viswa　次种姓。

Viswachi　维斯瓦绮，天宫6大最美天女之一。

Viswarupa　遍及一切，包括一切的形式。

Viswashanti　世界和平；《世界和平》(Umashankar Joshi)，写甘地。

Viswe-deva　一切神，有10个：瓦苏（Vasu）、撒提亚（Satya）、克拉图（Kratu）、达刹（Daksha）、卡拉（Kala）、羯摩（Kama）、特里提（Dhriti）、库鲁（Kuru）、普鲁纳瓦斯（Purunavas）、马德拉瓦斯（Madravas）。

Visweswara　“万物之神”，指湿婆。

Vita-havya　毗陀诃毗耶，传说里的国王；《摩诃婆罗多》的讲述者。

Vitala　吸血鬼。

Vitanda　坏义，论诘，目的在于攻破对方，而自己不立义的辩论。

Vitandavada　无谓的争论。

Vitarka　思索，初步思想。

Vitess　维帖奢，财神。

Vithi　街头剧。

Vithika　《小径集》，泰戈尔1935年写的诗集。

Vithoba　韦陀巴，马哈拉施特拉邦对毗湿奴的称呼，其圣地在该邦南部的潘达普尔镇。

Viti　混合祭火，《吠陀经》规定，准备好的祭品应该投到家庭祭火、供养火和南祭火这几样祭火的混合火里。

Vitra　旱魔，蛇。

Vittorio Emanuele　维托里奥·埃马努埃莱三世（1869—1947），意大利国王，1926年6月5日接见正在意大利访问的泰戈尔。

Viupa-bhedah　形状的分离。

Viva Crespi　维瓦·克瑞斯皮，古代意大利政治家。

Vivaha　（梵文）婚姻，七风神之一的毘婆诃；结婚礼。

Vivaswans　太阳；毗娑婆，摩奴之父。

Vividha Prasanga　(Miscellaneous Topics)《杂题》，泰戈尔于1883年写的散文集。

Vivikananda　辨喜（1863—1902），原名纳兰德罗纳特·杜特（Narandranath Dutt），印度思想家，哲学家，印度教改革家。他是“新吠檀多主义”的首创者。著作有：《吠檀多哲学》《理性和宗教》《佛教与吠檀多》等。

Vivyamadana　天譬喻经，天国祭司。

Vizianagram　维泽亚纳格兰，印度安德拉邦地区，1944年11月泰戈尔访问安德拉邦时就住在女王家里。

Vocation　《职业》，泰戈尔《新月集》里的诗。

Vocational Training Centre for Orphan　莫斯科孤儿职业培训中心，又叫先锋公社。1930年9月11日，泰戈尔开始访问莫斯科。9月14日泰戈尔了访问莫斯科孤儿职业培训中心，一个女少先队员念欢迎词。泰戈尔表示感谢，回答了孩子们的提问，并应他们的要求唱了自己创作的歌曲《人们的意志》。

Vohumano　极大的荣誉。

Voiceless India　《无声的印度》，泰戈尔于1930年对美国的印度文化学者爱默逊·拉尔夫·瓦尔多夫人写的《无声的印度》一书的评论。

VOKS 苏联对外友协，1930年9泰戈尔访问苏联，9月11日到达莫斯科。第二天，由对外友协主席彼得罗夫教授主持，在对外友协大厦举行盛大的泰戈尔欢迎会。当晚由苏联对外友协和莫斯科作家协会在作家协会礼堂联合举办音乐会。在音乐会上泰戈尔会见了苏联艺术研究院主席克甘教授、莫斯科第二国立大学校长平科维奇教授、里托维诺夫夫人、女作家费多尔·格兰科夫、伊瑟夫和其他作家和艺术家。

Voltaire 伏尔泰（1694—1778），原名弗朗索瓦－马利·阿鲁埃，法国启蒙时代思想家、哲学家、文学家，启蒙运动公认的领袖和导师，被称为“法兰西思想之父”。他不仅在哲学上有卓越成就，也以捍卫公民自由，特别是信仰自由和司法公正而闻名。尽管在他所处的时代审查制度十分严厉，伏尔泰仍然公开支持社会改革。他的论说以讽刺见长，常常抨击天主教教会的教条和当时的法国教育制度。伏尔泰的著作和思想与托马斯·霍布斯及约翰·洛克一道，对美国革命和法国大革命的主要思想家都有影响。代表作《哲学通信》《形而上学论》《路易十四时代》《老实人》等。

Vopadeva 乌帕代瓦，13世纪印度学者，据传写《薄伽梵往世书》。

Vr-ttivattika 《功能疏》，16世纪阿帕亚·迪克西塔（Appaya Diksita）著。

Vrana 天崩地裂。

Vrata 誓言，誓约。

Vrihadaswa 巨马仙人，著名的仙人，在般度族在森林中流浪时给坚战讲了那罗和达摩衍蒂的故事。

Vrihadratha 广车，《摩诃婆罗多》里的武士婆薮的长子。

Vrihaspati 祈祷主，因陀罗天界的大仙人，向太白仙人学习起死回生术的云发的父亲。

Vrihat_saman 最好的。

Vrihatsena 波里诃塞纳，达摩衍蒂的丈夫，国王那罗的保姆。

Vriksharopana 泰戈尔在圣蒂尼克坦推行的植树节，在每年的7月21日。

Vrikasthala 狼地。

Vrinda 布林达森林，古时的静修林，地点在今印度的马图拉附近的一个城市。这是黑天儿时游戏的地方，黑天和拉达恋爱的地方。那里有棵大竹笛榕树，传说永恒不死，传说黑天曾经在那棵榕树下吹奏过笛子。黑天洞、拉达洞、牛粪宝山均在布林达森林里。这里是黑天和拉达活动的地方，因此布林达森林是印度教徒心目中的圣地。

Vripadguru 巨狮。

Vrisaparvan 阿修罗之王牛节王。

Vrishni 苾湿尼族，黑天所在的族，即雅度族。

Vrkodara 乌里乔陀罗，“狼腹”“饿腹”，史诗《摩诃婆罗多》里般度五子里的老二布军的称号。

Vrksa （Trees） 3棵树，《罗摩衍那·森林篇》里说了树的源头：迦叶波仙人娶达刹的女儿阿娜拉，生了3棵结好果子的树。

Vrsa 乌尔萨，毗湿奴化身的公牛。

Vrsabha 金牛座。

Vrscika 人马座，蝎子座。

Vrtrahan 诛佛栗多者。

Vrttyanupresa 风格谐音，一个或若干字母重复使用多次。

Vulture Peak 灵鹫山，见Rajgir。

Vyabhicaribhava 不定情，有33种：忧郁、虚弱、疑虑、妒忌、醉意、疲倦、懒散、沮丧、忧虑、慌乱、回忆、满意、羞愧、暴躁、喜悦、激动、痴呆、傲慢、绝望、焦灼、入眠、癫狂、做梦、觉醒、愤慨、佯装、凶猛、自信、生病、疯狂、死亡、惧怕、思索。

Vyadhi 疾病，生病。

Vyahara 谐虐。

Vyahritis 神秘词语，咒语。

Vyajastuti 褒贬。

Vyakarana 语法学。

Vyakarana 毗耶迦罗娜，吠陀6支（Vedangas）之一的语法，语法学。

Vyakoba 湿婆模糊像。

Vyaktiviveka 《韵辨》《辩明论》，11世纪摩西摩跋吒（Mahimabatta）著。

Vyama 尽量伸直的两臂中间的空间。

Vyana 生命呼吸。

Vyangakautuk 泰戈尔1907年出的幽默散文和戏剧集。

Vyanjana　身体上大的特征。

Vyanjana　暗示义。

Vyantara　小神灵。

Vyapana　渗入，遍入，遍及，指毗湿奴的特点。

Vyapti　传染。

Vyartha　无意义。

Vyasa　毗耶娑，广博仙人，或叫岛生黑仙人，据说是《摩诃婆罗多》《薄伽梵歌》的作者。据《摩诃婆罗多》讲，他是鱼香女贞信婚前和敝衣仙人在岛上生的私生子。贞信以后请他和自己儿子的遗孀生下持国和般度。他在隐居林目睹了俱卢战争。在般度五子升天后他创作了《摩诃婆罗多》。

Vyasa “编者”。

Vyatireka　较喻。

Vyavasaya　决心。

Vyayoga　纷争剧。

Vyjayanthimala　维嘉燕提玛勒（1936—），印度电影演员、舞蹈家、歌唱家。

Vyuha　古代印度打仗摆的阵势。

Vyuhas　（毗湿奴的）发光体。

Vyusti　白天。

Ww

W. B. Yeats 《悼叶芝》，泰戈尔1939年为英国诗人叶芝的逝世写的悼词。见Yeats。

W. W. Pearson 《珀森》，泰戈尔写的信，纪念在国际大学任教、英年早逝的英国学者珀森。

Waghora 瓦格拉河，马哈拉施特拉邦的一条河流，著名佛教石窟阿旃陀就在该河边岩壁上。

Wagner, Wilhelm Richard 瓦格纳，威廉·理查德（1813—1883），德国作曲家。他是德国歌剧史上一位举足轻重的人物。前面承接莫扎特、贝多芬的歌剧传统，后面开启了后浪漫主义歌剧作曲潮流，理查德·施特劳斯紧随其后。同时，因为他在政治、宗教方面思想的复杂性，他成为欧洲音乐史上最具争议的人物。1921年4月泰戈尔访法时在巴黎观看瓦格纳的歌剧《女武神》（Die Walkre ）的演出。

Wajid Ali Khan 瓦基德·阿里·克汗，19世纪纳瓦布，他虚心向塔卡尔·普拉萨德（Thakar Prasad）学卡达克舞，并资助音乐舞蹈。

Wakhan 瓦汗国，古代王国，在今新疆塔里木盆地。

Walchand House 瓦尔昌德财团，印度大财团，1920年由瓦尔昌德创立。

Wali, Shams- ul- Din Muhmmad 瓦利（1668—1742），印度乌尔都语诗人，作品有《瓦利诗集》等。

Walkeswar 瓦尔克什瓦，孟买的一个村子，有湿婆庙。

Wallah 从事某种行业的人，专家。

Waltair 乌尔代尔，印度安德拉邦城市，1933年12月5日泰戈尔从孟买来这里，于12月8、9、10日在安德拉大学作3次克里希那斯瓦米·艾叶尔讲座，后来以《人》出版。1934年11月2日泰戈尔再次来这里，在维泽亚纳格兰王后家做客，5日在安德拉大学演讲。

Walter Rathenau 伍尔特·拉特瑙（1867—1922），德国犹太人，大企业家和进步经济学家，1922年被刺杀。1921年6月2—3日，泰戈尔在德国做《狂热的英雄崇拜》的报告。伍尔特·拉特瑙设宴招待泰戈尔。

Wan Qingmei 万梅青，当代女学人，发表《简析泰戈尔的〈沉船〉》。

Wandervogel “漂鸟运动”，德国青年团体的名称，也是运动的名称。从1896年开始，由一个由德国青年发起的运动，于1901年11月4日在柏林成立。目的是学习候鸟精神，在漫游于自然中追寻生活的真理，在自然中历练生活的能力，创造属于青年的新文化。他们也希望这运动的风起云涌，使得日耳曼青年比其他民族的青年更优秀，更经得起考验。1930年7月泰戈尔访问德国时，认识了这个团体的一些人。

Wandiwash, Battle of 万迪华什战役，1776年英法在南印度卡尔纳提争夺殖民权的战役，英军胜。

Wang Bangwei 王邦维（1950—），1987年北京大学东语系梵语专业博士毕业。1982至1986年任中国社会科学院南亚研究所助理研究员。1986年调入北京大学。1992年迄今先后任北京大学东语系、东方学系、外国语学院、东方文学研究中心教授。发表过多种著作或学术论文，内容涉及梵语与汉语佛教文献与文学、印度和中国佛教史、中印文化关系史。有关泰戈尔的论文有《新的理解和更多的敬意——〈泰戈尔与中国〉序言》等。

Wang Chunjing 王春景，1973年生，河北省故城县人，河北师范大学文学院副教授，北京大学外国语学院东语系博士毕业。作品有《人与神的狂欢——印度文化的面貌与精神》，发表《印度女性的新形象》《谈泰戈尔诗歌的意象性叙述》《泰戈尔〈沙恭达罗〉的启示》等。

Wang Daxie 汪大燮（1860—1929），原名尧俞，字伯唐，一字伯棠，祖籍安徽省黟县，生于浙江省杭州府钱塘县。中华民国初期政治家，曾任北京政府外务总长等要职，并曾担任临时国务总理。在当时的中国政界同孙宝琦、钱能训合称“三老”。1924年4月，泰戈尔访华，汪大燮是在北京的欢迎者之一。

Wang Duqing 王独清（1898—1940），诗人，祖籍陕西蒲城，出生于陕西长安，1913年考进三秦公学学习英文。16岁开始写笔记式杂文和政论文章。后被《泰镜日报》聘为总编辑。1915年离家到上海。不久，东渡日本，开始接触外国文学。两年后返回上海，任《救国日报》编辑。1920年赴法国留学，并研究和考察欧洲古典建筑艺术。1925年年底回国，1926年去广州，经郑伯奇介绍加入创造社，曾任理事，并主编《创造月刊》，成为该社后期主要诗人之一，同时任广东中山文科学长。1929年9月任上海艺术大学教务长，1930年主编《开展月刊》。1937年回到故乡，1940年病逝。著有诗集《圣母像前》《死前》《埃及人》《威尼市》《锻炼》《独清诗选》《我从CAFE中出来》等多种。1924年，他翻译出版泰戈尔的诗集《新月集》。

Wang Fangzhen 王芳镇，民国人物，曾在实验剧社工作，1924年4月在上海参加泰戈尔访华的接待工作。

Wang Feifei 王菲菲，当代学人，发表《泰戈尔文化身份的杂糅性探微》。

Wang Fuming 王幅明（1949—），河南唐河人，编辑，发表《献给心中神灵的缠绵情歌：介绍泰戈尔的散文诗集〈吉檀迦利〉》。

Wang Guifa 王贵发，当代学者，与陈全民发表《试探泰戈尔恋母情结的成因及其诗歌创作的影响》。

Wang Guangqi 王光祈（1891—1936），音乐学家和社会活动家，字润玙，笔名若愚，四川省成都市温江区人。1920年赴德国留学，研习政治经济学，1923年转学音乐。1927年入柏林大学专攻音乐学，1934年以《论中国古典歌剧》一文获波恩大学博士学位。他的研究，开东方民族音乐之先河。代表作《东方民族之音乐》《欧洲音乐进化论》《论中国古典歌剧》等。1921年，他在《申报》发表《泰戈尔之山林讲学》，介绍泰戈尔访问德国的盛况。

Wang Guoquan 王国全，当代学人，发表《孙中山与泰戈尔的一段史话》《神秘的透视：人的情感与心理：读泰戈尔的短篇小说》。

Wang Haifeng 王海峰，当代学者，发表《形象管窥——泰戈尔〈探宝〉与郁达夫〈零余者〉的对读》。

Wang Hanzhong 王汉中，20世纪50年代在印度获博士学位，在中国学院教中文。

Wang Hongbo 王鸿博，北方工业大学老师，发表《泰戈尔〈原来如此〉的法律内涵》等。

Wang Hongmei 王红枚，当代学人，发表《泰戈尔：多才多艺的伟人》。

Wang Hongwei 王宏伟（1934—），山西省万荣县人，现为中国社会科学院亚洲太平洋研究所教授，兼任中国南亚学会顾问。1955年在北京大学东方语言文学系毕业，1959—1961年在国际关系学院（今外交学院）进修。1974年前在中国作家协会工作，于1961年访问锡兰并一度在科伦坡非作家常设局工作；1963年出席第二届全国文学艺术大会，并受到已故国王马亨德拉的接见。1978年进入中国社会科学院工作后，先后于1985年和2000年两次访问尼泊尔，并在后一次访问中单独受到已故国王比兰德拉的接见。此外，他还访问过印度（1988，1992，1993，1999）、美国（1985/86，2002）、英国（1993）和巴基斯坦（1995）等国，出席过一系列有关的国际问题研讨会和大型会议。

Wang Hongwen 王鸿文，1924年5月25日正在中国访问的泰戈尔在汉口辅德中学演讲，他做记录，发表在《文学旬刊》上。

Wang Jian 王舰，民国学者，1924年发表《甘地与泰戈尔》《上海欢迎泰戈尔大会记》。

Wang Jigao 王基高，当代学人，发表《泰戈尔的恋情》。

Wang Jing 王靖，学者，1923年翻译出版泰戈尔诗集《新月集》，1924年翻译出版《泰戈尔小说》，发表《泰戈尔主义》等。1924年4月在上海参加泰戈尔访华的接待工作。

Wang Jing 王靖，北京大学南亚学系老师，发表《浅谈泰戈尔的艺术创作观》等。

Wang Jingtao 王警涛，民国人物，中国最早的人口学家，著作有《民生主义与人口问题》。1924年4月，泰戈尔访问中国，当王警涛听说诗人要去北京时，估计会在北京出现文化冲突，于是警告诗人“北京多蜥蜴，满城浓瘴气”。1924年发表《为泰戈尔游华吟》《泰戈尔在航讲演预志》《泰戈尔昨日赴航》《各团体欢迎泰戈尔筹备会纪》《泰戈尔将来京》《印度诗人泰戈尔文日抵沪》《沪学界欢迎泰戈尔》。

Wang Ke 王珂，福建师范大学教授，发表《印度诗歌及泰戈尔对我国新诗诗体建设的影响》。

Wang Laiyin 汪莱茵，在故宫博物院工作，发表《溥仪和泰戈尔》。

Wang Lianzhong 王连仲，当代学人，发表《冰心的诗和泰戈尔的〈飞鸟集〉》。

Wang Liqiu 王立秋，当代学者，翻译印度查特吉的《泰戈尔、中国和对民族主义的批评》。

Wang Mengyu 王孟瑜，女，林徽因的表姐。1924年5月8日，为欢迎泰戈尔访华及庆祝诗人64岁生日，林徽因、徐志摩等在协和礼堂演出泰戈尔的戏剧《齐德拉》，王孟瑜扮演村民。

Wang Na 王娜，当代女学人，发表《陶渊明与泰戈尔诗中鸟的意象之异同》。

Wang Qun 王群，当代学人，发表《泰戈尔〈摩诃婆罗多〉再探》。

Wang Qiujun 王秋君，当代学者，发表《泰戈尔诗歌中的生命美学建构》。

Wang Rongzhen 王荣珍，北京教育学院老师，发表《泰戈尔的民族主义思想辨析》等。

Wang Ruliang 王汝良，青岛大学老师，文学博士，发表《泰戈尔笔下的中国形象》《泰戈尔与唯美主义》等。

Wang Shan 王山，当代学人，发表译作《泰戈尔，一个伟大的人》。

Wang Shenfu 汪慎夫，民国人物，曾任上海商科大学教授，1924年4月泰戈尔访华，他参与接待工作。

Wang Sheng 望生，民国学人，1941年发表《泰戈尔之挽歌》。

Wang Shuying 王树英（1938—），河北省安国市人，1965年毕业于北京大学东语系，后留校任教。1978年调入中国社会科学院南亚研究所，专门从事印度历史文化研究，任研究员；1983年—1985年在印度尼赫鲁大学进修与研究；后又多次赴印度各地考察和讲学。现为中国社会科学院亚洲太平洋研究所研究员，中国社会科学院南亚文化研究中心副主任。主要著作有：《印度各邦历史文化》《印度文化与民俗》（1992年曾获陆文星、韩素音中印友谊奖、中国社科院优秀成果奖）《宗教与印度社会》《中印文化研究》（外文版）、《印度神话传说》《中印文化交流与比较》等书。主编《中印文化交流丛书》，1995年4月荣获陆文星、韩素音中印友谊奖。发表论文《泰戈尔的文化贡献》等。享有“政府特殊津贴”。

Wang Tingting 王婷婷，当代女学者，发表《教出中职语文课的“职业味”》。

Wang Tongzhao 王统照（1897—1957），字剑三，笔名息庐、容庐，作家，山东诸城人，1924年毕业于中国大学英文系。1918年办《曙光》。1921年与郑振铎、沈雁冰等发起成立文学研究会。他曾任中国大学教授兼出版部主任，《文学》月刊主编，开明书店编辑，暨南大学、山东大学教授。新中国成立后，历任山东省文联主席、山东大学中文系主任、山东省文化局局长。著有多部长篇小说。在泰戈尔访华的1924年前后，他撰文介绍泰戈尔。发表有《泰戈尔的人格观》《泰戈尔的思想及其诗歌的表象》《泰戈尔研究最需要的两本书》等。1924年4—5月泰戈尔访华，他在许多场合接待并陪同。

Wang Wenqiang 王文强，常州工学院老师，发表《瞿秋白论泰戈尔》《泰戈尔的〈国家观与东方〉读解——瞿秋白论泰戈尔》等。

Wang Wenxian 王文显（1886—1968），号力山，剧作家，祖籍江苏昆山，1886年生于英国伦敦的一个华侨家庭。从小在英国读书，长期在国外受教育。1915年在英国伦敦大学毕业后回国，曾任中国驻欧洲财政委员。1921年任清华学校英语教授。1925年清华学校改为清华大学，任外国文学系主任。在北京大学、北京师范大学、辅仁大学任教，培养了洪深、李健吾、曹禺等一批现代戏剧人才。1937年抗战爆发后去上海任圣约翰大学教授。抗战胜利后去香港，后留居并逝世于美国。他的剧本均为讽刺戏剧，用英文写作，有暴露中国高等学府腐败现象的《委曲求全》和揭露袁世凯称帝的《梦里京华》。1924年，他与曹祥云、徐志摩、张彭春、张歆海、辜鸿铭等在清华大学接待访华的泰戈尔。

Wang Xiangyuan 王向远（1962—），山东人，文学博士，北京师范大学文学院教授，兼任北京大学东方文学研究中心学术委员、中国东方文学研究会会长、中国比较文学教学研究会副会长、中国外国文学学会理事、中国比较文学学会理事、中国抗战史学会理事等。发表《泰戈尔在中国的译介》等。

Wang Xiaosheng　王晓声，当代学者，2012年发表《泰戈尔与老子之“和谐论”哲学美学观的阐释与比较》《泰戈尔与叶芝诗学思想比较》。

Wang Xihe　王希和，民国学者，1923年发表《泰戈尔学说概观》，从泰戈尔的哲学思想、教育思想、艺术观等方面介绍泰戈尔学说的主要方面，比较完整地勾勒了泰戈尔的基本思想。

Wang Xinwen　王心文，当代学者，发表《1924年：泰戈尔的中国之行》。

Wang Xiulu　王岫庐，民国人物，曾在商务印书馆工作，1924年4月在上海参与接待前来访华的泰戈尔的工作。

Wang Xuance　王玄策，唐朝大臣，曾四次出使印度。第一次于643年陪同李义表前往曲女城拜访戒日王，到过摩羯陀、灵鹫山、菩提寺等，于公元647年归国。第二次于公元647年出使摩羯陀国，原国王一死，护卫被杀，财物被抢，逃至尼泊尔，获帮助，带兵返回摩羯陀国，打败篡位者，将其带回献给中国皇帝。第三次于公元657年出使印度，带回一位印度王子应唐朝皇帝要求送来的印度巫师，但唐朝皇帝不信服巫师的长生不老的秘方。第四次，出使印度，带回前往印度朝圣的中国僧人慧超。

Wang Yachen　汪亚尘（1894—1983），浙江杭州人，原籍安徽太平（今黄山）。1915年曾与陈抱一等人组建中国第一个画会组织“东方画会”。1916年东渡日本留学，1921年毕业于东京美术学校西画系，同年回国，被聘为上海美专教授兼教务主任。1928年至1931年赴欧洲作艺术考察，归国后曾任新华艺术专科学校教务长、新华艺术师范学校校长。1947年赴美讲学并举办画展，传播中国绘画，历时30余年。1924年4月在上海参加泰戈尔访华的接待工作。

Wang Yan　王燕（1951—），男，北京人，苏州科技学院中文系教授，发表了不少关于泰戈尔的论文，主要的有：《“撒提”说开去——鲁迅的泰戈尔评价刍议》《泰戈尔访华——回顾与辩误》《试论泰戈尔小说与戏剧创作中的象征主义构成》《试论泰戈尔访华前后鲁迅、郭沫若、矛盾的态度与评介》等。

Wang Yanling　王艳玲，当代女学人，发表《泰戈尔与徐志摩：中印两颗诗心的碰撞与融合》。

Wang Yang　王杨，当代学者，发表《从泰戈尔诗的汉译看五四时期新诗语言的发展》。

WangYang　王阳，天津师范大学硕士毕业，发表《泰戈尔与现代主义》。

Wang Yasheng　王雅升，哈尔滨师范大学中文系教授，当代外国文学评论家，1978年发表《资产阶级的自我批评——评泰戈尔的长篇小说〈沉船〉》，1983年发表《泰戈尔小说的基本主题》。

Wang Yilin　汪奕林，民国文化人，1924年发表《为反对泰戈尔者进一解》。

Wang Yong　王镛（1948—），太原人，画家，中央美术学院教授，发表《诗人泰戈尔的绘画》《诗人泰戈尔——印度现代绘画的先驱》等。

Wang Yuping　王玉平，当代学者，发表《品读泰戈尔散文诗》。

Wang Zhihua　王直华，当代学人，发表《科学与艺术：山顶上会合——欣赏泰戈尔〈飞鸟集〉》。

Wang Zhiyan　王志艳，当代学者，出版专著《走在世界与印度的连接线上——东方诗哲泰戈尔》。

Wang Zhongying　王中英，当代学人，发表《批判与反思——泰戈尔女性身心解读》。

Wang Zhuanxian　王转先，山西大学老师，发表《从〈戈拉〉看泰戈尔对印度传统文化的态度》。

Wang Zhuchen　王祝晨（1882—1967），山东齐河县人，教育家，山东教育事业的先驱。1924年泰戈尔访华，他请沈尹默牵线，邀请泰戈尔4月22日访问济南。

Wannsee　柏林万西区。1930年11月访问苏联结束后，泰戈尔回到柏林，在柏林万西区门德尔夫妇家住了几天，然后去美国。

War　印地语词尾，“之门”“崇拜”。

Wardha　瓦尔达，甘地在德里的住处。

Warren Hastings　瓦伦·哈斯廷斯（1732—1818），臭名昭著的总督，自1774年起任印度第一任总督。

Warrington Guardian 《沃灵顿前卫报》，英国一家报纸，曾刊登泰戈尔的信件。

Warsaw 华沙，波兰首都，历史名城，全国第一大城市，工业、贸易和最大科学文化中心及最大的交通运输枢纽，面积516.9平方千米，人口约171万。1930年8月泰戈尔访问波兰，在华沙火车站受到了民众的热烈欢迎。

Warts Shah 瓦尔茨·沙，19世纪旁遮普语浪漫故事流派诗人。

Wasson, R. Gordon 瓦松，R. 戈登（1898—1986），英国现代印度学家。

Ways to Peace 《通向和平之道》，谭云山1950年写的著作。

Wazir 瓦济儿，德里苏丹时期的政府最高官员，到莫卧儿王朝时期的税收和财政大臣。

Wda yan 乌太阳，泰戈尔在国际大学的住室。

Wealth and Welfare 《财富与福利》，泰戈尔的散文。

Wedderburn, William 维德伯恩，威廉（1838—1918），英国文官，国大党早期活动家，1889年和1910年两度被选为国大党主席。

Weeds 《野草》，民国文学期刊，1942年的第三卷第一期刊登云杉的《回忆泰戈尔》。

Wei Fengjiang 魏风江（1912—2004），浙江萧山人，毕业于印度国际大学和印度真理学院，留学期间和泰戈尔以及中国学者、国际大学中国学院院长谭云山来往甚多，是唯一的泰戈尔的中国学生，和英迪拉·甘地是同学。1982年后历任上海新沪中学教师、印度国际大学中国学院教授、浙江文史馆馆员、宁波大学教授、杭州师范学院名誉教授、中国国际友人研究会理事、中国南亚研究会理事会顾问、浙江省第五届政协委员。1934年开始发表作品。1985年加入中国作家协会。著有传记文学《我的老师泰戈尔》《怀念印度诗人泰戈尔》《怀念英迪拉》《我与尼赫鲁一家的交往》《与甘地相处的日子》《重访印度记》《泰戈尔嘱我去甘地身边》，译著《简明不列颠百科全书》《世界童话集》等。发表《怀念印度诗人泰戈尔》《我的老师泰戈尔与杭州》《漫话诗人泰戈尔故居今昔》。

Wei Guisun 魏圭荪，20世纪40年代在印度留学，获博士学位，后在国际大学中国学院担任院长。

Wei Jian 魏建，当代学人，发表《泰戈尔究竟怎样影响了郭沫若》。

Wei Jie 韦杰，7世纪初隋炀帝派往印度的使节。

Wei Kaizhao 魏开肇，当代学人，发表《泰戈尔讲演推崇东方文化》。

Wei Liming 魏丽明（1965—）女，汉族，印度语言文学专业博士，北京大学外国语学院东语系教授，《国外文学》编辑，主讲专题“泰戈尔专题研究”。著作有《泰戈尔文学作品研究》《“万世的旅人”泰戈尔》等。发表的论文有《泰戈尔文学起源思想探析》《“挟洋自重”和“借光自照”——1999年英文版〈泰戈尔在中国的讲演〉的启示》等。

Wei Shanhao 魏善浩（1944—），江西省赣州人，扬州大学人文学院中文系外国文学教研室教授，1982年湘潭大学中文系世界文学专业研究生毕业。著有《东方神话概观》，翻译《阿拉丁与神灯》《巨人国游记》，主编《中华通典·经济典》，参编《中国大百科全书（简明版）》，发表论文60余篇，有关泰戈尔的论文有《〈吉檀迦利〉：印度返璞归真的新神话》等。

Wei Siluan 魏嗣銮（1895—1992），名嗣銮，字时珍，出生于今四川省蓬安县金溪镇魏家坝村，德国哥廷根大学数学、物理学博士，四川大学教授。1921年6月，当时在德国留学的他陪同宗白华去听正在德国访问的泰戈尔的演讲。

Wei Xiqin 魏西琴，英国人，曾任山西外国语文言学校校长。1924年5月22日，与山西督军公署交际科英文秘书潘太初一起陪同来访的泰戈尔去会晤阎锡山。5月23日他陪同泰戈尔在太原文瀛湖演讲，陪同泰戈尔游览晋祠。

Wei Zhi 微知，民国某文化人的化名，1929年发表《泰戈尔的有闲哲学》。

Welcome Davoud 《在达乌德教授欢迎仪式上的讲话》，泰戈尔1933年1月在国际大学的发言。

Welcome to Xu Beihong 《欢迎徐悲鸿》，泰戈尔1940年2月为徐悲鸿访问国际大学致的欢迎词。

Welfare 《福利》，泰戈尔时期的文学期刊。

Welkin 空中。

Wellesley, Richard Colley 威尔斯利，查理·科利（1760—1842），1797—1805任印度总督。

Wellesley College 威尔斯理学院，在美国波士顿，泰戈尔1916年11月访美时曾经在此演讲。

Wells, H. G. 威尔士（1866—1946），英国作家，1912年会见泰戈尔。

Welt Goethe Ehrung "全世界尊敬歌德"，纪念歌德逝世100周年组织，1931年10月11日，泰戈尔给该组织写信，对歌德表示敬意。

Wen Lin 文林，当代学人，发表《屈从·受难·反抗——读泰戈尔的短篇小说〈一个女人的来信〉》。

Wen Yiduo 闻一多（1899—1946），原名闻家骅，又名多、亦多、一多，字友三、友山，中国现代伟大的爱国主义者，坚定的民主战士，中国民主同盟早期领导人，诗人和学者，新月派代表诗人，作品主要收录在《闻一多全集》中。1946年7月15日在悼念被国民党特务暗杀的李公朴的大会上，发表了著名的《最后一次的演讲》，当天下午在西仓坡宿舍门口即被国民党昆明警备司令部下级军官汤时亮和李文山枪杀，闻一多之子闻立鹤也身受重伤。代表作有《红烛》《死水》等。后致力于古典文学的研究，主张写诗有三美（绘画美、建筑美、音乐美），遗著由朱自清编成《闻一多全集》四卷。在1924年泰戈尔访华之前，他写有《泰戈尔批评》等。

Wen Zheng 文铮，当代学人，发表《"在纤小的新月的世界里"——读泰戈尔的〈新月集〉》。

Wenhui Bao 《文汇报》，中国一份历史悠久的报纸，最早于1938年1月创刊于上海。在世界其他14个国家和地区设有记者站。1981年5月8日刊登詹得雄的《访泰戈尔故居》，8月6日刊登梅绍武的《梅兰芳和泰戈尔》，6月23日刊登冰心的《〈泰戈尔诗选〉译者序》；2011年4月25日刊登邢建榕的《上海聆听东方智者的声音》。

Wenying Lake 文瀛湖，俗名海子边，是太原市建成年代久远、文化底蕴深厚的一座公园，地处繁华的市中心。文瀛湖的历史最早可以追溯到北宋时期。宋太宗将晋阳城焚毁后，于太平兴国七年（982年）在唐明镇的基础上修建了一座新城，即太原城，海子边是当时护城河的一个部分。传说唐代以来，唐明镇有晋文公祠（今山西省政府所在地）。人们为了纪念晋文公的夫人、秦穆公的女儿文嬴，遂称海子边为文嬴湖，后人加了三点水为"瀛"字，习称文瀛湖。1924年5月23日，山西省教育会等30多个团体在太原为泰戈尔开欢迎大会，地点在文瀛湖公园大自省堂。徐志摩主持，泰戈尔做演讲。

Wenhui Monthly 《文汇月刊》，《文汇报》的文学副刊，1981年第11期刊登赵家璧的《徐志摩和泰戈尔》和陆小曼的《泰戈尔在我家做客——兼忆志摩》。

Wenhui Reading Weekly 《文汇读书周报》，1985年3月2日创刊，地址在上海。2011年6月10日刊登孙宜学的《泰戈尔与上海》。

West Bengal 西孟加拉邦，位于印度恒河平原东部，西部和奥里萨邦、比哈尔邦、贾坎德邦以及尼泊尔相连，东部毗连孟加拉国和阿萨姆邦，北傍锡金和不丹，南濒孟加拉湾。西孟加拉邦分为19个县，面积88752平方千米，人口8430万。西孟加拉邦主要是孟加拉人，主要语言是孟加拉语和英语。首府加尔各答为印度第三大城市。夏季气温24～40 ℃，冬季气温7～26 ℃。每年6～9月份为季风季，年平均降雨1750毫米。北岭一角为山区，其余大部分为恒河、布拉马普特拉河下游及其支流冲积而成的平原。海拔12～30米，三角洲平原更低。泰戈尔的家乡就是西孟加拉邦的首府加尔各答，他创办的国际大学也在西孟加拉邦的圣蒂尼克坦。

West Coast 美国西海岸，指美国华盛顿州、俄勒冈州、加利福尼亚州等几个州沿海地带，西临太平洋，大城市有西雅图、波特兰、奥克兰、旧金山、洛杉矶等。

Western Hills 北京西山，是太行山的一条支阜，古称"太行山之首"，又称小清凉山。宛如腾蛟起蟒，从西方遥遥拱卫着北京城。因此，古人称之为"神京右臂"。西山为太行山北端余脉，峰岭连延，历今房山、门头沟、石景山、昌平等几个区县，古称无定河的永定河贯穿其中，将西山截为南北两段。

西山林海苍茫、烟光岚影、四时俱胜，数百年来，不知有多少文人学士为它四时的景色所倾倒，游玩赏乐其间，乐不知返。1924年5月正在访华的泰戈尔在这里疗养过几天。

Western India　西印度，同“东印度”对称的一个地区名。15世纪末和16世纪初，意大利航海家哥伦布为寻找从欧洲通向东方的航路，四次西航大西洋，发现南、北美洲东北海岸和加勒比海的一些岛屿，误认为是印度。后来意大利探险家亚美利哥·维斯普奇到达南美洲东岸后，证明这是一块欧洲人所不知道的“新大陆”。后来欧洲殖民者就称南、北美大陆间的群岛为“西印度”。

West Lake　西湖，位于中国浙江省杭州市区西面，是中国首批国家重点风景名胜区和中国十大风景名胜之一，中国主要的观赏性淡水湖泊之一，与南京玄武湖、嘉兴南湖并称“江南三大名湖”。西湖东靠杭州市区，其余三面环山，面积约6.39平方千米，南北长约3.2千米，东西宽约2.8千米，绕湖一周近15千米。1924年4月14日，正在中国访问的泰戈尔在徐志摩、瞿菊农陪同下游览西湖。

Whampoa　黄埔，位于广州东南珠江边的一个区。

What Is Chinese Religion　谭云山1838年写的《介绍中国宗教》。

What Then? (Tatah Kim)　《然后怎么办?》，泰戈尔的散文。

Wheatley, Paul　维特利，保罗（1921—1999），英国现代印度学家。

Wheeler　惠勒爵士，英国人，他在18世纪确定了哈拉帕印度河文明的分期为公元前2300—公元前1750年。

Wheel of life　佛教徒的生命轮回。

When and Why　《何时与为何》，泰戈尔《新月集》里的诗。

When Badges of Honour Make Our Shame Glaring　《荣誉奖章使我们的耻辱变得闪闪发光》，泰戈尔1919年写给英国契姆斯福勋爵（Chelmsford）的信，为抗议英国军队在阿姆利则枪杀手无寸铁的印度国民，要求辞去英国政府授予他的公爵荣誉称号。

When Peacocks Called　《呼唤孔雀的时候》，泰戈尔1940年写的书评。

Which one should sleep with his head to the north-west　谁该把头朝西北睡，正统印度教教徒对坐、睡、祭祀有一套规定。

When the Evening Steals on Western Waters　《傍晚在西边水上溜走》，泰戈尔的诗。

White Revolution　白色革命，印度政府于1971年发起的旨在大力促进牛奶业的运动。

Whiteway　白道，设在加尔各答的一家英国大百货商店。

Whitney, W. D.　维特尼（1827—1894），美国东方学家。

Wilberforce, William,　威尔伯福斯，威廉（1759—1833），英国政治家、慈善家、废除奴隶贸易的领袖。1933年7月18日，泰戈尔给英国赫尔市有关机构发电报，纪念威尔伯福斯逝世一百周年。

Wilkins, Charles　威尔金，查尔斯（1749—1836），18世纪英国印度学家，他于1785年第一个把《薄伽梵歌》翻译成英语。

Wilkinson, Marguerite　威尔金森，麻姑莱特（1883—1928），挪威女诗人兼记者，曾于1921年采访泰戈尔。

William Carey　威廉·卡瑞，传教士，1793年入孟加拉。

William Hunter　威廉·哼特（1840—1900），苏格兰记者、作家。

William Rothenstein　威廉·罗森斯坦（1872—1945），英国文学家。

William Rowland　威廉·罗兰，19世纪美国基督教神学家，他很早就注意到了印度教学说。

Williams, Albert Rhys　威廉，阿尔伯特·莱斯，20世纪苏联作家，1930年泰戈尔访问苏联时他参加欢迎仪式。

Willington　威灵顿，加拿大总督。1929年4月6日泰戈尔到达加拿大西海岸的维多利亚港。当晚威灵顿勋爵主持欢迎会。泰戈尔演讲《清闲的哲学》。

Willington, Freeman-Thomas　威灵顿，弗里曼-托马斯（1866—1941），1936年任印度总督，镇压甘地领导的公民不服从运动。

Wilson Horace Hayman　威尔逊·霍勒斯海曼（1786—1860），19世纪英国印度学家，1832—1860年担任牛津大学第一个梵语教授，曾把《梨俱吠陀》翻译为英语，作品有

《梵语-英语词典》《梵语语法》等。

Wima Kadphises 维马·卡德非塞斯，中国史籍叫阎膏珍，贵霜王朝（大月氏）第二任国王，生活在1世纪。他征服了犍陀罗帕提亚人的领地，驱逐了北印度马图拉的塞族州长，巩固了贵霜帝国的霸业。

Wings of Death 《死亡的翅膀》，泰戈尔的诗集，1960年伦敦约翰穆雷出版社出版。

Winternitz, Moritz 温特尼茨，莫里茨（1863—1937），奥地利著名的东方学家，1921年6月18日—21日泰戈尔访问捷克斯洛伐克，在首都布拉格的德语大学和捷克大学做了几场报告，在这里温特尼茨和泰戈尔接触甚密。1922年12月他开始任国际大学客座教授。

Wish Granted 《心满意足》，泰戈尔于1895年写的短篇小说。父子俩想互换身份，愿望之神成全他们，儿子变成老子，老子变成儿子。儿子想，变成老子就可以随便吃乳脂糖；老子想，变成儿子就可以好好上学。结果互换后，儿子不能吃糖，因为没有牙齿；老子也不想去上学，懒得动，手脚不灵。儿子想变成老子就可以想吃什么就吃什么，结果胃口不好，吃不下，游泳感冒。老子去和人家打扑克，被赶走。闹得都很尴尬，又想变回去。愿望之神再次成全他们，把他们变了回去，一切归于正常。看来什么人都不能违背规律。

Wittgenstein, L. 维特根斯滕，德国现代印度学家。

Witthoba 维托巴，毗湿奴的制名。

Woman 《女人》，泰戈尔的诗。

Woman and Home 《妇女与家庭》，泰戈尔的散文。

Woman Unknown (Unknown Maiden) 《陌生女人》，泰戈尔于1914年写的短篇小说。朋友哈里士给我介绍远在坎布尔的大夫的女儿科莱尼。在婚礼的当天，我的舅舅带着金匠检验嫁妆首饰的成色和重量，因大大伤了大夫的自尊心而当场退婚。后我陪母亲去坎布尔朝圣，在列车上见一漂亮、活泼、富有朝气的姑娘，当场义正词严地揭露要把他们的座位挤给英国将军的洋奴站长。姑娘下车前我才问出她就是科莱尼。我爱上了科莱尼，亲自去她家求婚，姑娘却严正拒绝，“我永远不嫁！”她已经把一生献给了祖国的儿童教育事业。她在我心里永远是个陌生的女人。

Women 《妇女》杂志，该杂志创刊于1915年，因一·二八事变中商务印书馆遭日寇焚毁而休刊，历任主编有王蕴章、章锡琛、杜就田、叶圣陶、杨润馀，参与主编者有（朱）胡彬夏，代行主编一职者有金仲华。该杂志为该时代知识分子及苏浙沪一带女学生所追捧。该杂志撰稿人有王蕴章、（朱）胡彬夏、梅梦、恽代英、胡愈之、沈雁冰、叶圣陶、胡寄尘、张季鸾、沈芳、沈泽民、蒋维乔、瞿宣颖、魏寿镛、钱基博、丁逢甲、成舍我等。1924年2月，该杂志刊登龙今吾的《泰戈尔的恋爱观》。

Women's Education 《妇女的教育》，泰戈尔的书信集《论一些教育问题》中的一篇。

Women's Place in the World 《妇女在世界上的地位》，泰戈尔的散文。

Women's University 女子大学，位于长野县的日本著名的避暑胜地轻井泽（Karuijawa），1916年8月泰戈尔访问日本时曾访问该大学。1924年正在访日的泰戈尔再次访问女子大学。

Woodbroke 伍德布鲁克，距离伦敦不远的镇子，1930年泰戈尔访问英国时于5月27日在这里作《理想的东西方教育》的演讲。

Woodroffe 伍德汝法，泰戈尔的英国朋友。

Woolf, Virginia 伍尔芙，弗吉尼亚（1882—1941），英国女作家，被誉为20世纪现代主义与女性主义的先锋。两次世界大战期间，她是伦敦文学界的核心人物，同时也是布卢姆茨伯里派（Bloomsbury Group）的成员之一。她最知名的小说包括《戴洛维夫人》（Mrs. Dalloway）、《灯塔行》（To the Lighthouse）、《雅各的房间》（Jakob's Room）。

Wording 《咬文嚼字》杂志，创刊于1995年，是一本文字方面的期刊，由上海文艺出版（集团）有限公司主办。2002年12月第12期刊登张戬的《泰戈尔不是东方人吗？》，2006年6月第6期刊登凌大的《泰戈尔与小狗》。

Wordsworth, William 华兹华斯（1770—1850），英国诗人。作品有《抒情歌谣集》《不朽的征兆》以及由《序曲》和《漫游》两部分组成的哲理性长诗《隐者》等。1843年被封为英国"桂冠诗人"，为宫廷写了不少应景诗。他的诗取代了18世纪矫揉造作的诗风。华兹华斯对雪莱、拜伦和济慈都有影响。由于他与柯尔律治等诗人常居住在英国西北部多山的湖区，1807年10月的《爱丁堡评论》杂志称他们是湖畔派诗人。

World Chinese Studies 《世界汉学》，1998年创刊，由中国艺术研究院中国文化研究所编辑。2005年第1期刊登李明的《泰戈尔的中国梦在这里实现——印度国际大学中国学院概览》。

World Culture 《世界文化》，月刊，创刊于1980年，由天津外国语学院主办，原名《文化译丛》，国内外公开发行的综合类文化期刊。1994年11月第4期刊登王基高的《泰戈尔的恋情》，1999年3月第2期刊登晓阳的《泰戈尔的大山情怀》，2005年11月第11期刊登杨建民的《泰戈尔·叶芝·庞德》，2011年第8期刊登彭龄、章谊的《追怀泰戈尔》。

World Daily 《世界日报》，民国时期的报纸，1926年7月刊登鲁迅的《马上日记之二》。

World Knowledge 《世界知识》，半月刊，创刊于1934年，被公认为世界知识领域的一本刊物。1987年5月第19期刊登孙艳的《前不见古人，后可望来者——访泰戈尔的学生魏风江》。

World Literature Review 《世界文学评论》，是由《外国文学研究》编辑部与长江文艺出版社联合主办的大型文学批评与学术研究杂志。每年两期，分别在5月31日与10月31日出版。2006年5月创刊。2006年10月第2期刊登韩斌育的《泰戈尔的东方传统与西方情结》，2007年10月第2期刊登王娜的《陶渊明与泰戈尔诗中鸟的意象之异同》。

World of Literature and History 《文史天地》，于1994年创刊，由贵州省政协主办。2009年第11期刊登相京的《阎锡山与泰戈尔》。

Woti 无敌花，一种缠绕植物。

Writers Workshop 作家出版社，在印度加尔各答，曾出版泰戈尔的作品。

Writing 《写作》，创刊于1981年，由武汉大学主办。2011年7月1日刊登王海峰的《中印小说"零余者"形象管窥——泰戈尔〈探宝〉与郁达夫〈零余者〉对读》。

Wrong from the Start 《根本错误》，泰戈尔于1892写的喜剧。比诺德比哈里、琼德罗康托和尼麦是好朋友，他们都是大学生。三人对婚姻各有看法。琼德罗康托已婚，基本尝到了婚姻的酸甜，比较现实；尼麦认为自己是个比较保守的人，"将来要和一个姑娘结婚，她不敢抬起头来看人，她用面纱遮盖着自己的笑脸，她的脚镯声从远处就可以听到"；比诺德比哈里则是个爱幻想的人，比较浪漫，她认为未来的妻子应该"身材非常苗条，一点儿也不土气，就像随风飘动的蔓藤一样，也就是说，看上去，你会觉得她非常单薄——似乎她的存在总是有名无实——然而在她身上却蕴涵着如此的魅力，如此的情趣，所以一见到她你就会感到非常惊奇"。比诺德比哈里听见一个少女在唱歌，决定和这个女孩结婚。唱歌的少女科摩罗穆姬是琼德罗康托的邻居尼巴龙的好友阿迪多先生的女儿，阿迪多病逝后，尼巴龙受托收养了她。琼德罗康托乐于做媒，和两个朋友一起来到尼巴龙家。尼巴龙非常爽快地同意了。在此过程中，尼巴龙的女儿因度摩蒂相中尼麦，后来在一次邂逅中尼麦也相中了因度摩蒂。但尼麦和因度摩蒂因为得到错误信息，分别把对方当成花园市场乔图里老爷的女儿加冬碧尼和舞蹈家恰图杰的儿子洛利多，由此引出种种误会。比诺德比哈里和科摩罗穆姬结婚后，迫于经济压力，科摩罗穆姬仍回到尼巴龙家生活，比诺德比哈里自己寻找生计。尼麦的父亲湿婆丘龙和因度摩蒂的父亲尼巴龙是朋友，湿婆丘龙向尼巴龙提婚，后者答应。但由于尼麦和因度摩蒂两人的误会，湿婆丘龙不得不向尼巴龙提出退婚而向乔图里家提婚，真相大白后又不得不先和乔图里家退婚，再次向尼巴龙提婚。科摩罗穆姬婚后回到尼巴龙家后，尼巴龙把她父亲留下的一大笔遗产交给了她，她没有告诉自己的丈夫比诺德比哈里，而是对他进行考验。由于觉得自己受到轻视，琼德罗康托的妻子负气出走。不过，最后结局非常和美，不仅琼德罗康托夫妇，比诺德比哈里和科摩罗穆姬夫妇和好如初，尼麦和因度摩蒂也喜结连理，真正的洛利多和加冬碧尼订了婚，就连原先持独身观念的诺林那克也改变了主意，决定请琼德罗康托为自己做媒。

Wu Baihui　巫白慧（1919—2014），男，汉族，香港人，祖籍惠州，1946年毕业于印度国际大学哲学系，1948年获印度国际大学研究生院硕士学位，曾任印度国际大学助教。1952年回国，历任北京大学讲师，商务印书馆编辑，中国社会科学院哲学研究所副研究员、研究员、东方哲学研究室主任、南亚研究所所长、《东方哲学研究》杂志副主编，中国外国哲学史学会第二届理事。1984年被印度国际大学授予名誉文学博士学位、最高荣誉教授称号。学术专长为印度哲学、梵语学、佛学。著有《印度古代辩证思维》《印度唯物论思想探源》《奥义书及其唯物论哲学》《印度逻辑及其源流》等。作品有《印度哲学》《印度哲学与佛学》《梵语诗文图解》《梵文课本》；译著有《圣教论》《大乘二十颂论》等。

Wu Guozhen　吴国珍，当代学人，发表《泰戈尔的民族教育思想》。

Wu Hanzhang　吴汉章，民国文化人，1924年发表《泰戈尔著作介绍》《泰戈尔寿辰志盛》《泰戈尔昨天讲演纪略》《泰戈尔第二次讲演》等。

Wu Huimin　吴惠敏（1964—），女，安徽农业大学中文系任教，与骆锦芳发表《泰戈尔诗歌艺术新论》。

Wu Wenhui　吴文辉，中山大学教授，出版《20世纪文学泰斗泰戈尔》，发表《飞鸟国魂》等。

Wu Xiaoling　吴晓铃（1914—1995），辽宁绥中人，著名古典文学研究家、知名的私人藏书家，中国社会科学院研究员。1942年至1946年在印度圣蒂尼克坦泰戈尔国际大学中国学院任教授。1947年起任法国巴黎大学北京汉学中心通检组主任，兼任北京大学、清华大学、辅仁大学、中央戏剧学院教授。新中国成立后，任中国科学院哲学社会科学学部文学研究所（即今中国社会科学院文学研究所）研究员，民间文艺研究会顾问，中国曲艺家协会理事，国家文物咨询委员会委员等职。精通梵文，致力于中、印两国间的文化交流与合作。主要著作有：译著梵文剧本《小泥车》《龙喜记》等。参与编写三卷本《中国文学史》《古本戏曲丛刊》等。曾先后获法国巴黎大学荣誉哲学博士和印度国际大学荣誉文学博士称号。发表《泰戈尔和梅兰芳的友谊》《关于泰戈尔的曾侄孙泰无量》《试论鹦鹉的故事及其他》。

Wu Yan　伍燕，当代女学人，发表《泰戈尔抒情诗窥微》。

Wu Yan　吴燕，当代女学人，发表《你是天空，你也是鸟巢——浅论泰戈尔英文诗歌〈吉檀迦利〉的泛神论思想》。

Wu Yuhua　吴毓华，当代学者，2012年发表《泰戈尔作品在日本的译介情况初探》。

Wu Zhihui　吴稚晖（1865—1953），原名朓，后改名敬恒，学名吴纪灵（又称寄蛉），字稚晖，联合国“世界百年文化学术伟人”荣誉称号获得者，中国近代资产阶级思想家、政治家、教育家、书法家，中央研究院院士，出生在江苏武进的雪堰桥一带。1902年加入上海爱国学社，曾参与《苏报》工作。1905年在法国参加中国同盟会，出版《新世纪》报，鼓吹无政府主义。1924年起任国民党中央监察委员、国民政府委员等职。1927年支持蒋介石反共清党活动，1953年卒于台湾。他一生追随国民党革命却一生不入官门。1924年，他以稚晖为名发表《皇会声中的泰戈尔》《婉告泰戈尔》等。

Wu Zhijue　吴致觉（1888—1956），心理学家，苏州人，名康，晚年佞佛，法名契悲，自号悲翁，他先后就读于苏州中学、复旦公学，考入清华留美预备班，1912年赴美国庚款留学，入名校哈佛，专攻西洋哲学，1916年得美国哈佛大学哲学硕士学位，曾在南京高等师范、上海商务印书馆编译所汉英辞典部任职。著作有《心理学原理》《教育心理学》，还有他的专业本行的《西洋哲学史》诸书出版。另校订有《标准初级英汉字典》和《英汉辞典》。1924年他把泰戈尔的剧本《齐德拉》翻译出版。

Wudu　小净。

Wukong　悟空，唐朝赴印度的使者，公元751年受朝廷派遣护送印度使者，在犍陀罗皈依佛教。于公元790年返回中国。

Xx

Xi Bizhuang　席必庄，中国社科院研究员，参与翻译《摩诃婆罗多》，发表有《一篇耐读的作品（读泰戈尔的〈素芭〉）》等。

Xi Di　西谛（1898—1958），郑振铎的字，见Zheng Zhenduo。

Xi Shen　西神，民国某文化人的笔名，1920年发表《泰戈尔〈放假日子到了〉序》。

Xia Xuesheng　夏学胜，江西农业大学社会学系老师，与郦国兴发表《〈吉檀迦利〉的赏析及有关译作评价思考——从泰戈尔到谢冰心》。

Xiang Jing　相京，当代学者，发表《阎锡山与泰戈尔》《泰戈尔和阎锡山因"乡村"结缘》。

Xiannong Guild　北京先农坛，在宣武区永定门大街西，为明清两代帝王祭祀先农神的处所，建于明嘉靖年间（1522—1566）。1924年4月28日，泰戈尔在此处的雩坛为学生演讲，由徐志摩、王统照联络，林长民主持，林徽因、王孟瑜等参加。有人在会场散发反对泰戈尔的传单。

Xiao Fuxing　肖复兴（1947—），河北沧县人，作家，《人民文学》副主编，发表《缩写泰戈尔》。

Xiao Ge　晓歌，当代学人，发表《创作部分致泰戈尔》。

Xiao Shufen　肖淑芬，女，扬州大学教授，发表《关于〈泰戈尔评传〉的两点思考》《泰戈尔笔下的寡妇世界》等。

Xiao Sixin　肖四新，当代学人，发表《论泰戈尔的审美理想》。

Xiao Yang　晓阳，当代学人，发表《泰戈尔的大山情怀》。

Xiao Yuan'en　萧元恩，民国人物，教育家，1924年4月在上海参加泰戈尔访华的接待工作。

Xiao Yun　晓云法师，见You Yunshan条。

X

Xie Guoliang　谢国梁（1872—1930），湖南湘乡县人，一生与西藏渊源颇深。民国初年，深重的边疆危机促使中央政府加强对边疆民族地区的管理，素来受外国侵略势力觊觎的西藏地区更是重中之重。在这一大势之下，驻藏大臣联豫积极对西藏地区进行改革，练兵就是其中一项重要的内容。1908年，谢国梁以浙江武备学堂毕业生的身份，被联豫调赴西藏，训练西藏土兵，由此也开始了对其一生影响甚大的为期5年的西藏之旅。1909年，谢国梁被升为陆军士兵第一营管带；1911年，统带硕洛边三路番兵助剿波密；1912年，拉萨动乱期间任藏军总司令助藏作战。1913年，谢国梁为洗清"降番"的不白之冤坚持要求回京，后任北京政府和南京政府蒙藏委员会专门委员，始终致力于恢复中央政府与西藏地方的关系。

1913年，谢国梁回京后即致力于改善中央政府与西藏地方间的关系，多次拟藏事条陈呈报中央——1916年11月29日"谢国梁藏事条陈"，1920年5月14日"谢国梁规划西藏条陈"，1920年至1921年"藏事略述"，1925年2月8日"班禅被逼出走后规划西藏条陈"，1929年9月11日"谢国梁关于解决及研究藏事几点意见致阎锡山呈"。这些条陈无一例外地强调规复西藏的重要性：西藏为西南诸省之屏障，地理位置险要，若为英国所笼络，则川滇甘新亦难巩固；西藏为中国领土，若失藏则五族去一，不符共和实际。此外，这些条陈还阐述了处理西藏事务的各种要素和方式。

他多次条陈显然是为引起中央政府对西藏问题的重视，早日解决西藏事务。但因其间国事多变，首脑更替频繁，或无暇顾及藏事，或行而未遂。谢国梁自己就曾说，政府曾3次拟派其入藏，但均未成行："六年（民国六年，1917年——编者注）署理驻藏长官陆兴祺议欲国梁入藏开导达赖拥戴中央，乃呈文甫上，而政府一变，事遂终止"；1919年朱绣入藏之行完成后，因无结果，"十年，外部继续讨论解决，派曾彝进及国梁赴藏，因政局多变故未果"；"十三年，陆兴祺以国梁与达赖感情甚恰，密请政府派遣国梁赴藏，国梁遂来京具陈管见。八月经阁议通过，复因政变未果成行。"即使屡屡受挫，但谢国梁始终坚持，希冀余生能实现报国之志，曾自谓："国梁锋镝余生，报国有志，倘许毛遂脱颖，敢效终军请缨。"其志令人钦佩。

除建言献策外，谢国梁还身体力行，以

求改善中央政府和西藏地方的关系。1929年5月，孙中山奉安典礼时，谢国梁曾在北京会晤第十三世达赖喇嘛的代表棍却仲尼，知其愿代表达赖南下参加奉安大典，借表敬意，并联络汉藏感情。谢国梁遂致电蒙藏委员会告知此事，蒙藏委员会电复谢国梁偕同棍却仲尼来京，希冀待其来京后乘机解决藏事。但棍却仲尼后因病稽延，未能赶到，故解决藏事之目的，未能达成。8月，谢国梁又随同棍却仲尼、楚称丹巴赴京，棍却仲尼等人表达了达赖无亲英之事，不背中央，愿与班禅和好之意。9月，谢国梁又建议政府特别优遇棍却仲尼，最终会对解决藏事有利。由此可见，谢国梁为恢复中央政府与西藏地方关系所做的努力。

1930年，尼泊尔在英国唆使下欲派兵侵藏。因第十三世达赖喇嘛有明码电报转致谢国梁，并让其转呈中央政府请示对付方针，中央从中认识到谢国梁的价值，使他终于获得入藏机会。同年5月，谢国梁奉命入藏。此次入藏，他的重要任务是，将南京所提解决藏事问题的具体意见十一条送达西藏地方当局，并与第十三世达赖喇嘛接洽，切实商谈。谢国梁携其子谢瑞清赴藏，不料其子途中病故，而谢国梁也最终病故于拉萨郊外。第十三世达赖喇嘛闻讯，立即电告蒙藏委员会，并亲自为其诵经超度，以汉族最高礼节厚葬。谢国梁邀请谭云山担任秘书。谢逝世后，谭云山代替他晋见达赖，面递蒋介石主席致达赖的信。

Xie Guozhen　谢国桢（1901—1982），河南安阳人，曾先后在南开大学、中国社科院担任历史学教授，发表《天坛·泰戈尔·松竹梅》等。

Xie Renbao　谢人堡，民国小说家，1941年发表《悼印度诗人泰戈尔》。

Xie Youwei　谢幼伟（1905—1976），字佐禹，广东梅县人，早年毕业于东吴大学，获文学士学位，旋赴美进哈佛大学，获哲学硕士学位。返国后，曾任教于中央军校第四分校（黄埔军校广州分校）、陆军大学、步兵学校，并任广州《民国日报》《华南日报》主笔，浙江大学教授兼哲学系主任。1940年发表《泰戈尔的哲学》。

Xiling Seal-cutting Society　西泠印社，创立于清光绪三十年（1904），是我国现存历史最悠久的文人社团，也是海内外成立最早的金石篆刻专业学术团体。西泠印社坐落于浙江省杭州市西湖景区孤山西麓。西泠印社由浙派篆刻家丁仁、王禔、吴隐、叶铭等召集同人发起创建。1913年，近代艺坛巨擘吴昌硕出任首任社长，盛名之下，天下印人翕然向风，东瀛名家河井荃庐、长尾雨山渡海来归，一时精英云集，入社者均为精擅篆刻、书画、鉴藏、考古、文史等之卓然大家。1924年4月15日，该社邀请正在中国访华的泰戈尔参观西泠印社。

Xinhua　《心华》杂志，民国时期的小刊物，1924年4月刊登《泰戈尔思想之评价》。

Xinhua Daily　《新华日报》，是中国共产党的大型机关报，1938年1月由周恩来等老一辈无产阶级革命家在武汉亲自创办，一直持续至1947年2月。《新华日报》于1949年4月在南京复刊，1952年成为中国共产党江苏省委机关报，现由新华日报报业集团主办。在武汉期间，该报由中共中央长江局领导，董必武主管。中共六届六中全会后迁至重庆，报社隶属于中共中央南方局，由周恩来兼任董事长，南方局副书记董必武等直接领导，具体负责人先后为潘梓年、华岗、吴克坚、章汉夫和夏衍。当时报社领导机构为董事会，由陈绍禹、秦邦宪、吴玉章、董必武、何凯丰、邓颖超6人组成，陈绍禹为董事长，潘梓年任社长，华岗任总编辑，熊瑾玎任总经理。1938年1月刊登《印度人民援助我国，举行中国日，召开抗日会议，名诗家泰戈尔亦有宣言发表》、12月刊登《泰戈尔痛斥日寇》，1939年2月刊登《印度三杰（甘地、泰戈尔、尼赫鲁）同情我国抗战》、9月刊登《泰戈尔致书尼赫鲁斥日寇猖狂》，1940年1月刊登《泰戈尔致蒋介石信》，1941年8月8日至12月1日刊登《印度诗圣泰戈尔病逝》《蒋委员长电唁泰戈尔家属》《东方文化协会电唁泰戈尔家属》《港中外人士追悼泰戈尔》《追悼泰戈尔，渝昆两地明日分别举行》《陪都各界昨追悼印度诗哲泰戈尔》《昆明七学术团体追悼泰戈尔》。

Xinhua Fortnightly　《新华半月刊》，创刊于1949年，1956年第6期刊登《访问泰戈尔国际大学》。

Xing Dian 星点，舞蹈工作者，发表《泰戈尔与印度古典舞蹈》。

Xing Jianrong 邢建榕，历史学家，在上海档案馆工作，发表《上海聆听东方智者的声音》。

Xinlei Press 新蕾出版社，成立于1979年的金秋，是天津的少年儿童出版社。2000年出版何乃英的《泰戈尔》。

Xiong Foxi 熊佛西（1900—1965），江西丰城人，曾留学美国哥伦比亚大学，中国话剧的拓荒者和奠基人之一，"南田（田汉）北熊"的北。哈佛戏剧文学硕士，1949年后的上海戏剧学院首任院长，曾创办过戏剧刊物《文学创作》。熊佛西一生创作了27部多幕剧和16部独幕剧 。1924年，他邀请正在中国访问的泰戈尔于5月25日在汉口辅德学校演讲。

Xiong Nanyan 熊南雁，当代学人，发表《论泰戈尔诗歌的理想主义》。

Xiu Feng 秀峰，当代学人，发表《泰戈尔的"中国诗歌"与中国的田园山水诗比较略说》。

Xu Beihong 徐悲鸿（1895—1953），中国现代美术事业的奠基者，杰出的画家和美术教育家，尤以画马享名于世。他先后留日、法，游历西欧诸国，观摩、研究西方美术，1927年回国，先后任上海南国艺术学院美术系主任、中央大学艺术系教授、北京大学艺术学院院长。1939年—1940年，徐悲鸿应印度大诗人泰戈尔的邀请，到印度国际大学中国学院讲学。他为这位伟大的诗人画了多幅肖像。他在圣蒂尼克坦和加尔各答举行画展，泰戈尔亲自为画展写了前言。由于泰戈尔的支持和鼓吹，画展获得成功。两次画展筹得的款项，徐悲鸿全部寄给了正在战乱中的祖国。他从画展中选出最精者70幅，交付国际大学出版。他还写下了《泰戈尔翁之绘画》等文章介绍泰戈尔的绘画。1943年发表《悼泰戈尔先生并论及绘画》。

Xu Delan 徐德兰，当代学人，发表《与泰戈尔同行》。

X

Xu Dishan 许地山（1894—1941），现代作家、学者，出生于台湾一个爱国志士的家庭。1917年考入燕京大学文学院，1920年毕业留校任教。期间与瞿秋白、郑振铎等人联合主办《新社会》旬刊，积极宣传革命。"五四"前后从事文学活动，后转入英国牛津大学曼斯菲尔学院研究宗教学、印度哲学、梵文等。1935年应聘为香港大学文学院主任教授，遂举家迁往香港。在港期间曾兼任香港中英文化协会主席。一生著作颇多，有《空山灵雨》《缀网劳蛛》等。现在徐闻县有他的故居。1920年访问圣蒂尼克坦的国际大学，正在美国访问的泰戈尔写信欢迎他。

Xu Fancheng 徐梵澄（1909—2000），原名徐诗荃，又名徐琥，梵澄为其笔名，晚年始用徐梵澄为通名，湖南长沙人，中国社会科学院世界宗教研究所研究员、哲学家、翻译家，被誉为"现代玄奘"。从1929年至1932年留学德国海德堡大学，回国后在中国最早成系统地翻译尼采的著作。抗战期间，他先任教于中央艺专，后任中央图书馆编纂，兼任中央大学教授。1945年，赴印度任泰戈尔国际大学教授。1951年，入南印度室利阿罗频多学院，翻译、著述、讲学27年。1978年底只身回国，经任继愈先生推荐，入中国社科院世界宗教研究所任研究员。徐先生精通8种古今语言，会通中、西、印三大文化。1945年初，他受国民政府教育部委派，参与中印文化交流，到印度泰戈尔国际大学任教，并研究古印度哲学，译成《安慧三十唯识疏释》。

Xu Gang 徐刚，当代学人，发表《像新月一样美丽、明朗、深远——读〈新月集〉随记》。

Xu Jingfei 徐静斐（1929—），徐悲鸿的女儿，发表《徐悲鸿与泰戈尔》。

Xu Kun 徐坤，当代学人，出版《泰戈尔诗歌的意象》，发表《泰戈尔诗歌中的原型》《泰戈尔与中国文人》《泰戈尔在华影响的负面效应》。

Xu Mengmeng 徐萌萌，当代女学人，发表《从身份认同角度谈泰戈尔短篇小说——〈活着还是死了〉》《泰戈尔短篇小说的生命叙事读解》。

Xu Qinglong 许庆龙，作家，与劳斌出版《泰戈尔》。

Xu Songlian 许宋莲，当代学者，2012年发表《对泰戈尔西方民族主义和孙中山民族主义思想的比较——以〈民族主义〉与〈孙中山全集〉为例》。

Xu Tiaofu　徐调孚（1901—1981），学名名骥，字调孚，笔名蒲梢，浙江平湖乍浦镇人。1919年，毕业于浙江省立第二中学。1921年开始发表作品，考入上海商务印书馆，在英文函授学校部工作。曾任《文学周报》编辑，后转《小说月报》社，为主编郑振铎得力助手，同时参加文学研究会，担任该会主办的《文学周刊》编辑，还曾任《东方》杂志编辑。一·二八事变后，商务印书馆印刷厂被毁，《小说月报》被迫停刊。此后，转开明书店负责出版部工作，担任开明书店出版部、编审部、推广部主任，翻译《木偶奇遇记》《母亲的故事》等。1956年加入中国作家协会。1923年发表《泰戈尔重要著作介绍》等。

Xu Xuetao　徐雪涛，当代学者，发表《后殖民语境下对泰戈尔民族观的再解读》。

Xu Yanping　徐艳萍，当代女学者，与谢娟发表《谈泰戈尔对现代文学的贡献》。

Xu Yiwei　徐艺伟，当代女学者，发表《泰戈尔〈孩子天使〉赏析》。

Xu Zhimo　徐志摩（1897—1931），现代诗人、散文家，新月派代表诗人，新月诗社成员。1915年毕业于杭州一中，先后就读于上海沪江大学、天津北洋大学和北京大学。1918年赴美国学习银行学。1921年赴英国留学，入剑桥大学当特别生，研究政治经济学。在剑桥两年深受西方教育的熏陶及欧美浪漫主义和唯美派诗人的影响。他是和泰戈尔关系最密切的中国人，在泰戈尔1924年访华期间陪同泰戈尔，担任翻译并和林徽因、张歆海、林长民等人演出泰戈尔的戏剧《齐德拉》，担任春神。泰戈尔给徐志摩起了一个印度名字苏西玛（Susima），徐志摩后来就用这名字给泰戈尔写信，还亲昵地对泰戈尔以“老戈爹”相称。1928年10月徐志摩去印度圣蒂尼克坦拜访泰戈尔。1929年又接待访问国外讲学路过上海的泰戈尔。他曾于1939—1940年在泰戈尔创办的国际大学工作、学习两年。他和泰戈尔有多次交往。1931年因飞机失事而死。他创立的新月社的名字来自于泰戈尔的诗集《新月集》。发表有《泰山日出》《泰戈尔来华》《泰戈尔来华的确期》《泰戈尔》《致安德鲁信一封》，以志摩的名字发表《泰戈尔最近消息》。

Xu Zhixiao　徐志啸，当代学者，与李金云发表《泰戈尔作品中的宗教冲突及其解脱》。

Xuan Zhu　玄珠，沈雁冰的笔名。见 Shen Yanbing。

Yajnavalka　耶热法拉卡，圣者，他临终时把妻子梅特丽（Maitreyi）叫来告诉她财富收藏之处。妻子问道：有了财富能否能够获得永生，耶热法拉卡说财富是永远不能使人获得永生的，只有知识才能使人获得永生。

Xue Fan　薛范（1934—），音乐家，发表《印度音乐的瑰宝》。

Xue Keqiao　薛克翘（1945—），辽宁金县人，中国社会科学院研究员，主要学术专长是印度文化比较的研究。1982年至今在中国社会科学院亚洲太平洋研究所工作。现任中国南亚学会理事，玄奘研究中心副秘书长。主要代表作有：《佛教与中国文化》（专著）、《中国与南亚文化交流志》（专著）等。发表《从〈酉阳杂俎〉看中印文化交流》《〈吉檀迦利〉赏析》等。

Yy

Y.M.A. Publishing House 基督教青年会出版社，在加尔各答，曾出版泰戈尔的作品。

Y. Y.M.C.A. 基督教青年会，1934年5月17日，正在锡兰访问的泰戈尔在科伦坡基督教青年会大礼堂朗诵他的诗。1935年2月在旁遮普基督教青年会朗诵自己的诗。

Yaaganbolkya 贾甘波尔科，印度古代《吠陀》经典的作者，护民子仙人的弟子。

Yada 流行。

Yadava Dynasty 雅达瓦王朝，1191年由比拉马在遮娄其帝国解体后在德干建立的王朝。

Yadavas 雅度部落，黑天所在的部落，雅度种姓的人。

Yadbhavisya 随随便便无所谓。

Yadhajit 雅达基特，《罗摩衍那》里十车王宠爱的王后吉迦伊父亲的弟子。

Yadu 雅度，神话里的行迅王之子，即耶度族祖先。他的父亲行迅王受太白仙人诅咒未老先衰，要与他交换青春，他拒绝，行迅王诅咒他的子孙将不会拥有任何疆土。

Yadudhana 施幻妖魔。

Yaga 献祭。

Yaga horse-sacrifice 马祭。

Yagna=Yagya 宗教仪式，祭火。

Yagnanash 大量糟蹋事物，祭祀物。

Yagyas=yagna 祭火，宗教仪式。

Yagyopavita 圣线仪式。高种姓家庭给男孩戴圣线。

Yaja 祭祀。

Yajamana 牺牲品；祭祀执行者，庇护人，守护神，祭祀赞助者，祭祀庇护人。

Yajamana 祭祀执行者。

Yajna 祭祀，牺牲，牺牲之神。

Yajnabhaga 祭祀得到的供养。

Yajnabhumi 祭祀地段。

Yajnakarta 祭司，祭祀执行者。

Yajnapurusa 祭献上来的食品的享用者，享用祭献物的神。

Yajnaseni 祭军，指史诗《摩诃婆罗多》里的女主人公黑公主之父木柱王。

Yajnasri Satakari 耶若室利·萨陀伽利（167—195在位），印度南方马哈拉施特拉邦地区的萨陀伐诃那王朝国王。

Yajnavalkya 祭言，公元前8世纪—公元前7世纪印度哲学家，提出梵我合一；具有犀利口才的男性。

Yajnavalkya 祭言，著名仙人，《在摩诃婆罗多》里护民子仙人弟子，参加坚战的王祭仪式。

Yajnavalkya Smrti 《祭言法论》，祭言仙人写。

Yajnavalkya-kand 《祭言篇》，附在百道梵书的《希里哈德篇》里，是《奥义书》的一部分，《希里哈德梵书》里的一篇，传说为祭言所写，实际上为祭言死后别人所写，“祭祀知识”之义。

Yajnika 祭祀。

Yajur Veda 《耶柔吠陀》，四大吠陀之一，“礼仪言语知识”，祭祀礼仪的指导书。分《白耶柔吠陀》和《黑耶柔吠陀》两部。

Yajur-Veda Samhita 《耶柔吠陀本集》。

Yajva 用吠陀礼仪举行祭祀者。

Yakasa 神话里伺候财神俱毗罗的超人，精灵。

Yaksa 评注者，《词源学》（Nirukta）的作者。

Yaksha 夜叉，药叉，林中半人半神。地灵，精灵，树精。《战药叉篇》。

Yaksha Pool 夜叉湖，《摩诃婆罗多》里般度五子被流放时，在这里喝水，因回答不上问题被夜叉致死，但夜叉又被坚战的妙语连珠的回答感动而复活了四兄弟。

Yaksha Ranga 耶克沙舞台，耶克罗刚巴舞的复兴者科塔·西瓦兰·卡兰特（Kota Shivaram Karanth）创造的该舞的风格。

Yakshapuri 魔鬼。

Yakshi 女夜叉。

Yaksini 亚克西尼，神话里伺候财神俱毗罗的女侍从之一。

Yaksis 亚克西，《罗摩衍那》里帮助罗摩打十首魔王罗婆那的熊军将领。

Yali 怪物。

Yama 耶摩（神），阎摩，“法王”，死神，太阳神之子。

Yama 克制，抑制，约束；制禁：瑜伽8行之一，不害（ahimsa）、真诚（satya）、不盗（asteya）、不淫（brahmacarya）、不贪

(aparighara)。

Yama　亚码，计时单位，1亚码等于3小时。

Yamaka　叠声，即在每一行诗的结尾重复一个词或一组词，来表达不同的意义，双关语；小乘《双》。

Yamala　结合，统一。

Yamaraja　阎王。

Yamaraksas　阎罗。

Yambavaan　阎婆梵，《罗摩衍那》里的熊王，与猴王妙顶共同协助罗摩兄弟救悉多。据说，太阳神把一颗极为珍贵的宝石送给娑陀罗吉陀，后者因害怕黑天抢走宝石，又把他转送给兄弟波罗湿那。相传，佩带者如行善，它可予以佑护；如作恶，则导致死亡。波罗湿那果然被狮子吞噬。口含宝石的狮子碰上了熊王阎婆梵，又为阎婆梵所害，波罗湿那突然失踪，人们怀疑是黑天为夺宝石而将他杀死。黑天率众四处寻找波罗湿那，发现他已被狮子吞噬，狮子又为熊所杀。黑天追到阎婆梵的巢穴，二者展开一场激战。

Yamina Krishnamurthi　雅米纳·克里希纳木耳提（1940—），库奇普迪舞表演艺术家。

Yamini Krishnamurthy　雅米尼·克里希纳牟尔提，印度当代婆罗多舞。

Yamuna　雅穆纳，10世纪印度教毗湿奴派导师。

Yamuna=Jumna　雅穆纳河，印度第二大圣河，流经德里、马图拉，在阿拉哈巴德的桑迦姆汇入恒河。

Yamunatri　雅穆纳特里，印度第二大圣河雅穆纳河的源头，在喜马拉雅山西北部，印度的北坎德邦。

Yamuni　闫摩妮，闫摩的妹妹。

Yan Huiqing　颜惠庆（1877—1950），北洋军阀政府总理，字骏人，上海人，早年毕业于上海同文馆，后去美国弗吉尼亚大学留学，回国后曾任圣约翰大学英文教授、商务印书馆编辑、清朝驻美使馆参赞。1909年任外交部股长。1910年兼清华大学总办。1912年4月被黎元洪委任为北洋政府外交次长。1913年1月出任驻德国公使，后调任丹麦、瑞典等国公使。1919年任中国出席巴黎和会代表团顾问。1920年8月，任北京政府外交总长，1922年辞去外交总长职务，改任内务总长等职。1926年春，曾任国务总理并摄行总统职务。1927年移居天津，任天津大陆银行董事长、自来水公司董事长等职。南京政府成立后，先后任驻英大使、驻苏大使，出席国际联盟大会首席代表。抗日战争爆发后，在上海从事慈善和教育事业。1949年2月，为反对蒋介石继续内战，和章士钊、邵力子、江庸等以私人资格到北平、石家庄与中国共产党商谈和平。上海解放后，主持上海临时救济委员会及中苏友好协会筹备等工作。同时，应邀参加中国人民政治协商会议第一届全体会议。中华人民共和国成立后，历任华东军政委员会副主席、中央人民政府政治法律委员会委员等职。主编《英汉双解标准大辞典》。1924年4月，泰戈尔访华，他与泰戈尔会面。

Yan Huizhong　阎惠中，当代学人，与刘鹏发表《印度近代社会的投影：谈泰戈尔短篇小说的思想价值》。

Yan Jicheng　严既澄（1900—？），从事教育、编辑工作，翻译有《神曲》，对儿童文学有研究。1924年4月18日，上海各界欢迎来中国访问的泰戈尔，由苏少卿拉琴，严既澄、高谨女士演唱了京剧。

Yan Min　严敏，现任上海交通大学美国电影研究中心特约研究员、《美国电影研究文丛》编委。1981年发表《影坛的泰戈尔》。

Yan Shenji　严沈际，民国人物，文学研究会成员，1924年4月参加接待泰戈尔访华事务。

Yan Xishan　阎锡山（1883—1960），字百川，号龙池，汉族，山西五台县河边村人，日本陆军士官学校第六期毕业生，清朝陆军步兵科举人、协军校，同盟会会员，组织与领导了太原辛亥起义。民国时期，历任山西省都督、督军、省长，北方国民革命军总司令、国民党中央政治委员、军事委员会副委员长、太原绥靖公署主任、第二战区司令长官、山西省政府主席、国民政府行政院院长、国防部部长。一级上将。新中国成立前夕去台湾，卸职后避居阳明山著述至去世。1939年12月至1943年4月任山西大学校长，其著述有：《物产证券与按劳分配》《阎伯川言论集》等。1924年5月21日，正在访华的泰戈尔在北京游览过程中，希望在中国找到一块地方来实验自己的农业改革计划，当徐志摩等人介绍山西的乡村建设搞得颇有特色时，泰戈尔决定到山西去看一看。消息传到山西督军阎锡山耳中，他十分高兴。阎锡山对泰戈尔的诗集《飞鸟集》《新月集》里充满哲理和情愫的诗句十分喜爱，能与泰戈尔相交相谈，机会难得。搭载泰戈尔的火车徐徐驶进正太路火车站。41岁的阎锡山一副学究打扮，身穿黑缎布褂，脚穿黑布鞋，满脸微笑："今天早晨喜鹊喳喳叫，我想什就来什，就把你泰戈尔先生请来了。" 在阎锡山的住所，由林徽因和徐志摩担任翻译，他们相互寒暄了几句，话题转到了哲学方面。泰戈尔问阎锡山："您说中国是'中道文化'，我们此行经上海、天津、北京，为什么见不到一点'中道文化'的痕迹呢？" 阎锡山回答说："不止上海、天津、北京找不到，就是太原也找不到，你们想要找，去乡村可以找到一点。"泰戈尔答应留下一位英国朋友住在太原半年研究这个问题。这个英国人在晋祠住了半年，离开太原时对阎锡山说："中国的文化确在乡下，由人民生活的常态中略得睨端。"宾主谈兴正浓，晚饭时间已到，阎锡山知道泰戈尔是一个思想丰富、生活简单的人，就用朴素的农家饭菜来招待这位远道而来的国际贵宾。丸子、豆腐、猪肉烧粉条、豆芽、烧山药，再加上玉米汤。出于对客人的尊重，平时滴酒不沾的阎锡山破例陪泰戈尔喝了点杏花村汾酒，还打趣道，"我们山西人的理想是首都迁武乡、太原成中央、国酒汾阳王、国宴玉米汤、国语五台腔、国歌山西梆。" 听了阎锡山的话，客人都哈哈大笑，一时间气氛非常融洽。对这山西东方风情的饭菜，泰戈尔非常新奇，吃得津津有味，赞不绝口。饭后，泰戈尔激动地再一次握着阎锡山的手说，"凡是被征服的、被压迫的，都应该联合起来，把本来美丽的世界，本来充满了生命的世界，还他一个和谐。" 回到印度，泰戈尔对阎锡山的待人接物印象至深。在他后来《东方回忆录》中，对阎锡山的描述是："他更像是个文人，举止文雅，谈吐具有哲学家的风采。"泰戈尔会见阎锡山的目的是在山西找一块地方进行自己的乡村建设实验，阎锡山当场痛快地答应下来，同意把晋祠一带地方划给泰戈尔做实验基地。但后来由于中国政局动荡而难以进行。

Yana 发动战争。

Yanasadhi 史诗《摩诃婆罗多》里的《和谈篇》。

Yanbian People's Press 延边人民出版社，成立于1951年8月，是一家富有朝鲜族民族特色的出版社。2006年出版王志艳的《走在世界与印度的连接线上——东方诗哲泰戈尔》。

Yang Bingchen 杨丙辰，民国人物，德国文学学者。1924年他和来中国访问的泰戈尔会面，交谈宗教问题。

Yang Binxin 杨斌鑫，当代学人，发表《泰戈尔生态伦理思想研究》。

Yang Changxi 杨昌溪（1902—1976），著名作家、翻译家、学者，四川省仁寿县人，早年毕业于泸县川南联合县立师范学校、圣约翰大学，并短期留学日本。抗战前后曾任《贵州日报》总编辑、《幸福报》主编。著有《三条血痕》《给爱的》《黑人文学》等，并有大量翻译著述。杨昌溪系国内最早研究黑人文学的学者。1930年发表《泰戈尔访问爱因斯坦》《苏俄邀请泰戈尔赴俄》，1931年发表《诗圣与学圣》等。1931年与胡风（谷非）联名发表《泰戈尔的近况》《画家泰戈尔》《泰戈尔于威尔斯论民族主义》《泰戈尔谈俄罗斯》《美国女人对于泰戈尔的惊奇》，1932年与胡风发表《波斯王请客、诗哲泰戈尔乘飞机》，1934年发表《泰戈尔论神及民族文化》。

Yang Chuanxin 杨传鑫（1936—），武汉人，中南民族大学中文系教授。1955年考入武汉大学中文系，1957年在反右运动中被错划为右派，因此遭受多年磨难，当过工人、中小学和技校教师、企业干部等。1981年调入中南民族大学中文系。发表《试论泰戈尔的〈吉檀迦利〉》《自然和生命的诗圣——泰戈尔》等。

Yang Diange 杨甸葛，民国时期翻译家，1924年翻译出版英国文学家欧内斯特·里斯（Ernest Rhys）的《泰戈尔》。

Yang Diefu 杨蝶父，民国人物，佛学家。1924年4月26日，他作为北京佛化新青年会的代表欢迎到北京法源寺观赏丁香花的泰戈尔。

Yang Fei 杨非，当代学者，与金康城出版

《泰戈尔》。

Yang Huali　杨华丽，当代女学者，发表《泛神论与“爱”的哲学——郭沫若与冰心接受泰戈尔的不同态度》《短暂与恒久——论郭沫若与冰心对泰戈尔的不同接受》。

Yang Jianmin　杨建民，当代学者，发表《郭沫若与泰戈尔：认知与转变》《泰戈尔·叶芝·庞德》。

Yang Juncai　杨俊才，当代学人，发表《成人的童话——泰戈尔〈新月集〉评析》。

Yang Lan　杨兰，当代女学者，发表《试论泰戈尔诗歌的艺术特色》《甘地与泰戈尔对于科学问题的不同态度》。

Yang Lijuan　杨利娟，当代女学人，发表《诗一般美丽的世界——读泰戈尔〈新月集〉感想》。

Yang Mengya　杨萌芽（1974— ），河南洛阳人，河南大学文学院副教授、文学博士，现任《汉语言文学研究》副主编、编辑部主任，发表《泰戈尔访华与20世纪20年代中国文坛》。

Yang Mu　杨沐，当代学人，发表《泰戈尔诗的哲理意蕴》。

Yang Muzhi　杨牧之，当代学人，主编《外国人物传记·泰戈尔》。

Yang Tianshi　杨天石（1936—），笔名苏人、江东阳、吴之民、梁之彦等，江苏东台人，中国社会科学院研究生院教授、博士生导师，兼任中央文史研究馆馆员、《百年潮》杂志主编、《中国社会科学》及《中国哲学》编委，专业研究方向为中国文化史、中华民国史及中国国民党党史，发表《陈独秀组织对泰戈尔的“围攻”——近世名人未刊函电过眼录》。

Yang Xiaofo　杨小佛（1915—?），全国第七届全国政协委员，父亲是中国民权保障同盟的执委和总干事杨杏佛，母亲是赵志道女士，发表《我家有泰戈尔相片》。

Yang Xiaolian　杨晓莲，四川岳池县人，四川大学中文系教授，发表《泰戈尔的艺术理论初探》。

Yang Xiaoxia　杨晓霞，深圳大学文学院副教授，山东泰安人，北京大学文学博士，曾为韩国外国语大学中文系交换教师，发表《论泰戈尔短篇小说的艺术成就》等。

Yang Yinyu　杨荫榆（1884—1938），女，江苏无锡人。她一生坎坷，早年不幸的婚姻使得她终生不再嫁，致力于学术。她曾留学美国，颇受现代知识的熏陶，学成归国，担任北京女子师范大学校长，成为中国近代史上第一位女大学校长。但在治校过程中，因教育理念不同，并屡显独裁之风，最终遭免职。但在抗日战争中，她不畏艰险，挺身而出保护自己的同胞，最终被日寇杀害。1924年，泰戈尔访华，杨荫榆是北京的欢迎者之一。

Yang Yiping　杨溢萍，当代学人，发表《泰戈尔小说〈弃绝〉的结构特点》。

Yang Yufen　杨毓芬，民国佛化新青年会会员，居士，1924年泰戈尔访华时欢迎泰戈尔，发表《桑梓甘棠之泰戈尔氏》。

Yang Yunyuan　杨允元，湖南人，谭中的堂舅。20世纪40年代到印度，起初在国际大学中国学院，20世纪50年代到新德里国防部外国语学校教中文，后来去了美国。

Yang Yuzhen　杨玉珍，当代女学人，发表《童心与理想——沈从文与泰戈尔笔下的儿童世界之比较》《泰戈尔妇女观新探》《论泰戈尔戏剧在中国的“冷遇”》等。

Yang Zhengrun　杨正润，当代学人，发表《哲人的梦游——泰戈尔的画》。

Yang Zhengyu　杨正瑀，当代学者，发表《在儿童的新月之国里——泰戈尔〈新月集〉艺术探微》。

Yangandharayana　负轭氏，犊子国优填王的宰相。

Yangavalkya　贾甘波尔科，传说是《耶柔吠陀》的作者，护民子仙人的弟子。

Yangon　仰光，原为缅甸首都（2005年11月6日迁至内比都），缅甸最大城市，也是仰光省首府，人口约500万，面积为312平方千米，位于仰光河河岸，伊洛瓦底江三角洲。1755年5月，缅族头领雍籍牙基本上统一了缅甸，建立贡榜王朝，雍籍牙占领大光之后，便登临瑞大光宝塔（即今仰光大宝塔），顶礼膜拜，祈求消弭兵灾，永保和平。从此，大光即改名为仰光，即“战乱平息”之意。由于仰光靠近仰光河口，地理位置优越，发展航运事业极为有利，所以，很快便成为缅甸第一大商港。仰光主要以瑞光大金塔（Shwedagon Pagoda）而闻名。

仰光有着无数或镀金或白石的佛塔，佛塔中最著名的是驰名世界的大金塔，它位于市北圣山，居全城最高点。仰光依然保持着作为港口城市辉煌时期的殖民地特色。每年4月这里都要举行隆重盛大的泼水节。

Yangtse Academy 《长江学术》，2002年创刊，由武汉大学主办、武汉大学文学院承办。2006年7月第3期刊登卡玛尔、阿蒂提、李会学的《泰戈尔潮在中国》和刘曙雄、曾琼的《对中文泰戈尔传记文学的再思考》，2010年第4期刊登董友忱的《泰戈尔的婚姻观与婚姻实践》。

Yangtse River 扬子江，即长江，亚洲第一大河，世界第三大河，仅次于非洲的尼罗河与南美洲的亚马孙河。它发源于青藏高原唐古拉山主峰各拉丹冬雪山，流经三级阶梯，自西向东注入东海。长江流域东西宽约3219千米，南北宽约966千米，流经青海（青）、西藏（藏）、四川（川或蜀）、云南（云或滇）、重庆（渝）、湖北（鄂）、湖南（湘）、江西（赣）、安徽（皖）、江苏（苏）、上海（沪）等11个省（自治区、直辖市），最后在上海注入东海。长江全长6397千米，流域总面积1808500平方千米（不包括淮河流域），约占国土总面积的1/5，和黄河并称为中华民族的"母亲河"。

Yanjing University Seasonly 《燕大季刊》，创刊于1920年，该刊在第一卷第三期刊登了冰心的《遥寄印度诗人泰戈尔》。

Yantra 央陀罗，当真言用冥想画出的图形表示出来成为人们可见的圣音时，便被称为央陀罗。

Yantu 绳索。

Yao Hongyun 姚虹云，黑龙江出版社编辑，发表《各国文学·泰戈尔诗集（中英文）》。

Yao Jiani 姚佳妮，当代女学者，发表《诗化的人与人化的自然——论泰戈尔散文诗中的人与自然》。

Yao Mangfu 姚茫父（1876—1930），名华，字重光，贵州贵筑人，光绪进士，后留学日本，民国后曾出任北平女师、美专校长，其多才多艺，一生作品甚丰。1924年5月20日，姚茫父协助梅兰芳、梁启超等在丰泽园饭店设宴为泰戈尔饯行。

Yao Nan 姚枬，民国人物，翻译家，1943年翻译出版《泰戈尔评传》。

Yao Ruixiang 姚瑞祥，当代学人，发表《泰戈尔中期抒情诗的美学特征》。

Yao Shaowen 姚韶闻，民国人物，曾任浙江青年会负责人，1924年4月13日正在中国访问的泰戈尔在徐志摩、瞿菊农陪同下游览西湖，姚韶闻在车站迎接。

Yao Suying 姚素英，当代女学人，发表《王统照与泰戈尔》。

Yarkand 叶尔羌，古代西域地名，在今塔里木盆地最西部。

Yarkand Daria 叶尔羌河，塔里木河的源头，位于中国最西部的新疆维吾尔自治区内。叶尔羌河长970千米，源于克什米尔北部喀喇昆仑山脉的喀喇昆仑山口，上游呈深切的峡谷，穿过昆仑山系的山区，成为克什米尔与新疆之间一小段边界。汹涌的山区急流出了昆仑峡谷后向北流，形成许多分支，散布在冲积扇上，灌溉着叶尔羌绿洲；叶尔羌绿洲是新疆最大的绿洲之一，有莎车城。流出绿洲后的叶尔羌河绕过塔克拉玛干沙漠西缘，流向东北，在阿克苏绿洲南部汇集喀什噶尔河、阿克苏河及和田河，形成塔里木河。

Yasahpala 多护，13世纪作家，著《征服痴迷记》（Mohaparajaya）。

Yasas 名闻，公元前7世纪上座部创始人。

Yasascandra 名月，12世纪作家，著《哑口无言》（Mudritakumdacandraprakarana）。

Yasastilaka 《耶娑占布》，10世纪索寞黛瓦·苏芮（Somadeva Suri）著。

Yashapal 耶谢巴尔（1903—1976），印度现代进步主义文学学派作家，作品有《大哥同志》《叛国者》等。

Yashwant Dinkar Pendharkar 耶什万他·丁卡尔·彭德尔卡尔，19世纪马拉提语作家。

Yasin 亚新，古地名，在克什米尔北部。

Yasna 谜，神秘的事物。

Yasna 《雅思那》，琐罗亚斯德教经典《伽塔》里的重要一章。

Yasoda 耶雪达，神话里黑天的养母，她把自己的女儿和黑天交换，被刚沙杀死，她抚养了黑天。

Yasodhara　耶输陀罗，佛陀夫人。

Yasodharman　耶书达尔曼，6世纪印度马儿瓦统治者，曾威胁笈多王朝。

Yasogupta　耶舍崛多，意译为称藏，古代印度佛教高僧，公元561—578年来中国，与阇那耶舍合作译经。

Yasogupta　称藏，6世纪印度佛教僧人，曾来北周的长安。

Yasovarman　耶输巴摩（690—740在位），曲女城国王。

Yateendramohan Seguputa　焦丁德罗莫洪·森古谱多（1885—1933），印度著名的爱国者。

Yathagalam　有空就（诵习吠陀）。

Yathapratyaya　随缘不变。

Yathasankhya　罗列。

Yati　禁欲者，指强制情感、努力超脱世俗生活的人。

Yatibhrasta　停顿失当。

Yatis　苦行正法。

Yatra　《旅行记》，当代古吉拉特邦作家孙达兰（Sundaram）的诗。

Yatra　旅行，朝圣。抬着佛像游行。

Yatra　世俗事物。

Yatra visvam bhavati eka-nidom　“世界相会于一个鸟巢”，泰戈尔为国际大学制定的校训，此句子来自于梵语诗歌。

Yatra visva bhavati eka nidam　世界相会在一个鸟巢里，这是泰戈尔创办国际大学的校训：在那里，整个世界都前来回合，如在一个鸟巢之中。

Yatra-mukta　印度古代像箭或球一样能用机器射出去的武器。

Yatrar Purvapatra　(On the Eve of Departure)　《出发的前夜》，1912年5月泰戈尔访英之前写给好友的信，说明他此去的目的是去西方交友。

Yatri　《旅行》；泰戈尔1929年写的旅行日记，包括Paschimriji《爪哇日记》。

Yatri　《旅游者》，泰戈尔的散文。

Yavadvipa　耶婆提，古地名，即现在的印度尼西亚的爪哇岛。

Yavakri　谷购，持力仙人之子，因挑逗吟赞仙人儿媳妇被杀死。

Yavana　耶繁那，种族名，指印度西北边境的大夏-希腊人、印度-希腊人。这个术语最初指希腊人，后来指穆斯林，而最后指一般的外国人。

Yavana_rajya_sthapana_acarya　创建苏丹国的主人。

Yavanas　雅瓦纳，神话里神牛变出的人种和武器。

Yavanika　幕布（隔开舞台和后台）。

Yayati　行迅王，印度神话里的太阳族祖先，友邻王之子，娶天乘，与天乘的女仆多福染，被天乘诅咒失去青春，其子普鲁愿给父亲青春，后传位该子。

Ye Liu　叶柳，传说中扶南的开国者。有一个叫混填（Kaundinya）的外国人施了迷信膜拜仪式。在梦里梦见神赐弓箭一把，让他乘船入海。他在神庙下发现这把弓箭，然后决定乘着商船漂洋过海。他来到扶南国，被众人抓住，然后与女王叶柳成婚。扶南的早期统治者就是这位印度人的后裔。

Ye Qifang　叶启芳（1898—1975），著名翻译家和新闻学教授，广东三水人，广州岭南大学经济系毕业，曾担任国民大学教务长，华南联大文学院院长等职。院系调整后，华南联大并入中山大学，任中山大学图书馆馆长兼外国文学史教授。译著有《政府论》《国际关系论》《社会斗争史》等。1923年发表《泰戈尔的妇女论》。

Ye Yuanlong　叶元龙（1897—1967），乳名桐，又名卫魂，安徽歙县溪头镇蓝田村人。民国四年（1915）以第一名成绩考取上海大同大学，自费留学美、英、法三国，获美国斯康星大学经济学硕士学位和该校“金钥”奖。回国后先后在南京大学、金陵大学、上海大同大学、暨南大学、光华大学、国立政治大学、上海商科大学、国立中央大学、重庆大学等大学任教授，后任重庆大学校长。新中国成立后，任上海财经学院教授、上海社会科学院历史研究所研究员。1924年4月在上海参加接待泰戈尔访华事务。

Yeats-Brown　耶慈-布朗，20世纪英国文学评论家，于1930年11月评论过泰戈尔的文章《孟加拉骑兵》。

Yeats, William Buttler　叶芝，威廉·巴特勒（1865—1939），亦译“叶慈”“耶茨”，爱

尔兰诗人、剧作家，著名的神秘主义者，是“爱尔兰文艺复兴运动”的领袖，也是艾比剧院（Abbey Theatre）的创建者之一，被诗人艾略特誉为“当代最伟大的诗人”。1923年度诺贝尔文学奖得主。获奖的理由是“用鼓舞人心的诗篇，以高度的艺术形式表达了整个民族的精神风貌（inspired poetry, which in a highly artistic form that gives expression to the spirit of a whole nation）”。他一生创作丰富，备受敬仰。其诗吸收浪漫主义、唯美主义、神秘主义、象征主义和玄学诗的精华，几经变革，最终熔炼出独特的风格。其艺术被视为英语诗从传统到现代过渡的缩影。叶芝是爱尔兰文艺复兴运动的领袖，也是爱尔兰国家剧院（后来的艾比剧院）的创建者之一。叶芝早期的韵文都与爱尔兰神话和民间传说有关，经常带着神秘和忧郁的色彩。他用抒情的、感伤的方法描写爱尔兰的历史。他年长以后，用一种朴实、热情、刻板的风格处理同时代的作品。其中，《塔楼》《旋梯》都是他最著名的作品，叶芝对世界浪漫主义诗歌具有非常大的贡献意义。叶芝非常推崇泰戈尔的诗，由于他的竭力宣传和推荐，泰戈尔于1913年获得诺贝尔文学奖。

Yen 日元，日本货币名称。

Yerranna 叶然纳，14世纪泰卢古语作家。

Yervada Jail 耶尔瓦迪监狱，在印度浦那，1932年甘地被英殖民政府关在这里，9月20日甘地宣布要绝食至死，泰戈尔发电报慰问并劝告甘地。

Yi 伊，民国记者，1924年发表《反对泰戈尔》《欢迎泰戈尔第二次筹备会纪》《泰戈尔到航之电信》《泰戈尔今午抵沪》《泰戈尔道经香港情形》《欢迎泰戈尔筹备昨闻》《印诗人泰戈尔在航讲演纪》《泰戈尔游览西湖》。

Yi Fu 毅甫，民国某文化人的化名，1924年发表《泰戈尔来华与佛化新青年世界宣传队之出发》。

Yi Hui 易徽，当代学人，发表《深刻隽永，清新淡雅：谈泰戈尔的诗歌创作》。

Yi Jing 义净（635—713年），中国唐代僧人，旅行家，中国佛教四大译经家之一。俗姓张，字文明，祖籍范阳（今河北涿州），一说齐州（今山东济南）。义净14岁出家，即仰慕法显、玄奘西行求法的高风。及从慧智禅师受具足戒后，学习道宣、法砺两家律部的文疏五年，前往洛阳学《对法》（《集论》）、《摄论》，又往长安学《俱舍》《唯识》。

唐高宗咸亨元年（670年），他在长安曾和同学处一、弘祎等相约西游；但处一未能成行，弘祎亦至江宁而中止。后来他途经丹阳，有玄逵同行。翌年（671年），他在扬州坐夏，遇着将赴龚州（今广西壮族自治区平南县）上任的州官冯孝诠，一同去广州，得到冯氏的资助，这年十一月间，从广州搭乘波斯商船泛海南行。这时只有他弟子善行相随。他们海行二十天到达室利佛逝（今苏门答腊），停留了六个月，在此学习声明。善行因病返国，他即孤身泛海前行，经末罗瑜（后改隶室利佛逝）、羯荼等国，于咸亨四年（673年）二月到达东印耽摩梨底国，和另一住在那里多年的唐僧大乘灯相遇，停留一年，学习梵语。其后，他们一同随着商旅前往中印，瞻礼各处圣迹。往来各地参学，经历三十余国，留学那烂陀寺历时十一载，亲近过那烂陀寺宝师子等当时著名大德，研究过瑜伽、中观、因明和俱舍，并和道琳法师屡入坛场，最后求得梵本三藏近四百部，合五十余万颂，方才言旋。

武周垂拱三年（687年），他归途重经室利佛逝，就在那里停留两年多，从事译述。他为了求得纸墨和写手，曾于永昌元年（689年）随商船回到广州，获贞固律师等的相助，仍于是年十一月返回室利佛逝，随授随译，并抄补梵本。

天授二年（691年），他遣大津回国，把自己在室利佛逝新译的经论及所撰《南海寄归传》等送回。到了证圣元年（695年），他才偕贞固、道宏离开室利佛逝，归抵洛阳，受到盛大的欢迎，住在佛授记寺。他先共于阗实叉难陀、大福先寺主复礼、西崇福寺主法藏等译《华严经》。久视元年（700年）以后，他才组织译场，自主译事。从此直到睿宗景云二年（711年）止，译抄经典并撰述共六十一部，二百三十九卷（《贞元录》“敕荐福寺翻经”下一百零七部，四百二十八卷）。他所译述虽遍三藏，但力行专攻律部，译事之暇，常细心地把日常重要的律仪教授学徒，漉囊护生，净瓶涤秽，严守规矩，树立新范，学僧传习，遍于京洛，为一时所称叹。玄宗先天二年（713年）正月，卒于长安大荐福寺翻经院，享年七十有九。

Yi Ping 一平，民国某文化人的化名，1924年发表《崇拜军阀的罪恶》《什么话》《肉麻世界》等。

Yi Wen 怡文，当代学人，发表《泰戈尔叙事诗》。

Yi Xiang 亦湘，民国某文化人的笔名，1924年发表《泰戈尔来华后的中国青年》《欢迎泰戈尔——应从何种意义欢迎之》《印诗人泰戈尔在航讲演记》《泰戈尔欢迎会记》《各团体昨晚欢宴泰戈尔》等。

Yi Yi 伊漪，女，宁德师范学院教授，发表《不可测的魔力——读泰戈尔〈新月集〉》。

Yima 人类祖先。

Yin Renoing 殷人平，当代学人，发表《试论〈奥义书〉对泰戈尔〈吉檀迦利〉的影响》。

Yin Qiling 尹奇岭，当代学者，发表《泰戈尔访华与革命文学初潮——从1924年泰戈尔访华讲学受到抵制说起》。

Yin Xi'nan 尹锡南，男，土家族，1966年12月15日生，重庆酉阳土家族苗族自治县人，四川大学南亚研究所教授，世界文学博士。2004年—2005年在印度沙达尔·帕特尔大学英语和梵语系留学，主要研究泰戈尔、梵语诗学、比较文学、中印文化关系和英国文学。专著有《世界文明视野中的泰戈尔》及《发现泰戈尔——影响世界的东方诗哲》，论文有《泰戈尔论印度社会问题》《泰戈尔1924年访华在中国知识界的反响》《泰戈尔关注东方对当代国际政治的启示》《泰戈尔国际学术研讨会在新加坡举行》《泰戈尔诗歌在西班牙语世界的传播和接受》《〈话语转型与诗学对话——泰戈尔诗学比较研究〉评介》《泰戈尔与阿根廷女作家的跨文化情缘》等。

Yin Zhiling 殷芝龄，留美教育哲学博士，教育家，他是1924年泰戈尔访问上海时负责接待的三人“组织委员会”的委员之一。

Yin Zhiren 尹志仁，民国人物，曾任浙江省通俗教育讲演所所长。1924年4月13日正在中国访问的泰戈尔在徐志摩、瞿菊农等陪同下游览西湖，尹志仁受浙江省教育厅厅长张宗祥的委派迎接泰戈尔。

Ying 应，民国某文化人的化名，1924年发表《泰戈尔先生去后》《关于泰戈尔的新闻三则》等。

Ying Min 应民，当代学人，发表《德泽春风满心田——泰戈尔的弟子受重托》。

Ying Xi 英溪，当代学人，发表《辜鸿铭评说泰戈尔》。

Yinshan Academic Journal 《阴山学刊》，即《包头师范学院学报》。2000年8月第4期刊登石秀峰的《泰戈尔的诗歌鉴赏略说》，2003年1月第1期刊登张思齐的《泰戈尔散文诗的创作和理论（上）——以中国宋代诗为参照系的印度诗学比较研究》。

Ykhia 印度用卡达克舞设计芭蕾舞的演员。

Yoga 瑜伽，哲学学派，公元前2世纪波颠阇利（patanjali）创立，与数论基本相同，但强调修习实践，主张用八支达到解脱的目的，八支为：禁戒（yama），即五戒，不杀生、不偷盗、不妄语、不淫欲、不贪婪；遵行，内制（niyama），即遵守5条道德标准：清净、满足、苦行、学习吠陀、崇敬神明；正坐（pranayama），各种瑜伽姿势；调息（pratyahara），即修炼时的呼吸方法，做到除呼吸外忘却一切；制感（sharana），心灵克制一切感官和意识活动；执持（dhyana），即心灵和以念或一物合一；静虑（samadhi），注意力集中产生，泯灭一切，类似催眠；三昧（Samadhi），经过修炼达到的极乐世界等，神秘主义因素较多，主要经典有《瑜伽经》。原义为用轭连起，即服牛驾马，后引申为连接、联系、结合、归一、化一、同一、统一、和谐、等同、策略、方法、修行方术。瑜伽哲学，解脱方法等。瑜伽指个体灵魂（小我）和（宇宙灵魂）和合化合一。实际指心境完全平静的精神状态。在这种状态里，什么苦乐、荣辱、成败在脑际都已消失，“化作了等同”，即所谓的解脱状态。《薄伽梵歌》就有如何练瑜伽的详细记载。印度教、佛教、耆那教都讲究自我修炼。释迦牟尼就是净修之后悟道成佛的。苦行僧往往在深山密林、幽洞清泉，屏息静气，打坐静思，以达到灵魂超脱。根据公元450年波颠阇利著的《瑜伽经》，修炼瑜伽就是制止思想活动。现有5个流派。1.格尔玛瑜伽（Karma Yoga），即行为瑜伽、业瑜伽，主张修炼者需乐善好施，清心寡欲；2. 杰恩瑜伽（Jnana Yoga），即知识瑜伽、智瑜伽，强调悟性，修炼者需透悟和理解自己周围的世界；3. 拉贾瑜伽（Raja Yoga），即王瑜伽，讲究静坐独思；4. 哈特瑜伽（Hatha），即"手瑜伽"，认为除了静坐调息，还可起身站立，手脚全动，做出各种各样的动作；5. 奉爱瑜伽（Bakti Yoga），又称巴克提瑜伽，专注于独觉愚昧杂念，启发对黑天大神的敬仰之心，通过宗教仪式、典礼和歌颂等方式表达修炼者的全身心的奉献。瑜伽也是一种劳其筋骨、苦其心志的运动，拉加斯坦邦首都斋浦尔博物馆展示的修炼姿势有"金鸡独立"等几百种。

瑜伽是印度人修身养性、强身健体的一项重要活动。喜马拉雅山下的瑞什凯什、哈瑞得瓦尔和喜马拉雅山最东边的大吉岭是瑜伽圣地，是无数印外瑜伽修炼者的好去处。

Yoga　身心训练的技巧。

Yoga　阐扬《瑜伽经》的各类著作的总称等。

Yoga Sutra　《瑜伽经》，印度古代瑜伽派哲学的根本经典。公元前2世纪由波颠阇利著。

Yoga-pitha　商馆。

Yogabaashistha　《瑜伽经集》，金克木先生译为《瑜伽婆私吒》，或译为《瑜伽师地论》，印度教经典，印度古代论述瑜伽的文集，传说是极欲仙人（Vashistha）给罗摩的忠告汇集。

Yogabala　瑜伽之力，宁静心神的力量。

Yogabashistha　宏大，大，巨著。

Yogacara　团结之道，=Vijnavadin。

Yogacara-bhumi-sastra　《瑜伽师地论》，大乘佛教瑜伽行派论书。

Yogacara-madhyamika　瑜伽行中观派，印度大乘佛教派别，8世纪寂护创立，认为只有承认"唯识无境"的观点，才能真正理解中观的"无自性"。

Yogacaras　瑜伽行学派，印度大乘佛教派别之一，由4—5世纪的无著和世亲创立。

Yogadana　重大施舍。

Yogadanda　棍棒，权杖。

Yogadharana　执着瑜伽，保持精神专注一处的状态。

Yogadharma　练习瑜伽。

Yogamaya　瑜伽摩耶，奇妙的变化力量。

yogamayadevi　瑜伽摩耶黛薇，瑜伽状态的女神的形式，就是她把提婆吉肚子里的7个孩子转移到了罗西尼的肚子里。

Yogananda　瑜伽南达（1890—1952），印度教导师，他创立了自我实现联谊会，在西方有一定影响。

Yoganga　瑜珈支，即修习瑜伽的层次。有8个层次：禁戒、遵行、坐姿、调息、制感、执持、静虑、等持。

Yoganidra　瑜伽式的睡觉。

Yogarudha　瑜伽高人。

yogasadhana　瑜伽行，与密教有关的最重要的修行之一，即密教意识的修行法，在自己身上体现女性化的一种努力，是即使男性也要把自己的基本人格和意识转变为女性的一种训练。

Yogasataka　《印度百方医书》，2—3世纪龙树著。

Yogayoga（Tin Purush；Cross Current；Nexus）《三代人》（《纠缠》），泰戈尔1929年写的长篇小说。

说来话长。地主、牧主兼商人的古沙尔家族从孙德本地区迁到了胡戈里河地区，但和查特吉家族因为敬神互相攀比、不服气打官司而破产，从此一蹶不振，结下世仇。后来，古沙尔家族的管家派人把查特吉家族的头目黑耶达舒打死，找另一长相与其相似的小偷冒充达黑耶舒哄过警察，算是出了一口恶气。到了阿比纳士父亲默土苏丹手里，时来运转，又发了。

默土苏丹的父亲阿南达在拉贾普尔当商店职员艰难度日。默土苏丹上小学时，就在商业码头上跑来跑去，自然上了商业学校。上大学后很受老师器重。但不久阿南达一命归西。默土苏丹辍学，正好他的大学好友古泊塔的妹妹结婚，默土苏丹四处张罗，把喜事办得红红火火。古泊塔的父亲拉贾尼看上了默土苏丹的精明，于是主动张罗为他成立一个煤油代理公司。接着他自己又办黄麻厂，买下河边地建工厂，几年间成为印外有名的商人。默土苏丹的妈妈没有见到儿子娶妻生子儿遗憾去世。现在，提亲者络绎不绝，但默土苏丹出人意料地宣布：非查特吉家族的女儿不娶。查特吉家族已经衰败不堪，捉襟见肘。小弟弟一气之下去英国学习法律，留下老大比波拉达支撑这个摇摇欲坠的家。他们和古沙尔家族又发生了碰撞。事情是这样的：查特吉家借了糖果商潭苏克达一笔债，比波拉达的律师同学阿目力牙丹把这家的困境密告债主，潭苏克达立刻逼比波拉达还清债务，比波拉达一筹莫展。阿目力牙丹又撺掇比波拉达借110万卢比，利息7分。比波拉达最小的妹妹古姆迪尼还没有出嫁，哥哥想找个门当户对的人家，用一笔体面的嫁妆把妹妹嫁出去。做妹妹的感到自己拖累了哥哥，但只在家里读书的她，对外部世界一无所知。

比波拉达的父亲姆昆达拉富人架子十足，前呼后拥，挥金如土，声色犬马，但他的妻子南达拉尼却能够忍受这一切。黑天牧女节是孟加拉的盛大节日，外边异常热闹。姆昆达拉的妻子南达拉尼在家里坐卧不安，等待丈夫的归来，丈夫不来，她的耐心达到极限。她把管家叫来，让他告诉老爷，说要去娘家看有病的妈妈。管家求她等老爷回来再走，但她不能再等，于是坐船出发。姆昆达拉感到愧疚，蹑手蹑脚地从狂欢地回来，决心接受妻子的惩罚，不料妻子回了娘家。他以白兰地解愁，终于吐血晕倒，只有女儿古姆迪尼守在病床前。妻子打电报说翌日回来，不料铁路断了。姆昆达拉在昏迷中唱黑天和拉达的情歌，第一次也是最后一次呼唤南达拉尼，“大媳妇，屋子太黑，把灯点上”，然后死去。南达拉尼回来晚了，她呼天抢地，悲痛欲绝，最后穿上新娘的衣服随丈夫而去。父母死后，所有家庭重担落在大哥比波拉达身上。全家经济捉襟见肘，只好搬到加尔各答。妹妹古姆迪尼非常怀念原来的地方。哥哥理解妹妹的心思，和她聊天、下棋、弹奏乐器，排遣心中的郁闷。父亲原来给比波拉达订了一门亲事，但在婚礼前半个月，新娘去世，从此一直未婚。

国外留学的弟弟苏波德刚开始还体谅家里的困难，以后花钱越来越厉害，狮子大张口，一下子要1000英镑。这可愁坏了当哥哥的。总不能把妹妹的嫁妆钱寄给她吧？弟弟说不能用妹妹的钱，但是可以把他的应得的遗产折合成钱寄给他。比波拉达只好考虑把爷爷专门留给他、地产商波乎山早已觊觎的地卖出去。但妹妹坚决劝阻，要求把妈妈留给她的做嫁妆的首饰卖掉，哥哥坚决不答应。

比波达拉身子不舒服，蜷在床上看报纸。媒人上门，说一个叫默土苏丹的富人向他妹妹求亲。比波达拉一口回绝，说年龄不合适。媒人请再考虑，因为默土苏丹马上要当王公了。正好古姆迪尼听见。有人看过她的手相，说能嫁王公。她觉得让家庭摆脱困境的机会到了。她的几个姐姐不都是没有爱情嫁人的吗？她愿意嫁给这个有钱人。她翻开黄历，正好是心想事成之日。于是召集家里的婆罗门，给他们小礼物。他们一致祝福小姐成为王公夫人，家庭富足，孩子满堂。比波达拉答应媒人后天回话。

古姆迪尼沉浸在幸福的憧憬中。哥哥比波达拉来征求她对婚事的意见，说新郎年龄偏大，望她慎重考虑。不料古姆迪尼竟然毫不犹豫地答应。哥哥说不要孩子气，妹妹说此事似乎早就定了，而且非他不嫁。哥哥觉得可能是妹妹相信算命。妹妹今早打过赌：花瓣一片片落下，剩下的最后一片果然是她打赌的蓝色花瓣。婚期定下来了。男方提出，婚礼不在加尔各答而在原来他生活过的努尔纳迦举办。古姆蒂尼整天沉浸在幸福的憧憬中。一些多嘴的女人开始对夫家恶语中伤，使古姆蒂尼非常伤心。仆人得到消息说，男方正是原来在杜尔迦节争斗中被查特吉家族驱逐出去的古沙尔家族的后代。比波拉达担心，这个婚姻会不会是两家世仇的延续。新郎家来了一队人马，在查特吉家族也就是比波拉达村子的湖边搭起帐篷，而且新郎要亲自来打扫地面。查特吉家族的人愤愤不平，他们一致要求比波达拉给他们颜色看看。比波达拉强压愤懑，他问妹妹，如果妹妹心里有一点不同意，他马上把婚事退掉，但妹妹不改口。

默土苏丹家把婚礼帐篷打扮成了皇家宫殿，卫兵威风凛凛，威势赫然，使查特吉家族的人黯然失色，自惭形秽，心中愤愤不平。

11月27日举行婚礼，据说王公要率领全班人马来，但没有通知比波拉达。要不要去接？比波拉达避开族人一个人去车站接，默土苏丹极其冷淡，说他来本来属于自家的地方进行婚礼，用不着别人接，也不要比波利达准备的船和用品。比波利达沮丧回家，

Y

偏偏感冒了，还瞒着别人，他让管家纳巴戈帕代为安排。默土苏丹邀请来的客人大多数是英国人，他们肆无忌惮地在查特吉的湖面上大开杀戒，疯狂地扑杀鸟。查特吉家族的人强忍怒火。晚上在篝火边狂欢。新郎家送来的姜黄沐浴仪式的礼物使当地村民目瞪口呆，比波拉达给抬礼物的人也很大方地送小费。默土苏丹在河岸边大摆筵席，招待宾客，查特吉家族也不示弱，规模更大，结果远远压过了默土苏丹，查特吉家族的人开怀大笑。

默图苏丹命令，在接新娘的路上，不许搞欢庆活动，因而一切冷冷清清。比波拉达躺在床上，仆人用虚假的消息哄骗他，说仪式如何热烈等。家里的一切后勤事全靠古姆迪尼照料。现在妹妹走了，他心里空荡荡的。在握手时，新郎的手冰凉，交换眼光时，新郎冷若冰霜。按习俗，新娘应该在婚礼后的第三天才离开娘家，但默土苏丹坚决要第二天就走，对古姆迪尼的请求毫不动心，古姆迪尼和哥哥挥泪告别。新郎和新娘来和比波拉达告别。新郎态度很冷淡。比波拉达突然想起，在婚礼前他正为弟弟苏博德的消费发愁时，来了一个叫白昆达的人，为女儿的嫁妆借250卢比，他只给10个卢比打发走。现在他把管家叫来，押下自己的钻石戒指，命令管家从给弟弟准备的钱里取出250卢比寄给白昆达。

新郎竟然提出，最后一道仪式库山地卡在他的帐篷里进行，令查特吉家族的人十分不满。上车后，新郎扔下新娘去和英国人说话。那些英国女人对古姆迪尼品头评足，只有默土苏丹的弟媳妇珍珠玛对她很友好，还透露了她哥哥来站台接他们的事情，并对她哥哥大加赞扬。从加尔各答壕拉站下车，转上马车。默土苏丹压根就不会哄新娘，态度很生硬。他竟然要古姆迪尼把哥哥送给她的蓝宝石戒指扔掉，古姆迪尼不肯，他便耿耿于怀。他不容忍别人蔑视他的权威。不过他觉得古姆迪尼很美，也能带来财运。古姆迪尼被吹吹打打、热热闹闹地迎到了夫家。她感到眼前的丈夫、家庭和她梦中的白马王子有着很大的距离。她感受不到一种上天保佑的温馨感。她梦中的王子到底在哪里？默土苏丹把住宅的外边收拾得像个王宫，内屋却乱七八糟。两个妯娌，大寡嫂石亚玛荪达瑞和小妯娌莫蒂对她很关照，也理解她，莫蒂7岁的儿子哈波鲁使古姆迪尼看到了他梦中的放牛少年黑天的影子，这些都对她是一种宽慰。

尽管古姆迪尼内心无法接受默土苏丹，但她还是决定把他当作神来崇拜，当作一种符号，把他的粗鲁轻轻地挥去。莫蒂看着古姆迪尼出神，不由感慨：自己结婚时还小，什么都不懂。不知道古姆迪尼如何度蜜月？默土苏丹如何赢得她的芳心？她把古姆迪尼的哥哥、相貌堂堂、气质非凡的比波达拉看成了她的梦中王子。

哥哥的感冒转为肺炎，管家那帕各帕来送初夜礼物。几个姐姐本来要来，她们的丈夫不让来，因为谣传古沙尔家族不是高种姓婆罗门。在哄闹中，古姆迪尼由于紧张和担心哥哥而晕过去。新娘在初夜竟然为了思念哥哥而昏厥，这使默土苏丹不快。她的大嫂石亚玛劝慰她。寡妇石亚玛对默土苏丹早有心意。她觉得除了脸稍微黑点，她一点不比古姆迪尼差。古姆迪尼进了新房，默土苏丹恶语伤古姆迪尼的哥哥，古姆迪尼和他吵，拂袖出去，默土苏丹拉下面子把她请回屋。

古姆迪尼早晨起来，发现她的蓝宝石戒指不见了。莫蒂知道是默土苏丹拿走了。她告诉古姆迪尼，在这个家里，每一个人都是默土苏丹的奴隶。默土苏丹又是他自己的奴隶，他不去办公室，就扣自己的工钱，如果几天不去，就扣大家的费用来弥补。古姆迪尼把一个镇石玻璃球送给哈波罗，默土苏丹和她大吵大闹。他承认拿了蓝宝石戒指，但他说这个屋里的一切都归丈夫。古姆迪尼拂袖而去。石亚玛劝默土苏丹。古姆迪尼赌气睡在灯房，默土苏丹对她无可奈何，现在才知道古姆迪尼不是轻易能征服的女人。大嫂石亚玛半夜出来看他，面带羞涩，温情脉脉，暗中递话。他发现了古姆迪尼哥哥的电报，恨得咬牙切齿。一大早，古姆迪尼干仆人干的清洗灯的工作，默土苏丹怕丢人，让小弟纳宾出面干涉。

古姆迪尼把全部希望寄托在心中的偶像黑天身上。莫蒂问她为什么不高兴，她说没有收到哥哥的来信，并要求莫蒂替她给哥哥发电报询问病情。莫蒂委托丈夫纳宾去默土苏丹办公室看有没有古姆迪尼的电报。那宾同意帮忙。

不能说默土苏丹在嫂子石亚玛的挑逗前没有动心，因为她正处于青春成熟期。但他能够克制自己。这天他吃完午饭，故意留下来到卧室去，指望看见古姆迪尼，但她压根就没有来过房间。他到办公室发现古姆迪尼给哥哥要发的电报，怒气冲冲地质问弟弟纳宾。

纳宾两口子为电报的事情提心吊胆，担心默土苏丹会随时惩罚他们和古姆迪尼。纳宾发现，默土苏丹扣留了古姆迪尼哥哥给古姆迪尼的信和电报。古姆迪尼为自己一气之下干下人的活有点后悔。只有经历打击后古姆迪尼才更加贴近神。默土苏丹似乎觉得媳妇的不听话和二媳妇莫蒂有关，因而他让纳宾打发莫蒂回乡下去。没有料到纳宾说莫蒂早打好包袱。他感到自己的权威受到挑战，于是又说不急于就走。半夜他不等待古姆迪尼，要让古姆迪尼低头认输。默土苏丹发现古姆迪尼一个人睡在小房间，于是进去，看见她的睡姿有一种安详、宁静、神圣的美，于是忍不住唤醒她，把她哥哥的电报让她看，他否认还有信。他恳求古姆迪尼回到新房去，古姆迪尼看到半夜他求她，何况看在神的保佑上，她答应了。她把一切烦恼都依赖神来解脱。神说为了爱可以原谅任何东西。莫蒂告诉她，还有哥哥的信，让她去看默土苏丹的抽屉。古姆迪尼到办公室果然翻出了哥哥的信，而且已经被拆开。她觉得这是对她的极大侮辱，但强忍怒火。正在这时，默土苏丹来了，是石亚玛告诉他新娘在办公室等他。他本来浑身洒满香水打算叫仆人去叫夫人的。他说正要把信给古姆迪尼送去。古姆迪尼把信撕成碎片，夺门而去。这一来，默土苏丹兴致全无，连上班都没有心思。默土苏丹知道了信的消息是弟弟透露给古姆迪尼之后，让他们立马到乡下去，夫妻没有哀求。他对弟媳妇早就不满。他本来买好了三个宝石戒指，想今天晚上在睡觉以前让古姆迪尼高兴，他想好了古姆迪尼看见戒指后高兴的神情。不料到家后发现古姆迪尼在收拾行李。“干什么?”“回老家去。”“为什么?”“信是我翻出来的，责任在我，该受罚的是我。”他没有乞求古姆迪尼留下来。看她能倔强到几时！默土苏丹责怪弟弟惯坏了古姆迪尼，弟弟说：“都是你自己造成的。只要你不怕报纸捅出去，你就让她走。默土苏丹命令古姆迪尼别走，让她试戒指，古姆迪尼说：“我想戴的你不让戴，别的什么我都不稀罕。”

默土苏丹感到了没有古姆迪尼会非常寂寞。他想听弟弟和媳妇在说些什么，古姆迪尼到底在哪里。他发现石亚玛在外边等他。他把她训斥回屋，回到办公室，实在百无聊赖，便让纳宾叫来古姆迪尼。他突然扑在她脚下，求她谅解，并且留下来。对于吃软不吃硬的古姆迪尼，这下没有着可使了。默土苏丹大喜，连夜叫来弟弟和媳妇，命令他们别回乡下，伺候古姆迪尼。他无条件地向古姆迪尼投降。古姆迪尼在半小时后从洗澡间出来，没有换衣服，更加美丽动人。古姆迪尼与他和解。他等待古姆迪尼主动叫他上床，古姆迪尼终于扛不住，心软了。

古姆迪尼对默土苏丹很反感，主要不是他年龄大，面貌丑陋，而是他太粗暴，信马由缰，简直是蹂躏。她因而对神产生了疑问。石亚玛告诉她，他哥哥很可能来看她。但默土苏丹怕她分心而始终隐瞒消息。纳宾7岁的儿子戈帕尔来，和她讲巫师加台的故事。没有想到，默土苏丹站在身后。

默土苏丹昨晚床上兴犹未尽，扔下早晨的工作来找古姆迪尼。他看见戈帕尔给古姆迪尼的小糖包，因为他早晨偷吃甜食，遂拿来一大包让她吃。古姆迪尼笑而置之。古姆迪尼问起哥哥的消息，他说就是为此而来，把一封信给了她。哥哥明天要来加尔各答治病，想见她。古姆迪尼急着要走，他拉她坐下。又问糖包的事情，古姆迪尼说这是秘密，气得默土苏丹想打她。

苦海无边，何时是头？古姆迪尼突然想起什么，赶忙去找纳宾，碰到石亚玛，突然冒出一个感觉：石亚玛和默土苏丹一个鼻孔出气。纳宾和莫蒂在抢夺一本书，纳宾看书看得着迷，莫蒂催他吃饭。古姆迪尼开心地笑了。哥哥要来，谁去接待？默土苏丹不会让她去的。纳宾和莫蒂答应想办法。

默土苏丹第一次在董事会上失败：他买一家靛蓝厂的建议搁浅。原因是，他拒绝了一个远亲的无能侄子谋求会计职务的要求，这个侄子到处说他的坏话，说他每次成交都吃回扣。他正心烦，有人报告说比波拉达派人来见，他一口回绝，坚决不见。纳宾来说，比波拉达的人就是想告诉他，比波拉达因病情推迟十几天来加尔各答。纳宾说要请假看一个高明的算命先生，于是二人同意一起去。那个丑陋肮脏的算命先生说财富女神拉克西米来到他家后他怠慢了她，肯定要受惩罚。他信以为真。实际这是纳宾安排的圈套，目的是让他回心转意，赶快去见比波拉达派来的人。

现在默土苏丹打掉了自傲，他认为古姆迪尼就是财富女神拉克西米的化身。他要让所有的人眼红。古姆迪尼让纳宾卖掉她的手镯用来给哥哥做祷告，纳宾说没有必要并答应给她找个古鲁。正好默土苏丹来了，主动提出由他来办。他春风满面，把没收的蓝宝石戒指还给古姆迪尼，还让她去见哥哥派来的人，使古姆迪尼喜出望外。古姆迪尼见了哥哥派来的卡鲁，正愁没法让他吃饭，不料莫蒂早准备好饭。她无限怀念家乡的一草一木。默土苏丹来了，他带来了古姆迪尼的乐器，使她惊喜。她给他弹奏最喜欢的曲调。他要她提出一个要求，不料她要求允许给仆人木耳里送一快御寒的毯子。他拿出100卢比，要古姆迪尼送给木耳里。他路过嫂子门口，要吃她的枸酱包。

哈波娄被古姆迪尼的音乐吸引过来，莫蒂把他赶走。莫蒂说古姆迪尼的哥哥后天要来。她倒希望他过几天再来。妯娌俩无话不谈。古姆迪尼说他爱不起默土苏丹，所以对不起他的爱，也不值他那么爱。她羡慕莫蒂两口子的感情，莫蒂说不爱也能做个好妻子。莫蒂问，那你为什么愿意嫁他？她说她把男人只看作女人献身的一种符号和象征，至于哪个具体的人都无所谓。

默土苏丹发现有人动过账本，但弄不清是谁。古姆迪尼的哥哥要来加尔各答，纳宾设法让哥哥允许让古姆迪尼去见哥哥。默土苏丹在连夜工作中想起古姆迪尼，满心以为她在焦急等待，不料她已经睡着，也否认急于想见哥哥。石亚玛在外边等待默土苏丹，他顿生怜悯之情，把她送回屋里。他叫来纳宾：让古姆迪尼回娘家去，什么时候他派人接时再回来。古姆迪尼准备回家，说不上是高兴还是悲哀。纳宾两口子送古姆迪尼上轿。

古姆迪尼终于到娘家了，他急于见到昼思夜想的哥哥。哥哥更憔悴了，哥哥问起她和丈夫的关系，古姆迪尼泪流满面，说自己当时太幼稚、太任性了。她愿意学习15世纪的毗湿奴派女诗人米拉白，离开贵族丈夫，把一生交给毗湿奴大神的化身黑天。她给哥哥唱米拉白的诗歌。

管家卡鲁来了，他告诉比波拉达，没有人愿意借债，高利贷者的利息太高。比波拉达一筹莫展。古姆迪尼知道哥哥脸色不好全是因为还不起默土苏丹的债愁的。他心里很难受，问哥哥为什么不让二哥从英国来替他负担忧愁，哥哥说他生来愿意担当负债者的角色。

默土苏丹带纳宾去见算命大仙，纳宾措手不及。而大仙又正好误解了纳宾的暗示，胡诌说一个开头字母为K的女人不吉利，要有另一个女人代替。默土苏丹信以为真，认为近来所有的不顺都是因为娶了古姆迪尼。

纳宾来看古姆迪尼，古姆迪尼请他吃饭，他的前提条件是要一张她的照片。管家卡鲁已经打电报让老二回来，因为财产的事情必须有他在场，并建议让古姆迪尼赶快回夫家。比波拉达征求纳宾的意见，纳宾说不急于回去。

古姆迪尼住在哥哥家感到很舒心，但她也想回丈夫家。哥哥从管家卡鲁口里知道：默土苏丹和嫂子不避外人耳目，公开勾搭，但限制她的要求。他怒火中烧，让妹妹不要回去。他认为，女人就应该超过男人，男尊女卑的社会现象完全是女人认为自己不如男人的观念造成的。他要妹妹向社会抗争。

莫蒂来看古姆迪尼，要古姆迪尼回去，古姆迪尼心里很矛盾。他们去征求哥哥的意见，哥哥解决不让她回去。女人就应该和男人平等。莫蒂认为女人生来就该服从，伺候男人。她不认同比波拉达的看法。

纳宾来了，说默土苏丹为丢了一个镀金烟灰缸而大发雷霆，拿走了挂在纳宾屋里的古姆迪尼像，有可能派人来接古姆迪尼。比波拉达征求古姆迪尼的意见，古姆迪尼不愿意回去，比波拉达说那就等几天吧。

石亚玛当不了家庭主妇，便给仆人撒气。她看见默土苏丹房间挂着古姆迪尼的照片，怒火中烧，默土苏丹给她的相框竟然没有接受，第一次没有再次进去求默土苏丹宽恕。古姆迪尼的照片不见了，石亚玛也不送枸酱包来，而且矢口否认她拿了古姆迪尼照片，默土苏丹一气之下让古姆迪尼回来。纳宾说最好几自己去请她，默土苏丹答应星期天去，纳宾认为古姆迪尼不愿意回来，原因之一是默土苏丹不去看她哥哥。默土苏丹名义上来看比波拉达实际上来炫耀自己，但比波拉达兄妹不理这个茬，古姆迪尼坚决不回去。默土苏丹拂袖而去，兄妹俩做好准备，共同对付默土苏丹的报复。纳宾一家来了。默土苏丹把他们撵到乡下去种地，他们来告别。莫蒂认为他们的不幸全是古姆迪尼造成的。卡鲁来了，他说默土苏丹又来催她回去，否则情况更遭。正在这时莫蒂和克塞玛姑姑分析认为，古姆迪尼怀孕了，这下古姆迪尼陷入空前的困境。

Yogi　瑜伽修行者，通过修行达到三昧（samadhi）即同神交流。

Yogini　女瑜伽修行者，女巫，女神之家。女性力崇拜者。

Yogini　育基尼，湿婆的侍从。

Yoginihrdaya　“女瑜伽修炼者的心”，印度教性力派的一个分支。

Yogins　用心眼。

Yogishvara　大苦行者湿婆，湿婆的瑜伽之主相。

Yogisvara　瑜伽行会，一个著名的瑜伽修行者团体。

Yojanagandha　由旬香，在史诗《摩诃婆罗多》里，鱼香女贞信的香味传到一由旬之外；老远发出香味的女人。

Yojanam　画物构成。

Yojannaas　由旬，古代度量单位，一由旬等于一头牛套上车后一口气可拉的距离，约30里。

Yoking　尤金，史诗《摩诃婆罗多》里，达摩衍蒂的丈夫、国王那罗最喜欢的马。

Yokohama　横滨，是神奈川县的首府，日本第二大城市，东临东京湾，南与横须贺等城市毗连，北接川崎市，面积426.7平方千米，人口363万。横滨地处全国四大工业区之一的京滨工业区的核心，工业发达。横滨港是全国最大的港口，也是亚洲最大港口之一。横滨的文化教育事业也很发达，设有横滨国立大学、横滨市立大学、神奈川大学等多所高等院校和博物馆、图书馆等文化设施。1929年3月26日泰戈尔在对日本做短暂逗留后从横滨乘船去加拿大。结束加拿大的访问和在美国的短暂停留后，5月10日再次到达横滨。第二天由日本泰戈尔学会在索罗吉庙（Zoroji Temple）招待他。

Yokoyama Taikan　横山大观（1868—1958），日本著名画家。1896年日本绘画协会创立，他成为中坚画家，发表《无我》等作品。两年后他随校长冈仓天心辞职，创立日本美术院，兴起新日本画运动。至今，日本美术院及其院展仍为日本画界的主要势力。1907年，他创建日本画新派团体“国画玉成会”，与日本画保守派同盟“正派同志会”抗衡，对新日本画运动的兴起起过重要作用。1937年他荣获日本政府的文化勋章，并被尊称为“日本近代绘画之父”。横山大观去世后，其在东京上野池之端的故居作为纪念馆对外开放。横山大观的艺术宏大奇绝，始终充满了激情以阐释他浪漫主义情怀。1900年起横山大观与春草始共同尝试无线主彩没线着彩绘画法，即用西画技法的色彩，代替日本画传统的墨线，注重以晕染和没骨法烘托画面。然而其“朦胧体”风格在当时却受到严厉批判。总体来说，他发扬了东方绘画的优秀传统，特别是在画面中融入中国和日本的古典哲学理想，使其作品构思独特、画面清新。中国著名书画大家傅抱石也曾受其风格影响。他是泰戈尔的朋友，1916年6月泰戈尔访问东京时就住在他家。

Yone Noguchi　野口米次郎。见Noguchi。

Yong Quan　涌泉，当代学人，发表《泰戈尔》。

Yong She　邕舍，古代印度佛教高僧，公元984—987年来中国传经。

Yoni　骨灰。

Yoni　约尼，女性生殖器，女性性力的象征。

Yoni-deva　小神的统称。

Yoni-loka　阴界，转世轮回。

Yonyantaribhasa　兽语。

Yotkan　约特干，古代文明遗址，在今新疆和阗。

You and I　《你和我》，泰戈尔的诗。

You Have Come to Me 《你来到了我身边》，泰戈尔的短诗。

You Yang 酉阳，当代学者尹锡南的笔名，以此笔名在台湾出版《发现泰戈尔》。见Yin Xinan。

You Yunshan 游云山（1913—2004年），别名晓云法师，广东南海人，俗姓游，别号青峰。早耽禅悦，乐文词，嗜丹青。广东文理学院、南中美术学院毕业，拜岭南画祖高剑父之门下。抗战期间，曾参加后方战时文化工作，后随中央文化协会抵重庆。1946年游学印度，被印度泰戈尔大学美术学院聘为研究员，并任教中国画学。于阿罗频多哲学院研究古代印度哲学，遍礼佛迹。1952年返港，创办云门学园及原泉出版社，刊行《原泉杂志》。

1955年至1958年环球之行，历欧、亚、美二十余国，与各国文教人士晤谈，举行云门画展，应邀演讲禅宗与中国艺术等。回港后，礼天台宗倓虚为师，依止释门，法名能净，字晓云。创佛教文化艺术协会，悉心推展佛教文教事业。1967年应华冈中国文化大学之聘回国任教，授佛教哲学、佛教艺术课程，创佛教文化研究所，并兼任所长。另创立莲华学佛园、华梵佛学研究所，以培养佛教人才。此外又创办清凉艺展十余届。曾应邀出席世界佛教艺术专家会议、第二十八届东方学者会议等。著有《禅林教化对现代教育之启示》《佛教园林思想》《印度艺术》等书。

Young China 《少年中国》，五四运动时期政治学术团体少年中国学会的机关刊物，1919年7月15日创刊于北京，李大钊、王光祈、黄演存先后任编辑部主任。1921年编辑部迁上海后，由左舜生主持编辑工作。主要撰稿人有李大钊、恽代英、张闻天、左舜生、曾琦、李璜等，主张"本科学精神，为文化运动，以创造少年中国"。以文化教育界和高等学校学生为主要读者对象，着重刊登自然科学、文学、哲学、社会科学等方面的理论文章。每期发行量5000份左右。1921年后，宣传国家主义的文章渐多，会员思想分歧，遂于1924年5月停刊。该刊1920年2月刊登黄仲苏、黄玄等介绍泰戈尔的文章。

Young India 《年青的印度》，加尔各答的报纸，泰戈尔于1921年8月在此报发表散文《伟大的卫兵》（The Great Sentinel）。

Younghusband, Francis 杨哈斯班，弗兰西斯（1863—1942），英国学者，为斯特里克兰写的《1932年印度乡村活动概述》一书写序，泰戈尔为该书写了书评。

Youth 《青年杂志》，见New Youth。

Youth Progress (First Issue) 《青年进步创刊号》，1917年出版，刊登介绍泰戈尔的文章。

Youth World 《青年界》，1931年创刊，编辑为石民、赵景深、袁嘉华、李小峰等。该刊创刊之初就承诺"给一般青年供给一些精神的食料"。胡适、鲁迅、郁达夫、周作人、周建人、老舍、沈从文、朱湘、臧克家、废名等为该刊撰稿。于1948年12月停刊。1931年3月第1卷第1期刊登胡风、杨昌溪的《泰戈尔的近况》。

Ypa 乌拉，俄语里的"万岁!"

Yu Bingquan 郁炳权，民国人物，曾在上海商务印书馆工作，1924年4月在上海参加泰戈尔访华的接待工作。

Yu Changyuan 俞长源（1899—1975），民国文化人，是鸳鸯蝴蝶派代表人物之一，作家，还写过扬剧的剧本《推车》。曾在沪江政法大学教书。1924年发表《泰戈尔的小说》。

Yu Daoquan 于道泉（1901—1992），藏学家、语言学家、教育家，字伯源，山东省临淄县人，教育家于明信先生的长子。1920年入齐鲁大学，主攻数学、社会学和欧美史，后到国立北平大学，任梵文教授钢和泰男爵的课堂翻译并从其学习梵文、藏文、蒙文。1927年入历史语言研究所。1934年赴法国巴黎大学现代东方语言学院学习土耳其语、藏文文法、蒙文文法和民俗学。1938年赴英国伦敦大学东方与非洲学院讲授汉语、藏语和蒙语，将100多首藏族民歌译成德文。1949年回国后任北京大学文学院藏文教授，后随专业一起并入中央民族学院语文系，从事藏学人才的培养。他掌握了十三种语言，有藏、蒙、满、英、法、德、日、俄、西班牙、土耳其、世界语等。他是把第六世达赖喇嘛仓央嘉措的情歌翻译成汉语和英语的第一人。1924年4月22日，泰戈尔访问济南，时为齐鲁大学学生的于道泉担任英语翻译，他还略懂一点梵语，使泰戈尔惊奇不已，就邀请他去印度大学学习，但因当时国内政治原因未能成行。

Yu Feiping　余菲平，长沙理工学院外语系老师，发表《国际大学与泰戈尔的教育思想》。

Yu Jifan　俞寄凡（1889—1968），现代画家、美术教育家，又名义范，江苏吴县人，南京两江优级师范学堂毕业，曾任江苏省立第二师范学校教师。1915年春，在沪参加洋画研究机构东方画会，1916年夏赴日本留学，先入川端画学校习洋画，1917年入东京高等师范学校图画手工部学习。1921年夏毕业返沪，曾任教育部新学制课程标准委员会艺术科课程纲要起草员、江苏省教育会美术研究会评议员，上海美术专科学术教授兼师范部主任、高等师范科西洋画主任，上海艺术学会会长，《新艺术》（半月刊）主编。1924年4月在上海参加泰戈尔访华的接待工作。

Yu Longyu　郁龙余（1946—），教授，深圳大学印度研究中心主任，从事印度文学和文化、中印文学、中印诗学比较研究。1965年入北京大学东方语言文学系印地语专业，师从季羡林、金克木、刘安武诸师，学习印度语言文学。发表《中印味论诗学比较》等论文50多篇，译著35万字。主要著作有《泰戈尔及其作品研究》《中国印度文学比较》《中国印度诗学比较》《梵典与华章：印度作家与中国文化》等。发表《泰戈尔是幸运的》《泰戈尔的自然观与自然诗》等。他还在深圳大学创立谭云山研究中心和季羡林研究馆，还主办许多活动，竭尽全力促进中印文化交流。

Yu Ping　于平，当代学人，发表《在海外哲学论坛上记泰戈尔逝世50周年国际学术会议》。

Yu Songhua　俞颂华（1893—1947），名垚，字颂华，以字行，曾用笔名澹庐，江苏太仓人，出生于上海，中华民国报界人物。1921年8月他在《东方杂志》上发表《德国欢迎泰戈尔的盛况》，介绍泰戈尔在德国的访问情况。

Yu Tian　雨田，当代学人，发表《论泰戈尔美学思想的民族继承性》。

Yu Xiangji　余祥基，当代学人，发表《泰戈尔的艺术生涯》。

Yu Youren　于右任（1879—1964），陕西三原人，祖籍泾阳，是我国近代、现代著名政治家、教育家、书法家，原名伯循，字诱人，晚年自号“太平老人”。于右任早年系同盟会成员，长年在国民政府担任高级官员，同时也是中国近代书法家，复旦大学、上海大学、国立西北农林专科学校（今西北农林科技大学）等中国近现代著名高校的创办人。1934年11月，中印学会成立时，他是强有力的支持者。

Yuan Changying　袁昌英（1894—1973），女，作家，教育家，湖南省醴陵人，1916、1926年两度出国，入英国爱丁堡大学、法国巴黎大学学习，获文学硕士学位。1928年回国后先后任上海中国公学、武汉大学教授；她创作了大量的文学作品，戏剧有《孔雀东南飞》《活诗人》等，散文有《巴黎的一夜》《琳梦湖上》等，代表作《游新都后的感想》等被选入高中课本；出版《法国文学史》《法国文学》等著作；生前为中国作家协会会员，1956年加入民盟，次年被划为右派，后又被判反革命，交街道监督劳动，75岁时被遣送回醴陵乡下，三年后去世；1979年获平反昭雪。1924年5月8日，为欢迎泰戈尔访华及庆祝诗人64岁生日，林徽因、徐志摩等在协和礼堂演出泰戈尔的戏剧齐德拉，袁昌英扮演村民。

Yuan Ding　远定，民国某文化人化名，1924年发表《告崇拜及反对泰戈尔的人》。

Yuan Diyong　袁荻涌（1944—），贵州师范大学教授，发表《郭沫若与泰戈尔》。

Yuan Guanlan　袁观澜（1866—1930），名袁希涛，江苏宝山（今属上海市）城厢人，字观澜，又名鹤龄，民国教育家。1924年4月泰戈尔访华，他在上海参加接待工作。

Yuan Jie　源杰，唐代僧人。

Yuan Liexian　袁烈咸，民国时期北京佛化新青年会会员，1924年4月在北京欢迎泰戈尔，发表《我对于泰戈尔来华之感言》。

Yuan Mei　袁梅，当代女学者，发表《历史的契机，文化的融通——泰戈尔获诺贝尔文学奖之因探寻》。

Yuan Yuan　袁苑，当代学者，2012年发表

《爱的诗人泰戈尔》。

Yuddha 大战。

Yuddha-kanda 《罗摩衍那》里的《战斗篇》。

Yudhajit 于达基特，《罗摩衍那》里十车王的二王后吉迦伊的哥哥，婆罗多的舅舅。

Yudhamanyu 尤坦曼牛，般度军大将。

Yudhisthira 坚战，音译“尤迪湿提罗”，《摩诃婆罗多》里般度的长子，般度王的大王后贡蒂和正法之神达摩生的儿子，般度五兄弟之首，法律、职责和正义的化身，爱民的皇帝楷模，以睿智、坚毅、正直和诚实著称。他继承父亲般度王的王位，持国百子老大难敌十分嫉妒，千方百计陷害他和弟弟，设计在紫胶宫要烧死他们，又设计赌博使他失去国土、王位、财产、兄弟以及妻子黑公主，流放他们。坚战等流放回来难敌拒绝交出王位，拒绝调解，终于酿成大战。坚战兄弟杀死难敌，坚战做了国王，最后一起从美庐山上了天界。见Mahabharata。

Yudhisthiravijaya 《坚战的胜利》，9世纪婆苏提婆（Vasudeva）写的剧本。

Yue Yang 越阳，当代作家，出版《中外著名文学家故事：泰戈尔》。

Yue Zhihua 岳志华，当代学者，与霍俊明发表《自译：一种特殊形态的翻译——泰戈尔诗歌自译辨析》。

Yueh-chi 月氏人，原在敦煌一带，在汉朝被逐，公元前1世纪抵达帕提亚西部远方，取代了沙迦人和希腊人，在公元前后侵入犍陀罗。

Yuga 时期，时代，宇宙存在4320000年，分四个时期，即圆满时（Krtayuga）、三分时（Tretayuga）、二分时（Dvaparayuga）、争斗时（Kaliyuga），每个时期越来越短，劫末由火烧毁一切。

Yuga 瑜伽派。

Yuga 宇迦，古印度历法中日月运动的共同周期。

Yuj 控制，联合。

Yukta 瑜伽者，达到最高修行阶段的人，能完全控制感官活动，失去各种欲望，将世界的一切差别视作等同。

Yukta 收税官。

Yuktacetas 意识所达到的瑜伽状态，即小我（个体灵魂）和大我相合的境界。

Yuktata 结合。

Yuktatman 其心与我相应，已出现平静而舒适的瑜伽精神状态。

Yukti 决定。

Yuktidipika 6世纪的数论派著作《道理之光》。

Yule, George 欲尔，乔治（1828—1892），英国商人，1888年任印度国大党主席。

Yule, Henry 欲尔，亨利（1820—1889），英国东方学家，著作有《中国和通往中国的道路》等。

Yun Daiying 恽代英（1895—1931），原籍江苏省武进县，生于武昌，武昌中华大学文学系毕业。“五四运动”时，他是学生运动的领导者之一。1915年参加新文化运动，在《东方杂志》《新青年》上撰文，提倡科学与民主，批判封建文化。1919—1921年，他在湖北创办“利群”书社和“共存社”，编辑《新建设》月刊，后成为革命家。1924年，以代英的名字发表《告欢迎泰戈尔的人》《各团体欢迎泰戈尔记》《孙中山电邀泰戈尔游粤》。

Yun Shan 云杉，民国某学人的化名，1942年发表《回忆泰戈尔》。

Yungang Caves 云冈石窟，是中国最大的石窟之一，与敦煌莫高窟、洛阳龙门石窟和麦积山石窟并称为中国四大石窟艺术宝库。位于山西省大同市以西16千米处的武周山南麓，依山而凿，东西绵延约1千米，气势恢宏，内容丰富。现存主要洞窟45个，大小窟龛252个，造像51000余尊，代表了公元5世纪至6世纪时中国杰出的佛教石窟艺术。其中的昙曜五窟，布局设计严谨统一，是中国佛教艺术第一个巅峰时期的经典杰作。由5世纪僧人昙曜向魏朝皇帝建议获准后主持而建。印度僧人释迦佛陀（Sakyabuddha）、佛陀吉底（Buddhakirti）、俱摩罗菩提（Kumarabodhi）等印度画匠参与绘画。

Yunjat 相应，相吻合。

Yupa 祭祀时缚牺牲动物的桩子。

Yurope Prabaasir Patra 《欧洲书信》，泰戈尔1879年在英国留学时写的对英国社会的印象，发表在他大哥德维琼德罗纳特做编辑的《婆罗蒂》上，他大哥还写了评论。

Yurop-Yaatreer Daayaari 《旅欧日记》，泰戈尔于1891年写。

Yusuf Adil Shah 优素福·阿迪尔·沙（1436—1510），印度比贾普尔国王。

Yuva-raja 小国王，王子，太子。王子摄政，副王。

Yuyudhana 善战，《摩诃婆罗多》里的般度军大将。

Yuyutsu 乐战，或叫尚武，《摩诃婆罗多》里持国（Dhrtarastha）和另一媳妇生的第101个儿子，俱卢大战时他站在般度军一边。

Zz

Zaanakinaath Ghoshāl 贾诺基纳特·寇沙尔（1840—1913），泰戈尔的四姐绍尔诺库玛丽（Svarnakumaaree，1856—1932）的丈夫。

Zabt 扎布特，为估定地税而制定的土地丈量单位。

Zafar Khan 扎法尔·汉（？—1411），印度古吉拉特国王。

Zafar Namah-i-Alamgiri 《征服者奥朗则布本纪》，奥朗则布历史学家安吉尔·可汗·拉西（Agil Khan Raci）写。

Zain-ul-Abidin 扎因-乌勒-阿比丁（？—1470），印度克什米尔国王。

Zakat 天课，穆斯林的义务税，宗教捐。

Zaminda 地主，收税者，从1793年《长期落户法案》颁布以来建立的制度。

Zamindar System 柴明达制度，在英国统治印度时期，在殖民政府和农民之间配置了一阶层的忠于殖民政府的法定地主，他们承揽包税地区的包税特权，包税地区的土地确认为他们的私有财产，交纳固定田赋的11分之10给殖民政府，就成为土地的主人。农民失去了土地继承权，成为柴明达的佃农。

Zamindars 柴明达，地主。

Zanz 赞子，拉贾斯坦邦地方戏巴瓦伊（Bhavai）用的乐器。

Zarathustra 查拉图斯特拉，琐罗亚斯德（？—613），伊朗拜火教创立者。见Zoroaster。

Zarathustra 索罗亚斯特，拜火教创建人。

Zari 金丝带。

Zat 扎特，官员的估定薪酬。

Zbavitel, Dusan 自巴维泰尔，杜桑（1925—2012），捷克斯洛伐克印度学家，翻译出版了近10部泰戈尔的作品。1958年在圣蒂尼克坦考察了8个月。

Zeenat 《子纳特》，18世纪信德语作家米尔扎·恰理查·贝格（Mirza Qalich Beg）的作品。

Zemin 泽民，即沈泽民，见Shen Zemin。

Zemlinsky 则姆林斯（1871—1942），捷克音乐家。1926年9月泰戈尔从柏林到捷克访问时在布拉格逗留1个星期（9—14日），在新热尔曼剧院观看捷克语演出的泰戈尔写的话剧《邮局》，则姆林斯基为贵宾唱了几首翻译为捷克语、用西方音乐谱曲的泰戈尔的抒情诗。

Zenanas 闺房，原指穆斯林王宫与陌生人隔绝的公主深闺。见purdah和andahpur。

Zend 曾特，“注释”“说明”，指用波斯文写的《阿维斯伦注释》。

Zenda Kaul 岑达·考尔，20世纪克什米尔作家。

Zeng Qiong 曾琼，天津外国语大学副教授，北京大学文学博士，曾在印度留学，专门研究泰戈尔。已发表《哈佛大学举行“泰戈尔及其时代的亚洲观”学术会议》《试论泰戈尔中篇小说中的女性形象及其思想内涵》《世界文学中的〈吉檀迦利〉：译介与研究》，与刘曙雄发表《对中文泰戈尔传记文学的再思考》《中文泰戈尔传记文学作品简析》等，出版《〈吉檀迦利〉翻译与接受研究》。

Zeng Shengti 曾圣提（1911—1984），原名曾楚侨，又名伟石、曾曼尼，笔名大吉、M等，福建潮汕人，圣提这个名字是甘地起的，是梵文“和平”的意思。他于1925年赴泰戈尔创办的国际大学求学。在印度期间，他开始接触到甘地，并经友人推荐、甘地秘书德赛的支持和甘地的许诺，成了甘地一生中收的唯一的一个中国学生。

曾圣提回国后参与《南洋商报》《电讯新闻》《巴城时报》《现代日报》《现代时报》《现代周刊》等报刊的创办工作，提倡“大众化”“讲良心话”，主张抗日，并于1937年组织“华侨战地记者通讯团”，亲临台儿庄等战场采访，报道抗日战况。

1943年2月他回到印度看望绝食的甘地老师，并用10天时间写成《在甘地先生左右》一书，后在1979年又将此书译成英文版本出版。同时他还把泰戈尔的《覆舟》译成中文，介绍到中国。1984年在印度写作《圣雄灵风》时因心脏病骤发而去世。曾圣提一生大多数时间从事文艺创造，其主要作品还有诗集《斜坡》《船民泪》《南海万行诗》等，发表《忆印度伟大诗人泰戈尔先生》。

Zeng Zuyin 曾祖荫，美学家，华中师范大学教授，发表《美是人生真理的亲证——泰戈尔的美学思想》。

Zerlyun 策耳力云，印度北方民间舞蹈，主要赞颂黑天。

Zetland 泽特兰（1876—1961），英国政治家，印度事务大臣，著作甚丰，有《印度鸟瞰》《寇松传》《走向印度自治》等。

Zetland 则特兰，英国勋爵，1938年12月在伦敦卡尔曼画廊举办泰戈尔画展。

Zepp. Ira G. 泽普，印度著名编辑，曾编辑泰戈尔的作品。

Zhai Guangshun 翟广顺，当代学者，发表《苦吟并求索教育自由王国的胡适和泰戈尔》。

Zhan Dexiong 詹得雄（1944—），苏州人，祖籍江西省婺源县。1962年入北京大学东方语言文学系，学习印地文。1970年在北京新华总社《参考新闻》编辑部工作，历任翻译、英文选报和编辑。1979年到中国驻印度大使馆文化处工作，历任三秘、二秘。1984年回国后任《参考消息》报室主任。1989年任新华社新德里分社首席记者。1994年回国后任《参考消息》报总编室主任，1995年被评为高级编辑。1999年任《参考消息》编辑部副主任、《参考消息》报副总编辑。著作有《印度散记》《印度归来客问》。译作有《英迪拉·甘地的启蒙教育》。发表《访泰戈尔故居》。

Zhang Caifeng 张彩凤，当代女学人，与袁继坤发表《冰心的散文与泰戈尔爱的哲学》。

Zhang Bingxing 张炳星（1915—2008），湖南省邵阳县人，1940年毕业于国立清华大学外国语文系，1950年留学美国，从事农业科技及农业经济的研究和翻译工作，发表大量论文、译著（包括诗词名著），为大型工具书《英汉辞海》的主要编译及审核人员、《中国农业百科全书》编撰人之一。1945年发表《谈泰戈尔献诗集〈吉檀迦利〉》。

Zhang Baosheng 张宝胜（1937—），北京大学教授，季羡林的弟子，著名的印度学家。

Zhang Chaoke 张朝柯，辽宁大学中文系教授，发表《冰心·泰戈尔·日本俳句·话说小诗》《重读〈沉船〉再议主题》《泰戈尔短篇小说的艺术成就》等。

Zhang Daofan 张道藩（1897—1968），字卫之，本籍贵州盘县人，美术教育者，曾于1952年3月11日—1961年2月24日担任台湾立法院院长。1941年8月7日年泰戈尔逝世，他在月29日下午发表广播演讲，悼念泰戈尔。

Zhang Daqian 张大千（189—1983），原名张正权，又名爰，字季爰，号大千，别号大千居士，四川省内江市人，国画家，20世纪中国画坛最具传奇色彩的人物。他绘画、书法、篆刻、诗词无所不通。早期研习古人书画，后旅居海外，在山水画方面卓有成就，画风工写结合，晚期重彩、水墨融为一体，开创了泼墨泼彩的新风格。1950年去印度，举办画展，曾住在泰戈尔的国际大学。

Zhang Defu 张德福（1935—），出生于辽宁省营口市，1956年入北京大学东语系印地语专业。1961年，毕业留校任教。1973年调至解放军国际关系学院，任教授。发表《熔诗情与哲理于一炉——泰戈尔宗教诗歌评述》《泰戈尔宗教诗中的文化内涵》等。

Zhang Di 张迪，当代学者，发表《略谈泰戈尔歌词的思想与艺术》。

Zhang Dongsun 张东荪（1886—1973），原名万田，字东荪，曾用笔名圣心，晚年自号独宜老人，浙江杭县人，中国哲学家、政治活动家、政论家、报人，曾为研究系、中国民主社会党领袖之一，曾任中国民主同盟中央常委、秘书长。新中国成立后留在大陆，被控向美国泄露国家机密情报，死于狱中。1924年4月13日参加张君劢在家里草坪欢迎泰戈尔的茶会。

Zhang Feiqie 张非怯，民国时期的作家，创造社社员，1923年发表《新鲜的呼声——读〈小说月报·泰戈尔号〉内高滋君译的夏芝的〈泰戈尔观讨论〉》。

Zhang Fengchun 张逢春，民国人物，1924年泰戈尔访华，他是欢迎者之一，并担任翻译。

Zhang Guanglin 张光璘，北京大学教授，季羡林的弟子，著有《季羡林先生》，有著作《印度大诗人泰戈尔》，发表《泰戈尔在中国》《泰戈尔的思想和创作》《我国现代文学史上的一次泰戈尔热》《印度近现代伟大作家泰戈尔》等。

Zhang Guang 张光，当代学人，发表《泰戈尔——中国人民的伟大朋友》。

Zhang Guangren 张光人，胡风的原名。见Hu Feng。

Zhang Hao 张浩（1966—），中国知名的印度舞蹈专家，中国东方歌舞团国家一级舞蹈编导。1998毕业于北京舞蹈学院中国舞编导系。2001年—2003年赴印度专门学习印度古典舞，师从著名的“婆罗多”舞蹈大师萨罗嘉·薇雅娜坦蒂（Saroja Vaidyanathan）和著名的“卡达克”舞蹈大师拉金德拉·岡迦尼（Ragendra Gangane）。在留学期间，多次参加纪念泰戈尔活动并创作节目代表中国大使馆参加印度文化教育委员会（即ICCR）举办的国际艺术节。2005年，随温家宝总理出访印度，执导在德里举办的大型晚会《两个伟大文明的相遇》。回国后，一直从事印度舞探索，创作了《月光之吻》《北达普地勒》《卡加拉瑞》和《派的幻想》等印度舞蹈。曾几度邀请印度卡达克舞蹈大师拉金德拉·岡迦尼来中国东方歌舞团进行学术交流，并共同创作印度舞蹈《北达普地勒》，开启了中印舞蹈专业性学术交流模式。2009年为甘肃歌舞剧院新版舞剧《丝路花雨》创作了“印度舞”。2015年为全总文工团大型歌舞诗创作了“印度舞”和“巴基斯坦舞”。她用深厚的中国舞的功底创作的《不要哭啊！南京》《二泉映月》《阳关三叠》《黛玉·魂》《繁漪·药》等中国舞蹈，获得了国际舞蹈类金奖和国内许多国家级创作奖项。她还参加了2008年北京奥运会开幕式的创作工作，参与了2005年十国元首共同出席的上海峰会开幕式晚会《和平礼赞》等国家级大型演出活动。她于2014年创建了萨拉斯瓦蒂印度舞蹈文化中心，更加专注于印度舞蹈的教育、研究、创作、交流等方面的工作。

Zhang Huilan 张蕙兰（1957—），外文名Wai Lana，别名瓦伊史那瓦·达西，出生于香港，20世纪70年代把印度瑜伽引进中国，为普及瑜伽做出了杰出贡献，被誉为“瑜伽之母”。2016年2月1日被印度政府授予印度文化最高奖章“莲花士奖章”，是中国继谭中和季羡林之后得此荣誉的第三人。

Zhang Jian 张戬，当代学者，发表《泰戈尔不是东方人吗?》。

Zhang Jisen 张计森，山西省阳泉教育学院老师，当代学者，与郜润科发表《泰戈尔美感学说探幽》。

Zhang Juan 张娟，唐山师范学院老师，发表《泰戈尔与“五四”新诗》《建国以来的“泰戈尔与中国现代文学”研究综述》《泰戈尔爱的哲学思想与“五四”新诗》《泰戈尔泛神论思想与中国诗歌的现代转型》《泰戈尔散文诗对“五四”新诗体式的影响》《从操纵论看郑振铎翻译泰戈尔》。

Zhang Junli 张君劢（1887—1968），江苏宝山（今属上海市宝山区）人，近现代学者，中国民主社会党主席，被部分学者认为是早期新儒家的代表之一。1924年泰戈尔访华时他在上海他家花园举行茶话会，欢迎泰戈尔一行，出席者有江亢虎、徐志摩、张君劢、殷芝龄、张东荪、黄柏樵、朱经农、陆鼎揆等。1942年发表《回忆泰戈尔来华讲学情形》。

Zhang Li 张莉，女，烟台师范学院老师，发表《生命·人格·上帝——泰戈尔、尼采比较研究》。

Zhang Minyu 张忞煜，北京大学博士毕业，发表《泰戈尔的成长环境刍议》等。

Zhang Mingci 张明慈，民国时佛化新青年会会员，1924年泰戈尔访华时欢迎泰戈尔，发表《泰戈尔与世界和平》。

Zhang Mingshu 张明曙，上海师范大学老师，发表《洁白的茉莉纯真的童心——读泰戈尔〈第一次的茉莉〉》。

Zhang Mochi 张墨池，河北保定人，现代翻译家，曾留学日本，翻译出版托尔斯泰的《复活》《儿童的智慧》，印度诗人泰戈尔的《人格》《家庭与世界》等。

Zhang Pengchun 张彭春（1892—1957），字仲述，天津人，中国教育家、早期话剧（新剧）活动家、导演。1908年毕业于南开学校。1910年去美国哥伦比亚大学学习教育学、哲学，同时刻苦钻研戏剧理论和编导艺术。1916年回到天津，协助其兄著名教育家张伯苓主持南开中学并任南开大学教授，同时兼任南开新剧团副团长。抗日战争期间，从事外交工作。后移居美国，1957年7月在美逝世。1924年，泰戈尔访问清华大学，他作为清华大学教务长负责接待。

Zhang Qian 张骞（约公元前164—公元前114年），汉族，字子文，汉中郡城固（今陕西省城固县）人，中国汉代卓越的探险家、旅行家与外交家，对丝绸之路的开拓有重大的贡献。他开拓了汉朝通往西域的南北道路，并从西域诸国引进了汗血马、葡萄、苜蓿、石榴、胡桃、胡麻等等。

Zhang Ruogu　张若谷（1905—1967），圣名马尔谷，江苏省南汇县周浦镇西八灶（今上海市南汇区横沔乡沿南村）人，中国天主教作家。1955年，张若谷因宗教原因被抄家，并被遣送到东北劳改农场劳动改造，后无罪释放。1941年发表《马相伯·泰戈尔·萧伯纳》。

Zhang Shaobing　张绍斌，天津外国语大学老师，发表《泰戈尔的人生哲学——读〈正确地认识人生〉》等。

Zhang Shunan　张树枏，民国人物，法学家，曾留学日本。1924年5月18日，北京佛教讲习会会员沈钧儒与何雯、张相文拜访正在北京访问的泰戈尔，同泰戈尔就佛学进行了交流。时为议员的张树枏与陈铭鉴、黄攻素等在座，徐志摩、邓高镜担任翻译。

Zhang Siqi　张思齐（1950—），教授，博士生导师，重庆人，现为武汉大学文学院比较文学与世界文学学科带头人、《长江学术》编委、武汉大学中外文学比较研究中心主任。他是武汉大学国学班创办人员之一。张思齐教授从1992年毕业于复旦大学中文系并获博士学位以来，逐渐走上从事高深学术研究的道路。他主要从事英国诗学、比较文论、比较宗教学等方面的研究。对泰戈尔亦有研究，发表《泰戈尔散文诗的特色和中国品质》《泰戈尔的散文诗的创作和理论——以中国宋代诗学为参照系的印度诗学比较研究》《泰戈尔的思想倾向与诗学特征》等。

Zhang Wei　张玮，安徽安庆师范学院老师，发表《泰戈尔戏剧〈国王〉的多层解读》《20世纪后半期以来的中国——印度文学交流》等。

Zhang Wentian　张闻天（1900—1976），江苏省南汇县（今属上海市）人，原名应皋（也作荫皋），曾化名洛甫，字闻天。张闻天是杰出的无产阶级革命家和理论家、中国共产党早期的重要领导人；1925年加入中国共产党，1933年进入中央革命根据地，1934年10月参加长征并出席遵义会议，对确立毛泽东的领导地位起了重要作用；1959年被错定为反党集团成员；文化大革命中受尽迫害，于1976年7月1日含冤病逝，1979年8月，中共中央对其冤案予以平反昭雪。他的主要著作编为《张闻天选集》。他早在1922年就发表《泰戈尔对于印度和世界的使命》，称泰戈尔对印度和世界都负有解救的责任，同年发表《泰戈尔的妇女观》《泰戈尔之诗与哲学观》。在1924年泰戈尔访华前后，他撰文批评泰戈尔，对泰戈尔访华持反对态度。

Zhang Wuji　章无忌（1937—），女，汉族，江苏人，北京外国语大学教授。发表《一篇引人入胜的诗意小说——泰戈尔〈摩诃摩耶〉赏析》。

Zhang Xia　张侠，当代学人，发表《我国最早翻译的泰戈尔诗歌》。

Zhang Xiangwen　张相文（1866—1933），中国地理学的先驱，教育家，字蔚西，号沌谷，江苏泗阳人，在上海南洋公学、北京大学等长期任教。1924年5月18日，北京佛教讲习会会员张相文与何雯、沈钧儒等拜访正在北京访问的泰戈尔，同泰戈尔就佛学进行了交流，议员黄攻素、陈铭鉴、张树枏等在座，徐志摩、邓高镜担任翻译。

Zhang Xiaofei　张晓菲，当代学人，发表《泰戈尔的〈沉船〉主题辨》。

Zhang Xiaohong　张晓红，当代女学人，发表《印度总统2010年5月访华时的讲话、致辞和2010年7月关于〈泰戈尔作品集〉中文版的翻译出版的祝词》。

Zhang Xiaomei　张晓梅，当代女学者，发表《从多元系统论泰戈尔英诗汉译》。

Zhang Xinhai　张歆海（1898—1972），浙江海盐人。1916年考入北京清华学堂，两年后以优异成绩毕业，并赴美留学，入哈佛大学，1922年获英国文学博士学位。1932年1月，任外交部欧美司司长。1933年5月，任驻葡萄牙公使。1934年6月又改任驻波兰公使，同时兼任驻捷克斯洛伐克公使。同年10月专任驻波兰公使。1936年12月去职。1941年携全家到美国定居，先后在美国长岛大学和费尔利迪金逊大学任教。1924年泰戈尔访华期间，他在5月7日为庆祝泰戈尔64岁生日演出的泰戈尔的戏剧《齐德拉》里担任男主角阿周那。

Zhang Xing　张幸，女，德国马丁·路德大学南亚系的博士，北京大学老师，发表《孟加拉诗人泰戈尔与伊斯拉姆》。协助董友忱教授翻译出版最权威的最新版本的18卷本的《泰戈尔全集》。

Zhang Xiping 张西平（1948—），河南温县人，北京外国语大学教授。发表有《东方的希望》等论文。

Zhang Yinlin 张荫麟（1905—1942），字素痴，广东东莞人，美国斯坦福大学博士，著名学者、历史学家。1941年发表《泰戈尔与爱因斯坦论实在与真理》。

Zhang Yu 张羽，当代女学者，出版《泰戈尔与中国现代文学》，发表《泰戈尔与许地山、冰心笔下的女性世界之比较》。

Zhang Zhi 长之，民国某学人化名，1941年发表《十七年前一个暖和的下午——忆泰戈尔》。

Zhang Zhiming 章智明，当代学人，发表《阳刚与阴柔》。

Zhang Zhongshu 张仲述，曾留学美国，新月社成员，1924年5月，作为清华大学教务长的他，与曹祥云、徐志摩、张彭春、张歆海、辜鸿铭等在清华大学接待访华的泰戈尔。

Zhang Zhongyu 张中宇，重庆师范大学老师，发表《泰戈尔诗歌略论》。

Zhang Zongxiang 张宗祥（1882—1965），原名思曾，字阆声，号冷僧，别号假山，又署铁如意馆主，浙江海宁人，1963年被选为西泠印社第三任社长，著名书法家、版本学家，亦善绘画，擅长古籍校勘。1924年4月14日，正在中国访问的泰戈尔在徐志摩、瞿菊农等陪同下游览西湖，张宗祥以浙江省教育厅厅长的身份迎接泰戈尔。

Zhang Zongzai 张宗载，民国人物，佛学家，1924年4月26日，泰戈尔到北京法源寺观赏丁香花，他致欢迎词。发表《泰戈尔之大爱主义》等。

Zhao Chen 赵晨，作家，出版《泰戈尔》。

Zhao Jiabi 赵家璧，当代学人，发表《徐志摩和泰戈尔》。

Zhao Jiazi 赵佳梓，中央音乐学院老师，发表《泰戈尔与音乐》。

Zhao Shouhui 赵守辉，当代学人，发表《泰戈尔之孙的中国情结》。

Zhao Yintang 赵荫堂（1893—1970），字憩之，音韵学家，语言学家，1923年发表《读〈飞鸟集〉》。

Zhe Sheng 哲生，民国某文化人的化名，1930年发表《泰戈尔与爱因斯坦共谈真理问题》。

Zhejiang Daily 《浙江日报》，中共浙江省委机关报，创刊于1949年5月9日。1981年8月2日刊登魏风江的《我的老师泰戈尔与杭州》。

Zhejiang Publishing House of Literature and Art 浙江文艺出版社，成立于1983年，是浙江省唯一以出版文学艺术书籍为主的专业出版社。2001年出版沈益洪的《泰戈尔谈中国》。

Zheng Dahua 郑大华，当代历史学家，博士，中国社会科学院近代史研究所研究员、中国近代思想研究中心主任，成果甚丰，有关泰戈尔的著作有《泰戈尔访华与五四时期的思想文化论争》，论文有《“五四”时期的思想文化斗争——以泰戈尔访华为中心》等。

Zheng Guang 郑广，民国记者，1924年发表《欢迎泰戈尔》《印度诗人泰戈尔即将抵沪》《泰戈尔昨抵沪》《印度诗人泰戈尔昨已到沪》。

Zheng Shiqu 郑师渠（1946—），福建福州人，北京师范大学历史学教授，发表《五四运动前后外国名哲来华讲学与中国思想界的变动》。

Zheng Xiaoxu 郑孝胥（1860—1938），近代政治人物、书法家，福建闽候人。1882年（清光绪八年）举人，曾历任广西边防大臣，安徽、广东按察使，湖南布政使等。辛亥革命后以遗老自居。郑孝胥1923年由陈宝琛引荐入故宫，任“懋勤殿行走”，为清室复辟出谋献策，被授为总理内务府大臣。翌年，溥仪取消帝号，迁出故宫，郑孝胥与日本人密谋，帮助其辗转入日本使馆，再入天津日租界。从此郑孝胥追随溥仪。“九一八”事变后，正式向日本求援，以期复辟。1932年3月，伪满洲国成立，郑孝胥出任伪国务总理。不久，随溥仪赴东北，投入日军怀抱，卖国求荣，当了汉奸，为人所不齿。后日方见郑孝胥难以驾驭，以其年高“倦勤思退”为名，不要他了。最终郑孝胥暴病死于长春，葬于沈阳市东陵区高坎镇七间房村。著有《海藏楼杂诗》和《郑孝胥日记》。1924

年4月27日，溥仪在北京接见访华的泰戈尔，他参加接见。

Zheng Zhenduo 郑振铎（1898—1958），笔名西谛，现代作家、文学评论家、文学史家、学者、翻译家、考古学家，新文化运动倡导者，曾任燕京大学教授，曾翻译泰戈尔的诗集《飞鸟集》《新月集》《关于泰戈尔研究的四部书》等文章，以西谛为笔名发表《论"飞鸟集"的译文》。1921年年初，他和许地山、瞿世英等在文学研究会组织了一个"泰戈尔研究会"，这是中国最早的一个专门研究一个文学家的学会。1922年发表《泰戈尔的艺术观》。于1924年接待访华的泰戈尔。

Zhenguang Theatre 北京真光影剧院。1924年5月9日，应讲学社邀请，泰戈尔在这里给北京青年作第一次公开演讲。由梁启超主持，徐志摩担任翻译。在会前，有人在会场上散发传单"我们为什么反对泰戈尔""送泰戈尔""疾言厉色要送他走"。反对泰戈尔的传单系由当时的中共北京区委组织散发的。5月10日，泰戈尔在这里做第二次演讲。在他演讲前，胡适、徐志摩先后发言，对有人反对泰戈尔提出批评。泰戈尔演讲的题目是"巨人统治及扑灭巨人"，巨人指西方的物质文明。5月12日，泰戈尔在这里举行在京最后一次演讲，徐志摩、胡适再次发言，对有人反对泰戈尔提出质疑。泰戈尔讲了物质文明与精神文明、东方文明与西方文明的关系。演讲结束，泰戈尔驱车前往汤山修养。5月17日回到北京。

Zhi Meng 智猛，5世纪中国佛教僧人，公元404—439年去印度取经，游历了迦毗罗卫国和波多里子城（今巴特那）。

Zhi Min 直民，民国某学者的笔名，1924年发表《泰戈尔之生涯与思想》《介绍泰戈尔》等。

Zhiyan 智严，5世纪中国僧人，与法显一起游历印度。

Zhob Culture 若布文化，哈帕拉文化之前的新石器和铜石并用的时代。

Zhong Tao 仲涛，民国时期的学者，1916年发表《介绍泰戈尔》《泰戈尔手札》《泰戈尔最近写真》。

Zhou Changhe 周长河，记者，发表《泰戈尔的中国学生：访印度文学研究者魏风江》。

Zhou Dafu 周达夫（1917—2007），20世纪30年代在印度国际大学留学，先后在中山大学、北京大学、中国社会科学院担任教授，与师觉月合写《菩提迦耶的宋代中文碑铭考》。

Zhou Enlai 周恩来（1898—1976），中华人民共和国总理。1954年6月访问泰戈尔的国际大学，1957年1月被国际大学授予荣誉博士学位，发表纪念泰戈尔讲话，说"泰戈尔不仅是对世界文学做出了卓越贡献的天才诗人，还是憎恨黑暗、争取光明的伟大印度人民的杰出代表。中国人民永远不能忘记泰戈尔对他们的热爱，中国人民也不能忘记泰戈尔对他们的艰苦的民族独立斗争所给予的支持"。

Zhou Erfu 周而复（1914—2004），原名周祖式，原籍安徽旌德，生于南京，作家，曾任中国人民对外友好协会副会长、文化部副部长、对外文化联络委员会副主任等职务。作品有长篇小说《白求恩大夫》《上海的早晨》（4卷）《长城万里图》（6卷）等。1955年发表《访泰戈尔故居》。

Zhou Erkun 周而琨，当代学人，发表《泰戈尔政治抒情诗的发展及其特点》。

Zhou Hua 周骅，湘潭大学哲学院老师，发表《自由主义民族主义——泰戈尔民族主义思想探析》《论泰戈尔的象征剧》等。

Zhou Jing 周静，当代女学者，发表《泰戈尔与现代性》。

Zhou Sisong 周俟松（1901—1995），湖南湘潭人，现代著名作家许地山的夫人。青年时代与邓颖超是天津直隶第一女师同学，后参加中国民主同盟会，长期从事教育工作，曾任南京市第五中学副校长。与王盛发表《许地山与泰戈尔》

Zhou Xia 周霞，当代女学者，与陈璐发表《爱的魔力——读泰戈尔〈新月集〉有感》。

Zhou Xiao 周晓，当代学者，发表《中国文化机关团体举行泰戈尔追悼大会史料选》。

Zhou Xiaoyun 周晓云，当代学人，发表《泰戈尔在美国的冷遇》。

Zhou Yinghu 周映湖，民国时期的音乐家，1924年4月18日，上海欢迎前来访华的泰戈尔，在休息间，他为客人演奏中国古琴曲《普庵咒》。

Zhou Yueran　周越然（1885—1962），民国藏书家，本名周之彦，字越然，以字行，别署走火，浙江吴兴人，清末诸生，南社社员，曾任商务印书馆函授学社副社长，兼英文科科长，以编著《英语模范读本》闻名。1923年发表《给我力量》，介绍泰戈尔。

Zhou Ziya　周子亚（1911—?），现代法学家，擅长国际法和外交法，德国柏林大学毕业。1947年发表《近代印度文化之创始人泰戈尔及其事迹》，1948年发表《泰戈尔与世界文化》。

Zhou Zuoren　周作人（1885—1967），鲁迅（周树人）之弟，周建人之兄，中国现代著名散文家、文学理论家、评论家、诗人、翻译家、思想家，中国民俗学开拓人，新文化运动的杰出代表。1918年在《新青年》上介绍泰戈尔，发表《人的文学》《"泰戈尔与耶稣"》等文章，在文化界支持与反对泰戈尔的论争中保持中立态度。

Zhou Zuyou　周祖佑，记者，发表《泰戈尔唯一的中国学生——魏风江》。

Zhu Huanwen　朱焕文，当代学人，发表《略论泰戈尔短篇小说的批判倾向》。

Zhu Jiahua　朱家骅（1893—1963），字骝先、湘麐，浙江湖州人，中国教育界、学术界的泰斗，外交界的耆宿，中国近代地质学的奠基人、中国现代化的先驱，以其特殊的聪明才智和过人的精力，担当过教育、学术、政府、政党等多项重要职务，与中国政局的演变有密不可分的关系，影响现代中国甚巨。朱家骅是中统负责人、CC系大将。1941年8月7日泰戈尔逝世后，作为国民党中央研究院院长的朱家骅致函北平研究院院长，中央大学、西南联大、中印学会等，就为泰戈尔举行追悼大会商榷。他在8月29日的泰戈尔公祭大会上致开会辞。

Zhu Jihua　朱纪华（1956—），浙江绍兴人，上海档案学家，有著作《泰戈尔与上海》等。

Zhu Jingnong　朱经农（1887—1951），生于浙江浦江，教育家、学者，著名的大学校长、诗人，教育行政部门的高级官员、出版家和爱国者。1904年赴日本留学。1905年加入同盟会。同年回国，参与创办中国公学。1948年后留居美国。1950年后在美国哈德国福神学院任职。著有《近代教育思潮》等。1924年4月13日，朱经农在上海出席张君劢为欢迎泰戈尔访华举行的茶话会。

Zhu Mingzhong　朱明忠（1943—），北京市人，中国社会科学院研究员，主要学术专长是印度现代思想及印度教，现从事印度社会文化研究。出版的著作有《当代亚太地区宗教》《印度教：宗教与社会》《东方著名哲学家评传》《尼赫鲁》《现代东方哲学》《奥罗宾多·高士》《恒河沐浴——印度教概览》《现代印度哲学（译著）》等。发表《泰戈尔的哲学思想》等论文。

Zhu Wei　逐微，现代学人，1916年翻译出版《印度思想家泰戈尔自传》。

Zhu Xiaoya　朱晓亚，当代女学人，发表《王维与泰戈尔诗歌比较》。

Zhu Yuning　朱玉宁，女，上海戏剧学院工作，2012年发表《吟唱自由致诗：泰戈尔戏剧〈牺牲〉观感》。

Zhu Yurong　祝玉蓉，1981年发表《〈戈拉〉人物形象小议》。

Zhu Zhendan　竺震旦，泰戈尔的中国名字。1924年，泰戈尔访华。5月7日是泰戈尔的64岁生日，在中国朋友为他举行的祝寿会上，梁启超发言，"老寿星要我给他起个中国名字，其中原因，他自己说：'我不觉得什么缘故，到中国便像回到故乡一样！'莫非他是从前印度到过中国的高僧在某山洞中曾经过他的自由生活？他要求我送他一个中国名字，还说他原名里上一个字Rab是太阳的意思，下一个字indra是雷雨的意思，要我给他起'名字相符'的两个字。……我想印度人从前呼中国为震旦，原不过是支那的译音，但选用这两个字却有很深刻的象征意味，从阴郁暗淡的状态里轰然一震，万象昭苏，刚在扶桑浴过的丽日从地平线上涌现出来（旦字末笔表地平线，这是何等的境界！）。泰戈尔原名正含有这两种意义，把它意译成震旦两个字再好没有了。……今日我们所敬爱的天竺诗圣在他所爱的震旦地方过他64岁生日，我用极真诚、极喜悦的情绪将两个国名联起来赠给他一个新名字曰竺震旦。我希望我们对于他的热爱跟着这名儿永远嵌在他心灵上。我希望印度人和中国的旧爱借震旦中国人复活过来。"西泠印社以不同的字体刻制了两方“竺震旦”的印章，赠给泰戈尔。

Zhuang Oukuan 庄藕宽，民国某文化人的化名，1924年发表《佛化新青年会欢迎泰戈尔氏因纪二绝》。

Zhuang Shidun 庄士敦（1874—1938），溥仪皇帝的英文老师。见 Reginald Fleming Johnston。

Zhuang Yunkuan 庄蕴宽（1866—1932），字思缄，号抱闳，晚年称无碍居士，常州人。清朝、民国政治人物，书画家，能诗擅联，是故宫博物院早期领导人之一，对阻止军阀窃盗文物有着卓越贡献。北伐后，任《江苏通志》总编纂，直至病逝。1924年4月26日正在中国访问的泰戈尔到北京法源寺观赏丁香花，他参加欢迎会。

Zilat Panchayat 区委员会。

Zimmern 兹门，牛津大学教授，1930年8月29日与正在英国访问的泰戈尔会晤，讨论国际联盟问题。

Zionism 犹太复国主义，见Zionist。

Zionist 犹太复国主义者，指主张犹太人在以色列土地建立家园的意识形态的人。犹太复国主义又称锡安主义，是犹太人的政治运动，犹太人在以色列土地立国已有超过3200年历史，而犹太王国或自治领在公元200年前一直断断续续地存在。散居世界各地的犹太人要求回到古代故乡巴勒斯坦，重建犹太国的政治主张与运动，又称犹太复国运动。这种运动追求的是自身民族的自由，然而却忽视了其他民族的合法权益。

1947年11月29日，联合国通过决议，决定在巴勒斯坦分别建立阿拉伯国家和犹太国家，并使耶路撒冷国际化。此后，犹太复国主义者立即用武力抢占了拟议中所谓犹太国的领土，同时强占了分治计划中属于阿拉伯国家的部分地区，在4个月内迫使30多万阿拉伯人离乡背井，成为难民。1948年5月14日，犹太复国主义者宣布建立以色列国。犹太人向巴勒斯坦地区大量移民和建立以色列国，大大激化了同整个阿拉伯民族的矛盾。

Zizyph 大树。

Zong Baihua 宗白华（1897—1986），原名宗之櫆，字伯华，美学家、哲学家、诗人，被称为“中国现代美学的先行者和开拓者”。20世纪唯一一个建立了自己美学体系的中国美学家，与朱光潜先生并称为20世纪中国美学界的“双峰”。早在1922年，就在报刊上介绍泰戈尔，发表《泰戈尔哲学》，1941年发表《〈纪念泰戈尔〉等编辑后语》。

Zoroaster 所罗亚斯德（公元前7世纪—公元前6世纪），古代波斯宗教的改革者，所罗亚斯德教的创立者。在一次战斗中和一批祭司一起被杀，终年77岁。

Zoroastrian Hymns 《所罗亚斯德教的赞美诗》，泰戈尔1924年写的文章。

Zoroastrianism 所罗亚斯德教，中国史称祆教、拜火教。所罗亚斯德教是流行于古代波斯（今伊朗）及中亚等地的宗教。所罗亚斯德教在基督教诞生之前是中东最有影响的宗教，是古代波斯帝国的国教。所罗亚斯德教的教义一般认为是神学上的一神论和哲学上的二元论。所罗亚斯德教的经典主要是《阿维斯陀》，意为知识、谕令或经典，通称《波斯古经》。

Zou Jiang 走江，当代学人，发表《泰戈尔的哲学观和文学观研究要略》。

Zou Jiecheng 邹节成，当代学者，发表《浅论泰戈尔的故事诗》《浅析泰戈尔戏剧的人道主义思想》《论泰戈尔短篇小说中的女性形象》《论泰戈尔的〈园丁集〉》《点点流萤熠熠生辉：试评泰戈尔〈流萤集〉》《试论泰戈尔〈茅庐集〉》《试评泰戈尔的〈游思集〉》《泰戈尔与民族传统文化》《泰戈尔的散文诗和人生探索》《泰戈尔的文学观》。

Zulu 祖鲁，南非的一个原住民民族。

Zulu War 祖鲁战争，发生于1879年，是大英帝国与南非祖鲁王国之间的战争。在一开始，战争就因几起大规模流血冲突而引起人们的注意，也因此成为英国在那一地区殖民主义统治的标志性事件。战争终结了祖鲁作为独立国家的历史。祖鲁战争是发生在蒸汽时代的一次重要的战争，它是一场非正义的、由英国殖民者挑起的旨在掠夺非洲人民的土地、人口以及矿产的不折不扣的侵略战争，它对非洲人民，特别是对祖鲁民族造成深重的民族灾难。泰戈尔为此写了一首诗《现在，让我走开》。

Zurich 苏黎世，是瑞士联邦的最大城市，苏黎世州的首府。苏黎世是瑞士主要的商业和文化中心（瑞士的政治中心和首都在伯尔尼）。苏黎世是瑞士银行业的代表城市，世界金融中心之一，瑞士联合银行、瑞士信贷银行和许多私人银行都将总部设在苏黎世。国际足球联合会总部也设在苏黎世。苏黎世还是1916年出现的达达主义的发源地。1921年5月11日，泰戈尔访问该市并演讲。1926年7月6日再次到达苏黎世，做报告，朗诵自己的诗。也在这里会见了受法西斯压迫的受害者萨尔瓦多利，萨尔瓦多利对他亲自讲述她自己亲眼所见法西斯暴行。

参考书目

Abbe J A, Dubois. Hindu Manners, Customs & Ceremonies. Delhi: Winsome Books India, 2006.

Amaresh D. Encyclopedia of Indian Literature, 6 Volumes. Delhi: Sahitya Akademi, 2003.

Asim K C. A Comprehensive History of Jainism. Calcutta: Firm KLM Private Limited, 1978.

Barbara D M. A Concise History of India. 上海：上海外国语大学出版社，2006.

Basham A L. The Wonder that Was India. New Delhi: Rupa, Co., 2003.

Belvalkar S K. History of Indian Philosophy. New Delhi: Munshiram Manoharlal Publisher's Pvt. Ltd., 1997.

Benjamin W. Hinduism World, 3 Volumes. New Delhi: Munshiram Manoharlal Publisher's Pvt. Ltd., 1983.

Britannica. Ready Reference Encyclopedia, 11 Volumes. New Delhi: Encyclopedia Britannica (India) Pvt. Ltd., 2005.

Bruce M, Sullivan. The A to Z of Hinduism. New Delhi: Vision Books, 2003.

Chitralekha S. Hindu Manners, customs and Ceremonies. New Delhi: Crest Publishing House, 2002.

Dharma V S. Hinduism: An Introduction. Jaipur: Travel Wheels, 1991.

Edward C. Sachau, Alberuni's India. New Delhi: Rupa, Co., 2005.

Gaivin F. An Introduction to Hinduism. New Delhi: Cambridge University Press, 1998.

Ghurye G S. Caste and Race in India. Bombay Popular: Prakashan, 2004.

Gupta S P. Cultural Tourism in India. New Delhi: D. K. Printworld (P) Ltd., 2002.

Hironmoy B. The House of the Tagores. Calcutta: Rabindranath Bharati University, 1996.

Iyengar T R R. Dictionary of Hindu Gods and Goddesses. New Delhi: D. K. Printworld (P) Ltd., 2007.

James B. The Chronology of Modern India. Edingburg: John Grant, Bridge, 1913.

Jha D H. Ancient India in Historical Line. New Delhi: Manohar, 2005.

Jogendra N B. Hindu Caste and Sects. New Delhi: Munshiram Manoharlal Publishers Pvt Ltd., 1995.

John D. A Classical Dictionary of Hindu Mythology and Religon. New Delhi: D. K. Printworld's Edition, 2000.

John G. A Classical Dictionary of India. New Delhi: D. K. Printworld (P) Ltd., 1999.

Kalidasa. The Complete Works of Kalidasa. New Delhi: Sahitya Akademi, 2005.

Kalpana R. Facets of Indian Culture. New Delhi: Spectrum Books Pvt. Ltd., 1992.

Ketaki K D. Rabindranath Tagore and Victoia Ocampo. New Delhi: Sahitya Akademi, 1996.

Ketkary S V. History of Caste in India. Delhi: Low Price Publications, 2002.

Klaus K K. A Concise Encyclopedia of Hinduism. Oxford: Oneworld, 1998.

Khushwant S. A Dictionary of the Sikhs. Oxford: Oxford University press, 2006.

Krishna K T. A Life. New Delhi: National Book Trust, 1971.

Kishore B R. Hinduism. New Delhi: Diamond Pocket Books, 2003.

Kishore B R. Essence of Vedas. Delhi: Diamond Books, 2004.

Mabel D. The Chronology of Indian History. Delhi: Cosmo Publications, 1972.

Macfie J M. Myths and Legends of India. New Delhi: Rupa, Co., 2006.

Madeleine B. Hinduism. The Anthropology of a Civilization. Oxford: Oxford University Press, 1989.

Mahendra K. Culture India. Delhi: Lotus Press, 1962.

Maurice W. History of Indian Literature, 2 Volumes. New Delhi: Munshiram Manoharlal Publisher's Pvt Ltd., 1991.

Max W. The Religion of India. New Delhi: Munshiram Manoharlal Publisher's Pvt Ltd., 2000.

Nadeem H. Tribal India. Delhi: Palaka

Prakashan, 2006.

Pranati G. Life of the Vedic People. New Delhi: D. K. Printworld (p), Ldt., 2006.

Radhakamal M. The Culture and Art of India. New Delhi: Munshiram Manoharlal Publisher's Pvt. Ltd., 1984.

Rai G C. Indian Symbolism. New Delhi: Munshiram Manoharlal Publisher's Pvt Ltd., 1996.

Rajjan K. Different Aspects of Jainism. Delhi: Sunrise Publications, 2006.

Ram L V. Inspiring Tales from the Mahabharata. New Delhi: Rashtriya Sanskrit Sansthan, 1998.

Rengarajan T. Glossary of Hinduism. New Delhi: Oxford Publishing Co. PVT. Ltd., 1999.

Richard L. The Speaking Tree. A Study of Indian Culture and Society. Oxford: Oxford University Press, 1971.

Roshen D. History of India. New Delhi: Puffin Books, New Delhi, 2002.

Salatore R N. Encyclopedia of Indian Culture, 5 Volumes. New Delhi: Sterling Publisher's Private Limited, 1989.

Satchidanada M. History of Science, Philosophy and Culture in Indian Civilization. New Delhi: Centre for Studies in Civilizations, 2002.

Singlair S. The Heart of Jainism. New Delhi: Munshiram Manoharlal, 1970.

Stephen H. Sources of Indian Traditions. New Dolhi: Penguin Books, 1992.

Subash M. Who Is Who in the Mahabharata. Bharatya Vidya Bhavan, Bombay,1988.

Subodh G. Love Stories from the Mahabharata. New Delhi: Indialog Publication PVT., Ltd., 2005.

Surjiit M. Historical Dictionary of India. New Delhi: Vision Books, 1998.

Swami S. Practice of Yoga. The Divine Life Society. Tehri-Garhwal, 1994.

Tagore. The English Writings of Rabindranath Tagore, 4 Volumes. New Delhi: Sahitya Akademi, 2001.

Tagore. Complete Works of Rabindranath Tagore, 5 Volumes. Delhi: M. B. D. Publisher's Distributors, 2002.

Uma D. Rabindranath Tagore: A Biography. New Delhi:Oxford University Press, 2004.

Valmiki. The Ramayana. Delhi: Parimal Publications, 1987.

Varadpande M L. A Dictionary of Indian Culture. New Delhi: Aspect Publications, 2002.

Vettam M. Puranic Encyclopedia, A Comprehensive Dictionary with Special Reference to the Epic and Puranic Literature. Delhi: Motilal Banarsidass, 1975.

Vyasa. The Mahabharata, 5 Volumes. New Delhi: Munshiram Manoharlal Publisher's Pvt. Ltd., 2004.

Wendy D. Hindu Myths. New Delhi: Penguin Books, 1975.

Werner F M. Beyond Traditon and Modernity. Oxford: Oxford University press, 2005.

北京大学南亚研究所.中国载籍中南亚史料汇编（上、下）.上海：上海古籍出版社，1994.

[印]巴沙姆.印度文化史.闵光培，译.北京：商务印书馆，1999.

崔连仲.古代印度文明与中国.长沙：岳麓出版社，2007.

[美]戴尔.古印度——神秘的土地.李旭影，译.北京：华夏出版社，2002.

荻原云来.汉译对照梵和大辞典.台北：新文丰出版公司，1988.

丁一.古印度生活.汕头：汕头大学出版社，2009.

董友忱.天竺诗人泰戈尔.北京：人民出版社，2011

董友忱，白开元.泰戈尔全集.北京：人民出版社，2016.

段晴.波尼尼语法入门.北京：北京大学出版社，2001.

黄宝生，金克木.摩诃婆罗多.北京：中国社会科学出版社，2005.

黄宝生.梵语诗学论著汇编.北京：昆仑出版社，2008.

黄宝生.印度古典诗学.北京：北京大学出版社，2000.

黄心川.南亚大辞典.成都：四川人民出版社，1998.

黄心川.印度哲学史.北京：商务印书馆，1989.

季羡林.季羡林文集.南昌：江西教育出版社，1996.

季羡林.大唐西域记校注.北京：中华书局，2004.

季羡林.古代印度文学史.北京：北京大学出版社，1991.

江东.印度舞蹈通论.上海：上海音乐出版社，2004.

姜景奎.中国学者论泰戈尔.银川：阳光出版社，2011.

蒋忠新.摩奴法论.北京：中国社会科学出版社，2007.

居三元，张殿英.东方文化词典.北京：北京大学出版社，1993.

[美]克雷文.印度艺术简史.王镛，译.北京：中国人民大学出版社，2003.

[德]库尔克，罗特蒙特.印度史.王立新，周红江，译.北京：中国青年出版社，2008.

李志夫.印度思想文化史——从传统到现代.台北：东大图书公司，1995.

林承节.独立后的印度史.北京：北京大学出版社，2005.

林承节.印度史.北京：人民出版社，2004.

林光明，林怡馨.梵汉大词典.台北：嘉丰出版社，2005.

刘安武.印度两大史诗研究.北京：北京大学出版社，2001.

刘安武，倪培耕.泰戈尔全集.石家庄:河北教育出版社,2001.

刘建，朱明忠，葛维均.印度文明.北京：中国社会科学出版社，2004.

吕澂.中国佛学源流略讲.北京：中华书局，1979.

毛世昌.印度两大史诗和泰戈尔作品中的女性人物研究.兰州：兰州大学出版社，2008.

毛世昌.印度文化概论.兰州：兰州大学出版社，2009.

[illegible]根.印度味论诗学.桂林：漓江出版

[illegible]的种姓制度.成都：四川人民出版社，1996.

邱永辉.印度宗教多元文化.北京：社会科学文献出版社，2009.

任继愈.宗教词典.上海：上海辞书出版社，1985.

山田龙城.梵语佛典の诸文献.京都：平乐寺书店，1959.

尚会鹏.印度文化史.桂林：广西师范大学出版社，2007.

尚会鹏.印度文化传统研究.北京：北京大学出版社，2004.

尚劝余.尼赫鲁时代中国和印度的关系.北京：中国社会科学出版社，2009.

尚劝余.莫卧儿帝国.西安：三秦出版社，2001.

邵献图.外国地名语源词典.上海：上海辞书出版社，1983.

石海峻.20世纪印度文学史.青岛：青岛出版社，1998.

史海军.爱欲正见.重庆：重庆出版社，2008.

[印]斯蒂文.罗森.瑜伽经.嘉娜娃，译.西安：陕西师范大学出版社，2006.

孙士海，葛维均.印度.北京：社会科学文献出版社，2003.

孙宜学.泰戈尔与中国.石家庄：河北人民出版社,2001.

孙宜学.泰戈尔：中国之旅.北京：中央编译出版社，2013.

谭中，耿引曾.印度与中国——两大文明的交往和激荡.北京：商务印书馆，2006.

谭中.谭云山与中印文化交流.香港：中文大学出版社，1998.

谭中.郁龙余.谭云山.北京：中央编译出版社，2012.

谭中.中印大同·理想与实现.银川：宁夏人民出版社，2007.

唐仁虎.泰戈尔文学作品研究.北京：昆仑出版社，2003.

王邦维，谭中.泰戈尔与中国.中央编译出版社，2011.

王邦维.唐高僧义净生平及其著作论考.重庆：重庆出版社，1996.

王树英，张宝胜.世界文化史故事大系·印度卷.上海：上海外语教育出版社，

2003.

王树英.南亚印度教与文化.北京:中央民族大学出版社，1999.

王树英.印度文化与民俗.北京：中国社会科学出版社，2007.

魏庆征.古代印度神话.太原：北岳文艺出版社，1999.

巫白慧.印度哲学.北京：东方出版社，2002.

杨富学.印度宗教文化与回鹘民间文学.北京：民族出版社，2003.

姚卫群.印度宗教哲学概论.北京：北京大学出版社，2006.

郁龙余.梵典与华章.银川:宁夏人民出版社，2002.

郁龙余.中国印度文学比较.北京：中国社会科学出版社，2001.

郁龙余.印度文化论.重庆：重庆出版社，2008.

郁龙余，刘朝华.中国印度文学交流史.济南：山东教育出版社，2013.

薛克翘.中印文学比较研究.北京：昆仑出版社，2003 .

薛克翘.中国印度文化交流史.北京：昆仑出版社，2008 .

薛克翘.佛教与中国文化.北京：昆仑出版社，2006.

朱庆之，梅维恒.荻原云来《汉译对照梵和大辞典》汉译词索引.成都：巴蜀书社，2004.

张保胜.印度圣典薄伽梵歌.北京：中国社会科学出版社，2007.

张光璘，王树英.季羡林论印度文化.北京：人民出版社，2009 .

张均.印度婆罗多舞蹈教程.上海：上海音乐出版社，2004 .

赵伯乐.走过佛国.昆明：云南人民出版社，2001 .

倪培
1997.
邱永辉.现